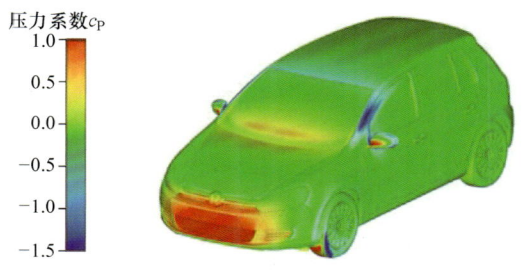

图 3.13　表面压力分布（计算）

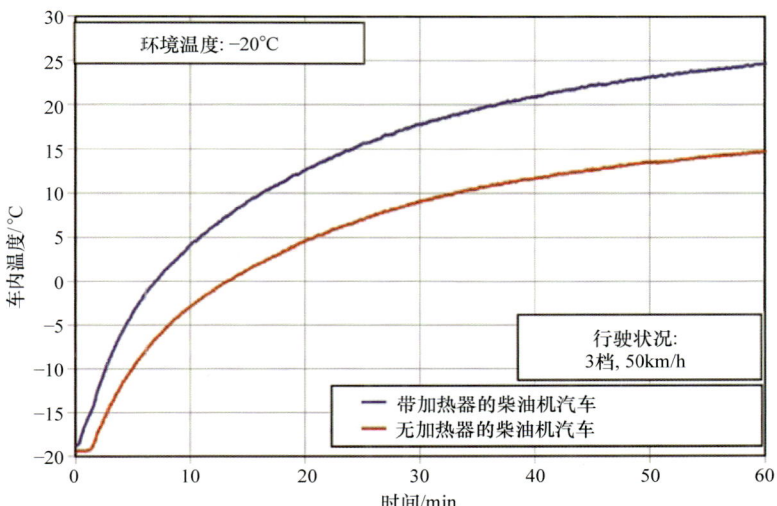

图 3.28　紧凑级乘用车车内空气加热曲线

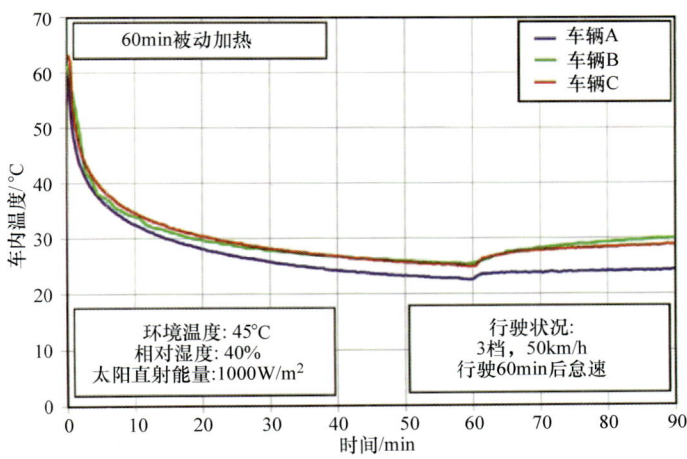

图 3.29　典型的车内空气冷却曲线

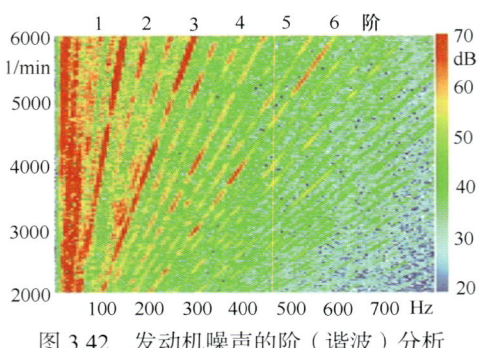

图 3.42　发动机噪声的阶（谐波）分析

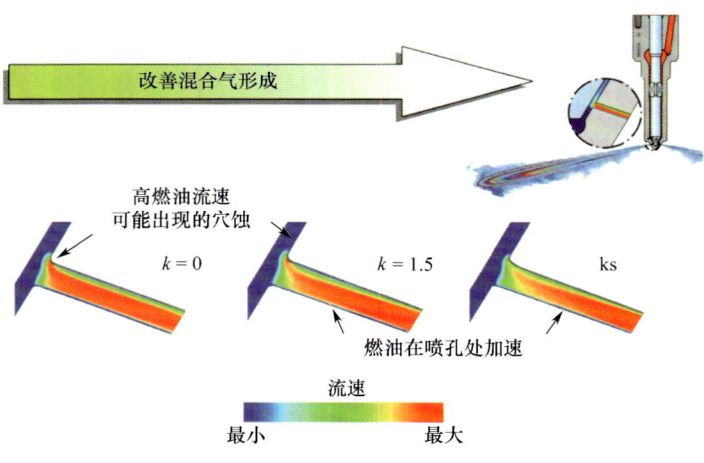

图 5.89　燃油在喷孔中的最佳流动状况

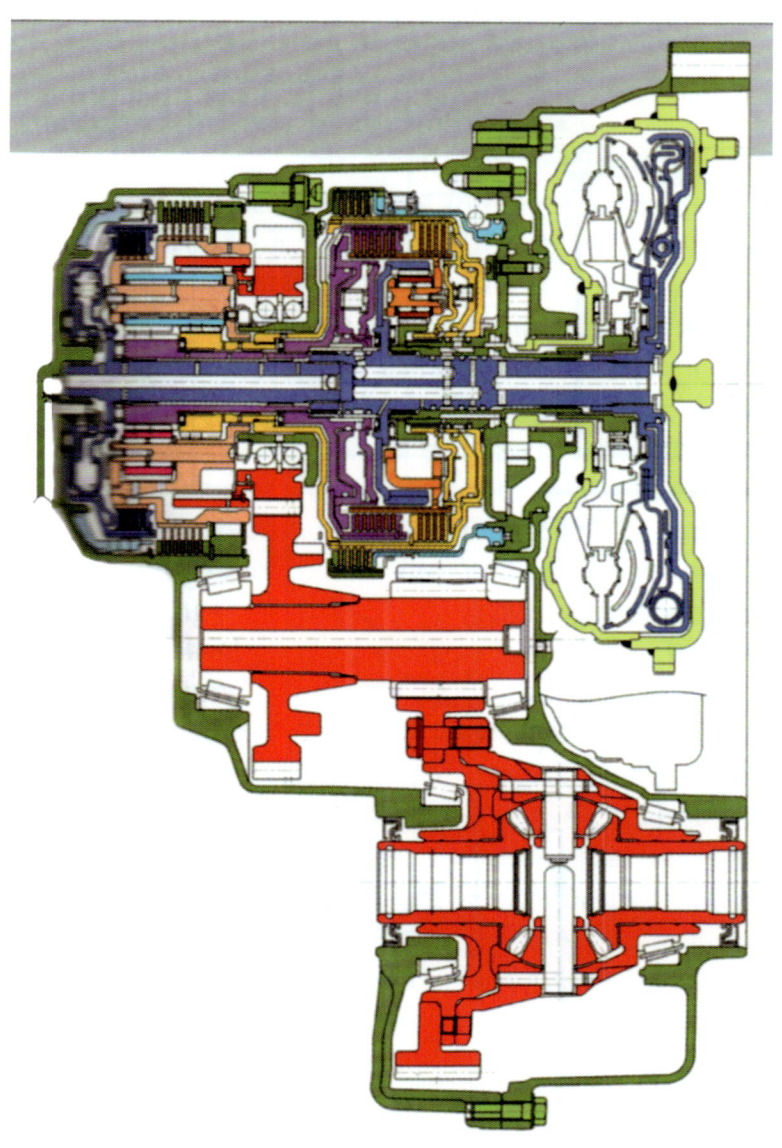

图 5.175 前驱动、发动机横置的 AW-TF-60SN 变速器断面图

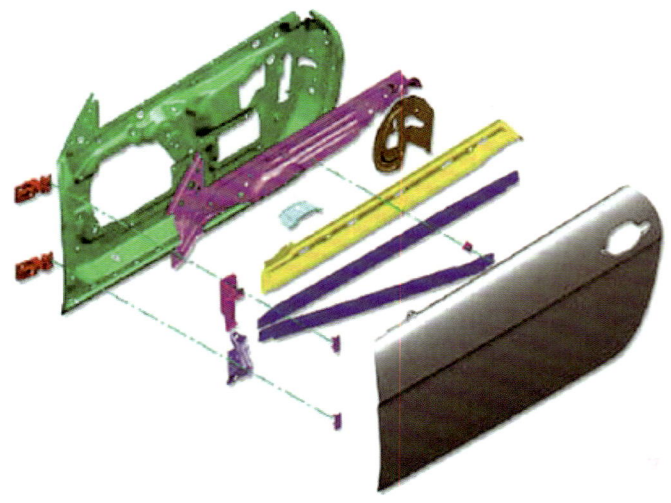

图 6.60 壳状结构车门（红色为钢，其余为铝）

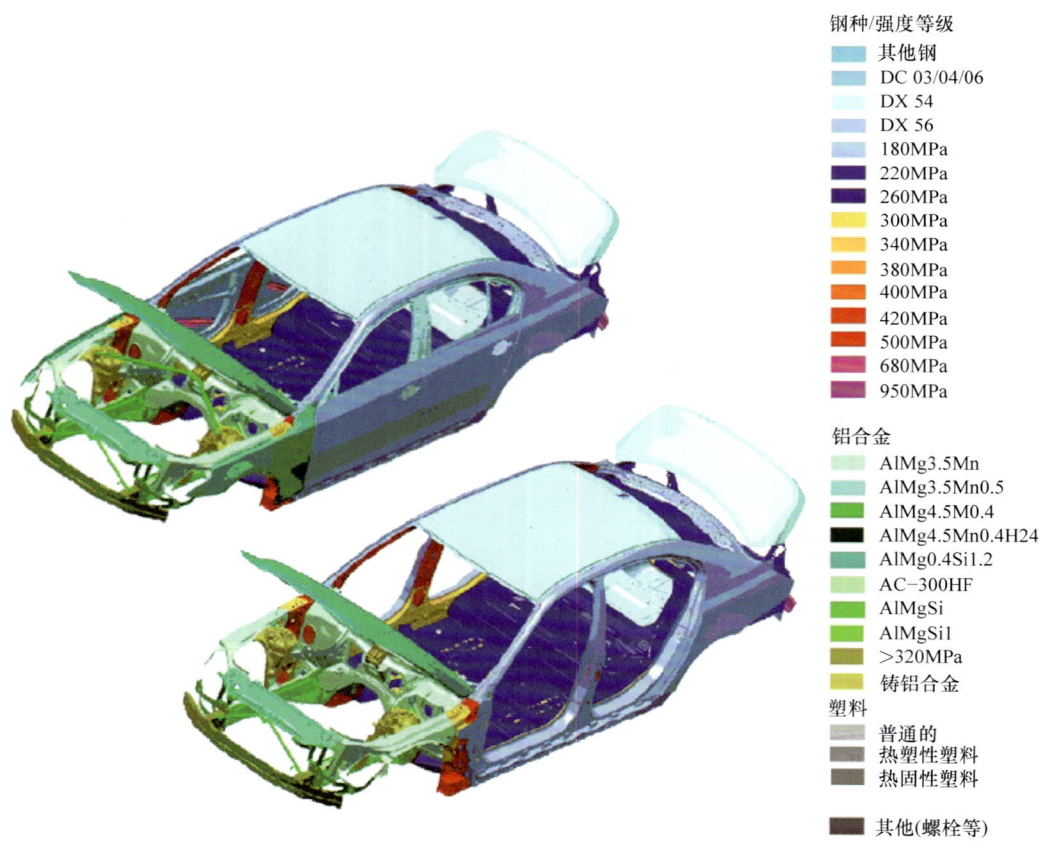

钢种/强度等级
- 其他钢
- DC 03/04/06
- DX 54
- DX 56
- 180MPa
- 220MPa
- 260MPa
- 300MPa
- 340MPa
- 380MPa
- 400MPa
- 420MPa
- 500MPa
- 680MPa
- 950MPa

铝合金
- AlMg3.5Mn
- AlMg3.5Mn0.5
- AlMg4.5M0.4
- AlMg4.5Mn0.4H24
- AlMg0.4Si1.2
- AC−300HF
- AlMgSi
- AlMgSi1
- >320MPa
- 铸铝合金

塑料
- 普通的
- 热塑性塑料
- 热固性塑料

其他(螺栓等)

图 6.62 钢车身与铝合金车身前部

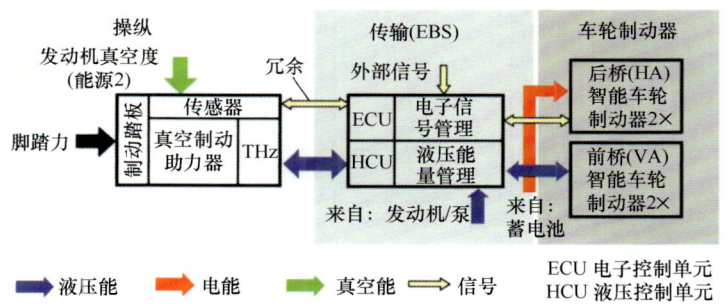

图 7.62 电-液复合制动器

图 8.14 高档汽车电气部件（蓝色）和电气系统（棕色）

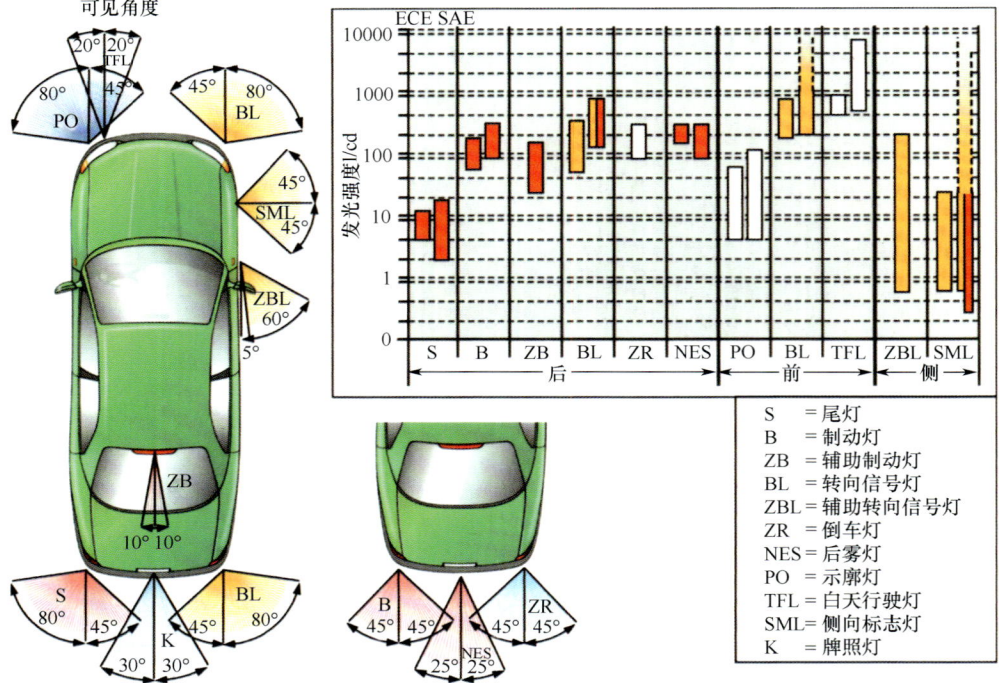

图 8.60 对信号照明灯要求

图 8.84 环境传感器检测范围

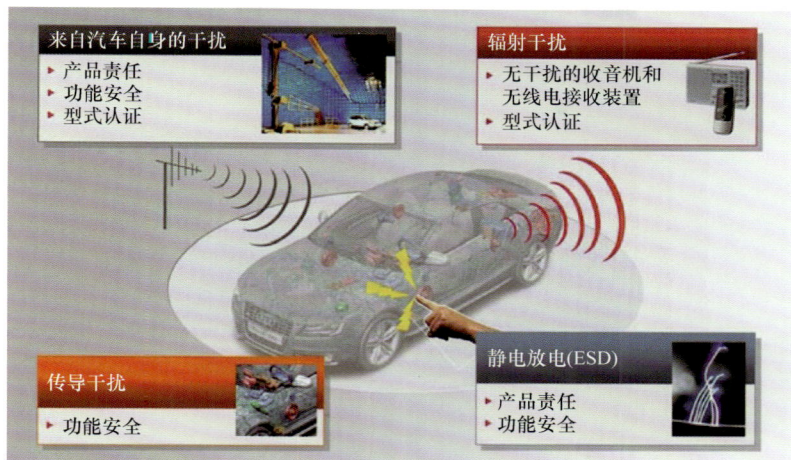

图 11.12　EMV 分析：外界对汽车的干扰和汽车对自己、对外部的干扰

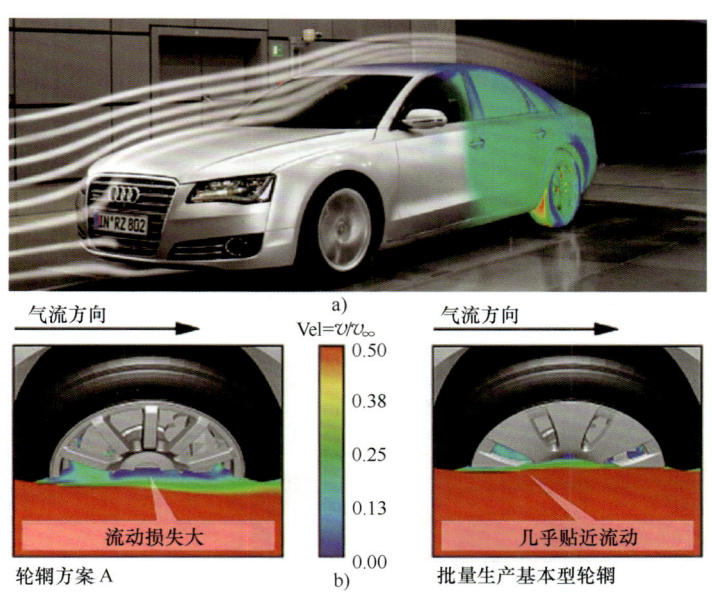

图 11.29　a) 汽车后部表面上的静态压力分布和在中间断面上的流线　b) 在轮辋处的相对流动速度（资料来源：奥迪公司）

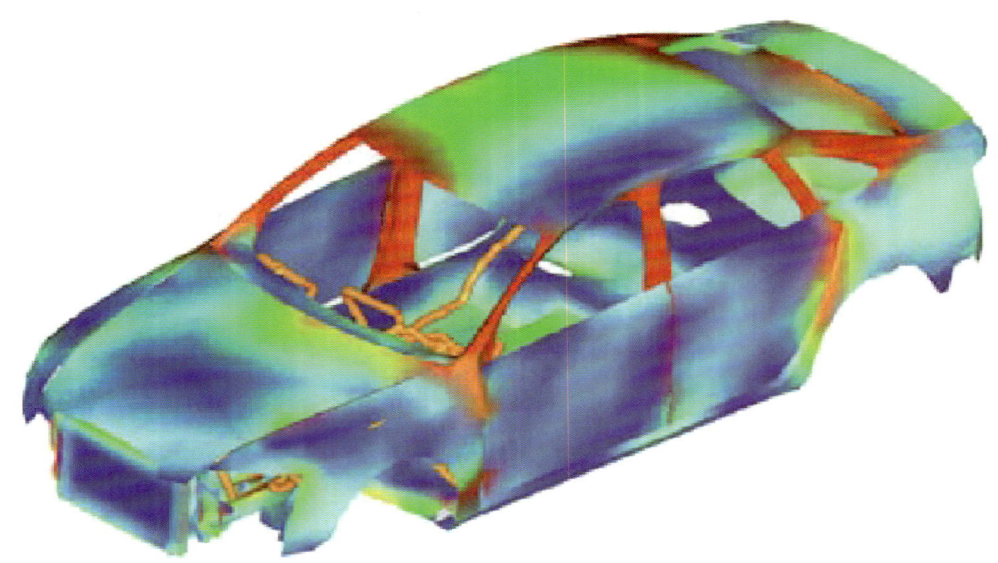

图 11.33 射入的平面电磁波在汽车表面的电流分布实例。在 CAN 网络中计算耦合电磁场（资料来源：奥迪公司）

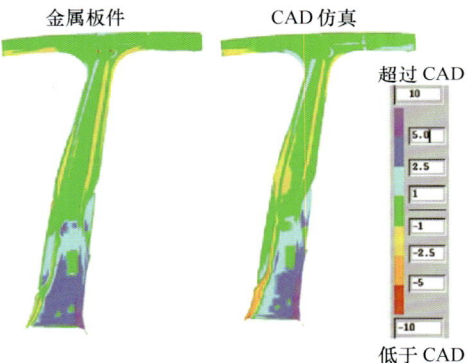

图 11.34 反弹仿真结果与设定值比较实例（资料来源：奥迪公司）

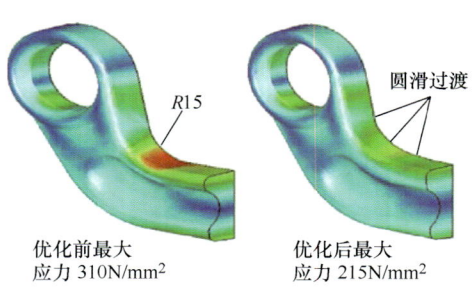

图 11.37 设计优化使峰值应力下降（资料来源：奥迪公司）

汽车先进技术译丛

汽车工程手册（德国版）
第 2 版

［德］汉斯－赫尔曼·布雷斯（Hans－Hermann Braess）著
乌尔里希·赛富尔特（Ulrich Seiffert）

魏春源 孙 鹏 牛 福 译

机械工业出版社

汽车工程师在实践和培训中需要快速和可靠地掌握汽车工程及技术的基础知识和细节以及与此相关的主要工业过程。这些信息系统地、有分析地汇集在原书第 7 版手册中。除考虑当前汽车技术的发展外，书中还进一步讨论了电驱动和混合动力驱动方面的快速发展。新的动力方案影响到整个汽车的所有子系统的大部分系统，并影响手册中几乎所有的章节，包括从汽车组装件，经汽车电气系统网络、安全性，直到对车间工作人员的要求。本版手册的另一个重点是将主动安全性和被动安全性部分地耦合为"组合式安全性"的新系统。本版手册还加入了很多新内容。

作者均为德国汽车工业企业和零部件供应商的专业人员，他们将汽车的理论和实践融合在一起。

本书适用于已经入职或即将入职的汽车工程师、系统工程师；与汽车相关的立法、行政机关、协会、监控、保险方面的专业人员；以汽车工程为重点的高等学校和高等职业学校教师；专业记者；对汽车制造感兴趣的专业人员和技术传播者；汽车后市场相关技术人员、教师和学生。

译者的话

从我在 1978 年出访联邦德国一些工厂和公司、研究所，第一次听到 Bosch 公司研制的汽车防抱死制动系统（ABS）这样一个陌生的专业术语时起，一系列先进技术，包括驱动防滑转控制（ASR）——也为扩展的 ABS、电子稳定性程序（ESP）、牵引力控制系统（TCS）等汽车行驶动力学控制以及之后相继开发的适应于驾驶人在复杂的路面（如不同附着系数）、不同的气候（如高温、寒区）地理（地形、地貌）条件、繁忙的交通状况（人流、车流）的种类繁多的驾驶人辅助系统（如车道保持、道路交通标志识别、十字路口、汽车导航、山区起步、夜视系统、预测碰撞和自动紧急制动、停车入位……）等，使汽车可控、安全行驶到达目的地。再加上各种舒适性系统（如可调座椅、主动悬架、车内分区空调和多种娱乐设备）使驾驶人有好心情驾驶并享受到驾驶的乐趣，还可让汽车自主行驶，带你到你想去的地方。

统观 40 多年来（从 1978 年开发、使用的 ABS 起），为汽车开发、使用、集成的各项先进技术，也使汽车成为从手动、半自动、自动、全自动驾驶和自主行驶的人工智能汽车，不但能在地上行驶，有的还能在空中飞行。汽车已成为汽车—人—世界的一个有机的组成部分。这是 130 多年来（从 1886 年算起）汽车发展的一个光辉时期。汽车已成为"天之骄子""人类的宠儿"。这是汽车先驱者们难以想象和预料到的。

上述现象的出现绝不是偶然的，是人类的不断进步、社会的不断发展的成果，是在整个世界一批又一批科研创新成果、核心技术的强大推动下实现的。其中特别要提到的是：

——高速微型计算机；

——芯片和集成电路；

——各种先进的传感装置和执行器；

——提取并重构复杂和动态变化的汽车周围场景信息的"计算机视觉"（Computer-Vision）；

——车内、车外的联网与通信；

——各种软件与算法；

——高速实时控制与操纵；

——卫星定位与导航；

——组件模块化与汽车个性化；

——汽车—人—环境的友好与兼容；

……

未来，汽车仍将发展，反映现代汽车工程和技术状况的《汽车工程手册》也将继续相伴左右。

Springer Vieweg 出版的《汽车工程手册》中文第 2 版经过 10 年左右时间在第 1 版的基础上作了不少修改和补充。页数也从 919 页增加到 1032 页。孙鹏完成本版 292 页（P1～P292）的修改、补充的翻译工作。牛福完成"敞篷轿车"（P433～P439）、"信息娱乐/多媒体"（P755～P770）、"汽车安全性"（P816～P863）、"汽车结构中的滚动轴承"（P923～P941）和"赛车"（P1014～P1029）的修改、补充的翻译工作，其他的修改、补充的翻译工作由魏春源完成。

衷心感谢本书上版中文版的策划和责任编辑徐巍。

衷心感谢何士娟、杨民强、赵海青在本书出版中的帮助。

译文尽可能忠于原著。译者在译文、专业内容、名词术语等方面经反复斟酌，但限于译者水平和对新内容的理解程度，谬误和不当之处恳请读者和网友批评指正。

魏春源　2020 年 11 月 2 日　北京

前　言

新版《汽车工程手册》承继了大家熟悉的，由 Heinrich Buschmann 和 Paul Koeβler 两位教授编写的《汽车工程手册》。他们共同编写的第 1 版《汽车工程手册》出版于 1940 年。Koeβler 教授 1973 年编辑出版的第 8 版是该书的最后一版。直至今天，仍有很多汽车工程师还在他们的工作中使用书中的许多基础知识。新版《汽车工程手册》是出版社、作者共同合作的一部完全新的、有关教学、科研和实践的重要的著作，编写这样一部手册是对我们的重大挑战。本书以多视角方式描绘迷人的汽车世界和它的发展历程。100 多家著名的汽车企业和零部件供应商的专业人员参加了本书的编写工作。本书是时代的记录，它描述了当前汽车的高度发展水平和继续飞速发展的趋势。

本书从移动性的需要出发，定义了对汽车的一些要求和由此产生的目标冲突，并且从这些要求和目标冲突中得到与工程物理基础相关的现代汽车的框架结构条件。"汽车设计"相关章节仔细地抓住了对用户的回报、购买意愿和用户认可这些基本要素。"汽车方案和组装"相关章节指出，按具体的设定重点有各种各样的总方案和变型方案。另外还回答了代用动力方案，如电驱动、燃料电池、混合动力或燃气轮机的一些观点和结论。

"经典驱动"占有较大篇幅。除电驱动外现代点燃式发动机和柴油机的往复活塞式发动机技术在可见的未来仍将使用。显然，这两种发动机仍有进一步的发展潜力。排气后处理、增压、辅助装置等的优化仍是重要的题目。变速器的形式越来越丰富，如双离合器变速器或全轮驱动方案实例指出的变速器。尽管二冲程发动机在动力装置中变得寂静无声，但仍有重新使用它的机会，并分析存在的问题。代用燃料、添加燃料或驱动能量，从长远看具有较大价值。在汽车制造方面需要处理总是被用户苛求的和综合性的一些课题，它们覆盖自承载车身的基本原理、空间框架结构技术、敞篷轿车、人机工程、舒适性、汽车安全性，直至通信系统、导航系统，不断增加的电子系统——统称为"线控操纵"和驾驶人辅助系统。这清楚地表明，汽车上几乎所有功能和系统都离不开电子部件。内容广泛的"汽车安全性"一章增加了新的内容，叙述了交通事故预防、减小交通事故后果的措施和组合式安全性系统。

在最近十多年，对汽车的高要求使汽车重量明显增加。目前汽车重量出现逆转态势。因此，未来的材料技术、生产方法和零部件结构必须满足对轻结构的特别要求，同时要继续重视再生。随着汽车产品的综合性和复杂度的不断提高，优化产品设计过程是不可避免的。在高质量要求下缩短开发时间、控制开发成本迫使设计者系统性地采用仿真计算法、模拟法、测量/试验法、质量安全法以及虚拟现实（Virtual Reality）等技术；所有产品设计过程的参与者，如文中详细指出的，从一开始就要协同工作（同步工程）。

《汽车工程手册》第 7 版在 2011 年的第 6 版基础上，又进行了内容的修订和扩充，如交通事故研究、软件和赛车。特别要指出的是汽车电气/电子/软件这一章，它根据当前的技术水平和发展趋势重新组合，并对主要部分重新加工处理。还要提及的是与它相关的遥控技术、信息娱乐和多媒体应用。汽车已越来越多地进入全球通信行列。本书更新了文献目录，包括最新的、与主题有关的文献、著作内容和考虑到信息需要的一些改进插图。

各种事物和技术的新发展以及有关全球 CO_2 排放形势、微粒和 NO_x 的公开讨论,已深刻地影响汽车发展。相关内容的更新实际上牵涉到所有的动力相关章节,主要是在混合动力方案方面、纯电驱动方面,以及内容广泛的汽车电气系统能量管理方面。由于汽车的快速发展,有必要修订和更新一些重要章节。

在编写本书中,来自整个德语系工业界的许多专家提供了大量的专业知识。我们对所有作者做出的贡献表示由衷的感谢。同样,感谢 Springer Vieweg 出版社出版本书。感谢许多助手,首先是 Elisabeth Lang 夫人和 Ewald Schmitt 先生,以及感谢所有读者为改进第 7 版质量所提的很多建议。

2013 年 9 月,Grünwald/Braunschweig　　　　　　汉斯-赫尔曼·布雷斯　乌尔里希·赛富尔特

目 录

译者的话
前言
第1章 人类的活动——移动性 1
  1.1 序言 1
  1.2 移动性的原因和方式 2
    1.2.1 定义 2
    1.2.2 人们的各种活动确定他们的移动性 3
    1.2.3 货运的运输系统 4
    1.2.4 对移动性的一些特殊要求 5
  1.3 移动性的张力场和影响 5
  1.4 对汽车有重大关系的移动性要求 6
    1.4.1 一些基本要求 6
    1.4.2 一些特殊要求 7

第2章 要求与目标冲突 8
  2.1 产品创新与至今取得的技术进步 8
    2.1.1 用户的希望 8
    2.1.2 立法 9
    2.1.3 汽车技术 12
  2.2 立法者的要求 17
    2.2.1 批准上路行驶 17
    2.2.2 国家的和超国家的法律来源 20
    2.2.3 交通事故预防（主动安全性） 22
    2.2.4 减轻交通事故后果（被动安全性） 24
    2.2.5 对排放与噪声辐射的要求 25
    2.2.6 其他 28
    2.2.7 前景 29
    2.2.8 标准 30
  2.3 新技术 33

第3章 汽车物理学 38
  3.1 基本原理 38
    3.1.1 定义 38
    3.1.2 行驶阻力和驱动力 40
    3.1.3 影响汽车燃油消耗的各种因素 42
    3.1.4 各种动态力 42
    3.1.5 其他定义 43

  3.2 空气动力学 43
    3.2.1 基本原理 43
    3.2.2 作用范围 45
    3.2.3 汽车研发顺序 52
  3.3 热工程 53
    3.3.1 内燃机冷却 53
    3.3.2 乘员室的采暖和冷却 58
    3.3.3 用于加热和冷却具有替代驱动系统的车辆的组件和系统 64
  3.4 声学和振动 69
    3.4.1 引言 69
    3.4.2 行驶噪声 71
    3.4.3 驱动噪声 73
    3.4.4 滚动噪声 81
    3.4.5 风噪声 82
    3.4.6 机电噪声 83
    3.4.7 "咯咯"声、"嘎吱"声、"叽叽"声 87
    3.4.8 外部噪声 87
    3.4.9 振动舒适性 91
    3.4.10 电动化行驶的声学与振动 94
    3.4.11 声学研究过程 95

第4章 造型和新方案 98
  4.1 设计 98
    4.1.1 设计的重要性 98
    4.1.2 设计目标 98
    4.1.3 设计过程 99
    4.1.4 具体设计过程 100
    4.1.5 虚拟设计过程 102
    4.1.6 模型阶段 102
    4.1.7 颜色、装饰和个性化 103
    4.1.8 在产品准备中的设计工作 103
    4.1.9 决定 103
    4.1.10 制作设计模型和现代设计 104
    4.1.11 设计中的感悟 104
  4.2 汽车方案和组装 107
    4.2.1 概述和定义 107

4.2.2	汽车方案设计	108
4.2.3	影响因素和组装的设计范围	120
4.2.4	在各汽车等级中选出的汽车方案实例	126
4.2.5	汽车方案和在汽车工业实际中的组装过程	129
4.2.6	汽车方案的发展	130

4.3 新型驱动 130
   4.3.1 电驱动 130
   4.3.2 燃料电池驱动系统 138
   4.3.3 混合动力驱动 151
   4.3.4 斯特林发动机、蒸汽发动机、燃气轮机、飞轮 165
   4.3.5 氢气内燃机 172

第5章 动力装置 180

5.1 发动机技术基础 180
   5.1.1 内燃机工作过程 180
   5.1.2 定义和特征参数 182
   5.1.3 发动机类型 185
   5.1.4 设计和发动机力学 192
   5.1.5 奥托发动机（点燃式发动机） 207

5.2 柴油机 238
   5.2.1 定义 238
   5.2.2 发明史 239
   5.2.3 内燃机技术基础 240
   5.2.4 柴油机燃烧 244
   5.2.5 柴油机燃烧方式 250
   5.2.6 柴油机的结构和功能特征 255
   5.2.7 废气后处理 264
   5.2.8 柴油 272
   5.2.9 调节 275
   5.2.10 柴油机的未来 276

5.3 增压 284
   5.3.1 背景 284
   5.3.2 增压原理 285
   5.3.3 结构 288
   5.3.4 发动机与压气机的耦合 289
   5.3.5 调节 290
   5.3.6 与增压有直接关系的发动机部件 292
   5.3.7 其他调节系统 292
   5.3.8 减小发动机尺寸和增压：趋势、局限性、影响 293
   5.3.9 废气涡轮增压器系统开发方法 295
   5.3.10 前景 296

5.4 传动系 297
   5.4.1 概述 297
   5.4.2 起步部件 301
   5.4.3 手动换档变速器系统 307
   5.4.4 自动有级变速器 310
   5.4.5 无级自动变速器 320
   5.4.6 双离合器变速器 324
   5.4.7 混合动力 327
   5.4.8 变速器电控 330
   5.4.9 展望 335

5.5 全轮驱动、制动和驱动控制 337
   5.5.1 全轮驱动方案 337
   5.5.2 驱动和制动控制 351

5.6 排气系统 358
   5.6.1 排气系统的任务 358
   5.6.2 催化转化器 360
   5.6.3 柴油机微粒过滤器 360
   5.6.4 罐装（包壳）和陶瓷反应体的支撑 361
   5.6.5 消声器 363
   5.6.6 噪声调谐 364
   5.6.7 固体噪声 365

5.7 汽车电气系统能量管理 365
   5.7.1 基本状况 365
   5.7.2 爪极式交流发电机 366
   5.7.3 电能储存器 368
   5.7.4 传统车辆的电源系统 370
   5.7.5 带有电气化动力系统的车辆电源系统 375

5.8 二冲程发动机的机会与风险 376
   5.8.1 二冲程发动机工作方式 376
   5.8.2 二冲程发动机方案 377
   5.8.3 开发重点 378
   5.8.4 归纳与评价 382

5.9 常规燃料、代用燃料和能量载体 382
   5.9.1 市场经济法则 384
   5.9.2 能源供应安全性 386
   5.9.3 化石能源 387
   5.9.4 可再生能源 388
   5.9.5 总结 393
   5.9.6 燃料族概况 394

第6章 车身 406

6.1 车身结构 406

6.1.1 自承载车身 …… 406
6.1.2 空间框架 …… 417
6.1.3 钢车身轻型结构研究 …… 427
6.1.4 敞篷轿车 …… 433
6.1.5 车身前部模块 …… 439
6.2 车身材料 …… 441
6.2.1 历史回顾 …… 441
6.2.2 方案和结构 …… 443
6.2.3 对车身材料的要求和设计准则 …… 444
6.2.4 车身的典型材料 …… 447
6.2.5 车身所用材料品种实例 …… 452
6.2.6 不同材料的混合结构 …… 454
6.2.7 特制材料的生产技术 …… 459
6.3 表面保护 …… 462
6.3.1 表面保护的好处 …… 462
6.3.2 表面保护的开发和生产 …… 464
6.3.3 前景 …… 472
6.4 汽车内部空间 …… 473
6.4.1 人机工程学和舒适性 …… 473
6.4.2 通信系统和导航 …… 484
6.4.3 车内舒适性/热舒适性 …… 492
6.4.4 汽车内部配置 …… 502
6.5 风窗玻璃刮水、清洗系统 …… 511

第7章 底盘 …… 518
7.1 前言 …… 518
7.1.1 "底盘"的定义 …… 518
7.1.2 底盘任务 …… 518
7.1.3 行驶动力学和作用在底盘上的各种力 …… 520
7.1.4 基本的目标冲突 …… 525
7.1.5 前景 …… 526
7.2 制动系 …… 527
7.2.1 前言 …… 527
7.2.2 制动系统设计 …… 528
7.2.3 制动系部件 …… 535
7.2.4 传感器 …… 549
7.2.5 制动功能和辅助系统 …… 552
7.2.6 新的和未来的制动系统结构 …… 564
7.3 轮胎、车轮和防滑链 …… 571
7.3.1 引言 …… 571
7.3.2 轮胎结构 …… 572
7.3.3 对轮胎的要求 …… 572
7.3.4 轮胎将力传递给路面 …… 578
7.3.5 作为整个汽车系统的组合件的轮胎 …… 584
7.3.6 未来的轮胎工艺 …… 588
7.3.7 车轮 …… 590
7.3.8 防滑链 …… 597
7.4 底盘设计 …… 601
7.4.1 车轮悬架运动学 …… 601
7.4.2 弹性运动学 …… 604
7.4.3 车轮悬架 …… 613
7.4.4 减振、阻尼、稳定器 …… 618
7.4.5 转向系 …… 631
7.4.6 主动转向系 …… 646
7.5 评价准则 …… 658
7.5.1 行驶性能的主观评价 …… 658
7.5.2 行驶性能的客观评价 …… 659
7.6 燃料系统 …… 666
7.6.1 法规和用户特有的规范 …… 666
7.6.2 燃料箱在汽车上的布置 …… 668
7.6.3 燃料供给系统方案 …… 669
7.6.4 燃料箱 …… 670
7.6.5 燃料供给系统 …… 672
7.6.6 燃料过滤 …… 674
7.6.7 燃料体积测量装置 …… 675
7.6.8 活性炭过滤器（AKF） …… 676
7.6.9 对混合动力汽车燃料供给系统设计（KVA）的特别要求 …… 676
7.6.10 前景 …… 677
7.7 代用能量载体的燃料供给系统 …… 677
7.7.1 要求 …… 677
7.7.2 法规 …… 678
7.7.3 压力罐和低温罐在汽车上的布置 …… 678
7.7.4 燃料储存压力罐和燃料系统 …… 679
7.7.5 低温液化气罐和燃料供给系统 …… 680
7.7.6 发展趋势 …… 681

第8章 汽车电气/电子/软件 …… 691
8.1 汽车电气/电子/软件的意义 …… 691
8.1.1 概述 …… 691
8.1.2 对电子系统开发过程和新技术的新要求 …… 693
8.1.3 系统工程 …… 694
8.1.4 新技术设计：AUTOSAR …… 698
8.1.5 前景 …… 700
8.2 汽车电气系统 …… 700
8.2.1 汽车电气系统的组成 …… 700

8.2.2 设计规范 ………………… 707
8.2.3 汽车电气系统结构 ………… 713
8.2.4 电气系统开发过程 ………… 721
8.2.5 开发趋势 …………………… 726
8.3 汽车通信系统 …………………… 727
 8.3.1 概述 ………………………… 727
 8.3.2 电线连接的通信系统 ……… 727
 8.3.3 无线通信系统 ……………… 731
 8.3.4 总结与展望 ………………… 734
8.4 电磁兼容 EMV …………………… 734
 8.4.1 抗自干扰 …………………… 735
 8.4.2 抗外部电磁场干扰 ………… 736
 8.4.3 抗远程干扰 ………………… 736
 8.4.4 标准和指令 ………………… 736
 8.4.5 EMV 安全保护 ……………… 737
8.5 功能领域 ………………………… 738
 8.5.1 导言 ………………………… 738
 8.5.2 照明设备 …………………… 738
 8.5.3 仪表板总成—人性化仪表 … 752
 8.5.4 信息娱乐/多媒体 …………… 755
 8.5.5 驾驶人辅助系统 …………… 770
 8.5.6 遥控 ………………………… 784
8.6 人—机相互作用 ………………… 789
 8.6.1 驾驶人—汽车系统 ………… 790
 8.6.2 信息传递 …………………… 792
 8.6.3 简单认识驾驶人模型 ……… 793
 8.6.4 测量驾驶人工作强度、负荷、肌肉张力 …………………… 794
 8.6.5 模拟 ………………………… 794
8.7 软件 ……………………………… 796
 8.7.1 软件课题的前言 …………… 796
 8.7.2 软件开发过程 ……………… 796
 8.7.3 成功因素 …………………… 799
 8.7.4 底层软件架构解耦和软件平台 … 800
 8.7.5 软件产品系列 ……………… 800
 8.7.6 应用领域 …………………… 801
 8.7.7 对汽车软件的工程挑战 …… 802
 8.7.8 潜力 ………………………… 804
 8.7.9 组织上的挑战 ……………… 805
8.8 现代控制工程法 ………………… 805
 8.8.1 对汽车控制系统的一些要求 … 806
 8.8.2 现代控制器设计方法 ……… 806
 8.8.3 对现代各种控制器设计方法的评价 ……………………… 810
 8.8.4 前景 ………………………… 810

第9章 汽车安全性 …………………… 816
9.1 概述 ……………………………… 816
9.2 汽车安全性领域 ………………… 816
9.3 事故研究的结果 ………………… 818
 9.3.1 导言 ………………………… 818
 9.3.2 官方道路交通事故统计 …… 819
 9.3.3 保险公司的交通事故数据 … 819
 9.3.4 In-Depth 的事故调查 ……… 819
9.4 避免事故的车辆安全性 ………… 822
 9.4.1 车辆层面的辅助系统 ……… 823
 9.4.2 带有环境传感器的辅助系统 … 824
9.5 生物力学和保护规范 …………… 826
 9.5.1 生物力学 …………………… 826
 9.5.2 保护规范 …………………… 828
 9.5.3 模拟装置 …………………… 830
9.6 对车身的准静态要求 …………… 831
 9.6.1 座椅和安全带固定点检验 … 831
 9.6.2 车顶强度 …………………… 831
 9.6.3 侧面构件 …………………… 831
9.7 汽车动态碰撞 …………………… 832
 9.7.1 前碰撞 ……………………… 832
 9.7.2 侧向碰撞 …………………… 834
 9.7.3 车尾碰撞 …………………… 835
 9.7.4 汽车翻滚 …………………… 836
9.8 乘员保护 ………………………… 836
 9.8.1 汽车内部空间 ……………… 836
 9.8.2 乘员拉回系统 ……………… 837
 9.8.3 乘员拉回系统与汽车的相互作用 ………………………… 841
 9.8.4 侧向碰撞 …………………… 843
 9.8.5 兼容性 ……………………… 846
9.9 组合式安全性 …………………… 848
 9.9.1 驾驶人、汽车、周围环境 … 848
 9.9.2 预先防止碰撞 ……………… 849
 9.9.3 组合式行人保护系统 ……… 853
 9.9.4 组合式安全功能开发流程 … 854
 9.9.5 救援和救助 ………………… 855
 9.9.6 Car2X 安全性——前景 …… 856
9.10 在开发安全性部件时的计算机辅助设计 ……………………………… 857
 9.10.1 基本原理 …………………… 857
 9.10.2 数字工具描述 ……………… 857
 9.10.3 部件计算 …………………… 858
 9.10.4 整车设计 …………………… 859

9.11 总结 ………………………………… 861
第10章 材料和生产方法 ………… 864
10.1 回顾 ………………………………… 864
10.2 现代汽车材料 ……………………… 866
 10.2.1 汽车上各材料组所占的质量
    分数 ………………………… 866
 10.2.2 材料性能的提高 ……………… 868
 10.2.3 连接技术的进步 ……………… 896
 10.2.4 在零件成型和成形方面的进步 … 901
 10.2.5 环境兼容方面的进步 ………… 909
 10.2.6 热电和在乘用车上的应用
    可能性 ……………………… 914
 10.2.7 汽车上的纳米技术 …………… 916
10.3 材料的竞争和相互配合 …………… 922
10.4 汽车结构中的滚动轴承 …………… 923
 10.4.1 导言 ………………………… 923
 10.4.2 滚动轴承的常见类型 ………… 923
 10.4.3 滚动轴承的设计 ……………… 925
 10.4.4 最近的滚子轴承开发的示例性
    设计 ………………………… 927
 10.4.5 滚动轴承的润滑和润滑剂 …… 934

第11章 产品设计过程 ……………… 942
11.1 在产品设计过程中的同步工程和
  产品管理 …………………………… 942
 11.1.1 概述 ………………………… 942
 11.1.2 产品设计过程 ………………… 943
 11.1.3 产品规划 …………………… 946
 11.1.4 创新管理 …………………… 948
 11.1.5 产量、设计任务书、法规 …… 949
 11.1.6 方案开发 …………………… 950
 11.1.7 产品数据管理（PDM） ……… 951
 11.1.8 产品寿命周期管理（PLM） … 951
 11.1.9 批量生产开发 ………………… 953
 11.1.10 批量生产汽车陪同
    （全程陪同） ……………… 957
 11.1.11 前景 ………………………… 957
11.2 早期开发阶段的汽车方案 ………… 958
 11.2.1 概述 ………………………… 958
 11.2.2 顺序 ………………………… 959
 11.2.3 实例 ………………………… 961
 11.2.4 前景 ………………………… 963
11.3 在汽车开发中的计算和仿真 ……… 963
 11.3.1 概述 ………………………… 963
 11.3.2 在PEP中的CAE过程和必要的
    配备 ………………………… 964
 11.3.3 使用领域和方法 ……………… 967
 11.3.4 零件制造过程仿真 …………… 977
 11.3.5 优化 ………………………… 979
11.4 测量、试验技术 …………………… 980
 11.4.1 简要回顾 …………………… 980
 11.4.2 汽车制造中的测量和试验技术
    基础 ………………………… 981
 11.4.3 选择的一些实例 ……………… 986
 11.4.4 测量和试验技术效果 ………… 989
11.5 质量管理 …………………………… 990
11.6 汽车的使用和维护 ………………… 993
 11.6.1 前言 ………………………… 993
 11.6.2 可维护性和可靠性 …………… 994
 11.6.3 寿命周期成本 ………………… 997
 11.6.4 车间服务过程中的组织 …… 1000
 11.6.5 合理的维护设计 …………… 1000
 11.6.6 策略与方案 ………………… 1005

第12章 赛车 ………………………… 1014
12.1 使用条件 ………………………… 1014
 12.1.1 体育属性 …………………… 1014
 12.1.2 技术法规 …………………… 1014
 12.1.3 运动法规 …………………… 1014
12.2 汽车目录 ………………………… 1015
12.3 结构 ……………………………… 1017
 12.3.1 单体座舱 …………………… 1017
 12.3.2 车身 ………………………… 1018
 12.3.3 发动机 ……………………… 1019
 12.3.4 变速器 ……………………… 1020
 12.3.5 底盘 ………………………… 1021
12.4 性能和圈速 ……………………… 1022
 12.4.1 车辆参数 …………………… 1022
 12.4.2 可直接测量的车辆参数的
    灵敏度 …………………… 1023
 12.4.3 开发潜力 …………………… 1023
12.5 空气动力学和行驶动力学的开发 … 1025
 12.5.1 气动效率和气动平衡 ……… 1025
 12.5.2 空气动力学的影响参数 …… 1025
 12.5.3 空气动力学和轮胎影响 …… 1027
 12.5.4 空气动力学与行驶动力学 … 1028
12.6 可靠性 …………………………… 1029

第13章 前景——汽车向何处去 …… 1030

第1章 人类的活动——移动性

1.1 序言

像生命的前提是运动一样，如果没有运动，则生命变得僵硬、没有生气或完全死亡。物质是不断运动的。诚如伽利略（Gliler Galilei）所说"在自然界中没有其他的物质的年龄比运动更古老"。帕斯卡（Pascal）在他的箴言中说："我们的自然界就是运动的，完全静止就是死亡"。监狱是对人类和动物特别严厉的惩罚，这不是没有道理的。它不只意味着严重地失去了信息的吸取和因此缺乏知识的获取及传播能力。在原始时代，动物的行走移动能力使它们从自然界中独立出来，并从束缚在固定的地方摆脱出来。移动，过去是、现在是、一直是种群存活下来的基本的重要前提和进化的成功原则。

自古以来，人类的愿望就是能更快、更远和依靠自身的肌肉力量携带更多的负重运动和尽可能不太费劲。因此，那时人类渴望能迅速掌握各种技术，以便移动。在古代，人类利用风力和人力使船航行。人类发明的由牲畜牵引、由车轮做成的车辆持续了100多年。直到170多年前火车的出现，迎来了交通（移动性）的第一次革命。

伴随125年前开始的汽车的发明、发展，汽车已成为一种交通工具。由于汽车的独立性、灵活性和可使用性，至今仍被最广泛地使用着。只有汽车，它可在任何时间行驶在每一个希望去的地方，汽车具有几乎在地球的所有地区的移动性能和运输货物的能力（图1.1,[1]）。

事实证明，世界范围的文明、经济、文化的进步是与人类的移动性密切地联系在一起的。

目前，在德国有82%的人的交通是靠乘用车实现的（图1.2,[2]）。

虽然公共交通不断改善，人们还是认为乘用车由于它的使用范围（图1.3）和各种特殊的使用性能，在全球范围、在长时间内仍有重要作用。

当今世界范围的汽车保有量约为6.3亿辆。而一些大国和很多小国的大量摩托化交通还未开始。过去几年中，像中国和印度等国家的个人机械化交通量猛烈增长，所有的预测都表明，在未来还将猛烈增长（图1.4[5]）。道路交通的优点与缺点，特别是资源消耗、交通事故和环境影响等方面需要在技术与社会方面很好协调。一直都在议论的、要用国家的手对这些缺点进行干预，其目的是有节制地使用汽车。

也可以这样理解，汽车的很大成功也包含着出现的一些问题。人们必须针对这些问题从政治范畴及政策层面等方面做出决策和找出解决的办法[3]。

对从事交通和汽车领域的人的必要要求是要掌握各专业学科知识和各工艺的差别。在研发新型汽车时能直接或间接地注意像社会学、心理学等领域的知识。

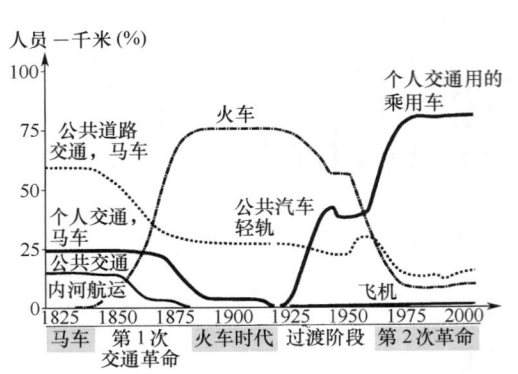

图 1.1　1820 年以来德国人的交通方式

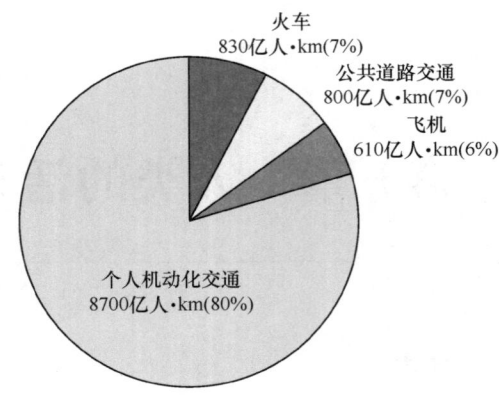

图 1.2　2008 年德国人的交通方式（来源：DIW2009）

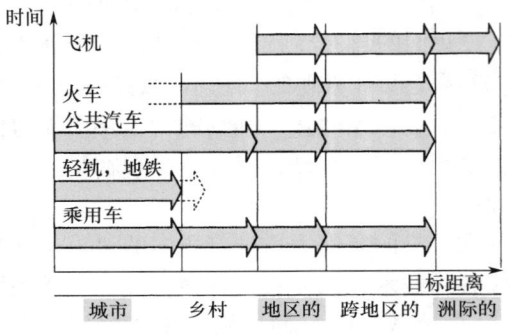

图 1.3　各种交通工具的使用范围

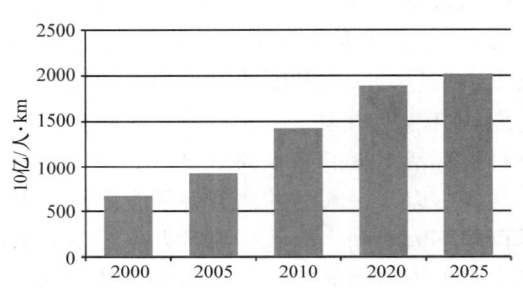

图 1.4　中国个人机械化交通的发展与预测（来源：Prog Trans 2010）

1.2　移动性的原因和方式

1.2.1　定义

　　移动性一般指克服空间、达到目的的行为。也可将移动性理解为一种需要，或地点变化的能力。社会学家认为移动性是社会各阶层间的人群运动。心理学家认为移动性是心灵的运动。移动性的需要有时是自发的或一时冲动，但移动性也会是目的。

　　交通是人的运动和货物的运输的总称。在交通经济的概念中，常将下面两个指标作为物理意义上的移动性量化指标：

　　● 交通流（运输流）：在人或货物的交通中，被运输的人员或货物在一定的地区或在交通路程的某个断面上测定的单位时间内运输的量。

　　● 交通能力（运输能力）：它是交通流与驶过的一段路程的乘积，用人·千米或 t·km 表示。

　　此外，还用下面三个指标进一步说明人们的物理意义上的移动性：

- 每人、每单位时间的行驶路程（如2008年，德国每人、每天平均出行3.4段路程）。
- 每人、每单位时间行驶的路程长度（如2008年，德国每人每天平均出行39km）。
- 每人、每单位时间行驶的路程所需的时间（如在德国，为完成每天所出行的路程，每人平均需要花费1h20min[4]）。

个人移动性的含义可从图1.5（摘自参考文献［5］）的乘用车保有量的增长中看出。

人员运输和货物运输可用从出发地A到目的地B，必要时还有一些中间目的地的"单一模式（unimodal）"，即只使用一种交通工具；或用"多种模式（multimodal）"，即使用不同的交通工具。

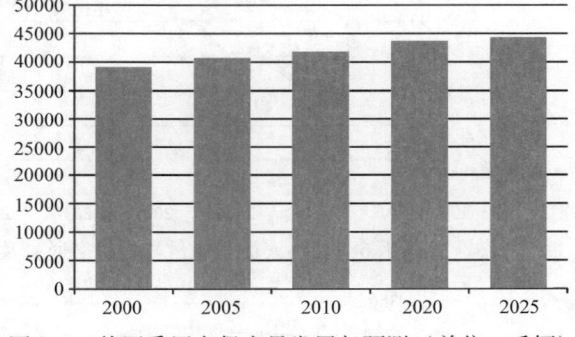

图1.5 德国乘用车保有量发展与预测（单位：千辆）
（来源：Prog Trans 2010）

下面是个人交通方式的两个实例：

1）驾驶汽车到办公室，中午驾车到超级市场，然后至电影院，最后又驾驶汽车回家。这是一个"单一模式"的行程链。

2）驾驶汽车到火车站，从火车站乘坐火车到另一城市，然后通过"Call a bike"（德国的一种公共自行车租赁服务）服务到公司参加活动。这是一个"多种模式"的行程链。

仅从这两个例子中就可清楚看到：可能有什么样的移动性方式、对各种运输工具有什么不同要求和它们在整个运输系统（内部的实施方式）的相互协调关系。

在过去，对移动性的期待总是持这样的看法，即利用新的联系工具（如因特网、视频会议），对物理意义上的移动性增长，至少在它们成长阶段，会减慢。

当然在极少的情况下也会出现虚拟移动性代替真实移动性的效应，如网上银行。然而也存在对这种效应的补偿，如人们在网上接触后，也会期望在现实世界中的会面[6]。

1.2.2 人们的各种活动确定他们的移动性

移动性的需求也会受到多种因素的影响。这些因素包括社会、经济、政治、环境以及技术等方面[7]。过去经济与交通量之间的紧密联系似乎减弱了，最起码在人员交通方面如此。最近几年，货物运输并非如此，甚至相对于产品进口还明显地超比例增长，在所有的预测中，这种趋势还将持续（图1.6[7]）。

在德国，对人员交通量最重要的拉动因素是业余时间、工作及购物[8]（图1.7[2]）。

业余时间的出行具有特殊的意义[9~11]，它在交通量中占有最高份额。

此外，由于业余时间出行具有特殊要求，如特殊的目的地、乘员的数量、特殊的行李如运动器材，因此它对合适的或偏爱的交通工具有较高的要求。

如前所述，个人交通摩托化（MIV）在整个交通中的高份额是由汽车的一些突出优点决定的。

在城市和聚居区，通过乘坐地铁和城铁，近程公共交通（ÖPNV）份额也明显更高（图1.8）。

除人们常说的"目的移动性"外，还有"事件移动性"。业余时间常与休假结合在一起，事件的移动性催生了专门的汽车方案和装饰特征。

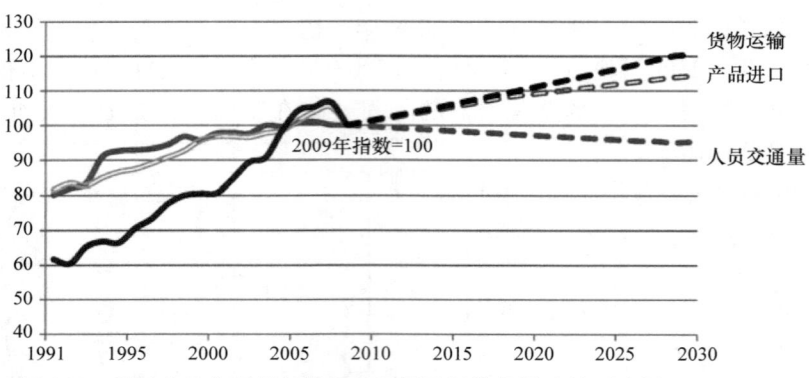

图 1.6　德国人员交通量与货物交通量及经济发展比较（来源：ifmo2010）

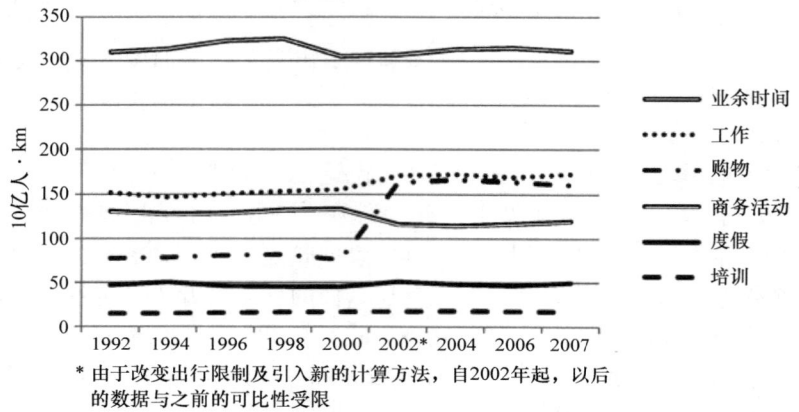

* 由于改变出行限制及引入新的计算方法，自2002年起，以后的数据与之前的可比性受限

图 1.7　德国以出行目的区分的个人机械化交通量发展（来源：DIW2009）

私人乘用车优点	公共交通工具的优点
■ 不受时间、地点限制随时可用 ■ 最短行驶路程，不需等候和换车 ■ 私人环境、舒适、防恶劣天气 ■ 易搭载行李、运动器材等，可在停止的汽车内保管货物 ■ 带乘客只需很少的附加费 ■ 采用主动控制系统使汽车平稳、安全 ■ 携带财物安全	■ 也可为不能、不愿开汽车的人服务（如老人、儿童） ■ 只在需要时由财政直接负担（没购买力） ■ 没有积极驾车要求，在乘车中可阅读、书写 ■ 不需寻找停车位 ■ 轨道交通：在恶劣天气下仍能准点到达

图 1.8　私人乘用车的优点与公共交通工具的优点对比

　　有关运输容量、运输重量、经济性和可变性的旅游客车的经济交通也对汽车方案和装饰提出了一些特殊要求。

　　对于乘用车，所谓的"休眠交通"具有重要的意义，因为在每次行驶后，乘用车都必须有停放的位置。在许多城市，通过停车位的管理来实现"休眠交通"的容量调节已经成为一种有效的交通管理手段，并且在未来仍具有意义[7]。

1.2.3　货运的运输系统

　　欧洲的一体化、全球化和经济上的不断分工对货物运输有很大影响。选择交通工具的重要标准是运输质量、安全性和经济性。

在货物运输时,道路是交通的参与者与承担者,在交通中占有很大份额(2008 年在德国约占 70%,见图 1.9[12])。其原因首先是高密度的道路网和载货汽车的高灵活性。它有从发货人到收货人的运输服务体系而不需要转运,即实现门对门的服务[13]。因为运输货物和运输人员大多利用同样的基础设施,所以在讨论道路交通时必须保留这两种运输的发展。

1.2.4 对移动性的一些特殊要求

如果将客运汽车设计成尽可能多的用途(覆盖所有要求,见第 2 章),这样就可根据设定的专门目标确定限定的或特有的汽车方案。属于这些汽车方案的有:

1)在人口密集区使用的汽车(城市汽车、少数的汽车储藏柜、外部尺寸小、车速低的汽车)。
2)在挂车上携带较重载荷(游艇、马匹)或牵引宿营车的汽车。
3)在浮式(不坚实)路面或越野地带行驶的汽车。
4)带防护板的安全性汽车。
5)适用于运输老人的汽车(可能有专门的装饰,以弥补体力不支)。

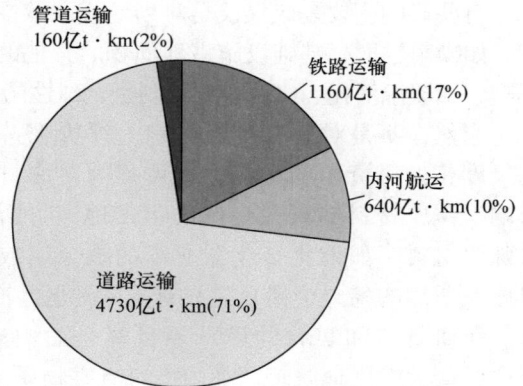

图 1.9 德国 2008 年的货物运输交通量(来源:DIW 2009)

1.3 移动性的张力场和影响

移动性与富裕程度紧密相连。通过我们新创造的价值,经济总量也在攀升,首先表现的就是货物运输量不断增加。在中国和印度这样的新兴国家,随着富裕程度的提升,可以预期,其人员交通量也会持续增长。移动性也是个人幸福和参与社会生活的前提(如开车参加培训、上班、访问亲朋好友或去其他一些国家)。

移动性具有重要作用,但也带来了一些问题。出于降低噪声的理由,恺撒(Caesar)颁布一项法令,在罗马街道将格斗车辆烧掉。在发明汽车前,很多大城市受到马车交通的威胁。在 1875 年,也就是出现第一辆汽车前,道路交通的死亡人数比现在还多。

如今,在全球超过 70 亿的人口中,货运与客运交通的后果已成为对人口密集区、交通要道的全球性挑战。

已知的交通的直接后果为:

1)资源需要。
2)排放。
3)交通事故。

可以将这些后果(汽车的负面影响)归入生存周期的各个阶段(图 1.10[14])。

受空间开发署委托,在对瑞士的道路交通和轨道交通的一次评估中得到两者的交通利用收益要高于总成本[15]。当然,这样的调查结果取决于在什么样的假设下做出的估计和采用什么标准。

有些影响主要是或仅仅是对当地或区域性的影响，如噪声辐射、基础设施占地面积。其他的一些影响，如资源消耗、CO_2 排放等则是全球性的。

当然，不是对所有负面影响的评价都持一样的尺度，如对资源的影响，也可称为对原材料的影响。铁原材料储藏在全球的很多地方，而一些特殊原材料，如催化转化器所需的贵金属或电动机磁铁所需的稀土金属只是在有限的地区才有。

科研研究和实验的最重要目标是面向未来。

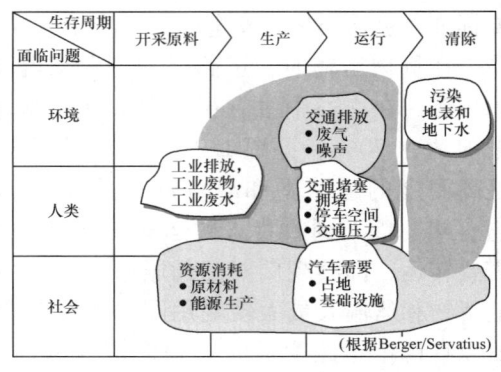

图 1.10　汽车的负面影响

至今已能大幅度地减轻诸如内燃机有害物质排放、生产过程中的环境污染等问题的压力。使用如遥控技术的新工艺技术可进一步减轻、甚至可消除对环境污染的压力。"面向未来"的中心要求是减少能源消耗，尤其是减少化石能源的消耗。

"面向未来"的移动性的一个基本的挑战是政治上的，基础设施投资不足。但一个长期的、具有战略性目标规划的交通政策，其实更重要。

另一项挑战是多种交通解决方案换乘时的合作。企业间以及企业与公用事业机构间的合作，对于优化交通情况及建立更有效率的交通系统是不可或缺的。

在交通事故中无疑有一个死亡人数为零的制约因素，因为在每一次交通事故中死亡人数太多。

证据显示，交通事故不能单靠安全的汽车解决。放弃使用汽车不是解决交通事故的办法。除了要在汽车的主动安全和被动安全的技术上不断取得进步外，还需要包括整个交通领域的一个交通管理系统。

1.4　对汽车有重大关系的移动性要求

1.4.1　一些基本要求

自 19 世纪 80 年代末使用第一辆汽车以来，汽车和交通的技术进步带来了各个领域的根本性变化，并取得丰富成果，但还要对它们提出更高的要求，希望有更大的技术进步。大量人群的摩托化提出的一些要求已在 1.3 节中作了表述。特别是每个驾驶人不断提出他对未来汽车的期待与要求（图 1.11[18]）。

- ■ 无故障、无交通事故
- ■ 在陌生地区易找到目标，帮助寻找停车位
- ■ 避免意外的时间损失（事态……）
- ■ 避免或者控制严重的状况
- ■ 化解不可避免的交通事故
- ■ 在恶劣天气的特殊情况下很少不愉快
- ■ 停车入位辅助
- ■ 安全行驶

图 1.11　驾驶人对他的汽车的期待

对汽车的要求也可从用户、生产厂家和社会的方面得到。也可从对交通流的要求、针对改进交通流的各项措施,特别是交通流的内部和外部的辅助系统(见参考文献 [17])并包括相关的交通责任承担者和交通直接参与者等方面得到。

1.4.2 一些特殊要求

虽然公共近程交通(ÖPNV)的重要性不断增加,但在人口聚集区,个人交通摩托化(MIV)仍然是不可放弃的。要继续致力于能反映出与城市友好的汽车方案。其相应的要求是低的有害气体排放和噪声辐射以及停车占位小。这样的汽车方案既是对整体的要求,又是对独立的动力装置(如混合驱动)的要求(见4.3节)。

在提供专门为残疾人相适应的改装汽车时,还有一种长者用的汽车。该汽车首先考虑到这群使用者的人机工程性能,早先这样的汽车常遭汽车设计组的拒绝。

虽然用作出租车的汽车同样要做一些优先的性能要求(舒适、少许转身就可上车等),但专用的出租车用的汽车方案(直至伦敦的出租车)也很少设计。与此不同的是在严酷使用条件下的越野汽车以及在坚实道路上具有可接受的行驶性能的旅游汽车,由于多方面的原因而取得了全球性的成功。

新的个人机动化交通方案如拼车汽车(car sharing)(见参考文献 [19]),过去几年在机动车市场上取得成功,但只处于次要地位。这些汽车方案目前有高的增长率,尤其在人员密集地区。

参 考 文 献

1. Burgert, W., et al.: Tendenzen im Karosserieleichtbau. VDI-Berichte, Bd. 1256, S. 29–50 (1996)
2. Bundesministerium für Verkehr, Bau- und Wohnungswesen: (Hrsg.) Verkehr in Zahlen 2001/2010. Deutscher Verkehrs-Verlag, Hamburg (2009)
3. Bruckmann, D., et al.: Untersuchung ausgewählter Entscheidungen auf Verkehr und Umwelt, Institut für Mobilitätsforschung (Hrsg.) Berlin, 2010
4. Bundesministerium für Verkehr, Bau- und Wohnungswesen: (Hrsg.) Mobilität in Deutschland 2008. DVV Media Group, Bonn/Berlin (2010)
5. ProgTrans: World Transport Reports, Volume I, Edition 2010/2011, Basel, 2010
6. Institut für Mobilitätsforschung: (Hrsg.) Auswirkungen der virtuellen Mobilität? Springer, Berlin (2003)
7. Institut für Mobilitätsforschung: Zukunft der Mobilität – Szenarien für das Jahr 2030. BMW AG, München (2010)
8. Zängler, T.: Mikroanalyse des Mobilitätsverhaltens in Alltag und Freizeit. Springer, Berlin (2000)
9. Institut für Mobilitätsforschung: (Hrsg.) Freizeitverkehr. Springer, Berlin (2000)
10. Institut für Mobilitätsforschung: (Hrsg.) Erlebniswelten und Tourismus. Springer-Verlag, Berlin (2004)
11. Institut für Mobilitätsforschung Berlin (Hrsg.): Öffentlicher Personennahverkehr – Herausforderungen und Chancen. Springer, Berlin (2006)
12. Seiffert, U.: Mobilität – Gesellschaftliche Anforderungen und technologische Optionen der Zukunft; RWE-Zukunftstagung «Gesellschaft und Technik im 21. Jahrhundert», Essen, 22. August 1998
13. Schulz, J.: Bewertung des Güterverkehrs auf Straße und Schiene. FAT-Schrift, Bd. 125 (1996)
14. Berger, R., Servatius, H.-G.: Die Zukunft der Autos hat erst begonnen – Ökologisches Umsteuern als Chance. Piper-Verlag, München (1994)
15. INFRAS/IWW: Externe Kosten des Verkehrs, Zürich/Karlsruhe, Oktober 2004
16. Institut für Mobilitätsforschung: Verkehrsinfrastruktur-Benchmarking Europa – Verkehrsinfrastrukturausstattung und verkehrspolitische Rahmenbedingungen in ausgewählten europäischen Staaten. Berlin (2007)
17. Jürgensohn, T., Timpe, K.-T.: Kraftfahrzeugführung. Springer-Verlag, Berlin (2001)
18. Braess, H.-H., Reichart, G.: PROMETHEUS – Vision des intelligenten Automobils auf der intelligenten Straße? ATZ 200–205 (1995). und S. 330–343
19. Frost & Sullivan: Sustainable and Innovative Personal Transport Solutions – Strategic Analysis of Carsharing Market in Europe, London, 2010

第 2 章　要求与目标冲突

2.1　产品创新与至今取得的技术进步

一百多年来，汽车用于运输人员、动物和货物。虽然很大部分汽车的基本要素是一样的——4 个车轮、作为动力的点燃式发动机或柴油机、作为转矩变换器的变速器，但汽车有明显的变化。推动这些变化的是移动性的需要、行业内的竞争、技术进步、全球性的汽车需求、立法者的措施、多种能源（石油、天然气、生物燃料、电）以及顾客要求的多样性。

2.1.1　用户的希望

汽车要销售给不同用户群这一点表示用户和市场对汽车的期望已深入到产品设计过程，并为汽车生产厂家考虑。对汽车的一些要求，有些是完全对立的。这些对立面只能综合解决。新的要求来源于大城市不断增加的交通密度，以及车辆不仅限于乘坐，而具有更多的使用目的这种事实。图 2.1 清晰地表示了对汽车的一些要求和它们间的目标冲突。

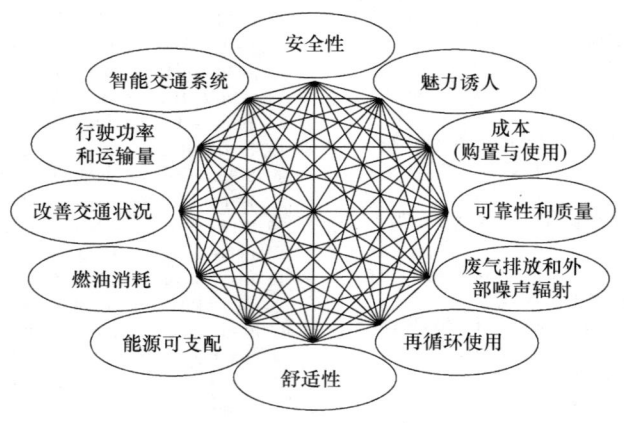

图 2.1　对汽车的要求

人们对整个交通的认识不断提高，他们把目前增长的交通问题归入汽车工业的问题，或期盼汽车工业为解决这些问题做出重要贡献。在询问用户时（很多调查的汇总），直接针对中档车辆的询问得到了图 2.2 中表示的按购车标准的各项重要程度打分的统计。除了低燃油消耗一项外，安全性、可靠性居先。

		特别重要、重要的百分率/%	
安全性	95	紧凑的外部尺寸、使用方便、驾驶灵活	53
质量、可靠性	93	行驶愉快	51
经济性	85	配置齐全	50
低燃油消耗	84	可以多方面使用	48
行驶性能、道路状况	81	行李舱大	44
环境友好	78	车内装饰	42
价格公道	78	造型、特别设计	40
技术进步	73	高发动机功率	25
舒适、轻松	62	时尚和个性	22
车内宽敞	55	运动性	18

图 2.2　按购车标准的各项重要程度打分

为满足用户的希望，也为了达到 2020 年每个车企 CO_2 平均排放 95g/km 的要求，汽车生产厂家在最近几年大大地增加汽车多样性的供应。在一个联合企业（Konzern）内汽车多样性从像 Smart 这种很紧凑的汽车[2,3]，其长为 2.7m、宽为 1.56m 和高为 1.54m，延伸到加长款的迈巴赫汽车[4]，其长为 6.165m、宽为 1.98m 和高为 1.57m。图 2.3 是这两款汽车大小的对比。另外还有满足用户需要的一些汽车，如敞篷汽车、两座跑车以及一些多功能厢式载货车与越野车。图 2.4 所示为奥迪 R8。表 2.1 是 2009 年德国各类汽车所占的百分数。只要汽车符合用户的爱好和财务状况，用户会随时购买新车，这也是自然而然的事情。

图 2.3　Smart 和迈巴赫 62 两汽车大小比较

图 2.4　奥迪 R8（来源：奥迪公司）

表 2.1　2009 年德国各类汽车所占百分数　　（%，资料来源 KBA）

车　型	百分数（%）	车　型	百分数（%）
微型汽车	5.6	小型厢式汽车	6.8
小型汽车	18.4	越野汽车	11.3
舒适级汽车	25.4	大空间厢式汽车	5.1
中级汽车	14.7	其他	7.5
中高级汽车	5.2		

2.1.2　立法

直到第二次世界大战前，作为交通工具的汽车的开发并没有注意环境问题、减少交通事故后果的汽车安全性和再利用问题,第二次世界大战后开发的大量小型汽车满足了交通的需要。20世纪60年代中期,在美国通过安全性的法律和排放规定,使汽车发生了很大的变化。有很大影响的消费者代言人R.那杜(Ralph Nade)的安全宣传活动与行政部门购车的规定,促成了"联邦汽车安全性标准(FMVSS)"的出台。一个包含汽车所有部件的安全性规定的文件直至今天还在不断充实。1900年初,在德国就有一个有关汽车行业赔偿义务的法规。此外还召开了有关这些重要题目的全球性的世界安全性会议,如ESV会议[5]和生物力学会议[6]。交通事故研究者、生物力学家、工程师和立法代表热烈讨论了汽车安全性的最新进展与成果。特别是在20世纪70年代初出现了在试验车上或汽车分系统上解决安全性的创新技术的竞争。汽车安全性不只与汽车生产厂家有关,更重要的也与用户和立法者有关,如道路扩建、交通信号设置、驾驶证培训、限制酒精和药物、清晰的交通标志等都能为交通安全做出贡献。致力于以提高安全性为目标的努力结果是:在西欧各国作为汽车行驶千米数函数的死亡和受伤的交通事故数明显下降。图2.5[8,9]为德国交通中每亿千米死亡人数逐年下降的情况。可见,过去和现在所做的汽车安全性工作是多么的必要。遗憾的是全球范围每年有记录的死亡交通事故超过100万人。各国间死亡人数的悬殊差别应激励那些"最差"的国家,并应效仿交通安全做得好的那些国家。这也适用于其他的交通承担者,如火车、近程客运公共交通和客运航班,这些公共交通工具具有很高的每人千米的安全性。

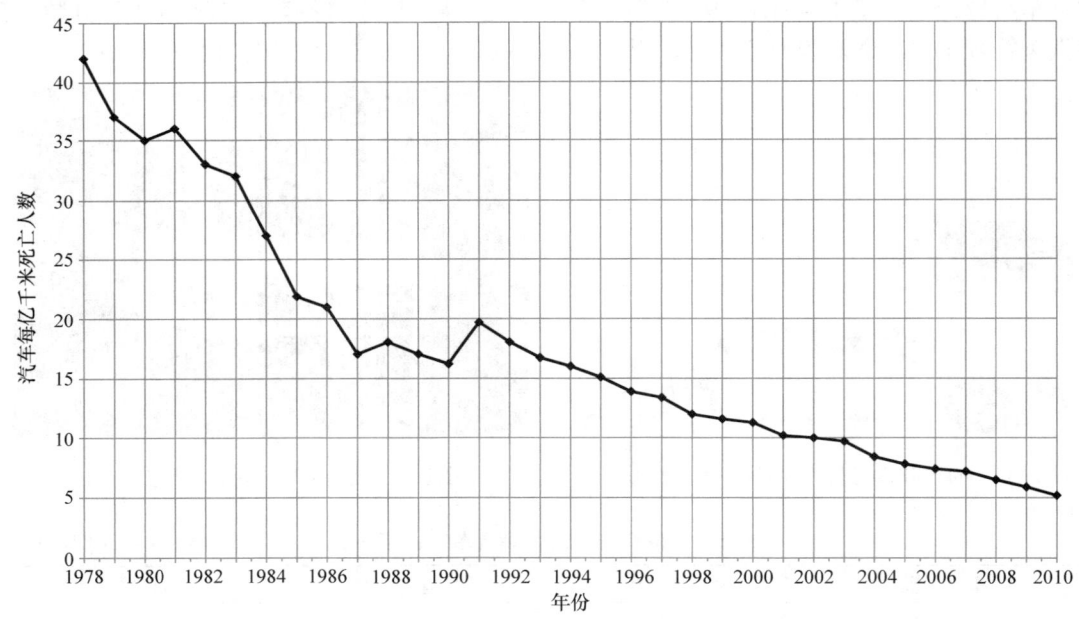

图2.5 自1991年起整个德国(包括新联邦州)汽车每亿千米死亡人数

提高汽车安全性的希望并不只是汽车用户,政策的引导能改变公众对安全性的认识。加利福尼亚就是这方面的典型例子。为解决在洛杉矶和其他一些城市的烟雾与恶劣的空气质量的困扰,颁布了一项排放法规。20世纪60年代中期,在美国,首先限制CO、NO_x、HC和微粒的排放。20世纪70年代初,在欧洲控制排气中的CO、HC、微粒排放,稍后控制NO_x的排放。另外,汽车生产厂家需要证明排气中没有限制的那些成分,不会危害人们的健康。

采用三效催化转化器和汽油机空燃比 $\lambda=1$ 的闭环控制、使用无铅汽油这些措施取得了控制排放的实质性技术突破。这时，在欧洲也将这些技术融入当时的新车上。同时，燃油系统的排放也大幅下降。通过燃油箱、油管的密封，将停车和行驶时的燃油蒸气引入活性炭罐，并再由发动机吸入燃烧室燃烧。在加灌燃油时从燃油箱加油口将逃逸的燃油蒸气通过加油枪上的一个装置吸走。柴油机通过机内措施控制排放取得了技术进步。至20世纪80年代末，氧化催化转化器、高压喷射系统在降低有害气体排放方面取得了进一步的成果。微粒过滤器、NO_x 存储转化器和 SCR 技术已成批使用。特别是 NO_x 和微粒明显下降。

目前正进一步改进汽油机和柴油机的排放性能。这些工作分两方面进行：减少发动机冷起动时的排放、继续降低受限制的排气组分、降低汽油机直喷的 NO_x 和柴油机直喷的 NO_x；在加利福尼亚的排放法规要求是超低排放汽车（ULEV）、特超低排放汽车（SULEV）和零排放汽车（ZERO），欧洲的排放法规目标是 EURO5 和 EURO6。这些法规连同控制与环境负荷有关的 CO_2 排放一起实行，人们担忧目前的汽车将完全消失。图 2.6 是从 1992 年以来从 EURO1 到 EURO6 的欧洲降低排放限值的演变。每次试验的行驶千米的排放限值平均下降超过 98%，目标是降到零排放。EURO5 规则已对 NO_x 和微粒做了特别的限制。柴油机汽车的 NO_x 限定值为 0.18g/km，微粒为 0.005g/km。

装备汽油机的乘用车　　　　　　　　　　　　　　　　　　　　　单位：mg/km

标准	EURO 1	EURO 2	EURO 3	EURO 4	EURO 5	EURO 6
车型试验	1992年7月1日起	1996年1月1日起	2000年1月1日起	2005年1月1日起	2009年9月1日起	2014年9月1日起[①]
CO	3160	2200	2300	1000	1000	1000
(HC+NO_x)	1130	500				
NO_x			150	80	60	60
HC			200	100	100	100
其中 NMHC						68
PM					5[①]	5[①]

① 燃油直接喷射。

装备柴油机的乘用车　　　　　　　　　　　　　　　　　　　　　单位：mg/km

标准	EURO 1	EURO 2	EURO 3	EURO 4	EURO 5	EURO 6
车型试验	1992年7月1日起	1996年1月1日起	2000年1月1日起	2005年1月1日起	2009年9月1日起	2014年9月1日起
CO	3160	1000	640	500	500	500
(HC+NO_x)	1130	700/900[①]	560	300	230	170
NO_x			500	250	180	80
PM	180	80/100[①]	50	25	5	5

① 燃油直接喷射。

图 2.6　欧洲和欧共体立法降低排气中有害物质含量

汽车外部噪声也要降低。欧洲批准的噪声试验方法是汽车在 2 档和 3 档模拟加速超车。目前已有很多汽车按此试验方法检测噪声，并保持在 1975 年的 82dB（A）的噪声限值以内。现在规定的车型试验噪声限值为 74dB（A），约为轮胎与路面间噪声值的 50%。进一步将车型试验噪声限值降低到 72dB（A），则升高到轮胎与路面间的噪声值的 75%。主要的工作必须集中在降低轮胎与路面间的噪声。利用特殊的低噪声沥青路面，可大大降低噪声。当然这种路面要比普通路面的寿命低。公众对于外部噪声的关注不断增加。对汽车持批评的不变话题是历数汽车在城市中的停车和排放问题。

2.1.3 汽车技术

在评价汽车技术时规定汽车的重要性能是否都向好的方面变化。如车身的寿命要长（如镀锌车身、保证能防腐12年的防腐性能）、质量好、抗扭刚度高并有一定的摆动自由，还要有良好的人机工程，好的座椅设计以及合理的操纵件的位置和操作方式。特别要改善车内的振动特性和降低噪声。用户对汽车在停车、行驶时反映出来的上述性能的评价特别高。很多细节的优化：分离离合器、摘档、减振、隔振，直至可调空气悬架都有很大的改进，并将继续下去。

车身是改进的重要部分。汽车重量的绝对增加是改善与运输总面积有关的乘员室空间引起的。在过去10年，通过紧凑的车身结构形式，汽车重量减轻10%。扭转刚度也是这种情况：将车身重量分为扭转刚度的那部分重量和支撑面的那部分重量两部分，可使目前车身的重量减轻超过50%。让人感兴趣的是，车身造型与世界范围内积极推广的电驱动的内在联系。这种驱动方式已经被认为会使车重增加。轻量化不仅对电驱动车辆，而且对所有的车辆都有重要的意义。

在这期间还成批地使用了大量的驾驶人辅助系统。这些辅助系统包括图 2.7 列出的各个方面。更详细的介绍见《驾驶人辅助系统手册》一书[10]。

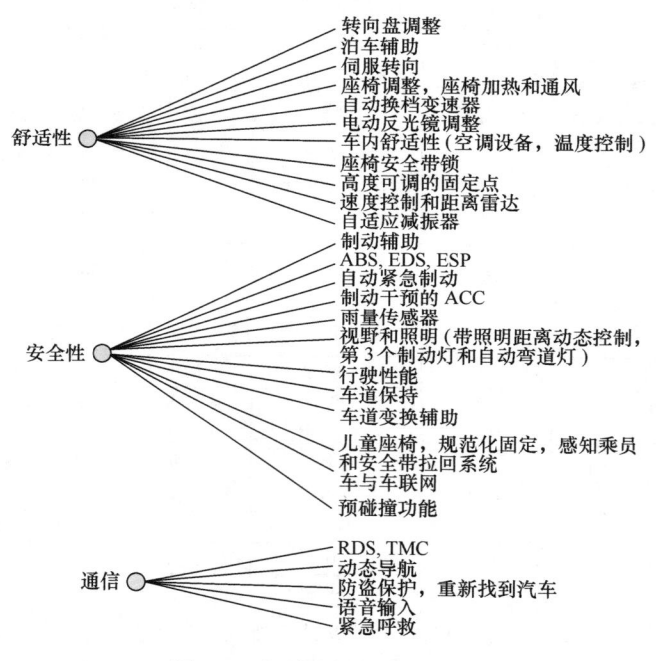

图 2.7　驾驶人辅助系统实例

汽车的燃油消耗是影响用户购车的重要因素。1978~2003 年，在德国由德国汽车生产厂家生产的汽车燃油消耗平均值从 6.92L/100km（用 NEFZ 检测）下降了 35%。尽管在过去几年汽车重量平均增加超过 300kg，不考虑例外情况，但通过技术创新和技术转让，燃油消耗已有很大降低。目前对于汽车行业的要求是，CO_2 排放量不超过 130g/km（2012 年开始实施），2020 年 CO_2 排放量不超过 95g/km。正在讨论的是，2050 年时，CO_2 排放不超过

20g/km，这约合油耗 0.9L/100km。

通过有关空气动力学设计的许多精细工作，空气阻力系数 c_w 或空气阻力明显降低。1960 年以来，c_w 下降 40%，平均值降至 0.3，如图 2.8 所示，目前许多汽车的空气阻力面（为汽车横断面与空气阻力系数 c_w 的乘积）低于 $0.6m^2$。尽管当前汽车设计中，由于外形较长、较宽、较高而形成较大的横断面，但空气阻力和与此相关的行驶阻力还是不断降低。按 EG 测试循环，中档汽车的空气阻力引起的燃油消耗约占总燃油消耗的 40%。$c_w \times A$（汽车横断面积）的值减小 10%，对大且重的轿车可省 2.2% 的燃油消耗，对小型轿车约可节省 4%[11]。

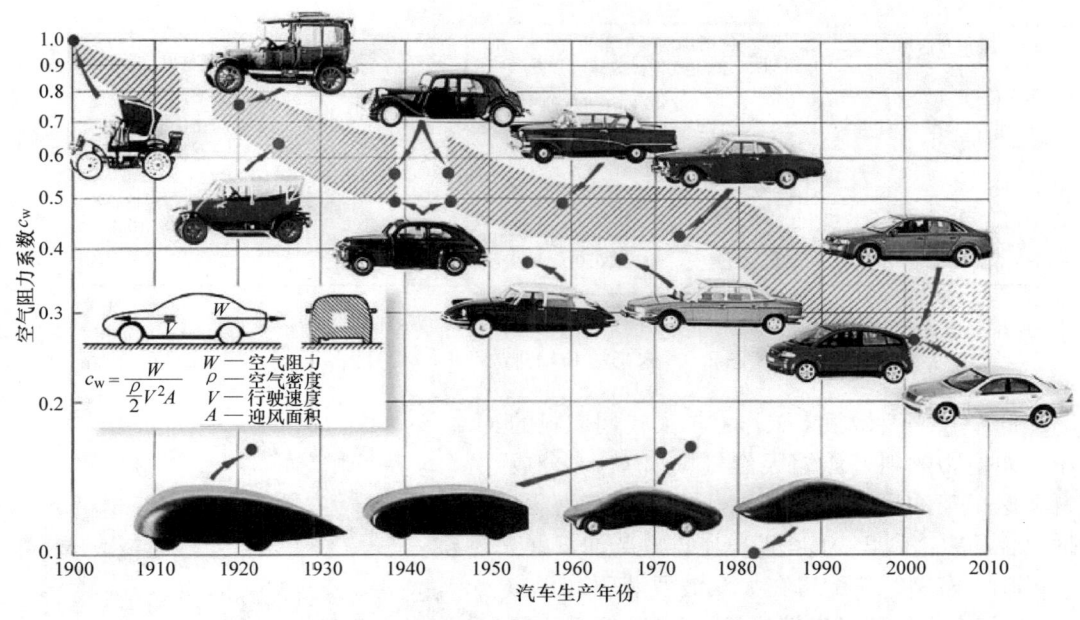

图 2.8 空气阻力系数随汽车生产年份的变化（以大众汽车为例）

在降低滚动阻力方面，采用新一代的二氧化硅轮胎技术等措施，滚动阻力系数 f_r 从 1960 年的 0.02 降至目前的 0.008。优化汽车上的其他零部件，如轴承、接头、驱动轴等都会进一步降低滚动阻力。

动力装置可最大限度地降低燃油消耗和提高汽车的舒适性。在汽油机方面采用的技术有：燃油系统的多点喷油、无触点点火系统、多气门、可变配气正时、汽油直接喷射（缸内）、汽油泵按需供油、闭缸技术、零部件轻型化、冷却循环优化、增压以提高转矩或功率以及小型化，使最低燃油消耗率达到 $225g/(kW \cdot h)$。在柴油机方面采用的技术有：燃油直喷、可变增压以提高转矩和功率、高压共轨、喷射压力超过 1600bar 或超过 2000bar 的泵喷嘴、可变预喷射以降低噪声和减少排放，压电晶体喷射系统优化喷射过程。目前最好的柴油机燃油消耗率低于 $200g/(kW \cdot h)$。

同样，单位变速器重量和单位变速器结构尺寸传递的转矩得到很大的提高。有级换档变速器改进为 5 个档、6 个档变速器。开环和闭环控制的 5~8 个档的自动变速器显著地节省了燃油消耗。可达 7 档的自动换档的机械变速器可由驾驶人选档或自动换档，包括发动机起/停系统，为降低汽车燃油消耗做出重要贡献。当然，从对乘员舒适性的要求以及汽车的加速性能考虑,换档过程应没有牵引力中断的感觉。可调节的双离合器变速器[11]能保证牵引力不中断。无级变速器还没有达到预期的市场成功。混合驱动(4.3.3 小节)尚需等待一些时间,而其市场份额在持续增长。

改进动力装置可弥补由于增加汽车重量而带来的燃油消耗的恶化。对汽油机可大致估算如下:燃烧 1L 汽油约生成 2400g CO_2。对柴油机,燃烧 1L 柴油约生成 2640g CO_2。未来的目标是进一步降低燃油消耗。欧洲 2008 年制订的 CO_2 排放调节时间节点如图 2.9 所示(见书后彩插)。这些调节值通过一些积极措施加以支持,如减税,或直接在购车时提出要求[13]。要求 2020 年时 CO_2 排放不超过 95g/km,2050 年时不超过 20g/km。

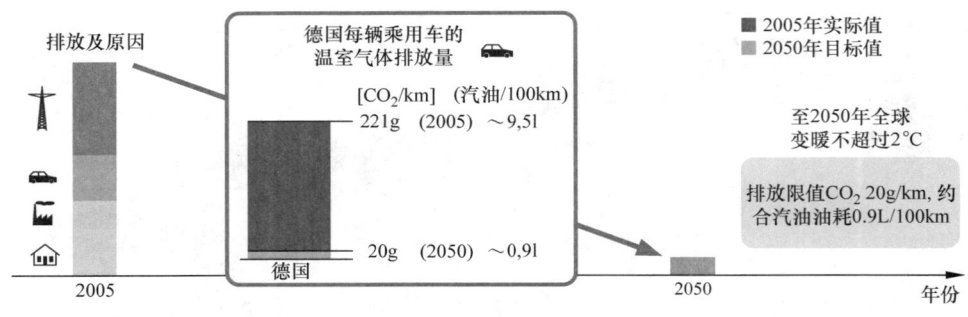

图 2.9　未来的 CO_2 排放/$g \cdot km^{-1}$ [13]

降低 CO_2 需要做很多工作:扩大代用燃料的使用,如生物燃料、压缩天然气(CNG)、合成燃料和挖掘柴油机乘用车和汽油机乘用车潜力,包括混合动力。图 2.10 是低 CO_2 排放柴油机(3 缸、1.2L)实例,它配备在大众波罗蓝驱(Blue Motion)汽车上,装备有档位显示、起/停系统及制动能量回收装置波罗轿车的标准燃油消耗为 3.3L/100km,相当 87g CO_2/km[14]。与燃油消耗

图 2.10　大众汽车波罗蓝驱[14]

低于 3L/100km 的路跑轿车相比要高。其原因在于用户习惯驾驶蓝驱这款轿车。另一个例子是丰田的普锐斯Ⅲ,它的标准燃油消耗是 3.9L 汽油/100km,相当 92g CO_2/km[15]。无论是汽油机轿车还是柴油机轿车,为降低燃油消耗需要一个智能的能量管理系统,这样在所有批次生产的乘用车上的混合动力的各部件都是标准的。世界范围内也在为量产纯电动汽车而工作。

另外一个重要观点是间接观察用户对一些改进措施的反应。用户可以接受无铅汽油、低硫燃油、生物燃料,接受降低排放和防腐处理等措施。改进措施也包括提高电气与电子器件、执行器、传感器等的质量和寿命,它们在保证技术进步上占有重要的份额。汽车的所有零部件取得了可观的成果。在所有的创新中,超过 80% 来自电子、电气部件,如图 2.11[18]所示。如果还有更多的驾驶人辅助系统和混合动力成批使用,则电气、电子部件还可随意扩大。图 2.12 是具有里程碑意义的开环和闭环控制随年份的进展[15]。人们可以看到汽车电气、电子技术的日益发展。电子技术也不断用于监控汽车各部件的功能,如安全气囊、发动机机油液面高度和质量、保养间隔以及车载诊断系统(监控影响排放的各部件)。

起动机 燃油泵 点火装置 急速旁通阀执行器 节气门操纵 ABS 液压泵 前、后风窗玻璃刮水器 前照灯清洗设备 前、后风窗玻璃升降器 电动滑动车顶（天窗） 电动车门、后盖闭锁 头部支撑和座椅调整 电动反光镜 电动天线 照明和前照灯 后风窗玻璃加热 座椅加热 风窗玻璃加热 加热型氧传感器 发动机—变速器 ECU ABS、起步辅助、EPS 速度控制装置 机、电或液力转向 车道保持 仪表 安全气囊和安全带拉紧触发 紧急呼救 空调设备	收音机、光盘、磁带、放大器 门锁红外线操纵 导航 防盗报警装置 加热的催化转化器 电动发动机冷却 电动水泵 电磁操纵气门机构 混合动力部件 发动机主动支撑 主动悬架 轮胎气压控制器 制动辅助 电子制动 电子空调电动压缩机 在 5 档和 6 档时电动换挡 风窗玻璃加热 改善夜视 车道变换指示器 弯道灯 停车入位辅助 用制动干预自动保持车距 紧急自动制动 智能安全气囊传感器 电话、传真 语音输入 平视显示器

图 2.11　汽车上的电气与电子系统[18]

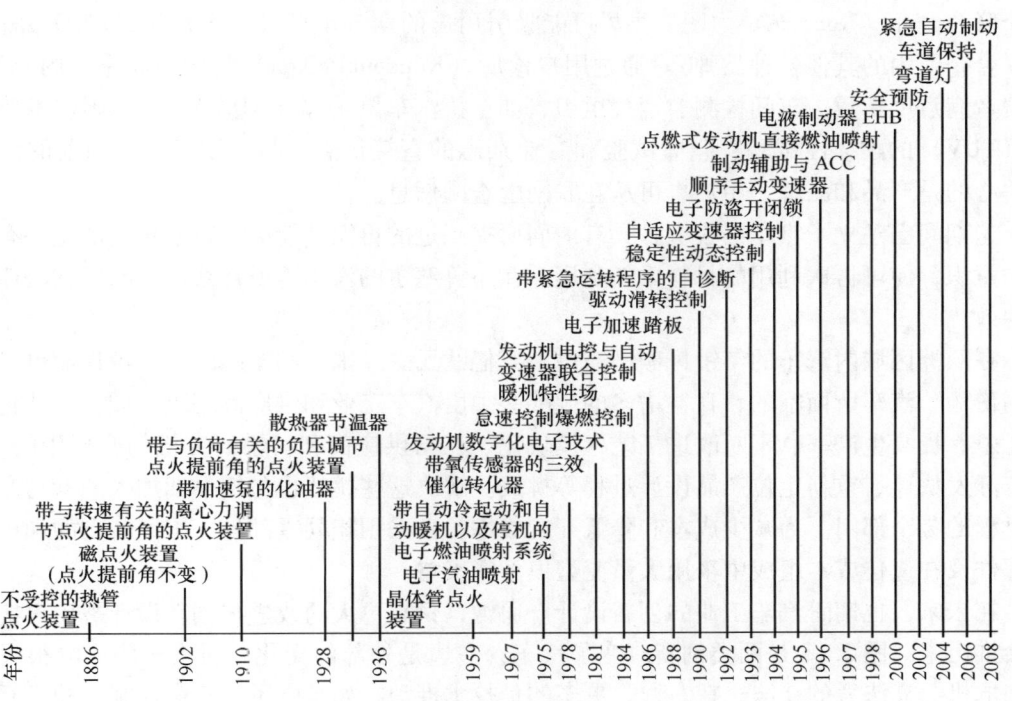

图 2.12　汽车工业在开环和闭环控制系统中的一些重要里程碑[14]

利用信息系统和通信系统，目前可以更好地将汽车集成几个系统。还可通过改进逻辑方法、通信技术、动态目标跟踪或通过与交通的其他一些系统相连接，达到汽车的创新与技术进步。还有一些全新的与用户通信的潜能，如常规的服务能力、接待和筹办各种活动的信息等。

用户的期盼如下。

1. 旅游信息

旅游计划、交通工具选择、交通工具衔接的行驶路径计划、服务、订票和预订、行人的路线计划、旅游信息、道路特征、提供的停车地、交通工具的连接、道路地图、个人通信、个人信箱、紧急情况报告、紧急呼叫。

2. 近程公共交通管理系统

静动态管理系统、个人公共交通旅游计划、出售车/船/飞机票或代用票。

3. 停车场管理

预订停车位、停车场动态信息、停车场推荐。

4. 交通信息

导航、个人和集体的交通事故动态信息、路径导向、交通状况（拥堵、修路）、天气预报、环境状况、特别的活动、地区限制（驶入限制、通过限制）。

5. 交通查询管理

存车（car-pooling）、与货运的连接、城市物流、过路费。

在汽车技术创新的同时，生产厂家向用户供应的汽车品种也有了改变，如扩大服务能力供应各种车型、提供新型的厢式载货汽车、提供拼车用汽车，直至建立另外一些销售机构。每个联合企业（Konzern）力图提供尽可能吸引用户的众多车型（一个汽车品牌的多种车型和联合企业内的其他各种品牌）。通过用户诊所（Kundenkliniken）与用户联系、内外询问、消费者满意度指数、车间检测、消费组织，如全德汽车俱乐部（ADAC）和德国技术监督协会（TÜV）的耐久性试验、碰撞试验和专业杂志的直接信息。与早期相比，当前的汽车用户关心的是产品和品牌，用户也可从互联网上查阅信息。

这期间已建立了汽车回收链，具有前面所提到过的再循环能力。特别重要的是要有环境保护意识，使可再次利用的材料重新利用。在布鲁塞尔的汽车再循环线已为欧盟在法律上确定生效[19]。

在欧洲区域内汽车的年销售额已超过 1 万亿欧元。经销处和车间的附加销售额也占有相当的份额。汽车所面临的、日益增多的挑战必须由汽车工业和供应商解决，如：全球化、国际竞争、提高生产率、不断改进工艺、模块化、在与供应商和科学研究机构合作中的变化、汽车开发伙伴、重新定位产品设计过程等挑战。解决这些挑战也包括早期加入的参与产品设计过程的各个部门。为减少成本和降低开发成本，常采用相同零部件、工厂特有的和扩展的零部件及在最佳成本组成中采用大量变型模型等策略。

在未来，也期盼汽车工业的创新设计。通常，只有更大的改进与创新设计被用户接受时才会推出来。图 2.13 是两类创新改变了汽车：左边是外部的变化，对汽车的影响很大，如石油危机、立法者的立法；在右边，更多的是技术推动，如微电子、模糊控制、神经元控制器。新型汽油机和柴油机、代用动力、燃料电池、混合动力、利用传感技术的交通事故预防

（包括"电子辅助驾驶人"的导向辅助系统）、优化汽车电气与电子部件和零部件轻型化等创新技术。特别是电动汽车的出现，不仅改变了能量供应方式，还改变了消费行为和制造商结构。

当所有参与汽车创新的经济、政策和工业方面的工作者对标准有一致的认识，并有共同的目标，则遇到的各种技术挑战总是可以克服和掌握的。

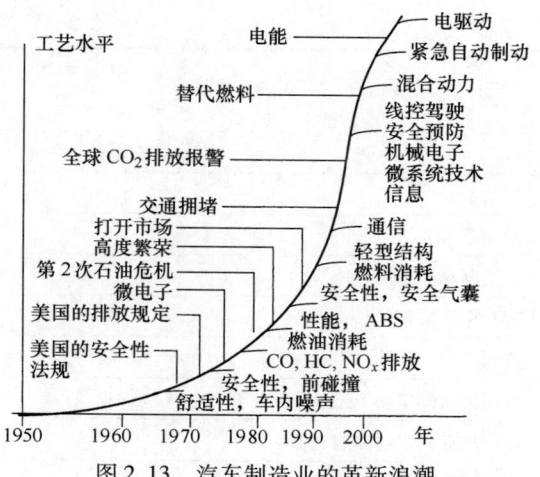

图 2.13　汽车制造业的革新浪潮

2.2　立法者的要求

除通常的国家规范外，以下专门介绍欧洲立法。如果全球的其他一些规则适用于各个要求，则在专业的章节中加以说明。

2.2.1　批准上路行驶

按道路交通法（StVG）§1 第 1 款，在公路上行驶的汽车和它的挂车必须由交通主管部门（批准部门）批准。汽车批准（上路）规定（FZV）的§3 进一步规定，由车型确定的最高车速超过 6km/h 的汽车和它的挂车，当它们获得上路许可或获得 EG 车型批准，并授予官方标识时才允许上路行驶。

对要生产或已生产的 M_1 等级的系列汽车将授予汽车生产厂家 EU（欧盟）车型批准证书。在授予 EU 车型批准证书前，按规定，生产厂家（申请者）必须出示批准部门的质量安全体系文件。

图 2.14 为 M_1 等级汽车批准程序。表 2.2 是法律来源（依据）一览表。M_1 等级汽车是运送人员的车辆，它可供除驾驶人以外最多可以有 8 位乘员乘坐。

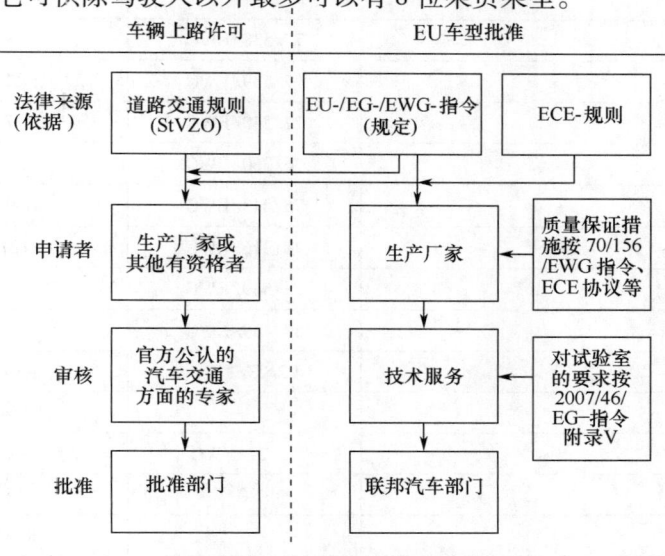

图 2.14　M_1 等级汽车批准程序

表2.2 法律来源

汽车等级 M_1	EU-/EG-/EWG-指令或规定	ECE规则	道路交通规则 StVZO
对主动安全性的要求（预防交通事故）			
转向系	70/311/EWG	R79	§38
制动系	71/320/EWG	R13—H	§41
更换制动器摩擦衬片	71/320/EWG	R90	§22
声音标志装置	70/388/EWG	R28	§55
视野	77/649/EWG	R125	§35b
风窗玻璃除霜和干燥装置	规定（EG）672/2010	—	§35b
风窗玻璃刮水器和清洗器	规定（EG）1008/2010	—	§40
间接视线装置	2003/97/EG	R46	§56
采暖（发动机废热和附加设备）	2001/56/EG	R122	§35c
照明安装，报警转向灯	76/756/EWG	R48	§49a, 53a
反光镜	76/757/EWG	R3	§53
轮廓灯，轮廓标志灯，尾灯，制动灯	76/758/EWG	R7	§51, 51b, 53
侧标志灯	76/758/EWG	R91	§51a
方向指示灯	76/759/EWG	R6	§54
远、近光前照灯	76/761/EWG	R1, 8, 20, 112, 113	§50
它们的光源	76/761/EWG	R37	§22a
气体放电前照灯	—	R98	—
它们的光源	—	R99	—
自适应前照灯	—	R123	
前雾灯	76/762/EWG	R19	§52
转向灯	—	R119	
后雾灯	77/538/EWG	R38	§53d
倒车灯	77/539/EWG	R23	§52a
驻车灯	77/540/EWG	R77	§51C
后牌照照明装置	76/760/EWG	R4	§60
倒档和测速仪	75/443/EWG	R39	§39, 57
车内配备（标志、控制灯）	78/316/EWG	R121	§30
车轮罩	78/549/EWG	—	§36a
轮胎胎面花纹深度	89/459/EWG	—	§36
轮胎及其装配	92/23/EWG	R30	§36
更换车轮	—	R124	—
挂车载荷，支撑载荷	92/21/EWG	—	§42, 44
连接装置（挂车接合）	94/20/EG	R55	§43
踏板布置	—	R35	§30

（续）

汽车等级 M_1	EU-/EG-/EWG-指令或规定	ECE 规则	道路交通规则 StVZO
对被动安全性的要求（减少交通事故）			
车内配备（凸起件）	74/60/EWG	R21	§30
转向系（碰撞事故时的性能）	74/297/EWG	R12	§38
前碰撞乘员保护	96/79/EG	R94	§—
侧碰撞乘员保护	96/27/EG	R95	§—
自动收紧安全带	76/115/EWG	R14	§35a
安全带和拉回系统	77/541/EWG	R16，R44	§22a，35a
座椅，座椅固定和头部支撑	74/408/EWG	R17，R25	§35a
头部支撑	78/932/EWG	R17，R25	§35a
凸出的外棱边	74/483/EWG	R26	§30C
燃油箱及行驶保护	70/221/EWG	R58	§47，47c
燃料系（液化气和天然气）	—	R67，R110，R115	§41a，45，47
氢燃料汽车	VO（EG）79/2009	—	
车门（门锁和铰链）	70/387/EWG	R11	§35e
前后防撞杆	—	R42	—
撞车事故	—	R32	
风窗玻璃	92/22/EWG	R43	§40
电驱动（安全性）	—	R100	§62
行人保护和车前部保护系统	VO（EG）78/2009	—	
安全气囊	—	R114	
行李分隔系统	—	R126	
对排放性能要求			
噪声级和排气系统	70/157/EWG	R51	§49
更换消声器	70/157/EWG	R59	§49
汽车发动机有害物质排放、燃油消耗、废气浊度和 CO_2 排放	70/220/EWG、VO（EG）715/2007 和 VO（EG）595/2009	R83，R103	§47，47c
燃油消耗和 CO_2 排放	80/1268/EWG	R101	§47d
功能失效和电磁兼容（EMV）	72/245/EWG	R10	§55a
电驱动时的电能消耗	—	R101	
轮胎滚动噪声	92/23/EWG	R117	
空调设备的排放	2006/40/EG	—	—
其他			
上路行驶许可（车型批准）	2007/46/EG	—	§19，20
后牌照（安装地点和安装）	VO（EG）1003/2010		§60

（续）

汽车等级 M_1	EU-/EG-/EWG-指令或规定	ECE规则	道路交通规则 StVZO
其他			
防止无权使用汽车的安全装置	74/61/EWG	R18, R116	§38a
报警系统和防盗开闭锁	74/61/EWG	R97, R116	§38b
厂牌，汽车识别号	VO（EG）19/2011	—	§59
牵引装置	VO（EG）1005/2010	—	§43
发动机功率，测量	80/1269/EWG	R24, R85	§35
M_1（中档）等级汽车的质量和外部尺寸	92/21/EWG	—	§32, 34
最高车速（测量）	—	R68	§30a
轿车的燃油消耗和 CO_2 排放	1999/94/EG		
老汽车，回收	2000/53/EG, 2005/64/EG	—	—

2.2.2 国家的和超国家的法律来源

1. 道路交通规则 StVZO

按道路交通规则§6，联邦交通、建筑和城市发展部（BMVBS）授权颁布经联邦议会同意的有关汽车性能、各种配置、试验和标识的法律规定和一般的行政规范。联邦灾害防止法§38第2款和§39授权 BMVBS 和联邦环境、自然保护和反应堆安全部颁布经联邦议会同意的有关环境保护范围的规范。由这两个部共同颁布的规范是道路交通规则的组成部分。汽车的结构和行驶规范从道路交通规则（StVZO）§30"汽车性能的一般规范"开始。按 StVZO §30 第1款，汽车结构和配置必须满足以下要求：

1）在正常行驶时无人受伤或能更好地防止不可避免的伤害或烦恼。

2）特别在发生交通事故时要尽可能保护乘员避免受伤，受伤的程度和后果尽可能小，详见 StVZO §30ff.。

2. 欧盟法律档案

欧洲共同体的作用由1957年的罗马协定，特别是由成立欧洲经济共同体（EWG）协定规定。EWG 协定规定主要任务是拆除贸易壁垒，建立一个共同的内部市场，保证技术规范一致的汽车可以在欧共体内畅通无阻地参加货物运输。在起草技术规范（即指令）时要从对汽车的安全性、环境保护的高要求出发。

欧盟议会特别依据委员会的条款94和建议，对公路行驶车辆颁布了很多指令。当前，条款95a 和建立欧洲共同体（EG）协定的自1997年2月开始实施的文本条款14是欧盟法律档案的法律基础。从分类角度，欧盟法律档案可分为框架性指令和各个单独的指令。3个框架指令针对汽车和挂车（2007/46/EG）、轮式农业或森林拖拉机/牵引车（2003/37/EG）和两轮、三轮车辆（2002/24/EG）的型号认证。在型号认证中除包括汽车/车辆外，可能还有一些系统和部件，当然还有各种技术单元。

按指令2007/46/EG，可以将汽车/车辆和从属于前面列出的指令的挂车分成几个等级。

M_1 为乘用车、M_2 和 M_3 为公共汽车、N_1 至 N_3 为载货汽车、O_1 至 O_4 为挂车。除乘用车外，所有等级的车辆都按允许的总重（在一些指令中称为最大质量）作了规定。在可通行的地区的车辆/汽车，在它们的等级符号 M_1 到 N_3 处添加字母 G。房车 M_1 有特别的用途规定。

按汽车结构型式［从高档轿车（贵宾车）、组合式高档轿车到多用途车］将对 M_1 汽车进行附加的区别，多用途汽车是为运输乘员和他们的行李或运输货物（有单独的内部空间）的一种汽车。归入等级 M_1 的这些多用途汽车必须满足附加的标准。

3. 联合国（UN）欧洲经济委员会规则

在以 1958 年 3 月 20 日协议为基础的 1995 年 10 月 16 日的复审文本中，UN 欧洲经济委员会（ECE）着手进行汽车技术规范的一致性工作。协议的题目为"关于采用轮式车辆、装备对象和安装在轮式车辆和/或使用在轮式车辆上的部件的统一技术条件以及双方公认的按此规范授权的批准条件"。附加在协议中的规则涉及安全性、环境保护和能源消耗。

1998 年 3 月 24 日欧共体加入了修改的协议。这期间，日本、澳大利亚、荷兰、南非和韩国也加入该协议。

德国采用了自 1958 年以来约 125 个生效的规则的大多数规则。该协议和对这些规则的复审在德国已通过法律程序生效。该法律授权 BMVBS 在倾听联邦各州意见后，以命令形式在德国生效。新的 ECE 规则及修改已不必再在各国通过法律程序生效，因为欧盟通过的话，即可在欧盟成员国中生效。

许多 ECE 规则的技术规范，特别是照明技术装置，通过引用被吸收到相应的 EG 指令中。众多的 ECE 规则为欧共体承认，并与 EG 指令是等价的。汽车生产厂家可以在 EG 车型批准框架内选择性地使用 EG 指令或 ECE 规则。通过与安全性相关的 EG 规定 661/2009，大约 50 项 EG 指令在 2014 年 1 月 11 日被废除；它们由新的 EG 规定及相应的 ECE 指令所代替。

编者注：通过欧盟规定 661/2009，车型批准程序将会简化，对安全性和环境保护方面的要求将会更高。2014 年 1 月 11 日，50 项 EG 指令被取消，由新的欧盟规定及相关的适用的 ECE 指令所替代。

此外，规定中引入了电子动力学调节系统、换档显示及胎压控制系统的要求。

在不同的车辆等级中，对轮胎都有滚动阻力、滚动噪声及湿地上的安全保证等相应要求。

4. 拆除贸易壁垒的其他措施

为加强大西洋沿岸的欧洲与美国的经济联系和拆除贸易壁垒进行的经济对话，需要在 ECE 框架范围内起草一个关于全球汽车技术规则的协议。这个协议不是替代 1958 年的 ECE 协议，而是与它一起存在，并称为具有同等效果的协议（平行协议）。

1958 年的协议的基础是相互承认以 ECE 规则为基础的批准程序。平行协议的目标是最终制订和确定有关安全性、环境保护、能量效率和防盗安全的全球技术协议。应用这样的一致性规范的程序是保留协议参加者。这样可以进入车型批准程序和自认证程序。全球技术规则可由制订 ECE 规则的同一个工作组起草。

除美国和欧共体外，还有欧盟的各成员国和其他国是平行协议的参加者。德国也是平行协议的参加者（德国同时归属于欧共体和欧盟成员国）。协议于 2008 年 8 月 25 日生效。

2.2.3 交通事故预防（主动安全性）

1. 概述

当前有关对汽车主动安全性要求的规范是单独为 M_1 汽车生产厂家制订的，对它们没有特别的挑战。各个认证机构对交通事故预防的检测和多年来的竞争不断改进了汽车的主动安全性和可期待的舒适性。由竞争得到的测量标杆显著地高于立法者的标杆。图 2.15 是除照明技术之外的汽车主动安全性规范。

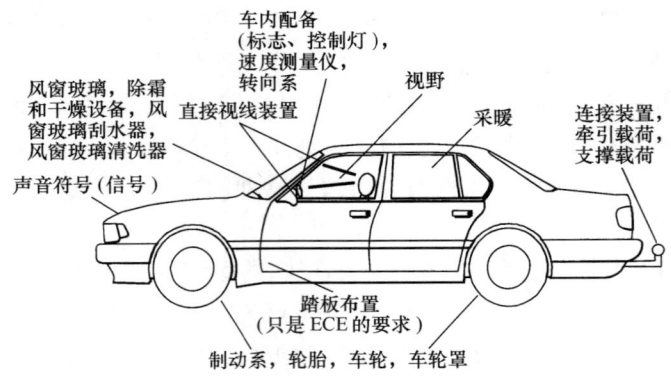

图 2.15　汽车主动安全性规范

2. 制动系

汽车制动系要有行车制动、辅助制动和驻车制动。行车制动要在汽车所有行驶速度和载荷、在技术指标规定的坡度（上坡和下坡）时控制汽车行驶，以及安全、快速、有效地停车。当行车制动（如制动回路）出现故障而失效时，辅助制动必须在一定的测量距离内停住汽车。驻车或驾驶人不在汽车上时驻车制动能使停在坡道上的汽车保持静止位置。

在公路上检测制动器性能时要检测带载荷的汽车制动作用，以通过车型的认证。检测包括：

——冷态制动器的正常制动作用（Typ0）。
——在反复制动时制动作用的下降情况（Typ1），并以热制动试验结束。
——冷态制动器的辅助制动作用（Typ0）。

表 2.3 给出了制动器在各种制动时需达到的性能。

表 2.3　制动试验

	行车制动 Typ0（分离）	行车制动，热 Typ1（接合）	辅助制动 Typ0（分离）
试验速度 $v=$	80km/h	$80\% v_{max}$；≤160km/h	80km/h
制动距离≤	$\left(0.1v+\dfrac{v^2}{150}\right)$m	$\left(0.1v+\dfrac{v^2}{130}\right)$m	$\left(0.1v+\dfrac{2v^2}{150}\right)$m
总的平均减速度 $a_m \geq$	5.8m/s²	5.0m/s²	2.9m/s²
操纵力 $F \leq$	500N	500N	500N（脚） 400N（手）

驻车制动系必须使带载荷的汽车在坡度为18%的上、下坡路面上保持静止状态。用手操纵时操纵力不超过400N，在脚操纵时不超过500N。

未配备防抱死制动系统（ABS）的汽车，在各种载荷下前桥车轮的附着系数曲线一般要高于后桥车轮的附着系数曲线。

在3种可能的ABS类型中，第1种ABS能满足最高要求。在ABS出现故障时通过光报警信号向驾驶人显示。

按ECE规则Nr.13的附录8对ABS，包括"综合性的电子控制系统"进行检测。

3. 视野

驾驶人前方必须有足够的视野。在汽车上建立一个3维坐标系统和确定许多基准点，如图2.16所示，就可检测驾驶人前方是否有足够的视野。

上面所说的许多基准点中的两个基准点为"H"点和"R"点。这两个基准点在其他的一些指令中也有重要作用。

H点是躯体和放在汽车座椅上的大腿间转动接头的中心点。图2.17是"3维人机图"。R点或座椅基准点是由座椅生产厂家的座椅结构确定的。

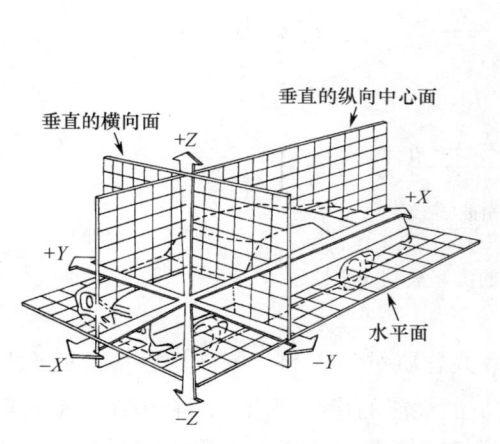

图2.16　3维坐标系统　　　　　图2.17　3维人机部件说明

4. 工程照明设备

这里仅使用前面提到的或法规许可的照明、照明材料和反光方式（图2.18）。工程照明设备要对批准的结构型式承担义务，按规范装在汽车上并正常工作。

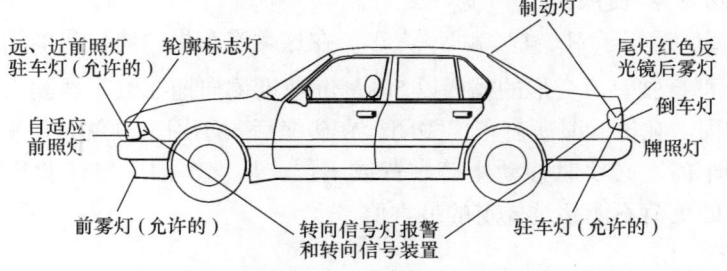

图2.18　工程照明装置

2.2.4 减轻交通事故后果（被动安全性）

1. 概述

通过汽车碰撞试验和发表的科研评估成果，汽车在被动安全方面出现了生产厂家间的激烈竞争，最终受益的是乘员。需要提及的是与此相关的欧洲新车评估计划（Euro NCAP）。该计划的目标是独立评估汽车安全性并向用户提供咨询。

当前，汽车需通过以下的被动安全性试验：

1) 前碰撞。变形元件抵消40%的冲击能，如96/79/EG规定，碰撞速度为64km/h。
2) 侧碰撞。如96/27/EG，还包括按FMVSS 201的事故后果。
3) 桩试验。对柱进行侧向碰撞。
4) 按EEVC方案用4个冲击器（腿、髋、儿童头部、成人头部）对行人进行模拟试验。

图2.19是减轻交通事故后果的汽车被动安全性简图。

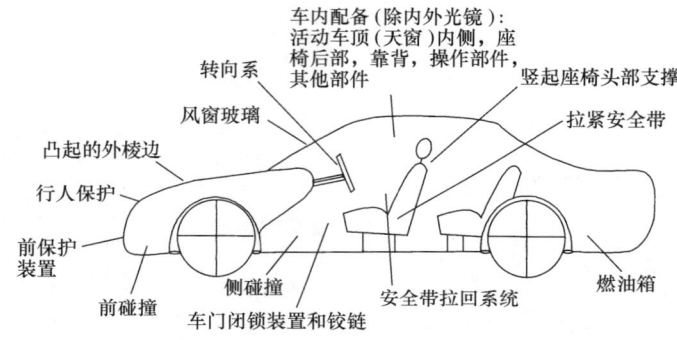

图2.19　减轻交通事故后果的汽车被动安全性

2. 前碰撞时的乘员保护

指令96/79/EG适用于M_1汽车，允许的汽车最大总质量为2.5t。按该指令认证的汽车也满足关于转向系在交通事故碰撞时转向系侵入乘员的性能的指令要求。配有坐在汽车前排外座上的几个试验用模拟人的汽车以56km/h的速度撞在横置的栅栏上。栅栏前部是可变形的一些部件组成。汽车的宽度必须超过栅栏前部宽度的40%±20mm。根据在几个模拟人中的多个测量值记录器，就可得到不能超过最大值的汽车加速度标准。除人体头部负荷外，还要判定颈背、胸部以及大腿上、下部。

3. 侧向碰撞时的乘员保护

指令96/27/EG适用于M_1汽车和N_1汽车。在这类汽车中，座位最低的R点不应高于汽车地板700mm。可行驶、可变形的栅栏以50km/h速度侧向撞在汽车驾驶人侧。试验模拟人就坐在该侧的前面。在试验时所有车门关闭。在碰撞后，不用工具就可像平常乘员上、下汽车那样打开4个车门。必要时移动座椅靠背或座位，从汽车内取出试验模拟人。头部、胸部、骨盆和腹部的负荷不能超过规定的最大值。

4. 行人保护

规定（EG）78/2009和（EG）631/2009适用于M_1汽车的前面参与者（行人），汽车总质量可达 2.5t。需进行下列碰撞试验：
1）腿测试体冲击汽车保险杠缓冲器。
2）骨盆（臀部）测试体冲击汽车保险杠缓冲器。
3）骨盆（臀部）测试体冲击发动机盖前棱边。
4）儿童头部形、矮个成人头部形测试体冲击发动机盖上部。
5）成人头部形测试体冲击前风窗玻璃。
6）儿童头部形、成人头部形测试体冲击发动机盖上部。

此外，规定（EG）78/2009 和规定（EG）631/2009 还对制动辅助系统（BAS）和前保护系统的测试给出了特殊规定。要特别规定测试体的质量和速度。在试验时，根据测试体的性能，产生的移动、加速度、力、力矩或 HPC 值不应超过规定（EG）78/2009 规定的限值。

2.2.5 对排放与噪声辐射的要求

1. 概述

法规对排放与噪声辐射的要求，特别是对排放的要求，是对汽车生产厂家的严重挑战。人们已提前知道在最近几年要实施的有害物质的限值和修改的或附加的一些要求。

2. 噪声级与排气系统

噪声测量要测量汽车行驶时和在行驶中停车时的噪声的两种情况。测量在行驶停车时的噪声是为控制这种车型在行驶时噪声的基准值（参考值），即背景噪声。

测量汽车行驶噪声的声级仪放在离汽车 15m 和与汽车行驶方向垂直的 20m 长的试验路段的中间。在试验路段，汽车先以 50km/h 速度等速行驶，只要汽车前边缘到达试验路段的始点，立即以最大加速度加速。选择汽车档位与前进档的数目、变速器型式以及确定汽车最大功率⊖的标准有关。只要汽车后缘到达试验路段终点，就完全松开加速踏板。在这样的加速度超车时得到的噪声级不应超过 74dB（A）⊖。

排气系统或可更换的消声器可给予特别的型号认证（批准）。

3. 排气

汽车的排放

汽车要进行下列试验：
1）检测汽油机冷起动后排气管的平均排放（Typ1）。
2）检测汽油机在急速时的 CO 排放（Typ2）。
3）检测从曲轴箱排出的气体排放（Typ3）。
4）检测燃油蒸发排放（Typ4）。
5）检测减少排放的各个部件的耐久性（Typ5）。
6）检测在低环境温度下汽油机冷起动后的 CO 和 HC（Typ6）。
7）车载诊断系统检测。

⊖ 说明 M_1 汽车规定的噪声限值。
　对装备直喷柴油机的汽车：+1dB（A）；对最大汽车质量 ≥2t 且功率 <150kW 的越野汽车：附加 +1dB（A）；对最大汽车质量 ≥2t 且功率 <150kW 的越野汽车：附加 +2dB（A）；对最大功率时的汽车（档位数 >4 档，功率 >140kW，单位汽车质量的功率 >75kW/t 以及在测量路段终点以 3 档达到的车速 >61km/h）：附加 +1dB（A）。

8) 处于运转状态的汽车的一致性。

9) CO_2 排放和燃油消耗。

10) 废气浊度。

装备柴油机的汽车，进行 Typ1 和 Typ5 检测，附加检测 OBD，处于运转状态的汽车的一致性，CO_2 排放和燃油消耗以及废气浊度。

在进行 Typ1 检测时，在行驶功率试验台上进行行驶循环检测。行驶循环由城市行驶循环部分 1 和城外行驶循环部分 2 组成，如图 2.20 所示。

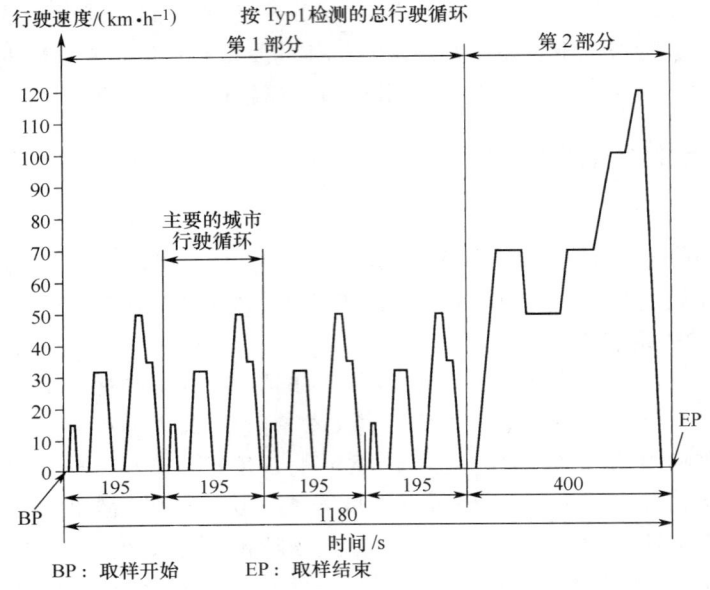

图 2.20 按 Typ1 检测的总行驶循环

汽车采集的气体排放和每次检测规定的微粒质量要在表 2.4 规定的限值以内。

表 2.4 排气管排放限值

排放成分	CO		THC	NMHC	NO_x		THC + NO_x	微粒	
	汽油机	柴油机	汽油机	汽油机	汽油机	柴油机	柴油机	汽油机	柴油机
欧5 限值/(mg/km)	1000	500	100	68	60	180	230	5	5
欧6 限值/(mg/km)	1000	500	100	68	60	80	170	5	5

注：THC：总的 HC 质量；NMHC：非 CH_4 的 HC 质量。

如果在测量时气体排放没有从曲轴箱通风系统逃逸到大气中，则在进行 Typ3 检测时也可进行这项检测。检测是在试验台上按 3 种工况进行的。

检测有害物质的排放很麻烦，是特别细致的工作。试验时的粗心大意会破坏试验而使其中断，需重新开始。

Typ4 检测是费钱的工作。确定装备汽油机汽车的 HC 损失是靠燃油系统的汽油蒸发得到的。汽油蒸发排放不许超过 2g。

为检测燃油蒸发排放，需要一个气密的、四角形的、足够大的测量室，以将汽车围起来，且从测量室各边容易接近汽车。测量室关闭后必须气密，内表面不能渗透 HC 物质，且不易与 HC 发生化学反应。由于试验间温度波动会使测量室体积变化，为此，可使用体积可变或体积固定不变的试验间。试验间的内壁温度在燃油箱呼吸试验期间保持在 278（5℃）~328K（55℃）之间；在热停车试验期间必须保持在 293（20℃）~325K（52℃）之间。

用氢火焰化离子检测器（FID）监控测量室内的空气。风扇或通风机一方面要保证封闭的测量室中的空气基本上是均匀的，另一方面要保证能与开启的测量室通风。

图 2.21 为确定燃油系统蒸发的检测过程。每个检测阶段燃油蒸发损失是由 HC 浓度的原始值和终了值、空气温度与压力、试验间的净体积计算得到。由在加热燃油箱和在热停车时 HC 排放量之和就可确定燃油系统的燃油蒸发量。

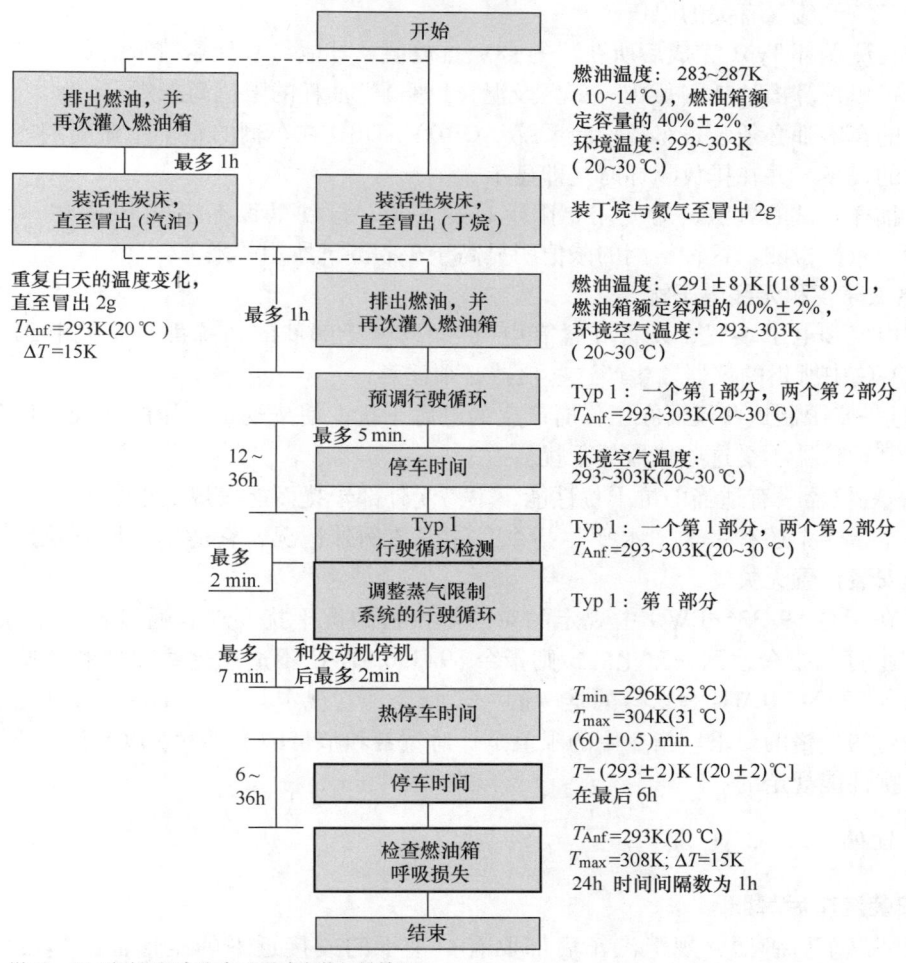

图 2.21　确定燃油系统蒸发的检测过程

Typ5 检测相当于汽车行驶里程超过 160000km 的老化试验。按规定的程序，老化试验是在试验路段、在公路上或在转鼓试验台上进行的。生产厂家可用预先估计的恶化因子替代老化试验和通过老化检测得到的各个恶化因子,并用在 Typ1 检测中。

在对装备汽油机的汽车进行 Typ6 检测时可附加得到在低环境温度下冷起动后排气管的 CO、HC 排放。排气管的 CO、HC 排放检测按行驶循环 Typ1 第 1 部分(图 2.20)进行。在试验温度为 -7℃时 CO 值应低于 15g/km,HC 值应低于 1.8g/km。

柴油机汽车要测试废气浊度。不透明度或浑浊度测量仪连续测量柴油机排气管排气的吸收系数。测量是在等转速和自由加速时进行的。自由加速时的烟度检测特别作为汽车行驶时烟度复验的基准(参考)值。在柴油机怠速时快速和无冲击地踩下加速踏板,以达到喷油器的最大喷油量。

测量排气的不透明度是在柴油机全负荷的 6 个不同转速下进行的,这时得到的吸收系数不应超过与空气流量有关的限值。

根据检测循环 Typ1 完成后所获得的 CO_2 排放值及其他与 C 元素排放有关的排放值,应用计算机可以计算出油耗(城内、郊区及混合道路)。油耗的限值尚未规定。

所有的车辆都必须装备车载诊断系统(OBD)。OBD 在车辆的整个生命周期内,监测与排放有关的设备,并在排放超标时立即显示。

通过抽样测试的方法,对使用年限不超过 5 年,行驶里程不超过 100000km 的在用车辆,进行一致性检测。这种检测的限值明显高于 Typ 测试所用的限值。

4. 电磁兼容和无线电干扰

所有电气和电子装置、设备和含有电气和/或电子部件的系统都是有关电磁兼容指令 89/336/EWG 中所指的仪器。生产这些仪器必须注意:

1)进一步限制这些仪器在工作时产生的电磁干扰,使按规定工作的无线电设备和通信设备以及其他仪器不受这些仪器的干扰。

2)这些仪器具有适当的抗干扰性能,不易受外部干扰而能按规定正常工作。

在这个指令中还有一个"水平"指令,除少数例外情况,它适用于所有仪器,而与这些仪器的安装位置无关。

如果在指令 89/336/EWG 中规定的对一些仪器的抗干扰要求是通过各个单独的指令,即一些"垂直"指令达到一致化的,则指令 89/336/EWG 不适用这些仪器和这些抗干扰的要求。指令 72/245/EWG 是这样的唯一的一个指令,它规定与汽车有关的对电磁兼容和电磁干扰发射的严格的要求。指令中的限值是针对宽带和窄带的干扰发射以及针对汽车对电磁场的抗干扰性能规定的。

2.2.6 其他

1. 安装汽车后牌照

为安装汽车后牌照,规定汽车后部要有一个平的或接近平的矩形面,其尺寸至少为 520mm×120mm 或 340mm×240mm,牌照下棱边至少要高于路面 0.3m。

2. 对无权使用汽车者、防盗开闭锁、防盗保护的一些安全装置

对无权使用汽车者必须采取这样的安全装置,即无权使用者通过正常的操纵,无法起动发动机,或无法控制、驾驶汽车,或无法向前行驶。M_1 汽车配备防盗闭锁装置。该装置可阻止无权使用汽车者靠自身的力量盗开汽车。基本的思路是无法使汽车行驶,即设置两个单独的汽车电路。这两个单独的电路是汽车靠本身的驱动力（如起动机、点火系、燃料供给）行驶所必需的；或可通过记忆的编码进行干预。这样就能达到防止盗开汽车的目的。为此，必须要有一个使汽车行驶的电控单元。

3. 厂牌、汽车识别号

提供信息的厂牌必须放在醒目的、可接近的地方。厂牌上标有生产厂家名称、EG 型号认证号、汽车识别号和官方批准的汽车总质量。汽车识别号有 17 位，在汽车底盘或框架的右边中间处。

4. 测量发动机功率

测量发动机功率是在规定的条件和不同的转速下进行的，以便能精确地确定由生产厂家给出的最低转速和最高转速间的负荷特性曲线。最低转速到最高转速的转速范围必须包括发动机达到它的标定功率这一转速。发动机重要的辅助装置，如水泵、发电机、增压器，要计入发动机标定功率内。其他一些装置，如空调、空气悬架的空压机不计入发动机标定功率内。按指令 80/1269/EWG，测量发动机功率时不考虑测量混合动力汽车的电机功率，但在汽车认证时要给出电机功率和采用的测量功率的方法。

5. M_1 汽车等级的质量和外形尺寸

M_1 汽车允许的工程最大质量不应超过各个车桥允许的载荷之和，这一点必须牢记。在准备行驶时，汽车总质量（燃油箱加灌到 90%，见指令 70/156/EWG 附录Ⅰ脚标 O）和每个座位的乘员以 75kg 计的质量之和。允许的牵引载荷，包括实际的支撑载荷的限值为：

带制动器的挂车：允许的 M_1 汽车最大质量无论如何不超过 3.5t（越野汽车最大质量不超过 M_1 汽车最大质量的 1.5 倍）。

不带制动器的挂车：为准备行驶状态的汽车总质量的一半。无论如何不超过 0.75t。

6. 老旧汽车、再生

指令 2000/53/EG 和 2000 年 9 月 18 日的欧洲议会的指令 2005/64/EG 要求应减少报废汽车的环境负荷，为保持和改善环境质量、节省原料和能源做出贡献。目前，在欧共体，每年产生 800 万~900 万 t 老旧汽车垃圾。在上述两个指令中确定的措施是避免汽车垃圾、再利用、再生和老旧汽车及其部件的其他形式的应用。避免汽车垃圾、减轻环境负荷的重要方面就是要降低如铅、水银等危险物质的使用。

生产厂家应致力于这样设计和生产汽车，即对汽车的再利用预定目标量化，以达到再生、再利用。

所有从 2010 年 12 月 15 日起批准的乘用车至少有 85% 的汽车质量的零部件可再利用和/或可回收；至少有 95% 的汽车质量的零部件可再利用和/或可再生。

对 1980 年 1 月 1 日前生产的汽车，欧盟成员国对上述目标值可以规定得低一些。

至迟 2015 年 1 月，相应的值的目标值要提高到 95% 及 85%。

2.2.7 前景

在未来几年，环境的保护将处于高等级，所以对汽车环境友好性的要求将更高。

由于各电子部件的相互交联（联网），安全性、环境友好和舒适性的各个电子系统越来越具备综合性。它们的失效会对安全性和/或环境产生重大影响，为此需要制定有关这方面的法规。

如将"汽车综合性电子控制系统的安全性思路的特别规范"附录 8 补充到有关制动系的 ECE 规则 Nr.13H 中,则该规范可选择地用于车型认证程序上。

在欧洲的动力装置设备和智能工程(PEIT,Powertrain Equipped with Intelligent Technology)项目[24]中,通过专门的工作组可以检验汽车安全性、环境友好性和舒适性这类重要题目的进展。其最终成果是将扩展的一维规范变成宏观的、普遍适用的"线控电子系统"。

2.2.8 标准

1. 引言

标准化是按设计由所有利益集团共同执行的规范化的物质和非物质的事件。标准描述了技术上的可能性、经济意义和实践验证。标准化工作的基础是意见一致性和透明性。技术标准反映技术水平。标准化促进了技术的合理化和质量安全,而不只是带来经济上的好处。

2. 国家标准与国际标准

在标准化的历史发展中,电气技术和通信技术都建立了行业标准化组织。其他行业,包括汽车行业在内,都归属于一般标准化组织。这种分类不仅体现在欧洲和国际层面,也体现在德国与其他工业化国家。

德国标准化研究院(DIN,Deutsches Institut für Normung)是一个技术—经济协会。在 DIN 的章程和自 1975 年以来与联邦政府签订的协议中,DIN 是负责德国标准工作的一个研究院。它潜心观察德国、欧洲和国际标准化组织中有关标准化方面的任务。

图 2.22 列出了最重要的一些标准化组织。

图 2.22 德国国家标准和国际标准相关的标准化组织结构

3. 标准化工作的基本原则和标准的应用

技术标准的权威标志是形成标准的状态文件程序,特别是参加所有感兴趣的标准化领域。标准化的一些基本原则:

1)由感兴趣的标准化领域的一些专家组成工作委员会制订标准。委员会的组成必须考虑各方面的利益(如生产厂家、用户)。

2)在标准的文本最终公布前,必须提交作为标准的草案的先期文本,以公开审阅和发表意见。

3) 标准必须反映各种科学知识的当时技术水平和经济状况。

4) 标准必须顾及经济情况,以免应用者负担过多费用。

5) 至迟每隔 5 年要对标准进行现实性检验。

一般而言,不存在一定要用标准的义务。标准是自愿的协议,它由有关人员在标准化组织的框架内自行负责制订。1975 年德国和德国标准化研究院签订了一个协定,即"标准协定",为在德国的技术标准化提供法律保障。标准协定的重要内容是承认德国标准化研究院(DIN)是德国的国家标准组织,其责任是在标准化工作中反映公共利益。

立法者没有义务期望标准的经济效果,但期望在自愿的基础上积极使用标准,因为使用标准有很多好处,如:

(1) 专业术语标准 专业术语标准使专家间易于沟通,提高交流效率,有利于防止可能的误解。在与外国同行交流时术语标准很有用。

(2) 试验标准 按统一的试验标准易于比较不同的试验结果,并可降低试验成本。

(3) 质量和管理系统标准 对产品和供应商的质量进行管理。

(4) 度量标准 度量标准使批量生产成为可能,零件大量生产可降低成本。

(5) 接口标准 接口标准可实现部件间的可更换性和不同生产厂家的功能块(组件)与驱动器(执行器)交联成一个功能系统。

4. 标准的制订

为了将所有参与者的要求体现出来,并通过公开化获得认可,制订标准时要参照法规。法规既有国家层面的,也有国际层面的,并且要被所有三大分支组织应用。

图 2.23 展示了标准的制订流程。

5. 标准委员会的专业工作

在 DIN 集团内的各标准委员会进行专业的标准化工作。标准委员会是跨部门的或部门特有的。DIN 集团有超过 80 个标准委员会(NA),涵盖全部的标准工作。

DIN 的跨部门标准委员会,如:

1) 声学、降噪和振动工程标准委员会。

2) 材料试验标准委员会。

3) 机器连接件标准委员会。

DIN 的部门特有的标准委员会,如

1) 机器制造业标准委员会。

2) 汽车标准委员会。

3) 矿业标准委员会。

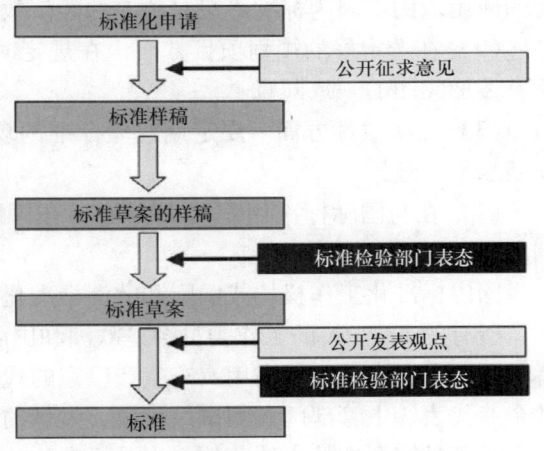

图 2.23 制订标准的几个重要阶段

6. 汽车业领域的标准化

80 多年以来,德国标准化研究院汽车标准委员会(FAKRA)将汽车工业的研究机构和企业聚集到一起,就共同感兴趣的标准化课题进行磋商。FAKRA 代表国内和国际在汽车业领域的标准化利益,其任务范围囊括公路车辆所有专业产品的标准化课题(农业拖拉机以及特种车辆,如市政公用车、消防车和抢险车,除外)。此外,FAKRA 还负责多种型号运输罐的标准化,如货运集装箱可变罐车,还与德国电工委员会(DKE)一起负责公路交通遥控技术领域的标准化。

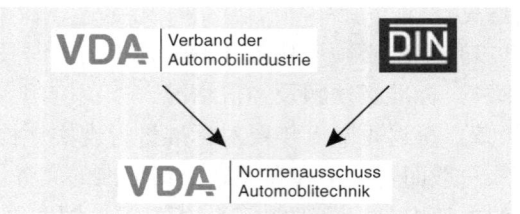

图 2.24 汽车制造业标准承担者

FAKRA 的组织、财务和人员隶属于汽车工业协会(VDA),如图 2.24 所示。标准化工作按 DIN 的基本原则实施。制订标准的步骤清晰、透明;制订者权限明确;公众有发言权。

FAKRA 在国际标准化组织(ISO,International Organigation for Standardigation)和欧洲标准化组织(CEN,Comité Européen de Normalisation)的下列专业委员会中代表 DIN:

1)TC 22 公路车辆。

2)TC 104 货运集装箱。

3)TC 204 公路交通遥控技术。

4)TC 278 公路交通遥控技术。

5)TC 301 道路车辆。

7. 提出任务

标准委员会的重要任务和工作范围:

(1)在选题方面 在选题时要判断:建议的规划项目是否值得标准化;是否期待有较大的使用范围。因为标准不只是单一的经济效果。

(2)在选定好的规划项目方面 在规定时间内认真、仔细制订标准化规划项目和取得所有参加集团的一致同意。

(3)在实效性方面 要定期检验标准的现实性,必要时要修订,使标准与当时的技术发展水平一致。

(4)在与国际标准组织协调方面 在国际和欧洲标准化委员会中要保障应有的德国利益。

国内标准化工作机构或国际和欧洲标准化的德国工作机构约有 40 个工作委员会。实际上,所有的 FAKRA 的工作委员会是欧洲和国际标准化委员会的影子委员会。委员会的合作者是乘用车生产厂家和商用汽车生产厂家的代表、挂车生产厂家和车身生产厂家代表、零配件企业代表、主管部门和测试站代表、大量的用户和非行业的最终用户的代表。

汽车是综合性技术的范例,也是标准化的对象。汽车电控系统(如 ABS、EBS)的采用和流行提供了很多标准化的课题。串行数据通信、电磁兼容、车载诊断系统和遥控技术是众多标准化课题中的一些实例。在过去几年,这些课题是标准化委员会的选题重点。与汽车行驶和交通安全性有重大关系的课题,如工程照明设备、商用车的装载安全、乘用车中的儿童座椅固定。有关人机工程的一些标准是过去几年确定标准化规划项目的又一个重点。代用动力方案(电驱动和混合动力、燃料电池、天然气和氢气)也在进行标准化。

汽车行驶动力学范围的标准化(见第 7.5 章)是标准化委员会的一个重要的工作领域。还有就是统一行驶动力学术语、行驶状况和试验方法、试验条件以及测量技术和数据分析。要保证全球用同一方法、同一标准观察事物。在考虑相应的边界条件后使结果具有可比性

（也即标准的本意）。在试验方法采用开环方式（试验时驾驶人不主动控制）而不用闭环方式。因为在使用闭环方式时由于驾驶人的干预，对试验结果产生很大影响。只有在比较这两种试验结果时才允许使用闭环方式。对常规的汽车零部件和各个系统（如点火系、电线、插接件、熔丝、照明设备、液压和气动管路系统、燃油管、燃油滤清器、润滑油）和空气（供燃烧用空气和乘员室空气）、牵引汽车连接装置、柴油机燃油喷射系统（如喷油泵和喷油器）、发动机零部件（如活塞环和活塞销）需要标准。专业术语标准和统一的试验方法是标准化工作的另一个重要方面。

8. 标准化的利益

毋庸置疑，跨部门和部门特有的标准为简化工作、节省成本做出重大贡献。标准化的意义远不只是节约的潜能，标准促使竞争。只要对部件和它们的接口有明确的要求，则所有潜在的供应商有供货的机会。各供应商间的竞争可进一步降低成本，订货者可从中获利。由于市场给所有参与者（供应商）平等的机会，创造价值的供需伙伴就会增多。但要用具体的数字来说明标准化带来的总的经济利益是困难的。下面的例子可说明标准化带来的利益。与"及时性逻辑（just in time-Logistik）"趋势相关联的、在1986年的VDA中大家认识到容器标准化的必要性，从而VDA投入紧张的标准化工作，并在2000年10月以发布"小装载承载体的欧洲标准（DIN EN 13199）"结束。在这期间约有2500万个标准化的小装载承载体进入市场周转。这相当投资总额1.25亿欧元。设备的经济利益首先在于多次使用而降低成本。稳定生产运输柜的较多成本约可以在使用6~8次后偿还。按经验值，运输柜至少可无损伤周转100次，成本节省因数至少是90，即至少可节省90%的成本。这里还没有计算省去的早先一次性包装费用和收集、分类、清理的费用。从这个标准化项目还可说明标准化的关键是合理化。

参 考 文 献

Jens Kleinemeyer; Standardisierung zwischen Kooperation und Wettbewerb – Eine spieltheoretische Betrachtung – Peter Lang/Europäischer Verlag der Wissenschaften, Frankfurt am Main 1998

Veit Ghiladi; Strategische Bedeutung der Normung, DaimlerChrysler AG, Intellectual Property Management/Standardisierung, FTP/N 70546 Stuttgart, 1999

FAKRA-Handbuch – Normen für den Kraftfahrzeugbau

– Band 1: Allgemeine Kfz-Technik
– Band 2: Motoren- und Triebwerkteile
– Band 3: Räder und Reifen
– Band 4: Bremsausrüstung
– Band 5: Elektrische und elektronische Ausrüstung

Beuth Verlag GmbH, 10787 Berlin, Fax 030/2601 1260 Internet: www.beuth/de

有关的互联网重要网页：

Deutsche Normung: www.din.de
Internationale Normung: www.iso.ch
Europäische Normung: www.cenorm.be

Allgemeine Normenanwendung: www.ifan-online.org
Automobilindustrie: www.vda.de

2.3 新技术

车轮一直会有新的发明吗？新技术只是在特殊情况下有它本来的意义。有时，新技术是被工程师们推动的（"technology nush"）。为取得新技术的最后成功，新技术首先是被用户拉动，即市场拉动（"market pull"）。在有些情况下，如当一些法律和规范（如环境保护）要求时，新技术是必要的。

使用新技术可以列举出很多原因，如图2.25所示。在图中列出的类目中的不少类目还可附加一些具体解释。

可以将很多技术归纳在各个技术领域中，如图 2.26 所示。

至今，微电子技术和软件已广泛用于汽车的各种功能上。继续提高微电子技术和软件功能的目的是汽车在行驶状况，它的各个系统要与乘员的意愿处于最佳的匹配状态。进而，利用遥控技术系统将本汽车与其他汽车、与基础设施和与其他运输工具联网，其目标是使汽车更安全、环境保护更好、运输效率更高、舒适性更好。为实现这些目标，可以采用从信息采集、自主规划到操纵执行的所有功能（包括可联网的技术领域）的、被称为"智能工程（technische Intelligenz）"的电子工程系统，如图 2.27 所示。目前一个重要的创新领域是传感器技术。

在图 2.26 中列出的其他一些类目的重要目标是除汽车的各种技术形态外，要爱惜资源、保护环境、经济。这样才能使汽车持久生存。

汽车众多目标冲突[41]的一部分可通过总方案的结构设计、材料和受力状况（力学手段）解决或减轻。由图 2.28 可见，各种电子系统为解决或减轻目标冲突做出重大贡献。软件也总是起着很大作用，它使汽车具有很高的"个性"[45]。但也不可忽视机械的作用：例如，在发动机飞轮中集成有一个扭转减振器，有了它可以在行驶中对发动机的转速进行非常精确的控制。

| ■ 改进现有的性能 |
| ■ 达到至今不能达到的性能 |
| ■ 解决目标冲突 |
| ■ 提高经济性 |
| ■ 达到生产厂家的战略目标 |
| ■ 改进汽车和公路的耐用性 |

图 2.25　使用新技术的原因

| 产品技术 |
| ■ 微电子、软件、机电、遥控技术 |
| ■ 新材料、表面工程、制造方法 |
| ■ 附加/替代能源和动力装置 |
| 工艺技术 |
| ■ 生产方法和回收方法 |
| ■ 产品生产工艺的方法 |
| ■ 质量保证方法 |
| ■ …… |

图 2.26　新技术范围

| 智能工程系统定义： |
| 　若工程系统在它的工作环境中的性能具有人的相应的智能能力，则该系统称为智能系统（训练后）。|
| 特征： |
| ■ 具有信息获取、信息处理和信息翻译能力。|
| ■ 存储、读出记忆中的信息能力，读出和推导出控制参数。|
| ■ 具有动态学习变化了的系统状态和变化了的环境状态的能力。|
| ■ 在系统变化和环境变化时能独立采取有针对性的决策能力。|
| ■ 在未来： |
| 　根据系统变化或环境变化的经验和早期征兆能自主采取行动的能力。|
| ■ 属于智能方面的还有： |
| 　随着智能的不断成熟，可以不断加强各系统间和各系统与人之间的通信能力。|

图 2.27　智能的工程系统——一个长期的发展方向

新技术不仅用在产品（包括新设计方案、产品生产、维护/修理和回收）上，而且用在产品设计过程（从研发到批量生产前，即零批量）。产品创新的前提是技术创新，这是常见的情况。另外，还可列出采用新技术的其他一些原因，如：

1）降低综合性。

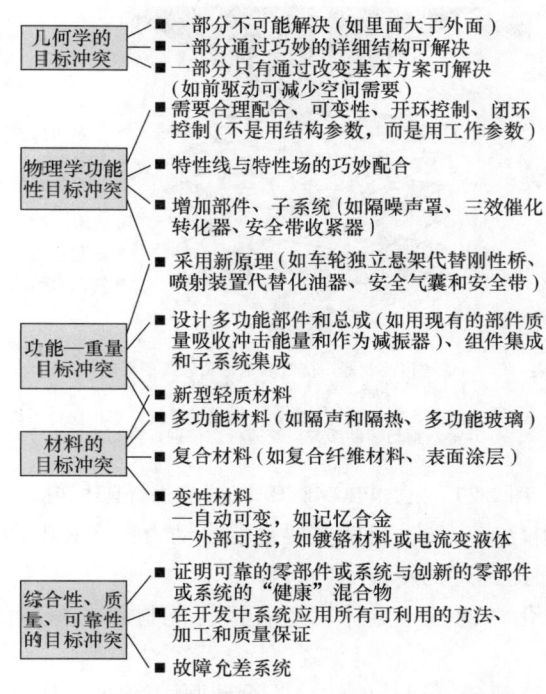

图 2.28 消除汽车工程目标冲突的一些原则

2）提高灵活性。
3）减小结构空间。
4）多功能，部件集成（模块化）。
5）减少材料消耗。
6）使用再生原料。

在转换目标冲突时可能会出现新的目标冲突。

由此可得到，在早期研发阶段要决定新技术用在什么样的场合，并要弄清在无法实现（突破）的情况下是否有替代的解决方案。在原有的技术被另一个技术替代时要特别慎重，要从全局上考虑。如用燃料电池替代内燃机时，整个的驱动系统，包括所有的辅助装置几乎完全改变。在批研发前的预先研发必须确认方案的可行性，它是第一个重要阶段（里程碑）。利用具有批量生产能力的第一个样车，即产品可靠性阶段，可以着手制订生产计划，直至在确保工艺可靠的前提下开始批量生产。不是所有的方案都会成功，更不用说方案的设想与技术上的难度的不可预见性，图 2.29 是早先的研发程序 PROMETHEUS[9] 的实例。所有的建议被层层的"过滤器"过滤，最后只是一部分设想被转换为现实。

有时，新技术从设想到新技术首批少量使用，再到广阔的应用前景这一过程长达 10 年。新技术也有在很短时间内取得成功并广泛应用的，如当前使用的汽车行驶稳定性系统就是一个实例。有些创新或革新成果又很快被抛弃，有些过段时间又被捡起。

如果汽车的寿命周期的各个阶段（过程链）的所有关键环节都被掌握，这时就可以采用新技术。革新也离不开对产品的可靠性、质量和经济性的要求和保障。新技术推广应用的可能性取决于在小范围的首批使用情况（如尼施模型 Nischenmodellen 中采取的特别措施）

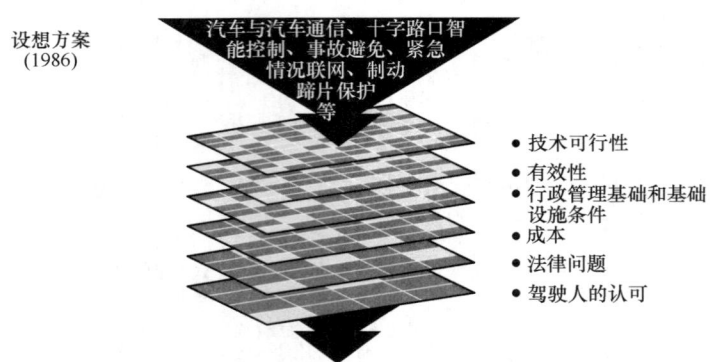

图 2.29 根据 PROMETHEUS 设想进行具体转换

或在开始只限于专门的用户或市场。目前主要是混合动力汽车和电动汽车在对所有新技术潜能进行评价时要遵守前面提到过的新技术的边界：

1）不能超越物理和化学的基本定律，还有像智能材料、精准的控制系统也是无法达到的。

2）几何上的目标冲突部分可用其他的一些设计原则解决，因为"负的壁厚"只在梦中才能实现。所以"汽车的内部大于外部"也只是一个神话。

3）新技术要兼容，它不只是在汽车的部件层面和系统层面上，而且要在将汽车集成到交通系统的高一层面上。

此外，随着技术不断向综合性、模块化方向发展，研发的时间和成本不断提高，追求的信条就是"出其不意的简便（Genial-Einfache）"，它具有最佳的效益投入比和市场的高占有率。

参 考 文 献

2.1 节参考文献

1. ACATECH: Mobilität 2020. Fraunhofer IRB Verlag
2. Micro Compact Car GmbH: Smart. Presseinformation. Remmingen (1998)
3. Micro Compact Car GmbH: Smart. Presseinformation (1998)
4. ATZ/MTZ Sonderausgabe »Der neue Maybach« (September 2002)
5. Braess, H.-H., et al.: 25 Jahre ESV-Entwicklung Chancen und Risiken von regierungsseitigen vorgegebenen Zielen. Proceedings ESV-Conference, Amsterdam, 2001. Katalognummer der Automobil Revue 1996, S. 73–86 (1996)
6. Proceedings IRCOBI International Conference on the Biomechanics of Impact. München, 18.–20. September 2002
7. Proceedings ESV-Conference. Sindelfingen, 1971; Washington, 1972
8. Seiffert, U.: Möglichkeiten und Grenzen der Erhöhung der Sicherheit im Kfz. ÖVK II/97. Technische Universität Wien (1997)
9. Bundesministerium für Verkehr: Verkehr in Zahlen 2008/2009. Deutscher Verkehrs-Verlag
10. Winner, H., Hakuli, S., Wolf, G. (Hrsg): Handbuch Fahrerassistenzsysteme. Vieweg+Teubner, Wiesbaden (2009)
11. Wiedemann, J.: Institut für Verbrennungsmotoren. Universität Stuttgart (2002)
12. Schreiber, W., et al.: Das neue Doppelkupplungsgetriebe. Volkswagen. ATZ **11**, (2003)
13. Krebs, R.: Elektromobilität als Chance. 8. Symposium – Hybrid- und Elektrofahrzeuge. ITS, Braunschweig, Februar 2011
14. Volkswagen AG: Pressemitteilung und Produktangebot. (2009)
15. Toyota: Verkaufsunterlagen. Deutschland (2006)
16. Reitzle, W.: Das Automobil: Zukunft durch Innovation und Faszination. ATZ/MTZ Sonderheft Geschichte und Zukunft des Automobils (1998)
17. Emission Standards: Europe: Cars and Light Trucks. www.dieselnet.com/standards/eu

18. Verband der Automobilindustrie e.V.: Auto 2006. Jahresbericht, Frankfurt am Main (2006)
19. Schäper, S.: Unerwünschte Nebeneffekte der EU-Altautorichtlinie auf ökologische Fahrzeugkonzepte. VDI-Bericht, Bd. 1653. Düsseldorf (2001)

2.1 节一般文献

20. von Fersen, O.: Ein Jahrhundert Automobiltechnik. Personenwagen. VDI-Verlag, Düsseldorf (1986)
21. ATZ/MTZ Sonderheft »Geschichte und Zukunft des Automobils«, (1998)
22. ATZ/MTZ: Jahresbände. Vieweg+Teubner, Wiesbaden
23. VDI-FVT: 100 Jahre aktiv für die Mobilität. ATZ Sonderheft März 2004 D58922, (2004)

2.2 节参考文献

24. Spiegelberg, G., et al.: Homologation und Zulassung zukünftiger Drive-by-Wire-Systeme – Status und notwendige Modifikationen der Vorschriften. ATZ **106**(9) (2004)
25. Miese, A.: Sichere Fahrerassistenzsysteme – Welchen Beitrag leistet das KBA als Produktsicherheitsbehörde? VDI-Berichte, Bd 1960. Düsseldorf (2006)
26. Kleinemeyer, J.: Standardisierung zwischen Kooperation und Wettbewerb – Eine spieltheoretische Betrachtung – Peter Lang. Europäischer Verlag der Wissenschaften, Frankfurt am Main (1998)
27. Ghiladi, V.: Strategische Bedeutung der Normung. Intellectual Property Management/-Standardisierung, FTP/N. Daimler AG, Stuttgart
28. FAKRA-Handbuch – Normen für den Kraftfahrzeugbau, Bd. 1: Allgemeine Kfz-Technik.
29. FAKRA-Handbuch – Normen für den Kraftfahrzeugbau, Bd. 2: Motoren- und Triebwerkteile.
30. FAKRA-Handbuch – Normen für den Kraftfahrzeugbau, Bd. 3: Räder und Reifen.
31. FAKRA-Handbuch – Normen für den Kraftfahrzeugbau, Bd. 4: Bremsausrüstung.
32. FAKRA-Handbuch – Normen für den Kraftfahrzeugbau, Bd. 5: Elektrische und elektronische Ausrüstung.
33. Beuth Verlag GmbH. www.beuth/de

2.2 节重要的因特网页

34. Deutsche Normung. www.din.de
35. Internationale Normung. www.iso.ch
36. Europäische Normung. www.cenorm.be
37. Allgemeine Normenanwendung. www.ifan-online.org
38. Automobilindustrie. www.vda.de

2.3 节参考文献

39. Seiffert, U.: The Automobile in the Next Century, Paper K 0011. FISITA-Kongress, Prag, 1996
40. Mehrere Autoren: Geschichte und Zukunft des Automobils. ATZ Sonderheft »100 Jahre ATZ« (1998)
41. Eiletz, R.: Zielkonfliktmanagement bei der Entwicklung komplexer Produkte am Beispiel Pkw-Entwicklung. Diss., TU München (1999)
42. Mehrere Autoren: Fahrzeugkonzepte für das 2. Jahrhundert. Automobiltechnik, VDI-Ber. 1653 (2001)
43. Mehrere Autoren: Elektronik im Kraftfahrzeug. VDI-Ber. 1653 (2001) und VDI-Ber. 1789 (2003)
44. Indra, F.: Intelligent simplicity – Follow up. Fort.-Ber., VDI Reihe 12, Nr. 490, Bd. 1, S. 1–22 (2002)
45. Dais, S.: Hardware oder Software: Wer bestimmt Funktion und Charakter eines Fahrzeugs? 11. Aachener Kolloquium Fahrzeug- und Motorentechnik, Berichtbd., S. 29–33 (2002)
46. VDA Techn. Kongresse 2001 bis 2013
47. Braess, H.-H.: Das intelligente Auto auf der intelligenten Straße – Was hat PROMETHEUS gebracht? 5. Int. Stuttgarter Symposium Kraftfahrwesen und Verbrennungsmotoren, Tagungsbericht S. 608–627 (2003)
48. Mehrere Autoren: 100 Jahre Fahrzeugtechnik im VDI. ATZ Sonderausgabe (2004)
49. Mehrere Autoren: Innovationsmotor Automobilindustrie. VDA-Forschungstag. FAT Schrift 183 (2004)
50. Mehrere Autoren: Fahrzeugelektronik im Fokus. VDI-Ber. 1866 (2004), 1957 (2006), 2000 (2007), 2075 (2009), 2172 (2012)
51. Mehrere Autoren: 50 Jahre mot. Heft 1 + 2 (2005)
52. Mehrere Autoren: Innovative Fahrzeuggetriebe. VDI-Ber. 2030 (2008), 2158 (2012)
53. Werkstoffe im Automobil. ATZ extra (Januar 2007)
54. Mehrere Autoren: Jahrbücher VDI FVT, Innovationen im Fahrzeug und Verkehr. ATZ extra (2008, 2009, 2010, 2011, 2012)
55. Mehrere Autoren: Kunststoffe im Automobilbau 2002 bis 2013. VDI-Gesellschaft Kunststofftechnik
56. Winner, H., et al.: Handbuch Fahrerassistenzsysteme. Vieweg+Teubner, Wiesbaden (2012)
57. Mehrere Autoren: Fahrerassistenz und integrierte Sicherheit. VDI-Ber. 2104 (2010), 2166 (2012)
58. Mehrere Autoren: Elektrisches fahren machbar machen. VDI-Ber. 2098 (2010)
59. Klöpffer, W., Grahl, B.: Ökobilanz (LCA), ein Leitfaden für Ausbildung und Beruf. Wiley (2009)

第 3 章　汽车物理学

3.1　基本原理

汽车物理学提出了汽车研发中物理学与工程技术结合这样一项任务。图 3.1 是对车身及与汽车有关的部件[1]的要求。图 3.2 是汽车物理学与系统、总成、部件的各个功能的关联程度。在汽车设计时要遵守物理学的基本定律和这些基本定律对汽车各个部分的作用。纯电动汽车与此类似（包括电池汽车与燃料电池汽车）。

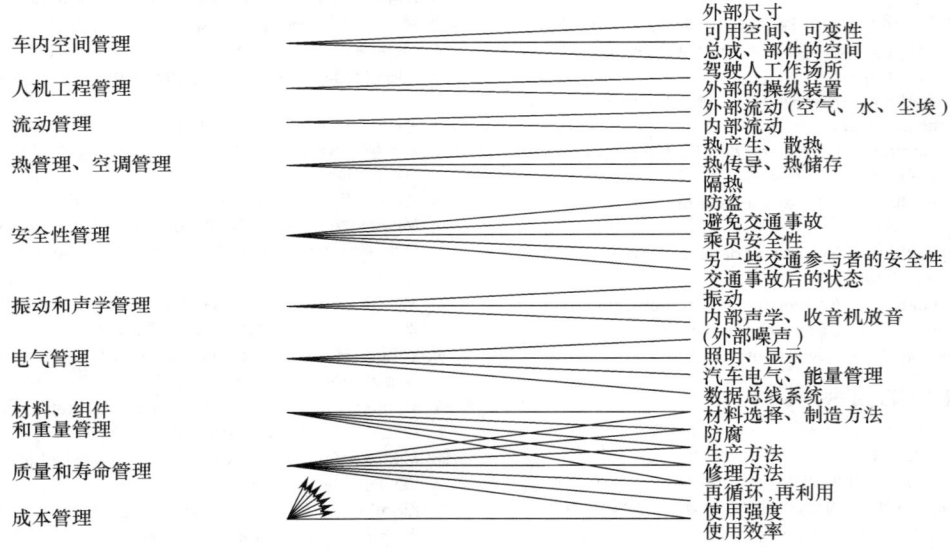

图 3.1　以车身为例[1]的汽车开发的工程、物理任务[1]

一个现实的重要例子是汽车上的电能消耗。电能消耗等值数量级可达 3L/100km 燃油消耗。汽车物理学要求在产品设计阶段统观对汽车的所有要求。在汽车电气系使用的电气、电子部件要特别考虑 "1+1>2" 的法则，即关联的新的硬件结构和软件结构的工作能力之和要大于它们单独工作时的工作能力之和。产品（汽车）研发成功与否不是对单项的性能或参数优化，而是看整车的工作能力和整车的性能。

3.1.1　定义

尽管在以后的各章要对车辆作专门的说明，但下面还要进行一个总的概述。欧共体指

第3章 汽车物理学

部件，重要的设计参数 要求，汽车物理学的各学科	车身							动力装置				底盘						汽车相关的子系统							
	白车身结构	白车身分界面	冷却空气入口面积	制动器通风进口面积	采暖、通风、空调	车身装饰	隔声	发动机	辅助装置	变速器	力传递	前桥	转向系	后桥	悬架系统	制动系	车轮、轮胎	发动机室	防噪声罩	排气系	冷却系	总成支撑	燃油系统①	汽车电气	中央液压装置
空气动力学	×	××	××	×	×	×②	××	×				×		×	×	×	×	×			××				
热力工程学		××	××	××	×	×		××	×				×			××	×	××	××	××	××			××	××
与燃料有关的因子								××								×							××		
外部噪声				×				××	××	××	××					×	××		×	××	×	泵			泵
内部噪声	××	××		××	×	××	××	××	××	××	××	×	××	×	××	××	××	×	×	××	×	泵		×
振动工程	××	××				×		××	××	××	××	××	××	××	××	×	××					××			

××—强关联。
×—弱关联。

图3.2 汽车物理学与系统、总成、部件的各个功能的关联程度[2]
① 属于燃油系统的部件特别有：燃油箱、加油管接头，燃油泵，活性炭罐，加油在线系统（防加油排放），防汽车翻滚阀 ② 外部

令[3,4]对各种车辆等级作了定义。车辆通常分为：
1）公路车辆。
2）挂车（不能自行行驶）。
3）汽车列车。

在这些大类中还可再分为：
分组的公路车辆、机动机，它们为：
1）摩托车（2轮单辙），如摩托车、有辅助动力的摩托车。
2）汽车（多车辙汽车），它可分为乘用车、商用车。

属于乘用车的有：最多可运输9人的汽车、豪华轿车、两门轿车（跑车）、敞篷汽车、客货两用车、商用客货两用车、专用轿车［如宿营车（房车）］、多用途汽车（MPV）、运动车（SUV）和越野车。属于商用车的有运输人员和货物的汽车，如公共汽车（运输人数超过9人，包括行李）、小型公共汽车（最多运输17人）、专线公共汽车、长途客车、旅游客车、铰接式客车和专用客车。属于载货车的有各种运输任务的多用途载货车和专用载货车。

属于牵引挂车或农机具的牵引车的有挂车牵引车、鞍式牵引车和拖拉机。

属于挂车汽车的有铰接牵引杆挂车。汽车组合包括所有的牵引车、带挂车的轿车和商用车。

汽车可分为L、M、N和O等级。

L是车轮少于4个的汽车。

M是运输人员的汽车，至少是3个或4个车轮，汽车总重>1t，其中：

M_1：可载人≤9人；

M_2：可载人>9人，汽车总重<5t；

M_3：可载人>9人，汽车总重>5t。

N 是运载货物的汽车,至少是 3 个或 4 个车轮,汽车总重 >1t,其中:

N_1: 汽车总重 ≤3.5t;

N_2: 3.5t < 汽车总重 ≤12t;

N_3: 汽车总重 >12t。

O 是挂车或鞍式挂车,其中:

O_1: 单桥挂车,总重 ≤0.75t;

O_2: 0.75t < 总重 ≤3.5t;

O_3: 3.5t < 总重 ≤10t;

O_4: 总重 >10t。

3.1.2 行驶阻力和驱动力

1. 总的阻力

总的行驶阻力(图 3.3)按下式计算:

$$F_w = F_{Ro} + F_L + F_{St}$$

行驶阻力功率

$$P_w = F_w \cdot v$$

2. 滚动阻力

滚动阻力由轮胎与行驶路面间的变形功产生:

$$F_{Ro} = f \cdot G = f \cdot m \cdot g$$

越野地区的下层路面变形阻力是滚动阻力的主要部分。在软路面上,滚动阻力要超过汽车重量的 15%。在坚实路面,汽车行驶时轮胎挤压(弯曲)损失功几乎就是滚动阻力功。轮胎的挤压幅值(弹性、车轮载荷、轮胎气压)和挤压频率决定轮胎挤压损失功的大小。传动系的摩擦增加滚动阻力。新的低滚动阻力的轮胎在低汽车速度范围的滚动阻力系数为 0.008,在 150km/h 的高速度时则为 0.017。图 3.4 为滚动阻力系数随汽车行驶速度的变化关系。滚动阻力是车轮纵轴上的力,它与由于侧向力(前束阻力)引起的行驶阻力是不同的。在弯道行驶时滚动阻力随侧偏角增大而增加[5]。

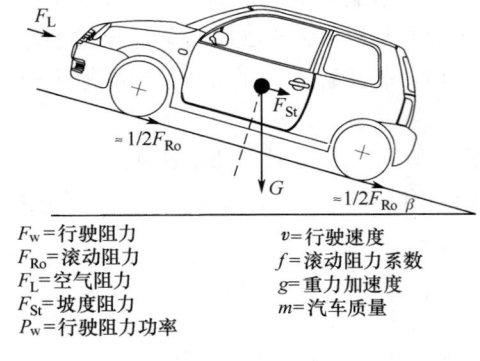

F_w= 行驶阻力
F_{Ro}= 滚动阻力
F_L= 空气阻力
F_{St}= 坡度阻力
P_w= 行驶阻力功率
v= 行驶速度
f= 滚动阻力系数
g= 重力加速度
m= 汽车质量

图 3.3 总的行驶阻力

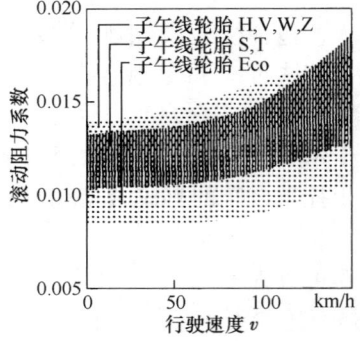

图 3.4 滚动阻力系数随汽车行驶速度的变化关系

3. 空气阻力

空气阻力按下式计算:

$$F_L = c_w \cdot A \cdot \rho \cdot \frac{v^2}{2}$$

式中，ρ 为空气密度；A 为横截面积；c_w 为空气阻力系数。

乘用车空气阻力系数 $c_w = 0.25 \sim 0.4$，载货车阻力系数 $c_w = 0.4 \sim 0.9$。乘用车横截面积 $A = 1.5 \sim 2.5 m^2$，载货车横截面积 $A = 4 \sim 9 m^2$。汽车行驶时空气的环（绕）流和穿流产生空气阻力。最近十几年进行的汽车空气动力学研究，使空气阻力明显减小。在较高汽车速度行驶时空气阻力决定了汽车的行驶阻力，它是影响燃料消耗的决定性参量。在空气相对车道呈 ε 攻角吹向汽车时，空气阻力系数随 ε 而变，并表示为 $c_T(\varepsilon)$。这时，在横截面积 A 不变、吹向汽车的空气速度为 v_A 时，空气阻力为：

$$F_L = c_T \cdot A \cdot \frac{\rho}{2} \cdot v_A^2$$

空气阻力的功率 P_L 为：

$$P_L = F_L \cdot v$$

4. 驱动阻力

驱动阻力为：

$$F_A = (1 - \eta) P/v$$

式中，η 为从发动机、经变速器到车轮轮毂的整个传动系的机械效率，且 $\eta = \eta_1 \cdot \eta_2 \cdot \eta_3 \cdots \eta_n$；$P$ 为发动机功率；v 近似于汽车行驶速度。

5. 坡度阻力

坡度阻力为：

$$F_{st} = m \cdot g \cdot \sin\beta$$

坡度功率为：

$$P_{st} = F_{st} \cdot v$$

6. 加速阻力

加速阻力为：

$$F_B = m_{red} \cdot dv/dt$$

在忽略曲轴和变速器上的小惯性矩以及等转动能（$j \cdot \omega^2 = $ 常数）后，有：

$$m_{red} = m + \frac{J_R + i^2 \cdot J_m}{r_{stat} \cdot r_{dyn}},$$

式中，J_R、J_m 分别为所有车轮和发动机的惯性矩；i 为传动比；r_{stat}、r_{dyn} 分别为静、动态轮胎半径。

7. 可用的驱动力

车轮上可用的驱动力为

$$F_x = F_B + F_{st} + F_{Ro} + F_L$$

8. 驱动力图

在考虑传动系内部阻力 F_I 后，由发动机转矩随转速变化的特性场 $M_n = f(n)$ 可得到变速器在不同档位的各个驱动力随汽车行驶速度的变化 $F_x = f(v)$。发动机全负荷曲线应尽可能靠近由发动机最大功率算出的驱动力 $F_x = P_{max}/v$ 随汽车行驶速度 v 变化的双曲线边界。在另一方面，还存在汽车总的行驶阻力随行驶速度的变化 $\sum F_w = f(v)$。图3.5a 为汽车驱动力图。图 3.5b 是按图 3.5a 的数据推算出来的 6 档变速器的行驶功率图。从这些曲线中可得到汽车行驶的工作点和加速、爬坡的后备功率。可以将汽车行驶的工作点调整在最佳的燃料消耗状态。实际上驾驶人经常挂在最佳燃料消耗的档行驶。

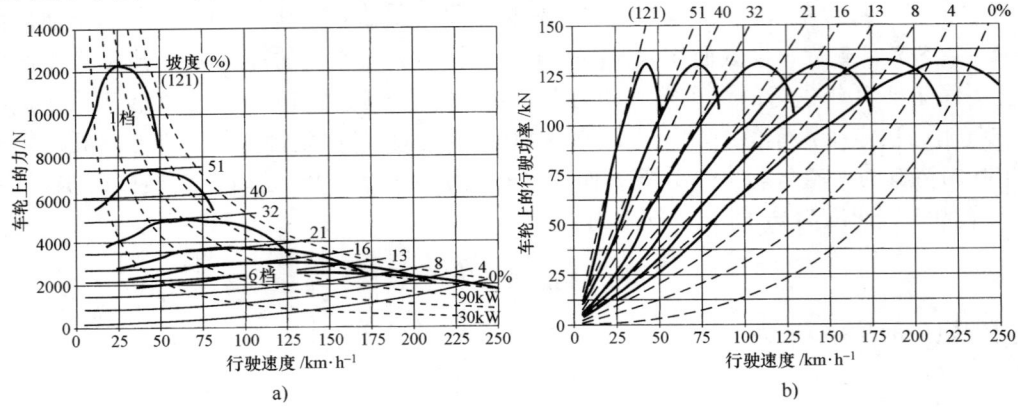

图 3.5 汽车驱动力图和行驶功率图（资料来源 ZF）
a）汽车驱动力图 b）行驶功率图

3.1.3 影响汽车燃油消耗的各种因素

影响汽车燃油消耗的各种因素见下式：

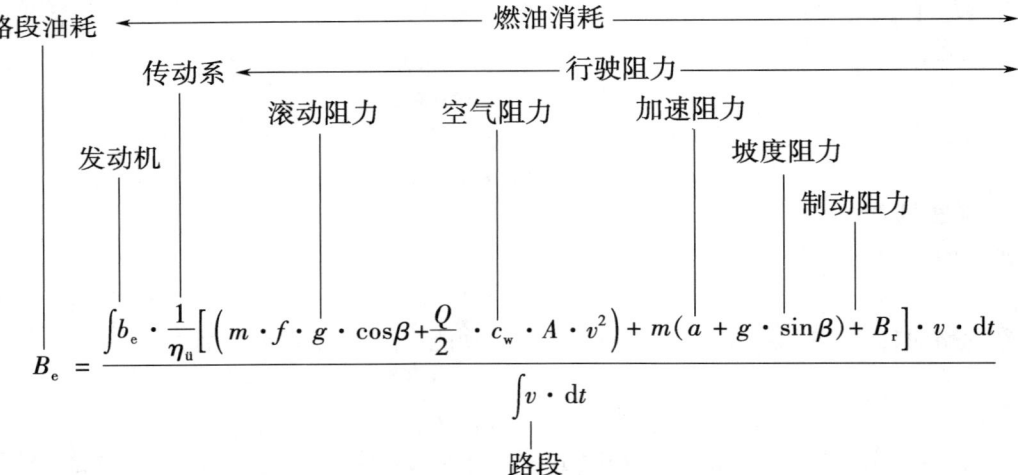

式中，B_e 是路段油耗，单位为 g/m；$\eta_ü$ 是传动系传动效率；m 是汽车质量，单位为 kg；f 是滚动阻力因数；g 是重力加速度，单位为 m/s²；β 是坡度角，单位为°；Q 是空气密度，单位为 kg/m³；c_w 是空气阻力因数；A 是汽车迎风面积，单位为 m²；v 是行驶速度，单位为 m/s；a 是加速度，单位为 m/s²；B_r 是制动阻力，单位为 N；t 是时间，单位为 s；b_e 是燃油消耗率，单位为 g/kW·h。

有时还要考虑部分的怠速燃油消耗和各用电器件的效率。

3.1.4 各种动态力

汽车在驱动和制动时，如图 3.6 所示，惯性力会引起车桥动态垂直力的偏移，偏移值

为 ΔF。

行驶动力学和行驶状态

汽车在平的路面行驶时（图 3.6a），车桥各垂直力发生变化：

$$|\Delta F_z| = m \cdot \frac{dv}{dt} \cdot \frac{h_s}{l}$$

式中，ΔF_z 表示垂直力的变化；m 为汽车质量；dv/dt 为汽车加速度或减速度（制动）；h_s 为汽车质心高度；l 为车桥距离。

汽车加速行驶引起车桥上各垂直力的变化。在起步时后桥上的车轮载荷增加；在减速（制动）时引起前桥上的车轮载荷增加。在底盘设计时要考虑这种俯仰运动。这种俯仰运动大多会引起汽车的纵向振动。为此建议在纵向方向的车轮悬架应尽可能软连接，但又不要使其他的刚度太小。

在稳定行驶时，行驶阻力 F_w 作用在汽车垂直高度 h_w 上，这样可得到垂直力的变化：

$$\Delta F_z = F_w \cdot \frac{h_w}{l}$$

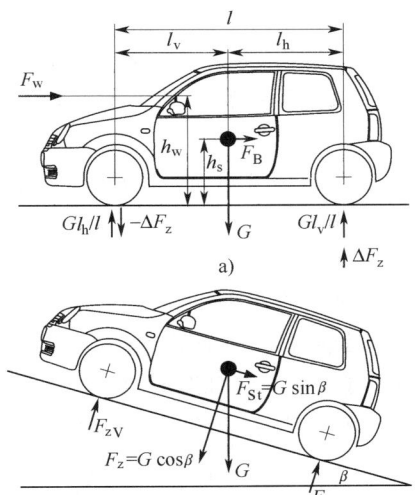

图 3.6 平路面和坡道上的汽车车桥静态和动态垂直力
a）平路面上的汽车车桥静态和动态垂直力
b）坡道上的汽车车桥静态和动态垂直力

在坡道要考虑汽车质量的分力。根据图 3.6b 可得到前桥载荷：

$$F_{zV} = \frac{G}{l} \cdot (l_h \cdot \cos\beta - h_s \cdot \sin\beta) \pm \Delta F_z$$

后桥载荷：

$$F_{zH} = \frac{G}{l} \cdot (l_v \cdot \cos\beta + h_s \cdot \sin\beta) \pm \Delta F_z$$

3.1.5 其他定义

行驶动力学中还有其他的定义，如直线运动、旋转运动、力和力矩、车轮悬架、转向系、轮胎和车轮等的参数，具体定义见 ISO 8855[6] 和 DIN 700000[7]。

3.2 空气动力学

3.2.1 基本原理

固体的流动阻力与它的形状、固体运动中的介质和固体的大小有关。乘用车是在空气介质中运动的。在一般的行驶速度下空气可视为不可压缩。空气的性能可用密度和运动黏度来描述。空气运动黏度是空气的压力和温度的函数。

在标准状态，压力 $P = 101.3 \text{kPa}$，温度 $t = 10\text{℃}$ 时，密度 $\rho = 1225 \text{kg/m}^3$，运动黏度 $\nu = 1492 \cdot 10^{-5} \text{m}^2/\text{s}$。

空气密度是与空气体积有关的质量，即单位体积的质量。空气运动黏度是在各个空气层间传递切应力的性能，即是产生湍流摩擦阻力的物理原因。

空气的导热能力对冷却和制动器的散热有重要影响。空气的导热系数为：

$$\lambda = 0.0242 \text{J/msK}$$

汽车的空气阻力是由汽车表面和空气间的相对运动造成的。从物理概念上（忽略车轮的转动和汽车在行驶路面上的空气边界层），汽车与空气间的相对运动与汽车是否在静止的空气中运动或是空气以相同的速度向静止的汽车流动（如在风洞中的汽车模型试验）无关。汽车行驶时汽车前端将空气向两边推开，空气就被滞止。在汽车后端，空气质点不能无干扰地汇流到一起，从而产生负压。汽车前、后端的空气压力差形成汽车的空气压力阻力。汽车表面和黏性的空气间的摩擦产生的摩擦阻力和由于出现涡流而产生附加阻力。轿车的空气摩擦阻力约占总阻力的5%~10%。摩擦阻力和附加阻力这两项阻力中各自所占的份额与汽车形状有关。车身前部较陡的全背式汽车在行驶时，汽车上大部分的气体出现分离，使压力阻力增加；而流线形的汽车尾部的压力阻力小，但出现严重的空气涡流，从而产生附加阻力，其他的空气阻力项是空气流过散热器、接缝处和通风系统产生的内部阻力。

汽车空气动力学的品质可以用阻力系数c_w表示。它是一个无因次的阻力系数，并表示为：

$$c_w = W/A \cdot q$$

式中，W为阻力，单位为N；A为基准面积（在汽车上是垂直于行驶方向的投影面积），单位为m^2；q为滞止压力，$q = \rho \cdot v^2/2$，单位为N/m^2；v为汽车行驶速度或风速，单位为m/s。

类似地，可画出升力系数图和侧向力系数图。为进行汽车的风洞试验和空气流动计算，需按图3.7确定坐标系。绕这些轴的力矩通常可在风洞中直接测定。选择轴距作为力矩系数的基准长度。

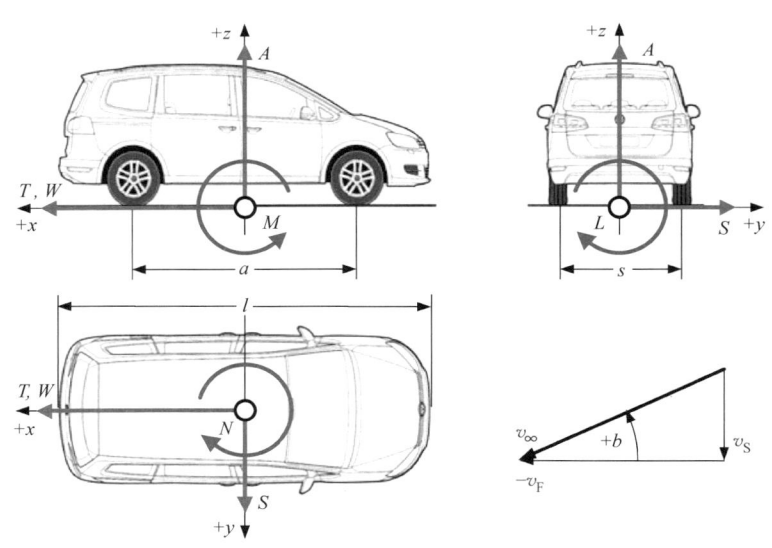

图3.7 在直角坐标系中汽车上受到的各种力和力矩
L—滚动力矩 M—俯仰力矩 N—横摆力矩 b—气流流入角 W—阻力
T—切向力 v_S—侧向风分量 A—升力 S—侧向力 v_F—行驶速度

风力通常在风洞中测量。在大风洞中对原型汽车的试验就可确定成批生产的汽车的空气阻力系数。在研发阶段则可采用缩小的比例模型。这时要注意，能否将几何尺寸相似的汽车模型的试验结果转换到真实的汽车上。如果流动是力学相似，并保持无因次特征数（雷诺数）$R_e = v_\infty l/v$ 不变，那么这种转换是允许的。这意味着在风洞中测量时，风速要按比例因子放大。另外，由于马赫数 $M_a = v_\infty/a_\infty$ 不允许太大，以排除空气的压缩效应。所以在风速 60~80m/s 时汽车风洞试验的模型比例不能小于1/5。否则，小比例模型不能精确确定汽车上的一些圆弧半径等。

自20世纪30年代以来，大家熟悉的研究汽车用的风洞是一个近似矩形的喷口断面。测量段直接与喷口和整流漏斗相连。用几乎与固定测量段一样长的可移动测量段（传送带）进行汽车风洞模拟试验，从物理学上看是较好的方法，但较昂贵。基于同样的原因，为改善模拟试验效果，改变边界层的作用（吸气和排气），或综合使用上面两种方法。至今这些模拟技术已在赛车和运动车领域的风洞试验中采用，因为这两类汽车的离地高度很低。对一般的乘用车在研发时是否要采用这种风洞是有争议的。现常采用的是各汽车公司专门的风洞。

3.2.2 作用范围

1. 空气阻力/行驶功率

空气动力学（或准确地说空气阻力）是影响汽车行驶功率和燃料消耗的因素。空气阻力对燃料消耗的影响，除其他一些影响参数外，特别与汽车的使用场合有关。快速行驶所占的份额较高（高速公路），则影响也大。假定汽车在高速公路行驶占整个行驶的比例为1/3，和假设变速器总是处于很好的匹配状态，则中档汽车的燃料消耗计算表明，在空气阻力减小10%时燃料消耗约可降低3%~4%，同时汽车最高行驶速度约可提高3%。这种计算的预测趋势可转换到其他的汽车上。根据这种情况，需要研发出空气阻力和空气阻力系数低的汽车。由图3.8清晰可见，平均空气阻力系数 c_w 随车型开发年代是如何变化的。该图还反映用户对汽车的技术含量接受程度要逊于用户对汽车外形的接受程度，即在一定的技术含量下，用户更青睐于汽车外形。工程上研发的各种可能的车型与实际的汽车造型的区别就是这一情况的佐证。用户对审美力的依赖性使单纯通过试验来评判汽车变得困难。在未来，根据研究结果可将此图的空气阻力系数外推。

由图3.9可见，当前汽车的空气阻力系数 c_w 处于什么范围，图中表示的主要是在德国销售的乘用车。所统计的乘用车都是在同一风洞和相同条件下测定的。在低空气阻力系数范围的车型几乎都是阶背车尾式乘用车。较早的乘用车空气阻力系数高，因为早期的乘用车设计思想陈旧，没有兼顾空气动力学问题。

在过去，在参考文献[8]中介绍了研发低空气阻力系数乘用车的两种方法：

1）形状优化。它从低空气阻力系数的标准物体出发，通过标准形状和标准模型设计而得到可批量生产的乘用车。

2）细节优化。它从未经修改的设计模型着手，进行细节优化，从而得到用户可接受的批量生产车型。

这里假定乘用车的形状优化可基本达到低空气阻力系数。当今，在汽车工业的特种车辆领域使用细节优化。最近几年的细节优化经验使设计师的原模型的空气阻力系数要比当前使用的这两种优化方法得到的低空气阻力系数还要低。细节优化大多从流动计算阶段开始，接

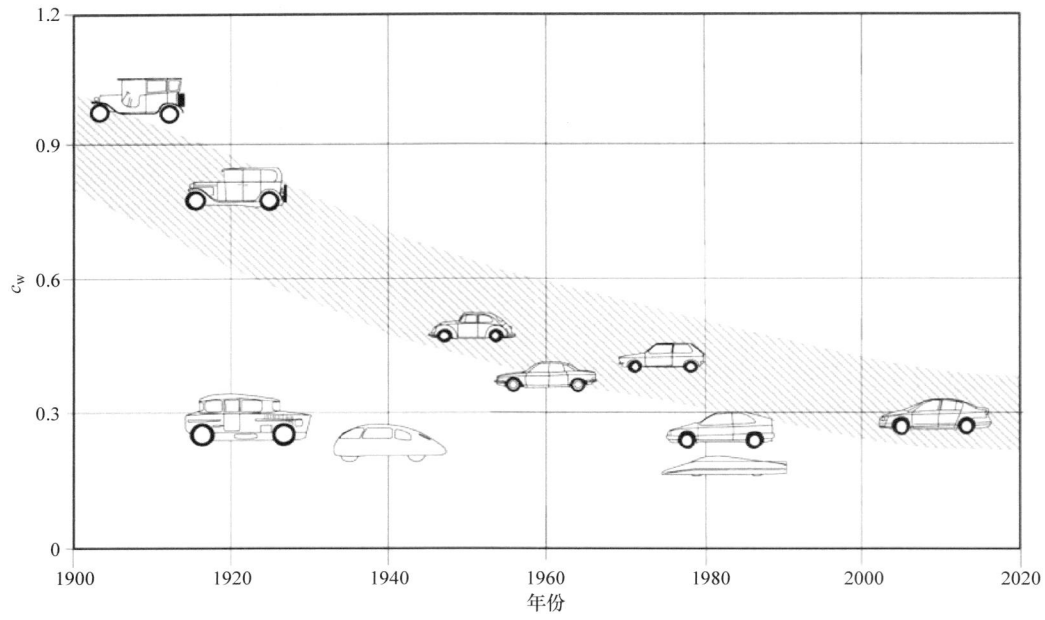

图 3.8 空气阻力系数 c_w 随车型开发年代的变化

着在风洞中进行大量试验。流动计算不但是评定汽车的各种设计方案所必需的，而且也是在往后的汽车研发阶段，为改善汽车的空气动力学潜力所需要的。按公司的哲学理念，细节优化只在全比例模型上进行；或常常先从小比例模型开始，之后再在全比例模型上进行。细节优化的最终结果取决于：研发者和设计师在目标冲突中，接受空气动力学的要求并可达到形状优化的水准这个目标，在设计理念上到底准备到何种程度。

为研发低空气阻力系数的汽车，必须优化车身的各个参数。在文献中叙述了车身的

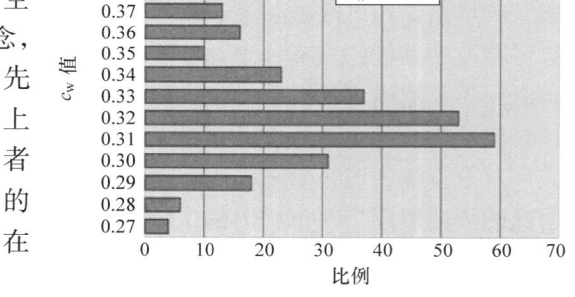

图 3.9 2010 年中 412 辆乘用车的 c_w 值和比例

各个优化参数。但必须注意，这些优化的结果只适用于试验模型，而不能任意套用，它们不具有普遍性。另外，若模型上的各个细节（如发动机室和底盘）都表示出来，则模型试验才能得到可靠的结果。图 3.10 是汽车尾部倾角和尾部长度对 c_w 的影响。在这个曲线族中，对 c_w 有明显影响的还有车顶与后风窗玻璃间的圆弧半径、C 柱形状、行李箱盖、尾扩散器角度和长度，以及汽车头部。严格说，这些相关参数要多次迭代才能最终优化模型。从成本和时间考虑，常只对一些参数优化并进行实际的测试。

在空气动力学所要求的汽车外形和其他汽车研发伙伴期待与要求间的目标冲突中，常提出挖掘汽车底部空气动力学潜能问题。空气动力学者会对汽车底部修改而不影响汽车造型。汽车下侧底边的空气阻力约占总空气阻力的 50%。其中约 10% 的空气阻力来自开式的车轮

罩，约25%的空气阻力来自车轮。汽车底部的空气阻力只占总空气阻力的15%。现代的乘用车制造得越来越光滑，但不可避免的还有不光滑的干扰处，如：为冷却和提供膨胀空间的排气系、为保证车桥有一定运动自由度的空间、燃油箱和车身底板间的开口（在车尾碰撞时开口可为车身提供变形的行程而不致损伤燃油箱）等。在常见的乘用车上，包裹底部具有可降低空气阻力系数0.01~0.02的潜力。

特别是在优化汽车底部细节时，风洞试验，结合将转动的车轮及汽车与道路间的相对运动（传动带技术）考虑在内的计算机方真可得到精确的空气阻力系数[9]。

2. 行驶安全性

空气在汽车上的环流产生3个方向的力和绕固定在汽车上的坐标系的3个坐标轴的力矩（图3.7）。在纵向方向的力和阻力影响汽车行驶功率时，其他的力和力矩则影响行驶状态和行驶安全性。在侧向风及在其他行驶车辆的气体流动力学的影响范围内，这些力

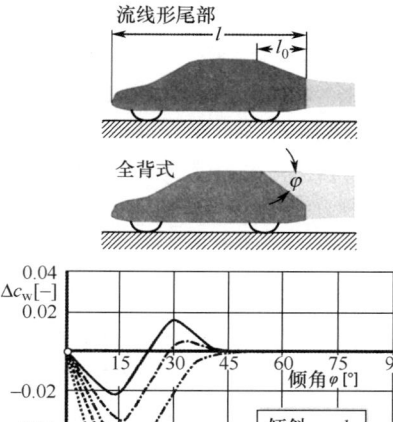

图3.10 汽车尾部造型对空气阻力系数 c_w 的影响

是不对称的。行驶状态和行驶安全性受汽车自身影响的因素有：

1）底盘。

2）汽车质心。

3）空气动力学（空气阻力）。

4）驱动功率。

1930年前，由于汽车行驶速度较低，空气阻力对汽车行驶状态影响不大。在过去30年，研发出空气阻力不断降低的很多汽车，但存在着对倾斜气流的抗横摆力矩差、底盘设计不完善、在整体方案设计中汽车质心靠后等问题。高速公路的建设使汽车可以以较高的速度行驶，但随之首次出现了与汽车流线有关的汽车对侧向风敏感的现象[10]。因此产生这样的问题，低空气阻力的汽车不易抗侧向风。继续研发底盘和将发动机前置，使汽车对侧向风的敏感度不断降低。以致为寻找合适的低横摆力矩的汽车形状有了基础，且只需投入不多的费用。另外，尾部圆滑的垂直棱边汽车，即没有明显轮廓线感觉的汽车会产生侧向风效应。为此，在汽车尾部和侧面要有明显的分离线。再有，目前的汽车已达到在车桥上出现升力的汽车速度。车速约超过160km/h后由于出现升力现象而影响下面的一些性能评价标准：

1）转向性能。

2）弯道变换性能。

3）车道变换性能。

4）载荷变换性能。

5）高速时的转向反馈。

6）高速时摆动。

现正在努力降低后桥和前桥上的升力系数。可接受的升力系数对各汽车公司是不同的，

它还受底盘调校的影响。修改底盘可以弥补不理想的升力分布（见第 7 章）。

像前面讨论的空气阻力那样，气流由于外部形状而影响气动力和力矩。在早期研发阶段的设计阶段需提出这种修改。到这一时间节点，几乎没有可行驶的汽车模型，所以只能采用风洞测试和流动计算判断好坏。但它提供的只是准静力的结论，不能正确模拟汽车受到暴风袭击的行驶状态和没有与行驶性能的其他参数联系起来。现正在努力模拟这种情况[11]，和从比较测量中做出预先的估计[12]。为能根据风洞试验结果推断出汽车行驶状态，通常要借助原先的模型经验。

3. 湿润与脏污

汽车常在夹杂着微粒的不均匀的空气中行驶[14]。空气中的微粒包括各种气体、尘埃、水蒸气、昆虫等。由于它们的密度（质量）不同，惯性力不同，在空气流线中的轨迹不同而在这些微粒间产生相对运动。发动机排出的废气在与空气短暂混合后几乎均匀地一起流动。流动的小砂粒几乎不受影响地继续前进。在观察这些脏污物时按微粒密度可分：

1）气态物质随空气流动。这里特别要关注的是发动机排出的废气不应进入车内。因为靠近地面的废气浓度高，空气进口应尽可能高点。根据这一原则，通常将空气进口布置在风窗玻璃前的导风处。

汽车也受其排出的废气影响。图 3.11 是全背式乘用车处的典型尾部气流。其特征是在保险杆（防撞杆）后形成一个涡流。空气和夹杂其中的其他物质从保险杆下棱边约 0.5m 向后流动，之后又流向尾盖，又形成一个反向旋转的涡流。这两个涡流有一个共同的混合区，微粒进入该混合区中。上部的涡流携带这些微粒到达车顶处的轮廓边。如果发动机排出的废气进入下面的涡流，经涡流的作用扩散至整个车尾表面。因为在汽车的行驶状态，特别是在高速时，乘员室内的空气压力处于较大的负压，废

图 3.11　全背式轿车的尾部气流

气可以吸入车内。废气吸入车内的危险随车速成平方增长。其对策一是安全、可靠地密封汽车尾部；二是选择合适的排气尾管，使废气无法到达涡流区。向下弯曲的排气尾管对消除这种危险是有效的。还有就是尾管位置，使排出的废气不吹到后轮的后面。

2）尘埃符合前面所说的规律，同样会吸入车内。由车轮甩出的汽车底下的尘埃经尾部涡流到达汽车尾部。防止尘埃进入车内的有效办法就是要有好的密封系统。尘埃也可从前车轮罩到达车门缝隙，特别是到达车门框上部的缝隙[13]。汽车内有较大的空气负压时，如开启活动天窗时尘埃可通过车门缝隙和排水孔进入车门内，并从车门内沿风窗玻璃进入乘员室。因为空气压力分布沿车门外缝隙是变化的，在通风道中产生气流。在后面车门下面的尘埃以这种方式（如在后车轮转动前）吸入通气道，并输送到前轮后面的 A 柱处车门垂直缝隙或输送到 C 柱处车门上部缝隙。要可靠地阻止这些灰尘从不同途径进入车内的唯一办法是在车门缝隙外部有一个环行密封系统。

3）水滴。水滴的大小和来源不同。被汽车在湿路面上的车轮甩出的水滴，一部分像废气和尘埃一样随气流运动。轻的水滴输送至后风窗玻璃上部；中等重的水滴输送到汽车尾部

下表面；重的水滴则不能随气流一起运动，而只能在气流后面运动。车轮后面的挡泥板加剧了汽车纵向方向的喷水作用并造成汽车尾部脏污。

4）雨滴。由于雨滴的重量和惯性而几乎不能随气流运动。风窗玻璃上的自由水泡由于聚合能量小而分散。为阻止落在风窗玻璃上并被刮水器刮至 A 柱的水到达侧窗玻璃以影响外反光镜的视线，在 A 柱上常使用集水的花纹断面。其他可能的方法是选择连接在车门上的反光镜。直接安装在车门上的反光镜要比带支架的反光镜的防湿保护作用好，但对侧窗玻璃的防湿润措施会产生高的空气阻力和高的风噪声，这就需要解决这两者之间的目标冲突。几乎所有的汽车在 A 柱后面的侧窗玻璃上都会形成收缩涡流。这个涡流向 A 柱侧窗玻璃上旋转。涡流强度是如此大，在车速超过 100km/h 时，在 A 柱的侧窗玻璃上移动的水首先向上，然后沿着侧窗玻璃上部框架向后输送。在车速 50~100km/h 范围侧窗玻璃的脏污是主要问题。

5）在风窗玻璃刮水器后面的水迹尾巴是一个恼人的问题。在很多汽车上驾驶人侧的刮水器在回程位置几乎靠近且与 A 柱平行。在这位置，在刮水器的刮水片旁有相当多的水，通过刮水器的气流在刮水器后面产生一个涡流。在风窗玻璃附近的涡流向刮水器的刮水片方向旋转。该涡流输送的部分水又流向刮水器。这样在刮水器回程运动时形成水迹尾巴。必须单独寻找解决水迹尾巴的补救措施。

6）重质微粒，如高速抛射的石子，则不能靠气流措施影响它的运动。

4. 各种力

空气绕汽车流动时，不只是作用在汽车整体上，而且也作用在各个部件上。汽车表面的部分范围上（如侧窗玻璃上）的空气压力分布（不同的空气压力）会产生局部的力和载荷。这些力和载荷不能从空气阻力、汽车升力和侧向力推出。图 3.12 是几种车型纵向中心线上车顶部的空气压力分布。

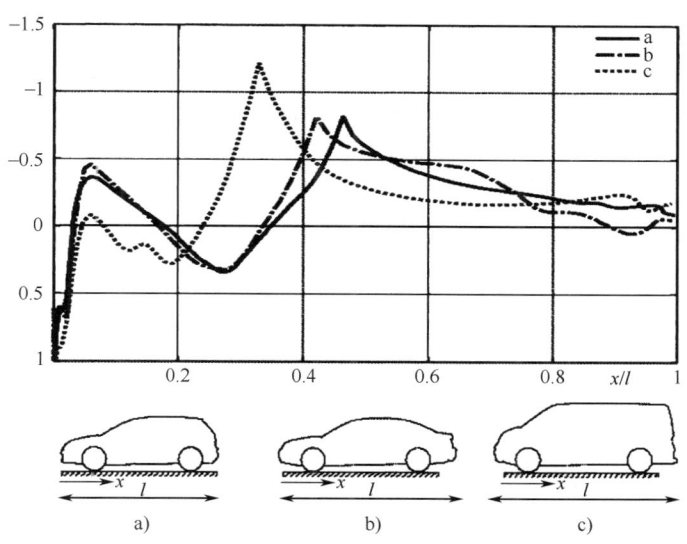

图 3.12　在汽车纵向中心线上的空气压力分布（计算结果）
a）厢式乘用车　b）阶背式车尾乘用车　c）全背式车尾乘用车

在乘用车头部的空气负压峰值产生一个会使发动机室盖抬高一点的力。在车速 200km/h

时，在乘用车前部的发动机室盖范围的向上力，根据头部形状的不同约为300~500N。在A柱后面的力约为该值的一半。在侧向风作用下，侧窗玻璃上的力也可达到300~500N。这些力使部件运动、密封系统开启或由于气流分离而产生高的空气阻力。也会使部件功能损坏。在关闭侧窗玻璃的过程中，在下部的侧窗玻璃不能进入导向槽。

压力载荷会压瘪乘用车前部的导流板、损伤挡水板、移动外反光镜等。这只是考虑了这些静态力带来的不利影响。另外，周期性的气流分离会激励部件的振动而损害它们的寿命或功能，在反光镜座分离的周期性球状涡流在高车速时会引起反光镜玻璃的异常振动。在高车速时也会出现发动机室盖的振动。

风的载荷引起的部件形状变化常造成线条分明的外部轮廓，从而增加了压力载荷。振动部件可部分地自行消除周期性压力载荷，但也会使压力载荷更加严重。

应进行风洞试验或流动计算，尽可能早的得到这些力和压力，以便通过形状的改变来缓和这些力和压力，或在结构设计时考虑到它们。

5. 冷却/部件温度

冷却系的任务是在汽车的各种行驶情况下，要冷却发动机和其他需冷却的部件，使它们不受损伤或出现功能性故障。另外还要有加热功能，以减小机件磨损、节省燃料消耗并优化功率（细节见3.3节）。

散热时，或是部件热量直接向周围空气传出，如制动盘；或是部件热量通过冷却液（也可是冷却油）、散热器传出。从空气动力学角度，增压空气冷却器（中冷器）与散热器没有什么区别。上述两种散热途径的前提是要有内部的空气流动。

为产生内部的空气流动，需要提供使空气流动的能量。在快速行驶时，大多汽车可利用汽车前端与底部间的空气压头（压力降），使空气流过冷却器或发动机室。风扇可以提供使空气流动的能量。特别是在汽车慢速行驶或驻车时需要风扇。内部流动的空气由于流动阻力较大，产生的压力损失要比相同体积流量的空气绕汽车流动的压力损失大。这表明汽车的空气流通阻力增加或是空气阻力系数c_w较高。为降低燃油消耗，需要将冷却空气流动的那部分阻力和冷却空气的体积流量限制在必要的最小值。为此采取下列一些措施：

1）隔离从空气进口到冷却器的空气通道。
2）空气进口位置和气道形状要保证气流均匀。
3）在空气流道中避免出现突出物体和空气分离。
4）冷却器断面要优化。
5）采用高比热交换功率的冷却器。

为冷却部件，常引导一股空气流到部件去。为此采用闭式通道可明显改善部件冷却效果。而供给冷却部件的自由空气流由于提供的压力降不大，其流动距离短，且会受其他气流的影响而偏离要冷却的部件方向。

冷却空气流动的空气动力学优化，像空气动力学本身的优化一样，可从使用新的车底气流仿真技术[15]中得到好处。

6. 车内空调

汽车的采暖、通风和空调的任务是尽可能好地保证乘员舒适和安全（见6.4.3小节）。在空间相对小的乘用车内部，影响乘员的有下列参量：

1）温度和温度层。

2）空气速度和速度分布。
3）空气湿度。
4）部件的热量辐射。
5）太阳直接照射。
6）空气中的其他物质。

汽车中的气流会部分地影响这些参数，而气流又受风扇的设置、进出气口位置、部件结构和功能上所需的开口（即不是故意的不密封性）等影响。

通过车身流动的气体造成表面上的不同压力（压力分布）。在布置气流开口时要利用表面上的空气压力分布。出气口优先设置在低压口。还要考虑在汽车上没有大的负压，如在开启前侧窗玻璃时，以免有害物质吸入乘员室。如果空气出口太靠近人耳，就会造成噪声损伤。常将空气进口设置在高压区，以减小不必要的风扇功率。另外，车内的采暖应随车速的增大而加强。基于同样的理由，采暖要优先设置在稍高的高压区，如图3.13所示（见书后彩插）。

图3.13　表面压力分布（计算）

7. 风噪声

在汽车内的乘员受到许多噪声的侵害，其中部分的噪声来自车外，并通过隔声而降低。较重要的一些噪声源于汽车本身或汽车内部（见3.4节）。如果剔除人们所希望的噪声，如收音机放音、报警蜂鸣器，则有三种不同的噪声源：发动机噪声、车轮滚动噪声和风噪声。在最近几年由于成功地降低发动机噪声和滚动噪声，当前不能再忽视风噪声。

风噪声源于：

1）部件间的不密封性。主要是车门和车窗玻璃的不密封性，也源于车身钢板开口。由于挤压空气效应，车身外侧部分的空气流速增大而出现较高负压。在A柱后面附近的负压就是这种情况。在汽车内部，按通风和采暖情况出现稍低的负压和稍高的正压。如果密封不好，将从缝隙中出现从内向外的气流并引起噪声。可听到的噪声主要频率范围为4~10kHz。

在汽车高速行驶时，在前车门侧窗玻璃上的负压力使车门框架运动，向外的移动量可达2mm。如车门的密封系统不够，则在整个重要的频率范围产生高分贝的气流噪声。有效密封系统设计的重要任务是达到低的风噪声级。

由干扰引起空腔谐振。如果敞开车门缝和行李箱、发动机室等的盖缝，气流由垂直缝口流出，其流动噪声频率为500~3000Hz。在缝隙后面的流通断面同样决定了频率范围。噪声强度特别与缝隙后棱边是否突入气流中或缝隙后棱边是否在气流中回跳（鳞片效应）有关。通过有效的密封就可避免这种噪声。但适当的鳞片效应不是太坏的事。

在风噪声中还可以听到汽车活动天窗的轰鸣声。其典型的频率约为20Hz，并常在汽车行驶速度为40~60km/h时出现。气流从敞开的活动车顶流出时，按赫尔姆兹（Helmholtz）谐振器原理，整个车内激起振动。补救措施是使用导风板。它可根据汽车实际情况调谐。打孔的、尖角状或网格状导风板通常要比光滑的导风板调谐效果好。但在较高车速时会产生不希望的固有噪声。活动车顶断面厚度对振动也有很大影响，所以一些汽车生产厂家放弃滑移行程，以能使用光滑的导风板。

在开启侧窗玻璃时特别要注意后面的轰鸣声，至今尚未找出抑制轰鸣声的技术补救措施。只要乘员部分打开后面的侧窗玻璃和前侧窗玻璃就可避免出现轰鸣声。

2）在物体轮廓上的气流分离。其后果是形成涡流和湍流的压力波动。压力波动冲击汽车表面形成激励振动，并成为噪声传给乘员。已知的是 A 柱处的气体涡流，它产生宽带（频）噪声。在侧向风变换的情况下，A 柱处的气体涡流特别明显。为此，汽车需在风洞中或道路上进行相应的试验。只要改变 A 柱的造型就可降低 A 柱处的气体涡流，或提高侧窗玻璃的隔声效果，从而降低噪声级。由车尾气体分离产生的噪声，由于噪声的起伏，其频率在 20Hz 附近。但在特殊情况下，如软塑料尾盖的敞篷轿车，噪声频率的波动明显。

3）气体在像天线、车桥、反光镜、风窗玻璃刮水器的突出部件处分离。在后部的杆式天线处形成卡曼（Karman）涡流线，它产生高强度的单一音调。措施是采用斜置杆式天线，至少倾斜 45°，并在杆式天线周围使用螺旋圈，这样可消除噪声的单一音调，但会带来少许奇特的噪声。由于功能上的需要，车桥和风窗玻璃刮水器不能制成有利于气体流动的形状，所以，在设计时不要将它们放在气体直接流入处，如风窗玻璃刮水器放在发动机室盖下面。

外反光镜常视为噪声源，因为驾驶人可察觉到来自噪声源方向的噪声。但这些噪声不总是烦人的。在 A 柱处的涡流和填料同样也引起噪声。反光镜体处或反光镜体后面的气流分离产生的噪声，要比气体在反光镜体与风窗玻璃的狭窄间隙加速、反光镜支座处的气体环流、反光镜支座与车门间的不密封性或反光镜插入汽车内部的不密封性所引起的气流噪声小得多。

4）靠近汽车流动的湍流波动。即在边界层的湍流波动，产生的噪声比限值要高，但在汽车上，它的噪声要低一个数量级。

根据出现的各种气流噪声，需要进行汽车空气动力学的优化。但它只能个别地改善。最重要的噪声源是对空气动力学没有多少作用的不完善的密封系统，因而无法有效抑制噪声。

3.2.3 汽车研发顺序

对汽车空气动力学的要求直接影响到汽车外形。为此，在汽车设计阶段要平行开展空气动力学研究[11]。流动计算是最好的方法。是否进行流动计算，是否要在风洞中优化设计模型或是否要附加使用风洞模型则取决于厂家的需要。如果是后面一种情况，其前提是要及时制造出平行模型并不断与当前的设计状况相适应。空气动力学的附件应在样车完成前研发出来，或至少单独进行过试验。先制造符合空气动力学的汽车草图一般没多大帮助。因为草图远离汽车的具体研发目标，且不为其他研发者采用。但要特别研发低空气阻力系数 c_w 的汽车时则另当别论。

行驶安全性所需的参数应在研发开始前确定下来，并在空气动力学研发中试验和验证，以得到所期待的汽车外形。研发后再降低空气阻力系数，只能通过导流板和另外一些附件来实现。但这样做成本更高，并且常常只有很少的设计者、设计师和用户能够接受。

优化冷却空气部分的阻力同样始于设计阶段。在设计阶段设计冷却空气入口，并用试验托架继续优化。在试验托架上将新的汽车前部零件安装在当前类似的批量生产汽车上进行试验。试验在样车阶段，并根据试验结果作必要修改。先前的一些模型经验可加快研发进程。

通常在样车阶段进行汽车的湿润和脏污试验。但一些决定，如 A 柱处的集水槽，早已采用。在样车阶段，在风洞中同样要进行功能性试验。

在当前普遍缩短研发周期的背景下，气动声学的研究则太晚。如果能进一步提供有效的密封和完美的车内装饰的、接近批量生产的样车，就能期盼有意义的气动声学的测量结果。直至汽车成批生产不再作较大的修改时，研发工作就此结束。气动声学的研究也同样在设计阶段就开始。当然在设计阶段需要利用先前的一些模型经验。

混合动力车辆与电动车辆，在空气动力学与气动声学方面，与内燃机车辆并无不同，本书中对它们采用了相同的方式描述其考虑方式、研究方法与要求。

3.3 热工程

3.3.1 内燃机冷却

内燃机的余热通过不同途径排出。除通过热的废气排出外，发动机部件的余热必须通过流动的媒介传导出去，缸体和缸盖的余热就是通过散热器传给周围空气，如图 3.14 所示。而活塞通过机油冷却。在发动机较高功率时通过油底壳散走的机油热量已不能满足要求，需要一个独立的机油冷却器。

因此，冷却介质必须保证，其温度和流量在任何工况点都不能使发动机产生过热损伤。

增压发动机要求增压空气冷却器（中冷器），它将废气涡轮增压器或压气机中压缩空气的高热量带走，从而增加了压缩空气的密度（密度回收），提高气缸充量，以达到增加发动机比功率的目的。通过降低燃烧温度就可减少 NO_x 的生成。

自实行严格的 EU4 排放规范以来，冷却柴油机中已不断采用废气再循环。它有利于降低柴油机的微粒和 NO_x 排放[21]。

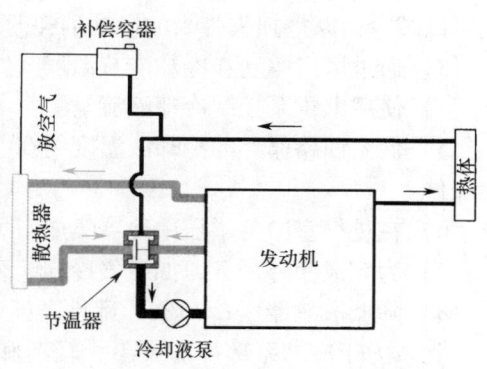

图 3.14 带补偿容器的冷却液循环

自动变速器也要冷却，特别是对变速器机油冷却器有高要求的无级自动变速器（CVT）。

其他的附属装置，如伺服油泵、燃油泵和空调系统中制冷介质循环等都需要冷却。在一些特殊场合，如一些电子部件要专门冷却。因为这些电子部件的功率密度增加，单靠空气对流冷却已不够。在混合动力汽车上，功率电子器件的冷却已是常态[51]。

为完成各种冷却任务，常用的余热传出途径可汇总如下：

1) 发动机的余热通过冷却液和冷却液散热器（水散热器）传给空气。

2) 发动机机油热量通过机油—冷却液散热器传给冷却液或通过机油—空气冷却器直接传给空气。

3) 空气或增压空气热量通过空气—空气冷却器（空—空中冷器）直接传给空气或通过增压空气—冷却液冷却器传给冷却液（这时需要低温冷却回路）[49]。

4) 回流的废气热量通过冷却液冷却的废气冷却器传给冷却液。

5) 变速器油热量通过变速器油—冷却液冷却器传给冷却液或通过变速器油—空气冷却

器直接传给空气。

6）附属装置热量直接传给空气或通过冷却液传出。

余热最终总是传给周围的空气。

对有关燃料消耗低、重量轻、排放低、行驶舒适、结构尺寸小等高要求迫使汽车上的内燃机使用先进的冷却系，除少数例外，它具有下列特征：

1）发动机水冷，通过带驱动的水泵强制水（冷却液）循环。

2）冷却系工作压力可达 1.5bar（1bar = 10^5 Pa）表压。

3）使用水和防冻液混合的冷却液，防冻液大多为乙二醇，体积分数为 30% ~ 50%，还有抗腐蚀的一些抑制剂。

4）散热器材料优先采用耐腐蚀的铝合金。

5）冷却液散热器（水散热器）集水槽、风扇和风扇护罩优先采用塑料。

6）汽车前部范围的所有冷却系部件大多预先装配成一个功能单元，即所谓的冷却模块。

冷却系的目前研发趋势朝下列方向：

1）通过冷却模块和发动机室，优化冷却空气流量。

2）应用与发动机模块及缸体分离的并且可控的冷却系，以实现发动机的快速热车，由此可以减少由摩擦损失带来的燃油消耗。

3）通过风扇驱动和冷却液节温器（"特性场节温器"）以及阀门对冷却系进行控制。

4）使用电子泵控制冷却液流量。

5）低温回路循环的冷却液温度约 60℃ 以冷却增压空气、电子部件和其他对温度敏感的元器件。

6）在进气室中与增压中冷器集成，可以减小增压空气体积与增压压力损失[52,53]。

7）为完成额外任务，如废气冷却、废气管冷却液的冷却，需要提高散热能力[50,51]。

8）降低散热器（冷却器）部件高度，以实现保护行人的规范。

除致力于冷却系部件的紧凑、轻巧和高效率的很多研究工作外，按开头提出的一些要求，要实现具有一体化设计的冷却系和热管理[48,51,54]。在商用车中这种要求更为强烈，因为其复杂性更高。除了带有中冷器的两级增压，还存在其他的废气热能的大量应用，尤其是传导的废气热量的应用[55]。

1. 散热器（冷却器）设计

冷却系设计的主要目标是在可用的结构空间内提供所要求的、具有尽可能紧凑、轻巧、价廉的散热器的冷却能力。在冷却模块中布置和确定热交换部件尺寸的优化过程是：选择散热器的散热片和管的结构（几何形状与尺寸）、计算风扇消耗功率、调整汽车侧的边界条件、调整空气阻力系数 c_w 和提高冷却系的防冲击性能。

通用的辅助设计方法是按一维流动的热交换部件计算的分析程度（见 11.3 节），再给定散热器几何尺寸，传热、导热和介质压降关系式以及介质流动特性，就可以从进口处的介质压力、温度参数算出散热器出口处的介质压力、温度。依靠多年对大量散热器型号测量得到的数据，可以用基于相似理论的仿真程度预先算出几乎是任意的管片式散热器的任意结构尺寸和任意工作点的性能。

当前还需要设计全覆盖和部分覆盖散热器、风扇和护罩的整体冷却模块。相应地，正在为这些模块配置有多流线途径的拓扑冷却模块。从拓扑冷却模块中还可按流线方法计算每个冷却模块。在拓扑冷却模块中考虑了各部件的相互影响[22,35]。

最后还要补充这些部件、元素的仿真辅助方法。根据这些部件、元素（如行驶风、风扇）和在汽车中所有压力损失处（如散热器栅格、发动机室）的空气流动状况，迭代计算汽车上的冷却空气流量和冷却系的热力学特性参数，连同在风洞中对冷却系冷却能力的测定数据，就可得到很可靠、快捷的仿真辅助。仿真辅助可明显减少对汽车测量的要求。

为详细得到汽车前部、散热器和发动机室的冷却空气流，可采用计算流体动力学（CFD）方法（见11.3节）。该法可计算空气的3维流动。为得到空气速度分布，需提供汽车的结构尺寸数据。从空气速度分布就可算出空气质量流量和压力损失。在与流线方法耦合计算中，可以在方案阶段得到不均匀的空气流动对冷却系性能的影响，并建议采取有效的优化措施[35]。

冷却系统的设计基于车辆的要求。热临界驾驶条件通常发生在最大发动机功率 P_{max} 或最大转矩 M_{max} 时。在高性能发动机中，"水平上的最高速度"运行情况必须越来越多地被"多次全加速"所取代，因为当达到高速时，发动机会受到多方面限制，不再全负荷运行。散热器、冷却液质量流量（机械驱动泵）和风扇在"快速上坡行驶"或"带拖车的慢速上坡行驶"行驶状态下对缺乏气流的支持之间的相互作用与设计相关。在欧洲和热门国家的业务也有所区别。行驶速度、环境温度、散热量以及最大允许冷却液、增压空气和油温的设定值始终被指定。在设计中通过更高的设定值间接考虑了老化导致的性能下降。汽车冷却主要类型的典型通用公式和目标值列于表3.1。

表3.1 乘用车冷却系典型的经验数据和设定值

物理量	正常值
冷却液温度	100～120℃
冷却液体积流量	5000～25000L/h
增压空气量	0.05～0.6kg/s
冷却液散出的最大热量	
汽油机	汽油机功率的50%～60%
柴油机非直喷	柴油机功率的100%
柴油机直喷	柴油机功率的65%～75%
允许的最大温差	
散热器进口处冷却液温度与环境温度	约80K
中冷器出口处增压空气温度与环境温度	约35K

2. 散热器类型

根据上面的数据提出对冷却功率（能力）的要求和对冷却液散热器、油（机油、变速器油）冷却器和增压空气冷却器的空间结构要求，出现了各种结构形式的散热器（冷却器），如图3.15所示[23]。

从小型乘用车散热器到大的商用汽车散热器的散热芯子厚度的范围为14～55mm。冷却空气侧的迎风面积为15～85dm^2。

管片式散热器几何结构（即散热器矩阵）对冷却能力有重大影响。管片式散热器的管、片连接有机械式和钎焊式两种。过去大量应用的机械连接的管片式散热器仍有意义，目前主要应用于低功率轿车上。市场上占主导地位的是钎焊式散热器，它的连接方式更利于热传递，可以满足高功率密度的要求。

由色敷钎料的多根扁管和滚压的波纹散热片组成的钎焊散热片芯子如图3.16所示，通常只用一根管制成。为提高强度，管子带卷边或皱折。芯子厚度方向用一根或多根扁管时，在底板上的这些管子插入分配槽中。在分配槽中将冷却液或增压空气分配到这些管中。

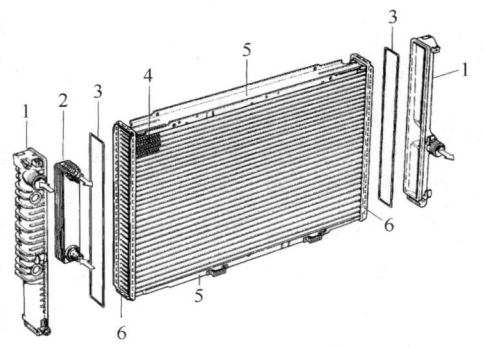

图3.15　带塑料集水槽的铝质冷却液散热器结构
1—水槽　2—机油冷却器（选用）　3—密封
4—冷却器网格　5—侧板　6—底板

乘用车发动机机油冷却器优先安装在靠近发动机处，靠冷却液冷却机油。机油冷却器如扁管式、圆片式、叠片式冷却器（图3.17）都用铝合金制造。乘用车自动变速器的变速器油冷却器采用风冷扁管结构或作为细长的扁管冷却器安装在冷却液散热器的集水槽中。

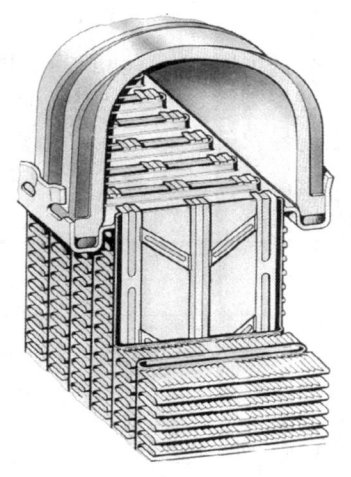

图3.16　钎焊的扁管与波纹散热片芯子结构

图3.17　叠片式结构的机油冷却器（Behr工厂图）

增压空气的散热芯子厚度为30~100mm，或超过100mm。冷却空气侧的迎风面积从乘用车的$3dm^2$到商用车的$80dm^2$。对乘用车冷却液散热器的要求是：扁平、细长，或安装在离冷却模块较远的地方，如车轮处附近。增压空气冷却器为钎焊扁管冷却器，直接由空气冷却，即为空—空中冷器。在某些场合也用靠近发动机处的冷却液冷却[49]。这样可取消从压气机出口的高温压缩空气到汽车前部的中冷器进口的管路和从中冷器冷却后从中冷器出口到发动机进气系的管路。从结构形式上讲，非直接空气冷却的增压空气冷却器，除了所谓的扁管片式、翅片式，还有带有扰流结构的管带式，它可以提高散热效率（图3.18）。

回流的废气冷却器遭受高温、强腐蚀废气侵蚀，为此要优先采用优质钢材，并常采用激光焊接或镍钎焊方法。废气冷却器为管束结构。引导废气的管可以是简单的圆管或是可提高冷却能力、耐脏污的管结构形式。

3. 风扇和风扇驱动

当前发动机冷却用的风扇几乎无例外地使用轴流、塑料结构形式。根据汽车上的工作条件，轴向叶片还可加一个护罩，在叶片端部有一个空气进气的锥形口。风扇的其他可能的特征为镰刀状叶片和不均匀的叶片节距。这些措施有助于提高风扇效率和降低噪声辐射。

乘用车风扇采用吸气式、单个或两个配置方式。风扇最大直径为 500mm。除强冷却功率要求外，风扇采用电动机驱动，电功率高达 850W。利用控制器有级改变无刷电动机转速。利用黏性离合器直接驱动风扇的方式，只在大型商用车上还有应用。

4. 冷却模块

冷却模块是预先安装的一体化结构。它由冷却系的各部件和空调冷凝器组成，包括带驱动的风扇单元，如图 3.19 所示。冷却模块技术具有很多工程和经济上的一些优点[24]：

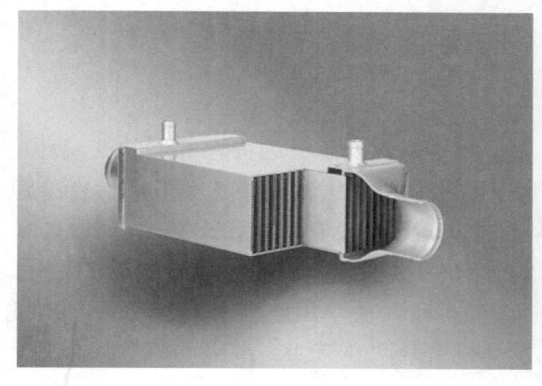

图 3.18 非直接管带式增压空气冷却器（Behr 工作图）

图 3.19 乘用车的冷却模块（Behr 工厂图）

1）优化设计、调整各个部件。
2）改善汽车上的冷却效率或可采用小、轻、价廉的部件。
3）如果模块预先制造完成，在供应和装配等环节可以节省汽车生产厂家的费用。

在标准的公路车辆上，几乎都用冷却模块。利用车上现有的纵向和横向支架将冷却模块固定在车身上，散热器是可携带的冷却模块单元中的一个部件。利用卡槽、夹爪或夹子将其他部件连接在冷却模块单元上的集水槽或气室和侧向件上。为简化装配，在众多变型冷却模块情况下还可使用支撑框架。

5. 发动机总冷却系统

发动机需要的冷却取决于发动机工况和附属装置，特别是空调循环和环境温度。在通常的发动机冷却系中所需的控制，目前还只是使用比较简单的装置：

蜡式节温器充蜡的膨胀元件受绕它流动的冷却液温度的影响。在所希望的节温器开启温度，发动机中的冷却液进入散热器冷却，以控制冷却液温度。在冷却液温度低时，散热器被短接。在冷却液温度很低和在发动机冷起动时，冷却液不需要通过散热器冷却；在冷却液温度高时则需要对冷却液强冷却。

电驱动风扇随散热器集水槽中的冷却液温度高低以有级或无级转速变化方式接通。

冷却系的其他部件是按严重的工作条件设计的。但它们是在不受控的条件下工作的。冷却液泵（水泵）由曲轴通过带驱动。油（机油、变速器油）冷却器在个别情况是恒温控制。增压空气冷却几乎也是不受控制的。

简单的冷却系至今完全能满足要求，其特点是工作非常可靠。在未来，如同汽车上的其他系统，成为电子控制的冷却系。冷却系电控单元根据检测发动机和冷却系热状态的传感器，利用设定的控制算法对输送机构（风扇、油泵）和执行机构（阀、阀板、百叶窗）进行干预，以便根据冷却需要，节省附属装置的驱动能量、降低排放和噪声、缩短加热过程。

目前，冷却系统已是一个非常复杂的系统，大量参数互相影响。在设计和优化过程中，冷却系统虚拟研发的量不断增加[35,53]（见11.3节）。

3.3.2 乘员室的采暖和冷却

乘员室的空调满足多项任务：
1）保证风窗玻璃的良好视野。
2）为全体乘员创造舒适的气候。
3）为驾驶人创造不易疲劳的环境。
4）防止乘员吸入令人不愉快的气味。

空调不只是创造舒适的车内环境，也为汽车安全行驶做出贡献，因为在舒适的气候环境中驾驶人的注意力要好于在炎热或寒冷的气候环境下的注意力（见6.4.3小节和参考文献[27]）。与安全有关的法规要求车内气候[28]能保证风窗玻璃上没有雾气和结冰。

在本书6.4.3小节中将就有关舒适性和空调功能的一些问题进行讨论。汽车空调对于车辆电气化程度的加深有着重要的意义，因为电能储能器和大功率用电器必须充分冷却。此外，对于车内采暖，由于混合动力车辆的应用，发动机余热明显减少，纯电动车辆甚至完全没有发动机余热。

汽车空调必须通过冷、热循环，才能实现其功能。其循环系统部件与作用解释如下。

汽车空气调节是通过具有一定温度的空气流量实现的，在图3.20中用箭头表示空气的流动。空气通过仪表板处的喷口、脚部空间喷口和后座乘员空间喷口进入车内。鼓风机3安装在仪表板后面。在风扇玻璃下面的外部空气靠径流式风扇1经空气滤清器2吸入乘员室，在空调内的空气经蒸发器4冷却并干燥，然后空气在加热器5中加热。

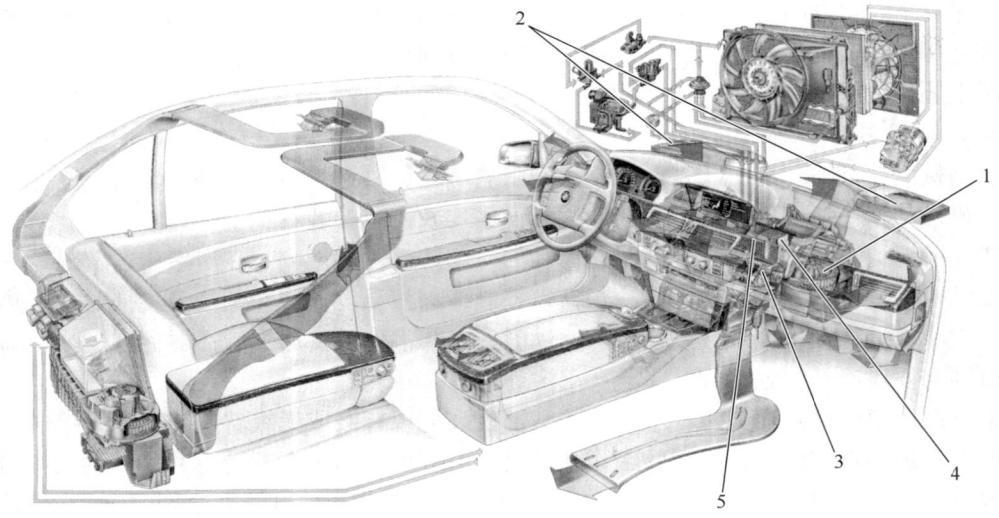

图3.20 高档乘用车上的空调设备
1—径流式风扇 2—空气滤清器 3—鼓风机 4—蒸发器 5—加热器

1. 加热功能和加热部件

汽车一般利用内燃机余热加热。发动机缸体中流动的一部分冷却液供热循环用,并经设置在空调中的加热器,在加热器中将含在冷却液中的热量传给流入乘员室的空气。

加热器的工作原理与冷却液散热器相似,冷却液散热器已在 3.3.1 小节中介绍过。加热器一般由铝制成。图 3.21 表示在不同冷却液流量时,冷却液加热功率随空气质量流量的变化关系。给定的空气进口温度为 $-20℃$,冷却液进口温度为 $+80℃$。其他情况下的空气进口温度和冷却液间的温度差,则随加热功率的变化也相应变化。

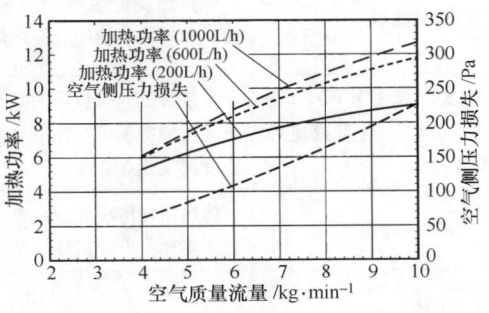

图 3.21 加热功率和空气侧压力损失

安装在驾驶室内的加热器加热功率做调节,在冷却液侧可通过电脉冲控制阀或连续可调阀(控制冷却液侧的温度)或通过在加热器后的热空气和空调中的冷空气的混合气实现。这时,冷却液全部流过加热器(空气侧的控制详见 6.4.3 小节)。

供给加热器的热冷却液与发动机当前的工况有关。冷却液的质量流量和温度与发动机转速和负荷有很大关系。在设计冷却液回路时,要注意在汽车所有工作状态能提供乘员室中的加热器的冷却液流量超过 600L/h,从而能保证冷却液的热量很好传给空气。如果设计条件在发动机冷却液泵(水泵)的热循环中没有足够多的冷却液质量流量,则要使用附加的电驱动冷却液泵(该泵的典型供液量为 100L/h,压力 1000mbar),这可防止发动机在怠速时加热功率下降。

提高发动机热效率会导致冷却液中可用的热量不足。在外界空气温度为 $-20℃$ 时,在稳定状态电加热功率约为 7kW(特别是在现代直喷柴油机及未来的汽油机上,废热就不够用),以保证发动机在冷起动后快速加热或达到舒适的车内温度。为解决加热量的不足,有多种加热方案[29]可供选择:主动加热系统,即通过另一个热源,如使用附加的一次能量弥补冷却液的供热与车内所需热量的不足。附加的一次能量可能是:燃料加热器(图 3.22)或空气侧的电加热(PTC 加热,图 3.23)。表 3.2 是各种加热系统一览表。

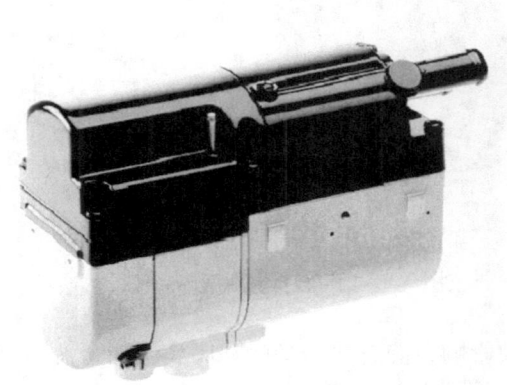

图 3.22 燃料加热器

图 3.23 PTC 采暖设备(Behr 工作图)

表 3.2 各种加热系统一览表

加热系统	说 明	特 征
燃料加热器	燃料燃烧产生附加热量,并传给冷却液。燃料加热器组合在冷却液循环中	加热功率高,使用方便,费用高(成本、重量、结构尺寸)
在空气流中对PTC(正温度系数)电阻通电而加热	直接对进入乘员室的空气加热。PTC正元件的特征可防止不允许的过高的加热温度(见图3.24)	自动加热作用,由于电气系和发电机负荷使发动机负荷增加而产生附加的加热作用。目前作为批量生产加热方案
从排气中回收热量	将热量传给冷却液,要考虑排气管的排气压降和在发动机冷却循环中的热损失	实际上不需要附加的初次能量,可能要对发动机控制作些匹配,费用高(空间、成本)
热泵	制冷设备用做热泵	需要少许的附加结构空间,与热源(空气或冷却液)温度相关,可达到高的功率和效率,需增加外罩费用

在参考文献[30,31]中详细比较了各种加热系统。参考文献[32,33]介绍了燃料加热器和附加的电加热系统的新发展。所有的电加热器通过来自发电机的发动机附加负荷都有一个间接的加热作用。直接由电能产生的热量与间接供给冷却液的热量大致相当。

除主动加热系统外,还有被动加热系统,如借助废气传热从废气中回收能量。

2. 制冷设备的功能和它的部件

汽车上的制冷系基于蒸发原理,与冷却箱类似。在蒸发器外部进入乘员室的空气被冷却,同时空气湿度下降,如图3.25所示。在蒸发器内部,在制冷介质温度低于环境温度和低压下吸取空气中的热量并蒸发。在压缩机中的制冷介质在较高压力下蒸发。在高于环境温度下,在发动机室、冷却液散热器前的冷凝器的热量传给外部空气,同时制冷介质液化。液态制冷介质进入收集器。收集器储存不同工作状态的制冷介质和在膨胀阀中再次膨胀至低压、低温状态,随后制冷介质又进入蒸发器,制冷循环结束。为优化制冷能力与效率,制冷系统中一般要加入一个所谓的"内部热量载体"的部件[43]。

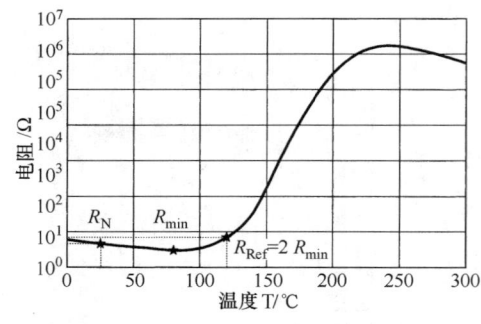

图 3.24 PTC元件的温度-电阻特性线

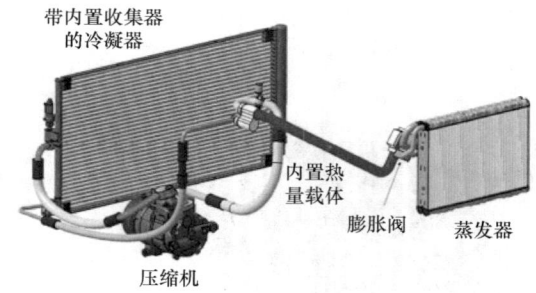

图 3.25 汽车上制冷循环简图

不同的膨胀阀对在发动机室的制冷作用有重大影响,静态热力学的膨胀阀,通过调节制冷介质质量流量,在蒸发器出口只有制冷介质蒸气。在各种工况下,除很好利用蒸发器外,还要保护压缩机免受"液态制冷介质的冲击"。在制冷系统中,收集器安装在冷凝器和膨胀阀间的发动机室中。

常用毛细管作为节流装置（节流管）替代静态热力学膨胀阀。由于节流管的断面是不变的，在蒸发器出口还有液态制冷介质。为保护压缩机，在该制冷系统中，从蒸发器到压缩机的制冷介质管路中必须安装一个能分离和储存液态制冷介质的容器。容器容积约为收集器容积的两倍。

冷凝器和发动机冷却系间的相互作用对调整汽车上的整个热量管理特别重要。其一是在设计发动机冷却系时要考虑冷凝器的放热；其二是冷凝器的良好通风对制冷设备的功率和效率是具有决定性作用的。在将制冷设备组合到汽车上时，首先要避免冷却空气回流。目前的冷凝器主要为钎焊的扁管与波纹散热片组成的冷凝器芯子[34]，如图3.26所示。

蒸发器安装在空调设备内。在最近几年，由于提高了蒸发器的功率密度，蒸发器的结构厚度约从65mm降至40mm。图3.27是这种类型的扁管蒸发器。在冷却热空气时，在蒸发器中分离出空气中的湿气。为此有一个亲水层，以阻止能产生不愉快气味的细菌和微生物生长。

图3.26 带集成收集器的扁管冷凝器（Behr工作图）

图3.27 扁管蒸发器（Behr工作图）

新研发的蒸发器集中在进一步提高功率密度，其厚度减至40mm。汽车空调设备的制冷介质为R134a，它是不能燃烧、无毒的氢氟烃类，它与很多塑料和金属相容。汽车空调用的替代制冷介质，如CO_2（R744）正在研发中（见3.3.2小节）。

为润滑压缩机，在制冷介质中添加质量分数约为10%~20%的机油，这样会损失一些制冷功率。

在每种汽车上的空调设备中，制冷介质的数量是不同的，它主要由携带液态制冷介质的部件内部容积确定。典型值为600~900gR134a。

3. 压缩机和制冷功率控制

制冷设备压缩机由发动机带驱动。驱动功率达6kW的压缩机属较大的、需由发动机提供辅助能量的部件。

在当前的汽车上几乎无例外地采用摆动盘式压缩机。由压缩机曲轴驱动一个斜置的盘，通过斜置盘的摆动运动，使安放在圆形柱塞套中的多个柱塞运动。通过柱塞头部上的文丘利孔完成压缩的气态制冷介质的吸入和排出过程。现代压缩机通过斜置盘相对压缩机曲轴的倾斜程度改变柱塞行程容积，从而调节制冷介质的输送量和压缩机功率。在行程不变（排量不变）的压缩机上，通过电磁离合器周期性地接通、切断压缩机达到功率匹配。在小型发动机上接通压缩机产生的冲击可通过发动机控制予以缓冲。

摆动盘式压缩机的优点为：在低转速范围容积效率高，易于实现功率调节，在调节范围的性能良好。

可调压缩机的发展趋势是采用不变行程容积。在这期间，外部可控压缩机已替代内部进气压力调节的那些压缩机[17,18]。调节的目标是补偿发动机转速的变化。无离合器工作是外部可控的必要前提。如果断开制冷循环，这时不再用机械方式将压缩机与发动机分开，而是将压缩机调节在零行程位置。此外还可通过外部调节来调整蒸气温度，使压缩机按需要吸收功率。这一措施可减少由制冷循环引起的发动机所消耗的燃料。

4. 空调设备的设计

是否需要加热或冷却汽车乘员室取决于汽车方面和气候的边界条件：

（1）汽车方面的边界条件

1）内部装置的质量和热容量以及乘员室的封闭面积。

2）乘员室大小。

3）封闭面隔热情况，如车顶、地板、前围板。

4）汽车外部尺寸、风窗玻璃角度和辐射性能。

5）车内通风和空气流动情况，不密封产生的漏气状况。

6）绕汽车流动的空气随汽车行驶速度而改变外部的传热程度。

（2）空气的边界条件

1）外界空气温度。

2）空气的相对湿度。

3）太阳照射。

设计汽车空调主要要考虑发动机的起动工况，因为起动过程所需的电功率要比正常状态多几倍。汽车空调通常是这样设计的，汽车在较长时间停车后，在发动机起动后较短时间内乘员室温度能达到舒适的温度。在夏天太阳照耀下，车内的空气温度可达70℃。空调设备的设计条件是外界气温40℃，相对湿度40%，太阳照射能量1000W/m²。

在冬天，车内温度会冷却到外界空气温度。设计空调时一般设定外界气温为-20℃。在以最佳的空气流量为5kg/min（小于可能的最大流量）对车内加热时，其温度变化如图3.28（见书后彩插）中的上面曲线所示。下面曲线则表示配置直喷柴油机、没有加热器的汽车的不舒适的车内温度变化。

除了外界空气温度外，设计空调时还要设定汽车行驶状态。典型的汽车行驶状态是平路面、3档、车速32km/h或50km/h。大多关注的是发动机在低速状态时的空调性能，因为汽车在发动机较低转速下驱动冷却液泵和空调压缩机，无论是冷却还是加热车内空气都是不利的工作情况。

在蒸发器鼓风机全功率时，制冷设备的典型冷却曲线表明，在20min后车内空气温度可达到30℃和60min后车内空气温度可达到23℃。图3.29（见书后彩插）为空调设备在最大功率时车内空气温度从开始冷却到稳定的温度状态的变化曲线。

冷却开始蒸发器功率达8kW，到接近稳定状态时功率降至2.5kW左右。这时车内的空

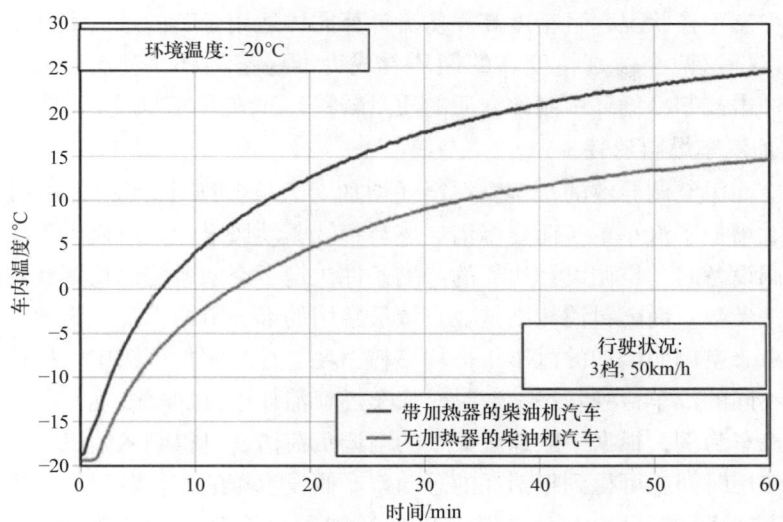

图3.28 紧凑级乘用车车内空气加热曲线

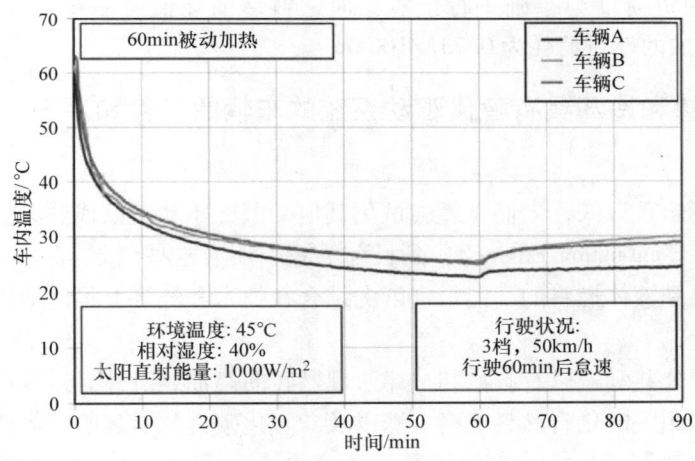

图3.29 典型的车内空气冷却曲线

气流量为7~11kg/min。

判定空调设备性能的参量主要有：

1）制冷功率。
2）制冷效率。
3）噪声与振动。
4）调节性能。
5）耐久性。

这些参量受空调设备本身的各个部件和外部环境的影响。外部环境的影响就是制冷介质管路的长度和特性、冷凝器通风状况以及在制冷环境中设定的压力和温度的工作条件等方面的影响。这表明空调设备的性能或制冷循环效率只能在汽车上才能最后确定。

为设计加热循环和制冷循环，进行仿真计算是十分必要的[35,38,41]。仿真计算可以再现这两个循环的稳态工作状况,且精度高。仿真计算同样适用于车内乘员室的空气加热和冷却过程,因为可以把这两个仿真精度高的循环看成为准稳态循环。动态仿真计算(如开启、关闭空调时的冲击或制冷循环中制冷介质的质量转移)正在开发中。

5. 空调增加汽车燃料消耗

为车内制冷而由空调导致的汽车燃料消耗增加[42],这可归因于:①驱动压缩机需消耗发动机功率;②增加了汽车重量而要多消耗燃料;③驱动风扇和鼓风机也需要电功率。

在设计空调设备时,空调设计边界的严酷条件决定了空调所需的功率和在热循环和制冷循环时的各部件参数。而燃料消耗则是在空调最常用的部分负荷工况。为此,可以利用空调的负荷谱计算由于空调而增加的汽车年平均燃料消耗。在空调负荷谱中,按负荷频度在不同的外部温度和不同的汽车行驶状态参数时对汽车燃料消耗进行加权处理[43]。

以选定的汽车为例,根据中欧地区天气的空调负荷谱就可得到压缩机消耗的功率。再乘以汽车每年的使用时间就可得到年消耗的总功率。假设汽车的年行驶里程为15000km,并以行驶循环的平均速度33.6km/h计,以100km行驶燃料消耗计,则燃料多消耗值为0.5L/100km。空调在其他汽车上的应用情况或在不同的气候状况和在汽车车身的不同边界条件下,也是以选定的负荷谱为基础进行计算,但燃料多消耗值有一定的变动。如参考文献[25]中,空调增加的燃料消耗为0.75L/100km。

3.3.3 用于加热和冷却具有替代驱动系统的车辆的组件和系统

1. 引言

自从机动车辆出现以来,人们反复尝试用其他类型的驱动器取代经典的往复活塞式内燃机(ICE,Internal Combustion Engine)。到目前为止,所有这些尝试都没有取得广泛的市场成功,因为内燃机和液体燃料的高能量密度的结合在技术和经济上很好地满足了个人机动性的要求。

然而,最近,公共利益以及政治和法律法规已转向燃油经济性。造成这种情况的原因是有限的石油储量和相关的化石燃料价格上涨以及二氧化碳排放引起的气候变化。寻求无排放驱动的另一个驱动因素是特大城市的烟雾污染。此外,还有一些地区在努力减少对石油的依赖。

因此,人们非常重视进一步提高内燃机和传动系统组件的效率。节能20%到30%的量级被认为是现实的。此外,通过电气化可以获得进一步的潜力,例如见参考文献[57]。电气化的范围从通过混合驱动系统将辅助单元转换为更可控的电驱动器到纯电驱动器。

因此,只有包括燃料电池在内的电气化驱动系统才被视为替代驱动。所有其他替代驱动器类型,例如燃气轮机、斯特林发动机或蒸汽机械在乘用车开发中没有发挥重要作用。

从热管理(TM)的角度来看,电气化程度的提高为现有功能和全新任务带来了不同的边界条件。

一般来说,随着传动系统效率的提高,可用的废热越来越少,从而导致低温下的加热输出不足。因此,电动辅助加热器今天已经安装在高效的柴油车辆中[58]。在纯电动汽车中,夏季空调或冬季供暖将在未来与电池能量有限的续驶里程竞争[59]。这就是为什么必须使用新的供暖和空调方法。

2. 微混

微型混合动力驱动的汽车,实际上并不是严格意义上的混合动力汽车,因为它只使用内燃机运行。其特点是[60]:
- 减少所有寄生能源消耗。
- 城市交通中的起停功能。
- 智能充电管理主要在超限模式。
- 仅 12V 电源网络。
- 能量来源为燃料。
- 空调压缩机采用带传动。

该车辆具有为所使用的内燃机量身定制的传统发动机冷却系统。然而,高效的运行模式会导致寒冷天气下的加热功率不足,这可以通过电动或燃料驱动的辅助加热器进行补偿。

带传动的空调压缩机在停止阶段不工作。这里的存储蒸发器[61]可以保持气候舒适性并防止来自温暖潮湿的空调蒸发器的难闻气味。存储蒸发器的第二排管道中有蜡状物质(PCM = 相变材料),它在温度约为 7℃ 时固化。如果发动机停止时没有制冷剂供应,PCM 会冷却机舱空气,直到它再次融化。这意味着在红绿灯处停车最多可以桥接 50s。在接下来的行驶阶段,重新加载 PCM。

图 3.30 显示了有和没有储存蒸发器的乘员舱通风口处的吹出温度的过程。很明显,当发动机和压缩机停止时,在使用存储蒸发器时,吹出温度升高的幅度要小得多。50s 后才达到 12℃ 的临界值。从 15℃ 开始,会让人感觉到令人不快的潮湿气味。

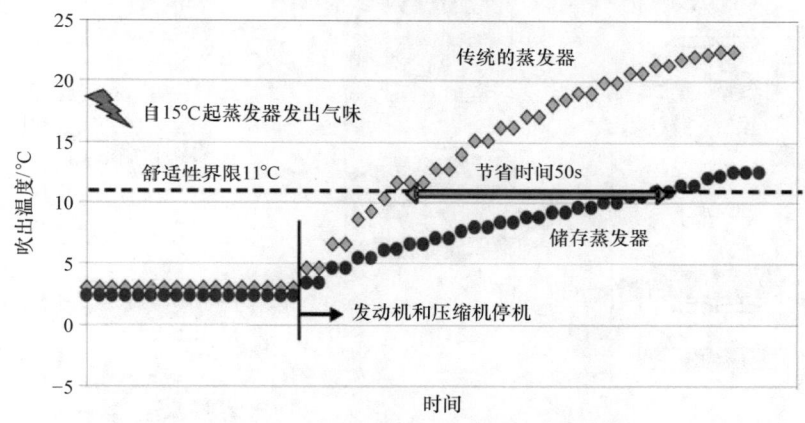

图 3.30 有和没有储存蒸发器的温度变化过程

3. 中混和电池冷却

中度混合动力车是在传动系统中配备额外电机的车辆,其输出功率约为 10~20kW,用于支持起动和加速过程(助力),并在发电机模式下回收制动能量。中度混合动力系统的特点是:
- 起停功能。
- 助力。
- 回收制动能量。
- 车载电源网络有 12V 和超过 120V(锂离子电池)两种电压。

- 燃料和高压电池作为行驶能源。
- 电池和电力电子设备的额外冷却需求。
- 一般情况下没有纯电驱动,无充电插口(插电式)。
- 电动空调压缩机。

由于动力主要由内燃机提供,而电机仅具有辅助功能,因此此类车辆具有完整的电机冷却基础设施。此外,需要冷却电池和功率电子设备。与发动机冷却相比,要消散的热流较低,因为这些组件的效率很高。但是,需要不同的电路温度等级:

- 内燃机和带电机的传动系统 <100℃。
- 功率电子 <60℃。
- 锂离子电池 <40℃。

温度水平取决于电气部件的使用寿命要求。功率半导体和锂离子电池会经历与温度相关的老化过程,因此不得在上述温度以上连续运行。因此,功率电子设备使用单独的低温冷却液回路进行冷却,温度约为 60℃。

在室外温度较高的情况下,锂离子电池需要车辆空调系统的支持,因为在 40℃时行驶温差不足以进行冷却,另见文献 [62-65,69]。图 3.31 显示了用于冷却锂离子电池的各种系统方法,这些方法连接到车辆空调系统的冷却回路。

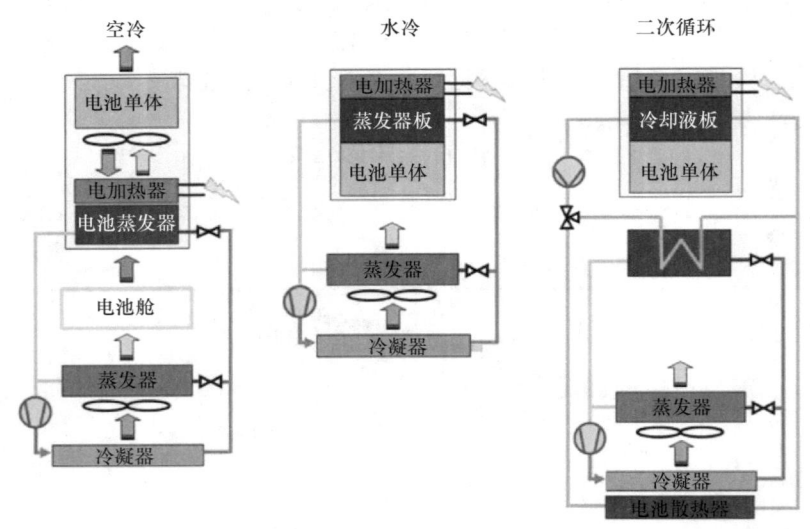

图 3.31 电池冷却系统类型

在每种情况下都显示了带有冷凝器、压缩机和蒸发器的车辆空调系统的制冷回路,用于车厢冷却。

使用空气冷却时,风扇将空气输送到电池中,当外部温度较高时,电池由冷却回路中的附加蒸发器冷却。电池中的单个电池相互隔开,冷空气在它们周围流动。

直接使用来自空调系统的制冷剂进行冷却更加紧凑。电池单元以良好的热接触布置在具有通道的冷却板上。制冷剂在这些通道中蒸发,从而均匀地冷却电池单元。

在具有二次回路的系统中,使用单独的冷却液回路(水-甘氨酸)来冷却电池。与制冷剂冷却一样，电池有一个带有冷却液通道的冷却板。图 3.32 显示了这样一个电池冷却板。当外部温度足够低（<20℃）时，冷却由冷却空气冷却器进行。外部温度高时再次需要空调系统的冷却回路通过制冷剂-冷却液热交换器（冷却器）提供支持。冷却器设计为液-液初级表面热交换器，如图 3.33 所示。蒸发的制冷剂冷却冷却液。

图 3.32　电池冷却板

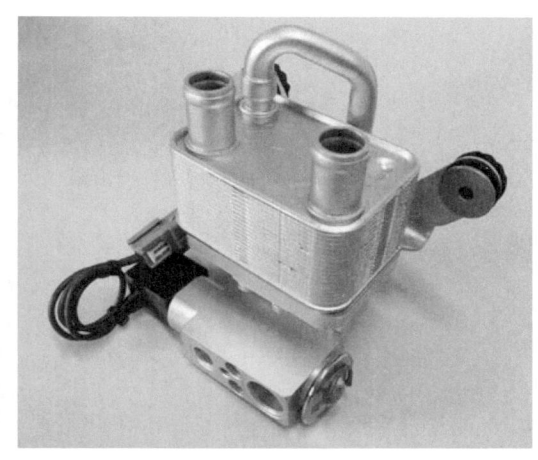
图 3.33　电池冷却器（Behr 工作图）

4. 全混和插电式混动

如果安装的内燃机功率和电功率处于同一数量级，则车辆称为全混合动力汽车。如果还计划在插座上进行外部充电，则称为插电式混合动力车。这些车辆的特点是：

- 起停功能。
- 助力功能。
- 回收制动能量。
- 车载电源网络有 12V 和超过 300V（锂离子电池）两种电压。
- 燃料和高压电池作为能源。
- 电池和功率电子设备的冷却需求。
- 可全电动驾驶。
- 可能在插座上充电（插电式）。
- 电动空调压缩机。

在热管理方面，只要纯电动行驶范围非常小（300m 到 3km），它们就类似于中度混合动力车。在紧急情况下，只要电能不能作为驱动源，就可以放弃电动驱动。这可以例如当车窗结冰时已经极度冷却的车辆或被太阳过度加热的车辆冷却时，可能会出现这种情况。在这些情况下，额外的加热或空调压缩机需要电能。

但是，如果您想在内燃机关闭的情况下确保更大的电气范围（最多约 30km），例如，在指定的市区纯电动驾驶，加热或冷却机舱所需的能量会缩短续驶里程。原则上，可以通过内燃机或单独的燃料加热系统来确保热舒适性，但尚不知道这是否会被市场和立法机关接受。

增程式混动车辆（REV）在全混合动力汽车中占有特殊地位。其传动系统主要是电动的。由内燃机和发电机组成的单元在需要时为电池充电，从而使电动续驶里程（约 60km）

可以增加到传统内燃机车辆的续驶里程（约400km）。燃料电池未来也可以作为增程器。

图3.34显示了增程式混动汽车的冷却模块结构。冷却器与行驶方向相反的布置对应于所需的温度位置电池（约40℃）-空调冷凝器（约50℃）-电子冷却（约60℃）-内燃机冷却（约100℃）。

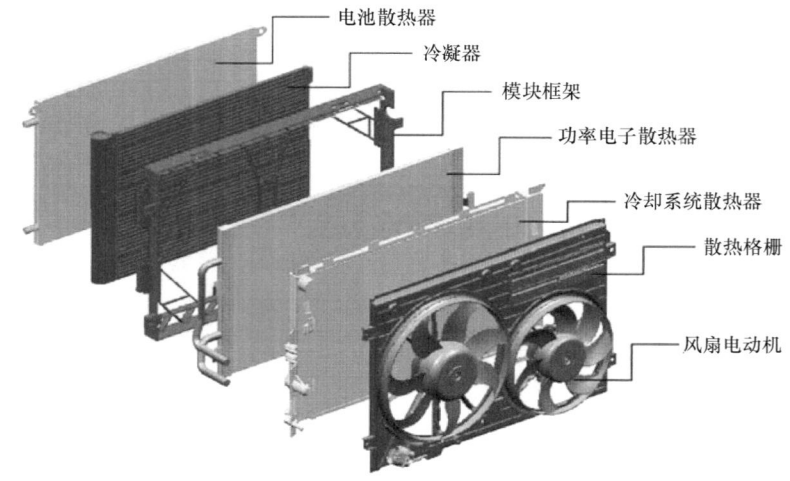

图3.34 增程式混动汽车冷却模块

从电源充电的插电式混合动力车和增程式可以进行热管理的预处理。这意味着在开始旅程之前，车内和温度敏感部件会达到所需的工作温度，这尤其适用于车内的加热/冷却和电池的预处理。

如果将燃料电池（BSZ）而不是内燃机用作增程器，则传动系统冷却的要求变为必须散发更高的热流，因为使用BSZ时不会通过废气散发热量。此外，BSZ冷却的温度水平仅为80℃左右，而不是100℃左右。

这减小了与环境的温差。因此，用于传动系统冷却的部件必须设计得具有相应的功率，它与用于内燃机的部件类型相同。

5. 纯电动汽车

从能量的角度来看，纯电动汽车在三个基本点上与所有混合动力汽车不同：

1）电池中储存的能量只是液体燃料的一小部分，因此对驱动和热管理的能量效率要求非常高。

2）原则上，当车辆连接市电时，在充电过程中可以选择热管理的预处理。

3）要消散的传动系统的冷却功率较低（平均<1kW）。因此，实际上没有更多的废热可用于加热。

纯电动汽车的主要功能特点是：
- 系统相关的起停功能。
- 回收制动能量。
- 车载电源网络有12V和超过300V（锂离子电池）两种电压。
- 高压电池作为驱动能源。
- 对电池、功率转换器和电机的冷却需求，但余热很少。

—全电动行驶。
—在插座充电。
—所有辅助设备采用纯电动驱动（例如空调压缩机）。

用于冷却传动系统的基础设施仅限于电池、功率转换器和电机，废热很少，平均远低于1kW。组件 NT 冷却器和电池冷却板以及根据所选系统使用的冷却器，请参见第 3.3.3.3 节。

纯电动汽车热管理的特殊挑战是机舱的加热和冷却。这些功能的功率需求与车辆驱动的数量级相同，并且这些功能在电机处于静止状态时也必须运行。这意味着能量需求取决于运行时间而不是行驶距离。但至少必须始终保证清晰的视野。

因此，电动汽车乘员舱的高效加热和冷却涉及一系列措施。被动措施旨在减少冬季的热量损失或夏季的热量输入，例如通过隔热措施或通过改变车窗玻璃的辐射特性。

另一个目标是只在需要的地方加热和冷却，例如通过座椅加热、车窗加热或有针对性的气流。

如之前章节所述，电动汽车可以在充电过程中进行热管理的预处理。这将加热和冷却的能量需求限制为保持即可。

空调/制冷效果仍然通过压缩回路产生，但使用电动压缩机、蒸发器和冷凝器，所需的驱动功率约为 3kW。

PTC 电加热器用于产生热量，类似于以前在柴油车中用作辅助加热器的类型。最大功率为 3~5kW。它在高压（>300V）下运行，必须设计为安全的。然而，在寒冷的日子里，纯电加热器会显著降低电动汽车的续驶里程。图 3.35 显示了在室外温

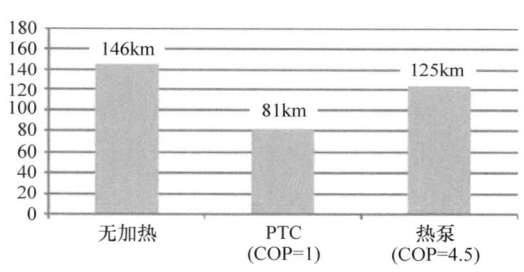

图 3.35　0℃ 时带和不带热泵的电动汽车的续驶里程
COP—性能系数

度为 0℃ 时使用这种加热器，续驶里程从 146km 减少到 81km。通过使用热泵，续驶里程可以再次增加到 125km。

这种热泵系统可以通过修改现有的制冷循环来实现。汽车制造商和供应商正在进行相应的开发。

3.4　声学和振动

3.4.1　引言

在过去的几十年里，对车辆振动和声学质量（NVH，噪声、振动和舒适性）的要求急剧提高[91]。这是由于客户对舒适性的要求不断提高，以及所有细分市场的车辆价值不断提升（图 3.36）。

基本上，声学现象分为风噪声、滚动噪声和驱动噪声，这些噪声也属于驱动噪声。此外，干扰噪声和所谓的驱动噪声（例如熟悉的转向信号噪声）之间存在区别。噪声可以通过空气传播和结构传播的声音路径传播到车内。图 3.37 示意性地显示了各种路径和噪声源。

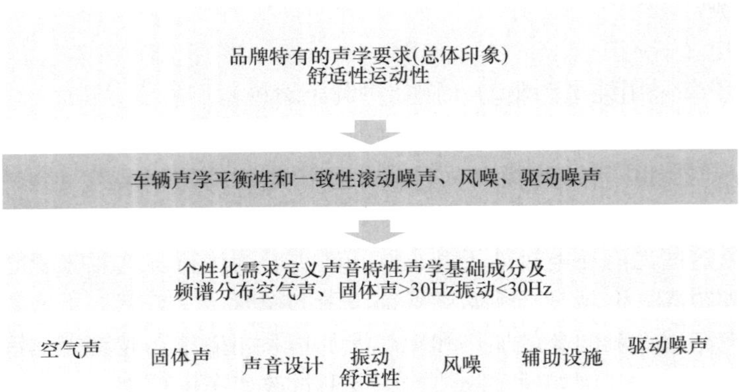

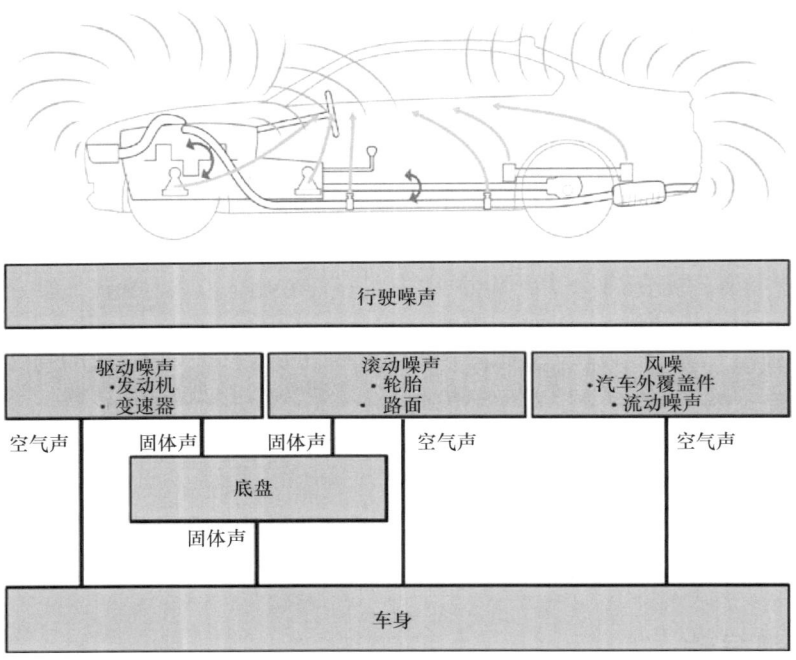

图 3.36　声学和振动开发要求

图 3.37　噪声源和传递路径

另一方面，风噪和滚动噪声是汽车声学的基石。它们本质上决定了舒适性的声学印象，并体现了从小型车到豪华车的特定类别车辆的从属关系。几十年来，可以观察到内部声压级的稳定下降，然而，自 20 世纪 90 年代以来，声压级的下降趋势非常平缓（图 3.38）。

除了舒适性之外，运动型声学形象（声音）是在竞争环境或品牌自身产品组合

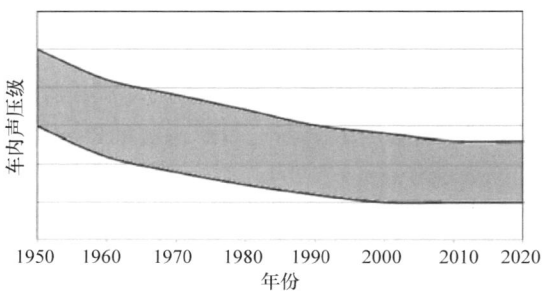

图 3.38　车内噪声声压级变化

中定位衍生产品时的第二个自由度（图 3.39）。驱动噪声在声音设计的框架内为品牌典型外观提供了最大的空间。一个基本标准是在负荷下适当的水平跳跃，它为驾驶人提供了对所经历的加速度的预期声学反馈[87]。品牌定位越具运动性，这种声反馈的重要性就越高。

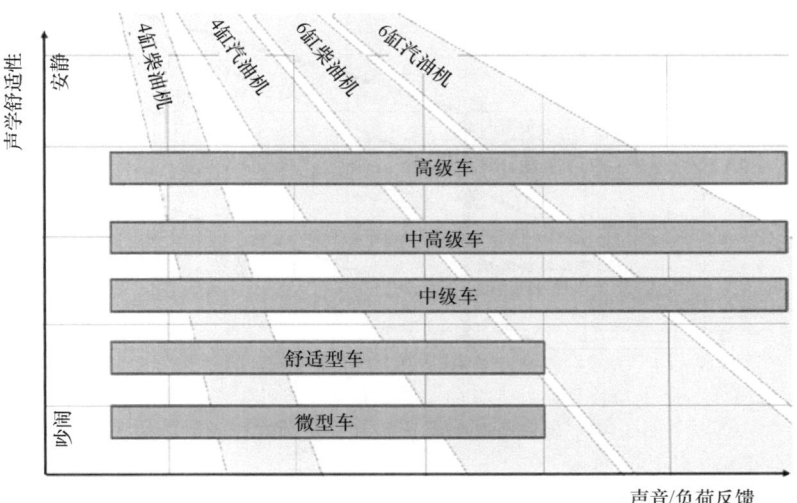

图 3.39　声调

不断变化的驱动概念代表了一个特殊的挑战——在声音设计和振动舒适性方面。一方面，传统驱动技术的变化是由降低油耗驱动的，这可以通过较小的排量（发动机小型化），通过减少气缸数量或部分停用气缸，或者通过以前主要用于跑车的增压技术（通常会导致更少的负荷反馈和平坦的声音动态）来实现。

尤其是运动型衍生车型，这意味着需要在声音设计方面进行额外的工作，以公平对待客户的聆听习惯，这些习惯通常来自大容量自然吸气发动机，即使小排量发动机也要如此处理。这些发动机的振动特性也会发生变化，例如怠速质量。必须在声学和振动舒适性方面优化启动停止功能等资源节约措施。

驱动系统的日益电气化也对车辆声学提出了新的挑战。混合动力汽车需要特殊的声学设计，例如特别注意纯电动驱动后内燃机的不引人注目的起动。在电动驾驶中，准静音驾驶需要更多地关注车内的其他噪声源。此外，很难开发出具有典型的品牌特色的驱动噪声。

无论是传统驱动技术还是电气化驱动技术，所有措施最终都服务于创造品牌典型声学外观的目标，为客户提供在整个产品组合中一致的高质量整体。成功的整体印象的保证是将声学和振动舒适性整合到车辆开发中的所有非声学设计措施中。

3.4.2　行驶噪声

除汽车在低速范围行驶外，等速行驶噪声主要是由风噪声和滚动噪声引起的。在汽车加速时，由于发动机负荷增加还要加上可听到的部分发动机噪声。这样就可确定发动机在全负荷时的噪声级。在声响图上还可见，风噪声和滚动噪声也随汽车加速而显著增加。在分辨噪声组成中，一部分的行驶噪声由于来自风噪声和滚动噪声而快速增加，而发动机的噪声增加不像风噪声和滚动噪声增加那么快。图 3.40 表示汽车加速、发动机全负荷时行驶噪声级阶跃情况。

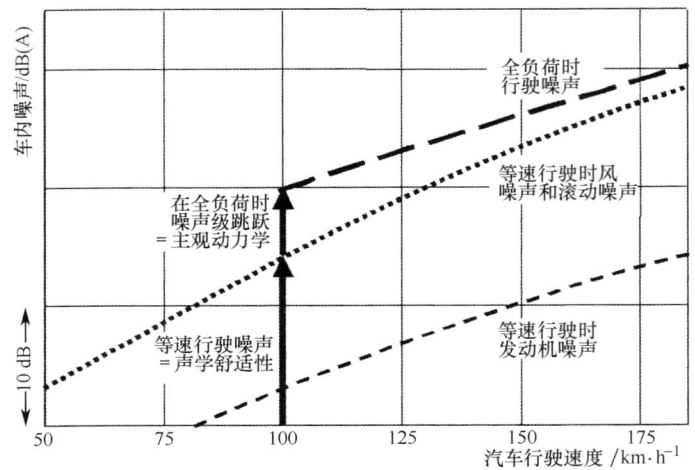

图 3.40 等速行驶时噪声级和全负荷时行驶噪声级

在车内对乘员的舒适性感觉主要由等速行驶噪声和与此相关的风噪声和滚动噪声决定。发动机噪声只起次要影响。而在汽车纵向加速时，发动机噪声凸现出来而强烈地影响到乘员的舒适性。在加速和在发动机全负荷工作时，汽车行驶噪声级的阶跃是声学反馈（响应）的一个尺度。汽车噪声的组成表明，风噪声级、滚动噪声级和发动机噪声级应相互调整，以达到等速行驶所要求的舒适性和同时在汽车加速时允许发动机噪声可以相应地超出等速行驶噪

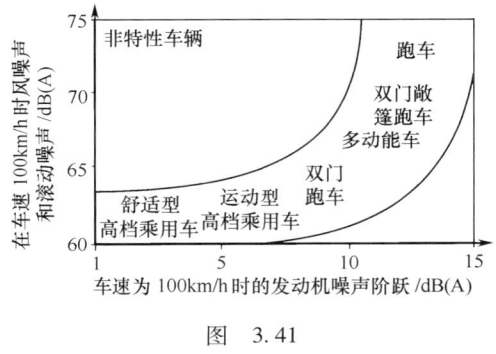

图 3.41

声级水平（图3.41）。限制汽车的噪声级，一方面是限制风噪声级和滚动噪声级；另一方面是限制最高的总噪声级。汽车最高的总噪声级中，车内的噪声级受用户期望值和各汽车生产厂家的竞争的制约；车外的噪声级还受到法规的限制。

在要求的发动机负荷时，除了绝对的驱动噪声级外，驱动噪声频谱的噪声组分对所希望的噪声感觉有重大影响（图3.42，见书后彩插）。人们熟知的是，在发动机动力学中出现的3阶以上往复惯性力谐波对噪声的影响不大。直列六缸发动机的1阶、2阶往复惯性力和力矩可完成平衡，能像"丝绸般的柔软"运转。而四缸发动机存在着2阶往复惯性力，如不加以平衡，就会"粗暴"运转，产生很大的发动机噪声。"半阶"，即0.5阶的倍数的往复惯性力产生很烦人的噪声。这种噪声只在运动型汽车上出现。应尽可能避免高于对噪声有重大影响的往复惯性力阶的频谱份额，以免给乘员造成声响的错觉。

心理声学测试表明，在汽车高速行驶时，车内不受干扰的通信能力在很大程度上与主观的舒适性感觉相关。通信能力受风噪声、滚动噪声的影响很大。如测定声音清晰辨认度和语句辨认度，就可用数值表示对通信能力的影响。图3.43是中档乘用车可达到的声音清晰辨认度和语句辨认度的典型情况。在车速100km/h时，声音清晰辨认度已下降到50%；由于

乘用车乘员的认识能力,通信的语句辨认度还有95%。

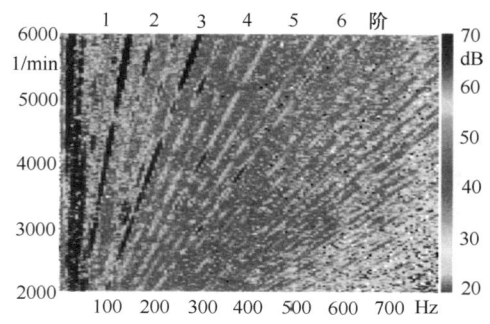

图3.42 发动机噪声的阶(谐波)分析

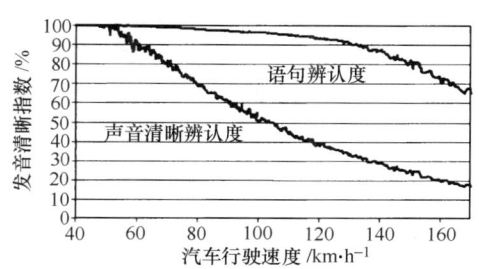

图3.43 在最低档慢速加速时汽车乘员室的声音清晰辨认度和语句辨认度

3.4.3 驱动噪声

大多由相互耦合的内燃机总成和变速器总成组成的动力装置是汽车上振动声学的主要激励源。动力装置的声学特性对汽车具有重要意义。如果在研发动力装置时忽略了它的声学特性,则整车就很难达到满意的结果。汽车对动力装置的声学要求日益严格,因为在不断追求的轻型的、综合性的动力装置目标与对它的声学要求产生矛盾。轻结构的铝或镁合金发动机机体以及完全可变的气门机构、高压直喷供油系统就是轻型的、综合性的动力装置实例。只有优化发动机—变速器整体结构,才能得到良好的声学特性。在将动力装置组装到汽车上时,有目标地切断它与所有重要的空气中和物体内的噪声传输路径,减小振动声学辐射,才能得到良好的声学特性。

曲柄连杆机构的振动工程优化是动力装置振动声学的基本环节。此外还有气缸排列形式(直列或V形)、点火(发火)顺序、曲轴支撑方案、平衡重数目、安装在发动机机体内的曲轴的基本弯曲和扭转特征频率以及连杆比 λ 等参量。这些参量对发动机的动态特性有很大影响(见5.1节)。它们对发动机声学特性的影响已在发动机设计方案中考虑过。在往复惯性力没有内部平衡的发动机设计方案中,如直列四缸发动机,采用平衡轴是优化动力传动系的有效措施(图3.44)。

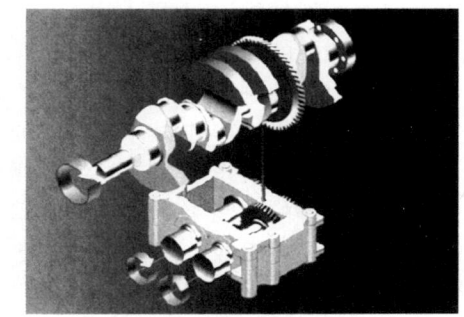

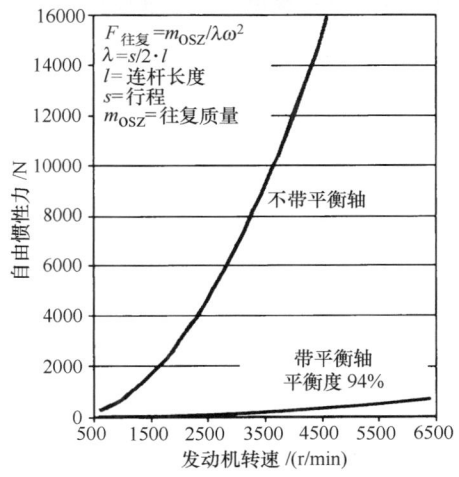

图3.44 平衡轴结构型式和带与不带平衡轴的4缸发动机

配气机构对振动声学也有很大影响。出于减少排放和降低燃料消耗原因,除采用多气门结构外,常采用较贵的气门控制系统而使配气机构存在大运动质量。为此需要仔细分析配气机构的大运动质量对发动机的动态特性的影响。必要时需要采取补救措施,如采用平衡重。

配气机构产生的振动一般为发动机0.5阶的多倍频率,它常对乘员产生不愉快的噪声感受。

1. 空气噪声

动力装置的空气噪声主要来自其振动表面的噪声辐射。现代汽车内燃机在标定负荷时,在其包络面1m距离处的噪声辐射约为95~100dB(A),这相当于在发动机室中的声压级达到115dB(A)。柴油机在部分负荷范围噪声要更高些,在全负荷范围的噪声要比点燃式发动机的噪声低一些。空气噪声或者通过发动机室的开口向外辐射,或者通过汽车前壁面(前围壁)和旁路传至乘员室。为使车内噪声级限制在60~75dB(A)范围内,必须在汽车前壁面嵌入隔声材料,以降低噪声40~50dB(A)。

具有多种可变功能的配气机构、增压和燃料直接喷射(在点燃式发动机上)装置会导致高于发动机各往复惯性力阶产生的噪声的高频噪声辐射。噪声频谱中的一部分频率引起一种不愉快的、硬的、金属般清脆的发动机噪声。发动机界面的空气噪声需采取有针对性的提高发动机刚度的措施将它降至可接受的程度。需要时也可使用复合板结构的方式予以隔声,如油底壳。配气机构的噪声辐射,可用靠近发动机的、有消声剂的塑料罩隔声。用塑料罩来屏蔽符合声学设计的进、排气系统噪声常常是困难的,因为会引起一系列的目标冲突。高功率发动机需要低的排气背压,这样就要增大排气管内径,但它与消声器的连接尺寸不符,为此需要采用相应的较大尺寸的消声器。在整体安装排气系统时就要重一点。进气系统考虑采用谐振腔,它可抑制不希望的噪声频率成分。

控制和优化风噪声的所有传输路径是显著降低风噪声的关键。为此必须观察从发动机室的空腔激励,经汽车前壁面、能量室和集水槽等的中间空腔,直至汽车乘员室内的吸声的每一条噪声传输路途和采取有效的隔声和吸声措施。

在驾驶人耳朵中听到的风噪声是所有噪声辐射表面的体积流量 Q_i 的总和与声学传递函数(ATF)H_i 的乘积(图3.45)。Q_i 是振动速度 v_i 与分面积 S_i 的乘积。需要指出的是,这样定义的ATF只是按反算法求得的。

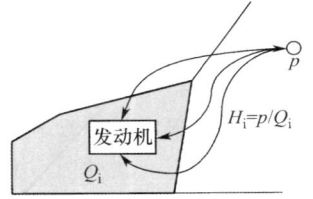

图3.45 空气噪声传递路径

$$P_{Ohr} = \sum Q_i \cdot H_i$$
$$Q_i = S_i \cdot v_i$$

在噪声隔离时,有质量—吸声系统、弹簧—质量系统和消声箔几种方法。质量—吸声系统采用易弯曲的重质涂层以隔声,并与阻隔自由表面的吸声剂结合。这样可以与所用材料质量成比例地提高车身表面的隔声能力。根据贝尔格(Berger)质量定律,每个倍频程(Oktave)可提高6dB隔声能力,即6dB/Oktave。与全反射表面相比,吸声剂还可在噪声辐射侧附加降低声强达6dB。弹簧—质量系统是在车身表面和易弯曲的重质涂层间充以泡沫或毛毡材料,从而形成一个弹性体。在使用相同材料和重量时,该系统可显著地改善隔声性能,图3.46系统的缺点是弹簧—质量系统的谐振频率会损坏隔声特性。为此,调整弹簧—质量系统的前提是要掌握该系统的激励频率谱。为使大面积的板结构隔声,就要使用高阻尼材料的消声箔。准确地说,消声箔是为抑制不希望的物体噪声所采取的一项措施。对大范围板面的低频噪声辐射,可采用压槽连接方式增强板面刚度,提高振动频率,避免干扰振动和轰鸣现象。

当今汽车前部壁面的隔声材料多达12层:钢板或铝板、1至多层消声箔以及发动机室和乘员室内的隔声系统（图3.47）。在低频噪声时，这样的隔声系统由于质量轻，只达到30dB的隔声效果。在中频噪声范围，隔声效果可提升9dB/Oktave。在高频噪声，由于泄漏，隔声效果在70~80dB。

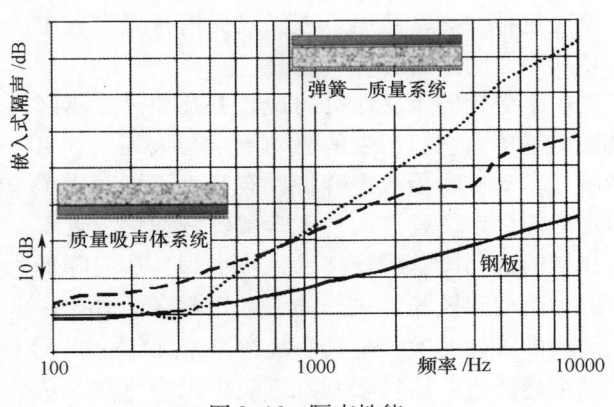

图3.46 隔声性能

隔声系统有效的前提是"紧密性"。紧密意味着乘员外部的空气噪声不能直接通过空气传输路径到达乘员室，即在乘员室和其周围的所有潜在的泄漏路径都应密闭。严重的情况是汽车前部壁面到采暖/空调系统、转向柱、线束、踏板连接处等的漏洞。所有这些漏洞必须噪声密闭。如果要密封如转向柱系统的运动部件，在结构上是相当复杂的密封系统，如采用多密闭层的套管形式（图3.48）。

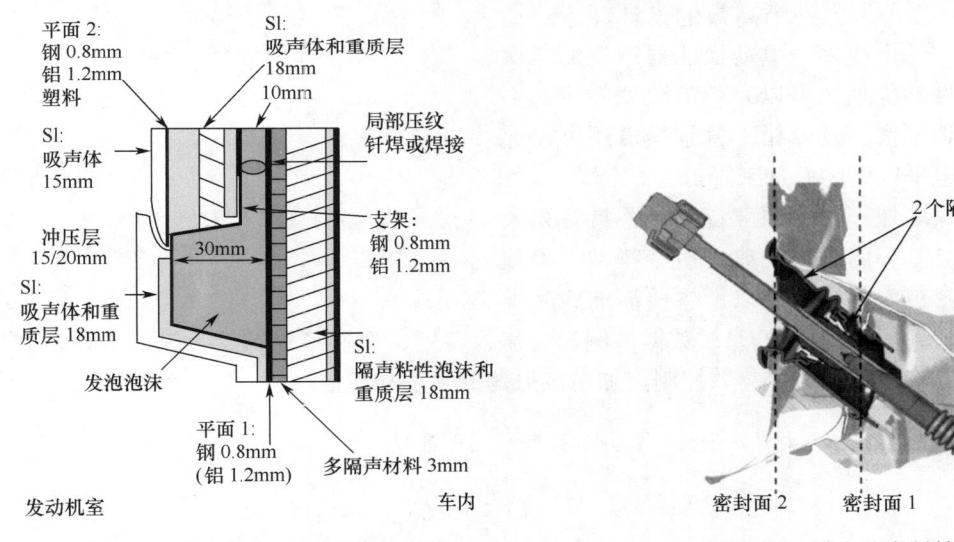

图3.47 汽车前部壁面的隔声结构　　　　图3.48 转向柱密封结构

在规划空气噪声传输路径时，将统计能量分析（SEA）作为频率超过400Hz的重要频率范围的计算方法，经使用证明是可行的。

计算观察空气噪声传输路径可在早期的方案设计阶段进行噪声隔离的优化。利用相应的计算模型就可精确描述从发动机室的入口空腔到车内乘员室的能量流动。在统计能量分析（SEA）模型中，除了汽车前部壁面各单个隔声性能外，还要考虑噪声泄漏的影响（图3.49）。

2. 主动空气声干预

车辆的驾驶声学对车辆的特性有很大贡献，并直接影响主观体验的驾驶动态和声学驾驶舒适性。给定发动机概念的经典设计元素是发动机应用场合、进气系统的修改和排气系统的设计。在施加负载时，在高驱动声学驾驶舒适性和运动反馈之间找到折中总是很重要的。为了解决这种冲突，使用了进气或受控排气襟翼中的切换声音同步器。

由于涡轮增压发动机的日益普及和排量越来越小的趋势，它们产生的驱动声学与大容量、自然吸气发动机的传统声音特性有很大不同。为了增加外部传动装置进入的声学驾驶舒适性，近年来车辆的被动声学隔声技术稳步提高，从而降低了除了滚动和风噪声之外的驱动声学。此外，作为经典的设计元素，排气系统在未来几年也将受到越来越严格的法规限制，以减少噪声排放，从而使传统驱动声学的回旋余地越来越小。

这些技术和法律的发展需要在驱动声学设计中使用新技术。

近年来，主动驱动声学，也称为主动噪声控制（ANC），已成为另一个高效的设计元素。通过现有声场与一个或多个电动换能器产生的二次声场有针对性的叠加，可以有效地改变噪声。不仅可以附加地丰富声音，相干背景噪声还可以通过反相位、电平匹配的叠加来降低。

除了降噪之外，附加的声音设计还具有很大的情感效果。基于内燃机的典型声音特性，单独的发动机命令被专门放大，以产生所需的、品牌

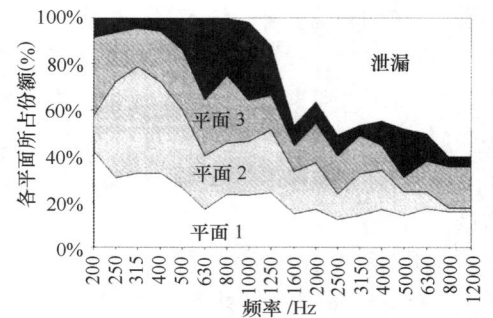

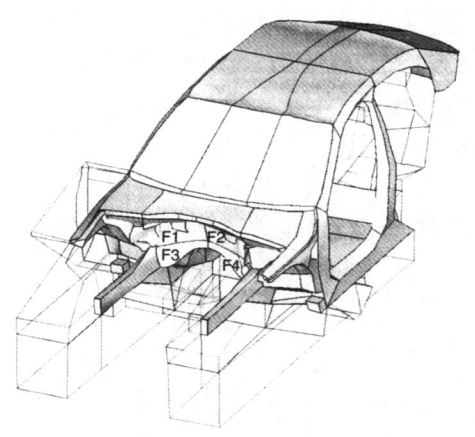

图 3.49　SEA 结果和空气噪声从发动机室传递至车内的模型

特定的声音特性。发动机的 CAN 数据，例如转速、转矩、加速踏板梯度、纵向加速度和速度是重要的影响参数，这些参数控制附加谐波振荡的强度和相位。

$$|p|X|| = \left| p_{\text{Orig}} + H^{-1}(x-x') \right.$$
$$\otimes \sum_{i=1}^{k} (A|_{x'}(n,L) * \cos(\omega_i t) +$$
$$\left. B|_{x'}(n,L) * i \sin(\omega_i t)) \right|.$$

对于每个转速/负荷点，正弦/余弦对的正交系数为所有要补充的 k 个电机阶数指定。与音频系统的传输特性 H 卷积后，合成地叠加在驱动装置的原始声场上。

在驱动装置的基本声学基础上，这种叠加可以使内部和/或外部的发动机声音更具运动感，但不会在驱动声学方面失去驾驶舒适性。

在此处显示的示例中（图 3.50），显示了有源系统对内部的影响。Y 轴表示频率，X 轴表示转速，色标表示声压级，以 dB（A）为单位。左图显示了车辆在没有主动措施的情况下满载加速，因此主要可以看到点火顺序及其倍数。在右图中，现有的声像通过主动系统得到了加强并确实向运动性方向改变。除了提高原本占主导地位的发动机阶次外，现在也更加强调更高的发动机阶次，这在声学上特别强调了发动机客观存在的转速。

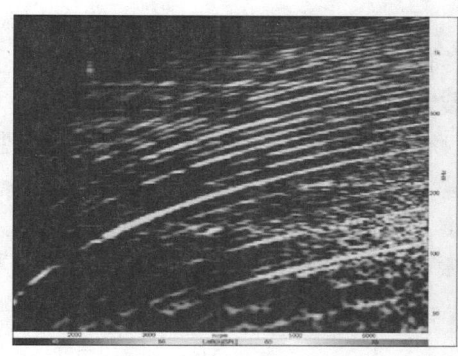 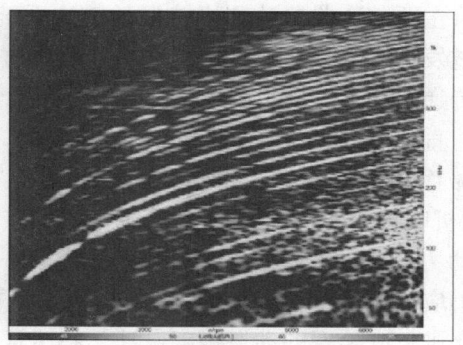

图 3.50　阶次分析图中显示的声音特性的变化

3. 固体噪声

与空气噪声不同，作为固体噪声的发动机噪声只能通过动力装置（发动机—变速器总成）有限的支撑点以及通过驱动桥和驱动桥支撑点传入车内（图 3.51）。

为降低动力装置和它周围间接口的噪声激励程度，需特别注意减小这些运动质量和由燃烧产生的这些较强的力。

出于降低油耗的原因，通过使用更少但增压的气缸以及将工作点转移到在负荷下显著降低发动机转速而进行的发动机小型化，导致了明显更高的旋转不规则性和由此产生的嗡嗡声频率，这是主要问题，并且无法再使用传统的轴承和隔声概念进行管理。

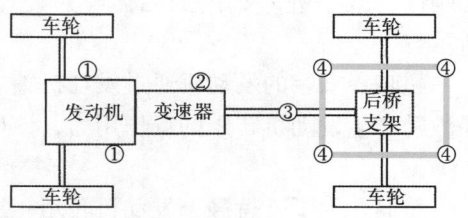

图 3.51　汽车标准驱动时发动机
噪声的固体噪声路径
①—发动机支撑　②—变速器支撑
③—万向轴　④—后桥支撑

在没有变矩器的车辆中使用双质量飞轮来减少旋转不规则性不再有效，因为有效速度范围不够大。解决方案是基于离心摆的飞轮（图 3.52），其转速分布（由于与转速无关的阶数精度）明显更高，并且在全负荷下低至 1000r/min 的转速下仍然有效[94-96]。以前在带变矩器的车辆中使用变矩器锁止离合器的受控滑移方法来抑制旋转不规则性，由于油耗原因，应避免使用，改用双阻尼变矩器尝试解决这个问题没有增加泵侧的转动惯量。在较高激励的情况下，这种类型的驱动必须使用新型隔离元件，例如万向轴上的扭转减振器。

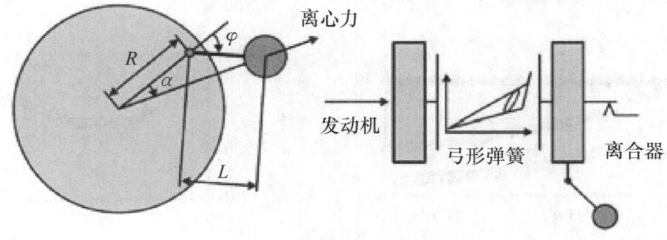

图 3.52　离心摆的工作原理

发动机—变速器支撑是动力装置固体噪声的重要传输路径。这里需要考虑的不只是动力装置的刚体特性，而且要考虑它的弹性特性，使整个的发动机—变速器总成具有足够的动态刚度，这对抑制汽车出现的轰鸣声非常重要。

如果主要的弯曲振动和扭转振动值为系统谐振频率的很小值,则在这些谐振振型激励时,通过发动机内力几乎是强制地将低频振动传递到车身和传动系的相邻部件。为进一步降低这种传递,如 4 缸动力装置情况,要使动力装置弯曲的主要谐振频率高于 200Hz。这样发动机转速直至达到 6000r/min,发动机重要的 2 阶往复惯性力的激励仍不会由于弹性的动力装置共振而继续增强。再者,要注意将支架臂(发动机机座和变速器固紧)布置在有利于声学特性的动力装置上。支架臂既不应由于各种振型、也不应由于局部的挠性而产生强烈的激振。最后,要进行支架臂的动态刚度设计。利用尽可能窄的支撑基座可以实现如后面指出的支架臂动态刚性,减小进入车内的固体噪声,如图 3.53 所示。

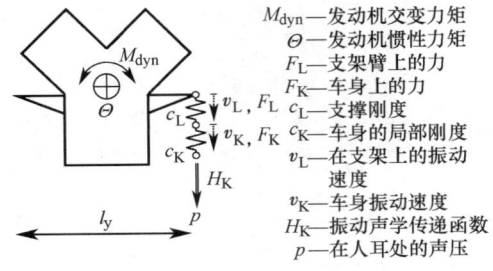

图 3.53 发动机支撑

M_{dyn}—发动机交变力矩
Θ—发动机惯性力矩
F_L—支架臂上的力
F_K—车身上的力
c_L—支撑刚度
c_K—车身的局部刚度
v_L—在支架臂上的振动速度
v_K—车身振动速度
H_K—振动声学传递函数
p—在人耳处的声压

超临界安装的发动机通过发动机轴承处的路径激励产生发动机转矩的反作用力,该反作用力与支撑底座和轴承底座成正比:

$$F_{dyn} \sim c_L \cdot l_y$$

然而,为了支持静态发动机转矩,发动机轴承必须随着轴承底座的减小而刚度更高,由于安装空间的原因必须限制轴承中的最大路径 x_L 或发动机-变速器单元的最大旋转角 α:

$$c_L \sim \frac{1}{x_l l_y} \qquad c_L \sim \frac{1}{\alpha l_y^2}$$

同时,对独立于轴承座的发动机支承有刚度要求:为避免卡住振动(第 3.4.9.1 节),支承刚度必须保持在最低水平。

在图 3.54 中,绘制了针对恒定支承行程、恒定旋转角和恒定频率要求的基本刚度曲线。发动机支承上产生的动态力是满足这些要求的结果。

在图 3.55 中可以看出,根据驱动装置的几何形状和质量特性,动态轴承力最小时,有轴承座的最佳值。

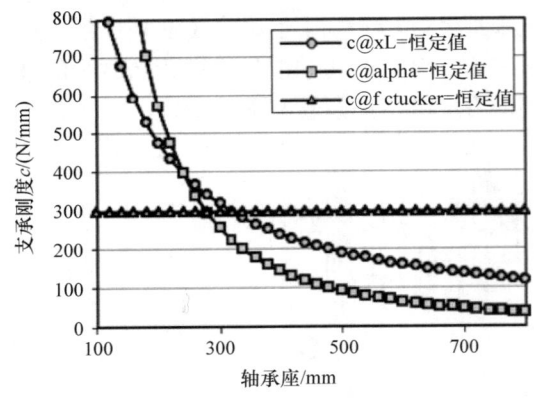

图 3.54 支承刚度变化

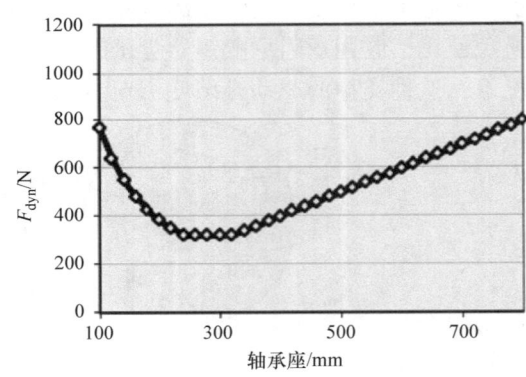

图 3.55 支承的动态力

支撑必须要有足够的刚度,以保证静态支撑和防止颠簸振动(见 3.4.9 小节);同时必须足够软,以保证它与物体噪声的隔离。利用液压支撑可以部分解决多种目标间的冲突。液压支撑具有与频率有关的各种动态刚度。气动或电控支撑在发动机怠速时，是一种比汽车动态行驶还要软的支撑方案（见7.4.2节，弹性运动学）。

发动机诱发的物体噪声还传到车身。如前面所说，其传递路径为发动机曲轴的交变力矩传递到驱动桥支架，再由驱动桥支架传递到车身。图3.56为后驱动汽车的交变力矩传递情况。

发动机的物体噪声也可通过排气系（AGA）的各悬挂点传递到车身。针对性的措施一是在弯头和排气系尾部之间安装柔性元件；二是用软支撑将排气系与车身作相应的隔离。为避免排气系的结构谐振，在振动节点要牢固固定（调整谐振形式）。在发动机怠速时，排气系的谐振频率要与发动机主要的惯性力阶频率范围分开（调整谐振频率）。

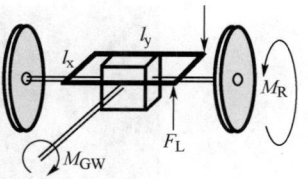

图3.56　发动机交变力矩通过后桥支架传至车身

4. 以三缸发动机为例进行声学和振动舒适性设计

由于明显更严格的法律要求，汽车行业正在努力制定减少油耗和排放的措施。由于技术进步，现在可以挖掘每个气缸的高功率潜力，同时满足客户在功率和转矩方面的要求。这些方法结合在一个高增压度的3缸发动机中。

除了独立的声学和振动行为外，三缸发动机在其性能等级中还具有明显优于四缸发动机的声音基因。通过对排气系统体积的针对性设计，3缸发动机的声音特性可以通过其高的3阶比例可以接近6缸发动机的声音特性（图3.57）。

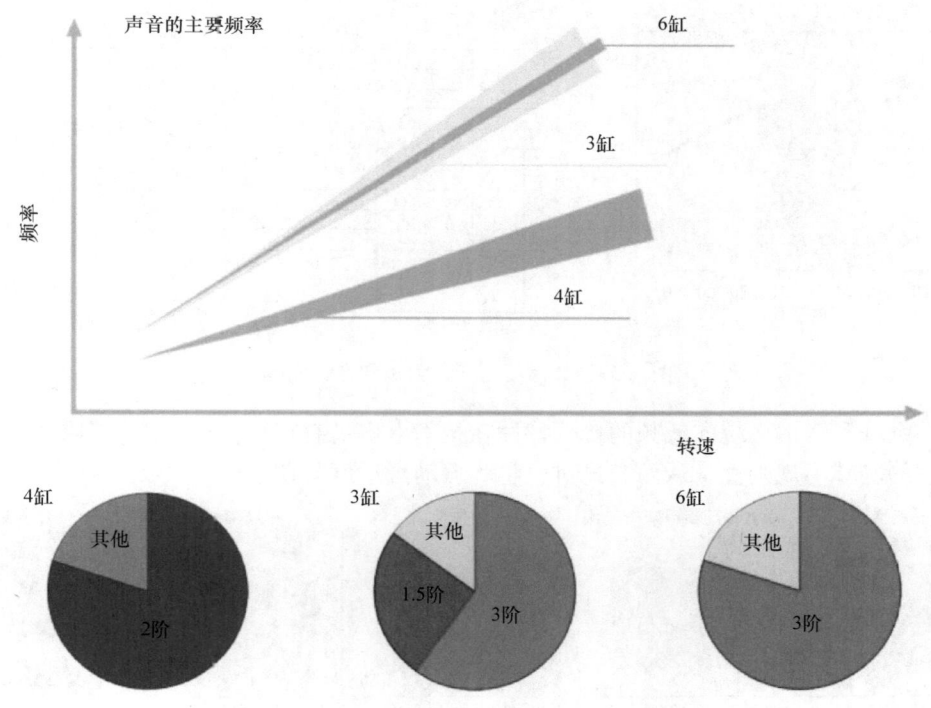

图3.57　不同发动机的声音特性

此外，与4缸发动机中的2阶相比，3缸发动机中的3阶频率增加更快，可感知的机动性支持了运动特性。

3缸在质量平衡方面也与6缸有关。原则上，3缸发动机应视为直列6缸发动机的一半。由于没有"第二个"3缸，会出现1阶和2阶惯性矩（图3.58）。

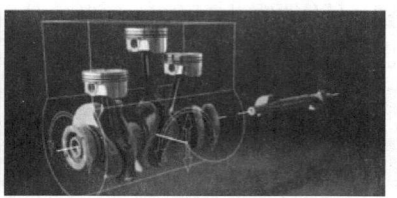

6缸直列发动机：
无惯性力与惯性矩

3缸直列发动机：
无惯性力，有惯性矩1阶和2阶，
平衡轴1阶为代表性

图3.58　6缸和3缸发动机的惯性力和惯性矩

由于它们的低频特性，1阶惯性矩在更高质量的车辆中通过平衡轴平衡。2阶惯性矩明显低于4缸发动机的惯性力，因此不必进行平衡。

三缸发动机的声学和振动舒适性挑战来自以下因素：

更高的增压度导致更高的气体压力变化力矩，这也增加了激励。同时，由于较低频率的1阶点火次序和低运行速度的训练，即所谓的降速，励磁频率降低。此外，与4缸相比，点火间隔显著增加（图3.59）。

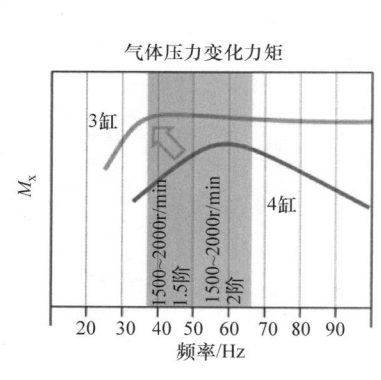
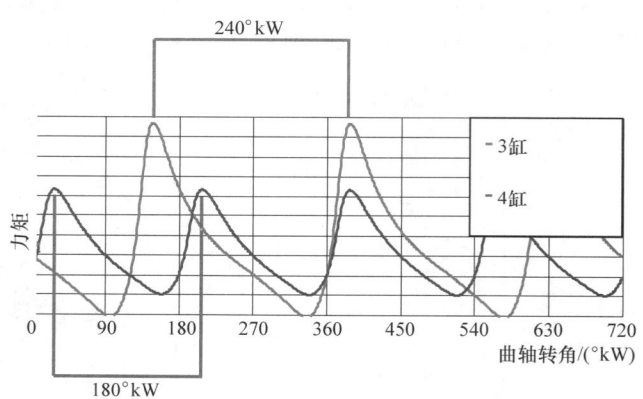

图3.59　气体压力变化力矩和点火间隔

传动系统和解耦系统向低频的传输特性在技术上也具有特征。这些因素需要采取措施来抵消所谓的旋转不规则性，从而满足对声学和振动舒适度的期望要求（图3.60）。

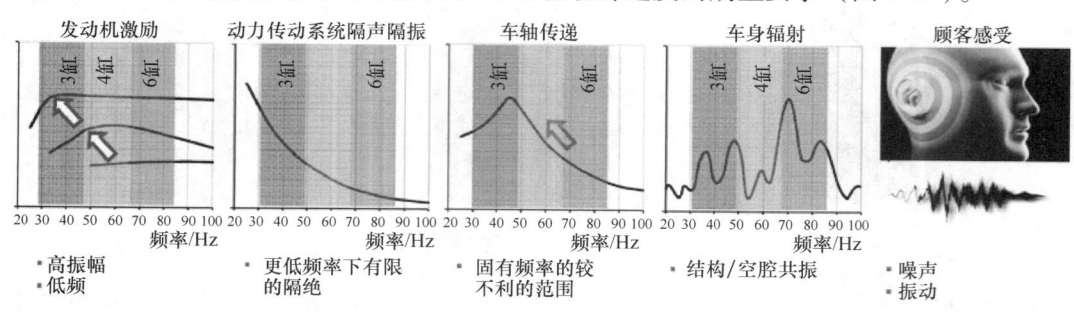

图3.60　作用链比较

合适的措施是传动系统中的更高惯性、更灵活的输出轴或特殊的转换器/DMF系统。示例是以传统的双质量飞轮与带有集成离心摆的两质量飞轮进行比较，如图3.61所示。

3.4.4 滚动噪声

当车轮在道路上滚动时，路面、轮胎轮廓和其他轮胎特性的相互作用导致空气声和固体声的排放。

图3.62显示了不同路面上驾驶人耳朵位置的车内噪声中滚动噪声的频谱分布和声学现象的示例。

根据车型，此处出现的噪声现象可诱发高达约400~500Hz的固体声，在较高频率下，这些噪声通常是由于空气声传播造成的。

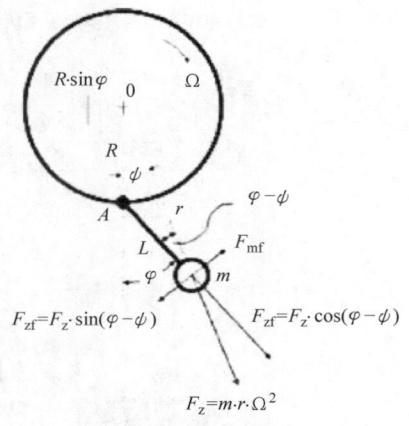

图3.61 双质量飞轮示例

发生的滚动噪声现象可以根据频率进行分类。在100Hz以内的低频范围内，人们说的是由崎岖不平的路面颠簸引起的隆隆声/嗡嗡声。在粗糙的路面上，会出现100~500Hz的粗糙轰鸣声。驾驶人在较平坦的道路和较高的速度下会感知到高频的空气声传播，例如唱歌声/啸叫。

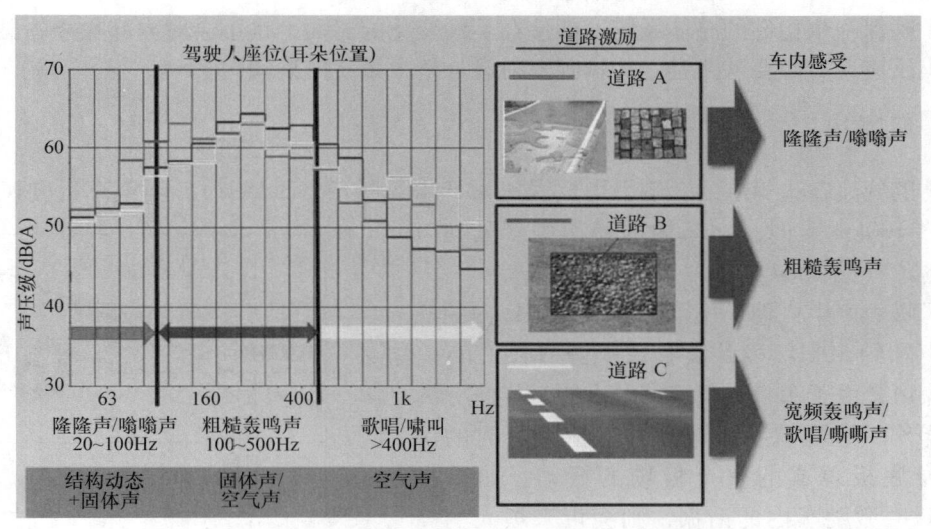

图3.62 驾驶人耳朵处的空气声结果——滚动噪声的频谱分布和声学现象示例

通过足够高的基本隔绝水平、最佳协调的弹簧质量系统、周围部件的高吸收系数和足够高的车身结构密封性，可以有针对性地影响空气声的传播。

由固体声引起的滚动噪声通过底盘部件引入，因此前后轴对发生的内部噪声的贡献与频率和现象有关。

图3.63描述了固体声引起的滚动噪声从道路激励到驾驶人耳朵位置的空气声的作用链。

道路产生的能量输入通过底盘部件传递到结构，具体取决于各自的车轴类型。弹性轴承能够降低感应的固体声，称之为轴承隔振或隔声。车身代表了作用链中的另一个环节。支撑

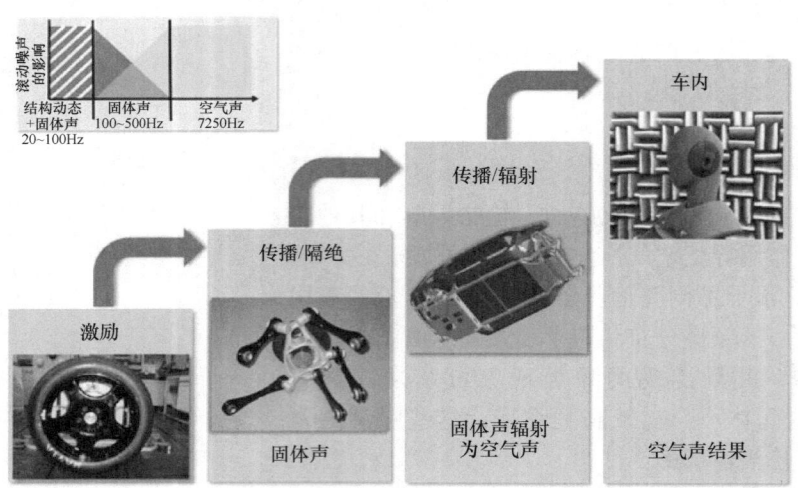

图 3.63　滚动噪声固体声作用链

结构传导引入的能量,车身的钣金表面充当膜并将固体声辐射成空气声。由固体声产生的声压与车轮激发的空气声一起被驾驶人感知为滚动噪声。

为了确保一个稳健的整体系统,即使在不断变化的路面上也不会对内部噪声的显著水平差异做出反应,有必要从激励、传输到辐射设计整个系统的滚动声学。

3.4.5　风噪声

分离的气流在边界层的影响下形成涡流而产生风噪声(3.2节)。当汽车行驶速度超过大约 80~100km/h 时,在车内的噪声中,风噪声占主要地位(图3.64)。

按风噪声产生机理,还可区分出400Hz内的低频风噪声和约10kHz内的高频风噪声(图3.65)。低频风噪声是由于车身及其底部的高能量气流分离产生的噪声。这样就会激起(如气流离开时的涡流)车身底板总成的整个板场的振动。如果在40~50Hz时激励车内的谐振,则会带来烦人的高频轰鸣声。在空气导流板和车身底部的保护层处的特殊的边界涡流就是气动声学的干扰源。气动力学优化光滑的车身底部能减小空气阻力和气动阻力。由于气流在车身底部无干扰地自由流动,它对声学的干扰很轻微。

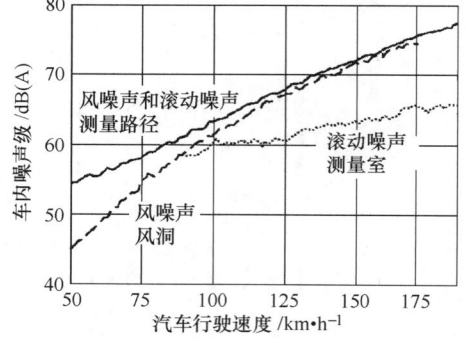

图 3.64　中档乘用车的风噪声和滚动噪声

超过400Hz范围的一部分风噪声通过泄漏路径直接进入车内。在多数情况下,风噪声很容易被驾驶人确定,它的影响特别明显。良好的风窗玻璃和车门的密封可以减轻风噪声的干扰。汽车在高速行驶时,对人耳灵敏的频率范围的风噪声特别烦人。为此,在研发汽车时要很好关注整个乘员室的密封。为达到汽车在各种行驶状态能密封乘员室的目的,许多汽车生产厂家的车门为多重密封系统,但增加了结构和工艺上的费用。除乘员室密封外,车身接缝、活动天窗和如外反光镜、风窗玻璃刮水器、集水导流板等安装件以及车顶支撑系统等都是高频风噪声的潜在源。风噪声也可直接经风窗玻璃传到车内。因为风窗玻璃的隔声效果与它的质量成正比，所以风窗玻璃的厚度对隔离风噪声有重要作用。弹性风窗玻璃在高频时的弯曲振动导致隔声破坏。为减轻汽车重量，常减薄风窗玻璃厚度，但会使风噪声增强。采用高性能隔声箔、减轻汽车重量的风窗玻璃三明治结构可以舒缓风窗玻璃的声学性能和重量间的目标冲突（图3.66）。

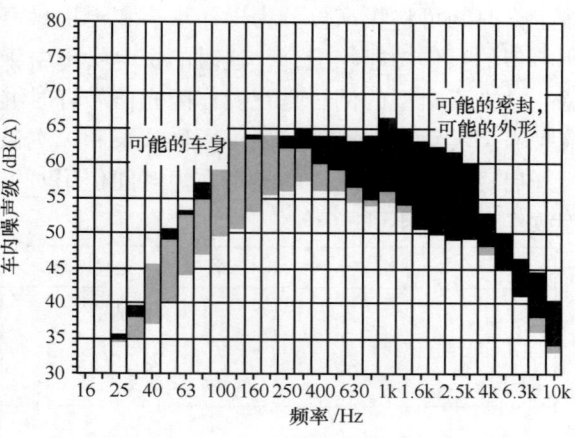

图 3.65　风噪声

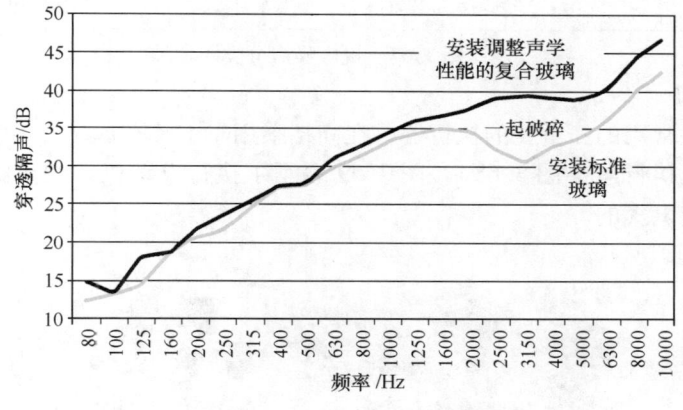

图 3.66　安装玻璃的隔声性能

在系列研发汽车中，"窗口法"是判定和优化与风噪声的产生或传输有关的各个部件的重要方法。首先在原始状态测量汽车，接着对所有与风噪声有关的重要部件的密封、隔离或多重隔声，约可降低车内主要频率范围的噪声10dB。有针对性的去掉隔声，可以从总的噪声中"分辨出"感兴趣的部件并单独观察。依靠这种方法可以对各个部件的噪声源级和它们的频率特征得出可靠的结论。

气动声学的数值处理为未来开启了噪声诊断的可能性，如它们在空气动力学方面已广泛实施的那样。有价值的气动声学计算法（CAA）得到推广或应用于为稳态流体而开发的、可压缩的计算机流体动力学程序代码（CFD-Code）。因为在这期间也有观察不稳定流动的CFD-Code，而流体噪声学只是流体不稳定流动中的一种特殊形式[6]，所以利用CFD-Code也可对气体声学做出论断。

3.4.6　机电噪声

人们把实现汽车行驶功能和舒适性功能的操纵单元和调整单元作为机电部件。这些单元要靠电力或液力执行器完成动作。它们的任务范围包括导航系统的功能增强单元、冷却风扇、风窗玻璃升降器、辅助水泵，直至整个的主动悬架。从声学角度，按噪声的影响程度或按工作时间可将噪声再分为操作噪声和干扰噪声（图 3.67）。如果用户主观期盼的音响图与所希望的操作功能相配合，这时的机电噪声由于是有意识的操作行为，对用户是一种好的感觉。这方面典型的例子是在操作闪光信号灯时继电器发出啪嗒啪嗒声，或是空调鼓风机的气流噪声。无意识的操作，如一次供油泵和二次供油泵的燃油输送或是液力侧倾稳定装置的阀门开启。主观上可忍受的噪声在短时间作用时可听到，但不受干扰，一直延伸到在周期性或连续作用时听不到噪声。

	干扰噪声（无意识影响）	操作噪声（有意识影响）
工作时间（短）	转向辅助 水平调整 二次空气泵	风窗玻璃升降器 座椅调整 反光镜调整
工作时间（长）	发动机风扇 燃油泵 侧倾稳定装置	空调鼓风机 风窗玻璃刮水器 座椅通风机

图 3.67　机电噪声分类

1. 执行电动机

执行电动机是常用的、重要的执行器，在高档乘用车上装有远超过 100 个电驱动和执行电动机形式的机电执行器（图 3.68）。图 3.69 表示了执行电动机的噪声源。执行器可能是电磁的、气动的或电气的。

图 3.68　挑选出的各种执行电动机

操作噪声的经典例子是电动风窗玻璃升降器（图 3.70）。

噪声辐射的原因是多方面的，在风窗玻璃开启和关闭过程中，它在图 3.71 中是可识别的。在接通或切断风窗玻璃升降器时产生一个含脉冲的离位下落噪声和撞击噪声。在正常提升或降下风窗玻璃时可通过调整声强或频率确定主观噪声感觉。为不影响低位驱动，要避免这样的调整。影响主观噪声感觉的主要因素是电动机的不同等级产生的音频成分。电动机转子和定子间的空气隙决定的磁通均匀性、绕组数目、磁场质量、整流器类型等对电动机等级的性能具有重大影响。

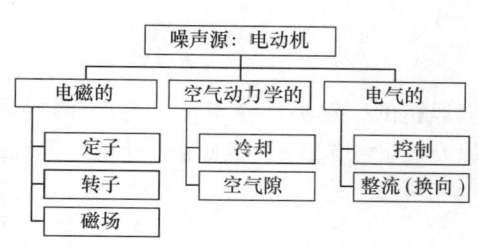

图 3.69　电动机的噪声源

图 3.70　双导向拉索电动风窗玻璃升降器

2. 汽车空调

汽车空调批量装备于中档以上乘用车。图 3.72 是乘用车空调设备的一些部件。为减小空调传到车内的振动声，空调设备采用二次降噪措施，即有装在吸气侧的压缩机进气消声器（也称消音器）和装在进气管的减振质量（减振块）。

空调的噪声辐射与它的系统有关。在带有电磁离合器的活塞式压缩机上，在接通空调设备时，由于电磁离合器的吸引而产生撞击噪声或由于压缩机进口侧制冷介质的冷凝残留物而产生撞击噪声。压缩的不均匀性和在负荷下由于气缸与阀门的布置和与内燃机一样的转动驱动方式而引起压缩机的脉动噪声。扭转振动加剧了压缩机的脉动噪声辐射和物体噪声辐射。这些辐射噪声通过管路传入车内。制冷介质在膨胀阀处节流时符合超临界压降和音速流出的条件。制冷介质的高速流动和接着蒸发，会发出咝咝声。制冷介质的噪声辐射与负载有关，并可用压缩机转速和制冷介质压力的工作特性场表示。在无反作用的管网中，空调设备的噪声级随压缩机转速和制冷介质压力的提高而连续增强，但通常被内燃机噪声掩盖。如果压缩机的噪声级还不理想，则需在压缩机上安装消声器。混合动力车辆与电动车辆的空调系统设计与传统车辆的大不相同。它们的压缩机采用电驱动。对压缩机和液流的噪声、振动要求很高，因为没有内燃机的运转来掩饰。这点对所有机电系统都是一样的。

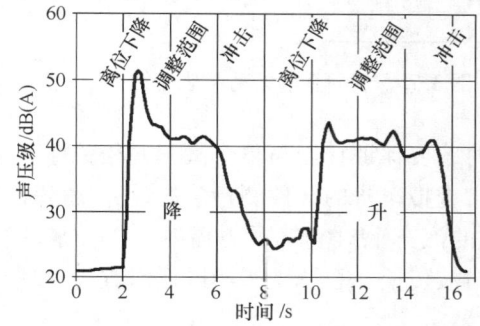

图 3.71　风窗玻璃升降机操作噪声的变化

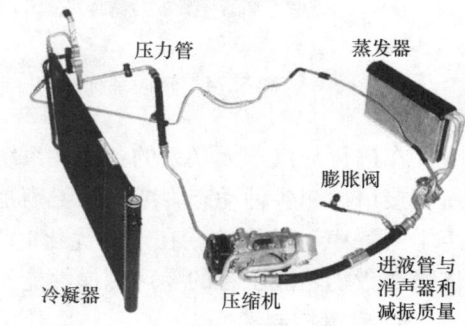

图 3.72　带声学部件的空调设备

3. 风扇和鼓风机

风扇和鼓风机的典型噪声源表示在图 3.73 上。

除了空气流过空调通道、通风栅条、空气支路或冷却模块等处产生随机噪声外，还辐射出很强的各种音频。风扇叶片和电动机的转动声特别影响人的主观感觉，其原因在于风扇叶片外圆周的反复的压力波动，风窗框架刚度不足的电动机的制动力矩也大。在可调风扇上，风扇的工作区应避开它的谐振转速。气动声学计算法（CAA）

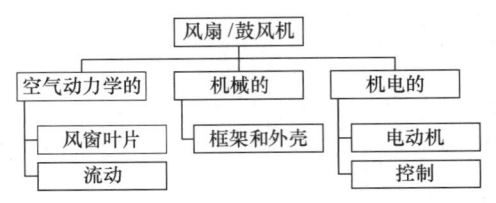

图3.73　风扇和鼓风机噪声源

可以诊断风扇和气流出口通道的噪声。除风扇和鼓风机的气动声学噪声外，还出现物体噪声现象。风扇叶轮的叶片几何形状的动态交变压力以及由此引起的、必须由电动机支架和风扇框架承受的交变力，就会产生物体噪声。

4. 转向系统

在机电系统，转向居中心位置。它深刻地影响汽车的行驶感觉。采用较贵的可控伺服执行器可解决汽车舒适性、灵活性和道路反馈之间的各种目标冲突。可控的转向辅助采用液力的、电液的或电气的部件实现。为进行声学试验，需要对整个转向系统（见图3.74）的各个部件建立相应的试验台。图3.75表示出在汽车行驶时出现的各种振动声学现象。

图3.74　转向系统

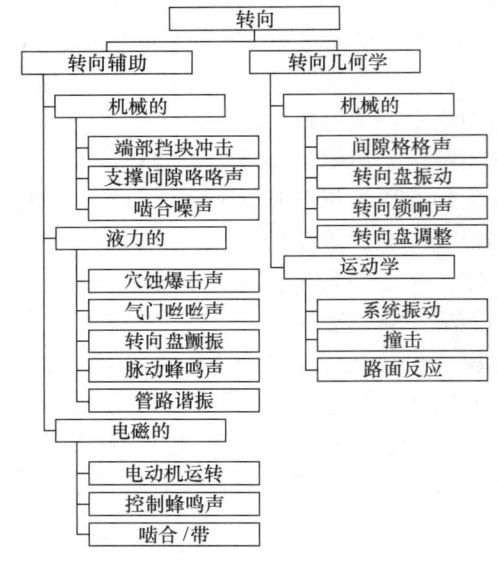

图3.75　转向系的振动声学现象

在进行与汽车无联系的各部件系统的声学鉴定时，要保证它们与整个汽车的相关性。在所有接口检测各种动态力或物体噪声加速度。利用带虚拟车身的部件测量值的计算就可评定声学（噪声）的影响。在声学优化时要在预先考虑的汽车上对空气噪声辐射、各种泵的物体噪声激励、液压管的噪声传递性能、啮合间隙、声波传播、系统支撑等进行修改与处理。

5. 底盘控制

各安全性功能的控制噪声在噪声中不是主要的，但也不应放弃对安全性功能的声学设计。在下雨、潮湿或结冰的低附着系数路面行驶时，控制噪声容易影响驾驶人心情。驾驶人希望有一个适度的噪声反馈，它可以对控制干预发出信号，但不要刺激驾驶人而引起惊慌反应。特别是在舒适性范围的低制动压力控制时特别危险，因为这只在各个车轮发生，噪声反馈很小，驾驶人还不想控制干预。当然，在积雪路面就需要控制干预。其原因在于，在车轮制动时到车轮抱死的制动压力差太小，而在车轮抱死后到车轮开始转动的制动压力差太大。

有效降低液压控制噪声的措施是在小行程和低转速时用大活塞断面切断多缸活塞式泵。其次是切断个别的脉动衰减器。比例阀和限制压力降可以在精确的控制范围控制很小的压差，从而避免高的脉动噪声。从控制原理上比较，压差控制要优于体积流量控制。为避免不必要的控制和与噪声有重大关系的压力变化，必须找出优化周期。在动态快速稳定控制时需要小的周期，对防抱死制动，控制周期则可大一点。在汽车研发阶段需设计能足以隔离物体噪声的车身所有连接方法。

6. 抗冲击弯曲的管路

抗冲击弯曲的结构件，如液压转向系软管、电液遮盖、采暖/空调设备、冷却液系统和电缆引管等都是噪声传递的路径。直接与内燃机相连的所有结构件或连到车身的各有源噪声的辅助装置传递的各部分声功率之和占噪声辐射的很大份额。图 3.76 示出了在汽车外轮廓的阴影中的一些最重要的抗冲击弯曲管路。由图中清晰可见，大多数管路是传递噪声的旁路。

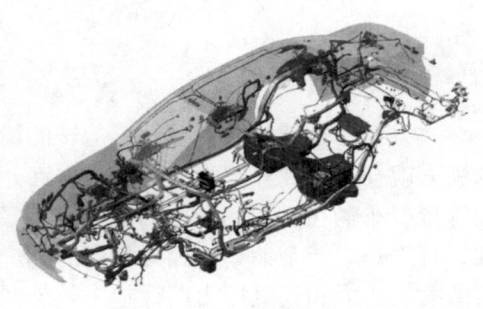

图 3.76　汽车上的管路

软管除传递液压脉动噪声外，还传递来自发动机的物体噪声。内燃机的音响图除了受各辅助装置支撑影响外，还受各软管布置的很大影响。从抑制噪声传递考虑，软管的布置应趁早在总体布置时确定下来。

3.4.7　"咯咯"声、"嘎吱"声、"叽叽"声

在最近几年，汽车行驶噪声引起的车内噪声不断降低，而干扰噪声则越发显露出来。各结构件间的相对运动出现的"咯咯"声、"嘎吱"声、"叽叽"声给乘员的心理感受要比对汽车质量的印象强烈和持久。

结构件相对运动产生的后果不是带有"咯咯"声、"嘎吱"声、"叽叽"声的粘着（附着）滑动摩擦（Stik-Slip-Effekt），就是带有这些声音的结构件相对运动的卡滞效应。通过系统的优先预防可以发现引起潜在噪声的接触部位和通过选择相应的材料副和结构设计就可平抑噪声。在汽车上观察到的典型的、重要的接触部位多达 1000 个。

经验证明，在噪声预防阶段，虽然系统地汇集了现有的工程知识，但总有遗留问题而没有考虑周到。为解决这些遗留问题和评价所采取的补救措施，必须借助低噪声整车试验装置和部件干扰噪声试验装置。为客观鉴定干扰噪声，需要开发一些鉴定方法和测量系统，以实时检测、分析和评价干扰噪声。这样获得的数据是向供货商提出质量要求的基础。

3.4.8　外部噪声

1. 停车（制动）噪声

由于在车辆在静止时和速度极低时几乎没有其他噪声源，因此传动系统的声学特性尤为重要（图 3.77）。

图 3.77　外部停车噪声测量

一方面，当驾驶人在发动机运转的情况下下车时，或者例如在停车挡板处打开侧窗时，驾驶人就会感受到外部噪声。另一方面，对路人的影响也是决定性的，例如当车辆在红绿灯处等待或车辆在停车场缓慢行驶时。直到最近，车辆的静止噪声还是一个决定性的价值标准，特别是对于柴油车，因为它们的燃烧噪声。由于先进的燃烧过程，现代汽油和柴油发动机的喷射压力和气缸压力曲线越来越趋同，因此外部噪声已成为两种燃烧过程声学开发的重要组成部分。

燃烧开始和最大压力之间的压力梯度激励了发出的空气声的中频范围。当压力衰减时，燃烧室共振会产生，从而显著塑造频谱中的较高频率。从声学的角度来看，其目的是削弱压力脉冲或由此产生的燃烧室共振。在柴油发动机中，这可以通过新的喷射技术和压电执行器使用有针对性的预喷射和后喷射来实现。燃烧室共振可以通过非常少量的后喷射来减弱。在汽油发动机中，控制目标是点火正时和喷射正时。然而，这些措施在一定程度上与提高效率和减少废气排放的目标背道而驰，这正是差异化的、与转速相关的喷射规范的帮助所在，它可以确保更平稳的燃烧，尤其是在怠速时。

现代直喷发动机的另一个噪声源是高压燃油系统。喷油器和高压泵由于它们的机械操作，都会在较高频率范围内发出声音，这些声音也可以通过燃油轨或基本发动机结构等附加部件传播。

在日益严格的排放法规要求下，通过发动机的一次措施降低噪声的空间很小。这里列出优化汽车噪声的一些被动措施。主要目标是从声学角度从基础开始优化发动机结构本身。尽可能刚性的基本发动机的结构设计、阻尼材料的使用和机械部件的优化是有效避免以声源为导向的噪声的基本要求。

发动机外围和发动机舱中的常见措施是喷油器盖和横向密封的发动机罩，在喷油器区域带有内部吸收器。在车辆前部区域，使用温控襟翼被认为是最先进的。在车辆底部，油底壳和变速器，排气歧管、排气后处理系统和排气系统的部件，以及发动机舱内的泄漏，都可以通过隔绝措施来减少。然而出于热管理的原因，完全封装存在限制。这就是为什么在发动机舱，发动机罩下方和内部的车身底部区域也使用吸声措施的原因。目前也在使用在底板外表面和轮罩中的吸声措施。

2. 行驶噪声

"驶过"行驶噪声主要有两部分噪声源,即驱动噪声和轮胎—路面噪声组成(图3.78)。反映动力总成系统各部件多年来技术进步的两辆可比较的汽车噪声频谱有显著的变化。首先是降低发动机—变速器总成的噪声表面辐射和排气系排气口噪声(图3.79)。作为主要噪声源的轮胎—路面(R/F)噪声频率保持在1kHz范围,很难进一步降低它的噪声级。

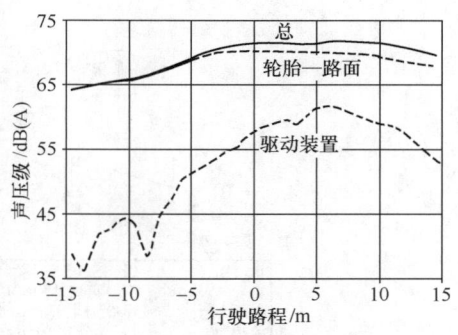

图3.78 在加速超车时驱动噪声和轮胎—路面噪声

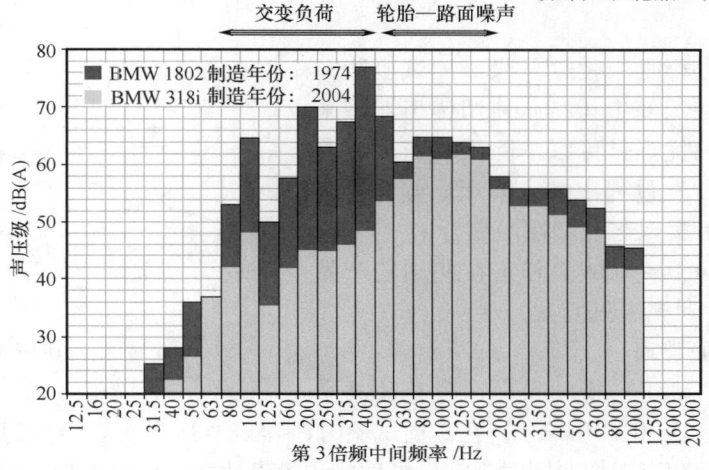

图3.79 过去和现在的最高噪声谱

3. 按照ISO 362规定的"驶过试验方法"

车型外部噪声试验的法规限值按ECER51或ISO 362控制。1980年以来,噪声限值从89dB(A)逐步降至74dB(A)。1996年以来,这个下降趋势中止,因为在实际的道路交通条件下汽车噪声优化不再是关键性的一步。目前已有新的车型试验(TP)方法。该方法瞄准改善噪声辐射图。它是在城内实际的道路交通状况下的汽车噪声辐射,2013年起可望实施有法律约束力的新的ECER51法规。

在当前有效的车型试验(TP)标准中,"驶过"的噪声级是在发动机全负荷得到的(图3.80)。手动变速器汽车的噪声级为变速器在2档和3档时测量的算术平均值。自动变速器汽车的噪声级为变速器在D位的测量值。高功率发动机汽车规范是例外情况,其噪声级为变速器在3档的测量值。在新版TP标准"ISO 362(新)"中,汽车噪声辐射是在车速50km/h,在部分负荷的规范测定的。它与汽车的功率/质量比有关(即PMR = Power/Mass),单位为kW/t。为此要选择合适的档位行驶,在全负荷(wot)和在该档位下再加等速行驶(cruise)条件下在拾音器处测定的"驶过"行驶噪声。按规定,测定的噪声级为参考(ref.)噪声级 $L_{wot,ref}$ 和 L_{cruise},并从这两个噪声级内插可得到车型试验噪声级 L_{urban}。L_{urban} 是汽车在城市行驶加速度为 a_{urban}(与PMR有关,且加速度 a_{urban} 总是小于 $2.0m/s^2$)测定的噪声。算法按图3.81进行。

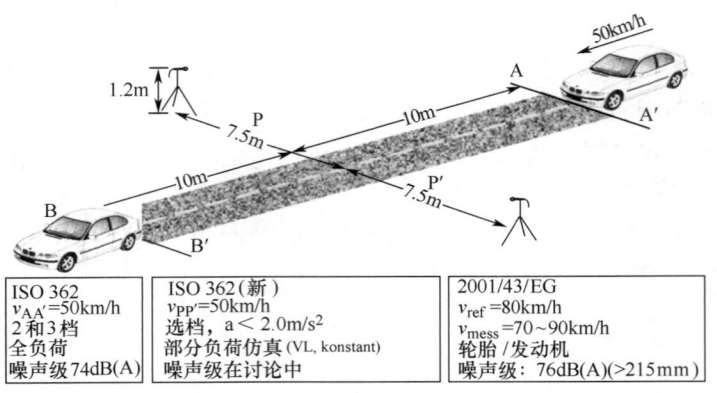

图 3.80　车型的"驶过"试验方法

目前也在努力,使"驶过"噪声测试也能在室内进行。车辆在滚筒上运行,使用传声器阵来测试。这种方法的优点是可以消除天气与环境对测试的影响。在研发过程中,借助计算方法可以很好地预测目标可实现与否。在产品合格(COP,Conformity of Production)试验和正在使用的产品(汽车)噪声要达到规定限值。

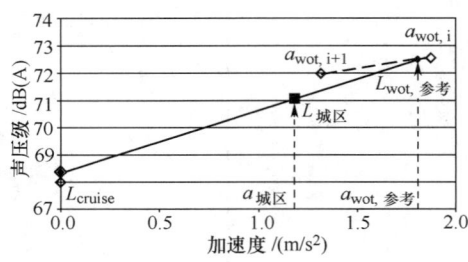

图 3.81　新的测量方法

4. 轮胎—路面噪声

轮胎—路面(R/F)行驶噪声出现在公共交通场合,车速约超过 30~40km/h。在车型试验时该噪声要达到法规限值的标准。在轮胎总成内部就出现目标冲突,如要同时规定操纵性能和噪声性能。在超车加速行驶时的轮胎—路面(RF)噪声是由滚动噪声和载荷噪声两部分组成的(图 3.82)。

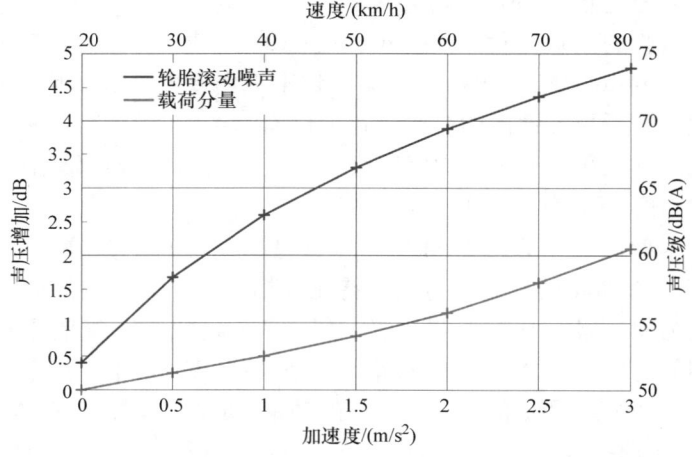

图 3.82　轮胎的滚动噪声和载荷噪声

为限制轮胎滚动噪声,2009 年起,针对轮胎的调整车型试验法规 661/2009/EG 或 R117.02 生效。在法规中,汽车在 80km/h 行驶时滚动噪声限值按轮胎宽度确定。图 3.83 是新旧滚动噪声级限值随轮胎宽度的变化关系。从图中还可看出，轮胎噪声级只根据轮胎宽度而变化是不够的。轮胎工业已经大大改善了轮胎的声学性能。按照 TP 标准，第 1 级和第 2 级的限值对目前的轮胎来讲，还需要更安静。同时优化噪声和滚动阻力特性，对于轮胎制造商来说，在未来几年内仍是一个巨大的挑战。

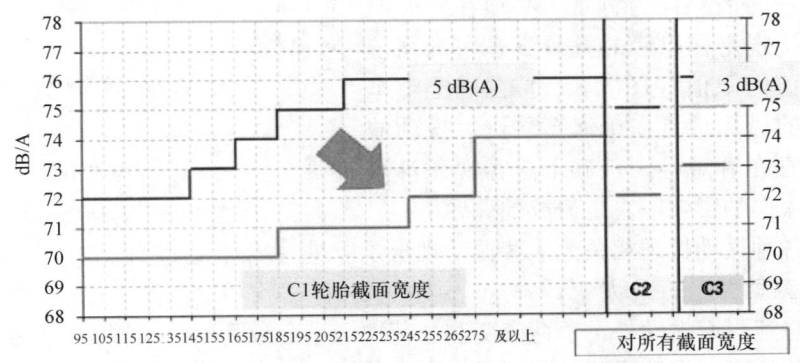

图 3.83　新旧滚动噪声级限值随轮胎宽度的变化

图 3.84 表示在典型的汽车上动力总成噪声与轮胎噪声在采用不同的车型试验规范时的相对百分率。在选择的挡位，两者噪声的差别主要是发动机在全负荷的转速不同，而车轮上的不同转矩对轮胎噪声影响不大。与正在实施的 TP 试验方法得到的轮胎噪声结果不同，将要实施的 TP 试验方法得到的轮胎噪声所占的相对百分率要高，这反映在城区道路交通的实际载荷状况。但也意味着采取降噪的发动机措施进一步降低汽车噪声限值的可能性是有限的。

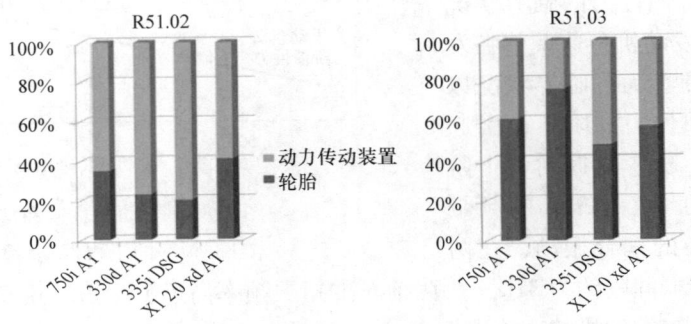

图 3.84　在测试方法比较中传动系（ASG）和轮胎（RFG）在噪声源中所占的比例

3.4.9　振动舒适性

汽车的声学舒适性和振动舒适性是两个紧密联系的项目，因为它们都是物体噪声现象，当然频率范围是不同的。由一方面对振动性能，另一方面对部件（总成）的物体噪声隔离特性的不同要求引起两个专业范围间的目标冲突。

人们对振动的敏感性是凭多方面的经验。在参考文献［86］中，人们对振动的敏感性是通过座椅的振动（即振幅和频率）感受到的。由人们对振动敏感性的评价曲线得到，振动激励在 5~10Hz 间最为敏感。它是基于这样的事实，从工程角度人就是一个振动系统。

人的每一个器官，如头部、肢体、胃等，在 5~10Hz 振动频率范围就会激起谐振。在高于或低于该频率范围，人们对激励振动的敏感性会单调下降。由于振动作用引起的干扰通常只出现在约 1（车身振动）~50Hz（麻麻的感觉）。相对振动激励以人们的敏感性为背景，必须在开始研发新型汽车时，规定在以后的批量汽车中的系统振动频率和幅值的限值（图 3.85）。在规定整车有关振动方面的目标难点在于汽车乘员对振动的主观感受要建立在客观准则基础上。客观评价汽车各种振动对人们的影响一直是研究的课题[89]。

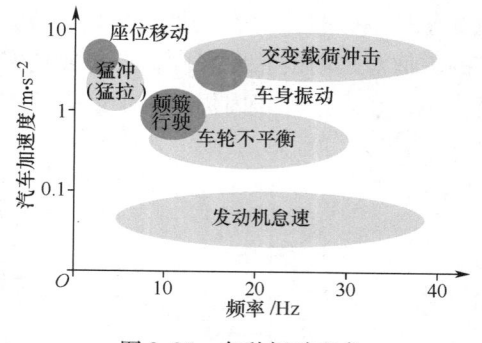

图 3.85　各种振动现象

下面就与各种振动机理相关的一些振动现象予以进一步研究。

1. 发动机激励引起的振动

除发动机怠速引起振动外，负荷突变和载荷冲击也会激励振动。随着发动机起停系统和混合驱动的应用增多，发动机起动和停机过程中的振动舒适性的研究也更有意义。

发动机工作循环、发动机随机激励引起发动机怠速振动。这时，在不利的情况下，发动机惯性力的主要阶就处于整车的谐振频率范围。如果出现这种情况，发动机在怠速时的整车舒适性就突然变坏。图 3.86 表示整车振动频率随发动机转速变化的关系实例。

由图可见，4 缸发动机怠速调整在低于发动机 2 价惯性力的临界状况以下；6 缸、8 缸发动机怠速调整在发动机 3 阶或 4 阶惯性力的临界状况以上。如果发动机惯性力的阶不会引起整车的谐振，则 1 阶弯曲振动和 1 阶扭转振动必须位于 27~33Hz 的频带内。为避免不希望的耦合振动，在两

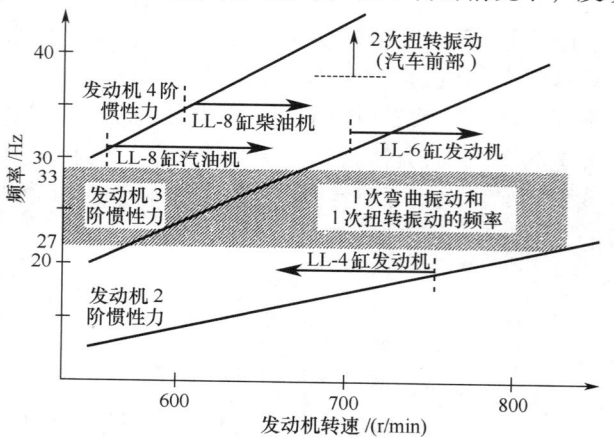

图 3.86　发动机怠速和整车自振频率的工程振动计算

种振动间整车的谐振间隔约为 3Hz。因为前车的扭振频率高于 1 阶扭转振动，所以前车的扭振频率要远高于 8 缸发动机的 4 阶惯性力。

除发动机怠速引起振动外，发动机负荷交变引起的振动也属于发动机激励引起的振动。发动机负荷交变引起的振动又可分为负荷突变和载荷冲击。这两种振动现象源于动力总成系统由于加速踏板突然移动使发动机转矩变化。

在负荷突变［也称为波南兹（Bonanza）效应］时，可以用简单的弹簧—质量系统的振动系统描述。作为刚性的车体为一个平移质量，弹簧是动力总成系统的弹性和轮胎—道路接触面至车身与动力总成系统之间的支撑件的弹性。在不同的谐振频率时会出现与动力总成系统传动比（选档）有关的负荷突变。特别是发动机在低速时负荷突变产生的干扰振动出现在 1 档和 2 档，频率在 1.5~4.0Hz 范围，其原因是讨厌的负荷突变振动主要不是乘员感觉到的汽车纵向加速度随时间变化的振动幅值，而更多的是系统对振动的衰减性能不足。

与负荷突变不同，载荷冲击不是出现在低频范围，而是出现在高频范围。这是由于加速踏板位置的变化引起了转矩的突然变化。除了缓冲汽车在平移运动时明显感觉到汽车的猛冲外，还出现了唯一的由后桥支撑件的冲击引起的冲击噪声。可见，这种振动现象对振动幅值有重要影响。

可通过对发动机控制的干预（调节点火角增加系统阻尼、限制转矩增长）和有针对性的改变动力总成系统的刚度来抑制负荷突变和载荷冲击引起的振动。

发动机支撑结构同样会影响负荷突变引起的振动。安装 ZMS 或改变 ZMS 的特性线也会影响载荷冲击引起的振动（见 5.4 节）。

2. 道路激励引起的振动

这里涉及汽车由于道路激励而引起的振动，该振动影响汽车行驶速度。车身振动、发动机晃动和座位移动是这种振动的现象。

车身振动首先出现在有大车顶开口或大后开口或敞篷汽车（敞篷轿车、双门敞篷轿车）上。这时，车身振动是由车轮谐振激励与汽车整体的扭振谐振激励这两种谐振激励的叠加，图 3.87 表示了产生车身振动的现象。

两种谐振的耦合使车身振动频率提高到 10～20Hz 范围，这时汽车若在不平路面行驶时乘员就会感觉到它的后振动现象，并产生不舒适性。新的轮胎工艺和拉紧的底盘会加剧后振动现象。运动型底盘动力学垂直拉紧和车轮高谐振频率的汽车需要高的第一个扭转谐振的、刚性的汽车结构，以充分限制车身振动。

在发动机晃动时，由于汽车两个前轮同时激励而使汽车上、下运动。如果激励频率出现在 5～10Hz，发动机—变速器总成就会激励，并在它的支

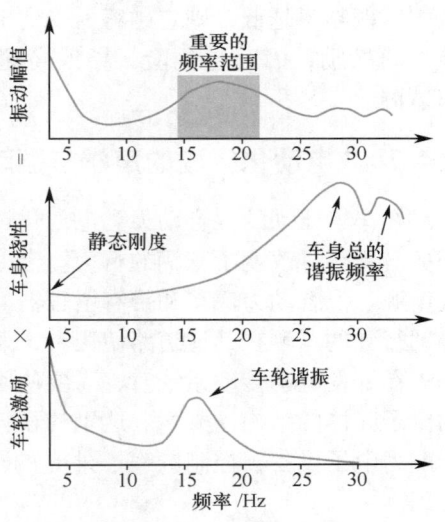

图 3.87 车身振动的作用机理

撑上限制上、下运动。在汽车前部就可感觉到这种烦躁的振动现象。为减小发动机晃动，需要很好设计发动机和变速器的支撑。必须保证发动机-变速器总成的固有频率在激励很少出现的频域内，并有足够的减振措施。在将发动机—变速器总成刚性地连接在车身上时，发动机的物体噪声激励就会更多地传递到车身上。这样，除了发动机怠速振动舒适性恶化外，还恶化了声学传递性能。可用液力支撑解决这两个相互不同的要求，它在高频时具有高的隔离性能，在发动机晃动的频率范围液力支撑可以变硬。可控液力支撑既可用一个动态刚性支撑，也可用软支撑的控制信号调节。隔振元件首先用在驱动装置在怠速时有高度的转动均匀性的柴油机汽车上。为减小乘员室的振动，在靠近怠速范围，支撑元件要处在"软"的状态；在行驶时再转换到"硬"的状态，这有利于抑制发动机晃动。在座位移动时所产生的车身的振动与在 4～8Hz 的座椅—人的谐振频率的耦合会使乘员严重不舒服。据此，要使车身悬架频率低于 3Hz 范围。如将车身的谐振频率降得太低，则车身悬架的行程太大。车身谐振频率的重要特性除车身质量外，还有悬架弹簧的刚性和减振器的阻尼特性。刚性和阻尼同样是调整座椅谐振频率的影响因素。

3. 车轮激励引起的振动

车轮激励引起的振动源于车轮的不平衡。车轮形状不同使车身出现与速度有关的摆动振动。车轮不平衡一方面是由于轮胎的不圆度及偏心、另一方面是由于车轮本身的质量和刚度分布不均匀造成的。为保证汽车在高速行驶时的良好的抗振动舒适性，可对车身结构动力学按车轮的 1 阶惯性力计算[78]。动力学计算直接与车速成正比。由图 3.88 可见，急速位于 1 阶弯曲、1 阶扭转和转向盘振动频带的上限，频带下限由车轮 1 阶惯性力确定。汽车的两个特征形式的谐振频率越低，则它越容易受到 1 阶车轮惯性力的激励，因而越危险，导致高速时整个汽车谐振。

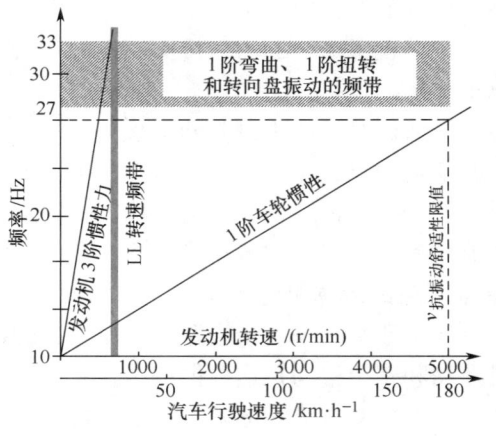

图 3.88　按整个的振动特征形式设计车身

3.4.10　电动化行驶的声学与振动

在车辆驱动的混合动力和电气化过程中，出现了超出各章所述效果和措施的新现象和新任务。新组件改变了车辆的行为。借助电机和电力电子设备，车辆中出现了新的固体声和空气声源。混合动力汽车和带有增程器的电动汽车的运行策略也比内燃机复杂得多。以低速纯电动行驶的车辆在其他道路使用者，尤其是行人如何感知车辆方面提出了新的挑战。

在开发电动传动系统时，需要使用仿真来设计气隙中的磁力以及结合变速器壳体和转子的定子壳体的结构动力学。这里的相关变量是，例如，极对、齿设计、绕组方案和气隙。对于电力电子设备，控制频率、外壳的辐射、支撑的类型和在车辆中的位置起着特别重要的作用。

电机与内燃机的组合，无论是直接驱动还是作为增程器，与采用传统驱动概念的车辆相比，会导致明显更多不同的运行状态。在开发连贯的声学概念时，不仅要考虑各个运行状态本身，还要考虑不同运行状态之间的转换。此外，运行策略也很重要，一方面，可能的自由度的增加带来了巧妙避开关键运行点的机会。另一方面，制定客户可理解和可重复的运行策略至关重要。

由于电驱动的噪声排放相对较低，所谓的"安静汽车"[98]在高达约 30km/h 的速度范围内不那么明显，因为轮胎-道路噪声也很弱。为了弥补增加的行人安全风险，在各个国家，已经颁布了关于最低噪声水平要求的法律规定，通常通过安装在车辆前端的噪声发生器来满足这些要求。除了发动机舱内部件的几何集成的常见方面，例如运行强度、污垢、天气条件、碰撞行为等，必须特别优化到外部的声音路由。在声音设计中，诸如背景噪声掩蔽、定位和可识别性等心理声学标准都是基础性的要求。后者涉及与声音特征相关的模式识别，包括"识别为车辆"，以及作为特殊要求，由噪声源可以区分出电动车辆。除了外部影响，由于扬声器信号传输到车辆内部，还必须考虑舒适性和避免烦扰。

3.4.11 声学研究过程

研究开始需要准确确定汽车在市场中的定位和相应的声学和振动指标的目标定位。这里对所有用户有重要意义的工程声学和工程振动现象作一说明。为此必须研究一个合理的工程声学和工程振动方案。该方案是有重要特征的子系统和各部件的子目标的依据。要分级定出工程声学、工程振动的目标目录。从层面0的整车目标指标出发，首先要确定第1层面（车身、动力装置、底盘3个重要子系统）的声学特性数据。在下面的2、3……等层面要描述这些子部件的细节特征[90]。

制定声学方案，它与从整车的总目标派生出的各部件特征具有同样重要的意义。尽管所有的步骤、特征表述是基于虚拟汽车资料，但在声学研究方面仍使用样车，以保证方案实施和细节优化。重要的是，要有足够成熟度的样车或分系统，这样才能得出必要的结论。在实际中大多采用边计算、边试验方式控制目标。

目前的新任务，是找到声学、振动措施的效果与轻量化之间的目标冲突的解决方案。要选择新的方案，使轻金属或纤维复合材料制成的车身，既保证强度，也能满足舒适性和成本要求。

不应遗留未提及的目标指标，由于各性能间的很多目标冲突没有与很多竞争要求分开，所以应逐一列出各项声学指标。重要的是致力于优化汽车的各项性能，因为在最后结果中，只有符合各项目指标的汽车才会被更多的用户接受。

参 考 文 献

3.1 节参考文献

1. Braess, H.-H.: Die Karosserie – Typisches Beispiel für Zielkonflikte und Zielkonfliktlösungen für Automobile. Entwicklungen im Karosseriebau. VDI-Bericht, Bd. 968., Düsseldorf (1992)
2. Braess, H.-H.: nicht veröffentliche Unterlage
3. Robert Bosch GmbH: Kraftfahrtechnisches Taschenbuch, 27. Aufl. Vieweg+Teubner, Wiesbaden (2012)
4. Seiffert, U.: Dubbel Taschenbuch für den Maschinenbau. Springer-Verlag, Heidelberg (2001)
5. Braess, H.-H., Stricker, R.: Eigenlenkverhalten, Kurvenwiderstand, Kraftstoffverbrauch – Ein weiterer Aspekt des Fahrzeugkonzeptes und der Fahrwerksabstimmung. VDI-Ber. »50 Jahre Frontantrieb im Serienautomobilbau«, Bd. 418, S. 275–280 (1981)
6. ISO 8855 Road vehicles – Vehicle cynamics and roadholding ability – Vocabulary, Dezember 1991
7. DIN 70000 Straßenfahrzeuge – Fahrzeugdynamik und Fahrverhalten – Begriffe, Januar 1994

3.2 节参考文献

8. Hucho, W.H.: Aerodynamik des Automobils. Vieweg, Wiesbaden (2005)
9. Wäschle, A.: Numerische und experimentelle Untersuchung des Einflusses von drehender Rädern auf die Fahrzeugaerodynamik. Dissertation, TU Stuttgart (2006)
10. Huber, L.: Die Fahrtrichtungsstabilität des schnellfahrenden Kraftwagens. Dissertation, TH Stuttgart (1940)
11. Hucho, W.H.: Design und Aerodynamik – Wechselspiel zwischen Kunst und Physik. In: Kieselbach, R.J.F. (Hrsg.) The drive to design – Geschichte, Ausbildung und Perspektiven im Autodesign. avedion, Stuttgart (1998)
12. Wagner, A.: Ein Verfahren zur Vorhersage und Bewertung der Fahrerreaktion bei Seitenwind. Dissertation, TU Stuttgart (2003)
13. Riederer, S.: Strömungsphänomene im Bereich der vorderen Radhäuser von Personenfahrzeugen. Dissertation, TU München (2004)
14. Zivkov, V.: Experimentelle und numerische Untersuchungen der aerodynamischen Kraftfahrzeugeigenverschmutzung. Dissertation, TU Karlsruhe (2004)
15. Kuthada, T.: Die Optimierung von Pkw-Kühlluftführungssystemen unter dem Einfluss moderner Bodensimulationstechniken. Dissertation, TU Stuttgart (2006)
16. Hucho, W.-H.: Grenzwert-Strategie. Halbierung des Cw-Wertes scheint möglich. ATZ 01/2009, Jahrgang 111, 16–23 (2009)
17. Fischer, A.: Integration von Aerodynamik-Simulation in die Konzeptphase des Entwicklungsprozesses. 4. Braunschweiger Symp., März 2009. In: GZVB Gesamtzentrum für Verkehr Braunschweig (Hrsg.) Faszination Karosserie. S. 51–64. Braunschweig (2009)
18. Alexander, H., Wiedemann, J., et al.: Optimierung der Laufbandtechnologie im 1:1-Aeroakustik-Fahrzeugwindkanal. ATZ **01**, 80–85 (2012)

19. Schrefl, M.: Instationäre Aerodynamik von Kraftfahrzeugen: Aerodynamik bei Überholvorgängen und böigem Seitenwind. Dissertation, TU Darmstadt (2008)
20. Schröck, D.: Eine Methode zur Bestimmung der aerodynamischen Eigenschaften eines Fahrzeugs unter böigem Seitenwind. Dissertation, Universität Stuttgart (2011)

3.3 节参考文献

21. Lutz, R., Kern, J.: Ein Wärmeübertrager für gekühlte Abgasrückführung. 6. Aachener Kolloquium Fahrzeug und Motorentechnik, 1997
22. Eichelseder, W., Marzy, R., Hager, J., Raup, M.: Optimierung des Wärmemanagements von Kraftfahrzeugen mithilfe von Simulationswerkzeugen. Tagung Wärmemanagement. Haus der Technik Essen, September 1998
23. Kern, J.: Neue Konstruktion gelöteter Ganzaluminiumkühler für Kfz. ATZ **100**(9), (1998)
24. Löhle, M., Kampf, H., Kern, J.: Integrierte Systeme und Produkte zur Motorkühlung und Innenraumklimatisierung. ATZ (Sonderausgabe Systempartner), (1998)
25. Martin, M.: Elektronisch geregelte elektromagnetische Visco-Lüfterkupplungen für Nutzfahrzeuge. ATZ **95**, (1993)
26. Ambros, P.: Beitrag der Motorkühlung zur Reduzierung des Kraftstoffverbrauchs. Tagung Wärmemanagement. Haus der Technik Essen, September 1998
27. Kampf, H.: Konditionssicherheit des Fahrers – die Klimaanlage als Instrument der aktiven Sicherheit, Vortrag. VDA Technischer Kongress, Stuttgart, 2002
28. Richtlinie EWG 79/317 oder US Sicherheitsnorm FMVSS 103
29. Flik, M., Löhle, M., Wilken, H., Humburg, M., Vilser, L.: Beheizung von Fahrzeugen mit verbrauchsoptimierten Motoren, Vortrag. Wiener Motorenkolloquium, 1996
30. Kampf, H., Kunberger, O., Weinbrenner, M.: Klimatisierung von Fahrzeugen mit kraftstoffsparenden Motoren. In: Schlenz, D. (Hrsg.) Pkw-Klimatisierung II. Expert Verlag, Renningen (2002)
31. Haubner, F., Koch, F.: Zuheizerkonzepte zur Verbesserung der Heizleistung in verbrauchsoptimierten Fahrzeugen. In: Schlenz, D. (Hrsg.) Pkw-Klimatisierung II. Expert Verlag, Renningen (2002)
32. Nothen, M.: Brennerheizungen als Zu- und Standheizungen im Pkw. In: Schlenz, D. (Hrsg.) Pkw-Klimatisierung. Expert Verlag, Renningen (2000)
33. Beetz, K.: Elektrische Zuheizsysteme – Innovative Lösungen. In: Schlenz, D. (Hrsg.) Pkw-Klimatisierung II. Expert Verlag, Renningen (2002)
34. Condensers of automotive air conditioning systems with a 3-D cell model. VTMS Tagung, Indianapolis, 1997
35. Heckenberger, T.: Simulationsverfahren im Thermomanagement von Fahrzeugen. Automotive Engineering Partners **6**, (2003)
36. Reichelt, J.: Leistungsgeregelte Verdichter zur Pkw-Klimatisierung. Karlsruhe (1987)
37. Cullen, P.: Variable stroke compressor developments for improved air conditioning performance, fuel economy and drive ability. VTMS4, London, 1999
38. Brotz, F., Mersch, T., Morgenstern, S., Taxis-Reischl, B.: Progress in the optimized application of simulation tools in vehicle air conditioning. VTMS5, Nashville, 2001
39. Austin, K., Botte, V.: An integrated air conditioning (AC) circuit and cooling circuit simulation model. VTMS5, Nashville, 2001
40. Ellinger, M., Schröder, K., Wagner, S.: Simulation von Klimaanlage und Fahrgastzelle. Automobiltechnische Zeitschrift **2**, (2002)
41. Hirate, T., Fujiwara, K., Györög, T.: Verbesserung von Fahrzeug-Klimaanlagen. KI Luft- und Kältetechnik **12**, (1999)
42. Feuerecker, G., Kampf, H., Krauß, H.-J., Parsch, W., Rinne, F., Walter, C.: CO_2 als alternatives Kältemittel. In: Schlenz, D. (Hrsg.) Pkw-Klimatisierung II. Expert Verlag, Renningen (2002)
43. Graz, M., Kuhn, P., Obrist, F., Parsch, W., Rinne, F.: Kohlendioxid-R744 als Kältemittel in Fahrzeug-Klimaanlagen. Automobiltechnische Zeitschrift **12**, (2001)
44. Cucuz, S., Fröhling, J., Heyl, P., Wieschollek, F.: Kühlen und Heizen mit natürlichem Kältemittel CO_2, System Partners ATZ/MTZ, Mai 2002
45. Adiprasito, B.: COP comparison R134a vs. CO_2. SAE Alternate Refrigerant Symposium, Phoenix, 2000
46. Fröhling, J., Heyl, P.: Heizen und Kühlen mit CO_2-Pkw-Klimaanlagen. In: Schlenz, D. (Hrsg.) Pkw-Klimatisierung II. Expert Verlag, Renningen (2002)
47. Dohmen, J., et al.: Virtuelle Kühlsystementwicklung. MTZ **12**, 966–973 (2006)
48. Edwards, S., et al.: CO_2-Minderung bei einem Turbo-DI-Ottomotor durch optimiertes Thermomanagement. MTZ **2**(01), (2008)
49. Kramer, W.: Indirekte Ladeluftkühlung bei Diesel- und Ottomotoren. MTZ **02**, (2006)
50. Borrmann, D. et al.: Zylinderkopf mit integriertem Abgaskrümmer als Beitrag zu ottomotorischen Downsizing Konzepten. 17. Aachener Kolloquium Fahrzeug- und Motorentechnik, 2008
51. Dietz, S., Korfmann, S., Kammler, T.: Requirements on vehicle cooling systems due to alternative drive train concepts and CO_2 reduction measures. Stuttgarter Symposium, 2009
52. Szengel, R., et al.: Der TSI Motor mit 90 kW. MTZ **07**, (2007)
53. Hummel, K., et al.: Ansaugmodul mit indirektem und integriertem Ladeluftkühler. MTZ **11**, (2010)
54. Metzner, F. et al.: Innovatives Thermomanagement am Beispiel des neuen Volkswagen Touareg. 19. Aachener Kolloquium Fahrzeug- und Motorentechnik, 2010
55. Flik, M., Edwards, S., Pantow, E.: Emissionssenkung bei Nutzfahrzeugen durch Thermomanagement. Wiener Motoren Symposium, 2009
56. Kemle, A., Manski, R., Weinbrenner, M.: Klimaanlagen mit erhöhter Energieeffizienz. Automobiltechn. Zeitschrift **9**, (2009)
57. Bohr, B.: Antriebsstrangvielfalt und Elektrifizierung: Herausforderungen und Chancen für die Automobilindustrie. Vortrag, Wiener Motorensymposium, 2010
58. Molt, K.: PTC Heizung. ATZ **08**, (1998)
59. Bloch, A.: Eiszapfen. Auto Motor Sport **1**, 142 (2011)

60. Liebl, J.: Fahrzeugenergiemanagement – der Schlüssel zur CO_2-Reduzierung. VDA Technischer Kongress, 2007
61. Manski, R., Weinbrenner, M., Kerler, B., Heinle, D.: Speicher-Klimatisierung für Hybridfahrzeuge mit Start-Stopp-Funktion. ATZ **12**, (2006)
62. Neumeister, D., Wiebelt, A., Heckenberger, T.: Systemeinbindung einer Li-Ion-Batterie in Hybrid- und Elektroautos. ATZ **04**, (2010)
63. Wiebelt, A., Isermeyer, T., Siebrecht, T., Heckenberger, T.: Thermomanagement von Li-Ion-Batterien. ATZ **08**, (2009)
64. Brotz, F., Isermeyer, T., Pfender, C., Heckenberger, T.: Kühlung von Hochleistungsbatterien für Hybridfahrzeuge. ATZ **12**, (2007)
65. Herrmann, H.-G., Neumeister, D., Wiebelt, A.: Li-Ion Batterien richtig gekühlt, Automobilindustrie Sonderheft Insight (Dezember 2010)
66. Schmiederer, K.: Thermomanagement als Zukunftsaufgabe im Automobilbau. ATZextra **04**, 66–70 (2011)
67. Stehlig, J., Dingelstadt, R., Ehrmanntraut, J., Müller, R., Taylor, J.: Air intake modules with integrated cascaded charge air coolers. 21. Aachener Kolloquium Fahrzeug- und Motortechnik, 2012
68. Zuck, B.: Downsizing: Auswirkungen auf das Wärmemanagement des Kraftfahrzeugs VIII. Haus der Technik, Berlin (2012)
69. Stripf, M., Wehowski, M., Schmid, C., Wiebelt, A.: Thermomanagement von Hochleistungs-Li-Ionen-Batterien. ATZ **01**, (2012)

3.4 节参考文献

70. Adam, T.: Untersuchung von Steifigkeitseinflüssen auf das Geräuschübertragungsverhalten von Pkw-Karosserien. Dissertation, Institut für Kraftfahrwesen RWTH Aachen (2000)
71. Zwicker, E., Fastl, H.: Psychoacoustics, 2. Aufl. Springer, Berlin, Heidelberg, New York (1999)
72. FVV Forschungsvorhaben »Störgeräusch«, Beurteilung und Katalogisierung von Störgeräuschen bei Verbrennungsmotoren, Heft 746. Forschungsvereinigung Verbrennungskraftmaschinen e.V., Frankfurt am Main (2001)
73. FVV Forschungsvorhaben »Motorgeräuschgestaltung II« Gestaltung des Geräusches von Verbrennungsmotoren zur Beeinflussung des Höreindrucks unter Berücksichtigung der Luft- und Körperschallübertragung, Heft 746. Forschungsvereinigung Verbrennungskraftmaschinen e.V., Frankfurt am Main (2002)
74. Möser, M., Kropp, W.: Körperschall. Springer, Berlin (2010)
75. Laschet, A.: Systemanalyse in der Kfz-Antr.-Techn. II. Expert-Verlag, Renningen (2003)
76. Tonhauser, J.: Außengeräuschemission von Pkw – bisherige Fortschritte und zukünftige Reduzierungspotentiale. VDA/WdK Informationsveranstaltung Straßenverkehrsgeräusche, Aschheim, 1999
77. Mitschke, M., Wallentowitz, H.: Dynamik der Kraftfahrzeuge, 4. Aufl. Springer, Berlin (2004)
78. Freymann, R.: Strukturdynamische Auslegung von Fahrzeug-Karosserien. VDI-Berichte, Bd. 968, S. 143–158 (1992)
79. Holzweißig, F.: Maschinendynamik – Schwingungslehre, 5. Aufl. Springer, Berlin (2004)
80. Sarradj, E.: Energy-based vibroacoustics: SEA and beyond. CFA/DAGA, Strasbourg, 2004
81. Hucho, W.H.: Aerodynamik der stumpfen Körper, 2. Aufl. Vieweg+Teubner, Springer Fachmedien Wiesbaden GmbH, Wiesbaden (2011)
82. Zeller, P.: Psychoacoustic-based sound design in vehicle engineering. JSAE Congress, Yokohama, May 2005
83. Henn, H., Sinambari, G.R., Fallen, M.: Ingenieurakustik, 3. Aufl. Vieweg, Wiesbaden (2001)
84. Martens, T.: Matrix inversion technology for vibro-acoustic modeling application. ISMA **23**, (1998)
85. ATZ, MTZ: Pkw Neuerscheinungen
86. VDI-Richtlinien 2057: Einwirkungen mechanischer Schwingungen auf den Menschen, Blatt 1 und 2. Beuth, Berlin (2002)
87. Birch, S.: Good vibrations, S. 46–50. AEI (September 2006)
88. Sell, H.: Charakterisierung des dynamischen Verhaltens von elastischen Bauteilen im Einbauzustand. Dissertation, Arbeitsbereich Mechanik I der TU Hamburg-Harburg (2004)
89. Lennert, S.: Zur Objektivierung von Schwingungskomfort in Personenkraftwagen – Untersuchung der Wahrnehmungsdimensionen. Dissertation, Lehrstuhl für Maschinendynamik der TU Darmstadt (2008)
90. Geib, W.: Akustik und Schwingungstechnik im Spannungsfeld zwischen Komponenten- und Gesamtfahrzeugeigenschaften. VDI-Berichte, Bd. 791, S. 1–37 (1990)
91. Zeller, P.: Handbuch Fahrzeugakustik. Vieweg+Teubner – Springer Fachmedien Wiesbaden GmbH, Wiesbaden (2012)
92. Moosmayr, T.: Objektivierung von transienten Störgeräuschen im Fahrzeuginnenraum. Dissertation, Lehrstuhl für Mensch-Maschine-Kommunikation der TU München (2009)
93. Kreppold, E.: A Modern development process to bring silence into interior components. SAE World Congress & Exhibition, 2007
94. Keller, W., Wastl, W.: Neue Methoden und Konzepte zur Drehungleichförmigkeits-Reduzierung. VDI-Tagung Getriebe in Fahrzeugen, 2008
95. Kroll, J., Kooy, A., Seebacher, R.: Land in Sicht? – Torsionsschwingungsdämpfung für zukünftige Motoren. 9. Schaeffler Kolloquium, S. 28–39, 2010
96. Zink, M., Hausner, M.: Das Fliehkraftpendel – Anwendung, Leistung und Grenzen drehzahladaptiver Tilger. ATZ **07-08**, 546–553 (2009)
97. Sellerbeck, P.: Enhancing noise and vibration comfort of hybrid/electric vehicles using transfer path models. Aachener Akustik Kolloquium, 2010; Fidlin, A., Seebacher, R.: Simulationstechnik am Beispiel des ZMS – Die Stecknadel im Heuhaufen finden. LUK-Kolloquium, 2006
98. Zeitler, A., Kerber, S., Kaltenhauser, A., Evert, F.: Psychoacoustic requirements for warning sounds of quiet cars. SAE Int. J. Passeng. Cars – Electron. Electr. Syst. **5**(2), 572–578 (2012)
99. BMW Group: Efficient Dynamics, Medieninformation. Innovationstag, 2012

第 4 章 造型和新方案

4.1 设计

4.1.1 设计的重要性

在汽车研发中,设计一直占有很重要的地位。

设计是创造各种不同品牌和特色的重要手段之一。

尤其是在最近几年,在品牌调整过程中,设计都与各汽车生产厂家的各种技术可能性相适应。当然,各生产厂家间在技术、工艺上还有显著不同。对普通用户来说,所能感觉到的某种汽车品牌的技术差别总是很小的。在直接的世界竞争中站住脚的各生产厂家都具有高水平的汽车基本方案。观察视野越广、越细,汽车设计越好。对汽车生产厂家来说,招揽用户是列入设计的一个元素。

很多关键技术、工艺的 Know-how 为研发新产品做出贡献。这些 Know-how 不再为汽车品牌生产厂家独有,而且不断地集中到研发的供货商手中。这些供货商也为所有其他品牌供货。

小结:表示一个品牌特色的技术、工艺特征,尽管它对汽车整体性能有重要作用,但很少有移植性。

为使设计达到更大作用,要遵循品牌体现在设计中和产品体现在设计中的理念。

4.1.2 设计目标

在各汽车生产厂家的产品技术性能达到非常类似的水平时,设计的差异越来越反映出设计目标的差异。

在欧洲,设计的重要性还处于较早的认识阶段。长时间内,一些公司的设计还处于技术发展的空白。早先的设计是一个技术储备的过程,以得到精细的、具有美学造型的技术方案。

在美国则不同,很早以前汽车市场已相对饱和。为通过产品差别推动需求,设计新汽车就具有重要的战略意义。

在欧洲,长期以来没有反对汽车设计专职化。但直到 20 世纪 50 年代初,欧洲汽车工业才采用在美国 20 世纪 30 年代以来就开始的、由专家和设计者组成的专职设计组。

开始,专职设计者一般附属于技术开发部。随着设计的价值和重要性日益显露而成为独立的部门。

当前,设计者不只是把规划产品变成现实产品,而是要参与产品的规划和制订产品策略。

在全球几乎都有各汽车生产厂家的身影。许多汽车生产厂家在一个旗下(屋檐下)有很多汽车品牌。

汽车的表现形式和品牌特征不再是由于地区或其他历史背景的不同而不同,像所有产品的特征一样,要有意识地规划汽车的差别。而设计就是实现这种差别的一种方法。在最近几年,汽车设计已经有了这种转变。

当今,设计不再只是规划产品的具体造型,而是汽车生产厂家赖以生存之本。

4.1.3 设计过程

在大多数企业,设计是独立于技术开发、市场营销、产品和产品设计过程中的企业决策外的一个部门,它在产品的长期规划和制订具体的产品目标中起着重要的作用。设计可以达到产品的专门化。

早期常用的顺序工作的组织形式不符合同步工程的要求。研发项目是跨学科的,即研发过程的所有参与者一开始就一起工作,以尽早确定和解决目标冲突。如可能,一起确定设计目标,而不要到出现设计目标冲突时再去解决它。

早期的合作对以后的研发过程特别重要,如图 4.1 所示。

产品在设计阶段出现的目标冲突(典型的例子是造型与空气动力学间的目标冲突)通常是严重的,要付出更大的代价。所以要在设计准备阶段,设计者一起研究,明确目标,并解决目标冲突,而不要等到产品设计阶段再着手处理目标冲突。

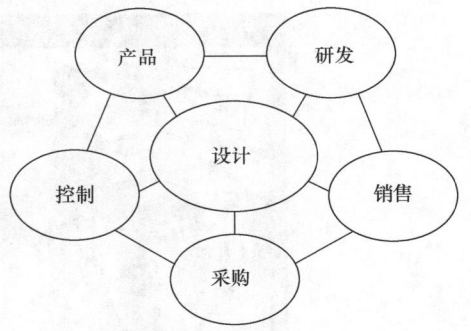

图 4.1　各子过程交联

设计目标定义的质量对以上过程至关重要。所有定义的设计目标应是制订产品长期策略的基本要素,它不仅关系到产品质量,而且涉及设计水平。

需要注意的是,设计要反映已制订的产品长期策略的大视野。所有汽车生产厂家的一般目标基本上是相似的。

在激烈的市场竞争中要扩大设计地位。最重要的竞争范围是获利能力和产品的增长。为此,在提高用户认知的产品质量的同时,要优化产品的成本结构。

设计一直关系到产品的质量。

要保证设计的长期成功,就要有长期的设计质量保证。短期的个别设计成功不能算作一个品牌的设计质量。

在研发和设计过程的准备阶段,产品的特性应符合企业特有的产品总体策略(见图 4.2 实例)。

图 4.2　识别特征

4.1.4　具体设计过程

在明确新车要达到的特性和制订有约束力的方案后就全面进入具体设计过程。开发阶段的目标是，以尽可能开阔的思路在几个星期、几个月完成上百张草图、图纸和方案说明，如图 4.3 所示。

图 4.3　示意图

具体设计过程是设计组一起工作的过程。在组内相互配合、自由讨论，如图 4.4 所示。这阶段的重要元素是竞争的元素。

每位设计者要尽量坚持他的独特看法。如在设计阶段，设计者在艺术上可以自己完成任何的汽车外形，虽然他们都在一起工作，但每位设计者仍可独自行动。

为尽可能开拓思路和得到最好的想法，可以将设计汽车外形看成是活跃思路的催化剂。

重要的是要灵活地把握自由讨论。要敞开思路，不放弃每一个想法，也要有明确的目标定位而不迷失方向。

在充分的自由讨论中筛选出好的想法和方案，并在下面的具体化实施中检验。

在三维转换阶段，要对相当多的总方案具体化，并探讨技术可行性。

建立缩小比例的车身模型，按原型制作车内模型。

图 4.4 小组自由讨论

技术保障方面的专家跟随这个具体的设计过程。

在早期,各专业部门的保障过程总是很晚才介入,一直要到结构设计才参与。这样就不可避免地出现设计目标冲突。因为以前认为技术保障不是技术支持和咨询,而是感到技术保障会干扰和限制艺术创作自由。

工程师和设计者中的不同意见的反对者是由于他们对目标定位和过程理解不同而造成的。所以准备阶段的协调工作越充分,设计过程越顺利。

1. 受法规和规范的影响

生产和批准汽车上路的法规在最近几年急剧增多。在研发部门的专职人员只是忙碌于翻译规范或检验和提供研发所需的一致性规范。困难在于一部分规范只适用于专门地区,而不是国际通用的。这些规范中的很多规范和法规对设计产品有很大影响。可以以此例为证:北美汽车保险杠的规定或目前欧洲保护行人的规定都是地区性规定。

2. 车内工程和人机工程

越来越重要的车内工程涉及操纵方案和显示方案,也称 MMI 方案,如图 4.5 所示。

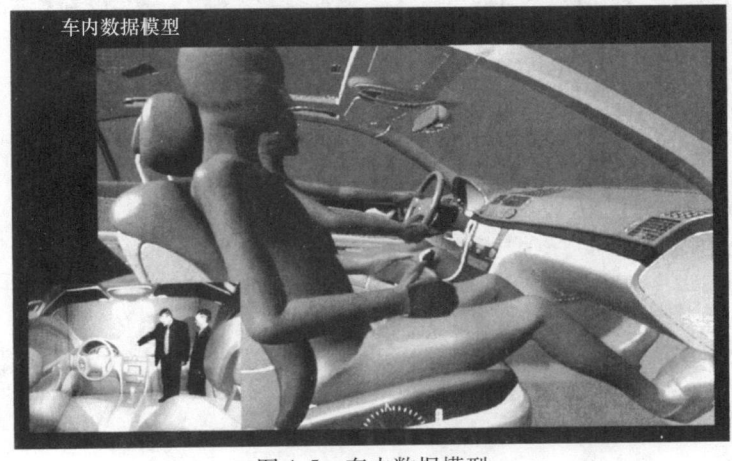

图 4.5 车内数据模型

要把车内工程看成是最大限度保护驾驶人和乘员良好健康状况的一个系统。驾驶人集中精力驾驶并尽可能长地保持这种状况;每个乘员心情舒坦、放松。

一定要了解最近几年进入车内的众多新功能。其中首先是现代的驾驶人辅助系统,如导航、雷达、车载电话、娱乐设备直至接收电视(见第8章)。

同样,对传统的一些车内元素,如空调、座椅调节,也有严格的要求。

与驾驶人有关的车内众多功能不应造成驾驶人的过度负担,相反,应该符合享受驾驶的愉快和保护驾驶人和乘员良好的健康状况这一总目标。

车内工程应与人机工程紧密结合。不只是优化单个系统,更要从车内工程和人机工程总体上观察所有的功能。

4.1.5　虚拟设计过程

除传统的修改草图、图纸和手工制作模型外,越来越多地使用数字媒介。

数字媒介的优点在于在设计者与技术工作内容之间的紧密交联。

可能会有全新的一些仿真模型,并更多地找到工作流程入口。首先是在要显示一种形式主题的多种变形的那些地方,这时虚拟媒介就是一种选择的工具。

当然还有很多优化的必要性。在细微观察时,虚拟表示的模型和真实模型间总还有很大的差别。要消除它们间的差别较为昂贵,但必须消除。

最后,虚拟表示或仿真不是目的本身,而是达到目的的工具,即要择机行事,以达到最好的目标。

可以想象,在未来人们不会放弃真实的物理模型。

4.1.6　模型阶段

在第一次3维处理结束后,接下来要做的重要事情就是测试符合新车要求的各个模型。只有实现潜力的模型,再按1∶1比例继续制作,如图4.6所示。

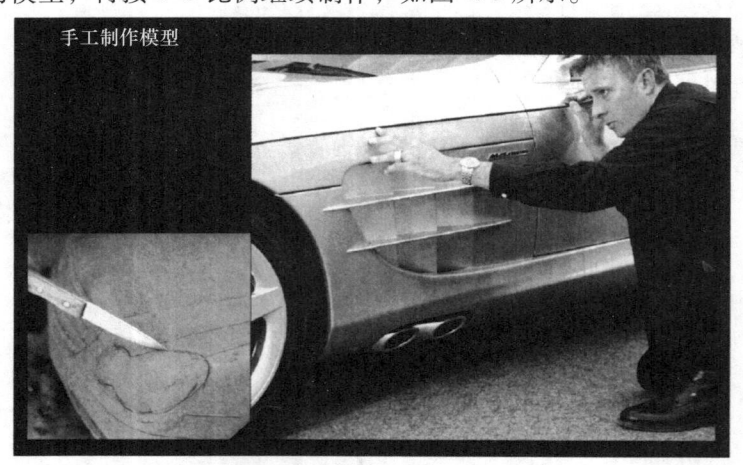

图4.6　手工制作模型

不论是车内工程和车外工程,还是材料和表面处理方案,都是与设计、生产、销售和企业经济专家不断商讨中不断前进。

在模型阶段，几乎不可避免地会出现在目标定义阶段还没有仔细认识到的一些问题，为此要不断向技术专家、成本核算师、设计者请教。其目标是解决出现的问题，提高产品质量，使用户满意。

最后做出要制作的执委会（理事会）层面满意的模型的决定。

直到这时，就可根据车内、车外工程制作出详细的"上车模型"（Einstiegmodell），利用该模型甚至可以进行模拟行驶试验。

4.1.7　颜色、装饰和个性化

除车内、车外造型外，汽车配色、配材料是一个独立的过程。其目标是为用户提供个性化的、多色彩的汽车。除了为用户选择各种技术配备外，首先是确定汽车的颜色和材料以及车内设备的配色，这些都能体现出汽车的个性。

在满足对产品要求的背景前，要对扩大产品品种（即产品要多样化）早作谋算。尽管产品多样化使零部件变化较大，但现代物流可以帮助产品生产过程保持细长的生产线而减少储存零部件占用的面积，或将零部件储存在零部件供应商处。此外，许多生产厂家还通过发送捆绑（打包）方案或副商标提供特殊的个性化汽车。尽管这样做好像不符合现代化生产的本来目标，但它对生产厂家的效益仍有重要作用。因为个性化和量身裁衣的供货方式不受地区和用户的限制。

扩大个性化供货的有说服力的例子是车轮。在早期，也有一些个性化的供货，但其规模和范围不能与目前的个性化供货同日而语。

对每一种车型，不只是设计出不同参数的车轮，而且还设计出各种车轮。这种个性化的需求还在增长，并且还能接受由于不同型式的车轮而增加的费用，且还会增加。

4.1.8　在产品准备中的设计工作

在完成规定的产品的全部形式资料和材料资料后，设计过程就算完成。尽管如此，设计者由于接下来的产品准备过程和实现产品的原因还不能放松工作，要继续留下照管，以落实各项协定。

必须制订详细方案。要与产品专家、市场营销专家和紧密联系的供货商一起就汽车配色、配料和表面方案等问题协调。

执委会（理事会）就优化过程、先前的用户调查，包括"汽车诊所"的结果重新讨论和做出决定。

一般有一个有经验的、负责画图的设计者小组，他们的日常工作是与众多的零部件供货商的协调。

当第一批产品到达用户手中，设计过程才最终完成。

4.1.9　决定

经常碰到的问题是谁来决定设计过程？决定的依据是什么？设计中的产品决定早先称为"前引导过程"。

最后形成产品的各项决定会持续较长一段时间，所有商务人员有对事物做出决定的丰富经验。做出决定需要时间，需要通盘思考。

所有的合作者都在致力于实现产品具有某些结构和性能的决定、致力于替代试验方案的决定和全盘考虑效果及提出建议的决定。

没有注意到这样一个事实：掌握在一些大企业中的各分级系统支配着设计过程。那么为得到这样的系统所做的决定依据何在？

为保证决定的可靠，有各种用户调查的方法，或称为"汽车诊所"，并加以应用。但对这些方法还是有争议的。

产品越复杂，用户的细微感觉越一般，用户越难以对产品结构有所感觉和难以表达对未来产品的想法。

人们必须长期注意，今天做出的汽车设计决定，约在未来 20 年汽车还在道路上行驶的情景，要能一直铭刻在用户心中。目前还不能对汽车设计决定进行未来前景的长期预测。

特别要考虑的是，当开发过程已经超前，那时才能证明当时的汽车设计决定是正确的，汽车还有生命力；同时，如要修改设计，又需要高额的费用，这样原来的设计还可存在。

做出决定的基础即早期在设计过程中的用户调查是需要费用的，且不会有准确的结果，或最多表明有这种需求。

在汽车设计决定中，包括对用户调查的许多方法只作为次要手段。设计决定的质量取决于决策人员的职权和经验。还要看企业的质量，它关系到设计决定最后是否成功。

4.1.10 制作设计模型和现代设计

每次汽车展览会上大家熟悉的元素是制作各种模型，它们展示了未来的汽车世界。有的模型是未来真实的汽车；有的是研发的模型，它不会实现，但可示范性地指出未来的汽车技术（包含工艺）。部分的模型作了特别表示。

这方面的例子是梅赛德斯-奔驰的 F 系列汽车模型，F 表示研发。

另一些汽车模型是预先确定的规划汽车，这是一种新的汽车方案。它是进入市场前在广泛公众中较长时间测试的新汽车方案。公众对该新汽车方案的反应或许已体现到规划车型的主要研发阶段中。设计模型的成功标志批研发阶段结束。

4.1.11 设计中的感悟

设计者的基本素质是对事物的感悟，是"悟性"。与形态物体的第一次接触是视觉接触，它刺激人的视觉。刺激效应如图 4.7 和图 4.8 所示。

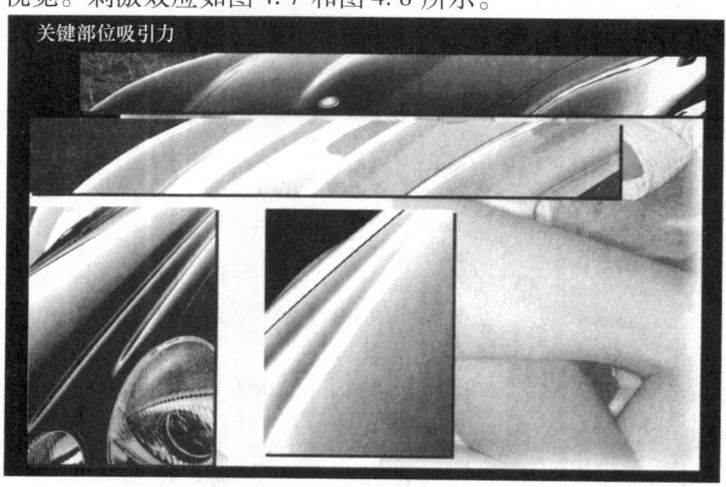

图 4.7　关键部位吸引力

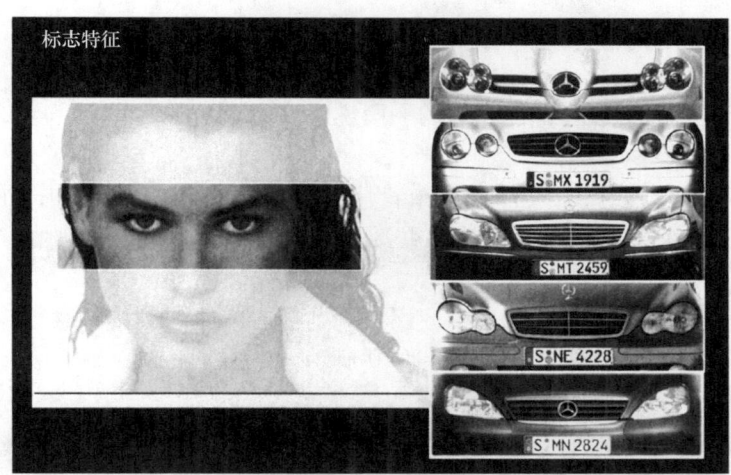

图 4.8　标志特征

　　人的感觉首先是感觉其他人的特性。科学试验证明，整个或局部范围的形态（如人的脸）对人的感觉特别深刻。可以将对人的感觉图像移植到对汽车的感觉图像上。如人们怀念一个人，首先想到的是这人的脸和形态以及音容笑貌。我们也是这么来研究汽车的，它是研究汽车造型的一个重要内容。

　　汽车头部（脸）和车型（形态）决定了汽车的外部特性。在第一次接近汽车时，会使我们对这汽车喜欢或不喜欢、动情或不动情和如何使这种感觉持续下去。

　　也许，汽车成功的造型正好是符合人们感觉的一种图像。

　　按一定比例的和有吸引力的图像的汽车造型，如头部（脸）、尾部等，就有很强的刺激效果。这里我们潜意识地使用两个人之间在彼此感觉过程中的那种感觉通道。

　　永恒的问题是"什么是美丽？"，它的内涵是什么？这是一个没有极终答案的问题。尽管如此，仍有接近它本质的答案。

　　由此说开来，大多数人喜欢推荐的汽车造型比例要甚于另外一些人喜欢的汽车造型比例，这里就有一个文化差异问题。

　　某些形态是长期观察、不断沉淀的结果。形态的效果具有永恒性。

　　微笑是一种印象，不同文化背景的人都能理解。

　　世界上有很多国际文化符号和密码（或暗号）。汽车造型师要知道它们。有一些造型含义，早前则由特殊的文化背景形成。

　　重要的是密码的内容，它们以能理解的信息方式相互传递、相互调整。如果信息符合现有的感觉图像，则信息可以被理解，被读懂。

　　事实上会惊奇地发现，成功的汽车是多么强烈地符合人们想象中的原型。

　　符合我们熟悉的感觉图像的总体感觉越清晰，可预见的结果（成功）越可期待。

　　惯于有激情工作的设计者，其激情是直接的，很少会衰减，且更能持久。

　　最重要的"感觉过滤器"之一是企业的标志。其前提是有内涵的艺术特征（风格）。它不仅关系到企业产品的商标，还预示着与商标相联系的产品质量。

　　艺术特征是在较长时间由不断使用和重复的某种密码和主题而形成的。

商标特征（风格）反映奇特的感觉层面。这个感觉是长期学习得到的，且一旦获得就一直有影响。

梅赛德斯-奔驰标志的设计部门发表的一段说明（20 世纪 90 年代），可作为商标特征价值的实例：

梅赛德斯-奔驰标志对我们设计者意味着什么？保护标志是我们工作的基本本质之一。从每个研发项目开始，对我们设计者的最重要的要求是："梅赛德斯-奔驰的产品就要有梅赛德斯-奔驰的样子"。

要强调梅赛德斯-奔驰依存于用户中，用户看到标志就能想到梅赛德斯-奔驰的名字。标志起着"联想器"的作用，如图 4.9、图 4.10 所示。

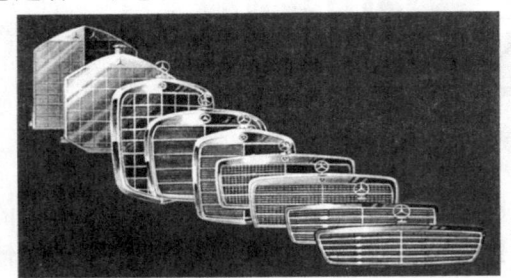 

图 4.9　梅赛德斯-奔驰（Mercedes-Benz）汽车头部（脸）的演变　　图 4.10　梅赛德斯-奔驰 SL 脸部的演变

几十年以来，梅赛德斯-奔驰标志已与它的企业声誉和优良的产品联系在一起。可以毫不夸张地说，公众对梅赛德斯-奔驰标志和产品有一种天然的信任。这种信任是在 100 年前就已开始，并形成这种评价的结果。这种信任的基础过去是、现在是我们企业的卓越的产品质量，也是我们研发产品的开阔视野和对产品的洞察力。

我不想解释巴甫洛夫（Pawlow）的条件反射学说是什么，在像梅赛德斯-奔驰这样的企业标志与公众对它的评价之间似乎存在着一种关系，这种关系与条件反射惊人地相似。

企业标志不只是唤起公众的一种好的感情，而且还给公众产生一种暖意。

当公众的注意力转向可能存在的产品缺陷时，这些缺陷完全会出现，梅赛德斯-奔驰渴望公开产品缺陷。我们知道公开产品缺陷是一件好的事情，这是我们的一种责任、一种义务，从中还能提升梅赛德斯-奔驰标志的价值。

当我们看到一款新车而引起公众很多好的感受和评价时，提醒我们这种感受和评价不是因为它的昂贵。在过去，我们非常严格地按这个模式处理。在我们生产一款贵宾车系列期间就体现了梅赛德斯-奔驰就是梅赛德斯-奔驰样子的精神。

梅赛德斯-奔驰标志的汽车在过去是高于其他标志的汽车。在过去，第一的汽车是梅赛德斯-奔驰汽车，之后才是其他等级的汽车。正如你不难发现，这种情况已有一些变化。虽然目前的梅赛德斯-奔驰汽车还是作为梅赛德斯-奔驰第一眼就可认出，但它们的各个车型已有较大差别，这些车型的特性明显地凸现出来。其原因是 20 世纪 90 年代做出的改变车型的决定。我们希望接近至今没有站在我们产品兴趣中心点的用户，并为此提供多种产品。

对梅赛德斯-奔驰标志而言，扩大产品形式预示着标志涵盖的产品的充实与丰富。长时间来，传统的价值源于天赐良机与祝福，但这个价值潜伏着故步自封的危险，应予排除。扩大产品形式并不意味着标志图形含金量的降低或过分扩张。

我们完全知道这里面有一个"度",它会促使我们认真对待。单纯着眼于汽车技术质量,较难扩大用户,且会失去用户。因此,作为差异特征的设计一直具有重要意义。特别是通过差异化设计可以凸显标志(商标)的特性,使两者相得益彰。

4.2 汽车方案和组装

4.2.1 概述和定义

确定汽车方案和组装(Package)的主要任务是结构组合、密封和对各种设计要求和目标的评价,如图4.11所示。

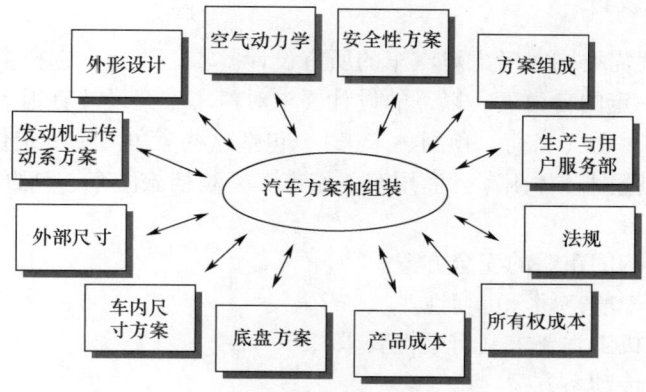

图4.11 在汽车方案和组装时需考虑的各个要求实例

确定汽车方案和组装是汽车研发过程中相互连接、不可分割的工作任务。在汽车工业中没有统一地使用这个概念。通过工作任务的先后顺序和要处理的重点就可将确定汽车方案和组装分开来。在研发过程开始就要确定汽车基本方案。通过不断细化、组装就可进一步论证基本方案。从部件组装中就可了解影响汽车基本方案的一些问题,必要时要优先解决。

1. 汽车方案定义

汽车方案是设想的汽车系统结构图,它可以保证方案实现。系统结构图包括各合成部件或汇集一些重要的、影响汽车性能和特性的参数、主要模块和一些部件。重点是要确定和设计:

1) 车身特点、汽车基本形状和未来的变型。
2) 座位数、乘员空间需要。
3) 储藏空间和容积(如燃油箱)。
4) 主要的外部尺寸。
5) 发动机和传动方案。

在下面的4.2.2小节中说明了主要的"汽车方案设计"。

2. 组装(Package)的定义

组装是在研发汽车时逐步的精细制作系统图,以不断检验规划产品的技术可行性和各组件、部件尺寸的相互配合。

组装要根据设计目标兼顾下列所有要求:

1）用户和法规。
2）环境与安全性。
3）外形设计。
4）经济性。
5）技术功能。
6）产品和维护。
7）质量保证。

由此达到最好的总体设计方案[2]，即要解决各设计目标冲突、结构空间要求和各功能的相互关联，以达到各部件几何的和物理的相互协调布置——组装。

4.2.2 汽车方案设计

第一个汽车方案需要同时考虑对汽车的所有设计要求，当然在选择主要参数时要考虑在以后的研发阶段有一定的自由度。以下的设计要求对汽车方案设计有很大影响：

1）主要的竞争对手（当前、预测、未来），包括这些竞争对手的定位、比较。
2）汽车的使用范围（休闲车、商用车、城市车、高档旅游车、越野车、运动车）。
3）各种变型车身。
4）配备防撞结构的粗略的安全方案。
5）座位数、行李舱空间、可变性。
6）对座位的人机工程要求（舒适性要求）。
7）动力装置和传动系方案。

表示在图 4.12 中的汽车方案的各个设计范围将在以下具体说明。

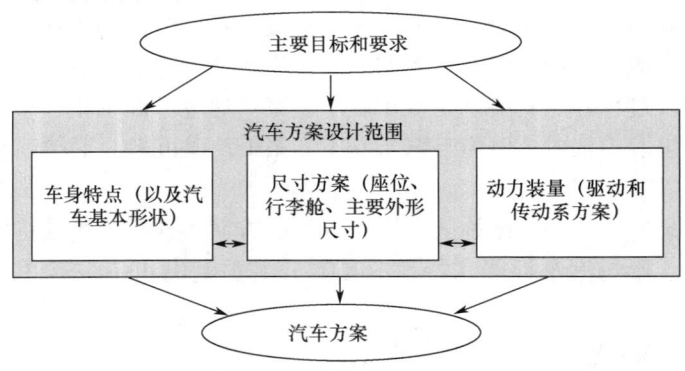

图 4.12 汽车方案的设计范围

1. 外形尺寸和汽车等级

为保证汽车内、外尺寸的可比性，需要统一的、重要的、表示汽车尺寸的定义和尺寸符号[3,4]（图 4.13、图 4.14）。

根据这些外形尺寸，可在汽车工业内和专业出版物中进行汽车等级分类。按汽车外形尺寸分类的实例表示在表 4.1 中。

众多车型的出现显示这种汽车等级分类的局限性。为此，根据汽车使用量或汽车使用范围对汽车等级分类进行补充。这种分类的实例是：

1）敞篷轿车（包括双门敞篷轿车）。

表 4.1 汽车分级、实例、外部尺寸（部分为早先车型的数据）

汽车等级	微型车（迷你车）	紧凑型车	中低档车	中档车	中高档车	豪华级车	厢式车	多功能运动车（SUV）
汽车实例，底下一项（斜体）的车型还在发展中	菲亚特 Seicento MCC 精灵 Seat Arosa *大众路跑*	丰田雅力士 菲亚特 Punto 欧宝 Corsa 福特嘉年华 *大众波罗*	梅赛德斯 A 级 大众高尔夫 欧宝 Astra 奥迪 A3 *福特福克斯*	福特蒙迪欧 梅赛德斯 C 级 奥迪 A4 欧宝 Vectra *宝马 3 系*	欧宝 Omega 宝马 5 系 梅赛德斯 E 级 标致 607 *奥迪 A6*	捷豹 XJ 宝马 7 系 奥迪 A8 大众辉腾 *梅赛德斯 S 级*	菲亚特 Ulysse 梅赛德斯 V 级 雷诺 Espace *大众 Sharan*	宝马 X5 梅赛德斯 M 级 克莱斯勒切诺基 *保时捷卡宴*
正常情况/带可翻转（或增加）后排座椅	4/2	5/2	5/2	5/2	5/2	5/2	5/2	5/2

座 位

外 部 尺 寸

长 (L103)(1)/mm	2500~3600 3527	3600~3900 3897	3900~4400 4152	4300~4600 4471	4500~4900 4795	4800~5200 5038	4600~5000 4620	4400~4900 4782
宽 (W103)/mm	1500~1650 1639	1550~1670 1650	1670~1740 1699	1670~1770 1739	1770~1850 1810	1800~1900 1855	1800~1950 1810	1800~1950 1928
高 (H100)/mm	1330~1550 1460	1350~1480 1465	1330~1440 1430	1360~1430 1387	1360~1450 1423	1400~1500 1444	1500~2000 1730	1650~1950 1699
轴距 (L101)/mm	1800~2400 2323	2350~2500 2460	2400~2700 2615	2500~2800 2725	2600~2900 2760	2700~3200 2965	2700~3200 2846	2700~3000 2859
离地间隙 (H156)/mm	100~150 125	100~150 113	100~150 146	100~150 110	110~150 123	110~150 150	120~170 155	170~250 183
车轮前悬	350~800 729	500~850 803	550~850 842	700~900 758	700~1000 968	700~1000 867	700~1000 864	850~1050 924
车轮后悬	300~500 475	400~650 634	500~750 695	700~1000 988	800~1200 1067	900~1300 1206	800~1200 910	850~1050 999
前倾斜角 (H106)/(°)	12~50 14	15~20 16	12~20 13	12~20 17	12~20 15	12~20 17	12~20 13	24~35 29
后倾斜角 (H107)/(°)	15~50 39	15~20 19	15~20 18	12~20 15	12~20 16	12~20 15	12~20 20	14~35 25

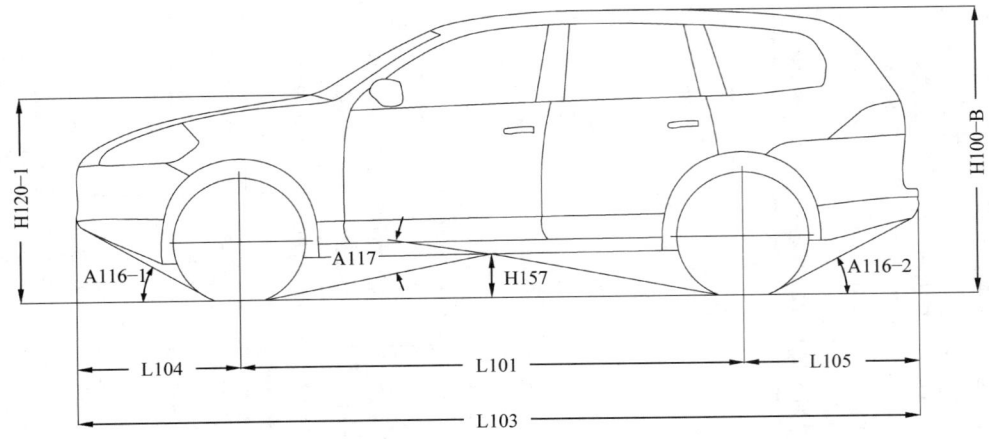

图 4.13 汽车在 x 方向、z 方向的外部尺寸和符号名称[4]

2) 运动车（包括运动双门轿车）。

3) 越野车（包括多功能运动车 SUV）。

4) 厢式车。

从技术和汽车方案角度，按汽车使用数量和使用范围分类不是好的方法，因为这种分类不能覆盖可实现的所有汽车方案。下面将汽车等级分类扩大到汽车的各种使用形式（结构变型）。但要注意这样的等级分类，对汽车的外形尺寸没有一定的限制，而是随时的调整。

2. 结构特点和方案的组合

表 4.2 两栏中的第一栏表示各种汽车结构特点与定义的汽车等级结合可以组合成各种汽车方案。目前市场上出现的各种汽车组合方案见表 4.2。

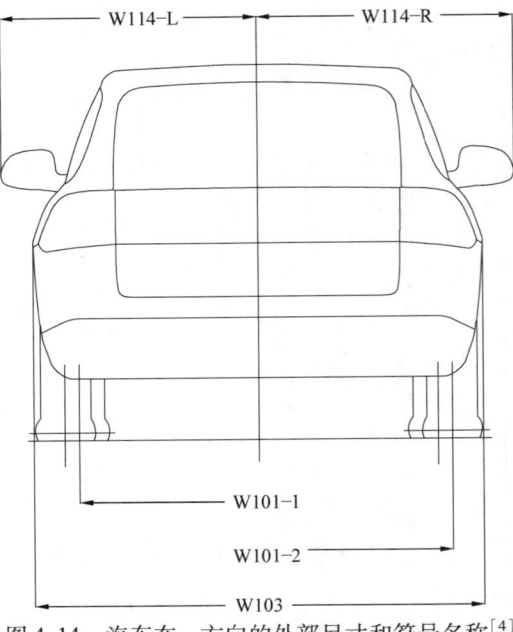

图 4.14 汽车在 y 方向的外部尺寸和符号名称[4]

表 4.2 各种汽车的结构特点和应用（·广泛应用，。个别应用）

结构特点		简要说明	微型车	小型车	紧凑型车	中档车	中高档车	豪华车
敞开式		双门敞篷轿车（2 人座）或软篷轿车（大多为 4 人座）。软篷轿车经常由阶背式轿车或陡背式轿车派生出来	·	·	·	·	·	。
溜背式车尾		"经典的二门轿车（跑车）"或不同于阶背式轿车、陡背式轿车的车型				·	·	

（续）

结构特点	简要说明	微型车	小型车	紧凑型车	中档车	中高档车	豪华车
阶背式车尾	经典的贵宾车（和活顶轿车）				∘	∙	∙
陡背（折背）式车尾	在低档汽车作为舱背（HB）汽车，在高档汽车作为客货两用车	∙	∙	∙	∙	∙	∙
大空间车	也称多功能车（MPV），多于5个座位，或增大空间，汽车较高		∙	∙	∙	∙	∘
多功能运动车（SUV）	越野车，与常规车的主要区别是离地间隙和前、后倾斜角；底盘高度可调；陡背式汽车或特殊设计		∙	∙	∙	∙	∙
皮卡	在美国是一种流行的汽车结构形式。大多由SUV或载货车派生出来			∘	∙	∙	

将结构特点补列到方案组合中反映了汽车市场的现状。方案研究表明，在新的汽车等级中增加了各种结构形式的汽车，以及在市场上还会发现很多混合式结构形式的汽车，参见4.2.6小节"汽车方案的发展"。

3. 汽车的基本形状

除结构特点外，还不断地利用不同的汽车基本形状作为汽车差异化的特征。表4.3的第1、2、3列为它们间的差别。

表4.3 汽车的基本形状和应用范围

基本形状	1厢	两厢	三厢
说明	整个汽车看起来是一个空间；事实上，一半是隔开的乘员舱和行李舱，另一半是传动系、发动机、变速器；这两半采用"三明治"式底板和/或低放置的发动机室隔开	汽车分成两部分（空间） 第1部分为发动机室，第2部分为乘员室或行李舱	经典分配汽车空间 发动机舱、乘员和行李舱隔开 隔开的乘员舱和行李舱可变
应用	厢式车 新的小型车方案（Smart，A级）	客货两用车 SUV 紧凑型车（"高尔夫级"）	贵宾车 经典的两门轿车（跑车） 敞篷轿车 双门敞篷轿车
优点	很小的交通面积 很好的空间利用 高的座位位置	行李舱和乘员室间有大的可变性	隔开有用空间，有利于降低车内噪声 有利于被动安全性（行李舱分开） 增强车身刚度
缺点	汽车高度高，迎风面大 汽车重心高，行驶动力学性能差	大的车内空间，不利于声学特性 空气阻力系数c_w（导流器棱边） 严重地受汽车尾部的角度影响	可变性差 需明确定义车顶或车尾罩处的导流器棱边（空气动力学影响造型）

第3列是汽车的经典型式。汽车分成发动机舱、乘员舱和行李舱3部分。

第2列的汽车是客货两用车和双门轿车范围,带可变的后排座椅。乘员舱与行李舱隔开,或两舱可变。

在第1列中,两个结构形式是不同的。一是常规的第2列结构形式,其外形为第1列汽车的基本形状;另一个是真正的第1列结构形式,发动机室利用"三明治"式车底。这样不需要隔开 x 方向的空间结构(底部方案)。

特别是在一些汽车组合方案中稍晚出现的竞争对手,通过汽车基本形状寻找汽车差异化的潜能。当前世界汽车工业的趋势是汽车的基本形状正明显地从经典的第3列汽车方案发展为可变的第1列和第2列汽车方案。

此外,按第1列汽车基本形状设计和"三明治"式车底的汽车是一个好方案,可以集成代用能量载体,如蓄电池或燃料电池,见4.3节。

4. 座位、行李舱和车内空间的可变性

现今的车内空间是可变的,主要的变化是紧凑型车和双门敞篷轿车的2座位、小型车和两门轿车的4座位和其他汽车等级的5座位。在厢式车的组合方案中为6~8座位。

在4~5座位范围,大多通过可折叠的第2排座椅实现座位的变化(1/1、1/3-2/3或1/2-1/2),从而增加了行李舱空间(表4.4)。

有6个或更多座位的厢式车,有两个不同的方案,以实现车内空间的变化。一是拆掉一些座椅(解决旅游时的储存和车内狭窄问题);二是采用灵活的、经济空间的座椅方案,不用时可翻转座椅。

5. 重要的车内尺寸

同车外尺寸一样,需要在国际上规范有关参考点及符号名称的车内尺寸[3,4](图4.15、图4.16)。

为设计汽车组装和详细的方案,H30-1/-2、H61-1/-2、L50-2和脚后跟与前车轮中心间的距离(L113)是重要尺寸。为确定尺寸L50-2,要注意前座椅靠背。

在4.2.3小节中将就这些尺寸的相关性、它们在汽车组装中的重要尺寸链和对发动机舱、传动、安全方案和白车身结构的相关性进一步分析、讨论。

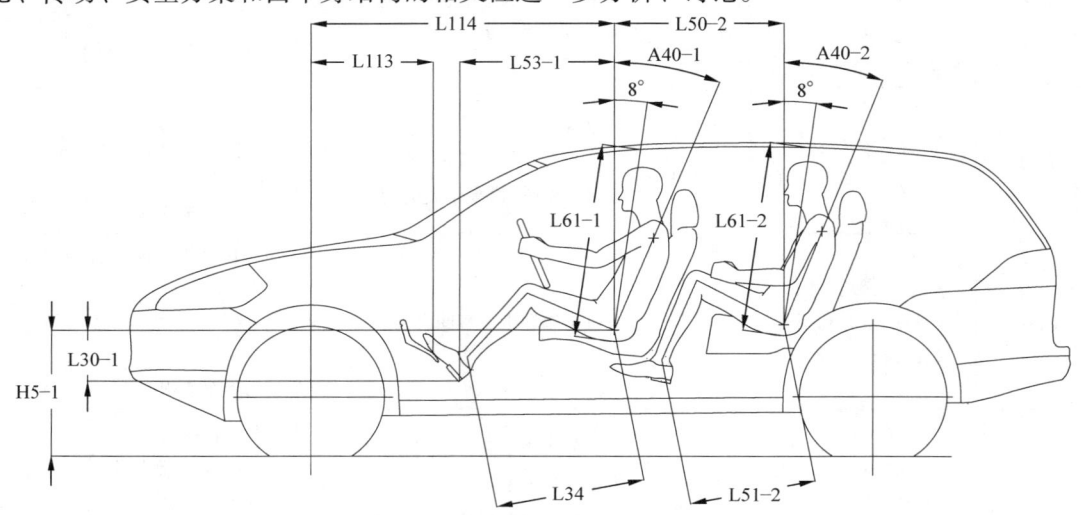

图4.15 汽车在 x 和 z 方向的车内尺寸定义和符号名称[4]

第4章 造型和新方案

表4.4 各等级汽车的车内主要尺寸、汽车实例（部分的为早先车型）

汽车等级	微型车	紧凑型车	中低档车	中档车	中高档车	豪华级车	厢式车	多功能运动车（SUV）
汽车实例	菲亚特 Seicento MCC 精灵 Seat Arosa 大众路跑	丰田雅力士 菲亚特 Punto 欧宝 Corsa 福特嘉年华 大众波罗	梅赛德斯 A 级 大众高尔夫 欧宝 Astra 奥迪 A3 福特福克斯	福特蒙迪欧 梅赛德斯 C 级 奥迪 A4 欧宝 Vectra 宝马 3 系	欧宝 Omega 宝马 5 系 梅赛德斯 E 级 标致 607 奥迪 A6	捷豹 XJ 宝马 7 系 奥迪 A8 大众辉腾 梅赛德斯 S 级	菲亚特 Ulysse 梅赛德斯 V 级 雷诺 Espace 大众 Sharan	宝马 X5 梅赛德斯 M 级 克莱斯勒切诺基 保时捷卡宴
正常情况/带可翻转（或增加）后排座椅	4/2	5/2	5/2	5/2	5/2	5/2	5/2	5/2
座 位 内 部 尺 寸								
脚部空间，前（L34）/mm	960~1080 995	960~1080 1040	970~1100 1095	1000~1100 1051	1000~1100 1049	1000~1100 1050	900~1050 960	900~1050 1032
脚部空间，后（L51）/mm	650~850 805	730~920 854	760~920 882	750~920 879	750~950 948	900~1000 923	800~1000 849	850~1000 914
头部空间，前（H61）/mm	920~1100 930	920~1000 986	940~1010 997	950~1010 975	950~1010 980	980~1020 1000	980~1100 1023	980~1050 1001
头部空间，后（H63）/mm	900~950 946	900~970 958	900~990 982	910~980 952	910~980 963	950~990 986	900~1100 943	900~1050 979
肩部宽（W3）/mm	1150~1350 1305	1200~1400 1351	1250~1450 1364	1300~1450 1382	1350~1550 1427	1400~1550 1503	1400~1600 1552	1400~1500 1458
座椅距离（L50）/mm	650~850 725	650~850 745	700~900 745	700~900 786	750~900 860	800~1000 860	750~1000 862	750~950 845
前轮中心到 R 点，前（L114）/mm	1100~1300 1222	1150~1350 1281	1200~1450 1340	1200~1550 1526	1300~1550 1329	1450~1650 1596	1200~1500 1255	1400~1600 1535
R 点到脚跟点（L53）/mm	700~850 751	700~850 817	750~850 804	750~850 841	800~850 833	800~850 842	650~800 667	750~850 802
L114~L53	300~600 471	400~600 464	400~550 536	450~700 685	450~750 496	450~800 754	450~750 588	500~800 733
R 点到地面，前（H5）/mm	500~650 515	500~650 507	450~650 519	450~650 476	450~550 459	450~550 518	550~750 677	700~800 726
R 点到脚跟面前（H30）/mm	250~350 303	250~350 288	250~350 298	250~300 258	250~300 267	250~300 272	300~400 371	250~350 298
行李舱空间容积								
布置最多座位时	100~200	200~400	240~550	330~550	330~550	500~600	200~500	350~550
布置最少座位时	500~800	600~1200	800~1400	1000~1400	1000~1600	1000~1600	1800~3000	1500~2500
实例的汽车，最小/最大	180/830	250/1030	350/1205	440/-	550/-	500/-	250/2610	430/1770

在分析车内尺寸时要注意，所有尺寸（如 H30-1/-2、H61-1/-2、L50-2）都与 R 点（也称为 SgRP，Seating Reference Point）有关。R 点就是乘员髋关节中心，它由汽车生产厂家在规定的边界条件范围作为标准化和检验设计规范（如视野、安全带周围）的基础而定义。

实践中，R 点一般位于臀部可调范围 1/3 处，然而并没有统一的要求。

此处，在这时期由于流行座椅高度和转向盘可调，使参考尺寸的可对照性越来越困难（详见 4.2.3 小节）。

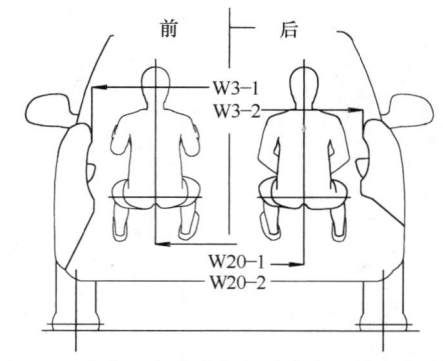

图 4.16　汽车 y 方向内部尺寸定义和符号名称[4]

6. 动力装置和传动系方案

所有的动力装置和传动系方案有一个重要的设计余地，但也有很大的限制或规定[5]。下面几点对确定汽车方案很重要：

1) 发动机结构型式（V 形、直列、对置）。
2) 动力装置布置（发动机纵向或横向布置，发动机前置、后置或中置，传统布置或车底布置）。
3) 驱动方案（前驱动、后驱动或全轮驱动）。
4) 传动系方案（变速器、中间差速器、车桥差速器和万向轴）。

这里指出的可选择方案数是可达到性能要求的、理论上的最大方案数。各种附加的约束会限制它们的实际使用。

（1）发动机结构型式　发动机方案（见第 5 章）的下列几点对汽车方案特别重要：

1) 基本发动机（裸机）的主要尺寸。
2) 曲轴位置（与离合器直径和液力变矩器直径有关）。
3) 油底壳、进气系、附件、排气系、废气涡轮增压器（如有）或压缩机外形尺寸。
4) 发动机振动特性对动力装置支撑、发动机支撑型式和对副支架的必要性与副支架的型式至关重要（参见 3.4 节）。

基本发动机（裸机）的主要尺寸可以很容易地从发动机的基本配置（行程、缸径、气缸数和位置、配气机构和辅助装置驱动的位置和型式）得到。其他部件的一些外形尺寸常与汽车有关。基本发动机要与汽车配合。为设计动力装置与汽车的"接口"，需要汽车总方案与发动机方案间的不断协调。

VR、V-VR、W 发动机的特点是紧凑；V6 发动机、V8 发动机的结构特点是短；对置发动机的结构特点是矮、重心低、平衡性好。这些发动机的结构型式和特点详见参考文献 [6]。

（2）动力装置布置　动力装置布置随下列情况而变：

1) 发动机纵向或横向布置。
2) 发动机前置、后置或中置。
3) 发动机常规布置或布置在底部。

由于特殊要求（通常是汽车较短），可以在汽车底部安装发动机，但至今只是横置。在汽车底部中置发动机至今几乎没有成批的应用。

各种动力装置布置对所用的发动机都有专门的约束。从汽车方案角度，主要的约束随动力装置安装点和位置而不同。表 4.5 是可能的动力装置布置、各种限制（约束）/缺点和适用的发动机结构型式一览表。

表 4.5 各种动力装置布置的优点和限制

动力装置布置	常规布置/在汽车底部	优 点	限制(约束)/缺点	适用的发动机结构型式											
				R3	R4	R5	R6	VR6	V6	W8	V8	V10	V12	B4	B6
	前置、横向安装、常规布置	—汽车前部短 —外形尺寸紧凑 —管路短 —降低碰撞能量	—限制纵向支承间宽度 —限制发动机宽度(形成整体碰撞) —支撑底座小	·	·	○	○	·	·						
	前置、横向安装、在汽车底部	—汽车前部短 —在汽车前部碰撞时动力装置可沉入乘员室下面	—限制纵向支撑宽度 —限制发动机高度, 抗倾斜能力差		·	○									
	前置、纵向安装、常规布置	—可用长的发动机 —几乎所有的发动机者可采用这样的布置	—限制汽车前部长度 —限制变速器用的通道宽度		·		·	·	○	○	·	·	·	·	○
	中置、横向安装、常规布置	—发动机室较短, 外形尺寸紧凑 —优良的轴载分布 —绕汽车垂直(高)轴的惯性力矩很小, 这样对转向角突变有良好的反应	—限制后纵向支撑长度 —不能全轮驱动 —只适用于2座位 —管路、线路布置费用高		·		○		○		·				
	中置、纵向安装、常规布置	—可以称出轴载分布 —绕汽车垂直轴的惯性力矩变小, 这样对转向角突变有良好的反应 —适用于赛车	—限制发动机、变速器整体长度 —限制支撑间宽度(防后碰) —只能用直列和V形发动机才能实现全轮驱动, 且费用昂贵 —只适用于2座位 —管路、线路布置费用高		·		·	·	·		·	·	·	·	·

（续）

动力装置布置	常规布置/在汽车底部	优　点	限制（约束）/缺点	适用的发动机结构型式											
				R3	R4	R5	R6	VR6	V6	W8	V8	V10	V12	B4	B6
	后置、横向安装，常规布置	—良好的牵引性 —牵引力与载荷无关	—限制后支撑间宽度 —限制发动机宽度（防后碰撞） —限制装载空间，车内空间 —管路、线路布置费用高	·	·	○	○								
	后置、横向安装，在汽车底部	—紧凑的汽车前部 —在汽车后碰撞时动力装置可沉入乘员室下面 —紧凑的汽车整体	—限制纵向支撑间宽度 —限制发动机高度，抗倾斜能力差 —限制行李舱高度，限制车内空间高度 —管路、线路布置费用高	·	·	○									
	后置、纵向布置，常规布置	—优良的牵引性 —在制动时有最佳的重量分布 —可实现低廉的结构方案 —常规布置的空间（杂物箱、车篷、行李舱）上面可利用发动机 —碰撞长度为汽车前部	—限制发动机和变速器结构长度 —限制汽车后突出部分 —限制轴距长度 —管路、线路布置费用高 —限制轴载分布							○	○				·

注：·＝合理；○＝例外，合理；空白表示不合理。

发动机前置还有一个优点，在汽车前部碰撞时发动机可及时地起到支撑作用。

发动机后置和中置的优点是在汽车前部的自由碰撞长度不受发动机限制，但在汽车前部布置燃油箱时会受到其他方面的限制。

（3）驱动方案和传动路线　驱动桥与动力装置布置的组合可实现各种传动路线，见表 4.6（详见 5.4 节传动路线和 5.5 节全轮驱动）。

表 4.6　驱动桥和常用的动力装置布置

动力装置布置	驱动桥		
	前驱动	后驱动	全轮驱动
前置、横向布置	常用	没有应用	在发动机功率较大时
前置、纵向布置	常用	标准	在发动机功率较大时
中置、横向布置	没有应用	常用	没有应用
中置、纵向布置	没有应用	常用	需要大量费用才能实现
后置、横向布置	没有应用	常用	没有应用
后置、纵向布置	没有应用	常用	在要求高性能、高功率时

以下就发动机前置可能的传动系方案作进一步说明。传动系方案严重影响汽车总体设计。

（4）传动系方案　表 4.7 是发动机前置时所有流行的传动系方案。关系到整车重大设计方案在于：布置发动机、变速器、差速器和万向轴。

表 4.7　前置发动机的传动系方案实例

驱动方式	原理说明	优　点	缺　点
发动机纵置＋前驱动	变速器组合、前桥差速器	可用多种型式的发动机 容易改成全轮驱动	汽车前部较长 在前桥上的轴载很高 汽车前部有较大凸起 前部通道较宽
发动机纵置＋后驱动	标准驱动	轴载分布和牵引性好于前驱动时的轴载分布和牵引性 汽车前部较短 可用多种型式的发动机	比前驱动较重 需要较高的通道 差速器和备用轮的结构空间要求在安置时产生目标冲突
	传动轴布置	汽车前部可以较短、较扁 万向轴轻 良好的轴载分布和牵引性	汽车后面的地板较高，使行李舱空间和座位受到限制 换档操纵距离长 不适合全轮驱动

(续)

驱动方式	原理说明	优点	缺点
发动机纵置 + 全轮驱动	变速器组合，前桥差速器	—中央差速器、前桥差速器和变速器可以组合在一起 —价廉 —良好的轴载分布 —良好的牵引性 —发动机位置可以很低	—汽车前部较长 —汽车前部有凸起
	从标准驱动得到的方案	—可从原先的标准驱动改变而成 —汽车前部较短 —优良的轴载分布 —良好的牵引性	—较贵 —汽车前部结构空间紧张 —需要很宽的通道 —由于输出轴，发动机位置高
发动机横置 + 前驱动	发动机与变速器串联，侧向差速器	—紧凑的汽车前部 —在前乘员室空间有良好的座位（没有变速器用的通道） —易于制造 —可很好地预装配	—在前桥上的轴载很高 —由于结构空间限制，需要较短的发动机 —功率和转矩受到限制
发动机横置 + 全轮驱动	发动机与变速器串联，侧向差速器	—良好的轴载分布 —良好的牵引性	—由于结构空间限制，需要较短的发动机

1）发动机前置、纵向安装、前驱动。纵向安装发动机与前驱动组合，其主要限制是变速器输出轴与发动机/变速器法兰间的距离以及万向轴的弯角，因为在前面会形成较长的通道。

2）发动机前置、横向安装。发动机前置、横向安装时传动系的主要优点是有实现很短的汽车前部尺寸的潜力，使整车的外形十分紧凑[7]。在低档汽车上几乎都采用这一方案。

3）标准驱动。标准驱动可以使前桥靠近汽车前部。当驱动更多的传输通道时，这种传动系方案易于实现发动机中间靠前的布置。距离 R 点较宽的尺寸 W20-1 可以补偿较宽的通道。如果不能实现这种补偿，就无法在对称于人体中心的位置安置踏板。

4）传动轴。传动轴—传动系易于实现短的汽车前部和良好牵引力的轴载分布。该方案与全轮驱动的组合无任何意义。传动轴—传动系严重影响汽车后部方案，特别是燃油箱的布置。

5）全轮驱动。在由标准驱动派生而来的全轮驱动方案中，汽车前部的空间限制由于分动器、车桥变速器和万向轴（在发动机下面或"通过"发动机）而变得更加严重。

在由发动机前置派生而来的全轮驱动方案中，汽车前部保持不变（具有全部的优点和缺点）。在汽车后部需要考虑在燃油箱、后行李舱以及后桥周围为布置万向轴、差速器和万向节附加的结构空间要求。由发动机前置、横向安装派生的全轮驱动由于牵引力的原因，需要大的发动机功率。发动机前置、横向安装、后驱动的传动系方案没有意义。

7. 电驱动

由于对车辆的要求在变化,包括废气污染物的减少方面,尤其是在人口聚居区,这方面要求更高,因此电驱动成为重要的选项。在 4.3 节中将会详述,下面仅就混合动力与电动汽车对汽车方案的影响进行简要介绍。

混合动力方案

除常规的传动系方案外,混合动力方案对汽车方案提出新挑战。混合动力驱动在所有级别的车辆上都有应用,在方案阶段就要重视起来。混合动力汽车是电驱动与常规内燃机的组合。混合动力方案基本上可分 4 级:

1)低混合动力方案(起动—停车系统、起动发电机)。
2)中混合动力方案(只提升功能和实现制动能量回收,不能纯电动行驶)。
3)全混合动力方案(可在较短行程内纯电力行驶)。
4)插电混合(纯电力行驶里程从约 10km 到 60km,车上有电能储存器的充电接口)。

这些混合动力方案根据对汽车方案的影响不同而有区别。低混合动力方案一般集成在已有系统中。电能储存器一般使用已有的 12V 电池。最大的挑战在于全混合动力方案、插电混合与现有系统的集成。全混合动力方案要注意下列部件:

1)电机。
2)电能储存器(一般是蓄电池)。
3)功率电子器件、各种电控单元。
4)高压导线。
5)离合器、联轴节传动机构。
6)混合动力部件的冷却系统,包括额外的冷却液管路。

插电混合动力方案需要一个明显更大的电能储存器和从电网中充电所需的充电接口与充电装置,并将它们集成到车辆上。此外,对于全混合和插电混合,还要求车上所有的附属设备实现电气化(如转向系统、空调等),即使在纯电力行驶时也可以正常运转。图 4.17 显示了保时捷卡宴 S 混合动力车上混合动力部件的集成状况。

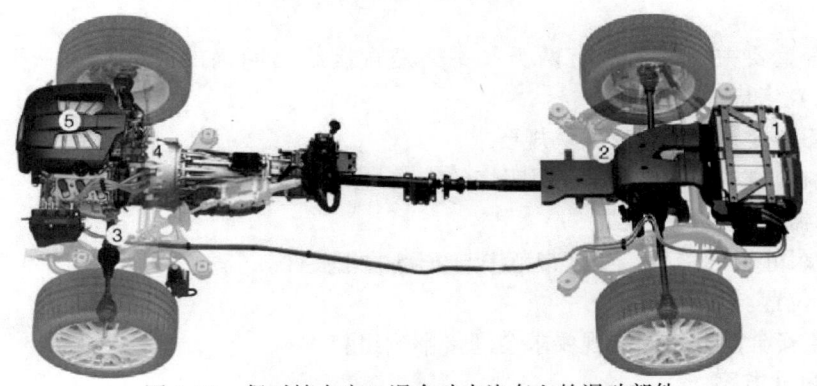

图 4.17 保时捷卡宴 S 混合动力汽车上的混动部件
1—高压镍金属混合动力电池 2—送风管 3—功率电子 4—混合动力模块 5—3.0L V6 发动机

在布置电机并联连接到传动线路(系统)时,有功率分支混合动力(电机总是在功率流中)和并联混合动力两种方案。并联混合动力方案是电机与内燃机并联,通过力矩叠加器将功率汇流。

混合动力汽车方案有直接按混合动力驱动研发而成的（如丰田普锐斯）[11]，或将其事后组合到已有的汽车方案中（如雷克萨斯 RX 400h）[12]。在部件方面可期待有更多的混合动力部件组合到常规的模块中（如将电机组合到主要变速器中）。

目前，混合动力技术还不能取得快速的创新突破，特别是储能器。在未来几年，混合动力技术的进步会在汽车方案上有更大的自由度（发展空间）。

4.2.3 影响因素和组装的设计范围

主要目标冲突和汽车组装的设计范围是：
1）考虑法规要求。
2）汽车安全性要求：碰撞长度（深度）、行人保护、侧向碰撞、翻滚保护（特别是敞式汽车）。
3）人机工程和乘员结构空间要求。
4）发动机和传动系的结构空间要求和热管理。
5）考虑车轮包络线和对车轮罩的法规要求。
6）装载空间的容积、可变性和可接近性。
7）照明设备的布置。
8）对汽车的空气动力学要求：基本的车身和附加措施，针对导流板或挡板。
9）对汽车基本形状的设计要求。
10）系统、模块和部件的结构空间要求。

此外，组装可降低维修成本，如避免将零部件布置在保险业等级试验和低速交通事故（停车场阻挡器）承受的范围。

1. 法规和规范

2.2 节中给出了详细的、重要的法规和规范一览表。它们中的大多数针对组装的主要要求。

问题在于一些法规、标准和规则不是国际统一的。设计的主要目标应避免各国特有的组装方案。

与组装有重要关系的法规有两类：一类是直接给出明确的尺寸；另一类是要间接的（功能性规范）考虑。

这里要特别提出一些具体的法规要求：
1）保险杠（防撞杠）位置、照明灯的安装与位置。
2）刮水器刮水范围、视野。
3）车内尺寸，如踏板、安全带范围与 R 点的相关性。
4）车牌位置。

大部分与安全性有关的法规要求会间接影响组装。

2. 车内尺寸方案

设计新车通常从内向外进行，例外的情况是对现有汽车重新调整或重新开发。

乘员的"结构空间要求"是对汽车的最重要要求。汽车方案有很大差别，但同样的人们（以 5% 的女性、95% 的男性作为"结构空间要求"的最低要求）都认可这个要求，见 6.4.1 小节。所以在分析车内重要尺寸时要明确这个要求。

可用实例清晰说明与 R 点相关的车内重要尺寸的作用。下面所有结论的基本数据取自在 4.2.2 小节中定义汽车等级的、有代表性的 34 辆汽车。

如果将前头部空间尺寸（H61-1）与作为汽车等级的轴距参考尺寸（L101）数据在图上一一对应地标出，可发现它们间的趋势很少有差别（图 4.18）。

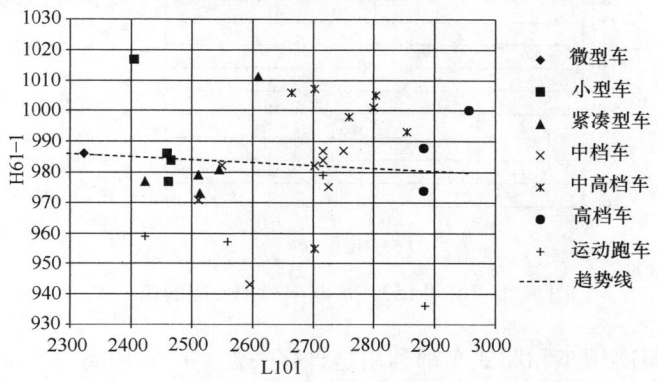

图 4.18　前头部空间尺寸与汽车等级的相关性

根据与 R 点相关的数据，可以确定轴距与头部空间没有相关性。头部空间尺寸散布带宽约 50mm。散布带宽最小的是微型车。高档汽车头部空间尺寸散布带宽处于平均值。

用"后下座位位置"的前头部空间尺寸代替前头部空间尺寸与作为汽车等级的轴距参考尺寸（L101）数据在图上一一对应标出，可得到图 4.19。

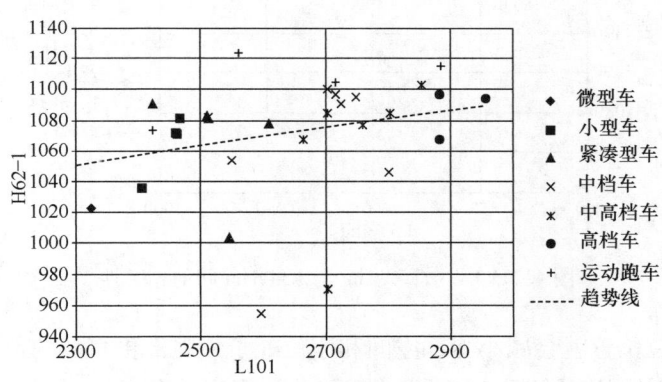

图 4.19　后下座位位置的前头部空间尺寸与汽车等级的相关性

这样来规范实际可测的点后，可清晰地得到期待的头部空间尺寸与汽车等级的相关性。

这个简单的例子清楚表明，在确定的约束下，特定车型的柔性的 R 点定义，对于车型方案是不适宜的。

为进行结构上的尺寸比较验证，前头部空间尺寸要与"后下（hu-hinten unten）"参考点联系起来才能看出前头部空间尺寸与汽车等级的轴距参考尺寸间的趋势。为与 H61-1 相比较，下面图中的尺寸加上了后缀"hu"。

设计驾驶人座位主要是改变下列参数：

1) L53-1: R 点至脚后跟点（水平方向）。

2) H30-1：R 点至脚后跟平面（垂直方向）。

由图 4.20 可见，座位位置增高 10mm，可减少驾驶人结构空间需要约 40mm，并可直接转换成汽车长度的缩短[9]。

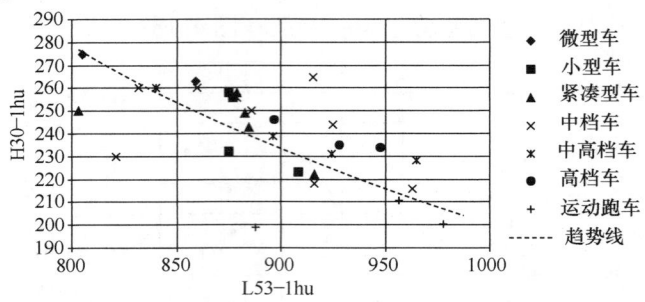

图 4.20　尺寸 L53-1hu 与 H30-1hu 间的相关性

各种微型车、紧凑型车和厢式车都利用这种相关性，以利用高的座椅位置和与此相联系的高的汽车高度换取较短的汽车长度。反之，这样的相关性意味着低的座椅位置是用长的车内空间长度得来的。

尺寸 L53-1hu 与尺寸 L34-1hu（腿部空间）间的相关性显示，缩短 L53-1hu 尺寸 10mm，就可在相同车高情况下减小腿部空间，如图 4.21 所示。

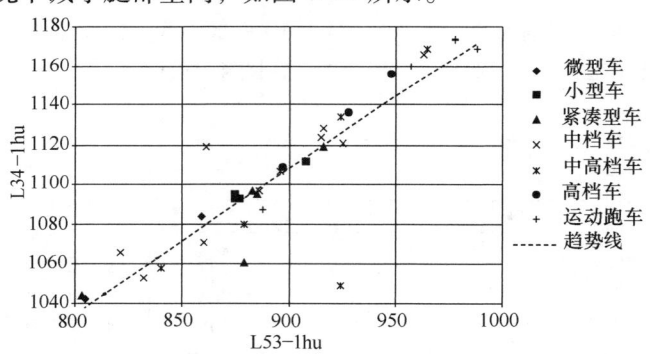

图 4.21　尺寸 L53-1hu 与 L34-1hu 间的相关性

这样，高的座位位置就会减小腿部空间和座位处于使腿部更弯曲的位置。

后排座位尺寸 H61-2、L50-2、L51-2 的相关性和相应的车高尺寸（H30-2）与上面的分析相似。

3. 影响汽车基本方案的尺寸链

在选择汽车基本方案的相关性中和在制订汽车尺寸方案时，会看到各种尺寸链的重要性。本章不对各种基本方案（驱动装置布置、车身形状、汽车基本形状）指出影响汽车基本方案的各个尺寸链，详见参考文献［8］。在选出的汽车实例中，将指出汽车在长度方向（x 方向）、高度方向（z 方向）和宽度方向（y 方向）的重要尺寸链。

（1）定义的汽车长度尺寸链　图 4.22 给出了发动机前置、横向安装、两排座位的汽车长度方向的各个重要尺寸。

尺寸 L_1 由弯曲部分、车架横梁（必要时还有防撞罩）组成。其作用是在车速很小

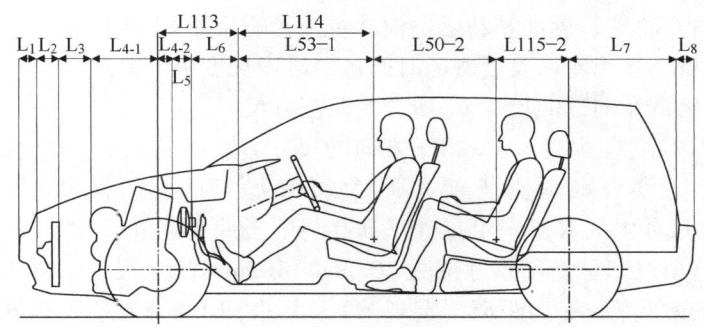

图 4.22　汽车在 x 方向的尺寸链

（6km/h 以下）的交通事故中产生可恢复的变形。在车速达 15km/h 时产生局部变形，但该变形以不能损伤尺寸 L_2 的车架横梁和安装件为度。在尺寸 L_2 有如散热器、前照灯、前照灯清洁设备。尺寸 L_3 为自由碰撞长度。根据汽车前部方案和汽车生产厂家标准预留了 500～700mm 的一段距离。自由碰撞长度实际上可位于动力装置前或后。但尺寸 L_3 不是作为可见的自由碰撞长度，正如在发动机室看到的密密麻麻的布置。更多的是在 x 方向的所有三维部件以整体方式移动时得到相应于"自由碰撞"的移动行程。这样可以定义第 2 个重要概念，即"方框结构"。发动机前置、横向安装的实例就是动力装置与附件驱动和所有的安装件（长度尺寸 L_4）组成一个主要的方框尺寸。

主要的设计空间是前车轮中心和脚后跟点的距离（L113）。

尺寸（L113）一方面由车轮罩延伸和为实现在车门槛和汽车地板中的力传递将车门槛和车架纵梁连接确定；另一方面，要考虑尺寸 L_{4-2}（方框结构）、乘用车前围板前面的尺寸 L_5（安装件的组合，如制动助力器和自由碰撞长度）和踏板机构所需的尺寸 L_6 的尺寸链。这样设计汽车前部的目标要求是没有任何零部件侵入腿部空间，即在碰撞时避免缩短尺寸 L_6。

尺寸（L113）的表达可以解释在 x 方向和 z 方向延伸之间存在一个主要的设计空间，如图 4.23 所示。

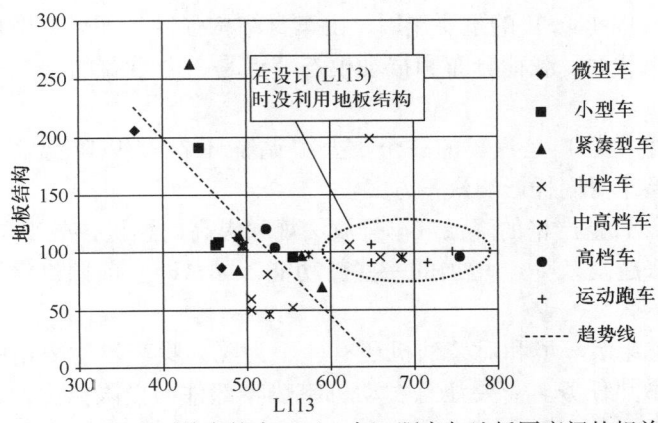

图 4.23　脚后跟到前车轮中心（R 点）距离与地板厚度间的相关性

显然，在 z 方向加厚 10mm 地板，脚后跟点就会继续向前布置 30mm。抬高地板，就会以同样的尺寸影响纵向方向（x 方向）的两个关键尺寸链。

汽车后部、后车轮罩、燃油箱和后桥设计主要影响尺寸 L115-2。

尺寸 L_7 由后桥、备用轮以及后碰撞时的自由碰撞长度决定。

尾部尺寸 L_8 由汽车前部的尺寸 L_1 所含的几部分尺寸决定。

（2）定义汽车高度尺寸链　在 x 和 z 方向的尺寸方案间的主要相关性表示在图 4.22 和图 4.23 上。汽车高度为汽车地板离地高度（H157）、地板结构尺寸（H5-1 – H30-1 – H157）、脚后跟点尺寸上的 R 点高度尺寸（H30-1）、前头部空间尺寸（H61-1）和车顶结构尺寸之和。要将这个汽车总高度尺寸减去 102mm。102mm 是从尺寸 H61-1 的定义中得到的（根据 R 点到臀部最低点的平均距离测定规范）。尺寸 H61-1 是根据测定规范，在座位倾角为 8°时得到的，并相应换算到 z 方向上的尺寸分量。

框架方案对 z 方向的车身具有决定性意义。汽车地板厚度可能超过 80mm，在这种情况下，乘员就"坐在"纵梁上和坐在门槛上（汽车前部为平地板）。这种方案在后排座位上会造成乘员双腿向内的很大弯角。

在薄的汽车地板结构中，力通过车门门槛，必要时通过通道和地板传递。在该方案中乘员座位在两车门门槛之间的框架上。

（3）定义汽车宽度尺寸链　在 4 个重要的 yz 平面定义汽车宽度：

1）前桥中心面：由车轮包络线、车轮罩、纵梁宽度、动力装置宽度和安装条件定义前桥中心面汽车宽度。在前驱动时常以万向轴的弯角决定汽车宽度。

2）前脚后跟点平面：由带承载结构的车轮罩、支撑脚部的离合器踏板、宽踏板和通道宽度（在发动机纵向安装在汽车上时）确定该平面的汽车宽度。

3）前 R 点平面：由车门宽度（侧向防撞结构和安全气囊）、乘员肩宽、乘员到车门间距离（舒适性目标、变速器宽度和仪表板宽度）定义 y 方向前 R 点平面的汽车宽度。

4）后 R 点平面：由后车轮罩位置、车门结构和用于 2 个或 3 个座位的舒适性要求确定该平面汽车宽度。

4. 选择组装的外观

（1）车身结构　在车内范围可能安装的部件以及汽车的整体尺寸主要受车身承载结构空间需要的影响。

由于汽车组装（Package）的重要作用，由车身结构强度（扭转、弯曲强度）和碰撞性能计算得到的车身承载面、载荷分布和振动模态节点是一个重要的"三角支架（组装的三要素）"。

轻型车身（见第 6 章）是汽车的一个重要"调整环节"，以降低整车的重量[8,10]。趋于有较大断面的轻型车身同样影响汽车方案。

（2）发动机室　日益严格的降低汽车排放法规和提高内燃机热效率与减少内燃机维修，使整个发动机室越来越复杂[5]。增加的一些新功能，如 ABS、前照灯清洁系统等使发动机室的空间环境更趋紧张。

由于这种苛刻的组装环境和对柴油机还有一个为隔离噪声辐射采用的屏蔽罩（即闭式发动机）而提出的散热任务。需要注意发动机室热零部件的极限温度，并有针对性地对发动机室进行通风和冷却。

（3）汽车底部　传动系、排气管、管路和导线、燃油箱、车桥决定汽车底部的设计（图 4.24）。

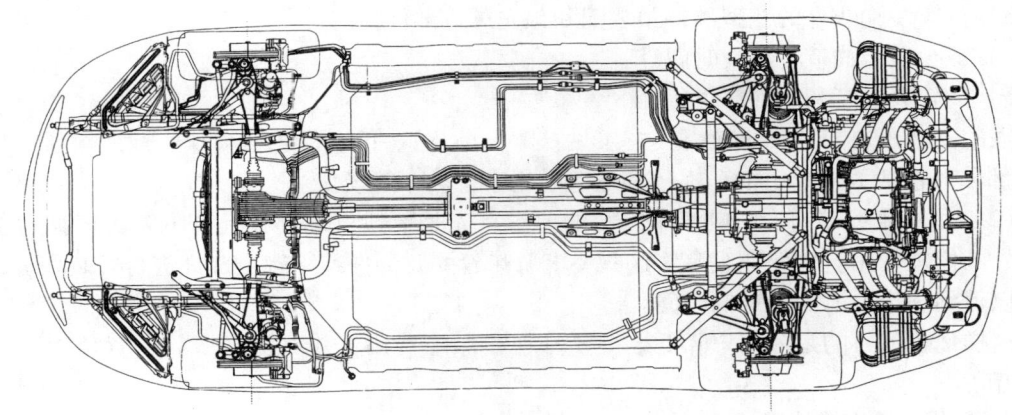

图4.24　保时捷911卡雷拉4——汽车底部组装

发动机排气后处理系统是排气系的一个重要部分（参见5.6节）。在发动机冷起动后为尽可能快地使排气后处理系统达到正常工作温度，排气后处理系统至少有部分零部件要尽量靠近热的发动机。减小节流损失的排气管（如V形发动机、对置式发动机通常有两排排气管）[22,23]和足够大的消声器容积是达到低排气背压、提高发动机热效率与功率的必要条件。消声器要求在通道和汽车后部范围有最大的空间。

为降低汽车风阻，在高档、高速汽车上采用护板式底部，使底部较为光滑。护板式底部还能很好保护管路/线路，伹热量不易散走。

（4）燃油箱、管路/线路和备用车轮　安装燃油箱需要采取必要的防撞措施。在发动机前置的汽车上，燃油箱防撞保护要安装在后桥前或后桥范围（参见7.6节）。

汽油管路、液压管路和电气线路的管路/线路组装关系到汽车安全性。利用可靠的、不易混淆的快速连接才能保证防撞、无交叉的布线，并达到高质量的装配。

为降低HC化合物排放，需减少燃油管路连接点和采用低燃油扩散的油管材料。基于同样的原因，还要使用活性炭罐（容积视燃油箱容积和加油排气系统，约为1.5~5.0L），以在使用汽车时（如燃油箱加热，在美国还包括加油过程）作为释放出的汽油蒸气的中间储存器。

备用车轮或应急车轮是大体积部件。在发动机前置的汽车上，它布置在汽车后部范围，所需的净空间约为50（窄的高压应急车轮）~80L（标准备用车轮）。备用车轮不断被节省空间的轮胎修理系统和充填系统或应急性能轮胎替代（参见7.3节）。

5. 来自产品和用户服务部门的要求

（1）产品和模块化　由合理生产方案与最高产品质量和最少生产时间目标给定的汽车装配顺序影响汽车方案设计，因为要考虑如安装方向（实例：发动机从上面、从前面、从后面安装）等问题。安装模块是与动力装置一样的大体积部件，安装在汽车上的可能性只有装车时才能确定。

汽车日益模块化的趋势，即组成较大预装配结构组合件，有下列原因：

1）减轻汽车装配线的紧张工作程度。

2）简化总装配过程。

3) 汽车装配线外的变型部件预装配和预先进行部件检测。

4) 减少装配线节奏损失时间。

5) 能较大程度利用外部供货件。

大的安装模块如：汽车前模块（参见 6.1.5 小节）、仪表板总成模块、前后车桥、传动系（部分的包括 1 个或 2 个车桥）和敞篷乘用车上的车篷模块。

(2) 用户服务部门　影响汽车方案的要求首先是更换汽车部件允许的最大时间价值以及意外的修理费用。为保证组装，这些要求意味着要对部件或结构组合件进行安装和拆卸试验，以得到理论上所需的维修时间。

这样优化的目的是为用户降低维护、修理和保险费用，并可提高产品的竞争力（参见 11.6 节）。

6. 平台和结构模块影响

定义平台和结构模块就可以追求用尽量少的专用变型部件开发各种汽车（如 2 门或 4 门高档轿车、客货两用车、敞篷轿车）。

什么是平台？平台就是由汽车地板组合件（包括前围板的支撑结构，在汽车地板组合件后部范围大多是纵向可变的组装）、包括散热器模块的传动系、带转向直拉杆的车桥、没有护板的仪表板总成、座椅位置等的大部分集合而成。

因为各车型是在共同的平台上组合而成，所以整个"盖"和用户能看到的形状（车内或车外）没有包括在平台中。

什么是结构模块？在汽车制造业中结构模块就是用于各种汽车结构系列和车型的许多部件或结构组合件，如部分或整体车桥、散热器、辅助装置（发电机、空调压缩机）以及采暖和加热设备。

定义平台和结构模块的目的是利用最低的开发和投资费用获得最多的基本车型和变型车。另外可改善大批量生产平台和结构模块的采购条件，降低产品成本。

汽车联合企业（康采恩）通行的策略是将各种商标联合在一起。但对小的汽车生产厂家，产量不大的各车型可以组成一个经济共同体[5,29]。

4.2.4　在各汽车等级中选出的汽车方案实例

1. 按汽车大小分等

选出的汽车基本状况可从 4.2.2 小节中表示的汽车方案设计参数和 4.2.3 小节中列出的方案参数汇集中了解。

(1) 紧凑级汽车　图 4.25 表示该级别有代表性的大众高尔夫轿车。

该车造型的特点是汽车前部紧凑和扁平的汽车地板结构。后排座位的脚后跟点位于 z 方向，在前排座位的脚后跟点以下。

(2) 微型汽车　微型汽车的代表当属有方案创新的 Smart，如图 4.26 所示。

汽车总长为 2690mm 的该方案同样为 1 厢车身。它放弃后座位。在设定的 2 座位条件下，尽管汽车特别短，但还是能提供两位乘员可接受的乘员室空间。如此短的汽车只是部分地避开"向上"目标取得，如若不避免"向上"目标，会使汽车更高些。

Smart 汽车横置的发动机-变速器与后桥不能实现非常紧凑的装配单元。

(3) 中级汽车　宝马 3 系轿车是中档汽车中典型的汽车尺寸方案，如图 4.27 所示[15]。

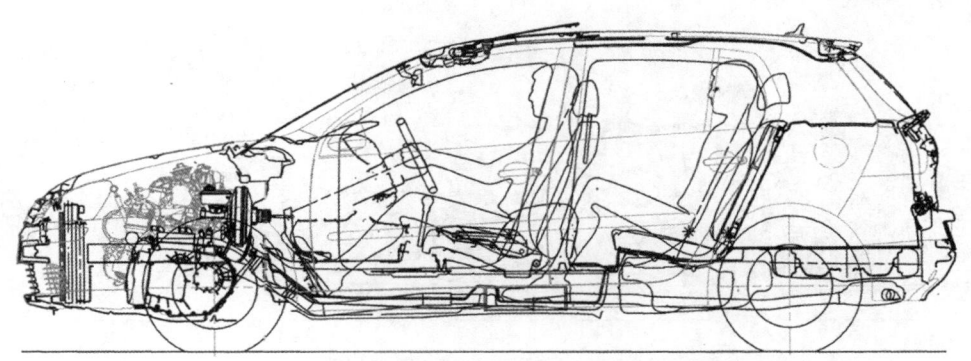

图 4.25　大众高尔夫（发动机前置、横向安装、前驱动）

汽车为中前置发动机、后驱动。其特点是很靠近前部布置的前桥（前部较短的凸起）和远离前部在 x 方向与乘员室搭接的变速器。

（4）中高档汽车　在一个汽车商标内不在意中档和中高档汽车间的差别。它们间的差别在于大量畅销的尺寸方案。中高档汽车实例如奥迪 A6，如图 4.28 所示[16]。

前置动力装置配置与组合变速器的前桥差速装置的特点是发动机位于前桥前面，因此汽车前部有较大的凸起。

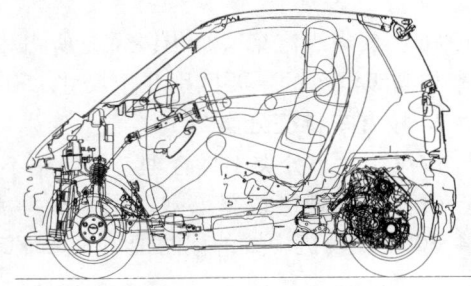

图 4.26　Smart（发动机后置、横向安装、后驱动）

（5）高级汽车　关于高级汽车的品牌有奥迪、宝马和奔驰[17,19,25]等。新的、运动型的高级轿车的代表是图 4.29 所示的保时捷 Panamera[28]。

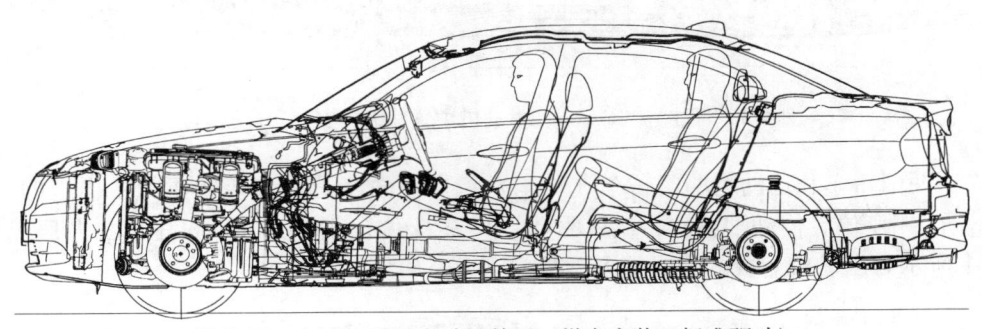

图 4.27　宝马 3 系（发动机前置、纵向安装、标准驱动）

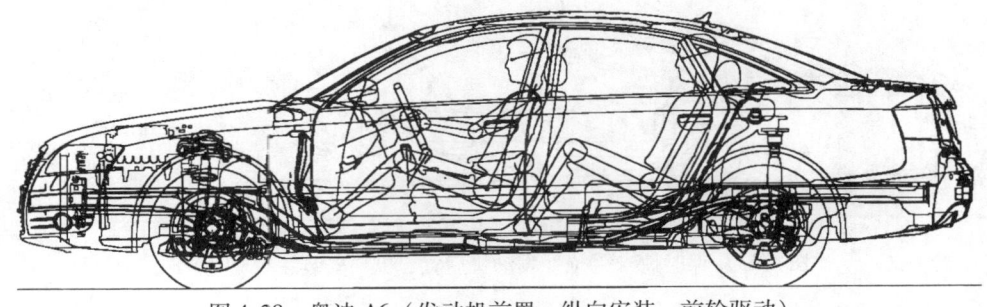

图 4.28　奥迪 A6（发动机前置、纵向安装、前轮驱动）

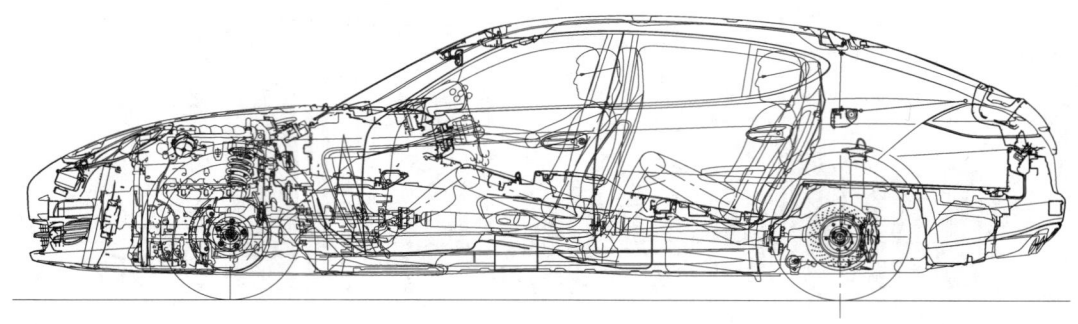

图 4.29　保时捷 Panamera（发动机前置、纵向安装、标准驱动或全轮驱动）

（6）豪华级汽车　豪华级轿车所占市场份额很小，是只有几千辆的细分市场。豪华级汽车与高级汽车的主要区别在于尺寸 L50-2 非常大，在一些车上甚至有躺卧的空间。

2. 按汽车特征分类

按汽车大小分类不尽合理。可以用不同的尺寸方案和它们的特征分类。

（1）双门敞篷轿车　双门敞篷轿车范围包括标准驱动的汽车，如发动机中置的汽车。图 4.30 是发动机中置的保时捷 Boxster 汽车[21]。

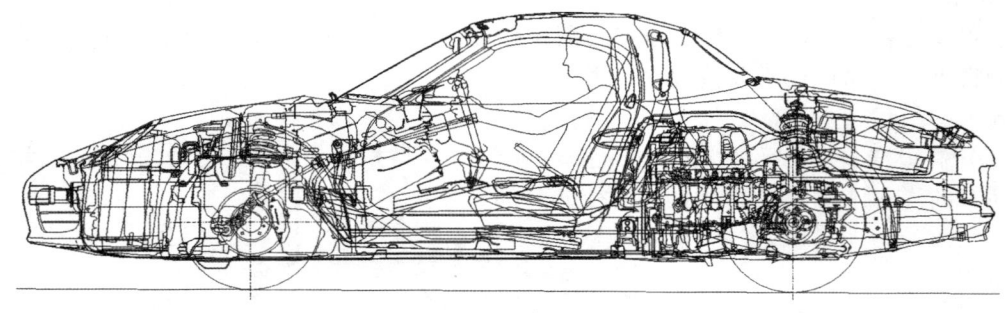

图 4.30　保时捷 Boxster（发动机中置、纵向安装、后驱动）

（2）两门轿车和运动型两门轿车（跑车）　两门轿车是由中档轿车派生而来的。它为标准驱动、4 座位、传动轴驱动，或后驱动、2+2 座位；或者为发动机中置、两座位轿车。图 4.31 所示为发动机后置的保时捷卡雷拉。

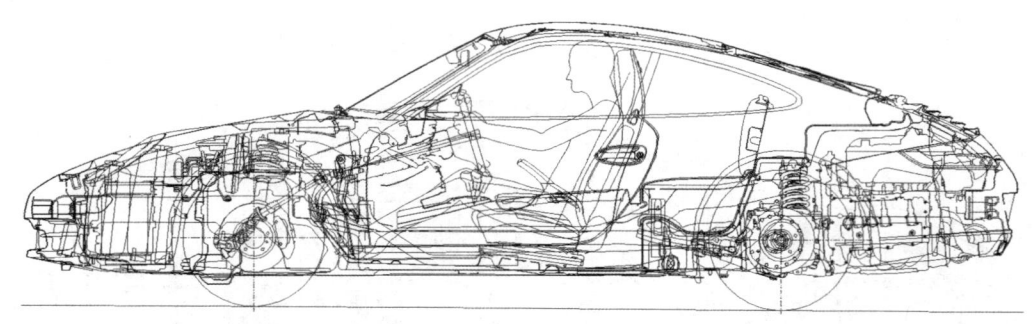

图 4.31　保时捷卡雷拉（发动机后置、纵向安装、后驱动）

（3）多功能运动车（SUV） SUV 是新的、市场份额增长较快的一种乘用车。这种汽车分类是由中档客货两用车派生的汽车和高底部汽车直至真正的有边框式车架的越野车延伸出来。

这类车的方案特征是彼此间的差别很大。典型的是全轮驱动、离地间隙大、前后倾斜角大、短的前部凸起和高的乘员座位。

图 4.32 是自承载车身的保时捷卡宴多功能运动车[23]。

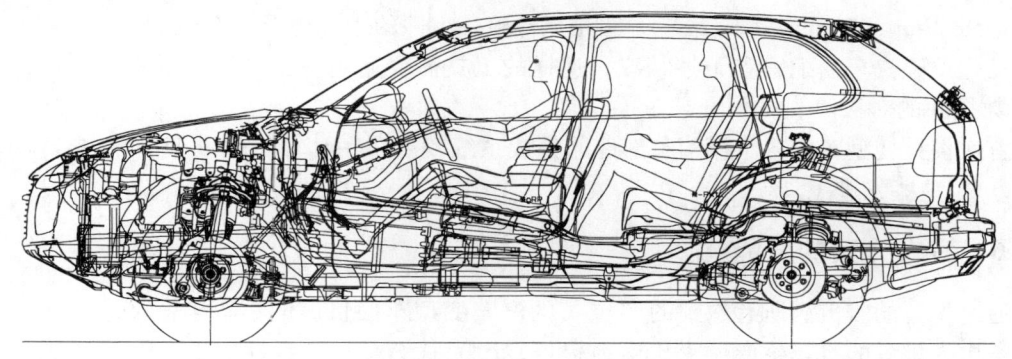

图 4.32　保时捷卡宴 Turbo（发动机前置、纵向安装、全轮驱动）

（4）厢式车（Van） 厢式车是汽车等级分类中的一种独立的汽车。它或是从紧凑型汽车派生出来，或是利用独立的平台。厢式车的特征在于大的、可变的车内空间方案，可达 8 个座位或在拆除一些座位后行李舱容积可达 2900L。提供更多的座位是利用高的座位位置和相应地增加汽车高度实现的。厢式车的问题是在乘坐 8 位乘员时行李舱空间只达到紧凑型汽车的行李舱空间水平。图 4.33 是厢式车方案的实例大众 Sharan。

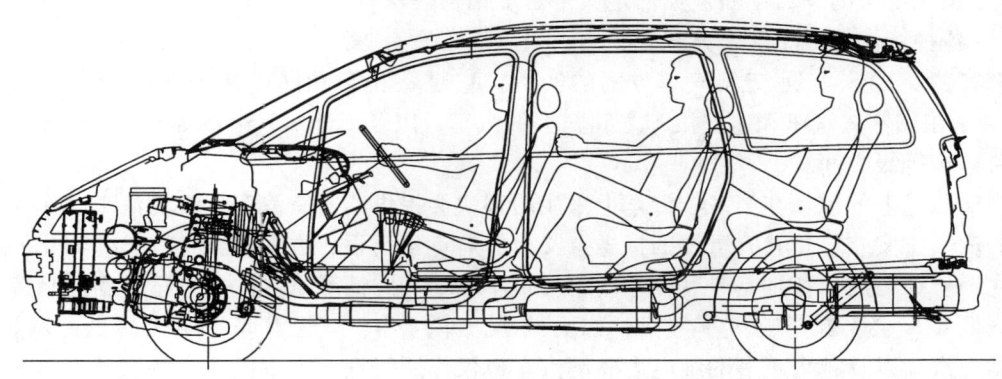

图 4.33　大众 Sharan（发动机前置、横向安装、前轮驱动）

4.2.5　汽车方案和在汽车工业实际中的组装过程

汽车方案和在汽车工业实际中的组装过程与本章 4.2 节中的说明相似。

研发开始时要明确车辆在竞争环境中的定位，并得出基本目标。在整车定位和目标基础上，完成车辆初步的几何描述——部件和模块的最初的尺寸方案。这些要汇集到一个框架文本或目标目录中。在尺寸方案的基础上，制订出第一个必须要遵守的限制条件（硬点）。专业领域的结构空间需要的逐步具体化和不断具体的尺寸方案得到一些组装边界面。组装边界面是三维 CAD 面，它描述各个部件的结构空间需要、乘员或法规规定的有形、无形空间，如视野。

在研发早期阶段，组装边界面按专业范围设定。随着设计的进一步具体化，要检验组装边界面的专业范围的模块和组件的设计方案。

在系列（批）研发时，各个组装部门利用有效的计算组件干涉系统按数字模拟（DMU，Digital Mock-up，Digital Attrappe）方法相互检验各组件的干涉情况。有效的 PDMI 具可以部分自动化检验汽车的配置和干涉状况。这样的工具需要通用的工程计算工具与汽车设计和 CAD 数据库的对接。

首次设计变型车的各个机构和部件的集成系统就要采用计算机辅助变型车（CAx-Landschaft）等这些先进工具。

4.2.6 汽车方案的发展

通过大量的、占满所有想到的"坑"的汽车变型车使目前的汽车丰富多彩。这些变型车也是由大批量的汽车生产厂家价廉地提供，因为它们是在一致性的平台上生产的（参见 4.2.3 小节）。在最近的将来可期待的汽车方案发展趋势为：

1）增加"交叉汽车方案"，如厢式车与两门轿车的组合或贵宾车与厢式车的混合方案。
2）不断背离传统的汽车方案（如贵宾车）。
3）更多的汽车可变性（车内和车外）。
4）设计专门商标的车内空间方案、操纵逻辑和人机接口[20,26]。
5）模糊汽车等级的功率限制和增加功率搭接。
6）预先定义的平台不断被灵活定义平台和结构模块替代。
7）各种特性的汽车混合方案几乎会引入到汽车所有等级。

梅赛德斯 CLS[26] 是交叉汽车方案的实例，它是贵宾车和两门轿车的混合车。高尔夫 plus[27] 是在高尔夫汽车和途安汽车之间归类的汽车，以及奥迪 A5 Sportback，它归入两门轿车与跨界车等级之间。

当前工艺上的创新在第一批汽车上采用后很快会提供给所有汽车等级的汽车。作为专门特征的汽车方案差异化具有重要的标志意义。针对竞争对手，方案创新是汽车差异化的主要准则之一。在当前，特别是今后，在竞争对手不断增加的情况下要注意方案创新的趋势。

降低 CO_2 会不断影响汽车方案，如要减小汽车尺寸、减轻汽车重量来降低燃料消耗。混合动力汽车以及越来越多的纯电力驱动汽车也仅作用于汽车方案设计，使这项工作的复杂性和要求都更高了。

4.3 新型驱动

4.3.1 电驱动

电驱动用于各种运输车辆。下面探讨非轨道运输人员和货物的汽车电驱动。对于电机驱动汽车，随车携带的动力型蓄电池或燃料电池是电机的驱动能量。

因为电动汽车在使用地区没有有害物质的排放,所以它的优点是既没有废气排放,又不需要充灌和储存燃料。这个优点不随汽车老化和技术状态的变化而变化。

驱动电动汽车的电能主要由使用化石燃料的发电厂提供,同样存在着发电厂的有害物排放问题。为地区和全球性做出降低有害物排放贡献的电动汽车最终取决于发电厂的有害物排放。

现代发电厂的优点是很高的能量转换效率和可用的、或可容易建立的给电动汽车充电的供电基础设施。基础设施方面,决定性的问题尚未明了,如交通基础设施、充电站的能量供给、充电的控制及电网的构架[32]。为了解决这些问题,多方面的项目已经启动。目标是:检验电动汽车在大城市的应用潜力以及开发新的商业模式[33]。

此外,电机具有高的效率,还可以在电动汽车制动过程中回收能量。

电动汽车低速行驶时声音特别轻。

电动汽车的缺点是购置成本高、行驶里程有限、蓄电池充电时间长,所以电动汽车的可用性受到限制。

19世纪末以来,早在内燃机汽车问世前,电动汽车就一直在使用[34]。20世纪初,电动汽车很快被内燃机汽车替代。开发现代电动汽车的新的冲动源于20世纪70年代的石油危机和以后的加利福尼亚零排放汽车(ZEV)立法。1990年第一版的这个法规要求,1998年车型年起加利福尼亚的汽车要实现无有害物的排放标准。这只能转而使用蓄电池驱动的汽车或者使用氢气—燃料电池汽车才能达到这个要求。直到20世纪90年代末,所有大型汽车生产厂家致力于研发电动汽车。在此前,由于燃料电池汽车而推迟了电动汽车的研究。随后几年,ZEV法规也作了多次变化[35],并仍旧在讨论中。这些汽车同样具有ZEV的信誉。ZEV立法规定下列的汽车分类:ZEVs。

绝对无有害物排放的汽车包括电动汽车和氢燃料电池汽车。电动汽车按行驶里程和最大车速还可分为:

1)PZEVs:"部分的ZEVs",装备内燃机的汽车具有特别低的有害物排放和长时间的排放稳定性。

2)AT PZEVs:"现代技术 PZEVs(Advanced Technology PZEVs)"有与PZEVs一样的低有害物排放,并附加电驱动。

实际上这是一种超低有害物排放的混合动力汽车。它装备H_2内燃机,可能还有带甲醇—H_2转换器的燃料电池。

综合的法规规定,按汽车生产厂家在加利福尼亚的市场份额,ZEVs、PZEVs 和 AT PZEVs 所占的百分比是不同的。汽车生产厂家有灵活分配 ZEVs、PZEVs 和 AT PZEVs 的权力。但大型汽车生产厂家必须提供确定数量的 ZEVs 汽车。

1. 电动汽车的驱动系统

电动汽车的整个驱动系统[36]包括:

1)带蓄电池管理的动力蓄电池,一般还有车载充电器。

2)电控(逆变器)电机和冷却装置。

3)一般还要有变速器,包括差速器。

4)将力传递到驱动轮上的传动系。

此外,还有如转向辅助、制动辅助、加热(采暖)和空调设备等辅助装置。辅助装置的用电必须与整车用电匹配。可充电的动力型蓄电池需要充电器。充电器可以是固定式的或车载式的。为将力传递到驱动轮上，传动系可以有各种配置（图4.34）[37]。常用的是前轮或后轮驱动，它配置一个中央电机、一个1档或两档的自动换档的变速器和一个差速器；另外的选择是在车轮很近的位置安装两个电机，或采用轮毂电机。轮毂驱动技术非常诱人，但应用很少，毕竟目前它还太贵了。尤其是在燃料电池汽车和采用蓄电池的电动汽车上应用更少，因为这些车辆部件本身的成本压力就很大[39]。

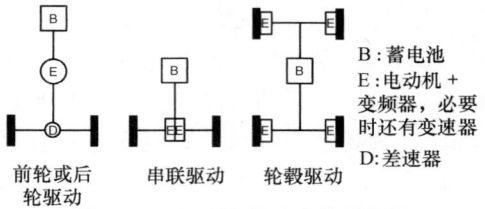

图4.34 电动汽车动力装置布置

2. 电动汽车用的电机

使用在汽车上的电机要有宽的转速和转矩范围。电机几乎是理想的汽车动力。电机运转声音小、效率高、具有良好的转矩—转速特性（图4.35）。可利用电机在低速时的最大转矩，在高速时还有足够的输出转矩。有一个几乎是等功率的转速范围。图4.36是电动汽车用的逆变器供电的异步交流电动机转矩和功率随转速变化的特性曲线。因为电机可短时过载，所以可在汽车加速过程和短时爬坡时提供额外转矩。它与内燃机的区别是在汽车上不需要多档变速器，大多是固定减速比的简单变速器。

电动汽车用的电动机采用不同的型式：

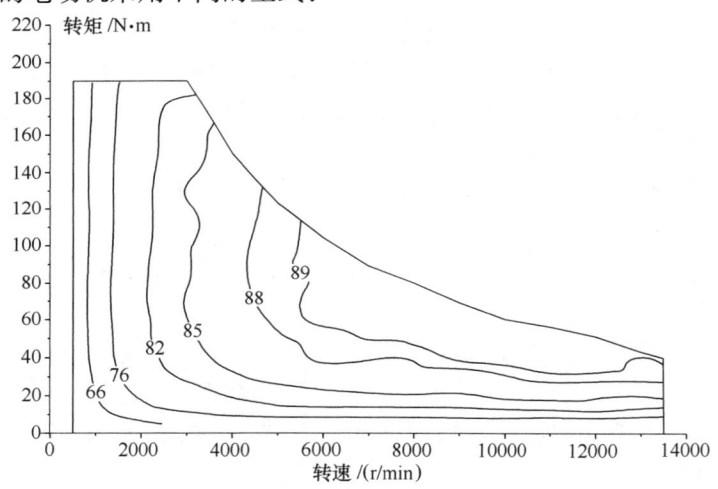

图4.35 异步交流电机效率特性场（包括逆变器）

1）直流电机。
① 直流串励电机。
② 直流并励电机。
2）交流电机。
① 异步交流电机。
② 同步交流电机。
③ 永磁励磁同步交流电机。
④ 外励磁同步交流电机。

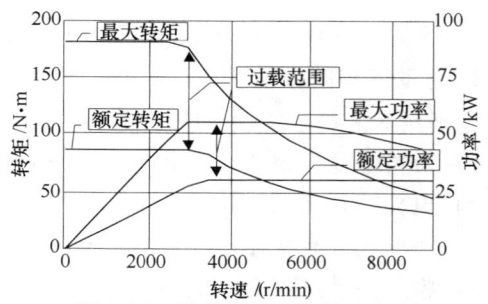

图4.36 逆变器供电的异步交流电机转矩和功率曲线

3）特殊电机。
① 无刷直流电机。
② 横向磁通量电机。
③ 切换式（开关式）磁阻电机。

选择电机的标准是结构紧凑、重量轻（功率密度高）、效率高、在宽的转速和转矩范围内控制简单、可过载、噪声辐射小、成本低、很少需要维护。

与固定驱动器相比，电动汽车对电驱动器的要求要高得多。这些与机械和电气设计有关，并且部分相互矛盾：

—大工作范围内的高效率。
—高过载能力。
—体积小，质量好，功率大，转矩大。
—抗环境影响。
—固有安全行为。
—适配的使用寿命。
—大批量经济的生产选择。

所需的连续输出和所需的转矩最终决定了电机的尺寸。相比之下，电力电子设备（转换器）的尺寸在很大程度上受所需过载能力的影响。

电机的体积和重量基本上受某些影响因素的影响：

—体积和重量大致与所需的转矩成正比，即低速下的高功率需要更大的体积和重量。
—在电流密度和磁通量确定的情况下，有效体积（铜和铁）和重量的减小会导致更高的特定负载，同时会降低效率。
—有效重量，尤其是永磁电机，随着极数的增加而显著降低。然而，多极电机只能经济地制造用于中速和大直径场合。
—边界条件的巧妙选择带来了优化的可能性。但是，考虑到热和物理限制，不能超过电流密度或磁通密度的特定限制值。

（1）直流电机　过去的电动汽车主要使用直流电机。目前直流电机作为现代电动汽车的驱动动力已没有多大价值[40]。

从技术上看，直流电机由于控制简单而价廉。缺点是必须要有电刷换向器，且必须经常维护。由于换向器上圆周速度的限制，直流电动机的最高转速约在7000r/min，效率和功率密度也受到限制。

（2）交流电机　当前，电动汽车主要使用交流电机[41]。

利用逆变器可以将动力蓄电池的直流电压转变为频率和幅值可变的交流电压。三相绕组分布在定子槽中。定子绕组产生旋转磁场。交流电机可分同步和异步两种类型。它们的区别在于不同的转子结构形式，使转子随定子磁场同步或异步转动。

在异步交流电机或感应电机中，转子可作为集电环转子或笼型转子。在集电环转子中转子槽内有三相交流绕组，通过集电环和电刷与外部电路连接。集电环需要维护，在电动汽车上没有采用。笼型转子中的转子槽为铝、铜或黄铜，在槽两端与短路环连接。异步交流电机的原理是基于这样的现象：在不同的转速（异步），在转子和旋转的磁场间，转子中的三相绕组感应出三相交流电压。电流经短路的转子绕组杆流出。这样，在磁场中产生作用在转子上的力（转矩）。

在同步交流电机中，有永磁励磁和外部励磁同步交流电机两种型式。在外部励磁的同步交流电机中，直流电流流过装有绕组的转子并磁化。改变转子磁场（励磁电流），可以扩展最大的等功率范围。不过，外部励磁的同步交流电机至今还很少用在电动汽车上。

在永磁励磁同步交流电机中，用永久磁铁产生转子磁场。这样，在转子中不需要为建立磁场而提供额外的能量，所以这种电机效率高。永磁励磁同步交流电机有外转子和内转子两种型式，它们属于"永磁励磁同步交流电机型式"。在多极数时能提供更高的转矩。

笼型三相交流电机的优点是结构紧凑、坚固（免维护）。最高转速可达15000r/min，效率比直流电机高。永磁励磁异步交流电机具有最高的效率。该电机的高控制费用由于功率半导体器件的进一步发展而不断降低，目前已不再看成是缺点。

（3）特殊电机 无刷直流电机属于特殊电机。其原理是永磁励磁、没有换向器的直流电机，利用逆变器换向。逆变器将脉宽调制的直流电输送给定子绕组。从结构上看，这种特殊电机类似于永磁励磁的同步交流电机。

横向磁通量电机[40]与常规电机的区别是控制横向磁通量。利用同轴的环形线圈将磁通量控制在与运动方向垂直的方向（横向）、将电流控制在圆周方向。而环形线圈可将电流引向圆周方向，而且被轴向磁通量方向的多极磁回路包围。每相需要带相应的电流整流器的固有的定子/转子系统。在驱动汽车时至少要有两个定子/转子系统。横向磁通量电机的特征是在宽的转速、转矩范围有很高的效率、可达到高转矩密度和结构紧凑，因此用作轮毂驱动的电机（不需变速器，可直接驱动）。

缺点是结构复杂、需要高能磁铁，使这种电机的制造成本高。

切换式（开关式）磁阻电机[40]也属特殊电机。其特点是结构简单、无刷、在转子中没有磁铁和绕组。转子为齿轮状，并由软磁材料（如钢）制成。电机利用转子和定子中的不同极数工作。每个定子极有一个励磁线圈。多个定子绕组电气连接以组成每一相的N/S极对。直至转子极与定子极相互对准，每一相被单极性励磁，即只是在每一相线的电流流动方向励磁。顺序励磁每一相可使电机连续转动。

由于结构和控制简单，所以磁阻电机坚固、价廉。在宽的转速和转矩范围具有高的峰值转矩和良好的效率。至于扭转波动产生的噪声可采取机械设计措施或相应的控制措施解决。

3. 逆变器

电动汽车中逆变器[42]的任务是从动力蓄电池供电给驱动电机和按汽车行驶意愿控制驱动电机，以及将制动能量反输给蓄电池。这里要考虑逆变器的工作边界，即蓄电池电压和功率、制动控制系统的牵引状态和电机与逆变器的温度。

汽车行驶意愿由加速踏板和制动踏板位置、行驶方向（前进/倒退）和行驶速度控制器确定，并通过串接的汽车电控单元转换成设定的转矩。电控单元的控制也是一个工作边界。

按电机型式，可采用不同的逆变器。直流电机通常通过直流电调节器直接由动力蓄电池供电。同步或异步电机需要一个对称的旋转磁场，以变换电流方向。在变换电流方向时，从原理上逆变器可分为有直流电压中间回路的逆变器（电压特征的或电压型的）和有直流电流中间回路的逆变器（电流特征的或电流型的）两种。由于电压特征的逆变器结构简单、动态性能好而用于现代电动汽车上。

（1）直流电流调节器 直流电流调节器的基本原理是：蓄电池电压以脉冲形式接到驱

动电机上。有源功率器件采用带空载二极管的可截止的晶体管（双极性，IGBT，MOSFET）。

图4.37是外励磁直流电机的电流调节器。电枢电流和磁场电流调节器由动力蓄电池供电。电枢电流调节器可以控制直流电机等转矩的基本转速范围。更高转速的转矩控制则要降低磁场电流。在磁场减弱范围，电枢电流调节器完全接通。

（2）带直流电压中间回路的逆变器　电压特征的逆变器（图4.38）表示逆变器与外励磁的同步电机的电路图，主要是一个自控制的交变脉冲校正器和由蓄电池电压产生的频率和幅值可变的旋转磁场电压。为将蓄电池与交变脉冲校正器的高频振动隔离，需要一个电容器。不需要附加费用就可回收汽车的制动能量。交变脉冲校正器可用于同步和异步电机上。

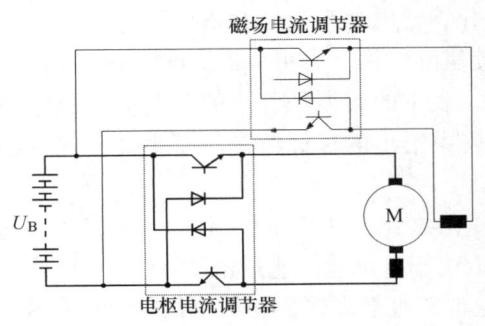

图4.37　外励磁直流电机的电流调节器

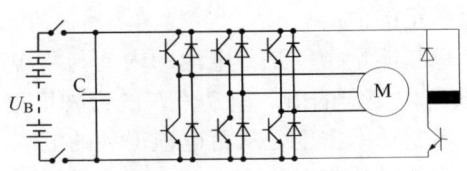

图4.38　电压特征的逆变器

逆变器由控制单元控制。控制单元按行驶意愿控制所需的电机转矩。

表4.8是对电动汽车用的各种驱动电机的比较与评价。没有一种电机可同时满足所有高目标要求的标准。这只能按具体的应用情况选择较合适的驱动电机。虽然直流电机十分成熟，但不太适用于电动汽车。交流电机和切换式（开关式）磁阻电机则有好的总体性能。目前，异步电机有高的技术水平和可用性。如果永磁励磁同步电机在效率和结构紧凑性上改进，则可作为驱动电机。

表4.8　电动汽车用的各种驱动电机比较

	GM	ASM	FSM	DSM	SRM	TFM
效率	- -	+	+	+ +	+	+ +
最高转速	- -	+ +	+	+	+ +	- -
体积	-	+	+	+ +	+	+
重量	- -	+	+	+ +	+	+
冷却	-	+	+	+ +	+ +	-
制造费用	-	+ +	-	-	+ +	- -
成本	-	+ +	-	-	+ +	- -

注：GM：直流电机；ASM：异步电机；FSM：外励磁同步电机；DSM：永磁励磁同步电机；SRM：切换式（开关式）磁阻电机；TFM：横向磁通量电机。

4. 动力蓄电池

动力蓄电池是电动汽车传动系中最重要也是最贵的部件。电动汽车的续驶里程由物理的、电力的和经济性边界条件决定。目前，在开暖风或空调时行驶里程为150km。根据车辆大小，电池容量为 15~35kW·h，相当于 1.5~3.5L 燃料。动力蓄电池应保证有足够长的寿命。

动力蓄电池可分为初级蓄电池和次级蓄电池。初级蓄电池（如锌/空气蓄电池）只是一次放电，在完全放电后更换和再生。电化学反应实际上是不可逆的，而次级蓄电池可以反复充、放电。

其他的区别是根据蓄电池的工作温度可分环境（常温）工作温度和高温工作温度（高温蓄电池）。铅、镍/镉、镍/金属氢化物、锌/溴和锂/离子蓄电池为环境工作（常温）温度的蓄电池。高温蓄电池可在达 350℃ 温度下工作。高温蓄电池有锂/聚合物蓄电池系统（约 80℃）、钠/硫蓄电池系统（约 300℃）和钠/氯化镍蓄电池系统（约 300℃）。

尽管有不少蓄电池系统，但只有少数几种能实际应用。表 4.9 是最重要的电动汽车用的各种蓄电池系统比较[43]。相对参考文献 [43]，表中的数据是整个蓄电池系统（包括蓄电池壳体、蓄电池管理和冷却装置）的数据。表中给出的目标值是汽车生产厂家从必要性方面认定的值。

米制能量密度是蓄电池的内能与蓄电池总重量之比，并用单位 W·h/kg 表示。它是在 2h 放电中测定的值。电动汽车的行驶里程主要取决于蓄电池的能量密度。

米制功率密度是从蓄电池得到的电能与蓄电池总重量之比，并用单位 W/kg 表示。功率密度与蓄电池充电状态有关。通常放电到 80%。电动汽车行驶功率（最大速度、最大加速度）取决于蓄电池功率密度。需要注意的是表 4.9 给出的功率密度是针对电动汽车的动力蓄电池。在混合动力汽车上使用高功率密度（和低能量密度）蓄电池。

表 4.9 电动汽车用的各种蓄电池系统比较

蓄电池型式	能量密度 W·h/kg	功率密度 W/kg	寿命 循环	寿命 年	成本 €/kW·h
铅	30~35	200~300	300~1500	2~3	100~150
镍/镉	45~50	200~300	>2000	3~10	250
镍/金属氢化物	60~70	200~300	>2000	10	300~350
钠/氯化镍	100~120	160	1000	5~10	<250
锂/离子	120~150	400~600	2000	10	300~600
锂/聚合物	110~130	ca. 300	<600	k. A.	300
锌/空气	100~220	ca. 100	k. A.	k. A.	60
目标值	100~200	75~200	1000	10	100~150

注：k. A. 表示目前没有提供数据或不确切。

蓄电池寿命可分循环寿命和日历寿命。循环寿命表明次级蓄电池可能的充、放电次数，直至蓄电池容量降低到额定容量的 80% 为止。

日历寿命实际上只是一个经验值。如果蓄电池达不到它的循环限值，则日历寿命就确定为它的寿命。

比能量成本是蓄电池的成本与它的内能之比，用单位 €/kW·h 表示。它与材料成本和制造成本、生产量（件数）有关。表 4.9 中的成本是年产 10000~20000 件时整个蓄电池系统的成本。USCAR（一个组织）给出了基本要求[40]。

（1）铅蓄电池　很久以来，铅蓄电池用于电动汽车上。由于低能量密度使电动汽车变得笨重、汽车行驶里程也短。铅蓄电池的日历寿命在汽车上使用也一直不满意。尽管铅蓄电池的循环寿命在过去几年有明显增长[47]，指标中仅功率密度超过目标值。相对低的制造成本而由于有限的寿命而抵消成本优势。因此，在现代电动汽车上难以得到应用。

（2）镍/镉蓄电池　镍/镉蓄电池与铅蓄电池相比有高的能量密度和循环寿命。在一些型号中出现的记忆效应使应用受到限制。如果总是部分放电，就会降低蓄电池的可用能量。金属镉有毒，因此这种蓄电池的使用受到限制。当前，这种蓄电池也难以用在电动汽车上。

（3）镍/金属氢化物蓄电池　镍/金属氢化物蓄电池环境兼容，同时，在这时期它不断地挤压铅蓄电池和镍/镉蓄电池使用空间。与镍/镉蓄电池相比，该电池能量密度和功率密度高，循环寿命超过2000次，日历寿命10年。中、长期追求的目标是降低成本。镍/金属氢化物蓄电池过去在混合动力汽车上经受了考验并经常使用。由于其能量密度较低，所以不适于纯电动汽车使用。

（4）钠/氯化镍蓄电池　钠/氯化镍蓄电池为高温蓄电池。在蓄电池内部的工作温度为270~350℃。双壁面真空容器防止热损失。为维持蓄电池温度，需要温度管理。该蓄电池的特征在于高能量密度和有限的功率值，并有足够的寿命。

（5）锂/离子蓄电池　锂/离子蓄电池具有最大的能量密度、很高的功率密度和高的充、放电效率。它是现代电动汽车上很有前途的蓄电池系统，但需要监控蓄电池的各个室（格）和充电平衡。汽车生产厂家在电动汽车上使用了锂离子蓄电池[46]。尤其令人感兴趣的是其老化性能[47]。

（6）锂/聚合物蓄电池　锂/聚合物蓄电池[48]可部分地在较高工作温度工作。蓄电池内部工作温度可达100℃。蓄电池各单格是用薄膜技术制造的，电介质也由薄膜形成。

（7）锌/空气蓄电池　锌/空气蓄电池为初级蓄电池，不能重复充电。锌/空气蓄电池在相对低的功率密度时具有最高的能量密度。

为拆卸（更换技术）和重复制备蓄电池，需要专门的基础设施。因此，直至出现一些示范项目，蓄电池的使用受到限制。

5. 超级电容器

超级电容器或双层电容器[49]是特殊的电介质-薄膜电容器。它是能短时满足峰值功率需要的高功率储能器。由于能量密度很低，没有用作电动汽车上的动力型蓄电池。通过特殊的铝膜的炭涂层（电极），在有机电介质与两个电极之间形成非常薄的电荷层。这样，在致密的超级电容器中有几千Fa（法拉）的电容。所用的有机电介质允许各个电容器只在2~3V电压范围。所以各个电容器必须串联起来才能形成超级电容器。

现代超级电容器功率密度为1000~10000W/kg，它可以达到蓄电池无法达到的功率密度，但能量密度受到很大限制，约为5W·h/kg。超级电容器可作为短时高功率充、放电过程的能量储存器。充、放电效率可达95%，寿命为10年或500000次充、放电循环。超级电容器几乎没有用在电动汽车上。但在燃料电池驱动和混合动力驱动中已经使用超级电容器[50]。

6. 充电器

汽车上一般配有车载充电器（AC/DC变换器），充电器有导电的和感应的充电器两种。

目前导电充电技术占主流，标准充电接口就采用了这项技术[51]。车载充电器的充电效率与所用的电源电压和允许的最大电流有关。如果电池在通常的家用电源接口上以 3.6kW 的功率充电，充电时间视电池大小为 5~10h。如果可以用交流电充电，则功率可达 22kW，充电时间可以缩短到低于 2h。重要的是与电网的交流，可以给电动车使用者就充电时刻、充电量、费用等予以优惠[52]。目前激烈争论的交—直流快速充电方法，可以将充电时间缩短至 1h 以内[53]。但这必须要注意电池的使用寿命。另一种选择是更换电池包，这对车辆接口提出了特殊的要求。

充电过程根本性的简化方法是采用感应充电，但充电损失较大。

7. 前景

电动汽车的行驶功率根本上是由电能存储器决定的。在公开场合，蓄电池和充电基础设施的行驶功率被过高评价了。加速性能和最高车速表明电动汽车可全天使用。但从使用者角度，电动汽车有限的行驶半径和重量较重是一个不可逾越的障碍。还有就是它的制造成本高。电动汽车又是环境友好的交通工具，这是一个无可争辩的优点。它的驱动方式一直会展现出很好的前景。目前一些汽车生产厂家正在研发新一代城市用的、行驶里程在 100~200km 的较为紧凑的电动汽车。

电动汽车的市场份额，主要取决于何时能提供高效、低成本、长寿命的动力蓄电池和能源成本的趋向[56]。未来交通必须注意的问题包括安全性[57]、电池的回收[58]，以及为未来的电力驱动找到原材料。

4.3.2 燃料电池驱动系统

目前汽车上几乎都采用点燃式发动机或柴油机驱动。它们是当前具有最高发展水平的、最紧凑的汽车驱动系统。缺点是：几乎完全与初级能源石油相关；在整个的典型行驶循环总效率相对较低；有毒的 NO_x、HC、CO、PM 排放以及温室效应气体 CO_2 排放。对减小这些缺点的要求激励开发新的汽车驱动方案。在这样的要求下，电机或许是最佳的能量转换器，可能是在汽车上具备电源条件下的令人满意的解决方案[62]。但现下的蓄电池还有一些专门的缺点，使它在电动汽车上的使用受到部分显著的限制（参 4.3.1 小节）。这里提供了用氢气工作的燃料电池与电驱动结合作为解决纯电动汽车缺点的方案：

1）这种驱动系统的效率可高达内燃机驱动效率的 2 倍（图 4.39）。

2）在对从油井到车轮（Well to Wheels）许多能量传输环节的观察中，燃料电池有很多能量上的优点[64]。

3）在驱动汽车时没有有害物质，没有 CO_2，只要在汽车上不使用甲醇或其他燃料。

4）在一些再生的氢气制造路径和在整个的环节中不会出现有害物质和 CO_2 排放。

5）氢气比电能易于储存，从而增加了汽车行驶里程。

6）输出功率与蓄电池功率相比，与能量储存器的充满度无关。

7）充灌时间与当今的液体燃料充灌时间相当。

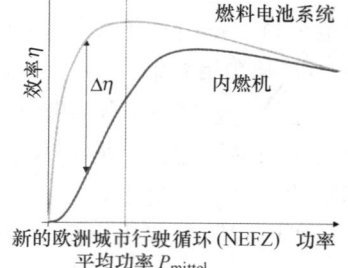

图 4.39 燃料电池和内燃机驱动的效率定性变化过程

8）氢气可从其他所有的原始能量材料（燃料）和原始能源中制备，这样可为多样化的能量供应做出贡献（参见5.9节）。

由于这些特征，几乎所有的汽车生产厂家开始研发燃料电池驱动，如戴姆勒—克莱斯勒已在20世纪90年代制造出第一批样车。目前在用户手中已有约200辆燃料电池汽车进行世界范围最大的车队试验。

为了能与未来的内燃机驱动进行竞争，道路车辆的燃料电池驱动系统要有足够高的技术和经济要求。对燃料电池驱动系统的基本要求见表4.10。其他技术数据可由常规汽车的一般性能得到，如加速性、最高车速、爬坡能力、一次加燃料和充电的行驶里程。

表4.10 对燃料电池驱动系统的要求

参 量	量 值	参 量	量 值
系统功率	60~120kW	在-20℃时的冷起动能力	<15s
在汽车上的燃料电池系统效率	>45%	急速到90%标定转速的动态响应	<1s
功率重量	<3kg/kW	成本	<50 €/kW
寿命	>5000h 超过10年	行驶里程	>500km

此外还有舒适性要求、冬季冷起动能力和在高温环境下有足够的行驶功率等指标。

用户还没有准备好要改变现在的习惯，除非要到不再能保证足够的常规燃料供应的那个时候。

从各种燃料电池类型（表4.11）中，聚合物薄膜（PEM）燃料电池是汽车上最适用的。其他类型的燃料电池要采用改进的薄膜或另一些薄膜，使它们的工作温度超过100℃。

表4.11 燃料电池类型与特性数据

类 型	电 介 质	工 作 温 度	燃 料	应 用
碱性燃料电池	氢氧化钾（KOH）	≈60℃	H_2（没有CO_2）	宇航
聚合物电介质薄膜燃料电池	导电质子聚合物电介质	≈80℃（最高95℃）	H_2，甲醇	宇航、汽车固定应用
磷酸燃料电池	磷酸盐（H_3PO_4）	≈190℃	H_2	固定应用
熔融碳酸盐燃料电池	碳酸钾盐/碳酸锂盐（$K/LiCO_3$）	≈600~700℃	H_2，CO	固定应用（力-热能耦合）
固体氧化物燃料电池	Y_2O_3/ZrO_2	>800℃	H_2，CO	固定应用（+涡轮）

1. PEM燃料电池驱动结构

PEM燃料电池可分带甲醇-氢转化器的燃料电池系统和带纯氢气工作的燃料电池系统两种。下面仅对纯氢气工作的燃料电池作一说明。甲醇-氢转化器技术由于动态响应、排放和技术上的复杂性等原因，目前还很少用于大量的汽车上。

图4.40是燃料电池驱动系统各部件的概况。燃料电池驱动系统可分成反应堆模块、空气供给、加湿装置、阳极供给氢气以及相应的导入（氢气、空气）和导出（热量、蒸气）系统。功率管理是燃料电池与汽车间的电联系。通过相应的转换器管理一些高压部件，如电驱动必要时还有缓冲蓄电池，以及电驱动辅助装置。其他的系统部件为氢气压力罐以及将余

热导给周围环境的热交换器。电子监控单元承担整个系统的安全性管理。

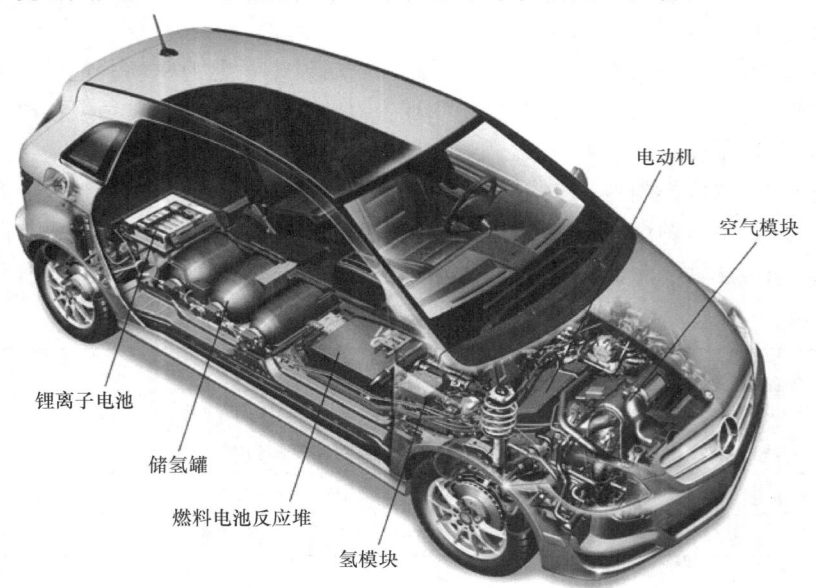

图 4.40　燃料电池驱动的一些部件

（1）燃料电池反应堆　燃料电池系统的核心部件为燃料电池反应堆，它由多达几百个电介质-电极（单格）串接而成。PEM 燃料电池的电介质为很薄的聚合物薄膜（厚度约为 20~50μm）。图 4.41 是薄膜-电极布置（MEA，Membran Elektroden Anordnung）的燃料电池结构和工作原理。阳极受到氢气进气冲击，阴极受到空气进气冲击。薄膜将这两种气体分隔开，并控制化学反应。在两电极上的薄的白金（Pt）导电膜起到催化剂作用，加速氢原子分子反应速度。氢原子分解为：

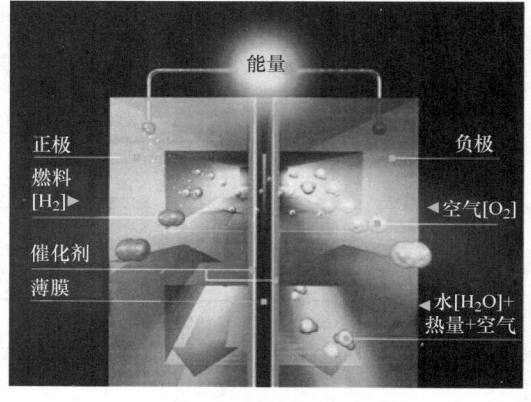

图 4.41　燃料电池原理表示

$$H_2 \rightarrow 2H^+ + 2e^-$$

质子穿过薄膜到达阴极，电子聚集在阳极上，从而产生电位差。如果在电池外部的两极电气连接，则电流流动。在阴极上电子与质子和空气中的氧气反应生成水：

$$O_2 + 4H^+ + 4e^- \rightarrow 2H_2O$$

反应时生成热量，热量必须散出。

聚合物-电介质薄膜对工作温度波动的反应非常敏感。特别要保持在定义的边界上的薄膜温度。

表 4.12 是燃料电池反应堆要保持最佳工作的工作温度和要求。

在最近几年，燃料电池技术取得很大进步。在燃料电池汽车进入市场前还要解决不少问题。表 4.13 列出了一些关键问题。

表4.12 燃料电池反应堆的工作参数和要求

工作参数和要求		量值	工作参数和要求	量值
气体压力		1.1~2.5bar，与电功率有关	燃料电池功率密度	在 >650mV 时为 1W/cm^2
湿度	阴极	相对湿度 >30%	电压降	<10μV/h
	阳极	相对湿度 <35%	寿命	>5000h
工作温度		60~95℃	反应堆的体积功率密度	>1700W/L
冷起动温度		-25℃ 及以下	反应堆的重量功率密度	>1200W/kg

表4.13 燃料电池系统关键问题

问题	追求的性能	技术方案
寿命	在薄膜-电极布置中均匀的水的分布	材料，生产工艺，反应堆结构，混合化
耐用性	贵重的定性电子器件、传感器、阀门	随汽车生产过程订购部件
应用/电气效率	在部分负荷时有高的效率，最佳的工作压力	离心式压气机供给空气，涡轮增压器
热管理	避免冷凝水，工作温度 >90℃	先进的冷却系
冷起动/寒冷起动	在气体扩散层和气体通道中避免冷凝水	材料，反应堆结构，混合化
噪声辐射（噪声、振动、平顺性）	低噪声级的压气机和驱动电动机	离心式压气机供给空气
成本	高功率密度和大电流密度，合适的材料成本	材料，反应堆结构，简单的系统结构

至今已在研发中聚焦的一些技术目标，如寿命、耐用性、安全、可靠性、快速冷起动等，在今后则要把降低成本放在优先位置[68]。下面用实例来说明由戴姆勒和其他机构取得的有关寿命、冷起动能力和成本的进展。

1）寿命。"薄膜变薄"是反应堆的制约因素。为保证燃料电池有足够的寿命，需要弄明白薄膜变薄的机理和采取相应的反措施。

薄膜变薄的可能机理在燃料电池手册[60]中作了描述。它始于阳极，在阳极通过向薄膜扩散的氧离子生成过氧化氢。如果同时存在金属离子，如 Fe^{2+} 离子，则生成自由的过氧化氢基，它会损害薄膜。图4.42是薄膜衰弱现象。

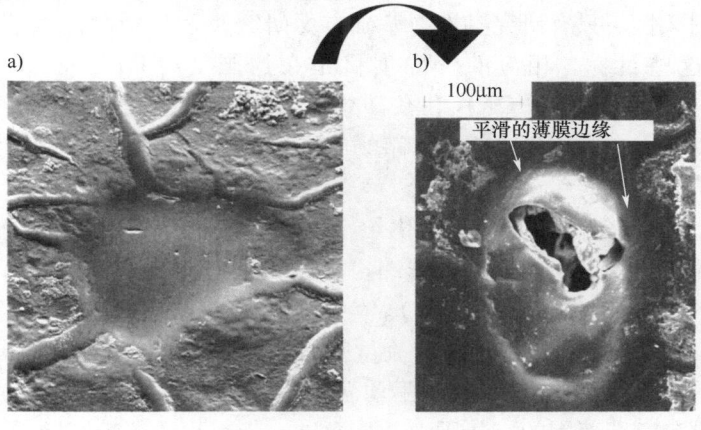

图4.42 薄膜衰弱现象（资料来源：Ballard）
a）薄膜局部减薄 b）薄膜断裂强度降低导致破裂

与氢气扩散相通的阴极也有与阳极类似的薄膜变薄的机理。薄膜的高温和加湿不足加速薄膜的损害过程。

按这种机理的知识,改进的反应堆表明,虽然使用了更薄的薄膜(从 50μm 减为 25μm),要在 4 倍循环数以后才出现典型的薄膜穿孔。老化机理及其对车辆运行的影响仍在详细研究中[69,70]。

2)严寒下的冷起动。安全、可靠的再生和在严寒下快速冷起动是另一个必须解决的问题。这样,燃料电池可以整天不受限制地在汽车上使用。主要影响参数是在结冰前在反应堆中的水的分布和在起动阶段,在低于水的冰点以下温度预热反应堆和形成水之间的平衡。必须精确监督和控制这两种情况(图 4.43)。可用特殊的燃料电池结构形式达到这个目的,即保证燃料电池在正常工作和冷起动时既兼顾持久工作,又兼顾冷起动。

3)成本。到燃料工艺技术成熟,必须将成本降低到可接受的水平。反应堆的耐用性和寿命要达到能在汽车上应用的程度[71]。研究,如 Arthur D. Little[61]的研究,是从反应堆成本中薄膜-电极布置(MEA)成本约占 75%这一事实出发。在这费用中薄膜又是最贵的一项,接下来是 Pt 催化剂。为降低成本,重点主要集中在两个部件上。在用全氟化薄膜时湿度是导电的关键参量,它限制工作窗口。特别是薄膜工作温度不应超过

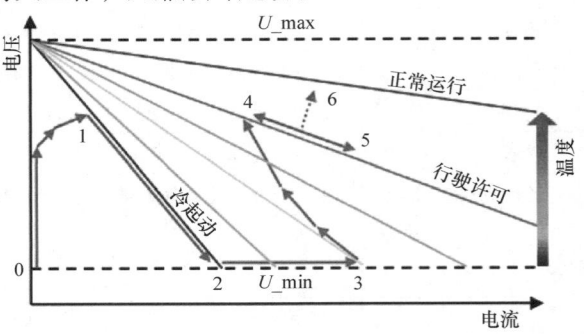

图 4.43 在严寒起动过程

100℃,否则薄膜上的水蒸发。因此,研究的重点也集中在不是含水很多的导电离子的高温薄膜上,高温薄膜的工作温度可达 120℃。

降低成本的其他步骤是减少电极上的 Pt 导电膜。但仅减少 Pt 含量不会降低成本。在一定的 Pt 含量和在该含量时可达到的功率密度(催化剂效果)间有一个最佳值。目前认为 Pt 含量的可能值为 0.3g/kW,这样,薄膜-电介质单元的成本约可达到 5 €/kW。能源部(DOE-Department of Energy)2015 年反应堆和驱动系统的目标值为 50 €/kW。

概括起来,研发的目标可减为 3 个:在控制成本时增加有效功率;提高坚固性与可靠性;延长寿命和耐久性。只有研究机构(基础方面研究)和工业部门(应用方面研究)密切合作才能达到这些目标。相应的资助项目正在德国(CEP)、在 EU 层面(HyFLEET CUTE)、在美国(DOE-Freedom Car)和在日本(JHFC)实施。实施情况表明,原来提出的有关燃料电池驱动技术在新千年之初进入市场的乐观设想,由于它的复杂性要往后推迟。

(2)反应堆外设

1)空气供给。通过空气模块向阴极供给空气(氧气)。空气模块包括空气滤清器、消声器和电驱动涡轮增压器。涡轮增压器压缩空气,其压力从部分负荷的 1.1bar 到全负荷的 2.5bar 制成较小的反应堆(-10%~15%)。空气模块也包括反应堆的压力控制。目前主要采用螺杆泵(压气机),在所需的压力和流量范围它是所有内部压缩的压气机中效率最高的[63]。如果在未来使用无机油储存的电驱动涡轮增压器(离心式压气机)(图 4.44),那么可有效地提高部分负荷范围的空气压力,从而进一步减小欧洲新行驶循环(NEFZ)汽车的能量消耗。在相同的氢气储存容量时可增大汽车行驶里程。

2)空气加湿。当前,加湿吸入的空气大多采用复杂的水管理系统。水从排气中冷凝和以有效的方式供给吸入的空气。利用在中空纤维束的基础上做成的模块可以巧妙地实现空气加湿,如奔驰 B 级在它的最新的燃料电池研究汽车 F-CELL 上进行的试验(图 4.45)。这样可以同时给进、出空气加湿。这种空气加湿方法不仅减少部件数量、减轻重量,而且可减少1/3结构尺寸。还有一个优点是避免出现引起系统结冰的液态水。

图 4.44 电驱动涡轮增压器

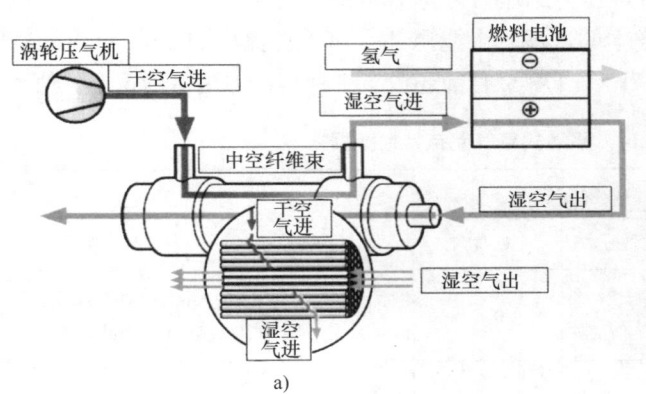

图 4.45

a) 空气加湿简图 b) 中空纤维束

3)阳极回路。在反应堆阳极侧有一个阳极模块,它由一个带再循环鼓风机的闭式回路和一个氢气计量单元组成。阳极模块的功能为:

① 利用湿氢气的回流加湿燃料(氢气)质量流量。

② 计量燃料(氢气)质量流量。

③ 氢气再循环,以避免阳极上过稀的燃料(氢气)区域。

采用闭式回路可使氢气损失降至最小,从而改善系统效率。只是要计量的氢气要与电化学转换的氢气一样多。当然,聚集的氮气会从阴极向阳极扩散。根据工作策略,需要适时短时间排气,最简单的排气是从阳极回路使空气进入阴极。

在未来,为了提高燃料电池的功率密度,继续降低成本,可以考虑不采用闭式阳极回路[66]。开放的阳极回路在入口端供给氢气,可以接近完全转化。对于非常少的逸失的氢气,比如也可通过废气催化转化器转化[67]。

4)冷却。目前 FEM 燃料电池工作温度约为 95℃,要比内燃机的工作温度(冷却液)110~120℃低。此外,内燃机还有约 30% 的总热量通过热的废气直接排入周围环境。

燃料电池必须将总的余热通过热交换器散入大气中。由于燃料电池的冷却介质与大气的温差低,而且尽管它有高的效率,仍比内燃机的余热约高出一倍,这对燃料电池汽车的冷却提出很大的挑战。按目前的技术状态,燃料电池汽车冷却装置要有超过两倍的冷却能力。虽然目前使用的薄膜潜在的工作温度可达95℃，但OEM、供应商和研究机构正在努力研究工作温度能达110~120℃的新型薄膜。在这样的工作温度下可减少需要散走的燃料电池余热。

简化整个系统是燃料电池向市场化迈进的重要一步。除提高燃料电池工作温度外，还有就是降低加湿装置费用，以及简化甚至取消阳极回路。

（3）移动式氢气储气罐　为实现用户习惯和要求的、能加灌燃料的汽车行驶里程，有必要进一步研究移动式氢气储气罐。除了高的比能量密度外，还提出了汽车对氢气储气罐的一些特殊要求：安全性设计、加灌操作简单、重量轻、安装尺寸小、抗机械加速力、足够的加放气循环、寿命高、可接受的成本[72]。其他的评定标准是能量平衡。必要时储气罐的材料能再生。必须用特殊的工艺再生，如硼钠化氢。

目前已知的氢气储存方法见表4.14。在权衡所有的标准后，压力氢气储存看来是移动使用很有希望的一种方法。目前复合纤维压力罐压力可达700bar（图4.46）。中、长期的氢气储存取决于它的性能改进和可接受的成本的进展。由能源部（DOE）提出的2015年内能密度目标值为3kW·h/kg或9% H_2 以及2.7kW·h/L。目前还没有一种储存方法达到这个比值。

表4.14　移动式氢气储存特性数据

类　型	储氢罐的内能密度①			说　明
	kW·h/kg	H_2 质量分数	kW·h/L	
压力氢气 350bar 复合材料罐	1.2~1.5	4.0~5.0	0.6	体积能量密度（kW·h/L）随压力增高而增大 质量能量密度有一个最大值
压力氢气 700bar 复合材料罐	1.3~1.6	4.3~5.3	1.0	
液态氢（-253℃）	1.4~2.7	4.6~9.0	0.8~1.5	控制每天挥发量为1%~2%，液化能很高
低温金属氢化物	0.4	1.2	0.7~1.3	需高的氢气纯度，系统压力约50bar
化学氢化物 铝氧化物 氨化物/氢化物	0.3~1.4	3.0~5.0	1.0~1.6	还在研究阶段，系统压力为50~100bar

① 没有外设的储气罐，2005年状况，目标为DOE 2015年：3kW·h/kg、2.7kW·h/L。

图4.46　700bar压力储氢罐系统的CAD图

(4) 混合型燃料电池驱动　整个动力总成系统为电驱动的燃料电池系统，必要时还有蓄电池。如果电驱动除燃料电池供电外还由高压蓄电池供电，则称为混合型燃料电池驱动。

目前驱动汽车的有各种电机（4.3.1 小节）。道路车辆使用的电机具有理想的转速-转矩特性。在很低转速就可提供最大转矩，还可短时过载。此外，电机效率高、噪声辐射小，通常不需要多级变速器。

为辅助燃料电池，当前使用几千瓦小时（kW·h）容量和几十千瓦（kW）功率的蓄电池。蓄电池主要为镍金属氢化物。发展方向为锂离子蓄电池（4.3.1 小节）。

在动力总成系统中增加蓄电池使整个系统复杂，但提供了一些优点，如在 800A/s 时满足对电驱动的动态性能要求。单独的燃料电池系统由于空气压缩的惯性，不能提供这样的电流增长率。利用蓄电池辅助就可毫无问题地实现这样的电流增长率。蓄电池还可回收制动能量，还可在气温低于 5℃ 时容易地冷起动。此外，蓄电池还可减少加速过程中燃料电池系统的功率。长时间持续的功率必须由燃料电池供给，因为按目前的成本组成，较小的燃料电池要比蓄电池有较大的成本优势。

2. 安全性

与其他燃料一样，氢气更要求特别的安全性防范措施。采用有针对性的措施可以将氢汽车安全性风险水平达到常规汽车安全性风险水平。氢气与空气的混合气在氢气浓度为 4%~77%（体积分数）的限宽范围，在有很小的点火能量时就会燃烧。因此，在正常工作时要防止氢气聚集。设计氢气的重要部件要保证在正常工作条件下的密封性能。乘员室也要针对氢气的重要部件很好密封。

移动式氢气储气罐在投入使用前要进行一系列的安全技术认证检验。在安装在汽车上后要按规定定期进行安全性复检。当然在安装时要尽可能将储氢罐放在防撞范围。

在发生故障时产生的氢气浓度变化可用当前车队中相应的气体传感器检测。根据氢气浓度的变化可激活可靠的、分级的安全性系统。

如果氢气浓度远离下燃烧边界，那么报警装置通过被动和主动的通风措施使汽车立即停下来。

当汽车发生燃烧，通过相应的安全装置排除氢气和控制火焰。

3. 法律规范和标准

燃料电池进入市场前需要制定法律规范和标准。在很多的委员会（ISO/TC22/SC21，SAE 和 ICE）中正在进行相关的工作。其目标是建立统一的标准，以加速燃料电池技术的传播；给汽车生产厂家指明与生产有关的方向；向用户提供有吸引力供货条件的产品和在新技术安全性方面赢得用户的信任。

当前，欧盟（EU）立法已形成道路交通使用氢气的进一步法律框架。在欧盟各成员国中正在协调相应的法律。当然，这是当前常用的批准程序，它是批量生产汽车的 EG 车型认证，还没有用在氢气汽车上，在技术规范方面还要补充这个空缺。

氢气与汽油或柴油一样，定为危险品，生产法规也是一样的。在储存氢气时只限制很少的量，如在加氢气站，氢气视为化工品。显然，首先要用目前处理汽油和柴油的方式处理氢气，这是因为氢气是才发展起来的。作为对照尺度，对其他燃料适用的规范对氢气也应该适用。为减少现有的使用氢气的障碍，制订氢气加气站的规范不应太高，成本问题也不会由于税收和销售而增加。

4. 燃料电池汽车

1994年戴姆勒展出了第一批燃料电池样车NECAR 1。首先只是论证燃料电池驱动汽车的可行性。从一辆车到另一辆车，燃料电池系统的重量和体积不断取得显著进步。单就燃料电池反应堆的比功率就从开始的48W/kg（NECAR 1 汽车）增加到880kW/kg（F-Cell 汽车）（图4.47）。同时还试验了各种氢气储存方法和试验使用其他燃料，如甲醇。试验表明，压力储存的纯氢气驱动的汽车具有明显优点。这样，戴姆斯对唯一采用氢驱动方案的一些汽车不断跟踪。其他一些汽车生产厂家寄希望于另一些氢气储存方式，如液态氢储存，这种储存方式可以在相同体积下储存更多的能量（氢），但其缺点主要在手操纵和首先是在总能量平衡方面。

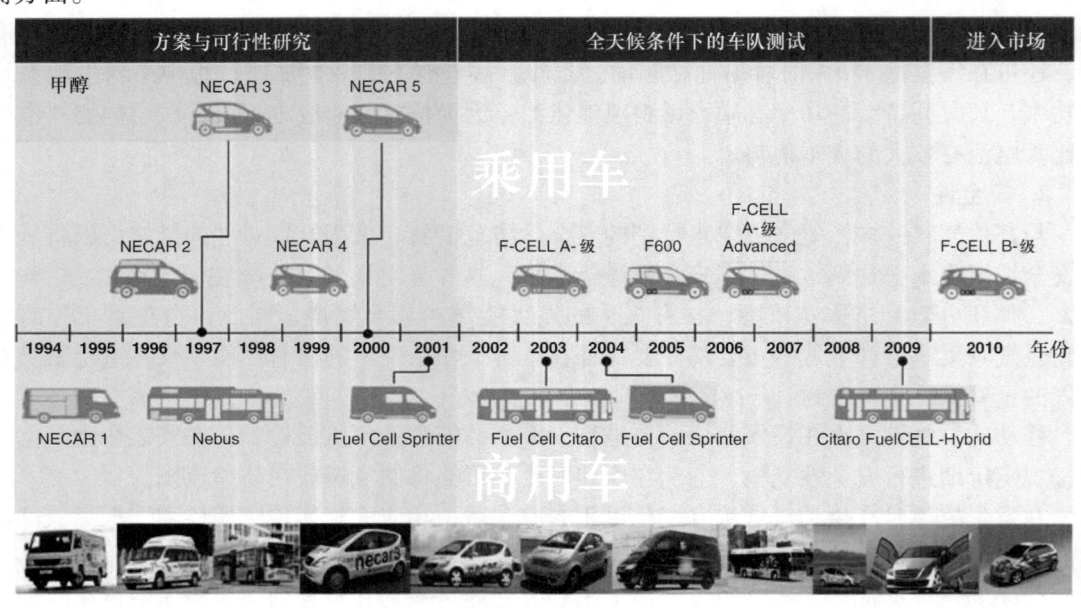

图4.47 戴姆勒燃料电池汽车演变

（1）燃料电池乘用车和轻型载货车 随着驱动系统的研发进程，所有部件已经很紧凑，它们可以安装在A级车和B级车的地板中间（图4.40）。以F-Cell 命名的汽车目前在很多车队中试验行驶。特性数据见图4.48 和图4.50。特别是按新的欧洲城市行驶循环（NEFZ）测定百公里燃料当量消耗只有3.3L柴油/100km，从而证明了燃料电池驱动达到了期盼的高效率。基于这一理由，在生产氢气时比生产汽油、柴油多消耗的能量可以得到更多补偿。在生产氢气的很多环节，即从油井到车轮的整个链条中氢能具有很多优点[64]。

F-Cell特性数据	
车型	梅赛德斯A级车
燃料电池系统	PEM-72 kW
驱动	异步电机
	功率（连续/峰值）：45kW/65kW
	最大转矩：210 N·m
燃料	压缩氢气（350 bar）
行驶里程	177 km
最高车速	140 km/h
蓄电池	NiMH；空气冷却
	功率（连续/峰值）：15kW/20kW
	容量：6.0A·h,1.2kW·h

图4.48 燃料电池（F-Cell）汽车特性数据

在乘用车研究型汽车上所用的经改进的燃料电池驱动系统也安装在梅赛德斯-奔驰

Sprinter 汽车上。目前在德国和美国主要用于"一揽子"服务。在经常短时中断行驶的城市交通中,燃料电池驱动特别适合这种特殊的行驶状况。在经营氢气的初始阶段可以依托停车场(车库)实现较简单的基础设施。

汽车厂常将新型驱动,常将在最近几代的示范汽车和车队汽车用于研究型汽车中并检测。奔驰燃料电池样车 F800 说明,未来燃料电池可以引入标准车身的车辆。紧凑的电机布置于后轴区域,由此 F800 也成为第一辆后驱的燃料电池汽车(图 4.49)。该车首先采用了 700bar 的压力氢气储存技术,使汽车行驶里程超过 400km。同时表明,利用中空纤维束加湿技术可以取消现有的反应堆氢气回路。这样,汽车可以在负的大气温度下冷起动。这些技术已在 2009 年成功应用于 B 级车 F-Cell 上(图 4.50)[73]。

丰田、本田、现代、日产、通用、福特和大众同样研发了样车,它们几无例外地装备 PEM 燃料电池驱动系统(图 4.51)[74-81]。

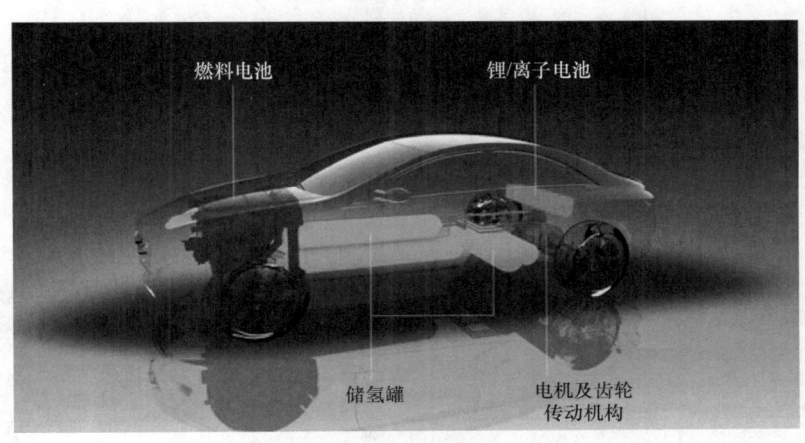

a)

奔驰F800技术数据	
重要数据及功率值:	
F800	燃料电池驱动
长/mm	4738
宽/mm	1938
高/mm	1445
轴距/mm	2924
行李箱容积/L	440
总质量/kg	1700
轮胎	215/45R20
额定功率/(kW/PS)	约100/136
额定转矩/N·m	约290
加速时间0~100km/h	11
最高速度/(km/h)	180*
氢耗量/(kg/100km)	0,9**
CO_2排放/(g/km)(最小~最大)	0
续航里程/km(NEFZ)	约600
锂离子电池能量密度/(kW·h/kg)	1,4

*电子控制　**NEFZ—总耗量相当于3.0L柴油

b)

图 4.49　奔驰 F800 燃料电池汽车
a) 研究型乘用车 F800 外形　b) F800 Hygenius 特性数据

图 4.50 B 级车 F–Cell
a) B 级车 F–Cell 汽车剖面图　b) 特性数据

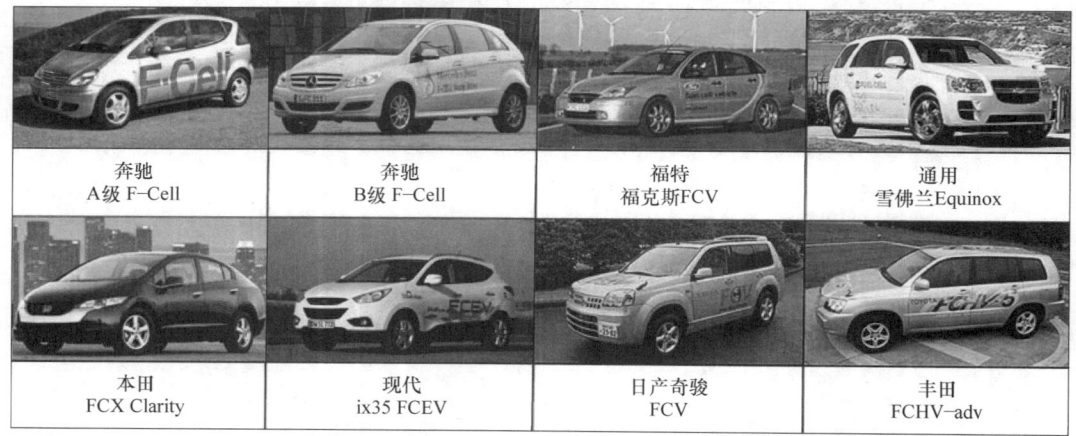

图 4.51　各汽车生产厂家生产的燃料电池汽车

（2）燃料电池公共汽车　在近距离的公共交通领域使用燃料电池驱动的汽车有其优点。特别是在城市范围没有有害物排放，只是在停车场（车库）需要建设必要的加氢基础设施。

在梅赛德斯-奔驰 Citaro 城市公共汽车基础上制造了采用第 2 代燃料电池的公共汽车。这些公共汽车每天在很多欧洲国家进行运送乘员的试验。图 4.52 是燃料电池驱动系统集成在公共汽车上的情况，包括它的重要特性数据。

（3）示范和车队试验　在进入市场成熟的路上，车队试验是重要的一环。车队试验可从整天行驶中提供重要的测量数据和进一步改进工艺技术的提示。为此，要在现有的汽车电子技术基础上附加配备一些传感技术和数据记录器。为使汽车不受这些配备的干扰仍能正常

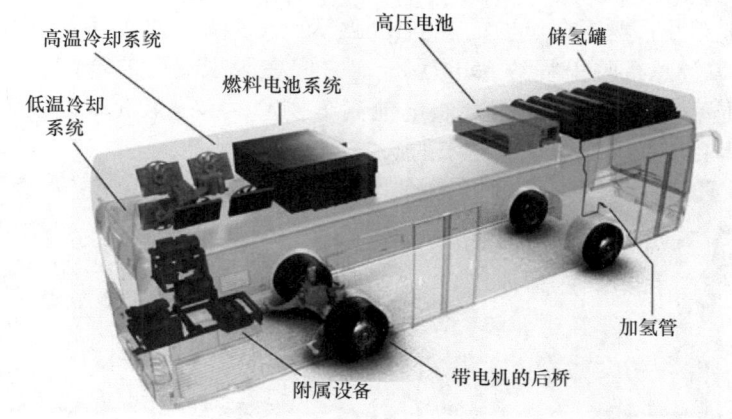

技术数据	
燃料电池系统功率	12kW(连续)/140kW(峰值)
驱动功率	2×80kW,峰值功率:每个电机持续15~20s, 120kW
储氢罐	35kg氢(350bar)
续航里程	约250km
高压电池	26.9kW·h,功率250kW
燃料电池系统效率	51%~58%
氢耗量	10~14kg/100km

图 4.52　Citaro 公共汽车驱动系统

行驶,需采取一些预防措施。另外它也能给研究工程师提供进一步研究的技术信息与数据。在戴姆勒燃料电池汽车中每 1s 有 60 个重要参数多次记录在数据存储器中[69]。如果出现了事先没有定义的情况,如部件不正常的温度升高,则检测参数的数目要提高 10 倍。当汽车返回到企业的基地后,利用功能传输读出数据并通过互联网传输到中央服务器。然后,利用数据开发程序（Data-Mining Verfahren）,计算机独立地识别各参数间的关联和对出现的问题作出判断和评价。这样就可快速地分析大量数据并找出最复杂的错误源和它们间的关联[83](图 4.53）。

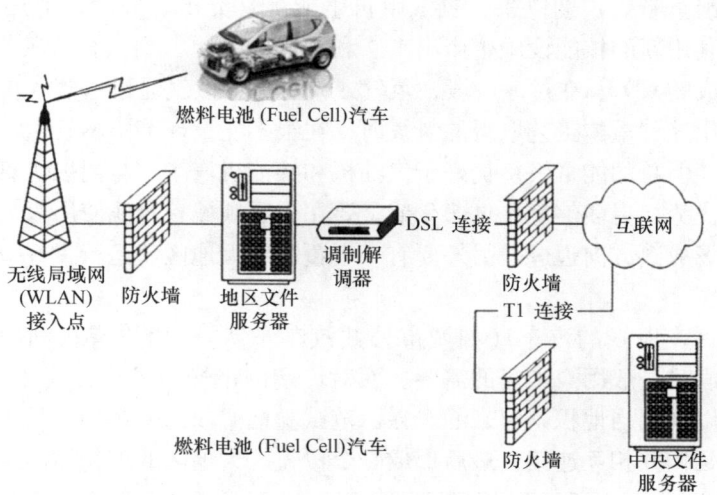

图 4.53　FDA 示意图

目前世界范围有几百辆正在试验的燃料电池汽车。单戴姆勒就有 200 辆 F – Cell 汽车。至 2013 年 5 月，累计总行驶里程约 650 万 km。它们在国家资助的合作项目框架内，如图 4.54 所示。目标是示范和进一步开发燃料电池汽车技术；示范氢气基础设施的可行性；确认进入市场的障碍和提高大众对这些技术的认知。

图 4.54　清洁能源合股（CEP）汽车车队

1998 年在加利福尼亚首府萨克拉门托（Sacramento），汽车生产厂家、能源公司、燃料电池开发者和政府机构合股成立加利福尼亚燃料电池（California Fuel Cell Partnership，CaFCP）机构。德国联邦政府支持类似项目、清洁能源合股和在欧洲公共汽车项目 CUTE 和 ECTOS 框架内，在 10 个欧洲国家有 30 辆燃料电池公共汽车行驶。

5. 燃料供应和基础设施

氢气除没有碳外，它的另一个优点是可从很多初级能源中生产出来，它为交通领域能源供应的多样性做出贡献。长期以来，氢气由再生能源（光电、风能、地热、水能）微生物生产出来，也可利用新的核能设施生产出来。利用这些能源，到汽车行驶都没有 CO_2 排放，至少是没有新生成的 CO_2。在过渡阶段，氢气或许可从天然气通过水蒸气重整工艺取得。当燃料电池汽车采用这种重整工艺取得的氢气时，在很多能量环节中尽管生产氢气这一环节有较多的能量损失，但总的能量平衡仍好于汽油机和柴油机汽车。与内燃机直接使用天然气相比仍有能量上的优势。更多信息参见 5.9 节。要在交通领域有效地使用氢气，燃料电池技术必须进一步向市场成熟方向迈进。另外要有一个覆盖广大地区、运行良好、用户友好的加氢网络。

依托停车场（车库）的汽车（如城市公共汽车车队），用户有权利用停车场（车库）的少数加氢站，满足一般用户加氢的需要。面对广阔的市场需求，必须逐步增加基础设施。在初始阶段，可以利用当地积累起来的、在示范试验框架内的一些加氢站。各个加氢站群将逐步向远程公路延伸并相互连接，最后形成一个覆盖广大地区的加氢站网络。

6. 前景

在欧盟委员会领导下，欧洲所属工业企业和研究机构在"氢气和燃料电池平台（Hydrogen and FuelCell Platform，HFP)"上为欧洲研发氢气汽车。约到 2015 年，燃料电池汽车和必要的加氢基础设施可达到市场成熟的程度，其依据是燃料电池开始进入市场。此后还要可观的财政投入和费用，以进一步进行技术开发，包括示范计划；增加现有加氢设施网点；建立持久的氢气生产能力的设备。与上述相关的是将几代燃料电池汽车相互交错进行车队试验（图 4.55）。只能在国家或欧洲框架内通过长期的国家和私人的合股才能筹措到高额的、必要的费用。

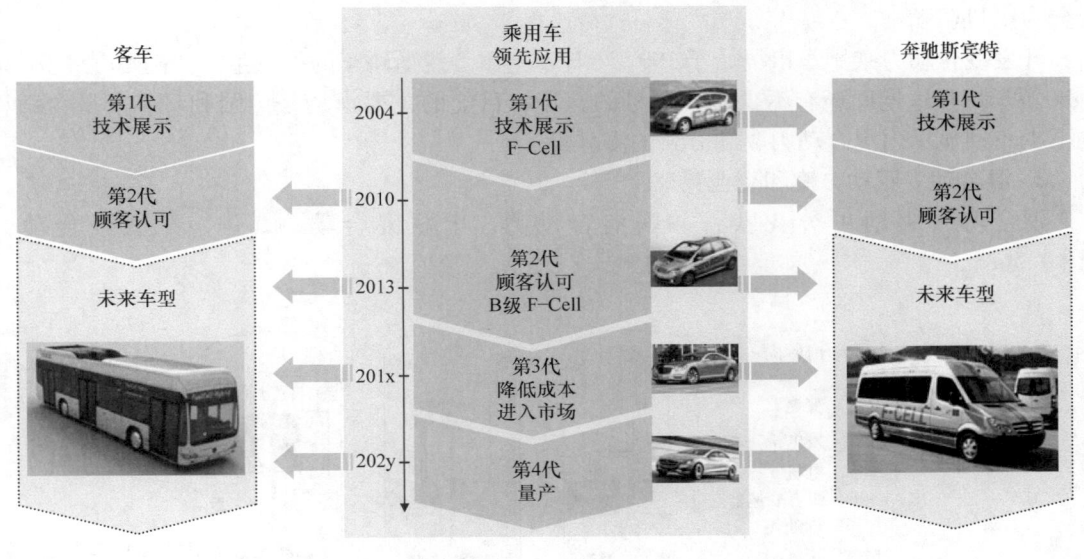

图 4.55 到商业化的燃料电池汽车发展阶段

4.3.3 混合动力驱动

1. 概述

按 IEC/TC 69 定义，为驱动目的的混合动力至少有两个不同的能量转换器和两个不同的能量储存器。

除少数例外，现今的混合动力实际上是能量转换器方面的内燃机和电动机以及能量储存器方面的燃料箱和蓄电池间的转换与协调。

混合动力汽车行驶功率部分由内燃机驱动与建立起来的燃料供应基础设施，部分的由电动机驱动；或两者间的配合。电驱动噪声低、无有害物排放。所有驱动部件在相互协调方面具有进一步的潜力。混合动力驱动的优点为：

1）降低能源消耗。
2）有害物排放低，甚至行驶地区无有害物排放。
3）纯电驱动时行驶噪声低。
4）提高行驶舒适性。
5）行驶平顺。
6）行驶功率增加。

这些优点的特征与混合动力方案、设计有关。换言之，混合动力汽车的配置主要由使用场合确定。

市场开发 还在1902年,当电动汽车和内燃机汽车还在争夺汽车市场时,菲迪南德·保时捷(Ferdnand Porsche)受蓄电池的技术限制的启发,展示了他的"混合"动力汽车:戴姆勒4缸内燃机带动发电机产生电能,并供给轮毂电机驱动汽车。

此后,柴油机电驱动经常用于轨道车辆和潜艇上。

20世纪70年代到80年代扩大应用在公共汽车上。这些公共汽车部分为柴油机驱动,部分为电机驱动。

开发混合动力乘用车市场始于1997年日本丰田普锐斯轿车的批量生产。随后是本田Insight轿车。在这期间还有不少其他型号的汽车。目前的主要市场是美国和日本。至今销售的不少车型显示出混合动力驱动方式的多样性。

2. 混合动力驱动方案和企业策略

混合动力驱动可分3类:并联混合动力,串联混合动力,串、并联混合动力(图4.56)。

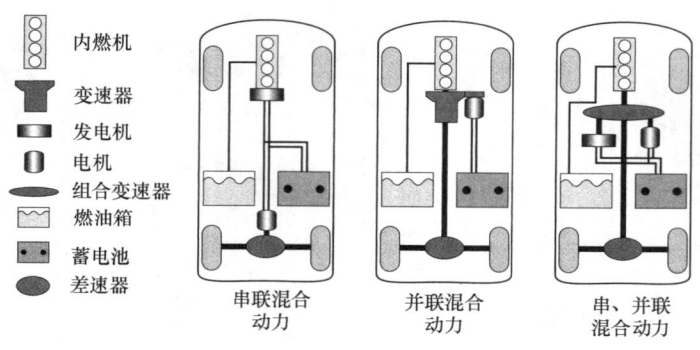

图4.56 混合动力驱动基本方案

(1) 并联混合动力 并联混合动力是指内燃机和电机并联驱动车轮。按混合动力驱动方案,它可用纯内燃机、纯电机或组合驱动汽车行驶。按内燃机在混合动力驱动中的布置可用符号 Px 表示。P 为并联混合动力,x 是按图4.57表示的动力系统中内燃机的位置。为简化,图中删去不同方案中各种变速器和多种电机的差异,仅用统一的图形表示。

功率约至10kW 的较小并联混合动力称为"中等混合动力(Mild Hybrid)"。电机是由带一起动机/发电机或组合在曲轴输出端的起动机/发电机进一步发展而成的。由于耦合在发动

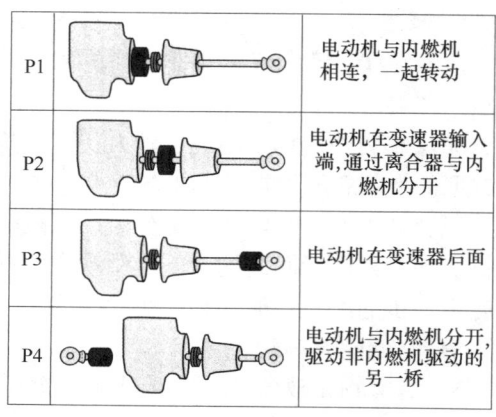

图4.57 并联混合动力基本方案和说明

机曲轴上,与发动机一起转动的起动机/发电机功率较小,所以"中等混合动力"只用于汽车有限的电驱动行驶、倒拖发动机、发动机起停、制动能量回收和汽车加速辅助。

电机在曲轴输出端的方案(P1)1999年用在本田Insight轿车上并进一步开发用于本田

思域、雅阁轿车上。当前 Insight 的 4 缸汽油发动机（图 4.58）设计为 65kW，排量 1.3L。加速时，它由来自 0.58kW·h/100V 镍氢电池提供动力的 10kW 电机提供支持。动力由无级变速器传输。

它具有可变气门控制，通过在能量回收期间和纯电动驱动时关闭所有气缸，减小了阻力，从而减少了内燃机造成的损失。在所有措施的总和中，实现了 4.4L/100km 的 NEDC 油耗。

P1 混合动力概念也用于梅赛德斯-奔驰的第一款混合动力汽车 S400 Hybrid。3.5 L6 缸汽油发动机配备阿特金森循环供混合动力汽车使用。曲轴后端集成了一台 15kW 永磁同步电机。锂离子电池首次用于混合动力量产车，0.8kW·h/120V 电池采用标准 H8 电池尺寸，因此安装在发动机舱的电池舱中。另一个新功能是通过空调系统的制冷剂回路对电池进行冷却，即使在外部温度很高的情况下，它也能保证温暖的发动机舱内的功能不受限制。

图 4.58　本田 Insight 2009 款并联混合动力[93]

车辆的有目标的混合动力使油耗（NEDC）降低于 7.9L/100km。与 S350 相比，这相当于降低了约 20% 的能耗。同时，加速性能可以略有提高。

通过在曲轴上使用电机扩展 P1 概念，包括内燃机和电机（P2）之间的耦合，可以实现纯电动行驶和完全制动能量回收，而不会造成发动机阻力损失。另一个离合器将电机与变速器输入分开，用于起动内燃机并在车辆静止时为电池充电。我们在大众途锐混合动力车（图 4.59）中发现了这样的布置，其中电机连接到来自 AISIN 的 TR-82SD 变速器（图 4.60）。

图 4.59　大众途锐 P2 混合动力[87]

混合动力运行策略使大众途锐混合动力车在系统输出功率为 279kW 的情况下，实现了 8.2L/100km 的标准油耗或 193g/km 的二氧化碳排放量。配备 V6 汽油发动机的同类传统车辆的标准油耗为 9.9L/100km 或二氧化碳排放量为 236g/km，输出功率显著降低，为 206kW。

全轮驱动是使用托森差速器实现的。自动转换器可实现 3.5t 的无限制高拖车负载。

P2 混合动力概念在德国汽车制造商中心尤为普遍。我们在保时捷 Panamera 和卡宴中也发现了与大众途锐相同的混合动力系统，带有变矩器-自动混合动力变速器。宝马（ActiveHybrid3、-5、-7）和奥迪（Q5、A6、A8）为他们的车辆配备了来自采埃孚的 8 速自动变速器 8P70H，其中变速器中的加强型离合器充当集成起动离合器，而不是一个转换器。戴姆勒为欧洲市场在 E 300 BlueTEC HYBRID 中的 150kW 4 缸柴油发动机上带来了 7 速自动变速器和湿式起动离合器而不是转换的 P2 概念，并在 NEDC 中通过了 4.2L/100km 或 109g

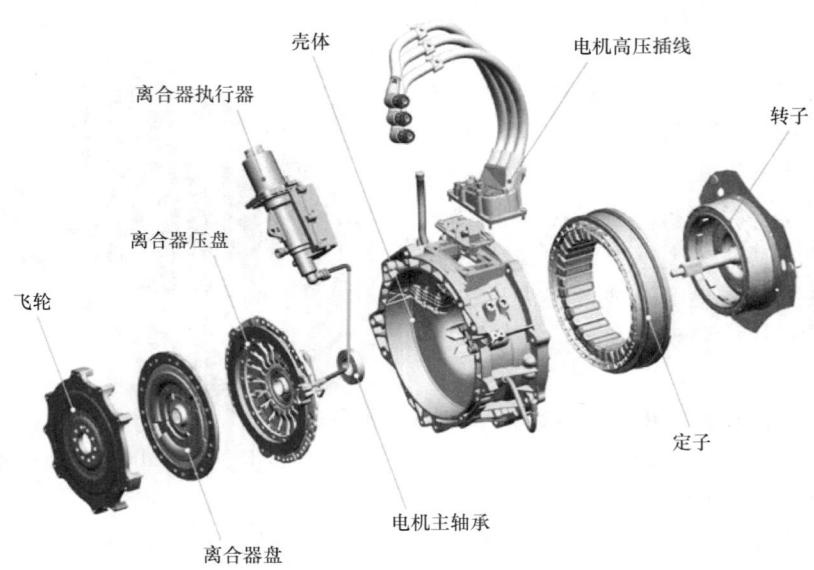

图 4.60 大众途锐 P2 混合动力

CO_2/km 的认证。模块化概念使相同的混合动力传动系统能够与 6 缸汽油发动机一起在短时间内投放市场。

并联混合动力中其他可能的布置方式是电动机在变速器后面，即 P3 方案，如 Smart 轿车的样车（图 4.61）。在要求低功率行驶时，分离离合器，汽车以纯电驱动方式等速行驶。这种布置可以保持换档过程中的牵引力（牵引力不中断），提高行驶舒适性。

图 4.61 Smart 混合动力轿车（电机安装在变速器输出端）

Smart 轿车仅采用柴油机混合动力，按新的欧洲城市行驶循环测试，燃料消耗就可达到 3L/100km 以下。

另一个并联混合动力布置就是电机不是安装在由内燃机驱动的桥上，而是安装在另一个桥上，即 P4 方案。其优点是汽车在行驶时驱动另一个桥可以得到牵引力的辅助。

然而，该概念的一个缺点是，当车辆静止时，无法通过牵引机发电。车辆长时间停放或在走走停停的交通中也必须确保其运行，这对于电动高压辅助装置尤为重要。

因此，在标致 3008 Hybrid4（图 4.62）中，除了电动后轴之外，还安装了高压带传动起动/发电机。它产生的电能可用于为电池充电（即使车辆静止时）、为辅助装置供电或保持电动全轮驱动处于低功率状态。因此，它是一种 P1／P4 配置，在很小程度上具有串联混合驱动的可能性。结合 120kW 2.0L 柴油发动机，该驱动概念可实现 3.8L/100km 的油耗或 99g CO_2／km 的排放。

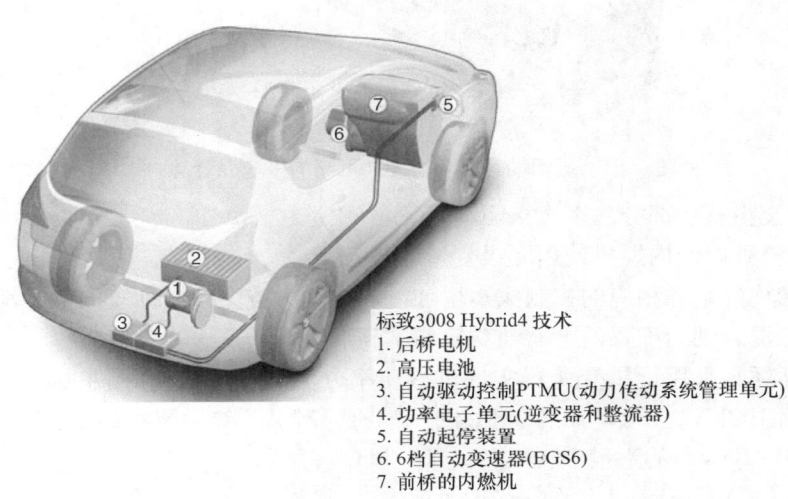

标致3008 Hybrid4 技术
1. 后桥电机
2. 高压电池
3. 自动驱动控制PTMU(动力传动系统管理单元)
4. 功率电子单元(逆变器和整流器)
5. 自动起停装置
6. 6档自动变速器(EGS6)
7. 前桥的内燃机

图 4.62　标致 3008 Hybrid4 带电动后桥和高压带传动起动/发电机[99]

在所研究的并联混合动力布置方案中还有一种是轮毂驱动。电机包括制动器组合在车轮中。这种方案由于附加非簧载质量、结构空间紧张以及对车轮的温度和振动要求而没有实现。

（2）串联混合动力　在采用串联混合动力时，车桥驱动总是采用纯电驱动。电能由内燃机带动的发电机产生。利用作为能量储存器的蓄电池可以调节与汽车行驶状态无关的内燃机最佳效率或有害物排放最小的工作状况。像所有其他的混合动力一样，可以回收制动能量，降低燃料消耗。当然，低燃料消耗的优点也会由于内燃机输出的总功率要经过能量转换和电能传输的整个效率链而逊色。

串联混合动力有两种设计方案。如果要向汽车提供连续的、全部的行驶功率，则在要考虑所有动力总成的效率下，内燃机、发电机和电机功率都应设计在连续工作的最高转速。另外，电机还要有最大的加速性。这样，该方案在总体上各部件的性能就能达到极致，但成本高。第 2 种方案只是驱动汽车行驶的电机设计在最大行驶功率，而内燃机有意地做得小一些，使它在最佳效率工况下工作，并通过发电机给蓄电池充电，以增大汽车行驶里程。

当通过轴传输驱动功率到车轮成本高或空间利用不好时，则由于结构布置上的无奈而采用串联混合动力，如移动式起重机、低地板公共汽车。图 4.63 表示装备串联混合动力的戴姆勒客车公司 NA3000 的 Orion-Ⅶ公共汽车行驶在北美道路上。纽约几乎所有的公共汽车都采用这种车型，它的车顶上装备了替代铅蓄电池的锂离子电池。

（3）串、并联混合动力　串、并联混合动力就是功率流的并联和/或串联的组合。它们配置的内燃机、电机、变速器、离合器、超越离合器（单向离合器）是多种多样的。串、并联混合动力的优点包括：

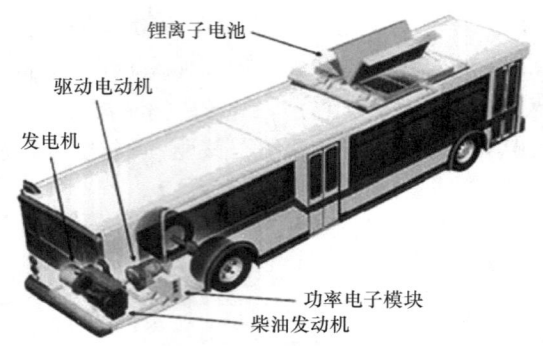

图4.63 戴姆勒客车公司公共汽车的串联混合动力

1）内燃机至少有一部分功率直接驱动车轮。
2）功率分流可以使内燃机使用无级变速器。

其缺点是结构复杂和相应的控制成本增加。混合动力方案中所配置的电驱动功率的成本要比相应的并联混合动力配置的电驱动功率成本高。

丰田普锐斯轿车采用行星变速器实现机械功率分流（图4.64和图4.65）。第3代丰田普锐斯的动力为100kW，73kW来自1.8L的汽油机，27kW来自NiMH电池。它在NEFZ测试中可实现3.9L/100km的当量油耗（89g CO_2/km）。

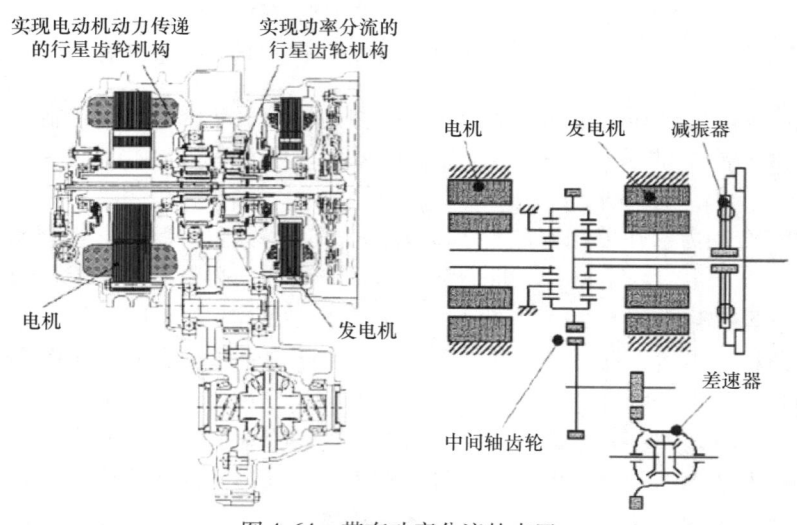

图4.64 带有功率分流的丰田
混合动力系统（THS）[85]

显然，为不断优化与混合动力相关的各个部件，各部门正开始新一轮的合作。使用高的动力电压驱动空调压缩机，以提高效率；采用阿特金森循环（Atkinson Cycle）不是由内燃机驱动而是优化内燃机摩擦功和将内燃机工况设计在混合动力特有的工况上；通过机械制动器和电制动器的相互优化配合，使电液控制制动系统实现最多的制动能量回收。此外，驱动系统仍在继续全面优化。相比第2代，混合动力系统减重17%。一个重要的措施是应用了第2个行星齿轮机构，它将电机的动力减速输出。由此，可以提高电机的转速，重量变轻。起控制作用的功率电子模块也进行了优化，相比第2代普锐斯，减重36%，体积减小37%

（图 4.66）。为适应这些变化，电机运行电压由 500V 提高到 650V，与更小的运行电流和更少的热量损失相适应。

丰田汉兰达、凯美瑞、雅利士、Auris 混合动力轿车和雷克萨斯 CT200h、IS300h、LS600h、RX 400h 轿车在非内燃机驱动轿上布置第 2 个电机，以实现附加的全轮驱动功能。进一步研发的普锐斯混合动力功率分流变速器现在只用在雷克萨斯 GS 450h 轿车上。变速器输出端附加一个具有两个传动比的电机。

图 4.65 第 3 代丰田普锐斯轿车中带有功率分流的丰田混合动力系统变速器视图

这样就可解决目标冲突：一方面汽车具有高的电驱动行驶的高起步力矩；另一方面在高速行驶时具有高的效率（图 4.67）。

a)

b)

图 4.66 第 2 代与第 3 代丰田普锐斯轿车中驱动轴（左图）与逆变器（右图）的比较

除了丰田/雷克萨斯外，福特也在混合动力车上装备了简单的功率分流变速器（福特 Escape、Fusion 和 C-MAX 混合动力车）。

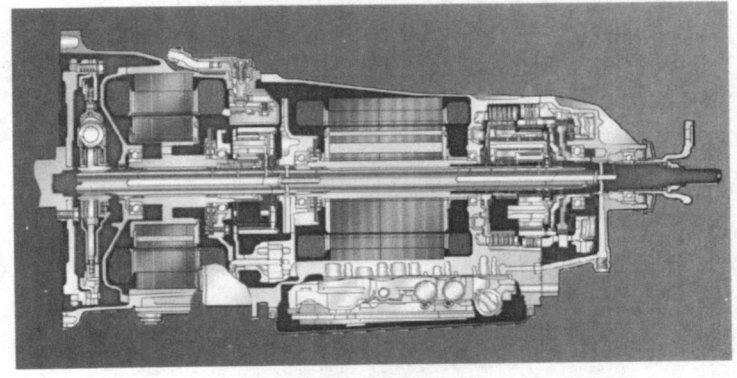

图 4.67 雷克萨斯 GS 450h 轿车的功率分流变速器和在变速器输出端附加一个具有两个传动比的电机

上面提到的所有功率分流的变速器都采用一个行星轮组，使变速机构简单。但由于必要的电机支撑力矩和转速而产生通过电气支路的高功率流动，并相应地使电机和大功率电子器件的结构尺寸增大。

为增强动力性，通用、戴姆勒、克莱斯勒和宝马公司合作开发具有双功率分流的"双模式混合动力（Two-Mode Hybrid）"变速器（图4.68）。该变速器在供电支路中的功率流动明显降低。

按离合器位置，变速器有下面几种运行模式（图4.69）：

1）功率分流的简单无级运行。

2）功率分流的双无级运行，在供电支路中功率较小。

3）固定的4个机械档，1个或2个并联工作的电机，并为改善高速时的效率可以脱开电机。

4）纯电驱动行驶。

变速器在无级以及在固定档行驶时具有全部的混合动力行驶功能，可以轻松的变换运行模式。这种变速器批量装备于奔驰 ML450 混合动力车、宝马 X6 Active 混合动力车及通用公司的品牌凯迪拉克、GMC 和雪佛兰上。

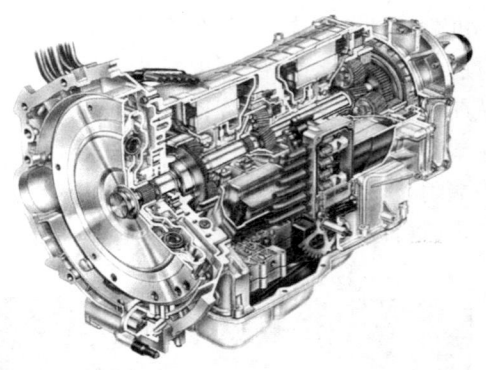

图4.68 由通用、戴姆勒、克莱斯勒和宝马公司合作开发的双模式混合动力（Two-Mode Hybrid）变速器

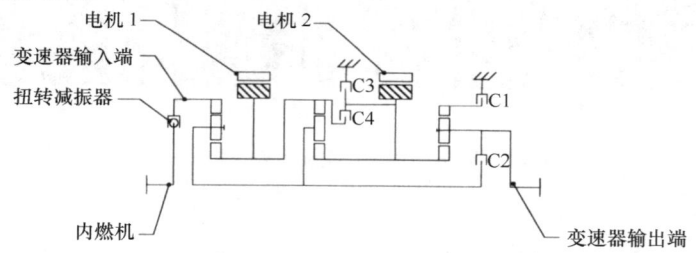

图4.69 由通用、戴姆勒、克莱斯勒和宝马公司合作开发的双模式（Two-Mode）混合动力变速器结构

带双功率分流的混合动力变速器也已在公共汽车上使用：2003年以来在美国有超过350辆配备通用艾立逊混合动力变速器（图4.70）的城市公共汽车投入使用。

EP40/50 混合动力变速器

图4.70 用于公共汽车的通用 艾立逊功率分流的混合动力变速器

（4）运行策略　为充分挖掘混合动力驱动的优点，需要完善它的运行策略。利用数学仿真程序可以对给定的行驶循环的燃料消耗、有害物排放、行驶动力学、各部件中的功率流动和热状态进行优化。

图 4.71 是在欧洲城市行驶循环中并联混合运力运行策略。由图可见，内燃机只是在高行驶功率需要时才提供动力；在停车站、滑行或低等速行驶时只要蓄电池处于正常充电状态，内燃机就停止工作。利用仿真程序可以确定内燃机、电机和蓄电池工作参数。同样可以在纯电驱动行驶和加速辅助时优化电机以及优化蓄电池充电策略。

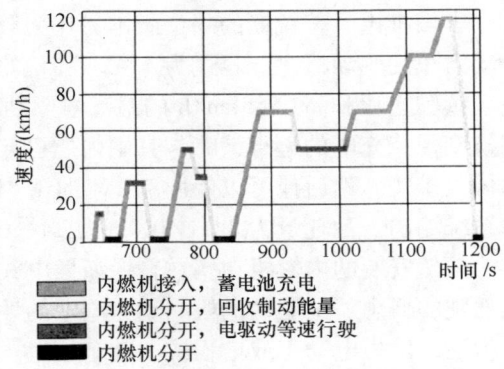

图 4.71　在欧洲城市行驶循环中并联混合动力运行策略

混合动力节省燃料主要有下面 3 方面原因：
1）制动能量回收。
2）将内燃机调整在高效率的工作范围（在停车状态、低行驶功率要求、汽车减速）。
3）优化内燃机工作范围。

混合动力低燃料消耗的突出优点是在汽车停车时间占较大份额的城市行驶条件下得到的。在经常长途高速行驶时，由于汽车重量增加，低燃料消耗的优点甚至成为少许的缺点。

3. 插电式混合动力系统

是否为"插电式"混合动力汽车，形成了混合动力汽车的差异化版本。除了在之前解释的降低消耗的混合动力运行策略外，插电式混合动力汽车提供了通过将电池连接到电网（＝插入式）来为电池充电的选项。电能用于行驶和车载供电网络运行，从而进一步降低燃料消耗。因此，插电式混合动力汽车是纯内燃机汽车和纯电动汽车之间的中间步骤。

当前的欧盟立法使汽车制造商能够通过销售插电式混合动力车来显著减少车队消耗。确定 CO_2 排放量的公式为

$$M = \frac{(D_e \times M_1 + D_{AV} \times M_2)}{(D_e + D_{AV})}$$

式中，D_e 是车辆纯电行驶续驶里程；$D_{AV} = 25 km$（假设为两次电池充电之间的距离）；M_1 是充满电池的 NEDC 中测试的 CO_2 排放值，g/km；M_2 是用空电池在 NEDC 中测试的 CO_2 排放值，g/km。

"用空电池在 NEDC 中测试"意味着车辆像传统混合动力车一样以充电保持运行策略运行。在这里，混合动力电池的荷电状态在一个工作点附近移动，即它永远不会完全放电。

如果纯电驱动续驶里程超过 NEDC 规定的路程（约 11km），则使用充满电的电池 M_1 测试的 CO_2 值可以设置为零。纯电驱动里程不必是一次性驱动，而是可以通过单独的电动部件进行累加。

例如一辆空电池测试中二氧化碳排放量为 $120 gCO_2/km$ 的插电式混合动力汽车，电池充满电可行驶 30km，这意味着车队消耗量约为 $55 gCO_2/km$。

为了连接到电网，需要一个充电器。通常它会永久携带在车辆中，以便可以在任何合适的插座上充电。

与外部充电站的连接基于纯电动汽车插头的标准化。充电站的优点是目前高达 22kW 的充电功率,从而缩短了充电时间。使用合适的适配器插头可以替代连接到充电站或家用插座。

丰田推出了普锐斯的一个版本,作为第一款插电式混合动力车。该车辆基于普锐斯全混合动力车的驱动概念。容量为 4.4kW·h 的锂离子电池可在 NEDC 循环中实现约 25km 的纯电动续驶里程和高达 85km/h 的最高电驱动车速。当锂离子电池达到其最低充电水平时,将切换到保持充电的运行策略,其中内燃机接管驱动任务。客户然后像普锐斯全混合动力车一样体验车辆。然后他可以使用 73kW 的 1.8L 汽油发动机,并可以选择通过电动增压短暂增加系统输出。油耗量为 2.1L/100km 或 49gCO_2/km。

虽然安装的内燃机功率在普锐斯插电式混合动力车中占主导地位,但也有一些专注于电动驾驶的概念。电驱动电机和动力电池的性能有时明显优于内燃机的性能。这样的概念也被称为混合动力电动车或增程式电动车。

这方面的例子是雪佛兰 Volt 以及比亚迪 F3DM 及其后续产品秦。

BYD F3DM 由前桥上的 50kW 电机提供动力。它由磷酸铁锂电池供电,峰值输出功率高达 75kW,能量含量为 16kW·h。据制造商称,这可以在平坦路面上以 50km/h 的恒定速度下实现长达 100km 的纯电续驶里程。在这里,当达到最低充电水平时,电池也会切换到充电维持操作策略。电池通过发电机充电,发电机输出功率高达 25kW,来自 1L 3 缸汽油发动机。在更高的速度下,这也可以通过直接齿轮直接驱动车辆。它的输出功率高达 50kW,因此是串并联混合动力汽车。串联和并联驱动模式之间的切换是通过分离式离合器实现的。

当驾驶人要求全负荷时,还可以通过电机和发电机将电池的全部功率用于驱动目的,并将其与内燃机的功率结合产生 125kW 的系统功率。

雪佛兰 Volt 于 2010 年年中在美国上市;在欧洲,欧宝 Ampera 采用相同的设计概念,于 2012 年年初上市。16kW·h 的锂离子电池可实现 EPA(环境保护局)认证的 35mile(约 56km)续驶里程。在 NEDC 中,欧宝 Ampera 的续驶里程为 40～80km,油耗为 1.2L/100km(27gCO_2/km)。雪佛兰 Volt 的传动系统代表了串联式混合动力系统(图 4.72 和图 4.73)。

图 4.72 雪佛兰 Volt 传动装置[97]

主要组件是:
——输出功率高达 111kW 和转矩高达 370N·m 的驱动电机输出功率高达 55kW 的发电机。
——标称输出功率为 63kW 的 1.4 L4 缸汽油发动机。
——一个行星齿轮组和三个液压操作的制动器/离合器。

这实现了四种不同的操作模式:

1) 在第一种模式下,牵引电机通过行星齿轮的太阳轮以中低速驱动车辆。行星齿轮的齿圈由制动器 C1 制动到壳体,离合器 C2 将发电机和汽油发动机与行星齿轮分开。

2) 当电动汽车以更高的速度行驶时,根据制造商的说法,超过 70mile/h(113km/h),

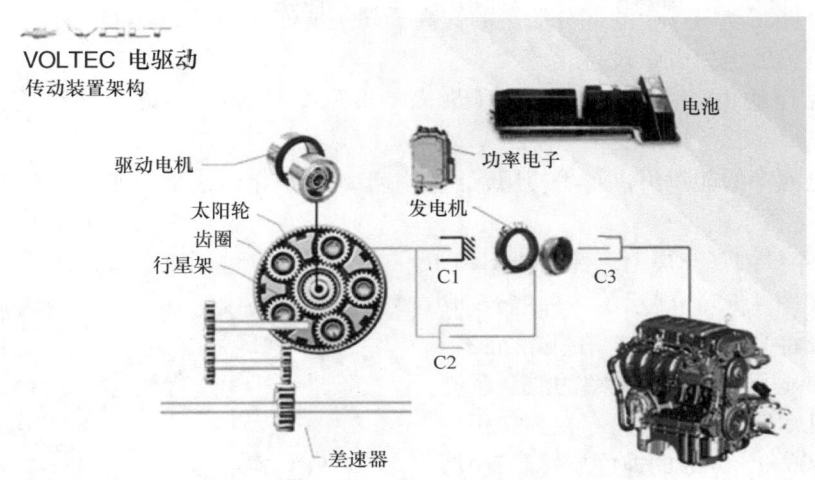

图 4.73 雪佛兰 Volt 所用的通用 VOLTEC 传动装置结构[97]

制动器 C1 分离，离合器 C2 接合，离合器 C3 保持分离状态，从而将内燃机与其余传动系统断开。发电机现在使用齿圈为驱动电机设置可变比率，以便它可以在较低的速度下工作，从而在最佳效率范围内工作。

3）当达到最低电池充电状态时，需要切换到充电保持工作模式。在这种情况下，在低速下建立串联驱动状态。离合器 C3 接合，因此内燃机连接到发电机，为电池充电。制动器 C1 将齿圈与壳体连接，离合器 C2 打开。在这种模式下，驱动电机单独提供驱动力。

4）在充电维持运行模式的更高速度下，由于从内燃机通过发电机到驱动电机的效率链中的高功率以及增加的速度，纯串联运行模式变得不经济。因此，为了实现混合动力驱动，制动器 C1 被释放并且离合器 C2 接合，从而实现了无级变比的输出功率分流，通用汽车公司通过在高速高负荷下实现输出功率分流，在充电保持运行模式下，最高可节省 15% 的功耗。

4. 混合动力跑车

混合动力系统也越来越多地用于赛车。2009 年在一级方程式赛车中引入的所谓 KERS 系统（动能回收系统）现在被大多数赛车队使用。

在沃达丰迈凯轮梅赛德斯车队，2009 赛季的 KERS 系统基本上是由图 4.74 所示的组件组成：

 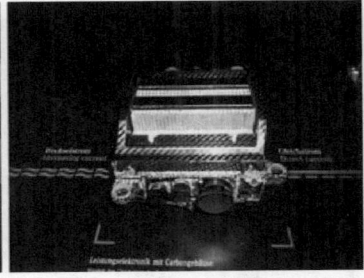 

图 4.74 沃达丰迈凯轮梅赛德斯 KERS 的电机、功率电子和锂离子高压电池

—用于存储制动时产生的部分能量的锂离子高压电池（高达300kJ）。

—控制电机的电力电子设备。

—并联混合动力P1布置的电机（最高60kW，从2014年起，允许将功率翻倍至120kW）。

存储在电池中的能量可供车手使用，比如用于超车操作。该系统实现了0.3~0.5s的单圈时间改进。

在2010年日内瓦车展上，保时捷GT3 R混合动力车（图4.75）展示了一种混合动力系统。该系统将制动能量储存在飞轮而不是电池中。这明显不同于目前介绍的混合系统。

飞轮以机械形式将能量储存在其转子中，转子以高达40000 r/min的速度旋转。驾驶人可以在需要时调用这种能量。转子采用机电制动。从它启动开始，可以在几秒钟内获得高达120kW的电功率。

前桥上有两个60kW的电机，然后与内燃机驱动的后桥相辅相成。制动时，飞轮蓄能器以相反的方式储能。

图4.75 保时捷GT3 R混合动力架构
（来源：保时捷）
1，5—功率电子 2—带两台电机的龙门轴
3—高压电缆 4—电动飞轮储能

2010年5月，保时捷GT3 R Hybrid在纽博格林北环赛道的24小时耐力赛中首次用作赛车。

除了纯粹用于赛道的车辆之外，在公共道路上的跑车中也可以看到混合动力的趋势。

跑车由于装机功率高而油耗高，因此受到公众的批评。混合动力技术通过降低油耗帮助跑车市场更为社会接受。同时，可以实现性能的提高。

保时捷918 Spyder插电式混合动力汽车（图4.76）也在2010年日内瓦车展上展出。从2013年底开始生产，该型号的数量应该有限。

插电式混动汽车的电池的续驶里程应为25km。通过前桥上的电机和集成在变速器中的电机实现驱动，总输出功率为160kW。

BMW i8概念车中也有类似的驱动组件布置，该概念车已在2009年法兰克福国际汽车展上作为Vision Efficient Dynamics展出。这款跑车于2014年上市，在前桥上还配备了一个电机（125kW）和一个带有集成电机的双离合变速器。一台164kW的3缸发动机用作内燃机。

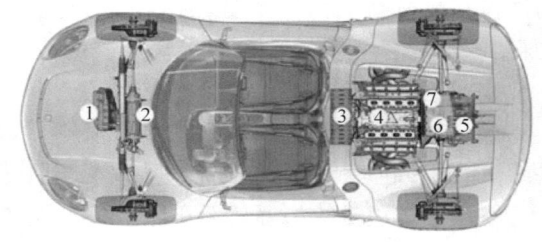

图4.76 保时捷918 Spyder架构（来源：保时捷）
1，7—功率电子 2—电驱动 3—锂离子电池
4—V8高速发动机 5—保时捷双离合变速器（PDK）
6—电机

在Fisker的"KARMA"跑车中，我们发现了一种非常罕见的串联混合动力驱动器（图4.77）。内燃机与车轮没有机械连接。相反，两个150kW的电机分别驱动后桥。中央隧道没有万向轴，因此可以容纳容量为20kW·h和最大200kW的细长锂离子电池（磷酸铁

型)。行驶时,最大功率为190kW的2L 4缸涡轮直喷汽油发动机通过直接安装在法兰上的发电机产生电能。电力要么直接馈送到牵引驱动装置,要么暂时储存在电池中。它也可以通过充电器从外部充电,具体取决于电源连接的容量,需要6~14h(插电式)。

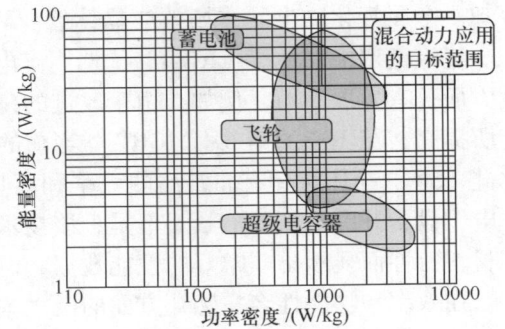

图4.77 Fisker的"KARMA"的驱动装置(来源:Fisker)

5. 混合动力部件

(1) 热力发动机 热力发动机与车轮的连接是不同的。在常规的并联混合动力中,热力发动机通过变速器与车轮连接;在串联混合动力中,热力发动机与变速器、车轮机械分离。

当前市场上的混合动力乘用车除奔驰E300 Blue TEC和标致3008 Hybrid4外,考虑到成本都采用汽油机。但生产厂家也在开发柴油机,特别是它的燃料消耗低。在所有的发动机类型、燃料以及各种特性中混合动力有很多优点。

利用电机辅助加速汽车,可以将内燃机的功率设计得比通常由内燃机单独驱动的功率要小一点,或采用像米勒(Miller)循环或阿特金森(Atkinson)循环的特殊工作循环,使内燃机热效率增加、功率降低一些。在混合动力中将电机固定连接在内燃机曲轴上是降低发动机倒拖功率的有效措施,因为可以通过电机回收更多的制动能量。在串联混合动力中对热力发动机的稳态性能要求要远高于对动态性能要求,这为使用燃气涡轮和斯特林发动机(Stirlingmotor)提供了前景。作为电能制造者的燃料电池很容易插入串联混合动力系统中。

(2) 蓄电池 蓄电池有两种配置方式:如果希望远的无有害物排放行驶里程,则要采用高能蓄电池,但会产生像纯电动汽车那样的问题,重量增加、总布置较难和成本高(参见4.3.1小节);如蓄电池只作为制动能量回收的能量缓冲器和加速辅助,则不需要采用高能蓄电池。

在能量储存器方面除蓄电池外,人们首先想到的是超级电容器或飞轮。图4.78为蓄电池、飞轮和超级电容器3种储能器的能量密度随功率密度的变化。由于超级电容器的能量密度低,在达到需要的内能时体积大、较重、成本也高。人们设想将蓄电池与超级电容器组合在一起。但随之出现的问题是与蓄电池相比,超级电容器电压在很大程度上取决于它的充电状态。为解决这一问题,或者只用一小部分的超级电容器储存内能,或者再加一个电压变换器。

图4.78 能量储存器的能量密度和功率密度

为在汽车上采用飞轮,需要对诸如行驶安全性、防冲击性能、连续耗损、总布置和成本等进行研究,至今在总体上还没有满意的解决。

由于混合动力用的铅蓄电池还没有达到性能要求。在部分放电状态的高能量转换促使蓄电池寿命降低。蓄电池在大于50%~60%的充电状态,充电功率急剧下降,因为会超过起泡电压。铅蓄电池的优点是价廉。

碱性蓄电池（镍/镉和镍/金属氢化物）甚至在相对低的充电状态下也能提供高的有效功率。在高充电状态时也可快速充电，如在制动能量回收时。这一特点是大多数混合动力应用它的依据。碱性蓄电池系统虽然原材料较贵，但在目前的混合动力中主要使用它。由于镉的毒性、记忆效应和寿命短，目前碱性蓄电池系统几乎都使用镍/金属氢化物。

尽管锂离子蓄电池成本更高，但由于其功率密度和能量密度更高，而且其尺寸更小，因此在混合动力汽车及插电式电动汽车上替代了镍/金属氢化物混合动力型蓄电池。

混合动力型蓄电池的重要参数是要求的内能和功率。它们决定了单格电池的类型。选择单格电池的尺寸和数量决定了蓄电池的电压和容量，并据此进行功率电子器件、电机、线束的成本和功能优化。蓄电池其他重要标准是温度特性、再生能力和在故障与交通事故时的蓄电池性能。

为保证蓄电池完美的功能，要单独为蓄电池配备一个电控单元，即蓄电池管理系统。它的典型功能是实时监控蓄电池充电状态、电压、电流和温度。蓄电池管理系统还经常控制冷却状况和防止蓄电池滥用。

（3）变速器　目前已知的所有变速器型式可以与选定的混合动力方案组合。特殊的混合动力变速器（如功率分流变速器）可完全替代常规的变速器。在串联混合动力中不再需要常规的变速器。

利用电机起步辅助，可以简单地或完全替代离合器或变矩器的起步部件。

为减轻驾驶人负荷，推荐自动换档以及接合与分离电动机。

（4）电机和功率电子器件　有关电机原理请参阅"电动汽车"一章。在混合动力中，电机组合在动力装置中。这样，在提供的结构空间中可达到的电动机力矩是选择电动机的决定参数。因此，采用永磁励磁同步电动机在当今的混合动力中获得应用。

汽车集成在功率电子方面也处于领先地位：目前的体积功率密度约为25kW/L，比混合动力汽车首次推出时高出10倍。这里的重点是功率半导体的发展，当然，还有它们的封装冷却。金属氧化物半导体场效应晶体管（MOSFET）已适用于中等功率和高达约200V的电压。绝缘栅双极晶体管（IGBT）优选用于电压范围>200V的中等和高功率。IGBT在功率密度方面仍有发展潜力，例如，由于改进的薄晶片技术降低了功率损耗。因此，尽管性能数据有所提高，英飞凌的第6代IGBT与当前的第5代相比，只需要大约75%的芯片面积。碳化硅（SiC）晶体管具有非常高的效率和高热负载能力，这为在发动机和变速器附近集成功率电子设备开辟了新的前景。但是，该技术仍处于实验室阶段。碳纳米管（CNT）晶体管因其材料特性而显示出非常好的性能数据，但它们仍处于研究的早期阶段。

在效率和功能性客户感知方面的巨大差异化潜力在于电驱动的控制技术和操作策略。汽车制造商均有自己的技术路径。

6. 汽车集成

混合动力在汽车上应用的最大挑战是要在原来的空间附加安装一些混合动力部件，这是非常困难的事。因为目标汽车是按常规的动力装置设计的。如果混合动力汽车在内燃机停止运转时由纯电驱动行驶，则必须特别注意到在正常情况下原先由内燃机驱动的那些辅助装置，如转向系、真空泵、空调压缩机等的驱动问题。在常规汽车上不断增多的采用12V供电电压的电子转向系统，解决了常规汽车的转向问题，这一技术也可用于混合动力汽车上。

随着混合动力汽车的流行，用惯用的 100～350V 的动力电压工作的电动空调压缩机已进入市场。此外，还要优化汽车制动系与制动能量回收的制动器的相互配合，以及混合动力牵引部件与安全性系统，如防抱死制动系统（ABS）或行驶稳定性控制系统的相互配合。

为给 12V 的汽车电气系统供电，要使用 DC/DC 转换器。它由汽车上的高压电网提供。在正确设计时转换不只是能量较优，而且要考虑内燃机较长的停机时间的供电需要。

为保护乘员和防止灵敏的电子系统受到来自动力装置的电磁波干扰，必须注意汽车上电缆的敷设和采取有效的屏蔽措施。牵引部件的高压要有醒目的标记，要培训专职车间工作人员，在非专业人员操作时要切断保险装置。

混合动力汽车中的噪声有一个新的"维度"，在内燃机停机时要注意有没有出现干扰的背景噪声和更强的新的噪声。接入或分开内燃机也应低噪声。

4.3.4 斯特林发动机、蒸汽发动机、燃气轮机、飞轮

1. 斯特林发动机

斯特林发动机为往复活塞式连续外燃或外部供热发动机[117]。热交换器给气缸中的工质（大多为氦气）传递热能。通过挤压活塞，工质在高等温室和低等温室之间来回流动，使工质压力周期变化，并通过动力活塞（工作活塞）和驱动机构转换为机械能。热交换器从斯特林发动机回收热能。为提高热效率，在热室和冷室间安装回热器[118]。

斯特林发动机理论工作循环（闭式循环、连续供热）由两个绝热和两个等容过程组成。图 4.79 是用 p-V 和 T-S 图表示的斯特林发动机理论循环。发动机的工作过程是其循环按顺时针方向进行；制冷机或热泵的工作过程是其循环按逆时针方向进行。

理论循环的各个工作过程为：

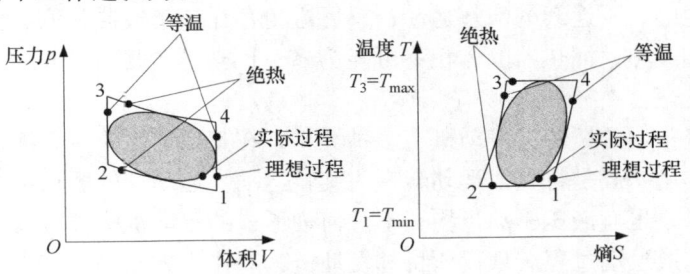

图 4.79 在 p-V 和 T-S 图上的斯特林工作过程

1）从状态 1 到状态 2：绝热压缩。工质在绝热压缩后在热交换器中再冷却到它的初始温度，热量则散入大气或传给要加热的介质。

2）从状态 2 到状态 3：等温吸热。热量来自回热器。

3）从状态 3 到状态 4：绝热膨胀。工质在绝热膨胀后在加热器中重新加热到它的初始状态，这时需要从外部连续燃烧以取得热量，并向外输出有用功。

4）从状态 4 到状态 1：等温放热。热量散入回热器。

理想循环的效率为卡诺（Carnot）循环效率（图 4.80）：

$$\eta = 1 - \frac{T_1}{T_3} = 1 - \frac{T_{min}}{T_{max}}$$

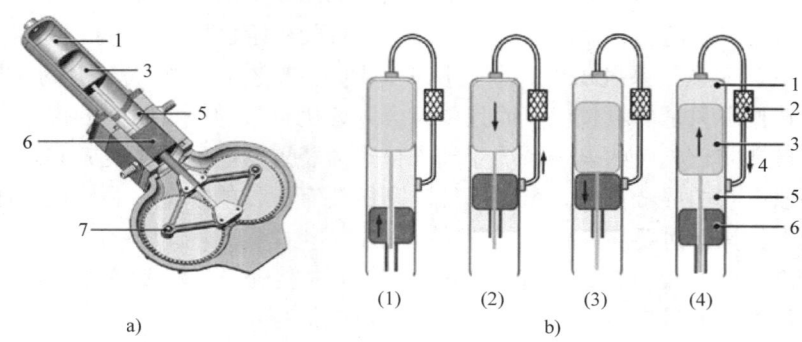

图 4.80 斯特林发动机
a）结构　b）工作原理
1—热区　2—回热器　3—挤压活塞　4—空气运动　5—冷区　6—工作活塞　7—驱动机构
图 b 中活塞的（1）、（2）、（3）、（4）四个位置与图 4.79 中的四个工作点相对应。

闭式循环的工质几乎都采用气体，如氢气、氦气、氮气、空气以及不同组分的工质。对工质的要求是高的比热容、低密度、低黏度和高导热性。最有效的工质是氦气和氢气。为得到斯特林发动机最佳功率密度，应选择尽可能高的平均工作压力。实际上的平均工作压力为 2～20MPa[119]。

斯特林发动机的实际工作过程与理想工作过程存在差别[120]：使用连续运动的驱动机构，不能实现理想的、不连续的活塞运动；不可避免存在热交换器和流动管路的死区；不能通过气缸壁加热和放热；回热器的体积不可能为零；回热器温度在空间和时间上是变化的；热区与冷区间有传热。

作为动力装置常用的斯特林发动机有多种类型，在其他文献中有详细描述。

驱动机构的作用一般是将直线运动转变为旋转运动。运动学的驱动机构有曲轴、菱形传动齿轮、摆动盘等，也有液压驱动机构。不管何种形式的驱动机构都可以实现工作活塞和挤压活塞的连接与完成运动过程。现代斯特林发动机为双作用式、多缸（如 4 缸）、彼此错开适当的角度。

斯特林发动机相对于内燃机最突出的优点是：由于连续外燃，它可作为稳定的热源，特别与催化的燃烧室结合使发动机具有很低的 HC、CO、NO_x 排放；在最佳工作点有良好的效率，在工作容积可调时还有良好的部分负荷效率；有比内燃机好的转矩特性，在静止状态也有转矩；低振动、低噪声。

相对于内燃机，其缺点是在需要大转矩时比内燃机动态响应差（在没有工作容积调节时）；起动准备时间长；冷起动时需要预热；由于热交换器体积大需要相应的大的安装空间；较贵的制造方式，生产成本高。

表 4.15 给出了目前斯特林发动机的特征数值。由于斯特林发动机结构多样，功率和成本差异很大。

表 4.15 斯特林发动机特征数据

特征数据	值	单位	特征数据	值	单位
比功率	100~500	W/kg	最佳点效率	40	%
功率密度	50~500	W/L	成本	50~1500	€/kW
部分负荷效率	30	%	寿命	>11000	工作小时

2. 蒸汽发动机

像斯特林发动机一样，蒸汽发动机也是采用外燃和内部闭式工作循环。所用的工质是水或/和有机液体（如吡啶 Pyridin），来代替斯特林发动机的气体工质。在选择工质时要注意发动机在冬天使用的问题；注意工质的毒性、危险性和环境兼容性。工质的传热像斯特林发动机那样，不是在发动机中，而是在蒸汽发生器或冷凝器中进行。热量像斯特林发动机一样，是由燃烧室提供的。蒸汽发动机的有害物排放特别低，使配备蒸汽发动机的乘用车不需废气后处理就可实现非常高的排放要求。用蒸汽发动机驱动的汽车不需要离合器与变速器，因为在静止状态就有高的转矩。远在 100 多年前，在动力方面突出的蒸汽发动机就已用在客车上。目前有一家汽车技术研究和开发的企业（IAV 有限公司）重新展示了配备蒸汽发动机的一辆乘用车（图 4.81）。

图 4.81　在乘用车的发动机室配备一台 3 缸蒸汽发动机（IAV 有限公司）

图 4.82 是现代蒸汽发动机（包括燃烧室和蒸汽发生器设备）的视图。

利用活塞式发动机中工质"相"的转换（如朗肯 Rankine 工作过程）就可在闭式工作循环中产生机械功。

蒸汽发动机在全负荷的效率与工作过程有关，但比直喷柴油机的效率低。利用部分负荷的良好效率，蒸汽发动机汽车无论在正常行驶，还是按欧洲城市行驶循环（NEFZ）测试，都可得到非常低的燃料消耗。

其他的一些优点与缺点与斯特林发动机类似。蒸汽发动机可以比斯特林发动机更紧凑一些。至今，作为汽车动力装置的蒸汽发动机虽然比内燃机优越，但由于系统工作方面的一些缺点而没有采用。根本缺点是冷起动后必须预热，而且加速响应非常慢。

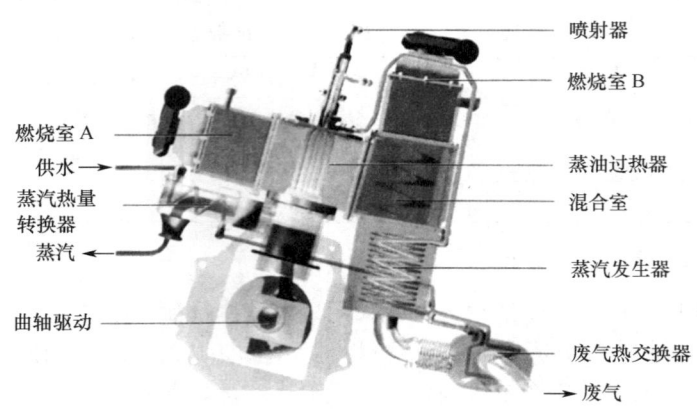

图4.82　包括燃烧室和蒸汽发生器设备的现代蒸汽发动机视图（IAV有限公司）

3. 燃气轮机

燃气轮机是连续内部燃烧的发动机[145]。燃料燃烧所需的空气进入空间相互分隔的各个部件，如压气机、燃烧室、涡轮和将它们连接的扩压器和/或螺旋气道，并在各个部件中进行各自的工作过程，以完成一个工作循环。

涡轮的工作原理是：从大气中经空气滤清器和消声器连续吸入的新鲜空气被压气机压缩。压气机一般为径流式或轴流式压气机。接着在热交换器中预热和导入燃烧室。在空气进入燃烧室时连续喷射气状或液状燃料，与一部分空气气流混合并引燃而燃烧。燃烧气体与其余的空气（未燃烧空气）混合，使在涡轮进口处的燃烧气体与空气的混合气温度降低到约1300K。高温的燃烧混合气将它的能量输送给1级、2级或3级涡轮。涡轮可装在不同的轴上（最多3根轴）。燃烧混合气在涡轮中膨胀，如在双轴燃气轮机上总能量降（焓降）的约2/3是降在驱动压气机的涡轮中。其余的能量用于驱动动力涡轮或做功涡轮。在燃烧时剩余的热的燃气混合气进入热交换器，为预热进气提供热能。动力涡轮的转动能量通过很大传动比的减速器传递给传动系。压气机—涡轮不只是吸入新鲜空气，也可驱动辅助装置，如发电机、液压泵。

用于汽车的开式结构的各种燃气轮机的区别是轴和各附属装置的数量，如热交换器、中冷器或改善热效率的中间燃烧单元。单轴燃气轮机是将气体发生器组和动力涡轮安装在单轴上。这种结构在汽车起步时具有良好的转矩特性，因为气体发生器转速在每一时刻都是输出轴转速。当在采用串联混合动力时，燃气轮机驱动发电机时这种转矩特性会有一些问题[132]。在双轴燃气轮机上（图4.83），气体发生器轴（带压气机和相关的压气机—涡轮）和输出轴与动力涡轮机械分开。这时的转矩特性要明显优于单轴燃气轮机或点燃式发动机的转矩特性。为降低车内燃气轮机在部分负荷和怠速工况的燃料消耗以及提高加速性，需要控制工质的温度和/或调节涡轮和压气机处的导向叶片角度，实现燃气轮机的负荷调节。在三轴燃气轮机上，压缩空气经中冷，燃气膨胀时进行第二次燃烧。这样可改善燃料消耗，但复杂性和成本增加。

车用燃气轮机燃料可考虑采用柴油、汽油、代用碳氢化物燃料、天然气、煤气，甚至煤粉。燃烧过程是在很大的过量空气系数下连续进行的，由于燃气与冷空气的进一步混入使进入涡轮的燃气混合气温度约为1300K。该温度要比不连续工作的、内部燃烧的内燃机峰值燃

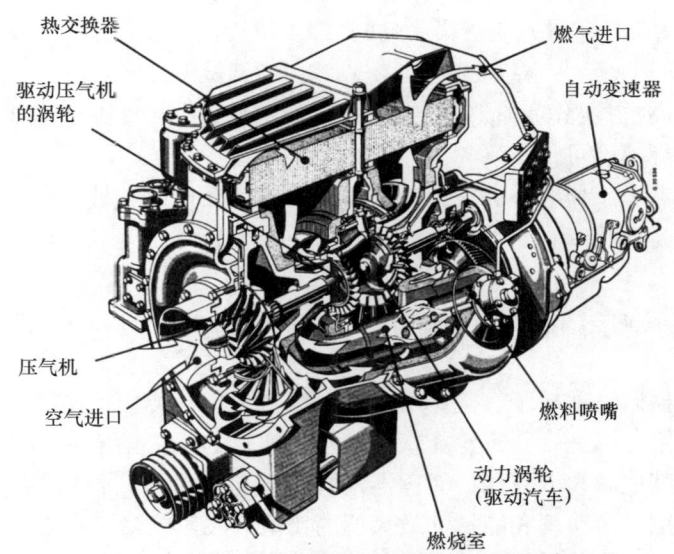

图 4.83 燃气轮机(戴姆勒-奔驰研究用轿车)

气温度低。这样的结果是燃料消耗和 CO_2 排放要比常规的内燃机 CO_2 排放高,燃料消耗也更高。但受法规限制的燃气轮机的 CO、HC 和 NO_x 排放量则比内燃机相应的值明显低。

配备燃气轮机的汽车动力装置具有低的有害物排放和可使用多燃料、良好的稳态转矩和较好的转矩特性、振动小、维护间隔长等优点。其缺点是高的燃料消耗、为提高热效率需要大的热交换器、在燃气轮机成批用于汽车时目前还不能提供经济的燃烧室零部件材料(耐高温陶瓷,如 Si_3N_4、SiC、玻璃陶瓷,这些材料的生产还达不到必要的纯度以及它们的加工问题)、噪声强、小功率燃气轮机的有限适用性以及动态响应比活塞式内燃机差[133]。

其重要的特征数据见表 4.16。

4. 飞轮

飞轮属于机械能量储存器,它可储存动能(转动能)。飞轮主要用于平滑短时间的负载和功率波动,以得到高的峰值功率、克服功率中断,它也可如同电容器或蓄电池那样储存能量。

在汽车上利用飞轮(能量储存器)可以回收制动汽车时没有被利用的能量。回收制动能量时可以将动能传递到一个或多个飞轮上,并以这种方式将制动能量储存起来。在汽车加速时,又重新将储存的能量传递给汽车[134]。

表 4.16 燃气轮机特征数据

特征数据	参数值
比功率	300~500W/kg
功率密度	200~400W/L
部分负荷效率	10%~15%
最佳点效率	25%~40%
成本	15~25€/kW
寿命	2000~4000 工作小时

储存在飞轮中的能量 W 可由飞轮的惯性力矩 J 和角速度 ω 按公式 $W = \frac{1}{2}J \cdot \omega^2$ 算出。惯性力矩与飞轮质量 m 和它与转轴的距离 r 的平方成正比。飞轮质量需要根据它的径向质量分布,即考虑它的形状系数 K_f 才能确定。不同的飞轮形状系数总是在相同的飞轮外径时彼此比较得到的。如薄圆环的形状系数为 $K_f = 1$;带孔的圆环,且孔的内外径之比为 0.5 时 $K_f = 0.75$;实心圆柱体为 $K_f = 0.5$。飞轮单位质量可储存的最大能量,也称飞轮的质量能量密度,可用飞轮所用材料的抗拉强度 σ 和密度 ρ 之比以及它的几何形状系数表示。飞轮比质量能量(W/m,

W 为飞轮能量，m 为飞轮质量）也可由飞轮的最大圆周速度 v_{max} 的平方算出：

$$W/m = K_f\sigma/\rho = 1/2K_f v_{max}^2$$

飞轮材料的较高抗拉强度和较低密度以及飞轮质量集中在外圆可达到飞轮的高质量能量密度。飞轮最大圆周速度可作为飞轮工作能力的特征参数[135]。

飞轮能量储存器在工作时不能完全释放能量，因为在低速时只传递小部分能量。由最大角速度 ω_{max} 和最小角速度 ω_{min} 可得到工程上可用的飞轮能量：

$$W = 1/2J(\omega_{max}^2 - \omega_{min}^2)$$

如设飞轮最低转速为最高转速的一半，则工程上可用的飞轮能量为它的总能量的 3/4[136]。

飞轮能量储存器装置由转子、壳体、轴承和与汽车传动装置相连的离合器的能量传递装置组成。飞轮的有用功率——与飞轮能量储存器可储存的能量无关——只与能量传递装置的有效功率有关，与其他的大多数能量储存器不同，飞轮能量储存器可储存的能量和输入/输出功率彼此无关。定义为功率和能量的最大值的比值的飞轮能量储存常数可以很好地适应匹配要求[137]。

能量传递既可采用无级变速器（CVT）的机械能变换器，也可采用机电的电能变换器实现。目前常用的有为永磁励磁、逆变馈电的同步电机，它与飞轮转子组成一个机械部件（图4.84）。单纯靠 CVT 无级变速器的能量传递至今只在一些特殊场合使用[138]。

当前，飞轮不再由高抗拉强度的轧制钢和锻钢制成，而是使用抗拉强度 σ 与密度 ρ 之比较高的能量密度的材料制成。表 4.17 为与飞轮质量有关的可储存的能量和相应的钢、铝、钛、GFK（玻璃纤维-环氧树脂）、CFK（碳纤维-环氧树脂）制成的飞轮最大圆周速度。可储存的能量值，如文献中给出的数据，仅与飞轮质量有关。实际可达到的飞轮单位质量储存的能量值在考虑安全性系数和传动装置、轴承壳体、万向轴轴承等质量后还要明显低于该值[139]。

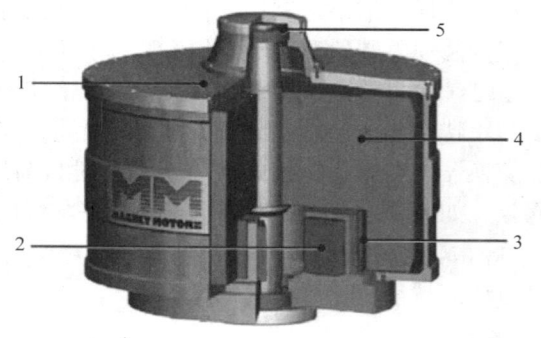

图 4.84 带永磁励磁同步电机和真空密封保护壳体的电动飞轮能量储存器（磁电机，Starnberg）
1—保护壳体 2—永磁励磁同步电机（定子）
3—转子（在飞轮内） 4—碳纤维-环氧树脂绕组体 5—精密球轴承

表 4.17 与飞轮质量有关的可储存的能量和相应的钢、铝、钛、GFK、CFK 制成的飞轮最大圆周速度

	最大拉伸应力 /(MN/m²)	密度 /(kg/m³)	与飞轮质量有关的可储存能量 /(W·h/kg)	最大圆周速度 /(m/s)
钢	1500	7800	53	620
铝	600	2700	62	667
钛	1200	4500	74	730
GFK	1600	2000	222	1270
CFK	2000	1500	444	1790

为减少气动损失，飞轮能量储存器壳体一方面应尽可能使转子（飞轮）在低气压环境下运转，另一方面在飞轮破裂时具有保护功能。飞轮轴承必须满足很高的安全性要求和尽可能小的摩擦损失。高速飞轮采用陶瓷轴承与永磁卸载轴承或没有机械接触的电磁轴承。在理想情况，飞轮能量储存器自由地悬挂在汽车中[140]，因为在飞轮能量储存器绕汽车轴转动时不会出现反作用力。在汽车中通过减振的悬架吊起飞轮装置时，在弯道行驶为避免进动力，飞轮装置应垂直吊起。这样，进动力只在俯仰和坡道变化时才出现[140]。

通过机电能量转换器可以将飞轮能量以电能形式储存或取出，并通过增加或减小飞轮转速的动能形式再次储存或取出。

飞轮能量储存器特别适用于经常处于制动和加速行驶状态下的汽车（如城市公共汽车、近程公共交通轨道车辆）上[141]。它们与内燃机、电机一起组成一个混合动力系统。在已实现的装有飞轮能量储存器的混合动力汽车要比没有储存制动产生的动能的公共汽车约可节省25%的燃料。

混合动力的飞轮能量储存器与超级电容器的静电存储器和高功率蓄电池的化学能存储器处于竞争状态。单位质量的飞轮能量储存器可储存的能量要明显高于超级电容器储存的能量；而飞轮能量储存器的寿命又要明显高于高功率蓄电池的寿命。特别是飞轮能量储存器的高经济性，如果它的寿命为 20 年，则其负荷循环数可能高达 10^6 次，见表 4.18。

表 4.18 机电飞轮能量储存器的一些重要特征参数和数值
（包括保护壳体、轴承、电驱动和安全性装置）

特征参数	数值
比功率	500 ~ 4000W/kg
比能量	5 ~ 55W·h/kg
飞轮能量储存器时间常数	20 ~ 200s
功率密度	700 ~ 6000W/L
能量密度	10 ~ 60W·h/L
效率（加载/卸载）	90%
怠速时能量损失	2% ~ 10%/h
成本	10000 ~ 25000€/(kW·h)
寿命	20A
负载循环次数	1000000 循环

具有纤维复合转子的现代飞轮能量储存器本身是安全的，在交通事故中不会有特别的危险，因为 CFK 转子受损时会裂成许多小块[129]。碎裂件由壳体挡住，不能向外飞出。转子受损时自由释放的能量会少许加热受损的飞轮能量储存器装置，使它增高 10 ~ 20K。在交通事故中由飞轮造成的危险不会超过在交通事故中由可燃液体和固体（燃料箱）造成的危险。

在一级方程式赛车上重新恢复对能回收动能的飞轮能量储存器装置的兴趣[142]。一些重要的一级方程式赛车车队已开发出采用飞轮能量储存器的功能性装置的解决方案。在 2009 年赛季，在一级方程式赛车上使用的如 Williams 的动能回收装置（Kinetic Energy Recovery System，KERS）。KERS 具有能量为 400kJ、功率为 60kW 的飞轮。储存的能量能在 6.6s 时间内加速赛车。

带飞轮的 KERS 由飞轮、离合器和无级可变变速器（CVT）组成。一个由 Ricardo 公司发布的 KERS 有一个在最高转速 6000r/min 时能量密度高达 200kJ/kg 的飞轮，其直径为 280mm，重量约 13kg，这时可储存 0.5kW·h 的能量[143-144]。

4.3.5 氢气内燃机

氢气内燃机研发在最近 30 年，始于爱伦（Erren）[151]和欧密欣（Oehmichen）[152]的工作、宝马的研究纲要[153]和其他一些汽车生产厂家的不断努力[154,155]，取得了很大进展。氢气内燃机用于汽车具有最大的潜力，主要研究氢气四冲程点燃式发动机[156,157]，也研究氢气二冲程发动机[158]和氢气汪克尔（Wankel）发动机[5]。氢气内燃机是在相应的汽油机的基础机上制成的[154,155,159,165,168-170]。氢气与空气的混合气可以在内燃机的外部形成，也可以在内部形成（图 4.85）。增压可以大幅度提高内部或外部混合气形成的内燃机比功率密度。

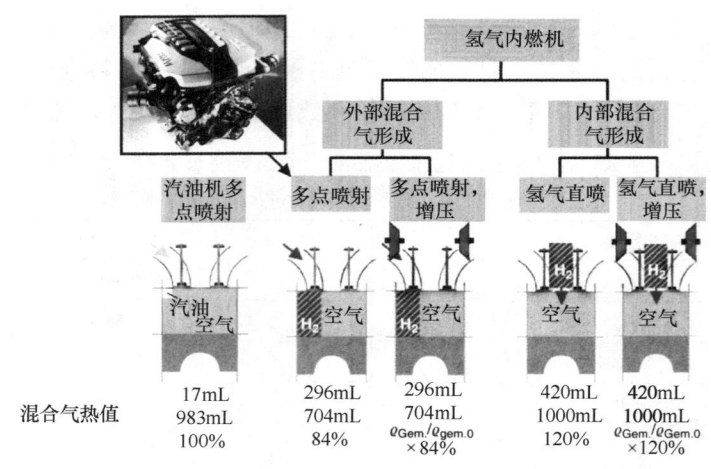

图 4.85　各种氢气发动机方案的混合气热值与汽油机多点喷射（MPI）比较

作为实例的宝马 12 缸、氢气与空气外部混合的氢气发动机[159,165]具有下列的典型特征：

1）与基础发动机结构匹配。
2）开发氢气燃烧系统。
3）电子系统与点火系匹配。
4）开发氢气发动机的控制，包括电控单元和氢气发动机工作策略。

双发动机方案工作可以为用于预先提供有价值的氢气汽车尝试，只是在这期间还没有覆盖广大地区的加氢站网点。

1. 结构特征

燃烧室的几何形状和点火系兼顾汽油燃烧和氢气燃烧。宝马发动机按双发动机方案设计，既可以像批量生产的直喷汽油机方式工作，也可按氢气与空气外部混合的点燃式发动机方式工作。

2. 外部混合气形成的氢气燃烧系统

氢气和空气的混合气形成发生在进气行程。在外部混合气形成时当过量空气系数 $\lambda = 1$ 时发动机达到最大功率密度。

氢气和空气混合气的氢气特性、宽的点火边界、低的点火能量以及高的燃烧速度增加了非受控燃烧（回火、提早点火）的危险，这是研发氢气发动机在 $\lambda = 1$ 工作时的重大挑战。主要研发目标放在发动机受热件的热稳定性和专门的氢气燃烧系统上。为避免有害物的排放，除得到最大的功率密度外，还要设置一些重要的边界条件（限制条件）。对于燃烧氢气的发动机，NO_x 是唯一的有害物排放。由燃烧润滑油产生的少量未处理的原始排放物 CO 和 HC 可用稀混合气或过量空气系数 $\lambda = 1$ 工作时在三效催化转化器中将它们降至接近于零。

形成的 NO_x 与燃烧温度有关[12]。均质稀氢气—空气混合气（过量空气系数 $\lambda \gg 1$）在低温燃烧具有很高的热效率和最低的 NO_x 排放，在 $\lambda = 4$ 时还能燃烧，因此氢气发动机的工作范围很宽，可以不用节流装置实现负荷的质调节（图4.86）。

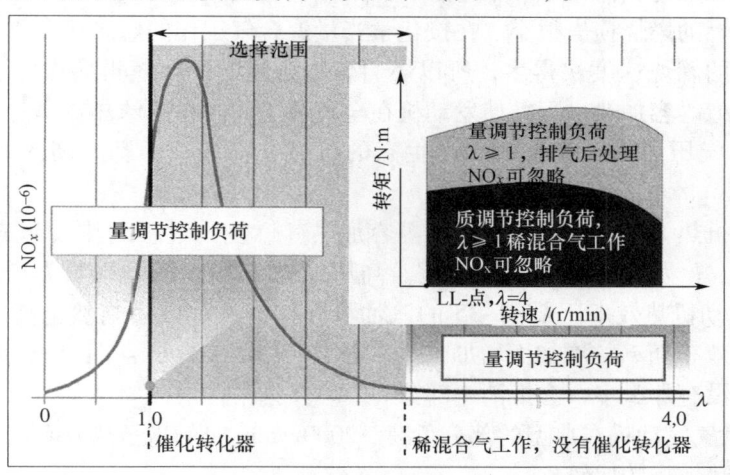

图 4.86　NO_x 排放随过量空气系数 λ 的变化和氢气发动机工作策略

在负荷增加时（$\lambda < 2.0$），未处理的原始排放物明显增加，并在 $1.1 < \lambda < 1.2$ 时达到最大值。在 $\lambda = 1$ 时原始排放值处于一个高水平。与发动机在 $\lambda > 1$ 工作时相比，在 $\lambda = 1$ 时未处理的原始排放物可以仅通过常规的三效催化转化器降低到世界范围最严格的排放标准以下[159-161,166,168]。

根据氢气混合气的宽的点火边界以及 NO_x 形成边界，需要对自由吸入氢气的外部氢气与空气混合的发动机确定工作策略。为此，在整个宽的 λ 范围，发动机用稀混合气、质调节工作。其效果是发动机的 NO_x 排放可忽略不计，而热效率很高。在 $2.0 < \lambda < 2.2$ 范围发动机控制直接转换到 $\lambda = 1$ 工作和量调节，以达到最大功率密度。这样就排除发动机在 $1.0 < \lambda < 2.0$ 范围工作。发动机采用这样的工作策略可保证在整个的特性场中保证特别低的 NO_x 排放和达到所有法规所要求的 NO_x 排放限值[167]。

在外部混合气形成中，依靠增压可显著提高混合气热值。当增压到 0.85bar 时发动机平均有效压力可大于 18bar。氢气发动机压缩比最高可达到约 $\varepsilon = 11$。在全负荷化学当量混合气工作时，利用提早点火就可限制压缩比[160]。

3. 内部混合气形成的氢气燃烧系统

内部混合气形成提供了通过燃料喷射率和改变点火定时[16]控制燃烧和提高功率的另一种可能性。内部混合气形成的氢气发动机平均指示压力约可达到15bar[160-161]。

氢气直喷发动机的关键部件是喷嘴。由于在压缩过程喷入氢气，喷射压力视喷射定时需要50~300bar。喷嘴要有高的流动速率和精确喷入氢气，并能承受燃烧室中的高的热负荷。

由于氢气与空气的有效气体交换（混合），在内部混合气形成的压缩期间测定的气缸内气体压力要明显高于外部混合气形成的自由吸气的汽油机和氢气发动机的气缸内的气体压力。

在内部混合气形成时的发动机工作策略与外部混合气形成的发动机工作策略相似。增压可提高发动机比功率密度，氢气直喷还可进一步提高比功率密度。

4. 提高效率的潜力

氢气发动机在部分负荷时燃烧很稳定。由于氢气和空气混合气的点火边界宽，在稀混合气工作时燃料未燃的燃烧损失很小。在按化学当量混合气工作的燃烧速度要比汽油机的化学当量混合气工作的燃烧速度快得多，所以燃料燃烧延迟时间要短得多。由于氢气的快速燃烧，在气缸中近似等容加热过程，使发动机在全负荷工作时有高的热效率。另外，高的燃烧速率使气缸内燃气压力增长率陡峭，产生高的机械载荷和热负荷、高的燃烧终了压力和温度。

点燃式发动机热力学理论效率是基于等容加热（燃烧）过程的热效率 $\eta_{th} = 1 - 1/\varepsilon^{k-1}$，式中 ε 为压缩比，k 为等熵指数或热容比。高压缩比 ε 和高等熵指数 k 就有高的热效率，$k \approx 1.4$ 的氢气发动机热效率比 $k \approx 1.35$ 的汽油机和柴油机热效率当然也高。在较高的压缩比 ε 下，理论热效率随 ε 的增加而增加（k 一定）。发动机在实际工作时，摩擦功的增加理论热效率的增加没有那么多，会抵消一部分。

图4.87是氢气发动机在典型的部分负荷、2000r/min时的指示热效率与当前技术的汽油机和柴油机指示热效率的比较。

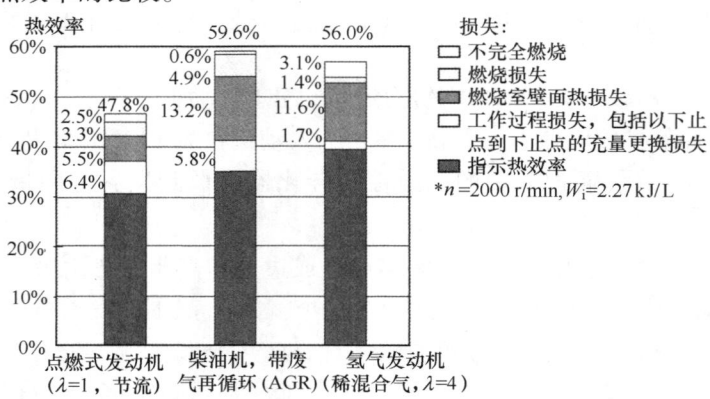

图4.87 在典型的部分负荷、2000r/min时氢气发动机指示热效率与当前技术的汽油机、柴油机指示热效率比较

氢气发动机的高的理论热力学效率是因为稀混合气燃烧；柴油机的高的理论热力学效率则是高压缩比这一主要因素。

尽管氢气发动机的理论热力学效率要比柴油机的理论热力学效率低一点，但氢气发动机的指示热效率还是比柴油机的指示热效率高。其原因是燃烧速度快，较少地偏离理想等容加热（燃烧）的工作过程，使热效率损失少；由于没有节流装置，所以充量更换损失少。高压缩比柴油机的优点加上稀混合气、无节流的燃烧的优点使它的指示热效率高于点燃式发动机的指示热效率。氢气发动机指示热效率要比点燃式发动机（汽油机）的指示热效率约高8%，总的燃料消耗可改善25%[160,161,163]。

5. 用作汽车动力装置的氢气发动机

氢气发动机的重量、体积功率密度以及转矩密度处于汽油机与柴油机相应的指标之间。

在件数相当时，氢气发动机的研发和生产成本也处于汽油机和柴油机成本之间。在中、低负荷时氢气发动机的效率潜力甚至超过目前柴油机的效率。工程转换是基于当今的内燃机批量生产水平。采用氢气发动机的动力装置方案能获得的利益首先是因为研究工作取得的进展（如降低摩擦损失、能量管理、电子化的传动系）。

动力学、功能扩展、安装位置、动力装置组装和在汽车上的各接口等实际上保持不变。汽车的一些部件和尺寸的确定（如变速器、HAG、支撑、制动器）由原先配备汽油机或柴油机的汽车承担。

氢气发动机可以经济地体现氢气的所有优点，如没有 CO_2 排放、能源的多样性、持久利用再生能源、采用适当的氢气发动机工作策略可以将有害气排放降至接近于零。

在未来，只要采用氢气为燃料能够实现对汽车动力装置的要求，氢气点燃式发动机就会适时采用。

在宝马 Hydrogen 7（图 4.88）这种车型上，一个复杂的批量研发过程正在进行，一个很高的要求是，如何装备在其他量产车型上。通过一个 100 辆小规模车队 400 万 km 全球范围内的全天候试验，这种设计已被证明是成功的。

图 4.88　双燃料 V12 发动机的宝马 Hydrogen

参 考 文 献

4.1 节参考文献和图

1. Daimler Konzernarchiv, ATZ/MTZ-Sonderhefte: Pkw-Neuentwicklungen

4.2 节参考文献

2. Braess, H.-H.: Das Automobil im Spannungsfeld zwischen Wunsch, Wissenschaft und Wirklichkeit. 2. Stuttgarter Symposium Kraftfahrwesen und Verbrennungsmotoren, S. 786–799, 1997
3. SAE-Norm J1100
4. GCIE – Global Cars Manufacturers Information Exchange Group: Package Drawing Exchanges
5. Indra, F.: Package: Die Herausforderung für den Motorenentwickler. 19. Internationales Wiener Motorensymposium. Fortschrittsbericht, VDI Reihe 12. Bd. 348. VDI, (1998)
6. van Basshuysen, R., Schäfer, F.: Handbuch Verbrennungsmotor. Vieweg, Wiesbaden (2002)
7. 50 Jahre Frontantrieb im Serienautomobilbau. VDI-Bericht 418 (1981)
8. Bandow, F., Stahlecker, H.: Ableitung der Hauptabmessungen eines Fahrzeugs. ATZ **3**(10), (2001)
9. Braess, H.-H.: Zur gegenseitigen Abhängigkeit der Personenwagen-Auslegungsparameter Höhe, Länge und Gewicht. ATZ **81**(9), (1979)
10. Braess, H.-H.: Negative Gewichtsspirale. ATZ **101**(1), (1999)
11. Toyota Prius. ATZ **3** (2004)
12. Lexus LH400. ATZ **09** (2005)
13. Die neue C-Klasse. ATZ/MTZ Sonderausgabe zu ATZ und MTZ **04** (2007)

14. Spiegel, L., Schuermann, M., Rauner, T., Stache, I.: Das Antriebskonzept des neuen Cayenne S Hybrid. 19. Aachener Kolloquium Fahrzeug- und Motorentechnik, 2010, Bd. 1. (2010)
15. Der neue 3er BMW. ATZ/MTZ Sonderausgabe zu ATZ und MTZ (2005)
16. Der neue Audi A6. ATZ/MTZ Sonderausgabe zu ATZ und MTZ **03** (2004)
17. Die neue S-Klasse. ATZ/MTZ Sonderausgabe zu ATZ und MTZ **10** (2005)
18. Der neue Maybach. ATZ/MTZ Sonderausgabe zu ATZ und MTZ **09** (2002)
19. Der neue Audi A8. ATZ/MTZ Sonderausgabe zu ATZ und MTZ **08** (2002)
20. VW Phaeton. ATZ/MTZ Sonderausgabe zu ATZ und MTZ **07** (2002)
21. Der neue Porsche Boxster. ATZ/MTZ **02** (2005)
22. Der neue Porsche 911. ATZ/MTZ **12** (2004), **01** (2005)
23. Der Porsche Cayenne. ATZ/MTZ Sonderausgabe zu ATZ und MTZ **07** (2003)
24. Jost, K.-E.: Rechts wie links. Christophorus – Das Porsche Magazin **298** (10), (2002)
25. Der neue BMW 7er. ATZ/MTZ Sonderausgabe zu ATZ und MTZ **11** (2001)
26. Der neue CLS von Daimler Benz. ATZ/MTZ Sonderausgabe zu ATZ und MTZ **11** (2004)
27. Der neue Golf Plus. ATZ/MTZ Sonderausgabe zu ATZ/MTZ **02** (2005)
28. Der Porsche Panamera. ATZ **10** (2009)
29. Renner, J.: Methodische Unterstützung funktionsorientierter Baukastenentwicklung am Beispiel Automobil. Dissertation, TU München (2007)
30. Dietrich, S.: Modularisierung und Funktionsintegration am Beispiel der Automobilkarosserie – Ein Beitrag zur Entwicklung, Bewertung und Lösungsauswahl. Dissertation, TU München (2011)
31. Schmidt, G., Hermann, G.: Plattformbasierte Lösungen für globale Märkte. ATZextra **04**, 28–33 (2011)

4.3.1 小节参考文献

32. Braess, H., Pfab, X., Aszmann, R.: Charging and infrastructure services as central link between automotive industry and energy supplier. EVS-25, Shenzhen, China, 5.–9. November 2010
33. http://wrs.region-stuttgart.de/sixcms/media.php/923/Modellregion%20Elektromobilit%E4t_deutsch.pdf
34. van Basshuysen, R., Schäfer, F. (Hrsg.): Handbuch Verbrennungsmotor. Vieweg, Wiesbaden (2007)
35. California Environmental Protection Agency, Air Resources Board: www.arb.ca.gov/msprog/zevprog/zevregs/zevregs.htm
36. ZVEI – Zentralverband Elektrotechnik-und Elektronikindustrie e.V.: Elektromobilität – Fünf offene Fragen und Antworten – Eine Positionsbestimmung. (Oktober 2012)
37. Wallentowitz, H.: Einsatz von Elektrofahrzeugen. BMV-Forschungsvorhaben FE-Nr. 70466/95, ika Bericht 6062
38. Knödel, U., Strube, A., Blessing, U., Klostermann, S.: Auslegung und Implementierung bedarfsgerechter elektrischer Antriebe. ATZonline **06**, 56–60 (2010)
39. Höfner, B.: Integrations- und Systemanalyse elektrischer Radantriebe für zukünftige Pkw-Elektrofahrzeuge. EAA Forschungsberichte, Bd. 7. Shaker, Aachen (2010)
40. Doppelbauer, M.: Elektrische Antriebe in hybriden und vollelektrischen Fahrzeugen. EW Medien und Kongresse GmbH, Frankfurt am Main (2012)
41. Falk, K.: Der Drehstrommotor. VDE Verlag, Offenbach (1997)
42. Hofer, K.: Elektrotraktion – Elektrische Antriebe in Fahrzeugen. VDE Verlag, Berlin, Offenbach (2006)
43. Anderman, M., Kalhammer, F., MacArthur, D.: Advanced batteries for electric vehicles; An assessment of performance, cost and availability, Juni 2000
44. Energy storage system goals. www.uscar.org/guest/teams/12/U-S-Advanced-Battery-Consortium
45. Rinderknecht, S., Meier, T.: Electric power train configurations and their energy storage systems. EVS-25, Shenzhen, China, 5.–9. November 2010
46. Lee, S., Kim, T., Hu, J., Cai, W., Abell, J.: A state-of-the-art review on lithium-ion battery joining, assembly and packaging in battery electric vehicles. EVS-25, Shenzhen, China, 5.–9. November 2010
47. Conte, M., Conte, F., Bloom, I., Morita, K., Ikeye, T., Belt, J.: Ageing testing procedures on lithium batteries in an international collaboration context. EVS-25, Shenzhen, China, 5.–9. November 2010
48. Sudano, A.: The lithium-metal-polymer battery technology. EVS 20, Long Beach, California, 15.–19. November 2003
49. Burke, A., Miller, M., Zhao, H.: Lithium batteries and ultra-capacitors alone and in combination in hybrid vehicles: Fuel economy and battery stress reduction advantages. EVS-25, Shenzhen, China, 5.–9. November 2010
50. Hybridtechnologie von Voith Turbo – Alternative zum konventionellen Antrieb. News, Kundenmagazin von Voith Turbo (Februar 2010)
51. Elektromobilität: Mennekes Ladesteckvorrichtung VDE-geprüft. Medieninformation (2010). www.mennekes.de
52. Ferreira, J., Afonso, J.: A conceptual V2G aggregation platform. EVS-25, Shenzhen, China, 5.–9. November 2010
53. www.chademo.com
54. www.betterplace.com
55. Pavlidis, M.: Induktives Laden – ein Verfahren der Zukunft. EW Medien und Kongresse GmbH, Frankfurt am Main (2012)
56. Technologien – Infrastruktur – Märkte. VDE Studie E-Mobility 2020. Frankfurt am Main (November 2010)
57. Sattler, H.: Batterien auf dem Prüfstand – das VDE-Testlab für Batterien und Umwelt. EW Medien und Kongresse GmbH, Frankfurt am Main (2012)
58. Abell, L., Oppenheimer, P.: World lithium resource impact on electric vehicles. Plug in America (Dezember 2008)
59. Hartnig, C., Krause, T.: Zukünftige Batterietechnologien aus der Sicht des Rohstoffherstellers. EW Medien und Kongresse GmbH, Frankfurt am Main (2012)

4.3.2 小节参考文献

60. Vielstich, W., Lamm, A., Gasteiger, H.A.: Handbook of Fuel Cells. Bd. III, S. 647. Wiley, (2003)

61. Carlson, E.J., et al.: Cost analysis of fuel cell systems for transportation. Report to Department of Energy, Ref. No. 49739, SFAA No. DESCO2-98EE50026, 2001
62. Banken, J., Daimler AG: Die Elektrifizierung des Automobils – technische und ökonomische Herausforderungen. 7. VDI-Tagung Innovative Fahrzeugantriebe, Dresden, 10. November 2010
63. Vielstich, W., Lamm, A., Gasteiger, H.A.: Handbook of Fuel Cells, Bd. IV, S. 727. Wiley, (2003)
64. Wind, J., Fröschle, P., Höhlein, B., Piffaretti, M., Gabba, G., Daimler AG: WTW analyses and mobility scenarios with OPTIRESOURCE. World Hydrogen Energy Conference, Essen, Mai 2010
65. Dehn, S., Dülk, C., Srinivas, S., Cornelio, A.A., Daimler AG: Investigation on the performance of a mechanistic electric turbocharger model for a vehicular fuel cell system. JSAE/SAE Powertrain, Fuels and Lubricants Meeting 2011, Kyoto, Japan, 29. August–03. September 2011
66. Dehn, S., Wöhr, M., Daimler AG, Heinzel, A.: Development of a near-dead-ended fuel cell stack operation in a vehicular drive system. IEEE Vehicle Power and Propulsion Conference 2011, Chicago, USA, 5.–9. September 2011
67. Dehn, S., Daimler AG: Betriebsweise eines Brennstoffzellensystems mit offener Anode und Abgaskatalysator in einem automobilen Antriebssystem. Fortschritt-Berichte, VDI, Reihe 12, Bd. 754. VDI Verlag, Düsseldorf (2012)
68. Sommer, M., Wöhr, M., Docter, A., Daimler AG: Concepts for future PEM fuel cell systems. Fuel Cell Seminar, San Antonio, 17. Oktober 2007
69. Friedrich, J., Günther, B., Liphardt, S., Nitsche, C., Peters, D., Reiff, S., Schamm, R., Skroza, R., Walz, H., Daimler AG: 150.000 km and 3000 Operating hours with a Daimler F-CELL vehicle, Status Report. EVS24, Stavanger, Norway, 13.–16. Mai 2009
70. Herb, F., Jossen, A., Reiff, S., Wöhr, M., Daimler AG: Investigation of Li-battery and fuel cell aging in a fuel cell hybrid car model. Eleventh Grove Fuel Cell Symposium, London, 23. September 2009
71. Fröschle, P., Daimler AG: Fuel cell power trains. World Hydrogen Energy Conference, Essen, Mai 2010, S. 318–332. Expert Verlag (2010)
72. Maus, S., Hapke, J., Na Ranong, C., Wüchner, E., Friedlmeier, G., Wenger, D., Daimler AG: Filling procedure for vehicles with compressed hydrogen tanks. Int. J. Hydrog. Energy **33**, 4612–4621 (2008). www.Elsevier.com
73. Mohrdieck, C., Daimler AG: Fuel cell vehicles one step on the path to commercialization. 6th International Hydrogen & Fuel Cell Expo Technical Conference, Tokyo, 5. März 2010
74. Kojima K., Morita T.: Fuel cell system engineering div. Development of fuel cell hybrid vehicle in TOYOTA. EVS25, Shenzhen, China, 5.–9. November 2010
75. Kizaki, M.: Development of new fuel cell system for mass production. EVS26, Los Angeles, California, 6.–9. Mai 2012
76. Brachmann, T.: The Honda FCX clarity – A viable fuel cell electric vehicle for today and beyond 2015? World Hydrogen and Energy Conference, Essen, Mai 2010
77. Lim, T.W.: Development of fuel cell electric vehicle in Hyundai – Kia Motors. 6th International Hydrogen & Fuel Cell Expo Technical Conference, Tokyo, 5. März 2010
78. Iiyama A., Arai T., Ikezoe K.: Latest FCV development in Nissan – Challenges for durability and cost. EVS25, Shenzhen, China, 5.–9. November 2010
79. Bork, M.: Fuel cell electric vehicle development at GM – Progress and challenges. 6th International Hydrogen & Fuel Cell Expo Technical Conference, Tokyo, 5. März 2010
80. Flanz, S.: Five years of experience with Ford fuel cell vehicle fleet operations. World Hydrogen and Energy Conference, Essen, Mai 2010
81. Steiger, W., Seyfried, F., Huslage, J., Volkswagen AG: Zweite Generation PEM-Brennstoffzellen: Erste Erfahrungen. MTZ **12**, (2007). www.all4engineers.de, www.atzonline.de
82. Mohrdieck, C., Daimler AG: Next generation fuel cell technology for passenger cars and buses. EVS24, Stavanger, Norway, 13.–16. Mai 2009
83. Babovsky, C., Daimler AG: Defintion einer neuen Zuverlässigkeitsgröße zur realitätsnahen Darstellung des Ausfallverhaltens kleiner Grundgesamtheiten am Bespiel von Brennstoffzellen-Systemen. 24. Fachtagung »Technische Zuverlässigkeit 2009«, VDI Wissensforum, Leonberg, 29./30. April 2009
84. The role of battery electric vehicles, plug-in hybrids and fuel cell electric vehicles. http://www.zeroemissionvehicles.eu (2010)

4.3.3 小节参考文献

85. de Backer, J., Yaguchi, H.: The new Toyota Prius hybrid system. Hybridfahrzeuge, Elektrofahrzeuge und Energiemanagement, 7. Braunschweiger Symposium, 25. Februar 2010
86. Lamp, P., Hockgeiger, E., Reischl, S., Scharner, S.: Electric vehicle batteries – Requirements and status. Hybridfahrzeuge, Elektrofahrzeuge und Energiemanagement, 7. Braunschweiger Symposium, 24. Februar 2010
87. Stiebels, B., Philipp, K., Rieling, J.: Der Antriebsstrang des Touareg Hybrid. Hybridfahrzeuge, Elektrofahrzeuge und Energiemanagement, 7. Braunschweiger Symposium, 25. Februar 2010
88. Caselitz, P.: Modellierung und Simulation von Lithium-Ionen-Batterien für Hybrid- und Elektrofahrzeuge. Hybridfahrzeuge, Elektrofahrzeuge und Energiemanagement, 7. Braunschweiger Symposium, 24. Februar 2010
89. Christ, T., Fuchs, E., Lins, F., Bohne, W.: Regelstrategien für Hybridantriebe am Beispiel des BMW X6 Active Hybrid. ATZ elektronik **02**, 8–15 (2010)
90. Fleckner, M., Göhring, M., Spiegel, L.: Neue Strategien zur verbrauchsoptimalen Auslegung der Betriebsführung von Hybridfahrzeugen. Fahrzeug- und Motorentechnik, 18. Aachener Kolloquium, 06. Oktober 2009
91. Duhme, M., Saenger Zetina, S., Neiß, K.: Der Mercedes-Benz ML 450 HYBRID und das Potenzial des elektrischen CVT-Getriebes. Fahrzeug- und Motorentechnik, 18. Aachener Kolloquium, 05. Oktober 2009

92. Hartmann, B., Renner, C.: Autark, Plug-In oder Range Extender? Ein simulationsgestützter Vergleich aktueller Hybridfahrzeugkonzepte. Fahrzeug- und Motorentechnik, 18. Aachener Kolloquium, 06. Oktober 2009
93. Brachmann, T.: Hondas heutige und zukünftige Hybrid- und Brennstoffzellenfahrzeuge. Hybridfahrzeuge und Energiemanagement, 6. Braunschweiger Symposium, 18. Februar 2009
94. Sontheim, J.: Kinetischer Speicher für Hybridfahrzeuge – Die mechanische Batterie. ATZ **03**, 226–231 (2008)
95. Hermance, D.: Toyota Hybrid System THS II (04/2003), Toyota Technical Centre, GS 450H. Long Lead Press Preview **04**, (2006). www.toyota.co.jp
96. Iijima, T.: Development of hybrid system for 2006 Compact Sedan. SAE Nr. 2006-01-1503
97. General Motors Company: http://media.gm.com/media/us/en/news.html
98. BYD Auto: http://www.byd.com/
99. Spiegel online: http://www.spiegel.de/fotostrecke/http://fotostrecke-51272-2.html
100. Spiegel online: http://www.spiegel.de/fotostrecke/fotostrecke-_51272-_2.html
101. BMW AG: http://www.bmw.de/de/de/index.html, http://www.bmw-_i.de/de_de/bmw-_i8/
102. Adam Opel AG: http://www.opel.de/fahrzeuge/modelle/personenwagen/ampera/spezifikationen/antriebssystem.html
103. AUDI AG: http://www.audi.de/de/brand/de.html
104. Peugeot Deutschland GmbH: http://www.peugeot.de/showroom/3008/hybrid4/#!
105. TOYOTA Deutschland GmbH: http://www.toyota.de/cars/coming_soon/prius_plugin/index.tmex#
106. wikipedia.de: http://de.wikipedia.org/wiki/KERS
107. Keller, U., Enderle, C., Gödecke, T., Henning, G.: Daimler AG, Stuttgart Diesel-Hybrid – Die nächste Generation Hybridantriebe von Mercedes-Benz, 33. Internationales Wiener Motorensymposium, 26.–27. April 2012
108. Deiss, R.: Elektrifizierung im Antrieb-Chancen und Herausforderungen durch Systemintegration, ZF Friedrichshafen AG, Universität Stuttgart, 21. Mai 2012
109. IHS, Willoughby House, 2 Broad Street, Stamford, Lincs PE9 1PB, UK, The Plug-In Vehicle Environement Report, www.supplierbusiness.com
110. Furukawa, T., Ibaraki, R., Kimura, H., Kondo, K., Watanabe, M., Mizutani, T., Hattori, H., Takasaki, A.: Toyota Motor Corporation, Development of New Hybrid Transaxle for Sub-Compact-Class Vehicles, SAE 2012-01-0623, Published 04/16/2012
111. Kamichi, K., Yamamoto, M., Fushiki, S., Yoda, T., Kurachi, S., Kojima, K.: Toyota Motor Corporation, Development of Plug-In Hybrid System for Midsize Car, SAE 2012-01-1014, Published 04/16/2012
112. Lohmann, N., Fischnaller, M., Melbert, J., Musch, T.: Lamp, P., Scharner, S., Liebau, V.: Cycle Life Investigations on Different Li-Ion Cell Chemistries for PHEV Applications Based on Real Life Conditions, SAE 2012-01-0656, Published 04/16/2012
113. Carlson, R.B.: Primary factors that impact the fuel consumption of plug-in hybrid electric vehicles. EVS25, Shenzhen, China, 5.–9. November 2010
114. EVS25 Nov 5–9 2010, Shenzhen, China
115. van Berkel, K.: Design of a low-cost hybrid powertrain with large fuel savings. EVS25, Shenzhen, China, 5.–9. November 2010
116. Auer, J.: ULTRACAPACITOR – Where and when ever power needed. EVS25, Shenzhen, China, 5.–9. November 2010

4.3.4 小节参考文献

117. Meijer, R.J.: Der Philips-Stirlingmotor. In: MTZ 29, S. 284–289. Springer, München (1970)
118. Meijer, R.J.: Prospects of the Stirling Engine for Vehicular Propulsion. In: Philips Technical Review, 20. Aufl., S. 245–276. (1970)
119. Förster, H.J., Pattas, K.: Fahrzeugantriebe der Zukunft, Teil 1 und 2. Sonderdruck aus der Automobilindustrie. Vogel Buchverlag, Würzburg (1972)
120. Künzel, M.: Stirlingmotor der Zukunft. VDI-Verlag, Düsseldorf (1986)
121. Werdich, M., Kübler, K.: Stirling-Maschinen – Grundlagen, Technik, Anwendung. Ökobuch Verlag, Freiburg (2001)
122. Gelse, W.: Erfahrungen mit Stirlingmotoren bei DB im mobilen Einsatz. Vortrag, DB-Technologie-Workshop Stirlingmotor, Stuttgart, 1994
123. Walker, G.: Stirling powered regenerative retarding propulsion system for automotive application. Proc. 5th Int. Autoshow, Prop. Systems Symposium, Detroit, April 1980
124. Peters, H.: Stirlingmotor – Stand der Technik und Anwendungsmöglichkeiten. Staatsexamensarbeit, Universität Bonn (1996)
125. Feulner, P.: Five and six-cylinder Stirling engines – a first essay. European Stirling Forum 2002, Fachhochschule Osnabrück, September 2002
126. Schleder, F.: Stirlingmotoren. Vogel Buchverlag, Würzburg (2002)
127. Robert Bosch GmbH (Hrsg.): Kraftfahrtechnisches Taschenbuch, 27. Aufl. Vieweg+Teubner, Wiesbaden (2011)
128. v. Fersen, O.: Saab Dampfmotor. Saab Scania, Schweden (Dezember 1975)
129. v. d. Burg, P.: Moderne Schwungmassenspeicher – eine alte Technologie in neuem Aufschwung. VDI – GET Fachtagung, Gelsenkirchen, 1998
130. Mayr, B., Buschmann, G., Hoetger, M., Clemens, H.: Zero Emission Engine (ZEE) – Der isotherme Dampfmotor als Fahrzeugantrieb. VDI Berichte, Bd. 1565. VDI Verlag, Düsseldorf (2000)
131. Förster, H.J.: Stufenlose Fahrzeuggetriebe in mechanischer, hydrostatischer, hydrodynamischer, elektrischer Bauart und in Leistungsverzweigung. Verlag TÜV Rheinland, Köln (1996)
132. Seiffert, U., Walzer, P.: Automobiltechnik der Zukunft. VDI-Verlag, Düsseldorf (1989)
133. Walzer, P.: Die Fahrzeug-Gasturbine. VDI-Verlag, Düsseldorf (1991)

134. Biermann, J. W.: Untersuchungen zum Einsatz von Schwungradspeichern als Antriebselemente für Kraftfahrzeuge. Dissertation, RWTH Aachen (1981)
135. Widmer J., Asper H.K.: Woven ribbon composite flywheel with self-centering hub. Proceedings of the 20th Intersociety Energy Conversion Engineering Conference IECEC, Bd. 2, S. 538–543. SAE, Warendale, USA (1985)
136. Sprengel, U., et al.: Positionspapier zur Energieversorgung in der Raumfahrt. Deutsche Forschungs- und Versuchsanstalt für Luft- und Raumfahrt (DLVR), Stuttgart (1986)
137. Reiner, G., Reiner, K.: Energetisches Betriebsverhalten eines permanenterregen Drehmassenspeichers in Theorie und. VDI-Tagung Energiespeicher für Strom, Wärme und Kälte, Leipzig, 1994. VDI-Berichte, Bd. 1168 (1994)
138. Tholen, F.J.M.: Development of an advanced high speed flywheel energy storage system. Thesis, Eindhoven University of Technology Holland (1993)
139. v. Druten, R.M., et al.: Design Optimization of a Compact Flywheel System for Passenger Cars. In: Hybridantriebe. VDI-Bericht, Bd. 1459, S. 331–343. VDI-Verlag, Düsseldorf (1999)
140. Khammas, A.: Buch der Synergie. Damaskus (2007)
141. Reiner, G., Weck, W.: Operation experience with magnetodynamic flywheel storage systems in public transport buses. EESAT 2000, Orlando, Florida, September 2000
142. Kawamura, T., Atarashi, H., Takehiro, M.: Development of F1 KERS motor. Automobile R&D Center, Honda R&D Co. Ltd., Japan (2010)
143. Feulner, P., Atkins, A.: Reducing CO_2. The Ricardo mechanical hybrid drive. Ricardo Deutschland Aachen Kolloquium, 05. Oktober 2010
144. Feulner, P., Atkins, A.: Der mechanische Hybridantrieb von Ricardo. MTZ, Springer Fachmedien, Wiesbaden (Februar 2011)
145. Buschmann, H., Koeßler, P.: Handbuch für den Kraftfahrzeugingenieur. Gasturbinen, S. 485–510. Deutsche Verlags-Anstalt, Stuttgart (1991)
146. Kolk, M.: Ein Schwungrad-Energiespeicher mit permanentmagnetischer Lagerung. Bericht des Forschungszentrums. Forschungszentrum Jülich, Jülich (1997)
147. Steimle, F.: Stirling-Maschinen-Technik: Grundlagen, Konzepte und Chancen. C. F. Müller, Heidelberg (1996)
148. Ter-Gazarian, A.: Energy Storage for Power Systems. Peter Peregrinus (1994)
149. van Basshuysen, R., Schäfer, F. (Hrsg.): Handbuch Verbrennungsmotor. Vieweg+Teubner, Wiesbaden (2011)
150. Walker, G., et al.: The Stirling Alternative, Power Systems, Refrigerants and Heat Pumps. Gordon and Breach Science Publishers (1994)

4.3.5 小节参考文献

151. Westerkamp, L.: The Erren-Hydrogen Engine. ATZ **19**, 523 (1939)
152. Oehmichen, M.: Hydrogen as Engine Fuel. Deutsche Kraftfahrtforschung, Bd. 68. VDI-Verlag, Berlin (1942)
153. Pehr, K., Burckhardt, S., Koppi, J., Korn, T., Patsch, P.: With Hydrogen into the future – The BMW 750 hL. ATZ **2** (2002)
154. http://www.ford.com/en/innovation/engineFuelTechnology/hydrogenInternalCombustion.htm
155. Mazda Motor Corp: Company Website, History of Rotary since 1967. http://www.mazda.com/history/rotary/index.html. Zugegriffen: 24. November 2003
156. Schüers, A., Abel, A., Artmann, R., Fickel, Chr., Preis, M.: The 12-Cylinder Hydrogen Engine in the BMW 750hL. MTZ **55**(9), 476–487 (1994)
157. MAN Nutzfahrzeuge AG: MAN – Hydrogen Powertrain for City Busses. Technical Information. MAN Nutzfahrzeuge AG, Nürnberg (1996)
158. Furuhama, S., Kobayashi, Y.: Hydrogen cars with LH2-tank, LH2-pump and cold GH2-injection two-stroke engine. SAE Paper 820349
159. Kiesgen, G., Berger, E., Gruber, M., Staar, B.: Die Weiterentwicklung des Wasserstoffantriebs im BMW 7er. Innovative Fahrzeugantriebe, Dresden, 11./12. November 2004
160. Berckmüller, M., Rottengruber, H., Eder, A., Brehm, N., Elsässer, G., Müller-Alander, G., Schwarz, C.: Potentials of a charged SI-hydrogen engine. SAE Paper 2003-01-3210
161. Rottengruber, H., Berckmüller, M., Elsässer, G., Brehm, N., Schwarz, C.: A high efficient combustion concept for direct injection hydrogen internal combustion engines. 15th World Hydrogen Conference, Yokohama (Japan), 27. Juni–2. Juli 2004
162. Rottengruber, H.: Nitrogen oxide formation in the hydrogen diesel engine. TU München (1999)
163. Witt, A.: Analysis of thermodynamical losses of a SI-engine under conditions of variable camphasing. Technische Universität, Graz (1999)
164. Göschel, B.: The hydrogen combustion engine as the drive system for the BMW of the future. 24th International Engine Symposium, Vienna, 16. Mai 2003
165. Enke, W., Gruber, M., Hecht, L., Staar, B.: Der bivalente V12-Motor des BMW Hydrogen 7. MTZ **68**(6), 446–453 (2007)
166. Kiesgen, G., Schwarz, C., Rottengruber, H., Berger, E.: Zukünftige Wasserstoffantriebe für leistungsstarke und effiziente Fahrzeuggenerationen. 14th Aachen Colloquium Automobile and Engine Technology, Aachen, Deutschland, Oktober 2005
167. Wallner, T., Lohse-Busch, H., Gurski, S., Duoba, M., Thiel, W., Martin, D., Korn, T.: Fuel economy and emissions evaluation of BMW Hydrogen 7 mono-fuel demonstration vehicles. Int. J. Hydrog. Energy **33**(24), 7607–7618 (2008)
168. Eichlseder, H., Klell, M.: Wasserstoff in der Fahrzeugtechnik, 2. Aufl. Vieweg+Teubner, Wiesbaden (2008)
169. Gerbig, F., Heller, K., Eichlseder, H., Grabner, G.: Innovative Brennverfahrenskonzepte für Wasserstoffmotoren. 11. Tagung – Der Arbeitsprozess des Verbrennungsmotors, Graz, September 2007
170. Eichlseder, H., Spuller, C., Heindl, R., Gerbig, F., Heller, K.: Konzepte für die dieselähnliche Wasserstoffverbrennung. MTZ **01**, 60–66 (2010)
171. Züttel, A., Borgschulte, A., Schlapbach, L.: Hydrogen as a Future Energy Carrier. WILEY-VCH, Weinheim (2008)

第 5 章 动 力 装 置

在超过 100 年的汽车使用中，活塞式内燃机、转速转矩变换器和起步/换档离合器优先用作并稳居为动力装置方案。动力装置要完成一系列任务，其中一些主要任务分列如下：

1）汽车必须从停车状态起步和可在到最高速度之间的范围调节所期望的速度。
2）可以快速调节驱动力矩和驱动转速，以便实现动态行驶。
3）载能体必须在空间小、重量轻的情况下提供高能量。
4）没有大的有效载荷损失和大的空间损失，行驶里程尽可能远而没有行驶中断或需要再次加灌燃料。
5）质量和结构空间尽可能小。
6）整个动力装置系统必须耐振动、耐摆动。
7）动力装置应短时间内做好工作准备（包括低温、高温条件下）。

除了这些基本技术要求外，还要实现汽车生产、使用的经济性目标，遵守不断增长的生态要求，以及满足不断增长的使用方便性和舒适性要求。

在这期间一再展示的各种汽车代用动力装置至今还没有持续使用。与这些代用动力装置特有的优点相比，还存在技术上和经济上的一些缺点。为此，需用综合的、折中的考虑，掂量各个性能，如技术、成本、快速使用准备、行驶里程等。

占据统治地位的汽车发动机结构型式仍然是活塞式内燃机。它们按点燃式发动机或压燃式发动机原理工作。它们的主要差别在于点火（着火）方式（点燃式发动机为外部点火，压燃式发动机为自行着火）和负荷调节方式（点燃式发动机为量调节或节流调节，压燃式发动机为质调节）。当汽油机压缩比（自然吸气 $\varepsilon = 10 \sim 14$，涡轮增压发动机 $\varepsilon = 8 \sim 11$）受爆燃限制时，柴油机为着火则需要高的压缩比（$\varepsilon = 16 \sim 24$）。柴油机以这种着火方式工作就为高的热效率做出贡献。

5.1 发动机技术基础

5.1.1 内燃机工作过程

内燃机燃烧过程将燃料化学能转变为热能，并在曲轴上输出机械功。内燃机的工作过程在热力学原理中作了分析[1,2,3,4]。其特点是"内燃"，即燃烧过程发生在由活塞、气缸盖组成的燃烧室（工作室）内。如果连续做功，则燃烧过程必须周而复始反复循环，工质必须回到它的原始状态。对在封闭的燃烧室中存在的上一循环燃烧过程中的燃烧气体可以用供入的新鲜空气与燃料的混合气交换，这称为充量更换过程。内燃机工作过程通常可以用 p-V 图，也称示功图表示。图 5.1 表示了气缸内气体压力 p 随气缸工作容积 V 的变化。

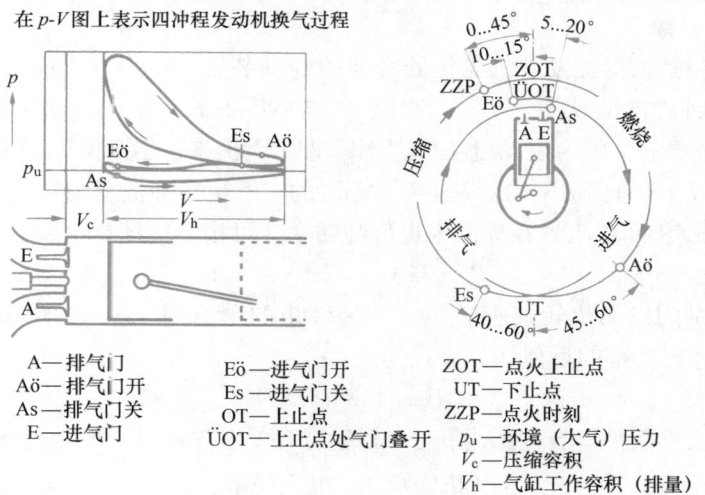

在 p-V 图上表示四冲程发动机换气过程

A—排气门　　　　Eö—进气门开　　　ZOT—点火上止点
Aö—排气门开　　 Es—进气门关　　　UT—下止点
As—排气门关　　 OT—上止点　　　　ZZP—点火时刻
E—进气门　　　　ÜOT—上止点处气门叠开　p_u—环境（大气）压力
　　　　　　　　　　　　　　　　　　　　V_c—压缩容积
　　　　　　　　　　　　　　　　　　　　V_h—气缸工作容积（排量）

图 5.1　四冲程点燃式发动机工作过程

1. 四冲程内燃机工作过程

在四冲程点燃式发动机工作过程中（图 5.1），在进气门开启，活塞从上止点（OT）向下止点（UT）运动时吸入空气-燃料混合气（第 1 个工作行程）。在进气门关闭后，活塞从 UT 向 OT 运动时压缩气缸中的混合气（第 2 个工作行程），相应的气缸中的混合气（空气、燃料/燃料蒸气、残余废气）的压力和温度增加（按它们的物理性能）。活塞快到 OT 时点火，接着混合气燃烧、膨胀至 UT（第 3 个工作行程）。在活塞向 OT 运动时，燃烧气体经开启的排气门排出（第 4 个工作行程），以后重复这 4 个行程。

在工作循环传给活塞的功 W_{KA} 按下式计算：

$$W_{KA} = \int p(\alpha) dV$$

活塞功 W_{KA} 就是 p-V 图上顺时针方向包围的面积。自然进气发动机逆时针方向绕过的面积（充量更换回路）则是在充量更换过程中消耗的功。

2. 二冲程内燃机工作过程

二冲程内燃机充量更换过程是在膨胀过程结束（排气过程）和在压缩过程（扫气过程）的第一阶段。为此，需要一个扫气泵以提供正的扫气压力。对主要用在二轮摩托车上的小型二冲程内燃机，利用活塞下行时压缩活塞下部和曲轴箱内的混合气，起到扫气泵扫气的作用。在回流扫气时气缸下部的气口承担扫气阀的功能。在直流扫气时气缸充量一方面通过气缸下部的气口，另一方面通过气缸盖上的气门。这种结构型式特别用于船舶动力装置的大型发动机上。

为充分扫除气缸中的残余废气，会增加扫气损失，也会扫出新鲜混合气造成可观的碳氢化合物排放。这就是二冲程内燃机与四冲程内燃机相比的主要缺点之一。二冲程内燃机的优点是结构简单、紧凑。

在车辆动力装置方面，二冲程内燃机只用于二轮摩托车上。随着对有害物排放限制的不断严格，二冲程内燃机将进一步受到四冲程内燃机挤压。

5.1.2 定义和特征参数

1. 功率特征参数

发动机功率包括为保证发动机工作的必要的辅助装置，由 DIN ISO 1585 标准规定的条件确定，并换算到"标准状态" $T_u = 298K$，$p_u = 990mbar$（与干燥空气有关）。规定环境（大气）状态是必要的，因为发动机功率在不同的环境状态是不同的。功率随大气的稀薄而下降。海拔每升高 100m，功率约下降 1%。潮湿的空气也会降低发动机功率。

在曲轴上的标定功率 P_e，在标准中也称纯功率，可按下式计算：

$$P_e = M \cdot \omega = 2\pi \cdot M \cdot n$$

式中，n 和 M 分别为发动机转速和转矩。如果转矩的单位用 N·m，转速的单位用 r/min，则单位为 kW 的标定功率的近似计算公式为

$$P_e = M \cdot n / 9549$$

在使用比特征参数平均有效压力 p_{me}（参见 5.1.2 小节）时，发动机标定功率计算式为

$$P_e = i \cdot n \cdot p_{me} \cdot V_H$$

式中，二冲程发动机 $i = 1$；四冲程发动机 $i = 0.5$；V_H 为发动机工作容积（排量）。

发动机转速 n 的单位用 r/min，平均有效压力 p_{me} 的单位用 bar，发动机工作容积 V_H 用 L，则标定功率的关系式为

$$P_e = i \cdot n \cdot p_{me} \cdot V_H / 600$$

发动机最大功率为额定功率，在该功率下的转速为额定转速。按设计的有关配气定时、充量更换机构的气体流动阻力和进、排气系的动态过程等的充量更换过程，额定转速会或多或少地低于曲柄连杆机构允许的最大转速。

2. 发动机比特征参数

因为发动机的功率特征参数直接与发动机大小有关，所以将发动机的这些特征参数与发动机工作容积参数联系起来（即比参数）是有意义的。这样就可直接比较不同大小的发动机参数。

与发动机工作容积有关的转矩是由传给活塞上的压力（或力）减去曲柄连杆机构的摩擦压力（或力）的损失（即活塞上的平均有效压力）转换而来的。有效压力是瞬时变化的，可用一个等效的平均有效压力表示：

$$p_{me} = P_e / (i \cdot V_H \cdot n) \text{ 或 } p_{me} = (2\pi/i)^{\ominus} \cdot (M/V_H)$$

在发动机工作过程热力学分析中，不考虑曲柄连杆机构的摩擦损失，我们感兴趣的是传给活塞的、随气缸工作容积而变的活塞功。利用气缸压力测定仪检测气缸内气体压力随曲轴转角的变化 $p(\alpha)$，并乘以与 $p(\alpha)$ 相对应的气缸容积变化 dV，可得在曲轴转角为 α 时活塞功 $p(\alpha)dV$。再对整个的工作循环积分就可得到总的活塞功 $\int p(\alpha)dV$。由活塞功还可得到平均指示压力 p_{mi}。

其他常用的发动机比特征参数为：

1) 容积功率（升功率）$P_H = P_e / V_H$，单位为 kW/L。

$\ominus$ 原书有误，原书为 $p_{me} = (i/2\pi) \cdot (M/V_H)$。——译者注

2) 功率质量 $m_p = m/P_e$,单位为 kg/kW。

3) 比燃料消耗 $b_e = \dot{m}_B/P_e = 1/(H_u \cdot \eta_e)$,单位为 g/kW·h,式中 $\dot{m}_B$ 为燃料质量流量,单位为 g/h。

图 5.2 为直喷柴油机和点燃式发动机燃油消耗特性场实例,采用比燃油消耗特征参数 b_e 和平均有效压力 p_{me}。

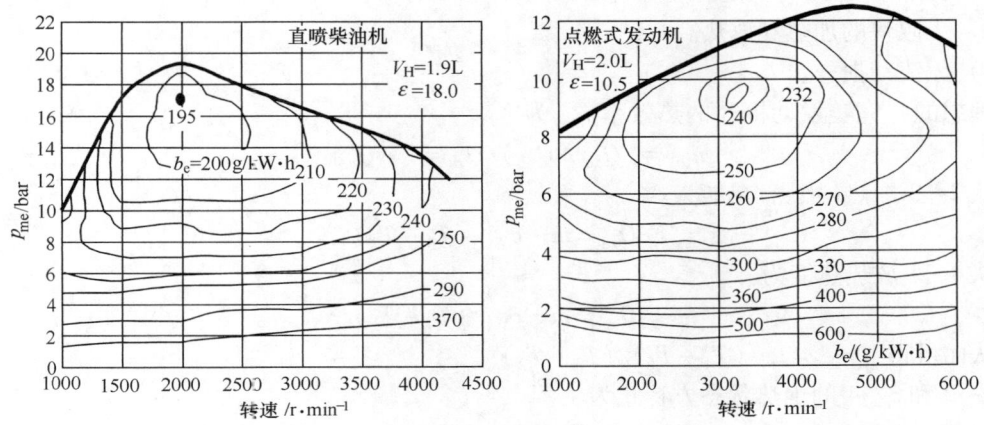

图 5.2 典型的乘用车发动机燃油消耗特性场

3. 热效率

发动机工作过程的品质或效率通常用"理想(或理论)"和"实际"边界条件下的品质或效率进行比较。理想边界条件假设工作过程没有各种损失,可用简单的方法计算。由于发动机实际工作过程中的各种影响因素,与理想工作过程相比有一个效率链(参见 DIN 1940),它分为下面几个方面(图 5.3):

示功图	名称	边界条件	定义	效率
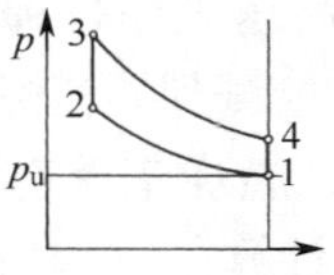	理想(理论)等容循环	理想气体,不变的比热容,无限快的加热和放热	$\eta_{thv} = 1 - \varepsilon^{1-\kappa}$ 理论热效率	η_{thv}
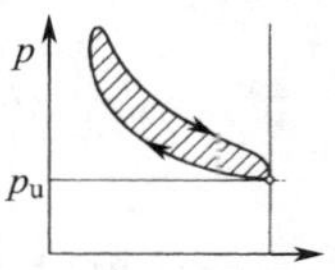	实际高压工作循环	燃烧室壁面损失,实际气体,有限的加热、放热速度,变化的比热容	η_{GHP} 高压循环热效率	η_G η_i η_e
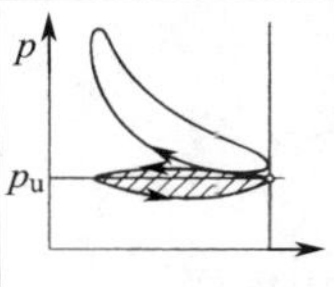	实际充量更换(四冲程)	流动损失,混合气或空气加热等	η_{GLW} 充气更换效率	
机械损失	摩擦、冷却和辅助装置损失	实际发动机	η_m	η_m

图 5.3 往复活塞式发动机的各种效率和总效率

(1) 理想循环热效率 η_{thv}　有等容燃烧过程的循环为理想循环。它由等熵压缩（1→2）、等焓加热(燃烧,2→3)、等熵膨胀（3→4）和理想气体等焓回到原始状态（4→1）4 个工作过程组成。理想循环的边界条件和假设为：

1）无热和气体损失。

2）无残余气体。

3）比热容 c_p，c_V 不变的理想气体，且 $\kappa = c_p/c_V = 1.4$。

4）无限快的加热和放热。

5）无流动损失。

理想的"完美发动机"的热效率 η_{thv} 为

$$\eta_{thv} = (Q_{zu} - Q_{ab})/Q_{zu} = 1 - Q_{ab}/Q_{zU}$$

从 2→3 加热(燃烧)热能为

$$Q_{zu} = m \cdot c_V \cdot (T_3 - T_2)$$

从 4→1 放热热能为

$$Q_{ab} = m \cdot c_V \cdot (T_4 - T_1)$$

从而可得：$\eta_{thv} = 1 - (T_4 - T_1)/(T_3 - T_2)$

1→2 和 3→4 的绝热状态方程式为

$$T \cdot V^{\kappa - 1} = 常数$$

从而可导出：

$$\eta_{thv} = 1 - T_1/T_2$$

而 $T_1/T_2 = (1 - 1/\varepsilon)^{\kappa - 1}$，则有等容燃烧工作过程的理想热力学循环为

$$\eta_{thv} = 1 - \varepsilon^{1 - \kappa}$$

从该公式中可见，压缩比 $\varepsilon = (V_c + V_h)/V_c$ 直接影响内燃机的理论循环热效率。由此也可明了柴油机热效率高于点燃式发动机热效率是因为它的压缩比高，而点燃式发动机的压缩比受爆燃的限制。

(2) 品质效率 η_G　理想循环和实际循环的所有差别可在高压工作过程（即高压工作过程效率 η_{GHP}）和低压工作过程（即充量更换过程效率 η_{GLW}）检测到。实际循环使用的不是理想气体，而是实际的工作气体（工质）：缸内有残余气体、燃烧室壁有热损失、气体损失，充量更换损失（η_{GLW}）。实际的燃烧过程品质效率按下式计算：

$$\eta_G = \eta_{GHP} \cdot \eta_{GLW} = W_i/W_{thv}$$

式中，W_i 为指示功，按缸内气体实际压力变化过程计算；W_{thv} 为理想循环功，$W_{thv} = Q_{zu} - Q_{ab}$。

(3) 指示效率 η_i　指示效率 η_i 是作用在活塞上的功（指示功）W_i 与加入发动机内的燃料的当量热量 W_B 之比，即

$$\eta_i = W_i/W_B$$

式中，$W_B = m_B \cdot H_u$，H_u 为燃料低热值，m_B 为燃料质量。

指示效率也可用理想循环热效率 η_{thv} 和品质效率 η_G 的乘积表示：

$$\eta_i = \eta_{thv} \cdot \eta_G$$

(4) 机械效率 η_m　机械效率 η_m 考虑曲柄连杆机构、活塞与缸壁的摩擦损失、配气机构和辅助装置（如机油泵、水泵、燃料泵、发电机等）所消耗的驱动功率。

$$\eta_m = W_e / W_i$$

式中，W_e 为离合器上的有用功。

（5）有效效率 η_e　发动机总效率也称有效效率，是效率链中各个效率的乘积：

$$\eta_e = \eta_{thv} \cdot \eta_G \cdot \eta_m$$

它也是离合器上的有用功 W_e 与加入发动机燃料量的当量功之比。

实际汽车发动机可达到的有效效率，对乘用车点燃式发动机为 $\eta_e = 0.36$；对柴油机可达 $\eta_e = 0.43$。在通常的发动机设计中，最佳的 η_e 值是在平均有效压力随发动机转速变化的特征场中处于整个转速变化范围的中间和稍低于全负荷曲线的工作位置，参见图 5.2。

5.1.3　发动机类型

1. 往复活塞式发动机

（1）结构型式　在汽车制造业中见到的发动机结构型式有直列、V 形、对置和少数还有 W 形的发动机（图 5.4）。在 V 形发动机中还有亚属 VR 形发动机，它的两个气缸排的 V 形夹角很小，并安装一个共同的气缸盖。单缸和双缸发动机一般只用在摩托车上。乘用车领域采用 3 气缸、4 气缸、5 气缸、6 气缸、8 气缸、10 气缸、12 气缸的发动机。在个别情况下和样机上，也有 V 形、V—VR 形、W 形的 16 缸或 18 缸发动机。

计算气缸数的方向按汽车发动机的 DIN73021 标准（船用和通用发动机按 ISO 1204、ISO 1205 标准，计算气缸数方向则相反，从曲轴输出端看）。从与曲轴输出端（飞轮）对面对气缸连续编号。在多气缸排发动机中，首先计算曲轴轴线左侧的气缸排的气缸数，接着计算绕发动机曲轴轴线顺时针旋转方向的下一个气缸排的气缸数。

点火（着火）顺序是发动机各气缸相互点火（着火）的次序。点火（着火）顺序由发动机结构形式、追求相同的点火（着火）间隔、可生产的曲轴形状、较低的曲轴应力等因素决定。点火（着火）顺序从第 1 缸开始。

直列发动机（图 5.4 中 1）可采用多达 6 缸的型式，每个气缸有一个曲轴曲拐，通常为整体气缸盖。对置发动机（图 5.4 中 4）气缸排相对 180°，每个气缸也有一个曲拐，每个气缸排用一个整体气缸盖。

V 形发动机（图 5.4 中 2）的特点是一个曲拐驱动每一气缸排的一个连杆（即两个连杆），每个气缸排共用一个整体气缸盖，两气缸排的角度成 60°、72°或 90°。V 形夹角由气缸数（均匀的点火或着火顺序）或不同缸数的发动机系列的主流发动机气缸数决定。图 5.4 中的 3 是特殊的发动机，它的 V 形夹角靠近到 15°。这样，两气缸排只要一个整体气缸盖，而每个气缸有它自己的曲拐，所以也称"直列发动机"，并按相应的直列发动机确定点火（着火）顺序。开始也将这种发动机称为 VR 发动机，因为它的结构型式不像直列或 V 形发动机明了、直截了当。值得一提的是这种发动机的曲轴是错拐曲轴。奇数气缸 1、3、…和 2、4、…的两个平面相交线位于曲轴轴线下面。这样第 1、3、…气缸从上止点（OT）到下止点（UT）的角度距离稍小于 180°KW（曲轴转角），而第 2、4、…气缸从 OT 到 UT 的角度距离稍大于 180°KW。

VR 发动机其他变型为 V-VR 发动机（图 5.4 中 5）。在此基础上还采用 W 形发动机。每台 VR 发动机气缸排的两个连杆共用一个曲拐。点火（着火）顺序按两个 VR 发动机气缸排的 V 形发动机点火（着火）顺序给定。

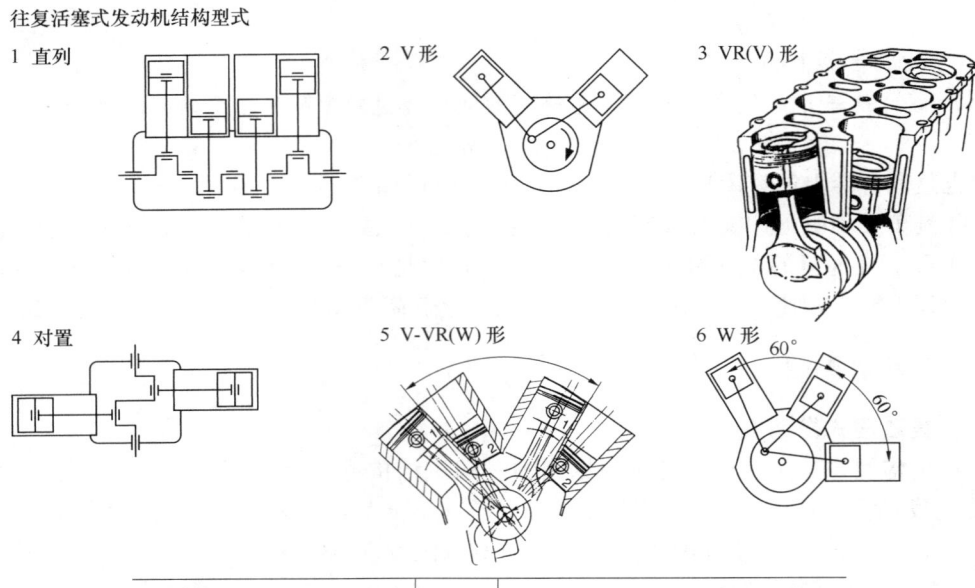

图 5.4 汽车发动机结构型式、计算气缸方向和点火（发火）顺序

图 5.4 中的 6 称为 W 形发动机。它有 3 个气缸排，每排 60°夹角，最多可达 3×6 = 18 个气缸。每个曲拐上有 3 个连杆。这种型式的发动机主要优点是在有很多气缸时，发动机纵向尺寸十分紧凑，工作非常均匀，振动很低。

当大量乘用车采用 4 缸发动机、工作容积为 1.2~2.0L 时，在紧凑型和准紧凑型乘用车领域不断采用3缸发动机,最近还开始采用2缸发动机。3缸发动机是在现有4缸发动机系列基础上派生而来,它在这种汽车的市场份额中具有较低的开发、生产成本的优势。在舒适型和豪华型乘用车领域继续采用6缸、8缸、12缸发动机。总体来讲,发展趋势是缸数减少,这是由增压发动机增多及增压度变大引起的。

（2）曲柄连杆机构运动学　曲柄连杆机构将燃烧产生的气体作用力通过活塞往复运动转换成曲轴转动和有用转矩[5,6,7,8]。由曲柄连杆机构的几何学（图5.5）可推导出活塞行程s_k在连杆比$\lambda = r/l$时随上止点开始的曲轴转角α的变化：

$$s_k = r(1-\cos\alpha) + l(1-\sqrt{1-\lambda^2\sin^2\alpha})$$

近似计算公式为

$$s_k \approx r(1-\cos\alpha + \lambda/2 \cdot \sin^2\alpha)$$

由此得到活塞速度

$$\dot{s}_k = \omega \cdot r \cdot \sin\alpha(1+\lambda \cdot \cos\alpha), \quad \omega = \pi \cdot n$$

和活塞加速度

$$\ddot{s}_k = \omega^2 \cdot r(\cos\alpha + \lambda\cos 2\alpha)$$

图5.5是活塞加速度$\ddot{s}_k$随曲轴转角α和在不同连杆比λ时随活塞行程s_k的变化。在$\lambda = 0$时,即连杆无限长,活塞位移、速度、加速度为纯正弦变化。

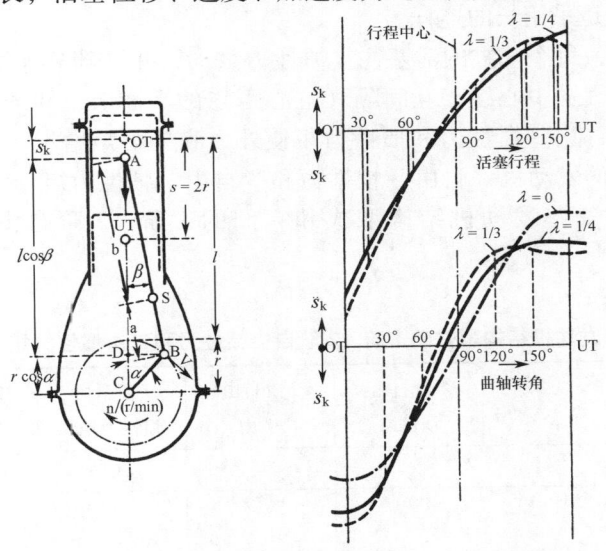

图5.5　曲柄连杆机构往复质量的几何学和加速度

（3）曲柄连杆机构中的各种力和力矩　除气体作用力外,在曲柄连杆机构上由于往复活塞式发动机的周期性工作循环和不均匀的运动方式,还有惯性力的作用。既有"内力",也有"外力"。为计算活塞、连杆曲轴和支架,需要确定内力。自由的"外力"引起发动机的力和力矩并使发动机振动。这些力和力矩必须由发动机支架吸收并按力的传递路径传到汽车构件上。

由加速度可以得到气缸中心线方向的往复惯性力：

$$F_m = m_h \cdot r \cdot \omega^2 \cdot (\cos\alpha + \lambda\cos 2\alpha)$$

往复质量的近似计算公式为

$$m_h \approx 1/3 \cdot m_s + m_k$$

式中，m_s 为连杆质量；m_k 为活塞质量。

如果将 $\cos\alpha$ 和 $\cos2\alpha$ 随曲轴转角变化的值代入往复惯性力的公式中，就可用图清晰地表示往复惯性力 F_M 随曲轴转角 α 的变化（图5.6）。α 是正弦变化的 1 阶惯性力和曲轴每转中带有两个完全振动的 2 阶惯性力的叠加。在上止点时合力要高于其中的任一个力，而在下止点时合力的绝对值要小于 1 阶惯性力的绝对值。

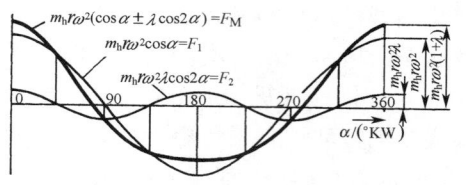

图 5.6 往复惯性力分为基波和谐波

转动质量的近似值为

$$m_r \approx 2/3 \cdot m_s + m_{kur}$$

式中，m_{kur} 为没有平衡重平衡、与连杆轴颈中心有关的曲轴转动质量。

这样就可按公式计算离心力：

$$F_r = m_r \cdot r \cdot \omega^2$$

往复惯性力 F_M 和离心力 F_r 分别随质量 m_h 和 m_r 线性增加，随角速度 ω 呈平方增加。研究曲柄连杆机构运动学的目标是曲柄连杆机构的活塞、活塞销、连杆尽可能做得轻和连杆比 λ 尽可能小，也就是采用长的连杆。

在多缸发动机中，每个气缸的活塞往复惯性力叠加，并可部分地抵消。在发动机纵向，这些惯性力作用在各气缸中心线相互间隔（缸心距）的平面上，并产生惯性力矩。按气缸排列和曲轴结构型式，这些惯性力和惯性力矩使外力和外力矩增加，但也相互抵消向外的力。这就是人们所说的发动机"自由"惯性力和"自由"惯性力矩。

表 5.1 是流行的一些发动机结构型式和它们的 1 阶、2 阶自由惯性力和自由惯性力矩。

表 5.1 一些常用发动机结构型式的 1 阶、2 阶自由惯性力和自由惯性力矩（没有平衡措施）

气缸排列	1 阶自由惯性力	2 阶自由惯性力①	1 阶自由惯性力矩①	2 阶自由惯性力矩①	点火（着火）间隔
2 缸					
直列，2 个曲拐	0	$2 \cdot F_2$	$F_1 \cdot a$	0	180°/540°
3 缸					
直列，3 个曲拐	0	0	$\sqrt{3} \cdot F_1 \cdot a$	$\sqrt{3} \cdot F_2 \cdot a$	240°/240°

(续)

气缸排列	1阶自由惯性力	2阶自由惯性力[①]	1阶自由惯性力矩[①]	2阶自由惯性力矩[①]	点火（着火）间隔
4缸					
直列,4个曲拐	0	$4 \cdot F_2$	0	0	180°/180°
对置,4个曲拐	0	0	0	$2 \cdot F_2 \cdot b$	180°/180°
5缸					
直列,5个曲拐	0	0	$0.449 \cdot F_2 \cdot a$	$4.98 \cdot F_2 \cdot a$	144°/144°
6缸					
直列,6个曲拐	0	0	0	0	120°/120°
V形90°,3个曲拐	0	0	$\sqrt{3}F_1 \cdot a$[②]	$\sqrt{6} \cdot F_2 \cdot a$	150°/90° 150°/90°
正常平衡 V形90°,3个曲拐 连杆轴颈错开30°	0	0	$0.4483 \cdot F_1 \cdot a$	$(0.966 \pm 0.256)\sqrt{3} \cdot F_2 \cdot a$	120°/120°
对置,6个曲拐	0	0	0	0	120°/120°

（续）

气缸排列	1阶自由惯性力	2阶自由惯性力①	1阶自由惯性力矩①	2阶自由惯性力矩①	点火（着火）间隔
6缸 V形60°，6个曲拐	0	0	$3 \cdot F_1 \cdot a/2$	$3 \cdot F_2 \cdot a/2$	120°/120°
8缸 V形90°，4个曲拐，在两个平面	0	0	$\sqrt{10} \cdot F_1 \cdot a$ ②	0	90°/90°
12缸 V形60°，6个曲拐	0	0	0	0	60°/60°

① 没有平衡重。
② 利用平衡重全平衡。

作用在活塞上的气体力 F_G 可分解为作用在连杆上的连杆力 F_{SG} 和作用在气缸壁上的侧向力 N_G（图5.7）。连杆力 F_{SG} 在曲轴曲拐上又分解为作用在曲轴曲拐（连杆轴颈）上的径向力 F_{RG} 和切向力 F_{TG}。作用在曲轴曲拐上的切向力，即曲轴半径为 r 的切向力 F_{TG} 形成使曲轴转动的力矩 $r \cdot F_{TG}$。根据曲轴转角 α、连杆摆动角度 β 和连杆比 λ，就可以与推导惯性力类似的方法推导并计算这些力。

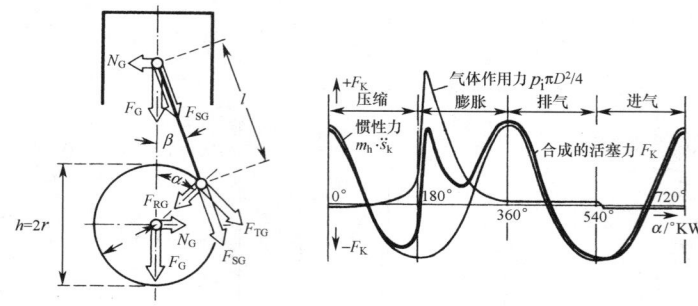

图5.7 气体作用力分解和惯性力与气体作用力合成的活塞力 F_K

如果将作用在活塞上周期变化的气体力和曲柄连杆机构中往复运动部分的周期性变化的往复质量惯性力汇集在一起，就可得到合成的活塞力 F_K 随曲轴转角 α 的变化关系。图5.7定性地表示活塞力 F_K 的变化趋势。气体力的大小随发动机负荷近似线性变化。惯性力随发动机转速呈平方增加。因此，在低转速、全负荷时气体力是主要的，在高转速时惯性力是主要的。

曲轴上各曲拐相互错开的多缸发动机，在发动机工作时各个离心力叠加。由此得到如图 5.8 表示的各种发动机结构型式在 720°KW（曲轴转角）的一个循环中离心力 F_T 的变化过程。离心力的变化激励曲轴的扭转振动，它主要影响曲轴的疲劳强度。气缸数越多，作用在曲轴上的离心力的不均匀性越小，越接近平均离心力 F_{Tm}。在一个工作循环剩余的离心力波动引起曲轴端部（自由端）的不均匀的扭转振动，可用不均匀度表示，其定义为

$$\delta_S = (\omega_{max} - \omega_{min})/\omega_{min}$$

不均匀度可利用飞轮的惯性予以减小。飞轮尺寸（飞轮的惯性）多大合适需要具体确定，要兼顾转动的不均匀性与瞬时的加速性能/高速行驶性能。

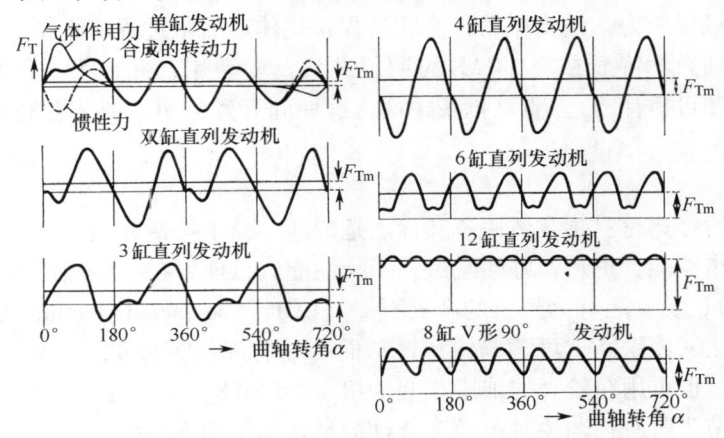

图 5.8 各种发动机结构型式的离心力 F_T 的变化过程

自由力和自由力矩可以利用随曲轴一起转动的平衡质量（1 阶）或 2 倍于曲轴转速的离心质量（2 阶）完全或部分抵消。这样，发动机支架不必或很少承受来自曲柄连杆机构运动质量产生的各种力。设计发动机和变速器支架时，集中于支撑来自发动机-变速器总成输出力矩的作用力和来自汽车行驶在纵向、垂直、横向加速时整个动力装置惯性的作用力。

2. 转子活塞式发动机

转子活塞式动力装置有一台齿数比为 2∶3 的转子活塞式发动机，并以大家熟知的汪克尔发动机（Wankelmotor）命名，并在发动机制造业中得到实际应用（图 5.9）。它的优点是运动质量完全平衡，其效果是运转轻声、结构紧凑、没有配气机构。其主要缺点是窄长的、不利的表面/体积比的燃烧室，导致淬火效应和高的 HC 排放；燃油、机油消耗高。马自达公司在 NSU（Wankel Spider，1964 和 RO 80，1967）首批成功使用后，仍不断开发并于 2012 年将 Renesis 发动机用于 RX9 上，为马自达品牌的技术形象赢得好的声誉。将来还

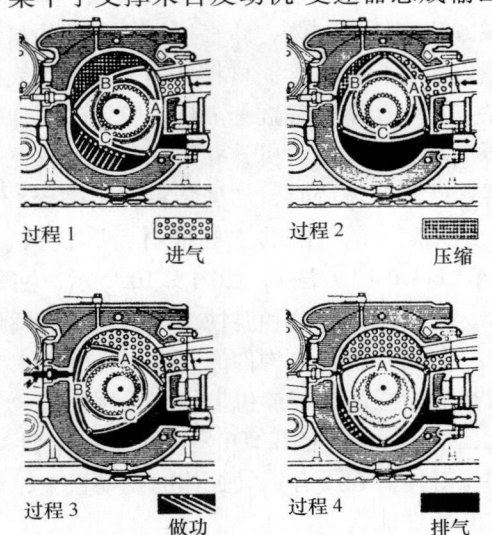

图 5.9 汪克尔发动机（Wankelmotor）原理

计划采用 H_2 燃料转子发动机[9]。转子发动机的一个应用潜力是在增程式混合动力汽车上的内燃机。

5.1.4 设计和发动机力学

带或不带纤维增强的塑料、新型轻金属合金、铝和镁基的复合材料、烧结合金（粉末冶金）和改良的铁材料已进入发动机制造业（见第 9 章）[8,10]。开发和使用新材料改进了零部件功能、降低重量，使用新材料还可降低材料和生产成本。在选用材料时还有一个重要标准是材料的再生和再利用能力。再生材料应该在材料的循环中占尽可能高的份额。

在不断缩短的研发新内燃机的进程中，在结构设计的同时进行仿真计算的重要性不断提高。包罗在综合概念（计算机辅助工程 CAE）中的研究方法和计算方法包括：预先计算零部件的热应力和机械应力；结构振动；流动过程、气体动力学过程仿真；直至整个汽车的仿真，以预测行驶动力学特征参数。CAE 可明显节省试验费用，并在第一代样机上就可达到高的功能安全性和可靠性[11]。直至批量生产，这期间开发的重点是零部件结构与生产条件相适应。

1. 气缸体

气缸体所用的经典材料是灰铸铁。其优点是价廉，易于铸造和加工，灰铸铁气缸与活塞配合有良好的工作性能，耐热，好的减振、降噪性能。目前，在一些应用场合采用蠕状石墨的灰铸铁（GGV），英文名称为致密的游离石墨（CGI，Compacted Graphite Iron）的灰铸铁。这种材料的强度比灰铸铁高，可薄壁铸造，从而可显著降低零件重量。GGV 材料既可用于点燃式发动机上，也可用在较大的乘用车柴油机（V6、V8）上。主轴承盖可采用"断口定位"法，从而可节省气缸体与主轴承盖配合件的精密加工和安装费用。

铝材料可显著减轻零部件重量。铝合金气缸体装有灰铸铁气缸套（湿式）或有镍、硅涂层（镍－硅复合物）的铝气缸套。因为铝合金气缸体的基体材料不适用于铝活塞的活塞工作面在其中的往复运动，所以要采用低压硬模铸造的过共晶硅铝合金气缸体，凝固时在表面析出硬的硅晶体，并经化学腐蚀而形成有效的气缸与活塞工作面。另外，还有用单纯的机械方法制造气缸体，即直接加工坚硬的材料，但费用高。其他替代方法是用激光法、等离子溅射陶瓷颗粒或含铁材料处理气缸工作表面。有些生产厂家采用过共晶硅铝合金或特殊的喷涂方法生产薄壁气缸套。特殊喷涂法可保证在铝合金基体上有分布特别细的硅晶粒。将这些薄气缸套送入压铸机，并用"标准合金"在气缸套周围围铸。还可使气缸套工作面局部的富含硅。在铸造时，加硅装置将由陶瓷纤维"预先定型"的气缸套沉入铸模中，并用可渗入预先定型的气缸的"标准材料"浇铸，即挤压铸造、局部富含硅的方法（Squeeze Casting，Lokasil® 方法），如图 5.10 所示。在气缸范围形成一个与边界层形态相似的过共晶合金，然后采用珩磨和腐蚀或刷镀加工成适用的气缸工作面。

目前，铝合金构件的开发仍在继续。它不仅在点燃式发动机上越来越多地使用，而且在机械载荷很高的柴油机上也能采用铝合金气缸体。特别在减轻重量设计的大众公司 3L 汽车上已使用 1.2L 全铝 TDI 发动机。戴姆勒-克莱斯勒 V8 CDI 发动机也采用带灰铸铁气缸套的铝气缸体。在所有铝气缸体的发动机上，活塞采用含铁的薄表面涂层，以保证活塞在气缸中的磨合性能。

与灰铸铁气缸体相比，铝气缸体由于减振性能和强度差，需有针对性地增加刚度和优化

配备预先成型的预热炉

利用"局部材料工程(Lokaler Werrkstoff-Engineering)"铸造时在气缸工作面产生局部的富含硅（Lokasil）

REM 照片

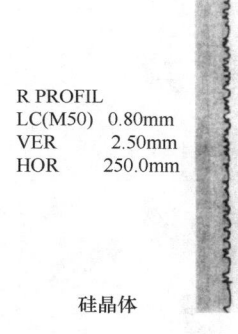

R PROFIL
LC(M50) 0.80mm
VER 2.50mm
HOR 250.0mm

硅晶体　　　铝

Ra=0.15~0.25μm,Rz=1.0~3.0μm,Rpk=0.4~0.8μm

LOKASIL 结构/表面粗糙度

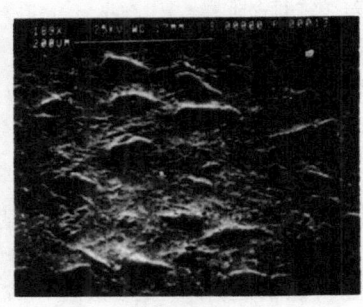

实例：Porsche Boxster

图 5.10　铝合金气缸体，Lokasil®法（实例，保时捷）

承力结构，使发动机不产生奇特的噪声。

在发动机制造中对轻结构的镁又发生较大的兴趣。至于镁的耐蚀性差和热强度低的问题，一方面可提高镁的纯度以及研究新型镁合金材料；另一方面可采用复合材料解决。在发动机制造中，镁的压铸件已优先用在进气管、气门罩、盖板、支架上。宝马公司的新型直列6缸点燃式发动机采用的镁—铝复合气缸体是进一步使用镁的里程碑（图 5.11）[12]。在压铸镁气缸体时放置过共晶硅铝合金气缸套，以增加耐磨性。在主轴承周围放置烧结合金钢嵌入物（底板），以增加气缸体整体刚度。镁—铝合金气缸体比相同结构的铝合金气缸体轻 24%。

2. 曲轴

高比功率发动机曲轴由调质钢锻造或球墨铸铁铸造而成。目前，通过材料改良和生产技术改进，较高功率的发动机也可用铸造曲轴，如采用在球墨铸铁基础上少许改良的 GGG70 材料。要

图 5.11　Mg/Al 复合气缸体（宝马）

特别小心确定主轴颈到连杆轴颈的油孔位置和形式。通过滚压或感应淬火可提高曲柄臂到主轴颈和连杆轴颈高载荷圆根部位的疲劳强度。主轴颈和连杆轴颈表面采用淬火和磨削。

曲轴和连杆采用液体动力学的滑动轴承（多层结构）支撑在气缸体和曲轴连杆轴颈上[8]。应用现代计算方法[13]设计滑动轴承。为进一步减小曲柄连杆机构摩擦阻力，采用滚动轴承的努力有所报道[14]，但尚处于预先研究阶段。

3. 连杆

正常载荷的连杆用 GTS—70 材料铸造。高应力连杆用调质钢 Ckxx 锻造（图 5.12）。此外，连杆也用烧结金属制成。用烧结金属制成的连杆大头孔可用"断裂"（Cracken）方法分开。断裂面形成精确的配合表面，即"断口"定位。因此，可以放弃必要的定位套或定位螺栓，并节省加工费用。因为可以保证连杆的精确外形，所以可避免为控制惯性力对连杆的重量分组（每一台发动机只能用同组连杆）。该例清楚表明如何通过节省原来零件的加工和安装费用，达到系统成本的优化。在这期间还开发了高脆性的铸钢和锻钢材料（如C70S6）。它们具有良好的断裂性和降低系统成本。高脆性铸钢和锻钢连杆方案可取消连杆分组，因为连杆毛坯公差受到控制。

为进一步降低连杆重量，采用三角形的连杆小头，即连杆小头孔拉力侧（上部）比压力侧（下部）窄，有利于降低惯性力和摩擦功率。

4. 活塞

因为活塞质量直接转变为往复惯性力，所以人们一直致力于采用轻型结构（图 5.13）。

活塞主要采用铝合金硬模铸造，在较高载荷和合适的形状时也用特殊铝合金压力铸造[8,15]。活塞材料必须耐热、耐磨损、高导热、铸造性好或可挤压。成型后进行热处理（回火），以提高工作时的强度、硬度和成型稳定性。减小铝活塞在气缸中的热膨胀措施是采用"调节件"，即在活塞销座范围铸入钢片。钢片将活塞裙部热膨胀从主压力侧/非压力侧方向转移到活塞销方向。这种活塞称为热膨胀自动活塞（钢片铸在销座的铝合金内）或热膨胀自动调节活塞（钢片铸在销座铝合金内侧，钢片外侧暴露在外面）。为改善磨合性能和抗拉缸性能（抗咬合性能），在活塞裙部工作面涂覆石墨层（对灰铸铁气缸）或涂覆含铁物质（对铝气缸）。

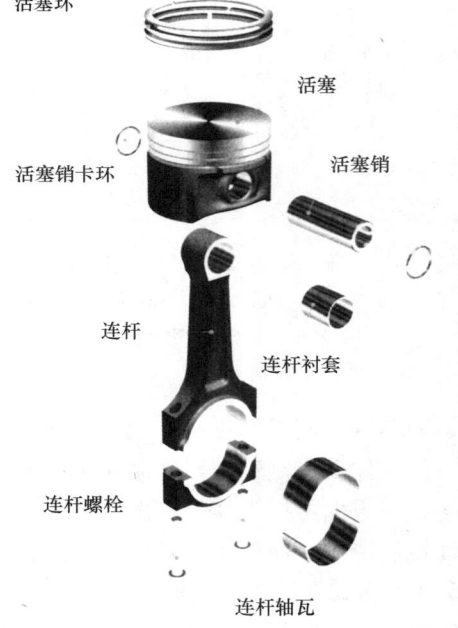

图 5.12 活塞—连杆组

5. 气缸盖

现代点燃式发动机气缸盖通常由铝合金 AlSixx 制造。由于进排气道、冷却水腔、配气机构附近的几何形状复杂，采用低压硬模铸造。材料要有良好的铸造性。由于冷却要求，在火花塞和排气门附近较窄的引水道在铸造时不应被砂芯烧结。为气缸盖材料均质化和提高耐热强度，铸造后要接着进行热处理，以消除高的内应力。

气缸密封垫（气缸垫）是一个重要部件，要求高的疲劳强度和很好的密封（特别是在高气缸燃烧压力的增压柴油机上）。现代气缸垫为多层钢片密封结构，在燃烧室周围为卷

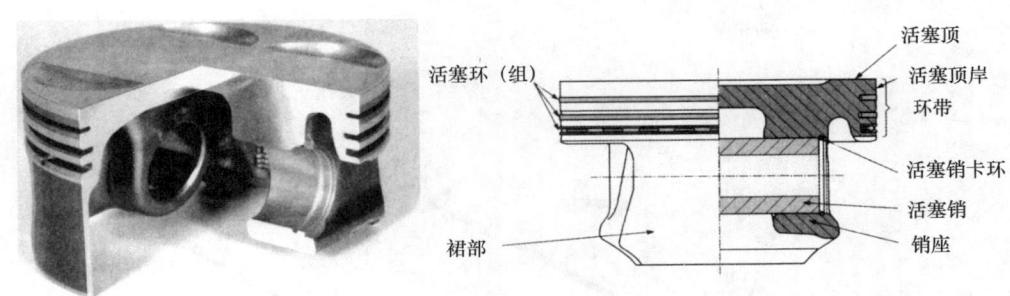

图 5.13　点燃式发动机轻型结构活塞（实例 MAHLE）

边。作为止动装置的密封造型限制卷边的相互挤压，提高密封系统寿命[16,17]。

6. 配气机构和调节机构

（1）配气机构

气门驱动的主要部件　配气机构有进排气门、关闭气门的弹簧、凸轮驱动机构和其他传递力和运动的零件。

1）气门。至少在气门头部范围是由高耐热钢和抗氧化钢（如 NiCr20TiAl、Nimonic）制成的。气门杆是由低合金钢制成并通过摩擦焊与头部连接。气门头部座合面周围用耐磨材料等离子喷涂或淬火。高功率发动机排气门有一个延伸到头部的空腔，其内充入一部分钠。在空腔中的液体钠（熔点97℃）可以改善排气门在快速运动时从热的头部到气门杆的热量传递，并通过气门导管散出。

气门质量关系到配气机构的受力，并对所需的气门弹簧的刚度有重要影响，需尽可能减轻。图 5.14 是正在试验中的轻型气门结构。其气门杆为钢管，头部为成型钢板。这种气门的减重目标是原有气门重量的 30% ~ 40%。气门也可用钛材料加工而成。

陶瓷气门材料的重量比标准钢气门的重量约可减轻 50%，但由于在保证质量的同一性和大批量生产时生产成本没有竞争优势等问题至今没有应用。

2）凸轮轴。对凸轮轴的要求是凸轮表面要硬、耐磨损、耐疲劳，为此常采用钢质材料（渗碳钢、渗氮钢）或片状、球状石墨铸铁，如 GGG60。凸轮表面采用钨—惰性气体再溶法（WIG：Wolfram, Inertgas Umschmelzverfahren）或感应淬火达到所需硬度。也采用壳型铸造法（Schalenhartgussverfahren, Croning）。该法是热硬化性树脂和砂混合做成铸模。为减轻重量，凸轮轴空心浇铸或之后钻孔。

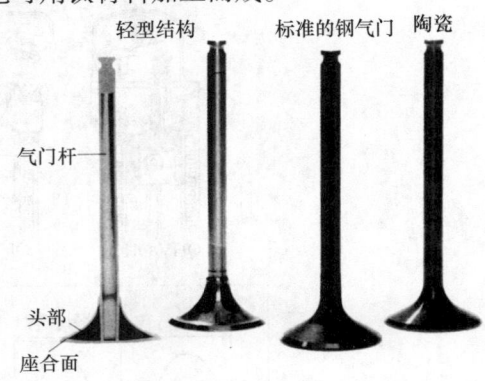

图 5.14　各种材料的气门（实例 MAHLE）

新型凸轮轴采用组合结构。凸轮、轴承、驱动轮、定位套和其他必要的零件单独制造，并按位置套在支撑管上，利用支撑管的收缩、焊法、支撑管内机械扩孔或支撑管内孔液压成型将套在支撑管上的各零件固定（图 5.15）。组合结构凸轮轴的目标是不需要最终加工。但有时还需对凸轮型面进行最后磨削。其优点是可以自由选择各零件材料，并因为用钢管代替实心轴，可显著减轻凸轮轴重量。

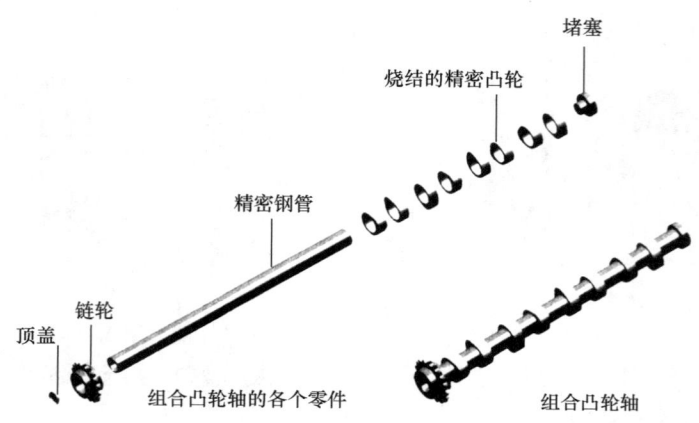

图 5.15 组合凸轮轴（实例 MAHLE）

配气机构的零件由于它们的造型加工费用较贵，或由于需要特殊的合金材料费用也高，所以优先采用烧结金属。机油泵齿轮、链轮和齿带轮是完成件，不再需要机械再加工。气门摇臂或压杆是成型件，采用烧结或钢板成型，只要少量加工或精整。气门座圈需用专门的耐热合金，保证在工作期间不"下沉"。气门导管由耐摩擦、耐磨损合金制成。

（2）配气机构的结构型式　图 5.16 是常用的配气机构结构型式、典型的气门升程曲线和相应的速度和加速度曲线。目前汽车上采用"倒挂"气门，英文名称为"顶置气门（OHV）"。凸轮轴同样为顶置，称为"顶置凸轮轴（OHC）"。两根轴顶置时称为"双顶置凸轮轴（DOHC）"这些结构型式的好处是配气机构驱动气门的运动质量较小，与早先使用的凸轮轴放在气缸体中的"下置凸轮轴"通过挺柱、推杆到位于气缸盖上的摇臂驱动气门相比，发动机转速可以更高。

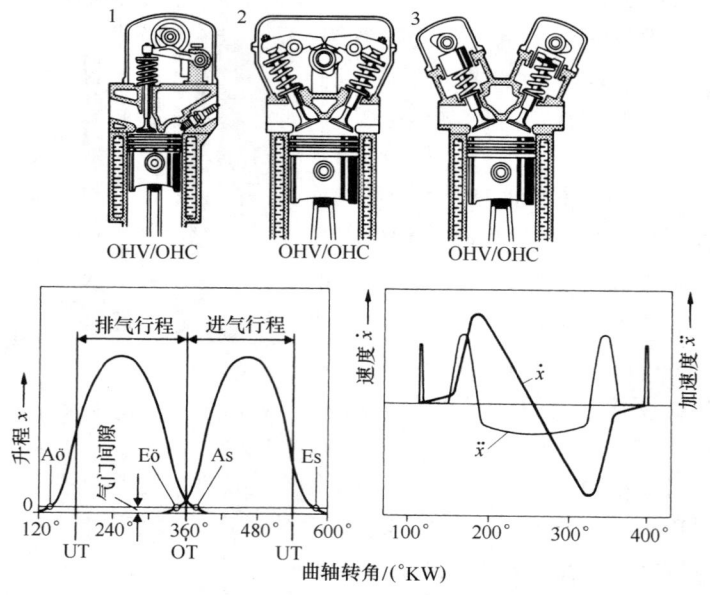

图 5.16　配气机构结构型式、气门升程、速度和加速度曲线

此外，在气缸充气期间，气门通过断面决定发动机功率密度。这就是发动机为什么采用多气门的原因。从经典的每缸 2 个气门布置方案到每缸布置 3 个、4 个、5 个气门；从一根

凸轮轴到两根凸轮轴（进、排气门分开驱动）。在奇数气门时进气门多于排气门。

气门运动由凸轮轴上的凸轮通过压杆或摆杆、摇臂或气门杆上的挺柱驱动。各传递力和运动的零件由它们的支撑吸收力，这些力来自凸轮的滑移运动、气门弹簧力和各零件运动的惯性力。气门杆只吸收尽可能小的侧向力。导筒挺柱的配气机构型式是气门运动的理想工作条件，它可引导气门轴向运动。

设计控制凸轮型线要考虑凸轮接触区的允许赫兹（Hertz）压力、凸轮上升前沿和下降后沿的加速度变化，直至感兴趣的气门升程的最大丰满度，即在大的气门升程时尽可能长的开启保持。有一种"平稳"凸轮，气门加速度是连续的，没有力的跳跃（突变）。在滚轮接触的气门驱动中，需要凹形凸轮侧面，以达到平稳的气门升程。这种凸轮需要用专门的带式或盘式磨床加工。

在从凸轮到气门的接触环节中总是存在摩擦力。为此，要尽量减小质量，并通过适度的气门弹簧刚度减小摩擦力。由于凸轮的高接触面压力，需对凸轮和与它接触的摩擦副材料作特别的材料处理或进行表面涂层处理，使它们间具有良好的耐磨性能。尽管采取了各种减摩的预防措施，但在压杆/摆杆或导筒挺柱上的滑移运动仍会产生可观的摩擦力矩。为此，越来越多的现代发动机上采用气门压杆，在凸轮接触区有滚针支撑的滚轮，即滚轮压杆（RSH，Rollenschepphebel），使摩擦功率显著降低。在低转速时RSH驱动的总的平均摩擦压力降低到导筒挺柱（TS，Tassenstöβel）滑动接触的平均摩擦压力的1/3（图5.17）。在发动机高速运转时滑动接触区出现好的流体动力学的润滑状况，平均摩擦压力达到像采用滚轮压杆时那样低的平均摩擦压力。因为汽车的实际行驶工况是在发动机低转速范围，采用滚轮压杆减小摩擦损失，对降低燃料消耗有好的效果。

为降低气门驱动的维护费用，开发了导筒挺柱或压杆，或在摆杆支座上开发了液压作用式补偿元件。它由发动机润滑油循环供油，凸轮基圆和气门杆间的间隙总保持为零。由于对气门座圈的冲击和在长时间和短时间工作中热量引起的长度变化使气门下沉，需要不断补偿。液压补偿元件达到的无间隙驱动气门可降低噪声。但这种补偿也产生挺柱或压杆/摆杆与凸轮基圆间持续的摩擦接触。因此，一些生产厂家再次放弃气门间隙液压补偿。此后，气门座圈采用更好的长期热稳定的材料，调整好的气门间隙经长期工作几乎不变。

凸轮轴由链（单或双滚子链）或齿形带以曲轴转速一半的转速驱动（四冲程发动机）。在采用没有调节装置的固定的凸轮驱动时，链或齿形带通过一个或两个凸轮轴轮（链轮或带轮）转动。传递零件的载荷是波动的，因为由各个凸轮循环载荷的叠加得到的凸轮轴上的转动力是不相等的。

气门与气门驱动在与进气行程和排气行程相互协调中控制发动机的充量更换。这是一个动态过程，受流通断面、流通持续时间以及气门开启特性的影响。如果不能实现流通几何参数和气门定时的变化，则气缸最佳充气只能设计在限定的发动机转速范围。

为使气缸充气与发动机各转速匹配（发动机转速从小于1000r/min到大于6000r/min工作），采用可变进气凸轮轴的调整方案，即改变凸轮轴相对曲轴的位置，这时气门叠开随转速的变化这样设定：转速增加，进气门较早开启。这时排气门还开着（即进、排气门叠开加大）。调整的目标是无论发动机在低速还是在高速运转，气缸充气以及与它关联的发动机转矩增加，点燃式发动机实际的制约因素是在充气、压缩比和点火的相互协调中，发动机爆燃限制了发动机转矩的进一步增长。

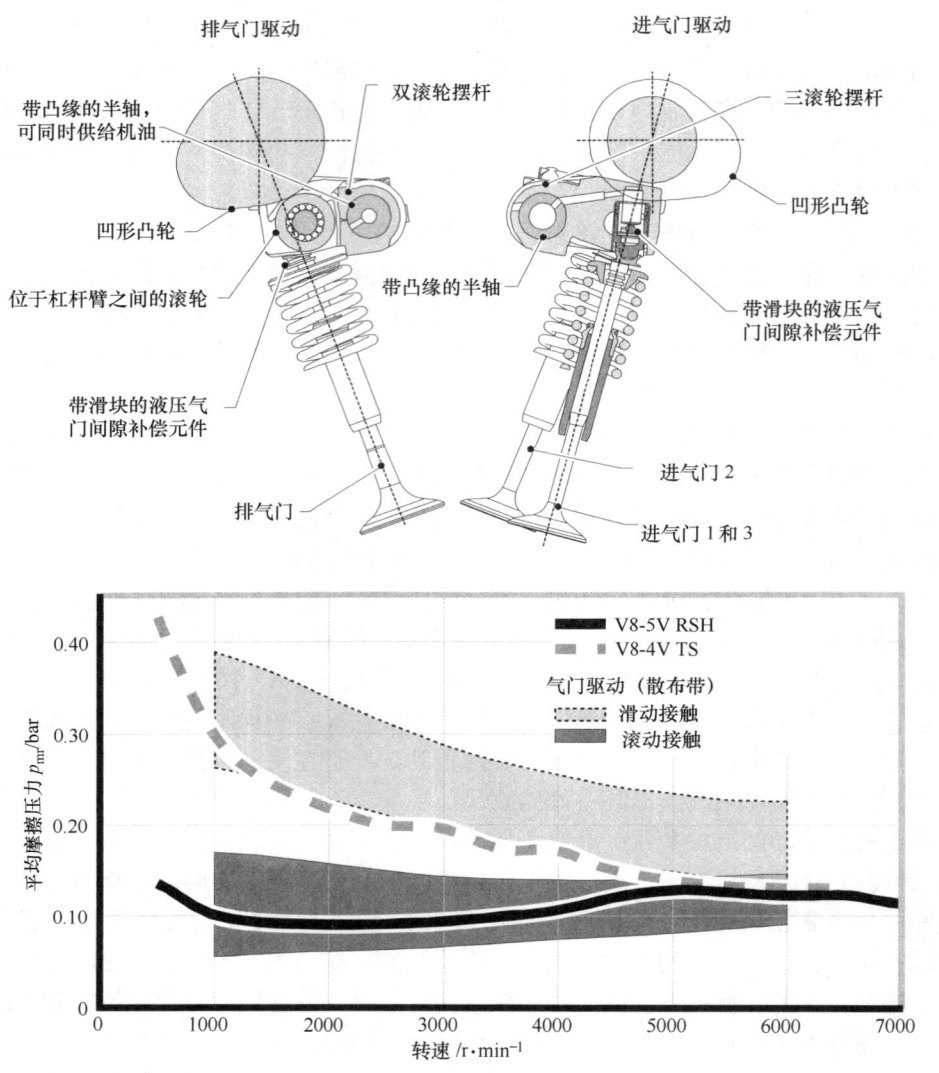

图 5.17　用滚轮压杆的气门驱动和导筒挺柱（TS）、
摆杆气门驱动的平均摩擦压力随发动机转速变化的比较曲线（实例：奥迪 V8-5 气门技术）

利用齿形带、链或齿轮驱动凸轮轴。在各种使用场合选择合适驱动方案的主要标准是维护费用和要传递的力。带驱动已经用于附加驱动高压喷油泵的柴油机上。但仍有采用链驱动的趋势，因为它是免维护的。

（3）可变气门控制

除固定设置气门升程和凸轮轴相对曲轴位置的常规配气机构外，不断实现气门驱动的可变性。它可随发动机工况动态改变气门相对曲轴位置的开启角度和升程。可变气门控制的优点在实际上到底好到何种程度主要取决于所选择的方案或机构允许在多大范围实现气门定时和气门升程的可变性。

在机构上实现可变气门控制有不少方案，有的是部分实现。下面就一些重要方案分为凸轮操纵系统和直接操纵气门系统作一介绍。

1）凸轮操纵系统。在凸轮操纵系统中通过相应地干预气门驱动的运动学，可在一定范围改变气门定时、开启持续角和气门升程。改变气门定时一般靠转动凸轮轴相对曲轴的位置实现。凸轮轴调节器首次在 1983 年成批用于阿尔法·罗密欧汽车上。除两点式位置调节器（它只调节两个定义的位置）外，还有使用可连续调节的系统[18]，它的功能是基于可移动的液压斜齿啮合（图 5.18）或基本叶片泵的反原理。在雷克萨斯 460 汽车双顶置凸轮轴（DOHC）、排量 4.6L、V 形 8 缸、32 气门发动机上第一次使用进气凸轮轴调节器，并命名为 VVT—iE。已批量生产的该系统可实现凸轮轴转角达 40°NW（相当曲轴转角 80°KW）的变化，所有由凸轮轴控制的气门正时可以在一致的方向移动。在双顶置凸轮轴（DOHC）发动机上，按这种控制方式可改变气门叠开角的位置和大小。如果还有需要显著改善发动机部分负荷和全负荷的工作状况，那就是在整个调节系统不变情况下，由于有限的转动范围和不能改变气门开启持续角度而无法实现无节流的负荷调节。

其他的可能性是凸轮型线与挺柱之间的可控传递零件。可控的导筒挺柱或支撑零件可以关闭各个气门。也可用两个不同型线的凸轮分别驱动气门。凸轮轴上相对每个气门有两个不同凸轮，更准确地说有一对凸轮。这对凸轮操纵可控导筒挺柱的两同心工作面。这样就可优化部分负荷和全负荷的气门升程。在其他负荷时气门定时和升程则为必要的折中。这种技术的实例是三菱公司（Mitsubishi）批量

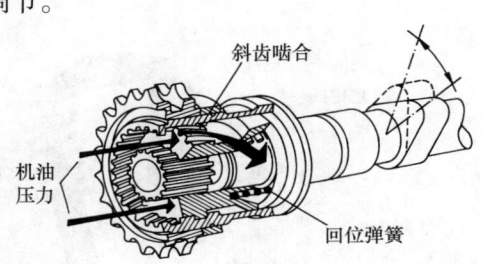

图 5.18 凸轮轴调节器

生产的 MIVEC 发动机。可控机构组合在摇臂中，这样可实现低速和高速气门升程曲线的转换，并可完全使气门失去作用，实现部分气缸的闭缸（不工作）。图 5.19 是本田公司的类似方案，命名为 VTEC 的可控气门驱动系统已批量生产，用在各种发动机上。保时捷汽车公司将以 Vario Plus 命名的这种技术用在包括涡轮增压 6 缸对置式发动机的各种高功率发动机上。

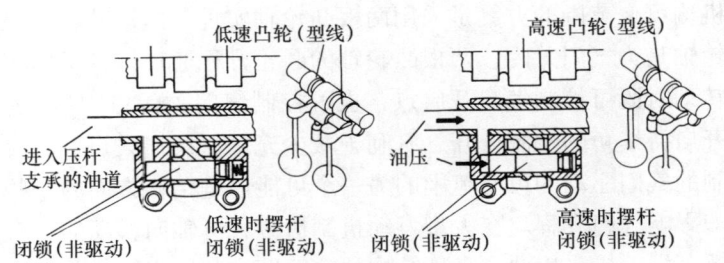

图 5.19 可控的气门驱动（本田 VTEC）

奥迪 2.8L V6 FSI 发动机上首次使用的气门升程可变系统同样也是在两个气门升程曲线之间控制。有两个不同凸轮型线的凸轮块可在凸轮轴的滚压配合啮合槽上移动。在气门关闭的凸轮基圆相位，液压控制销与开在凸轮块上的两个移动槽一起总是连到另一凸轮型线上。利用滚轮压杆以及凸轮轴支架将凸轮的运动传递到气门上，原理上就是常规的气门驱动[19]。此系统也应用在 2.0L TFSI 发动机排气侧，以限制气门叠开角最大时，由于邻缸提前排气导致的排废气回流到进气管中，来保证点火次序[26]。

除了在两条气门升程曲线之间控制外，还可以实现气门升程的连续可变控制。一种叫作"MultiAir"的液压系统用在菲亚特和阿尔法·罗密欧的量产发动机上。

如果凸轮升程通过液压传动到气门上，则切断压力油就可控制气门提早关闭（图5.20）。这样气门升程和关闭角度与凸轮升程曲线无关。为缓冲气门在接近气门座时的冲击，要使用液压系统。

为连续控制凸轮升程和凸轮运动之间的转换，提出了一些结构方案的建议。这些方案中的不少方案采用一个压杆或摇臂，利用压杆或摇臂的偏心轴改变它们的位置。按运动学设计，这样可以一起控制气门升程和开启持续角（图5.21）。由附加的气门驱动部件产生的摩擦功增加，在部分负荷范围由于气门升程较小而得到补偿。这甚至是一个附加的优点[20]。在与凸轮轴调节器联合作用时，这个系统可达到更大的变化范围。

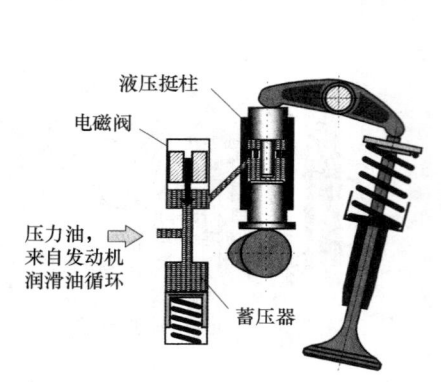

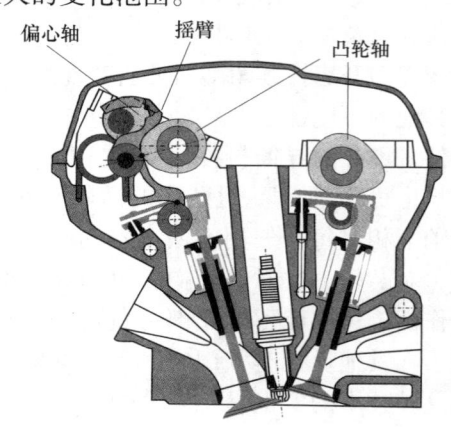

图5.20 液压气门控制　　　　　　图5.21 机械式可变气门控制（宝马[20]）

2008年起，丰田可变气门控制系统量产。该系统在凸轮轴与传统的气门摇臂之间增加了一个特殊的摇臂，实现气门开闭时间与气门升程的连续可变。一个电控执行器通过控制进、排气侧连续可变的液压凸轮相位控制装置，实现气门升程和气门开启持续时间的控制。另一个增大配气机构可变范围的方案是采用两根凸轮轴实现气门运动。一根凸轮轴是为气门开启，另一根凸轮轴是为气门关闭。两根凸轮轴的凸轮升程通过杠杆机构相互机械叠加。在两根凸轮轴独自转动时既可控制气门开启点，也可控制气门关闭点[21]。该方案可进一步将气门升程和气门开启持续角的控制分开，有利于减少充量更换损失。

增大凸轮控制的气门驱动的可变范围的另一个可能性是结构方面的一些方案。它们直接影响凸轮升程，即影响气门升程。在大型发动机制造中，可轴向移动的、有空间型线的凸轮是大家熟知的。轿车发动机采用两个半环结构的凸轮轴。利用机械干预允许各个凸轮在凸轮轴上转动[22]。

2）直接操纵气门系统。考虑用液压或电磁系统直接操纵气门。液压系统利用储存在液压罐中的能量操纵气门，通过高速电磁阀和液压缸操纵气门。控制对气门的作用时间和气门的升程改变气门运动。这样也可独立地控制各个气门。电磁阀操纵气门的缺点是动态特性差，在高速应用时受到限制。

如果气门运动是由弹簧力作用的结果，而磁力只是用于起动和帮助气门开启和关闭，则用磁力操纵进、排气门时具有特别的优点。可节省为操纵气门而消耗大部分能量。这种联合作用的方式称为机电式气门控制（EMV）。图5.22表示了基于这种原理的气门驱动结构简图。气门由挺柱驱动，挺柱与衔铁连在一起。衔铁与两个弹簧组成一个弹簧—质量振动器。

振动器的止点位置相当于气门关闭和全开位置。振动器的频率主要由气门开启和关闭时间决定。利用两个电磁铁，振动运动的气门可以在两个止点位置中断。没有激励两个电磁铁，视摩擦情况系统的振动就会衰减，并保持在相当于气门升程一半的静止位置。因此，在起动发动机前，系统必须用谐振频率交替激励两个电磁铁，直至闭合电磁铁在气门关闭位置吸住气门。

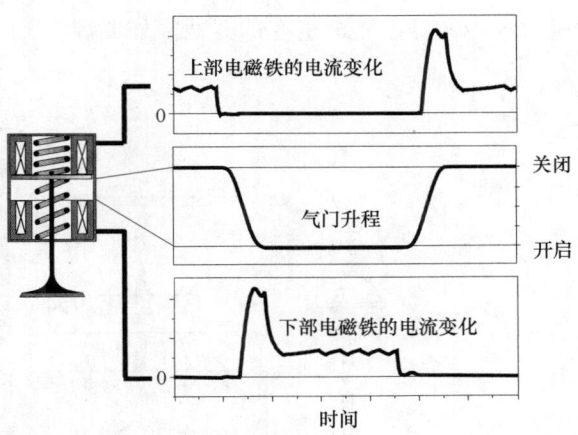

图 5.22　机电式气门驱动

气门控制过程可从图 5.22 的典型电流变化过程看出。从气门关闭位置开始，用保持电流激励的闭合电磁铁断开。在上部弹簧储存的势能推动气门至振动器达到它的下止点位置。该位置由于接通下电磁铁电流，振动再次中断。在气门运动时产生的摩擦损失通过短时提供给下电磁铁的较大电流而得以补偿。在快到振动器止点位置前瞬间接通捕获电流。关闭气门是一个独立的过程，并以与上面相同的方式关闭。这时下弹簧开始运动，上电磁铁通电激活。在与执行器的闭环控制连接时，需要这样控制衔铁接近电磁铁极平面（确切说就是气门靠向气门座），一方面不会产生噪声，也不会出现过大的力学强度问题；另一方面需要高的电流，以安全开启和关闭气门。这种控制技术也允许气门部分开启（小升程）或延迟关闭，以达到有目的的、充分的充气运动。

机电式气门驱动所需的电能必须与常规气门驱动所需的驱动能量（反映在机械损失中）对比。在发电机效率 80% 时可得到在部分负荷工作时机电式气门驱动所需的电能，它等于用滚轮接触的低摩擦气门驱动的能量水平[23]。

可变气门控制节省的燃料消耗，按欧洲汽车行驶循环试验与采用的可变程度有很大关系。机电式气门驱动与部分负荷闭缸技术或与增压技术联合使用可节省燃料消耗 18%。与汽油直喷发动机相比，从排气净化方面没有下降。但可变气门控制可降低发动机冷起动排放和通过加速加热催化转化器尽量发挥三效催化转化器的潜能。

7. 发动机冷却

发动机实际工作循环的燃烧室壁面损失使组成燃烧室的气缸盖、活塞、气缸受热温度升高。为此，需对它们冷却而不致出现过热、润滑油结胶和由于充量损失而降低发动机功率。优化发动机工况的基本条件是设计好的冷却和润滑，这样所有运动件的摩擦和工作温度在设定的、可接受的范围。

当前，空气冷却很少用在汽车发动机上。尽管空气的冷却效果通过良好的气流设计、精致的冷却翅片（散热片）不断改进，通过结构措施风扇消耗的功率和噪声辐射大幅下降，但在高比功率发动机上的应用仍受到实际的限制。与水冷相比，空气冷却传热差，空气热容量小，需采用散热片加大散热表面。甚至摩托车发动机也不断转向水冷却。水冷却可保证发动机温度均匀分布，并可设计和控制汽车加热/采暖。

在发动机—汽车系统中，通常由 2 个或 3 个各有一个节温器的冷却液循环回路，控制发动机冷却和汽车内部乘员采暖（图 5.23，并参见 3.3 节）。在一些汽车上的冷却系中还有发动机机油冷却器、发电机变速器油冷却器等。

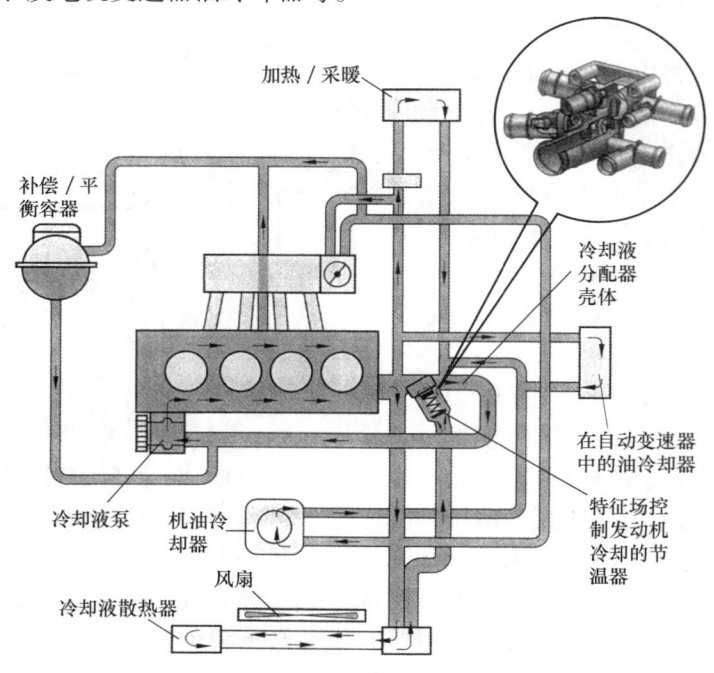

图 5.23　冷却液冷却循环（实例：大众）

常用水与防冻液（大多为乙醇）的混合液作为冷却液。按发动机使用情况还添加防腐剂。冷却液吸收发动机余热并输入到冷却液散热器。冷却液散热器再将热量传给流过它的外部空气。

发动机冷却系必须保证最大热负荷部件（带排气道的气缸盖）足够散热；较冷的部件不要过分冷却，甚至还要加热，使零部件达到均匀的温度分布。一般冷却液先进入气缸体，并沿发动机纵向长度分配到各个气缸盖，最后从发动机另一端流出。利用气缸垫上的流通断面大小控制冷却液进入气缸盖的流量，并利用有针对性的导向通道流到部件上的"热点（Hotspot）"。重要的是冷却液在气缸盖的流动路线中不允许出现蒸气泡的聚集处，因为它会破坏散热。

另外，发动机冷却只是限定在必要的冷却范围。基于这一理由，气缸壁的冷却液腔仅限制在活塞在气缸中的工作行程的上半部行程或上面 1/3 行程范围。其目的是活塞与气缸壁面存在的润滑油膜达到能降低摩擦损失的理想状态，即使在发动机冷起动时也能快速达到理想热状态。冷却液泵通常靠齿形带直接由发动机驱动。冷却系统的节温器首先接通小循环，加热了的、尽可能少的冷却液绕过散热器而不被冷却，直至达到 80~90℃ 的正常工作温度，节温器逐渐开启，引导一部分冷却液通过散热器。

更好的是冷却液的流动路线要与发动机工况（不只是在起动，而且要在发动机各种负荷下的热状态）相匹配。电控冷却系就可达到此目的，如图 5.23 所示。节温器不仅由冷却液的温度控制，而且还要加上特性场控制的电子闭环控制。闭环控制的结果是发动机在部分负荷冷却液温度调节到 95~110℃，而在较高负荷时又调节到 85~95℃。提升冷却液在部分负荷的温度可降低发动机在部分负荷范围的燃料消耗、降低 CO 和 HC 排放。利用分开控制进入气缸体和气缸盖的冷却液流量（Split Cooling）可以进一步改进冷却系。在发动机起动后只冷却气缸盖。这样就可快速加热活塞与气缸壁面存在的润滑油膜。由于发动机、冷却液和机油的升温对于认证行驶循环的暖机过程的摩擦功率及油耗有直接影响，因此，加速机油升温过程是目前研发的目标。

机械式冷却液泵的泵送功率设计在发动机低转速、全负荷工况（即在限定的冷却液泵转速）时发动机达到最大热负荷。这样，在其他工况时，泵送功率过大而造成不希望的功率损失。在发动机暖机时，如果冷却液泵妨碍快速加热发动机，则可以通过摩擦轮驱动短时断开冷却液泵[25]。可调电动冷却液泵由于成本较高几乎没有采用，因为需要大功率电动机才能达到所需的冷却液泵的峰值功率。在发动机高热状态停机时，特别是增压发动机停机时，再冷却可用小功率的电动冷却液泵。

蒸发冷却的方式至今主要用在固定式发动机上。利用冷却液的蒸发热容量可以减少一部分冷却液流量。至今，由于考虑新的汽车—冷却—加热系统的整体设计方案和蒸发冷却的一些未解决的问题，如冷却液成分分解，限制了蒸发冷却在汽车上的批量应用。但为冷却"热点"区域，在目前实施的冷却系中有针对性地采用局部地区形成蒸气泡的方式提高该地区的传热系数。

8. 发动机润滑

发动机润滑系中，机油的重要任务是润滑和冷却所有曲柄连杆机构部件、必要的一些安装部件（如废气涡轮增压器）、传递支撑力、张紧/压紧轮、平衡和调整调节装置、阻尼振动、带走不洁物和磨粒/磨屑以及中和到达发动机内的燃烧产物。机油能够完成这么多任务的前提是：只要这些任务是适当的，且有足够的油量输送到需要输送的发动机的各个点。发动机机油是以矿物油为基础油制成的，并含有与使用目的相适应的添加剂（Additiv-Package）。全合成机油具有较好的抗老化性能，但较贵[24]。

大多汽车发动机采用压力循环润滑（图5.24）。机油泵从曲柄连杆机构下面的油底壳吸

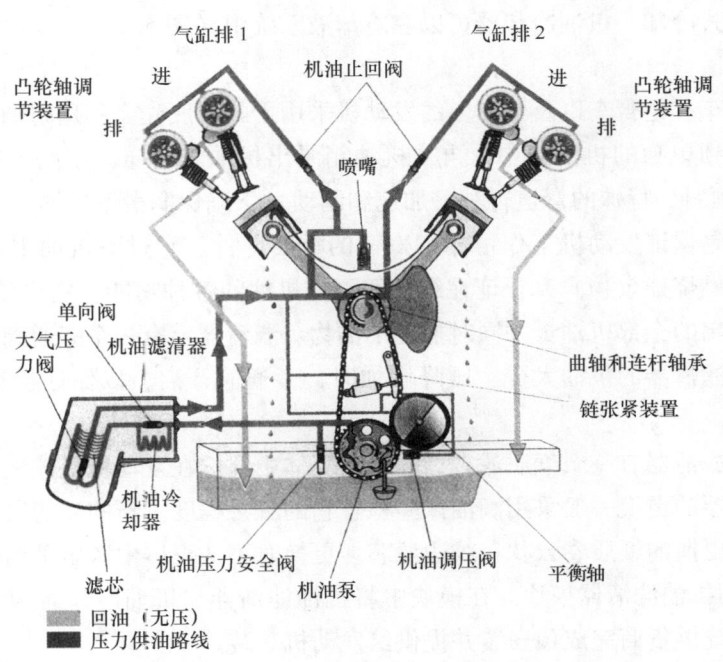

图5.24 机油压力循环润滑（实例：奥迪V6）

油，机油泵泵出的压力油经机油滤清器，必要时还有机油冷却器进入发动机主油道。在发动机上实际见到的机油泵或者是随曲轴一起转动的内齿轮泵，或者是通过链或齿轮驱动的内或外齿轮泵。机油泵的设计原则是：在发动机热机状态和怠速时，在发动机整个寿命期内油压不允许低于某一值，以保证安全、可靠润滑；在冷的机油和发动机在高速运转时会输送过多的机油，需用限压阀限制机油压力并通过旁通阀分流过多的机油，分流的机油返回机油泵吸油道或油底壳。在机油循环中还安装一个调压阀。在正常工作时调压阀调整的机油压力要比作为安全阀工作的减压阀的压力稍低一些。现代发动机不断配备可调节的机油泵，它的体积流量随压力而改变[12,25]。这样可使发动机在不同工况和状态下机械损失最小，从而提高发动机机械效率、降低燃料消耗。此外，这种较贵的可调节的机油泵在发动机各种工况下要求有足够的机油压力时才会考虑，如依靠机油压力控制的一些重要功能部件（如可控的配气机构部件、凸轮轴相位调节器）。

从纵向延伸到整个发动机气缸体的主油道向所有的主轴承供油，并由此经曲轴上的孔到达连杆轴承，必要时还通过连杆杆身到达活塞中的连杆小头衬套。在高负荷发动机上，在主油道上还安装了冷却活塞的喷嘴。喷嘴从下部向活塞内腔喷射油束。在气缸盖上有一个分支油道，给凸轮轴轴承供油。按设计，还向气缸盖上的配气机构的液压补偿元件（在导管挺柱或支撑元件中）供油。可能还为气门调节机构或凸轮轴调节机构提供压力机油和润滑凸轮的飞溅机油。

从轴承侧面流出的机油和其他飞溅、泄漏的机油收集在气缸盖中，并通过溢流油道和排空气道，经气缸体又回到油底壳。油底壳也收集来自曲柄连杆机构的机油。为消除机油泡沫，利用带孔的回油隔板将气缸体与油底壳分开，即"机油刨光（Olhobel）"。油底壳是储油室和稳定室。回流的机油在油底壳中消沫和再冷却。如果需要，机油还可在机油冷却器中以压力循环的方式冷却。机油冷却器可以在冷却液系统中（图5.25），也可以是一个机油—空气冷却器。

只有在运动车、越野车以及赛车上的发动机采用干式油底壳。利用附加的机油泵从油底壳集油室抽机油到单独的机油箱中，再从机油箱泵出机油。这样，在汽车的所有工作条件（上坡、下坡、倾斜、特殊的弯道行驶、加速和制动）下确保润滑系供油。

机油滤清器是保证发动机工作可靠和寿命的重要部件。它过滤机油中的固体异物（金属磨粒、尘埃、燃烧残余物）和保证在维护间隔内机油的各种功能。主要使用全流滤清器，它过滤机油泵泵出的全部机油量并同时捕捉不洁物。滤清器上有一个旁通阀，在滤清严重脏污或堵塞，通过滤清器的机油太少、压降增加时，旁通阀开启，以保证机油循环（虽然机油未被过滤）。

较早的机油滤清器有一个纸质滤芯，它装在壳体中并拧在发动机机体上，是油路的组成部分。机油滤清器的更换一般采用滴油试验检查它的脏污程度。新的滤清器设计是在可分开的壳体有一个可更换的纸质卷云状花纹边滤芯。更换时不从壳体中取出脏污油滴，壳体也不废弃。图5.25为机油滤清器模块。在模块中将机油滤清器、机油冷却器和发电机固定架组成一体。它由系统供货商完成预安装并提供给发动机总装。

第 5 章 动力装置

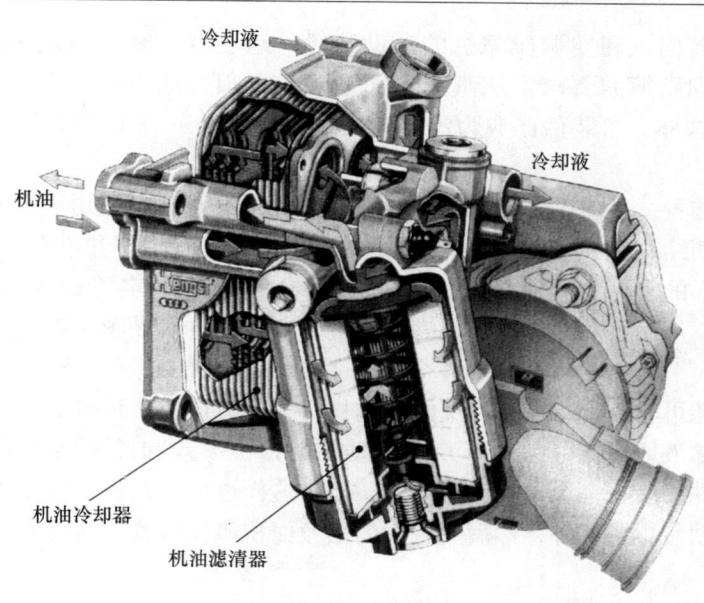

图 5.25 机油滤清器模块（实例：奥迪 V8）

为控制机油油面，不断使用电子传感技术。在机油储量减少机油压力下降前，传感系统显示机油已到最低油面并报警。为节省汽车用户成本和降低机油消耗以及减少废旧机油，正在不断努力延长机油更换间隔时间。机油不再按固定的汽车行驶里程或最长的时间更换，而是按照发动机的工作方式和工作时间更换。在电控发动机上，根据有关发动机燃料流量、工作温度、运转时间、补充机油量等负荷信息得到需要更换机油的提示并向驾驶人显示。对正常的适度的汽车行驶方式，则更换机油的行驶里程要明显延长。

9. 进气管

进气系的单件由铝材采用砂模或硬模铸成。多件用铝或镁压铸而成。为进一步减轻重量常采用玻璃纤维增强的塑料，如玻璃纤维增强的聚酰胺。对空间复杂的几何形状，进气系或用单件熔化工艺或用多件摩擦焊制成。也有采用铝或镁的混合结构。金属部件用于固定到热的气缸盖的法兰上。金属部件包括进气管长度可变的转换机构（也见图 5.30）。塑料要有良好的热稳定性（至 150℃）和强度（用纤维增强）。在螺钉连接处或特别是在热冲击处（如废气再循环支管处）要有金属衬垫。所有的塑料件，按 VDA260 和 DIN 标准的塑料名称和缩写符号，都带上一个材料标识。这样，在再生时可有效进行材料分类和安全处理。

为提高自然吸气点燃发动机的转矩，常使用长度可变的进气管。影响充量更换气动力学的进气管几何形状，即长度和断面可随发动机转速而变。除已经广泛流行的长度两级可变进气管外，目前还采用长度连续可变的进气系统。它可在发动机整个转速范围均匀改变全负荷转矩。

10. 辅助装置和组装件

紧凑的汽车方案发展趋势和用户对乘员舱有用空间和行李舱容积的不断追求，已成为研发新汽车的重要边界条件——对组装件的要求。

设计者不只关注原来的曲柄连杆机构，更要关注：凸出在外的带空气滤清器和引导空气的软管/套筒，必要时还有中冷器的进气系；带催化转化器的排气系；以及安装在发

205

动机室内的包括转向泵和空调压缩机的辅助装置。组件必须考虑预装配动力装置的可装配件以及对侧向防撞的要求。从汽车方面还要加上很多应该安装在发动机室的安全性和舒适性部件。这样，组件已成为汽车研发的重要任务。这只能采用3维CAD模型才能解决。

为驱动辅助装置，目前主要采用多V带（宽V带）。它是纤维增强型塑料/橡胶多槽断面结构。多槽断面结构可在带的一侧或两侧。与早期V带不同，它可在一个平面的两个方向弯曲。采用这样的多V带可将换向轮、张紧轮与辅助装置的各个部件的驱动轮一个跟一个地安装在一起，从而可非常紧凑地占满发动机上的安装空间（图5.26）。与先前采用多根V带、错开在不同平面驱动辅助装置各个部件不同，现在只要在一个平面用一根多V带即可完成。此外，还可驱动冷却液泵和交流发电机，大多数还驱动转向泵和空调压缩机。在一些汽车上还驱动黏液风扇。因为多V带对驱动轮的错位误差和排列误差敏感，所以要将辅助装置的各个部件安装在一个模块的共同支架上，这样也可达到紧凑的安装目的。这可能要不断地预装配辅助装置各部件，然后用较大的法兰面积将作为整体的辅助装置拧紧在发动机机体上。

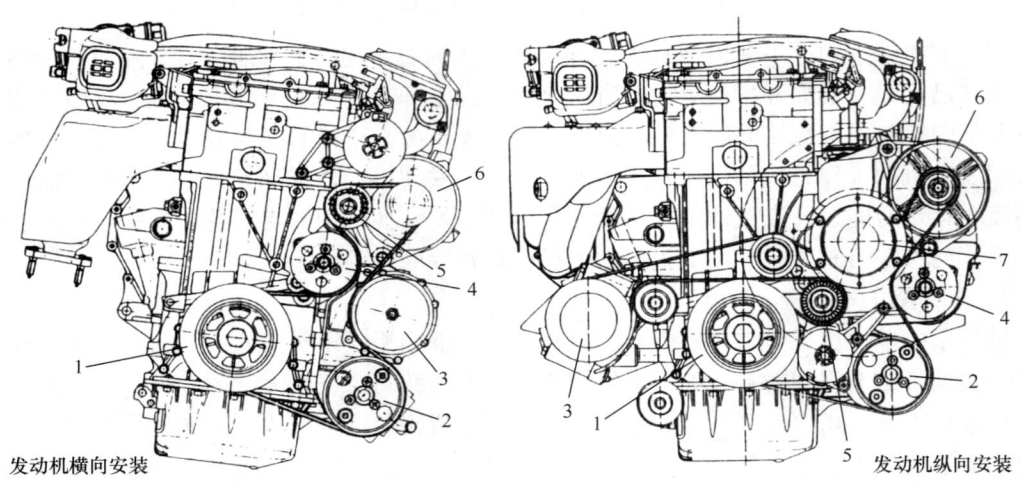

图5.26 辅助装置多V带传动，发动机纵向或横向安装（实例：大众VR5发动机）
1—曲轴驱动 2—转向泵 3—空调压缩机 4—冷却液泵 5—张紧-换向轮 6—交流发电机 7—黏液风扇

最近，设计者正在努力取消指定在发动机前端的带驱动的安装长度。替代的驱动方案是辅助装置的链和曲轴驱动、齿轮驱动以及组合驱动。这时辅助装置不是安装在发动机前端，而是安装在飞轮端。目标是辅助装置通过变速器法兰侧向安装在发动机上。图5.27是这种安装的实例。在曲轴飞轮侧的链驱动与齿轮模块相连。由此分别驱动发动机上的机油泵、转向泵和冷却液泵，只是交流发电机还用V带驱动。

属于发动机组件的还有：起动时与飞轮啮合的起动机；接上前、后部件的进气模块；接上前、后部件的排气模块。它们的安装不只是对功能的优化设计是重要的，而且在汽车防撞性能试验时要一起观察。从试验中可得到严重变形的一些部件和限制车身可能变形的途径以及对乘员的危害程度。补救措施是设计的这些部件要在定义的交通事故中断裂或变形，这对保护行人的法规要求具有重要意义。

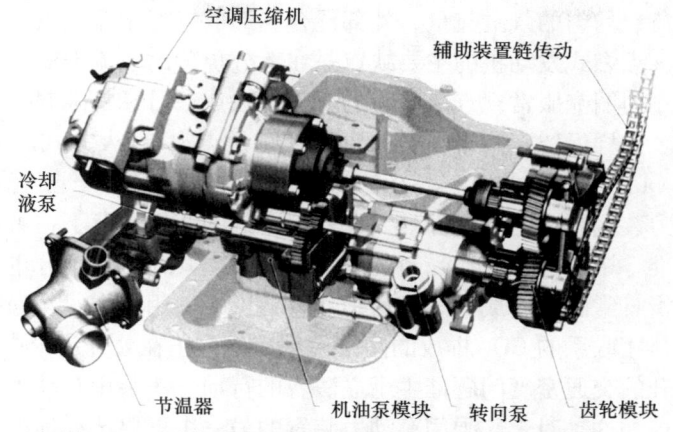

图 5.27 用链和齿轮驱动辅助装置（实例：奥迪 V8）

在空气滤清器和节气门之间安装空气质量流量计。为使气流不受干扰地检测空气流量，在引导空气的直线段上至少要保证一个最小的长度。制动助力器的负压软管、与活性炭罐（燃油箱通风）的连接管、操纵节气门的拉索（或许只是电控节气门的电缆）要布置在空气进气侧。在排气系，带氧传感器的催化转化器或挡热板或许还安装在发动机室。电缆、起动机电缆、冷却液软管、空调机、采暖/加热和其他更多的零部件把发动机室塞得满满的。在布置这些零部件时相互间不应有磨损处、没有电气影响、不出现过度加热和尽可能不妨碍维护和修理。

在汽车生产厂家最后装配时，设计者试图将尽可能多的各个部件捆挷成各个模块，以应付与组装件相连的复杂问题。这种趋势需要不断扩大系统供货商的职能，即系统延伸的职能。

图 5.28 是乘用车动力装置直列 4 缸发动机长、宽、高尺寸（所有发动机安装件的箱式尺寸）的散布带。从散布带的宽度（特别是有代表性的气缸工作容积为 1.6～2.0L 等级的发动机）表明，现代汽车动力装置在紧凑性方面还有很大的优化潜力。

5.1.5　奥托发动机（点燃式发动机）

奥托发动机的名称源于 Nicolaus August Otto。在 1876 年奥托按四冲程工作原理工作的第一台煤气发动机在道依茨气体发动机有限公司（Deutz AG）运转，并于 1877 年 8 月 4 日得到专利授权[1]。四冲程工作原理同样在柴油机上应用。无论是点燃式发动机

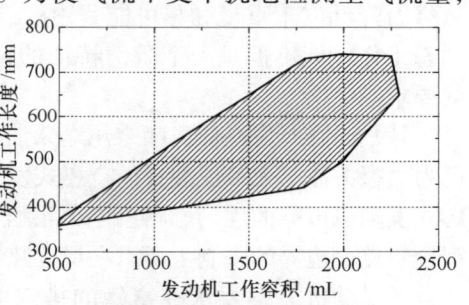

发动机长度随气缸工作容积的变化

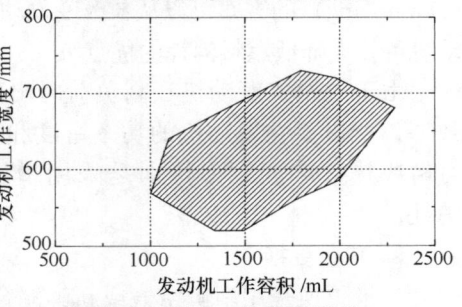

发动机宽度随气缸工作容积的变化

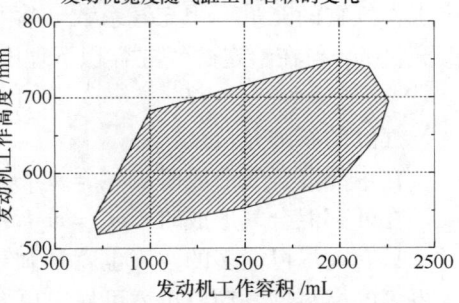

发动机高度随气缸工作容积的变化

图 5.28　直列 4 缸发动机组装件外部尺寸（FEV 发动机技术）

还是柴油发动机也可按二冲程工作方式工作。常规点燃式发动机与柴油发动机的主要区别特征是：节流调节负荷、均匀的气缸充量、外部混合气形成接着压缩点火。

与柴油机相比，点燃式发动机的主要缺点是在部分负荷的节流损失。点燃式发动机汽车未来的解决方案是：力图克服常规点燃技术的原理性缺点；目标是限制外部混合气形成；解决均匀的气缸充量。这样保留了与柴油机的主要区别是点火/着火方式。如英语表示的名称SI（火花点火）和CI（压缩点火）。

判断未来的动力装置需确定一些标准。在所有考虑的使用情况下，可靠性和使用寿命无疑是用户的首选标准。毕竟，用户接受新的动力装置时，其经济性十分重要。经济性不但指生产成本，而且也指日常的使用成本。燃料消耗直接影响使用成本。从保护资源的理由和因为与燃烧古生物燃料相联系的CO_2排放的间接使用成本也正在公开讨论中。

在全球范围飙升的交通密度问题催生了立法者的行动——乘用车动力装置的排放要不断遵守日趋严格的法规，这是对未来乘用车动力装置的另一个重要选择标准。同样，动力装置的噪声辐射扰乱和加重道路交通的正常秩序，必须降下来。噪声也直接影响乘员的舒适性。从努力降低汽车重量和尽可能紧凑的汽车结构引申出对动力装置高功率密度的要求。发动机动态工作性能不但是一个激情特征的标准，也是一个与合理概念"主动行驶安全性"相关的要求。

特别是在开发高压直喷乘用车柴油机取得重大进步以来，常规点燃式发动机的原理性缺点已为大家关注。无节流装置的点燃式发动机方案是可变气门控制以及稀薄混合气工作。常规点燃式发动机可能的均匀燃料（空气混合气工作方式）变为优越的稀薄混合气工作循环会受到混合气点火边界的限制。所以在最近几年，作为替代方案采用汽油直喷和分层气缸充气。稀薄混合气发动机方案要求在富氧的排气中重新解决排气净化问题。减小汽车尺寸和减轻重量（Downsizing）的方案可以从与改变发动机工况相关的无节流装置发动机中吸取到无节流装置发动机可较大降低燃料消耗的优点。

由于点燃式发动机在高负荷时出现的爆燃问题而限制压缩比直接影响到理想循环的热效率，所以要在发动机的功率密度和部分负荷热效率之间寻找一个折中。可变压缩比就可解决热效率问题。特别是采用增压和应运而生的Downsizing效果可较大地节省燃料消耗。

1. 充量更换

充量更换是用新鲜空气或新鲜混合气交换燃烧废气。进排气系、气门和气门开启特性决定工作气缸的充量。用充气系数（容积效率）定义充量更换品质。它是实际吸入气缸的新鲜充量m_L与在给定的气缸容积下理论上可能的充气量m_{th}之比：

$$\lambda_L = m_L/m_{th}$$

气缸的新鲜充量是：

在内部混合气形成时　　$m_Z = m_{ZL}$。

在外部混合气形成时　　$m_Z = m_{ZB} + m_{ZL}$。

只有在尽可能多的空气也就是氧气进入气缸并留在气缸中时，才可为完全燃烧供入或喷入更多的燃料，发动机也才可发出更大的功率。

根据气缸盖上的充量更换机构和充量更换时的气流导向，可以把充量更换原理分为对流原理和横流原理。在气流对流的气缸盖上，进、排气道在气缸盖同侧（有时也称气流直流的气缸盖),进气气流和排气气流相反。对流原理常用在经典的两气门直列布置的发动机上。在气流横流的气缸盖上,进、排气道分置在气缸盖两侧。这种原理也用在两气门发动机上,但主要用在各种型式的多气门发动机上(每缸气门数≥3)。在气流横流的气缸盖上,"冷侧"与"热侧"分开,为管路和燃料装置提供更多的布置自由度。

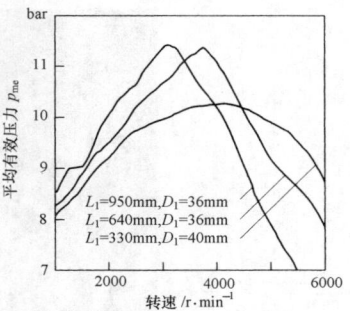

(1) 进气系 发动机进气过程在约 180~240°KW(曲轴转角)的较短时间内完成,这意味着发动机转速在 1000~6000r/min 工作时要在约 0.5~3ms 时间内完成。进气过程具有很高的动态特征,主要受进气压力波和负压力波的影响。利用有针对性地设定进气系的几何形状(进气管长度和直径),可以在一定转速范围优化充气系数。图 5.29 是不同进气管时发动机平均有效压力随转速的变化。

L_1:进气管有效长度
D_1:进气管直径

图 5.29 在不同的进气管设计时发动机平均有效压力随转速的变化

在低转速、较细且长的进气管可得到最大转矩;较粗且短的进气管可得到最大功率。日常使用的汽车,通常侧重于设计在中低转速有高的转矩,而运动车设计在高转速有高的转矩。

进气管内表面应尽量光滑。坑洼棱边和急转弯会产生气流分离,需防止。在多缸发动机上必须注意按点火顺序依次跟随的气缸进气不要受到干扰。这意味着在设计进气管时为保证每个气缸均匀的进气,单靠各缸的进气管长度和形状还不够,要通过仔细优化和借助于三维流动仿真计算(计算流体力学,CFD)可以防止进气气流局部扰动的动态影响。

在发动机上较多地采用可变进气管。利用蝶阀或转阀接通 2 个或 3 个不同长度的进气管或采用可连续调节长度的进气管,使在整个转速范围得到最佳的转矩特性。从进气口经空气滤清器到节气门的这段前置进气管影响充量更换。此外,还必须优化进气系的这段前置进气管的进气噪声。为阻尼各个谐振频率常采用赫姆霍兹谐振器或利用在宽频带范围具有良好阻尼的宽带谐振器。

持续的成本压力和力求更好质量的大批量产品的压力,在过去几年促进了模块化技术的发展。现代发动机的进气模块经常将与气流导向和燃料相关的所有零部件在功能和空间上组成预先装配好的和可以检查试验的一个整体。图 5.30 是进气模块实例。它带有多件塑料结构和铝结构的进气管、电控节气门、进气管长度可变装置、燃料分配管(共轨)和燃料喷嘴。

(2) 排气系 为实现当前和未来的排放准则,需要在起动后迅速加热催化转化器。为此,除采用较厚的、较大热容量的铸铁弯管外,还采用先进的钢板弯管,实现有利于流动的管道形状和结构。钢板弯管较轻,很少吸收排气热量,从而可加速加热催化转化器。钢板弯管还加装钢板护套,以形成空气间隙,起到隔热与热障作用。采用新的工艺,如液压成型(见 10.2 节),已开发出性能良好、能耐热负荷和振动负荷以及成本低廉的排气管。涡轮增压发动机越来越多地应用集成有涡轮室的排气弯管。通过取消热负荷极高的排气弯管与涡轮室之间的法兰,可以减小质量与结构空间。图 5.31 所示的奥迪 V10 TFSI 的集成模块由铸铁制成,外覆有硅酸盐纤维件,其外还有合金钢套筒,以减少向发动机室的能量导入。其与缸盖的法兰连接可以允许铸铁件在长度方向的受热膨胀。

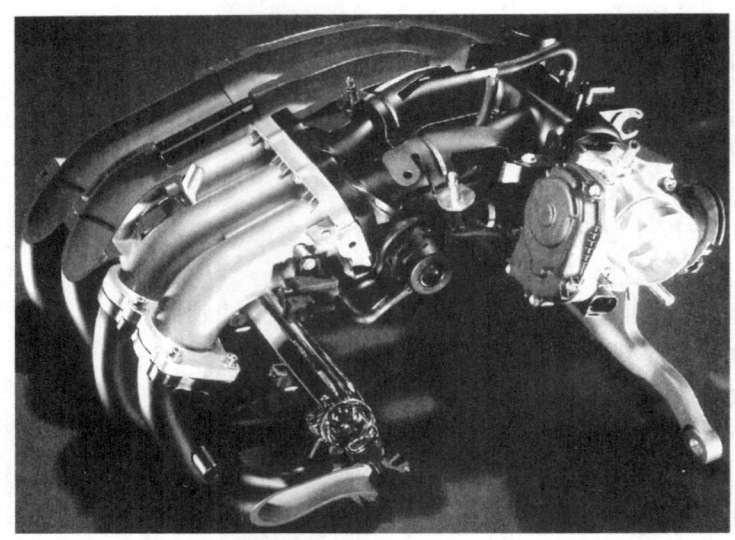

图5.30 进气模块（带可变进气管、电控节气门、燃料喷射装置，包括附设的电缆、软管）

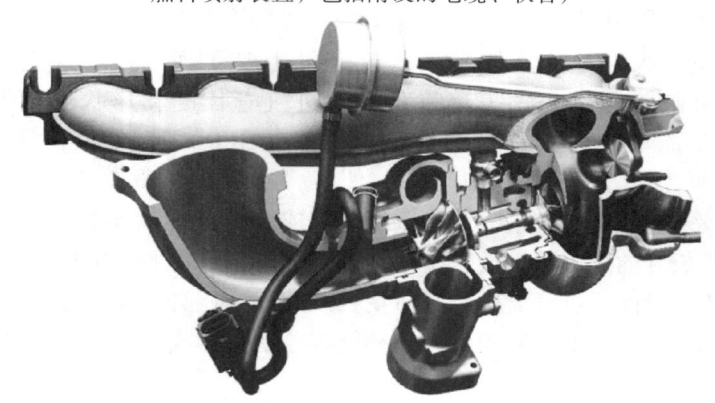

图5.31 排气弯管与涡轮增压器的集成模块（实例：奥迪V10 TFSI）

催化转化器位于排气弯管后面。随着排放法规的不断严格，迫切需要将催化转化器安装在靠近发动机处，使发动机冷起动后迅速加热催化转化器。但在发动机大负荷工作带来了现代催化转化器需要承受的高的热负荷。在富燃料—空气混合气工作条件下要防止催化转化器过热（部件保护）。

在充量更换时排气系的几何尺寸和几何形状（5.6节）影响排气性能。较贵的分级、分段组合的排气系（4缸发动机上4根排气管组合为2根，再组合为1根，即4in2in1）可得到均匀的全负荷转矩特性。后接的部件（催化转化器和消声器）应有较低的平均排气背压。消声器应有效，本身的噪声辐射表面尽量小。排气管采用不锈钢板或涂覆铝的钢板，以防腐蚀。

（3）气门正时 除了充量更换机构的几何尺寸和几何形状外，气门正时是成功充量更换（充气系数高）的关键。它关乎发动机的高比功率。在理论上先排气再进气的严格的工作过程在实际上会或多或少地叠开。叠开的程度用叠开角表示，即在某一曲轴转角范围进、排气门同时开启的角度。

在发动机低速运动时,较大的气门叠开角则气缸中残余废气较多,从而显著地影响怠速的稳定性,造成怠速不稳。通过进气侧的充量运动优化燃烧过程以降低缸内残余废气。探讨残余废气的兼容也取得了成功,这就是废气的内部再循环,它可降低原始排放,特别是降低 NO_x 排放,并减轻了排气净化对催化转化器的要求。在部分负荷废气再循环可达到发动机有限的无节流和节省一定的燃料消耗。这些例子表明,对现代点燃式发动机的功率、燃料消耗、排放和舒适性的各种要求是如何折中的,并在仔细协调这些要求时是如何权衡的。

(4) 可变气门控制 发动机除采用稀薄混合气工作方式外,还采用可变的充量更换机构实现点燃式发动机无节气门控制。节气门控制造成充量更换损失功的显著增加,是点燃式发动机工作过程损失的重要组成部分。图 5.32 表示由测量缸内工质指示压力得到的充量更换功是发动机工作过程中给出的总的工质指示功的一部分[2]。随着发动机负荷减小,这部分损失功就大。这表明在改善燃料消耗方面有较大的潜力。

由此,可变气门控制在改善全负荷转矩特性、怠速稳定性、部分负荷燃料消耗以及排放性能等方面还有进一步的潜力。

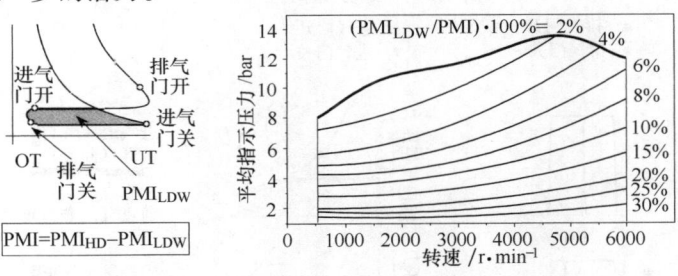

图 5.32 常规点燃式发动机充量更换损失

可变气门控制系统已在 5.1.4 小节中叙述。下面说明的利用可变气门控制无节气门装置的点燃式发动机方案是根据前面介绍的控制气门正时和开启断面可变的系统。

如果吸入气缸的充量质量没有受到进气气流节流的影响,则常规点燃式发动机充量更换的大部分损失是可以避免的。在可变气门控制时在吸入期望的新鲜混合气质量后通过早关进气门(FES),或者多余的气缸充量质量重新排入进气行程后通过晚关进气门(SES)就可避免大部分充量更换损失(图 5.33)。选择 FES 需要控制很短的进气门开启时间,以实现在无负荷工作时最少的新鲜混合气质量。SES 的控制策略则相反,由于在任何负荷下过多的气缸充量的重复流动会产生较大的充量损失趋势。

可变气门正时也用于控制残余废气量(内部废气再循环)。原理上可考虑 3 个选择(图 5.34)。在增大气门叠开角时较多的排气流入进气行程("进气道废气再循环"),从而在进气道中稀释紧接着吸入的新鲜气量。这一选择可改善进气道中的混合气形成。在"排气道废气再循环"时,气门叠开角移到进气行程。在进气行程第一阶段,新鲜混合气通过进气门,废气通过排气门同时吸入气缸。在"燃烧室废气再循环"时,残余废气量由排气门早关确定。以后,停留在燃烧室中的残余废气由于活塞向上止点运动而被压缩,然后再膨胀。在气缸中的气体达到大气压力后开启进气门,并按 FES(图 5.33)策略开始进气过程(图 5.33)。

在无节流的负荷控制中,取消促进燃料蒸发的进气管中的气体负压。但特别是在发动机

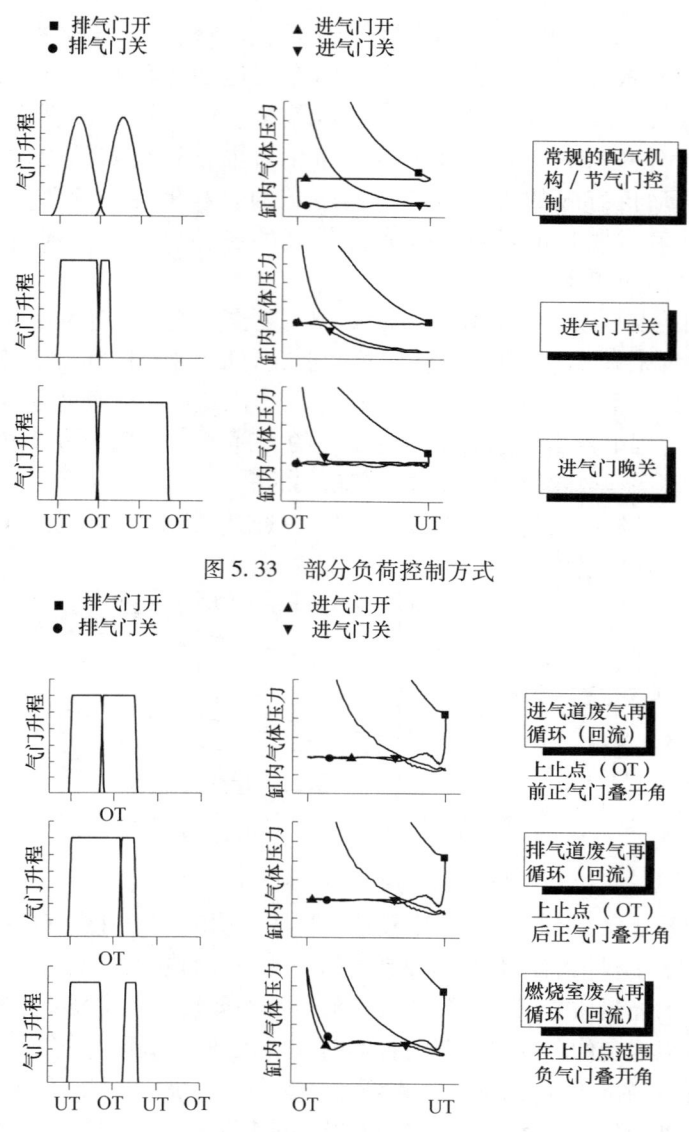

图 5.33 部分负荷控制方式

图 5.34 残余废气控制方式

冷起动和暖机时会出现混合气形成不佳的问题。对此,作为一个例子,可以用图 5.35 表示的晚开进气门的策略予以补救,以达到在进气门开启时刻（Eö）在气缸中的气体出现负压。这个负压促使流入气缸的新鲜混合气以声速流动。与这样的流动过程相关的节流损失在整个的观察过程中降低到微不足道的程度。因为在冷起动后又过渡到无节流的负荷调节。其他可能的调节方案是与已知的一些系统相关的可变气门升程（见 5.1.4 小节）。在低负荷时,利用气门间隙的影响可以改善混合气形成。

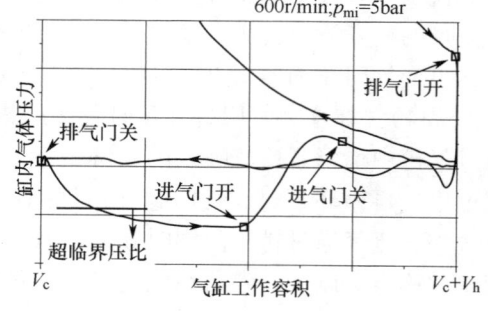

图 5.35 在进气门晚开时的 $p\text{-}V$ 图[3]

可变气门控制还可进一步改进发动机工作的潜力，如降低怠速从而降低燃料消耗；由于残余废气的优化控制，可以同时在低的爆燃边界提高气缸充量；发动机较高的全负荷转矩，特别在低转速范围，可扩大车桥传动比，通过工作点的转移可进一步降低燃料消耗。

为实现按发动机特性场控制关闭各个气缸，可以采用减活各个气门（使气门不运动处于关闭状态）的结构方案。由此，使没有关闭的工作气缸工作点向降低燃油消耗方向移动。这时的气门控制还可延伸到周期的间歇工作。可以在各个气缸的4个工作行程之间有选择地在中间接入一些空行程。

可变气门控制与增压结合可实现如米勒循环[58]。还可通过有目的地早开排气门，造成排气管中气体压力的脉动。在增压发动机中可以利用排气压力的脉动，改善增压发动机动态性能。

2. 混合气形成

在点燃式发动机中混合气形成就是按混合气的成分与量进行混合气配置、准备输送和分配。常规点燃式发动机混合气形成的目标是尽可能形成均匀、符合空气（氧气）和燃料化学当量混合比的混合气。节气门调节的空气量是与喷入缸内的燃料量相匹配的。

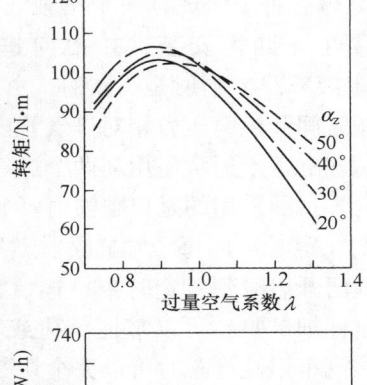

进气系保证将空气均匀地分配到各个气缸（见5.1.4小节）。在现代点燃式发动机上，利用每个气缸盖上的喷油器保证精确、均匀地将燃料分配给每个气缸（多点喷射 MPI）。喷油器总是安装在靠近气缸盖进气道的进气歧管上（燃料喷射口 PEI）。混合气的准备（燃料蒸发和与吸入空气的混合）受燃料沸腾过程、温度、压力、流速、湍流、雾化品质、燃料浓度和提供给混合气混合的准备时间等因素的影响。

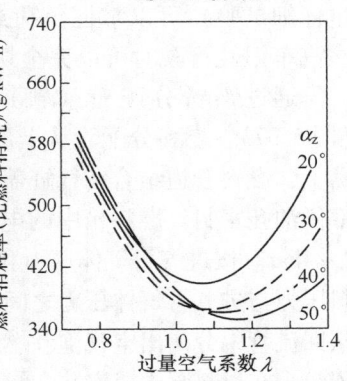

混合比用过量空气系数 λ 表示。过量空气系数是供入缸内的空气量与理论所需空气量的比值。在燃料富裕时过量空气系数 $\lambda<1$（浓混合气）；在空气富裕时过量空气系数 $\lambda>1$（稀混合气）。λ 的大小决定发动机工作性能（图5.36）。在 $\lambda\approx0.9$ 时发动机达到最大转矩，有良好的运转性能；在 $\lambda\approx1.1\sim1.2$ 时达到最佳的燃料消耗。过量空气系数也影响发动机排放。在空气不足时（$\lambda<1$），HC 和 CO 排放增加；在空气充分时（$\lambda>1$），NO_x 排放增加（见图5.55）。按稀薄混

图 5.36 过量空气系数 λ 和点火时刻 α_z 对发动机和燃料消耗和转矩的影响

合气工作方式工作的发动机可实现部分的无节流调节负荷，降低点燃式发动机部分负荷的燃料消耗，这是过去努力的目标。为点燃稀薄混合气，在火花塞附近的混合气必须保持在 $\lambda\approx0.8\sim1.2$（燃料点火边界）。燃烧室中不均匀的分层气缸充量挖掘了扩大应用的潜力（见5.1.5小节）。但采用三效催化转化器后，放弃了过去追求的、按稀薄混合气工作方案，因为及时氧化 HC、CO 和还原 NO_x，迫使过量空气系数要保持在 $\lambda=1$（见5.1.5小节）。

发动机在正常的热工作状态时混合气形成不会有什么问题。严重的情况发生在发动机冷起动和暖机时。在燃烧室部件温度低和由于燃烧室中低的气体流动速度和小的湍流，一部分喷入燃烧室内的燃料落在燃烧室壁上而不直接参与燃烧。为达到具有点燃

能力的混合气，需要喷入过量燃料（冷起动富裕燃料）。但导致不完全燃烧和高的HC排放，而无法达到排放法规规定的限值。这时需要优化喷嘴位置、方向以及喷雾质量，以使这一问题减至最小。

（1）均匀的混合气形成　采用催化转化器技术可以用汽油喷射完全代替过去或仍在使用的化油器。首先在安装化油器的进气弯管法兰处中央喷射燃料（单点喷射 SPI）。但也出现很少的情况，进气管路被燃料湿润，发动机动态响应由于燃料在进气管路的聚积和蒸发而变得迟钝。为此，采用快速的单独喷射（多点喷射 MPI）。每个气缸有一个单独的喷油器。它尽量靠近气缸盖安装，并指向进气门方向喷射

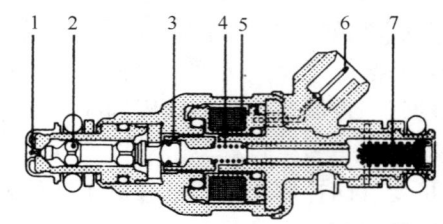

图 5.37　喷油器（Bosch）
1—喷油器轴针　2—针阀　3—电磁阀衔铁　4—闭合弹簧
5—电磁线圈　6—电气接头　7—燃料滤网

（图5.37）。喷射是间歇的，由电磁阀控制。电磁阀通电，针阀升起，喷孔打开。电磁阀控制时间和燃料压力相对进气管内气体压力的表压决定喷入的燃料量。在有两个进气道的4气门气缸盖上通常使用向两个进气门方向喷射燃料的双喷束喷油器。

目前采用的是单独喷射（且是顺序喷射），喷油器分别控制，在每个工作循环的规定时刻（定时）向每个气缸喷射燃油。这个时刻可以在进气门开启前、进气门开启期间或与进气门开启时刻（定时）一样，它取决于发动机负荷、转速和温度。通过发动机控制（要通过仔细试验）可以掌握负荷或转速变化的动态过程而不会有过多或过少的燃料进入气缸。在汽车惯性行驶时可以完全切断燃料喷射（惯性行驶断油）。

通过燃料分配管（轨）将燃料供给喷油器。在顶部供油（top-feed）的喷油器上（图5.37），燃料分配管从上部插在直列排列的喷油器上。在底部供油（bottom-feed）的喷油器上，燃料管道组合在气缸盖法兰附近的进气管中。O形密封圈将喷油器体的下部供油孔与上部供油孔密封。燃料箱中的电动输送泵泵出燃料。燃料压力通常高出当时进气管气体压力的2~4bar。按进气管气体压力和燃料消耗量，设在燃料分配管（共轨）端部的压力调节器将燃料压力与进气管气体压力之间的压差调节到定值。多余的燃料通过回流管系统回到燃料箱，并从回流管中分离出空气泡和燃料蒸气泡。新的系统没有回流管系统。燃料压力和燃料量调节装置组合在燃料泵中或安装在燃料箱中。燃料泵只按实际需要的燃料量输送到燃料分配器中。除已经提到的每个喷油器有一个或多个喷束的喷嘴型式外，还使用偏离喷油器轴心的喷束轴的喷嘴型式。到底采用何种喷嘴型式，需要在具体的发动机类型上进行良好的匹配与优化，特别是保证发动机在各种工作条件下和在整个的运转时间内喷束具有一样的雾化品质。在喷油器喷射处流入空气还可进一步改进雾化品质（空气包围的喷嘴）。这时，在节气门前分出一股空气流，并利用到进气管的气体压力差使喷嘴处的燃料与空气混合，再依靠高速气流产生更小的雾滴。

（2）汽油直接喷射　在燃烧室中汽油直接喷射时喷射过程的喷射时刻（定时）决定混合气形成的时间长短和压缩终了的充量状态。在较晚喷射实现的充量分层允许在部分负荷时使用平均值更稀的混合气。不管是采用无节气门装置发动机还是修改气缸充量的软件得到的热力循环的好处都会降低燃料消耗。在进气行程提早喷射汽油可得到整个缸内的均匀充量。汽油蒸发的冷却作用提高了充气效率、降低爆燃倾向和提高发动机全负荷的平均

指示压力。

在均匀气缸充量的燃烧方式中，利用进气侧产生的充量运动可帮助新鲜混合气匀质化。为此，可在每个气缸附加一个进气管喷油器，并在气缸充气路径设计进气道[5]。

汽油直接喷射的其他场合是直接起动发动机[4]。这样可显著减少 HC 的起动排放。以起动时间 300ms 计，汽油直接喷射还可在起动—停机工作方式上使用[6]。

汽油直接喷射燃烧方式的重要任务是在利用这种原理的优越条件下，在尽可能宽的发动机特性场范围可靠地控制发动机工作过程。与常规的点燃式发动机不同，特别是在较晚的直接喷射时只能给分层充量燃烧方式的点燃式发动机提供较短的混合气形成时间。为此，要采取特别措施使在点火前混合气就制备好，到点火时刻（定时）有点燃能力的混合气集中在火花塞附近，以确保可靠点燃和完全燃烧。从热效率角度，被空气，准确地说，被残余废气绝热包围的富油混合气区有利于减少壁面的热损失。

此外，分层充量燃烧方式应避免汽油直接喷射可能带来的负面伴生现象。应排除气缸工作面被汽油湿润和与此相关的润滑油膜被冲洗的危险。同样，要采取有效措施抑制由于冷却作用（淬火效应）形成变稀的混合气区而引起的不完全燃烧及过高的 HC 排放。为防止燃烧时产生微粒，要使喷射的汽油喷到火焰前峰时没有液态汽油油滴或过浓的混合气。沉积在喷嘴上的不完全燃烧残留物应最少。要排除由于热冲击作用使液态汽油直接喷到火花塞上。

为实现对分层充量燃烧方式的所有要求，必须仔细协调汽油喷射装置的性能、充量的缸内流动以及燃烧室形状。汽油喷嘴的主要设计标准是汽油喷束占据的空间和喷束随时间和空间的扩展。燃烧空气混入喷射的汽油中主要是由喷入空气中的汽油喷束，即二次流动效应引起的。另外，还利用进气过程中的充量运动，以帮助混合气形成。充量运动还输送蒸发的汽油，从而控制火花塞处顶部凹坑形状，还可有目的地引导汽油喷束（见壁导混合气形成燃烧方式）。此外，燃烧室形状还影响压缩过程的充量运动和充量运动的消失。

可以按上面所说的影响参量的重点分成几种不同的汽油直接喷射燃烧方式，即喷导、壁导和气导混合气形成燃烧方式。尽管实际所用的燃烧方式不总是明显地属于这三种燃烧方式的一种，但这样的分类有助于更好的理解燃烧方式的重要性。

① 喷导混合气形成燃烧方式。在喷导混合气形成燃烧方式中，混合气形成和充量分层的构成主要基于汽油喷束的特性。这种燃烧方式在混合气形成过程中没有充量运动的帮助。燃烧室形状的设计尽可能影响喷束的形成。混合气分层的轮廓主要由汽油喷束形成的混合气云确定。在喷束最外边形成一层可点燃的混合气，火花塞就放在该处。喷导混合气形成燃烧方式的特点是在狭窄的空间设置喷嘴和火花塞。这样，即便在小喷油量时还可保证在火花塞处的混合气有可点燃的浓度。

在单缸试验机上进行的喷导混合气形成燃烧方式的原理性试验[35]表明，点火区只在喷束最外缘的薄层区出现。为此，对喷嘴的喷束散布范围提出高的要求。采用向外开启的喷嘴可以解决这方面的问题。对于喷导混合气形成燃烧方式，要求喷嘴和火花塞距离很近，这样可以保证，即使喷油量很小，也可以保证火花塞周围的混合气比较集中。

在气缸盖中央布置的喷嘴和较陡的、靠近气缸中心的汽油喷束可得到有利于部分负荷的、在燃烧室内被空气—残余废气绝热包围的燃料—空气混合气浓度。喷导混合气形成燃烧方式能较大地降低部分负荷的汽油消耗；在全负荷工作时在尽量少的湿润缸壁时可得到良好的混合气制备（图5.38）。与其他方式相比，喷导混合气形成燃烧方式对喷束的偏差要求最高，但它也最能充分发挥直喷汽油机排放与油耗方面的潜力。

② 壁导混合气形成燃烧方式。在壁导混合气形成燃烧方式中，喷射的汽油与空气的混合气形成是基于将大部分汽油先喷涂在燃烧室壁上，再从壁上蒸发、与燃烧空气混合。通常利用活塞顶部表面作为燃烧室壁控制混合气。为此，活塞顶部有专门造型的凹坑。靠近壁面的富油区利用汽油喷束冲量的推动沿着壁面移动。通过相应地调整与火花塞相关的活塞凹坑的几何形状，可以帮助在点火区有易点燃的混合气浓度。但汽油喷束的固有运动不能达到满意的工作状态，还要辅以

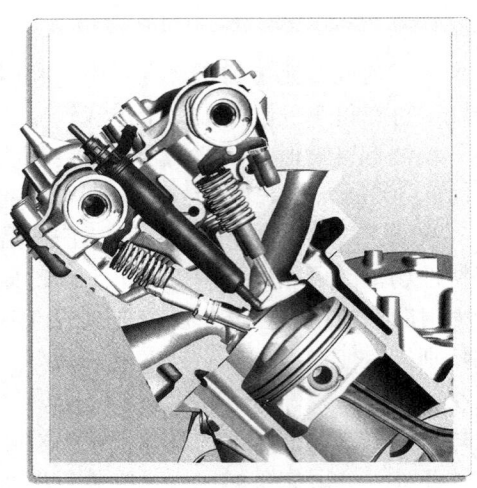

图5.38 喷导混合气燃烧方式
（梅赛德斯—奔驰 M272）

专门的、调整好的充量运动促使混合气形成。充量运动不断将新鲜的燃烧空气引向壁面富油区并将有汽油蒸气的富混合气从壁面轮廓引导到火花塞。可以考虑的充量运动方式有两种基本形态：旋流和滚流。在发动机实际应用的方案中通常是这两种涡流流动的混合形态。它们的主要区别是涡流轴的方向不同。

这种复杂的燃烧室形状对发动机全负荷特性不利。冷起动时的分层燃烧也受限制，因为活塞顶的温度影响了汽油的雾化。

可以将日本汽车生产厂家首次把汽油直接喷射发动机推入市场的壁导混合气形成燃烧方式作为这方面的典型代表（图5.39）。1996年，日本三菱公司（Mitsubishi Motors Co.）的 GDI 发动机压缩比为 12.5。其压缩比相当高的原因在于汽油直接喷射起到缸内冷却作用。活塞上有一个特别的凹坑，它的形状是从进气侧到喷嘴是低矮（扁平）的，从喷嘴到

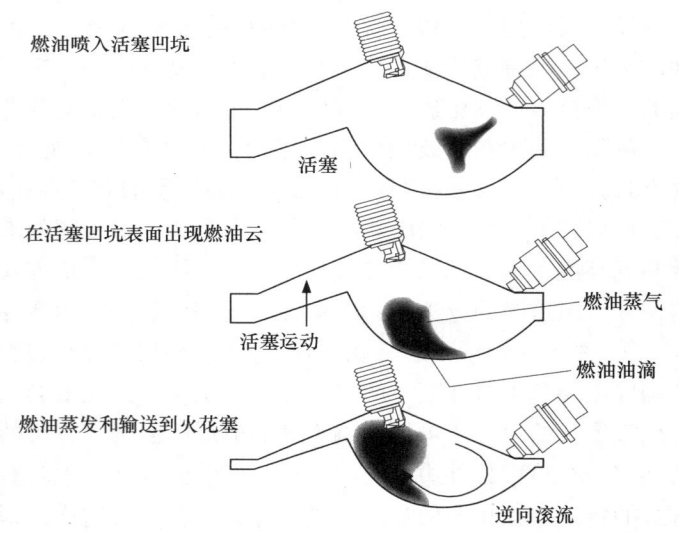

图5.39 壁导逆向滚流混合气燃烧方式[9]

火花塞则较陡。为帮助混合气形成和输送，采用滚流。滚流的转动方向与通常的滚流转动方向不同，为逆向滚流。为建立这种充量运动，进气陡直变化，从而增加了发动机结构高度（包括进气管）。

丰田公司在原有的4气门（每缸）点燃式发动机基础上引入的直喷方案[39]同样基于壁导混合气形成燃烧方式（图5.40）。4缸发动机的工作容积为 1.998L。汽油喷束对准活塞凹坑的边缘区。气体旋流帮助混合区形成。在切断作为充气道的第2个进气道时，通过旋流进

气道（第1进气道）使进入气缸的气体旋转。气体的旋流加速刮走沉积在燃烧室壁面的汽油，并将混合气输送到火花塞。在发动机上止点，布置在气缸盖中央的火花塞稍微凸入活塞凹坑。

2002年戴姆勒—克莱斯勒公司展示的CGI混合气形成燃烧方式同样基于壁导混合气形成和旋流方案[40]。其主要特点是首次成批使用的汽油直接喷射与增压的组合，而前面介绍的方案是机械式压气机增压。尽管壁导混合气形成燃烧方式从列举的一些理由看，还没有完全利用热效率的潜力，但一系列的实际应用证明，由于它的工作稳定，即在汽车行驶时在各种边界条件下不会发生断火，所以具有重要的使用性能。

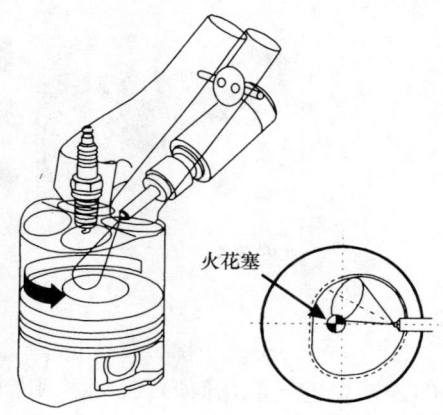

图5.40 壁导旋流混合气燃烧方式[11]

③ 气导混合气形成燃烧方式。在气导混合气形成燃烧方式中，混合气形成通过汽油喷束与剧烈的、定向的气缸充量的流动完成。混合气形成没有直接受到燃烧室壁的影响。对燃烧室形状的要求是：稳定在进气过程在进气道中产生的燃烧空气流动；将空气喷入汽油喷束后促使空气与喷束混合；将形成的混合气输送到火花塞。

气导混合气形成燃烧方式的典型结构特征是：喷嘴与火花塞间的距离较大；汽油喷束指向点火区附近，但不直接喷到点火电极；燃烧室形状有利于喷束的扩散，在较晚喷射汽油时也是如此。图5.41表示由FEV发动机技术开发的、有充量滚流运动的混合气形成燃烧方式实例。公布的研究结果指出，根据气导混合气形成燃烧方式的混合气形成和输送原理可保证在发动机特性场的广阔范围有效[41]。

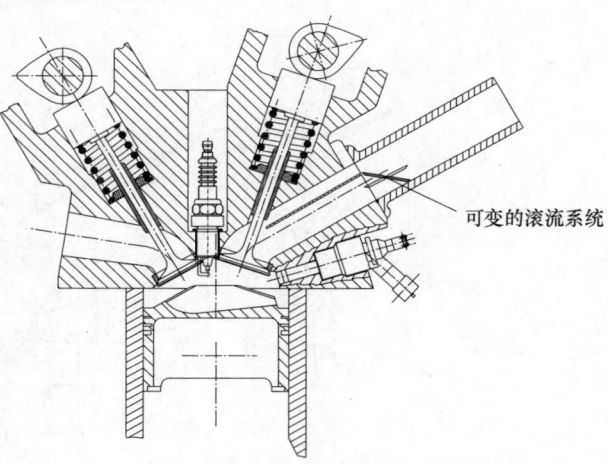

图5.41 气导混合气形成燃烧方式

在开发气导混合气形成燃烧方式框架内采用激光检测和仿真计算分析混合气形成过程[42]。图5.42表示采用CFD（计算流体动力学）计算在汽油喷射结束和点火正时的混合气分布。由图可见，充量运动使汽油喷束向火花塞移动，并在火花塞处集合了可点燃的混合气。图5.42的计算实例还表明仿真计算法是一个有效的工具，它可为开发者有关修改或改变工作条件的结果做出很好的预测，仿真计算方法是在开发汽油直接喷射的混合气形成燃烧方法中确定下来的、不可放弃的一种方法。

壁导与气导的混合气形成过程中，充气运动可通过不同的系统实现。由于在全负荷时不允许有进气损失，因此应用了可变系统。在图5.40所示的旋流方法中，优先采用进气道风门的方法，在部分负荷时可以通过关闭一个风门而使两个进气道中的一个失效。在滚流方法中，可以通过水平的进气歧管实现。一半的歧管可以通过进气风门或导轮使其失效。充气运

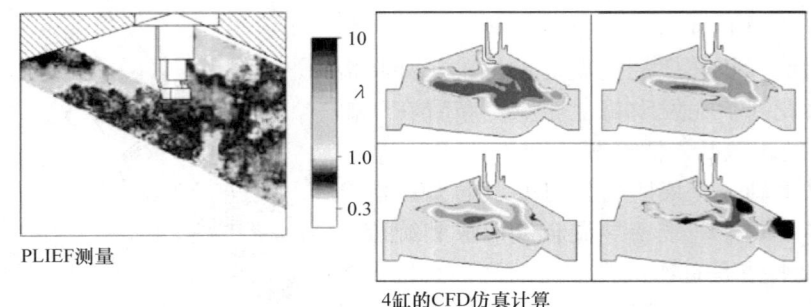

图 5.42 用光学诊断与数字计算法分析混合气分布[42]

动的强度由进气道几何形状、水平歧管的位置及风门位置确定,并按燃烧方式匹配。

目前的充气运动方法中,并不始终只采取同一种方式。通过测试,对三种方法(旋流、滚流和逆向滚流)的特性优化,可以组合出多种充气运动方法。同时,由于已经量产的部件及加工设备的条件,限制了燃烧方法的边界条件。

图 5.43 展示了大众公司壁导方法的采用滚流充气运动的量产 FSI 发动机。这里通过可变调节的水平进气歧管实现。歧管下半部分可通过门封闭,滚流强度会相应提高。活塞上有两个凹坑,一个由喷嘴喷入油流(燃油凹坑),另一个(气流凹坑)在压缩行程末端导入空气滚流,由此在火花塞处形成期望的混合气[43]。

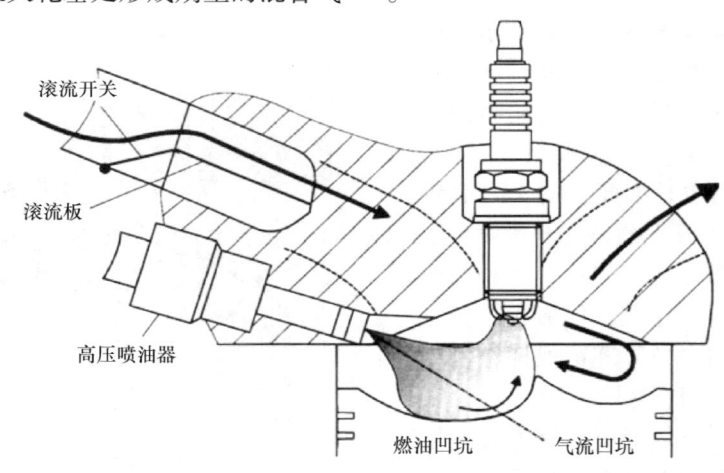

图 5.43 滚流方法(大众 2.0L FSI)

分层燃烧的直喷汽油机的燃烧特性与传统方式明显不同。与传统汽油机相比,直喷汽油机的所有燃烧方式均有更快的火焰传播速度。由于热量损失少,燃烧结束早,直喷汽油机油耗也更优。

喷射技术 为在点燃式发动机上实现直接喷射,在当前已批量生产的方案中采用高压燃油喷射。在高压燃油喷射中,利用高压泵将燃油供入燃油分配管(共轨)。系统最高压力的数量级达 200bar。高压泵为径向或轴向结构型式的单柱塞或多柱塞泵,由凸轮轴直接驱动或通过发动机控制机构驱动。未来的电驱动高压泵方案正在开发中。调压泵使系统压力不变或按发动机特性场调节。其油轨向每个气缸上的喷油器输送燃油,经喷嘴将燃油喷入发动机燃烧室。图 5.44 是高压燃油泵系统图。

对于直喷汽油机来说，会采用不同的喷油器类型，根据喷束图与燃烧方法相匹配。图 5.45 展示了在环境温度和大气压下三种高压喷射喷油器的喷雾图。

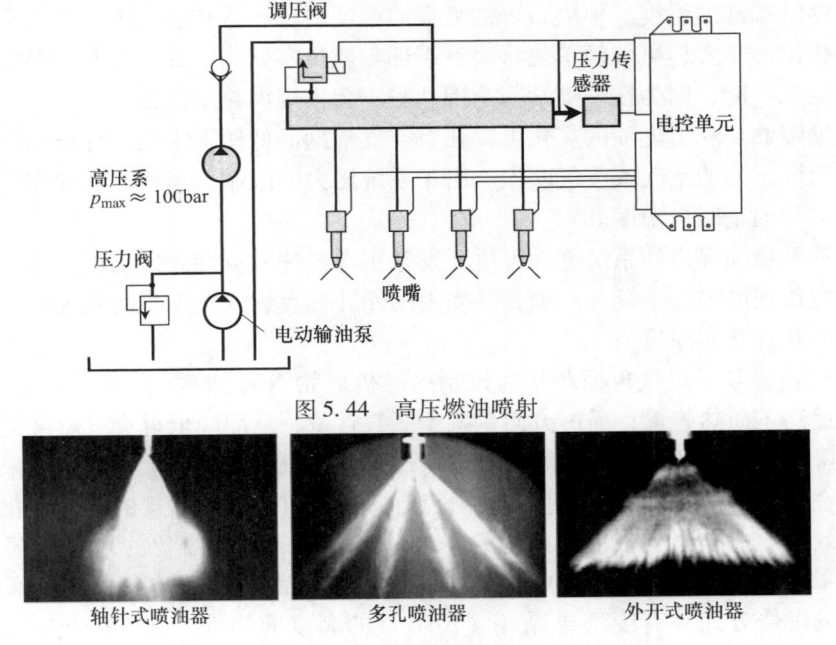

图 5.44　高压燃油喷射

图 5.45　不同喷油器类型的喷雾图[44]

涡流喷嘴的喷束比较集中，会形成比较紧密的油雾。缸内气压对其喷射距离和喷束锥角改变很小。这种喷嘴会形成小的喷束锥角，油束强烈集中。其喷束锥角的形成依靠阀针位置合适的形状形成的油流实现。根据涡流生成元件的设计，喷雾形状在喷射持续时间很小时，与喷射过程的开始阶段的关系并不大。

多孔喷嘴的各个喷孔受总的喷入深度的限制。各喷孔提供了各种喷雾形状的可能性，喷射宽度角与缸内气压无关。随着气压的上升，喷入深度会稍有回缩。多孔喷嘴的一个缺点是喷孔处的积炭，然而可以通过喷孔形状来解决。

外开式喷嘴的喷雾锥角最大，通过喷嘴形状设计采用压电执行器，使锥角大小几乎与油压无关，而喷入深度则明显受缸内气压影响。在喷射锥体外侧，会形成一个可再现的环形的再循环区域，这是为混合气形成做准备。在喷导混合气形成中，这个区域与火花塞位置相适应。外开式喷嘴的优点是，即使喷入深度较小时，喷雾雾滴仍很细。压电式执行器通过电压控制打开阀针，其打开速度很快，可达 200μs。由此可实现部分打开及多次喷射，除此之外，喷雾宽度及喷油量也可精确控制，还可实现更佳的混合。

由喷油器确定的喷束特性主要有流量、喷束锥角、多孔喷嘴单个喷束的角度以及雾滴大小。进行流量设计时，既要考虑怠速时最短喷射时间的喷油量，也要满足额定功率点的喷油量要求，此外，还要考虑与负荷相关的燃油系统压力的影响。

雾粒大小分布定量说明燃油喷射的雾化品质。常用作为一维特征参数的 Sauter 直径定量确定雾化品质。它是有代表性的油滴的表面积—体积比的当量直径。Sauter 直径的典型值为小于 20μm 的范围。优化喷嘴喷束的燃油流动性能是研究和开发工作的重要课题。在这些工作中不但应用测量喷束特性的光学方法，而且应用喷束模型的数值仿真计算。

直接喷射点燃式发动机工作稳定性主要取决于喷束在整个有效的喷油持续时间内保持在规定的散布范围内。基于这一原因，要避免燃烧室的沉积物落在喷嘴上。沉积物形成的主要影响因素是喷嘴端部的温度。中央布置的喷嘴的温度要比布置在进气侧的进气道上的喷嘴温度高。还要指出的是要尽可能简单地将喷嘴端部与燃烧室壁面隔开，有利于降低喷嘴端部的温度。而且也有可能，因为在喷嘴端部范围几乎不会出现涡流或死区。

空气辅助喷油 喷射燃油的雾化可以在有空气辅助的低压下实现。计量的燃油进入辅助燃烧室，然后被压缩的空气或废气吹出。由于系统压力的限制，当然不能像在高压喷射燃油那样有同样的喷油正时自由度。

为空气辅助喷油提供的系统部件可供开发乘用车二冲程点燃式发动机使用。在一些快艇上也使用。空气辅助喷油系统与汽油直接喷射的四冲程点燃式发动机的匹配曾经是西门子和Orbital推动的联合开发项目。

（3）废气再循环　废气再循环是为控制内燃机原始NO_x排放的一种熟悉的措施。其作用一方面是提高工质热容量；另一方面是减少氧气含量，从而降低混合气燃烧速度。两者的综合效果是降低燃烧时的工质峰值温度。在点燃式发动机和柴油机上都成功地采用废气再循环。特别是在用稀薄混合气工作的直接喷射点燃式发动机上，用常规的催化转化器不能达到NO_x的转换效果。在本小节中单独探讨的在含氧废气中的排气净化的未来方案也不足以使NO_x保持在限值以内。为此，必须采取发动机内的各种措施限制NO_x排放。高度开发的直接喷射燃油的燃烧方式具有废气再循环（AGR）的高度兼容性。在部分负荷工作点（$n=2000r/min$，平均有效压力$p_{me}=2bar$），废气再循环率的数量级30%是一个典型值。与废气再循环相关的是发动机总的过量空气系数会减小，随之而来的是废气温度增高。这是一个令人高兴的连带效果，不然在部分负荷时排气温度低于排气催化净化所需的温度。还可注意到废气再循环提高了混合气温度，促使混合气形成。

在直接喷射燃油的点燃式发动机上，废气再循环的优先形式是外部引入废气到发动机进气系。为实现废气再循环所需的进气管负压，发动机必须少许节流。这一措施在部分负荷时无论如何是必要的，以保证排气后处理有足够高的排气温度。

除集中地将再循环的废气通到进气总管外，还可在靠近喷油器处分散地将再循环的废气通到各个进气歧管。追求的目标是可以在汽车动态行驶以及在从分层充量—稀薄混合气工作到化学当量比的匀质混合气工作或浓混合气条件下工作，如为NO_x吸收催化转化器的再生，需要浓混合气的工作方式转变时能自动匹配废气再循环率。但问题是AGR系统将各个进气歧管耦合在一起，在全负荷会损失一些燃烧空气。

可考虑采用调节气门正时实现内部废气再循环。但该系统需要大的凸轮调节角，以得到足够大的废气再循环率和在活塞上有相应的深的气门凹坑，以保证气门运动。这常常会与由燃烧方式确定的活塞顶部的造型发生冲突。

（4）充量运动　缸内充量的运动状态对发动机工作过程有重大影响。充量运动在进气过程产生，主要由进气门的布置和气缸盖进气道的几何形状和尺寸确定。充量运动有旋流和滚流两种基本形式，它们的运动形式不同。在旋流时，气缸充量绕气缸轴线旋转。它是由于气门的偏心或不对称布置和由于进气道的螺旋状造型引起的。在每个气缸多于1个进气门的发动机中还可能在部分负荷时将进气道中的一个进气道通过蝶阀减低流量（不能通过该进气道进气）或通过对进气门中的一个进气门减低流量（不能通过该进气门进气)。在充量滚流时,充量绕垂直气缸轴线的轴转动。为得到滚流,进气门需要对称布置。由于进气道的特殊造型,到气门的一定升程时会出现气流的局部分离,气流从气门断面处一边流入。

前面的几种汽油直接喷射点燃式发动机的燃烧方式清楚表明缸内充量的运动是各燃烧方式的极重要的优化参量。在目前批量生产的汽油直接喷射点燃式发动机中见到的有旋流方案和滚流方案。在大多数情况下充量运动不是明显的是这两种基本形态中的一种,而是两者的混合。在目前点燃式发动机结构边界条件下,几乎没有使用单纯的旋流,大多为充量在燃烧室流动中具有倾斜转轴的涡流。

分层气缸充量在部分负荷工作需要的充量运动按燃烧方式要有高的强度。要实现充量的高强度运动只有在修改进气道的流量通过能力时才有可能,即减小流通断面,增加空气流速。但发动机在全负荷工作时产生无法容忍的限制燃烧空气需要量的缺点。优先采用的方案是允许充量运动和流量的可变性。为此,进气道的设计要保证大流量的良好流通能力,在部分负荷时所需的高强度充量运动通过进气系的可控装置解决。

在多气门发动机上优先采用的旋流方案是关闭部分进气道。利用可控蝶阀减低两个进气道中的一个进气道的流量(图5.40)。各进气道由可控蝶阀在流动下游分开控制。当减低流量的进气道的进气气流节流到这样程度,即通过没有减低流量的进气道切向流入燃烧室的新鲜充量运动没有干扰而保持不变时,就可满足对可控蝶阀的密封要求。为减低流量,也可选择关闭气门,但在原理上没有优势。方案的决定还要考虑其他因素,特别是成本。

在两气门(每个气缸)发动机上,为使充量运动可变,要考虑分别激活进气道。进气道在进气门前的很短距离分开。两个分进气道中的一个分进气道通过可控的旋流蝶阀减低流量,也可选择在进气道中可转弯的蝶阀。利用该阀改变进气道中的气流,以达到气门流通断面处不均匀的气流分布。

在滚流方案中,通过可控的、分别减低进气道流量同样可改变充量运动。在多气门(每个气缸)发动机上,通过在连体进气道内铸入一个钢片,可以水平地分开进气道。由此形成的两个分开的进气道中的一个分进气道依靠可控的蝶阀减低流量。滚流强度由进气道的几何形状和尺寸、水平分开面的位置确定。图5.46是大众路跑FSI发动机(工作容积1.4L)上采用的这种可变滚流系统结构方案实例。蝶阀凸缘(法兰)布置在气缸盖和进气管之间,汽油分配管(油轨)还附加地组合在这个部件中。

3. 点火系

点火系通过火花塞上的高压火花保证点燃燃烧室中的混合气。除了到点火时刻在火花塞形成的混合气状态外,点火能量和点火持续时间决定混合气能否点燃和燃烧火焰的传播。

早先所用的、具有下列功能部件的点火线圈点火系为:断开从汽车蓄电池到初级点火线

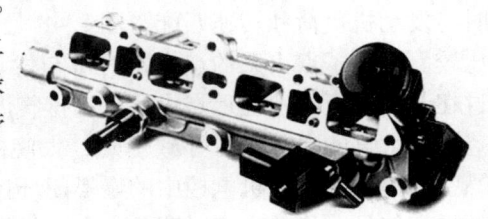

图5.46 大众路跑FSI发动机的蝶阀凸缘(法兰)

圈电流的断电器，以将点火线圈的高压输出与按点火顺序对应的气缸盖上的火花塞相连的可转动的分电器以及由离心力和进气管进气负压控制的点火定时调节装置（点火提前角自动调节装置）。这种类型的点火系目前已不再使用。因为断电器易烧损，需要高的维护费用；另外点火正时的配合受到很大的限制。

在晶体管点火系中，断电器被无触点的感应式传感器或霍尔（Hall）传感器以及电子开关替代，这样就不会烧损。分电器和点火正时调节装置与点火线圈点火系中的一样。高压电容点火（HKZ）系或可控硅点火系替代储存在点火线圈中的电磁感应能量而使用储存在电容器中的电荷，火花持续时间为 0.1~0.3ms，明显短于晶体管点火系的火花持续时间，因而不能总是保证可靠地点燃混合气。高压电容点火系或可控硅点火系目前几乎没有采用。

当前主要采用具有"静止"的高压分配点火系或单火花点火线圈点火系（图 5.47）。目前使用的点火系，甚至火花塞完全是免维护的。

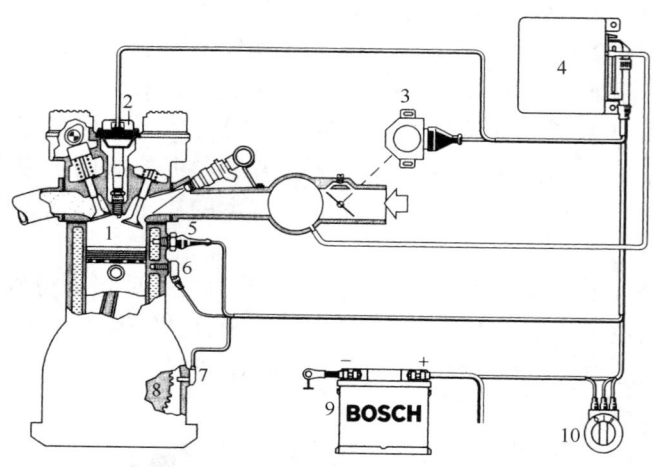

图 5.47 全电子点火系简图（BOSCH）
1—火花塞　2—单火花点火线圈　3—节气门开关　4—电控单元
5—发动机温度传感器　6—爆燃传感器　7—转速和基准标记传感器
8—传感器轮　9—蓄电池　10—点火-起动开关

与早先使用的点火系不同，全电子点火系点火正时在宽广的范围可自由编程，使点火正时与发动机负荷和转速匹配。图 5.48 是全电子点火优化和机械调节点火的典型点火特性场比较。全电子点火系的点火正时可与发动机的特别工作条件（如起动、暖机）相适应。通过在起动后短暂地延迟点火可提高排气温度，以快速加热催化转化器。在发动机高负荷工作范围，太早的点火正时导致爆燃，太晚的点火正时会损失转矩，在极端情况下还会出现后燃。与集成在发动机电控中的爆燃闭环控制一起，可以根据有爆燃边界安全距离的发动机体的噪声信号，将点火正时调节在发动机最佳热效率状态。这时，点火正时也可自动适应燃料品质的变化。采取点火正时控制发动机还可进一步干预驱动轮防滑转闭环控制和汽车行驶动力学闭环控制。

在化学当量混合气中，点燃混合气的火花能量约为 0.2mJ。在浓和稀混合气中所需的点火的火花能量超过了 3mJ。但实际上火花能量要远大于此值，约大 20~30 倍。这是为保证

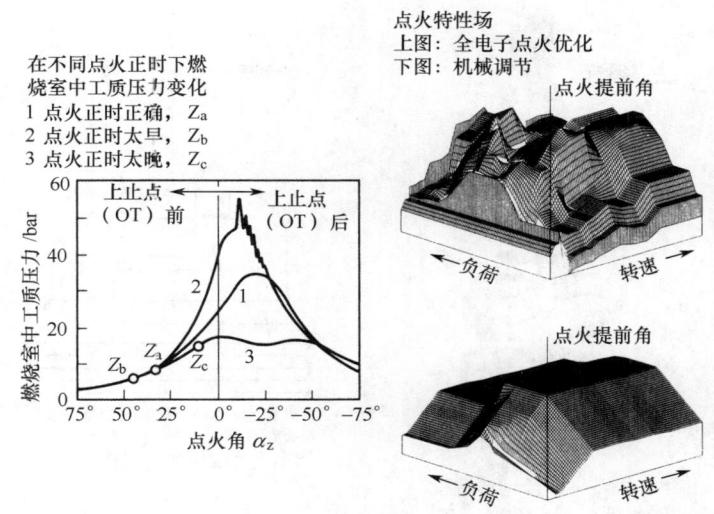

图 5.48　在不同点火正时下燃烧室中工质压力随点火角的
变化和随负荷、转速变化的点火特性场

发动机在最不利的各种情况下需要的点火能量。火花塞足够长地伸入燃烧室、较大的电极距离和较细的电极可改善混合气的点燃，并使发动机运转平稳，HC 排放低。

高压点火线圈导致火花塞电极侵蚀性磨损，使电极距离增大，所需的点火电压随之增高，从而出现随机地点燃混合气，直至断火。在火花冲击部位采用高耐磨材料（即耐高温材料）和耐化学腐蚀的铂沉积层可很好解决火花对电极的侵蚀。火花塞的更换间隔为 60000km，甚至达 100000km（图 5.49）。火花塞的其他创新点是滑动火花火花塞。点火火花首先通过绝缘体罩到达搭铁电极（图 5.49），从而防止在频繁冷起动和经常距离行驶时出现的火花塞积炭。

火花塞火花也会直接冲击活塞中央的顶部（STP, Spark to Piston）。这种情况发生在高负荷时点火正时接近上止点。在低负荷和较大的点火提前角时，能通过特有的大电极距离的火花塞形成的火花路径有助于点燃非常稀薄的混合气。

点火线圈既是能量储存器，也是变压器。它是一个有效的感应式电压转换器。一次绕组由汽车电气上的蓄电池供电，二次绕组的高压电供给火花塞高压电流和所需的能量。二次绕组电压为 20~35kV，点火能量约为 60~100mJ。火花持续时间约 2ms。常使用 3 种型式的点火线圈（图 5.50）：

a）用于发动所有气缸的点火线圈。高压电缆从点火线圈引到分电器，由凸轮轴带动旋转的分电器分火头，并用电缆连接到正要点火的气缸。

b）"静止配电"的双火花点火线圈。在一个线圈有两个相隔 360° 曲轴转角点火气缸（如在 4 缸发动机上的第 1 缸与第 4 缸）。它取消旋转的分火头和一个磨损件。4 缸、6 缸发动机上常将 2 个或 3 个双火花点火线圈组成一个整体。

c）单独火花的点火线圈。它直接安装在每个气缸盖上的火花塞上（接插式），取消高压电缆。在爆燃传感器识别发动机爆燃时，电控发动机可以单独调节每个气缸的点火正时。

在系统集成框架内，目前将点火系的所有部件组合在"杆状点火模块"中[45]。新的开发方向是交流电压点火（WSZ, Wechselspannungszünd）。它可以按需设定点火能量，从而提

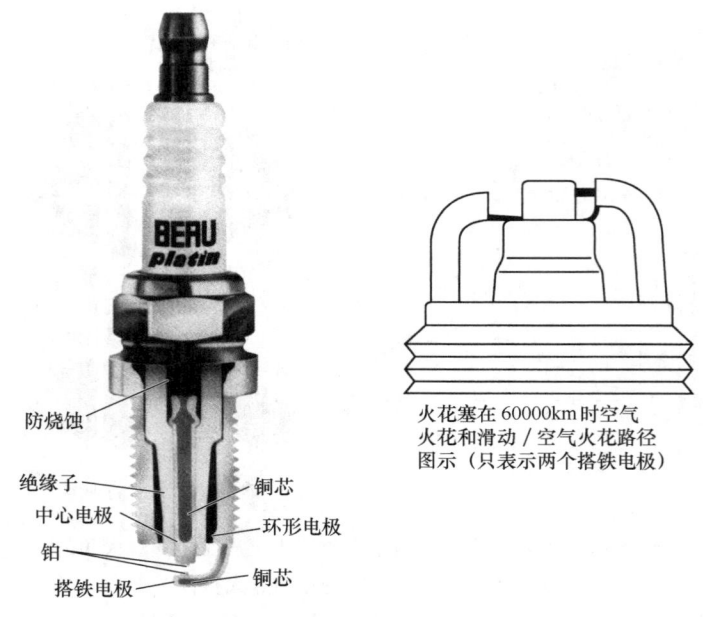

图 5.49 长寿命火花塞，滑动火花路径原理（Beru）

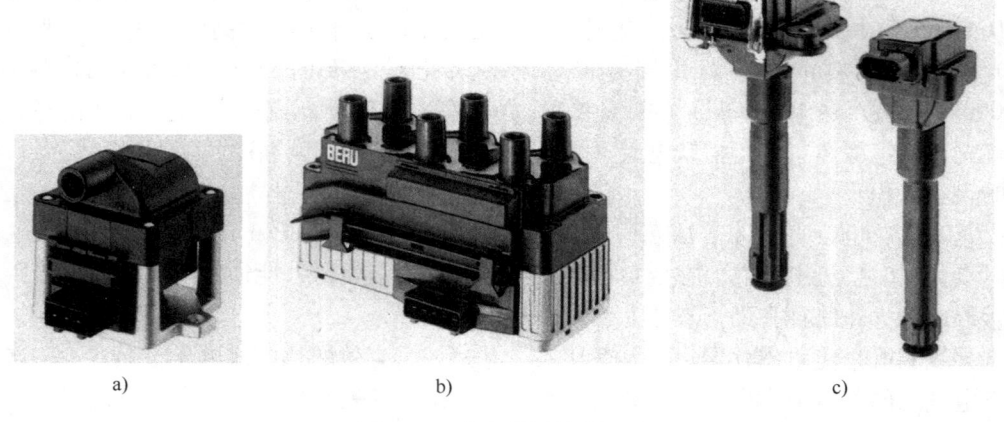

图 5.50 点火线圈结构型式
a）分电器点火线圈 b）6缸点火模块（双火花方案） c）接插式点火线圈

高火花塞寿命。另一个重要的优点是利用火花塞实现离子流测量，直接识别气缸的点火中断。而对有更多气缸的多缸发动机，用确定曲轴不平稳运转的间接方法识别断火是困难的。采用火花塞离子流测量法可实现车载诊断系统（OBD）的要求[46]。在充电时，最大点火能量（包括安全性增加的点火能量）都储存在点火线圈中和在每次点火时的能量转换，可采用交流电压点火（WSZ）间歇输出能量（Paketen），以调节总的能量。在每一间歇后，能对火花塞的离子流测量，电控发动机可以判断混合气是否点燃。如果没有点燃，要一直改变间歇输出能量，直至确认点火。可以单独和按需地根据离子流信号的变化过程，区别延迟燃烧或爆燃的燃烧过程。这样还开创了优化燃烧过程理想闭环控制新概念的可能性。

除目前流行的火花点火外，正在探讨其他一些功能原理性的研究计划，如等离子体点火和激光点火[47]。探讨的目的是可以在燃烧室中移动点火地点，而与安装在燃烧室壁上的火花塞位置无关，并且可以减少燃烧区域向火花塞的热量传递，这是进一步引导燃烧过程的有力保障。另一种尚处于早期研发阶段的点火方法是微波点火，由此可达到在更广泛的燃烧室空间点火的目的。

对于汽油机还有一种点火概念——均质混合时的自点火。区别于柴油机均质燃烧方法 HCCI（Homogeneous Charge Compression Ignition），汽油机以 CAI（Controlled Auto Ignition）表示，并且采用空间点火方式。其根本目的是在部分负荷时，通过去节流方式向燃烧室导入非常大量的废气来减少燃油消耗。这些气体一方面可以提供自点火必需的压缩终了时的高温，另一方面可以控制燃烧换气率，以避免出现不必要的过高的压力升高速度，由此避免声学上的缺点。其结果是产生一个有益的热动力学高压过程，NO_x 排放也很低。在低负荷和高负荷时仍采用传统的火花塞点火方式。受控的汽油自点火方式通常与缸内直喷及可变气门结合应用[68]。戴姆勒公司将该技术与可变压缩比结合起来，应用在研究样车 F700 上，命名为"Diesotto"。

4. 发动机小型化和增压

现代乘用车柴油机增压广泛使用时，点燃式发动机的增压直到不久前还只在少数的发动机上使用。点燃式发动机增压是提高功率的重要途径，还能减小动力总成的尺寸和重量。所以增压是实现发动机小型化、减轻汽车重量、降低燃料消耗的重要方案，即 Downsizing 方案。这主要是发动机工作点在它的特性场中移动所致。

（1）工作点移动 等速行驶时的汽车行驶功率可从对应于行驶速度的发动机转速和克服行驶阻力（空气阻力、滚动摩擦阻力）所需的转矩的发动机特性场中确定发动机的工作点。汽车与发动机的这种关联可从发动机特性场中的行驶阻力线中再现。从图 5.51 自然吸气发动机的实例可见，行驶阻力线在发动机特性范围中的走向离开最佳燃油消耗率。其原因是发动机在部分负荷范围利用节气门节流，并在低负荷时摩擦损失在输出的有用功中占有较大份额。

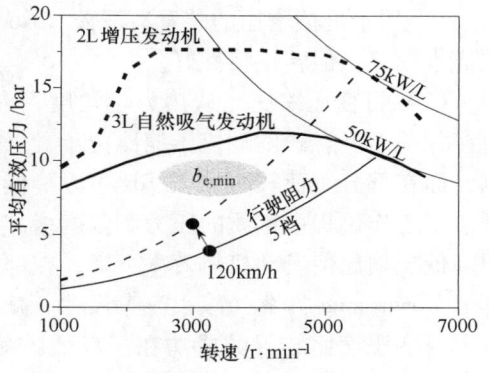

图 5.51 工作点移动

如在实例中清晰可见，将发动机工作容积从 3L 减到 2L，发动机工作点在特性场范围向最小的燃料消耗率方向移动。所有改善转矩（特别是改善低速转矩）的措施对在汽车行驶时发动机的燃料消耗特性会产生好的影响，因为与改善低速转矩相关的是采用较大的车桥减速比，以实现发动机工作的进一步移动。在工作容积减小的增压发动机上，经常会感觉汽车起步力矩不够，需要减小传动比。为此，就这点而论需要开发最低燃料消耗的增压发动机。

在乘用车生产厂家不断增多的背景下，在提供的各种发动机型号中出现功率相同的增压发动机和工作容积较大的自然吸气发动机两种选择。低燃料消耗的优点扩大采用增压发动机的趋势。但要注意在增压时为防止爆燃，要降低发动机的几何压缩比，这样会降低高压工作过程热效率。当然，增压发动机的趋势是仍会不断提高压缩比。而与高压缩比相关的在全负荷发生爆燃可通过适当措施予以限制。采用的措施有：增压空气充分冷却；减小进、排气门重叠角，以减少缸内残余废气量。经常采用晚点火（点火提前角减小），但为改善部分负荷热效率而要容忍全负荷工作时燃料消耗的增加。

增压与汽油直接喷射相结合，并采用增压空气中冷是一个有吸引力的方案。在 2004 年奥迪股份公司"Turbo FSI"汽油直喷、2.0L 涡轮增压点燃式发动机已批量生产[66]。压缩比 $\varepsilon = 10.5$ 的该增压发动机清楚表明，增压可以使内部混合气形成更加完善。与先前的外部混合气形成相比，发动机在没有采用可控稀薄混合气燃烧时，在整个特性场范围燃料消耗可降低 6%。Turbo FSI 发动机具有优越的转矩特性，特别在汽车动态行驶时，由于能很快达到全负荷转矩而显露出来。增压发动机的低燃料消耗和相应的附加成本降低，使增压、汽油直喷发动机有不断增长的势头。

有关增压的课题将在 5.3 节中详细说明。这里就增压发动机的应用列出一些要点：

1) 废气涡轮增压发动机由于高的热效率和低的动力装置成本，在市场上居于重要地位。早期许多废气涡轮增压发动机出现的低速转矩特性差和转矩不稳定的缺点（"涡轮空洞"）在现代增压发动机上几乎不存在。采取的主要措施是增压与汽油直接喷射的组合[40,48]。它采用双废气涡轮增压配置，惯性力矩小[49]；以及使用可变涡轮喉口截面（VTG）的废气涡轮增压[21]。使用优质涡轮材料可承受高达 1050℃ 的废气温度，在需要富混合气工作时不会损坏涡轮。

2) 通过电动机或机械传动机构直接驱动附加的压气机装置，以辅助废气涡轮增压器，可以进一步改善发动机转矩特性。

3) 用于机械增压的装置有罗茨（Roots）泵、螺杆式压气机和螺旋式压气机。尽管它们的成本较高，但转矩特性好。

（2）可变压缩比 从热力学角度，内燃机的压缩比与工作过程的热效率（卡诺效率）直接相关。点燃式发动机压缩比由于受爆燃影响而受到限制。特别是在全负荷工作时需要限制，而在部分负荷较高的压缩比可以降低燃料消耗而不会发生爆燃的危险。点燃式发动机增压由于工作过程中工质的压力和温度增加而更易出现爆燃的危险，需降低压缩比予以控制。但降低压缩比使发动机热效率下降，在部分负荷工作时会多消耗一些燃料，这样又会抵消一部分 Downsizing 方案（减小汽车尺寸、减轻汽车重量、降低燃料消耗）带来的优点。

可变压缩比装置的成功在于降低压缩比仅限于有爆燃危险的全负荷工作范围。在较大的压缩比范围，甚至还可能在部分负荷工作时，在常规点燃发动机压缩比基础上再提高一点，以进一步降低部分负荷的燃料消耗。图 5.52 是在可变压缩比发动机上得到的燃料消耗的降低。原始点是压缩比为 $\varepsilon = 10$ 的增压发动机。假设为达到 Downsizing 方案的效果，采取的高增压发动机其压缩比必须降低 2 个单位。这样，在试验特性场的部分负荷工作的发动机燃料消耗要增加 7%。采用可变压缩比后不但避免了燃料消耗的增加，而且还可提高部分负荷工作时的压缩比。在试验条件下可节省燃料消耗 6%。可见可变压缩比对增压点燃式发动机具有很大的潜能。为真正实现可控的、往复活塞式曲柄连杆机构压缩比，提出了不少结构方案的建议。在评判这

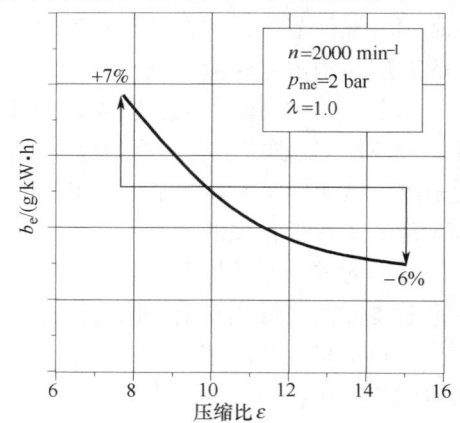

图 5.52 采用可变压缩比时部分负荷的燃料消耗

些方案时要确定一些标准或准则。其主要是：与发动机工作过程有关的燃烧室形状；在整个调节范围燃烧室尽量紧凑，火焰传播距离短；调整过程应尽量快，使在汽车行驶时发动机压缩比与汽车动态性能匹配；在改变曲柄连杆机构几何位置的方案中，曲柄连杆机构的摩擦和调节压缩比的机构损失没有显著增加。

图 5.53 是曲柄连杆机构与可转动的偏心安置曲轴的实例。利用气缸体上的调节轴可以转动偏心安置的曲轴主轴承到偏心位置。FEV 发动机技术在一辆 1.8L、4 缸涡轮增压发动机的试验汽车上证明这种技术方案的可行性[51]。实现的压缩比调节范围为 $\varepsilon = 8 \sim 15$。与功率相同的常规点燃式发动机相比，增压到升功率为 89kW/L 的发动机可节省 25% 的燃料消耗。其中约 17% 是由于 Downsizing 的效果，8% 是可变压缩比的效果。为平衡曲轴端部飞轮侧和传动机构侧，采用专门的与曲轴平行的传动机构。

一种单简的、通过改变连杆长度来实现两级可变增压比的 VCR 系统，也在试制车上实现了。连杆长度的改变依靠连杆孔中可转的偏心机构实现。偏心机构转动，改变连杆有效长度，改变增压比。在改变增压比过程中，结合了气体压力和惯性力。这种系统相对于小型化的汽油机，可节约燃油消耗约 6%。

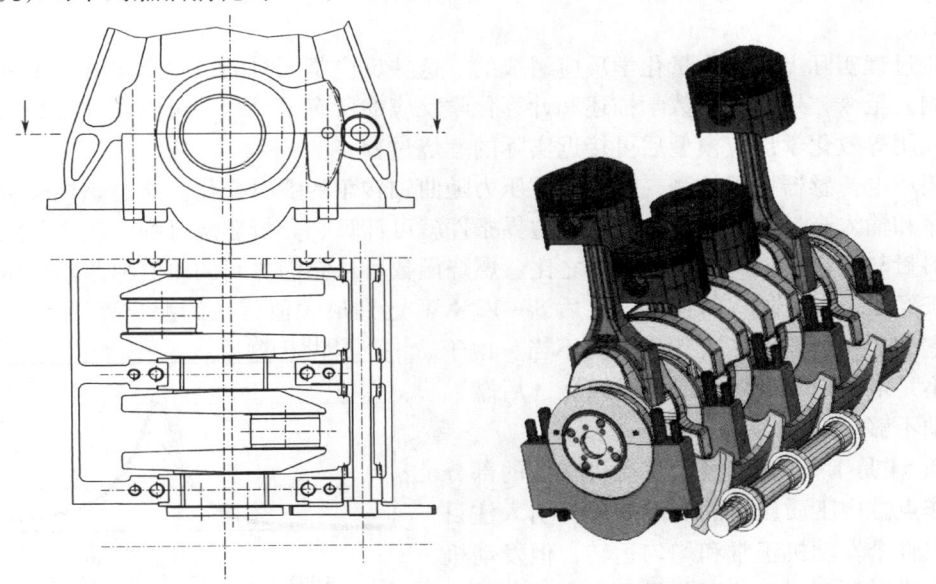

图 5.53　带可变压缩比的往复活塞式曲柄连杆机构

为能节省更多的燃料，在点燃式发动机上进行了很多努力，如已应用的：燃料直接喷射、减小气缸工作容积、减少气缸数目、闭缸、可变气门正时、可变压缩比。准确地说，它们间到底以怎样的组合方式出现在一种型式的发动机上目前还不能精确地预言。许多设想似乎是增压、可变压缩比和燃料直接喷射的组合。准确地说是增压和机电气门控制的组合，这种组合比常规的点燃式发动机可节省燃料消耗达 30%。

5. 燃烧

在燃烧室内的燃烧过程受充量更换、充量更换产生的运动、混合气形成以及点火的重大影响。燃烧过程影响发动机热效率和排气组分。优化燃烧过程的目的是使燃烧过程尽量逼近理想等容加热过程。除上述一些影响因素外，气体温度、燃烧室壁传热和燃烧室的几何形状也是重要影响因素。为使火焰传播路径短，燃烧室空间应尽量紧凑；燃烧室没有狭窄的，会使火焰熄灭（火焰淬火）空气间隙；也没有"热点"和沉积物，它们会引起爆燃甚至炽热点火。

在燃料与空气当量混合时燃烧产物只是 CO_2 和 H_2O，而实际上化学反应取决于混合气的压力、温度、各个反应组分的浓度和反应时间。在膨胀行程时，工质温度急剧下降和在达到平衡前部分化学反应"冻结（停止）"，在废气中保留了反应的中间产物。另外，在整个当量混合中还出现局部的不均匀，使 CO 增加。

在高温时，N_2 分子链被拆开（打断），在富氧下形成 NO。这种不希望产生的副产物可在发动机高负荷（高温）和过量空气系数 $\lambda > 1$ 时形成。随着燃烧室中以残余废气形式存在的惰性气体量的增加，燃烧最高工质温度下降，从而阻止 NO_x 的形成。废气再循环（AGR）就是利用这种效果。它可以通过在充量更换时适配的气门正时（即内部 AGR）影响残余废气份额；也可将废气（必要时中间冷却）搀入进气中（即外部 AGR）。

当部分燃料在冷态发动机时沉积在燃烧室壁上或沉淀在燃烧室中，或在火焰前峰没有到达燃烧室的所有地方［火焰不会进入燃烧室中的狭窄空气间隙（活塞火力岸、气缸密封垫）］则没有燃烧的 HC 留下来。没有燃烧的 HC 和部分蒸发的燃料一起随废气排出，构成 HC 排放。

燃烧过程实际上是由大量化学反应组成的。这些反应是同时的、一个接着一个进行，并相互影响。至今，还不能用数学描述和计算化学反应的所有子过程。可以做到的是在考虑反应路径和用等效化学反应模型后可接近实际的燃烧过程。

利用压电传感器可以检测气缸内工质压力随曲轴转角的瞬时变化。通过燃烧模型的仿真计算程序和输入充量流入状态、传热等边界条件就可计算、分析燃烧过程。燃烧函数是已燃烧的燃料量与进入气缸内的总燃料量之比。燃烧函数可从它们之间的比值随曲轴转角的变化得到。按经验，燃烧过程约在上止点后 $8 \sim 12°KW$ 达到最大值，在约上止点后 $60 \sim 65°KW$ 为零。它们之间的偏差在于点火正时不当、由于压缩比不是最佳而出现爆燃或延迟燃烧（后燃）、充量运动不够。

图 5.54 是 1.8L 自然吸气发动机在低的部分负荷工作点缸内工质压力的实际变化。引人注目的是虽然整个发动机正常和均匀运转，但发动机从一个工作循环到另一个工作循环缸内工质压力有很大波动。点燃式发动机的这种典型特性需要通过仔细分析缸内工质压力为什么会变化来了解。压力的很大波动，一方面是在检测缸内工质压力时是各个工作循环的平均值，它以图中表示的最低部分的燃烧过程为基础对每个工作循环的缸内工质压力变化进行统计、求值；考虑了最大压力的大小和位置的特征值散布和最大压力升高速度的散布；以及考虑每个工作循环的平均指示压力值和平均指示压力值与总的平均值的标准偏差，以评定发动机工作过程。

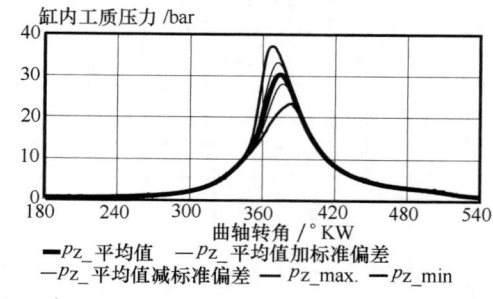

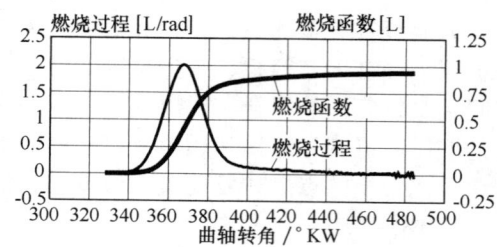

图 5.54　实测的点燃式发动机缸内工质压力相对曲轴转角的变化，并由它的平均变化算出燃烧过程和燃烧函数

对开发工程师来说，在优化发动机时这些信息十分有用。现代测试设备的显示和求值、分析系统可以在发动机试验台上在线提供这些特征参数。为节省计算费用，常使用标准条件下的简化模型，以有目的地匹配各种参数。简化模型能提供相对的结论。

点火中断和爆燃是点燃式发动机的严重故障。点火中断使未燃烧的燃料进入排气系，造成不允许的HC排放。在最不利的边界条件时，除了恶化混合气形成，还会引起喷射系统或点火系故障。碳氢化合物在催化转化器中的后反应使温度升高，导致催化转化器损坏。

在火焰前峰到达前，燃料—混合气自行点火（自燃）称为爆燃。火焰前峰在整个燃烧室内的正常传播速度约为25~30m/s，而在混合气充量中未燃烧部分由于压力和温度升高出现的爆燃，其传播速度可达500m/s。这种失控的燃烧过程引起缸内介质的高频压力波（爆燃或敲缸噪声）与高的机械载荷、高的热负荷，造成活塞和曲柄连杆机构损伤。爆燃危险可采取各种措施抑制：采用中央布置的火花塞缩短燃烧路程和紧凑的燃烧室；利用燃烧室中的湍流提高火焰传播速度；避免燃烧室中的"热点"（局部高温）；限制压缩比到允许的程度。另外，使用较高辛烷值的汽油，阻止自行点火。因为寻求最低的燃料消耗，发动机总是在接近爆燃边界的较早的点火提前角工作，所以在电控发动机中有一个爆燃闭环控制。在发动机结构合适的部位，爆燃传感器记录爆燃的高频振动信号。根据预先设定的调节深度，推迟调节点火正时（减小点火提前角），然后再一步步往前移动（增大点火提前角），直至重新接近爆燃边界。

6. 废气净化

在理想条件下，燃料完全燃烧只生成 CO_2 和 H_2O 以及放出热能。实际上所有的燃料并不是完全地燃烧反应，还出现燃烧中间产物。此外，燃烧空气中所含的 N_2 与空气中的 O_2 生成不希望有的 NO_x。

一系列的排气组分中有一部分是"有害物质"，为排放法规所限制（2.2.5节）。

一氧化碳（CO）是直接的有害气体，它主要出现在发动机怠速。长期以来CO用作正确调节燃料—空气混合比的测量参量。CO不稳定，在大气中不久转变为 CO_2。

一氧化氮（NO）是刺激黏膜的气体，在大气中参与众多的反应，还与形成靠近地面的臭氧（O_3）有关。在大气中转变为 NO_2。通常将NO、NO_2 统称为 NO_x。

碳氢化合物（HC）是含在废气中的多种化合物。一部分是燃料中的高分子组分，但大部分是燃烧的子化学反应和中间化学反应的产物。HC对人类的危害作用包括从刺激性到致癌性。碳氢化合物在大气中参与各种反应过程，并对空气产生二次污染。图5.55是过量空气系数和发动机负荷对点燃式发动机有害物排放的影响。

固体物质包括除水的所有物质。在正常条件下以固体（灰尘、炭烟）或液体形式含在废气中。

世界范围排放立法规定的废气组成是单独列出或按组列出的。但在严格的规定中有很大的区别。最高的要求当属美国加利福尼亚州，其他州和欧洲、日本的排气立法规定在细节上有些差别，但都需要花费大约相同的费用，以在发动机内部和在外部排气管使用催化转化器降低排放。

（1）三效催化转化器 20世纪60年代为加利福尼亚汽车市场制订了限制废气排放法规后，单纯的发动机内部排气净化措施不能达到限制的CO、HC和 NO_x 排放限值。这样又回到了催化技术的原点。三效催化转化器可同时氧化 CO 和 HC，以及降低 NO（图 5.56）。在整个化学反应过程中要同时氧化和还原只有一种可能，即整个混合气的过量系数 $\lambda=1$，且保持最小的偏差。氧传感器（二氧化锆）即氧传感器，可以控制正确的燃料—空气混合比。氧传感器对含在废气中的 O_2 有反应，并在浓混合气与稀混合气间的过渡状态（$\lambda=1$ 时）阶跃一个电压信号。

催化转化器（图 5.56）有一个陶瓷芯，或波纹片卷柱（图 5.57），在它们的很多小通道中形成很大的表面。每个横断面上的通道数越多，表面越大，但流动阻力也大，所以要在这两者间取得折中。通道或小室的密度用每平方英寸的目数 cpsi 表示，一般为 400~1600cpsi。金属催化转化器是用专门的、表面滚压成波状的钢箔或专门设计的通道制成的（图 5.57）。废气流过通道时由于

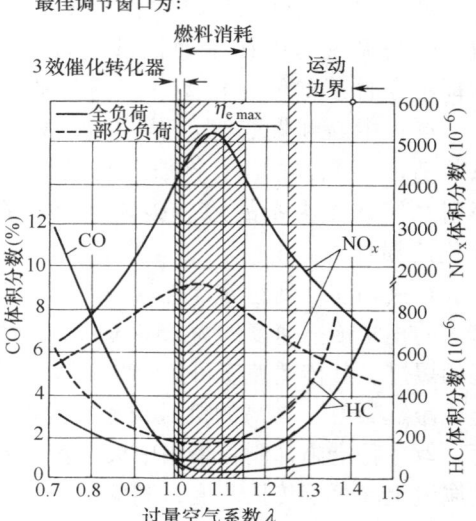

图 5.55　过量空气系数和发动机负荷对点燃式发动机有害物排放的影响

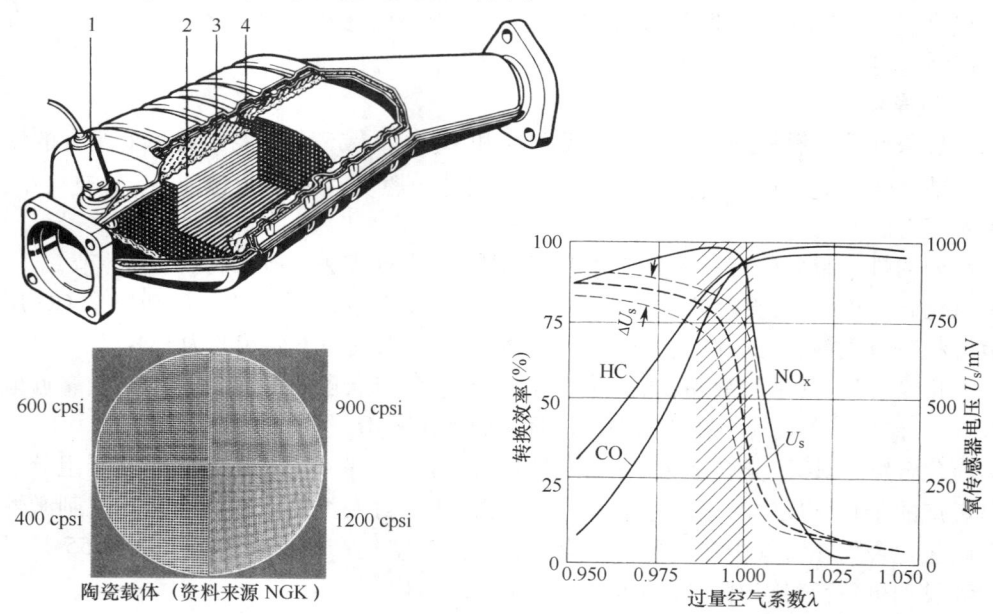

图 5.56　有氧传感器的三效催化转化器的结构和工作原理
1—氧传感器　2—陶瓷芯　3—金属丝编织网支撑　4—隔热双层外壳

湍流作用而与催化转化器充分接触。

陶瓷芯或金属体只是催化剂的载体。在载体表面涂上洗涂层（Washcoat，为 $\gamma\text{-}Al_2O_3$）。它还可再一次扩大化学反应表面。催化物质嵌入洗涂层中，催化物质促进氧化和还原反应。催化物质（催化剂）为贵金属铂（Pt）、铑（Rh）和钯（Pd）。催化剂的用量和混合百分数是不同的。为提高汽油的抗爆燃性而添加的铅或铅化合物会弱化催化剂的催化作用，在使用催化转换技术时必须使用无铅汽油。

催化转化器的效率可用转换率表示。转换率主要与工作温度有关。低于250℃实际上不发生催化反应。良好的转换和长寿命的理想工作条件是温度为400~800℃。超过1000℃导致热老化和催化转化器损坏。安装在靠近废气弯管处的催化转化器由于加速加热而较快工作，并在发动机起动不久就可净化废气。但发动机在高功率时高的排气温度危及催化转化器。直至采用最新的、严格的排放限值前，在大多数汽车上催化转化器曾安装在离发动机较远的汽车底部。

为在发动机起动后快速加热催化转化器，采用多种方案。通常是暂时晚点火（减小点火提前角），使混合气延迟燃烧，以提高排气温度。但这种措施会增加燃料消耗以及与它相关的原始排放的增多。可选择的方案是"二次空气系统"，即在发动机起动后发动机短时间用浓混合气工作，增加的二次空气系统中的空气泵将二次空气送入有很多未燃烧的碳氢化物的热废气中，在排气系中产生放热后反应，从而大幅提高催化转化器前的废气温度。由于发动机暂时以浓混合气工作，这种方案以燃料消耗的增加为代价。其他的选择是采用电加热金属载体催化转化器（图5.57）。在原来的催化转化器部分前安装一个较短的金属载体催化转化器。在发动机

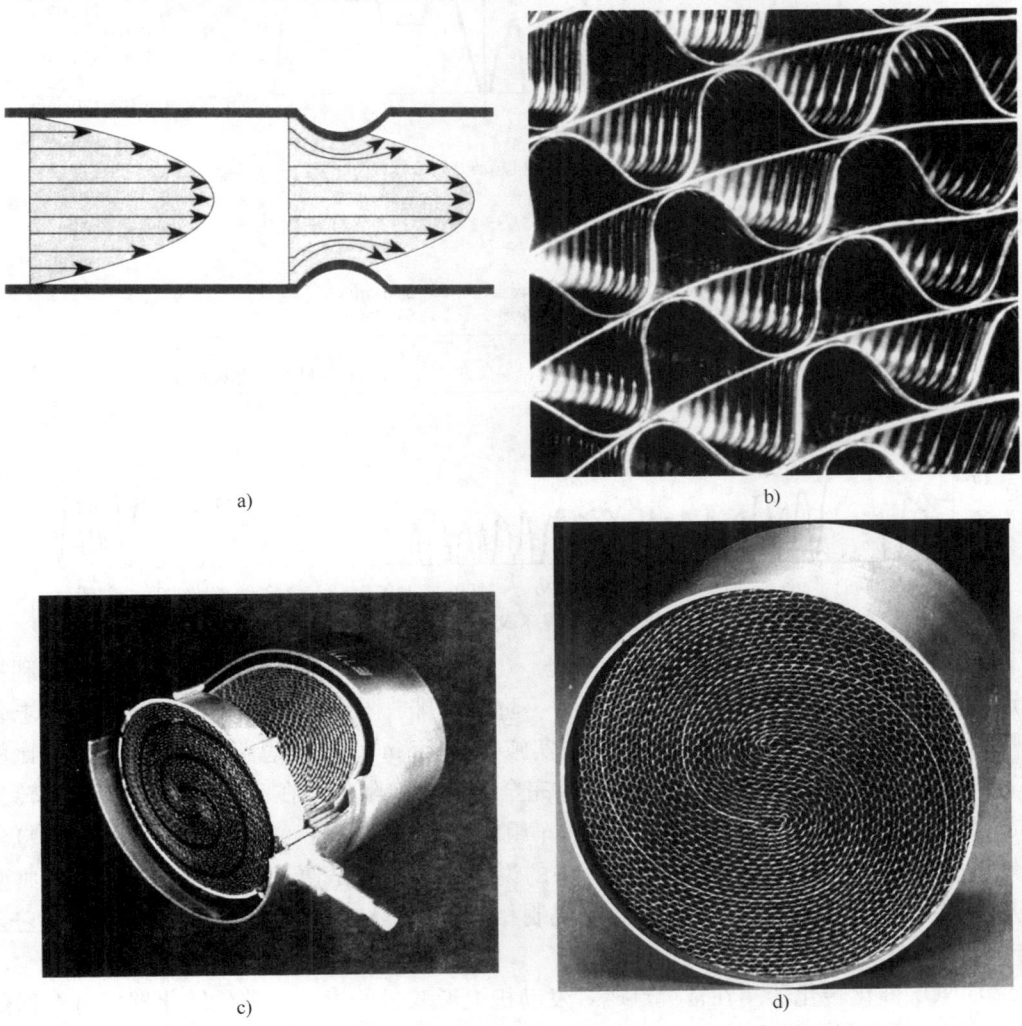

图5.57 催化转化器载体（实例 Emitec）

a) 通道结构的效果　b) 通道结构　c) 可加热的催化转化器　d) 金属载体，S形催化转化器

起动时或在起动前短时对催化转化器电加热，到催化转化器工作的静止时间突然停止。

按规定的试验方法，在定义的行驶条件时汽车必须符合排放限值。在转鼓试验台上检测汽车有害物质。试验台的转鼓阻力与汽车重量和行驶阻力匹配。汽车以规定速度和档位（手动换档变速器）驶过规定的距离（模拟）。图 5.58 是在欧洲试验循环规程中定义的新的欧洲行驶循环（NEFZ 或 "MVEG A"）和在美国应用的 FTP75 检测循环。在整个检测时间按定容采样法（CVS，Constant Volume Sanpling）将废气采集在塑料袋中，然后对 HC、CO、NO_x、CO_2、O_2 分析。利用一种算法（同样是规定的）算出每 km 的排放量（g/km）或每 mile 的排放量（g/mile）和每 100km 燃料消耗（L/100km）或每 gal 燃油可行驶的英里数（mpg）。

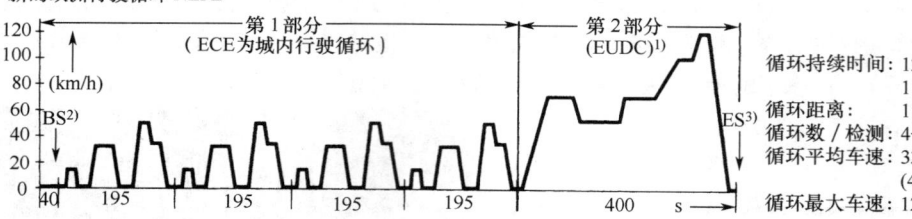

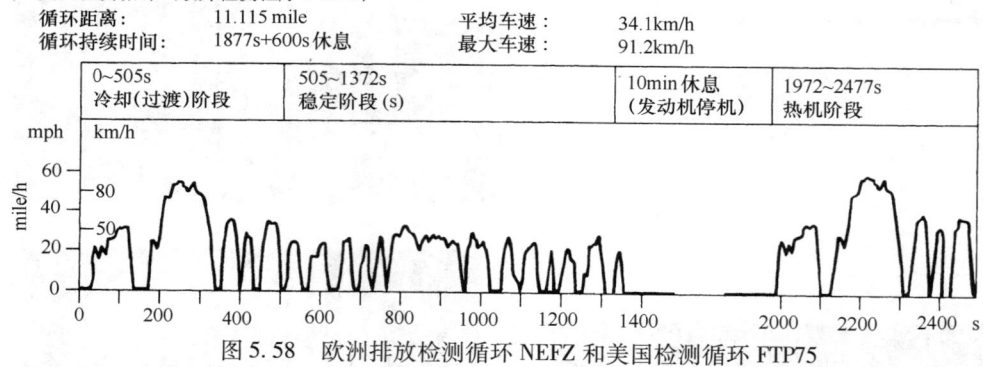

图 5.58　欧洲排放检测循环 NEFZ 和美国检测循环 FTP75

表 5.2 给出了点燃式发动机乘用车在欧洲（从 Euro II 到 Euro VI）和美国（联邦和加利福尼亚州起）生效的排放限值。从一个阶段到另一阶段的排放限值的减小（更为严格）标志着技术水平取得的进步与突破。在美国是分阶段实施（phase in），按此思路，每年要有一定比例的新车达到新的排放限值，直至在规定期限内完全实现排放限值。在 2004～2010 年间要转为新的排放限值。整个的规程内容繁多。各个汽车组的规程是不同的（重量等级、使用类型）。规定了燃料品质和很多细节的处理。在规程中的说明和数据只是便于了解乘用车的一些典型参数。加利福尼亚州与 Euro IV 标准中的微粒限制相似的是等待中的尚未确定的 LEV III，它会从 2014～2022 年分阶段采用。

（2）NO_x 催化转化器　在常规点燃式发动机上考验过的贵金属催化转化器也可在稀薄混合气工作的直接喷射点燃式发动机上实现高转换率的 HC 和 CO 排放的氧化后处理，而 NO_x 排放在含氧的废气中的还原反应路径实际上是无效的。因此，直接喷射点燃发动机在稀薄混合气工作时需要新的解决方案以还原发动机排出的 NO_x。这些新的解决方案中的一些方案已在柴油机上使用并分别推行。

表 5.2 欧洲和美国排放限值（摘录）

欧洲 NEFZ	点燃式发动机乘用车（≤2.5t，≤6 人座） 排放限值					
		阶段 II	阶段 III	阶段 IV	阶段 V	阶段 VI
	车型登记 起	1996.1.1	2000.1.1	2005.1.1	2009.9.1	2014.9.1
	第一次登记 起	1997.1.1	2001.1.1	2006.1.1	2011.1.1	2015.1.1
	CO/g/km	2.2	2.3	1.0	1.0	1.0
	HC/g/km	—	0.2	0.1	0.1	0.1
	NMHC[①]	—	—	—	0.068	0.068
	NO_x/g/km	—	0.15	0.08	0.06	0.06
	HC + NO_x/g/km	0.5	—	—	—	—
	微粒质量/(g/km)	—	—	—	0.005	0.005
	微粒数量/(L/km)	—	—	—	—	$6×10^{11}$
美国	点燃式车用发动机排放限值（<8500lb，<120000mile）					
		联邦		加利福尼亚（14 个州）LEV II		
		Tier1，乘用车	Tier2，Bin5	LEV	ULEV	SULEV
	阶段	1994	2004	2004	2004	2004
	时间	-1998	-2010	-2010	-2010	-2010
	NMHC[①]	0.31	—	—	—	—
	NMOG[②]	—	0.09	0.09	0.055	0.01
	CO	4.2	4.2	4.2	2.1	1.0
	NO_x	0.6	0.07	0.07	0.07	0.02
	HCHO[③]	—	0.018	0.018	0.011	0.004
	微粒/(g/mile)	0.1	0.01	0.01	0.01	0.01

① 非甲烷碳氢化合物。
② 非甲烷有机气体。
③ 甲醛。

在起初，利用替代的催化剂提高转换器的 NO_x 选择性效果后，在这期间还采用了 NO_x 储存技术。在稀薄混合气工作时的 NO_x 排放要用化学方法中间储存，使在化学当量混合气工作时重新释放 NO_x，和按常规点燃式发动机熟知的三效催化原理减少 NO_x[55]。这要求发动机轮换工作，在 NO_x 储存阶段后总是 NO_x 再生（回收）。图 5.59 是 NO_x 储存和再生的工作原理。第一步将废气中存在的 NO_x 主要部分 NO 在贵金属催化转化器中氧化为 NO_2，接着将 NO_2 吸收在储存元件上成为硝酸盐化合物。碱性金属和碱土金属用作储存 NO_2 的储存元件被证实特别有效。

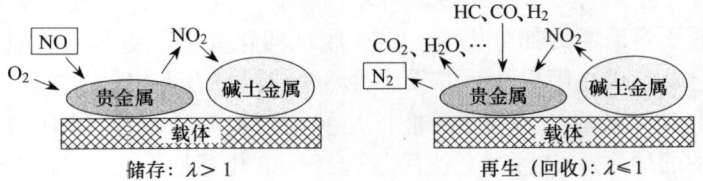

图 5.59 吸收

储存原理的效率与温度有关。新开发的高 NO_x 转换率具有足够宽的温度范围。工作温度太低，转换率主要受原有的、不参与催化辅助的 NO_2 的限制。在工作温度太高时 NO_2 又分解为 NO，这样就不再成为硝酸盐储存起来。另外，随着温度增加，硝酸盐的稳定性变差，储存的 NO_x 重新释放。要避免过高的转换温度，否则会产生储存元件的热老化。由于贵金属组分的分散性并和吸收剂与氧化的载体间的化学反应而造成持久的活性损失[26]。要优先考虑吸收催化转化器安装在远离发动机的位置，并与靠近发动机安装的氧化催化剂转换器组合可以起到特别好的废气净化作用。在低的排气温度和起动后的短时间内，氧化催化转化器可帮助 NO 生成 NO_2。

在低的部分负荷稀薄混合气工作时能达到低燃料消耗的优点，但在高部分负荷时，从燃烧方式看会失去稀薄混合气燃烧热效率好的优点，且使排气后处理系统由于太高的排气温度而无法足够地限制 NO_x 排放。为解决这一冲突，开发了降低排气温度的一个专门装置，即将汽车行驶风的冷却气流导入排气管和 NO_x 催化转化器中。如大众路跑 FSI 首次使用的冷却气流从排气管经靠近发动机的前催化转化器至 NO_x 催化转化器的进口端[57]或先经蝶阀再到 NO_x 催化转化器（如梅赛德斯 CGI）[58]。在较高负荷时蝶阀将废气引到较大路程和较大断面的通路中，再进入 NO_x 储存催化转化器。

当吸收剂达到它的储存容量时必须再生吸收剂。这时发动机短时间（典型值为几秒）以小于化学当量混合气工作，并自动释放储存的 NO_x 和在废气中浓组分下，三效催化转化器对浓组分分解。再生过程的持续时间和频度直接影响燃料消耗。由此引起的燃料消耗量比按欧洲检测循环要多 1%～2%。

再生过程的效率取决于是否为再生和接着在三效催化转化器中的三效反应提供废气的浓组分。由于催化转化器的储氧能力，首先要对一部分 HC 和 CO 氧化，而不会在再生过程中结合。前置氧化催化转化器的储氧能力很小，其表面要有涂层，提高储氧能力。

用作 NO_x 储存催化转化器的碱土金属和贵金属也吸收发动机燃烧时由含在燃料中的硫产生的硫酸盐。硫酸盐的热稳定性明显高于硝酸盐。硫的再生首先要比前面所说的三效催化转化器再生的温度高。随着时间的增加，导致储存元件堵塞，使 NO_x 储存能力严重下降。基于这一理由，要求燃料中的含硫量减至最小。法规要求燃料中的含硫量限制在 50×10^{-6} 以下。如 Quissek 等人的试验指出，即使是最小的硫浓度，在持续一段时间后也还使 NO_x 吸收剂活性降低[59]。因此，在过渡时间，至少要对"Super Plus"燃料品质的最低含硫量调整到 10×10^{-6} 以下。

无论如何，为脱硫要规定专门的再生策略。通过的再生程序要求发动机在小于化学当量混合气和在长达几分钟的高温下工作。这时就会提出这样的问题，在汽车的各种行驶状态如何能满足这种条件？这只有多消耗一些燃料才有可能，但这样会抵消燃料直接喷射、稀薄混合气工作发动机低燃料消耗的部分优点。由于废气净化要增加燃料总消耗的 2%～3%，这样，汽油直接喷射发动机在用户方面可节省的燃料消耗潜力为 8%～12%。

在富氧废气中 NO_x 还原的另一个可能性是使用附加的、有选择作用的还原剂。在大发电厂以及在热电站的固定式内燃机上使用的选择性催化还原（Selective Catalytic Reduction，SCR）法优先采用氨作为还原剂工作。为在乘用车上使用 SCR 法，正在讨论采用水溶性尿素或固体还原剂[60]。众所周知，SCR 法具有还原 NO_x 的较大潜力和对催化转化器的中毒不像由于燃料中含有硫而引起催化转化器中毒那样敏感的优点。问题是尿素的管理以及尿素作为汽车上附加使用的工作介质的必要性。

7. 发动机管理

一方面是微电子和机电传感器的技术发展；另一方面是不断严格的限制有害物质排放法规和要求监控所有以排放有重大影响的系统，不断出现高工作能力的发动机控制和监控系统。发动机电控可对发动机实现多方面的管理。在考虑各种物理参数、机械参数条件下，发动机电控可以有针对性、有意识地对发动机工作过程进行干预，以及在发生没有预见到的事件时自动干预发动机。

（1）发动机控制 在电控单元（ECU，Electronic Control Unit）中对所有的输入信息进行处理，由此输出控制指令和信息。图5.60是发动机和与它相关的、属发动机控制范围的各个部件的总体结构图。图5.61是发动机控制的方框图。图中表示了各种输入、输出的功能部件及相应的参量。目前电控单元配置16bit或有时32bit的处理器，这样可及时处理发动机在高转速和动态过程中的必要的信息量。可对6缸发动机在最大转速的两次点火之间只约3ms时间进行处理。

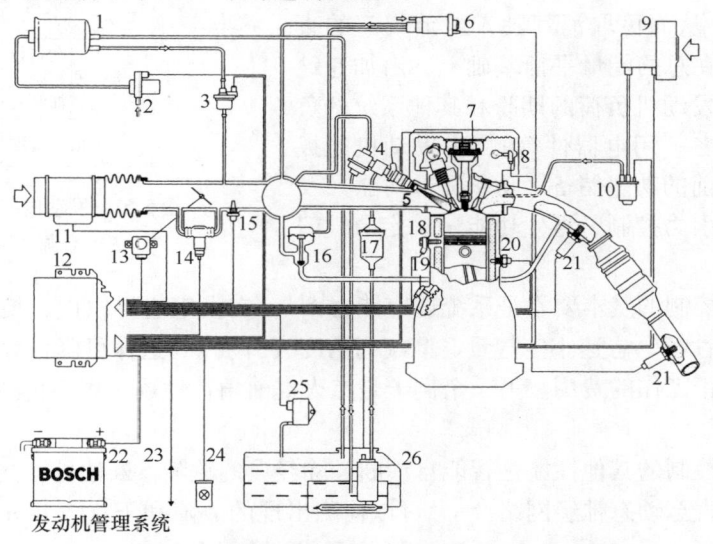

发动机管理系统

图5.60 发动机管理系统部件（资料来源：Bosch）

1—活塞炭罐 2—空气进气阀 3—再生阀 4—燃油压力调节器 5—喷油器 6—压力控制器 7—点火线圈 8—相位传感器 9—二次空气泵 10—二次空气阀 11—空气质量流量计 12—电控单元 13—节气门传感器 14—急速调节器 15—空气温度传感器 16—废气再循环阀 17—燃油滤清器 18—爆燃传感器 19—转速传感器 20—发动机温度传感器 21—氧传感器 22—蓄电池 23—诊断接口 24—诊断指示灯 25—差压传感器 26—电动燃油泵

按汽车的总体配备，要考虑与其他电子控制系统，如自动变速器、自动有级换档变速器、制动系统或空调设备的相互作用与联系。这方面有两种基本方式：所有的电子控制系统以中央结构形式统一控制；或相互联网的所有电子控制系统分散组合。

传感器信号在输入电路中进行信号处理并置于统一的电平范围内。模数转换器将处理的信号以数字形式传输到微型计算机，再在其中进一步处理。以数字形式得到的输出信号必须进行数模反变换，并将信号提升到控制环节所需的功率水平。所有的程序（逻辑和算法）和特性场（应用数据）从半导体存储器中读出。

除前面讲过的燃料喷射、喷射正时、喷射持续时间、点火正时、排放（λ闭环控制、废气再循环）等内容外，还有：

1) 爆燃闭环控制，即如果出现爆燃，实施点火提前角反馈控制。

2) 怠速控制调节，通过点火和燃料喷射控制。可能还有高的怠速负荷，如空调压缩机、发电机或辅助转向泵。

3) 燃料箱通风，即活性炭燃料蒸气分离器"卸载"。

4) 根据发动机转速和可能还有发动机负荷控制凸轮轴相位。

5) 增压发动机增压空气压力调节。

在扩大线控（x-by-wire）方面，加速踏板和节气门间的机械耦合被加速踏板传感器和电子节气门（E-GAS）替代，从而可取消驾驶人对节气门的直接操纵。这样可在总的能量平衡基础上，由加速踏板传达驾驶人对发动机负荷的期盼和其他系统的负荷需要（空调设备、用电器件等），由发动机能提供的能量（如当前的功率储备、功率提升功能）及限制条件（如牵引力控制、再生功能）确定节气门位置的设定值。

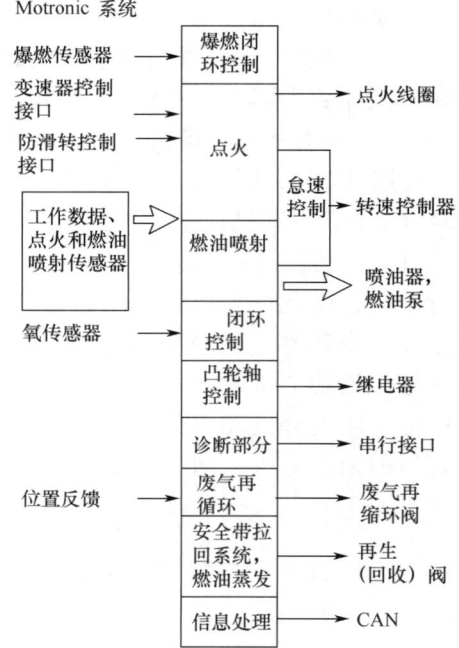

图 5.61　发动机控制方框图
（资料来源：Bosch）

现代发动机控制的基本要素是系统适应能力[61]。在设定边界以内，控制一些部件的功能偏差，如 λ 特性场、怠速小空气量、节气门角度（开度）。这样可降低在产品和用户服务部门的调整和校正工作的费用。另一个例子是点火提前角特性场对爆燃传感器的适应能力还与燃料品种有关。

现代发动机控制的其他性能是智能自诊断。除经典的故障诊断法外，当前还应用基本模型的先进方法，直至动态神经网络[62]。可以检测出现的故障和干扰，并分析可能的原因及影响。

利用可以确定边界的逻辑值和重要参数值以及检测这些值的变化情况，监控所有的部件和系统。从而可以确定复杂系统中的故障范围及故障诊断。

在出现故障时保护敏感部件，如点火中断会由于混合气在催化转化器中燃烧而损坏催化转化器。如果在一个气缸中多次识别到点火中断，则停止向这个气缸喷射燃料。

保证紧急运转。如果传感器或执行器有故障则要定义替代值，这样可以维持汽车的应急行驶状态。如负荷信号（空气质量流量、进气管空气压力）失效，则由发动机转速和节气门角度得到一个替代参数。它可以保证汽车应急行驶至车间，再寻找故障。

存储详细信息。如果诊断系统识别出故障，则可在电控单元的故障存储器中读出专门的、以故障码形式编写的数据。为此，还要在发生故障时同时存储发动机的环境条件和工作条件数据。

与排放有关的车载诊断系统（OBD）只要排气净化装置损坏，就可以识别驾驶人未觉察到的故障，并通过报警灯（MIL）向驾驶人显示。这时应尽快送到车间排除。按美国 OBD 系统样本，2000 年以来（阶段Ⅲ）类似的 OBD 系统也在欧洲使用，并称为欧洲车载诊断系统（EOBD，European On Board Diagnosis）。

在车间中，通过标准化的接口（按 ISO 9141 和 ISO 14230 标准的接口协议）可以访问存储在电控单元中的信息，并据此确定故障范围和原因。对高度复杂的系统，只有采用这种有效的故障寻找方式才能从根本上找出故障。

在推广一个新车型时总会从用户方面的经验和申诉（抱怨）中得到需要变化的特性场，甚至程序路线的变化。在发动机电控的第一开发阶段，在过去实际上只是整体更换电控单元才有可能。现在使用的电子数据存储器（Flash-EPROM）则允许写入新的数据。这样，在定期维护工作框架内可以在短期内与发动机应用的最新的发展水平匹配。这种灵活的数据存储器的另一个突出优点是在汽车制造中可以在汽车生产厂家的汽车装配线终端，利用同一的电控单元硬件为多种发动机机型和配车车型装入（写入）各异的电控单元数据。

利用芯片调整（Chiptuning）扩充应用数据。在发动机控制中要禁止不具备资质人员的干预，因为这种干预会造成部件过载、排放超过限值的危险。改变生产厂家确认和批准的工作状态一般是不允许的。

（2）汽油直接喷射时的运行策略和发动机管理　在部分负荷时汽油直接喷射点燃式发动机采用分层气缸充量工作。汽油要到压缩行程才喷射，而在较高负荷，在分层气缸充量时形成过浓混合气的扩展区。为此，发动机必须转到均匀的气缸充量工作。这需要在进气行程较早时喷射汽油，同时发动机吸入的空气量与负荷和相应的汽油量匹配。由此得到对发动机管理的如下一些功能性要求，这些要求远超出已知的常规点燃式发动机范畴。

除分层和均匀气缸充量两种基本方式外，还有其他的模式。图 5.62 是汽油直接喷射点燃式发动机在特性场工作的运行策略实例。在很低的负荷和怠速运行时，发动机需要部分节流，使排气温度保持在能对废气催化后处理的水平。在分层稀薄混合气工作和均匀的 $\lambda = 1$ 的当量混合气工作之间的过渡范围，利用稀薄混合气在宽广的特性场工作的优点，发动机采用均匀的稀薄混合气工作。在全负荷时，混合气常常加浓，以限制废气温度（保护部件）。此外，发动机管理必须解决在汽车行驶时发动机运行策略的匹配。首要实现工作模式间的延迟功能和工作状态与工作边界条件的匹配，如冷起动和暖机运行。

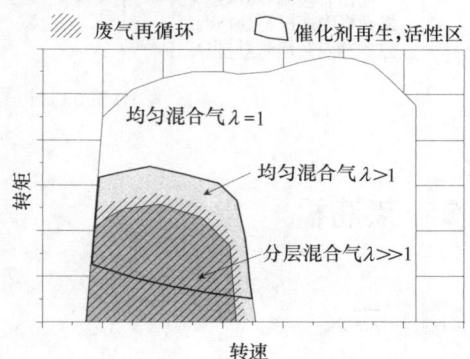

图 5.62　汽油直接喷射点燃式发动机运行策略

发动机组合到整个汽车中进一步提高它的综合性。这时特别要注意废气净化装置对发动机控制的不利影响。在稀薄混合气工作时采用吸收催化转化器需要短时变换到少许不足的当量混合气工作状态。再生过程的频度与吸收剂的 NO_x 储存能力和发动机 NO_x 排放有关。发动机管理的任务是在储存模式下平衡 NO_x 储存量和在此基础上按需促进再生[63]。在当前的串联方案中，通常利用废气中测量 NO_x 的探针控制 NO_x 吸收剂的再生。与 NO_x 储存模式关联的要连续监控吸收剂的老化和硫中毒状况，并按需起动去硫酸盐的步骤。这步骤是在高的废气温度和在低于化学当量混合气工作阶段，并采用不被乘员觉察的动态过程进行，即在通过电控节气门（E-GAS）以及点火提前角干预调节负荷过程中快速干预发动机控制。

常规的发动机电控单元是根据作为参考参量的空气量工作的。在所表示的汽油直接喷射点燃式发动机的工作方式中，空气量与发动机负荷之间没有单一的相关性。所以目前的发动机电控单元不适合这种使用情况。以转矩为基础的功能结构允许在不同的工作模式下反应驾驶人希望的发动机转矩[64]。图5.63是这种功能结构框图。考虑传动系和辅助装置消耗，可以由驾驶人希望的转矩推算出发动机应提供的转矩，这是一个参考参数。防滑控制、行驶动力学控制或汽车其他方面的一些系统的动态控制干预都作为计算转矩需要的依据。在电控单元内部，按当前要调整的发动机工作方式算出需要的发动机转矩。通过由发动机管理控制的节气门（E-GAS）调节所需的转矩和从选定的运行策略得到空气量。

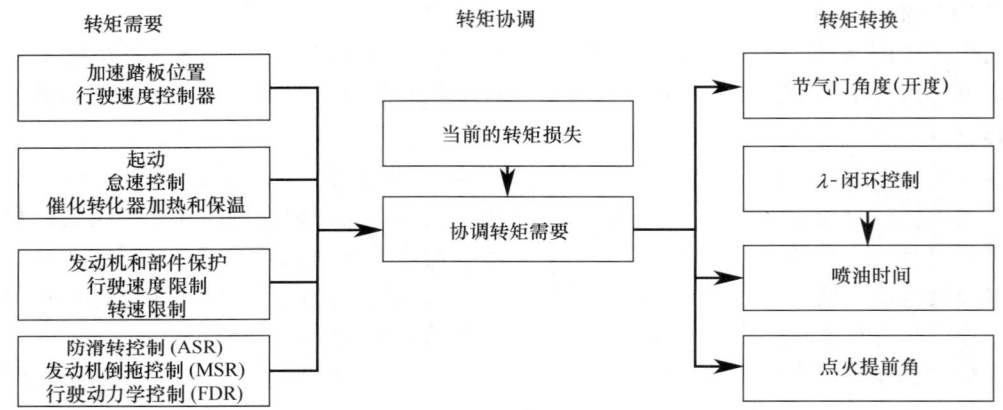

图5.63 以转矩为基础的功能结构[37]

5.2 柴油机

5.2.1 定义

1. 内燃机

在燃烧室中不连续燃烧、工作容积由于活塞或转子运动而变、可以输出有用功的热机称为内燃机。在工作气缸内的可燃空气—燃料混合气着火和燃烧。燃烧释放的热能提高了预先被压缩的气体压力，并通过活塞和曲轴输出机械功。在每一工作循环后燃烧完的气体被新鲜的空气—燃料混合气更换。

2. 柴油机

将燃烧室中的空气充量压缩到可以使燃料着火的足够高的温度后，喷入燃烧室的柴油燃料在其中着火、燃烧，这样的内燃机称为柴油机。

按鲁道夫·狄塞尔（Rudolf. Diesel）想法，这种发动机是一种特别经济的内燃机。可以将大部分热损失减至最小：一是将燃烧完的气体冷却至环境温度；另外是逐渐喷入燃料限制最高燃烧温度。必将导致混合气着火的高压缩气体也为最大可能利用燃料做出贡献。狄塞尔提出"如多次阐述那样,高压缩的目的不是自行着火","我在寻找能最大限度利用热能的一个工作过程,其目的是期望高压缩的空气"。发明者在他的柴油机中要达到尽可能高的压缩空气压力并保持之,然后在做功行程喷入燃料。目标是得到特别均匀的功率特征。

5.2.2 发明史

"柴油机走向未来"这句格言一直萦绕在狄塞尔心中。因为在他的视野中,他的发动机的废气无烟、无味。

1857年3月18日出生于巴黎的德国夫妇的儿子、工程师狄塞尔向德国柏林专利局申请"新的、合理的热机"专利。1893年2月23日授予他专利号为DRP 67207的"内燃机的工作过程和结构型式"专利,授予日期为1892年2月28日。

狄塞尔在他的《柴油机的出现》一书中写道:"一个发明由两部分组成,想法和它的构思"。他的超人的智慧、特殊的技术天分和持之以恒将想法付之行动的毅力是柴油机诞生的基本要素。狄塞尔还有一个技术上为他人设身处地着想的细节:虽然按照当时的技术状况没有人准确的知道,什么样的燃料是最适用的,但他提出了燃烧系统的建议(图5.64)。

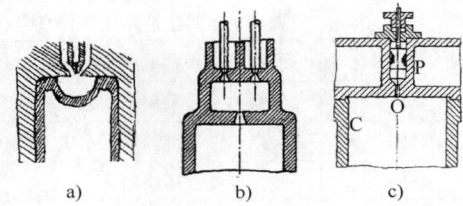

图 5.64 狄塞尔建议的燃烧系统
a) 带凹坑的活塞 (1892) b) 辅助燃烧室 (1893)
c) 泵喷嘴喷射系统 (1905)

狄塞尔只是在起初经历了大型高功率柴油机和高速车用柴油机的发展历程(表5.3)。因为在1913年9月选择了自杀,其原因是误解、错误的推测和发明家的自高自大。

表5.3 柴油机发展的一些里程碑

年份	里程碑
1897	在奥格斯堡机器制造厂第一台柴油机运转,最大有效效率 $\eta_e = 26.2\%$
1898	第一台双缸柴油机提供给 Kempten 火柴联合工厂股份公司 Vereinigte Zündholzfabriken 公司,在 180r/min 时功率为 $2 \times 30PS$
1905	ALFRED BÜCHI 建议利用废气能量增压
1905	在四缸自然吸气点燃式发动机基础上采用空气压缩机和燃料直喷的狄塞尔试验发动机(没有市场能力)
1906	道依茨公司专利号为 DRP196514 的"在辅助燃烧室中喷射燃料"
1909	L'ORANGE 专利,专利号为 DRP 230517 的"预燃室"
1924	展出 MAN 纽纶堡公司(直接喷射燃料)和戴姆勒-奔驰公司(在预燃室中间接喷射燃料)第一台商用汽车柴油机
1927	Bosch 开始批量生产柴油机喷油泵
1936	戴姆勒-奔驰公司第一批生产乘用车用预燃室柴油机(PKW Typ260D)
1953	Borgward 与菲亚特第一批生产乘用车用涡流室柴油机
1976	大众第一批生产乘用车用高速、小排量柴油机

(续)

年份	里程碑
1978	戴姆勒-奔驰公司第一批生产乘用车用废气涡轮增压柴油机
1987	采用新 MAN-B&W 四冲程柴油机、总功率 95.6kW 驱动 "Queen Elisabeth2"
1987	游轮的最大柴油机发电动力设备投入运行
1987	宝马第一台电控喷射系统
1988	菲亚特第一批生产乘用车用直喷柴油机
1989	奥迪第一批生产乘用车用直喷、废气涡轮增压柴油机（乘用车奥迪 TDI）
1990/1991	大众/宝马第一批生产乘用车用带催化转化器柴油机
1991/1992	Sulzer 二冲程和四冲程试验柴油机（RT×54，$p_{Zmax}=180bar$，$P_A=8.5W/mm^2$）
1991/1992	MAN B&W（4T50MX，$p_{Zmax}=180bar$，$P_A=9.45W/mm^2$）
1992	大众第一批生产乘用车用直喷、可变涡轮喉口截面柴油机
1997	菲亚特第一台乘用车用增压、高压共轨、可变涡轮喉口截面柴油机
1998	大众第一台乘用车用泵喷嘴喷射系统柴油机
1998	大众第一批燃油消耗小于 3L/100km 的乘用车柴油机
1998	铝合金气缸体应用
2000	标致微粒过滤器
2000	乘用车柴油机采用四气门技术
2002	商用车：喷射压力达 1600bar 的共轨系统应用于燃烧过程（MAN）
2003	戴姆勒-克莱斯勒涂层微粒过滤器
2003	商用车：应用带冷却系统的废气再循环
2004	宝马、欧宝第一台乘用车用顺序增压柴油机
2004	商用车采用带 DOC 的微粒过滤器
2005	商用车采用 SCR 技术
2006	第一台乘用车用柴油机 NO_x 后处理（USA bluetec）
2006	商用车 OBD Ⅱ 系统应用 NO_x 传感器
2007	商用车：采用带中冷器的两级增压结合应用废气再循环（Navistar）
2008	商用车：喷油压力达 2500bar
2008	用于商用车的采用燃油润滑的喷油泵（MAN）
2008	最早的存储催化转化器用于量产车（大众在美国市场）
2009	SCR 开始用于乘用车（宝马、奔驰、大众）
2009	多种措施用于减少 CO_2 排放（Efficient Dynamics 系统、蓝驱系统）
2010	商用车涡轮增压采用 VTG 技术
2010	低压与高压废气再循环结合应用以及分缸调节

5.2.3 内燃机技术基础

1. 概述

内燃机是一种能量转换器，它将燃料的化学能转换为机械能，即有用功。在内燃机燃烧时释放的热能推动活塞完成热力循环，并向外输出压力—容积功。能量转换器的能量平衡式（图5.65）为：

$$E_{燃料} + E_{燃烧空气} + W_{有用功} + \sum E_{损失} = 0$$

从经济性考虑，能量损失应尽量小。当前，单纯的经济要求已不再足够。物质和能量转换都要以最小的环境负荷达到最大的效率。这个要求已经并还将花费大量的研究和开发费用，并使狄塞尔的简单柴油机变成一个复杂的综合性系统（图5.66）。图中不包括废气再循环和增压空气冷却子系统。现代柴油机大量使用电气和电子器件和部件，以及从开环控制转换为闭环控制。由于竞争原因要减少材料和生产费用。

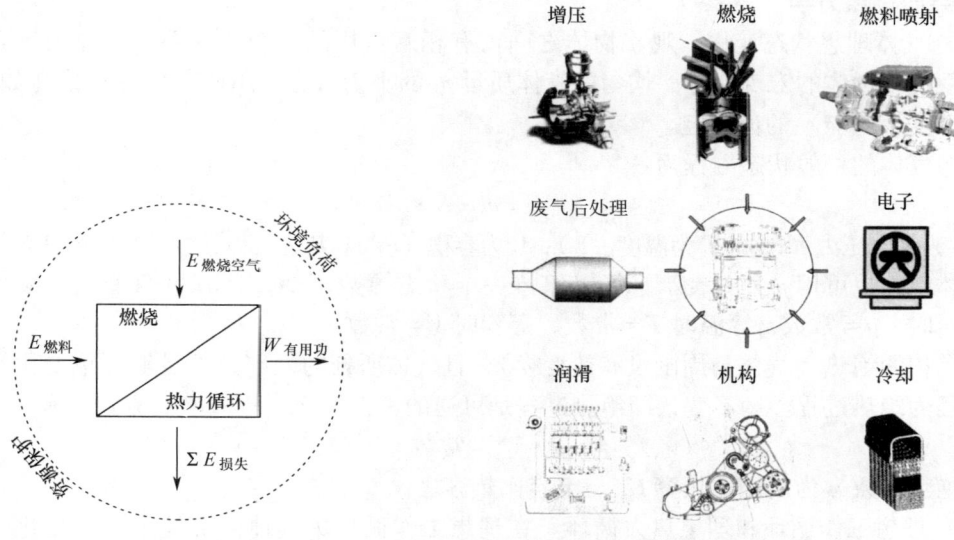

图5.65　内燃机能量转换　　　　图5.66　现代柴油机的综合性系统

2. 发动机燃烧方式比较

在着火/点火和燃烧前要制备大部分的液体燃料。必须制备具有着火/点火能力的气态燃料和空气混合气。柴油机和点燃式发动机的混合气制备过程是不同的（表5.4）。

柴油机在接近上止点时开始将燃料喷入高压、高温的燃烧室空气中（内部混合气形成）。经典的点燃式发动机则采用外部混合气形成工作：燃料在燃烧室外部通过化油器或喷入进气管经较长时间形成混合气并进入燃烧室。

表5.4　柴油机和点燃式发动机特征比较

特征	柴油机	经典的点燃式发动机	特征	柴油机	经典的点燃式发动机
混合气形成	缸内	缸外	燃烧	扩散火焰	预混火焰
混合气	不均匀	均匀	通过什么改变转矩	改变 λ_V（质改变）	混合气节流（量改变）
点火/着火	在空气富裕时自行着火	在点火边界内外部点火	燃料	易着火	不易着火
过量空气系数	$\lambda_V \geq \lambda_{min} > 1$	$0.6 < \lambda_V < 1.3$			

在柴油机喷射燃料后，在燃烧室内由空气、燃料蒸气和微滴组成的混合气是不均匀的。而充入点燃式发动机气缸内的燃料与空气混合气是均匀的。

只要点燃式发动机内的均匀混合气在点火边界以内，通过火花塞放电可以触发点火、燃烧（预混火焰）。柴油机是自行着火燃烧，只要混合气在可着火的边界范围。

因为点燃式发动机是用可点燃的均匀混合气工作，所以只能通过混合气的量调节它的功率（量调节）。柴油机在富氧的混合气下工作，靠喷射的燃油量多少调节负荷，也即通过过量系数大小调节（质调节），而不像点燃式发动机那样靠有很大节流损失的节气门调节。

由于两者的混合气形成和燃烧方式不同，所以对燃料的要求也不同。柴油必须易着火（高的十六烷值），点燃式发动机燃料应避免不受控的自行点火，即不易着火（高的辛烷值）。

3. 柴油机热力学

（1）气体理想状态变化　　观察物体之间没有相互作用的一个闭式系统，并用热力学参数描述系统中物体的宏观状态。均匀的气体质量 m 的平衡状态可用两个热力参数（如压力、容积、温度、内能）的值确定。

理想气体的一般状态方程为：

$$p \cdot V = m \cdot R \cdot T$$

式中，p 为绝对压力（Pa）；T 为温度（K）；V 为容积（m^3）；R 为气体常数 [J/(kg·K)]。

气体状态也可用 p-V 图表示。可以保持一个状态参数不变，计算另两个状态参数的变化。等压时　p = 常数，等温时 T = 常数，等容时 V = 常数。

如果物体绝热（气体与周围没有热变换），且气体所处的外部条件足够慢地变化，则称这个过程为绝热过程。熵不变，即绝热过程是可逆的。按泊松（Poisson）方程，有：

$$p \cdot V^\kappa = 常数$$

式中，绝热指数 κ 为定压比热容 C_p 与定容比热容之比。

（2）理想工作循环和理想热力循环　　在理想工作循环中气体内部发生状态变化。在准稳态工作循环后气体又回到初始状态。按热力学第一定律（能量守恒：内能的变化 ΔU 等于从外部加入的热量 ΔQ 和所做的机械功 ΔW 之和）。在工作循环转换的热能是以机械功的形式表现出来的，

$$0 = \Delta U = \Delta Q + \Delta W$$

即压力—容积的变化是理想工作循环的理论有用功

$$-dW = p_a \cdot dV$$

在理想气体条件下可以取消外部压力 p_a 和系统内部压力 p_i 之间的差别，这样，工作循环按准稳态进行。当蓄热器温度 T_a 与系统温度 T_i 的差非常小时则可视为 $T_a = T_i$。

狄塞尔在他的发明中想到按等压加热循环工作的发动机（图 5.67a）。气缸中的气体首先沿 1→2 线绝热压缩，在等压燃烧后体积增大（2→3），接着加热的气体膨胀（3→4），未利用的热量排出。

在柴油机工作循环的 p-V 图上，燃烧过程（2→3）是等压的，因为在等压时供入热量 Q。

如果要使热机的燃烧过程符合实际情况，则理想工作循环要成为等容和等压组合加热的工作循环或限压加热工作循环（Seiliger 工作循环）。在图 5.67b 中，气体沿 1→2 线被压缩，一部分在等容时加热气体（2→3），一部分在等压时加热气体（3→4），气体沿 4→5 线膨胀，但不膨胀到环境压力（大气压力），因为活塞行程是有限的。Seiliger 工作循环既包括极

限情况的柴油机等压加热工作循环,也包括理想点燃式发动机等容加热工作循环。

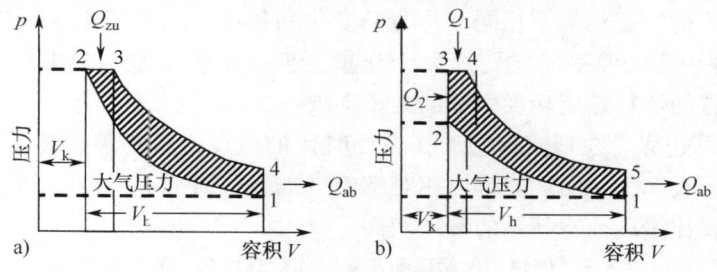

图 5.67 加热工作循环
a) 等压加热工作循环 b) 等容、等压组合加热工作循环

这里作如下假设:
1) 气缸中的充量是理想气体。
2) 有规律的燃烧。
3) 绝热的工作循环。
4) 缸内没有摩擦。
5) 没有流动损失。

在实际四冲程发动机工作循环中(图 5.68a)有两个环形线包围的表示做功的面积。一个是高压做功,一般为正功;另一个是充量更换功,大多为负功。增压发动机充量更换功为正功。

完善发动机热效率 η_V 和实际发动机平均有效效率 η_e 的差别是实际发动机存在各项损失。检测这些损失是要将这些损失分开,并分别找出原因:
1) 不完善的燃料热能转换(转换损失)。
2) 不是理想的燃烧过程。
3) 燃烧室壁面散热。
4) 活塞环漏气。
5) 主燃烧室和辅助燃烧室间的气体流动。
6) 充量更换。
7) 机械摩擦。

图 5.68b 是 1.5L 涡流室柴油机在 3000r/min 时各项损失随负荷(平均有效压力 η_e)的变化。η_e 为平均有效效率,η_i 为指示效率,η_{iHD} 为没有充量更换损失的指示效率,η_V 为理想循环效率,$\Delta\eta_m$ 为机械摩擦引起的效率损失,$\Delta\eta_{Lad}$ 为充量更换引起的效率损失,$\Delta\eta_ü$ 为主燃烧室和辅助燃烧室间的气体流动引起的效率损失,$\Delta\eta_{Leck}$ 为漏气引起的效率损失,$\Delta\eta_w$ 为燃烧室壁面散热引起的效率损失,$\Delta\eta_V$ 为不理想的燃烧引起的效率损失,$\Delta\eta_u$ 为热能转换引起的效率损失。上面所说的所有效率或效率损失是与供入的燃料热能有关的,并表示为:

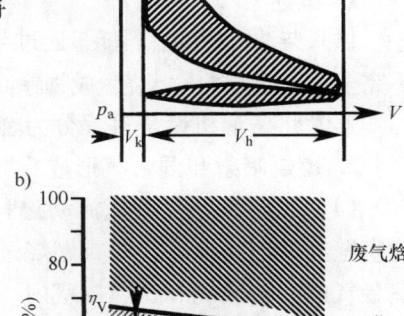

图 5.68 实际四冲程发动机
工作循环和各项损失分布
a) 实际四冲程发动机工作循环
b) 各项损失分布
1) 在整个范围内的损失 <1%

$$\eta_e = \eta_V - \Delta\eta_u - \Delta\eta_V - \Delta\eta_w - \Delta\eta_{Leck} - \Delta\eta_{ü} - \Delta\eta_{Lad} - \Delta\eta_m$$

各项损失随负荷的变化都不相同（本身的变化和各项之间的变化都不相同）。燃烧、传热（散热）、摩擦引起的效率损失要远大于充量更换、主燃烧室与辅助燃烧室间的气体流动、漏气和不完善的燃料热能转换引起的效率损失。

（3）模型计算边界　在观察理想工作循环时作的假设，从物理角度不能将它们转用在实际工作循环上。表5.5说明，为得出相对结论（如参数研究），至少必须建立各个热力学模型。精度要求要比增压或冷却系的设计稍高。

表5.5　理想工作循环和实际工作循环中各分模型比较

分　模　型	理想工作循环	实际工作循环
物质参数	理想气体 c_P、c_V、κ = 常数	真实气体，在工作循环时气体成分变化 物质参数与压力、温度和成分有关
充量更换	充量更换是作为放热	通过气门进行质量交换，残余废气留在气缸内
燃烧	按理想燃烧规律完全燃烧	按混合气形成和燃烧方式可能有不同的燃烧过程，部分燃料不是完全燃烧
壁面热损失	没有壁面热损失	存在壁面热损失，要考虑
不密封性	密封	存在不密封性，要部分考虑

5.2.4　柴油机燃烧

1. 概述

供入柴油机中的燃料能量通过与含在燃烧空气中的氧气氧化而释放出来。实际的燃烧当然是不完全和有损失的。燃烧生成物除CO_2和蒸汽外，还有CO、HC、NO_x和微粒（PM）。

通常将柴油机燃烧过程分为燃料喷射、混合气形成、自行着火、燃烧和生成废气。

2. 燃烧喷射和混合气形成

（1）空气运动　空气流动过程对混合气形成有决定性作用。它影响着火延迟、落在燃烧室壁上的燃料量以及影响燃烧过程。在燃烧过程中空气流动过程有利于空气的充分利用和混合气的充分燃烧。在燃烧室内，在发动机整个工作范围，空气和燃料的分布与运动必须相互协调。这一点对燃料直接喷射的柴油机特别重要。因为在直喷柴油机上没有像在预燃室、涡流室柴油机上有从预燃室或涡流室喷出的脉动气流，它能促使燃烧气体与未燃烧的混合气剧烈混合。

通过进气道和进气门座的几何形状和尺寸可以在直喷柴油机气缸中产生空气旋转。常用的要数螺旋气道和切向气道（图5.69）。它们使进入柴油机的空气流绕气缸轴线旋转，且随发动机转速增加而增强。在高速柴油机上会使缸内混合气形成太快，要采用可接受的折中方案。

在活塞接近气缸盖时，空气的旋转运动与挤压气流叠加，这时空气从气缸盖与活塞间的缝隙流入活塞凹坑。随着膨胀行程开始，流动方向相反。在着火前、后短时间，空气湍流帮助混合气形成。目前，利用现代多普勒（Doppler）激光技术可以测量气缸内气体流动状况或缸内局部的气体流动状况[74,75]。

(2) 燃料喷射和喷束扩展 在压缩行程终了喷射燃料，这时缸内空气压力和温度分别达到 30~60bar 及 300~400℃。燃料喷射的动态过程主要取决于喷油器的结构型式。影响的主要因素是泵偶件尺寸、喷嘴结构型式以及高压油管和卸压阀的几何形状和尺寸。改变上述因素的一个或多个可以有针对性地影响燃料喷射过程，也即影响燃烧过程。

到燃料开始喷射时刻，缸内空气已为燃料准备好着火条件。从喷嘴喷出的燃料（柴油）主要呈紧密的液体喷束，这时气态燃料很少。

在喷嘴端部的穴蚀、喷束核的内力以及喷束外层由于与空气摩擦形成外部波浪而产生微滴。各个燃油微滴变形和在它们通过燃烧室的射程中一再变小（与空气的相互作用）。但也出现微滴间的相互作用：相互冲击而分开，也会复合。燃料也落在燃烧室壁上。这样，在空气与不同尺寸和分布的燃油微滴的不均匀混合气中出现局部的着火条件。这时还必须通过压缩空气的高温加热燃油。

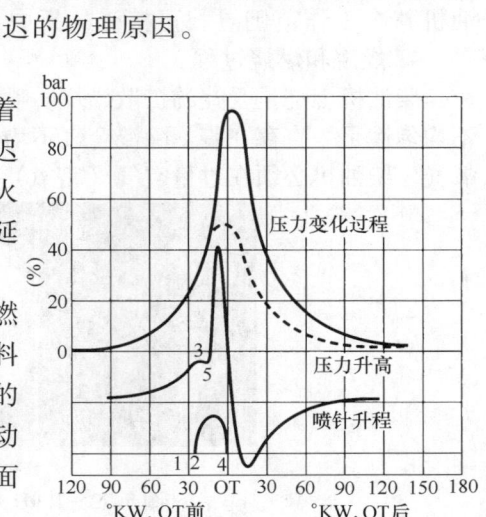

图 5.69 有螺旋、切向进气道和垂直布置的喷油器的柴油直喷（4 气门气缸盖）

由于热空气的热量输送到燃油，在各个微滴周围形成一层燃油蒸气层，蒸气层与包围它的空气混合，只要某处的过量空气系数大于 0.7，混合气着火，这就解释了混合气着火延迟的物理原因。

3. 自行着火和着火延迟

柴油机燃烧过程的重要特征之一是喷油开始到着火开始这段时间，即着火延迟（图 5.70）。着火延迟可分物理延迟和化学延迟两部分。化学延迟是发生火焰前反应时间。着火延迟时间约为 1~2ms。在着火延迟这段时间内首先会使燃料消耗和排放增加。

影响着火延迟的措施有燃料和空气两个方面。燃料方面的最重要措施是：燃料品质、喷射压力、燃料温度、喷嘴几何形状与尺寸、喷射正时。空气方面的主要措施是：燃烧室中的空气压力和温度、充量运动（流场）以及减少空气、燃料和残余废气。结构方面的影响因素为：

1) 进气道造型。
2) 气门正时。
3) 燃烧室形状。
4) 压缩比。

图 5.70 燃料直接喷射时柴油机的着火延迟
1—供油开始 2—喷油开始 3—着火开始
4—喷油结束 5—着火延迟

5) 冷却介质温度。
6) 增压。
7) 冷起动措施。

提高下列一些参数可达到较短的着火延迟：
1) 十六烷值。
2) 燃料温度。
3) 喷射压力。
4) 燃烧室气体压力。
5) 燃烧室气体温度。

此外，采取下列措施可缩短着火延迟：
1) 减小喷射提前角（仍在上止点前）。
2) 均匀的、精细的燃料分布。
3) 高的燃料和空气的相对运动。

较短的着火延迟由于在延迟时间内喷入气缸内的燃料很少，会产生下列好的效果（图 5.71）：
1) 较低的燃气压力升高→低的燃烧噪声。
2) 较低的燃气峰值压力→低的燃烧噪声和低的曲柄连杆机构载荷。
3) 低的燃气峰值温度→较少的 NO_x 排放。

较长的着火延迟导致高的燃烧噪声和 NO_x 排放。

影响着火延迟因素的一些因素也与柴油机工况有关。优化燃烧过程的中心任务就是在柴油机整个工作范围寻找可接受的折中。

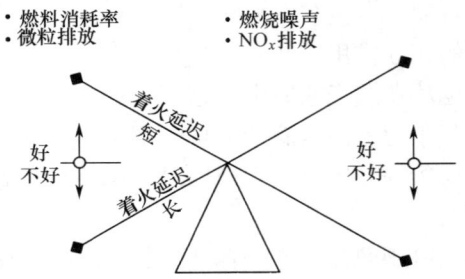

图 5.71　在柴油机燃烧过程中着火延迟的目标冲突

4. 燃烧和燃烧过程

柴油机燃烧是受控的扩散燃烧。喷射一般延续到着火后（图 5.72），所以混合气形成的不均匀性是一直存在着。除混合气不均匀外，混合气温度也不均匀。为保障燃烧时有足够的氧气，柴油机必须在过量空气（富氧）下工作。

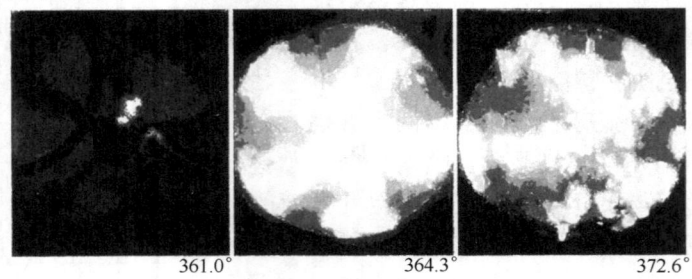

图 5.72　1.9L 大众 TDI 发动机自行着火和燃烧

能量转换（燃烧过程）的动态过程可分三个阶段（图 5.73）：
1) 准备好可着火的混合气加热并开始燃烧。在这阶段终了，在着火延迟期内喷入气缸的燃料大部分燃烧完。它决定燃料释放的化学能。
2) 制备好的已喷入的燃料燃烧。燃烧过程由混合气形成速度决定。这里，除混合气体形成的速度场外，温度场对燃烧过程也很重要。

3) 燃烧过程的最后一个阶段的特征是较慢地转换最后制备好的燃料。这阶段的空气运动、温度和空气过量系数减小。

燃烧过程的第一阶段对柴油机燃烧噪声和 NO_x 排放有决定性影响。多次喷射和预喷射为混合气形成和燃烧提供了大的作用空间。

第三阶段影响燃料消耗和排放的形式，特别是微粒。在这个阶段需要提供足够的燃烧能量，以尽早结束燃烧。

上面所说的燃烧过程，以框图形式汇总在图 5.74 中。

5. 废气排放

含硫柴油的完全燃烧最终的生成物为 CO_2、H_2O 和 SO_2。由于不同的混合气形成、温度分布和不同的过量空气系数以及短暂的燃烧过程导致局部不完全燃烧。

图 5.75a 是 T-λ 图上生成微粒的范围，与它对照的是混合气和在接近上止点的已燃烧气

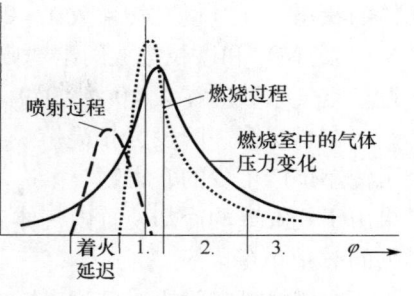

图 5.73 直喷柴油机着火延迟

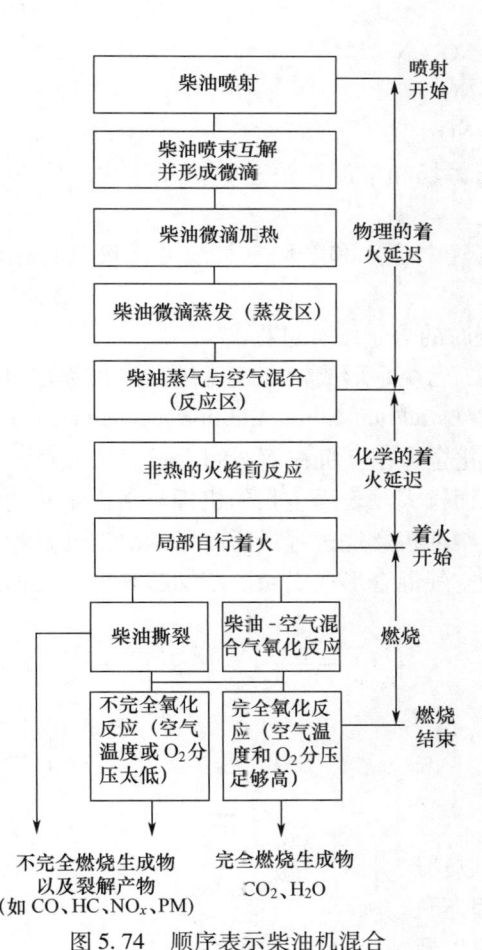

图 5.74 顺序表示柴油机混合气形成和燃烧[76]

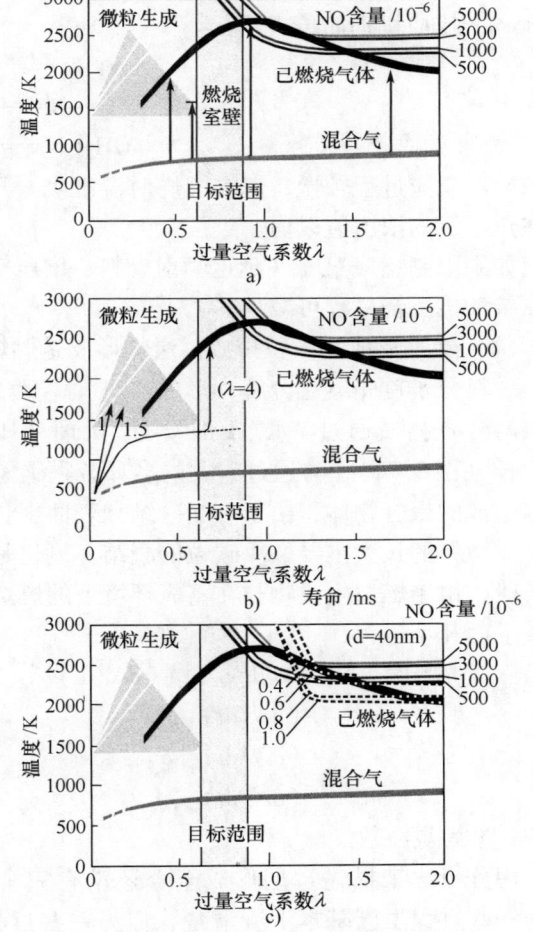

图 5.75 柴油机燃烧过程
a) 柴油燃烧第一阶段（预混燃烧） b) 柴油燃烧第二阶段 c) 柴油燃烧第三阶段

体的状态。在过量空气系数 λ = 0.5 以下的已燃烧气体含有微粒。另外，在 0.5ms 以内生成 NO。在 NO_x 和微粒排放间出现典型的剪刀形状。若在燃烧时要生成 NO_x 和微粒，则混合气过量空气系数应在 λ = 0.6 ~ 0.9。

在燃烧第一阶段（预混燃烧），由于混合气形成的不均匀而生成初次微粒和 NO_x[2]。为了使燃烧产生少的有害物，第一阶段只是少量的混合气燃烧，并尽可能使 λ = 0.6 ~ 0.9。如果由于气缸壁的冷却使缸内气体温度低到微粒出现的程度，这时微粒生成范围会一直移到较大的 λ 值范围。

在燃烧第二阶段，已喷入缸内的燃料与空气和燃烧气体混合（图 5.75b），得到不同的混合气成分（不同的过量空气系数）。与燃烧气体混合和小的过量空气系数 λ 会生成二次微粒。要防止柴油与热的、贫氧的废气混合，要输入足够的新鲜空气。

在燃烧第三阶段（图 5.75c），在喷射终了时，燃烧气体减少。在微粒与氧气燃烧范围与强烈生成 NO_x 范围部分覆盖。为此，最好是初次和二次微粒形成很少，燃烧终了不再氧化。

（1）NO_x 生成　N_2 是空气的主要成分。在高温燃烧时形成 NO_x（吸热反应），并可用 Zeldovich 反应机理简单表示：

$$N_2 + O \Longleftrightarrow NO + N$$
$$O_2 + N \Longleftrightarrow NO + O$$
$$OH + N \Longleftrightarrow NO + H$$

NO_x 反应过程较慢，但在燃烧时温度场、压力场和浓度场快速和剧烈变化，使 NO_x 浓度在热平衡的浓度值以内。

如果限制燃烧温度（延迟喷射燃料、增压空气中冷）和降低氧气浓度（废气再循环），则在柴油机燃烧过程可减少 NO_x 排放。

（2）炭烟形成和微粒排放　炭烟形成是燃烧时的分子结合过程。

燃料分子首先氧化分解，形成乙炔（C_2H_4）。乙炔是形成较高碳氢化合物和芳香物质的起点。芳香物质通过"取 H 加 C_2H_4 机理（H-Abstraktion-Ethin-Addition-mechanismus）"平面生长（图 5.76），再通过较大的多环芳香碳氢化合物相互沉积而空间生长。

生成的聚合物体积由于不断凝结和表面生长而长大。表面生长的机理与平面生长的机理类似。微粒的长大主要取决碳粒的凝结。氧化是柴油机燃烧过程最后阶段的决定性过程。在这阶段，由于燃烧生成物与在富氧环境下的燃烧空气混合形成炭粒。归纳起来，炭烟形成要观察下面几个过程：

$$(dN/dt)_{总} = (dN/dt)_{生长} + (dN/dt)_{凝结}$$
$$+ (dN/dt)_{凝聚}$$
$$+ (dN/dt)_{表面生长}$$
$$+ (dN/dt)_{氧化}$$

式中，N 为炭粒数。

用分析法来描述炭烟形成至今还没有完全成功。因为一些过程虽已基本上弄清楚，但另一些过程还只是现象上理解。其主要的难点是大量的化学反应以及高压、高温、流场、混合场的相互关系。炭烟形成时

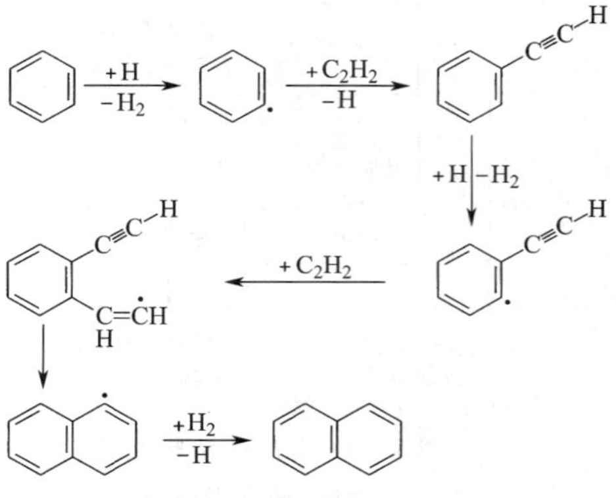

图 5.76　反应机理

间在表5.6中列出。在柴油机工作循环时没有形成较大微粒的足够时间。较大的微粒还是在离开燃烧室时形成的。

表5.6 典型的炭烟形成时间

● 柴 油 燃 烧			● 湍流持续时间：	1	ms
成核	0.001	ms	● 层状火焰		
凝结	0.05	ms	预混合	成核	2~3	ms
形成链	一些	ms		总的形成过程	10~30	ms
凝聚	一些	ms	扩散	形成<10ms<氧化		
氧化	4	ms				

如前所述，炭烟形成是燃烧时的分子（约10nm）结合，这些炭烟结合成初次微粒（10~50nm），如图5.77所示。

在排放立法范围内的柴油微粒是废气的组成部分。它收集在微粒过滤器中。在炭烟核上吸附有机的、可溶性未燃烧的碳氢化合物、硫酸盐、金属氧化物和其他残余物。炭烟核连同沉积物一起称为微粒。柴油机燃烧过程出现的微粒只是整个微粒中的一部分（图5.78）。在德国所有道路交通约产生了20%的细尘埃排放（UBA/TU维也纳）。通过下面措施可减少柴油机微粒排放：

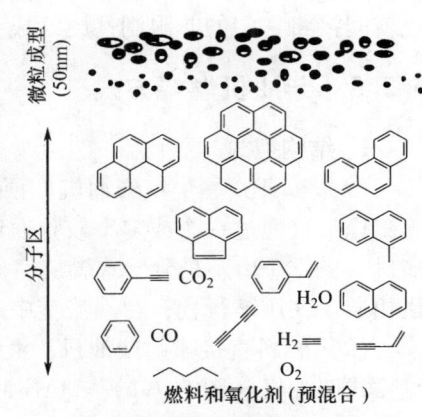

图5.77 炭烟形成反应图

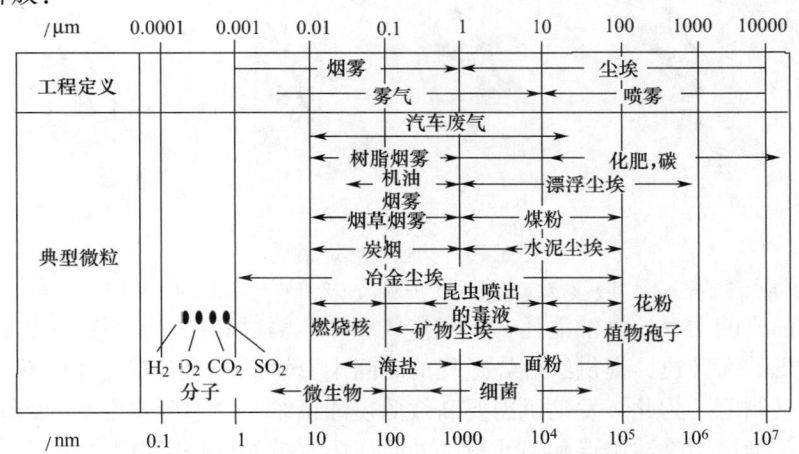

图5.78 在大气中的微粒来源和大小数量级[82]，细尘埃为微粒<10μm

1）改善柴油机燃烧过程。
2）改善柴油品质。
3）排气后处理（如微粒过滤器）。
4）没有限制的排放。

法规要求限制HC、CO、NO_x和微粒。但除CO外，其他的都是总值检测（见2.2节）。

美国第一次考虑对 1994 年车型的乘用车碳氢化合物中的非甲烷碳氢化合物（NMHC）做出限制。因为碳氢化合物中的甲烷地位特殊，它的空气化学反应弱，且无毒。除了检测非甲烷碳氢化合物外，对清洁燃料车辆还实施甲醛的限值。

加利福尼亚对乘用车的立法，特别是针对减少引起臭氧层空洞的物质的立法，是对限制排放的进一步要求和 NMHC 总量对产生臭氧层空洞的评估。把不同的碳氢化合物对臭氧层的最大破坏潜能作为评估标准。为认证，将评估的总的 NMHC 值作为非甲烷有机气体（NMOG，non-methane orgainc gas）的排放。

对出现在内燃机废气中的其他物质，与前述一样，既不是确定具体的排放限值，也不是为检测排放数据确定所用的方法。对这些废气的组成部分可以用一般的概念"非限制性的废气成分"表述。在这个表述下，属于非限制性废气成分的还有被法规规定的燃料成分，也就间接将它们的非限制性废气成分限制在排放限值内。

5.2.5 柴油机燃烧方式

1. 结构型式

（1）分开式燃烧室柴油机　预燃室柴油机（图 5.79a）是燃料直接喷入预燃室。预燃室与工作气缸通过一个或多个较狭通道相通。在预燃室中不需要有组织的空气运动。涡流室柴油机（图 5.79b）是分开式燃烧室。燃料喷入涡流室。涡流室与工作气缸通过一个较宽的通道相通。在压缩行程，在涡流室中产生有组织的空气运动。

（2）燃料直接喷射柴油机　液体燃料直接喷入主燃烧室（没有预燃室）的柴油机称为直喷式柴油机（图 5.79c）。MAN-M 燃烧系统是燃烧系统的特殊形式（图 5.79d）。喷射在球形燃烧室（M）中的燃料约只有 5% 雾化，其余 95% 作为喷束落在燃烧室壁上。

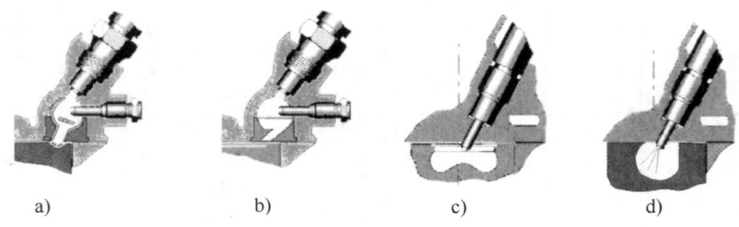

图 5.79　柴油机燃烧系统
a）预燃室系统　b）涡流室系统　c）直喷式（分开式）系统　d）MAN-M 系统

对现代柴油机的功率、燃油消耗、废气排放和噪声辐射等要求变得越来越高。在乘用车上，由于发动机的高转速，提供给燃烧过程的时间十分短促。为实现上述要求，其前提是要有良好的混合气制配。为此，发动机需要高效的喷油系统，以达到非常细的燃油雾化所需的高喷射压力、精确控制喷油始点和喷油量，同时还要有效的燃烧室造型的配合。虽然使用的是经典的按间接（图 5.79a、b）和直接（图 5.79c、d）喷油原理的柴油机燃烧过程，但乘用车柴油机有它特有的特征。

2. 预燃烧室燃烧过程

将空气吹入燃油的间接方法帮助柴油机在它的发展初期获得不断的普及，同时也出现了这种麻烦的、不经济的燃烧过程的缺点也越来越被重视。尝试以另一种方式替代吹入空气混合燃油，使燃烧空气产生旋转运动，以形成具有着火能力的混合气。

在预燃室燃烧过程中（图 5.79a），采用斜面的轴针式喷嘴将燃油在低压下喷入与气缸轴线同心布置的、旋转对称的预燃室中。预燃室体积约占整个压缩容积的 40%。通过预燃，预燃室中的工质压力急剧升高，只是部分已燃烧的充量（气体）高速通过喉口通道流入主燃烧室。

在预燃室中心安装的撞击块（球头销）将通过该处的火焰喷束分开，并与空气剧烈混合。撞击块还起着使在压缩行程中从气缸进入预燃室的空气产生适度旋流。

由于预燃室较柔和的压力升高，这种燃烧过程在原则上吸引乘用车发动机使用。

3. 涡流室燃烧过程

像预燃室燃烧过程一样，涡流室燃烧过程（图 5.79b）是分隔燃烧室的柴油机燃烧过程。在几年前，涡流室燃烧过程还常用在乘用车柴油机上。它的优点是：可在高达 5000r/min 下工作；排放较低；低的燃气压力升高率使噪声辐射小。

采用节流式轴针喷嘴在较低压力下将燃油喷入球状的涡流室。喷嘴的位置选择要使燃油喷束垂直于在压缩行程时形成的空气涡流轴线并进入空气涡流，并在涡流室热壁面区对面。为在柴油机整个转速和负荷范围完全制备涡流室中的混合气，必须仔细地相互协调涡流室的造型和布置、喷嘴和加热塞位置。按当前的知识和经验水平，最佳的涡流室体积约占整个压缩容积的 50%。涡流室容积的改变对 NO_x 排放、噪声以及 HC、CO 和微粒排放产生反效果。

布置在活塞上的主燃烧室是扁平或眼镜状。在活塞顶部形成窄的、有限的燃烧气体导致活塞的高热负荷。

涡流室燃烧过程可达到有效热效率 36%。实际的乘用车行驶工况经常是在柴油机的部分负荷工作范围，它决定了柴油机的燃油消耗。而涡流室柴油机在大负荷范围内燃油的消耗是很低的。

4. 燃油直接喷射燃烧过程

燃油直接喷射燃烧过程（图 5.79c）原来用在固定式和商用车柴油机上。1988 年以来也进入乘用车柴油机（表 5.3）。当前，燃油直接喷射柴油机已替代分隔式燃烧室柴油机。

直喷柴油机考虑了乘用车低燃油消耗的要求。由于低的热损失，它是一种经济的柴油机，并超过任一种内燃机。为保证最佳的热效率，它的燃烧过程对燃油和空气的供给提出了高要求。要实现这些要求就必须在短促的时间内顺序、及时地完成各个过程，如燃油雾化、加热、蒸发和与空气的混合。为保证完成这些任务，需要：

1）远大于 2000bar 的燃油喷射压力，以实现短的喷油持续时间。
2）小于 0.12mm 的喷孔直径，达到高的燃油雾化品质，并改善与空气的混合。
3）多孔喷嘴，以将燃油均匀地、空间分配地分布到燃烧室空气中。
4）有目的地在进气、压缩行程产生空气运动（旋转），以辅助混合气制备。
5）在燃烧室顶部有较深的凹坑作为燃烧室。
6）伸入燃烧室内的加热塞作为起动辅助加热装置。

目前的直喷燃烧过程柴油机的标定转速达 5500r/min。在最佳点的平均热效率达 43%。它还带有：

1）配备高压燃油系统。

2) 经过冷却的、可控的废气再循环。
3) 氧化催化转化器。
4) NO_x 和微粒的废气后处理。

目标是将废气排放和燃烧噪声降到低的水平。有关改进柴油机的进一步潜力还远没有穷尽，如每缸采用 4 气门技术。

在 4 气门技术中（图 5.80），大多设计成两个不同的进气道。一个进气道是螺旋状，在部分负荷产生大的进气涡流；另一个进气道可产生很强的切向气流。这样就可以根据发动机工况，关闭一个进气道，以得到较高的空气流动，并借此降低烟度值。

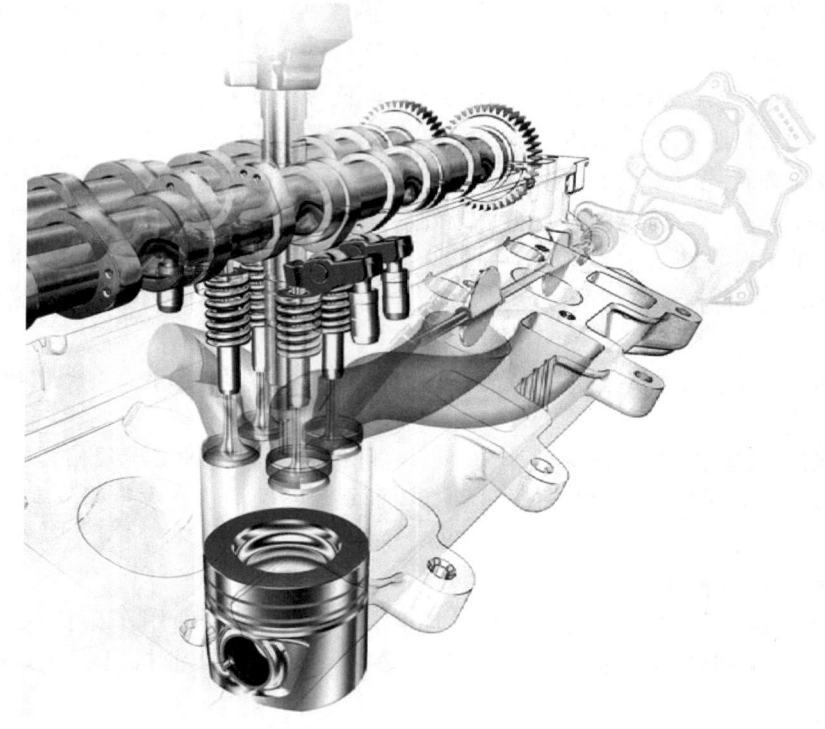

图 5.80 4 气门技术：带有气道的燃烧室与喷油器中央布置（DCOM611）

由于粗暴的燃烧过程明显感觉到的燃烧噪声，可通过燃油主喷射前在燃烧室中预先储存的一小部分雾化好的燃油与空气混合气的着火而大为减轻。

柴油机改进的另一潜力是进气道的造型，以产生气流旋转。因为所需的新鲜充量的旋转强度随发动机转速的变化是不同的，所以进气道应是可变的，使气流的旋转强度也改变。

在由德国奥格斯堡（Augsburg）的 MAN 公司研发的 M 燃烧过程（图 5.79d）是完全按另一原理工作的。它只喷入燃烧室空间很少的燃油，以自行着火。大部分燃油（95%）则喷在燃烧室壁上。

依靠分配到空气中的燃油自行着火并开始燃烧。利用热的、在燃烧室中旋转的空气将燃油以层的形式从燃烧室壁上剥离下来，再与空气混合、燃烧，所以从某种意义上可以说是外部点火。

轻声的、延迟时间较长的燃烧使微粒排放和噪声辐射很小。M 燃烧过程可使用自行着火性能差的轻沸点燃油，所以也称多燃料燃烧过程或多燃料发动机。

与其他燃油直接喷射燃烧过程相比，M 燃烧过程中燃烧室的强涡流引起较大的气体流动损失，使燃油消耗增加，活塞热负荷高。

M 燃烧过程没有在乘用车柴油机上应用。

5. 定性评价车用柴油机各种燃烧过程

由于燃烧室形状、燃油喷射、混合气形成以及负荷匹配的不同出现各种燃烧过程（表 5.7）。

表 5.7 定性评价车用发动机各种燃烧过程实例

性能			燃烧过程类型			点燃式发动机（均质混合气）
			柴油机			
			预燃室	涡流室	直喷燃烧室	
比转矩				-	++	0
燃烧消耗率				-	+++	- -
有害物质	原始排放	一氧化碳（CO）	基准值	0	-	+
		碳氢化合物（NC）		0	-	+
		氮氧化物（NO_x）		0	- -	++
		微粒		+	-	+++
燃烧噪声				-	-	++
废气臭味				-	0	++

注：0 大致相同；+ 稍好；++ 较好；+++ 明显较好；- 稍差；- - 较差；- - - 明显较差。

在比较直接喷射与间接喷射柴油机时，直喷柴油机可节省高达 15% 的燃油消耗。这是从等容、等压组合加热（燃烧）工作循环中等容加热工作循环占较大的份额、小的热损失和没有辅助燃烧室（预燃室或涡流室）和主燃烧室之间的流动损失得到的。

辅助燃烧室有另外的一些优点：较短的着火延迟和分段燃烧降低燃烧噪声；有限的有害物排放和少的难闻的气味。

与点燃式发动机相比，柴油机燃油消耗，特别是在部分负荷燃油消耗率、CO 和 HC 原始排放以及在使用 AGR 时的 NO_x 排放都明显更低。柴油机压缩比高，大部分使用在部分负荷时的空气过量系数大和没有进气节流，所以热效率要比点燃式发动机高。较少的柴油机有害物质原始排放源于大的过量空气系数（CO、NO_x）；由此引起的低的燃烧峰值温度（NO_x）；进气时没有燃油冷凝；没有像点燃式发动机那样的点火中断（着火）和燃烧过程的剧烈波动；以及在燃烧室窄缝处的火焰熄灭效应。

点燃式发动机在比功率、燃烧噪声、微粒排放以及废气后处理方面要优于柴油机。在点燃式发动机上采用直喷技术使柴油机优势进一步减小。

总体评价是：柴油机由于其他内燃机无法比拟的较低的燃油消耗，为保护石油资源、减少温室效应做出贡献。在废气排放、噪声辐射和内部混合气形成方面存在着热效率的目标冲突。仅靠机内净化措施的所有努力而没有废气后处理似乎无法解决排放问题。

6. 柴油机燃烧过程仿真

柴油机不稳定扩散受控燃烧过程的最简单计算模型是零维单区模型，用理想混合热力学模型描述燃烧空间。该模型不存在压力、温度和工质组分在燃烧空间的差异。有害物质的形成证明这种模型不符合实际。

在多区模型中单独计算每个区的零维模型参数，这样可确定每个区的工质温度和组分的瞬态变化。

利用试验得到的代用燃烧过程，而不预先给出像在零维模型中的放热规律。这样，通过模型化的燃油喷束传播、蒸发、混合气形成（图 5.81）、着火和燃烧成为准维多区模型或现象（唯象）学多区模型，从而可以喷射过程预先算出燃烧过程。

用三维模型计算柴油机内燃烧过程的原理是动量、质量、物质、湍流能量的焓和损耗的守恒方程组。燃油喷束模型在喷射过程中始于喷孔。因为在喷嘴处的穴蚀对喷束的收缩和与此相关的喷束出口速度

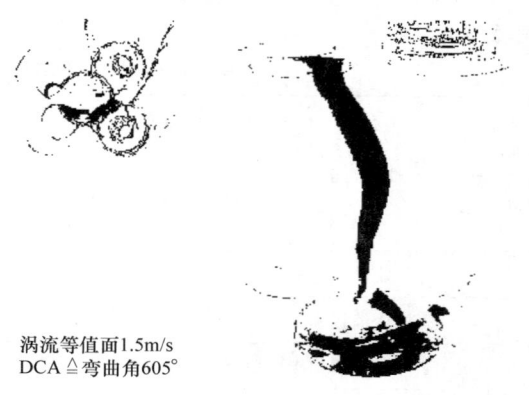

涡流等值面1.5m/s
DCA △ 弯曲角605°

图 5.81　进气流动仿真：表示旋转轴

有重大影响。为仿真燃油喷束建立了"离散油滴"模型。用统计的一束（一团）油滴近似喷束。这束油滴表示热力学性能和状态相同的一组油滴。通过这样的简化可以掌握喷射过程。这一束油滴完成所有的物理过程，包括在燃烧室中。

雾化模型描述了从喷孔喷出喷束后，剪断视觉上严密的液体喷束核的一次油滴过程。"剪断（Break-up）"模型将一次油滴剪开成更小的二次油滴。其他的模型提供有关油滴—油滴、油滴—气相界、油滴—燃烧室壁间的相互作用。只要燃油蒸发，气态的燃油与氧化剂混合，自行着火过程开始。利用简化的化学动力学计算当地（在每个网格单元）的着火，而与氧化剂、燃油、原子团的原始浓度和当地的气体温度有关的化学动力学决定着火反应的进程。只要着火就可用简单的燃烧模型仿真。

在燃烧过程时，NO 形成有 3 个路线：热反应形成 NO；在某处温度达 2800K 的火焰前峰形成"瞬间 NO"；含在燃油中的 N_2 氧化成 NO。在柴油机中通过"热反应形成 NO"约 90%~95%，"瞬间形成 NO"为 5%~10%，"燃油形成 NO"小于 1%。在温度超过 2000K 时热反应形成 NO 的模型可用 Zeldovich 机理描述：

$$N_2 + O \Longleftrightarrow NO + N_2$$
$$O_2 + N \Longleftrightarrow NO + O_2$$
$$OH + N \Longleftrightarrow NO + H$$

主要影响参量为：当地工质温度场、混合场和流动场（在所观察体积微元体）中所观察的质量微元体停留时间。

微粒形成的详细机理还没有完全清楚，所以采用半经验模型仿真微粒形成。该模型与蒸发的燃油、氧化剂、压力场、温度场有关。目前的模型化水平还不能令人满意。

柴油机混合气形成、燃烧和排放生成的足够精确的模型目前还不可能。因为一些重要的子过程没有详细明白，确切地说还不能建模，所以唯象学模型还有一定的意义。从长远看，

计算反应流体动力学编码（CRFD-Codes，computation reactive fluid dynamics-Codes）有较大的潜力。

5.2.6 柴油机的结构和功能特征

1. 气缸盖和气缸体

曲柄连杆机构（图 5.82）将燃烧释放的力转换为有用的转矩。它的主要部件是活塞、连杆和曲轴。与转速可达 7000r/min 或更高的点燃式发动机相比，柴油机曲轴驱动机构转速最高是 5000r/min。但工质燃烧压力和温度则显著升高。参与传递力的主要部件（活塞销、连杆、曲轴轴颈和轴承）要设计得粗壮，并且有高的散热能力。

图 5.82 大众 1.6L 柴油机缸盖和缸体

活塞（图 5.83）承受高温、高压。燃烧室和曲轴机体间的密封对活塞环提出高要求。此外，油环必须控制机油消耗。火力岸、活塞顶和第一活塞环之间的中间体需要仔细设计。这样可防止活塞环槽结胶。润滑油结胶使活塞环粘接。为阻止出现这种情况，活塞环还有一个任务，就是尽可能快地将热量传给气缸，并进而传给冷却液。

与点燃式发动机不同，柴油机行程较大。活塞上面的压缩容积更小（约为点燃式发动机压缩容积的 1/3），所以曲柄连杆机构各部件的尺寸波动较大，即它对压缩比的影响较大。这需要严格控制柴油机的制造公差。

小缸径、长行程柴油机可使燃烧室表面更小，从而减少热损失和接近最佳的压缩比。长行程柴油机比短行程柴油机在较低压缩比时无疑可保证冷起动和怠速运转。为此目的要提高短行程柴油机的压缩比。

柴油机气缸盖与点燃式发动机气缸盖的差别是多方面的。在预燃室和涡流室柴油机上，

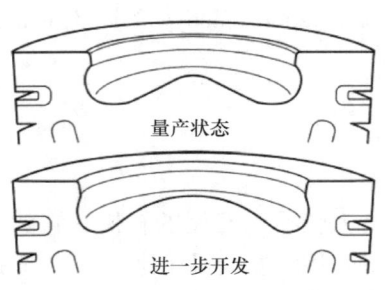

图 5.83　大众 1.6L 4 缸共轨喷射柴油机活塞的进一步开发：与更高的喷射压力相适应

燃烧室在气缸盖中，从而形成特别高的热负荷（温度高达 900℃）。这对气缸盖（图 5.84）的设计提出特别高的要求。由于在气缸盖中要安置燃烧室会产生不均匀的热膨胀，其后果是气缸盖变形。此外，将冷却液引向燃烧室在结构上要求十分苛刻。

在气缸盖上还要提供喷油器和冷起动加热塞的安装空间。

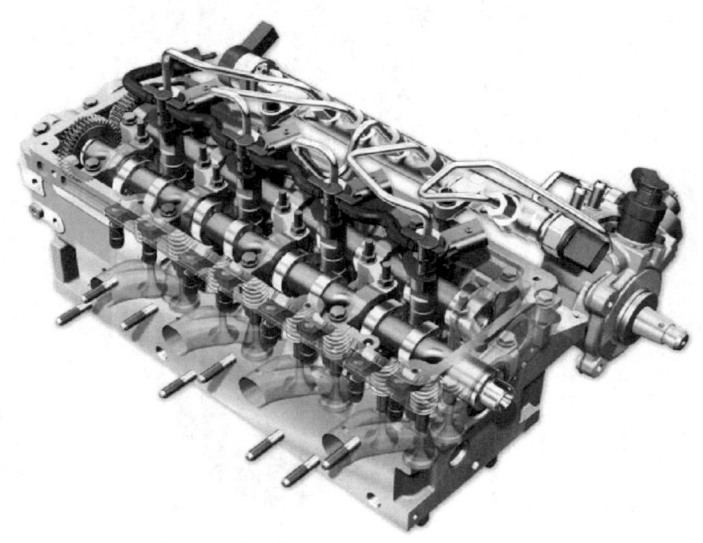

图 5.84　大众 1.6L 4 缸共轨喷射柴油机的缸盖

2. 喷射系统

（1）技术要求和原理　高效燃烧的前提是良好的混合气形成。而喷油系统在混合气形成中起着关键作用。燃油必须按正确的量、正确的正时和高压下喷射。稍有偏差会引起有害物质排放增加、燃烧噪声增大和燃油消耗增多。少许的着火延迟对柴油机燃烧过程有很大影响。着火延迟是燃油喷射开始与燃烧室内工质压力开始升高之间的时间。在这段时间内如果喷入气缸的燃油量多，则燃烧室内工质压力突然升高并产生很大的燃烧噪声。为达到尽可能柔和燃烧，在主喷射开始前喷入少量的、压力较低的燃油（图 5.85），这称为燃油预喷射。燃烧这少量的燃量，可以使燃烧室内的工质压力和温度适度增长。

这种喷油过程创造了主喷射快速着火和减小主喷射量延迟着火的条件。预喷射与主喷射间的短暂喷射停顿不但使燃烧室内工质压力不会突然升高，而且压力可以温和增长。其结果是燃烧噪声低、NO_x 排放少。

只要在主喷射时能达到良好的混合气形成，就能保证燃油尽可能完全燃烧。高的喷射压力可以将燃油雾化得很细，使燃油与空气相互很好混合。完全燃烧可降低有害物排放和较高的功率输出。

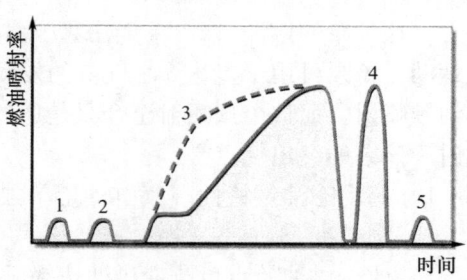

图 5.85 优化高压喷射系统的喷射过程形状
1、2—预喷射 3—主喷射 4、5—后喷射

在喷射结束，喷射压力要快速下降，喷油器针阀快速关闭。这样可阻止有很低喷射压力的燃油和较大直径的油滴进入燃烧室。因为这部分燃油在燃烧室中不完全燃烧，使有害物质排放增加。

当前的喷油系统由于废气后处理（如微粒过滤器主动再生），还可实现燃油后喷射[78]。

喷油系统的任务是从燃油箱向发动机输送燃油和在高压下按时喷入燃烧室。喷油系统主要由带燃油滤清器的输油泵、产生高压的喷油泵、喷油器（或喷油阀）和连接喷油泵与喷油器的高压油管（图 5.86）。

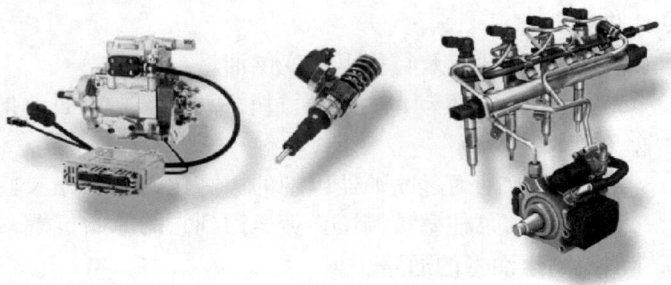

图 5.86 喷射系统结构型式：分配泵、泵喷嘴和共轨系统

（2）分配式喷油泵 为小型高速柴油机开发了分配式喷油泵（VE 分配泵）[79]。它提供了重量轻、安装尺寸小、匹配能力强、功率高的喷油系统。通常限于 6 缸发动机上使用。VE 分配泵由下列部件组成：

1）带分配柱塞的高压泵。
2）转速/油量控制器。
3）供油提前器。
4）低压输油泵。
5）电子断油装置。
6）各种功能的连接件。

VE 分配式喷油泵有两种：轴向柱塞式分配泵和径向柱塞式分配泵。轴向柱塞式分配泵将驱动轴的转动变为分配柱塞的旋转运动和往复运动。柱塞往复运动产生燃油压力和输送油量。旋转运动将燃油分配到各个气缸。这样，与径向柱塞式分配泵不同，只需要一个柱塞将燃油分配到发动机的每个气缸或发动机的几个气缸。径向柱塞式分配泵的特征是通过径向柱塞将产生高压的燃油功能分开，并通过轴向布置的分配轴分配高压燃油。VE 分配式喷油泵靠自身的燃油润滑。

新一代的 VE 分配式喷油泵采用电控，从而可取消各种特有的连接件。利用传感器和存储在电控单元的信息与特征场调节喷油量和喷油始点。新一代分配式喷油泵采用电子控制油量和喷油始点。轴向柱塞式分配泵的喷油压力达 1400bar。

新的电磁阀控制的径向柱塞式分配泵的喷油压力约可达 1600bar，且有超过 1800bar 的潜力。这种泵的燃油由 2~4 个柱塞压缩。柱塞在一个刚性很大的环形内凸轮上边旋转边往复运动。该泵可用于多达 6 个气缸的发动机上。在发动机低转速范围,通过电磁阀可以中断燃油预喷射。而这个预喷射至今只是通过一个双弹簧喷油器实现的。但这个系统没有燃油后喷射。该泵的突出优点是:

1)高动态油量特性(气缸油量单独计量)。
2)高精度。
3)改变供油始点可改变供油速率。
4)燃油预喷射(只在低转速范围才中止)。

(3)直列喷油泵 与直列发动机类似,在整个的泵体中发动机的每个气缸有一个串联排列的、属于自己的泵偶件。直列喷油泵的工作原理是:

1)由专门的输油泵从燃油箱中吸出燃油,通过泵偶件的柱塞套筒侧孔到达泵柱塞下止点,并被压缩。
2)调节柱塞有效行程可改变供油量。
3)由凸轮轮驱动的柱塞通过柱塞套筒上端面上的压力阀输出燃油至发动机的高压油管。
4)接着燃油通过喷油器以细的、雾化的喷束进入燃烧室。
5)此后,泵柱塞被调压弹簧压回到它的原始位置。同样,在弹簧载荷作用下压力阀切断燃油与高压油管的通路。

调节燃油的调速器、预先输供燃油的输油泵和随转速调整供油始点的供油自动提前器都属于直列喷油泵范围[80]。

喷油泵和调速器的润滑来自发动机润滑系。

(4)喷嘴和喷油器体 在柴油机中喷嘴无疑是关键部件。在柴油机燃烧室中喷嘴雾化燃油和分配燃油,参与决定喷油过程的喷束形状,参与决定如何燃烧由喷油泵准备好的燃油和如何有效利用燃油中的能量。这些任务并不那样简单,首先可以想象到是喷嘴每 1min 开启高达 2500 次,在燃油直接喷射时以高达 2500bar 的压力将燃油喷入燃烧室。

当前柴油机常用的喷嘴基本上是液压控制的针阀。它由喷油器体和喷嘴体组成。在喷嘴体中有一个在弹簧载荷作用下的喷嘴针阀,它与针阀体的配合间隙小于 1/1000mm。在针阀中部有一个压力凸肩。通过喷嘴体流入的燃油压力作用在这个压力凸肩上。当燃油压力超过调压弹簧的预压力,针阀升起,针阀下部与燃烧室相通的喷口打开。流过针阀向上离开的燃油孔喷油器体上的回油接头和单独的油管返回燃油箱。针阀的开度对喷嘴的品质至关重要。

喷嘴有两种型式:轴针式喷嘴(图 5.87a)和孔式喷嘴(图 5.87b)。轴针式喷嘴首先用在乘用车预燃室和涡流室柴油机上。轴针式喷嘴端部有一个轴针,它缩在喷孔内。这种喷嘴可以实现紧密的喷束。节流式轴针喷嘴是一个特殊轴针,通过轴针形状改变燃油喷束,使它与柴油机的要求匹配。在小的轴针升程时(喷油开始也是这种情况),喷油断面变小,这样的喷油过程(预喷射效应)可使燃烧压力缓慢上升并减小燃烧噪声。

孔式喷嘴主要用于直喷柴油机上。喷射的燃油喷束比轴针式喷嘴喷射的燃油喷束要宽且呈扇状分开,从而达到细的雾化和与燃烧空气的基本混合。它承担了预燃室和涡流室柴油机上空气强烈旋转运动的任务。孔式喷嘴的喷射开度是一个锥体,它位于喷嘴下端。孔式喷嘴有单喷孔和多喷孔。批量使用的多喷孔喷嘴大多为 5~8 个。由于生产方式的改进，未来的孔式喷嘴会有更多的喷孔。采用激光技术可以制成孔径小于 0.12mm 的喷孔。这一措施对减少 HC 排放非常重要。因为被燃油占据的针阀座倒角（棱边）和燃烧室侧喷嘴口之间的容积可保持尽可能小。为在喷嘴关闭时针阀能盖住喷孔，还使用座式喷嘴。

在优化喷嘴设计和喷孔排列时，利用三维流动仿真计算可以检验喷嘴的燃油流动状况和压力分布（图 5.88、图 5.89）（图 5.89 见书后彩插）。喷孔数、喷孔入口处形状（锐边或修圆）和喷孔直径与长度之比是喷嘴最重要的几何形状与尺寸。利用新的喷嘴加工方法（如液力腐蚀修圆）可提高通过喷孔的燃油流量、减小流量误差和事先去掉喷孔入口处的冲刷磨损。如果喷孔入口处修圆，就可提高燃油喷射能量，并提高燃油制备品质。

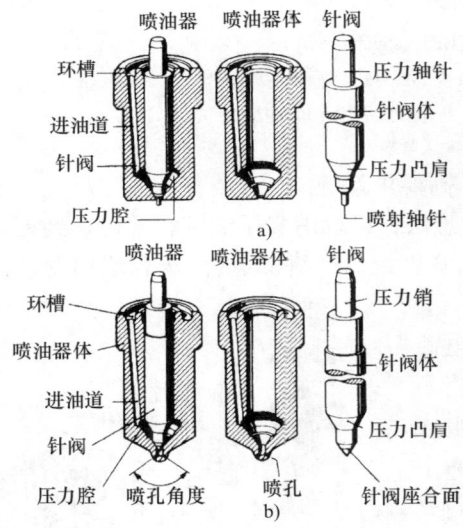

图 5.87 喷油器结构
a) 预燃室、涡流室柴油机用的轴针式喷嘴
b) 直喷式柴油机用的孔式喷嘴

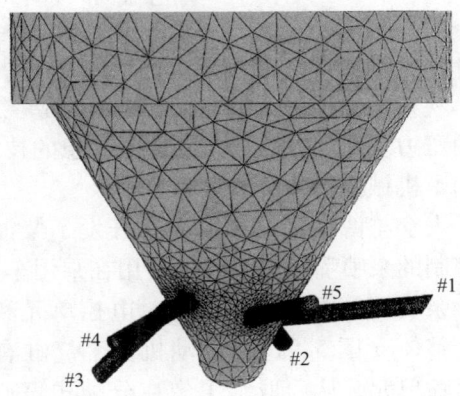

图 5.88 可检验流动状况的喷嘴头部的三维有限元模型

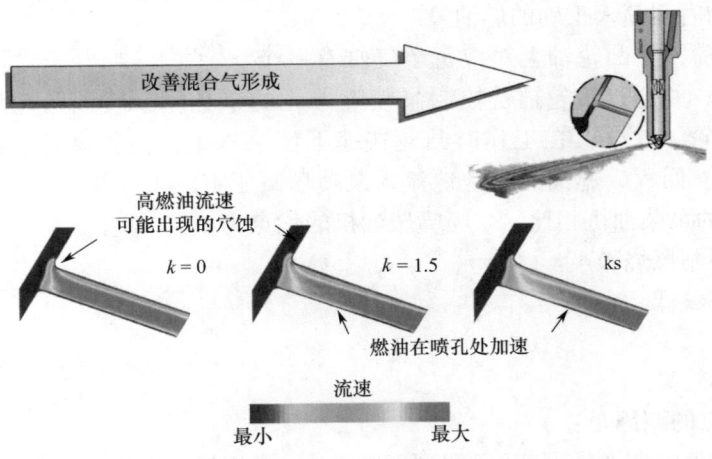

图 5.89 燃油在喷孔中的最佳流动状况

喷嘴位于喷油器体中。喷油器体将喷嘴安装在气缸盖上并与它一起组成喷油器。喷油器体一般包括喷嘴弹簧和升程限制器。在双弹簧喷油器体上使用两个调压弹簧（图 5.90）。第一个调压弹簧（3）首先将针阀升程限制在预升程 H_1（预喷射），在燃油压力超过调整好的第 2 个调压弹簧（6）的压力时喷针升起，达最大升程 H_2（主喷射）。用这样的双弹簧喷油器得到的喷射过程可减少燃烧噪声。

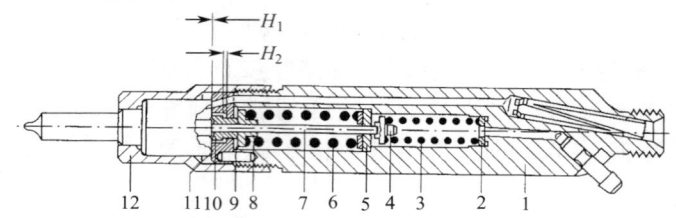

图 5.90　双弹簧喷油器体 KBEL（博世公司）
1—喷油器体　2—调整垫片　3—调压弹簧　4—压力销　5—导向片
6—调压弹簧　7—压杆　8—弹簧座　9—调整垫片　10—挡套
11—中间垫片　12—喷嘴压紧螺母

（5）泵喷嘴　泵喷嘴喷油系统是一个高性能、高要求系统。

狄塞尔曾提出将喷油泵、喷嘴组成一个单元的想法，以取消高压油管，并可达到更高的喷油压力。但那时缺乏实现这一理想的技术条件。20 世纪 50 年代载货汽车和船用发动机上采用了机械控制的泵喷嘴系统。

大众与博世公司合作成功开发了柴油机用的电磁阀控制的泵喷嘴喷油系统，并用在乘用车上。

泵喷嘴单元是将喷油泵、电控单元和喷油嘴组成一个整体（图 5.91）。发动机每个气缸有单独的一个泵喷嘴单元，从而取消了像在分配式喷油泵和直列式喷油泵上使用的高压油管，并使高压容积大为减小。

像带喷油器的分配式喷油泵和直列喷油泵一样，泵喷嘴喷油系统的任务为：

1）为燃油喷射建立高压。

2）在正确的时间喷入正确的燃油量。

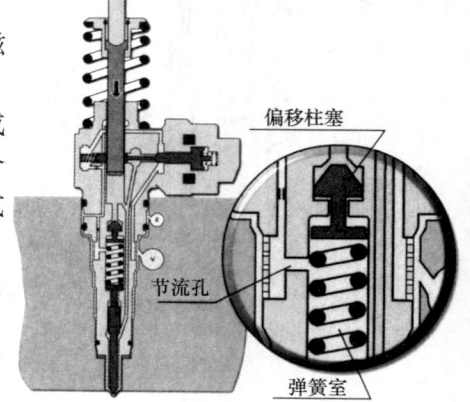

图 5.91　带偏移柱塞的泵喷嘴功能简图

为驱动泵喷嘴，在凸轮轴上对应每个气缸有一个附加的喷油凸轮，并通过滚轮摇臂控制泵喷嘴单元的泵柱塞。喷油凸轮型面为陡的前沿和平缓后沿的凸轮。这样，在工作时凸轮快速下压泵柱塞而达到高速、高压喷油，然后缓慢和均匀地向上回程，燃油无气泡地流入泵喷嘴高压室。

与分配式喷油泵柴油机相比，泵喷嘴柴油机的优点为：

1）预喷射限制燃烧噪声。

2）燃油消耗较低。

3）有害物排放少。

4）输出功率较高。

取得这些优点的原因是：

1）当前喷嘴处的燃油最大喷射压力为 2050bar，目标值超过 2500bar。

2) 精确控制喷油过程。

3) 预喷射。

柴油机比功率超过60kW/L。最新的泵喷嘴系统采用压电式控制,它比电磁阀控制的动态响应快,可在一个喷油循环实现高达5次的喷射。

(6) 蓄压式喷油系统　蓄压式或共轨喷油系统是目前最常用的高压喷油系统 (图5.92a)。燃油压力的产生和喷射是分开的。喷入各个气缸的燃油来自公用的、一直保持高压的蓄压器。蓄压器的燃油压力由高压径向柱塞泵产生,并可随发动机工况而变。

每个气缸盖上装有一个由电磁阀控制的喷油器。喷油量由喷油器出口断面、电磁阀开启持续时间和蓄压器中燃油压力确定。蓄压式喷油系统的压力可高达1800bar。未来系统的燃油压力目标会高于2500bar。喷油开始以及预喷射、后喷射则通过快速电磁阀[81]或可实现控制时间小于100μs的特别短的压电元件[82]控制。喷油量可小于1mL[83]。

柴油机用高压共轨喷油系统见图5.92b。

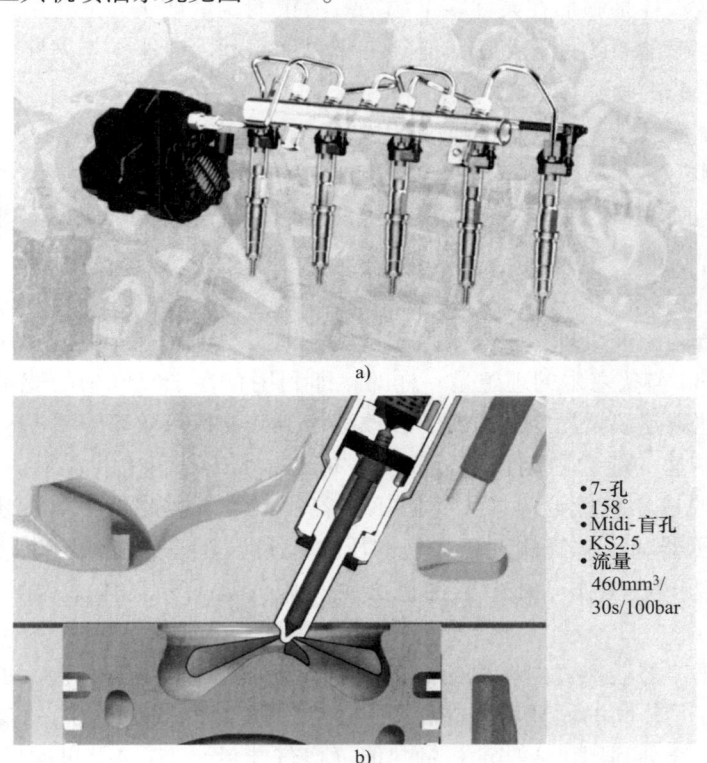

图5.92　5缸柴油机用的共轨喷油系统结构简图
a) 油轨　b) 柴油机用高压共轨喷油系统

将燃油压力的产生和喷射功能分开可以更好地组织喷油过程和燃烧过程。喷油压力可以在特性场中自由选择,可以预喷射。共轨喷油系统的优点是可以将该系统安装在现有的发动机上而不改变气缸盖。

图5.93是柴油高压直喷的各特性参数。

(7) 喷油系统仿真　掌握高载荷的喷油系统除了传统的喷射液压系统仿真外,主要要分析燃油性能和总的能量转换。喷油系统的循环过程是在高压回路中工作。

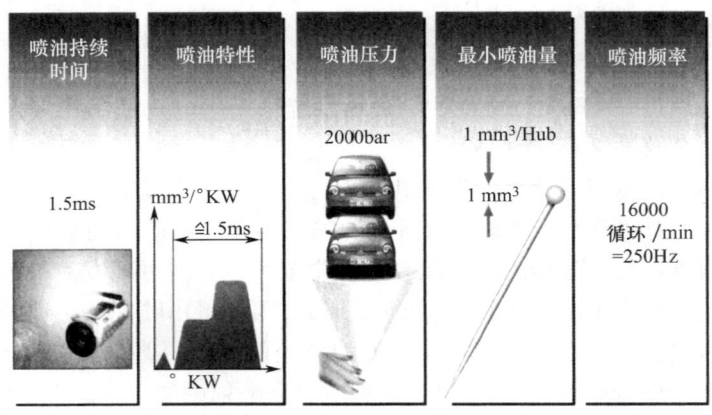

图 5.93 柴油高压直喷各特性参数

理论上的能量消耗是施加在泵柱塞上的功。喷束的能量被认为是有用功。主要损失发生在停止喷油时。在喷油系统处于高压时必须考虑燃油密度、声速、压缩性和黏度的变化。还要注意由于高温引起的喷油系统部件的不同膨胀[84]。

开发喷油系统的数学解决方法主要采用基于流场理论（11.3 节）的一维程序。同时，还用经验多项式和一些系数考虑三维效果，如在喷油管中的摩擦或在断面变化处的冲击损失。所以在整个的喷油系统中能有效地仿真燃油不稳定流动过程，使在探讨多种方案时能节省试验费用。

3. 增压

实现预先增压的柴油机理想早被狄塞尔试验性地实现，并首先由 A. Büchi(1905)取得增压的突破。A. Büchi 与狄塞尔的理想是一样的，即利用存在于废气中的能量。在 Büchi 的增压工作开始时，他就建议增压空气冷却，以改善增压柴油机热效率。

现代柴油机转速的能力限制在接近 5500r/min。增加功率（供入柴油机较多的空气允许喷射更多的燃油量）只能通过增大气缸工作容积或增压。此外，增压还可提高经济性，因为废气涡轮增压器利用排气侧高于大气的压力差和温度差的能量对燃烧空气预先增压。省去了充量更换功（在工作循环中柴油机必须克服气缸前的气体流动阻力，吸入燃烧空气）。

废气涡轮增压器与活塞式内燃机组成的复合原动机（增压柴油机）的效率由于多方面原因要更高。其一是较高的循环压力提高了热效率；取消了充量更换时的泵气损失功提高了工作循环内效率；充分利用供入柴油机的热能（废气能量）。其二是机械损失功（主要是摩擦损失）与总功率之比较小，因而提高了机械效率。

像所有的流动机械一样，废气涡轮增压器的最佳设计点是在柴油机的某一工况。由于乘用车柴油机工作转速跨度大，在全负荷的增压压力很高，使曲柄连杆机构承受过大的载荷。为此，必须限制增压压力。采用废气门（旁通阀）可达到这一目的。采用可变几何截面（VTG）可以使涡轮增压器提供的空气与工况有关的需要的空气接近（图 5.94）。为了在全特性场范围实现性能要求（低转速下有高的驱动转矩，高转速下有高的输出功率），需要两级增压，由此产生了两个顺序增压器。其他的技术方案是顺序增压（多台废气涡轮增压器并联，按需要顺序投入工作）、压力波增压（COM-PREX）和机械增压（见 5.3 节）。

第 5 章 动力装置

4. 废气再循环

废气再循环（AGR）对 NO_x 生成反应有最大的影响。图 5.95 所示为一个 AGR 的示意图。图 5.96 为一种结构形式。根据柴油机特性场和温度，排气中的一部分废气流与吸入的新鲜空气混合并进入气缸，这样可降低柴油机燃烧时的氧气份额，从而降低燃烧温度。其效果是降低 NO_x 排放。

最初仅使用开/关阀来控制废气量，现在无一例外地使用气动或电动控制系统。为了优化效率，安装了冷却能力越来越高的附加冷却器，通过专门开发的低温冷却回路，可以进一步提高 AGR 的效率。

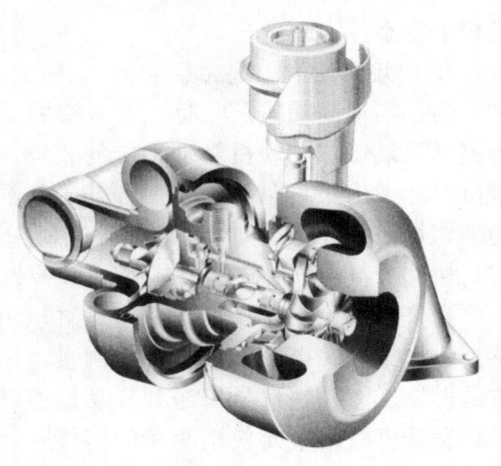

图 5.94　VTG 增压器

当今使用的高压 AGR 系统（在涡轮增压器上游提取废气）在再循环量和所需冷却能力方面越来越接近技术极限。

一个合理的技术解决方案是下面描述的低压废气再循环系统（LP-AGR 系统），整个 AGR 系统的布置如图 5.95 所示。

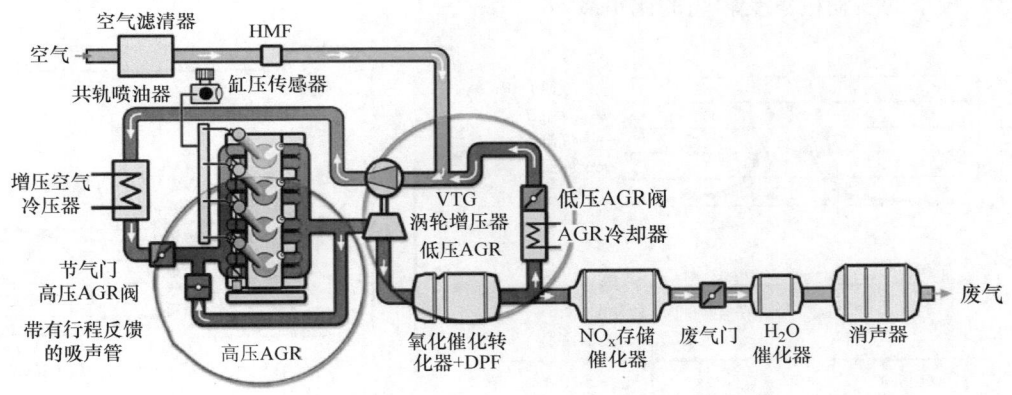

图 5.95　带有高压和低压转换的废气再循环示意图

在 LP-AGR 系统中，废气中的颗粒物在柴油机颗粒过滤器（DPF）后被去除。已被催化净化并不含烟尘颗粒的废气首先被送入 AGR 冷却器。当电控 AGR 阀启动时，废气通过位于废气涡轮增压器压气机正前方的短连接管进入，经过压缩后，调节后的废气和空气流在中间冷却器中被冷却后送入发动机的进气道。

使用由高压和低压 AGR 组成的两回路 AGR 系统，几乎可以在任何发动机运行状态下使用任何废气再循环率，并且如果可能的话，可以选择设置高压和低压 AGR 的比例。

5. 进气管理

柴油发动机的进气系统由涡轮增压器、AGR 系统、增压空气冷却器和增压空气管组成，需要复杂的进气管理。用于快速调整燃油-空气混合物的数据是根据来自压力和温度传感器的信号并使用基于模型的信息生成的。除了优化组件外，还需要精确控制，尤其是在现代发动机的瞬态行为中。

6. 燃烧方法

为了实现高的排放目标,有必要将系统容差降至最低。发动机管理系统的燃烧压力控制对此做出了贡献。这是一种基于气缸压力的燃烧控制,可以对指示转矩和燃烧中心进行快速、特定于气缸的控制(图5.97)。

燃烧控制的一个重要部分是气缸压力传感器,它集成在电热塞中,可以测量每个气缸的燃烧压力并将信号传送到发动机控制单元,发动机控制单元使用测量的信号来计算所需的气缸压力特性。

7. 小型化和低速化

对降低二氧化碳排放的要求越来越高,除其他措施外,还需要实现车辆的轻量化。这要求有更轻的发动机和发动机的小型化。小型化的优势(图5.98)主要来自负荷点的偏移。由于较小的工作容积(较高的平均有效压力),较小的发动机承受较高的比负载。

图5.96 高压废气再循环系统

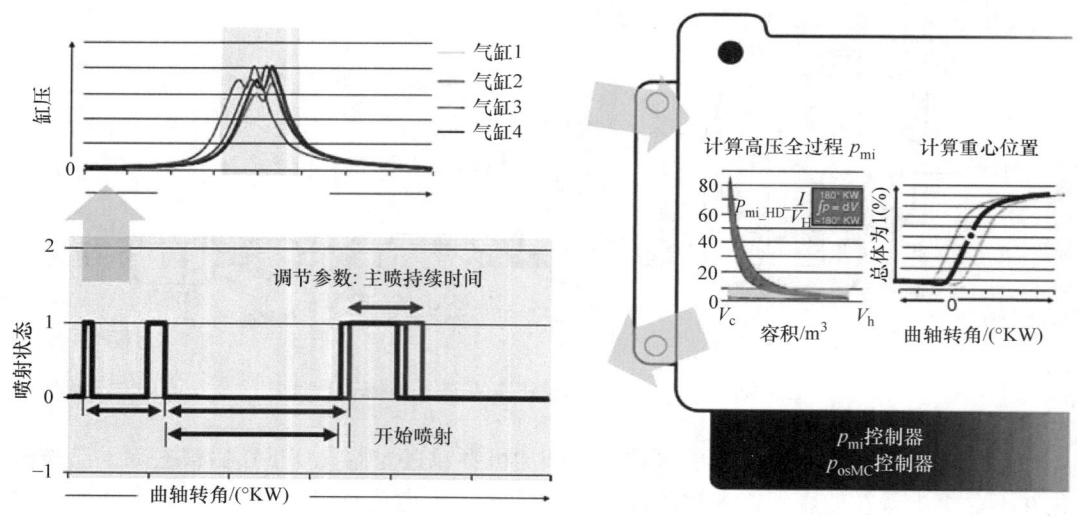

图5.97 缸压调节工作原理

通过更长的气缸行程(即降低速度)可以进一步减少二氧化碳排放。

这两种措施一方面导致二氧化碳排放减少,但另一方面导致氮氧化物排放增加。因此,有必要考虑在氮氧化物-二氧化碳权衡中小型化或低速化的意义所在。

5.2.7 废气后处理

日益严格的排放限值和对低排放汽车的要求,已经和正在开发串接在发动机后面的废气

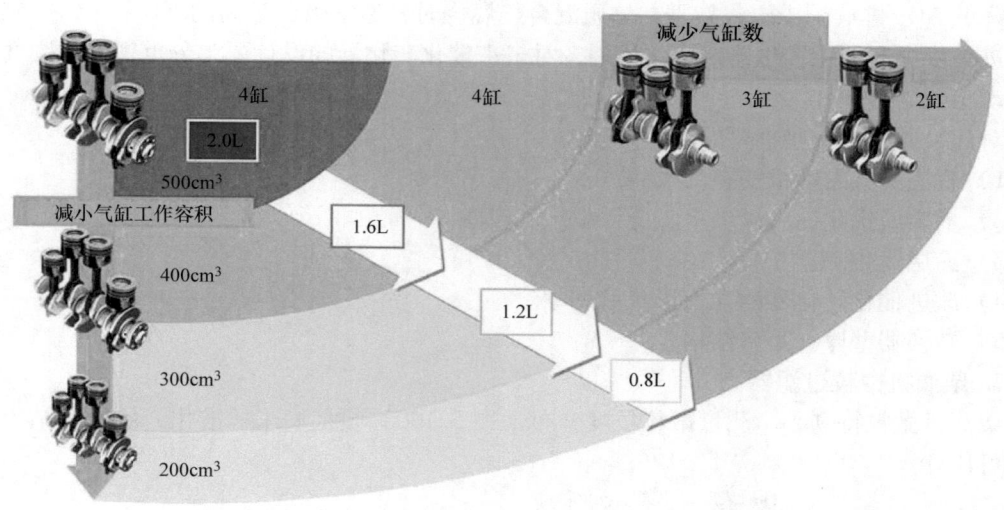

图 5.98 小型化（减少气缸数，减小气缸工作容积）

净化装置。

1. 氧化催化转化器

利用氧化催化转化器（图 5.99）可以减少 CO、HC 和 PM（微粒）排放的废气净化装置，1990 年首次用在乘用车柴油机上（表 5.3）。只要达到催化转化器的着火温度，转换率可超过 80%。除减少气态的 CO、HC 排放外，HC 也可吸附在 PM 上。当然，在高温时存在由燃烧生成物 SO_2 生成硫酸盐的危险。硫酸盐在微粒检测时（52℃时的规范）形成酸的冷凝液，它用于评定微粒质量。

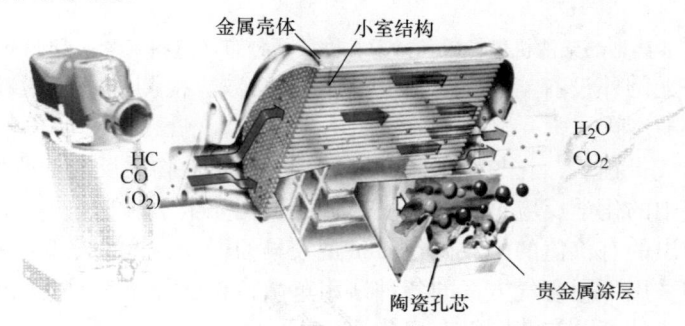

图 5.99 氧化催化转化器结构和功能

根据涂层、催化转化器位置和相应的催化转化器温度水平，催化转化器可减少有害物的排放量为：

1) HC 达 85%。
2) CO 达 90%。
3) NO_x 达 10%。
4) PM 达 35%。

降低 NO_x 排放的措施,特别在均质混合气燃烧时,通常引起较高的 HC 和 CO 排放,即必须进一步提高催化转化器效率。另外,对未来催化转化器的设计要十分重视低的废气温度时的动态响应特性。

对此,要解决一些重要的开发内容:

1) 解决靠近发动机安装的障碍。
2) 贵金属优化。
3) 涂层优化。
4) 改进催化转化器的几何形状和尺寸。
5) 转换器壁厚、小室结构。

2. 柴油机微粒过滤器

柴油机微粒特别小。测量微粒粒度分布(图 5.100)目前尚未标准化,所以其结果不总是有可比性。

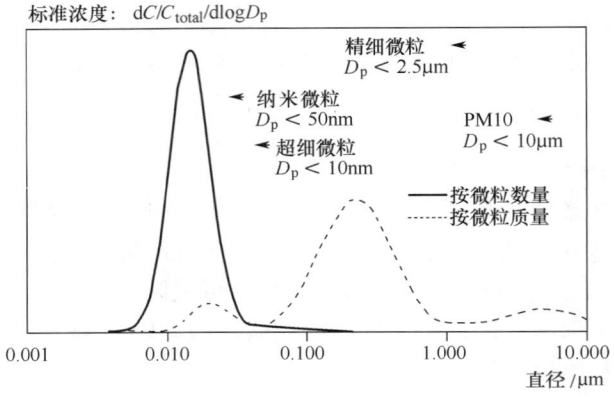

图 5.100 典型的柴油机微粒数和微粒粒度质量分布(资料来源:Kittelson 1998)

需要确定几乎无例外没有炭核的大量纳米微粒粒数。检测是基于微粒质量确定微粒粒度。要寻找大多数粒度为 $0.1 \sim 1 \mu m$ 的微粒。

微粒在离开排气行程后,它与尘埃和大气环境中的其他物质反应并改变柴油机微粒的粒度和组分。在大气中的化学反应过程特别复杂,还不能完全了解。

新的柴油机排出的有价值的少数微粒质量是较早的设计,这一点要特别地归因于改进的混合气制备。检测采用不同废气方案的各种乘用车微粒粒度分布表明它们间只是在粒度分布的最大值方面不同,粒度分布范围没有变化[86]。

在欧洲、美国、日本的科研研究支持这样的结果:微粒粒度分布不随太小的微粒粒度而变[89]。在微粒的质量与数量之间存在着合乎逻辑的相关性。随着微粒质量的减少,微粒的数量也减少。这些认识是由欧盟的一些成员国将微粒计数检测方法作为废气立法中确定微粒排放的新方法提出的。

在这期间,一些研究机构和汽车工业的各种研究建立了供讨论用的检测方法。对法规允许的方法的基本要求是:

1) 规定限值。
2) 现场可校准性。
3) 重复性。

4）再现性。

必须优化微粒计数检测法的可校准性和再现性[90]。目前在 UNECE WP29 中提出一个法规建议，建议规定计数柴油机和点燃式发动机微粒至迟至实施 Euro 6 时，到那时应规定微粒限值。

如果要进一步降低微粒排放，就要使用分离能力超过 90% 的柴油机微粒过滤器（图 5.101）。排放过多微粒数量的汽车目前已成批地配备微粒过滤器。区别各系统的主要特征是：

1）载体材料（碳化硅、烧结合金、铝—钛合金）。
2）涂层。
3）添加剂辅助。
4）靠近发动机或在汽车底部安装。

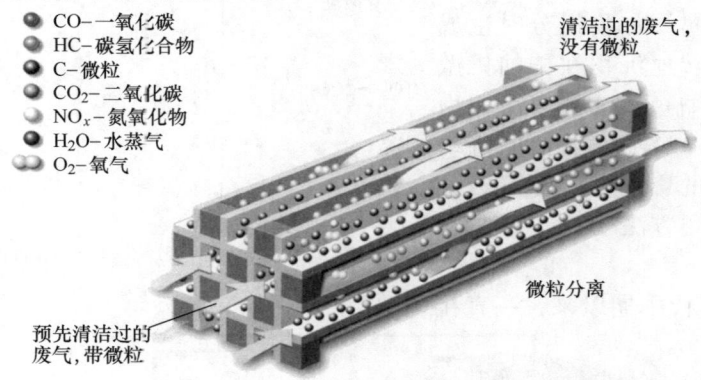

图 5.101　闭式柴油机微粒过滤器功能

柴油机微粒过滤器在一端或在另一端交替用堵塞堵住。在过滤出微粒时废气穿过过滤器壁面。

为成批使用，过滤微粒不是关键问题。主要的是在各种工作条件下能将收集到的微粒氧化（再生）。有两种氧化方式：

1）连续氧化（CRT 效应）。
2）热氧化。

在连续再生捕捉（CRT, continuously regenerating trap）系统中保证连续燃烧微粒（图 5.102a）。它是一个催化转化器—微粒过滤器单元。汽车上的废气首先流过氧化催化转化器。在 200~600℃ 温度范围 CO 和 HC 几乎完全氧化。NO 转变为 NO_2。NO_2 在微粒过滤器中与碳生成 CO_2。但这样一个完美的反应必须要有足够多的 NO_2（NO_2/PM 之比）。这时 NO_2 又重新还原为 NO。还原反应在 200~500℃ 进行，这时系统处于平衡状态：不会出现温度峰值。

为使用 CRT 系统，在技术上有一个基本条件：柴油含硫量（质量分数）要低于 10×10^{-6}。微粒储存和燃烧间的平衡温度受燃油含硫量影响。废气中的 SO_2 阻止 NO_2 形成，这样，不能提供充足的氧化物质。另外，过滤器表面可能被硫形成的硫酸盐堵塞。

除 CRT 效应外，当前所有的批量方案都采用热再生（图 5.102b）。按储存的微粒量多少进行热再生，但废气温度要超过 600℃（与柴油机微粒过滤器安装位置等有关）。为此，要将燃油喷射始点向上止点方向移动（减小喷射提前角）。发动机电控单元根据温度、压力传感器、氧传感器调节和监控再生时所需的着火条件。柴油机微粒排放过滤器的各种方案如图5.103所示。

使用添加剂，微粒热再生温度可降到500℃左右。已在PSA上首批使用[91]（图5.104）。

主动的废气后处理系统影响对未来采用的燃料方针的要求。在燃烧发动机机油的含金属添加物组分时生成灰分，它不可逆转地沉积在柴油机微粒过滤器上，并缩短过滤器寿命。为评估润滑油消耗对微粒过滤器的流动和微粒装载性能的影响，已开发出一种新的发动机检测方法[92]。

3. 脱氮

20世纪80年代中期以来，一直在

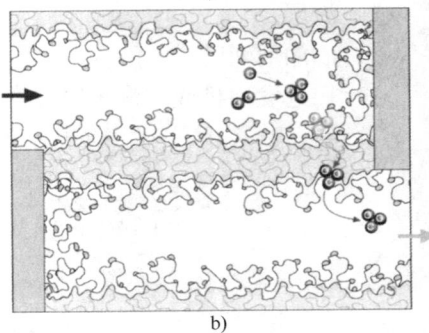

在250~450℃间通过NO_2氧化微粒

$C+NO_2 \rightarrow CO+NO$

$2CO+O_2 \rightarrow 2CO_2$

超过600℃通过O_2氧化微粒

$C+O_2 \rightarrow 2CO_2$

图5.102 氧化工作原理

a）通过CRT效应再生的工作原理 b）热再生的工作原理

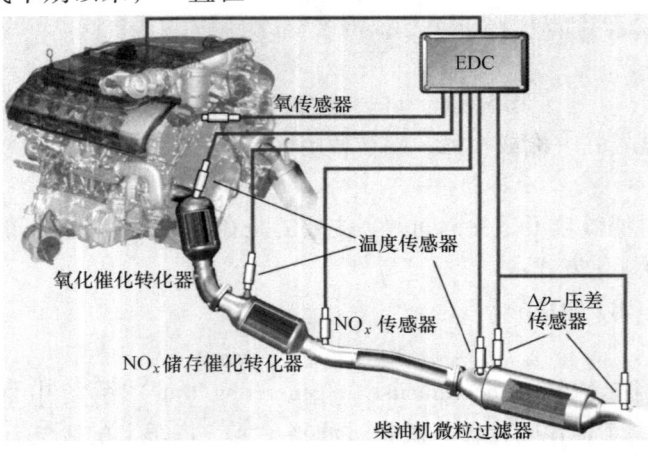

图5.103 带微粒过滤器和NO_x储存催化转化器的废气后处理单元

紧张地寻找NO_x催化转化器，它是在氧化富裕时用HC或CO选择性地转换NO_x。已知的有多种NO_x废气后处理。

汽车上适用的方法必须使用气态氮（N_2）或水蒸气。为还原NO_x，实际可能的反应路径为（图5.105）：

1）非选择性催化反应（NSCR, nicht selektive katalytische Reaktion）技术。
2）NO_x储存催化转化器。
3）选择性催化反应（SCR, selektive katalytische Reaktion）技术。

对NSCR催化转化器进行了大量试验。含贵金属催化转化器的转换过程表明，在对试验

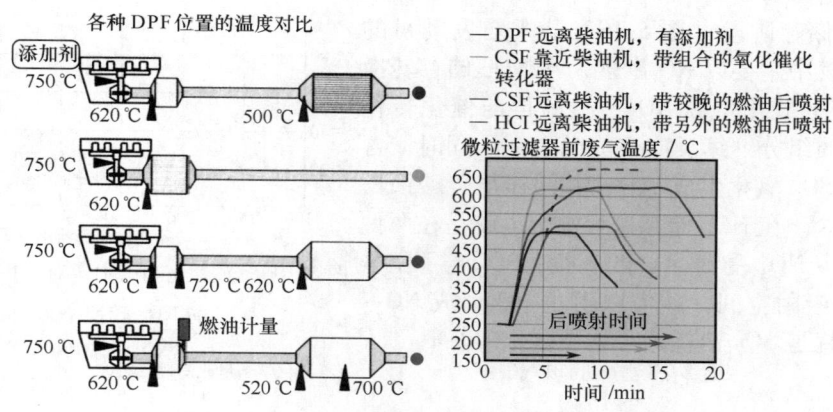

图 5.104　柴油机微粒排放过滤器的各种方案

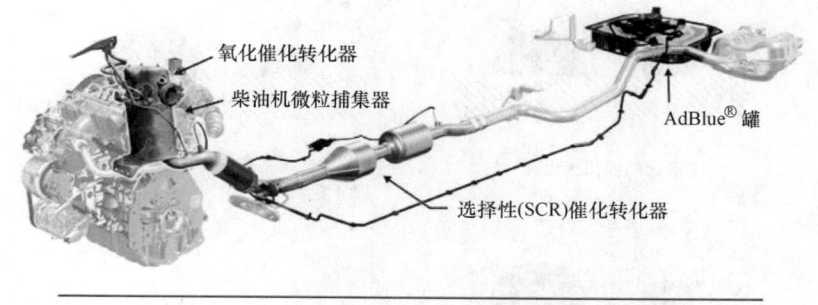

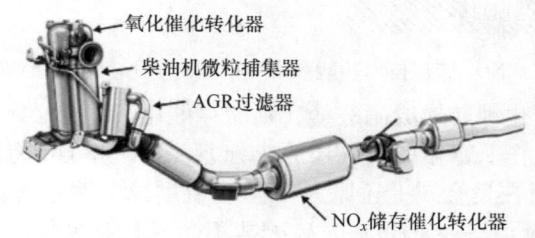

图 5.105　带有氧化催化转化器、微粒捕集器和 NO_x 后处理的柴油机废气后处理系统
（上图为 SCR 催化转化器，下图为 NO_x 储存催化转化器）

有重大影响的温度范围中，有一个温度窗口特别小的最大 NO_x 转换率。由不同的 NO_x 转换过程可对不同的反应机理得出足够明显的结论。在汽车实际行驶时由于较高的空间行驶速度（影响温度）及含水和硫，NO_x 转换率比实验室的 NO_x 转换率要低得多，美国检测程序下降达 30%，新的欧洲检测循环下降达 25%。随着时间增长，燃油中的硫会降低 NO_x 转换率约 15%。该系统在乘用车上没有多大效果。

（1）NO_x 储存催化转化器　另一个可能方案是采用 NO_x 储存催化转化器。在当前的技术状况下，它的耐用性的先决定条件是使用无硫燃油。

NO_x 储存催化转化器效率与温度有关。图 5.106 表示硫的灵敏度（中毒）对 NO_x 转换率的影响。NO_x 储存催化转化器由两个主要部件组成：贵金属组合（如 Pt/Rh）和本身的 NO_x 储存物质。储存物质是一类氧化物或碳化物形式的碱金属或碱土金属和稀土元素。该实例中的储存物质是碳化钡。

在NO_x储存阶段（图 5.107），来自发动机的NO_x在稀废气中主要以 NO 出现，在NO_x储存转换器的 Pt 组分上氧化生成NO_2，然后再与催化转换器的储存物质组分继续反应生成硝酸钡。同时，含在废气中的SO_2氧化生成SO_3，并同样与碳酸钡反应生成硫酸盐。在NO_x储存过程中，也就是在两种不同的关系中NO_x受到SO_2的干扰：SO_2与 NO 争夺 Pt 周围的吸附空间，并借以阻止 NO 形成NO_2。决定性的干扰是SO_2消耗储存物质碳化钡。

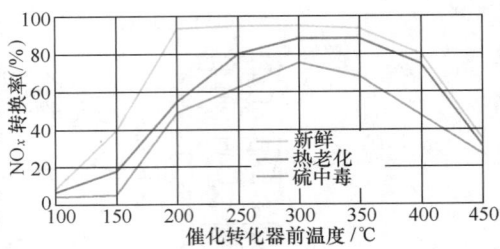

图 5.106 热老化和硫中毒对使用NO_x转化器的NO_x转换率影响

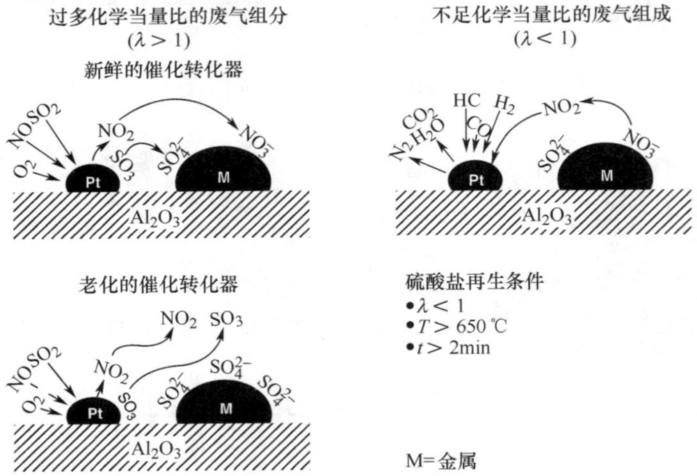

图 5.107 NO_x储存技术功能和燃油中硫对NO_x转换的影响

如果所有可供使用的碳化钡转换成硝酸盐，则储存催化转化器必须再生。为此，柴油机要在浓混合气状态下短时工作。富裕的废气还原成分H_2、CO 和 HC 将硝酸钡又转换为碳化物或氧化物。在释放NO_x时在贵金属上还原为N_2。在温度稳定性方面硫酸盐要比硝酸盐好。在再生循环（$\lambda < 1$，$T > 650°C$，$t > 2min$）时硫酸盐不会或只有少量转换。因此，它留在催化转化器中，并在稀/浓混合气循环工作时不断多起来，且不断减少NO_x储存可供使用的碳化钡数量以及减少为NO_2可接受的储存物质。

在柴油机上使用NO_x储存催化转化器需要高额的控制费用和应用费用。主要背景是柴油机是在过量空气下工作的，没有条件进行催化转化器再生。"浓"的空气系数需要采取相应措施（增大废气循环率、节流、在催化转化器前喷入燃油、改变燃油喷射）。第二方面的问题是废气温度低，尤其是在直喷柴油机上。废气温度低限制了催化转化器效率和特别是限制了可能采取的再生策略。

改进控制策略和稳定、优化涂层。目前的转换效率约为 60% ~ 80%。NO_x储存催化转化器是宝马、戴姆勒和大众减少NO_x排放的策略[91,93]。

（2）SCR 催化转化器　发电厂使用 SCR 催化转化器还原NO_x的技术为大家所熟知（图 5.108）。在 SCR 催化转化器前喷射有选择作用的还原剂氨（NH_3）。化合在氨中的氢与自由的和化合在NO_x中的氧反应生成水。简化的反应式为：

$$4NH_3 + 4NO + O_2 \longrightarrow 4N_2 + 6H_2O$$
$$8NH_3 + 6NO \longrightarrow 7N_2 + 12H_2O$$

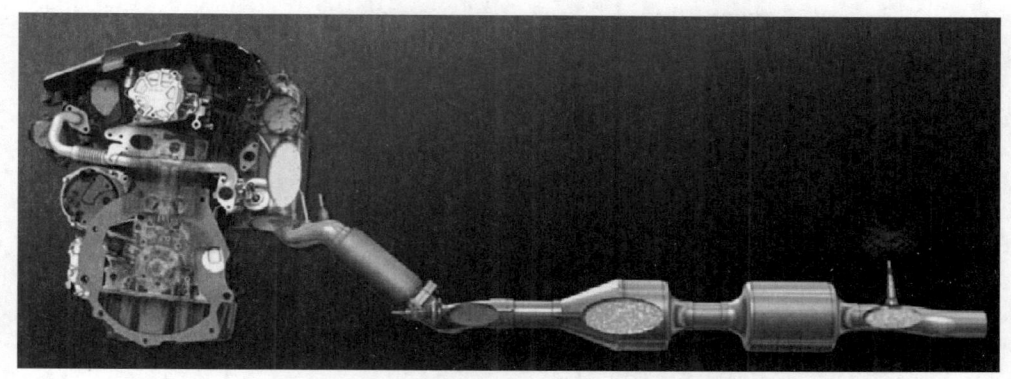

图5.108　使用SCR催化转化器的废气后处理系统一览

将这个技术移植在汽车上不是简单的事。由于技术安全原因，放弃直接使用有损健康的NH_3气体和避开像尿素$[(NH_2)_2CO]$这样的其他一些还原剂。通过对尿素水解可得到：

$$(NH_2)_2CO + H_2O \longrightarrow 2NH_3 + CO_2$$

汽车上应用（图5.109）需要一个包括还原剂罐、电控单元和水解SCR催化转化器的计量单元。利用雾化喷嘴将尿素溶液随负荷变化输送到废气系统中。由于汽车行驶时NH_3可能中断，控制NH_3的输送是完全必要的，并将它串接在氧化催化转化器后面。如果NO与NO_2之比与串接在前面的氧化催化转化器匹配，则效率还可提高。

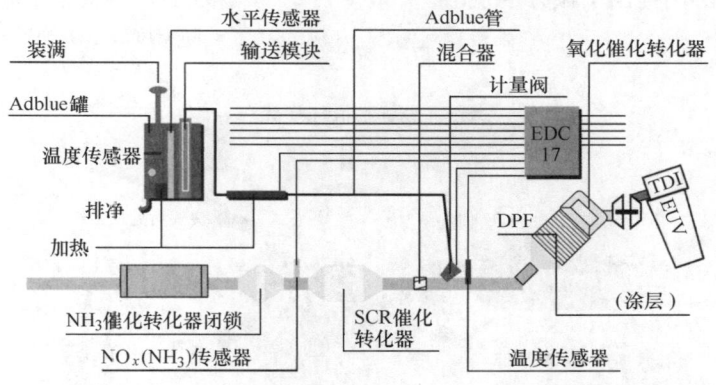

图5.109　带废气后处理微粒过滤器和SCR催化转化器的总系统

高活性的催化转化器提高硫酸盐排放和连带的微粒排放。因此，在这里同样要使用低硫燃油。在-10℃以下冷起动时要加热还原剂。

输送的尿素还原剂必须与行驶循环和NO_x排放无关。使用SCR催化转化器平均要多消耗1%~5%的燃油消耗。

如果尿素还原剂不是作为水溶液而是作为汽车上的固体物质随车携带并与废气一起制备成功，这样可减少汽车上额外增加工质的缺点。

目前正在集中力量开发SCR催化转化器和NO_x储存系统。SCR技术期待在柴油机整个转速范围有最高的分离度，但需要最高的技术费用（图5.110）。在SCR技术中必须改进SCR催化转化器老化稳定性和温度限制（图5.111）。

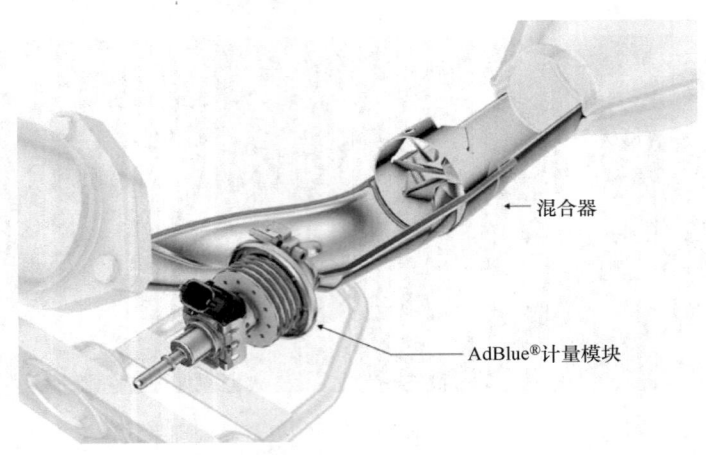

图 5.110 带混合器的催化剂计量阀

5.2.8 柴油

柴油品质会影响柴油车辆的各种部件(图 5.112)。目前可以在全球范围内观察到柴油机燃料多样化的趋势，这是由于尝试用生物燃料代替矿物燃料。由于燃料的规格差异很大（图 5.113），这对材料和概念的协调提出了额外的挑战。

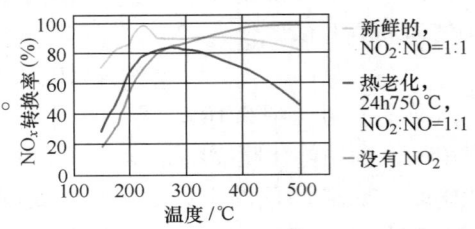

图 5.111　SCR 催化转化器转换率随温度和 NO/NO_2 比的变化

图 5.112　燃料对柴油机不同部件的影响

全球汽车行业协会[95]的要求在全球燃料宪章（WWFC）中被总结为：

(1) 十六烷值　十六烷值至少提升到 58，十六烷指数至少提升到 54。这是考虑到易着火性、冷起动和燃烧的要求（图 5.114）。

(2) 密度　限制柴油密度的最大值和最小值对调节柴油机是重要的。密度直接影响废气排放。柴油密度必须保持在 $820 \sim 840 kg/m^3$。

(3) 芳香物质　多核的芳香碳氢化合物对柴油机微粒形成有很大影响。因此，多环芳

	柴油	生物柴油	氢化植物油	BTL
能量/(MJ/kg)	41~42	37	42	43
CZ	>51	>51	>70	>70
S/(mg/kg)	<50	<10	<10	<5
灰分/(mg/kg)	1~2	1~20	<1	<1
化学成分	石蜡 芳香烃 碳氢化合物	甲醇 脂肪酸 酯	石蜡 石蜡	石蜡 石蜡
沸腾特性		330℃		

图 5.113 各种柴油燃料的特性

香物质最大值要限制在重量的 1%，整个的芳香物质最大值限制在重量的 10%（图 5.115 和图 5.116）。

（4）硫 柴油中的硫促进微粒形成。使用低硫品质柴油可降低所有在用汽车的排放。硫还影响氧化催化转化器的起动性能：为达到完全有效的催化反应，需要较高的废气温度，即要延长冷起动阶段时间。但这会增加冷起动废气的排放[96]。

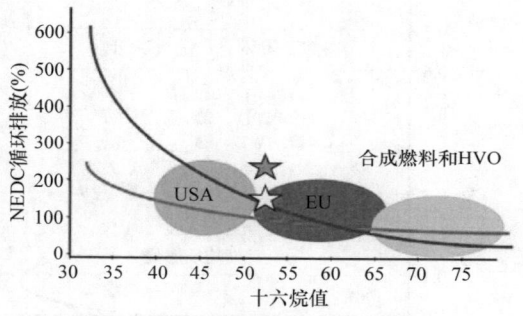

图 5.114 废气排放与十六烷值的关系

（5）终沸点 终沸点表示高沸点碳氢化合物（主要是多环芳烃 PAH'S）的含量。它很难燃烧，是形成微粒的主要原因。为此，应将燃料终沸点降到 350℃。

除了影响当前技术的这些效应外，绝对需要的是减少硫，以便能采用未来的废气后处理技术，如 DeNO$_x$ 催化转化器。硫使 NO$_x$ 储存催化转化器中毒。仅是在 $\lambda = 1.0$ 和高温（大于 650℃）时还不能完全催化反应。为此，不但对催化转化器材料有高要求，而且要以高的控制费用和较高的柴油消耗和排放为代价。为此，要采用最大含硫量（质量分数）不超过 10×10^{-6} 的低硫柴油。这个要求已在德国和欧盟的其他一些国家实现。欧盟已决定，2005 年起部分地区采用低硫柴油，至 2009 年完全使用低硫柴油。在全欧洲的快速突破是迫于形势的需要。

对未来燃料有 4 个基本要求（见 5.9 节）：
1）安全储存。
2）整个经济的承受能力。
3）考虑环境和气候保护要求。
4）高能量密度。

目前没有单一的能量载体，氢气也不能实现这些要求。

由此，只能按多元化燃料要求实现。在市场上同时提供柴油、汽油、甲醇、乙醇、天然气和其他一些燃料不是经济的方案，因为对这些燃料中的每一种燃料必须开发单独的动力装置。

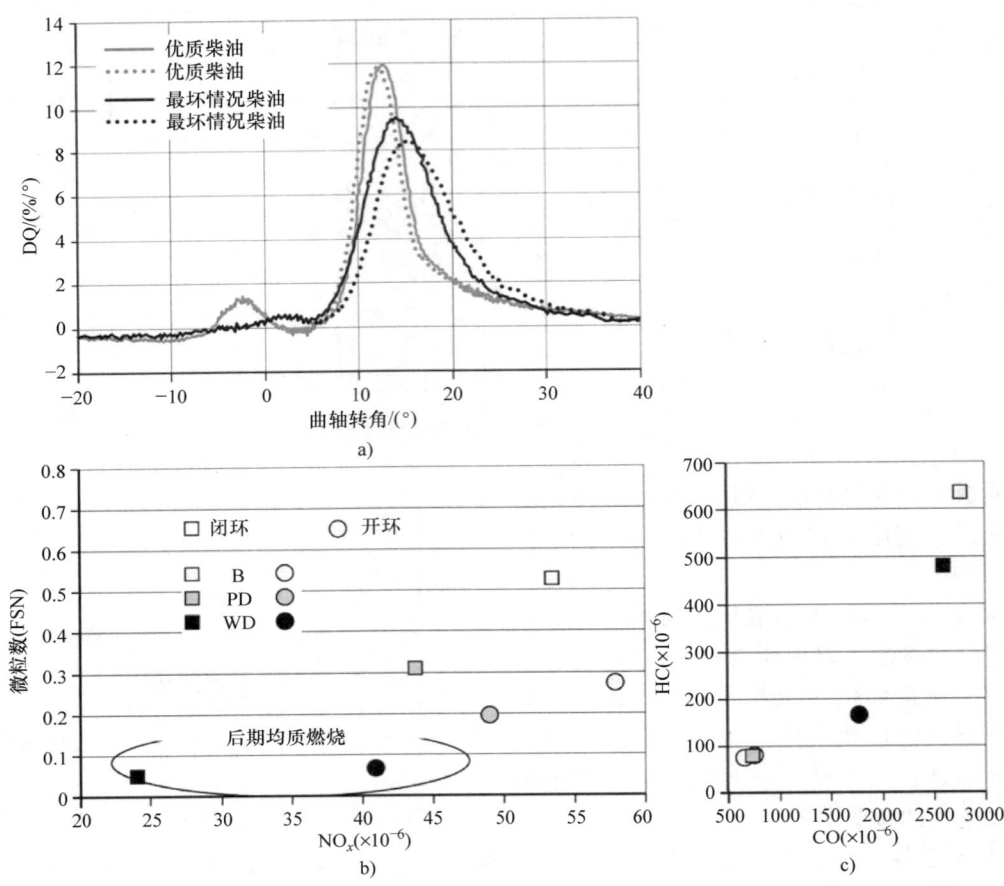

图 5.115 a）柴油品质对燃烧过程的影响带宽 b）、c）柴油品质对废气排放的影响带宽
（以微粒和 HC 为示例。B = 基础，PD = 优质柴油，WD = 最坏情况柴油）

多样化的初级能量和同时供汽车使用的各种能量载体，按可能性应集中在很少的品种上。

在未来几年，将不断使用 CO_2 排放低的天然气。天然气可以直接用于汽车动力装置上。当然，它有一些行驶距离短、需要较大的空间安装天然气罐（特别是气态天然气）和为实现严格的排放限值，如 Euro 4 需不断增加废气后处理费用的缺点，而不能期盼用天然气替代现今使用的燃料，只能作为有限的补充。

可以采用大家熟悉的、高技术验证过的方法，如 Shell 法馏出物合成（SMDS，Shell-Mittel-Destillat-Synthese）从天然气中制成二次能源载体[97]。

在第一流程，利用蒸气改造将天然气转化成氢气与 CO 混合的合成气，再由合成气通过费托合成法（Fischer-Tropsch-Synthese，将 H_2 与 CO 合成的烃类）可以生产出不含硫、不含芳香物质的传统燃料，特别是高品质的柴油。称之为"液化气"（GTL，Gas-To-Liquid）工艺，在当前地球上的许多附带产生廉价天然气或石油伴生气地区的原油价格水平中是最经济的。合成燃料具有改进发动机燃烧过程的很大潜力。合成柴油的技术数据是吸引人的，首先是十六烷值高，没有芳香物质和硫。图 5.116 是采用 Euro 4 技术柴油机汽车上使用合成燃料时废气排放减少百分率。比较的基准值是当前的标准柴油。由图可见，合成燃料可以同时减少 NO_x 和微粒排放。如果在汽车上使用这种合成燃料校准匹配，则这些合成燃料可能促使汽车生产厂家进一步开发他们的低燃料消耗汽车，特别是柴油机汽车，并进一步改善排放[98]。

在使用合成气的中间阶段，或在往后一段时间附加使用可再生的能源载体，如废木料、废麦秆（稻秆）、含能植物或生物垃圾。

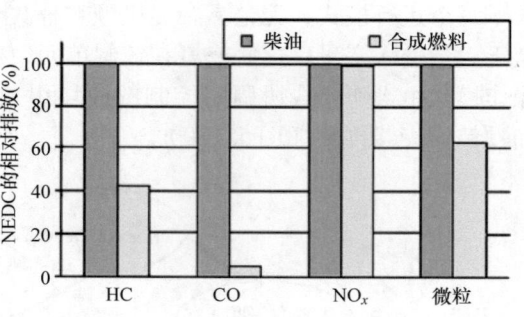

图 5.116　一辆 Euro4 技术柴油车使用合成燃料时的排放降低

决定性的是最终产品质量与取得所用的初级能量无关。采用这个方案就可解决合成燃料的持久可用性和 CO_2 排放问题。CO_2 排放在局部地区不是零，它成一个独立的循环。太阳提供了驱动 CO_2 的能量。中期目标是以生物为基础的太阳燃料，它是上述方案的延伸。太阳燃料在目前还不能经济地携带。这种方法的最大优点在于在目前这个阶段可保留目前的燃料基础设施。

5.2.9　调节

柴油车电气化程度的提高也使得有必要将各种已安装的控制电路联网（图 5.117）。仅引入柴油机尾气后处理系统就需要大量不同的燃烧过程和发动机运行模式。为了能够利用需求和潜力，开发适当的控制算法和系统模型是必要的[99-101]。

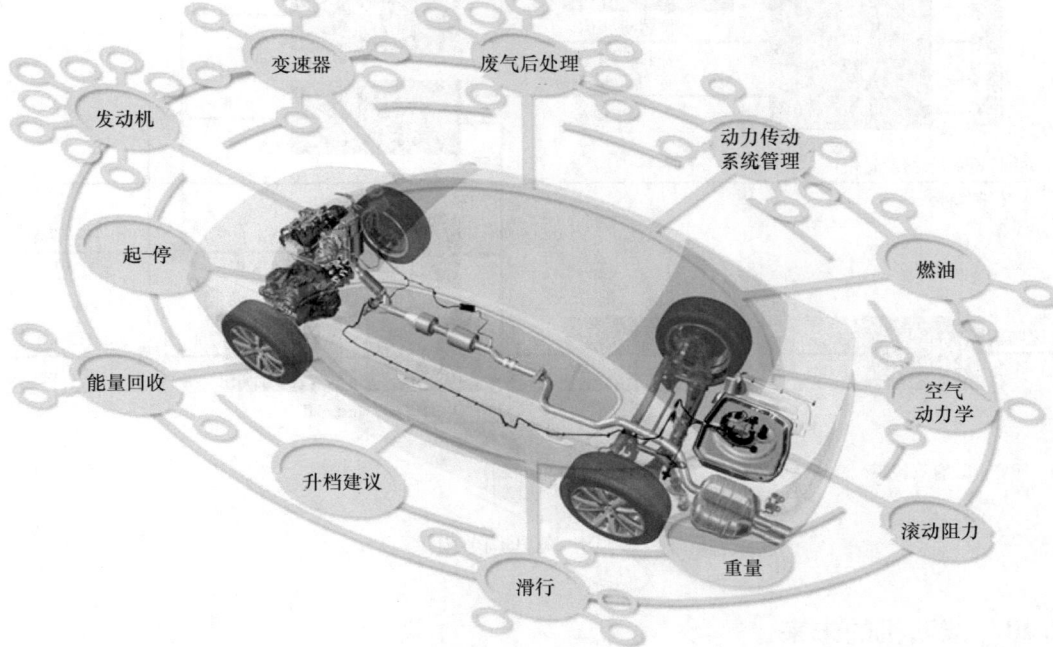

图 5.117　汽车控制环

每个运行模式，无论是柴油机颗粒捕集器或 $DeNO_x$ 设备的正常模式还是再生模式，都基于大量输入变量，这些变量在控制单元中处理并作为控制命令发送到相关的执行器。各种操作模式由操作模式协调器控制的模块组成（图 5.118）。例如柴油燃烧控制（图 5.119）和颗粒捕集器再生（图 5.120）。

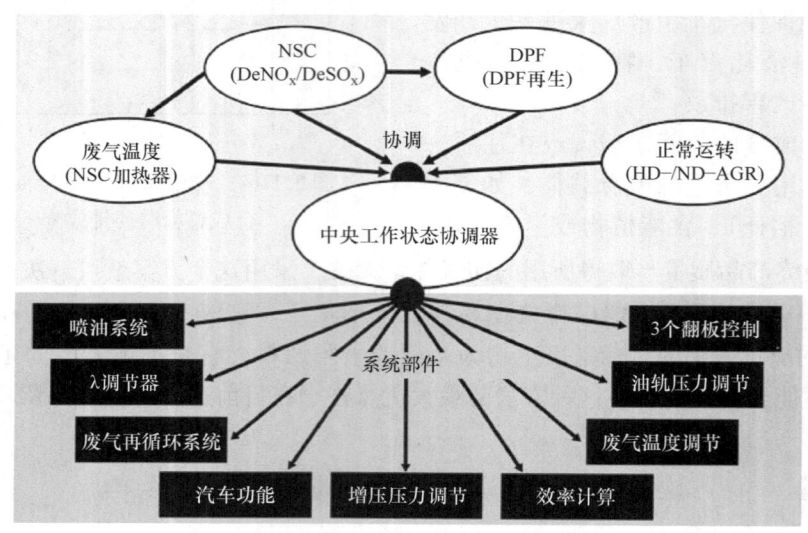

图 5.118　中央工作协调器调节技术

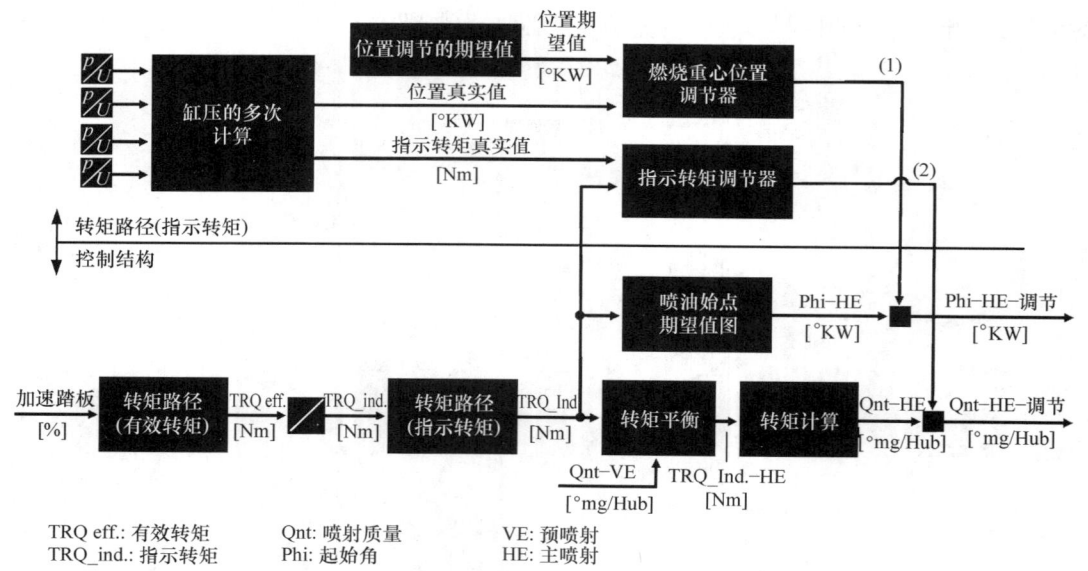

TRQ eff.: 有效转矩　　Qnt: 喷射质量　　VE: 预喷射
TRQ_ind.: 指示转矩　　Phi: 起始角　　　HE: 主喷射

图 5.119　缸压调节模型

5.2.10　柴油机的未来

常规的内燃机（点燃式发动机和柴油机）在未来 10～20 年还是居统治地位的原动机。

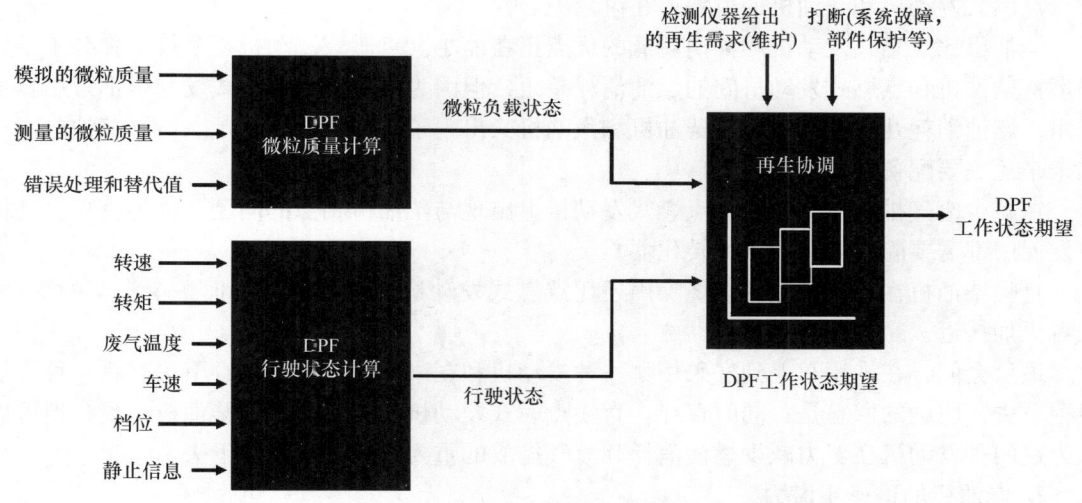

图 5.120　使用模拟模型计算颗粒捕集器（DPF）上颗粒质量

目前的高速、高功率柴油机已达到高度的发展状态，并可与点燃式发动机较量。最近几年的开发是围绕在以下方面：

1) 实施排放法规。
2) 减少燃油消耗。
3) 实施噪声法规。
4) 政策讨论。
5) 降低成本。

此外，原材料价格、特定市场的客户要求、全球市场的竞争形势和公司目标等方面也发挥了作用（图 5.121）。

图 5.121　对未来柴油车的要求

1. 柴油机还是点燃式发动机？

与点燃式发动机相比，柴油机在燃油消耗低（相应的 CO_2 排放低）方面有不容置疑的优点，特别是在低速范围。CO_2 排放低于 90g/km 的所有可用汽车，按许多专家的意见非柴油机汽车莫属。在其他的特征方面，柴油机弱于在较高标定转速工作的点燃式发动机的方面表现在：功率重量小、燃烧噪声大和废气后处理容易（三效催化转化器）方面。

点燃式发动机和柴油机的位置还在讨论中。

柴油机比点燃式发动机燃油消耗低的优点正在缩小。点燃式发动机直喷技术弥补了早先预燃室柴油机和点燃式发动机间的燃油消耗差距，但因为柴油机和点燃式发动机都采用直喷技术，燃油消耗几乎同样减少，柴油机和汽油机又出现了燃油消耗的差距。特别节油的汽车在未来还是要配备直喷柴油机。

在减少废气排放时，在直喷点燃式发动机上出现与柴油机相似的问题。两种直喷发动机在发展中都需要配备复杂的催化转化器。

直喷柴油机在低速范围的燃烧噪声还比点燃式发动机燃烧噪声高，但整个汽车的噪声，两者更加接近。

最后会问，在乘用车上到底采用哪一种发动机和在未来哪一种能生存下去，哪一种不能生存下去？明确的回答是：同时存在。直喷点燃式发动机不会替代直喷柴油机。更多地可以认为这两种发动机在努力减少燃油消耗和废气排放的重要方面将继续走下去。

2. 柴油机的进一步潜力

直喷柴油机的开发将继续。除了降低燃油消耗外，减少废气排放和在汽车老化时仍保证废气排放限值是重点。

需要注意的是由于不同排放法规的不同要求，特别是世界范围内越来越严格的废气排放法规（图5.122a）和越来越低的CO_2排放（图5.122b为欧盟要求）。由此可以观察到燃料质量更加多样化的趋势，这不一定会导致改进（图5.122c）。例如，废气立法规定的NO_x排放量的减少会导致CO_2排放量的增加，这必须通过其他措施来抵消（图5.123）。柴油发动机的技术要求由此得出（图5.124）。

现代柴油机的特征是多气门技术、可变高压燃油喷射、可变几何截面涡轮增压器、可控废气再循环、氧化催化转化器、全电子管理和微粒过滤器。一些标志性的开发成果如下[102]：

- 喷射压力可达2200bar，1个循环喷射最多可达7次，喷油量可精确到$0.3mm^3$。
- 增压器在高达240000r/min的转速下增压压力可高达2.5bar，耐热性高达830℃。
- 发动机控制单元内存容量（复杂性指标）从4kB（1980）到今天的4MB。
- 发动机转速从4000r/min提升至5500r/min。
- 比功率从24.6kW/L（1976年）到今天的66.0kW/L。
- 比油耗从6.3L/100km·t（1977年）到今天的2.9L/100km·t。
- 共轨喷射柴油发动机的噪声与汽油发动机的噪声相当。

从今天的角度来看，NO_x和颗粒物的排放是柴油机最大的问题，必须考虑到不同的废气立法。

为能足以应对未来更严格的废气排放立法和进一步减少燃油消耗的要求，需要在柴油机开发、废气后处理、减轻汽车质量、改进燃油品质等方面下大的功夫。

在废气后处理和柴油机机内措施两个方面原则上采取更偏重于后者的方针。最大的潜力是倾向多气门技术和进一步开发高压喷射。除优化多气门技术和高压喷射外，需要改进燃烧空间形状、气体旋转运动和减小像活塞、活塞环、曲轴主轴承、连杆轴承、机油泵、配气机构和辅助装置等柴油机所有部件的摩擦。通过柴油机机内措施，可使大多数柴油机实现Euro 4排放等级而不需要废气后处理。

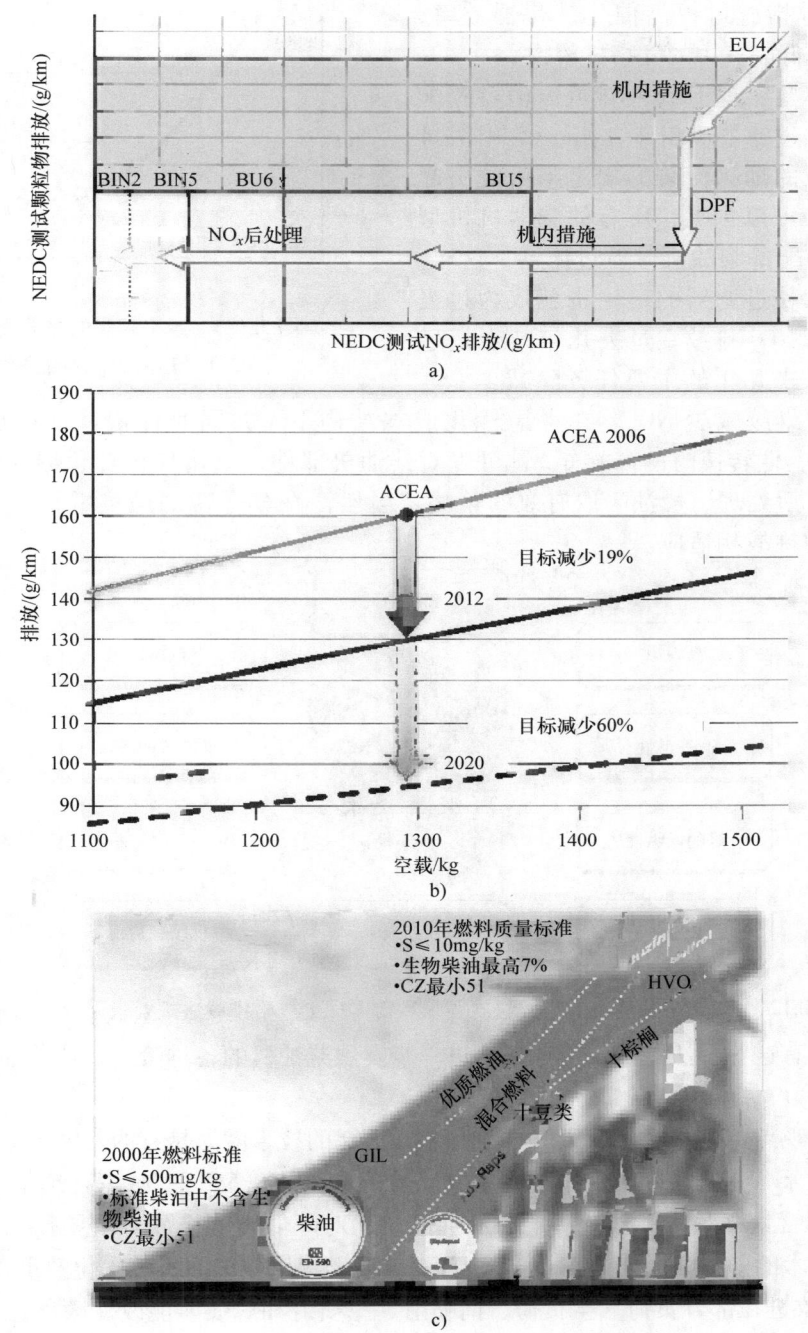

图 5.122　a）由于柴油机技术的进一步发展，对柴油机要求也不断提高
b）欧盟 CO_2 排放法规要求（ACEA，欧洲汽车制造商协会）　c）越来越多不同燃料的需求

为此做出贡献的还有改进燃油品质。减少燃油含硫量能稳定氧化催化转化器老化性能。但减少 NO_x 的措施（高废气循环率和较晚的喷油开始）会增加 CO 排放。优化催化转化器涂层、提高贵金属载荷、减薄催化转化器壁厚（改善热响应性能）和有利的安装位置（靠

近柴油机）等措施可提高催化转化器效率，从而可再次降低废气中的气态排放物。

重型汽车要实现 Euro 4 排放限值就要配备柴油机微粒过滤器。由于在 Euro 5 中对排放限值和微粒的烟味侵袭的规定与由此引起的微粒讨论，可以预见，所有的柴油机机型在短期内都将配备柴油机微粒过滤器。这样，有关柴油机微粒过滤器的讨论也就成为过去的事了。如果 NO_x 排放在过去几年减少超过 90%，则在未来几年的主要任务除减少 CO_2 排放外，还要继续减少 NO_x。在考虑优化成本结构下，并同时保留柴油机固有的优点（低燃油消耗、低转速时的高转矩），可以对柴油机部件、氧化催化转化器、柴油机微粒过滤器、NO_x 后处理、燃油采取有效的策略。当然，汽车（特别是重量）和传动系管理必须与未来的挑战相适应。

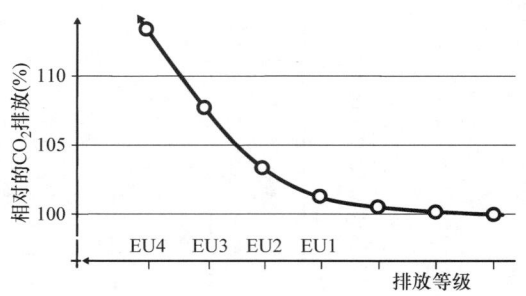

图 5.123　越来越高的排放要求（NO_x）与 CO_2 排放的关系

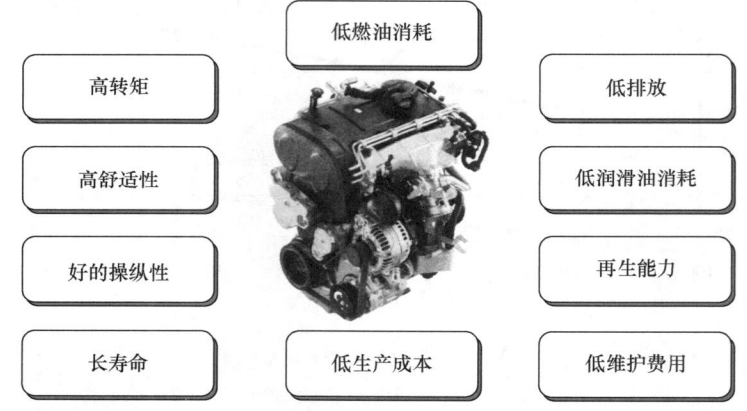

图 5.124　对未来柴油机的排放法规要求和为实现更严格排放法规要求采取的措施

在包括所有这些看法在内，可以提出进一步发展柴油机的各种策略，使柴油机排放继续下降。

从目前的观点，进一步降低废气排放和燃油消耗的技术潜力是有的。继续改进有关提高十六烷值（大于 55）、减少聚芳香族化合物（少于重量的 0.5%）、减少含硫量（最大 10×10^{-6}）和金属含量（最大 1×10^{-6}）的燃油品质，对降低废气排放有重要作用，或者是未来清洁功能技术的前提。严格的 Euro 立法首先就要继续优化柴油机。优化的重要课题是：

1) 再次改进在部分负荷、全负荷、前喷射、主喷射和后喷射能改变喷射压力的燃油喷射系统。

2) 新的废气再循环系统，回流率 > 50%。

3) 提高增压压力的增压系统，不只是为了提高转矩和功率，而且是专门为提高柴油机在部分负荷的废气再循环兼容性。

4) 降低或可变压缩比，直至低于 16。

5) 气缸压力引导的部分均质燃烧（图 5.125），其目的是避免过分的浓混合气区（微粒形成）和峰值温度（NO_x 形成），见图 5.126。

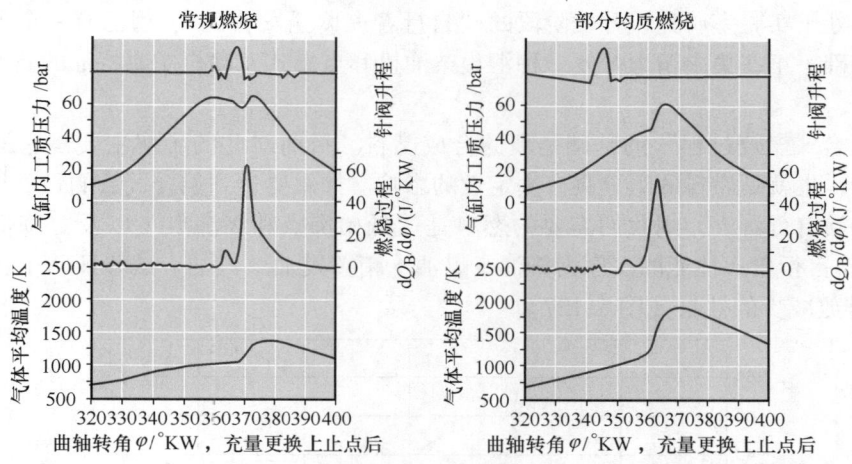

图 5.125　在 $n = 2000\text{r/min}$ 和 $p_{me} = 2\text{bar}$ 时常规的燃烧与部分均质燃烧比较

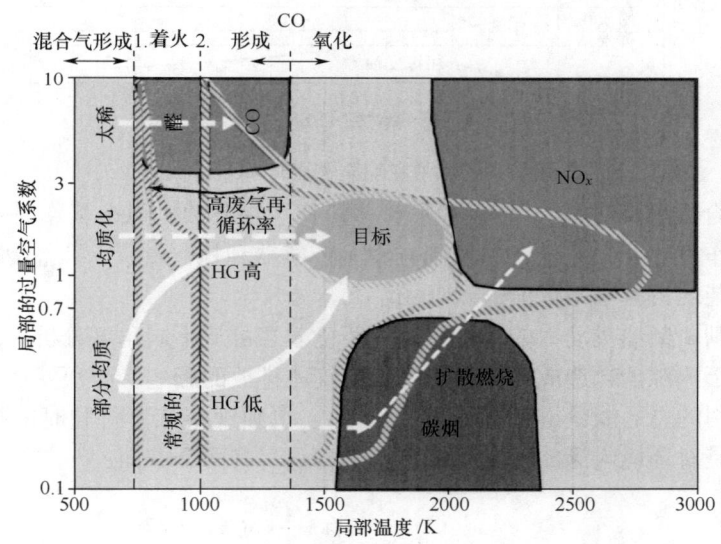

图 5.126　柴油机均质燃烧策略

THD = 柴油机部分均质燃烧

6) 使用可变进气管和/或可变配气机构改变空气运动（旋转运动）。

7) 在柴油机机内部件上的曲柄连杆机构和辅助装置上的驱动机构的降低摩擦措施能帮助优化燃烧。

如果人们注意到进一步减少有害物质的排放和降低废气后处理的可观费用之间的目标冲突，则这两者只能到那种情况时才能统一与实现，就是首先要将分层燃烧过程的 NO_x 原始排放降低，即在燃烧时要抑制 NO_x 产生，但又不恶化柴油机热效率。为此，柴油机必须保留质调节与燃油直接喷射（DI、TDI 或 FSI 燃烧过程）。它兼有点燃式发动机和柴油机于一体的新燃烧过程的优点。

在点燃式发动机上采用燃油直接喷射，使它与柴油机的燃烧过程已经明显靠拢。燃烧过程开发的下一阶段目标是强化这种趋势。开发"部分均质柴油机燃烧,用/不用外部点火"和目前同样处于实验室研究、开发阶段的"自行着火奥托发动机",现已有一个可比较的核心硬件的基础。正在集中精力开发一种汇集柴油机和点燃式发动机主要特征的新的组合式燃烧过程。

新"组合式燃烧过程"的基础是新的合成燃料。目前对此的了解主要是它的蒸发性能和着火性能,也就是燃料的组分具有决定性的影响。如果要达到混合气云的强烈均质化而不会过早地开始自行着火,则我们需要的燃料是"低始沸点和终沸点"以及"降低自行着火性能"。燃料自行着火性能的次序为柴油＞煤油＞精挥发油＞汽油。试验证明了自行着火性能对 NO_x 排放减少的效果（图 5.127）。

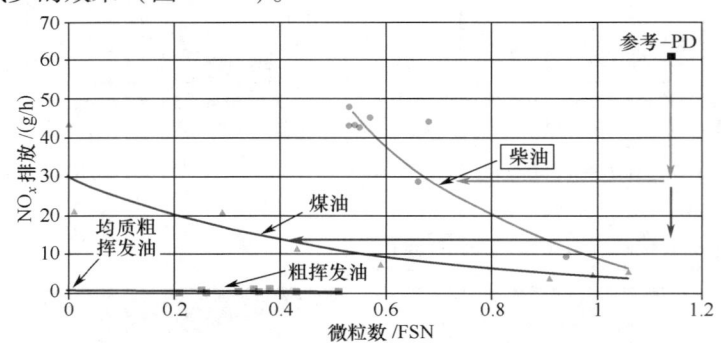

图 5.127　使用特别的燃油在均质燃烧时 NO_x 排放减少的潜力

为实现"组合式燃烧过程",需要克服许多障碍。在柴油机稳态工作时燃烧过程可以很稳定,但动态工作需要开发完全新的控制方案、传感器和执行器[100,101]。因此,在这十年,组合式燃烧过程柴油机看来不可能进入市场。

要从总体上判断柴油机动力的环境兼容。环境兼容可从不同角度分析。为总体评价动力方案和燃料对由于能源消耗造成环境和温室效应气体排放的影响,必须要从燃料输送、生产直至在汽车上使用的总的能量链考察（图 5.128）。单独观察汽车行驶时的排放对环境的影响是不全面的,是对环境内涵的狭义了解。正确的观察有两个方面:

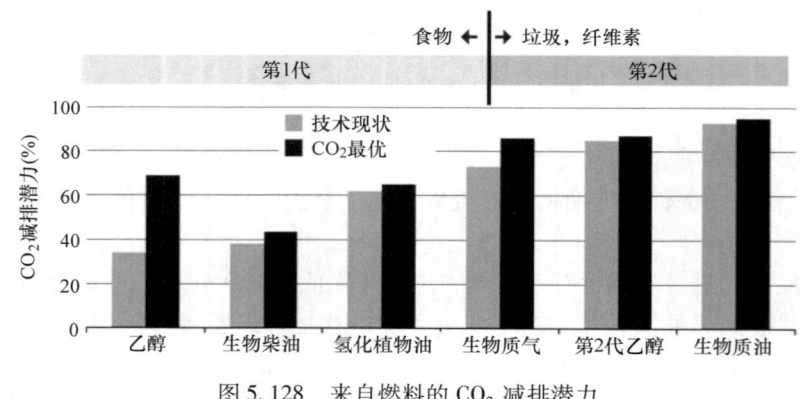

图 5.128　来自燃料的 CO_2 减排潜力

1）油井到燃料箱（WTT—Well-to-Tank）:指的是燃料,要计算从油田到加油柱（塔）的整个燃料环节的能量消耗和温室气体排放。

2) 燃料箱到车轮（TTW，Tank-to-Wheel）：指的是汽车，要计算汽车使用时能量消耗和温室效应气体排放。

燃料部分和汽车部分两部分的组合称为油井到车轮（WTW，Well-to-Wheel）。

图 5.129 是目前各种动力方案环境兼容分析与汽油机动力环境兼容性分析的比较[103]。图中表明，柴油机，特别是采用柴油机混合动力与燃料电池相比温室气体效应不相上下。

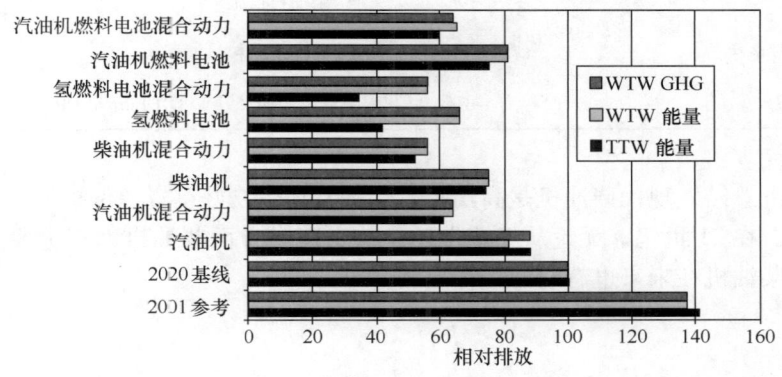

图 5.129　汽车上（TTW）能量消耗和整个能量链（WTW）能量消耗比较以及相应的温室效应气体排放（根据 MIT 研究[97]）

如果观察柴油机生产和工作时使用的材料和能量，可以确认，从柴油机的整个寿命看，它是相当环境友好的原动机，这当然是宏观的说明。可以用一个实际的例子予以佐证。它是按 ISO 14040/41 标准生产的第一辆 3L 汽车，即大众路跑 3L 汽车，配备 45kW、泵喷嘴柴油机，首次低于 2005 年 EU 废气排放标准，燃油消耗 2.99L/100km（相当 81g/kmCO_2 排放）[104]。

由乘用车的油料消耗（柴油、机油）、材料的生产和制造可以得到乘用车消耗的能量（图 5.130）。CO_2 排放主要由能源开采确定。使用期（以 150000km，10 年计）是由燃料（柴油、机油）确定的。碳氢化合物绝大部分来自石油加工。NO_x 排放大部分来自柴油机使用期。当燃油中含有 100×10^{-6}（质量分数）的硫时约 SO_2 排放的一半来自柴油机废气。在微粒中集中了生产和工作的尘埃。轮胎磨粒不计入物质平衡中。废水的排放来自洗车和生产备件。废水量的排放很少。

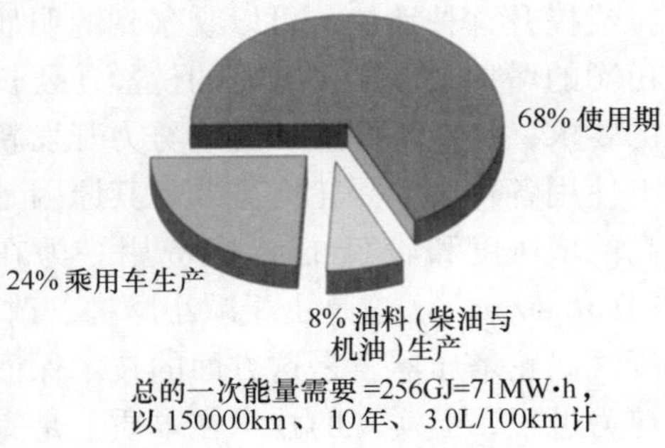

图 5.130　3L 汽车能量"蛋糕"

期待的物质平衡是：
1) 常用材料再制造（铁、钢、铝）。
2) 生产方法。
3) 可控的环境。
4) 高百分率的材料再循环（再生）能力。
5) 长的使用寿命。
6) 高的热效率。

如在市场上的大众路跑 3L 汽车采取的综合措施达到的效果在未来还有多大潜力，这是需要回答的。目前各汽车生产厂家都在提供各种节省燃料的汽车过渡方案。如波罗 1.4L 55kW TDI 汽车燃油消耗从 4.4L/100km 降到 3.9L/100km（表 5.8）。柴油机是这些方案中的主角。

表 5.8 大众波罗 Blue Motion 汽车燃油消耗（L/100km）降低实例

原始值（1.4L 55kW TDI）	4.4	原始值（1.4L 55kW TDI）	4.4
● 4 + E 变速器	-0.2	● 柴油机措施	-0.3
● 空气动力学发电机	-0.1	● 柴油机微粒过滤器	+0.2
● 轮胎滚动阻力	-0.1	目标（1.4L 59kW TDI Euro 4/DPF）	3.9

可以作如下总结，现代柴油机是高功率、经济、环境友好、资源保护型的原动机，因而获得广泛使用。在 21 世纪，无论从经济学还是从生态学方面柴油机都有重要意义。除点燃式发动机外，柴油机在未来也有它的生存权利。

5.3　增压

5.3.1　背景

增压在发动机技术上占有重要地位。在过去几年，使用废气涡轮增压器是柴油机进一步发展的原因。目前几乎每一台柴油机都采用废气涡轮增压器，而增压点燃式发动机所占的份额较小。从内燃机发展几十年就成为动力装置的统治者这一事实出发，内燃机增压将继续保持或提升这种地位。可以观察到的明显趋势是由于柴油机份额的增加以及增压点燃式发动机份额的增加，增压发动机的份额还要长期地继续增加。为实现燃油消耗低、排放少、功率高的要求，将在不同层面继续努力开发新技术，而增压在这方面起着重要作用。在多缸内燃机上使用各种废气涡轮增压器。其原因是废气涡轮增压系统比其他增压系统有较好的效率、较高的增压度和较低的结构费用。为在功率不变时减小发动机尺寸、降低燃油消耗，即"Downsizing"（这是由于减小摩擦、改善混合气形成和发动机工作区移向低燃油消耗范围），废气涡轮增压器就是这方面的技术保证。内燃机与废气涡轮增压器具有相似的压缩和膨胀的热力过程，但实现的技术在本质上是完全不一样的，前者是往复式的，后者是旋转式的。废气涡轮增压器结构型式和能量转换在原理上与燃气轮机是一样的。废气涡轮增压器工作范围受温度（废气）、转速（工作轮、轴承）、流动性能（如压气机）、动态性能（涡轮空洞）和效率（压气机、涡轮、轴承）的限制。

从原理上说，内燃机增压提供给内燃机更多的燃烧空气，以在一定的过量空气系统下供给更多的燃油而达到功率增加的目的。这个设想与内燃机的设想一样地早，而且被戴姆勒和狄塞尔试验过。像在废气涡轮增压器上那样，开始利用废气源于 1905 年瑞典人 Alfred Büchi 的专利。在将这技术移植到飞机上时成为双舱（Doppeldeck）飞机最高飞行高度记录的第一个里程碑。该飞机由采用废气涡轮增压器增压的内燃机驱动。增压内燃机不只应用在道路和轨道车辆、飞机、船舶领域的多种场合，而且应用在工业上。在商用车和乘用车的地面动力领域，在第二次世界大战后不断使用废气涡轮增压器，也个别地应用其他增压系统，特别是按容积原理工作的压气机（如机械驱动罗茨式增压器）。决定性的变化是柴油机采用燃油直接喷射技术，因为直喷柴油机的工作过程和燃烧过程特别适合于废气涡轮增压器增压。柴油机增压也是由于下面的事实而凸显出来。20世纪80年代以来，以专利形式出现的发明显著增加。在过去几年开发了市场成熟的废气涡轮增压器控制方面有重要意义的一些方案，如可变喷嘴环或两级可调增压。目前在进一步改进增压技术的研发能力方面有很多投资。多增压系统的组合，如两个废气涡轮增压器的组合，即一个废气涡轮与一个压气机，一个废气涡轮与一个电动机提供了多种增压方案。就废气涡轮增压器本身，也有进一步发展的潜力，如材料优化、拓宽调节范围。过去曾指出过，不是所有看起来有意义的思考都会取得成功，常常是改进投入的费用与取得的成功不对等。

除改进增压功能外，改进产品质量起着重要作用。废气涡轮增压器在用户对产品的不满中位居前列。废气涡轮增压器的缺陷可分为加工缺陷、功能限制、寿命问题和不断增多的声学问题。究其原因，一方面是增压器市场增长过快（在西欧，市场份额从1995年的20%增加到2005年的50%，图5.131）。从而可以确认，也是由于发动机比功率的增加，在这期间几乎所有的废气涡轮增压器的部件和组件已达到它们的负荷极限。在100kW的柴油机上可以将柴油机和废气涡轮增压器的有用功率（发动机：曲轴上的功率，增压器：压气机功率）与它们的质量相互比较，得到废气涡轮增压器比功率（与质量之比）要比柴油机比功率高3倍（表5.9，为1.75kW/kg比0.59kW/kg）。

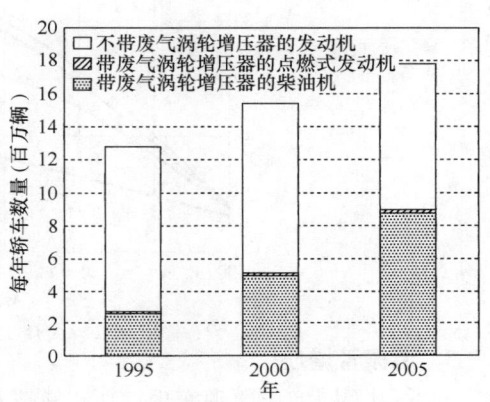

图5.131 欧洲市场上乘用车废气涡轮增压器的发展

表5.9 100kW柴油机的柴油机功率和废气涡轮增压器有用功率比较实例

	标定点的有用功率/kW	质量/kg	有用功率/质量/（kW/kg）
压气机	14	8	1.75
柴油机	100	170	0.59

在可接受的废气涡轮增压器成本和改进质量下，废气涡轮增压器对改进发动机工作过程的贡献程度决定废气涡轮增压器未来的走向。

不断改进现有技术和创新，如空气轴承废气涡轮增压器，将推动增压器和增压技术的发展。

5.3.2 增压原理

在汽车领域常用的4冲程发动机在"充量更换"中进行废气与新鲜空气的交换。因为燃料量（特别是在直接喷射）是可变的，所以发动机的输出功率取决于提供给发动机的空气量。增压空气压力或密度是增压的一个重要参量。自然进气发动机（不增压）燃料的供给受到吸入的空气量的限制，喷入过多燃料就不能完全燃烧。如果要使发动机的有效功率P_e增加，则可通过增加气缸工作容积V_h、气缸数z、转速n、冲程数i或提高平均有效压力p_{me}实现。

$$P_e = V_h \cdot z \cdot n \cdot i \cdot p_{me}$$

发动机转速一般不能任意提高。增加气缸工作容积或气缸数意味着发动机体积增大、重量增加、内摩擦增加。而提高平均有效压力由于燃料喷射系统的灵活性则相对简单。平均有效压力随提供给发动机的新鲜空气密度呈线性增加。增压就起到这个作用。实际上在大众 1.9L TDI 柴油机的例子中特别清楚地表明这种关系,因为该机型有几个功率谱(图 5.132)。与非增压 SDI 柴油机相比,增压 TDI 柴油机在相同的基型柴油机上几乎可以任意地改变喷油量和增压空气压力。

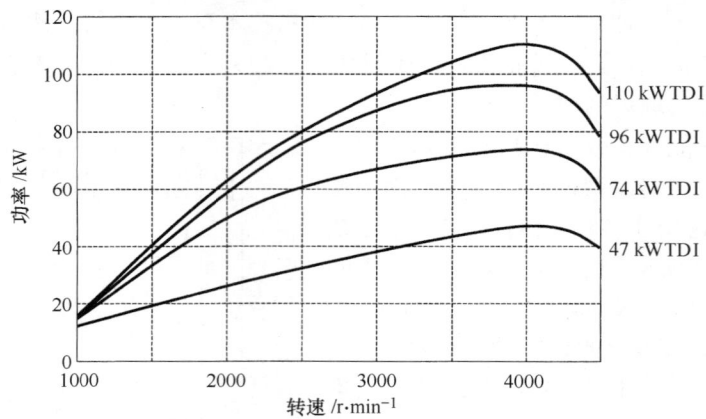

图 5.132　大众 1.9L 增压柴油机功率谱实例

1. 谐振管增压

可采用不同增压原理实现增压。首先提到的是谐振管增压(图 5.133a)。这种增压没有采用主动的增压装置。为提高发动机进气量,可利用进气行程中新鲜空气的进气振动。在发动机某一转速(范围)选择有效的进气管长度及容积就可达到空气的谐振,从而提高空气增压度。谐振管增压可达到的空气增压度有限,只能在一定的发动机转速,空气才能谐振。

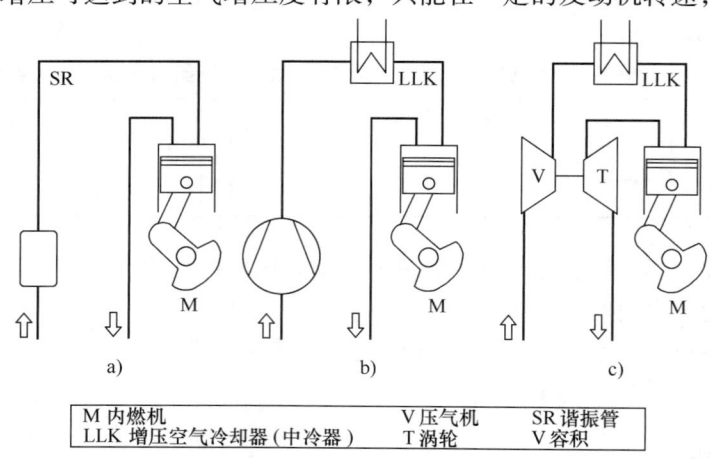

| M 内燃机 | V 压气机 | SR 谐振管 |
| LLK 增压空气冷却器(中冷器) | T 涡轮 | V 容积 |

图 5.133　增压原理

a) 谐振管增压　b) 压气机增压　c) 废气涡轮增压器增压

2. 压气机增压

为主动增压可以选择压气机。首先观察机械驱动的压气机(图 5.133b)。为避免较高的变速器传动比,通常使用按容积原理工作的压气机,以下就简称为压气机。这种供给发动机增压空气的方式常称为"机械增压"或"压气机增压"。利用压气机容积变小提高空气压力。压气机驱动转速与内燃机转速成比例，且在同一个数量级。压气机增压主要有3种结构型式：罗茨式增压器、螺杆式增压器和螺旋式增压器。这类增压器的主要差别是可达到的增压空气压力和生产成本。按"机械增压"概念，就表明了这类增压器的驱动。它们通过变速比与曲轴耦合。具有陡的特性场（一系列的等压缩线 n_v，图5.134a），这表明发动机还在低速时就可提供高的增压空气压力，使发动机具有良好的动态性能。这类增压器的使用受到限制的原因是压缩空气消耗的功率，包括增压系统的摩擦损失完全要从发动机的有效功率中扣除。采用可调的旁通阀实现增压器调节［如戴姆勒克莱斯勒4缸点燃式发动机、1.8L、120kW 的"压气机"（罗茨式增压器）］。另外，为降低在几乎不需要增压空气压力的工作范围的燃油消耗，可以通过可控离合器切断压气机。在发动机上采用这种增压方式总的结构费用高。

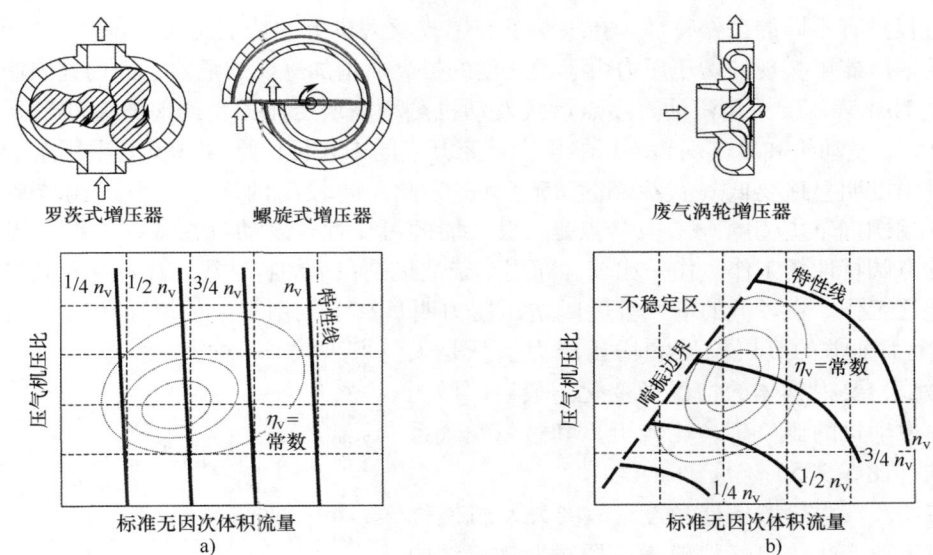

图5.134 机械增压器的特性场
a）容积式增压器（压气机）特性场 b）流体式增压器（废气涡轮增压器）特性场

3. 废气涡轮增压器

废气涡轮增压器按热力学原理工作（图5.133c）。增压所需能量取自发动机废气。其优点是可以利用废气中的一部分热能，从而改善发动机热效率。废气在涡轮中膨胀而做功，并提供给涡轮压气机。废气在涡轮前加速，在工作得到的能量以转动的形式传递到废气涡轮增压器轴上。为达到工作轮的高效率，工作轮需要高的功率密度和高的圆周速度。与压气机增压的压气机相比，废气涡轮增压器结构尺寸小。乘用车点燃式发动机使用的废气涡轮增压器转速远超过20000r/min。目前使用的涡轮压气机工作原理正好与涡轮相反。与机械增压相比废气涡轮增压器是完全不同的增压方式。它与容积式增压器（压气机）的特性场区别不只是等转速特性线不同（图5.134b），在体积流量减小时增压比缓慢增长，且最高转速约高20倍。另外，涡轮压气机有一个典型的不稳定流动区。这是为建立气体压力，高速气流需要减速而出现的气流分离现象。气流减速导致输送出去的空气逆着原来的流动方向经涡轮压气机反向流动。这个过程循环发生，即压气机输送的空气间歇性中断和再次输送，并形成噪声而被称为喘振。在特性场的稳定区和不稳定的过渡区称为"喘振边界"。在设计涡轮压气机时要注意发动机应在稳态特性场内工作。废气涡轮增压器的这种特性场限制了柴油机和点燃式发动机在高转矩（即高增压压力）和低发动机转速的工作范围。

4. 其他增压系统

除了在内燃机上实现的三种增压方式外，还有其他没有采用的增压方式，如气波增压（Comprex Aufladung）。在气波增压的转子通道中，废气将能量直接传给进入发动机的新鲜空气。转子不是主动地直接提升新鲜空气压力，而是作为废气动力学与新鲜空气动力学的耦合体与能量交换。

人们估计各种增压系统的年销售量为废气涡轮增压器约 1500 万台，压气机约 50 万台。所以废气涡轮增压器的成功是公认的。人们比较废气涡轮增压器在乘用车点燃式发动机、乘用车和商用车柴油机三个最常用的领域可以发现，不同应用场合的废气涡轮增压的不同热力学工作过程具有不同的工作特性。在乘用车点燃式发动机上，特别是在外部混合气形成时，废气涡轮增压器可实现的增压压力由于增压度的提高而增加爆燃的危险，因而被限制在最高值不超过 1bar 表压。采用汽油直喷点燃式发动机可增高增压压力。当前典型的最高废气温度为 950℃。发动机和废气涡轮增压器生产厂家开发的未来目标是 1050℃。乘用车柴油机达到的废气温度明显地要低（很少超过 850℃），为此需要较高的增压压力（比转矩约可达 2bar）。在乘用车的应用领域，其特点是行驶性能的可变性。发动机在从在喘振边界到标定功率间的宽阔特性场工作。作一比较：商用车柴油机是在窄的特性场工作，通常是在最少的燃油消耗区工作。在较低的废气温度时增压压力明显高于乘用车上的增压压力（约达 3bar 表压）。上面列举的废气温度和增压压力值只是大致的参考值，要视具体的情况而变化。最后，增压压力是由发动机的比负荷（比转矩）和过量空气系数决定的（图 5.135）。

从应用废气涡轮增压器角度，只要发动机燃烧过程没有重要变化，废气涡轮增压器对发动机结构不会有多大影响。因为废气涡轮增压器安装在排气弯管上，不会对发动机有明显的干涉。在直喷点燃式发动机上，废气涡轮增压器则要受到相应的限制，因为在使用汽油直喷时燃烧方式和发动机部件

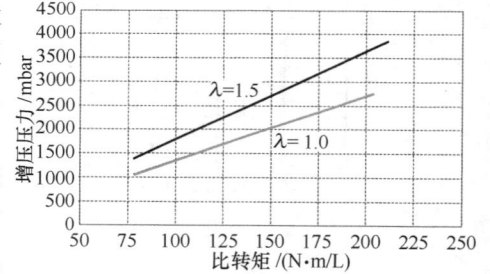

图 5.135　增压压力随比转矩和过量空气系数 λ 的变化

作了较大的变动。另外，从废气涡轮增压器原理角度，废气涡轮增压器只通过废气，而不是通过曲轴与发动机耦合在一起。这样，发动机的动态性能与稳态性能是不一样的。一方面是带两个工作轮的转子有质量并有惯性（机械惯性）；另一方面是加速过程中废气能量总是要滞后建立起来（热惯性），这称之为"涡轮空洞"。

5.3.3　结构

各种不同要求的废气涡轮增压器的一些结构部件十分相似（图 5.136）。涡轮和压气机为径流式，即在高压侧（压气机出口和涡轮进口）的气流方向是径向的，在低压侧（压气机进口和涡轮出口）的气流方向，为减小体积，大多是轴向的，从而形成了典型的、复杂的工作轮几何形状。工作轮在过去几乎无例外地采用铸造成型。可以期待的是压气机工作轮会完全采用铣削加工，并可同时改进它的声学性能、原始不平衡和强度。压气机外周是集气

器。压气机与集气器一般采用铝合金材料。特别是圆周速度高、工作温度高和要求寿命长的压气机采用钛合金材料。涡轮由于高的废气温度而采用镍基合金材料。为降低涡轮惯性，也选用钛铝合金。钛铝合金在较小的材料密度和高的废气温度下仍有良好的强度。涡壳可采用多种耐高温的铸造合金材料。工作轮（压气机、涡轮）与轴相连，组成一个转子总成。轴与涡轮焊成一体，压气机的

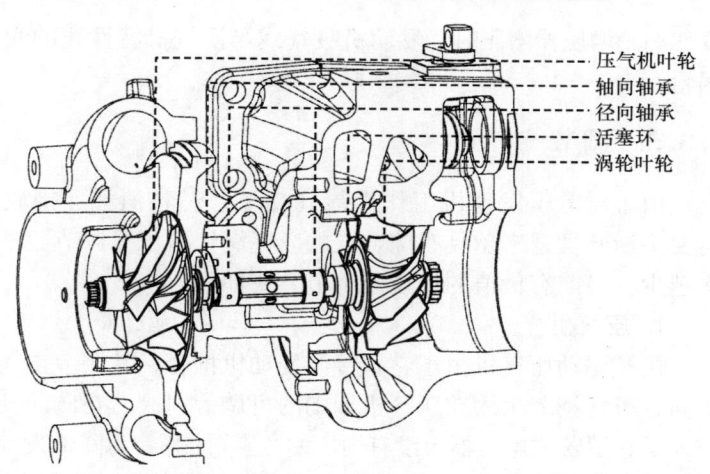

图 5.136　废气涡轮增压器结构

工作轮与轴螺母拧紧。在个别情况，采用球轴承支撑转子总成。其缺点是寿命低、成本高、声学性能差。为此采用与发动机润滑油循环耦合的、流体动力学滑动轴承。大多是径向轴承和轴向轴承分开结构。轴向轴承吸收工作轮的气动力。轴向轴承的静态载荷要比径向轴承静态载荷高。径向轴承有一个重要的减振功能。在废气涡轮增压器的整个工作范围，减振功能决定转子总成的运动状态。在涡轮涡壳或压气机集气器到位于它们之间的轴承体之间的转子总成的密封采用活塞环式的密封结构。

压气机增压的压气机结构设计与废气涡轮增压器结构设计在本质上是不同的。压缩原理和相随该原理的转速完全是另一回事。它们的转子几何形状复杂并常常是交叠（扭转）的，如罗茨式增压器或螺杆式增压器，或者是不对称转动，如螺旋式增压器。因为压力的建立是通过容积改变（挤压）实现的，所以旋转件和非旋转件之间的间隙尺寸对性能有重要影响。

5.3.4　发动机与压气机的耦合

汽车发动机一般不仅使用在最大功率的标定点，而且使用在很宽的负荷与转速范围。在增压发动机上，重要的是根据转速改变转矩和空气量。为此，需要注意发动机吸气性能与压气机特性场。以下就它们的一般情况进行分析，而不区别具体的发动机型和功率等级。

发动机与压气机的相互作用可以这样理解：发动机是压气机供气的"消费者"，可以把发动机的"性格"表示在压气机特性场中。从发动机的各个转速可得到它的吸气线（图 5.137，废气涡轮增压器的压气机与柴油机实例）。与发动机进气状态有关的吸入的空气体积流量几乎与压气机压比线性变化。压气机特性线 n_v 和发动机吸气线 n_m 之间的交点表示发动机的工作点。这在设计压气机时特别有用，因为可以事先确定发动机在整个压气机特性场中的工作状态。机械驱动的压气机可以据此确定压气机与发动机之间的传动比。在

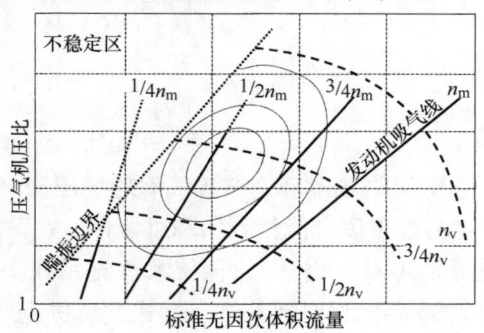

图 5.137　在废气涡轮增压器特性
场中的发动机吸气线

废气涡轮增压器增压时,发动机吸气线与压气机特性线的交点可以帮助选择合适的压气机和涡轮。

5.3.5 调节

由于对增压发动机工作性能（功率、燃料消耗、排放、动态性能）的要求不断提高，需要不断开发越来越具有综合性的废气涡轮增压器调节。不可调节的增压器在乘用车上已越来越少。目前有价值的增压器调节方式如下。

1. 压气机

机械驱动压气机由于它直接与发动机耦合，其调节方式与废气涡轮增压器调节方式完全不同。负荷调节采用在压气机周围的可调旁通阀。在阀门开启时旁通阀在几乎没有载荷下工作（只在罗茨式增压器上没有内压缩才有可能）。为降低发动机燃料消耗，可以停止压气机工作。在内部压缩时（如螺杆式增压器）停止压气机工作是十分需要的，以免损坏压气机。

2. 带旁通阀（废气门）的废气涡轮增压器

要将一部分废气质量流量绕过涡轮而直接进入排气管。这部分能量就不对压气机做功（图5.138a），这样就可使用小涡轮。小涡轮一方面在发动机低速时提供较高的发动机功率；另一方面可改善发动机动态性能。为限制增压压力或避免发动机在标定功率时废气涡轮增压器超速，则可开启蝶阀或阀门。调节一般通过过压执行器自动进行。压气机压力作用在过压执行器薄膜上，薄膜通过杠杆操纵旁通阀。

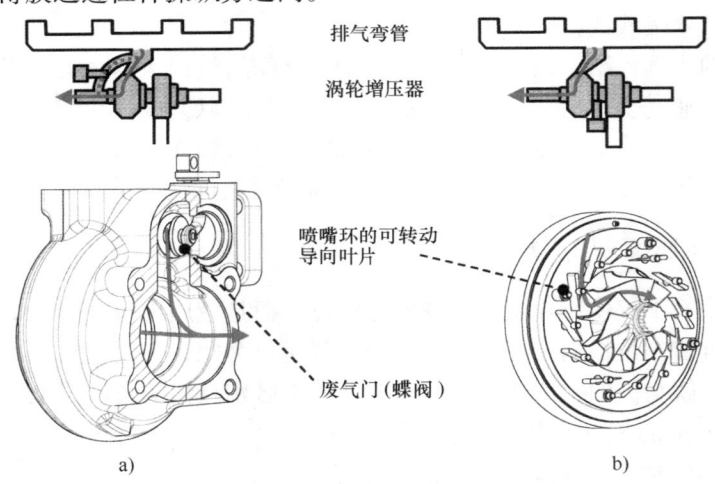

图5.138 单级废气涡轮增压器调节方式
a）通过旁通阀调节 b）通过可调喷嘴环调节

3. 可调喷嘴环调节废气涡轮增压器

为改善废气能量利用和可调性，在苛求的乘用车柴油机上采用可调喷嘴环调节废气涡轮增压器（图5.138b），该技术首先用在1996年的奥迪/大众4缸柴油机上（1.9L、81kW）和2006年的保时捷6缸点燃式发动机上（3.6L、353kW）。全部的废气质量流量进入涡轮。各导向叶片组成喷嘴环。利用喷嘴环使进入涡轮的废气压降适应压气机侧的能量需要。喷嘴环的作用（加速气流）要比导向作用（气流方向）更大。其缺点是采用的较大涡轮不利于发动机动态性能。拓宽的废气涡轮增压器特性场和精确的可调性证实了这种调节方式在更严格的排放要求时的优越性。可调机构采用负压或电驱动控制的执行器。在另一些增压柴油机上至今还很少采用这种调节方式。在商用车柴油机上对增压压力（相应的对涡轮前的废气压力）有高的要求。在点燃式发动机上，由于处在高的废气温度下，对废气涡轮增压器的结构和材料提出挑战。

4. 双废气涡轮增压器的两级可调增压

由于可调喷嘴环废气涡轮增压器受到的限制和对高增压压力的希望，开发了串联布置的各个废气涡轮增压器。从而在这样的多级废气涡轮增压器增压系统中可进一步提高增压压力。无论是商用车还是乘用车（如宝马直列6缸柴油机，3.0L、210kW）出现由高压级和低压级组成的双废气涡轮增压器系统（图5.139a）。当废气绕开带旁通阀的高压级废气涡轮增压器的高压涡轮，但仍有小股废气通过使高压级的转子总成继续低速转动时，则在这种最简单的情况下增压系统利用调节阀调节。还可扩大这种增压系统。如采用带废气门的废气涡轮增压器作为低压级和在高压级废气涡轮增压器的压气机周围加一旁通阀。该系统的优点除提高可达到的增压压力外，还能改善发动机动态性能（因为高压级的增压压力由小废气涡轮增压器产生）和喘振性能（因为每个压气机很少在高负荷下工作，不会达到危险的喘振边界），此外还可用相对简单的废气涡轮增压器。缺点是系统体积大，在很多使用场合难以提供两级可调废气涡轮增压器的空间；在布置时在增压器各连接件（排气弯管）中会产生高的气体流动损失；由于涡轮侧和压气机侧的高压，对集气器、涡壳和转子总成的密封要求很高。

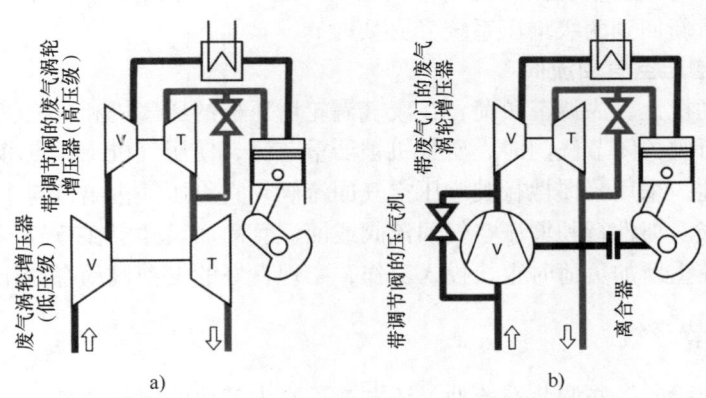

图5.139 两级增压
a) 两个废气涡轮增压器串联 b) 废气涡轮增压器与压气机串联

5. 废气涡轮增压器和压气机的两级可调增压

除串联的双废气涡轮增压器增压系统外，也可选用串联的废气涡轮增压器和压气机的增压系统（图5.139b，大众TSI直列4缸柴油机，1.4L、125kW的增压系统）。当一个废气涡轮增压器在发动机标定功率点时可以达到所需的增压压力和要改善汽车行驶性能时采用这样的系统特别有用。这时废气涡轮增压器不是看成是高压级，它是在发动机最高转速、在可接受的燃料消耗时达到标定功率。系统采用废气门调节。在发动机低转速和高转矩时压气机（如罗茨式增压器）一直连接。这样可优化发动机的稳态和动态功率。用调节阀（旁通阀）和电磁离合器（完全切断）组合调节压气机。发动机与增压器的这样组合综合了废气涡轮增压器和压气机增压方案的优点。废气涡轮增压器的小工作容积（排量）的柴油机保证低燃油消耗（Downsizing），压气机补偿了相应的缺点，即改善了发动机动态性能。其缺点是系统的结构费用高，在动态工作时对负荷的调节要求高。

5.3.6 与增压有直接关系的发动机部件

1. 增压空气冷却器

目前车用增压发动机大多配备增压空气冷却器。其目的是降低增压时新鲜空气的温度。因为压缩过程是在绝热、等熵下进行，空气温度升高是不可避免的。按理想气体定律，降低空气温度可提高空气密度，使燃烧室有更多的空气，从而可多喷燃料提高发动机功率。另外还可降低发动机零部件热负荷，减少 NO_x，改善增压点燃式发动机的爆燃危险。利用空气或冷却液冷却的热交换器（增压空气冷却器，图 5.133）可以实现增压空气的冷却。

2. 废气再循环

不断对废气排放的严格要求，使柴油机的废气再循环已提到日程上。废气大都直接从排气弯管进入增压的新鲜空气中。废气起着惰性气体的作用，在燃烧室中可降低燃烧温度，从而减少 NO_x 形成。可循环（回流）的废气量受到涡轮前废气压力和增压压力间的压差限制。废气回流量对废气涡轮增压器有不同的影响。废气再循环降低依靠涡轮驱动的压气机功率。为将新鲜空气与回流的废气混合充入燃烧室，则必须提高增压压力。发动机在部分负荷工作时废气再循环，提高增压压力不会有问题。但日益严格的排放法规，需要增加全负荷时的废气回流量。这样，为保持空燃比（过量空气系数一定），需要在接近全负荷工作时额外增加增压压力，这又重新回到两级增压系统（必要时）。

3. 惯性行驶增压空气回流阀

在点燃式发动机上，为调节负荷，在废气涡轮增压器的压气机和进气管间安装一个节气门。在汽车惯性行驶关闭节气门时，压气机被严重节流，使压气机工作点移到喘振边界的不稳定工作区。为此，采用了惯性行驶增压空气回流阀。它将压气机出口与进口短接，使压气机仍运转但不供气。惯性行驶增压空气回流阀或回流管断面尺寸应在节气门关闭时压气机转速尽可能低，并在重新加负荷时很快投入工作，实现良好的发动机动态性能。

5.3.7 其他调节系统

除上面详细介绍的一些调节系统外，还发展了不少其他的调节系统。这些系统要求是作为预备方案（合理的或是可成功的），还未达到产品成熟的程度。

1. 电动辅助增压

在寻找扩大废气涡轮增压器调节自由度时，作为一种选择，曾想到电动辅助增压。在过去或现在提出了多种方案。或者是在废气涡轮增压器转子轴上安装一个电动机，在需要时提供给压气机附加能量；或者是在发动机进气段另外安装一个电驱动的涡轮压气机（在废气涡轮增压器的压气机前或后）。该涡轮压气机可直接提高增压压力。优点是易调节，可改善发动机动态性能（提高增压压力）。缺点是需要高的电能。为提高增压压力，在一定时间（几秒）所需的电能数量级与压气机压缩气体的功率相当（几千瓦）。这时一般的汽车电气系（特别是12V系统）难以承受。电能中间储存器可能是一个方案。但连同增压系统和功率电子器件一起使成本增加。还有一个温度问题，特别是安装在废气涡轮增压器转子轴上。总起来看，在各种场合试验表明，电动辅助增压在可接受的费用下目前的效果还不理想。

2. 顺序增压

与电子技术类似，两个废气涡轮增压器可以串联，也可并联。如标致 4 缸柴油机（2.2L、125kW）就是采用并联的增压方式，也称为顺序增压。在发动机上要实现顺序增压，发动机要配备两个废气涡轮增压器（如 V 形发动机或排气管分开的直列发动机）。在标定功率范围两个废气涡轮增压器同时工作。在部分负荷，流过两个废气涡轮增压器的废气汇合到一起，以驱动一个废气涡轮增压器，并由它供给整个发动机（如双气缸排的 V 形发动机）的增压空气。这时另一个废气涡轮增压器是在准停止工作状态。顺序增压的优点是为发动机配备的废气涡轮增压器较小，发动机动态性能好。缺点是增压系统体积大，且最高增压压力受到限制。最后要注意的是，尤其是超过 6 缸的大排量发动机上使用的顺序增压的全部潜力已挖完。这些大排量发动机常带液力变矩器的变速器工作，这会削弱这种增压方式的优点。

3. 涡轮复合增压方式

作为废气涡轮增压器的补充，有一种废气从废气涡轮增压器出来后还被利用的系统。它是安装在废气涡轮增压器后面的一个附加动力涡轮。动力涡轮从废气中取得能量，再通过变速器传给发动机曲轴。这也称为涡轮复合增压方式。这种增压方式的平均燃料消耗较低，但结构费用高。重新兴起这种增压方式是由于在没有附加节流和不增加燃料消耗情况下，可以提高废气压力和增压压力间的压差，进而在废气再循环时达到较高的废气回流量。

5.3.8 减小发动机尺寸和增压：趋势、局限性、影响

降低内燃机燃料消耗的毋庸置疑的、有效的方法是减小发动机尺寸。其思路是在发动机功率不变时减小它的结构尺寸。在发动机气缸（工作）容积不变时减少气缸数可减小发动机排量（工作容积）或在气缸数不变时减小气缸容积可减小发动机排量。同样，提高增压空气密度可增加发动机功率。这是因为减小发动机尺寸有利于减小发动机摩擦损失和燃烧室壁面的传热损失。但这些优点也会由于不能组织有效的燃烧过程和附加的充量充换损失而又成为缺点，因为发动机尺寸与结构与燃烧方式、充量更换密切相关。减小发动机尺寸的优点的依据或保证是使发动机处于较高的缸内（燃烧室内）燃气平均有效压力下工作。在典型的汽车行驶阻力特性线上，特别是在从低到中负荷工况工作时可节省燃料消耗（图 5.140）。在标定功率时燃料消耗会增加。其原因在于：随着缸内燃气平均有效压力增加，发动机摩擦损失、燃烧室壁面热损失和充量损失增加而使可用功率下降，减小发动机尺寸的优点当然会受到限制，即有它的局限性。在中、高的缸内燃气平均有效压力时发动机效率贝壳曲线由于较高的燃烧损失或充量更换损失又变坏。经常在全负荷工况下工作的发动机（如在载货汽车 LKW 上）只能部分的利用减小发动机尺寸的优点。

不过，减小发动机尺寸也对增压系统提出高要求，在当前的基础发动机上，废气涡轮增压器已不断并将进一步优化，负荷边界得到扩展。在发动机功率不变时减小发动机尺寸（减小气缸工作容积）[128] 超过 30% 数量级，则需要较大幅度提高增压空气压力。图 5.141 是在压气机特性场中基础发动机和减小尺寸的发动机的全负荷特性线。由图可见，减小尺寸的发动机工作范围超出压气机转速范围。此外，压气机还会在左边喘振边界的不稳定范围工作。另一个问题是涡轮功率的不稳定性：在发动机比功率超过 65kW/L 时调节废气涡轮增压器的可变喷嘴环为压气机提供足够的功率和在一定程度上克服压气机在喘振边界工作造成乘

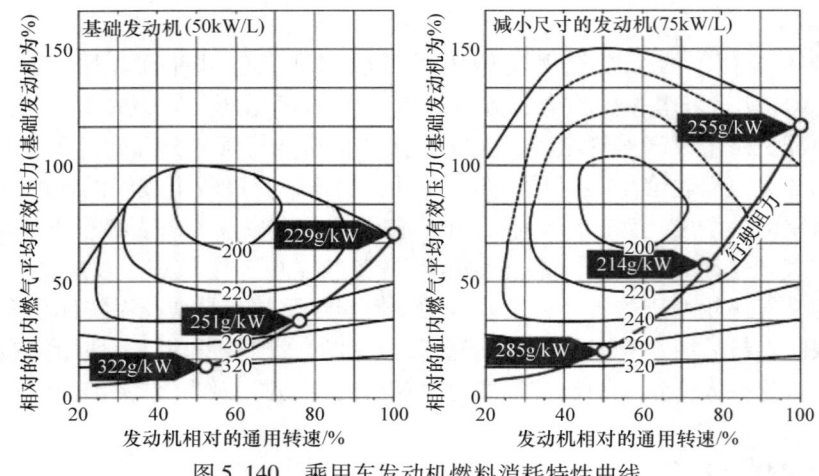

图 5.140 乘用车发动机燃料消耗特性曲线

用车起步慢的缺点。这时还有必要采取其他一些措施，如采用两级增压，以在良好行驶动力性能的宽阔的压气机特性场内达到高的增压空气压力，但会引起附加的充量更换损失。

减小尺寸的发动机对废气涡轮增压器的要求和对涉及的增压器组件的影响（变化）见表 5.10。

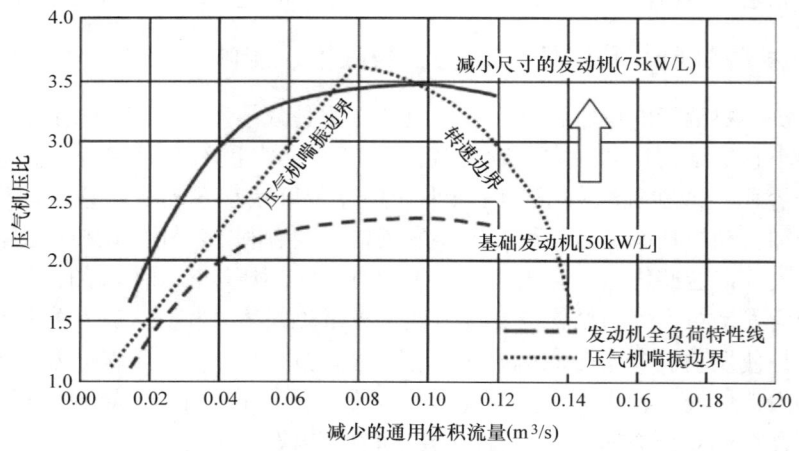

图 5.141 对减小尺寸的发动机增压系统的要求

表 5.10 减小尺寸的发动机对废气涡轮增压器的要求和对涉及的增压器组件的影响

减小尺寸的发动机对废气涡轮增压器的要求	涉及的增压器组件的影响（变化）
特性场宽阔	压气机
转速边界	压气机叶轮、涡轮叶轮、径向轴承
易于调节	涡轮、执行机构
高效率	压气机、涡轮、支承
废气温度	涡轮、支承
循环稳定性（TMF/LCF/HCF）	压气机叶轮、涡轮叶轮、蜗壳
防漏气	活塞环组
动态性能	涡轮、整个废气系统

5.3.9　废气涡轮增压器系统开发方法

废气涡轮增压器系统开发过程与发动机其他部件的开发过程相似，废气涡轮增压器开发已在发动机开发早期阶段投入，因为废气涡轮增压器对发动机功率、动态性能、排放和燃料消耗有重大影响。通常在 A 样品阶段确定废气涡轮增压器热力学性能，在 B、C 样品阶段确保力学性能。

根据测定的压气机和涡轮的稳态特性场和按设计任务书的发动机目标数据设计废气涡轮增压器，发动机目标数据常基于上一代发动机推导出的数据。当前很少出现重新设计整合发动机的情况，因此以数据为基础的设计大多达到很好的结果。作为设计工具可采用大多数生产企业固有的程序和数据库，如 GT-Power、Wave、Boost 的发动机工作过程仿真工具。基于不同的仿真计算效果，所设计的废气涡轮增压器需进行多方案试验。要试验具有不同流量特性或效率特性的多种涡轮、具有不同喘振边界和转速边界的多种压气机，要试验废气涡轮增压器的多种效率方案、轴承方案和调节方案。试验的背景或目的是因为废气涡轮增压器仿真计算的预期与它在发动机上的实际工作情况有一定的差别。其中重要的影响是：在废气涡轮增压器试验台（测量废气涡轮增压器特性场）上的气体流动状况是稳态的，而在发动机试验台上的气体流动状况是脉动的；废气涡轮增压器在这两种试验台上的热边界条件（如热辐射）或整个废气涡轮增压器系统是有偏差或不同的。因此在废气涡轮增压器早期开发阶段的试验方面的费用高。

废气涡轮增压系统开发的另一个重点是力学问题。利用位移和振动传感器进行转子动态性能试验，以验证涡轮、压气机转子轴承支撑能力。可以对转子和轴承进行动态承载能力等方面的仿真计算，但费用较贵[129]。与此相似的是在转子超速碎裂穿过蜗壳或压气机集气室的击穿性能试验时，进行仿真计算，也可同样能取得很好的效果，但首选还是进行抗击穿性能试验。有关寿命的高周疲劳（HCF，High Cycle Fatigue）、低周疲劳（LCF，Low Cycle Fatigue）、机械热疲劳（TMF，Termo Mechanical Fatigue）[130]）需进行很多试验和仿真计算，以保证开发过程中废气涡轮增加器质量。有关磨损、积碳、腐蚀方面的课题仍保留或多或少的试验研究。还要优化废气涡轮增压器的声学性能。需要指出的是，由于复杂的声音传播特性，有必要在汽车上进行最后检测。

通常要协调发动机和废气涡轮增压器制造厂之间的质量保证措施，如在设计审批图（DVP，Design Validation Plan）上载明。表 5.11 是废气涡轮增压器开发过程中的典型的质量保证措施，在成功检验所有的质量保证措施时就可按部门认可的方式发送产品（发货）。

作为批量产品质量保证的部分仿真计算不断显现出它的重要性。随着计算机工作能力的不断提高、精准的软件开发和新计算方法的扩充，今日的仿真计算已不再是纯学术研究，而是保证产品质量与试验同等重要的组成部分。

在一定范围仿真计算可以完善试验研究，也经常替代部分的试验研究。但仿真计算这种方法只有在所有的材料数据（包括边界条件）都具备的情况下才真实。因而，从长期来看，在保证产品质量方面需同时采用试验和仿真计算的方法，不能由此得出仿真计算可以完全替代试验的结论。

表5.11 废气涡轮增压器开发过程中的质量保证措施（摘录）

质量保证项目	典型的样品阶段	试验类型	S：仿真计算 HG：热气试验台 M：发动机试验台 K：部件试验台 F：汽车
热力学性能	A, B	静态特性场（涡轮、压气机、发动机）、动力学	S（CFD, Prozess）, HG, M
高的质量储备	A, C	在第一次设计时考虑，在汽车上试验	S（CFD, Prozess）, F
转子动力学性能	A, B	轴承稳定性和转速极限	S（多体仿真计算）, HG, M
碎裂，叶片速度（HCF）	A, B	工作轮转速极限	S（FEM）, HG
交变载荷（LCF）	B, C	与使用有关的耐久性试验	S（FEM）, K, HG, M
蜗壳抗裂（TMF）	C	交变热负荷时抗裂试验	S（FEM）, HG, M
抗击穿性能	C	叶轮碎裂时蜗壳或集气室抗击穿安全性	S（FEM）, HG
积碳、漏气、润滑油泄漏、腐蚀	B, C	耐久性，与其他的耐久性试验结合	HG, M
耐久性、抗磨损性能	B, C	若干个耐久性组合的循环试验	K, HG, M, F
声学特性	B, C	废气涡轮增压器声学特性试验	HG, M, F

5.3.10 前景

最近几年，内燃机增压在改善内燃机性能方面起着关键作用。增压影响发动机的各个方面。只要作为能量载体的燃料进行"热燃烧"而取得动力，则增压的重要性就会不断增加。无论是增压器生产厂家还是发动机生产厂家都在新技术开发方面努力工作。虽然废气涡轮增压器自1905年被发明以来基本结构没有多大的变化，但在过去几年出现了不少有意义的围绕增压器的发明。可以估计，在未来几年会采用一些新技术。

在与乘用车发动机匹配上，特别是改善动态响应性能方面正在努力。这里列出一些完全不同的技术考虑。多年来，如采用能改善动态响应性能和提高效率的潜在的滚动轴承，但仅在个别场合使用[132]。其挑战在于成本、寿命和噪声问题。另一个实例是涡轮叶轮采用钛铝合金。这种材料的密度很小，从而可改善增压发动机的动态性能，但对加工、连接、焊接提出新的挑战。另外，它同样是成本高的问题。另一种思路是通过改变转子结构减小惯性，如采用轴向涡轮[133]。不过还不清楚在多大程度上恶化废气涡轮增压器总效率而仍能保持良好的动态性能的优点。

未来，将采用一些扩展的增压系统。如不断实现由两个废气涡轮增压器组成的两级增压系统。柴油机是这种增压系统的推动者。这期间甚至还有三个增压器组成的增压系统[5]。不过要注意，这样的增压系统不是三级增压系统，而仍是带有附加柔性高压级的两级增压系统。

增压汽油机的份额还会不断增加。特别是由于其明显节省燃料消耗而可抵消燃料价格上升。基于扩大对废气涡轮增压器工作范围和工作温度的要求，需进一步开发闭环控制系统和相应的耐高温材料。这时，汽油机废气涡轮增压器就可能成为技术的促进者。在所有的应用领域,柴油机或汽油机,废气涡轮增压器有进一步开发的需要,如有关材料的耐磨性、抗疲劳、抗裂性、耐氧化性和高温强度。

参 考 文 献

[1] *Zinner, K.*: Aufladung von Verbrennungsmotoren: Grundlagen, Berechnungen, Ausführungen. Berlin: Springer-Verlag, 1985

[2] *Hack, G.; Langkabel, J.*: Turbo- und Kompressormotoren: Entwicklung, Technik, Typen. Stuttgart: Motorbuch Verlag, 2003

[3] *Baines, N.*: Fundamentals of Turbocharging. Concepts ETI, Inc., 2005

[4] *Golloch, R.*: Downsizing bei Verbrennungsmotoren. Berlin: Springer-Verlag, 2005

5.4 传动系

5.4.1 概述

1. 前言

变速器在汽车传动系中的重要性与内燃机一样。只有变速器与内燃机合理匹配和在注意有关的部件下汽车才能起步、前进、倒退和克服各种行驶阻力。汽车传动链中的所有部件统称为传动系,它将发动机的动力传给车辆。

乘用车上有手动换档变速器和自动换档变速器。它们在地理区域上的分布有很大不同。自动(换档)变速器至今只在西欧才达到一定的件数。无级变速器最大分布在日本,跟随其后的是德国(表5.12)。

表5.12 变速器类型在乘用车产品中所占的百分数

地区	总的乘用车产品/百万		手动换档变速器百分数		液力变矩器自动变速器百分数		无级变速器百分数		自动变速器百分数		双离合器变速器百分数	
	2009	2015	2009	2015	2009	2015	2009	2015	2009	2015	2009	2015
世界范围	58.2	90.6	57.7%	50.2%	33%	36.9%	7.3%	7.7%	0.9%	1.8%	1.1%	3.4%
北美	8.5	15.3	8.8%	7.5%	82.8%	83.5%	7.5%	7.0%	0.0%	0.0%	0.9%	2.0%
日本	7.8	10.0	18.2%	18.3%	43.8%	43.3%	37.9%	38.1%	0.0%	<1%	<1%	<1%
西欧	12.9	17.7	76.0%	72.5%	15.0%	17.1%	2.9%	<1%	2.2%	2.3%	3.9%	7.6%
德国	5.1	7.2	59.7%	54.5%	24.7%	29.8%	6.5%	<1%	2.0%	<1%	8.6%	14.8%

对传动系部件的基本要求是操作简单、功率损失少、体积小、重量轻、可靠性好、寿命长、成本低。

2. 变速器任务

世界范围内采用点燃式发动机和柴油机作为车用动力。在可预见的未来仍然如此。这两种原动机具有下列特征:

1)只在从怠速到最高转速的一定转速范围工作。从发动机静止状态驱动汽车是不可能的。

2)为急剧加速汽车或克服较大的坡度,单靠发动机转矩是不够的。

3)发动机只是一个方向转动,汽车要前进和倒退是不可能的。

变速器解决了这些缺点。它与起步部件一起以不同的速比使汽车需要的牵引力与动力装置提供的动力匹配。变速器提供汽车加速、爬坡所需传动比,并节省燃料行驶,还可向后行驶。

汽车的行驶状态可用行驶方程式描述。它建立克服汽车行驶阻力和由传动系转换驱动转矩（转换成牵引力）之间的平衡方程式。这里需要考虑在发动机转速变化时发动机静态转矩会受转动质量的变化而减小或增大。在变速器输入端与车轮之间就是变速范围。当然还有整个传动系的传动效率 η_{ges}。行驶方程式为：

$$(\underset{\text{驱动转矩}}{M_{mot} - J_{mot} \cdot \dot{\omega}_{mot}}) \cdot i/r \cdot \eta_{ges} = \underset{\text{滚动阻力}}{F_w = m \cdot g \cdot f \cdot \cos\alpha}$$

$$+ \underset{\text{空气阻力}}{c_w \cdot (\rho/2) \cdot A \cdot v^2} + \underset{\text{制动力}}{F_B} + \underset{\text{爬坡阻力}}{m \cdot g \cdot \sin\alpha} + \underset{\text{加速阻力}}{m \cdot \chi \cdot a}$$

变速范围（i/r）是车轮上的驱动力与变速器输入端转矩之比（r 为车轮动态半径）。如果传动系没有滑转，则它同时等于变速器输入端角速度与汽车行驶速度的传动比。

变速范围（i/r）是由换档变速器的可变速比和在传动系中的固定速比（如车桥变速器）两部分组成。

加速阻力不只考虑汽车质量，而且考虑汽车在变速器输入端和车轮间转动部分的加速质量，用因数 χ 表示，

$$\chi = 1 + \frac{1}{m} \sum_{n} J_n \cdot (i_n/r)$$

设计变速器时需要得到汽车行驶边界，变速范围（i/r）在此边界内变化。在陡坡上行驶时，为达到高的加速度，通常也为汽车起步需要最大的变速范围值 $(i/r)_{max}$。在忽略行驶阻力和轮胎与路面间附着系数高的情况下，$(i/r)_{max}$ 可由行驶方程式求出。为得到最大爬坡能力，将行驶方程中的加速阻力一项取为零。为得到最大加速度，则爬坡阻力一项取为零。

由上述两项准则得到的 $(i/r)_{max}$ 值是不同的。因为在最大加速度时必须考虑发动机的转动质量。同样，不论是前驱动、后驱动还是全轮驱动汽车，$(i/r)_{max}$ 值是不同的。

为设计最小变速范围值 $(i/r)_{min}$，有两个问题要确认：

1）在平坦路面汽车是否要达到它的最高车速（发动机在最大功率、爬坡状态为零、加速度为零）？

2）在最高档行驶时汽车是否要有好的爬坡能力和加速度储备，或者是燃料消耗应尽量小？

根据1），最高车速的变速范围 $(i/r)_0$ 可从行驶方程式中求出。

$(i/r)_0$ 值（偏差）可由超速档因数 φ 确定

$$(i/r)_{min} = \varphi \cdot (i/r)_0$$

由 φ 值可得到下列值（图5.142）：

1）$\varphi = 1$：汽车最高速度行驶，中等爬坡能力和加速度储备，燃料消耗相当高。

2）$\varphi > 1$：爬坡能力和加速度储备能力增加，燃料消耗高，变速范围变窄。

3）$\varphi < 1$：爬坡能力和加速度储备能力降低，燃

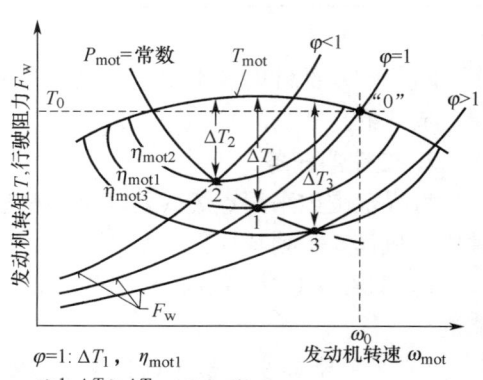

$\varphi = 1$：ΔT_1，η_{mot1}
$\varphi > 1$：$\Delta T_3 > \Delta T_1$，$\eta_{mot3} < \eta_{mot3}$
$\varphi < 1$：$\Delta T_2 < \Delta T_1$，$\eta_{mot2} > \eta_{mot3}$

图5.142　发动机特性场和与快速档因数有关的行驶阻力曲线位置

料消耗下降，变速范围变大。

变速器的变速范围定义为：

$$I = (i/r)_{max}/(i/r)_{min}$$

无级变速器可理想覆盖变速范围。但不同方案的齿轮有级变速器具有结构紧凑、重量轻、效率高、技术成熟的优点。当前，乘用车主要采用手动 5 档或 6 档变档变速器。乘用车自动变速器为 4~7 档。档位一般是渐进的，在低档范围（高传动比），档距较大。在较高行驶百分数的高档范围，档距较小（档位较密）。图 5.143 是配备渐进档位 6 档自动变速器发动机与汽车的匹配（行驶特性场）。

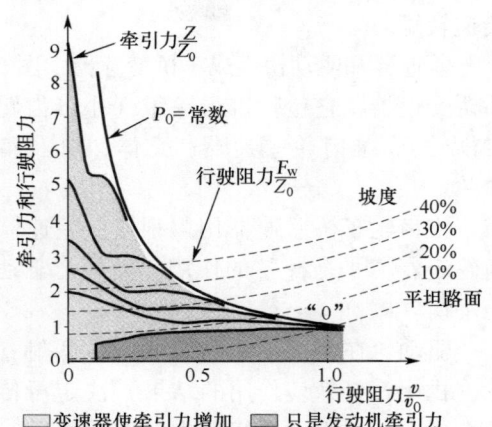

图 5.143　配备 6 档自动变速器的行驶特性场

3. 传动系的结构和部件

为将发动机的转矩传递到汽车车轮，需要下列部件：

1）机械起步和分离离合器或液力变矩器。
2）有级或无级变速器。
3）固定速比的车桥变速器。
4）驱动桥差速器，可能还有全轮驱动。
5）传动轴和万向轴，以传递传动系直至车轮的功率。
6）离合器、变速器和可能激活全轮驱动的操纵件。

表 5.13 是乘用车上传动系可能的布置方案。

表 5.13　传动系的各种布置方案

驱动	发动机位置	驱动桥
标准	前，纵置	后
前	前，纵置或横置	前
中	中置	后
后	后置	后
全轮	前，纵置或横置	前和后

4. 驱动桥

车桥变速器的任务是匹配发动机与车轮的转速。其型式与发动机安装位置有关。在发动机横向布置时采用圆柱齿轮组；在纵向布置时采用双曲线啮合的锥齿轮组。

车桥变速器的固定速比 i_a 的计算式为：

$$i_a = (i/r)_{min}/(i_g)_{min}$$

式中，$(i_g)_{min}$ 为换档或无级变速器最小传动比。

车桥变速器传动比的实例值约为 2.6~4.5。

5. 差速器

为补偿汽车在弯道行驶时出现的或不同的轮胎动态半径（制造公差、轮胎气压不同）产生的驱动桥上左右两边车轮的转速差，需要使用差速器，以免车轮轮胎强制滑移，并同时传递转矩。

差速器和驱动桥组成车桥变速器。图5.144是后桥变速器。它包括锥齿轮组（小锥齿轮和盘形锥齿轮）、锥齿轮差速器、壳体、输入和输出轴法兰。

锥齿轮车桥差速器用得很广。差速器的差速齿轮起着"平衡杆"的作用，使两个驱动轮的转矩平衡。

驱动轮在不同牵引力路面时，低附着系数车轮（由平衡杆效应作用的结果）决定可传递的汽车牵引力，在驱动转矩过大时车轮滑转。利用闭锁差速器可减少牵引力损失。闭锁可分操纵式的和自动式的两种。操纵式闭锁将两个半轴刚性连接起来，使在弯道行驶时强迫车轮滑转和夹紧。

自动闭锁式差速器允许驱动轮间有转速差。闭锁转矩或与驱动转矩（由于摩擦片传力或蜗轮蜗杆啮合和圆柱齿轮啮合的组合摩擦传力）成正比，或与出现的转速差有关（黏性闭锁差速器）。

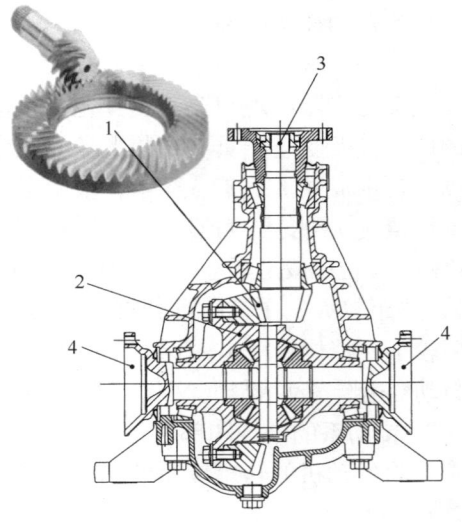

图5.144　乘用车后桥变速器
1—锥齿轮组（低噪声曲线啮合）　2—差速器
3—输入轴法兰　4—输出轴法兰

目前要关注有发展前途的电子调节自动闭锁式差速器。利用电控制动干预可以改善牵引力。激活滑转车轮的制动器，建立保证非滑转车轮的牵引力的转矩。

6. 全轮驱动分动器

全轮驱动改善汽车牵引力和行驶安全性，特别是在潮湿或光滑路面上。全轮驱动或者是永久性的，或者是根据需要可接入的，见5.5节和图5.203。通过平分或不对称分配转矩的中心布置的分动器驱动两个车桥。

分动器常用行星圆柱齿轮组，并采用操纵式闭锁（在一些越野车上）、自动式闭锁或没有闭锁。在没有闭锁情况下，在车轮制动器中采用智能控制干预，以实现对车桥或分动器闭锁。

7. 万向轴

在变速器与驱动桥以及车桥差速器与车轮空间分开时，万向轴将它们连接起来。如果车桥不在一排或一列，则万向轴要通过联轴器将它们连接。另外还要有长度补偿，以补偿制造公差、弹性和运动学影响。角度运动的补偿靠万向节、同步万向节或万向盘。

对汽车前驱动的万向轴有特别高的要求。不只是补偿发动机和车轮的运动，更要控制由于车轮的撞击引起较大的弯曲角。采用由Hans Rzeppa开发的球万向节作为固定万向节，并替代可移动的Tripode万向节或球万向节（图5.145）。

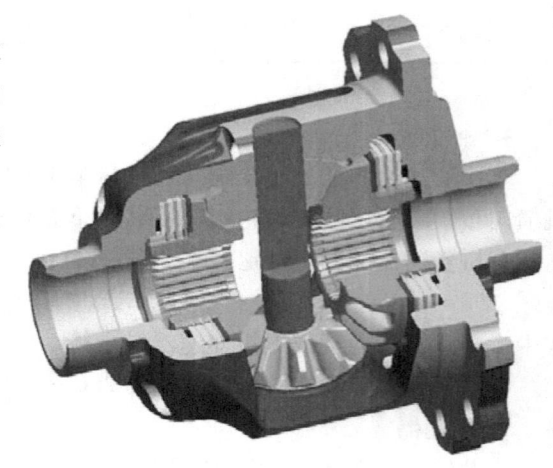

图5.145　前驱乘用车用等速万向节

汽车后驱动的万向轴或是单件结构，或在车桥较长时是有中间支撑的多件结构。
传动系的任务和部件详见参考文献[134-137]。

8. 振动系统

汽车传动系统是一个易振动的系统。如果系统激起谐振，则根据系统内的阻尼情况，可以将振动幅值提升到很大的值，其后果是影响传动系寿命和出现干扰噪声（嗡嗡声、嘎吱声）。在设计时要把整个传动系作为一个系统处理。

传动系的振动以扭转振动、万向轴的弯曲振动和发动机—变速器壳体的弯曲振动形式出现。

传动系各部件的惯性力矩、质量、扭转刚度、弯曲刚度是谐振频率的决定性参量。

内燃机（气缸数、结构型式）和万向轴是发生激励的典型诱因。

避免振动的措施如下。

（1）扭转振动

1）在超临界范围，采用扭转减振器（在常规的操纵离合器上加一个从动盘）抑制谐振，以及解耦内燃机和传动系；双质量飞轮；液力变矩器（必要时用滑转控制将离合器搭接）。

2）用消振器（减振垫、缓冲器）使传动系偏离谐振。

3）在布置万向轴时尽量使它的弯曲角小。

（2）弯曲振动

1）采用短的万向轴（必要时用加中间支撑的两根万向轴）。

2）高的发动机—变速器刚度。

传动系的振动详见参考文献[138-140]。

5.4.2 起步部件

1. 离合器

可操纵干式摩擦离合器、在机油中工作的多盘片式离合器和电磁粉离合器适用于舒适的起步过程和中断转矩流。为换档，手动换档变速器在尽可能小的惯性质量转矩时需要快速和完全中断转矩流。这只有干式摩擦离合器才能胜任。无级变速器（CVT）和现代双离合器变速器可选用另一些离合器型式[8]。

干式摩擦离合器（图5.146）由固定在飞轮上的膜片弹簧压板、在变速器输入轴上可轴向移动的离合器盘和分离杆组成。分离杆通过球轴承将非

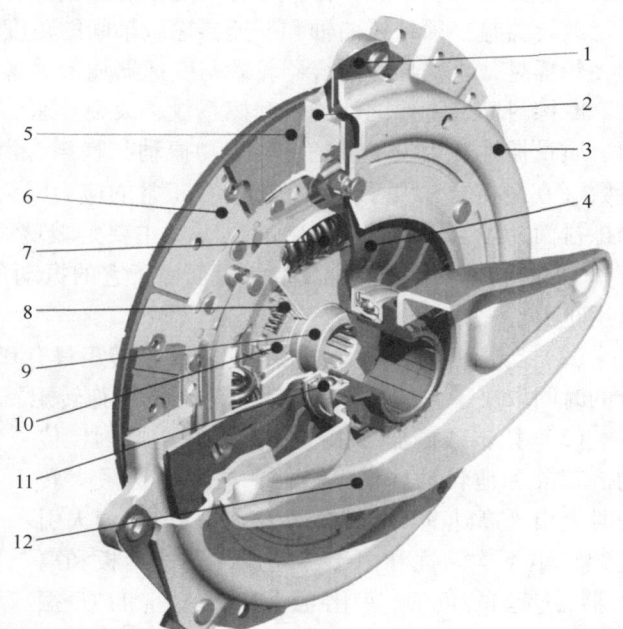

图5.146 乘用车离合器（包括膜片弹簧压板、带扭转减振器和分离杆的离合器盘）

1—回位弹簧 2—压紧弹簧 3—壳体 4—膜片弹簧 5—摩擦片衬面
6—摩擦片衬面弹簧 7—汽车行驶用弹簧 8—发动机怠速用弹簧
9—轮毂 10—摩擦装置（摩擦环、蝶形弹簧、调整片）
11—分离杆 12—分离杆臂

旋转的操纵部件的分离行程传到压板上[9]。双盘离合器用在重型载货汽车和建筑工地车辆上。最近也用在大功率乘用车上。在发动机和变速器之间需要一个扭转减振器，它可能放在离合器盘内或发动机飞轮内（双质量飞轮）。

（1）传递转矩 离合器必须传递包括动态超车的发动机最大转矩。可传递的转矩是离合器压紧力、摩擦片摩擦系数、平均摩擦半径和摩擦面数的乘积[135]。利用压紧力的变化，离合器成为转速变换器，而传递转矩是不变的。在滑转时转矩传递使离合器发热，并导致不可避免的摩擦片衬面磨损。对 ABE，在 12% 坡度上，在 5min 内带允许的总汽车重量（包括挂车）5 次起步需要最大的载荷。这时会导致摩擦系数下降（衰减）和由于离合器压紧盘和飞轮摩擦侧与背面间的温差引起它们的锥状变形，从而减少有效的摩擦面积和有

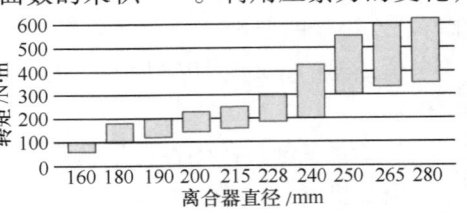

图 5.147 可传递的发动机最大转矩与离合器直径的关系

效的传递半径。摩擦片衬面弹簧则可部分地补偿这种变形。此外衬面弹簧可减小低频强迫激励振动（可感觉到的振动，乘用车上约为 10Hz）和轻松起步。与制动器不同，对离合器来说，热容量要比散热更重要。图 5.147 是离合器直径设计的实际范围。

在标准结构的离合器上，压紧力除以膜片弹簧的传动比（$i = 3 \sim 4$）就可得到分离力。利用附加的、克服膜片弹簧的工作弹簧可以减小分离力。其前提是一个与摩擦片衬面磨损无关的膜片弹簧位置，这个位置可有效地自动调整以补偿磨损。

离合器盘必须补偿曲轴和变速器输入轴间的角度和中心偏移，并补偿由于曲轴弯曲引起的飞轮摇晃，否则导致离合器轮毂与变速器输入轴啮合磨损。

摩擦衬面最重要的性能是摩擦系数、破裂转速、衬面和摩擦背面磨损、在热负荷时的翘曲、质量惯性转矩、定量确定转矩和振动与噪声。滑动摩擦系数（在滑转时）和附着摩擦系数（在全接合）几乎是一致的，在正常的应力时为 0.3~0.4，在摩擦片衰减时降到 0.2。摩擦衬面为埋入树脂黏结剂中的线团（主要是玻璃纤维束和带黄铜或铜线的芳香族聚氨酯束）、橡胶和填料[144]。金属烧结衬面由于它的振动危险不太适合使用，但在美国用在不少商用车上。

（2）分离 离合器分离后，它的倒拖转矩只有 0.2~0.5N·m。离合器盘惯性转动到静止的时间取决于它的惯性转矩和变速器的倒拖转矩。

（3）扭转减振器 由于重量和舒适原因，传动链较柔和地转动。在第一档，在发动机最大转矩时会出现高达 90° 的转角。发动机点火/着火引起的转矩不均匀性和由于快速操纵加速踏板和离合器引起的负荷变化激励传动链的扭振（图 5.148）。这样会引起变速器发生嘎吱声和车身的低沉噪声。在离合器滑转时发动机与传动链中其他部件的振动解耦。

利用在离合器盘中的扭转减振器，由点火/着火频率激励的谐振频率和产生最高的嘎吱声与低沉噪声，视车型不同，在挂档时约为 40~70Hz。这一谐振频率范围相当于 4 缸发动机在

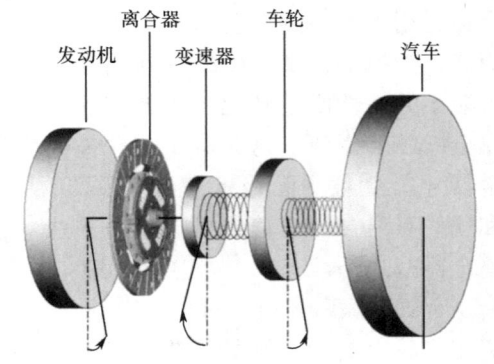

图 5.148 将传动链作为 4 个振动质量系统

1200～2100r/min 工作范围。
图 5.149 是有拉伸和滑移载荷的扭转减振器典型特性线和吸收最大转矩冲击的情况。行驶扭转减振器的调整应在尽可能低的弹簧刚度下精确确定摩擦滞后。摩擦滞后可在谐振阻尼和超过临界频率的解耦恶化之间得到最好的折中。在没有挂档的发动机怠速，同样会出现变速器的嘎吱声。弹簧刚度约为行驶扭转减振器刚度的 1%。±2°～±4°的扭振角与静态转角叠加，静态转角可由与变速器温度有关的倒拖转矩得到。

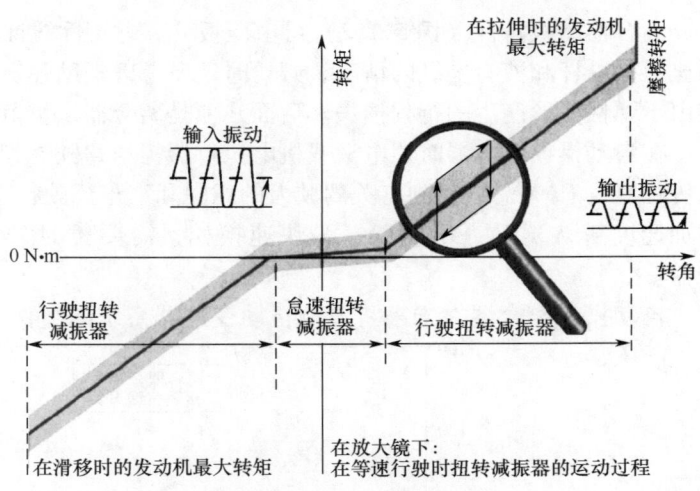

图 5.149 扭转减振器特性线

充润滑脂的扭转减振器安装在双质量飞轮（图 5.150）的初级件和次级件之间。飞轮初级件与曲轴用螺钉拧在一起（与至今的固定方法一样），并在外缘套上起动齿圈和刻上点火标记。飞轮次级件上固定压板，并支撑在飞轮初级件上。飞轮次级件组成离合器盘的两个相对摩擦面中的一个摩擦面。这样，点火/着火频率激励的传动链谐振频率降低到 8～12Hz，传动链在发动机怠速时就已超过临界频率工作。由于飞轮次级件质量大，解耦品质优异。在起动和停止发动机时将短时间通过谐振频率。最大应力出现在错误行驶：长时间在谐振频率范围低速行驶，或在低速时特别快地接合离合器。

（4）离合器操纵　分离杆大多为长期润滑和自行对中。离合器主要是液力操纵，在自动换档变速器上为机电操纵（图 5.151）。液力操纵由带自动放气的传感器缸、自动磨损补偿、储液罐、压力管和带预紧弹簧的蓄能缸组成。蓄能杆和分离杆一部分并成同心的蓄能缸（CSC）的一个部件。

图 5.150　双质量飞轮（行星轮设计，润滑脂润滑）

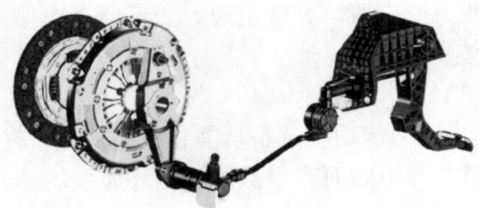

图 5.151　液力操纵离合器

离合器踏板特性（图 5.152）可由压板分离力特性线推导出。这时要考虑离合器踏板传动比、操纵杆和液力操纵的情况，必要时还要考虑辅助弹簧（超过上止点弹簧）、摩擦损失和由于弹性变形产生的行程损失。后面几项是离合器定量范围的先决条件。

在自动操纵离合器时，电液或机电执行器担当驾驶人脚的工作。执行器为电子控制，并从传感器或 CAN 总线得到有关驾驶人的意图和汽车行驶状态信息，并从加速踏板转动角度和加速度辨认驾驶人的期盼。为快速换档，需要暂时分离离合器、换档和重新接合离合器。

自动操纵离合器在未来将成为自动变速器系统的组件[172]。

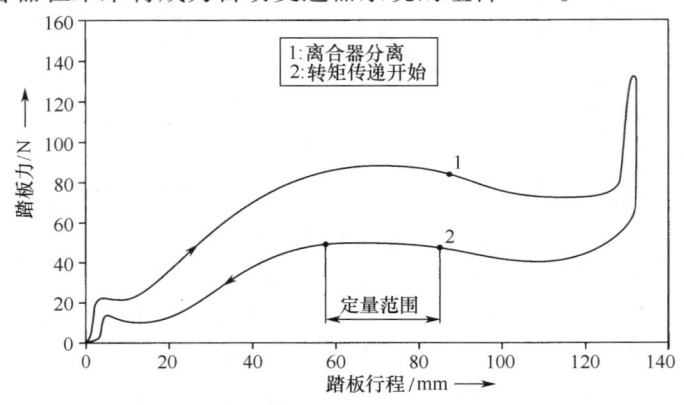

图 5.152　离合器踏板特性线

2. 液力变矩器

（1）导言　液力变矩器[1]是液力变速器。它可以在很宽的转速和转矩范围变换。与离合器不同，液力变矩器可提高转矩，当然它只能与锁止离合器一起使用，也有智能决策能力，因为液力变矩器的特性线设定在它的工作范围，同时还设定液力变矩器的工作性能随循环部分的调整而变化。在乘用车传动链中，当前为可达到 8 个前进档的有级自动变速器和无级变速器（CVT）使用液力变矩器作为起步部件。CVT 变速器的使用将不断扩大。

（2）结构　用于乘用车的液力变矩器是按特洛克（Trilok）原理设计的。泵轮和涡轮是对置的。在它们之间是流体轴向流动的导轮。泵轮直接与内燃机曲轴相连，而涡轮与变速器输入轴连接。支撑轴将导轮与变速器体连接在一起。在导轮与支撑轴之间安装一个单向离合器（超越离合器），它只允许传递一个方向的转矩。在目前用于乘用车上的变速器，在其中组合有锁止离合器和扭转减振器（图 5.153）。变速器的压力润滑油与液力变矩器连通，并充满液力变矩器。为散走液力变矩器功率损失产生的热量，利用重叠的润滑油质量流量持续进行交换。

（3）工作原理

1）液力传动。汽车从静止状态加速，在涡轮不动时泵轮转动。由于流体在液力变矩器中的离心力不同而产生流体的循环质量流动，从而传递转矩并最后驱动汽车行驶。

在液力变矩器内发生的流动过程见图 5.154。它是以叶栅的展开形式表示的。工作轮（泵轮、涡轮、导轮）的流体进、出口用数字①、②、③、…、⑥表示，且与图 5.153 对应。

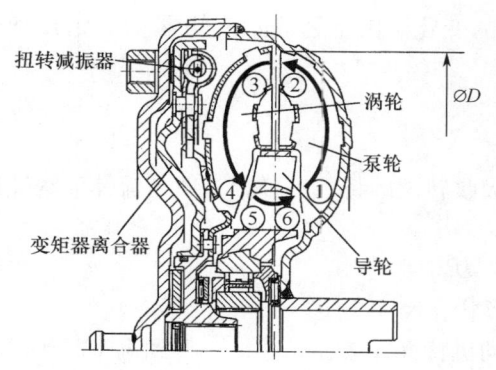

图 5.153 具有锁止离合器和扭转减振器的变矩器

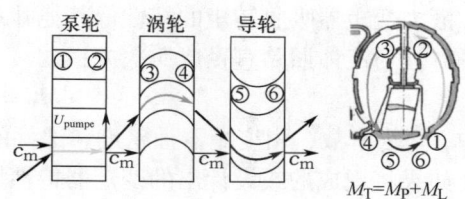

图 5.154 原理性的流动过程

将泵轮与涡轮间的转速差定义为液力变矩器变速比

$$v = \frac{\omega_T}{\omega_P}$$

在直接与发动机曲轴相连的泵轮中,充满其中的润滑油(以下称为变矩器油)产生离心力,从泵轮进口①到出口②加速流动。发动机转矩 M_M 等于泵轮转矩 M_P。从泵轮离开的变矩器油到达涡轮进口③,并视叶片造型将冲击能量作用在叶片上产生与变速器输入轴转矩相等的涡轮转矩 M_T。变矩器油从涡轮出口④流出后,继续在导轮叶栅的进口⑤到出口⑥转向流动,并产生一个导轮转矩 M_L。在这种流动工况下,导轮通过单向离合器支撑在变速器体上。液力变矩器的转矩平衡方程式为:

$$\vec{M}_P + \vec{M}_T + \vec{M}_L = \vec{0}$$

在所表示的流动工况,涡轮转矩为 $M_T = M_P + M_L$,从而增强了涡轮转矩或转矩变换。涡轮转矩与从发动机上取得的泵轮转矩 M_P 之比称为变矩比,即

$$\mu = \frac{M_T}{M_P}$$

液力变矩器以这种流动工况工作时变矩比为 1.8~3.0。

如果涡轮转速接近泵轮转速(图 5.155),即汽车的起步过程接近结束($v=0.9$),则导轮中的变矩器油以另一角度流动。没有单向离合器则导轮转矩会反向,按转矩平衡方程 $M_T = M_P - M_L$,涡轮转矩不但没有增强,反而削弱。但单向离合器不能传递反向转矩,导轮转矩为零。这时液力变矩器成为液力耦合器,且 $M_T = M_P$。

如果涡轮转速进一步提高到与泵轮转速一样($v=1$),由于液力变矩器中的变矩器油压力场相同,没有压差,不再有变矩器油流动,也不能传递转矩。

在变矩器传递转矩的过程中,总是存在滑转而导致功率损失,从而降低变矩器的传动效率。

液力变矩器的工作性能可用它的特性图(图 5.155)表示。它表示在等转速(如 $n=$

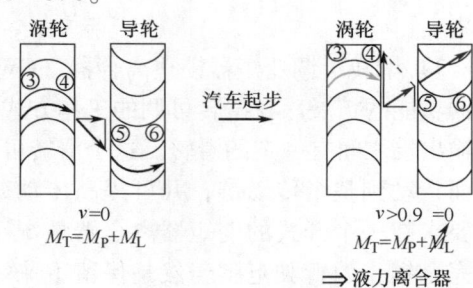

图 5.155 汽车起步过程时的流动过程

2000r/min）时泵轮的转矩（M_{P2000}）随变速比 v 的变化。图上还表示变矩器转矩比 μ 和效率 η 随变矩比 v 的变化。η 按下式计算：

$$\eta = \frac{M_T \cdot \omega_T}{M_P \cdot \omega_P} = \mu \cdot v_\circ$$

液力变矩器吸收转矩的特性像其他叶片机械吸收转矩的特性一样，一般与流体流动速度成平方，与流体回路直径成 5 次方：

$$M_P = C \cdot \omega_P^2 \cdot D_P^5 ,$$

式中，C 为常数，由变矩器油密度和部件的几何形状、尺寸决定。

如果将现成的或设计出的变矩器特性场与发动机特性线放在一起，可得到汽车起步时变速器输入轴上的转矩变化以及功率损失（图 5.156）。

这样，就有可能按用户的愿望设计液力变矩器。设计参数除液力变矩器直径外，就是回路的子午线形状以及 3 个工作轮（涡轮、泵轮、导轮）的叶片角度。

2）变矩器锁止离合器。多年以来，为降低燃料消耗，使用能阻止泵轮与涡轮间的变矩器残余滑转的锁止离合器已成为液力变矩器的标准结构型式。这种离合器在泵轮与涡轮间形成一种力的逻辑联系。它们间的流动回路被短路。为此，在变矩器体内有一个带摩擦衬面的柱塞。柱塞与涡轮毂相连。通过控制变矩

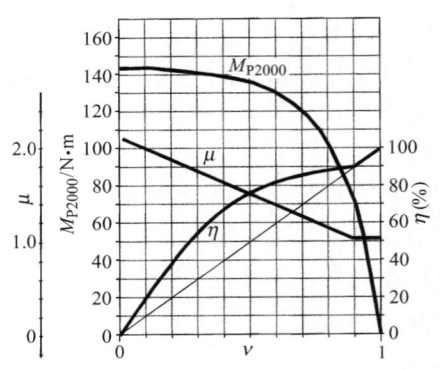

图 5.156　典型的液力变矩器特性图

器油的流动方向推动柱塞使锁止离合器"分离"或"接合"。在这时，变矩器绝对需要充满油。

变矩器锁止离合器除无滑转传递功率的优点外，也带来发动机与变速器刚性耦合的缺点，不再有像流体机械具有的减振的优异性能。为此需要一个组合在液力变矩器中的扭转减振器，像类似于换档变速器的干式离合器中的扭转减振器。扭转减振器在锁止离合器工作范围具有良好的减振性能、工作平稳，可以组合在现有的液力变矩器锁止离合器中。

3）滑转可调变矩器锁止离合器（GWK）。滑转可调变矩器锁止离合器是变矩器锁止离合器功能的扩展。在滑转可调的工作方式下，变矩器锁止离合器不完全锁止，而是在输入端和输出端之间有一定的滑转。这个滑转可以阻止由发动机引起的扭振完全传递到变速器上，进而传动到整个传动链，并可提高传动效率。效率提高是由于汽车在以前出于舒适性原因要求在一个开式的变矩器离合器情况下行驶，现在可以在很小的机械滑转下行驶。以前完全锁止的行驶范围当然是保留下来。这样可以降低燃料消耗，特别是在柴油机上使用效果更好。

这样的工作状况带来的液力变矩器的损失功率可从它的效率推算出。适用的滑移可调变矩器锁止离合器要有摩擦衬面槽和柱塞喷嘴。以避免衬面过热和将变矩器油直接喷在摩擦面上。这是强制性的，因为在现代自动变速器中，在整个寿命期内不再要求更换变矩器油，即变速器油。

（4）前景　变矩器主要影响汽车燃料消耗和行驶功率，为此要不断优化。在现代传动

链的越来越小的结构空间中要减轻整个系统的体积和重量（图 5.157）。

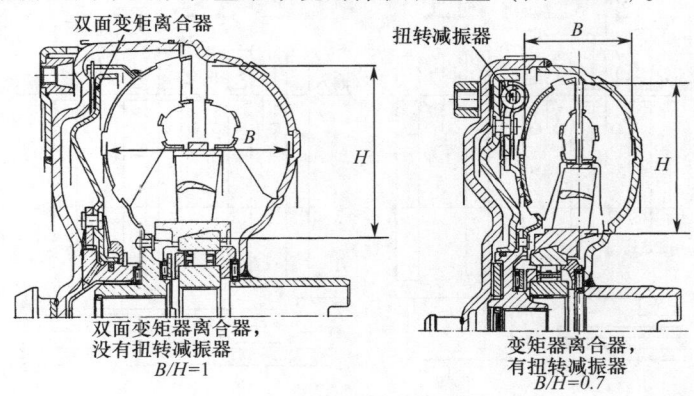

图 5.157 变矩器结构型式实例

除改善流体动力学性能外，要高度关注扭转减振器的调整。与在干式离合器系统中类似，必须寻找在当时的具体情况下离合器的最佳刚度、摩擦和质量状况。在锁止离合器上从单纯的锁止到湿起步离合器的功能趋势已显露出来。在汽车起步时由变速器控制而变化的另一个转矩将叠加在液力变矩器转矩上。变矩器机械系统可组合在传动链的电子管理中。

由于列举出的变矩器的一些优化方案和无磨损、高转矩起步的变矩器的优点，在未来几年，乘用车自动变速器用的变矩器将不断增长。

5.4.3 手动换档变速器系统

1. 功能和结构

手动换档变速器主要部分为：
1）脚操纵干式起步离合器和分离离合器。
2）同步有级齿轮变速器，5~6 个档。
3）变速器操纵，从变速杆到变速器传递运动和换档力。

各个档可通过操纵换档。在换档时，操纵离合器将发动机到变速器的功率流切断，从之前的档拔出和利用同步器使转速与要插入的换档元件同步匹配后就可操纵变速杆挂入新的档。离合器接合，换档过程完成。

为形成多档传动比，不同齿数的齿轮副安装在中间轴（副轴）上，变速器通常有一根中间轴，有时也有 2 根或 3 根中间轴。所有的齿轮都是常啮合的。倒档是个例外，倒档齿轮也为滑动齿轮。

手动换档变速器主要有同轴输入、输出功率和轴偏移输入、输出功率两种基本结构型式（图 5.158）。同轴变速器型式可以有无齿轮啮合的直接档。它特别适用于标准驱动的汽车上。轴偏移变速器没有直接档。它用于前驱动、后驱动和换档变速器和车桥变速器整体结构的汽车上。

手动变速器的特点是能高效率地传递功率。这是由于齿轮啮合滚动、不同转速换档元件间的摩擦、齿轮系的随动啮合、轴和轴承动态密封处摩擦以及由于速器内润滑油扰动和飞溅引起的损失很小。直接传递功率的变速器，在每个档的传动效率可达 99%。

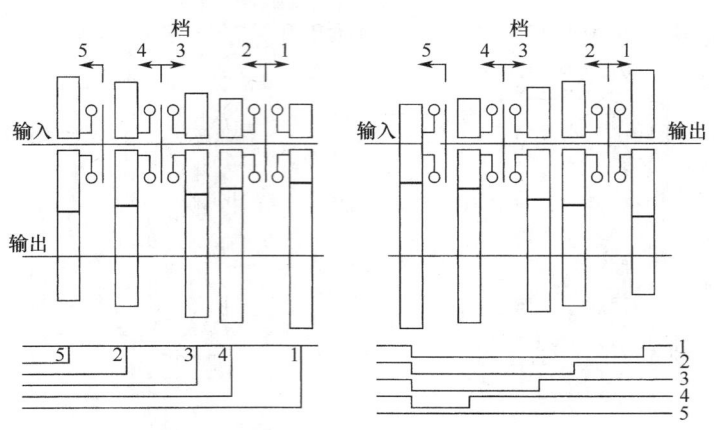

图 5.158　手动换档变速器结构型式

2. 齿轮啮合

在汽车用的变速器上，无例外地采用渐开线齿啮合。它制造简单，对轴距的变化不敏感。

目前乘用车领域一般采用斜齿啮合，倒档齿轮例外。

齿轮啮合按总载荷设计，并具有抗齿损伤、齿面疲劳和咬伤的安全度。

在乘用车上，防止齿轮啮合噪声尤为重要，因为对汽车的声学要求不断提高。为此，除采用斜齿啮合外，还采取一些重要措施：精密加工、从大齿面重叠面到高齿啮合、有效的齿轮啮合、有效的齿轮啮合修正（斜齿角、齿形高度和纵向凸度）。

基于有限元法的现代设计方法目前可以在变速器设计阶段，在载荷作用下为齿轮啮合修正考虑轴的弯曲和变速器壳体的变形，以改善承载能力和减少噪声辐射。

3. 同步系统

离合器中间分离和节气门部分开启是乘用车上早先换档时常用的方法，以便在换档时两接合件的转速匹配。目前，通过转速变换器就可完成这个任务。转速变换器面对可操纵的齿轮离合器。

闭锁同步装置已经实现，它作为摩擦离合器自动适应转速差。如果两接合件达到相同的转速，则允许操纵变速杆挂上档，从而保证舒适、平稳换档。

有各种闭锁同步型式。用得最广的是 Borg Warner 系统，而且是单、双和三圆锥体结构型式（图 5.159）。多圆锥体同步系统优先用在低的档，因为这些档的热负荷高于机械负荷。在挂入各个档时多圆锥体同步系统可减轻换档力和可以适应各种换档力。

作为同步系统中的摩擦副，采用与钢配对的黄铜、金属陶瓷和钼。

在变速器上使用多圆锥体同步系统后，下一步，在继续开发同步系统时当然要特别注意降低成本；同步系统很多相同零件的结构模块化；使用板材成型技术以及金属陶瓷技术的先进制造方法。

4. 变速器的其他部件

在现代手动换档变速器中，除降低制造成本、提高可靠性外，轻结构、低噪声为大家所关注。

优先采用的变速器壳体材料是铝和不断增长的镁。为达到尽可能高的刚度和减小噪声，

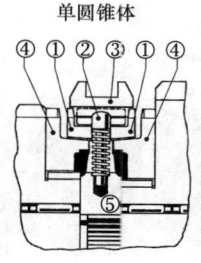 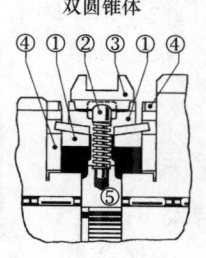 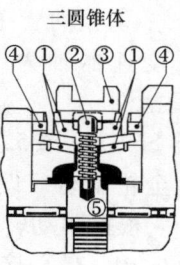

图 5.159 同步系统

①—同步环 ②—带压簧的压力销 ③—滑动套筒 ④—离合器体 ⑤—同步器体

需要利用有限元法优化变速器壳体的形状、尺寸、壁厚和加强肋。

为进一步减轻重量采用空心轴。

为支撑轴和齿轮,几乎都使用滚动轴承:惰轮用滚针轴承,变速器轴用球轴承、圆柱滚子轴承或圆锥滚子轴承。

利用弹性塑料径向密封环对轴动态密封,部分地利用螺旋槽,以提高密封安全性。变速器壳体的分开面和变速器盖的静态密封使用硅树脂固体面密封以及液体密封或时效硬化的厌氧塑料。目前手动换档变速器使用长寿命的润滑油,主要使用自动变速器油(ATF)。具有优良粘—温性能的润滑油可避免低温时变速器换档的困难。有效的添加剂可保证在各种工作条件下同步系统有尽可能均匀的摩擦性能。润滑油还要保证齿轮啮合的承压能力和抗疲劳腐蚀能力。

根据变速器大小和结构型式,加入变速器内的润滑油量约为 1.5~2.0L。变速器采用喷射润滑和有专门的带导油板的油路。在特别高载荷(如越野汽车)的变速器中还有一个润滑油泵,以保证润滑油输送。

5. 变速器换档装置

变速器换档装置传递驾驶人的换档动作,并由此传递至变速器中换档的相关元件上。换档装置可分外部换档装置和内部换档装置。

外部换档装置从变速杆开始直至变速器。作为杆系换档装置的外部换档装置可以是固定连接,或者是作为拉索换档装置的外部换档装置的柔性连接。拉索换档装置的优点是空间自由、能解耦发动机—变速器总成和车内空间之间的振动、重量轻、易安装。在前驱动、发动机横置汽车内特别紧张的空间情况下易安装特别重要[145]。

内部换档装置通过换档部件的变速杆、拨叉或换档壁直至移动套筒传递换档的导向运动。

图 5.160 为 5 档换档变速器上的拉索型外部换档装置。

6. 变速器型式实例

梅赛德斯奔驰 5 档变速器 SG 150(图 5.161),是为前驱动、发动机横置紧凑型汽车设计的、输入输出轴偏移的双轴结构变速器。最大驱动转矩 180N·m[146],传动比范围为 4.7,第 1、2 档带

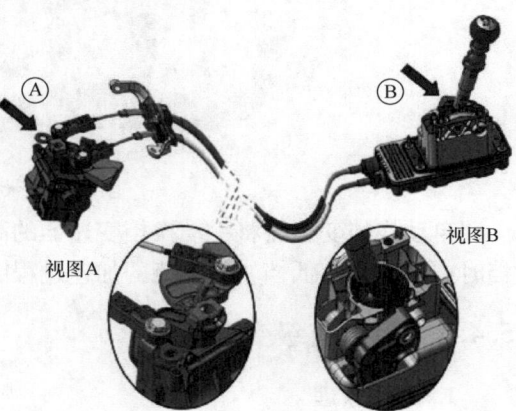

图 5.160 拉索型外部换档装置

有双圆锥体同步系统，其余的档（包括倒档）为单圆锥体同步系统。

为减轻重量，变速器轴为中空。变速器重32kg，包括1.8L润滑油。

6档ZF变速器S6-37（图5.162），是为标准驱动的汽车（也为全轮驱动）设计的[147]。最大驱动转矩370N·m。根据驱动转矩需要，有5个档，传动比范围为6.19，带直接驱动。变速器重41kg，包括1.6L长寿命的润滑油。中间轴（副轴）为空心结构，以减轻重量。

S6-37变速器为低噪声的高齿啮合和可选用自动换档。

7. 自动换档变速器

自动换档变速器[148]已在一些小功率级的乘用车和运转型汽车上成批使用。它的基准型是手动换档同步变速器，它与离合器操纵和变速器操纵用的电液或机电执行器组合在一起（图5.163）。还有专门为自动化设计的最多达7个档的变速器系统，它不是从手动换档变速器延伸出来的。出于舒适原因和防超速的安全性考虑，在换档过程中，发动机由变速器电控管理。在换档过程结束后，计算和调节匹配的接合转速。

图5.161　梅赛德斯奔驰5档换档变速器

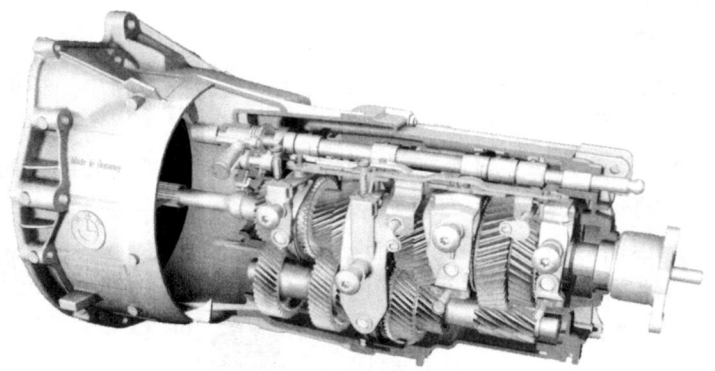

图5.162　6档换档变速器S6-37

自动换档变速器将手动换档变速器的高效率和经济的换档程序结合在一起。缺点是在换档时，特别是在低档、高负荷的加速过程明显地感到牵引力中断。

5.4.4　自动有级变速器

1. 工作原理

自动变速器与手动换档变速器主要有3方面的区别：

（1）没有离合器操纵的汽车起步　在自动变速器中使用液力变矩器作为起步部件（5.4.2小节）。在发动机怠速时变矩器可传递的最小转矩可通过很小的制动力使汽车停住或

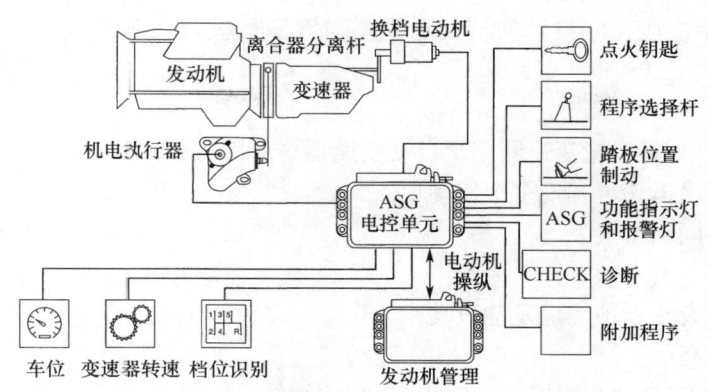

图 5.163 自动换档变速器系统结构

让它停住。在松开制动时汽车爬行。这允许很细的定量调车和停止。此外，在轻微坡度路面爬行转矩克服坡度下滑转矩使汽车不动。液力变矩器的工作原理除了汽车在静止状况隔离传动系外，还可舒适起步和利用起步传动比增加牵引力，以便快速起步。

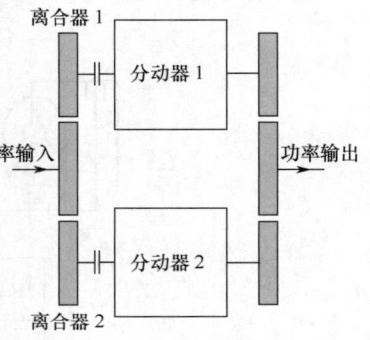

图 5.164 两档负载换档自动变速器原理表示

（2）没有牵引力中断，带负载换档 在手动换档变速器和自动换档变速器上为换档要操纵发动机与变速器之间的离合器。这时牵引力中断，汽车加速受阻（5.4.3 小节）。与此不同，自动变速器是带负载换档，没有牵引力中断。这要求有多个换档部件（离合器、制动器）。这些部件应能传递发动机功率和换档。图 5.164 是两档负载换档自动变速器原理实例。在第 2 档离合器结合时第 1 档通过离合器传递功率。

为在牵引力和高速情况下换档，两个离合器上的转矩 M_{k1} 和 M_{k2}、变速器输出转矩 M_{ab} 和发动机转速 n_m 随时间 t 的变化表示在图 5.165 中。采用重叠换档。在此阶段分离离合器，可传递的转矩下降，同时接合离合器传递转矩增加。在换档的重叠阶段结束，接合的离合器传递新档转矩，这时转速还是早先档的转速。进一步提高接合离合器上的转矩，发动机侧的转动质量达到新档转速的转动质量（超速阶段）。从变速器输出转矩变化可以看到，在高速换档时，换档重叠阶段后的转矩降到新档的转矩水平。在换档超速阶段，

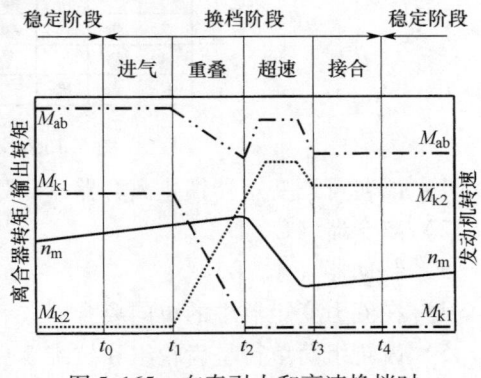

图 5.165 在牵引力和高速换档时的转矩和转速变化

由于加入传动系中发动机侧的转动质量使变速器输出转矩增加。在同步时汽车按相应于新档的转速和转矩行驶。在换档超速阶段输出转矩的变化受接合离合器控制和发动机转矩控制（发动机干预）的影响。其他的一些换档方式控制与此方式类似。换档过程详见参考文献[134]。

（3）自动换档 在自动变换器上，换档不是通过驾驶人有目的的干预实现的，而是自

动完成的。它利用换档程序自动换档，和主要与汽车行驶速度和节气门位置两个影响参数有关。

2. 结构

行星齿轮组　行星齿轮变速器用于自动变速器，原因有：

1）用一组行星齿轮可实现多个传动比。

2）重要零件同轴布置。

3）结构紧凑。

4）利用多种齿轮干预传递发动机功率。

5）传动效率高。

图5.166是8档自动变速器ZF-8 HP 70结构简图，它是现代后驱动汽车有级自动变速器的典型代表。变速器简图表示引导功率流的最重要部件：

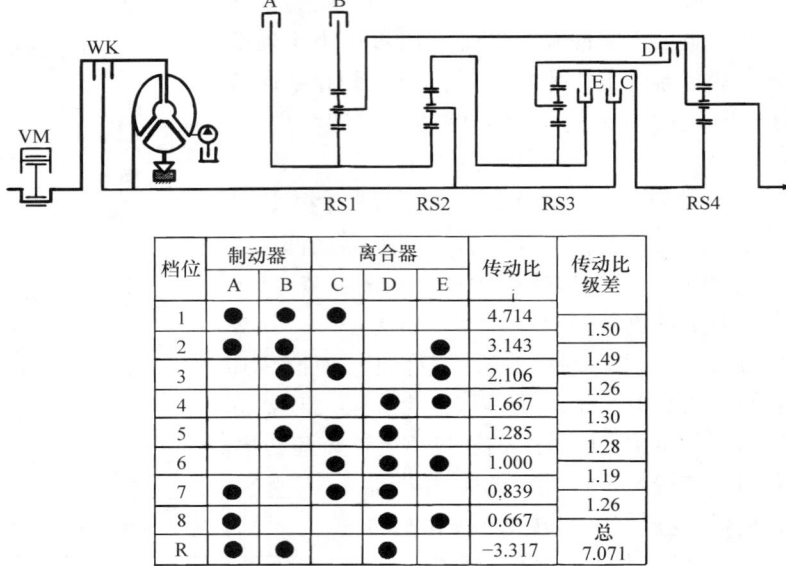

图5.166　ZF-8HP70变速器简图

1）滑转可调变矩器锁止离合器（GWK）。

2）离合器（C、D、E）。

3）制动器（A、B）。

4）在液力变矩器中的单向离合器。

5）齿轮组简单行星齿轮组和拉维娜（Ravigneaux）行星齿轮组。

6）机械连接件（轴、支座、……）。

从换档图上可以看出，哪一个档是哪一种离合器与制动器的组合。为传递功率，在每一档有3个部件（离合器和制动器）接合。利用接合和分开一个换档部件就可换档。在各个档中，通过行星齿轮组重要零件的不同耦合可组成各个档的传动比。

在为汽车自动变速器开发行星变速器系统时，重要的是要找到适用于各种使用领域的传动比系列。除简单的行星齿轮组外，还使用特殊的行星齿轮组，如拉维娜（Ravigneaux）、辛普森（Simpson）或威尔逊（Wilson）行星齿轮组[134,149,150]。

3. 部件

（1）行星齿轮组　行星齿轮组有三个重要零件，太阳齿轮（1）、行星轮保持架（3）和内齿圈（4）组成（图5.167）。行星齿轮（2）支撑在行星轮保持架中。行星齿轮组有下列3个传动比：

$$i_3 = \frac{z_4}{z_1} \text{（标准传动）}$$

$$i_{13} = 1 - i_3$$

$$i_{43} = 1 - \frac{1}{i_3}$$

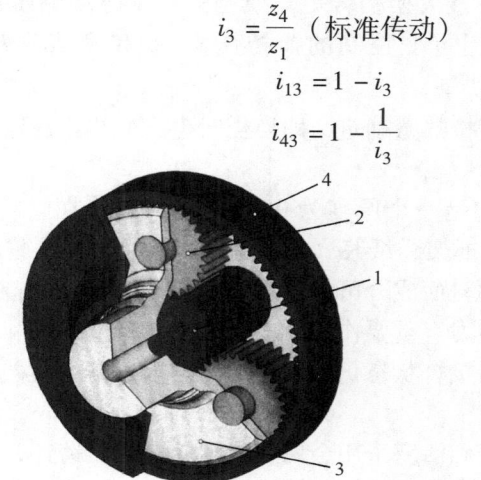

图 5.167　行星齿轮组：视图和简图
1—太阳齿轮　2—行星齿轮　3—行星齿轮保持架　4—内齿圈

将输入、输出交换可以得到上面3个传动比的倒数传动比。按已实现的传动比和功率要求可采用3~6个行星齿轮组。太阳齿轮和行星齿轮采用渗碳淬火钢。内齿圈为调质钢，高负载时氮化。行星齿轮保持架为板金属焊接件或铆接，或铝压铸件[154]。拉维娜、辛普森和威尔逊行星轮组见参考文献[134，149，150]。6档自动变速器目前主要使用莱普莱梯（Lepelletier）变速器系统[155]。

（2）换档部件　摩擦片式离合器和摩擦片式制动器用作自动变速器的带负载换档部件。图5.168是摩擦片式离合器结构。它由能保证外摩擦片转动且可轴向移动的外摩擦片支架、带衬面的内摩擦片支架、带压力油输入的工作缸、靠油压压在外摩擦片（钢片）上的活塞以及在切断油压时将活塞压回原处以分离离合器的回位弹簧组成。在离合器接合时，内外摩擦片支架在一起转动。制动器有一个与壳体固定的外摩擦片支架。

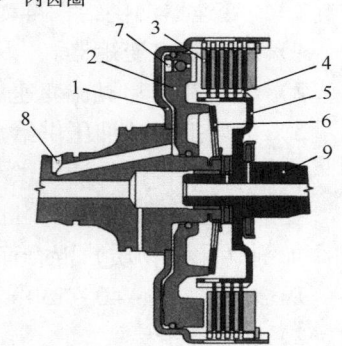

图 5.168　摩擦片式离合器
1—驱动工作缸　2—操纵活塞
3—外摩擦片　4—有衬面摩擦片
5—摩擦面支架　6—回位弹簧
7—放气系统　8—压力油输入油道
9—输出轴

在静止状态，换档部件在无油压时分离或在主油压作用下接合并传递转矩。可传递的离合器转矩 M_K 为：

$$M_K = (F_p - F_f) \cdot n \cdot \mu_{stat} \cdot r_m$$

式中，n 为摩擦面数（每片2个面）；μ_{stat} 为静摩擦系数；r_m 为摩擦片平均摩擦半径；F_f 为回位弹簧力；F_p 为活塞上压力。

$$F_{\mathrm{p}} = \left[\frac{\rho_{\text{öl}} \cdot \omega_{\text{öl}}^2}{4}(r_a^2 - r_i^2) + p_{\text{stat}}\right]\pi(r_a^2 - r_i^2),$$

式中，$\rho_{\text{öl}}$ 为变速器油密度；$\omega_{\text{öl}}$ 为变速器油在离合器转动的角速度；r_a 和 r_i 为操纵活塞的外半径和内半径；p_{stat} 为调节的离合器接合压力。

按相同的公式计算换档转矩（最大换档转矩 = 换档转矩 + 驱动侧质量惯性转矩的减速转矩）。这时离合器接合压力采用可变控制的换挡压力 p_k 和摩擦系数 μ_{dyn}。在制动时（$\omega = 0$）压力项从离心力中扣除[134]。

外摩擦片采用钢质材料。厚度按热量确定，即换档时生成的热量被钢摩擦片吸收并使温度升高控制在可接受的水平。

内摩擦片采用衬面摩擦片。它是一个厚度为 0.8mm 的薄片，在它两侧贴上摩擦衬面。衬面采用"纸质衬面"，它由支撑框架、纸浆（纤维素）、芳香族聚酰胺纤维、塑料、矿物质、浸渍的酚醛树脂组成。这样的衬面成分可提高摩擦系数，并在整个转速范围缩短制动过程。衬面不只是对离合器的传递能力有重要作用，而且对变速器换档柔和、舒适有很好的作用。在摩擦衬面上有槽，在离合器接合状态仍可通油冷却。这样，在换档后可散走储存在钢摩擦片中的热量。

内、外摩擦片支架、工作缸室和活塞采用金属板成型件或铝压铸件，它们大多与轴、行星齿轮保持架或其他一些连接件焊接或铆接或与邻近的功能单元组成一个组件[154]。活塞用 O 形圈密封。

(3) 变速器油供给　自动变速器油供给实现下列功能：

1) 冷却液力变矩器。
2) 润滑和冷却机械变速件（换档件、齿轮、轴承）。
3) 液压控制的油压供给。
4) 操纵换档件的油压供给。

变速器充油量约 6~8L 自动变速器油（ATF）。目前的 ATF 由以矿物油为基础的基本油和添加剂（化学物质）混合而成。添加添加剂的 ATF 可满足自动变速器的多方面要求：

1) 耐温，从 -40~150℃。
2) 抗热老化。
3) 高的静态摩擦系数和在整个滑转转速范围增大摩擦系数。
4) 在工作温度范围黏度变化小。
5) 阻止流动过程中泡沫形成。
6) 避免沉积。
7) 避免腐蚀。
8) 与密封材料兼容。

内啮合齿轮泵承担变速器油供给（输送）任务。它由液力变矩器轴颈驱动，以发动机转速转动。内啮合齿轮泵能很好适应变矩器与机械传动件间的结构空间，结构简单，工作可靠。内啮合齿轮的理论供油量按自动变速器要求为每转 14~23mL，转速 600~7000r/min，压力 3~24bar。因为泵的输油量是按发动机怠速时要达到额定油量设计的，所以在高速时油量太大。多余的油量必须尽可能少损失地流回油底壳或流到油泵吸油侧。为避免油量过大的缺点，例如在 ZF 8 档自动变速器 8HP70 中使用了双冲程叶片泵（图 5.169），这种泵在液压控制单元附近平行布置。它由快速滚动的齿形链轮驱动。压力和吸入通道通过短的流量优化的管道直接连接到液压控制装置。与 6 档变速器的内齿轮泵相比，叶片泵具有更高的综合效率（图 5.170）。

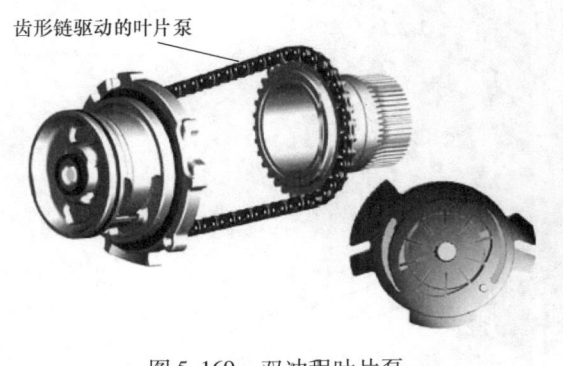

图 5.169　双冲程叶片泵

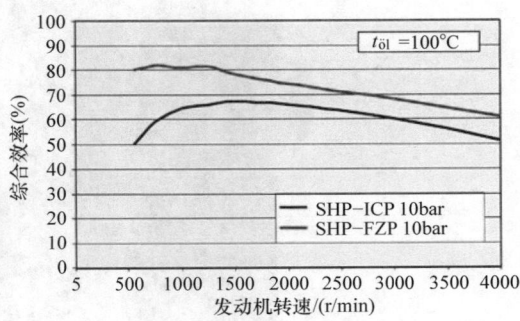

图 5.170　泵的效率

安装在油泵吸油侧并在油底壳中的变速器油过滤器也属于供油系统。它阻止零部件加工、磨粒和工作时形成的残留物进入油泵和液压控制系统。

（4）液压控制系统　自从采用变速器电控 EGS（参见 5.4.6 小节）以来，液压控制系统的地位降低。但为将 EGS 的功能转换到传动系统的主要部件上，仍然需要液压传动技术。除转换对系统动态性能有重大影响的模拟和数字压力信号外，仍保留液压系统的基本功能，如油压增压或降低，安全功能和紧急功能。

液压控制系统有下面子系统组成：

1）主油压供给。
2）换档油压控制。
3）换档控制。
4）液力变矩器锁止离合器控制。
5）润滑压力控制。
6）紧急系统。

液压控制功能的整个范围在换档图中说明，并在液压换档装置中实现。图 5.171 是自动变速器液压系统的典型结构。它由变速器油分配板（1）、带油道的铝压铸件阀体（2）、到变速器体的变速器油通道（3）组成。用中间板（4）和带通孔的平面密封（5）盖住油道。为防止漏油，将液压控制装置外体件与变速器体用密布的螺钉（6）相互拧在一起。阀孔在阀体（2）中。在阀孔中，阀（7）控制变速器油的流量或调节油压。阀门靠压力弹簧（8）压紧在初始位置并用堵头（9）和弹簧卡环（10）锁住。液压换档装置部分、安装在阀体（2）上的电磁阀和压力调节阀（11）与支撑板（12）固定。通过与变速杆机械相连的选档滑阀可以确定前进档（D）、倒档（R）。在空档（N）至少有一个与传动系分开的换档部件在没有油压时接合。转换阀从外由 EGS 通过电磁阀或内部油压控制。依靠电磁阀可以从一个档转换到另一个档。调节阀同样由 EGS 通过模拟油压信号压力调节器控制。在转换过程期间，依靠调节阀可以控制在要接合和要分离离合器上的油压变化过程。主油压按发动机转矩成比例调节。液力变矩器锁止离合器油压调节在设定的滑转转速上。

液压换档装置大多用螺钉固定在变速器体下部。通过连接油道将变速器油引入油泵、液

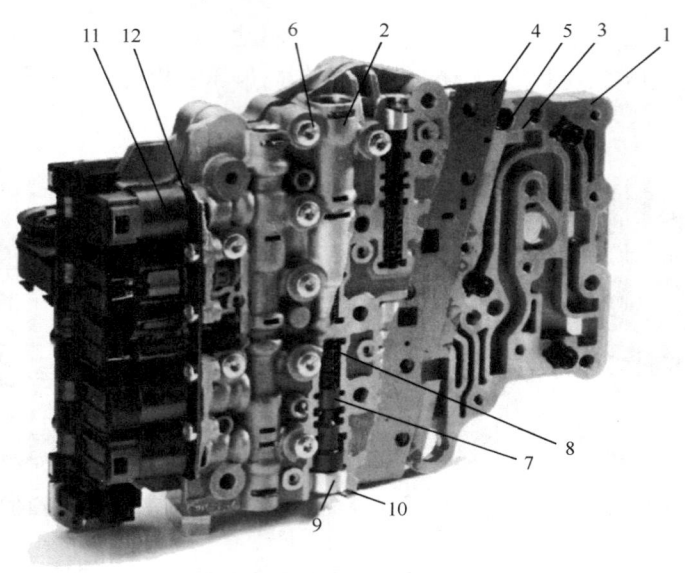

图 5.171 液压换档装置

1—变速器油分配板 2—阀体 3—变速器油通道 4—中间板 5—密封 6—螺钉 7—阀 8—压力弹簧 9—堵头 10—弹簧卡环 11—压力调节阀 12—支撑板

力变矩器、润滑点和换档部件。液压换档装置大多带转速传感器、油温传感器及阀连通变速器插头的线束。通过适当的液压系统和电子部件可以将变速器的液压和电子控制部件组成一个电液组件[156]。在现代自动变速器中，变速器电控（EGS）同样是此电液组件的组成部分，并作为机电模块包含变速器的整个控制功能（见 5.4.8 小节）。

4. 操纵

（1）选档滑阀操纵　自动变速器外部换档有一个变速杆，它通过一个杠杆或软套管钢丝索与变速器选档轴机械连接。利用变速杆可以控制变速器的基本功能：P（停车）、R（倒驶）、N（空档）和 D（向前行驶）。为此，机械连接作用在选档滑阀和停车闭锁上。通过带弹簧的限动片可以锁住选档轴。大多数位置识别开关安装在变速器外部的选档轴上。在组合仪表中显示的位置识别开关是为了识别变速杆位置、控制倒车灯和起动闭锁。起动闭锁是为阻止在汽车行驶位置起动发动机。在带有组合变速电控的变速器中，位置开关是机电模块的一部分。

（2）停车闭锁　只要在发动机停止工作时挂上档，可保证手动换档变速器汽车不再继续滚动，但自动变速器的汽车无法做到这点。因为在发动机停止工作时就没有油压供给，所以所有的换档部件都是分离的，变速器在空档。为避免没有操纵驻车制动器的汽车滚动，在自动变速器上有一个停车闭锁。它通过啮合齿轮和掣子将变速器轴锁在变速器体上。在变速杆位置在 R、N、D 时可以阻止带回位弹簧的停车闭锁掣子落入停车闭锁齿轮中。在 P 位，掣子通过楔压向停车闭锁齿轮。如果掣子到达齿隙则掣子闭锁输出轴。如果掣子到达齿上，则掣子在回位弹簧预紧力作用下，转动输出轴并插入闭锁齿轮的下一个齿隙。

（3）变速杆　现代变速器变速杆是单稳态的（图 5.172），通过向前（R）或向后（D）轻敲来选择主要驾驶位置 R、N 和 D，并通过按下按钮进入驻车位置。N 位位于变速杆的单稳态中心位置。

5. 工作性能

与用户有重大关系的自动变速器汽车工作性能是换档品质,即换档方法和方式,包括如何换档,在换档程序中是否感觉到,汽车在哪个档行驶和什么时候换档。

(1) 换挡品质　因为在自动变速器中,顾名思义换档是不被感觉到的、自动进行的。驾驶人不知道正在换档,不然就会认为是故障。在操纵加速踏板时驾驶人期待汽车加速的直接反应,也就是通过快速降档而达到汽车的加速。为此,换档过程控制的目的是在降档时自动响应驾驶人的愿望和尽可能无延迟地换档。

图5.172　单稳变速杆（BMW 7 系）

机械变速器结构和液压控制系统是良好换档的基础。小的档级跳跃要比大的档级跳跃更容易换档。在变速器液压控制中,良好的系统性能对换档品质是决定性的,即系统的严重非线性传输路线的延滞时间（Totzeit）应尽可能短,并在所有工况下稳定。如果满足这个条件,就可通过EGS中的相应的开环控制算法和闭环控制算法优化换档过程。精确检测变速器输入端和输出端转速,就可以在换档过程进行要接合的和要分离的离合器的转速控制。控制是连续的、总是同样地进行换档,而与工作条件无关。在转速不变的换档范围,利用自适应控制策略,力求将离合器油压控制调节在正确的数值上。自适应算法可补偿自动变速器工作期间性能和参数的变化,如离合器磨损或状态的变化,但不会对换档性能和换档品质有不良的影响。

(2) 换档程序　自动变速器换档与汽车行驶速度和节气门开度有关。自动变速器特性场包括在换档时升档和降档的这些参数（图5.173）。如果汽车在发动机等负荷加速和超过升档线,则换成下一个较高的档。如果操纵加速踏板要求加速并超过降档线,就会降一个或 n 个档。变速器电控为形成这样的换档特性场提供很大的自由度。在EGS可能有许多这样的、反映各种行驶特性的换档特性场。通常有节省燃料消耗的经济行驶E换档程序（E为经济）,它先升档再降档；还有运动模式行驶的S换档程序（S为运动）。驾驶人可以利用安装在变速杆上的程序选择开关选择换档程序或由变速器电控自行选择换档程序。由于各种影响因素,如加速踏板位置、加速踏板移动速度、汽车行驶速度、汽车纵向和横向加速度、制动操纵等,需要换档策略,需要对行驶条件和行驶性能分类和评价,并由此根据相应的行驶状况选择合适的换档程序[157]。图5.174是这种换档策略的构成。为了与换档程序匹配,还有另一种提供换档特性场的方案,在换档特性场中,换档特性线通过不同的、可变的影响参数与汽车行驶状况匹配[158]。为设计换档程序,在参考文献[159]中列出了所有常用的一些方法。

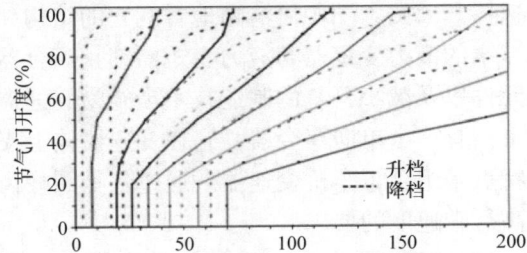

图5.173　作为行驶速度（km/h）函数的换档图

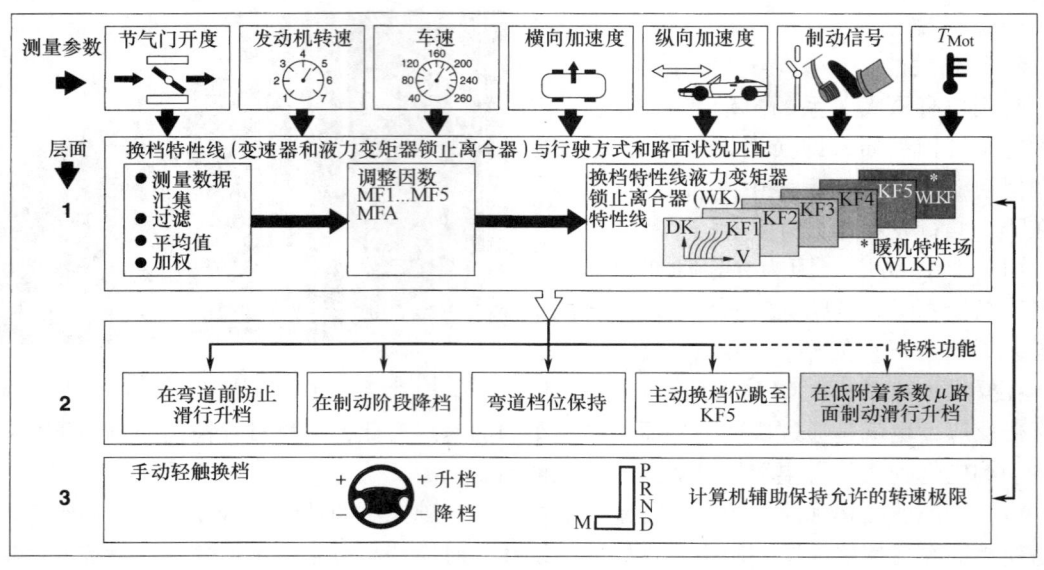

图 5.174 选择换档程序的换档策略

6. 自动变速器型式实例

(1) 前驱动、发动机横置 前驱动、发动机横置乘用车为变速器留下较小的空间。为此，变速器必须很短。由于紧张的安装状况、发动机轴的位置和侧向轴、在车前安装其他附件和对防撞的高要求，对变速器提出苛刻要求。这些要求与汽车总体方案有很大关系。不是很久以前，在前驱动、发动机横置乘用车上还主要采用 4 档变速器。大众集团为高尔夫 Plattform 乘用车配用的日本 Aisin AW 生产厂家的 TF-60 SN 变速器是首次为前驱动、发动机横置乘用车用的 6 档自动变速器[160]。变速器基于 Lepelletier 系统，传动比近似图 5.166 中表示的传动比值，设计转矩 250N·m，结构长度只有 350mm。图 5.175（见书后彩插）是变速器断面图。图中可清晰地看到它的结构和主要部件。

窄的液力变矩器与液力变矩器锁止离合器、组合的扭转减振器、换档的齿轮组结构和换档元件以及减小公差的制造技术措施为变速器的紧凑结构和短的长度尺寸做出贡献。变速器在 1 档有一个单向离合器，它在变速器体上支撑制动器 B2 的内摩擦片支架。前驱动变速器的特点是组合了车桥变速器。通过各种圆柱齿轮组、传动比可以适应汽车在山区爬坡能力和最高行驶速度的要求。

(2) 标准驱动 2008 年 8 档自动变速器首次成批用于乘用车标准驱动。图 5.176 是 ZF8HP70 自动变速器。总传动比范围为 7.05，发动机转矩达 700N·m。按 Lepelletier 的行星齿轮组系统，在变速器输入端有一个简单的行星齿轮组。齿轮组的驱动功率分 2 路，通过变速器输出端的拉维娜行星齿轮组功率流又汇合在一起。只有 5 个换档元件可以实现 8 个前进档和 1 个倒档。变速器没有单向离合器。所有的换档都是作为载荷可调进行的。变速器系统以及优化零部件的结构和布置使变速器十分紧凑。8 档自动变速器要比相应的 6 档自动变速器的零部件少、体积小、重量轻[173]。

2003 年梅赛德斯奔驰使用 7 个档的自动变速器[162]。它是在梅赛德斯 5 档自动变速器 W5A330/580 基础上通过反向的拉维娜行星齿轮组替代变速器输入端的简单行星齿轮组和补

第 5 章 动力装置

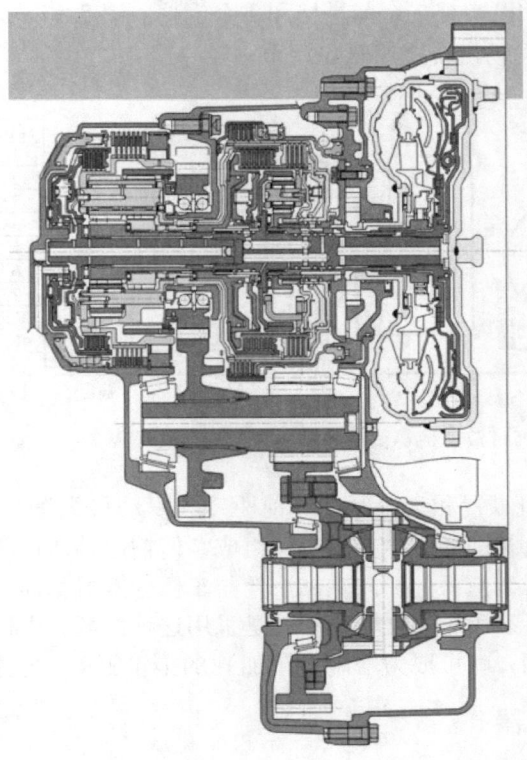

图 5.175　前驱动、发动机横置的 AW-TF-60SN 变速器断面图

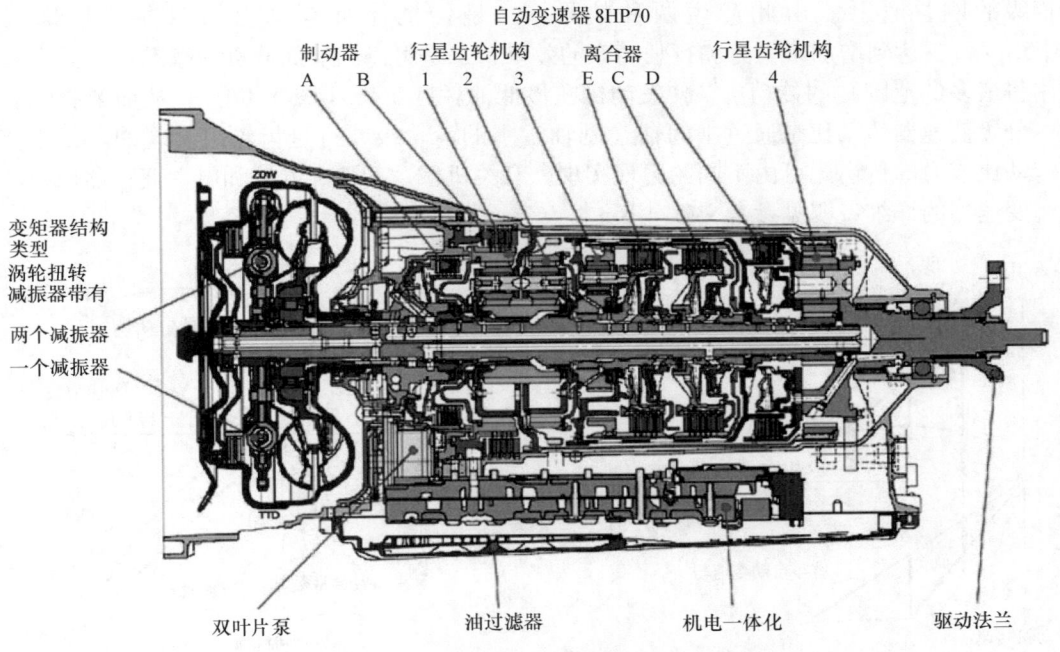

图 5.176　标准驱动时 ZF8HP70 剖面图

充一个片式制动器而成，以实现 7 个前进档和 2 个倒档。图 5.177 是它的简图和换档图。传动比范围扩展为 6.02，发动机转矩达 700N·m。

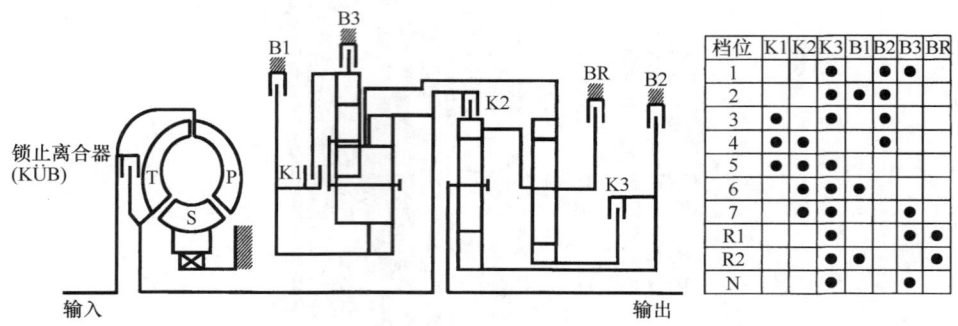

图 5.177　梅赛德斯奔驰 7 档自动变速器 W7A700 简图

（3）前驱动、发动机纵置和全轮驱动　前驱动、发动机纵置乘用车用变速器是从标准变速器引申出来的。它由相同的基本传动机构组成，但输出端通过圆柱齿轮组和位于变速器旁边的轴引至车桥变速器，前桥的侧向轴靠法兰与车桥变速器相连。与分动器的一体化可实现非常紧凑的全轮驱动。乘用车的全轮驱动就是采用这种方案。由标准变速器通过将外部的分动器连到变速器输出端，就可成为增添（附加）的全轮驱动，它主要用在越野车上。

5.4.5　无级自动变速器

1. 工作原理

与有级自动变速器相比，无级自动变速器的优点是取消行驶速度和发动机转速之间的各个档级的刚性连接。由此产生两种效果：一是传动比可与牵引力双曲线精确匹配（图 5.178），达到增加牵引力和行驶功率的效果；二是可以调节部分负荷范围（这是汽车行驶用得最多的范围）的传动比，使发动机在最低油耗区工作（图 5.179），从而节省燃料消耗。分级变速器传动比是通过中间轴（副轴）上的齿轮级或行星齿轮组实现的。无级变速器传动比或力的传递则可由不同的原理实现。有关机械、动液、静液和电动变速器以及功率分流变速器的详细说明见参考文献 [163]。

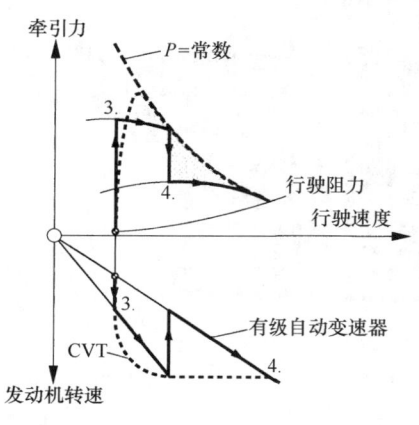

图 5.178　传动比与牵引力双曲线匹配

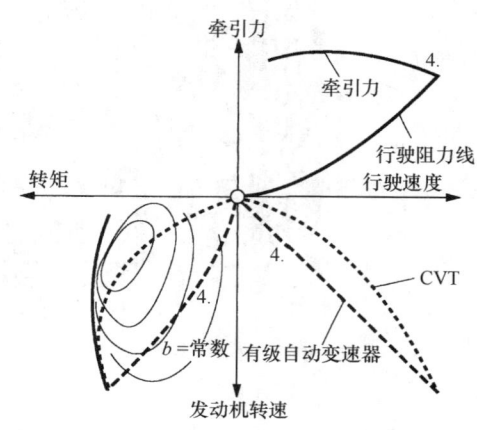

图 5.179　在发动机特性场的最低燃料消耗区工作

在汽车上的电驱动至今还只是在有限范围使用时,静液无级驱动已在工程车辆、拖拉机、农用机械、商用汽车和专门使用场合的公共汽车上使用。动液无级驱动(即转矩转换器)当前实际上是串接(前置)在有级自动变速器中,作为起步部件。机械无级变速器主要可分滚动式变速器和缠绕式变速器。滚动式变速器又发展为最广的 Toriod 变速器[171]。从鼓形的输入轮到鼓形的输出轮的力的传递通过可推动的摩擦滚轮。改变摩擦滚轮倾角,可以无级调节输入轮与输出轮间的传动比。利用摩擦接触传递力。这样,在零件摩擦区产生很高的赫兹(Hertz)压力并需要专用的摩擦传动液,以承受高的压力和传递圆周力。Toriod 变速器早在 20 世纪 30 年代已使用[164],但至今未用于有级自动变速器上。

目前,无级自动变速器(CVT, Continuously Variable Transmisson)为机械缠绕式无级自动变速器。核心部件是变速器,它由两个锥盘副组成。通过缠绕元件传递力。移动锥盘副的轴向距离,也就改变了缠绕元件的工作半径,从而改变传动比。依靠摩擦,实现锥盘副和缠绕元件之间的力传递。锥盘的轴向压力由液压通过活塞产生。传动比的调节同样由液压控制。

2. 结构

前驱动、发动机横置乘用车的无级自动变速器(CVT)结构简图见图 5.180[165],它的特性组件标注在图中。除在汽车行驶时锁止的液力变矩器作为起步部件外,也用干式或湿式工作的片式离合器。向前行驶转换到向后行驶是通过带湿式工作的片式离合器的行星齿轮组实现的。同样也可用带齿形离合器的中间轴换向齿轮级实现行驶转换。为供给油压,通常使用齿轮式油泵。用作缠绕件的有链条或链节剪切带。终端输出采用斜圆柱啮合齿轮。使用锥齿轮差速器作为车桥差速器。CVT 液压控制单元和电控单元在控制结构上与已知的有级自动变速器的控制一致。压紧力要比有级自动变速器上的压紧力高出 4 倍。

3. 组件

除已知的有级自动变速器的部件和组件(见 5.4.4 小节)外,还应特别注意 CVT 的特殊零部件:缠绕元件、变速机构和控制。

(1)缠绕元件 至今乘用车上成批应用的、经受考验的缠绕元件是 VDT(Van Doorne's Transmissie)的链节剪切带和 LuK 的扁环节链。链节剪切带(图 5.181)由两个多层带组成。它由末端松开的环、厚约 0.2mm 的高强度钢片组合而成,并用由钢片冲压的夹紧件保持在一起。从初级轮到次级轮的力的传递不像链条那样通过拉力传递,而是通过夹紧件的剪切传递。

对不同的传递功率等级,可提供 24mm 和 30mm 宽,6、9、10 和 12 层钢环的链节剪切带。传递小功率(发动机转矩 <65N·m)也可使用橡胶材料。1999 年奥迪为前驱动、发动

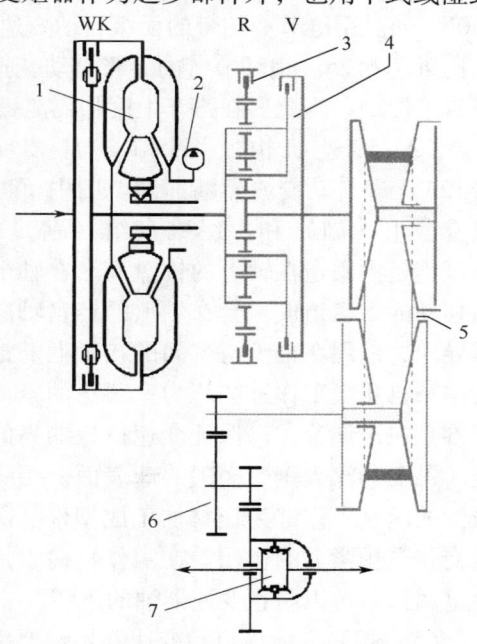

图 5.180 无级自动变速器 ZF-Ecotronic 简图
1—液力变矩器 2—油泵 3—换档部件
4—换向齿轮组 5—锥盘组
6—等传动比 7—差速器

机纵置乘用车装备了 LuK 扁环节链的无级自动变速器,并进入市场[166](图 5.182)。靠桶形变速轮,通过在链的两半个销上的摩擦传递力。销通过扁环节相互连接,并通过拉力传递圆周力。

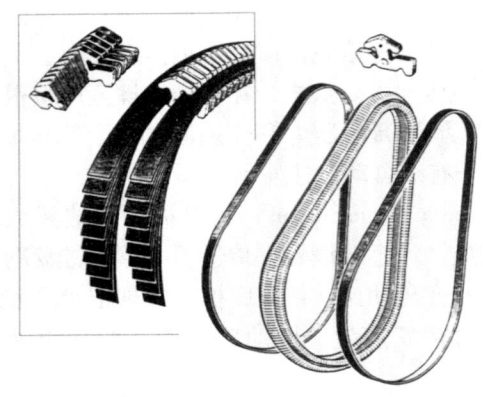

图 5.181　VDT 链节剪切带

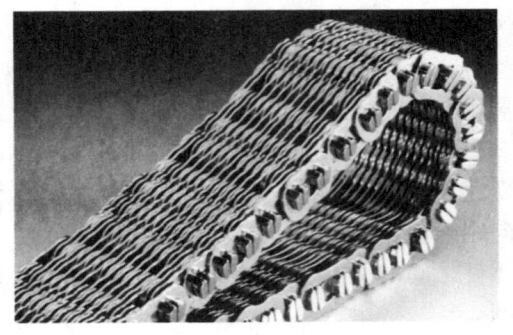

图 5.182　LuK 扁环节链

当前使用的这两种缠绕元件结构型式可传递功率约为 180kW,最大的发动机转矩为 330N·m。用链节剪切带的无级自动变速器传动比可达 5.4,扁环节链的无级自动变速器传动比可达 6.25。扁环节链的无级自动变速器具有更好的效率,但由于它的噪声比链节剪切带较难控制,为此要在汽车上附加隔离措施[167]。

(2) 变速机构　图 5.183 是 ZF-Ecotronic LFT23 无级自动变速器断面图。图中可以看到初级锥盘组(副)和次级锥盘组(副)的结构。锥盘组是由固定在轴上的锥盘和套在轴上并可轴向移动的锥盘组成。套在轴上的锥盘轴向导向为球导向,以用在锥盘与带间的接触处的最小摩擦传递来自压紧工作缸的压力。很小的摩擦也有利于锥盘快速调节,以保证变速机构的高的动态性能。锥盘为淬火钢、磨削的球表面。初级侧和次级侧的压紧工作缸为板材加工成型件。次级锥盘组受弹簧预紧力的作用。在工作缸内附加装有一个金属护板,以防止变速器油的飞溅。

(3) 控制　无级自动变速器不需要换档。控制的特别任务是变速机构压紧的压力控制和传动比闭环控制调节。带或链的压紧程度应与传递的转矩成正比。低的压紧力导致锥盘组滑转和带或链损坏。压紧力过大引起高的压力,从而导致高的油泵功率,并使变速器效率变坏。为此,要随传递转矩的变化尽可能精确控制压紧力。传动比的闭环控制通常通过干预初级锥盘压紧压力实

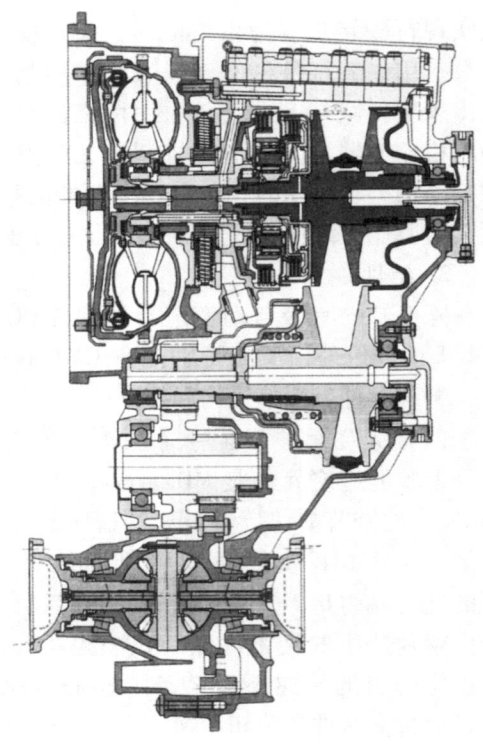

图 5.183　ZF-Ecotronic LFT23 无级
自动变速器断面图

现。无论是压紧压力还是传动比闭环控制都需要变速器电控中汽车和变速器方面的有关信息，并利用电磁压力调节阀转换为油压，然后控制液压系统中的相应的阀。带信息流的变速器控制系统说明和功能内涵表示在图 5.184 中。

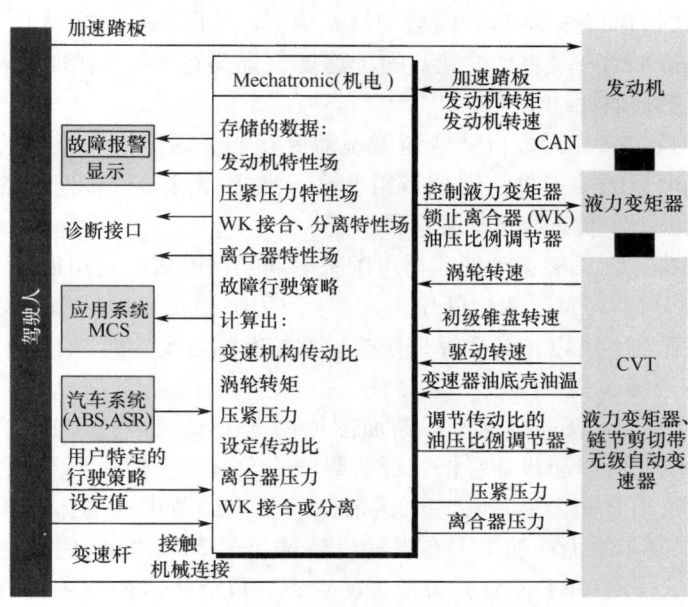

图 5.184　CVT 无级自动变速器控制框图

4. 操纵

在 5.4.4 小节"操纵"中对有级自动变速器有关外部换档、变速杆、位置识别开关、仪表组合和停车闭锁的表述同样适用于无级自动变速器。

5. 工作性能

无级自动变速器的工作性能比有级自动变速器的工作性能有更大的自由度。它取消了行驶速度、挂档和发动机转速之间的强制耦合，有利于汽车的行驶性能。

（1）行驶策略　无级自动变速器工作性能受变速机构调节策略的影响，它提供了从"非常经济"到"非常运动"之间的各种可能的行驶策略。图 5.185 是在发动机特性图中的不同行驶策略的行驶程序控制特性场。通过预先设定的行驶程序可以选择工作特性线或通过自适应工作点控制可以根据当前的工作状况调节最合适的特性场点。

（2）燃料消耗　使用无级自动变速器的原因是能降低燃料消耗。无级自动变速器快速档因数（$\varphi = 5.4 \sim 6.0$）比 4、5 档有级自动变速器快速档因数（$\varphi = 4.0 \sim 5.0$）大。与 6 档有级自动变速器相比还有另一个优点，即汽车大部分行驶是

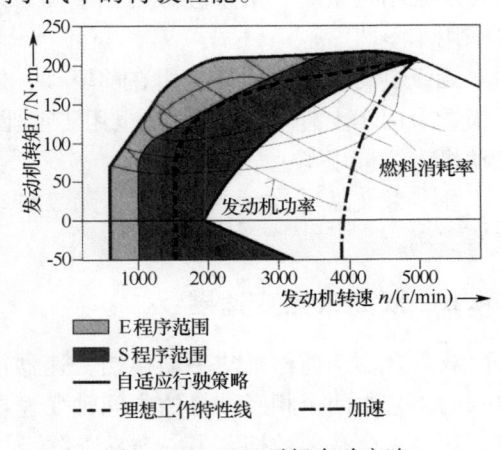

图 5.185　CVT 无级自动变速器行驶程序控制

处于发动机最佳燃料消耗特性场范围。在经济行驶策略时燃料消耗可达到5档手动换档变速器的燃料消耗水平，它比4档自动变速器的燃料消耗值要低10%。

(3) 加速性能　配备 CVT 无级自动变速器汽车直接按牵引力双曲线加速时可以"填满"有级变速器牵引力曲线的缺口，而增加行驶功率，从而减小汽车从 0~100km/h 加速时间。加速度值比配备4档有级自动变速器的加速度值提高达8%。在加速时燃料消耗要比6档有级自动变速器燃料消耗约低4%[167]。

(4) 舒适性　按定义，无级自动变速器不需要换档，因而没有换档的抖动。从换档舒适性角度，CVT 是理想的变速器。按调节策略，一般需要发动机转速特性。电控变速器可以使汽车行驶性能进一步与有级自动变速器匹配。

(5) 手动换档模式　无级自动变速器可配备手动换档模式。利用带旁示标记的变速杆3个位置（"+"为升档、"M"为中间位置、"-"为降档）可以换档。CVT 可以模拟这些固定的档级，这样驾驶人可以按旁示标记换档，如按6档自动变速器工作行驶。

6. 无级自动变速器实例

ZF-Ecotronic LFT23 无级自动变速器断面图见图 5.183。像有级自动变速器那样，CVT 配备液力变矩器，以便汽车起步和轻松、舒适调车、停车。它有一个径向柱塞泵，安装在液力变矩器和换向齿轮组之间。通过柱塞泵进油侧的节流调节进油的体积流量。最大流量为 22L/min。这样可限制泵的消耗功率，在发动机转速超过 2200r/min 时变速器效率高。变速机构已作了介绍，它采用 VDT 链节剪切带传递功率。最终传动的双圆柱齿轮级由于使用不同的啮合方案，起步传动比在 12.5~17.2 范围。

图 5.186 为 ZF-VT1 无级自动变速器断面图。它采用湿式工作的片式离合器作为起步部件。行星齿轮换向的前进档离合器和倒档行驶制动器可以在相应的行驶方向用于起步。外齿轮油泵供油，它安装在变速器背面，并由内部通过初级锥盘组伸出的插接轴驱动。该变速器的特点是结构紧凑、重量轻，用于宝马新迷你等乘用车上[168]。

无级自动变速器除优先用在前驱动、发动机横置乘用车上外[165,167,168]，也用于前驱动、发动机纵置乘用车上。

在参考文献［166］中叙述了无级自动变速器实例。

5.4.6　双离合器变速器

双离合器变速器是从手动换档变速器衍生出来的。它由两个相互结合的中间轴变速器组成。其中一个是偶数档，另一个是奇数档（图 5.187）。带离合器的两个分动器安装在输入端。两个离合器或是轴向相邻布置，或是径向错接，并组成一个"双离合器"部件。通过双离合器可实现两个分动器之间的负载换档。两个分动器通过输出轴在输出端汇合，在非功

图 5.186　ZF-VT1 无级自动变速器断面图

率流的分动器中通过常规的同步装置实现换档[152]，负载换档按 5.4.1 节中 1. 所述的相同原理进行。为在两个同步的分动器中预先选择档，需要较多的控制费用和保障费用。图 5.188 是保时捷为后变速器赛车使用的双离合器变速器（PDK）实例。

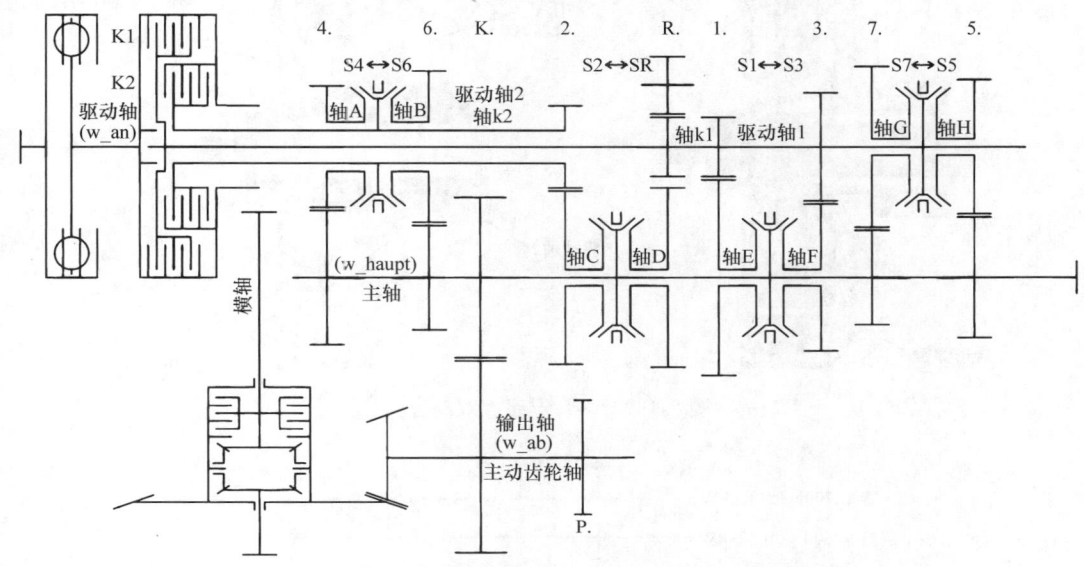

图 5.187　由中间轴结构的两分动器组成的双离合器变速器

1. 工作原理和组件

按汽车要求和使用领域，双离合器由多片干摩擦离合器或在油中运转的多片湿摩擦离合器组成（图 5.189）。按变速器的设计，这两种离合器既可用作汽车起步部件，也可用作换档。多片干摩擦离合器结构参数主要取决于需传递的转矩、要求的隔振和汽车总重（图 5.190）。

双离合器的最高设计目标是热刚性和能补偿由于调节磨损的控制力引起摩擦衬片磨

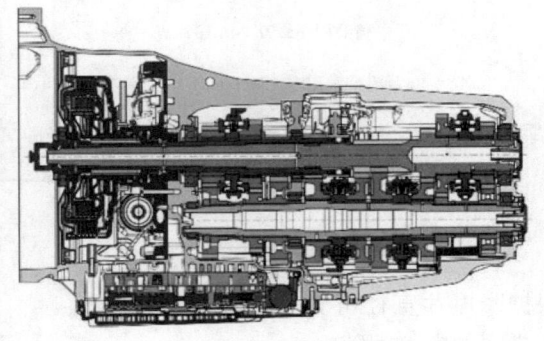

图 5.188　保时捷赛车的双离合器变速器

损的能力。另外要考虑的是在发动机和变速器之间的多片干摩擦双离合器的支承型式和结构。由于操纵力的原因，双离合器不能直接支承在曲轴上，而是通过推力轴承放在变速器空心轴上。图 5.191 是大众汽车公司 7 档多片干摩擦片双离合器变速器剖面图。现代内燃机在工作时在变速器方向有明显高的振动激励倾向。通过在双离合器输入端上的广角弧形弹簧减振器和附加的一个或两个离合器片组成的有效的扭转减振装置可达到足够的隔振效果。

在油中运转的多片湿摩擦双离合器在原理上由两个分开的、可控的摩擦片离合器组成，其结构已在 5.4.4 节的 3. 部件中说明。利用径向错接布置的摩擦片部件使在 PDK 变速器中的双离合器体积十分紧凑和质量小。这对赛车要达到的短暂换档时间十分有利，并使同步装置承载最小。通过合理选择摩擦衬片材料、沟槽（形状、断面、沟槽生产工艺）、钢摩擦片正弦波纹和按需供给冷却油等措施，可使开式摩擦片离合器倒拖力矩保持最小水平。此外，

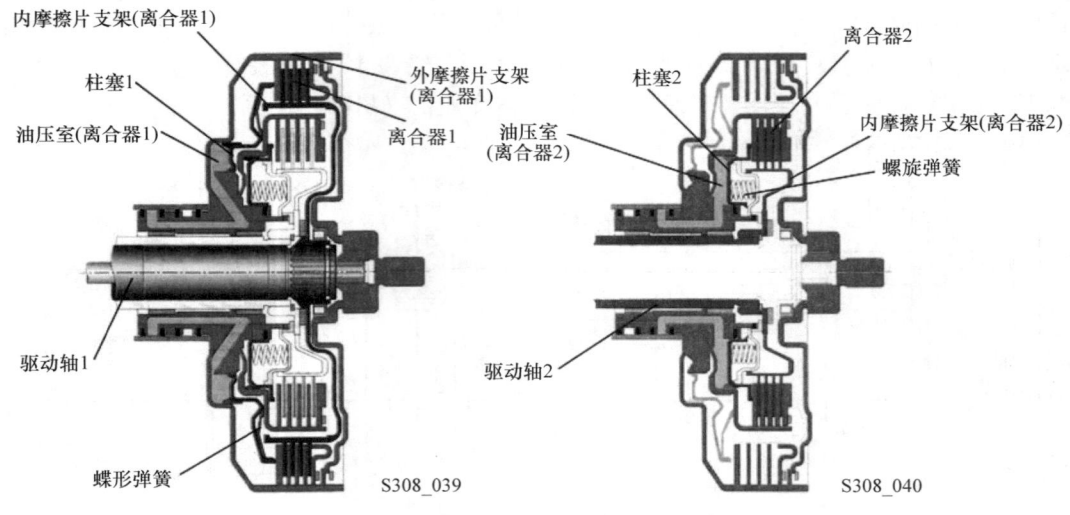

图 5.189 多片湿摩擦双离合器

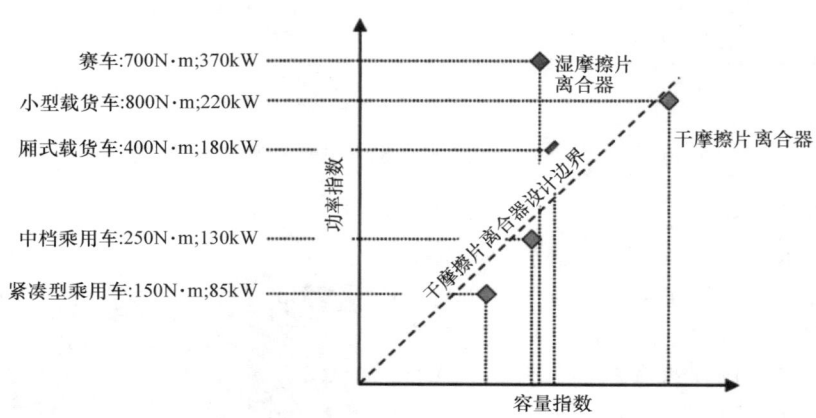

图 5.190 双离合器容量指数

根据摩擦片直径可分别调节两摩擦片之间的空气间隙。

（1）供油　与有级自动变速器相似，在油中运转的双离合器在供油时应实现下列功能：

1）在汽车起步和换档时冷却双离合器。

2）润滑和冷却变速器机械组件（同步装置、轴承、齿轮）。

3）供给压力油，以操纵双离合器和操纵挂档、摘档的换档杆。

油泵供给必要的油压和所需的冷却油体积流量。它由发动机驱动，

图 5.191 大众汽车公司 7 档多片干摩擦片双离合器变速器

转速等于或高于发动机转速。

（2）支承　为使双离合器变速器的弯曲振动和扭转振动最小，它的输入轴和输出轴支承特别重要。根据双离合器变速器设计，内部输入轴大多为固定—浮动支承，外部输入轴为承载推力轴承，以期达到结构紧凑和高机械效率的目的，并避免输入轴出现预应力支承。在双离合器变速器前置—横向布置时，中间轴处于固定—浮动支承之间。由于受压弯曲原因，需采用附加推力轴承。差速器由于负载高大多采用圆锥滚子轴承。

（3）双离合器变速器换档控制和离合器控制　双离合器变速器换档控制有多种方案。与自动有级变速器相似，用得最多的是作为机电部件的电液控制（见5.4.4）。自2010年以来，为实现多片干摩擦离合器自动化，在采用电动机驱动的执行器范围双离合器变速器已在市场问世。图5.192是用于双离合器上的Luk公司的机电杠杆式执行机构。由于它的可控性和动力性，杠杆式执行机构相当于一个液压装置。该双离合器的杠杆式执行机构的优点是操纵时只需最少的辅助能量。

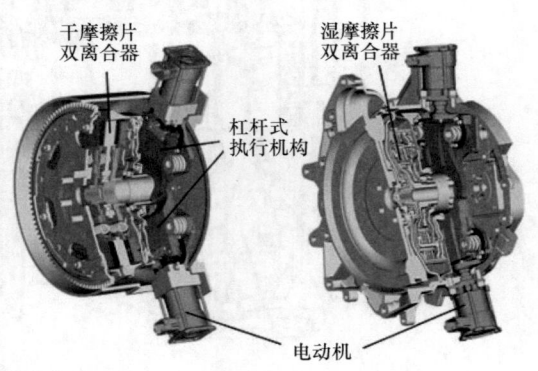

图5.192　Luk公司的机电杠杆式执行机构

利用双离合器盖中的部分组合件，可使执行机构在整个的变速器组装件中占用的体积（空间）很小。

2. 齿轮组

双离合器变速器装置的齿轮组由分类学（系统结构）和计算机辅助实现。最好的双离合器变速器装置由所要求的性能确定，这些性能可归纳如下：

（1）利用很好的传动比级差系列和足够大的变速器总速比优化发动机特性场转换。

（2）处于功率流的组件应尽量少，且承载轻。

（3）按照简单的换档逻辑操纵变速器装置。

（4）以一个或多个电动机方式布置的混合动力功能为今后的混合动力发展留有潜力。

在通常情况，利用输出功率分析可以在开发早期剔除不需要的装置（系统）。由齿轮组平面数量、轴组和驱动轴、输出轴的布置可得到变速器的基本结构。变速器既可前置—横向布置，也可寻找标准布置。齿轮组的各个合成步骤如下：

（1）确定功率传输路径，确定总传动比和齿轮组啮合。

（2）优化各齿轮对传动比。

（3）组合固定齿轮对啮合和同步装置。

最后可得到多种功能性方案。

5.4.7　混合动力

多年来，功率分支的混合动力装置，如丰田普锐斯混合动力装置（图5.193），已投放市场。其特征是汽车行驶时燃料消耗低、环境友好（以相应的行驶方式）。但与现代柴油机动力装置驱动相比，其CO_2排放还没有实质性下降。由于至今在世界范围内功率分支的混合动力装置数量还不多，限于成本考虑，丰田普锐斯乘用车还没有流行。立法和顾客的资源保护行为已关注进一步扩大混合动力驱动的应用。目前几乎没有一家汽车生产厂家在汽车销售业务量中没有混合动力装置的销售份额。

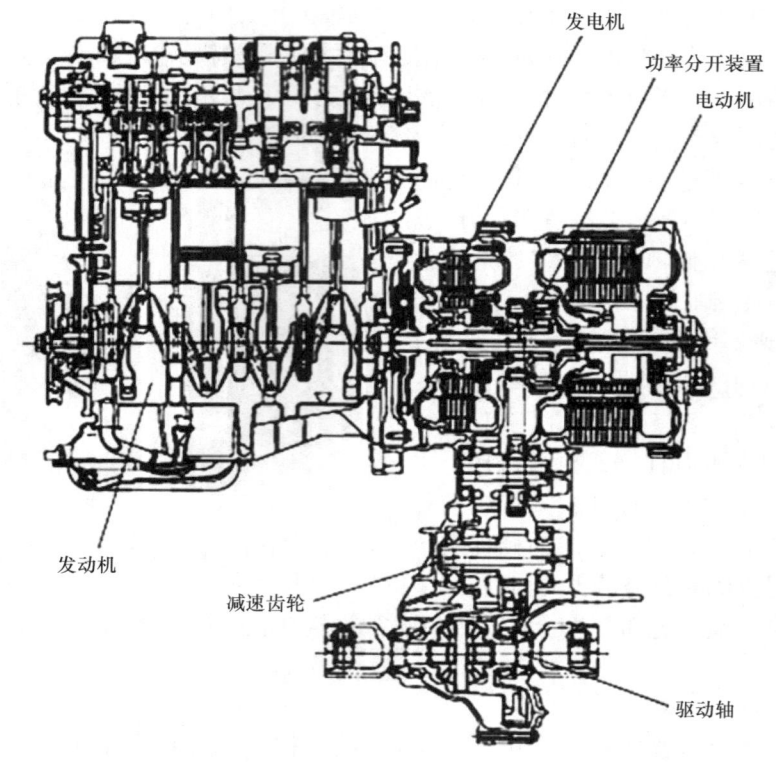

图 5.193　丰田普锐斯混合动力装置（断面图）

1. 混合动力装置

在最大用户群中，并联混合动力装置是许多不同混合动力装置（见 4.3.3）中具有高燃料经济性的一种混合动力装置。

在同时取消转矩转换器时内燃机和汽车变速器之间的结构空间在理想情况可布置附加的电气部件（以及电机和功率器件）、减振装置和必要时还可布置可将内燃机和变速器去耦的分离离合器。

具有发动机起动—停止、制动能量回收、助力器的可用的混合动力装置模块和具有电驱动行驶的积木式组合装置（见图 5.194）考虑了降低成本与利用现有汽车变速器的意图。

另一种功率分支的混合动力装置，如丰田 THS 混合动力装置，它用于丰田普锐斯或雷克萨斯的几个型号上，或通用汽车（GM）公司的双模式混合动力装置上。这时两个电机用作再一次的动力并联传输分支，并通过行星变速器重新汇到驱动轴或输出轴上，从而形成无级变速器。与并联混合动力装置相比，它的费用一般较高。

2. 微混动力装置

发动机起动—停止装置称为微混动力装置。该装置在发动机重新起动时具有快速响应能力的变速器必须在变速器内快速建立起所需的油压。如通过液压动量储存器（HIS，Hydraulischer Impulsspeicher）即可实现。在液压动量储存器中通过弹簧卸载就可快速建立微

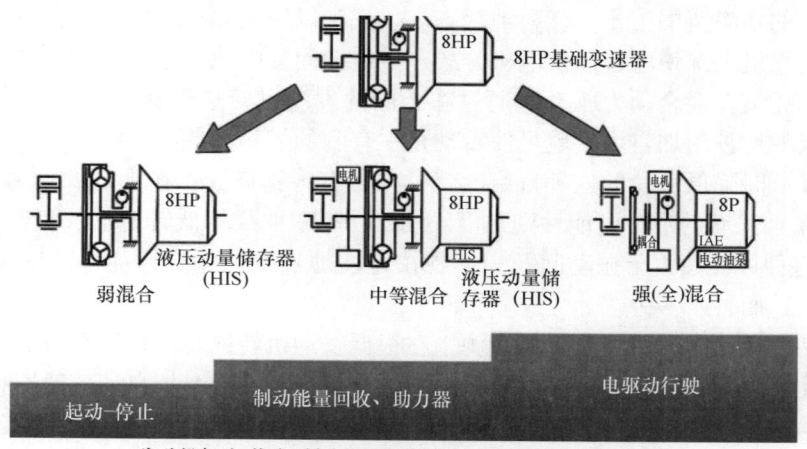

图 5.194 ZF 积木式混合动力装置

混动力装置中的油压[176]。

3. 中等混合动力装置和强混合动力装置

在中等混合动力装置和强混合动力装置中电机装在变速器侧，而在微混动力装置中发动机的电起动装置为增强型起动机或带一起动机—发电机装置。图 5.195 是 ZF 公司的中等混合动力装置 8HP70H。与具有发动机起动—停止、制动能量回收和作为附加功能的助力器的中等混合动力装置相比，强（全）混合动力装置还提供电驱动行驶功能。

图 5.195 ZF 公司的中等混合动力装置 8HP70H

在内燃机和变速器之间可附加分离离合器。该分离离合器在电驱动行驶模式中又可重新起动内燃机和不再执行汽车起步任务；在内燃机驱动行驶模式中使用能胜任一些附加要求的变速器换档装置。

4. 节省燃料消耗

使用混合动力装置的一个重要动因是降低常规动力装置的燃料消耗。内燃机和变速器的相互作用可通过混合动力的混合程度进一步优化，其目的是在任何工作时间内燃机都处于最佳工况。

在模拟混合动力驱动时的关键是选择适用的汽车行驶策略。它总是根据蓄电池充电状态和汽车行驶要求调节内燃机和电机之间的最佳负荷分配，尽管有最佳燃料消耗的汽车行驶策略，但不会限制汽车的可行驶性。内燃机必须以最低转速工作，并一直能给汽车提供剩余的或保存的加速能力。

图 5.196 表示模拟混合动力驱动对新的欧洲行驶循环（NEFZ）—燃料消耗循环和真实驾驶人"AMS"行驶循环的影响。由图可见，与常规动力驱动相比，混合动力驱动的工作点（工况）向有利于降低燃料消耗率方向移动。其原因在于强混合动力驱动时是在能量储存器充足电的状态下汽车以纯电驱动的模式行驶，而这时如果汽车以内燃机驱动模式行驶时

内燃机在很小的功率范围工作,燃料消耗率高。汽车以纯电驱动的模式行驶所需的持久电能还通过提升内燃机工况使电机以发电机方式产生电能向蓄电池充电并储存其中,并取自于制动能量回收。凭借在混合动力驱动时通过在相同的发动机转速下提升(或下降)负荷移动发动机负荷点的这种附加自由度就可使发动机在有利的燃料消耗率范围工作;或通过在对负荷要求突然降低时降低负荷的这种自由度就可减少有害物排放。在常规的动力装置驱动时,工作点(工况)移动的唯一可能性则是沿发动机功率双曲线降低转速增加负荷,即"Down-Rating"。但这种可能性由于振动问题和牺牲快速增加功率的响应性能,特别是在废气涡轮增压发动机上,而置于一旁。

在混合动力驱动时通过组合附加能源,在很低发动机转速时驱动发动机而不会损害汽车的行驶动力性,因为在需要时可使用电机的附加转矩。与现代 8 档自动变速器相比,在中等混合动力驱动时在新的欧洲行驶循环(NEFZ)中约可节省燃料 15%;在强混合动力驱动时可节省燃料高达 25%。

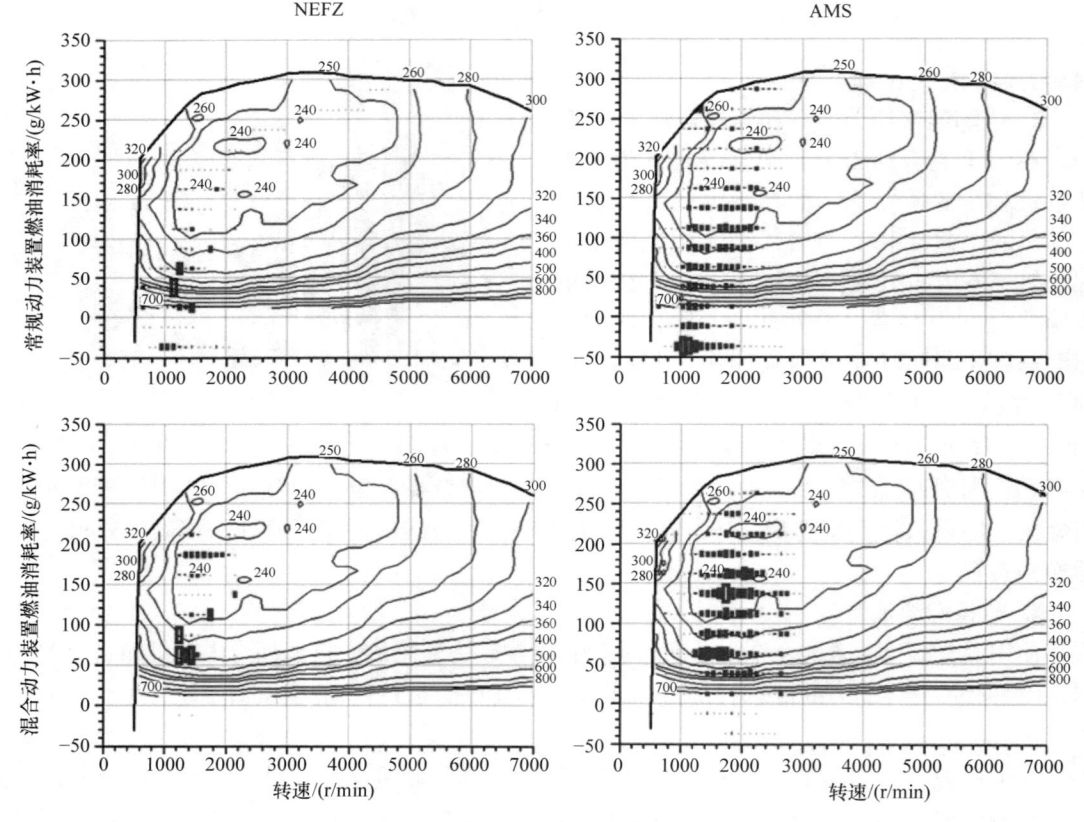

图 5.196　混合动力驱动移动负荷点

5.4.8　变速器电控

1983 年首批乘用车用变速器电控系统进入欧洲市场。1990 年世界范围的电控变速器份额占变速器总量的 27%。5 年后,所有自动变速器约 83% 为电控[169]。当前,有级、无级自动变速器以及手动换档变速器都配备电控系统。越来越多的功能从液压控制转为电控。第一代变速器电控只是电控换档程序。在现代的液压控制变速器上保留了电信号转换为液压,保留了一些基本功能以及安全性、紧急运转功能。重要的一些功能都在变速器电控（EGS）中实现。

1. 变速器电控和汽车通信系统

变速器电控有一个电控单元。它接收来自变速器和汽车上的传感器信号和其他电控单元的信息，并将这些输入信号（信息）处理和提供输出信号。利用输出信号控制变速器和汽车中的执行器。图 5.197 是变速器电控（EGS）与汽车通信系统[158]。通过数据总线（CAN）与其他电控单元（发动机电控、行驶动力学系统、仪表组合、变速杆……）进行数据交换。发动机的重要输入参量为发动机转矩、发动机转速、发动机温度、节气门开度、加速踏板位置。车轮转速首先由行驶动力学电控单元处理。变速杆位置信号和所期望的换档程序大多用单独的电缆传输。来自变速器上的传感器信号（转速、位置识别、变速器油温……）通过线束传输到变速器电控单元。

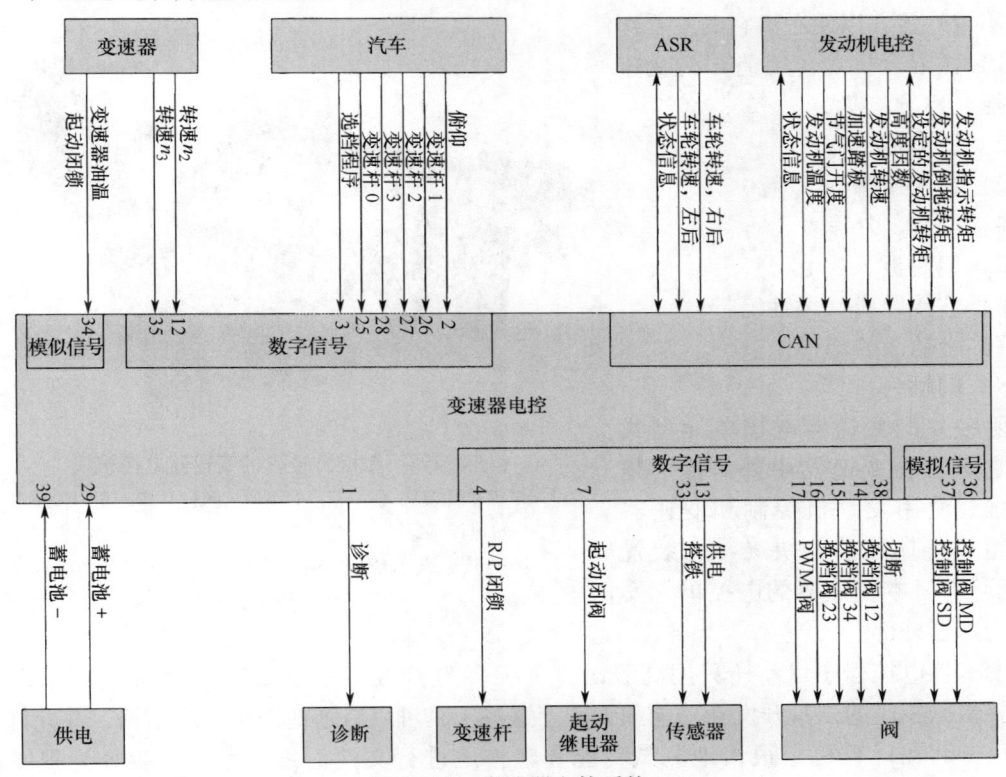

图 5.197 变速器电控系统

电控单元控制变速器中的一些阀。调压器具有流量—压力特性线。通过流量变化可以调节油压，它可满足换档阀和脉宽调制（PWM）阀的数字控制要求。传感器供电和变速器内部电路搭铁同样需要两个连接电缆。诊断线是另外的输出线。诊断线不仅作为诊断目的，更是作为电控单元编程。如果仪表组合没有 CAN 能力，则在仪表板总成的档位显示，同样要从变速器电控单元引出的单独电缆控制。控制倒车灯、换档闭锁功能和钥匙锁闭锁是一些特殊的要求。

2. 电控单元

变速器电控单元是将绝大部分元器件集成在印制电路板上的一个独立单元。它安装在车内或发动机室。电控单元的主要元器件是微处理器、读写（随机）存储器（RAM）、参数存储器（EPROM和EEPROM）、时钟、看门狗、CAN总线、到信号预处理的输入级、带功率级的输出单元、电容器、二极管、晶体管、整流器以及机械部件，如冷却体、插头和壳体。目前的电控单元使用16bit或32bit微处理器。存储器容量高达512kROM和64kRAM。为能改变成批电控单元存储的数据，常用Flash存储器，它可在安装时重新写入数据。程序循环周期为10～20ms。

最近几年，变速器电控部件已组合在变速器中，其中有电子线路、转速传感器、温度传感器（必要时还有压力传感器）、变速器内部线束、机电组合件的插头和位置开关，它们布置在变速器液压控制系统内[151]。变速器内部的恶劣环境对电子部件的热负荷、振动载荷和壳体的密封性能提出了苛刻的要求。但这种设计的优点是变速器结构紧凑、重量轻、可靠、偏差小、变速器检测方便、系统成本低。图5.198是微混合技术（工艺）的变速器电控模块，不带外盖，以便看清它的主要部件：

1) 微混合技术（工艺）的变速器电控（EGS）模块。
2) 压力传感器。
3) 转速传感器。
4) 插头（16针）。
5) 铝底板。
6) 连接导线（柔性箔带）。
7) 带插头的塑料体。
8) 阀触头。

除独立的变速器电控单元型式和将它组合在变速器中外，特别是在美国，使用发动机控制和变速器控制组成一体的功能块（动力装置控制器）。日本变速器的电控单元安装在变速器外部。

图5.198 微混合技术的变速器电控模块
1—电控单元模块（LTCC，低温烧结陶瓷） 2—压力传感器
3—转速传感器 4—变速器插头（16针） 5—铝支撑板
6—连接导线（柔性塑料箔带） 7—转速和位置传感器
8—油压调节器触头

变速器电控程序目前还只用高级语言（大多为C或C++）编写。由于功能众多和复杂，要借助相应的工具开发新功能和编程。这些工具可以清晰地表示程序结构，并允许与仿真程序一起在计算机上很快地测试功能和轻松地进行文件汇编。程序一般分为程序部分（段）和数据部分（段）。数据参数又可分为固定数据、与变量有关的数据和应用参数。程序部分常分为电控单元专用的、变速器专用的和汽车专用的程序部分和数据组。这些程序部分（段）是由不同的负责部门开发的。

3. 部件

（1）传感器 检测转速常用感应式传感器或霍尔（Hall）传感器。大多测量变速器输入转速、与变速器型式有关的驱动转速和变速器内部转速。如果有现成的、信号质量和动态特性足够好的车轮转速，则可以取消驱动转速传感器。霍尔传感器较贵，但与感应式传感器相比，它可以检测很低的转速。变速器油温采用半导体元件测量，它是一个测温丸，直接焊在变速器内部的油路上。在大多数情况下使用位置开关检测变速杆位置。位置开关从变速器外部插在选档轴上，或在变速器一体化控制情况下，它是电控模块的一部分。按要求，EGS 除传输变速杆位置 P、R、N 和 D 外，还传输档位 4、3、2、1。在位置 R 直接控制倒车灯和在位置 P、N 操纵换档闭锁和钥匙锁闭锁。

（2）执行器　为将 EGS 中电流信号转换为油压，采用作为执行器的油压调节器、换档阀和 PWM 阀。图 5.199 是油压调节器断面图和相应的控制电流—控制油压特性线。它是一个有下降特性线的平座阀，在不受控状态通过作用在它上面的油压开启。随着控制电流增大，平座阀关闭。按控制要求，油压调节器使用上升的特性线。油压调节器靠弹簧力关闭。当前使用的油压调节器压力为 0.5～7.5bar，控制电流约至 1A。在图 5.199 中还可看到一个 3/2（三位二通）电磁阀，在换档时切换。它是一个带球座的板式电枢阀，不通电时关闭。换档阀一般用 PWM 控制。在换档阶段通过大的起动电流，以快速、可靠地打开换档阀。在保持阶段电流降低，以减少用电需要和功率损失。换档阀在液压作用下保持在它的最终位置。另外，通过脉宽调制控制的 PWM 阀也可以用液压调制控制。通过不断开、关换档阀同样可得到控制电流—控制油压特性线，但它的精确性不如油压调节器的特性线。

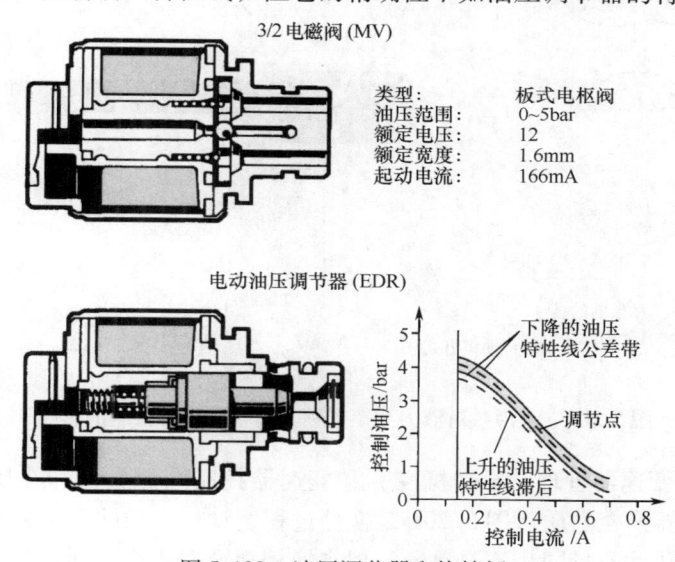

图 5.199　油压调节器和换档阀

（3）导线和插头　当前的变速器设计力求将所有的电气部件布置在变速器中。这些部件与导线相连，且所有的导线通过插头向外接到电控单元的接口上。变速器内部的导线要耐温、耐油。传感器和执行器或直接连接（黑色电线），或与插头连接。在变速器插头上，导线末端钎焊或浸焊。插头针数与变速器配置有很大关系。独立的电控单元常用 11 针和 21 针插头。电控模块是紧凑和价廉的方案。所有的电子元器件集成在电控模块上，并用印制电路连接[156]。电控单元集成在电控模块上，可进一步降低导线费用。变速器一体化控制的有说服力的例子是变速器只需 5 针插头[151]。在图 5.198 实例中，导线连接采用柔性塑料箔带，它埋入铜的印制电路中。

4. 功能

（1）油压控制　在变速器电控中，油压控制能在 EGS 的软件中实现。将电信号转换成离合器压力是通过变速器液压控制中的油压调节器完成的。为用必要的油压控制变换器换档部件，需要如下一些功能：

1）根据发动机和液力变矩器转矩将主油压调节在能传递输入转矩的值上。

2）用换档压力控制调节负载换档过程，负载换档原理已在5.4.4小节中作了叙述。

3）在停车和行驶时挂档。

4）控制液力变矩器。除接合和分离离合器外，还要实现离合器滑转闭环控制和过渡状态控制。图5.200列出了油压控制滑转液力变矩器离合器时的一系列影响参数[158]。

油压控制决定变换器换档品质，它是行驶舒适性的一个尺度。所以功能开发和油压控制的匹配十分重要。

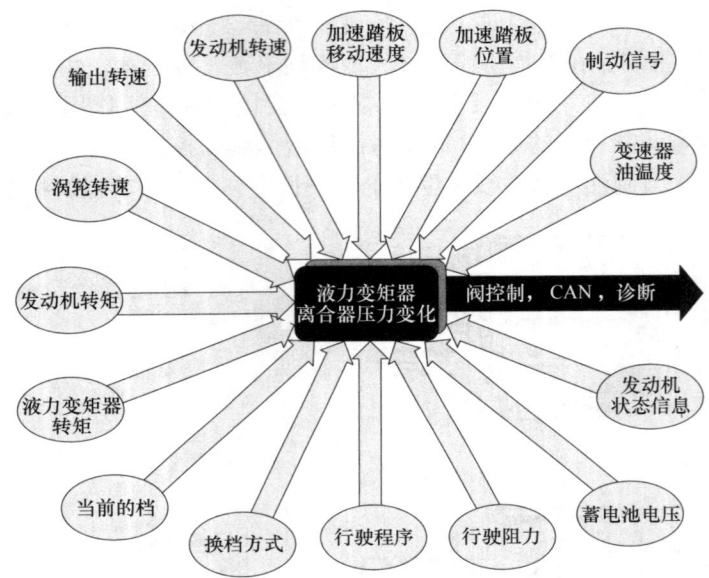

图5.200　各因数对液力变矩器锁止离合器压力控制的影响

（2）发动机—变速器管理　发动机控制和变速器控制间的通信和在换档时干预发动机转矩可以改善变速器换档品质。图5.201是换档过程发动机干预的牵引力升档实例。在汽车超速阶段，发动机转动质量同步不只是通过提高换档离合器压力，而且是同时通过降低发动机转矩实现的。因为超速过程是非常动态的和要在精确调整变速器方面的油压控制下进行的，所以要调节点火提前角才能实现这个过程[170]。

其他的一些功能是限制起步转速和起步转矩。在变速杆挂在行驶位置时发动机转速受到限制，直至变速器自动进行。这样可防止变速器和传动系承受较高的冲击载荷。同样，在这种起步工况下可限制发动机转矩，以避免摩擦换档部件的不允许的热负荷。在第一档起步和在完全转为倒档时，通过发动机干预可降低发动机转矩，使变速器不传递液力变矩器全部转矩。这实际上关系到变速器和传动系的设计尺寸。

（3）换档程序　采用变速器电控可以得到各种各样的换档程序[157-159]。

除用软件得到各种换档程序和考虑有关行驶状况识别的行驶性能（见5.4.4小节和图5.173）外，还可实现下列的一些重要功能：

1）补偿行驶阻力变化：检测路面坡度、载荷状况，包括挂车工作。

2）高度补偿：在高原，如在山区行驶时的内燃机功率损失。因为换档程序是调整在标准的地理高度，所以换档顺序要与汽车行驶状况匹配。

3) 在弯道行驶阻止换档：在驶入弯道时，通过抬起加速踏板开始升档。通过检测加速踏板移动和汽车横向加速度可以阻止弯道换档。在弯道行驶档位不变。

4) 在危险路段制动降档：检测路面坡度和通过降到低档可以在山区行驶时帮助行车制动器制动。

5) 动态加速踏板踩到底降档：不在固定的换档点降档，而是根据加速踏板移动的梯度降档。在快速踩下加速踏板时自动降档，在以从容的行驶方式行驶时可以稍晚开始降档。

6) 发动机暖机换档程序：在发动机冷态，通过提高换档点，发动机在较高转速下运转，这样催化转化器可以快速达到它的工作温度。

7) 牵引力要求：通过专门的选档可以支持底盘控制系统。

8) 自动速度仪要求：通过对换档特性线的干预可以改善自动速度仪（速度控制仪）工作。

汽车方面和变速器方面的其他一些要求正在开发中，以改善配备自动变速器的乘用车的行驶性能。还可列举影响换档程序的一些因素，如引导交通的全球定位系统（GPS）、光学检测车道、直接检测交通事件。

(4) 安全性方案和诊断　电控变速器安全性方案是这样确定的：在电气或电子信号失效时，EGS试图用代用值继续工作，但这样会影响变速器换档品质或会限制换档程序原来给定的一些功能。在基本功能失效时就不再保证可靠工作；或像导线脱落那样的故障，EGS进入紧急停止状态，变速器进入液压紧急工作状态。

在工作中出现的故障可由诊断功能检测并保存在诊断故障存储器中。在车间利用诊断计算机通过诊断线可以读出诊断故障存储器中的信息。这样，在有故障情况下可以快捷、有目的地寻找和修理故障件。

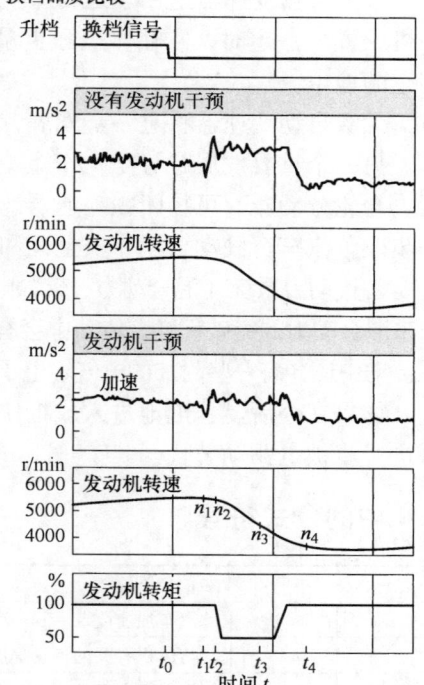

图 5.201　在换档过程中的发动机干预

5.4.9　展望

在过去，乘用车传动系几乎无例外地采用手动换档变速器和液力变矩器自动变速器。这种情景已有很大的变化。目前出现了自动变速器、双离合器变速器和CVT。

在常规驱动的乘用车变速器系统中，可以简要地叙述未来变速器的一些前景与走向：

价廉的手动换档变速器和舒适的液力变矩器变速器在未来仍起着重要作用。当然，它的市场份额会不断下降。当前，在液力变矩器自动变速器中，除6档液力变矩器自动变速器外，出现了第一批7档或8档液力变矩器自动变速器。这类变速器的下一步发展是降低燃料消耗和改善行驶动力学性能[173]。

自动变速器的进一步发展是适用于小型、不需要很高加速性和经济型汽车以及适用于运动车和轻型载货车。

双离合器变速器适用于运动型汽车。在驱动方案（前驱动、发动机横置和前驱动、发动机纵置）一定时，它在体积和重量方面优于液力变矩器自动变速器，所以在变速器中占有它的地位。

无级自动变速器将进一步发展，当然像过去期待的那样，大概是以渐进的形式发展。

另一个重要发展趋势是汽车上有主导能力的部件和装置的众多功能互联，如自动变速器、全轮分动器、可控闭锁差速器、转向以及自适应底盘（主动悬架）。这些功能互联可进一步改善汽车行驶动力学、安全性和舒适性。

替代动力系统（混合动力、燃料电池）将影响传动系。开发混合动力汽车还只是开始。根据未来混合动力的突破程度，传动中会有各种不同的、新奇的和感兴趣的方案出现。但无论如何，在传动中还会有一些附加的电气、电子部件。首批无级机电功率分流的变速器方案已出现。

如果在今后燃料电池进入成批使用阶段，它将对乘用车传动系产生重大影响。机械驱动将进一步被电驱动替代。

5.4 中的公式符号

参量和单位			参量和单位		
a	m/s^2	汽车加速度	α	°	坡度角
c_u	m/s	与体积有关的流动速度	Δ	—	差值
c_w	—	空气阻力系数	η	—	效率
f	—	滚动阻力系数	χ	—	汽车转动加速度质量因数
g	m/s^2	重力加速度	λ	—	功率数
i	—	传动比	μ	—	转矩变换
i_a	—	车桥变速器传动比	μ_{dyn}	—	动摩擦系数
i_g	—	有级变速器传动比	μ_{stat}	—	静摩擦系数
m	kg	汽车质量	v	—	转速变换
n	—	数	ρ	kg/m^3	密度
p	Pa	主油压	φ	—	调速档因数
r	m	半径，车轮动态半径	ω	rad/s	角速度
r_m	m	平均摩擦半径	$\dot{\omega}$	rad/s^2	角加速度
v	m/s	行驶速度	标		记
z	—	齿数	ges		总的
A	m^2	横截面积	max		最大
D	m	外形直径	min		最小
D_a	m	外直径	mot		发动机
D_i	m	内直径	0		与最大功率有关
F_B	N	制动力	L		导轮
F_w	N	行驶阻力	P		泵轮、油泵
I	—	变速器传动比范围	T		涡轮
J	$kg \cdot m^2$	质量惯性矩	1		太阳齿轮
M	$N \cdot m$	转矩	2		行星齿轮
M_K	$N \cdot m$	离合器转矩	3		行星齿轮保持架
$\dot{V}$	m^3/s	体积流量	4		内齿圈

5.5 全轮驱动、制动和驱动控制

5.5.1 全轮驱动方案

1. 全轮驱动的应用

全轮驱动汽车在是汽车制造业中传统的车型。当今,在驱动技术领域仍处于重要地位。从技术角度,全轮驱动汽车主要分两大类:

1) 轻型运动和多功能汽车(SUV)以及越野汽车。这些汽车由于牵引力原因需要全轮驱动。

2) 运动型汽车和高档乘用车。这些汽车除了好的牵引性外,要有好的行驶动力学性能,这首先要采用全轮驱动。

单纯的越野汽车,在经常是越野行驶时好的牵引性能意味着最好地利用各个车轮上的摩擦系数。为此,在需要时要将两个车桥刚性耦合。

全轮驱动的大功率乘用车和运动型汽车可以不受路面状况的影响而保证最好的加速性。此外,传动系中有针对性的转矩分配可以有效地调整行驶性能。

从行驶动力学、磨损和舒适性原因,不考虑采用车桥刚性耦合。中央差速器或相应的离合器总成可以达到前、后桥的转速平衡。为充分利用所有车轮上给定的摩擦系数,附加的中央差速器闭锁证明是很好的方法。当然还要注意,制动时完全独立的车轮是最好的解决方案。前、后桥的每一次耦合都会或多或少地影响制动稳定性,并需要相应的附加措施。这措施也适用于与行驶动力学控制系统(电子稳定性程序 ESP)的优良的兼容性。

2. 全轮驱动特性线

为评价各种全轮驱动系统,就要利用全轮驱动牵引力图。图 5.202 中纵坐标是前、后桥驱动转矩分配(也即汽车前、后桥动态重量分配),它可对汽车行驶性能(过度转向和不足转向)得出基本结论。图中纵坐标是坡度和加速度。

刚性驱动桥耦合产生相同的车轮滑转和相同的摩擦系数利用。按摩擦系数定义:

$$\frac{F_V}{F_H} = \frac{G_V}{G_H},$$

式中,F_V、F_H 和 G_V、G_H 分别为前、后车桥上的力和重量。在刚性全轮驱动时圆周力分配和驱动转矩分配与前、后车桥上的动态重量分配一样(直线 A,所有的摩擦系数 μ_T 相交在直线上)。在直线 A 右边前桥驱动转矩份额大,这样会出现不足转向的行驶性能;在直线 A 左边是过度转向的行驶性能。

中央差速器分配前、后桥驱动转矩的份额总是一样的(直线 B)。黏性传动(D、E)和

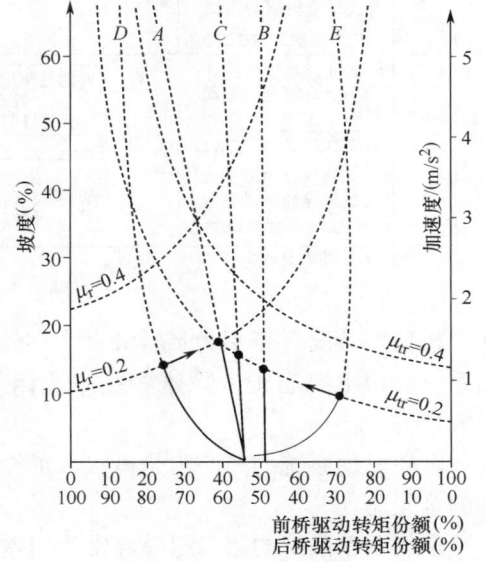

图 5.202 牵引力图

差速器闭锁（C）根据车轮滑转控制，它与坡度或加速度有关。

在图上再加上牵引力随车速或车轮转速的变化就可得到牵引力特性场。采用电控离合器和电控差速器闭锁还可进一步扩大控制范围。

在离合器接合时可以在单车桥驱动和刚性连接的前、后桥驱动边界之间控制。

要考虑牵引力特性场的极限值和只有关注所有的组合状态就可对汽车行驶性能得出结论。理想的全轮驱动系统在任何的载荷和工作状况可给驾驶人相同的行驶感觉。不管是按过度转向、不足转向或中性转向设计，主要取决于汽车生产厂家的哲学理念。

3. 全轮驱动系统

按驱动系统的结构特点分类不能很快得到一目了然的图。按可能的功率分流的驱动系统分类就会很清楚看出它们的特点，其前提是均匀的路面状况和汽车直线行驶，速度和加速度/坡度是可变的。按这样的准则可得到全轮驱动系统的 4 个组别或四代。这些组别或代并不表明各个全轮驱动系统工作能力的价值（图 5.203）。

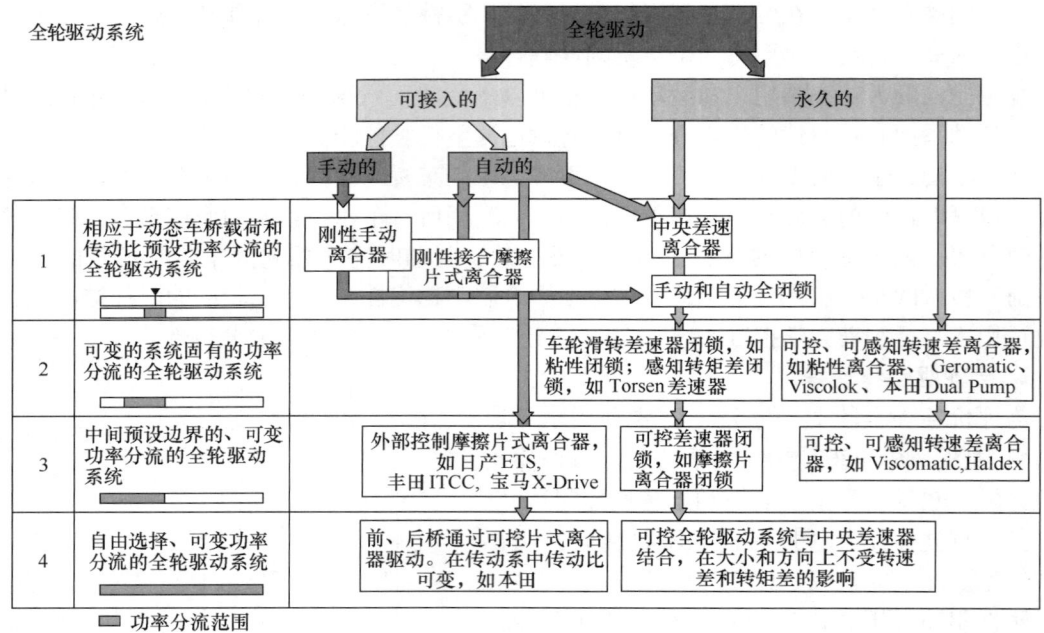

图 5.203 全轮驱动方案

按使用情况（牵引力或行驶动力学性能）、车型和组装件（Pakage）选择相应的全轮驱动系统。但不要忘记，除这些技术原因外，汽车目标成本对全轮驱动系统的选择有重大影响。

全轮驱动系统的第一组是可接入的全轮驱动和带差速器（带或不带机械闭锁）的永久性的全轮驱动。

全轮驱动系统的第二组是经常使用差速器分配驱动转矩，但它与全轮驱动系统固有的闭锁系统[如黏性闭锁或托森（Torsen）差速器]叠加。两车桥通过感知转速差的离合器直接驱动也属这一组。感知转速差的离合器替代中央差速器，并根据车轮滑转传递驱动转矩。除已知的黏性离合器外，还有摩擦片式离合器，它受到感知转速差的油泵油压的作用（如 Geromatic、本田 Dual pump、Viscolok 和丰田的 RBC 系统）。

全轮驱动系统的第三组的特点是采用电控离合器和中央差速器闭锁。这组的代表是可控的黏性离合器（Viscomatic）和Haldex公司的摩擦片式离合器（大众4 motion）。这两个系统将全轮驱动的基本系统特性与外部的闭环控制叠加在一起。摩擦片式离合器和摩擦片式离合器闭锁是唯一的外部控制，这在以后的宝马X-Drive实例中介绍。

在全轮驱动系统第四组中使用新颖的、可自由选择的功率分流，也称为"转矩引导（torgue vectoring）"。有时也与车桥垂直的自由转矩组合（见下面）。

4. 全轮驱动系统部件

下面只就已使用的全轮驱动系统部件作一介绍。

（1）中央差速器

1）行星齿轮差速器。除常规的锥齿轮差速器外，行星齿轮变速器特别适用于中间差速器，因为通过有针对性地调整行星齿轮变速器部件几何尺寸（太阳齿轮、行星齿轮和内齿圈）和调整输入转矩、输出转矩模式，可在传动系中达到所需的功率分配。

图5.204a是常用的行星齿轮差速器布置。在由行星齿轮保持架驱动时，内齿轮驱动转矩$M_{Hohlrad}$与太阳齿轮驱动转矩M_{sonne}之比等于它们的直径之比：

$$\frac{M_{Hohlrad}}{M_{sonne}} = \frac{d_{Hohlrad}}{d_{sonne}}$$

可能的转矩分配是：

a布置：内齿轮:太阳齿轮 = 65:35（±5%）。

b布置：太阳齿轮1:太阳齿轮2 = 70:30至30:70。

c布置：行星齿轮保持架:太阳齿轮 = 65:35至50:50。

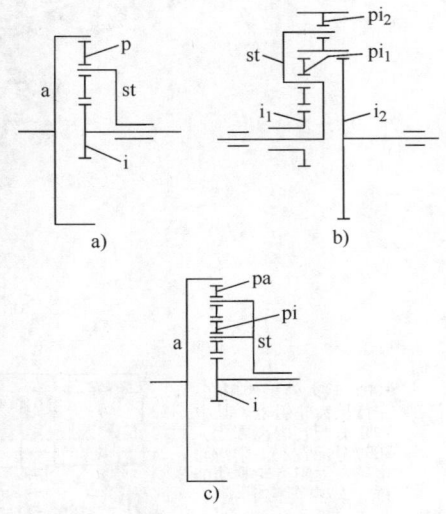

图5.204 行星差速器和结构型式
a) a布置 b) b布置 c) c布置
a—内齿圈 p—行星齿轮
i—太阳齿轮 st—行星齿轮保持架

图5.205是工程上的c布置实例（梅赛德斯奔驰4 matic）。

2）双差速器总成（DDU）。前驱动、发动机横置汽车的4轮驱动的紧凑方案是采用双差速器（DDC）结构型式（图5.206）。在轴上的转矩按轴的位置、沿着转矩流分配。行星齿轮组具有中央差速器和前桥（VA）横向差速器功能，且其空间位置也足够。

通过行星齿轮的滚动轴承可以使前车轮上的牵引力差别降低到不易察觉的程度。也可以对中央差速器闭锁。

可以任意选择前、后桥驱动转矩分配。从前桥65%/后桥35%到前桥45%/后桥55%。

现代圣达菲（SUV）就是采用这种双差速器总成。

3）闭锁。称为"开式"中央差速器的全轮驱动系统固有的和不变的转矩分配只是调整在最大牵引力工作点。为在偏离该工作点条件下能传递最大的牵引力，需对全轮驱动系统闭锁。

主动制动操纵则是全轮驱动系统闭锁的特殊情况，这在5.5.2小节中再分析。

图 5.205 梅赛德斯奔驰 4 matic

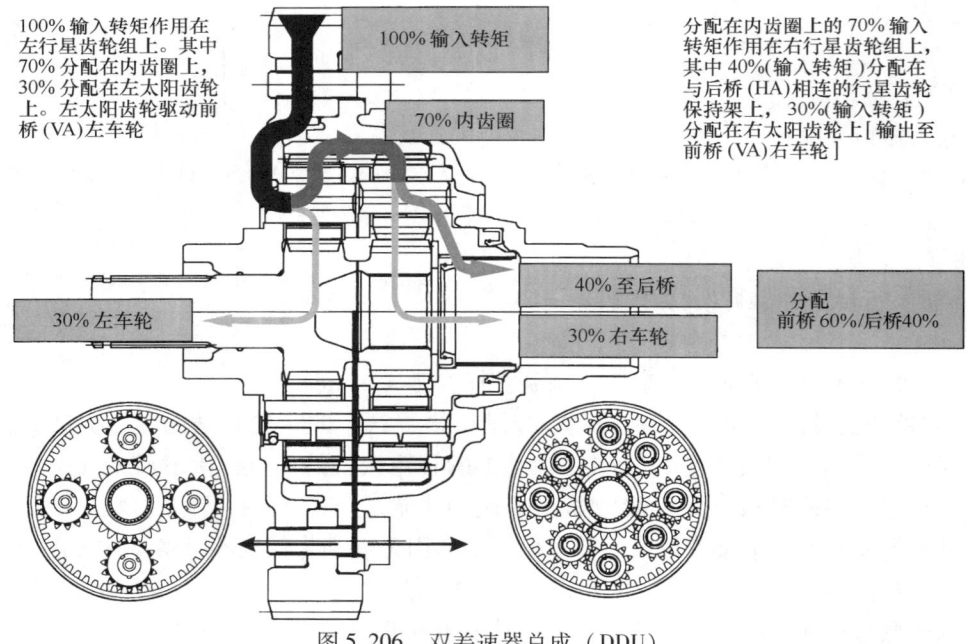

图 5.206 双差速器总成（DDU）

闭锁的可能结构型式有：

① 自动闭锁。

a）感知转速（黏性闭锁等）。

b）感知转矩（Torsen 差速器、GKN Powrlock®）。

② 外部接合/控制闭锁。
a）由驾驶人手工操纵。
b）电子控制（Steyr ADM、摩擦片闭锁等）
为比较各个闭锁系统，常用"闭锁值"来衡量：

$$S = \frac{(M_{high} - M_{low}) \times 100}{(M_{high} + M_{low})}$$

单位为%。

同样也用"转矩比"（torgue bias）来衡量：

$$M_{high} : M_{low} = 1 : x$$

4）TORSEN 差速器、GKN Powrlock®。TORSEN 差速器、GKN Powrlock 是闭锁作用随驱动转矩而变的差速器总成。内摩擦产生与驱动转矩成比例的闭锁转矩。

这类差速器中非常熟悉的代表是托森（TORSEN）差速器 A 型（图 5.207）。它带有平衡齿轮的十字轴。TORSEN B 型和 GKN Powrlock 为平行轴。TORSEN 差速器 C 型是斜齿轮啮合的行星齿轮变速器，其行星齿轮在行星齿轮保持架罩盖中。在所有的差速器中，通过齿轮的几何尺寸和摩擦副调整闭锁转矩。

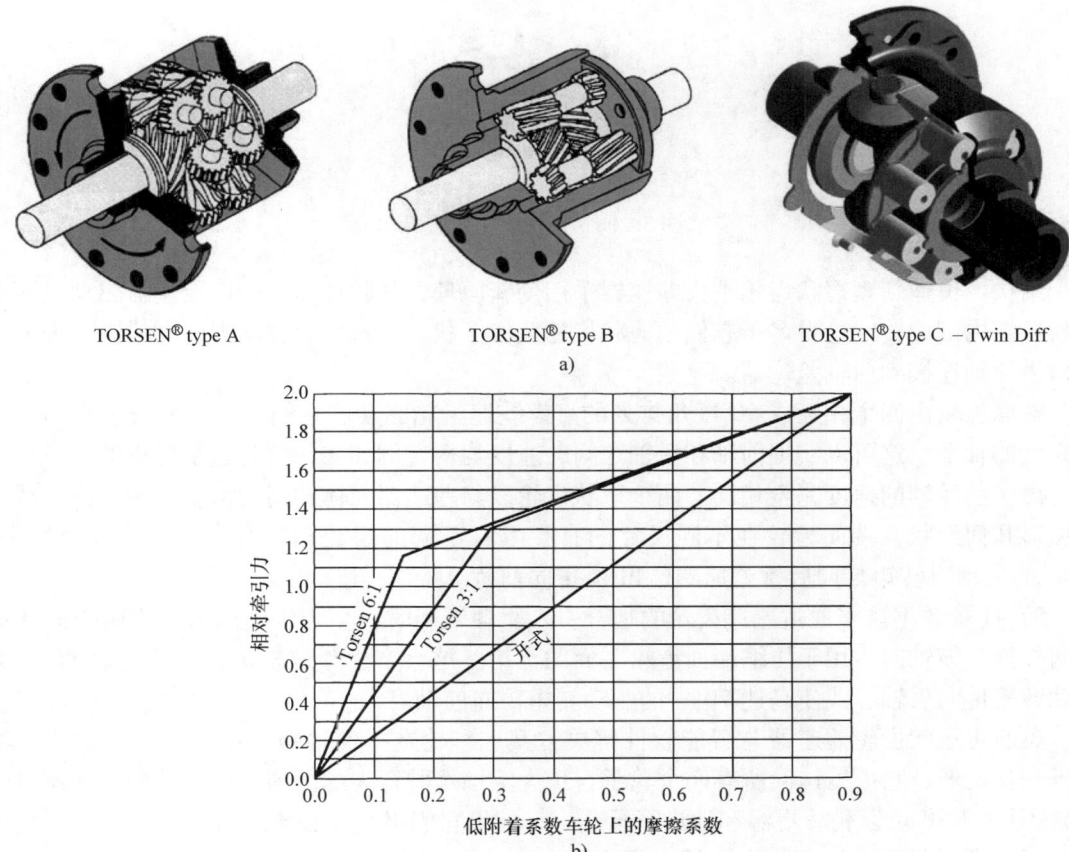

图 5.207　a）Torsen 差速器　b）特性线

Torsen 差速器的一大优点是汽车在弯道行驶时扭曲应力小，因为允许汽车左、右侧车轮有转速差，在制动过程中也允许有转速差，以便像中央差速器那样保持制动稳定。

2010 年，奥迪在日内瓦车展上首次在 RS5 车型中展示了冠状齿轮差速器，从而扩大了全轮驱动的可能性（图 5.208）。

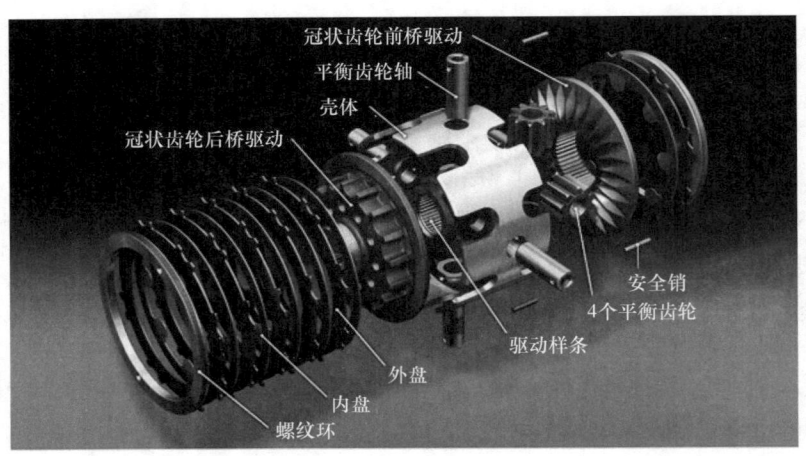

图 5.208　冠状齿轮差速器

结构。奥迪新型冠状齿轮中央差速器采用创新原理，其圆柱形外壳由变速器驱动。两个冠齿轮在内部旋转，这得名于它们的冠状齿轮几何形状。后冠齿轮将动力传到后轴，前一个锥面齿轮轴连接到前轴差速器。

端面齿轮由四个相互成 90 度角排列的直齿差速齿轮驱动。它们可旋转地安装在固定在外壳上的轴上。这可以实现前轴和后轴之间的速度均衡，例如在转弯时这是必需的。

由于前后轴的速度完全相同，两个冠状齿轮以与差速器壳体相同的速度旋转。由于特殊的齿形几何形状，端面齿轮在不同尺寸的直径上有不同的齿数和啮合点。在基本分配中，60% 的发动机转矩传向后桥差速器，40% 传向前桥。

5) 闭锁效率。当通过差速齿轮的啮合引入驱动转矩时，会产生轴向力，将两个冠状齿轮向外推。该轴向力用于压缩端面齿轮后面的盘组。这会产生锁定转矩，可使高达 85% 的驱动转矩传向后轴，或使高达 70% 的驱动转矩传向前轴。

奥迪将冠状齿轮差速器与智能软件解决方案、车轮选择性转矩控制相结合。作为 ESP 的进一步发展，它可以访问所有四个轮子，扩大空档驾驶行为的范围，减少转弯和加速时的转向不足。ESP 可以稍后更温和地进行干预——如果它们仍然有必要的话。

（2）驱动转矩自动匹配离合器　所有自动离合器都对输入、输出转速差产生反应。转速差是由于车轮上的转速差别引起的。它的原因是多方面的：除了车轮的驱动滑移或滑转外，还由于弯道行驶、左右轮胎直径不同、制动行为和 ESP 行为以及汽车倒拖或在试验台上试验。在各种情况下，从转速快的一侧向慢的一侧传递转矩。在有些情况，左、右车轮转速差不利于汽车的制动性能，所以要注意汽车的行驶性能。

1）黏性离合器。黏性离合器（图 5.209）属传动部件，它具有全轮驱动系统固有的性能，不论是驱动转矩自动分配，还是自动的、按转速差的变化进行纵向或横向闭锁。黏性离合器利用离合器片间的硅油摩擦传递转矩，使内、外摩擦片产生转速差。

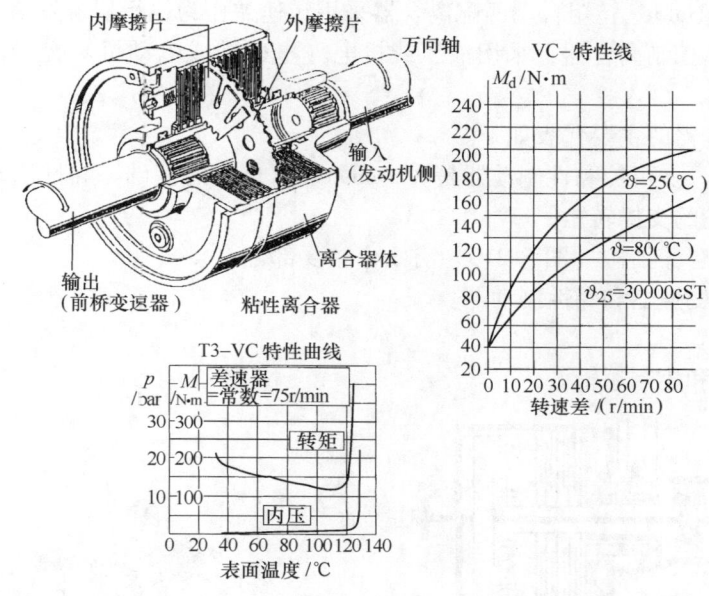

图 5.209 黏性（VC）离合器特性线和断面图

成对的内、外摩擦片上有槽和孔。有转速差时槽和孔可以增加摩擦片在硅油中的剪切力。

2）外部控制的离合器。不可控离合器特性线总是在牵引力、行驶动力学和舒适性之间取得折中。外部控制离合器可以不需要在它们之间折中而实现这些要求。在目前的外部控制离合器系统中可以电子检测下列的影响参量，并有针对性地对驱动进行控制。

① 车轮转速。
② 发动机转矩、节气门移动。
③ 制动状况。
④ 汽车传感技术（如 ESP 信号）。
⑤ 可能还有转向盘角度、倒向行驶、离合器。
⑥ 特殊状况（倒拖、过热、试验台试验）。

通过上述这些工作数据函数的驱动转矩分配可以预先设定所希望的汽车自转向趋势。

通过总线系统可以将发动机、变速器、制动器电控单元连接起来。

对外部控制系统的要求是：

① 在很小的转速差时达到高的转矩传递，即在低的热负荷时有最好的牵引力和良好的热效率。
② 几乎与转速差无关的最小转矩。

③ 为满足行驶动力学和制动稳定性的要求，要足够快地建立转矩和降低转矩（$M_{max} \to M_{min} \leqslant 100ms$）。

除 Viscomatic 离合器外，为传递转矩采用湿式多片摩擦离合器。这种离合器所用的执行器与别的离合器所用的执行器不同。这样，在执行器的传输性能和控制性能上与别的执行器也有所区别。

Viscomatic 和 Haldex 转矩自动匹配离合器采用转速差作为执行器触发信号和控制参量。

在单纯的外部控制离合器上采用液压或机电（电磁铁或电动机）控制。转矩分配作为控制参量。

外部控制离合器的主要代表如下。

① Viscomatic$^©$。可控黏性制动器是 Viscomatic 离合器的基础。黏性制动器控制行星齿轮变速器太阳齿轮的支撑转矩。

Viscomatic 离合器结构（图 5.210）有 3 个主要部件：

a）行星齿轮变速器和黏性制动器。
b）液压系统。
c）电控单元和控制逻辑。

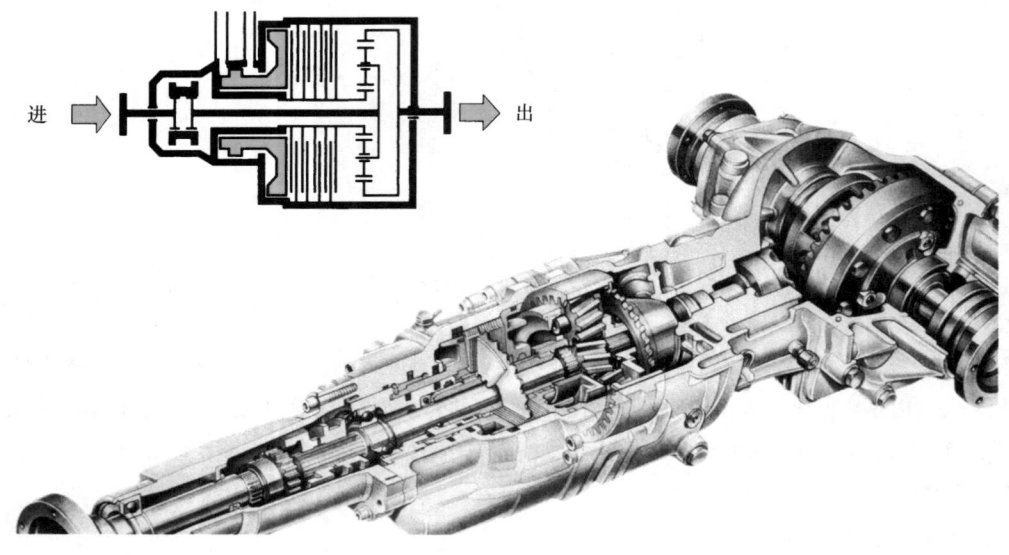

图 5.210 Viscomatic 离合器结构

通过油压活塞可以改变离合器缝隙宽度（0.5~0.15mm）和内部容积（硅油充满度的变化为 55%~92%）。这两个参数对传递转矩大小是决定性的。重要的是硅油和空气均匀混合（因为系统处于静止状态，没有离心力）。

利用黏性离合器，可变地制动太阳齿轮可改变单桥驱动和刚性的全轮驱动（太阳齿轮几乎闭锁时）边界之间的驱动转矩分配。

② Haldex$^©$。在感知转速差的油泵系统（摆动盘和环状活塞）和摩擦片离合器的组合基础上利用外部控制可以扩展转矩传递的内部传递范围。外部油压控制阀可以调节液压油路中的油压，并将实际的工作点调节在很宽的且可用的控制范围内。

第三代 Haldex 离合器使用预充泵,即使在低差速下也能传递高转矩。最新的第四代 Haldex 联轴器(图 5.211)有一个电动泵和一个附加的活塞式蓄能器,这意味着传递的转矩不再依赖于差速。这种设计带来了响应行为的进一步改进。

③ MAGNA 主动式离合器。这是一个液压驱动的多片离合器系统(图 5.212)。由于液压动力是由差速产生的,因此该系统可以分配给速度传感系统,并提供了用于车辆动态控制干预的相应停机控制逻辑。

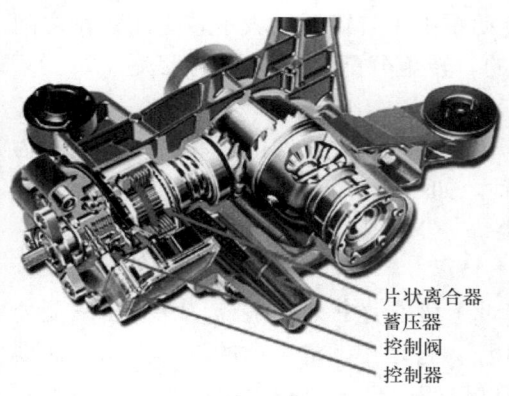
片状离合器
蓄压器
控制阀
控制器

图 5.211 Haldex Ⅳ 离合器

图 5.212 MAGNA 主动式离合器

④ 宝马 X-Drive。为驱动前桥开发的宝马 X-Drive 离合器采用油压调节的摩擦片式离合器(图 5.213)。电动机与球斜面机构一起可以将由行驶动力学控制器得到的、设定的转矩分配转换为相应的油压作用力。

⑤ Borg Warner 的 GKN、JTEKT 离合器。该离合器系统使用电磁铁驱动,其电子控制力作用在先导离合器上(图 5.214)。先导离合器的转矩通过滚珠坡道系统转换为轴向力,从而驱动主离合器。传导的转矩由先导离合器和主离合器的转矩组成。

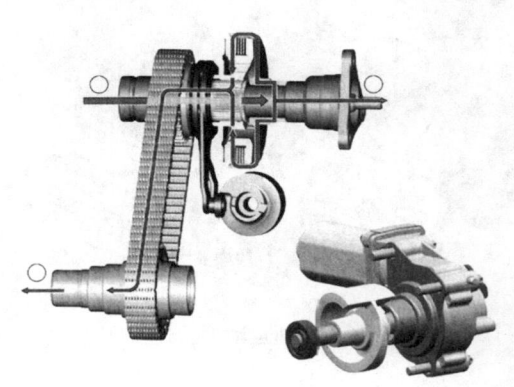

图 5.213 宝马 X-Drive 视图

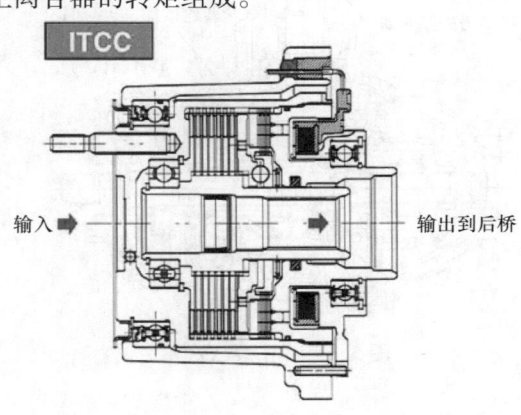

图 5.214 JTEKT-ITCC 简图

⑥ 可变转矩分配以主动干预汽车横摆性能。为在汽车的所有行驶状态(高摩擦系数和低摩擦系数路面)达到优良的行驶性能和改善行驶动力学,现代全轮驱动系统提供了各桥间最佳的驱动转矩分配。提高汽车行驶稳定性的行驶动力学控制系统(ESP、DSC……)还可支持该系统。为主动干预汽车横摆运动,需要在各桥间有条件地采用可变的转矩分配,即

在弯道快速行驶或在充分利用轮胎与路面间的侧向力潜力时采用可变的转矩分配。在车桥上的各车轮上的可变转矩分配在几乎所有的行驶状况下会产生绕汽车垂直轴（高轴）的横摆力矩。

为自动移动转矩，Ricardo 公司定义了它自己开发的"转矩引导（Torque Vectoring）"系统。

在市场上已出现不少的可变转矩分配方案，主要的有两种系统功能：

① 转矩引导（Torque Vectoring V）功能。在传动系中用转矩引导表示转矩在车桥之间和/或车轮之间的转矩分配是可变的、可调或可控的。转矩分配与驱动转矩无关（如三菱 Lancer Evo）。

② 转矩分解（Torque Splitter）功能。人们把车桥之间或车轮之间的驱动转矩分配称为转矩分解。这时出现了转矩分解与驱动转矩的相关性。如可以把带可控离合器的车桥驱动称为车轮驱动（如本田 Legend）。这时可以取消差速器。

常见实例如下。

① 三菱主动横摆控制（AYC，Active Yaw Control）和主动中央差速器。1996 年三菱公司首次展出了主动横摆控制（AYC）系统（图 5.215）。它是在批量生产的汽车上第一次展示转矩引导系统。在 Evo Ⅷ型式中三菱显示可以将可控的中央差速器闭锁（ACD）与转矩引导的后桥变速器组合起来。

② 奥迪运动型差速器。自 2010 年以来，奥迪为几乎所有 quattro 车型提供了具有转矩矢量功能的运动型差速器（图 5.216）。差速器以有针对性的方式在两个后轮之间分配驱动力，从而显著提高转弯动力。

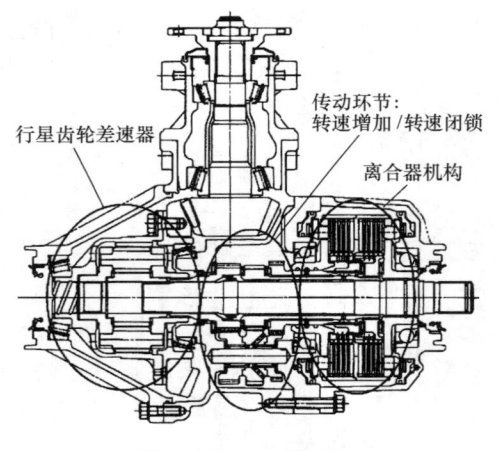

图 5.215 三菱 AYC

图 5.216 奥迪运动型差速器

③ X6 和 X5 M 中的 BMW 动态性能控制。每个轴的两个单元产生所需的矢量转矩，这表示轴驱动转矩上的叠加转矩（图 5.217）。齿轮组传输矢量转矩，该转矩由机电激活的离合器控制。

④ 本田超级操纵所有车轮的驱动系统（SH-AWD，Super Handling All Wheel Drive System）。2005 年本田展示了新的、称为 SH–AWD 的传动系方案。它将连接纵向分配的所有车轮与后桥上的横向转矩分配传递总成组合在一起，这就是转矩分解系统（图 5.218）。

前驱动的传动系,前桥是初级驱动桥。前面的差速器通过换向传动和万向轴驱动后桥。利用行星齿轮变速器可以通过离合器将动力从中间接到后桥。

特别是在弯道行驶(车轮转速运动学状况引起的)可能给外弯道的后轮一个正的驱动转矩,尽管这个车轮的转动要快于前轮的平均转速。可以取消常规的后桥差速器,因为两个电磁操纵的离合器滑转工作。

⑤ 辅助轴上带有电驱动的全轮驱动。由于混合动力驱动系统的普及,与全轮驱动系统的组合也成为可能。同时建立的架构以这样的方式表示,即主驱动轴以机械方式驱动,第二轴具有电力驱动(图 5.219)。通过这种架构,可以满足牵引力的要求,通过电力流(助推器)提高驾驶性能和超速模式下可能的能量回收(回收或制动能量-回收)。这个概念的一个关键代表是雷克萨斯 RX 450 H。

图 5.217 BMW 的动态性能控制

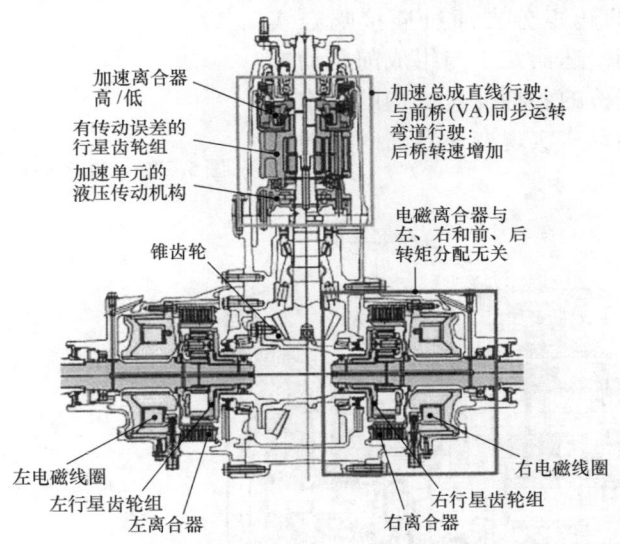

图 5.218 本田 SH – AWD

这种全轮驱动概念的优点是控制质量非常好,并且不需要万向轴。这被较低功率密度和较高生产成本的缺点所抵消。

用于后桥的电动车桥驱动器通常需要关闭电动机,原因有两个:
- 系统故障时的驾驶安全。
- 高速行驶时解耦以提高整体效率。

为了利用回收的能量,必须使用能量存储器,根据现有技术,目前能量存储器的代

图 5.219 电动桥

表是电池。

5. 变速器输出

（1）前驱动、发动机横置传动型式实例 前驱动、发动机横置的动力装置特别适用于直接驱动前桥和通过离合器驱动后桥。空间利用因数和基础变速器的适应性决定前桥输出型式。雷诺 Scenic RX4/Kangoo（图 5.220）是在前变速器的基础上的变速器输出实例。带圆柱齿轮级和双曲线齿轮驱动的前桥输出轴组合在变速器和离合器体中，这时原有的圆柱齿轮级放在差速器体上。它的优点是万向轴可以布置在汽车上最好的位置。

第二个变速器输出型式是用于汽车 4motion 驱动的大众 MQ350 换档变速器（图 5.221）。前桥输出轴是用法兰固定在离合器体上的原有的组件。在差速器体上的转矩分支通过插接啮合实现。它的优点是换档变速器几乎与组成前驱动方案一致，这样可与廉价的各种变速机构的圆锥齿轮传动匹配成全轮驱动。实现变速器油的共同的或分开的管理。

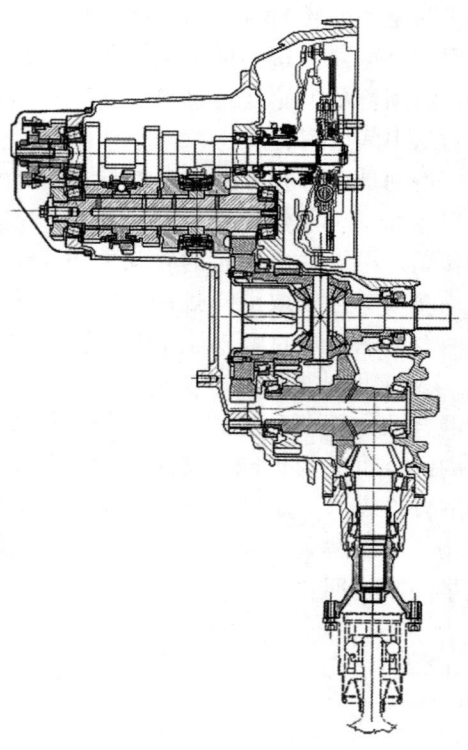

图 5.220　雷诺 Scenic RX4/Kangoo 断面图

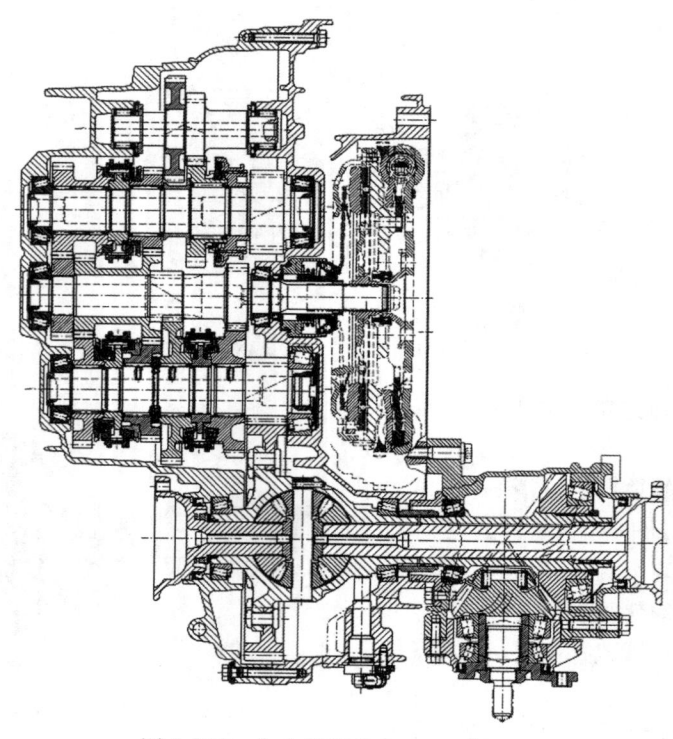

图 5.221　大众 MQ350 4motion 断面图

（2）纵向驱动传动型式实例　纵向驱动汽车有两种传动型式。

一是按主变速器布置的分动器型式在图 5.213（宝马X-Drive）做了说明。除上面介绍的几种全轮驱动系统外，这种分动器的区别在于驱动轴与前桥的侧向偏移方式。在高档乘用车上，典型的是大多将双级齿轮组装在狭窄的隧道中。在多功能乘用车（SUV）和越野车上主要采用齿链。这需要更大的结构空间，但价廉。在效率和噪声水平方面，齿链与上面的双级齿轮组至少是等价的。

除原有的全轮驱动部件外，对标准的越野车，在分动器中几乎总是安装可换档的减速齿轮级（图 5.222）。采用减速比为 2~3 时，牵引力可提高，相应的行驶速度降低。

从变速器结构考虑，采用典型传动比为 2.7 的差速器。在过去，变速器几乎无例外地采用非同步和手动换档变速器。当前越来越多采用由执行器操纵（电动机）的同步变速器。

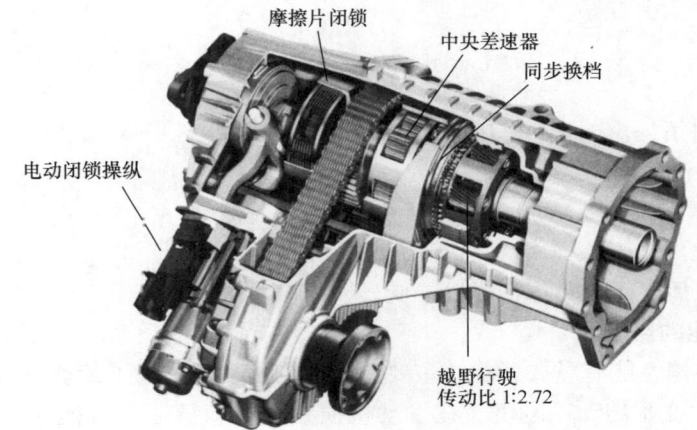

图 5.222　大众途锐分动器

奥迪 Quattro 变速器（图 5.223）利用空心轴方案将分动器差速器（Torsen 行星齿轮差速器）和前桥变速器功能组合在一起。采用与斯巴鲁相似的布置。

图 5.223　与双离合器变速器集成的前驱动桥

6. 系统选择

如在全轮驱动系统中提到的，全轮驱动系统分 4 个组别。但没有对各个组别评价。所有在汽车设计任务书中引用的全轮驱动特有要求对系统方案的决策是决定性的。最重要的决定是市场定位和用户期待的使用性能，并由此产生的基本方案。

从世界范围看，高的牵引力一直是用户的主要期盼。对欧洲来说，行驶动力学性能同样重要。

最低的成本、重量轻、效率高是普遍的要求。一个明显的发展趋势是从全轮驱动特有的操纵机构到全轮驱动与另外一些控制系统（ABS、ESP）的绝对兼容要求。

评价全轮驱动的最重要标准是：

1）总成本。
2）牵引力。
3）动态性能。
4）主动/被动安全性。
5）重量。
6）组装件。
7）效率/燃料消耗。
8）维修。
9）操纵。
10）企业形象。

这些标准的先后次序视具体情况而不同。

7. 对碰撞性能的影响

全轮驱动对碰撞性能有重要影响。主要是附加的传动链增加了传动系质量和增加的传动环节（部件）而改变了传动系刚度。在发动机横置时传动链通常可提高前碰撞刚度，从而减小乘员室变形，虽然这会增大碰撞脉冲（撞击）。

8. 噪声和振动工程：噪声—振动—平顺性（NVH）

与两轮驱动汽车相比，全轮驱动汽车有较多的传动环节（组件、部件）。要实现低噪声和舒适行驶的要求对汽车声学工作者是一个特别的挑战。还有，在延伸开发（如 4×2 变为 4×4）时，在很多情况下需要改变汽车结构、底盘、排气系统，但这样加剧了汽车的噪声和振动。

从汽车声学视角，全轮驱动汽车的下列特性具有重要性（参见3.4节）。

驱动系统各部件的 NVH 性能（如变速器总成，包括闭锁、驱动轴、摩擦式离合器）：特别的 NVH 源是摩擦片总成和 Torsen 行星齿轮差速器的打滑—黏附效应（Slip—Stick Effekte）以及差速器的内部扭转。利用专门的变速器油或特殊表面质量的摩擦片离合器的辅助措施可以抑制 NVH 源。

增加传动系统各总成（部件）的支撑点将很大地影响整个系统（扭转振动、弯曲振动、振动传输、噪声辐射）的 NVH 性能，并由此影响进入车内的噪声传输路径。

最危险是由于支撑元件的可能移动而造成大的交变载荷冲击。

为平滑不连续的驱动转矩，需要仔细调整各个总成和轴的支撑，并采用发动机管理系统，还可使用摩擦元件辅助措施。

在考虑汽车行驶动力学和越野适用性时要调整底盘支撑元件。

注意在总体（汽车扭曲）和局部（振动传输）振动振型时汽车构件的动态刚度。

由此可见，对全轮驱动汽车的振动和声学要求与人们期盼的对两轮驱动汽车的相关要求是一样的。

9. 确定传动系尺寸

确定传动系中变速器尺寸要考虑两种重要的载荷情况：

1）集中的连续载荷，由测量或合成得到。

2）在极限载荷下抗强载断裂性能，如离合器快速接合、车桥或车轮在加速或越野行驶时失去地面附着。极限载荷按最大可能的驱动转矩或车轮的滑转转矩选取。

3）为得到尺寸小、重量轻的传动系，必须降低上述两种载荷。通过有针对性的全轮驱动离合器特性线设计降低集中的连续载荷。最大驱动转矩可由有效的限制器限制。

10. 全轮驱动和控制系统

ABS 和行驶动力学控制系统（ESP）很快会成为乘用车和轻型商用车的标准配备。

全轮驱动反向作用与各车桥/各车轮的耦合度有关。在组成参考速度时，ABS 工作时会出现问题（利用减速度传感器）。在 ESP 工作时一个制动器对车轮的干预会在其他车轮上产生制动转矩/驱动转矩，这些车轮上的制动转矩/驱动转矩要小得多，但系统的效率降低。为此出现了对 ESP 的全适用性完全分开的要求。

5.5.2 驱动和制动控制

1. 事故预防安全性

有针对性地设计行驶机构、车桥、悬架、减振、转向系、制动系可以显著提高预防事故的安全性。汽车质量分配影响行驶稳定性和转向性能。

牵引力与车桥载荷、轮胎和路面摩擦系数有关。只要驱动轮不滑转和处于最佳驱动（制动）滑转率范围才能达到最大的转矩传递。全轮驱动时限制首先超过最佳驱动滑转率范围和最大起步加速度或最大路面坡度的那根驱动桥。

全轮驱动汽车的两根驱动桥可以比单桥驱动（后驱动或前驱动）有更大的牵引力。通过特别的技术措施（牵引系统），不但在单桥驱动，而且在全轮驱动时几乎可以利用全部的附着力。

2. 牵引系统

除机械闭锁外，还有带外部能源（液压、电能）的电控闭锁（可控闭锁）。

除可控闭锁外，还使用带可控离合器的全轮驱动系统。在需要时离合器将第二根驱动桥接上。

牵引系统与附加的纵向、横向闭锁组合同样为大家所熟知[183]（见 5.5.1 小节）。

像全液压闭锁一样，还使用电磁纵向闭锁和电液横向闭锁[184]。根据 ABS 系统的车轮转速信号实现电控闭锁。由前、后桥或侧轴上检测的差速器转速差，在需要干预时电控单元可以终止闭锁。

为降低费用，通过对驱动车轮的制动干预实现可控闭锁功能（制动闭锁差速器 BSD）[185]。其前提是为较长的激活制动干预要有足够大的制动器。如果满足制动干预条件，则制动控制系统（ABS、ASC、DSC）中的油泵控制制动器中的油量。电磁阀可保证制动压力的脉动控制，使车轮保持在最佳滑转率控制范围。对面的驱动轮通过制动干预可以比调节好的制动转矩传递更大的驱动转矩[186]。

在所有的驱动方式中采用驱动桥处的制动干预原理。在扩大制动干预中使用发动机的附加干预系统。发动机干预除单纯的牵引力控制外，还可控制行驶稳定性（稳定性系统）。

3. 稳定性系统

不只是保证牵引力优化，更要保证汽车稳定性的系统需要在发动机方面附加的一些干预可能性和必要时需要增加能估计汽车当时行驶状态的传感技术。除随着车轮上附着系数降低对汽车稳定性做出反应的被动系统外，还有通过有针对性地建立转矩校正（车轮个别的制动干预）使汽车稳定的主动系统。

（1）被动稳定性系统 ASC、ASR　像 ABS 系统一样，被动稳定性系统通常只用车轮转速传感器的输入信号，在特殊情况对其他信号处理。像汽车稳定性控制（ASC，Automatische Stabilitäts Control）[186] 或驱动防滑转控制（ASR，Antriebs Schlupf Regelung）[187] 的稳定性控制系统是建立在 ABS 系统的硬件基础上的。有目的地修改执行机构和电子部件使与扩大的任务范围的系统匹配。通过与传动系的接口连接就可在汽车临界行驶状况限制驱动转矩。

图 5.224 是对角线液压制动回路汽车的 ABS 系统液压通道原理图。为控制驱动轮的驱动滑转率，附加安装一些阀，以将主缸与制动回路分开，这样可以在驱动桥上单独建立制动闭锁差速器（BSD）压力。

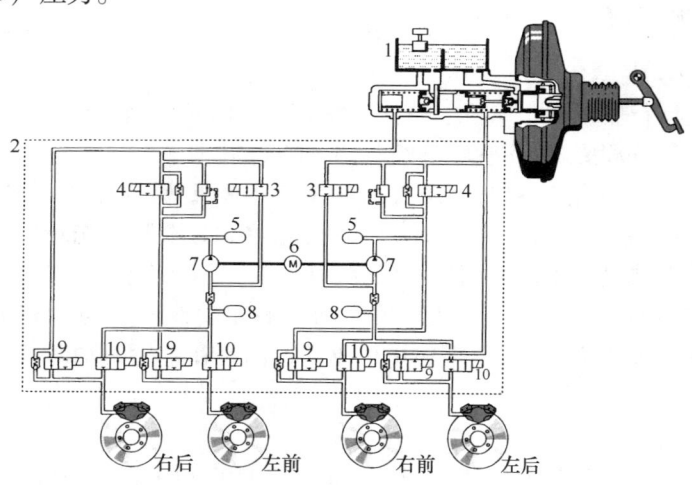

图 5.224　ABS/ASC 液压通道图

通过到发动机管理的接口，可以对柴油机或点燃式发动机控制。在超过临界驱动滑转率值时，通过与发动机控制相连的转矩接口降低驱动转矩。为此，作为闭环控制，组合选择点火提前角/喷油提前角、点火角度调整、点燃式发动机节气门控制、柴油机喷油量控制等控制参量，以降低发动机驱动转矩。

控制节气门的执行机构主要采用电控发动机的电子节气门（E-Gas）。乘用车柴油机依靠电控喷油泵控制柴油机功率。

点燃式发动机在个别情况放弃将节气门作为控制回路而代以控制点火和喷油的控制回路。

为阻止在 ASC 控制时不希望的换档，将 ASC 控制信号传输给自动变速器电控单元。

通过控制回路消除降档过程离合器突然接合时过分的制动滑转率对驱动轮的行驶稳定性的不良影响。其本质是通过有针对性的发动机干预降低发动机倒拖转矩，即发动机倒拖转矩控制（MSR，Motor–Schleppmomenten–Regelung）。

电控可以进一步替代后桥上的机械制动力控制器，它可保证在整个的制动过程与汽车载荷和行驶状况无关而保持已低于 ABS 干预边界的后轮制动滑转率在稳定的临界范围（电子制动力分配 EBV）[188]。

在特殊行驶状况（优先是在弯道行驶或变换车道）的制动过程出现的行驶不稳定通过拐角制动控制（CBC，Cornering Brake Control）应对出现的不稳定[189]。CBC 通过不同的侧向制动力得到补偿力矩，达到稳定的效果。

将电控单元和液压总成（执行机构、油泵和电磁阀）组合在一起使组合部件的结构紧凑，并可减少外部电气接口数量，电缆费用也可降至最少，因为控制电磁阀和电液泵可通过内部触点实现。带电线架的电控单元通过"磁插头"与液压总成相连。

带组合在操纵部件中的滑转控制液压总成的制动系由于与此相连的众多方案而没有实现。在常规的助力制动系中目前优先采用的是将一些新技术（Add-on-Fechnik）组合到现有的制动系中（见 7.2 节）。

（2）主动稳定性系统 DSC、ESP 稳定性系统和牵引力系统使汽车在临界摩擦系数路面行驶变得轻松。被动稳定性系统主要是控制汽车纵向滑转率，它是由车轮转速推算出的，允许根据汽车行驶速度对制动器和发动机干预。这些干预或者是使驱动转矩减小，或者是重新分配驱动轮上的驱动转矩。

利用附加的行驶动力学传感技术（横向加速度、横摆率、转向速度），不仅可以得到汽车行驶状态，而且可以得到驾驶人设定的行驶路线。在偏离目标时通过与电控单元相连的接口激活各种执行机构。

为利用相应的补偿力矩遏止横摆力矩，通过对车轮制动器的单独车轮的压力冲击产生克服汽车横摆力矩的校正力矩，实现汽车的主动稳定（图 5.225）。

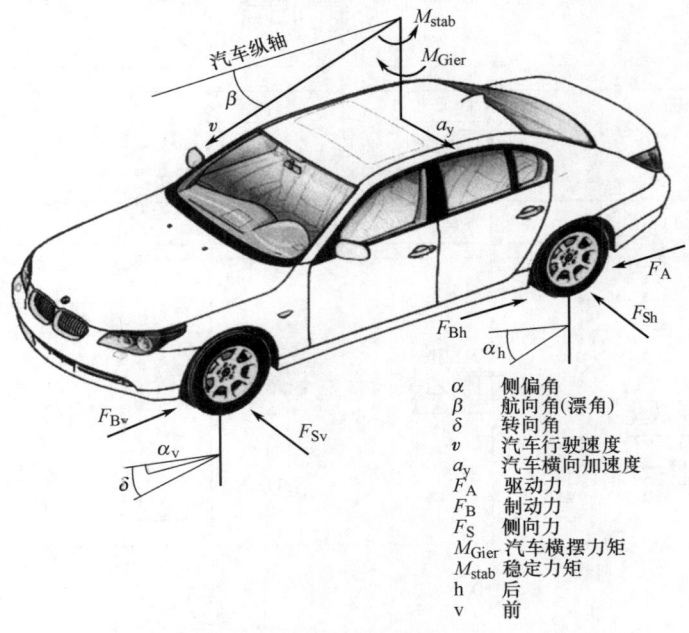

α　侧偏角
β　航向角(漂角)
δ　转向角
v　汽车行驶速度
a_y　汽车横向加速度
F_A　驱动力
F_B　制动力
F_S　侧向力
M_{Gier}　汽车横摆力矩
M_{stab}　稳定力矩
h　后
v　前

图 5.225　动态稳定性控制（DSC）功能

这样的主动稳定性系统以及动态稳定性控制 DSC[190]、电子稳定性程序 ESP[191] 等系统，除了单纯的像在 ABS 系统中一样作为底层控制回路，以通过校正力矩抵消横摆力矩的 DSC 功能外，还具有拐角制动控制 CBC 功能。CBC 对 DSC 干预能圆滑过渡和允许在各种行驶状况下轻易地干预 DSC 控制系统，图 5.226 是 CBC 和 DSC 系统的工作原理。

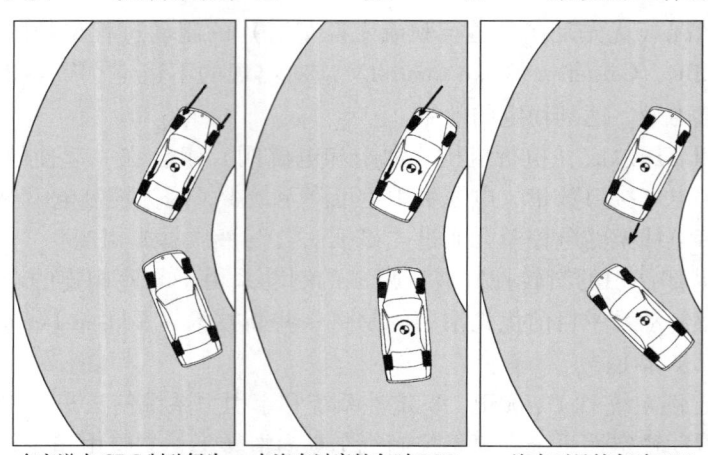

在弯道中 CBC 制动行为　　在汽车过度转向时 DSC　　汽车不足转向时 DSC

图 5.226　弯道行驶时 CBC 和 DSC

在很多研究中证明这些控制系统能避免交通事故或降低交通事故后果的效果。使用主动行驶稳定性系统可以达到显著节省事故后果成本和对国民经济起到好的作用。DSC/ESP 的电液系统除电磁阀外还要附加压力传感器、足够油量的回油泵、特殊结构形式的液压调节器和稳定的进油控制阀（图 5.227）。

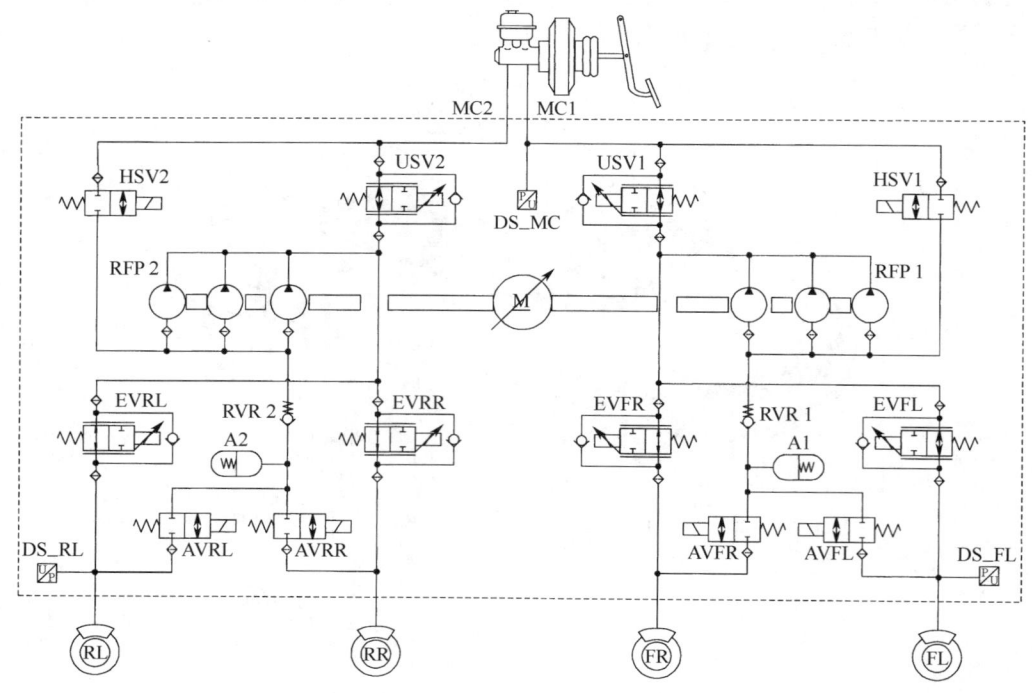

图 5.227　DSC 液压通道图（资料来源：Robert Bosch GmbH）

使用多柱塞液压调节器可以平滑油泵体积流量的波动。配用足够大的电动机驱动可以达到功率稳定。电动机驱动油泵可以使这些控制系统在汽车行驶动力学边界范围仍可足够稳定地控制。

使用多柱塞液压调节器可以便利地、低噪声地采用柱塞泵，直至在汽车停止状态。图 5.228 是有 6 柱塞泵（3 个柱塞/制动回路）和安装电控单元的 DSC/ESP 液压调节器。

图 5.228　有 6 柱塞泵并安装电控单元的 DSC/ESP
液压调节器（资料来源：Robert Bosch GmbH）

为保证 DSC 在低温的工作性能，通过在主缸和 DSC 柱塞泵部分的特殊措施几乎可以消除在低温时液压油黏度增加对提供给制动器压力的不利影响。早前，通常采用的主动助力器或电动预压泵只在个别场合见到。

DSC 系统可能组合在常规的真空助力系统中或利用液压助力实现。液压助力制动系至今只是有限地使用。

（3）制动器电子管理　行驶动力学控制系统主动的车轮单独制动干预可实现众多的功能。制动器电子管理（EBM）就是对包括这些附加功能管理的总概念。图 5.229 表示 EBM 的树状形态结构（谱系）实例。

EBM 与自适应巡航速度（ACC，见 8.5.5 小节）相连的减速度接口可控制本车与本车前面的汽车距离。

驻车制动器紧急制动（7.2.3 小节）功能利用液/电控制单元，通过主动油压冲击两制动回路允许减速度达 0.6g。

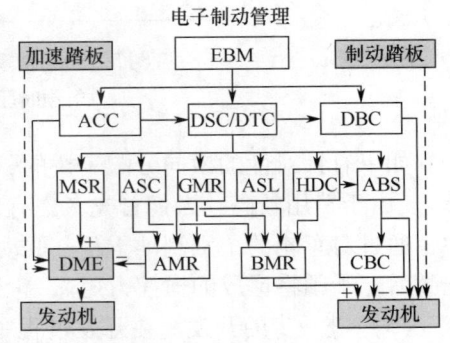

图 5.229　EBM 的树状形态结构（谱系）

利用 EBM 控制单元的动态制动控制 DBC 可实现液压助力制动（7.2.3 小节）。

为在较低的转速范围下山行驶，利用山区下坡控制功能（HDC，Hill Descent Control）可提供等速行驶，如在临界摩擦系数行驶路面。

利用挂车稳定性逻辑（ASL，Anhänger Stabilisierungs Logik）可以自动降低处于临界摆动速度范围的一对汽车的制动力。与常规的操纵系统（助力制动系，7.2.3 小节）或外力制动系一起可实现 EBM。

（4）全轮驱动汽车的 EBMx　在制动器电子管理（EBM）基础上通过制动干预可以将前桥和后桥上的纵向闭锁和横向闭锁功能结合在一起，从而实现开式差速器的全轮驱动方案。

专门的检测算法识别汽车在越野行驶时个别车轮失效的地面接触和通过对这样车轮上的制动器快速控制干预而很好地改善牵引力。

在越野汽车上使用 EBMx 还可根据行驶状况有目的地改变 ABS 的干预边界，如直线行驶时在松软路面制动会感觉到前车轮抱死和可能出现相应减速度的"挖坑"的情况。

如果为提高牵引力而使用可控闭锁或可控离合器，则同样要有目的地采用 EBMx。这样，整个的行驶动力控制通过补充制动和补充动力形成能够干预驱动转矩分配的第 3 个控制回路。

图 5.230 是常规的 4×4 制动干预与 xDrive 制动干预时驱动转矩随时间的响应比较。xDrive 是单纯的中间可控离合器传动系制动干预的闭锁仿真[204]。可见，在冰面/沥青路面上转移到前桥上更多的驱动转矩而使汽车较快地加速。

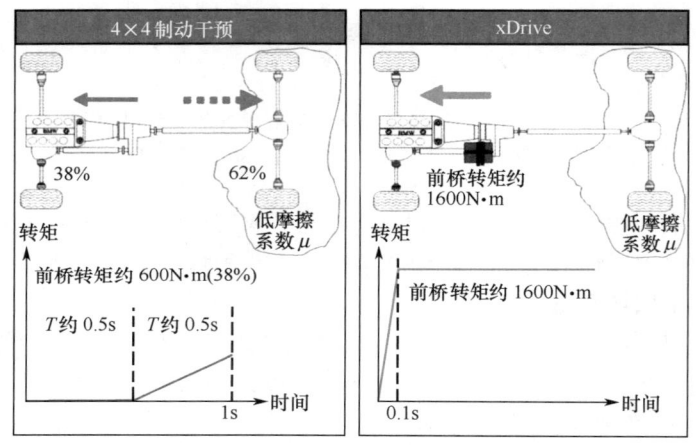

图 5.230　常规的 4×4 制动干预与 xDrive 制动干预时驱动转矩随时间的响应比较

如果有针对性的横向分配车桥的驱动转矩，就会得到最佳的行驶动力学状态（5.5.1 小节）。由于费用较高，人们首先考虑有较大桥载份额的车桥。在补充经典的行驶动力学控制中，通过对车轮的个别制动干预、驱动和纵向驱动转矩分配，可以利用不同的侧向驱动力预先激活、干预将形成的横摆力矩。

（5）进一步的开发　在开发过程中不断集成和优化电控单元硬件和液压控制硬件使重量减轻、体积缩小。

在绝大多数使用场合，电控单元的安装工艺已标准化。功能极大完善，但部件数量急剧减少，体积和重量不到原先的一半。

由于微电子领域的技术进步，计算能力有了很大的提高，功能有了极大的扩展。大存储容量的微处理器可增加用户方面的一些重要逻辑功能。

以上的有关稳定性系统的一些措施已对从迅速流行的制动控制系统直至汽车舒适性方面的汽车等级做出重大贡献。目前正在进行现有系统的优化，以满足对舒适性和功能性有更高的、特别的要求的汽车。

利用电液制动系（EHB）阀门控制可极大地改善换档舒适性。为达到快速提供油压和减小脉动为目的的回油泵优化，取得了与外力制动系 EHB 和 EMB 十分接近的工作能力。其优点还在于使用常规的 12V 汽车电气系统供电。

4. 外力制动系 DSC、ESP 系统

助力制动系通过驾驶人的制动操纵在车轮上产生制动力。驾驶人操纵的制动缸内的介质依靠驾驶人脚制动力的作用建立压力，产生液压或气压的放大作用。

与助力制动不同，在外力制动系中，产生与驾驶人脚制动力成比例的控制制动力矩。主要的外力制动系为电液制动系（EHB）或机电制动系（EMB）。

EMB 与 EHB 一样为电信号传输，属于"线控制动"（Brake-by-Wire）范畴。EHB 系统只在个别乘用车上使用，使用领域较多的是在混合动力汽车上。

EMB 不采用像迄今在 EHB 上采用的液压回程面控制。EMB 需要系统设计，即在外力制动系统的适用性和辅助制动作用方面需要专门考虑执行器、汽车电气系统（现为 12V）和数据通信等问题。

EMB 是一个真正的机电制动系。由于是自助力的外力制动系，它对汽车电气系的电压水平要求不高。

从附加的一些制动系统（Add-On-Systemen）过渡到脚制动功能和包括稳定性控制功能的集成系统都可用线控制动系统（Brake-by-wire-Systemen）实现。线控制动系统可在 EHB[192] 或 EMB[193] 上实施。在 EHB 和 EMB 两种制动系中，它们感知驾驶人的制动意图，通过电控单元向执行器发出相应的控制命令。调节好的制动力矩反馈信号通过压力传感器或直接检测制动踏板压力得到。

5. 混合动力汽车制动系

混合动力汽车采用的是全新设计的制动系。它可尽可能多地回收转换为电能的汽车减速能量。只在完全充电的能量储存器或在高的汽车减速度时才激活摩擦制动器[216]。在其他场合，通过作为发电机工作的电动机回收制动能量。

驾驶人希望的减速度按制动策略可以分为发电方式的制动或摩擦制动。视制动系不同（线控制动或助力制动）需要附加一些条件，以满足回收制动能量时的一些特殊要求。

混合动力汽车制动系与制动踏板的一些结构形式在于气动助力器的一些特殊结构。图 5.231 是制动踏板（线控功能）解耦制动系用的制动助力器。

电液（EH）制动系可能与储存技术和相应的一些阀组合在一起，或采用液压柱塞泵。

不论是电机（EM）方案或电液（EH）柱塞方案对电能的供给提出高要求。

在维持 12V 汽车电气系背景下探讨前桥上的常规制动操纵和后桥上的机电制动的组合，即混合制动，见参考文献［205］。

图 5.231　制动踏板（线控功能）解耦制动系用的制动助力器

6. 传感装置

稳定性控制系统的控制性能取决于传感器信号。精确的传感器信号可以精确地描述车轮特性和行驶状况。传感器装置主要部分是转速传感器和行驶动力学传感器。

(1) 车轮转速传感器　车轮转速传感器可分有源和无源两种转速传感器。无源转速传感器按电磁感应原理工作，输送与转速成比例的电压信号，并在电控单元的输入电路中调理。转速传感器检测脉冲盘上的脉冲信号。脉冲盘可能是固定在车桥周围的独立元件或组合在车轮轴承中。因为脉冲盘的转动是传感器产生电压信号的前提，无源传感器无法在无转速下检测出转速的信号。

有源转速传感器基于霍尔效应或利用磁阻原理。有源转速传感器可以检测静止状态的转速信号。通过对有源转速传感器的供电，在极轮与传感器间有较大的空气间隙时仍可得到有用的转速信号，利用编码的（充磁的）脉冲盘还可进一步增大空气间隙。

(2) 行驶动力学传感器　对主动制动力控制的行驶动力学控制系统，除检测车轮转速的转速传感器外，还需要检测汽车行驶动力学状态信息的传感器。需要使用汽车横摆率[194]、横向加速度、转向盘角度的传感器信息，以得到设定的和实际的行驶路线。为精确区别过渡状态，还要知道制动压力的信息。

在动态稳定性控制（DSC）系统中，转向盘角度传感装置为得到驾驶人转向意图，除检测当前的转向盘位置外还要检测转向盘转向角度。除采用电位器为基础的传感装置外，也使用以光电或霍尔效应为基础的传感装置。

在线控制动方案或在常规的带助力的动态稳定性控制系统（DSC）中需要压力传感装置。

5.6　排气系统

5.6.1　排气系统的任务

排气系统将发动机中燃烧的空气混合气产生的废气引入大气；承担清洁废气和降低排气噪声的任务。排出的有害物质必须达到排放法规要求的限值。在现代柴油机排气系上还要过滤和燃烧炭微粒。调整发动机排气系统可提高发动机功率和转矩。对排气系统还有其他一些要求，如具有汽车个性的排气音调、重量轻（燃料消耗可低）、耐用、美观（如尾管）。

排气系统主要由排气弯管、催化转化器、微粒过滤器（柴油机上）、传感装置、消声器、尾管、安装架、连接管、连接元件组成（图5.232）。

按汽车和发动机总体方案，排气系统还有其他一些部件，如废气再循环管、废气涡轮增压器、解耦元件、排气阀、减振器等。

排气弯管是发动机后排气系统的第一个零件。它的主要任务是汇集从发动机排气道流出的废气。排气弯头的设计和连在它上面或连在废气涡轮增压器上的管子或催化转化器造型对发动机功率、转矩以及汽车有害物质的排放有很大影响。为减小气流脉动对充量更换的不利影响，在4气缸发动机上一般将最大点火/发火次序的气缸弯头连在一起（第1缸和第4缸，第2缸或第3缸）。

排气弯管的瞬时热容量同样对有害物排放起着重要作用。热容量应尽量小，以保证串接在弯管后面的催化转化器尽快热起来和保证足够的热量。

催化转化器减少或消除点燃式发动机和柴油机由于燃料燃烧时的氧化和还原反应在废气

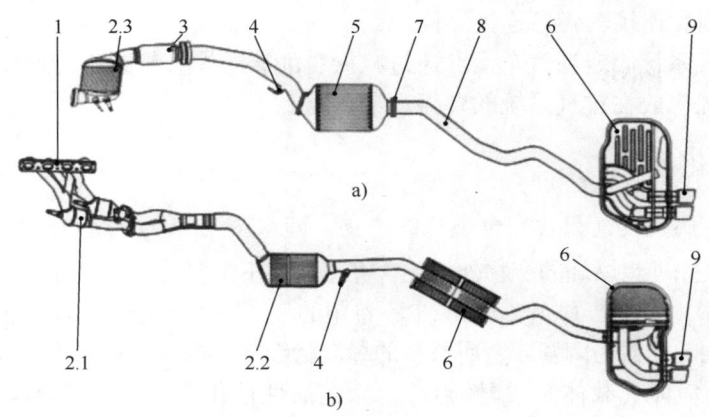

图 5.232　现代发动机排气系实例
1—排气弯管　2.1—前催化转化器　2.2—汽车底部催化转化器
2.3—靠近发动机的催化转化器　3—解耦元件　4—传感装置
5—柴油机微粒过滤器　6—中、后消声器　7—连接元件
8—连接管　9—尾管

中存在的燃烧有害物质。催化转化器为蜂窝状结构。排气流顺着蜂窝状小室流动,并为催化反应提供大的流通表面。按排放要求采用一个或多个催化转化器。催化转化器或布置在靠近发动机(就在排气弯管或废气涡轮增压器后面);或布置在乘员室前围板前(发动机室,但与废气涡轮增压器或排气弯管有一定距离);或在汽车底部。目标是在排气系统上的催化转化器在发动机起动后应尽快投入工作。靠近发动机的催化转化器就可实现这个目标。

柴油机微粒过滤器的作用是减少柴油机微粒排放。柴油机废气中除含有气态有害物外,还含有炭微粒形成的固体有害物质。与催化转化器不同,废气中的基本物质直接流过过滤器,微粒留在过滤器中。微粒中的主要成分为碳,在柴油机微粒过滤器再生时通过过滤在其中的微粒与废气中的 O_2 或 NO_2 的氧化反应而除去,没有氧化的组分作为灰而残存在微粒过滤器中。

排气系统中的化学和物理参量传感装置用以排气净化系统的功能监控和闭环控制。

氧传感器直接检测电控点燃式发动机中废气的氧气含量,并在电控单元中数据处理。根据排气系统的配置还采用 NO_x 传感器和温度、压力传感器。

消声器大多是多种消声机理的组合。有针对性地设计消声器和它在排气系统中的布置位置可以抑制气流脉动和改变排气系统整体的机械振动特性。在典型的排气系统中有前、中、后 3 个消声器。柴油机则不断取消前消声器,因为微粒过滤器和催化转化器已有足够的消声能力。点燃式发动机上的消声器容积约为发动机工作容积的 10 倍,但视是否是运动型汽车或豪华型汽车而有很大差异。除满足噪声排放法规外,汽车生产厂家还不断追求汽车品牌和汽车个性的排气噪声音调(音响图)。

连接管是将排气系各个组件调谐成一个系统。连接管的长度、横截面积和气流汇流方式影响发动机功率特性和声学性能。隔热连接管(如通过空气间隙隔热)可以减少排气系统的热量损失,对催化转化器的起动性能至关重要。

连接元件为安装和分解排气系统,需将它分成几个组件。为此采用法兰/凸缘、管箍、

V 带夹子、球卡圈和连接套管等连接元件。

安装架将排气系统固定在汽车上。通过减振、消振的橡胶件减小传递到车身上的排气系振动。安装架要优先放在排气系统的各振动节点上。

5.6.2 催化转化器

在理想情况内燃机废气只含完全燃烧的产物，即水蒸气（H_2O）和二氧化碳（CO_2）。而实际发动机的废气除理想燃烧的产物外，还含有一系列不希望的废气组分，其中有排放法规限制的 HC、CO、NO_x 和微粒（PM）。为减少不希望的气态废气组分，需采用催化转化器。

汽车上的催化转化器为陶瓷或金属材料的蜂窝状细室结构。催化转化器有两种不同的涂层系统。一是陶瓷反应体（载体），惰性点阵，涂上活性催化层；另一是金属反应体（载体），活性成分均匀分布在整个点阵上。在涂层系统中的陶瓷反应体上先涂一层"洗涂层（Washcoat）"，然后再涂一层活性组分。洗涂层有两个功能：一是与反应体和活性组分的牢固结合，二是放大活性表面。陶瓷反应体小室密度按使用要求为 200~1200cpsi（每平方英寸小室数）。金属反应体壁厚为 12（完全挤压体）~2（金属支撑体涂层）mil（1mil = 0.0254mm）。

薄膜、多室反应体有更好的催化转化能力，因为它有多的活性表面，并能在发动机起动后快速投入工作。

常规的点燃式发动机配备标准的三效催化转化器。利用控制燃料和燃烧空气的化学当量比（过量空气系数 $\lambda = 1$）可减少废气中的 HC 和 CO，并在催化转化器中氧化成 H_2O 和 CO_2 以及将 NO_x 还原为 N_2（见 5.1.5 小节）。

稀薄混合气工作的点燃式发动机在废气中有较多的剩余氧气含量。这时用氧化催化转化器转换废气中的 HC 和 CO。为减少在稀薄混合气工作的点燃式发动机的 NO_x 排放，采用 NO_x 储存催化转化器达到它的最大储存容量。在发动机 $\lambda = 1$ 工作状况工作时复合的 NO_x 又转换成 NO_2。

NO_x 后处理的另一个技术是选择性催化还原反应（SCR，Selektive Katalytische Reduktion）技术。利用连续喷射水溶性的尿素溶液（AdBlue）可以将 NO_x 转换为水和氮气（见 5.1.5 小节见图 5.233）。

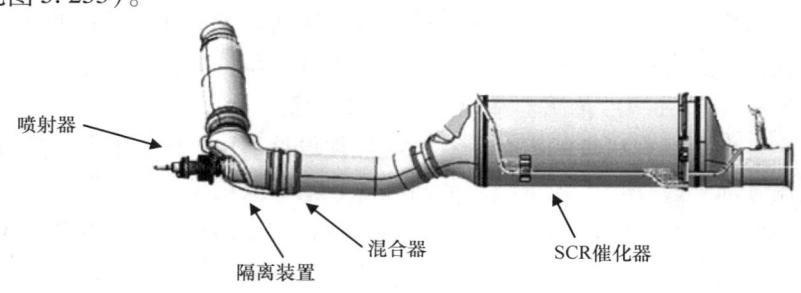

图 5.233 SCR 混合装置和 SCR 催化器

5.6.3 柴油机微粒过滤器

微粒排放是柴油机和少部分直喷点燃式发动机的主要问题。典型的微粒最大粒度为 100nm。微粒是碳氢化合物沉积在碳核上的聚附物。其他成分是以冷凝物（冷凝物胚芽）和聚附物形式出现的灰（见 5.2.9 小节）。为消除废气中的微粒，目前主要采用陶瓷反应体的过滤器。反应体各相邻通道两端进、出侧交替用堵塞堵住。废气通过反应体通道壁时微粒被滤芯的通道表面过滤而挡在表面上。当前常用的碳化硅（SiC）过滤器的孔隙率达40%。正在开发的高孔隙率反应体可超过60%。

通过深度过滤而将微粒从孔隙中分离出来的其他结构的一些过滤器，如陶瓷或金属泡沫过滤器和多孔的金属烧结过滤器正在开发中。在公路外的其他道路的有限地区范围行驶时也使用像纤维过滤器那样的滤清系统。

过滤器中连续储存微粒和灰使排气背压增大。为此要定期将微粒烧掉（"再生"）。在不连续再生时，通过发动机电控将废气温度提高到超过微粒着火边界的650~700℃，微粒在氧气中燃烧掉。为降低微粒着火温度和保证过滤器完全再生，采用有催化作用的燃料添加剂。产生的添加剂灰还可以减少现有的机油灰，但同时会降低过滤器寿命。

单纯提高废气温度的发动机措施不能保证在所有工况下过滤器再生。作为补充措施，还可以如在发动机后的燃料通过蒸发进入废气中。燃料在串接的催化转化器或甚至在有催化层的微粒过滤器中氧化（燃烧），使废气温度提高到再生所需的温度水平（图5.234）。

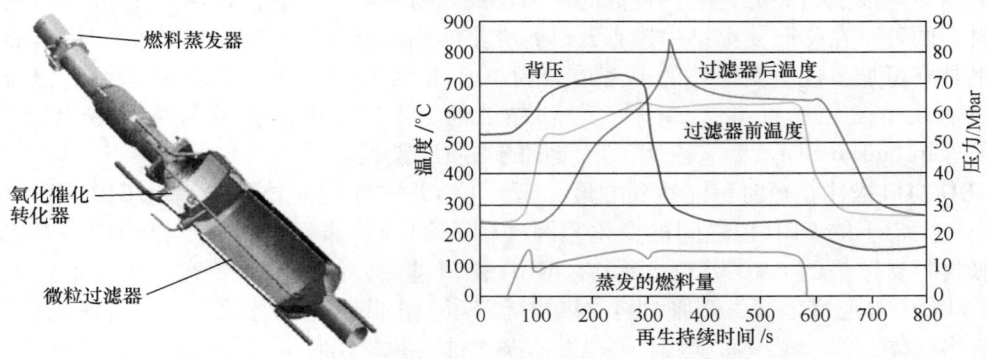

图5.234 利用燃料蒸发器的发动机外再生辅助

为连续再生过滤器，要进行 NO_2 与碳（微粒）的反应。反应温度为250~300℃。

影响微粒过滤器再生的主要因素为过滤器断面上的气流和微粒分布。尽可能均匀的气流和微粒分布可以使过滤器的热负荷均匀。而均匀的微粒分布是整个过滤器容积完全再生和减轻过滤器热负荷的前提。

5.6.4 罐装（包壳）和陶瓷反应体的支撑

将催化转化器反应体（载体）支撑在排气流的金属外壳中的方法称为"罐装"或"包壳"。陶瓷反应体的特性是在纵向气流方向耐高压，但在垂直气流方向力学强度低。

为将陶瓷反应体支撑在金属外壳中，大多采用支撑垫（图5.235）。

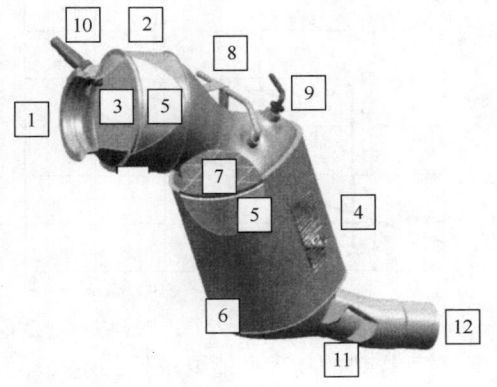

图5.235 带有前级氧化催化转化器的柴油机微粒过滤器

1—废气进口 2—催化转化器 3—催化转化器反应体
4—柴油机微粒过滤器 5—支撑垫 6—金属板壳体
7—过滤器反应体 8—测压点 9—温度传感器
10—氧传感器 11—夹紧 12—废气出口

使用支撑垫一方面可补偿陶瓷反应体的几何公差，另一方面可以吸收反应体在交变温度和压力时出现的附加夹紧力。另外，支撑垫可用作内、外隔热。对外减少热损失，降低催化转化器表面温度；对内阻止反应体热量散出，使反应体成为热量储存器。反应体与支撑垫间的压力是足够夹紧力的保证。催化转化器反应体的功能要求与可夹紧性出现了目标冲突：反应体的薄壁、多孔、高转换率与低强度、易断性间的冲突。根据汽车上的安装情况，常用非圆形的反应体，但反应体的力学强度随不圆度而降低（图5.236）。

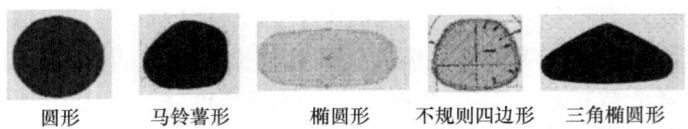

圆形　　马铃薯形　　椭圆形　　不规则四边形　　三角椭圆形

图5.236　目前的催化转化器或微粒过滤器反应体轮廓实例

在反应体的挤压、毛坯加工和炉中退火的制造过程中存在几何公差。在包壳时必须加以考虑。在足够的夹紧力（工作时）和在外壳封闭时要有足够大的工艺参数公差。反应体上过高的压力增加了断裂的危险；过低的压力使夹紧力下降，反应体移动。支撑垫有膨胀和非膨胀材料两种。在膨胀支撑垫中掺有云母，在足够高的温度工作时体积增大。使用黏结剂使支撑垫具有可加工性。支撑垫的典型成分为10%黏结剂、45%纤维、45%云母。非膨胀材料支撑垫几乎是纯的纤维（≥90%）和黏结剂。支撑垫的最重要特征参数是空隙密度（GBD—gap bulk density）。它表明一定质量的物质压紧程度。

GBD窗口描述在短时可能达到的最大压力下（取决于反应体强度）的GBD值和在必要的最小夹紧力下的GBD值之间的变化范围（图5.237）。非膨胀材料支撑垫的GBD窗口要比膨胀材料支撑垫的GBD窗口大得多。GBD窗口越大，工作过程越宽。在发动机工作时，在约250℃中等温度范围，膨胀材料支撑垫随着压力下降而达到危险状况，这时黏结剂开始氧化析出气体。但云母没有膨胀（称为黏结剂空洞）。非膨胀纯纤维材料支撑垫则随温度增加而降低少许压力（图5.237）。

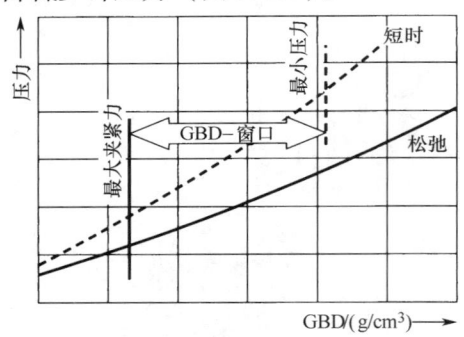 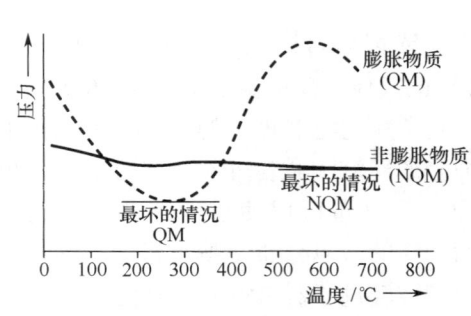

图5.237　支撑垫的压力GBD特性线和压力—温度特性线

除对支撑垫的物理性能要求外，还有环保要求。通过对有害物质和对危险物质的工程限制（TRSS）的规定，规定了905（WHO纤维）、619（代用物质）和521（纤维粉剂）的标准。

包壳工艺：主要有4种方法。所有方法的目标是保证在各种工况下有足够的夹紧力和在包壳时反应体承受的载荷尽量小（图5.238）。在封闭反应体及支撑垫的闭合工具上的稳定的工艺参数应保证GBD值稳定或达到规定的支撑垫压力。

卷绕包壳是用得最广的一种工艺。在预先成形的金属板材上用规定的压力在周围有针对性地压在均匀的支撑垫缝隙上。卷绕可以部分地补偿反应体表面的几何公差。在外壳闭合后通过纵向焊接封闭。工艺限制：特别扁的反应体形状，在封闭后由于支撑垫压力而重新鼓起。利用有针对性的外壳钢板预成形和局部的外压力可以减少这种情况。

在瓦壳结构中，将带有支撑垫的反应体放在拉深的下瓦壳中，并在人工闭合后与上瓦壳焊在一起。带助片的外壳可提高扁形瓦壳的刚度。限制：闭合上、下瓦壳可以部分地补偿反应体高轴（垂直轴）的支撑垫的

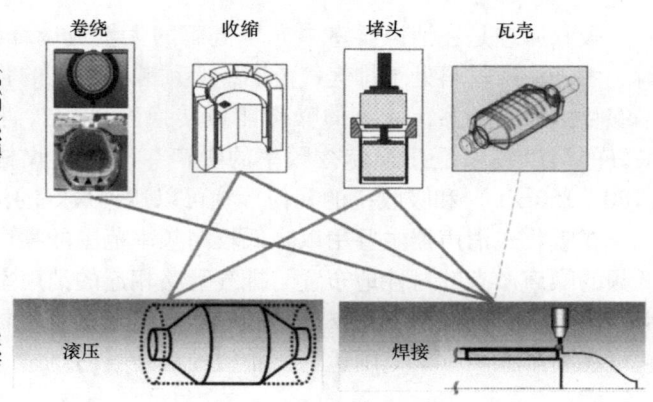

图 5.238 罐装（包壳）和喇叭口连接工艺

空隙分散度，但在横轴方向和在外壳肋片范围的支撑垫空隙分散度只能通过更大的支撑垫密度才能补偿。

堵头包壳和收缩包壳的催化转化器为筒式催化转化器。

在堵头包壳时，绕反应体卷绕的支撑垫轴向压在圆筒上。利用一个圆锥体工具压缩支撑垫。采用分组办法，可以使反应体的几何公差与定义的圆筒直径匹配。限制：如果需要较大的夹紧力，则在反应体移动时由于高的剪切力和摩擦力而损坏支撑垫。不圆的反应体使圆筒预变形，即使圆筒产生不同的危险变形，所以堵头包壳方法只用于圆反应体上。

在收缩包壳时，在定义的圆筒直径上机械地收缩径向方向的套筒。在支撑垫上和反应体上串接的径向测量装置控制能显示带有支撑垫压力的支撑垫直径和反应体直径的目标值。有针对性地径向压缩支撑垫，使反应体产生很小的部分载荷。这是收缩包壳工艺优于其他几种包壳工艺的原因。目前仍是限制反应体的不圆，即限制在圆周方向上的不均匀弹性变形。

正确选择包壳方法也与喇叭口/外壳连接或与喇叭口形状有关（图 5.238）。同轴的筒式催化转化器可以很好地与滚压的锥体组合。卷绕的催化转化器具有最大的自由度，它不受反应体形状限制，并可与不同轮廓的喇叭口焊接。在如较贵的包含喇叭口的拉深外壳和反应体特别扁平时，瓦壳结构具有优良的工艺性。

5.6.5 消声器

结构类型和工作原理

根据汽车底部可用空间，消声器有卷绕式和瓦式两种。在价廉的、通常为椭圆或圆形横截面的卷绕式消声器上，通过咬口，部分地通过焊接将外壳连在一起。由于现代汽车的紧张空间，需采用多个消声器。消声器的上部两个瓦壳和下部两个瓦壳采用拉深工艺。为避免消声器表面谐振而干扰声音辐射，两个瓦壳压槽连接，并进行优化计算（参见 11.3 节）[227]。

目前采用的消声器主要基于两种消声原理。按使用要求可采用一种或两种组合（图 5.239）。

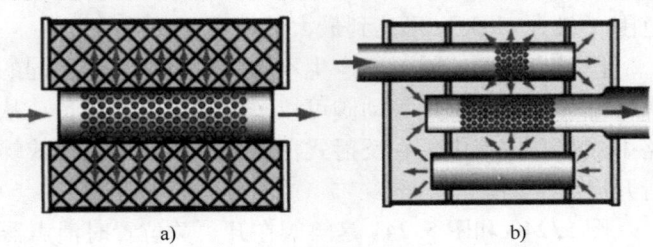

图 5.239 消声器消声原理
a) 吸收 b) 反射

吸收原理是在消声器室中充填健康的大量玻璃纤维或短的、生物可溶纤维的多孔性材料。由于消声材料处于排气气流中，必须装在带孔的管中，并引导气流，必要时还要加钢丝编织垫。通过摩擦，气流的噪声能量转换为热能。消声器吸收约从 200Hz 频率起的噪声。最好的消声效果是几千赫兹频率的噪声。改变吸收材料（结构和纤维厚度）的充填密度（100~150g/L）和吸收室的几何形状可以达到最好的消声效果。

在吸收式消声器主要用以降低较高频率范围的噪声时，反射式消声器的反射原理可影响低频的噪声。有针对性地布置与排气管路相连的消声室，依靠断面突变和干扰可达到很大的消声效果，直至低于 100Hz 的低频噪声。常用的消声器是按这两种消声原理组合的消声器，它可在整个噪声频率范围达到所希望的消声目的。

5.6.6 噪声调谐

利用一维和三维计算方法可以计算消声器管口噪声，并在试验台上优化。通过提升和降低发动机排气在消声器中产生的废气脉动的某些频率成分可以得到一些特殊的音调。这种称为"噪声工程"的方法是这样来调谐排气系中排气的声学性能，使它成为汽车品牌和汽车个性特有的音调[218,219]。双门敞篷轿车的噪声一般很大，具有特色的低频噪声成分。而豪华乘用车则尽可能没有引人注意的低沉噪声[220,221]。

为达到消声器管口的某些噪声，根据噪声反射原理，常使用下列一些消声元件[220,221]。

低通腔（Tiefpass Kammer）消除高于低通腔谐振频率以上的宽带噪声。深度调谐低通腔谐振频率以消除不希望的低沉噪声。谐振频率为：

$$f_0 = \frac{C}{2\pi}\sqrt{\frac{A \cdot L}{V}}$$

式中，A 为管横截面积；L 为管长；V 为低通腔容积；C 为声速。

在第一次近似计算时可将排气系中的末级消声器作为孤立的低通。由公式可见，降低谐振频率 f_0，使在所有频率的消声效果要比在谐振频率 f_0 时的消声效果好，这可通过加长排气管、减小管横截面积或增大低通腔容积实现。在很多情况下，选择加长排气管这一方法。因为减小管横截面积必然增加排气系统的压力损失，并会干扰废气排出。同样，增大低通腔容积经常与能否提供这样的安装空间发生冲突[221]。

亥姆霍兹谐振腔与低通腔不同，它消除在谐振频率范围的窄带噪声。亥姆霍兹谐振器（Helmholtz-Resonator）有一个专门的谐振器。谐振频率的计算公式与上面的公式类似[222]。为消除特殊的干扰频率，如发动机怠速时的低沉噪声，需采用它。

气体在穿孔的汽车底部或管中流动时由于摩擦效应可达到宽带消声效果。在中频至高频范围（最大 2kHz）可达到最大的消声。

按噪声位置，蝶阀可产生不同的传声路径和不同的气流流动路径。它的优点是可消声和降低排气背压。利用气动阀可以按发动机转速和负荷从外部控制蝶阀。蝶阀常装在排气系管路中或装在尾管中。在反射式消声器中则使用自动式蝶阀，它随排气脉冲和机械回位弹簧自行开启或关闭。

图 5.240 和图 5.241 是蝶阀在开、关位置时消声器中的气流流动路径实例。如从上面的公式推导出来那样，带蝶阀的消声器可以缓和"高消声与低压力损失"的目标冲突，在发动机转速和负荷的变化范围可提供不同的气流流通截面。

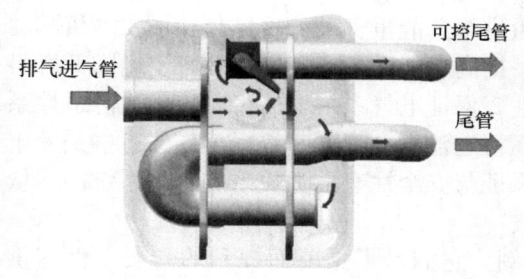 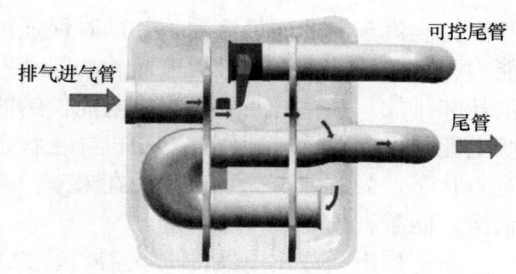

图 5.240　带蝶阀的消声器（蝶阀开启）　　　图 5.241　带蝶阀的消声器（蝶阀关闭）

5.6.7　固体噪声

除经典的消声器管口排气噪声外，还有通过排气系统支架的固体噪声进入车内。原因是排气系统通过发动机的机械激励（强迫振动）。发动机是排气系统的固定件之一。排气系统由于它的大小、质量分布和形状而具有复杂的振动特性。经常出现的谐振是在低频范围，并在乘员室可听到这种有害健康的噪声。为此评定排气系统的振动特性（工作时的振动分析）大多要与车内噪声联系在一起。优化排气系统要将振动分析与有限元计算结合起来，如图 5.242 所示。

由于排气系统复杂的空间振动特性，没有简单的设计控制方法。实际上根据汽车上提供的空间先勾画出排气系统，并尽早开展排气系统振动性能的有限元计算与优化。相应的措施是调整排气系统的质量分布（如移动消声器或改变消声器尺寸）和提高刚度（加大消声器管直径和壁厚）。另外还采用质量减振器（垫）或采用固定在发动机或变速器上的支架。

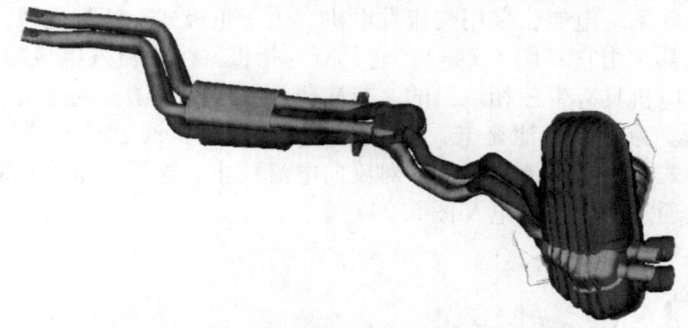

图 5.242　排气系统 46Hz 时谐振频率，浅色为排气系统原来状况，深色为在弯曲和扭转耦合振动时的偏移情况。为目视，振幅明显地夸大

5.7　汽车电气系统能量管理

5.7.1　基本状况

降低燃料消耗和排放的要求不断提高，而对于现代汽车的安全性、舒适性功能的需求又不断上升，使实现这些功能的电控单元和用电器件（仪器、装置）增多，需要更多的电能。多产生 100W 的电能要多消耗 0.1~0.15L/100km 燃料，这与降低燃料消耗的要求相左。为同时满足这两方面不同的要求，要寻找新的途径。能量管理是一种可能的途径。能量管理是

智能控制汽车上的能量流动，并同时保证汽车能量供给。能量管理的目标是保证发动机起动能力，避免由于蓄电池过放电而无法起动发动机；提高电能的生产和使用效率，以降低燃料消耗和排放。其他的任务是提高电能供给的可靠性；保证电气系统电压稳定；优化舒适性系统电能的可支配性，即便在发动机静止状态；提高蓄电池寿命。这些目标与任务有些是处于竞争状态，为此要有先后次序。在未来，首先要保证与安全性有重大关系的一些系统的能量供给，能量管理是必不可缺的。

以下列出一些用电器件（仪器、装置）的实例。它们是根据前面提到的与安全性有重大关系的一些要求采用的或要考虑的：

1）正温度系数（PTC）加热器。
2）前风窗玻璃加热。
3）电动空调。
4）电动伺服转向。
5）电子稳定性程序（ESP）。
6）线控 X 功能（线控制动、线控转向）。

使用电气辅助装置（取消与发动机直接耦合，按需由电驱动，因而可降低发动机燃料消耗），增加电能需要，如电动水泵、电动油泵、电风扇。

电动伺服转向提高安全性和舒适性。按需控制还可降低燃料消耗。试验表明，电动伺服转向要比常规的液压伺服转向节省燃料达 0.3L/100km[229]。当然，电子伺服转向对汽车电气系统的电能可支配性和在机动转向时出现的峰值负荷提出更高要求。

5.7.2 爪极式交流发电机

为供给汽车电气系统电能，采用交流发电机。由于爪极式交流发电机结构可靠、生产成本低，在汽车领域都采用它（图 5.243）。它具有与指极同步交流发电机相似的特性。

爪极式交流发电机具有带三相绕组的、金属薄片叠成的定子。通过旋转磁场，在绕组中感应出三相交流电。为向蓄电池充电，需要直流电。发电机通过整流器与汽车电气系统相连。交流电通过桥式二极管整流器整流，对反向电流截止。这样，电流只能从发电机流向蓄电池，以免蓄电池通过发电机放电（图 5.244）。

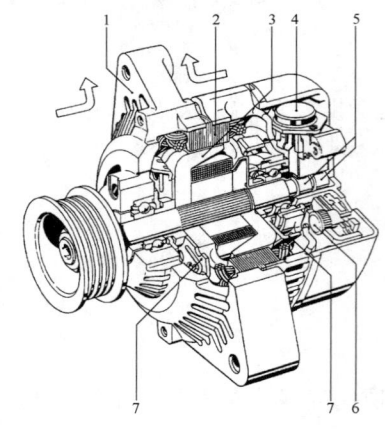

图 5.243　爪极式交流发电机
1—壳体　2—定子　3—转子　4—带有电刷保持架的电场调节器　5—集流环　6—整流器　7—风扇

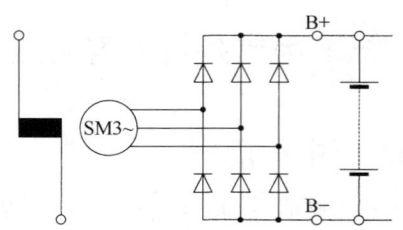

图 5.244　桥式整流电路

爪极式交流发电机与通常的同步交流发电机的区别仅在于转子结构。它有两个极板，极板的弯曲指极像爪极那样相互插入。通过同心放在极板间的直流绕组励磁极系。这种转子的结构型式的优点是结构简单、坚实。励磁绕组大多随转子一起旋转并通过集流环和电刷得到励磁电流。

还有无集流环的特殊结构的转子。在定子对面的励磁绕组不动时只有爪极转动。但在励磁回路中需要较大的空气间隙。励磁绕组不旋转的发电机要比励磁绕组旋转的发电机较大、较重。通过两极板的交替指极，转子在发电机的空气间隙中建立交变电场。

1. 发电机功率和效率性能

在等输出电压时发电机功率和效率取决于励磁电流大小和发电机转速高低。通常用输出电流（输出功率）随转速的变化来表示发电机性能。最大输出功率受最大励磁电流的限制。输出功率随发电机温度上升而下降，因为励磁绕组与温度有关。在等汽车电气系电压（励磁电压，如乘用车为14V，商用车为28V）时最大励磁电流由于高温时励磁的电阻增加而下降。

在低转速时发电机的感应电压要小于电气系统的电压，所以没有电流经桥式整流器流入电气系统。如果发电机在零瓦（功率）转速 n_0 时达到蓄电池电压，发电机开始输出功率。在高转速时发电机在接近它的短路点工作，电流达到最大值而不能再增加，输出功率达到最大值（图5.245）。

由发电机生产的电气系统用的电能还伴随着功率损失。在空气冷却的发电机中主要的功率损失是定子绕组中的铜损失、机械损失和不可忽略的铁损失。铁损失是由于在交流负载的铁定子传输路径的损失和由于发电机爪极表面的高次谐波现象的损失。

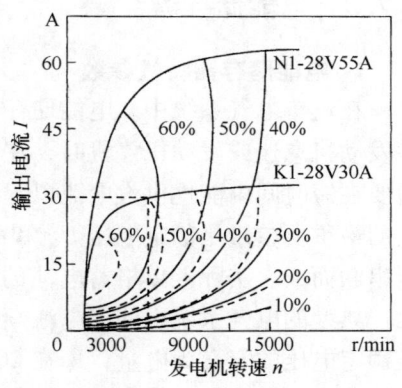

图5.245 K1型和N1型发电机特性场

2. 过电压保护

电气系统的过电压会伤害与它相连的各用电器件（仪器、装置）和发电机部件，为此要限制出现最大的电压值。在有蓄电池的电气系统工作时，蓄电池可以部分地阻止过电压。但在大多情况下，在紧急工作时没有要求连接蓄电池。在充满电的蓄电池上也不允许提高电气系统电压。因为蓄电池不再具有吸收电能的能力。过电压是由各种原因造成的，最主要的原因是"负载急卸"。如果高功率用电装置从电气系统中"撤走"和大功率用电器件突然切断，则电气系统电压上升，而发电机还没有调节在新的负载上。发电机调压器只能随励磁回路的励磁时间常数调节（数量级为100ms）。多余的发电机功率必须由蓄电池吸收，并使电压升高。在这个励磁时间常数内要有效地将电气系统电压限制在最大值内。在12/14V电气系统发电机上，桥式整流器一般都装有齐纳二极管。齐纳二极管的电压是这样选定的，在电压约28V时齐纳二极管反向导通，这样可有效地限制电气系统中的最大过电压。这一措施可有效地保护整个电气系统而不会出现强大的过电压。在较高额定电压的电气系统中就无法使用齐纳二极管。当前开发的发电机可在保持它的空间结构不变条件下，通过可编程调压器在14V和42V工作。这样可选择14V/3kW和42V/8kW功率的发电机，以供如高功率用电器件使用。

3. 带接口控制器的发电机

带接口控制器的发电机可以智能控制发电机并可回收制动能量。当产生电能只需少量的燃料时则先产生电能。理想的情况是在汽车惯性行驶，由于惯性行驶断油，不需要消耗燃料就能产生电能。反之，如果内燃机或发电机效率低，需消耗更多的燃料时要限制或停止产生电能。

制动能量回收的前提是有意地停止"部分充电状态"（PSOC，Partial State of Charge）。

改变常规的充电策略，目标是尽可能充足蓄电池，可在汽车惯性行驶阶段对蓄电池充电，在内燃机和发电机低效率工作时放弃充电。在任何情况要避免低于起动发动机所需的蓄电池最低充电状态。

为在所有情况下能采用蓄电池充电策略，需要获得蓄电池当前充电状态的准确信息。

与行驶循环和策略特征有关的制动能量回收可节省燃料 1.5%~4.0%。

接口控制器的其他优点是可得到影响内燃机的发电机转矩。

5.7.3 电能储存器

1. 电能储存器特性参数

在汽车电气系统中，电能储存器（一般为蓄电池）的任务是储存由发电机产生的电能；在发动机怠速或发动机停机时，在需要电能时依靠储存的电能向用电器件供电；特别是蓄电池要在短时间内能提供大电流以起动低温下的发动机。在常规的电气系统中使用铅蓄电池。它的最重要参量是额定电压 U_N 和额定容量 K_N。铅蓄电池额定电压由多个 2V 单格蓄电池电压串联而成。实际上单格蓄电池的空载电压约在放完电和充满电状况的 1.94~2.14V 间变动。典型的电气系统中的蓄电池额定电压在乘用车上为 12V，在商用车上为 24V。按 DIN 标准额定电压的定义为电量，即在 20h 以内以等电流放电至每单格蓄电池降到 1.75V 时的放电结束电压，这时的等放电电流为 I_{20}。另一个特性参量是冷试验电流 I_{-18}。按 DIN 标准，在以电流 I_{-18} 放电，在放电开始后 30s，单格蓄电池电压至少为 1.5V，和在放电开始后 150s，单格蓄电池电压至少为 1V。36Ah 容量蓄电池冷试验电流约为 150A，它是设计起动机的最重要参数。

在部分的电驱动汽车（混合动力汽车）上，铅蓄电池不能满足充电—放电循环和能量的要求。为此，作为补充需要采用功率在 50kW 范围和为部分地区的电驱动所需的几千瓦时容量的镍—金属混合物或锂—离子蓄电池。

除蓄电池的能量密度和功率密度外，作为储存能量持久性的蓄电池的其他一些重要参量是日历寿命、充放电循环强度、耐温性。为保证蓄电池充、放电循环强度和监控蓄电池状况，与监控现代 12V 电气系统类似，要在工作时监控铅蓄电池单格蓄电池组以及监控锂—离子蓄电池单格蓄电池的充电补偿，并控制充、放电循环。蓄电池应在平均充电状况的 ±10% 范围工作，以保持最小的放电电流，提高蓄电池寿命。

由于高功率电容器（SuperCaps）的低能量密度和高功率密度，常使用在牵引的电气系统中，以满足动态功率要求。目前高功率电容器主要用于制动能量回收和汽车加速时的电能辅助（转矩辅助、助力器）。这种储能形式不适用于单纯的汽车电驱动。各种储能器的功率密度和能量密度表示在图 5.246 中，这种图称为 Ragone 图。

2. 铅蓄电池工作性能

（1）放电　图 5.247 表示蓄电池在等电流放电时电压的典型变化。在放电开始的短时间，电压跌到一定的值。该值在达到完全放完电（即所谓的放电结束）几乎没有大的变化，直至电压由于蓄电池中的硫酸和/或正、负电极的活性物质消耗而崩溃。

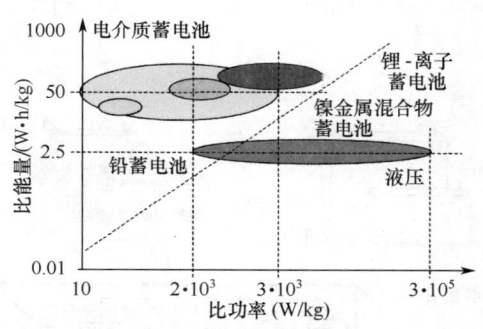

图 5.246　各种储能技术的 Ragone 图

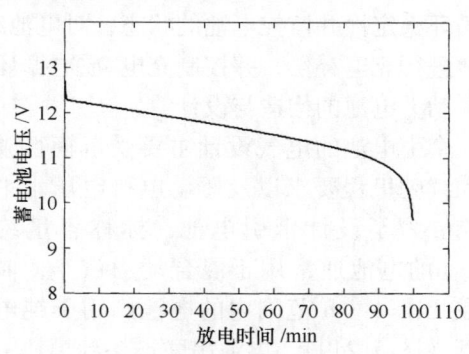

图 5.247　等电流放电时蓄电池电压变化

重要的是可放的电荷随放电电流的变化情况。随着放电电流增大，与 20h 有关的放电电荷值减小。这种变化关系表示在图 5.248 上，并可用 Peukert 公式近似地表示为：

$$I^n \cdot t_E = 常数$$

式中，I 为放电电流；t_E 为放电时间；Peukert 系数 $n = 1.2 \sim 1.5$。

在放电电流为 200～300A 的起动情况下许可放电蓄电池额定电荷的 45%。但这仅适用于到放电结束时的等起动电流流动。因为起动时间一般只有几秒，所以与蓄电池额定容量相关的放电电荷不大。

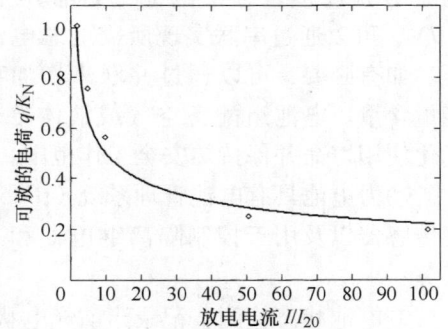

图 5.248　可放的电荷随放电电流的变化（Peukert 系数 = 1.3）

起动过程要求蓄电池短时间为发出大电流和高的功率密度，而为起动发动机所需的能量和能量密度则较小。

（2）充电　蓄电池充电可分等电流充电和等压充电两种不同方式。在汽车电气系统中用限制电压给蓄电池充电，即在达到由发电机调压器调节的、低于"起泡电压"的电压边界时自动降低充电电流和避免有害的过充电。过充电会导致水的分解和蓄电池栅格腐蚀。气泡电压受温度的影响很大。在 20℃ 时充电电压值应限制在约（14.1 ± 0.3）V，温度梯度为（−7～10）mV/K。在环境温度为 50℃ 时调节充电电压值为 13.8V。为监控蓄电池状况和提高寿命，在常规的电气系统上不断采用蓄电池管理系统。管理系统可从蓄电池特性参数算出有关蓄电池充电状况（SOC）、老化状况（SOH）和工作能力（SOF）的信息和在询问的基础上再传输给电能管理系统。

为实现对蓄电池寿命和电能的可支配性要求，蓄电池管理系统对高可靠性的电气系统或牵引力（电驱动）电气系统是不可缺少的一个系统。

3. 动力电池

镍金属氢化物电池，尤其是锂离子电池，其输出功率范围在 15kW 到超过 100kW，能量含量在 100kW·h 以内，用作电力驱动装置的牵引存储。

除了能量和功率密度，这些电池的重要参数是日历寿命、循环稳定性和耐温性。为了确保循环稳定性并监控电池的状态，对电池组进行监控，对于锂离子系统，在运行期间对单个电池进行充电补偿，并控制充电/放电循环。

动力电池的构造与设计

牵引电池的电气设计主要受车辆行驶性能和续驶里程要求以及驱动电机电压水平的影响。为了设计牵引电池，标称容量约为 5A·h 的电池通常用于混合动力汽车，而容量在几十 A·h 范围内的电池则用于纯电动车辆（图 5.249）。电池串联连接到模块，几个模块连接在一起形成一个电池组。通过将电池串联连接，每个电池的标称电压约为 3.7V，可以通过串联实现所需的总电池组电压。如有必要，可以通过并联来增加功率和能量含量。电池组配备空气或液体冷却，以优化使用寿命并保持热安全工作范围。

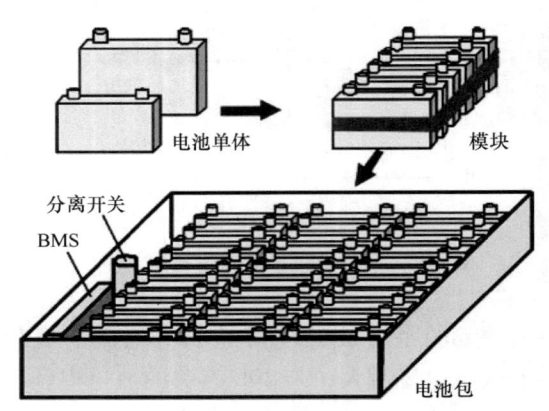

图 5.249 动力电池结构

动力电池具有电池管理系统（BMS），它主要由一个或多个计算单元、电流、电压和温度传感器以及用于控制隔离继电器和其他执行器的 I/O 接口组成。BMS 本质上执行以下任务：

- 电池状态检测：记录当前充电状态和电池容量。
- 使用寿命优化：监控和补偿单个电池之间的充电状态偏差并遵守最佳温度限制（热管理）。
- 操作安全：避免深度放电、过度充电和热过载，以及在发生碰撞时关闭并监控绝缘强度。

牵引电池通过信号线（通常是 CAN 总线）向其他控制单元（例如车辆管理计算机）提供有关其状态和当前能量流的信息。这实现了车辆中的整体能量管理，包括能量存储设备。

5.7.4 传统车辆的电源系统

1. 用于起动/停止车辆的电源系统（图 5.250）

对于使用 12V 电源的传统车辆，近年来越来越多地引入了发动机的自动起动/停止功能。借助自动起停功能，当车辆静止时会关闭内燃机，并在识别出继续行驶的愿望后立即重新起动，例如通过踩下离合器和加速踏板。这种策略避免了静止时的空转损失，从而根据行驶循环和边界条件节省大约 4%~6% 的燃料。接受起停功能的先决条件是内燃机的可靠重新起动以及在发动机熄火期间舒适功能的可用性。

供电系统中的效果及措施：

随着发动机起动/停止功能的引入，车载电源系统的措施是必要或明智的。例如，电池

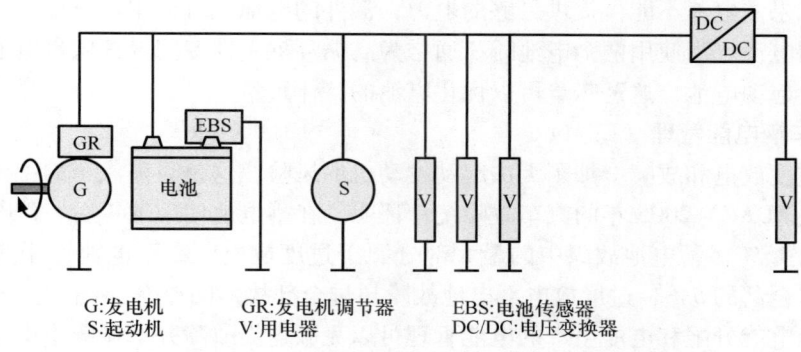

G:发电机　　　GR:发电机调节器　　　EBS:电池传感器
S:起动机　　　V:用电器　　　　　　DC/DC:电压变换器

图 5.250　带起动/停止功能车辆的电源系统

的充放电量明显更高,这意味着电池的老化速度更快。充放电量的增加主要是由于发动机关闭时发电机无法再为车载网络供电。在停止阶段,电能完全由车辆电池提供。

在当今的起动电池(湿式铅酸电池)中,与使用寿命有关的临界累积能量充放电量约为标称容量的 100~150 倍,所谓的 AGM(吸收性玻璃哑光)版本的铅酸电池的值大约是标称容量的 250~300 倍。因此,稍贵但耐循环性明显更强的 AGM 电池用于起动/停止系统。

如果充电水平太低或电池温度不合适,则会阻止停止模式。电池状态由电池传感器检测。由于热起动次数频繁,电池经常不得不为起动机提供短暂的峰值功率,这可能导致 12V 网络中的电压骤降,甚至远低于 12V,视电池状态而定。根据它们的工作情况,这可能会导致个别用电器在短时间内功能受限。对于驾驶人来说,这可以通过娱乐电子设备(收音机)的短暂中断来识别。为了避免这种情况,建议根据 E/E 架构的设计安装一个电压转换器(DC/DC 转换器),这旨在暂时降低所选定的用电器在起动期间稳定的电压。

2. 双电池车载电源网络

带有两个 12V 电池的车载电源系统用于配置能耗非常高的电子设备的豪华车或带有安全相关系统(x-by-wire 系统)的车辆。

这种车载能源供应架构提供了两个优点:一方面,能源网络的运行可以以这样一种方式组织,即一个电源仅用于为(方便)用电器供电(在图 5.251 中的 1 号电池),而另一个电源(在图 5.251 中的 2 号电池中)仅用作起动发动机的起动电池。通过适当的耦合元件(开关或 DC/DC 转换器)可以避免起动电池的意外放电,从而显著提高车辆的起动可靠性。

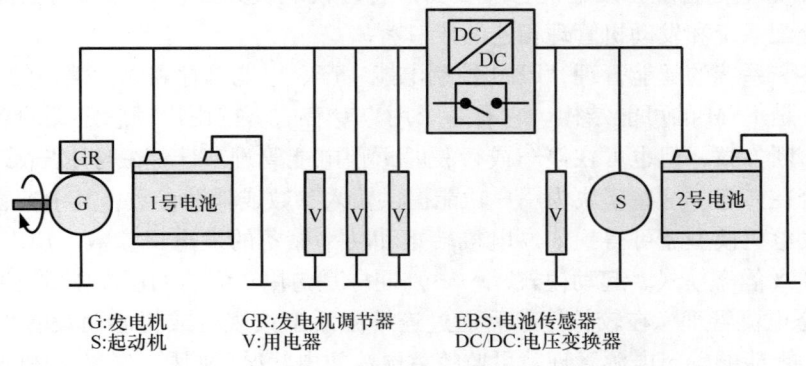

G:发电机　　　GR:发电机调节器　　　EBS:电池传感器
S:起动机　　　V:用电器　　　　　　DC/DC:电压变换器

图 5.251　双电池电源系统

另一方面，如果主电池不能再提供足够的电力，额外的电池也可以用作安全相关用电器的独家供应的备用电池。当使用两个电池时，通常为高循环稳定性专门设计供电电池，为高的冷起动电流设计起动电池，这意味着可以优化电池的整体重量。

3. 传统车辆电能管理（EEM）

蓄电池过度放电和故障增加了无法起动发动机的风险，这是目前汽车的主要故障。全德汽车俱乐部（ADAC）2005年的汽车故障统计证明，在蓄电池使用1年后，蓄电池故障超过汽车总故障的15%。蓄电池故障中的最大部分源于过度放电。在蓄电池使用3年后，有故障的蓄电池占全部的5%，过度放电蓄电池故障超过全部故障的10%。

采用控制电能分配和电能生产的电能管理可以克服这类故障并明显减少由于蓄电池过度放电而出现的故障次数。电能管理可提高汽车电气系统和汽车电能的可支配性。

图5.252是电能管理（EEM）原理图。

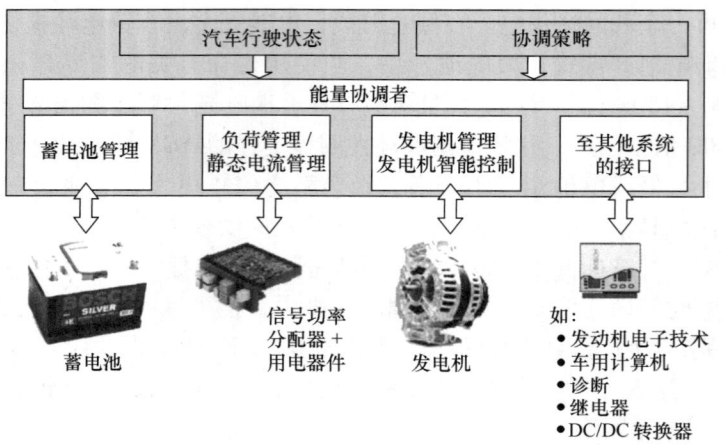

图5.252　电能管理（EEM）结构

电能管理的任务是在汽车行驶时保证正的或至少是均衡的充电平衡和在发动机停机时监控电能需要，从而保证起动发动机的能力。通过协调接通用电器件（仪器、装置）可削低汽车电气系统的峰值负荷。

EEM包括蓄电池管理、发电机管理和负荷管理模块。并提供与外部的电能生产、电能储存、电能分配系统和发动机管理相连的接口[230]。

通过各参与系统的智能管理，EEM控制电能生产、电能储存和电能消耗的电能流动。

图5.253是EEM的可能结构。它有一个用户专有的、按用户理念定义的功能层面，如显示方案、诊断方案，但也可在停车或行驶时干预电能管理[231]。在与用户无关的层面中，将各模块组合在一起。这些模块为用户功能提供输入参数或辅助参数，其中有蓄电池状态识别，借助于发电机模型还可得到如发电机转矩和功率储备的发电机参数。EEM所需的汽车行驶状态识别（静态模式、起动模式，……）同样是与用户无关的层面中的一部分。

（1）静态电流管理　在较长停车后通过连续激活未按规定或粗心而没有放在静态模式的电控单元，智能的静态电源管理就可监控蓄电池放电状况。同样，在发动机停机时静态电能管理可优化用电器件（仪器、装置）用电的可支配性，如停车采暖、导航系统、收音机、

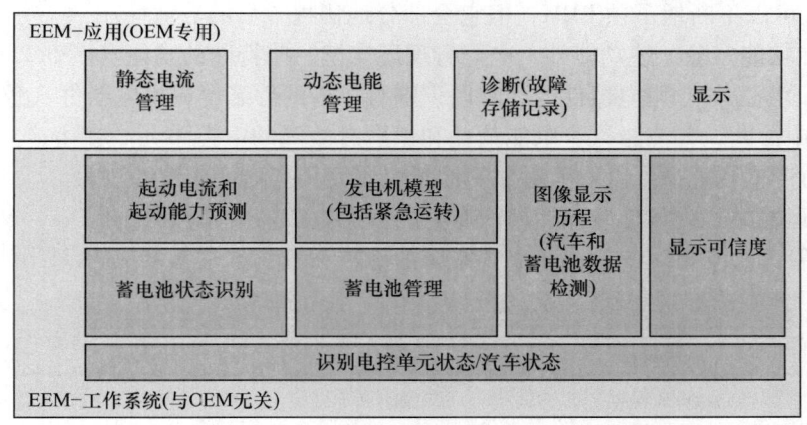

图 5.253 电能管理（EEM）的可能结构

车载电话等信息通信部件。

当发动机起动能力受到威胁时蓄电池状态识别模块向显示模块发送信息，以通知用电器件。此外，在接近起动发动机能力极限时用电器件（仪器、装置）管理降低电能消耗，直至切断各个电用器件，以尽可能长地保存起动发动机能力。

在汽车电气系电能临界状态的显示和切断电能方案，特别要按各汽车生产厂家和用户的专门要求，规定电能减小幅度和各个用电器件的用电先、后次序。

（2）行驶状态/动态电能管理 在发动机和发电机工作时，用电器件管理可控制用电器件的接通和切断。协调接通用电器件有利于降低电能的峰值。此外，在用电器件高动态接通前可以将接通用电器件的意愿与发电机管理联系起来，以尽早励磁发电机并提高发电机电压的稳定性。

为了制动能量回收和控制像前风窗玻璃加热和PTC加热器的高电能加热系统而协调发电机控制，也属于动态电能管理模块[232]。

在电气系统过负荷时首先降低高电能加热系统以及具有储存性能的用电器件电能，以避免蓄电池进一步放电。利用受控的、暂时和优先切断用电器件，可实现用电器件的功能与设定的功能的偏差尽量小和几乎不会损伤汽车乘员的功能，但在较长地保持或在高的过负荷时就不再可能达到这种情况，因为由此产生的功能偏离只在特殊情况下才能接受。所以电气系统设计应保证在绝大多数情况下不损伤汽车乘员的功能。

利用 EEM 降低用电器件电能的一个选择是暂时增加电能生产。在低转速范围发电机输出电能急剧减少。在发动机低转速范围提高发电机转速可显著地增加电能生产。增加电能生产的简单措施是提高发动机怠速转速。调整自动变速器换档策略是提高发电机转速的另一个选择。因为调整自动变速换档策略对燃料消耗和排放的不利影响，所以这种干预只在加速蓄电池充电时才有意义。

（3）诊断和显示 在诊断模块中运行着用户专门的 EEM 监控算法程序。它不但包括识别过高静态电流的一些用电器件和功能损伤，而且包括由于电能管理的错误或不可信的输入参数而造成功能损伤。

临界的电能状态显示方案和由此引起的电能管理干预程序固定在显示模块中。依靠显示方案，驾驶人可以不断地干预 EEM，但它会部分地牺牲乘员的舒适性。

（4）附加功能　除上述功能外，电能管理还支持一些特殊的功能（图 5.254），如：

1）车间诊断，如对用电器件的诊断以识别有故障的静态电流用电器件（仪器、装置）。

2）生产中诊断，如测量汽车电能消耗和识别有故障的电控单元。在生产过程中利用电能管理所需的传感装置，可以取消附加的诊断仪器而具有降低成本的潜力。

3）激活运输模式，可使装船运送汽车时的静态电流需要降至最小。

4）电能管理还支持广泛的汽车电气系统的诊断和覆盖汽车各系统的诊断[233]。

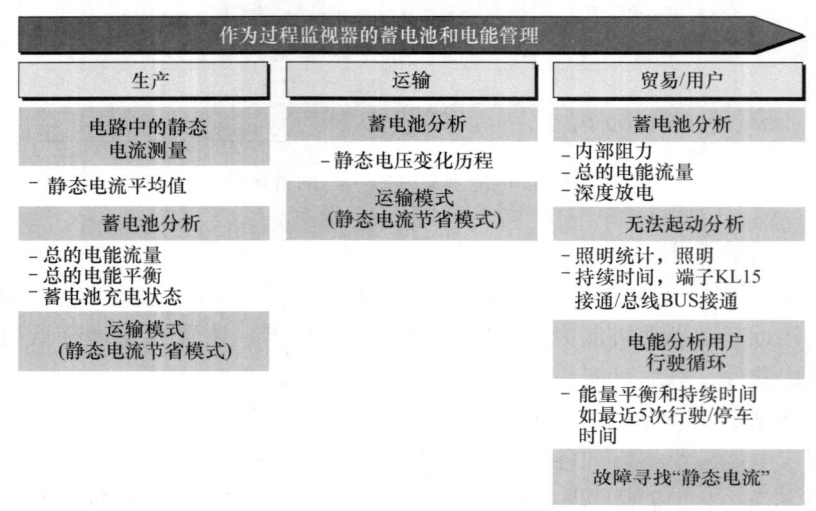

图 5.254　EEM 的附加功能

（5）蓄电池状况识别/蓄电池管理　电能管理的干预与正常的电能管理不同，会破坏乘员的舒适性和/或增加燃料消耗。只有在蓄电池临界状况，如威胁到起动发动机能力时才进行电能管理的干预。

良好的电能管理的前提是要可靠地识别蓄电池状况。检测蓄电池参数：电流、电压、温度就可获得所需的蓄电池信息。如利用蓄电池电子传感器（EBS，Elektronischer Batteriesonsor）可得到这些参数。

EEM 的输入参数是蓄电池充电状况（SOC，State of Change）、蓄电池工作能力（SOF，State of Function）和蓄电池老化状况（SOH，State of Health），即预测在各种情况下的蓄电池性能。图 5.255 是蓄电池电子传感器和 EEM 间的接口。

预测在设定的用电状况直至达到起动发动机能力边界时从蓄电池取出的电能，或预测在设定的负载电流时的电压降可以提供影响电能管理的策略的信息[234]。

对蓄电池状况识别（BZE）的要求随着对电能供给的可靠性要求增加而不断提高。特别是对线控系统的应用，BZE 还要继续开发 BZE 算法。

（6）蓄电池电子传感器（EBS）　蓄电池状况识别（图 5.256）的输入参数通常是蓄电池电流、端子电压和蓄电池温度。为此，必须精确、动态、与时间同步地检测这些参数。这意味着对传感装置有很高的要求。出于成本和安装空间的原因，将传感器与极端子组合在一起，并直接安装在端极上（图 5.257）。因为波兰人已将与极端子组合的传感器按 DIN72311 标准化，所以可与各种蓄电池匹配。

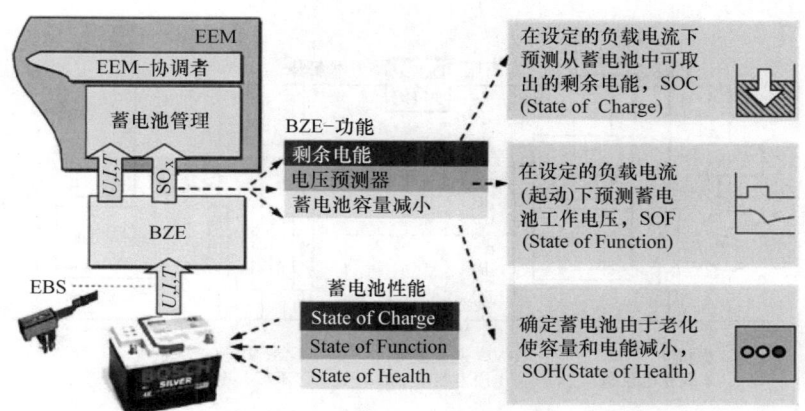

图 5.255　蓄电池电子传感器和 EEM 间的接口

图 5.256 为蓄电池电子传感器与高集成电路框图。利用支路测量电流。它要精确测量小到 mA 范围的静态电流，大到高达 1500A 的起动电流。EBS 的基础是一个专用集成电路（ASIC）。它包含一个功能强大的微处理器，以检测和处理测量值。在微处理器中还运行着蓄电池状况识别的算法程序。状况识别的输出参数通过通信接口（如 LIN—Bus）传输给电控单元，以在电能管理中继续处理[235]。

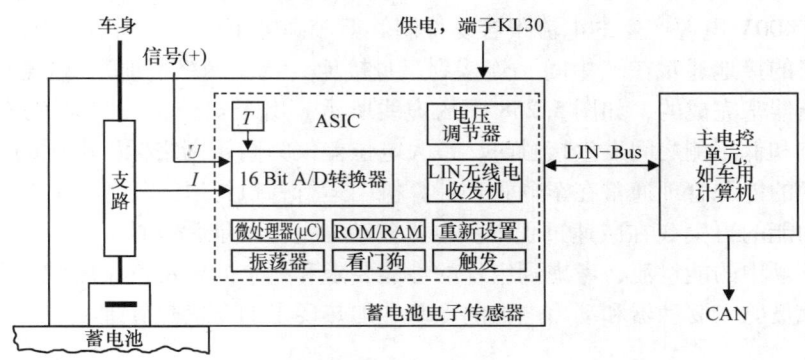

图 5.256　EBS 电路框图

（资料来源：Bosch）

5.7.5　带有电气化动力系统的车辆电源系统

图 5.258 显示了带有电气化动力系统的车辆的典型车载电源架构。

这种车载电源网络被区分为高压侧和低压侧。

在这种情况下，为传统车辆中的低压网络供电的交流发电机被一个从高压网络为低压网络供电的电压变换器（DC/DC）所取代。电压变换器的性能基于传统 12V 网络的用电设备，如有必

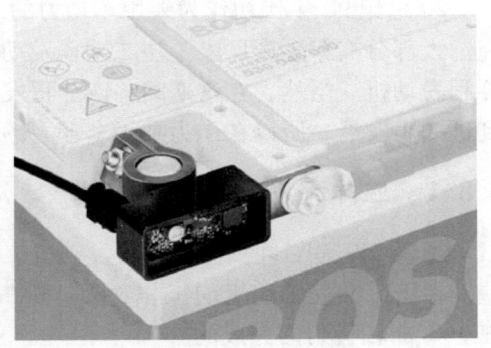

图 5.257　蓄电池电子传感器 EBS

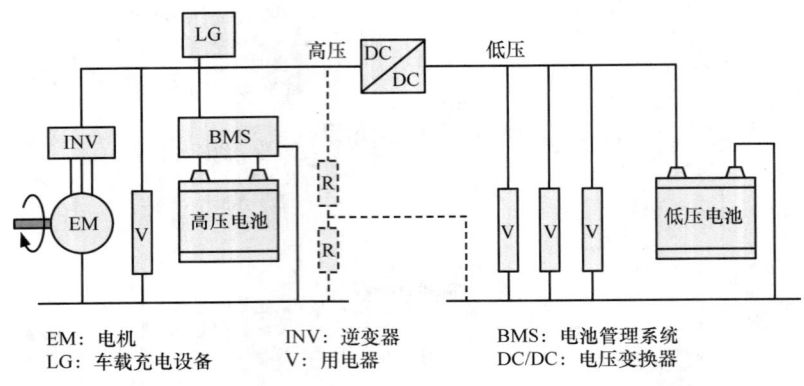

EM：电机　　　　　　　　INV：逆变器　　　　　　BMS：电池管理系统
LG：车载充电设备　　　　 V：用电器　　　　　　　DC/DC：电压变换器

图 5.258　带有电气化动力系统的车载电源网络

要，还可以使用其他用电设备，例如电动冷却液和油泵、真空装置或附加风扇。

在直流电压高达 400V 的高压侧，连接了电机的逆变器、动力电池、内置充电器，如果需要，还连接了电动空调装置等大功率的用电设备。

在高压侧，出于绝缘保护和适用于汽车的电子元件的可用性的原因，通常最高可达 400V 的标称电压。

较高电压的优势在于，电子设备、线束和连接技术必须针对较小的电流进行设计，由于功率的原因，400V 电源产生的电流很容易控制。但较高电压仅在个别情况下使用。

高压网络的接地通常在"中间"连接到车身接地（低压网络接地）。这是使用高阻抗电阻器作为分压器来完成的，如图 5.258 中的虚线所示。出于安全相关的原因进行中央连接，因此在高压侧和低压侧之间发生接触时，最大电位差仅为高压网络标称电压的一半。

此类车辆的能源管理通常在车辆管理计算机中运行并执行以下任务：
- 车辆动能的再生（在减速过程中从电机到动力电池的能量反馈）。
- 协调车辆中的能量流，考虑到组件的性能要求和剩余的电动汽车续驶里程。
- 考虑乘员舱、驱动器和动力电池的冷却和加热要求的车辆热管理。

5.8　二冲程发动机的机会与风险

20 世纪 90 年代初作为乘用车动力的二冲程发动机由于良好的结构条件再次进行开发研究。大部分汽车生产厂家关注二冲程发动机在燃料消耗、重量、成本方面能否替代现有的四冲程发动机。当然，在这期间，四冲程发动机在燃料直接喷射、增压、可变气门机构方面得到进一步发展。所以在作为乘用车动力的二冲程发动机的研究工作也就停止。

5.8.1　二冲程发动机工作方式

图 5.259 是二冲程和四冲程发动机工作原理得到的气缸内工质压力的变化。它们的主要差别在于二冲程发动机的工作过程：进气—压缩—膨胀—排气不是在 720° 曲轴转角，而是在 360° 曲轴转角内完成的。

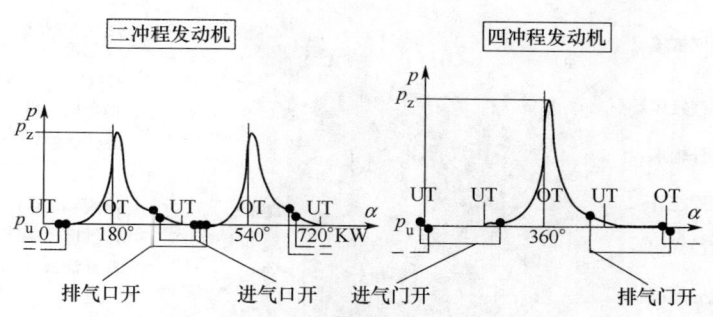

图 5.259　二冲程和四冲程发动机气缸内工质压力的变化

与控制充量更换的四冲程发动机气门机构不同，二冲程发动机采用布置在气缸套上的气口扫气。在曲轴箱中的预压缩混合气（在燃料直接喷射时为空气）通过气口进入燃烧室。在燃烧室中的新鲜空气挤压已完成燃烧而生成的废气，并同时从敞开的排气口排出。在排气口附近有一个滑阀或转阀，以根据发动机负荷和转速的变化优化充量更换过程。为减少气体流动损失，在排气侧很少布置气门。

采用预压缩的横向扫气和调整排气口是一个有吸引力的方案而受到关注。二冲程发动机的潜在的优点和问题也就是开发中要达到和要解决的重点。

（1）优点

1）良好的组装件（Package）。

2）重量轻。

3）部分负荷燃料消耗较低。

4）高的比功率。

5）较好的舒适性。

6）低服务成本。

（2）缺点

1）机油消耗高。

2）燃料消耗、排放高。

3）怠速品质差。

4）发动机特性差。

5）发动机制动作用小。

6）寿命不很高。

7）噪声较大。

8）生产上有些问题。

5.8.2　二冲程发动机方案

曲轴箱扫气的现代二冲程发动机采用电控、空气辅助燃料直接喷射、电控机油计量以及电控可变排气定时（滑阀或转阀）。二冲程发动机的主要部件表示在图 5.260 上。

发动机的其他一些重要细节：

1. 扫气方案

使用簧片阀实现曲轴箱预压横向扫气，避免新鲜空气倒流至进气系。

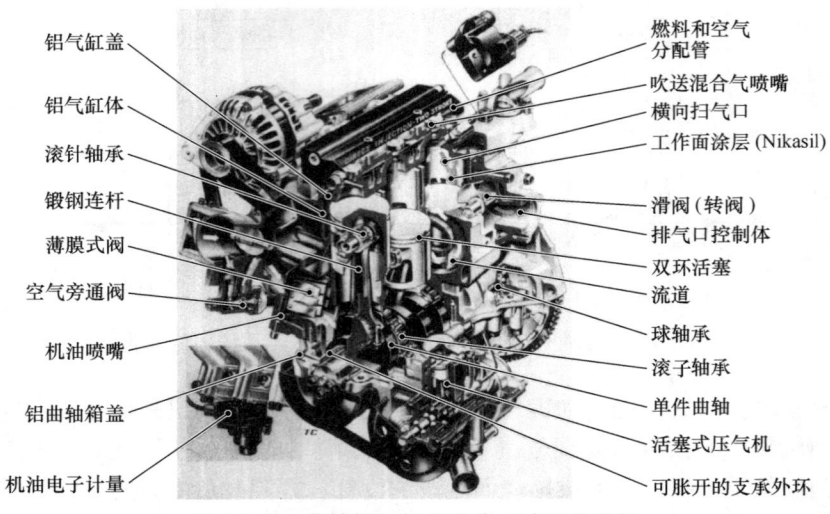

图 5.260 曲轴箱扫气的现代二冲程发动机

2. 压缩比

1) 几何压缩比：10.5∶1。

2) 由于排气口控制时间（排气定时）可变，压缩比变为

① 排气口滑阀开启　6.4∶1。

② 排气口滑阀关闭　9.3∶1。

这个方案具有吸引力。因为结构简单，没有对充量更换过程有较大影响的配气机构。燃料喷入燃烧室可降低排气行程中在空气上部的新鲜混合气向上移动，这是保持排放限值必不可少的措施。

5.8.3　开发重点

从所期盼的二冲程发动机的优点和克服它的缺点可确定二冲程发动机重点开发的方向：排放、噪声、燃料消耗、力学强度、组装件、重量和成本。

1. 排放性能

二冲程发动机排放性能的特点是它的充量更换方式和空气辅助燃料直接喷射的混合气形成的独特条件。另外，排气后处理由于混合气不是调节在化学当量比，机油损失以及由此产生的机油燃烧残留物污染催化转化器，使解决二冲程发动机的排放变得困难。

调节稀混合气浓度（过量空气系数 λ），使发动机在没有排气后处理时发动机侧的 NO_x 排放保持在限值以内。但这样产生移向低转速、大负荷工作的较低燃料消耗与在这工作范围的高 NO_x 排放之间的目标冲突。此外，由于不均匀的混合气形成（残余废气层、扫气引导）限制了混合气的进一步变稀。

HC 化合物的后处理由于以稀混合气工作的发动机的较低废气温度而出现问题。HC 化合物原始排放由于分层混合气的不完全燃烧而较高（高的残余废气量、在低负荷/转速的不均匀的混合气层、残缺的混合气云）。

长期试验表明，装备二冲程发动机的汽车行驶里程超过 80000km 时 NO_x 排放值几乎不变，但 HC 排放则随着行驶里程增加而增大。达到欧Ⅳ排放限值的必要条件是采用 De NO_x

或 NO_x 储存催化转化器。还必须进一步研发机油，以免污染催化转化器（寿命）和随着工作时间的增加不断恶化废气后处理（效率）。

2. 噪声性能

检测二冲程发动机与可比较的 8 气门和 16 气门 4 缸四冲程点燃式发动机噪声可知，二冲程发动机的噪声处于噪声散布带的高端。进而还得到，在低转速主要是燃料喷射噪声，在中等转速范围主要是直接的和间接的燃烧噪声，在高转速主要是机械噪声。降低噪声的措施有：喷射系统和进气系统解耦；整体结构；加强排气口控制体刚度；滑动支撑曲轴；曲轴安装在隧道体中以及油底壳加罩。

其他措施是采用石墨金相组织的活塞、增加飞轮质量、减小点火提前角以及降低燃烧压力升高率 $dp/d\alpha$。后面一个措施要与随之而来的发动机转矩降低取得折中。尽管二冲程发动机点火频率比四冲程发动机点火频率高一倍，转矩变化比较均衡，但由于它在低速、低负荷时高的和不确定的残余废气量而有较大的转矩波动。

必须清楚地看到，二冲程发动机的声学优化不再是一项简单的、低成本的研究工作。

3. 燃料消耗

重新研究二冲程发动机的主要原因之一是曾经期盼它的低的燃料消耗。因为二冲程发动机的气体节流损失、机械摩擦小；而且是稀薄混合气燃烧，热效率高。比较在图 5.261 中表示的二冲程发动机和四冲程发动机的燃料消耗特性场，可得到它们间的燃料消耗的差别。

二冲程发动机能达到较高的全负荷平均压力。在相同行驶功率设计的变速器传动比由于工作点的移动可以降低燃料消耗。在发动机整个转速范

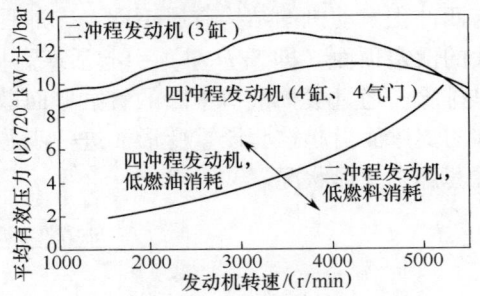

图 5.261 二冲程发动机和四冲程发动机比燃料消耗的差别

围，四冲程发动机在大负荷范围的燃料消耗要低于二冲程发动机的燃料消耗。在新的欧洲行驶循环的城外部分行驶循环，二冲程发动机的燃料消耗甚至要更高。

从发动机的机械摩擦和热力学分析可得到这样的结论。因为二冲程发动机与四冲程发动机的总的机械摩擦损失是在同一水平。下面就此作进一步分析。

图 5.262 是二冲程、四冲程发动机曲轴、活塞组、附属装置（水泵、发电机）以及二冲程发动机的压气机和四冲程发动机的配气机构及机油泵的各个机械摩擦损失占总摩擦损失的百分比随发动机转速的变化。

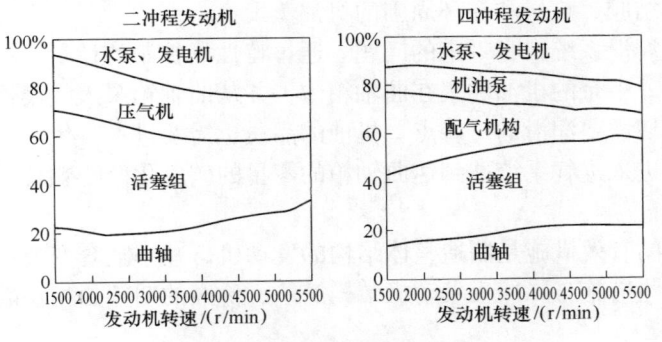

图 5.262 机械摩擦损失分配

可见，二冲程发动机带动压气机增加的摩擦损失与取消配气机构减少的摩擦损失基本持平（约占总机械摩擦损失的20%）。特别引人注目的是二冲程发动机活塞组的摩擦损失，尽管没有像四冲程发动机那样的刮油环，但占总摩擦损失的百分率仍高。其原因是在气口附近的混合摩擦区、缸套严重变形以及在环槽中的机油沉积物。采用整体结构发动机和各种代用机油进行的一系列试验已证实和掌握了上述这些问题。

热力学分析指出的二冲程发动机的缺点不只是压缩比低，而且也是由于高的点火频率（工作循环）引起的高的工作循环温度使发动机热损失增加。

与现今当量混合比工作的四冲程发动机相比，二冲程发动机的燃料消耗可节省5%~10%。当然，在这期间，这一效果已被燃料直接喷射、分层燃烧或再加上可变气门控制的四冲程发动机超过。

4. 抗机械变形性

对二冲程发动机的耐久性要求与四冲程点燃式发动机、四冲程柴油机的耐久性一样。至今生产的二冲程发动机一般达不到这样的要求。故障大多出自活塞、活塞环和气缸套。它们与四冲程发动机的结构有所不同。二冲程发动机的高比功率、2倍的点火频率和短行程时的大的活塞顶面（即S/D小）引起活塞热损伤。为此必须仔细估计活塞的热负荷问题，以尽早排除。通过被扫气口中断的气缸壁面散热是不够的。特别是由于扫气口使缸套壁面缺乏足够的支撑而引起缸套严重变形而进一步恶化散热。图5.263是二冲程发动机与四冲程发动机缸套静态变形状况。

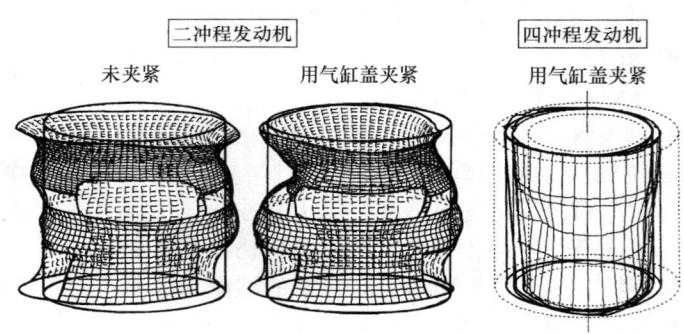

图5.263　二冲程发动机和四冲程发动机缸套静态变形

在发动机工作时，由于进、排气口的不均匀热负荷使缸套变形更大。对活塞的配合间隙要求导致活塞环槽结胶、积炭和在环周围的机油蒸发。

其他的缺点是润滑系统本身带来的问题。通过特性场控制的计量机油泵将机油掺入片式阀周围的空气流中。多余的机油收集在曲轴箱中，并从曲轴箱泵入收集器中。这样就不可能有针对性地润滑迫切需要润滑的一些点。机油的品质也需要进一步优化。

随废气再循环进入进气系统并到达曲轴箱的零星的碳氢化合物颗粒会损伤片式阀和曲轴轴承的工作能力。

解决上述问题的有效措施是制造整体结构的发动机，减小缸套变形；密封曲轴轴承；采用压力润滑。但这些措施与二冲程发动机结构简单、价廉的期望是相左的。

5. 组装件/重量

图5.264、图5.265是二冲程发动机和四冲程发动机外形尺寸的差别。

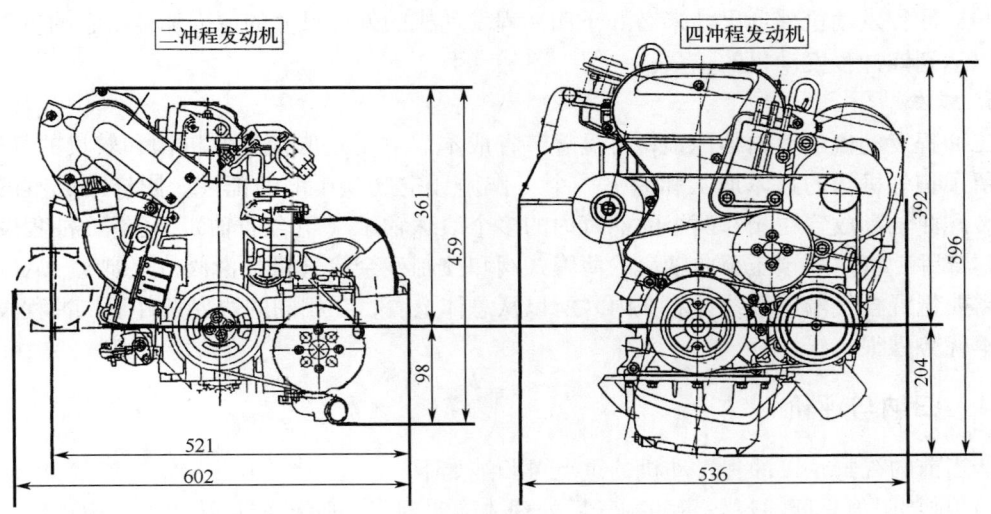

图 5.264　组装件比较：宽度和高度

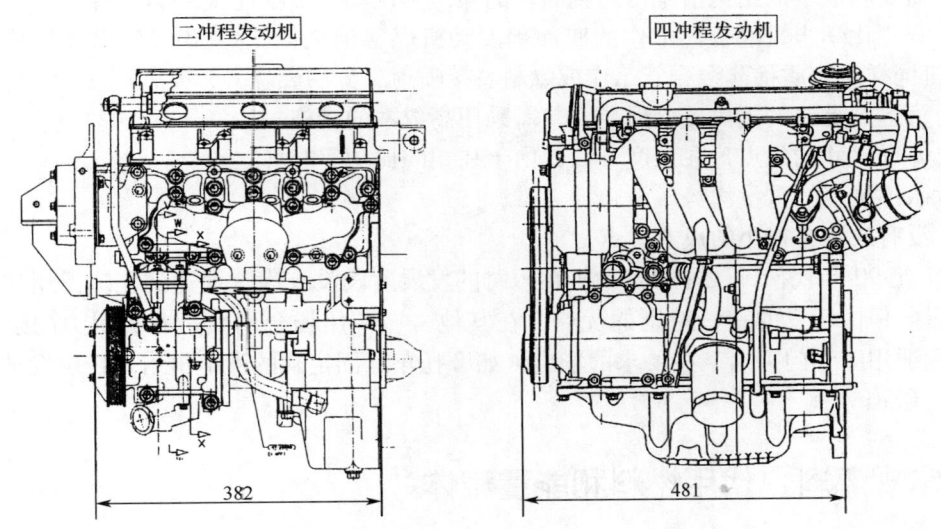

图 5.265　组装件比较：长度

在这两种发动机上，发动机宽度由进气弯管、排气弯管以及附件的布置决定。二冲程发动机的总高度要比四冲程发动机的总高度低。可是它的高度优点较大部分是在曲轴以下，一般情况不能充分利用。因为如果四冲程发动机和二冲程发动机安装在相同的汽车上，与驱动轴相连的变速器是安装在规定的曲轴位置，二冲程发动机曲轴以下的较大空间实际上无法利用，除非变速器是为二冲程发动机"量身裁衣"专门设计的。二冲程发动机长度的优点在于在相同比功率下采用3缸发动机，而不像四冲程发动机那样采用4缸发动机。纵使四冲程发动机也采用3缸发动机，也难以改变。

从声学和耐久性角度（加罩、滑动曲轴、压力润滑）优化二冲程发动机方案，就无法保持二冲程发动机外形尺寸小的优点。

与二冲程发动机外形尺寸未必好于四冲程发动机的外形尺寸的原因那样，它的重量可能也难以达到四冲程发动机的重量。

6. 成本

二冲程发动机的简单结构预料可显著节省成本。主要是取消配气机构和较贵的气缸盖。但保留了扫气机构的缸体加工和为下一个工作循环空气预压缩的部件。同样高成本的是加工、装配曲轴和放置在相邻两个曲柄臂内的多个滚珠轴承（组合曲轴）。还有二冲程发动机的专门部件：将空气预压至曲轴箱的薄膜式阀和控制残余废气量的滑阀（转阀）。从成本考虑还需要把混合气输入系统计算在内。所以从总体上看，在相同的边界条件下二冲程发动机的成本优势已很小。

5.8.4 归纳与评价

从当前的视野，二冲程发动机的重点可归纳如下：

1）排放限值只能通过较贵的排气后处理才能实现（$DeNO_x$ 催化转化器、NO_x 储存催化转化器），它与四冲程稀薄混合气工作或汽油直接喷射发动机后处理类似。

2）需要高成本的结构措施以达到满意的噪声—振动—平顺性（NVH）性能。

3）有比化学当量混合气工作的四冲程发动机燃料消耗低 5%~10% 的潜在优势（四冲程发动机同样是均质稀薄混合气工作或燃料直接喷射、分层燃烧）。

4）为达到足够的抗机械变形能力，需采用高成本的措施。

5）外形尺寸的优点只在长度方面，由于在相同比功率时气缸数少。

6）微不足道的重量优势。

7）没有或只有很小的成本优点。

20 世纪 90 年代初，二冲程发动机在短时的发展阶段没有满意地达到能广泛用作汽车动力的效果。但由于它的一些特别的优点，在其他一些应用场合仍然是有吸引力的发动机方案。特别适用于专门突出某些要求的场合，如摩托车、固定式的发电机组、快艇发动机、工作机械（链锯等）。

5.9 常规燃料、代用燃料和能量载体

现代社会的重要支柱是机动性、运送货物和人员。当前在德国，机动性所需的能量约有 90% 来自原油[250]，世界范围约有 95%[251]。化石燃料的这种单一的、有限的能源结构还带来社会的三大问题：

—— CO、HC、NO_x 和微粒排放污染局部地区。

—— 造成全球影响温室效应的 CO_2 气体排放。

—— 对原油的依赖性和产生能源供应安全性风险。

不同地区推行不同的政策，以迎接这些挑战。在欧洲，气候变暖已为大众共识。政策首先应有助于降低 CO_2 排放。在美国的重点则是能源供应安全性，在迫于经济和社会发展需要而对机动性快速增长的必要性的发展中国家中，对控制当地的排放负荷和能源供应安全性则处于重要位置。

欧洲 政策目标是到 2020 年在交通运输领域更新 10% 的能源。在这方面由于到 2020 年生

物燃料的可用性将承担主要角色[251]。仅采用与降低 CO_2 排放相关的生物燃料（图 5.266）这一措施就可降低约 5% 的 CO_2 排放。目前，在欧洲，生物燃料主要由菜油提取生物柴油。进一步开发生物柴油将指向氢化植物油（氢处理植物油 HVO, Hydrotreated Vegetable Oils）和合成柴油（液化生物群 BtL, Biomass-to-Liquid）。只有在 2020 年后，HVO 或 BtL 才能期待成为接替生物柴油的主角。由甜菜和谷物提炼乙醇看来也有很大的潜力。

可更新的能源法规[252]规定：生物燃料必须实现明确的一些耐用性要求，即自 2010 年起每隔 2 年再次检验这些耐用性要求。这对生物燃料设备经营者来说存在着在再次检验时会失去对生物燃料优点肯定的风险。在欧洲与此关联的不确定性规划使当前对新的生物燃料设备的投资变得困难。除生物燃料外，特别到 2020 年那时，在使用电能和氢燃料两个可再生能源方面看来也有很大潜力。

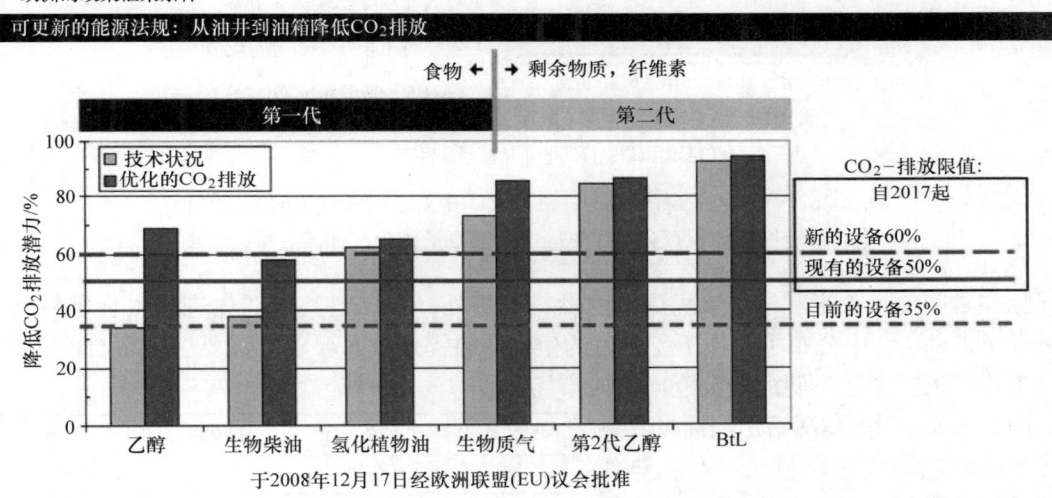

图 5.266 一些生物燃料在可更新的能源法规[252]中定义的降低 CO_2 排放潜力表示生物燃料提炼工艺优化可明显提高当前生物燃料降低 CO_2 排放的潜力。除了定义的耐用性外，还要按生物燃料设备投产时间点达到降低 CO_2 排放最小值。从 2017 年起投产的生物燃料必须证明其在整个寿命周期 CO_2 排放至少降低 60%。在可更新的能源法规中已将降低 CO_2 排放的核定值固定下来

美国 当不断降低影响温室效应的 CO_2 气体排放越来越成为大众的焦点时，将会重视替代源于石油的燃料。加州的"低碳燃料标准（Low Carbon Fuel Standards）"的目标是降低 10% 的 CO_2 排放。对易于使用来说，乙醇被认为是石油的最重要的替代能源。乙醇可由三个不同的原料源提炼：家乡的玉米、纤维素（稻草、麦秆、茎、草等）和进口乙醇。在美国正在努力纤维素提炼乙醇的工作。在美国正在起草使用生物燃料的政策框架文本，借以促进在现有的、也在新的生物燃料提炼中的投资意向。美国环境保护署（EPA，Environmental Protection Agency）的可再生燃料标准Ⅱ（The Renewable Fuels Standard Ⅱ）预先规定到 2020 年明确定义的部分生物燃料绝对量的指标（图 5.267）。根据汽、柴油机总燃料需要开发投资建立生物燃料提炼厂十分重要。因为对汽车生产厂家来说，在汽油和柴油的总燃料需要中生物燃料的百分率（混合度）不同，应对的发动机技术不尽相同。总起来看，除乙醇外，其他的生物燃料，特别对柴油机，在可再生燃料中仅起次要作用。

美国的政策框架条件

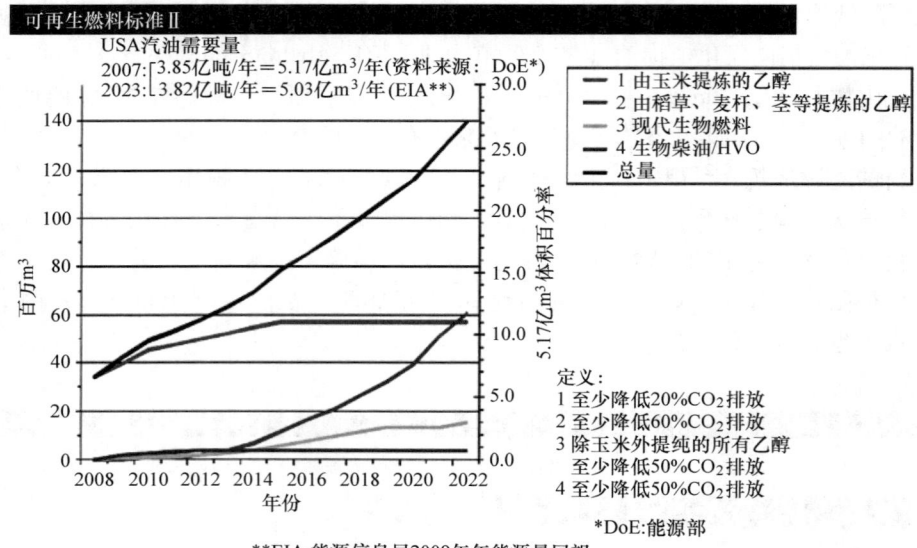

图 5.267 可再生燃料标准 Ⅱ。法规文本中要求的 4 种不同类型燃料绝对量转换的体积百分率。美国柴油需要量约为汽油需要量的一半

除非常明确由玉米和纤维素提炼生物燃料乙醇外,在燃料类别"先进的生物燃料(advanced biofuels)"中公布了一项不受约束的生物燃料提炼技术要求,该要求可将目前在生物燃料提炼厂工艺中还不明的投资意向引向市场。

图 5.268、图 5.269 给出当前世界各地区柴油和汽油代用燃料状况和趋势的概貌。如图所示,在世界范围作为生物燃料的乙醇居优势地位。天然气(石油气),特别在发展中国家的能源中起着重要作用。

按多能源供应的独立性愿望,各国都在努力利用本国资源。这样,燃料的供给和品质越来越多样性。不断上升的燃料成本压力和世界范围对汽车排放的严格要求应通过稳定的符合排放要求的和同时覆盖全球的燃料质量予以保证。

国别或地区	柴油	目标值	趋势
美国	生物柴油	能源供给	HVO
巴西	生物柴油B4	能源供给	生物柴油（载货汽车）
欧洲	生物柴油B7	降低CO_2排放：2020年更新10%能源	>B7,HVO
印度	生物柴油	能源供给	生物柴油
阿根廷	—	能源供给	生物柴油(B5)
中国	CtL	能源供给	CtL,DME
日本	生物柴油(B5)	能源供给	—

- 在欧洲生物柴油占优势。
- 世界范围可供使用的柴油代用燃料较少。

图 5.268 当前世界各地柴油代用燃料状况和趋势概貌（资料来源：大众汽车股份公司）

面对这样的目标冲突不能只靠一些技术措施,还要靠政策引导。

5.9.1 市场经济法则

图 5.270 给出一些可再生的生物燃料的生产成本概貌。图中对生物燃料原料价格与原油价格进行比较。尽管原油价格不断攀升,生物燃料价格仍比汽油、柴油价格贵,并恐怕还会保持这种局面。其他的许多原料价格也是与原油价格联动,如生物燃料用的原料价格也当然

国别或地区	汽油	目标值	趋势
美国	乙醇	能源供给 2022：约 25% 的汽油为乙醇替代	E25，由石油提炼汽油，由纤维素提炼乙醇
巴西	乙醇，天然气	能源供给	由纤维素提炼乙醇
欧洲	乙醇 E10，天然气，液化石油气	降低 CO_2 排放：2020 年更新 10% 能源	E20/E85，生物甲烷，丁烷
印度	乙醇，天然气	能源供给	—
阿根廷	天然气	能源供给	—
伊朗	天然气	出口石油	—
中国	甲醇	能源供给	电能
俄罗斯	—	未知	液化石油气
日本	混合动力，乙醇（E3）	能源供给	电能，H_2

- 世界范围乙醇占优势。
- 开采天然气和制备液化天然气具有重要意义。

图 5.269　当前世界各地汽油代用燃料状况和趋势概貌（资料来源：大众汽车股份公司）

如此。在像需求很大供给过剩的植物油，需求与供给可按 1∶1 的关联度确定。在像需求不大，或供给明显大于需求的原料情况下，需求与供给可按弱的关联度确定。木材就是这方面的例子。假设，就是今后使用的剩余材料，也会反映它对石油的价格联动机制。甘蔗似乎是个例外，但这只是在当前提炼糖的甘蔗要明显多于提炼乙醇的甘蔗的情况下，因此糖的价格支配甘蔗价格。在明显增加乙醇产品时这种内部的价格结构会变化。

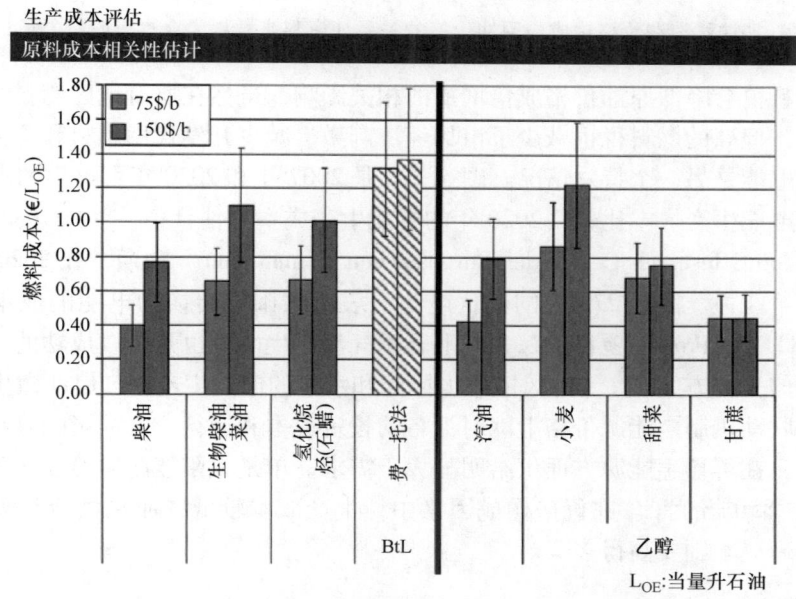

图 5.270　一些可再生的生物燃料原料价格与原油价格比较[255]

尽管原油价格不断升高，生物燃料至少约到 2020 年仍要比以原油为基础的燃料价格贵，这是由于政策性的，而不是市场经济驱动的结果。政策性支持不断从"开采"向"需求"转变，如"可更新的能源法规"[252] 和"可再生燃料标准 Ⅱ"[253] 规定的那样。

化石代用气和煤的原料价格也与原油价格关联，但可能属于化石代用燃料的另一种关联。在拥有廉价的煤或天然气矿床地区和在能源供应和分配上进行大规模投资的条件下，这些代用燃料越来越有经济价值，并可显著改善能源安全性。

另一个代用燃料对市场经济诱惑的引人注目的影响是征燃料税。图5.271表示原油价格从100＄/bbl加倍到200＄/bbl对加油站的燃料价格的影响。通常，要提高低燃料税的发展中国家的经济将带来较强的原油价格上涨，借以可将代用燃料，特别是在上面所说的地区，推向政策方向和市场经济方向。

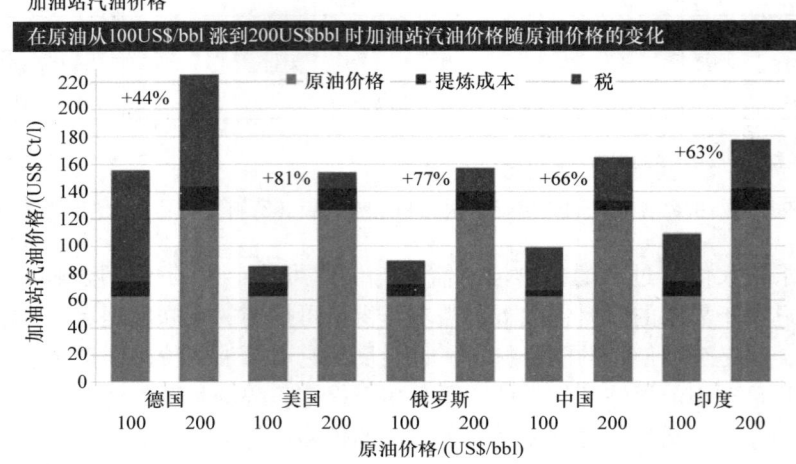

图5.271　加油站汽油价格构成与原油价格的关系（资料来源：大众汽车股份公司，2009）

而高的燃料税会降低原油价格成倍增加的相关影响。虽然在所有地区燃料绝对价格上涨几乎是同一的，但高的燃料税也减少了市场经济刺激、减少开发代用燃料和更换代用燃料。

可再生的电能是另一个特殊情况。图5.272是2007年和2020年可再生的电能生产成本与化石、核的电能生产成本比较（2020年的电能生产成本为估计值[256]）。按欧洲委员会联合研究中心（Joint Research Centre der Europäischen Kommission）预期，在2020年风能产生的电能具有竞争能力。图5.272中的光伏电池只表示太阳能转换为电能的成本。一个特殊的、由DESERTEC – Project项目跟踪太阳上升暖气流产生电流也是可以成功的，并预期是低成本生产电能的一种方案[257]。在风能、太阳能和水能的电能生产中已启动微生物群原料价格和原油价格联动机制。能源价格上涨对设备的投资成本和运行成本的影响是很小的。

还要考虑，在可再生能源方面供给明显大于需求。单是太阳能的供给要比目前世界范围的能量需要大2850倍[258]。在价格构成因素中，生产成本较低，而在供给与需求之间的时间和地点的管理成本则要高得多。

5.9.2　能源供应安全性

世界范围能源供应安全性是实现代用燃料应用的助推器，为此必须深入观察能源供应安全性。

能源供应安全性由三大要素确定：能源或原料的可供使用性；从原料转换为燃料的可实现性；运送车辆或基础设施分布或配置的可继承性。如果满足上述三个要素，则代用燃料将

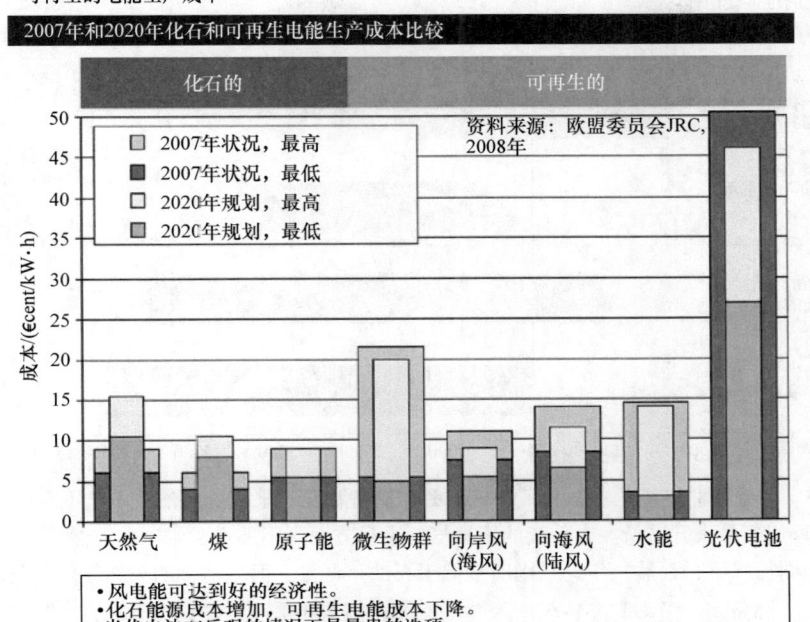

图 5.272　2007 年和 2020 年可再生的电能生产成本与化石、核的电能生产成本比较

会替代源于原油的燃料而做出应有的贡献。

5.9.3　化石能源

在车辆机动性方面当前石油居能源供给的垄断地位。在过去，这种垄断地位导致政治或政策上的依赖性，而且在石油危机时达到顶点。在世界范围出现原油供给方对不断增长的原油需求的限制不只是原油供给的有限性造成原油供不应求问题，而且也许比原油开采较早、较快的石油需求的过猛增长[259]。不是讨论石油最大开采量问题，而是进一步查明石油和天然气资源和储备状况（图 5.273）。

图中以 1 亿当量石油桶表示的石油和天然气开采量，以及传统的和非传统的石油和天然气资源和储备状况。另外以年（a）为单位表示时则基于当前的原油需要量为 290 亿 bbl/a 和基于当前的天然气需要量标准化为石油桶时为 200 亿 bbl/a。

图中显示出天然气消耗比石油消耗少，而天然气资源比石油资源多。决定性的是资源与储备之比，该比值也可作为未来可供使用性的尺度。天然气资源与储备之比要明显地优于石油资源与储备之比。天然气具有满足能源不断增长的需求，具有较大的潜力，因为在地底下还有不少未被利用的能力。再考虑到非传统的天然气资料，上述的这种表述还留有余地，实际上天然气资源超过石油资源 3 倍还要多。利用液化天然气装船不断扩大天然气运输可减少物流不足，并可建立比单独的管道输送更自主的贸易关系。

液化石油气（LPG）是另一个化石代用燃料。它与石油、天然气一起开采时平均约占 6% 的份额[260]。因此，LPG 的替代潜力限制在石油和天然气开采的 6%。还要提及的是 LPG 是重要的化工原料和极重要的居民区烹调的能量载体。所以，为能量供应安全，用于车辆机

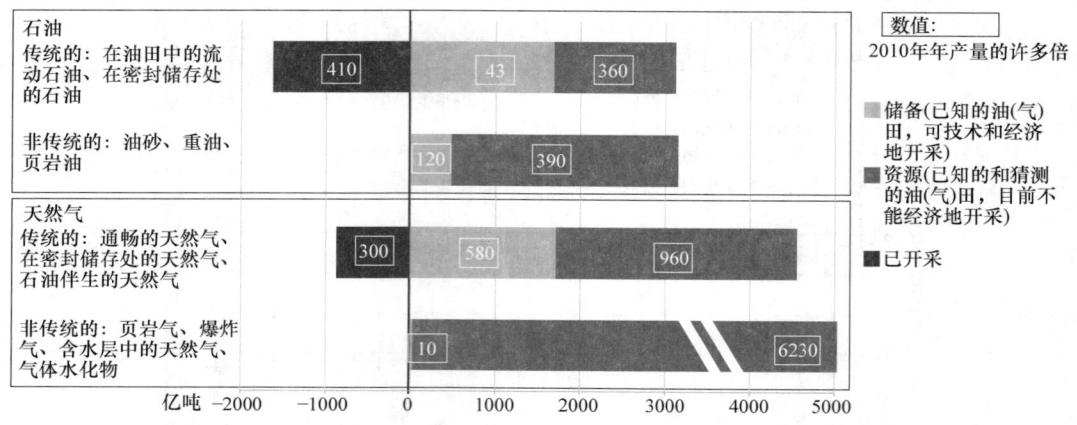

图 5.273 传统和非传统的石油和天然气资源和储备状况开采传统石油技术已不断取得进步和可能接近达到最大开采量。在传统的天然气开采量方面则不那么紧张。在天然气、石油储备大致相同情况下，天然气年产量则明显低于石油年产量，而且估计的天然气储备要比石油储备多。考虑到非传统的天然气能源则储量还要高得多。该图取自[260]

动性方面的 LPG 的潜力受到制约。

无可争辩的是在化石能源中煤具有最大的潜力。煤转换为可再生燃料，如费—托合成法在南美和中国有先进的技术，但尚没有足够的生产能力。此外，以煤为原料转换为可再生燃料的配置与中和温室效应气体 CO_2 的能源供给体系的努力相矛盾。

CO_2 回收，即碳捕捉和储存（CCS, Carbon Capture and Storge），可能成为一项重大技术。它可克服能源供给体系和降低温室效应气体 CO_2 排放之间的目标冲突。CCS 必须克服许多需要弄清的技术挑战和社会挑战。CCS 需要地下储存场地。这些场地与能源储存，如压缩空气储存、天然气储存场地处于争夺状态。同时，未来的能源供给由于能源载体的波动（如风能、太阳能）而迫使增加能源储存体系。这就存在着技术上的目标冲突。

利用 CO_2 生成 HC 化合物在最简单的情况是通过 CO_2 与 H_2 合成生成 CH_4：

$$CO_2 + 4H_2 \longrightarrow CH_4 + 2H_2O$$

氢可从多余的可再生能源中获得。这种"能源变气体（Power to Gas）"方案特别有助于平抑能源载体的波动[261]。

从能源可供使用方面，如果不是雄厚的资金开采石油近期和中期天然气是一个绝对增长的趋势。天然气不仅为能源供给的安全性做出贡献，而且可减少当地和全球有害物排放[262]。长期来看，在下面要进一步讨论的可再生能源中天然气居重要地位。最后，天然气也是车辆机动性领域能源供给的主角。

5.9.4 可再生能源

按能源标准，可再生能源的最大特点是能源资源和储备的无限性。其挑战不在于能源本身，而在于这些能源变为可用。除可再生能源的提炼外，能随时、随地平衡能量供给与需求的能量管理也是可再生能源的另一个挑战，特别是利用占有较大份额（>10%）的可再生电能时[263]。

生物燃料 车辆机动性用的最熟悉的、利用简单的太阳能方式的燃料是生物燃料。生物燃料是生物群（植物）将太阳能转换为生物群的生长，并将能量储存在生物群中。生物燃料的优点也是它们的缺点，只有约1%的太阳能转换为生物群[264]。在几乎是无成本的太阳能时很低的转换效率也就不在乎，但需要大的占地面积，与食物供应处于争地状态（图5.274）。所以生物燃料的持续代用趋势受到限制。按大众汽车股份公司的观点，由于持续性原因，根据预测的2020年世界范围燃料需要，生物燃料的代用潜力最高限于20%，这种预测还要考虑到欧盟能源政策目标，即JEC企业家联合会制定的在道路交通中达到10%的可再生能源目标，根据实际可转换性而修正[277]。实现这一目标就是一种挑战，这只有通过不同的交通方式（道路、轨道、水路）的相互协调才能达到，生物燃料研究咨询委员会（BIOFRAC，Biofuels Research Advisory Council）则持乐观的看法，认为2030年在欧洲使用生物燃料的潜力可高达25%[265]。所有的估计都是以新技术基础为前提，如纤维素乙醇和BtL。这些新技术可利用纤维素和剩余材料提炼可再生燃料。此外，还要考虑在天然气品种中提纯生物气。与纤维素乙醇和BtL提炼工艺相比，生物气的提炼工艺要简单得多，并可利用湿生物群和剩余材料，由于大量的生物群，所以提炼生物燃料用的纤维素和剩余材料就有充分的保证[265、277]。在常用的纤维素、淀粉、糖和植物油的生物群形式中，植物油具有最少的生物群。当前，世界范围的植物油产量约为100Mt/a，到2017年增加45%，到2030年增加一倍[267]。在当前的欧洲柴油需要量为200Mt/a时[268]，光欧洲，在占地面积10%时需要世界范围植物油产量约20%提炼的生物柴油替代化石柴油需要。图5.274还表示出各种生物群潜力的相关性，显然，目前还没有出现值得注意的生物柴油与食物供应的争夺局面。未来还可利用生物群，特别是利用植物油提炼生物柴油。

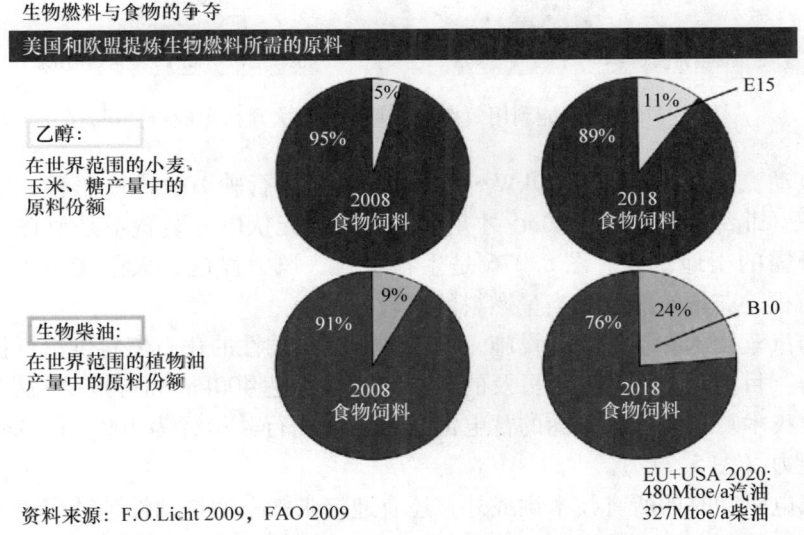

图5.274 由于提炼乙醇、生物柴油引起与小麦、玉米、糖和植物油等食物争夺状况[267、269]

尽管生物燃料不是保证未来车辆机动性能源供给的唯一解决办法，但应看到它在持续替代化石燃料方面所做出的有价值的贡献和对提炼生物燃料的最新技术的推动与发展。生物燃料的最大优点是在提炼和应用方面的转换相当简单。生物燃料与符合燃料标准的现有化石燃料的简单混合，甚至依靠新的提炼工艺明显改善生物燃料品质进一步提高生物燃料混合百分比，可以达到与目前车辆机动性用的化石燃料和基础设施配置兼用，并可支持当地经济。生物燃料最大可达20%的替代潜力也表明有必要进一步扩大代用燃料。

电能 在可再生燃料产生电能（简称可再生电能）时则完全是另一种状况。可再生电能生产潜力巨大，而目前使用潜力不大。理论上由风能、水能、太阳能、地热、潮汐能产生的可再生电能可满足车辆机动性的能源需要。照射光伏电池产生电能就是可再生电能的实例。在北纬50°常用的商用太阳能模块的光伏电池具有15%的能量转换效率[258]（图5.275）。太阳能照射光伏电池产生的能量输出（15%）要比太阳能照射生物群产生的能量输出（1%）大15倍。如果在比较中还考虑能量转换链和应用链，则光伏电池经蓄电池直至电动汽车的能量转换链或能量传输路径效率要比生物群经生物燃料直至内燃机汽车的能量转换链或能量传输路径效率大100倍（图5.275）。

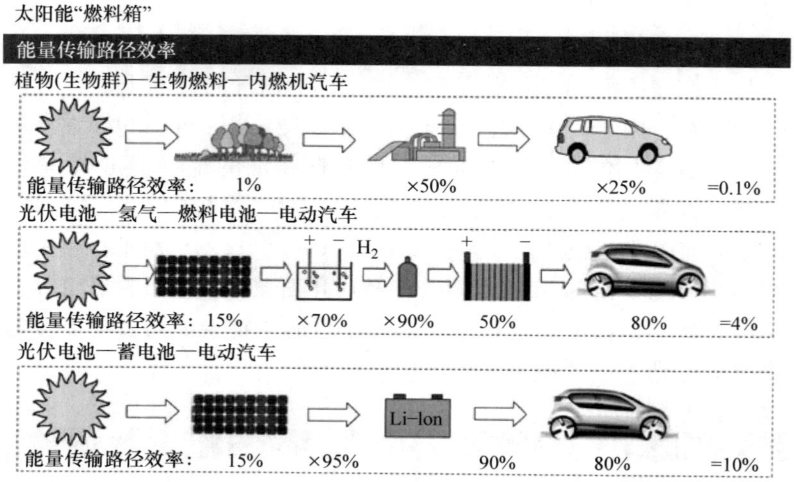

图5.275 太阳能利用效率（资料来源：大众汽车股份公司）

如设纯电动汽车所需电能为20kW·h/100km，每年行驶10000km里程，则为它供给的光伏电池面积（北纬50°）约需20m^{2}才足够。另外，光伏电池装置不是放在地面上，不会与食物供给所需的土地争夺。图5.276是生物燃料、风力发电、太阳能发电（光伏电池）所需的土地面积、获得的能量和当量燃料的比较一览表。

通过新的汽车技术和新的基础设施，并限制车辆机动性的化石燃料供给可扩大可再生能源的替代潜力。目前仍然没有伸手可及的行驶里程至少达400km和可接受的小于5min充电时间的蓄电池技术。按统计，目前的蓄电池技术可能的行驶里程为100~150km，这是90%的白天行驶能力（图5.277）。

除要克服电驱动时的所有技术挑战外，还有迎接未来车辆机动性各种模式的挑战。

可快速充电的蓄电池电动汽车的梦想不只是蓄电池问题，而且也是在区间范围的供电问题。电动汽车快速充电站的高投资与它的占地面积相关，而且会遇到现有发电厂能力和配电的限制。不考虑电能传输损失功率，如假设蓄电池电动汽车在2min内充完电行驶100km里程需20kW·h电能，则所需的充电功率为600kW。作一对比，将50L柴油在2min内充入燃油箱，这时燃油箱内燃料（柴油）能量为15MW。蓄电池更换站可取消这一限制，但使更

德国可再生能源替代潜力

生物燃料和可再生电能(绿色电能)比较						假设

潜力	生物燃料	风力发电 2020	风力发电 2030	太阳能发电(光伏电池)(PV) 2020	太阳能发电(光伏电池)(PV) 2030
土地面积	18000 km^2	3.5km^2	7km^2	70km^2	700km^2
能量获得 [TWh/a]	60	80$^{1)}$	135$^{2)}$	10$^{1)}$	105$^{2)}$
当量燃料 [Mtoe/a]*	5	18	30	2	24
乘用车份额**	10%	38%	63%	4%	50%

*一辆高尔夫乘用车所需能量
TDI: 54kW·h/100km=5.4L/100km
EV: 20kW·h/100km

**德国所需燃料
2007道路交通(MWV):
柴油机: 26.4Mt/a
点燃式发动机: 21.3Mt/a
总计: 47.7Mt/a

所需土地面积
风力发电设备: 0.5m^2/1000l 当量柴油
光伏电池: 67m^2/1000l 当量柴油
生物群: 3030m^2/1000l 当量柴油

资料来源:$^{1)}$按BMU/dena–Prognose到2020;$^{2)}$按BMU–Sznearrio 2020以后。

*风力发电和太阳能发电(光伏电池)没有土地利用争夺。
*可再生电能(绿色电能)的替代潜力是由生物群提炼的生物燃料的替代潜力的好多倍。

图5.276 可再生能源（生物燃料、风力发电、太阳能发电）所需的土地面积、获得的能量和当量燃料比较一览表（资料来源：大众汽车股份公司）

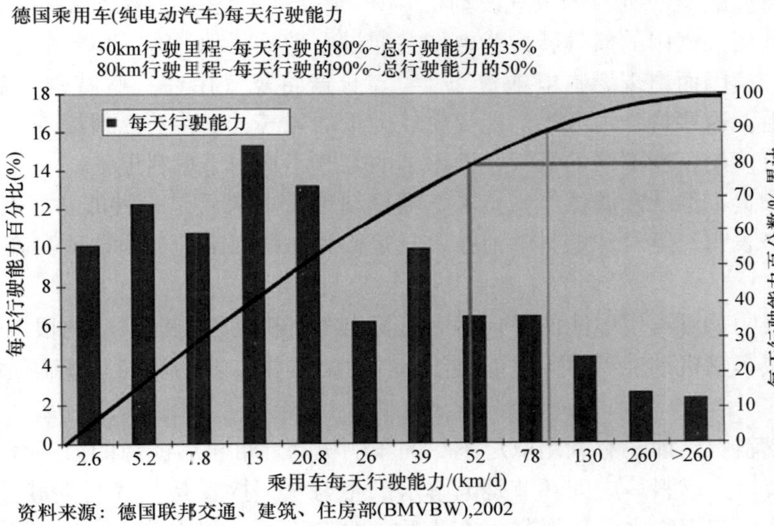

资料来源：德国联邦交通、建筑、住房部(BMVBW),2002

图5.277 德国乘用车每天行驶能力[270]

多资本闲置，因为每辆电动汽车不止一个蓄电池而是要多个蓄电池才够用。由于蓄电池电动汽车的有限行驶里程，必须编织紧密的快速更换蓄电池网站，和由于上面所说的在更换蓄电池时为克服峰值时间充电的充电功率限制，只能通过能维持蓄电池电动汽车行驶的附加的一个蓄电池解决[271]。

目前，蓄电池是纯电动汽车中最贵的模块之一。为此需要一大笔投资，而且要固定的基础设施费用。

大多数纯电动汽车充电过程缓慢且主要在夜间充电。到2020年可以不需要错开充电，并能满足纯电动汽车充电功率的需要。2020年德国力争的1万辆纯电动汽车每年需要的电能为2TW·h，它是德国电能总需要的0.3%（2008年为599TW·h[272]）。如果所有纯电动汽车彻夜同时以 3kW 功率充电，则需要 3GW 电能。假设只是 100 万辆纯电动汽车的 10% 以 600kW 功率同时快速充电，则需要 60GW 电能，就几乎是德国发电厂约 130GW 电能的一半[273]。

如果不苛求电动车辆机动性完全替代未来车辆机动性，则它是未来车辆机动性的一个选项。纯电动汽车每天行驶能力约为 100 ～ 150km 就足以满足目前对车辆机动性的一些要求，且彻夜给纯电动汽车充电不需要在基础设施方面的更多投资。简要的表述就是：带输出电能 3kW 的插座是每个家庭都具备的。

氢气 尽管可以克服纯电动汽车机动性能限制的缺点，并能利用可再生电能的替代潜力，但燃料电池仍不失为车辆机动性的一个选项。除去在氢燃料电池汽车上的能量准备和一些附加转换环节费用后，氢燃料电池汽车由于氢气比蓄电池电能的更好储存性、达到可接受的行驶里程和像目前充灌天然气汽车那样快速充灌氢气而受到人们关注。

除减少整个能量转换链效率的能量转换环节外（图 5.275），更多的挑战是采用加大投资的新的基础设施和采用新一代的汽车技术。这是一个要比目前如柴油、汽油液体燃料加油柱约 50 万€投资成本约贵 50 倍的氢气充灌站的投资成本，更难解决的"鸡与蛋的问题（Henne- Ei- Problem）"[275]。

氢气可在点燃式发动机（即氢气发动机）中与氧气（空气）燃烧做功驱动汽车；也可在燃料电池中利用大气中的氧气转换为电能并通过电动机驱动汽车。由于氢气在燃料电池中的高效率能量转换因而出现燃料电池汽车[262]。日产将氢气用在一些特殊（感兴趣）地区的氢气发动机上。这些特殊地区当前能提供较大量的氢气，如化石燃料提炼工艺副产品，因为氢气发动机可使用可能不洁的氢气，而不洁的氢气不适用于燃料电池。

氢气制备昂贵，但从能源供给安全和车辆机动性需求来看是一种非常广泛的能量载体。技术和经济壁垒表明，氢气和燃料电池技术只是作为前面列出的几个选项实施之后的下一步选项。

这些设想表明，可再生电能的替代潜力彰显出车辆机动性能源供应的很大安全性，可是这要么允许削减车辆机动性可再生电能供给，要么需要带有新的氢气站基础设施的全新的一代汽车。

电能转换燃料 当前还有利用取之不尽的车辆机动性可再生能源的另一个设想的选项是将可再生电能转换为燃料。中间环节是电解水产生氢气，接着是氢气与碳载体、CO 或 CO_2 反应生成液态或气态 HC 化合物燃料。在生物气体设备中的应用就是这方面的实例。约有 50% 的 CH_4（甲烷）和 50% 的 CO_2 组成的原生物气体与 H_2 一起提纯为近似 100% 的 CH_4。CO_2 按萨巴蒂法（Sabatier- Prozess）与 H_2 反应生成 CH_4 和 H_2O[261]。另一种方案是在提炼 BtL 时采用的费—托合成法（Fischer- Tropsch- Prozess）。外加 H_2 有助于调节必要的 H_2/CO 比而不发生转移反应（Shift- Reaktion）：

$$H_2O + CO \Longrightarrow H_2 + CO_2,$$

从而使单位生物群量的 BtL 产量成倍增加[276]。

为由电能转换燃料而选择采用可再生电能电解水产生 H_2 由于一些附加的转换环节而使能量转换效率低下，不如直接使用电能或 H_2。但电能转换燃料可保留现有的基础设施与可信的和可评估的车辆机动性能，并开拓了可再生电能之路。电能转换燃料的时间点在上面列出的可再生能源选项之后，直到可再生电能富裕时从政策和市场经济角度将可再生电能转换为 HC 化合物。与较多投资的经济上的困难相比，可再生电能转换为燃料的技术困难是不足道的。这种可再生电能转换为燃料的技术的经济刺激会随时、随地出现可再生电能供大于求的可能性。多余的可再生电能不仅可作为产品储存起来，而且更多的可成为直接买卖的商品。生物气体设备的实例就是将通常没有利用的电能转换为 CH_4，并储存到天然气网中，这有助于减少天然气进口。在有足够的化石天然气替代潜力时至少可规避 H_2 或其他的能量载体的昂贵储存。

5.9.5 总结

至少到 2030 年原油和从它提炼的燃料不会在能源家族中居优势地位，很可能丧失它的垄断地位，替代石油的天然气由于它的可使用性（工业和民用等），以及由于它在车辆机动性的所有三大挑战中为在短期和中期替代石油做出最主要的贡献。

在上面介绍的三种能源使用形式——蓄电池、燃料电池、可再生电能转换为燃料——中的可再生能源和特别是可再生电能将在长期居优势地位。在纯电动汽车上直接使用可再生电能将在今后 5~10 年实现，但不只是由于车辆机动性能限制，在 2020 年市场份额难超过 5%。2020 年起道路交通会不断出现氢气汽车和燃料电池汽车。大于 5% 市场份额的广泛应用预计不会早于 2030 年。电能转换燃料要到 2020 年以后才有可能。电能转换燃料这一选项特别对规定要用高能量密度燃料的车辆机动性模式具有重要价值。

虽然生物燃料的有限替代潜力，但由于提炼工艺和使用简单，在短期和中期将成为车辆机动性最主要的可再生能源载体。到 2020 年特别是世界范围的乙醇和欧洲范围的生物柴油在可再生能源中会居优势地位。新的生物燃料如纤维素乙醇预见在 2020 年后会在市场上增多。接替已建立起来的生物燃料估计要到 2030 年才有可能。在开发新产品和进入市场的历程（Lernkurven）表明，产品市场份额约占 1% 需要 10 年的时间，产品市场份额约占 10% 则还需要 10 年时间。这不只是技术方面的原因，更是财力和取得用户认可需要如此长的跨度。因此，可以有把握地说，在 2030 年超过 50% 以原油为基础的燃料仍将用于车辆机动性。

可再生的替代燃料在中期不能单独解决能源供给安全性和缓和温室效应气体的车辆机动性挑战。它将是五彩缤纷的燃料并存局面，但从长期来看将生产供给安全性有保障的车辆机动性用的可再生燃料。重要的是将所有其他的新的可再生燃料纳入国际认可的混合燃料（配比燃料）规范和框架内。只有这样，可保证现有车队使用的燃料平稳过渡到新一代汽车将使用的可再生燃料。

假设由于石油的覆盖距离或石油的输送能力，或由于 2020 年以后气候变暖很可能会强制转变化石燃料。因此，在未来 10 年建立一个尽可能广大的代用燃料工业基础、满足可再生能源总体需要的长期目标。这正是以有效和灵活的方式面对这种强制转变化石燃料的时候了。

经常进行的有关"什么燃料是最好的？"的一些讨论。这种"不是……，就是……"、"非……，即……"的思维要转换为"不仅……，而且……""既……，又……"的思维。电动机动性也表明，最大的挑战也可能来自我们自己。图 5.278 是重新定义（明确）的电动汽车所需的电能。

电动汽车所需电能

德国	欧盟27国	世界
2008 所需电能： 615TW·h 其中风能： 40TW·h	2008 所需电能： 3381TW·h 其中风能： 142TW·h	2008 所需电能： 19800TW·h 其中风能： 260TW·h
2020 所需电能： 615TW·h 其中风能： 150TW·h	2020 所需电能： 3587TW·h 其中风能： 477TW·h	2020 所需电能： 27200TW·h 其中风能： 1640TW·h
1百万辆电动汽车所需电能**：2TW·h	270万辆电动汽车所需电能**：5.4TW·h	700万电动汽车所需电能**：14TW·h
≈所需电能的0.3% ≈所需风力发电电能的1.3% *资料来源：德国风能协会、德国环境保护部、德国能源 **德国政府，10000km,20kWh/100km	≈所需电能的0.15% ≈所需风力发电电能的1.1% *资料来源：欧洲风能协会、国际能源署 **EUCAR,10000km,20kWh/100km	≈所需电能的0.05% ≈所需风力发电电能的1.4% *资料来源：世界风能协会、国际能源署 **IEA,10000km,20kWh/100km

图5.278 德国、欧盟和世界市场电动汽车所需电能。设定是基于政策目标的电动汽车量

5.9.6 燃料族概况

为快速浏览，下面以表格形式汇集了柴油机燃料和点燃式发动机燃料的一些重要代用燃料性能（图5.279和图5.280）。由此列出可供发动机使用的燃料族潜力（资料来源：[252、254、262、267、269]）。

			柴油EU4	XtL,ClassA	XtL,ClassB	生物柴油(RME)	氢化植物油(HVO)	二甲醚(DME)
含能	密度(15℃)	kg/L	0.83	0.78	0.79	0.88	0.78	0.67
	热值	MJ/kg	43.10	43.57	43.96	37.59	44.00	28.80
	能量密度	MJ/L	35.86	33.98	34.86	33.19	34.32	19.30
喷射系统	黏度(40℃)	mPas	3.00	2.59	2.85	4.42	2.60	0.15
	HFRR(60℃)	μm	300	402	591	205	592	—
点火	重沸点	℃	275	275	251	351	293	−24
	十六烷值	CFR	55	>70	55	54	>65	55~60
	浊点	℃	−23	−17	−60	−6	−14	—
燃烧	H/C	molar	1.70	2.19	2.17	1.87	2.10	3.00
	O/C	molar	0.00	0.00	0.00	0.10	0.00	0.50
	gCO₂/MJ		74.39	71.06	70.52	75.25	70.78	66.11
	当量空燃比	—	14.36	15.05	15.02	12.58	14.93	9.00
燃料箱(罐)系统	压力	bar	1	1	1	1	1	10~20
	着火点	℃	93	77	95	151	>55	<0

图5.279 柴油机燃料性能（资料来源：大众汽车股份公司）

			Super95	甲醇	乙醇	丁醇	天然气/生物气体	液化石油气(LPG)	乙基三丁基醚(BTBE)
含能	密度(15℃)	kg/L	0.75	0.79	0.79	0.81	0.01	0.54	0.75
	热值	MJ/kg	42.30	19.90	28.40	32.50	45.10	46.00	36.30
	能量密度	MJ/L	31.51	15.78	22.55	26.33	0.37	24.84	27.23
点火	RON		95	114	111	101	120~130	94~111	118
	MON		85	95	94	86	120~130	90~96	105
燃烧	H/C	molar	1.86	3.97	2.97	2.50	4.00	0.00	2.33
	O/C	molar	0.02	1.00	0.50	0.25	0.00	0.00	0.17
	gCO₂/MJ		73.28	69.05	67.35	73.17	60.83	65.63	71.19
	当量空燃比	—	14.19	6.45	8.97	11.19	17.24	11.52	12.18
燃料箱(罐)系统	压力	bar	1	1	1	1	250	10~20	1

图5.280 点燃式发动机燃料性能（资料来源：大众汽车股份公司）

第5章 动力装置

柴油代用燃料：生物柴油(RME)

技术说明	可使用性
RME:菜油甲酯 • 应用： 柴油中混合达7%体积百分数 • 原料： 植物油：菜油、豆油、葵花油 • 工艺： 与甲醇转化为酯 • 性能： 高沸点(~360℃)不能持久储存 • CO_2减少： 38%~58%* • 优点： 成熟的提炼技术，在市场上销售 • 缺点： 不能持久储存植物油的有限可使用性 *资料来源：EU委员会	原料： • 植物油可使用性受到很大限制：在欧洲只有10%的原料种植面积，生物柴油在2018年需要世界范围内的植物油的22% 提炼工艺： • 工艺简单，在欧洲已建成提炼工艺 • 提炼初级成本与植物油成本有关 应用： • 柴油中混合达7%体积百分数，与所有柴油机兼容 *资料来源：FAO 2009

柴油代用燃料：氢化植物油(HVO)

技术说明	可使用性
HVO:氢化植物油 • 应用： 柴油中混合达30%体积百分数 • 原料： 所有植物油和动物脂肪 • 工艺： 氢气氢化 • 性能： 与化石柴油相近，高十六烷值：约80 • CO_2减少： 26%~68%* • 优点： 极佳的燃料品质与所有柴油兼容 • 缺点： 需投资新设备，有限的植物油可使用性 *资料来源：EU委员会	原料： • 植物油可使用性受到限制，但好于生物柴油的情况：在欧洲只有10%的原料种植面积，HVO在2018年需要世界范围内的植物油的22% 提炼工艺： • 熟悉的、已掌握的技术 • 提炼成本约比生物柴油提炼成本贵0.02€/L 应用： • 柴油中混合达30%体积百分数，与所有柴油机兼容 *资料来源：FAO 2009

柴油代用燃料：由稻草、麦秆、木材等的合成柴油(BtL)

技术说明	可使用性
BtL:液化生物群 • 应用： 柴油混合达100%体积百分数 • 原料： 所有木材、干剩余材料 • 工艺： 费—托合成法 • 性能： 与化石柴油相似，高十六烷值：约80 • CO_2减少： 93%~95%* • 优点： 极佳的燃料品质与所有柴油兼容 • 缺点： 需要高投资提炼工艺尚未试验 *资料来源：EU委员会	原料： • 大量的基本原料，包括剩余材料 提炼工艺： • 还要较多的工艺试验费用 • 提炼成本约比生物柴油提炼成本高1倍(1,25€/L) 应用： • 与所有柴油机兼容 • 极佳的燃料品质

柴油代用燃料:二甲醚(DME)

技术说明	
• 应用:	柴油机用燃料 不能混合
• 原料:	所有木材、干剩余材料
• 工艺:	由天然气、生物群合成甲醇中间产品
• 性能:	气态,在约8bar压力时呈液态,高十六烷值:约80
• 体积热值:	45%柴油
• CO_2减少:	92%～95%*
• 优点:	燃烧无碳烟 柴油机用的精炼甲醇/天然气
• 缺点:	需要与液化石油气相似的基础设施

*资料来源:EU委员会

可使用性
原料: • 大量的基本原料
提炼工艺: • 提炼成本与提炼较好的BtL相近(约1€/L)
应用: • 需新的基础设施和新的汽车技术

汽油代用燃料:乙醇

技术说明	
• 应用:	点燃式发动机用燃料 汽油中混合可达10%体积百分数
• 原料:	糖、淀粉、(麦秆等)
• 工艺:	发酵
• 性能:	液态, ROZ/MOZ:129/103
• 体积热值:	66%汽油
• CO_2减少:	16%～71%(70%～85%)*
• 优点:	已建成提炼工艺较高的CO_2减少潜力,很低的生物燃料提炼成本
• 缺点:	与食品争夺,由稻草、麦秆等提炼的乙醇还要试验

*资料来源:EU委员会

可使用性
原料: • 大量的基本原料 • 在2018年,在美国和欧盟的E15需要世界范围的小麦、玉米和糖产品的11%
提炼工艺: • 在液态生物燃料时乙醇提炼成本最省 • 巴西的乙醇能与化石汽油竞争 • 世界范围进行生物燃料试验
应用: • 汽油中混合可达10%体积百分数(E10)可广泛用于点燃式发动机 • E85需要新的汽车技术

*资料来源:FAO 2009

汽油代用燃料:甲醇

技术说明	
• 应用:	点燃式发动机用燃料 汽油中混合可达3%体积百分数(EU)
• 原料:	中国:煤(可能为生物群)
• 工艺:	合成
• 性能:	液态, ROZ/MOZ:106/—
• 体积热值:	50%汽油
• CO_2减少:	由木材提炼:(91%～94%)*
• 优点:	建立化学提炼工艺 节省提炼成本
• 缺点:	毒性:接触、吸入 来自煤田的CO_2 低的能量密度

*资料来源:EU委员会

可使用性
原料: • 煤、天然气或生物群
提炼工艺: • 从煤提炼的成本:以热值为基础约为提炼汽油的50%(中国)
应用: • 汽油中混合达3%体积百分数,在欧洲兼容

汽油代用燃料：丁醇

技术说明	
• 应用：	点燃式发动机用燃料 汽油中混合可达15%体积百分数(EU)
• 原料：	糖、淀粉
• 工艺：	发酵： 已知的提炼工艺太贵
• 性能：	液态， ROZ/MOZ:94/80
• 体积热值：	85%汽油
• CO_2减少：	提炼工艺还未知
• 优点：	高能量密度 与汽油很好兼容
• 缺点：	新提炼工艺还要试验

*资料来源：EU委员会

可使用性
原料： • 原料状况像乙醇原料状况一样好
提炼工艺： • 新工艺的提炼成本还不明，已建成的提炼工艺(分离法)成本太高 • 到2020年在欧洲可使用性不大可能>1%
应用： • 汽油中混合可达15%体积百分数，在欧洲可兼容

汽油代用燃料：天然气

技术说明	
• 应用：	点燃式发动机用燃料
• 原料：	原料等于燃料
• 工艺：	压缩到200bar压力
• 性能：	气态(在200bar压力时) ROZ/MOZ:120-130/89-97
• 体积热值：	20%汽油(@200bar)
• CO_2减少：	10%～25% 按来源*
• 优点：	高的原料可使用性 可减少CO_2
• 缺点：	需新的基础设施 增加天然气罐系统费用

*资料来源：EUCAR-CONCAWE-JRC WtW-Studie

可使用性

原料：
• 可使用性
  极佳的原料可使用性
  短期和中期可主要替代原油
• 液化天然气(LPG)有利于物流和提高供给安全性

提炼工艺： • 提炼成本   合算的提炼成本，约20€cent/L$_{汽油}$
应用： • 需新的汽车技术和基础设施 • 原汽车技术可沿用 • 部分基础设施可沿用(天然气网)

汽油代用燃料：生物甲烷(生物沼气)

技术说明	
• 应用：	点燃式发动机用燃料 与天然气任意混合
• 原料：	湿生物群、剩余材料
• 工艺：	发酵、提纯 已知的提炼工艺合算的成本
• 性能：	气态 ROZ/MOZ:130/97
• 体积热值：	20%汽油(@200bar)
• CO_2减少：	79%～86%*
• 优点：	好的原料可使用性 较多的CO_2减少 可用剩余材料
• 缺点：	如天然气(基础设施、气罐系统)

*资料来源：EU委员会和自己的计算

可使用性
原料： • 大量的原料可使用性
提炼工艺： • 建立简单的生物处理工艺 • 合算的提炼成本，约60€cent/L$_{汽油}$ • 天然气网易于分散产量
应用： • 生物甲烷与天然气100%兼容 • 需要与天然气一样的汽车技术

*资料来源：EU委员会和自己的计算

汽油代用燃料：液化石油气(LPG)

技术说明	可使用性
LPG：液化石油气 • 应用： 点燃式发动机用燃料 　　　　不能混合 • 原料： 天然气组分和石油组分(约6%) • 工艺： 物理分离 • 性能： 气态，在5bar压力时为液态 　　　　从丙烷和丁烷中分离后混合 　　　　ROZ/MOZ:103-111/89-97 • 性能： 78%汽油(@8bar) • CO_2减少： 10%~13%* • 优点： 液化石油气站基础设施好于天然气站 　　　　基础设施 • 缺点： 有限的原料可使用性 　　　　生原体路径不明 　　*资料来源：EUCAR-CONCAWE-JRC WtW-Studie	原料： • 可使用性限制在6%的石油和天然气 • 生物组分不明 提炼工艺： • 提炼成本与提炼汽油成本相当 应用： • 需要比天然气更好的新的汽车技术和基础设施

化石电能代用：可再生电能

技术说明	可使用性
• 应用： 电动汽车能量载体 　　　　可转换成氧气 • 原料： 风能、太阳能、水能 • 工艺： 机械、光电 • 性能： 1kW·h=0.1L柴油 • CO_2减少： >90%* • 优点： 极佳的原料可使用性 　　　　替代潜力很大 　　　　CO_2减少很多 　　　　生产成本低(风能) • 缺点： 储存 　　　　　　　　*资料来源：EU委员会	原料： • 没有原料限制 生产工艺： • 现成的生产技术 • 使用风能的生产成本具有竞争优势(2020)* 应用： • 需新的汽车技术 • 不充足的、较贵的储存技术 • 车辆机动性性能限制(行驶里程、充电时间) • 限于短距离的行驶机动性 　　　　　　　　*资料来源：EU委员会

化石电能代用：氢气

技术说明	可使用性
• 应用： 燃料电池和点燃式发动机燃料 • 原料： 电能、天然气、煤、生物群 • 工艺： 电解或重整 • 性能： 气态，在-253℃以下为液态，易着火 • 体积热值： 15%汽油(@700bar) • CO_2减少： >90%来自可再生电能 • 优点： 具有CO_2减少的很大潜力 　　　　充氢气时间和行驶里程与电动汽车充 　　　　电相当 　　　　原料的大量可使用性(电能) • 缺点： 新的基础设施和汽车技术	原料： • 没有原料限制 生产工艺： • 由天然气生产的生产成本：约2.2€/100km*， 　由风能生产的生产成本：约4€/100km 应用： • 需要同样新的汽车技术和基础设施 • 高的汽车和基础设施成本 　　　　　　　*假设氢气消耗量为1kg/100km

参 考 文 献

5.1.1 ~ 5.1.4 段参考文献

1. Baehr, H.D.: Thermodynamik, 11. Aufl. Springer, Berlin, Heidelberg (2002)
2. Baehr, H.D., Stephan, K.: Wärme- und Stoffübertragung, 3. Aufl. Springer, Berlin, Heidelberg (1998)
3. Pischinger, R., Klell, M., Sams, T.: Thermodynamik der Verbrennungskraftmaschine, 3. Aufl. Der Fahrzeugantrieb. Springer, Wien, New York (2002)
4. Warnatz, J., Maas, U., Dibble, R.W.: Verbrennung (Physikalisch-Chemische Grundlagen, Modellierung und Simulation, Experimente, Schadstoffentstehung), 3. Aufl. Springer, Berlin, Heidelberg (2001)
5. Maass, H., Klier, H.: Kräfte, Momente und deren Ausgleich in der Verbrennungskraftmaschine. In: List, H., Pischinger, A. (Hrsg.) Die Verbrennungskraftmaschine Neue Folge. Bd. 2. Springer, Wien (1981)
6. Zima, S.: Kurbeltriebe (Konstruktion, Berechnung und Erprobung), 2. Aufl. ATZ-MTZ-Fachbuch. Vieweg, Braunschweig, Wiesbaden (1999)
7. Robert Bosch GmbH: Kraftfahrtechnisches Taschenbuch, 27. Aufl. Vieweg+Teubner, Wiesbaden (2011)
8. van Basshuysen, R., Schäfer, F.: (Hrsg.) Handbuch Verbrennungsmotor. Vieweg+Teubner, Wiesbaden (2010)
9. Wakayama, N.: Entwicklung des Premacy Hydrogen RE Hybrid. 31. Int. Wiener Motorensymposium. VDI Forschrittsbericht, Bd. 716. (2010)
10. Köhler, E., Flierl, R.: Verbrennungsmotoren. Vieweg+Teubner, Wiesbaden (2009)
11. Pischinger, S.: Schneller zum Markt durch virtuelle Motorenentwicklung. ATZ/MTZ Int. Congress Virtual Product Creation, Stuttgart, 2004
12. Landerl, C., Klauer, N., Klüting, M.: Die Konzeptmerkmale des neuen BMW Reihensechszylinder Ottomotors. 13. Aachener Kolloquium Fahrzeug- und Motorentechnik, 2004
13. Thomas: Analyse des Betriebsverhaltens von Kurbelwellengleitlagern mittels TEHD-Berechnung. Dissertation, RWTH Aachen (2003)
14. Dohmen: Untersuchungen zum reibungsoptimierten Triebwerk an Pkw-Verbrennungsmotoren. Dissertation, RWTH Aachen (2003)
15. Röhrle, M.D.: Kolben für Verbrennungsmotoren (Grundlagen der Kolbentechnik), 2. Aufl. Die Bibliothek der Technik, Bd. 98. Verlag moderne Industrie (2001)
16. Cierocki, Ermert: Topografischer Stopper für Zylinderkopfdichtungen. MTZ Motortechnische Zeitschrift **64**(1) (2003)
17. Schneider, Schnurrenberger, Ludwig, Unseld, Weiß: Funktionserweiterung von Zylinderkopfdichtungen – Weiterentwicklungen beim Wellenstopper. MTZ Motortechnische Zeitschrift **64**(10) (2003)
18. Schmidt, Flierl, Hofmann, Liebl, Otto: Die neuen BMW-6-Zylindermotoren. 19. Internationales Wiener Motorensymposium, 1998
19. Wurms, R., Dengler, S., Budack, R., Mendl, G., Dicke, R., Eiser, A.: Audi valvelift system – ein neues innovatives Ventiltriebssystem von Audi. 15. Aachener Kolloquium Fahrzeug- und Motorentechnik, 2006
20. Flierl, Klüting, Unger, Poggel: Drosselfreie Laststeuerung mit vollvariablen Ventiltriebskonzepten. 4. Symposium Entwicklungstendenzen bei Ottomotoren, Technische Akademie Esslingen, 1998
21. Kreuter, Heuser, Reinicke-Murmann: The meta VVH system – A continuously variable valve timing system. SAE 980765
22. Hannibal, Bertsch: VAST: A new variable valve timing system for vehicle engines. SAE 980769
23. Salber: Untersuchungen zur Verbesserung des Kaltstart- und Warmlaufverhaltens von Ottomotoren mit variabler Ventilsteuerung. Dissertation, RWTH Aachen (1998)
24. Möller, U.J., Nassar, J.: Schmierstoffe im Betrieb, 2. Aufl. Springer, Berlin, Heidelberg (2002)
25. Kessler, F., Sonntag, E., Schopp, J., Simionesco, L., Keribin, P., Bordes, F.: Die neue kleine 4-Zylinder Motorenfamilie der BMW/PSA Kooperation. 15. Aachener Kolloquium Fahrzeug- und Motorentechnik, 2006
26. Wurms, R., Budack, R., Böhme, J., Dornhöfer, R., Eiser, A., Hatz, W.: Der neue 2.0L TFSI mit Audi Valvelift System für den Audi A4 – die nächste Generation der Audi Turbo FSI Technologie. 17. Aachener Kolloquium Fahrzeug- und Motorentechnik, 2008
27. Bernard, L., Ferrari, A., Rinolfi, R., Vafidis, C.: Fuel economy improvement potential of UNIAIR throttleless technology. ATA Paper **02A5012**
28. Harada, J., Yamada, T., Watanabe, K.: Die neuen 4-Zylindermotoren mit VALVEMATIC System. 29. Int. Wiener Motorensymposium. VDI Fortschrittsbericht, Bd. 672 (2008)

5.1.5 段参考文献

29. Goldbeck, G.: Kraft für die Welt, 1864–1964 Klöckner-Humboldt-Deutz AG. Econ, Düsseldorf, Wien (1964)
30. Pischinger, Hagen, Salber, Esch: Möglichkeiten der ottomotorischen Prozessführung bei Verwendung des elektromechanischen Ventiltriebs. 7. Aachener Kolloquium Fahrzeug- und Motorentechnik, 1998
31. Salber: Untersuchungen zur Verbesserung des Kaltstart- und Warmlaufverhaltens von Ottomotoren mit variabler Ventilsteuerung. Dissertation, RWTH Aachen (1998)
32. Gerhardt, Kassner, Kulzer, Sieber: Der Ottomotor mit Direkteinspritzung und Direktstart – Möglichkeiten und Grenzen. 24. Internationales Wiener Motorensymposium, 2003
33. Tsuji, N., Sugiyama, M., Abe, S.: Der neue 3.5L V6 Benzinmotor mit dem innovativen stöchiometrischen Direkteinspritzsystem D-4S. 27. Internationales Wiener Motorensymposium, 2006
34. Laubender, J., Kassner, U., Hartmann, S., Heyers, K., Benninger, K., Gerhardt, J.: Vom Direktstart zum marktattraktiven Start-Stopp-System. 14. Aachener Kolloquium Fahrzeug- und Motorentechnik, 2005
35. Kneer, Befrui, Weiten, Adomeit, Geiger, Ballauf, Vogt: Strahlgeführtes BDE Brennverfahren mit naher Anordnung von Einspritzdüse und Zündkerze: Anwendbarkeit einer nach außen öffnenden Hochdruck-Einspritzdüse. 11. Aachener Kolloquium Fahrzeug- und Motorentechnik,

2002

36. Lückert, P., Waltner, A., Rau, E., Vent, G., Schaupp, U.: Der neue V6-Ottomotor mit Direkteinspritzung von Mercedes-Benz. MTZ Motortechnische Zeitschrift **67**(11) (2006)
37. Kume, Iwamoto, Iida, Murakami, Akishino, Ando: Combustion control technologies for direct injection SI engine. SAE 960600
38. Hohenberg: Vergleich zwischen Direkteinspritzung und Saugrohreinspritzung am Mitsubishi GDI. 19. Internationales Wiener Motorensymposium, 1998
39. Sawada, Tomoda, Sasaki, Saito: A study of stratified mixture formation of direct injection SI engine. 18. Internationales Wiener Motorensymposium, 1997
40. Heil, Enderle, Karl, Lautenschütz, Mürwald: Der neue aufgeladene Mercedes-Benz 4-Zylinder-Ottomotor M 271 mit Direkteinspritzung. 23. Internationales Wiener Motorensymposium, 2002
41. Wolters, Grigo, Walzer: Betriebsverhalten eines direkteinspritzenden Ottomotors mit luftgeführter Gemischbildung. 6. Aachener Kolloquium Fahrzeug- und Motorentechnik, 1997
42. Adomeit, P., Pischinger, S., Graf, M., Aymanns, R.: Zyklische Schwankungen beim direkteinspritzenden Ottomotor. 7. Int. Symp. Verbrennungsdiagnostik, Baden-Baden, 18./19. Mai 2006
43. Krebs, Spiegel, Stiebels: Ottomotoren mit Direkteinspritzung von Volkswagen. 8. Aachener Kolloquium Fahrzeug- und Motorentechnik, 1999
44. Krebber-Hortmann, K.: Untersuchung eines strahlgeführten ottomotorischen Brennverfahrens in Kombination mit einem vollvariablen Ventiltrieb. Dissertation, RWTH Aachen (2009)
45. Adolf, Houben, Mergenthaler, Tridico, Wunderlich: Stabzündmodul für den V8-Motor von Porsche. MTZ Motortechnische Zeitschrift **65**(6) (2004)
46. Firmenschriften AUDI, BERU, DaimlerChrysler, EMITEC, Kolbenschmidt KS, MAHLE, SIEMENS, VOLKSWAGEN
47. Gross, Kubach, Spicher, Schiessl, Maas: Laserzündung und Verbrennung im Ottomotor mit Direkteinspritzung. MTZ – Motortechnische Zeitschrift **71**(08) (2010)
48. Welter, A., Unger, H., Hoyer, T., Brüner, T., Kiefer, W.: Der neue aufgeladene BMW Reihensechszylinder Ottomotor. 15. Aachener Kolloquium Fahrzeug- und Motorentechnik, 2006
49. Kerkau, M., Knirsch, S., Neußer, H.-J.: Der neue Sechszylinder-Biturbo-Motor mit Variabler Turbinengeometrie für den Porsche 911 turbo. 27. Internationales Wiener Motorensymposium, 2006
50. Middendorf, H., Krebs, R., Szengel, R., Pott, E., Fleiß, M., Hagelstein, D.: Der weltweit erste doppeltaufgeladene Otto-Direkt-Einspritzmotor von Volkswagen. Aachener Kolloquium Fahrzeug- und Motorentechnik, 2005
51. Schwaderlapp, Pischinger, Yapici, Habermann, Bollig: Variable Verdichtung – eine konstruktive Lösung für Downsizing-Konzepte. 10. Aachener Kolloquium Fahrzeug- und Motorentechnik, 2001
52. Weinowski, R., Wittek, K., Haake, B., Dieterich, C., Seibel, J., Schwaderlapp, M.: CO_2-potential of a two-stage VCR system in combination with future gasoline powertrains. 33. Wiener Motorensymposium, Wien, 2012
53. Indra, F.: Zylinderabschaltung für alle Hubkolbenmotoren. Motorentechnische Zeitschrift MTZ **72**(10) (2011)
54. Heywood: Internal Combustion Engine Fundamentals. McGraw-Hill (1988)
55. Dahle, Brandt, Velji, Hochmuth, Deeba: Abgasnachbehandlung bei magerbetriebenen Ottomotoren – Stand der Entwicklung. 4. Symposium Entwicklungstendenzen bei Ottomotoren, Technische Akademie Esslingen, 1998
56. Strehlau, Höhne, Göbel, v. d. Tillaart, Müller, Lox: Neue Entwicklungen in der katalytischen Abgasnachbehandlung von Magermotoren. AVL-Tagung Motor und Umwelt 1997
57. Krebs, Stiebels, Pott: Das Emissionskonzept des Volkswagen Lupo FSI. 9. Aachener Kolloquium Fahrzeug- und Motorentechnik, 2000
58. Enderle, Heil, Schön, Ried: Das Abgasssystem des neuen Mercedes-Benz CLK 200 CGI mit mechanisch aufgeladenem Motor M 271 mit Benzindirekteinspritzung. 11. Aachener Kolloquium Fahrzeug- und Motorentechnik, 2002
59. Quissek, König, Abthoff, Dorsch, Krömer, Sebbeße, Stanski: Einfluss des Schwefelgehaltes im Kraftstoff auf das Abgasemissionsverhalten von Pkw. 19. Internationales Wiener Motorensymposium, 1998
60. Lüders, Backes, Hüthwohl, Ketcher, Horrocks, Hurley, Hammerle: An urea lean NO_x catalyst system for light duty diesel vehicles. SAE 952493
61. Isermann, Müller: Modeling and adaptive control of combustion engines with fast neurol networks. European Symposium on Intelligent Technologies, Hybrid Systems and their Implementation on Smart Adaptive Systems, Tenerife, Spain, 13.–15. Dezember 2001
62. Isermann, Hartmanshenn, Schwarte, Kimmich: Fehlerdiagnosemethoden für Diesel- und Ottomotoren. 12. Aachener Kolloquium Fahrzeug- und Motorentechnik, 2003
63. Schürz, Ellmer: Anforderungen an das Motormanagement bei Anwendung von NO_x-Speicherkatalysatoren. 7. Aachener Kolloquium Fahrzeug- und Motorentechnik, 1998
64. Moser, Küsell, Mentgen: Bosch Motronic MED7 – Motorsteuerung für Benzin-Direkteinspritzung. 19. Internationales Wiener Motorensymposium, 1998
65. Hagen: Einfluss variabler Ventilsteuerzeiten auf das transiente Betriebsverhalten eines Ottomotors mit Abgasturboaufladung. Dissertation, RWTH Aachen (2003)
66. Urlaub: Verbrennungsmotoren, Grundlagen, Verfahrenstheorie, Konstruktion, 2. Aufl. Springer, Berlin, Heidelberg (1995)
67. Moser, Mentgen, Rembold, Preussner, Kampmann: Benzin-Direkteinspritzung, eine Herausforderung für künftige Motorsteuerungssysteme. MTZ **58**(9/10) (1997)
68. Wurms, R., Kuhn, M., Zeilbeck, A., Adam, S., Krebs, R., Hatz, W.: Die Audi Turbo FSI Technologie. 13. Aachener Kolloquium Fahrzeug- und Motorentechnik, 2004
69. Hirsch, N., Gallatz, A.: Neuartiges Raumzündverfahren mittels Mikrowellenstrahlung. MTZ – Motortechnische Zeitschrift **70**(03) (2009)
70. Pischinger, S., Stapf, K.G., Seebach, D., Bücker, C., Ewald, J., Adomeit, P.: Controlled Auto-Ignition: Kontrolle der Verbrennungsrate durch gezielte Schichtung. Proceedings 29th Int. Vienna Motor Symposium. VDI Fortschrittsbericht. Bd. 672 (2008)
71. Königstedt, Eiser, Fitzen, Hatz, Heiduk, Hermann, Müller,

Reeker, Worret: V10 BiTurbo und V10 HDZ – Das neue High Performance Duo von Audi. 17. Aachener Kolloquium Fahrzeug- und Motorentechnik, 2008
72. Mastrangelo, G., Micelli, D., Sacco, D.: Extremes Downsizing durch den Zweizylinderottomotor von FIAT. MTZ Motorentechnische Zeitschrift **72**(02) (2011)
73. Adomeit, P., Sehr, A., Glück, S., Wedowski, S.: Zweistufige Turboaufladung – Konzept für hochaufgeladene Ottomotoren. MTZ Motorentechnische Zeitschrift **71**(05) (2010)

5.2节参考文献

74. Arcoumanis, C., Schindler, K. P.: Mixture formation and combustion in the DI diesel engine. SAE 972681 (1997)
75. Blessing, M.: Untersuchung und Charakterisierung von Zerstäubung, Strahlausbreitung und Gemischbildung aktueller Dieseleinspritzsysteme. Dissertation, Universität Stuttgart (2004)
76. Pischinger, F., et al.: Grundlagen und Entwicklungslinien der dieselmotorischen Brennverfahren. VDI Berichte, Bd. 714 (1988)
77. Pflaum, S., et al.: Wege zur Rußbildungshypothese. 31. Internationales Wiener Motorensymposium, Wien, 29./30. April 2010
78. Predelli, O., et al.: Kontinuierliche Einspritzverlaufsformung in Pkw-Dieselmotoren – Potentiale, Grenzen und Realisierungschancen. 31. Wiener Motorensymposium, Wien, 29./30. April 2010
79. Robert Bosch GmbH: Kraftfahrtechnisches Taschenbuch, 27. Aufl. Vieweg+Teubner, Wiesbaden (2011)
80. van Basshuysen, R., Schäfer, F.: Handbuch Verbrennungsmotor, 4. Aufl. Vieweg, Wiesbaden (2007)
81. Schnell, M., et al.: Neue Magnetventiltechnik für Common Rail Systeme von Bosch für Pkw und leichte Nutzfahrzeuge. 18. Aachener Kolloquium Fahrzeug- und Motorentechnik, 5./7. Oktober 2009, Bd. 1, S. 249
82. Schöppe, D., et al.: Delphi's new direct acting common rail injection system. 30. Internationales Wiener Motorensymposium, Wien, 7./8. Mai 2009
83. Meyer, S., et al.: Ein flexibles Piezo-Common-Rail-System. MTZ **2** (2002)
84. Engeler, W., et al.: MTZ **58**(11), 670–675 (1997)
85. Heeb-Keller, A.: Neue Aufladekonzepte – alte Aufladekonzepte im Vergleich. 15. Aufladetechnische Konferenz, Dresden, 23./24. September 2010
86. Bechmann, O., et al.: Partikelemission und -messung aus Sicht des Anwenders: heute und morgen. Wiener Motorensymposium, Wien, 2002
87. ACEA Programmes on the emissions of fine particles from passenger cars. ACEA Report, Brüssel (1999/2002)
88. Mohr, M.: Comparison study of PMP instrument candidates at EMPA. ETH Conference on Nanoparticle Measurement, Zürich, 2002
89. Schindler, K.-P., et al.: Wege zur weiteren Reduzierung der Dieselmotoremissionen und deren Messung. VDA Technischer Kongress, Bd. 2, S. 21 (2003)
90. Industry comments on proposed particulate measurement techniques. OICA contribution to PMP, Informal document Nr. 7, 45th GRPE, 2003
91. Sasaki, S., et al.: Neues Verbrennungsverfahren für ein »Clean-Diesel-System« mit DPNR. MTZ **11** (2002)
92. Hilzendeger, J., et al.: Anforderungsprofil an zukünftige Schmierstoffe für PKW-Dieselmotoren mit aktiver Abgasbehandlung. VDI-Berichte, Bd. 1808 (2003)
93. Chigapov, et al.: NO_x aftertreatment catalyst development for future emission standards. 5th Emission Control Conference, Dresden, 10./11. Juni 2010
94. Schütte, T., et al.: Erfahrungen mit AdBlue-Aufbereitung und daraus abgeleitete Anforderungen an zukünftige Systeme. 8. FAD-Konferenz, Dresden, 3./4. November 2010
95. ACEA: World-wide Fuel Charter. Brüssel (1996). http://www.acea.be
96. Quissek, et al.: Wiener Motorensymposium, 1998
97. Steiger, W., Warnecke, W., Louis, J.: Potenziale des Zusammenwirkens von modernen und künftigen Antriebskonzepten. ATZ **2** (2003)
98. Steiger, W.: Die Volkswagen-Strategie zum hocheffizienten Auto. 22. Wiener Motorensymposium, Wien, 26./27. April 2001
99. Ohata, A.: Strategic innovation for engine control system development. 31. Internationales Wiener Motorensymposium, Wien, 29./30. April 2010
100. Clever, S., Isermann, R.: Modellgestützte Fehlerdiagnose für Pkw-Dieselmotoren. 18. Aachener Kolloquim Fahrzeug- und Motorentechnik, Bd. 1, S. 281, Aachen, 5./7. Oktober 2009
101. Duesterdiek, T., et al.: Strategien zur CO_2- und Emissionsoptimierung von Diesel-Abgasnachbehandlungssystemen. 5th Emission Control Conference, Dresden, 10./11. Juni 2010
102. Dorenkamp, R.: 10 Jahre Dieselmotorenentwicklung. 8. FAD-Konferenz, Dresden, 3./4. November 2010
103. MIT: Comparative Assessment of Fuel Cell Cars. Massachusetts Institute of Technology, Cambridge, MA (2003)
104. Dick, M.: Der 3-l-Lupo – Technologien für den minimalen Verbrauch. VDI-Bericht, Bd. 1505. Düsseldorf (1999)

5.2节一般文献

105. Mollenhauer, K.: Handbuch Dieselmotoren. Springer, Berlin, Heidelberg, New York (1997)
106. von Fersen, O.: Ein Jahrhundert Automobiltechnik. VDI-Verlag, Düsseldorf (1986)
107. Pölzl, H.-W., et al.: Die evolutionäre Weiterentwicklung des Automobils. Der neue V8 TDI-Motor mit Common Rail. Eurotax International AG (11) (1989)
108. Hack, G.: Der schnelle Diesel. Motorbuchverlag, Stuttgart (1985)
109. Bauder, R.: Die Zukunft der Dieselmotoren-Technologie, X–XVII. MTZ **59**(7/8) (1998)
110. Basshuysen, G., et al.: Zukunftsperspektiven des Verbrennungsmotors. MTZ (60 Jahre Sonderheft) (1999)
111. van Basshuysen, R., Schäfer, F.: Handbuch Verbrennungsmotoren. Teubner, Wiesbaden (2010)
112. MTZ Sonderheft: 25 Jahre Dieselmotoren von Volkswagen. Vieweg, Wiesbaden (Mai 2001)
113. Steinparzer, F., et al.: Die Dieselantriebe der neuen BMW 7er Reihe. MTZ **10** (2002)
114. Brüggemann, H., et al.: Dieselmotoren für die neue E-Klasse. MTZ **4** (2002)
115. Hadler, I., et al.: Der weltweit stärkste Seriendieselmotor für einen PKW. ATZ/MTZ Sonderheft. Vieweg, Wiesbaden

(2002)

116. VDI: Innovative Fahrzeugantriebe. Tagungsband, Dresden. VDI-Berichte, Bd. 1565. Düsseldorf (2000)
117. VDI: Innovative Fahrzeugantriebe. Tagungsband, Dresden. VDI-Berichte, Bd. 1704. Düsseldorf (2002)
118. VDI: Innovative Fahrzeugantriebe. Tagungsband, Dresden. VDI-Berichte, Bd. 1852. Düsseldorf (2004)
119. Borgmann, K.: Evolution oder Revolution – der PKW-Antrieb der Zukunft. VDI-Berichte, Bd. 1852.
120. Hadler, J.: Der Dieselmotor im Spannungsfeld zwischen Fahrspaß, Verbrauch, Emissionen und Kosten. TZ/MTZ-Tagungsband. Vieweg, Wiesbaden (2005)
121. Der Antrieb von morgen. ATZ/MTZ-Tagungsband, Ingolstadt, 17./18. Februar 2005. Vieweg, Wiesbaden (2005)
122. Dorenkamp, R., Garbe, T.: Einsatz moderner Motorentechnik im Zielkonflikt mit landesspezifischen Rahmenbedingungen. 4. FAD-Konferenz »Herausforderung – Abgasnachbehandlung für Dieselmotoren«, Dresden, 8./9. 11. 2006
123. Hadler, J.: Die neue 5-Zylinder-Dieselmotoren-Generation für leichte Nutzfahrzeuge. 27. Internationales Wiener Motorensymposium, Wien, 27./28. April 2006
124. 30. Internationales Wiener Motorensymposium, 7.–8. Mai 2009. Fortschritt-Berichte VDI. VDI Verlag, Düsseldorf (2009)
125. 31. Internationales Wiener Motorensymposium, 29./30. April 2010. Fortschritt-Berichte VDI. VDI Verlag, Düsseldorf (2010)
126. 19. Aachener Kolloquium Fahrzeug- und Motorentechnik, 4.-6. Oktober 2010, www.aachen-colloquium.com

5.3 节参考文献

127. Baines: Fundamentals of Turbocharging, Concepts NREC
128. Golloch: Downsizing bei Verbrennungsmotoren. Springer
129. Schweizer, B., Sievert, M.: Nonlinear oscillations of automotive turbocharger turbines. J. Sound Vibration **321**, 955–975 (2009)
130. Schicker, J., Sievert, R., Fedelich, B., Noak, H.-D., Kazak, F., Matzak, K., Kühn, H.-J., Klingelhöfer, H., Skrotzki, B.: TMF Lebensdauerberechnung ATL-Heißteile. Abschlussbericht über Vorhaben Nr. R 542, Forschungsvereinigung Verbrennungskraftmaschinen, Bd. 902. Frankfurt am Main (2010)
131. Kaufmann, M., et al.: The new cornerstones of the BMW diesel engine portfolio. 21st Aachen Colloquium Automobile and Engine Technology, Aachen, 2012
132. Eißler, W.: Optimierung des Abgasturboladers für den 6-Zylinder Diesel von Mercedes-Benz. Aufladetechnische Konferenz, Dresden, 2011
133. Lei, V.-M. et al.: Dual boost compressor development. IMechE Turbocharging Conference, London, 2012

5.4 节参考文献

134. Förster, H.-J.: Automatische Fahrzeuggetriebe. Springer, Berlin, Heidelberg, New York (1990)
135. Förster, H.-J.: Die Kraftübertragung im Fahrzeug vom Motor bis zu den Rädern, Handgeschaltete Getriebe. Verlag TÜV Rheinland, Köln (1987)
136. Neunheimer, H., Bertsche, B., Lechner, G., Naunheimer, H.: Fahrzeuggetriebe-Grundlagen, Auswahl, Auslegung und Konstruktion. Springer, Berlin, Heidelberg, New York (2007)
137. Pierburg, B., Amborn, P.: Gleichlaufgelenke für Personenkraftfahrzeuge. Verlag Moderne Industrie, Landsberg/Lech (1998)
138. Schmidt, G.: Schwingungen in Pkw-Antriebssträngen. VDI-Berichte, Bd. 1220. VDI-Verlag, Düsseldorf (1995)
139. Hafner, K.E., Maass, H.: Die Verbrennungskraftmaschine. Bd. 1 bis 4. Springer, Berlin, Heidelberg, New York (1981/1984)
140. Duditza, F.: Kardangelenkgetriebe und ihre Anwendungen. VDI-Verlag, Düsseldorf (1973)
141. Herbst, G.: Marktchancen von Doppelkupplungstechnologien. ATZ **106**, 106–116 (2004)
142. Drexl, H.-J.: Kraftfahrzeugkupplungen. Verlag Moderne Industrie, Landsberg/Lech (1997)
143. Förster, B., Lindner, J., Steinel, K., Stürmer, W.: Kupplungssysteme für schwere Nutzfahrzeuge. ATZ **106**, 878–887 (2004)
144. Trepte, S.: Verschleißvorausberechnungen und Lebensdauerprognose für Reibwerkstoffe. VDI-Berichte, Bd. 1786. VDI-Verlag, Düsseldorf (2003)
145. Ersoy, M.: Entwicklungstendenzen für Getriebe-Außenschaltungen. VDI-Berichte, Bd. 1393, S. 273–286. VDI-Verlag, Düsseldorf (1998)
146. Eberspächer, R., Göddel, T., Wefers, C.: Das Schaltgetriebe und Schaltungskonzept der Mercedes-Benz A-Klasse. VDI-Berichte, Bd. 1393, S. 491–511. VDI-Verlag, Düsseldorf (1998)
147. Mertinkat, R., Krieg, W.-E.: Die neuen 6-Gang-Handschaltgetriebe von ZF. VDI-Berichte, Bd. 1610. VDI-Verlag, Düsseldorf (2001)
148. Ottenbruch, P., Leimbach, L.: Die zukunftsweisende Automatisierung des Konventionellen Antriebsstranges. VDI-Berichte, Bd. 1323. VDI-Verlag, Düsseldorf (1997)
149. Looman, J.: Zahnradgetriebe, 2. Aufl. Springer, Berlin, Heidelberg, New York (1988)
150. Dach, H., Gruhle, W.-D., Köpf, P.: Pkw-Automatgetriebe, 2. Aufl. Verlag Moderne Industrie, Landsberg/Lech (2001)
151. Göddel, T., Hillenbrand, H., Hopff, C., Jud, M.: Das neue Fünfgang-Automatikgetriebe W5A. Sonderausgabe ATZ und MTZ: Mercedes A-Klasse **180**, 96–101 (1997)
152. Flegl, H., Wüst, R., Stelter, N., Szodfridt, I.: Das Porsche-Doppelkupplungs-(PDK-)Getriebe. ATZ **89**(9), 439–452 (1987)
153. Schreiber, W., Rudolph, F., Becker, V.: Das neue Doppelkupplungsgetriebe von Volkswagen. ATZ **105**(11), 1022–1039 (2003)
154. Wagner, G.: Gestaltung und Optimierung von Bauteilen für automatische Fahrzeuggetriebe. Konstruktion **49**(6), 31–35 (1997)
155. Wagner, G., Lepelletier, P.: Das Lepelletier 6-Gang-Planetengetriebesystem. VDI-Berichte, Bd. 1704, S. 329–348. VDI-Verlag, Düsseldorf (2002)
156. Rösch, R., Wagner, G.: Elektrohydraulische Steuerung und äußere Schaltung des automatischen Getriebes W5A330/580 von Mercedes-Benz. ATZ **97**(10), 698–706 (1995)

157. Maier, U., Petersmann, J., Seidel, W., Stronwasser, A., Wehr, T.: Porsche Tiptronic. ATZ **92**(6), 308–319 (1990)
158. Rösch, R., Wagner, G.: Die elektronische Steuerung des automatischen Getriebes W5A330/580 von Mercedes-Benz. ATZ **97**(11), 736–748 (1995)
159. Tinschert, F., Wagner, G., Wüst, R.: Arbeitsweise und Beeinflussungsmöglichkeiten von Schaltprogrammen automatischer Fahrzeuggetriebe. VDI-Berichte, Bd. 1175, S. 185–203. VDI-Verlag, Düsseldorf (1995)
160. Katou, N., Taniguchi, T., Tsukamoto, K., Hayabuchi, M., Nishida, M., Katou, A.: AISIN AW New Six-Speed Automatic Transmission for FWD Vehicles. SAE-Paper 2004-01-0651
161. Wagner, G., Bucksch, M., Scherer, H.: Das automatische Getriebe 6 HP 26 von ZF – Getriebesystem, konstruktiver Aufbau und mechanische Bauteile. VDI-Berichte, Bd. 1610, S. 631–654. VDI-Verlag, Düsseldorf (2001)
162. Greiner, J., Indlekofer, G., Nauerz, H., Dorfschmid, J., Gödecke, T., Dörr, C.: Siebengang-Automatikgetriebe von Mercedes-Benz. ATZ **105**(10), 920–930 (2003)
163. Förster, H.-J.: Stufenlose Fahrzeuggetriebe. Verlag TÜV Rheinland, Köln (1996)
164. Gott, P.G.: Changing Gears, The Development of the Automotive Transmission. SAE historial series 90-21369, Warrendale (1991)
165. Boos, M., Krieg, W.-E.: Stufenloses Automatikgetriebe Ecotronic von ZF. ATZ **96**(6), 378–384 (1994)
166. Nowatschin, K., Fleischmann, H.P., Gleich, T., Franzen, P., Hommes, G., Faust, H., Friedmann, O. Wild, H.: Multitronic – das neue Automatikgetriebe von Audi. ATZ **102**(7/8), 548–553 (2000)
167. Wagner, G., Remmlinger, U., Fischer, M.: Das stufenlose Getriebe CFT30 von ZF – Ein CVT mit Kettenvariator für 6-Zylinder-Motoren für Front-Quer-Antrieb. VDI-Berichte, Bd. 1827, S. 461–478. VDI-Verlag, Düsseldorf (2004)
168. Hall, W., Pour, R., Mathiak, D., Gueter, C.: Das stufenlose Automatikgetriebe für den neuen Mini. ATZ **104**(5), 458–463 (2002)
169. Pieper, D.: Automatic Transmission – An American Perspective. VDI-Berichte, Bd. 1175, S. 25–39. VDI-Verlag, Düsseldorf (1995)
170. Neuffer, K.: Elektronische Getriebesteuerung von Bosch. ATZ **94**(9), 442–449 (1992)
171. Fuchs, R. D. et al.: Full Torodial IVT Variator Dynamics SAE 2002-01-0586
172. Förster, B., Steinel, K.: ConAct – Kupplungsbetätigungssystem für Nutzfahrzeuge mit automatisierten Schaltgetrieben. ATZ **109**(02) (2007)
173. Wagner, G., Naunheimer, H., Scherer, H., Dick, A.: Neue Automatgetriebegeneration der ZF. 28. Internationales Wiener Motorensymposium, 26./27. April 2007
174. Kimmig, K., Wagner, U., Berger, R., Bührle, P., Zink, S.: Kupplungssysteme für hocheffiziente Doppelkupplungsgetriebe. VDI-Berichte, Bd. 2029. VDI-Verlag, Düsseldorf (2008)
175. Resch, R., Müller, J., Leesch, M.: Neue strukturoptimierte Getriebesysteme für zukünftige Nutzfahrzeuge. VDI-Berichte, Bd. 2071. VDI-Verlag, Düsseldorf (2009)
176. Gutmann, P., Gehring, A.: 8HP70H – the mild-hybrid transmission from ZF. VDI-Berichte, Bd. 2081. VDI-Verlag, Düsseldorf

5.5.1 段参考文献

177. Stockmar, J.: Das große Buch der Allradtechnik. Motor-Buch Verlag, Stuttgart (2004)
178. Grazer Allradkongress (Veranstalter Magna Steyr): Tagungsbände 2000 bis 2009
179. Mohan S., Sharma A.: Torque Vectoring Axle and Four Wheel Steering: A Simulation Study of Two Yaw Moment Generation Mechanisms. SAE 2006-01-0819
180. Shibahata Y., Tomari T.: Direct Yaw Control Torque Vectoring Auto Technology, Bd. 6. (Juni 2006)
181. Double Differential Unit with Torque Sensing Locking Device. SAE paper No. 2005-26-067
182. Sacchettini P.: TORSEN center differential. Grazer Allradkongress, Graz, 2006

5.5.2 段参考文献

183. Schöpf, H.-J.: Mercedes-Benz Fahrdynamik-Konzept. ASR, ASD und 4MATIC. Autec 1986
184. Sagan, E., Stickel, T.: Der neue BMW 525iX-Permanentallradantrieb mit elektronisch geregelten Sperrdifferentialen. ATZ **94**(4) (1992)
185. Müller, A., Heißing, B.: Das Fahrwerk des Audi A4. 5. Aachener Kolloquium Fahrzeug- und Motorentechnik, Aachen, Oktober 1995
186. Leffler, H.: Entwicklungsstand der ABS-integrierten BMW Schlupfregelsysteme ASC und DSC. ATZ **96**(2) (1994)
187. Gaus, H., Schöpf, H.-J.: ASD, ASR und 4MATIC: Drei Systeme im »Konzept Aktive Sicherheit« von Daimler-Benz. ATZ **88**(5, 6) (1986)
188. Kohl, G., Müller, R.: Bremsanlage und Schlupfregelsysteme der neuen 3er-Baureihe von BMW – Teil 1. ATZ **100**(9) (1998)
189. Fischer, G., Müller Kurz, R.G.: Bremsanlage und Schlupfregelsysteme der neuen 5er-Reihe von BMW. ATZ **98**(4) (1996)
190. Debes, M., Herb, E., Müller, R., Sokoll, G., Straub, A.: Dynamische Stabilitäts Control DSC der Baureihe 7 von BMW. ATZ **99**(3, 4) (1997)
191. Fennel, H.: ABS plus und ESP – Ein Konzept zur Beherrschung der Fahrdynamik. ATZ **100**(4) (1998)
192. Jonner, W.-D., Winner, H., Dreilich, L., Schunck, E.: Electrohydraulic brake system – The first approach to brake-by-wire technology. SAE Paper 960991
193. Bill, K.-H., Semsch, M.: Translationsgetriebe für elektrisch betätigte Fahrzeugbremsen. ATZ **100**(1) (1998)
194. Rittmannsberger, N.: Der Drehratensensor für die Fahrdynamikregelung. ATZ/MTZ Sonderausgabe System Partners (1997)
195. Fischer, G., Heyken, R., Trächtler, A.: Aktive Gespannstabilisierung beim X5. ATZ **104**(4) (02)
196. Schopper, M.: Sensotronic Brake Control (SBC) – die elektrohydraulische Bremse von Mercedes-Benz, Bremsen und Bremsregelsysteme. Haus der Technik e.V., Essen, 25./26. September 2002
197. Leffler, H.: Electronic brake management – A possible approach for brake and control system integration. FISITA, Prag, 1996
198. Leffler, H.: Traktions- und Stabilitätsregelung des BMW X5. Allradtechnik. Haus der Technik e.V., Graz, 10./11. Februar 2000

199. Ayoubi, M., Leffler, H.: Elektronisches Chassis Management am Beispiel des neuen 7er BMW. Steuerung und Regelung von Fahrzeugen und Motoren – Autoreg 2002, 15./16. April 2002
200. Ayoubi, M., Köhn, P., Leffler, H.: Fahrwerksregelung – Systeme und ihre Vernetzung. 4. Braunschweiger Symposium »Automatisierungs- und Assistenzsysteme für Transportmittel«, Braunschweig, 11. Dezember 2002
201. Beiker, S.: Verbesserungsmöglichkeiten des Fahrverhaltens von Pkw durch zusammenwirkende Regelsysteme. In: Verkehrstechnik/Fahrzeugtechnik. Fortschritt-Berichte, VDI Reihe 12, Bd. 418. VDI (2000)
202. Brösicke, G.: Das Parkbremssystem des neuen 7er BMW. BremsTech 2002, München, 12./13. Dezember 2002
203. Ayoubi, M., Leffler, H.: Elektronische Fahrwerks-Regelsysteme am Beispiel des neuen 7er BMW. 6. Tagung der Sächsischen Zulieferindustrie, Chemnitz, 10. Oktober 2002
204. Foag, W., Leffler, H.: Prospects and aspects of an integrated chassis management. SAE Automotive Dynamics & Stability Conference, 15.–17. Mai 2000
205. Fischer, G., Müller, R.: Das elektronische Bremsenmanagement des BMW X5. ATZ **102**(9), 764–773 (2000)
206. Ertl, C., Müller, R., Schenkermayr, G.: Der neue BMW 330d – Fahrdynamik und Stabilitätsregelung. ATZ **101**(10), 792–80 (1999)
207. Leffler, H.: BMW Fahrwerksregelsysteme – Status und Ausblick. 4. Grazer Allradkongress, 13./14. Februar 2003
208. Foag, W., Ayoubi, M., Zimprich, W., Leffler, H.: High End Brems-Regelsysteme: Wohin geht die Reise? BremsTech 2004, München, 9./10. Dezember 2004
209. Leffler, H.: Der fahrdynamische Allrad von BMW. 6. Grazer Allradkongress, Graz, 03./04. Februar 2005
210. Leffler, H., Ayoubi, M., Billig, C.: xDrive: die Allradtechnik im 3er BMW. 15. Aachener Kolloquium, 2006
211. Pfau, W., Rastel, H., Nistler, G., Billig, C., Straub, S.: BMW xDrive in der 3er und 5er Reihe. Der BMW Allradantrieb für Limousinen. ATZ **10** (2005)
212. Leffler, H., Schnabel, M.: Automotive applications of mechatronic systems: State of the art and future prospects. IFAC Congress on Mechatronic Systems, Heidelberg, 12.–14. September 2006
213. Leffler, H.: BMW 3er und 5er mit xDrive+. 7. Grazer Allradkongress, 2006
214. Kemper, H., Ruetten, O., Jentges, M., Schlosser, A.: Betriebsstrategien von Hybridfahrzeugen, Funktionen und Applikationen. 15. Aachener Kolloquium, 2006
215. Meder, K.: Innovative Bremsregelsysteme – Verbindung von Sicherheit, Dynamik und Komfort. 57. Internationales Motor Presse Kolloquium, Robert Bosch GmbH, Boxberg, 2005
216. The regenerative braking system (Prius). Auto Technology (Special: Toyota Prius) **60** (Feb. 2005)
217. Kurz: Das Fahrwerk des neuen 5er BMW, geprägt durch moderne Kundenanforderungen. Vortrag. »chassis.tech«, 2010

5.6 节参考文献

218. Garcia, P., et al.: Sound Qualität einer Abgasanlage. FVV Workshop Geräuschgestaltung »Über die Kundenzufriedenheit zur Psychoakustik«, April 1996
219. Zwicker, E., Fastl, H.: Psychoacoustics: Facts and Models. Springer (1999)
220. Munjal, M.L.: Acoustics of Ducts and Mufflers – With Application to Exhaust and Ventilation System Design. Wiley, New York, Chichester, Brisbane, Toronto, Singapore (1987)
221. Davies, P.O.A.L.: Piston engine and exhaust system design. J. Sound Vibration **190**(4), 677–712 (1996)
222. Sealamet, A., Dickey, N.S.: Theoretical, computational and experimental investigation of Helmholtz resonators with fixed volume: lumped vs. distributed analysis. J. Sound Vibration **187**(2), 358–367
223. Veit, I.: Technische Akustik. 5., durchgesehene Aufl. Vogel (1996)
224. Davies, P.O.A.L.: Practical flow duct acoustics. J. Sound Vibration **124**(1), 91–115 (1988)
225. Alfredson, R.J., Davies, P.O.A.L.: The radiation of sound from an engine exhaust. J. Sound Vibration **13**(4), 389–408 (1970)
226. Beranek, L., et al.: Noise and Vibration Control Engineering. Wiley (1992)
227. Kaiser, R., et al.: Optimierung von Abgasanlagen mit gekoppelter 1D/3D Simulation. MTZ 260–267 (2005)
228. Garcia, P., Wiemeler, D., Brand, J.-F.: Oberflächenschallabstrahlung von Abgasanlagen. MTZ **11**, 852–859 (2006)

5.7 节参考文献

229. Pötzl, Kornhaas, Karch, Huart: Anforderungen an zukünftige Lenksysteme bis zur Fahrzeugoberklasse. VDI Berichte. Bd. 1907 (2005)
230. Knapp, C.: Elektrisches Energiemanagement – Funktionen im Energiebordnetz. Euroforum, Elektronik-Systeme im Automobil 2004
231. Frey, Aumayer, Buchholz, Fink, Knapp: Die Zukunft des 14 V Bordnetzes. VDI-Berichte, Bd. 1789 (2003)
232. Zuber, Sterner: Funktionsentwicklung für moderne Energiemanagement-Systeme. 2. Aachener Elektronik Symposium 2004, 23./24. September 2004
233. Mäckel: Trends in der Batterieüberwachung. »Energiemanagement und Bordnetze«. Haus der Technik e.V., Essen, 12./13. Oktober 2004
234. Iske: Erfahrungen und Entwicklungslinien von Batteriemanagement und -diagnostiksystemen. »Energiespeicher für Bordnetze und Antriebssysteme«. Haus der Technik e.V., Essen, 1./2. März 2006
235. Frey, Häffner, Merkle, Schiller: Batteriesensorik und Batteriezustandserkennung. »Energiemanagement und Bordnetze«. Haus der Technik e.V., Essen, 12./13. Oktober 2004
236. Bosch, A., Butzmann, S., Fetzer, J., Fink, H.: Battery system development at SB LiMotive. Erster Deutscher Elektro-Mobil Kongress, Bonn, 16. Juni 2009
237. Sirch, O., Immel, G.: Zukunft Energiebordnetz. 14. Internationaler VDI-Kongress Elektronik im Kraftfahrzeug, Baden-Baden, 2009
238. Groß, J., Hartmann, S., Merkle, M.: Entwicklungstrends und zukünftige Lösungen für Start/Stopp Systeme. VDI-Tagung Elektronik im Kraftfahrzeug, 2009
239. Weber, R.: Auslegung des 12 V-Energiebordnetzes in batterieelektrischen Fahrzeugen. HdT-Tagung »Elektrik/Elektronik in Hybrid- und Elektrofahrzeugen«, TU München, 23. März 2010

5.8 节参考文献

240. Blair, G.P.: The Basic Design of Two-Stroke Engines. Queen's University of Belfast
241. Krickelberg, T.: Zukünftige Chancen des 2-Takt-Motors als Pkw-Antrieb, unveröffentlichter Vortrag. TU Wien/TU Graz, Nov. 1995
242. Königs, M.: Der Zweitakt-Motor, Präsentation. Ford Technologie, Köln (1991)
243. Elements of two-stroke engine development, Collected Paper. SAE-SP-988 (1993)
244. Two-stroke engines theoretical and experimental investigations, Collected Paper. SAE-SP-1019 (1994)
245. Two-stroke engine design and emissions, Collected Paper. SAE-SP-1049 (1994)
246. Progress in two-stroke engines and emission control, Collected Paper. SAE-SP-1131 (1995)
247. Design, modelling and emission control for small two-stroke engines, Collected Paper. SAE-SP-1195 (1996)
248. Design and application of two-stroke engines, Collected Paper. SAE-SP-1254 (1997)
249. Meinig, U.: Standortbestimmung des Zweitaktmotors als Pkw-Antrieb. MTZ Motortechnische Zeitschrift **62**(7/8, 9, 10, 11) (2001)

5.9 节参考文献

250. Deutsches Institut für Wirtschaft, Berlin, im Auftrag des Bundesministerium für Verkehr, Bau und Stadtentwicklung: Verkehr in Zahlen (2009)
251. International Energy Agency: Energy Balances of Non-OECD Countries (edition 2009). Energy Outlook (2009)
252. European Commission: Directive 2009/28/ec of the european parliament and of the council of 23 April 2009 (2009)
253. EPA. Renewable Fuels Standard II. USA: s.n., 2010
254. Energy Information Administration: Anual energy Outlook (2009)
255. Lösche-ter Horst, Heinl, Schmerbeck: FlexFuel[TDI] – Alternative Kraftstoffe für den Dieselmotor. Aachener Fahrzeugkolloquium, 2010
256. Commission of the european communities: »Energy Sources, Production Costs and Performance of Technologies for Power Generation, Heating and Transport«, COM 744 (2008)
257. DESERTEC Foundation: Red paper (2009)
258. Agentur für Erneuerbare Energien: Der volle Durchblick in Sachen erneuerbare Energien (2009)
259. Energy Watch Group/Ludwig Bölkow Stiftung: Future of global crude oil supply (2008)
260. Bundesanstalt für Geowissenschaften und Rohstoffe: DERA Rohstoffinformationen 2011 (2011)
261. SolarFuel: http://www.solar-fuel.net/ (2010)
262. JRC, EUCAR and CONCAWE: Well-to-wheels analysis of future automotive fuels and powertrains in the european context. Version 3c, 2011
263. Deutsche Energie Agentur: Netzstudie II (2010)
264. Barber, J.: Photosynthetic energy conversion: natural and artificial. Chem. Soc. Rev. **38**(1) (2009)
265. The Biofuels Research Advisory Council-Biofrac: Biofuels in the European Union: A Vision for 2030 and beyond 2006
266. OECD-FAO: Agricultural outlook 2008–2017 (2008)
267. Food and Agriculture Organization: World Agriculture: Towards 2015/2030. An FAO perspective (2003)
268. Mineralöl Wirtschafts Verband e.V.: Jahresbericht Mineralöl-Zahlen (2009)
269. Licht, F.O.: World ethanol and biofuels report (2009)
270. Bundesministerium für Verkehr, Bau- und Wohnungswesen (BMVBW): (2002)
271. Braess, H.-H., BMW AG: Charging and infrastructure services as central link between automotive industry and energy supplier. evs25 (2010)
272. Bundesverband der Energie und Wasserwirtschaft e.V.: Jahresbericht 2009 (2009)
273. Agricola und Agentur: Deutsche Energie, Keynote zur Diskussionsrunde: Kraftwerkspark der Zukunft. Jahreskonferenz Erneuerbare Energie ee09, Berlin, 5. März 2009
274. Willand, Grote, Dingel: Der Volkswagen Wasserstoff-Verbrennungsmotor. MTZ (2009)
275. Biermann, Erdmann.: Investitionsstrategien in eine künftige Wasserstoffinfrastruktur. DGES-Fachtagung 2005
276. Syncom GmbH: Renewable fuels for advanced powertrains (RENEW). Final report (2008)
277. JRC, EUCAR, CONCAWE: JEC biofuels program. http://ies.jrc.ec.europa.eu/about-jec (2010)

第6章 车身

6.1 车身结构

6.1.1 自承载车身

在汽车发展初期,车身按马车结构固定在车架座上。这种结构至今只在载货汽车和越野汽车上见到。在乘用车领域采用自承载车身。1935年Opel公司首次大批量生产乘用车Olympia的自承载车身。其创新点在于车身整体预生产,接着将如发动机、离合器、变速器、前后桥、排气系统等其他部件直接固定在车身上成为完整的汽车。所以自承载车身是最重要的组件承载体。另外,对自承载车身还有另一些要求[1],如轻结构、有效地保护乘员和行人,直至要有动感的外形。

1. 车身开发要求

要求的内容是多方面的:如造型、配色(设计)、座位状况以及与决定用户购车标准的乘员保护性能和防撞性能。另外还有汽车生产厂家自己承担的内部设计要求,见表6.1及4.2节。

表6.1 对车身设计的要求

与用户有关的准则	与产品有关的准则	与用户有关的准则	与产品有关的准则
成功的设计	简单的装配顺序	高质量、高寿命	良好的焊接接近性
最大的安全性	利用现有的生产设备	有吸引力的价格	高的工艺质量
低燃料消耗	零部件品种少	低修理成本	相同零部件方案和平合方案
高舒适性	简单的连接技术	低噪声级	最佳地利用材料
高性能	易于制造	平常适用的外形尺寸	低的生产成本

由于综合性(实际上在车身的设计任务书中包括几百个要求和设计参数),需要不断的计算机辅助开发。首要的任务是对每个要求编制可实现的目标,而这些分目标又是隶属于所希望达到的总目标。

如果整个的设计过程主要由计算辅助并确定,则这需较短的计算时间就可达到这些目标,试验工作目前首先是性能试验。利用分析方法取得的结果或用简化的计算方法并进行调整就可确定这些性能。

2. 汽车外表

汽车外部轮廓(外表)由三个主要因素确定:首先是组装件(Package)和法规要求的

必要的外部尺寸，如行人保护的基本规定，然后是设计，最后是空气动力学性能。设计，如从市场调研获得的，要按用户决定购车的汽车特征设计，这是绝对必要的。

（1）设计　设计（见 4.1 节）和车身开发是在联网设计过程中同步进行的，因为设计规定影响车身的外形尺寸和特征。在设计过程中，总设计师担当重要的协调各设计工程师的角色，他们在草图阶段已经考虑所用材料的物理性能、结构要求和产品观点。因此总设计师从设计开始就要保证各设计工程师和生产制订者的专业权限。

要点：设计决定白车身造型。目前，从车身开发开始就要考虑所有期望的各种变型方案。豪华轿车、两门跑车车身结构系列就是这方面很好的例子：如果规划的两门跑车没有 B 柱，则豪华轿车在规划时就必须考虑在确定柱和横梁的尺寸时后续轿车的变化情况。安装车内部件要尽量可变。可见的连接和接合处，如侧壁面间、车门间和后盖板之间，必须非常精确，以满足汽车视角质量的高要求。

（2）空气动力学和空气声学　已首次在计算机上采用车身外表模型进行了气体动力学的先期优化仿真。之后按 1∶5 制作的第一批塑像用代用黏土汽车模型（Plastilin Modell）在风洞中验证和改进仿真计算。以下的开发流程必须反复考虑设计和组装的各种变化。接着用 1∶1 的塑料模型在风洞中进行车身造型和优化试验。特别是前、后保险杠、车外后视镜、A 柱、车顶镶条、车门槛蒙皮、车身底板要仔细进行风洞试验。

空气动力学优化包括一系列单项措施，如图 6.1 所示（见 3.2 节）。在普通的基本车形基础上突出以下的各项结构措施，达到尽可能小的空气阻力系数。

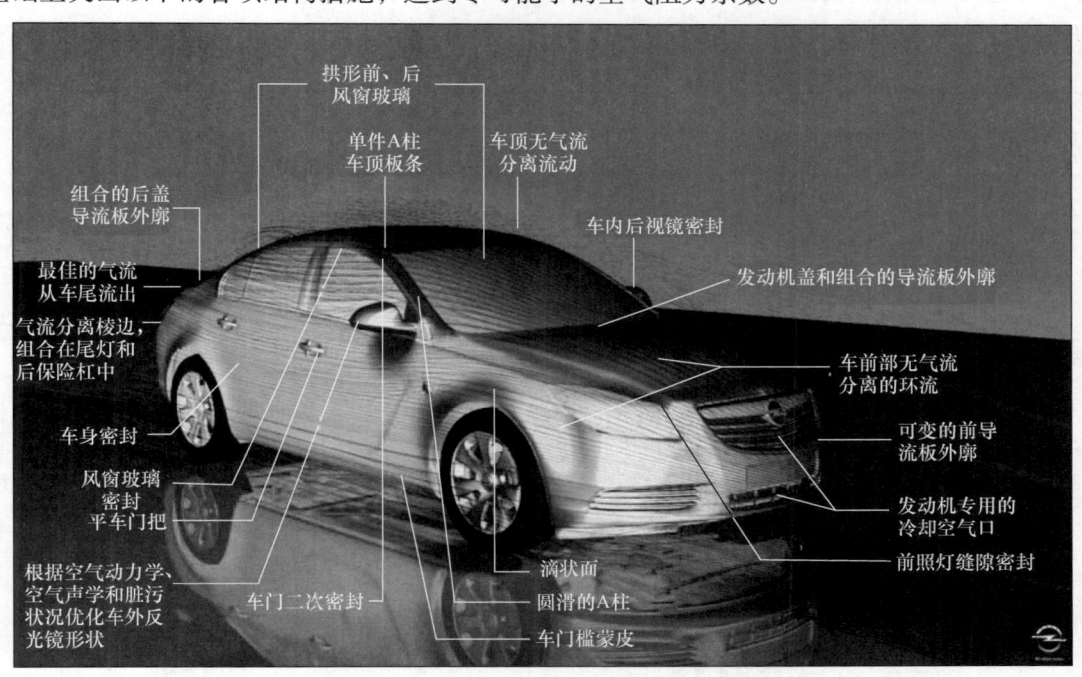

图 6.1　车身外表空气动力学优化措施

气体绕汽车前部范围的流动尽量不分离。汽车在前部范围要圆滑过渡。在考虑到视野情况，风窗玻璃尽量倾斜。与此相关的是 A 柱倒圆。气流最好通过拱形车顶引导，拱形应保持不变。在汽车尾部需要一定的空气动力学气流分离。汽车尾部收敛［"船拖尾（Boat-Tailing)"] 有助于使"死水区（静水区）"尽量小，以阻止车尾脏污的危险。在阶背式高档轿车上通过向下延伸的车顶就可形成车尾收敛。通过合理地倾斜车尾可减小阶背式汽车由于空气涡流产生的空气阻力。

汽车底部的造型对汽车空气阻力和对较小的升力有明显的影响。目标是汽车底部尽可能光滑。当然这是理想的，实际上只能是折中方案，因为要保证如制动器和催化转化器的冷却。汽车总的空气阻力的大部分空气阻力是车轮（空气阻力系数达 $c_w = 0.06$）。通过结构措施较多的降低车轮空气阻力的试验，如采用与汽车外表平齐的后轮，至今尚未取得预期的成功。

其他的开发内容是降低由于空气绕车身流动产生的风噪声和减少在雨天行驶时侧窗玻璃和后风窗玻璃的脏污。锐边和车门接合处要特别留意，因为这些地方随着车速增加，风噪声递增（见3.2节和3.4节）。

3. 组装件

确定车身形状和重要尺寸也就是定义要安装的汽车所有系统和部件的结构空间，这与车身的设计、气动试验同时进行。组装件就是它们间相互协调的结果（见4.2节）。

在汽车开发前通常已确定了作为设定值的重要的汽车尺寸和组装件关键尺寸，如表6.2和图6.2所示。这些尺寸不但是汽车的总长度、总宽度等，而且还有一系列有特征的汽车内部的各坐标，它们勾勒出车身尺寸：发动机盖过渡到前风窗玻璃以及过渡到散热器罩、坡度角、离地间隙、保险杠位置和轮廓、驾驶人臀部和后排乘员臀部间的位置、转向盘到驾驶人的距离、行李舱空间。

表6.2 组装件关键尺寸

外部尺寸	内部尺寸	外部尺寸	内部尺寸
总长度	腿部空间，前/后（L34/L51）	轮距，前/后	前座椅高度（H30）
总宽度	乘员膝部空间，后（L48）	行李舱容积（V210）	视角，向前和向后，向上和向下
高度（H100）	前股部到后股部距离（L50）	燃油箱容积	肩部空间，前/后和车门护面臂支撑间宽度
轴距	头部空间，前/后/侧（H75，头部摆动线，W27）		驾驶人座椅中心到汽车中心距离（W20）

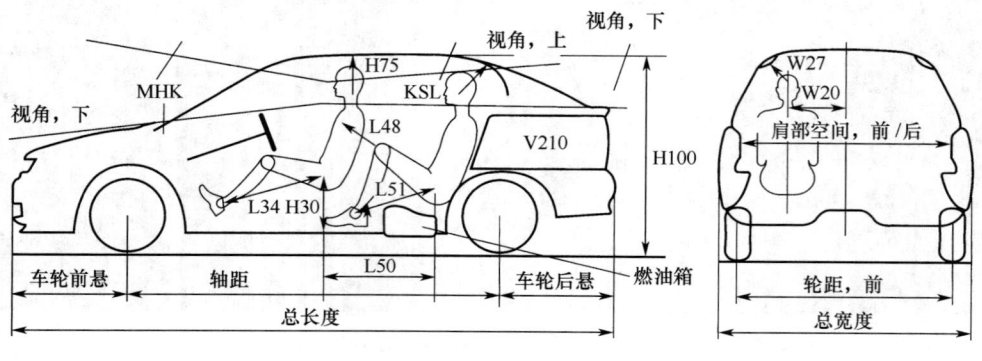

L=长 KSL=头部摆动线
H=高 MHK=发动机盖后棱边
W=宽
V=容积

图6.2 重要的汽车尺寸

汽车组装件尺寸决定乘员的空间感觉。下列属性对乘员的空间感受有好的影响：
1）高的车顶。
2）发动机盖过渡到前风窗玻璃距离大。
3）长的轴距。
4）宽的轮距。

当然，上面几点只是点到为止。还应该有如设计、空气动力学和与确定的汽车等级有关的主要尺寸。

驾驶人座椅位置是汽车车身内部空间的设计基础。首先要确定座椅的纵向和高度方向的调整范围，纵向调整要保证驾驶人有足够的空间：驾驶人可方便地接近转向盘和踏板，并不能限制后座乘员的空间。座椅高度调整时要考虑到仪表板的视野，考虑头部空间 H75、到踏板的可接近性、上下车以及各个视角。

接着还要定义座椅调整基准点和臀部点（H 点）。驾驶人按 95% 男性特性尺寸调整座椅（5% 的驾驶人按更大的尺寸调整）。它们的座椅位置按座椅高度和脚跟点确定。脚掌必须贴着加速踏板（见 6.4.1 小节）。

H 点可由计算或测量确定。由驾驶人的特征尺寸可得到车身内部尺寸，如腿部空间、头部空间。后排乘员的膝盖和腿部自由空间由驾驶人的 H 点和后排乘员的 H 点之间的距离确定。

通过车身组装件将发动机总成、变速器总成连同其他辅助装置布置在发动机盖下面。主要的设计准则是这些总成、装置在安装和工作时不受阻挡、有自由的变形范围，以达到良好的保险等级（AZT 型损伤）和从发动机盖到"硬的部件"间有足够的空间，以保护行人安全。

4. 车身

车身承担下列任务：
1）吸收所有的力和力矩。
2）组成车内空间。
3）外部能量转换区。
4）安装所有的动力、驱动装置和轴系模块。

下面用实际例子说明白车身结构（图 6.3）。这是 2009 年批量生产的紧凑型 5 门汽车的车身[3]。各个汽车生产厂家由于他们的哲学理念、汽车等级和不同代车型的不同而使汽车各不相同，但有很多共性。以下就白车身的各个部分分别说明如下。

（1）车身底板　车身底板（图 6.4）也称车身平台或车身结构，由三部分组成：
1）车身前部件，图 6.5a；
2）车身前底部，图 6.5b；
3）车身后底部，图 6.5c。

车身纵梁和横梁是车身底板的基础。纵梁和横梁被车身前底板和后底板分开。

在两个前纵梁（它们由前框架和前框架加长部分组成）上将带有保险杠的防撞盒插入端面，并拧紧。在纵梁右侧焊上一块带螺纹孔的加强板，拖车挂钩就拧在螺纹孔中。底盘支架焊接在车身纵梁下部。发动机支架安装在梁上。

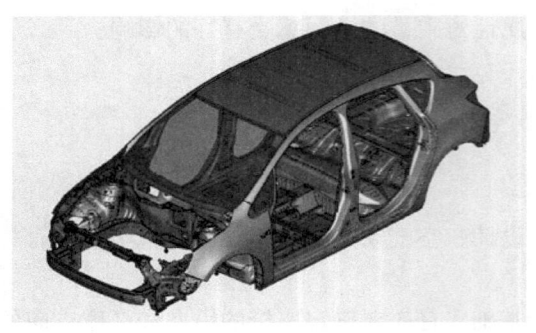
图6.3 白车身

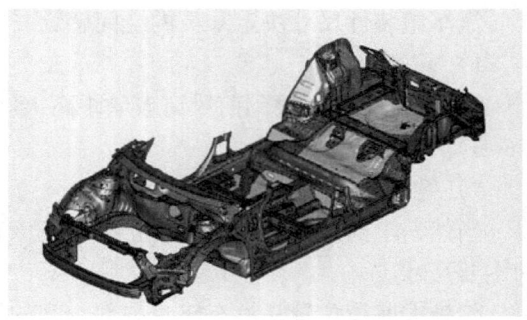
图6.4 车身底板

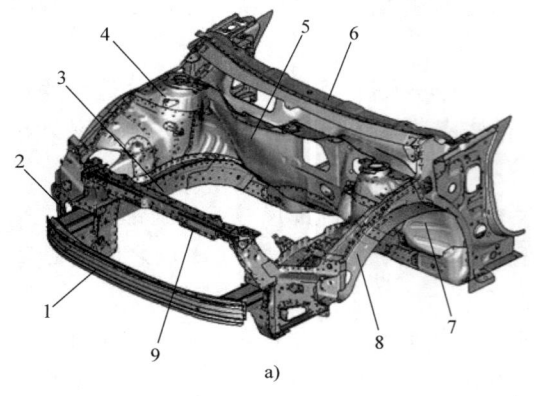
a)

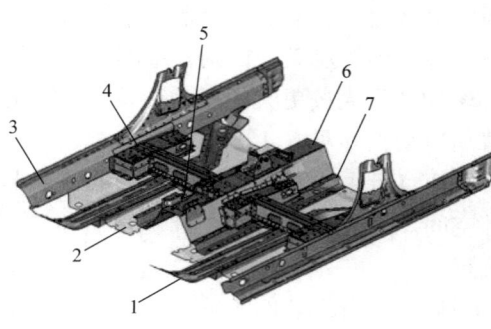
b)

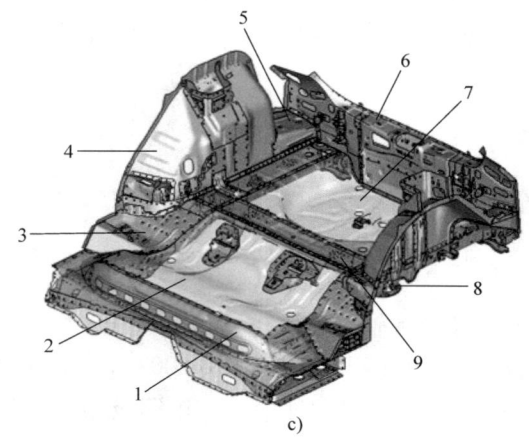
c)

图 6.5
a) 车身前部件
1—保险杠缓冲器 2—防撞盒 3—前框架 4—减振支柱罩 5—前壁 6—风窗玻璃横梁支座
7—车轮罩 8—车轮罩 9—横梁,前上
b) 车身前底部
1—加长的前框架 2—前底板 3—侧板 4—座椅支架 5—横梁,前座椅 6—隧道 7—隧道边缘轮廓
c) 车身后底部
1、9—横梁 2、7—底板 3—侧板 4—车轮罩 5—后座椅支架 6—后壁 8—后桥支架

前框架不只是支撑发动机和前桥,而且在汽车前碰撞时作为吸收撞击能量的部件起着重要作用,为此,必须有针对性地在最大载荷的一些部位加强前框架刚度。在所举的实例中,

前框架终止于前底部的前框架加长部分。在整个前底板，前框架加长部分延伸至脚踏板。在其他的一些车身底部方案中，前框架的加长部分也可一直扩展到座椅横梁处。框架加长部分首先是防止汽车行驶和碰撞时车身底部弯曲。为此，在底板上的前框架加长部分范围还要附加地采取加强措施。座椅横梁和安装在车身底部上的座椅支架保证前座椅的刚性固定。安全带的锁固定在前框架上部的座椅支架上。在前部碰撞时，很大的撞击力经人体、安全带传到安全带锁上，并传到纵梁上。

车身后底部骨架由两个后框架纵梁、后框架加长部分和车身后底部、后桥和后壁的三个横梁组成（图6.5c）。

为更好地传递力，将后框架纵梁直接与车门槛相连。在后碰撞时，这种连接能减小危害程度并提高整个车身的刚度。在后框架纵梁上还固定后桥支架。后框架中心有后桥悬架的支架。车身后底部的左后固定拖车挂钩，右后为排气系统尾管支架。可在底部的后部范围使用高强度双金相组织（双相态）钢的滚压型材，与前框架不同，放弃采取加强措施。在其他一些汽车上使用特制的车身板材，也可达到同样的效果。

车身后底部上的横梁保证汽车行驶时在后排座椅周围的车身底部不过分弯曲，在尾部发生碰撞时阻止底部变形。在横梁上还有前燃油箱夹紧箍的固定点。

后桥横梁对减小尾部碰撞造成的危害程度和增强车身底部扭转刚度起着很好的作用。在尾部碰撞时，它可以稳定后框架和阻止不可控的纵向弯曲。作为弯梁，后桥横梁可阻止后框架的严重扭曲。为更好地利用后桥横梁的这种性能，需要与后框架牢固地组合在一起。为此，不但需要将横梁在整个断面高度上与后框架侧向相连，而且还要用一个附加的夹板与后框架下部焊接。结合宽度应这样选择，横梁的两个侧面要精确地支撑在后框架由于交通事故而折断或扭转的那个部位。后桥横梁是重要的固定件。固定在它上面的有后燃油箱夹紧箍的螺钉紧固件、长排后座椅和后中部安全带。

后壁横梁应阻止车身底板在备用轮胎凹坑范围的弯曲。车身后底板的肋应与底部连接。该例中的备用轮胎凹坑直接组合在车身底板上。但常见的备用轮胎凹坑焊在车身底板上。

车轮罩内部焊在后框架的垂直凸缘上。延长车轮罩可以加强后壁，提高整个车身的扭转刚度和尾部开口处的局部刚度。此外，针对尾部碰撞还加一个车身的承重横梁。

（2）车身前部件　首先将车身前部件固定在车身底部上（图6.5a）。上面的前部件（即发动机盖）有锁和闭锁装置。为调整发动机盖缝隙和固定散热器，在它们上面有缓冲器。前侧向部件上有前照灯，它与车轮罩连接。车轮罩也称车轮装入件，它可以是单件或双件。减振支柱套管定位在车轮装入件上。由于套管的形状像罩，所以称为"减振支柱罩"，它承受所有的作用力。为保证减振支柱罩的足够刚度，车轮装入件要通过尽可能直的、起拉杆作用的元件与前框架连接。

在车轮装入件上部是一个拉杆。在发生前碰撞时，在拉杆通过自身的、受控的变形吸收冲击能量前可以有目标地将力传给A柱和车门框。车轮装入件后部与车身侧向部件（前壁）相连。前壁与车轮装入件垂直，并与封闭板、车身前底板延长部分一起将发动机室与乘员室分隔开。前壁和封闭板一方面可防止噪声和脏污物进入乘员室，另一方面在发生碰撞时阻止脏污物侵入发动机室。在发生前碰撞后进入前壁面的脏污物是衡量车身结构质量好坏的一个尺度，并常常据此比较车身。在前壁上部还有一个加强罩，它与A柱内部和车顶前框架组成前风窗玻璃框架。

车身（图 6.6）由侧壁（图 6.7a）、车顶（天窗）、安装件等组成，还有嵌合的前风窗玻璃。

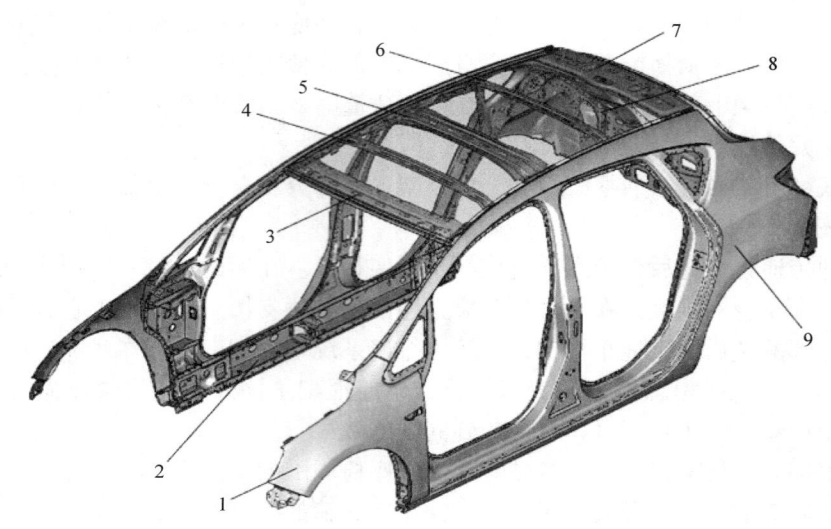

图 6.6 车身
1—挡泥板 2—侧壁，内部 3—车顶框架，前部 4—车顶弓形架，前部 5—车顶弓形架，中部 6—车顶弓形架，后部 7—车顶框架，后部 8—车顶 9—侧壁，外部

(3) 装配式侧壁 装配式侧壁主要由内、外部件组成。在车门框周围，侧壁外层与 A 柱内部组成 A 柱断面。为保证良好的视野，A 柱断面（图 6.7b）应尽量细长，而在相应部位加强，如在敞篷轿车上部分采用高强度管断面。风窗玻璃固定在 A 柱内凸缘上。外凸缘承担车门密封。

B 柱断面（图 6.7c）两侧有车门密封条。在 B 柱上还安装后车门铰链，在实例中是焊接铰链，在许多汽车上则为螺钉连接，这是各汽车生产厂家的专门选择。在与车门铰链连接的周围采用局部加强件。在该实例的汽车上，从外部焊接加强件。而在其他许多汽车上采用内、外侧壁部件间的偏移安置加强件。该加强件可减小在汽车行驶时对声学有重大影响的车门框对角线变形。此外，B 柱的加强件对防汽车侧面碰撞非常重要，因为加强件可减少异物侵入车内空间。在侧壁车尾周围还布置一个加强件。在尾灯开口周围也有一个加固件，像车轮罩的加长件一样，这一措施可提高尾部的扭转刚度和尾灯对角线的刚度。

(4) 车顶（天窗） 在所示的白车身生产流程中的最后一个部件是车顶。它由车顶外表层和车顶前、后框架组成。通过粘贴的车顶弓梁可以稳定车顶外表层。车顶前、后弓梁对车身的总扭转刚度和碰撞性能没有影响，而车顶中间弓梁则对侧碰撞和桩碰撞有决定性的影响。前、后车顶框架结构对车身总扭转刚度有很大影响。除传统的钢车顶、活动的或固定的车顶外，目前大量使用各种车顶模块（图 6.7d）。除前、后双活动车顶、几乎整个车顶面敞开的导流板车顶外，还有覆盖整个车顶面或一半车顶面的固定的玻璃车顶。其他的车顶模块，如较早在厢式载货汽车和微型厢式载货汽车上用作附加的装载空间和储藏空间。改善向外视野的其他方案是"全景车顶玻璃"。这时前风窗玻璃延伸到车顶，部分甚至延伸到 B 柱。

(5) 安装件 所有属于白车身的、不与白车身焊接的零部件称为安装件，即车门、行李舱盖、汽车挡泥板、保险杠。开发安装件有两个特征趋势：

1) 模块化。通过向外部企业分配开发任务和产品可以为汽车生产厂家输送带提供作为整套模块的安装件，前模块就是这方面的例子。它包括前保险杠、前照灯和散热器。车门模块有车门外皮、风窗玻璃、车门蒙皮、车门操纵机构和闭锁电子装置、风窗玻璃操纵机构、车外反光镜和扬声器。

2) 使用轻结构材料。密度比钢小的新型车身材料（见 6.2 节）已经使用在数量众多的部件上，首先在安装件上开始。绝大多数的保险杠、不断增多的挡泥板采用塑料。发动机盖和行李舱盖不断采用铝。对特别节省燃料的汽车（如 3L 汽车）也采用大面积的镁质发动机盖和行李舱盖。

(6) 连接技术 选择最好的连接方法是车身质量的关键。因为连接技术影响车身的扭转刚度和耐蚀性[5]。对这里关注的全钢车身的连接方法是隔一定距离点焊。根据车型不同，车身有 3000～5000 个焊点。目前，这些焊点都是工业机器人自动焊接或用多点焊接设备焊接。利用现代 CAE 工具确定焊点位置（见 11.3 节）是车身开发的组成部分。

在保护气体焊接法中，车身主要采用金属活性气体法（MAG，Metall Aktivgas Verfahren）。对高要求连接的零部件，如支撑车桥的螺纹板和限制点焊接近的一些部件也采用保护气体焊接法。在这期间也不断推广冷金属转移（CMT，Cold Metal Transfer）的焊接法。这种工艺可以焊接厚度 >0.3mm 的金属板、镀锌板、钢与铝的混合连接。

电弧螺柱焊连接可承受载荷。在白车身上平均要焊接 150 个螺柱，大都在车身底部范围。在最近几年激光束焊接得到了大批量的应用[6]。除了高的焊接速度外，表面焊接质量好。图 6.7e 是帕萨特乘用车上的激光束焊接和点焊焊接 + 粘接的分布情况。在涂装前，只需花很少时间去掉表面的激光束焊缝。高度的修理友好性和伴随而来的良好的保险等级（AZT 损伤）要求能无损伤地分解和装配总成中的有故障的零部件，需要采用螺纹连接。图 6.7f 是用螺纹连接的保险杠系统和车身前模块，这是一种低成本修理用的螺纹连接件，是当前汽车生产厂家都采用的一种连接方法。在未来，机械连接方法，如咬合连接、无铆钉冲铆和这些技术与胶的组合将得到发展[5]。未来，将不断扩大胶合的应用，因为它是钢、铝和塑料等不同材料结合的理想方法。

(7) 材料选择和轻型结构 不断对安全性和舒适性的高要求反映在白车身重量的一再增加上。这种趋势与汽车工业的智能型、轻结构方案是对立的。在 20 世纪 80 年代，车身几乎都采用 ST14 优质钢。现代汽车车身（图 6.7g）只有不到 50% 汽车车身采用它[10]。

在短缺的较贵的现有燃料和立法者规定的 CO_2 限值牵动下，白车身不断采用铝、镁和塑料，以减轻重量，节省燃料。在大批量生产中对低要求的结构件采用铝制造；对综合性和几何形状复杂的构件采用铝或镁压铸法。也有整体组件开始用铝铸造的例子，如宝马 5 系汽车的车身前部结构。还有整个车身由轻金属制造，如奥迪 A8 或 Jaguar，但在未来仍然是个例外。而塑料可通过化学成分和添加玻璃纤维或碳纤维精确配制到部件需要的性能。这些塑料部件可呈现出很多综合性功能和替代各种钢部件。在未来，使用多功能塑料部件将增长。大部分的 ST14 优质钢还会被高屈服强度的钢替代。在如发生碰撞变形时高强度钢比 ST14 优质钢在板厚相同时吸收更多的能量。图 6.7h 是中档汽车加强的 B 柱。它由超高强度钢在热成型工艺中制成（加压硬化钢，PHS，Press Hardend Steel）。屈服强度可达 1500MPa。

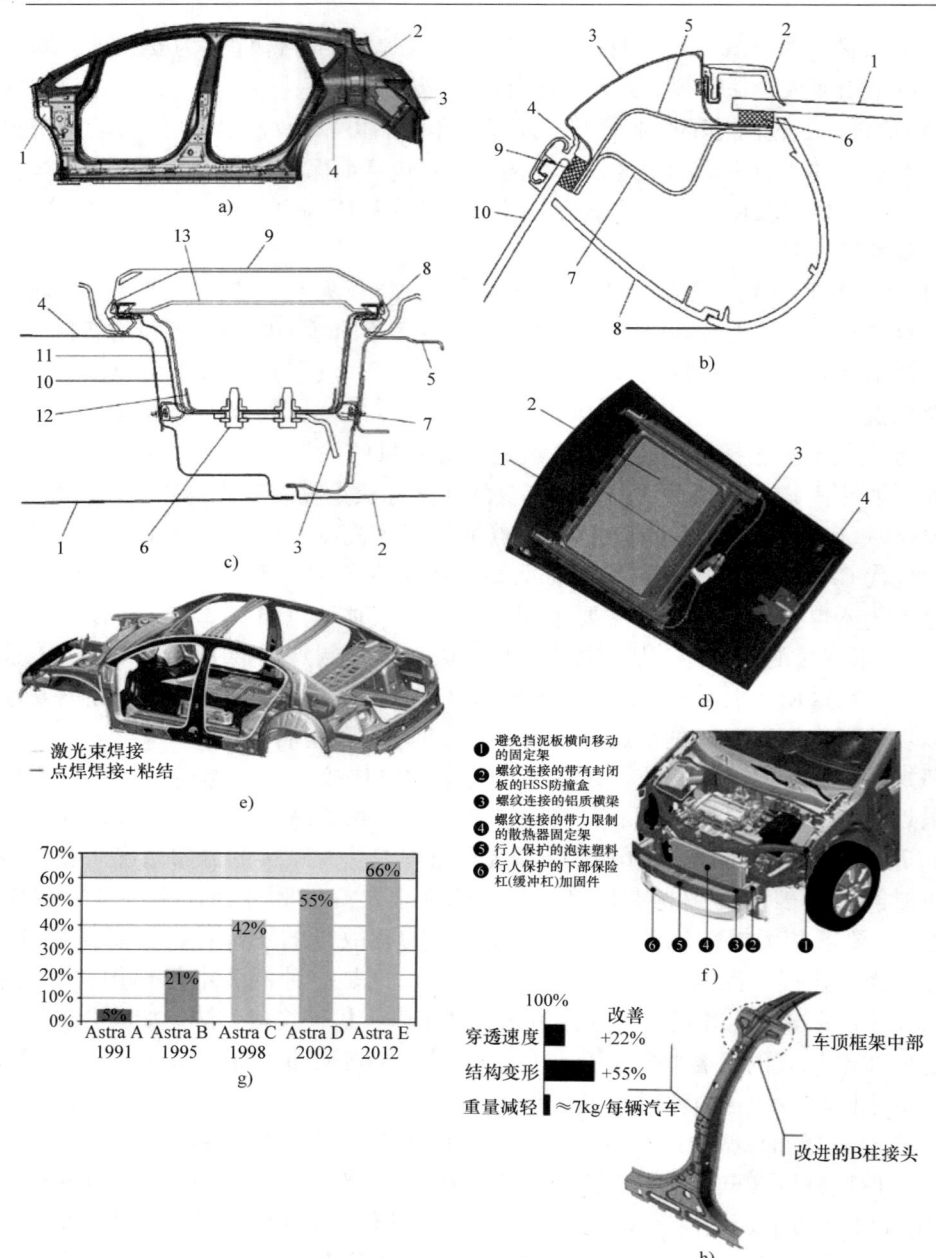

图 6.7 车身的各组件
a) 装配的侧壁
1—侧壁，内部　2—加强的 D 柱　3—嵌入角，后部照明　4—侧壁，外部
b) A 柱断面
1—前风窗玻璃　2—前风窗玻璃镶边　3—A 柱，外部　4—侧风窗玻璃密封　5—A 柱加强　6—前风窗玻璃密封胶　7—A 柱，内部　8—A 柱（双件）饰面　9—侧风窗玻璃密封胶　10—侧风窗玻璃
c) B 柱断面
1—前车门外皮　2—后车门外皮　3—后车门铰链　4—前车门骨架　5—后车门骨架　6—螺纹连接的后车门铰链　7—二次密封　8——次密封　9—B 柱内饰面　10—侧壁，外部　11—B 柱加强　12—增强 B 柱刚度　13—侧壁，内部
d) 车顶模块图
1—车顶（有薄膜层的 PU 泡沫塑料）　2—玻璃活动车顶　3—活动车顶电动机　4—天线模块
e) VW Passat（大众帕萨特乘用车）车身的激光束焊接和点焊焊接　f) 低成本调整的螺纹连接件
g) 轻结构变化实例—白车身上的高强度钢和代用材料　h) 增强的 B 柱

PHS 钢与常规的、约重 7kg 的 ST14 优质钢加强的 B 柱相比，在侧向碰撞时穿透速度减小超过 20%，结构变形减小甚至要超过 50%。图 6.8 是中档汽车车身上各种高强度钢种所占的质量分数[10]。

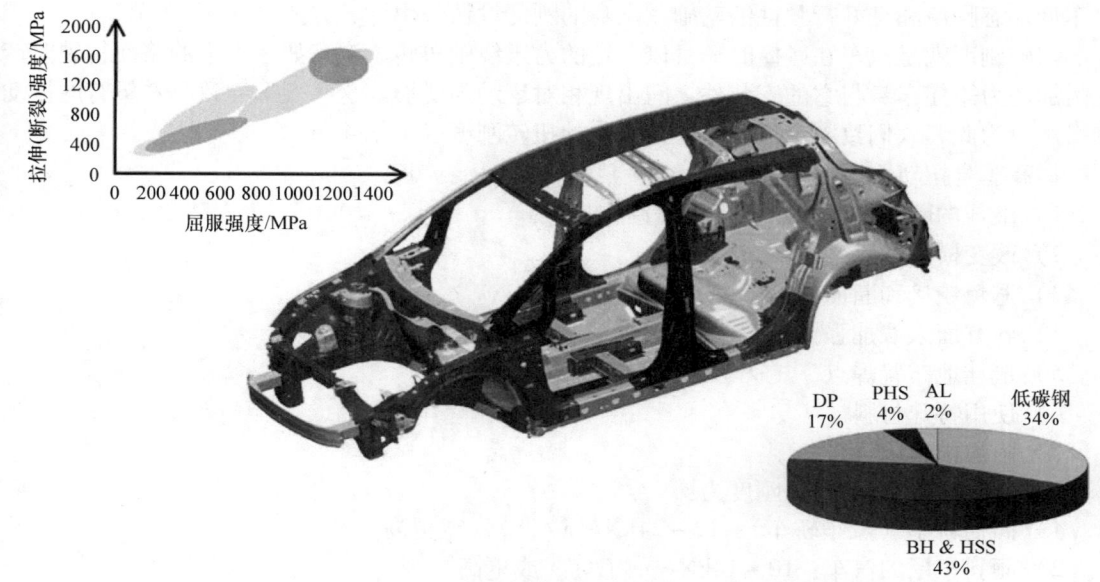

图 6.8 中档汽车车身上各种高强度钢种（轻结构）所占的质量分数

通过钢的代用材料可节省白车身重量 10%～20%，这是大批量生产汽车减轻重量的一种低成本方案。这种不同材料的混合结构车身已在日产汽车和小型批量生产汽车上取得长足的进步。部分甚至整个车身几乎由轻金属和塑料制成（见 6.1.2 小节和 6.2 节）。

除材料代用外，还要按需改变金属板厚度优化构件。利用不同厚度和品质的白金组合的"特别的坯料（Tailored Blank）"加工方法早已为大家认识，并成功使用。当前，该加工方法被"特别的滚压坯料（Tailored Rolled Blank）"加工方法而完善。这时，在冷轧工序中不断改变轧辊间隙，以制成具有最佳厚度变化的构件，从而可减轻构件重量达 25%。

（8）接合（缝合）和精压 不属于车身外皮的大板面采用接合和精压使它稳固。目前利用有限元分析可得到最佳的布置，增强刚度、提高频率（见 10.3 节）。在板面彼此直接叠在一起或互相插在一起的接合处附加精压，可保证在 KTL（阴极电泳涂装）池中车身的充分湿润并避免缝隙腐蚀（见 6.3.2 小节）。

5. 车身性能

（1）装配公差 许多汽车生产厂家的共同目标是可见的接缝尺寸应尽量小，且接缝的走向要平行。与开发车身一起的公差管理是高质量白车身的基石。

为保证车身制造的可重复性、再现性，在开发新车身时就画出了车身装配草图。草图不仅要为整个车身，而且要为各部件的生产设备确定所有的测量点、夹紧点和支撑点。在可能的部件公差中首先要确定接合（缝合）公差。特别要注意的是各夹紧点总是位于相同的位置，这样可确定具体的生产数据，以便于操作和保证加工质量。模具设计和质量控制装置由装配草图和生产图样得到。

在一定的生产条件下，接合工件可保证车身的高质量要求。在这个工位利用工位夹紧架可以以相同的精度焊接带侧壁和车顶的底板组件。这个夹紧架是一个封闭的、不受外部影响的系统，并保证车身的各个部件总是按照装配草图的规定夹紧。

（2）车身刚度　开发车身的目标是制成一个结构匀称、刚性的车身。刚性车身是保证汽车低动态噪声和良好行驶性的基础。车身的刚度设计采用计算方法（见11.3节）。

扭转刚度就是汽车在碰撞时车身以一定的力矩绕轴扭转。汽车如在不平的路面行驶时产生附加的力矩使车身与它的安装件之间出现相对运动与变形。这些变形导致不希望有的振动和噪声。为此，人们致力于尽可能提高车身的扭转刚度（见3.4节）。

提高车身扭转刚度的措施有：
1）最佳的断面过渡和断面接头（结构接头）。
2）改变横梁和纵梁断面结构。
3）避免铰接和断面收缩。
4）各方面采取加强措施。
5）最佳地布置焊点。
6）使用特殊材料。
7）附加横梁。

现代车身可达到的扭转刚度为：
1）高档轿车（豪华轿车）：12~24kN·m/(°)（或更高）。
2）倾斜车尾的汽车：10~14kN·m/(°)（或更高）。
3）客货两用车：10~15kN·m/(°)（或更高）。
4）厢式载货车：10~12kN·m/(°)（或更高）。

最近几年不断提高对汽车防撞性能的要求。必要的车身加强也可提高车身刚度约40%~50%。当然，不应单独注意车身总刚度，设计师应优化每个部件的局部刚度。扭转刚度c_T的绝对值同样只是一个相对的预测值，它必须与汽车质量m、支撑面积A联系起来，因为轻结构和刚度之间存在目标冲突。轻结构品质因数的典型值（图6.9）可用下式定义：

$$L = \frac{c_T A}{m}$$

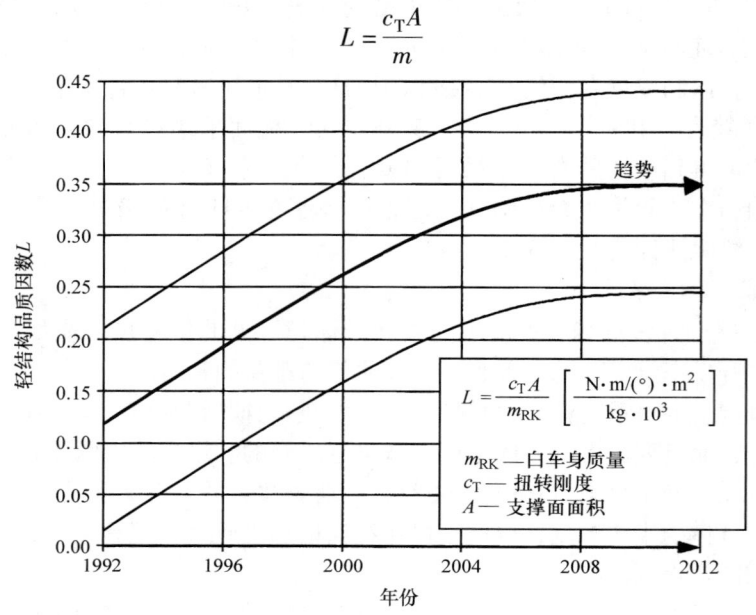

图6.9　白车身的轻结构品质因数

未来车身的开发，特别是对防碰撞的更高要求（如 Euro NCAP），需考虑采用附加的、强化的安全措施，如增加车身刚度[3]。但由此引起的车身重量增加部分地抵消了轻结构车身开发带来的重量减小的优点。

弯曲刚度表明，为减小前、后桥之间的车身变形，如 1mm，需施加多大的力（kN）。在汽车行驶时，特别是在波形路面行驶时出现使车身弯曲的载荷。如果纵梁、前后框架和车门槛的断面高度高，或者加强，则可提高弯曲刚度。

对如车桥、减振器和悬架等的底盘部件的螺纹连接点，在车身上需要有刚性铰接点，即刚性耦合点。在调整底盘时尽可能远离车身的柔韧性范围就可达到刚性耦合的要求。为提高车身刚度，车身要与刚性框架部件连接，有时还要局部加强。

整个汽车的扭转频率应为 24Hz 和 27Hz（见 3.4 节）。为达到此值，对于一阶对称的弯曲谐振和一阶不对称的弯曲谐振，白车身的扭转频率目标值应在 38~40Hz 之间。此值下降越多，轻车身的刚度越好。但重要的是还要确定整个车身的刚度，使振动的振幅最小。

（3）碰撞性能　车身开发的重要目标是在各种碰撞时具有最佳的防碰撞性能。首先要保持乘员室的完整。要绝对避免部件、装置和附件侵入车身。为限制碰撞引起乘员的加速运动，首先应在车身前部构件和在纵梁上减小冲击能量。在 6.1.1 的 4. 中列出了有关车身结构的各项措施，进一步的细节，包括行人保护见第 9 章。

6. 前景

未来的车身，首先是进一步减轻重量，以节省燃料和降低 CO_2 排放。根据参考文献[8]，车身重量减少 100kg 时，其他的部件、装置、制动器和变速器可相应减少（二次重量减少）高达 16kg 的重量。

全钢车身由于它的考验过的工艺性能和较低的材料成本，仍将保持较高的市场份额。在优质钢车身的市场份额明显减少的同时增加了高强度钢种车身在市场中的份额。未来，铝、镁和塑料的代用材料份额将明显增加。

6.1.2　空间框架

1. 概况

几十年来世界范围的汽车工业的汽车重量显著增加。自 20 世纪 80 年代以来，中档和中高档汽车平均以每年约 5kg 的重量增加。其中的原因是较高的汽车安全性要求、日益严格的排放立法、舒适性要求的提高、众多的附加配备和汽车的通用性引起的，如图 6.10 所示。

在相同的行驶功率，汽车重量的增加是由于变速器总成与发动机总成的调整，与此相关的底盘、制动系的加强和燃料箱容积

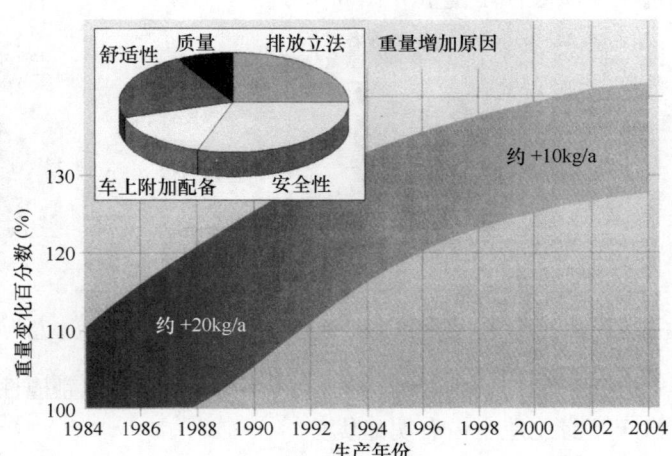

图 6.10　汽车重量的变化

的增大。

上面表示的汽车重量随生产年份呈螺旋线增长的情况导致能量消耗增加和环境负荷的压力加大。视车型和发动机结构型式的不同,重量每增加 100kg,每 100km 燃料消耗多 0.3~0.6L(图 6.11)。

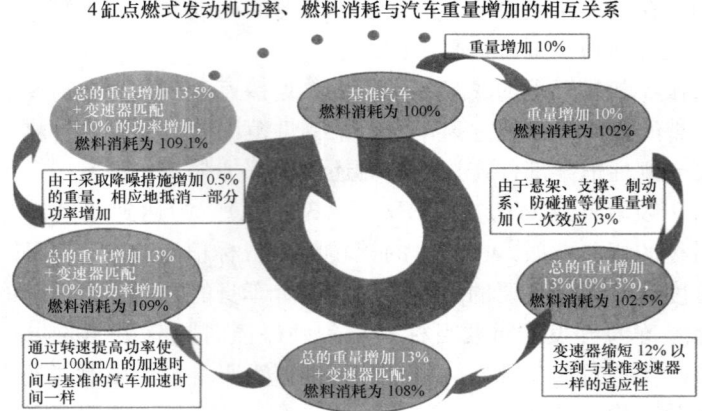

图 6.11　通过提高功率补偿汽车重量增加

在汽车行驶时能量消耗由总的行驶阻力和驱动功率确定。汽车重量是一个重要的、影响行驶阻力的参量。

要求现代汽车不只是低燃料消耗、低有害物排放和再循环能力等生态原因,从用户角度还希望不断改善动态行驶性能,或希望汽车的灵活性,如在发动机功率不变时减轻汽车重量。

2. 奥迪的空间框架

车身是汽车最大重量的模块。作为减重第一步的车身轻结构制造,如全铝车身,和在整个汽车上不断使用轻结构材料可使汽车获得重量的二次减轻,这样在没有减少行驶功率时可用较小的发动机。减小底盘载荷、变速器、车轮、制动器、较小的燃油箱装置和调整排气系可进一步减轻汽车重量(图 6.12)。

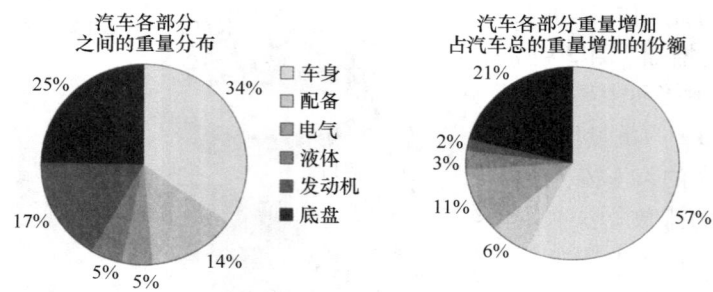

图 6.12　汽车各部分重量增加占汽车总的重量增加的份额

分析可能的各种轻结构材料的密度、刚度、抗碰撞性能、可支配性和能量需要,铝材料在汽车车身制造中占有明显优势。

纯粹地用铝车身替代钢车身在理论上重量减轻可达 66%。按抗碰撞管理、静动态刚度和最大的单一载荷等相同功能设计的铝车身重量减轻为 45%。利用铝的各种与功能协调的、合理造型的半成品，使铝这种轻质材料更有吸引力。

除使用铝板材外，还提供价廉的铝挤压型材、铝铸件半成品。这些半成品共同组成功能协调、合理的车身结构。

在车身制造中使用这些半成品可得到新的车身结构方案，即奥迪空间框架（ASF®，Audi Space Frame）。在奥迪 A8 上的材料协调、合理的车身结构方案设计的结果达到了非同寻常的产品质量和最好的轻结构品质。轻结构的品质按下式定义：

$$L = \frac{m_{Ger}}{c_1 A} \left\{ \frac{kg}{N \cdot m/[(°) \cdot m^2]} \right\} \cdot 10^3$$

式中，m_{Ger} 为骨架重量（不带车门和盖板）；c_1 为扭转刚度；A 为支撑面积（轮距×轴距）。

轻结构品质是这样的一个尺度，即在给定的车轮支撑面下有多大的重量才能达到多大的刚度。新的 A8 ASF 车身重量为 220kg（不带车门和盖板），扭转刚度为 32000N·m/(°)，则轻结构品质因数 $L=1.5$。这是一个顶级的车身。它比当前相当的板壳结构的钢车身重量减轻约 45%。

ASF® 方案潜在的重量减轻优势和与此相关的好的生态和动态的行驶结论表明，铝车身具有优异的能量吸收能力、理想的再循环前提和良好的能量平衡。另外，它比常规车身结构费用低。

3. ASF® 车身方案

在 1994 年，ASF 首次在批量生产汽车奥迪 A8 上使用。而后，该车身方案又在 1999 年投入市场的奥迪 A2 上为大批量使用而进一步开发。至 2006 年底 ASF 的奥迪汽车增添下列车型：兰博基尼 Gallardo 两门轿车（跑车）、兰博基尼 Gallardo Spider、奥迪 TT 两门轿车（跑车）、奥迪 TT 双门敞篷轿车、奥迪 A8、奥迪 R8、奥迪 R8 Spider 和第 2、3 代奥迪 A8。

ASF 的特别之处是混合使用铝铸件、铝挤压型材和铝板材的半成品。它们组成一个自承载框架结构，每个平面部件一起承载。重量较轻的 ASF 达到最大的稳定性。ASF 的尺寸是按刚度、舒适性和安全性的最高要求确定的。结构特点是采用多功能的大铸铝件、连续的长的型面和占有较大份额的直的挤压型材，只在外表面需要弧形的地方才采用拱形型面（图 6.13）。

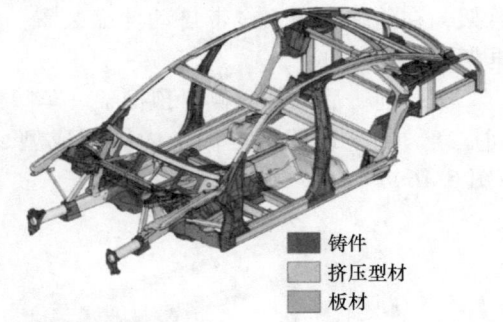

图 6.13 奥迪 A8（D3）空间框架材料方案

采用上述结构措施明显减少零部件数量。这样，一方面可改善舒适性（较少的部件间的连接点）；另一方面可降低成本、减少生产工艺。不断优化已知的连接技术，如 MIG（熔化极惰性气体保护焊）焊接、铆接、激光束焊接。激光混合焊接具有热连接技术（MIG 和激光焊接）的综合优点。可以将 MIG 焊接（搭接焊接、角焊缝）的连接方式和连接区的牢固性与较高的激光焊接速度、很小的加热结合起来。

通过热处理将铝合金调制到设定强度的铝合金，在热连接工艺时有一个低屈服强度的基本热影响区。在现代使用铝材质的轻结构车身上趋向于采用冷连接工艺。在大批量生产的奥迪乘用车上建立了具有强大的自动化连接技术的一些工艺：冲铆和半空心铆、自动直接拧紧[也称随钻攻螺纹（FDS—Flow Drill Screws）]。FDS 工序不需要相互接近，是封闭面连接的理想加工工序。

4. ASF 车身 A8 结构

ASF 车身 A8 结构从车身前部件和后部件开始。这两个部件与车身底板组装成一个空间框架。之后是侧面与车顶、空间框架连接。最后连接车轮罩、各盖板，在完成装配进入涂装工艺前进行检查。

车身前部件包括作为中心部件的大铸件散热器架，它支撑空调、踏板组件、前风窗玻璃横梁，并与左、右 A 柱连接。左、右 A 柱同样由两个大半壳铸件组成。它们在下部环绕车门槛，下部连续环绕侧车顶框。

除车门构件外，两个挤压型材是提高车身弯曲刚度的关键部件（图 6.14）。

纵梁可分前、后两部分，并通过铸件连接。由于铸件有很大的造型自由度，所以它可完成多种功能，如承担辅助框架、发动机横栏、车轮罩支撑座和悬架支撑。前纵梁像先前的一样，采用螺纹连接，便于修理。

车身后部件有两个关键的大铸件，即后车门槛/纵梁的连接部件和 C/D 柱的连接部件。后车门槛/纵梁连接部件是最大的铸件，它承担整个的后部辅助框架任务和将后纵梁与后车门槛结合在一起。在发生车尾防撞时它的高刚度保护放置在其间的燃料箱。C/D 柱的连接部件在上部支撑空气悬架，在前端支撑安全带自动伸缩装置。C/D 柱的连接部件构成空气悬架减振支柱套管的框架（图 6.15）。

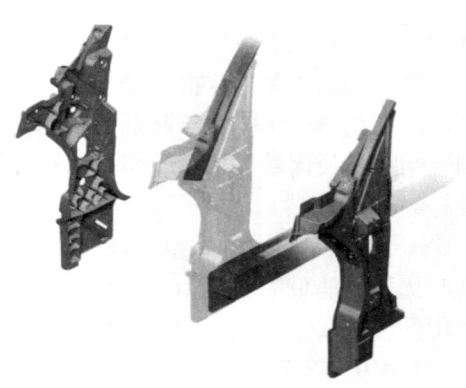

图 6.14　A 柱

车身前、后部件与侧车顶框架、车门槛、座椅横梁、B 柱和车身底板组成一个封闭的空间框架。侧车顶框架是一个内高压成型（IHU，Innen Hochdruck Umformung）的挤压型材（图 6.16）。

图 6.15　后空气悬架框架

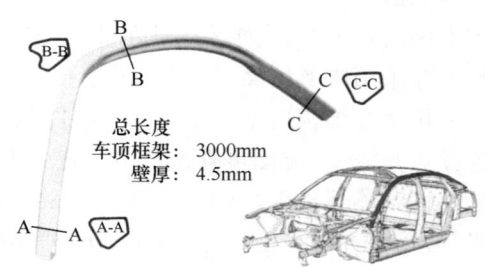

总长度
车顶框架：3000mm
壁厚：4.5mm

图 6.16　液压成型的侧向车顶框架，三维（3D）拱形

挤压型材在不同的部位按必要性有不同形状的断面。B 柱是一个多功能的大铸件，除后车门铰链连接和前车门夹板止动连接外，还要满足抗侧向碰撞的高要求。B 柱是舒适性的关键部

第6章 车 身

件。最后还有一些单件和车顶。奥迪 A8 的单件像车顶一样通过激光束焊接与车身连接。

积 16 年生产经验后 ASF 结构的技术进步

奥迪已成熟地开发 ASF 结构方案。该方案通过专门的半成品品种的定义能制造功能和经济性最佳的产品。

从市场上 10 款带 ASF 车身方案的奥迪车型中的 3 个实例说明它们是最佳的产品。为比较，列出奥迪 R8、奥迪 A8 和奥迪 TT 三款乘用车车身。奥迪 R8 的 ASF 结构是工厂生产的理想的低投资车身。车身结构重量的 70% 是挤压成型的。挤压成型是具有最佳投资水准的半成品。高度灵活性的挤压成型的加肋结构可达到最好的刚度水准。

有大量多功能压铸接头的奥迪 A8 车身的 ASF 结构组成最好舒适性和最好安全性汽车的理想底座。奥迪 TT 车身的 ASF 结构是未来的形式。ASF 结构首次实现 ASF 混合材料方案。由钢板制成的组合式车身后部件可以确定跑车的理想的轴载分布。较短轴距和发动机前置方案的奥迪 TT 组装方案需要在运动状态控制后轴重量。奥迪汽车不是盯住在汽车后部附加重量，而是在 ASF 车身结构中采用混合材料方案的"诀窍（know how）"实现均匀的受力和采用钢板后部件实现所期望的轴载比。

在整个车身范围利用混合材料制造方式将不同密度的材料配置在正确的位置以达到最好的轴载分布这一潜力是可以实现的。

在 2010 年车型的奥迪 A8 的 ASF 车身上，由于功能原因使用混合材料方案。为满足侧向碰撞要求、为优化整个车身侧面高度上的碰撞管理，B 柱需要不同延伸值或不同延展性的最高强度的材料，而采用局部热处理的热成型钢 22MN55 可实现这一要求。

在未来的 ASF 方案中期盼组合各种材料工艺。镁和 CFK 材料工艺已完成可行性验证。

经济的轻结构意味着"在功能优化中巧用少用材料，将正确的材料用在正确的地方"。

5. 材料和加工方法

（1）板材和加工方法 高温时效硬化的合金由于没有流动图形（痕迹）的表面而用于车身外皮。当前也用于构件和用于比自然时效硬化合金有较高强度和能吸收更多能量的零部件或部位，采用转换的新工艺链，车身没有特别的高温时效硬化，首次在车身外皮上采用新开发的、快速时效硬化合金（图 6.17）。

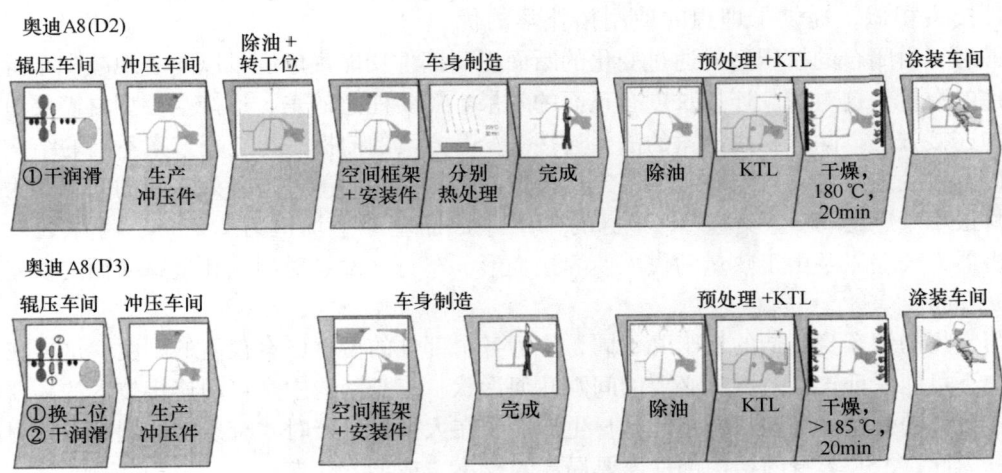

图 6.17 奥迪 A8 生产工艺

在 AA6016A 合金基础上开发的这种快速时效硬化合金，在低的温度和短的时间就可达到与 AA6016 合金相当的强度水平。在车身内部范围则使用 AA6181A 合金。热处理在从 KTL 干燥到涂装车间行进中完成（表 6.3）。

表 6.3　在涂装车间热处理

毛　坯	合金/状态	抗拉强度 R_m/MPa	屈服强度 $R_{p0.2}$/MPa	断裂伸长率 A_{80}（%）
板材	AA6016/T4	≤235	≤130	A_{80mm}≥24
	AA6016/T6	≥240	≥200	A_{80mm}≥12
	AA6016 快速硬化/T4	≤235	≤130	A_{80mm}≥24
	AA6016 快速硬化/T6*	≥240	≥200	A_{80mm}≥12
	AA6181 A/T4	≤240	≤140	A_{80mm}≥23
	AA6181 A/T6	≥280	≥210	A_{80mm}≥10

注：T6*：热处理，在 >185℃、20min 时 2% 预伸长。

利用部分放弃除油和钝化范围可进一步降低车身制造费用。作为薄板或卷板的所有的板合金以 T4 状态提供。在成型和热处理后屈服强度提高到超过 200MPa。它比没有低温时效硬化的车身外皮有附加的减重潜力。

同时要避免冰雹产生的残留小坑，或在盖上盖板，或在磨光时产生的局部压痕。

与常用的深冲钢板相比，铝板在它的可变形性方面受到一定的限制。但从先进的奥迪铝车身的经验，可实现如整件侧壁这样复杂几何形状的部件的冲压（图 6.18）。

（2）挤压型材和加工方法　有关型材断面几何形状的高造型自由度给设计师开辟了很多新的部件结构设计方案，它超越了常规板结构部件胜任的范围。挤压型材是理想的、特殊的管材。

采用不同壁厚的型材断面、法兰压紧相连接的部件或用条板加肋型材可以优化半成品型材的形状、功能和重量。型材凹槽加肋的造型自由度与铸件接头相似，提供了理想的使用拓扑学的优

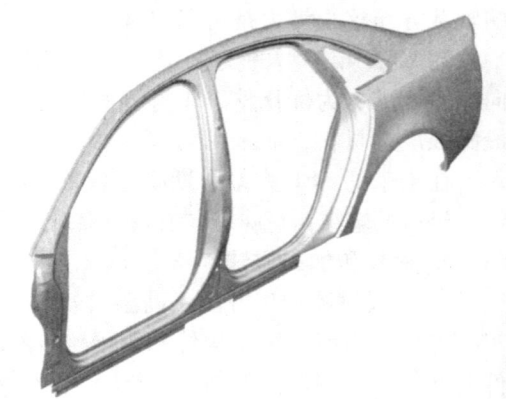

图 6.18　侧壁 D3

化。最后，由闭合的挤压型材通过变化的断面提高部件功能集成度可以显著地减少车身的各个部件的数量，这对减少连接长度有正面的效果。需要注意的是，连接空心型材需要单侧可接近的连接方法，除非采用压紧的法兰连接。ASF 方案的前提是与板壳方案不同的结构方案和连接方案。连续可靠、全自动的铝连接技术的前提是两个部件连接处之间的间隙约为它们的型材最小壁厚的 1/3。奥迪 A8 车身的 ASF 半成品壁厚平均值为 2.0mm。考虑到设备公差、机器人公差以及由于热量的供入使焊接变形，车身开发者对型线和型材断面的误差要求为 ±0.3mm。

与常规的钢车身制造的板半壳不同，作为各个部件的型材已有很高的刚度。这样在夹紧装置中不可能保证连接范围的必要的间隙几何形状。车身制造中全自动连接技术的高要求取决于连接件的公差。而这只有挤压型材生产厂家在大批量生产时才有条件达到挤压型材的高精度。为此，ASF 车身的结构部件需要局部的校正"成型"工艺。

作为车身部件的材料几乎都采用类似于 EN-AW 6106 的 AlMgSi 合金。合金材料在热成

型温度成型后在空气、水或雾状混合气介质中激冷、低温时效硬化、稳定性退火到稳定状况。这时AlMgSi合金可达到的力学性能为：抗拉强度约200MPa，屈服强度约100MPa，延伸率（A_5）约25%。

1）校正和内部高压成型。对型材断面和型线误差要求±0.3mm需要在挤压型材后接着进行校正工艺。内部高压成型是有效的中间辅助方法。挤压零件在分成上下两部分的、符合零件最终轮廓的、在高压1500bar（1bar = 0.1MPa）的压力下加压。4柱式压力机以高达5500t的保持压力压紧工具。

2）新方法：型材滚压。在A8车身上首次使用挤压型材的新方法，即直接采用型材滚压和分别进行充分的弯曲延伸。在挤压工艺滚压时将约550℃的型件经导向辊轮弯曲到所希望的弯曲轮廓。

型材滚压的优点是：简单、价廉的成型工具；滚压过程不会使型面畸变；不会由于弯曲出现型材凹陷；可以取消弯曲延伸工艺，因而可降低成本。

（3）铸件和加工方法　铸件在A8车身中所占的质量分数从早先的车身所占的质量分数约27%提高到约34%。A8（D3）车身上使用的多功能大铸件是铸件不断发展的结果。其重点放在功能的集成和减少零件数量上。减少零件的好处特别是可减小物流规模。减少车身连接范围可进一步节省成本。通过车身上焊接组件的再循环可避免连接误差，并可极大地改善组件的总误差。

真空压铸：1993年以来Audi在车身部件上使用真空压铸法制造薄壁成型铸件。通过壁厚与工作载荷三维匹配和浇铸的加强肋局部加强可以达到铸件的重量与功能的完美结合。

真空压铸法是零件的一种生产方法。它可达到好的力学性能和高的尺寸精度，兼有高生产率与生产精密（near-netshape）零件的能力。

真空压铸所用的铸造材料一览表见表6.4。

表6.4　A8空间框架中所用的铸造材料

毛　坯	合金/状态	抗拉强度 R_m/MPa	屈服强度 $R_{p0.2}$/MPa	断裂延伸长率 A_5（%）
铸件	GD-AlSi10Mg	≥180	120~155	≥15
	GD-AlMg3Mn	≥180	120~155	≥15
	AlSi7Mg 砂铸	≥200	≥160	≥7

6. 连接方法

车身各个部件的连接是汽车生产厂家的关键工作。因为奥迪空间框架方案（ASF方案）不同于钢板车身方案，所以无论是车身的效果还是连接技术都是不同的。与早先的A8（D2）车身采用的连接技术不同，新的A8（D3）车身除继续用如MIG焊接、无铆钉冲铆和滚压卷边（咬接）粘接技术外，还采用如激光束焊接和激光束焊接—MIG焊接的混合焊接新技术。这里要详细介绍在ASF上所用的这些连接方法和它们的性能。

（1）MIG焊接和脉冲电弧焊接　MIG焊接可达到大于80%的自动化程度。利用新的电源发电机可显著地提高焊接连接品质的重复性（再现性）。脉冲电弧焊接允许在薄板壁厚为$t = 0.9 \sim 1.5$mm时使用比较粗的电焊条（$\phi = 1.2$mm），从而改善电焊条的输送并保证可靠焊接。通过输送焊接填料的大型滚盘设备，可以减少更换电焊条滚盘的准备时间并稳定焊接工艺。提高焊接工艺的可靠性在于采用焊接喷嘴（焊枪）自动测量系统和机器人焊接的校正程序。在生产过程中该系统可在线检测焊接喷嘴可能发生的变化并由焊接机器人进行焊接控制。MIG 焊接主要用于焊接挤压型材件、压铸件和挤压型材件与压铸件的连接。根据被焊件壁厚，焊接速度约可提高到 1m/min。这可减少供给焊接组件的能量并提高尺寸的精确性。

（2）无铆钉冲铆和半孔铆　早在 1993 年在 A8 铝空间框架车身上就已经使用作为点状连接技术的无铆钉冲铆替代电阻点焊和咬合连接。作为自动和手工连接，无铆钉冲铆比其他点状连接方法有更高的静态、动态连接强度与很高的吸收能量的能力（减振能力）。其他的优点是连接件没有热变形，是无热连接，能密封水、密封气体。在新的 A8 铝空间框架车身上使用 2400 个冲铆连接，比首批 ASF 车身的冲铆连接要多一倍多。冲铆工艺不但在车身结构上，而且在车门、前后盖板上大面积使用。

在车身上将组合有板材、挤压型材和压铸件的不同合金材料和从 2.0mm 到 6.0mm 的不同的材料厚度的零件连接在一起。对不同表面的大约 100 种不同材料和不同厚度的组合最后采用等强度的三种不同的铆接几何形状。在某些应用上采用三层连接结构方式（图 6.19）。

为在批量生产工艺中保持高质量标准，无铆钉冲铆工艺经过连续几年的发展。通过优化无铆钉冲铆设备和在线工艺监控，目前已可几乎是 100% 地保证工艺可靠。在冲铆中的故障概率低于 0.25‰。在新奥迪 A8 车身制造上已不断采用自动化和柔性生产，以进一步提高冲铆

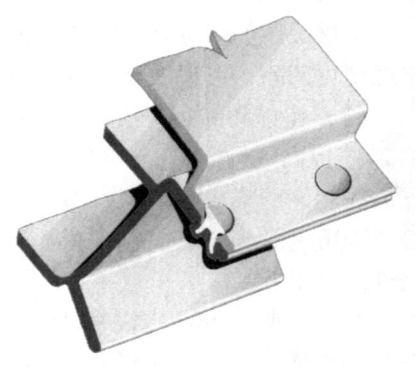

图 6.19　无铆钉冲铆和半孔铆

技术。C 框架盖板也第一次使用自动化生产，以轻松地使复杂的部件结构连接坡口向里弯转，并减少连接部件在设备中损伤。

（3）全冲铆　经济的轻结构应考虑在整个连接缝避免附加的护板。为此目的开发了全冲铆连接技术。这种全冲铆型式使被连接的两构件表面非常简洁。在特定的跑车应用场合可取消它后部不少的水槽塑料护板。全冲铆加工要求两连接件可接近。目前采用切削加工铆钉，所以每件成本高。

（4）自动的直接螺纹连接［随钻攻螺纹（FDS，Flow Drill Screws）］　ASF 构件的特别功能特征是由轻的硬铝压铸件和本质上是密封的挤压成型件组成一个稳定的框架结构。通过随同的推力弹簧封闭自由面。这种结构可达到最好的轻结构品质。它可连接许多封闭断面和可采用单连接件可接近的连接技术。2003 年初，奥迪首次采用新的、适用于这种连接条件的连接工艺——随钻攻螺纹（FDS）工艺。

FDS 工艺的基础是高强度镍锌镀层的钢质螺钉，它的尖端按 EJOT 工厂专利成为钻头尖端。夹紧侧的构件（上部构件）是预先钻孔或预先冲孔的，下部构件是铝材质。

在螺钉以约 3000r/min 转速转动和压紧压力大于 1000N 时螺钉尖端熔融下部铝质构件并直接攻入螺纹而连接。

该连接工艺的优点是：

1）可自动加工。

2）适用于一个连接件可接近的连接。

3）可自由选择夹紧侧构件材料（铝、钢、CFK 等）。

4）灵活的材料型谱。

5）避免热量进入这些构件。

6）防止构件变形。

承载规范是：连接件要附加重量、在夹紧侧构件上目前还要预先钻小孔、底座和机器人设备要有高的刚度。

（5）激光束焊接　在奥迪 A8 车身上使用 Nd：YAG 固体激光器，输出功率 4kW。除了波长 $\lambda=1064nm$ 的激光在铝表面有良好的吸收激光束性能外，这种特殊的波长适用于利用柔性的玻璃纤维缆索从激光发生器引导激光束到达部件。激光系统与工业机器人可很好组合在一起。与机械连接方法相比，激光束焊接的主要优点是：线状连接而不是点状连接；在搭接连接时凸缘宽度很窄；在焊接时可一侧接近。与其他焊接方法相比，激光束焊接的优点是：在一定的板材厚度时可达到高的焊接速度（3.5～5.5m/min）；加热量少，部件的变形很小；对焊接件表面电阻的要求很低。

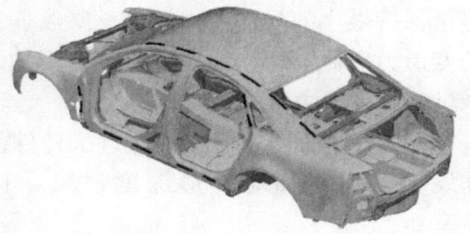

图 6.20　激光束焊接

综合上述优点，在奥迪 A8 空间框架车身上可实现约 20m 长的激光束焊接。激光束焊接的具体实例是：将车身底板连接在 MIG 焊接的挤压型材框架上、将单件的侧壁连接在车顶框架和车门槛上、将车顶连接在车顶框架上（图 6.20）。

（6）激光束焊接和 MIG 焊接的混合焊接　激光束焊接和 MIG 焊接的混合焊接可达到不同的效果，突破目前热焊接方法和焊缝质量、生产率和经济性方面的生产技术限制。

与带有焊接填料的激光束焊接相比，激光束焊接和 MIG 焊接的混合焊接可提高工艺可靠性和间隙可搭接性，因而可得到高的焊缝质量。通过 MIG 焊接过程熔化的电焊条向熔化物输送少量的焊接填料。

与常规的 MIG 焊接相比，激光束焊接和 MIG 焊接的混合焊接可显著地提高焊接速度、焊接深度和稳定电弧焊焊接过程。图 6.21 是激光束焊接和 MIG 焊接的混合焊接的使用情况。它将各板件连接在挤压成型的车顶框架上。

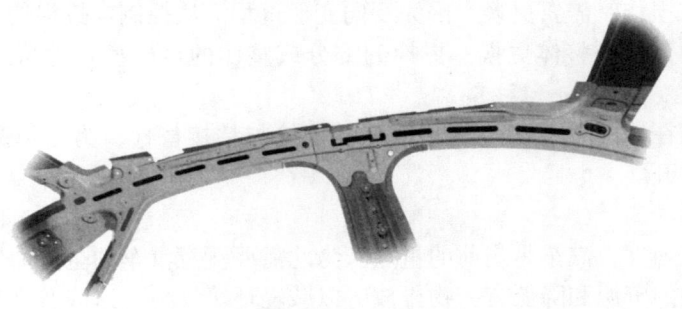

图 6.21　激光束焊接和 MIG 焊接的混合焊接

每辆汽车的混合焊接的焊缝总长度约为 5m。在焊接厚度为 2～4mm 的厚的零件副时，与激光束焊接相比，激光束焊接和 MIG 焊接的混合焊接在焊接件中的能量损失由于焊接速度高而减少，使焊接件的热变形小。

(7) 卷边（咬合）与粘接　利用机器人操作的工具卷边（咬合）与粘接将 A8（D3）车身的车门和盖板内、外板件连接在一起。该方法的优点是：加工时间短；灵活性好；质量高；卷边完美。通过组合的感应凝固使胶初次预硬化。

7. 修理方案

对至今开发的奥迪铝车身汽车已经考虑到它的售后服务。贯彻包括快捷、低廉价格修理服务的总体方案。

在交通事故中最危险的车身范围的刚度等级应尽量保持最小的损伤侵入深度。螺纹连接的前纵梁的变形力应低于相连的后纵梁的变形力，更要低于乘员室的变形力（图 6.22）。

在汽车侧面范围，采用刚性大铸件的 B 柱，使在发生侧向碰撞时变形深度很浅，不易侵入乘员室。

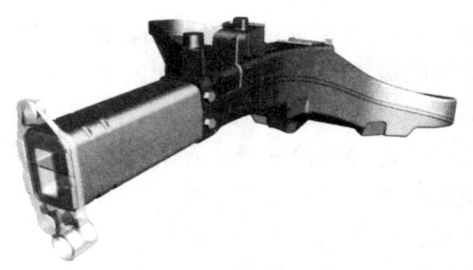

图 6.22　修理方案——螺纹连接纵梁

设计带有预编程序的、定义的变形区的车身结构在发生事故后可最快地确定损伤部位，并规定结构上的修理范围，以减少修理时间，降低修理成本（尽管新的铝车身技术要优于或与钢车身技术一样，仍可降低修理成本）。

为修理 A2 空间框架车身，根据不同的半成品品种的零件，即板件、铸件和挤压型材件，使用不同的修理方案：小变形的板件可反向变形。反向变形时要在针对性部位加热。凹坑可用新研发的工具借助于与螺柱焊接类似的方法予以排除。为此，在凹坑范围焊接一个螺钉，之后随螺钉一起将凹坑拉起，接着用磨平的办法去掉螺钉。

严重变形的板件可以整体更换或分段更换。可采用铆接与粘接（冷时效硬化的双组分胶）的连接技术。

打底漆（腻子）或涂装工艺与钢板车身的汽车操作方式一样。板件修理可由配备专门工具和人员培训的各奥迪商行完成。

损伤的铸件一般要更换。出于强度考虑不允许反向变形，因为铸件的高刚度在反向变形时会产生裂纹。气体保护焊接（MIG）、铆接和粘接也可作为连接方法。

挤压型材件在损伤时需要更换，因为反向变形过程无法控制。按损伤的方式，作用套筒在损伤的分界范围分段或整体更换。更换的部分或整体的挤压型材件再通过气体保护焊接（MIG）连接。

激光束焊接件在修理时用 MIG 焊接或无孔铆接与粘接替代，为去掉激光焊缝，需要磨平，以将焊接件分开。

8. 能量平衡

改善环境的兼容性，汽车是当前的重点。为此需要注意汽车的全寿命周期并优化。要有效地利用不可再生的资源和降低有害物排放，以减轻环境压力。这涉及汽车全寿命周期：从材料获得、产品制造、产品使用到下一个循环的再循环。为爱护环境分忧。由于汽车全寿命周期的各个阶段的相互作用，要进行任务的分解与优化，为了总体上的能量平衡，要求各个阶段相互妥协。

研究表明，汽车的主要能量消耗是驱动汽车。

生产每千克钢板与生产每千克初级铝的当量 CO_2 排放为 1∶6。考虑到每个车身铝轻结构要多用40%的铝（滚压车间的产品废料和冲压车间的产品废料），则由初级铝生产的每辆乘用车车身的当量 CO_2 排放要比由钢生产的车身的当量 CO_2 排放约高一倍。由于铝车身乘用车燃料消耗，视驱动方式和发动机排量，可降低 0.3~0.5L/100km，所以在相同燃料消耗量时可多行驶 40000~90000km 折算路程（视行驶路段状况）。在这种情况下，铝车身乘用车在整个使用寿命内表现出低耗能的能量平衡。因为从第 2 次至 n 次利用再生铝所需的能量只占首次提炼铝所需的能量的 15%，所以它优于再生钢，从材料可再生的能耗和使用中的能耗这样的总的能量平衡视角来看铝车身结构的乘用车比钢车身结构的乘用车可较大地降低能耗。

应该酬谢作为二次重量减轻的轻材料结构的发起者。它不只是单纯的节省多少重量的材料问题，而是要从总的能量平衡、能量优化考虑。再则，从生态方面看，铝轻结构车身与钢结构车身相比更环保。

6.1.3 钢车身轻型结构研究

1. 导言

钢材始终是车身部分超过 50% 重量的主要材料。为达到 21 世纪有关汽车安全性、环境兼容性和成本要求，1994~2001 年在 ULSAB（世界超轻钢车身项目）研究的框架内执行了 3 个紧密关联的开发项目。

超轻型的钢车身（ULSAB，Ultralight Steel Auto Body）是第一个项目，它是 1994 年由 35 家钢铁公司的企业家联合委托提出的。在 4 车门、5 座椅中档乘用车（图 6.23）的组装件上为车身制造

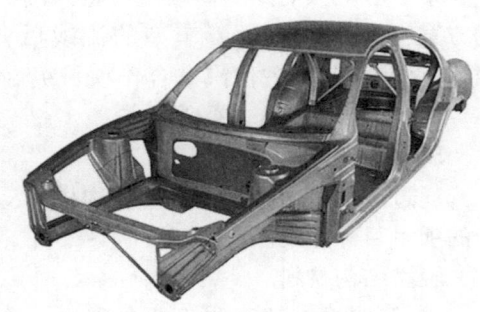

图 6.23 ULSAB 项目的车身

试验采用先进钢材以达到重量的最大减轻。为定义功能目标和确定参数，确定了总共 32 辆乘用车重量、刚度、组装件和方案的基准。

1997 年启动了与汽车车门和盖相同任务的超轻型的钢车身外皮（ULSAC，Ultralight Steel Auto Closures）[52]，该项目要做出有关无框架车门和模块化的装配方案的决断。

两年后开始第 3 个研究项目超轻型的钢车身-先进的汽车概念[49]。该项目将早先两个项目的经验和方案试验扩大到整车开发的保留部件上，包括驱动装置和底盘。按照新的和追加的目标要与 ULSAB 研究的框架条件适应，还要考虑排放法规和扩大的安全性要求。项目 ULSAB 和 ULSAC 除了开发、规划和经济性外，集中于生产为试验、演示和验证仿真结果的样车。

2. 目标设定

在 ULSAB 项目中，通过使用先进钢材，就有关的造型方法、连接方法、与重量有关的组件设计、合理的材料结构等问题证明，钢车身轻型结构重量比基准车身重量平均值减轻达 25%。

项目内容包括结构和刚度、强度、抗碰撞性能的计算仿真。要考虑法规的限值：按 US-NCAP（New Car Assessment Program）标准 0°前碰撞，55km/h 时速对准刚性障碍物以 50% 侧偏碰撞；按 ECE-R95 标准以 50km/h 时速侧向碰撞；按 FMVSS 301 标准以 35mile/h（1mile/h = 1.609km/h）时速车尾碰撞和按 FMVSS 标准 216 车顶静态压塌试验。通过在演示

的硬件上的追加试验证明，静态扭转、弯曲刚度大于或等于对照汽车相应性能的平均值。

对 ULSAC 项目的车门、前后盖板重量要比最轻的对照部件重量轻 10%。在实际车门准静态压塌试验（与按 FMVSS 214 车门压塌试验对比）时，可达到与对照车门压塌力平均值的相同水平。

项目 ULSAB-AVC 保留内、外饰和动力装置，补充带车门、盖的厢式白车身。车身与新的设计风格一致并进一步满足安全性要求（EURO-NCAP，侧向桩碰撞）。考虑价廉、多车型市场需求，采用相同零部件和平台方案。在一个平台上只需少量修改就可得到两种不同的方案：一是欧洲紧凑车型的流线后背（C级）；另一个是新一代汽车合作项目级（PNGV 级：Partnership for a New Generation of Vehicles-Klasse），如图 6.24 所示。

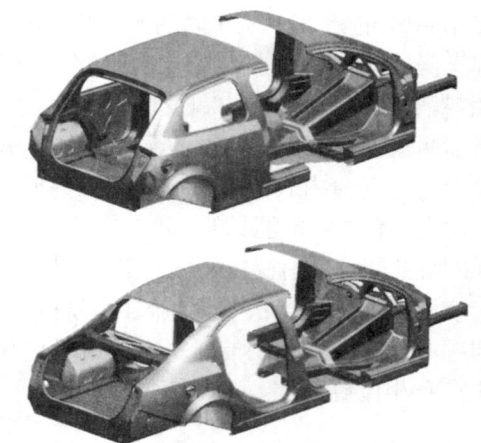

图 6.24 ULSAB-AVC 项目的相同零部件方案
（C 级，上；PNGV 级，下）

3. 转变

通过持之以恒地采用轻型结构材料、轻型结构材料成型和加工及计算机仿真，制订了严格的项目目标方案。

轻型结构材料

1) 高强度、超高强度钢的品质。在 ULSAB 项目中优先采用屈服强度 $R_{p0.2}$ 在 210～800MPa 范围的钢材料（图 6.25），以利用它们的高的碰撞安全性、高的刚度和减轻重量的潜力。

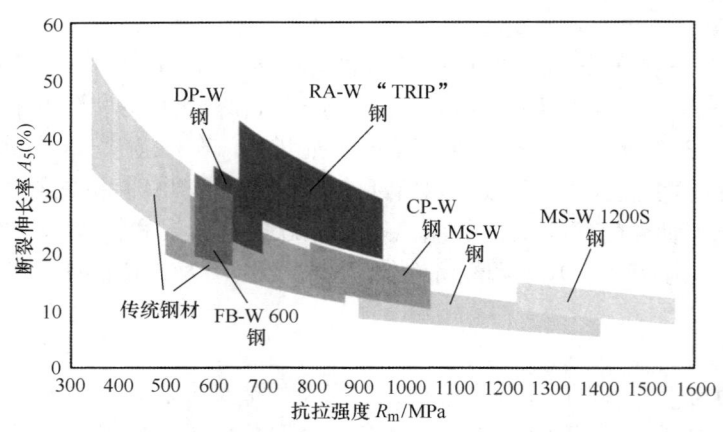

图 6.25 车身所用的高强度、超高强度钢（断裂伸长率随抗拉强度的变化）

车身外皮采用淬硬钢可提高抗凹坑强度。车身和平台采用细晶粒微量元素合金钢。

为在前、侧碰撞时侵入乘员室最小，前壁梁和座椅横梁由特殊深冲的硼合金钢制成。材料放在热的成型模具中深冲，接着淬火（骤冷），零件最终可达屈服强度 $R_{p0.2} > 800$MPa。ULSAB 白车身的 90% 是用高强度、超高强度品质的钢制成的（图 6.26）。

ULSAC 的车门是一个由锁管和铰链管、1.0mm 或 1.2mm 厚屈服强度为 280MPa 的板件组成的框架结构。上部是棱形、下部为管形的加强体由双相钢 DP800 制成。车门外皮像 ULSAB 的车门外皮一样采用淬硬钢，屈服强度为 260MPa。

ULSAB-AVC 项目的其他轻型结构研究是白车身采用超过 95% 的高强度、超高强度品质的钢板材。其中光是屈服强度达 700MPa 的双相钢就占 75%。为在侧碰撞时保护乘员室，采用硼合金钢以加强 B 柱和暗管。

2）三明治（Sandwich）钢板。ULSAB 的备用车轮轮辋和车身前壁采用 0.93mm 厚的三明治钢板（图 6.27）。与常规的防声板材相比，外层厚度减至 0.14mm，聚丙烯的中间层厚度增加到 0.65mm。这种壁结构重量比至今所用的 0.8mm 厚的钢板轻一半。

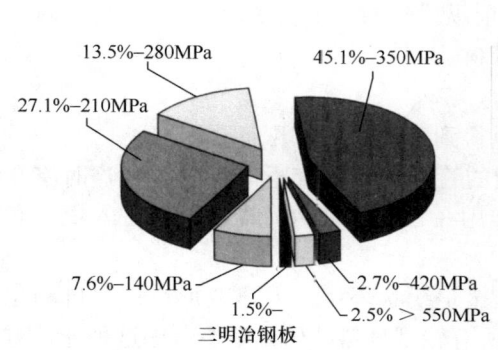

图 6.26 在 ULSAB 项目中车身所用的板材品质按屈服强度等级所占的质量分数

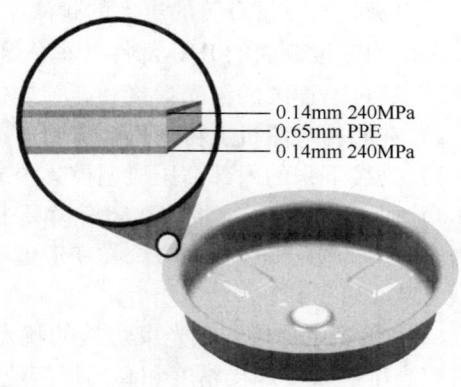

图 6.27 由三明治（Sandwich）钢板制成的备用车轮轮辋

对车身前壁还可达到二次重量减轻，因为可以减小发动机舱的噪声辐射进入乘员室。隔声的塑料层不允许三明治板材点焊，为此要将它粘在毗连的白车身部件上。

4. 轻型结构材料加工

（1）内部高压成型（IHU） 内部高压成型（IHU, Innenhochdruckumformung）是白车身加工中还很少采用的一种方法。在 ULSAB 项目中，已在有特别严格要求的车顶侧框架上得到应用（图 6.28）。

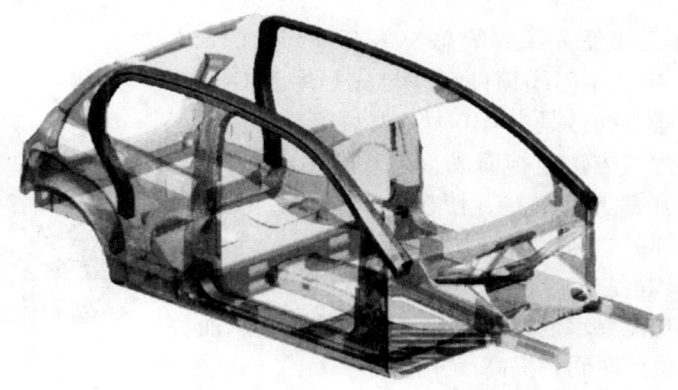

图 6.28 ULSAB-AVC 项目的车顶侧框架

车顶侧框架组合了 A 柱、B 柱和 C 柱，从前面的铰链柱到后部的车轮罩浑然连成一起。根据强度、刚度和组装件（如 A 柱上的视角）要求，选择横断面形状。直径 96mm、壁厚 1.0mm 激光焊接的、高强度的微量元素合金钢管作为半成品，其屈服强度为 280MPa。

在 ULSAC 的车门上同样采用 IHU 件。另外，由于内部高压成型件的刚度优点，在制造内部高压成型的锁管和铰链管时，为穿过铰链螺钉，要合理造型如车门锁固定和铰链轴套夹紧的功能零件。通过闭合的、在断面上与有关下垂、扭转、压塌载荷相适应的型面，加强白车身车门的重量优化。

在后续的 ULSAB-AVC 项目研究中，除已知的 ULSAB 车顶框架外（这时该框架由高强度双相钢制造），前纵梁为内部高压成型件。这样的纵梁在相同的结构空间由于没有凸缘结构，可以吸收与重量有关的更大的碰撞冲击能量。

车门的三维弯曲的 IHU 部件、车顶侧框架和前纵梁分四个步骤制造：

1）通过不连续的激光焊接和高频焊接加工管材。

2）在心杆弯曲机上将管材预弯曲。

3）为接下来的内部高压成型模具预成型，以得到正确的初始几何形状。

4）以 1500bar 压力将放在闭合模具中预成型的管件加载，直至最终成型（这时将在模具内轮廓上的初始零件成型）。在变形过程中，作用在管端的轴向力推动管件进入模具和在成型时减小管壁拉薄[46]。

（2）激光束焊接　激光束焊接的特点是：虽然是线状焊接，但热变形小；在自动化焊接时有高度的重复焊接精度和高的焊接速度。对所有轻型材料结构方案要考虑这种连接方式并扩大应用。

内部高压成型件由于取消焊接凸缘，需要单侧接近连接处的连接方法。在壳状结构的组件中激光焊缝一般可提高焊接件的静、动态刚度[47]。为此，在 ULSAB 研究项目中，车门和风窗玻璃横槽采用激光束焊接并保留前后防撞梁。与通常的点焊连接相比，通体的激光束焊接的焊缝可提高冲击能量的吸收。在对防碰撞梁进行的准静态压力试验时证明，几何形状相同、材料相同的通体激光束焊接的抗变形梁吸收的比质量冲击能量比点焊焊接的抗变形梁吸收的比质量冲击能量高 40%。

在 ULSAB 的车身上激光束焊缝总长达 18m。在 ULSAC 的车门（图 6.29）中，车门闭锁件（在早先是用 MIG 连接方法）的车门后视镜三角区是由 IHU 件和加强管件制成的车门框架，用激光束焊接方法连接而成。在 ULSAB-AVC 项目研究中继续增加使用激光束焊接，使在白车身上达到 114m 长的激光束焊接的焊缝，满足 723 个焊点。

（3）特别材料/特别管　通过大量切割板坯和管料可以在有关重量定义的功能要求框架内优化材料的使用，从而替代焊接组件，缩短生产时间，提高尺寸精度。

ULSAB 的车身侧壁板坯使用大量的特制材料（图 6.30）。侧壁由 5 种不同板厚和 3 种不同品质钢材的 5 个单独的毛坯

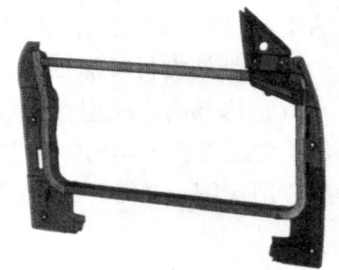

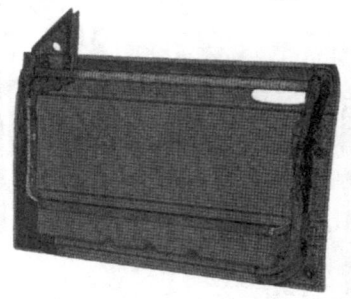

图 6.29　ULSAC 项目的车门框和整个车门

件组成。

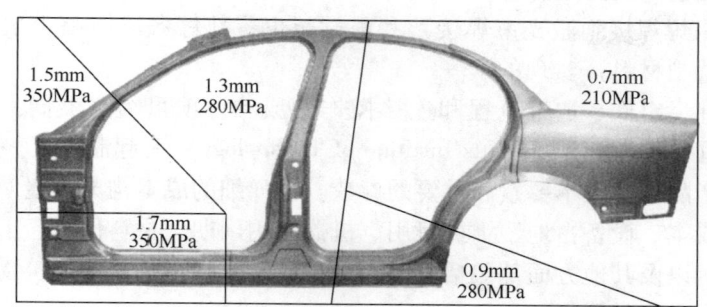

图 6.30　ULSAB 的车身侧壁，特制材料板坯和成品件

ULSAC 的车门前车门体接合处同样是由特制材料的板坯制成的，以在使用最少材料时能产生局部的弹性，使车门下垂量在所要求的限值以内。下部铰链连接的板厚局部增加到 1.2mm。上部范围的板厚为 1.0mm。

ULSAB-AVC 车身的 31% 深冲件是特制材料。暴露的零件使用特制管材。这样，内部高压成型的前纵梁由两个不同板厚的半成品管料制成。处于变形范围的前纵梁前部分采用 1.5mm 厚的板材。剩下的前纵梁后部分采用 1.3mm 厚的板材。

（4）轻型结构材料成型　轻型结构材料成型是一种合理使用材料的结构。根据零件所用的材料和作用在零件上的载荷设计零件的几何形状[6]。在具有结构力学弯曲软化的车身制造中意味着应这样设计零件：使在拉伸和压缩力的作用下减小弯曲力。ULSAB 的后纵梁是轻型结构材料成型和加工的实例。它由激光连接的、由三件特制材料制成的半壳组成。后梁的不同区域承担不同的功能。

从纵梁到车身底板的过渡区是一个相互协调的结构，在没有额外加强节头、在发生后碰撞时，能保持纵梁稳定（图 6.31）。变形范围的断面是六角形，它可在发生碰撞时吸收最大的比长度能量，且有足够的抗弯曲折皱。

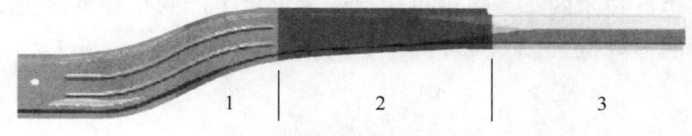

图 6.31　后纵梁
（1 区：吸收底盘力；2 区：吸收行李舱载荷；3 区：吸收后碰撞时的能量）

在 ULSAB-AVC 的车身脚部空间前面的防撞盒是轻型结构材料方案的另一个附加部件（图 6.32）。在这部分不采用高强度梁，而采用能吸收一定能量的特殊区——防撞盒。以此可调整汽车减速度和紧张的车身前部空间对乘员的负面影响。

5. 经济性

为各个研究项目选择车身和零部件方案，包括连接和生产方法，是为每年 225000 件大批量生

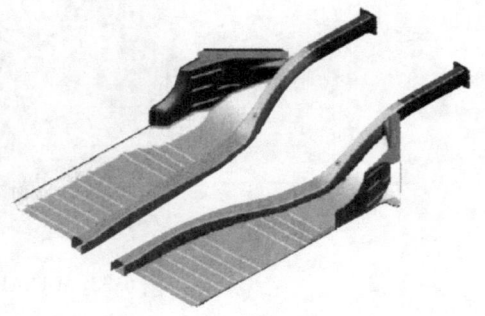

图 6.32　侧向防撞盒

产能力考虑的。注重产品的经济性和降低成本的目标是通过优化材料使用、转变到低损耗的连接技术（从电阻焊焊接到激光束焊接）和通过减少零部件数量（由于生产方法，如内部高压成型和使用特制材料）实现的。

为核算零部件、组件、加工流程和连接操作的成本，项目组与美国剑桥（Cambridge）的麻省理工学院（MIT, Massachusetts Institute of Technology）一起制作了一个成本模型。模型考虑了所有与产品有关成本要素和重要的参数。在详细的成本构成中生产方面的因素，如年工作日、投资成本、设备占地、维护费用、机器使用周期、材料价格、工资、间接劳动力与直接劳动力比例以及其他方面都包括其中。运行成本要计算机器、建筑物折旧，预算的利息，流动资本期限和产品周期。

6. 效果

在开发 ULSAB、ULSAC 和 ULSAB-AVC 时就特别注意普遍采用的同步工程纲要。为达到项目目标要及早引入有关结构、汽车安全性、有限元计算法、材料技术、零部件和装配规划等方面的专家知识。

ULSAC 的车门达 10.47kg（标准的面重量为 $13.27kg/m^2$），比对照的车门轻 33%。ULSAB 的车身重 203kg，比基准车身的平均重量轻 25%。碰撞计算表明，这种车身结构具有所要求的抗变形性能。试验的静态扭转刚度为 28000N·m/(°)，超过基准车身静态扭转刚度 80%。对 ULSAB-AVC 的汽车整体方案，紧凑型汽车等级的车身重量为 202kg，PNGV 等级的折背式轿车为 218kg。

虽然提高了安全性要求，车身重量仍低于由 ULSAB 研究推算出来的重量目标。EURO-NCAP 碰撞标准（64km/h，40% 重叠，可变形的障碍物）的 FEM 仿真计算结果证明了车身方案设计是成功的。因为一方面达到了所期望的抗变形性能，另一方面保持了在碰撞的冲击载荷下乘员室的必要的稳定性。与当前的 EURO-NCAP 试验结果相比，ULSAB-AVC 具有达到最好的 5 星级评价的潜力。

根据 ULSAB、ULSAC 和 ULSAB-AVC 的研究，坚持不渝使用目前已知的轻型结构措施、使用先进的钢材和生产技术的车身重量可比目前大批量生产的车身重量在不牺牲功能、安全性和经济性前提下明显降低（图 6.33）。

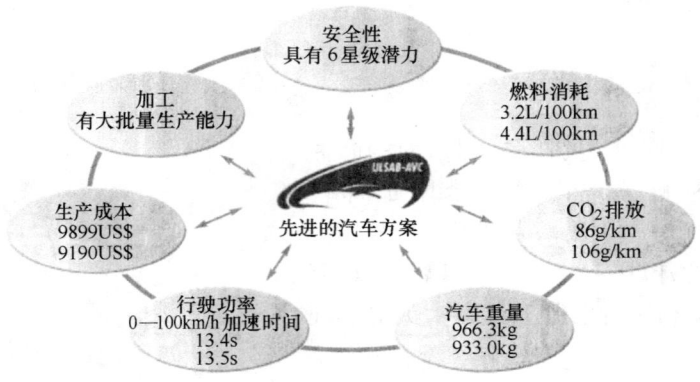

图 6.33 ULSAB-AVC 的紧凑车型试验结果

6.1.4 敞篷轿车

1. 导论

Cabriolet 一词在汽车出现以前，指的是轻型的、开放式的、仅用于娱乐出行的马车。当前这个词的含义是指，其结构上车顶可收起或去除的汽车。

传统上的敞篷轿车指的是有可收起的软篷车顶的轿车。20 世纪 90 年代，出现了第一款具有可折叠的、多段的金属车顶的车型，被称为可折叠硬顶车，简称为 RTH（Retractable Hardtops）（1996 款奔驰 SLK），也被称为可变硬顶敞篷车。开放式汽车按照车身结构类型可分为以下几种：

1）可敞篷的豪华轿车：两座或四座，B 柱与 C 柱间保持开放。

2）敞篷车：多数为四座，两个车门，带有软顶或硬顶，常基于双门硬顶车型开发（图 6.34）。

3）双座敞篷小跑车：带有软顶或硬顶的双座跑车。

4）双座跑车：无车顶。

自 2012 年 1 月 1 日起，在德国注册的开放式汽车约为 180 万辆，约占德国总注册乘用车的 3.5%[59]。

图 6.34 宝马 3 系敞篷轿车（来源：宝马公司）

2. 白车身

由于敞篷轿车是一种"利基"车型，其产量较小，故出于成本控制的原因，其结构一般基于某一车型平台或大批量车型的车身变型。敞篷轿车缺少了作为支撑元件的车顶，为了平衡因车顶和可折叠后风窗部分损失的刚性，其地板和前风窗框架需要加强。图 6.35 展示了一款敞篷轿车的白车身，图上标识的部分为敞篷汽车的特殊变化。

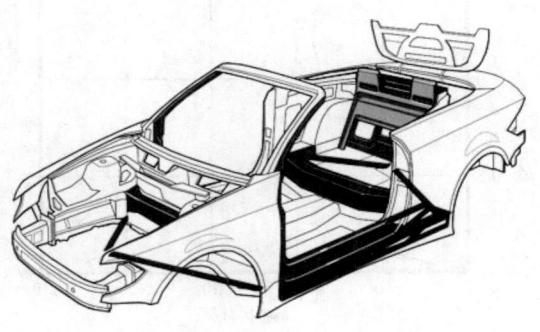

图 6.35 带有特殊加强机构的敞篷轿车白车身

对于不基于大批量生产的车型或双门硬顶车型的某些车型（如宝马 Z8），主要采用自承载结构，也称为空间框架技术。最终产生一种框架结构，通过额外的结构来提高开放式车型的刚度。

在设计敞篷轿车车身时，一定要注意车顶的收纳。对于绝大多数车型，通过在车身上内置一个隐藏的隔板或者行李舱来实现，通过行李舱盖或者车身后部的分离的隐藏盖来封闭。

（1）车身刚度 因缺少车顶，敞篷轿车比较同平台的四门轿车车身，其刚度损失最高可达 85%。为了满足安全性的高要求而采取的额外措施，比如宝马 3 系敞篷车，相较于四门轿车，其总重增加了 320kg[60]。平均算下来，为增加刚性采取的措施，使敞篷轿车比同款四门轿车重 120kg。

目前，敞篷轿车车身的刚度通过以下的措施来优化：

1）增大纵梁的横截面积，如车门框架纵梁。

2) 增加额外的横向壁或加强横向壁。
3) 设计中增强 A 柱和 B 柱间纵向承梁的刚性。
4) 在前端和后端引入对角支撑。
5) 在承受扭力流的零部件中增加连接件,如前部的副车架。

车身刚度会影响车辆的安全性、舒适性和操纵性。此外,车身刚度对碰撞安全性和减小车内噪声非常重要[61]。

车身结构设计的目标是,其固有频率要与发动机、车桥、废气装置、转向柱以及车顶系统的振动频率错开。

静态刚度:静态刚度保证车辆的车门、发动机舱盖、行李舱盖以及敞篷轿车的车顶可以顺畅地打开和关闭,即使车辆在不平路面上也是如此。

动态刚度:动态刚度会影响车辆的振动特性。扭转振动影响车辆的舒适性。车身的扭转振动会引起后视镜和转向盘的振颤(图 6.36)。座椅上可感觉到的振动通常是车身的弯曲振动引起的。

振动问题对敞篷轿车的影响更大,因为开放式结构的刚度无法与封闭式结构相比[61]。四门轿车在扭转分析中其固有频率可达 50Hz,而四座敞篷汽车的固有频率则仅为 15~25Hz (图 6.37),在这个频域内,正好与发动机和车桥的振动频率相近,所以舒适性受扭转振动的影响非常明显。测试结果表明,在对双门硬顶跑车和敞篷汽车的横向振动的测试中,敞篷轿车后视镜的振幅可达双门硬顶跑车的 10 倍。

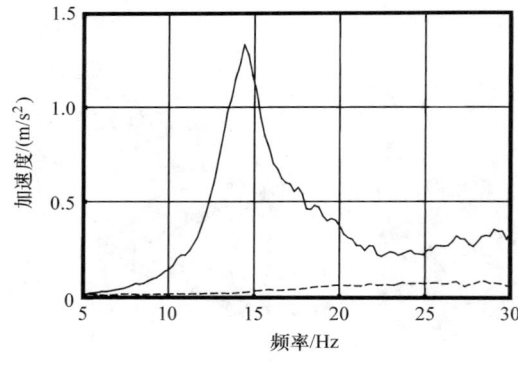

图 6.36 液压脉冲试验台上后视镜的横向加速度

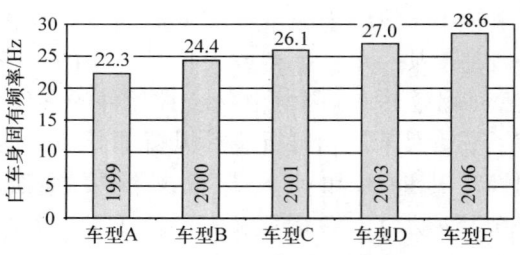

图 6.37 四座敞篷轿车 1 阶扭转特性频率

(2) 车身减振装置 在之前的章节中,曾经解释过由车身、底盘、发动机的耦合振动引起的车身谐振,会导致噪声和振动,这会影响舒适性的主观评价。为了消减噪声和振动,在目标位置设置被动减振装置,形成弹簧-质量阻尼系统。一种新的应用是采用主动减振装置:通过液压执行器来使车身振动最小化,在不增加额外质量的情况下提升了舒适性。

减振装置可以通过电池供能(如宝马 3 系敞篷轿车)或液压泵自动实现减振。在某些敞篷车型(如新甲壳虫敞篷轿车、保时捷 Boxster 敞篷轿车)上,采用电液装置实现减振。

在许多敞篷汽车上,减振装置的质量约为 10kg 或更多。在敞篷车型上,特别要注意的是,在敞篷和封闭两种情况下,其动态刚度是不同的,减振装置只能通过一种频率来确定。总的来说,减振装置的阻尼设计得越大,其中工作范围就越宽。

(3) 敞篷轿车车身的强度设计 总体来讲,在敞篷轿车车身设计中,除了提到的提高强度的措施及安全性相关的碰撞特性外,还有轻量化的要求。

在敞篷轿车车身强度设计中,其关注点主要有:

1) 由于某些部位采取了加强刚性的措施,会造成局部刚度相差较大,这会造成材料应力增大。

2) 敞篷轿车相对较低的刚度,会使各零部件在受力时产生较大的变形,因而产生较大的负荷,尤其是在各连接件的接缝位置。

3) 敞篷轿车车身接缝部位常会产生疲劳损坏(焊点等)。

优化敞篷轿车车身强度的基本原则是:尽量使刚度阶跃及接缝位置避开高负荷。

3. 敞篷轿车安全相关设计

在公共道路上,对敞篷轿车有着和其他乘用车同等的安全要求。大批量生产的汽车上的主动和被动安全装置都早已应用在敞篷轿车上,在很多款车上也都已成为标准配置。一些主动安全系统,则为应用在敞篷轿车上进行了适配。在四门轿车上安放在车顶的头部安全气囊,在敞篷轿车上则变为大的头部和胸部气囊,放置在车门里。安全相关的、专用于敞篷轿车上的配置改变还包括翻滚保护装置(加强的A柱和防滚架系统)和车门。

前碰撞:对于前碰撞,优先考虑的是通过车辆地板,对于敞篷轿车还可以考虑通过车门传递碰撞能量。在敞篷汽车上常见的措施是增强纵梁,包括板件、管件的强度加倍等措施。

侧碰撞:由于敞篷汽车的B柱只到车窗的高度,为了提高侧碰撞时乘客的安全性,敞篷轿车加强了地板、B柱与纵梁的过渡区域以及侧壁。在这些措施中,一般通过强度更高的管件来实现。通过加强A柱、B柱,以及对门锁和铰链等的强度提出更高的要求,可以使敞篷轿车的侧撞安全性达到封闭式轿车的水平。

后碰撞:在车身后部的侧碰撞,特别是后方正撞的情况下,必须要能保证,无论是车顶敞开还是车顶闭合的情况,覆盖件以及驱动系统都不能侵入乘员舱。

翻滚:总的来说,对于没有保护性的、大面积车顶的汽车,如敞篷轿车或敞篷跑车,在翻滚情况下,必须保证乘员有足够的生存空间。在汽车翻滚时,主要的载荷由A柱和前风窗框架承受,如果有的话,也由翻滚保护系统承受。

提高A柱刚度的结构方案集中于采用高强钢或超高强钢制成的管件,此外,也可以采用强度更高和/或更大截面积的风窗来提高强度。

对于翻滚保护系统,目前有两种基本类型:固定式和主动式。所谓的固定式,有两个要求,第一,在整个车宽范围内,翻滚保护系统都可以起到作用;第二,翻滚保护系统固定在每个座椅上。这会提高汽车的空气阻力,并会产生气动噪声,这是翻滚保护系统的缺点。从造型设计的角度,对这个系统也有不同看法。

所谓主动式系统,是指翻滚保护系统置于一个壳体内或后壁单元内,只有在发生翻滚时,翻滚保护系统由传感器触发,典型的情况是借助气压蓄能器,在不到1s的时间内弹出到保护位置并开始起作用。

4. 气动声学

在敞篷轿车开发中,气动声学占据着重要的位置。其焦点在于减小风噪,以及避免因涡流引起的环流噪声。此外,还要注意部件的振动,它也会引起扰人的噪声。

环流噪声产生的首要原因是涡流的分离,如密封过渡部位,或车顶与侧窗的间隙等位置。因零部件公差产生的非密封位置,声音也会由此传入车内。这样一来,就会产生令人不快的哨声。软顶车的其他关键位置是车顶的过渡位置。

外部噪声向车内传播的强度主要由车身覆盖件及隔振的材料决定。为了尽可能衰减噪声的传播,可以使用聚酯纤维或聚氨酯作为隔振材料。图 6.38 显示了两种不同隔振材料的频域。

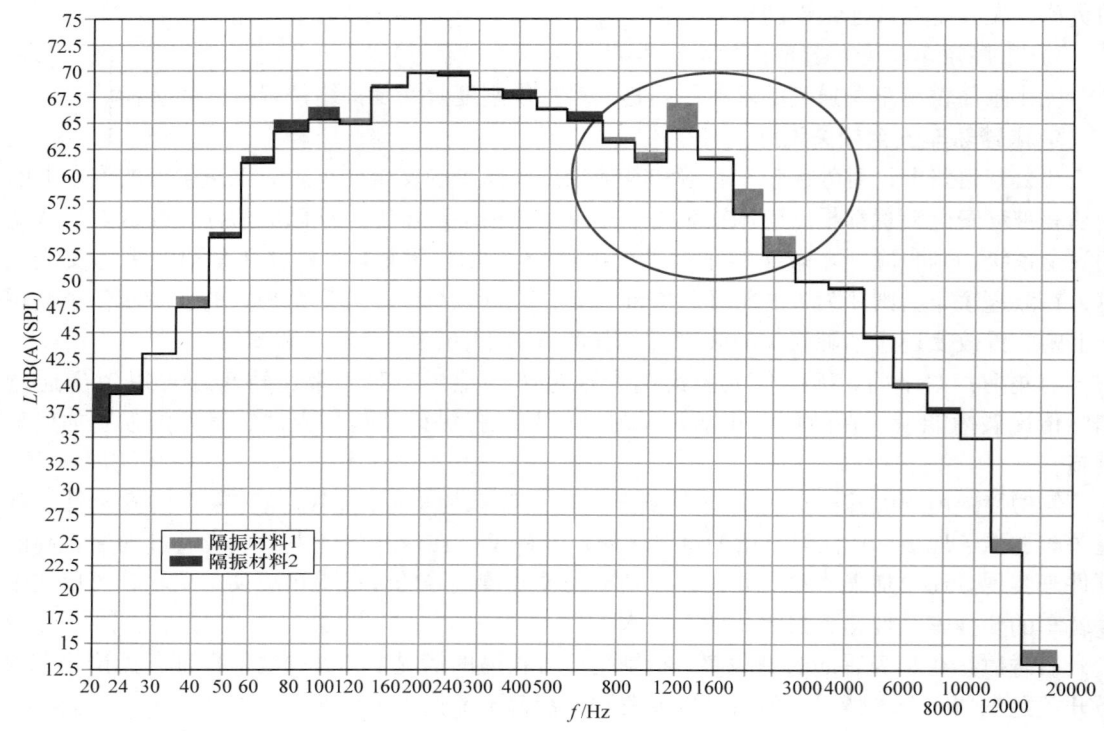

图 6.38 两种不同隔振材料的频域

后风窗的隆隆声、小零件的嗡嗡声以及侧窗打开时车内顶篷的颤动,主要是部件振动激励的,针对的措施就是对部件施加附加的固定,或者有目的地对零件的振动传递施加影响。

为了最大限度地减小开放式轿车的风噪和涡流,使用了扰流器。使用它更多地考虑乘客的舒适性,而不是轿车的速度。对于四座轿车,扰流器一般安装在后座区域;对于两座轿车,扰流器安装在翻滚保护系统中间,可能是网状的,也可能是分开式的板状。最近的开发中,也把扰流器应用在风窗框架上。

5. 车门

在正面碰撞中,除了轿车地板以外,车门也起到了很大的能量吸收作用,这需要在敞篷车门设计中,增强窗台区域和车门连接处的强度。封闭式轿车的无框敞篷车门面板吸收有框门框承受的压力、扭力和弯曲力。为了满足这些要求,需从结构上予以解决,即要:①增加门玻璃的材料厚度,包括调节车窗升降系统;②加强门轴。

6. 车顶系统

直到 30 年前,敞篷轿车的车顶系统还主要基于简单的连接,并通过带有集成式柔性后窗的 PVC 盖板实现收纳。车顶固定在轿车后部车身区域,可用手操作,例如福特野马、大众高尔夫或欧宝 Astra。20 世纪 90 年代，越来越多的车顶系统存放在汽车后部舱盖下面。该敞篷轿车的典型代表是宝马 3 系敞篷车、奥迪 80 或奔驰 CLK。

对于没有顶部隔室盖的软顶篷系统，进一步的发展出现了所谓的"Z 形折叠百叶窗"结构。在此敞篷车版本中，前车顶区域（也称为前保险杠或车顶）用作存储盖。宝马 Z4、奥迪 A3 或奥迪 TT 展示了这种结构型式。

与软顶平行的是，在市场上出现了金属硬顶，即所谓的"可伸缩硬顶"（RHT）。它们的先驱是奔驰 SLK 和标致 206，最初只在两座敞篷轿车上使用 RHT，2007 年，一些汽车制造商还提供了四座敞篷轿车以及更精致的 RHT，包括 AstraTwinTop、大众 Eos（图 6.39）、宝马 3 系和沃尔沃 C70。两座敞篷轿车的金属车顶仍可以由两个车顶部分构成，四座车车顶则通常至少需要三部分，同时车厢可以做得足够大以容纳后排乘客。

图 6.39　大众 Eos 的车顶（资料来源：大众公司）

此外，市场上的带有大玻璃元件的 Targa 式车顶以及相应的大开口车顶（例如 Porsche 911 Targa）和折叠车顶都是由纺织品制成的，后者主要用于小型汽车（例如菲亚特 500）。由于它们不算是经典的敞篷轿车车顶系统，因此在此不对其进行详细介绍。将来可能会有各种车顶和车顶变体的混合结构，或者已经在设计研究和小批量生产中实现。

（1）可折叠硬顶　借助可伸缩硬顶，人们创造了一种新型的敞篷轿车。可折叠的硬质车顶为客户提供了最重要的防破坏功能，以及更好的隔声和隔热性能。当然，新开发的软顶车也能够实现最后提到的两个要点。

最初，主要使用两段的硬顶，近年来，市场上主要出现了 3～5 段的硬顶的敞篷轿车。采用多段式设计是由四座乘员舱的长度和相对短的后悬确定。只有将车顶表面分为三段，才能实现四座、短的后悬和可完全收纳入行李舱。此外，由于包封密度高，可以使车后部显得较低。两座式车辆也继续偏爱两段式硬顶。

硬顶系统包括车顶和顶舱盖运动机构。在该连杆机构上，安装了车顶外壳或盖子。车顶的外壳和盖是根据车顶段数和重量要求以钢板或铝板制造的，并且纤维增强的塑料件已经在使用中。

（2）软顶　软顶现在有多种设计，区别主要在于折叠的类型和所需的运动机构，如夹板式、Z 形折叠式、常规折叠式和翅片式等。对于软顶系统，与硬顶相比，收纳的空间可以改变。因此，软顶（图 6.40）主要用于以下类型的车辆：中置发动机敞篷轿车、后悬特别短的四座敞篷轿车和两座敞篷轿车，当车顶放下时，敞篷轿车的行李舱特别宽敞并具有良好的可达性。

现代软顶还必须在轿车的整个使用寿命中满足全年适用性，以及隔声和隔热的高标准。车顶运动机构由数百个单独的部分组成，是敞篷轿车上最复杂的运动学组件之一。市场上仍然提供手动操作的车顶，但是半自动或全自动车顶系统的比例正在增长。

纯手动车顶系统专门用于软顶上。要打开时，前弓（也称为车顶）在一个或两个单独的锁上解锁，然后将盖子手动存放在顶部隔室中。对于半自动遮盖，只有前盖可以手动解锁。车顶由电动或电动液压驱动器驱动（图 6.41）。该驱动单元还可以分别在 C 柱或 B 柱区域，在现有的帽子架和行李舱盖中移动挡板。

图 6.40 软顶系统中的元件

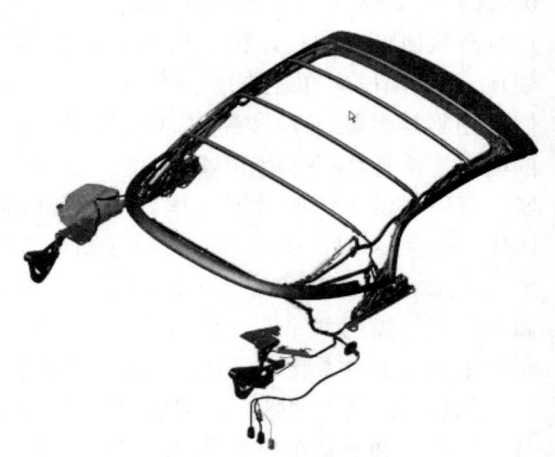

图 6.41 带有夹具和电动液压驱动装置的软顶连杆机构

对于 Z 形折叠和最外面的车顶，运动机构通常足以移动车顶。如果要将车顶存放在车厢顶盖的下方，则必须先用其他运动装置抬高软顶车顶的后部（在某些情况下还包括硬顶车），以打开和折叠车顶顶盖。

为了使襟翼在柔软的顶部拉伸或达到必要的密封压力，并使柔软的顶部和硬顶完全闭合，需要附加的闭合。

封闭车身后部的车顶只能通过车顶上的紧固件锁定在前围板上，"基板"（图 6.42）安装在前围板上，作为车顶上手动或电动锁定装置的支座。

根据所使用的车顶运动机构，具有可移动张紧装置的车顶的顶篷可以在车顶或车后部区域具有锁紧装置，它在顶篷的锁定装置中的应用越来越多。

对硬顶车来说，气动力以及"吱吱"作响的声音，使单个车顶壳相互锁定的必要性大大减弱。车顶之间的锁定单元通过前盖驱动。C 柱区域以及柔软的顶部储物箱盖中的挡风板还使用了其他封闭物。它们可以通过电动机或车顶液压系统来驱动，也可以与铰链的运动耦合。

柔软的顶部纺织品的周边包括外顶盖、顶篷衬板和覆盖物与衬板及张紧带之间的阻

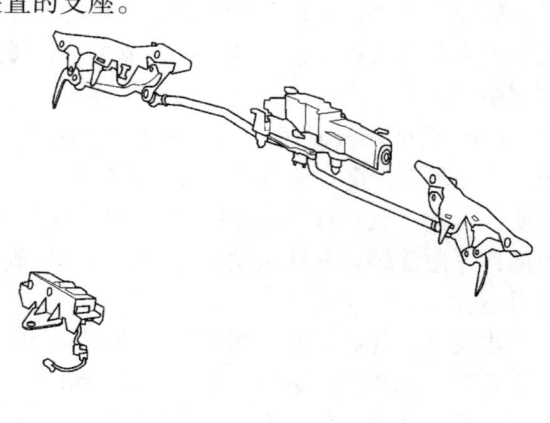

图 6.42 带基板的前盖

尼件。

最重要的是，衬板实现了视觉功能：它覆盖了内部的运动机构组件。根据纺织品的结构，它还可以从一定程度上隔离噪声。衬板同时使用单层材料和多层纺织品。

可转换顶盖通常由三层结构组成，通常是聚酯纤维。仅在极少数情况下使用粒状 PVC 膜。内层也是不同编织的聚酯织物。中间橡胶涂层可确保盖板的防水性。用于顶盖的材料具有不同的质量和厚度，这取决于可用的包装尺寸和所需的隔绝性能。

为了进一步改善软顶的隔绝性能，同时又使顶部具有所需的造型，使用了额外的隔热垫（羊毛材料、聚氨酯垫）。除外观和绝热效果外，重要的是，当软顶闭合时，材料的恢复性能应使车顶具有尽可能少的褶皱。冲击质量对褶皱的可逆性有重要影响。

为了确保以后报废时的品种纯度，通常将纺织物周边仅通过机械元件（例如夹子、螺钉或铆钉）与车顶的框架连接。如可能，尽量避免早期的粘合。

以前将透明的塑料薄膜用作后窗，现在，除了少数例外，如非铺装道路区域之外，只能使用带有后窗加热功能的矿物玻璃板。在许多情况下，玻璃面板会粘在车顶织物上。玻璃板也可以通过带有附加密封件的金属框架或塑料框架连接到覆盖材料上。

张紧带被固定在顶部连杆机构的侧面，即所谓的"箍"，这些具备热稳定性的张紧带引导"箍"，同时支撑敞篷车顶盖。

车顶系统必须在车辆接口处密封，接口是前围板、侧窗、门槛密封条、车顶盖和后车身板。对于今天的敞篷轿车，其密封性要求与所有其他类型车辆相同。为了能够覆盖车辆和车顶之间接口的公差，使用了带有一个或两个腔室和附加密封唇的大体积轮廓（图 6.43）。在拐角处，轮廓被转换为成型零件。密封件通过所谓的"安装导轨"拧紧或铆接到车顶篷的连杆机构上。框架导轨装有 C 形型材，该型材已经插入密封件的橡胶密封件中。

图 6.43 软顶的侧面密封轮廓

在打开和关闭车门时，侧窗额外的自动降落量可确保在自动上升过程中，侧窗完全被密封件覆盖。从而确保了气密性、风噪最小以及隔声性能。

电动液压力是当今最常见的软顶和硬顶开闭的驱动技术。此外，也有使用电动机的。液压驱动器由带有电动机的泵单元、储油器、泵体、软管单元以及与要移动的组件相连的液压缸组成。

当前的敞篷轿车装置是专门为盖板系统的需求而开发的，可以满足小包装尺寸和高驱动力的要求，使用的压力为 120~170bar。

在纯电动驱动的情况下，通常存在缺点，即必须通过复杂的机构将力分配到要驱动的组件上，或者必须使用多个电动机。对于更简单的顶部系统组件，也有了替代方法。

6.1.5 车身前部模块

由现代乘用车开发的车身前部模块（图 6.44）是现成的，自 20 世纪 90 年代初它已用在大众高尔夫乘用车上。结合发动机前置、开式车身前部方案，将带车前部模块的组件连接到汽车前部。目前，车身前部模块的世界市场为 1500 万件，到 2015 年为 1800 万件。其中在欧洲市场将超过 800 万件。车身前部模块由汽车生产厂家自行开发和生产的占世界市场的 26%；单纯交给供货商装配的约占世界市场的 15%；还有的车身前部模块由供货商开发和装配[67]。

图 6.44　奥迪 Q3 车身前部模块
（资料来源：HBPO GmbH）

1. 车身前部模块的部件

车身前部模块的概念没有标准，汽车生产厂家和专业厂对模块的理解和范围不一样。车身前部模块包括的部件越多，越能节省装配成本。车身前部模块主要部件为：

1）构件支架。

2）冷却部件。

3）保险杠横梁和防碰撞盒。

4）前照灯和其他前灯、信号灯。

5）必要时还有保险杠涂覆层。

构件支架是车身前部模块所有部件的集成平台，此外还集成发动机锁钩、抓钩和止动缓冲器等。目前有几种不同的构件支架技术方案。可以采用塑料、铝或钢。混合部件（PP 或 PA 塑料/钢）的构件支架越来越多使用模具（In-Mold 或 Post-Mold）制造。混合部件的构件支架的优点是在具有高的刚度和高的耐热性的同时可实现高度的功能集成和小的公差。

构件支架的理想情况是按不同的发动机功率能有效地组合不同的散热器尺寸和各种配置。

带防碰撞盒的横梁在正常工作时是开式车身前部的封闭部件，并可加强车身。在碰撞时（车速达 16km/h，对准固定障碍物），有意地通过横梁和防碰撞盒的变形减小碰撞能量。按设计要求，嵌入的前照灯和保险杠覆盖层要精准，即缝隙和连接应小并均匀。这一切都是为了在装配带上，在连接车身前部模块时达到所希望的照明图像而不需要再调整[67]。

2. 车身前部模块的开发和生产权限

在使用车身前部模块时，对单纯的产品装配要达到所期望的成本降低的关键在于高效、及时装配，即总成准时到达装配带的生产和有效的产品管理。由于众多的变型（汽车颜色、发动机功率/冷却、照明设备），所以每种车身前部模块只在要求供货时才生产，并准确按汽车产品的装配顺序供给装配带，以免费钱的中间储存。在车身前部模块工厂的重要生产环节经常是用夹子或螺钉装配提供给它的部件。

如果汽车生产厂家转出与车身前部模块有关的开发范围，则供货商除了完成车身前部模块的主要任务外，还要相互对照和完成车身前部的全部部件。汽车生产厂家提出的主要要求为：

1）实现汽车生产厂家的设计外观。

2）组合照明技术和冷却功能。

3）外部的空气环流。

4) 行人安全保护系统。
5) 有效的防碰撞管理。
6) 低成本装配。

3. 车身前部模块创新

通过不断使用塑料涂层（如为车身侧壁）可得到全新的引申方案。已接近实现的该方案是汽车前部不需要连接。图 6.45 是车身前部模块方案。它扩展了前照灯遮挡玻璃的功能，也部分地用作保险杠的覆盖层。大面积的聚碳酸酯遮挡玻璃只是放在它后面的照明功能和电子

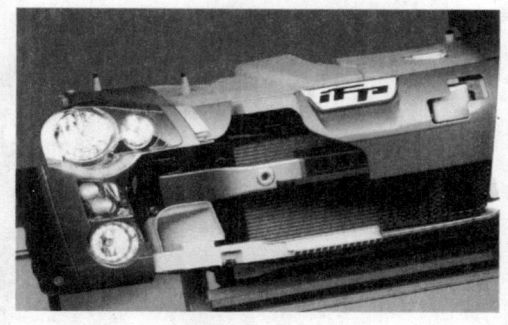

图 6.45　高集成的车身前部模块
（资料来源：HBPO）

功能需要的那个地方才是透明的，玻璃的剩余部分涂装成汽车颜色。放在外侧的两前照灯遮挡玻璃与中间的零件一起组成保险杠覆盖层，而中间零件则采用无连接的滑动接头片与两遮挡玻璃连接[68]。

组合的综合照明技术、成熟的散热器调节装置以及驾驶人辅助传感器和防碰撞管理显著地增加了车身前部模块的电气、电子器件的份额，并导致提出开发创新集成方案的要求。

随着行人保护法规（EU 条例 2003/102/EC）的规定，即乘用车和轻型商用车从 2005 年 10 月起必须通过小腿碰撞和儿童头部碰撞试验，并从 2010 年 9 月起必须通过大腿碰撞和成人头部碰撞试验的高要求，随之而来的是对车身前部模块的新的、更高的要求。为此需要低矮的散热器方案，以赢得在汽车外皮和放置在外皮下面的、有关大腿碰撞和儿童头部碰撞的防碰撞措施的部件之间的更多自由空间。通过加强保险杠覆盖层或有针对性地使用保险杠下面的行人保护横梁可优化行人的保护。在发生前碰撞时保护横梁可迫使被撞行人的身体转动，使被撞行人在发动机罩上面滚动[67]。需要注意的是，在开发车身前部模块或组件时要敷设传感器和光纤，以在车身前部模块上的压力出现异常时主动采取行人保护措施或防撞措施。

6.2　车身材料

6.2.1　历史回顾

在汽车制造初期，车身的形状和结构按马车的形状设计。车身主要采用钢、木材，并安装在底盘上。主要是按用户要求单独制作。直到以后的不断工业化进程中开发了低成本的生产和加工方法。在当前大批量汽车生产中优先采用系列的材料和技术方案，即在车身上采用多种高强度钢、调质钢、轻金属材料，如铝、镁，热塑性塑料和热固性塑料[69]（图 6.46 和图 6.47）。

目前，在综合性要求矩阵中，如轻型结构、安全性、刚度、可靠性、环境兼容、成本等，要保证最好地达到目标。

汽车内部，特别是仪表板总成是驾驶人和汽车之间的重要接口。仪表板总成所用的材料不断变化，它不断受到对舒适性、设计和人机工程学的要求的推动。在早期，仪表板总成主要使用金属、木材和皮革（图 6.48），现今则使用很多塑料和织物材料[70]（图 6.49）。

图 6.46　宝马 DIXI 汽车所用的材料

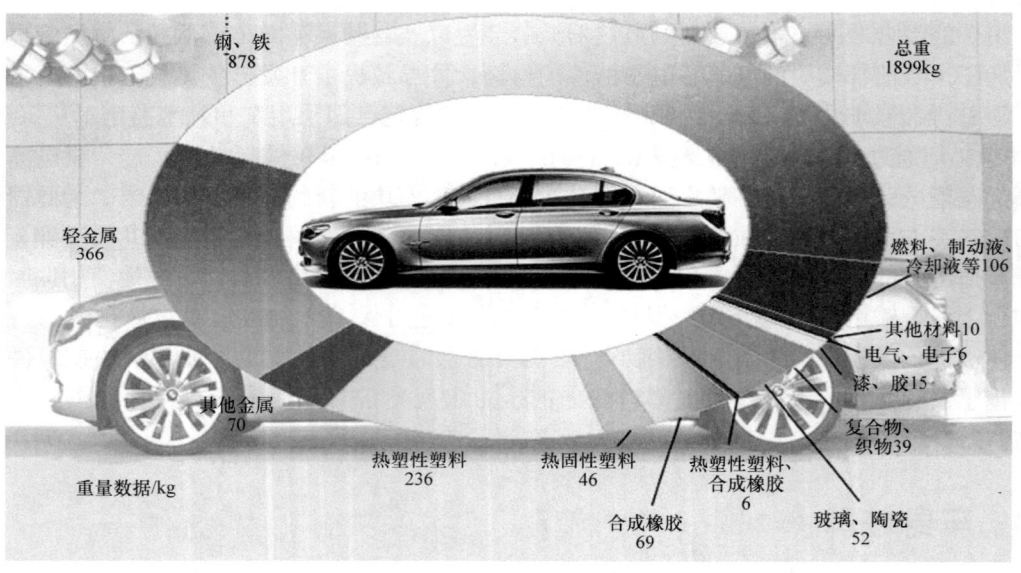

图 6.47　乘用车制造中使用的材料（以第 7 代宝马为例）

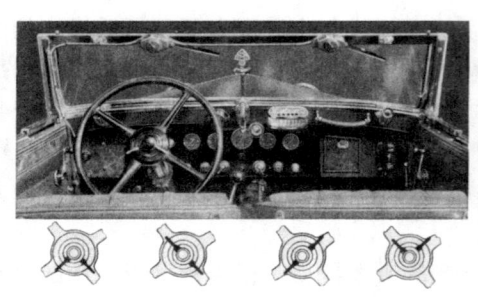

图 6.48　迈巴赫 Zeppelin DS 7 仪表板总成
（1930~1937 年，资料来源：戴姆勒克莱斯勒）

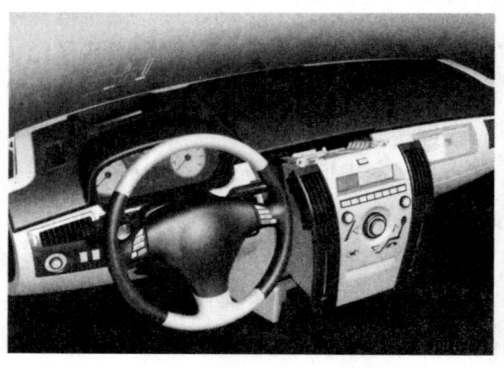

图 6.49　模块化的仪表板总成方案
（资料来源：西门子 VDO）

6.2.2 方案和结构

如果汽车定位在一定的市场范围，就要计划生产量和销售价格。这不但对车身功能，而且对车身材料选择有很大影响或有不同的结果。最佳的材料选择取决于很多因素，因为同样的材料不是每一种设计或每一种汽车在经济上是合算的。

在当今大批量生产汽车中优先采用钢材的板壳结构。无论在车身结构还是安装件都瞄准某些要求。对高生产量的结构是经济的，但较低的钢材成本则要面对高的设备投资。

其他的方案就是安全用铝制造的白车身，如铝质空间框架结构就是这种情况[71]，它是由挤压成型的栅格框架结构组成的（见6.1.2小节）。这种结构对小批量生产汽车特别经济。铝比钢较高的材料成本可从较少的设备投资中得到补偿（图6.50）。在新的车型中，由于轻型结构的要求，也可见到钢和铝的混合结构车身，如铝的车身前部结构与钢车身连接。

未来车身方案的引申在于将在承载结构范围的部件和功能集成，并与优化传力路径和选择相应的生产方法结合起来[72]。

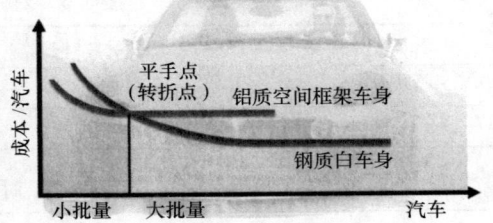

图6.50　铝质空间框架车身与钢质白车身成本比较

在开发车身时发生的目标冲突一览表见表6.5。优化使用高效的材料不只是在经济层面上，而且在技术层面上有很大作用。首先要满足像成本、可用性、可变形性、可连接性等的一些基本准则。在车身方案中，刚度—强度—轻型结构之间的目标冲突是显而易见的。

表6.5　车身制造中的目标冲突

设计师的目标	目 标 冲 突
使用"理想"材料	成本、腐蚀、连接、修理、再循环、规范……
高强度和高刚度	在竞争中的结构空间，提高刚度的结构措施，如增大断面
部件的多功能	材料性能和可制造性
轻型结构	声学影响
根据件数（产量）设计	正确的材料选择和可能受到生产工艺的限制
材料的循环能力	成本

承载构件抗凹坑（小坑）强度的轻型结构材料准则是 $\sqrt{R_{p0.2}}/\rho$ [74]。这样，通过提高材料的屈服强度可提高车身的抗凹坑强度。为达到在相同的抗凹坑强度时减薄板材厚度，必须要更高地提高板材的屈服强度。因为板材的屈服强度是线性变化的，但板材的厚度随抗凹坑强度呈二次方至三次方变化。因此，在汽车外皮上的钢的潜力要低于钢的结构件。

钢薄壳结构的抗凹坑强度仍然按轻型结构材料准则 $\sqrt[3]{E}/\rho$ 计算。它在很大程度取决于弹性模量 E [74]。因为所有钢的弹性模量 E 差不多是一样的，在使用高强度钢时不能期盼它对抗凹坑强度有多大改善。如果铝构件的重量达到与钢构件的重量一样，则铝有替代钢的大的潜力，因为按几何形状不同，铝板的厚度是钢板厚度的2~3倍。

采用铝锂合金可改善材料的力学性能与质量之比，这是由于 E 增加，密度 ρ 降低。

如果由于重量原因减薄车身前壁厚度，将不利于车内隔声。隔声措施（如辅助的隔声垫）大多要比增加车身前壁的板材厚度贵。

所用的车身材料要宜于修理，如将凹坑提起和展平、焊接等。在车身设计时就要考虑经济的修理。

6.2.3 对车身材料的要求和设计准则

首先从汽车的功能和观察车身制造的整个工艺链：冲压车间—车身制造—表面处理，可得到对车身材料的要求。

对车身材料和内饰材料的基本要求汇集在表 6.6 和表 6.7 中。

表 6.6 对白车身材料的基本要求

车　身	轻型结构	可连接性	外　观
强度	经济性	安全性	可用性
刚度	耐腐蚀性	修理友好性	可再生性

表 6.7 对内饰材料的基本要求

内饰	外观	强度	能量吸收	可再生性
手感	刚度	经济性	可用性	

用选出的白车身材料进行抗疲劳强度试验直至失效，并将试验数据标在沃勒图上，即额定应力幅值随振动循环次数的变化。常假定疲劳强度特征值 $N > 10^6$，该特征值在严格的振型试验下，在实际环境中是不存在的。由图 6.51 可见，在沃勒线拐点以后疲劳强度轻微下降。这样，在高振动循环次数范围（$N > 10^7$），在等载荷幅值时可能出现试件损坏（失效）。但现有的经验对铁基材料与镁合金材料，在拐点 $k^* = 45$（每 10 次振动循环次数抗疲劳强度下降 5%）和对铝合金与高内应力的焊接件，在拐点 $k^* = 22$（每 10 次振动循环次数抗疲劳强度下降 10%）可估计振动循环次数到 10^9 次时的沃勒线。根据观察到的抗疲劳强度在大于 10^7 振动循环次数后下降，需要相应地修订现有的国际焊接学院（IIW，International Institute of Welding）的指令，以确定焊接件的耐振结构[75]。

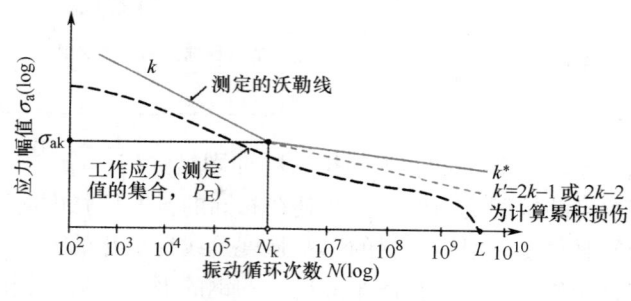

图 6.51 使用强度测定

在确定材料、连接方法和进行仿真计算后，利用疲劳试验对第一批车身循环加载（图 6.52）。加载的幅值和频率是不同的。要这样设计有严重不安全的结构件，使在完全失效前在错误使用的情况下要容忍结构件有一定的弹性变形。

在冲压车间必须考虑材料的成型性能、必要的成型力和材料的切削性能。对车身制造中结构件连接，要评估结构件材料对冷、热不同连接的适用性，特别要注意不同材料，如钢与

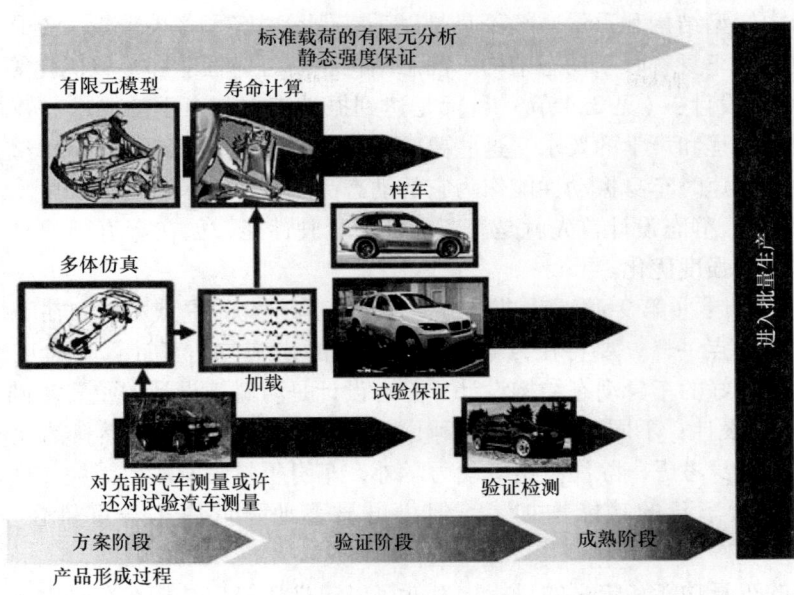

图 6.52　CAE 辅助的寿命保证过程（标准载荷状况）

铝的连接。

虽然各汽车生产厂家采用不少减重措施，但汽车重量还是没多大减轻。其原因在于，如表 6.8 指出的，汽车配置的不断增加。将两汽车车身与它相似的支承面和汽车总长度（如宝马 3.0Si 和宝马 330i 汽车）比较，宝马 330i 汽车要重 41kg，但实际上在刚度几乎加倍的情况下重量只增加 10kg，即重量减轻 31kg 或减轻 12%。这是由于结构措施、改进连接方法和通过采用高强度钢减薄板厚取得的综合效果[76]。

表 6.8　1975 年生产的高档乘用车与 2001 年生产的中档乘用车对比

	宝马 3.0 Si 生产年份：1975	重量增加	宝马 330i 生产年份：2001
汽车总长度	4.70m	－10kg	4.47m
车内空间长度	≈1810mm		1883mm
支撑面积	3.99m^2	＋5kg	4.05m^2
重量	1440kg		1430kg
骨架重量	250kg		260kg
加速时间 0—100km/h	8.5s		6.5s
刚度	≈9000N·m/(°)	＋35kg	≈17500N·m/(°)
增加的板材配置		＋11kg	车门加强，加强锁止件和座椅支架，……
		∑ ＋41kg	
增加的配置		＋71kg	空调/采暖（加热）(25)，6 个头部安全气囊 (6)，安全带系统 (6)，ABS，ASR (5)，5 档变速器 (5)，可翻转的保险杠 (10)，风窗玻璃升降机构 (4)，2 个反光镜 (2)，排气净化装置 (8) 注：括弧中的数为增加的重量，单位为 kg

汽车制造中轻型结构和重量减轻不只是以千克计量减轻了多少重量，更是关注汽车的功能和体积。设计白车身着眼于动态结构、静态结构、防碰撞性能和重量优化等方面。

1）动态结构设计：（见3.4节）目标是达到振动工程和声学的要求。在最近几年提高了对汽车的振动工程和声学的要求。这些要求在很大程度上是出现好的车身结构的推动力。可以把发动机在怠速时车身振动性能作为它的动态品质的一个尺度。

2）静态设计：静态设计首先就是汽车准稳态行驶性能，如在弯道行驶时车身振动时的车身结构的刚度和强度优化。

3）防碰撞设计：（第9章）改进乘员保护一直是开发的重点。正如在静态设计中（刚度）仿真计算是重点一样，要将在方案阶段中有效的措施与仿真计算一起反映到车身结构上。前面所述的良好的车身动态结构设计、静态设计是防碰撞设计的重要基础。

4）重量优化设计：不同于前面3个设计，重量优化设计对汽车燃料消耗和行驶性能起着重要作用。从车身考虑，除注重空气动力学外，车身重量影响燃料消耗。通过自承载和优化车身结构，尽管车身的功能增加了，但仍可显著地降低白车身重量在空车重量中的份额[77]。

从最重要的车身功能和定义的目标出发就可以定义比轻型结构在车身中所占的比例或比轻型结构品质 L。L 是单位车身扭转刚度 C_t（带风窗玻璃）所需的骨架重量 m_{Ger}（不带车门和盖板）除以相应的汽车支撑面积 A（轮距×轴距），见图6.53及图中的公式。

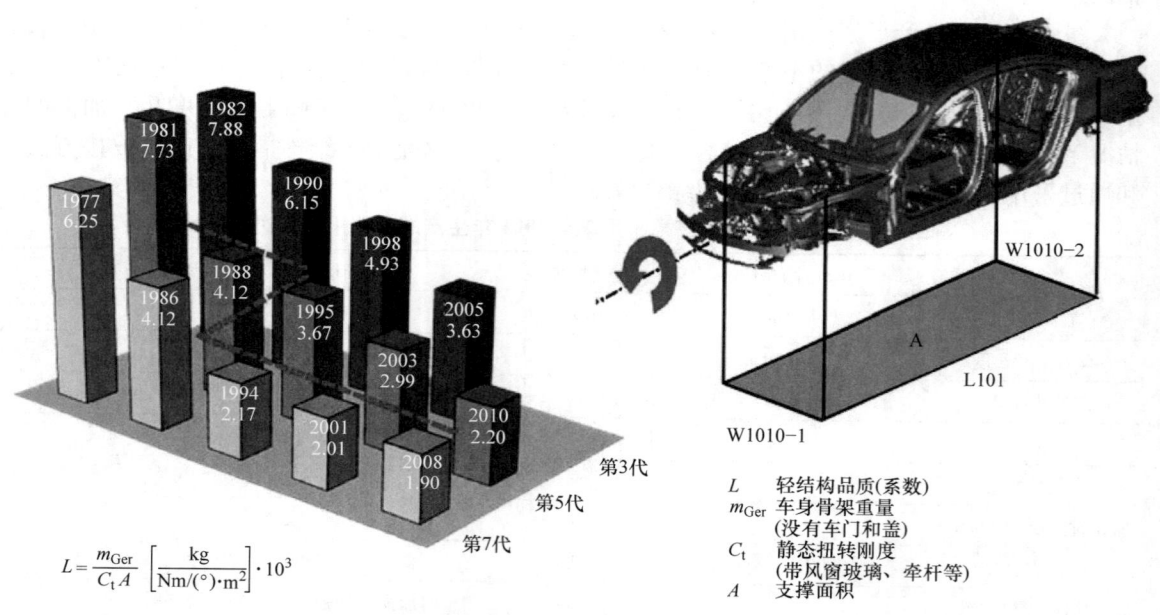

$$L = \frac{m_{Ger}}{C_t A} \left[\frac{kg}{Nm/(°) \cdot m^2}\right] \cdot 10^3$$

图6.53　与功能和尺寸有关的车身骨架重量的演变

比轻型结构品质值 L，也是单位车身性能和汽车尺寸（支撑面积）的车身重量，指出在最近几年钢车身的比例已有重大减少。通过改进结构、连接方法（激光束焊接、粘接……）和通过开发新材料而减小 L 值。

在面重量接近一样时，静、动态刚度和被动安全性也达到高水平。在未来，在保持这些性能前提下，将集中于减小汽车面重量，并进一步改进比轻型结构品质。

6.2.4 车身的典型材料

1. 钢材

图 6.54 表明最近几年白车身所用钢材的最低屈服强度大为增加。

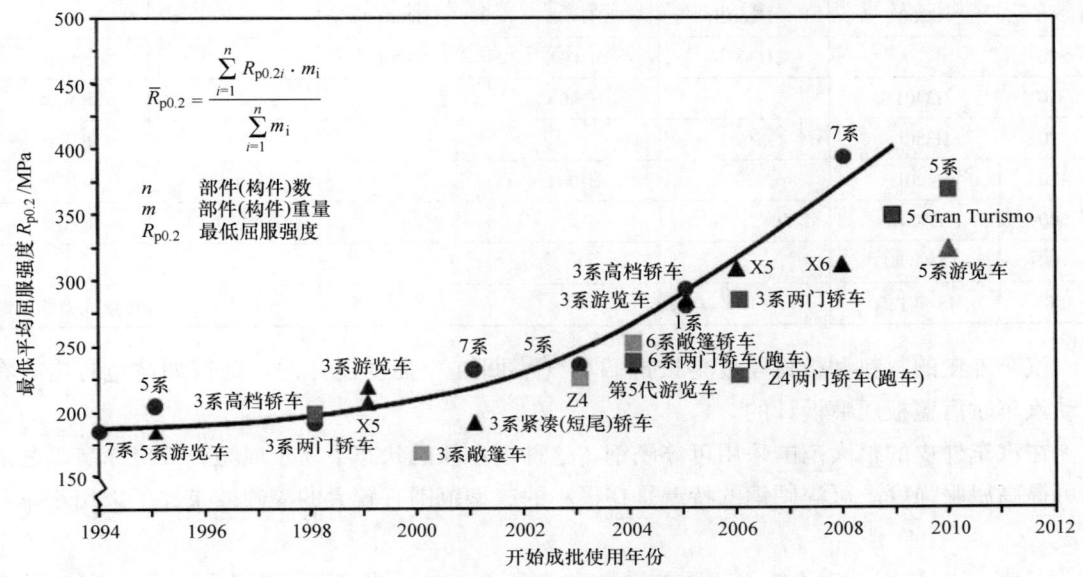

图 6.54 典型的钢车身材料最低屈服强度的演变

为减少白车身重量和由于像铝、镁和塑料这些轻型结构材料的世界竞争,在最近几年开发了一些新的钢种。现在所用的 50% 钢种是在最近 10 年开发出来的或至少是优化而成的[76]。

在至今常用的冷轧钢中,专用的深冲(拉)钢(如 DX56 或 DC06 钢)的最低屈服强度为 120MPa,微元素合金钢则为 420MPa。当前热轧钢的抗拉强度超过 1200MPa,相同抗拉强度的冷轧钢正在开发中。在大多数的强度等级中有多种不同性能的钢种可供使用。

表 6.9 是钢材的分布和分类。钢常按最大屈服强度、抗拉强度标识,如 DP600。为保证构件设计的安全,要考虑最坏的情况,即钢的最小延伸率。

表 6.9 对钢种按屈服强度和其他性能分类

(H = 高强度钢;B = 可淬硬钢;Y = IF 无组织间隙的钢;I = 各向同性钢;X = 双相钢;T = TRIP 钢)

$R_{p0.2}$ /MPa	为深冲(拉)参考	在小成型时通过淬硬而提高屈服强度	在大成型时高的冷作硬化和可淬硬	拉伸	在较高材料成本时改进成型性	在高材料成本时显著改善成型性
120	DC06,DX56					
140	DC04,DX54					
160	H160Y	H160B				
180	H180Y	H180B				
220	H220Y	H220B		H220I		

(续)

$R_{p0.2}$/MPa	为深冲（拉）参考	在小成型时通过淬硬而提高屈服强度	在大成型时高的冷作硬化和可淬硬	拉伸	在较高材料成本时改进成型性	在高材料成本时显著改善成型性
260	H260Y	H260B	H270X	H260I		
300		H300B	H300X	H300I		奥氏体
340	H340LA		H340X			奥氏体
380	H380LA					奥氏体
420	H420LA		H400T		H400T	奥氏体
500	H500X					奥氏体
700	CP-W800					
1000	MS-W1200					可热成型的硼钢

汽车外皮的材料和板材厚度是按抗凹坑（小凹坑）强度设计的，即按如冰雹打击、在推动汽车时后盖板压痕设计的。

在汽车外皮的很大范围采用可淬硬钢。这种钢在软的状态下易于成型，并经涂装工艺加热可提高屈服强度。可淬硬钢的特点是在很小的成型范围有较大的淬硬效果，所以用于车门外皮。

IF 钢（或 Y 钢，为无组织间隙的钢）和 I 钢（各向同性钢）的冷作硬化要比可淬硬钢的冷作硬化强。在大成型构件中这些钢仅冷作硬化提高屈服强度就要比可淬硬钢的冷作硬化加上热处理而提高屈服强度还要高。在这些情况下，用于拉伸应力的构件可采用 I 钢，用于深冲（拉）应力的构件可采用 IF 钢。

深冲（拉）生产的前盖板就是使用各向同性的 I 钢实例。

需要注意的是，汽车内部的结构件，特别是在钢板折叠和交叉点（节点）周围，在干燥炉中烘干工艺无法达到可淬硬效应所需的温度—时间工艺规程的要求。因此，在结构件的这些周围通过可淬硬提高屈服强度要比成型时冷作硬化提高屈服强度低。

可用的双相钢（DP 钢）屈服强度超过 270MPa。这种屈服强度的板材仅用于对成型技术有限要求的汽车外皮。为挖掘 DP 钢的潜力，应尽可能成型。DP 钢具有可淬硬效应。与至今的可淬硬钢相比，在构件很小延伸时冷作硬化很小，只有不断增加延伸，冷作硬化才增强。为此，在很小成型时，在与 DP 钢相同的初始屈服强度时可淬硬钢有更高的抗凹坑强度。

2. 铝合金材料

在最近几年，用作车身材料的铝合金具有重要作用，这是由于它的密度小、比屈服强度和刚度高、耐腐蚀和可成型性。

与生产方法有关的铝合金可分为两大类：可锻铝合金和铸造铝合金。在这两大类下还可分可淬火硬化和不可淬火硬化（自然硬化）铝合金。

可供车身使用的铝材有板材、型材、铸件。在车身上用的铝合金板材有 5XXX（Al-Mg 基、不可淬硬）和 6XXX（Al-Mg-Si 基，可淬硬）。

5XXX 组的铝合金是自然硬化，即在成型过程中冷作硬化，之后不再变硬。如果成型需要，这组铝合金必须在轧制后软退火。在冲压车间成型时，这类合金产生冷作硬化，而在电泳涂装（KTL，Kathodische Tauch Lackierung）工艺过程中又会部分地降低。内核为坚硬的 AlMg5.7Mn 和表面为 AlMg1、能很好成型的铝合金是新开发的品种。6XXX 组的铝合金则不同，它们在成型后用相应的温度校正/时间校正还可提高成型构件的屈服强度。

下列因素对制成的构件的屈服强度有很大影响：

1）板坯的供货状态。
2）成型时的屈服强度增加状况。
3）接着进行的热处理温度—时间的工艺规程（图 6.55）。

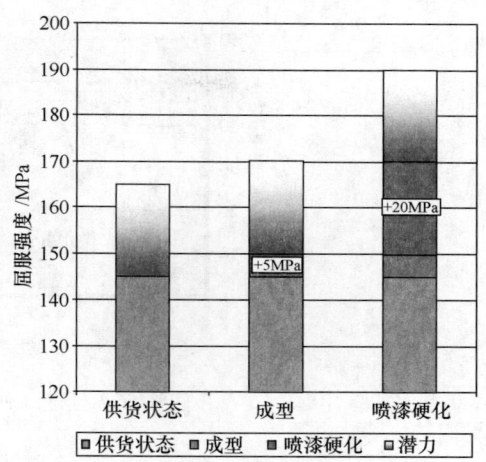

图 6.55 AlSi0.6Mg0.5 材质的发动机支架在供货状态—成型—喷漆硬化过程中达到的最终的屈服强度值

与 5XXX 组铝合金不同，6XXX 组铝合金的优点是在成型时不会出现大的火焰状图样（A 型流动图形或屈服过程的图形）或细条状图样（B 型流动图形或屈服过程的图形）。在欧洲，汽车外皮采用 AA6016 或 AA6118 铝合金材料，日本采用大量的 AlMg（Cu）合金，在北美采用高强度的 AA6111 和 AA6022 铝合金。针对 5XXX 铝合金成型时产生的流动图形，重新开发的、成型时很少流动图形的 AA5182ffa 铝合金材料作为替代材料。它的良好的成型性可用于复杂形状的构件（零件）。很低的制造成本也是它的优点（表 6.10）。

表 6.10 铝材使用实例

车身组件	构件	合金类型	
外皮	前盖板 车身侧壁	AA6016 AA6016	可翻边完善
内饰板	前盖板 车身前侧壁	AA5182 AA5182	
结构件	车身前部	AlMg3.5Mn（0.5）	

熔炼冶金和粉末冶金制造的发泡铝的优点是在孔隙度达 90% 时密度很小（$0.2g/cm^3$）。其应用潜力可充当能量吸收剂（A 柱）或隔声材料。

3. 镁合金

镁比铝的密度更小，只有 $1.74g/cm^3$，约比铝轻 1/3。地球重量的 2.7% 和世界海洋重量的 0.13% 由镁构成，可保证使用几百年。镁的特征值如比强度和在规范密度后的刚度同样好于一些钢种（图 6.56 和表 6.11）。镁也可用作挤压型材、铸造材料和板材（较少）。由于镁合金的高腐蚀倾向、高的成本和难于加工，在汽车车身上使用还很少。人们试图使用高纯度（HP-high purity）并加入少量铁、铜和镍元素的镁合金阻止腐蚀。

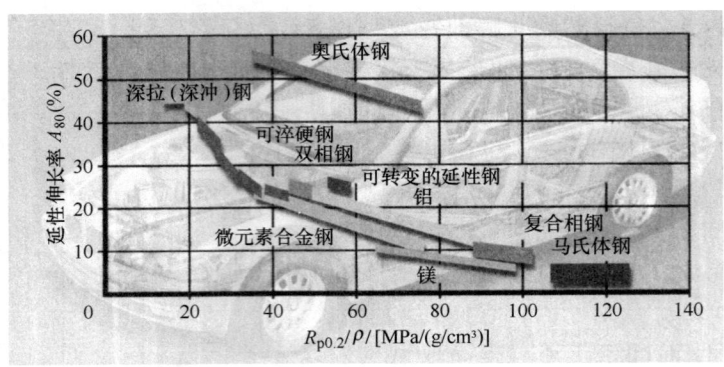

图 6.56 延性（伸长率）随比屈服强度的变化

表 6.11 材料性能

	弹性模量 E/MPa	密度 /(g/cm³)	$R_{p0.2}$ /MPa	E/ρ	$\sqrt{E}/\rho$	$\sqrt[3]{E}/\rho$	$R_{p0.2}/\rho$	$\sqrt{R_{p0.2}}/\rho$
DC 04	210000	7.85	185	26752	58.4	7.6	23.6	1.7
H 300 B	210000	7.85	340	26752	58.4	7.6	43.3	2.3
硼钢	210000	7.85	1100	26752	58.4	7.6	140.1	4.2
AlMg5Mn	70000	2.70	185	25926	98.0	15.3	68.5	5.0
AlSi1.2Mg0.4	70000	2.70	260	25926	98.0	15.3	96.3	6.0
AZ91 T6（Mg 铸造）	45000	1.75	200	25714	121.2	20.3	114.3	8.1
TiAl6 V 4 F89（钛板材）	110000	4.50	820	24444	73.7	10.6	182.2	6.4
GFK（∥, 55%）	40000	1.95	950	20513	102.6	17.5	487.2	15.8
GFK（⊥, 55%）	12000	1.95	475	6154	56.2	11.7	243.6	11.2
AFK（∥, 55%）TM-Typ	70000	1.35	1500	51852	196.0	30.5	1111.1	28.7
AFK（⊥, 55%）TM-Typ	6000	1.35	750	4444	57.4	13.5	555.6	20.3
CFK（∥, 55%）	110000	1.40	1100	78571	236.9	34.2	785.7	23.7
CFK（⊥, 55%）	8000	1.40	700	5714	63.3	14.3	500.0	18.9
GF-PA-12（∥, 54%）	35400	1.70	600	20824	110.7	19.3	352.9	14.4
GF-PA-12（⊥, 54%）	4400	1.70	65	2588	39.0	9.6	38.2	4.7
玻璃（实心），易碎	70000	2.50	1000	28000	105.8	16.5	400.0	12.6

  冷态镁由于它的六边形晶格结构而很难成型。为此，可锻镁合金常用挤压、热压或轧制成型。

  铸造镁合金可在真空中压力铸造，可以价廉地生产几何形状复杂的薄壁构件（零件）。在压铸时也可在模具中保留较长时间。

4. 塑料

  自 20 世纪 70 年代中期以来，塑料在车身领域成功使用。对塑料车身外皮的一般要求是：足够高的力学/热性能（达到 A 级表面）、适当的断裂性能、易于涂装和低的热膨胀。

  如果人们了解使用塑料体系的背景和材料决策准则，则在与其他材料比较后塑料具有明显的优点时就可选用它（表 6.12）。选择材料的决策准则为：

  1）设计要求。

2) 尺寸稳定性（精确性）。
3) 集成（组合性）。
4) 耐蚀性。
5) 表面结构。
6) 断裂性能。
7) 成本。
8) 重量。

表 6.12　各种材料比较（宝马第 6 代汽车车身侧壁实例）

材　料	钢	铝	热塑性塑料	SMC	RRIM
每个构件重量/kg	4.5	2.5	2.5	2.9	3.2
壁厚/mm	0.8	1.2	3	2.1	3.5
涂装现场	在线	在线	在线	在线	在线
生产成本（%）	100	170	100	120	150

已经装配到白车身上和在汽车的整个涂装工艺（在线涂装）经过的构件（零件）经受了在 KTL 干燥炉中达 200℃ 的高温作用。如果将通过 KTL 干燥炉后的构件（零件）在线安装在车身上，则构件达到的最高温度约 160℃。所以在构件设计时必须要事先考虑构件的温度负荷对粘接材料性能的影响。由于要求在线涂装、经济性差、低的重量优势，所以增强型反应注塑 [PUR-(R) RIM, Reinforced Reaction Injection Moulding] 塑料主要用于保险杠护板。

图 6.57 表明片料模塑复合（SMC, Sheet Mould Compounds）塑料的优点是低的线胀系数、刚度和断裂性能。热塑性塑料的优点是重量轻、设计自由度大和表面结构好。

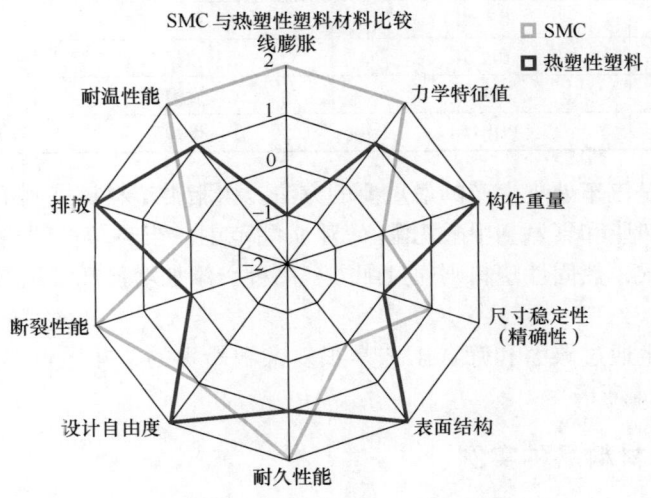

图 6.57　SMC 与热塑性塑料材料比较

(1) 热塑性塑料　在市场上买到的热塑性塑料能满足汽车外皮对塑料的要求。在常规的热塑性塑料喷注构件涂装领域由于不同的热强度有离线涂装塑料（Offline-Kunststoffe）和在线涂装塑料（Inline/Online-Kunststoffe）两类塑料。表 6.13 是它们的性能比较。

表6.13 涂装塑料特性比较（k. B. = 无断裂）

特　性	单　位	试验标准	离线涂装塑料	在线涂装塑料
弯曲弹性模量	N/mm^2	DIN 53457	3300	1800
冲击韧度	kJ/m^2	DIN 53453	k. B.	k. B.
缺口冲击韧度	kJ/m^2	DIN 53453	18	45
抗拉强度	N/mm^2	DIN 53455	55	45
断裂伸长率	%	DIN 53455	23	50
线胀系数	$10^{-6}/K$	DIN 53752	45	90
塑料软化温度测定法（Vicat B/50）测定的软化温度	℃	DIN 53460	130	175

1）离线涂装塑料。离线涂装塑料具有良好的力学性能，但热成型强度低，主要的缺点是配色困难，因为构件是分开涂装，它必须与车身的颜色性能（色调、光泽、色彩）一致。另外，分开涂装工艺很贵，且在装配时需要相应的物流费用。

2）在线涂装塑料。在线涂装塑料要比离线涂装塑料的力学性能低得多，唯一例外的是热成型强度明显地高。与车身一起涂装没有配色问题。在线涂装塑料的功能明显不如离线涂装热塑性塑料的功能。

（2）热固性塑料 热固性塑料符合众多的材料选择准则，如造型自由度大、功能集成好、低件数生产时的经济性好等（表6.14）。热固性塑料用于汽车外皮已有好多年，因为与金属外皮功能一样时它的重量要轻。经过最新的开发，热固性塑料的无孔构件表面可达到A级。这些可装配在白车身上，并一起经过涂装工艺。最近几年，生产这类塑料的有害物排放值和可再生性得到明显改善。

表6.14 热固性塑料（粒状模制复合材料 BMC = Bulk moulding compound；UP = 不饱和聚酯）

塑料和工艺	塑　料	加工方法	表面处理
SMC	UP-GF	模压	在线涂装
BMC	UP-GF	注塑	在线涂装
RIM	PUR	发泡	离线涂装
RRIM	PUR-GF	发泡	在线涂装

SMC 和 RRIM 是汽车外皮生产的最重要的方法。树脂类塑料扩展到不饱和聚酯树脂、乙烯基酯树脂、环氧树脂和聚氨基甲酸乙酯/聚亚胺酯范围。当热塑性塑料由于它们的多样性具有多种性能的时候，热固性塑料则通过配方、品种、添加增强纤维、增加纤维量来调整它们的性能。

热固性塑料再生通过碾磨和筛选工艺是很复杂和昂贵的，并导致热固性塑料成本增加（充填材料和增强材料）。

6.2.5　车身所用材料品种实例

1. 钢车身侧框架

车身侧框架是一个难处理的车身部件，因为它必须高度地深冲（除去车门）和高档的外皮质量。至今所用的只是深冲品种的 DC04 或 DX54 钢板材料，在有些情况甚至需要专门的深冲品种的 DC06、DX56、DC07 或 DX57。

图6.58 表示在前、侧和后碰撞时侧框架的哪一部分受到载荷的状况。在相同抗碰撞性能

时，较高的屈服强度的钢板材料可减小壁厚、节省重量。

当前的高档轿车车身侧框架采用 H180Y 高强度钢。在可对比的碰撞性能前提下，它比侧框架采用软钢的板材厚度要薄 0.1mm。

采用 H220Y 钢不能进一步减轻侧框架重量，因为如图 6.59 所示，这种钢材的成型性已超过它的极限。同样，采用 H180B 钢板也无法减轻重量，因为已在很薄的成型范围，特别是在侧框架外皮上使用。另外，由于可淬硬效应导致附加的屈服强度增加。在侧框架外皮上的深冲应力很高，为保证深冲工位安全生产，需要使用优化的 IF 钢 H180Y。

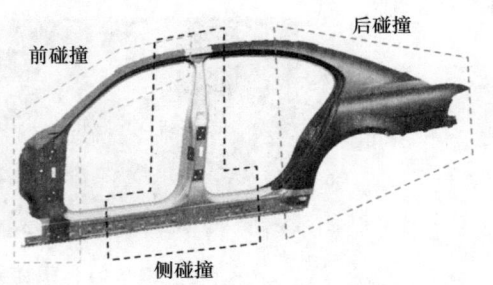

图 6.58 在碰撞时外侧框架应力范围

2. 铝合金车门

制成壳状结构的铝合金车门必须具有像壳状结构的钢车门一样的安全性和刚度（图 6.60，见书后彩插）。通过有 V 形布置加强支撑（挤压型材）和车门吊钩的壳状铝结构就能达到与壳状钢结构车门一样的安全性和刚度。在大的持续载荷周围采用高强度合金铝加强。通过特殊的铆接与粘接就可将车门各构件装配在一起。每辆汽车上的铝合金车门重量要比相同尺寸的钢车门重量轻 10kg。

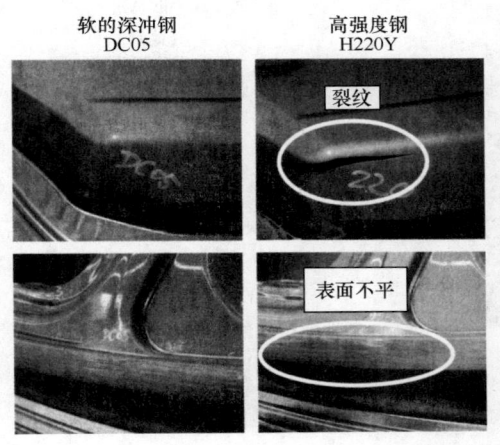

图 6.59 在外侧框架的危险拉应力范围

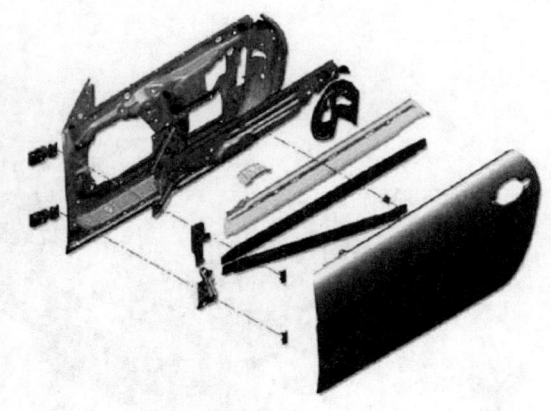

图 6.60 壳状结构车门（红色为钢，其余为铝）

3. 镁合金仪表板总成框架

镁合金的使用范围较早地扩展到汽车内部，如仪表板总成框架。采用多构件组合和中压铸造镁合金的 I（多构件组合）仪表板总成框架重量（图 6.61）比相应的钢仪表板重量轻 3kg。焊接的框架由 25 个构件组成。为防止腐蚀必须保证它与钢车身接触面上没有电解质聚集。

4. 三明治结构的车身硬顶

在设计自由度和生产工艺上，使用 PUR-GF/PUR 发泡三明治与 PUR 铸造合成橡胶制造的车身硬顶要优于铝合金制造的车身硬顶。其前提是合理的材料结构。所用的模具系统和表面质量必须要与这种车身硬顶相配合。在生产约 5000 件车身硬顶时其成本要比铝合金车身硬顶低。

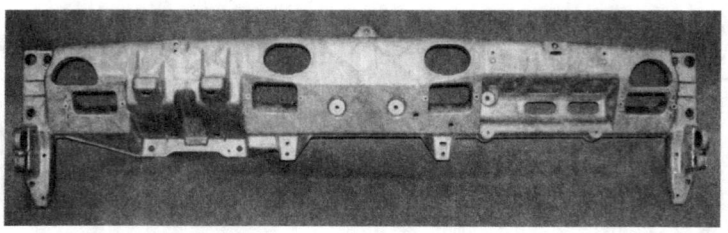

图6.61 镁合金AM60 I仪表板总成框架

6.2.6 不同材料的混合结构

1. 车身的不同材料的混合结构

不仅是汽车重量，而且是汽车重量分配对汽车的灵活性和动态性能起着至关重要的作用。如果人们竭尽努力使汽车前、后桥上各有50%的均匀的轴载分布，由于汽车前部有较重的发动机总成，则汽车前部可用轻金属材料，并与钢车身连接。另外，在发生前碰撞时，铝合金的汽车前部在可控的变形范围内能很好地吸收变形能量而乘员室则不变形。车身的不同材料的混合结构要考虑钢和铝合金的不同热膨胀、可能的接触腐蚀和低成本的修理方案。

在中、高档乘用车的车身前部使用铝合金可减轻车重约20kg（图6.62，见书后彩插）。

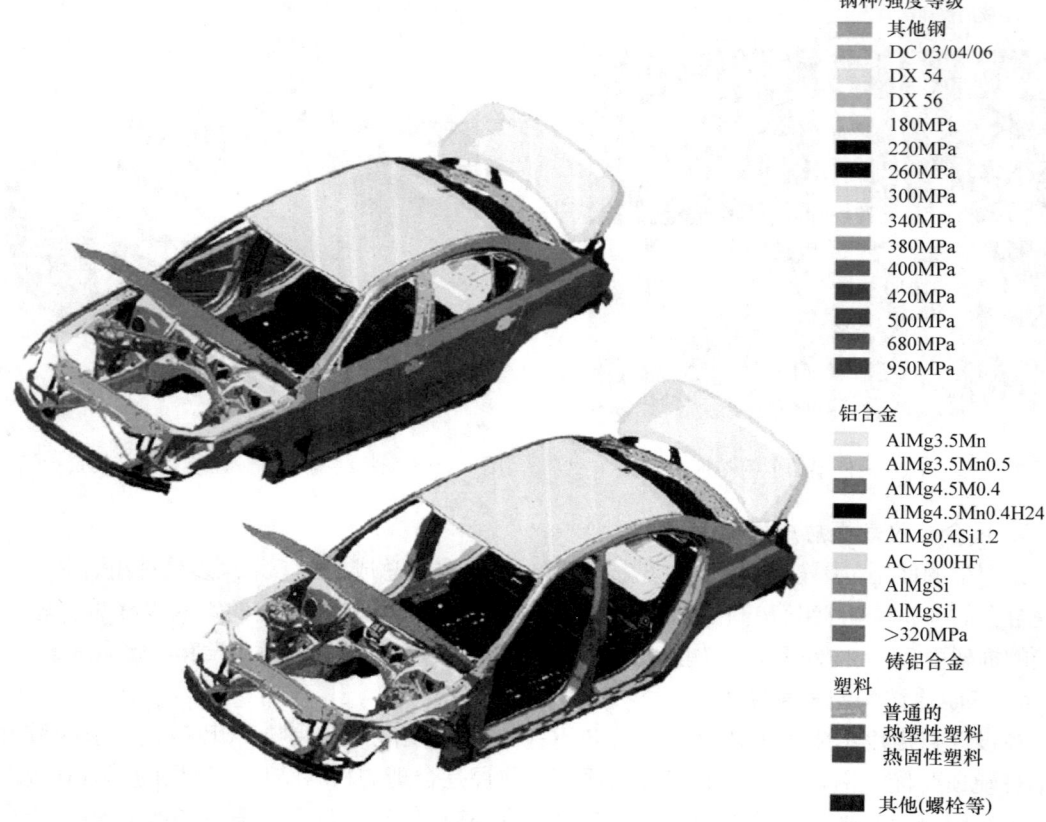

钢种/强度等级
- 其他钢
- DC 03/04/06
- DX 54
- DX 56
- 180MPa
- 220MPa
- 260MPa
- 300MPa
- 340MPa
- 380MPa
- 400MPa
- 420MPa
- 500MPa
- 680MPa
- 950MPa

铝合金
- AlMg3.5Mn
- AlMg3.5Mn0.5
- AlMg4.5M0.4
- AlMg4.5Mn0.4H24
- AlMg0.4Si1.2
- AC-300HF
- AlMgSi
- AlMgSi1
- >320MPa
- 铸铝合金

塑料
- 普通的
- 热塑性塑料
- 热固性塑料

其他(螺栓等)

图6.62 钢车身与铝合金车身前部

对车身表面的变化和特征图形的加饰边的设计要求不断提高。使用热塑性塑料可以不受车身表面图形、压纹或凹、凸面过渡的造型限制，而且使用热塑性塑料的车身前侧壁要比钢车身前侧壁轻3kg。基于这些优点，宝马双门轿车（图6.63）的车身前侧壁使用矿物质增强的热塑性塑料，同时还可降低成本并可在线涂装。

宝马3系双门轿车的车身前侧壁使用矿物质增强的热塑性塑料的关键是在结构上要掌握控制大的热膨胀的方法（图6.64），热膨胀须与连接图形相配，另一方面在限制过大的热膨胀时没有视觉上可见的表面不平度。采用创新的连接技术，即车身侧壁通过支撑架和前照灯有限制地向前移动就可解决这一问题。在A柱和车门环形槽范围用螺栓固定车身侧壁。该连接技术可保证在螺栓紧固时必要的安装公差并允许精确限定的热膨胀。可以将抵消公差的自由移动和与温度有关的长度变化相互分开（图6.65）。采用特别结构的盖板，可将剩余的热膨胀均匀地转移到盖板的压纹中。这样，用户在视觉上就不会辨认出在盖板上出现的几何形状变化。在极端的太阳照射时可保持车门缝隙。另外，在车门上还可组合如装饰件、转向灯等多种外饰件。

图6.63　宝马3系双门轿车

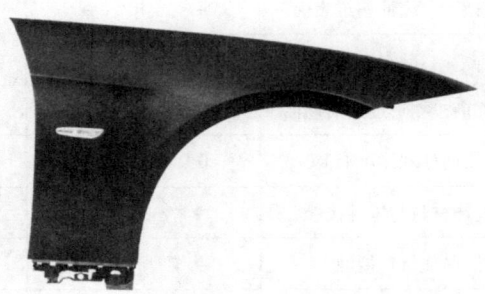

图6.64　热塑性塑料车身侧壁局部放大视图

铝合金前盖板和车门为减轻车重做出贡献。前盖板的两种不同材料的粘接可减轻前桥上的重量达几千克。为表示汽车后部范围的别具一格的轮廓，后盖板采用SMC塑料。此外，SMC可用单件的外皮变换设计要求和可以将空气导流器棱边和天线组合在汽车的复合后盖和复合车顶中（图6.66）。SMC塑料耐腐蚀和低成本地在线涂装。

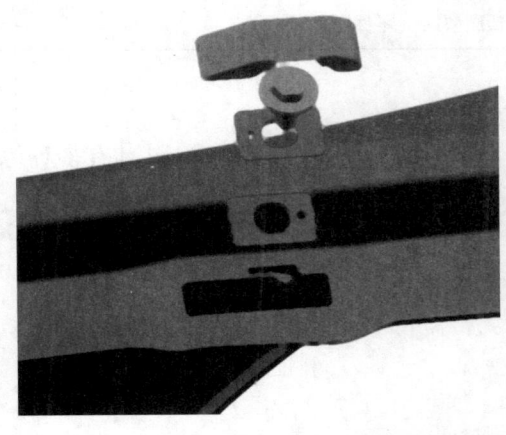

图6.65　在排水槽和连接件中的螺栓连接视图

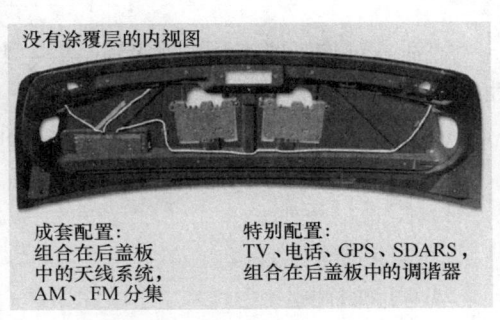

图6.66　SMC塑料后盖板

2. 在车内（仪表板总成）和车身前部模块中的不同材料的混合结构

新车型的成功不断取决于汽车内部的设计，这里也与仪表板总成框架的表面设计和声学性能不断受到关注有关。

汽车上采用多种装饰方法，从软涂装、后喷注、后压花人造革和触摸式薄膜材料直至采用外皮溢出注塑。各装饰方法的独特优点和缺点汇集在表 6.15 中。

表 6.15　各种装饰方法的优、缺点[85]

	注塑	构件软涂装	嵌入注塑	后喷注和后压花人造革与触摸薄膜材料	专门的多组分法：TPE/TPU 溢出注塑	PUR 外皮溢出注塑，在两个工位	表皮成型法
类似皮革的手感	-	0	0	+	0/+	+	+
抗刮伤强度	-	-	+	+	-	+	+
复杂、急变的三维表面	+	+	0	0	+	+	+
断裂	+	+	+	-/0	+	+	+
装饰面没变形或划痕翘曲	0	0/+	+	-/0	+	+	+
表面处理尽可能薄	0	+	0/+	-/0	+	+	+
装饰材料与零件接触	-	-/0	-/0	+	0	+	+
局部材料接触	-	-	-	-/0	-	+	+
不返工	+	+	+	-	+	-	+
没有预成型件	+	+	+	0/+	+	-/+	+
适于大批量装饰	+	+	+	+	+	+	+
掩盖注塑缺陷	-	-	+	+	0/+	+	+
零件很小变形	+	-/0	0	-/0	-/0	+	+
工艺一次通过	+	+	-薄膜预成型-（零件切边）		+	-	+

注：+很好实现；0 有限实现；-不能实现。

特别是对迫于成本压力生产的紧凑型轿车，汽车生产厂家总是要求材料具有多种综合性能：

1) 高的韧性、耐化学性和耐热成型性。
2) 很好的表面质量。
3) 舒适的手感。
4) 好的隔声性能。
5) 可加工性。

基于 PA 和 ABS 的聚合塑料能满足这些性能。

除减轻重量外，聚合塑料还有不少其他优点。这些优点覆盖从有较大的设计自由度、将附加功能组合到构件中直至精确地定义防碰撞性能。

在仪表板总成框架上组合有金属效果的表面是它的最新的设计趋势。这样，只需使用少量的钢或铝。为使塑料件表面金属化，在竞争中出现不少新技术。它们的优缺点列于表 6.16 中。

表 6.16 生产有金属效果表面的决策矩阵（资料来源：Fa. karmann）

	金属	塑料					
		涂装	金属喷涂	电镀	后喷射薄膜技术	热压薄膜技术	单色注塑塑料
外观	+ +	+	+ +	+ +	+ +	+ +	+
手感	+ +	−	+	+	0	−	− −
力学性能	+ +	0	0	0	0	0	0
尺寸稳定性（精确性）	+ +	−	0	0	+	+	+ +
耐老化性能	+ +	0	0	+	+	+	0
抗失效性能	+ +	0	0	0	+	+	0
表面感光性	+ +	0	− −	+	+ +	+	+
生产方法	− −	− −	− −	− −	− −	0	+ +
零件成本	− −	− −	− −	− −	0	− −	+ +
模具（工具）成本	− −	− −	− −	− −	− −	− −	+ +
重量	− −	+ +	+ +	+ +	+ +	+ +	+ +
几何形状自由度	+ +	+ +	+ +	+ +	0	−	+ +
可再生性	+ +	− −	− −	− −	− −	− −	+ +

注：评价：（从）+ + 最好；（至）− − 最坏。

由于不同材料的混合结构的不少优点，在汽车上的一些构件（零部件）上得到应用：连同装配支架的保险杠系统、防碰撞盒、带线束的前照灯、防碰撞传感装置零部件、散热器、发动机罩锁钩、密封直至反映当前技术水平的车身前部模块。车身前部模块的优点列于表 6.17 中，并参见 6.1.5 小节。由于车身前部模块承担很多任务和具有很高的集成度，所以它采用多种材料的组合。除通常采用用于覆盖件、导流板、散热器栅格、保护条、牌照架等的塑料外，还采用用于保险杠横梁的钢和铝、用于散热器的非铁金属以及用于前照灯散光玻璃片的玻璃或透明塑料。

表 6.17 车身前部模块的优点（资料来源：Fa. Decoma）

功能组合	减少零件
减少装配时间	模块的人机工程学装配
	改进汽车装配

(续)

功能组合	—	减少零件
	—	在流水线上少量的产品装配件数
简单的工厂物流	—	少量的零件厂模块数
	—	很少的供货商，短的行程
	—	很少的对口联系人
	—	少的库存量
	—	减少占地面积
重量减轻	—	改善总的能量平衡
质量改进	—	公差散布小，故障率低
	—	降低质量成本
缩短开发时间	—	与开发伙伴合作
低的修理费用	—	模块结构
低的保险等级		
	—	整个系统的便于修理

车身前部模块支架在竞争中有 5 种不同性能、对生产技术有不同要求的材料类型（表 6.18）。不同材料的混合结构易于功能组合，因为金属构件具有必要的防碰撞性能和刚度，同时塑料件则是功能组合的结合处[87]。

表 6.18　车身前模块支架的各种材料选择（资料来源 Fa. Decoma）

准则	材料				
	钢	GMT	铝	混合工艺	MKV
材料	各种壁厚的钢板	热塑性塑料与 40%（质量分数）长玻璃纤维增强	铝板与尝试加强壁厚	钢支架与 PA6，30%（质量分数）玻璃纤维增强	穿过钢支架的空心型材和注塑件，PP40%（质量分数）长玻璃纤维增强
连接方式刚度（%）	焊接螺栓粘接	金属嵌件，压入或放入	焊接螺栓粘接	外部注入钢支架	钢支架与注塑支架用超声波铆接
能量吸收（%）	100	大约 10	100	150	(150)
加工误差	XYZ $\pm 2mm$	$X \pm 1.2mm$ $Y \pm 0.8mm$ $Z \pm 1.0mm$	XYZ $\pm 2mm$	$X \pm 1mm$ $Y \pm 0.5mm$ $Z \pm 1.5mm$	XYZ $\pm 0.8mm$
防腐蚀	镀锌 KTL 涂层	不需要	铬酸钝化 KTL 涂层	KTL 涂层	KTL 涂层
大概成本（%）	100	135（包括板材）	150	120	115
重量/kg	4	4.1	2	3.1	3.3
批量生产经验	有	有	有	有	有限的（安全气囊盖）

当前在开发车身前部模块时遇到的挑战是如何保护行人（见第 9 章）。在保险杠横梁高度处使用附加的能量吸收剂，以及在保险杠横梁下面附加组合的横梁型材作为被撞行人的保护，是减轻腿部碰撞的第一批方案。

6.2.7 特制材料的生产技术

1. 特制产品

为不断降低成本和车身重量,根据车身载荷和需要可以将各种板坯焊接在一起(激光束焊接)。这些板坯的材料品质、要连接的构件的各板材厚度可以是不一样的。

采用特制滚压材料(TRB,Tailored Tolled Blanks)(图6.67)是降低车身重量的另一途径。在滚压中辊隙是可变的(图6.68)。这样,在纵向方向的板材厚度可以与构件的载荷相配合,可以按构件的成型调整它的力学性能。这种低成本的生产方法的优点是构件没有焊缝。均匀的成型可阻止沟槽(缺口)处的应力集中和不损害纤维的走向。此外,这种可调的辊缩短板材的生产过程和在下一个工位(如深冲或液压)使板材成型。

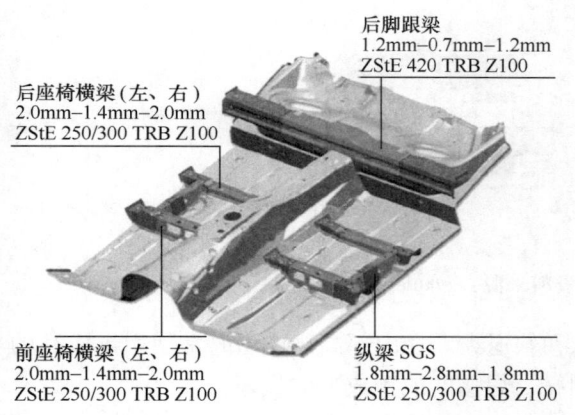 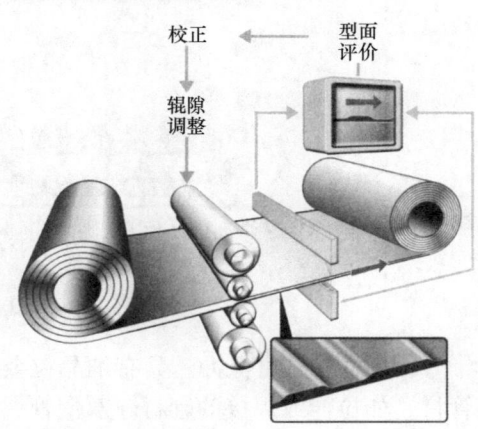

图6.67 两门轿车和敞篷轿车(宝马6系轿车)上用的特制滚轧材料的构件

图6.68 特制滚轧板坯材料的辊压工艺(资料来源:MUBEA)

2. 超塑成型(SPF)

超塑成型(SPF,Superplastisches Umformen)是生产构件复杂、变形大的一种方法,特别适用于少件数(每年约至1000件)生产。模具由一个型模和一个进气板组成。板材加热成型,成型力为压缩空气。板材放在加热的型模中,模具与压力机相连,并通过输入的压缩空气从上部对板材施加压力。铝板材成型温度约为500℃,压缩空气压力为10~20bar,在该压力和温度下模具使铝板材进入塑造状态。铝板首先在型模中自由造型,再在下一个工位在型模中完全成型(图6.69)。

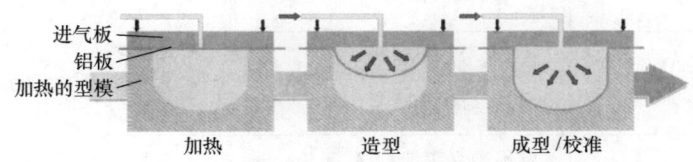

图6.69 超塑成型法原理

3. 内部高压成型(IHU)

内部高压成型(IHU,Innenhochdruckumformen)是在闭合的模具中通过水压将金属管从内部扩展。空心型材的高压内部成型法可按成型区的载荷状况分类[90]。利用内部高压成型可以将一个金属管件加工成其他加工方法不能加工或只能分成多件加工的复杂的管形空心体。

模具一般由液压机进行开启、关闭和保持的控制。在用液压油或水的液压机上完成成型过程。

下面说明 T 形零件的 4 个工位的变形过程（图 6.70）。

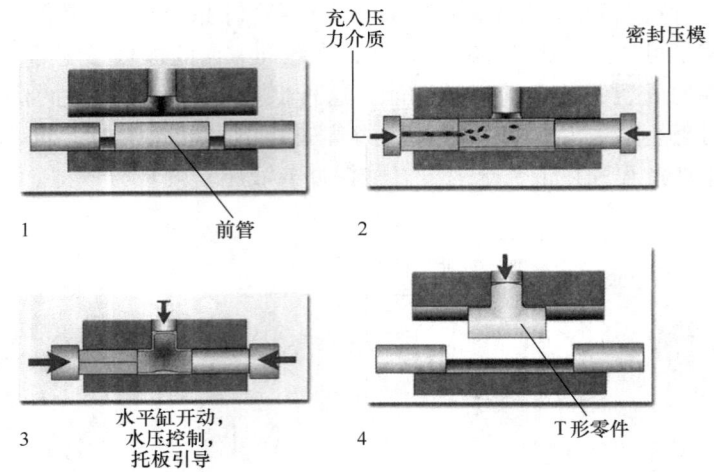

图 6.70 IHU 工位（资料来源：Schuler AG）

IHU 材料应可深冲、具有细晶粒金相组织和软退火。在内部高压成型时常使用半成品的管材，如拉伸或焊接的管材、双壁管、挤压型材、焊接的或预成型的板坯。

IHU 法的优点为：

1) 高的成型稳定性和尺寸稳定性。
2) 只需少数几个工位即可加工出复杂几何形状的构件（零件）。
3) 没有连接的焊缝。
4) 将附加的生产操作组合在成型模具中，减少构件件数。
5) 构件具有良好的力学性能。

4. 替代湿涂装的薄膜技术

在车身上不断使用聚合物材料，按应用情况和所用的塑料类型需解决众多的问题（表 6.19）。

表 6.19 当前塑料车身的应用和问题（资料来源：BASF）

塑料	应用	问题
SMC	整个车身的饰板，戴姆勒克莱斯勒后盖，多种商用车	● 返修率高 ● 在每年大于 70000 件时不适合大批量生产
PUR-RRM	戴姆勒克莱斯勒 A 级 Brasilien 后盖板，大众 D1 挡泥板	● 不适合大批量生产 ● 返修
PPE/PA	在线涂装的多种雷诺汽车的挡泥板，标致 PSA，戴姆勒克莱斯勒 A 级，大众 新甲壳虫（New Beetle）	● 线性热膨胀大 ● 刚度低 ● 尺寸稳定性差

（续）

塑　料	应　用	问　题
PBT/PC	梅赛德斯精灵车身饰板，车尾闪光板，保险杠闪光板	● 线性热膨胀大
ASA/PC	戴姆勒克莱斯勒欧洲 A 级后盖板，E 极后闪光板	● 线性热膨胀中等 ● 需要专门的工艺须知（Know-how）

各种类型的塑料在车身上应用的共同问题是将塑料车身外部构件不断转移给供货商时使彼此色调的协调（颜色匹配）变得困难。薄膜方案可解决这一问题的替代方案。该方案中涂覆的或单色的塑料薄膜不仅保证车身上不同模块间的颜色一致，而且可替代常规的湿涂装[88]。

高光泽的薄膜和后注塑基于 PP、ABS 或 PC 的热塑性塑料首先是为汽车内部空间使用而开发的。自 20 世纪 90 年代以来，这种薄膜技术也用于汽车外部，如装饰条、外反光镜、车顶嵌条、车轮罩、车门槛和散热器格栅[89]。

至今还没有一种有效的或适用于所有不同车身要求的薄膜。个别批量应用的薄膜已达到 A 级表面。

PFM 构件为一个 2 层或 3 层复合薄膜的构件，它由单色 ASA 承载涂层或 ASA/PC 承载涂层和一个明亮的 PMMA 保护涂层组成。PMMA 保护涂层外观光泽、有硬性、具有抗划伤强度和耐候性。在承载涂层与表面保护涂层之间选择 PMMA 的第二保护涂层是为了增加颜色的美感。下一个工位是后喷注具有基于苯乙烯共聚物和它的混合物的增强型或不增强型热塑性塑料的复合薄膜（图 6.71）。按后成型塑料和加工技术状况可使构件具有不同的性能。表面质量、成型模具的恒温处理、薄膜和模具环境的清洁度和所用原料的质量是影响性能的关键因素。加工方法对塑料性能的影响见表 6.20。

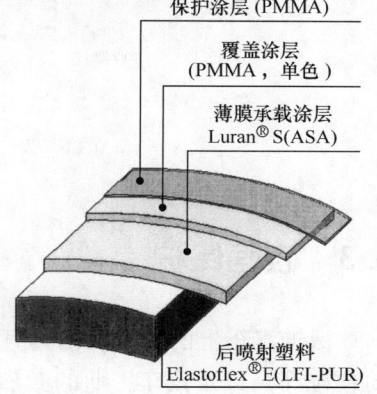

图 6.71　无涂漆膜注塑（PFM）件表面结构（资料来源：BASF）

表 6.20　加工方法对塑料性能的影响

后成型塑料（ABS）	Terluran® GP-22	Terluran® GP-35	Terluran® GP-35	Terluran® GP-35
承载薄膜塑料	ASA	ASA	ASA	ASA
玻璃纤维含量（%）	15	15	30	30
注塑（SG）	SG	LFT	SG	LFT
压铸（LFT）	1~5	>10	1~5	>10
玻璃纤维长度/mm	2930~3490	3365~3734	3250~4710	4135~4642
屈服强度/(N/mm²)	47~58	42~47	49~73	44~46
冲击韧度 ISO 179/1fU 在 23℃/(kJ/m²)	18~21	30~36	13~17	53~69

5. 连接方法

在为汽车外皮开发塑料构件的框架内，连接技术和粘接技术显得越来越重要。塑料汽车外皮一般设计成两个壳形结构。外壳与增强的内件粘接成 A 级表面质量。内壳不仅用增强的塑料件，也用金属件。如果不同材料的构件连接，必须考虑各个连接副在温度变化时的不同热膨胀性能。必要时要通过粘接材料补偿由于不同材料制成的内、外壳线胀系数的差别。图 6.72 表示了汽车前部塑料和金属混合材料的各种连接方法实例。

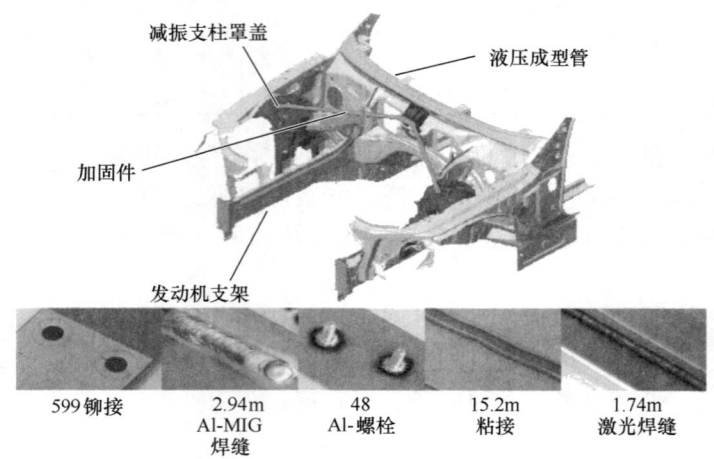

图 6.72　汽车前部塑料和金属混合材料的连接方法

6.3　表面保护

保护汽车上的所有表面具有重要意义。偶尔出现的环境中的侵蚀性介质（酸雨、飘落的颗粒等）以及汽车工业的激烈竞争，竞争中的一部分就是承诺长时间防止汽车表面"锈穿"，而导致开发出昂贵的汽车表面涂装保护和防腐蚀保护系统。

随着汽车生产和用户对环境保护意识的不断增强，约从 1990 年起，低有害物排放的、强化的涂装方法（如基于水溶性漆的涂装）进入汽车表面保护的批量生产中。

以下几节介绍常用的、能保持长期稳定的保护汽车表面的一些方法。所有的说明，只要没有特别注明，都是针对自承载的全钢车身。不断使用如铝或塑料的替代材料的车身，需要新的或合适的表面工艺技术。

6.3.1　表面保护的好处

在汽车上采取表面保护措施可分三个功能组：

1）保护钢车身，防止腐蚀。

2）保护表面涂装，它是汽车的一个设计元素，对用户有很大的价值。

3）在从生产厂家到用户的运输期间是保护汽车的临时措施。

1. 防腐蚀

有效的表面防腐蚀可取得不少好的效果：

1）在汽车的整个寿命期内构件的结构强度不变。

2）可长期保值，提高经济性。

3）汽车可长时间使用，从而保护资源。

4）避免功能失效。

5）有光感。

在车身上为什么会出现腐蚀？大多数的金属在自然界中是以氧化物、硫化物或碳酸盐的形式出现的，即矿石。因为这些化合物的能量结构形式非常稳定，只有在铁矿石的冶炼过程中输入能量才能生产出铁。如果由铁炼成钢受到环境或侵蚀性介质的影响，则钢又会转换成非常稳定的状态：氧化铁。这称之为金属的腐蚀。

DIN50900 定义的"腐蚀"概念是这样的："腐蚀是金属材料与它周围环境的介质的反应。它引起材料可测定的变化并导致金属材料构件（零件）或整个系统的损坏。在大多数情况下，这种反应具有电化学性质。在有些情况也可以是化学的或金属物理性质"。

如果要使金属构件（零件）的结构在长时间内处于稳定状态，则在设计和规划中就要考虑材料的性能。

腐蚀在于在阳极的反应中（金属溶解、氧化）自由存在的电子通过导体（金属本身）传输到阴极的反应（还原反应）。这时离子导体（电解质）组成电流回路。车身腐蚀损坏时的最重要的电子消耗反应是空气中的氧气的还原反应（图 6.73）。腐蚀侵蚀的程度除与材料有关外，主要与电解质的成本（如 pH 值）和环境温度有关。

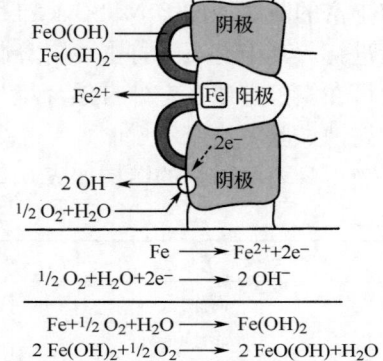

图 6.73 腐蚀过程中的电化学过程

在汽车车身上一般出现三种腐蚀类型：表面腐蚀、缝隙腐蚀和接触腐蚀。在自由状态的表面发生上面所说的腐蚀过程，这种腐蚀称为表面腐蚀。

在车身上的缝隙腐蚀出现在如凸缘、翻边、密封面处。缝隙腐蚀主要是在缝隙中的湿气很难散去。同时，在缝隙中有吸湿作用的盐的残留物，即盐的残留物同样使缝隙保持潮湿，因为如上所说，出现缝隙腐蚀的表面通过涂覆不让进入的办法不总是奏效的，为此，对不可避免的缝隙在结构上必须设置在干燥处或加以密封。

如果两种不同的金属电气接触，在有电介质参与下产生接触腐蚀。金属间的电势差（表 6.21）越大和阳极比阴极的损耗越少，则腐蚀速度和损坏越快。为避免接触腐蚀，必须放弃使用不同电势的金属，或金属构件（零件）间相互电气分开。

表 6.21 选用材料的电势

材料	标准电势/V	比电阻/($\mu\Omega \times m$)
铁	−0.440	0.097
铝	−1.66	0.027
镁	−2.37	0.045
锌	−0.76	0.059
优质钢	+0.80	0.71
CFK（碳纤维）	+1.30	13.75

2. 表面保护

汽车涂装不只是保护表面材料免受环境影响，而且也是重要的设计元素。为此，汽车表面通常要有两层面漆，有色的底漆和透明漆。表面常受到下列因素的侵蚀：

1) 化学制品（燃料、鸟粪等）。
2) 紫外线照射。
3) 机械作用（石子打击、洗车设备）。

6.3.2 表面保护的开发和生产

对车身和它的构件的表面保护的设计任务书要求通常按企业内部的规范确定，并补充内容丰富的防腐蚀的 DIN/ISO 标准手册。各个汽车部件（组件）的验证同样根据标准化的试验进行。其中有石子打击、附着性、空气湿度、紫外线、盐雾、耐磨性等多种试验。这些试验可在实验室或在室外自然环境（地区、气候）进行。新开发的整车要经受不同路段试验和腐蚀试验。

车身表面保护的结构如表 6.22 所示。

表 6.22 车身表面保护的结构

保护层	功能	厚度/μm
面漆	色调和保护	40~70
底漆	形成光滑表面	20~35
阴极电泳涂装（KTL）	防腐蚀，特别是在车身中的空腔	18~35（外部），至少10（内部）
磷化	防腐蚀和漆层	1.5
锌（电解法+熔化法）；锌合金（电解的）	防腐蚀	5~8
钢板	机械强度/刚度	

1. 材料预涂层

目前在车身上较多地采用镀锌或锌合金钢板。镀锌层可有效地防止钢板表面腐蚀。当漆层受到破坏时它能发挥防腐效力。锌由相对铁的电势低而作为电气元件。在有电解质的情况下首先腐蚀的仅是镀锌层。

车身用的板材镀锌通常由钢生产厂家进行。有不同种类的钢板预镀层。可用电解镀锌或热浸法（火焰镀锌）生产镀锌钢板，除纯镀锌层外，还有锌合金层，如锌镍、锌铁或锌镁。在双镀锌层时镀锌钢板还加一层有机材料。

2. 车身设计措施

表面保护和防腐蚀影响车身设计。在选择材料时就考虑到它的表面保护和防腐蚀。有效选择材料副或避免材料间的相互接触，如在一开始就防止接触腐蚀。还有应这样设计遭受湿气的车身中的空腔，如车门、横梁、支架等，使它们有良好的通风。在电泳涂装时通风口同时也是很好的涂装入口处。

此外，应这样设计车身的所有组件（部件），使能很好排出水。在两个板件连接时要避免锐边（角）或锐边过渡（图 6.74）。设计师还要检验，如车身中的空腔是否用蜡保护或连接处是否使用密封材料或粘接材料密封。

无论如何，车身设计中必须遵循合理的工艺设计这个准则。特别要注意一些规定，如在生产过程中手工操纵白车身时遇到的规定（传输技术用的固定孔）。根据选用的生产方法，

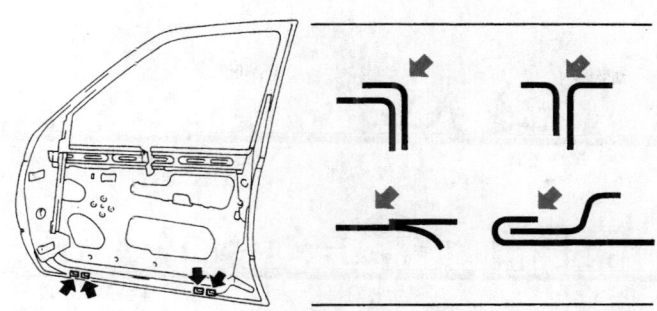

图 6.74 通风口位置和可能的最佳防腐蚀连接处设计

要预先考虑车身中的一些开口,它可允许进出辅助材料(图 6.75)。应这样设计凸缘、翻边和搭接处,使可能涂敷粘接材料、易于安装密封材料,以保证工艺可靠。

在汽车开发的早期阶段,开发和使用车身设计的仿真工艺。在这期间,在市场有很多仿真程序可供使用以:

1) 检验关键的空腔可达到的 KTL 涂层厚度。
2) 在前处理工艺和电泳涂装时避免被空气包围。
3) 减小从一个工艺步骤到下一个工艺步骤的化学剂延迟。
4) 设计干燥炉,以防构件或化学剂过热或反应温度/反应时间不足。

为仿真使用汽车设计的 CAD 数据和相应的应用程序。

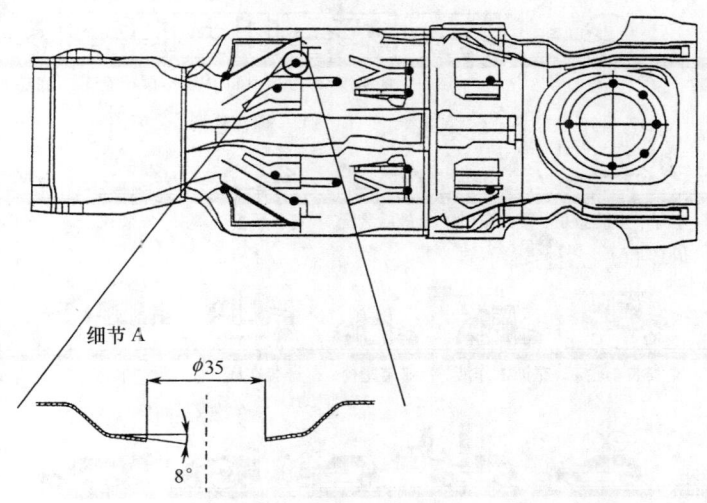

图 6.75 汽车底部排泄口的位置和设计

3. 生产中的措施

图 6.76 是汽车生产的典型工艺流程。各汽车生产厂家由于不同的生产纲领和随着时间增长的生产计划而有所差别。

(1) 粘接和密封 粘接是一种连接方法,在汽车工业中的作用越来越大。其优点是不但起到连接处的连接作用,而且还可密封。在合理的工艺设计时粘接连接不仅达到、甚至超过焊接点的强度。

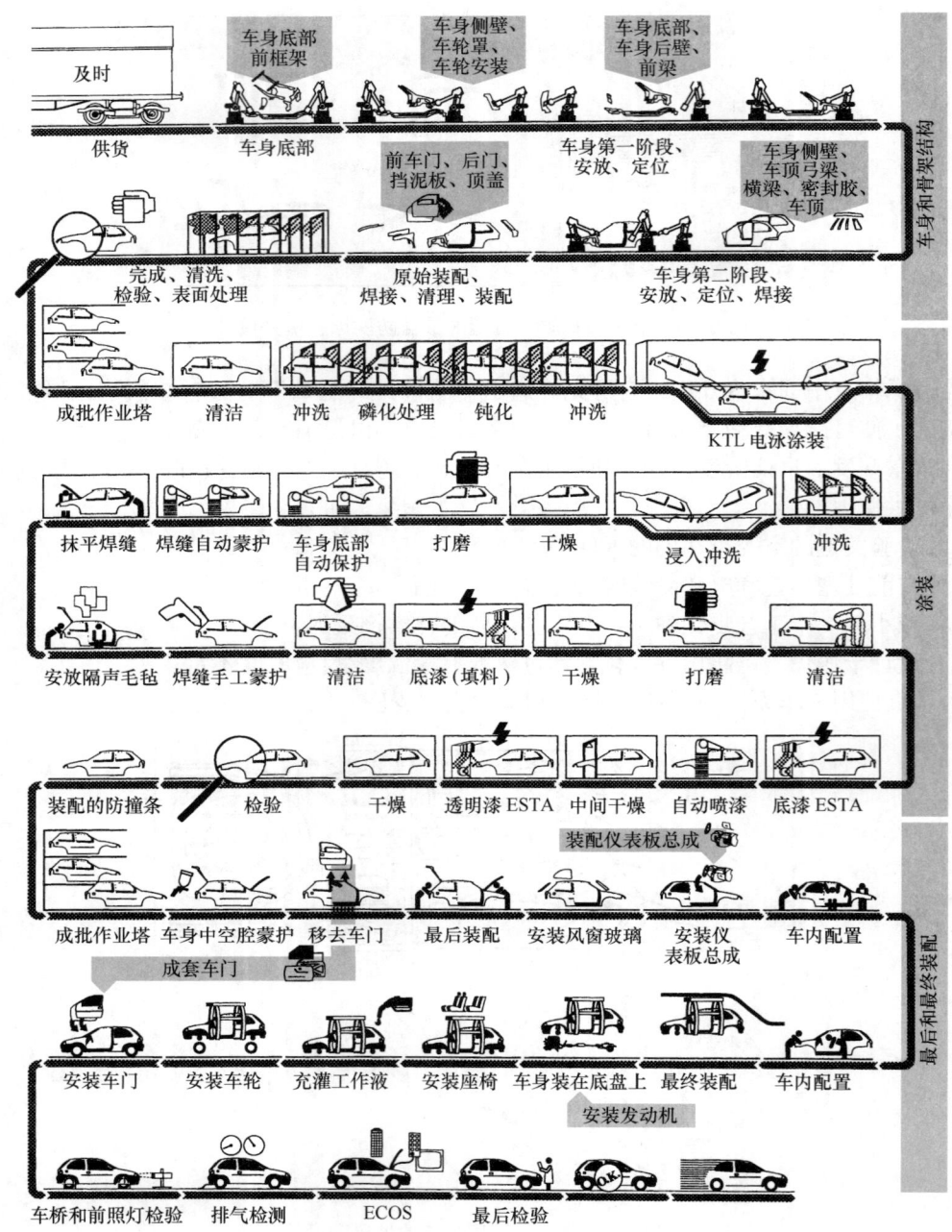

图 6.76 汽车制造的工艺流程

由于粘接可与其他热或机械连接方法灵活组合的适用性,所以在现代汽车制造中粘接是不能放弃的一种连接方法。

至今在车身制造中使用的粘接是衬里粘接、翻边粘接和密封。结构粘接取决于是否会直接影响车身强度而取舍,在车身方面,结构粘接承担高强度和刚度连接件的持久传力连接,也用在有防碰撞要求的汽车其他部位的连接。结构粘接的主要目的是提高车身刚度、通过吸收碰撞性能改进防撞能力和抗疲劳强度能力。由于材料的不断多样性,特别是复合材料的增长,通过连接技术可以组合出各种材料。

与其他连接方法相比,粘接对制造提出了附加的一些要求,因为在构件粘接后还没有初始强度,一直要在涂装车间的 KTL 炉中的工艺流程后粘接材料才会时效硬化,并最终达到材料性能要求。

粘接还有隔声效果和密封功能。焊接凸缘和翻边凸缘可通过涂覆密封材料防止湿气、腐蚀介质和空气中的氧气渗入(图 6.77)。

必要的密封操作在焊装车间或涂装车间进行,在焊装车间必须将车身的所有密封处密封。这些密封处在车身装配后就无法接近它们,如被隐藏的翻边凸缘或支撑骨架,这些支撑骨架是外部钢板的衬里所需要的。在这些工艺流程和在定义焊装流程的节奏时要考虑粘接连接所需的前处理和后处理时间。如果密封操作在涂装车间进行,则要在脱油的表面进行材料涂覆,再在 KTL 中涂装表面。因为要与底漆一起硬化,所以不需要附加的干燥工艺。

表 6.23 是车身制造中的各种密封材料和粘接材料。到底采用何种密封材料和粘接材料与所希望的强度和弹性有关。

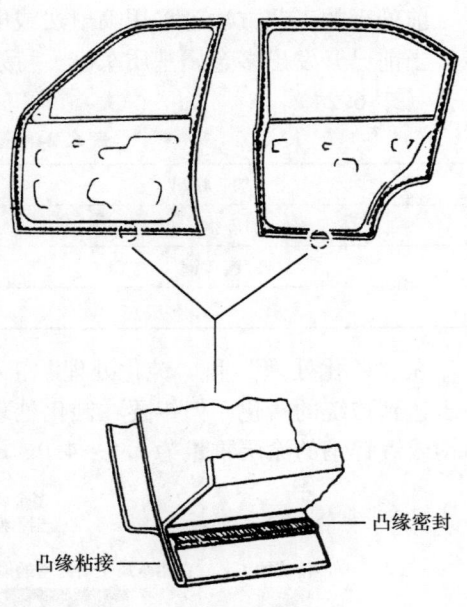

图 6.77 凸缘粘接和密封的位置

表 6.23 车身制造中的各种密封材料和粘接材料

材　料	主要使用范围	强　度	弹　性
环氧树脂、橡胶	白车身结构粘接,粘接翻边弯折	++++	+
以橡胶为基础的产品,热溶黏结剂	白车身的衬里粘接材料和密封	+++	++
塑料溶胶	在涂装车间的密封和衬里	++	+++
丙烯酸酯塑料溶胶	白车身密封	+	++++

(2) 前处理　在涂装工艺前要对车身表面前处理。其目的一是防腐,二是改善漆的附着性。在全钢车身上,标准的前处理工艺可分清洁/脱油、冲洗、活化、磷化、冲洗、钝化、再次用完全脱盐的水冲洗这几个步骤。

焊装车间供给的车身还带有必须除去的防腐油、润滑剂、磨料粉残余物以及其他脏污物,以保证涂装质量。车身的清洁和去油采用含水的和含表面活性剂的碱性溶液。在接着冲洗时还要去掉黏附的清洁液。在实际磷化前用磷酸钛激活表面可提高磷化速度、减轻磷化层重量并得到特别细的晶粒边界层。

采用溶液磷化的主要成分为锌、镍、锰离子、磷酸和促进剂〔氧化剂,如氮化物、过氧化物或羟胺(胲)〕。为处理钢—铝车身,要附加自由的氟化物。酸性的磷酸盐溶液作为酸洗剂。通过酸洗反应形成二阶铁离子、锌离子和氢原子。促进剂将氢气去极化,也即消除金属表面的氢气泡。氢气泡可干扰表面的磷化反应。由于酸洗反应,金属表面的酸浓度下降，因而在表面形成难溶的磷酸锌或磷酸锌铁薄膜。它的重量为 $1.5\sim4.0g/m^2$。形成的二阶磷酸铁通过氧化剂形成难溶的三阶磷化铁，并作为矿泥分离出来。在车身上残留的矿泥颗粒在以后的冲洗过程中除去。

在磷化层中可能残留的细孔通过含水的六氟锆酸溶液或后有机冲洗溶液而消除，接着用完全脱盐的水将残留的水溶性盐冲洗掉。

前处理的工艺方法可采用喷射法或电泳法，大部分采用这两种方法的组合。

当前已开发出多金属基质车身，特别是高份额铝的多金属基质车身的两个阶段的前处理工艺（表6.24）。

表6.24 磷化工艺中的沉积物发展

基质材料	沉积物发展/(g/m³)
钢	3.0～5.0
镀锌钢	0.1～0.8
铝	10～16

在"磷化处理"和"钝化处理"工艺阶段，通过合理使用化学剂可使钢和镀锌的钢进一步达到传统的磷化。但铝要在钝化处理步骤中才能转化处理（铝的涂层重量为 $0.2g/m^2$，而钢或镀锌钢的涂层重量为 $1.5\sim4.0g/m^2$）（图6.78）。

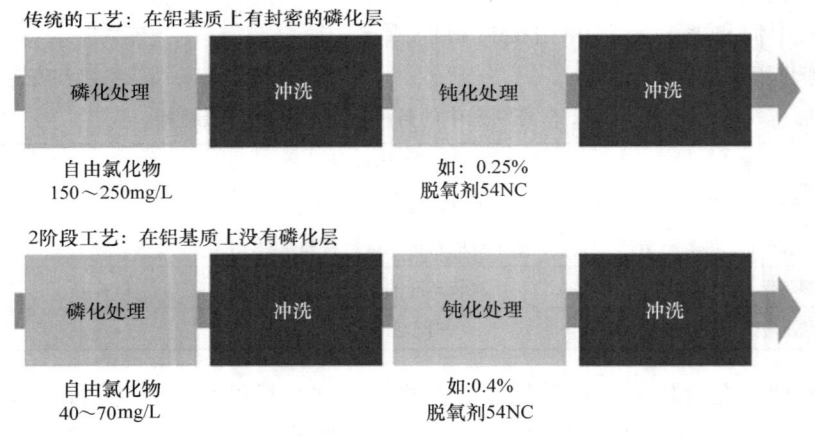

图6.78 多金属基质磷化（资料来源：Henkel）

各化学剂供货商正在致力于优化"薄层涂层"工艺的研究（约比目前的磷化层厚度薄100倍）。这里关注的是这种替代的前处理工艺的生态潜力：

1）放弃使用重金属，特别是镍。
2）减少水、废水、沉积物（泥浆），从而只要很低的工艺成本。
3）节省能耗（在约20℃时涂层时间约30s，而在50～60℃时涂层时间约3min）。
4）减少工艺步骤，从而减少生产场地面积和投资金额。

很多汽车生产厂家，特别是美国汽车生产厂家已使用薄层涂层前处理工艺。

（3）电泳涂装 由于电泳涂装的高经济性和均匀的涂层厚度，已成为汽车工业中防腐蚀的一种方法。该方法是将要涂装的物体浸入含量为 15%~25% 的弥散漆颗粒的漆—水浴槽中。在工件和浴槽间施加直流电压，则漆颗粒在工件表面上移动并沉积下来。电泳涂装有阳极电泳涂装（ATL, Anodische Elektrotauchlackierung）和阴极电泳涂装（KTL, Kathodische Elektrotauchlackierung）两种方法。由于 KTL 的防腐蚀效果好，所以车身都采用阴极电泳涂装（KTL）（图 6.79）。

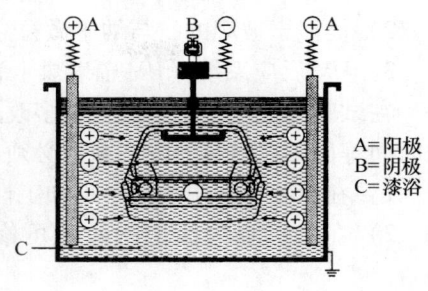

电化学沉积通常在 2.5~4.0min 时间内完成。在较多件数时，浴槽设备大多是连续的，它有 2~7 个不同电压的直流电场。根据涂装类型和方法，在工件外部的涂层厚度为 18~35μm。车身空腔中的涂层厚度至少要达到 10μm 厚。

阴极电泳涂装

1. 不溶于水的氮基黏结剂与有机酸转换成水溶性的形式：
$R_3-N+CH_3COOH \longrightarrow R_3[NH]^+[CH_3COOH]^-$

2. 水电解质（阳极反应）：
$2H_2O+2e^- \longrightarrow H_2\uparrow+2OH^-$

3. 黏结剂分离(析出)在碱性的阳极扩散边界层上：
$R_3[NH]^++OH^- \longrightarrow R_3-N+H_2O$

图 6.79 阴极电泳涂装：简图和反应方程式

瀑布式冲洗过程使车身在 KTL 电泳涂装后消除没有结合的电化学的漆颗粒。为减少水的消耗和回收漆，采用超级滤液作为冲洗剂，它是从 KTL 涂装中在超级过滤设备中得到的一种介质。车身的瀑布式冲洗过程对准涂装的作业方向进行。冲洗剂和残余的漆又返回到浴槽。在用完全脱盐的水最后冲洗以后，将黏附在车身上的漆在温度为 60~180℃ 时烘烤约 20min。同时，烘烤过程也作为车身的干燥过程；只有在热处理后才能达到最终强度的可淬硬钢以及粘接材料和密封材料也可由此硬化。

（4）底部和表面涂装 外部表面保护和配色可用湿漆，个别情况也可用粉漆。底漆的任务是消除先前工位造成车身表面的粗糙或不平处，并为面漆保证光滑的底部。此外，底漆是促进面漆黏附的中介层。除使用单色，大多为灰白色底漆外，也用有色的，甚至使用面漆色调的专用底漆。有色底漆的优点是面漆层可以较薄（成本低）和在用户使用时不易察觉较轻的汽车表面的机械损伤。

面漆常为双层漆，一层为基础（底）漆，配色用；一层为透明漆。在基础漆中可分通用色调漆和效果色调漆（金属、云母）。效果色调漆除含有如铝颗粒或微光颗粒颜色色料外，还可根据不同的照射光产生不同的反射颜色或反射闪光。在色调开发中要特别注意所用的色料对光的照射的稳定性和完全嵌入黏结剂中。此外，还要注意，如通过持久的太阳照射会形成色调的移动或在边界层上的色料聚集并出现颜色的附着问题。

透明漆是为了保护光滑的表面和达到光泽的效果。透明漆的化学性能在强烈的紫外线照射下不应发黄；必须保护（如在洗车时）表面氧化膜；能抵御有机和无机物质侵蚀，如燃料、鸟粪、树胶和酸雨。

透明漆不但可用单组分材料，而且可用双组分材料（基漆和硬化剂）。单组分系统价廉（材料应用技术）和大多具有比标准单组分系统有较高的抗划伤性。而双组分系统对化工材料和生物材料的稳定性要好于单组分系统。此外，双组分透明漆有较好的外观。

为进一步优化用户关心的透明漆表面的质量，研究开发出明显抗划伤材料：

1）高网状密度产品。

2）类似于玻璃的、与纳米微粒（$\phi 10 \sim \phi 20\text{nm}$）结合的硅酸盐点阵。

3）UV反应系统（UV辐射烘干）。

在试验和批量使用中进行很多改进。但能经受得住所有力学性能要求的透明漆表面还需长时间等待，在材料开发方面还必须寻找有关一些问题的解决方案，如：

1）在涂装车间中的材料可加工性。

2）在工厂喷漆线上的涂装可修复能力，也包括在修理车间中的研磨、抛光、修复粘合。

3）塑料安装件的涂装能力（适应金属底座）。

底漆、面漆和透明漆的整个涂装系统的各涂层内应防止湿气侵入和紫外线照射，特别是要防止含有环氧树脂的 KTL 层。因为紫外线可分解环氧树脂，其后果是底漆失去粘附性并使整个涂装结构脱落。另一个要求是抵抗机械冲击能力，如石子打击。通过涂层的良好粘接以及相应的柔韧性，可达到这个要求。

湿漆由挥发的和不挥发的成分组成。挥发成分（有机的或含水的有机溶剂）作为可调制的油漆。不挥发成分在硬化后形成实际的漆膜（层）。湿漆中的黏结剂有利于漆膜的形成。汽车上主要使用醇酸树脂、丙烯酸树脂、聚氨酯和三聚氰胺脂黏结剂。在黏结剂中还有颜色色料和各种辅助材料、湿润剂、流动剂、不发光剂、抗沉淀剂以及软化剂（增塑剂）、薄膜成膜剂和充填材料。

在喷漆室进行喷涂。若可能，喷漆室应设置在与楼房分开的区域（净化区域），从而保证喷漆室的洁净环境，防止脏污物或其他干扰物（如密封胶）对喷漆工艺的影响。在喷漆时要将环境湿度和温度控制在很窄的公差范围内，以免色调波动。对水基漆，空气湿度保持在 (23 ± 3)℃，空气湿度保持在 $65\%\pm5\%$。

内部涂装通常使用机器人或油漆工。外部涂装除使用机器人外也采用自动喷涂。喷涂主要采用空气雾化的喷枪和静电高速钟形罩（ESTA，Eleutrostatische Hochrotationglocken）。在已生产投资和新投资时不断配置涂装机器人，这些机器人与新的静电旋转式喷雾器一起保证高度的灵活性和大幅提升喷涂效率。

车身在通道式干燥室中经照射、循环空气干燥或兼有照射与循环空气干燥。干燥温度底漆约为 165℃，面漆约为 140℃；干燥时间一般为 30min。

涂装系统在干燥过程中硬化，即受温度影响的黏结剂在原来处于阻塞状态的分子链发生反应和耦合形成稳定的大分子。上面提到的色料和辅助材料被包围在形成的分子网格中并影响大分子的性能，如硬度、耐磨性、流动性和光泽。

除常用的湿漆涂装外，还采用粉漆和粉浆涂装，但在当前的汽车工业涂装中只占很少的市场份额。在粉漆喷涂时取消溶剂。没有积聚在工件上的漆颗粒又直接输送给喷涂工艺。频繁的颜色变换和少的工件数使经济性下降。要提高经济性只能采用湿漆涂装，但湿漆涂装需要附加的设备。由于这一原因，目前粉漆涂装主要用于单色底漆或透明漆。湿漆涂装与粉漆涂装的组合为粉浆涂装。这是一种由漆生产厂家将粉漆加入含水的溶剂中的粉浆漆。粉浆漆可使用现有的、稍作改动的湿漆涂装设备。其工艺除没有机溶剂外与粉漆工艺一样。

4. 车身中空腔封蜡和底部保护

车身中空腔封蜡和底部保护可有效防腐蚀，由于这些部位的高载荷不仅要求特别的密封操作，而且要采取像用蜡对空腔密封的措施。蜡封一般在涂装后进行。车身底部保护部分工作是在涂装车间，部分工作是在生产过程终了时进行的。

（1）车身中空腔封蜡　用蜡封堵车身中空腔就是密封缝隙或凸缘，从而避免缝隙腐蚀。表 6.25 列出了所用的各种蜡。

表 6.25　车身中空腔封蜡用的各种蜡

材　料	固体占的质量分数（%）	材　料	固体占的质量分数（%）
热空气蜡	100	基于溶剂的喷射蜡	>70
热喷射蜡	100	水基喷射蜡	>40
无溶剂的喷射蜡	>99		

蜡的渗透法是有效密封狭窄缝隙的重要方法。下面可用简单试验检测渗透性：在室温下将两块相互错开规定距离、水平叠在一起的矩形试验板，在错开处涂上蜡在规定的重量冲击下有多余蜡的一棱边被隐藏起来。在试验时间结束后将它们分开就可测定蜡的渗透距离。

在车身设计时要考虑封蜡的方法。车身中空腔封蜡可用热空气蜡法或热喷射蜡法。用热空气蜡法时要将涂层范围的车身加热到 60~70℃，车身中空腔用约 120℃ 的热空气蜡完全充满，一部分蜡凝固黏附在较冷的车身钢板上，同时剩余的蜡重新流出。使用热空气蜡法应这样设计车身中空腔，使能保证可靠的、按规定的蜡量流出。在空腔型材上部范围要避免空气夹杂物。在室温时的热喷射蜡法与热空气蜡法不同，被喷射蜡的构件温度与蜡的温度差不应超过 10K。在高压下（2000~12000kPa）将与空气混合或不与空气混合的蜡喷入车身中空腔。同时在结构上要有足够的开口。

（2）车身底部保护　车身底部由于石子打击而受到严重的力学载荷。此外还受到地面潮湿和路面撒盐（冬季）的严重腐蚀。沥青基、PVC 基和聚氨酯材料可防止这类腐蚀。车身底部保护替代方法的概貌见图 6.80。

保护车身底部的替代方法

塑料饰板
·增加应用
·安装简单(在总装时)
·改善车身底部的气动力学性能
·降低噪声

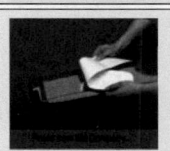
塑料薄膜
·保护涂装的车身(石子击打)
·在复杂的大成型面应用时费工时

将下列涂层物质喷射在车身底面上：
·PVC:性价比好，健康上存疑
·蜡：简单、价廉的喷涂，有限的功能
·沥青混合料：价廉，易脏污，有限的功能
·橡胶：贵，性能好
·聚氨脂弥散体：喷涂简单，价格适中
·丙烯酸盐弥散体：喷涂简单，性价比好

图 6.80　保护车身底部的替代方法（资料来源：PPG）

在没有使用这类材料保护的范围需用封蜡（图 6.81）。用封蜡还可同时保护处于这范围的底部构件。

作为热空气/喷射蜡的例外情况，车身底部可使用与车身中空腔封蜡一样的蜡。在车身

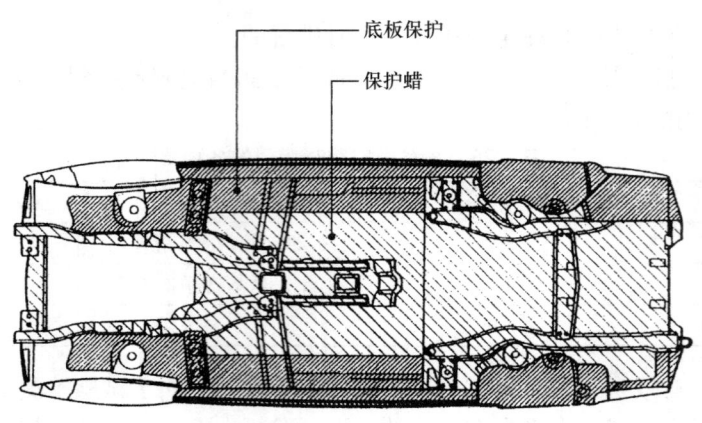

图 6.81　使用车身底板保护材料和保护蜡

底部范围所用的蜡的高耐冲击腐蚀性要求要比高的渗透性要求高。

实际上都采用热喷射蜡。自动化涂装设备必须按车型调整，因为不允许在车身全部范围涂装，要留出排气系统，包括催化转化器范围。

5. 运输保护

在交付汽车时用户要求汽车的质量和外观完美。为此常在出厂（供货）前，大多在生产结束，要附加运输保护和将汽车交付用户前再次去掉运输保护。运输保护是在 6 个月的时间内保护新的涂装表面免受机械作用和侵蚀性环境影响的伤害。运输保护的各种表面保护措施是不同的，但主要是考虑运输时间问题。表 6.26 是可提供汽车运输保护的各种方式和所用的保护材料。

表 6.26　运输保护

系　　统	使 用 状 况	系　　统	使 用 状 况
蜡（基于溶剂的或水基的）	批量	可喷射的薄膜	批量
丙烯酸系	批量	运输保护罩	批量
薄膜	批量		

6.3.3　前景

车身表面保护在技术上已达到很高的水平。这可由汽车生产厂家有关防止表面"锈穿"的丰富经验和诺言予以证明。在进一步开发车身表面保护的方法时，汽车生产厂家、设备制造厂家和漆生产厂家越来越多地聚焦在环境兼容的产品和生产方法。它们的共同努力已取得显著效果。首先扩大使用水基漆，使与车身表面保护有关的溶剂挥发物显著降低。图 6.82 为粉漆（溶剂漆、水基漆）在透明漆、基础漆、底漆、电泳涂装上的使用状况与有机溶剂挥发物的下降趋势。并可进一步降低。

车身车间约 50% 的能量需要用于涂装工艺。

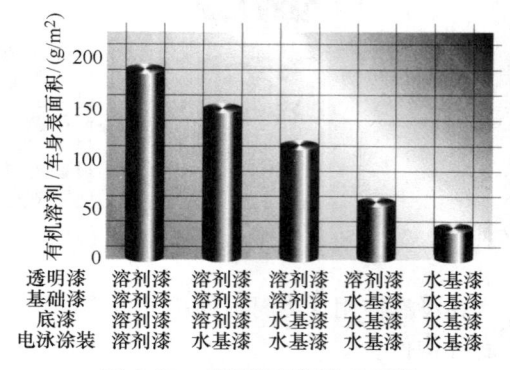

图 6.82　有机溶剂挥发的下降

因此出现降低成本的许多创新，如目前使用的致密的涂层工艺，其目的是去掉底漆（填料、打底剂）的烘干室：

1）无填料工艺（不用标准的填料），而喷涂相应性能的"湿中湿（nass in nass）"的两层底漆，从而取消基漆喷射室。

2）采用"nass in nass"的填料和基漆（适用于富含固体物质的溶剂漆和水剂漆）。

新开发的来自涂装室的漆雾沉积的工艺是节能措施的又一实例。该工艺可使喷漆室所需的大部分（90%）供气循环工作，从而显著地降低为调节供气所需的成本。

在未来，由于不断趋向采用轻结构车身，在汽车制造业中不断找到金属混合结构的入门途径，并特别采用铝或塑料安装件。在最近几年，表面处理工艺与在汽车制造中不同构件基质材料要求的匹配是一大挑战。对快速、高能量利用效率的表面保护工艺还附加影响未来的涂装流程。

供货企业对汽车工业表面保护要求采取的最重要的一些措施汇总在表 6.27 中。

表 6.27 未来汽车表面保护技术的措施

目标	实例
提高表面保护技术质量/功能	1）外观（光泽、结构（橙皮）、厚实感……） 2）色彩效果（珍珠效果、云母效果……） 3）新功能（易清洁、不结冰……） 4）抗划伤 5）耐化学物质、生物物质
降低工艺成本	1）组合工艺（nass in nass，无填料） 2）降低所需的烘干温度 3）采用机器人和钟罩 4）提高首次运行定额（洁净室，无悬浮物……） 5）喷涂室空气循环使用
产品差异化	1）缤纷色彩 2）个性化（多色彩涂装，贴膜……） 3）新的混合色方案（在线）
环境保护/可持续性	1）实施国内和国际指令 2）使用可再生原料 3）降低有害物排放、能源消耗、减少废物…… 4）工艺介质循环使用

6.4 汽车内部空间

6.4.1 人机工程学和舒适性

人机工程学概念是最近几十年从只有少数专家知道而发展到广泛公众意识到的专业学科，它反映了合乎人们使用的产品最佳设计。

可这样表述人机工程学：人机工程学是人和他的工作关系的一种学说，其目的是人的工作和工作环境要与人相适应。人机工程学可分宏观人机工程学和微观人机工程学。宏观人机工程学包括调整工作组织的结构、调整企业运转和调整生产小组。微观人机工程学包含为组织生产调整工作岗位和工作方法。

在微观人机工程学范围存在产品设计和工作岗位设置之间的差别。

以下说明汽车制造中汽车的人机工程学。

1. 对整车的人机工程学要求

在汽车工业中有很多根据人机工程学方法的使用领域和要求（图6.83）。

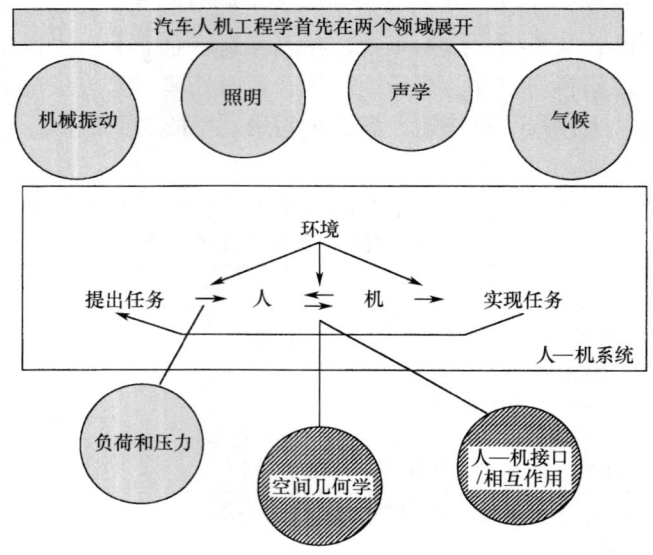

图6.83 人机工程学方法的使用领域和要求

汽车工业的重点首先是空间几何学和人—机接口（相互作用）。

空间几何学的目标是实现用户的主观和客观的期待。人—机相互作用的设计目标是驾驶人的最好的压力要求（没有过高的、也没有过低的压力要求）。

图6.84为人机工程学的工作原理和最佳的配合范围。

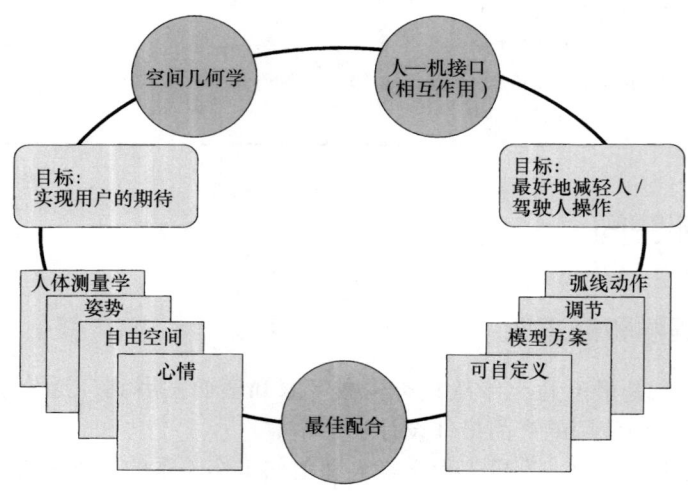

图6.84 人机工程学工作原理

为确定驾驶人和乘员的"真正"的空间心情,在汽车开发的组装件(Package)阶段是开发的重要一步。所有重要的部件"组合"在组装件中(参见4.2节),并这样地把这些部件画在一张图上,使它们能装入确定的空间尺寸中。汽车的一个"重要部件"当然是乘员。首先要确定有多少人,是什么样的人要"装入"新开发的汽车中。确切的是5座高档轿车必须要装载5名乘员和行李。运动型汽车则要确定在后座是否一定要有合乎标准的座椅,或者是2+2方案(后座设计只是为幼儿或儿童)。

对人机工程学有重要意义的是在"确定尺寸链阶段"要考虑汽车的寿命周期。汽车寿命包括开发时间约为15~25年。

在中欧,人体高度的平均增长至少到目前,每10年增长1.5cm。这意味着目前按人机工程学设计的乘员空间方案在未来15年可能要增大。

汽车总重方案主要受向车外瞭望的视野的影响。关键的特征参数是视野覆盖值,也就是汽车周围所有扇形区视野的总和,其中由于各柱的阻挡而无法向车外瞭望。典型的视野覆盖值在65°~90°之间,它与柱子数目、宽度和位置有关(图6.85)。

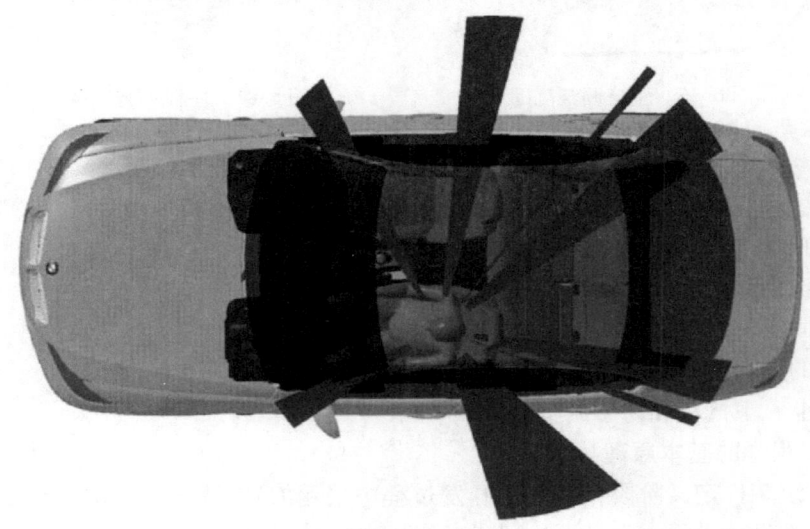

图6.85 视野覆盖程度

座椅、信息技术部件(显示装置)和行驶功能调节件是驾驶人与汽车的重要接口。作为驾驶人的支撑、保持和定位功能的座椅在汽车中有重要作用。座椅调整通常由驾驶人独立完成。但显示装置和调节件的空间位置常常是确定座椅位置的另一种方法。这种位置引起驾驶人的不舒服的强迫姿势和使人体肌肉紧张,应尽可能避免。

驾驶人的坐姿应在舒适的基本位置,并有足够的运动空间,以通过调整座椅达到最佳的身体姿势。

在组装件中由汽车工程确定的座椅调整范围表示座椅在纵向和高度上的调整的可能性。体形小的女人,即5%的女人,坐在调整范围的左上部(臀部或H点);魁梧的男人,即95%的男人,坐在右下部。在座椅调整范围所选择的H点是座椅基准点(SRP),它用以对比测量(图6.86)。

重要的是在座椅调整范围内的每一次调整,驾驶人看显示装置应有最好的视野,并能最好地接近操作件,但也可能被遮挡。因此,在各车型中还考虑了转向盘的倾斜和高、低的附加调整,以保证驾驶人的最佳视野位置。

座椅本身还有很多调整功能(图 6.87)。

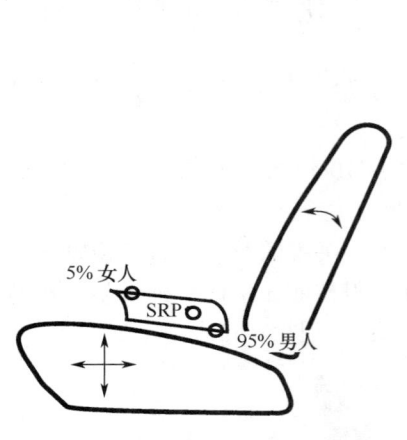

图 6.86 座椅调整范围
(SRP 为座椅基准点)

图 6.87 座椅形貌和调整功能

当然,改善舒适性的各种方案还在不断扩展,如"气候座椅""按摩座椅"。使用者对汽车舒适性的要求各不相同。各种要求符合金字塔的规律。

设计座椅要考虑不可或缺的人机工程学观点,即

1)躯体固定。

2)操作的自由空间。

3)方便上、下汽车和易于调整。

2. 人机工程学的基本原理

在早期的组装件定义阶段,在汽车开发过程中采用 CAD 技术,并用三维图形表示,不仅可加快组装件设计进程,而且可达到高度的预测能力。

汽车开发过程日趋综合性导致在设计流程中必须更早、更快和同时实现多目标。

在设计和在人体模型中同时使用流行的 CAD 程序、计算和显示,并向开发者提供。目前有很多专门的和附加的研究项目,如碰撞仿真(如 Madymo 程序)或气候感觉。

此外,还开发了更多的通用的人体模型。这些模型可设计驾驶人的位置。所有这些计算模型可以在一定的应用场合精确地或稍粗略地模拟三维人体模型图像。

在汽车工业中采用了由德国汽车工业生产厂家开发的作为标准的人体模型 RAMSIS。目前的 RAMSIS 人体模型可以研究汽车方案中驾驶人的手—臂系统和腿部的静态姿势和运动状态。此外,还可表述驾驶人的视野和操作件的可接近性。RAMSIS 模型甚至可"从眼睛中看到"一些目标和识别由于转向盘引起的阻挡。

仿真计算得到的人体姿势与在行驶模拟器和在实际汽车上进行的专门行驶试验得到的真实人体姿势的一致性已被证实(图 6.88、图 6.89)。

人体模型仿真的优点是通过舒适性的人体模型至少可确定人体舒适性的改进方向。为检

图 6.88　用 RAMSIS 设计仪表板总成

图 6.89　从人体模型（RAMSIS）眼睛的视野中
可识别的覆盖范围（上部：左和右眼睛；下部：中间眼睛）

验头部的静态自由度（如头部的轮廓）是一个可用的好的辅助方法，它符合人的实际反应。

使用 RAMSIS 模型的重要准则是正确选择空间约束。必须要有现有的经验数据。各汽车厂家的经验数据是不同的。

在现代汽车开发流程中，在组装件中利用 RAMSIS 模型可以找到与设计有重大关系的人（驾驶人）的位置，并确定驾驶人的活动范围、视野和人的接触面。然后再将这些接触面传输到车身外形设计程序 ALIAS。CAD 设计师在考虑这些接触面后就可画出车内草图。这时设计师可结合人机工程学定位一些操作件，如加热（采暖）操作件和收音机操作件等

（参见 4.1 节）。

完成样车外形设计程度 ALIAS 模型后就可铣削泡沫塑料件，并安装在人机工程学模型中，以判断假人（试验人）在车内的情况并确定车身的梁。利用前面的这些设计程序一般可得到多种目标方案。设计师从中再选出成本低、开发时间短的样车结构方案。

传统的车身方案模型一般分为车身空间几何部分和显示装置座框、操作件座框部分。操作件座框主要是功能图案结构，它是作为用户界面组以将操作方案转换为硬件和与操作方案相连的显示逻辑和操作逻辑、外观、所用材料、操作声音等反映人机工程学的结果。使用车身空间几何学，以进行人体测量学试验和车内空间感觉试验。

车身模型的目标设置是为组装件和设计提出建议。目前，可以在汽车设计的较早阶段进行人体测量学的很多虚拟试验。

人体测量学的测量

利用上面所说的车身方案可进行系列试验。在这些试验中根据选用的各种人体模型（假人）评定车身的几何空间。为得到可靠的用户群的人体尺寸的分布，需要精确知道测试者的人体尺寸。为此，采用无接触的测量法。摄影机从各个角度拍摄人体模型或用激光扫描器检测人体模型表面。

在用摄影机从各个方向拍摄人体模型时可以人工或自动合成人体模型，拍摄一直持续到符合被测量的人体模型的图像。

在用激光扫描器测量时，激光线投射到人体模型上。安装在人体模型周围的多架摄影机拍摄定义角度下的激光线。

因为激光源和摄影机位置已知，就可计算 X、Y 方向的成型断面。通过从上向下的整体排列移动可得到 Z 方向的成型断面位置（图 6.90）。

这样就可得到相应于三维点云的人体表面。三角测量程序可从点云中的各个点计算封闭的人体模型表面。

测量可在三维人体模型上进行。这时可直接测量或通过人体模型的配合检测圆周和圆周的间隔距离。

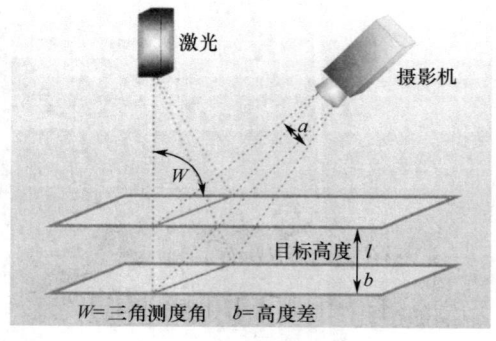

图 6.90 激光剖面法

当前，判断车身空间印象（也就是判断汽车个性）越来越重要。从多高的高度起（如墙裙高度）可产生安全的（受保护的）好心情；从多高的高度起会妨碍向外观察的视野？

为能比较不同车身的几何空间方案，要制造不同的车身模型。这些车身模型允许乘员电动调整几何空间并直接与经历过的几何空间比较。这样的任务目标令乘员鼓舞，如老一代汽车与新一代汽车的几何空间调整或汽车自己对比：变换座椅布置或不同的汽车外部方案（图 6.91 和图 6.92）。汽车外部与内部的组合变化具有很大的优点，因为调整车身的几何空间可以很容易地与外部的几何形状协调起来，或反之（图 6.93）。采用可存储程序的调整装置可很方便，且精确地实现一些综合性的变形方案。

如果以拼接方式建立车身模型（平面用一系列的骨架表示，平面的表面部分地相互连在一起）则目前主要使用按计算机辅助设计数据铣削的泡沫塑料件（图 6.94）。

图 6.91　可调座椅框架的长方案（高度不变、长度增加）

图 6.92　可调座椅框架的短方案（长度不变、高度增加）

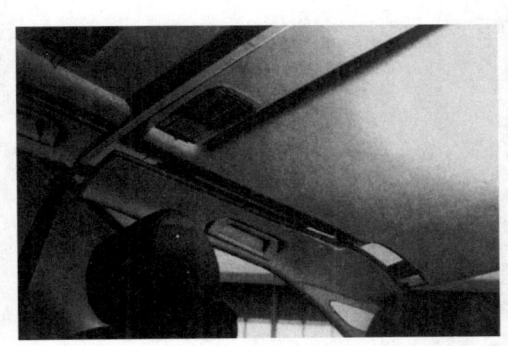 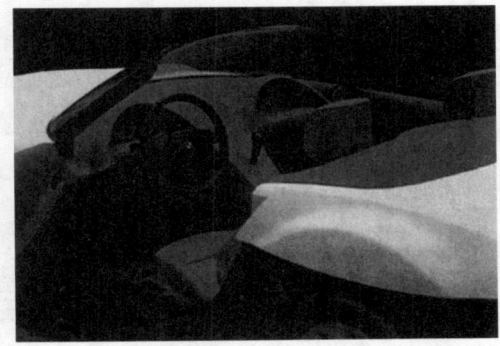

图 6.93　查明头部的侧向自由度　　　　图 6.94　按计算机辅助设计数据铣削的泡沫
　　　　　　　　　　　　　　　　　　　　　　　　塑料件，以及早评定空间感觉

在不断增加汽车功能的多样性背景下，用户满意和安全的用户界面设计对设计者、人机工程学者和零部件设计师是一个特别的挑战。从消费者对电气、电子产品熟知的操作方案，在汽车上只能有条件采用，因为要考虑在同时实施行驶任务时的特别操作边界条件。

汽车上可供使用的操作功能在最近几年急剧增加。在 20 世纪 60 年代，除了单纯的行驶功能外有 20~30 个功能，即二次功能。当前配置好的高档轿车约超过 1500 个操作功能。图 6.98 是汽车显示装置和操作元件的增长状况。

20 世纪 80 年代末，显示装置数暂时逆转。这是由于使用多功能显示装置，如输出文本的显示屏。许多汽车状态信息的报警信号灯（如洗涤液面）成为多余。另一个逆转是20世纪90年代初，操作元件数第1次下降。这也是采用多功能操作产生的，即采用可自由放置和书写的键。

通过使用显示屏幕，可以表示和设计一些新的功能，以及导航系统的地图显示。在地图显示屏上驾驶人可以规划他的行车线路和跟踪他的目的地（参见6.4.2小节）。

未来，通过信息联网和几乎是在任何地方和任何时间提取信息这个事实可以进一步提升"二次功能"，即不是直接属于汽车行驶的功能，而直接记录下来。

3. 开发方法、人机工程学融入产品形成过程

在汽车开发过程中的人体模型。

在新产品的定义和设计阶段通过计算机仿真可减少费时、费钱的试验。

自20世纪60年代以来，世界范围开发了约150个不同目标设定的人机模型（设计/人机工程学评估座椅工作位置或手动的工作位置、气候模型、碰撞模型、动画片工具）。其中大部分是由工业企业开发的、完全专门的重点任务"汽车车内开发（In-house-Entwicklung）。"

在汽车（和摩托车）的实例中，应该示范地解释在汽车产品形成的前后过程中为模拟人的行为所用的一些工具。焦点定位在产品形成过程的观察。如果评定人机工程学融入产品的整个形成过程（图6.95），则显然，产品修改晚，成本就高。因为产品的细化程度和相应的成本随开发时间几乎呈指数增长。

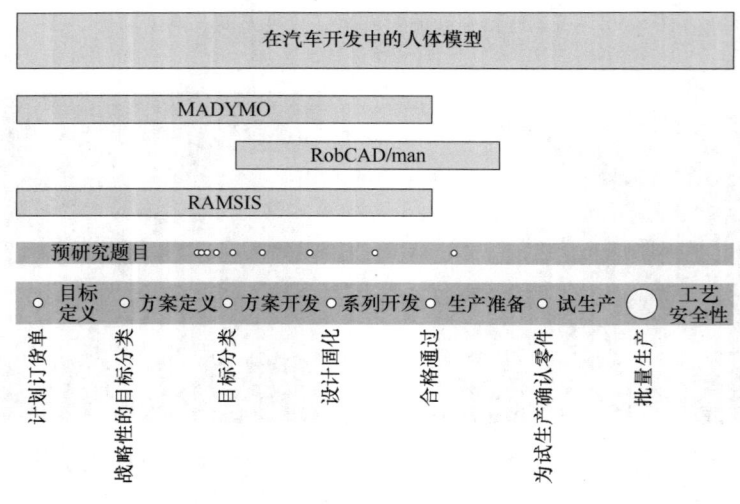

图6.95 人机工程融入产品形成过程

最有效地使用模拟工具是从产品开发开始的（见11.3节）。顺序是在目标定义阶段（想象的产品）和在方案阶段。即目标分类阶段结束，必须确定产品方案参数。为此，在这两个阶段要处理接下来产生的一些可选择方案。这些可选择方案受项目进展状况的约束。另外，在预研发阶段所有参与产品开发过程的专业组要控制他们的要求。对模拟工具有两个主要要求：

1）快速：为增加更多的设想方案和变形产品，在总是短的时间和总是高的要求时必须完成人机工程学的各项试验。

2）透明：为向所有产品合作伙伴提供有效的决策帮助，试验结果必须能演示、图解和快速、准确地移植。

上面介绍的各种人体模型特别适用于汽车开发。这些模型的设定目标相互间当然或多或少有差别。人体模型模拟程序 RAMSIS 对车身几何空间设计有很大帮助。

1）RAMSIS：模拟乘员（驾驶人）的计算机辅助的人体测量学数学系统（RAMSIS, Rechnergestütztesanthropometrisch-mathematisches System zur Insassen-Simulation）是一个三维人体模型，以计算和分析驾驶人工作位置（图6.96）。

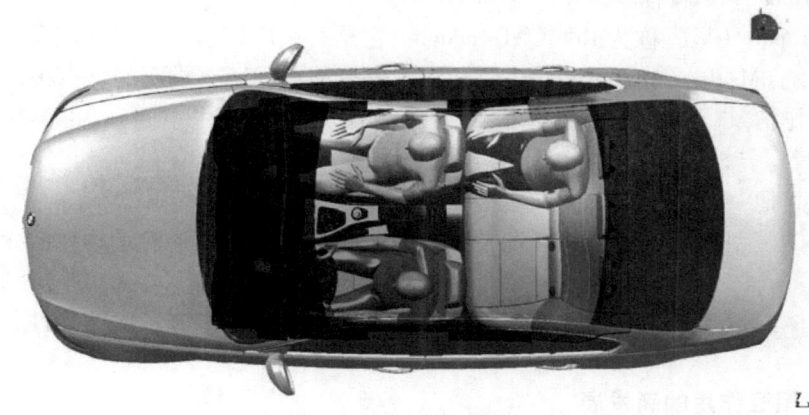

图6.96　在汽车中的人体模型位置

RAMSIS 的特征是驾驶人的姿势模型。根据用摄像机或用标记系统测量被研究的驾驶人在不同场景（轿车、载货汽车、摩托车）取得的数据，并利用 RAMSIS 人体模拟程序就可提供驾驶人关节角度的分布函数的统计模型。这样，RAMSIS 就可在定义的任务下，借助约束就可模拟驾驶人在行驶时的最大可能的姿势。

RAMSIS 人体模拟程序除经典地检验驾驶人的视野模拟和操作空间外，还有不少的分析工具，如反光镜的视野、姿势的运动舒适性和安全带分析。在产品形成中 RAMSIS 人体模拟程序用在方案定义和方案开发阶段。

自从采用人体模拟程序以来，工业界、供应商、大学不断地继续开发一些新软件。一个重要的分项目是"RAMSIS-Dynamisch"（图6.97）。图中是模拟驾驶人上、下车时从手臂、腿部直至整个身体的运动过程。其他大多数的人体模型程序（如 Transom/Jack 或 DELMIA/SAFEWORK）也有类似的模拟过程。

图6.97　为动态上、下汽车进一步开发 RAMSIS

一个重要工作是将 RAMSIS 人体模拟程序通过座椅与汽车耦合。至今，利用平移矢量可实现这种耦合。平移矢量是将按 SAE 定义的 H 点与人体模型股部（臀部）关节建立联系，这样人体模型位于座椅调整范围。每个人的偏移矢量是不同的。对每个座椅必须重新确定性别、人体尺寸、肥胖程度和偏移之间的统计关系。利用多体系统在计算机中描述座椅的特性，目前可以尝试模拟实际的单人座椅的性能。

最后可能放弃当前还需要的和已经叙述过的车身试验（座椅框架）。

一个重要的用于设计和人机工程学试验的工厂中工位的模拟工具，除 Transom/Jack 模拟程序外还有 eM-Human 程序。

2) eM-Human（早先称为 Rob CAD/man）：它是一个应用程序，可在试验室内模拟规划的工人装配系统 eM-Power (Teconomatix)。它可虚拟地再现所有重要的、有关人机工程学和动态的工人操作情景。在细节中观察可接近性（操作空间和自由空间）、可辨认性、可达到性和节奏时间等。

还开发了其他一些模型，如气候模型、声学模型。

在聚焦人体模型以后，最近又开发了可扩大应用范围和可图形演示的新的人体模型模拟程序。

对未来人体模拟工具的重大挑战在于要能真实地和从总体上表示人的特性，直至人的认知能力。

4. 人—机相互作用的新发展

在考虑汽车新操作方案前要先回答一个基本问题：为何在汽车仪表板总成中需要人—机相互作用的新方案？汽车操作件在超过100年的汽车史中不断增长。每个汽车驾驶人都习惯于这些操作。进一步观察表明，当人们从单纯的行驶功能的操作（一次功能）来看，传统的标准化操作件很快就达到它们的限度。二次功能的操作件数在过去几十年急剧增加。原因是购车者希望在汽车上有更多功能，同时还希望简化操作。

分析最近50年汽车仪表板总成上的操作元件（开关）数量和显示装置数量表明，自20世纪70年代中期以来，显示装置和操作件急剧增长（图6.98）。

至今，由于微电子的发展，汽车功能已进入一个新世纪。由于功能的快速增加，也开始了"按钮的战争（Krieg der Knöpfe）"。因为不会出现功能增长的终结，所以要开发人—机相互作用的新的形式。早先在汽车上只有少量的装置、收音机和采暖（加热），以后增加了收音机功能（CD、磁带、音响调节功能）；为存储显示汽车数据的车用计算

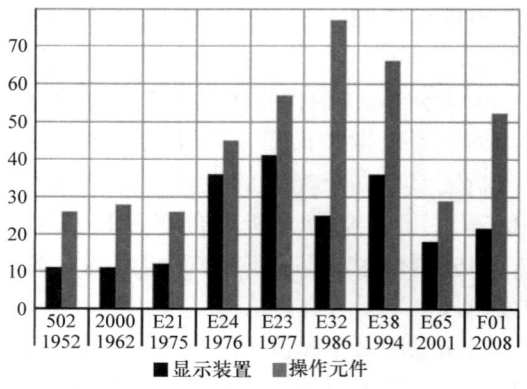

图6.98 在汽车仪表板总成上显示装置和操作元件的增长状况（实例宝马）

机，如燃料消耗、行驶里程、跟踪路径的导航系统；直至带显示器的多功能仪器（装置）。

使用电视屏幕（显示屏）的最大的优点是它可以不放在观察事件的操作范围，而是直接处理驾驶人的视野范围。为使眼睛对距离的调节时间最短电视屏幕离驾驶人的眼睛应较高，尽可能广地观察行驶情景；同时电视屏幕离驾驶人较远的眼睛应近一些，这样驾驶人就

可很少地离开行驶情景的观察。

可以将电视屏幕的操作件放在驾驶人最佳的手臂活动范围，且不要求转移视线去操作它。这意味着开关数或输入操作件数应尽量少（图6.99）。

电视屏幕是新操作方案的一个中央部件，在汽车行驶的适用性上必须不断优化操作，目标是最少的视力转移操作。

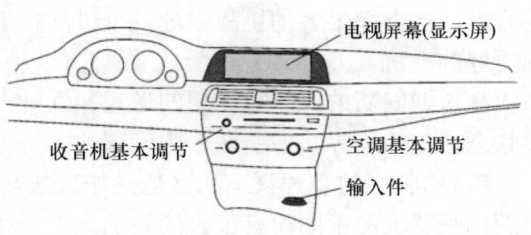

图6.99 典型的现代轿车仪表板总成设计

在操作方式中，世界上有两个开发的基本方向：触摸屏系统和机械输入件系统。

触摸屏系统首先由日本汽车生产厂家使用。它的优点是紧凑，整个系统组成一个单元，可降低没有操作过这类系统的使用者的操作门槛，因为手和眼睛相互紧密配合。缺点是无论在寻找功能，还是触发功能时没有触觉反馈。此外，电视屏幕应位于驾驶人手臂操作范围。但这使驾驶人眼睛与电视屏幕之间的距离较近，延长眼睛对距离的调节时间。

机械输入系统有很好的触觉反馈。很多欧洲汽车生产厂家使用的旋钮可以指示标线在刻度盘上移动的位置。

为操作电视屏幕，输入件采用不同的方案（如大众辉腾，奥迪A8）。作为操作的中心件，总是采用旋—压按钮。另外还补充一些选择菜单的键。利用部分固定设置、部分可变的预设键可降低没有使用经验的使用者操作门槛。当然，操作键越多，视线移动就多。

另一个方案是只使用几个操作件操作电视屏幕，而不再补充其他的键。还有一种操作件是在旋—压按钮上增加一个"滑动"自由度。这样就可在没有视线转移时选择菜单，因为选择菜单就像换档那样就可实现。此外，新的操作技术，如可变的力反馈（Force-Feed Back）和语音输入减少驾驶人视线转移和很少地离开行驶情景的观察而进一步改善汽车操纵性。同样，将长时间以来已熟悉的汽车收音机无线电台键进一步开发成优选键。这些优选键附加地占据收音机功能，如电话号码和导航目标，从而节省复杂的输入过程。

虽然多年来语音输入在部分场合已使用，但语音输入的主题仍在谈论。语音输入还在发展，从扩大已知的词汇；识别未知的、只是作为ASCⅡ符号的现有词汇，如在电话存储器中的姓名；在流利阅读课文中识别关键词（Wordspotting）；直至自然的对话。这不仅是进一步开发单纯的语音识别技术问题，更是要开发对话结构。可接受的语音输入系统很大部分取决于识别能力，也取决于对话状况。

在未来几年，语音识别（至少通过语音操作的一些重要功能）要有冗余设计，即这些重要功能可通过其他的介质操作。其原因在于不排除会出现语音输入后不完全正常工作的情况。在这时，人们只思考外部的嘈杂声、车内的小孩、感冒使声音发生变化等。

驾驶人辅助系统是未来设计人—机相互作用的未来挑战（见8.5.5小节）。驾驶人辅助系统直接支持驾驶人的行驶任务，也即控制汽车的纵向和横向动力学性能，如汽车偏离车道时，辅助系统是如何支持驾驶人的；汽车纵向动力学系统的控制范围不够时，辅助系统指示驾驶人需要自己制动；在驾驶人处于"短暂睡眠"的危险状态时，警告驾驶人。这些可能的辅助系统从显示器显示、声音/振动提示到操作件的直接干预。这样，如汽车偏离车道时，则驾驶人辅助系统通过转向力矩向汽车发出信号，促使驾驶人修正车道。在这期间已有第一批配备车道保持的辅助系统投放到市场。

通过线控（by Wire）转向、加速、减速，也就是电控，出现很多新的人—机相互作用的方案。这方面最大的挑战中的一个挑战在于开发替代的、比在长期的汽车发展中采用的感觉更好的系统。

在这期间新的人—机作用的形式和驾驶人辅助系统的功能其总的功能数量似乎已达到临界状态。这些临界状态受两个因素制约：

1）驾驶人的心理状态。这是操作二次功能（非操纵汽车行驶的一次功能）所必需的，它随行驶状况的不同而有很大的差别。

2）用户总是接受新的功能。但对年长的驾驶人，接受新功能的准备不足，所以要经过一段时间的熟悉，以操纵以前没有或很少使用的这些新功能的汽车。

在这期间，从法规方向，在操纵汽车中了解到潜在的边界，并采取一些干预措施。从世界范围的"驾驶人心神烦乱"讨论（美国、日本、欧洲）中，得到第一手材料以及不少建议。这些建议不涉及人—机相互作用方式。各汽车生产厂家不断进行汽车的开发与试验。这些试验最终体现到人—机接口。这方面的实例是"交通拥堵试验（Okklusionstest）"。

6.4.2 通信系统和导航

1. 目标和方案

汽车上的通信系统和导航主要覆盖三个方面：用于优化行驶路径，且不需要试探性行驶或避免交通拥堵时的等待时间；在行驶途中可以娱乐，欣赏无线电广播中的音乐或介绍沿途风光；提高行驶时的安全性和舒适性，如在汽车发生故障时可从汽车上发送信息或寻找合适的旅馆或预订旅馆。

实现这些功能是基于三个基本的装置（设备）：汽车收音机、移动电话和导航设备。这些功能越来越多地集中在一个仪器（装置）中。另外还有处于增长阶段的移动互联网服务，但主要是为袖珍仪（智能电话）服务。

最常用的标准和系统是超短波（UKW）无线电广播、全球移动通信系统（GSM，Global System for Mobil Communication）和全球定位系统（GPS，Global Positioning System）。大多数标准的特点是它们最初不是为汽车使用而开发的。为适合汽车环境使用需要较高的费用。

下面就这些基本装置（设备）和一些逻辑关系作进一步说明。

2. 无线电广播接收机

无线电广播接收机是多用途服务装置。既可作为传统的收音机、无线电导航仪，或作为互联网收音机的移动（车载）电话。

作为顶层概念的汽车收音机[155]可作为无线电广播接收机、磁带和 CD 播放机或 CD 换片机和类似于最初的娱乐设备。目前汽车收音机的典型的标准设备为 UKW、RDS、$2 \times 20W$ 末级（功率输出级）和 CD 播放机。它可以播放数字压缩的乐曲（如 MP3）。流行的汽车收音机可与可携带的存储介质或半导体存储器（记忆棒或 U 盘、SD 卡）连接，并替代 CD 播放机。也不断与蓝牙功能建立联系，以与移动电话连接，特别是自由聊天功能。

在欧洲，主要是 UKW 无线电广播。在一些国家（英国、瑞典、丹麦、挪威）按 EN300401 标准已实施数字无线电广播（DAB）。其他国家正处于数字无线电广播准备阶段。

（1）模拟无线电广播接收机

用于接收 UKW 无线电广播的汽车收音机电路框图如图 6.100 所示。

第 6 章 车　身

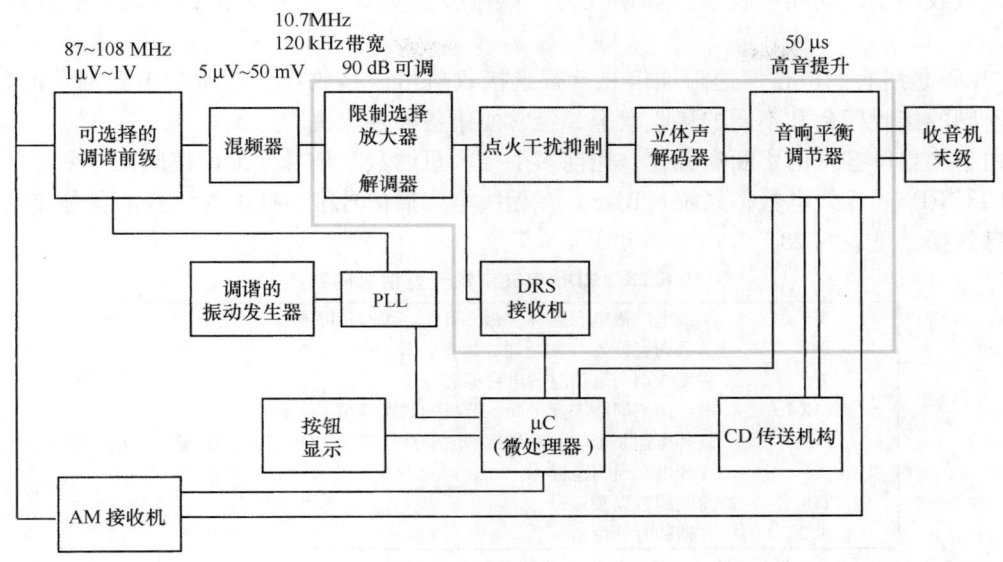

图 6.100　简单的汽车收音机电路框图

可调谐的前级通过调谐的带宽滤波器可以先粗选希望收听的电台节目。在混频器中利用 PLL 控制的振荡发生器将收听电台的频率转换为 10.7MHz 的中频（ZF），原来选择的电台频率信号就在混频器中。中频信号解调为多路信号（MPX-S）。图 6.101 是解调后的多路信号的频谱。

音频信号中包含单声信号、立体声信号、RDS（无线电数据系统）的附加信号。由于发动机点火引起的干扰信号可从多路信号（MPX-S）中识别并隐没。

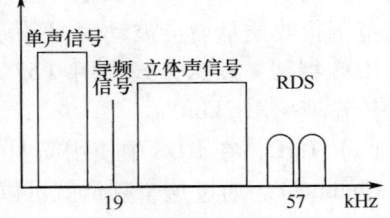

图 6.101　在多路信号（MPX-Signal）中的收音机信号和附加信号的频谱分布

在立体声解码和补偿电台侧的高音（高音提升）后可再现原来的音频信号。

在流行的接收机中实现信号的放大、选择、立体声解码直至在处理器中将语音信号处理成数字形式。这样就可在常规的模拟接收方案中完成很多复杂的调节原理。利用 ZF 滤波器的可变带宽可改善信号的接收品质。

通过数字处理可以使语音信号与汽车内部的声学特性实现最佳匹配。利用自适应均衡器或通过信号处理，在汽车行驶噪声下分析语音信号并进行修改，使汽车噪声被隐没。为进一步满足多方面的要求，高档汽车收音机常有多部接收机：

1) 通过有效的、经过安装在汽车上的两个天线接收同一电台信号的两个接收机的 ZF 信号的逻辑关系，可改善接收该台的信号品质。为此，在使用中有两个调节系统。一个系统是在从两个天线接收到的同一台的两个信号之间快速转换到当时较好质量的那个信号；另一个系统是自适应将两个信号权重相加，以使累积干扰信号尽量低。这个作用相当于方向选择，它可以隐没多路径的接收干扰。

2) 一个接收机利用调整程序不断调准在电台同一节目的不同频率，并在要收听的电台节目的接收质量之间相互比较。如果在另一频率接收更好，则收音机自动地转换到该接收频率。

3）不是所有的电台发送附加信息。背景接收机可以接收与要收听的电台的不同信号。根据不同的接收任务和不同的接收状况，经常使用各种接收机。

由于半导体技术的不断微型化，当前多个接收机的数字信号处理可集成在一个芯片上。

（2）RDS　无线电数据系统（RDS）在无线电广播信号中传播不能听到的各种控制数据和信息数据，见表6.28。

表6.28　RDS电文中的一些信息内容

PS	无线电广播电台名称（最多8个，ASCⅡ符号）
PTY	节目内容标志（如新闻、体育、音乐……）
TP	带无线电交通信息的电台标志
AF	电台用不同频率发送同一节目的频率清单
EON	最多可达8个不同的节目列的信息（PTY、TP、TA、AF等）
TA	无线电交通信息标志
TDC	简明的数据频道
CT	日期和时钟说明

用RDS为汽车驾驶人发送最重要的信息是有关交通状况的无线电广播信息和交通公告。

非常有用的是电台用不同频率发送同一节目的频率数据（AF）。因为在能够接收无线电广播节目的一些地区，在长途行驶时超过电台的有效距离常常需要变换频率，这时，在几米距离范围接收质量就会波动。AF信息可以在汽车收音机中自动转换。

RDS特征：发送方式为用（57±2.4）kHz的压缩载波调幅、相位相对导频信号不变、数据传输速率1.2kbit/s。

（3）TMC　在RDS中使用简明的数据频道TDC就是交通信息频道（TMC—Traffic Message Channel）。通过这个频道就可以编码形式发送交通信息。为编码，使用国家专用的、标准化的长途公路网中的交通枢纽目录以及可能发生交通受阻时的一般目录，从而得到特别紧凑的、与语言无关的编码。为发送TMC信息，传输速率只需约100bit/s。

TMC信息可在接收机中解码，或者作为语音信号的合成语言输出，或者作为文本信息在显示屏上显示，或者用于导航系统中的动态路径计算。因为与语言无关的编码可以在解码时将TMC信息翻译成各种语言，还能在行驶到不同语言的其他国家收听自己国家的语言或阅读文本信息。

3. 数字无线电广播接收机

在最近几年开发了无线电数字传播方法。按EN300401标准，对波段170~240MHz（Ⅲ频段）和1450~1490MHz（L频段）可使用DAB系统对地球进行信号传播。对长波、中波、短波采用DRM系统。扩展版（DRM+）适用于UKW频段（87~108MHz）。

在美国，为通过卫星传播采用两个系统。

（1）DAB

数字语音广播（DAB，Digital Audio Broadcast）是一个数字发送系统。数字发送系统的无线电接收在质量上与收听数字存储介质的信息是相当的。在发送时，语音数据、视像数据或其他的应用数据没有什么差别。数据流可从不同的分数据流自由地组合成多路信号。正在作长期规划，用DAB替代UKW无线电广播。

正在为移动接收设计发送方法，规定多路接收的误差范围，并有不少的误差校准方案。

高数据传输速率使 DAB 的图形显示的附加服务特别有效。

在 TPEG 格式的框架中正在开发其他的交通信息服务。

各种 DAB 技术（即 DMB 系统）可将 TV 发送给便携式接收机。在该技术基础上的第一次商用发送已在韩国和德国实现。其他的数字发送方法见 8.5.4 小节"信息娱乐/多媒体"。

对广大的国家范围，发送 DAB 节目采用 VHF 频段；对地区范围，特别是城市范围，则用 L 频段。利用几个电台的共用波传播，可以在整个传播地区用相同的频率发送节目，从而保证所有节目的统一传播。如果利用现有的频率，则收听者不需转换频道。

在国际频道规划会议 RRC06 以后，从 2007 年起有足够的频率供无线电广播使用，而且在这些频道上没有功率限制。

2007 年已实施修订的 DAB +。它采用改进的语音压缩（HE – AAC）法和改进的误差防止。这样可将更多的语音节目安装在 DAB 集群中。

（2）DRM

数字无线电世界（DRM，Digital Radio Mondial）是一个新的、标准化的长波、中波、短波的无线电标准[157,158]。利用与 DAB 类似的方法，在这些频道上无干扰地传播信号，并通过使用最新的语音压缩方法保证音乐和语言节目的高质量。由于 DRM 的有效传播距离大和音乐、语言节目的质量高而赢得听众。

在 2009 年已补充了扩展版 DRM +。它适用于传播 UKW 频段（87～108MHz）。它也提供较高的数据传输速率。

（3）卫星无线电

2001 年以来，美国的收费卫星无线电语音服务（SDARS，Satellite Audio Radio Service）投入运行。超过 100 个无线电广播通过对地同步卫星或大椭圆循环轨道卫星在本国范围发送频道为 2310～2360MHz 的节目。在汽车中也可接收节目。为能覆盖到有问题的地区（如城内）要使用转换器。

4. 车载电话

车载电话可提供个人的和双向信息交换。较长时间以来就有一些技术方向，但技术上的突破只是在采用全球移动通信系统（GSM，Global System of Mobil Communication）标准后才出现[159～161]。在德国采用 D 网和 E 网，在世界范围的很多国家也采用。

车载电话网必须保证使用者在任何时间、任何地点主叫和被叫。为此，车载电话网由众多的分级（子级）结构。图 6.102 是 GSM 网的结构简图。

移动终端（MS）通过基站（BTS）和基站控制计算机（BSC）与移动交换站（MSC）连接。在连接中可以确定与终端通信的物理特性，如频道、场强、时间窗口等。根据终端反馈的场强、故障率等确定使用当前终端所在的基站或转换到另一个基站。此外，在通话时要确认使用者的使用权利和以无名化格式跟踪使用者所在的地点。移动接收数据在固定网中预处理或由固定网收集的数据再用于移动无线电广播。

MSC 配置各种寄存器，它们存储使用者、终端等的数据。

全球移动通信系统的特点是用户识别模块（SIM，Subscriber Indentity Modul）卡。插入终端设备的这个权利卡携带使用者的专门数据（信息），根据这些数据固定网就可识别使用者。

在 GSM 中的有效数据可以是语音、一般的数据或传真数据。与通话平行地可发送简要

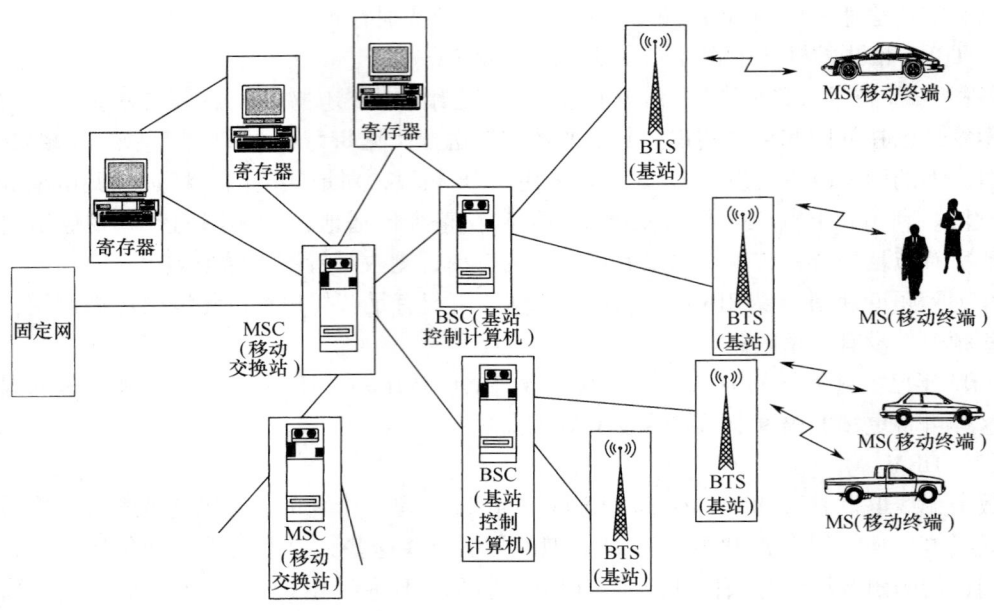

图 6.102 作为大通信网一部分的车载电话

通知（短信息服务 SMS）。

  为提高数据传输速率 9.6kByte/s（以及以压缩模式、减少误差校准时为 14.4kbit/s），在 GSM 中采用高速回路转换数据（HSCSD—High Speed Circuit Switched Data）或整包无线电服务（GPRS—General Packet Radio System）服务。在这些服务中多个数据通道捆绑在一起。在 HSCSD 中有最多可达 8 个通道的固定分配，传输速率达 115.2kbit/s。在 GPRS 中，像在互联网中一样，没有给使用者安排专门的通道，数据定向地整包发送。利用无线应用协议（WAP，Wireless Application Protocoll）可在电话显示屏上显示有限网页。

  （1）UMTS 通用移动通信系统（UMTS，Universal Mobil Telecommunications System）是第 3 代的移动无线电广播标准，具有明显高的数据传输速率[8]，所以能很快进入互联网和移动多媒体影像应用和数据应用，如移动图像电话或数据库访问。自 2004 年中期以来，4 个"促进者（Betreiber）"网在德国运行，它们主要覆盖一些大城市。

  UMTS 数据传输速率随离基站的距离增加和随移动站的行驶速度提高而下降。在几乎是静止的移动站，在基站附近的数据传输速率从 2Mbit/s 下降到移动站速度约达 120km/h 时的 344kbit/s，和在更高速度时的 144kbit/s。实际数据传输速率视网的负荷大小还要低一点。

  （2）汽车上的手机 大多数的移动电话是手机，它原先不是为在汽车上使用而开发的。GSM 手机的主要部件是一个 2W 的发送、接收部分，为频道编码和语音编码的数字处理单元和一个控制部分。控制部分协调与其他网的相互配合。另外还有送话器、扬声器、天线、键盘、显示器、电池和 SIM 阅读卡。外部接口包括如 IrDA 和蓝牙（Bluetooth）以及照相机和其他扩展的附加配置。

  为改善和简化在汽车上使用手机，还有安装总成：安放手机的支架、从汽车电源供电和外部天线。使用外部天线是必要的，因为手机的发射功率通过天线直接向外部发射而不是发射在作为电容外壳的乘员室内。

出于安全原因,许多国家禁止驾驶人在汽车行驶时使用手机,其中包括德国。手机安装总成中还包括乘员自由聊天设备。乘员聊天通过如安装在车内反光镜周围的送话器并通过安装在车内的扬声器将通话的语音信号放出来。

乘员自由聊天必须抑制声音反馈。反馈是由于来自扬声器的语音信号再次回到送话器中产生的。数字信号处理器也可采用回波压缩方案,同时还可谈话与接听以及抑制送话器语音信号中的行驶噪声。

常常是通过蓝牙建立车载电话和自由聊天间的连接。

(3) 在汽车上的因特网服务

随着由苹果手机(Apple I)引导的智能电话不断流行,使用车载因特网服务愈加普及,但在汽车行驶时的操作仍有不方便处。

5. 路标通信

路标[163,164]大多与安装在汽车后部风窗玻璃上的"在车通信单元(OBU—on board unit)"通信,它们间的距离为几米。路标直接安装在车道上的桥梁上或在公路边缘。使用路标通信的重点地区是如交通繁忙的公路养护收费站或有权进入的地区。在德国,为检定载货车的关税而采用路标通信。

使用证明,微波作为通信的传播媒介是很有效的。为使OBU尽可能价廉,上行线(Uplink)和下行线(Downlink)的通信原理是不同的。对汽车向路标的上行线通信采用发送应答原理。从路标发送的5.8GHz载波在OBU中与一个调相的低载波1.5MHz或2MHz调制,并发送回路标。数据传输速率为250kbit/s。在下行线路标调制5.8GHz载波的幅值。数据传输速率为500kbit/s。

出于数据安全原因,OBU带含有一个有存款的无名芯片卡,通行时从卡中扣除过路费。

6. 汽车与汽车、汽车与基础设施通信

汽车与汽车、汽车与基础设施通信(缩写为C2C或V2V)正处于研究中。同样,在5.8~5.9GHz波段范围还会实现汽车间的无线电通信。这时这些汽车都自动发送状态和行驶信号,它们被邻近的不在视线直接范围的汽车捕捉(接收),并加以评估和在需要时转发。由此驾驶人可以将有关当前的路况和交通状况通知他的周围汽车,并在危险状况报警,或在不得已的情况下自动激活汽车紧急制动功能。为将信号无线电传播,开发出WLAN标准的IEEE802.11p的"p"方案。

作为汽车与汽车通信的补充,建立了汽车与路边基础设施的通信,这样就可将有关当地的和大范围的交通状况信息(缩写为C2I)传播出去。

7. 导航

导航系统[165]帮助驾驶人快速、可靠地在陌生的公路网中定向。

导航是基于将目前的汽车行驶位置与到目的地的规划路径不断比较,由此可直接地得到绝对必要的一些功能部件、不断确定汽车位置的定向系统、行驶目的地输入、行驶路径计算单元、确定必要的行驶方式的导航单元以及行驶方向提示的输出单元(图6.103)。

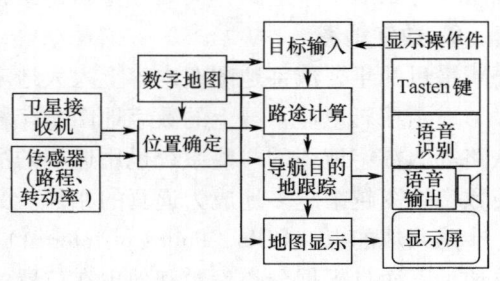

图6.103 汽车导航的基本功能部件

导航系统的使用促进了汽车庞大市场的发展。它不需要导航的基本知识，在行驶时不需要操作，并尽可能减少驾驶人注意力离开观察汽车行驶情景。在汽车必须转弯时导航系统及时向驾驶人发出语音提示。

导航系统与每个乘员可自己安装在汽车上，或也可从一辆汽车带到另一辆汽车上的"个人导航设备（PNDs，Personal Navigation Device）"在庞大的汽车市场取得了突破。这套设备不是与汽车的操作方案绑在一起，而是大多通过在风窗玻璃周围的触摸屏操作的，不会出现问题。在强大阳光照射时不像布置在仪表板上，或甚至在仪表组合的显示屏那样可读出信息。

现今的导航系统已经远远地超过了它的基本功能，并将导航系统组合在驾驶人信息系统中。主要的附加功能是可选择很大比例范围将数字地图局部放大显示。

通过美国的卫星系统［全球定位系统（GPS）］确定汽车位置。未来，也可通过位于车身内的欧洲定位系统 GALILEO 实现汽车定位。传感器（如转速表里程信号或汽车转动率传感器）支持汽车在不利的卫星接收信号状况下定位。作为精度约为 ±5m 的地理坐标来确定汽车位置对驾驶人来说是无法利用的，因为驾驶人大多不知道这个精度的含义和不能对他的行程做出结论。只有将汽车的位置与存储的数字道路交通图比较才能得到有用的位置数据（经过的道路名），也才能与规划的行驶路径比较。

为规划行驶路径，驾驶人必须输入行驶目的地。这一步通常不用地理坐标，而是给出目的地的地址数据（城市、街道、房屋号）。为此还需要数字地图。

然后，在用作引导图的数字地图存储的道路网中就可从汽车当前的位置到输入的行驶目的地进行路径计算。驾驶人需要判断：是否按优化时间的标准来选择行驶路径或按优化行驶路段的标准选择行驶路径；以及是否避免选择收费路段、渡口、高速公路、隧道等行驶路径；或按这些标准和选择的组合。

将当前正在行驶的路段与接下来计算出的最佳路径的行驶路段比较就可实现目的地跟踪。

如果当前行驶的路段正好在最佳行驶路径上，驾驶人就可知道为达到路径中的下一个路段必须采取什么样的操纵动作。为合成语音输出，这个行动可翻译成句子或转换成图像。如果驾驶人只是简单地跟随道路的走向，则大多数没有语音提示，而只是输出简单的符号与到下一个行动点（反应点）的距离。

在驾驶人输入目的地数据几秒钟后就可期待路径计算结果。大的数字地图（如西欧、美国/加拿大）对应用算法以及对地图数据结构提出高要求。在错误的或故意偏离计算路径以后要等到下一个道路分叉处才重新得到指示，应如何继续行驶。

8. 数字地图

最近几年，数字地图在内容上大大地丰富，以向驾驶人提供更多的信息和方位。

显示在彩色显示屏上的数字地图与印刷地图相似。除道路网外，还有江河湖海、耕田、铁路等。数字地图的一些系统也用透视的准三维显示。数字地形模型以及大城市的建筑物等使数字地图越来越多地成为逼真的相片。

感兴趣的点（POIs，Points of Interest）可为数字地图使用者选择他感兴趣的目标而不需要地址。而且根据分类目录和他现在位置的最近范围选择他感兴趣的点的目标或根据另外的行驶目的地选择他感兴趣的点的目标。还可以寻找最近的加油站或车间，或在他原来的行驶目的地附近寻找旅馆、餐馆。利用数字地图提供的数字旅行指南还可提供有关的商店营业时间、旅馆房间、餐馆菜单和其他相应于平面媒体上有的一切资料和信息。

未来,还将把更多的内容放到数字地图中,以改善驾驶人辅助系统的预见能力。数字地图可以在所谓的"电子视野"[167]中,在实际上没有限制的预见范围内提供有关弯道半径、坡度、道路宽度等信息。这些信息和数据与常用的驾驶人辅助系统的传感技术的数据融合,以确定信号的正确性。

随着数字地图数据范围不断增加,原来使用的、作为存储介质的 CD-ROM 的存储量变得太小。DVD 已几乎完全替代了 CD-ROM。目前的存储系统或配备适用于汽车的硬盘,或对在数据范围要求甚小时含在像 SD 卡的半导体存储器中。与此同时,对非常便宜的、对数据范围要求很低的系统将使用半导体存储器(如 SD-Card),它的存储容量已超过 CD-ROM 的存储容量。

(1) 动态导航 动态导航支持驾驶人了解他的行驶路径状况。驾驶人可利用行驶中交通受阻的状况寻找替代路径[156]。这时可利用编码的 RDS-TMC 交通信息。

从交通枢纽发送的前、后交通受阻路段的编码信息,利用数字地图上配置的表格,可以确定受阻路段。如果受阻路段在计算的路径上,则或自动计算新的路径,或向驾驶人指示受阻路段,并询问是否要计算替代路径。

TMC 的标准受阻原因可用交通流量骤减来解释,为此可用增加所需的行驶时间来评定。不是所有的交通受阻(全封闭除外)可找到有意义的替代路段。在这种情况下,保持原来的行驶路径,但要充分估计所需的行驶时间,并给出提示,这路径中有交通受阻路段。

在计算替代路径时,要考虑所有交通受阻的信息,这样的替代路径不会引导到其他已发布的受阻路段上。

在排除交通受阻时也要重新计算行驶路径,以免无用地绕道行驶。

利用 TMC 动态导航的缺点在于交通枢纽的编号是限于数字的和只是在远程道路网(在德国是高速公路和联邦公路)上采用,其他道路不采用编码信息。这样存在一个危险,替代路径同样会造成二次道路过负荷。

在未来,由 AGORA-C 开发的方法[168]可以在所有道路上编码交通信息,且在数字地图上不需要参考表格。以这种方式编码的信息由于必要的带宽,当然无法利用 RDS 传播,但 DAB 提供相应的可能性。

通过"交通协议专家集团(TPEG,Transport Protocol Experts Group)"使在更大范围的交通信息标准化。除至今已知的信息内容外,TPEG 还可传输交通预测和引导交通的策略。在 TPEG 标准中既可采用 TMC 位置编码,也可采用 AGORA-C 编码的延伸段。预测信息可以使导航系统在出现干扰前寻找避开拥堵危险的路段。交通引导中心可以使用具有引导交通策略的信息,以分流交通流。

这时,对不同的目标范围可以传输替代路径。此外,对不同车型(乘用车/载货车)的替代路径是不同的。通过备用交通路线可以避免二次路网的过负荷。为通过数字通道传输 TPEG 信息,TPEG 规定了 TPEG 信息的传输路径,如通过 UMTS-Web 服务调出信息。

在日本,已提供有关车辆信息和通信系统(VICS)的动态导航,其工作方式类似于以预先定义的道路网编码点为基础的 TMC,但也利用其他的一些通信方法。

(2) 驾驶人信息系统 导航系统在很多车辆上已成为驾驶人信息系统的组成部分,它使驾驶人按一致性原则轻松地利用各个系统的众多功能，并大多能在中央的、公用的显示屏上输出这些信息。

图 6.104 是驾驶人信息系统的各个功能部件。它们大多通过总线相互联系并可分散地安装在汽车内的不同地点。这些功能部件部分地或全部放在共同的体中。

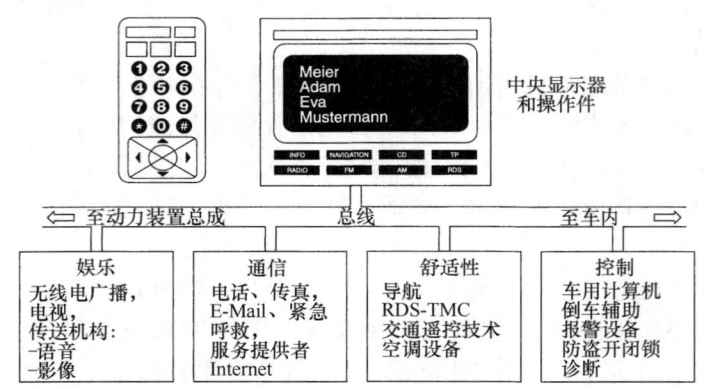

图 6.104 驾驶人信息系统结构

作为软键的操作件通常安排在显示屏周围或作为键的操作放在多功能转向盘上。通过中央按钮，转动、压下和点击可以进行菜单引导操作。同样还有语音识别系统，增加可操作性。当前最富有挑战性的是通过语音输入导航系统的目的地（城市名和道路名）。由于非常庞大的城市名和道路名，可能优先采用导航系统的声学和图形输出，以免出现驾驶人的信息泛滥。

6.4.3 车内舒适性/热舒适性

在这时期小型汽车上空调设备的很高配置率，在决定购买汽车时特别强调热舒适性的重要作用。舒适性意味着轻松行驶，驾驶人专注于道路交通的事务。

1. 汽车乘员的舒适性要求

Bubb[172]在舒适性金字塔（图 6.105）中描述有关舒适性的各种因子。这些因子可以满足乘员的舒适性感受。如果低于金字塔中列出的要求就会感觉到舒适性差。

Fanger[173]对楼宇中热舒适性感觉的人进行了研究。他采用预测的平均投票（PMV，Predicted Mean Vote）作为全球车内气候的平均评价，和与此

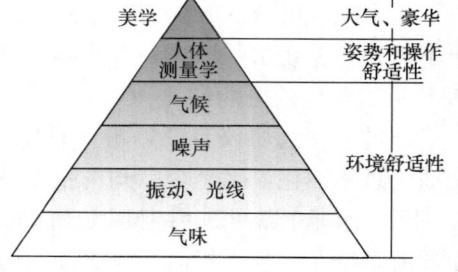

图 6.105 按 Bubb 的舒适性金字塔

相关的参数"预测的不满意度百分数（PPD，Predicted Percentage of Dissatisfied）"作为期待的不满意度百分数[174]。从经验数据他首先有下列参数的 PMV 的综合计算公式：

1）环境（空气温度、湿度、风速）。
2）活动性。
3）服装。

从而可用计算方法评估期待的热舒适性，但汽车中的热舒适性感觉与楼宇中的热舒适

条件感觉相比有较大的不均匀性和变动性。

汽车驾驶室上半部的风窗玻璃处产生与下半部的风窗玻璃处完全不同的热辐射值和隔热值。为满足热舒适性，驾驶室上、下部风窗玻璃处的空气流速和温度应不同。

在 Fanger 的热舒适性试验基础上，需要为汽车开发一套专门的评价方法。它不是车内整体的舒适性评价，而是车内局部的舒适性评价，即车内人体各部位随车内局部的平均投票（LMV，Local Mean Vote）变化的热舒适性评价[175~177]（图 6.106）。这样可以得到影响人体表面合成温度（RST，Resultant Surface Temperature）中的一些影响因素。在这期间开发的这种评价方法仍在继续发展。无论是在真实的汽车中用热的假人，这时，在汽车早期的开发阶段中利用计算流体力学（CFD），仿真 LMV 已首次得到有关热舒适性的预测。之后，在真实的汽车上进行热舒适性评价或用热的假人进行热舒适性测试。

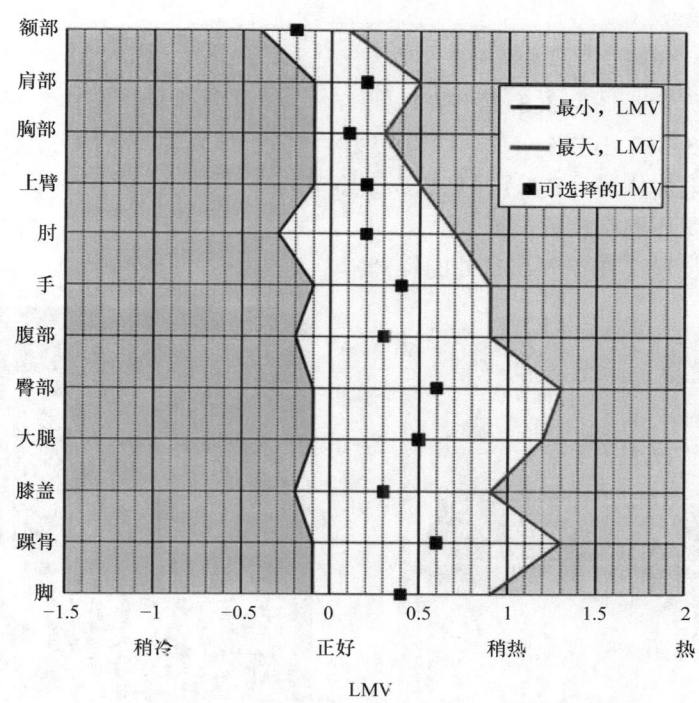

图 6.106 采用 LMV 评估人体各部位的热舒适性

按有关理论，热舒适性感觉本来与地区无关，但实际上要考虑人体热舒适性感受的地区差异——早先调查表明，在欧洲和亚洲，希望间接的、扩散的空气调节；而在美国市场则在较直的空气调节。通过选择专门的空调方式或最近通过专门的热舒适性气流出口实现空气调节的差异（图 6.107）。这样，每个乘员可根据自己的需要，直接气流或扩散气流，调节气流出口的气流特性[178]。

空气调节可降低乘员的热烦躁并对驾驶人的反应、机灵、洞察/决断能力和情绪有好的影响，并可对道路交通的安全生做出贡献[179]。

大量试验表明，车内温度从 25℃ 增加到 35℃，驾驶人的反应速度、感官的感觉和综合性能力要降低 25%[180、182]。与热舒适性相关，也要求不断采用使乘员能愉快地乘坐在汽车中,并能提供健康的气氛的新技术。已不断问世的空调设备可使空气调节的周围空气环境离子化和具有芳香味[181]。

2. 空调设备的功能和结构

整个空调系统由热循环、制冷循环、空气吸入与水汽分离、空调设备、空气引导并进入车内的空气出口、驾驶室通风以及相应的操作件、带传感技术和执行机构的开环和闭环控制组成。

热循环和制冷循环已在 3.3.2 小节中说明。这里重点介绍空调设备、空气引导和闭环控制。

空调设备模块主要由下列部件组成（图 6.108）：
1) 新鲜空气/循环空气壳体。
2) 风扇。
3) 空气净化过滤器。
4) 降温去湿蒸发器（见 3.3.2 小节）。
5) 热体（见 3.3.2 小节）。
6) 可能还有电加热器（PTC）（见 3.3.2 小节）。
7) 空气温度闭环控制装置。
8) 空气分配装置（在空气出口处的蝶阀）。

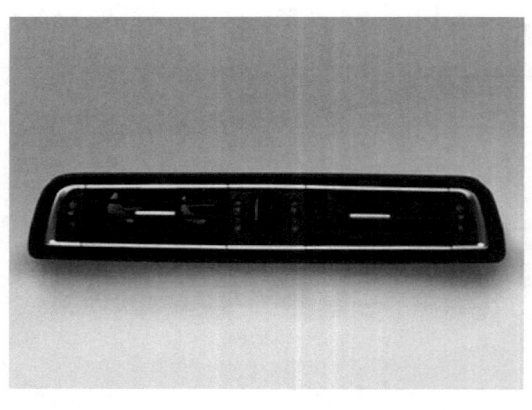

图 6.107　具有可调空气流出特性的热舒适性空气流出口（Behr 公司工件图）

图 6.108　空调设备主要部件

空调设备基本功能为：
1) 输送空气。
2) 净化空气。
3) 调节空气温度和去湿。
4) 空气分配。

（1）空调设备的功能——输送空气　在新鲜空气流通时风扇将外部空气经发动机罩内或罩旁边的进气口和水汽分离器吸入空调设备中。通过空气分配装置将调节好温度的空气经通道和空气出口供入驾驶室。流过驾驶室后的空气经汽车后部排入大气。在空气流通中克服压降的条件是在封闭式汽车中,在正常的空气流量时要建立约 20Pa 的稍高的表压。该表压可以阻止没有温度调节的和不洁的空气经不密封处进入。在车上的一些地方,如汽车前壁范围由于行驶时的空气动力学原理会形成高的滞止压力,所以驾驶室处是经过特别仔细密封的。空气动力学效应在冷的外部空气温度时会产生不希望的拉力现象。图 6.109 是驾驶室内从进气到排气的典型的压力变化曲线。

在水分离装置中将进入驾驶室和空调设备前的新鲜空气与混入的水滴和雪分开。这可通过空气流掉头或降低空气流速度实现。进入空调设备的空气应尽可能没有小水滴。

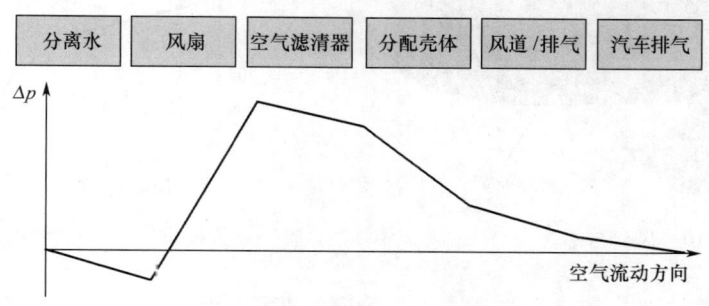

图 6.109 驾驶室内空气流动时的压力变化 Δp

水分离装置一般装在发动机室或动力总成室。外部空气吸气范围大多在前风窗玻璃下部,在高速行驶时该处的气体滞止压力最小。

风扇总成包括风扇和新鲜空气—循环空气的壳体。在壳体中有将新鲜空气转换为循环空气的蝶阀。在仪表板总成周围将来自驾驶室内的循环空气吸入。为快速冷却驾驶室和为隔离不良的外部空气质量,首先要调节循环空气。目前常用空气品质传感器检测外部空气品质,当出现不愉悦的气味时自动转换到循环空气状况。

增加循环空气份额可以提高空调设备效率。与连续调节外部空气温度相比,为使调节的循环空气温度保持在期望值,就要消耗少量的能量。有意义的循环空气份额的上限受到为保持内部空气含氧量所必需的新鲜空气份额和通过在循环空气时调节湿度(它会使风窗玻璃出现雾气)的限制。

径流式风扇(图 6.110)由工作轮、蜗壳和风扇电动机组成。风扇电动机可以是永磁电动机或无刷直流电动机(BLDC)。

采用相应的前置电阻组或不断采用无级电子调速器控制电动机转速以改变风扇的空气质量流量。

根据驾驶室空间大小,将风扇设计在冷却或加热空气量为 7~11kg/min 时的最大输送功率点上。在固定情况下需要的空气量则很少。为选择合适的风扇,将风扇特性线标在整个空调系统空气压力降(压差)随空气质量流量变化的"耗气特性线"(图 6.111)上,和与风扇的不同驱动功率值、不同的风扇特性线比较就可挑选出满足设定工作点的风扇。

因为风扇消耗电能,且是主要的噪声源,所以空气调节的主要任务是提高电能使用效率和降低噪声,为此需要增加研究费用和开发费用。

(2)空调设备的功能——净化空气 空气品质属于乘员舒适性要求,不愉快的气味和脏污颗粒不应进入驾驶室。

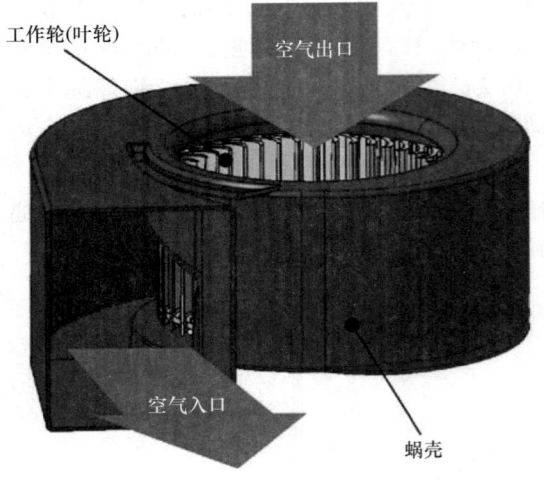

图 6.110 风扇与蜗壳

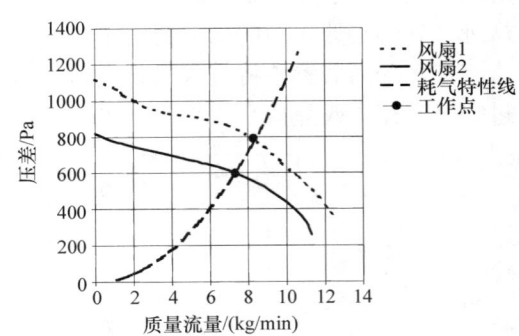

图 6.111 风扇特性线和耗气特性线

吸入的空气微粒部分来自道路交通。不希望的花粉，像正常的道路灰尘一样必须由微粒过滤器分离。图 6.112 是各种微粒的尺寸分布。微粒过滤器或者安装在吸入的空气路径中，或安装在风扇后。在风扇后压力侧安装微粒过滤器不但具有过滤新鲜空气的功能，而且还有过滤循环空气的功能。另外还起到吸收空调设备噪声的作用。

过滤器材料（滤芯）为单层或多层合成微纤维毛毡，其性能用微粒分离度、储存灰尘的容量和流动阻力来表征。

图 6.112 为微粒尺寸和分离度以及各种微粒尺寸谱。

空气的气态不洁物和气味可由附加活性炭滤芯的混合过滤器降低（图 6.113）。活性炭的功能是基于它的巨大的有效表面积，约 $1000m^2/g$。混合过滤器按吸附能力、吸附效率和过滤器空气侧允许的压力降设计。

重要的是不论是新鲜空气还是循环空气都要过滤。出于热舒适性和健康原因，单纯过滤新鲜空气还不够，还要过滤大量的循环空气。空气污染也会引起蒸发器的腐蚀侵蚀，或至少加速它的腐蚀。对新鲜空气和循环空气的过滤要求促使在新鲜空气蝶阀/循环空气蝶阀后的混合过滤器或者直接安装在风扇前的进气侧，或者安装在风扇后的压力侧。混合过滤器的使用里程约为 30000～50000km，但不超过 2 年。

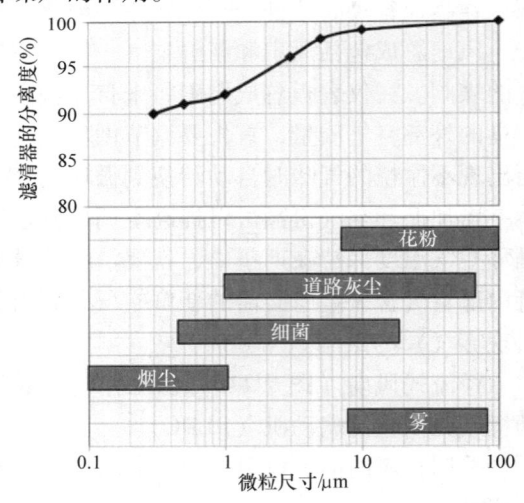

图 6.112 微粒尺寸和分离度

（3）空调设备的功能——空气温度调节和除湿　清洁的空气接着流过蒸发器，并在其中冷却。因为较冷的空气湿度比较热的空气湿度低，为此，只要使用部分的制冷功率可将空气去湿。分离的冷凝水通过空调设备底部的开口从内部流出。从蒸发器出来的最低空气温度不应低于约 2℃。在低温时在蒸发器中的冷凝水结冰，并阻塞空气流动。特别要注意的是在蒸发器后面的空气温度特别均匀。以达到没有结冰现象的最大制冷功率。

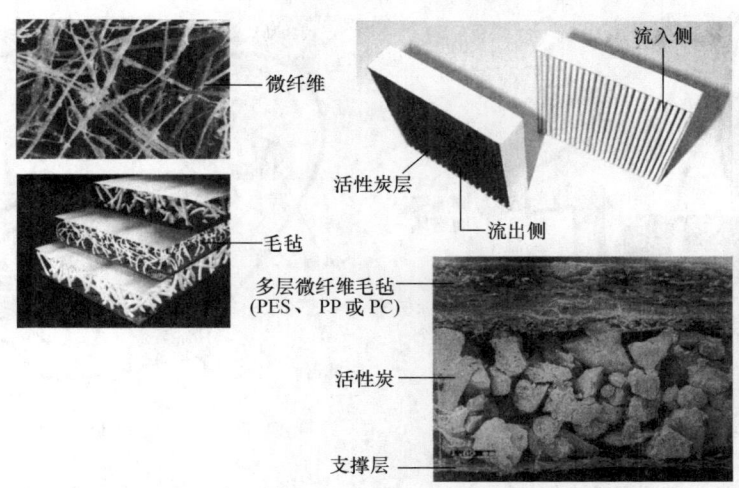

图6.113 微粒过滤器和混合过滤器

接着，冷却的空气流全部或部分地引导到热体，以调节空气温度。供热主要有两种方案：

1）在水侧开环或闭环控制时（图6.114），通过连续（手动或电动）阀或准连续节奏（脉冲数）阀调节热体中的热的发动机冷却介质的体积流量。通过发动机冷却液体积流量控制热量，整个空气量流经热体。

2）在空气侧开环和闭环控制时（图6.115），用热体循环的全部冷却介质的体积流量通过热体。将蒸发器后的空气流分成两股，其中一股气流通过热体，另一股气流绕过热体。通过温度混合蝶阀可以连续调节这两股气流的温度。在热体后在热体中加热的第一股气流与较冷的第二股气流在"混合室"中混合，在冷、热气流的混合工作方式时，不同温度的空气导向混合室，并经3个主要流出口——脚部空间、在仪表板总成中的通风口和到各风窗玻璃——流入驾驶室，从而在驾驶室内形成愉悦感觉的气流温度层（冷头部和热脚部）。

空气侧的温度闭环控制与汽车发动机转速突变时（发动机冷却介质体积流量变化）相比有特别快的响应特性和不敏感性。当然，这种温度控制方式需要较大的结构空间和混合室的调整费用。

其缺点是在最大冷却工作方式时由于连续的水热交换器的加热作用而加热不希望加热的蒸发器后的冷空气温度约达1～3℃。

当前主要采用空气侧加热方案。

如果空调压缩机和相应的制冷循环只是断开和接通，则在蒸发器中的空气或根本没有冷却，或最大冷却到约2℃。如果空调设备中的空气只少许冷却，如从25℃冷却到空气出口温度15℃，则在蒸发器中的空气先冷却到约2℃，接着在热体中加热到15℃。

当前可控的空调压缩机可以控制蒸发器出口的空气温度，也就是热量调节，到超过10℃。这样可以按需和较节能的方式冷却空气。进一步还可直接影响空气除湿程度。

有针对性的空气除湿，如阻止风窗玻璃雾气、结霜，被称为再加热工作方式（Reheat-Betrieb）。将湿空气冷却，借以除湿，接着在热体中加热。干燥的热空气直接输入驾驶室。

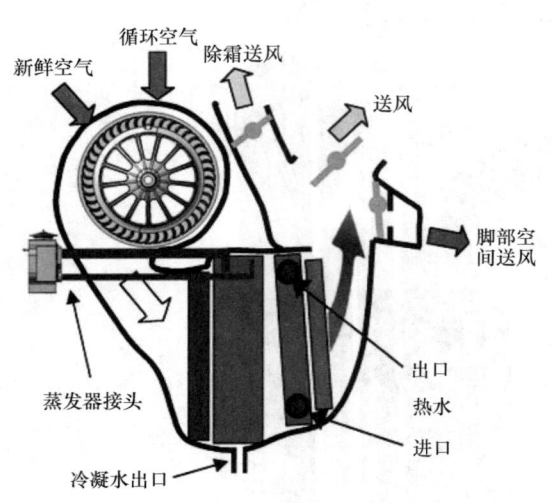

图 6.114　空调设备断面（水侧控制）　　图 6.115　空调设备断面（空气侧控制）

（4）空调设备的功能——空气分配　由空气出口蝶阀控制的空调设备的气流通过通道、喷口引到 3 个主要出口层面：

1）脚部空间区。

2）送风口层面（也称中间层面）。

3）除霜层面（风窗玻璃和侧窗玻璃）。

在较贵重的空调设备中还有后座送风口、后座脚部空间送风口和 B 柱送风（图 6.116 和图 6.117）。

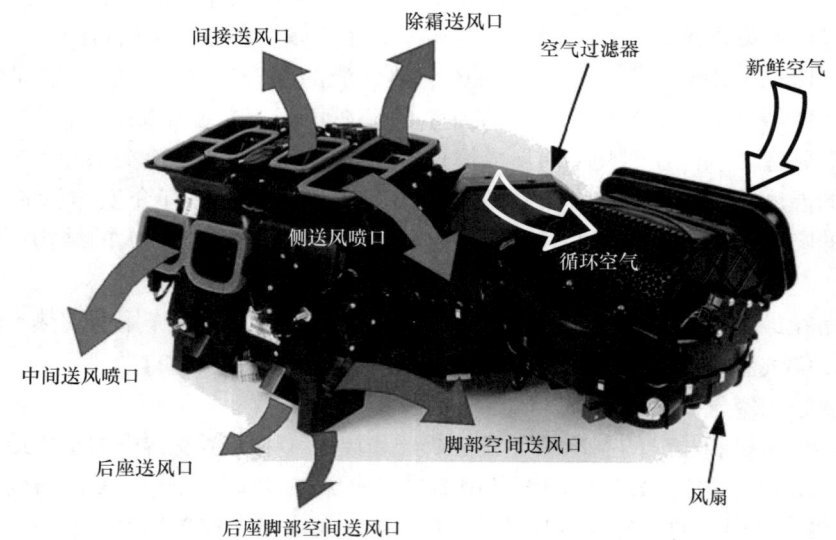

图 6.116　空调设备上的空气送风口

不同的空气分配适用于各种工作状况。

主要使用送风层面以冷却和送风。在加热时将空气引导到脚空间送风出口和按份额引导到玻璃除霜出口；在冷却时空气通过侧喷口和中间喷口送出气流。由于拉力现象而有不愉悦的感觉。

通过蝶阀之间运动的相关性，或通过各执行器可以有很多组合式的空气温度控制方式。

在一些汽车上不直接向驾驶人和前排乘员送风。在仪表板总成上部考虑了附加的间接送风口。此外还使用"舒适性"喷口，它不是常规的喷口，而是附加提供扩散式喷口[178]。

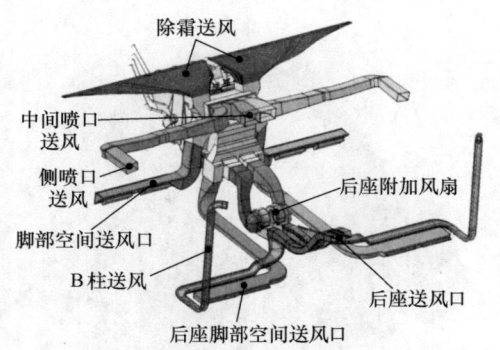

图 6.117　空气从空调设备引向各出口

（5）空调设备的结构形式　除少数例外，安装在仪表板总成中的乘员空调设备是看不见的，它占该处的大部分结构空间。由于各汽车生产厂家的不同的汽车方案和由于其他设备安装，如安全气囊、杂物箱和信息娱乐设备，需要结构空间，所以空调设备主要采用两种结构形式：

1）在对称的空调设备的结构形式中，在汽车纵向方向与汽车中心面对称地连续布置风扇、蒸发器、热体。这种布置有利于流动状况，压力降小，但在汽车纵向方向要有相应的结构空间。中间对称的空调设备的结构形式和结构布置，对左侧驾驶汽车和右侧驾驶汽车是一样的。

2）不对称的空调设备的结构形式是在汽车纵向方向的结构空间较小，但在宽度上要有较大的结构空间。这时蒸发器和热体布置在中间，但风扇布置在侧面。（对左侧驾驶汽车在右边，对右侧驾驶汽车在左边）。对左侧驾驶汽车和右侧驾驶汽车总是需要变型。

（6）多区性和附加的空调设备　前面所说的空调设备的一些功能可以扩大为汽车的多个区。汽车前部范围左/右分开的温度控制常成为中低档轿车上的标准方式。为此，在空调设备中，通过双重温度控制机构将总的空气流量分成两个区。这个方案也适用于空气分配，由此对不同汽车等级的空调设备可从简单的 1 个区的基本空调设备、2 个区（左/右）、3 个区（左/右/后）空调设备，直到有 4 个为汽车前部范围和后座范围分开的温度区和空气分配区的当今的空调设备。利用空调设备的模块化结构可以实现完整的汽车平台方案。

新的空调设备可单独匹配脚部空间空气温度，即可变的空气温度层。这样，在基本的不变的空气温度调节情况时，如对低温敏感的乘员脚部可提高脚部空间送风温度。

为使大驾驶室空调的空气温度均匀，需在内部空间另外安装附加的空调设备。附加空调设备包括帮助前空调设备的空气分配向后送风的小附加风扇，直至带有风扇、蒸发器、热体和空气分配装置的整套独立的空调设备。

为帮助加热空气，在空气分配通道中使用部分与特别扁平的风扇组合的小型 PTC（正温度系数电阻器）加热器（图 6.118）。

3. 空调设备的开环和闭环控制

在空气调节闭环控制汇集了设定值的操作单元，检测当前驾驶室、周围环境和空调系统的传感器和温度传感器以及控制环节，如执行机构、风扇电动机、空调压缩机和 PTC 热体。

（1）闭环控制和空调设备自动化程度　空调设备自动化程度可分 3 级：

1）手动。

2）半自动。

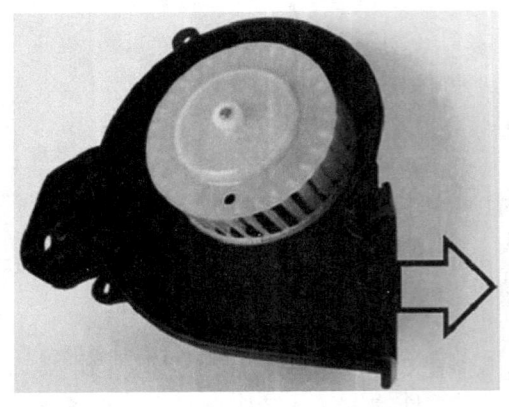 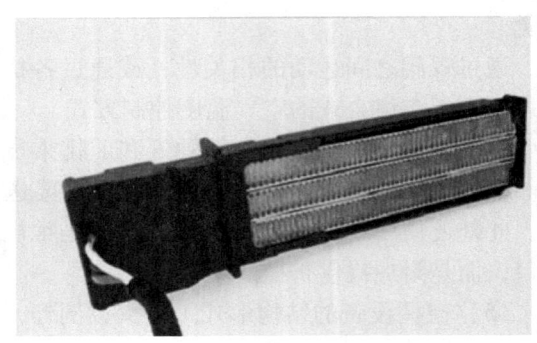

图6.118　附加的风扇和小型PTC（正温度系数）热体（Behr公司工厂图）

3）全自动。

当前在小型汽车上大多还用手动空调设备。它是在操作装置上通过机械调节元件调节空气量（前置电阻组）、温度和空气分配，如软套管钢丝索或柔性轴。为调节空气量大多通过操作装置上的转速控制器控制风扇处的前置电阻组。另外，简单的闭环控制还可防止蒸发器结冰。

乘员必须根据他们的空调愿望自己手动调节空调设备。

半自动空调设备是将车内温度调节在预先设定的值。空调电子装置可从温度设定值和当前车内温度计算所需的送风温度，从而调节冷、热空气的混合比（在空气侧的空调设备上），或者调节冷却介质体积流量（在水侧空调设备上）。

为达到所希望的车内温度，全自动空调设备控制风扇功率和空气分配。通过电子调速器调节风扇转速。同样，通过小型伺服驱动装置无级调节空气分配蝶阀位置。

控制回路的设计（图6.119）应使自动调节功能尽快达到乘员的热舒适性状态，并总是与变化的车内条件相适应[184]。因此在不牺牲热舒适性的同时空调闭环控制可节省能源，因为在实际的汽车行驶状况可节省燃料消耗[185]。在控制回路中要考虑相应于空调设备中的传感器（见6.4.3小节）和附加的数据（如外界空气温度、汽车行驶速度、发动机转速、冷

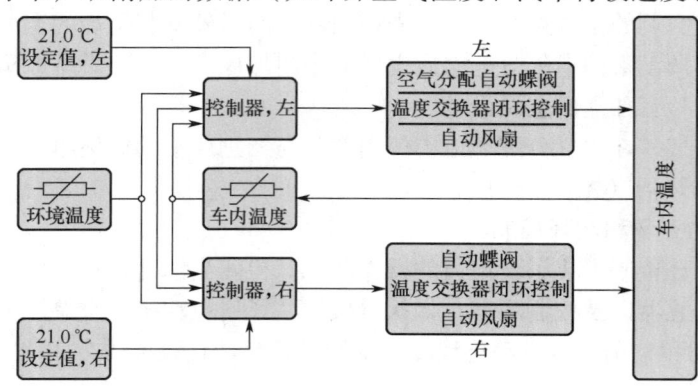

图6.119　全自动空调设备的闭环控制

却介质温度、各地区专门的调节方式等，这些数据由汽车网络提供）的防干扰电路。

在原来控制空气温度、空气量和空气分配的舒适性控制基础上还叠加了开环控制和闭环控制功能：

1）避免风窗玻璃雾气和结霜：通过控制前风窗玻璃上的空气量和通过由于压缩机功率可控的蒸发器控制空气的湿度实现（在干燥空气进入车内时不需要除湿，从而节省燃料消耗）。

2）快速除去风窗玻璃上的霜的除霜功能。

3）由于已较冷的驾驶室内空气再循环，使新鲜空气自动再循环以加快冷却，或通过空气品质传感器隔离不好的外部空气品质。

4）在加速过程控制压缩机负荷。

5）控制加热装置。

（2）操作 与空调设备自动化程序无关，必须设定空调设备的调节参数设定值。在最简单的空调设备上，要操作下面的一些基本操作功能：接通或切断空调设备、增加或减少空气量、改变调节的温度、改变空气分配（如选择除霜功能）、放在循环空气或新鲜空气位置。

图 6.120 操作单元

根据空调设备的自动化程度和配置程度还增加其他一些操作功能，如左/右分开、余热利用（在短时停车时利用储存在冷却介质中的热量）、空气品质自动装置（图 6.120）。

为调节温度，有一个相应于"热"和"冷"的"红"和"蓝"的符号。自动温度显示相应的"℃"设定值。空气分配符号利用象形图，在图上可一目了然地看到相应的空气流出方向。风扇功率采用或大或小或用实心的"螺旋桨"表示。

基本上没有空调设备标准操作单元，需要将通用的操作单元、显示和照明组合到汽车的总的操作方案中（见 6.4.1 小节）。

（3）执行机构、传感技术 在空调设备中的无级可调蝶阀由紧凑的直流电动机或步进电动机驱动。驱动转矩约需 0.1N·m（简单的、中间支撑的蝶阀）和 0.4N·m（有滞止压力载荷的循环空气蝶阀）。在直流电动机上，在精确识别蝶阀，常采用组合的电位器，或在操作装置中电子计算整流子转动的电流变动数（脉冲数/脉动数）。在步进电动机上计算调节步数。在"直接的步进电动机"上，有计数器以及在操作装置/电控单元中电动机绕组的控制装置和电流驱动器。在有总线（Bus）系统的步进电动机上，将这些功能组合在执行机构的专用集成电路（ASIC）中。在有多蝶阀的综合空调设备中不断采用 LIN 总线控制（局域连接网络 LIN，Local Interconnecting Network），以使线束和电控单元的费用最低。

空调设备主要设置以下几种传感器（制冷回路中的传感技术见 3.2 节）：

1）蒸发器温度传感器：测量蒸发器空气出口温度，以防止蒸发器结冰和为调节制冷功率。蒸发器传感器为一个带外壳的简单的 NTC 电阻丸，并可防止湿气。

2）送风温度传感器：测量热体后面的空气温度（在水侧空调设备中），或测量送入车内的空气温度。

3）车内空气温度传感器：设置操作装置、仪表板总成中，或在车顶操作单元周围。大多通过微型风扇送风。没有送风的传感器可采用软件补偿算法实现。

4)太阳辐射传感器:检测太阳辐射强度,还可测量太阳入射角。可自动地用较多和较冷的空气向太阳照射范围送风。在多区空调设备上还可使用多区太阳辐射传感器。

5)湿度传感器:利用变动的制冷功率闭环控制按需除霜,以避免风窗玻璃雾气和结霜[184~186]。

6)空气品质传感器:检测检有害废气(通过引导气体测量 CO 和 NO_x),并通过循环空气蝶阀自动隔离有害气体[189]。

6.4.4 汽车内部配置

1. 车内空间的历史

自从人们利用驱动的辅助工具以来,人们期望尽可能方便的车内空间。长期以来,舒适性旅游甚至豪华旅游只能在游艇上实现。陆上汽车大都用于货物运输。16 世纪发明汽车悬架后汽车从运输货物到可以成为旅游车辆,它比步行或骑马的好处是可以防风、防恶劣天气。划线工、木工、制革工和第一批的准供货者,不断致力于改善旅游舒适性。马车是当时社会地位的象征。

第一批汽车只不过是作为机动的马车[190]。汽车速度不断增加首先要求增加车内的指示仪表。

1930 年后人们发现"空气阻力",并作为汽车批量开发的依据。汽车外形采用收缩的线条(流线)并传递(影响)到车内空间。钢板替代主要材料——木材。在车门和侧面裸露的钢板采用绷紧的厚纸板美化。车顶采用由金属线框架加强的包覆材料。座椅是通体长椅。

直到约 1950 年,前排出现单人座椅,它们在纵向方向可调节,驾驶人座椅的靠背还可调节。采暖设备则需另加费用。笨重的电子管收音机将音乐世界带入车内。

20 世纪 70 年代初发明的很多先进的塑料进入车内。金属板不断镶贴塑料薄膜。1979 年在欧洲出现第一批电动可调座椅。在当时高交通死亡率情况下迫使汽车生产厂家采用更多的安全装置:自动安全带和缓冲垫。20 世纪 80 年代初可工程使用的安全气囊已批量生产。由于在装饰车内时对颜色效果和对织物的苛刻要求,车内空间呈现出越来越多的多样性。

20 世纪 90 年代不断增加 E/E 系统(电子设备/电控系统)和出现汽车内部空间的可变性。根据用户的愿望,这两种趋势进一步推动了汽车的个性化。车内空间越成为用户决定购买汽车的重要因素[196,199,203]:汽车内部设计要有动感、舒适、安全和功能齐全,这一切必须相互融合和协调[196]。

2. 对车内空间和部件的要求

愉悦的车内氛围[197,203]是由主观和客观因素决定的(表 6.29)。由此引出以下可测定的要求,设计师要从设计的可行性、成本的承受力中予以综合考虑。另外还受结构空间和车内空间部件目标重量的限制。

表 6.29 确定车内愉悦氛围的因素

主 观	客 观	主 观	客 观
外观(视觉印象)	人机工程	手感(触摸品质)	安全性
嗅觉(气味)	舒适性	声音(音色)	声学(声强)

(1) 外观 外观是视觉的总体印象，也是车内空间的特征，如它是在动感—普通—奢华之间移动的（参见4.1节）。用户可以从大量的材料组合和颜色匹配中选择。当前的趋势为多色性和使用天然材料[196,199]。

对设计师来说，外观意味着：

1) 掌握各种方法（涂装、拉深薄膜/蒙皮、着色）。
2) 用天然材料补充表面（纺织的仪表板、宝石装饰条、发泡皮革、局部色覆皮革）。

对车内空间的几何形状/处理的视觉要求意味着：

1) 在新设计时必须考虑品牌的一致性/再识别要素。
2) 缝隙的添加物0~1mm（最大到3mm）。
3) 视觉的配合精度（过渡处：车门护板/仪表板总成和柱的饰面/天花板）。
4) 织物线条方向。

照明使车内空间的视觉变得光滑、圆整[195]。照亮车内的一定范围可以使车内空间有增大的幻觉和在设计上显示出高品位和安全性感觉。在设计上的挑战是将照明装置组合到饰板件中和开发出具有品牌特点和个性的照明方案。汽车周围照明可提升车内空间的优美感。这些方案得到较多的采用。另外，在汽车后部的指示装置和功能键使用间接照明，使乘员在白天/夜晚图案上得到舒适/明亮感觉[220,221]。

(2) 嗅觉 气味是一个主观感觉，它有正面或负面的评价。在汽车开发阶段，嗅觉小组检验材料试样、零件（每辆汽车多达500件）和整个车内的气味[192]。材料在真空中、温度为80℃经历2h，接着检验材料的各种气味，如同检验材料的相互影响。气味试验采用学校的评分标准，从1（无味）到6（不能忍受）。为开发汽车内部空间，这种评分标准意味着在具体选用材料时，有的材料、原料、胶不能使用或有条件使用。目标是汽车内部空间达到中性的芳香。在合适过敏性反应的人的车内空间方面专门开发多款形式的车内空间。

(3) 人机工程 在6.4.1小节中指出的设计转换要求几乎涉及汽车内部的所有组件：

1) 仪表板总成：信息显示屏从中间副仪表板移到仪表板总成，为此需要重新转移几何空间［可翻转或可下沉的屏幕框/平视显示器（HUD）框、新的杂物箱等］。
2) 饰板件：将更多的操作元件组合到车门、座椅、车顶饰板中（通过使用更多的E/E）；组合运动机构方案、杂物箱。
3) 座椅：由座椅调整机构（多达18个调整路途）到组合各附加的执行机构[8,10]；开发单手操作、容易调整的座椅方案（不改变单人座椅、平的行李舱）。
4) 行李舱：为多功能汽车（SUV）用的可变装载方案。

人机工程与手感也有关联。也要考虑汽车内部空间照明对驾驶人和乘员的主观感觉[212,213]。由于视觉传递信息量的增加，在仪表板总成、中心柱和车顶副仪表板范围必须保证在不同操作情况下（白天、夜晚、阳光下）的信息可读性[222,223]。

(4) 手感 手感属物理学、生理学和心理学范畴[194]。在汽车内部空间中，操作件的触摸质量与操作件表面之间是不同的。在这两种情况下可知道"可测量的触摸质量就是操作件表面的主观感觉"是有问题的[193,195,196]。几年来，试图用物理方法测量材料的手感性能。测量机器人得到压力、滑移力、拉力、旋转回位力[193]，并将这些力与由试验人员的评价比较。当这两种方法等效时，测量机器人得到的这些参数就可成为操作手感设计说明书的基础。它包括易活动性、平均操作行程、定义的终端挡块、精确的导向、低噪声和在开关点的清晰反馈信号[200]。

评价表面时也有类似的情况[193,201]。首先由试验人员得到某些材料试件的主观印象。这时要将作为不规则"网目点阵"的"工程网目点阵"分级。这种分级适用于相对硬皮革的软皮革[201]。然后可得到影响手感印象的材料参数（图6.121），如静态变形、粗糙度、阻尼、摩擦系数。测量精度部分的可达到60μm[202]，所以，表面的感觉质量可以用数字打印出来。

工程师必须寻找复合材料，它具有好的手感和可接受的成本（见6.4.4.3）。复合材料对抗划伤强度的要求与对手感的要求有所不同。

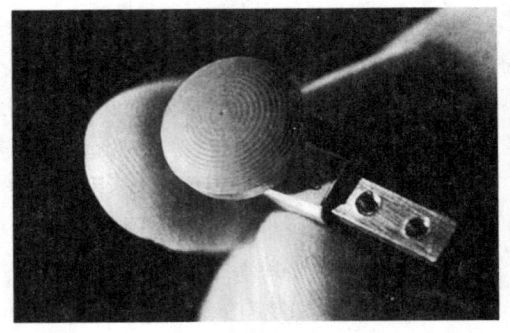

图6.121 测量触摸质量的乳头状键（人造"指状果"，资料来源：参考文献[201]中图）

(5) 声学 像气味一样，高噪声的汽车对乘员来说也是不愉快的（3.4节）。车内空间的声学工作者必须在隔声和声学设计中找到一个折中。汽车试验的车内噪声测量参考值为60dB（100km/h时）和80dB（180km/h）。这一结论少许超过主观质量评价。运动车则希望随负荷变化而有较高的噪声级。为得到噪声中各个频率的权重关系，必须考虑车内多达120个零件。

为此采用噪声吸收和隔离（小驾驶室—Petite Cabine）法、衰减系数测量法（用于测量海绵的振动计法）以及激光扫描振动计法。好的隔声可降低噪声，但重量增加（固体噪声阻尼）、成本增加（铝—聚烯烃三明治）。替代的PUR海绵可降低成本、减轻重量[206]。通过对一些部件的声学设计，如开关杂物箱的声学设计、可以达到愉悦的感觉而不会发出难听的机械声音。这里，起作用的不仅是材料选择问题，而且是设计原则问题。

(6) 安全性 乘员感觉安全性系统大都是间接的，即通过汽车配置的说明（有关的原理、规定和技术见第9章）。可见的安全气囊盖中的安全气囊是被动安全性系统。为此，人们致力于使安全气囊看不到，但要保证安全气囊无问题地打开。此外，要为新的安全性系统提供结构空间（车顶天花板、车道保持辅助、第3排座椅安全气囊、行李舱安全性）。其他的设计挑战是在汽车某些部位的法规要求，这些部位不能由安全气囊提供安全保证（头枕、膝盖区、底板组件和靠背的刚度）。

(7) 热舒适性 在小型轿车领域几乎都采用简单的空调设备。在高档轿车上则更多采用多区自动空调设备（6.4.3小节）。设计挑战在于将HVAC模块组合在仪表板总成模块中（包括接口管理）、组合在空气通道（直至第3排座椅）中和组合在气流出口（避免供气压力）处。增加空调范围的挑战是在间接送风时电控气流出口[203,207,219]。

3. 车内空间组件

汽车内部空间有6个组件，这些组件在设计时总是作为一个整体。

(1) 仪表板总成/隧道式副仪表板 在仪表板总成/隧道式副仪表板上安装一次（直接操纵汽车的转向柱）和二次（中间副仪表板/隧道式副仪表板）操作件和显示件（仪器、照明开关、收音机、导航显示屏）。驾驶人和前排乘员的安全气囊系统也安装在它们上面。另外还有除经典的杂物箱外，目前还有位于中间副仪表板以及在仪表板上部范围的杂物箱。在这期间，隧道式副仪表板具有比只有开关盒、驻车制动器护板更多的功能件，并优先安装通信和导航控制件及其他的帽式支架和手臂支撑。

在汽车上配置用户电子装置（设备）越来越受到关注：

1）图形设计者致力于新的操作件和显示件设计。

2）重新评估导航设备和车载计算机监控器的定位和款式。

3）车载电话、外部导航仪、大容量数据和资料库接口与汽车电子装置耦合。

4）电容性部件承担机电功能。必须考虑相应这些功能和有关结构空间的操作件和显示件。

仪表板总成是车内一个特别复杂的构件（图6.122）。它由主要的仪表板、横管梁、带开关的线束以及带空气引导至风窗玻璃除霜口或带空气引导至出口的热空调设备组成。仪表板可以是单件或多件（多设计自由度）。此外，在左侧驾驶汽车和右侧驾驶汽车采用相同件方案以及衍生平台。这些相同件不会被乘员识别出来（品牌的一致性）。

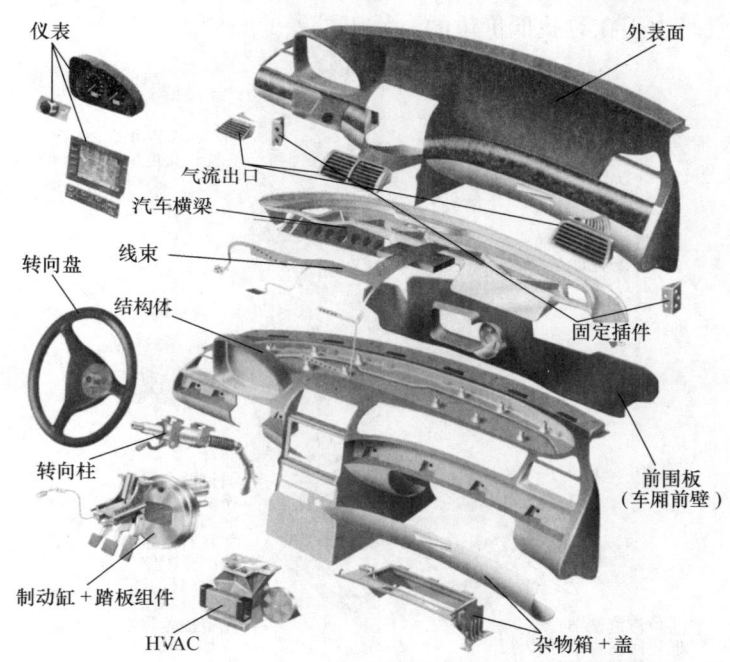

图6.122 仪表板总成结构和最重要的构件

横管梁采用钢、铝或镁，部分的也用塑料。由于重量原因，不断使用混合结构。典型的横管梁重达10kg。在相同刚度时铝—镁混合材料只有6kg。利用计算机辅助优化方法对构件的不同要求和不同负载进行结构强度计算，从而可优化构件重量、提高强度和刚度。表面可选用皮革或塑料：配色的方式从注塑涂装［表面用粘贴结构或拉深薄膜，里子为带不同塑料支架（早先为金属板支架）的海绵］到PVC、PU、TPU、IMC—TPU材料熔化的成型表面[205]。汽车内部空间特征是塑料、铝或真木材的装饰面。趋势是塑料替代金属（减重）和目前采用的带细孔的天然材料。

为减轻交通事故后果，在仪表板总成周围的所有材料必须满足防止头部碰撞的准则，没有破碎的或锐利的棱边。而且在发生交通事故时零部件不应松动或掉出来。要针对性地减弱前排乘员安全气囊的作用。按安全气囊结构，减弱的方法是不同的。从带有激光细孔（在注塑件硬表面上孔径约为 0.2mm）直到穿透整个安全气囊——穿过支架、起泡装置和表层。可铣削或用超声波测量仪切割安全气囊断裂线。新的安全气囊表层用铸造法或注塑法。这些方法可减缓安全气囊开启过程。外层的壁厚仅为 0.4mm。

（2）座椅　根据 ADAC 统计，汽车驾驶人每年在汽车座椅上约度过 300h。身体表面的 25% 与座椅表面接触。座椅的主要功能（座椅位置见 4.2 节）是保证舒适感觉：一方面是按人机工程能最佳地调整座椅（多达 18 个调整路径、侧向引导、坐垫长度）；另一方面是在座椅中组合各种舒适性功能，如记忆功能，易于上、下车，可按摩和脊柱前凸辅助的多轮廓垫，增加座椅加热和冷却功能（图 6.123）[197,207]。利用被动安全性系统和报警系统反馈识别座椅占用情况越来越标准化。这些功能中的大部分功能几乎只针对驾驶人和前排乘员座椅。后排座椅只在高档轿车上才有这些功能。除经典的 5 座椅配置外，还有为厢式车和大空间的高档轿车有特别配置的后排座椅，它们有较大的空间再分配的可变性，以得到较大的空间使用宽度。在汽车中正在寻找低价位的、易于扩展的座椅。

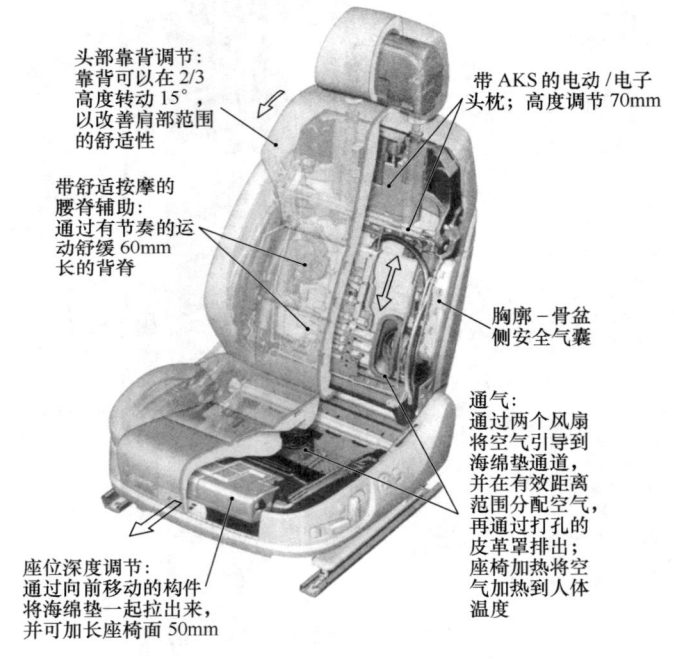

图 6.123　豪华轿车全配置驾驶人座椅（摘自参考文献 [207] 图）

座椅主要由座椅构件、坐垫、座椅覆盖物、舒适性机构/电动机构和安全性系统组成。

座椅构件主要为钢，如成型板材或管框架，很少使用如铝、镁或塑料等的其他材料。双相或三相钢可使壁厚减薄（座椅基本构件可减轻 8000~1000g）[210]。高强度钢的缺点是延性差[210]。在压铸件中使用镁可使座椅构件减轻达 30%，但冲击韧度低。随着对降低车重的要求不断增加，要优先采用轻结构材料（目前全配置的豪华轿车的驾驶人座椅重达 52kg[198]）。海绵垫大多由敞式小孔的聚氨酯泡沫制造。部分的海绵垫直接放在绷紧的座椅外形的织物饰件或薄膜内。在高价位的汽车领域，坐垫、座椅靠背采用不同密度的多层海绵垫，以达到最佳的舒适性。

座椅表面为缝制的或部分地采用成型罩（加压成型、真空拉深）。座椅表面可用不同的织物、塑料膜和皮革制成。在安装时通过坐垫或座椅架打褶装饰座椅表面，并用塑料或金属卡固定在座椅架上。座椅材料的膨胀系数应小，以免产生褶痕和绷紧表面（在不同季节）。同时要透气、吸汗和不易黏附尘埃。座椅周围饰件为塑料。单人座椅的侧安全气囊已成为标准配置，并将用于所有座椅。也常使用头-胸组合式安全气囊。在碰撞时利用乘员的惯性激活主动头枕，以缓冲头部。与没有主动头枕相比，它可减轻颈部伤害准则值近60%（见第9章）。也可选择组合在靠背中的头枕（在靠背与头枕间没有间隙，为通体靠背）。全部座椅必须完成颈部受伤试验的所有准则。其目标是在碰撞后座椅后移时降低试验假人承载值。

(3) 车门饰板和侧向饰板
车门饰板和侧向饰板应强调车内总体氛围（隐蔽板件和机构），并作为附加的隔声设施。此外，它们是舒适性和操作方案中的构件（风窗玻璃升降机构、外反光镜控制、扬声器、座椅调整、车门开启）车门饰板与风窗玻璃升降机构/闭合机构和在必要时与车门外表皮一起组成一个模块。车门饰板由各构件组成（图6.124）。

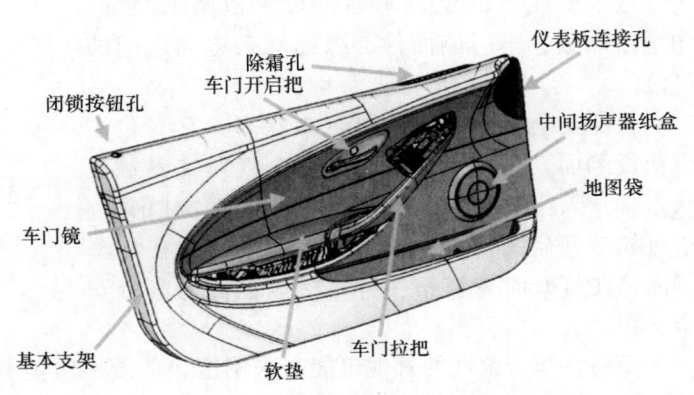

图6.124 车门饰板各构件

按汽车舒适性配置不同，手臂支撑成型在车门侧面的饰板上或在高档汽车上与拉把一起分别拧在车门饰板上或拧在车门饰板后面的白车身上。杂物箱与盖常为一个模块。简易的地图袋部分地与车门饰板一起成型。

现代车门饰板常采用LPE/LPS工艺一步制成。在该工艺中，支架（如ABS、PP等）和装饰条（薄膜和塑料）在同一工位完成。装饰条由塑料（具有不同表面特性，如金属、碳、石墨、铝等）或不同的木材品种制成。手臂支撑大多为软垫，因为手臂支撑表面用PVC发泡薄膜（或皮革、织物等）制成。在车门护板中必须注意车门到仪表板总成的流线过渡（常通过防泥浆护板），在车门和侧饰板上利用织物光泽将侧安全气囊掩盖，这样可以保证在交通事故触发侧安全气囊时将织物压向一边。其他的安全性特征是吸能元件。通过有针对性地吸收能量，减小侧碰撞时的冲击能量。

(4) 车顶天花板、柱面饰板 车顶天花板的主要功能除装饰车顶和隔声外，还要安装遮阳板、照明、镶嵌活动天窗和相应的开关或机构。另外，空气引导、导管和头部安全气囊也组合在天花板中。近来，车顶天花板还作为第2、3排座椅的娱乐电子设施（LCD图像显示屏/DVD唱机）的支架或组合其他储存模块的可能性。

柱饰板属于车顶天花板模块。柱饰板协调车门侧饰板到车顶天花板的过渡和作为空气流通和安全带的保护层（图6.125）。车顶天花板模块由原来的天花板、带组合的空气引导、电动机构和饰板连接件组成。A柱和C柱大多为单件，而B柱则总是由双件组成。按车型（厢式车/厢式轿车），D柱饰板或车顶连接件也属于车顶天花板模块。此外，车内照明大都安装在天花板中。

车顶天花板大多为三明治结构，装饰面织物（毛毡位列最后）。天花板里面的材料按生产厂家不同而不同（如织物层之间的PU海绵层）。

在便宜汽车上的柱饰板是纯粹的注塑件，典型的为聚丙烯。常用的尺寸约为35mm规格。高价位汽车上的柱饰板被装饰面覆盖（装饰面为ABS-PC、PP和PES针织品）。这些饰板目前采用后注塑法（LPS）制成。这样可省去"覆盖"工位或"覆盖工位所需的涂胶工位"。

这里要注意的是汽车前部可见范围的装饰。注意柱饰板、车门侧面件、织物线条方向之间的过渡。

头部安全气囊方案用得越来越多。它安装在天花板侧面。在交通事故时的安全气囊临界触发状态排开天花板饰板或相应地挤压、移动柱饰板，以可靠地开启头部安全气囊。该安全气囊在汽车侧面，在打开时像窗帘一样，所以也称为窗帘安全气囊。

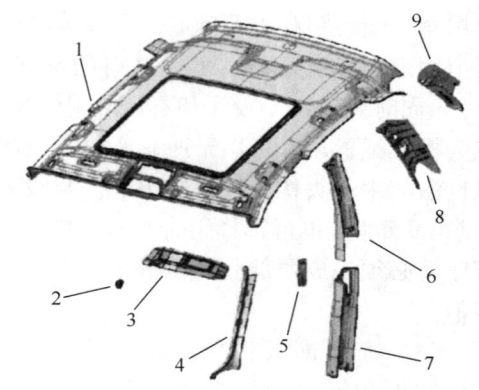

图6.125　车顶天花板结构
1—带孔口的车顶天花板　2—固定遮阳板
3—遮阳板　4—A柱　5—安全带转向器
6—B柱　7—B柱连接件　8—C柱
9—D柱/车顶连接件

提高汽车安全性的其他可能是采用组合的智能吸能元件，它们比FMVSS 201规定的乘员保护功能还要强。

（5）行李舱　受成功使用多功能汽车（SUV）和立交模型的激励，开发了具有生活情趣的行李舱。并不少见的是可自动操作、带有分开开启后风窗玻璃的行李舱盖。在高档轿车上还可电动开打行李舱底板。高价位行李舱大多采用可变的、带有吊环和滑道的集装系统。

行李舱由左、右侧底板饰面、底板及饰面、行李舱盖或后盖板饰面组成（图6.126）。

在行李舱下部范围有裸露的PP侧向件。在高价位汽车上支架用织物装饰覆盖。用于底板饰面的地毯大多为粗天鹅绒或珍珠天鹅绒。行李舱底板大多采用预应力木材。由于重量原因，不断采用纸纹板的三明治结构。

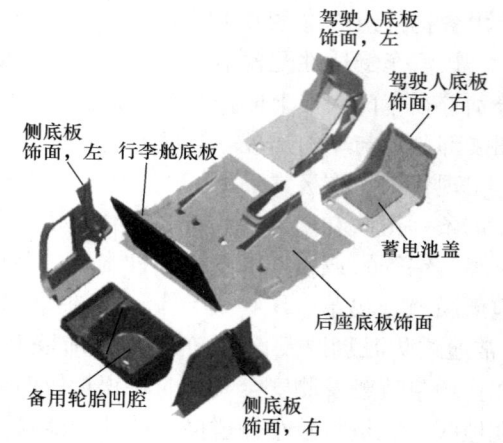

图6.126　行李舱/底板饰面

通过集装吊环、网袋保险和滑道系统保证行李舱装载安全。通过使用行李舱中可翻转的附加座椅可加强人员的附加安全。

（6）底板饰面、声学性能　地毯饰面首先用在车内底板和底板上的金属构件、线束管道上，并消声和隔离汽车行驶噪声、工作噪声。地毯饰面是整个汽车声学性能的主要组成部分。

底板饰面由驾驶人底板饰面、后座底板饰面和行李舱饰面组成（图6.126）。按汽车大小，乘员室的饰面可以是单件或多件（建立消声和隔声，参见3.4节）。

地毯饰面的材料从低档汽车的价廉的针织毛毡到高档汽车领域最高价位的、有部分丝的天鹅绒。在高价位汽车上有将隔声的海绵组合在地毯中的趋势。这种结构要比单纯的地毯贵,但在总的权衡中(重量、装配友好性等),它作为弹簧—质量—车身组成的紧凑振动系统中具有竞争力[206]。

4. 车内空间开发流程

越来越短的开发时间(虚拟开发)使汽车生产厂家不断集中它们的核心权限范围和把大部分有价值、新创作的汽车车型转到供应商方面。供应商承担开发和生产模块、系统和部分的甚至整个汽车的责任。这样,汽车生产厂家自己用于生产每辆汽车的平均能力在2015年将约占23%[208]。除了像典型的座椅、仪表板总成模块外,目前已有车顶、车门模块由供应商开发和生产[217]。开发工作是同时进行的。在创新压力与成本节省之间一字摆开。用户期盼有新的车内空间的新汽车。人们当然试图使用尽可能多的现有件或后备件。图6.127是仪表板总成和中间副仪表板的开发流程。

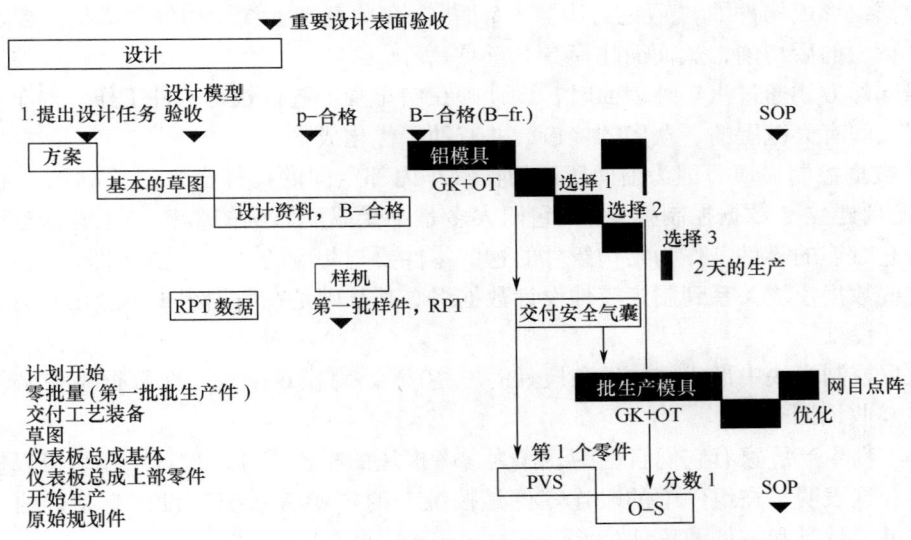

图6.127 仪表板总成和中间副仪表板开发流程

(1)设计任务书 设计任务书有财务概算、可行性,或许还带有生产设备和对未来竞争的定位。重要的是要正确估计以后的销售量。销售量决定技术要求以及对模具、卡具、量具和生产设备的数量要求。

例如,要确定仪表板总成应使用什么样的技术和生产方法,以及要满足什么样的要求。表6.30是对仪表板总成的表面要求。

表6.30 对仪表板总成的表面要求[205]

表 面 性 能	基 质 性 能	表 面 性 能	基 质 性 能
触摸手感	加压手感	颜色的灵活性	应用的灵活性
网目点阵	设计自由度	多色彩	
表面强度	物理性能	耐老化	

在优化大批量生产时(200000辆汽车/年),生产成本约为分摊的开发成本和投资的一半。

(2)计算/数字制作模型 完成设计任务书和平行协调、经反复讨论完成的"数字制作模型"设计后就要画出多个模型草图和最有希望实现的所谓"座椅柜（Sitzkisten）"草图。如果塑模可制作和视觉上可接受而通过验收，则为做出最终判断，要用漆薄膜和织物在尽可能真实的外观上微调（见4.1节及6.4.1小节）。

在数字制作模型时，要经常与调整组装件的外形设计同时进行（见4.2节）。对汽车内部空间还要用铸造树脂一次性地将所有模型制成一个单件模型，以协调在"座椅柜"中毗连放置的组合件的相互配合。在外形设计模型验收后要对网目点阵后的点状表面验收并数字化。有经验的行家将这些"点"平滑成"面"。在塑料模具设计、计算时可采用即将作为标准的注塑（喷铸）仿真技术（模内流动、CAD铸模）。利用计算软件可得到可充满性（受FMEA、夹杂空气、粘接缝、压力损失、闭合力等参数影响）的重要角边数据和零件成本的竞争状况。

（3）零件设计　外形设计模型通过的表面是设计师描述各个零件的几何形状的基础。光滑的数据组形成构件的"巧克力边"（A面）。在此基础上设计构件和固定。要注意零件制造中尽量少的后切削，从而简化模具、量具。

在以同样方式通过汽车外表面时，设计师在白车身上进行板材构件工作。白车身与汽车内部配置之间有大范围的、众多的接口，并有助于优化成本。

（4）数据控制模块　因为前面所说的在汽车内部空间的构件常常是"软的"和"灵活的"，为此要建立"数据控制模块"，它们大多是不受温度影响的塑料。这里总是涉及的是零件和与它毗连的零件。作为结构组件的这些零件要与相应的"定位销（即定位件）"精确配合。这些数据模块关系到制定零件设计数据组。其基础是在数据组中不会出现构件间干涉的功能尺寸设计。

从数据控制模块中形成结构件和模具的"指南"。对模具来说，在数据组中必须制定合理的材料"收缩因子"。

所有零件生产厂家有它们自己的、作为参考模块的毗连零件。按这个模块可以检验零件生产质量。这表明，在组件中的毗连零件是按统一的"参考系统"设计、制造的，这样可以避免工具、量具和零件的累计公差。

（5）样件/检验　一旦零件设计完成就要配备生产样件的辅助工具。生产样件是必需的，以验证碰撞的安全性、可达到的寿命、噪声的优化水平并由此判定样件的整体功能。至20世纪70年代，在饰面件交付生产前，必须通过饰面件的工程检验。在汽车的整个寿命内，这些饰面件不许变形或变色（通过严格的露天耐候循环试验）。同时在设计上还要考虑由于老化而引起的饰面件收缩，特别是塑料，否则可能出现"挠曲"。质量和生产成本主要与生产工艺有关。有意地揭示这些潜在的问题并解决它，是不断完善汽车内部空间质量的动力[218,219]。

（6）批量生产/装配　当前，车内空间的大多数组件正好是及时生产或甚至是依次及时生产的。因此，很多供货者被招引到OEM的供货圈中。全球化推动生产厂家和供应商建立遍及世界的生产基地。这对批量生产的临界点是最大的挑战。工具是新的，或许还有工艺是新的，这会增加产品的误差和缺陷，导致生产中断，甚至召回产品。个体化将对批量生产产生较大的影响。对升级的中档轿车仪表板总成的生产投资（不包括产品专用工具、模具、量具成本）约为2000万欧元。而产品专用工具、模具、量具甚至还要多。仅是仪表板总成的支架模具成本，以每天生产约1000件计，视型号不同在500000～900000欧元之间。因此，对 Nischen 汽车和未来小批量快速制造厂的兴趣不断增加[20,27]。未来，在生产汽车内部空间部件时，在气候讨论中涉及的生产工艺的生态平衡有重要的制约和推动作用。可替代的仪表板总成支架材料（如正在成长的原料）将提到日程上来[215]。

（7）变型件管理　变型件管理是当前汽车工业的最大挑战之一。变型件的价格是这样的价格，即对几年来连续扩大车型型谱和个性化地提供给终端用户所支付的价格。单是在高档豪华轿车的新车型中，与以前的车型相比，杂物箱的变形件从 20 种增加到 152 种；车门饰面的变型件从 608 种增加到 18819 种[204]。单是高档豪华轿车后座目前几乎已有 5000 种变型后座[207]。其后果是反映在物流规划和生产控制、更多占据车内空间和操作机构费用上。解决多变型件的方案是建立完全统一的变型件管理[204]。

5. 前景

未来汽车内部空间的发展可以从一些趋势看出来[191]。改进视觉和手感的车内愉悦氛围也会在载货汽车和轻型载货汽车上受到关注[214]。将 E/E 部件（电子设备/电控系统）组合到所有结构组件范围的步伐不断加快。而移动设备，如车载电话、多媒体设备的加入总是起着较大的推动作用。不只是数据链接，而且是这些移动设备的能源供给起着重要作用。电控变速器、驻车制动器和可能还有转向机构可进一步节省车内空间。轻结构和新型材料使汽车重量减轻。最重要的是，因为未来的目标组会越来越庞大，现在的一代会成为年长的一代，要求简单的、直觉的操作，在上车和装载物品时舒适、方便。与此同时，汽车个性化地不断发展。可以期盼的是，像手机一样，在未来将提供完全人性化的汽车。人的主题从工厂开始。在汽车内部空间的装饰件上通过各种方法设计出以人为主题的汽车。车内照明可与驾驶人的欣赏品位一致。座椅饰面可"按个人情趣"每周更换。在未来，为开发汽车，一切都围着工程和企业交叉的组合而转动。

6.5　风窗玻璃刮水、清洗系统

主动安全性要求即便在下雨和风窗玻璃脏污的情况下必须清洁驾驶人的视野（有关规范见 2.2 节）到规定的百分数。

通常刮水、清洗系统由多个部件组成：
1）驱动电动机。
2）连杆。
3）刮水器轴承。
4）刮水臂。
5）刮水片。

经常采用同向运动的刮水臂刮水、清洗系统，少数采用反向运动的刮水臂刮水、清洗系统或蝶式刮水、清洗系统，以及单臂和单臂提升刮水、清洗系统。

压紧力状态、刮水片定位角、刮水片（材质、造型）保证刮水质量，首先要确保在炎热和寒冷气候时前风窗玻璃刮水、清洗系统的工作能力。汽车在较高速度行驶时气动干扰状况会影响刮水性能。对风窗玻璃刮水、清洗系统评价的其他准则是系统的噪声状态和对行人的保护情况。

对紧凑型乘用车和客货两用汽车通常附加后刮水、清洁系统。

参 考 文 献

6.1.1 段参考文献

1. www.unsere-autos.de
2. Hucho, W.-H.: Aerodynamik des Automobils, 5. Aufl. Vieweg, Wiesbaden (2005)
3. The all new Astra, Automotive Circle International Okt 2009, EuroCarBody 2009
4. Automotive Circle International Nov 2010. Dosis and Closures in Car Body Engineering 2010
5. Leuschen, B., Hopf, B.: Fügen von Stahl, Aluminium und deren Kombination. In: VDI-Bericht, Bd. 1264 (1996)
6. ATZ/MTZ-Extra »Der neue Passat«, April 2005
7. Hahn, O., Gieske, D.: Ermittlung fertigungstechnischer und konstruktiver Einflüsse auf die ertragbaren Schnittkräfte an Durchsetzfügeelementen. FAT-Bericht, Bd. 116 (1995)
8. Braess, H.-H.: Negative Gewichtsspirale. ATZ **101**(Nr. 1) (1999)
9. Weitere Informationen insbesondere in den VDI-Berichten 665 (1988), 818 (1990), 968 (1992), 1134 (1994) und 1398 (1998) sowie in der ATZ
10. Teske, L., Strehl, R., Hallik, J.: Das Karosseriekonzept des neuen OPEL Vectra C. In: VDI-Bericht, Bd. 1674, S. 85–98 (2002)
11. GZVB: Faszination Karosserie, 2. Braunschweiger Symposium, 2005
12. ATZ/MTZ-Extra-Ausgaben über Neuentwicklungen

6.1.2 段参考文献

13. Rink, C.: Aluminium als Karosseriewerkstoff, Recycling und energetische Betrachtungen. Dissertation, Hannover (1996)
14. Haldenwanger, H.G.: Zum Einsatz alternativer Werkstoffe und Verfahren im konzeptionellen Leichtbau von Pkw-Rohkarosserien. Dissertation, TU Dresden (1997)
15. Stümke, A., Bayerlein, H., Eckl, F.: Laseranwendungen bei AUDI. In: Lasermaterialbearbeitung im Transportwesen. BIAS Verlag, Bremen (1997)
16. Müller, S.: Robotereinsatz beim Fügen von Aluminium-Leichtbaustrukturen. In: Fügeverfahren zur Realisierung von innovativen Leichtbaukonzepten. Erding (1999)
17. Rottländer, H.P.: Laserverbindungstechnik im Automobilkarosseriebau. Aachener Kolloquium Lasertechnik, Aachen, 1998
18. Ullrich, W.: Das Kundendienstkonzept zur Aluminium-Karosserie. In: Auditorium, Aluminium-Technologie im Karosseriebau, Oktober 1993
19. Mayer, H., Venier, F., Koglin, K.: Die ASF-Karosserie des Audi A8. In: Der neue Audi A8. ATZ/MTZ Sonderheft (2002)
20. Ruch, W., Eritt, U., Wanka, R.: New technologies in the Audi A2. Aluminium World (2001)
21. Hoffmann, A., Birkert, A.: Gestaltungsrichtlinien für die Auslegung von innenhochdruckumgeformten Strukturbauteilen aus Aluminium. DGM Internationale Konferenz »Hydroumformung«, Fellbach, 6./7. November 2001
22. Hoffmann, A.: Innenhochdruckumformen von Aluminiumprofilen. Aluminium-Kurier **3** (2002)
23. Niemeyer, M.: Lasergestützte Fügeverfahren im Aluminium-Karosseriebau. In: Sepold, G., Seefeld, T. (Hrsg.) Strahltechnik
24. Christlein, J., Schüler, L.: Audi A2: Realisierung eines zukunftsweisenden Leichtbaukonzepts mit Hilfe der Simulation. VDI-Tagung »Entwicklungen im Karosseriebau«, 11./12. Mai 2002
25. Christlein, J.: Process chain simulation in aluminium car bodies. CRASHMAT 2002 »2nd Workshop for material and structural behaviour at crash processes«, 15./16. April 2002
26. Schäper, S.: Zum Zielkonflikt Recyclingquoten versus Leichtbau/About the design conflict between recycling quotas and light weight construction. Vortrag, Gemeinschaftstagung Fachhochschule Hamburg/VDI Gesellschaft Fahrzeugtechnik, 7./8. Mai 2002. VDI Berichte, Bd. 1674, S. 213–229 (2002)
27. Timm, H., Koglin, K., Audi AG: Die neue Audi TT-Karosse. Konferenz »Automotive Circle International«, EuroCarBody 2006, Bad Nauheim/Frankfurt, 26. Oktober 2006
28. Scheurich, H., Kappler, A., Audi AG: The new Audi A8 body. Conference »Automotive Circle International«, Bad Nauheim/Frankfurt, 13./14. März 2007
29. Elend, L.-E., Hoffmann, A., Scheurich, H., Audi AG: Aluminium-Strangpreßprofile im Karosseriebau. DGM-Symposium Strangpressen, Weimar, 26./27. Oktober 2006
30. Koch, H., Audi AG: Duktiler Druckguss – Anwendungen und Tendenzen. Seminar »Eigenspannungen und Verzug beim Giessen von Leichtmetallen«, Kassel, 6. September 2005
31. Heinrich, T., Audi AG: Zukunftswerkstoffe im Automobil. Augsburg, 11. Juli 2008
32. Müller, S., Audi AG: Fügetechnologien im Karosseriebau – Status und Trends, Bad Nauheim, 29. April 2009
33. Heinrich, T., Audi AG: Materialhybride für den Karosseriebau der Zukunft. Stuttgart, 25. Juni 2009
34. Reimold, A., Audi AG: Leichtbaukompetenz in der Fahrzeugproduktion. Neckarsulm, 7. September 2009
35. Hollerweger, H., Audi AG: Leichtbau Gesamtfahrzeug. Neckarsulm, 7. September 2009
36. Heinrich, T., Audi AG: Funktionsintegrativer Karosserieleichtbau. Braunschweig, 30. September 2009
37. Heinrich, T., Audi AG: Faszination Audi Karosserieleichtbau – Historie trifft Zukunft. Zwickau, 12. November 2009
38. Heinrich, T., Audi AG: An insight into 15 years of the ASF car body and it's future. Düsseldorf, 23. November 2009
39. Müller, S., Audi AG: Laserstrahlschweißen an Aluminium Karosserien. Stuttgart, 28. Januar 2010
40. Heinrich, T., Audi AG: Audi Leichtbaukompetenz, Zeitgeist erfassen, Trends analysieren, Zukunft entwickeln. Dresden, 17. Juni 2010
41. Dick, M., Audi AG: Leichtbau mit CFK – Herausforderungen für die Mobilität der Zukunft. Neckarsulm, 24. Juni 2010
42. Heinrich, T., Audi AG: Wo liegt der Bedarf für CFK im Automobilbau? Neckarsulm, 24. Juni 2010

6.1.3 段参考文献

43. The ULSAB Consortium: ULSAB Phase 2 Endgame Presentation Package (1998)
44. Stahl-Informations-Zentrum: ULSAC Overview Report (2000)
45. The ULSAB-AVC Consortium: ULSAB-AVC Overview Report, 2002
46. Leitloff, F.U.: Innenhochdruckumformung – Grundlagen, Anwendungen, Perspektiven. Vortragsreihe, VDI, Stuttgart, 1998
47. Hornig, J.: Laserstrahlende Zukunftsaussichten beim Schweißen im Karosseriebau. VDI Berichte, Bd. 1264, S. 149. VDI-Verlag, Düsseldorf (1996)
48. Lüdke, B.: Funktionaler Karosserie-Leichtbau; Von den Anforderungen an die Rohkarosserie zu den Anforderungen an die Rohkarosseriewerkstoffe. VDI Berichte, Bd. 1543, S. 115. Düsseldorf (2000)
49. ULSAB-AVC Engineering Summary, Automotive (R)Evolution in Steel, http://www.stahl-info.de/stahl_im_automobil/ultraleicht_stahlkonzepte/ulsab_avc/ulsab_avc.pdf
50. ThyssenKrupp Stahl: Warmband – Qualität in großer Bandbreite. Duisburg (2002). http://www.thyssen-krupp-stahl.com
51. ULSAB – Materials and Processes, The ULSAB-AVC Consortium: http://www.autosteel.org/ulsab/
52. Ultraleichte Automobil-Anbauteile aus Stahl, Übersetzung des ULSAC Overview Report, 1. Aufl. Stahl-Informations-Zentrum, Düsseldorf (2000). http://www.autosteel.org/ulsac/

6.1.3 段一般文献

53. Hilfrich, E.: Closures-Konzepte aus Stahl. mobiles 29, Fachzeitschrift für Konstukteure 83 (2003/2004)
54. Adam, H., Osburg, B., Ramm, S.: Die Zukunft der Stahlkarosserie – Evolution und Revolution. mobiles 28, Fachzeitschrift für Konstrukteure 16 (2002/2003)
55. Groche, P., Henkelmann, M.: Herstellung von Profilen aus höher- und höchstfesten Stählen durch Walzprofilieren. Institut für Produktionstechnik und Umformmaschinen, TU Darmstadt. http://www.ptu.tu-darmstadt.de/content/personal/henkelmann/henkelmann.html
56. div. Publikationen (Zwischen-, Abschlussberichte) unter http://www.autosteel.org/
57. Kröff, A., Freytag, P.: Neue Karosseriekonzepte mit Hydroforming am Beispiel des ScaLight Projektes. 37. Fachtagung, Prozesskette Karosserie, 11.–13. März 2008
58. N.N.: Das InCar-Projekt von ThyssenKrupp. ATZextra Sonderheft (2009)

6.1.4 段参考文献

59. Kraftfahrt-Bundesamt: Der Fahrzeugbestand am 1. Januar 2012. Pressemitteilung Nr. 3 (2012)
60. Santer B.: Bitte frei machen. Focus online. http://www.focus.de/auto/neuheiten/tid-17871/cabrios-2010-bitte-frei-machen_aid_497852.html. 10.09.2010
61. Rund um VW: Innovation & Technik, Technik-Lexikon (2010), http://www.volkswagen.at/rund_um_vw/innovation_technik/technik_lexikon/karosseriesteifigkeit.html. Zugegriffen: 10.09. 2010
62. Webasto: Vortrag im Rahmen der Fachtagung Cabrio 2005
63. Kalinke, P., Gnauert, U.: Potenzialanalyse von aktiven Schwingungsreduktionssystemen zur Verbesserung des Schwingungskomforts bei Cabriolets. mobiles **28** (2002/2003)
64. Papenheim, T., Lüdorff, J.: Sicherheitsrelevante Auslegung von Cabriolets. VDI Tagung Innovativer KFZ – Insassen- und Partnerschutz, Berlin, September 2001
65. Schulte-Frankenfeld, N.: Fahrzeugstrukturen für hohen Insassenschutz bei Cabriolets. European Automotive Safety, Bad Nauheim, 2004
66. Franke, S., Oehmke, B.: Das innovative Dach- und Karosserie-Konzept des neuen Volkswagen EOS. Karosseriebautage, Hamburg, 2006

6.1.5 段参考文献

67. HBPO GmbH, Lippstadt: Div. Firmenschriften, hbpogroup.com
68. Opperbeck, G., Hassdenteufel, K., Krasenbrink, C., Cheron, H.: Hochintegriertes Frontendmodul. ATZ **108**, 10–17 (2006)

6.2 节参考文献

69. Stauber, R.: Metalle im Automobilbau – Innovationen und Trends. 9. Handelsblatt Jahrestagung Automobiltechnologien-Vision Automobil, München, April 2005
70. Bachsteffel, J., Rau, H., Laux, J. J.: IMC Slush Technologie im Interieur – Eine neue Werkstoffgeneration für hochwertige Oberflächen. VDI-K Tagung Kunststoffe im Automobilbau, Mannheim, April 2005
71. Timm, H.: Concept- and technology trends for a cost-attractive body lightweight construction. Aluminium **09** (2004)
72. Franke, H.-J.: Faszination Karosserie. 2. Braunschweiger Symposium, Braunschweig, Januar 2005
73. Pfestorf, M., Hooputra, H., Bassi, C.: Anforderungen an Aluminiumblechwerkstoffe im Spannungsfeld von Funktion und Fertigung. Proceedings of the 6th European Automotive Conference »The Process Chain Aluminium Automobile«. Technik + Kommunikations-Verlag, Bad Nauheim (2004)
74. Lüdke, B.: Funktionaler Rohkarosserie-Leichtbau, von den Anforderungen an die Rohkarosserie zu den Anforderungen an die Rohkarosseriewerkstoffe. VDI Bericht, Bd. 1543 (2000)
75. Sonsino, C.M.: Dauerfestigkeit – eine Fiktion. Fraunhofer Institut für Betriebsfestigkeit und Systemzuverlässigkeit (LBF), Darmstadt (2005)
76. Staeves, J., Pfestorf, M.: Einsatz höherfester Stähle im Automobilbau. 8. Umformtechnisches Kolloquium Darmstadt, Darmstadt, April 2003
77. Lüdke, B.: Funktionaler Karosserie-Leichtbau am Beispiel der neuen BMW Generation. Stahl und Eisen **119**(5) (1999)
78. Grünn, R.: Die Karosserie des neuen 6er Cabrios von BMW- Ableitungskonzept, Leichtbaustrategie und Fertigungsprozess. VDI Bericht, Bd. 1833 (2004)
79. Hicken, S.: Aluminiumeinsatz in der Karosseriestruktur. Praxisbeispiele von Rolls-Royce bis BMW 7er. BMW intern
80. Poweleit, A., Rebholz, C., Kettner, G.: Die neue BMW 7er

Karosserie. Euro Car Body, Bad Nauheim, 2001
81. Korzonnek, J.: Die Kunststoffkarosserie – Außenhautspezifische Risiken. SKZ-Fachtagung Würzburg, Würzburg, November 2000
82. Mehn, R., Peis, R., Zhang, S.: Einsatz flächenhafter Sandwichbauteile im Automobil. 12. Aachener Kolloquium Fahrzeug- und Motorentechnik, Aachen, 2003
83. Lüdke, B.: Von den Anforderungen an die Rohkarosserie zu den Anforderungen an den Werkstoff und die Prozesskette Presswerk-Rohbau-Lack. DVM-Tag, Berlin, April 2005
84. Schwager, H., Meyr, W., Derks, M.: Innovative Polyurethantechnologie im Premiumfahrzeugbau. KP Verlag (2001)
85. Mitzler, J., et al.: Hochwertige Innenraum-Oberflächen hergestellt im SkinForm-Verfahren. VDI-Tagung Kunststoffe im Automobilbau, S. 115, Mannheim, 2005
86. N.N.: Oberflächen aus einem Guss. AUTOMOBIL PRODUKTION Sonderausgabe Innenraum, 40 (2004)
87. Ludwig, H.-J.: Frontendmodule. VDI-K-Tagung Kunststoffe im Automobilbau, S. 165, Mannheim, 2001
88. Grevenstein, A., et al.: Kunststofffolien – Neue Konzepte für die Karosserie-Außenhaut. ATZ **12**, 1120 (2002)
89. Grevenstein, A.: Neue Technologien für Karosserieaußenteile. VDI-K-Tagung Kunststoffe im Automobilbau, S. 116, Mannheim, 2003

6.3 节参考文献

90. Ondratschek, D., et al.: Besser Lackieren. Jahrbuch 2013. Vincentz-Network, Hannover (2010)
91. Schumacher, U., et al.: Das Lernbuch der Lackiertechnik. Vincentz-Network, Hannover (2010)
92. Brock, T., et al.: Lehrbuch der Lacktechnologie. Vincentz-Network, Hannover (2009)
93. Kühn, W.: Formulierung von Kleb- und Dichtstoffen. Vincentz-Network, Hannover (2009)
94. Streitberger, H.-J., et al.: Automotive Paints and Coatings. Wiley-VCH, Weinheim (2008)
95. Pfaff, G.: Special Effect Pigments. Vincentz-Network, Hannover (2008)
96. Gscheidle, R.: Fachkunde Karosserie- und Lackiertechnik. Europa Lehrmittel Verlag, Haan-Gruiten (2012)
97. Kittel, H., et al.: Lehrbuch der Lacke und Beschichtungen. Hinzel, Stuttgart (2008)
98. Sapeur, S.: Nanotechnologie. Vincentz-Network, Hannover (2008)
99. Poth, U.: Automotive Coatings Formulation. Vincentz-Network, Hannover (2007)
100. Goldschmidt, A., et al.: BASF Handbook on Basics of Coating Technologies. Vincentz-Network, Hannover (2007)
101. Braess, H.-H., Seiffert, U. (Hrsg.): Automobildesign und Technik. Vieweg, Wiesbaden (2007)
102. Kühn, W.: Digitale Fabrik – Fabriksimulation für Produktionsplaner. Carl Hanser, München (2006)
103. DIN-Taschenbücher aus dem Bereich der Normenausschüsse Anstrichstoffe und ähnliche Beschichtungsstoffe, Pigmente und Bindemittel. Beuth, Berlin
104. VDMA-Einheitsblätter »Oberflächentechnik«. Beuth, Berlin
105. VDI-Richtlinien und -Handbücher. Beuth, Berlin
106. JOT – Journal für Oberflächentechnik. Vieweg+Teubner, Wiesbaden (erscheint monatlich)
107. Besser Lackieren. Vincentz-Network, Hannover (erscheint 2× im Monat)
108. MO – Metalloberfläche. I.G.T. Informationsgesellschaft Technik, München (erscheint monatlich)
109. European Coatings Journal. Vincentz-Network, Hannover (erscheint monatlich)
110. Farbe und Lack. Vincentz-Network, Hannover (erscheint monatlich)
111. Adhäsion KLEBEN & DICHTEN. Vieweg+Teubner, Wiesbaden (erscheint 10× pro Jahr)
112. Karosserielackierung 2012 (jährlich, Bad Nauheim) – 29. Arbeitstagung des 1. Deutschen Automobilkreises. Vincentz-Network, Hannover (2012)
113. Karosserielackierung intensiv 2012 (jährlich). Vincentz-Network, Hannover (2012)
114. Strategien der Karosserielackierung 2012 (alle 2 Jahre, Berlin). Vincentz-Network, Hannover (2012)
115. European Automotive Coating 2012 – 19. DFO Automobiltagung (jährlich). Deutsche Forschungsgesellschaft für Oberflächenbehandlung (DFO), Neuss (2012)

6.4.1 段参考文献

116. Bandow, F., Helbig, K., Vogt, N.: Bestimmung der Fahrersitzposition im Fahrbetrieb. ATZ **10** (2004)
117. Bengler, K., Herrler, M., Künzner, H.: Usability Engineering bei der Entwicklung von iDrive. it++ti Informationstechnik und Technische Informatik **3** (2002)
118. Bubb, H.: Ergonomie in Mensch-Maschine-Systemen. Tagung Komfort und Ergonomie in Kraftfahrzeugen, Haus der Technik, Essen, 1997
119. Bubb, H.: Ergonomie und Sitzgestaltung, Berichte aus der Ergonomie. Shaker, Aachen (2004)
120. Bullinger, H.-J., et al.: Anthropometrische und kognitve Evaluierung der Fahrer-/Fahrzeug-Schnittstelle im PKW. ATZ **98**(7/8) (1996)
121. Chaffin, D.: Digital human modeling for vehicle and workplace design. SAE (2001)
122. Cherednichenko, A., Assmann, E., Bubb, H.: Computational approach for entry simulation, digital human modeling for design and engineering. SAE Conference, Lyon, 2006
123. Distler, A., et al.: Das Anzeige- und Bedienkonzept (BMW 7er). ATZ extra **11**, 62 (2008)
124. Färber, B.: Mehr Instrumente, mehr Sicherheit? VDI-Bericht, Bd. 819, S. 1–18 (1990)
125. Fastenmeier, W.: Welche Informationen brauchen Fahrer wirklich? VDI Bericht, Bd. 948. VDI-Verlag, Düsseldorf (1992)
126. FAT-Bericht 123: »RAMSIS – Ein System zur Erhebung und Vermessung dreidimensionaler Körperhaltungen von Menschen zur ergonomischen Auslegung von Bedien- und Sitzplätzen im Auto«, FAT-Bericht 135: »Mathematische Nachbildung des Menschen – RAMSIS 3 D Softdummy«, 1997
127. Hafner, E.: Ergonomische Aspekte bei der Gestaltung zukünftiger Cockpits. In: Bubb (Hrsg.) Ergonomie und Verkehrssicherheit. Herbert Utz, München (2000)
128. Bundesamt für Wehrtechnik und Beschaffung (Hrsg.): Handbuch für Ergonomie. Koblenz (1989)
129. Jeitner, M., Küchler, W., Schaare, R.: Weniger Schalter im Fahrzeuginterieur. ATZ **107**(09), 746 (2005)

130. Keck, E.: Grundlagen zur Entwicklung und Gestaltung von Kraftfahrzeuginstrumenten. Dissertation, Berlin (1987)
131. Krems, J.F., Keinath, A., Baumann, M., Bengler, K., Gelau, C.: Evaluating Visual Display Designs in Vehicles: Advantages and Disadvantages of the Occlusion Technique. Chemnitz Technical University, Chemnitz (2000)
132. Küchler, W., Schaare, R.: Neues Konzept für Mittelkonsolen – Innovationen für mehr Bedienkomfort. ATZ **11**, 1008 (2008)
133. Künzner, H.: Entwicklung einer Bedienoberfläche für einen Fahrzeugmonitor. VDI Bericht, Ed. 948. VDI-Verlag, Düsseldorf (1992)
134. Landau, K. (Hrsg.): Mensch-Maschine-Schnittstellen. Herbstkonferenz der Gesellschaft für Arbeitswissenschaft, Oktober 1998. Verlag Institut für Arbeitsorganisation, Stuttgart (1998)
135. Luczak, H.: Arbeitswissenschaft. Springer, Berlin (1998)
136. Maier, T., Schmid, M., Petrov, A.: HMI with adaptive control elements. ATZautotechnology **07**, 50 (2008)
137. Matschi, H.: Trends am Fahrerarbeitsplatz – Konnektivität, Mensch-Maschine-Schnittstelle und Systemintegration. ATZelektronik **1**, 42 (2008)
138. Preh GmbH: Einfacher Fahren. Automobil Elektronik (Sonderausgabe »Preh GmbH«), 10 (2006)
139. Seidl, A.: RAMSIS das führende Ergonomiewerkzeug für Design und Entwicklung von Kraftfahrzeugen. Tagung Fahrzeugkomfort, Haus der Technik, Essen, 1999
140. SAE J: 1100 Motor Vehicle Dimensions. Society of Automotive Engineers, Warren Dale (Juni 1993)
141. Schmidtke, H.: Ergonomie. Carl Hanser, München, Wien (1993)
142. ATZ/MTZ: Sonderheft »VW Phaeton«. Vieweg, Wiesbaden (Juli 2002)
143. ATZ/MTZ: Sonderheft »AUDI A8«. Vieweg, Wiesbaden (2002)
144. Timpe, T.-P., Kolreb, H. (Hrsg.): Mensch-Maschine-Systemtechnik. Symposion Publishing, Düsseldorf (2002)
145. Vollmer, A.: Der Flachbildschirm fürs Auto. Automobilelektronik (April), 34 (2010)
146. Zeller, A., Wagner, A., Spreng, M.: IDrive – Zentrale Bedienung im neuen 7er von BMW. VDI-Ber., Bd. 1646. VDI-Verlag, Düsseldorf (2001)
147. Lorenz, S., Kaiser, R., Assmann, E., Engstler, F., Zöllner, R.: Ergonomieabsicherung im Fahrzeug mittels Mixed Reality: Beeinflussung der Sitzposition durch die Vorgehensweise bei der Sitzeinstellung. Z. Arb. Wiss. **1**(62), 3–14 (2008)
148. Assmann, E., Kaiser, R., Schaller, F., Wagner, P.-O.: Menschmodelle in der PKW-Entwicklung. Z. Arb. Wiss. **1**(62), 47–53 (2008)
149. Kaiser, R.: Eignung einer dynamischen Fahrsimulation zur Ergonomie-Absicherung von Fahrzeug-Innenräumen, Konferenzbeiträge zur Frühjahrskonferenz 2007. In: GfA (Hrsg.) Kompetenzentwicklung in realen und virtuellen Arbeitssystemen. GfA-Press, Dortmund (2007)
150. Kaiser, R.: Anthropometrie – Neue Erkenntnisse und Anwendungsbeispiele. Human Solutions GmbH, Kaiserslautern (2011)
151. Franz, M., Zenk, R., Vink, P., Hallbeck, S.: The effect of a lightweight massage system in a car seat on comfort and electromyogram. J. Manip. Physiol. Ther. **34**(2) (2011)
152. Franz, M., Zenk, R., Durt, A., Vink, P.: Disc pressure effects on the spine, influenced by extra equipment and a massage system in car seats. SAE Int. J. Passeng. Cars – Mech. Syst. **1**(1), 768–774 (2009)
153. Zenk, R., Franz, M., Bubb, H., Vink, P.: Spine load in automotive seating. Appl. Ergon. **43**(2) (2011)
154. Franz, M., Klawitter, T., Rother, B., Müller, A.: Innovative Sitzsysteme. ATZ Automobiltechnische Zeitschrift **10** (2010)

6.4.2 段参考文献

155. Elektronik im Kraftfahrzeugwesen, Bd. 437. expert Verlag (1994)
156. RDS-Standard: CENELEC EN 50067
157. Riegler: DRM – Digital Radio Mondial. Siebel, Baden-Baden (2006)
158. Hofmann, F., Hansen, C., Schäfer, W.: Digital Radio Mondiale (DRM) – Digital sound broadcasting in the AM bands. IEEE Trans. Broadcast. **49**(3) (2003)
159. GSM recommendations, Special Mobile Group (Technical Comittee SMG), ETSI, European Telecommunications Standards Institute, F-06921 Sophia Antipolis Cedex
160. Mouly, M., Pautet, M.: The GSM System for Mobile Communications. Autorenveröffentlichung, ISBN: 2-9507190-0-7
161. Redl, S., Weber, M.: D-Netz-Technik und Messpraxis. Franzis, München (1993)
162. Walke, B., Althoff, M.P., Seidenberg, P.: UMTS – Ein Kurs. J. Schlembach Fachverlag (2001)
163. CEN, ENV 12253, CEN, ENV 278/9/#64 und 65 Road Transport and Traffic Telematics
164. Detlefsen, W., Grabow, W.: Interoperable 5.8 GHz DSRC systems as basis for europeanwide ETC implementation. 27th European Microwave Conference EMC, Jerusalem, September 1997
165. Elektrik und Elektronik für Kraftfahrzeuge, Sicherheits- und Komfortsysteme, Ausgabe 98/99, Bestell Nr. 1 987 722 037. Robert Bosch GmbH, Stuttgart (1999)
166. Neukirchner, E.: Einfluss von Verkehrsmeldungen auf die Routenempfehlungen fahrzeugautonomer Zielführungssysteme. ITG-Fachbericht »Informatik im Verkehr«, Vorträge anlässlich VDE-Kongress '96, Braunschweig, Oktober 1996. VDE-Verlag, Berlin, Offenbach
167. Vogt, V., Garrelts, M.: Navigation-based driver assistance systems. IST European Congress – TS 37 »Map Enabled ADAS«. Hannover, Germany, 3. Juni 2005
168. Ertico, Avenue Louise 326, B-1050 Brussels Belgium: Location referencing change request for ISO, Version 1.0, 10.02.2003 http://www.ertico.com/en/activities/activities/agora_website.htm
169. CAR 2 CAR Communication Consortium Manifesto. http://www.car-to-car.org
170. Baldessari, R., Festag, A., Abeille, J.: NEMO meets VANET: A deployability analysis of network mobility in vehicular communication published. Proceedings of 7th International Conference on ITS Telecommunications (ITST 2007), S. 375–380. Sophia Antipolis, France, Juni 2007
171. Hoeg, Lauterbach: Digital Audio Broadcasting. Wiley

6.4.3 段参考文献

172. Bubb, H.: Ergonomie in Mensch-Maschine-Systemen, Lehrgangsunterlagen »Komfort und Ergonomie im Kraftfahrzeug«. Haus der Technik, Essen (1995)
173. Fanger, P.O.: Thermal Comfort. Analysis and Application in Environmental Engineering. Danish Technical Press, Copenhagen (1970)
174. DIN EN ISO 7730: Analytische Bestimmung und Interpretation der thermischen Behaglichkeit durch Berechnung des PMV- und des PPD-Indexes und der lokalen thermischen Behaglichkeit. Normentwurf Stand 10/2003
175. Bureau, C., et al.: MARCO, Method to Assess Thermal Comfort. VTMS6, Paper C599/051/2003, Brighton, 2003
176. Frühauf, F.: Thermische Behaglichkeit im Fahrzeug von morgen. IIR-Fachkonferenz »Innovative Konzepte für Thermomanagement im Kfz«, Stuttgart, 2002
177. Kühnel, W., et al.: CFD. Cabin flow analysis as part of the product development process. VTMS6, Paper C599/053/2003, Brighton, 2003
178. Fritsche, U., Feith, T.: Komfortdüsen für mehr Klimakomfort in der Fahrzeugkabine. ATZ **9** (2007)
179. Temming, J.: Fahrzeugklimatisierung und Verkehrssicherheit. Auswirkungen sommerlichen Klimas in Kfz auf die Leistungsfähigkeit der Fahrer, Schriftenreihe 177. Frankfurt (2003)
180. Arminger, G., et al.: Einfluss der Witterung auf das Unfallgeschehen im Straßenverkehr. ATZ **9** (1999)
181. Taxis-Reischl, B.: Wärmebelastung und Fahrverhalten. ATZ **9** (1999)
182. Kroner, P., et al.: Modulares Luftgütesystem für den Innenraumkomfort. ATZ **1** (2010)
183. Schmiederer, K.: Flexible HVAC-systems for global cross-car and cross-brand application. Auto-Technology **4** (2004)
184. Kampf, H.: Die physiologisch geregelte Klimaanlage. ATZ **9** (2001)
185. Trapp, R., et al.: Potenziale zur Energieeinsparung bei intelligetem Betrieb von Klimaanlagen. VDI-Berichte, Bd. 2033 (2008)
186. Knittel, O., Ruf, C.: Von der Erfassung der Luftfeuchtigkeit zum komfortoptimierten Klimabetrieb. VDI-Berichte, Bd. 1415
187. Knittel, O., Ruf, C.: Feuchtesensor für Klimaautomaten. ATZ **1** (2000)
188. Käfer, O.: Pkw-Klimatisierung – Umluftautomatik mit Feuchteregelung im Fahrzeuginnenraum. ATZ **6** (1998)
189. N.N.: Luftgütesensor AQS. Firmenschrift der Fa. Paragon AG, Delbrück (2005)

6.4.4 段参考文献

190. Möser, K.: Geschichte des Autos. Frankfurt (2002)
191. Wildemann, H.: Entwicklungstrends in der Automobil- und Zulieferindustrie. München (2004)
192. Lüßmann-Geiger, H.: Geruchs- und Emissionsmessung in der Automobilindustrie. Vortrag, Fraunhofer WKI Workshop »Sensorische Prüfung von Produkten für den Innenraum«, Braunschweig, 20./21. Februar 2003
193. Grundler, E.: Lässt sich gefühlte Qualität objektiv beurteilen? Technische Rundschau **22**, 36–38 (2004)
194. Grunwald, M., Beyer, L. (Hrsg.): Der bewegte Sinn. Grundlagen und Anwendungen zur haptischen Wahrnehmung. Basel (2001)
195. Pietzonka, S., Bluhm, M., Zwick, H.: Technik und Design, Neue Möglichkeiten für automobile Innenlichtkonzepte. ATZ **106**(3), 211–217 (2004)
196. Schlott, S.: Fachtagung Innenraum – Emotion und Technik vereint. Automobil Produktion 70–74 (Dezember 2004)
197. Jung, C., et al.: Das Interieur des Maybach. ATZ (Maybach Sonderausgabe), 92–118 (2002)
198. Friedrichs, B., Baumeister, A.: Mobile Innenarchitektur – Harmonie und Ästhetik. ATZ (BMW 6er Sonderausgabe), 21–24 (2004)
199. Schlott, S.: Innenraumtrends – Sehnsucht nach Einzigartigkeit. Automobilproduktion (Sonderausgabe Innenraum), 6–12 (2004)
200. Mauter, G.: Haptische Anforderungen an Bedienelemente. 3. Fachtagung Fortschritte im Automobil Innenraum, Ludwigsburg, 2004
201. N.N.: Ein Gespür für Qualität. DaimlerChrysler HighTech Report **2**, 60–63 (2004)
202. Weinhold, W.: Innovative Oberflächen-Messtechnik für Mikromechanik und Haptik. Vortrag, Material Innovativ, Würzburg, März 2004
203. Feichter, E., et al.: Interieur – intelligentes Wohlfühlen mit Niveau. ATZ/MTZ (VW Passat Sonderausgabe), 26–40 (2005)
204. Alders, K.: Komplexitätsmanagment bei der Audi AG. Vortrag, Automobilforum Graz, Oktober 2004
205. Bachsteffel J., Laux, J.: IMC Slush-Technologie im Interieur – Eine neue Werkstoffgeneration für hochwertige Oberflächen. Tagungsband, VDI-Kongress Kunststoffe im Automobilbau, März 2005
206. Stricker, K.: Ganzheitliche Akustikentwicklung vom Radlauf bis zur Windschutzscheibe. ATZ **3**, 184–193 (2005)
207. Fromm, P., Cerhak, A., Hamberger, W.: Innenraum erleben. ATZ (Sonderausgabe Audi A8), 24–39
208. N.N.: Future Automotive Industry Structure (FAST) 2015. Mercer Management Consulting & Frauenhofer Gesellschaft, München (2003)
209. Büchling, J.: Rapid manufacturing – Auf direktem Weg zur Serie. Automobil Industrie **1–2**, 38–41 (2005)
210. Schlott, S.: AGR-Sitze – Komfort für alle Klassen. Automobilproduktion **3**(Sonderausgabe Innenraum), 32–34 (2004)
211. Laux, J.: Neue Werkstoffgeneration für hochwertige Oberflächen. ATZ 1014–1019 (2006)
212. Ehling, K.: »Gefühl Licht«: Lichtwahrnehmung durch den Fahrer. Vortrag, CTI Automotive Interior Lighting Conference, 9./10. Oktober 2006
213. Wambsganß, H.: Licht im Fahrzeuginnenraum. Vortrag beim Festsymposium zum 50jährigen Bestehen des Fachgebietes Lichttechnik an der TU Darmstadt, 24. November 2006
214. ATZ: Sonderausgabe »Der Neue Sprinter von Mercedes Benz« (Juni 2006)
215. Roscher, M.: Serieneinsatz, Weiterentwicklung und Neuerungen von naturfaserverstärkten Trägerwerkstoffen im automobilen Innenraum. Vortrag, 5. Fachkongress Fortschritte im Automobilinnenraum, Ludwigsburg, 14./15. November 2006
216. Miller, M.: Revolution von Oberflächendesign, Proto-

typing und Produktionstechnik. Vortrag, 5. Fachkongress Fortschritte im Automobilinnenraum, Ludwigsburg, 14./15. November 2006
217. Rottig, H.-J.: Der Schritt von der Innenverkleidung zum Türmodul. Kunststoffe **10**, 113–116 (2006)
218. Audi AG: Aspekte der virtuellen Entwicklung beim Innenraum des Q7. Presseinformation, Audi Q7, Februar 2006
219. Schneider, T., et al.: Modernes Thermomanagement am Beispiel der Innenraumklimatisierung. ATZ **02** (2007)
220. Wambsganß, H.: Lichtdesign – ein ganzheitlicher Ansatz in der frühen Konzeptphase. Vortrag, 9. Fachkongress Innenraum, Stuttgart, 16./17. November 2010
221. Enz, E.: Innenraum-Lichtgestaltung mit Textil-, Leder- und Holzflächen. Vortrag, 9. Fachkongress Innenraum, Stuttgart, 16./17. November 2010
222. Heers, R.: HMI experience for future cockpit electronic systems. Vortrag. 1. Fachtagung Infotainment, München, 12./13. Oktober 2010
223. El-Khoury, H.: Automotive touchscreens: Innovation, solutions and the new role for a semiconductor company. Vortrag. 1. Fachtagung Infotainment, München, 12./13. Oktober 2010
224. Steiner, P.: Infotainment im neuen Audi A8. Vortrag. 1. Fachtagung Infotainment, München, 12./13. Oktober 2010
225. Seydel, D.: Ort- und zeitunabhängige Multimedianutzung – unterwegs, zu Hause und im Fahrzeug. Vortrag, 1. Fachtagung Infotainment, München, 12./13. Oktober 2010
226. Lamberti, R.: Smartphone Apps und Automobil – eine Symbiose? Vortrag. 1. Fachtagung Infotainment, München, 12./13. Oktober 2010
227. Lindlbauer, M.: Das Internet kommt ins Fahrzeug: offenere Use Cases mit Security absichern und früher realisieren. Vortrag. 1. Fachtagung Infotainment, München, 12./13. Oktober 2010
228. Carmody, T.: Trends in connectivity and location 2012 and beyond. Vortrag. 1. Fachtagung Infotainment, München, 12./13. Oktober 2010

6.5 节参考文献

229. Schmid, E.: Wischer- und Wascheranlagen für Fahrzeuge. verlag moderne Industrie (1993)
230. Robert Bosch GmbH (Hrsg.): Bosch Kraftfahrtechnisches Taschenbuch, 27. Aufl., S. 920–927. Vieweg+Teubner, Wiesbaden (2011)

第7章 底　　盘

7.1　前言

汽车是行驶的车辆，它在给定的表面（通常是路面上）行驶，并由驾驶人在纵向、横向方向以及绕垂直轴（横摆轴）按道路走向或物理上设定的限制自由确定。汽车的纵向、横向和横摆运动是密不可分的。

在与车道垂直方向，汽车必须跟踪道路走向而没有驾驶人的主动干预（山路和山谷行驶）。短距离的路面颠簸不平会传到汽车上，正如行驶安全性一样，驾驶人希望汽车不要弹跳并有主观上的行驶舒适性感受。

一系列的参数决定汽车横向、纵向和垂直方向的行驶动力学性能。在很多方面这些状态参数不是线性关系，而是综合和复杂的关联。因此，底盘和广义上的行驶动力学目前仍是一个热门的研究题目，特别要考虑作为汽车行驶状态识别者、操纵者和主观判断者的驾驶人的状况。

7.1.1　"底盘"的定义

除重力、空气动力和它们的力矩外，所有的外力和外力矩都通过轮胎与路面的接触区作用在汽车上。空气动力和力矩通常作为干扰参数，可以想到的是空气阻力、升力和侧向风。在不是为赛车设计的汽车上，考虑空气动力和力矩是为优化汽车行驶性能。在高速行驶时由于底盘和空气动力学的相互强烈作用，需要一并研究。从狭义上底盘可以理解为汽车各系统在它上面的组合。这些系统不但用以产生和影响路面/轮胎接触区的力，而且用以将这些力传递到汽车上：车轮/轮胎、车轮制动器、车轮支架/车轮导向系统/转向系统、悬架/阻尼。

另外，从广义上，底盘包括操纵汽车所需的所有系统：制动器、离合器和节气门操纵机构、转向盘、转向柱、行驶动力学控制系统以及辅助底盘功能、承担减轻驾驶人部分操纵任务的驾驶人辅助系统。属于这方面的还有主动安全性系统，即在出现交通事故危险时可以预先处理的行动力学闭环控制系统或直接采取措施以避免交通事故，或减轻重大的交通事故。

在以下的章节中将介绍车轮导向系统、转向、悬架以及行驶动力学闭环控制系统。制动闭环控制系统和驱动防滑转控制已在5.5.2小节中作了论述。驾驶人辅助系统在8.5.5小节中介绍。

7.1.2　底盘任务

起着道路与汽车之间连接件作用的底盘在汽车行驶动力学和行驶舒适性方面起着重要作

用。此外，它还影响空间利用、重量、空气动力学和成本。

在汽车的所有系统中，对底盘的重要要求是基于下述各点：

1）调整好的行驶动力学汽车可减轻驾驶人的操纵负担。它可以将驾驶人设定的控制参数直接和精确转换并得到安全性的感觉直至安全性的满足。这个亲身经历的印象，像在专业出版物中对汽车行驶动力学的评价那样，是许多用户购置汽车的重要的、决定性的标准。

2）良好的汽车行驶动力学性能可使驾驶人避免或控制危险的行驶状况。在德国，约1/3的交通事故死亡人数是由于汽车偏离车道造成的，约1/5交通事故是与迎面汽车相撞而引起的（图7.1）。高重心汽车经常出现倾翻交通事故。美国国家公路交通安全局（National Highway Traffic Safety Administration，NHTSA）实施一项"鱼钩（fish hook）"试验，以评定汽车倾翻安全性[1]。不对交通事故过程进行深入分析（参见第9章），只通过进一步优化汽车行驶性能和优化使用行驶动力学闭环控制系统不可能定量地说明提高安全性的潜力。将交通事故的很大责任（影响因素）归咎于驾驶人，则似乎可明显降低由于汽车偏离车道和与迎面汽车相撞而造成交通事故的人员死亡。

未来可以这样设想，将底盘闭环控制系统与驾驶人辅助系统结合起来，不仅可以通过驾驶人提高汽车的操控性，而且可减轻交通事故后果，如在相互碰撞不可避免时自动采取全制动，但需要很好地识别和了解周围环境，对自车和交通参与者的另一汽车的碰撞过程做出可靠的预测。

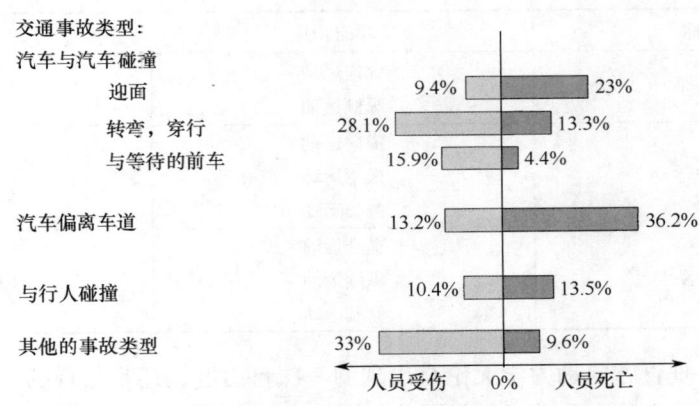

图7.1 交通事故中受伤和死亡人员分布与事故发生状况有关
（数据来自2002年德国联邦政府统计局）

3）配备闭环控制系统的底盘是实现帮助驾驶人执行行驶任务的驾驶人辅助系统的前提，它同样也是实现汽车部分行驶功能自动化的前提。当前已实现了行驶距离自动控制，它也能担当在交通拥堵时的停车和起步，还正考虑有限地应用全自动行驶。

4）好的行驶舒适性不只是主观上的愉悦感觉和作为汽车竞争的一项准则，而且对驾驶人的身体和心理上的工作能力有确定性的影响，以及由此对安全性的影响[2]。但要考虑到较好的行驶舒适性与较好的行驶动力学和安全性是矛盾的。这个目标冲突可采用自适应系统予以解决。但要注意，由驾驶人主观评价行驶舒适性是与汽车有关的驾驶人的期盼，并与他的反应有关。

底盘不只对行驶动力学和行驶舒适性有决定性作用，而且对汽车的整体参数，如重心高度、轴载分布、惯性半径（回转半径）、轴距、轮距以及在较高行驶速度范围的气动性能有同等程度的作用。由于需要降低对全球变暖的温室效应气体的排放与日益短缺和昂贵的燃料，需要采用较贵的、结构空间大的驱动系统。同样，为回收储存能量和为能选用低体积能量密度的能量载体也需要增大结构空间。因为驱动系统的结构空间要求，所以底盘在汽车中占有最大的结构空间。在未来，应在小的结构空间中实现所希望的各种功能，在必要时要考虑汽车的新的总体结构。

还要提出的是，如在这里汇集经常出现的各种符号和概念，将使以下介绍的内容大为膨胀。为此可参阅文献，如参考文献 [3]。

7.1.3 行驶动力学和作用在底盘上的各种力

如果从汽车的简图出发，汽车是在大气和重力场中运动的物体。通过轮胎与路面的接触区传递垂直力、驱动力、制动力和侧向引导力。从作用在汽车上的这些力着手，分析汽车行驶动力学是易于理解且十分必要的。

上面的表述是与常用的、将汽车行驶动力学分为纵向、横向、垂直方向动力学是一致的。汽车的 6 个自由度（为简化起见这里仅作为单质量系统处理）如在表 7.1 中表示的那样，参与了汽车的纵向、横向、垂直方向动力学。

表 7.1 汽车自由度参与纵向、横向和垂直方向动力学

名　称	一次自由度	二次自由度
纵向动力学	纵向运动 纵倾运动	提升运动
横向动力学	横向运动 横摆运动 侧倾运动	纵倾运动 提升运动
垂直方向运动学	提升运动 纵倾运动 侧倾运动	横向运动

纵向、横向、垂直方向动力学无论是出现的一次自由度，还是出现的二次自由度，相互间没有关系，都是独立的。由此，轮胎分力间存在相互的复杂关系（见 7.3 节）。

1. 横向动力学：在横向方向的底盘上的各种力

汽车横向方向主要是从路面传递到汽车车身的轮胎侧向力。在转向的轮胎上，在汽车侧面方向还有轮胎切向力的分量。这些分量在较大转向角时不能忽略。

按定义，轮胎引导力的首要任务是控制汽车横向动力学，以保持驾驶人所希望的车道和控制汽车绕垂直轴转动。由于重心高度对车身侧向力分量的影响引起汽车的侧倾运动。侧倾运动将汽车重心的横向运动与车轮支撑面的横向运动分开。汽车和周围环境是一个受控系统，驾驶人是控制单元。所以控制技术上常用的概念和方法也适用于车辆行驶动力学，如参考文献 [4]。

轮胎侧向力主要是车轮侧偏角与作为最重要参数的车轮载荷和圆周方向的力的函数（见 7.3 节）相对于摩托车或为专门应用而开发的轮胎，由车轮外倾或车轮不对称而产生的汽车轮胎侧向力分量是很小的，而不被考虑。但为细调行驶性能、减小轮胎磨损和达到最大

的侧向力，汽车轮胎的侧向力分量还是一个重要参数。

车轮侧偏角和与它一起的车轮侧向力可按它们的形成机理分为不同的类型：它由车轮转向、车轮相对汽车的横向滑移和外部施加在汽车上的作用力三种类型形成。

（1）车轮转向　由于驾驶人施加在前桥车轮上的转向角引起汽车前桥车轮侧偏角的变化。由此得到的侧向力或侧向力变化是建立轮胎侧向力的第一阶段，并因为它偏心地作用在汽车重心上而产生汽车横向加速度的变化和转动加速度。转动加速度包含绕横摆轴的分量和绕侧倾轴的分量[5]。因为横向、横摆、侧倾加速度在第一时间只由转向轮的侧向力引起，所以它们间相互成比例。由此可推导出汽车绕固定在汽车上的瞬时轴线开始运动。在平面运动时这个瞬时转动轴线是与碰撞中心点空间相似的。其结果是改变汽车运动状态，并在前桥和后桥的车轮支撑点上产生一个与轮胎垂直的速度分量。这个速度分量减小原来的前桥侧偏角或进一步减速；同时在后桥上，由于在后桥上已建立起横向速度，才开始建立侧向力。在后桥上原来的侧向力方向与汽车重心位置、横摆和侧倾的惯性半径、轴距和前后桥滚动中心高度有关（图7.2）。

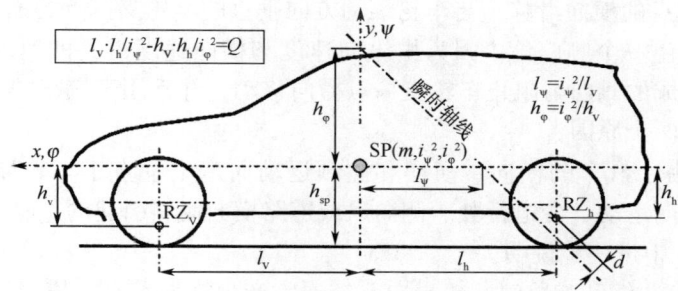

图7.2　在转向角快速度变化时汽车结构对汽车的第一反应的影响。瞬时轴线相对后桥滚轮中心位置：

在滚动中心前：$Q > 1$

在滚动中心上：$Q = 1$

在滚动中心后：$Q < 1$

侧向力的原来方向主要决定汽车的转向性能，之后，由于建立起航向角和横摆速度，才形成侧倾角和轮胎侧向力，正如在固定的弯道行驶时很容易推导出来的那样。

车轮的转向运动除由驾驶人操纵外，还由于结构措施和前束的变化引起。转向角的变化是由于下列情况而产生的：

1）由于悬架的垂直运动，部分是由于车轮导向系统的运动学，部分是由于悬架系统的弹性力和阻尼力而改变车轮导向系统上的力，并由此产生弹性变形。

2）由于纵向力、横向力以及轮胎的回位力矩造成车轮导向系统的弹性运动学特性。

3）由于转向系的弹性变形。

4）由于主动转向系统（见7.4.6.1段）。

为调整所需的行驶稳定性程度，改善在不稳定行驶方式时的转向角、横摆速度和横向加速度之间的相位，优化在载荷变化时车道保持和在变道行驶时的制动性能，可以有针对性地采用上面所说的转向角的一些可能变化。

常规的被动底盘可采用简单的"机械控制"，它可自动校准前后车轮的转向运动。为改善汽车的转向性能和稳定性能，要设计不少后桥，以在变道行驶时建立转向角。该转向角通过后桥的侧偏角提高后桥的侧向力梯度；同时在前桥考虑相反作用，即降低前桥的侧向力梯度。

被动的机械控制的缺点是派生的转向角分量与悬架的弹性跳动和作用力是非常简单的关系。此外，为描述汽车瞬态行驶动力学状态，这些参数不是最佳的状态参数。如这里没有区分是否是由驾驶人施加在轮胎上的侧向力引起汽车方向改变，或是否只是一个干扰力使汽车方向改变。因此，一些日本汽车生产厂家在后桥上个别使用主动控制系统，以利用后轮的计算机控制转向，帮助建立侧向力。在批量生产汽车上采用同样的控制系统（如宝马的主动转向[6]）。在前桥上的这些控制系统可以智能地输入驾驶人的指令和优化驾驶人/汽车/道路这个控制系统的性能。

在前桥和后桥计算机辅助转向时与在飞机上的"线控飞行"（fly by wire）类似，是可以识别的。为此，如果借助于控制系统的操作机构和车轮间的连接损坏时，则常用"线控转向"（steer by wire）。

（2）车轮支撑点的横向滑移　与车轮滚动方向垂直的车轮支撑点的横向滑移（见7.4.1小节定义）同样产生一个侧偏角，因为由纵向速度和横向速度得到的速度矢量与车轮的滚动方向不一致。合成的侧向力阻止车轮支撑点横向移动，并常用于汽车的车道控制。车轮支撑点的横向移动有两个原因：

1）所有车桥由于汽车的横向、横摆和侧倾运动而产生垂直于车轮原来的滚动方向运动，这可能是如转向运动、变道行驶、侧向风或道路横向倾斜引起的。有关这方面的相互关系在（1）和（3）中进一步说明。

2）车轮支撑点收缩和弹跳时车轮导向系统通常产生横向移动。横向运动和垂直运动之比由滚动中心高度决定。这时各个车轮的悬架特性、相连的转向轴和刚性轴是不同的。在弯道行驶时滚动中心高度不仅用以提高侧倾力矩（与悬架系统的弹性和阻尼无关），而且可以改善转向性能。缺点是如果横向移动是由路面不平引起的，就会产生运动条件的车轮支撑点的横向移动。因为在横向方向会产生轮胎的干扰力，它影响汽车的直线行驶和方向保持。

（3）汽车在设定车道上的稳定性　侧偏角和与它相连的轮胎侧向力是在外力作用下汽车偏离没有受到干扰的路面情况下形成的。这些外力包括如侧向风、道路侧向倾斜和不平，再加上前后桥上侧向力的比值受到干扰，如驾驶人施加在汽车上的纵向加速度。如果从简化的、稳定的汽车起振状态开始，由于干扰，就会产生汽车的横向、侧倾和横摆的运动分量，从而改变车轮侧偏角。在正确计算底盘的行驶动力学时，在车轮上产生力的变化。该力的变化引起只与原来车道偏离很小的起振的新的行驶状态。汽车与原来车道偏离的程度（大小）是衡量汽车横向动力学的干扰灵敏度的尺度。

横向动力学的干扰灵敏度随汽车速度增加而增加，即更灵敏。其原因是：

1）轮胎侧向力与侧偏角有关。假设侧向干扰力相同，则行驶速度增长一倍，意味着横向速度增长一倍。

2）横摆阻尼与行驶速度近似地成反比。

3）在相同的侧向风速度下，侧向气动力和横摆力矩随行驶速度成比例增长。

4）升力与行驶速度成二次方关系。

主动转向系统提供了高的潜能，可以调整或减小设定值的偏差。但其前提是要足够快地识别偏差和控制系统的快速响应，以避免驾驶人做出反应。目前可供使用的传感技术和行驶状态识别尚不足以保证这点。

2. 纵向动力学：在汽车纵向方向的底盘上的各种力

在汽车纵向方向主要是将路面的驱动力和制动力传递到车身上。在转向时，在汽车纵向方向的转向轮同样作用着轮胎侧向力的分力，在大的转向角时这个侧向力分力不能忽略。

驱动力和制动力的首要任务是要控制汽车的纵向动力学，即要控制汽车的加速度和速度。由于纵向加速度与汽车重心高度的作用产生轴载的动态变化，从而激励汽车产生提升运动和纵倾运动。在弯道行驶时，由于汽车左、右的不同起振状态，一般也影响侧倾角，并改变前后桥间的侧倾力矩支撑。

纵向动力学和垂直方向动力学的耦合与汽车重心位置、轴距和车轮导向系统运动学（驱动力支撑角和制动力支撑角，见7.4.1小节）有关。纵倾刚度、提升刚度和阻尼是汽车稳定性的参数，在使用刚性驱动桥时，还要附加注意作用在车身上作为侧倾力矩的万向节轴力矩。

下述的物理关系通过纵向动力学影响到横向动力学：

由于汽车的加速度或减速度，轴载的动态变化引起前桥和后桥上法向力的瞬时变化。由于在很宽的范围轮胎侧向力随法向力成近似的线性关系，使前桥和后桥之间的侧向力分配发生显著变化。在减速时造成指向弯道内的过度转向力矩；在加速时造成指向弯道外的不足转向力矩。

前束变化由于切向力的变化（前束的弹性运动变化）直接引起前束变化和由于车轮起振状态的变化（前束运动学改变）间接引起前束变化而产生侧向力分力。这些侧向力分力影响汽车行驶性能（见7.4.1小节和7.4.2小节）。所说的前束变化可以在载荷变化或弯道制动时校准汽车行驶性能。

驱动和制动会引起左、右车轮之间的切向力差异，它直接形成绕汽车垂直轴的一个力矩。一般要使切向力差异尽量小。这通过合理设计制动器和在驱动桥上采用差速器实现。在制动和驱动滑转控制系统中，有时需要在合成的纵向力值和由于不对称而产生的横摆力矩值之间取得折中。

也可利用不同的切向力产生横摆力矩。在差速器闭锁时，按行驶状态闭锁可产生不同的效果。在较小的横向加速度和小的弯道半径时可得到直线行驶的反转横摆力矩，它与由于轴载的转移而增加不足转向的倾向重叠。为避免这种行驶状态下出现不足转向，需要限制或控制差速器的闭锁作用。在用发动机制动力矩减速时闭锁力矩有助于补偿由于轴载动态转移引起的过度转向力矩。

在较高的汽车行驶速度和横向加速度时，横向闭锁的工作原理变化。无论是在加速还是用发动机制动减速，由于弯道内外车轮轮载不同，在弯道外边的车轮都会出现较高的圆周力。由于加速度作用，与先前相比，这时汽车出现过度转向；但在松开加速踏板时，还是保持了不足转向的趋势。为充分利用这时的不足转向效果，它对轴载变化的性能有好处，在一些汽车上更多地选择差速器在滑移工作状态，而不是在驱动状态的闭锁作用。

为控制车轮滑转，附加实现汽车稳定性控制，在使用具有闭锁力矩可控的差速器时可利用前面所说的工作原理。当可控闭锁差速器在较高车速时只能在驱动或减速时达到动态行驶效果，可借助于专门的车桥减速器，也可用没有驱动力矩或倒拖力矩产生"摆进去"（顺摆）或"摆出来"（逆摆）的横摆力矩，或在车桥上通过相反的切向力抑制汽车横摆[7,8]。这时发动机功率通过专门的车桥减速器有选择地从左车轮传到右车轮或反之。

在制动闭环控制中采用不对称控制，即有针对性地制动进行干预而与驾驶人无关，以稳定汽车在临界范围的行驶[9]。在临界范围以外，还可利用不对称的制动力分配改善汽车在弯道制动时的行驶性能（见7.2节）。

在各个车轮可以单独分配制动力的制动系中，可以优先利用横摆力矩对制动时出现的、由于制动力不对称引起的车道偏移进行校准。

在制动时可以通过后桥与前桥之间的制动力分配来减弱一个桥对另一个桥的侧向引导能力，并以这种方式产生绕垂直轴的力矩，实现轮胎侧向力随切向力而变。在用发动机驱动力矩加速或发动机倒拖力矩减速时可以类似地降低侧向引导能力。因此，在全轮驱动时，在前、后桥上的驱动力分配会影响汽车行驶性能。但这种影响，在通常的制动滑转和驱动滑转范围内是很小的，并被轴载变化的影响淹没。这时，在一个车桥上可传递的最大的力的范围内有目的地分配制动力和全轮驱动时有目的地分配驱动力就非常重要[7,8]。在优化横向动力学时，车轮的瞬时载荷和可提供的附着系数是重要的影响参数（图7.3）

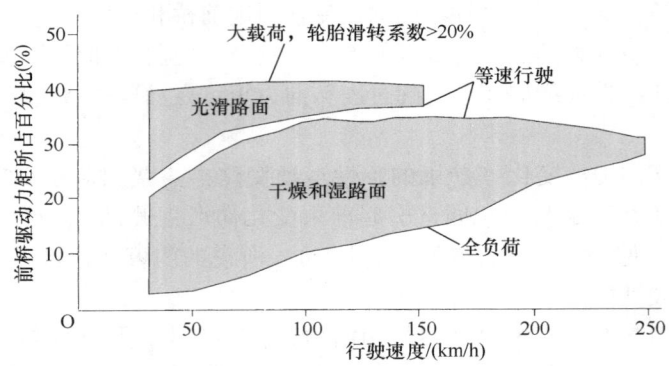

图7.3 保时捷卡雷拉4[10]汽车驱动力分配随行驶速度的变化

3. 垂直方向动力学：在汽车高度方向的底盘上的各种力

由悬架系统弹性力、阻尼力和由轮胎横向力和纵向力的垂直方向作用力得到作用在底盘和车身之间的各种力。轮胎法向力与悬架系统弹性力、稳定器力和阻尼力的合成力的差别在于悬架系统非簧载质量的惯性力。垂直方向动力学的任务是支撑车轮上的车身质量，保持汽车相对路面的提升运动、侧倾运动和纵倾运动在很窄的极限范围以内，或在主动控制系统中至少要消除侧倾运动。侧倾是一个重要的、但并不被希望存在的自由度，它严重影响汽车横向动力学。允许车身有一个弹性行程，但要与路面的不平度隔离，以尽可能少地妨碍传递纵向力和侧向力。垂直方向动力学系统的另一个任务是使车轮动态载荷波动足够小。车轮载荷波动的最大值出现在悬架系统非簧载质量和车身模型的谐振频率范围。当车轮载荷波动在悬架的非簧载质量的谐振范围切向力和侧向力的潜力降低时，则低频的车轮载荷波动可能激励汽车横摆/横向振动。主动悬架系统可减少车身运动，至少可减小低频的车轮载荷波动，但对油耗和排放有影响。

由于轮胎侧向力与车轮载荷成递减关系，所以从中等横向加速度起，可用前、后桥之间的侧倾刚度分配调整不足转向倾向的程度。这时由车桥提供的侧倾力矩不仅取决于侧倾角，而且取决于汽车的提升运动和纵倾运动。这样，为调整弯道行驶和改善在载荷变化与制动时的行驶性能，就有一个很有效的方法（即调整前、后桥间的侧倾刚度分配）。

正如前面所说，除作用在车轮导向系统的弹性和阻尼力外，还有在车身和悬架系统非簧载质量上作用着轮胎侧向力和切向力的垂直反作用力。这些力是由制动力、驱动力和侧向力合成得到的。而侧向力的支撑角可由车轮支撑点的纵向运动和横向运动与垂直方向运动的运动学耦合得到。为减小侧倾角和纵倾角，可以利用这些效果。在快速操纵汽车时，与在整个悬架系统的刚度范围内的稳定性相比，汽车的稳定性特别好，其侧倾和纵倾加速度与侧倾和纵倾的速度很小。这样就可很好地改善汽车的转向和过分的侧倾振动。这时应这样设计车桥的运动学，以防止像在弯道行驶时的碰靠、在制动和驱动时的压痕以及严重地妨碍直线行驶等不希望发生的情况。

对舒适性、车轮地面附着力之间的目标冲突，以及与动态行驶相适应的车辆载荷分配和比汽车在不稳定行驶操纵时建议的汽车与路面耦合的更好方法和更缓慢的路面激励，用常规的全被动悬架系统的措施只能有条件地解决。困难在于汽车重量和轴载分配由于经常过多装载而波动[4]。水平控制、系统参数状态匹配的半主动底盘和主要是悬架系统的弹性和阻尼的闭环主动控制提供了减小这些目标冲突的很大潜力（见7.4.4小节）。

在垂直方向的动力学中，除作用着作为外力和外力矩的重力和轮胎法向力外，还有气动升力、气动纵倾力矩和侧倾力矩。气动升力和气动纵倾力矩见3.2小节。气动升力的大小和分布（特别是在高速行驶时）对汽车横向动力学性能有重要影响，因为气动升力改变轮胎法向力、车桥的参数、前束、侧向力和纵向力支撑角以及悬架弹性力。在弯道行驶时，汽车航向角影响汽车的斜向气流，从而产生侧向气动力和过度转向的气动力矩。为补偿汽车向内转动的力矩，通常选择汽车后部的升力系数比前部的升力系数小。

7.1.4 基本的目标冲突

在优化汽车行驶性能时遇到多个目标冲突。目标冲突的参数不但可以用所选底盘品质的说明书，而且可用汽车总方案表述：

1）为实现良好的汽车转向性能和弯道行驶性能，根据汽车上的大量组装件，需将汽车微转向运动作为车轮起振、轮胎侧向力和轮胎回位力矩的函数。底盘在不平路面上对直线行驶应产生尽量小的轮胎干扰力和轮胎干扰力矩。因此，在选择汽车方案和组装件时应考虑对底盘和行驶动力学潜力的反作用。

2）弹性运动学的自转向性能随车轮支架连接件的横向刚度的直接变化，在一些桥型中需要高的横向转向杆支架刚度。为隔离车轮/轮胎系统的高频横向振动，车轮引导系统在横向方向的弹性要达到足够的值。为此要优先考虑车桥设计，除了有高的纵向弹性外，在有良好的弹性运动学自转向性能时也要有足够的横向弹性。

3）驱动力和制动力应能直接而不延迟地传递到车身上，即没有因为激振而引起相位差和与振动的耦合效应传递到车身上。这个要求与通过有针对性的纵向弹性和纵向阻尼减轻由于路面引起的冲击的设定目标有冲突。在选择绕横轴有较高旋转刚度的车桥方案和同时对车身有高的车轮支架的纵向弹性时，底盘侧的目标冲突会缓和。在转向轮上纵向弹性和纵向阻尼对激励转向盘的扭振有重要影响。这里，悬架系统的非弹性质量的纵向振动形式（波形）和转向振动形式（波形）的谐振频率位置以及这些振动形式的耦合大小有重要作用。

4) 在设计弹性阻尼系统时，主要任务是要在行驶性能和行驶舒适性之间寻找一个好的、符合汽车特性的折中办法。但由于下列情况而变得困难，即不但要调整车道路面和瞬时行驶速度，而且要调整与驾驶人有关的行驶方式。为在调整弹性阻尼系统时缓和目标冲突，在确定汽车总方案时应考虑重心高度、纵倾惯性半径、侧倾惯性半径以及轴距和轮距。这里，半主动和主动控制系统具有很大的潜力，未来将更加倾心于这方面的研究。

根据这里列举的目标冲突实例可见，车身必须实现综合性的各种任务。在该例中还特别考虑人们的主观感觉的评价。底盘应实现不太复杂、重量轻、结构空间小、成本低等多项要求，尽可能不影响环境状况（环境兼容），在整个寿命期内具有相同的功能品质。

在这些综合性的任务设置中，行驶动力学闭环控制系统（图 7.4）不但可缓和前面所说的功能目标的冲突，而且对实现汽车动力学的新的品质做出重要贡献。这时需要在被动的车轮机械引导系统和优化的闭环控制性能之间进行任务分配。鉴于日益尖锐的全球排放和能源状况，只要主动闭环控制系统比被动的车轮机械引导系统有更大的优势，主动闭环控制系统就是可以期待的和可以工程化的。

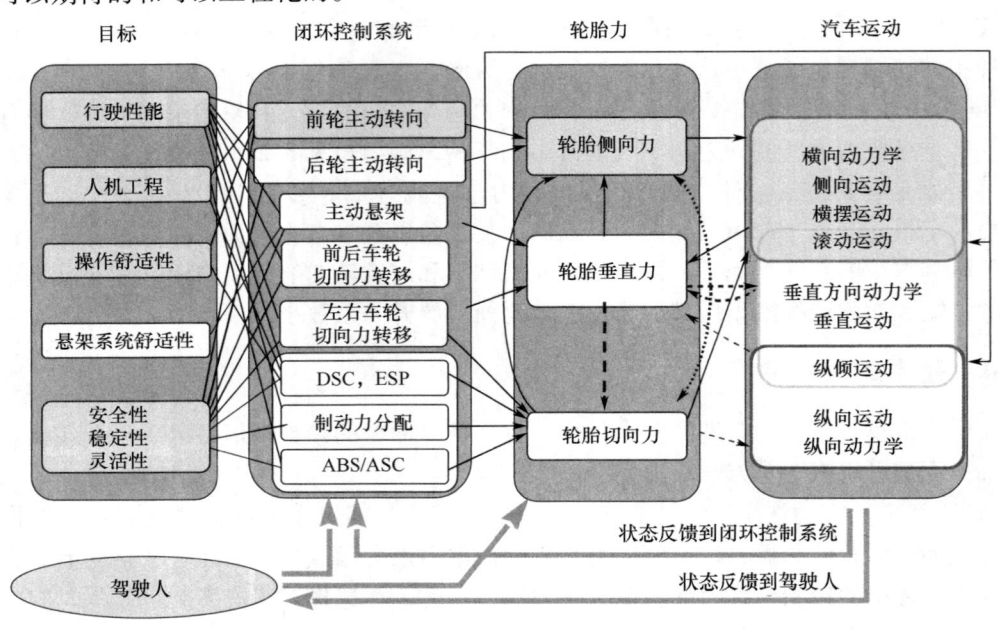

图 7.4 动态行驶闭环控制系统的相互关系[11]

7.1.5 前景

在底盘开发领域通过采用底盘控制系统不断地、显著地提高了功能，直接和间接地改善了汽车行驶性能[11]。行驶动力学控制系统数量的不断增多，设计底盘上的各种控制系统时，至少应使它们不会相互干扰，尽可能形成功能的协同。为此需要将各个控制系统组合成一个"集成的底盘管理系统（Integrated Chassis Management，ICM）"[12]。ICM 必须有连到动力装置管理系统和驾驶人辅助系统的接口，以转换它们的请求，这与驾驶人的请求类似。行驶动力学控制系统与驾驶人辅助系统地耦合可明显地扩展行驶动力学控制系统的功能，因为它可提供有关汽车路面的信息和其他交通参与者的信息，以进一步优化行驶动力学控制系统的功能。

功能集成的必要性是可在一个电控单元中进一步汇集行驶动力学控制方案或在同一网络中的多个电控单元中分配各种行驶动力学控制功能。在这两种专门的解决方案中需要将各功能组合起来。

在硬件结构和软件的功能结构之间有一个相关的关系。为建立一个控制功能集成平台，必须通晓综合性、方案的多样性和安全性的一些台阶。这些台阶包括：

1) 有优化的、针对功能集成的控制系统组合部件，以为产品专有的功能部件实现快速和尽量好的配置。

2) 在需要的那些地方的安全性方案、功能冗余和"无声故障（failsilent）"法与"性能的缓慢衰退（gracefull degradation）"结合起来并包括其他系统的重构。

3) 对可标量功能范围的功能管理和系统配置管理与数量、类型和与汽车个性无关的行驶动力学、汽车导向系统、执行器和传感器系统的可支配状况无关。

4) 带标准接口的支持上面要求的开式系统结构。

5) 在技术上和责任方面明确定义接口时，建立与供货商的新的业务（企业）模式和任务。因为接口的标准化和开式的系统结构是扩展行驶动力学的前提。未来，扩展行驶动力学控制系统也离不开汽车生产厂家与供货商的合作。这里可看到 AUTOSTAR 项目方面的共同努力的成果（见 8.1 节）。

7.2 制动系

7.2.1 前言

制动系属于重大的安全系统。在汽车的所有行驶状况，汽车乘员和其他的交通参与者的安全性取决于汽车功能的精准。在最近几年，汽车制动系的初始功能，根据驾驶人的意愿将在任何行驶速度下的汽车制动住，已扩展了很多电子控制功能。不断增加对现代汽车的舒适性要求和与这些要求相关的汽车重量增加以及汽车目前可达到的行驶速度引起了对现代汽车制动系制动功率的进一步要求。

制动系统发展到当前状况的一些重要阶段：

1) 至 1925 年，机械操纵的鼓式制动器。

2) 1925 年，液压操纵的鼓式制动器。

3) 1950 年，采用真空辅助制动助力器。

4) 约 1957 年，作为固定制动钳的分摩擦制动衬片的液压盘式制动器。

5) 1965 年，单通道防抱死制动系统（ABS）的先驱。

6) 1972 年，负转向轮半径的汽车浮式架制动钳。

7) 1978 年，浮式制动钳接替浮式架制动钳。

8) 1978 年，电控 ABS 系统。

9) 1987 年，驱动防滑转控制（ASR）。

10) 1994 年，电子制动力分配（EBV）。

11) 1995 年，电子稳定性程序（ESP）。

12) 1996年，制动辅助（BAS）。

13) 2001年，电液制动器（EHB）。

14) 2002年，制动能量回收的汽车。

本手册所介绍的制动系首先限于液压操纵的摩擦式制动器，正如当前在乘用车和轻型载货车上主要使用的，可能也会用于未来的汽车上。在最近几年市场上出现的混合动力汽车（内燃机与电机组合）或纯电动汽车对制动系统提出了新的和部分扩展的要求。这里推荐Vieweg制动技术手册[14]作为重要参考文献。

7.2.2 制动系统设计

常规汽车制动系的基本设计主要由下列参数决定：

1) 对汽车和制动系的功率要求。
2) 空车重量和允许的总重。
3) 在前、后桥上空车和装载的载荷分配。
4) 最大车速和最大加速度。
5) 轴距。
6) 汽车重心位置和装载后的重心位置。
7) 可供使用的车轮/轮辋尺寸。
8) 轮胎结构型式。
9) 制动系的辅助能量供给（如真空制动助力器的能量来自内燃机的进气管真空）。

制动回路布置：分开的制动回路布置可提高制动系零部件失效的安全性。车辆在所保持功用的制动回路作用下（单个回路失效）必须仍能达到制动法规要求。

汽车轴载分配和重心位置不同，制动回路布置也不同。最常用的制动回路（见DIN 74000）是前/后桥制动回路布置，即"黑/白（S/W）布置"：汽车前轮和后轮总是与分开的制动回路相连。主要的考虑是：

1) 在制动回路失效时不会出现（制动器）斜拉汽车。
2) 可以分阶段使用串联制动主缸（前后桥的不同外传动比）。
3) 在高的前桥车轮制动器热负荷时（如出现蒸发冒烟）仍保持后桥的制动作用（如在形成气泡时）。

对角线制动回路布置（X布置）：对角线制动回路布置就是汽车前后对角线上的车轮制动器相连。这时，在前桥车轮上一个制动回路失效时总是可以利用前桥的具有较大制动力份额的另一个车轮。由于左、右制动力分配的不对称，所以在一个制动回路失效时会出现（制动器）斜拉汽车。这可通过相应的车桥设计，如通过负的主销偏距予以补偿。对角线制动回路布置主要用于较高前桥载荷的汽车上。

1. 物理基础

汽车运动的变化（转向、加速、制动）是由各种力的作用引起的。改变汽车运动的（驾驶人可以影响汽车运动）所有力无一例外都是通过轮胎和路面间的摩擦联系在一起的（图7.5）。轮胎与路面间的最大摩擦力取决于车轮上的法向力、车轮载荷等。而车轮上的法向力是由汽车重力和气动升力（上升力）和气动压力（下降力）引起的。在不稳定行驶状态，在这些静态力上还有动态力：由于汽车重心位置变化引起的轴载转移（如在加速、制动或变道行驶时）或路面不平产生车轮动态载荷，这些动态力要叠加在静态力上。随着行驶中车轮载荷的波动，也改变了传递到路面上的力。

图 7.5　作用在汽车上的力和力矩
1—车轮载荷　2—制动力　3—驱动力　4—侧向引导力　5—制动/驱动力矩
6—横摆力矩　7—绕横轴的俯仰力矩　8—绕高轴（垂直轴）的横摆力矩

当前汽车制动系设计主要要求是比法规要求的更大的制动能力。通过有限的轮胎和路面之间的附着系数使制动力传递在物理边界内。考虑到轮胎和路面之间的附着系数 μ、重力加速度 g、汽车质量 m、气动升力/气动压力 F_{aero}、固有（本征）减速力 F_{EV}（空气阻力、摩擦）、桥（轴）距 l、汽车重心离地高度 h_S、后桥离重心距离（水平方向）l_H 就可估计汽车可能的最大减速度：

$$\ddot{x}_{max} = \mu g + \frac{\mu F_{aero}}{m} + \frac{F_{EV}}{m}$$

由于桥载动态转移，可传递的前桥制动力近似公式为：

$$F_{max,V} = \mu \cdot \left(G \frac{l_H}{l} + F_{aero,V} + m \ddot{x}_{max} \frac{h_S}{l} \right)$$

这样就可设计总是能达到的制动力。

在车轮上的制动力由操纵力（制动踏板上的脚踏力）加上制动助力器的辅助力产生（图 7.6）。在串联主缸中操纵力转换为液压力。可以建立下面的近似方程式。液压制动压力 p 可从驾驶人的脚踏力 F_{Fahrer}、踏板传动比 i_{Pedal}、制动助力因数 V、主缸面积 A_{HZ} 和操纵效率 $\eta_{Betätigung}$ 算出：

$$p = \frac{F}{A} = \frac{F_{Fahrer} \cdot i_{Pedal} \cdot V}{A_{HZ}} \cdot \eta_{Betätigung}$$

液压制动压力作用在车轮制动缸上。它夹紧车轮制动器摩擦面，因而在车轮上产生一个

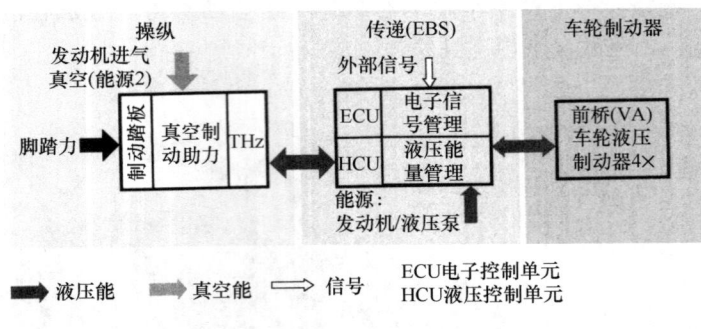

图 7.6 液压制动系与电子闭环控制

制动力矩。作为制动力的该制动力矩通过轮胎传递到路面上。在车轮上的制动力 F_B 可从液压制动压力 p、车轮制动缸面积 A_{RBZ}、制动轮缸效率 η_{BRZ}、内部传动比 C^*、有效摩擦半径 r_{Wirk}、轮胎动态滚动半径 R_{roll} 算出:

$$F_B = p \cdot A_{RBZ} \cdot \eta_{RBZ} \cdot C^* \cdot \frac{r_{Wirk}}{R_{roll}}$$

内部传动比 C^* 是制动器的特征值。它描述了在制动器摩擦衬片上的切向力 F_{Umfang}/摩擦力与车轮制动缸上的夹紧力 F_{Spann} 之比:

$$C^* = \frac{F_{Umfang}}{F_{Spann}}$$

车轮制动缸上的夹紧力 F_{Spann} 和制动踏板上的操纵力(脚踏力) $F_{Betätigung}$ 之比作为外部传动比 $i_ä$。在考虑效率时,外部传动比也可表示为踏板行程 S_{Pedal} 与在 n 个制动器上的夹紧行程 S_{Spann} (包括损失行程)之比:

$$i_ä = \frac{F_{Spann}}{F_{Betätigung}} = \eta_{Betätigung} \cdot \frac{S_{Pedal}}{n \cdot S_{Spann}}$$

组合上面的方程式可得到(经大量简化和限定的有效范围内):车轮制动力是驾驶人脚踏力的函数。车轮制动力与机械操纵机构、液压装置和车轮机械制动器三个子系统的性能有关:

$$F_B = \underbrace{i_{pedal} \cdot V \cdot \eta_{Betätigung}}_{\text{机械操纵机构}} \cdot \underbrace{\frac{A_{RBZ}}{A_{HZ}} \cdot \eta_{RBZ}}_{\text{液压装置}} \cdot \underbrace{C^* \cdot \frac{r_{Wirk}}{R_{roll}}}_{\text{车轮机械制动器}} \cdot F_{Fahrer}$$

式中, A_{HZ} 为制动主缸面积; η_{RBZ} 为制动轮缸效率。其他的符号含义同前。

作为旋转质量的车轮具有惯性力矩。在车轮滑转闭环控制制动时特别要考虑车轮在转速变化时的惯性能力。

在制动系和行驶稳定性系统中除观察汽车纵向动力学外,横向动力学效应也起着重要作用(见图 7.5)。绕汽车垂直轴的转动力矩称为横摆力矩。横摆力矩或者由驾驶人(如转向)或者受外部影响(如侧向风、在汽车左右两侧由于路面的不同附着系数而产生不同的驱动力和制动力)而出现。在弯道行驶时,侧向引导力抵抗汽车离心力,并保持汽车在车道内。在轮胎-路面摩擦副过负荷(超过它们的物理边界)时,车轮的侧向引导力不足以补偿横摆力矩,即失去力(力矩)的平衡,汽车甩出。这时,行驶稳定性系统通过有目的的制动干预可帮助驾驶人使汽车保持在可控的物理边界范围内（见7.2.5.5 小段）。

2. 制动力分配

制动力分配的目标是在制动状态、在匀质路面实现中性或稳定的行驶性能。理想状态是力图在每次减速行驶时在所有车轮上通过同时利用所提供的轮胎和路面之间的附着系数达到汽车的稳定行驶性能。

可传递到路面上的制动力与行驶时车轮实际支撑力和轮胎性能有关。制动汽车引起与减速度有关的车轮支撑力的变化。这时前桥载荷增加，后桥载荷减少（桥载动态转移）。

在汽车装载状况和每一个减速可得到与车桥有关的最佳制动力，即"理想的制动力分配"。由汽车的几何尺寸数据和桥载分配就可确定理想的制动力分配。制动力分配图清晰表明行驶路面附着系数、动态桥载分配和汽车减速度之间的关系。设计制动系的基本原则是使设定的制动力分配尽量接近理想制动力分配。

在设计制动系时通常要用一些无因次参数，如制动的无因次参数 z 为汽车减速度 b 与地球重力加速度 g 之比：

$$z = \frac{b}{g}$$

此外，还有无因次参数 ψ，它是汽车在纵向方向的重心位置 l_v 与轴距 l 之比；无因次参数 χ，它是汽车在垂直方向的重心位置 h_S 与轴距之比（见图7.7）。这样，与汽车重力 G 有关的前桥和后桥的理想制动力（F_{BV} 和 F_{BH}）为：

$$\frac{F_{BV}}{G} = (1 - \psi + z \cdot \chi) \cdot z$$

$$\frac{F_{BH}}{G} = (\psi - z \cdot \chi) \cdot z$$

借助这两个方程式可推导出理想制动力分配（理想的后桥制动力是前桥制动力的函数）。理想的前、后桥制动力分配（图7.8）是一个非线性函数（根函数加上线性部分）：

$$\frac{F_{BH}}{G} = \sqrt{\frac{(1-\psi)^2}{4X^2} + \frac{1}{X}\frac{F_{BV}}{G}}$$

$$- \frac{1-\psi}{2X} - \frac{F_{BV}}{G}$$

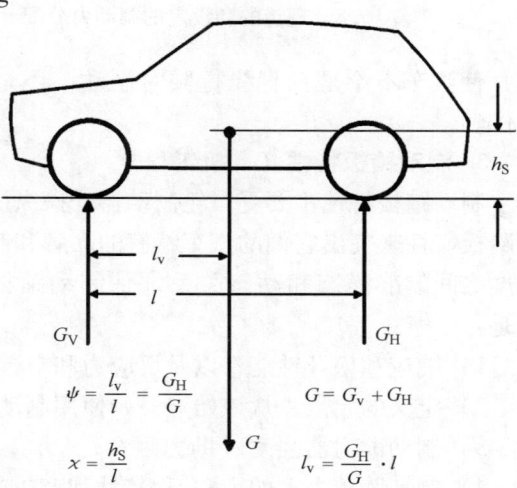

图7.7 汽车重心位置原理简图

$\psi = \dfrac{l_v}{l} = \dfrac{G_H}{G}$ $G = G_V + G_H$

$\chi = \dfrac{h_S}{l}$ $l_v = \dfrac{G_H}{G} \cdot l$

如前所述，理想制动力分配是由汽车数据（桥载、汽车重心高度等）计算得到。与行驶状况有关的轮胎-路面-附着系线特性线一起，理想制动力分配限制在汽车动态行驶的稳定制动范围（实例中不稳定制动范围标以灰白色）。实际设定的制动力分配是由前、后桥设定的液压车轮制动器部件得到，在所有的汽车装载状况，这样的制动力分配在整个的轮胎和路面之间的附着系数范围和减速度范围内，前、后车桥不能同时制动到抱死边界。为此，如带有电子制动力分配（BKV）的ABS，在需要时通过闭环控制干预（相当于与设定的BKV 匹

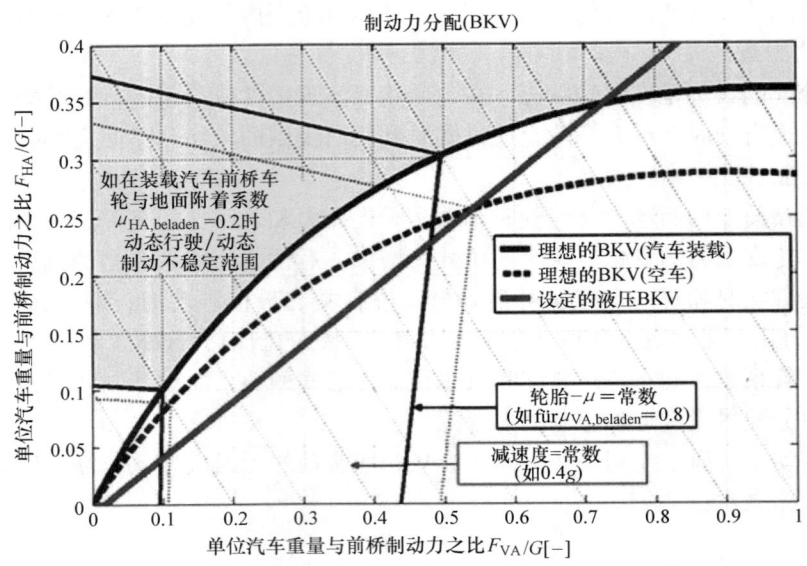

图 7.8 理想的和设定的制动力分配（无因次表示单位汽车重量与制动力之比）

配）使汽车不论是在直线行驶时制动，还是在弯道行驶时制动都能在稳定的工作范围内工作。

3. 制动踏板特性（人机工程）

制动踏板特性主要受车轮制动器、操纵机构和制动踏板盒的影响。汽车生产厂家利用制动踏板特性来突出它们的汽车特有的品牌和制动模式。根据制动踏板行程、踏板力和汽车减速度之间的准静态和动态关系评估制动踏板主观感觉。这时制动踏板特性的重要判断参数是：

1) 响应和松开性能，以及反应力和空行程。
2) 定义的始点，从该始点开始使用制动助力器或提升可感觉到的汽车减速度。
3) 制动助力器强度（助力因素）。
4) 制动踏板力上的力/行程特性和产生的汽车减速度。
5) 控制精度和滞后性能（包括汽车减速度反馈）。
6) 达到的控制点（在给予辅助力时，如真空，制动助力器的最大工作能力）。
7) ABS 闭环干预导致的制动踏板反作用。
8) 在控制器衰减时踏板行程增加和踏板力增大。

在评价制动踏板特性时，不同的减速强度之间应该有差异，因为如在停车场调车时其他评价参数比在紧急制动时的判断参数更重要。另外，制动踏板力特性/行程特性非线性，驾驶人在小的减速度时利用制动踏板行程控制所希望的汽车减速度，而在大减速度时则通过制动踏板力控制所希望的汽车减速度。在主观评价时同样要考虑一些汽车生产厂家预先设定的有关"最佳制动踏板感觉"有多大的不同[16]。

改进制动踏板感觉评价的设计措施常与对制动系统的其他要求相矛盾。希望制动系统能马上反应，即要求制动钳气隙很小，这与尽可能小的制动钳剩余力矩（为优化燃料消耗）是矛盾的。所以，传统的液压制动系统的制动踏板特性常常是技术要求和触觉要求的折中。

在设计制动系统时，还在制动系统开发早期阶段就利用仿真计算对制动踏板力特性/行程特性预测，以保证汽车生产厂家对预先规定的承诺。这样，如在提供方案阶段，为优化制动系统就可对它的各个部件（组件）提出具体的、有针对性的要求。按此方式，还在制动系统开发过程很早期间就为往后良好的主观评价建立基础。图7.9是制动踏板特性的统计表示。它由Monte Carlo仿真计算得到。这种方法考虑了构件公差分布和工作参数的散布，从而可在往后的批量生产汽车中预测制动系统主要功能的散布（变动）情况。

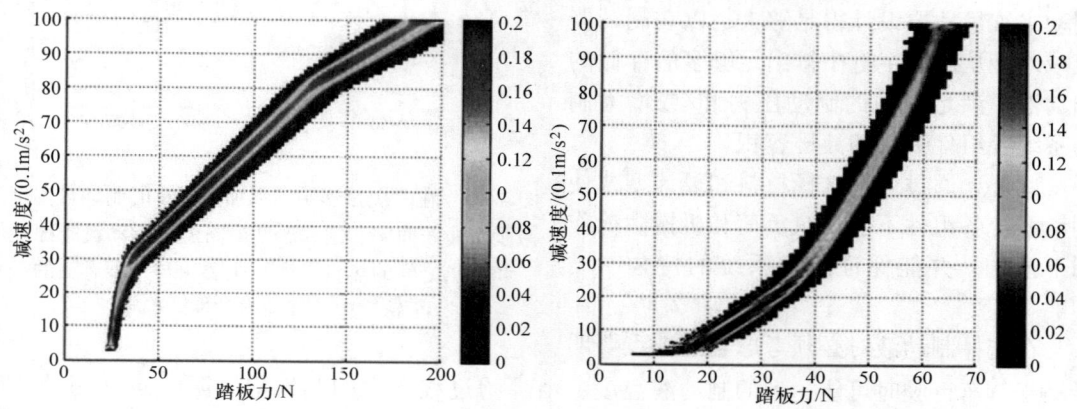

图7.9 利用统计Monte Carlo仿真计算得到的乘用车减速度随踏板力或踏板行程的变化示例，包括散布范围（色调标量化相对频度）

4. 确定热参数

在制动时汽车动能通过摩擦转换为热能，并在制动盘/制动鼓中存储，最后通过热辐射和热对流传到周围环境。这时在车轮罩中的空气动力学以及在制动盘/制动鼓和制动摩擦衬片的空气环流条件起着决定性作用。

制动器由于热负荷过高而使制动功率下降的现象就是所谓的制动器"衰减"。其原因是在制动器高温时制动盘/制动鼓和摩擦衬片之间的摩擦系数下降（与摩擦衬片有关）。其后果是为达到所需的汽车减速度，首先必须增加制动钳上的夹紧力并因此增加液压力；此外，由于制动器温度增高会引起制动器传力路径中构件的刚度和压缩性的不利的变化。所有这些将导致吸收的液压容积增大，最后不可避免的是制动踏板力增高和制动踏板行程加大。在最坏的情况，制动踏板力增高到一般驾驶人难以驾驭的程度，或液压弹性增大到几乎耗尽存储在主制动缸中的制动液。这时还可达到的汽车减速度突然下降。为此，在制动系开发时需要在试验台上和在整车上进行众多的制动情况试验（如汽车最高行驶速度时全制动、汽车多次加速与制动、汽车从山区驶出而没有采用发动机制动等）。

为预防设计方面的衰减影响，转换的汽车功能的储热质量（制动盘/制动鼓）要足够大。为减少在多次制动时制动盘连续的温度激励（图7.10），还必须利用有效的车轮罩造型和轮辋造型以提供多的冷却空气和良好的制动盘绕流气体（使传热系数最大）。为此，制动盘应尽可能不受阻碍地通过热辐射散热。在散热困难时，高质量的摩擦衬片要能保证它的摩擦性能。实际上，上面所述的防衰减措施常与其他的一些要求是对立的（如构件成本、封装要求、结构空间约束、行驶气动阻力优化）。

与盘式制动器相比，鼓式制动器承受热负荷差，因为它是封闭结构，冷却条件差，同时在热状况下构件变形使摩擦系数或内部传动比 C^* 波动。

由于液压作用，液压制动系统所有组件都在细微增大使吸收的液压容积增大，所以制动主缸尺寸要设计得足够大，以在制动器衰减时能从制动主缸中排出足够多的存储的制动液，满足较高的制动压力和/或增大制动系统各组件吸收的液压容积。

此外，通过合理选择材料和设计型式使制动系统各组件不会在热负荷和机械载荷作用下损伤，并能保证制动系统的持久制动功能。

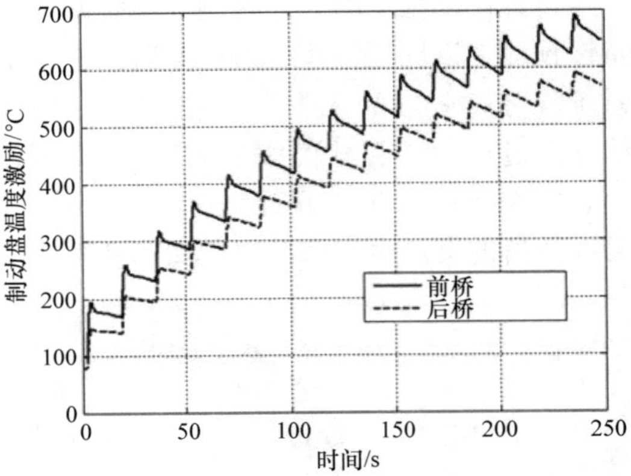

在选择制动液时必须考虑它的沸点要明显高于汽车行驶时可能达到的制动液温度：由沸腾过程产生的蒸气泡会阻止建立制动液压力，使制动作用突然失效。制动液工作时的吸湿性会使其从周围空气中吸收水分。带入制动液中的水会逐渐降低制动液沸点（湿沸点），为此规定制动液要定期更换。

图 7.10　在多次猛烈制动和加速汽车时制动盘温度激励。曲线曲率、饱和温度最高值（制动盘摩擦能和散热之间的热量平衡）主要由与车型有关的车轮罩中的气动力学性能确定

5. 再生制动系统设计

传统制动系统车轮制动器通过液压和制动装置直接与作用链中的制动踏板相连。在混合动力汽车和电动汽车上，再生制动系统的任务则是断开机械/液压作用链，以由电机的发电机方式产生的力矩替代摩擦制动力矩，这样至少可回收部分汽车动能，以使之后回收的汽车动能作为汽车的驱动能量而利用。

由于优化制动能量回收度和制动踏板特性与汽车减速度性能的不可预先性，不能将变化的发电机制动力矩简单地加到常规的摩擦制动力矩上。

最经常使用的制动过程是在汽车低速和小减速度行驶状况（见图 7.11）。同样，标准燃料消耗循环（如新欧洲行驶循环 NEDC，New European Driving Cycle）大都以这些行驶状况的组合为依据。为此，其制动目标应尽量由发电机制动（即没有常规的摩擦制动干预）满足汽车在这些行驶状况时的制动。

发电机最大制动力矩随转速增加而急剧下降（见图 7.12）。按所希望的回收功率或发电机制动力矩大小可选用不同功率等级的电机。适用于乘用车的发电机制动力矩（功率）目前还不能满足现代汽车在整个减速度范围内的使用。为此，在混合动力汽车和电动汽车上还不能放弃使用常规的摩擦式制动器。根据发电机制动力矩和摩擦制动力矩的力矩混合（Torque-Blending）和它们间尽可能平稳混合的要求，在市场有各种这类的机电力矩平台（见 7.2.6 小节，再生制动器）。在机电力矩平台开发中，由于上面所说的制动踏板解耦（脱开），这时绝不能放弃考虑周全的制动力保险方案（fail-safe-konzept）。此外，还必须调整制动能量回收策略，特别是发电机制动力矩几乎都作用在后桥车轮的汽车上时，以及考虑汽车行驶稳定性。

第 7 章 底　盘

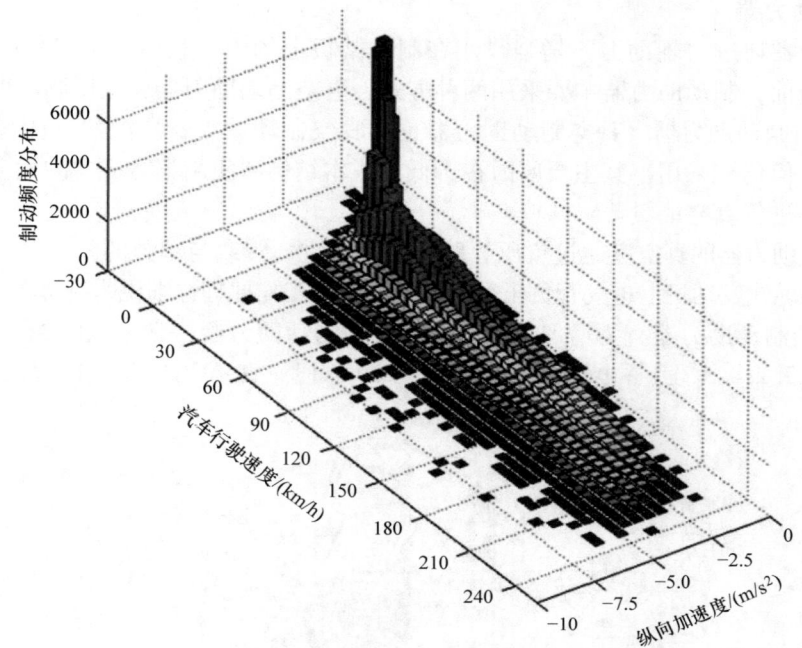

图 7.11　测量的一般驾驶人制动频度分布是汽车行驶速度和中等减速度的函数

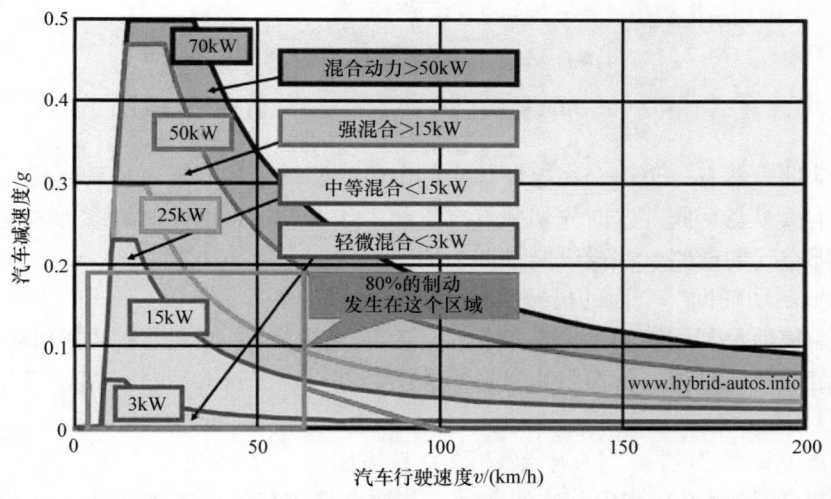

图 7.12　作为汽车行驶速度和设定的发电机功率函数的电机使汽车减速的潜力示例

7.2.3　制动系部件

对制动系部件的耐用性、在各种使用环境下的工作可靠性、NVH（噪声、振动、平顺性）和抗失效等提出了高的要求。

1. 制动踏板

制动踏板主要是驾驶人和制动系统间的接口。通过制动踏板特性（踏板力、行程和减速度之间的功能关系）可以实现制动和制动状态的反馈。

2. 制动助力器

制动助力器通过"辅助力"增强作用在制动踏板上的力。它增强了操作的舒适性和行驶安全性。当前，制动助力器主要采用两种方式：真空制动助力器和液压制动助力器。

（1）真空制动助力器　真空制动助力器也称真空制动放大器。虽然它的尺寸比液压制动助力器大，但仍被采用。其主要原因在于低的成本结构和使用不需成本的大多使用自然吸气式发动机的进气真空能量。

真空制动助力器的真空室通过负压管路与发动机进气管或与单独的真空泵（如在柴油机上或在直喷点燃式发动机上进气管负压很小时）相连。工作原理详细说明见参考文献［14］。

（2）主动制动助力器　为增加功能，采用主动制动助力器，它可以电控（见图 7.13），并用于 ESP（7.2.4.5 段）、电子制动辅助（7.2.4.6 段）和 ACC（7.2.4.7 段）上。

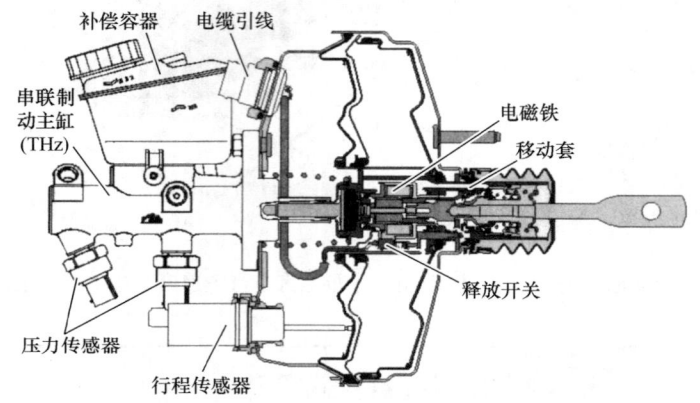

图 7.13　串联制动主缸结构的电控主动制动助力器

主动制动助力器有一个组合在控制体中的电磁铁驱动结构。通过移动套可以借助电控电磁铁驱动机构操纵盘形阀。这时先切断真空室和工作室的连接通路。继续加大电流可以开启工作室与外部空气的通路，并操纵制动助力器。

（3）机械制动辅助　全面的机械制动辅助的介绍见 7.2.5 小节。

机械制动辅助是利用制动助力器的惯性，在快速操纵制动踏板（紧急制动）时导致盘形阀超过规定的开启行程，从而阻止盘形阀关闭，并一直保持开启状态到脚踏力再次少许下降时（图 7.14）。

（4）液压制动助力器　与真空制动助力器相比，液压制动助力器的优势在能量密度（这样就有较高的控制点）和安装空间方面，其缺点是较高的成本和在液压制动助力器中存在的"迟钝（不灵敏）的感觉"（不能快速充入制动液）。液压制动助力器多用于重型乘用车（如特种装甲防护汽车），它要求在制动踏板特性方面有大的助力。

3. 真空泵

在配置点燃式发动机的汽车上，在进气行程可用的真空能量是制动助力器的廉价能源。在喷射发动机上（柴油机和汽油直接喷射发动机）则需要真空泵。这些真空泵大多为叶片式泵，通过发动机曲轴机械驱动或电子驱动。

电动真空泵　电动真空泵（EVP）能满足汽车上所有的真空需要，它们应用在多种场合：

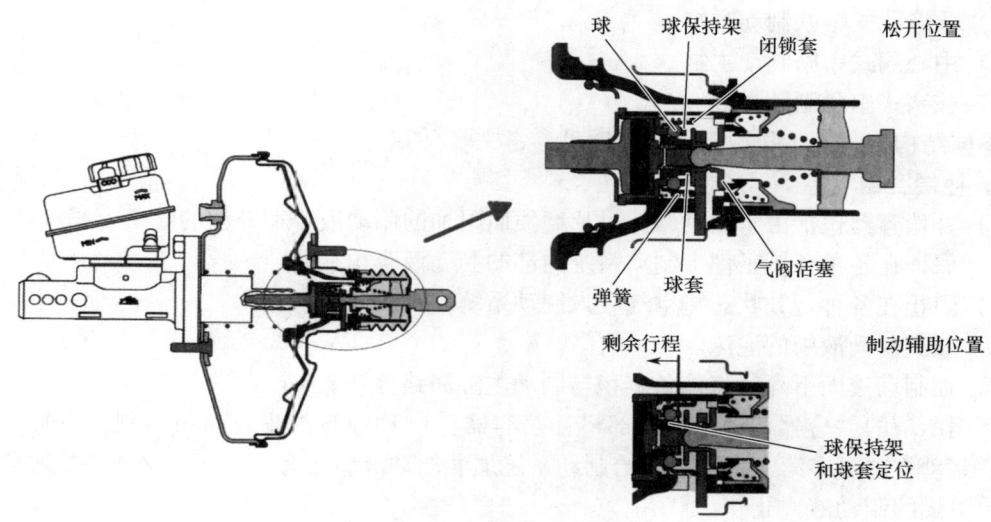

图 7.14　机械制动辅助

1）混合动力汽车和电动汽车上。
2）柴油机汽车上。
3）优化进气损失的内燃机上。

带膜片泵的 EVP（图 7.15）的性能和优点为：

1）高效的真空源，可"按需真空"。
2）坚固、耐用，有两个冗余的柱塞室。
3）低摩擦产生真空。
4）机械效率高、发散量小。
5）寿命高。
6）对置式柱塞布置，噪声低，振动小。
7）由制动器电控单元控制，或由电动真空泵电控单元自主控制。

4.（串联）制动主缸

串联制动主缸的任务是将制动助力器的输出力转换为制动液的液压。

图 7.15　电动真空泵

根据法规要求，制动系统要有双回路。简单的制动主缸只用在赛车制动系统的特殊场合。

当前常用的串联制动主缸（THz）是将两个串联制动主缸组合在一个体中。它可在制动系统中建立和卸去制动液的压力。在制动系统容积变化时，如温度变化或制动摩擦衬片磨损时，通过补偿孔和补偿容器补偿容积的变化。

活塞是一次制动回路（也称压杆回路）室和二次制动回路（也称浮式回路）室的边界。如果一个回路失效（如泄漏），则由踏板行程增大而可感觉到，因为在另一个完好的制动回路建立制动液压力前这时的活塞会向前移动，直至挡块。按结构型式，串联制动主缸有：

1）放液孔式串联制动主缸。
2）中心阀式串联制动主缸。
3）柱塞式串联制动主缸。
不同结构型式的工作原理详细说明见参考文献 [14]。

5. 补偿容器

1）补偿容器包括由于制动摩擦衬片磨损而附加的制动液容积补偿的储备容积。
2）保证在各种环境条件下制动系统内部的制动液容积补偿。
3）阻止在各种行驶状态将空气吸入制动系统。
4）减少制动液中的泡沫。
5）在制动液面下降时将储备容积与制动主缸回路分开。

利用所谓的"容器塞子"从上部将补偿容器（制动液）"按入"串联制动主缸。加强的串联制动主缸可在第一次用高压给制动系统加灌制动液。还有，在发生交通事故时要确保不流出可燃的制动液。此外：

1）补偿容器还可用作液压操纵离合器的容积储存器和 ESP 制动液预充泵的容积储存器，以及必要时储存制动液，这是为充灌液压储能罐所需要的。
2）为确保在制动踏板松开位置制动系统中没有制动液压力，补偿容器内部空间通过容器螺纹连接件与大气相通。

制动液面应从外面可见，因为补偿容器是由透明材料制成的。这样在液面低于"Min"（最低）标记时可看出制动液损失。另外还要通过补偿容器液面报警装置，在仪表板的制动液面报警灯上显示。

6. 制动液

在制动系统的液压部分，制动液是串联制动主缸、（必要时）液压控制部件和车轮制动器之间的能量传输介质。制动液的其他任务是润滑密封件、活塞和阀等运动件和防止腐蚀。

在温度低于 -40℃ 时制动液仍有良好的流动性（黏度），以实现好的制动响应、制动踏板松开性能和好的制动电子闭环控制功能。制动液的沸点温度应高，这样即使在高的制动系统热负荷时不会出现蒸气泡。蒸气泡的可压缩性会由于串联制动主缸的有限的排出容积而无法在制动系统中建立起足够的制动液压力。制动液可分乙二醇和硅两种制动液。

（1）乙二醇制动液 聚乙二醇和聚乙二醇—乙醚醛的乙二醇制动液是吸湿性的（亲水性的），它吸收水并与水化合。所以要避免未溶解的、残留的水（即游离的水）渗入，并在沸腾时形成蒸汽泡。众多的国际标准（如 DOT3、DOT4、DOT5.1）要求对按规定浓缩处理水的制动液有尽可能高的"湿沸点温度"。为在工作时保证制动液中足够少的含水量，需要定期更换制动液。

（2）硅制动液 按 DOT5 标准，硅制动液是基于不溶于水的（厌水的）硅油。但硅油可吸收微量的水，所以还可能存在非溶性（游离）的水，并蒸发形成蒸汽并腐蚀零部件。硅制动液的抗压缩性、吸水性和抗吸气量比乙二醇制动液差。硅制动液的性能特别稳定，在汽车生产厂家明确同意后可以使用。它主要用于多年存放的汽车上（如军用汽车）。

当前，制动液一般可二次利用，其基本前提是要按品种收集、净化和化学处理。

7. 制动管路和制动软管

为连接制动系统的各液压部件，采用耐高压的制动管路、制动软管和钢丝加强的软管（柔性管路）。主要要求是耐压、抗机械载荷、低的容积变化、耐化学品（如耐机油、燃油、盐水）和对热的不敏感性。

（1）制动管路　是非运动连接点之间的液体连接件。它由双缠绕的、硬钎焊钢管组成。为防止环境影响，在制动管路表面涂锌，并装有塑料覆盖层。

（2）制动软管　位于固定件到运动件、有很大动态应力件（如转向节或制动钳）的过渡处。制动软管保证完美地（即便在严酷的条件下）将制动液压力传到制动器。制动软管由内部软管、作为承压体的双层编织物和为防止承压体免受外部影响的外部橡胶层组成。

（3）钢丝加强软管（柔性管路）　与制动软管相似，安装在固定件与动态应力件的过渡处。钢丝加强软管由带不锈钢丝编织物的聚四氟乙烯（氟树脂）管作为承压体和必要时还有作为保护层的热塑性合成橡胶组成。这样就有一定的柔性，它只用于与很小运动的零件连接，如用于制动钳上，以补偿制动摩擦衬片磨损。柔性管路可阻尼物体噪声传播，因此可改善抗噪声的舒适性，如安装在串联制动主缸和液压部件之间。

8. 制动力分配装置

在制动时，动态轴载分配引起后轮载荷减小。这样后轮只能传递一部分的制动力；而前桥和前轮的动态载荷和可以传递的前轮制动力则以相同的值增加。为此，要实现较短的制动距离，重要的是要充分利用后轮制动力份额，而不会出现后轮早于前轮抱死。对这项法规要求，首先要考虑后轮制动器的尺寸要小。由于理想制动力的非线性分配特性线，光这样一个措施通常还是不够的，所以要采用"制动力分配装置"（图7.16）。自20世纪90年代起，制动力分配装置不断地被电子制动力分配（EBV，elektronische Bremskraftverteilung）替代（见7.2.5.2段）。

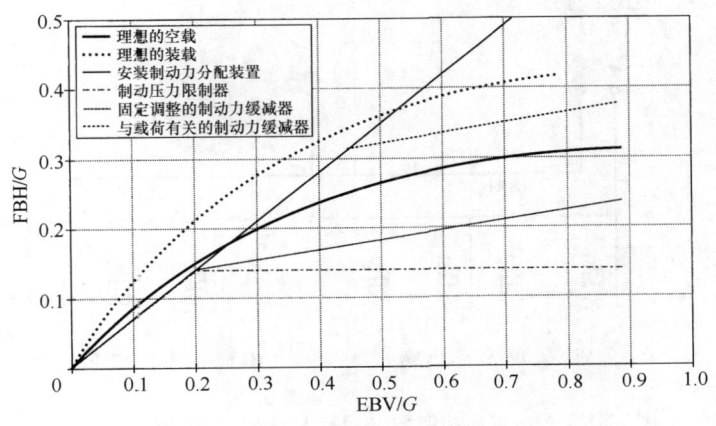

图7.16　制动力分配装置特性线

电子制动力分配有三种结构型式：

（1）制动（压）力限制器　将车轮制动器出口侧的制动液压力限制在设计时确定的断开压力。

（2）与制动压力有关的（固定调整的）制动力缓减器　用在轴载只有很小变化的汽车上。这种被称为制动力调整的缓减器有一个固定调整的转换点。从这个转换点开始，可用一个与前桥（前轮）制动力成固定比值的制动力调整后桥（轮）制动力。

（3）与载荷有关的制动力缓减器（图 7.17） 主要用在轴载有很大变化（由于大的装载变化）的汽车上。同样，在高汽车重心、短轴距和由此受减速度影响很大的轴载分配的小型汽车上需要采用与载荷有关的制动力缓减器。这时，由于汽车的弹性振动引起弹力的增加而提高了转换点。

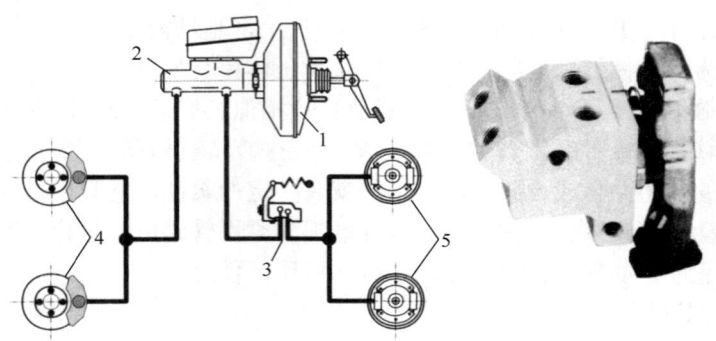

图 7.17 与载荷有关的压力限制器
1—真空制动助力器 2—带补偿容器的串联制动主缸 3—制动力调节器
4—前桥车轮制动器 5—后桥车轮制动器

9. 液压/电子控制单元（HECU）

图 7.18 是 ABS 液压控制图与 ASR 附加功能。

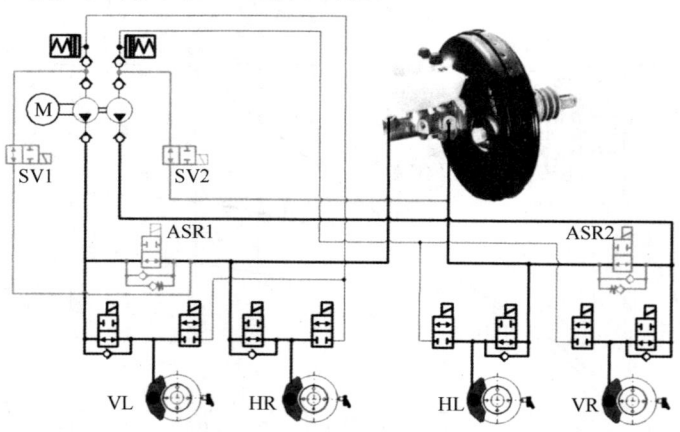

图 7.18 ABS 液压控制图（黑）与 ASR 附加功能（灰）。
前驱动和对角线制动回路布置的乘用车

当前，ABS/ASR/ESP 制动系统的液压/电子控制单元（如 Continental MK100，图 7.19）是由带电磁阀的中心液压模块、带凸缘连接电动机的组合泵［液压控制单元（HCU）］、线圈支架［包括其中的电控单元（ECU）］组成的。在线圈支架上有"磁插头"。

通过两个液压管路将液压/电子控制单元与串联制动主缸（THZ）的制动回路相连。制动管路从液压控制单元（HCU）到车轮制动器。

（1）阀 所有的进液、排液电磁阀都集中在液压体中。这些阀可以调整车轮制动。每个制动控制回路配置一个带并联单向阀的出液阀和一个排液阀。从图 7.20 可见，进液阀为常开阀（无电流时开启 SO），排液阀为常闭阀（无电流时关闭 SG）。

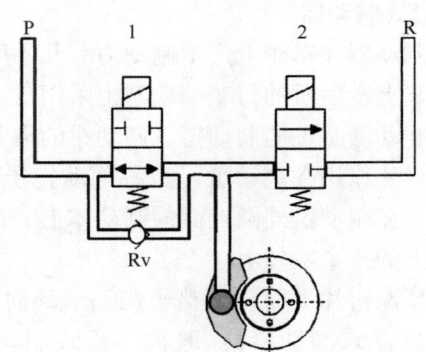

图 7.19　ESP 系统
1—带法兰的电动机　2—液压模块
3—线圈支架和电子装置

图 7.20　ABS 控制系统阀门配置
1—进液阀（SO）　2—排液阀（SG）
P—至操纵机构的接头　R—回液
Rv—单向阀

（2）泵　在 ABS 电子闭环控制时，由车轮制动器中排出的制动液储存到低压储存室中间。组合在液压控制单元（HCU）中的双回路柱塞泵将低压储存室的制动液输回到串联制动主缸的制动回路。在 ABR 或 ESP 电子闭环控制过程中，驾驶人没有操纵制动踏板，泵单元可以在建立制动液压力阶段提供必要的制动液。

（3）制动控制系统的电子控制单元　由传感器检测的信号（车轮转速、横摆率、转向盘角度等），电控单元（ECU）可按综合性的逻辑控制对制动干预和发动机干预的执行机构进行控制。干预的目标是按汽车的当时行驶状况对车轮进行最佳的滑转控制。电控单元的其他重要任务是输入、输出电信号的电平匹配和转换，电子控制系统的安全性监控和故障诊断。电控单元采用微处理器系统。输入参数如：

1）传感器信号（车轮转速、ABS 泵电动机转速、转向盘角度、横摆率等）。
2）开关信号（如制动灯开关）。
3）内燃机信息，用于发动机管理的控制系统。
4）工作电压。

输出参数如：

1）开关信号［电磁阀、液压控制单元（HCU）的 ABS 泵电动机、报警和功能灯等］。
2）内燃机倒拖力矩和驱动力矩的匹配信号。
3）重要安全性部件的监控信号。
4）故障状况信息。

在逻辑控制中实现的结构也可称为自适应的电控单元，即通过连续搜索的方法可以使控制系统的工作点与最佳的受控系统匹配。逻辑控制包括：

1）与汽车无关的基本算法。
2）有效地调整各参数，使算法与各车型匹配。
3）开发汽车生产厂家的或车型的专门逻辑控制准则。

算法用 C 语言编写，且分成很多模块（程序块）。这样可实现与软件快速匹配，典型的、综合性软件的可维护性以及不同模块（程序块）的可组合性，如 ABS、ASR 和横摆力矩闭环控制（GMR）。

10. 盘式制动器

盘式制动器在车轮上产生制动力。几乎所有的乘用车前轮制动器都采用盘式制动器。在当今的汽车上，后桥的行车制动器也采用盘式制动器。

盘式制动器是轴向制动器，制动钳的夹紧力通过液压缸轴向地作用在制动摩擦衬片上。制动摩擦衬片作用在制动盘（也称制动转子）两侧的摩擦面上。制动活塞和摩擦衬片固定在钳状的、在制动盘外圆上面的制动体上。在制动盘转动方向上将制动摩擦衬片支撑在固定在车桥臂上的一个零件上。

制动摩擦衬片平面只是整个制动盘环面的一部分（部分盘式制动器）。通常"盘式制动器"概念只是部分盘式制动器。全盘式制动器（即整个的制动盘与环形的制动摩擦衬片接触）在乘用车上不常用。盘式制动器可分固定钳、浮动架钳和浮动钳盘式制动器。固定钳盘式制动器包括制动盘两侧的制动活塞（图7.23）。浮动架盘式制动器和浮动钳盘式制动器只在制动盘一侧，它们可推移地支撑（图7.24、图7.25）。

盘式制动器特征值 C^* 随制动摩擦衬片的摩擦系数增加而线性增大（图7.21）。

盘式制动器的其他特征是：

1）高的热负荷能力。

2）对制动摩擦衬片的摩擦系数波动敏感性很小。

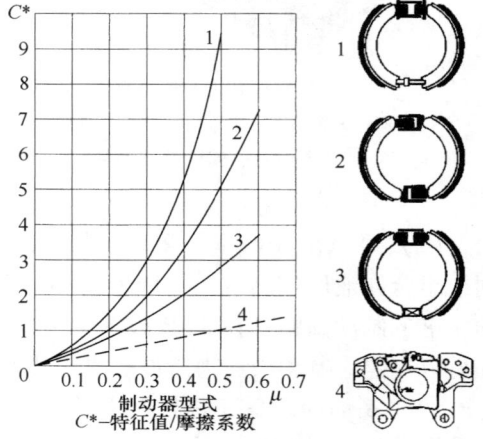

图7.21　制动器特征值

1—双向伺服鼓式制动器　2—双领蹄鼓式制动器
3—单作用式鼓式制动器　4—盘式制动器

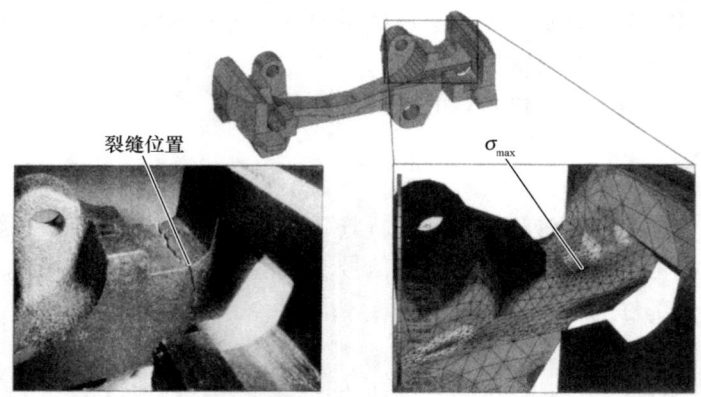

图7.22　零件仿真计算的应力分布

3）稳定的响应（可再现性）。

4）制动摩擦衬片磨损均匀。

5）调整简单（自操作）。

6）制动摩擦衬片更换简单。

活塞在制动钳中的密封是通过在成型的钳体槽中的矩形断面密封环实现的。在制动后

第7章 底　盘

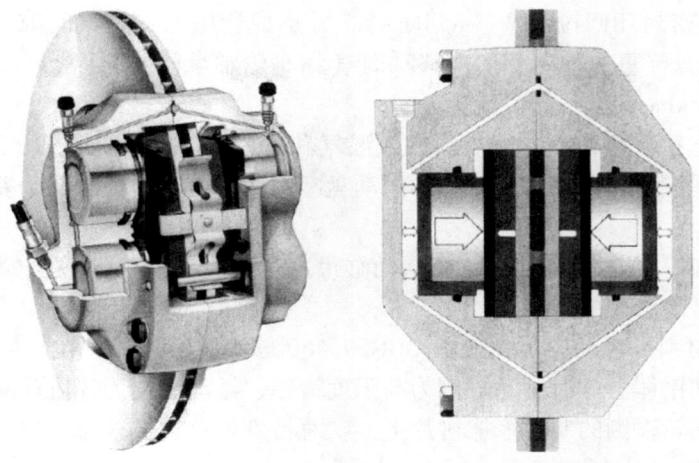

图 7.23　固定钳

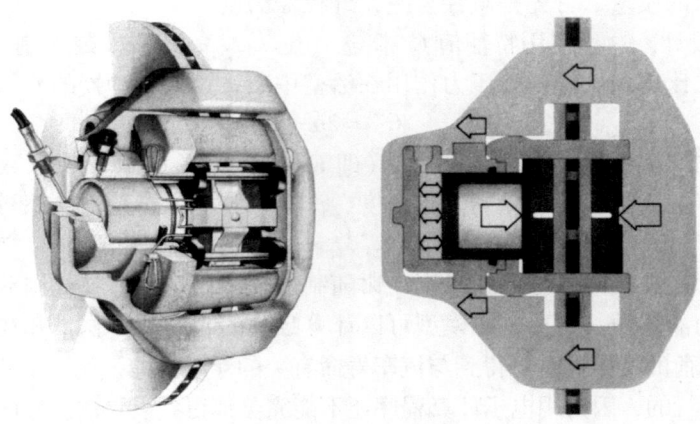

图 7.24　浮动架钳

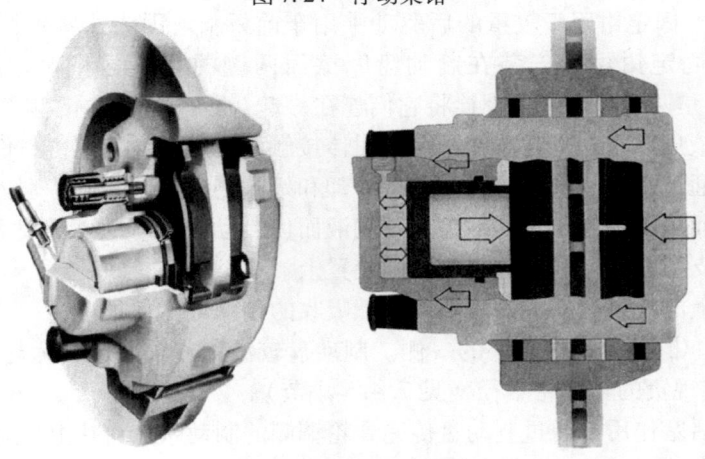

图 7.25　TEVES FN 结构的浮动钳

（松开制动踏板）密封环回拉活塞（rollback），并形成所谓的"抽气间隙"（很小的残余制动力矩）。在制动盘严重的轴向变形或移动时（如车轮轴承间隙），密封件的几何形状可再次拉出活塞（knockback）。

保护罩可防止在活塞和钳体筒范围渗入湿气和脏污物。它为波纹管式（皮老虎式）结构，因为它还要适应由于制动摩擦衬片和制动盘摩擦而产生的磨损以及公差使活塞行程发生变化。

为制动系放气（如在车间）时，在制动缸最高位置上装有一个放气螺钉，以除去制动液和制动系统中可能渗入的空气。

(1) 制动钳材料 浮动钳体一般由 GGG50~60 球墨铸铁铸成。在对低重量要求时可使用螺钉连接的浮动钳体。这时制动缸侧为高强度铸铝，浮动钳体为优质球墨铸铁。浮动钳体通过制动盘作用在轮辋侧的制动摩擦衬片上。在对特别低重量要求时，整个制动钳的一部分采用铝（见图 7.26，浮动架钳）。

制动活塞由灰铸铁、钢、铝合金和塑料等不同材料制成。钢活塞一般为深冲和挤压加工。为保证所要求的质量，首先是直径公差，外径需磨削。

(2) 制动钳设计 这里使用特征值 C^* 概念（见 7.2.3.13 段，鼓式制动器）。它由活塞摩擦力与挤压力之比得到。假设挤压力作用在活塞中心，盘式制动器的 C^* 为

$$C^* = 2\mu$$

盘式制动器的摩擦系数 $\mu = 0.35 \sim 0.50$（即 $C^* = 0.7 \sim 1.0$），摩擦系数定义为制动摩擦衬片的平均制动摩擦系数。其值随制动盘温度、汽车行驶速度、制动摩擦衬片面压力等因素波动。

制动钳的刚度定义是间接地用通过制动钳随制动缸中制动压力吸收制动液的能力来表示的，即吸收的制动液体积。利用 3 维模型可以计算吸收的制动液体积，并在试验中验证。

利用周期性载荷的液压冲击可得到与汽车寿命有关的浮动钳体强度。试验是在精确定义参数的实际情况下进行的，因为用电子计算程序还不能完美地得到设计的各影响因素及其量级。

目前，利用 FEM 计算工具可得到零件的应力分布，见图 7.22。

(3) 固定钳 固定钳用于较重的后驱动乘用车前桥上。因为这些乘用车给前桥提供足够的安装空间。固定钳可从安装在制动盘摩擦面两侧的制动缸和固定的钳体特点看出（图 7.23）。钳体是两个半体，用螺栓将它们连在一起。位于制动盘两侧的活塞通过两个半钳体中的通道孔液压联系在一起。在两个半钳体接触面上的通道孔用密封件密封。在制动盘外圆上面的这些通道孔对热敏感。采用空气冷却和好的制动盘尺寸的特别措施可防止制动液形成蒸气泡，从而可避免由于过多地进入制动液而使制动失效（踏板到达汽车地板）。制动摩擦衬片切向地支撑在活塞侧面的止动导向装置上。

固定钳结构上的优点是在高的刚度前提下吸收的制动液体积很小。

(4) 框架钳 框架钳只在活塞的一侧。制动盘较深地、轴向地放入轮辋腔中（即到轮辋外侧），易于实现负的转向轮半径（见 7.4.5 小节）。

依靠框架将活塞作用力通过制动盘传递到轮辋侧的制动摩擦衬片上。制动缸体固定在框架上。两个制动摩擦衬片将它们的切向制动力直接传到与轮毂或与桥臂螺纹固定的保持架的两个臂上。框架钳的优点是在制动缸中的制动液温度低，这是因为一方面制动液不经过制动盘外圆，另一方面是大的、形成的制动摩擦衬片通风道有利于冷却空气进入。

(5) 浮动钳 浮动钳提供了与框架钳一样的安装优点。其他的优点是：
1) 制动摩擦衬片面积大。
2) 最佳的制动摩擦衬片形状。
3) 重量轻。
4) 结构尺寸小。

大都为单件的浮动钳体可在螺纹固定的保持架或桥臂的两个臂上自由滑动。在轮辋侧的两个保持架臂可与铸造的车桥相连，或如 TEVES FN 原理（图 7.25），通过钩状的端部制动摩擦衬片支架板相连。这种连接方式在制动过程中至少可以部分地拉动制动摩擦衬片（拉、推原理）。在保持架导向装置的轴向摩擦力在制动盘进入侧。浮动钳的这种结构有两个主要的功能优点：一是制动摩擦衬片均匀地紧贴制动盘摩擦表面，这样可达到期望的制动摩擦衬片平行磨损；二是可降低噪声。

1) 浮动钳 FN。通过专门设计的浮动钳（FN型）可达到几乎与在内部作用的制动盘那样的制动盘尺寸，这样就有较大的摩擦半径，并在相同制动压力时产生较大的制动力矩，同时还可保持在最窄的车轮外形处的浮式钳体桥很长且薄，而不会减弱浮动钳的刚度（较少地吸收制动液体积）。

2) 浮动架钳 FNR。在使用浮动架钳（FNR）时可进一步增大制动盘外径，如图 7.26 所示。如在浮动钳中介绍的，浮动架钳体桥同样向外绕过两个保持架和在轮辋侧与中间的钳体坚固地连成单独的一个铸件。

FNR—AL　　　　　FNRG　　　　　FNR

图 7.26　各种浮动架钳

FNR—AL 为铝；FNRG 为复合材料，即保持架为铝，桥和钳为灰铸铁；FNR 为灰铸铁

3) 组合的浮动钳。组合的浮动钳（FNc）是将行车制动器和驻车制动器集中在一个盘式制动钳中。行车和驻车制动器的两个任务利用同一个摩擦副。行车制动器与浮动钳通过金属软套管拉索可以激活驻车制动器。拉索通过杠杆机构转动操纵轴（图 7.27）。

因为特征值 C^* 只符合 $C^* = 2\mu$ 的盘式制动器，驻车制动器必须要在制动活塞上产生更大的力，通过驻车制动杆的桀纵如图 7.33 所示。

与行车的盘式制动器磨损后调整相比（活塞在活塞环作用下向前移动）驻车制动器的调整装置较贵（图 7.27）。

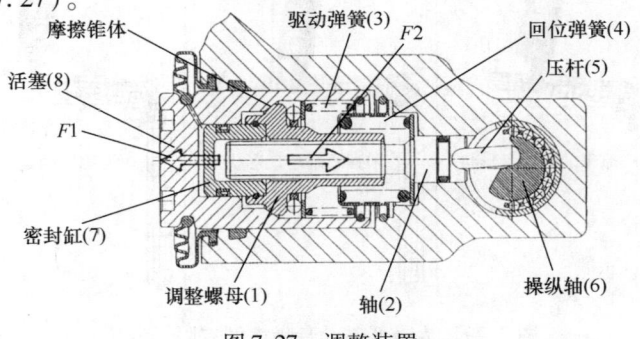

图 7.27　调整装置

在制动时，制动摩擦衬片过大的挤压和钳体变形而出现的磨损可通过减轻钳体载荷或通过活塞环的回位能力而部分地补偿磨损行程，这时仍需要调整。

利用回位弹簧（4）的力可以将轴（2）重新带向压杆（5）处的凹坑。因为回位弹簧力约为驱动弹簧力的3倍，轴（2）带动调整螺母（1）和摩擦锥体开启。通过驱动弹簧调整螺母转动，使摩擦锥体重新闭合，从而实现轴向的长度补偿（调整）。

11. 制动盘

制动时转换的约90%的能量首先进入制动盘，并从制动盘传给外部空气。在制动盘中的温度（如在下山行驶时）可达700℃，达到灼红状态。有一种双制动盘系统的开发方案可实现较高的吸热容量。

（1）实心/通风的制动盘 为达到更好的冷却效果，除采用实心制动盘外，不断采用内部通风的制动盘（图7.28）。

改善冷却和改善制动盘在潮湿时（对水的敏感性）的响应性能的其他措施是用孔式或槽式制动盘。当然要增加一些成本和带来较大的噪声。

为避免目前制动盘的一些缺点，开发了ATE制动盘（ATE Power Disc）。在ATE制动盘的环面加工封闭的环槽。这种多功能环槽的优点是：

1）视觉识别制动盘磨损边界。
2）改进制动盘潮湿时的制动性能。

图7.28 实心的制动盘（左）和内部通风的ATE制动盘（右）

3）不易产生制动衰减。
4）没有制动摩擦衬片和制动盘的磨损痕迹。

（2）噪声 由于制动盘在轮辋轮廓内的安装条件限制，制动盘一个面有一个固定的凸缘（锅状制动盘），制动盘发热时产生噪声，即摩擦面从平面变为锥面。这样，在摩擦环面上由于摩擦衬片摩擦面的各点金相组织不同而在摩擦副之间引起不均匀磨损[31]，其后果是产生摩擦噪声和各种嘈杂声。嘈杂声是转向盘振动、制动踏板脉动等各种低频噪声的组合。通过结构改进措施可将这些噪声限制在限值以内（图7.29）。

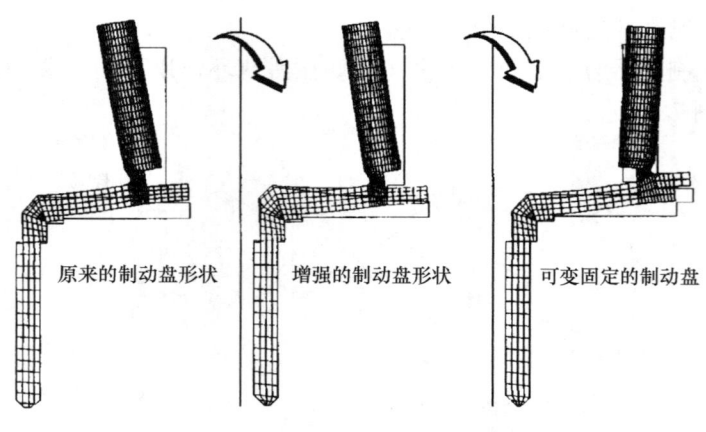

图7.29 为降低制动盘噪声的有限元分析

为达到好的制动品质，对制动盘的制造精度有很高的要求，以保证制动盘凸缘的旋转精度和最好的轴承间隙。

（3）浮动支撑的制动盘　浮动支撑的制动盘由两部分组成。可移动的、完全平面的摩擦面轴向地安装在制动盘里面的刚性轮毂上。其优点是：

1) 没有噪声。

2) 制动热量很少传导到车轮轴承上。

3) 减小空气间隙，因为浮动支撑的制动盘不会将制动摩擦衬片和活塞压回。

浮动支撑的制动盘与固定钳组合使用，主要用于摩托车上。

（4）制动盘材料　常用的制动盘材料为珠光体灰铸铁 GG15~25。添加少许 Cr、Mo 使它具有较高的耐磨性和抗热裂性。高含碳量可提高吸热速度。

碳/碳化硅（C/SIC）制动盘是新开发的制动盘（图 7.30）。它采用碳纤维增强的、含有碳化硅（SIC）点阵的陶瓷。与灰铸铁制动盘相比，C/SIC 制动盘的优点是：

1) 高的耐磨性，寿命可达 300000km。

2) 由于重量节省 2/3，非簧载质量减小。

3) 高的耐热性。

4) 耐腐蚀（这样可消除灰铸铁制动盘的负面的伴生现象，如接触黏附或取消不锈钢的制动摩擦衬片）。

由于 C/SIC 制动盘生产费用高，所以较贵。它是专门为大功率运动车开发的，也可用在高档的特种汽车上。

12. 制动摩擦衬片

制动摩擦衬片是制动器制动效率的重要因数。它的物理和化学性能对制动系统的品质起着至关重要的作用[4,5]。对制动摩擦衬片的要求是：

图 7.30　制动盘

1) 高的摩擦系数 μ。

2) 摩擦系数不变（如在不同的温度、潮湿、盐雾或脏污情况下）。

3) 制动摩擦衬片与摩擦副（制动鼓、制动盘）的磨损小。

4) 噪声低或噪声阻尼高，如对高频的尖叫和低频的嘈杂声。

5) 很小的压缩性。

13. 鼓式制动器

鼓式制动器是径向制动器，它有两个制动蹄。在制动时通过轮缸的液压操纵将制动蹄向外压向制动鼓的摩擦面。在制动结束时，弹簧重新将制动蹄拉向里。这样，在制动鼓摩擦表面与制动摩擦衬片间形成空气间隙。

（1）单作用鼓式制动器　由于成本原因，单作用鼓式制动器（组合有驻车制动器的功能）用于乘用车后桥车轮上。制动力矩受摩擦系数波动的影响较小（$C^* = 2.0~2.3$，图 7.21），所以在左、右车轮上的制动作用是均匀的，使在制动中的汽车行驶性能非常稳定。

在行驶方向的前制动蹄（即初级制动蹄）产生约 65% 的制动力矩；在行驶方向的后部的次级制动蹄只产生约 35% 的制动力矩。因此，为补偿磨损，初级制动摩擦衬片较厚，或者是两个蹄片的切向角选择不一样。切向角是圆周方向的角度。制动摩擦衬片靠切向角与制动鼓接触（图7.31a）。

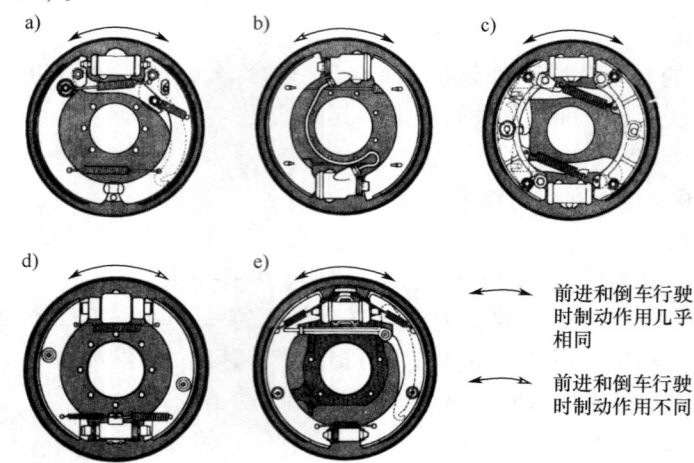

前进和倒车行驶时制动作用几乎相同

前进和倒车行驶时制动作用不同

图7.31　各种鼓式制动器
a) 单作用鼓式制动器　b) 双领蹄鼓式制动器　c) 双向双领蹄鼓式制动器
d) 伺服鼓式制动器　e) 双向伺服鼓式制动器

（2）双领蹄鼓式制动器　双领蹄鼓式制动器的两个蹄是相同的。每个制动蹄支撑在制动器架的自身的固定点上，并通过单作用的盲孔车轮制动器压向制动鼓。两个制动蹄是自增力的初级制动蹄（即领蹄）。制动器特征值为 $C^* = 2.5 \sim 3.5$，变动范围较大，要定量较困难。另外，它与驻车制动器组合较难且较贵，所以这种制动器的实用意义不大（图7.31b）。

（3）双向伺服鼓式制动器　双向伺服鼓式制动器（图7.31e）能产生很高的制动力矩。因为两个制动蹄串联而产生特别有效的自增力作用（$C^* = 3.5 \sim 6.5$）。双向伺服鼓式制动器常用于高有效载荷的汽车，如小到中型载货车上。一般配备磨损自动补偿装置。在调整时通过拉索操纵调整杆，调整杆则通过转动齿轮（棘爪）螺母间接地使一个不能转动的螺杆向外移动。

为传递作用在初级制动蹄上的作用力，通过固定在次级制动蹄上的杠杆和固定压杆可以容易地组合驻车制动器。使用双向鼓式制动器与盘式制动器的组合是非常合适的（drum in hat）。仅机械操纵鼓式制动器就可承担驻车制动器的功能，盘式制动器承担部分的后桥车轮行车制动器的制动任务。这种双向伺服鼓式制动器与盘式制动器组合的优点是可以相互独立地设计最好的驻车制动器和行车制动器用的制动摩擦衬片（图7.32）。

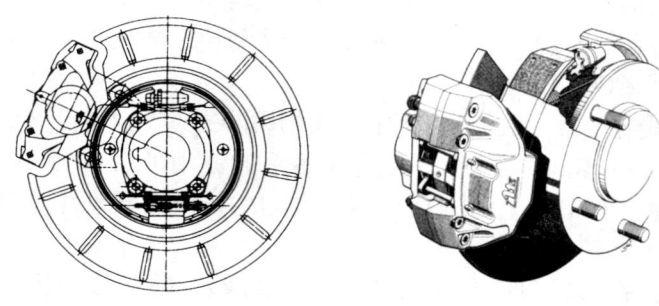

图7.32　盘式制动器和双向伺服鼓式制动器（锅式制动器）

(4) 制动鼓材料　从成本考虑，当前广泛采用灰铸铁制动鼓。在特别的应用场合，采用重量优化，如：

1）用复合铸造将制动鼓制成两组合件。外件为铝合金，内件由于要考虑有效的摩擦副而采用灰铸铁环。

2）将陶瓷或三氧化二铝的点阵（硬质点）浇入铝质制动鼓中。

铝质制动鼓的生产非常苛刻，并且由于较低的热强度，在制动功率方面受到限制。它适用于特别轻型汽车的后桥车轮制动器。

(5) 调整　可利用简单的工具手工调整鼓式制动器制动摩擦衬片磨损。因为现代汽车的保养间隔不断变长，在调整制动摩擦衬片磨损前就要调整不合适的制动踏板行程，所以需要有自动的调整装置。

(6) 机械驻车制动器　利用鼓式制动器很容易实现驻车制动器的功能。通过在鼓式制动器的杠杆上的操纵装置的拉索（软套管拉索）可以传递操纵力。目前几乎所有的制动系统采用操纵杆或脚踏板的机械操纵方式（图7.33），但它将不断地被电动机操纵方式和被电子驻车制动器替代。

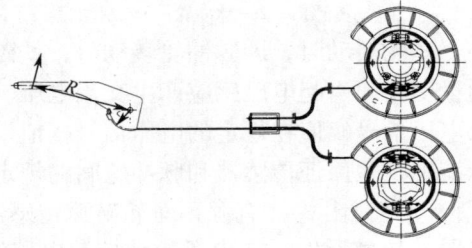

图 7.33　驻车制动器操纵机构

7.2.4　传感器

1. 操纵用行程传感器

行程传感器用于制动辅助。在操纵时行程传感器检测出一个电信号，据此可推算出制动踏板当前的位置和操纵制动踏板的速度。行程传感器是一个线性特性的滑动式电位器。根据滑动式电位器的位置可以向制动辅助电控单元输出要处理的定义的电压（图7.34）。

图 7.34　操纵行程传感器

2. 车轮转速传感器

车轮转速传感器检测当前车轮的转速。固定在桥臂上的传感器和随车轮一起转动的脉冲轮构成一个传感器组件（图7.35）。

在后桥驱动的汽车上，也可用一个传感器检测后桥车轮转速。该传感器安装在差速器的驱动侧，这时传感器信号是两个后车轮转速的算术平均值。

按传感器的安装状况和脉冲轮结构，传感器可轴向或径向安装。这样就有两种传感器的结构型式（有源和无源）。

(1) 感应式（无源）车轮转速传感器　无源车轮转速传感器按电磁感应原理工作。传感器头部（喷塑防水）有永久磁铁、线圈和电线接头（图7.36）。

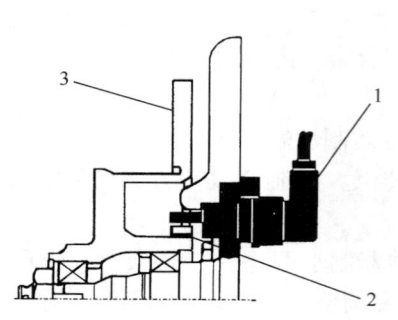

图7.35 径向安装车轮转速传感器
1—传感器 2—脉冲轮 3—制动盘

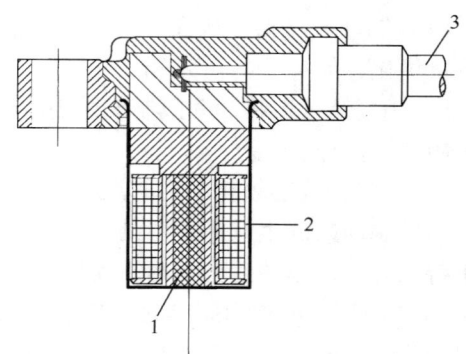

图7.36 感应式车轮转速传感器
1—永久磁铁 2—线圈 3—电线接头

车轮转动时,即脉冲轮转动时,铁磁材料的脉冲轮的各个齿扫过传感器,使传感器的磁通量变化而引起电磁感应产生交流电压(图7.37)。交流电压的频率与车轮转速成正比。如果电压信号幅值在规定的电压信号幅值以内,则要在电控单元中进行处理。为保证信号的电压范围,须保证传感器和脉冲轮间的规定距离。

(2)磁阻式(有源)车轮转速传感器 传感器组件(图7.38)由桥式布置的薄磁阻金属层(传感元件)与电子随动控制电路组合成信号处理电路。传感元件的工作原理是:只要通过这些磁阻金属层的磁场平行移动,磁阻层的电阻就会变化。

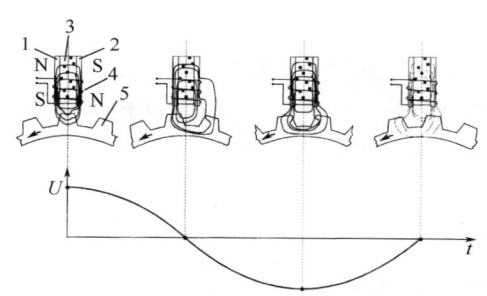

图7.37 感应式车轮转速传感器工作原理
1、2—永久磁铁 3—软铁心 4—线圈 5—脉冲轮
t—时间 U—电压

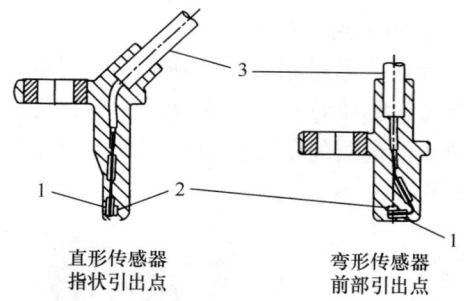

图7.38 磁阻式车轮转速传感器断面
1—传感器 2—支撑磁铁 3—电线连接

有源车轮转速传感器有两种型式。一种是为产生磁场,在传感元件后面放置一个永久磁铁。通过磁铁脉冲轮(即磁铁齿轮)改变基质中的磁场强度。另一种是磁性编码器在传感器前转动。传感器包括传感元件和小的支撑磁铁,在很小的空气间隙时产生的支点磁场阻止传感元件的双倍频率效应。结果是同类的、相互交替的N极区和S极区形成磁性编码器痕迹。两个相互跟随的N极、S极形成一个增量和相应于铁磁脉冲轮中的一个齿。在检测时,电控单元供给传感器电能,传感器产生矩形信号电流。信号电流的频率与车轮转速成正比。与感应式车轮转速传感器相比,磁阻式车轮转速传感器的优点是:

1)灵敏,转速测量范围直至静止状态($v=0$km/h)。
2)改善信号品质(高分辨率的数字信号允许有大的空气间隙)。
3)信号对温度的波动和振动的不敏感性。
4)可减小重量和结构空间。

3. 加速度传感器（纵向和横向）

加速度传感器（图7.39）产生与汽车加速度成比例的电信号。与横摆率传感器一起可提供ESP横摆力矩闭环控制所需的汽车横向动力学状态的信息。加速度传感器由一组微机械弯片（梁）组成。它们在加速度作用下改变位置，并导致与固定的一组弯片组成的电容器的电容发生变化。将电容的变化信号进行处理，并通过CAN总线传输到电控单元。

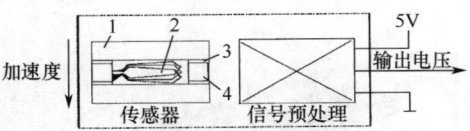

图7.39 （横向）加速度传感器
1—外电极 2—弯片（振动质量）
3—电极的绝缘子和连接件 4—中心电极

4. 横摆率传感器

横摆率传感器检测汽车绕垂直轴（高轴）的转动角速度，即横摆率，从而产生与横摆率成比例的信号，并与横向加速度传感器一起传输给ESP横摆力矩闭环控制所需的汽车行驶状态信息。

两个相互连接的、与汽车垂直轴平行的石英音叉组成传感元件。电子线路激励上部音叉产生正弦状振动。在汽车横摆时与横摆率有关的哥氏力作用在音叉上部，并传递到音叉下部使音叉下部产生正弦状振动，经放大后转换成与横摆率成比例的信号。电路设计除为上部音叉产生振动外，还包括信号处理和为识别传感器内部故障的安全性元件。

在理想情况下，横摆率传感器位于汽车重心。将横摆率传感器与汽车横向加速度传感器组合在带有插头的一个共同体中的部件称为传感器组合部件（Sensor Cluster），见

图7.40 传感器组合，加速度传感器和横摆传感器组合在一个模块中

图7.40。与检测横摆率相似，检测翻滚率也依据同样的传感器原理（见7.2.5.8段）。

5. 转向盘角度传感器

转向盘角度传感器向ESP电控单元传输转向盘当前的转向角度信息和所期望的行驶方向。通过合理布置多个光电管和光栅可以光学测量转向盘角度并译成数据词组。出于安全考虑，翻译数据词组在两个微处理器中进行。通过如CAN数据总线将数据词组传输到电控单元。除了对转向盘角度传感器（图7.41）有高的角度分辨率要求外，还要求安全性、可靠性和尽可能小的尺寸。因为在转向柱周围的安装空间很小。

图7.41 转向盘角度传感器

6. 压力传感器

压力传感器测量由制动踏板控制的制动压力。在ESP控制系统中，压力传感器用以检测驾驶人操纵制动踏板的意图。压力传感器的传感元件在压力冲击下改变距离而引起电容的变化。陶瓷测量元件与信号处理电路组合在金属体中。

7. 距离传感器

配备雷达或红外传感装置的距离测量 采用按多普勒脉冲原理（Puls-Doppler-Prinzip）的77GHz雷达（图7.42）或红外传感装置（近程红外传感装置，图7.43），根据被测量距离远近，可以测量本车到前车的距离。高工作能力但昂贵的雷达装置用在汽车行驶速度高和

约200m的较远距离场合。当前它主要用在高档乘用车上。

图7.42 近程红外线传感器

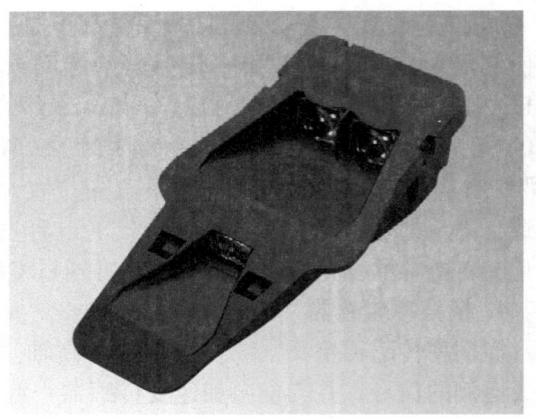
图7.43 近程红外线传感器（用于城市交通紧急制动辅助）

价廉的红外传感装置（近程红外传感器，测量距离约10m）用在功能有限的乘用车上和在中档、紧凑型汽车上。

7.2.5 制动功能和辅助系统

当前汽车生产在舒适性、主动安全性方面已达到完美程度，这要归功于电子闭环控制（图7.44）。在未来，这些电子闭环控制系统还将会在多方面扩展。由于综合性能的不断增多，为保证制动系统的安全性和可靠性，电子闭环控制系统包含复杂和较贵的安全性电路、模块化结构的安全性算法。为保证在部分系统失效时的安全，还保留了一些结构简单的机械/液压系统的一些功能。

制动操纵要一直保持到整个闭环控制系统完全失效时，如出现供电故障。

1. 防抱死制动系统（ABS）

在制动系统和发动机管理系统中通过有效的干预改变制动力和牵引力，以在给定的环境下达到最好的行驶动力学性能的防滑转闭环控制系统——这一任务可由多种方式实现。从基本特征出发，各闭环控制系统的生产厂家在方法和算法上是相似的。因为它们所用的输入参数和控制参数是一样的。控制工程结构上的显著差别是程序设计。重要方面是电子闭环控制系统（无论是硬件还是软件）要与各种传感器（如不同的工作原理）、系统的执行器、所有参与部件的特殊性能和与汽车匹配[19]。

（1）在纵向制动滑移率/横向制动滑移率的附着 适用于轮胎和路面间的附着原理要比库伦（Coulomb）摩擦复杂，其原因是橡胶轮胎的性能（见7.3节轮胎）。

轮胎只在出现滑转时才将这些力传给路面。制动车轮的圆周速度要比汽车的速度低。为简化轮胎与路面的关系，专门采用制动滑移率（百分率）λ_B和驱动滑转率（百分率）λ_T：

$$\lambda_B = \frac{(v_F - v_U)}{v_F} \times 100\%$$

式中，λ_B为制动滑移率（%）；v_F为汽车行驶速度（车轮中心平均速度）；v_U为车轮圆周速度。

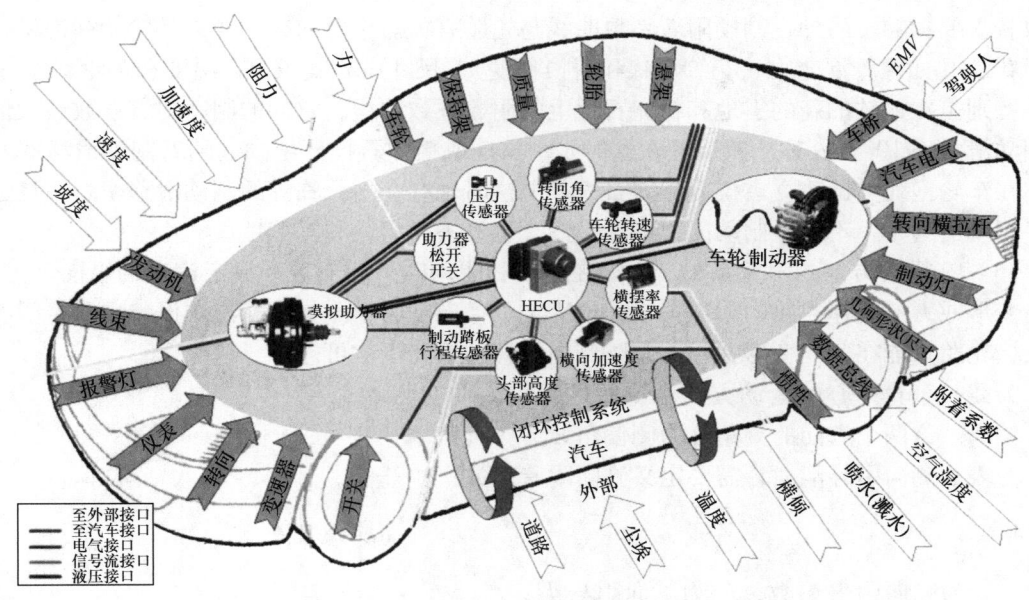

图7.44 影响因素和闭环控制系统接口

$$\lambda_T = \frac{(v_U - v_F)}{v_U} \times 100\%$$

式中，λ_T为驱动滑转率（%）。

（2）制动附着系数和其他影响参数　汽车制动能量的特征参数是附着系数或称制动附着系数μ_B。

$$\mu_B = \frac{F_B}{F_A}$$

式中，μ_B为制动附着系数；F_B为制动力；F_A为车轮支撑力。

对轮胎和路面的每一种组合存在着制动附着系数和制动滑移率的一定的性能关系（图7.45）。

在几乎所有的条件下，制动附着系数随制动滑移率有一个相似的特性变化。在车轮自由转动时，制动附着系数和制动滑移率为零。在通常的制动滑移率为8%～30%时，附着系数达到最大。进一步增大制动滑移率，制动附着系数或多或少下降。在制动滑移率达100%时车轮抱死（图7.45）。

在制动附着系数上升范围为稳定范围。汽车行驶时保持稳定和可操控。在临界制动滑移率时汽车出现不稳定行驶状态。如果在临界制动滑移率范围的制动压力没有足够快的降低，则在较短时间内车轮就会抱死。行驶道路表面对制动附着

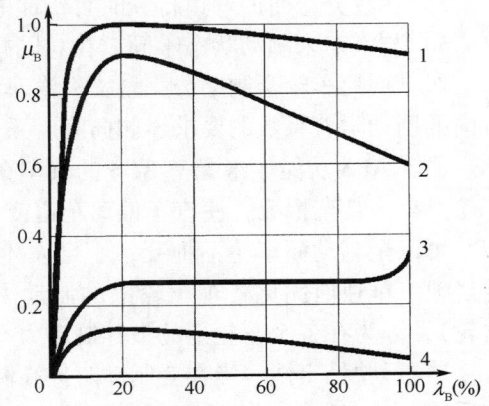

图7.45 制动附着系数随制动滑移率的变化
λ_B—制动滑移率　μ_B—制动附着系数
1—干沥青路面　2—湿沥青路面
3—新的雪地　4—水面

系数有重要影响。另外，制动附着系数曲线与轮胎有关。重要的影响参数是轮胎结构型式和胎面花纹（如橡胶混合物、花纹形状和磨损程度）、尺寸、充气压力、温度和车轮支撑力。

特别是在松软的新的雪地和粗卵石地上的附着系数曲线，它们的制动附着系数最大值是在制动滑移率100%，这个特点是在这时是由雪楔或粗卵石楔产生的。随着制动滑移率的增加，在车轮抱死前已建立雪楔或粗卵石楔，但这时也存在一个临界的制动滑移率。一旦达到临界制动滑移率，不只是制动能力下降，汽车也失去稳定性和操控性。

（3）在横向方向的附着系数 正如在制动和驱动时的相似关系决定汽车的纵向动力学，轮胎变形或力的传递之间的相似关系，也决定了横向动力学。如为使汽车保持在所希望的车道上，轮胎只能在侧向变形并建立起防侧向滑移的情况下才可能。

为此，车轮中心的运动方向和轮胎的纵向方向会相互偏离。这两个方向的夹角称为侧偏角 α。

为表示侧向引导能力，需要定义侧向附着系数：

$$\mu_S = \frac{F_S}{F_A}$$

式中，μ_S 为侧向附着系数；F_S 为侧向引导力；F_A 为车轮支撑力。

图 7.46 是侧向附着系数 μ_S 随侧偏角 α 的变化关系。

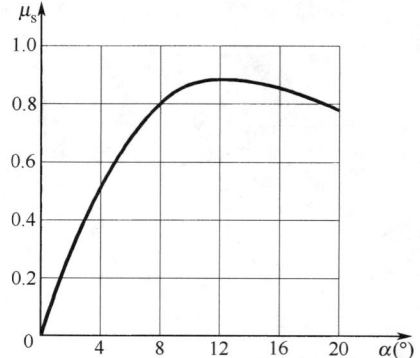

图 7.46 侧向附着系数 μ_S 随侧偏角 α 的变化

（4）纵向和横向方向的制动附着系数的组合 在给定轮胎、路面和车轮支撑力的条件下，车轮只能传递有限的总作用力。总作用力可以分解成两个分力：制动力和侧向引导力，并可近似地用卡姆（Kamm）摩擦圆（图 7.47）的图形表示。

两个力的分量的几何向量之和不应大于轮胎可传递的最大的总作用力。由此可得到：

1) 只有在直线行驶时才能得到最大的制动力。

2) 在过分弯曲的弯道行驶时可传递的制动力要远小于直线行驶时的制动力。

3) 与汽车未制动状态不同，在急剧减速时要限制汽车转向。

对已抱死车轮全制动会完全丧失汽车的稳定性和操控性。由图 7.48 可见，鉴于对纵向方向的制动附着系数的要求，侧向附着系数是如何随制动滑移率的增加而减小的。

（5）ABS 功能 未配备 ABS 的汽车在紧急制动时，路面状况和行驶状态会引起很大的车轮滑移，甚至抱死，使汽车偏离车道或失控。从少数例外的情况看，也会延长制动距离。ABS 可以全制动而车轮不抱死，不会发生由于抱死而出现的各种危险。利用制动踏板不能定量地、单独地优化各个车轮上的制动力。特别明显的是在不同附着系数的路面（如左、右轮），因为在各个车轮上的最佳制动力有很大的差别。ABS 可改善：

1) 行驶稳定性。当在全制动时提高制动压力并达到抱死边界就可防止车轮抱死，从而在后桥车轮丧失侧向引导力时就可阻止汽车绕垂直轴转动（甩尾）。

2) 操控性。即在全制动和不同的路面状况（不同的附着系数）的操控性。在全制动时汽车在弯道行驶时还可转向或躲避障碍物。

3) 制动距离。实现短的制动距离就要充分利用轮胎和路面间可用的制动附着系数。特别是要对如从干燥的沥青路面到潮湿的沥青路面的不同附着系数做出自适应反应。配备 ABS

的制动距离要比未配备 ABS 的汽车制动距离短。

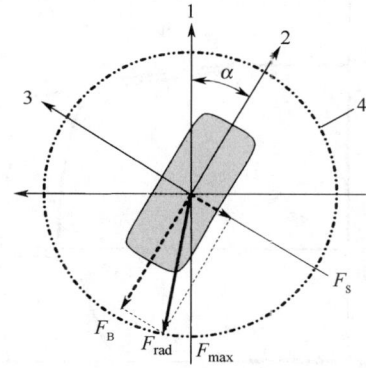

图 7.47　卡姆（Kamm）摩擦圆
F_N—法向力　F_{max}—可传递的最
大总作用力　F_{rad}—车轮上的总作用力
μ—轮胎与路面的附着系数　F_B—制动力
F_S—侧向引导力　α—侧偏角
1—车轮中心点的运动方向　2—车轮纵
向方向　3—车轮横向方向　4—卡姆摩
擦圆（半径为最大力 F_{max} 的值）

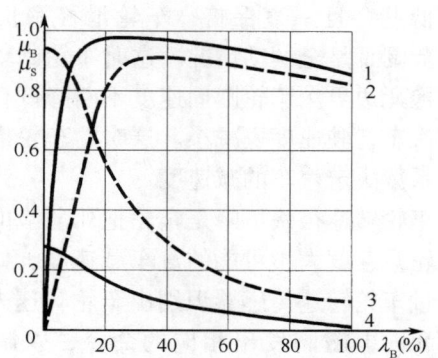

图 7.48　在干燥的水泥路面上不同侧偏角时
制动附着系数和侧向附着系数随制动滑移率的变化
λ_B—制动滑移率　μ_B—附着系数　μ_S—侧向附着系数
1—在侧偏角 $\alpha = 2°$ 时的制动附着系数
2—在侧偏角 $\alpha = 5°$ 时的制动附着系数
3—在倾偏角 $\alpha = 5°$ 时的侧向附着系数
4—在侧偏角 $\alpha = 2°$ 时的侧向附着系数

识别和确信必要的 ABS 干预通常发生在几十毫秒时间内。由于车轮和液压惯性，车轮稳定需要几百毫秒。驾驶人可以专注于处理交通状况而不需思考最佳的、定量的确定制动功率（如绕过障碍物的制动）。此外，ABS 可防止轮胎工作面上出现扁平区域（制动图案）。

（6）ABS 的边界　特殊情况下，如新的雪地或粗鹅卵石路面，它们在车轮抱死时在车轮前形成一个楔，这在平常情况没有什么影响。这里指的是利用 ABS 改善操控性和稳定性要比在最短时间、在车轮抱死时可能短的制动距离更重要。ABS 仍然符合物理规律。在光滑路面 ABS 闭环控制的制动距离仍要比在干燥路面上的制动距离长，因为可能的最大制动力总是取决于轮胎与路面间的附着系数，即便配备 ABS，在高速弯道行驶时制动不能增大侧向引导力，汽车仍会离开弯道。

（7）ABS 工作范围　最好的滑移率和最好的制动效果不是利用最大的制动力，而是利用定量的制动力达到的（图 7.49）。ABS 闭环控制的目标是不要超过当时轮胎和路面确定的条件下的临界滑移率。ABS 工作范围的选择应同时有尽可能好的行驶稳定性和操控性。如果一个车轮制动，它已超过最佳的滑移率范围，则 ABS 开始闭环控制。

图 7.50 是未配备 ABS 的制动过程。范围Ⅰ是汽车未制动行驶。车轮圆周速度等于汽车行驶速度，这时车轮没有滑移。范围Ⅱ是轻微制动，

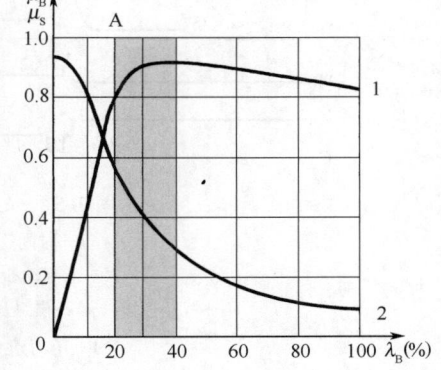

图 7.49　ABS 闭环控制的制动
滑移率 λ_B 范围（A）
μ_B—制动附着系数（曲线1）
μ_S—侧向附着系数（曲线2）

制动压力很小。这时车轮圆周速度要比汽车行驶速度稍低些，且一直保持，车轮滑移率仍在稳定范围。范围Ⅲ是全制动情况。这时车轮制动压力超过车轮抱死边界。车轮圆周速度不断降低直至车轮静止，汽车行驶速度也减小。这时的车轮抱死的制动附着系数决定汽车的减速度。

车轮转速很快下降是车轮抱死危险的征兆，因为车轮减速度大于可能的汽车减速度。如果电控单元通过车轮转速传感器识别出车轮转速失效，则电控单元向电磁阀发出相应的命令，以调节制动压力。每个控制回路总有两个电磁阀实施制动压力调节：一个是常开的进液阀（无电流时开启）；另一个是常闭的排液阀（无电流时关闭）。

（8）ABS 闭环控制的三个阶段　ABS 闭环控制循环在原理上分三个阶段（图 7.51）。

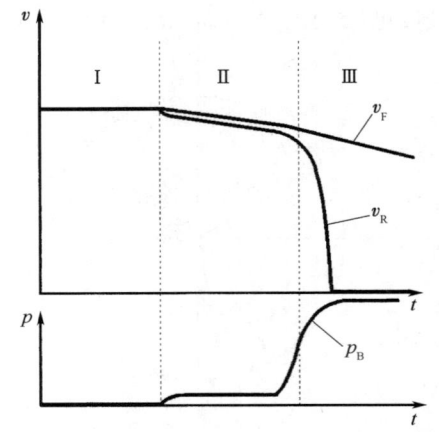

图 7.50　未配备 ABS 的制动过程（一个车轮）
t—时间　v—速度　p—压力
Ⅰ—未制动行驶　Ⅱ—部分制动
Ⅲ—未配备 ABS 全制动
v_F—汽车速度　v_R—车轮圆周速度
（线速度）　p_B—操纵压力

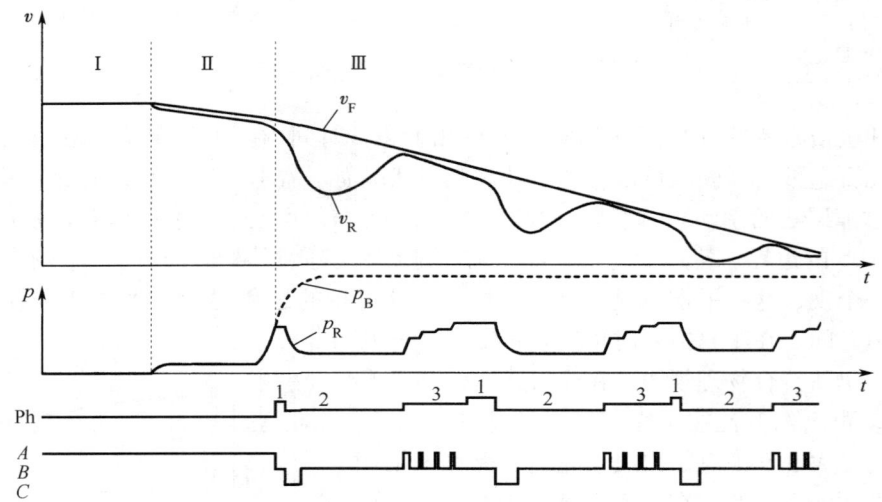

图 7.51　ABS 闭环控制过程（一个车轮）
t—时间　p—压力　v—速度　Ph—相位
Ⅰ—未制动行驶　Ⅱ—部分制动　Ⅲ—ABS 制动
v_F—汽车速度　p_B—操纵压力　v_R—车轮圆周速度　p_R—车轮制动缸压力
A—压力建立　B—压力保持　C—压力降低

1）制动压力保持（阶段 1）。在操纵制动踏板时，制动压力增加，车轮圆周速度递减。如果车轮出现抱死的危险，则进液阀关闭，即便再操纵制动踏板增加脚踏力，车轮制动压力也不会增加。

2）制动压力降低（阶段 2）。如果车轮圆周速度在车轮制动压力不变时继续下降，车轮滑移率增加，则电控单元使进液阀关闭和排液阀开启，车轮制动压力降低，制动力矩随之减小。根据车轮的减速度可以估计出制动压力降低的脉冲需持续多长时间，并在这时间后车轮又开始加速（预见性的闭环控制）。如果车轮在这时间后转速没有达到期待那样高，则电控单元进一步降低制动压力。在极端情况，如从沥青路面的附着系数跳跃到水路面的附着系数，制动压力降低要延长到希望车轮重新加速的程度。

3）制动压力建立（阶段3）。如果车轮圆周速度不断提高，到低于最佳的滑移率范围，则电控单元就要渐进地重建制动压力。这时进液阀多次短时间开启，排液阀处于关闭状态。

制动压力保持、降低和建立的这三个阶段的闭环控制循环在1s内要重复多次。三个阶段的顺序是可变的。

（9）专门的控制算法　通过连续处理车轮转速传感器信号，电控单元不断做出与汽车车轮行驶状况相匹配的控制策略。前桥车轮的闭环控制是分别对车轮控制。后桥车轮采用"低选"原则，即有严重抱死危险的一个后轮决定两个后轮的制动压力大小。这会减小后桥车轮上的制动力充分利用，但有利于建立较高的侧向力，从而提高汽车行驶稳定性。通过专门开发的控制算法，ABS电控单元可适应各种特殊的路面和行驶状况，如水路面、不同附着系数的路面（μ-Split）、弯道行驶、汽车甩尾过程、使用备用车轮等情况。

2. 电子制动力分配（EBV）

通过ABS软件中的附加软件算法，电子制动力分配可替代液压制动力分配阀（见7.2.2小节）。在部分制动范围，这种软件算法可优化前、后桥之间的制动力分配。在保持同样的行驶稳定性时可充分和最佳地利用后桥车轮的附着系数[20]。

EBV算法利用从测量的4个车轮速度算出的汽车减速度和横向加速度两个参数。如果电控单元识别到后桥车轮过制动，则电控单元关闭相应的后轮进液阀并阻止制动压力的进一步升高。在继续过制动时，可开启后轮排液阀，以降低制动压力。为充分利用附着系数潜力，在过制动时EBV将后轮制动器以脉冲方式重新调整到制动主缸压力水平。EBV功能不需要附加部件，它利用ABS中现有的部件。与液压控制单元（HCU）不同，集成在ABS安全性方案中的EBV用以监控制动力分配效果。

3. 扩展的稳定性制动系统（ABS$^+$）

有针对性地调整汽车两侧的不同制动力，ABS$^+$（ABSplus）可以控制汽车横摆力矩，以改善汽车的稳定性和操纵性。扩展ABS控制算法是熟知的ABS$^+$或转向制动控制（Cornering Brake Control，CBC）。该扩展的稳定性制动系统仅从车轮转速的变化过程就可识别汽车行驶状态，特别是识别在弯道时的行驶状态，而不需要横摆率传感器或横向加速度传感器。ABS$^+$可优化制动滑移率并由此分配制动力，同时还可补偿横摆率。在动态行驶时，如在极限范围的弯道行驶和变换车道，ABS$^+$十分奏效。ABS$^+$也适用于在全制动（主动ABS闭环控制）和尤其是在部分制动的场合[21]。

4. 驱动防滑转控制（ASR）

通过有针对性的制动干预（BASR）和/或发动机管理中的发动机干预（MASR），ASR可阻止驱动轮的不必要的滑转。

驱动防滑转控制，无论是在硬件方面（液压系统、传感技术）还是软件方面都基于ABS。为主动建立制动压力，需在液压控制单元（HCU）基础上扩展排液阀和进液阀（图7.20、图7.52）。

（1）ASR功能　驱动防滑转控制的功能包括：

1）保证后驱动汽车的行驶稳定性或前驱动汽车的操控性。

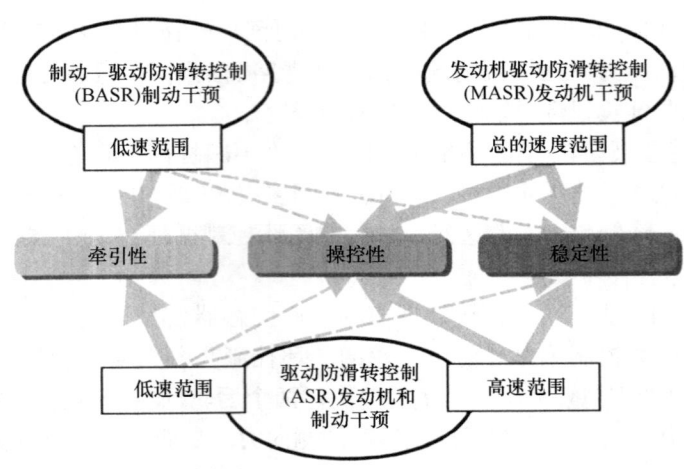

图 7.52 驱动防滑转控制方案

2）起着闭锁差速器作用。
3）牵引力与路面状况相适应。
4）在达到不稳定的物理边界前通过信息指示灯报警。
5）减小轮胎磨损。

（2）ASR 的制动控制（BASR） 在不同附着系数的路面（μ-Split）不能充分利用路面较大附着系数侧的牵引力。其原因在于驱动桥车轮间的差速器传动。在差速传动时，较小附着系数侧车轮传递的力矩限制与它相对的另一侧车轮传递更大的力矩。利用车轮转速传感器，BASR 可识别超过附着系数边界的车轮，并利用相应的主动的制动干预减小车轮滑移。这样，施加的、作为附加支持的制动力矩可影响差速器，并作为驱动力矩提供给与它相对的另一侧车轮。

制动干预 ASR（BASR）主要是控制汽车起步范围。为避免制动器过高的热负荷，通过温度模块电控单元可以限制制动干预时间。

（3）ASR 的发动机控制 为减轻制动器负荷，在汽车低速行驶时除采用制动控制，ASR 要附加地减小发动机转矩，直至两侧的驱动轮没有制动干预而充分利用牵引附着系数。在汽车行驶速度的较高范围，约大于 40km/h，几乎不用制动干预。因为发动机控制提早地降低驱动力矩，以提高行驶稳定性。

（4）发动机倒拖力矩控制（MSR） 高的发动机倒拖力矩（如在松开加速踏板或换到低档时），在驱动轮上产生制动力矩而没有操纵制动踏板，特别是在低附着系数路面会引起驱动轮的明显滑转。首先在后驱动汽车上会导致不稳定的行驶性能。MSR 通过定量地、主动地供油可以减轻由于发动机倒拖力矩产生的车轮滑转。在发动机管理系统中，发动机干预都是通过 CAN 总线。

5. 电子稳定性程序（ESP/DSC/VSC）

电子稳定性程序（图 7.53）将车轮滑转控制（ABS、EBV、ASR）与横摆力矩控制（GMR）组合在一起。横摆力矩控制是一个电子闭环控制，以改善汽车行驶的横向动力学性能，它与是否操纵制动踏板无关。通过制动干预和发动机干预可稳定汽车行驶的纵向和横向动力学性能[20,21]。

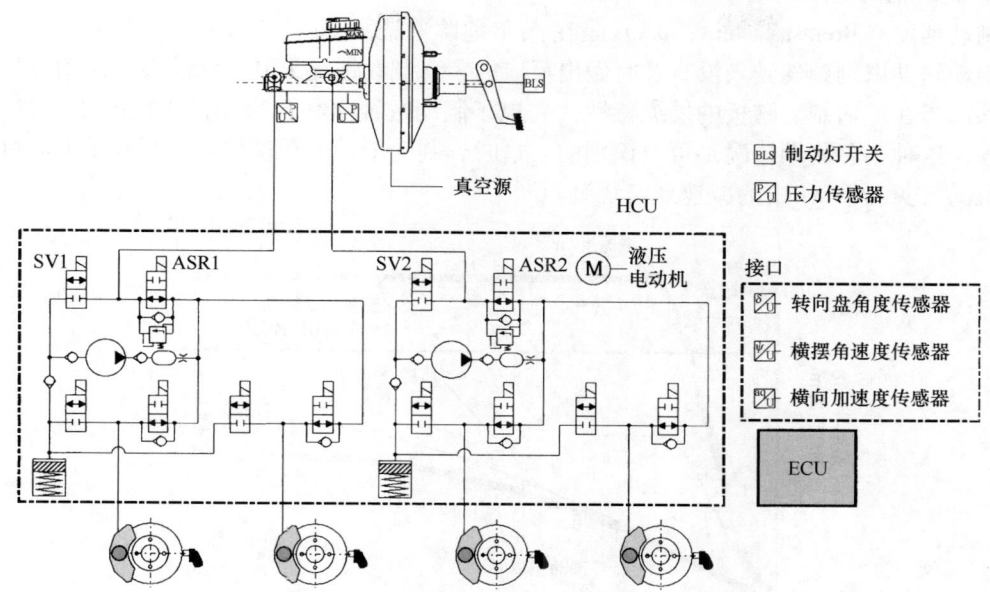

图 7.53　电子稳定性程序系统控制图
SV1/SV2—进液阀　ASR1/ASR2—排液阀

利用实时模拟模型，电子稳定性程序（ESP）可从车轮转速、转向盘角度和制动主缸压力计算所希望的汽车行驶性能。利用横摆率和横向加速度，电子稳定性程序可得到实际的行驶状态。

首先，在快速转向时，电子稳定性程序不再将转向盘偏转转换为期盼的汽车方向的变化。不然会出现不足转向或过度转向，在极端情况甚至"甩尾"。但在不是很快转向时出现的驾驶人的希望（方向、速度）和汽车状态（横摆率、横向加速度）之间的偏差可通过横摆力矩（利用同时可对多达 3 个车轮的制动干预）加以校准。

横摆力矩控制（GMR）首先通过弯道内的后轮校准不足转向，通过制动弯道外的前轮校准过度转向。主动和有选择的制动可有效地建立纵向力并达到所希望的横摆力矩和由于由制动力矩建立起来的纵向力，可通过有针对性地降低侧向引导力而形成这种辅助的校准作用。

如果需要，电子稳定性程序通过对发动机管理系统的发动机干预可降低过高的驱动力矩。

扩展的 ABS/ASR 液压控制单元和组合的电子控制单元是电子稳定性程序的核心部件。液压控制单元可以主动地、各个车轮可以独立地建立制动压力，而与是否操纵制动踏板无关。

在很低温度时，由于制动液黏度变化，单靠 ABS 制动液泵的进液量不够。利用制动液的各种预压装置，可保证在低温环境下达到必要的泵送量。外部可控的制动助力器（主动助力器）可保证在很低的环境温度下为制动液泵进行必要的预压。另一个可能方案是采用电动预压泵。它将制动液从补偿容器中吸出，并输到串联制动主缸（THZ）出口，通过孔板形成一个滞止压力。作为预压力的滞止压力靠近 ESP 制动液泵前，这样可保证所需的输送量。

6. 制动辅助（MBA、EBA、HBA）

制动辅助（Bremsassistent，BA）是在汽车危险状态帮助驾驶人紧急制动的一个系统。只要制动辅助识别到驾驶人没有及时做出反应的紧急制动情况，制动辅助会在制动过程中进行干预。当在评估制动踏板的操纵特性（在电子制动系统中它与汽车行驶速度结合在一起）的时候，这种紧急制动情况是可以识别的。这时，制动辅助能尽快建立起制动压力而可缩短制动距离（见图7.54中的减速度实线）。

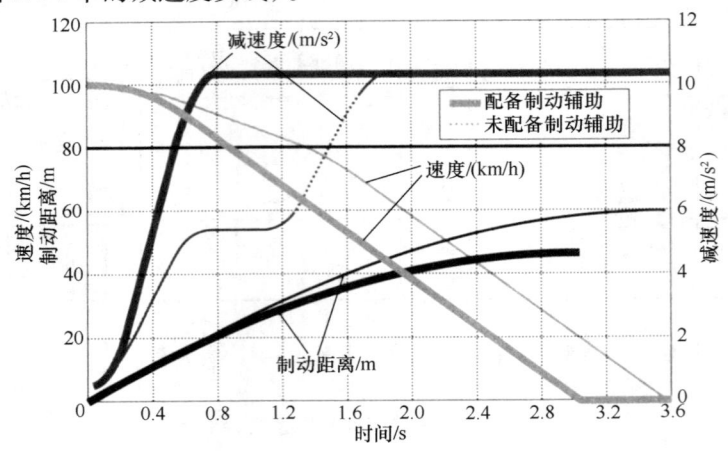

图7.54 配备和未配备制动辅助时汽车速度、减速度和制动距离随时间的变化

当前，通过下列一些系统实现制动辅助功能[23]。

（1）机械制动辅助（MBA） 作为支持全制动的机械制动辅助（见7.2.3.2段和图7.14）采用专门的制动助力器。它利用在快速操纵制动踏板时制动助力器部件的惯性使盘形阀超出规定的开启行程，从而阻止盘形阀关闭，并一直保持开启状态到脚踏力再次少许下降时。与电子制动辅助不同，机械制动辅助功能通过踏板位置可以调整制动力。机械制动辅助机构是一个整体，它保持真空制动助力器特性。

（2）电子制动辅助 利用行程传感器检测的制动踏板操纵速度可以识别汽车的紧急状况。通过制动助力器中的驱动电磁铁可以放大驾驶人的脚踏力（见7.2.2小节）。为扩展现代制动系的功能，采用电控的"主动助力器（增力器）"（图7.13）：

1）在ESP系统中（见7.2.5.5段）作为预压泵，以建立高的制动液压力，特别是在低温下。

2）紧急状态时进行全制动辅助。

3）在自适应巡航速度控制（ACC）中（见7.2.5.9段），可轻松地、与操纵制动踏板无关地调整部分制动状况。

主动制动助力器有一个组合在控制体中的驱动电磁铁。利用电控的驱动电磁铁，通过滑套可以控制盘形阀。其过程是：先切断真空室和工作室的通路连接，继续增大电流，工作室与外部空气的通路打开，制动助力器工作。

（3）液压制动辅助（HBA） ESP液压控制单元的工作能力，在车轮制动器中建立制动压力而与是否操纵制动踏板无关，还可用于"液压制动辅助"的另一功能上。HBA也利用车上的现有传感技术和装置。电控单元根据压力传感器信号识别紧急状态下的全制动。如果超出设定的临界的制动压力梯度，电控单元关闭ASR排液阀（图7.53），打开电动的进液阀并触发制动液泵。制动液泵将通过制动踏板施加的制动压力提高到车轮抱死的压力水平。与机械制动辅助不同,车轮制动压力与驾驶人希望的串联制动主缸(THz)压力类似,由电控单元调节。在低于最低制动压力时重新切断 HBA 功能。

7. 制动助力器辅助

制动助力器辅助受到所提供的真空度和制动助力器型式的限制。这些限制或边界称为控制点,它可用附加的传感技术识别。这些制动助力器辅助特性要用在下面介绍的一些功能能上。

制动助力器辅助功能在于车轮制动缸中的制动液压力会超过串联制动主缸的制动液压力。电磁阀将串联制动主缸(THz)与车轮制动器液压部件的通路分开。液压泵是可控的,车轮制动回路中的制动液压力是可调的。下面是制动助力器辅助的几种功能(图7.55)。

1)制动衰减辅助:利用液压制动辅助可以提高真空制动助力器的控制点。
2)液压制动辅助。
3)低真空度辅助:在内燃机冷起动时真空度低。
4)制动助力器失效辅助:利用 ABS/ESP 电控单元建立制动压力,以补偿制动助力器失效。

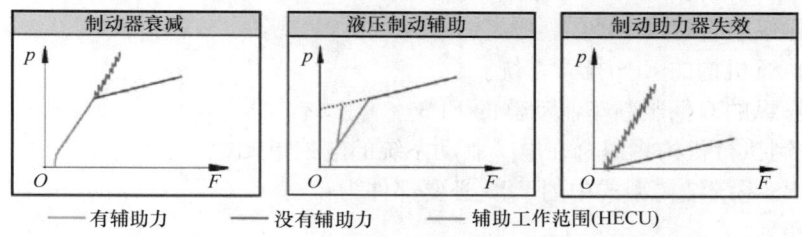

图 7.55 制动助力器辅助的几种功能(F 为脚踏力)

8. 主动翻滚保护(ARP)

处于危险侧倾状态的汽车(如高的汽车重心、"软"底盘),在极端条件下会翻滚。作为 ESP 系统软件扩展的 ARP,在高的横向加速度时通过主动的制动干预可阻止汽车翻滚[24]。

利用专门的汽车模型和附加的翻滚识别功能(如侧倾传感技术和装置)以及有效的算法,在出现翻滚危险时过制动弯道外的前桥车轮使汽车不足转向,通过降低横向力可减小翻滚的危险。

9. 距离控制系统

(1)城市范围紧急制动辅助 基于 CV 传感器(接近速度或靠近速度,Closing Velocity)的城市交通紧急制动辅助功能可阻止汽车在约至 30km/h 低速行驶时的交通事故(图7.43)。汽车在较高行驶速度时至少可降低交通事故对乘员的影响。

城市范围紧急制动辅助监控汽车前方的空间直至离本车到前面行驶汽车或前面停止的汽车约 10m 的距离。该紧急制动辅助系统安装在风窗玻璃后车内反光镜范围,它计算本车到前面行驶汽车的距离和接近速度,在一定范围还要检测侧向物体。

为避免碰撞,该紧急制动系统被激活和自主制动直到障碍物前使汽车停下来,但其前提是有一个外部可控的汽车制动系统,如 ESP。

汽车在超过 30km/h 的城市范围行驶,当驾驶人操纵制动踏板时,该紧急制动系统就可辅助驾驶人,且与驾驶人控制制动压力无关,它控制为避免碰撞所需的汽车减速度[33]。

(2) 距离控制系统 基于雷达的距离控制系统，自适应巡航速度控制 ACC［也称"智能速度仪"（intelligenter Tempomat）］使本车的行驶速度自动地与交通流适应（匹配），和与本车前面行驶的汽车随时保持设定的距离。这可通过自动改变发动机转矩或通过制动实现，与紧急制动辅助相比，作为舒适性系统的 ACC 系统在制动时不是完全利用制动潜力。同样，在加速时 ACC 系统也是把舒适性放在重要位置（图 7.42 和 7.2.4 小节、8.5.5 小节）。

10. 电动驻车制动器（停车制动器）**EPB**

为保证驾驶人对安全性、联网和舒适性的正当要求，机电式驻车制动器日益替代机械式驻车制动器。

使用 EPB 的主要原因是借助于传感器和自动操纵驻车制动器而没有驾驶人的机械干预改进汽车安全性。与其他的驾驶人辅助系统相互配合可实现"停车管理"。通过这些自动功能可进一步减轻驾驶人负担。车间空间的新设计方案可取消手动杠杆和脚制动杠杆，再与必要的电子操纵件一起成为良好的人机工程整体。为停住汽车只需 EPB 施加作用力，而与驾驶人个人的操纵力无关。

(1) EPS 系统结构和部件 目前市场上流行的 EPS 系统结构有 3 种型式：

1) 直接操纵组合钳的 EPS。
2) 中央执行机构的 EPS 拉索系统。
3) 直接操纵的双伺服驻车制动器的 EPS。

未来，控制执行机构将组合在电子制动系统的电控单元中。

在各种 EPS 系统结构型式中的 EPB 必要部件为：

1) 电控单元。
2) 操纵件。
3) 电动机/变速器。
4) 至常规制动器的机械接口。

(2) 直接操纵组合钳的 EPS EPS 执行机构与组合钳直接连接，它既可通过行车制动功能，也可通过机电驻车制动功能实现。通常由中央电控单元控制。该系统价廉，但从原理上由于由组合钳施加的有限夹紧力或制动力而限制它的应用范围。

在直接操纵组合钳的 EPS 系统中，EPS 执行机构由一个电动机、由电动机驱动的高传动比的变速器和螺母-螺杆机构组成。螺母-螺杆机构将变速器的旋转运动转换为制动柱塞的夹紧运动。安装执行机构机电部件的壳体与制动钳连接。在该系统中也可有选择地组合一个机械式松开装置。

(3) 中央执行机构的 EPS 拉索系统 通过软套管拉索操纵后桥上的常规驻车制动器、组合钳或双伺服制动器（图 7.56）。在汽车组装时，EPS 系统结构具有高度的灵活性。使用常规的驻车制动器可有选择、简单地安装 EPS。同时必须相应考虑安装 EPS 键、中央执行机构的安装地点和移动制动器拉索。

在中央执行机构上通过电动机对制动器拉索施加操纵力，而电动机则是通过起减速作用的变速器将转矩作用在花键轴上。花键轴按螺母-螺杆机构原理工作，并可自锁。这样，在没有供给其他能量（电能）的情况下可保持驻车制动器在工作状态（驻车状态）或松开状态。作为双拉索执行机构，EPB 按反作用原理工作；在两制动拉索上作用着相同的力，固

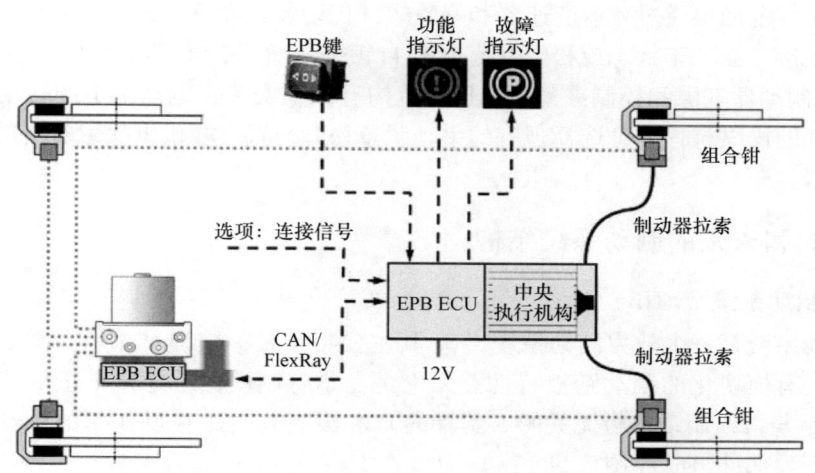

图 7.56　带中央执行机构的 EPB 拉索系统的系统图

定的执行机构壳体不受力。在驻车时制动器的夹紧力以及在松开时制动器摩擦衬片气隙可通过力/行程传感器监控。可选择现有的手动紧急松开装置，在供电故障时借助于该装置松开驻车制动器。

（4）直接操纵的双伺服驻车制动器的 EPS　驻车制动器系统"EPB 双伺服组合"是在后桥上部分组合的制动系统。在该系统中液压行车制动器在结构上与驻车制动器分开，双伺服驻车制动器直接（没有制动器拉索）由相应的机电执行机构操纵。双伺服驻车制动器安装在车轮架上，并由布置在中央的电控单元控制。

由于双伺服制动器的很强的自增强作用，只要用较小的执行机构就可产生大的驻车制动力。因此该系统特别适用于重型汽车或后桥上有固定式制动钳的汽车（特别是运动型汽车）。

组合的双伺服制动器执行机构直接操纵后桥上的鼓式制动器制动蹄。在工作时执行机构壳体承受鼓式制动器制动蹄的圆周力，并将它传给车轮架（图 7.57）。该系统的执行机构由

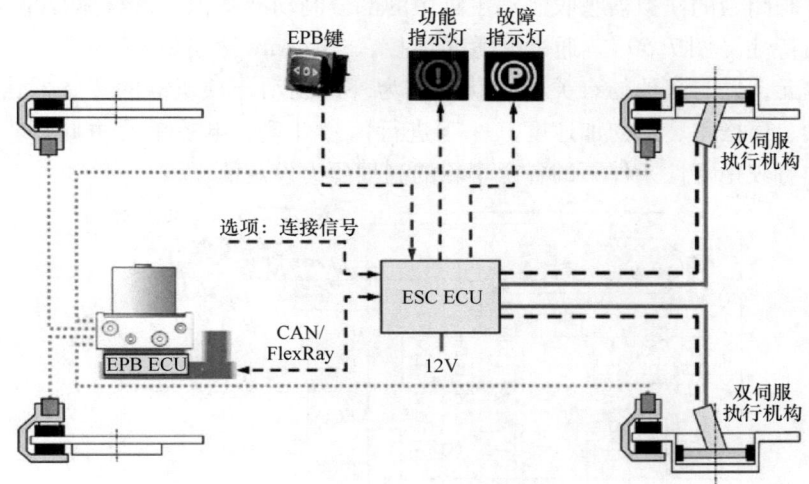

图 7.57　EPB 双伺服组合的系统图

电动机等组成。电动机通过减速变速器和蜗轮蜗杆传动装置操纵丝杠。蜗轮蜗杆传动装置与制动蹄工作连接。在驻车状态或松开状态丝杠自锁并一直保持而不需要继续供给能量（电能）。为监控制动器气隙和控制夹紧力，执行机构有一个安装在电动机上的转动传感器，以间接检测丝杠的操纵行程。可选择现有的手动紧急松开装置，在供电故障时借助于该装置松开驻车制动器。

7.2.6 新的和未来的制动系统结构

1. 电液制动系统（EHB）

电液制动系统是一个外力制动系统[13]。其主要特征是：结构尺寸小、制动系统的最佳时间响应、具有模块化的制动踏板特性。无论是在紧急制动，还是在车轮滑转闭环控制方面，EHB 都是与操纵制动踏板无关的（解耦的）和没有制动踏板反作用的制动系统。电液制动系统由下列部件组成（图7.58）：

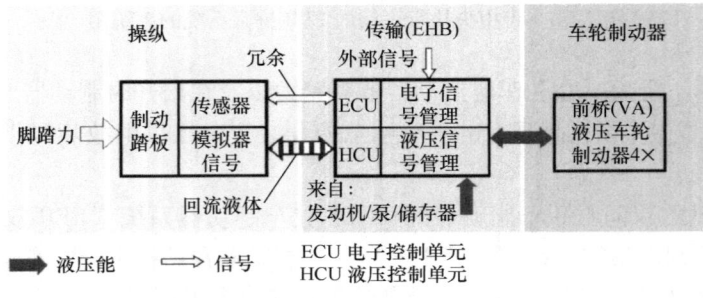

图7.58 电子液压制动系统

1) 感受制动踏板的模拟器（电子制动踏板和可供使用的、感受制动的传感器）。
2) 电子/液压控制单元（Hydraulic Electronic Control Unit，HECU）。
3) 4个液压车轮制动器。

从测定的制动踏板行程信号和在模拟器中建立的制动压力可以推算出所期望的汽车减速度。可用电磁阀闭锁的模拟器吸收制动主缸中的部分制动液体积，以与弹簧片组一起得到所需的制动踏板特性（图7.59）。通过电缆（线控，"by-wire"）将踏板位移和制动压力信号传输给电控单元，并与其他的有关汽车状态和为外部制动干预所需的传感器信号（如车轮转速、转向盘、横摆率、横向加速度）一起进行信号处理。电控单元由此算出在最佳制动性能和最好的行驶稳定性条件下的各个车轮的制动压力设定值。

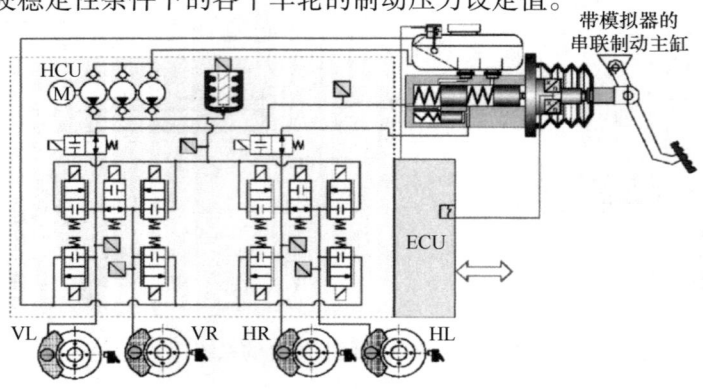

图7.59 EHB系统图（带系统部件简图）

液压控制单元（HCU）根据算出的各个车轮的制动压力设定值从制动液压力储存器中分别供给各车轮的制动能量。电动机—制动液泵部件对压力储存器中的制动液预加压。

在制动时，串联制动主缸（THz）和液压控制单元（HCU）之间的液压通道中断。车轮制动压力来自预压的压力储存器，并通过控制阀调节。

除了已列举的电液制动系统（EHB）的一些优点外，它噪声低、抗碰撞性能好并改善了制动踏板的人机工程。

EHB 给汽车生产厂家带来的好处是：

1）较好的制动器动态性能（制动液压力储存系统）。
2）取消了在汽车前壁（前围板）范围的真空制动助力器，改善了组装，简化了装配。
3）不同的车型可采用统一的组件。
4）通过外部信号容易实现外部制动干预。
5）与真空度无关，因而可以优化内燃机进气损失。
6）容易与未来的交通引导系统联网。

电液控制单元的结构可以将目前所有的制动干预功能、车轮滑转控制功能（如 ABS、EBV、ASR、ESP、BA、ACC……）组合在一起而不需要另外的硬件费用（ABS 为防抱死制动系统，EBV 为电子制动力分配，ASR 为驱动防滑转控制，ESP 为电子稳定性程序，BA 为制动辅助，ACC 为距离控制速度仪）。在一个制动系统失效时，还能提供两个返回层面：

1）第一个层面：在制动液高压储存器失效时还保持线控制动（brake-by-wire）功能，但仅由制动液泵进行制动。
2）第二层面：在"线控制动"功能出现故障时（如由于供电故障），保持制动主缸与两个车轮制动回路的液压连接，可以对所有 4 个车轮制动而不增加制动踏板的力，这时模拟器功能已切断。

虽然制动系部分失效，但法规要求的制动系液压双回路仍然保持。

2. 发电机式（能量回收的）**制动器**

制动能量回收还具有低燃料消耗行驶的潜能（见混合驱动汽车，4.3.3 小节）。制动能量回收的目标是汽车的动能不仅是（像在液压制动系那样）转换为热能并散发到周围环境中，而应产生多种形式的能量，它们应是可以储存的，并能直接或间接地重新用作驱动能量。组合在动力装置总成中的一体化的曲轴或变速器-起动机-发电机（见 5.7 节）就是支持制动能量回收的一种方案，见图 7.60。

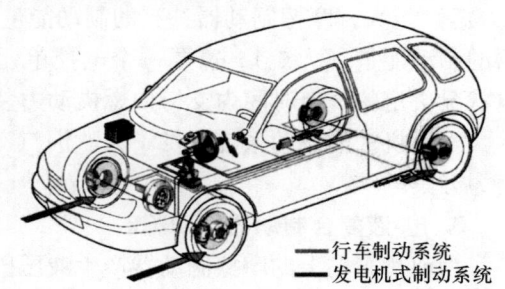

图 7.60 汽车上的发电机式制动系统

为回收制动能量需要专门的一个制动系统（图 7.61）。在每一次制动操纵时该制动系统根据驾驶人意愿控制能量回收程度和考虑采用常规的摩擦制动器的必要性。为检测和转换驾驶人的制动意愿，有必要采用相应的操纵部件。此外，为综合常规的摩擦制动器力矩和发动机制动力矩，需要相应的综合控制（见 7.2.2.4 段）。

如果保留更多的常规制动器的基本部件和组件，则应用制动模拟（Simulator Brake Actuation，SBA）装置是恰当的。这种制动模拟装置基于考验过的液压制动器部件和具有线控制

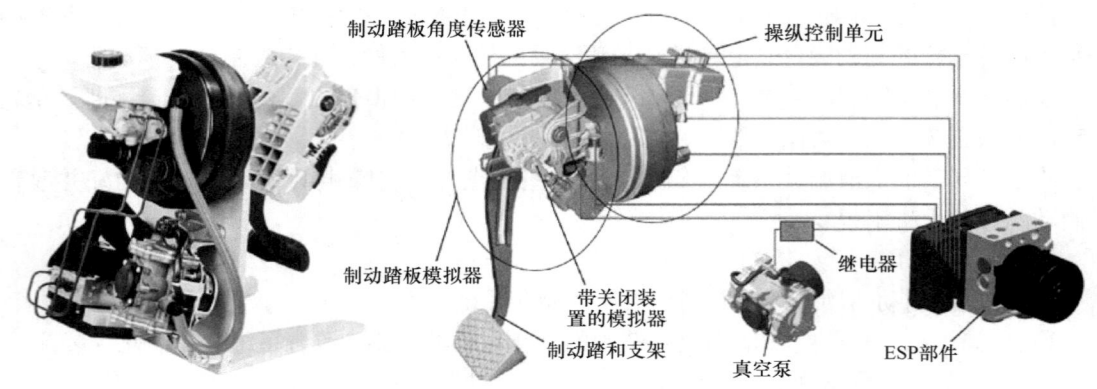

图 7.61　发电机式制动系统，包括操纵控制单元、模拟器单元、ESP 调节器和真空泵

动技术的许多附加功能。

原理是：混合驱动的发电机功能先承担制动器功能。这时制动能量转换为电能，并给蓄电池充电。只有当在没有完全达到制动效果时发电机式制动系统激活常规的摩擦制动器。操纵制动模拟（SBA）装置，通过制动踏板感觉模拟器随时向驾驶人传递最佳的制动踏板感觉。制动踏板角度传感器识别制动命令，在线控制动启动后液压装置建立为汽车减速而需要的制动压力。

发电机式制动系统可用于所有的混合动力汽车，以及电动汽车和燃料电池汽车。

曲轴-起动机-发电机系统　曲轴-起动机-发电机系统（如组合的起动机－发电机制动器，ISAD）兼有发电机功能和起动机功能。根据蓄电池充电状况，发电机将制动能量（制动力矩）变为电能，并传输给蓄电池。为达到驾驶人所希望的、由制动踏板控制的制动，若发电机的制动能量不够，则所缺的制动能量由液压的摩擦制动器补充。发电机提供的制动能量（力矩）越大，摩擦制动器补充的制动能量（力矩）越小。为合理地分配发电机和摩擦制动器的制动能量（力矩），需要一个电控单元。在加速时 ISAD 制动系统可以通过由蓄电池充电状况决定的一定时间内支持内燃机动力装置一个附加的驱动能量。

发电机式的制动系统提供了为欧洲汽车工业有义务实现降低 CO_2 排放任务的有价值的潜力方案。

3. 电-液复合制动器（EHCB）

为前桥车轮上的摩擦制动器产生液压压紧力和为后桥车轮上的摩擦制动器产生机电压紧力的摩擦制动器系统称为电-液复合制动器（EHC）[26]（图 7.62 见书后彩插和图 7.63）。

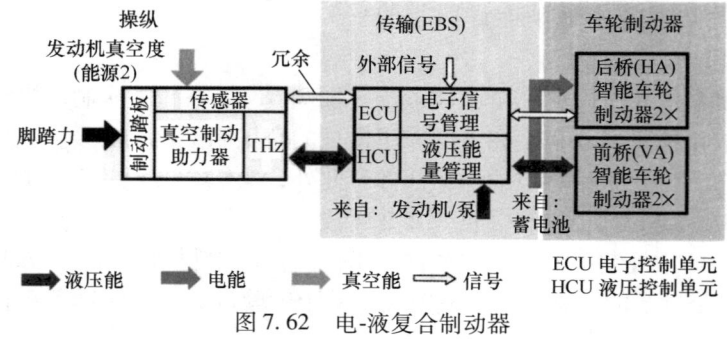

图 7.62　电-液复合制动器

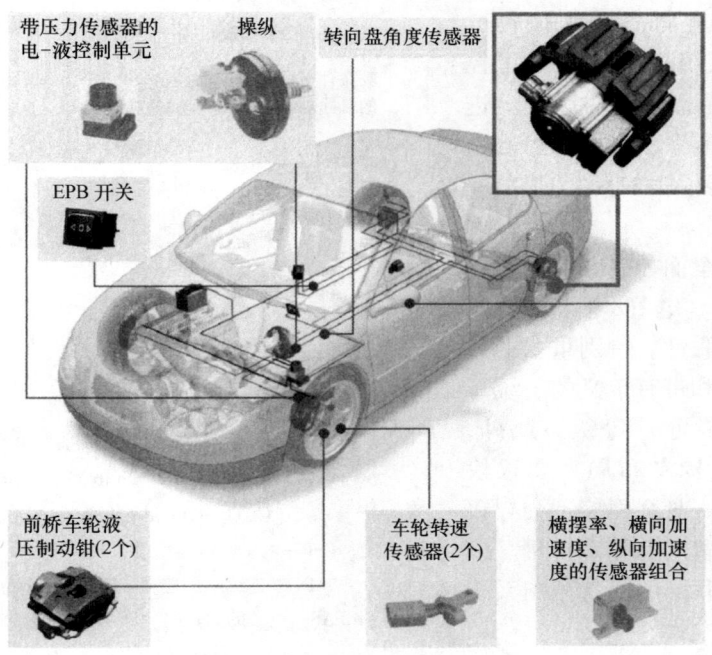

图 7.63 电-液复合制动器

机电后桥车轮制动器可以将行车制动器功能和驻车制动器功能组合成一个紧凑的部件。在切断点火时,组合的闭锁装置保证驻车制动功能。按制动回路的布置(见 7.2.2 小节),制动主缸或串联制动主缸向前桥车轮制动器提供制动压力。后桥车轮制动器的制动压力按制动踏板行程和/或制动力可以电子控制。

EHC 的优点是:

1)较小的操纵尺寸(制动助力器+串联制动主缸)。
2)可减小电/液控制单元尺寸和减少部件。
3)降低初次装配和维护费用。
4)没有后桥车轮的剩余制动力矩。
5)最小的 ABS 制动踏板反馈。
6)噪声低。
7)可利用现有的、没有重复(冗余)的 12V 汽车电气系统。

利用软件集成可实现如电子制动力分配、山区行驶保持(山区上坡起步控制)和电动驻车制动器等一些辅助功能。

4. 联网的底盘控制系统

现今的汽车,驾驶人通过操纵件(转向盘、加速踏板和制动踏板)直接控制转向系、驱动系和制动系[27],见图 7.64。合乎需要的、符合驾驶人希望的复合控制至今只是系统的一种延伸,还不能算是一个平台,如在牵引控制或横摆率控制中引入发动机干预。

随着各个控制系统向计算机控制的外力控制系统的发展,在开发底盘系统时有了新的延伸。其背景:一是开发超越各个功能的总的控制系统功能;二是消除各个单独控制系统控制相同的汽车行驶状态参数时的相互影响[30]。这里以横摆性能为例。横摆性能受所有 3 个底盘控制系统，即转向、制动和行驶，以及还有驱动系统（特别是在可控的中间变速器情况下）的影响。进一步优化底盘控制系统和外力可干预的一些系统需要从总体上研究控制链。

在开发底盘全面控制时要注意在功能、软件架构、电气/电子架构之间存在的高度关联性。特别重要的是要明确功能等级和带有定义的、统一接口的设备（装置）等级。此外，在没有相应的结构（布局）要很快实现高综合度的底盘全面控制会导致无法补偿的开发费用和配套费用。以下示范性地说明联网的底盘控制系统的一些优点。

（1）观察总停车距离　在紧急制动时汽车停车距离是由反应距离（汽车未制动、在驾驶人需要做出反应这段时间驶过的距离）、过渡距离（从驾驶人脚接触制动踏板到产生全制动作用这段过渡阶段的时间驶过的距离）以及紧接着直至汽车停下来的制动距离组成的（图7.65）

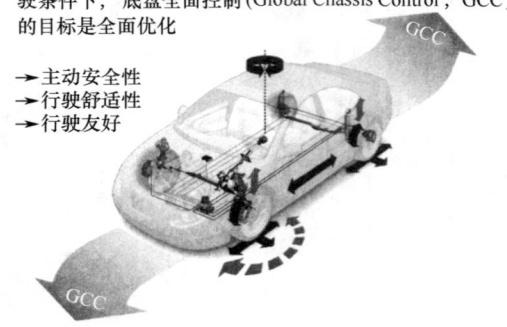

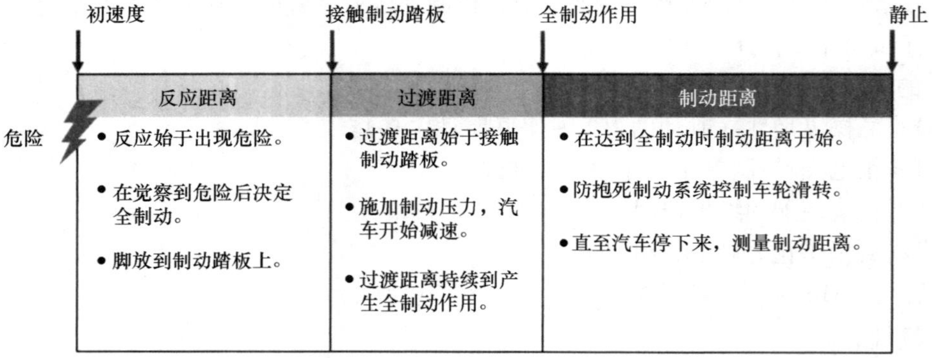

在给定的电子可控底盘各个分控制系统配备(ESP、ARP、CDC、EAS、EPAS、ESAS、4WS、AWS……)和在给定的行驶条件下，底盘全面控制(Global Chassis Control，GCC)的目标是全面优化

→ 主动安全性
→ 行驶舒适性
→ 行驶友好

图7.64　联网的底盘控制系统实例：大陆（Continental）Teves 的底盘全面控制（GCC—Global Chassis Control）
ESP—电子稳定性程序　ARP—主动翻滚保护
CDC—连续阻尼控制　EAS—电子空气悬架
EPAS—电子助力转向　ESAS—电子转向辅助操纵
4WS—4轮转向　AWS—主动侧倾稳定

	初速度	接触制动踏板	全制动作用	静止
	反应距离	过渡距离	制动距离	
危险	• 反应始于出现危险。 • 在觉察到危险后决定全制动。 • 脚放到制动踏板上。	• 过渡距离始于接触制动踏板。 • 施加制动压力，汽车开始减速。 • 过渡距离持续到产生全制动作用。	• 在达到全制动时制动距离开始。 • 防抱死制动系统控制车轮滑转。 • 直至汽车停下来，测量制动距离。	

图7.65　停止距离的几个阶段

如果在完全统一的平台上对参与的各控制系统的部件和程序进行一些优化，则可以显著地缩短停车距离[16]。通过各种技术方案和在轮胎（见7.3节）、制动器和底盘（见7.4节）方面的"诀窍（Know-How）"的完美联合，可以在紧急制动状况下，不但在反应距离，而且在制动距离上要比目前的相应距离降低 10%～15%[29]。

（2）扩展的电子稳定性程序ESPⅡ　建立在当前行驶动力学控制系统上的ESP，可以作为在不同附着系数路面（μ-Split）上紧急制动控制的实例深入说明制动系和转向联网的优点。

如果在联网的系统中还提供附加的主动转向（图7.66），则由各车轮上于不同的制动力引起的横摆力矩可通过计算机控制的反向转向而补偿。驾驶人可以继续保持转向盘在直线行

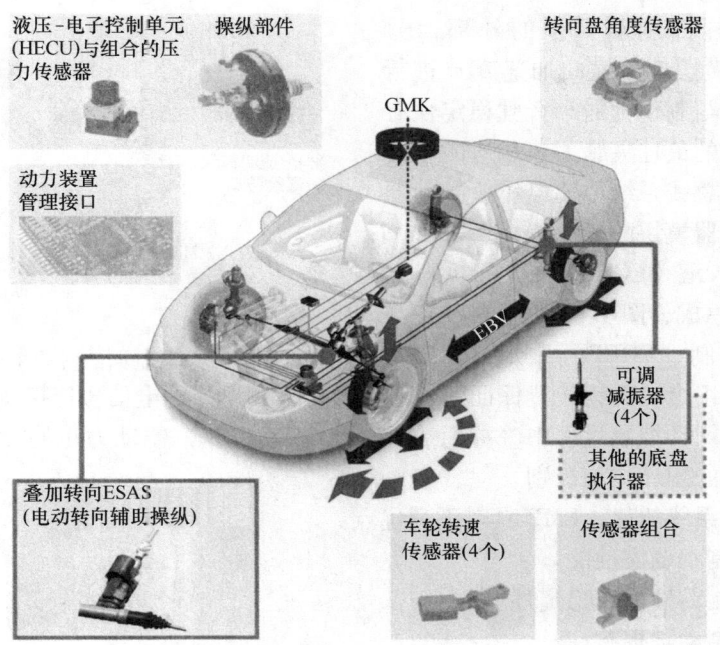

图 7.66 ESP Ⅱ-ESP 与主动转向干预和选择性的底盘干预结合

驶时的位置（直线行驶制动）。转向盘的位置就是驾驶人所希望的汽车行驶车道。通过主动转向快速补偿横摆力矩，允许几乎没有延迟的、同时在各车轮上建立制动压力并可修改后桥车轮制动压力闭环控制，相应地可明显缩短在 μ-Split 路面上的制动距离。

5. 机电制动系统（EMB）

机电制动器也称"干式线控制动器"（trockenes brake-by-wire），工作时不需要制动液。它由带电控单元的操纵部件和4个机电车轮制动器模块组成。单靠电气/电子线路和部件传输信号和制动能（图7.67）。如在电液制动器（EHB）中那样，由于制动踏板与制动器解耦（预设值），所以操纵部件没有反作用。为保证双回路系统的安全，需要冗余（重复）的信号网和能量网。因为前桥车轮制动需要高功率，所以12V结构的电气系统不能满足要求。上述要求都是根据新的电气/电子线路和部件结构提出的（见8.1节）[32]。

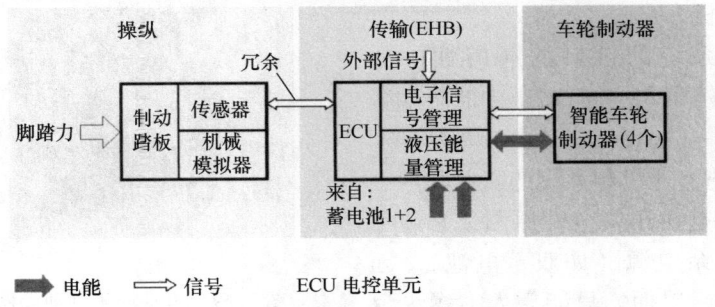

图 7.67 机电制动系统

操纵部件是一个电子制动踏板，它是可调的踏板模块的一个组成部分。踏板模块包括制动踏板、加速踏板和中心电控单元。电子制动踏板由感受制动踏板的模拟器和检测驾驶人希望的行驶参数的传感器组成。中心电控单元将制动踏板行程信号、制动踏板力信号、描述汽车行驶状态和外部制动干预的外部信号（如车轮转速、横摆率、横向加速度）进行处理，并转换为与制动性能和行驶稳定性有关的各个车轮上的最佳夹紧力。相应的电气信号通过冗余的总线系统传输给车轮制动器模块。车轮制动器模块的每一个模块都由车轮制动器电控单元（ECU）和机电执行器（电动机变速器总成，图 7.68）组成。

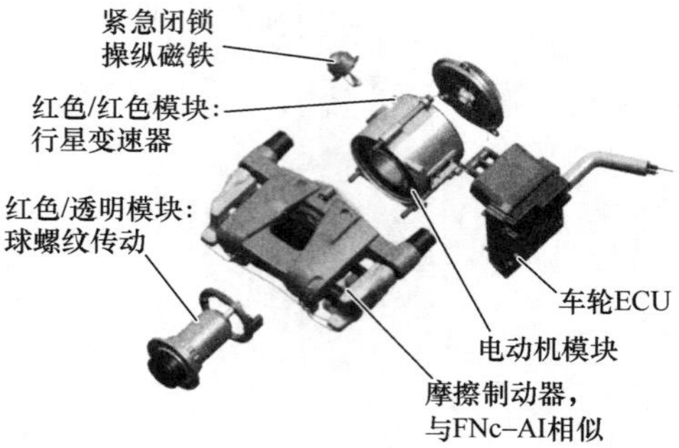

如在电液控制（EHCB）中那样，EMB 的制动功能是由组合的闭锁装置保证的。通过操作键和单纯的电信号连接实现控制。

在车轮滑转闭环控制过程中（如通过 ABS、ASR、ESP）制动力矩的控制要高于由驾驶人控制的、希望的制动控制级别。

图 7.68　EMB 剖面图（后桥车轮制动器）

与液压制动系统相比，EMB 具有下列优点：
1）较高的制动动态性能。
2）最佳的制动性能和稳定性能。
3）可调的制动踏板特性。
4）没有运行噪声。
5）由于制动踏板模块可调整，改善人机工程。
6）在发生交通事故时由于取消可燃的制动液而改善环境兼容性和很小的燃烧危险。
7）没有剩余的制动力矩。
8）较好的防碰撞性能。

给汽车生产厂家带来的优点是：
1）低廉的组装费用和装配费用："插件式和活动式（plug & play）"代替"装入式和拆卸式（fill and beed）"。
2）很少的部件数。
3）与真空度无关，可最好地适用于优化进气损失的内燃机。
4）至辅助系统的接口的通用性（如 ACC stop & go、停车入位等），很少的附加费用。
5）与未来的交通引导系统的简单联网。

EMB 的缺点是由于安全性原因，必须考虑冗余信号和冗余电源（如双蓄电池），因为没有液压的返回层面，只能靠人力操纵返回层面（图 7.69）。

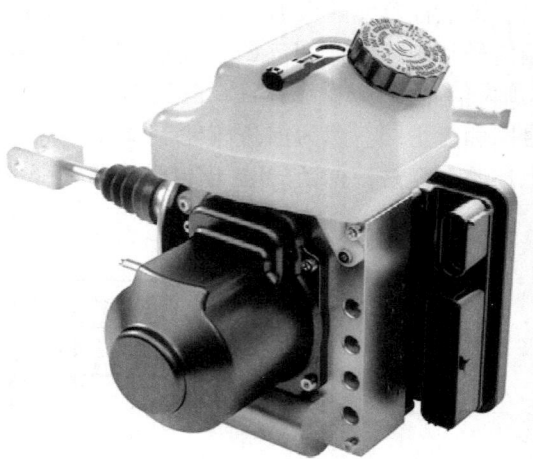

图 7.69　电动液压制动操作系统 MKC1

6. 展望

优化动力装置燃料消耗的努力导致至今可供使用的辅助能量"发动机真空"越来越不足，即借助制动助力器辅助驾驶人需要通过相应的机械真空泵或电动真空泵产生真空度，或提供一个代用的辅助能源，如带蓄压罐的蓄压式液压系统。再则，目前几乎普遍采用的液压制动系统有被与混合动力汽车和电动汽车的特点相匹配的制动系统替代的必然性。

此外，必须实现常规的摩擦制动器和可回收制动能量的发电机式制动器与创新的机电制动平台（线控制动系）的协同制动，以回收汽车动能，并随后用于驱动（见 7.2.2.4 段）。这时应保持目前流行的制动踏板特性（制动踏板感觉）。

机电行车制动器与高电功率要求组合的这种制动方式可以想象为在前桥上的液力制动系与在后桥上的机电制动器，包括驻车制动器功能的一种组合。

由于对交通安全性的要求不断提高，汽车的主动和被动安全性系统相互间不断联网。这时，对周边环境识别的传感器和逻辑算法，以及制动动力学间的相互配合起着较大的作用。

7.3 轮胎、车轮和防滑链

7.3.1 引言

1849 年，苏格兰人 R. W. 汤姆逊（Robert Willian Thomson）收到了有关橡胶织物和皮革的弹性充气轮胎的英国专利号。他远远地超过同时代人的才华。专利包括像作为防滑的花纹槽的延伸内容，还包括被忘却的轨道车辆。

1888 年，J. B. 邓禄普（John Boyd Dunlop）第二次发明了空气轮胎，因为他只收到苏格兰专利登记（预公告）。在此期间，自行车经历了迅猛发展。受振动筛上装铁箍的启发，Draisine 在使用全橡胶轮胎和中空轮胎基础上引入了空气轮胎。这是降低自行车滚动阻力、提高舒适性的关键一步。根据自行车轮胎"充气"的经验，轮胎生产厂家不断开发出有更高要求的汽车轮胎，汽车生产厂家通过自己的试验向公众证明充气轮胎的很多优点。

不能不提及的是，无论是邓禄普还是汤姆逊，他们的发明都受到了美国化学家固特异（Charles Goodyear）的启发。固特异在 1839 年成功地进行了橡胶的硫化试验，这是一个重大发明。

充气轮胎的发展绝不是平直地、一帆风顺地达到目前的水平。它是不断反复、不断在硫化、强度、承载体、轮胎结构、断面比（高/宽比，图 7.70）等各种影响因素之间调整的结果。

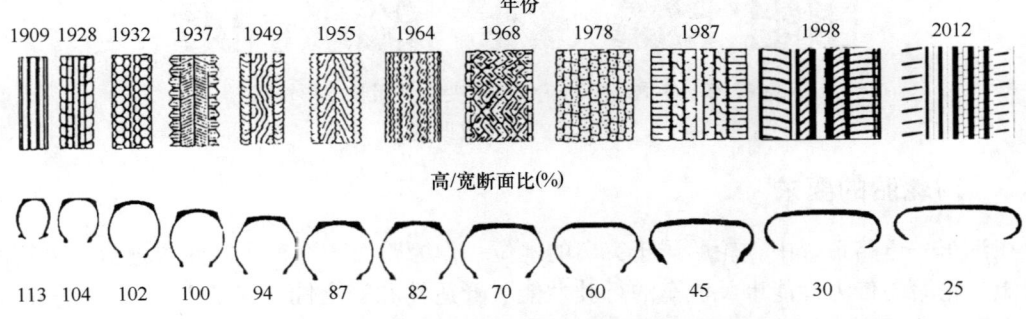

图 7.70　1909 ~ 2012 年轮胎高/宽断面比的演变

轮胎走到今天这一路程的决定性一步是采用子午线轮胎。其优点是寿命长、滚动阻力小和行驶性能好。子午线轮胎逐渐成为乘用车的标准轮胎。商用车轮胎也会很快赶上来。在工业化国家几乎不再用斜交轮胎，所以这里不再讨论它。

7.3.2 轮胎结构

轮胎是由不同物理性能的各种材料组成的一个复合体（图7.71）。

子午轮胎的主要组件是：
1）轮胎圆缘。
2）胎体（骨架）。
3）带束层。
4）胎面。

轮胎圆缘保证轮胎固定地坐落在轮辋上。为实现这一任务，在轮胎圆缘中嵌入一股或多股抗拉金属芯线。此外，无内胎轮胎还承担密封轮胎内部空气的任务。

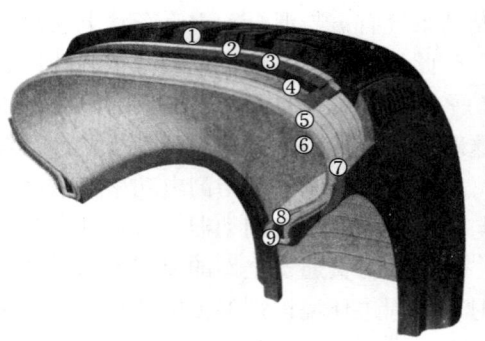

图7.71　典型的乘车轮胎结构与组件
1—胎面　2—底板　3—绷带（扎带）
4—钢丝帘线层　5—胎体（骨架）　6—内层
7—胎边　8—胎芯型面　9—胎芯

轮胎的强度承载体是织物层或胎体，它是一层或多层帘布层，并固定在胎芯上。

在子午线轮胎中，钢丝帘线与轮胎转动方向约成90°。布置在胎体上的附加的带束层可提高轮胎刚度。

胎面将胎体外周包起来，以传递汽车和路面间出现的各种力。胎面的橡胶混合物和花纹造型按性能要求设计。耐磨的胎边保护织物层免受外部的不良影响。

胎面的花纹有多种不同的形状，它们在很大程度上取决于轮胎的使用场合。如冬季用轮胎在最近几十年发生了变化，从初始的粗长方形块状花纹，到软的高花纹凹沟（图7.72）。

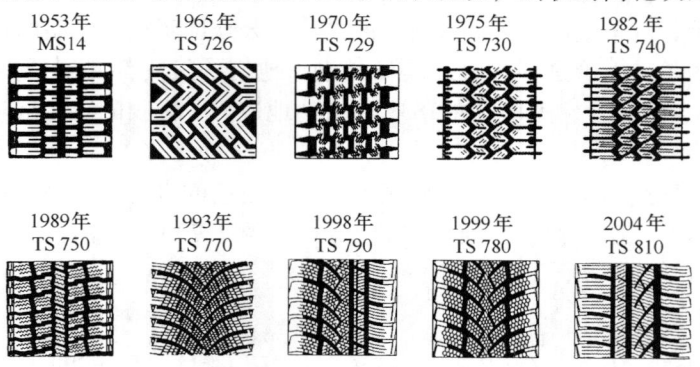

图7.72　冬季用轮胎花纹的演变：从粗长方形块状
直到软的高花纹凹沟

7.3.3 对轮胎的要求

在汽车—道路系统中，轮胎居于突出的地位：作为路面和汽车连接件的轮胎传递各种力和力矩。轮胎的传力性能事关汽车的行驶性能、舒适性和安全性（见7.1节）。汽车的动态性能主要受轮胎性能的制约。轮载、悬架、阻尼、车桥运动学、底盘弹性、发动机功率、行驶速度以及使用类型等对轮胎设计有很大影响（图7.73）。

在充气轮胎中充入的高于大气压力的气体或混合气是承载体。轮胎的外皮根据形状、结

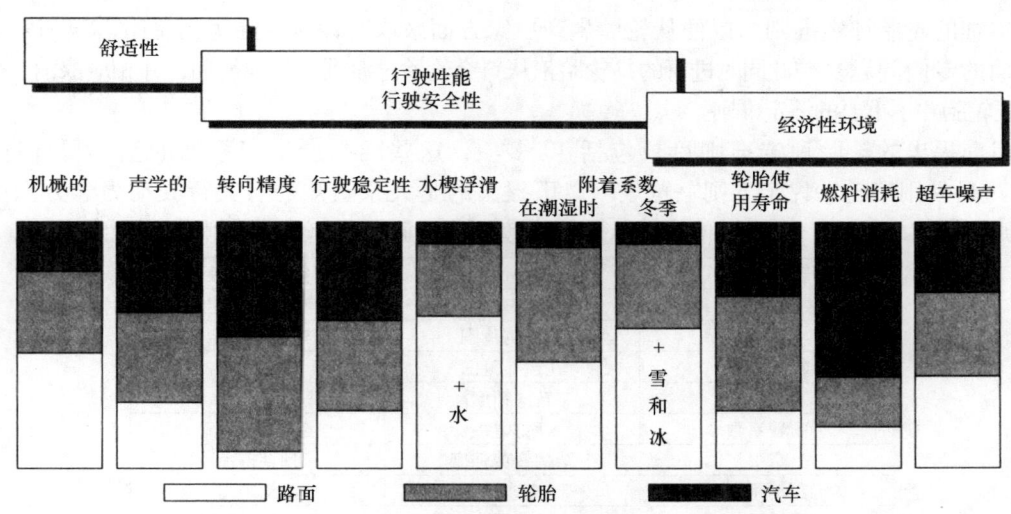

图 7.73 路面、轮胎和汽车对使用性能的影响

构设计和所用材料决定了轮胎的使用性能。汽车工业、终端用户和不断强化的法规对轮胎的使用性能提出高要求。这些要求在一般情况下不总是一致的。不同的要求引起目标冲突，这是轮胎工业需要不断解决的。

在激烈的竞争中，轮胎按汽车工业的设计任务书和追求设定的目标而不断发展。目前在市场上的系列轮胎是一个不断进行的折中。它为用户全面地考虑了行驶安全性、行驶舒适性、转向性、行驶稳定性、经济性、不断增强对环境保护的多方面要求或多方面利益。

1. 使用性能

乘用车和载货车轮胎的演变主要受到乘用车和载货车生产厂家对汽车不断变化和要求不断提高的影响。表 7.2 是典型的轮胎设计因素对使用性能的影响。

表 7.2 轮胎设计因素对使用性能的影响

设计因素	湿附着性	噪声	使用寿命	滚动阻力	水楔浮滑	质量
形状、轮廓	·	·	·	●	●	·
花纹	●	●	·	·	●	·
材料	●	·	●	●	·	·
结构	·	·	●	·	●	·
生产过程				·		●

对使用者来说，使用性能是单一的性能，且总与汽车、道路和驾驶人相关。为得到轮胎的使用性能，需进行试验，它可按主观或客观准则评定。

使用性能总是与用户期盼的要求相关。因为轮胎在使用中的边界条件是变化的，而且要在规定的时间内实现轮胎的使用性能。

在最近几十年，汽车的发展导致道路网的扩建，并对乘用车、载货车轮胎提出进一步要求。这不但使轮胎使用性能的内容增加，而且要进行严格的技术合格检验。

20 世纪 60 年代，乘用车轮胎主要有 10 项准则。它们是在汽车上或在试验台上进行试验或评定的，如导向性（是轮胎的一种能力，即汽车不会从车道突然侧向偏移，这是当时常用的斜交轮胎的一项重要准则），但现在则包括像弯道行驶的所有特征。在最近几年，采用了更细的轮胎评定准则，以便从轮胎生产厂家方面采取有针对性的优化轮胎措施和解决汽车方面的专门问题。与此同时进行的是轮胎正从斜交轮胎过渡到子午线轮胎，并相应取消一些对子午线轮胎并不重要的评定准则。

目前提出的轮胎评定准则目录包括40多项，这些准则产生一系列的基本目标冲突。图7.74是乘用车轮胎评定准则一览表。以下提出的是大家熟知的有关行驶动力学方面的评定准则（见7.5节）。它只是单纯地从轮胎角度观察，即只试验轮胎对整车的性能影响。

行驶舒适性	转向性能	行驶稳定性
悬架舒适性	在0°范围	直线行驶稳定性
低噪声	在比例范围	弯道行驶稳定性
行驶平稳	在边界范围	弯道制动
	转向精度	
附着系数	耐久性	经济性/环境
牵引	结构疲劳强度	预期寿命
制动距离	高速性	滚动阻力
滑转时间	支撑压力	轮胎翻新能力
水楔浮滑	冲击强度	超车噪声

图7.74 乘用车轮胎评定准则一览表

主观评定轮胎是否适用于某种车型仍是一种方法，但更多的还是用客观的评定准则。

客观评定的优点是有较好的再现性和通过对现象的物理描述揭示它的规律，并能更好地解释现象。如果人们认识到轮胎性能背后的一些物理学性能，则可有针对性地优化所希望的性能。

在行驶舒适性方面，通过测量乘用车驶过凸起时在后桥上的垂直加速度可以找出在0～100Hz频率范围内主观评定和测量的加速度峰值之间的关联（图7.75）。

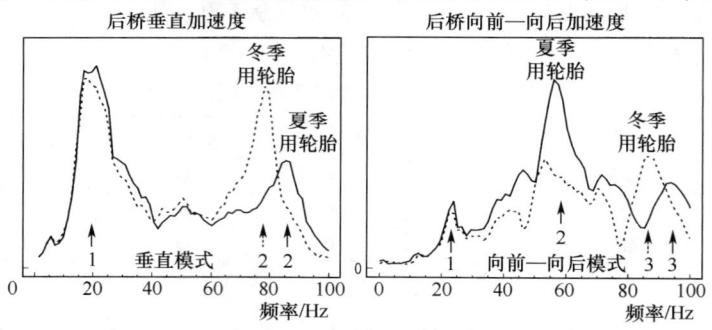

图7.75 在驶过撞击凸起时冬季用轮胎与夏季用轮胎舒适性比较（图中的数字是谐振频率的阶）

冬季用轮胎在垂直加速度时以2阶谐振频率的垂直模式（约75Hz）激励车桥要比夏季用轮胎激励车桥严重。这时夏季用轮胎2阶谐振频率的垂直模式约高出10Hz。由于冬季用轮胎对后桥的激励，可明显感觉到汽车发出的低沉隆隆声。夏季用轮胎对后桥的较强激励发生在向前—向后加速度时2阶谐振频率的向前—向后模式（约55Hz）。

利用轮胎固有模式的知识和在汽车上测定的加速度频谱可以解释现在的频率峰值，并对设计进行必要的修改。

在各种轮胎与各种路面相互作用的噪声中，路面特性导致的噪声是主导的。图7.76表示，由于不同的路面特性，噪声辐射的带宽要大于由于轮胎尺寸、胎面花纹等不同的轮胎产生的噪声辐射带宽。

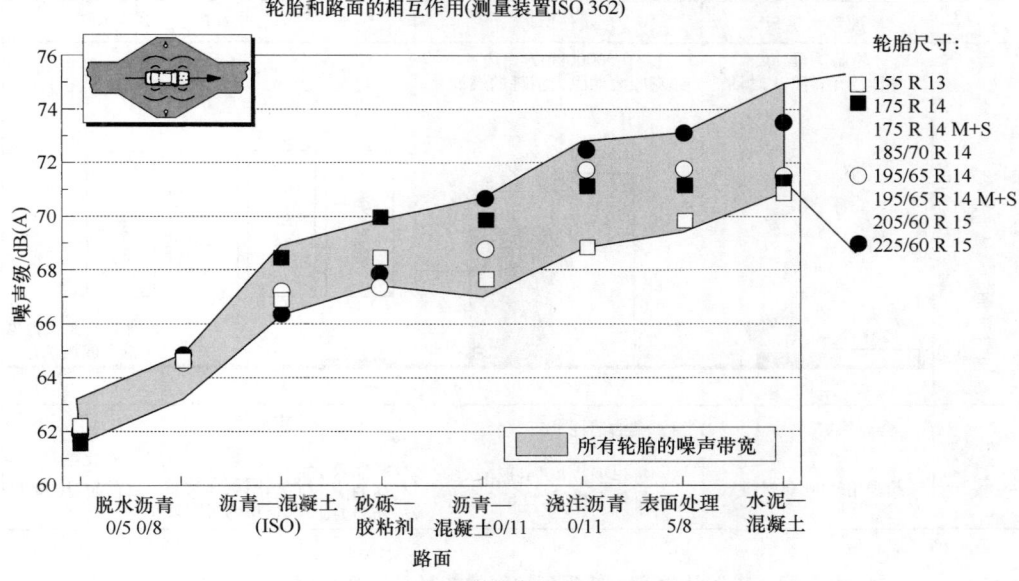

图 7.76 在不同路面的噪声级

评定汽车在比例范围的行驶性能，即横向加速度达 $0.4g$ 时，为主观评定可附加采用汽车传递功能。

通过不同的行驶方式可得汽车传递功能（图 7.77）。下面情况一般有利于对轮胎的主观评定：

1) 较大的横向加速度频率范围。
2) 大的横摆阻尼。
3) 小的相位移动。

当今的高质量轮胎具有高的耐久性储备，可防止由于误用轮胎造成不良的后果，但不能完全排除由于轮胎损伤和使用不当造成的故障。

深入分析轮胎的"故障史"是不容易的。轮胎对发生的故障具有一定的记忆效应。轮胎专家根据轮胎圆缘擦伤和内壁变色状况，证明这是由于较长时间使用低充气压力造成的。

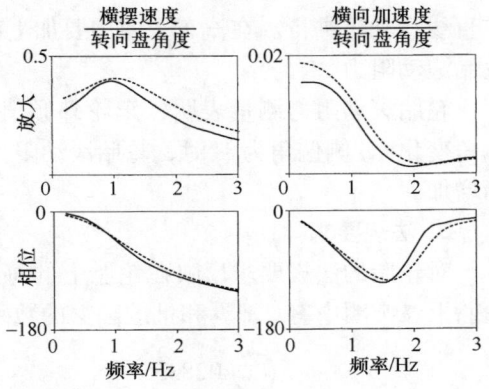

图 7.77 典型的乘用车轮胎按放大和相位的传递功能，轮胎组主观评价：很好（图中虚线）；较好（图中实线）

轮胎的经济性很少涉及生产或利用，更多地涉及轮胎的使用。鉴于轮胎的滚动阻力，必须不断地增加发动机的功率以克服它。滚动阻力越小，燃料消耗越少。

图 7.78 是轮胎的经济性对 1997 年德国国民经济的影响。降低轮胎滚动阻力 30%，燃油消耗可降低 4.8%，相当于在轮胎整个寿命期内每个轮胎约可节省 60L 燃油。从整个国民经济计算，单就降低轮胎滚动阻力这一项就可节省超过 25 亿升燃油。

翻新轮胎与新轮胎相比，最大的缺点是滚动阻力要增加 10%。因此，从能量平衡看，翻新轮胎是不利的。因为较大部分的燃油是消耗在轮胎行驶中的滚动阻力上，而胎体的再利

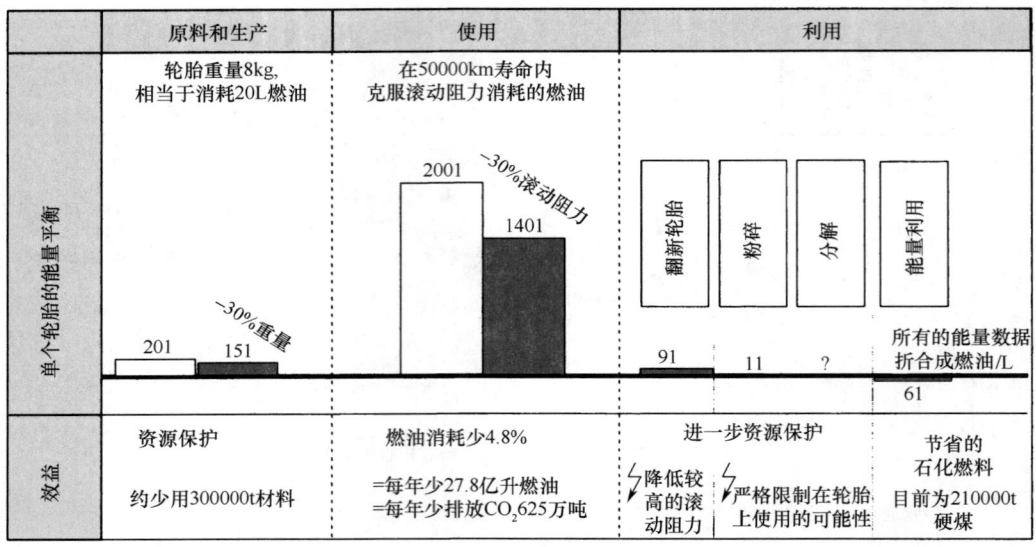

图 7.78 轮胎从生产、使用到利用的能量平稳（德国，1997 年）

用（即翻新）所节省的当量燃油要少。

轮胎滚动阻力由它在汽车上的使用条件决定。单纯测量轮胎滚动阻力只在没有车轮外倾在直线行驶时进行。在汽车上使用要加上前束或在弯道行驶时要加上侧偏角和车轮外侧测量轮胎滚动阻力。

轮胎滚动阻力测量表明，车轮外倾值至 $-2°$，轮胎滚动阻力增加很小（$0\sim2\%$，随侧偏角变化），侧偏角为 $1°$ 时，轮胎滚动阻力增加到 30%。随着侧偏角增大，轮胎滚动阻力逐渐增加。

2. 法规要求

对轮胎的法规要求反映在轮胎上的符号、文字、批准标记和按 ECE 规则 30 的批准号。轮胎上在圆圈中有 "E" 和批准国家的数字代码，跟在圆圈后面的是多位批准号码，如：

Ⓔ12 028355

3. 轮胎、车轮、标准

轮胎和车轮的标准在 ETRTO 和 DIN 标准中规定。如轮胎尺寸的标记 195/65 R15 91T：

  195 轮胎名义宽度（mm）
  65 名义断面比（高/宽比）（%）
  R 子午线轮胎（束带式轮胎）符号
  15 轮辋直径（in）
  91 承载能力指数或载荷指数（"91" 表示轮胎允许最大承载为 615kg）
  T 允许的最高车速（T 表示 190km/h）

在胎边上的其他标记：

TUBELESS	无内胎轮胎
	TUBE TYPE（有内胎轮胎，只允许与内胎一起装配）
DOT	运输局（美国交通部）
0302	生产日期代码（03 为第 3 周，02 为 2002 年）
	（在 1999 年 12 月 31 日前在第 3 个数后还有一个△）
TWI	花纹磨损指示器标记
	在整个轮胎外圆，在纵向花纹槽中均匀分布横条，在磨损到 1.6mm 时显露出来
Reinforced	提高承载能力的加强轮胎
M + S	标在冬季用轮胎上

4. 轮胎标志、EU 标签

按 Vorordnung（规定）Nr，1222/2009，自 2012 年起在欧盟出售的轮胎要带有标签（图 7.79）。标签用以提高轮胎道路交通的安全性、经济性和生态效应。为评定轮胎的滚动阻力、湿地附着力和噪声性能，将它们分级。

前两项性能分为 A-G 级。对噪声性能根据填满 3 条声波符号白框情况分为 1-3 级（如图中下面填满声波状符号的 2 条白框表示为 2 级）。测量轮胎性能按 UN/ECE Regelung（规则）Nr. 117 执行。

按下列性能评定乘用车标准轮胎（轮胎等级 C1）：

（1）轮胎滚动阻力 轮胎能效用滚动阻力度量，轮胎的分级用滚动阻力系数（C_r）表示。轮胎滚动阻力系数定义为单位车轮载荷的滚动阻力，其单位为 kg/t（表 7.3）。

（2）湿地附着力 在湿道路上试验轮胎与规定的参考轮胎相比可得到轮胎的湿地附着力。相对于参考轮胎的湿地附着力，可用湿地附着力特征值 G 表示（表 7.4）。

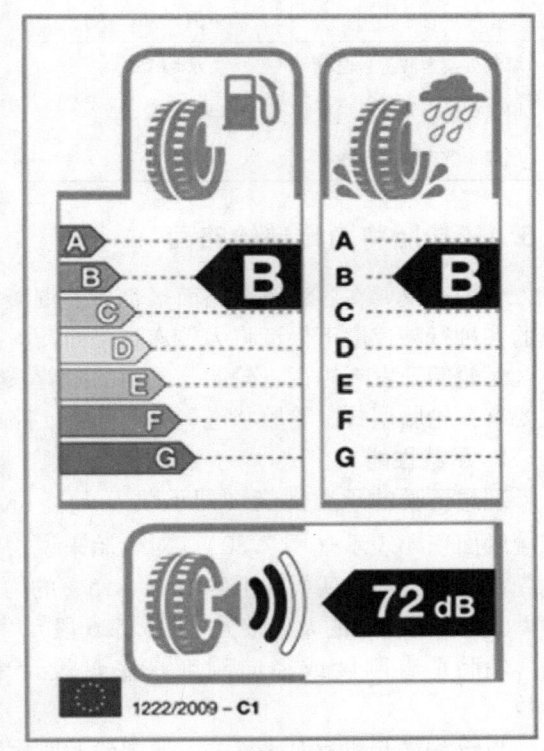

图 7.79 欧盟轮胎标签

（3）噪声 在轮胎标签上的噪声数据是在 80km/h 超速行驶得到。填满声波符号白框 1~3 条是依据噪声值（LV，自 2010 年起）数据确定，见表 7.5。

至 2016 年 11 月出售的轮胎，只要保持 2010 年前的噪声限值，它用填满 3 条声波符号的白框表示。

噪声限值与轮胎名义宽度有关。等级 C1 的乘用车标准轮胎噪声限值见表 7.6。

对 M + S 轮胎、附加载荷轮胎（XL）或加强轮胎，或这些轮胎性能的组合可提高噪声限值 1dB（A）。

表7.3 轮胎能效等级

轮胎等级 C1 的能效等级	C_r/(kg/t)
A	$C_r \leq 6.5$
B	$6.6 \leq C_r \leq 7.7$
C	$7.8 \leq C_r \leq 9.0$
D	空
E	$9.1 \leq C_r \leq 10.5$
F	$10.6 \leq C_r \leq 12.0$
G	$C_r \geq 12.1$

表7.4 轮胎湿地附着力等级

轮胎等级 C1 的湿地附着力	G 相对参考轮胎的相对值
A	$1.55 \leq G$
B	$1.40 \leq G \leq 1.54$
C	$1.25 \leq G \leq 1.39$
D	空
E	$1.10 \leq G \leq 1.24$
F	$G \leq 1.09$
G	空

表7.5 轮胎噪声值符号

噪声符号，用	噪声值 N/dB（A）
填满1条声波符号白框	$N \leq LV-3$
填满2条声波符号白框	$LV-3 < N < LV$
填满3条声波符号白框	$N > LV$

表7.6 轮胎噪声限值

轮胎名义宽度/mm	限值（LV）/dB（A）
≤185	70
185~215	71
215~245	71
245~275	72
>275	74

7.3.4 轮胎将力传递给路面

轮胎不仅要在各种铺装路面（沥青、混凝土、方块石），而且要在所有的大气条件和汽车的各种行驶速度下保证将力传递到路面。

对轮胎开发者来说，轮胎与路面的附着系数是重点。影响它们间的附着性能的各种因素主要有：轮胎型式、轮胎状态、路面种类、路面状态、行驶条件和行驶故障。

1. 承载性能

理想薄膜的承载性能（即承载力F_z）可用内压p_i和接触面积A表示（图7.80）。对轮胎来说，鉴于轮胎的壳状刚性结构，还要加上约10%~15%的构件承载份额k。抗黏附轮胎的k值较大（7.3.5.6段）。

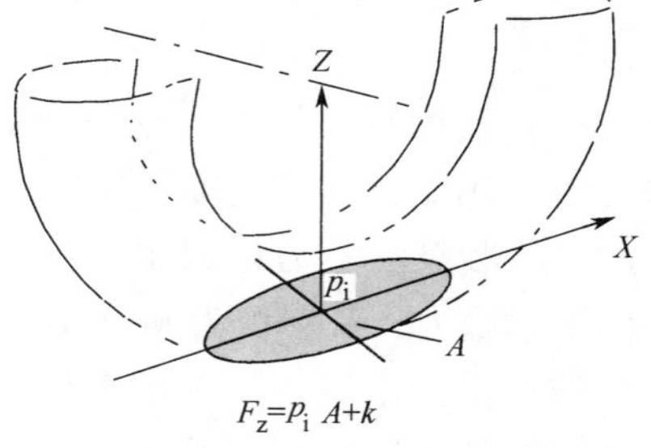

轮胎垂直刚度或径向刚度是底盘设计中的重要参数。

与轮胎宽度和断面比有关，通常轮胎刚度随轮胎宽度增加和轮胎断面比减小而增加（图7.81）。

$$F_z = p_i A + k$$

图7.80 充气轮胎的承载性能

2. 附着性能，建立水平力

轮胎的附着性能主要由橡胶—路面的摩擦副决定。

附着系数不是常数，它随胎面合成物和路面摩擦副、接触压力、滑动速度和温度而变化（图7.82）。

一般来说，接触压力越小和地面支撑面上的压力分布越均匀，可传递的侧向力和切向力越大。在较高的车轮滑转速度或高的滑动速度时附着系数下降。按使用场合不同，在一定温度范围的轮胎合成物具有最大的附着系数，在此温度范围外则附着系数较小。冬季用轮胎的温度范围设计在 -20~10℃，夏季用轮胎的温度范围设计在 5~40℃，这时它们具有最大的

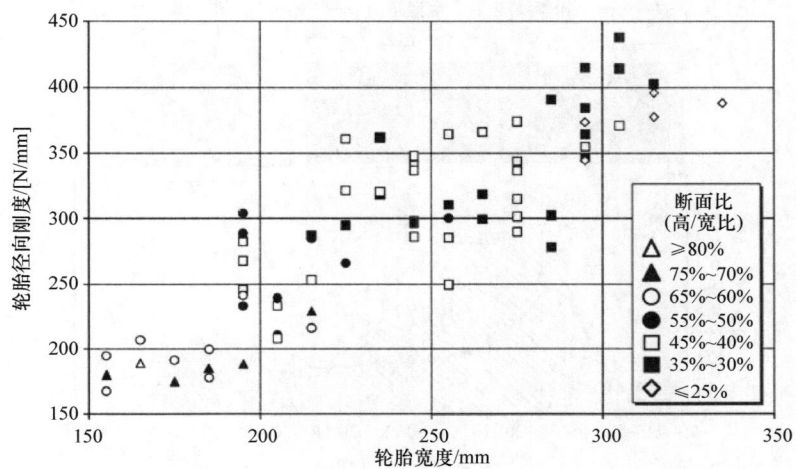

图7.81 在规定的汽车充气轮胎压力下,不同轮胎型式测定的轮胎径向刚度随轮胎宽度和断面比的变化

附着系数。

附着性能决定轮胎在低滑动速度范围可传递的力（如在 ABS 制动时轮胎支撑面的前部范围）和决定在高滑动速度范围的滞后作用（如抱死制动）。

橡胶合成物开发者可以把他们的重点放在"附着范围"或"滑动范围"的附着系数上，即最好的"ABS 轮胎"，不必是最好的"抱死轮胎"。

黏弹性橡胶材料的动态性能可用储能模量和

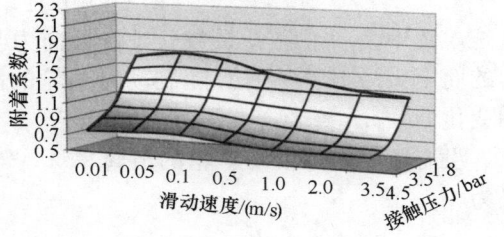

图7.82 典型的胎面合成物在刚玉 180 上附着系数 μ 随接触压力和滑动速度变化的实验室测量

损失模量组合的综合模量表示，即 $E^* = E' + iE''$。损失系数 $\tan\delta$ 是损失模量与储能模量之比，它是黏弹性橡胶变形时的能量损失的一个尺度。可以进行简要的说明，轮胎开发者根据温度—频率当量原理（WLF 变换）可以把 $\tan\delta$ 曲线的不同温度范围与某些轮胎的典型性能配合。

在图 7.83 标注的 $\tan\delta$ 曲线范围的物理上的区别是：范围①和②对在潮湿路面上的制动有重要作用。范围①主要是对在地面支撑面的前部范围，在非常低的滑动速度时的准附着范围（比较图 7.85）。范围②是对在地面支撑面的后部范围，或在抱死制动时的更高滑动速度范围。范围③在滚动时对周期性橡胶变形的滚动阻力有重要影响。

范围①为微小不平度的附着支撑的滞后摩擦，范围②为大的不平度时的附着支撑的滞后摩擦，范围③是脉冲形的橡胶变形。由图可见：轮胎—路面接触面的不平度越小，轮胎在行驶时的频率越高。

在短的制动距离（在 60℃时在范围②、③的 $\tan\delta$ 大，但比在 20℃时的 $\tan\delta$ 要小），附着系数大、滚动阻力小的低燃料消耗的折中位置应处在高的附着系数水平。由图 7.83 得知，硅合成物胎面的轮胎可实现这点。

3. 驱动和制动及切向力

图 7.84 是未配备 ABS 的制动过程实例。这里仅就轮胎的作用进行研究，而不涉及制动

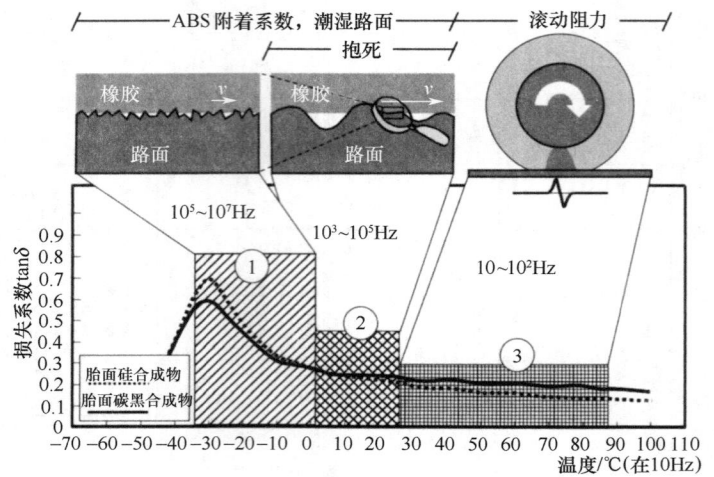

图7.83 损失系数 tanδ 随温度的典型变化、在潮湿路面上重要的附着系数范围和在轮胎胎面硅合成物与碳黑合成物两种合成物下的滚动阻力以及按 WLF 变换的换算（轮胎试件，在10Hz、力不变时测量）

系统。图中表示了附着系数 μ（将切向力与法向力的商定义为附着系数）随制动时车轮的滑转率的变化。

没有侧向力的滚动车轮的滑转率 λ 一般可定义为

$$\lambda = \frac{R_{dyn} \cdot \omega - v}{v}$$

式中，R_{dyn} 为轮胎的动态半径；ω 为车轮转速；v 为汽车速度。轮胎动态半径是车轮的有效滚动半径，它只间接地由汽车驶过的距离和车轮转动数确定。

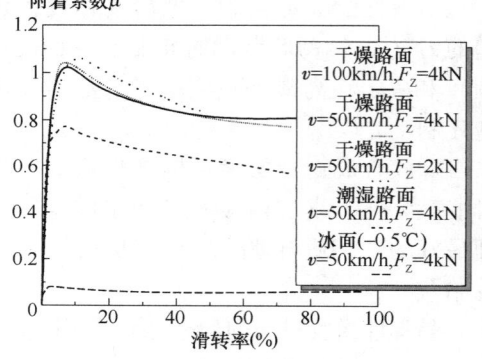

图7.84 在不同路面状况和不同使用条件下的附着系数 μ

为使在车动滑转时滑转率不超过1或100%，滑转率常与车轮转速 $R_{dyn} \cdot \omega$ 相联系，而不与汽车速度相联系。图7.84清晰表明，在整个滑转率范围，要求轮胎滑转率直至100%。值得注意的是在制动时抱死车轮轮胎会消耗总的动能；在 ABS 制动时，制动系吸收了最大部分的动能。

随着制动滑转率的增加，在轮胎支撑面的滑动范围不断扩大（图7.85）。从轮胎支撑面离开路面（总是在图上的右侧），滑动区向轮胎支撑面进入路面的方向增大。在达到最大滑转率前的短暂时间，几乎整个的接触区处于滑动状态。在轮胎的地面支撑面的前部范围为附着范围，滑动速度很小。

除了与汽车设计、行驶速度有关外，轮胎结构形式和路面不平度对附着系数有决定性的影响。

图7.84、图7.85、图7.86表示与路面、轮胎和工作条件等影响因素有关的、可达到的附着系数和据此可达到的驱动加速度和制动距离。

轮胎花纹和胎面合成物的不同组合可以在雪地上产生不同的牵引力（图7.86）。各种组合表明，轮胎胎面合成物对冬季用轮胎性能是决定性的，因为它与典型的夏季用轮胎胎面合成物相比，在低温时仍有弹性。

4. 侧偏、力和力矩

就汽车行驶动力学而言，要传递的力的大小和特征对愉快的和安全的行驶非常重要。随着车轮侧偏角的增大，与轮载有关的侧向力在侧偏角为5°~15°范围可达最大值（图7.87）。

由于轮胎压印面的变形和在轮胎与路面接触区开始的滑动变化过程而形成一个回位（正）力矩。回位力矩试图使车轮和转向盘回转到初始位置。当侧偏特性线开始离开线性增长和在侧偏角继续增大侧偏特性线变为负时，回位力矩达到最大值。

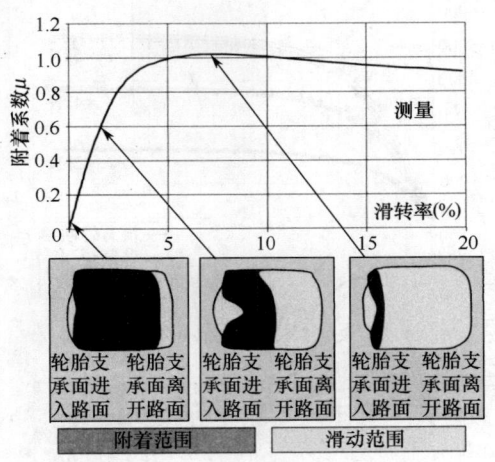

图7.85 在不同滑转率制动时有限元（FEM）方法计算出的轮胎地面支撑面上的附着区和滑动区
（左为轮胎支撑面进入路面，
右为轮胎支撑面离开路面）

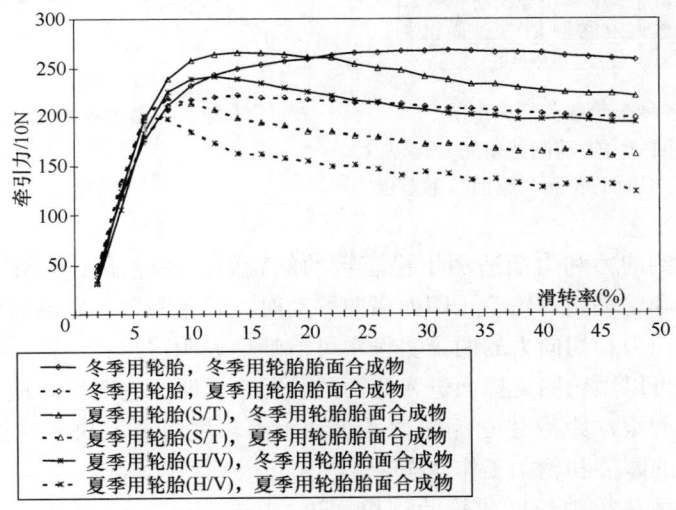

图7.86 不同轮胎和胎面合成物在雪地上的牵引力随滑转率的变化（即附着系数的潜力）

图7.87中还表示了车轮外倾角的影响。在弯道行驶时负的外倾角可增大侧向力，但同时会减小回位力矩。正的外倾角则正好相反。

哥夫（Gough）图（图7.88）可综合反映轮胎上有关侧向力、回位力矩、轮胎后倾、车轮载荷和侧偏角等参数的关系。常将轮胎压印面上的合成的侧向力作用点到轮胎中心间的距离定义为轮胎后倾。哥夫图可以在弯道行驶时准静态地确定车桥上两车轮的侧向力和回位力矩。

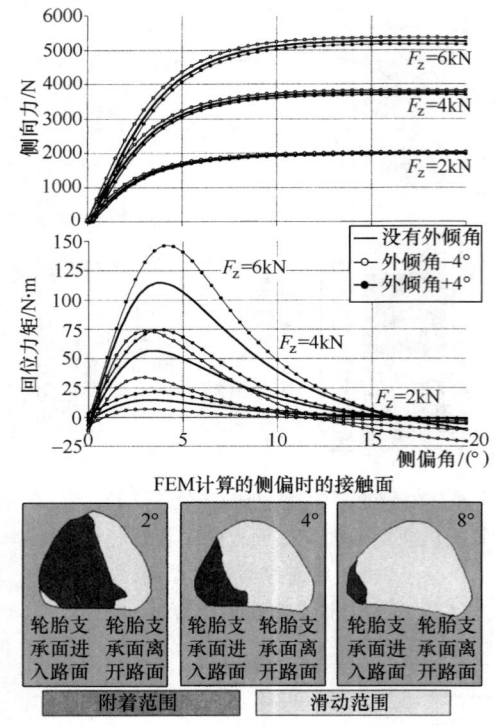

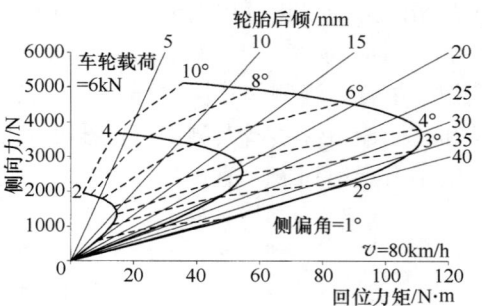

图7.87 在各种车轮载荷下典型的乘用车轮胎侧向力和回位力矩随侧偏角的变化以及在侧偏角为2°、4°、8°时的轮胎与路面接触范围

图7.88 典型的乘用车轮胎哥夫图

所有至此观察到的力和力矩适用于稳态转动的轮胎。在轮胎工作条件变化时,如侧倾角、载荷、外倾角和轮辋相对轮胎压印面横向移动时,轮胎需要一定的时间以调整到新的稳态转动状态。在侧向力和切向力的两个实例中可清晰地表明这点:

侧向力的变化可以用轮胎支撑面进入路面的状况来说明,它对汽车横向动力学有重要作用。轮胎经过一定的滚动距离建立侧向力。滚动距离长度主要取决于轮胎参数:质量、阻尼、轮胎压印面上的摩擦和轮胎工作状态。

相应的特性参数是松弛长度或轮胎支撑面进入路面的长度。常将这个长度定义为路程。在该路程下,切向力达到 $F_y = F_{y0} \cdot (1 - 1/e)$ (图7.89)。乘用车轮胎的典型的支撑面进入路面的长度为0.2~0.7m。

轮胎支撑面进入路面的长度 l 可用下式估算:

$$l = C_a / C_y$$

式中,C_a 为侧偏刚度;C_y 为横向刚度。

如果在自由滚动的车轮上的侧偏角可很快地调整,则侧向力和回位力矩就能很快建立。随着转向频度的增加就会失去侧偏角、侧向力和回位

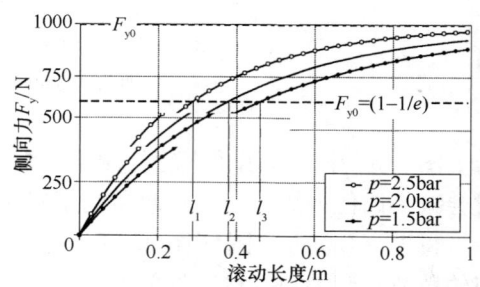

图7.89 建立侧向力和相应的轮胎支撑面进入路面的长度 l_x 与充气压力 p 有关(在侧偏角从0°变为1°时)

力矩的单调配合。另外，在低频范围的车轮载荷波动会进一步引起轮胎支撑面进入路面的动态变化过程。在弯道行驶时由于单一的路面不平度，力和力矩通过轮胎传入转向系，这时驾驶人需予以补偿。

一般的方程式已不能描述轮胎的综合性能，必须用轮胎的动态模型来描述。

原则上在所有的力的方向都有轮胎支撑面进入路面长度。在轮胎工作条件发生周期性变化时有一个相位变化。另外，在时间域中还有振动能力的系统的动态响应。

图7.90是在两种速度下的切向力—制动滑转率特性线。在施加制动脉冲时，在建立侧向力以前滑移率先增大，从而形成一系列的收敛点（聚焦点）。这些收敛点是稳态弯道行驶的特征。在这种情况下，轮胎动力学和在圆周方向轮胎支撑面进入路面长度可以确定轮胎对制动力矩变化的响应性能。

5. 纵向和横向滑转时的轮胎

除附着系数问题外，要在附着系数边界范围控制汽车，必须注意轮胎特性。受过汽车运动训练的汽车驾驶人，在较高的弯道行驶速度时利用较高的窄的附着系数边界范围；而对一般的驾驶人则利用宽的附着系数边界范围，这样很少进入极限情况。

图7.91是汽车在侧偏时滚动车轮上的速度和滑转率状况。

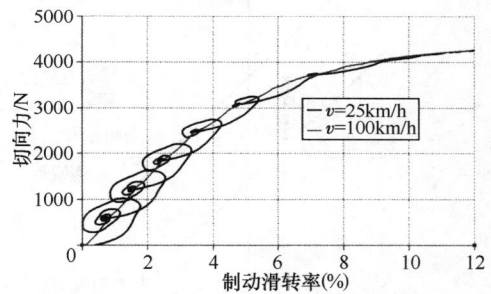 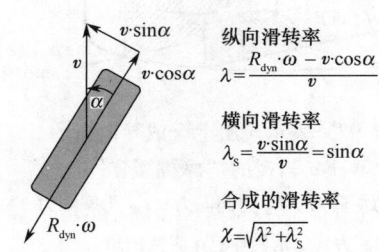

图7.90　轮胎对分段提高制动力的动态响应　　图7.91　侧偏时在滚动车轮上
的速度状况和滑转率状况

（R_{dyn}为轮胎动态半径；ω为车轮转速；
α为侧偏角；v为汽车行驶速度）

轮胎只有在一个方向才能提供最大附着系数的潜力（图7.92）。

因为在某些情况下圆周方向和横向方向的最大附着系数是不同的，这时普遍使用的卡姆（Kamm）附着系数圆就变成附着系数椭圆。

在不同的侧偏角时，侧向力和切向力间的变化关系见图7.93。

6. 轮胎的均匀性

（1）结构侧向力和锥度力　由于轮胎强度支撑的层结构，没有车轮悬架引导的轮胎不是直线行驶的。每种轮胎具有相同的侧向力，它引起轮胎偏离理想的直线行驶。侧向力是由与转动方向有关的结构侧向力F_{SS}和与转动方向无关的锥度力F_K组成的。结构侧向力可从轮胎内部构件、轮胎几何形状的锥度力得到。

通过在轮辋上翻转轮胎可消除由于轮胎的"单边绷紧"而经常出现的不合格品（图7.94）。

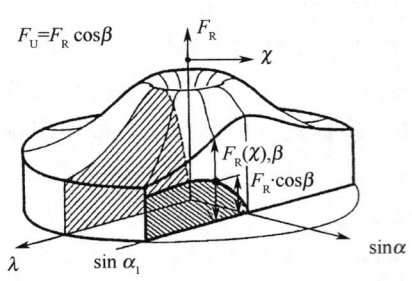

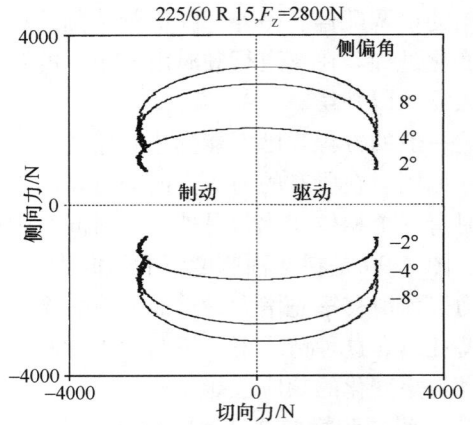

图 7.93 不同侧偏角时侧向力和切向力间的关系

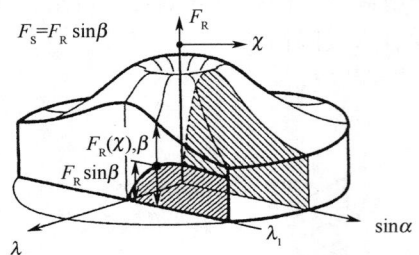

图 7.92 表示轮胎上合成导向力的 Weber 教授的"摩擦蛋糕"

(F_U 为切向力; F_S 为侧向力; F_R 为摩擦力; χ 为合成滑转率; α 为侧偏角; α_1 为任意的侧偏角 $\neq 0$; λ 为纵向滑转率; λ_1 为任意的滑转率 $\neq 0$; β 为卡姆圆中的摩擦力方向的角度)

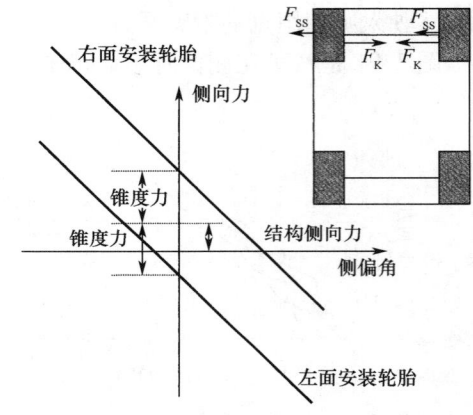

图 7.94 转动方向对结构侧向力 F_{SS} 和锥度力 F_K 的合成力的影响

(2) 轮胎径向跳动 轮胎径向跳动表示轮胎与理想的旋转体的偏差。几何偏差是轮胎受到高度和侧向撞击造成的。重要的是滚动的弹性轮胎在径向、横向和切向的力的变化。这些力的变化是在轮胎的整个圆周上几何形状和刚度波动的总的作用的结果。一般要规定出几何形状和刚度的波动限值。这样的波动限值在汽车上是不会感觉到的。

7.3.5 作为整个汽车系统的组合件的轮胎

整个汽车系统或子系统中的轮胎开发不断采用仿真工具。仿真的目的是在开发阶段优化虚拟汽车上的虚拟轮胎,以较快的路径、高成功率的轮胎试件达到较好的汽车性能。在与开发伙伴的紧密合作中找到轮胎工业和汽车工业共同的合作项目,并提早协调轮胎设计方案和汽车设计方案。

1. 轮胎力学、材料性能

由于轮胎的严重非线性和在整个寿命内的性能变化,要数学描述橡胶的性能是很困难的。图 7.95 是橡胶的拉伸图。它是在每个循环载荷等级伸长 10% 并分 5 个循环载荷等级进行的。在每个循环载荷等级中向上向下10次,即10个循环次数。每个循环载荷等级的第一个循环加的力总是最大,以后不断下降,直至达到稳定状态。

反映材料性能的模型需要高的模拟费用。利用弹簧、阻尼器和摩擦元件可以模拟材料性能。这些元件可以描述不同伸长速度的橡胶的弹性、黏性和塑性性能(图7.96)。

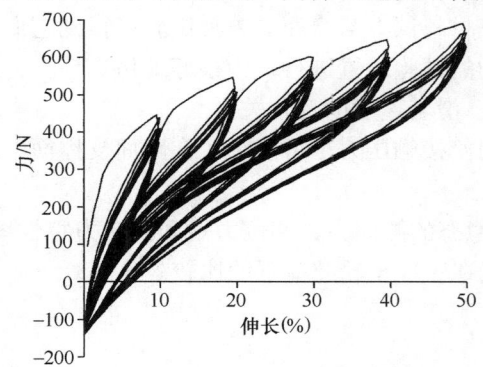

图7.95 充填碳黑的橡胶试件在5个循环载荷等级时的伸长试验

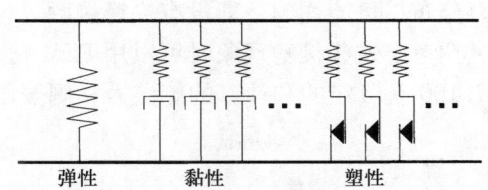

图7.96 橡胶性能的等效模型

可以从物理学上解释这些性能:

弹性性能常描述橡胶性能,并大多用非线性的弹簧来表示。它不但考虑力—伸长曲线的非线性,也要考虑到它的不可压缩性。

黏性表示与速度也与频率有关的橡胶材料的刚度。黏性用温度—频率等效表示,也可用温度性能表示。频率越高或温度越低,橡胶对外部载荷的反应越硬。

在约 10^5 的频率范围的储存模量 E' 和损失模量 E'' 可以用一个弹簧和一个阻尼器组成的10个麦克斯韦(Maxwell)元件模型模拟。图7.97是橡胶材料模型模拟值与测量值的比较。

要考虑橡胶内部结构的塑性性能。滞后作用表明,在橡胶变形时聚合物分子链传导到充填物质表面,并引起摩擦滞后。这种滞后作用可从图7.99中看出,在低伸长速度范围加载时伸长增加的力要大于卸载时伸长减小的力。

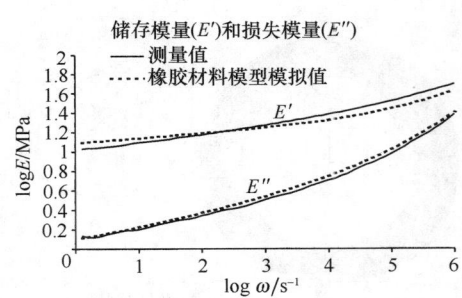

图7.97 在 10^5 频率范围橡胶材料模型模拟值与测量值的 E' 和 E'' 的比较

图7.98 在各种伸长幅值时,在稳定状态的橡胶材料定律与材料滞后作用的匹配

利用描述材料塑性的普朗特(Prandtl)元件(弹簧和摩擦元件,图7.96)可以模拟材料塑性。这种模拟不仅可以正确再现橡胶的塑性曲线形状,而且可正确再现典型的橡胶滞后作用。

以材料定律形式将复杂的橡胶性能引入轮胎计算能多方面预测轮胎性能。这方面的实例是轮胎在稳态滚动状态侧倾下的变形和在路面支撑面上力和摩擦状况的信息,以优化驱动和制动时在侧向力作用下的附着系数(图7.98)。

这时要特别注意轮胎与路面接触范围的摩擦状况。力的传递主要取决于当地的接触压力、花纹块的滑动速度和接触区的温度。通过橡胶材料试件与路面的单独试验可得到它们间的关系。试验可在实验室中或在试验路段利用移动的试验装置进行。为很好地仿真计算,必须考虑表示在图7.82中的附着系数μ随接触压力、滑转速度的变化关系。

为得到大的附着系数,在优化仿真计算时力图使接触压力尽可能小,在路面支撑面上的压力分布尽可能均匀,即没有尖锋接触。

在考虑这些接触现象时可以用FEM精确计算稳态的侧向力、回位力矩和切向力特性线。图7.100是测定的和计算的侧向力—侧偏角特性线在3种车轮载荷下的比较。

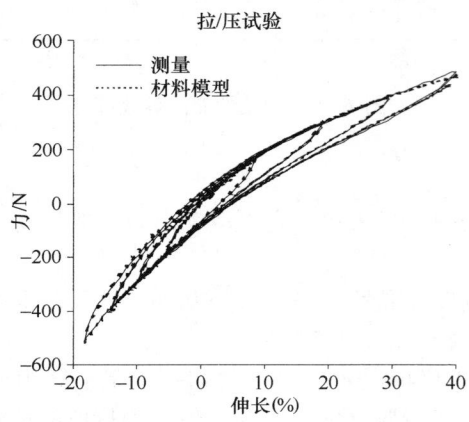

图7.99 用有限元法(FEM)计算侧偏时(在侧向力作用时)稳定转动的轮胎路面支撑面上的接触压力

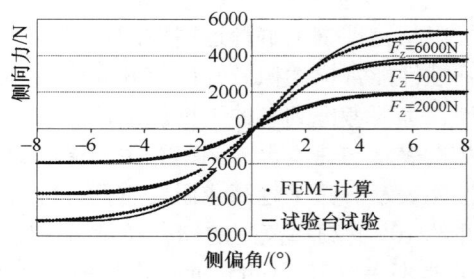

图7.100 标准乘用车轮胎在3种车轮载荷下在试验台上测定的和计算的侧向力—侧偏角特性线比较

在预测轮胎耐久性、滚动阻力、温度分布、磨损、水楔滑水时等都要继续应用FEM仿真计算。

2. 轮胎模型

轮胎模型用以定性和定量地表示和预测轮胎性能。按要求,轮胎具有从简单的数学FEM模型到详细的动态FEM模型的各种综合性能。作为实例,图7.101的轮胎模型可看成由弹簧、质量、阻尼器组成的简单的"多体系统(MKS)轮胎模型"。由图可见轮辋、变形的帘线带以及在车桥和轮胎支撑面上的各种力。

通过对综合性的轮胎模型的专门的测量或计算可确定仿真计算(如FEM)所需要的轮胎参

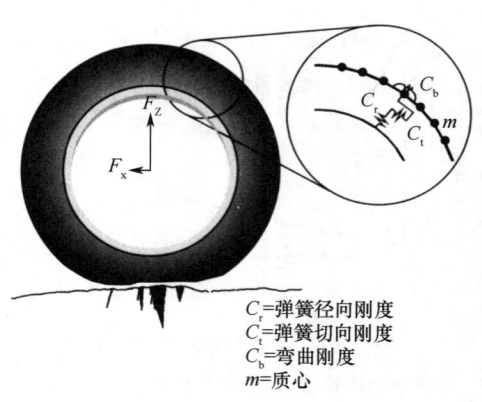

C_r=弹簧径向刚度
C_t=弹簧切向刚度
C_b=弯曲刚度
m=质心

图7.101 在表面不平的路面上行驶的简单的MKS轮胎模型(FTire);按大小和方向表示车桥受力和接触力

数。轮胎模型还能在不平的路面上行驶并在车桥上形成各种力,进而传递给与它耦合的汽车模型。通过所谓的"刷"(图上未表示)检测与路面的接触并计算产生的接触力。

3. 整体模型

轮胎工业和汽车工业之间的模型交换,如大陆轮胎公司,通过拓宽汽车产品系列而扩大汽车使用范围。

为模拟汽车部件与轮胎的相互作用,优先使用多体系统(图7.102)。与汽车模型耦合的水平动力学模型在模拟平坦路面和等附着系数时,可足够精确地再现轮胎的性能。在未来,为能描述纵向动力学和垂直动力学性能,还要使用综合性的轮胎模型,它能在附着系数 μ 变化的不平路面上提供轮胎力和力矩。

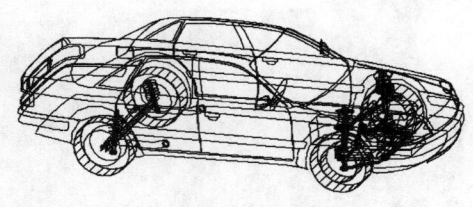

图7.102 汽车行驶动力学模拟的整体模型

4. 行驶性能描述

在判断舒适性和行驶性能时,驾驶人是最后的"把关者"。建立在驾驶人主观判断上的物理学上的把握是有针对性地开发轮胎(首先是基于仿真计算)的前提。轮胎开发者能客观评估轮胎结构措施和材料工程措施对汽车系统性能的影响。

5. 轮胎与其他系统部件间的相互作用

对轮胎与其他系统部件间的相互作用的认识与了解,要求协调系统、部件(如轮胎)的性能和成本。

如在 ABS/ESP 制动系统中调整轮胎或在轮胎上调整 ABS/ESP 制动系统,以达到尽可能短的制动距离。如果在汽车上还有可控的减振器,则也需一并调整。

6. 带有应急行驶功能的轮胎系统

对轮胎的应急行驶要求主要是汽车工业提出的。它是从使用者对更高的安全性、更好的舒适性的要求以及从汽车生产厂家的愿望(在未来放弃备胎)派生出来的。目前有多种不同的轮胎系统。

与当前车轮—轮胎系统兼容的系统是自承载胎体和组合在车轮中的支撑环。

在自承载胎体(骨架)中(图7.103)轮胎侧边加强到轮胎在没有充气情况下,轮胎构件具有承载性能。为此,轮胎设计要有专门的橡胶合成物并加强,使在侧边发生大的变形时不会过热,也不会产生大的滚动阻力,还能提供可接受的滚动舒适性。

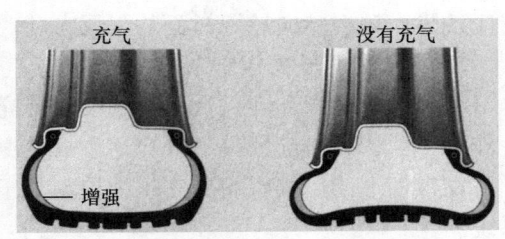

图7.103 自承载胎体(骨架)轮胎

在中等行驶速度带故障行驶时,可继续行驶 100km 路程或更长。驾驶人可在没有危险的环境下或在车间里更换轮胎。

在这期间,在欧洲,由于轮胎胎面范围侵入异物而漏气,为提高密封性还为轮胎内侧提供具有高黏稠性的黏结涂层。该凝胶层可包围较小的异物,如小钉,并可密封漏气处(图7.104),这时大多只发生微小的充气损失。应定期检查这种有异物侵入的轮胎。

组合在车轮中的支撑件可与常规的轮胎一起安装在常规的轮辋上。在发生故障时轮胎在支撑件上转动，这样可防止轮胎圆缘滑入轮辋深槽。图 7.105 是它的结构型式：支撑件由成型的金属环和橡胶支架组成。在带故障行驶时，对与轮胎的接触面润滑，因为它们间有大的相对运动。

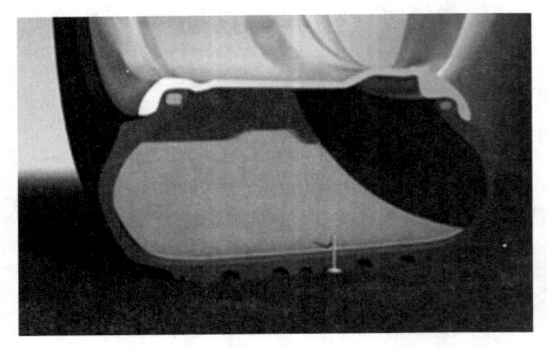

图 7.104 在异物侵入胎面时自密封抗充气损失材料工作原理

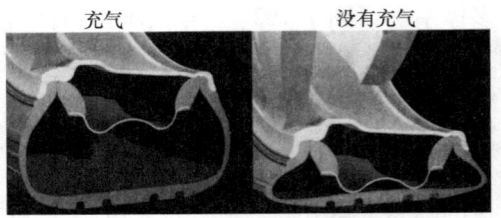

图 7.105 在故障行驶时作为轮胎支撑件的标准轮胎中的金属环和橡胶支架

最新的轮胎系统开发方向是没有内压的轮胎，完全靠轮胎构件承载。

7.3.6 未来的轮胎工艺

约有 100 年历史的轮胎（比汽车要年轻一些）在未来仍有很大的发展潜力。在 7.3.5 小节中所说的途径将成为轮胎的新的工艺平台。

在经典的轮胎使用性能中，特别是滚动阻力、行驶安全性和舒适性已为大家所重视。对新的电动汽车领域将有行驶阻力特别低和以增加行驶里程为目的的一些新的轮胎和轮胎参数。它预示着会出现较大轮胎外径和较大的轮辋直径。另外，要求轮胎在充气损失时要有足够的抗故障工作能力。

1. 与轮胎有关的附加产品

与轮胎有关的附加产品，如利用吸音室和谐振管消声，可在轮胎和轮罩中发现。轮胎设计应使噪声辐射转向轮罩衬面的阻尼方向。

2. 轮胎充气压力控制

其他的附加产品就是汽车行驶中轮胎充气压力监控。控制轮胎充气压力已在美国的新车上作为一项法规。起因是不少交通事故是由低的充气压力造成的。

在市场上使用的轮胎充气压力控制基于两种不同的测量原理：直接测量系统和间接测量系统。

直接测量系统通过安装在轮辋上的轮胎内部的传感器模块测量充气压力和轮胎内部的空气温度。通过无线电将各个车轮的信号传输给汽车上的接收器。目前的测量系统需要电池。正在开发中的测量系统，电能从外部通过电磁场供给或由轮胎的转动产生电能。

间接测量系统利用这样的事实：在不同的充气压力下轮胎具有不同的滚动周长。转速可容易地从 ABS 系统的传感器上得到。间接测量系统不需要附加的传感器，并与 ABS 系统一起成本低廉地实现轮胎充气压力控制。在继续开发时，通过评估在 ABS 系统中与轮胎充气压力有关的波动信号，可达到高控制精度的目标。

成本较高的直接测量系统的精度是间接测量系统无法达到的。在充气压力损失时两个系统向驾驶人报警。两个系统已不断进入市场。

利用监控汽车轮胎充气压力，可以通过早期故障识别而大大降低故障数目，在实现更高安全性上迈出重要一步。

在有轮胎充气压力控制的汽车上，电控单元承担充气压力的控制。

3. 在轮胎上调整底盘部件

为调整轮胎和底盘部件可提供如减振架头部支撑，以将轮胎特有的、在噪声和振动范围的激励与底盘隔离（解耦）。这也适用于其他的底盘支撑。

预计，在未来将使用自适应的底盘支撑，它可根据需要调整，并与轮胎相配合。

在一定的行驶状况，如弯道行驶或制动时，优化轮胎和底盘是另一个增长趋势。对轮胎来说，优化轮胎意味着在各种使用条件下，比较在轮胎支撑面上的接触压力，可达到更好利用附着系数潜力的效果。有关这一课题的第一批出版物已经指出优化轮胎的潜力。

4. 材料开发

在增大附着系数和减小滚动阻力之间取得更好的平衡，即提高满足要求的折中位置，始终是轮胎材料开发的关注点。引入硅工艺是成功取得它们之间平衡的重要一步（图7.106）。

由此可以预计，橡胶本身在自适应材料方面仍具有开发潜力。这方面的实例是所谓的"局部的热可逆橡胶晶格"。另外，可以将在大分子结构基础上的化学的、适度尺寸的、热可逆的耦合范围集成在常规的聚合物晶格上，使轮胎胎面的黏弹性性能与温度、频率和变形等的使用条件配合。

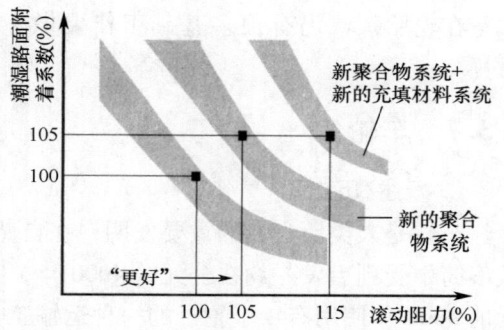

图7.106 几种增大附着系数、减小滚动阻力的胎面合成物的新的方案以及它们在潮湿路面附着系数随滚动阻力的变化（滚动阻力 >100% 表示能量损耗很小，因此"更好"）

研究材料在分子级上的断裂过程和在此基础上制订预测橡胶材料寿命的方案是对轮胎材料研究的进一步挑战。

5. 有扩展功能的轮胎

轮胎是系统部件，在轮胎的功能中，在与路面接触时要可靠传递力和力矩，以保证汽车行驶稳定和舒适。它"经历"了汽车与路面间发生的一切情况，可以说它"早知道"。

"智能轮胎"扩展了轮胎的功能，特别是有效的传感技术。轮胎开发的目标就是作为底盘组合部件的轮胎能向驾驶人和汽车提供更多的信息。

轮胎已从现有的功能扩展为信息载体和信息探测器，以检测和提供有关的信息：

1）轮胎的识别和轮胎特性（如生产日期、夏季用轮胎、冬季用轮胎）。
2）轮胎状态（如充气压力、轮胎温度）。
3）路面状况（冰冷的、积雪、潮湿、干燥）。
4）行驶状况（当前的作用力和力矩）。

这些信息作为驾驶人的直接信息，并作为汽车电子安全性和舒适性系统的输入参数。

汽车工业方面要求将电子技术引入轮胎，以准确识别轮胎并自动地与汽车配合。

这可通过 RFID 发送—应答机（RF 为无线电频率）实现。为"读""写"，发送—应答机通过外部天线进行无线通信。每台发送—应答机有一个识别号，并为存储数据配置一个附加的存储空间。由轮胎生产厂家提供的数据，如 DOT 号码、轮胎尺寸、系列号、花纹型式、载荷指数和测量数据，在需要时可以读出，还可补充其他一些信息。

未来，利用有效的传感器技术检测轮胎充气压力、温度、力、速度和加速度，并传输到汽车上，作为行驶动力学闭环控制系统的控制信号。此外还可进一步估计当前轮胎和路面的最大附着系数潜力。

未来的愿望是不仅检测轮胎本身的状态及周围状态，而且要主动地与行驶状况匹配。

这意味着，如果在某种行驶状况对轮胎没有提出特别要求，则轮胎轻声、舒适地以较低滚动阻力转动。如果对轮胎有侧向力和制动力要求，则根据路面情况提高附着系数，并使花纹变硬，以阻止花纹块摆动。在水楔滑水时增大花纹沟槽，以有更多的水排出。

还有一种方案是通过开关电磁场激活轮胎合成物的化学"开关"，或通过磁流变或电流变效应在橡胶连接处按需要编织起来或松开，以有针对性地改变轮胎刚度和滚动阻力。

在轮胎领域仍有很多基础工作要做。要使轮胎成为一个执行器，大约还要等待一些时日。

7.3.7 车轮

1. 概述/历史

车轮是人类历史上的重要发明，在自然界没有先例。它是从建造金字塔运送重物的滚棒或滚筒中受到启发。约在公元前 4000 年，人类有这样的想法，将木制轮盘与轴连接。在公元前 3000 年使用有 4 个轮子的一种运输工具。为减小磨损，从圆盘到有金属"轮胎"的木制辐条轮盘，如约在公元前 1000 年亚述人（Assyrer）首次使用的，经历了 3000 年。几乎又是一个 3000 年，到工业革命又改进了轮子结构。今天的车轮结构部分地保留了它的一些元素（钢轮辐轮盘，1888 年的充气轮胎，全钢轮盘）。接着在 1926 年，在布加迪（Bugatti，一种名车）上首次出现铸铝车轮。目前的车轮主要为钢或铝。到底采用什么样的车轮结构型式，取决于负载类型、行驶动力学要求、美学和成本。强制的节能和与它相关的减少空气污染的要求不断推动采用轻结构车轮。

2. 标准/术语

欧洲的 ETRO 是轮盘的标准。它规定了轮盘的尺寸和轮辋的型式。根据所用的轮胎不同，采用不同的轮盘型式。

轮盘与汽车的接口（制动器自由空间、压入深度、多孔圆、轮毂孔）是不同的，并由汽车生产厂家规定。所有其他部分（轮盘、轮辋外侧、部分的还有轮辋轮廓）服从要求的风格和载荷（图 7.107）。

3. 主要的加工方法

（1）铸造　用于铝和镁轮盘。

1）低压硬模铸造。

2）重力硬模铸造。

（2）模锻（模压）　用于铝和镁轮盘。

（3）薄板成型/冲压/滚压　用于钢轮盘和铝带轮盘。

4. 成批使用（当前和未来的市场份额）

2005 年，全世界乘用车、轻型载货车和商用车需要超过 3 亿个车轮。仅德国和美国的铝车轮份额就已超过 50%，并有继续增加的趋势。一些特殊结构的车轮，如多件车轮、特殊材料（镁、塑料、复合材料）车轮也占有不小的份额。

5. 轮盘开发的方法

（1）CAD 设计　3 维模型（图 7.108）、2 维图样数据是强度分析、铸造模拟/成型模拟、硬模铸造、锻模、夹紧装置、试验计划和为加工机床编程所必需的。

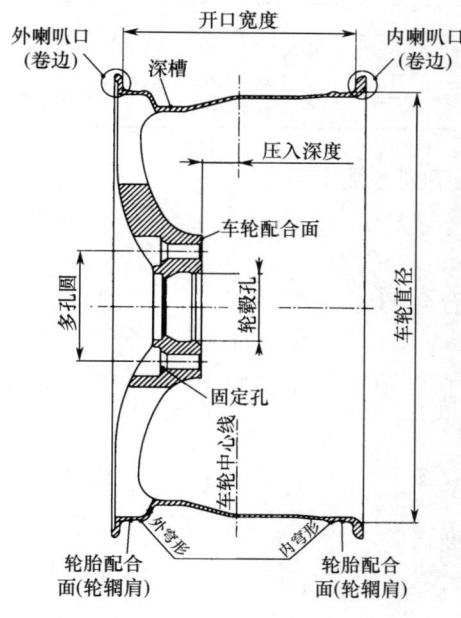

图 7.107　轮盘术语

图 7.108　3 维模型

（2）有限元分析　利用有限元分析可以仿真轮盘上各种各样的、多轴的载荷状况。有限元分析常用的试验台上的加载模型［弯曲循环加载（图 7.109）和径向滚动加载（图 7.110）］可以相当准确地确定轮盘的失效概率，其前提是生产厂家要有大量的数据库并由此得到不同材料和制造方法的组件疲劳曲线，并由此得到允许的最大理想应力。

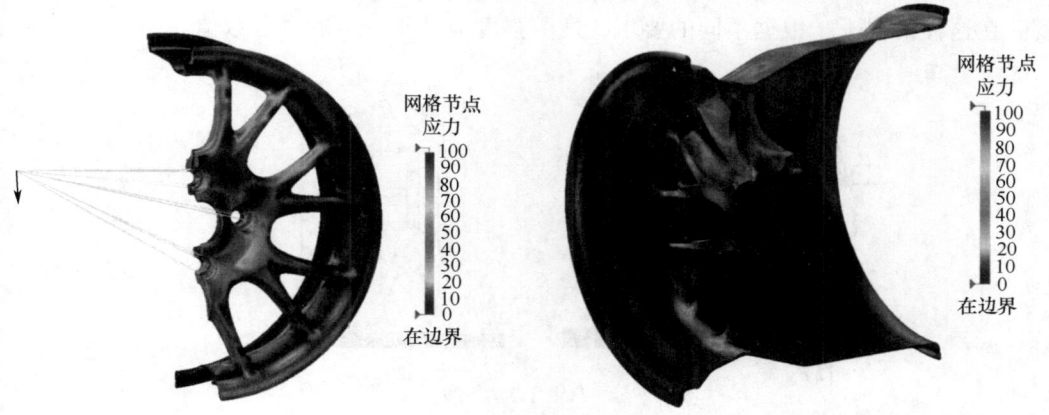

图 7.109　有限元（FE）分析（弯曲循环模型）　　图 7.110　有限元（FE）分析（刚度模型，垂直和侧向力）

利用稳态等效模型，用经验方法进行 ZWARP（双轴滚动轮盘试验）和撞击试验模拟，因为非线性的计算方法由于高的花费（费用、时间等）而没有展开。

轮胎开发目标和影响方面见表 7.7。

表 7.7　开发目标与影响方面

开 发 目 标	影 响 方 面
重量轻，惯性力矩小	行驶动力学，燃料消耗
稳定性，刚度	行驶动力学，寿命，变形
疲劳强度，延性	安全性，寿命
防腐性	保值性，外观，安全性
美学	市场，营销论据
良好的制动冷却	安全性

（3）试验台试验　试验载荷和试验要求可从下列参数得到：

1）汽车重量。

2）轮胎（动态滚动半径，横向附着系数 μ）。

3）试验规范（汽车生产厂家，技术监督联合会 TÜV）。

4）表面要求。

5）热负荷。

由此可得到有限元计算的边界条件，诸如：

1）车轮载荷。

2）侧向力。

3）撞击因数（路面不平、撞击坑、枕木、路肩）。

4）驱动和制动力矩。

5）材料性能。

各种标准试验有助于验证轮盘的耐久性和抗撞击性。

1）弯曲循环试验。在弯曲行驶时，弯道外侧车轮受到侧向力和大的径向载荷。这些力在车轮上产生两个弯曲力矩，其大小由车轮动态半径（r_{dyn}）和作为杠杆臂的压入深度（e 或 ET）确定。为进行弯曲循环试验，施加最大车轮载荷两倍的载荷作为试验载荷（弯道内的车轮抬高，图 7.111）。在这样的弯曲力矩下验证弯曲循环试验（图 7.112）时的轮盘疲劳强度。在这种情况下，根据不同的要求，疲劳强度应高于一定的百分数值。

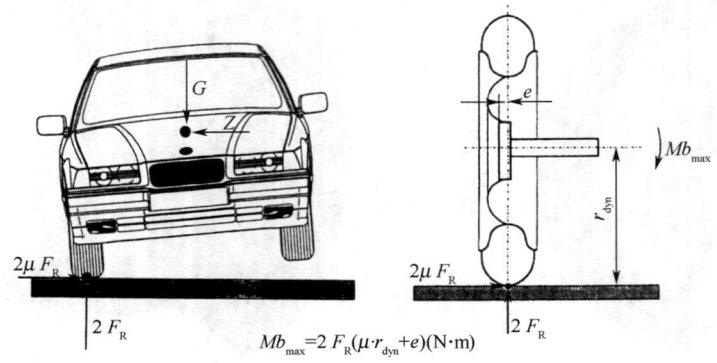

图 7.111　在车轮上的各种力（技术监督联合会 TÜV 简化）

2）径向滚动加载试验。动态径向滚动加载试验和弯曲循环试验一样，是为保证轮盘的疲劳强度。通常是在不变的径向加载下（乘用车是车轮最载荷的 2.5 倍）进行的。一些汽车生产厂家要求附加的切向力分量，它是通过倾斜位置（转向角）产生的（图 7.113）。

3）双轴滚动轮盘试验（ZWARP）。弯曲循环试验和径向滚动加载试验不能在组件的所有范围准确反映实际的载荷状况，因此不能 100% 地保证安全性，如在过去经常出现的、在长时间行驶后轮盘的裂纹。基于这一原因，在几年前由弗劳恩霍夫学院（Fraunhofer-Institut，Darmstadt 市的 LBF）开发了双轴滚动轮盘试验（ZWARP，图 7.114）。在径

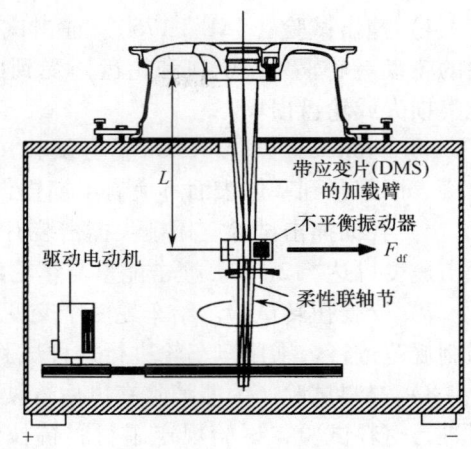

图 7.112　弯曲循环试验（简图）

向和横向不断对装上轮胎的轮盘施加交变载荷。这时控制软件可以模拟现实中的各种载荷谱，如霍根海姆赛道（Hockenheimring）、纽博格林赛道（Nürburgring）和所谓的欧洲循环路段。

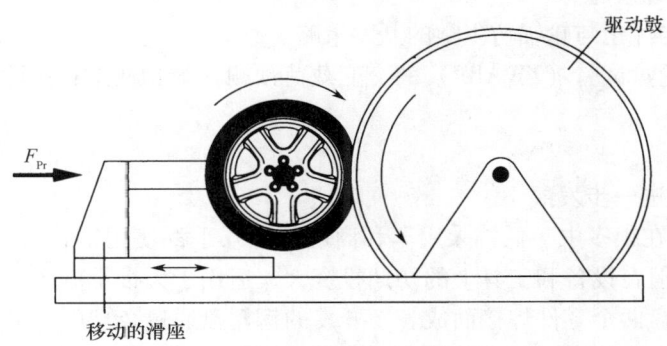

图 7.113　径向滚动加载试验台（简图）

图 7.114　双轴滚动轮盘试验（ZWARP）

4）撞击试验（SAE J 175）。撞击试验可以模拟汽车在路肩上的侧向撞击。这时装上轮胎的轮盘（轮辋外喇叭口和轮盘）受到由于汽车重力产生的动态载荷。撞击不应突然导致充气损失或轮盘损坏。

5）240hCass 试验/1000h 盐雾试验（SS）（DIN 50021）。试验验证轮盘耐蚀性。试验前喷漆表面部分到基体表面不应有早期损伤（划痕、石子打击），之后再用盐溶液喷射。

6）径向撞击试验。用锤尖撞击装有轮胎的轮盘。径向撞击试验模拟汽车驶过障碍物。撞击速度可达 5.2m/s。撞击能量与车轮载荷有关，按 1~3 个载荷等级调整。

7）交变扭转试验。给车轮一个交变扭转力矩，以模拟制动力和驱动力。摩托车车轮按强制规范进行。乘用车车轮进行这种试验由于轮辐的数量和断面不同是存疑的。

8）材料试验。为能消除在以后行驶中出现的材料故障，保证车轮质量，需在成批生产时进行材料试验，试验规定了材料抗拉强度、屈服强度、断裂伸长率（由汽车生产厂家，TÜV 规定）。

(4) 在汽车开发中的行驶试验（连续进行）　在新车型的行驶试验中采用的是汽车生产厂家的新的批量生产车轮，以考验它的行驶动力学、结构强度和耐蚀性。

其中有很多试验是汽车生产厂家专门采用的。

(5) 车轮系统开发趋势

1）自动化结构优化与轮辐仿生学的开发策略。

2）双轴滚动轮盘试验（ZWARP）的交变载荷预测（能预测这种试验结果的软件）。

3）铸造模拟。

4）成型模拟。

6. 加工方向的进一步发展

(1) 钢轮盘　在很多中、低档乘用车和商用车上几乎都使用钢轮盘（图 7.115），因为它有成本的优势。但在设备和工具上的初期投资大，适用于大批量成产。目前由高强度钢制成，它由轮辋和轮盘两个零件焊接而成。新开发的钢轮盘通过合理的、可变的材料分配而附加地减轻重量。在目前的批量生产中，利用滚压轮辋带的圆柱体或通过滚压和轮辋成型工艺的组合可减薄受载较轻的轮辋肩。

1）轮辋制造：卷材→剪裁→滚圆→焊接→去毛刺→压圆→预扩口→成型（3 个工位）→校准→冲压阀孔和去毛刺。

2）轮盘：卷材→剪裁→拉深/成型模压（3~5 个工位）→冲通风孔和螺钉孔→去通风孔毛刺。

3）整体轮盘：焊接→表面处理（清洁、去油、电泳涂漆）。

两面/单面全平面钢轮盘是通过轮辋与轮盘在轮辋喇叭口处的连接，或与在外轮胎配合面下（而不是在轮辋深槽处）连接实现的。这样可改善轮盘较大而对其外观的影响，并可改善制动冷却。最近流行的是 5 个或更多的轮辐。这种钢轮盘（图 7.116）的轮盘制造较贵，需要较厚的板材、复杂的成型工艺和较大的通风孔。一直采用的塑料车轮罩可用较好的艺术造型实现。

(2) 轻结构轮盘　轻结构轮盘有铝带轮盘、铸铝轮盘、锻铝轮盘、铸镁轮盘和锻镁轮盘。

第7章 底 盘

图 7.115 钢轮盘

图 7.116 钢结构轮盘

1）可锻合金的铝带轮盘：它与钢轮盘制造相似，比承载能力要高于钢轮盘、铸铝轮盘和锻铝轮盘。像钢轮盘那样，铝带轮盘的造型风格的自由度受到限制，需要高的模具投资。由于这个原因，只用作基本配置的、减轻重量的高档乘用车上。

2）用于大批量和小批量的铸铝轮盘（图 7.117）：主要采用硬模铸造。它具有最高的造型自由度，具有时尚的铸铝轮盘的功能经常退居次要位置。尽管由轻金属制造，轮盘的重量不像想象地轻。常用的铝合金为 $AlSi_7Mg$ 亚共晶体或 $AlSi_{11}Mg$ 共晶体（部分的没有 T6 热处理）。

图 7.117 铸铝轮盘

铸铝轮盘制造：熔化→浇铸→（热处理）→机械加工（预钻孔或冲压、车削、钻孔、去毛刺、磨削）→表面处理（去毛刺、钝化、涂底漆、涂漆）。

为提高强度（作为优化重量的措施），在高档轮盘上附加采用轮辋槽旋转挤压成型（Flow-Forming，在高温时滚压）。

大直径轮盘由于采用复杂、高成本工艺，可限制因为轮盘直径大而引起的重量增加（图 7.118）：

① 空心的铸造轮辐。

② 轮辋外肩有环形空室（自由造型而重量不会较多增加）。

③ 轮辋内肩有环形空室（提高强度，以更好抵抗撞击）。

3）锻铝轮盘：一般要比前面的几种轮盘贵。但在降低造型自由度时它的承载能力要比铸铝轮盘高。

锻铝轮盘大多采用 $AlMgSi_1$ 筒经多级模压（轮辐、轮辋台肩）和滚压制成。模锻压力需高达 8000t。廉价的锻铝轮盘是轻度锻造的，造型比较简单，需要较少的模压级。

锻铝轮盘制造：棒材（铸造或挤压）→筒→多级模压→滚压轮辋→热处理→以后的工序同铸铝轮盘。

4）铸镁轮盘和锻镁轮盘：制造与铸铝轮盘和锻铝轮盘相应。它们由于在材料、锻造、滚压和防腐方面的明显高的成本，在使用上受到限制。铸镁轮盘在市场上几乎消失。锻镁轮盘用于赛车或顶级高档车上。它们利用一些镁合金的高比强度性能，以做成非常轻的轮盘。

（3）塑料轮盘（复合材料轮盘） 20世纪70年代以来，一些人至今仍试图制造纤维增强的塑料轮盘。它是将玻璃纤维嵌入热固性塑料体中，但忽略热负荷、脆性断裂和偶然定向使用几乎没有或根本没有减轻重量的玻璃纤维等一些问题。

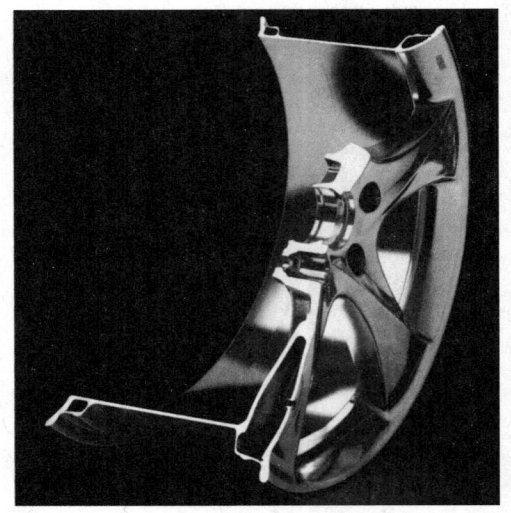

图7.118 空室铸铝轮盘

碳纤维是很贵的。另外，实际上很多轻的塑料轮盘存在高的安全性风险。因为每一次撞击会伤及内部结构（压层塑料）。这是由于所用的热固性塑料树脂的很低的断裂韧度。这种塑料轮盘需要不断监控，并需要特别加大尺寸，但也就没有重量轻的优势。复合轮盘至今几乎只用在不断检测的赛车上。

7. 相关的重量

非簧载质量、惯性矩和刚度对转向力、转向精度、车轮载荷变动以及加速和制动等汽车行驶动力学性能有决定性的影响。因为车轮平移、转动加速度或减速度100%算入非簧载质量，所以轻结构轮盘减轻重量的作用要比汽车上其他部件减轻重量的作用大几倍。表7.8是各种轮盘的重量。

表7.8 轮盘重量

型　　式	质量分数（%）	乘用车轮盘 8×18″，车轮载荷700kg
钢轮盘（标准轮盘）	100	12500~13500g
铸铝轮盘	80~100	10500g[①]~14000g
锻铝轮盘	~73	9500g[①]
铸镁轮盘	~73	9600g[①]
锻镁轮盘	~63	7900g[①]
复合材料（带热固性塑料树脂）	从小于45到大于75	6000g~10000g[②]

① 重量优化或轻结构造型。
② 按安全性程度。

近几年，在减轻轮盘重量的探索中，采用高品质钢的钢轮盘取得很大进展。

8. 相关的尺寸

现正开发原来使用的非常大的、窄的车轮。鉴于道路表面改善和提高弯道行驶速度，采用了较小的车轮。自20世纪70年代以来，在乘用车上有重新使用较大车轮的趋势。其原因是多方面的：美学、行驶动力学、较大的制动力矩。在一些应用场合，13in直径被18in直径的车轮替代,重量则增加。

9. 轮盘/轮胎——特别的问题

（1）轮胎在轮辋上转动　在传递制动力矩/驱动力矩时可能出现问题,特别是运动型和大功率汽车上和附着系数μ大的轮胎上（当前的运动型汽车轮胎μ可到1.2,一般为0.9）,会出现轮胎在轮辋上转动。通过轮胎座合面表面状况的配合（如利用专门的防滑漆）,可以阻止轮胎在轮辋上转动。

（2）轮盘喇叭口（卷边）变形和由于路肩损坏　在汽车驶过撞击坑、路面不平、枕木和路肩时,小的轮胎断面使轮辋产生较大的载荷,并由此引起轮盘喇叭口的变形和损伤。由优质钢或复合材料做成的汽车起步保护装置有助于轮盘外喇叭口损伤时降低轮辋成本（更换非优质钢的轮盘）。

（3）高频振动　路面和轮胎激励的高频振动导致与轮胎接触范围的轮辋喇叭口的较大磨损。这也可用防滑漆阻止磨损。

（4）不平衡　灵敏的车轮悬架要求车轮径向和端面圆跳动公差小。在径向方向的不均匀质量分配（静态不平衡）和在轴向方向的不均匀质量分配（动态不平衡）引起的不平衡大多是加工时的夹紧误差、毛坯变形、材料密度波动（铸造轮盘）引起的。随着车轮直径增大和重量增加,较难控制车轮不平衡。

10. 在制造和再生时的能量观察

最大部分的轮盘是由钢和铝制造的。观察这些材料的能量消耗十分重要。特别是铝的需要量不断增加。当前,为生产初级铝,所需能量约占世界范围的电能消耗的2.5%还要多。

生产1t初级铝需要4t钒土。在整个生产过程中约需13~18MW·h电能（铁钒土→Al_2O_3→电解）。这些能量储存在材料中,而且大部分可以回收。这是根据强大的铝再生能力和不断对铝增加的需要考虑的。当然,这只是单纯的假设性观察。在再生过程中（铝的二次回收）,消耗的能量也仅是原来消耗能量的5%（按660℃的低熔点）,且材料质量没有变化,可看成是多次零部件循环的再生可显著改善能量平衡。退一步说,甚至没有能量的改善,但可利用轻结构的节能（见11章）和通过提高保护资源角度也是不应该忽视的。

为生产钢,每1t约需消耗6~8MW·h电能,但在再生时要消耗更多的能量,不只是在熔化（约1500℃）时,而且在采集、运输、挑选的各个准备阶段要多消耗能量,因为要运输更重的初级产品。如果人们附加计及运输笨重零件引起的多消耗的燃料和在再生循环中的高能消耗,则与铝的能量平衡相比无论如何要差得多。铝的零部件是未来的投资方向。

11. 环境优化

轻结构轮盘的重量优化有助于减少燃料消耗和降低有害物排放。如前所述,车轮重量减轻比汽车上其他零部件重量减轻的好处要大好几倍。

7.3.8　防滑链

1. 概况

防滑链是在雪覆盖、结冰路面、脏污泥泞地区或路段为增加轮胎与汽车或悬架间传力能力的装置。由于防滑链最常用的是雪覆盖地区,防滑链也称"雪链"。雪链必须符合雪链交通规则条件[100]。按StVZO（德国道路交通规则）规则,在使用雪链时最大车速限制在50km/h[101]。

2. 防滑链工作原理

防滑链应松弛地安装在轮胎上，以利用被称为"漫游"的轮胎和防滑链之间的相对运动清洁轮胎和花纹，并不断带入轮胎支撑面的新的接触棱边。在防滑链安装太紧时就没有这种效果。此外，在干燥路面较长行驶会出现局部高温，对轮胎有不利的影响。

防滑链对路面的撞击和轮胎支撑面上铰节的局部高压，所以链会压入路面并产生啮合效应。在 $-8 \sim 0$℃ 范围，特别是在压力作用下，在冰或雪上会形成一层水膜或压缩水，这时防滑链的作用特别大。在比这温度范围更低的温度，雪的性能发生变化，趋同于与沙相似的性能，这时轮胎的性能反占优势。

3. 防滑链结构

防滑链由网格部分和直接与轮胎和路面接触的网格部分的链索以及侧向固定装置组成。可以通过专门设计，使防滑链与轮胎型式和尺寸很好地匹配[102-105]。

(1) **防滑链网格形状** 根据防滑链在胎面上的布置，防滑链网格形状可分梯形、菱形和网格形多种（图7.119）。重要的是调整轮胎和防滑链，以在轮胎胎面和链的链索间自由、不断地变换。防滑链不应从轮胎轮变为"铁轮"。链间的剪切面是软地面上传递力的主要面。通过横向的链索产生牵引力，通过纵向的链索产生侧向引导力。网格链用于宽轮胎，特别适用于雪地使用。

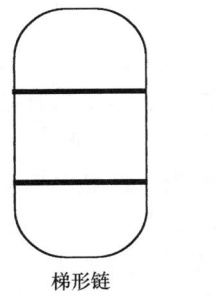
梯形链

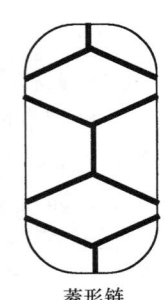
菱形链

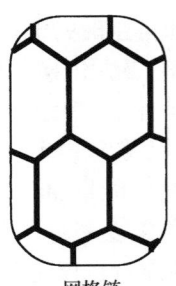
网格链

图7.119 防滑链网格形状

防滑轮网格必须在整个轮胎外圆近似均匀分布。这样，在每个车轮位置，链部分都位于轮胎支撑面中。在胎面上均匀分布的网格，如长六角形网格防滑链，可以安静行驶。

(2) **抓地件** 防滑链网格可由不同的抓地件组成。它主要影响路面的抗滑力。最早的结构型式是卷绕链。带有附加焊接件的防滑链，如为提高抗滑力和耐磨损的链刺，在中欧国家是不允许使用的，因为链刺会损伤路面，但在森林中常用这种带刺的链。现代防滑链是由短的链节组成的，这些短链节不像长链节那样对路面的破坏性大。为提高链的抗滑力，链节可添加附件，如可移动的抓地连接件（图7.120）。这些抓地件像雪地和松软地面上用的铲，可形成高的局部（点）载荷并很好地压入地面，达到最大的牵引力，这种抓地件在雪地上使用非常奏效。此外，还有其他的一些设计，在这些设计中有用塑料链节替代钢链节的，在塑料链节中嵌入钢钉，以增强防滑效果。

现代冬季轮胎有许多金属片的胎面防滑尖铁，它们起到抓地作用。很早采用的是达到与织物材料相似效果的胎面凸起。在最近几年，在寒冷的冬季由于愉快的织物触感而重新采用它们。将它们装在轮胎上，并由侧面的橡胶支架固定。除在无雪的道路上很短的耐久性外，它们的作用仍是有限的。橡胶或塑料防滑工具几乎不会提高现代冬季轮胎的牵引力[109]。

(3) 确定尺寸 确定防滑链尺寸主要根据汽车重量、驱动功率和轮胎尺寸。防滑链节必须有高的表面硬度和坚韧的心部。为此可使用表面硬化的渗碳钢。乘用车防滑链通常由直径为3~4mm的链节组成。商用车防滑链的链节直径为7~9mm。

防滑链需要有轮胎与靠近防滑链的汽车部件间的自由空间。按Ö标准V5117，乘用车轮胎安装的防滑链超出轮胎内侧最大值为20mm，超出轮胎外侧最大值为25mm。在行驶时，防滑链网格从胎面上抬起，抬起高度与轮胎高宽比、行驶速度和防滑链张紧程度有关[106]。从轮胎上抬起的网格撞击路面，一方面引起由于防滑链钢件侵入路面而提高在光滑路面上的抗滑能力；另一方面引起防滑链磨损。磨损是由于撞击能量产生的，且随速度的平方而增长。在冰面上（如冰雹）由粗链

图7.120 可移动的抓地连接件

节组成的防滑链没有防滑效果，需要用短小链节的棱角型面的防滑链。

4. 防滑链与路面的力传递

防滑链的首要任务是提高附着系数。附着系数主要取决于轮胎、路面状况和工作条件[107,108]。

在雪路面上附着系数随滑移率的变化（图7.121）表明，带与不带防滑链的轮胎，附着系数先随滑移率的增大而增加，两者的趋势相似。但在较大的滑移率时带防滑链的轮胎附着系数达到最大值，即在一定的雪路面条件，在100%滑移率时还有好的附着系数。与此不同的是，在同样的雪路面条件，不带防滑链的轮胎要损失一些附着系数。实际使用表明，在山区起步时，不装防滑链的汽车的左、右车轮间的行驶条件不同，至少在没有闭环控制的汽车上（如ABS、ESP），会引起车轮滑转（100%滑转）而无法起步，而在装防滑链的轮胎上可产生一定的附着系数而起步行驶。这种效果在0℃天气温度可以明显地识别出来，因为利用薄水层覆盖雪面或冰面。在轮胎支撑面上的轮胎压力作用下可增强薄水层。很多汽车生产厂家注意到这种现象，并在雪链工作时切断ESP系统。

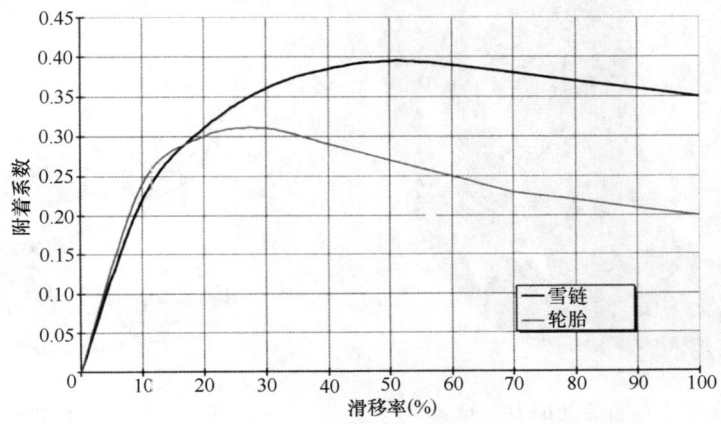

图7.121 在雪路面（-1℃）附着系数—滑移率图

装有防滑链的汽车在雪覆盖的路面，在车轮抱死时可达到最短的制动距离，但在这情况下汽车不再受控制。因此，重要的是在正常的 ABS 控制时，即在滑移率约低于 30% 控制时，防滑链可提高附着系数。有棱角链节的细网格链或附加抓地件的防滑链效果更好。

5. 安装系统

在恶劣的天气状况下，按规定需要安装防滑链。因此，安装简单（特别是在不利的环境下）是防滑链的重要规范。下面列举几种不同的安装系统：

1）最早的防滑链系统是分开的防滑链，目前仅用于载货车领域。防滑链在轮胎前面或后面展开并在轮胎上成带式地拉起。

2）钢索防滑链的内侧是由钢索环组成的。钢索环必须在张开状态从轮胎后面套上，并在轮胎上部范围合上，这样在轮胎内侧就有钢索环，在轮胎外侧有不同的闭锁机构，部分闭锁机构可自动地再拉紧。

3）挂钩防滑链的内侧是由弹簧钢挂钩组成的。在弹簧钢挂钩上固定防滑链网格，通过挂钩防滑链可容易地在轮胎上移动。这一点对特别狭窄的车轮罩（如后驱动汽车或在冬季车轮罩结冰时）非常重要。在短时转动车轮后通过外部操纵夹紧链使防滑链闭合。

4）由链带组成的防滑链不需要在轮胎内侧固定。主要是考虑防滑链穿过轮胎和靠近防滑链的汽车部件间的最窄的空间状况。这时可以利用车轮的固定臂将防滑链固定在车轮外侧。在最容易接近的地方安装这类防滑链，因为在面对汽车方向没有手把，不需要看到车轮后侧面（图 7.122）。

5）转动防滑链是为商用车开发的。因为较大的轮胎直径使防滑链变得笨重而阻碍安装。转动防滑链通过驱动摇臂将摩擦轮压向轮胎内侧。链索固定在摩托轮上。链索像散落的碎石抛向轮胎前面，并在行驶后通过轮胎又重新集合起来（图 7.123）。转动防滑链的防滑功

图 7.122　在轮胎上的雪链（RUD-Centrax）

图 7.123　转子扣紧系统

能尚未达到合乎标准的状态，只适用于短距离行驶或作为起步辅助。利用汽车上的按钮可以接入转动防滑链。

7.4 底盘设计

7.4.1 车轮悬架运动学

在悬架运动和转向运动时车轮悬架运动学决定车轮的空间运动。由于车轮的位置及轮胎与路面的位置的重要影响，车轮悬架运动学分析起着重要作用。在汽车开发过程中，一旦车桥方案确定，就可设计车轮悬架和部件的 CAD。在接下来的开发阶段，利用整车模型在仿真计算中判断车桥运动学对行驶性能的影响，并在实际的行驶试验中优化。

一些运动学特征参数已标准化（ISO 8855/DIN70000）。完整的说明见参考文献[110,111]。

1. 车轮升程运动学

外倾角 γ 表示在水平路面上车轮对垂直线的斜率（倾斜）。它影响轮胎与路面间侧向力的传递。在常用的负外倾角时，车轮上部指向汽车中心，车轮像倒下的圆锥体在圆轨道上滚动。如果车轮的滚动被悬架阻止，则产生一个朝向汽车的侧向力。另外，由于负外倾角，轮胎内肩部承受较高的载荷，并在侧向力作用下使轮胎压印面变形，从而使轮胎内压印面范围减轻载荷以得到部分补偿。因此，在负外倾角时，轮胎侧向力传递潜力（能力）要高于正外倾角时的侧向力传递潜力（在提供的附着系数以内）。在特别小的横断面（小的高宽比）轮胎上，车轮对路面力图达到 0°外倾角，以避免车轮在轮胎边缘工作[112]。在各个车轮悬架中，在弹跳时外倾角变化至少应部分补偿在弯道时的汽车侧倾角，以免在弯道外的车轮出现正的外倾角。刚性车桥在这种情况下具有在弯道行驶时车轮对路面的外倾角保持不变的优点。

如果在车轮顶视图上向前、向内表示车轮，则前束角是正的，否则是车轮外倾。在直线行驶时，在角度为"分"范围的小的、固定的前束角在轮胎压印面上产生很小的侧向扭转应力。由此得到左、右相反的侧向力，它们预张紧车轮悬架中的弹力，并消除在前桥上横拉杆转向机构和转向传动中可能存在的间隙。这样，汽车可以快速地反应输入的转向角并稳定地往前行驶。

在悬架运动时，前束角随车轮升程而变化，并影响汽车的自转向（复原）性能——这称为滚动转向或摆动转向。这里对行驶性能有重大影响的是在悬架弹跳时前束角的变化，即在弯道外有较高车轮载荷的车轮时。因为后桥不直接受驾驶人控制，所以通过弹性行程或在外力作用下（见 7.4.2 小节弹性运动学）调整转向角（尽管转向角很小），对汽车的行驶性能是决定性的。所以，如在后桥悬架弹性跳动时，随着前束角的增大会产生不足转向。在不平路面，在整个弹性行程前束角的很大变化引起低频的转向力矩波动，从而破坏汽车车道保持，所以应避免。

可以将车轮悬架的空间运动（特别是车轮支撑点和车轮中心点的空间运动）投影到车轮中心的纵向平面上（侧视图）和投影到横向平面上（后视图）。

瞬时极点是表示旋转运动瞬时中心在当时平面上的点。纵向极点和横向极点（图 7.124 和图 7.125）两个极点可等效地看成车轮悬架到车身的连接点。从这两个极点分别做射线，这些射线垂直于车轮悬架观察点的速度。如果将等效的车轮悬架想象为一个与极点射线垂直的车轮支撑点的直线运动，则与直线运动垂直的力不会产生车轮支撑点的运动。通过极点的纵向力和侧向力的这样的力的分量直接由车轮悬架的导杆承受，其他的力使悬架和车身运动。极点射线与水平线的夹角决定支撑在车轮悬架导杆上的力的大小，这个夹角也称支撑角。

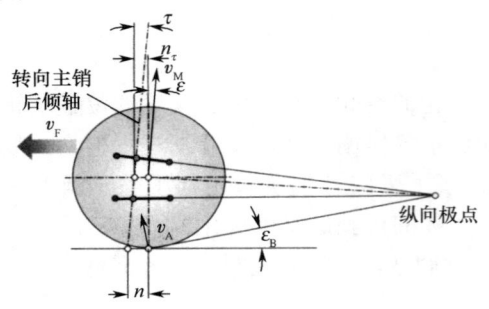 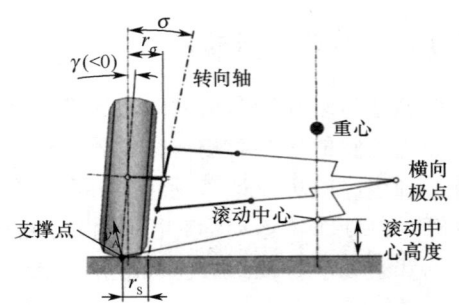

图 7.124　车轮侧向视图（前桥）　　　　图 7.125　车轮后视图（前桥）

在制动时，制动力会导致车轮支撑点偏移和轴载的动态转移。如果这些偏移和转移的结果通过纵向极点反映出来，则可以说是 100% 的制动前倾（点头）补偿，因为没有出现悬架运动。制动前倾补偿与轴距、重心高度和制动力分配有关。制动支撑角 ε_B 则与车桥有关，并可用从纵向极点到支撑点的极点射线的斜率表示。因为制动力矩通常支撑在车轮悬架上，所以可以想象车轮和车轮支架几乎为闭锁状态。这样，车轮、车轮支架整个系统和车轮支撑点绕车轮悬架的纵向极点转动。作为制动力的作用点的车轮支撑点的运动主要影响制动支撑角。

从纵向极点到车轮中心点的极点射线确定极点射线的瞬时速度。如果这个瞬时速度有一个向后的速度分量，则称为悬架的倾斜角。与橡胶支撑组成车轮悬架的纵向悬架不同，车轮悬架倾斜角对汽车行驶舒适性不再有大的作用。但悬架倾斜角充当通过万向轴驱动时的驱动支撑角 ε。这时车轮悬架在稳定状况，驱动力作用在车轮中心。车轮中心到车轮支撑点的偏移力矩就是驱动力矩，并支撑在减速器上。这样，车轮可相对车轮悬架转动，车轮支撑点不再绕车轮悬架的纵向极点转动，而是与车轮中心点平行地运动。作为驱动力作用点的车轮中心点的运动对驱动支撑角有很大影响。在前桥负的车轮悬架倾斜角和后桥正的车轮悬架倾斜角时可得到起步后倾补偿。在刚性车桥时，驱动力矩支撑在车桥体上。可以想象车轮和车轮悬架几乎为闭锁状态，并且驱动支撑角等于制动支撑角。可反转的车轮支架固定的中间轴减速器可增大驱动支撑角，而同向转动的车轮支架固定的中间轴减速器则减小驱动支撑角。

横向极点表示在车轮横向平面车轮支撑点相对车身的运动。出于对称原因，两个半桥的极点射线在汽车中心面相交，并可确定滚动中心。滚动中心与前、后桥的连接线称为滚动轴，以使滚动轴在汽车弯道行驶时在铰接瞬间开始摆动（侧倾）。滚动轴到汽车重心的距离是惯性力的杠杆力臂，并可确定摆动力矩的大小。该摆动力矩支撑在车轮悬架上。在路面上的滚动中心引起车轮悬架的大的弹跳运动和大的侧倾角。如果滚动中心在汽车重心高度位置，则车轮悬架不再吸收力的分量，也不会有侧倾角。在各个车轮悬架中，高的滚动中心在悬架弹跳时与明显的轮距变化相关，也与车轮支撑点的横向滑转率相关。考虑到牵引力和侧向引导，目前的滚动中心高度很少超过150mm（等轮距的刚性车桥滚动中心的高度可以高一点）。滚动轴的斜率可以影响前、后桥的弹性摆动率的分配。如在后桥上较高位置的滚动中心，则相当于后桥的较高的摆动支撑。较高的后桥摆动支撑引起较大的后桥车轮载荷差和后桥车轮侧向引导潜力减小，这是许多汽车过度转向的影响因素。总的车轮载荷差只与重心高度和轮距有关，且对所有的滚动中心高度是不变的，只是滚动轴位置会影响前、后桥载荷的分配。

如果滚动中心随悬架弹跳行程而变，则在载荷情况下滚动轴的位置移动。这样在满载时为使汽车行驶性能不受到不期望的损害，必须有目标地相互调整前、后桥的滚动中心高度变化。滚动轴的斜率和前到后的弹性摆动率分配随载荷的增加不要急剧变化。

为得到对称的车轮悬架状态，将滚动中心和滚动轴定义在汽车对称平面中。在单向弹簧时可以确定从横向极点到车轮支撑点的两射线的交点。这个交点不再在中间的纵向平面上，而是侧向偏移。这是物理上的预示，但人们无法直观地看到发生侧向偏移的滚动轴。在有横向加速度时悬架弹性伸缩行程对车身的运动是主要的。

在弯道行驶和侧倾角的作用下，通过反节拍悬架运动得到左右不同的力施加到车轮悬架。合力的多大部分力由导杆承受和合力的多大部分力由悬架承受取决于横向极点高度或取决于在整个弹性行程横向极点高度的变化。如果高度的变化很小或为零（如在纵向导杆轴上），则施加在车轮悬架上的力的分量在弯道外要小于弯道内，即汽车弹跳在弯道外要小于弯道内，由此引起汽车重心升高。重心的升高放大了支撑的摆动力矩。人们称这种不希望的汽车重心升高为"汽车撑起"。可以通过足够的滚动中心高度的变化（取决于滚动中心高度）减少重心升高或完全避免，因为可以通过弯道内、外车轮悬架弹性力变化的不对称减小重心升高。

2. 转向运动学

转向不但能引导汽车行驶，而且能向驾驶人反馈行驶状态和路面特性。通过有针对性地设计转向轴可实现这些功能，使在转向时车轮绕主销转动。

由图7.125可以看到作为主销对垂直线斜率的主销内倾角σ和作为车轮支撑点与转向轴延长线在车轮支撑面的交点之间的水平距离的主销偏距r_s。在图7.124的侧视图中，转向主销后倾角τ同样是主销对垂直线的斜率，转向主销后倾距离n是车轮支撑点与转向轴延长线在车轮支撑面的交点之间的距离。如果使用转向主销后倾偏移值n_τ，则转向主销后倾角和转向主销后倾距离可以独立选择。转向主销后倾偏移值在侧视图上是主销与车轮中心间的水平距离。

转向主销后倾角在弯道外偏转的车轮产生负的外倾角。它对轮胎传递侧向力的潜力有好处。转向主销后倾角在弯道内偏转的车轮是正的外倾角。外倾角可减小车轮罩中全偏转车轮的空间。转向主销后倾距离和主销偏距一起可得到绕转向轴的车轮载荷杠杆臂。鉴于阿克曼（Ackermann）条件和重量恢复情况（见7.4.5小节），弯道内、外车轮悬架参数不对称变化产生的力矩使转向回位（正）。在弯道快速行驶时，侧向力的影响占优势。该侧向力使在主销上偏移转向主销后倾距离（和使车轮惯性行驶），并同样引起转向回位（正）[113]。

在车轮悬架弹跳时，在侧视图上车轮支架绕它的纵向极点转动，并引起转向主销后倾角与转向主销后倾距离变化。为限制这些变化和不要太影响回位（正）性能，纵向极点要足够远，以限制支撑角的大小。主销偏距反映制动力的杠杆臂。在负的主销偏距时（车轮支撑点在转向轴延长线与车轮支撑面的交点以内），有一个转向角。该转向角阻挡在不对称的制动力时产生的横摆力矩。这样，转向盘的信息反馈受到相反方向的干扰。

作为车轮中心点与主销/车轮轴在后视图上的交点间的距离的主销内倾偏移 r_σ（图7.125）是撞击力的杠杆臂，它影响没有制动的车轮。因此，常将主销内倾偏移称为干扰力杠杆臂。车轮支撑点和车轮中心点间的偏移力矩作为加速度力矩反映到车轮转速中。这时车轮悬架保持不变。

必须考虑在通过万向轴驱动时车轮侧和变速器侧之间的弯曲角引起的驱动力矩的波动部分。在弯曲角为0°时，驱动力的杠杆臂或牵引力的杠杆臂[110]等于干扰力的杠杆臂。对向内、向上弯曲的驱动轴，驱动力的杠杆臂要大于干扰力的杠杆臂；对向内、向下弯曲的驱动轴，驱动力杠杆臂要小于干扰力的杠杆臂。

7.4.2　弹性运动学

弹性运动学描述在考虑由车轮力引起的车桥部件弹性变形后车轮相对车身的运动（ISO 8855）。

利用弹性体支撑（大都为橡胶支撑），将车轮悬架的弹性体有针对地安装在车桥上。为实现乘用车要求的滚动舒适性，车轮悬架必须允许通常由橡胶支撑实现的纵向弹性。为使噪声远离乘员，金属部件的橡胶支撑也是不可放弃的。另外，弹性也是不可避免的。因为除了橡胶支撑外，钢、铝部件也具有弹性。在载荷作用下，部件的弹性引起前轮前束和外倾角变化。车桥的几何形状和弹性必须相互调整，不要由于弹性变形引起转向性能变化而影响行驶性能。因为由部件弹性引起的转向变化是较小的，所以在小的侧偏角和较高的车速时首先是转向角的变化改善行驶性能。

下面就这方面的问题原则性地说明它们的相互关系。精确设计车桥只有通过仿真模型才有可能。因为要考虑车轮悬架的各个影响因素和空间布置，目前使用的仿真模型大多为MKS模型（多体运动学系统）。进行MKS模拟也需要用到非线性的FEM模型（见11.3节）。

1. 部件弹性的影响

部件弹性指所用金属部件存在的、不可避免的弹性。车桥部件和橡胶支撑的变形对行驶性能的影响原则上是一样的，因此都可以有针对性地利用它们[114]。需要注意的是橡胶在汽车使用寿命内会下沉和变硬，而金属仍保持它们的弹性。对隔振来说，橡胶支撑的弹性较好（7.4.2.2段），因为橡胶材料的减振性能要优于钢或铝的减振性能。

要注意在大载荷下车桥运动点的移动量会达到几毫米，所以不能忽视橡胶支撑的变形。

在横向双臂车桥和弹性支撑车桥上，前轮三角形悬架臂为车轮悬架总体弹性做出重要贡献。弹性支撑桥的横向臂可以使悬架纵向弹跳达到几毫米。车轮支架对弹性运动学的贡献主要取决车桥原理。在弹性支撑上，减振器起着引导车轮的作用并承受弯曲载荷。减振器偏转不只引起活塞倾斜，而且在侧向力作用下对外倾角有帮助，在一定情况下也对转向角有帮助。车身弹性会引起像拨浪鼓样的声音和"嘎嘎"声，以及车身颤动。由于车身的整体扭转和弯曲，车身不会影响车轮悬架的弹性运动学，但会影响行驶性能。车身局部的弹性对车轮悬架的弹性运动学有较大的影响。车身局部的弹性大多不用单独观察，因为在车身支架上的载荷由于支架变形而影响车身的其他支架[115,116]。主要关注的是，是否由于车轮悬架的总的变形引起转向角变化。当将杆式臂看成刚性时，由于曲柄臂没有约束，要考虑它的弹性。同样，球窝关节大部分都有弹性，它们的弹性随着汽车行驶时间增加还会增大。

因为要优化汽车成本和重量，不能要求所有的零部件都是刚性的。在很多情况下，应这样设计部件和整个车轮悬架：使部件的弹性没有破坏作用，甚至有更好的作用[117]。

在汽车开发中首先要进行模拟试验，获知多大的弹性是允许的。为此，将总的弹性分配到橡胶支撑、球窝关节和车桥部件上，然后设计部件。利用有限元法（FEM）可检验部件强度和达到的刚度。在车桥和整车模拟中，在考虑所有重要部件的弹性情况下就可判断总体性能。如果部件制造完成，则应在试验台上检测车桥部件刚度和橡胶支撑，还要复测车桥或整车的弹性性能。表示在图 7.126 中的 MTS 系统试验台用以测试车身运动学和弹性运动学。当在试验平台上对 4 个车轮行程控制或力加载时，传感器检测车轮上的角度和位置变化。将试验结果与先前的仿真计算比较，以精确得到所用的模拟方法的经验和知识。在汽车行驶试验时可做出最后结论，

图 7.126 测试车身运动学和弹性运动学的试验台

在所有可以想象到的行驶状态下，所有由各种影响因素相互作用，特别是运动学和弹性运动学的相互作用得到的实际行驶性能是否就是所希望的行驶性能。

2. 弹性体支撑

在底盘上的弹性体支撑要实现一系列的功能，它们应：

1）能角向运动，如能替代球窝关节。

2）在底盘连接点有弹性行程，以及通过车轮/轮胎系统和总成的减振、隔振改善乘员舒适性。

3）根据外部的纵向力、横向力和垂直力状况有目的地影响作为弹性运动学的底盘设计部件的车轮前束。

这些功能经常是矛盾的。

1）弹性体支撑铰接功能：与球窝关节相比设计相应的弹性支撑就是设计价廉的弹性体支撑铰接接头。在传递力时，它同时可满足所希望的弹性和阻尼。除价廉外，弹性体支撑铰接接头的另一个优点是没有起动力矩，特别在原始载荷时（如车轮载荷）。但这个优点在大偏移和同时要求较高的弹性支撑径向刚度时又会成为缺点。这样，产生的弹性回正力矩又会损害如希望的弹性体支撑铰接功能或在径向刚度设计时需要在大的扭转载荷与弹性体支撑铰接功能之间折中。

2）减振、隔振：在撞击式干扰输入时，弹性支撑不但逐渐增大传递的力，而且在短时间储存输入的撞击能量，并被橡胶的阻尼部分吸收。从中可知，除了弹性支撑的弹性性能外，橡胶阻尼对减振起着重要的作用。

动态刚度对弹性支撑的隔振性能有重要影响，这是一个重要的判据和设计参数。

由于橡胶的黏弹性本质，在动态载荷时，刚度和阻尼主要与激振频率、幅值和温度有关（图 7.127）。随着激振频率的增加，动态的刚度、损失角和阻尼增大；同样随着激振幅值下

降，在同时产生最大损失角时刚度增加。最后，橡胶弹性体的温度影响弹性支撑的刚度和阻尼，并对寿命有影响。

良好的隔振作用的先决条件是足够大的激振频率与系统谐振频率比[118]。如果激振频率在系统谐振频率的$\sqrt{2}$倍以内，则无法隔振（图 7.128）。实际上，橡胶支撑刚度与当地的车身刚度之比至少选择为 1:10。

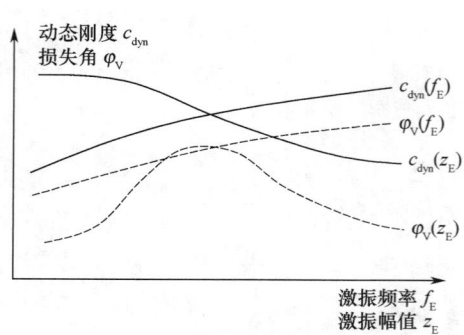

图 7.127　弹性支撑性能随激振频率和幅值的变化

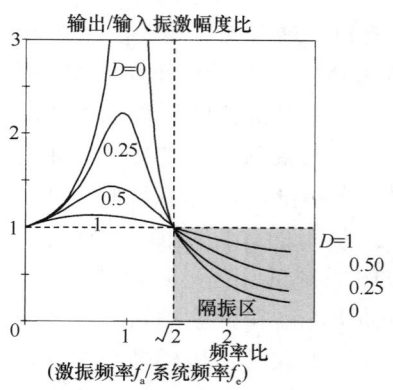

图 7.128　单质量振动系统最低点激振时阻尼和频率比的影响

3) 振动部件隔振：隔离车轮/轮胎系统、发动机/变速器、后桥减速器、车桥支架等与车身、乘员的激振，是弹性支撑最重要的贡献之一。为此需要尝试，如何通过振动体的支撑来保持在具有偏转功能的支撑元件中产生的力最小或只要能大幅度减小支撑元件中的力传到车身。从振动工程角度，降低激振力就是隔振、阻尼或去干扰。在弹性支撑的功能中，阻尼不是所希望的，因为阻尼产生传递力的增加。由于弹性体噪声是在固体和液体介质中

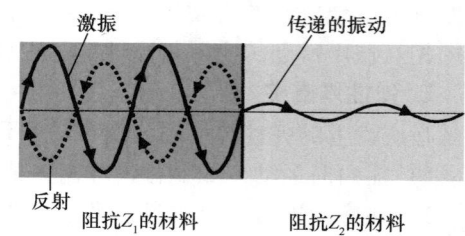

图 7.129　由于材料边界上的声波反射而隔离噪声

以波的形式传播的，所以可以利用反射隔离弹性支架中的噪声（图 7.129）。如果声波传到两个不同振动阻力（阻抗）Z_1 和 Z_2 的材料边界，则部分的声波被反射，即在它的传播中受阻。声波反射越强，作为阻抗比的阻抗阶跃 η 越大。弹性材料的弹性模量小、密度低，因此可有效地限制固体噪声。因为在工作时通过系统的谐振频率范围，噪声是不可避免的，所以重要的是要安装阻尼足够大的弹性支撑，以将振动系统的动能转变为热能。这样在振动频率通过系统谐振频率范围时，可将振动振幅保持在限定范围。损失角和减振能力是振动系统中的减振参数。损失角表示由弹性部分和减振部分合成的力超前弹性变形多少度。减振能力是设定的减振与临界减振的无因次比[119]。

阻尼是由橡胶摩擦产生的。与阻尼相关的是随着频率增高而变硬，这就降低了弹性支撑在高频时的隔振作用。将与前面所说的刚度随振幅下降而增加一起可得到纯弹性支撑的工作范围。随着肖氏（Shore）硬度增大，材料阻尼一般增大。刚度、阻尼和强度主要受添加给基本聚合物的充填材料的影响。这里，工程上的碳黑有特别的作用[7]。

4) 结构型式：图 7.130 是弹性体支撑的几种基本型式。弹性体支撑中的橡胶受到切向

或拉/压载荷。橡胶材料是等容积的，在拉/压载荷下弹性支撑的刚度要比在切向载荷下的弹性支撑的刚度大。利用这两种载荷方式，可以设计出不同方向的弹性支撑。由于如横向导臂支撑可以增大扭转角和寿命，所以可通过给弹性体施加预压力，以补偿弹性体在硫化后冷却产生的收缩应力[121]。

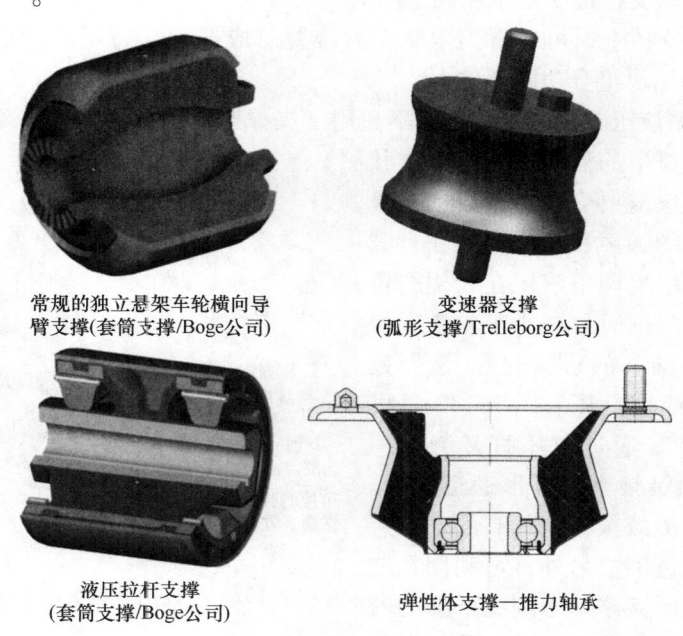

图7.130 支撑型式实例

5）常规的橡胶支撑：在很多场合使用的（如横向导臂支撑、液压拉杆支撑或减振器）旋转对称套筒支撑仍然属于低成本方案。根据承载状况，在这些支撑中，弹性体是由内、外零件的橡胶硫化、压缩制成的，并呈现弯曲状。为得到与载荷方向有关的最佳的力—行程特性线，常使用肾状的套筒支撑。通过安装相应的横挡和行程限制缓冲器以及中间金属板的硫化，可进一步增加弹性支撑特性线的可变性。特别是发动机/变速器支撑，除使用套筒支撑外，还采用很多其他结构型式，以根据动力装置总成、支撑方案和可用的结构空间实现尽可能好的支撑特性。经常使用的弹性支撑结构型式有楔式支撑、V形支撑和切口支撑[118-120]。

6）液压支撑：从单纯的橡胶减振延伸，通过橡胶弹性支撑与相应的液压装置的组合可显著提高减振能力，并在一定的振动频率和幅值范围，根据需要合理匹配。这时可利用两个基本效应：①通过黏性摩擦减振；②通过液体质量加速流动减振。图7.131是试验的发动机液压支撑型式：工作室被外部振动激励而改变它的容积，从而在工作室内的液体形成正压或负压。在减振通道中的液体质量和有内环的弹性体（像膨胀弹簧）壁刚度组成一个振动

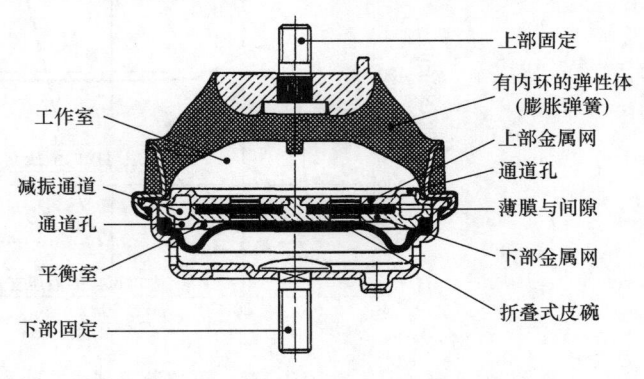

图7.131 可解耦的单室液压支撑

系统，并通过在调谐的频率范围的激励产生系统谐振和通过流体流动惯性与损耗而产生高的减振能力。两个金属网与在它们之间放置的、常带有间隙的薄膜是为在小的振动激励时阻断液体减振，从而改善声学特性。在汽车工业中，为阻止车轮纵向振动和用作动力装置总成支撑时，采用液压减振支撑证明是可靠和适用的[122]。

在发动机液压支撑上，可以看到限制动力装置总成振动（特别在低速范围的行驶状况和交通事故中）的挡块组合功能部件[133,134]。

7) 可控的减振液压支撑：液压支撑不只用于支撑柴油机，目前已得到广泛使用。在这些液压支撑中，支撑中的液压或者按工作状态接通切断；或者按需要变化。其目标是最大程度隔离怠速时的噪声和振动，且在行驶状态通过接通或相应地调整液压在希望的范围，在忍受降低隔离度时可减小车轮激起的动力装置总成的振动（颠簸行驶）。液压控制可用电子[123]，或用负压。图 7.132 是可控的减振液压支撑。通过负压打开旁通通道，并与调整在颠簸频率的环形通道接通。由此将与液压有关的减振移到较高的、在怠速中不重要的频率范围。另外，可利用在增强减振前出现的液压支撑动态刚度下降的效果，以在主要的激振频率局部提高隔振性能。

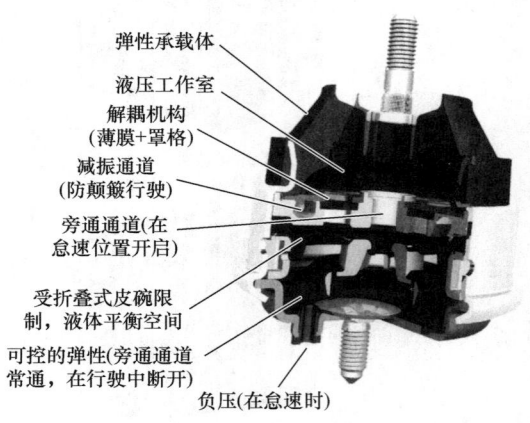

图 7.132　可控的减振液压支撑（Vibracoustic）

可控的减振液压支撑的缺点一是液压和动态刚度调整只在一个方向起作用，二是只是动态的而不是静态的弹性刚度变化。这些缺点可通过刚度可控的液压支撑消除（图 7.133）。这里有两个设计方案，它们是以将调整在怠速时的基本橡胶支撑与可控的、在行驶时优化的液压支撑交联为基础。当由 Trelleborg 公司开发的两个支撑元件通过电驱动的万向夹紧机构耦合和解耦（图 7.134）的结构时，Cnoti Tech 公司的方案中则选用一种气垫结构作为解耦元件。

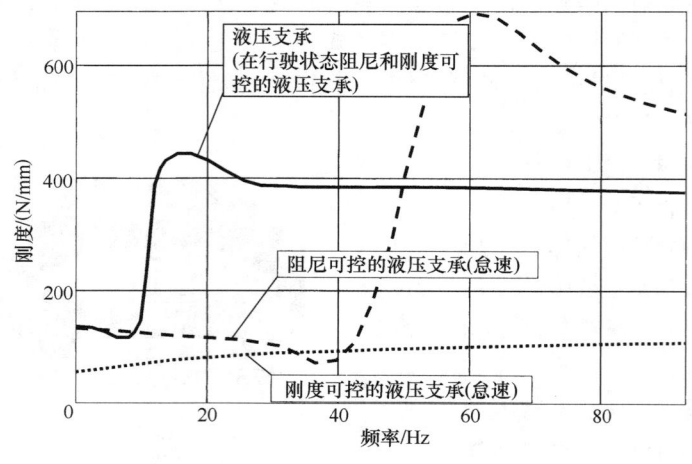

图 7.133　可控液压支撑的动态特性线比较

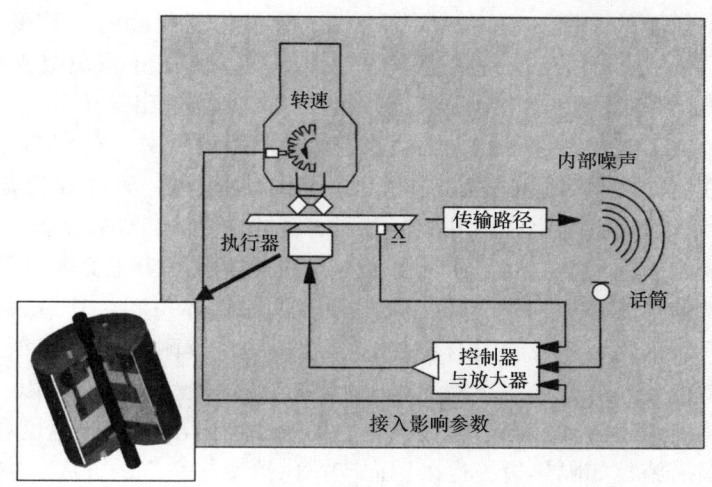

图 7.134　主动支撑系统与电磁执行器实例（Trelleborg 公司）

8）主动支撑：主动支撑是属于完全新的、正在开发的一种支撑。它可以理解为现有支撑的延伸。主动支撑是通过阻尼、刚度或质量等参数的变化与工作状态进行最佳的、比前面所说的可控支撑更快的匹配。技术发展平台可以提供在施加电场或磁场时提高液体黏度的电流变液体以及磁流变液体。这种支撑的控制只要根据一个或多个工作参数（如发动机转速）进行简单的开环控制，也可综合地自优化闭环控制[124]。当然，可以将这种支撑型式归入主动支撑范畴，因为它能自己产生反应力，并给支撑系统在干扰激励时产生反相的振动补偿。主动支撑可直接地（如通过负压或通过电磁或以振动的所谓"地震质量"的形式）实现。力的产生除经典的液压、气动和电磁方案外，还有压电执行器和磁致伸缩执行器是令人感兴趣的替代者[125]。除少数在动力装置总成领域专门应用外，主动支撑至今没有作为系列方案采用，主要原因想必是目前的性价比还不高。

9）弹性体支撑与其他部件组合：弹性体支撑的一个不可低估的优点是为实现紧凑的、重量优化的结构方式，弹性体支撑可容易地与其他部件组合成一个综合性部件，如表示在图 7.130 中的弹性体支撑—推力轴承或是用在横向导臂上的硫化的橡胶套筒弹性连接球窝关节，以得到好的弹性运动学效果[127]。为扩大由于受到弹性体性能限制的空间作用范围（如由于减振下限或轴向刚度与径向刚度比），可以将弹性体弹性与其他弹簧元件（如钢螺旋弹簧）组合[14]。

10）减振器：减振器是弹性体支撑的特殊使用情况。在减振中使用弹性悬置质量以缓和振动干扰。这里的减振作用当然是限于一定的频率范围。通过增加阻尼，必要时利用液压可扩大减振的频率范围，即"宽带减振"。另外，还可通过使用执行机构，按需要有效地扩大频率范围。所以，主动支撑也可以是常规的支撑部件与主动减振器的组合。

11）支撑设计：考虑到可用材料的很多专门的综合功能，在开发弹性体支撑时特别重要的是从一开始就要了解和注意总体要求和边界条件。必要时，在第一次设计后还要再次修改支撑周围的结构空间。当前支撑结构设计采用相应的仿真程序和有限元计算（FEM）程序[116,118,122]。在支撑检验时必须严格按样品控制公差，以在以后的批量生产中保证一致的汽车行驶性能和舒适质量[135]。

除良好的性能外，弹性体还有一系列的限制条件，在支撑结构设计时必须考虑这些限制和使用环境。根据承受的载荷、温度、周围介质，弹性体材料随时间改变它的性能，如刚度、阻尼和强度[129]。另外，在较高温度下弹性体塑变，使在静态预载支撑中出现沉降现象，主要出现在汽车行驶开始的几十千米，为此设计时必须留出这个尺寸。在支撑的静态、动态性能设计时，由于使用条件不同，必须在它们之间取得折中。它应满足所有的极端条件使用，并考虑弹性体性能随时间的变化。除高温和很低温度外，紫外线和臭氧对弹性体寿命和断裂载荷有不利影响。特别要注意可能接触到的腐蚀性介质，如盐溶液。弹性体支撑的热负荷不仅出现在高的周围环境温度，而且由于本身的支撑阻尼功而发热。

天然橡胶的整体性能平坦，是支撑上用得最多的弹性体材料。其最大的缺点是耐温性低。当支撑生产厂家采用天然橡胶混合物使它的最高的持续耐温约80℃时，汽车上部件承受的温度常常要高得多。这样，在高温环境中弹性支撑体寿命下降。所以，在高温环境下，除了关注工作载荷外，还需要准确了解在汽车使用寿命期内出现的"温度积聚"。为此，在支撑周围采用降温措施，如隔热板，也采用向支撑供给冷却空气的方法。主要可采用合成的橡胶品种［如乙烯丙烯橡胶（EPDM）、氟橡胶（FKM）或硅橡胶（VMQ）］，它们的耐温可高达150℃，但力学性能差[116,118]。首次在发动机上使用的硅承载弹性体支撑已经证明了它在未来的应用潜力。

3. 外力作用

在车轮上施加的垂直、纵向和横向力通过前束和外倾改变车轮位置。在不同的行驶状态，这种变化是有利的，下面作一简要解释。详细的说明见参考文献［130］。在设计上是如何影响车轮位置的，这取决于车桥原理、横向导臂布置和弹性，并用试验图说明。为加深理解，建议参阅参考文献［131］。

根据汽车运动学特性，车轮升程会影响前束和外倾，它们对汽车行驶性能的重要性见1。由于车轮悬架的弹性，也会改变前束和外倾。因此在车桥运动学计算时要留有弹性对前束和外倾的变化值。

图7.135是复式万向节（同步万向节）弹性体支撑轴的横向导臂连接顶视图。整个车桥结构型式见图7.144。通过横向导臂Q和拉杆Z实现车轮支架的纵向和横向导向。用转向横拉杆S转向。因为弹性体支撑必须向内倾斜，所以车轮支撑力产生在横向导臂Q上的拉伸载荷，并由于弹性c_Q使车轮支架侧的横向导臂向外移动，推力轴承向内移动，所以车轮负外倾增大。与前束变化一样，车轮负外倾取决于转向系是否布置在车轮中心前或后。

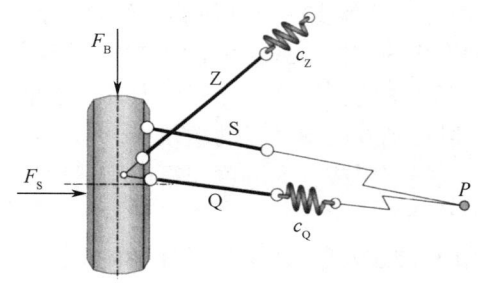

图7.135 复式万向节弹性体支撑车桥的横向导臂连接顶视图（示意图）

如果前束像图中所示在车轮中心前，则车桥在车轮支撑力作用下横向导臂转向点偏移而成前束。

对纵向力—弹性运动学有不同要求，不论是在制动还是加速时，按经验，直线行驶都有利于行驶稳定，因为两个车桥容易形成前束。如果车轮的侧偏角尽可能小，则在加速时可传递较大的力。

在不同附着系数路面（μ-Split）制动时，左、右车轮的不均匀制动力产生横摆力矩，并力图使汽车向附着系数高的车轮侧方向转动。如果前桥由于制动力形成前轮前束，则由于转向角的变化而出现方向相反的横摆力矩，使汽车稳定。相应地如车桥出现车轮外倾，则也会使汽车稳定。

如在弯道行驶松开加速踏板（改变负荷）或在弯道制动时则是另一种情况。在上述的行驶方式时首先改变车轮载荷：前桥车轮载荷增加，后桥车轮载荷减小。在较高的车轮载荷和相同的侧偏角时，前车轮（轮胎）产生较大的侧向力，后车轮（轮胎）由于载荷减轻而产生较小的侧向力，这样就形成一个横摆力矩，它力图使汽车向弯道内侧转向。若这样设计车桥，使在制动力作用下形成车轮外倾；和这样设计后桥，使在制动力作用下形成车轮前束，则可减小横摆力矩，而且左、右车轮相同地改变它们的转向角。但因为在弯道外侧车轮的载荷要大于内侧车轮的载荷，所以这些较大载荷的车轮对转向角的变化起了大的作用，并产生了指向弯道外的横摆力矩。

一般说来，两个车桥的弹性运动学对汽车行驶性能起着重要作用。在制动时，弹性运动学引起的前桥车轮转向角的变化要大于后桥车轮转向角的变化，因为前桥车轮的制动力要明显大于后桥车轮的制动力。此外，前轮转向角的变化较大，因为前轮载荷增加。在起步时只能利用驱动桥的纵向力—弹性运动学。

设计表明，唯一的、最佳的车桥弹性运动学调整无法实现，更多的只是与车桥有关的、根据各个行驶状态的要求进行综合、折中。另外。车桥弹性运动学调整必须考虑整个设计目标，并考虑相关的一些参数，如轮胎性能、减振、稳定器等。实际上大多这样设计汽车：在制动力作用下前桥车轮容易形成前轮外倾，后桥车轮容易形成后轮前束。如果车桥方案允许，驱动后桥还可这样设计：使在牵引力作用下后桥车轮也形成前束。

在图 7.135 表示的复式万向节弹性体支撑车桥中可以通过具有刚度为 c_Z 的拉杆支撑实现纵向减振。c_Z 比自动滚动车轮的刚度小。在制动力 F_B 作用下，车轮支架首先绕极点 P 转动，即在图示位置，车桥车轮易形成外倾。在较大的制动力时，拉杆支撑碰到挡块（拉杆支撑刚度 c_Z 增大）。之后，具有较高刚度 c_Q 的横向导臂支撑起作用。因为在制动时横向导臂承受压力和转向横拉杆的力较小，使车桥车轮继续保持外倾，如图 7.136 所示。

另一个车桥弹性运动学的重要方面是弹性变形而改变弹性运动学的特征参数，图 7.137 是在制动力作用下复式横拉杆车桥原理图（侧视图）。支撑轴 S 是在纵向力为零（点画线的导杆支架）车轮两支架侧横向导臂的连接线，相应的转向主销后倾距离 n 也表示在图上。

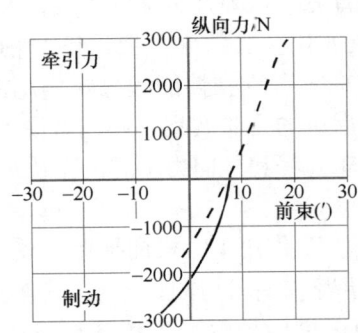

图 7.136　在制动力和牵引力作用下弹性体支撑车桥的前束随纵向力的典型变化

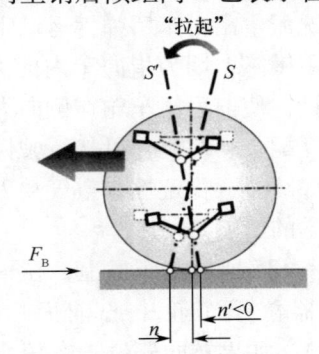

图 7.137　在制动力作用下复式横拉杆车桥原理图（侧视图）

车轮纵向减振是由车身侧的橡胶支撑实现的，因为必须由两个横向导臂承受作为力偶的制动力矩：一个横向导臂向下、向后运动；另一个横向导臂向上、向前运动，从而"拉起车轮支架"，使车轮支架绕汽车横轴转动。支撑轴 S 转向 S'。转向主销后倾距离从正的 n 到负的 n'。

"拉起车轮支架"的其他结果是改变了转向横拉杆的斜率，它控制车轮前束随车轮升程的变化。这表明，在制动力作用下，车轮前束随车轮升程的变化比没有制动力作用时车轮前束随车轮升程变化倾侧（下垂），如图 7.138 所示。

为限制"拉起车轮支架"，重要的是在横向导臂之间要有大的支撑基座。因此，在复式横向拉杆车桥上布置高于车轮的上部横向导臂有助于限制拉起车轮支架（图 7.137）。如果需要将上部横向导臂放入轮盘中，则可利用弹性支撑的车桥支架实现对舒适性有重要作用的纵向减振，这时横向导臂较硬。如果利用整体导杆，通过下部横向导臂吸收制动力矩，则也有助

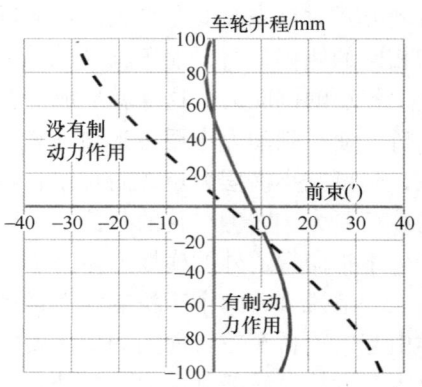

图 7.138　复式横拉杆车桥的前束随车轮升程的典型变化

于减振，因为在上部横向导臂连接中没有纵向力。这种设想已在整体导杆后桥上实现（图 7.147）。

由于车桥中存在弹性，所以在侧向力作用下也会改变车轮前束和外倾。如在 7.4.1.1 段中指出的，在各个车轮悬架中，由弯道外侧的车轮侧倾角产生外倾损失（外倾减小），该外倾损失只能靠车桥弹性运动学得到部分补偿。在所有流行的车桥上，指向车内的力不过是增大车轮外倾角的损失而已。在这种情况下，在图 7.135 表示的车桥上需要一个刚性的横向导臂支撑。

侧向力引起的转向角变化影响汽车转向性能。通常应通过车桥侧向力—弹性运动学达到轻微的不足转向性能（见 7.1 节）。为此，需要在指向车内的侧向力作用下，前桥形成车轮外倾，后桥车轮形成前束。这样，由横向加速度产生转向角，该转向角又降低横向加速度。通过后桥车轮上的转向角可同时减小航向角（浮动角）。

因为对汽车来说，不应该增加一些不希望的外力，所以可以从像侧向风和路面横向倾斜等行驶状况派生出对车桥弹性运动学的其他一些要求。首先，从弹性运动学角度，希望汽车对侧向风不敏感，因为指向车内的力引起前桥车轮前束变化。通常（只要可能）前、后桥应这样设计：使前后桥车轮在侧向力作用下仍是不足转向。对行驶性能起决定作用的是前、后桥的相互配合、协调。可从行驶性能的目标得到前、后桥的具体调整。调整与很多调整参数相关，如减振、稳定性、空气动力学等，但也考虑车轮升程和纵向力引起的车桥运动学和弹性运动学的影响。

在图 7.135 所示的车桥上，在一个指向车内的侧向力 F_S 作用下，横向导臂 Q 受到压缩。如果转向器位于车轮中心前面，则车桥由于横向导臂支撑的弹性 c_Q 形成车轮外倾（图 7.139）。如果转向器位于车轮中心后面，则车桥由于横向导臂的支撑弹性形成车轮前束。这时需要非常高的横向导臂刚度。

如果在弹性体支撑车桥上转向器位于车轮中心后面，且明显地高于横向导臂，就可得到

少许不同的另一个图。在指向车内的侧向力作用下，在减振器上形成弯曲力矩。减振器的倾斜增大了弯道外车轮正外倾，其结果是在横向导臂上面的车轮支架压向车外。因为车轮支架固定在转向横拉杆上，这就影响车轮外倾。

有关侧向力—转向性能的另一个重要方面是作为整个转向系弹性一部分的转向柱的扭转弹性。在为转向弹性运动学设计的重要的汽车行驶状态（小转向角到中等转向角和侧偏角）时，几何的转向主销后倾和轮胎后倾之和总是正的。这样可以得到对转向感觉重要的转向盘上的回位（回正）力矩。该力矩使转向柱转动，在固定转向盘时引起车轮上的不足转向角。

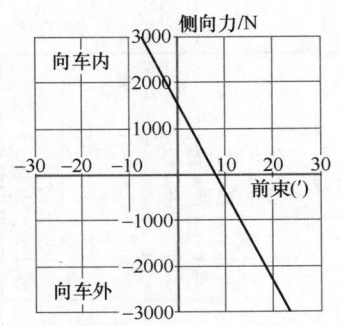

图 7.139 在车轮升程一定时，带前置转向器（位于车轮中心前）的弹性体支撑的前桥车轮前束随侧向力的典型变化

在指向车内的侧向力作用下，如在后桥车轮形成前束则是有利的。在重量和成本都合理的纵向导臂、倾斜导臂、复合导臂车桥上，车桥部件的弹性阻止在后桥车轮形成前束。通过车身和后桥支架或复合导臂之间斜置的橡胶支撑可以部分补偿部件的转向性能。在较贵的复式横拉杆、空间拉杆、整体拉杆车桥上，可任意调整控制侧向力的性能，见 7.4.3 小节及参考文献 [117，131，132]。

从本节可以了解车轮悬架系统弹性是如何影响行驶性能的。为此，总是通过车轮力影响车轮转向角和外倾。这些力是不可避免的，它们是汽车行驶时产生的。对常规的底盘，在设计时必须考虑所有可能的力，并在综合时要兼顾与折中。如果通过闭环控制系统控制汽车取得成功，则在调整车轮悬架系统弹性运动学时可以变动调整的重点。

7.4.3 车轮悬架

车桥悬架与车轮支架、车轮支撑、导臂（带有铰链和橡胶支撑）、弹簧和减振器部承担车轮导向和支撑外力作用。按车轮悬架自由度多少可分刚性车桥、车轮独立悬架和复合车桥[139,140]。刚性车桥可以单侧或平行弹跳，也有两个自由度。在车轮独立悬架中，对称的和反对称的减振过程是一致的，只有一个自由度。复合车桥按设计，左、右车轮的耦合度不同，性能介于刚性车桥和车轮独立悬架之间。转向车桥为一个自由度，即车轮绕接近垂直的支撑轴转动。

很多边界条件影响车桥方案的选择，如使用谱（速度范围、车桥载荷……）、结构空间、驱动方式、成本、重量等，见表 7.9。一般适用原则是优化运动学设计参数和减少导臂与接头数量的可能性，如通过车轮侧的两个三角导臂的球铰链固定车桥转向轴。当然，球铰链位置由于必要的制动器结构空间和在转向时需要自由通过轮毂而不能自由选择，但要合理选择主销内倾角、主销内倾偏移和主销偏距等参数。如果两个真实的、通过虚拟极点的连杆被两个导杆替代，则可以确定与挤占结构空间无关的支撑轴，虚拟的支撑轴可以通过弹簧行程和转向回转而有针对性地变化。这种变化开创了更多的设计自由度。

表 7.9 车桥方案的几条选择标准

	刚性车桥	车轮独立悬架			复合车桥
		平面的	球面的	空间的	
运动学设计潜力	-	0	+	+ +	0
纵向减振	-	0	+	+ +	-
成本	+	0	-	- -	+
结构空间	- -	0	0	+	-
重量	-	0	+	+	0
不灵敏度（轴载、越野适用性、公差……）	+ +	0	-	-	0

在确定轮胎和轮毂尺寸时要充分考虑结构空间。轻结构、低的非簧载质量和尽可能轻的转动质量，也就是小的和窄的车轮—轮胎组合是值得期盼的。采用低滚动阻力、大直径的窄轮胎可降低燃料消耗。出于视觉和行驶动力学原因，当然更希望选择大轮毂、宽轮胎，这还可为大尺寸制动盘和制动钳提供大的安装空间。但这些优点是与在车轮罩中增加占用面积对整车组装（转向回转、转弯圆周、行李舱）的影响和增加重量是矛盾的。重量问题可使用改进的材料和工艺方法减轻，如用铝质车轮替代钢车轮，采用已不断成批配置的轻结构锻造车轮，带铝发泡核的轻金属铸造车轮，镁、纤维增强塑料车轮等。

在误用或碰撞情况下，车轮悬架必须满足专门的要求：在一个部件过载情况下，在最终失效前应调整部件过大的变形。一是要及时识别出过载造成部件的损伤（在断裂前），并中止继续行驶；二是与产品有关的原因：变形表明误用的部件过载发生在断裂前，而过载是在发生交通事故中产生的。这样可以确定事故和部件失效的因果关系：先碰撞后断裂，而不是反过来。车轮导向部件所用材料必须至少要有 6% 的断裂伸长率。

1. 刚性车桥

鉴于刚性车桥坚实的结构型式，它常用于越野汽车和商用汽车的前后桥上（图 7.140）。车桥将左、右车轮连接。在驱动桥中包括车桥减速器。与制动力矩一样，驱动力矩也由桥体支撑，这样，制动支撑角和起步支撑角（没有中间轴传动机构）完全一致。在最简单情况下，通过钢板弹簧，或通过纵向导臂或三角导臂实现导向。侧向导向大多由所谓的潘哈特杆（Panhard-Stab）承担。该杆可以尽量长，以减小横向摇动。

图 7.140 可转向的刚性驱动桥（梅赛德斯 G 级）

刚性车桥的优点首先是在用摆动弹簧和平行弹簧时车轮外倾和轮距不变，这有利于轮胎的承载能力。此外，可以良好地平衡起步和制动俯仰而不会改变轮距，从而减小车身的侧倾和纵倾运动。刚性驱动车桥可以没有驱动轴地同步万向节，因而成本较低。对越野车重要的"正点（plus-punkt）"是在弹跳时保持桥体的离地间隙不变。

刚性车桥的缺点是非簧载质量大，并在安装弹簧时需要大的车桥空间。在单侧纵向力作用时，由于弹性运动学干扰转向角，所以在导臂—橡胶支撑中只有很小的纵向力减振。在单侧跳动时,其他车轮会使车轮载荷和车轮外倾发生变化。此外,潘哈特杆是有限长的,会产生横向偏移。最后是在设定的车桥载荷下可传递的功率受到限制。因为在万向轴纵置时支撑的驱动力矩使车轮载荷发生差异,这是由于在载荷减轻的车轮上有较大的滑转率,但可用自锁差速器防止。与悬置在车身上的车桥减速器(德迪昂式独立悬架后桥)分开的刚性驱动车桥不承受的驱动力矩,在起步时不会出现车轮载荷的差异。

2. 车轮独立悬架

车轮独立悬架按几何运动学可分为:车轮和车轮支架绕固定转轴摆动和完成在垂直转轴的平面内运动(平面车轮独立悬架);如果在弹跳时瞬时轴线绕固定点摆动,则车轮支架点在球形支撑绕这个中心点运动,这称为球形的车轮独立悬架;在空间运动的一般情况,在轴方向的进给运动要叠加绕瞬时轴线的转动,这样瞬时轴线成为瞬时螺旋轴线。悬架的运动学潜力随选用的独立参数的数量增加。在空间中的一根直线由4个参数确定(点和方向)。这样,5个设计参数(前束和外倾变化、起动和制动俯仰平衡以及滚动中心高度不能完全自由选择)。在有瞬时螺旋轴线的空间的车轮独立悬架中还要加上螺距这个参数,以成为5个独立参数(驱动支撑角对非驱动桥当然没有意义,这样只要4个自由选择的参数就足够了)。

由于弹簧行程引起的车轮外倾变化,靠车身侧倾角补偿在变道行驶时相对路面的外倾损失。但在大的车轮外倾时,由于载荷会引起车轮两侧弹跳,所以只能适当减少轮胎的承载能力。车轮外倾调整系统就是试图解决这个目标冲突(主动的调整系统:梅赛德斯F400;被动的调整系统:米其林OCP系统)。当然目前还没有批应用。

(1)平面的车轮独立悬架 没有固定主销的所有悬架,如纵向导臂、倾斜导臂或带平行导臂主销的双横向导臂车桥,都归入平面的车轮独立悬架。

下面进一步说明作为实例的倾斜导臂车桥(图7.141)。

由于弹簧行程引起车轮外倾变化应这样选择:使在弯道行驶时至少能部分补偿由于侧倾角造成的对路面的外倾损失。通过高置的纵向极点可很好地补偿制动俯仰。驱动的倾斜导臂车桥通常有一个后桥支架。该支架也支撑车桥减速器。体积大的橡胶减振器可很好地实现纵向减振和隔离噪声。

图7.141 倾斜导臂车桥(BMW Z3 后桥)

由于设计自由度的限制,在弹跳时前束变化,像滚动中心高度变化一样也是难以避免的,前束变化引起弯道行驶时的支撑效应。在侧向力和纵向力作用下,通过导臂支撑弹性和部件弹性调整不希望的过度转向角,在用后桥支架支撑时,需要较高的费用补偿过度转向角。这时将支架支撑与纵向和横向刚度不同的弹簧分开,并使支撑在侧向力作用下形成一个弹簧重心,使整个车桥绕弹簧重心摆动,并使弯道外车轮向前束方向一起摆动。

(2)球面的车轮独立悬架 绕瞬时轴线的所有车轮支架上的摆动中心点常常作为车身侧的纵向导臂支撑点。如果车轮支架和纵向导臂是一个整体部件,则为保证运动学的确定性,还需要2根横向导臂(由于前束不变的原因,需要2个相对长的、中心导臂后桥,宝马Z4,图7.142)或3根较短的导臂与1根纵向导臂可横向运动的4导臂车桥。这4导臂车桥不断用在高档前驱动汽车的后桥上（十字接头导臂车桥福特福克斯，多导臂后桥大众高尔夫 VII/奥迪 A3，图 7.143，马自达 6）。这些后桥的优点在于高的行驶动力学潜力。通过弹簧和减振器紧凑和低的布置实现行李舱的大空间和宽的装载。如果梯形导臂的车轮支架侧和车身侧的转动轴有一个共同的交点，则球面的悬架也就是带梯形导臂和车轮外倾导臂的车桥（奥迪[138]，捷豹[137]，保时捷 Weissach 车桥[136]）。

图 7.142　中心导臂后桥（宝马 Z4）

图 7.143　大众高尔夫 VII/奥迪 A3

在中心导臂车桥上外倾变化过程可以与在倾斜导臂上外倾变化过程相似选择。在运动的瞬时轴线，通过设计的附加自由度还可以在整个减振行程保持前束不变。起步平衡和制动俯仰平衡也很好。体积大的纵向导臂支撑可达到充分的纵向减振。在纵向力和侧向力作用下，通过仔细调整弹簧的轴向和纵向刚度和安装支撑（在顶视图上可见），可以稳定前束变化。

缺点是滚动中心高度变化不能自由选择。滚动中心的高度变化会产生像在倾斜导臂车桥那样的支撑效应。此外，两根长的横向导臂需要较大的结构空间；在采用 3 根短的导臂时增加了部件费用。

（3）空间的车轮独立悬架　由于可操控（转向性），前桥一般为空间机构组成。用得多的是复式万向节弹性体支撑（图 7.144）。这种车桥将减振器和车轮支架连在一起，并承担车轮导向任务。弹簧和减振器按同心原则布置，并作为弹性体的部件。利用弹簧对减振器中心轴的倾斜布置可降低由于横向力而增大的减振器摩擦，因而被称为横向力平衡。

复式万向节弹性体支撑车桥（也称麦弗逊车桥）可合理地利用结构空间，有较少的部件数，因而广泛用于前驱动汽车的前车桥上。弹性体支撑符合直线行驶的运动学要求。人们还可以设想，用通过推力轴承与弹性体支撑垂直的三角导臂完成直线行驶。这样，可以将横向和纵向极点设计成横向双导臂车桥上的横向和纵向极点那样。如果用两根导杆替代下三角导臂（或月牙导臂），则可得到一个极

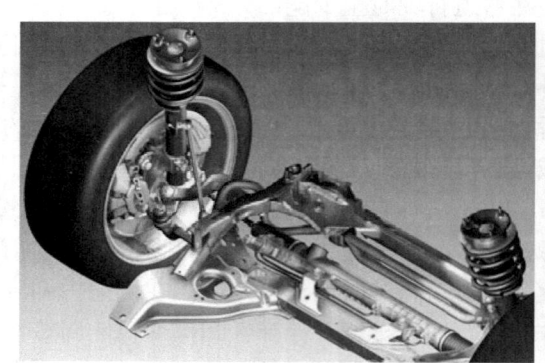

图 7.144　复式万向节弹性体支撑前桥（宝马 3 系）

点，它可确定支撑轴位置。这样可绕开紧张的结构空间（如由于制动盘）。

如果用两根单独的导臂替代上三角导臂，则可形成车轮空间导向的一般形式的 5 导臂车桥。这时支撑轴由两个极点确定，并成为虚拟的支撑轴。这种高成本的结构目前只在驱动桥上使用。

驱动功率为 257kW/350PS 的福特福克斯 RS500 设计了 Revo-Knuckle 前桥，它选择结构空间中心布置的常规弹性体支架车桥方案（图 7.145）。通过分开的车轮支架将转动的转向轴靠近车轮中心面。这样，尽管驱动功率大，但驱动对转向的影响仍轻微[142]。

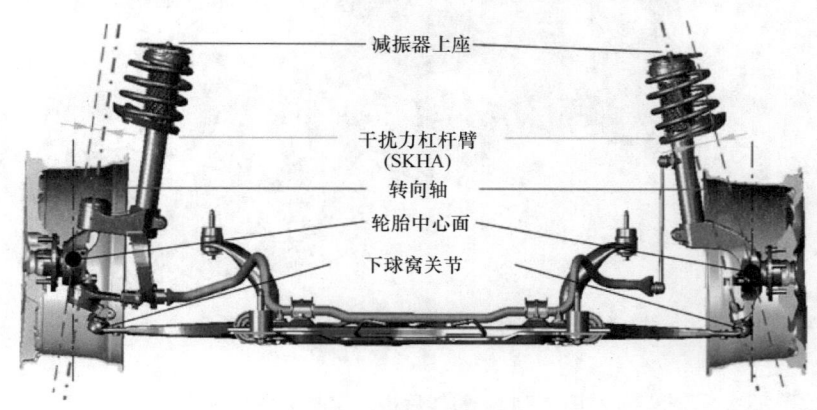

图 7.145　福克斯前桥：左为 Revo-Knuckle（福克斯 RS 500），右为标准的弹性体支架[142]

空间的驱动后桥在市场上有不同的型式：5 根独立的导杆（空间导臂后桥戴姆勒公司，图 7.146）；3 根导杆或 1 根三角导臂（保时捷 911）；梯形导臂与 2 根横向导臂和摆动支架（奥迪，整体后桥宝马 5 系、7 系）[141]，图 7.147）。

在空间的车桥上，通过独立选择参数可达到运动学性能优化：有利的前束和外倾变化过程；好的起步和制动支撑；通过合理的滚动中心高度变化避免"拉起效应"；通过多橡胶支撑，弹性运动学设计可保证在所有的外部载荷作用下实现稳定的转向角和同时达到好的纵向减振。因为通常用橡胶支撑将后桥支架（导臂连在后桥支架上）

图 7.146　空间导臂后桥（迈巴赫）

与车身相连，所以可保持后桥减速器远离车内空间。按设计情况，整个车桥的纵向减振或只通过后桥支架支撑实现，或部分地也通过导臂支撑实现。

尽管空间的车轮独立悬架有很多优点，但由于有很多导臂、万向节、橡胶支撑和复杂的后桥支架，所以结构费用高。

3. 复合导臂车桥

如果单侧弹跳不影响另一侧车轮，或如果平行的、相互的弹跳状态不同，则车桥一般具有复合作用。如在目前已不再使用的摆动后桥就是这种情况。在当前前轮驱动的乘用车上还流行的复合导臂后桥（图 7.148），大多由两根支撑车轮的抗弯和抗扭的纵向臂和一根不抗

图 7.147　整体后桥（宝马 7 系）

扭的、连接两纵向臂的横向臂（型面）组成。按横向臂位置（靠近纵向臂支撑或靠近车轮中心），复合导臂车桥的运动学性能相当前面所说的纵向导臂车桥或刚性车桥。对于横向臂约位于纵向臂中间的情况，在单侧弹跳时，通过纵向臂支撑和横向臂的位移中心可得到瞬时轴线。横向臂由于对称而保持静止。瞬时轴线在空间位置与倾斜导臂转动轴线相似，并引起前束增大和在弹跳的车轮上产生更大的负外倾。在同向弹跳时横向臂不扭转。在两车轮上的前束和外倾几乎不变。

图 7.148　复合导臂后桥（奥迪 A3）

复合导臂车桥的优点除成本低、只有两个支撑位置的结构方式外，还有前束和外倾不变；缺点是需要横向臂的结构空间，在弹跳和在纵向力与侧向力作用下弹性运动学的过度转向倾向。由于使用轴向和径向刚度不同的橡胶支撑，故可校正前束角。像刚性车桥那样，由于在单侧纵向力作用下的转向效应，纵向弹跳受到限制。带万向轴的横向臂碰撞损伤而阻止复合导臂车桥作为驱动车桥使用。

欧宝 Astra 采用了进一步开发的常规的复合导臂与 Watt 连杆结合的车桥[143]。通过优化侧向力支撑可较柔和地调整橡胶支撑，从而提高了车轮转动时的舒适性。

7.4.4　减振、阻尼、稳定器

为了底盘的总体性能，作为总概念的、由弹簧、减振器、稳定器共同作用的悬架必须实现一系列的最重要任务：

1）保护车身，首先是乘员免受上下、纵向（俯仰）、横向（摇摆）振动，免受撞击和为实现乘员的舒适性做出贡献。

2）尽可能达到均匀的车轮地面附着，这是车道保持、驱动、制动所需的轮胎和路面间传递力的前提，是行驶安全性的重要方面。

3）通过一个车桥上的两个车轮和两个车桥上的力和力矩的合理（权重）分配，可改善行驶舒适性和安全性。

设计各个部件并不困难。真正的技巧（本领）在于将所有的功能围绕行驶性能、舒适性能总目标进行折中。调整过程将在下面以汽车舒适性为定位的实例进一步说明。与这个以舒适性优先不同的运动型汽车的情况见本书后面。

所用的符号可从图7.149的汽车模型中推导出。根据选用的轮胎（见7.3节）可确定 c_1，在有车桥方案以后，m_1 是已知的，并可确定供悬架使用的结构空间。上下振动和纵向（俯仰）振动的解耦是相同的。耦合质量 m_k 按大多数乘用车的经验可近似为0。

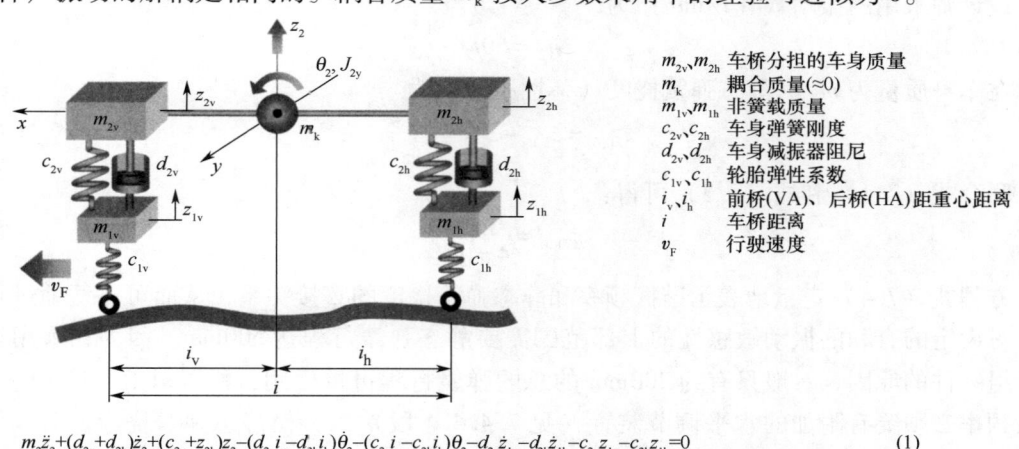

m_{2v}, m_{2h} 车桥分担的车身质量
m_k 耦合质量(≈ 0)
m_{1v}, m_{1h} 非簧载质量
c_{2v}, c_{2h} 车身弹簧刚度
d_{2v}, d_{2h} 车身减振器阻尼
c_{1v}, c_{1h} 轮胎弹性系数
i_v, i_h 前桥(VA)、后桥(HA)距重心距离
i 车桥距离
v_F 行驶速度

$$m_2\ddot{z}_2+(d_{2v}+d_{2h})\dot{z}_2+(c_{2v}+z_{2h})z_2-(d_{2v}i_v-d_{2h}i_h)\dot{\theta}_2-(c_{2v}i_v-c_{2h}i_h)\theta_2-d_{2v}\dot{z}_{1v}-d_{2h}\dot{z}_{1h}-c_{2v}z_{1v}-c_{2h}z_{1h}=0 \tag{1}$$

$$j_{2y}\ddot{\theta}_2+(d_{2v}i_v^2+d_{2h}i_h^2)\dot{\theta}_2+(c_{2v}i_v^2+c_{2h}i_h^2)\theta_2-(d_{2v}i_v-d_{2h}i_h)\dot{z}_2-(c_{2v}i_v-c_{2h}i_h)z_2+d_{2v}i_v\dot{z}_{1v}-d_{2h}i_h\dot{z}_{1h}+c_{2v}i_vz_{1v}-c_{2h}i_hz_{1h}=0 \tag{2}$$

图7.149 上下、纵向振动的半车模型以及相关的方程式[150]

1. 悬架（承载）弹簧

顾名思义，悬架弹簧 c_2 就是要承担车身质量 m_2 的承载任务。因为相对悬架设计位置有装载和卸载不同的情况，所以车身质量 m_2 会从空载的 $m_{2,leer}$ 到满载的 $m_{2,voll}$ 的显著变化。

对所有的装载情况希望保持相同的舒适性。这意味着首先要满足对弹簧行程的要求，并考虑到人们在对振动的敏感性的同时还要求低的（0.7～2Hz）、尽可能不变的车身谐振频率[147,150,152]。

图7.150表明车身弹簧刚度 c_2 只是在车身谐振频率（1Hz范围）周围严重影响车身加速度。频率超过车身谐振频率和较小的车身弹簧刚度车身加速度明显下降，且较小的车身弹簧刚度的最大车身加速度移到较低的频率。

在低频范围最大的车轮载荷波动也是这种情况。在较高的激励频率，软的车身弹簧又使车轮载荷波动增大。

对一个车轮，按图7.149的半车模型可推导出一些简化的关系式：

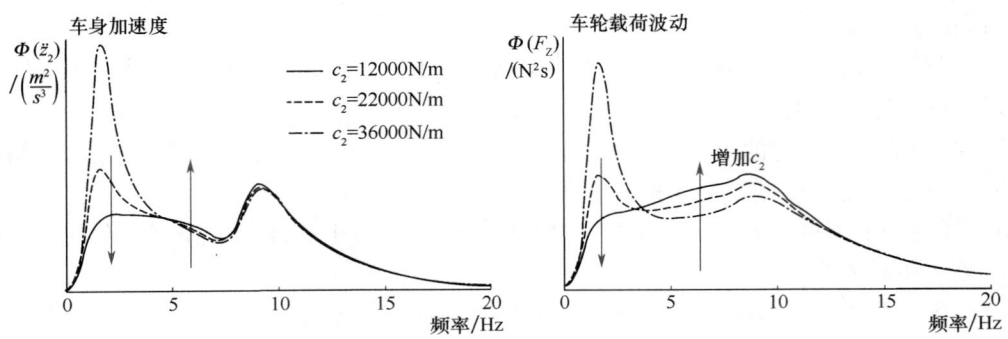

图 7.150　车身弹簧刚度 c_2 对车身加速度和车轮载荷波动随频率变化的影响

车身谐振频率（Hz）为

$$f_2 = \frac{1}{2\pi}\sqrt{\frac{c_2}{m_2}} \tag{7.1}$$

设计师采用的振动数（1/min）为

$$n_2 = 60f_2 \tag{7.2}$$

在车身质量为 m_2 时静态弹簧挠度（弹性压缩）为

$$z_{21,0} = z_{2,0} - z_{1,0} = \frac{m_2 g}{c_2} \tag{7.3}$$

联合式（7.1）和式（7.3）可得：

$$z_{21,0} = \frac{g}{4\pi^2 f_2^2} \tag{7.4}$$

方程式（7.4）定量地表示谐振频率和静态弹簧挠度的直接关系，从而可方便地进行验算。对设定的有利的振动敏感性的上部范围需要静态弹簧行程达 500mm。因为在乘用车上由于组装件的原因，一般只有约 200mm 的总的弹簧行程可供使用，所以对 $f_2<1$Hz 的车身谐振频率必须要有附加的水平调节装置（见 7.4.4.4 段）以补偿静态弹簧挠度。对其他的综合边界条件，方程式（7.1）表明，为力图保持谐振频率不随装载多少而变，需要渐进式弹簧。气体弹簧（见 7.4.4.4 段和参考文献［146］）原理上接近所要求的渐进弹簧的性能。用得最多的直圆柱形钢螺旋弹簧是线性的而不是渐进的。为缓和撞击，如在不平的路面上以相当的行驶速度行驶时出现的撞击一样，需用附加弹簧（大多为 PU 泡沫件）隔开。这样，通过特性线叠加正好产生总的弹簧特性线的渐进性（图 7.151）。该图上除了橡胶支撑组成的近似线性的弹性成分外，还包括车桥导臂的弹性成分。通过有效的、与升程有关的弹簧弹性换算，或如使用"缠绕"的螺旋弹簧，可进一步微调弹簧特性线[145]。此外，渐进式弹簧还可有利于相互的减振过程，因为这些减振过程随载荷增加使侧倾角非渐进式增大并同时产生支撑效应。

这样，在现有的与载荷有很大影响的后桥情况下可以先确定使用这种渐进式弹簧的形式。

在设计前桥时必须转换所希望的前、后桥的相互作用。对乘员来说，舒适性的感觉大多可用车身振动加速度的有效值反映。更好地可用座椅上的 K 值[152]表示人的感受。参考文献［150］非常明确地指出，在包括纵向（俯仰）振动情况下，人的感受取决于座椅位置，如要选择前、后座椅的谐振程度（这里只处理由于路面不平引起的俯仰振动，起步和制动俯

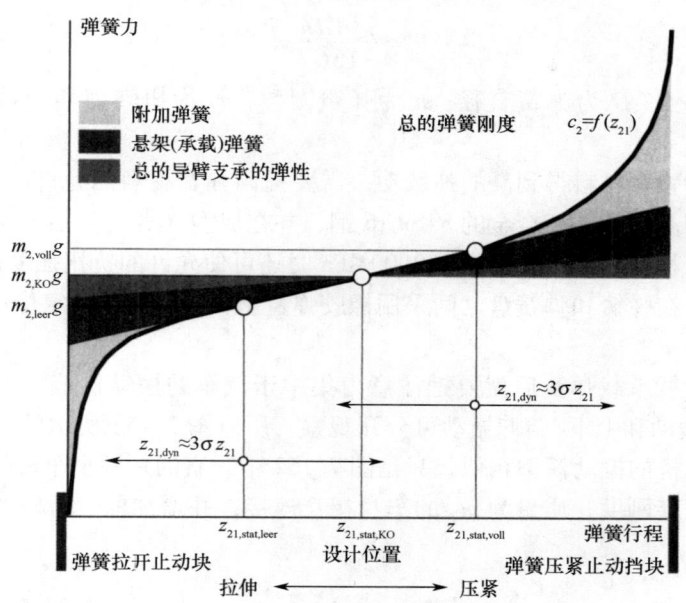

图 7.151 悬架总的弹簧特性线的组成
注：脚标 stat 静态；leer 空载；voll 满载；KO 设计位置；dyn 动态

仰见 7.4.1 小节）。

因为到减振设计的时间节点一般要确定座椅位置，所以设计师必须定位设计目标：优先为驾驶人舒适性定位还是优先为后排乘员舒适性定位。在前一种情况，当设计的前悬架比后悬架软时，则利用相反的附件设计装置使后排乘员仍有较好的舒适性。在优先为后排乘员舒适性定位时，则在向前行驶时通过车身前、后加速度的相位位置一般可达到较好的 K 值。因为相位位置再次与行驶速度有关。当然，达到的舒适性与行驶速度有关。因为在前驱动或确切地说是标准驱动的汽车上，整个载荷几乎在后桥上，所以后排乘员的舒适性实际上只与水平调节装置相关，或者前桥或许不需要硬的悬架，但这会再次损害升程舒适性。在任何的定位设计目标的情况下，重要的是要特别重视在驶过各种障碍物时的乘员舒适性状况。要将前、后桥的谐振频率隔开，这样俯仰运动就会很快停下来。为此，车身前、后的谐振频率之比实际上大多为 $f_{2,v}/f_{2,h} = 0.80 \sim 0.95$。

用作承载弹簧的有螺旋压簧、扭杆弹簧和钢板弹簧。较早在刚性车桥上用得很广的、具有导向功能的叠层钢板弹簧目前几乎只在商用车上见到[172]。扭杆弹簧由于成本和结构空间原因很少使用。钢丝缠绕的螺旋弹簧主要是圆柱状的。

圆柱形压簧的计算公式为：

静态弹簧力
$$F = \frac{\pi d^3}{8D}\tau_t$$

弹簧行程
$$s = \frac{8D^3 n}{Gd^4}F$$

弹簧刚度
$$c = \frac{Gd^4}{8D^3 n}$$

弹簧功
$$W = \frac{\pi^2 d^2 Dn}{16G} \tau_t^2$$

式中，d 为钢丝直径；D 为弹簧直径；n 为弹簧圈数；τ_t 为扭转剪切弹性模量；G 为剪切模量。

为使用较少的弹簧材料得到高的弹簧功，需要提高弹簧材料的允许的剪切应力。为此，弹簧材料大多使用高强度、高合金的 54SiCr6 钢，并在成型（缠绕）后喷丸，以提高材料强度。这样，在弹簧材料允许的抗拉强度 2000MPa 时还可使允许的抗扭强度达到 1300MPa。

为降低噪声，在弹簧和弹簧盘之间采用橡胶弹簧垫，同时可起到定位作用。

2. 稳定装置

在确定前、后桥承载弹簧后就要把注意力集中于汽车的摆动性能。因为，如参考文献 [150] 指出的，摆动和上下/俯仰振动可分开观察，所以图 7.152 所示的车桥的振动模型与图 7.149 所示的车桥的振动模型相似，只是图 7.152 中观察的是两个车桥的振动模型。两个车桥由足够大的扭转刚度、质量为 m_2 的车身相互连接，并增加前、后桥的稳定器弹簧刚度 $c_{s,v}$ 和 $c_{s,h}$。

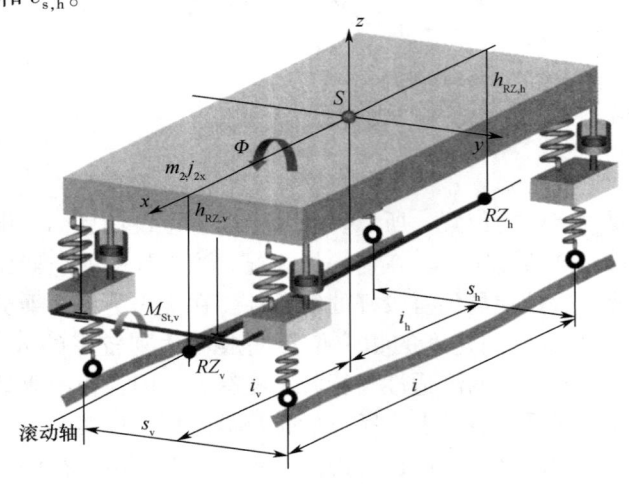

m_2　车身总质量
j_{2x}　摆动惯性矩
$h_{RZ,v,h}$　前、后车桥摆动杠杆臂
s_v,s_h　轮距
$M_{St,v,h}$　前后桥(VA、HA)稳定力矩
$RZ_{v,h}$　前、后桥(VA、HA)滚动中心

其他符号见图7.149

简化：相同的前、后轮轮距　$s_v=s_h=s$
　　　相同的前、后轮胎弹性　$c_{1v}=c_{1h}=c_1$ 以及 $\Phi_{1v}=\Phi_{1h}=\Phi...$

$$\frac{2j_{2x}}{s^2}\ddot{\Phi}_2+(d_{2c}+d_{2h})(\dot{\Phi}_2-\dot{\Phi}_1)+(c_{2v}+c_{2h})(\Phi_2-\Phi_1)=0 \tag{1}$$

$$(m_{1v}+m_{1h})\ddot{\Phi}_1-(d_{2v}+d_{2h})(\dot{\Phi}_2-\dot{\Phi}_1)-(c_{2v}+c_{2h})(\Phi_2-\Phi_1)+2c_1\Phi_1=4c_1\Delta h \tag{2}$$

图 7.152　汽车摆动振动模型和最重要的方程式[150]

在以横向速度为 a_y 弯道行驶时，在汽车重心 S 作用一个离心力 F，它与杠杆比 h_{RZ} 形成车身的俯仰力矩

$$M_K = m_2 a_y h_{RZ} \tag{7.5}$$

该力矩在调整侧倾角 φ 后将增大一个力矩分量 $m_2 g h_{RZ} \varphi$。h_{RZ} 是摆动杠杆比，是重心到滚动轴之间的距离，见 7.4.1 小节。简化表示的俯仰力矩 M_K 必须与悬架摆动力矩 M_W 平衡：

$$M_K = m_2 h_{RZ}(a_y + g\varphi) = (c_{\varphi v} + c_{\varphi h})\varphi = M_W \tag{7.6}$$

式中，$c_{\varphi v}$、$c_{\varphi h}$ 是车桥悬架摆动率，它是力矩 M_W 在两个车桥上的力矩比（前提是足够大的扭转刚度的车身）。精确的观察见参考文献 [149]。

遗憾的是侧向摆动不能简单地靠将滚动中心高度提高到汽车重心高度（$h_{RZ}=0$）的办法

消除。这会导致非常不利的、有较大轮距变化的车轮升程曲线（刚性车桥除外），造成牵引力问题和引起轮胎磨损。完全消除侧倾角，至少在行驶动力学边界范围由于驾驶人无法获得汽车状态信息的原因也不是所希望的。

在正常的摆动杠杆比约为 500mm 和在由于舒适性原因使用较软的承载悬架时，必须少许保持侧倾角，并与附加的稳定器隔开。该稳定器与悬架并联，但只在车轮升程相对变化时才成为真正的弹簧。前、后车桥悬架摆动率 $c_{\varphi U,h}$，引入前后轮距 $s_{v,h}$ 情况下，可由前、后车身刚度 $c_{2v,h}$ 和前后车桥稳定器弹簧刚度 $c_{sv,h}$ 之和得到

$$c_{\varphi L,h} = (c_{2v,h} + c_{sv,h}) \frac{s_{v,h}^2}{2} \tag{7.7}$$

如果一般在垂直方向设计较软的车桥悬架上这样设计稳定器的刚度，使侧倾角不超过最大值，则需要检验支撑性能和自转向性能。在稳定前桥的情况下，由于前桥的刚度大，还可承担相当大部分的摆动力矩支撑。

与车轮有关的稳定器力引起弯道内和弯道外车轮之间的较大的车轮载荷偏移，并从横向加速度约为 $0.4g$ 开始，由于轮胎侧向力特性线的非线性（见7.3节）而导致车桥较大的、渐进的侧偏角需要。因为这时驾驶人需要继续转向，以保持弯道半径。这就是所说的不足转向。从行驶稳定性角度，在一定程度上这种效果是所希望的。如果不足转向程度太大，则需要后桥帮助，以支撑摆动力矩。如果由于舒适性原因，车身弹性弹簧的设计不是太硬，则在车桥上要考虑安装稳定器。

为支承稳定器安装弹性体支撑，它是有效的附加弹性元件和用以协调安装公差。在没有连接稳定器支撑时，由于环境影响造成稳定器和橡胶支撑之间的相对移动，这是产生噪声和磨损的原因。通过黏附在稳定器上的橡胶支撑可以避免这种情况。目前在市场上主要有两种流行的方法：后硫化法[151]和胶粘法[153]。

由弹性体材料制成的稳定器支撑在整个振幅和频率范围内具有大家熟知的粗糙性效应。在高频和高振幅时这种效应使隔振效果不断降低。在如劳斯莱斯车型上为获得最好的行驶舒适性，稳定器支撑采用滚珠轴承。

3. 振动阻尼

如果整个的弹簧和稳定器悬架为所希望的抗上下/俯仰振动的舒适性和抗摆动振动的舒适性创造了好的条件，则还必须采取一些措施以抑制由于外力引起的振动。这项任务落到减振器上。在承载弹簧刚度对车轮载荷波动影响很小时（图7.153），减振器阻尼不只是对车身质量起作用，更是对行驶安全性有重大贡献（图7.150）。在前后车身上的阻尼因数 $D_{2v,h}$ 和前后车轮上的阻尼因数 $D_{1v,h}$ 为

$$D_{2v,h} = \frac{d_{2v,h}}{2\sqrt{(c_{2v,h} + m_{2v,h})}} \tag{7.8}$$

$$D_{1v,h} = \frac{d_{2v,h}}{2\sqrt{(c_{1v,h} + c_{2v,h})\ m_{1v,h}}} \approx \frac{d_{2v,h}}{2\sqrt{c_{1v,h} m_{1v,h}}} \tag{7.9}$$

实际上，如果非簧载质量小，那么 $D_{2v,h}$ 至少约为 $0.2 \sim 0.25$，$D_{1v,h}$ 略大些。对随机的路面激励，图7.153 和图7.154 清楚地表示了沿着给定的车身弹簧刚度 c_2 曲线通过选择车身减振器阻尼对舒适性和行驶安全性的综合品质有决定作用。由于上下振动和俯仰振动总是结合在一起，也由于整个曲线图与行驶速度的关系、装载和确定的各种路面不平度类型的关

系，建议在改变一些重要的影响参数进行仿真计算时要同时优化前后车桥上减振器阻尼 $d_{2v,h}$。

如在图 7.153 中可见，不同的阻尼值改变行驶时有效的抑制固有频率和超过车身和车轮的谐振频率。为进一步设计没有抑制车桥固有频率，如 7.4.4.1 段中所述，以达到抑制前、后车桥固有频率的相互配合，必须在基本的仿真计算时同样要相互调整两减振器的阻尼性能。在一般情况后桥的阻尼要强于前桥的阻尼。最后的设计总是在行驶舒适性（如平行性、车身振动状态）和行驶稳定性（如在行驶方式频繁变化时动态分配由弹簧元件和阻尼元件组成的摆动力矩）的折中。

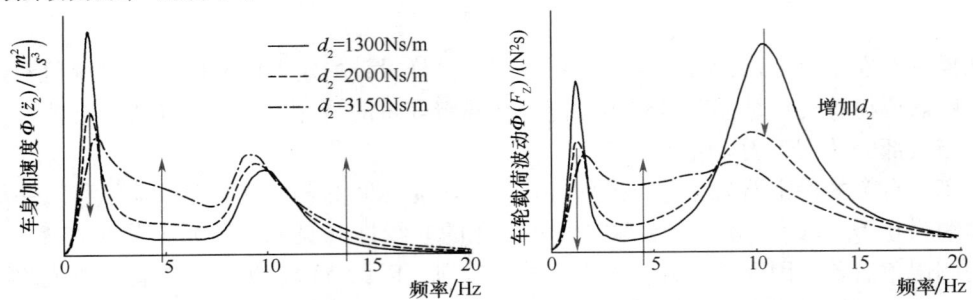

图 7.153 减振器阻尼 d_2 对车身加速度和车轮载荷波动随频率变化的影响（功率谱）

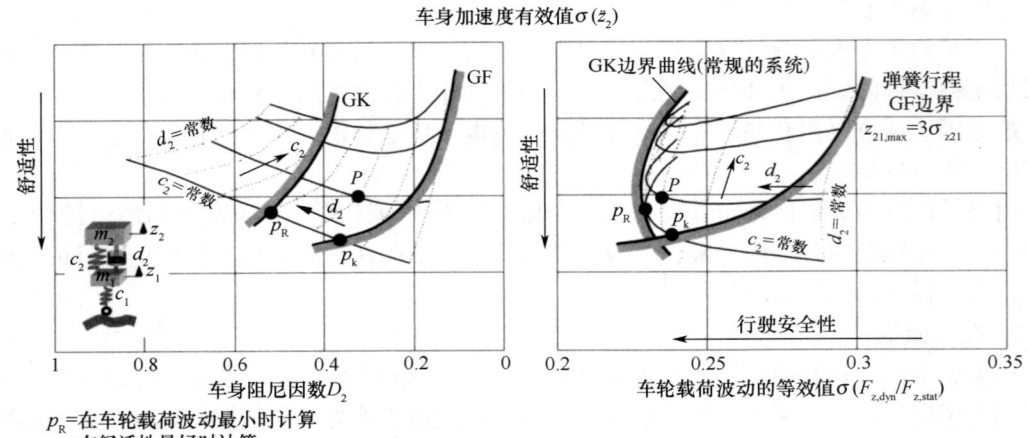

p_R=在车轮载荷波动最小时计算
p_K=在舒适性最好时计算
p=计算点(必要的弹簧行程，对各个障碍物的储备实例)

图 7.154 在舒适性—行驶安全性冲突的图解中的设计边界随减振、阻尼以及相应的阻尼因数的变化

目前所用的减振器有两种结构型式：单管和双管液压伸缩式减振器，它有不少变形；另一种是阀门系统减振器。

至今用的都是线性特性线的减振器（图 7.155）。如前面所说，在弹簧设计时除考虑重要的舒适性影响[148]外，还包括在各种障碍物（如路面不平、沟盖）或驾驶人反应（如转向）等行驶性能时，则要进一步匹配减振器力 F_d 随减振器活塞速度 v_D 的具体变化，这时减振器特性线就不是线性的。

所用的非线性减振器的减振器特性线在拉伸过程中减振力是渐减的。减振力的偏移，即渐减就可达到随时的、稳定车身侧倾角。这对在通常是不常有的行驶状态的主观安全性感觉

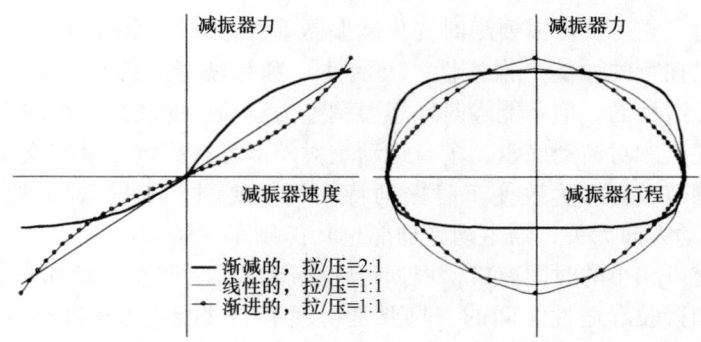

图 7.155 减振器力随减振器速度的特性线和对示功圈的影响实例

非常重要。为此，在低的减振器活塞速度 v_D 时，弯道内行驶的车轮需要高的减振力。这表示需要考虑使用比线性特性线减振器更强的拉伸特性线，即减振器阻尼更大（$d_{2z} > d_{2Lin}$）。并在大的减振器活塞速度 v_D 时，除了增加不舒适性感受外，还导致车轮的过度阻尼和较大的车轮载荷波动。

所以，从 $v_D \approx 0.15 \mathrm{m/s}$ 起，特性线 d_{2z} 要降到低于 d_{2Lin}。这时示功图曲线是丰满的，这样，在低的 v_D 时减振器的功较大。

用于压紧（压缩阶段 d_{2D}）、拉伸（拉伸阶段 d_{2z}）的弯曲（偏转）的减振器的特性线得到广泛应用。在前桥上压紧与拉伸的阻尼之比降至 $d_{2D}:d_{2z} \approx 1:3$。在驶上斜面的各种障碍物时可改善"弹性感觉"，在行驶边界范围也可达到"弹性感觉"。因为随着减振器特性线不对称增大，静态舒适性下降，车轮载荷波动增加，所以压紧与拉伸的阻尼比不要不必要地降低，并且必须尽量利用车桥足够大的纵向悬架的正面效果。

在前面几段中已经指出，制订与汽车目标有关的、有效的整体调整是一个复杂的综合过程。这个过程由有经验的设计师或更好地利用现代仿真工具完成。如使用仿真工具，或其他更好的方法，则要使用舒适性评价准则。如果开始只提及垂直加速度的 K 值，则按参考文献 [159]，对当时观察到的所有参与的各分振动的向量叠加就可算出需要评价的振动强度的总值 K_{ges}：

$$K_{\mathrm{ges}} = \sqrt{K_1^2 + K_2^2 + \cdots + K_n^2} = \sqrt{\sum_{i=1}^{n} K_i^2} \tag{7.10}$$

如果底盘是为运动型汽车设计的，则不要更多地考虑舒适性。在这种情况下，除了要求特别好的地面附着性（弯道的边界速度）外，要求弹簧行程和侧倾角要小，就是要求较大的振动阻尼和较大的稳定率。

通过减振器对角线连接（奥迪 RS6），也就是前左和后右减振器的非控连接和受控连接，可将车身纯上下运动与摆动或俯仰运动隔开（解耦）。这时对角线对面的车轮的反向弹簧在车身摆动或俯仰时由于连接管路中的节流损失产生的减振效果要比减振器平行连接所产生的减振效果好。

为补偿高汽车重心，标致大功率车型 3008 有一个横向连接的后桥减振器和附加的阻尼阀部件与气体预紧装置。从而可有针对性地抑制振动和作为平衡载荷的辅助功能（如果不是完全平衡）。

4. 垂直动态系统

与被动部件相比，垂直动态系统（也就是闭环控制系统）具有改进行驶性能与行驶舒适性的很大的潜力。它可以按需要随时优化减振器垂直力，在调整被动弹簧、振动减振器和稳定器时，总是只在行驶性能（操控性、灵活性）和行驶舒适性之间取得折中，即底盘可以是运动性的或舒适性的，但不能随时地想要调整为运动性的或舒适性的底盘就调整为运动性的或舒适性的底盘。对被动底盘，车身运动是对外部各种影响因素的反映。对可调节的底盘，通过半主动调节底盘（为改变车身振动特性线需要调节能量），或通过主动调节底盘（与当时的车身运动方向无关，需主动施加能量）抑制车身运动。

垂直动态系统可在小的时间窗口，根据行驶状态按需要调整车轮和车身之间的垂直力，以解决行驶性能和行驶舒适性之间的、只要是物理学上可能的目标冲突（见 7.4.4.3 段）。从图 7.154 可见，这时 c_2 突破 GK 边界曲线向更舒适和更安全方向调整。为此，垂直动态系统从硬件方面需要传感器、电控单元、执行器以及能量供给；从软件方面需要有效的闭环控制策略。垂直动态系统对在正常行驶范围的行驶有影响，它与安全性控制或驱动防滑转控制不同，不仅是在边界范围起作用，更是持续地在起作用。

下面是三种调整方式的简要说明：
1）水平调整装置（当前主要用空气弹簧）。
2）减振器调整系统。
3）主动弹簧/主动稳定器。

在载荷变动时水平调整装置输送工作介质至减振器支柱或者将工作介质从减振器支柱带走，以保持汽车高度不变，并可提供最佳的弹簧行程储备。特性线的设计没有考虑由于载荷变动引起的水平变化。两点式调整可达到较好的抗振动舒适性。由于重量轻、成本低，空气弹簧不断用于水平调整装置上，并可替代液压气动弹簧。此外，空气弹簧还有车身谐振频率不随载荷变化的优点（图 7.156）。在这期间，在对舒适性有高要求的高端汽车市场领域的汽车上出现前、后车桥的 2 个车桥空气弹簧[155]。

汽车水平调整装置用的空气弹簧是一个等容积的低压空气弹簧。在载荷变动或设定另一个高度时调整汽车静态高度的能量一般由压缩机部件保证。有两种空气弹簧：波纹膜盒式弹簧和折叠气囊弹簧，它们的刚度不同。在乘用车上只用折叠气囊弹簧。空气弹簧的主要部件是盖、滚动活塞和带夹紧元件的折叠气囊（图 7.157）。折叠气囊是一个弹性体软管，带硫

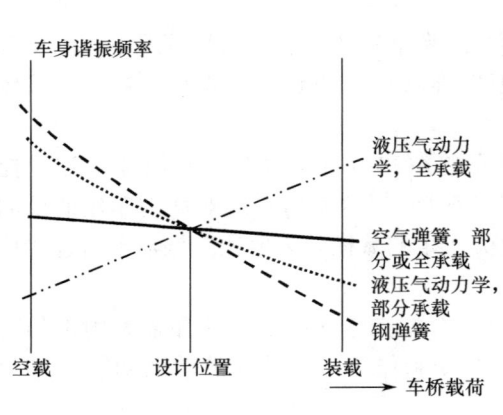

图 7.156 在不同的水平调整系统时装载对车身谐振频率的影响

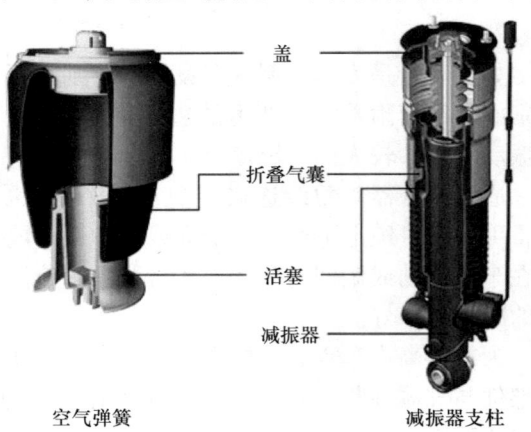

图 7.157 空气弹簧结构型式和减振器支柱实例

化橡胶的坚固支架。支架由两层或多层十字状的纤维覆盖层，但对特殊的结构型式也可只有一个轴向走向的纤维覆盖层。这时折叠气囊必须要有外部导向件，以作为支撑元件。空气弹簧既可单独使用，也可用作减振器支柱。

与弹簧行程有关的空气弹簧刚度通常由两部分组成：

$$c_G = c_V + c_A \tag{7.11}$$

式中，c_V 为空气弹簧体积刚度：

$$c_V = (\eta_a + \eta_ü) n \frac{A_\omega A_g}{V_0} \tag{7.12}$$

空气弹簧面刚度 c_A 为

$$c_A = \eta_ü \frac{\partial A_\omega}{\partial Z_{2L}} \tag{7.13}$$

式中，A_ω 为有效横断面积，它由切平面在折叠气囊折叠处的接触线所包围的面积（图 7.157 左）；A_g 为几何横断面积（理论尺寸）；$\partial A_\omega / \partial Z_{2L}$ 为有效横断面积随空气弹簧升程的变化；n 为空气绝热指数（与减振速度有关，$n = 1.0 \sim 1.38$）；$\eta_ü$ 为空气弹簧中的空气过压（表压）；η_a 为环境（大气）压力；V_0 为设计位置的空气弹簧内部容积。

如果空气弹簧有效横断面积随弹簧升程是不变的（如圆柱折叠气囊的圆柱滚动活塞面积），则可以确定空气弹簧的面刚度为零。空气弹簧刚度仅由体积刚度决定。

按空气弹簧中的空气热力学的状态变化速度可以分为动态（绝热）弹性过程（$n = 1.38$）和准静态（等温）弹性过程（$n = 1.0$），见参考文献［156］。

除单纯的空气热力学的弹性性能外，在很小的激励时要考虑折叠气囊壁的刚度 c_{RB}[157]。这表现在随着弹簧升程的减小，空气弹簧以指数增长变硬。按折叠气囊结构，空气弹簧变硬容易超过本身的空气刚度 c_G。因此，在整个的空气弹簧刚度 $c_{LF,ges}$ 必须包括折叠气囊壁的这部分刚度 c_{RB}，即

$$c_{LF,ges} = c_G + c_{RB} \tag{7.14}$$

因为小振幅的弹簧行程主要在好的路面直至可在高的车速出现，所以由于折叠气囊在小的弹簧行程变硬而明显地丧失舒适性和带来的不愉快。通过使用单层轴向、外部导向和壁厚非常薄的折叠弹簧可以减小这种不利的影响。

减振器电子调整系统根据感知的汽车行驶状态改变垂直力随减振器力的变化情况。图 7.153 再次一目了然地给出了如何通过减振器电子调整系统改善抗振动舒适性的状况以及它的基本功能。

图 7.153 左是各种减振器阻尼 d_2 对车身加速度（垂直）随振动频率变化的影响（功率谱）。这是汽车在中等的州级公路行驶时调整好的。如果想简化抗振动舒适性评价尺度，那么车身加速度功率谱（如上面提到的）是一个惯用的评价方法。功率谱幅值越小，乘员在公路上行驶的干扰振动越小，即功率谱的面积小意味着有更好的、统计的抗振动舒适性。由图可见：在约 2~30Hz 振动频率范围，减振器的软的特性线（d_2 小）可达到更好的抗振舒适性；在约 0.3~1.5Hz 振动频率范围，减振器硬的特性线（d_2 大）使车身加速度幅值降低，并改善抗振动舒适性。

除了舒适性外，还要考虑行驶动力学和车轮动态载荷变动。图 7.153 右表示减振器调整系统的原理性功能：在车身初始垂直振动频率（约 1.2Hz）以及占支配地位的汽车纵向和横

向动态运动时 4 个可调减振器调在较大的减振力上。在车轮初始的垂直振动频率（约 12Hz）减振器调在中等的减振力上。中等减振力还可达到满意的车轮减振。汽车在这两个谐振频率之间激励时，为达到很好的行驶舒适性，要将减振器的减振力调得非常软。为识别汽车行驶状态，减振器调整系统使用作为信息源的车身加速度传感器、转向角传感器信号以及 ABS 系统的前桥车轮信号。减振器调整系统采用作为控制策略的所谓"天钩原理"（Sky-Hook-Prinzip）[159]，该原理在车身谐振频率的路面激励时具有很多功能优点。

1987 年首次采用以电子减速器控制（Electronic Damping Control，EDC）命名的可调减振器系统（宝马 7 系第 2 代 E32）。EDC 第 1 代的基础是可自动接入 3 个减振器特性线的可调减振器。自 2001 年以来已使用大批量生产的连续可调减振器系统（宝马 7 系第 4 代 E65[159] 和 X5、RR Phanton、大众 Phaeton[170] 和 Touareg、奥迪 A8[171] 和 Q7、保时捷 Panamera 和 Cayenne、Bentley）。这些减振器系统有内置调节阀的减振器系统和外设调节阀的减振器系统的差别。这些可调减振器有一个与拉/压有关的减振器特性场，并以此提供良好的行驶舒适性（安静的车身、隔振）和良好的行驶动力学性能。内部系统落在行驶舒适性范围内的座位调整的重心上；外部系统更多地调整在良好的行驶动力学性能范围内。

自 2008 年以来，首次提供分开式拉/压分级连续调节的新的减振器系统（宝马 7 系第 5 代 F01[154]）。利用外设的两个连续可调阀可进一步改善抗车身振动和抗车轮不平稳转动的效果。由于可调减振器系统在硬支撑和软支撑之间的大范围的支撑变换，所以可附加改善这种可调减振系统的灵活性和控制的目标精度。

在上面列出的可调减振器系统影响减振器油的流动阻力时，还有使用改变减振器油物理性能的磁流变液体（如凯迪拉克 Seville、雪佛兰 Covette、奥迪 TT 和奥迪 R8[174]）。在该系统中改变磁场就可改变减振器油的黏度，并按需要使减振器力变软或变硬。

1990 年以来，在日本市场提供主动弹簧[160,161]。自 1995 年以来，主动摆动支架或主动稳压器拉杆在欧洲面世[162]。在 1999 年批量生产的主动稳定器首次用在路虎发现者 II 汽车上。2001 年，在宝马汽车多导臂轴汽车上作为可逆电动机方案动态驾驶。

主动弹簧在车身谐振频率范围几乎可达到任意的垂直力；主动稳定器在车身谐振频率范围几乎可适应任意的垂直力矩。对用户有价值的功能优点随系统的特点而不同。液压机械系统的高技术费用阻碍了它的广阔市场的占有。

日本生产者（如丰田 Soarer 1991）的方案由液压气动弹簧（替代常规的弹簧和减振器）、液压供给、电控单元和多个传感器组成。液压供给包括轴向或径向柱塞泵、供给容器、脉动缓冲器、液压油箱、冷却器、高压滤清器以及连接管路。液压供给可实现系统等压，保持系统在最高压力（如 160bar）不变。

保持这样高的系统压力需要高的费用，以使噪声级尽量低。液压气动主动弹簧基于由差动液压缸、气压罐（当成弹簧元件）、节流装置（当成减振器元件）组成的减振装置和可将高压油供入差动液压缸或从差动液压缸排出的控制阀的调节原理。主动作用是通过控制阀完成并作为附加措施实现的。与全主动弹簧[20]不同的是，液压气动弹簧减振也可以没有高压油的供入和排出。如果以全主动弹簧作为参照，那么没有高压油供入和输出的液压气动弹簧的优点是抗振动舒适性和节省能量，但需要较高的传感器费用。为检测汽车行驶状态，日产采用 2 个横向、1 个纵向和 3 个垂直加速度传感器以及 4 个水平状况传感器。丰田还多了 5 个压力传感器。电控单元评定传感器来的各种信息和按需要控制 4 个液压气动主动弹簧。用户实际关心的是费用和能量消耗的对比，这也是高成本的主动弹簧在日本市场上没有真正普及的原因。

主动弹簧的代用型式与日本提供的系统在成本上完全相当，是由戴姆勒以主动式车身姿态控制（Active Body Control，ABC）命名提供的[165]。与前面所说的主动弹簧的差别是车身带 4 个减振支柱。图 7.158 表示 ABC 减振（弹簧）支柱的上部断面。柱塞套筒支撑在螺旋弹簧上，螺旋弹簧承载整个车身。压力油通过控制阀供入柱塞套筒或从柱塞套筒排出，使柱塞套筒运动。这样，螺旋弹簧根据柱塞套筒行程改变初始力，并产生所希望的附加力。

最后，如前面提到的主动弹簧一样，在车身频率范围可减小车身在俯仰、摆动、上下等自由度方面的运动，并可水平调节。除螺旋弹簧外，还有组合在减振支柱中的、被动的气体压力减振器。该减振器有软的特性线（刚度小）。软的特性线也足以使车轮运动减振。如同液压气动主动弹簧一样，要实现系统的等压，需要一些控制阀和像参考文献［160］的一些类似传感器。另外，还要控制柱塞套筒的位置传感器。与液压气动主动弹簧相比，ABC 方案在原理上有一些优点，即作用在车轮上的力传递到车身的过程中引起的摩擦力小，以及在弹簧特性线的设计过程中有更多的自由度。因 ABC 系统费用较高，所以目前仅限于很小的汽车范围使用。

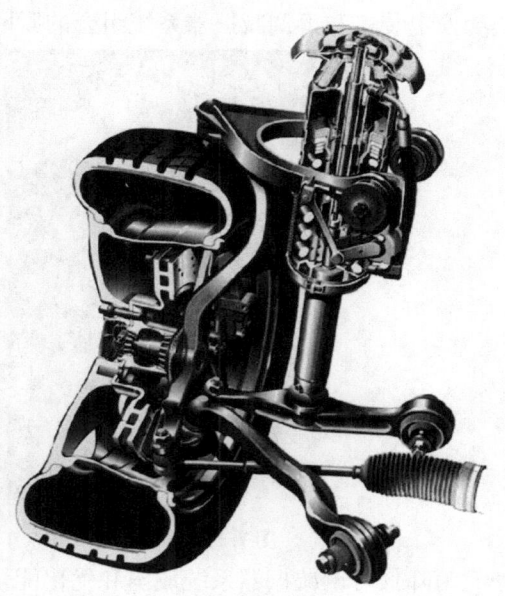

图 7.158 戴姆勒公司主动式车身姿态控制减振支柱

为降低高重心位置的越野汽车的摆动运动，作为一种方案，路虎发现者 Ⅱ 提供的 ACE（Active Cornering Enhancement）系统是一种稳定汽车摆动的系统。该系统在汽车弯道行驶时通过主动稳定器建立垂直力矩，可抵抗车身摆动力矩[163]。在主动稳定器上采用带杠杆臂替代作为稳定器支腿的液压差动缸。作为单通道 ACE 系统，在前、后桥上的两个执行器采用同一个压力控制，从而以相同的摆动力矩分配，稳定车身摆动。

宝马动态行驶装置通过与汽车行驶状态有关的前、后桥之间的稳定力矩分配实现主动稳定车身摆动，并作为 2 通道系统同时优化自转向性能[169]。因而，汽车的操控性和灵活性明显改善，安全性增加，车身的抗振动舒适性提高，最后，特别是在直线行驶时横向加速度很小。

动态行驶装置由两个主动稳定器、一个带组合传感器的阀体、液压供给部件以及一个电控单元组成。在前、后桥上，转动的液压执行器组合在机械稳定器中（图 7.159）。主动稳定器是动态行驶装置的核心部件，它将液体压力转换为扭转力矩，并通过连接件转换为稳定力矩，从而可减小汽车在弯道行驶时车身的摆动，甚至可完全消除摆动。通过前、后桥之间的合适的力矩分配，在整个汽车行驶速度范围可达到高度灵活性和目标准确性、最好的自转向性能和良好的载荷变化性能。另一方面，在直线行驶或非常小的横向加速度时执行器中没有液压，这样稳定器的扭转弹簧刚度不会使基本的减振变硬，并可降低车身的仿形运动。与现有的可调减振器系统紧密联网的动态行驶装置的新的应用是2006年以来首次出现的宝马X5自适应行驶装置[173]。保时捷Cayenno和Panamera汽车同样向市场提供成熟的、由主动摆动稳定装置和可调减振器系统组合的联网动态行驶系统[178]。

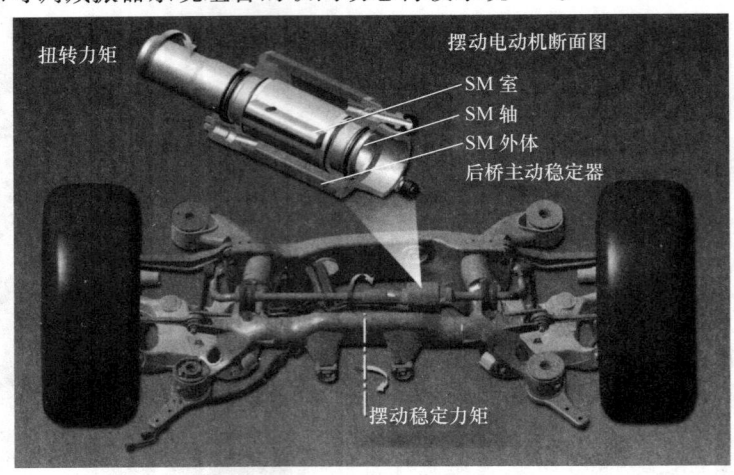

图7.159 在宝马7系汽车上动态行驶装置的后桥主动稳定器

为降低可调减振器系统成本和优化能量需要,从而减少CO_2,在主动悬架部件中可以看出从机械液压方案到机电方案的路径是一种必然趋势。在混合动力汽车和纯电动汽车上常规的辅助装置驱动不再由内燃机通过带传动提供动力,也就是或者由泵组供给液压,或者变换为单纯的机电执行机构直接驱动。

作为替代液压式梅赛德斯-奔驰的ABC系统的机电式弹簧固定点调节可从文献和公开的专利获知[175]。在丰田Lexus RX450汽车上以及在美国的LS600h和GS460汽车上已成批实现使用机电执行器的摆动稳定系统[177]。

5. 前景

由于底盘的不断发展,也由于汽车工业和配件工业对各部件的综合性的相互作用的深刻认识与理解,以及由于有效的开发工具(仪器等)、材料和加工方法,在最近20多年,在底盘的品质上再次取得骄人的进步。虽然由于成本原因,目前大多数底盘还是常规的属性,即由不少被动部件组合起来的,但应当谈及已达到高水平的"智能机械"。

尽管未来的充满智慧的工程师们肯定还会进一步仔细地改进,在超过100年的汽车发展以后还必须接受、吸收新知识,以在与用户有重大关系的底盘上取得突破性的创新,而利用常规部件看不出有进一步开发底盘的潜力。在常规底盘技术领域的未来挑战还将是不断发掘电动汽车轻结构底盘,以减少CO_2排放或增加电动汽车行驶里程。

在试验中要回答还有什么可以期待的问题,首先少许的自我检讨是有好处的:直至目前,由于底盘任务的综合性,保守地说,几乎没有人能说,新开发的、卓越的底盘是成功的,在给定的边界条件下达到了最高水平或勉强可说"只是"目前参与开发小组的最佳底盘。为此,要充分利用这个时机,在虚拟化的开发过程中利用现有系统的延伸得到的因果关系的知识水平,并借助于高工作效率的计算机、软件(程序等)以及包括其他一些学科分支的知识,探求可能的、全面的新型底盘。对此,已有第一个平台并取得一些进展。利用模拟器可以在几秒内完成新型底盘设计并进行比较。这对不断深化认识存在在底盘中的各种实际的相互关联有所帮助，并寻求总体最优。这要比实际行驶试验得到更多、更广的底盘参数变化对性能的各种影响，且是经济的。其结果是比汽车在行驶试验时进行最终调整有一个更好的调整起始点，并可减少必需的交替循环试验，从而可明显降低底盘开发中的成本。

可调底盘系统的最近的技术革命（改革）是高工作能力、高度联网的闭环控制系统，并配置定位系统直至能"预见（Prevlewing）"，也就是随时间和空间底盘能预见车道走向和路面不平，最终能转化为产品。

10多年以来，已在理论上准备了一些预见性的系统[166-168]，并部分地作了样件试验。例如，梅赛德斯-奔驰以车身的魔力控制（Magic Body Control）系统命名公布了基于车身主动控制的这项技术[176,179]。

另外，如可调减振器系统和驾驶人辅助的舒适性系统已较多地进入市场。

7.4.5 转向系

道路车辆中的汽车操纵是由驾驶人（几乎是唯一的）通过转向系完成的。采用什么样的操纵精度，一方面驾驶人亲自保持所希望的行驶路线或由道路走向和交通事件设定的行驶路线，另一方面汽车也要自主地保持这样设定的路线是十分重要的。驾驶人始终要有安全意识，使汽车能可能地反映他的意愿。驾驶人越是快地识别他所希望的路线变化和根据预期汽车越是快地和越是精确地反映驾驶人对转向盘偏转的要求，则行驶路线保持精度越高。

为此，对转向系的开发者提出贴近用户的设计方面的许多要求和提示：

1) 小的转弯圆（半径）、小的停车力、小的转向盘转向角。
2) 行驶轻便性、灵敏性、目标准确性、良好的直线行驶性、直接性和主动响应。
3) 良好的路面接触、轮胎与路面附着系数反馈。
4) 转向盘自主地回到中间位置，在所有行驶状况下的稳定性。
5) 对来自路面不平度、侧向风、驱动、制动、轮胎类型等干扰因素没有明显的谐振倾向。
6) 少磨损、少维修以及转向系不会增加轮胎磨损。

1. 转向运动学

转向系的基本性能可由4个描述车轮主销的位置和方向确定：

1) 主销偏距和主销后倾距离。
2) 主销内倾角和主销后倾角。

此外，还有与车轮中心有关的特征值，如主销内倾（支撑）偏移值和主销后倾偏移值。这两个值是多余的，是在确定主销位置后附加产生的值。所有的参数已在7.4.1小节中做了说明（图7.124、图7.125）。

参数主销偏距、主销后倾距离、主销内倾（支撑）偏移值是外力作用在转向系上的有效杠杆臂。在参考文献［180］中指出，要定义这些参数和特征值非常简单，但要足够精确地计算它们不是容易的。在底盘设计中，对转向系运动学的这些参数和特征值的重要性以及在现代道路车辆上这些参数和特征值的优先顺序，将在下面根据最重要的行驶状态和在这些行驶状态中出现的外力进行讨论。

（1）主销偏距—制动力　主销偏距的概念可以想象为转向车轮的支撑点在以弯曲的半径在路面上滚动，但这只适用于主销内倾轴（支撑轴）完全垂直的情况。在存在主销内倾角和主销后倾角的情况下，要增大弯曲半径，转向的变道呈螺旋状[180]。因此，主销偏距不是转弯圆的半径，而是看成为在路面产生并作用在车轮支撑点上的纵向力的有效杠杆臂绕主销内倾轴（支撑轴）的转动。当驱动力矩或制动力矩支撑在车轮支架上，并想象车轮和车轮支架瞬间固定连接，这适用于目前常用的、从外部看车轮位于车轮轮盘内的制动系统和位于车轮轮盘中的驱动电动机（车轮轮毂电动机的电动汽车）。

早期由于缺乏转向力矩的伺服支持且考虑到优化主销偏距的情况，因此主销偏距较大。这在弯道保持时，在不对称的制动力矩（制动力延迟，特别是鼓式制动器）或不同路面附着系数时会产生问题，并引起负的主销偏距，如参考文献［181，184］。首先与驱动方案有关，各汽车生产厂家至今生产有关主销偏距大小和"正""负"值的各种方案见表7.10。

表7.10　当前汽车在设计点时转向系运动学特性值[193-206]

		前驱动				四轮驱动		后驱动						
		奥迪A4	梅赛德斯奔驰A级	大众高尔夫V	福特蒙迪欧	保时捷卡宴	大众辉腾	宝马3系	宝马5系	梅赛德斯奔驰E级	宝马7系	梅赛德斯奔驰S级	迈巴赫57	保时捷Boxster	梅赛德斯奔驰SL
车桥类型	—	ML	FB	FB	FB	ML	ML	DFB	DFB	ML	DFB	ML	ML	FB	ML
主销偏距	mm	-7.8	-20.7	—	-16	3.5	-0.5	6.1	2	-0.6	0	2.11	12.5	-7	4.5
主销后倾距离	mm	21.9	13.8	40	—	47.7	26.1	19.7	27.9	31.7	26	32.7	39.2	41	36
主销内倾偏移值	mm	11.2	44.1	—	—	67	22.2	77.8	78.5	26.4	88.1	27.2	72.3	83	31
主销后倾角	(°)	3.1	2.8	7.5	2.5	8.5	3.7	7.1	7.9	9.2	8.11	9.1	10.6	8	11.8
主销内倾角	(°)	4.1	14.1	14.8	14.7	—	5.2	14.1	14.5	6	15.4	5.2	14.7	—	6.1

注：FB—摆动-弹性体（弹簧）支撑车桥；DFB—复式万向节弹性体（弹簧）支撑车桥；ML—多导臂车桥。

负主销偏距是为在不同附着系数路面（μ-Split）制动时稳定行驶。在稳定情况下，在μ-Split 路面制动时由于高附着系数侧的车轮的较高制动力产生横摆力矩，使汽车这一侧产生行驶路线的相应变化。在有负主销偏距的底盘设计中，在高附着系数侧车轮产生一个向低附着系数的车轮转动的转向力矩，以阻止由制动力产生的横摆力矩（图7.160）。对这里所描述的情况可以找出稳定工作点的一个调整位置，即驾驶人没有对转向盘干预就会达到转向系平衡，并不受干扰地继续直线行驶。

对前驱动汽车方案（全轮驱动也是）和弹性体（弹簧）支撑车桥，负主销偏距是一个不错的选择，它可减少主销内倾偏移值和对驱动有重要影响的干扰力杠杆臂。

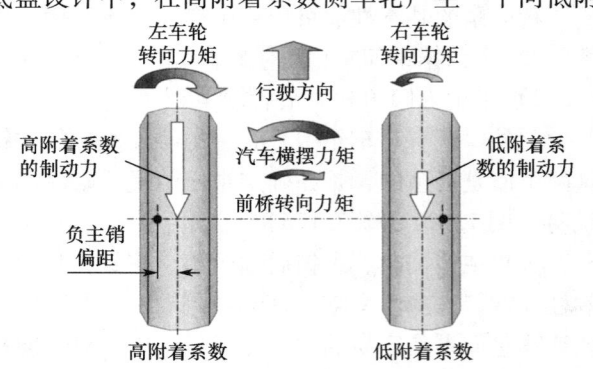

图7.160　在负主销偏距和左右车轮附着系数不同（μ-Split）制动时在前桥上的力和力矩

需要注意的是，在负主销偏距时将转向车轮拉向汽车的低附着系数侧（即通常拉向路面外侧),并使驾驶人对此做出反应,但这个反应放大了汽车初始的横摆运动。在对正主销偏距论证时,将把作为参与者的驾驶人的"过失行为"包括在转向系和与它相连的(未知的)转向校准装置的控制回路中。

主销偏距应偏离 0 很小,以抑制不稳定的制动力的影响和使驾驶人能得到有关汽车行驶状态的确切信息。

(2) 主销后倾距离—侧向力—轮胎滑行距离 如果轮胎支撑点位于转向轴延长到路面的冲击点后面,就会出现主销后倾距离(图7.124)。主销后倾距离是作用在路面与偏转车轮投影面垂直的侧向力的一个有效的杠杆臂。需要注意的是,轮胎侧向力偏移轮胎滑行距离一个值(见7.3节),因此,有效的杠杆臂是主销后倾距离和轮胎滑行距离之和。在有效的杠杆比大于 0 时,侧向力产生一个回转力矩,有利于稳定的直线行驶。

(3) 主销内倾(支撑)偏移值(干扰力杠杆)—滚动阻力与驱动力 在车轮自由滚动时,通过车轮支撑和在轴向轴上的车轮支架传递所有外力和外力分量。在非驱动车轮,作用着滚动阻力、撞击力和车轮/轮胎转动的不平衡力。作为干扰力的这些力通过主销内倾(支撑)偏移值(干扰力杠杆臂)作用在车桥悬架上。通常,主销内倾(支撑)偏移值也作为由驱动轴产生的驱动力、倒拖力或制动力的有效的杠杆臂。但这种表述适用于在驱动半轴中的零弯曲角的特殊情况。

(4) 主销后倾偏移值 主销后倾偏移值是在汽车侧向视图上从车轮中心到主销轴间的水平距离。因为没有侧向力作用在车轮中心,作为力杠杆臂的主销后倾偏移值这个特征值没有什么意义。至于这些力对开发者来说也是没有意义的,不管是否通过选择主销后倾距离和主销后倾角会产生主销后倾偏移值的情况。但这适用于车轮和与它相连的部件的空间运动。在驱动桥上,主销后倾偏移值在转向过程中会产生驱动轴的纵向变化。因此,在前驱动汽车上要限制车轮中心和转向轴的偏移值在一定的边界。主销后倾偏移值对转向车轮的空间需要是一个正值:位于车轮中心后面的摆动轴(主销轴)可以使轮胎在弯道内、在危险的车厢前壁范围转向轮转动时少许向汽车内侧摆动。当然,对弯道外的车轮回转角度所需空间更大。但因为弯道内车轮转向角大于弯道内车轮转向角,所以采用这个措施可查明侧向的空间需要,并由此可达到更多的发动机和车身组件的空间。

下面的特征值不会对设计参数产生可见的、直接的效果,但它们对判断各种设计方案很有帮助,或对优化汽车转向系有重要作用。

(5) 车轮载荷杠杆臂—垂直力—重量复位 如果主销内倾角和主销后倾角都是 0,则主销轴处于垂直位置。在转向时车轮和车身没有高度状态变化,车轮载荷杠杆臂(图7.161)等于 0。如果主销轴倾斜,则在转向轮转向时车轮相对车身抬高或降低。车轮载荷显然是支撑在大于 0 的杠杆臂上。车轮上下运动将能量传给车身并跳动,或释放掉。这些能量通过转向横拉杆机构作用在转向盘上。

用数学描述,车轮载荷杠杆臂是车轮上下运动(升程)对转向角的导数:

$$p = -dz/d\delta \qquad (7.15)$$

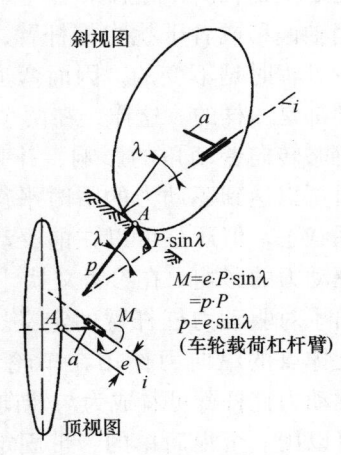

图 7.161 车轮杠杆臂图形表示(按参考文献 [189])

车轮载荷杠杆臂（图7.162）在转向系直线行驶位置应接近0，以避免垂直力波动引起的转向力矩（单侧路面激励）。此外，在转向轮转向时，在弯道外侧车轮载荷杠杆臂应变小，以产生转向系的"重量复位"。在（较大的）弯道内车轮回转，也就是在正的车轮载荷杠杆臂时产生车身升高；在弯道外车轮转向产生车身下降，并且只是通过左、右车轮不同的上下运动或垂直运动才产生汽车重心的升高，并使重量复位。车轮载荷杠杆臂对转向角的导数，即在直线行驶位置，车轮升程对转向角的二次导数［方程式（7.16）］是重量复位杠杆臂[180,185]。这个"杠杆"可想象为等效

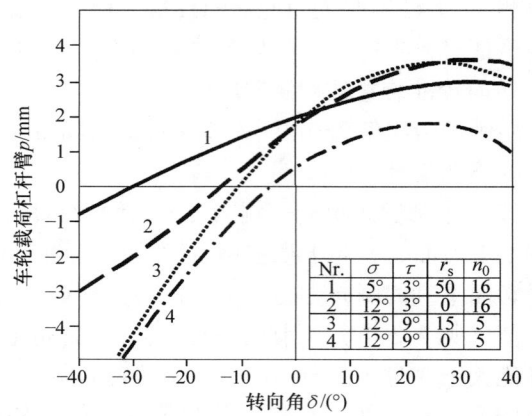

图7.162 在不同的转向系几何尺寸车轮载荷杠杆臂 p 随转向角 δ 的变化［按参考文献［180］。（主销内倾角 σ、主销后倾角 τ、转向半径 r_s、在 $\delta = 0°$ 时主销后倾距离 n_0）］

的"摆杆"。摆杆的质量就是车身质量，并且在设计时摆杆绕车轮转向角产生相应的复位力矩。

$$dp/d\sigma = r_\sigma \cdot \tan\sigma - n \cdot \tan\tau \quad \text{（固定的主销内倾轴）} \tag{7.16}$$

在直线行驶时，重量复位是唯一的参量（前束角和外倾角均为0），它将转向系定心在中间位置。

在带有虚拟主销的车轮悬架上，通过主销在整个转向角摆动运动中[185]或通过沿主销产生的螺旋运动中，可以附加地放大或减小重量复位。在转向系通过弹性部件（稳定器、悬架、偏心轮等）连接时直接影响车轮支架上的回位力矩。需要注意的是，在不对称的车轮载荷变化时其反作用受转向系影响。

（6）驱动力杠杆臂—驱动力矩与倒拖力矩 在有固定主销轴的车轮悬架上（如常用的双横臂车桥），主销轴偏移或者干扰力杠杆臂，在整个转向轮转向和车轮升程时是不变的，因而弯道外和弯道内的车轮运动学都是一样的。这样，在两个车轮相同的驱动力矩下，忽略转向差动角的影响，并且干扰力杠杆臂大小为0时可以达到驱动力的瞬时平衡且不受影响地保持转向系状态。但还是可以在前驱动汽车上观察到转向系受驱动力的影响。在参考文献［4］中，根据这种观察做出了对驱动力杠杆臂的定义。如果在闭锁驱动、车轮支撑点的纵向力作用在车轮上时，与主销偏距类似，驱动力杠杆臂可看成为与转向轴有关的一个有用参量。可以用一个很简单的、带固定主销轴但不是从平面运动学推导的实例表示驱动力杠杆臂（图7.163）。与车轮轴和驱动轴间夹角平分线平行的并穿过车轮轴和主销轴交点的平行线与路面的交点，它与车轮支撑点的距离称为驱动力杠杆

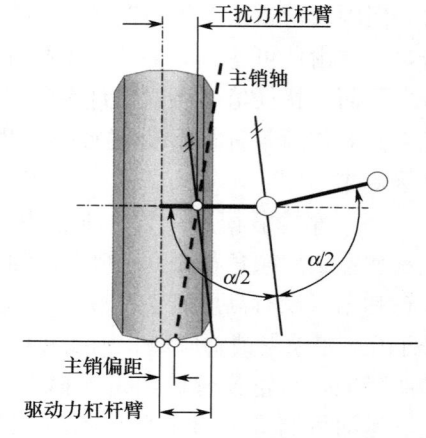

图7.163 在固定主销轴时驱动桥的驱动力杠杆臂

臂。由图可容易推导出，只有在万向轴弯曲角为 0 时主销内倾偏移才是驱动力杠杆臂。进而，在压紧的车轮上驱动力杠杆比减小，在拉伸（放松）的车轮上驱动力杠杆臂增大。从而在不同长度的驱动轴上，不仅在弯道行驶，而且在车轮平行地压紧/拉伸时会在左、右车轮产生不同的驱动力杠杆臂，并影响转向系的传动。

（7）干扰参数的影响　由于车轮不平衡、轮胎径向力波动（弹性不均匀性）或制动力矩的波动引起的干扰激励将使车轮悬架、进而使转向系统产生与转动频率和行驶速度有关的、在不同方向平面的振动现象：转向盘垂直振动、扭转振动等。正确选择上面描述的有效的、运动学的杠杆臂，可以减小总是存在的干扰激励/谐振频率的影响，甚至还可进一步抑制，使驾驶人不再觉察到它们。另一个重要参量是车轮导向部件的刚度和弹性运动学的转向轴到非簧载质量的重心位置。另外，转向传动机构的效率与传递的方向有关。转向传动机构从上到下的高效率可提高转向系灵敏度；而从下到上的低效率有助于抑制干扰参数。大量的文献（如参考文献［188］）指出，由于转向扰动，驾驶人抱怨的现象是一个经常的、需要认真对待的问题。

（8）确定理想的转向轮转向角　至今已讨论但没有着手处理的转向运动学，如两个车轮必须以理想方式转向，以实现转向系的基本任务，即安全引导汽车在由驾驶人确定的路线上行驶。当所有车轮的速度矢量的法线交汇到一点时，汽车可以无可挑剔地完成运动学转向。对弯道行驶，在小的横向加速度、小的侧向力和因此在很小的侧偏角时（见 7.3 节），可简化地采用车轮中心线的延长线确定对每一个弯道半径最优的转向轮转向角（图 7.164）。这样的规则首先是由兰肯斯倍戈（Lankensperge）和阿克曼（Ackermann）确定的。对带双车桥（前桥转向）的双轮辙汽车，按阿克曼的两个转向车轮转向角的关系式规则，可得到：

$$\mathrm{ctan}\delta_a = \mathrm{ctan}\delta_i + \frac{b}{l} \quad (7.17)$$

转向拉杆机构可按阿克曼设计，自由滚动的车轮可以在任意的曲率直至结构上确定的最小转弯圆直径的弯道上行驶。转向误差，即与按关系式（7.17）的理想转向角关系式（阿克曼函数）的偏差会引起轮胎强制性外倾。如果这样设计转向角误差，即弯道内转向轮转向角小于设定的转向角，则称之为与平行的转向角的偏差。在大的转向轮转向角和慢速弯道行驶时，转向角误差对转向轮回转有重要作用：这里缺少侧向力产生的回位力矩。强制的侧偏角会引起过大的前束，并在两个车轮上产生指向弯道内的侧向力（图 7.165）。在有大的

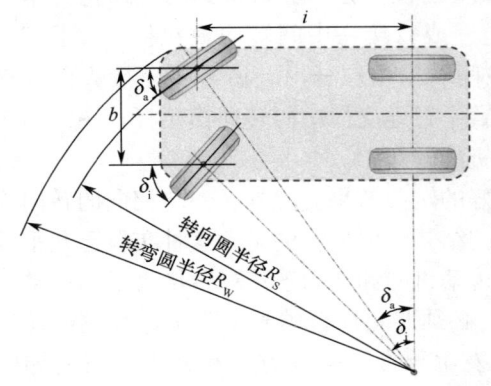

图 7.164　弯道内/弯道外转向轮转向角的
阿克曼条件以及转弯圆和转向圆定义

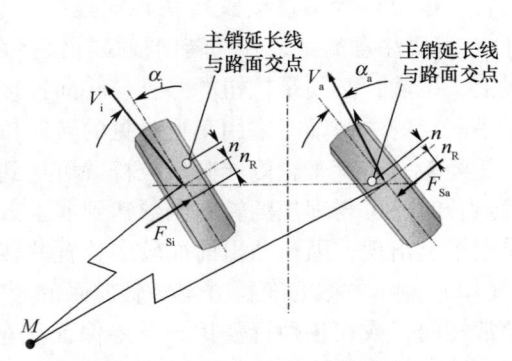

图 7.165　在转向轮上的有效的力和
杠杆臂以及转向差动角

主销内倾角和主销后倾角（弹性体支撑车桥）时，由于转向轮转向角，弯道内车轮侧向力作用在增大的主销后倾距离上，而弯道外的车轮侧向力则作用在变小的主销后倾距离上，且不能补偿车轮向内偏转的转向力矩。如果弯道外的车轮已处于主销后倾状态，则通过弯道外的车轮甚至会增大弯道内车轮向内偏转的力矩；转向系向弯道内偏转。

在弹性体（弹簧）支撑车桥上实现转向函数关系式，实际函数值按阿克曼的设定函数值的偏差应很小（<3°）。在前置的齿条转向机构上要比在车轮中心后的转向系上容易达到这个偏差。弯道内较小的转向轮转向角说明车轮有少许的转向平行偏转和与此相关的较少的车轮罩中的空间需要。在相同的中等的转向系传动比时（见下面），平行转向系设计能实现较快的转向响应，因为通过前束角的叠加增强引导弯道外车轮可以快速建立侧向力。

（9）转向传动机构类型对转向拉杆机构的影响　驾驶人施加的转向指令通过转向传动机构和转向拉杆机构传递到车轮。通常转向拉杆机构还会附加产生车轮的升程运动。在采用车轮独立悬架时，车轮升程运动导致分开的转向横拉杆。应这样选择转向横拉杆的位置和长度，使在弹跳运动时达到所希望的自转向性能和在转向运动时达到所追求的转向函数关系。

在齿条式转向机构上，转向盘的转动直接传递到齿条上，并转换为直线运动。作为固定在车身上的转向传动机构和与车轮支架固定连接的转向横拉杆臂之间的耦合件的转向横拉杆执行转向任务。在转向轴上的转向横拉杆的线性运动又转换成车轮的摆动运动（转向偏转）。

因为按设计任务，转向横拉杆主要应在垂直于汽车纵轴方向运动，所以在齿条式转向机构上对车轮侧的转向横拉杆臂主要有两个位置选择：指向前或指向后的位置（图7.166）。应提及的是小齿轮位置，即为施加一个正确的转动，在前置转向横拉杆臂时，齿条式转向机构小齿轮必须位于齿条后面；在后置转向横拉杆臂时，齿条式转向机构小齿轮必须位于齿条前面或在齿条上。

在杆系式转向系上，转向盘的转动靠在杆系上的传动机构转换（转向连接杆臂），并通过转向横拉杆和车轮侧的转向横拉杆臂传到车轮上。基于这一情况，在结合上面已经讨论的转向横拉杆臂位置中还有建立转向拉杆机构的两个方案：转向连接杆臂指向前或指向后（在转向传动机构上的杆系）（图7.166c~f）。为连接汽车相对侧，采用横向布置的中间转向拉杆。它将转向命令传到与转向连接杆臂和与汽车纵轴对称的支撑牵引杆（即转向导向杆）。在杆系式转向系上，从内部的转向横拉杆接头的铰接方式还可得到两种结构方案：内部的转向横拉杆接头直接铰接在转向连接杆臂上，或铰接在中间转向横拉杆上（图7.166 g~j）。需要注意的是，外部转向横拉杆铰接在中间转向横拉杆时，所有4个接头位置在作用线上，不然，必须是抗扭的并且与转向连接杆臂平行地支撑中间转向横拉杆。图7.167是在采用固定的主销轴时乘用车上常见的转向拉杆机构的布置。

凭经验，前置车轮侧转向横拉杆臂可达到最好的转向效果。此外，在与相向的转向连接杆臂组合时还可与理想的转向函数达到非常近似的结果。但遗憾的是，这种布置已几乎没有在乘用车上出现，因为凸出前面较多位置的转向传动机构和转向连接杆臂增大了结构空间。

（10）整车方案和车桥方案对转向系的影响　必须避免在行驶时由于车轮弹跳运动出现的异常转向，或在各种行驶状态下要保证汽车在发生异常转向（方向和大小）时的导向和稳定。转向拉杆机构就承担导向和稳定汽车转向的功能。根据在现代道路车辆上不断流行的

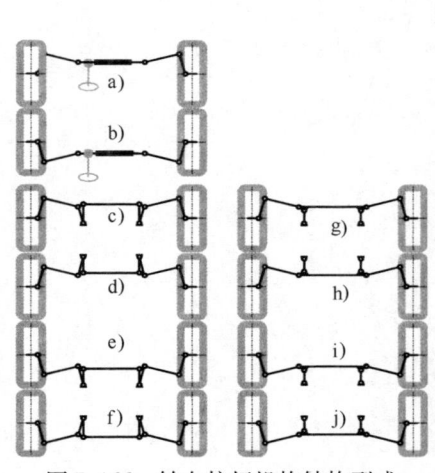

图 7.166 转向拉杆机构结构型式
a)~b) 齿条式转向机构
c)~f) 杆系式转向机构,在转向连接杆臂上的转向横拉杆
g)~j) 杆系式转向机构,在中间转向横拉杆上的转向横拉杆

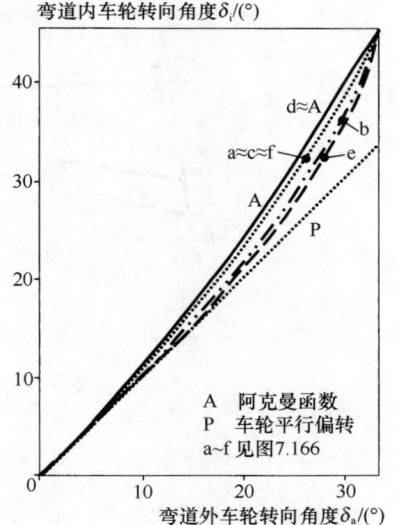

图 7.167 根据图 7.166 的各种转向拉杆机构结构型式的转向函数（按参考文献 [1]）

弹性体（弹簧）支撑车桥,应强化转向拉杆机构与转向传动机构的连接。由于在各种汽车等级上综合优化转向系的功能、成本和重量,有不断扩大使用齿条式转向机构的趋势。为此,在下面要讨论齿条式转向机构。

至今讨论的所有转向拉杆机构布置只涉及它在平面中的位置。为最好地将转向系与车轮弹跳解耦（隔离）,还要寻找当时高度位置的正确的转向横拉杆长度。对横向安装的动力装置、弹性体（弹簧）支撑车桥和齿条式转向机构,前驱动汽车上转向横拉杆只有两个可实现的位置：在车身构件下面,在车轮中心轴高度,或超过车身构件和轮胎。它们都在前桥后面。因为在弹性体（弹簧）支撑车桥时,上部的横向导臂被减振器的位移导向件替代,所以等效的导臂曲率中心位置在通过支撑点与弹性体（弹簧）支撑车桥垂直的法线上和位于无穷远处。图 7.168 表示按布别里尔（Bobillier）的简化（平面）方法确定转向横拉杆长度的一种方法。如果选择转向横拉杆位于下横向导臂高度,则转向横拉杆长度 L_U 与下横向导臂长度接近。转向横拉杆布置得越高,为优化车轮轮距角导向装置,转向横拉杆越长（L_O）。基于这一理由,在弹性体（弹簧）支撑车桥上,在齿条式转向机构外部铰链的转向横拉杆只能在低的位置实现。高的位置的转向横拉杆需要中间铰链转向传动机构,见后面的图 7.174。

(11) 转向轮转向角的限制　在确定优化的转向函数和确定由此形成的四角铰链活节或三角铰链活节时可通过传动链得到转向轮转向角。在转向传动机构侧和车轮侧上的转向横拉杆的传动角对转向拉杆机构的安全功能是重要的。如果转向拉杆机构安全功能低,则在外力作用下转向拉杆处于伸长位置,这样无法实现车轮的精确导向,在极端情况甚至过分地挤压转向拉杆机构。在空间车桥上,为判断传动角（图 7.169）,在所有可能的车轮位置,必

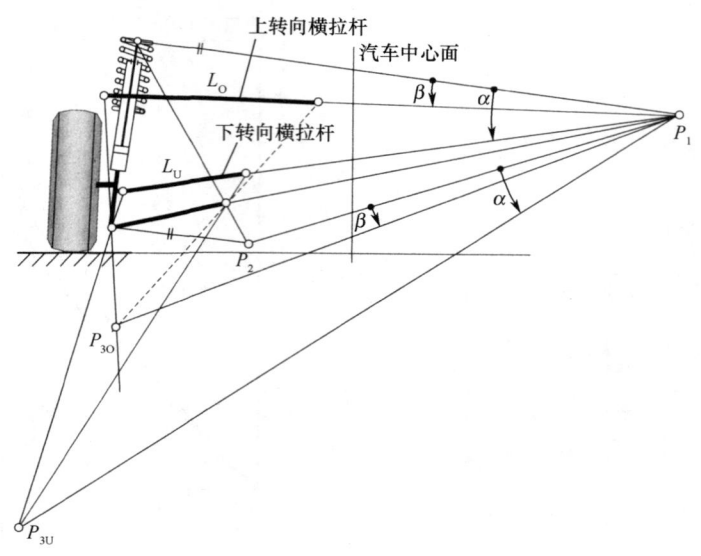

图 7.168 在弹性体（弹簧）支撑车桥上
确定转向横拉杆长度和下置或上置转向横拉杆

须使用与转轴垂直的有效的杠杆臂。在乘用车上没有转向轮转角机械限制的传动角不应小于25°。

在前驱动汽车上，由于是驱动轴，要附加检验转向轮转向角的限制。万向轴工业的技术进步，使当今的驱动轴弯曲角在极端位置几乎可达到50°。在优化前驱动设计时，它与标准驱动相比几乎没有什么缺点。

（12）总转向传动比 作为转向盘转角与车轮转角之比的总的转向传动比在高速行驶时，是按转向的直接反应（动作）的下限定的，很少低于14。上限直接与现有的伺服转向辅助和在低速范围的转向系高成本有关，转向总传动

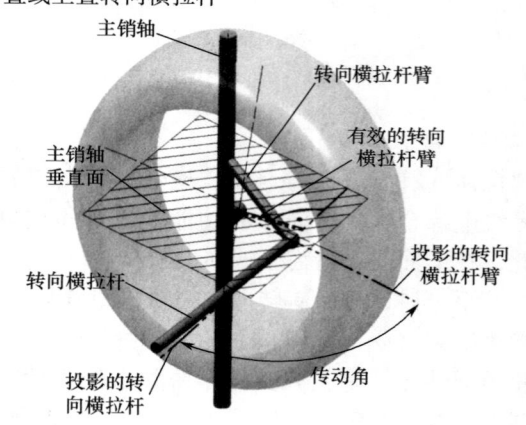

图 7.169 转向横拉杆臂与转向
横拉杆之间的传动角

比很少超过20。通过所希望的汽车功能定位（敏捷的运动型汽车、舒适型汽车）就可确定具体的总转向传动比[189]。转向总传动比为转向拉杆机构传动比和转向机构传动比的乘积。对转向拉杆机构传动比必须考虑弯道外和弯道内转向轮转向角平均值。在已知的、有效的转向横拉杆臂时（图 7.169），可以由转向横拉杆臂与转向连接杆臂的比值确定横向拉杆机构传动比。

（13）转向轴 只是在很少的使用场合，转向盘和转向传动机构之间的连接是用简单的、直接的连接轴实现的。常用的则是采用带有一个或两个角铰链的转向柱。在很小的弯曲角（约至5°）可以用关节圆盘替代十字（万向）接头。带十字接头的转向柱在弯曲角大于15°时可产生驾驶人能感觉到的不均匀度 U：

$$U = \frac{\omega_{2\max} - \omega_{2\min}}{\omega_1} = \tan\beta \cdot \sin\beta \tag{7.18}$$

在这种情况采取一个中间轴和两个十字接头（图 7.170）。

在第一个十字节头后的转动不均匀度可通过第二个十字接头再次排除，但必须满足下述条件：

1) 两个十字节头弯曲角必须相等。
2) 中间轴的两个叉必须同时位于输入轴和输出轴组成的平面 A 和平面 B 上（图 7.171[186,187]）。

位于平面上的转向横拉杆表示中间轴的两个叉位于一个平面。在相互歪斜布置的转向轴上，两个叉绕两个十字节头的弯曲面角相互转动。两个十字接头可以是同向地（W 形布置）或反向地（Z 形布置）弯曲。

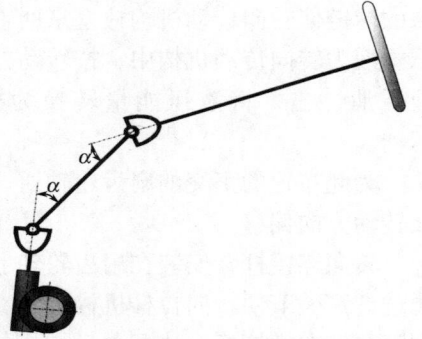

图 7.170 "平面"转向柱与两个布置的十字接头以及协调弯曲角实例

在十字接头上偏转的转向力矩引起叉上的附加力矩 M_z（图 7.172）。该附加力矩产生作用在支撑上的力，并引起轴的弯曲应力。在实际使用中，一般要避免万向节弯曲角超过 30°。因为由此产生的、与有支撑摩擦有关的高的横向力和有限的支撑刚度以及在弯曲角方面的两转向轴协调布置会引起可感觉到的转向力矩波动。

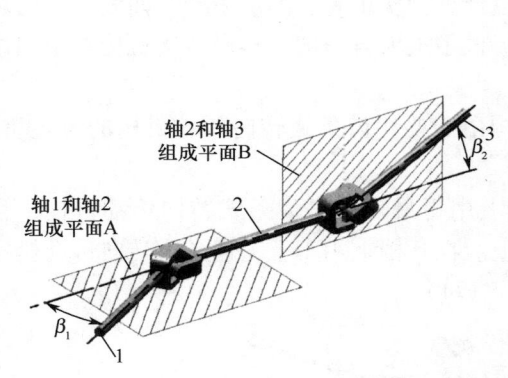

图 7.171 弯斜布置的转向轴与两个呈 Z 形布置的十字接头以及完全协调弯曲角实例

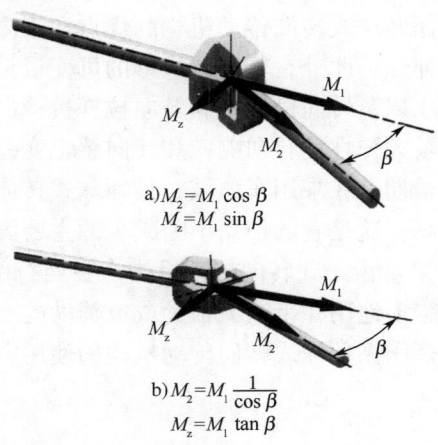

a) $M_2 = M_1 \cos\beta$
$M_z = M_1 \sin\beta$

b) $M_2 = M_1 \dfrac{1}{\cos\beta}$
$M_z = M_1 \tan\beta$

图 7.172 专门的十字接头
位置 0° 和 90°
a) 十字接头位置 0°　b) 十字接头位置 90°

2. 转向传动机构和转向拉杆机构

转向传动机构和转向拉杆机构的任务是将驾驶人设定的转向盘转角转换为在弯道内和弯道外车轮上的定义的车轮转向角（在乘用车上为前轮）。下面将说明常用的转向传动机构结构型式。

（1）循环球式转向传动机构　几十年前首先在高档乘用车和轻型商用车上广泛采用循环球式转向传动机构（优先采用液力辅助）（图 7.173）。由于它比齿条式转向传动机构的重量和成本要高，在这期间，这个方案很快在乘用车上消失。

转向盘的转动能通过转向柱传递到转向传动机构的输入轴。输入轴下端部为蜗杆，蜗杆的转动通过无限的球链使转向传动机构柱塞来回轴向运动。在循环球式液力转向传动机构中，按转动方向，柱塞侧受到液压油冲击，将液压能量转换为柱塞的轴向机械运动。

为此布置的正交的扇齿轮轴通过柱塞的齿轮啮合在转动方向偏移。

转向连接杆臂安装在扇齿轮轴上。转向连接杆臂通过球窝关节使转向拉杆机构运动。转向拉杆机构由中间的转向横拉杆（中间的转向横拉杆左、右通过球窝关节固定）和侧向转向横拉杆组成。转向导向杠杆在汽车右侧，与转向连接杆臂对称，以引导转向拉杆

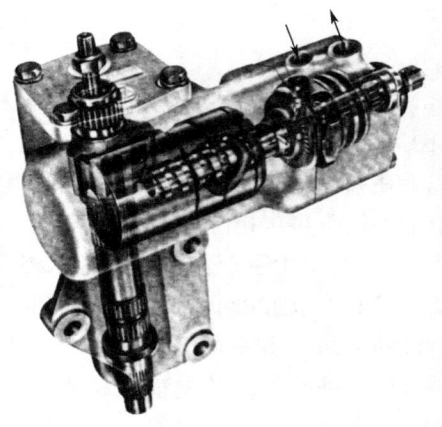

图 7.173　循环球式液压转向传动机构与旋转柱塞泵（资料来源：ZF）

机构。侧向转向横拉杆固定在车轮侧转向节外。为调整前轮前束角，可调整螺纹改变侧向转向横拉杆长度。通过在转向传动机构上的转向连接杆臂的高度调整，在必要时还可以补偿内转向横拉杆接头高度位置存在的公差。这样，在整个弹簧行程，左、右前轮可达到一致的前束变化曲线。这是在汽车两侧车轮跳动时为稳定汽车直线行驶所需要的。转向横拉杆的设计标准是要满足所需要的车桥运动学、灵敏性要求和需传递的力（俯仰刚度）。

循环球式转向传动机构的优点在于高的转向舒适性和小的撞击敏感性，因为它有较高的总体弹性。此外，转向四边形的可变设计方案给设计者为实现有利的前束变化曲线、转向总传动比以及转向横拉杆和转向拉杆机构的低载荷提供了很大自由度。转向传动机构在中间位置的较大弹性使转向响应和转向感觉变差。

早期，在乘用车领域，循环球式转向传动机构由于要比齿条式转向传动机构的重量重、成本高，这是它的使用不断减少的主要因素。

（2）**齿条式转向传动机构**　在当今的乘用车上用得最多的是齿条式转向传动机构，且越来越多地用在带液力辅助或电辅助的小型汽车上。在高档乘用车上，齿条式转向传动机构不断挤压循环球式转向传动机构的使用空间（图 7.174）。

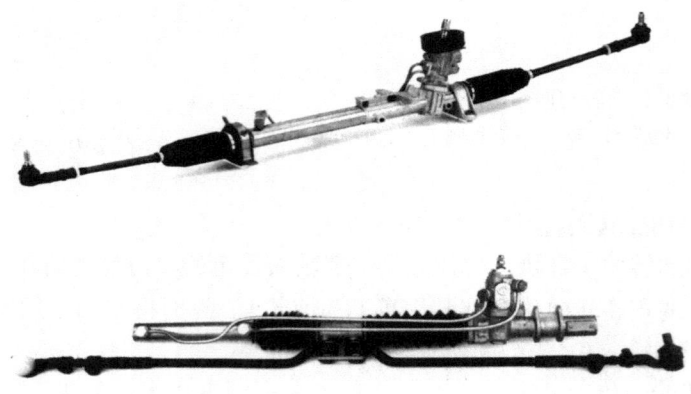

图 7.174　齿条式液压转向传动机构（资料来源：ZF）

在齿条式转向传动机构中，转向盘的转动大多通过斜齿啮合的小齿轮转换为齿条的移

动。与齿轮啮合不同，承载的弹簧压力件应这样安装，使小齿轮和齿条在整个的行程中尽可能保证相互间无间隙。

侧转向横拉杆通过球窝关节固定在齿条上，并用橡胶或塑料波纹套管防止脏污物和水浸入。对各种不同的应用场合，横向拉杆的两边、中部或两边和中部安装在齿条一端。转向横拉杆外面又通过球窝关节与车轮侧的转向节连接，并可通过前束角调整螺纹改变转向横拉杆长度。

为设计齿条式转向传动机构，除考虑它的强度和结构空间外，有两个重要事项：齿条直径和长度。齿条直径要由在所谓的路肩压力试验时的载荷确定。在闭锁的前轮与允许的前桥载荷以及在完全的液力转向辅助与转向盘力矩为 $80N \cdot m$ 时，在齿条上不会出现残余变形。齿条长度在液压转向与侧向安装转向横拉杆时，最短应是齿条单向行程的 6 倍（2 倍啮合行程 + 2 倍柱塞行程 + 1 倍啮合端至内部密封行程 + 1 倍轴向关节到外部的齿杆密封行程）。另外还有密封所需的轴向结构空间和啮合滑行行程。如果在汽车上不能容下所需的齿条长度的空间，则会产生转弯圆（较短的行程）或在行驶性能（较短的转向横拉杆，它会在车轮压紧/拉伸时改变前束变化曲线）方面的缺点。

中间分接是保证足够长的转向横拉杆的较好的方法。另一种方法是将液压工作缸放在与齿条平行的外面。

与循环球式转向传动机构相比，齿条式转向传动机构的优点是：

1) 成本低。由于结构简单、重量轻并取消转向中间杆和转向横拉杆。

2) 需要的空间小。当然，在低置转向传动机构时在发动机油底壳下面还需要另外的结构空间。

3) 转向弹性小。因而可直接响应转向动作。

选择齿条式转向传动机构的条件是在较高转向力矩时在两个方向（正转、反转）的效率首先应相同，并达到 90%（图 7.175）。还有要高的刚度、好的转向精度、抗干扰（冲击性、转向扰动）的灵敏度。通过如增大小齿轮与外体间的角度的措施会降低效率和抗干扰灵敏度达 10%，当然还要以正转方向的高摩擦为代价。增加阻尼（如通过液压供油中的单向阀增加阻尼、在液压缸中的阻尼阀或弹性的转向传动机构支撑）同样可提高转向舒适性。

在循环球式转向传动机构中，正转和反转效率是不同的（正转效率 75%~80%，反转效率 65%~70%），这

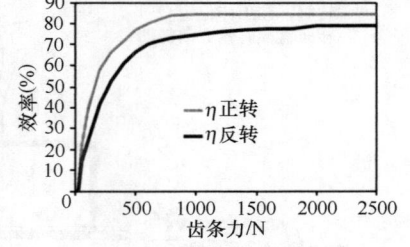

图 7.175　齿条式转向传动机构工作效率变化

对隔离干扰有影响。阻尼和弹性要比齿条式转向传动机构高，因而有好的转向舒适性，但转向精度略低。

总体来看，在汽车上这两种转向传动机构之间的差别几乎感觉不出来。但齿条式转向传动机构成本低。

3. 助力转向

在这期间，伺服转向也是小型汽车领域的基本配置。通过液力或电驱动执行器可减小驾驶人施加给转向盘的转向力。

在原理上，手动转向传动机构也以转向传动机构的传动比和转向拉杆机构的传动比方式

提供了一定的助力转向。在较大的转向传动机构传动比时，在转向盘上的转向力相应减小，当然要容忍较大的转向盘转角。这样设计的汽车使用起来不太方便，灵活性和转向感觉不断丧失。手动齿条式转向传动机构通过可变的转向传动比可将这些缺点降低到某个程度。在整个转向传动机构行程中，齿条是用专门的摆动式挤压法和不同模数和压力角加工而成的，小齿轮是标准的啮合齿轮。应这样设计传动比，即在行程中间范围传动比是直接的啮合传动比，到端部挡块（止动端部），为减小停车力，传动比总是间接的啮合传动比。但这样不能达到助力转向的效果。在柱塞和扇形轴之间的这种可变传动比也可在循环球式转向传动机构上实现。

（1）液压助力转向　首先在较高的前桥载荷以及由此需要较大转向功率的乘用车上，液压助力转向不断普及。下面就带有转阀的齿条液压助力转向实例（图7.176）的工作原理加以说明。

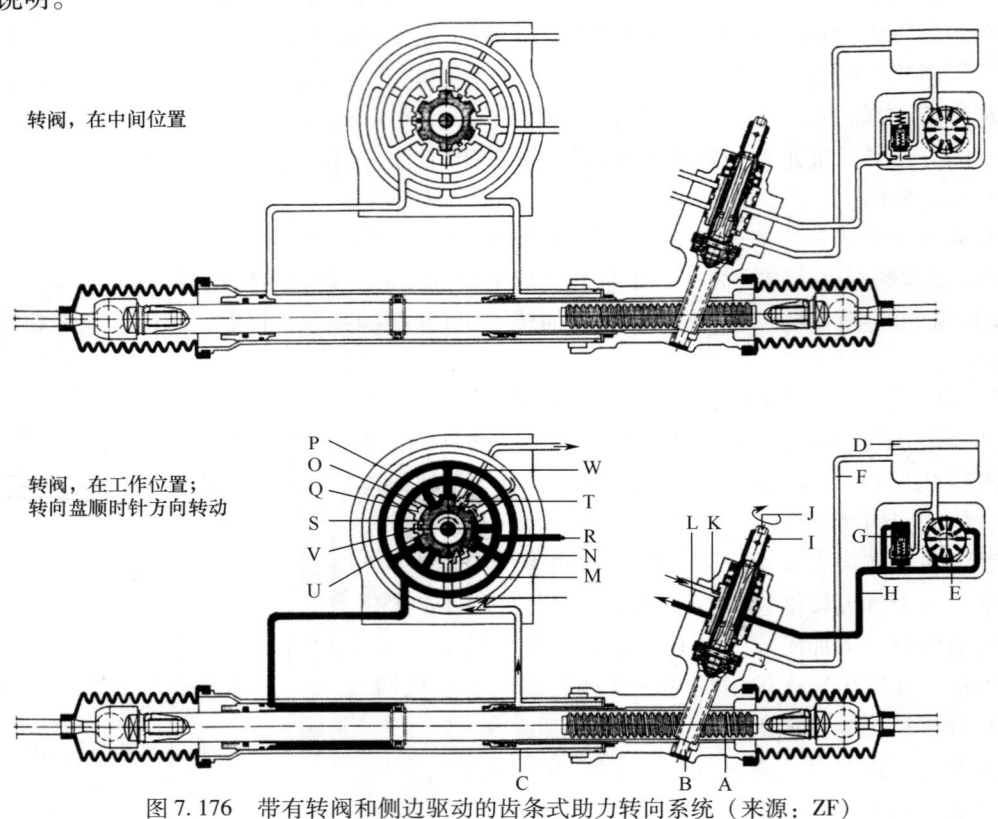

图 7.176　带有转阀和侧边驱动的齿条式助力转向系统（来源：ZF）
A—齿条　B—工作小齿轮　C—工作缸　D—储液罐　E—ZF叶片泵
F—回油管　G—限压、限流阀　H—压力管　I—下转向轴　J—扭杆
K—径向凹槽　L—径向凹槽　M—转阀　N—控制套筒　O—进油口
P—进油口　Q—轴向凹槽　R—轴向凹槽　S—回油口　T—回油凹槽
U—回油口　V—连接片　W—控制口

由汽车发动机通常通过 V 带驱动的液压泵 E（目前在乘用车上主要使用叶片泵）输送转向助力所需的压力油，并通过压力管（膨胀软管）H 到达转向传动机构中的转向阀。在转向盘中间位置（直线行驶），不变的油量经处于中间位置的转向阀（在中间位置转向阀开

启) 和回油管回流到储液罐。在工作缸的两个室中的油压是相同的，且相当于为克服转向系内部的流动阻力所建立起来的循环压力，约为 2~5bar。在中间位置没有也不需要转向助力。

顺时针方向转动转向盘时，齿条和工作缸柱塞向右移动。因为液压油促使柱塞移动，所以液压油进入左工作缸内。转阀的 3 个控制凹槽顺时针方向移动，输入压力油的一个进油口（P）不断开启，进油口（O）则关闭并阻止液压油进入控制套筒的轴向凹槽（Q）。在转向阀工作位置，压力油通过进油口（P）进入控制套筒下径向凹槽（L），并从下径向凹槽到达左工作室，这样，液压油促使柱塞移动。关闭的控制口（W）阻止液压油流回储液罐。来自右工作室的压力油受到挤压。压力油通过控制套筒中的上径向凹槽（K）流入转阀的回油口（S）。转阀的连接片阻止压力油液越过始终与储液罐畅通的控制套筒的回油槽（T）。如果转向盘逆时针转动，则使用右工作缸内液压助力。

所要求的液压助力大小取决于施加的最大转向横拉杆的力。这些力出现在下列情况：在最大前桥载荷和在转向终端位置车轮的撞击时，在不适当的轮胎选择时的最大附着系数时以及在附加操纵行车制动时。附加的影响参数（如已提到过的）是转向总传动比（转向传动机构传动比和横向拉杆机构传动比）和允许的最大手转向力矩。从所需要的转向助力和最高泵压出发，可以计算所需的柱塞面积；根据大多由强度考虑给定的齿条直径可以计算所需的工作柱塞直径和在工作缸范围中的转向传动机构直径。

转向系中其他重要参数是由泵输送的液压油体积流量。确定可达到的转向角速度的液压油体积流量，即用什么样的转向角速度，驾驶人可以转动转向盘而不会出现"液压变硬"现象。

如已经提到过的，转向阀的任务是按转向盘的转动方向将压力油导入相应的工作室，这样可以增强在相应的工作柱塞侧的力。根据这个目标，可减小施加在转向盘上的转向力矩。

手转动力矩随当时的油压而变化，并用阀门特性线表示。阀门特性线是衡量当时助力转向的直接尺度。

在齿条式液压转向传动机构上大多测量在两个工作室中的油压差。在循环球式转向传动机构上测量油压差是困难的，所以测量它的进油压力。原理上阀门特性线是一样的，但要改变系统中的循环油压力的位置。

通过修改阀门特性线可以与阀门控制棱边相适应，并通过改变阀门扭杆的刚度可与所需要的转向调整（转向力、转向感觉）相配合。在行驶时还可实现阀门特性线变化，这时可采用与行驶速度有关的伺服转向。ZF 公司为此开发的电控"伺服电子装置（Servotronic）"就是这方面的例子。

伺服电子装置完全按汽车行驶速度工作，即只是由电子转速表指示的汽车行驶速度控制转向的灵活性，它与发动机转速无关。微处理器处理速度信号、确定液压力大小，借以操纵转向盘。液压力以电脉冲形式经电—液转换器传输到转向系的转阀上。液压力随汽车行驶速度而变。专门设计的转向特性（图 7.177）使在低速停车范围和在停车转向

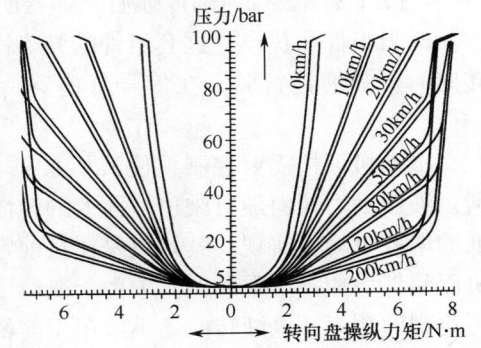

图 7.177　伺服电子装置阀门特性线图（资料来源：ZF）

时只要在转向盘上施加最小的力,而随着车速的增加,在转向盘上施加的力增加,几乎达到机械转向一样的感觉。这样在高速行驶时可以精确地、目标准确地转向。但要注意,油压和液压油体积流量在任何时候不应降低。在紧急情况,如在快速转向校正时,转向盘转动速度达 800°/s,要保证不会干扰伺服功能。这样的特性线可达到很高的转向精度、很好的安全性和转向舒适性。从而解决低速停车范围的低的转向盘转动力(简称小的停车力或停车力——译者注,下同)和高速时的转向精度之间的目标冲突。

最后还要提及的是在手动转向传动机构上讨论的可变转向传动机构传动比当然也可用于伺服转向上,但它的目标方向是相反的。在手动转向传动机构上,到终端挡块的传动比一直是间接的传动比,以减小停车力。而在伺服转向系统中,在较大的转向盘转动时,转向的总传动比是直接的。因为这时由于转向助力不需要注意它的小的停车力。这样,从挡块到挡块转向盘转动可以达到很小的值(如 3 转),这在停车和在转弯行驶时可以很好地操控汽车。

为汽车开发的、经过考验和功能成熟完美的、按"开式中心原理(Open-Center-Prinzip)"工作的液压转向的标准方案已有几十年的历史。由于液压供给与驱动发动机是机械耦合,所以这样就有先天的不足,特别是功率需要的消耗上。这一问题至今还没有完全克服。如果使用按油量需要控制或调节的节能泵,液压系统的损失功率可明显降低[221]。

与效率有关的优化方案可从液压的"开式中心原理"工作转变为"闭式中心原理(Closed-Center-Prinzip)"工作。在按闭式中心原理工作时,在静止状态没有液压油的体积流量流动,这样就没有功率损失[222]。由于这样的系统的高度综合性和还有不少不清楚的问题,妨碍它在不久的将来批量使用。

(2)电液助力转向 专门设计的液压助力转向是电液助力转向。液压泵(叶片泵、转子泵或齿轮泵)不是由汽车发动机驱动的,而是由电动机驱动的。各个部件,如电动机、液压泵、储液罐和电子部件组成一个紧凑的"动力组件"(Powerpack)(图 7.178)。伺服转向传动机构不变(直至阀门特性线匹配)。

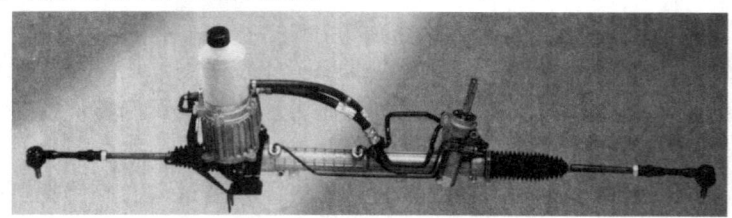

图 7.178 齿条式转向传动机构与电液助力部件"动力组件(Powerpack)"(资料来源:TRW)

动力组件的优点是这套组件的紧凑性,必要时转向系可预装配。另外,还可在切断电液转向时(如惯性行驶、在信号灯前等待或铁路道口)或汽车发动机停机时继续提供助力转向。

电动机可按需要控制,使液压泵只在转向时投入工作,从而可减少能量消耗,节省燃料。液压助力转向随行驶速度而变的转向装置带来相对的高的成本,可通过相对简单和成本低的电控电动机实现。其缺点是比目前常规的液压转向系统的成本要高,以及由于增加电动机而额外增加一些重量,其中由于取消了进油管和回油管而可部分地抵消。此外,由于目前可达到的功率,电液转向还不能用于前桥载荷较高的汽车上。

(3)电动助力转向 乘用车上的机电转向或电动助力转向(Electric Power Steering,

EPS）被视为未来的转向系统技术方向。其主要原因是：

1）最佳的效率：首先是在现今所知的方案中，EPS 是效率最高的转向，与常规的液压转向不同，EPS 只要求转向系统在实际需要转向时才消耗转向功率。这样，转向对降低汽车 CO_2 排放或降低汽车燃料消耗做出不可忽视的贡献。

2）附加功能：在液压转向中，转向力矩特性只能通过部件本身修改或补充［转向阀、伺服电子（Servotronic）、调节器］实现，而电动助力转向（EPS）与液压助力转向不同，可通过修改软件实现，所以可以控制与汽车行驶速度和转向角有关的转向助力。这样。驾驶人可选择各个转向特性间的每一个按钮压力，即每一个特向特性。

3）简单的可调性：简单的可调性使转向系的开发工作变得容易。在某汽车上进行转向系调整时可显著减少硬件费用。

4）可实现的功能：为实现驾驶人辅助系统（如停车入位、自动行驶、电子转向）提供了基础。因为所需的执行机构（与液压转向不同）已用在基本的转向系统上。在原理上，EPS 具有实现"线控转向（steer by wire）"的可能性。在线控转向系统中，操纵元件与转向车轮之间的机械连接取消，驾驶人侧的转向命令转换为电子行程。

在机电助力转向系统中，电动机直接施加所需的转向助力。电动机可以布置在转向系的不同位置。目前考虑有 4 个安装位置，这些位置的安装各有优劣。

1）组合在转向柱中的，由电动机、蜗轮蜗杆传动机构和传感器组成的伺服部件如图 7.179a 所示。

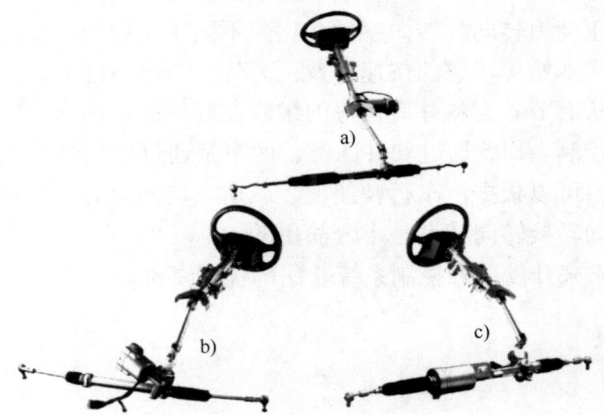

图 7.179　ZF 伺服电子装置（Servolectric）的几种设计方案（资料来源：ZF）

① 优点：需要的空间小、转向柱和伺服部件安装后再装配。

② 缺点：撞车时的性能，伺服部件安装在车内增大噪声，转向助力矩通过下转向轴，因此只适用于小转向力的小型汽车。

2）伺服部件在小齿轮上，如图 7.179b 所示。

① 优点：转向器和伺服单元一体，伺服力直接作用在小齿轮上，因此可以产生较高的转向力矩。

② 缺点：需要的发动机室的空间大，较高的耐温、密封和寿命要求以及耐磨损要求。

3）双小齿轮方案是机电助力转向系的变型方案（图 7.179c）。这时，在左转向传动机构上，伺服部件在右导臂时位于转向传动机构上的转向柱安装的这个位置。在右转向传动机构上，伺服部件全部与左转向传动机构上的伺服部件镜面对称。优点是变型的右导臂转向传动机构所需的空间是够用的。这个空间还可以用于左导臂的伺服部件空间需要。缺点是成本增加以及双小齿轮和齿条啮合带来的误差。

4）伺服部件直接作用在齿条上。电动机同轴地在齿条周围或与齿条轴向平行安装，并利用由齿条和循环球减速器组成的减速齿轮传动机构传递力矩。

① 优点：产生的转向助力直接作用在需要助力的地方，从而达到较大的齿条力。

② 缺点：由于附加减速器，增加成本，较高的耐温、密封要求，到发动机油底壳或前桥支架的位置紧张。

图 7.180 是 ZFLS 公司为宝马 1 系和 3 系设计的平行轴驱动的 EPS。

当然，使用电动助力转向系统受汽车电气系统的影响很大。目前常用的 12V 电气系统的附加措施，如提高用于执行器上的电压可克服这个困难。

概言之，利用现有的电动助力转向的技术，由于 12V 汽车电气系统的有限的工作能力，在高档乘用车上还没有配备 EPS。将 12V 汽车电气系统转换为较高的电压（如 42V），可明显地提升汽车的开发工作（见 5.7 节）。

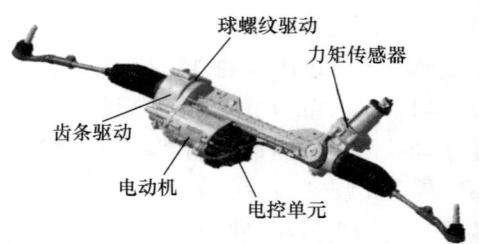

图 7.180　ZFLS 公司为宝马 1 系和 3 系设计的平行轴驱动的 EPS[225]

为达到熟悉的液压助力转向的转向感觉和达到不同于常规的液压助力转向的 EPS，所需的工程费用和高的总成本妨碍了它的快速普及。另外，与电液助力转向不同，EPS 的优点是可按转向需要控制，从而节省燃料并有良好的维修友好性能，因为可以取消液压助力转向的液压油面控制和密封控制。EPS 通过软件匹配，而不是通过硬件改变提供快速、多样性的转向调整的各种可能性，可以根据汽车行驶速度、载荷、转向角的变化控制转向助力。按驾驶人希望，通过软件主动转换转向特性是十分简单的。

此外，EPS 也是未来开发各种控制系统联网的优先基础。

7.4.6　主动转向系

1. 概述

在 7.1 节中已讨论了出现轮胎侧向力的各种原因和由于车轮转向角的变化如何影响侧向力的各种因素。车轮转向角是由汽车行驶动力学控制器计算的。与设计上确定的运动学的、弹性的转向角度校正不同，这些侧向力不是由外力和外力矩作用的结果，而是主动的反应，并可用由多个输入状态参数和行驶动力学状态参数的函数表示。按此方法，可确定控制策略。这些控制策略可优化行驶动力学性能，直至物理边界。

如果预见到列入主动转向系的各种伺服转向不断发展（见 7.4.6.2.1 小段），则首先是后桥行驶动力学转向系，它在过去 20 年开始转向主动转向系。推动主动转向系发展的原因是在后桥上瞬时建立的侧向力影响，和由于汽车航向角（浮角）减小，在没有使用行驶动力学状态参数反馈控制时，或甚至只简单地将后轮转向与前轮转向机械耦合，主动转向可改善汽车在高速行驶时的不稳定行驶性能。

在很早前，出于研究目的，已实现前桥主动转向。该前桥主动转向系在前轮上的转角可能与由驾驶人设定的转向盘转向角有明显偏差[226,227]。但这个想法,即在成批生产的汽车上使用的可能性直到20世纪90年代中期才由汽车生产厂家和供货商重新提出来[228,229],在这期间已开发到批量成熟程度,如参考文献[230],如在2003年宝马首次批量使用。自2007年以来,奥迪A4汽车提供行驶动力学转向的主动转向系[243]。除主动转向系的行驶动力学干预外,较大地减小转向盘转角范围和以此减小在停车时由驾驶人施加的转向功,也是前桥主动转向系进入市场的一个重要因素。

利用在行驶场景中直接干预的主动转向角度叠加,为改善行驶性能的电子闭环控制可以保持汽车的纵向动力学行驶,也可保持汽车的横向动力学状态。这可将整个汽车视为较高自动化层面的一个重大举措,它意味着汽车自动化行驶或部分的自主行驶是由执行装置方面完成的。

与此相关的、需要提及的是"车道保持系统"[231]。它通过主动转向盘力矩辅助,并已在市场上流行。所需的执行装置可采用一般的电动转向系执行装置。

除了像减轻重量、降低成本、减少能量需要以及使用安全性和功能安全性等一些基本的开发目标外,对开发者来说,主要任务之一是这样设计转向系的主动干预,即不是由驾驶人觉察到的主动干预或作为主动推荐而主动干预的这种转向系的主动干预。因此,转向系必须保证驾驶人期望的一个相应的反馈(转向)信号和保证对输入转向角的汽车反应。

欧洲已有针对转向系的法规。这样,如下面所述的"在线转向"也是允许的。欧洲ECE R79法规[244]对转向系作了最具体的规定,为许多国家所公认。当然,不但要有规定,还要有详细准则,同样还要不断检测与主动转向系相关的产品附带的风险。作为有约束力的安全标准——同样适用于主动转向系——可参阅 ISO/DIS 26262[245],它表述了对道路车辆E/E控制系的一些要求。

2. 前轮主动转向

20世纪90年代中期以来,具有"线控转向"概念的主动转向不断成为开发工作的焦点。"线控转向"概念经常理解为转向盘与车轮之间没有机械连接,并与电子控制组合,由机电执行器控制。这种片面的解释是与航空中常用的语言表达矛盾的。因为在航空中没有执行器类型的限制。基于这一原因,这里更喜欢使用较普遍的"前轮主动转向"概念。前轮主动转向包括所有的主动转向,采用前轮主动转向可改善驾驶人与汽车的相互配合。

下面介绍已知的前轮主动转向的各种方案(按功能分类)。

(1)伺服主动转向　伺服主动转向特征是驾驶人施加在转向盘上的力矩与控制力矩的叠加。控制力矩是附加的行驶动力学状态参数的函数,它可通过控制器有针对性地修改驾驶人动作,或多或少地给予驾驶人转向辅助、阻止驾驶人转向或与驾驶无关地自动控制转向。伺服主动转向像当今的转向系统一样,仍然保持着转向盘转角与车轮转角之间的固定的、普遍的几何关系。

转向系统可分为:

1)操纵力随汽车行驶速度可变的转向系统。大多电动伺服转向属于这种转向系统,因为这种转向系要实现伺服主动转向功能在设计上没有更多费用。同样,液压转向系也可提供伺服主动转向功能,但需要电液执行器,如ZF伺服电子装置(ZF Servotronic)中的电液执行器[246]。

2）能识别非手动模式、主动转向回转和阻尼转向盘/汽车速度的转向系统。先前的这些功能是一项昂贵的技术方案（如雪铁龙汽车上使用的）。而在当前采用电子伺服转向系统则是相当容易的[233]。

3）自主有效、与驾驶人辅助力矩相匹配的转向系统[231]。这样的车道保持系统可以向驾驶人报警，如通过转向盘的高频振动或离开行驶车道前施加转向力矩。至今该系统已批量生产。

（2）机械传动比主动可变的转向系统 机械传动比主动可变的转向系统概念是转向盘和前车轮之间的机械传动比通过调整机构是可以改变的。2000 年，本田的这类转向系统已投入市场[234]，但这种简单的可变传动比方案没有在市场上进一步推行。

（3）叠加转向系统 叠加转向系统的特征在于通过执行器将附加的转向角度叠加在驾驶人给定的转向角上。附加的转向角度由控制器定义，并用以增加汽车的灵活性和稳定性，以及补偿干扰参数的影响，如补偿汽车两侧车轮在不同附着系数路面（μ-Split）制动时出现的不稳定横摆力矩。此外，作为汽车行驶速度和转向盘角度的函数的车轮转向角梯度在整个转向盘角度范围设计成可变的。与上面所述的可有效改变机械传动比的本田汽车转向系相比，叠加转向系的叠加原理提供的特别优点是转向力水平几乎与感觉到的角度传动比大小无关。由于可产生一个合适的、计算机调节的转向角分量，所以对方案的安全性要求较高。因为在叠加转向系中转向盘和转向车轮之间有直接的机械连接，当执行器失效后仍保持通常的转向功能。由于具有这种转向性能，叠加转向要满足一些安全性要求要比下面所述的纯"线控转向"的要求容易得多。另外，在对转向系进行评价时，常以车轮回位力矩直接机械地传递到转向盘的这种转向系作为正面评价。如像在纯"线控转向"那样，为产生总的合成回位力矩不需要另外的费用。

除由于控制策略的差别外，当前在市场上的叠加转向系有下列几种结构形式：

1）利用由蜗轮驱动转向机构上的行星齿轮传动的旋转运动叠加（图 7.181）。行星齿轮传动比约为 1:1.3，即转动蜗轮输入轴，以较慢的转速传到转向机构小齿轮轴上。由外设的电动机驱动蜗轮得到附加的转向角。该旋转运动叠加方案的工作原理见图 7.182。自 2003 年以来，宝马将该方案用在很多汽车上。但在前驱动汽车上由于前桥结构空间限制，可能还需要替代的设计方案。

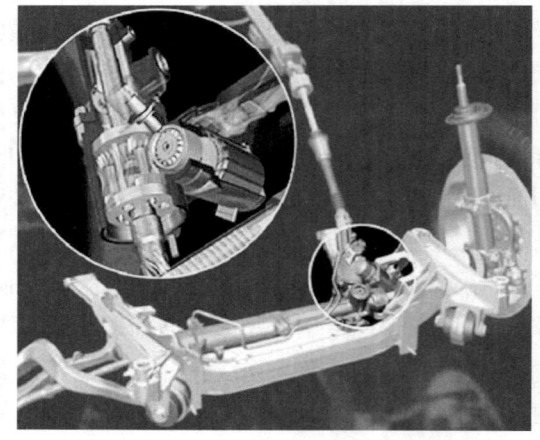

图 7.181　宝马转向叠加传动机构（资料来源：宝马）

2）通过组合在转向柱中的同轴布置的波形传动机构的旋转运动叠加[243]。丰田汽车（自 2003 年以来）和奥迪汽车（自 2007 年以来）都已实现此计划，见图 7.183 和图 7.184。

第7章 底　盘

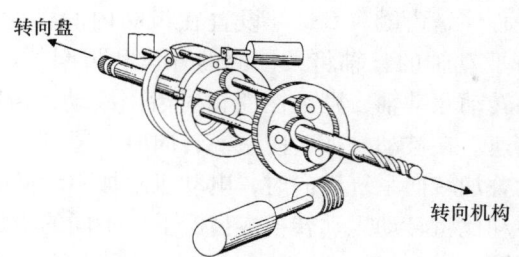

图 7.182　利用行星齿轮传动的主动转向角度叠加的工作原理

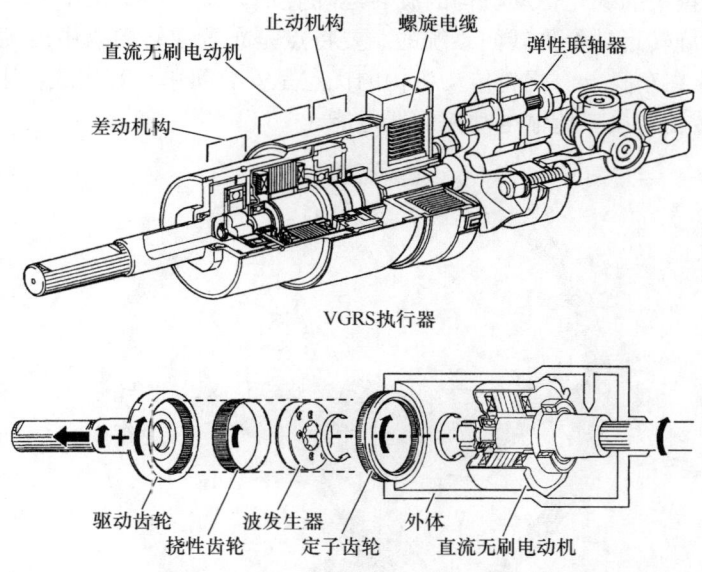

图 7.183　丰田陆地巡洋舰的叠加执行器，与转向轴一起转动的执行器布置在转向盘与转向传动机构之间，使用"温和驱动"传动机构以闭锁电磁离合器（资料来源：丰田）

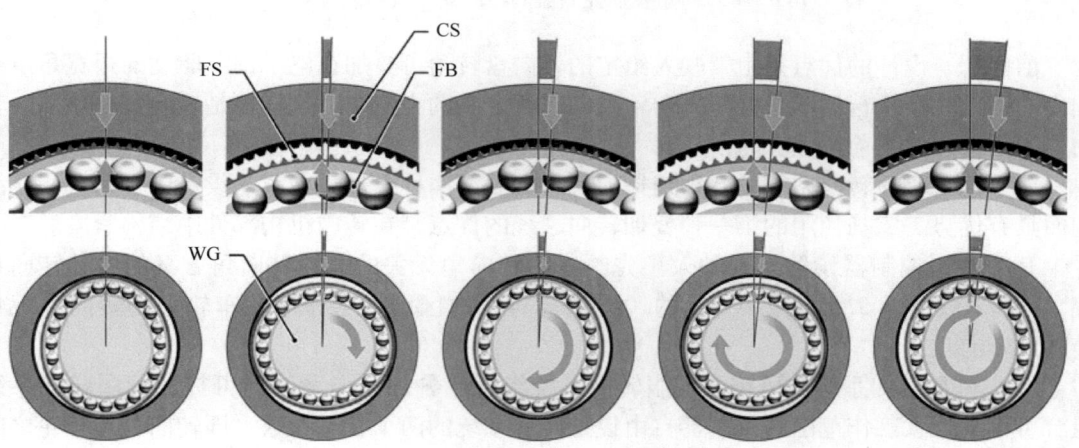

图 7.184　带波形传动机构的叠加控制器工作原理[243]

转向叠加传动机构核心件是齿圈（CS）、设置在齿圈内的柔性圈（FS）和内置的椭圆形驱动轴（WG）。椭圆形驱动轴的长轴将柔性圈的外齿和齿圈的内齿啮合。齿圈齿数比柔性圈齿数稍微少些。如果转动驱动轴，则柔性圈相对齿圈滚动，齿圈以相应的传动比转动，其转速稍低于柔性圈的转速。在被动叠加转向系统转向时，通过静止的齿轮啮合保证机械转向系统单独工作。在主动叠加转向系统转向时，电动机附加驱动椭圆形驱动轴，齿轮啮合以驱动轴转速转动，并按传动比将转动运动转换成齿圈上的不同的附加转向角（如图7.184中所示）。转向叠加传动机构的优点是组合在转向柱中的模块化结构方式，它允许重叠转向系统的转向机构和基本转向系统的转向机构安装在同一个外体结构中。

3）通过转向盘中的蜗轮传动机构的旋转运动叠加。图7.185是Takata公司设计的这种结构形式[240]。该旋转运动叠加转向系统的主要特点是布置在转向盘中的随同转动的蜗轮传动机构不需要支撑在车身上。蜗轮传动机构的优点是安装简单。其挑战在于要通过转向盘和转向柱之间的可转动的接口传输电动控制器电能。

图7.185　带转向角叠加控制器的转向盘（资料来源：Takata）

前面所有设计的优点是由驾驶人给定的转向盘转角可叠加在电子调节驱动的很宽角度范围内。因此几个执行器不是处于转向辅助和车桥之间的力流中。这样仅是转向角的叠加，转向力不需要支撑在前桥上。

如果比较叠加转向系统的几种结构形式，则后面两种叠加转向系的设计由于是模块化结构而具有优势。宝马使用的第一种叠加转向系统的优点是在转向机构部件中结构紧凑。

有关利用控制器设置与驾驶人预先给定的转向角无关的车轮转向角方案的主动转向系统，与将在7.4.6.2.5小段中讨论的"线控转向"的区别在于作用在车轮上的转向力矩将传递到转向盘上。

（4）叠加转向系统与可控的伺服转向系统组合　叠加转向系统与可控的伺服转向系统组合可借助较大工作范围的控制器自由设计转向系统的两个状态参数，即转向盘与车轮之间的角度配合和转向盘力矩。这时最多样的自由度提供与叠加转向系统相连的电动伺服转向系统。因为与流行的液压伺服转向系统结构形式不同的这种组合，在由转向力矩和转向盘转动组成的4个象限平面内能对驾驶人反馈产生影响。

理论上甚至可通过相应的电动转向辅助装置的控制补偿由叠加转向系统的控制转向运动引起的一部分转向力矩，以实现完全的线控转向功能。可事实上这是一个非常苛刻的闭环调节任务，其闭环调节任务的前提是要有在两执行器之间精准的受控对象知识。目前市场上出现提供附加功能的主动转向系统不一定需要昂贵的多参数闭环控制。

重要的、随主动转向系统提供的附加功能是与汽车行驶速度有关的转向传动比和转向力矩控制，以及为影响汽车行驶动力学的稳定性转向干预。

未来，随着不断开发驾驶人辅助系统，为补偿干扰的主动转向干预可能会采用自动行驶，甚至自主行驶系统。

与下面要研究的"线控转向"系统最大的区别是这种转向系统与前车轮的直接的机械连接，在正常行驶时也是如此。由于转向系统的这个特征，可保证"真实的"转向感觉和将行驶路面状况的细微变化反馈给驾驶人。有关的重要内容见参考文献 [250]。此外，直接的机械连接可同时连续、主动显示出转向盘回复到原来手动的机械状态。以这种方式可实现相对简单的安全性设计。

（5）"线控转向"转向系统　"线控转向"也是一种转向系统，其转向盘和转向车轮之间没有直接的机械连接，并利用可调的液压控制器或电动控制器使车轮产生转向角。如在叠加转向系统中那样，转向盘转角和车轮转向角之间取消了固定的运动关系。因此没有产生直接的车轮回位力矩的传递，以致必须主动调节转向盘力矩并可能单纯按人机工程学和心理—生理学观点设计最佳的转向盘力矩[251]。这个自由度当然是用带相应闭环控制的必要的主动转向力矩控制器的代价换取的。

转向盘不再用作（至少不再是）将驾驶人施加的转向功的一部分供入转向系统中，而可考虑采用另外的操纵机构型式。为此，尝试将从飞机技术演变来的、熟悉的操纵机构移植到汽车上[235]。需要注意的是，由于在汽车上出现的车轮轮辐和整个汽车惯性力的干扰使汽车纵向、横向加速度快速变化。基于这一原因，在参考文献 [236] 中使用了液力阻尼、对干扰力不敏感的手盘大小的转动手柄"侧手柄（Side Stick）"。但要注意，转向盘在汽车历史上首次替代转向杆。因为这是有意义的人机工程学上的替代，以能放大由驾驶人通过扳动转向杆的手力行程，这样就在足够小的操纵力、长的操纵时间内，即便没有伺服转向系统，提供所需的转向功，只有转向盘的这个方案才对"线控转向"系统的安全性结构有重大影响。为满足安全性要求，必须要有可靠的"防失效功能（Fail Function）"，它允许在系统中出现多达两个故障。同样，在出现第一个故障时必须保证汽车可靠的继续行驶。对这个要求还需要两套能量供给系统（冗余），从而增加成本、重量、结构空间需要与组合性，并降低了可用性。

在采用安全、有效的转向盘回复到原来的机械和液压状态时，为满足安全性要求，只需简单的转向系统执行机构。

在 ECE R79[244] 中规定了对转向系统的一些要求。当前的版本（Revision 2, 2006）没有把线控转向系统排除在外。在有约束力地使用该规则（Regelung）的所有国家可以从实际技术状况出发，即在个别情况还可停留在试验上。

各"线控转向"系统的差别可按下述特征区分：

1）车桥上两车轮共用一个控制器或车轮独立转向。车轮独立转向由于成本高，只在特殊情况使用。

2)机电执行器(图7.186)或机械液压执行器(图7.187)。

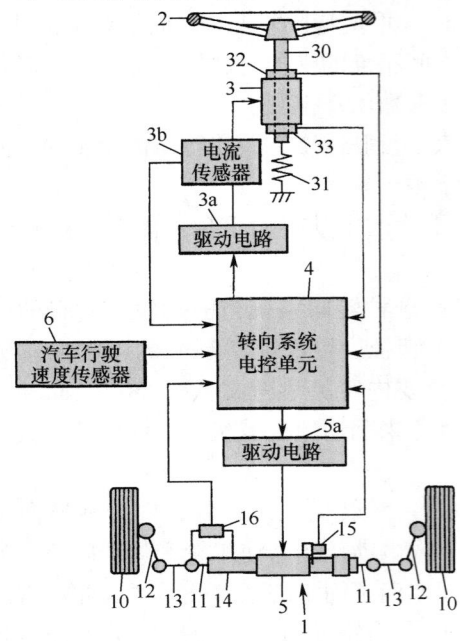

图7.186 带电动转向力矩模拟器的机电转向系统原理表示
[Koyo Seiko, DE 19806458 A1]

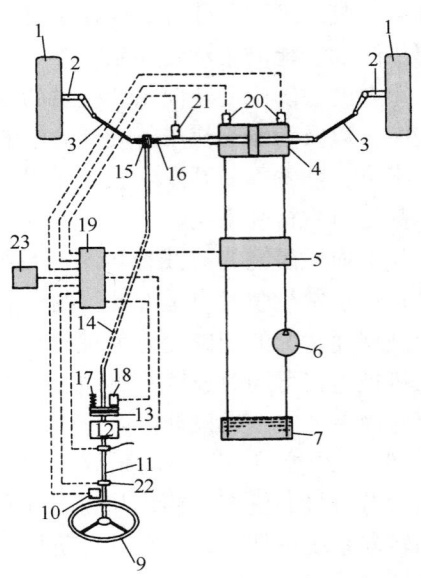

图7.187 带电动转向力矩模拟器和转向盘回复到原来的手动、机械状态的电液转向系统原理表示。可用转向力矩模拟器辅助机械手动恢复原来层面功能[戴姆勒奔驰专利说明书 DE 19755044 C 1]

3)现有的和设计的转向盘回复到原来的手动状态。带离合器的转向盘回复到原来的机械状态的实例见图7.187。

4)用于转向盘和前车轮之间传递角度和力矩的开环控制算法和闭环控制算法。

5)稳定性控制和干扰参数控制的控制策略。

6)转向盘控制力矩策略既可参考驾驶人—汽车—环境系统的最佳协调能力,也可考虑驾驶人的正面的主观评价。

至今在成本和掌握总体组合性方面使线控转向系统批量化的努力尚未奏效。

3. 后车轮主动转向系统

与前车轮主动转向系统相比,后车轮主动转向系统的优点不仅可直接影响航向角的值,而且可直接影响在后桥车轮上建立的侧向力的瞬时变化过程。但后轮主动转向系统的潜力只能与前桥上的叠加转向系统或线控转向系统一起才能完全发挥出来,究其原因为:

1)后车轮转向角度影响所需的前车轮转向角度。

2)在前桥和后桥上的转向系统ECU可控制汽车横向运动和横摆的自由度,而相互间无关。

3)如果后桥已处于"饱和",在前车轮主动转向时可以有一个预防的稳定性闭环控制,并为横摆稳定性做出贡献。

因为为改善行驶动力学,一般需要简单的、很小的控制车轮转向角(2°~3°),所以,较长时间以来一些汽车生产厂家很自然地提供行驶动力学的后车轮转向系统。在较小的转弯圆（半径）和较长轴距的汽车上，如"家庭汽车"和"轻型载货车"，为增加汽车的灵活性和主动性，使用后车轮转向系统具有很大的潜力。在这种汽车上，后桥车轮较大的转向角所需的空间没有像常用的前桥车轮较大的转向角所需的空间影响大。

从安全性方面考虑，对后车轮主动转向系统评价与对叠加转向系统的评价相似。因为在识别后车轮主动转向系统故障时可以认定它处于中间位置（空档位置）或甚至认定它只是简单的断开（脱开）。前提是要确定在中间位置时的后车轮状况。在液压转向系统中，主要的是预紧的弹簧可能会出现后车轮主动转向系统的故障[237]。在机电执行器中采用了自动闭锁的传动机构。在位置控制或能量供给系统出现故障时几乎不能提供直线行驶位置的反馈信息。但执行器的普遍趋势是向机电执行器方向发展。

表7.11是当前后轮主动转向系统的概貌。它们是不久前和当前各汽车生产厂家提供或它们还总是在汽车市场上见到的。

表7.11 当前后轮主动转向系统概貌（资料来源：宝马）

生产厂家	类型	配置	功能目标	转向角（°）	汽车
Toyota（丰田）	机械	与前车轮转向系统连接，传动机构	WKR	4	Celica（1990），Carina（1989）
	电液	液压泵，液压阀，伺服缸	WKR	15	Mega Cruiser（1995）
	电液	液压泵，液压阀，伺服缸	WKR，FS（FDR）	5	Soarer（1991），Crown（1992）
	机电	电动机，传动机构，蜗杆传动	FS（FDR）	2	Aristo（1997），Majesta（1997）
Nissan（日产）	液压	液压泵，液压阀，伺服缸	FS（VS）	1	Skyline（1985），Silvia（1988），180SX（1989），Fairlady Z（1989），Cefiro（1992），Laurel（1993）
	机电	电动机，传动机构，蜗杆传动	FS（FDR）	1	Skyline（1993），Silvia（1993），Fairlady Z（1993），Laurel（1997），Cedric（1994），Stagea（1998）
	机电	电动机，传动机构，蜗杆传动	FS（VS），FS（FDR）	约1.5	Infinity FX50（2008），G37（2007），Stagea（2002），Fuga（2004）
Honda（本田）	机械	与前车轮转向系统连接，传动机构	WKR	5	Prelude（1987），Accord（1990）
	机电	电动机蜗杆传动	WKR，FS（VS）	8	Prelude（1991）
Mazda（马自达）	液压	液压泵，电动机，传动机构	FS（VS）	5	626（1988），MX-6（1987）
	液压	液压泵，电动机，传动机构	FS（FDR）	7	Eunos800（1992），RX-7（1985）
Mitsubishi（三菱）	电液	液压泵，液压阀，伺服缸	FS（VS）	1.50	Galant（1988），Lancer/Eterna（1988），GTO/3000GT（1991）
	电液	液压泵，液压阀，伺服缸	FS（VS）	0.8	Galant（1993），Emeraude（1994），Lancer/Eterna（1994）

(续)

生产厂家	类型	配置	功能目标	转向角（°）	汽车
Subaru（富士）	机电	电动机，传动机构	FS（VS）	1.5	Alcyone（1991）
Daihatsu（大发）	机械	与前车轮转向系统连接，传动机构	WKR	7	Mira（1992）
BMW（宝马）	电液	液压泵，液压阀，伺服缸	FS（VS）	1.7	850i, 850csi（自1990起）
BMW（宝马）	机电	电动机，蜗杆传动	WKR, FS（VS），FS（FDR）	3 2.5	7系（2008），5系GT（2009），5系（2010）
Renault（雷诺）	机电	电动机，传动机械，蜗杆传动	WKR, FS（VS），FS（FDR）	3.5	Laguna GT（2008），Laguna Coupe（2008）
GM（通用）	机电	电动机，传动机构，蜗杆传动	WKR, FS（VS）	12	GMC Sierra（2002），Silverado（2002）

（1）没有行驶动力学闭环控制的后轮转向系统 第一个系统（本田，1987年）实现了后轮转向系统与前轮转向系统的机械耦合[238]。严格说来，这个系统只是早为大家熟知的全轮转向系统的特种汽车的专门型式。正当这种汽车最终可达到减小转弯圆（半径）和在多车桥汽车上还可减少轮胎磨损时，如上面提到的本田后轮转向系统则已达到行驶动力学目标。在不稳定行驶方式时，通过后轮对前轮的同向转向就可在后桥车轮上建立侧向力。这样，在同时减小航向角时可缩短汽车横向加速度对转向角变化的反应时间并提高稳定性，因为这可减小横摆速度的过分波动。

汽车在很低速度行驶时，后轮的转向运动与前轮的转向运动相反。这样可利用后轮的转向减小转向半径。

在由本田开发的后轮转向系统中还通过一个机构控制后桥。随着转向盘转角的增大，该机构保证车轮从反方向的转向到同方向的转向的过渡，相对机械耦合后轮转向系统，表示在图7.188上的电控机械液压后轮转向系统是一个进步（宝马，1999年）。利用与汽车行驶速

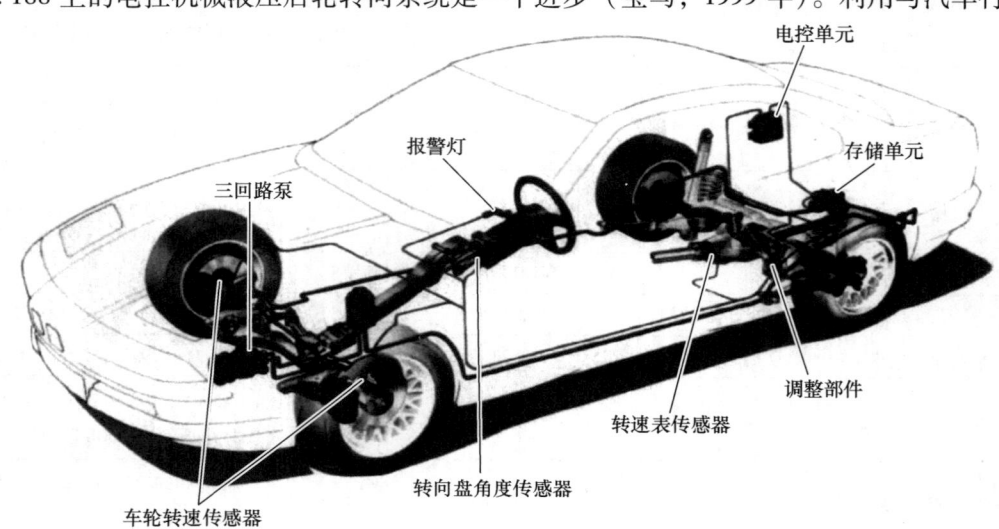

图7.188 宝马850 Csi 1990后桥车轮转向系统，总布置及系统[247]

度和转向角有关的转向特性场可以定义后轮转向角[239]。与汽车行驶速度有关的时间项推迟在后车桥上建立转向角,以在低速行驶范围获得灵活的行驶性能。因为在控制器中没有行驶动力学状态参数反馈,所以宝马转向系统的行驶动力学功能是一个开环控制功能。图7.189表示汽车在双车道变换时后车轮主动转向系统的状态参数变化。

(2) 有行驶动力学闭环控制的后轮转向系统 图7.190表示了一个完整的后轮转向系统的特点(三菱,1988)。它包括一个单纯的机械液压开环控制的后轮转向系统,但在控制系统中通过在伺服转向系统中建立的液压油压力考虑了行驶动力学状态。利用前桥伺服转向系统中的液压油压力控制后轮转向系统的液压阀。液压阀在不足转向方向确定转向角的大小和方向。在伺服转向系统中的液压油压力差不仅可检测转向角速度,而且可检测前桥上侧向力大小。通过由后桥上传动机构驱动的液压泵,以与汽车行驶速度有关的液压油体积流量供给后车轮转向系统中的液压系统,从而达到所希望的车轮转向角随汽车行驶速度而变的相关关系。

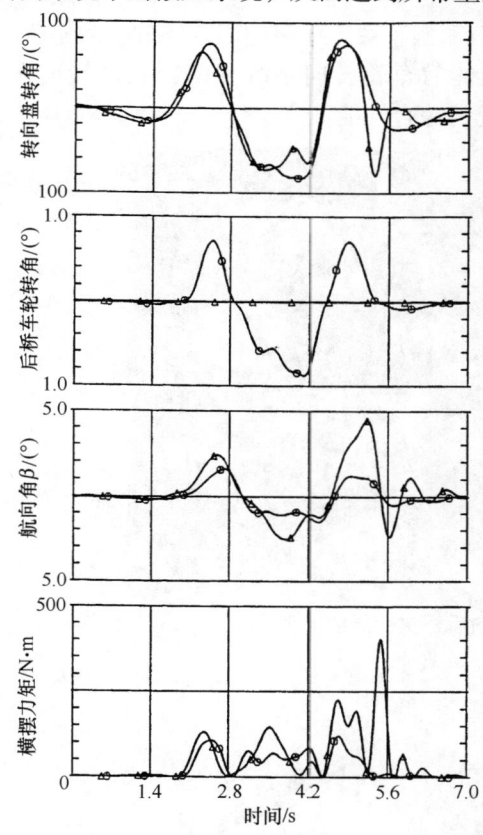

图7.189 带或不带后桥车轮转向系统的双车道变换实例在双车道变换时带后桥车轮转向系统的航向角、横摆力矩变化得到明显改善[237]

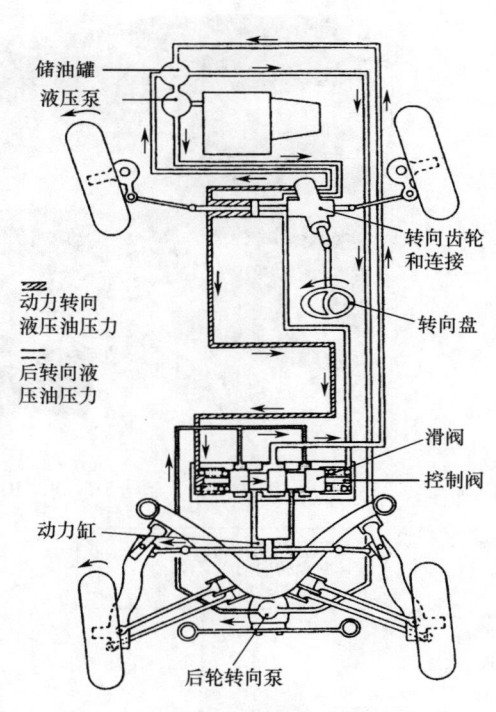

图7.190 1988年三菱后车轮转向系统原理[248]

随着传感技术的不断发展,特别是横摆率传感器,在20世纪90年代,日本汽车生产厂家已将后轮转向系统投入市场。它使用行驶动力学电子闭环控制。这样,控制器不但可以控制外部的各种干扰,而且可以有针对性地调节设定的行驶性能。

20世纪90年代开发的转向系统的典型代表是宝马7系(2008)采用的后桥转向系统

（HSR，后桥侧偏闭环控制）。有关该系统在下一章予以进一步讨论。图 7.191 是转向执行器在后桥上的布置。利用中央布置的线性驱动装置偏转前束导杆，以调节车轮转向角直至达到 3°。

图 7.192 是后桥执行器图形表示。它通过无刷空心轴电动机和循环球传动机构调节车轮转向。

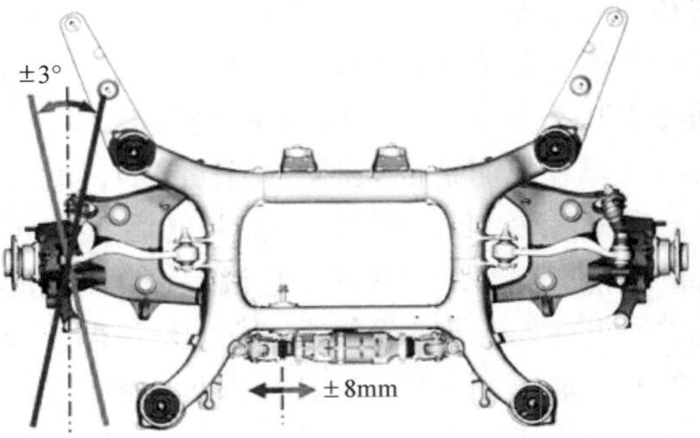

4. 可调前桥和后桥主动转向系统

正当 20 世纪 90 年代许多日本汽车生产厂家开发后桥转向系统时，这种迅速发展的势头在这期间减慢下来。当时日产、雷诺、宝马三家汽车生产厂家使用这样的转向系统。

而后宝马又开发了作为组合式主动转向系统的后车轮转向系统和前桥主动转向系统。图 7.193 是宝马在前桥和后桥上布置两个转向系统的综合性能。

图 7.191　宝马 5 系（2010）后桥与主动控制器[242]

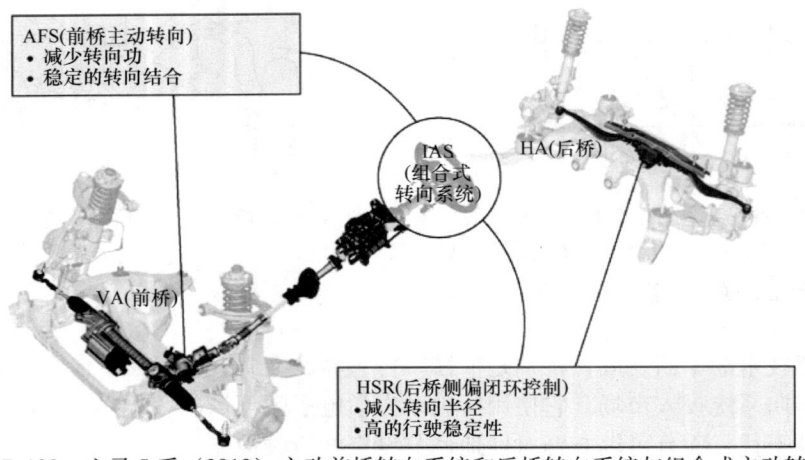

图 7.192　宝马 5 系（2010）上的后桥执行器图形表示[242]

图 7.193　宝马 5 系（2010）主动前桥转向系统和后桥转向系统与组合式主动转向系统的综合性能（资料来源：宝马）

这种布置的目的是在一辆汽车上共同发挥两个转向系统的优良性能。两个车桥的车轮转向角可按所需的行驶动力学特性自由调节。

转向闭环控制目标，即应追求的目标是"静态横摆中心"[242,252]。从后桥转向系统的汽车的静态性能可得到：在相同转向盘转角（即相同的车轮转向角）时，汽车重心的航向角要比常规转向系统的汽车重心的航向角小，这应该是首先值得追求的闭环控制目标。图7.194就反映这种状况，从后桥转向系统的汽车还可得到：在相同转向盘转角时达到的弯道半径要比常规转向系统的弯道半径大。通过建立航向角达到更好的行驶稳定性必须用较大的转向盘转角换取（获得）。

这是产生一个重要的组合式主动转向系统想法的萌生。通过前桥主动转向就可解决这个目标冲突，并在相同转向盘转角和相同的弯道半径时可显著减小航向角，提高行驶性能。

图7.195是汽车侧滑角随横向加速度的变化。

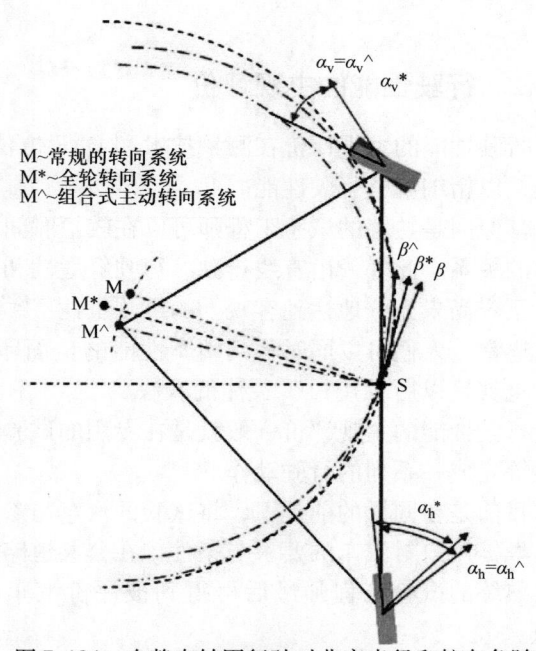

图7.194 在静态转圈行驶时曲率半径和航向角随不同转向系统的变化（后桥同向转向）[210]

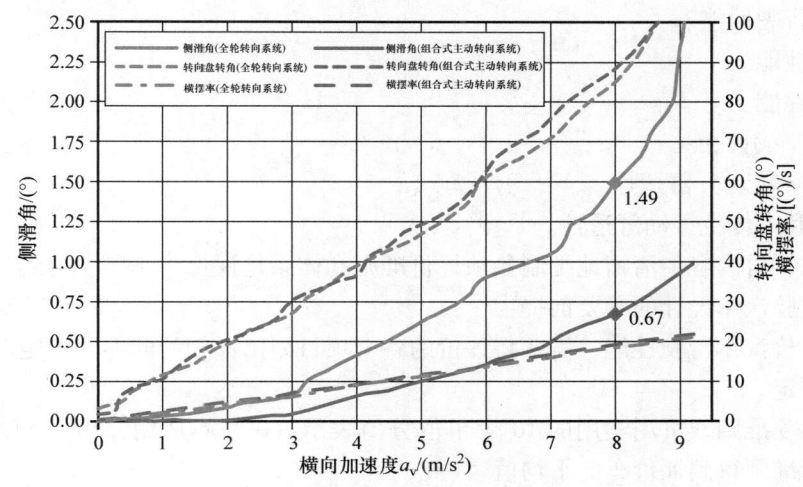

图7.195 在静态转圈行驶时全轮转向系统航向角和组合式主动转向系统航向角的变化[242]

为静态横摆中心配置行驶动力学控制器，是在几乎相同的转向盘转角和相同的横摆率时达到比常规前桥转向系统明显小的航向角。组合式主动转向系统的汽车的航向角比常规转向系统的汽车的航向角约小50%还多，且航向角随横向加速度均匀增长，从而更好地掌控汽车行驶。

7.5 评价准则

7.5.1 行驶性能的主观评价

行驶性能的主观评价在测量技术和 CAE 方法高度发展的今天仍旧是一个重要的方法和手段，以精细调整行驶性能。

其原因是熟练的试验工程师可以在较短时间内足够好地排列出像行驶性能的复杂性和综合性的关系。此外，由直线行驶、行驶舒适性和转向感觉等题目范围的一些准则由于其综合性，至今尚未充分地达到客观上的可测量性[253,273]。

通常，人们可以同时得到整车性能的全面印象，从而得到"标准"驾驶人的认识与看法，也就是以后"用户"关注的看法。

行驶性能的主观评价一般就是在专用的试验路段上，以熟知的弯道走向、路面附着系数状况等完成一系列的行驶动作。

目前是在同样的前提下，将试验的汽车与参考汽车或竞争汽车比较。

根据用户对汽车的要求与条件，在公共道路上通过评价行驶对试验试车补充、完善。

熟练的试验工程师最后可得到被评价汽车的横向、纵向、垂直动力学的全面印象与认识。

利用评价问卷可以评价汽车整体性能的详细内容，它们包括如：

1）直线行驶性能。
2）过渡行驶性能。
3）弯道行驶性能。
4）转向性能。
5）制动性能。
6）起步/牵引性能。
7）滚动（转动）舒适性。
8）车身和人体抗振动舒适性。

按相应的评价内容，清晰地编制各项评价准则和体系是评价汽车是否达到目标定位和进一步完善被试验汽车设计的必要前提[18]。

为主观评价汽车行驶性能，需要将评价的各个项目列出详细的问卷。评定者可按问卷中设定的尺度评定。

为评价各项准则，可用实用的 10 个单值分值表示（0 为不适用，10 为卓越），还可以采用多个评价准则得到评价车的平均值。

为使评分结果的分散性窄，对评定者的判断能力有很高的要求。他们应为知识渊博的行家，能评价和区分相应的性能。因此需要优异的洞察力和记忆力，使所有的感觉直至最终的评价都是实时的、现场的。

如果评价是由评定组进行的，可能出现"异常值"（与平均值有较大偏差），就要识别出并去除。

即便在开发客观的测量方法时，主观评定汽车行驶性能仍是全面描述汽车行驶性能的不可或缺的重要组成部分,直到通过主观评价和客观检测数据的相关性观察后(见7.5.2 小节)才可以有利地确认各个准则的测量参数/特性参数的结论。

7.5.2 行驶性能的客观评价

尽管汽车驾驶人总是在总体上主观评价行驶性能,但客观评价越来越重要。在汽车系统开发以及在不同汽车行驶性能的相互比较中,离不开客观的特征参数。这些特征参数或特征函数来自对真实汽车在行驶时的测量,或较经常地来自在计算机上对汽车模型的仿真结果。计算仿真时需要定义和统一相应的边界条件,即行驶技巧或行驶方式,其中很大部分在ISO/DIN 标准中作了规定。最重要的是横向动力学的"开环"试验方法。垂直动力学试验方法至今还远没有达到普及或统一的程度。为此,下面的叙述只涉及汽车横向动力学性能。

这样选择"开环"试验方法,为使测量结果尽可能不受驾驶人影响,即在行驶技巧方面,应限制驾驶人动作的变化,如测量时尽可能保持操纵元件,如转向盘或加速踏板位置不变或松开。有关横向动力学试验方法的不少规范见参考文献〔254〕。

评价的基础是汽车在按图7.196 的坐标系中的运动。主要要测量和评价:

图7.196 在直角坐标系中的汽车

1) 纵向和横向速度 $\dot{x}$、$\dot{y}$,并确定航向角

$$\beta = \arctan\left(\frac{\dot{y}}{\dot{x}}\right)。$$

2) 纵向和横向加速度 $\ddot{x}$、$\ddot{y}$。
3) 横摆角和横摆速度 ψ、$\dot{\psi}$。
4) 侧倾角和纵倾角 φ、θ。

以及驾驶人操纵参数:

1) 转向盘角度和转向力矩 δ_H、M_H。
2) 加速踏板和制动踏板行程以及相应的力。
3) 制动压力。

测量汽车运动参数的传感器(加速度传感器和角度传感器)和测量速度的传感器是稳

定汽车的陀螺平台（或类似的其他测量方法）。稳定汽车的陀螺是必需的，以保持地球坐标系的原始平面，并可测量与汽车纵倾角和侧倾角无关的汽车平移加速度。新颖的测量装置（如 VBoxen）利用卫星定位（GPS），并由此算出汽车行驶速度和加速度。转向盘转角和转向力矩测量大多使用专门的转向测量盘，它替代原来的转向盘。测量数据通过汽车上的测量设备在线处理。转向角的精确输入对新的测量方法提出高要求，目前与汽车反应有关，如在"鱼钩（Fishhook）"试验时（见 7.5.2.4），反向转向与侧倾角或侧倾角速度有关。鱼钩试验只能用转向机进行。转向机在汽车上的布置见图 7.197。转向盘被带电动机和反作用力矩支架组成的转向测量盘替代。

还有一些其他测量装置。它们用于汽车开发中评价和优化汽车的各种性能，也可评价和优化部件、组件。如为评价汽车行驶动力学，需要知道汽车上各个车轮在不同行驶技巧或不同行驶方式（如弯道制动）时车轮的前束、外倾位置处于什么状态。在行驶时测量车轮前束、外倾参数的测量装置见图 7.198。光源固定在车轮侧的激光束照射到固定在车身上的接收机上。接收机记录车轮角度的变化。利用等时间显示的汽车行驶过程可以分析重要的轴载变化和运动学变化，以进行评价。

图 7.197　汽车上精确设定转向角函数的转向机

图 7.198　在汽车行驶时测量前束和外倾的测量装置

用激光束代替测量车轮位置也可采用基于摄像机的光学方法记录车轮前束、外倾和车轮位置的变化。

在参考文献［274］中叙述了在行驶的汽车上几乎是同步记录行驶动力学参数的方案。为完成这样复杂的测量任务，采用了各种测量系统，并做了概要的总体介绍。

1. 直线行驶性能

在评价直线行驶性能时要区分两种不同的边界条件：

1）不受干扰的等速直线行驶。这时只有（被误认为平面）路面的干扰进入汽车。

2）受干扰的直线行驶。这时侧向风力、制动力、驱动力或一起行驶的挂车作用在汽车上的力。

对 1）只有很少的常用的测量方法。其一是汽车运动参数很少，难以表示出来；其二是在较长时间的直线行驶时总是有驾驶人的影响,所以确切地评价汽车直线行驶性能不是容易的事。可考虑的评价方法是在观察时间内,在规定的行驶道路得到转向盘角度变化的频谱,直至在转向盘位置保持不变时离开车道,或确定"横摆速度误差"。按参考文献[254]可以将直线行驶时测量的横摆速度分成两部分。第一部分来自转向盘转角(由单车道模型得到),余下的为第二部分,这部分称为"横摆速度误差",它是直线行驶偏差的一个尺度。在参考文献[255]中描述了从转向输入到出现汽车横向加速度的相位延迟与直线行驶品质之间的紧密关联性。转向相位延迟小的汽车,即对转向响应快的汽车的特征在于好的闭环控制性能,并评价为汽车的直线行驶性能"好"。ISO 13674 第一部分"摇晃试验(Weave Test)"用于评价汽车直线行驶时的"转向感觉"。按该规定,汽车以 0.2Hz 转向频率正弦曲线行驶,并从转向盘力矩随转向盘转向角(在中间位置范围)的变化到车道校正时自转向性能结束。ISO 13674 第二部分规定"瞬态试验"。按该规定,在转向角缓慢增加时记录汽车离开直线行驶的反应,即记录横摆速度、横向加速度随转向盘转角和转向力矩的变化。

对2)有不少的试验方法,如在产生侧向风的试验设备上评价汽车对侧向风的灵敏度。风扇产生约为 60 ~ 80km/h、大多与汽车行驶方向垂直的人造侧向风。所有的风扇总长大多为 15 ~ 40m。作为评价参数,在超车行驶时测量横摆角、横摆速度和横向偏差。与自然风相比,人造侧向风还有不少缺点(气流攻角、阵风),这些缺点促使开发在自然条件下的测量方法。在参考文献[257]中,利用安装在车顶的"风向标"测定风干扰强度和方向以及汽车对风干扰的反应(横摆速度)。按参考文献[265],在自然风条件下,作为驾驶人/汽车整个系统的试验可得到这样的结果:驾驶人能很好控制频率在 0.5Hz 以下的风干扰,这时汽车对侧向风的反应很小(图 7.199)。风干扰频率在 0.5 ~ 2.0Hz 时驾驶人较早地增强横摆反应。风干扰频率超过 2.0Hz,汽车不再受驾驶人影响,即为评价侧向风对汽车的影响,汽车的转向性能也有很大的作用。

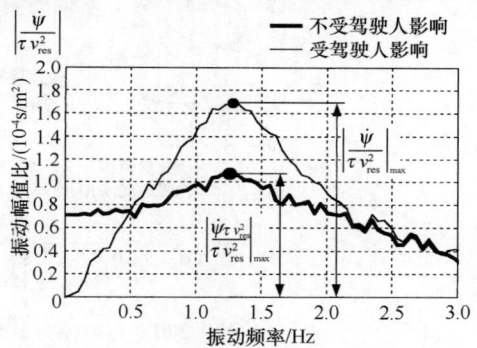

图 7.199 在侧向风时受驾驶人影响和不受驾驶人影响的汽车横摆反应(与风干扰有关)

在直线行驶时,评价制动性能的试验首先涉及在各种路面和不同附着系数的制动距离和保持行驶方向(出现横摆速度)的状态。在制动性能试验和加速性能试验时还要测量由此引起的纵倾角,它是底盘"点头(Anti-Dive)"性能的尺度。在正常情况,好的底盘纵倾角反应应不超过 1°。

在乘用车与挂车组合时,会造成行驶稳定性的很大损失。利用转向角脉冲试验可得到行驶稳定性边界。用短时间转向脉冲激励汽车,使汽车不受干扰地直线行驶到横摆摆动。从乘用车与挂车之间的横摆运动变化过程的差别(即所谓弯曲角)可以确定阻尼大小。根据不同行驶速度时的阻尼值,通过内插法和外推法可得到汽车稳定行驶边界的行驶速度,即阻尼为 0。乘用车与同等重量挂车的稳定行驶边界的行驶速度按挂车结构型式一般为 80 ~ 140km/h。

2. 弯道行驶性能

为评价弯道行驶性能，首先要规定行驶方式：

1）稳态圆周行驶。
2）稳态圆周行驶时载荷交变。
3）在弯道制动和加速。
4）滑水。

在稳态圆圈行驶时，汽车以不同的速度在等半径的圆形轨道上行驶，或者以等速在不同半径的圆形轨道上行驶以达到等横向加速度。测量结果填在以横向加速度为横坐标、以转向角为纵坐标的图上，见图 7.200。转向角度变化是自转向性能的尺度。不足转向汽车的特点是转向角随横向加速度增加，转向角的急剧增加（大多也是转向力矩下降，图中未表示）提醒驾驶人汽车已在边界范围（通常横向加速度 $>7\text{m/s}^2$）。

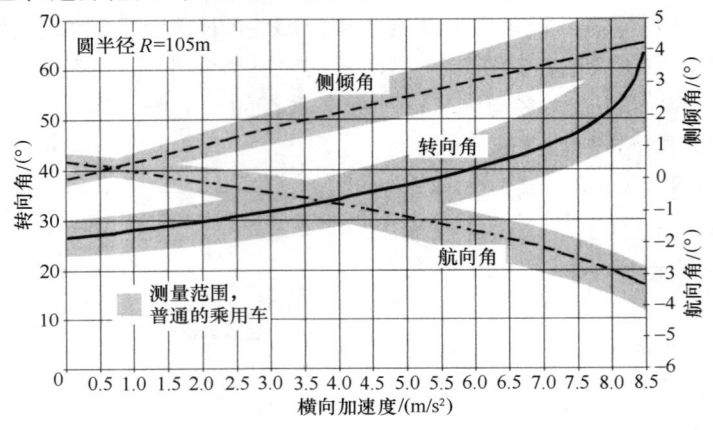

图 7.200 在半径为 105m 的稳态圆周行驶时转向角、航向角和侧倾角随横向加速度的变化

航向角和侧倾角变化是舒适性和安全性的尺度。在这个实例中，它符合对现代乘用车的要求。在弯道行驶时要测量汽车在稳态圆周行驶时对载荷交变的反应。如果在规定的圆半径圆周行驶，突然松开加速踏板，就会产生载荷交变。由于发动机制动力矩，汽车减速行驶。汽车减速度引起轴载偏移和车桥运动学变化，使汽车偏离车道。根据测定的横摆速度和横向加速度可以评价汽车偏离车道的程度。为紧凑表示和考虑人的反应时间，这里采用 1s 的值，即在激励开始后（这里是松开加速踏板）1s，观察汽车运动参数（横摆速度）。试验结果的实例见图 7.201。图中可见在激励 1s 后横摆速度随原始横向加速度的变化。在小的原始横加速度时汽车几乎没有偏离车道；横向速度由于汽车速度很慢而变化甚微。直到较大的横向加速度时，横向速度增加，汽车向弯道内转动。在弯道行驶制动和加速时可以用类似的行驶技巧或行驶方式评价。在松开加速踏板后还要附加操纵不同制动压力的制动器，或继续操纵加速踏板，以达到不同制动和加速。1s 后观察汽车运动参数的 1s 值与在载荷交变试验相似，纵向减速度作为附加变量出现。

滑水性能试验是非常专门的行驶技巧，它需要一段圆周试验路段。可给该扇形区路段灌水。汽车在转向盘位置保持不变、节气门位置不变时以不同的速度（即不同的横向加速度）通过扇形区行驶。横向速度和横向加速度变化仍然是汽车偏离车道的尺度。

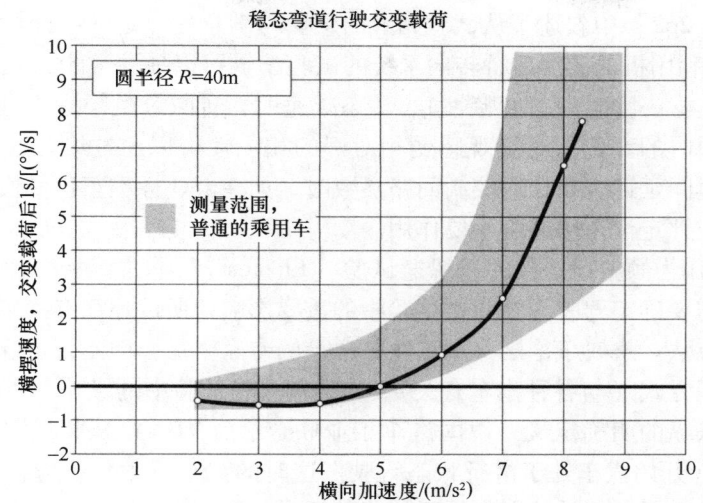

图 7.201　在半径为 40m 稳态圆圈行驶载荷交变时横摆速度变化的 1s 值

3. 过渡性能

过渡性能描述汽车从直线行驶进入弯道或突然变换车道时的行驶性能。典型的评价方法是转向角阶跃。转向盘从直线行驶位置快速转动一定的角度，接着保持不动。汽车的响应，（主要反映在横摆速度、横向加速度和航向角）是响应的快速性、在这种情况下行驶稳定性与转向直接性的尺度。转向输入和横摆速度增加之间的大的时间延迟表明汽车的惰性和勉强转弯的情况。如果在稳态横摆速度值和横向加速度值变化的过渡状态观察到大的幅值和长的过渡时间，则将损害汽车的稳定性。汽车的"增强因子"是横摆速度与转向盘角度之比，并表明为达到规定的汽车横摆反应，驾驶人必须转动多大的转向盘转角。直接转向的特征就是大的"增强因子"。

其他的"开环"试验方法的特征是采用另一些转向角输入形式。可分为：单个正弦脉冲、连续正弦脉冲、三角脉冲和随机的转向角输入（参见 ISO 7401）。在单个正弦脉冲输入时，与在转向角阶跃相似，可以用转向角输入和汽车反应（横摆速度和横向加速度）之间的延迟时间评价。在其他的转向角输入方法时采用在频率范围内的汽车运动参数评价。频率范围通常到 4Hz。横摆速度、横向加速度的增强功能以及相应的相位变化可以反映汽车的横向动力学性能。在过渡行驶状态范围频率到 2Hz 的增强功能尽可能不变和相位延迟很小，是平衡行驶性能的准则。通过 Weir DiMaro（威尔迪马可）[266] 图中醒目表示的试验结果可了解横摆增强与时间延迟之间和汽车转向输入与汽车反应之间的关联。横摆增强是在稳定行驶时横摆速度和转向角之比。延迟时间是频率的倒数，在该频率时相位正好滞后 45°。

也可以用"闭环试验"法。驾驶人的任务是在规定的路线尽可能快速行驶。按 ISO 3888（在车道上只是按标准的踩加速踏板方式，使用随驾驶人而不同的踩加速踏板方式不适合作为标准）的双车道变换是最熟悉的。熟练的驾驶人使用现代乘用车，按 ISO 标准的踩加速踏板方式以约 120~140km/h（或更高）的速度行驶。此外，还有不少障碍试验。蛇形距离大多为 18m、30m、36m。测定的行驶时间和在行驶时采集的汽车运动参数作为客观评价参数。在观察障碍试验时需要注意，试验结果与蛇形距离和轴距的相互作用、汽车长度以及汽车横摆谐振频率有很大关系。

在参考文献［262］中叙述了从试验到人的感受与满意性评定的各种物体特征值相关性的大量研究[262]。利用机电前、后桥转向系统的试验车辆可以独立改变：汽车横摆加速度建立、横向加速度建立、瞬时性（直接性）、动态减速度、转向力矩等特征值，并由经验丰富的人做出几乎是瞬时的评定。对主观感受相对好的相关性可以通过组合这些物体特征值得到，如瞬间性和时间延迟。在计入控制回路参数时，如在 ISO 标准车道变换中的参数，突出转向力矩特征值在评定汽车中起着重要作用。

在 1997 年，作为倾斜稳定性的"躲避试验（Elchtest）"非常流行。由于踩加速踏板的方式各不相同，需要确定驾驶人在躲避试验中的重要影响，所以还没有找到公认的、客观的和可再现的评价方法。隶属于德国汽车工业联合会的专家委员会已制订了躲避试验规程和限制各种踩加速踏板方式（与各种汽车有关），使驾驶人在试验中的影响尽可能小[258]。此外，还有对加速踏板操纵的明确定义。德国汽车工业联合会（VDA）试验规定，在结束第一次踩加速踏板前 10m 开始汽车处于滑行状态行驶。这时的汽车行驶状态应该接近真实的行驶状态。这时驾驶人在紧急行驶状态会松开加速踏板。与双车道变换踩加速踏板相似，在 ISO 3888 Teil 2（第 2 部分）中也叙述了 VDA 踩加速踏板（VDA-Gasse）方面的内容。

4. 其他的试验方法

为制订主动安全性的评价方法，在行政机关和用户保护组织的工作框架内形成了或正在讨论的一些很专门的试验方法。由于精确描述了边界条件，制订了尽可能再现和可靠修正的试验方法。如由（美）国家公路交通安全局（NHTSA）采用的"鱼钩（Fishhook）"试验，以评定汽车倾斜安全性[263]。通过转向机可以按图 7.202 设定转向角输入。如果倾斜角达到最大值，则反向转向可以在精确的时间点。这样可以试验"最坏的情况"。同侧两个车轮至少从路面同时升高 50mm 就可作为倾斜的评价准则。行驶速度

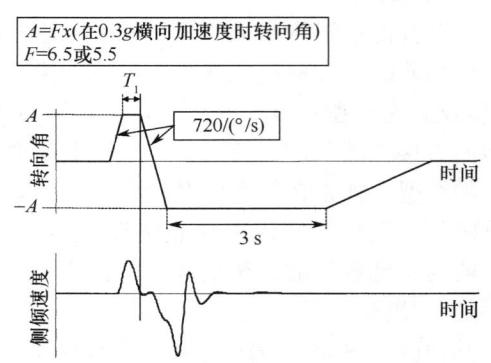

图 7.202 在"鱼钩"试验时转向角输入随侧倾运动的变化

从约 50km/h 步进式地增加到 80km/h，这时倾斜试验结束。与临界倾斜试验相似的试验和其他的相关试验见参考文献［268］。

为证明汽车稳定性系统（ESP、DSC、美国的 ESC）的有效性，美国 NHTSA 规定了"正弦与暂停（sine with dwell）"试验[264]。在汽车行驶速度为 80km/h 时松开加速踏板后施加一个在第 2 个半波停留 500ms 时间的正弦状转向盘转角，并测量汽车随横摆速度和横向加速度的响应（图 7.203）。为精确地输入转向盘转角，像在"鱼钩"试验那样，必须要有一个转向机、阶梯式地增大转向盘转角的幅值，直至达到最大值 270°，从而评定汽车的稳定性和躲避能力（反应能力）。如果横摆速度为 1s，则汽车是稳定的；或在转向盘最大转向角的 35% 或 20%，在结束转向操作后横摆速度为 1.75s，则汽车是"健康的"（稳定的），见图 7.203。根据由测定的横向加速度的二重积分得到的横向行程就可评定汽车的躲避能力。到转向盘转角开始停留的时间，最小行程需要 1.83m。

在这期间 Richtlinie（指令）ECE-13H 中的相关试验内容承担了 ESC 验证试验[270]。

5. 前景

如上所述，现已有不少客观的试验方法。当然，它们只能反映在精确定义试验边界的人造的行驶条件下的行驶性能。利用至今取得的、在适用上有一定限制的结果不可能评价汽车整体行驶性能，必须进一步开发其他一些试验方法。这些方法包括垂直动力学，还要考虑作为控制器的驾驶人的能动性。

已进行了一些研究工作，需要从中找出，在行驶中什么样的物理学运动参数会被人们察觉和在运动参数的强度方面或多或少被感受到"好"或"坏"。人们试图在规定的行驶方式下不断寻找驾驶人的主观评价和客观的测量参数之间尽可能好的相关性。在很多研究中[259]，德国汽车工程研究联合会/汽车公路局（FAT/BAST）组织众多的标准驾驶人和试验驾驶人按 ISO 标准进行车道变换和在州公路上踩加速踏板行驶试验。据报道，从转向角输入到建立横摆速度、横向加速度和航向角之间的时间延迟严重影响驾驶人的主观评价。

至今常用的相关性多项式[260]受到质疑，并且由于不断缩小的现代各种车型

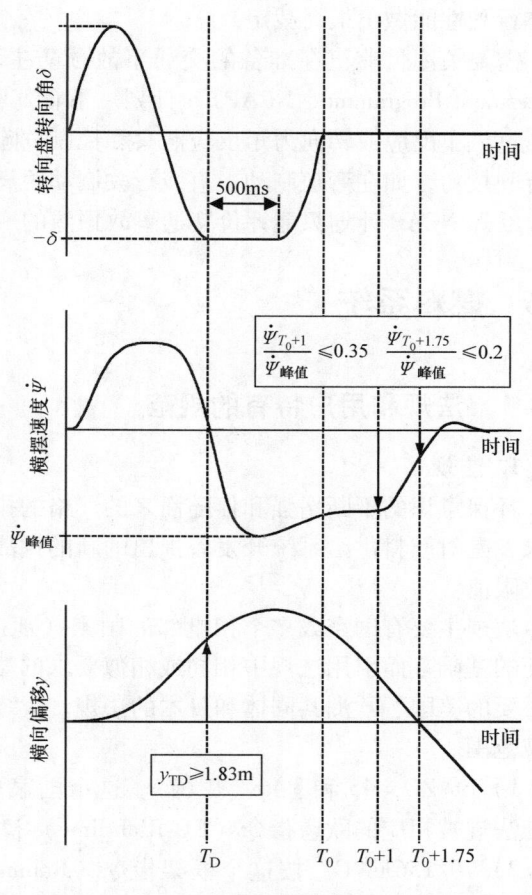

图 7.203 ESC（车轮滑转电子控制）验证试验转向盘转向随时间的变化以及汽车的横摆速度和横向偏移的响应

之间的差别（至少在通常的行驶状态）而不再轻易地把某种车型定义为目标的导向。操纵定位的多项式被视为较好的方法[261]。在该多项式中，驾驶人通过行驶动力学状态可以按他的要求调查问题。在闭环控制回路中驾驶人操纵更多地移到中心点。在单独设定的要求等级中应分析驾驶人与行驶动力学有重大关系的控制操纵和主要要关注行驶误差和操纵误差。在参考文献［267］中提到的方法可满足这些要求，并通过行驶模拟器试验找到驾驶人准则（预见时间、平均频率等）和主观评价之间的很好的相关性。驾驶人准则与参考文献［265］中的准则类似，可从驾驶人/汽车的整个闭环控制回路得到。FAT/BAST 的其他研究[269]是针对垂直动力学干扰对驾驶人/汽车整个闭环控制回路的影响，并得到主要的横摆运动和侧倾运动进入干扰评价的结论。要进一步检验一个很重要的控制回路参数，即转向力矩，它在参考文献［271］中提出，关系到对驾驶人反应的感觉和影响。同时还指出要确定并注意行驶状况的严格依赖性。

在这些研究工作中获得的知识，在未来还可以加紧进行人的观察、判断和客观的行驶动力学参数相关性试验。这样可以客观地、基本地描述更大范围的行驶性能，不断改善底盘开发中的系统学方法和适应不断进步的技术要求。但按目前的认知水平，主观评价仍将对汽车

总体行驶性能做出最终裁定。

需要关注目前正在准备的交通事故预防主动安全性的欧洲"新车鉴定程序（New Car Assessment Programme，NCAP）"计划。不管驾驶人为避免交通事故，平稳驾驶或在较早时间通过汽车反应或转向力矩反应洞察和控制危险的行驶状态做得多么好、要在干燥路面上再现行驶技巧，如在弯道制动、直线行驶制动距离等，单纯的开环行驶技巧是无法胜任的。因此，欧洲 NCAP 计划只能评价交通事故预防的一个方面。

7.6 燃料系统

7.6.1 法规和用户特有的规范

1. 法规

环保意识的不断增强和伴随而来的严格的排放立法以及对交通参与者的安全性的不断高要求，是对燃料供给系统开发者提出的新的挑战，而且还要保持在不断提高的整车寿命内的排放限值。

法规主要有国家或多个相毗邻的国家（地区）适用的范围。当然也有在其他一些国家认证的基础上而引用法规中相同或相似要求的法规。协调法规要求的目的是统一目前世界上最重要的美国、欧洲共同体和日本的法规。大多数其他国家的法规要求目前确定在下面3个法规范围。

1）StVZO §45 和 §46（德国）。这个国家法规不只在德国使用，对在欧盟范围的车型批准法规被相应的欧盟指令（EU-Richtlinie）替代。

2）70/156EWG。按这个框架指令（Rahmenrichtlinie），允许汽车在欧盟内行驶。其中有在欧洲共同体指令（EG-Richtlinie）下对汽车各个系统的要求（如燃料供给系统、排放、制动、噪声辐射）或相当的欧洲经济委员会规定（ECE-Regelungen）的说明。在这些规定中重申保持的限值和检测要求。

3）70/221/EWG。该指令规定对燃料箱的要求和一些设计原则。燃料箱必须防腐、耐 0.3bar 表压和压力补偿系统。燃料箱不应放入乘员室。另外，加燃料口不应在行李舱或发动机室。从燃料箱或加燃料的管接头排出的燃料不应进入车内，排出泄漏的燃料不应被热的部件点燃，在汽车正常行驶时不应从燃料箱盖或通气系统流出燃料。在汽车倾翻时允许流出少量液滴。燃料箱应这样安装在汽车上：使在汽车前、后碰撞时不受损伤。在燃料箱和加燃料的管接头上没有静电荷。

塑料燃料箱需进行一系列试验，试验结束后还要检验它的密封性。

① 用金字塔状的钢摆在 -40℃、30N·m 下进行冲击试验。

② 力学强度试验：在 53℃、0.3bar 表压下保持 5h。

③ 在 40℃、储存燃料 8 个星期处于渗透平衡的燃料箱燃料渗透性试验（限值：损失质量为 20g/24h）。

④ 燃料稳定性试验：在试验③后必须再进行试验①和试验②。

⑤ 燃料试验：充有 50% 燃料的燃料箱用定义的火焰燃烧 2min 熄灭。

⑥ 充有 50% 水的燃料箱在 95℃保持 1h 的形状稳定性。

4) TRIAS 42。日本法规。内容符合欧洲指令 70/221/EWG。

5) GB 18296。中国法规。它是在 70/221/EWG 指令基础上附加定义的振动幅值和加速度的振动试验。

6) 49 CFR 571.301（FMVSS 301）。美国规范。按定义的碰撞试验检验燃料系统密封性。要求的内容包括：在 −30 ~ +30℃、48km/h 车速对准刚性障碍物的前碰撞（燃料箱前配置）；以 80km/h 速度运动的、可变形的障碍物后碰撞；与以 53km/h 速度运动的可变形的障碍物侧向碰撞（燃料箱配置在被碰撞侧的另一侧）。在每次碰撞试验后接着进行静态翻滚试验（汽车绕纵轴转动）。燃料箱在进行各项试验时使用代用液体充灌燃料箱，容积达 90%~95% 的燃料箱容积。在每次试验结束只允许损失规定的液体量。

7) TRIAS 33。在日本的法规中同样规定碰撞试验，以检验燃料箱的密封性。当然，FMVSS 301 规范也是刚性地要求做碰撞试验。

8) ECE R34。该规定（在前碰撞时的乘员保护）同样包括对燃料系统的密封性要求，即在以 56km/h 车速对可变形的障碍物、只有 40% 接触面的前碰撞。碰撞后燃料泄漏量不允许超过 30g/min。

9) 蒸发排放。在这期间，限制乘用车中的碳氢化合物蒸发排放几乎是世界性的规范。整车的蒸发排放是在气密的密闭室测量燃料蒸发量（SHED）。各个国家的 SHED 试验过程不尽相同，但它们总是由使汽车处于可再现状态的预调整和原有的碳氢化合物蒸气排放试验组成的。在试验中，碳氢化合物蒸气排放量是在 1h 热停车和 1 个或多个 24h 停车循环试验测定的（图 7.204）。当前，美国的碳氢化合物蒸发排放试验内容最广，限值特别是加利福尼亚的 LEV II（0.5g/每一试验）和 PZEV 是最严格的。在这期间，美国的其他州（如纽约、马萨诸塞、缅因、福蒙特等州）也采用加利福尼亚州的碳氢化合物蒸气排放规范。美国立法的其他特点是车上添加燃料蒸气回收（On Board Refueling Vapour Recovery，ORVR）。与欧洲的要求不同，汽车必须收集在加燃料时产生的燃料蒸气。

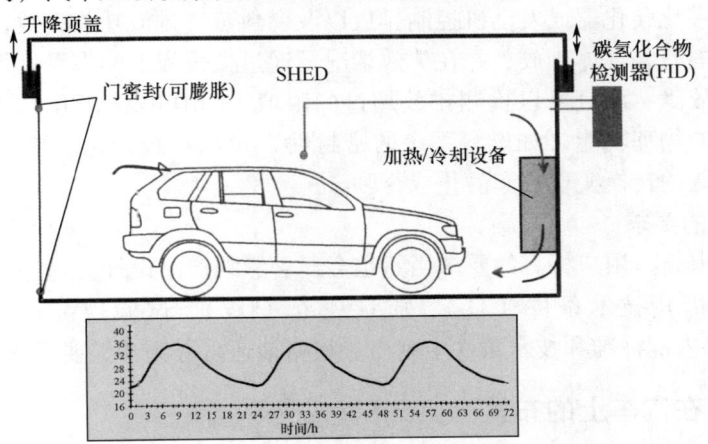

图 7.204　可调温度的碳氢化合物检测装置（资料来源：宝马）

整车的碳氢化合物蒸气排放要满足所有这些规范。为开发汽车或部件，将碳氢化合物蒸气排放源分为两类。

首先是"燃料排放"，也就是蒸发的燃料排放。在汽车上燃料蒸气来自燃料本身和引导燃料蒸气排出的部件，这里还可分为 3 种来源：

① 宏观泄漏（来自零件连接处）。
② 渗透（如通过活性炭罐中的活性炭）。
③ 移动（通过部件壁面）。

另一类是"非燃料排放"，即它不是来自燃料的排放，而是来自工作介质中的碳氢化合物排放，如冷却液、空调设备中的制冷液、加油、润滑油等。其他的还有油漆、粘接材料、黏结剂、防腐剂、塑料（如轮胎）、车内装饰件、隔声材料、面板、碳氢化合物等的非燃料排放（图7.205）。

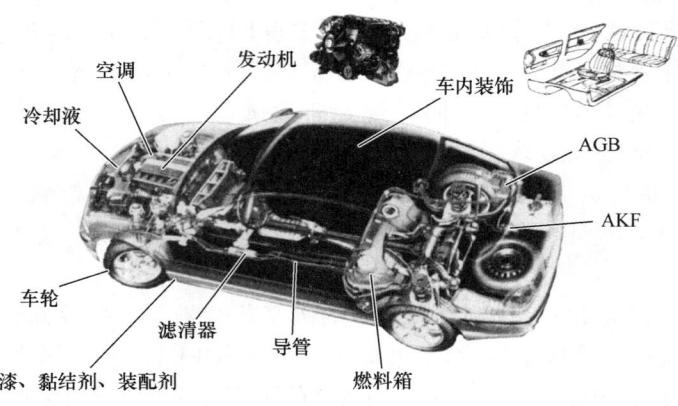

图 7.205 乘用车上碳氢化合物排放源（资料来源：宝马）

在开发汽车部件系统时要在微型密封室按法规规定的汽车碳氢化合物蒸气排放试验分解（分担）的限值进行部件试验。这些试验的限值可分为生产厂家专门的部件目标值和部件系统的目标值。

10）车载诊断系统第二阶段（OBD Ⅱ）。这个作为"加利福尼亚法规（CCR）标题13的1968.1部分"的正式规定从1994年生产的车型起在加利福尼亚生效。其目的是降低有害气体排放。一旦催化转化器或发动机控制排放以及燃料蒸气排放功能失效，就要不断监控由于部件故障引起的有害气体排放，并在失效情况下通过仪表板上的报警灯很快显示。它不仅可以识别部件的故障，而且可以检测排放超过的限值。OBD Ⅱ是OBD Ⅰ的发展与进步。按这种方式，系统的物理功能（如燃料系统的密封性）可以在线控制。燃料系统可以通过低压系统、高压系统的转换实现汽车静止或行驶。

2. 用户特有的要求

除了法规要求外，用户特有的要求当然也会显著影响产品设计。这些要求一般都在设计任务书（LH）、借贷技术条件（TL）、质量规范（QV）、试验规范（PV）和试验指令（VR）、生产厂家内部标准和技术条件中列出。粗略地还可分为功能要求和材料要求。

7.6.2 燃料箱在汽车上的布置

燃料箱在汽车上的布置（图7.206）要考虑下列各点：
1）发动机—变速器总成位置（发动机前置、后置、中置）。
2）车身方案（高档车、紧凑车、双门敞篷轿车等）。
3）安全性区域（如燃料箱安装位置在原始的汽车碰撞变皱区以外等）。

通常燃料箱布置在汽车内部空间外面。在高置的乘员室汽车上、在车身底部的低置发动机布置上（梅赛德斯奔驰 A 级、微型厢式客货车等），燃料箱布置在前桥后面的车身底板下面。布置在行李舱中的后排座椅后面的燃料箱要考虑安全性，如与内部空间隔开的、由钢板或其他阻燃材料组成的隔板。这种布置无法放置连续充电设备，也不容易放置滑雪工具。

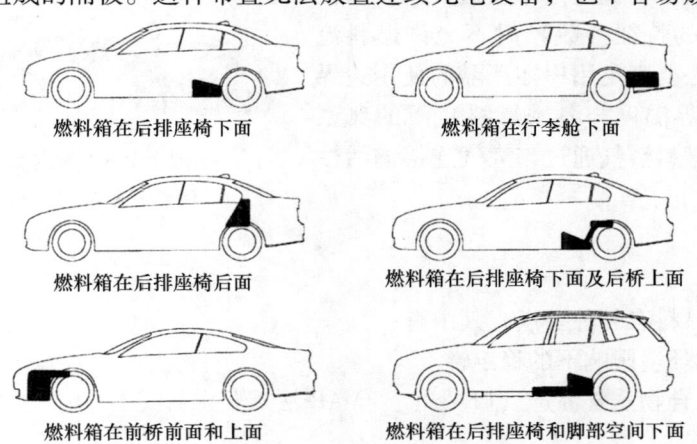

图 7.206　燃料箱在高档轿车上的布置

7.6.3　燃料供给系统方案

排放、在行驶状态通气和排气以及由于热膨胀缓冲燃料体积增加的要求，很大程度影响燃料供给系统设计（KVA）。用得最广的燃料供给系统方案有下面两种。

由于混合动力汽车的出现和伴随而来的减少为活性炭过滤器（AKF）供给的冲洗空气，燃料供给系统成为关注点。在燃料供给系统中由于压力进气使气体扩散降至最小。这种闭式燃料供给系统的内部压力为 -150~350mbar。这样，AKF 的工作负荷无论在汽车行驶时，还是在停车时都是最小的。闭式燃料供给系统的另一优点是可利用扩大的行驶循环再生 AKF。该行驶循环可从没有组合的燃料供给系统的 ORVR 试验程序得到（资料来源：40 CFR §86.98-2）。

1. 外部补偿容器

在燃料供给系统上配置一个附加的燃料补偿容器（图 7.207）。在理想情况，它布置在整个燃料箱中间。但这样的布置在大多数的汽车上无法实现（损害车内空间），所以将燃料补偿容器布置在后车轮罩范围。所需的补偿容器容积规定为燃料箱容积的 3%~5%。通过燃料补偿容器也可实现燃料供给系统的通气和排气。

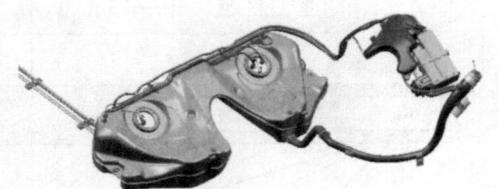

图 7.207　带外部补偿容器容积的燃料系统，宝马 7 系 E65

2. 内部补偿容积

该方案（图 7.208）由于取消外部补偿容器、导管和连接件，可满足高的排放法规要求。但它与燃料箱形状有很大关系，必要时要有较大的补偿容积。通过控制带阀门的燃料箱充灌量或通过高于燃料液面的充灌排气闭锁机构可实现容积的补偿。

鉴于排放原因，在燃料箱上常组合其他一些部件和连接件，如燃料泵、阀门、压力调节器和过滤器。

3. 燃料容积补偿准则

设计燃料箱排气系统要考虑静态和动态试验方法。在静态试验中要检验汽车在最大的倾斜位置（生产厂专门的特征参数）时不允许燃料流出。动态试验方法要满足用户在严酷的使用边界条件（如高的外界温度与冬季燃料）下的典型行驶循环。避免燃料蒸气通过与大气连接的活性炭过滤器逸出。

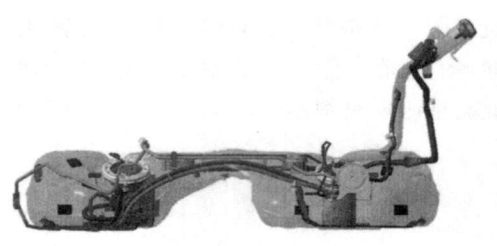

图 7.208　带内部补偿容器的燃料系统，宝马 3 系 E 90

7.6.4　燃料箱

选择燃料箱材料有各种要点，其中有：
1) 在碰撞和环境影响下的稳定性。
2) 防碳氢化合物蒸气渗透（LEV Ⅱ、EVAP 法规要求）。
3) 抗老化性。
4) 好的加工性能[277]。
5) 复杂几何形状的可制造性。
6) 再生。

图 7.209 表示燃料箱的制造方法，它可分为两类：
1) 金属燃料箱。
2) 塑料燃料箱。

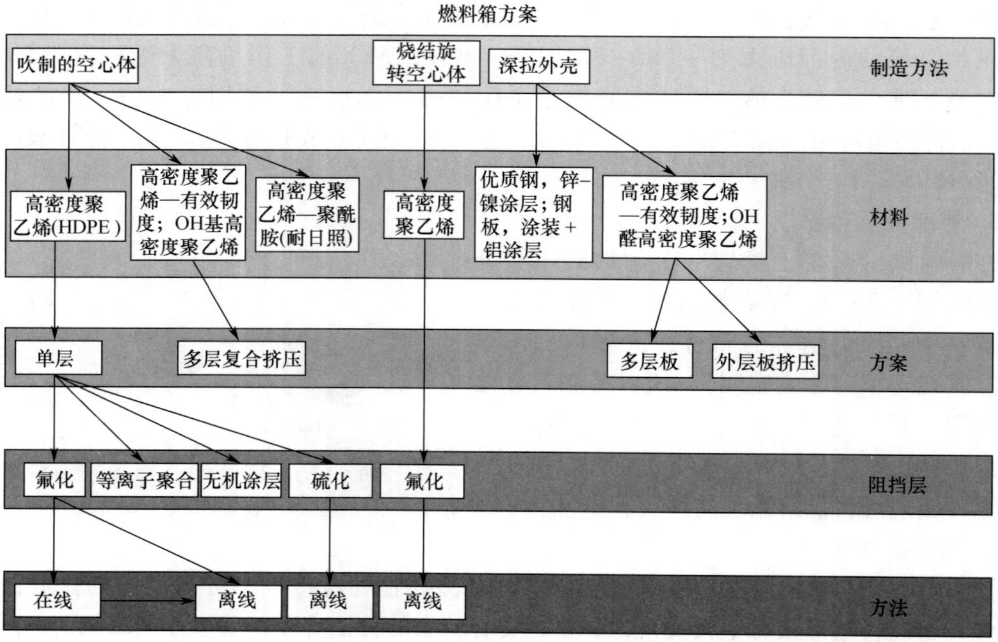

燃料箱方案

吹制的空心体	烧结旋转空心体	深拉外壳	制造方法
高密度聚乙烯（HDPE） / 高密度聚乙烯—有效韧度；OH基高密度聚乙烯 / 高密度聚乙烯—聚酰胺（耐日照）	高密度聚乙烯	优质钢，锌-镍涂层；钢板，涂装+铝涂层 / 高密度聚乙烯—有效韧度；OH醛高密度聚乙烯	材料
单层 / 多层复合挤压		多层板 / 外层板挤压	方案
氟化 / 等离子聚合 / 无机涂层 / 硫化	氟化		阻挡层
在线 / 离线	离线	离线	方法

图 7.209　燃料箱制造方法

1. 金属燃料箱

使用金属燃料箱具有悠久的历史。早在第一辆汽车和摩托车上就采用。目前对非常复杂几何形状的燃料箱主要采用 St14Zi/Ni 和高合金钢（如 X5CrNi1810）以及铝合金板材（主要用在摩托车上）。按成型工艺，通过自动焊接方法将钢材相互焊接在一起并保证气密。用得最多的焊接方法有：

1) 2D/3D（二维/三维）滚缝焊接。
2) 激光焊接。
3) 感应焊接。
4) 钎焊。

2. 塑料燃料箱

20 世纪 70 年代，汽车工业开始研发塑料燃料箱。由于燃料箱的几何形状越来越复杂，汽车工业与塑料加工工业、塑料材料生产者联合开发了专用材料的吹气挤压新工艺[278]。这种专用材料为高密度聚乙烯（HDPE），它可耐世界范围商用燃料的各种影响。用得最广的材料有：

Lupolen 4261 A   （Basell 公司）
Hostalen GM 9350 C   （Basell 公司）
HDPE 201 B   （Total Petrochemicals）
Eltex RSB 714   （Solvay）

由于日益尖锐的排放立法，还开发了附加的碳氢化合物蒸气扩散阻挡层。燃料箱中的碳氢化合物气泡首先由氟气（F_2）处理。氟气处理可在吹气挤压工艺完成（人们称为在线氟化），或在完备吹气挤压工艺和熔焊工艺后完成，即称为离线氟化。在氟化作用时，燃料箱在钝化后用 F_2/N_2 混合气冲击，从而形成极性表面。该极性表面可显著降低在聚合物基体上的碳氢化合物蒸气的溶解性和非极性介质的渗透。HDPE 燃料箱可降低汽油渗透损失高达 99%。在 20 世纪 90 年代，开发了制造塑料燃料箱的一种方法。该方法直到那时只在包装工业使用，即复合挤压塑料材料吹气法（见图 7.210 和图 7.211）。在吹气工艺中可达到 7 层不同的塑料相互结合。极性的乙烯基乙醇复合聚合物（Ethylenvinylalkohol-Copolymer）的特殊中间层阻挡碳氢化合物蒸气渗透。

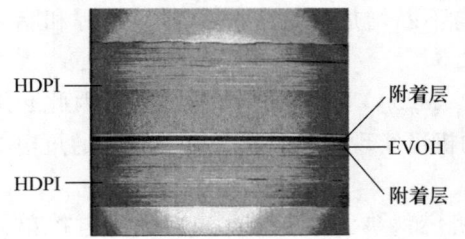
图 7.210 复合挤压燃料箱壁面结构

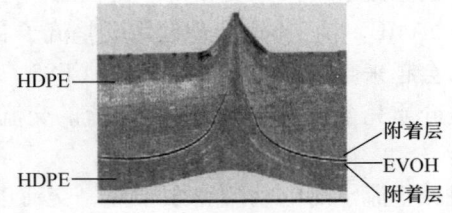
图 7.211 复合挤压燃料箱结合缝结构

考虑到塑料燃料箱日趋复杂和能大幅降低排放限值，进一步开发了吹气挤压塑料燃料箱新工艺。这时，在塑料燃料箱成形过程前将塑料软管分成两狭长板，并放入两个分开的型箱中。利用真空深拉这两个狭长塑料板，这时它们还处于弹性状态。

之后，将燃料箱内组件（通气组件、燃料箱液面指示器、燃料供给系统部件）放入还热的半壳状塑料体中。

接着将两个分开的型箱靠拢，并总是在弹性分型面熔焊。燃料箱与常规的内压吹气法吹气相似,以得到最终的几何形状。

吹气挤压法能制造几何形状复杂的燃料箱,并可同时减少接口,因为没有为不同的燃料箱安装而设置单独的装配口。

在完备吹气挤压燃料箱与部件(如管接头、支架等)工艺时采用不同的熔焊方法,如:

1)振动熔焊。
2)超声波熔焊。
3)加热件熔焊。
4)激光熔焊。

7.6.5 燃料供给系统

燃料供给系统的主要任务是在汽车的各种行驶状态供给发动机足够的燃料。各种影响参数出现了燃料供给系统的各种设计方案。在过去,很大一部分燃料从燃料箱、经高压共轨又流回燃油箱。目前几乎没有多余的燃料流回燃料箱。

1. 燃料供给

为说明对燃料供给的要求,必须特别关注燃料供给系统中的燃料泵、燃料防溅罐或燃料箱及其相互作用。它们对燃料的抽吸性能以及可用的燃料容积有很大影响。

2. 电动燃料泵(EKP)和布置

目前有各种型式的1级和2级电动燃料泵(齿轮泵/长短辐旋轮线泵、侧槽泵、周槽泵、叶片泵、转子泵、螺旋泵)。侧槽泵和周槽泵属于流体泵这一类。其他的泵属于容积式泵。在燃料供给系统压力达7bar时,长短辐旋轮线泵在实用中证明是有效的。侧槽泵和周槽泵有多种方案,其特点是脉动小、压力连续、运转平稳,它们的最大压力和效率要比容积式泵差。在对热燃料供给性能有高要求时这些流体泵常作为长短辐旋轮线泵的前级。叶片泵和转子泵由于生产费用高和噪声大而失去使用意义。为降低噪声、减小磨损,需采用滑动性能好的材料。

目前广泛流行的燃料泵电气部件是整流的直流电动机。

由于铜整流子的灵敏度和由于更换燃料组分与不断增加生物燃料份额〔乙醇和脂肪酸甲基酯(FAME)〕而得以实现使用碳整流子。

将来会越来越多地使用混合燃料(E85、M15、M25)和它们的次级产品,因此必须应用与输送介质完全无关的电动机,整流的交流电动机可实现这一目标,它单纯地通过电场传输驱动能。

与机械整流子的电动燃料泵不同,交流电动机燃料泵(EC-Pumpen)只用电控单元驱动。为此,必须将汽车电气系统的直流电通过电控单元变频为三相交流电。

在燃料泵尺寸设计时要注意下面两点:

1)在发动机冷起动、电动燃料泵在低负荷,即EKP在低转速工作时,要供给设定的燃料供给系统压力下(大多低于额定压力)足够的燃料。

2)EKP的最大容积流量由于以下原因必须大于发动机所需的最大燃料量:

① 通过EKP的回流喷束和吸入喷束,经常至少要带动一个"吸入式喷束泵"(见下述6小段),其流量需要为15~25L/h。

② 在中档汽车上燃料压力调节器至少需要约15L/h流量,以达到压力稳定控制范围。

③ 为在汽车电气系统电压波动和热燃料供给量下降时补充一部分燃料量。

限压阀和系统调压阀 在泵体上有一个限压阀和系统调压阀。如果燃料管破裂，则限压阀阻止燃料供给系统建立压力，防止燃料流出。系统调压阀在热停车后在一定时间保持燃料泵和调压阀之间的压力。在这时间内燃料重新回到正常温度。如果压力不能保持，则在短时间后的热起动变得困难。

3. 燃料泵布置

电动燃料泵主要有两种布置方式：一个是"在线"方式，另一个是在燃料箱内的方式。"在线"电动燃料泵布置在燃料箱外面、车身减振支架的前燃料管路上。对 EKP 的最主要要求是它的密封性和耐盐水、脏污、耐各种介质（如机油、冷却液、制动液）等性能。由于 EKP 与燃料箱分开，它要有好的燃料抽吸性能。最大优点是维修时操作简单。在燃料箱内的电动燃料泵可以固定在密封法兰（凸缘）上或燃料防溅罐中。在这两种情况，可采用减振橡胶与燃料箱隔离振动。吸入侧滤清器到燃料箱底部距离是燃料抽吸性能的重要影响参数。在理想使用燃料箱容积时，该距离应很小，且不受燃料箱变形的影响。这只能通过伸缩结构（即通过弹性支架）实现。利用燃料箱底部的凸出部分可限制燃料箱安装部件的垂直偏转。

4. 电气/电子系统组合要求

为将电气/电子系统组合，应对有代表性的燃料供给系统的电气部件提出一些明确要求：良好的电磁兼容（需较高的费用，见 8.4 节）；在供电、信号、数据和控制导线上的峰值电压辐射不应对电子系统产生不利的影响；应足够消除电气部件常见的火花波段和无线电波段范围的电磁干扰，以免损害电子系统的功能。导线的错误连接也是电子系统功能丧失的原因（反极性安全性）。

5. 电动燃料泵闭环控制

为减少汽车电流消耗和相应地降低汽车 CO_2 排放，EKP 的液压功率应按需控制。目前有两种控制方式：转速控制和压力控制。转速控制是按设定的转速控制，它来自存储在 EKP 电控单元的特性线。该特性线与 EKP 特性、内燃机所需的燃料量和在燃料箱中的吸入式喷射泵有关。压力控制时直接测定高压电动燃料泵前的燃料压力或燃料共轨中的燃料压力，并与设定的燃料压力比较。实际燃料压力与设定燃料压力偏离时，使 EKP 供电电压与 EKP 控制单元中的电压匹配，从而调节燃料泵的液压功率。在未来，将强化使用电转换的燃料泵。电动机的机械整流子（集电环）被电子整流子替代，单纯地通过电场传输电能。由于这一原因，电转换的电动燃料泵与输送的介质无关，并有应付未来不同成分燃料的突出优点。电转换的电动燃料泵与机械整流子的电动燃料泵的区别是通过电控单元驱动。

除电动燃料泵等压闭环控制外，还能调节燃料供给系统的可变的初始压力，从而可进一步提高燃料供给效率，因为可以用尽可能最低的燃料压力供给内燃机。只有当内燃机在较低负荷或怠速运转时燃料供给系统才需要提供最大的燃料压力。在这种情况下内燃机的低燃料消耗阻碍了喷油嘴或高压燃料泵的内部冷却，以至于必须用高的压力燃料供给系统抑制系统中产生蒸气泡。

随着内燃机负荷加大和与它相关的燃料消耗增加，在喷油嘴或高压燃料泵中就不会发生危险的加热状况。

6. 吸入式喷射泵

图 7.212 是吸入式喷射泵[279]原理图。它是一个被动泵，没有机械运动部件，通过回流喷束管和吸入喷束管中的燃料驱动（引射泵）。利用吸入式喷射泵，在多室燃料箱时可将较远燃料室中的燃料输送到带有燃料防溅罐的主燃料箱和 EKP 周围。

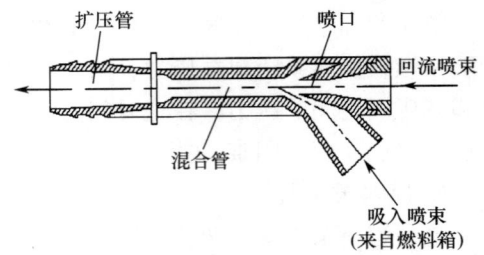

图 7.212　利用吸入式喷射泵带动回流喷束（引射泵）

常常需要另外的吸入式喷射泵，它们大多直接固定在燃料防溅罐上或含在燃料防溅罐中。吸入式喷射泵尺寸随吸入喷束（高压）或回流喷束（低压）的驱动而变。

7. 燃料防溅罐

目前采用的燃料防溅罐由于安装情况和发动机要求，形状上有很大差别，但它们的共同目标是：在极端情况下，在燃料箱中的泵的抽吸处要有少量的剩余燃料，这样能可靠地将燃料泵入发动机。所说的极端情况是：

1）在行驶方向的爬坡和下坡。
2）行驶方向的横向倾斜。
3）汽车全加速和最大减速行驶。
4）高横向加速度时的长时间弯道行驶。

燃料防溅罐的安装位置建议放在燃料容易聚集的位置，这在设计燃料箱时要考虑它的外形。按设计，还有一些附加功能可以组合在燃料防溅罐中。对燃料防溅罐的要求总是与 EKP 和燃料箱结构形式有关。燃料防溅罐可以按下列方式固定在燃料箱中：

1）将燃料防溅罐与燃料箱焊在一起。
2）利用插入式接头或快速接头连接。
3）利用弹性元件将组合在燃料箱中的燃料防溅罐压在燃料箱底部。

7.6.6　燃料过滤

为减小磨损和保持燃料供给系统部件与发动机功能，必须分离燃料中的杂质。杂质有多种多样：从燃料生产到流通领域的"原始杂质"、尘埃、漆颗粒、金属颗粒、锈蚀，柴油中的水、焦油、石蜡。一次过滤通常在 EKP 的抽吸（入口）侧。该处滤网的网格不应过小，否则会影响 EKP 的抽吸性能。支撑体阻止滤清器收缩。通过分开的、进入燃料管中的滤清器可以达到二次过滤。柴油滤清器和汽油滤清器在设计上是不同的。燃料在过滤器中的停留时间和过滤细度要与燃料供给系匹配。由于对排放的要求不断提高，点燃式发动机燃料滤清器越来越多地组合在燃料箱中（减少接口），柴油滤清器较贵，在低温时（即低于浊点温度）含在柴油中的石蜡结晶析出堵塞滤清器。可采用在设定温度范围的加热系统予以避免。按需要可采用带电控水面报警的水分离器和通气系统，以保证在维修后发动机可靠起动。附加部件可组合在滤清器中，或安装在滤清器前面或后面。为使喷嘴不随燃料量的减少而压力变化，需在燃料供给系统中采用燃料压力调节阀，它由钢或合金钢制成，并组合在燃料共轨上，或更多地装在燃料箱中。

由于燃料的静电活性（激活），燃料滤清器必须导电和接地，以安全导出电荷电势。

7.6.7 燃料体积测量装置

为测量燃料量，采用不同的物理测量原理以及相应的测量装置。
1）直接测量燃料液面高度。
2）测量燃料重量。
3）电容法测量。
4）光学法测量。
5）超声波法测量。

在综合评定测量精度、分辨率、对不同几何形状燃料箱的适用能力、寿命、信号处理、装配和维修友好、与不同行驶状态的无关性以及成本等各个方面后，目前几乎所有的汽车都采用直接测量燃料液面高度法。

1. 钢丝摆臂式燃料液面高度传感器

在钢丝摆臂式燃料液面高度传感器上（图 7.213），浮子固定在钢丝摆臂端部。钢丝摆臂结构和不同的浮子能改变测量范围。浮子可以是不同的几何形状（如正方形、球形）、不同的加工方法（吹制的、发泡的）和不同的材料制成的。利用开式的或罩式的电位器可以将浮子的高度转换为电信号，经信号处理后传输到组合仪表中。利用组合仪表中的软件可在燃料箱中的燃料晃动时对信号电子阻尼。

固定燃料液面高度测量传感器有两种基本结构：燃料箱底部支撑和燃料箱顶盖支撑。除燃料箱的造型强度外，在所检测的燃料液面变动范围的精度是选择传感器支撑的决定因素。

2. 潜管式燃料液面高度传感器

在潜管式燃料液面高度传感器上（图 7.214），环形盘状的浮子通过导向杆在垂直放置的管中滑动，固定在浮子上的触点检测电阻。液体迷宫式密封装置可阻尼浮子运动或阻尼输出信号。

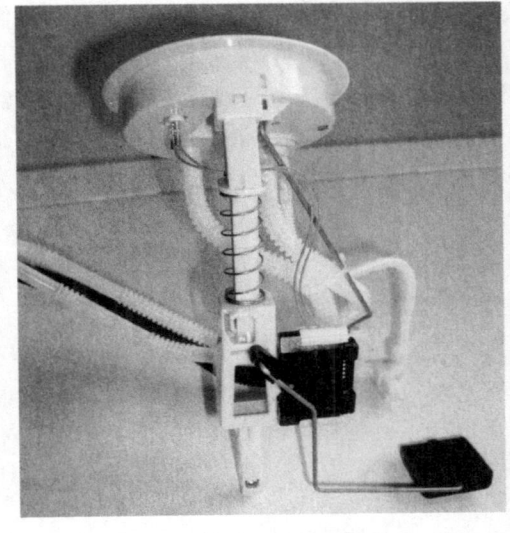

图 7.213 燃料箱底部支撑的钢丝摆臂式传感器，宝马 3 系 E 90

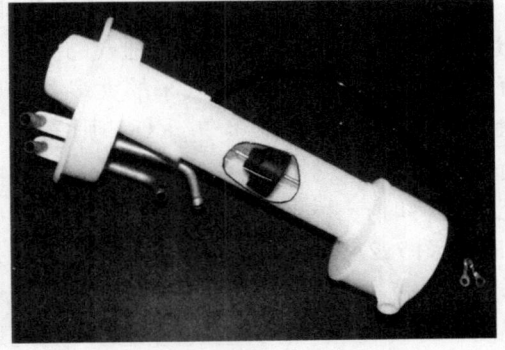

图 7.214 潜管式传感器（局部视图），宝马 5 系 E34

7.6.8 活性炭过滤器（AKF）

为实现燃料蒸气排放限值的法规要求和用户对燃料气味的防止要求，需要收集来自燃料箱通风时的碳氢化合物蒸气排放，并导入活性炭过滤器（AKF）。为再生活性炭过滤器，将发动机吸入的一部分空气引入过滤器使碳氢化合物蒸气燃烧。

AKF 有两种不同的结构型式，即美国的结构型式和欧洲经济委员会（ECE）的结构型式。此外，AKF 常为多室结构，其中充填不同的活性炭，以达到特别低的 HC 排放值。为达到 PZEV 系统中的特别低的 HC 排放限值，使用挤压的蜂窝状活性炭块部件。它具有绝对低的 HC 吸收容量，可以用少量的冲洗空气量达到良好的再生，并残留很少的 HC，即所谓的净化排放（Bleed Emissions）。

美国的活性炭过滤器体积较大，因为它除了在停车时的燃料蒸气排放外还要吸收加油时的碳氢化合物蒸气（ORVR，onboard refueling vapour recovering）。

需要注意的是，优化流经活性炭床的气流，使在加油时不致由于 AKF 中的过高压力损失而过早地切断加油枪（图 7.215）。

图 7.215　双蜂窝状 2 室活性炭过滤器
（资料来源：Kayser 公司）

7.6.9 对混合动力汽车燃料供给系统设计（KVA）的特别要求

为实现对混合动力汽车燃料供给系统的特别要求，需进一步优化蒸发控制系统和燃料供给循环的一些措施。

由于混合动力汽车的电动行驶份额，内燃机不再有足够的冲洗空气以再生活性炭过滤器（AKF）。为此必须通过减少汽油蒸发减轻 AKF 的负荷，或充分利用剩余的冲洗空气。

对于前者，如实现闭式燃料供给系统即可达到目的，闭式燃料供给系统有一个固定压力（达 350mbar）的燃料箱，在它通气的路径上有一个截止阀。这样，在汽车的大多数行驶状态可阻止燃料排出蒸气，AKF 则没有负荷。在美国的燃料供给系统中，只是为吸收充灌燃料时产生的 HC 化合物排放才需要 AKF（图 7.216）。在 7.6.2 小节中说明的是非组合的燃料供给系统。汽车在很高的环境温度下行驶时，只有少量的汽油蒸气超过燃

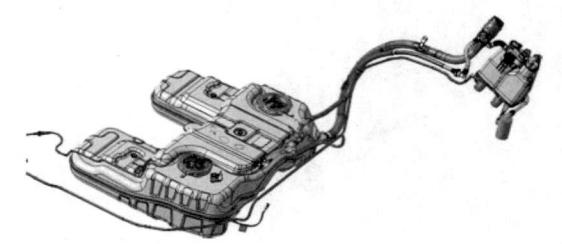

图 7.216　燃料供给系统 X5 Hybrid E72

料箱内的工作压力而进入 AKF，它马上被发动机供给的空气冲洗掉，在停车时靠燃料箱的过压力抑制排出燃料的蒸气。

为充分利用冲洗空气量，必须要设计汽车行驶策略，应限制电动行驶份额，以控制燃料

排出的蒸气不超过临界状态范围。汽车在高温环境下行驶时，有必要使内燃机停机和抑制AKF 的过大负荷，以避免击穿 AKF 而产生难闻的气味。

可通过对 AKF 的多项结构措施优化冲洗空气量。

其中一项措施是使冲洗空气的路径流动阻力最小。因为在内燃机与 AKF 之间可供使用的气体压力降由于现代汽油机没有节气门而非常小。

另一项措施是设计的燃油箱和发动机之间的 AKF 的冲洗空气路径长度能形成燃料蒸发的缓冲器。

通过缓冲冲洗空气中的 EC 化合物的浓度变化，可较快提升发动机冲洗空气调节特性的响应，并增加供给冲洗空气体积流量。

最后是设计小冲洗空气量的 AKF。为此，除在 7.6.8 小节中提到的方案外，串联多个活性炭体（块）可优化冲洗空气量。通过采用第 2 个活性炭体可使现有的 AKF 冲洗空气量减少达 20%。

为优化冲洗空气量，可加热 AKF，以阻止在吸热解吸时的温度降。理想的加热方式是采用直接放在活性炭床上的电加热元件加热。但这一技术的优点被多增加的费用而抵销。因为加热 AKF 对 AKF 的排放性能，即对汽车的排放性能有重大影响，所以需要燃料供给系统的诊断系统。该诊断系统根据 AKF 排放的恶化程度决定是否接入加热元件加热。

7.6.10 前景

在不远的将来，由于化石能源载体的污染和枯竭，在世界范围不断使用代用燃料和新的添加剂是燃料供应总体布局的另一项挑战。

另外，在发展中国家的巨大增长的燃料市场又提出了特别的挑战。特别是在巴西、俄罗斯、印度和中国艰难地供应高质量燃料以满足需要。在这些国家中的燃料性能（蒸气压、抗爆燃性）有很大的波动。部分的燃料含有不少固体物质和侵蚀性物质（酸、水分、自由硫），这些组分侵入燃料供给系统。

目前必须重新设计燃料供给系统中的不少部件（如燃料箱、液面高度指示器、密封等）。

同样，不断严格的排放法规需要进一步改进燃料供给系统。自 2018 年起美国计划执行分阶段排放限值法规 LEV Ⅲ（资料来源：CARB's Advanced Clean Cars Workshop 16.11.2010），和清楚认识到为制订世界范围适用的排放法规而所做的追求。

7.7　代用能量载体的燃料供给系统

7.7.1　要求

各种代用能量载体和它们作为燃料的应用潜力已在 5.9 节中探讨过。鉴于代用燃料的使用和储存，要从这一基本事实出发：要接受用户与汽油、柴油打交道的传统习惯和它们几乎没有大的不足。

如在前面几节中所述，甲醇和油菜籽甲基脂（RME，也称生物柴油）原则上可算代用燃料。多年来，如在欧洲在柴油中掺有质量分数从 5% 到 10% 的 RME 的添加量是常用的。

在一些国家，特别是巴西、美国，在市场销售的燃料添加质量分数较高的乙醇。因为添加乙醇的质量分数是变化的（"柔性燃料"），所以需要能检测乙醇与汽油混合比的传感器，以使发动机的工作与当时的混合比相配合。甲醇、乙醇和 RME 的储存已在上面的燃料供给系统中做了说明。在选择储存容器材料时要考虑甲醇、乙醇、RME 的特别的化学性能。

在 5.9 节中还指出，天然气和氢气能长期适用于移动车辆使用。这两种能量载体以气态形式储存在压力容器中或在低温时液化以液化气形式储存在低温容器中。因此，天然气可分为压缩天然气（CNG）和液化天然气（LNG）。天然气在约 -160℃ 液化，而氢气则在 -250℃ 液化，并以液化氢形式储存。低温、超临界氢气（CcH_2，"低温压缩"）要低于 -240℃ 时要在高于 13bar 压力下储存。

7.7.2 法规

储存天然气和氢气所采用的技术必须符合当今有效的安全性要求和相应的标准。约有 100 年采取的汽油、柴油的不少安全措施已积累了丰富的经验。无论是在压力罐中储存，还是在低温罐中储存都有不少规范。

与汽油或柴油燃料供给系统不同，储存天然气和氢气的压力罐或低温罐的重要部件还要得到有关部门批准。

在不同国家，至少在欧盟范围内，批准的规定是不同的。

在 2000 年对压缩天然气驱动的汽车的 ECE Regelung（规则）生效。该规则规定 CNG 汽车的型号批准[293]。自 2009 年以来对液态储存和压力储存的氢气汽车在欧洲层面上有一个型号批准的决定（EC 79/2009）[311]。

在世界范围协调汽车型号批准规范的框架内，在世界组织（UNO）的顶层设计下将制订氢气汽车的全球技术规则（GTR）[312]。

7.7.3 压力罐和低温罐在汽车上的布置

在汽车上使用的压力罐和低温罐是从同类的、固定或运输的压力罐（如在工程气体、实验气体物流中所用的压力罐）演变或进一步开发而成的。除了必要的空间需要外，要考虑防撞安全性、可安装性的要求以及在汽车上的重量分配。另外，在大多数的布置方案中仍保留汽油箱，以便作为双燃料汽车或加天然气站或加氢站很少的地方汽车仍可全天候使用[294]。

压力罐常放在行李舱中，这时要牺牲一些行李舱空间。第一批欧洲地区允许使用的天然气汽车宝马 316g 仅仅是为车队使用而设计的，如能源供应企业。汽车后排座椅由于安装压力罐需要较大的行李舱空间而取消。如果压力罐"隐蔽"地安装在汽车框架构件上，那么对用户的影响就不大。菲亚特公司的汽油与天然气双燃料汽车 Multipla 正是这种情况，它将多个压力罐组合在汽车底板下（图 7.217）。

在储存液化天然气或氢气时，由于密度显著增大，与压力罐相比可减小储存罐尺寸而易于组合。如果储存罐尺寸不变，则配备低温储存罐的汽车行驶路程可比配备 700bar 压力罐的汽车行驶路程远达 60%。

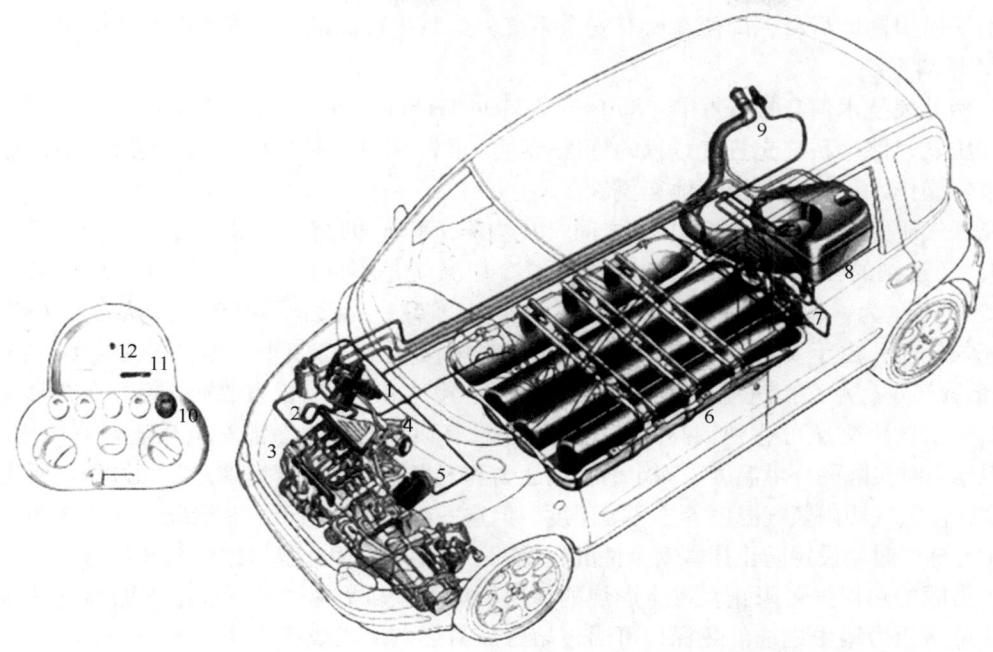

图 7.217 菲亚特公司汽油与天然气双燃料驱动汽车 Multipla（资料来源：菲亚特）
1—天然气压力限制器/控制器　2—天然气喷嘴体汇集管　3—汽油喷嘴体汇集管
4—排热管减压阀　5—喷射电控单元　6—天然气法兰　7—电磁阀组和安全装置
8—汽油箱　9—天然气/汽油加注管接头　10—天然气/汽油转换开关
11—天然气储量指示器　12—汽油供给指示灯

7.7.4 燃料储存压力罐和燃料系统

1. 燃料储存压力罐

一般储存天然气的压力罐的压力为 200~250bar，储存氢气的压力罐的压力为 350~700bar。过去几年储存燃料压力罐的发展趋势表明，短期至中期的储存氢气的压力罐压力约为 700bar，而不是 350bar。从早先的钢压力罐开始，最近几年开发了压力罐用的新材料，它既轻又耐腐蚀。目前已开发了有铝或聚乙烯（PE）内罐的复合材料压力罐。有铝内罐的、碳纤维增强的复合材料压力罐重量只有纯钢压力罐重量的 1/3，见图 7.218 和表 7.12。

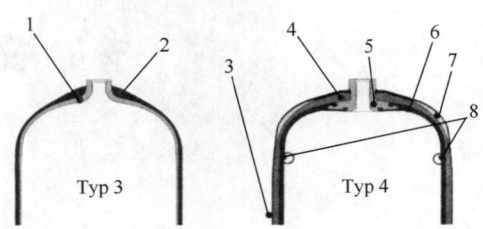

图 7.218 气体压力罐结构
1—无缝金属内罐　2—复合纤维　3—保护层
4—复合纤维绕组　5—金属连接件　6—塑料衬套
7—防撞保护　8—焊缝衬套

表 7.12 气体压力罐类型

压力罐类型	I	II	III	IV
金属内罐（衬套）	金属	金属	金属	塑料
金属罐结构	金属	圆周卷绕（只在圆柱体范围）	全部卷绕	全部卷绕

反复对更好符合组装件要求的不同几何形状的压力罐进行试验[296]，目前几乎无例外地仍然使用圆筒形的压力罐。

由于使用韧性材料，即便在所有安全系统失效时仍可保证压力罐不会突然爆裂。

2. 燃料系统

车辆外表技术信息报告（The Surface Vehicle Technical Information Report）SAE J 2601 建立了高压氢气储存系统充氢气过程的标准规范。报告说明了对高压充氢气站的要求和方法。按此报告操作，可安全、快速地充氢气。

充氢气压力在 350bar 和 700bar 之间（压力为 700bar 的充氢气量分为 1~7kg 和 7~10kg 两档）。要达到的在充氢气接头出口处的预冷却温度是不同的。建议类别 "A" 为 -40 ~ -33℃，"B" 为 -22.5 ~ -17.5℃，"C" 为 0℃，"D" 为没有预冷却。并认为在 700bar 压力下充氢气时，由于高的压缩热和由此引起的缓慢充氢气时间，只有作为类别 "A" 或 "B" 充氢气才有意义。进一步还可再分汽车和充氢气站之间有没有数据交换。在充氢气时借助数据（信息）交换可达到较高的充氢度。在没有通信时，为保证安全充氢气应使用表格。该表根据当时实际的环境温度、测定的初始压力和氢气罐氢气高度提供充氢气过程中所用的压力梯度，使氢气罐内氢气温度等于环境温度，但这一假定不适用于所有情况。在选择相应的充氢气压力梯度时要设定防止损害安全性的较低的一个值，并阻止氢气罐内氢气过压。

压力罐的热保护可阻止在发生燃烧的情况下压力罐压力超过允许的限度而继续升高。这时气体可从压力罐中逃逸。热保持可通过熔融焊料逐点地或线状实现（图 7.219）[297]。

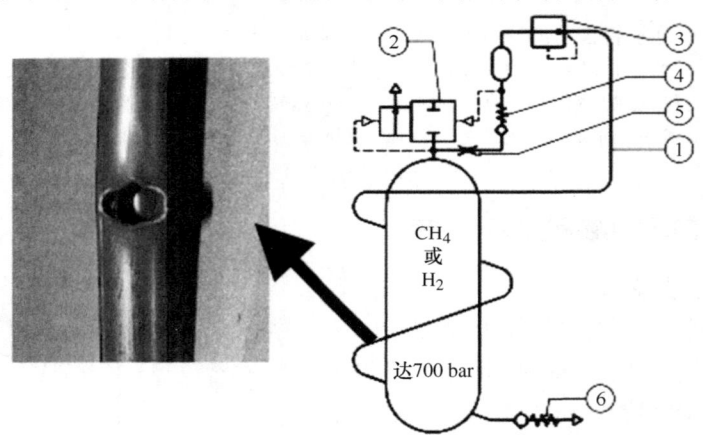

图 7.219　线性热保护简图（资料来源：Rotarex）
1—热感应聚合物套管与典型破裂图　2—双行程控制阀　3—压力调节器
4—单向阀　5—节流孔　6—弹簧承载安全阀

气态燃料密度取决于它的温度。为精确确定压力罐中的充气状况，单靠压力测量是不够的。除测量气体压力外，还要测量它的温度，并由此算出压力罐中的气体（燃料）量。

如果导管从压力罐上卸下，为防止大量气体流出，需要配备带有流量限制器的压力罐。所有必要的附件（如溢流阀、加气阀、截止阀、电磁阀、压力调节器）组合在独立的阀头上（图 7.220），而阀头直接安装在压力罐上。

7.7.5　低温液化气罐和燃料供给系统

1. 燃料罐

低温液化气罐有两层外体（图 7.221）。在两层外体之间为超真空隔热。由于真空可减小对流，由于铝箔反射和保持铝箔距离的玻璃纤维垫可减小辐射，从而可以将低温液化气罐热渗入控制到 1～2W。通过内罐吊架和管路还有约 1W 的热渗入。即便在这样低的热渗入时，液态天然气或液态氢蒸发并使在低温液化气罐中的天然气或氢的压力升高。在达到允许的最高压力时，蒸气通过溢流阀逃逸[298]。氢气主要可在燃料电池中使用，或在蒸气管理系统中氧化，或释放到大气中（图 7.222），低温液化气罐配备两套相互独立的限压装置。如果超过低温液化气罐允许的最高压力，则限压装置打开低温液化气罐[299]。

图 7.220　压缩气截止部件（资料来源：Rotarex）

图 7.221　低温液化气罐
（资料来源：宝马股份公司）

2. 燃料供给系统

加液时将低温液化气喷射到低温液化气罐中。这样，低温的液滴冷凝低温液化气罐中的蒸气，从而显著减少残余氢气量，或者在液化天然气时甚至可以完全阻止残余天然气量。所以在加气时大多有两个连接管同时充入液态气和排出残余气。在国际联合企业框架内开发了适用于加灌液态氢的连接管，它将成为国际标准[300]。

组件（如阀传感器、热交换器）安装在气密性的辅助系统盒中，这样可以收集、检测泄漏的液体气（燃料）和有针对性地排除。利用电容传感器或随温度而变的探针电阻测量低温液化气罐中的液化气高度。

在低温液化气罐中供给气体通常通过低温液化气罐和燃料电池或发动机混合气制备系统之间的压力差实现。液化气可从低温液化气罐以气态或液态形式取出。只要通过加热液化气控制蒸发就可建立或保持低温液化气罐中的压力。可用电加热或用加热的液化气通过热交换器间接加热。所有的系统需要靠近低温液化气罐的闭锁装置。这意味着，在低温液化气系统中的阀应布置在低温的液化气范围。已开发了可以更换磨损件的阀并可供使用。

燃料电池汽车的燃料供给系统和内燃机汽车的燃料供给系统在原理上是一致的。批量生产的宝马 Hydrogen7 汽车上首次批量采用内燃机与液态氢罐。氢气进气系统（图 7.223）布置在汽车后部。氢气压力罐位于后桥前面或上部的防撞区域。氢气制备装置（阀、传感器、热交换器）直接组合在氢气压力罐上的辅助系统盒中。

利用环境温度加热气态氢气管和通过发动机冷却液提供加热氢的能量。

7.7.6　发展趋势

开发代用能量载体的燃料供给系统的两个主要方面是组合在汽车上的压力罐系统和适用

图 7.222　在用燃料电池驱动的汽车上的氢气供给系统（资料来源：Adam Opel 有限公司）

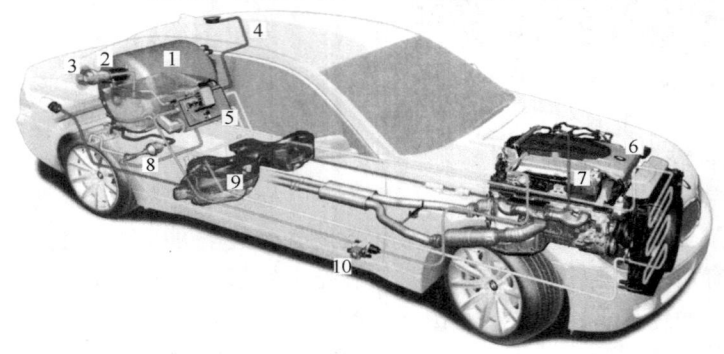

图 7.223　内燃机汽车上的氢气供给系统（资料来源：宝马股份公司）
1—液态氢罐　2—液态氢罐盖　3—罐接合器　4—安全放气管
5—辅助系统盒　6—二阶的内燃机　7—进气系统、H_2 共轨
8—汽化管理系统　9—汽油箱　10—压力调节器

于汽车的相应部件[301]。在正常条件下，气态燃料的供给系统与燃料内能有关，需要多倍的结构空间，如液化氢燃料供给系统的结构空间要比汽油燃料供给系统的结构空间大 4 倍。因此，未来新一代的汽车需要开发新的方案：要考虑燃料容器的更大空间需要；保证汽车输出功率；可靠地安装在汽车上[302]。

出于成本原因，优先采用压力罐的燃料供给系统。为此出现了不少将燃料供给系统布置在汽车中心的中间隧道的方案。

现已开发了适用于低温储存系统和压力高达 700bar 的压力储存系统部件，这些部件允许可靠地、不受限制地在汽车上使用。开发了加气装置和加气方法以及国际的标准化，以保证新技术无摩擦（顺利）使用。

在温度大于临界温度（33K），在碳纤维增强、超隔热压力罐中的低温、高压氢气在明显长的、无损失压力保持时间（在长时间停车前，在典型的氢气罐系统的原始状态≥10 天）

以及在同时减少充氢气站的综合设施快速、无损失充氢气时，具有高储存能量的有趣的潜力（每升储存系统容积≥1.1kW/h，每千克储存系统≥1.8kW/kg）[301~310]。

快速、无损失、充高密度的低温高压氢气的前提是要有一个高功率的 LH_2 高压泵。自2010年以来使用高效率的 LH_2 高压氢气泵，它在输出压力为300bar时可提供密度为80g/L、质量流量为100kg/h 的低温、高压氢气，和将氢气从1bar压缩到300bar需要的电能少于氢气低热值的1%[235]。此外，在相应的安全保证下，在工作压力达350bar的低温、高压氢气罐系统的设计可允许达350bar的 CGH_2 高压氢气充入低温、高压氢气罐系统中。这样，在开始阶段除了第一个低温、高压充氢气站外，还可利用350bar高压充氢气站。

未来，在世界范围内，低温、高压氢气储存系统将成为350bar和700bar高压氢气储存系统的补充。

参 考 文 献

7.1 节参考文献

1. National Highway Traffic Safety Administration: A Demonstration of the Dynamic Test Developed NHTSA's NCAP Rollover Rating System; DOT HS 809 705 August 2004
2. Wierwille, W.W., Gutmann, J.C., Hicks, T.G., Muto, W.H.: Secondary task measurement of work load as a function of simulated vehicle dynamics and driving conditions. Human Factors 557–575 (1977)
3. Mitschke, M., Wallentowitz, H.: Dynamik der Kraftfahrzeuge. Fahrverhalten, Bd. C. Springer, Heidelberg (2004)
4. Zomotor, A.: Fahrwerktechnik: Fahrverhalten. Vogel Fachbuch, München (1987)
5. Pauly, A.: Dynamique transitoire, contribution à l'étude du comportement de guidage non stationnaire. Vortrag S.I.A., Ecole Centrale de Lyon (1979)
6. Fleck, R.: Aktivlenkung – ein wichtiger erster Schritt zum Steer-by-Wire. HdT-Tagung Pkw-Lenksysteme – Vorbereitung auf die Technik von morgen, Essen, April 2003
7. Furukawa, Y., Abe, M.: Advanced chassis control systems for vehicle handling and active safety. Veh. Syst. Dyn. **28**, 59–86 (1997)
8. Greger, M.: Auswirkung einer variablen Momentenverteilung auf die Fahrdynamik. Dissertation, TU München (2006)
9. van Zanten, AT., Erhardt, R., Pfaff, G.: Die Fahrdynamikregelung von Bosch. at – Automatisierungstechnik **44**(7) (1996)
10. Birch, S.: New stability from the Porsche stable. Automot. Eng. Int. Februar 1999, 16 (1999)
11. Pauly, A.: Active Front Steering – ein wichtiger Baustein von Drive by Wire. VDI Arbeitskreis Fahrzeug- und Verkehrstechnik, UniBw Hamburg, 06. Dezember 2001
12. Leffler, H., Ayoubi, M.: ECM – Elektronisches Chassis Management; Steuerung und Regelung von Fahrzeugen und Motoren – AUTOREG 2002. VDI-Bericht 1672, Mannheim, April 2002
13. Ammon, D.: CO2-mindernde Fahrwerk- und Fahrdynamiksysteme. ATZ **10**, 770–775 (2010)

7.2 节参考文献

14. Breuer, B., Bill, K.: Bremsenhandbuch, 4. Aufl. Springer Vieweg, Wiesbaden (2012)
15. Strien, H.: Auslegung und Berechnung von Pkw-Bremsanlagen. Selbstverlag Alfred Teves GmbH, Frankfurt/Main
16. Trutschel, R.: Analytische und experimentelle Untersuchung der Mensch-Maschine-Schnittstellen von Pkw Bremsanlagen. Universitätsverlag, Ilmenau (2007)
17. Oehl, K.-H., Paul, H.-G.: Bremsbeläge für Straßenfahrzeuge. Bibliothek der Technik. Bd. 49 Verlag Moderne Industrie, Landsberg/Lech (1990)
18. Brecht, J.: Materialeigenschaften von Reibwerkstoffen. 23. Internationales μ-Symposium, Bad Neuenahr, 24./25. Oktober 2003
19. Fennel, H., Gies, P., Sticher, T.: Strategien zur Software-Entwicklung für Kfz-Regelsysteme. ATZ Automobiltechnische Zeitschrift **1** (2002)
20. Rieth, P.: Elektronisches Stabilitätsprogramm. Die Bremse, die lenkt. Bibliothek der Technik, Bd. 223. Verlag Moderne Industrie, Landsberg/Lech (2001)
21. Fennel, H.: ABS plus und ESP – Ein Konzept zur Beherrschung der Fahrdynamik. ATZ Automobiltechnische Zeitschrift **4** (1998)
22. Robert Bosch GmbH (Hrsg.): Kraftfahrtechnisches Taschenbuch. Vieweg+Teubner, Wiesbaden (2011)
23. Weisse, J.: Gibt es Verbesserungspotenzial für den Bremsassistenten? 23. Internationales μ-Symposium, Bad Neuenahr, 24./25. Oktober 2003
24. Fennel, H.: Technology solutions to vehicle rollovers. An integrated strategy for active and passive rollover protection. Vortrag, SAE Government/Industry Meeting, Washington, 13.–15. Mai 2002
25. v. Albrichsfeld, C., Eckert, A.: EHB als technologischer Motor für die Weiterentwicklung der hydraulischen Bremse. Fachtagung Hydraulik im Kraftfahrzeug, Haus der Technik, Essen, 2003
26. Schmittner, B., Rieth, P.: Das Hybrid-Bremssystem – Die Markteinführung der elektromechanischen Bremse EMB. brems.tech 2004, München, 9./10. Dezember 2004

27. Rieth, P., Remfrey, J.: APIA – the way to the accident and injury preventing vehicle, crash.tech 2005, Nuremberg, 10 Mai 2005
28. Semmler, S., Rieth, P.: Global Chassis Control – Das vernetzte Fahrwerk. 13. Aachener Kolloquium »Fahrzeug- und Motorentechnik«, 04.–06. Oktober 2004
29. Huinink, H., Rieth, P., Becker, A.: Maßnahmen zur Verkürzung des Anhaltewegs in Notbremssituationen – Das »30 m Auto«. VDA Technischer Kongress 2001, Bad Homburg, 26.–27. März 2001
30. Kelling, E., Remfrey, J., Rieth, P., Semmler, S.: Integrationstrends in der Fahrzeugelektronik am Beispiel Global Chassis Control. 7. Symposium zum Thema AAET, Braunschweig, 23. Februar 2006
31. Schumann, M.: Analysenmethode zur Beurteilung des ungleichförmigen Bremsscheibenverschleißes an Pkw-Scheibenbremsen. Fortschr.-Ber. VDI Reihe 12, Nr. 635. VDI Verlag, Düsseldorf
32. Dausend, U.: Potenzial der Selbstverstärkung und einer nicht konstanten Getriebekennung zur Verminderung der Leistungs- und Energieaufnahme einer elektromechanischen Radbremse. VDI Verlag, Düsseldorf (2006). Fortschr.-Ber. VDI Reihe 12 Nr. 621
33. Rieth, P., Remfrey, J.: Skalierbar und kostenattraktiv – Anforderungen eines durchgängigen Sicherheitskonzepts. VDA Technischer Kongress 2009, Wolfsburg, 25./26. März 2009
34. Continental: Dynamischer und effizienter Bremsen durch Integration. Pressemitteilung. 30. September 2011

7.3 节参考文献

35. Amtsblatt der Europäischen Union, VERORDNUNG (EG) Nr. 661/2009 DES EUROPÄISCHEN PARLAMENTS UND DES RATES über die Typgenehmigung von Kraftfahrzeugen, Kraftfahrzeuganhängern und von Systemen, Bauteilen und selbstständigen technischen Einheiten für diese Fahrzeuge hinsichtlich ihrer allgemeinen Sicherheit vom 13. Juli 2009
36. Amtsblatt der Europäischen Union, VERORDNUNG Nr. 1222/2009 DES EUROPÄISCHEN PARLAMENTS UND DES RATES über die Kennzeichnung von Reifen in Bezug auf die Kraftstoffeffizienz und andere wesentliche Parameter vom 25. November 2009
37. Andre, F.: OPC Michelin Fahrwerksystem. 11. Aachener Kolloquium Fahrzeug- und Motorentechnik 2002
38. N.N.: Drucklose Reifen-Felgen-Kombination. ATZ, März 2005, 182 (2005)
39. N.N.: Weniger Rollwiderstand durch Einsatz von Organosilanen. ATZ, Juni 2008, 532 (2008)
40. Bachmann, T.: Literaturrecherche zum Reibwert zwischen Reifen und Fahrbahn. Verkehrstechnik/Fahrzeugtechnik, Bd. 286, Fortschritt-Berichte VDI Reihe 12. VDI Verlag
41. Becerer, T., Oehler, R., Raste, T.: Der Seitenwandtorsions-Sensor SWT. ATZ Automobiltechnische Zeitschrift **11** (2000)
42. Becker, A., Seifert, B.: Simulation von Abrieb und von Reifenkennwerten für Handling mit einem stationär rollenden FE-Reifenmodell. 6. Fachtagung Reifen Fahrwerk Fahrbahn. VDI-Berichte 1350 (1997)
43. Becker, A., Dorsch, V., Kaliske, M., Rothert, H.: A material model for simulating the hysteretic behavior of filled rubber for rolling tires. Tire Sci. Technol. **26**(3) (1998)
44. Böhm, F., Willumeit, H.-P.: Proceedings of the 2nd International Colloquium on Tyre Models for Vehicle Dynamic Analysis, University of. Swets & Zeitlinger Publishers, Berlin (1997)
45. Bungart, T., Huinink, H.: Alles über Reifen. ReifenMagazin **2**/03, **3**/03, **4**/03, **5**/03, **1**/04, (2003/2004)
46. Clark, S.K.: Mechanics of Pneumatic Tires, DOT HS 805 952. U.S. Department of Transportation National Traffic Safety, Washington, D.C. (August 1981)
47. Eichhorn, U.: Reibwert zwischen Reifen und Fahrbahn – Einfluss und Erkennung. Dissertation, TH Darmstadt, Fachgebiet Fahrzeugtechnik. Fortschritt-Berichte VDI Reihe 12, Nr. 222. VDI-Verlag, Düsseldorf (1994)
48. Eichler, M.: A ride comfort tyre model for vibration analysis in full vehicle simulation. Veh. Syst. Dyn. Supplement **27**, 109–122 (1997)
49. Ernst, G.K.: Nassgriff: Dauerauftrag für die Reifenentwicklung. Tagungsband HDT, Essen, November 1994
50. ETRTO, Standard Manual, Brüssel
51. ETRTO, Engineering Design Information, Brüssel
52. Fach, M.: Lokale Effekte der Reibung zwischen Pkw-Reifen und Fahrbahn. Dissertation, TU Darmstadt (1999). Fortschritt-Berichte VDI Reihe 12, Nr. 411. VDI-Verlag, Düsseldorf (2000)
53. Fischer, M., Ehlich, J., Schröder, C., Peda, K., Wies, B.: Virtuell basierter Entwicklungsprozess für UHP Reifen mittels Target Setting für ein exzellentes Fahrerlebnis. 19. Aachener Kolloquium Fahrzeug- und Motorentechnik, 2010
54. Fischlein, H., Gnadler, R., Unrau, H.J.: Der Einfluss der Fahrbahnoberflächenstruktur auf das Kraftschlussverhalten von Pkw-Reifen bei trockener und nasser Fahrbahn. ATZ Automobiltechnische Zeitschrift **10** (2001)
55. Freitag, D.: Reifen/Fahrbahn-Geräusch, Rollwiderstands-, Verschleiß- und Nassgriff-Eigenschaften von Reifen. VDA 11. Technical Congress 2009
56. Gabler, A., Straube, E., Heinrich, G.: Korrelationen des Nassrutschverhaltens gefüllter Vulkanisate mit ihren viskoelastischen Eigenschaften. Kautschuk Gummi Kunststoffe **46** (1993)
57. Giessler, M., Gauterin, F., Wiese, K., Wies, B.: Influence of friction heat on tire traction on ice and snow. Tire Sci. Technol. TSTCA **38**, 1 (2010)
58. Giessler, M., Gauterin, F., Hartmann, B., Wies, B.: Influencing parameters on force transmission of tires on snow tracks. VDI-Berichte, Bd. 2014. VDI (2007)
59. Gipser, M.: FTire software: Advances in modelization and data supply. 25th Annual Meeting and Conference on Tire Science and Technology, Akron, 2006
60. Gnadler, R., Huinink, H., Frey, M., Mundl, R., Sommer, J., Unrau, H.-J., Wies, B.: Kraftschlussmessungen auf Schnee mit dem Reifen-Innentrommelprüfstand. ATZ **3**, 198–207 (2005)
61. Görlich, M., Volk, H., Strzelczyk, M., Wies, B.: Ein Reifenkonzept für geringe CO_2-Emissionen und Elektrofahrzeuge. VDI-Tagung »Reifen – Fahrwerk – Fahrbahn« 2011

62. Goertz, H., Hüsemann, T.: Der intelligente Reifen – Ein Ansatz zum unfallfreien Verkehr. tyre.wheel.tech, München (2004)
63. Haken, K.-L., Essers, U., Wohanka, U.: Neue Erkenntnisse zum Einfluss der Reifenbreite und -querschnittsform auf die Reifeneigenschaften und ihre Berücksichtigung bei der Fahrwerksauslegung, VDI-Tagung »Reifen, Fahrwerk, Fahrbahn«, Hannover, 1993
64. Heinrich, G.: The dynamics of tire tread compound and their relationship to wet skid behaviour. Prog. Colloid Polym. Sci. **90**, 16–26 (1992)
65. Heinrich, G., Schramm, J., Klüppel, M., Müller, A., Kendziorra, N., Kelbch, S.: Zum Einfluss der Straßenoberflächen auf das Bremsverhalten von PKW-Reifen. VDI-Tagung »Reifen, Fahrwerk, Fahrbahn«, Hannover, 2003
66. Hilscher, C.: Komfortrelevante Charakterisierung des Übertragungsverhaltens von Reifen in Messung und Simulation. 19. Aachener Kolloquium Fahrzeug- und Motorentechnik, 2010
67. Holtschulze, J.: Analyse der Reifenverformungen für eine Identifikation des Reibwerts und weiterer Betriebsgrößen zur Unterstützung von Fahrdynamikregelsystemen. Schriftenreihe Automobiltechnik. ika RWTH, Aachen (2006)
68. Huinink, H., Schröder, C.: Dynamische Interaktion Bremse – Reifen – Straße. XVIII. Internationales μ-Symposium Bremsen-Fachtagung. Fortschritt-Berichte VDI Reihe 12, Bd. 373. VDI-Verlag, Düsseldorf (1999)
69. Hüsemann, T., Goertz, H.: Bestimmung der Reibwerte zwischen Reifen und Fahrbahn – Ein methodischer Ansatz. 15. Aachener Kolloquium Fahrzeug- und Motorentechnik, 2006
70. Kaliske, M., Rothert, H.: Internal material friction of rubber modelled by multiplicative elasto-plastic approach. Proceedings of the 4th International Conference on Computational Plasticity, Barcelona, 1995
71. Kendziorra, N., Härtel, V.: Einsichten in die Dynamik des Reifen/Fahrbahn-Kontaktes und deren Bedeutung für geregelte Bremsvorgänge. VDI-Tagung »Reifen, Fahrwerk, Fahrbahn«, Hannover, 2003
72. Kluge, St., Volk, H.: Der intelligente Reifen – Neue Trends und Entwicklungen. 4. Darmstädter Reifenkolloquium, 2002
73. Kötz, C., Strübel, C.: Reifenrollwiderstandsoptimierung im Zielkonflikt zu sicherheitsrelevanter Reifeneigenschaften. VDA 10. Technical Congress 2008
74. Leister, G.: Fahrzeugreifen und Fahrwerkentwicklung. Vieweg+Teubner, Wiesbaden (2009)
75. Lion, A., Espenau, Kardelky, C.: Representation of the thermomechanical behaviour of reinforced rubber in continuum mechanics. Int. Rubber Conference, Nürnberg, 2003
76. Mitschke, M.: Dynamik der Kraftfahrzeuge, Antrieb und Bremsung, 3. Aufl., Bd. A. Springer, Berlin (1995)
77. Normann, N.: Reifendruck-Kontrollsystem für alle Fahrzeugklassen. ATZ Automobiltechnische Zeitschrift (2000)
78. Ozawa, Y., Endo, N., Kondo, H., Shimizu, T., Morita, K.: Recent developments in tire elastomers. Int. Rubber Conference, Nürnberg, 2003
79. Pacejka, H.B., Besselink, I.J.M.: Magic formula tyre model with transient properties, S. 234–249. Swets & Zeitlinger, Lisse, the Netherlands (1997)
80. Reimpell, J.: Fahrwerktechnik, Reifen und Räder. Vogel, München (1982)
81. Rhyne, T.B., Cron, S.M.: Development of a non-pneumatic wheel. Tire Sci. Technol. (2006)
82. Ripka, S., Lind, H., Wangenheim, M., Wallaschek, J., Wiese, K., Wies, B.: Investigation of friction mechanisms of siped tire tread blocks on snowy and icy surfaces. Tire Sci. Technol. **40**(1) (2012)
83. Scaltritti, D., Matrascia, G., Danesin, D., Girardin, C.: A new methodology for indoor and out-door tyre testing. tyre.wheel.tech, München, 2004
84. Schröder, C., Chung, S.: Influence of tire characteristic properties on the vehicle lateral transient response. 8th Annual Meeting and Conference on Tire Science and Technology, Akron, Ohio, March, 1994
85. Schulze, T., Bolz, G., Strübel, C., Wies, B.: Reifen im Zielkonflikt von Rollwiderstand und Nassgriff. ATZ 516–523 (2010)
86. Tomka, G.J., Eaton, S., Milne, J., Hall, W., Jones, P., Mottram, J.T.: Foresight vehicle: Smarter tires using advanced sensors for improved safety. SAE 2002-01-1871 (2002)
87. Wallentowitz, H.: Fahrwerkstechnologie im nächsten Jahrtausend. Tag des Fahrwerks am 5. Oktober 1998 im Institut für Kraftfahrwesen Aachen (ika)
88. Wang, Y.Q., Gnadler, R., Schieschke, R.: Einlaufverhalten von Automobilreifen. ATZ Automobiltechnische Zeitschrift (1994)
89. Weber, R.: Reifenführungskräfte bei schnellen Änderungen von Schräglauf und Schlupf. Habilitationsschrift, Universität Karlsruhe, Fakultät Maschinenbau (1981)
90. Wiese, K., Kessel, T., Mundl, R., Wies, B.: An analytical thermodynamic approach to friction of rubber on ice. Tire Sci. Technol. **40**(2) (2012)
91. Zegelaar, P.W.A.: The dynamic response of tires to brake torque variations and road unevenness. Dissertation, Delft University (1998)
92. Arbeitskreis Räder (Audi, BMW, Mercedes Benz, Porsche, VW): AK-Lastenheft-LH08 4.42
93. Bönning, M., Michelin: Konzepte zur Optimierung von Pkw Rädern. Rad.Tech (2002)
94. Deutscher Automobil Veteranen Club e.V.: Kulturhistorische Reminiscenzen – Am Anfang war das Rad
95. ETRTO Standard Manual 2006
96. Quinkertz R.: Optimierung der Energienutzung bei der Aluminiumherstellung. Dissertation, (Mai 2002)
97. Reimpell, J.: Fahrwerktechnik Reifen und Räder. Vogel, München (1986)
98. TÜV: Richtlinie für die Prüfung von Sonderrädern an Kraftfahrzeugen, Krafträdern und Anhängern v. 14.12.1995
99. WVM – WirtschaftVereinigung Metalle: Artikel Aluminium – Leichtgewicht unter den Metallen (2006)
100. StVZO § 37, Gebotsschild Nr. 268
101. StVO § 3, Abs. 4, Höchstgeschwindigkeit 50 km/h

102. Ö-Norm V 5117, 12/2004 »Schneeketten für Fahrzeuge der Klassen M1, N1, 01, 02 – Anforderungen, Prüfung, Normkennzeichnung« und Ö-Norm V 5119, 12/2004 »Schneeketten für Fahrzeuge der Klassen N2, N3, M2, M3, O3, O4 – Anforderungen, Prüfung, Normkennzeichnung«
103. CUNA/NC 178-01, 07/2001 »Road vehicles«
104. NFR 12-780, 1989
105. SAE Classification J 1232, 1985
106. Zeiser, P., Maute, D.: Prüfstand und Messverfahren zur Ermittlung der Hüllkurven von Gleitschutzketten mit bewegter, ebener Fahrbahn. ATZ **11** (1992)
107. N.N.: Schneeketten. lastauto-omnibus **10** (1972)
108. N.N.: Haftungsfrage. MAN-Magazin **1** (1988)
109. Stiftung Warentest 11/2003

7.4 节参考文献

110. Matschinsky, W.: Radführungen der Straßenfahrzeuge, 3. Aufl. Springer, Heidelberg (2007)
111. Reimpell, J.: Fahrwerktechnik: Grundlagen, 3. Aufl. Vogel Buchverlag, Würzburg (1995)
112. Haken, K.-L., et al.: Besondere Eigenschaften von Niederquerschnittsreifen bei trockener und nasser Fahrbahn und ihre Auswirkung auf die Fahrdynamik. Stuttgarter Symposium Kraftfahrwesen und Verbrennungsmotoren, K8.1, 1995
113. Zomotor, A., Reimpell, J. (Hrsg.): Fahrwerktechnik: Fahrverhalten, 2. Aufl. Vogel Buchverlag, Würzburg (1991)
114. Sagan, E.: Auslegung von Achskinematik und Elastokinematik – immer ein Kompromiss? Haus der Technik, Tagung Fahrwerktechnik, Osnabrück, 2001
115. Drecoll, N.: Der Einfluss der Karosseriedeformation auf die Fahrwerkskinematik. Logos Verlag, Berlin (2001)
116. Hempel, J. (Hrsg.): Schwingungstechnik für Automobile. Vibracoustic GmbH & Co. KG, Weinheim (2002)
117. Matschinsky, W.: Radführungen der Straßenfahrzeuge, 3. Aufl. Springer, Heidelberg (2007)
118. Hofmann, M.: Antivibrationssysteme. Die Bibliothek der Technik, Bd. 225. Verlag Moderne Industrie (2001)
119. Mitschke, M.: Dynamik der Kraftfahrzeuge, 3. Aufl. Schwingungen, Bd. B. Springer, Heidelberg (1997)
120. Hinsch, P.: Einige Untersuchungen zum Messen dynamischer Modulun von Elastomeren. Kautschuk Gummi Kunststoffe **42**(9), 752–756 (1989)
121. Naploszek, H.: Vorgespannte Elastomerlager zur Reduktion von Nebenfederraten. ATZ **2**, 94–96 (1999)
122. Müller, M., Heidrich, M., Bernhard, U.: Die Auslegung von Motorlagerungssystemen. ATZ **2**, 92–99 (1997)
123. van Basshuysen, R., Kuipers, G., Hollerweger, H.: Akustik des Audi 100 mit direkteinspritzendem Turbo-Dieselmotor. ATZ **1**, 14–21 (1990)
124. Melcher, J., Krajenski, V., Hanselka, H.: Adaptronik im Automobilbau. ATZ **4**, 256–265 (1998)
125. Haldenwanger, H.-G., Klose, P.: Schwingungsisolation und -kompensation durch piezokeramisch aktivierte Motorlagerungen. ATZ **4**, 174–179 (1993)
126. Hartig, F., Reichel, M.: Das Fahrwerk des neuen 3er (Der neue 3er). ATZ (MTZ Sonderausgabe) (1998)
127. Denker, D.: Schnittstellenprobleme zwischen Aggregat und Karosserie und ihre Lösung bei Leichtbaukonzepten. ATZ (MTZ Sonderausgabe System Partners 97), 116–117 (1997)
128. Becker, K., et al.: Entwicklung von Akustik und Schwingungskomfort am neuen Audi A6. ATZ (MTZ Sonderausgabe Der neue Audi A6), 53–55 (2004)
129. Hutter, W., Wölfl, A.: Elastomerlager im PKW. KGK Kautschuk Gummi Kunststoffe **7/8**, 506–511 (1998)
130. Mitschke, M., Wallentowitz, H.: Dynamik der Kraftfahrzeuge, 3. Aufl. Fahrverhalten, Bd. C. Springer, Heidelberg (2003)
131. Merker, T., et al.: Das SL-Fahrwerk – Dynamik und Komfort vereint. ATZ (Sonderausgabe Der neue Mercedes SL) (2001)
132. Riedl, H., Kölbel, S.: Das Fahrwerk des neuen 7er. ATZ (Sonderausgabe Der neue BMW 7er) (2001)
133. Riedl, H., et al.: Das Fahrwerk des neuen 5er. ATZ **81**(MTZ Sonderausgabe Der neue BMW 5er) (2003)
134. Bauer, M., et al.: Das Fahrwerk des Porsche Cayenne. ATZ **100/101**(MTZ Sonderausgabe Porsche Cayenne) (2003)
135. Daubenschmid, W., et al.: Auf Achse, S-Klasse – Abstimmung und Erprobung. ATZ **61/62**(MTZ Sonderausgabe Die neue SLK-Klasse) (2004)
136. Bantle, M., Braess, H.-H.: Fahrwerksauslegung und Fahrverhalten des Porsche 928. ATZ **9**, 369–378 (1977)
137. Cartwright, A.J.: The development of a high comfort, high stability rear suspension. Proc. Instn. Mech. Engrs. **200**(D5), S53–S60 (1986)
138. Leitermann, W., et al.: Der neue Audi 200 quattro. ATZ **10**, 417–421 (1984)
139. Matschinsky, W.: Radführungen der Straßenfahrzeuge, 3. Aufl. Springer, Heidelberg (2007)
140. Reimpell, J.: Fahrwerktechnik: Grundlagen, 4. Aufl. Vogel Buchverlag, Würzburg (2000)
141. Kurz, G.: Das Fahrwerk des neuen 5er BMW, geprägt durch moderne Kundenanforderungen. Chassis.tech plus(2010)
142. Simon, M., Gerhards, T., Frantzen, M., David, W.: Das Fahrwerk des Ford Focus RS 500. ATZ **10**, 764–768 (2010)
143. Winterhagen, J.: Der neue Opel Astra. ATZ **12** (2009)
144. Heißing, B., Ersoy, M., Gies, S. (Hrsg.): Fahrwerkhandbuch. Vieweg+Teubner, Wiesbaden (2011)
145. von Estorff, H.-E.: Technische Daten Fahrzeugfedern, Teil 1: Drehfedern, Stahlwerke Brüninghaus Werdohl (1973)
146. Gold, H.: Eigenschaften einer ausschließlich mit Gas (Luft) arbeitenden Feder-Dämpfer-Einheit. VDI-Berichte, Bd. 546. VDI-Verlag, Düsseldorf (1984)
147. Griffin, M.J.: Handbook of Human Vibration. Academic Press, London (1990)
148. Hennecke, D.: Zur Bewertung des Schwingungskomforts von PKW bei instationären Anregungen. Fortschr.-Ber. VDI-Reihe 12. Bd. 237 VDI Verlag, Düsseldorf (1995)
149. Matschinsky, W.: Radführungen der Straßenfahrzeuge: Kinematik, Elasto-Kinematik und Konstruktion, 3. Aufl. Springer, Berlin, Heidelberg (2007)

150. Mitschke, M., Wallentowitz, H.: Dynamik der Kraftfahrzeuge, 4. Aufl. Springer, Berlin, Heidelberg (2004)
151. Wolf, F. J., Schleinitz, U., Koczar, P.: Drehstabschulterlager. Woco AVS GmbH, Schutzrecht EP 1048861 (10.03.2005)
152. VDI Verein Deutscher Ingenieure: Einwirkung mechanischer Schwingungen auf den Menschen, Blatt 1–3, Bd. 2057. VDI (2002)
153. Krause, J.: Gummi-Lager, Vorwerk Autotec GmbH & Co.KG, DE 102 31 311 (2004)
154. Jautze, M., et al.: Das Verstelldämpfersystem – Dynamische Dämpfer Control. ATZ (MTZ Sonderausgabe Der neue BMW 7er) (2008)
155. Scheerer, H., Römer, M.: Luftfederung mit adaptivem Dämpfungssystem im Fahrwerk der neuen S-Klasse. 7. Aachener Kolloquium Fahrzeugtechnik, 1998
156. Schützner, E.-C.: Thermodynamische Analysen von Luftfedersystemen. VDI-Berichte, Bd. 1153. (1994)
157. Dreyer, W., Oehlerking, C.: Untersuchungen von Luftfeder-Rollbälgen für Personenkraftwagen. ATZ **10** (1986)
158. Hennecke, D., et al.: Anpassung der Dämpferkennung an den Fahrzustand eines PKW. VDI-Bericht: Reifen, Fahrwerk, Fahrbahn, Bd. 650. , Hannover (1987)
159. Konik, D., et al.: Electronic damping control with continuously working damping valves (EDCC). AVEC '96, Aachen (1996)
160. Fukushima, N., Fukuyama, K.: Nissan hydraulic active suspension. Fortschritt der Fahrwerkstechnik 10, Aktive Fahrwerkstechnik, Braunschweig (1991)
161. Tanaka, H., et al.: Development of a vehicle integrated control system. FISITA '92, London (1992)
162. Goroncy, J.: Citroen Xantia Activa mit neuem Fahrwerk. ATZ **7/8** (1995)
163. Parsons, K.G.R., et al.: The Development of ACE for Discovery II. SAE 2000 World Congress, Detroit, 2000
164. Williams, D.A., Wright, P.G.: Fahrzeugaufhängungsanordnung. Group Lotus PLC, Schutzrecht EP 0142947 (26.05.1988)
165. Merker, T., et al.: Das SL-Fahrwerk, Dynamik und Komfort vereint. ATZ (MTZ Sonderausgabe Mercedes SL) (2001)
166. Gipser, M.: Verbesserungsmöglichkeiten durch aktive Federungselemente aus theoretischer Sicht. VDI-Berichte, Bd. 546 (1984)
167. Acker, B., Darenberg, W., Gall, H.: Aktive Federung für Personenwagen. Ölhydraulik und Pneumatik **11**(33) (1989)
168. Wallentowitz, H., Konik, D.: Actively influenced suspension systems – Survey of actual patent literature. EAEC Conference 1991
169. Jurr, R., Behnsen, S., Bruns, H., Held, G., Hochgrebe, M., Straßberger, M., Zieglmeier, F.: Das aktive Wankstabilisierungssystem Dynamic Drive. ATZ (MTZ Sonderausgabe BMW 7er) (2001)
170. Eichler, M., et al.: Das Fahrwerk des VW Phaeton. ATZ (MTZ Sonderausgabe VW Phaeton) (2002)
171. van Meel, F., et al.: Audi adaptive air suspension – die neue Luftfederung des Audi A8. ATZ (MTZ Sonderausgabe Audi A8) (2002)
172. Wauro, F.: Querkräfte von zylindrischen Schraubendruckfedern. Federn – Unverzichtbare Bauteile der Technik. VDI-Verlag, Düsseldorf (2006)
173. Nienhuys, M., Fröhlich, M.: Das Verstelldämpfersystem des BMW X5 – Entwicklung des Sensor- und Beobachterkonzepts. ATZ **3** (2007)
174. Glaser, H., Kainz, P.: Das Fahrwerk des Audi R8. TÜV Süd, TU München, chassis.tech (März 2007)
175. Gilsdorf, H.J., Hoffmann, J.: Elektromechanische aktive Aufbaukontrolle. ATZ **09** (2009)
176. Streiter, R.: ABC Pre-Scan im F700. Das vorausschauende aktive Fahrwerk von Mercedes-Benz. ATZ **05** (2008)
177. Winterhagen, J.: Lexus bringt CO_2-Emission bei Luxus-Geländewagen auf unter 150 Gramm. http://www.atzonline.de/Aktuell/Nachrichten/1/9819/Lexus-bringt-CO2-Emission-bei-Luxus-Gelaendewagen-auf-unter-150-Gramm.html. 29. November 2010
178. Danisch, R.: Der Porsche Panamera. ATZ **10** (2009)
179. Deleker, J.: Neues Komfortsystem von Mercedes. http://www.auto-motor-und-sport.de/testbericht/aktive-fahrwerke-neues-komfortsystem-von-mercedes-2747425.html#article_detail. 13. Dezember 2010
180. Matschinsky, W.: Radführungen der Straßenfahrzeuge, Kinematik, Elastokinematik und Konstruktion, 2. Aufl. Springer, Berlin (1998)
181. Braess, H.-H.: Idealler negativer Lenkrollhalbmesser. ATZ 203–207 (1975)
182. Reimpell, J.: Fahrwerktechnik Grundlagen, 3. Aufl. Vogel Buchverlag, Würzburg (1995)
183. Matschinsky, W.: Bestimmung mechanischer Kenngrößen von Radaufhängungen. Dissertation, TU Braunschweig (1992)
184. Braess, H.-H.: Beitrag zur Fahrtrichtungserhaltung des Kraftwagens bei Geradeausfahrt unter besonderer Berücksichtigung des Lenkrollhalbmessers. ATZ 218–221 (1965)
185. Matschinsky, W., Dietrich, C., Winkler, E.: Die Doppelgelenk-Federbeinachse der neuen BMW-Sechszylinderwagen der Baureihe 7. ATZ 357–365 (1977)
186. Reinecke, W.: Konstruktions-Richtlinien für die Auslegung von Gelenkwellenantrieben. MTZ **10**, 349–352 (1958)
187. Eugen Klein KG Gelenkwellen: Firmenschrift
188. Dödlbacher, Gaffke: Untersuchung zur Reduzierung der Lenkungsunruhe. ATZ 317–322 (1978)
189. Weir, D.H., di Marco, R.J.: Correlation and evaluation of driver/vehicle directional handling data. SAE-Paper 780010 (1978)
190. Riedl, Kölbel: Das Fahrwerk des neuen 7er. ATZ (MTZ Sonderausgabe, November), 58–75 (2001)
191. Merker, et al.: Da E-Klasse-Fahrwerk. ATZ (MTZ Sonderausgabe, Mai), 94–106 (2002)
192. Eichler, et al.: Das Fahrwerk des VW Phaeton. ATZ (MTZ Sonderausgabe, Juli), 68–89 (2002)
193. Glaser, Rossié, Rüger, et al.: Das Fahrwerk des Audi A1. ATZ (MTZ Sonderausgabe Juni), 32 (2010)
194. Heißing, Block: Audi A4: Fahrwerk und Antriebsstrang. ATZ (MTZ Sonderausgabe November), 84 (2000)
195. Mödinger, Bublitz, Grebe, et al.: Das Fahrwerk der neuen A-Klasse von Daimler-Benz. ATZ (MTZ Sonderausgabe), 102 (1997)
196. Kreutz, Bartusch, Ullrich, et al.: Der VW Polo V: Das Fahrwerk. ATZ (MTZ Sonderausgabe Mai), 28 (2009)

197. Rischbieter, Maus, Manz, et al.: Das Fahrwerk des neuen VW Golf. ATZ (MTZ Sonderausgabe Oktober), 74 (2003)
198. Bortz, Niemöller, Thrimer, et al.: Die neue GLK-Klasse von Mercedes Benz. Souveränes Fahrverhalten unter allen Bedingungen. ATZ (MTZ Sonderausgabe, September), 20 (2008)
199. Eichler, Rischbieter, Gier, et al.: Das Fahrwerk des VW Phaeton. ATZ (MTZ Sonderausgabe, Juli), 68 (2002)
200. Aden, Bastian, Bauer, et al.: Das Fahrerlebnis Porsche Cayenne. ATZ (MTZ Sonderausgabe), 114 (2003)
201. Hartig, Reichel: Das Fahrwerk des neuen 3er. ATZ (MTZ Sonderausgabe, 72 (1998)
202. Schmitz, Lippok: Ford Mondeo: Fahrwerk und Fahrdynamik. ATZ (MTZ Sonderausgabe Oktober), 78 (2000)
203. Riedl, Kölbel, Nixel, Schwarz: Das Fahrwerk des neuen 5er. ATZ (MTZ Sonderausgabe Augus), 80 (2003)
204. Merker, Jeglitzka, Koepp, et al.: Das E-Klasse-Fahrwerk. ATZ (MTZ Sonderausgabe Mai), 94 (2002)
205. Riedl, Kölbel: Das Fahrwerk des neuen 7er. ATZ (MTZ Sonderausgabe November), 58 (2001)
206. Jeglitzka, Riedel, Wolfsried, Zech: Das Fahrwerk der Mercedes-Benz S-Klasse, Leicht und agil. ATZ (MTZ Sonderausgabe), 142 (1998)
207. Merker, Kübler, Tattermusch, et al.: Das Fahrwerk des Maybach. ATZ (MTZ Sonderausgabe September), 130 (2002)
208. Hentschel, Wahl: Das Fahrwerk des Porsche Boxster. ATZ (MTZ Sonderausgabe), 34 (1996)
209. Merker, Wirtz, Hill, Jeglitzka: Das SL Fahrwerk. ATZ (MTZ Sonderausgabe Oktober), 84 (2001)
210. Pfeffer, P., Harrer, M. (Hrsg.): Lenkungshandbuch. Vieweg+Teubner, Wiesbaden (2011)
211. Duminy, J.: Contribution of modern steering systems to improve driving stability. 3. EAEC-Konferenz, Straßburg, 1991
212. Junker, H.: Moderne Lenkungstechnologie. Von den Anforderungen zur technischen Realisierung. Automobil-Industrie **4**, 379–389 (1990)
213. Stoll, H.: Fahrwerktechnik: Lenkanlagen und Hilfskraftlenkungen, 1. Aufl. Vogel Buchverlag, Würzburg (1992)
214. ZF-Kugelmutter-Hydrolenkungen für Pkw und leichte Nutzfahrzeuge. Veröffentlichung aus dem Geschäftsbereich Lenkungstechnik der ZF Friedrichshafen AG (1995)
215. Müller, S.: Zukünftige verbrauchsarme Servolenkungen für vollständige Steer-By-Wire-Funktionalität. ATZ **4** (2004)
216. ZF-OCE-Lenksystem, Elektrohydraulisches Lenksystem für Pkw und Transporter. Veröffentlichung aus dem Geschäftsbereich Lenkungstechnik der ZF Friedrichshafen AG (1997)
217. ZF-Servolectric, die elektrische Servolenkung. Veröffentlichung aus dem Geschäftsbereich Lenkungstechnik der ZF Friedrichshafen AG (1998)
218. Ruck, G., Dominke, P.: Electric Power Steering – The First Step on the Way to «Steer-by-Wire». SAE 1999-01-0401
219. Harnett, P.: Objective methods for the assessment of passenger car steering quality. VDI Fortschritt–Berichte Reihe 12, Bd. 506.
220. Poestgens, U.: Servolenksysteme für Pkw und Nutzfahrzeuge. Verlag. Moderne Industrie (2001)
221. Bootz, A., et al.: Evolutionäre Energiesparkonzepte für die Hydrauliklenkung im PKW. 5. Internationale Fluid Power Konferenz Aachen, 2006
222. Müller, S., et al.: Analysis of a closed-center hydraulic-steering-system for full steer-by-wire-functionality and low fuel consumption. Proceedings of the Ninth Scandinavian International Conference on FluidPower, SICFP05, Linköping, Schweden, 1.–3. Juni 2005
223. Brunschweiler, D.: Moderne Lenksysteme. ATZ **2**, 104–109 (2005)
224. Harrer, M., Schmitt, T., Fleck R.: Elektromechanische Lenksysteme – Herausforderungen und Entwicklungstrends. 15. Aachener Kolloquium Fahrzeug- und Motorentechnik (2005)
225. Debusmann, C., Budaker, M.: Ein elektromechanisches Lenksystem der oberen Leistungsklasse am Beispiel der EPS-APA im 3er-BMW. PKW-Lenksysteme – Vorbereitung auf die Technik von morgen, Haus der Technik, 24./25. April 2007
226. Segel, L.: The Variable Stability Automobile – Vehicle Concept and Design. SAE 650658
227. Niemann, K., et al.: Entwicklungsmöglichkeiten an Lenksystemen für Kraftfahrzeuge und ihr Einfluß auf die Kurshaltung. ATZ **10**, 525–532 (1980)
228. Krämer, W.: Improved driving safety by electronic steering assistance. EAEC 6th European Congress 1997
229. Akita, T., Yamazaki, M., Kikkawa, T., Yoshida, T.: User benefits of active front steering control system: Steer-by-wire. ISATA 1999
230. Pauly, A., Fleck, R., Baumgarten, G., Eckrich, M., Köhn, P.: A steer by wire concept for passenger cars designed for function, safety and reliability. JSAE Paper, 2001, Nr. 20015329
231. Donges, E., Naab, K.: Regelsysteme zur Fahrzeugführung und -stabilisierung in der Automobiltechnik. at Automatisationstechnik **5**, 226–236 (1996)
232. Aerospace Recommended Practise 4754, Certification Considerations for Highly-Integrated or Complex Aircraft Systems. SAE Dezember 1996
233. Badawy, A., Zuraski, J., Bolourchi, F., Chandy, A.: Modeling and analysis of an electric power steering system. SAE Paper 1999-01-0399
234. Kawai, T., Shibahata, Y., Shimizu, Y., Kohno, F., Sano, S.: Variable gear ratio steering system. Tagung »Pkw-Lenksysteme im Jahr 2000«, Essen
235. Eckstein, L.: Entwicklung und Überprüfung eines Bedienkonzepts und von Algorithmen zum Fahren eines Kraftfahrzeugs mit aktiven Sidesticks. VDI Fortschrittsbericht 12. Bd. 471 (2001)
236. Pauly, A.: Lenkmaschine zur Untersuchung des instationären Fahrverhaltens von Kraftfahrzeugen. ATZ **7**, 307–310 (1977)
237. Schneider, R.: Konzipierung einer marktgerechten Stelleinheit als Aktuator einer aktiven Hinterradlenkung für Personenkraftwagen. Dissertation, RWTH Aachen (1995)

238. Shoichi, S., Tateomi, M., Yoshimi, F.: Operational and design features of steer angle dependent four wheel steering system. 11. ESV-Konferenz 1987
239. Donges, E., Aufhammer, R., Fehrer, P., Seidenfuß, T.: Funktion und Sicherheitskonzept der Aktiven Hinterachskinematik von BMW. ATZ **10**, 580–587 (1990)
240. Hesseling, R.: Das Lenkrad – Innovationsträger der Zukunft. Tagungsbeitrag steering.tech 2008, ATZlive, München, 2008
241. Kurz, G.: Das Fahrwerk des neuen 5er BMW, geprägt durch moderne Kundenanforderungen. Chassis.tech plus (2010)
242. Herold, P., Schuster, M., Thalhammer, T., Wallbrecher, M.: The new steering system of BMW – Integral active steering, synthesis of agility and sovereignty. FISITA 2008 World Automotive Congress 2008
243. Kohoutek, P.: Der neue Audi A4 – Entwicklung und Technik. ATZ/MTZ-Typenbuch. Vieweg, Wiesbaden (2008)
244. ECE R79 – Regelung Nr. 79, Einheitliche Bedingungen für die Genehmigung der Fahrzeuge hinsichtlich der Lenkanlage. Revision 2 (2006), Deutschsprachige Fassung, Homepage des Bundesministeriums für Verkehr, Bau und Stadtentwicklung. http://www.bmvbs.de
245. ISO/DIS 26262, Road Vehicles – Functional Safety, Part 1 to 10, International Organisation for Standardisation, 2009
246. ZF-Servotronic 2 für PKW und leichte Nutzfahrzeuge, Produktinformation ZFLS 7831 P-WA 3/07 d, ZF Lenksysteme GmbH, Schwäbisch Gmünd, 2007
247. Donges, E.: Aktive Hinterachskinematik für den BMW 850i. Automobil Revue **38** (1991)
248. Yamaguchi, J.: Global Viewpoints. Automot. Eng. April, 96–113 (1988)
249. Meitinger, T.: The electric steering systems of the BMW 5 series. chassis.tech plus 2010, ATZlive, München, 8. Juni 2010
250. Braess, H.-H.: Chassis- und Fahrdynamik-Entwicklung nach dem 2. Weltkrieg – Eine Erfolgsgeschichte. chassis.tech plus 2010, ATZlive, München, 8. Juni 2010
251. Wolf, H.: Untersuchung des Lenkgefühls von Personenkraftwagen unter besonderer Berücksichtigung ergonomischer Erkenntnisse und Methoden. Dissertation, TU München (2008)
252. Herold, P.: Die Integral-Aktivlenkung. ATZ **11**(ATZ extra: Der neue BMW 7er) (2008)

7.5 节参考文献

253. Hennecke, D.: Zur Bewertung des Schwingungskomforts von Pkw bei instationären Anregungen. Diss., TU Braunschweig (1994)
254. Zomotor, A., Braess, H.-H., Rönitz, R.: Verfahren und Kriterien zur Bewertung des Fahrverhaltens von Personenkraftwagen. ATZ **12** (1997), ATZ **3** (1998)
255. Dettki, F.: Methoden zur Bewertung des Geradeauslaufs von Pkw. VDI-Bericht, Bd. 1335, S. 385–405. (1997)
256. Loth, S.: Fahrdynamische Einflußgrößen beim Geradeauslauf von Pkw. Diss., TU Braunschweig (1997)
257. Schaible, S.: Fahrzeugseitenwindempfindlichkeit unter natürlichen Bedingungen. Diss., RWTH Aachen (1998)
258. VDA-Pressemitteilung der ad hoc Arbeitsgruppe Fahrzeugsicherheit vom 1. April 1998
259. Riedel, A., Arbinger, R.: Subjektive und objektive Beurteilung des Fahrverhaltens von Pkw. FAT (Forschungsvereinigung Automobiltechnik e.V.). Bd. 139
260. Neukum, A.: Bewertung des Fahrverhaltens im Closed Loop – Zur Brauchbarkeit des korrelativen Ansatzes, Bd. 12, S. 1–20. Haus der Technik Fachbuch (2002)
261. Neukum, A., Krüger, H.-P., Schuller, J.: Der Fahrer als Messinstrument für fahrdynamische Eigenschaften? VDI-Berichte, Bd. 1613, S. 13–32. (2001)
262. Decker, M.: Zur Beurteilung der Querdynamik von Personenkraftwagen. Diss., TU München (2009)
263. National Highway Traffic Safety Administration: A demonstration of the dynamic tests developed for NHTSA's NCAP rollover rating system DOT HS 809 705 (August 2004). http://www-nrd.nhtsa.dot.gov/vrtc/ca/capubs/RolloverPhaseVIIIReport_NCAPdemo081104.pdf
264. National Highway Traffic Safety Administration: Electronic stability control systems, control and displays NHTSA-2007-27662. http://www.nhtsa.gov/Laws+&+Regulations/Electronic+Stability+Control+(ESC)
265. Wagner, A.: Ein Verfahren zur Vorhersage und Bewertung der Fahrerreaktion bei Seitenwind. Diss., Universität Stuttgart (2003)
266. Weir, D.H., DiMarco, R.J.: Correlation and evaluation of driver/Vehicle directional handling data. SAE-Paper 780010 (1978)
267. Henze, R.: Beurteilung von Fahrzeugen mit Hilfe eines Fahrermodells. Diss., TU Braunschweig (2004)
268. Baumann, F.: Untersuchungen zur dynamischen Rollstabilität von Personenkraftwagen. Diss., TU Darmstadt (2003)
269. Neukum, A., et al.: Fahrer – Fahrzeug – Wechselwirkungen bei Fahrmanövern mit Querdynamikbeanspruchungen und zusätzlichen Vertikaldynamikstörungen. FAT Schriftenreihe, Bd. 208, (2007)
270. ECE-R13H, Anhang 9, Systeme zur elektronischen Stabilitätskontrolle, Ausgabe 2009-07-03
271. Neukum, A., Paulig, J., Frömmig, L., Henze, R.: Untersuchung zur Wahrnehmung von Lenkmomenten bei Pkw. FAT Schriftenreihe, Bd. 222, (2009)
272. Schrefl, M.: Instationäre Aerodynamik von Kraftfahrzeugen: Aerodynamik bei Überholvorgang und böigem Seitenwind. Diss., TU Darmstadt (2008)
273. Botev, S.: Digitale Gesamtfahrzeugabstimmung für Ride und Handling. VDI Reihe 12, Bd. 684. VDI Verlag, Düsseldorf (2008)
274. Barz, D., Drews, R.: Kompatible Messsysteme – Unterschiedliche Fahrdynamiksysteme synchron messen. ATZelektronik **04** (2008)
275. AICON 3d systems – wheel watch – http://www.aicon3d.de/produkte/moveinspect-technology/wheelwatch/

7.6 节参考文献

276. Meinig, U., Heinemann, J.: Neue Anforderungen für Tankentlüftungssysteme. Automobiltechnische Zeitschrift **03** (1999)
277. Saechtling, H.-J.: Verarbeitungsverfahren. Kunststoff Taschenbuch, 26. Aufl., S. 305–317. Hanser, München (1995)

278. Sievert, H., Thielen, M.: Trends beim Coextrusionsblasformen. Kunststoffe **8**, 1218–1221 (1998)
279. Strahlpumpen. Techniker Handbuch, S. 1184. Vieweg, Braunschweig (1995)
280. Entwurf der »Economic Commission for Europe (ECE)« TRANS/WP.29/1998/33 (1999)
281. California Environmental Protection Agency, Manufacturers Advisory Correspondence MAC #99-01 (1999)
282. Hämmerl, A., Kramer, F., Langen, P., Schulz, G., Schulz, T.: BMW-Automobile für den wahlweisen Benzin- oder Erdgasbetrieb. Automobiltechnische Zeitschrift **12** (1995)
283. Wozniak, J.J.: The John Hopkins University Applied Physics Laboratory, Advanced Natural Gas Vehicle Project (1998)
284. Gase Handbuch, 3. Aufl. Messer, Griesheim (1989)
285. Pehr, K.: Experimentelle Untersuchungen zum Worst-Case-Verhalten von LH2-Tanksystemen. VDI-Berichte, Bd. 1201, S. 57–72. VDI-Verlag, Düsseldorf (1995)
286. Klee, W., et al.: Barrieretechnologien: Ein Beitrag zur Emissionsreduzierung von Kraftstoffanlagen. In: Kunststoffe im Automobilbau, S. 309–335. VDI-Gesellschaft Kunststofftechnik (2000)
287. Berry, G.D., Martinez-Frias, J., Espinosa-Loza, F., Aceves, S.M.: Hydrogen Storage and Transportation. Encyclopedia of Energy. Academic Press, in Vorbereitung
288. European Integrated Hydrogen Project EIHP. http://www.eihp.org/
289. N.N.: Visteon, Intelligente Tanksysteme der Zukunft. ATZ **6**, 590–596 (2003)
290. Kroiss, H.: Entwicklung der Anforderung an die Kraftstoffförderung. Tanktech, Plenarvortrag 2003
291. N.N.: Das Kraftstoffsystem der nächsten Generation. ATZ **11**, 834–839 (2011)
292. Colemann Jones, C., Schulz, M.: GM perspektive on ethanol. Tanktech, Plenarvortrag 2007

7.7 节参考文献

293. Übereinkommen über die Annahme einheitlicher technischer Vorschriften für Radfahrzeuge, Ausrüstungsgegenstände und Teile, die in Radfahrzeuge eingebaut und/oder verwendet werden können, und die Bedingungen für die gegenseitige Anerkennung von Genehmigungen, die nach diesen Vorschriften erteilt werden, Regelung Nr. 110: Einheitliche Bedingungen für die Genehmigung der I. Speziellen Bauteile von Kraftfahrzeugen, in deren Antriebssystem komprimiertes Erdgas (CNG) verwendet wird, II. Fahrzeuge hinsichtlich des Einbaus spezieller Bauteile des genehmigten Typs für die Verwendung von komprimiertem Erdgas (CNG) in ihren Antriebssystemen. (ECE-R-110) vom 28. Dezember 2000
294. Hämmerl, A., Kramer, F., Langen, P., Schulz, G., Schulz, T.: BMW-Automobile für den wahlweisen Benzin- oder Erdgasbetrieb. Automobiltechnische Zeitschrift **12** (1995)
295. Sirosh, N.: High pressure hydrogen storage: Lessonslearned and the path forward. The 2003 Hydrogen Production & Storage Forum 2003
296. Wozniak, J.J.: The John Hopkins University Applied Physics Laboratory, Advanced Natural Gas Vehicle Project (1998)
297. Andreas, T.E.: Neues Sicherheitssystem für H2 Druckgasbehälter. HZwei **04** (2006)
298. N.N.: Gase Handbuch, 3. Aufl. Messer Griesheim (1989)
299. Pehr, K.: Experimentelle Untersuchungen zum Worst-Case-Verhalten von LH2-Tanksystemen. VDI-Berichte, Bd. 1201, S. 57–72. VDI-Verlag, Düsseldorf (1995)
300. Danner, S.: Liquid hydrogen refueling coupler – Series production status as a premise for standardization. hydrogen.tech, München, 2006
301. Brunner, T.: Liquide hydrogen storage for passenger car application – Roadmap to mass market. Hyderogen Production & Storage Forum, Vancouver, 2006
302. Lapetz J., Natkin R., Zanardelli V.: The design, development, validation and delivery of the Ford H2 ICE E-450 Shuttle Bus. International Symposium on Hydrogen Internal Combustion Engines, Graz, 2006
303. Aceves, S., Berry, G., Weisberg, A., Perfect, S., Espinosa, F.: Advanced concepts for vehicular containment of compressed and cryogenic hydrogen. 16th World Hydrogen Energy Conference, Lyon, 2006
304. Brunner, T., Kircher, O.: Herausforderung Wasserstoffspeicher – Perspektiven kryogener H2-Speicher. Booklet zur Konferenz »Erneuerbare Energien – Moderne Speichertechnologien als Voraussetzung?«, Forum für Zukunftsenergien, Berlin, 2007
305. Espinoza-Loza, F., Aceves, S., Ledesma-Orzco, E., Ross, T.O., Weisberg, A.H., Brunner, T., Kircher, O.: High density automotive hydrogen storage with cryogenic capable pressure vessels. Int. J. Hydrogen Energy **35**(3), 1219–1226 (2010)
306. Kircher, O., Brunner, T.: Advances in cryo-compressed hydrogen vehicle storage (CcH2). FISITA 2010 World Automotive Congress, Paper A018 2010
307. Kircher, O., Derks, M., Garth, I., Brunner, T.: Hochleistungscomposites für kryogene Wasserstoff Druckspeicher. Kongress Kunststoffe im Automobilbau, Tagungsband, S. 347–362. VDI (2010).
308. Kircher, O., Braess, H.: Challenges and requirements for car industry. In: Léon, A. (Hrsg.) Hydrogen Technology, S. 187–205. Springer, Berlin (2008)
309. Brunner, T., Kircher, O.: Cryogenic hydrogen vehicle storage – a viable option for future serial application? Conference Proceedings JSAE Annual Congress, Paper 134, Yokohama, Japan (2007)
310. Kircher, O., Greim, G., Burtscher, J., Brunner, T.: Validation of cryo-compressed hydrogen storage (CcH2) – a probabilistic approach. Proceeding of the International Conference on Hydrogen Safety, San Francisco, 2011
311. Regulation (EC) No 79/2009 of the European Parliament and of the Council on type-approval of hydrogen powered motor vehicles and amending Directive 2007/46/EC, 14. Januar 2009
312. ECE/TRANS/WP.29/GRSP/2011/33. Draft global technical regulation (GTR) on Hydrogen Fuelled Vehicle, 28. November 2011

第8章 汽车电气/电子/软件

8.1 汽车电气/电子/软件的意义

8.1.1 概述

在过去几年,对安全性、环境保护、舒适性的不断高要求使汽车功能急剧增多。其中主要的推动力是日益苛刻的排放法规和安全性法规。最近几年还增加了综合性的信息娱乐系统和驾驶人的各种辅助系统。这些系统只能靠众多的电控单元的相互作用才能实现。它们的直观操作和功能的人性化要求扩展了人—机接口(HMI—Human Machine Interfaces)系统。由于大量用电器件(仪器、系统、装置)的增加,电能需要急剧攀升,需要采用电能管理系统保证能量平衡、协调分配。

仅仅在不长的时间内,在现代乘用车上组合的一些附加功能使电控单元数量提高2~3倍,增加到约40个电控单元(图8.1)。使用不同的总线系统(如CAN、LIN、MOST)将各个电控单元相互紧密联网。

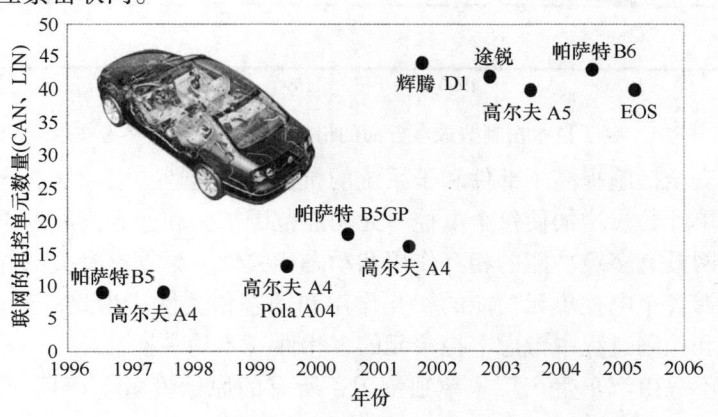

图8.1 汽车上电控单元数量的发展,大众汽车实例

设计者在汽车上不断使用电子技术以满足日益增长的功能要求。这些电子新技术在最近几年取得长足进步(图8.2)。计算能力和存储密度在过去十年呈指数增长,而硬件成本超比例下降。

在最近几年,不断增长的电子技术使汽车工业发生了真正的革命性变化,跨越了几个阶段[3]。在初始阶段，在设计新系统时将整体性能有意识地分配到机械和电气/电子的各个子系统上，以得到最佳的单个子系统。创新阶段的特征是采用数据总线系统，特别是 CAN。联网是真正的汽车工业革命性变化的基础，因为它可以将各个功能分配到多个电控单元上。在汽车上，车载（移动）电话不断组合、集成甚至可达到数据与周围世界的信息交换。

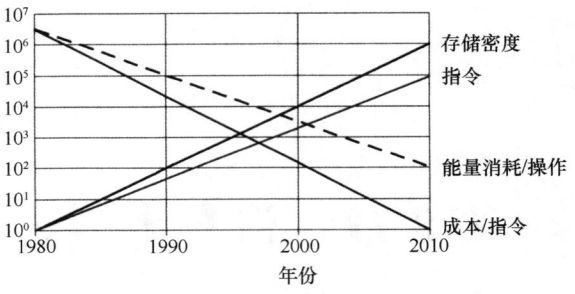

图 8.2　硬件、性能和成本的变化

电子系统在整个汽车制造成本的份额不断攀升。目前，按汽车配备情况约占 20%。汽车从主要是机械结构转向机械—电子、软件而创造更多价值[18]。最新预测，这种转移效应将继续下去（图 8.3）。

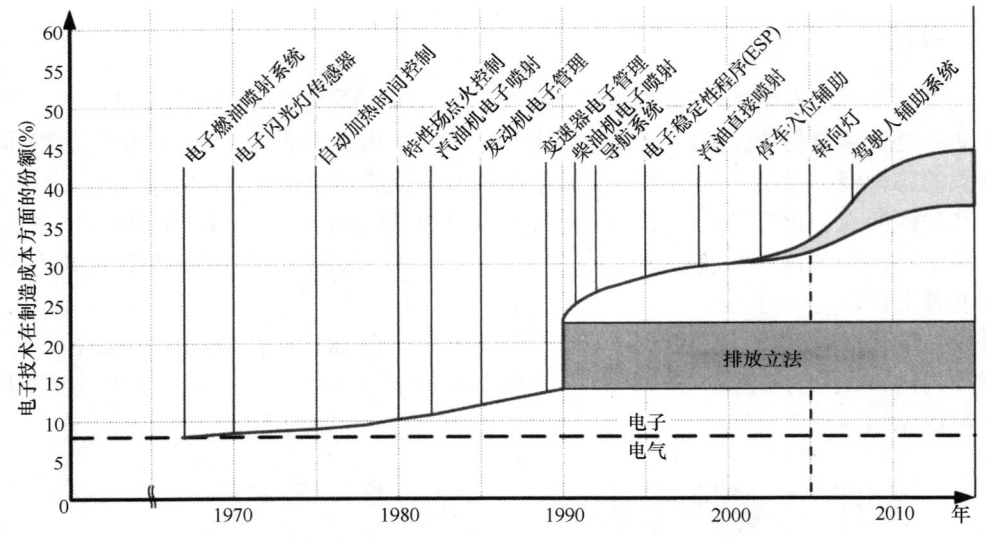

图 8.3　电子技术在制造成本方面的份额变化趋势，按参考文献 [3]

采取的质量安全措施提高了部件和子系统的抗失效安全性（图 8.4 左）。在提高汽车功能的同时，电控单元数量增加使每个电控单元功能范围扩大和达到高度的设计综合性。汽车上所有系统的联网具有多级功能的相互作用和动态相关性。尽管有有关部件和子系统的丰富知识，但仍难掌握各个电控单元功能的相互作用和动态相关性。为此，要在总线、子总线、协议、控制方法和控制过程中考虑电控单元的多相性（不均一性）。

汽车的开发不只由汽车生产厂家单独承担，所有的原始设备生产厂（OEM）本身也面临挑战。在不久前，这种作用在高档汽车上特别明显地显现出来。因为高档汽车具有高的功能密度（汇集了很多功能）和高的综合性，这只有花很大的精力和很多的费用才能掌握（图 8.4，右）。

电子技术可被看成是未来汽车工业的重要的创新原动力，约占汽车中所有创新的 90%，而其中高达 80% 是由软件实现的[19]。

为不断掌握电子系统的日益综合性，必须满足对电子系统开发过程和新技术的新要求。

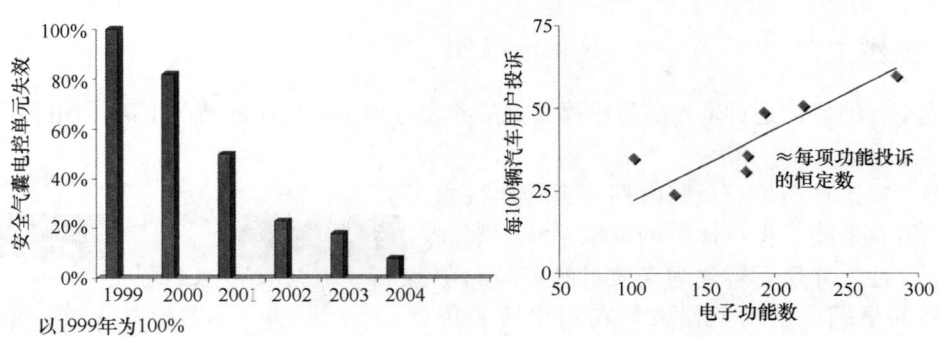

图 8.4 逐年的安全气囊电控单元失效实例（左）[2]和质量问题随电子功能数的变化（右）[9]

8.1.2 对电子系统开发过程和新技术的新要求

汽车生产厂家和供货商要关注和掌握具有决定性竞争力的、日益增长的电子系统的综合性，特别是开发的时间、成本、质量。在当前继续以部件定位的部件开发条件下完整地开发汽车电子技术需要很大的人力、物力投入才有可能，因为要将不断增多的功能相互联网，并把它们分配在多个电控单元上。在未来，扩大关注汽车电子系统和它们的子系统在系统结构和系统集成上的创新是高质量、抢占先机进入市场的前提。为此，必须扩大从部件接口层面到功能接口层面的关注视野。

用户所希望的功能是电子系统开发的中心（与硬件无关），并是接下来转换成软件模块的基础，最后将软件模块分配在各个电控单元上。此外，软件模块可灵活使用和再使用。软件的功能范围可以满足从小型汽车到高档汽车不同等级汽车的分级要求。至此，当然还缺少适用的、原始设备制造厂（OEM）扩展的和标准化的结构。在不同的 OEM 的各种硬件平台上还要修改软件模块。

由标准化支持的系统工程[7]的先决条件是不但要掌握系统的综合性，而且要缩短技术开发周期和提高质量和安全性要求。无论是技术条件还是规定的软件系统集成，汽车生产厂家必须要有核心权限。开发质量合格的软件没有结构上的开发过程是不可能的。其挑战在于要将 V 模型图的左边和右边通过要开发的电控单元和测试相互连接起来，并由开发团队完成（图 8.5）。

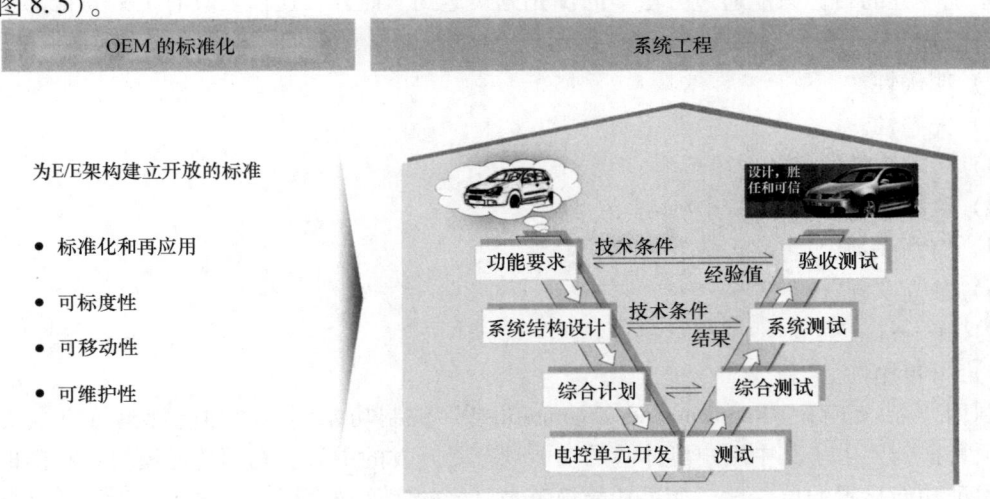

图 8.5 由标准化支持的系统工程

8.1.3 系统工程

系统工程的目标是对未来的技术提出挑战和在考虑企业发展的情况下满足国际市场的要求（图8.6）。

系统工程追求产品或系统内部各工程学科的协调，了解在系统工程总体中的复杂系统，掌握各系统综合性，并最后转化为高质量的产品。在开发过程的早期，系统工程聚焦在用户所希望的、并由此得到的功能要求。对汽车开发者来说要有一个总体的、智能的视野要求，即从汽车生产、售后服务到使用的汽车全寿命周期要求。特别是在接口要求方面要考虑快速变化的电子技术的影响，因为汽车产品要持续高达20年（图8.7）。下面就相应的开发过程进行深入讨论。

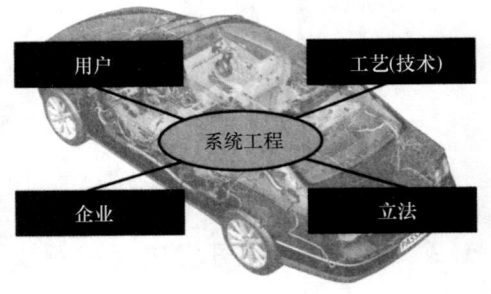

图8.6 在系统工程中的产品开发的整个视野

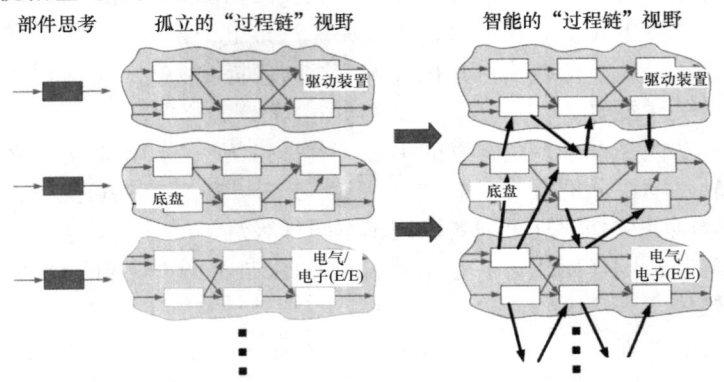

图8.7 系统工程要求从部件到功能定位的转换和工作范围扩展的汽车开发[16]

1. 开发过程特征

系统工程的目标只能通过方法学的优先方式达到。此外，还需要具有下列特征的功能设定和功能规范：

1）明确性。
2）完整性。
3）可实现性。
4）没有冲突/无歧义。
5）有约束力。
6）独立实现。
7）单一性。
8）可再用性。

利用"需求工程（Requirements Engineering）"编制功能设定和功能规范可完全实现前面6项特征的要求。其中用户可体验的功能规范是开发的中心。利用功能模块化和模拟技术可以保证功能显示的单一性。如果功能规范与可能的实施场合无关而自主产生，则可能隐含功能的再利用（可再用性）；如果在这期间转换的技术发生变化，则可以为后继项目使用一次性制订的功能规范。这种研究法的优点特别明显，因为这些功能是由 OEM 详细列出的，并接着由供货商转换成软件。要求的文件以标准化形式出现，不会发生可能的错误解释以及错误的和不完善的功能转换。

在汽车开发早期，一方面由于快速样品控制法（Rapid Control Prototyping Verfahren）支持和在详细的功能规范基础上，已经在前瞻性方面提出了可体验的和可决断的一些功能，并由此得到可靠的设计决策；另一方面，从精确的和单一的功能规范可以及早得到要测试的内容，以在以后的系统集成阶段和测试阶段精确检测用户功能的转换。此外，功能规范的独立性开启了在供货商管理和促进竞争方面的新的经济模式。

制订功能要求只能采用合理的方法、过程和有效的工具才能真正成功，并大幅提高要开发产品的成熟度。利用"需求工程"可达到功能要求的精确度和可实现性。当用快速样品控制法达到功能的较早转换时，使用模型化技术可以支持功能设计的单一性和可评定性。

下面就三个方法平台进一步说明。

（1）需求工程　需求工程是一种方法学，其目的是编制和提供与所有开发参与者协调的、明确的要求说明书和系统技术条件文本，它们是进一步开发的基础[6]。这样可达到要求的完整性和没有冲突，从而可减少变动的次数并专注于评定每一种变化。在总体上通过这种效果可以评价产品开发的成熟度，并识别提高产品成熟度的插入点。

要求说明书描述所要求的功能性特征和非功能性特性。主要目的是在系统层面详细描述汽车上需要开发的功能。这时只描述驾驶人以后可体验的功能。文本可按题目范围再细分，特别是按功能要求和非功能要求再细分。要按内容和含义分析各项功能和非功能要求，以保证描述的完整性、无歧义和单一性。扩大模型的功能要求在很多情况下是有意义的，以改善对所关注的系统整体领会和确保开发的可实现性。功能要求说明书的格式结构可列出优先功能要求和跟踪优先功能要求的转换与检测[11]。

（2）模型设计/模拟试验　模型以抽象的形式（虚拟形式）复制现实。模型的抽象度视要求而定。为充实功能要求说明书，需要设计非常抽象的模型，以减少功能要求的综合性和明确地表示它们的普遍的相关性和变化情况。如果模型的内容是可体验的，则必须详细设计模型，主要是可实施。另外，为充实功能要求说明书，还使用图形描述技术，如框图或扩展的状态自动装置（图 8.8）。常称之为数据流动图的框图表示连续的数据流和信号流。而扩展的状态自动装置显示隐蔽的状态和明确定义的状态扩展。尽管是图形描述，仍可把它看成是形式的或至少是半形式的技术，因为所用的模型具有形式上单一的语义学（没有歧义）。可以准确地描述系统性能而不会做出错误解释。

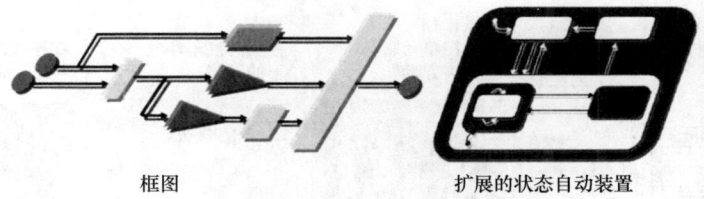

框图　　　　　　　　　　扩展的状态自动装置

图 8.8　图形描述技术[10]

可以用图形描述技术按积木原理将要开发的一些功能组合起来。在规定的条件下还可以将图形描述技术和模型技术相互组合。在通常意义上，建立模型不需要编程知识。只要模型是可实现的，就可检测模型化的内容。

（3）快速样品控制/代码生成 在实验室中模拟不能涵盖所有重要的测试情况。特别是动态系统，需要在实际过程中实时测试。模型的说明允许不实时测试，但需要将图形模型翻译为具体的编程语言，并嵌入实时的工作系统中。在适用的计算机上，翻译的图形模型可以先在实验室的实际环境中测试，接着在汽车上检测。这种操作方式称为快速样品控制法，已在几年前创立，特别是在驾驶人辅助系统开发中采用[21]。这样，要开发的系统或功能在实际汽车早期开发阶段就已经"存在"，系统或功能的模型适用性已接近真实性。模型技术与抽象的图形描述技术结合在一起可以真正地快速测试不同的系统或功能，并在以后形成一个性能好的、风险和费用最小的设计方案。

在系列电控单元中利用代码发生器可自动实现有效的模型[10]（图 8.9）。但高效率的系列代码只有在以相适应的模型特征建立模型时才

图 8.9 成批使用代码自动生成[10]

能自动生成。从代码发生器转换成高效的代码这样的模型部件就可自动生成系列代码，并且只需要有限的系列电控单元的资源。为此，有必要使用和遵守模型指令。在使用接近系列的样品系统或系列电控单元本身时，可以在试验台的实际环境中或在汽车上测试[22]。

2. 系统集成

汽车工业在电子系统集成时的核心任务是保证所有电子系统功能的安全性，特别是所有联网的电控单元功能的安全性。直至几年前，各个电控单元允许独立测试。当前，由于电控系统范围不断扩大，需要所有的电控系统或所有的电控单元联合测试。在实际电控系统中由传感器、执行器操纵的开式信号接口可通过模拟器再现。为实现分级集成电子部件和它们的功能安全，需要由在图 8.10 中表示的和下面要说明的 4 个独立检测层面组成的一个完整过程。

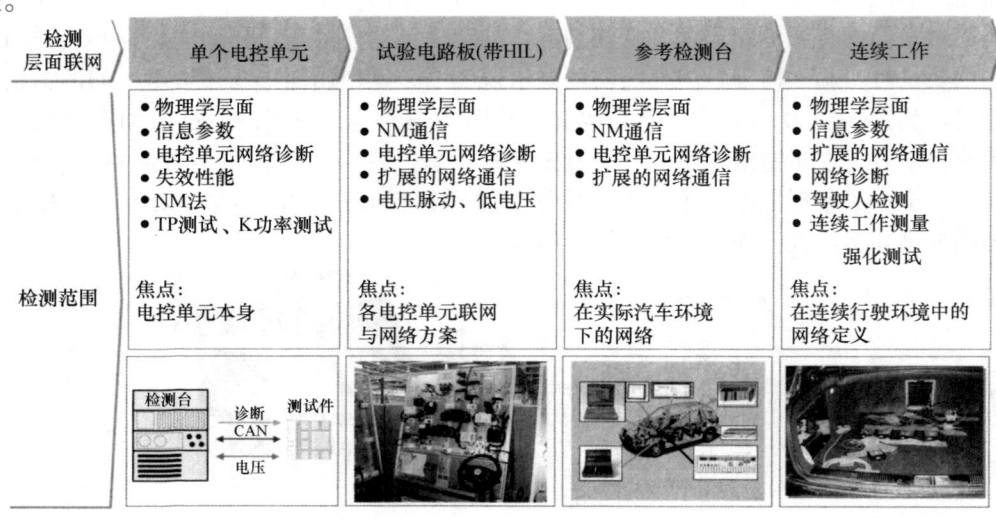

图 8.10 电控单元联网检测层面[17]

每个检测层面有它各自的测试重点。要考虑下面的检测范围：
1) 模拟和测试总线物理学和拓扑学。
2) 测试信息层面和信号层面。
3) 测试传输协议。
4) 开发试验台和测试策略。
5) 测试联网的、实际的电控单元。
6) 在实际汽车上测试整个的网络。
7) 测试连续工作状态下的网络性能。
8) 遵守试验标准和试验规范。

（1）测试自动化　为解决在不断减少开发时间、考虑降低成本和提高质量的条件下不断增多的繁重测试任务，必须使更多的测试自动化，并可在晚上和周末测试（Light-out-Tests）。赢得的时间还可重新提高测试深度和扩大测试面。目前已建立后期开发阶段的自动化测试装置。利用硬件在环（HIL，Hardware-in-the-Loop）测试电控单元。为此，将实际的电控单元放在模拟环境中。传感器信号产生以及执行器信号检测与处理是动态变化的。复杂的部件（如发动机、变速器、底盘）通过专门的数学模型在模拟器中复制。模拟器的最大优点是可在任何时间再现测试状态。利用硬件在环（HIL）模拟测试自动化在很多测试项目中证明是有效的[15]。

（2）电控单元测试　检测各个电控单元的一些专门功能和接口。接口包括总线系统和常规的信号线接口。电控单元可采用 HIL 模拟器。这样，在实时条件下可发现功能故障，而作为个别故障的这些功能故障在以后的汽车网络中很难诊断出来。

还要检测电控单元的基本通信状况。为分析在出现故障时电控单元的性能（主要是出现导线故障），要有意地"注入"故障（人为产生的故障），以确定测试件的故障公差。

（3）电控单元集成测试　在下一个测试环节要检测不同电控单元之间的各种功能的相互作用和它们间的通信，以确定电控单元集成（组合）系统是否符合设定状态。

"试验电路板"是在汽车上联网的各系统或子系统的第一批电控单元扩展测试（图 8.11）。与部件测试不同，各电控单元之间的接口集成到测试中。为此，各电控单元通过总线相互连接，并尽可能接近实际功能的传感器和执行器驱动。输入参数在宽的范围变化，检测和评定电控单元的响应。另外还能"注入故障"。可以用 HIL 模拟器辅助这个过程。对每一个总线系统可以进行试验电路板分开测试。

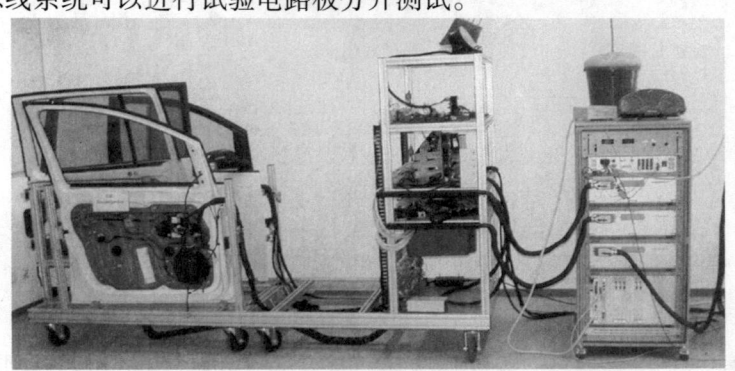

图 8.11　CAN 总线舒适性系统试验电路板结构（包括子系统）[17]

在示范性的参考汽车上测试时要检测各种电子功能。示范性的参考汽车包括车身、完整的汽车电气、各种电控单元以及传感器和执行器。发动机和变速器仍然由有效的模拟器复制。测试的目标在于安全地使用有新硬件和/或新软件版本的电控单元。在标准化测试范围后,根据检测项目检测汽车联网的一些基本功能。检测重点是驾驶人和乘员感受到的一些功能。

(4) 总的系统测试　连续工作检测是在实际的汽车连续行驶时观察和分析电子系统(电控单元)联网中的一些问题。重点不是行驶里程,而是电子部件工作时间。要测试电子部件在操作时的可靠性,如风窗玻璃刮水器或风窗玻璃刮水杠杆系统。为此要采用由已知的行驶场景组成的行驶环境。在定义条件下,在强化测试中要从用户角度测试整个系统性能。

强化测试是汽车上电子技术集成的最后工位。强化测试尽可能精确反映汽车可能的使用场合,还包括错误使用的测试。在气候模拟室中测试在特别高温和特别低温时的整个电子系统性能。要测试整个电子系统的静态电流和电磁兼容性能。进行这些测试的基础是当前的电动汽车。通过电动汽车状态的连续考核可保证它的可用性。

最后进行检测行驶。这时对准备好的汽车进行实际行驶环境下的工作能力检测。也要进行在极端环境下的检测,以确定汽车的极限性能。如果顺利通过所有的测试,就整个电子系统性能方面来说就不再成为汽车产品合格的障碍。

8.1.4　新技术设计:AUTOSAR

如果辅助系统也已转换为标准化,则这时的系统工程才完全利用。自20世纪90年代以来,进行了有关操作系统(如OSEK)、总线系统(如FlexRay、Most)、基本软件(如HIS)和功能接口(如Cartronic)的标准化努力。自2003年中期以来将这些标准化努力大部分汇集成AUTOSAR(图8.12)和瞄准新的标准化设计工作,简称为汽车开放式系统结构(Automotive Open System Architecture)的AUTOSAR是汽车生产厂家和供货商的开发伙伴,其目标是共同开发一个标准化的电气/电子(E/E)架构方案,以掌握不断增长的E/E系统的综合性。[17]

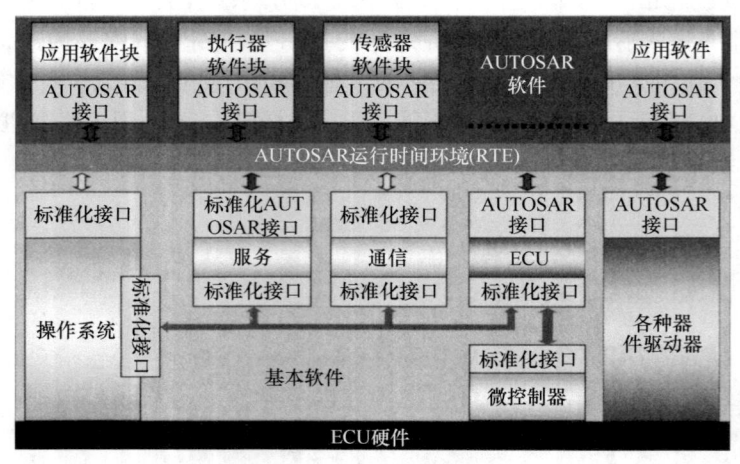

图8.12　AUTOSAR结构[17]

AUTOSAR有3个分项结构,即核心部分、高级部分和辅助部分。在不同协议框架中包括辅助部分的 AUTOSAR 在开发电子系统中担当主动的、特殊的角色。

AUTOSAR 作为未来汽车内部功能管理和标准软件模块管理的基础，它考虑车身电子系统、驱动系统、底盘系统、安全性系统、多媒体系统、电信与信息系统以及人—机接口等领域。在汽车工业内的标准化已取得很多好的效果。AUTOSAR 已提供给汽车生产厂家、供货商、工具生产厂和新的开发伙伴使用。

AUTOSAR 各开发成员特别希望在汽车电子技术方面提高功能软件的互换性程度。如果不是与竞争有重大关系的一些功能（如照明控制），甚至在供货商汽车平台之间会出现一定的互换性。多方面应用（如信息系统、驾驶人辅助系统）和高的舒适性标准化是 AUTOSAR 开发伙伴的强大推动力。

要明确定义 AUTOSAR 的目标。在大量的工业基本软件中应建立和实施基本功能软件的标准化。有关汽车、系统平台和生产厂家的分工同样是必要的，正像不同供货商的功能模块的集成一样。此外，在网络中的功能应当是可移动的。

AUTOSAR 电控单元—软件—结构可分应用、AUTOSAR 运行时间环境（RTE）和基本软件几个层面（图 8.12）。总是以功能定位详细说明和开发应用层面。软件块的实施与基础无关。AUTOSAR 软件块间的通信通过功能接口实现。

在两个或多个应用软件数据交换时，AUTOSAR RTE 构成一个通信层。AUTOSAR RTE 也承担用基本软件进行数据交换，它是为具体的电控单元和存储在电控单元中的软件块设计的。

基本软件代表非功能性的标准软件层。例如诊断或存储管理的一些标准服务软件都属于基本软件。基本软件也提供通信（CAN、LIN、FlexRay、I/O 等）。微控制器在联系（通信）中起重要作用。另外还需要各种器件驱动器，它们与基本软件平行，可直接在硬件上操作。

在建立系统结构时 AUTOSAR 方法也定义为一种操作方式，它从软件块或硬件部件的形式描述中推导出（图 8.13）。在设计阶段，利用"虚拟功能总线（Virtual Function Bus）"可以检测 AUTOSAR 软件块间的相互作用。对每一个软件模块存在着一个描述信息（数据），其中形式说明软件模块的接口特性。在系统设计和软件实现前，要根据"软件块的等级（Software Component Descriptions）"检测所有的软件块和各接口的相互作用的范围有多大。同样，电控单元的硬件也用形式描述。"ECU 等级"包含各接口信息和硬件资源信息。"系统约束等级"包含整个系统的各种边界条件。在形式描述软件（SW）块、ECU 资源和整个 E/E 系统基础上，可以将 SW 分配到各个电控单元上。通过使用相应的工具可很好地设计有效的结构系统。

2004 年建立 AUTOSAR 设计。2006 年中期结束说明书细则阶段并最后定义 AUTOSAR 方法。这样，到 2006 年底在成功的系统集成和批准生效后，AUTOSAR 达到技术成熟程度。自 2009 年开始 AUTOSAR 首先在各个新开发的汽车电控单元中就已系列化。因为不能马上将汽车上现有的 E/E 系统结构转换为 AUTOSAR 结构，所以规定可以同时采用 AUTOSAR 模块和汽车上现有的部件。

从 2009 年以来为 AUTOSAR 4.0 版本。它还包含以太网（Ethernet）技术条件、安全性应用草案（ISO 26262）、信息编码算法程序，以及在多处理程序应用时的软件分类。到 2012 年底期待 4.1 版本的能量有效管理的技术条件等。在参考文献 [27] 中经常有新的文章和报告可供使用。

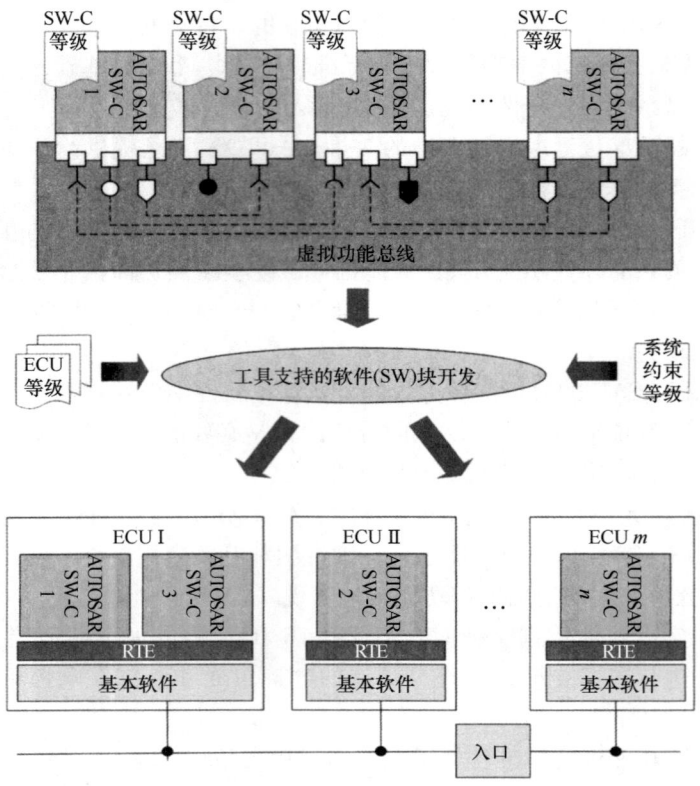

图 8.13 AUTOSAR 虚拟功能总线[17]

8.1.5 前景

现代汽车的价值和特质不断由各种软件决定。新的一些功能常由不同供货商的各个分功能组成，并且只能在系统连接中才能实现完整的功能。由此产生的、急剧增长的 E/E 系统架构的综合性是对充满竞争的汽车工业的重大挑战。系统工程是在定位于功能开发基础上、掌握 E/E 系统综合性。

开发伙伴 AUTOSAR 对系统的综合性管理十分有用。主要途径是通过 AUTOSAR 功能接口的标准化，而不是对竞争有重大影响的基本软件，以实现系统的综合化管理。提出从电控单元开发转向以功能为定位的功能开发，并开启电子系统的新领域。由于硬件和软件分开以及它们的可再用性，使作为产品的软件具有重大的意义。

8.2 汽车电气系统

8.2.1 汽车电气系统的组成

1. 概述

汽车电气系统是所有用电和供电部件的总称，包括组合到汽车上所必需的非电气部件

(如固定件、安装件)。它还包括比为信号和能量传输所需的导线还要多的导线。

根据汽车模块件数清单,汽车电气系统模块约为 11000 件,分布在各个车型中的每个角落(图 8.14,见书后彩插)。

图 8.14 高档汽车电气部件(蓝色)和电气系统(棕色)

最重要的电气系统部件见表 8.1。这些部件主要以加工模块的线束形式汇集在一起。在车身、动力总成或其他一些装配件上的固定件在敷设导线线路前部分地已在车间预装配。

表 8.1 在中低档乘用车上汽车电气系统部件及一些典型的件数(在括号内)

机电	机械
各种导线(~600)	带
带执行器/传感器的导线	软管,波纹管,海绵管
专用导线	电缆管道,保护件
插头体和触头(~170/700)	固定件和夹子
电位分配器	成形件,泡沫垫
连接(卷边,美国连接)(~90)	引线,套管
搭铁螺钉/连接件	继电器和熔丝盒(5)
其他连接件	
继电器,半导体开关,断电器	
电子功率模块(11.1)	
熔丝	

自有的导线束(前端部,仪表板,车顶,车门,(前、后)盖,座椅,……)主导线束

虽然由各个简单部件组成的汽车电气系统是用可靠的工艺制成的,但它们的设计对最后的汽车质量有很大影响。由于汽车电气系统方案多、部件数量大、形式多样,并且很多是手工生产的,所以十分重要的是要在设计、生产过程和物流中掌握每个细节。

在汽车电气系统的基本设计中一直采用直观的表示方式。为防止电路图上的预先定义的电气部件接错,在设定的电线线路中开发了导线导向件,在需要时还可利用插接连接件将导线连到汽车上的装配点。由于现代车辆上的电气/电子(E/E)系统连接件的大量增加,这种引导电线线路的方式不但不经济,而且也不再是使用的方案。在电动汽车、混合动力汽车上采用更多的电气辅助装置,并为此实施高功率电气系统,所以对它们提出特别的要求。

2. 边界条件

车内空间越来越有效地充分利用和导线数量的不断增多，使开发者的自由度受到限制。因为汽车电气系统对用户没有直接的重要关系，在个别情况下，为满足其他一些系统（部件）对空间的要求，还要考虑一些折中办法。一个好的设计通常是在很多方案中迭代产生的。汽车电气系统组装件（即为部件和电线线路的安装空间定位）和 E/E 系统架构是良好的电气系统设计方案的基础，而 E/E 系统架构要按汽车装配程序相互调整。如在以下段落中指出的，在 E/E 系统架构设计时需要一个平台，它与汽车机械部件的预先开发紧密相连。

乘用车上典型的导线线路见图 8.15。它与电气/电子部件位置和提供的导线线路面积有关。也与电气/电子架构有关。这时不仅要考虑各汽车的要求，如变型车身、变型发动机，而且要考虑电气/电子功能设置。困难还在于由于出现大功率用电器件和关键的电气/电子安全性系统而对电磁兼容的要求不断提高，并可能要求分开布线。因此汽车车型的一般技术要求当然也包括对汽车电气系统的技术要求。

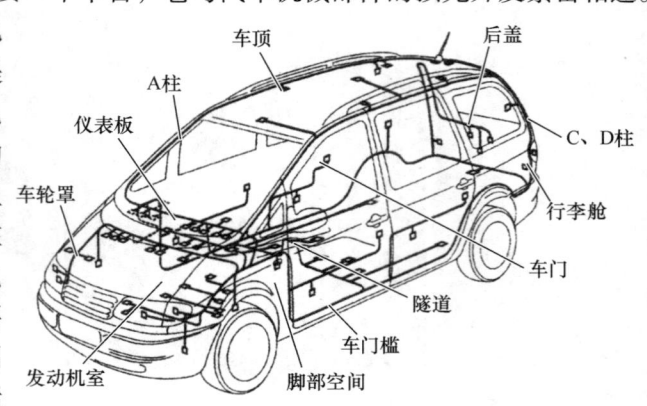

图 8.15 乘用车上典型的导线线路

3. 导线

导线材料主要是作为软线的铜，以便能在几何形状（断面和曲率）急剧变化时仍能布线。在承受交变弯曲的线路区段要采用高柔性的细软线。在较少的情况还采用镀锌的铜导线。由于铝在重量和价格上的优势，不断使用铝导线以替代铜导线。但使用断面较大的铝导线以及由于铝的屈服特性和表面氧化需要昂贵的连接工艺，如摩擦焊接或修改的超声波焊接。为改善入射和反射的干扰，信号导线采用扭绞线（双扭线）或带编织屏蔽线的同轴线，但较贵。人们力图通过附加导电能力的外体（铠装）实现各导线的附加连接。带普通卷边触头的外体就可与屏蔽线连接。

信号导线也可选用塑料的光学介质，它有很宽的带宽和很好的电磁兼容（EMV）。缺点是使用温度范围窄和需要附加的信号转换费用。

此外，大功率用电器件（装置、仪器等）的供电导线需要单独屏蔽或屏蔽套，因为在交流电压高达几百伏和电流高达几百安时会出现无法接受的干扰辐射和不可控的放电电流。

导线截面积按电气规范确定，而且还要按连接的用电器件（装置、仪表等）的允许电压降和在电流负荷下允许的最高温度确定。最高温度不应超过绝缘材料规定的工作温度，当然工作温度也与环境温度有关。在高温环境下允许的电流负荷较小。另外一个规定是在安装导线时作用在它上的拉力。在汽车制造中实际上不使用截面积小于 $0.35mm^2$ 的单根导线。大多数信号导线的截面积不是按它的电气性能，而是按它的机械应力确定。对专门的点对点连接的导线，如信息娱乐方面的仪表（装置）之间的连接采用专门的多股电缆，以承受连接导线的拉力，这样允许使用较小断面的导线。

汽车制造中仍以 PVC 为主要绝缘材料。考虑环保，较长时间以来试验的代用燃料由于成本较高至今尚未使用。但常用的 PVC 材料易于再生和再利用而可改善环境平衡。PVC 耐温约可高于105℃，这大致相当于在发动机动力总成周围达到的环境温度。还可使用耐温达150℃的硅橡胶或耐温超过200℃的聚四氟乙烯塑料。除对绝缘材料的温度和环境特性要求外，还可根据使用条件按绝缘能力、柔软性/硬度、力学强度、耐磨性、耐腐蚀介质、阻燃等要求选择绝缘材料。

这里也对高达几百伏导线的绝缘能力提出一些特别要求。绝缘介质由于老化而出现部分放电。增加绝缘层厚度、增强屏蔽又会使导线断面增大，从而显著增加导线重量，如断面积为50mm^2的导线其单位长度的重量为656g/m，且只有有限的柔韧性。

多根导线通常用多色编码，以利于生产和修理。对规定的电力导线和信号导线进行标准化配置。出于安全性原因，安全气囊导线为黄色，高压导线为橙色。

除上面所说的圆导线外还有各种形式的扁导线，如在车顶、车门上由于结构空间、重量，或安装原因就是采用这种适用的扁导线。这些导线的结构形状是柔性的扁电缆（FFC，Flexible Flat Cable）或柔性的挤压电缆（FFC，Flexible Extruded Cable）。图8.16是用作计量装置的层状或挤压状多导线的扁导线。缺点是为分路（支）要增加加工工位（卷边、焊接）。柔性的印制电路（FPC，Flexible Printed Circuit）则是由制造印制电路板衍生的工艺制成。它基于柔性的底板，允许在平面上任意引线。最后为组成电桥需附加连线。缺点是较长的导线增加成本。这种新的导线系统的潜力是可自动化生产，并可进一步组合如LED等的电气/电子器件（部件）。导线的进一步开发是用作大电流的矩形断面导线。

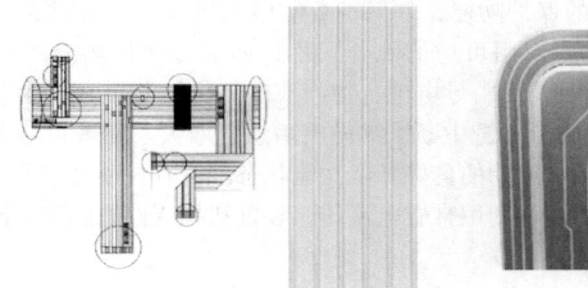 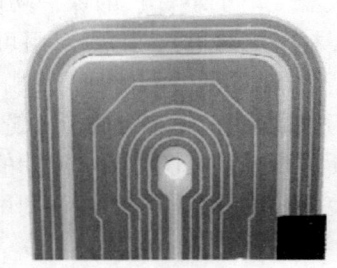

图8.16　柔性的扁电缆（FFC，左）和柔性的印制电路（FPC，右）
（资料来源：Coroplast）

4. 节点（交叉点）

电气系统拓扑学包括分配在汽车上的多个节点（交叉点）。通过插接连接件将各导线模块连到各节点上，能量导线分开并重新接入（如需要）安全性控制元件。图8.17左上是继电器盒和熔丝盒的布置，体积大小取决于插接连接件和熔丝断面尺寸。为防止内部错接，除使用大电流保护的电路板外还使用冲孔网格。这两项技术的缺点是投资成本高和使用工具时间长。在高灵活性布置要求和导线束容易错接的场合使用这两项技术。

在使用纯机械开关的汽车电气系统中，早期一直使用具有机电功能的继电器元件。优化和自动化生产的现代继电器达到了可接受的质量值，尤其是在大电流（>10A）场合，它比半导体开关便宜。它用于继电器、配电和熔丝盒中，并与功率线路相连。当然，由于广泛采用电子控制，在传统的能量分配领域，继电器不断组合到电控单元中（"电气系统电控单元""智能功率模块""控制和处理模块"）（图8.17）。安装在印制电路板上的组件可使结构非常紧凑，因为取消了底座和触点，信号组件直接布置在电路板上而不需要另外通过导线完成。微控制器（包括存储在微控制器中的控制逻辑）和电子控制部件也同时集成在电路板上。

5. 熔丝

在发生故障时熔丝中断电流流动。它的任务是优先保护线路。为此，要按串接线路的用电负荷和热负荷确定熔丝尺寸。在早先的汽车上出于成本考虑，在安全性设计上不是在每个线路上都采用熔丝，而是采用折中方案，仅限制在功率线路上采用熔丝。随着质量意识和安全性意识的增长，像在电子技术的其他领域一样，制订了根本性的安全性标准。由此，汽车上的熔丝元件明显增加。

熔丝是最便宜的安全性设计。熔丝几乎无例外地用在针对线路故障（如短路）单靠熔断功能实现线路安全的那些地方。不可逆的断开

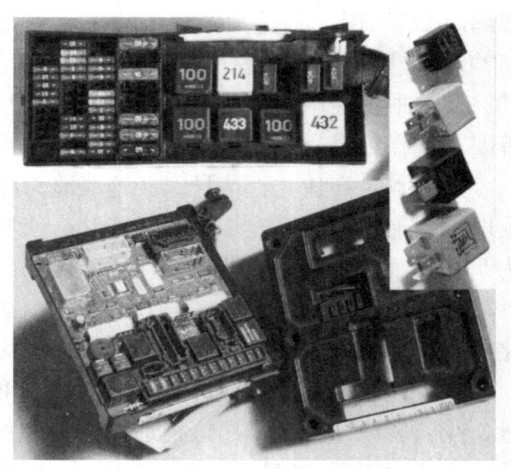

图 8.17　汽车电气系统部件：简单的继电器
盒/熔丝盒（左上）、带电子器件、熔丝、
继电器和插接件的电气系统电控单元（左下）和
机电继电器的各种结构型式（右上）

功能由于出现的频率非常低而实际上不是个缺点。断开特性与要保护的线路很好配合。如果熔丝还承担仪器（电子装置）的保护功能，如保护控制电动机在抱死时过载（刮水器、风窗玻璃刮水器杠杆冻结等），则要采用可逆的断开元件，如双金属片热分离的"电路断电器"。对小电流线路的断开元件可使用由导电聚合物组成的复位熔断器（聚合开关、聚合熔断器）。在超过断开电流时聚合物分子链中断，纵向电阻急剧增大。随着负荷电流下降，导电聚合物熔断器冷却后又恢复到它原始的良好导电性能状态。所有自动复位的熔断器受到在较小空间中使用的限制。同样，还有利用带有电流传感装置和相应控制的、并同时具有附加熔丝功能的半导体开关。

6. 插接连接件

按使用目的可将插接连接件分为导线连接件和仪器（器件）连接件两种。插接连接件一般包括引导电流的触头和触头体。触头体要实现以下功能：

1）触头间的电气绝缘：在高压或连接仪器（器件）的高输入阻抗时必须防止由于渗入触头体中的湿气或导电尘埃引起的泄漏电流。通过触头间的适当距离或附加可有效增加触头间泄漏电流距离的桥形岸防止泄漏电流。

2）机械保护触头：通过材料选择和设计，触头体必须承受在装配（踩踏强度）和工作时出现的各种力的作用。要注意可能存在的触头体倾斜组合时触头弯曲（柯基里 Kojiri 试验）。利用触头体的长导向段或附加桥形槽导向可防止触头弯曲。在高要求时（安全气囊插接连接件），要保护插接连接件可靠连接，这时可用铰链连到触头体上或采用保护罩。

3）引导和固定触头：触头室的尺寸必须保证触头与触头体结合时有足够的移动自由度，使触头的配合件不变形和不与棱边碰撞。该棱边是连接时闭锁用的。为吸收在连接或拔出时产生的力，可采用止动锁钩或触头体上的作用面（图 8.18）支撑触头。在插接式（卡式）触头上，只能在触头装配后通过与作用面平行的导向段才能利用触头台肩支撑。这种"二次闭锁"需要附加费用，但可承受足够大的触头力。如前所述，可以同时利用触头力以

保证整个插接连接的装配过程可靠进行。

4）触头拉拔卸载：为限制导线和触头连接处的拉拔力或限制触头闭锁机构载荷，需要触头拉拔卸载。通过简单的导线缠绕或导线与合适的触头体造型之间的导线连接件可实现触头拉拔卸载。

5）触头的防尘和防湿：径向的、多密封唇的弹性密封件是最可靠的密封。早先大多采用的轴向（插接方向）密封件对异物（尘埃）特别敏感，因为这些异物将密封唇抬起，并造成小范围的缝隙而破坏密封。导体和触头体间的密封则利用带孔的圆柱形硅体密封件。利用密封件包围导线，然后将它们压入管状的外体中夹紧。由于导线和外体的弹性变形而建立径向压力，从而形成均匀的密封。在多针插接连接件上，使用硅填料或凝胶。个别生产厂家还使用铸件材料，密封件应位于外体内部，以保护敏感的密封唇免受外界环境影响。

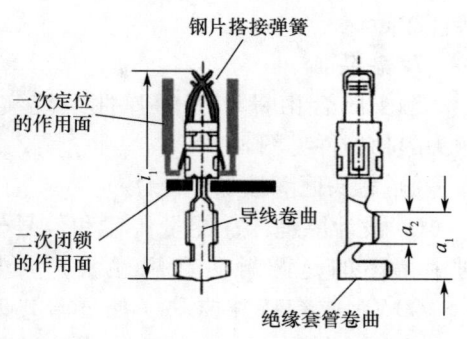

图 8.18　扁触头功能元件

6）阻尼机械振动：低压触头对接触区的微动运动特别敏感，如在触头体或导线振动耦合时会产生微动运动。一般可通过密封达到足够的阻尼。如果阻尼不够，须将导线可靠地连在触头体上（如采用触头拉拔卸载）。当然也要注意触头体与配合件的可靠连接。

7）连接插接件：在汽车范围的塑料触头体上用得最多的是简单的、由基本材料注塑的闭锁臂或弹簧钢制成的闭锁臂，它与配合件凸缘定位。在设计闭锁臂时要能有触觉地、声学地，必要时还有视觉地反馈闭锁状况。凸缘定位就可实现真正的闭锁。此外，在完全定位前，凸缘产生的回位力可部分压回触头而不能通过电流。

在多针连接件上要使用杠杆臂，它通过滑槽导向或齿轮传动降低插入力。止动销臂在运输时容易钩在导线线路中，因此要用小室或桥形岸保护。在湿气室中的专门的多针分离点采用插接（卡口）式连接。这种连接需要更多的装配空间，但密封性好，容易操作。

8）编码插接连接以防错接。最简单的是在触头体上涂色，当然颜色编码不能保证可靠装配，而只是装配辅助。较好的方法是形状编码。形状编码利用触头体的形状或触头体上的桥形岸能有效防止错接。桥形岸调整在配合件的槽中。

9）相切—夹紧连接的触头体为多件结构。在连接两个半触头体时将导线压入与触头相切。

此外对高压插接连接件提出如下要求：

1）屏蔽直至被连接部件（器件）的导线。

2）必须保证导向部分的接触保护（图 8.19 为触头的结构实例）。

3）必须阻止带电安装。为此要安全地"缓慢"拆装，并利用附加装入插接连接件中的闭锁圆及时引导断路。

在电气系统中的插接连接为手工操作。插接连接件应保证在连接过程不出现故障。只要在所有的装配步骤中一出现故障就不能进行下一个装配步骤，从而避免连接故障。二次闭锁机构（图 8.18）就可达到这种效果：如果触头不是远离触头体，而是用触头体中的弹簧定位插入触头体中，则触头罩高出二次闭锁机构作用面，并阻止插入二次闭锁件中。这样，触头罩侧向伸出触头体并将触头锁在它的配合件上。通过简单的目测检查和试验可发现插接连接件故障。

7. 触头

触头闭合由针和套的弹性系统实现。触头的功能件见图8.18。

1）触头区。按如下设计：

① 设计原理：在能量传输和信号传输时用得多的是圆触头和扁触头。大电流（＞100A）或有特殊要求（如屏蔽）时则有一些特殊结构型式。特别在动力装置和底盘处，由于振动，触头承受很大的应力。触头区的微动导致高磨损和提前失效，这时就要采用高压触头。当前的扁触头装有钢片搭接弹簧，以保证在整个寿命期内有高的、均匀的接触力。此外，接触电阻由下面两个因素确定。

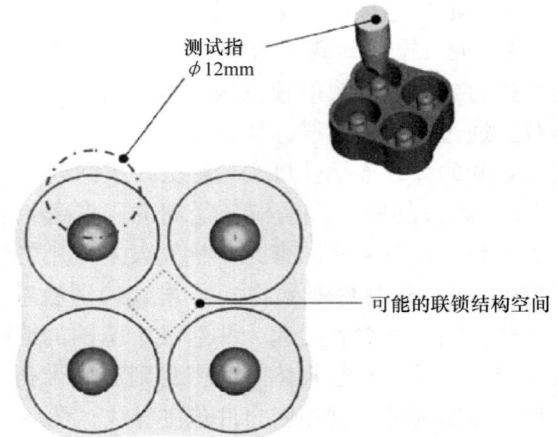

图8.19　借助绝缘的触头顶部实施触头的接触保护
（资料来源：Tyco Electronics）

图8.20　各种型式的触头（资料来源：GHW）

② 材料和表面涂层（必要时）确定。一般采用黄铜、青铜或特殊合金材料，表面涂锌或金（低电流触头）。

③ 良好的触头材料的弹力性能由于松弛而随时间变化，因此在高档触头上采用接触力不变的钢弹簧。触头尺寸的确定是在低的接触电阻时触头的插接力不要过大（还可接受）。

④ 电流负荷确定。它决定触头尺寸。扁触头的特点是触头宽度，常用的为0.63mm（＜3A）、1.5mm（＜10A）、2.8mm（＜20A）、4.8mm（＜35A）和9.5mm（＜70A）。

2）导线接头：早先广泛使用的钎焊至今还用在仪器（器件）内部（印制电路板接头）。因为在正确设计生产工艺时使用的卷边连接（图8.23，8.2.2.2段），如采用先进的行程自动限制器保证的卷边连接，不仅成本便宜，且质量有保证。良好的卷边行程限制器由两部分组成。个别的也可使用超声波焊接。为机械地保护导线，还可将导线固定在绝缘体上，即"绝缘卷边"。

3）触头体固定：插接（卡口）式触头需要止动销弹簧，以在触头插入触头体后固定。在使用二次闭锁时触头体的设计要能使闭锁件一起插入并承受拉力（图8.20）。相切—夹紧触头固定在触头体中直接成型。

在正常的环境条件下，触头电阻值只是参考值。如果在高温环境下（如在发动机室）则要按衰减曲线确定。触头电流承载能力与环境温度相关，并与决定热损失的接触电阻和严重散热区的散热有关。在极限温度下触头区的散热是关键。由于导线的良好导热性能，所以它是触头区的主要散热体，并由于导线断面较大，不但可提高触头的电流负荷，也有助于有针对性地冷却被连接的部件（器件）。

电气设计的重要规范是触头上的电压降，它决定损失功率和由此产生的热负荷；同样要评价电压降对电路的影响。如在起动电路中的触头电阻不应超过几毫欧。在一个电路中不允许有多个触头。表 8.2 是按 DIN 46249 标准的触头试验。

表 8.2　按 DIN 46249 标准的触头试验

机 械 试 验	电 气 试 验	热 试 验	腐 蚀 试 验
插入力	触头弹力下降	电流加热 1h	弹力下降
拔出力	卷曲弹力下降	湿热 2 天	盐雾腐蚀 96h
拉出力		温度交变/电流交变试验 500h	SO_2 有害气体腐蚀
		弹力下降	弹力下降

8.2.2　设计规范

1. 优质电气系统设计要点

（1）故障源　由于电气系统的零部件很多，且大多为手工加工（如线束加工和安装到汽车上），所以在每次质量统计中它是主要的故障源。线路中断或短路反映的故障主要为：

1）由于没有插接或没有定位的插接连接件造成触点松动。

2）由于擦伤损坏绝缘，特别危险的是在锋利的金属板棱边移动，或由于砂粒、碎石等情况损坏绝缘主要指在车外布线，如在车轮罩中。

3）由于经常移动使导线断裂：危险的是到车门、发动机罩、行李舱盖、动力总成、底盘等的过渡处。

4）由于过热使连接失效：电流负荷过大或当地环境温度超过材料允许的温度限值。

5）触点材料腐蚀：水进入密封的插头体中，如由于毛细管作用可在几米长的导线上看到水。

好的电气系统质量值只能通过彻底的、细微的工作才能达到。结构设计不只是考虑工作时的要求，而且要同时考虑加工和安装要求。由于可能的故障原因众多，所以要设定质量值公差。

（2）敷设导线　在敷设导线时要引导线路不要与危险的零部件（高温、运动）靠近，并避免由于软管、波纹管或电线槽等保护件或保护措施对导线可能造成的再次损伤。

要在窄的空间敷设尺寸较大且有很多节点的主导线线路。为此，在大转弯和窄的空间位置情况下需对主导线线路三维预变形，这时可采用将各导线集中在一起并采用保护的塑料成型件就可达到目的。为在汽车上精确定位导线束，应规定车身上的支撑点（焊接螺钉、钻孔）和导线束上支撑点（夹子、电线导向器支撑）的公差。规定只在像长的、直的导线线路中间点的非危险处（如在车门门槛范围）可采用早先常用的带导线的连接件的自由固定点，因为这些自由固定点对错误装配没有安全性问题（不准确的位置，"忘记装配步骤"）。

图 8.21 是敷设导线的固定件数的增长情况。虽然汽车电气系统范围不断扩展，但由于这期间固定件数的增加而仍能保证电气系统质量的不断提高。

对一定的、专用于信息、娱乐部件（器件）联网的导线，如同轴电线和光导纤维，必须不小于允许的最小弯曲半径，不然会造成机械损伤或使信号受到很大阻尼。在手工操作时，为避免导线损伤，大多使用成型件，以达到不易接近的、合适的导线线路目的。

敷设导线的其他部件为：

1）热保护板：热保护板用于导线周围温度超过它的绝缘材料耐温限值的那些地方。

2）套管和波纹管：防止在空间之间过渡处（车身到车门、车顶等）的导线受到机械应力、尘埃和浸入湿气的损害。

类似的一些功能也要使用绝缘套管。车身金属板中为穿过导线所需的孔和切口常比线束断面大几倍，以在装配时穿入插接连接件。严重的是很多导线从车内空间穿到发动机室的情况。除了线束与车厢前壁（前围板）的可靠密封外，还要阻止湿气通过各个

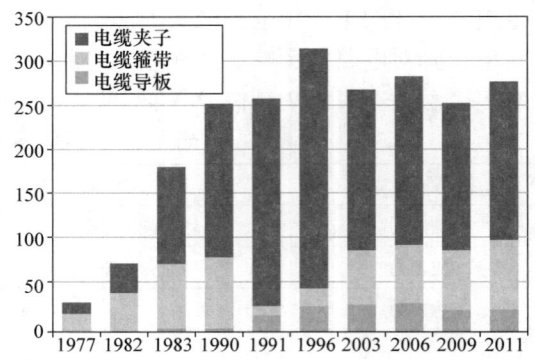

图 8.21　超过 30 个电气系统电缆（导线）固定件数的变化情况

导线之间的毛细管作用渗入湿气。通过垂直布线处与绑扎处的压差或将导线之间的弹性物质放在绝缘套管周围可有效阻止湿气渗入。

3）收缩软管：利用收缩软管可以在收缩处成型和保护导线。

4）特殊导线：利用导线周围喷射坚固的物质可进一步节省保护材料，如用在车轮罩中的传感器与底盘上相应件的接头保护。

(3) 其他的质量因素　为实现产品的高质量，在汽车电气系统设计时就要考虑以下各点：

1）生产的支持：按技术状况不断采用标准化部件。预先考虑插头和导线的单一编码。一定要注意加工机器的工艺参数，避免二次行程。尽量利用自动化方案。汽车电气系统的拓扑结构会严重影响生产的模块化，并影响产品的变型。因此汽车电气系统设计不只是功能设计。

2）保证正确装配：这些要求取决于许多详细方案，如要列出一些普遍的措施：单一性和正确地敷设以及编码插接件、牢固的固定部件、可靠的故障识别、合理的捆绑和装配辅助、关键部位预成形、保证变型件装配。

2. 导线线路加工

在加工汽车电气系统时有以下工序：

1）切割导线：导线定长、去绝缘和卷边，以及必要时密封都是在自动机上完成的（图 8.22）。

在关键的导线和触头的卷边连接时，导线卷边机将所有导线束和触头气密性地压在一起（图 8.23）。在卷边时要监控冲模的力及行程，以排除可能出现的故障并保证公差。在整个加工链（环节）中要注意：在储存、运输、操作时不要损伤开式触头，防止触头潮湿和脏污，不允许用钩子钩住带凹口的零部件。

2）焊接预加工：线束内部的连接空间应小，且特别可靠，因为在装配后难以接近。如果超声波焊接可靠，则同样要求采用优化工艺的自动化焊接装置。以后还会采用挤压连接装置。

3）成型：将各导线组合成导线束几乎都在平板上手工操作（图 8.24）。在 20 世纪 80 年代曾出现自动化的势头，但因自动化机过于复杂和昂贵而未继续采用。同时还将生产车间

第8章 汽车电气/电子/软件

图8.22 各个导线定长（资料来源：大众汽车电气系统有限公司）

转移到一些低工资国家。这样可节省成本，但增加了手工操作工艺不稳定的危险。当前的生产自动化只是简单的导线线路拓扑结构。

插接连接件和导线导向件固定在平板上，导线放在叉形的架上，插上触头，串联连接，最后捆扎导线线路或套上保护件（如波纹管）。精确规定导线线路在平板上的偏差的前提是控制导线尺寸。对复杂的布线区段，需要用三维造型将导线线路放在平板上。

4）模块化生产：为降低大批量生产成本，并考虑汽车特有的线束结构，可以将线束模块化，即多线束、少结构型式。然后利用这些模块组成汽车特有的线束。在这些模块组合中，像前面的一样，要防止错接。模块可以大批量

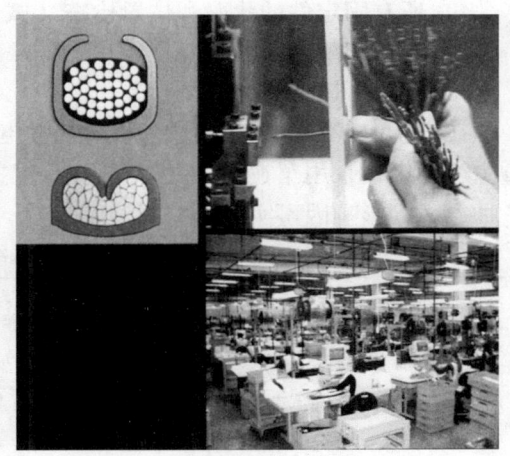

图8.23 卷边：触头和导线连接
（资料来源：大众汽车电气系统有限公司）

生产。从成本考虑，模块大多远离汽车装配厂。在及时生产时汽车线束成型是在汽车生产厂家附近。

5）其他工序：因为有各种各样工序，所以只举例说明。结点和带熔丝与继电器的结点配置的装配、各种填料、发泡和热收缩工序、特种导线成型，如蓄电池和高压导线、天线、光导纤维。

6）试验：为了排除采用手工生产环节和采用复杂的物流中出现的质量安全隐患，规定在交货前要对最终产品100%试验。只有计算机控制的试验才能达到足够的试验精度。通常

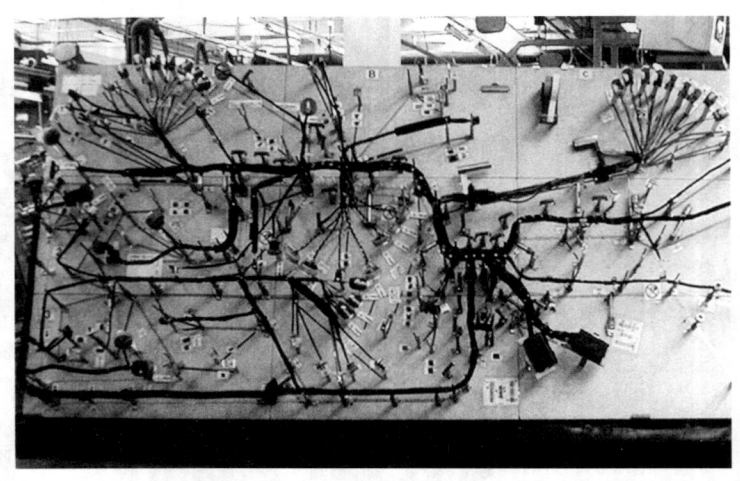

图 8.24 在平板上的导线线路（资料来源：大众汽车电气系统有限公司）

进行的试验有：
1) 所有触头通电（电流试验）。
2) 相邻触头短路（绝缘试验）。
3) 定位触头检查（利用试验触头通过机械力进行）。
4) 所有固定件的状况和位置检查（试验和电气应答）。
5) 熔丝和继电器的正确型号和位置确认（图形处理）。

3. 电气系统方案

在汽车电气系统中配置的各种可能的电气部件增加了电气系统的方案数量。在现代大批量生产的中档乘用车在理论上有超过 10 亿数量级的主导线束方案。表 8.3 是汽车电气系统各种方案的影响因素实例。

表 8.3 汽车电气系统各种方案的影响因素实例

影响因素	实 例
车身形式和驾驶人位置	高档轿车，跑车，客货两用车，短尾车，SUV…… 2/4 车门，滑动车门…… 左驾驶人，右驾驶人
动力装置	汽油机，柴油机，气体发动机，弱到强混合动力，电驱动（蓄电池，燃料电池）…… 气缸数，发动机控制，设计，外设装置 手动变速器或自动变速器（很多变型），2 轮或 4 轮驱动
辅助系统	ABS，ASR，ESP，制动辅助 速度调节装置，距离调节装置，车道保持，报警…… 电子伺服转向或叠加转向，摆动稳定性

（续）

影响因素		实 例
配置件选择	照明	前照灯、前雾灯/后雾灯 卤素灯或氙气灯，LED，水平调整 回家，弯道行驶灯……
	通道	中央闭锁装置，车窗玻璃升降机构，活动车顶，通道控制系统，防盗报警设备……
	信息娱乐	收音机，导航，TV，GSM，遥控技术……
	舒适性	空调，辅助采暖，加热装置，必要时座椅，反光镜，转向柱，其他
	安全性	各种支援系统和传感装置……
	其他	
各个国家		法律或市场的特别规定，如频带/频段，白天行驶灯，气候，通道，安全性……
技术		各种软件和硬件状况（产品改变） 与配置件有关的转换（如电控单元/直接转换）

为大批量生产汽车而单独生产整套电气系统是绝对不经济的，因为由于销售原因减少电气系统数大多是不可接受的，所以开发了两个导线束方案。一个导线束方案，如前面所述，是通过智能控制和利用生产模块能生产用户专用的主导线束；另一个可选择的导线束方案是按图 8.25 左边表示的拓扑结构的"模块化电气系统"。它由许多导线束组成，这些导线束受到空间限制，因此总是只有较少的电气系统方案数 n_i。要管理和要加工的导线线路方案的总数是 n_i 的和。通过导线线路方案的组合，其好处是可以建立要求的、较多数量的电气系统方案数，理想方式是 n_i 的乘积。这是无法达到的理论值。因为

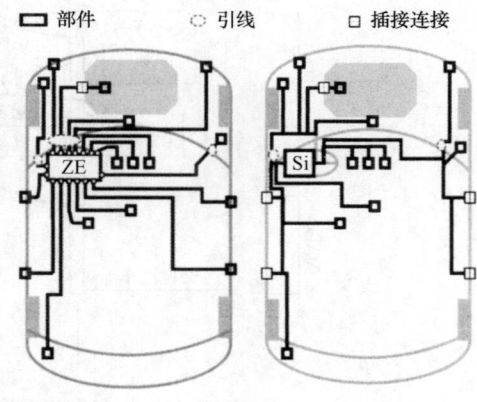

图 8.25 多件模块的汽车电气系统（左）和用户特有的单件线束（右）

电气系统的空间和功能分配只是部分的一致。电气系统可在以后的生产流程中组装成型，即在汽车装配时或在电气系统供货商预先储存的生产车间中成型。表 8.4 列出模块化方案在汽车装配时成型和在导线束生产时成型两种方案的优缺点。为降低汽车装配深度和确保电气系统 100% 预试验，推荐采用导线束生产时成型。

分导线束主要用于汽车装配时要变换装配地点的那些场合（如车门、车顶、防撞杠等）。这些分导线束不放在装配模块中，待分导线束装配到汽车上时再与整个电气系统连接。

表 8.4　各种模块化方案的优缺点

在汽车装配时成型	在导线束生产时成型
+ 导线线路方案少	+ 布线精确 + 可以 100% 装配预试验 + 在汽车生产厂装配时间最少
- 在汽车制造厂装配费用高 - 布线不精确 - 固定在汽车上的固定件需要额外费用 - 附加插接连接	- 在供货商的物流环节多 - 多方案的汽车专用的导线束需要及时供货 - 庞大的主导线束

4. 物流和汽车装配

在电气系统生产时的物流是与汽车生产厂家的物流紧密相连的（图 8.26）。

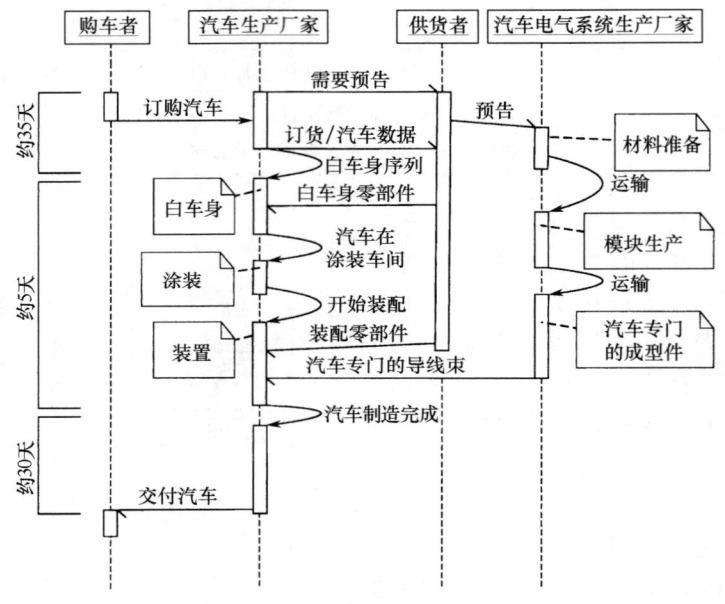

图 8.26　汽车电气系统制造和汽车制造的物流连接

电气系统的生产时间和运输时间取决于供货商。为避免中间储存，供货商的模块结构和生产过程调整到由汽车生产厂家规定的时间点上。这里存在一个多层次的信息流，通过信息流实现汽车生产厂家汽车装配与电子系统供货商的供货件同步。从汽车产量的粗略规划（预测）到要求及时供给专门的汽车电气系统线束需要在汽车生产厂家和电气系统供货商之间的物流流动与汽车装配同步。

在汽车上安装导线线路和与电气/电子部件连接是在汽车生产厂家的装配车间完成的。电气系统装配时必须保证每个工艺步骤的安全性（表 8.5）。进行电气系统的完整试验是不经济的，在电气系统供货时的预先试验后再进行完整的试验也是不必要的。只要汽车生产厂家坚持试验它自己创造价值的那部分产品和对供货商产品质量进行奥迪特评分就可实现对整个电气系统质量安全地全覆盖。

表8.5 在汽车电气系统装配时的工艺安全性

装配要点	转化可能性（措施）
成品（生产）模块	预布置有明确分开点的成品模块：车门、座椅、发动机、车顶（必要时） 提供预布置和预试验部件：如空调设备、车门总成架、燃料箱……
在中间工位和装配带终端检验装配步骤	通过电控单元车载诊断导线由试验用计算机询问装配状况 护板固定件设计应在错误布置线束时阻止护板装配
可靠的固定点	固定在导线线路上的接线柱（线夹）/导槽可防止遗忘的装配件 装配护板可阻止错误安装
降低半插接连接风险	插接件只在可接近范围，必要时利用线束端部使插头离开部件 目测检查
工艺安全的螺钉连接	如搭铁螺钉：带白车身的焊接、盖形螺母保持接触面无漆 用转角控制和力矩控制自动拧紧螺钉

敷设主导线束主要在车内进行。通常主导线束有很多分叉且较硬，发货时要装在容器中。选择重要的节点作为布线的原始点，一般是电路图中的中央电气或是相应的交汇点。其他的布线方案是从覆盖车内空间的导线引导件开始的，在操作中利用引导件敷设主导线束。根据主导线束上的零部件大小和多少确定操作自动化（机器人）。

8.2.3 汽车电气系统结构

1. 拓扑结构、连接点、分开点

拓扑结构（即导线线路空间特征）受到由汽车组装件规定的导线线路限制。电气部件的位置和错接（即交叉）规定了要敷设导线的走向。在选择每一导线线路时自由度受到限制。生产的线束必须满足它的边界条件，但也要满足在汽车上装配的边界条件。后者主要由装配方案或汽车生产厂家的汽车设备确定或定义。

所有转移的装配（所谓的生产成品模块）需要分开的导线束和与余下的电气系统的分开点。可在汽车侧或模块侧选择到这些分开点的插接连接件的位置。如果能利用现有的插接连接件，则很容易装配。如果车门电控单元布置在导线束与车门过渡处附近，并且有一个模块化的插头，则电控单元还承担连接点功能，所以不需要附加的接触点就可分开。

在汽车上必须敷设余下的主导线束。在与车前、车后（挂车）、车轮罩和布置在车身外部的过渡处布线是困难的。金属板上要预留孔，并要密封，防止湿气和尘埃侵入并阻尼噪声。如果主导线束不分开，则必须靠引导件穿入。如果插接件大或多，导线引导件安装在插接件支路上会经常出现问题。为此，可选择有综合密封结构的、大的孔（但会削弱板件强度）或附加插接连接件敷设余下的主导线束。附加插接连接件可以将主导线束分开，并在两侧装配。

对一些功能导线存在着线路路径的限制和 EMV 规定：
1）防盗保护。
2）安全性系统。
3）天线。

2. 高压导线

设计电气系统的重要目标之一是成本优化。评价电气系统不只是限于汽车方案本身，还需考虑电气系统的整个供货平台，特别重要的是要多配置和在市场中尽可能占大的份额。因为在简单的基本配置的汽车上所配置的一些仪器（设备、器件、装置）要比高配置的汽车上所配置的一些仪器（设备、器件、装置）少且经济，所以只能通过性价比的混合评价进行成本优化。另外一种评价是要控制与配置有关的设备（装置、仪器）配置和电气系统。这样，对每一个模型方案就有一个最佳的设备配置和电气系统的组合。

图 8.27 是中央闭锁机构和风窗玻璃升降机构控制功能的两种方案。在低配置率时，模块结构（图左）是最好的，在带风窗玻璃电动升降机构和中央闭锁机构的大量高配置时，图右的方案是理想的。而且每辆汽车车门中用了两个电控单元，并提供了两个功能，有一个共同的能源供给，可以在一个简单布线的网络上交换信息。简单布线的网络费用也低。

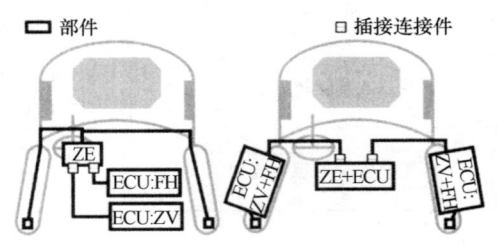

图 8.27　结构方案：提供的结构对功能分配的影响

3. 电气系统结构

在传统的电气系统开发过程中，电气部件是系统开发者确定的。这些电气部件是电气系统设计的固定的边界条件。这些电气部件布置到安装空间中时会有很大变动。

如果突破这个惯例和在方案阶段就布置通用的电控单元安装空间，并将一些功能自由地分配到电控单元，则开辟了优化电气系统结构的新的自由度。图 8.28 是电控单元内部结构与它到电气系统的接口。电控单元内部资源（如计算能力、存储器和驱动器特征）取决于在电控单元中需要处理的功能数据。利用配置在电控单元中的一些功能还可确定电气系统的部件连接和主要参数。除电气系统的拓扑结构外，电气系统的整体优化评价会相应改变汽车上的功能分配（图 8.29）。同样也可垂直分类，如将所有的采集功能、开环控制和闭环控制功能汇集在一个电控单元中，并将开关功能和诊断功能汇集在另一个电控单元中。总的成本由电气/电子部件（器件）费用、电气系统部件费用、更多的通信费用和包括敷设导线的导线线路费用构成。

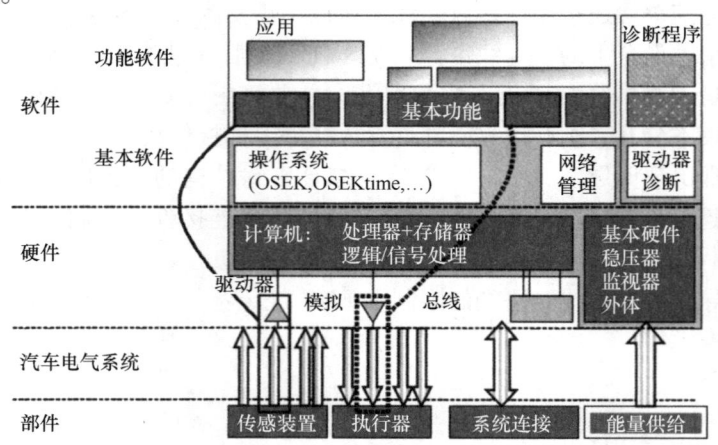

图 8.28　电控单元内部结构与它到电气系统的接口

当在软件层面和通信层面通过 AUTOSAR 对功能分配和功能分配格式化、标准化选址时还不存在相应的信号分配和能量分配的导线束。但在方案设计阶段的工具也许已存在,这些工具就是建立功能、硬件和电气系统结构之间的通用的联系。

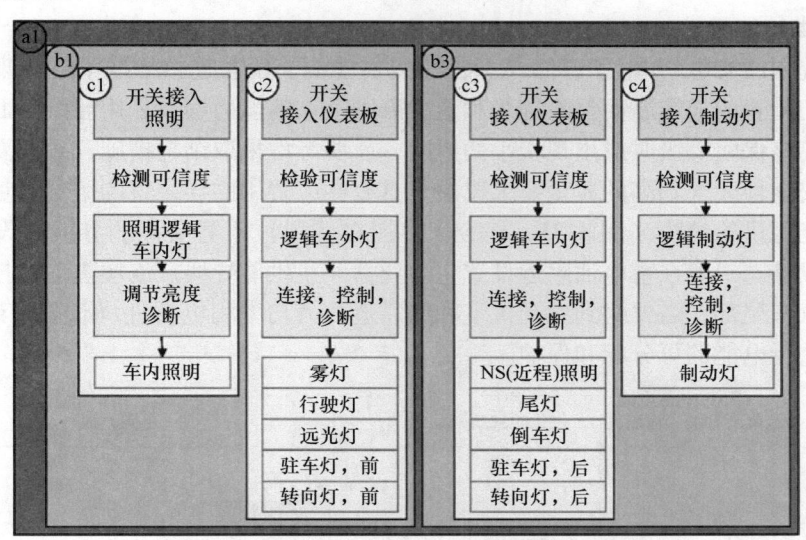

图 8.29　选择性地将功能分配在 a) 一个电控单元上; b) 二个电控单元上; 或 c) 四个电控单元上, 简化的照明控制实例

图 8.30 是在设计电气系统结构时的各种参数的相互作用和工作流程。电气系统功能要求还包括电气系统开发中设定的安装空间和导线线路。从汽车产品技术说明(设计任务书)可得到对电气系统的功能要求,但仍有对电气系统功能要求再细分的一定自由度。从照明控制实例中(图 8.29)可见,人们把照明控制设定为整个功能模块中的一个模块或联网模块。这样就可确定它的空间边界并可自动得到一个单独的电控单元。在配置各种功能时,由布置在不同安装空间的各种功能模块可得到总的硬件资源并在它们间相互交接。要注意的是这样配置的电气系统软件会更加综合,如配置的过程状态信息与时间特性必须同步。

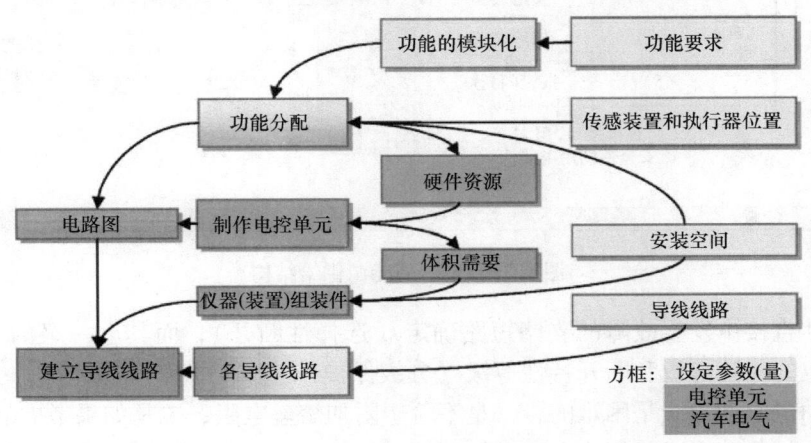

图 8.30　在确定电气系统结构时的工作流程

除技术影响外，目前电气系统结构优化在很大程度上还受组织和商业的边界条件制约。传统的电控单元按功能范围限定，并由专长于应用领域的电气系统供货商开发和生产。在自由的功能配置下汽车生产厂家要承担相应的责任并具有集成的权限。

4. 能源供给和保护

电气系统向所有电气/电子部件（系统）提供能源。所有连接导线不应出现短路。这时得到一个确切配置的导线断面保险等级和至少原则上在熔丝后面只采用导线断面保险等级的规定。在偏离该保险等级时或出现很小的风险，或要考虑采取结构措施，否则要采用其他的熔丝。高的安全性要求和高的质量要求取决于具有相应费用的导线束的熔丝数量。

常规的能源供给结构（图 8.31，至今大多还在使用）不需要高的导线敷设费用，但要求分级保护设计。一般在蓄电池附近设置主熔丝盒。主供能导线从熔丝盒连到控制板的其他分配节点和汽车尾部，需要时到发动机室和向靠近的大功率用电器件（仪器、装置）供电。在各节点上进行电能的再分配和保护。

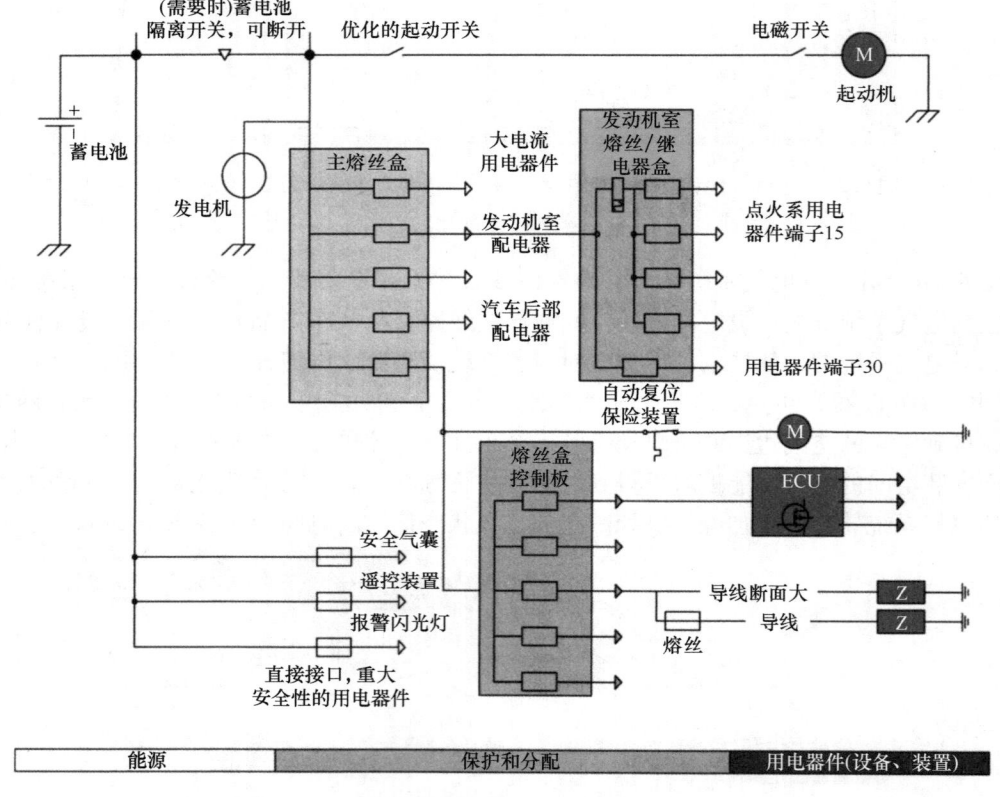

图 8.31　常规的能源供给结构

熔丝尺寸直接由发生故障的支路短路确定（选择性断开），而其上一级的功能则保留，从而实现相应的保险等级和断开特性等级（分级保护）。

保护发动机起动导线是困难的，一是不希望附加熔丝电阻；二是如果考虑故障点处接触电阻，则允许的起动电流与短路电流重叠（一样）。解决的方案是选择另一种断开准则。实际上重大的故障是线路短路，而线路短路是在汽车碰撞时由于板件或发动机部件割伤导线绝缘部分而发生的。在安全气囊电控单元中的碰撞传感器提供一个有效的信号，利用该信号打开靠近蓄电池的断路开关。利用热电开关或半导体开关可以将蓄电池导线从蓄电池端子中脱开。

要特别注意连接到事关重大安全性的能源供给系统的导线保护。为达到导线的最大可用性，要使它们处于最高层级的保护下，如在图 8.31 中表示的报警闪光灯、安全气囊、遥控装置（紧急呼救）的导线。对汽车行驶灯和驻车灯，在照明电路中熔丝断开时需要部分的冗余导线，即要敷设双导线保护。完全冗余导线（像重大的安全性系统）与图 8.31 表示的常规的能源供给结构是不同的。

对电气系统能源供给的各种要求见表 8.6。在电子系统中采用联网和电子控制部件可组成新的电气系统结构。同样，由于对电能需要的不断增加而出现新的供电电压或多电压电气系统。

表 8.6 对能源配置结构和对它的零部件要求

要 求	转化（措施）
到用电器件的电压降低	内阻小，高电压电气系统（如 42V 或更高）
供电电压尽可能不变	可调节发电机，具有支持功能的储能器（蓄电池）
坚实的供电导线	用导线引导件、波纹管、保护软管保护敷设导线，高柔性、多股、专门绝缘的特殊导线
防电气系统故障保护	防搭铁短路：熔丝 在多电压电气系统中出现其他故障类型：到其他电压级的"软"短路电子保护
过载部件保护 （电动机闭锁）	导线保护与用电器件保护冲突时：可复位的保险装置、半导体开关
保护响应尽量快	高保护度：仔细设计导线支路，分级保护
自消除保护	可恢复保险装置，半导体
诊断电气系统所有元器件 （导线、保险装置、触头、配电器）	与通信网络连接的电流/电压测量
高可用性、高安全性	利用冗余结构保证故障安全
对负荷管理系统干预	利用电子控制部件切断和控制负荷电路功率
限制静态电流的干预	通过主动负荷开关强制切断支路
检测功率流	将带负荷开关的控制系统与电源管理耦合，必要时测量各电控单元电流
选择多电压电气系统	42V、140V，耦合元件（在不同电压间 DC/DC 变换器）
最小的干扰辐射，在控制导线和信号导线间没有干扰耦合	合理敷设导线、屏蔽、滤波元件

5. 电气系统稳定性

不断增加的用电器件（装置、仪器）对电能和功率平衡提出新挑战。较短时间但用电量大的特别的用电器件（装置、仪器），如起动/停止系统，可能使电气系统处于临界状态。因为一方面在各种情况下必须提供必要的功率，另一方面要保证供电电压品质。保证供电电压品质首先要防止电压降在临界边界以内，并抑制供电线上出现的电压脉冲。

提高电气系统稳定性的简易方案是相应增加电气系统蓄电池容量,但受到成本和重量的制约,所需的费用要高得多,因为要提高其余用电器件(装置、仪器)和电控单元的技术条件,使它们接受供电电压的很低的稳定性。基于这些原因,必须对部件层面、系统层面和结构层面采取各种措施:

1) 采用其他的蓄电池:将蓄电池分为起动型蓄电池和电气系统蓄电池,不但可稳定电气系统电压,而且还可按功率和能量优化蓄电池,并通过冗余蓄电池提升安全性。但这样会增加蓄电池费用、需要一定的结构空间和附加的开关元件,因而限制了使用的可能性。

2) 使用DC/DC转换器:灵敏的或事关安全性的用电器件(装置、仪器),以及驾驶人直接可感知的功能,如照明,将与特有的DC/DC转换器构成一个稳定的供电回路。因此,为脱开原来的供电电压层面,并提供较高的供电电压和优化对蓄电池充电,特别是对双层电容器充电,常使用DC/DC转换器。

3) 使用双层电容器(DSK):由于双层电容器很小的内阻和极好的可充、放电循环性,无论是集中的还是分散的,也就是靠近部件(器件)的双层电容器都可作为电功率缓冲器。当然,双层电容器的储能量与它的成本和重量相比还很低,所以它的应用目前还受到限制。如果要有效地利用它,必须承受较大的电压变化范围,因为它毕竟不是蓄电池。带可变电压调节器的发电机或带另一个供电电压范围的用电器件(装置、仪器)可与DC/DC转换器相连接,但需要其他一些部件(器件),如功率开关。

4) 能量管理:改善能量平衡的措施也能保证电气系统的电能安全。除负荷管理和发电机干预外,当然还有优化效率和大功率用电器件(装置、仪器)的闭环控制。

5) 电气系统拓扑结构和保险的树状结构:在设计层面重要的是较短的线路路程、很小的接触电阻和尽可能与临界状态的供电电路脱开(解耦),这些原则同样适用于到汽车搭铁(线)的连接。

由于许多可能的部件(器件)组合和错接,潜在的电气系统结构数量很大。费用、安全性和使用特性是选择电气系统结构参数的最基本的参数。图8.32是为稳定供电电压和支持起动/停止系统的电气系统结构形式的一个实例。在这种结构形式中,在发动机起动时通过快速串接的双层电容器(DLC)可补偿整个电气系统的电压降。通过DC/DC转换器可对电容器充电或必要时由电容器放电。采用适度的电容器电容量可与因此而增加功率电子器件的费用相比能取得好的效果,即性价比高。

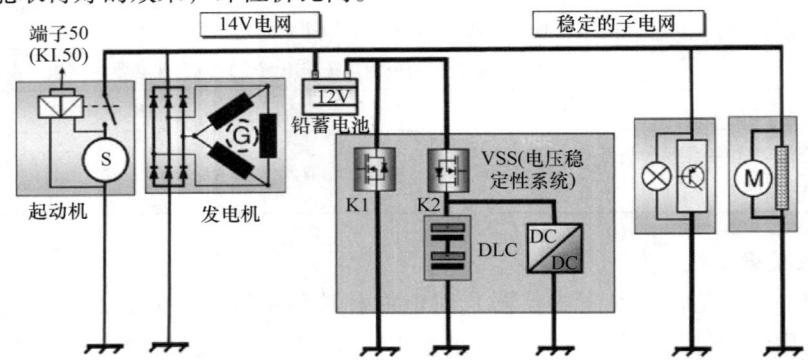

图8.32 为稳定供电电压和支持起动/停止系统的电气系统结构形式(资料来源:Continental)

另一种情况是混合动力汽车。在混合动力汽车上，一方面有一定数量的高功率器件（装置、仪器）连接在高压电气系统中，另一方面可能通过 DC/DC 转换器还可能提供低压电网。低压电网也适用于电动汽车。因为取消了像起动/停止系统的大功率用电器件（装置、仪器），但仍承担如空调、采暖等其他一些功能。

6. 电气系统电压

当前的电气系统电压在乘用车上为 12V，在商用车领域为 24V，这是历史上沿用下来的，但技术优化没有尽头。要求提高功率、开发新的电气功能、较多地采用混合动力驱动方案，在考虑下列边界条件下要求重新评估电气系统电压：

1) 损失最小：通过较大地提高电气系统电压可显著降低在二极管或如导线、绕组的欧姆电阻，或回路电阻上的所有损失。这样在同时减少热损失时可达到较好的能量使用效率，还可简化设计、节省材料。

2) 技术上的必要性：一些系统，如前风窗玻璃加热可采用超过 12V 的电压；另一些系统，由于成本、体积、重量需花较多费用转换为 12V 电压；较高电气配置的汽车受到 12V 电气系统的功率限制。

3) 电弧：电压超过 20V 存在电弧的危险，并造成热损伤或燃烧。因此，较高电压对所有部件（器件）都是不利的。要注意导线回路出现机械断路，注意开关、继电器、熔丝、触头等器件的状态，并需要采取附加的设计或预防性措施。

4) 部件（器件）的相关性：在较高电压时功率执行机构和功率电子器件可以设计得较紧凑并有较高的效率；热发光元件则在较高电压时会降低寿命；传感器、计算机和电子信号在电气系统低于 12V 电压时能更有效地工作。

5) 安全性和接触保护：直流电压大于 60V 要强制性的安全性和接触保护，没有人员接触，这导致设计和安全保护技术费用增加。为此，系统的所有工作状态均应保持在 60V 的边界，为保持相应的安全性距离，工作电压应在 60V 以下。此外，高压电要分开引入汽车地。

6) 兼容性：一些技术上的原因，但主要是经济上的原因要保留 12V 电气系统电压。所以较高的供电电压只能平联实现。除考虑这样的综合电气系统外，还要考虑新的、附加部件（器件），如 DC/DC 转换器或储能器。

对很大的用电功率器件（装置、仪器），如混合动力汽车上的用电器件（装置、仪器），供电电压有必要超过 100V，见 8.2.3.7 段，则需要采用花费多的高压电气系统。对只是少许电驱动的汽车（微混合动力汽车）或有较多电气配置的汽车正在努力引入低于 60V 的中间电压电气系统，即"48V 电气系统"。特别是对在中等回收功率时产生的电能提供了一些好处。另外，如前面讨论过的，最终不是实现原来的 42V 电气系统方案，只是计划部分的变换（图 8.33）。另外，在德国汽车生产厂家合作中正在制订一个共同的技术条件（LV148），见图 8.34。

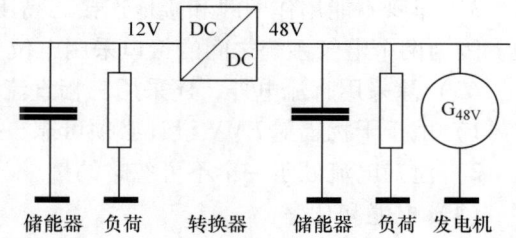

图 8.33　12V/48V 电气系统结构简图表示

7. 高电气系统

按 VDE 规范，低于 1kV 的电压称为低电压，大于 1kV 的电压称为高电压。其中在能量工程中常见的是电压达 30kV 的中电压、达 110kV 的高电压和大于 110kV 的最高电压三种。在汽车工程中高压电气系统的概念是电压大于 60V 至目前的约 600V 范围内。高压电气系统的效果、对部件（器件）和对系统层面的影响和设计措施已在 8.2.1 小节和 8.2.2 小节中作了讨论。以下要考虑不同于 12V 电气系统的其他电压的电气系统的结构特点：

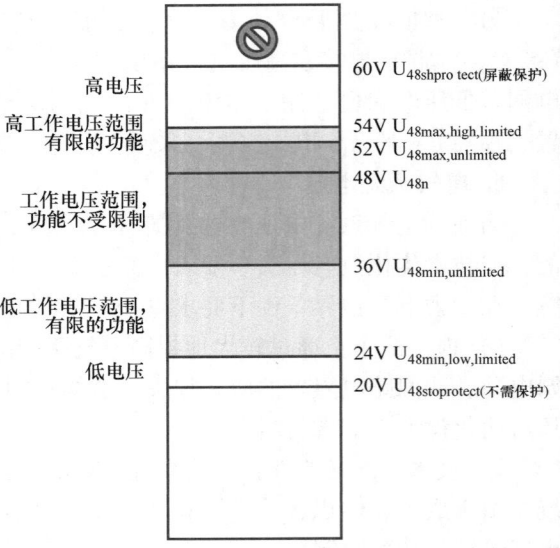

图 8.34　48V 电气系统

（1）电压远大于 100V 的电气系统，要注意并考虑：

1）在各种情况尽可能全面、仔细保护人员安全，包括在修理、排除故障、不按操作规程使用等场合。要有设计保护措施、安全敷设导线（电缆）、主动防护，如内部闭锁电路。同样要标识通电的部件（器件），并用颜色或警告提示标记。

2）充、放电过程所需的时间和可能由于寄生电容而产生不可忽略的电流。

3）一般存在着电弧的危险，主要是在电压下机械分开电流回路，也就是如在插接连接件、继电器或熔丝部件（器件）中出现的电弧。电弧的功率密度可能大到足以损伤或损坏触头，直至燃烧，并发生较大的继发故障。

4）泄漏电流：也就是导线表面电流达到严重程度，并产生不希望的电势。

（2）部分部件（器件）电流远大于 100A 时产生的后果：

1）接触电阻必须始终很小，以免电能损失和局部发热。在很大电流时采用螺钉连接替代插接连接。导线（电缆）应尽可能短，横断面尺寸应在电气和热损失、费用和重量之间取得最佳值。通过一体化取消连接，如电机上的逆变器。

2）电气系统电压源能在短路时提供高达几千 A 的电流。设计电气系统部件（器件）和安全性时必须考虑这种情况。

3）车身不能用作回线和接地连接。高压电气系统的地和 12V 电气系统的地不是同一个地，因为两个电气系统之间的接口采用电位分开的信号传输和电能传输。

（3）除采用直流电外，还采用三相直流电：

1）由于干扰辐射 EMV 设计必须可靠、持久。

2）泄漏电流处于一个不可忽略的量级。

（4）电能和功率

1）DC/DC 转换器可以支撑 12V 电气系统和高能、体积小、重量较轻（即 Downsizing）的电气系统蓄电池。也可选择中间电压。

2）高压用电器件（装置、仪器），如电空调，可由高压电气系统供电。

3）在有增程器的汽车上或在电动汽车上规定新的插接连接件与电网连接，需要时在汽车侧可考虑安装充电器。此外还可想到的是致力于充电器等的标准化，同时寻求无线的传输电路，这是选择性开发的目标。反之，可以以较高的功率提供给汽车电网电压，如

AC 220V。

（5）拓扑结构：在高压电气系统中几乎无例外地大量采用 2 根或 3 根导线的点对点连接（图 8.35）。为将生产过程与常规的电气系统组装成形相互分开，需要电气系统生产的高度自动化和简便、快捷的物流。在某些情况有必要采用 3D 造型，还要使用保护元件和固定元件。由于高压导线束（电缆）的体积较大、刚度较高，所以要仔细确定它的尺寸，并仔细封装。

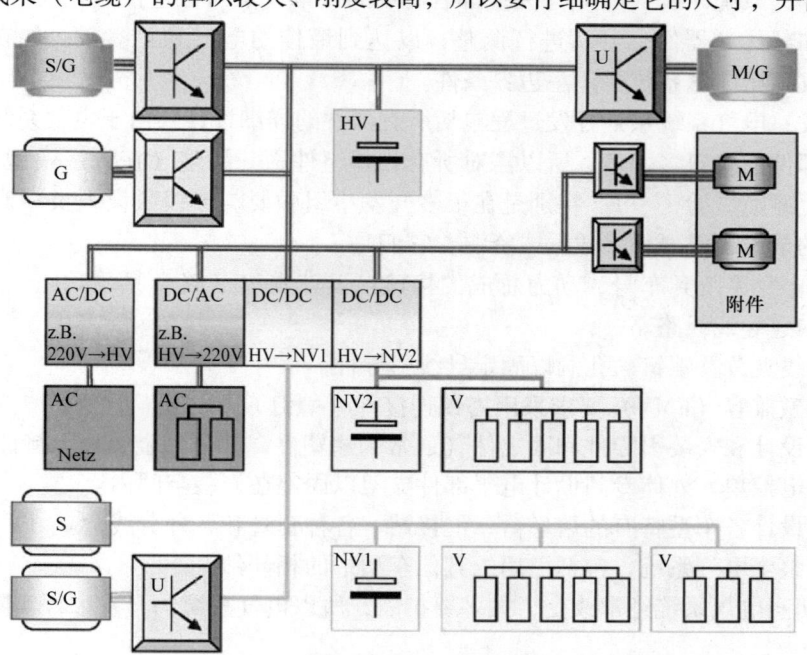

图 8.35　电气系统结构简图表示所有可能的部件〔S：起动机，G：发电机，M：电动机，U：逆变器/整流器，AC/DC、DC/DC、DC/AC 转换器，NV1（低压 1）＝12V，12V＜NV2（低压 2）＜60V，HV（高压）＞60V〕

8.2.4　电气系统开发过程

1. 流程

方案阶段：电气系统开发始于汇集电气系统的各种基本数据，见表 8.7。

表 8.7　电气系统开发的一些基本数据

电气数据	机械数据	电气数据	机械数据
在汽车上的电气部件		集成到汽车上各系统	
接口描述 —插头数和类型 —信号线敷设 —触头 —电流负荷	几何模块，有 —外形尺寸：形状、表面 —固定方式 —温度、湿度说明	—对电磁兼容要求 —有各部件交错接入各系统信息的电路图 —有连接网络信息的电路图	—环境条件 —安装和导线引导通道 导线线路 —走向（拓扑结构） —断面 —环境条件 —有关生产的各分开点
集成到汽车上各系统			
—对能源供给要求 —对搭铁要求	各部件安装空间 —位置和尺寸		

在考虑功能、组装件和生产的一系列准则时可得到所有部件和导线线路布置的方案。为使方案优化，这项工作仍需具有丰富经验的专门人员手工进行。

之后，就可利用电气系统一些基本数据设计导线线路。导线断面尺寸要在允许范围，另外还要有搭铁保护。从而形成包括熔丝盒、电气系统配置模块和控制模块等的组装件。

对高压电气系统导线（电缆）大多都有简单的外罩（点对点连接）。当然需要对高压电气系统开发和部件（器件）开发进行调整，以达到最佳的电气和热参数。如在 8.2.3.7 段中所述，开发高压电气系统要注意边界条件。

系列开发：电气系统系列开发过程包括所有部件的详细设计。由于电气系统的接口要比汽车上其他部件的接口多得多，所以需对所有相邻组件逐一调整（在数字模型上碰撞试验，在参考汽车上碰撞试验……）。特别是在很多开发小组中要与导线敷设人员一起工作。为详细设计导线的敷设，需要很多数据或资源，它们是：

1) 加工电气系统到车身、动力总成的接口：设计卷边（缝合）、打孔、压入、磨钝金属板棱边以构建导线线路。

2) 为导线夹放置螺钉、孔洞以固定导线引导件。

3) 按电磁兼容（EMV）要求采用搭铁连接件（螺钉）。

4) 详细设计和安装引导件和固定件（通常为注塑件，部分为金属片保持件）。

5) 改变电控单元外体专门设计电子部件支架以固定在安装空间内。

6) 详细设计各车型特有的熔丝盒、汇接站、各种套管和各种分线盒。

7) 安装整个电气系统，包括引用的其他车型中的相同件。

在开发期间电气系统经常改变，大多要扩展，所以电气系统的开发过程实际上包括许多迭代过程。

在开发的各个阶段形成如下资料：

1) 系统电路图：所有属于系统功能的部件，包括有关触头数/针数和电位等细节的电气相互交错连接。

2) 导线线路图：考虑导线束拓扑结构的部件间的电气相互交错连接。如果所有的导线与不同的系统相互匹配，则按导线布置的这些系统就构成各个导线线路图。还需要将导线颜色、断面尺寸、导线束内部连接件等一些重要资料和数据补充到导线线路图中。

3) 所有部件，以及导线线路布线和电气系统部件（器件）包装的三维 CAD 数据组和图纸。

4) 数字模型（DMU—Digital Mockup）：所有汽车部件在它们确定的安装位置的几何尺寸数据。在开发电气系统时得到的有关周围零部件信息和电气系统所有零部件和反向调整电气系统的所有零部件。

5) 导线束图纸：是导线束的二维图，以作为产品和生产文件。如果有导线电路图，则要补充导线束的全部细节（固定件、保护件、线圈等）和全部几何尺寸，并减少电气相互交错连接的细节。

6) 在电气系统零件清单中要管理产品数据、列出生产细节，特别重要的是定义电气系统方案。

7) 从上面列出的各项资料可以导出其他文件，如生产的安装简图、维修或物流资料表示。

图 8.36 为由电气系统电路图和组装件推导出的导线线路图。

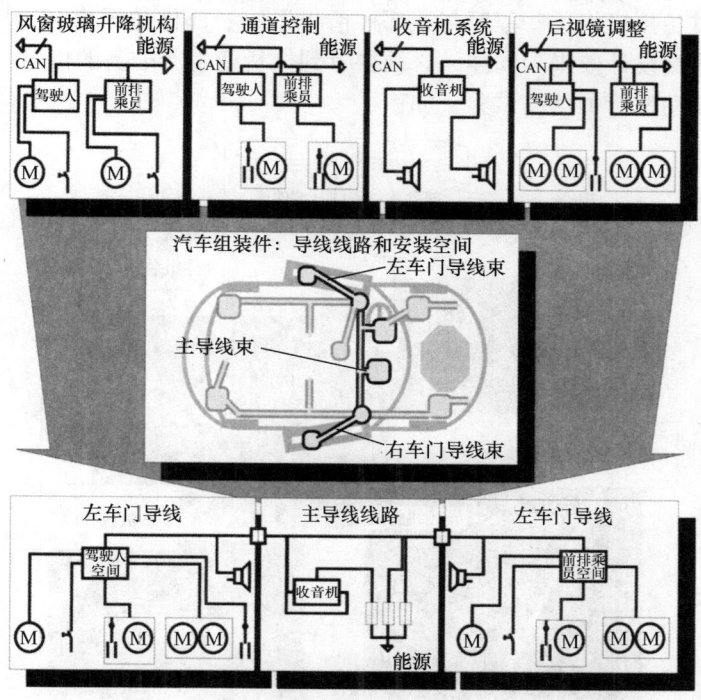

图 8.36　由电气系统电路图和组装件推导出的导线线路图
上图：由 4 个车门导线组成的系统电路图简图表示
下图：车门导线束和主导线路部件拓扑结构简图表示

试验：在实验车身上将电气系统和电气部件相互连接就可开始第一批样件的可用性试验。它可发现简单的导线交错连接的故障，但只可快速、有效地查明最常见的故障类别。还可有针对性地测量在随同开发过程进行 FMEA（故障模式影响分析）和 FTA（故障对分析）分析确定的特别危险的环节。在电气系统连接的 HIL 试验和在汽车上的后续工作可以进一步完善电气系统试验。与汽车其他部件相似，所有电气系统部件的力学性能都要在试验台上和在汽车上经受密封、振动、强度和气候试验。像所有部件一样，电气系统只有在汽车上通过试验后才算合格。

2. CAE 和 CAD 工具

为提高开发效率和保证过程质量，人们早就尝试在电气系统开发中使用 CAD 工具。从 20 世纪 60 年代起就可设计图纸和电路图，但电气系统中包括大量的汽车数据，长时间来，由于计算设备计算能力的限制而无法对电气系统仿真。为在 CAD 系统中足够精确地仿真电气系统，必须建立全部部件的三维的、至少在外部几何形状上能覆盖到整车的精确模型，这样就形成庞大的数据（体积数据）。自 20 世纪 90 年代以来，台式计算机达到电气系统工作流程所需的运算速度。

工作流程和与此相关的产生的大量数据可分为两个平行的路途（图 8.36）：数据库和部件信息。利用建立在电气参数上的 CAD 软件可以处理电气系统图和导线线路图。在将机械 CAD 工具用于数字模型（DMU）部件中和构建导线线路、固定件、成型件以及使用电路图数据后就可开发出电气系统图（图 8.37）。CAD 工具的核心通常由应用范围相似的普及程序组成。如果通过各接口将这些程序与零部件清单系统、部件数据库和 DMU 系统相互耦合就可达到真正的仿真设计效果。同样，必须要有到供货商生产准备的接口。人工传输过程就是多余的。还可自动进行可信度试验，如：

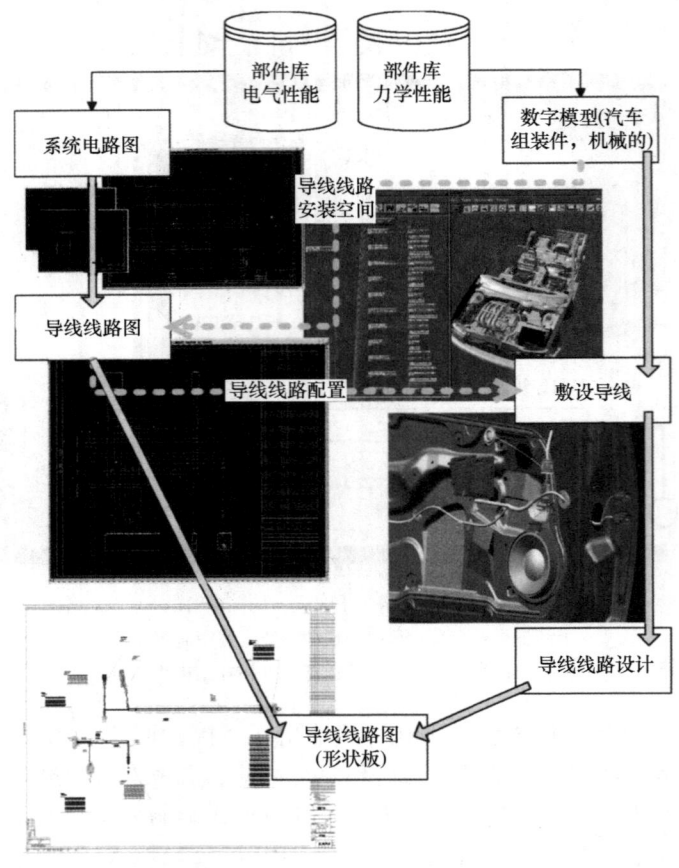

图 8.37　在开发电气系统 CAD 工具链中的数据流

1）注意电气、功能、构成和形式方面的规定。
2）一致的、前后统一的零部件清单和变型件掌握。
3）在与网络清单一致的所有文件内连接的一致性。
4）在包含在部件数据中的电流值基础上具体配置导线断面尺寸和接头尺寸。

如电气系统能很好反映在受到弯曲冲击时各导线束的真实性能，则可以采用虚拟电气系统在数字模型（DMU）中进行碰撞试验和装配试验（图 8.38）。通过电气系统样件生产和在汽车上装配、测量，通常需要人工校正导线长度，以从各种影响公差的因素中得到大批量生产的最佳的电气系统。

同样，CAE 工具的使用范围不断扩大。基于电气数据的仿真计算可及早辅助电气系统的参数选择及它们的有效性。对真实导线线路的错接检验可生成测试矢量，和在电气系统构建的设计中 CAE 可辅助基于调整和交互作用的初步设计方法和优化方法。

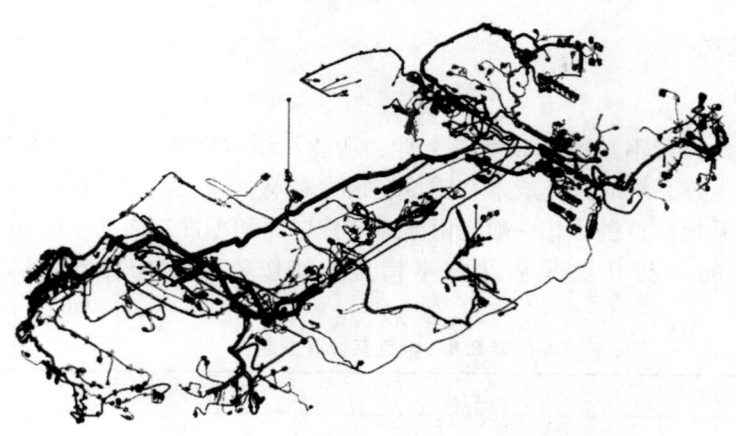

图 8.38　汽车电气系统 CAD 模型（大众辉腾）

3. 供应商组成

综合性的、大量的、多技术的电气系统的开发和生产要有相应的、综合性的组织机构保证。20 世纪 70 年代前，许多汽车生产厂家自己生产它们的导线束。而目前，电气系统的开发和生产则完全转移给电气系统供货商。

汽车生产厂家致力于对汽车有重大影响的电气系统性能上，它列出详细要求，预先给定电气系统电路图、装配流程并协同设计组装件。详细设计则由供货商完成。按供货商产品谱，导线、部件、塑料件可利用现成的或二次开发。人们追求尽可能多地使用模块重叠的相同件和保持一定量的库存件供装配。汽车生产厂家所需的大量电气系统部件直接由下面的各供货商及时供货。大的汽车开发项目仅是电气系统开发就约有 50~100 名技术人员。图 8.39 是在电气系统开发中各供货商的组织机构连接。

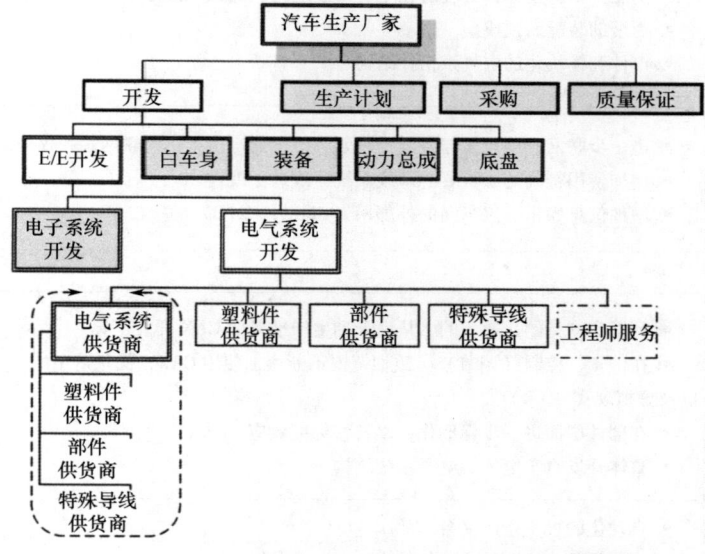

图 8.39　在电气系统开发中各供货商的组织机构连接

8.2.5 开发趋势

概述

由于电气部件数量不断增加和对安全性、功能、结构空间、重量和效应的要求不断提高，和同样由于电气系统对汽车成本和质量有很大影响，以及它对其他部件的相互作用，需要不断优化电气系统。这种优化一般是由于对部件层面和零件层面的不断的、连续的改进过程实现的。其中的一些开发趋势和技术措施，如按方法学的方式，以词条形式列在表 8.8 中。

表 8.8 电气系统开发趋势

电气系统	趋 势
导线和插头	• 导线材料：较大断面的铝，信号传输使用黄铜、铜合金，使用光波导线 • 断面：信号传输使用较小断面，并与整个的断面较好协调 • 绝缘：非 PVC 基材料的份额增加，较高的耐热性 • 结构：高压导线，最佳的屏蔽，非柔性导线，扁导线（FFC/FPC），其他的 2D 导线体系 • 优化高压、大电流的安全插头体系，电气和机械的保险元件 • 通过一体化不需电缆和插头体系
开关和熔丝	• 高压范围的新继电器和半导体 • 利用功率半导体不断承担保险、开关和继电器功能 • 扩大诊断、开环和闭环方案，使用分配的电气系统电控单元
结构和配置	• 使用变换器和/或存储器主动稳定电压的措施 • 多电压网，至少是 1 个高电压、1 个低电压 • 高压件本身接地，必要时在车身未接地时在低压件接地 • 为帮助装配而预成型 • 单件和模块化的电气系拓扑结构
通信	• 进一步联网，即总线与各电控单元、传感器、执行机构联网，并提高诊断能力 • 增加使用精确的、重要的总线系统，改进扩展性 • 增加信息娱乐、汽车间的外部网（C2CC、C21C）的接口
流程	趋 势
开发	• 数据库支持的、通用的、从设计到生产准备的 CAX 开发工具 • 在仿真、控制（调节）一致性范围不断增加使用 CAE，优化适用的、并进一步建立 3D 工具以及虚拟现实（VR） • 在部件层面进一步标准化，以转移刻度效应 • 整体开发汽车电气、电子系统结构
生产	• 自动化的批量生产平台 • 不断优化物流和变型件的调配 • 铝合金

8.3 汽车通信系统

8.3.1 概述

在最近几年，电气/电子在汽车上的份额不断攀升。在价廉的小型汽车上配置很多传感器、执行器和电控单元。在高档汽车上还使用娱乐、空调、导航设备以及昂贵的各种辅助系统。在这期间，电控单元总数已达到 30～50 个。由于这些电控单元的功能是相互联系的，如安全气囊电控单元由碰撞传感器得到指令，风窗玻璃刮水器由雨水传感器得到指令，所以这些部件必须相互通信。各个电控单元信号导线的常规联系由于有很多要联网的电控单元几乎不能再增加，所以在汽车上要采用总线（BUS）。这是带有属于总线的控制部件的导线系统。这些导线系统用以在不同的硬件部件之间或不同的软件部件（程序段）之间交换数据和/或能量。

从 20 世纪 60 年代开始，建立了众多的总线系统。各总线系统间的主要区别是它们的技术设计、工作能力和成本。因此，在汽车上针对不同的任务和使用范围分别使用它们（图 8.40）。

各个网络间的通信通过专门的通道和接口实现。虽然在通道上很多信息线路可以捆绑在一起，但这些网络需要很大的尺寸：在 20 世纪 50 年代，在汽车上约有 30m 长的导线，而在梅赛德斯 S 级（W220）高档轿车上约有 1900 根导线、约 3800 个

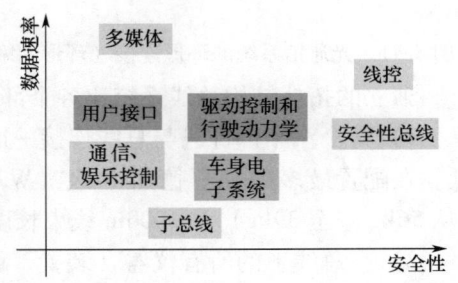

图 8.40 总线（BUS）系统应用的功能范围

插接连接件，总长 3000m 的线束成为最贵、最费工时的部件之一。在本节第一部分将就电的和光的总线系统要点进行说明，并对它们的工作能力和功能范围进行对比。

在汽车工业中，车内通信网络的作用不断彰显，这些网络是开放式的，并与外部环境联系。使用无线网络替代电线或光导线，这些将在第二部分介绍。

8.3.2 电线连接的通信系统

目前唯一使用电线连接的数据总线将车内各系统连接起来。它传输所有来自"控制"方面（从外部温度传感器到车轮转速传感器）和"指挥"方面（从控制风窗玻璃升降机构到驾驶人辅助系统）的信息与命令。还有传输娱乐、多媒体、视频等基本信息。此外，在"线控"概念下电线连接的数据总线不断替代机械连接，如"电子加速踏板"。

除数据容量和按网络拓扑结构（即按连接结构的传输技术）外，可将网络分类[1]。网络有三种基本型式：

1）点对点连接：只有两个参与者的网络（下面不再关注它）。

2）环形网络：所有的部件连成一个环（图 8.41）。这种结构的最大优点是导线消耗少、连接快。如果在环的某处中断，则所有部件间的数据传输中断，为此必须开发较贵的控制系统和"旁通"方案。

3）星形连接：星形连接是所有部件通过安装在星中心的"壁垒（Hub）"（也称总线

"守护者")连接起来。它可保证顺利通信(图8.42)。这种连接不需要其他的控制系统,因而比环形连接成本低。另外,在一个线路中断时可以与其他线路联系。当然星形连接线路要贵,汽车重量也增加。在"壁垒"或"守护者"失效时导致整个网络失效。

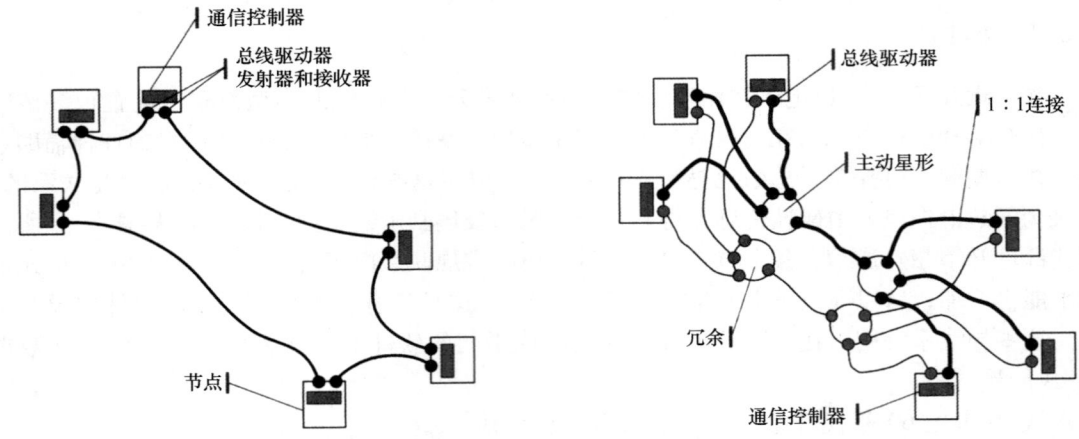

图8.41 光通信系统的环形连接(环形网络)　　图8.42 主动的星形结构

独立的拓扑结构总线系统比各个部件间单独的信号线有不少优点:

1)每个汽车部件只与总线连接一次。敷设线路简单、所需结构空间小、重量轻、成本低。在配置最多的梅赛德斯S级(W220)轿车上使用总线系统约可节省17kg线束重量(从56kg减至39kg)和1000m线束长度(2200m而不是3200m)。

2)在总线上的所有仪器(装置、设备)可相互通信和相互反应。如在接入风窗玻璃刮水器时利用设置反向行程可自动起动后风窗玻璃刮水器。这种连接称为多功能连接。

3)利用冗余导线可更好防止故障。

4)因为总线、总线接口和通信协议是标准的,可提高部件模块化。在不同汽车上使用很多不同配置的电控单元时只要将一些附加功能的模块组合起来,或从中取出一些模块。

原则上,在电线连接的通信系统中必须区别两种数据传输技术:电的数据总线和光的数据总线(图8.43)。这些系统将在下面介绍。

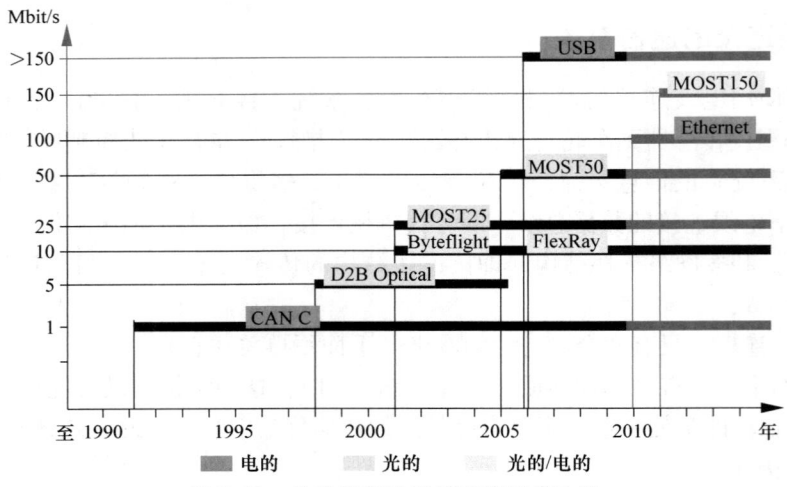

图8.43 总线系统选择的连接导线比较

1. 电的通信系统

在网络中的电的通信系统，作为电脉冲的数据通过常规的铜线发送。这种传输方式相当便宜，能承受较大的机械载荷。当然，导线连接的网络容易受到电磁干扰，需仔细屏蔽和隔离（见 8.4 节），这样成本就增加。此外，线束较重。线束还是占汽车网络的大部分。

现将最重要的总线系统分述如下[50,53]：

1) LIN 总线：本地互联的局域网络（LIN, Local Interconnect Network），是汽车上最简单、最便宜的总线。它只有唯一的 12V 导线，以此保证有串行数据格式的廉价的传感器及执行器的通信。传输速率为 19.6kbit/s 的窄带宽。LIN 总线只有一个主机（发射节点）和多达 16 个从节点（接收机），主要与温度传感器、湿度传感器、执行器和照明器件联网。为节省能量，LIN 网络也按"睡眠"模式或"等待"模式工作，直至"唤醒"信息激活从节点。

2) CAN 总线：控制器区域网络（CAN, Controller Area Network）自 20 世纪 90 年代初以来，不断用在汽车上，采用双芯线束交联，如 ABS 或发动机控制。在总线长度到 1000m 时串联的 CAN 总线可用的数据传输速率从 10kbit/s 到 1Mbit/s。在总线上的最多的参与者（节点）数为 32。因为网络是内部分配，所以总的参与者明显增加。在 CAN 总线上的所有参与者都可以是"主"或"从"，不仅可接收信息，还可发送信息。这种设计称为"多主总线（Multi-Master-Bus）"。通信由事件控制：当电控单元（ECU）发送信息时，只要通道是空着的，相应的 CAN 控制器受委托，并将信息发送到线路上。如果必须同时发送多个信息，则设定的发送优先清单就控制先后排列顺序。在 CAN 总线上没有接收地址，当时的信息总是到达所有的参与者（用户）。为保护 CAN 总线免受强电磁场影响，CAN 总线系统设定一个机制，它可识别错误的信息传输并重复传输。另外，还可把故障局部化，并与相应的控制器和网络分开。

3) TTCAN 总线：在重要的安全性系统中使用进一步发展的 CAN 总线，即时间触发的 CAN 总线（TTCAN, Time Triggered CAN Bus）。这时通信不是由事件触发的，而是由时间触发的。利用参考的信息在共同的时间校准所有节点，之后在规定的时间窗口通信。当在正常的 CAN 总线上信息的执行和发送时间可能不精确时就要保证按准确的时间计划传输信息。

4) DC-BUS：当在前面所说的总线系统中要求加一些线束时，则可利用汽车上现有的直流电导线以交换数据。但这种"输电线通信（Power Line Communication）"会受到很多干扰而至今没有在批量生产的汽车上使用。

5) USB/Ethernet：考虑到数据传输容量不断地增长，正在使用从计算机世界借用来的总线 USB 和 Ethernet（以太网），用以遥控系统和驾驶人辅助系统和信息娱乐系统。它们的数据传输速率可达 100~480Mbit/s。当然，它们具有同步数据传输的通信协议在每个节点上需要高速中间存储器。在汽车上的多媒体范围，USB 用作移动数据载体的接口，在联网时也用作分配的信息娱乐系统。

在工业领域很长时间已证实 Ethernet 的可靠性和传输品质，是在汽车上使用的价廉方案。因此在相当长的一段时间以来各汽车生产厂家考虑在汽车上使用 Ethernet。在第一个开发步骤中 Ethernet 用于汽车故障诊断技术和汽车上各种 ECU 的软件下载，在第二个开发步骤中为实时应用，如语言、音频或视频，扩展数据传输。为此需要一个故障很少的网络路径，因为较长或间歇的关键时刻应用的数据流中断会对语言和图像品质产生不利的影响。为保证关键时刻的 Ethernet 服务质量，如数字音频或数字视频，IEEE 已为标准 802.1 的部分组成一个音频/视频连接（AVB，Audio/Video – Bridging）的工作组。由此产生的 AVB 标准作为汽车上未来 Ethernet 的多媒体网络的基础。

2. 光通信系统

除了电信息传输外，在汽车上还建立了光通信系统，以实现快速和大容量的数据连接。这时，电信息转换为光脉冲，再通过塑料光导线（POF，Plastic Optical Fiber）传输。光导线传输速率高、重量轻，没有电磁干扰。但目前的网络制造成本高，对产品质量敏感，不能承受大的机械应力。在装配时允许的最大弯曲半径不小于几厘米。维护和保养要在专门的工厂使用专门工具进行。

最重要的光总线系统细述如下[2]：

1）D2B 光总线：内部数据总线（D2B，Domestic Data Bus）首先成批地用于光纤网络上。数据传输速率为 5.6Mbit/s 的光通信系统通过 0.98mm 厚的有机玻璃（聚甲基丙烯酸甲酯，PMM）导线的环状结构与多达 5 个参与者同步联网。它只用于多媒体部件上。

2）MOST 总线：1998 年为汽车上多媒体环境使用的定向媒体系统传输（MOST，Media Oriented Systems Transport）总线（MOST-BUS、MOST 25）诞生。MOST 网络为环状，在重要的安全性系统上应用时采用双环结构。在 MOST 25 环上可连接多达 64 个 MOST 仪器（装置、设备）。因为 MOST 总线系统按简单操作设计（即插即放，Plug-and-Play），所以可容易地将各个仪器（装置、设备）分开或添加。在 MOST 网络中，MOST 仪器（装置、设备）充当定时主节点（Timing-Masters）角色，它将连续的帧输入到 MOST 环上。要传输的 MOST 帧开头发送的序言是为与定时从节点（Timing Slaves）同步的。

通过以双相编码（Biphasen-Codierung）为基础的同步传输，可将定时从节点不断地再同步。可供传输的数据流（同步数据传输）和数据包（非同步数据传输）的速率约为 23Mbit/s 的带宽。它们分为 60 个物理通道，这些通道可由用户选择和配置。MOST 总线支持多达 15 个非压缩的、CD 品质的立体声音频通道或多达 15 个 MPEG1 通道（活动图像压缩标准 1 通道）的音频—视频传输[3]。仅用 MOST 总线还不能传输高分辨率、非压缩的视频数据流。MOST 总线同时提供一个通道，以传输控制信息，为此提供 768KB/s 的带宽。这样每秒几乎可传输 3000 个控制信息。利用控制信息可以配置 MOST 仪器（装置、设备）以及同步、非同步数据传输。

第 2 代 MOST 50 提供一个与扩展 MOST 电气物理层修正 1.1 技术条件相关的从 25 到 50Mbit/s 带宽的增强版[6]。它可以在保持汽车领域严格规定的电磁兼容（EMV）情况下使用没有屏蔽的双扭绞铜线（UTP）传输数据。

第 3 代 MOST 150 数据传输速率扩展到 150Mbit/s。它支持使用塑料光纤（POF）和作为光源的 LED，并保证 MOST 25 顺利（无摩擦）的过渡。另外，为达到较高的数据传输速率，MOST 150 还具有同步数据传输的通信协议，以支持综合的视频应用和有效传输 IP（互联网协议）数据包的 Ethernet 频道。Ethernet 频道传输按 IEEE 802.3 传输 Ethernet-Frames（以太网帧），这样就可进行标准的 TCP/IP 软件堆通信（Kommunikation von Standard-TCP/IP Soft-Stacks）而不会改变。新一代的 MOST 为 Ethernet 在汽车上的通信提供了准备应用的物理层面。一方面传输速率分配与 IP 通信要求的匹配；另一方面常规的移动传输可能是动态的。另外，MOST 150 支持经过考验的不同频道，以保留返回到 MOST 25 应用的兼容。各汽车生产厂家已在首批项目中进入执行阶段,并自2011年起在汽车上计划使用MOST网络。

在未来,利用新的光导线可在MOST-BUS上进一步提高数据传输速率。从2008年起,可期盼MOSTⅡ的传输速率为50MBit/s;在2010年后,MOSTⅢ的传输速率可达150MBit/s。

3) Byteflight/FlexRay总线:几年来使用了主要为"线控(x-by-wire)"系统和重大安全性系统传输更大的数据量的Byteflight-Bus和进一步开发的FlexRay-Bus。它们可以自由配置同步和非同步数据传输,最大速率为10Mbit/s的带宽。这种灵活的、扩展的网络最多有64个节点,它们可以是点对点连接或利用经典的总线结构相互连接。传输的物理介质为铜线或大部分是光导线。FlexRay-Bus基本方案与时间控制的CAN-Bus相当。当人们重视TTCAN总线的误差和安全性时,FlexRay总线的重点是通信的灵活性。1999年宝马公司和戴姆勒克莱斯勒创造性地开发了FlexRay总线。但这期间,其他一些汽车生产厂家和所有有名的供货商参与了相应的联合开发组织。

8.3.3 无线通信系统

无线通信系统主要用于外部集成的通信或信息娱乐系统[4]。当前,像车载电话或PDA的各个部件大多还用电线与汽车相连。随着对舒适性要求的不断提高,车载终端通信设备更换周期加快和通信系统数量增多,迫切需要转换。

无线通信可采用不同的技术,在下面几段予以介绍(图8.44):

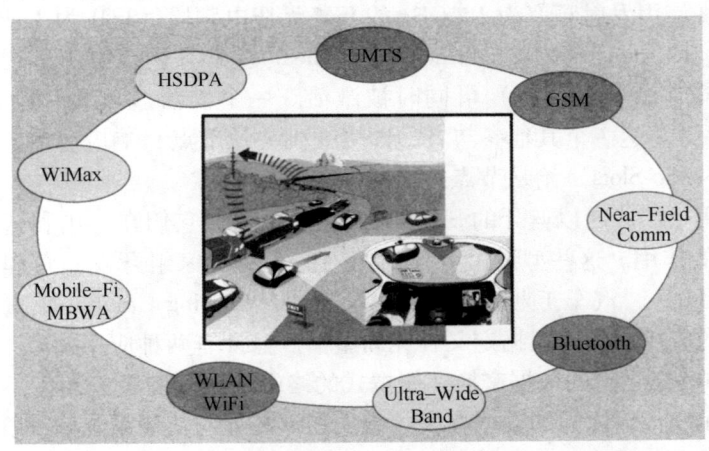

图8.44 利用无线网络实现汽车与环境/基础设施间的数据交换

1) 红外线技术:红外线技术提供无线通信集成系统。在这方面,主要是计算机工业的一些企业在20世纪90年代建立了红外线数据集群(IrDA, Infra Fed Data Association)以及定义物理技术条件和接口通信协议标准。这些协议标准使利用红外线交换数据成为可能。最快的数据传输速率可达16Mbit/s。红外线技术的优点是廉价地构建无线通信系统,缺点是传输距离很短,技术条件规定为100cm,在发射机和接收机之间还必须可见地联系。由于这一原因,红外线传输在汽车上可用于遥控。

2) Zigbee技术:Zigbee是一个无线网络,它只能在短距离范围工作。主要用于从传感器到传感器的通信。传输速率为106Kbit/s或212Kbit/s,未来将达到424Kbit/s。在汽车上Zigbee传输距离只有几厘米,因此只能用在凹槽(坑)场合,如与轮胎气压传感器通信。

3) Bluetooth 技术：在汽车上内、外部件联网的蓝牙（Bluetooth）技术起着重要作用。蓝牙技术标准由蓝牙特殊兴趣集团（SIG, Special Interest Group）定义和管理。该集团迄今已有超过 2000 家企业组合起来。该标准为在短距离内无线交联各仪器（装置、设备）定义一个无线接口。通过接口，不仅像车载电话和 PDA 的车载小型仪器（装置、设备），而且像计算机或外围设备可以在网络上相互通信。这样的网络称为"无线个人局域网（WPAN, Wireless Personal Area Network）"。目前使用者可用的数据传输速率最大为 2.5Mbit/s ［Bluetooth2.0Plus Enhanced Data Rata（EDR）］。Bluetooth 系统的核心件为微芯片，即蓝牙模块。它需要的能量很小，能提供整体安全性的作用原理，易于生产。它是电子仪器（装置、设备）的宽广的使用平台。蓝牙模块由高频（HF）件、基本频带控制器、Host 系统接口（如 PC 机、掌上计算机、手机）等组

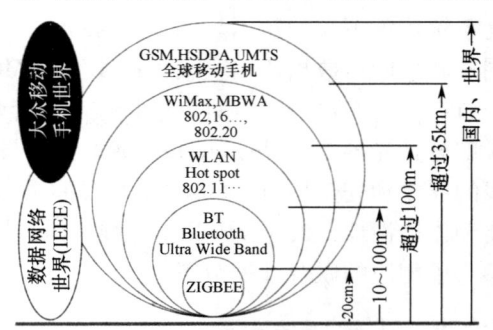

图 8.45　通信网作用范围

成。在标准中定义 3 个发送功率级：1mW（0dBm）、2.4mW（4dBm）和 100mW（20dBm），作用距离范围 10~100m（图 8.45）。发射机和接收机不需要直接可见（对）。在汽车上使用时主要考虑无线电波在金属上的反射以及在人体上的吸收。蓝牙仪器（装置、设备）在全球不需批准地允许使用发射频率为 2.4GHz 的 ISM 无线电频段（ISM 为工业、科学、医学的第一个英文字母，即 Industrial、Scientific and Medical）。蓝牙网络可由多达 255 个参与者组成。其中 8 个仪器（装置、设备）可同时被激活。一个仪器（装置、设备）承担发射机（主节点）作用，可多达 7 个其他参与者，即接收机（从节点）响应。主节点控制通信和分配窄发射通道（Sende-Slots）给从节点。

因为蓝牙使用很广，所以蓝牙的 SIG 约有 20 个型谱，它们在应用和蓝牙硬件之间起着连接件（桥梁）的作用。这些型谱由蓝牙组织内的 3 个专家组开发和管理。这些专家组瞄准的是应用开发目标。"汽车工业小组"（CWG, Car Working Group）负责汽车领域，它们熟悉未来汽车上的应用前景并根据定义补充新型谱。蓝牙有两种应用领域：便携的终端仪器（装置、设备）和汽车之间的数据交换；便携式的终端仪器（装置、设备）和娱乐与信息的音频和视频信号无线传输之间的数据交换。集成在汽车上的蓝牙系统第一阶段已结束。主要是一些蓝牙模块通过蓝牙接口用于中、高档也不断用于小型乘用车上的车载电话，这样可以通过汽车音频系统进行交谈。由于引入更多的蓝牙型谱，未来，专家估计蓝牙技术会扩大功能范围，如：

① 进一步集成车载电话和放开商用的 SIM 卡存取。
② 扩大导航系统功能。
③ 可遥控汽车上的一些功能，如汽车闭锁装置、停车加热等。

扩展的 Bluetooth 2.0/2.1 版执行 2009 年通过的 Bluetooth 3.0 标准。Bluetooth 3.0 + HS 规定基本的 3Mbit/s 无线通信，并通过控制数据和中心键交换。如果要传输较大的数据量，则变换为高速模式。这时它在与 Bluetooth 无线技术一样的频率范围的 WLAN 传输技术 IEEE 802.11g 协议（55Mbit/s）基础上工作。为此，Bluetooth 使用一个特别模式（Adhoc-Modus），该模式规定只是在两台仪器（装置、设备）之间才用 WLAN 技术传输。

4) Ultra Wide Band（超宽频带）技术：是汽车上未来的通信传输技术。开发者把超宽频带（UWB）视为蓝牙高频（HF）件的可能接替者。数据传输速率可达 480Mbit/s，适用于如移动图像实时无线传输。那样，如可相当简单的追加安装后座信息娱乐系统显示屏。但在第一次配置时由于取消线束而可节省较多资料。为此，在 2008 年初联邦德国网络管理局开放 30MHz～10.6GHz 间的频率范围。Ultra Wide Band 技术的另一优点是所需的能量很小，且远低于 Bluetooth 通信的能量。目前在消费者群中已首先应用，而在汽车上的应用还要较晚些时候。

5) WLAN 技术：WLAN 表示无线局域网络（Wireless Local Area Network）。它是蓝牙通信的替代和补充通信，但主要是从汽车输出数据。WLAN 的特征是各种计算机或电控单元间的一个无线电网络，它通常基于 IEEE802.11 系列标准。WLAN 网络像蓝牙的应用一样，在全球可用的 2.4GHz 频带和同样不需批准的 5GHz 频带上发送数据。根据应用的标准不同，数据传输速率可从 11Mbit/s（IEEE802.11b 协议）到 54Mbit/s（IEEE802.11g 协议），如图 8.46 所示。WLAN 技术比 WPAN 技术的发射功率要大得多，作用范围则相应增大。在理想情况数据传输约可超过 300m 远。

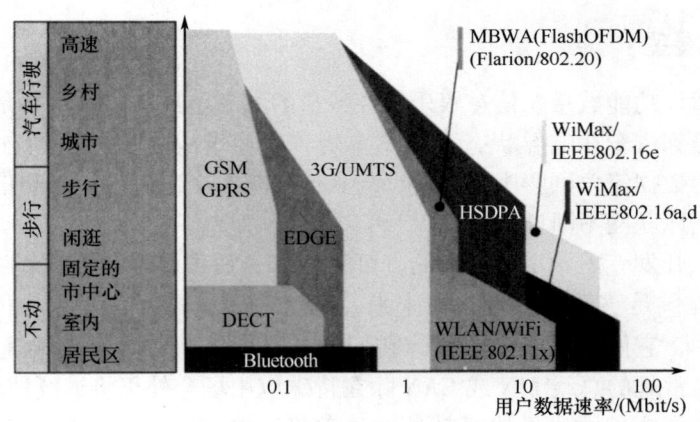

图 8.46　各种使用领域数据传输速率比较

目前，高档汽车生产厂家为他们的汽车配置移动互联网通道（入口）。按网络的可移动性通过 GPRS 和 UMTS 建立通信联系，并通过汽车上任意的终端设备的 WLAN 中继传输。

为使用者保留使用自己的 SIM 卡或保留通过 Bluetooth 和 SIM 通道将手机与固定安装在汽车上的调制-路由器组合装置（Modem-Router Kombination）相连。

6) 汽车与汽车通信的 WLAN 技术：为加速科学研究、标准化和应用，一些有名的汽车生产厂家、供货商已在 2005 年成立了汽车到汽车（Car-2-Car）通信联合体，以尽可能快地在欧洲范围根据 WLAN 技术制订汽车和基础设施之间的开放式的工业标准。汽车生产厂家要为优化交通流和提升交通安全采用新的通信技术：如突然处于交通拥堵、大雾、水滑或交通事故情况的汽车可以直接传输信息给在危险地段周围的所有涉及的交通参与者，及时向跟随的交通参与者报警，并对新的情况做出反应。在开发者的想象中，在 ab-hoc 网络中的每一辆汽车担当发射机、接收机角色，从而建立与阶梯过程相似的信息链。这些信息链可以覆盖宽广的范围。在汽车与汽车通信的同时，也可以这种方式改善汽车与地面设备的通信。这样工厂（车间）就可读出汽车故障存储器中的故障而不必打开发动机罩。驾驶人不需要经常购买新的导航卡,可以在加油站轻易下载最新数据。

  7)宽带移动无线通道(MBWA)技术:MBWA(Mobil Broadband Wireless Acess)是为移动对象进一步开发的无线局域网络(WLAN)。当WLAN是无线的、但基本上与地点有关的而通信范围很小时,MBWA网的通信范围可达35km(图8.45)。无线通信数据传输速率为384Kbit/s~4Mbit/s,即便汽车以250km/h速度行驶时也可达到。在汽车上第一批使用的时间由于所需的基础设施还需要等待。类似的技术是WiMAX,它是移动的互联网通道,数据传输速率预计为10Mbit/s。WiMAX技术由通信电子工业(CE工业,如Intel)大量资助。这些网络是否对汽车很重要目前还很难预测。

  8)GSM、UMTS和HSDPA技术:为下载信息娱乐数据或导航数据,这些经典的移动无线通信被认为可替代如WLAN或MBWA技术。数据传输速率为14.4Kbit/s的全球移动通信系统(GSM)当然传输功率不够,而数据传输速率为384Kbit/s的通用移动通信系统(UMTS)传输功率还较低,直到高速下行链接数据包通道(HSDPA, High Speed Downlink Packet Access)标准达到数据传输速率为14.4Mbit/s时可以在汽车上下载电影或最新的通信卡。

8.3.4 总结与展望

  随着电控舒适性功能数量、信息娱乐部件数量的不断增加,以及主要是大量的新的辅助系统和从监控环境到汽车在临界状态(如汽车受到交通事故威胁时)的自动干预的安全性系统,使汽车上的数据流急剧膨胀。同时,与其他汽车、交通引导中心和信息娱乐信息或其他信息的外部数据库联网不断增多。

  在汽车内部,开发者需要功能强大的、可靠性好、数据传输速率高的总线(BUS)。因为无线通信不能提供足够的安全性,在未来,在这一领域需要开发光导体、MOST、Byteflight的下一代技术,它们适用于多媒体。它们的开发取决于对数据传输速率不断增长的需要。从成本考虑,常规的总线LIN或CAN除在特殊应用场合外仍将继续使用。

  尽管每增加1cm电线或光导线要额外增加重量、空间需求和成本,但汽车生产厂家首先遇到的是各个节点的物理上的可靠通信,只有外部系统与内部系统联网时才能解决通信问题,如集成在车载电话或手持计算机上。当然,与其他汽车或与相应的控制中心也要无线联网。

  在外部通信时,实现高数据传输速率、低能量消耗的UWB(超宽频带)技术前,在汽车内部仍将蓝牙技术作为通信标准。汽车与外部环境之间的通信的前景尚不明朗,即一方面作为计算机网络,作用范围不断扩大、数据传输速率不断提高的WLAN和MBWA或WiMAX,和另一方面作为功能强大的移动无线网络的GSM、UMTS和HSDPA之间的竞争结果尚不明朗。

8.4 电磁兼容EMV

  电磁兼容(EMV)安全性的重要意义在最近几年不断受到关注。以前汽车的大多功能主要是通过机械/液压或机电实现的。开环、闭环控制功能则常常通过电子系统实现。电子系统配有微处理器、电子传感器和执行器。这些系统最近又通过总线系统(如CAN或LIN)

相互交联。另外电磁兼容的状况由于电动汽车的不断增加,在汽车上使用相当大的电流和高的电压的系统(装置)而发生变化。EMV 一般的理解就是电子仪器(装置、设备)都有一定的抗干扰,即不能受到不允许的干扰影响,并且同时必须限制它的干扰辐射,使在电子仪器(装置、设备)周围可以不受干扰地收听广播。对汽车来说,车内各电子系统不要相互干扰,也不要受外部发射台的影响,在汽车中和在它周围可无干扰地收听广播(图 8.47)。

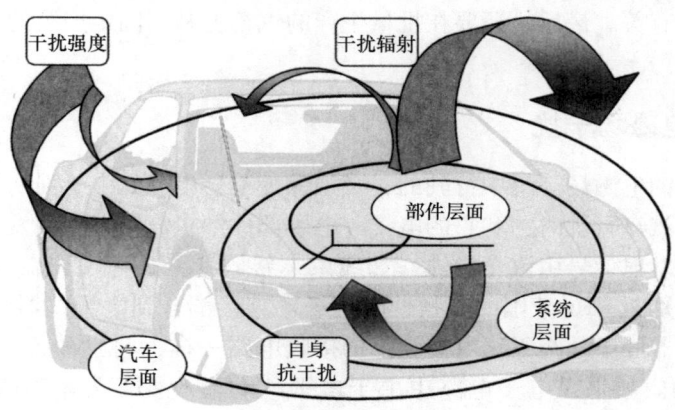

图 8.47 汽车上的 EMV

8.4.1 抗自干扰

汽车抗自干扰就是设计汽车电气系统要保证车内的电气、电子系统相互间不受影响和无干扰工作。在处理 EMV 问题时必须考虑一系列的干扰机理。在 EMV 范围内会出现由于控制操纵(电气系统脉冲)产生的脉冲形态的干扰电压,其幅值为电气系统电压 12V、24V 的很多倍。由于电气、电子系统自身引起的干扰通过信号线或供电线到达其他电气、电子部件的输入端和输出端,而这些部件又没有相应的抗干扰设计,则发生干扰。通过有效的测量法(实验车身),一方面可将这些电气、电子部件表征为干扰源,另一方面通过标准的脉冲试验检测它们的抗干扰性能。通过调整对有关干扰源的部件(设备、系统)和减少干扰的部件(设备、系统)的要求,可优化 EMV 的总费用。为此需要在相应的标准中定义有效的抗干扰等级。通过选择有效的干扰源的抗干扰等级和减少干扰的抗干扰等级可保证 EMV 而不会增加不必要的抗干扰费用。在未来还可为电动汽车的 EMV 取得经验。当然,在设计电动汽车部件(设备、系统)时由于它们的电压较高,必须保证不会影响相邻的电子系统。为保证 EMV,除在实验室测试外,最后还要通过汽车试验检测这些系统的相互兼容性,因为在汽车中敷设的导线对各部件的抗干扰性能有很大影响。

抗自干扰还包括在汽车电气系统内的无线电接收机的无干扰接收和汽车电气、电子系统不受汽车中的发射机的影响。移动通信的重要性不断增加,除了经典的车载电话、导航、无线电接收外,移动互联网也得到发展。所有在汽车电气系统中出现的电流和电压具有与信号形状有关的频谱的特点。频谱的特征与部件(设备、系统)的性能有关。在脉冲频率的周期性系统,常规的电刷换向器的直流电动机具有连续频谱。在抗干扰不足以抑制干扰参数时这些作为干扰参数的信号(干扰信号)或通过线束的连接导线,或通过汽车上的接收天线发射到无线电接收机输入端,而接收机输入端又不能从有用的信号中区别出这些干扰信号而发生接收干扰。为此，必须限制由电子部件发射的干扰信号或干扰信号谱，使在天线输入端不会出现不允许的高电平干扰信号。为保护无线电接收，由于电动汽车比常规内燃机驱动的汽车电流大、电压高而带来对 EMV 的附加挑战，所以必须采取有效的抗干扰措施，如屏蔽、滤波而加以限制。为评价电气、电子部件的抗干扰性能，在实验室中要利用各种检测技术的测量方法，以评价电气、电子部件的抗干扰辐射。必须保持电气、电子部件干扰辐射的限值，它与使用状况有关。最后，还要在批量生产的汽车上利用固定安装的接收机和天线检测整车抗干扰性能。

8.4.2 抗外部电磁场干扰

汽车是在不明的电磁场环境中行驶的，必须保证不会出现如由于强功率无线电发射机而影响汽车功能，在汽车行驶时它和它的电气、电子部件像在汽车上使用发射机一样会受到很大的电磁场作用。发射信号由汽车构件（如线束）接收和到达电子仪器（装置、设备）的输入和输出端。特别对 GHz 范围的高频，电磁场也直接耦合到电子仪器（设备、系统）的构件上。在半导体器件中，与无线电接收机的接收电路一样，将这些发射信号解调并产生不希望的电平移动。如果在电子电路中由于电平移动而改变信号电压而仍认为是有用电压，则会造成功能紊乱或故障，如导致像 ABS 或 ASR 安全系统断开，导致发动机功率损失或迷惑驾驶人的错误显示。通过设计有效的电子部件可保证相应的抗干扰。利用有效的测量方法，如用天线发射信号或其他一些方法，将天线上的高频信号耦合到试件中，这样就可在实验室中，在一些部件上，然后再在批量生产的汽车上检测干扰强度。对汽车测量，需要有大的、用高频吸收器包覆的屏蔽室和转鼓试验台，以对汽车行驶状态进行动态的干扰强度检测。

由于汽车的驱动方式和由于可能受外部无线电发射机影响出现功能故障而危及乘员身体和生命，因此，对较高的电磁场强度必须设计抗干扰的汽车和汽车部件（设备、系统）。在汽车电磁兼容国际指令 UN ECE R10 中规定电磁场强为 30V/m，实际上，大多汽车生产厂家对它们的汽车车型的抗电磁场干扰要求还要高。

8.4.3 抗远程干扰

除对抗干扰要求外，在电磁兼容国际指令 UN ECE R10 中提出保护当地的无线电接收要求。必须限制整车的干扰辐射，使在规定的距离不超过规定的干扰强度。特别要注意正确设计高压点火系统和功率电子器件，因为它会在汽车外部产生最大的电磁干扰场强。

8.4.4 标准和指令

有关的 EMV 测量方法有国家的和国际的标准，在表 8.9 中汇集了汽车电磁兼容的最重要的国际标准。在德国，汽车型号认证中与 EMV 有关的是重要的道路交通规则（StVZO）§55a 的规定。它要遵守国际指令 UN ECE R10 中规定的要求。在汽车型号认证的 UN ECE R10 指令中规定了干扰辐射和干扰强度。此外还包括汽车型号认证程序中的电子部件和系统的 EMV，并同样提出对无线电干扰的干扰辐射和抗干扰以及电气系统中控制操纵产生干扰电压（见 8.4.1 小节）的要求。

表8.9 汽车 EMV 国际标准

名　　称	题　　目
干扰辐射	
IEC/CISPR[①] 12	Limits and methods of measurement of radio interference characteristics of vehicles, motor boats, and spark-ignited engine-driven devices
IEC/CISPR[①] 25	Limits and methods of measurement of radio disturbance characteristics for theprotection of receivers used on-board vehicles
干扰强度	
ISO[②] 7637	Road vehicles-Electrical disturbance by conduction and coupling Part1：Definitions and general Part2：Passenger cars and light commercial vehicles with nominal 12V and 24V supply voltage-Electrical transient conduction along supply lines only Part3：Vehicles with nominal 12V or 24Vsupply voltage-Electrical transient transmission by capacitive and inductive coupling via lines other than supply lines
ISO[②]10605	Road vehicles-Electrical disturbance from electrostatic discharges
ISO[②] 11451	Road vehicles-Electrical disturbances by narrow-band radiated electromagnetic energy-Vehicle test methods Part1：General and definitions Part2：Off-vehicle radiation source Part3：On-board transmitter simulation Part4：Bulk current injection（BCI）.
ISO[②] 11452	Road vehicles-Electrical disturbances by narrow-band radiated electromagnetic energy-Component test methods Part1：General and definitions Part2：Absorber lined chamber Part3：Transverse electromagnetic mode（TEM）cell Part4：Bulk current injection（BCI） Part5：Stripline Part6：Parallel plate antenna Part7：Direct radio frequency（RF）power injection Part8：Immunity to magnetic fields Part9：Portable transmitters Part10：Immunity to conducted disturbances in the extended audio frequency range Part11：Reverberation chamber

① 国际电工技术委员会/国际无线电干扰专门委员会。
② 国际标准化组织（技术报告）。

8.4.5　EMV 安全保护

　　早些年采取必要的抗干扰措施常常是事后的，在抗干扰部件外面加装抗干扰滤波器或附加屏蔽。目前，在现代批量生产的汽车上再使用上述措施是不经济的。测定的干扰强度和限制干扰辐射像产品的其他性能一样必须包含在产品开发过程的所有要求中，并带较大的影响电子部件的设计。更多的 EMV 安全保护应是汽车开发工作的一个组成部分。在电子部件中，在电路设计、元器件选择、外体造型、电路板布置等方面必须考虑 EMV 要求。在电动机和机电调节器上，通过结构设计和带抗干扰元器件的有效的内部布线可将干扰辐射降至最小。采用合适的电路仿真计算和开发测试中的电磁场数值计算可及早检验设定的 EMV 安全保护措施的效果。在最后的汽车交付（出厂）测试中按标准的测量方法检验是否满足 EMV

要求。

8.5 功能领域

8.5.1 导言

电气装置在第一次世界大战前就已经出现在汽车上,包括发电机、照明装置、点火装置和起动机。

目前,汽车上几乎没有一项功能不需要电气、电子或软件的参与。它们的各项分功能和共同的作用(包括驱动底盘、车身等系统)在相应章节中描述。下面描述重要的功能领域。

8.5.2 照明设备

源自20世纪的白炽灯技术在过去20年汽车照明已转向气体放电技术、LED技术与现代传感装置的组合,以在最少眩目情况下达到最佳照明、最好安全性和最舒适的目的。虽然在黑暗中像白天照明那样,交通事故还是成倍增加,所以有进一步开发照明设备的必要性[77,80,81,84]。

在照明设备方面的挑战在于技术方案的转换和由此引起的市场、可接受的成本的变化,以及在心理方面优化在交通环境中各系统的相互效果。还要进一步修改相应的照明规范。

1. 认证

汽车外部的工程照明设备必须认证。相应的规定包括安装规范和行驶规范。照明的国家规定不断被国际规定替代。世界上的应用规定可分下面几类:

1)应用ECE规定(靠右侧行驶和靠左侧行驶)。
2)主要应用ECE规定的国家,但没有完全采用的(如日本)或只是部分采用的(如中国、澳大利亚)。照明安装要求见指令E76/756/EWG[73]。
3)应用SAE规定,适用于美国和加拿大(经修改)[74]。
一些国家既承认ECE规定,也承认SAE规定。

特别要协调ECE和SAE间的规定,使全球可以使用相同的工程光学设备[75]。当然仍将保留靠右侧行驶和靠左侧行驶的不同规定。

在ECE规定范围的国家认证机关给予检验标记,它由字母E和阿拉伯数字组成。如德国为E1(ECE)或e1(EG)。美国标记为DOT。认证标记应尽可能在前照灯和灯泡外表[76]。工程照明单位表见表8.10。

表8.10 工程照明单位表

工程照明单位		工程照明单位	
符号与量	单位	符号与量	单位
光通量	lm(流明)	功率	W
发光强度	cd(坎德拉)	发光效率	lm/W
亮度	cd/m²	照度	lx = lm/m(Lux)
光量	lm·s		

2. 光学工程术语和概念

1) 单位：可见光是电磁波的一小部分，波长从380nm到700nm。

2) 测量方法：对前照灯，在欧洲测量距离常为25m，这时$1lx \geqslant 625cd$。为测量，测量装置要按人眼的颜色灵敏度$V(\lambda)$校准。白天行驶灯最好是浅绿色（555nm），在黑暗处最好是蓝色。

3) 有效距离：通常定义为射程，在射程内照度达到定义值。对近光灯，常称为道路边缘处的1个发光点，其照度表示为1Lux。

4) 等照度表示法：可以作为相同的照度（Isolux）或相同的发光亮度（Isocandela）的照明评价。既可作为壁面表示法（大多只对前照灯），也可作为换算的道路表示法。

5) 视野：主观的、与很多因素有关的距离。在视野内还能识别物体的距离。

6) 眩目：生理眩目是可测定的，它确定会车时的照度。生理眩目表示主观的干扰程度，它与光的颜色和发光面的大小有关。基于生理学的评定，照明亮度和相关的测试不断增强。

3. 前照灯

前照灯用以照明汽车周围环境。在多车辙汽车上前照灯总是成对安装。

（1）前照灯的发展历程　约在1905年用电石发生器产生的乙炔气灯作为前照灯，它有足够的亮度，但在夜间行驶时太刺眼。乙炔气灯系统很快地完全被电照明系统替代。

从1957年起使用的不对称近光灯可扩大照明车道边缘而又不会造成会车眩目。这样就有靠右行驶和靠左行驶的前照灯。

在美国只允许使用密封光束前照灯，而在欧洲则使用标准的灯型。从20世纪60年代起世界范围使用卤素灯，其光通量比常规的白炽灯光通量约提高一倍。

自1991年使用每个光源具有3200lm的氙气灯以来，前照灯的开发更多地关注以可提供的光通量最好地照明交通区域而没有对其他交通参与者产生眩目。

自2002年以来，市场上的机电照明系统通过照明模块和遮光板的运动使光分布与路面和交通状况适应，并采用LED技术还能较好解决自适应照明系统（图8.48）。

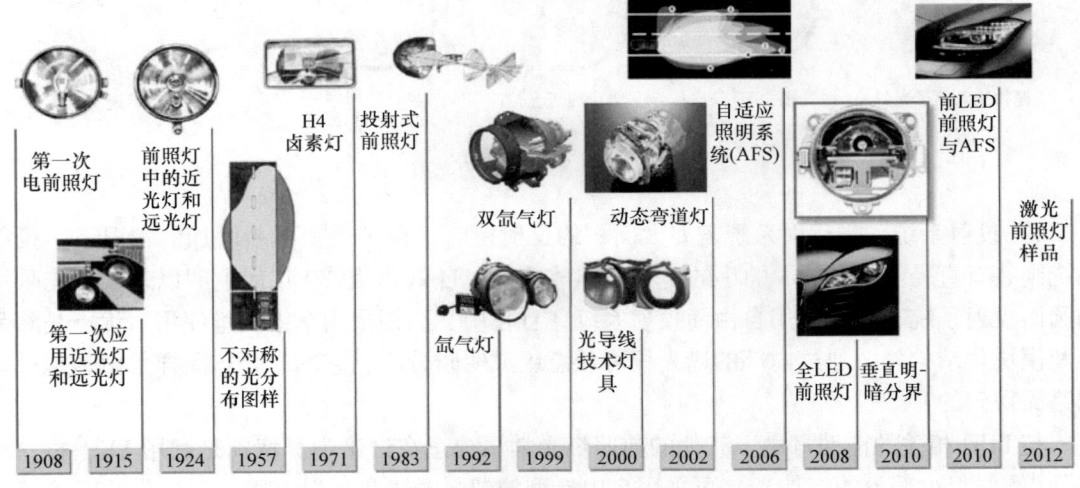

图8.48　汽车前照灯的发展历程

（2）车灯种类

1）近光前照灯：在当前的交通密度下，近光前照灯是用得最多的行驶灯（达95%~97%）。

2）远光前照灯和辅助远光前照灯：单独使用或与近光前照灯一起使用。

3）前雾灯：在德国只能在雾天、下雨、下雪或视野近的场合使用（在瑞士和挪威也作为"弯道前照灯"使用）。

4）倒车灯：本来就是照明灯，特别在商用车上常用后雾灯作为倒车灯。

5）泛光灯和聚焦灯：在行驶时不允许用作路面照明。

1）两/四前照灯系统。如果近光前照灯和远光前照灯使用相同的反射镜，则就是两前照灯系统；如果近光前照灯和远光前照灯的反射镜分开，则为四前照灯系统。

2）靠右/靠左行驶。在欧洲，在英国和爱尔兰需要不对称的左前照灯，其他欧洲国家则为不对称的右前照灯。如从欧洲大陆行驶到英国则反之，应能遮挡近光前照灯的不对称"光柱（Lichtfinger）"。在用反射前照灯时粘贴配光镜就可遮挡近光前照灯的不对称光柱，在用投射前照灯时必须操纵内部的遮挡板。

（3）反射镜技术　前照灯主要由光源和反射镜组成。反射镜将光聚焦、定向。另外，透明的光学元件（如透镜或棱镜）能影响光分布图样。在有些情况与透明的配光镜结合。反射镜可分两种不同的基本系统：

1）反射系统。旋转抛物面（抛物线曲面）焦点处的光平行反射并成为远光的基础。在焦点以外的光源产生会聚的光束（图8.49），光束的上面倾斜部分形成近光灯，光束的下面部分对欧洲光分布图样需要遮挡。在双螺旋灯丝灯泡上（如H4卤素灯），可以由同样的抛物线曲面反射镜产生近光和远光。利用散射镜（配光镜）上的棱镜和圆柱形透镜产生光分布图样[76]。目前使用自由面反射镜，它由计算机程序算出，以产生所希望的光分布图样而不需其他轮廓。内部光滑的遮光板是需要的，以直接阻挡射出的光，并且由于装饰原因遮光板外面大都光泽发亮。

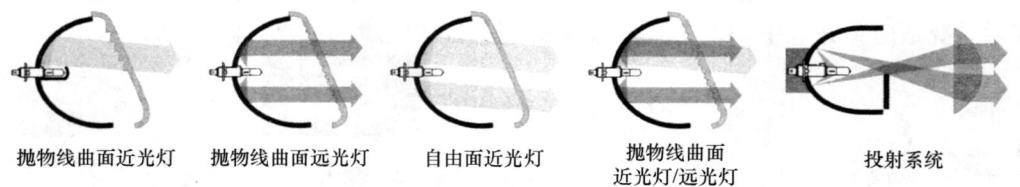

抛物线曲面近光灯　　抛物线曲面远光灯　　自由面近光灯　　抛物线曲面近光灯/远光灯　　投射系统

图8.49　各种不同的光束

2）投射系统。当反射系统需要大面积的反射镜时，在光通量不断增加的情况下，投射系统则装有直径约为70mm的小的、不对称球透镜。自20世纪80年代中期以来，首先采用椭圆面投射系统，后又采用自由面投射系统，且在中、高档乘用车上大量使用。优点是除紧凑和模块化结构外，通过内部的遮光板可任意组成明暗分界。它的光分布图样是由透镜投射到路面得到的[80,81]。

与LED相关的前照灯中，其他的前照灯光学系统正在讨论中。特别是利用LED的"冷光"（辐射很小部分的红外光）可采用自由造型的塑料透镜和透射镜组，以提供照明外还提供新的照明风格。

3) 反光镜材料和镜面。传统的反光镜是由金属板（主要是钢，较少的为黄铜或铝）压制而成的[3]。表面用喷漆平整和用纯铝在真空中金属化。包括附加的防腐层，反射率高达87%。在外形尺寸小、高温（特殊的投射系统）时使用铸造金属（镁、铝，早期为锌）的反射镜。在投射系统中用得最多的是热固性塑料（BMC），如薄型聚酯（LPP, Low Profile polyester），热固性塑料兼有热强度好、造型精确的优点，但需要基本的涂装。

对反射镜镜面有高要求，粗糙度约为1/10000mm。在早期，在前照灯上的冷凝液体经常使反射镜损坏。因此要注意前照灯的有效通风和防腐。

（4）配光镜 有光学造型的配光镜（即散光镜）与垂直位置最大倾斜为25°。在自由面反光镜上可能是"自由光"的配光镜，它可增大倾斜和呈"后掠状"，总角度为60°或更大一些并不少见。但要注意，光损失随光的入射角增大而增加。在入射角为0°时，在玻璃中的光传播效率为92%，而塑料中约为85%（图8.50）。压制的玻璃配光镜只在辅助前照灯上使用，因在该处，它的耐热性好。

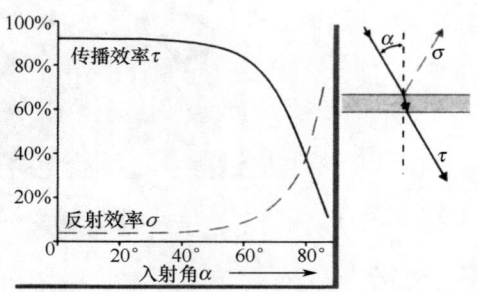

图8.50 光反射效果和传播效率随入射角的变化

直到1983年，在欧洲几乎都用压制的配光镜（滚压的很少）。压制工艺的公差小，但由于模具快速磨损使公差增大。压制的玻璃配光镜通过化学或热硬化处理抗碎性好、高温强度较高。

1993年，在欧洲，按新的ECE-Regelung（规定）允许使用塑料配光镜[79,80]。在美国和日本成功使用塑料配光镜还要早一些[78]。塑料配光镜比玻璃配光镜的优点是重量轻、设计自由度大。主要采用聚碳酸酯基质材料，并在超净环境下进行硬涂层保护。配光镜（包括脏污配光镜）允许的最高温度不超过145℃。在用卤素灯时需用专门程序进行仿真计算。

在配光镜轻度脏污时首先会影响光的通过。在脏污程度严重时会影响光效率。前照灯清洁设备（图8.51）是主要的安全性部件。在斯堪的纳维亚半岛的国家规范中吸收了EG-Regelung（规定）。为清洗塑料配光镜，只使用喷水设备而不再使用刮水器[78~80]。除安装在汽车保险杠上的喷嘴支架外还借助望远镜观察喷嘴并通过最简单的水压移动喷嘴，使它处于最佳喷射位置，改善清洗效果。如果接通照明，还可一起清洁风窗玻璃[75,76,80]。在为近光前照灯使用高效率的卤素灯和专门的氙气灯时，ECE-Regelung（规定）要求必须安装前照灯清洁设备。

（5）前照灯调节 在第一次装配、修理后或可能更换灯后必须正确调节前照灯光束。

在近光前照灯上垂直调节按水平的明暗分界对准，水平调节按15°角（大多数）的弯曲点对准。为此，需要一个带标记的测试屏和光学或电子调节仪。

如果远光前照灯和近光前照灯不组合在一起，则远光前照灯按最大值调节。近光前照灯的基本调节公差为1%~1.6%，并在近光前照灯上标出[73]。

在北美，可以从密闭光束（SB）的配光镜上的定位点推导出纯机械调节，即"对光器"[74]。

自1990年以来允许垂直对光器（大多为水准仪）和水平对光器安装在美洲的每一个前照灯中。这样可在北美使用带有固定配光镜的"体式前照灯"[74]。

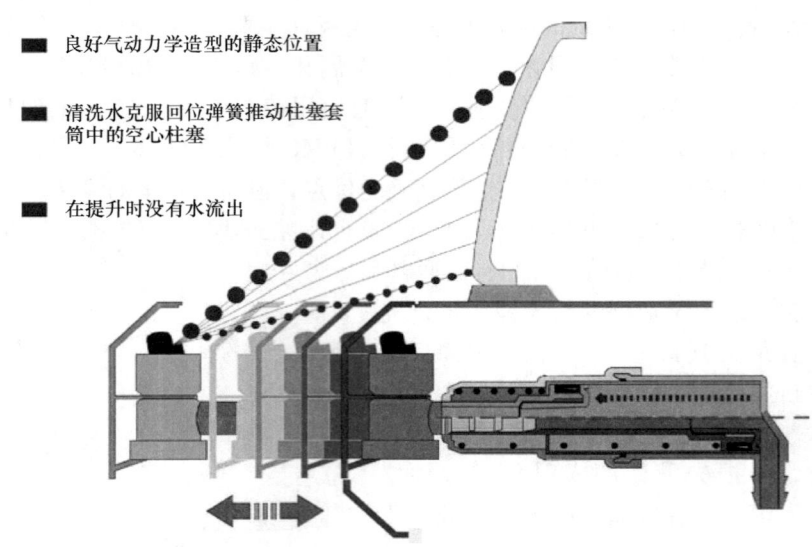

- 良好气动力学造型的静态位置
- 清洗水克服回位弹簧推动柱塞套筒中的空心柱塞
- 在提升时没有水流出

图 8.51　前照灯清洁设备

1997 年以来，在北美，为左、右水平明暗分界也允许选用与欧洲前照灯调节方法相似的"视力对光"法[74]。如果定义的水平调节（在北美常用的）不够精确，则可以完全放弃水平调节。

前照灯调节设计在非承载汽车上。加载引起汽车后部下降和在会车时会引起局部的较大眩目。

1991 年以来在德国，1998 年以来在欧洲范围规定使用由驾驶人操纵的前照灯照明距离调节（LWR）[73]。电动的 LWR 也已实现。

正确操纵 LWR 并不总是能实现的。对氙气灯和其他一些强光源，ECE-Regelung 48 规定了 LWR 的自动操纵。它可自动补偿汽车载荷的变化。法规中没有规定，但非常有用的是扩大前照灯照明距离动态调节，以补偿汽车行驶中急剧制动和急剧加速时汽车载荷的动态变化。LWR 必须在不到 1s 做出反应并需要反射镜的大调节范围。动态调节大多采用步进电动机[80]。

为控制前照灯照明距离自动调节，必须识别汽车车身相对路面的位置。为此需要转角传感器。该传感器通过杠杆确定前桥和/或后桥跳动。

（6）前照灯光源　只有在国际规定中的标准化光源才可作为可更换的光源。通过美洲的"缩小差别"的前照灯光源规定和将美国的白炽灯吸收到欧洲的前照灯光源规定中就可在世界上使用很多前照灯光源（图 8.52）。

白炽灯主要发射不可见的红外光（热发射光）。在红外光旁边的是可见光，它与白天太阳光不同，是"黄白"光。到 1992 年，一些国家（特别是法国）规定用黄光，现在还允许用黄光。对汽车白炽灯的要求由于振动和电压波动的影响要明显高于家用白炽灯要求。白炽灯电压有 6V、12V 和 24V 三种。

卤素灯发光过程可防止灯泡发黑和再生螺旋灯丝。与普通白炽灯相比，光量约高一倍、寿命高一倍、发光温度较高[82,83]。卤素灯有单螺旋灯丝（ECE-Regelung 37）和 H4 双螺旋灯丝（ECE-Regelung 8）[95,99]。

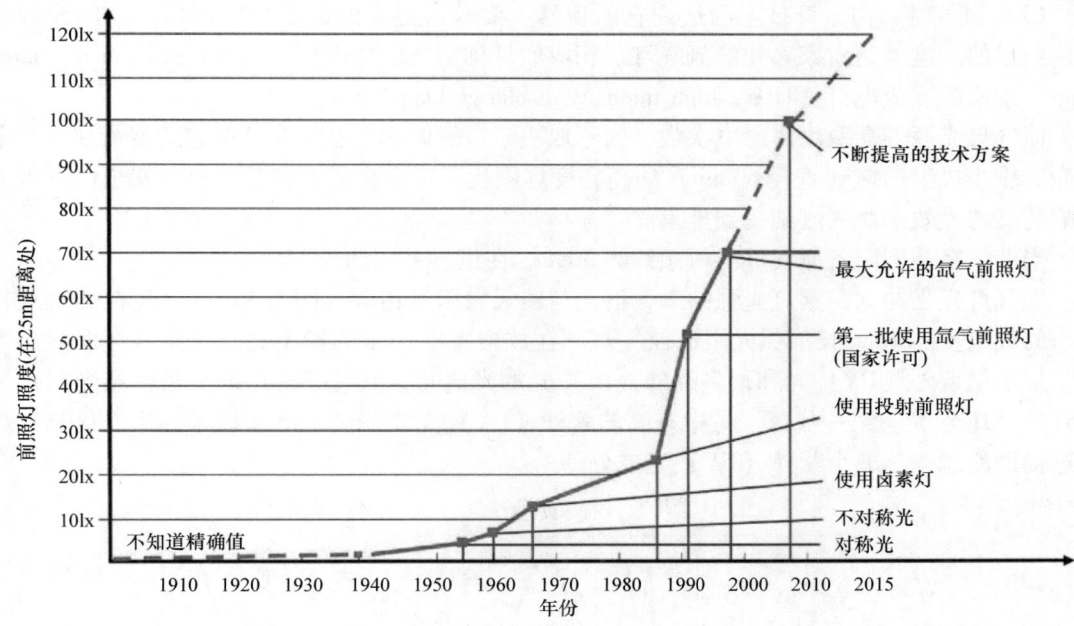

图 8.52 汽车前照灯照度的增强

用于汽车上的信号照明灯有：

1）H1 用于近光前照灯、远光前照灯和雾灯。
2）H3 优先用于前雾灯。
3）H4 用于同一反射镜中的近光前照灯和远光前照灯。
4）H7 替代 H1。

带密封灯座的新的卤素灯为：H8（优先用于雾灯）、H9（远光前照灯）和 H11（近光前照灯）。插入式灯座便于灯泡更换，特别是作为"一次接触（One-Touch）"的 H7 的特殊形状灯泡。除插入式电气接触外还有滑动式电气接触。在北美，远光前照灯普遍使用单螺旋灯丝的 HB3 卤素灯，近光前照灯普遍采用 HB4 卤素灯。在北美同时还用双螺旋灯丝 HB5 卤素灯和新的 H13 卤素灯替代 HB1 卤素灯。

由于一些实际需要，在北美主要使用的一些灯已放弃单纯的高效率，而应具有高寿命。

灯的寿命可用不同的特征指数表示（表 8.11）：

Tc 为到 63.6% 寿命的使用小时数；B3 是到 3% 的被试件失效的时间（小时）。白炽灯对过电压特别灵敏。另外质量保证的灯的实际寿命要高于规定寿命。如果灯的寿命很长，则有相同的光效率或只是轻微下降，称为长寿命型灯。

表 8.11 为各种卤素灯寿命（规定寿命和实际寿命）。

表 8.11 不同卤素灯寿命（规定寿命和实际寿命）

	规定寿命/h	实际寿命/h		规定寿命/h	实际寿命/h
H1	400	960	H7	550	630
H3	400	990	H7LL 长寿命	930	1000
H4 近光灯	700	1050	H11	2000	2100

(7) 氙气灯　卤素灯技术已达到它的顶峰。要取得更大的进步只能使用全新的光源才能达到目的。这就是大家熟知的氙气灯。相应的灯称为气体放电灯（GDL，gashigh discharge lamp）或高强度放电灯（HID，high intensity discharge lamp）。

氙气灯光源寿命取决于通电次数，而不取决于点燃时间。在正常情况它的寿命超过汽车寿命。较小投射透镜（直径60mm）的高亮度灯困扰了许多交通参与者，而对安全性有重大影响的高的光效率氙气灯则受到推崇。

当前，在德国配备氙气灯的份额约为30%，在世界范围约为15%。

氙气灯光强约为卤素灯光强的2.5倍，与白天太阳光相似（图8.53）。通过在约豌豆粒大小的放电室的4mm长的弧光组成氙气灯。在放电室有小量的稀土盐。当卤素灯发射连续的、带小量紫外（UV）光和很多红外（IR）光的光谱时，氙气灯则几乎全是可见光和很少的红外（IR）光。第一代氙气灯中有高的紫外（UV）光成分。1995年以来的第二代氙气灯通过辅助的过滤芯减小紫外（UV）光成分。

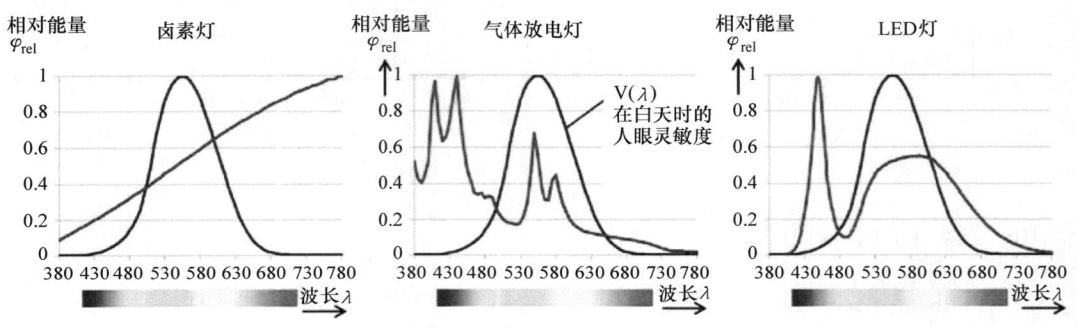

图8.53　卤素白炽灯、气体放电灯（氙气灯和LED灯）的光谱比较

与卤素灯不同，氙气灯需要控制电器（镇流器），以在12V、24V电气系统中工作。镇流器的功能是：

1）产生1800~2800V的点火电压。
2）通过短时高能量输入（17A）蒸发卤化物。
3）稳定工作只约消耗35W功率（要比卤素灯消耗的60W功率低得多）。
4）由于剧烈振动而熄灭时可再次自动点火。
5）供电电压在9~18V变动时可保持氙气灯电压稳定。
6）短路和旁路监控，以防接触保护。

由于复杂的起动方式，氙气灯在冷起动时约在3s后才达到正常的工作状态。为在通电后迅速达到照度，放电室中充有氙气。

1996年以来，按照ECE-Regelung98和99，可在世界范围使用氙气前照灯。在ECE地区，氙气前照灯与清洁设备、照明距离自动调节系统一起使用。不久，第二代使用在反射系统中的氙气灯D2R和使用在投射系统中的氙气灯D2S投放市场。这些灯具有同心的插接连接件，可便于更换。但由于氙气灯的灵敏结构和可能的电气危险，只能在专门的工厂进行。镇流器的结构是可变的，常用的是高压件与低压件分开。几年来，提供了带组合高压件的D1S或D1R氙气灯型（图8.54）。由于还组合其他一些功能，低压件是变化的，如弯道照明灯动态照明功能组合在氙气灯镇流器的低压件中。在市场上还有一种方案，即可将氙气灯镇流器和为弯道灯附加的前照灯电控单元之间的功能分开以及实现发光二极管（LED）模块控制的方案。

由于 D1、D2 氙气灯含有微量水银（约 0.5mg），曾进行了多年的环境兼容性讨论。但自采用高效的、标记为 D3（带组合的点燃件）和 D4（没有点燃件）的无水银气体放电灯，并首次用在批量生产的汽车上后，D1、D2 氙气灯已过时。

图 8.54　卤素灯和氙气灯（R2 为 Bilux 非卤素灯，以比较）

4. 双氙气灯

在一个灯中，近光前照灯、远光前照灯使用两个光源在原理上是不可能的，且是昂贵的。为解决远光前照灯，主要是将卤素灯光源加接到氙气近光灯上。1999 年以来的双氙气灯系统是氙气灯技术的进一步发展（图 8.55），该技术使用一个转换器，它由吸力电磁铁驱动遮光板运动，使同一氙气灯光源可选择地成为近光前照灯或远光前照灯。转换动作如此之快，以致在 0.35s 内就能达到有效的灯光信号效果。在双氙气灯系统失效时，通过拉簧转到近光前照灯位置。由于该系统结构简单、工作可靠、发光效率高，所以很快在投射系统上采用。而相应的，带移动光源的反射镜或可移动的遮光板的反射系统，或者退出市场，或者只是局部使用[85,87,91]。

图 8.55　投射模块（资料来源：Hella KgaA）

5. 光评定

夜间交通事故数量超比例增长表明夜间是汽车交通事故高风险时段，从而不断认识到前照灯的视野是安全性的重要因素，需加以评定[75]。但在与现代传感技术结合，并从照明技术角度可进一步优化驾驶人辅助系统[96,97]。

一般情况下，良好的近光前照灯应满足：

1）应能均匀地和没有脏污地照亮路面。
2）主要照亮本车道（引导照明）。
3）足够的散布宽度。
4）没有会车眩目。
5）在雾天只有很小的眩目。
6）约在 40m 以内不要太亮地照亮本车道，因在路面潮湿时由于光反射而引起会车时的极度眩目。

与近光前照灯不同，在中欧，远光前照灯处于次要地位，而在北欧则非常重要（六角斑羚出没！）

发光效率由前照灯性能和汽车的各种因素决定。反射镜尺寸、布置以及投射系统的透镜尺寸以及配光镜的倾斜和后掠对前照灯的发光效率起着重要作用。其他的影响因素还有灯的型式，特别是实际的供电电压。与汽车有关的因素是前照灯的安装高度、座椅位置、风窗玻璃的倾斜程度和可能还有风窗玻璃色调和金属化。

理想的专门杂志组织的光试验是有争议的，但它是一种大众化的方法。为实现公正的光试验，可增强对好的前照灯的评价意识和促进光技术的发展与不断突破。一个好的光试验包括优先在"光通道（Lichtkanal）"进行的静态试验和在各种环境条件下的行驶试验。通过虚拟的方法，可以在开发阶段就能精确地仿真和优化未来的前照灯静态和动态（虚拟的夜间行驶）性能[79]。

6. 白天行驶灯和示廓灯

为使行驶的汽车在白天也能引人注意并避免交通事故，还要求斯堪的纳维亚的一些国家、加拿大和瑞典普遍使用白天行驶灯。2008年欧洲Richtlinie（指令）2008/89/EG规定，自2011年起所有新的乘用车和自2012年2月起所有新的汽车必须配备白天行驶灯，而在美国、加拿大还可继续用近光灯或专门的远光灯行驶。

为欧洲优先考虑使用专门的白天行驶灯方案是因为使用近光前照灯要消耗较多的电能，即燃料。120W功率的近光前照灯约等于0.12L/100km燃料消耗，而专门的白天行驶灯消耗电能的典型值约为12W。在使用白色发光二极管（LED）时消耗的电能还要少。未来的设想是将白天行驶灯集成在前照灯中，并与示廓灯功能组合，特别是示廓灯为造型件时。2003年白天行驶灯/示廓灯上的白色LED光源是前照灯上LED的首次应用[88,90]（图8.56）。这期间，很多汽车生产厂家选用不同的前照灯风格，以根据市场状况定义它们的汽车夜间行驶的前照灯设计。

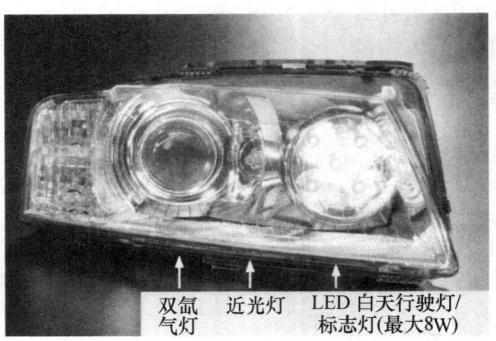

图8.56 双氙气前照灯带发光二极管（LED）白天行驶灯（资料来源：奥迪AG）

7. 辅助前照灯

按ECE指令19规定允许使用双雾灯。双雾灯在恶劣的视野时可以辅助近光前照灯或与示廓灯一起使用。为照亮路面边缘，好的前雾灯的特征是光的散布范围大，水平的明暗分界清晰[75]。

通过固定搭铁或有选择地使用远光前照灯可增强远光前照灯的效果。各地区调节照明是不同的。在中欧不允许超过37.5的参考值（与最大值有关）。

8. 智能前照灯

最近几年在国际化标准过程中正认真讨论自适应前照灯系统（AFS），它可以根据交通状况自动操纵和优化前照灯照明，并通过了有关AFS的ECE指令R123规定（图8.57）。

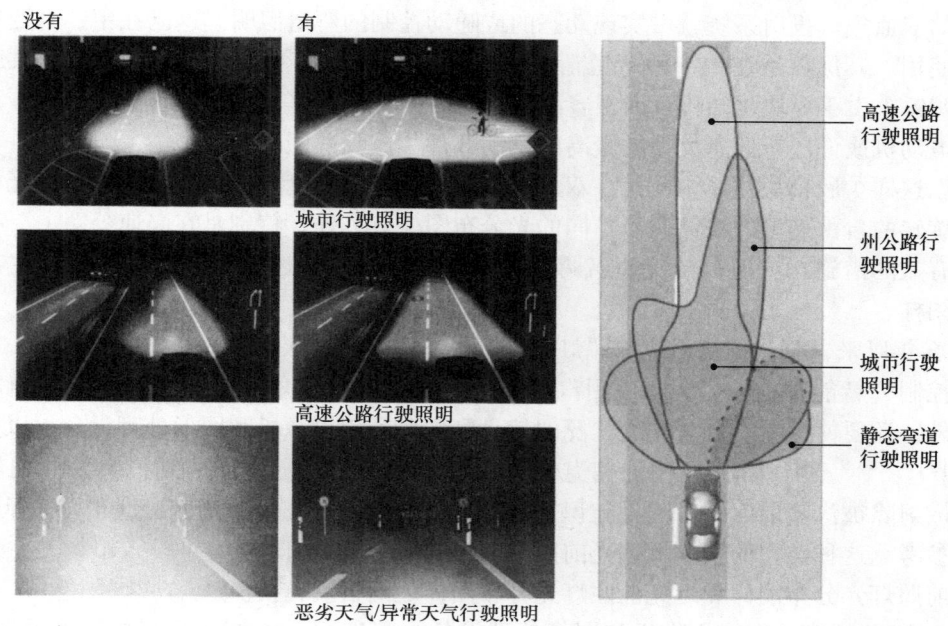

图 8.57 自适应前照灯（AFS）原理

它规定了适应各种行驶状况的光分布图样，替代至今使用的近光前照灯：
1）低速城市行驶照明图样。
2）越野行驶照明图样，如目前的近光前照灯照明图样。
3）高速公路行驶照明图样，作为远程照明图样。
4）异常天气行驶照明图样，恶劣天气与在照亮本车道边界的同时防止会车的眩目反应的照明图样。

所有这些新的光分布图样可以与弯道行驶照明组合（图 8.58）。在静态弯道行驶照明时，为照亮弯道内侧，需要从反射镜或投射镜中分出一部分光。在动态弯道照明时前照灯同样摆动以根据弯道半径照亮弯道内侧。在静态弯道照明使用卤素灯时，利用卤素灯或利用优

图 8.58 弯道行驶前照灯
1—可摆动的双氙气灯模块 2—带卤素灯的静态弯道行驶前照灯 3—电控单元 4—氙气灯控制器
5—电控单元 6—可移动的遮光板 7—吸引磁铁 8—摆动传动机构
9—步进电动机 10—D2S 氙气灯 11—摆动支撑 12—反馈

越摆动的双氙气灯投射系统就可实现动态的或随动控制的弯道照明。这已在中、高档乘用车上率先使用。其优点是在狭窄的弯道情况下，令人惊讶地改善氙气近光、远光前照灯视野60%～90%。由于模块化结构可以很容易地将这一套带氙气灯—投射系统模块、带传动机构的步进电动机或许还有信息反馈的紧凑的摆动部件集成到前照灯设计中。

可以这样扩展模块化结构，使在双氙气灯系统的移动的遮光板位置，或多个遮光板，或一个可旋转的自由造型的滚筒产生不同的光分布图样。另外，特别是在高速公路上，有一种简单但有效的措施，如通过照明距离调节器提升前照灯并通过提高氙气灯功率产生不同的光分布图样。

2006年以来，第一批自适应前照灯系统（AFS）模块投入市场[94]。

为控制"智能"前照灯，除使用汽车速度信号、转向盘角度传感器和横向加速度传感器信号外，还要使用所有有关交通状况的信息，主要利用摄像机和图形处理设备，以及导航系统信息[87～90,97,98]。如果所用的信息来自预报的光散射交通空间，则称它为照明辅助系统。光散射除被汽车前面的基础设施识别外，还可被其他的交通参与者识别和在选择光分布图样时参考。这种类型的第一批远光前照灯照明辅助系统已于2005年投入市场，并在传统的远光前照灯光分布图样和近光前照灯光分布图样之间自动转换。

自2008年以来还有以摄像机和图像处理设备为基础的、在AFS系统内改变照明功能。摄像机可用于车道保持系统、路标识别、ACC功能或夜视系统。除摄像机外还有利用GPS信号辅助弯道照明控制。

单独的汽车夜视系统至今只在日产乘用车上使用。当被动的夜间视野系统只吸收目标的热辐射时，则在功能强大的主动夜间视野系统上有针对性地向远处发射人们看不见的红外光，以辅助可见的近光前照灯。由摄像机拍摄的红外图像在显示屏上显示给驾驶人[90]见8.5.5小节。

9. LED前照灯

LED（发光二极管）是半导体二极管。在很小的电流作用下在n-n结上发光，并以非常窄的频谱发射颜色光（如红、黄、蓝、绿）。为得到白色的LED光，或者是由不同颜色的LED光叠加，或者是由蓝色的LED光通过荧光的发光物质转变为白光。因为各个LED的有限的芯片尺寸只能产生较少的光子流，所以LED前照灯大多为多个LED组合在一个模块中，或多个芯片组合成阵列。这时每个LED使用自己的镜头或为阵列使用共同的镜组。

第一个全LED前照灯，除目前已多次实现信号功能外，还首次使用带有发光二极管光源的近光灯和远光灯，并从2006年起配备在高档乘用车上。自2010年起组合的全LED前照灯和智能的照明系统（AFS功能）[98]投入市场。在这期间LED前照灯已批量地用在一些乘用车上（图8.59）。

LED前照灯在测试道路上的光通量为1100lm，并高于至今的氙气前照灯。

LED前照灯发展的推动力是造型和技术的原因。但它的光学系统（特别是各器件的相互调节）、LED和它们的电子线路费用，以及装置的温度调节等费用远高于确定方案的费用。

人们希望未来的LED前照灯有一个崭新的、完美的灯具设计和增强半导体功率。LED前照灯有一系列优点：

1）明亮的光（色温超过4000K）。

2）很少的能量消耗。
3）不需更换灯泡（LED 寿命长）。
4）小的空间和崭新的集成设计。
5）光分布图样可自由编程。

正是最后一点，进行了自由编程的 LED 阵列研究工作，以便准永久性地使用远光前照灯行驶，防止会车时眩目，或有针对性使用灯光，以提醒交通流中的危险路段。

重要的阶段目标是达到在 ECE 指令 112 中规定的 LED 功能和达到基于 LED 的 AFS 功能。

其他的研究题目是开发基于激光光源的前照灯。一些汽车生产厂家已对这种前照灯系统作了预告。

10. 信号照明灯

与前照灯不同，信号照明灯不用于照亮路面（倒车灯例外），而是反映汽车外形尺寸、汽车牌照和驾驶人意图，也允许使用包含在规定中的其他功能和光源。信号照明灯稍晚才出现在汽车上，并常常限于与倒车灯和牌照灯的组合。转向时早先使用摆动的箭头、手势，之后才用转向灯显示。

当前，信号灯大量使用成型件。在单一的或光彩夺目照明时，这些成型件呈现缤纷灿烂的图像，而且在"冷"状态时几乎具有任意色彩（图 8.60 见书后彩图）。

图 8.59 LED 前照灯实例
（资料来源：BMW AG, Seat S. A., Audi AG）

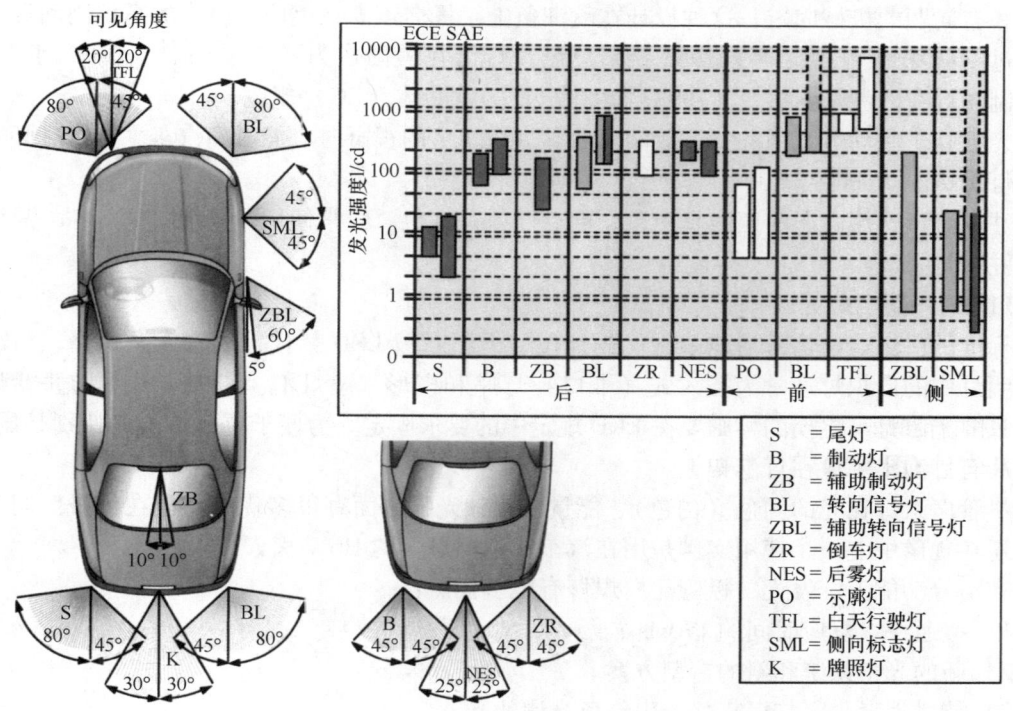

图 8.60 对信号照明灯要求

汽车外形尺寸由前面两只白色示廓灯和后面两只红色示廓灯（尾灯）显示。转向和警告闪光由前、后和侧面转向灯显示。制动由后面和中间高位制动灯显示。

车后牌照灯或自明亮的牌照和必要时的侧向示廓灯使在黑暗中的信号照明灯更加完备。

倒车灯照亮汽车倒驶路面，同时也表示汽车倒驶的意图。在瑞典还允许使用前倒车行驶灯。

新车规定要装后雾灯，在美国勉强接受。由于实际原因，反光器常与尾灯组合在一起，三角形的反光器放在挂车上。

前转向信号灯强度以到近光前照灯或前雾灯的距离而定。前闪光灯由于造型原因在断开状态希望呈白色或光彩夺目的图像，它的光是黄色（琥珀色）的。

倒驶的转向信号灯同样是黄色的，在美国常为红色。它对工程光学的要求要比前转向信号灯对工程光学的要求低。这同样适用于对新车上要求的侧向辅助转向灯。

前示廓灯常布置在前照灯反射镜的一个反射镜中，它与近光前照灯一起是汽车的"夜间照明设计"。示廓灯设计要能兼顾多方面使用。2000年首先使用"照明环"，它已成为一种商标符号。如果原来使用灵活的光导体照明，则当前白色的高效率LED特别适用于直接与光导体照明耦合，并可能与白天行驶灯组合，这种组合为不同生产厂家采用，以提高它们的乘用车的同一性。

在美国，多功能尾灯可用作制动灯，也可用作转向灯[74]。在欧洲，允许使用带双螺旋灯丝的双功能尾灯和制动灯。当然更喜欢单功能的灯。

从1980年起，先在德国允许使用一对高位制动灯。其优点是通过后风窗玻璃和前风窗玻璃可看到多辆汽车的高位制动灯，以便较早作好制动准备[75,76]。由于过高的光强反射到车内和有问题的机械固定，这种设计在欧洲负上了坏名声。在美国，单一的高位制动灯成功地通过了"场地"试验[78]。1985年高位制动灯已在美国作为一项规范[74]。1991年以来，高位制动灯在欧洲勉强接受，1998年以来已成为欧共体（EG）规范。

光强高于制动灯光强的一只或两只后雾灯在恶劣的视野时应能看到汽车。制动灯必须与后雾灯保持100mm距离。

驻车灯可选用。向前照射是白色，向后照射是红色。经常使用一只前示廓灯和一只尾灯作为驻车灯。

11. 信号照明灯光源

标准的白炽灯在信号功能中占优先地位，但不断被LED替代，尽管光源价格较贵。信号照明灯中的白炽灯通常为插入式（卡口）灯座和楔形基座灯泡。卡口编号可防止错误配置。只要光源是可更换的，则要按ECE规定中的要求固定。为便于更换灯泡，特别是尾灯，要把所有灯泡集中放在灯泡架上。

尽管卤素灯在光的颜色（白色）、能量消耗和光强方面有很多优点，但在信号照明灯中使用还在犹豫中。一个使用实例是用在汽车前示廓灯上的H6W卤素灯。

在信号功能上，发光二极管比白炽灯有很多优点：

1）接通快，反应时间约170ms。
2）新的光学系统和新的造型方案。
3）能量消耗少，它可直接产生红色光谱的光。
4）寿命长。

5) 所需空间小。

发光二极管最好的使用场合是制动灯，特别是高位制动灯[78,80]。但尾灯、制动灯组合和有时转向灯也采用发光二极管。霓虹灯（氖管）与 LED 性能相似，但由于需要镇流器和电磁兼容困难，成本高，在新开发的信号照明光源中不再使用[78,79]。

12. 结构型式

信号照明灯可以是单一功能的，也可安装在一起。在汽车前部范围信号功能的示廓灯、转向信号灯和美国的侧向示廓灯（以及被动的侧向反光镜）大多与前照灯组成一个照明部件。在汽车侧向范围主要是单一功能的辅助转向信号灯（如果有）和侧向示廓灯。在汽车后部范围，在每侧大多组成共同的照明功能，有时在每侧也分为两部分。后部照明灯体常用复杂的注塑技术在多色机（至多 4 个颜色）中注成，以加强彩色的信号功能，也有用彩色纸粘贴。最近，像在前照灯上一样，流行光彩夺目、带清澈配光镜的后部照明灯。

早先的照明灯分两类：带抛物线曲面反射镜的照明灯，它可以直接利用光，也可利用从反射镜反射出的光。没有抛物线曲面反射镜的照明灯通过棱镜将直接发射的光分配到配光镜上[76]。在这期间还采用其他的反射原理，如椭圆反射镜、棱面反射镜和自由形状反射镜。

在散射镜片组中的各种样品，它可得到单一的图像[80]。按法国物理学家命名的弗莱斯纳尔镜片组（Fresnel-Optik）为一组有很好方向的透镜。扁平结构的透镜具有大的空间散射角[76]。

与 Fresnel 透镜相似的照明灯反射镜可以由一组同心的弧形反射镜组成。全息照相的反射镜是未来进一步开发的方向[80~83]。

与前照灯上使用的自由面反射镜相似，它具有连续的光分布图样，而在配光镜的任何地方不会出现光的条纹。

照明功能也可用光导体实现。彩色光输入透明的光导体中，并通过棱镜与光导体轴垂直地发射出来[80]。

13. 动态制动灯和照明灯的未来发展

为显示汽车大减速度行驶，已在汽车上使用两级制动灯，这时制动灯的照明面积或光强增大。另一个方案是使高位制动灯或所有制动灯闪光，其频率为 7Hz。在特别大的汽车减速度时可自动接通警告闪光灯（图 8.61）。

小减速度<5m/s²　　大减速度>5m/s²

图 8.61　动态的制动信号

（资料来源：宝马 AG）

在试验中进一步改进信号照明灯，如照度与环境条件（亮度、视野、脏污程度）匹配。这样还可替代后雾灯。可以想到的是在使用倒驶近程传感器时利用信号灯如向拥堵终点快速靠近时自动警告。

至今自适应安全性改进方案还没有在规范中转换。

14. 车内照明和上车照明

提高舒适性的期盼不能指望简单的车内照明。在高档乘用车上，在车内空间安装了超过 100 处照明区（图 8.62）。除像阅读灯所需光源外，力图在汽车内部四周和空间实现照明。LED 的技术进步已实现用免维护的发光二极管（目前还带光导体）替代白炽灯照明。它也适用于像在汽车前区和车门手把的外部范围的上车照明[86]。

未来，在车内照明中可能首先使用有机的 LED 照明。

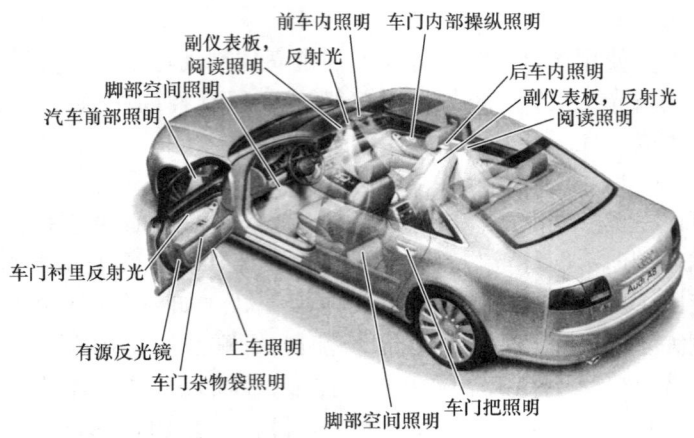

图 8.62　乘用车内部照明
（资料来源：奥迪 AG）

15. 照明风格

在汽车上汽车内的照明设备尽管是在装入的"冷"状况（未接通照明）就达到了照明风格的效果。像夜间照明设计那样，白天照明设计在同时保留"家庭相似性"的情况下力图保持汽车原来的形象，当然要考虑流行趋势。另外，在特殊车型和"改进"车型上实现变化的或新奇的汽车外形而汽车金属蒙皮没有根本的改变时，这样的照明设备是再好不过的了。

现代的计算方法、开发方法以及光源的技术进步可以考虑喜欢的照明风格而不损害甚至还可提高工程光学的功能。

8.5.3　仪表板总成—人性化仪表

1. 概述

人性化仪表的概念是汽车仪表板总成上按人机工程指示/显示和操纵仪器的总称。驾驶人利用它们可以直接实现有关观察、操纵/操作功能的驾驶任务。人性化仪表是汽车上重要的人—机接口（HMI，Human Machine Interface）。越来越多的驾驶人辅助系统和信息系统的出现，使作为驾驶人工作平台一部分的人—机接口的重要性日益突出。由于人类工程学原因，人性化仪表和信息娱乐设备（收音机、导航系统、多媒体、联网）之间形成功能的空间分区，如图 8.63 所示（参见 6.4.1 小节）

图 8.63　在仪表板总成上的典型的仪表空间分区（资料来源：Daimler AG）

由于功能的空间分区对直接完成驾驶任务有重要作用，所以人性化的仪表一般都布置在驾驶人观察方向的广阔视野的 30°以内。人性化仪表也影响仪表板总成的风格设计（图 8.64）。

2. 信息显示

人性化仪表的主要任务还在于在照明环境下显示汽车状态（行驶速度、转速、重要的一些状态信息和报警信息）。仪表组合是作为视觉的接口。在直线行驶时，仪表组合的大小受转向盘空间缺口的限制。为在转向盘缺口面积中看到尽可能多的信息显示，不断采用多功能显示屏以补充一些指示灯、信号灯和主仪表的图形指示器。

（1）仪表组合　仪表组合按它的功能组合程度分低组合、中组合和高组合三种型式。部分升级集成的仪表组合为主—从结构（Master-Slave-Architektur）的、有图形（表）能力的控制器。这方面的实例就是功能强大的带 5inTFT（薄膜晶体管）-LCD（320×240 像素）、两个 32bit-RISC 处理器 64 ~ 300MHz、2 ~ 256MB Flash、SRAM 和图形加速器的仪表组合[100]。集成的仪表组合是由不易弯曲的多层多功能印制电路板和柔性的印制电路板、高组装密度的表面安装的元/器件、发光二极管等组成的，十分紧凑。所要求的图形能力、一些新功能、各个功能的高度联网和子系统（防盗开闭锁、导航系统部分的电子地图匹配）大大地提升了软件在人性化仪表中的份额。

1）仪表的指针驱动。步进电动机由于它的精度高、尺寸精确、外形尺寸小而用于驱动仪表组合中的圆周指针中。在十字排列的线圈中，旋转的双极磁铁和带减速机构的指针步进电动机具有高的步进分辨率和较大的指针质量。在专门的应用场合，步进电动机与传动机构结合还可用于环形指针系统中。利用智能控制或模块化控制器控制步进电动机。

图 8.64　带环指针和 LED 环刻度照明的仪表组合（资料来源：Daimler AG）

2）照明。仪表照明有一个很大的动态范围，取决于道路交通环境中的亮度状况。当前的仪表照明状况是使用发光二极管从仪表背面照亮，即是背景光线或逆光。由于 LED 技术的快速进步，在汽车上几乎可用全部的光谱颜色。LED 光效率的不断提高，使仪表可以在亮度为 $600cd/m^2$ 背景下显示。

（2）在仪表组合中的液晶（LC）显示器　通过集成在仪表组合中的点矩阵显示器在显示器的实际能力提升时能设计出复杂的、可变的 HMI。利用点矩阵显示器的高度可变性，可在编程的显示屏上显示从字母、数字信息到视频和图形信息。各种液晶显示器（LCD，Liguid Crystal Display）还可轻易地给驾驶人显示汽车状态的许多必要的但也可能是少量的信息。因为使用信息的图形显示和信息的彩色图形显示起着越来越大的作用，所以在薄膜技术（薄膜晶体管 LCD，TFT-LCD）上的彩色有源矩阵显示器已成为汽车仪表的标准。图 8.65 是带集成圆形仪表的彩色 TFT 的仪表组合。在这期间全部的信息显示采用彩色 LCD。

（3）在仪表总成中的其他显示器类型　与占优势的 LCD 技术相比，真空荧光显示器（VFD，Vacuum Fluorescence Display）在欧洲很少发挥它的作用。而采用有机发光二极管（OLED，Organic Light Emitting Diode）将成为完善 LCD 技术或完善 TFT 技术的一种新的显示器技术。只要OLED的某些颜色的寿命进一步改善，则它在汽车上扩大应用将指日可待。

（4）平视显示器（HUD） 在汽车上出现的彩色平视显示器（HUD，Head-up-Display）是早先从航空技术认识的和个别的为单色型式且较长时间已在汽车上使用的HUD的革新。这种显示方式是将汽车信息和与交通有关的信息直接投射到前风窗玻璃上。为实现平视显示功能，HUD系统有一个成像系统、透射的TFT显示器和在仪表板内的发光强度强的LED列阵组成的模块[101,102]。驾驶人在2.0~2.5m的虚假距离可感觉到HUD系统的光的传播路程（图8.66）。

图8.65 带集成圆形仪表的彩色TFT显示的仪表组合（资料来源：Daimler AG）

通过前风窗玻璃下部的虚拟图形距离可显著减小驾驶人在读仪表组合指示数时眼睛对距离的调节，从而缩短直接阅读仪表组合指示数的阅读时间。根据背景亮度，通过重新、永久地调节发光强度，在环境条件变化时仍可一直保持仪表组合指示数的可读性。另外，还可将夜视系统的显示集成到HUD中。

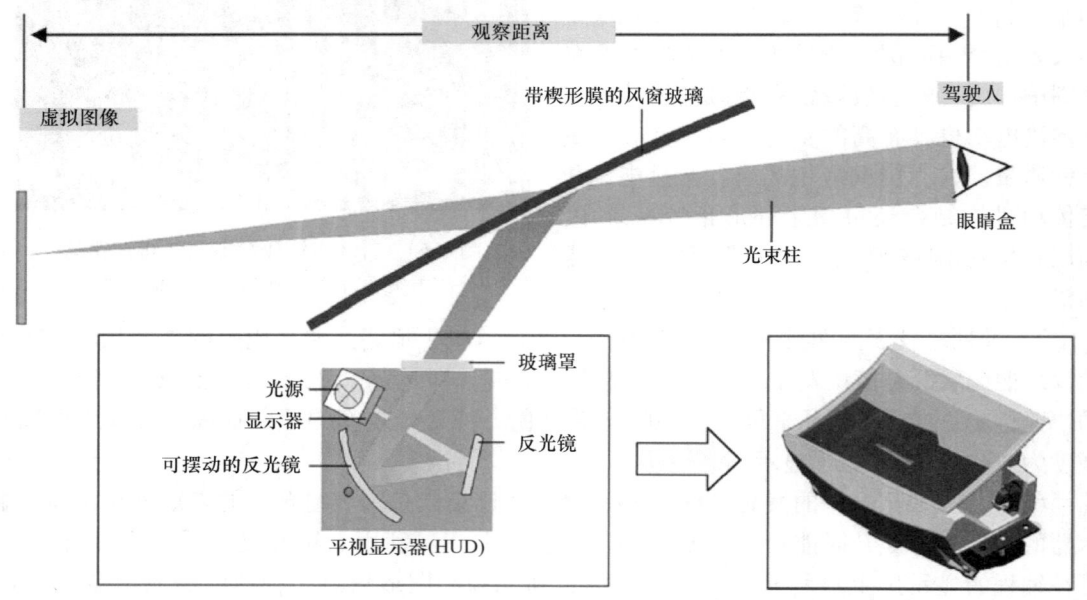

图8.66 HUD光程和HUD模块（资料来源：Continental Automotive GmbH）

3. 输入件

除已建立起来的电磁操作件（转向柱上的开关、其他开关、按键）外，高配置汽车上需要新的操作方案[103]。

在中央仪表板总成范围，如收音机、导航设备和空调，还将各种指示和电气/电子输入装置（仪器）集成在一个总系统中，即所谓的"集成的中心群（堆）"（图8.67）。

此外，将灵敏触摸表面（如电容的、电阻的）集成在汽车操作件表面替代一直沿用的机械按键和旋钮。

集成的中心群的这些优点是从与电子系统联合工作和在表面设计时的高度多样性中得到的。

从提高中档乘用车品质开始，这期间大多数汽车生产厂家建立了中央输入件。这些输入件大多在周围编排功能键的转速控制器、压力控制器。

在未来，会将基于电容传感器技术的另一个功能集成放入中央输入件中。

目前已在技术上实现像识别多次触摸（轻击）手势的功能和驾驶人用手指简单地在按人机工程学编排的表面输入字母（符号）的功能（与膝上计算机触摸屏相似）。

中央操作件给驾驶人一个触觉的、可编程的一些反馈信息，也可附加地用作输出件[104]。

具有敏感触摸表面的操作件方案现处于试生产阶段。该方案允许驾驶人以字母或符号形式输入[105]。

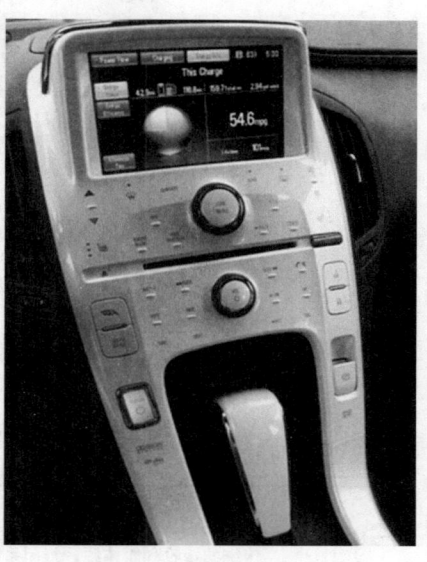

图 8.67 用于汽车信息系统的各种操作件的"集成的中心群（堆）"显示
（资料来源：www.cars.about.com）

4. 前景

汽车上显示技术的重要意义将进一步提高对人—机接口的要求，由于汽车电子系统数量增加而对驾驶人提出更多要求。各种形式的 HMI 方案，包括语音操作和时序通信频道得到肯定。由于期盼的、不断增加的各种功能的出现，软件的份额增长，电子系统的计算能力和存储容量将不断增强。对机械方面的要求就是仪表要更紧凑，主要是扁平。

8.5.4 信息娱乐/多媒体

1. 导言

在汽车领域，信息娱乐系统应理解为组件系统，在舒适性和安全性方面提供各种功能，以下重点介绍舒适域，其中首先包括多媒体和导航。信息娱乐系统通过它们各自的子功能对这些域集中控制，并显示各种状态、车辆信息和监测信息。从 2000 年开始，信息娱乐系统就开始用于豪华和中高级汽车。由于目前的价格较低，它们也越来越多地应用于较低级别的车辆。

图 8.68 概述了信息娱乐域中最重要的分级，并汇总了各个分级中提供的最重要功能。

这里值得一提的是"封闭系统"（第 1~3 级）和"开放系统"（第 4~6 级）之间的区别。封闭系统仍然是当今市场上的标准系统，它们对所谓的"应用程序"（App）（可以在所谓的"应用程序商店"中购买的应用程序）不开放，这意味着该设备的功能不能在整个生命周期中得到扩展。相反，开放式系统可以在功能范围内根据需要在应用程序的帮助下进行扩展。对于这种类型的信息娱乐系统，由于需要像移动电话或智能手机一样在车辆中提供类似功能，因此预计在未来几年中会快速增长。

在以下各节中，首先考虑了信息娱乐系统的最重要功能和单个组件。

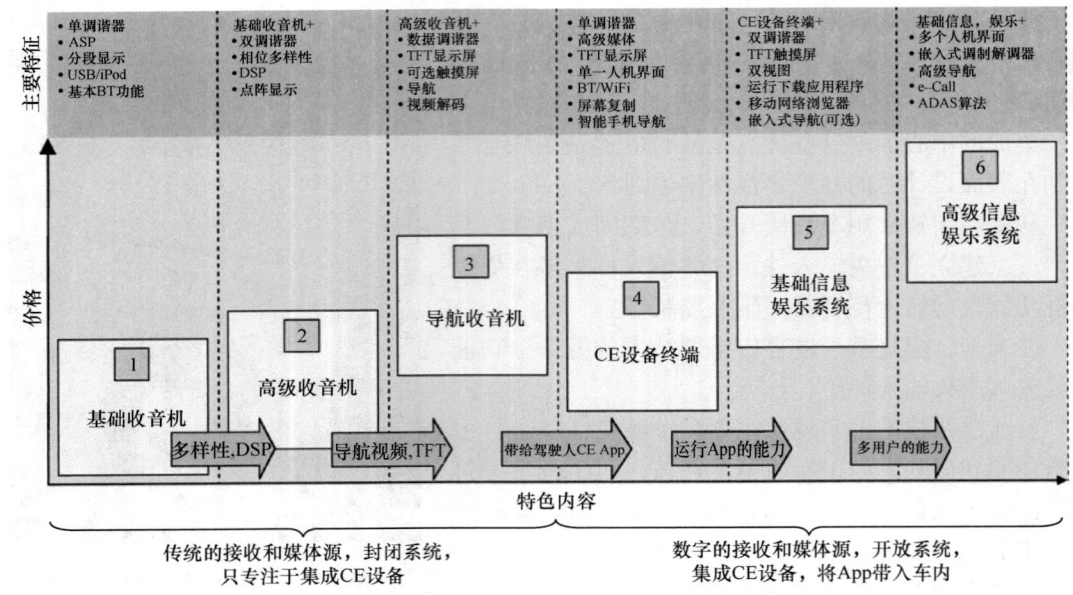

图 8.68 信息娱乐域概览

2. 广播

(1) 音频广播 AM/FMRadio。除了在 FM, 中波和短波上进行传统广播外,世界范围内还在开发一些数字标准,这些标准的特征在于音质的改善和附加数据服务。

数字广播。数字音频广播(DAB)通过 VHF 广播节目的传播达到了极限,因为由于大量广播公司出现而使频率变得稀缺。此外,模拟无线电信号受到不同类型的干扰,例如由山脉、建筑物和天气影响引起的干扰。DAB 是用于各种地面数据传输的数字系统,它是 Eureka 147 项目的一部分,开发后提供几乎达到 CD 的音质以及附加无线电和数据服务。音频数据的编码依次为 MP2 (DAB), AAC (DABC) 和 AAC 或 BSAC (DMB)。DAB 使用以下两个频带:

1) Band Ⅲ 频段 (174~240MHz)。
2) L 频段 (1452~1492MHz)。

在德国,两个频段都广播,在英国仅在 Band Ⅲ 频段广播,而在加拿大仅在 L 频段广播。L 频段在德国用于本地广播,而 Band Ⅲ 频段在全国范围内可用。使用数字广播,收听者不再需要设置频率。几个程序的名称显示在显示屏上,这些程序被组合在一起。广播站通常广播与节目有关的信息,例如收件人可以显示的歌曲标题、作曲家或专辑名称。尽管需要更多的发射机来覆盖相等的面积,但与 FM 相比,DAB 的运营成本更低。

当用于汽车领域时,趋势是朝向双调谐器发展,第二个调谐器具有以下功能:

1) 更新电台清单。
2) 在当前合奏之外接收数据服务。
3) 分段接收(类似于流行的 AM/FM 双调谐器)。

高清广播。HD 广播是一种在保持现有 FM 基础设施的同时提高音质的有效方法。发射器之间的 200kHz 频率间隔用于发送其他数字信息。该方式称为带内通道(IBOC),在美国越来越受欢迎。它用于 FM 波段(88~108MHz)和 AM 波段(520~1710kHz)。调制以编码正交频分复用（COFDM）方式执行。在这种情况下，可对编码信号进行纠错，然后将其分配在几个调制载波频率上发送。该程式确保不再发生通常的噪声和信号波动，即所谓的信道衰落和叠加。完整的数据/信号路径如图 8.69 所示。

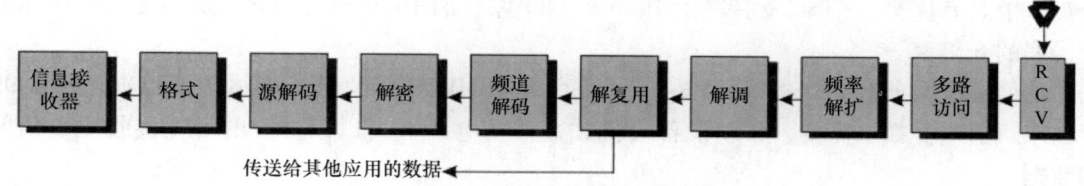

图 8.69　高清广播上的信号路径

卫星数字音频广播服务（SDARS）。数字卫星广播在美国已经非常流行。从音乐段电台到信息节目和交通信息，大约有 150 个频道可供收听者使用。在美国各地，所有频道均以大约 CD 的质量广播。接收者可以通过按月付费来激活，提供商 Sirius/XM 使用混合卫星和地面发射机的传输系统。地面发射机的调制方法是 COFDM，卫星使用 QPSK（正交相移键控）。卫星载波频率为 2.3GHz。数字广播 Mondiale-DRM DRM 是传统广播的一种有趣的替代方式。它发送数字音频数据和有关短波、中波和长波的信息。非常窄的通道宽度要求对音频数据进行高度的压缩。为此，结合频谱复制（SBR）过程选择了 MPEG4 AAC 编解码器。SBR 可进一步减少 40% 的数据。COFDM 方法也用作调制方法。这样可以达到远距离的准 FM 音质。也可以传输其他信息，例如程序名称和文本消息。DRMC 较新，是 DRM 的进一步发展，它还提供了 FM 频段的传输模式。

（2）视频广播　就像数字广播接收一样，信息娱乐系统也提供数字电视接收功能。通常在车辆开始行驶时就可使用，就像在家庭区域使用一样。世界范围内有许多不同的标准，如图 8.70 所示。

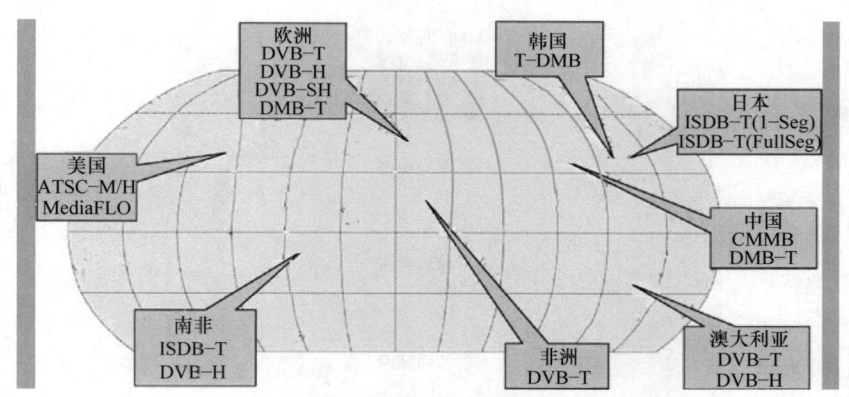

图 8.70　数字电视标准一览

地面数字视频广播（DVB-T）。DVB-T 在家庭中已经非常普及，也被用于数字电视接收车载电视节目。由于 DVB-T 最初不是为移动接收器开发的，因此与家用接收器相比，车辆中需要更复杂的双调谐器。这样即使在车速 80km/h 以上的情况下，也能很大程度保证无干扰地接收。DVB-T 适用于 MPEG-2 编码的电视信号。COFDM 被用作调制方法。后续数字电视标准 DVB-T2 具有更好的效果，它使用 MPEG-4 编码信号。另一个变动标准是 DVB-H，其中 H 代表"手持式"，它是一种传输标准，通过它可以利用小型和/或移动设备接收数字多媒体服务（尤其是电视）。

先进电视系统委员会（ATSC）。ATSC 是为数字电视设定标准的一个美国组织，成立于 1982 年，总部位于华盛顿特区。ATSC 标准旨在替代以前的美国 NTSC 电视系统，并在图像分辨率上具有优势。ATSC 支持高达 1920×1080 像素的 16:9 格式图像，大约是 NTSC 标准分辨率的 6 倍。

地面综合服务数字广播（ISDB-T）。采用基于 MPEG-2 的数字媒体传输标准，于 1999 年在东京引入。如果需要，移动设备（例如，移动电话）可以以更少的带宽接收质量稍低的数据。

3. 媒体

（1）内部媒体源　当前的信息娱乐系统配备有 CD 或 DVD 驱动器，有时还配有其他硬盘驱动器作为大容量存储设备。一方面，由于成本原因，CD 驱动器已经在减少；另一方面，由于存储空间原因，它们不再是音乐库的首选介质。为此，USB 记忆棒和媒体播放器为此目的则更为流行，这将在以下各节中讨论。DVD 驱动器在欧洲和北美被用作导航地图的存储介质，但也在减少，并已在该领域被价格便宜得多的 SD 卡所取代。在亚洲和南美地区 DVD 驱动器将继续使用更长的时间，因为这些地区的重点是播放视频。容量高达 80GB 的硬盘用在车辆上建立音乐库并存储导航卡。

（2）连通性　近年来，连通性的重要性已大大提高，尽管信息娱乐系统过去主要访问内部媒体资源，但与移动设备（例如 USB 棒、MP3 播放器、移动电话）和基础设施的联网正在增加。车辆乘员期望移动娱乐电子设备可以与车辆联网，从而将其功能集成到车辆的信息娱乐系统中。

图 8.71 概述了用于车辆内部联网或建立与车辆外部基础设施的连接的最重要技术。这些技术将在下面更详细地描述。

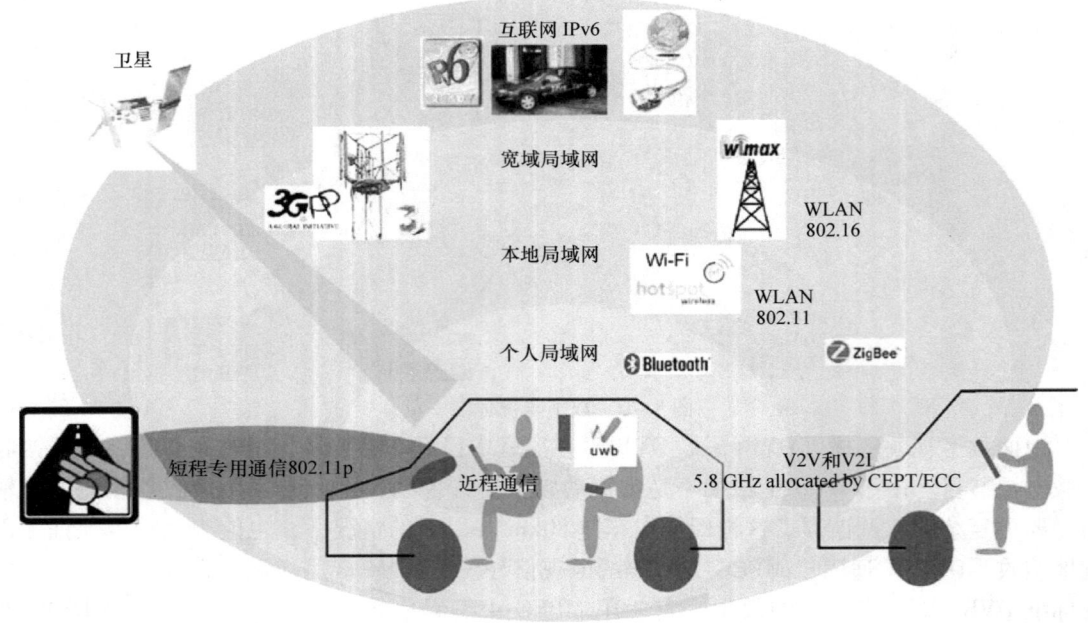

图 8.71　连通技术概览

"游牧"设备连接。这可以在车辆内建立所谓的"游牧"设备（例如 ipOD，USB 记忆棒，移动电话，智能手机等）与信息娱乐系统之间的连接。此连接可以是无线的也可以是有线的。与手机或智能手机的连接，可以将其用作互联网的访问点。下面介绍了当前最常用的技术。

USB。USB 是串行总线，这意味着数据包的各个位是一个接一个地传输的。这是数据在双绞线上对称传输的地方。数据信号在双绞线的两条线上传输通过将 0 和 1 电平之间的电压差加倍，可以大大消除辐射干扰。另外两条线用于为连接的设备供电。USB 用于各种设备的消费电子产品，在车辆中，信息娱乐领域的应用当前主要集中在大容量存储设备（USB 记忆棒），媒体播放器（例如 iPOD）和移动电话上。

蓝牙（BT）。蓝牙是开放式标准，用于台式计算机与便携式计算机、PDA、手机、打印机、扫描仪甚至家用电器之间的无线通信。通过使用全球可用的 2.4GHz 频段，保证了全球兼容性。蓝牙最初由爱立信开发，现在由特殊兴趣集团（SIG）推广。SIG 是一个由 8000 多家公司组成的利益集团，他们对该技术的进一步发展和传播感兴趣。它是 Bluetooth 商标的所有者和 Bluetooth 规范的发布者。这包括链路层和应用程序层，它们支持数据、语言和应用程序。由于不同的应用程序具有不同的要求，因此已在蓝牙标准中定义的所谓的文件中作了阐述，这些文件规范了正在通信的蓝牙设备之间的数据交换。需要相互沟通的人购买设备时，必须注意文件的兼容性，否则将无法保证无差错的通信。支持的文件通常在设备的包装或操作说明书中说明。

由于批准或开发配置文件的列表很长，因此我们现在不进行详细的列表。图 8.72 显示了与 OSI 参考模型相比，蓝牙所需的软件。

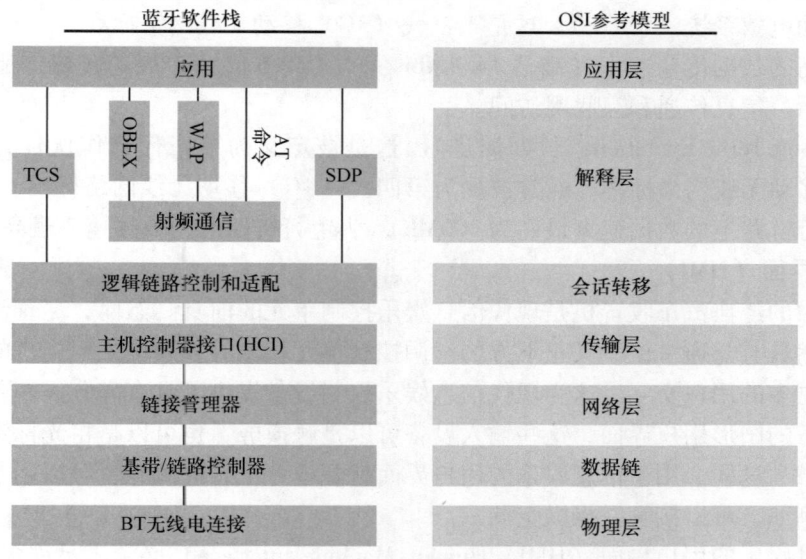

图 8.72　蓝牙软件栈与 OSI 参考模型的比较

Wi-Fi。在某些国家/地区，Wi-Fi 用作 WLAN（Wireless Local Area Network）的代名词，它是为营销目的而发明的人造概念，同时也是一个公司联盟（该联盟对具有无线电接口的设备进行认证）。其中包括 300 多家公司，这些公司根据 IEEE 802.11 标准对来自不同制造商的产品进行认证。这是为了确保带有 Wi-Fi 徽标的设备之间的无错通信。Wi-Fi 尚未在信息娱乐领域广泛普及，但市场预测增长缓慢。与广泛使用的蓝牙2.0相比，其优点是传输速度显著提高，但是新的蓝牙3.0标准也可以实现这一点，与蓝牙相比，没有用于定义最常见应用的数据传输的定义文件。支持Wi-Fi并可以充当热点的信息娱乐系统已经在车辆中使用。这意味着车辆乘员可以建立从笔记本电脑到信息娱乐系统的Wi-Fi连接，而该连接又可用来与互联网的连接。

SDMemoryCard。SDMemoryCard（数字安全存储卡的缩写）是一种数字存储介质，其工作原理是闪存（Flash-EEPROM）。术语"Secure Digital"源自支持所谓的数字版权管理（DRM）的其他已实现的硬件功能。这样可以防止非法播放受保护的媒体文件。SD卡有不同的设计（SDHC，miniSD，microSD），在信息娱乐系统中，通常使用最大存储容量为64GB的SDHC卡。它们主要用于存储导航地图，近年来已取代了该领域的CD和DVD。

尽管当今的信息娱乐系统在移动设备连接领域更喜欢USB端口，但SD卡在设计方面仍有优势。根据接口的不同，USB闪存棒会凸出几厘米（这在碰撞安全方面可能是个问题），但SD卡很容易沉入设备中，与前面板齐平。

基础设施连接性。它表明信息娱乐系统与车辆外部基础设施（例如服务器）之间的无线数据传输。此连接可以是双向（GSM，Wi-Fi）或单向（AM/FM广播，数字广播，数字电视）的。

全球移动通信系统（GSM）。这种广泛用于移动无线网络的标准最初主要用于电话，但此后已越来越多地用于线路、分组交换数据传输和短消息（SMS）。它是第二代电话标准（2G），因为传输是完全数字的，与第一代（A，B和C网络）不同。在欧洲，GSM标准使用900MHz和1800MHz的频率范围，在美国使用1900MHz的频率范围。

通用移动电信系统（UMTS）。这是第三代（3G）移动无线网络标准，与GSM相比，该标准具有更高的数据传输速率（高达14.4Mbit/s）。UMTS支持扩展的多媒体服务，例如音频和视频电话，信息传递和互联网访问。

LTE（Long Term Evolution，长期演进）。这是被定义为第三代合作伙伴计划（3GPP）的UMTS的移动无线网络标准，通常被视为第四代（4G）移动无线网络标准。在20MHz的带宽下，下行链路上的数据速率最高为300Mbit/s，上行链路上的数据速率最高为75Mbit/s。

4. 人机界面（HMI）

中控台中的经典汽车收音机是现代信息娱乐控制单元的前身。然而，尽管汽车收音机的用户界面仍然具有与通常位于其正下方的空调控制单元相似的复杂性，但先进的现代信息娱乐功能需要更多的用户交互。这为现代信息娱乐控制设备提供了具有高分辨率彩色显示屏和匹配输入设备的图形用户界面，这些输入设备可以是触摸屏，也可以是将光标定位在两个轴上的控制设备。这样，用于信息娱乐的用户界面就配备齐全，因此它也可以用于操作车辆的其他功能，例如，可以接管并操纵空调。

用于信息娱乐的用户界面（HMI，Human-Machine Interface）必须满足许多要求。

一方面，信息娱乐功能意味着必须有很多参数可用，其中有些参数的编码字节较长。例如，针对选择的目的地进行导航：选择一个由国家、匹配的城市、街道和门牌号码组成的地址，并且条目要尽可能少，并且还要容忍不同的拼写和分配，这将是一个很大的挑战。同样，可以从已连接iPod的硬盘驱动器中的上千首歌曲中选择一首特定的歌曲。同时，驾驶时应该可以操作，而不会让驾驶人分心。这需要直观、有效的用户指南以及清晰的屏幕设计、易于访问的显示和控制元素。此外，应该具有高度可见的用户界面。

在不同型号和品牌的车辆之间，在设计 HMI 时，成本会受到约束：高分辨率显示器，用于生成具有高刷新率的复杂图形动画的计算能力以及用于支持数据（例如地图资料、封面、电话簿中的照片或联系人）的存储空间等多会增加系统的总成本。

（1）显示元件　显示元件和相关的界面概念随信息娱乐系统的扩展级别而增加。

单色分段显示器仍用于简单的收音机。在最简单的情况下，1~2 行显示就足够了，但是，一旦必须从媒体中选择潜在的大量标题，就需要至少 4 行来处理列表。

利用具有几百像素的单色点矩阵显示器，可以实现简单的图形和符号以及不同的字体大小。但是，以前这种简单逐行显示导航的实现方式已不再常见。

小型 TFT 彩色显示器通常具有 QVGA（320×240）分辨率和 5~7in 的屏幕对角线，从而可以实现完整的图形用户界面（GUI，Graphical User Interface）。屏幕对角线越大，分辨率越高，显示效果就越清晰，当前使用的最大显示器对角线高达 12in，可达 WXGA（1280×800）分辨率。较大的屏幕几乎无法配置在车辆上，而具有相同对角线屏幕的更高分辨率几乎不会带来任何明显的质量改进。

动画也用于图形显示。在这里，可达到的刷新率决定了图像的流动性；4~20f/s（每秒帧数）频率很常见。

（2）操作元件　为了使用特定参数（音量、发射器频率）能够实现特定功能（例如，收听无线电），使用了各种操作元件。

大型选择菜单无法在简单的显示器上显示；因此，此类设备通常具有直接分配给功能的大量控件（例如音量、电台设置、电台按钮）。

随着系统复杂性的增加，需要大量专用操控件。替代方案是将选项显示在较大的显示屏上，并使用较少的多功能操控件（软键、光标键、指针设备等）进行选择。触敏显示器允许在屏幕上直接选择显示的元素。

毕竟，现代 HMI 越来越"多模式"，即它们允许使用不同的冗余设备进行输入和输出，具体取决于用户的情况和偏好。菜单项可以通过触摸屏控制，也可以通过转向盘上的光标按钮或中控台上的指针设备进行控制。输入例如可以通过使用指针设备在屏幕上选择字符来选择电话号码，也可以直接在键盘上输入或语音输入。

（3）语音识别　使用语音进行交流是人们最自然的交流方式。因此，特别是对于机动车辆的驾驶人而言，自动语音识别提供了在车辆内执行某些功能的可能性，而对道路交通的干扰最小。

虽然语音识别系统必须识别的功能范围和命令数量在气候和音频领域非常有限，但在导航和电话领域则相反。以功能为例，在这种情况下，当在导航系统中输入目的地时，语音识别系统必须能够识别所有相关的目的地位置，这些位置可能是几千个不同的单词。这清楚地表明，在用于控制导航系统的语音识别中，不能与基于整个单词进行识别的语音识别系统一起工作。确切地说，在这种情况下通常使用所谓的基于音素的语音识别系统，该语音识别系统基于构成该语言的各种口语单元（音素）进行操作，例如德语包含大约 40 种不同的音素。使用基于音素的语音识别系统的前提条件是，要识别的每个单词都应知道由其构成的相应音素序列，即语音转录。如果要由语音识别系统识别的单词可以随时间动态变化（例如与目录一样），则该系统必须能够从要识别的单词的书面形式中独立确定语音转录，并可使用"Grapheme to Phoneme"（词素到音素）来完成。

除了能够识别大量不同的单词和由于功能范围而动态变化的词汇表外，车辆中的自动语音识别对所使用的语音识别系统也有以下一般要求：

1）嘈杂环境中的鲁棒性：车辆中普遍存在的行驶噪声会根据各种因素而发生显著变化，例如行驶速度、天气状况、窗户的开启状况等。

2）独立于说话者的语音识别和方言覆盖范围，可根据各自国家语言进行调整。

3）良好的语音对话：除了语音识别器的纯识别性能之外，语音应用程序的质量在很大程度上取决于语音对话的良好设计，即所谓的语法。例如，在检测到错误的情况下对话继续的方式对用户"感觉"到的语音应用程序的质量有重大影响。

图 8.73 显示了满足上述汽车使用要求的现代语音识别器的框图。

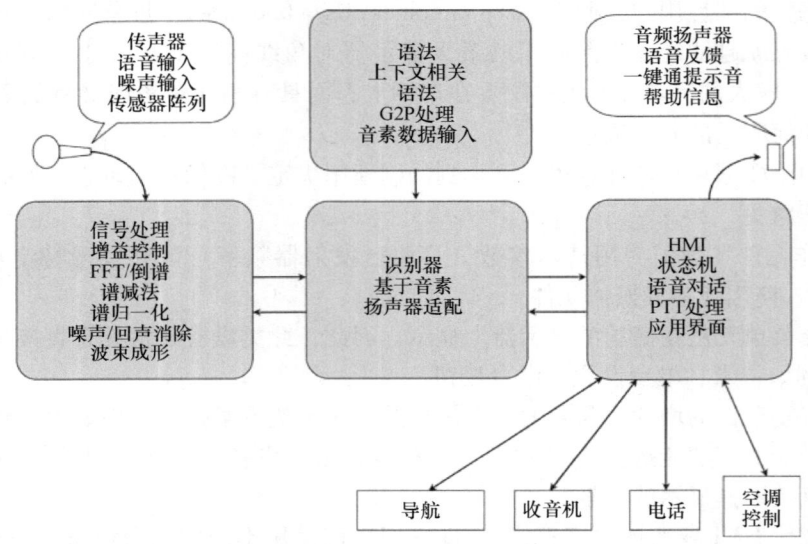

图 8.73　语音识别

5. 架构

（1）汽车上的硬件架构

过去，车辆中的整个信息娱乐系统是在单个设备中实现的：除电源、天线和扬声器外，第一个汽车收音机没有与其他设备连接。但是，随着时间的流逝，功能范围的不断扩大导致系统变得更加复杂。

即使使用非常简单的系统，设备通常也具有与车辆的数据连接。它提供了车辆的状态信息，例如根据汽车速度设置音量的大小。又如，通过此数据连接，连接车辆中的控制和显示元件信息（例如转向盘或中控台上的控制元件信息，或在仪表板中显示信息娱乐系统的信息），以及维护时的诊断数据和软件更新。数据连接通常通过 CAN 总线实现。信息娱乐 CAN 总线通常与对车身或动力总成控制有更高操作安全要求的车辆其他网络分开，并且仅通过网关连接。

信息娱乐系统的安装，必须满足车辆的特殊要求。控制装置必须在驾驶人以及某些情况下在前排乘客可及的范围内（在中控台的下部和中部区域），而且驾驶人不需要用大视角注视道路交通或较长时间离开道路交通状况而可以看到显示元件，这要求显示元件最好安装在驾驶舱的上部。受中控台和驾驶舱区域的其他空间限制,越来越导致显示器与实际信息娱乐控制单元的分离。要将状态信息传送到显示器,这仍然可以通过 CAN 总线完成。但是,控制单元生成高分辨率图形,就需要更大的带宽:刷新率(10~25Hz),分辨率(400×240~1280×800 像素),色深(16~24bit/像素),导致净数据速率高达 600Mbit/s,这就需要点对点的 LVDS(Low Voltage Differential Signal,低压差分信号)数据连接。

随着整个系统功能的增强,信息娱乐控制单元的单设备解决方案在更高质量的系统中也是一个例外情况。通常会提供其他设备作为可选件,然后仅在必要时安装并连接到基本设备上。例如,CD 换碟机、电视调谐器、后视摄像机、数字无线电接收器,都可用作连接用户随身携带的设备(例如电话和音频或视频播放器)的外部接口。消费电子产品的快速发展也意味着,新外围设备更多地作为单独的模块提供,而不是可以有效地集成到中央控制设备中。图 8.74 显示了车辆中信息娱乐系统的最终架构示例。

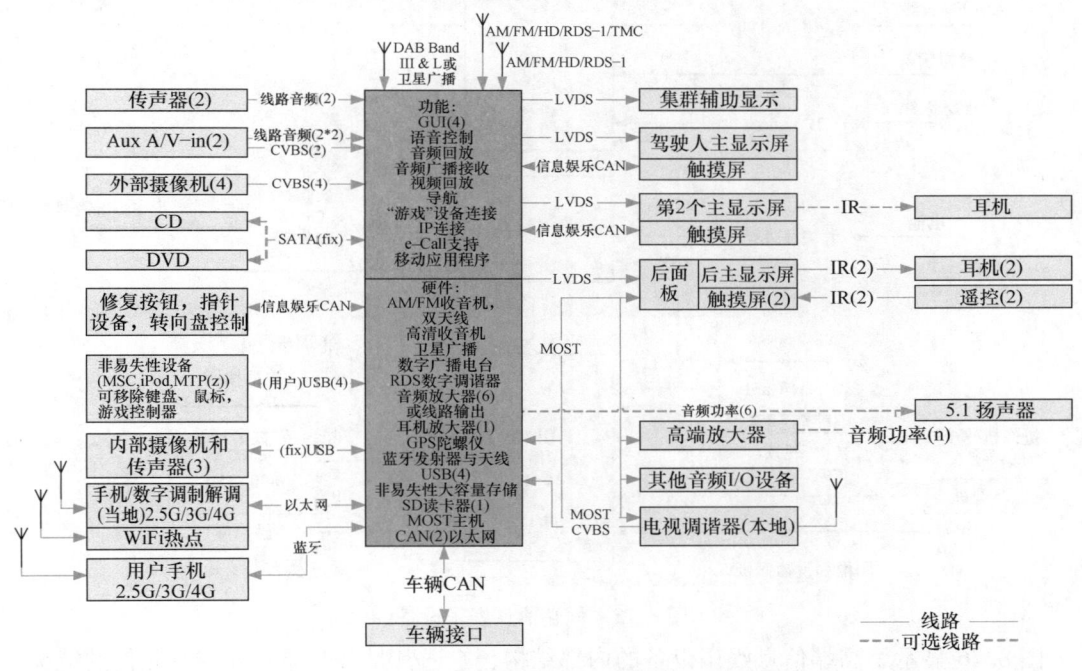

图 8.74 汽车信息娱乐架构

通常,人们会找到用于控制数据的 CAN 和用于 A/V 信号的模拟接口的组合,或者用于控制单元与外围设备之间通信的 MOST 总线的组合。后者可以发送足够数量的未压缩音频信号,带宽为 25~150Mbit/s。压缩视频传输只能在有限的范围内进行,而在此带宽下无法进行未压缩视频传输。通过控制信号,标准化的 MOST 功能块定义了直至 OSI 参考模型表示级别的数据交换。但是,不幸的是,由于功能块的差异,无法实现来自不同汽车制造商的设备之间的兼容性。

由于 MOST 总线的高成本和有限的带宽,目前正在测试高达 1Gbit/s 的以太网 AVB 的替代使用,此外,符合 IEEE1394"Firewire"标准的总线将长期可用。但这并不能断言可用于机动车辆。

尽管通常将可选的、不同地区的或新的外围设备作为外部模块连接到信息娱乐控制单元中,但仍会将更多功能集成在控制单元中。最初作为外部模块实现的蓝牙接口、语音控制或USB接口已包含在信息娱乐控制单元的标准范围内。

(2) 信息娱乐系统硬件架构　在信息娱乐系统中,始终有一个中央控制设备,该设备在各个设备级别内实现基本功能,而可选功能在外围设备中实现。

通常,可以看到将更多功能集成到信息娱乐控制单元中的趋势——新功能通常仅在单独的设备中实现,然后再集成到基本设备中。

还有一种趋势是将显示和控制单元作为外部设备放置在驾驶人环境中的合适位置,而不是将信息娱乐控制单元安装为"银色盒子",以免直接看到。

图 8.75 显示了低端带有集成的 HMI 输入和输出设备的电子娱乐系统控制设备的典型结构。

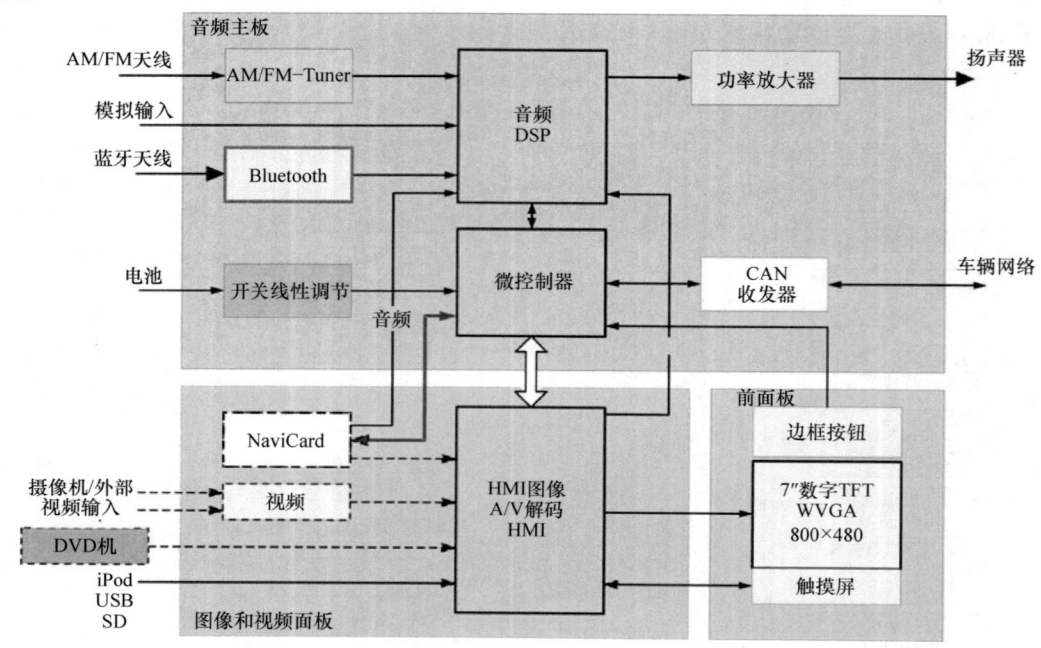

图 8.75　低端信息娱乐设备

图 8.76 显示了高端信息娱乐设备的内部结构,它通常是分开显示和控制元件的情况。

(3) 信息娱乐系统软件架构　信息娱乐控制单元的软件架构也在不断发展,它支持高端设备计算中快速增长的功能。

从历史上看,简单的汽车无线电已经在硬件或硬编码的信号处理器或模块中完成了大多数信号处理。它使用分段或小矩阵显示器以及控制软件,用户界面相对简单,通常使用专有操作系统来实现。

较复杂的功能包含在较新设计的较复杂设备中(例如,图形动画用户界面、导航、语音输入和输出)。此外,越来越多的功能应在车辆的使用寿命内保持可升级状态——这尤其适用于具有蓝牙、USB 和 WiFi、音频和视频编解码器以及更复杂的功能(例如导航)的接口软件堆栈。因此,这意味着必须使用 QNX、WinCE 或 Linux 之类的标准商业操作系统,才能将这些软件用于图形、导航、语音识别、通信等。由于成本、时间和质量的原因,专有的整个软件包的内部开发变得越来越不可能。图 8.77 显示了作为 Genivi 联盟基础的信息娱乐

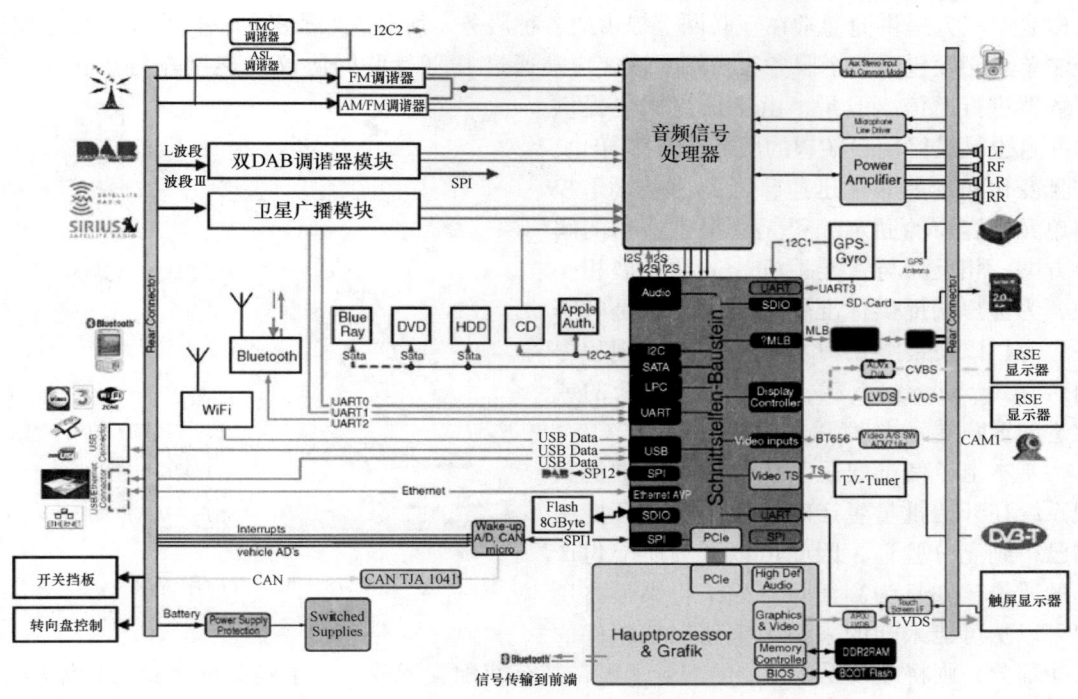

图 8.76 高端信息娱乐设备

系统软件架构示例。

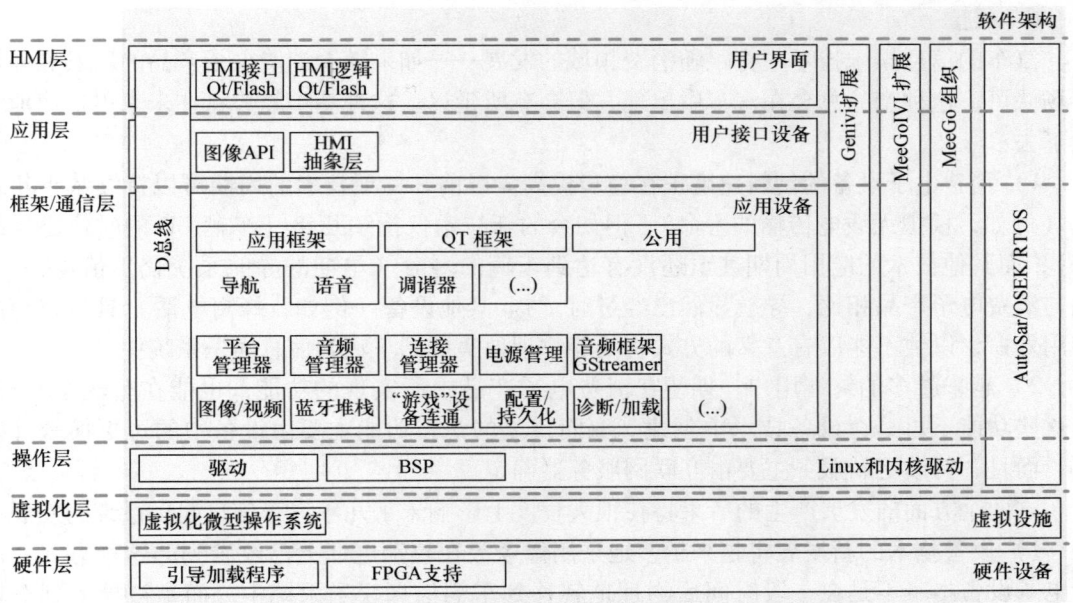

图 8.77 信息娱乐系统软件架构

软件将在不久的将来为那些使用互联网连接的系统不断为车辆带来新的服务,这是全新的挑战。一方面,这些可以是由车辆制造商提供的远程信息处理服务,但另一方面,它们也可以是第三方提供商通常在互联网上提供的各种服务。所有这些服务的共同点是，信息娱乐控制单元必须包含一个服务客户端，该客户端通过 IP（互联网协议）连接并与互联网上的服务器进行通信。但是，由于最终用户提供的并且也是最终用户期望的服务非常多样化，并且变化和发展非常迅速，因此信息娱乐控制单元中客户的固定编程无法提供适当的解决方案。相反，与智能手机 App 的发展相一致，为客户端提供标准化的运行环境是一个好主意，以便最终用户可以随时从应用程序商店（AppStore）下载、安装和运行新的或改进的客户端（图 8.78）。

基本上，信息娱乐系统以及车辆中的其他系统在开始批量生产时以及在车辆环境中均已得到充分验证，因此可以认为所交付产品的质量已知且为高质量。如果将来最终用户可以从可能未知的来源中重新加载软件的

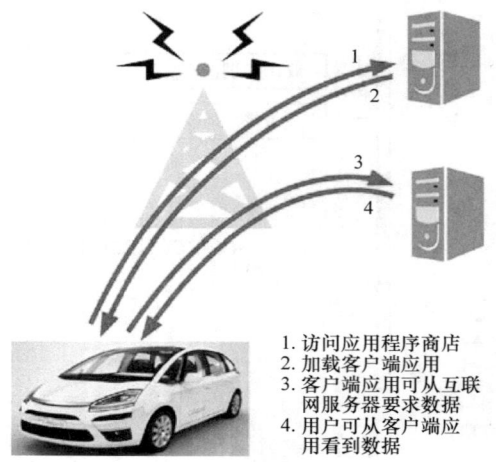

1. 访问应用程序商店
2. 加载客户端应用
3. 客户端应用可从互联网服务器要求数据
4. 用户可从客户端应用看到数据

图 8.78 可下载应用程序

某些部分，则将导致无法预测的配置情况，甚至使配置无效。为了确保可达到的总体功能，尝试在运行环境中隔离，先检验未知应用程序，以防止未知应用程序在质量不足时可能无法正常运行情况，但在任何情况下都不会影响设备的预安装基本功能［"沙盒"（Sandbox）］，这样就可将此类故障的保修与基本设备的保修分开，并将其交给相应的供应商。

6. 展望

汽车的信息娱乐技术一直跟随消费领域的发展——如果随着消费电子产品的新发展并被市场认可，这种产品总会在汽车中出现，但会有所延迟。这种基本趋势将在未来更快速地继续下去：

1）消费电子设备的创新速度正在稳步提高。以前，一项技术的周期可以持续数十年之久（例如，模拟无线电传输的寿命），但如今的新技术仅持续几年（车辆 CD 的时代已经结束），而其他技术的应用周期甚至还没有达到车辆的寿命（早期的导航系统仍然值得一试，而与消费电子产品相比，导航显然已经过时了）。其他设备（例如，蜂窝电话）具有很短的使用寿命，以致不能以有意义的方式将功能物理地集成到车辆的信息娱乐系统中。

2）越来越多的终端用户，期望在消费电子产品中所实现的功能，也能在车辆中实现，但这些功能不再是在设备技术中创建。取而代之的是，功能主要由设备中的可更换软件确定，而且，持续更新服务主要由互联网服务器确定。

这两个方面的发展产生的后果将在很大程度上影响未来几年汽车信息娱乐系统的发展：

1）设备技术的新发展将越来越多地采用像今天在移动电话上已经看到的这种方式：消费电子设备本身不是在一段时间后物理地转移到车辆信息娱乐系统中，而是被导入到车辆中。这里的挑战将是在车辆环境中以合理的方式展示由用户带来的设备及其功能——消费电子设备本身将在很大程度上仍然不适合驾驶人使用。

2）车辆中还必须提供互联网服务器的"Off- board"模式服务，此处将智能手机与服务客户端通过终端模式集成到信息娱乐系统中，但是，智能手机客户端的实现通常也不适合车

辆驾驶人使用——补救措施将是针对驾驶人环境而定制的客户，然后继续在随身携带的智能手机上进行操作，或者直接在信息娱乐主机中进行操作。在任何情况下，重要的是功能的提供者可以及时地跟随服务和功能的升级——这有必要为最终用户提供便捷的方法来选择和刷新他们自己的车辆配置。

7. 汽车天线

在过去的几十年中，车辆仅配备了天线来为收音机使用，而如今，车辆中接受的服务已大大增加。表8.12列出了现代车辆可用的服务及其频域。

所有天线的任务是将自由空间波的电磁场转换为传导的电磁场，即 $Z_{Freiraum} = 120\pi\Omega \approx 377\Omega$ 的自由空间的场波阻抗转换至安装在车辆中的电缆的阻抗，通常为 50Ω，也有很少的车辆为 75Ω。因此，用于车辆的天线的一个重要参数是基点阻抗，另一个是方向图，它表示天线的辐射功率 S_r 为立体角的函数图。

表8.12 车辆中可以接收的服务及其频域

服务	频域
长波	153~279kHz
中波	531~1611kHz
DRM（数字广播服务）	低于30MHz
超短波	87.5~108MHz（日本70~90MHz）
模拟或数字电视（DVB-T：地面数字视频广播）	48~68MHz（BandⅠ） 90~108MHz（只在日本） 174~230MHz（BandⅢ） 470~850MHz（BandⅣ/Ⅴ）
DAB（数字音频广播）：欧洲的数字广播接收	174~240MHz（BandⅢ） 1452~1491MHz（L-Band）
用于中央门锁、辅助加热和/或家中车库门的无线电遥控器 用于轮胎压力监控的主动传感器	315MHz（北美） 433MHz（欧洲） 868MHz（根据OEM）
电话	698~862MHz（LTE，单频段） 880~960MHz（GSM900） 824~894MHz（AMPS 美国） 810~956MHz（PDC 日本） 1427~1447MHz（UMTS 日本） 1447~1510MHz（LTE，单频段） 1710~1920MHz（GSM1800，UMTS，LTE） 1850~1990MHz（PCS 美国/日本） 1920~2170MHz（UMTS，LTE） 2300~2400MHz（UMTS，LTE） 2496~2690MHz（LTE）

（续）

服务	频域
GPS（全球定位系统）	1575.42MHz
GLONASS（全球卫星导航系统）	1602.56~1615.50MHz
SDARS（北美的数字卫星广播）	2320~2345MHz
WLAN	2400~2484MHz 5150~5725MHz
Bluetooth（蓝牙）	2402~2482MHz
DSRC（数字短距通信）， 如 ETC（电子收费系统）	5.8GHz

图 8.79 左图显示了天线长度为 h 的垂直对齐的赫兹偶极子[109,110]的方向图，其中有恒定电流 I_0 流过，在与偶极子轴垂直的平面中以对数形式表示，右图表达的是在与偶极子轴平行的平面的情况。偶极子及其在空间中的方向由箭头标识。赫兹偶极子由非常短、非常细的电导体组成，在这里应被视为代表短线性天线，例如通常用作无线电接收的挡泥板或屋顶天线。其在方位角上方的水平面（左图）中的方向图是圆形的，即偶极子在所有方向上的接收效果均相同。在右图的垂

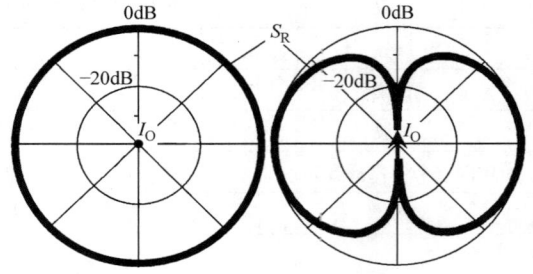

图 8.79 赫兹偶极子方向图

直平面中，偶极子的纵向为零，也就是说，用这种天线不可能从该方向接收信号。由于汽车在日常行驶中对准一个要接收的发射台纯属偶然，所以对于几乎所有的车辆天线来说，在水平面上需要一个圆形的方向图。因此，原理上偶极天线或短线状天线或 $\lambda/4$ 偶极天线特别适合于在汽车上应用。

车载天线的另一个重要要求是宽带。例如，在自由空间中，波长为 λ、传播速度为 c、频率为 f 且 h 远小于 λ 的短线性天线的基本阻抗 R_s 为

$$R_s = \frac{2}{3} Z_{\text{Freiraum}} \pi \left(\frac{h}{\lambda} \right)^2$$

$$= \frac{2}{3} Z_{\text{Freiraum}} \pi \left(\frac{hf}{c} \right)^2 \tag{8.1}$$

R_s 取决于频率 f 的平方，因此不是宽带的，而是仅针对上述一个频率可以调节车辆电气系统的 50Ω 级电平。通过下游的宽带放大器可以在狭窄的范围内增加天线的带宽。这样的天线放大器紧靠天线使用，如内置在天线底座中的棒状天线放大器。接收器通过单独布置的线路或通过天线线路的内部导体为放大器提供电压（所谓的幻象电源）。公式（8.1）特别说明了根据表 8.12 为每种服务将单独的天线集成到车辆中的需求。因此，不可能通过单个天线以不同的频率接收所有服务。

多径传播会引起许多干扰，尤其是在超短波和 TV 接收中。车辆天线除了从发射机到接收机的直接接收路径外，还接收例如在建筑物、山脉或树木上的反射，这些反射与直接路径的信号叠加。与直接路径相比，若在所用频率下干扰延迟仅对应于半波长，则不同路径会产

生信息相消的干扰，接收场强会下降。这些最小场强的点在当地受到强烈影响。通过在车辆中使用几个相互独立的天线，可以提高接收信号的质量，尤其是在受到严重干扰的环境中[111]，因为很有可能至少其天线不在这种多路径干扰之内。

分集天线主要用于超短波无线电和电视接收，可以通过一个开关实现，一旦接收信号的品质下降到定义的边界，就将另一个天线切换到接收器。这时识别干扰的时间常数为 $25\mu s$，并保持天线在转换位置[111]，以抑制在音频信号中听到的多路径干扰和在图像信号中看到的多路径干扰。如果信号品质再次下降到定义的边界，则系统将切换到下一个天线。原则上，该系统中的天线数量不受限制，但实际上车辆中集成的天线不超过 4 个。几年来，越来越多地使用所谓的相位分集系统，尤其是超短波广播。这些系统最初限于两个天线，为每个天线提供自己的接收机。信号处理器以数字方式链接[112]两个接收机的接收信号，因此与单个天线相比，即使在多径接收干扰之外，也可以将接收信号提高达 3dB。由于其数字调制方法 COFDM（编码正交频分复用）[113]的特殊优势，可以将诸如 DAB（数字音频广播）或DVB-T（地面数字视频广播）之类的数字广播系统设置为所谓的单频网络。各个广播电台的广播区域中的所有发射机均以相同的频率工作。甚至可期望的是，可以在每个目的地接收和叠加来自多个发射机的信号。这些系统对多径干扰非常不敏感。

除上述杆状天线外，集成天线通常用于车辆中的收音机、电视和无线电遥控。其优点是，车辆设计不受可见附件的限制，并且具有防止破坏和提高舒适性系统的优点。在较矮的空间，如洗车场或车库中，就不需要拆卸天线杆。集成到车身电介质部分中的金属结构可以用作无源辐射器元件。玻璃也可用作电介质，这意味着所有不可伸缩的窗格都可以用作天线结构的支撑，例如，可以是车身、风窗玻璃、后窗、侧窗，在后窗中，其自身的结构可以用作后窗加热装置加热区域的光学扩展，或者加热区域本身就可以用作天线。

图 8.80 显示了带有广播 AM/FM 和电视 TV 集成天线结构的紧凑型车辆敞开式后挡板的加热场。在该解决方案中，加热场中插入的垂直导体（参见图中椭圆部分）只是调谐天线，没有加热效果，这表明天线已集成到车辆中。在最高配置下，后窗有两个用于超短波无线电和电视的天线。系统中还集成有放大器，在后挡板的装饰元件后部看不到，它用于放大接收到的信号，以及对车辆电气系统的阻抗进行宽带适配。图 8.80 中使用加热场本身作为天线结构，为确保正确接收，还需使用合适的电滤波器，以确保加热场上接收到的高频电流不会通过加热场的电压短路到车身搭铁，而是与天线线路耦合到接收器。滤波器的第二个任务是使天线接收频率范围内的高频干扰与天线结构去耦合，该高频干扰是由车辆中未在车辆电气系统线路中完全抑制的控制单元引起的。

集成天线的其他可能安装位置（如果车辆中有的话）是塑料车身部件，例如塑料扰流板。这种集成可以例如通过嵌入充当天线结构的电线，或安装印有天线结构的塑料箔实现。

为了通过 WLAN 或蓝牙实现电话和数据应用，采用了各种结构形式和设计的短线形天线，或在无源车顶天线的立板上的印制结构。根据应用场景，这些天线可以在乘用车上，例如通过蓝牙或 WLAN 连接将个人手机或私人笔记本电脑与控制单元相连，或使用无源车顶天线通过 WLAN 将车辆连接到外部网络。另一种可选方案是，狭缝辐射器集成在平面窗的黑色边缘区域下方，优选是风窗玻璃或后窗，这样可不被看到。现有的以塑料为主体的部件可为集成电话天线提供额外的安装空间。由于可用的安装空间的尺寸由车体和车辆设计预先确定，因此所谓的折叠偶极子可用于各种特定车辆型式中。从天线的角度来看，最新的无线

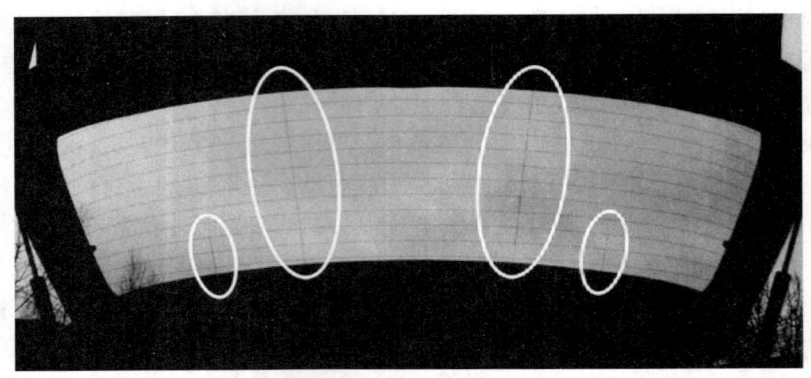

图 8.80　带有集成 AM/FM/TV 天线结构的紧凑型车辆的敞开式后挡板加热场视图

标准 LTE（长期演进）尤其要求严格，因为全世界使用了大量频带，因此需要非常宽带的天线。表 8.12 显示了全球使用的频带，因此并非每个国家或地区都将每个频带都用于 LTE。

尽管无线电和电话天线主要针对水平面进行了优化，但用于基于卫星的系统 GPS、GLONARS 和 SDARS 的接收天线需要一根几乎是半球形方向特性的天线。在世界任何地方，始终可以接收到 4 颗 GPS 卫星信号。它们可以为相对于车辆在天空中的任何方位角和仰角定位。由于卫星轨道和接收区域仅限于美国和加拿大，为接收卫星数字音频无线电服务（SDARS）的两个提供者 Sirius 和 XM 的卫星无线电广播公司给定的优先仰角为 50°~70°。所以，根据车辆的方向、俯仰角和当时的卫星位置还需要接收来自其他卫星的仰角接收信号。此外还要补充其他地面天线来分发节目，尤其是在城市中，由于空间条件，卫星信号可能会被遮挡，这些地面天线的信号以很小的仰角（小于 10°）接收。采用几乎是半球形方向图特性的微波带天线，即所谓的贴片天线可满足要求。

图 8.81 是贴片天线的示意图。外形尺寸与工作频率相匹配的金属表面（贴片）涂在背面同样是金属化的电介质上，例如，贴片的边缘长度大约等于工作频率下波长的一半，当用作接收天线时，它能够从电介层以上的几乎所有空间角接收信号。该贴片如图中所示，与涂在电介质上的输入导线或背面的同轴线导线连接。这种类型的天线大多集成在

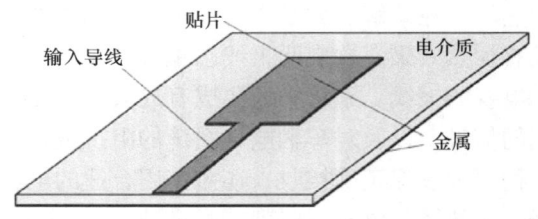

图 8.81　贴片天线示意图

车顶天线中，有时也集成在塑料或玻璃中。由于从卫星到接收天线的较长传输路径的高衰减，因此卫星天线的接收场强非常低，这就是为什么必须使用噪声系数为 0.5 至 1.5dB 范围内且噪声低的前置放大器直接接收天线上的接收信号，在它馈送到接收器之前，直接放大 22~30dB。

8.5.5　驾驶人辅助系统

早在 20 世纪 80 年代末，在欧洲研究计划中进行了"欧洲最高效率和最高安全水平道路交通项目的开发工作"（PROMETHEUS，PROgraMme for a European Traffic with Highest Efficiency and Unlimited Safety)[115]。但当时没有必要的部件（如环境检测传感器和小型高速计

算机）和系统可利用。现在这些部件和系统都有了，并走向"灵敏的汽车"。这种灵敏的汽车可检测它周围的环境和从物体（目标）到本汽车的位置、相对速度并发出警报、对汽车进行干预，以免发生交通事故，而且它的功能越来越完善。超声波停车入位辅助系统越来越为用户欣赏、接受。ACC 系统和基于视频的系统已批量使用。其他的传感器和系统正处于快速发展过程。在已获得成功的基础上正在开发与安全性和舒适性有重大关系的一些新功能。

当将有关汽车周围环境的可靠信息包括在内时，还可进一步改进当前的主动安全性和被动安全性的效果。因为系统越早识别汽车可能发生的交通事故，系统越能有效地实现它的任务。向驾驶人及时报警，他就可提早做出反应。在由计算机干预汽车行驶动力学的主动驾驶人辅助系统中，当识别到危险状况时汽车做出的反应要比驾驶人的正常反应快。

1. 交通事故的原因和避免交通事故的驾驶人辅助系统

在减少交通事故死亡人数的第一次计划后，2000 年~2010 年在欧洲、美国、日本由于总是居高不下的交通事故死亡人数（在 2009 年世界范围死亡人数超过 140 万），许多国家政府强化了他们的目标以进一步提高道路交通安全性。在欧洲，欧盟委员会在 2010 年设定到 2020 年交通事故死亡人数再次减半的目标。

在开发主动和被动驾驶人辅助系统时，关键是汽车避免交通事故的能力、对它周围环境的感知和了解、预先识别危险状况、在驾驶人的行驶方式方面尽可能给予辅助。

危险的行驶状况常常是几分之一秒时间决定的，它决定会发生交通事故或不会发生交通事故。Enke 的早先研究[116]给出，如果驾驶人的反应早 0.5s，并入主路的交通事故的 65%、约 1/3 的汽车前碰撞的交通事故和一半的十字路口的交通事故是完全不会发生的。

为确定在开发具有避免交通事故最大潜力的这样一些系统的重点时，要不断观察交通事故统计数字（图 8.82）。

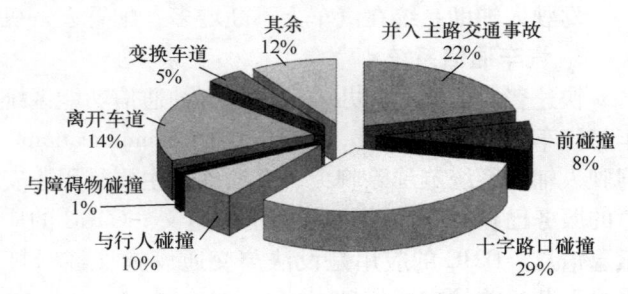

图 8.82 在德国居民区内、外的交通事故[128]

按德国公路局（BATt）统计，2004 年所有交通事故中约 30% 的交通事故是汽车前碰撞和并入主路发生的，20% 是变换车道和离开车道引起的。离开车道的交通事故由于 ESP 系统的功能要比 2004 年下降 5%。其余的交通事故比较复杂，如十字路口、与行人碰撞。

2. 驾驶人辅助

什么是驾驶人辅助？驾驶人辅助系统应在所有的交通情况下给予驾驶人支持，使驾驶人轻松、没有压力、无交通事故下行驶。驾驶人辅助的概念具有多层意思，按应用情况可分：

1）驾驶人信息系统，如：导航、交通状况信息（交通信息频道 TMC、数字音频广播 DAB、全球移动通信系统 GSM）。

2）汽车通信系统，如：汽车—汽车通信系统、汽车—基础设施通信系统。

3）稳定汽车行驶的驾驶人辅助系统，如 ABS、ESP、ASR 等。

4）驾驶人辅助预测系统，它依靠周围的视野传感器扫描汽车周围环境，如：停车入位、ACC 系统、离开车道报警。

5) 识别驾驶人状况，以报警和干预汽车。

如在开头提到的 PROMETHEUS 项目已开发了驾驶人辅助系统的结构（图 8.83）[115]。

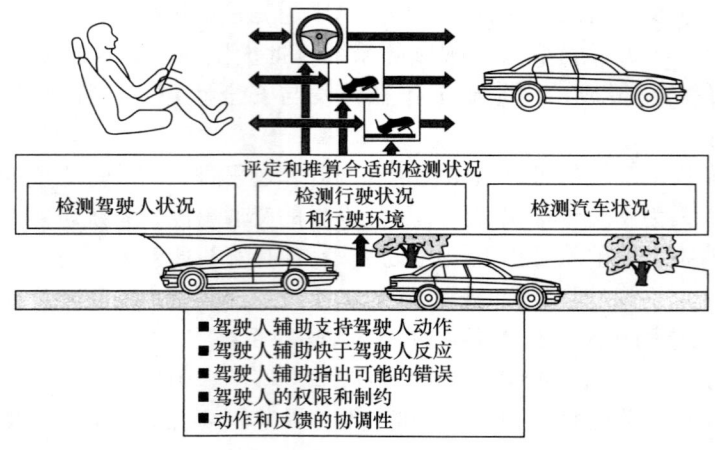

图 8.83　驾驶人辅助系统的结构[115]

按驾驶人、汽车、行驶环境和行驶状况，驾驶人从驾驶人辅助系统得到光、声和触觉的感官渠道的信息。对驾驶人来说，驾驶人辅助系统根据合适的检测状况（检测驾驶人、汽车、行驶状况和行驶环境）干预汽车，在任何时候都应该是清楚的和能领会的，这样，驾驶人就不会惊恐和可能做出错误反应。驾驶人辅助系统操纵应尽可能直观，并且不会长时间转移目光。

驾驶人辅助系统在汽车上不断增多，配置人—机接口（HMI）就十分重要。

3. 汽车通信系统

快速普及的家庭和办公室用的各种通信功能系统也扩大到汽车上。在汽车上的应用是汽车与汽车的通信（C2CC，Car to Car Communication）和汽车与基础设施的通信（C2IC）。在驾驶人辅助系统范围除聊天、交谈外，主要是用于安全性的通信。对遥控的服务和安全性危急的服务已在 IEEE 802.11p 标准中定义。C2CC 的应用是在发生交通事故和交通拥堵时转发紧急信息。C2IC 的应用是设法与交通设施（红绿灯、路牌、路标、栅栏）的联系与通信，也可下载当前的交通信息[118]。

为此，要建立汽车之间、汽车和基础设施之间的高动态网络。建立这样的高动态网络首要的是要有一个通信标准。在这期间由德国一些大汽车生产厂家合作制订了这样的通信标准。重要的是网络的可用性和防止黑客入侵的安全性。

4. 稳定汽车行驶的驾驶人辅助系统

2001 年底德国统计局的调查表明[117]，配备 ESP 系统的汽车侧滑的交通事故频度显著下降。对至今使用稳定汽车行驶的驾驶人辅助系统（ESP）统计证明这样一个论断，它具有防止交通事故的很大潜力。在这期间由于 ESP 在防止交通事故中发挥很大作用，欧盟（EU）规定从 2014 年 11 月 1 日起所有新的汽车都要使用 ESP 系统。

如预测安全性系统（PRE-SAFE）可进一步防止交通事故（第 9 章）。PRE-SAFE 采取预先防止交通事故的安全性措施，使乘员为可能马上要发生的交通事故做好准备［座椅靠背放在垂直位置、收紧安全带收紧器、活动车顶（天窗）关闭、最佳的制动压力］。

预测安全性系统的驾驶人辅助系统具有避免交通事故的更大潜力，因为在危险状况它能提早做出反应。使用环境传感器的预测安全性系统扩大汽车的水平探测，这样可以将汽车周围的物体和状况考虑到要采取的避免和减轻交通事故后果的措施中。

5. 预测安全性的驾驶人辅助系统

利用电子视野（电子眼）可实现众多的驾驶人辅助系统。当前，为这样的系统所需的电子部件如高灵敏度传感器和高性能的微型计算机可供使用，并将不断地继续开发。

（1）预测安全性的驾驶人辅助系统用的传感器 为在汽车环境中识别物体（目标），需要一系列传感器。约 1993 年以来，停车入位辅助系统用的传感器已投入使用。1999/2000 年智能的速度控制器用的雷达传感器也已使用。作为夜视辅助的视像设备在 2005 年底用于高档乘用车，同时还有检测热平衡的微型热辐射测量传感器。其他的一些新的传感器正在开发中。使用这些传感器和设备可以检测物体（目标）并计算它们相对本汽车的位置和相对速度，从而得知汽车是否处于危险状况。环境传感器的检测范围表示在图 8.84（见书后彩插）中。

图 8.84 环境传感器检测范围

（2）超声波近程传感器 当前的停车入位辅助就是使用超声波近程传感器，它的作用距离约为 2.5m。它们装在汽车防撞杠（保险杠）上，当汽车接近障碍物时驾驶人可听到声音和/或看到光显示。

图 8.85 是不同型式的第 4 代超声波传感器，控制器件和信号处理集成在传感器中[119,120]。

用在停车入位辅助系统中的结构相同但作用距离大于 4.5m 的超声波近程传感器已进一步开发。

（3）77GHz 雷达 作用距离可达 250m 的多目标能力的远程传感器基于雷达原理。雷达的概念是"无线电识别和距离测定"。图 8.86 是第 3 代远程雷达传感器（2007 年开始使用）。它比第 1 代

图 8.85 第 4 代超声波传感器

和第2代的雷达传感器有较大的波束角。Bosch 雷达传感器的高频部分和电控单元集成在外体中。由 SiGe 工艺集成的单片微波集成电路（MMICs，Monolithic Microwave Integrated Circuits）替代耿氏振荡器技术，从而在进一步的集成潜能中可降低成本、提高质量和减小外部尺寸。电子装置通过 CAN 直接干预制动和发动机管理系统（Motronic）。

波束角为±16°的窄雷达波扫描汽车前面的空间，并得到本车与前面汽车的距离和相对速度。雷达传感器由分析、处理4个雷达波束得到角度信息。雷达波束由4个发射源（poly-rods）（见图中的上部薄板）发射。位于传感器前端、可加热防止结冰的透镜将雷达波束聚集在波束角上[119,121]。

（4）远程激光雷达　几年来，ACC 用的激光雷达传感器已在日本汽车上使用，尽管它比雷达的有效功率要低。激光雷达（激光识别和距离测定）利用 800~1000nm 红外波长范围的电磁波。雾和恶劣的视野状况，特别是泡沫或浪花有时会很大地衰减激光雷达波束，因而使测定距离缩短。

（5）近程传感器　除扩大测量距离约达 4.5m 的超声波传感器外，近程传感器还可使用 24GHz 短程雷达传感器或激光雷达传感器。它们可以形成汽车周围的"虚拟安全带"，作用范围达 50m。

图8.86　集成电控单元的第3代77GHz 雷达
上部薄板：高频部分
下部薄板：电控单元

自 2005 年初以来，对 24GHz 的超宽频段（UWB）已在 EC-Richtlinie（EC 指令）中作了规定：2013 年前有限使用 UWB。在 2005 年到 2013 年期间为保护已开设的服务（无线电天文学、识别地球卫星服务），在欧洲地区不允许超过 7% 的渗透率。替代的 79GHz UWB 已在 2004 年在欧洲开放，并已开发出一些传感器，保证顺利过渡。

（6）视像传感器　图 8.87 是适用于汽车的视像摄像机，它是专门为基于近红外的夜视系统开发的。摄像机头部包括图像拍摄芯片（成像器件）、透镜和控制摄像机的电子装置。拍摄的图像在单独的高性能计算机中处理。

因为在汽车使用环境中图像画面的亮度无法控制，常规的图像传感器（CCD）的动态亮度变化范围不够。为此需要高动态性能的成像器件。当前非线性亮度变换的 CMOS 技术可覆盖很大的动态亮度变化范围（最大可达 150dB），这样需要进一步考虑目前用于汽车上的、常规的 CCD 传感器的替代问题。

图8.87　用于汽车的 CMOS 摄像机

由于采用视频等技术（主要是实现白天的预测安全性功能），已进一步开发出多种功能可同时使用的"多用途摄像机"[141,142]。

多用途摄像机的结构尺寸与图 8.87 所示的摄像机结构尺寸几乎一样，但它集成一个高效计算机，以处理和分析图像。多功能同时使用的"多用途摄像机"见图8.88。

6. 舒适性和安全性的驾驶人辅助系统

在前面所述的各种传感器和它们的组合（传感器数据融合）基础上可实现很多的驾驶人辅助系统[142,143]。

（1）停车入位辅助系统　由于追求现代汽车车身的气动造型，在调车时视野有时受到严重的限制。在汽车周围的障碍物常常很难看到或根本无法看到。驾驶人通过后风窗玻璃只能看到 8～10m 距离内的路面状况。同样驾驶人也无法看到汽车前面的障碍物，因为它被车身前端挡住。

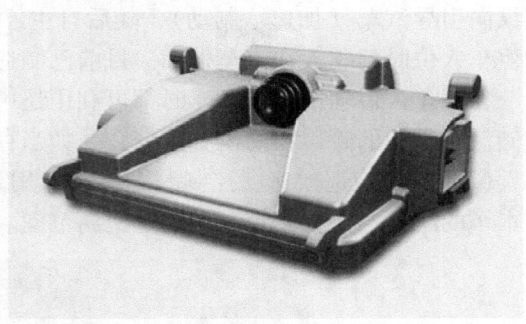

图 8.88　多功能同时使用的"多用途摄像机"

为扩展驾驶人周围的"电子视线"的视界，基于 8.5.5.5.2 小段中所述的超声波近程传感器十分有效，并在此期间得到汽车驾驶人（最终用户）的高度认可。

停车入位辅助系统监控汽车前、后约 20～250cm 范围的路面状况，见图 8.89。可识别其他的汽车和障碍物，并通过光和/或声的方式显示。

停车入位辅助系统有多种结构型式。较简单的系统是在汽车后部采用 3～4 个传感器；花费多的系统是在汽车上采用多达 12 个传感器（汽车前、后部各 6 个传感器）。在汽车 4 个角安装 4 个传感器以有效地保护汽车 4 个角[120]，这样可实现汽车视界的全覆盖。

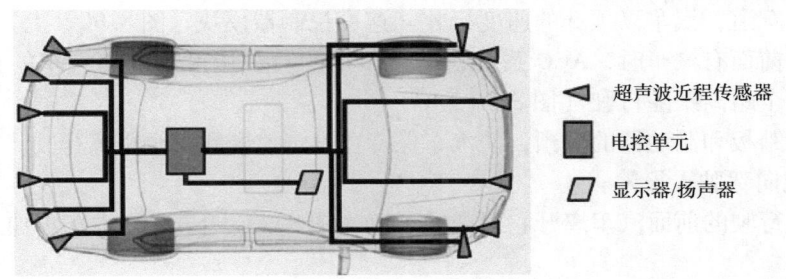

◁　超声波近程传感器

■　电控单元

▱　显示器/扬声器

图 8.89　停车入位辅助系统

除超声波近程传感器外，停车入位系统还有一些部件（器件）、电控单元和报警件组成。在挂上倒档激活停车入位系统或在附加前部保护的停车入位系统时，汽车速度应小于约 15km/h 阈值。在停车入位辅助系统工作时自检测功能保证永久监控系统所有部件（器件）运行状况。

安装在汽车前侧的传感器同时用于测量停车空隙长度。汽车在停车空隙旁边行驶时测量停车空隙长度和深度，并给驾驶人有关的信息，由此判断停车空隙对本汽车是否足够长。可识别停车空隙中的障碍物，并向驾驶人发出信号。

第 2 步，停车入位辅助系统从两个侧向安装的超声波近程传感器的信号中计算优化的停车轨道（路径）。驾驶人通过仪表组合中的显示屏收到优化停车入位的提示。

第 3 步，主动的停车入位系统投入工作。当驾驶人必须通过纵向引导汽车控制时主动停车入位系统在停车空隙中使汽车转向。

第4步，进一步开发全自动停车入位辅助。预先明确设定：全自动停车入位辅助系统承担纵向引导汽车（加速、制动），随后自主停车入位辅助系统允许全自动停车入位。在全自动停车入位时驾驶人在汽车外面。目前已制造出样车[137]。

在停车入位辅助或在调车时都可利用超声波近程传感器装置。这时在汽车行驶时计算机存储汽车周围的障碍物的位置数据，并如当存在与障碍物发生碰撞的危险时向驾驶人报警。

（2）自适应巡航速度控制（ACC）　用目前的表达方式，ACC 系统就是测量前面汽车到本车的距离，并将它控制到安全距离范围。图 8.90 是 ACC 系统工作原理。

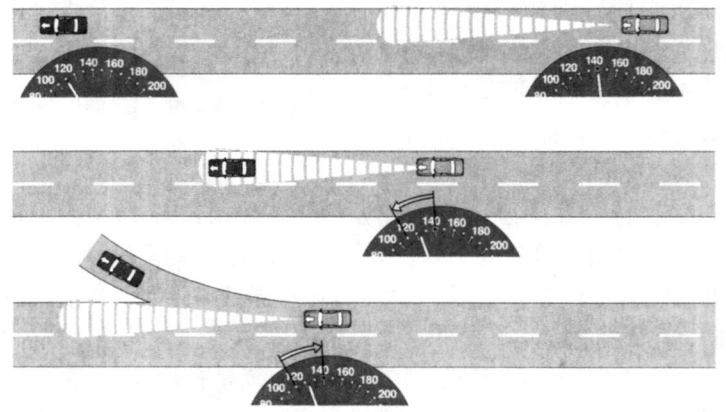

图 8.90　ACC 系统工作原理

在自由的车道，汽车以预选的速度行驶（速度控制器模块，图 8.90，上）。

在检测到前面有汽车时，ACC 系统自动使本车的行驶速度与前面汽车的行驶速度适应并按预选的安全距离跟随行驶（图 8.90，中）

通过加速踏板和制动器的干预，使汽车保持在设定速度和安全距离行驶。在偏离这些值时，ACC 系统向驾驶人报警。

如果较慢行驶的前面汽车离开它原来的车道（图 8.90，下），则本车再加速到先前设定的车速行驶。

为防止高速弯道行驶，要附加使用 ESP 系统中的传感器信号，这样 ACC 系统可以自动降低弯道行驶速度。任何时候驾驶人操纵加速踏板就可切断 ACC 系统或短时间点一下制动踏板就可切断 ACC 系统[123]。

当前的 ACC 系统可在速度为 30～200km/h 范围工作。功能扩大的 ACC +（ACC plus）已在 2006 年成批使用。它具有制动汽车到静止状态的功能。

另一个开发步骤是着手 ACC 的功能扩展，即拥堵随同行驶（低速跟随，LSF）。在拥堵随同行驶时进行远程雷达和中程传感器或近程传感器的数据融合。各类传感器作用范围的搭接可提升识别可信度。拥堵随同行驶功能允许制动汽车直至停下来。但在制动汽车到静止状态后在再次起步时操纵加速踏板，以在自由行驶状态再次激活 ACC。

还有一个开发步骤是扩展 ACC FSR（全速范围）的功能范围。在制动汽车到静止状态后，在设定的时间间隔内汽车重新自主起步，从而减少汽车走走停停列队行驶给驾驶人带来的麻烦。通过 ACC FSR 与视频传感装置的结合由于可对目标（物体）分类而有可能在各种行驶速度范围和在城市交通中进行纵向引导汽车。

(3) 预测安全性系统（PSS） 目前的 ACC 系统是作为舒适性功能设计的，它可减轻驾驶人的工作强度。2005 年以来，ACC 系统成为安全性系统中"预测安全性系统"的组成部分。

因为在所有并入主路的交通事故中的 68% 的事故主因是疏忽大意，所以 PSS 具有避免交通事故的很大潜力。其他的 11% 是既不留神又紧跟行驶造成的。在所有并入主路的交通事故的 9% 仅仅是追尾[125]。通过 PSS 系统纵向引导汽车可以遏制占很大份额的并入主路的交通事故。

图 8.91 是发生交通事故的制动状况分析[126]。它是基于 GIDAS 数据库的交通事故制动状态分析，并得到不同制动状态时的交通事故百分比。真正的紧急制动只占所有汽车与汽车碰撞的交通事故的 2% 或整个交通事故的 4.5%，它是因为制动太胆怯（制动减速度为 $2\sim8m/s^2$）。所有碰撞的交通事故中几乎一半根本就没有制动或只是很胆怯地制动（汽车制动减速度 $<2m/s^2$）。该分析证明预测安全性系统在避免交通事故中和减轻

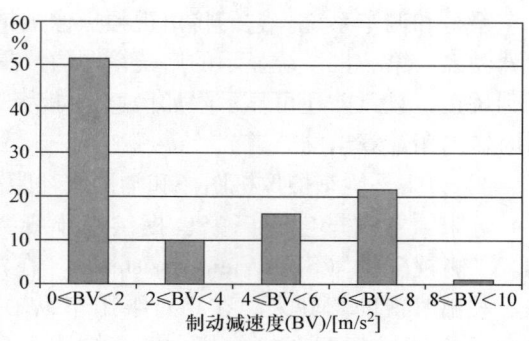

图 8.91 发生交通事故时的制动状况

交通事故后果中发挥的重要作用。利用 PSS 系统辅助驾驶人制动和加速汽车或通过计算机对汽车行驶干预就可避免交通事故和减轻交通事故后果。

为进一步开发 PSS 系统，采取以下行动计划：

1）第 1 阶段：在这阶段，PSS 系统为可能的紧急制动提供了制动装置。在危急的交通事故状况下，它可建立制动压力并将制动摩擦衬片不明显地靠在制动盘上，并与液压制动辅助（HBA）匹配。驾驶人赢得宝贵的几分之一秒时间，直至进入全制动。如果驾驶人紧急制动，在优化汽车减速度值时就可以尽快做出制动反应，实现最短的制动距离。如果发生交通事故，PSS 系统就可减轻交通事故后果，拯救生命。

在所有碰撞事故的约一半碰撞中，汽车撞在障碍物上时驾驶人从座椅上弹跳起来。对这种交通事故需要开发下一代的 PSS 系统。

2）第 2 阶段：在驶上主路面临交通事故时报警 第 2 代 PSS 系统不仅提供制动装置，而且在可能发生危险的交通情况前及时向驾驶人报警，从而可在很多情况下避免交通事故。为此，PSS 系统以光和声的方式报警，当驾驶人对报警没有反应时，第 2 代 PSS 系统可产生短时的、强烈的制动冲击。对驾驶人的研究表明，这种对驾驶人脚部肌肉的冲击（报警）使他能在最短的反应时间提高对汽车行驶状况的注意。通过短时收紧安全带，第 2 代 PSS 系统还可向驾驶人报警。由于第 2 代 PSS 系统的这些特征，可以进一步改进在第 1 阶段起作用的，也就是在图 8.91 中反映的疏忽大意、不留神引起的交通事故状况，即驾驶人根本没有制动或制动时汽车减速度很小。第 2 代 PSS 系统已在 2006 年底成批使用。

3）第 3 阶段：碰撞无法避免时紧急制动。如果驾驶人对报警仍然没有反应，则 PSS 系统开始以中等制动力制动。当驾驶人在制动中仍然不干预时，PSS 系统进一步增强制动力直到 PSS 系统识别到本汽车与前面的汽车的碰撞已无法避免时，则以最大的制动减速度自动紧急制动，从而减轻较严重的交通事故后果。在识别目标和估计交通事故风险时自动控制汽车

功能要求很高的安全性，如通过雷达传感装置与视频传感器组合以帮助进行目标分类[124]。为在公共道路交通中使用 PSS 系统由 1968 年的维也纳世界协议承担的限制当前正在欧盟成员国内激烈讨论，其目的为驾驶人在由于他（她）的迟缓反应能力而本人不再能反应的情况下可允许违反驾驶人意愿而进行计算机干预。

（4）图像输出的视频系统

在图像输出的辅助系统中首先使用视频技术之后很快地继续开发出报警系统。

1）倒车辅助和调车辅助　较长一段时间以来，首先发现在日本的乘用车上采用简单的倒车系统和调车系统。它们将由视频摄像机拍摄并显示在副仪表板的图像屏幕上的图像显示给驾驶人。第一批系统显示的广角镜图像严重失真而难以估计障碍物。在这期间摄像机图像得到矫正，且目前还可显示附加信息，如为改进估计距离的距离标记，或在摄像机后置时由瞬时转向角计算出的轨道。

图 8.92 是倒车摄像机图像和辅助线与距离数据。

近来，各汽车生产厂家也提供基于视频的调车辅助。"侧视辅助（Side-View-Assistent）"在汽车狭道驶入、驶出时帮助驾驶人。在相对乘用车纵轴倾斜 45°的两个反光镜后面配置摄像机，并可向右、向左看到它们。图 8.93 是在显示屏上看到的场景[138]。在图中的下面是视线范围。

"顶视系统（Top-View-System）"还可看到自己的汽车和从鸟瞰中看到的周围环境。为此，要将由 4 个超广角摄像机的图像转换为 360°的环形视图。

图 8.92　倒车摄像机图像和辅助线与距离数据

2）夜视系统　改善夜视为减少交通事故做出重要贡献，因为所有出现死亡的交通事故中约占 50% 是发生在夜间的，尽管夜间的交通流量只占全天交通流量的 1/5[128]。除了恶劣的天气状况外，主要是夜间的视野不好。现已有光分布图样适用于一定交通状况的前照灯系列，但它们的炫目问题，特别是对年长的驾驶人，并没有消除。

图 8.93　侧视辅助

目前有两种改善夜视的方法，即以远程红外线（FIR）为基础的系统和近程红外线（NIR）为基础的系统。

图 8.94 是这两种方法的原理性区别[129]。

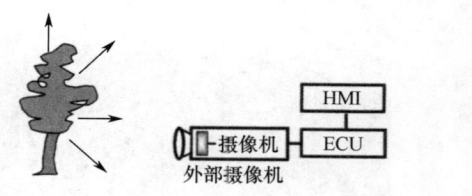
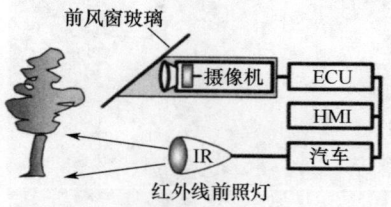

图 8.94 远程红外线系统（左）和近程红外线系统（右）

① 远程红外线（FIR）系统。改善 FIR 夜视系统推荐使用热辐射，其"远程"红外线波长为 $7\sim12\mu m$，它由物体发射，即是被动系统，它没有照亮物体所需的另外辐射源。

拍摄热成像的热电的热成像摄像机或微辐射摄像机只在上述给定的波长范围灵敏。因为风窗玻璃不能透过这种波长，所以摄像机必须安装在汽车外部范围。目前可使用的传感器分辨率为 640×480 像素。传感器信号通过电控单元（ECU）输入到人—机接口（HMI）显示屏上。

热体在黑暗环境（冷环境）底图上显现出明亮的轮廓，但这种图形显示对驾驶人来说是陌生的，因为形象图（效果图）不是正常的物体反射图。另一个缺点是在外界低温环境下，物体与背景的反差分外明显。在热的环境下只有弱的显现。

② 近程红外线（NIR）系统。近程红外线系统使用接近可见波段 $800\sim1000nm$ 的红外线辐射。因为物体在这个波段没有辐射，所以必须用专门的前照灯照射物体。这样，可以用对红外线灵敏的视像摄像机拍摄物体。硅图像传感器对这个波段灵敏，所以，像在夜视系统中使用的那样，白天使用同样有效。

汽车卤素灯具有高的红外线成分，它从可见光波段（$380\sim780nm$）到 $2000nm$。最大值是 $900\sim1000nm$。实际上还要将照明模块集成到 NIR 系统中。

由于 NIR 波段接近可见光波段，物体自然反射的 NIR 与可见光相似，即在远光灯时看到的图像与正常看到的图样是一样，并为驾驶人信任。

为得到较大反差的、光彩的图像，并能很好识别物体，在高品质的图像系统中还要对视频图像后处理。这样可在 150m 距离内可靠识别行人。

目前所用的视像传感器分辨率为 640×480 像素或还可更高。

图 8.95 是 NIR 系统（图 a）和 FIR 系统（图 b）的画面。

在图 8.95a 中可清晰地看到，只能识别由 IR 前照灯投射的物体。观察者看到的图像与黑白远程图像一样可信。在图中还可清楚地看到车道标志。

在图 8.95b 的 FIR 系统见到的画面首先是引人注目的远距离物体。该系统显示温度高于周围环境的所有物体。车道标记则相反，见到的只是一个大概轮廓。

比较这两个系统的特性和 NIR 系统的优点，可在参考文献 [129~131] 和 [133, 134] 中找到。

③ 夜视信息显示。摄像机拍摄的图像可放在汽车上的不同地方，可放在风窗玻璃上作为平视显示器（HUD）、放在副仪表板上或放在仪表组合中。柏林大学和克姆尼茨（Chemnitz）大学的科学家在研究中[135]确定仪表组合是终端用户最好接受的仪表。在 S 级乘用车（2005 年使用）可选择安装地点。图 8.96 是仪表组合中的两种工作模式。

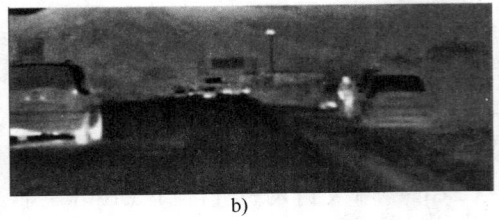
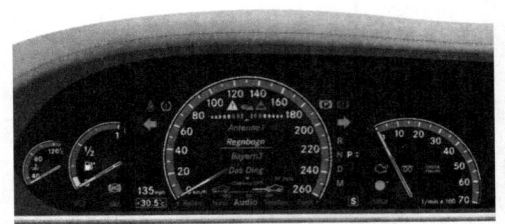

图 8.95　NIR 系统（a）和 FIR 系统（b）状态图

图 8.96　仪表组合中的两种工作模式
上：转速表显示模式　下：夜视模式

在夜视模式中汽车行驶速度采用水平线条形式显示，以能在夜视中看到物体。

(5) 图像处理的视频系统

在至今介绍的基于视频的系统，或直接显示图像，或显示图像与处理先前图像时，在上面所说的视频基础上的要求很高的驾驶人辅助系统需要一台高效计算机，以处理图像。图 8.97 是视频系统结构原理和功能实例。

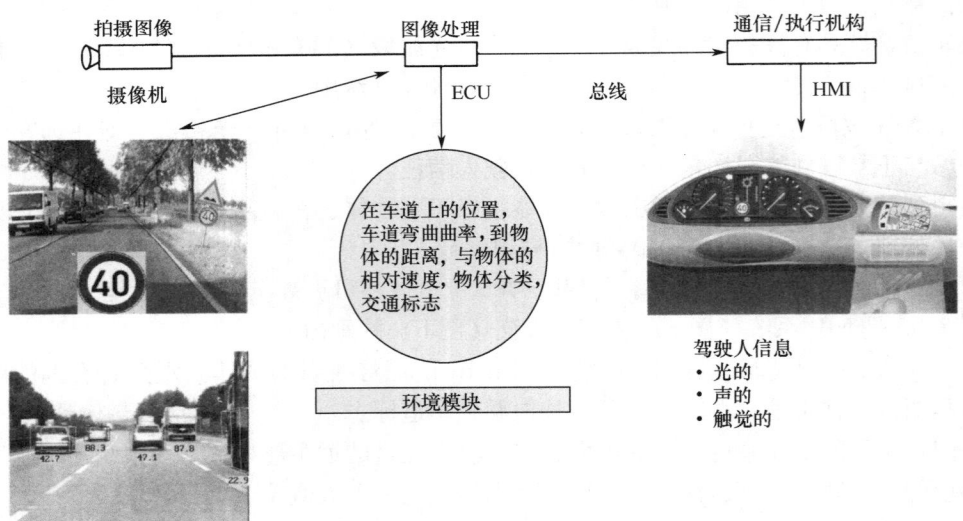

图 8.97　视频系统结构原理和功能实例

在图中以实例列出各点（各种信息），这些信息是从图像处理系统中摘录出来的。视频系统设计成多功能的平台，也就是用一台摄像机可实现报警、干预汽车的许多功能。摘录的图像特点以目标（物体）清单的形式通过数据总线（Datenbus）供汽车上的其他部件（系统）使用。在标注的实例中由图像处理计算机识别的、和如图像表明的速度限制由仪表组合接受，并作为符号在仪表组合的图像显示器上显示。如果驾驶人没有注意这个速度限制，则图像处理的视频系统就会向驾驶人追加以声的或触觉的方式报警，实例例子是操纵加速踏板变得困难（不让操纵）[124]。

在这些部件和信息的基础上可实现显示、报警和干预汽车的这些功能。前摄像机除单纯显示夜视功能外，还包含其他功能，如离开车道报警的车道识别或交通标志识别。此外，图像处理的视频系统，如上所述，还可辅助 ACC 传感器，以测量距离、实现目标（物体）识别和目标（物体）分类。

1）第2代夜视系统　在不断开发第1代夜视系统中最近又采用识别行人的图像处理法。通过行人的典型的头—肩部分可可靠识别行人，并通过光学显示和/或报警声音向驾驶人适时报警。通过进一步的目标（物体）分类算法可扩大报警范围，如动物或其他目标（物体）。为报警，重要的要知道识别出的目标（物体）是否在本车行驶道上或在旁边道上，这时要再次使用 NIR 技术。这样就能加快识别一些重要的目标（物体）和防止为注视图像屏幕而较长时间地转移视线。

在上述的研究中[135]可确认在风窗玻璃上逐渐显现的报警符号在试验的人群中具有很好的认知度。图 8.98 是宝马乘用车 2008 年采用的 FIR 系统。

2）离开车道报警/变换车道辅助　无意的变换车道是最经常发生交通事故的原因。无意变换车道大都是疲劳（打盹）或注意力不集中引起的。变换车道辅助应消除产生交通事故的原因。当存在交通危险时，汽车驶过车道标志线而没有开启转向灯，变换车道辅助识别车道标志线并向驾驶人报警。

图 8.98　在平视显示器中行人前报警显示[138]

离开车道报警（LDW，Lane Depature Warning）可采用单声或立体声系统。在 VGA 的图像分辨率、良好的天气状况和良好的车道标志线情况下，单声系统的报警距离略超过 40m。立体声系统报警距离则还可超过 10%～20%。由于成本原因，至今在市场上只有单声系统。图 8.99 是车道识别原理说明。

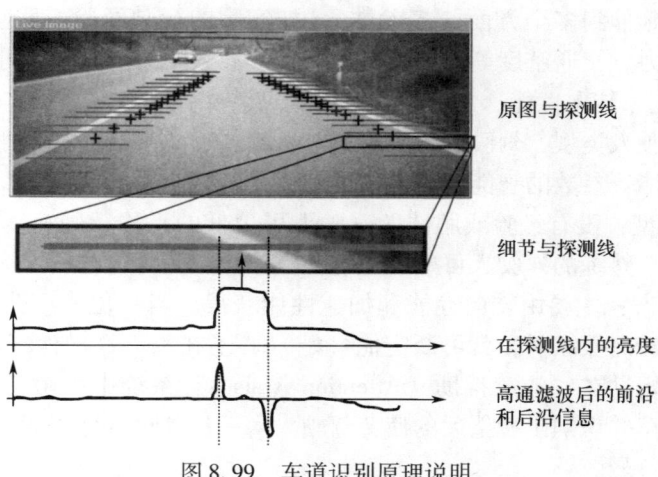

图 8.99　车道识别原理说明

如图 8.99 所示，只要利用沥青路面和车道标志线的光线反差，图像处理系统就可探测汽车前面的车道标志线。至于车道标志线间的缺口可用卡尔曼（Kalman）滤波消除。图 8.99 中的上图是摄像机拍摄的、带探测线（见从上算起的第 2 个图的细节）和在上图可见的标志车道走向的十字线的图像。车道走向是由图像处理计算机算出的。为识别车道标志线，要分析在探测线内的发光信号。利用高通滤波器可得到车道标志线的边界。

如果汽车驶过车道，就会向驾驶人发出报警信号。有不同的、效果很好的报警方式：从汽车扬声器中发出报警的声音（有方向性的立体声）或"片状带发出的清脆声"。另外还可使用触觉感官通道的报警方式。带方向信息的座椅抖动装置已在 2004 年投入市场。转向盘振动（优点是直接辅助转向）或用轻微的回转力矩冲击转向的报警方式是另一种系统特征。

3）交通标志识别　如图 8.100 所示，图像处理系统还能识别和显示交通标志。前提是要识别的路牌要预先读入图像处理系统。在汽车行驶时计算机持续寻找具有路牌形状的目标（物体）。

一旦识别到这样的目标（物体），先一直跟踪到足够近的路牌处，以能用本身的分辨率读出图像。之后在仪表组合中显示路牌（图中为汽车行驶速度不超过 80km/h），并一直保持到驾驶人的注意力转向另一个注视方向时。

图 8.100　交通标志识别

7. 自适应驾驶人辅助系统

在常规的容易感知的驾驶人辅助系统，如 ABS、ESP，帮助驾驶人时必须靠机械的感觉表明它在帮助驾驶人，并被默认；而在自适应驾驶人辅助系统报警或自动执行时驾驶人只监控自适应驾驶人辅助系统边界。

目前的驾驶人辅助系统按固定算法运作，它不考虑驾驶人的状况。已知的是不是所有的驾驶人的反应和操纵能力是一样的，因为他们之间有差别和不同的驾驶经验。此外，在驾驶时他们的反应能力和操纵能力处于不稳定状态（动态）、驾驶人忙于招架（易疲劳）或心情波动，使操纵能力受到影响和限制[145]。

为此，下一个任务是配置自适应驾驶人辅助系统，即报警与汽车干预与驾驶人状态相适应，其自适应性可延伸到多个方面（多参数），如实际的行驶经验、反应能力、疲劳状态、规定到达的时间压力、交通密度等。为得到作为输入参数的这些参数，可利用一些汽车信息（行驶速度、加速度、转向性能、制动性能……）、转向时间等参数。

首先要识别驾驶人类型、驾驶人状态和驾驶人意图。这些可通过行驶速度、加速性能、转向性能、制动性能等参数的智能耦合并借助神经元网络获得。

（1）驾驶人类型：没有经验或胆怯的驾驶人可由低的平均行驶速度、较多的制动操纵和犹豫的加速确定。熟练的驾驶人可娴熟地驾驶汽车。

（2）驾驶人状态：主要由转向性能和加速性能获得。当一位较疲劳的驾驶人在像蛇行线行驶而最终没有转向操纵时，就可断定他（她）心不在焉，这样他（她）就几乎没有加速汽车的动力。戴姆勒在"注意帮助（Attention Assist）"系统中采用是一种方法是它鼓励在较长时间驾驶汽车并识别出疲倦后的疲劳驾驶人喝一杯咖啡休息一下。这时在仪表组合上出现一个咖啡杯的符号。

（3）驾驶人意图：可由转向性能和加速性能耦合获得。如在［140］中指出，在超过 90%没有使用转向灯可确定超车意图。

如果取得驾驶人类型、状态、意图的这些信息就可形成自适应报警、对话和汽车干预。理想情况是当驾驶人期待报警或汽车干预，自适应驾驶人辅助系统就报警或汽车干预；当太晚向驾驶人报警或不希望报警时自适应驾驶人辅助系统就不报警。这方面的一些实例是：

1）停车入位间隙测量：没有经验的驾驶人期待比熟练驾驶人较长的停车入位间隙。

2）ACC：根据交通密度调节时间间隙。自适应驾驶人辅助系统满足驾驶人愿望，调节较短的安全距离以阻止其他交通参与者驶入安全距离内；反之，在轻松行驶或在恶劣的视线情况可以保持较大的时间间隙和/或实现速度限制。

3）规定到达的时间压力：ACC通过分析急促的行驶性能识别这种情况而保持短的时间间隙并阻止报警，如在故意越过行车道实线边界时。

4）疲劳：随着由自适应驾驶人辅助系统识别的驾驶人的疲劳的增加，在危险状况前较早的和/或急促的报警（如通过短暂的制动压力），以与驾驶人延迟的反应时间相适应。

从自适应驾驶人辅助系统中列举出的一些实例表明该系统的很大潜能。

8. 总结和前景

图8.101是在不断避免交通事故的"安全性汽车"的路程中各种驾驶人辅助系统的应用场合。这些应用场合可分两类：

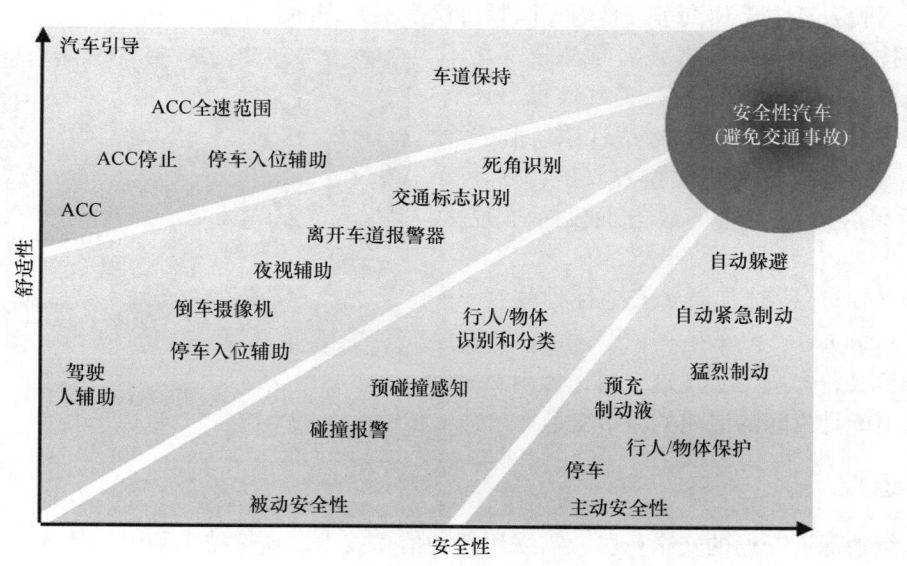

图8.101 驾驶人辅助系统为避免汽车交通事故铺平了道路

1）以"半自动汽车"为长远目标的舒适性系统。

2）以避免交通事故为目标的安全性系统。

汽车在危险的环境前驾驶人辅助系统向驾驶人报警或建议行驶技巧（方法）。这方面的实例是停车入位辅助或改善夜视系统。离开车道报警或在行驶死角中识别物体也对避免交通事故做出贡献。

汽车引导系统出现了从ACC系统到完全纵向引导的各种系统功能，在城市范围和在高速行驶时也能实现汽车引导。在这方面进行了雷达数据和视像数据的复杂的、综合的数据融合。如果在纵向引导系统基础上再补充同样是以视像为基础上的横向引导系统（车道保持辅助），则可想象为自主导向。

被动安全性系统包含预先识别可能的碰撞情况（预先防止碰撞）和保护行人的功能。

对主动安全性的性能和可靠性提出了最高的要求。这些要求涵盖从简单的在停车入位时汽车在障碍物前自动制动、停车到预测安全性系统。前景是在目前的基础上达到避免交通事故，利用计算机辅助实施行驶技巧，以避免碰撞。

但前面所说的这些系统的性能目前还受到明显的限制。这些限制主要是由于传感器技术的欠缺引起的。第 1 步是数据融合，如雷达测定数据和视像数据。雷达能很好地快速测量距离和速度，但表示障碍物的大小和类型则受到很大限制。理想的方式需补充视像传感器。视像传感器能估计障碍物大小。如果它与雷达信号组合就可很好地识别物体类型和关联的特征。进一步开发（特别是视频技术和图像处理）能识别物体类型，带预测其他交通参与者运动的场景画面促使我们进入复杂的、综合性的避免事故的研究领域[127]。

未来，在自适应驾驶人辅助系统中，报警阈值和汽车干预与驾驶人的物理的和生理的本性的配合可满足驾驶人对驾驶人辅助系统性能的期待。

复杂的驾驶人辅助不应引诱驾驶人将控制汽车的任务托付给计算机。目前的系统已复杂到这样的程度，即对汽车的控制和责任在任何时候都在驾驶人方面。驾驶人的意愿总是优先的。违背驾驶人意志干预汽车按日内瓦国际协议是不允许的。

很多技术进步，按本书编者预测，都离不开无交通事故道路交通的这一美好憧憬。还有众多的技术措施正逐步引入舒适性系统和安全性系统中。这些措施在使驾驶人放松、减轻交通事故后果、避免交通事故方面发挥了很大作用。

图 8.102　夜间的混沌的城市交通

欧盟（EU）适时首倡 e 安全性计划（e—Safety—Programm）。汽车生产厂家和供货商正抓住这个机会，力图为实现这个目标做出贡献。

图 8.102 是夜间的混沌的城市交通。

8.5.6　遥控

为持续地保证交通的安全行驶，需采用新的信息技术、通信技术和引导技术。为提高交通效率和运输效率、提高安全性和旅游舒适性以及保护环境，交通遥控将采用先进技术，可视为通信技术和信息技术的概括。移动通信领域的飞速发展和可以安全、实时、低成本传输大量数据，使交通遥控以"C2X"形式在"汽车与汽车（Car to Car）"和"汽车与基础设施（Car to Infrastructure）"通信领域进入新的维度（规模）。

欧洲遥控应用的重要系统是高精度和高可靠的定位和导航系统。为此，欧盟已决定建立一个全球的民用卫星导航系统，包括地面的基础设施。伽利略（Calileo）卫星预计 2014 年后准备投入使用，见表 8.13 和图 8.103。

表 8.13 伽利略卫星服务

Galileo 服务	开放服务	商业服务		规定的公共服务		生命安全服务
覆盖范围	全球	全球	地区	地区	全球	全球
精度	15~30m（信号频率）（双频率）	5~10m（双频率）	1m（地区信号增强）	<10cm~1m（地区信号增强）	4~6m（双频率）	4~6m（双频率）
利用率	99%	99%	99%	99%~99.9%	99%~99.9%	99%~99.9%
完整性	没有一般要求	增值服务		强制要求		是
响应范围	—	20~45m	2~3m	3~5m	<15m	12~20m
响应时间	—	10s	1s	1s	6s	6s
完整性风险	—	$2\times10^{-7}/h$	$2\times10^{-7}/h$	$3.5\times10^{-7}/150s$	$2\times10^{-9}/150s$	$2\times10^{-9}/150s$
连续性风险	—	$10^{-4}/h$	$10^{-4}/h$	$<10^{-5}/15s$	$10^{-5}/15s$	$8\times10^{-6}/15s$
认证和服务担保	无	可能服务担保		认证，可能服务担保		是

1. 交通遥控原理和技术

交通遥控的重要任务是在各个方面以减轻交通的负面作用为目标，利用信息、通信、开环控制、闭环控制和监控技术对汽车施加影响。

在汽车不断使用地面的和卫星支持的移动通信系统以及互联技术时，数据传输到汽车的行驶环境、提出推荐行驶路径并传输到订货、汽车装运等方面。在运筹方法和模拟方法中信息技术部件处理接收到的交通信息或物资调度数据。输出数据用于企业内部或提供给增值服务（如车队管理）部门。

确定移动物体位置是交通遥控的重要方面。交通遥控可跟踪汽车和通过如流动汽车数据（Floating Car Data）原理构成一幅交通状况情景。目前还提供单一的或组合的电子地图匹配、合成导航和卫星导航（GPS/DGPS/Galileo）以及利用移动无线电系统定位。表 8.14 是 Galileo 和 Navstar GPS 比较。

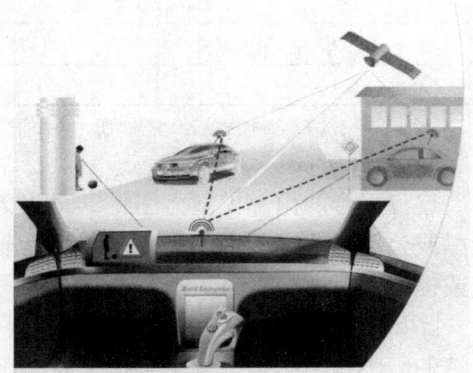

碰撞预测识别—预警系统

图 8.103 Galileo 的应用

表 8.14 比较 Galileo 与 Navstar GPS

	Galileo	Navstar GPS
开始开发	2001	1973
卫星运行时间	2005 年底	1977.6.27
卫星总数	27+3 备用	21+3 备用
运转轨道	3	6
高度	23616km	20180km
轨道倾角	56°	55°
循环时间	13h 45min	11h 58min

(续)

	Galileo	Navstar GPS
频率	E5a、E5b、E6、L1	L1、L2
大地测量学的数据	GTRF	WGS 84
时间系统	(GST) GALILEO 时间	GPS 时间
时间校准	GPS/UTC	UTC (USNO)
信号特征	编码识别	编码识别
编码	每个卫星不同	每个卫星不同
系统的人工影响	把 PRS 信号编成数码	到 2001.5 为 S/A, AS
完整性信息	是	不是

Galileo	
E5a	1176, 45MHz
E5b	1207, 14MHz
E6	1278, 75MHz
L1	1575, 42MHz
Navstar GPS	
L1	1575, 42MHz
L2	1227, 6MHz

资料来源：德国无线电导航计划第 2 册，总结报告，Galileo 开放服务（OS SIS ICD），在空间交错控制文件信号。

遥控平台的内部模型力图将不同的交通工具（载体）集成到统一的方案中，如在铁路、船舶或公路运输过程中（特别是过境运输）跟踪集装箱，利用不同的交通工具优化运输路线或提供交通参与者有关与其他交通方式可能衔接的信息。

除技术层面外，交通遥控通过 Iuk（信息技术和通信技术）也研究交通控制的社会的、经济的、生态的影响。其中包括交通对环境的负面影响，通过优化现有的运输和交通基础设施的容量负荷率改变社会内部的人员、货物的移动状况，改进人员和货物运输的经济性。

为保护环境而应用的交通遥控的优点可以归纳为：
1）通过避免交通拥堵节省能量和充分利用公共交通工具。
2）通过缩短走走停停的交通和避免绕道减少有害气体排放。
3）通过可靠和吸引人的公共交通工具大量减少乘用车行驶。
4）进一步缩减公路建设、减少土地资源消耗。

交通遥控服务可改善交通流向和在个人交通和公共交通中帮助人员的流动，作用如下：
1）通过行车时刻表查询系统和可靠的交通衔接减少近程客运公共交通（öPNV）等待时间。
2）优化公共交通工具和私人交通工具组合。
3）通过企业导航系统加速公共汽车、轨道交通、火车的发展。
4）通过自动的动态目标跟踪系统和停车系统减少在不熟悉城市的乱行驶。
5）快速到达急救服务中心。

由于采用交通遥控服务而可节省如：

1) 货运管理和车队管理减少空程行驶。
2) 较好的装载配额减少汽车保有量。
3) 独立的目标跟踪系统、绕开拥堵地段可节省每千米行驶里程费用。
4) 较好地调整不同交通工具间的衔接（Modal Split）。
5) 快速完成通关手续。
6) 较低的仓储费（准时供货）。

目前，通过各种通信工具实现移动物体和服务中心之间的信息交换，其中服务网点发挥很大作用。"定位服务（Location based Services）"是采用这种信息交换并占有很大市场份额的推动力。在汽车上广泛采用 Mobil Internet、无线 World Wide Web 新技术。目前，为通信、定位和流程组织，还需要各种部件（装置、设备）。这些部件（装置、设备）发展成个人数字辅助。语音输入、近距离传感器和近距离通信（WLAN，Bluetooth）改变了我们的世界。技术的突飞猛进，在使用移动电话、移动通信的今天，缩短"时间距离"已成为现实。正常的仪器（设备、装置）合同有效期结束两年后通常会被新开发的仪器（设备、装置）替代。对此，用户对市场的这种变化已有所准备。几年前还完全是空想的替换仪器（设备、装置）的服务工作变得可能。同样，今天人们称之为遥控的设备（装置）也会加入到替换的服务工作中。

2. 终端仪器

原有的终端仪器（设备、装置）将不断消失，完全新颖的人—机接口（HMI）的仪器（设备、装置）进入市场。最近几年通信技术和它的飞速发展表明，在这些技术中的跳跃距离越来越长，跳跃时间越来越快。手机已经从原来的语音通信设备（装置）越来越成为数据通信设备（装置）。在目前硬件和软件还相互分开的经典领域，即定位、通信和数据处理，将迟早要相互融合。将会出现人们之间、人与仪器（设备、装置）之间或仪器（设备、装置）之间的新的通信形式。语言输入是人—机接口的重要部件。WLAN 和 Bluetooth 是仪器（设备、装置）之间通信的革命。硬件技术导致计算机系统、通信系统包括定位部件融合成一台仪器（设备、装置）。不只是在职业世界（工作场所），而且是在我们每天的生活中开发和配备个人数字辅助（PDA）。PDA 可为我们安排每天的重要生活任务：建立最简单的通信联系；如果愿意可以带领我们到某个地方；为我们布置一些逻辑问题；在导航任务中，不但在汽车上，而且在其他的交通工具上给我们指点；在紧急情况（或事故中）快速地、目标准确地给予帮助；以及还有其他更多的帮助。

3. 未来的服务工作

在交通遥控范围内的未来的服务工作对必须要使用交通工具的所有事情起着很大作用（图 8.104）。交通遥控的原来的中心任务（正如预测那样）是避免未来交通瘫痪。人员的移动越来越多，交通服务必须跟上。研究表明，到 2015 年由于使用通信，交通收入下降约 5%。但这期间人员的移动方式有了很大变化。年轻人趁早上班，年长者乘车时间拉得较长。交通参与者数量增加，交通流转移。上班交通和业余时间交通分配不同。这样，交通定位显得越来越重要，如从一种交通系统如何过渡到另一种交通系统以及还需要多长时间才能到达换乘点。

一再讨论的有关交通遥控范围的课题是收费问题。在德国载货车桥梁、道路过路费已在 2005 年实施（已较长的推迟）。2009 年带来了 44.1 亿欧元收入。桥梁、道路过路费收费系

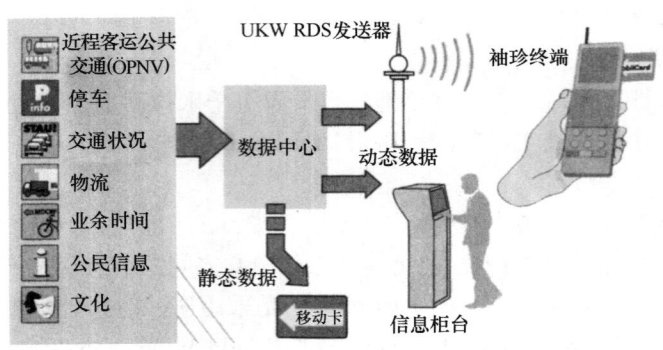

图 8.104　利用遥控系统可能实现的服务工作

统肯定将重新引起讨论，在特别的高速公路（私人财政）上其他一些交通参与者是否也要为财政做贡献。必须考虑数据保护和数据检测的完整，但目前政策问题的考虑要比技术问题的考虑多。未来的服务工作以及交通收费将是灵活的和可变的。不只是高速公路收费，而且是电子车票，这些无疑是服务工作的有益补充。在未来，用我们的移动终端（设备、装置），如在市场上总能看到的终端仪器（设备、装置），可以实现在 ÖPNV 或其他交通工具的交通费用支付。

与汽车有关的交通遥控新技术可提供一系列附加件以改善交通安全性。开发了可以防止驶上主路发生交通事故的距离保持电子报警系统（图 8.105）；在转弯和变换车道时帮助驾驶人（光的和/或声的）；以及在弯道行驶，在拥堵前通过汽车与汽车通信报警。当前，作为遥控的其他应用是由工业界为汽车开发的、不需要驾驶人操作的自动控制汽车速度和自动保持距离直至众多载货汽车组成一个车队的场合。这些技术方案涉及不少法律问题，必须在政策与法律范围与工业部门及时交换意见，以最佳地利用遥控技术，并避免错误开发。

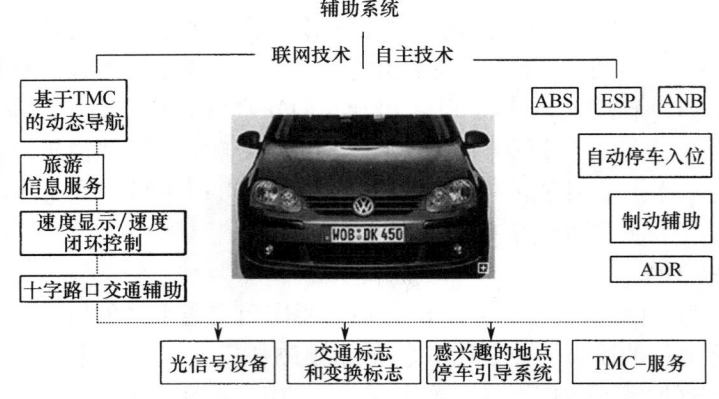

图 8.105　ITS 辅助系统

应开放与国家管制的系统和危及国家主权、安全的应用领域无关的欧洲民用卫星导航系统 Galileo。在面向未来的任务方面，应加强欧洲工业的世界竞争力。这些任务方面包括需要精确定位和/或与精确计时的各个领域，如贷款服务业务、车队管理、货运跟踪、测量学、农业，以及对系统连续性、完整性、精确性有高的基本要求的应用领域，如航空领域全自动精确返航（着陆）、铁道交通火车引导系统和监控系统、全球集装箱跟踪或飞机防撞报警系统。Galileo 卫星导航大多用于交通领域。为此，德国交通、建筑、住房部门在欧洲委员会事务框架内参与这项工作。

居民的老式建筑也要求安全的信息系统和紧急呼叫系统。人们的移动性和安全性是未来提供服务工作的一个很大领域。

在未来的服务工作的关系中需要克服一系列的难点。可以考虑在欧洲经济和社会的机动性需要的整个范围内欧洲交通系统的任务：

（1）约 10% 的道路交通网为超负荷和由此产生的年成本总计为 EU 为 BIP 的约 0.9% ~ 1.5%。

（2）在道路交通中产生的 CO_2 排放占总 CO_2 排放的 72%，比 1990 ~ 2005 年间增长 32%。

（3）尽管交通死亡人数下降（自 2000 年以来在欧盟 27 国中下降 24%），在 2006 年经过努力死亡人数减少 6000 多人，但仍为 42953 人。它比在 2001 ~ 2010 年时间内交通中死亡人数减少一半。

由于预期在 2006 ~ 2020 年货物运输增加 50%，人员运输增加 35%，所以对道路交通提出了严峻的挑战。

8.6 人—机相互作用

可以把驾驶汽车称为人—机相互作用（或人—机互动，下同）的典范。驾驶汽车彰显人与工程系统相互作用的本质意义。对人—机系统需要提出共同的任务和共同的目标。扩大人—机接口对人—机相互作用特别重要，它表示任务的完成程度或目标的实现程度。

应准确观察人侧或机侧的任务分配。从古希腊罗马时期文化中的促动因素中利用辅助方向简化人—机相互作用的任务分配可以得出自动化目标。在人—机相互作用的过程合理化、改善人—机相互作用品质或提高人—机相互作用安全性方面，测量、开环控制、闭环控制和监控等方案是人—机相互作用的基础。一般应确定在各种工作范围内不同的边界条件存在不同的自动化方案平台。其中较重要的方面是人—机相互作用的任务分配。它反映不同的自动化程度——从辅助、半自动化、高度自动化，直到全自动化（图 8.106）。

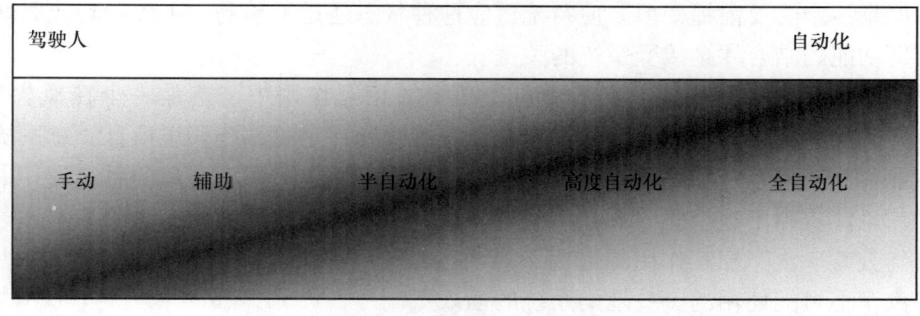

图 8.106　从手动到自动行驶谱

在不断自动化的进程中，人始终是一个重要因素。可操纵性、操纵者的自动化进程认识和良好的抗干扰管理在保证自动化的有效推进以及减少干扰和失效时间方面起着至关重要的作用。早期的自动化使用能力试验不只是评估整个方案的适用性，而且还可进行方案的特色优化。此外，还要明确回答除产品质量保证外的安全责任问题。除在全自动行驶外，这个安全责任肯定由驾驶人承担。但问题是可掌控性，即在使用非全自动的系统前要回答"控制能力（Controlability）"问题。特别是要回答安全问题、变换人责任的机构问题，和在部分自动化中人承担的操纵任务问题，这些在人—机相互作用中具有重要意义。

从概念层面，对人—机系统的基本要求是安全、经济、有效。从功能上主要是安全性和舒适性。

在安全性方面，作为优越的人—机系统性能就是强调它的操控性能和整个系统的实际工作能力，能够辅助驾驶人并提高安全性；在舒适性方面，特别要注意减轻驾驶人负担（放松）和提高使用价值，但同时不要使驾驶人太轻松而出现单调乏味和不留神的危险。

为设计有效、高能的人—机相互作用，需要回答多学科范围的一些技术和工程问题。特别重要的是人方面的人体学、人机工程和认识科学以及工程、技术方面的系统工程，其中操纵和控制受到特别重视（见6.4.1小节）。

汽车上的新的工程系统进一步发挥了人—机系统的潜力，其中各个系统的联网，正如人机工程输入/输出介质一样起着重要作用。利用汽车上已有的计算机基本设备可在系统联网时实现新的功能。如导航系统中的监视器可作为停车入位显示器。为获得最佳的停车入位路线也需用计算机，再以符号形式显示传感器信号，或显示可能带理想的停车入位行驶路线的摄像机图像。如果直接通过转向动力辅助控制停车入位，则驾驶人可以很轻松完成任务（只给驾驶人保留了踩加速踏板和制动的动力操纵和监控任务）。同样要保证驾驶人注意力，因为虽然减轻了部分任务，但还要主动地完成一些任务。

8.6.1　驾驶人—汽车系统

除了将汽车上的各工程部件（系统）联网得到的经济好处外，从人—机相互作用的角度，功能性的联网特别重要。功能性联网就是设计一个总系统，它不是与汽车的逐个连接或独立检测，而是对总的系统的描述和驾驶人对汽车性能、与行驶状态有关的辅助系统和当时的环境状况的整体了解与经历。为此需要一个能实现这些功能的管理系统，以避免各系统（或各功能）出现矛盾的结果或防止对处于减轻负担或危急中的驾驶人提出过分要求。信息的工程联网是一个必要前提，但要使系统适应这种状态还是不够的。工程和功能联网与相应的一些辅助功能的结合才是接受系统的关键。

在"驾驶人—汽车"的人—机系统和在必要的相互作用中，这是一个在概念层面上、在总系统定义的边界以内的任务分配。这些涉及接收和评定总系统环境信息和总系统过程信息，并由此得到工程系统和驾驶人相互配合中的反应。这也适用于在总的系统设计中不断建立最佳的信息流。由于这个原因，在下面首先要考察驾驶人在驾驶汽车时的基本任务；在第二步，在驾驶人—汽车相互作用的潜力下考察"驾驶人—汽车—环境"系统。这些潜力还提供了在汽车上可能使用的一些辅助系统的插入点。

驾驶汽车的基本任务主要可分三个核心任务：

1) 导航。
2) 纵向引导。
3) 横向引导。

在导航情况下，从起始点到目的地的行驶要解决一些重要任务。其中主要是选择推荐的、到达目的地的规划路径任务。在纵向引导汽车时，除了如速度控制的主要任务外，还要观察在交通流中与前面汽车的距离保持。在横向引导汽车时特别要注意车道保持或车道变换问题。按纵向和横向引导汽车的组合行驶方式可以稳定汽车行驶。同时，为可靠驾驶汽车，必须保证相应的次要任务。除接通照明、操纵风窗玻璃刮水器和转向灯外，经常要解决其他一些任务，如空调、通风、系统故障监控或听收音机、打电话等。

在设计汽车的人—机相互作用中，重要的是支持和保证完成主要任务。但次要任务对安全、有效地操控汽车同样十分重要。辅助和专门感知对安全性没有负面影响的第三位的任务显然是一个额外的增值的任务。为提升安全性和舒适性，一如既往地已经和正在研究和开发一些支持系统和辅助系统。为此，在下面要考察一些基本任务和相应的基本功能。

实现性能好的辅助系统的目标特别重要的是要考虑独立的辅助（图 8.107）。驾驶人模型包括：

1）状况分析。
2）任务分析。
3）驾驶人监视。
4）驾驶人反应（信息、辅助、接收）。

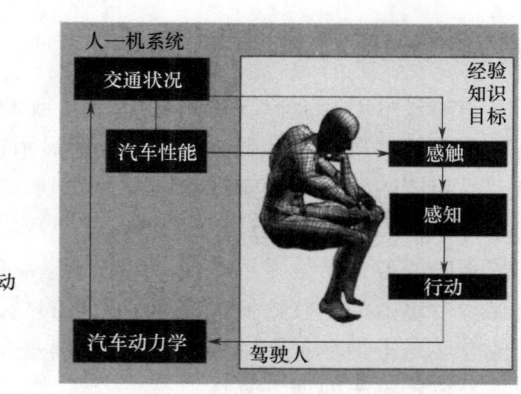

图 8.107　未来的避免交通事故的辅助系统

在这些关联中驾驶人模型的长期目标是开发"不假思索的""自主意识，以辅助驾驶人"。

在很多文献中经常将驾驶人模型细分为状态检测、状态分析、状态评估、行动选择和行动执行。在状态检测和状态分析方面主要检测汽车环境状态，可由技术上的传感装置或驾驶人完成。利用相应的传感装置感知或驾驶人的感知，在理想情况可形成合适的状态意识。状态评估和由此得到的状态反应可以由工程系统（如预碰撞识别、碰撞减轻），也可直接由驾驶人完成。行动执行可以是自动地或部分自动地，也可以是助力地（如伺服转向）完成。

在实现辅助系统辅助或在自动或部分自动干预时要保证驾驶人适当参与。重要的是要实现驾驶人期盼的系统性能。在所有的活动和系统反应中要保证驾驶人处于系统的闭环中。为此，系统没有必要刚性耦合，很多情况可想象为工程系统和驾驶人之间的动态分配。按当时驾驶人耦合的紧密程度，可以做出分层次的反应。困难在于在危急情况下与驾驶人的耦合要快，而且要正确和相适应。如在所有的自动化装置中存在着状态意识降低的危险，在复杂的任务中也是如此。之所以出现这种情况是因为在危急情况不能主动控制，因为不知道当时的过程状态。在这之前发生的情况常常是由于驾驶人的"无聊"而与系统"断开"。这表示在系统和汽车之间的耦合中，辅助系统的功能要保证与驾驶人耦合。这可能是一个很好的动态耦合，是与驾驶人紧密的耦合，或也是一个与高度自动化功能较松散的耦合。这时不能不考虑危险的动态平衡，即由于对危险的不断防范而补偿安全功能和辅助功能。

在Rasmussen的研究[3,4]中，按相应的功能配置，认为应重视人的认知能力和应用能力，如：

1）感觉运动能力。
2）基本的调节行为。
3）基本的知识状况。

其中部分的能力和行为由工程系统承担。这里要考虑工程系统的"状态意识"，它对人—机相互作用有重要意义。如利用"夜视系统"感知的工程参数和由此得到的信息传递给驾驶人，引起他的相应的感觉运动能力。

特别要考察在所用的工程技术视野范围传递的重大信息。下面以实例列举监视系统和语音系统的输入、输出。

8.6.2　信息传递

在仪表板中的多功能显示不断流行，它们基于LCD或LED列阵显示有关时间、外界温度、燃料消耗、行驶距离等信息。经常是按顺序的方式显示这些信息，并通过安装在转向盘附近或就在转向盘上的相应的摆动开关实现。同时，驾驶人需要的某些信息由显示屏显示，如温度低于一定的边界就会闪烁，并通过声音报警，提醒驾驶人特别注意。另外，对多媒体功能显示仍然使用仪表中的各种符号显示一些专门的信息。各种符号显示的逻辑选择在非常少的情况下是同时显示。重要的是有的要优先显示，有的是显示特别的状态。

显示信息的其他介质是平视显示器（HUD），它将有些信息投射到风窗玻璃上，这些投射给驾驶人的虚拟信息位于汽车前面。其优点是减少驾驶人分散对交通情景的观察。另外要注意在特殊的视野环境（如雾），在个别情况会出现绕射效应。

可期待未来的信息输出将采用3维显示。当前对处理器和存储器容量要求的问题可通过节省资源的、新的、以OpenGL为基础的子系统解决[156]。开放式系统是设计新功能的基础。利用首创的开放式服务通道（OSGI—Open Services Gateway Initiative）和与有关的工业界伙伴一起呈现了至今还是小范围应用的联网方案。信息娱乐和通信方面的应用是重点。与此相似的还有适用的汽车开放式系统结构（AUTOSAR—Automotive Open System Architecture）。同样，通过系统功能和接口的标准化可实现系统的再使用性、兼容性和可扩展性。

要考虑在偏移视线情况下通过汽车上的触摸屏监视器实现输入的方案。为定位输入，需要注视屏幕，如通过几次的空转旋钮选择练习几乎没有必要注视屏幕或注视屏幕的时间可缩短。类似的也适用于固定位置的按钮开关。

系统所需的总反应时间十分重要。超过3s的较长等待时间（砂漏斗时间）是无法接受的，当然要保证必要的反应时间。

语音控制系统从概念上是一个不错的选择，但用户尚需等待。除了语音控制系统高识别率和短的反应时间外，结构简单的接口是即时信息（Information on demand）的基础，依靠上下语音关系的帮助等可以作为未来应用的技术储备。

还要提及的是在信息娱乐方面增强人—机相互作用的其他部件。除了像典型的收音机、CD播放机、音响设备等外，不断引入视频和DV设备。这些设备的目标是如为前排乘员提供聊天、娱乐介质。为保证行驶安全，驾驶人不能由于这些设备而过度分散注意力。

8.6.3 简单认识驾驶人模型

在考察驾驶人和他与汽车互动时要了解驾驶人模型。驾驶人、汽车和环境的相互作用表示在图8.108中。驾驶人通过操纵（作）件影响汽车①，并由汽车传导到环境②。从环境反应的返回支路③通过汽车回到驾驶人④。同样，驾驶人与环境之间可以直接地相互作用⑤、⑥。在简单的认识驾驶人模型中（图8.109），像相互作用的不同接口那样可以识别各个主系统。驾驶人必

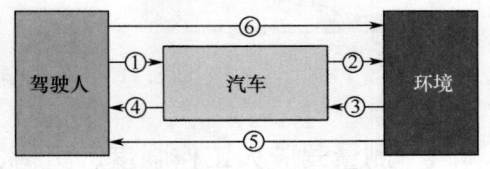

图8.108　驾驶人—汽车—环境系统

须感知来自汽车和环境方面的数据显示和反应。这里至少可分两个阶段：感知处理阶段和可信确认阶段。下面的感知处理、选择反应、反应直至动力转换是紧密相扣的。

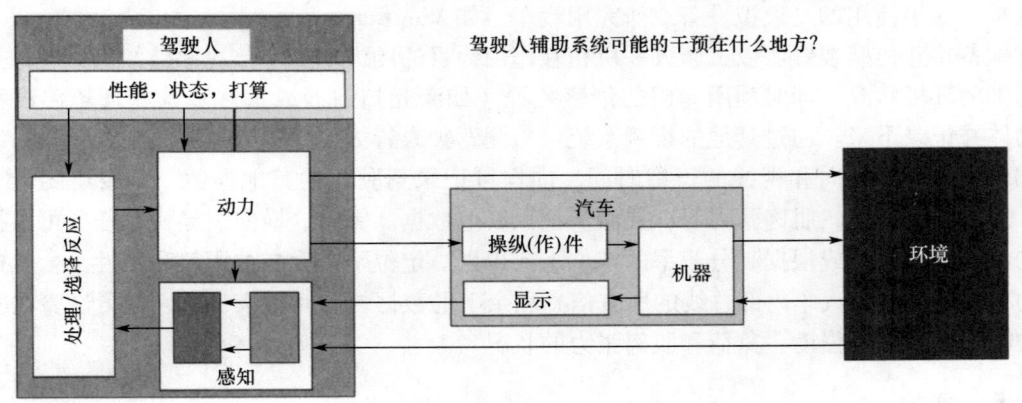

图8.109　简单的驾驶人—汽车模型

如果驾驶人辅助系统（FAS）的可能干预在不同的位置（图8.110），则这些相互作用的接口同样有效。要将驾驶人辅助系统细分为安全性的驾驶人辅助系统和舒适性的驾驶人辅助系统意义不大。在大多数的FAS中，从人—机相互作用的角度不能将它们分开。驾驶人辅助系统的特征一方面在于功能本身，另一方面在于实现相应的人—机相互作用和与它相关的用户（驾驶人）接口。因此，在下面要优先按FAS干预方式分类。FAS可以分为信息的、操纵（作）的、接收的和自动的各种辅助系统。由于使用FAS改变了原来的认识过程。

在开发辅助系统中一直重视的技术就是不断地与人—机相互配合。通过将更多的一些辅助功能插入到驾驶人已知的认识过程中，改变对驾驶人辅助系统的要求和对行驶辅助系统的要求。

随着辅助系统和提供的辅助能力日趋复杂、综合，出现由于辅助而引起行驶任务的变化，为此在开发辅助系统时要及早考虑辅助功能并设计符合驾驶人需要的辅助系统。

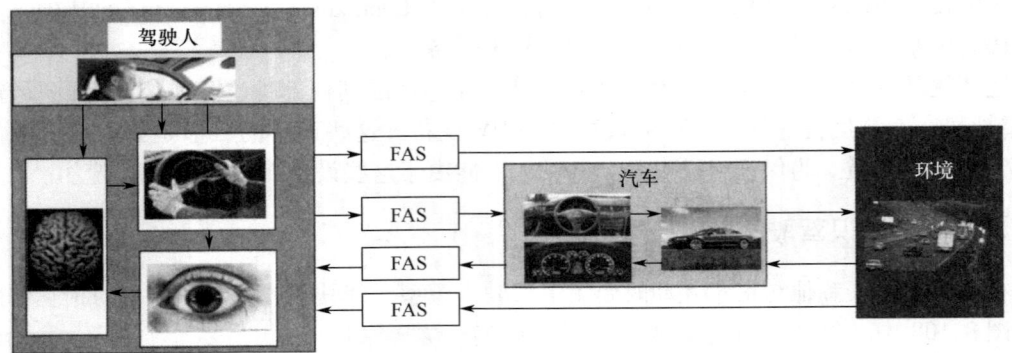

图 8.110 驾驶人辅助系统（FAS）的可能干预

8.6.4 测量驾驶人工作强度、负荷、肌肉张力

在人—机相互作用中，驾驶人工作强度、负荷、肌肉张力特别重要。下面根据 Johannsen 就这方面的问题作一简要说明[152]。由于方法、任务、状态、环境以及完成任务的具体结果等方面的相应工作强度引起的人—机相互作用的负荷参数有一个客观的特征，并易于直接测量。这里使用的是模拟设备或研究用汽车，如 ViewCar。

配备特殊传感装置、以试验人—机相互作用为目的的汽车有 6 个视像摄像机，它拍摄汽车周围的环境状况。同时利用专门的传感装置（如激光扫描器或雷达）检测环境温度和周围物体并记录下来。通过其他的视频系统可检测驾驶人行为，并通过相应的视线转移系统可感知驾驶人视线方向和视线的逗留时间。同样可记录驾驶人的其他参数，如眼皮闭合、脉搏、声音频率变化、肌肉张力等，并同步记录其他数据。纵向、横向引导汽车任务可根据合成的车道识别系统或根据高分辨率的定位平台识别。定位平台为与测距仪和惯性平台相连的差动 GPS。当然，汽车内部总线的所有信息和余下的数据要同时记录，这样就可试验在实际行驶时驾驶人工作强度、负荷和肌肉张力的状况。

8.6.5 模拟

为开发合适的辅助系统和设计相应的接口，在开发过程中要及早考虑驾驶人的需要。除辅助的方案试验外，还要进行辅助系统的全面性能和验收试验。这些工作对未来性能更加优良的汽车与驾驶人（用户）的接口特别重要。除了实际的行驶试验外，如前所述，还要进行越来越多的使用试验。除了主观评价这样的模拟系统特征外，还可客观地评价人与这些工程系统的关联。建立在认识科学成果基础上，从驾驶人的学习行为和人—机相互作用行为的人—机工程学，可开发出优化的、透明的操作逻辑和辅助系统特征平台。

在这期间，使用多种行驶模拟器以进行操纵方案和显示方案的模拟试验和评估它们的潜力。其中使用了能实现行驶模拟的固定座椅模拟器和动态模拟器。

使用试验接口的模拟器的主要优点是在不变的或有目的地改变环境条件下可再现结果。在某个辅助系统使用和维修时可靠的再现性根本不需要由有资格的小组做出结论。同样，可以系统试验在实际中确实有危险的极端状态。这样有机会，特别是及早定义辅助系统的可变性，进行接近实际的、与人相关的辅助系统临界变量（参数）的试验。

试验方案的性能可由多个步骤得到。首先用试验车在实际的行驶环境中进行试验。行驶试验只提供有关驾驶人负荷、肌肉张力状况的、可重复的、只有有限细节的行驶记录和辅助试验潜力的结果。再现前面的结果可以在模拟环境中，用简单的系统（如固定座椅模拟器）或想象真实的（虚拟的）实验室中进行可再现性试验。使用 DLR 动态行驶模拟器可得到明显简化的结果（图 8.111）。它与实际环境下的偏差可通过相应的运动或加速度修正。多种结果非常接近真正的结果，但它们是在放宽可再现的前提下。建立在这些结果上的"真正"的结果又用于实际的行驶试验中，特别是带柔性试验支架［如驾驶人辅助系统汽车（FASCar）］进行实际的行驶试验。这样可以在实际的交通中适度限制力和时间，或在试验地区不限制力和时间进行相应的辅助干预。

图 8.112 是辅助系统的各种试验方法。

图 8.111　DLR 动态行驶模拟器

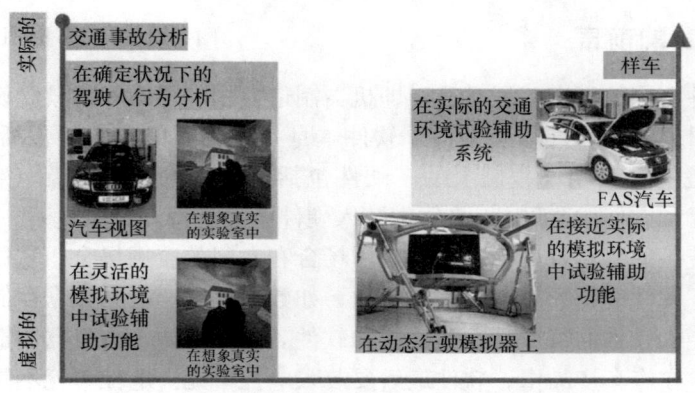

图 8.112　辅助系统的各种试验方法

通常，减轻人（驾驶人）的负荷常关注身体的负荷，但也要优化人（驾驶人）的精神（心灵）负荷。在与自动化的一些系统共同作用时要考察人—机相互作用的各个方面：

自动化对人的最先反应是从肌肉的放松到包括精神在内的完全放松。在这里，确定人在自动化的人—机相互作用中的任务十分重要。从减少注意力考虑，在工程系统发生故障时，人要做出相应的反应在某些情况下是不可能的，或至少是很困难的。

另一方面，对人（驾驶人）来说也要提高肌肉张力。监控系统的信息也是对人的特别要求，或许也是加深对自动化的人—机相互作用的认识要求。特别是只通过通道（如只是目视化）传递信息更是一个特别的挑战。

有时非常短的、由任务引起的人的行为层面之间或能力层面之间的变化，对人（驾驶人）提出苛刻要求。人的肌肉张力大小反映人（驾驶人）的主观感触（感受）。通过生理学的测量法、主观评价和询问法可得到人的肌肉张力，也可在上面所说的试验用车（ViewCar）上进行试验得到。

8.7 软件

正如摩尔（Moore）定律预测那样，在价格一样时半导体性能和电控单元性能呈指数增长。随着硬件功能的提高和价格更便宜，在新的应用场合 IT 系统不断扩张。汽车上越来越多地使用电子功能就是佐证。

在这样的背景下，汽车上的软件份额由于对各种功能的高要求而增长。其结果是出现众多的、较方便的一些功能，它们在操控汽车、避免和减少交通事故，以及提高舒适性方面发挥了显著的作用。但从另一方面也显著增加了软件系统的复杂性和综合性。对掌握软件的开发和使用提出众多的挑战（图 8.113）。

图 8.113 汽车上所用的各种软件

8.7.1 软件课题的前言

软件进入两种不同的汽车工程设计，即机器制造惯用的思维和新概念设计，需要有不同的开发方法和逻辑方法。软件需要硬件，软件本身是非物质的，软件包括程序（算法）和数据，这些数据是建立在硬件基础上的。硬件包括可编程的集成电路（传感器、执行器、处理器、电控单元和它们的联网）。将软件装入硬件中并进行调试。

硬件大都是统一的，它可用于不同的应用场合和专门的应用场合。软件通常决定硬件—软件系统的性能。硬件的特征是它的工作能力，如数据处理速度和数据存储容量，并决定软件可以实现的性能。软件的特征是它的功能和软件需要的资源。与机器制造产品不同，软件本来就没有产品。在汽车产品中，软件最后要装入电控单元。电控单元不是由负责电控单元的供货商最后完成的。软件成本完全是另外一种成本结构，它的主要结构是开发成本和维护成本。为保证软件性能和抗御运行风险还要其他一些成本。

软件与电子硬件和典型的机器制造部件之间的不同在于，在软件的重要性快速增长时要求扩大它在汽车工业中的新的专业权限。汽车上基于软件的完全创新功能的快速转变具有很大的发展潜力，但需要一个学习过程和按事物本性防止危险。汽车的开发过程和维护过程必须对准快速增长的软件的重要性上。

8.7.2 软件开发过程

软件开发需要有目标地进行。典型的软件开发可分几个阶段（图 8.114）。在每个阶段需要获得为下面几个阶段要使用的中间结果。下面就这几个阶段作一简略说明。

这里需要注意，在所有情况下软件开发就是软件开发的任务分配。除在早期阶段主要负责软件开发任务的汽车生产厂家外，供货企业负责软件设计和实施，也常负责组件（部件）的部分集成。作为总软件系统集成到汽车上通常由汽车生产厂家完成。这种分工特别需要系统性的确定要求和软件架构，因为汽车生产厂家与供货企业相互配合是软件集成的关键。

1. 嵌入式软件系统开发过程

因为软件功能与汽车上各个系统功能紧密相关,并反映出软件的性能和特征,所以软件开发与汽车整个系统的开发不能分开。从这点上说,"软件工程"也就是集成的"系统工程"。

特别重要的是在明确要求时要注重这种关联。在系统工程中可以体现汽车功能。以此为基础,要详细说明以软件为基础的各种功能,但要注意没有别的技术提供像软件那样多的自由度,即功能受到一定限制。

在汽车上开发以软件为基础的系统流程,如图 8.115 所示,是由确定要求和功能(使用层面)、经逻辑结构和集群层面,直至逻辑部件综合成软件系统,之后植入到电控单元中成为平台层面。平台层面包括带使用寿命环境的硬件结构,如操作系统、总线驱动器和电控单元驱动器。

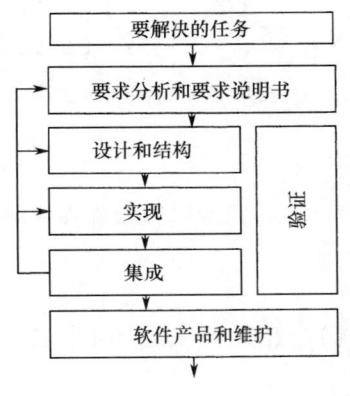

图 8.114　几个开发阶段

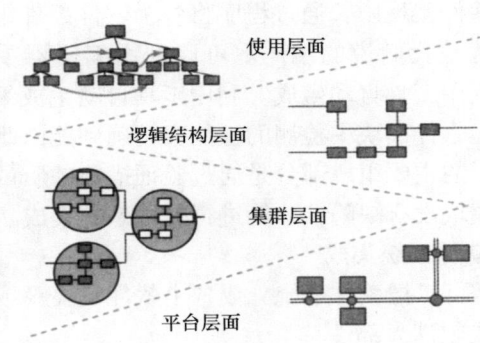

图 8.115　软件开发过程中的各个概念层面

2. 要求分析和要求详细说明

很多新功能和按重要性分配开发软件就是对软件的要求阶段,而且对软件的开发常常估计不足。首先,在对软件要求分析阶段分析要解决的各项任务。在分析的基础上详细说明对系统的要求。这时主要解决两个难点。在很多竞争性的目标(目标冲突)设定中要查明,对目标系统哪些是功能要求,哪些是非功能要求。功能要求影响软件系统性能,非功能要求关系到实现软件的属性或开发过程的软件属性。此外,要说明这些要求不会引起歧义,这样,在下一步开发中就可将这些要求作为有约束力的设定。

确定要求要比在第一时间听到的要求简单少许,因为为确定软件系统性能,允许有大的决策空间。还要考虑在到要求说明书的时间点的所有结果中不容易理解所建的软件系统的性能。此外,没有歧义的、精确的说明不是过分的要求。特别重要的是在制订要求说明书时要考虑各种观点和不同的利益集团(共同体)。

这时确定软件系统要求和以后实现软件系统无关。一般而言,要求提高不考虑以后发生的硬件和软件的分配问题,以便适时确定设计决策。

3. 软件系统设计和结构

在软件系统结构中要确定它的子系统或"软件部件"。软件系统结构对开发软件系统十分重要。为此,在确定软件系统结构时要特别仔细。这里使用的是顶层向下(Top-Down)

设计方法。在该方法中，软件系统从使用角度逐步分解为各个子系统，并与底层向上（Bottom—Up）设计方法相结合，这时由已有的软件部件逐步建立总软件系统。使用模块（见8.7.3.1 段）可产生特别要求的效果。利用模块的边界（接口）可以没有歧义地说明软件部件的工作原理。系统结构可分为硬件系统结构和软件系统结构。这时，可以将原来的应用软件分为系统软件和特别的操作系统（图 8.116）。操作系统植入到电控单元（CPU）中。

硬件结构包括硬件部件，如处理器（电控单元、CPU）、传感器、执行器以及与它们相连的网络。软件系统结构通常由操作系统部分、系统服务和支持它们的应用程序组成。它们可能以层形式构建而成。

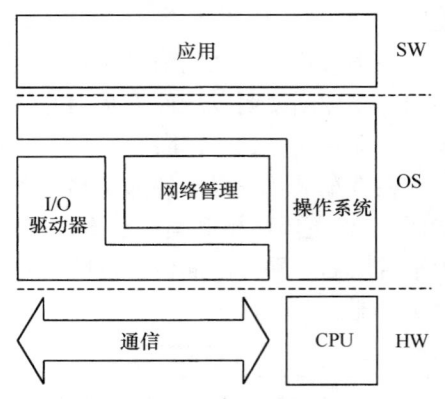

图 8.116　软件系统结构

4. 软件实现和软件模块检测

在软件实现中，通过程序将各个软件部件组合起来，这就是我们说的编码。可以利用编码器手工编码，或利用工具自动生成。利用工具自动生成编码的前提是在软件模块中检测的性能要精确到能由此自动生成编码。

编码的主要组成部分是通过验证措施的质量安全部分，如编码检验和软件模块测试。只有软件模块没有缺陷，才能进行软件系统集成。

5. 软件系统集成

通常可以把软件系统分成各个软件模块（或软件部件）。在集成时逐步组合成一个软件系统（或软件大部件）。

最后将软件系统在硬件的工程环境下植入目标硬件中。此外，由已形成的软件系统以步进方式（增量）组成总软件系统。集成的关键是保证各软件系统正确地相互配合。为保证这一点，需要大量的测试。在不好的情况下，直到集成这个时间点才会发现在软件系统结构设计中或在实现模块中的缺陷。

6. 有效性和验证

检验目标的有效性，是表达的要求是否符合实际要求（要开发正确的软件系统）。

验证就是证明开发的人工产品（软件系统）之间的兼容安全性（软件系统是按说明书的要求开发的）。软件有效性和验证这两方面是质量安全的主要内容。

软件实现和集成需要严格的质量安全保证。其目标是证明实现的软件系统是满足安全要求的。为此采用考核、检验、测试、用仪器检测软件模块或逻辑验证等方式判定软件的质量安全。

需要注意的是通过有效性和验证可以及早发现在软件的各个开发阶段出现的不可避免的缺陷，并予以排除。未及时排除的缺陷会埋下很大的风险，会在以后的开发阶段和实际使用场合造成更多的费用支出并耽误时间。

7. 产品和维护

在汽车产品中将软件植入汽车的硬件中。在汽车上使用的过程中会出现改进的软件最新版（"Update"）和功能扩大的软件升级版（"Upgrad"），并再植入汽车硬件中。

特别重要的是汽车上的软件维护，因为新的软件版本植入汽车硬件中是兼容的。这要求在配置软件和版本结构方面要认真进行逻辑思考。

8.7.3 成功因素

软件在汽车上的功能和范围的快速增长是对汽车工业的新挑战。特别关注的是要解决软件的可靠性和提高软件生产能力,以减轻软件开发中费用的急剧增长。

飞机运输的软件可靠性不断提高。现代交通运输飞机采用线控(by-wire)飞行,具有高度的安全性。当然,它的软件成本模式与汽车上软件开发的成本模式是不同的。

1. 构建软件模块

像很少的其他领域一样,软件工程是构建软件模块的工程。汽车软件的反应性(响应)和实时性非常重要。软件必须对周围事件做出评估,并在正确的时间做出反应。

因为软件是非物质的,是用静态手段描述复杂的动态过程直至最后确定细节,所以可以把软件作为工程项目,其性能是可以表达和可检验的。

为清晰说明软件性能,计算机学已开发了一系列的软件模块。在这期间出现软件模块化语言和辅助建立软件模块的工具。

利用状态过渡图可以表示软件系统反应(图8.117)。

构建软件模块可以及早确定和检验工程干扰细节与没有歧义的软件功能。软件模块是在软件平台上开发的。

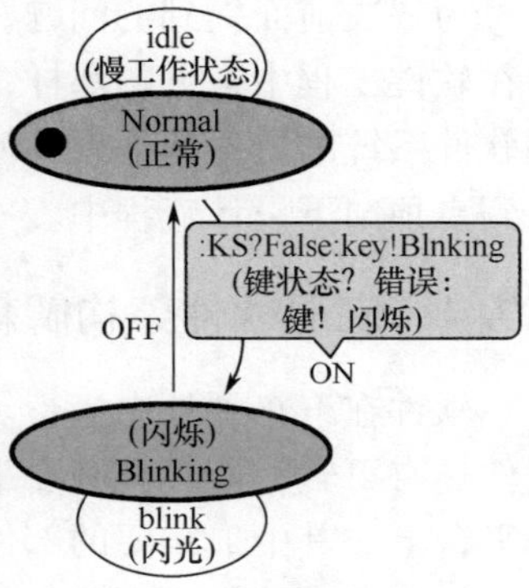

2. MMI

汽车上以软件为基础建立的大量新功能要求进行新的设计,以便以合适的方式向驾驶人和用户提供这些新功能。单就大量的这些新功能、难点以及对它们的工作原理的正确了解本身就是一个很大的挑战。

图8.117 状态过渡图

在任务中我们谈起,为存取数据,通过与机器透明的对话向使用者(驾驶人、前排乘员,也为维护人员)提供以电子技术为基础的一些功能,也谈起人—机接口(见8.6节)。特别是功能范围的扩大带来更多的困难,正如以软件方式出现的各种各样的汽车功能带来的困难一样。

通过软件系统,汽车可以以全新的方式按驾驶人需要行驶,这就是我们常说的"个性化"。但为此还需要为驾驶人设置相应的功能。至今在汽车上用得最多的滑阀、按钮/旋钮、显示仪表等元器件和技术将很快走向它们的尽头。正在探讨新型的操纵(作)方案和显示方案。这些新方案简单、明了,而且可由驾驶人完全操纵汽车上已有的所有功能,并能向驾驶人反馈有关该车行驶状态信息。驾驶人和汽车之间的相互作用(互动)的新型方案组合声信号、语音、视觉和节拍的多种信息方式,构成多媒体人—机互动环境。

值得注意的是,通过软件,人—机接口可以变得灵活和可编程。利用计算机技术的显示仪表,即屏幕和可编程显示器(如"菜单"技术等)可实现在同类汽车上多种显示仪表方案。恰当的设计和利用多种人—机接口是未来诸多挑战中的一个挑战。

3. 软件安全保证

汽车软件的很大组合性给软件开发提出很大挑战。通过对软件系统的大量组合分析、交联和由此形成的隐含的逻辑关系可找出许多缺陷(故障)源和难于查明的集成缺陷(故障）。在软件底层结构中的缺陷会引起很大的干扰。特别严重的是出现没有预料到的缺陷常常引起后续故障。这些后续故障除导致软件功能的损害外，也很难诊断出来。

重要的是在软件产品运行前发现故障并排除。为此需要对软件进行考核、检验、测试、试验。在汽车行驶环境（即"场"环境）中自生的软件故障（"短暂故障"）则总是源于硬件故障。软件故障则总是系统的、逻辑的故障，也就是软件开发中的疏忽大意。根据硬件的故障可用有效的方法重构故障公差范围的软件，但这样费用较高。

因为汽车上的这些功能部件（系统）的不断联网，但它们是按不同的组合（积木）原则由不同生产厂家生产、制造的，所以它们在汽车上的集成和与软件的集成能力是一个重要问题，是一种挑战。软件系统必须由供货商完成，并与汽车上其他软件系统有接口。软件系统的接口必须明确定义，以使这些接口在由软件架构给定的集成框架中相互匹配。

为解决前面提到的问题，在未来，要在总软件系统中更加关注和开发汽车软件系统，正如在软件工程中常见的那样，要提早明确定义接口的功能结构和软件架构，在此基础上可得到软件系统的自顶向下设计流程（Top-Down-Vorgehen）。并将已实现的、联网的软件系统嵌入到自顶向下设计流程中。

8.7.4 底层软件架构解耦和软件平台

软件在汽车硬件中运行。因为硬件（电控单元）各不相同，为使不同硬件平台之间的软件具有可转移性，有必要采用统一的软件架构（软件平台），之后就可以将应用软件放在这个平台上。其中最重要的部件（应用软件）是操作系统。

长期期盼的是建立统一的软件平台，至少是各个生产厂家。这个统一的软件平台可以从一个汽车系列方案转移到另一个汽车系列方案，并且还可在不同的硬件方案条件下使用在各个汽车系列内部而不会使软件有很大的变化。这就是AUTOSAR的重要目标之一，是汽车生产厂家、供货企业和服务业为使汽车软件平台的统一化、规格化、标准化的一个共同任务。

8.7.5 软件产品系列

典型情况时汽车上很多的相似功能总是用软件实现，因此新的软件产品最好是软件产品系列平台，即系列软件产品。

软件产品系列平台是为有类似功能特征的软件系统开发的、包含很多功能细节的平台。软件产品系列平台最重要的部件是"功能范围模块"和表示汽车上许多功能（功能树）的"功能范围结构"。在最好的情况下，可按使用原则（按事件模块化，图8.118）建立汽车上的功能树。在这个重要部件中，什么样的任务用各个单独的软件系统表示，以及什么样的任务要统观汽车上的总软件系统。

软件产品系列平台的第二个重要部件是为汽车开发的软件部件结构（图8.119），也称软件系统架构或软件逻辑架构。在这个系统或逻辑架构中，为实现软件功能，要将软件系统分为各个软件部件，而最后得到软件架构。这种软件架构表明它是如何分段，以及包括硬件系统部件的硬件架构。软件产品系列的理想是以普遍的形式开发所有这些软件架构，这样从这些软件架构中通过专业分工得到各个软件产品系列方案。

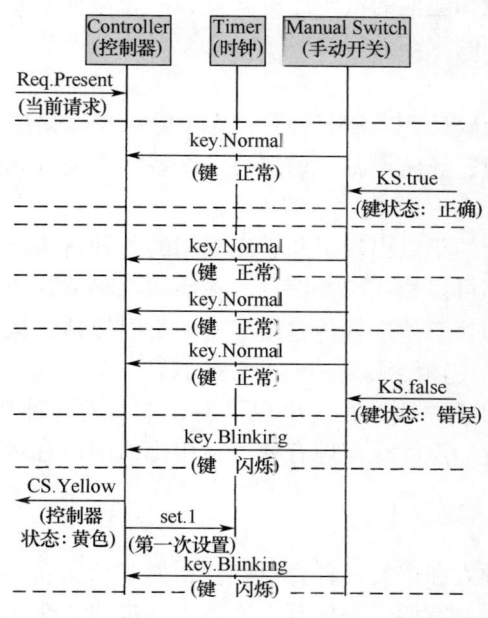

图 8.118 软件部件（模块）图

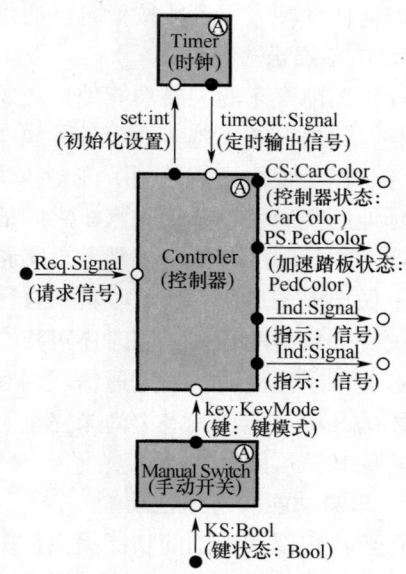

图 8.119 软件部件结构图

8.7.6 应用领域

软件在汽车上的应用领域越来越多样。软件可以将众多不同的功能嵌入到汽车中。

软件主要有两种基本功能：通过电控单元的执行功能和软件功能。第一种基本功能就是使新功能在汽车上实现。典型的例子是汽车行驶稳定性，在没有电控单元和合适的软件情况下要实现汽车行驶稳定是无法想象的。另一个例子是导航系统或在每个驾驶人需要时通过调整舒适性功能和调整汽车特性实现个性化。

第二种基本功能就是在一些功能中的软件综合应用，通过电气、电子部件替代至今使用的机械和液压部件。其中最重要的领域就要算"线控驾驶（Drive by Wire）"。汽车的经典功能（如液压制动或用转向拉杆系统转向）被电动机、电控单元和软件替代。这种新功能具有不少优点：采用组装件、低成本，有进一步创新潜力。

汽车上采用线控驾驶有两个动因。首先是常规的功能用硬件和软件实现，成本低；其次是采用组装件。由于它是电子控制，可附加其他一些功能，并提供给驾驶人。

当然，在汽车上使用众多的"线控（By-Wire）"方案需要显著地提高它们的可靠性，只有在安全性方面有保证时才可使用。

1. 驾驶人辅助系统

软件的重要应用领域是驾驶人辅助系统。它给予驾驶人支持，简化他的任务，报警和给予他附加信息（见 8.5 节），以及尚未穷尽的其他技术可能性。至今可供使用的技术还很少使用。通过在汽车行驶时对驾驶人的观察和他的活动，收集有关他的感觉、意图信息和他的目标信息，并做出结论，如何根据驾驶人的需要更好调整汽车行驶状态，并提供附加的帮助和信息服务。在驾驶人辅助这个领域可以逐渐了解这些问题：需要和希望给驾驶人什么样形式的辅助；如何保证不使驾驶人失去信心，让他知道他的汽车还有潜力和估计还有多大的潜力；如何使驾驶人尽可能按他自己的想法确定他的汽车的特性。

2. 信息娱乐

除了辅助汽车的主要功能外，还要辅助信息娱乐等功能。现代汽车上除很早以来流行的汽车收音机外，越来越多地配备无线电话、电视、导航设备、信息技术设备，直至游戏和信息服务。正是无线通信开创了许多新功能，见8.5.4小节。

延伸的交通引导系统和汽车之间的通信系统的集成出现了几乎无限制的各种新功能，如在交通流中行驶的各汽车或驶入十字路口的汽车可以相互交换信息。在前面汽车全制动时本车马上做出电子反应。还可收集来自行驶汽车的状态信息并传输给交通中心引导站，从而得到有关交通状况的数据；同时还可将专门的数据传输给汽车，见8.5.6小节。

这些例子已表明，通过通信联网和汽车上的各种软件匹配出现了多么丰富的各种功能。按已用的几种功能，其潜力尚未完全发挥。还有一点就是与现有的方案相比，用户有对新方案的希望和认可问题。

3. 车身功能和舒适性功能

在车身内部和周围的功能提供许多辅助驾驶人和乘员的各种可能性，如车门闭锁，控制风窗玻璃升降、反光镜、照明、风窗玻璃刮水器、空调、座椅等。通过进一步的个性化可实现更好的舒适性。

4. 安全性功能

在交通事故时的被动安全性和主动安全性提供各种可能的安全性功能。从避免交通事故的功能（主动安全性）开始到干预驾驶人反应，这是人—机接口的重要工程问题和方案问题。这也是一个难于解释的法律问题。

在交通事故中，被动安全性系统可以保护乘员或交通事故的参与者免受严重伤害，如安全带收紧器、自适应安全气囊控制、各种形式的预先防止碰撞功能。通过预先防止碰撞功能可以使汽车在一个已识别到的、不可避免的交通事故中做好准备，以减轻受伤害的危险。

8.7.7 对汽车软件的工程挑战

软件的一些特殊问题是：确定要求、掌握实现功能的组合性、控制软件质量、保证软件供应（维护和排除故障）。软件开发费用的不断上涨和掌握软件的开发过程是严峻挑战。

1. 可靠性

软件的可靠性就是没有缺陷、可用和对要求的边界状况做出应有的反应。在某些应用领域要绝对保证软件的可靠性。如避免交通事故、防止工程部件损坏等软件系统的可靠性。

当然，检测、提升、保证软件可靠性的这些方法与评价、取得机械系统可靠性的方法有很大差别。有点像材料疲劳问题那样，在一般情况软件什么问题也没有，但软件可能会有逻辑错误，它们来自错误确定对软件的要求、不正确地实现功能组合或错误方案。

汽车上以软件为基础的一些功能可靠性还不能达到像当前在民用航空交通那样的高标准，其原因是多方面的：不同的零件数量和单件成本；经受考验的许多民用航空的零部件；电控单元冗余设计等无法转移到汽车领域。同样，民用航空规范和飞行许可是刚性的、严厉的。在汽车领域，德国技术监督联合会（TÜV）的质量监督方法还很少按软件系统特性来规范。

在开放创新系统时还有一个法律观点问题。如果驾驶人自主行驶，系统干预并校准驾驶人行驶方法就要承担责任［见VDI/VW联合会议"智能安全和驾驶人辅助系统"（Integrierte Sicherheit und Fahrerassistenzsystem），2006］。这导致某些用于避免交通事故统计方法中的功能不能系统干预。

2. 软件维护和供应

不只是编写软件，还要在汽车生产时将软件装到汽车上。软件维护和被新版软件替代也带来很大困难。在这种情况下，几乎不能按汽车工业通常的方法正确处理软件。其中在特别配置的汽车上由大量不同软件引起的一个难点是，在一种结构系列的汽车上的软件系统几乎不可能与其他结构系列的汽车上的软件系统一样。

同时，在纠错、功能扩展和与新硬件的匹配等方面还要不断开发新的软件模块，从而形成各种软件模块版本。软件系统的版本化需要高度的软件模块性和兼容性。

当前，使用"软件状态（Softwarestände）"进行汽车软件维护。"软件状态"定义为一种软件配置，它由一系列不同的、按协议的软件版本组成。

人们可清楚看到，对不断更新的软件，也要生产和推行改进的"软件状态"。所以最大的困难之一是，在个性化的汽车上要有有关当前"软件状态"的准确信息和有关整个的或部分改变这种"软件状态"的准确信息。

各种软件部件之间的不可兼容性和某些硬件部件和软件部件之间的不可兼容性使问题难以控制。车间必须确定当前汽车的"软件状态"，并在汽车维护与修理时注意，要保证汽车上"软件状态"仍旧是稳固的。

与在通常计算机工业硬件在3～5年后要淘汰的快节奏不同，我们必须为汽车创造这样的条件，使它在市场上能生存20年或更长时间。在这个时间内，必须照顾和维护汽车的"软件状态"，这是一个完全新的挑战。

3. 联网

汽车上第一批软件系统主要是单独为控制工程开发的，与汽车上其他功能没有联系。当前，汽车上越来越多的功能已联网。传统的、相互无关的功能部件（系统）通过它们的电控单元联网，一下子变得相互有关，如行驶稳定性系统或制动器。当前通过匹配的制动系可以建立汽车部件，如发动机、制动器、底盘之间至今还没有的功能相关性。

典型的"底层向上（Botton Up）"设计就形成这些功能的相关性，即各个功能的联网出现了非系统的联网（"adhoc"）。这时功能的相关性是如此的多种多样，以致在软件开发过程中失去全局，而可能出现意外的、偶然的相关性。这些不正常的相关性造成异常的包含错误的性能［特征的相互作用（Feature Interaction）］。来自软件系统（如在电信中）的这种现象已为大家所认识。这种现象迫使我们在设计汽车上的功能时要更加注重"自顶向下（Top down）"设计，并且原则上从一开始要把汽车和它的软件系统看成是一个总系统。

4. 多路复用、时间控制和决定

出于成本考虑，硬件结构可用于不同的功能。在电控单元中运行的程序随时会有变动，以实现不同的功能，即我们所说的多路复用（多种用途）。由"计划安排（Scheduling）"确定：哪个功能什么时候实现。同样，在总线系统上，对不同的应用也可随时变化传输信息和信号。随时交叉实现功能导致各个功能的反应时间不仅由电控单元运行速度决定，而且由实现功能的排列顺序决定。当控制电控单元和总线对出现的事件做出反应时，通过意外置换实现各个功能可能会出现出乎意料的反应时间延迟。人们称这种方式为事件控制。出现随时变化的各个功能的性能是不能预测和不能决定的。

这种不能决定的功能性能对安全性的应用场合和关键的时间应用场合是无法接受的。补救办法是建立时间控制的方法，这时在电控单元和总线上的计划安排不是由事件，而是由固定分配的时间间隔实现的。总线是 FlexRay，它支持时间控制方案，且目前已装入到第一批汽车中。

5. 功能安全性

功能安全性是系统的性能，对使用者来说在系统正常工作时功能是安全的。因为在行驶功能的多种方案考虑中采用基于软件的行驶功能，所以汽车上的软件功能安全性有其突出的意义。使用软件功能与使用机械或电气/电子系统的功能有着显著的区别。软件功能基本上不能识别"故障"的概念。软件功能没有"物质"的疲劳。从根本上说在生产中没有缺陷。软件中的缺陷主要是系统的本性，这给基于软件的"功能安全性"提出完全新的挑战（新的难题）。有关"功能安全性"的标准可采用 ISO 26262 标准。该标准对汽车上开发基于软件的功能安全性有众多的规定。

按此标准对汽车上基于软件的功能进行安全性分等，并在开发软件功能中根据安全性等级注意一系列的控制。

如果软件功能处于最高的安全性等级，则要采取足够的安全措施，以排除出现大概率的故障（缺陷）。这时要使用故障树分析技术人员和估计故障的影响（见 ISO 26262）。

6. 信息技术（IT）安全性

汽车内部和外部联网要达到汽车上的信息和功能的 IT 安全性要求。重要的问题是保密，即保证不容许收集和无权使用有关驾驶人的秘密数据。

总之，整个的 IT 存取数据安全性在汽车上占有重要地位。对无权使用和变相使用的信息安全是现代汽车上硬件系统和软件系统的关键问题之一。

8.7.8 潜力

软件显示出汽车发展的很大潜力，事实证明它是创新的助推器。

如前所述，汽车工业以特别的期待关注"线控驾驶"。在这方面至今只是个案（见第 5 章和第 7 章）。但长期来看，汽车工业生产厂家期待有更多的方案，在这些方案中如汽车转向完全由电子系统替代。试验载体已有，它要求有控制车轮的伺服电动机和在转向时的执行器、传感器。传感器检测汽车转向运动。在行驶时为了使驾驶人有转向的感觉，还需要"触觉反馈"。作用在汽车上的力同样会以电子行程方式反馈到驾驶人转向盘上。

线控驾驶对系统的可靠性提出高要求。特别要关注的是，在不再有机械紧急系统时如何保证线控驾驶失效安全。

如果"线控转向"成功实现，则就会出现几乎没有限制的其他创新方案，如不再需要转向盘。利用"驾驶杆"同样可很好地转向，这样澄清与此相关的人—机工程问题（见 6.4.1 小节）。

这可能导致在仪表板周围和乘员室的造型完全不同的方案。如果检测到转向信号，则它可能来自各种附加功能的信号。如从自动停车入位、不稳定转向过程校准直至影响动态转向问题。在动态转向时要选择与行驶速度有关的转向盘角度，见 7.4.6 小节。

"线控转向"的例子表明汽车上软件方案的很大潜力，但同时对开发工程师来说至今还没有完全解决这些挑战。

8.7.9 组织上的挑战

汽车软件的急剧增长不只是对汽车和汽车开发有深刻的工程影响,而且是对汽车生产厂家和供货企业有深入的组织影响。其一是必须建立这方面的权限,其二是开发过程必须按新技术需要进行。

信息技术的许多先进的开发过程和方法在实际的汽车软件开发中还没有引起足够的注意。提高汽车软件成熟度是许多汽车生产厂家、供货企业的优先目标。为此,为评价企业开发的软件成熟度需要采用如 CMMI 和 SPICE 的标准化方法。

1. 开发过程

在这方面起特别作用的软件工业的产品的典型寿命周期要明显比汽车领域通常的寿命周期短。有说服力的例子是汽车上的移动电话。新一代的移动电话寿命周期大致每隔 1~1.5 年更新一次,而新一代的汽车寿命为每隔 6~8 年更新一次。它们之间的寿命周期差别表明在汽车上安装移动电话时每隔 1~1.5 年应重新安装新一代移动电话。这意味着在批量生产汽车寿命周期内要更新 3~4 次移动电话。当前,这种不同寿命周期和在开发汽车前开发软件时利用经典的汽车开发过程是不够完整的。

从长远来说,与汽车环境的软件状况不同,是否要有更多的自主软件产品?目前的软件通常装入硬件中出售,供货商开发、生产、供应的是一个组装件,如制动器、相应的传感器、执行机构、伺服电动机、电控单元和软件等。从中长期来看,汽车上的微处理器数量又会下降,各个微处理器和电控单元的很多功能又会合并、集中。这意味着不同功能的软件不再装入相应仪器(装置、设备)的电控单元中运行,而是像在经典的信息系统中那样在微处理器中多路复用(多种用途)运行。这样使软件与仪器(装置、设备)分开,并将软件组合。这样编制软件可以与传感器、执行机构无关。

长期可以期待的是供货企业和软件工业合作的新形式,它可以适应汽车软件的发展。汽车软件是汽车产品本身的一部分。软件还可扩展汽车功能范围。

2. 影响与远景

汽车软件(不但是现在,更是未来)绝对是汽车工业面临的挑战之一。可以期待的是在汽车产品、在开发过程、在生产过程、在企业模式和在市场方面会有突然的改变。

以软件为基础的功能是未来重大创新的助推器,软件具有很大的潜力,但也有风险。目前,针对这些挑战的所有参与软件开发的汽车工业企业在组织、人员和技术等方面还不够或不适应。快速、灵活地瞄准和调整软件课题的能力,解决和掌握软件课题,保持市场领导地位,才是未来竞争中的决定性能力。

8.8 现代控制工程法

现代控制系统是过去几十年汽车创新的重要基础和未来实现汽车个性化的重要手段。所采用的现代控制工程法对现代汽车驾驶人辅助系统、动力系统和安全性系统的性能起着很大作用。

本节概略介绍有关现代控制工程的一些方法和对它们的评价,这有助于在给定的控制任务下选择合适的设计方法。

8.8.1 对汽车控制系统的一些要求

尽管目标不同（安全性、环境保护等），但仍可将对汽车控制系统的要求概括为：

1）控制器必须使系统稳定。

2）除稳定系统外还要满足定义的控制品质（如快速恢复状态和保持允许的最大设定偏差）。

3）为设计控制器所需的系统模型可能由于真实的系统和模型性能之间的偏差而存在不可靠性，需在设计时予以考虑。

4）在任何情况下，即便受控系统在控制过程中受控参数发生波动和/或不能精确获得（如轮胎附着系数或充气压力）的情况下，要始终保持受控系统稳定和好的控制品质。

由于控制系统不断用于与安全性有重大影响的领域，它必须在设定的危险行驶状态边界范围安全、可靠工作，否则会带来高额的召回费用和形象受损的后果。

根据图 8.120，针对控制模型的不可靠性和参量变动的现代控制应真正管用，以满足在实际使用条件下的系统稳定性和控制品质。在控制器设计中要注意模型的不可靠性、丢失的信号和参量波动。为此要有丰富的、经典的控制技术知识和深刻认识、掌握受控过程。如果将这样的要求融入控制系统的设计中就可实现性能优异、真正管用的控制系统。

8.8.2 现代控制器设计方法

汽车领域用得最广的 PID 控制[4]包括最简单的、性价比非常吸引人的 PID 控制器。控制误差包括比例（P）、积分（I）、微分（D）三部分。这些误差的权重组合就是控制系统误差。许多使用者具有 PID 控制的基本知识，因为这些基本知识是很多工程定向培训教材的重要内容的一部

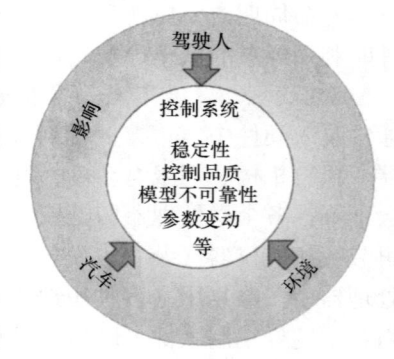

图 8.120 在汽车环境下对现代控制方法的要求

分。在很多不了解模型知识的应用场合，利用参量的简单匹配或参量的自动化就可得到"可用的"控制器，但还不太可能得到"真正管用"的控制器。所以 PID 控制法在要求苛刻的应用场合还不能胜任。

下面将探讨在定向应用场合如何选择一些现代控制器设计的方法，这里没有一般性的说明，什么样的方法是优先选择的方法。因为每一种设计方法都有它的优点与缺点，它是与应用场合的具体要求综合权重的结果。

1. 自适应控制

自适应控制可以控制模型不可靠的系统或动态变化的系统。自适应控制可以识别系统性能变化，并与变化了的新的系统性能匹配（图 8.121）。自适应控制也可离线或在线实现。使用自适应控制系统的前提是要有在经典控制技术、非线性和数字系统以及系统识别方面的坚实知识。自适应控制器的衍生产品是自调节控制器，主要是 PID 控制器[213]，它在工业上广泛使用，因为它可用旋钮（压钮）自行调节。常用的是"增益调配（Gain-Scheduling）""或参数调配（Parameter-Scheduling）"。不同工作点的控制参量是事先设计好的，在控制过

程中自行转换。以模型为基础的高档自适应控制器,可以根据当前受控系统的性能连续跟踪参量的变化[199]。在汽车领域它用于汽车底盘的自适应阻尼控制,以得到底盘的不同减振特性。

2. 模糊控制

模糊控制运用现有有关过程控制知识,以语言表述形式和推理手段实现系统控制(Wenn-Dann-Regel)。图 8.122 表示在控制器中加入干扰。设计模糊控制不需要受控系统的数学模型,因而不需要线性化。如果控制器设计需要模拟,则就失去它的优点,因为为了模拟免不了需要受控系统的模型。采用简单的模糊设计方法可很快得到"可用的"控制器。较高档的模糊控制器由于所用的参数很多而较贵。好的模糊控制器设计离不开坚实的模糊控制理论。在现有有潜能的控制中,有缺陷的系统控制无法设计出性能优良的控制器,此外还不能识别相互矛盾的控制。在模拟控制器中可以将各种非线性参数组合在一起。经常是通过抓住复杂控制系统的本质可得到"真正管用的"控制器,但在设计时很难定量地做到这一点[202]。模糊控制的示范性应用是模糊的 ABS 系统。在该系统中,原有的控制器和估计汽车重心速度都是利用模糊控制逻辑[208]。

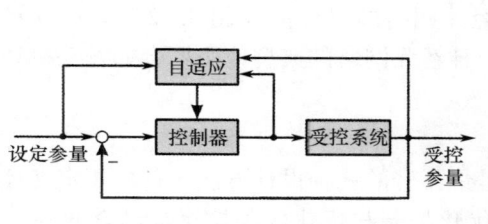

图 8.121 自适应控制结构

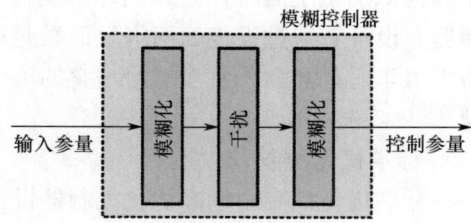

图 8.122 模糊控制结构

3. Γ 合成控制

Γ 合成控制法作为持续开发经典的"极设定"设计,可以理解为在不可靠的受控系统上的扩展。总的闭环参考值的位置虽然有不可靠性,应限制在定义的极域上[198]。Γ 合成控制法主要限制在物理参数不可靠性的模型化上,即结构的不可靠性。不能再现的控制系统动态性能或简化模型不能通过非结构的不可靠性重新控制。像在进一步观察 Γ 合成的所有范围一样,由于闭环的多项式特征可得到控制系统的不可靠模型。利用聚焦优先安排有潜力的控制器,还可将时域和频域零位影响组合到控制器设计中,这样可以在整个经典的控制技术理论基础上设计控制器。Γ 合成控制法有很多为控制器设计的辅助工具。当然也需要深入了解受控系统。

图 8.123 为控制器对极域的性能要求。时域要求如最小的动态激励时间或最小的阻尼时间。频域要求像限制频带宽度一样可以预先设定。由简单的几何元件组成的允许极域称为 Γ 域。如果带有不可靠性的闭环的所有特征值位于所希望的 Γ 域中,则可称 Γ 合成控制中的性能为真正管用的性能。因此,在设计前设计者要确定像希望的控制器结构这样的一些重要设定。Γ 合成控制法以图形形式表明允许的系数范围,设计工程师可从中按自己的判断选择最好的系数。在宝马主动转向的稳定性功能中就使用了 Γ 合成控制法,目前已在产品 3 系、5 系和 6 系上批量使用[205]。

4. 神经元控制

生物的神经系统是人工神经网络的范本。为完成一定的功能要训练神经元网络。由于神

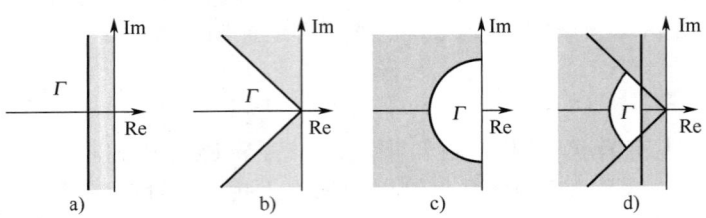

图 8.123　说明控制器性能的极域

经元网络的这种性能，常用于自适应控制，重点是系统识别，部分也用于预测控制上[210]。性能再现平台是将神经元控制和模糊控制结合起来，常常是在软件计算（Soft Computing）概念下将两者合并。对神经元控制，设计者必须就它的专门功能深入探讨并在系统识别方面具有坚实的理论知识，一般的控制工程知识则是次要的。因为神经元网络要训练后才能得到它本来的性能，所以需要很多的学习数据。在难于建模的情况下，可以采用控制系统的测量数据和为识别系统而将神经元网络作为学习数据。神经元网络还可用作模型随动（伺服）控制器。设计者通过设定的网络层面数量确定神经元网络的组合性（图 8.124）。在神经元网络中由于它是黑盒子，没有给出它的透明结构。神经元网络的典型使用场合如发动机动态管理[205]。

5. 标准优化控制

在标准优化控制中标准优化控制器设计方法是最年轻的一种设计方法。首先要定义控制工程问题的标准。这种设计方法将持续开发状态优化控制与优化的受控系统结合起来。H_2 控制和 H_∞ 控制法[212]、μ 合成控制法[214]以及完全离散的、可解的 L_1 优化控制法[14]均属于标准优化控制设计法。

可能已有模型的不可靠性合成到控制器设计中（图 8.125）。与频率有关的重要功能大多用于不可靠性的模型化。利用与频率有关的重要函数可以按频域调整百分数偏差（乘法不可靠性偏差），或由名义（不反映实际）的模型描述绝对偏差（加法不可靠性）。同样可以用重要函数来表达性能要求。最常用的、有 3 个重要函数的控制器结构是一种混合的灵敏度设计，这种设计可以有目的地实现与频率有关的控制特性模型化。在控制器合成时，可以将控制器的功能品质降至最小，由此可得到满足要求的优化的控制器。在接着的设计过程中不需要再分析，因为得到的控制器能确保所要求的、真正管用的控制特性。

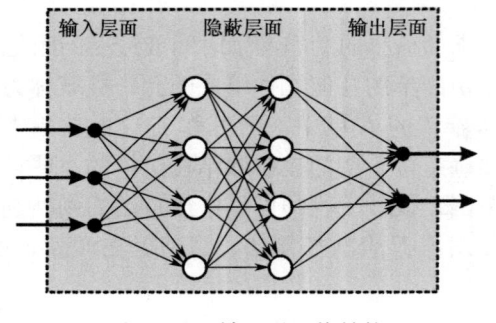

图 8.124　神经元网络结构

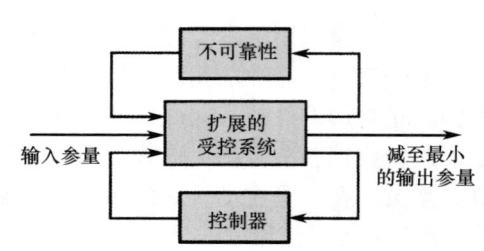

图 8.125　标准优化控制结构

因为控制器传递函数是自动迭代过程的结果,所以必须把控制器看成为黑盒子(不知道控制器有什么样的具体部件组成),并且不能透明地按部件组成实施控制。这样不存在事后再"人工优化"。标准优化控制器可能的应用场合是汽车车道引导辅助[207]。

6. 预测控制

预测控制是这样的控制,它是在受控模型基础上的控制,它关注在定义的时间横坐标内未来受控系统的控制性能和根据优化控制情况组合到控制参数计算中(图8.126)。

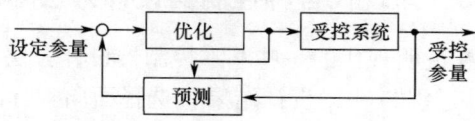

图 8.126 预测控制结构

预测控制设计者需要数字控制的一般知识和控制品质准则。为设计预测控制,首先要集中时间建立精确的受控系统模型。第一批控制器设计相当简单,在设计较高档控制器时最大的困难在于要计算大量的参数。通过定义的品质准则,可以很好地实现从要求转换为预测控制法的算法(句法)。在预测控制器中不能保证系统的稳定性,为此要约束控制参数并可能放宽非线性过程[209]。预测控制用于汽车横摆控制,以及时制止汽车的过度转向或不足转向。

7. 定量反馈理论(QFT)

真正管用的、按定量反馈理论(QFT-Quantitative Feedback Theory)设计的控制是频域中的一种方法,在宽广的系统特性上使用:时间不变和时间可变,线性和非线性,连续和时间离散,单参数系统和多参数系统[15]。QFT的组合目标是设计尽可能低频率阶和最小频带宽度的控制器,纵使受控系统具有不可靠性,但仍要保证控制器的优良的、稳定的控制性能。重要的是利用定向频域有针对性地表示系统的不可靠性和性能要求,要一直贯穿到整个设计过程中。尼科尔斯(Nichols)图作为图形的辅助工具,它的优点是将伯特(Bode)图与极表示结合在一起。控制器结构的不可靠性可以用进入传递函数中的参数间隔时间确定。控制器非结构的不可靠性最简单的方法可以以相同的型式和方式予以说明,或在说明性能要求时将控制器非结构的不可靠性组合到设计中。

为说明性能要求,可为设计者提供一个宽广的系统特性:在偏差很窄的时域中和在约束函数的频域中,可以说明对控制系统出现的每一个传递函数的各个要求(图8.127)。对闭环控制的性能要求可以特别灵活地、非常针对性地带入到设计中。

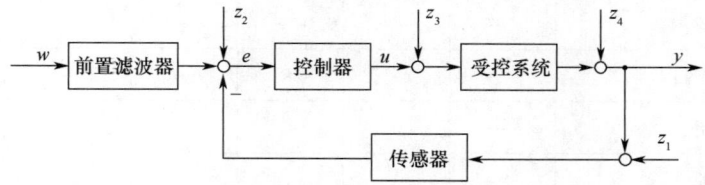

图 8.127 为 QFT 设计的控制回路结构
w—设定参量 y—受控参量 $z_1 \sim z_4$—干扰参量 e—控制偏差 u—控制参量

设计过程在于通过有针对性地补充控制器元件改变控制器频率变化的相位和大小,使在整个定义的边界曲线内不牺牲性能要求。在整形电路(Loop Shaping)中为设计者提供已知的所有传递函数的元素。到底在控制器中有多少传递函数的元素才能满足要求,主要取决于设计工程师的诀窍(Know-How)。利用经典控制工程中的丰富经验可以以简单的型式和方式得到低频率阶和最小的频带宽度的真正管用的控制器。在经验很少时存在这样的风险,即由于附加很多传递函数的元素得到高频率阶的控制器。按 QFT 设计的控制器性能在乘用车车道自动引导中得到很好验证[204]。

8.8.3 对现代各种控制器设计方法的评价

在说明现代的一些基本控制器设计方法和它们的特性后需要对它们评价。为此，要根据"设计过程"和"设计结果"选择面向实际的评价内容，从而可以对这 7 类控制的控制器性能作出判断并加以分类。现代控制器的设计方法是按客观试验和透明性评价的，不然由于控制器的不同类型和不同的设计标准而很难比较。在比较表（表 8.15）中没有列出完整性要求。

在第一个评价类目中是"设计过程"，它包括必要的控制工程理解度和设计费用。此外要评价如何将所提出的要求贯穿到设计中，即将要求转换到设计方法中，以及所需的工具辅助和已准备的工具辅助到多大程度。

在第二个评价类目中是"设计结果"，判断设计的控制器性能是否达到设计准则要求，是否是"真正管用的"，以及它的透明性如何。

对现代各种控制器设计方法的评价目的在于为设计者提供完整、可靠、有效的控制系统。汇集在表 8.15 中的分析与判断只是评价控制器设计方法的粗略依据，设计中还需深入分析。

表 8.15 各种控制器设计比较

	设计过程				设计结果		
	必要的控制工程理解度[①]	设计费用[②]	要求转换到设计方法中	工具辅助	性能	真正管用的	透明性
自适应控制	-	-	-	0	+	+	+
模糊控制	+	+	-	+	0	0	+
Γ 合成控制	-	- -	0	+	+	+	+
神经元控制	+	- -	- -	+	-	0	- -
标准优化控制	- -	-	+	+	+	+ +	- -
预测控制	-	0	+	+	+	-	0
定量反馈理论	- -	-	+ +	+	+	+ +	+ +

① +：理解度易，-：理解度难
② +：费用低，-：费用高

8.8.4 前景

现代控制器设计方法已在苛刻的、有关重大安全性领域和汽车工程中越来越多地采用。所介绍的现代控制器设计方法有很多优点，它极大地提高了经典控制器的控制性能。当然，在高度非线性的控制系统中，如汽车纵向引导性能，光靠这些控制器的设计方法还不能很好满足所提的要求。对目前在非线性控制系统的应用场合，受控系统的控制性能与非线性模型有关[203]。线性化的模型是不完整的。非线性控制系统特性有多个平衡点并出现临界周期。设计非线性系统的控制是一个复杂的数学问题[206]，对设计者来说，基本的数学知识是必不可少的。非线性的动态过程模型化在大多情况下可近似地作为线性化处理，但只是在工作点的限定范围才有效。在个别场合由于高额的设计费用必须估计在多大程度上换取非线性系统的控制才值得。

参 考 文 献

8.1 节参考文献

1. Automotive Open System Architecture. www.AUTOSAR.org
2. Denner, V.: Automobilelektronik der Zukunft, Euroforum Kongress Elektronik Systeme im Automobil, München 2005
3. Ehlers, T.: Verfahren zur Sicherstellung der Systemintegrität in Fahrzeugen mit vernetzten Steuergeräten. Dissertation, Technische Universität Braunschweig, Institut für Elektrische Messtechnik, Braunschweig (2003)
4. Etschberger, K.: CAN Controller Area Network Grundlagen, Protokolle, Bausteine, Anwendungen. Hanser, München, Wien (1994)
5. Fischer, P.: Moore's Law, die rasante Entwicklung der Technologie. Vorlesungsunterlagen Digitale Schaltungstechnik, Universität Mannheim, Institut für Technische Informatik, Mannheim (2004)
6. Fleischmann, A., Geisberger, E., Pister, M.: Herausforderungen für das Requirements Engineering eingebetteter Systeme, TUM-INFO-09. Technische Universität München, München (2004)
7. INCOSE: Systems Engineering Handbook v2a. www.incose.org (2004)
8. Isaac, R.: Influence of Technology Directions on System Architecture, Presentation IBM, IBM Research Division (2004)
9. JD Power IQS ratings: defects per 100 vehicles, October 2003, Summe von Features and Controls, Sound System, HVAC, Quelle: JD Power & Associates; McKinsey and Company
10. Klein, T.: Modellbasierte Entwicklung von Fahrzeugsoftware in der Automobilindustrie, Vorlesung Institut Software Systems Engineering, Technische Universität Braunschweig, Braunschweig (2004)
11. Klein, T., Fey, I., Grochtmann, M., Conrad, C.: Modellbasierte Entwicklung eingebetteter Fahrzeugsoftware bei DaimlerChrysler. In: Rumpe, B., Hesse, W. (Hrsg.) Proceedings Modellierung. GI-Edition Lecture Notes In Informatics. Marburg (2004)
12. Kurzweil, R.: The Age of Spiritual Machines: When Computers Exceed Human Intelligence. Penguin, USA (2001)
13. Mercer Management Consulting: Technologische Veränderungen und deren Konsequenzen für die Automobilzulieferer und -ausrüster Industrie bis 2010, Studie. Mercer Management Consulting, München (2001)
14. Moore, G.: No exponential is forever, International Solid State Circuits Conference (ISSCC), San Francisco, 2003
15. Otterbach, R., Schütte, F.: Effiziente Funktions- und Software-Entwicklung für mechatronische Systeme im Automobil, Workshop Intelligente, mechatronische Systeme, Paderborn, 2004
16. Reichart, G.: Systems Engineering – ein neues Entwicklungsparadigma für die Automobilindustrie? 9. EUROFORUM Tagung Elektronik-Systeme im Automobil, München, 2005
17. Scharnhorst, T.: Management of the E/E complexity by introducing a software development process and the Open System Architecture, 6th Braunschweig Conference AAET, Braunschweig, 2005
18. Schernikau, J.: Gestaltung von mechatronikgerechten Organisationen in der Produktentwicklung. Dissertation, Lehrstuhl für Produktionssystematik des Werkzeugmaschinenlabors (WZL) der RWTH Aachen. Shaker, Aachen (2001)
19. Schleuter, W.: Herausforderungen der Automobil-Elektronik, IKB Unternehmerforum, Köln, 2002
20. Scott, S.: Designing for the high end, 10th International Symposium on High Performance Computer Architecture, Madrid, 2004
21. Schwab, G.: Untersuchungen zur Ansteuerung adaptiver Kraftfahrzeugscheinwerfer. Dissertation, Technische Universität Ilmenau, Fachgebiet Lichttechnik. Der Andere Verlag (2003)
22. Stroop, J., Köhl, S., Lamberg, K., Otterbach, R.: Simulation, Implementierung und Test vernetzter, zeitgesteuerter Fahrzeugsysteme. 4. Symposium Steuerungssysteme für den Antriebsstrang von Kraftfahrzeugen, Berlin, 2003
23. Scharnhorst, T., et al.: AUTOSAR – Challenges and achievements 2005. VDI Konferenz Elektronik im Fahrzeug, Baden Baden, 2005
24. Fennel, H., et al.: Achievements and exploitation of the AUTOSAR development partnership Convergence 2006. Detroit (2006)
25. Fürst, S., et al.: AUTOSAR – A Worldwide Standard is on the Road. 14. Internationaler VDI Kongress Elektronik im Fahrzeug, Baden-Baden, 2009
26. Bunzel, S., Fürst, S. et al.: Safety- and security-related features in AUTOSAR. Automotive-Safety & Security, Stuttgart 2010
27. AUTOSAR http://www.autosar.org/publications

电气系统补充参考文献

28. BOSCH: Schaltzeichen und Schaltpläne. In: Elektrik und Elektronik für Kraftfahrzeuge. Bosch Gelbe Reihe. (1999)
29. BOSCH: Hybridantriebe. In: Elektrik und Elektronik für Kraftfahrzeuge. Bosch Gelbe Reihe. (2008)
30. Brabetz, L., Jäschke, J., Müller, D.: Elektrische Energieverteilung im Kfz – Optimierung der Bordnetztopologie. In: Elektronik im Kraftfahrzeug, Bd. 1547. VDI-Gesellschaft Fahrzeug- und Verkehrstechnik, Düsseldorf (2000)
31. Brabetz, L.: Energieeffiziente Bordnetzarchitekturen, VDE Kongress E-Mobility, Leipzig (2010)
32. Döring, M., et al.: Methoden zur Optimierung der Wirtschaftlichkeit von Komponenten und deren Verkabelung im Kfz bei gegebener Zuverlässigkeit und Topologie. In: Elektronik im Kraftfahrzeug, Bd. 1646. VDI-Gesellschaft Fahrzeug- und Verkehrstechnik, Düsseldorf (2001)
33. Forum Bordnetz: Road vehicles – Conditions for electrical and electronic equipment for a 42 V powernet – Part 1: General, 2000
34. Forum Bordnetz: Road vehicles – Conditions for electrical and electronic equipment for a 42 V powernet – Part 2: Electrical Loads, 2000
35. Friedrich, R., et al.: Technische Raffinesse: Die Elektrik und Elektronik der neuen BMW 3er Baureihe. ATZ/MTZ (1998)
36. Gemmerich, R., et al.: Ein ganzheitlicher Ansatz zur Generierung und Optimierung von Fahrzeugbordnetzen, 14. Internationaler Kongress Elektronik im Kraftfahrzeug, VDI, Baden-Baden (2005)
37. Ginsberg, T., Brand, R., Baus, A., Eckel, M.: Sichere Leistungsübertragung in Hochspannungsbordnetzen, 4. VDI Tagung Baden-Baden Spezial 10 (2010)
38. Hofmann, P.E.H., Thurner, T.: Neue Elektrik/Elektronik Architekturansätze. In: Elektronik im Kraftfahrzeug, Bd. 1646. VDI-Gesellschaft Fahrzeug- und Verkehrstechnik, Düsseldorf (2001)
39. Jung, C., Melbert, J., Koch, A.: Dynamische Wechselwirkungen im 42 V-Bordnetz. In: Elektronik im Kraftfahrzeug, Bd. 1547. VDI-Gesellschaft Fahrzeug- und Verkehrstechnik, Düsseldorf (2000)
40. Kalb, H.: Bordnetz und Kabel im Umfeld der Elektromobilität, 4. VDI Tagung Baden-Baden Spezial 10 (2010)
41. Knorr, R., Gilch, M., Auer, J., Wieser, C.: Stabilisierung des 12 V Bordnetzes, Ultrakondensatoren in Start-Stopp-Systemen. ATZ Elektronik 5, 48–53 (2010)
42. Leohold, J.: Auslegung und Optimierung von Fahrzeug-Bordnetzen. In: Elektronik im Kraftfahrzeug, Bd. 1287. VDI-Gesellschaft Fahrzeug- und Verkehrstechnik, Düsseldorf (1996)
43. Leohold, J., et al.: Das elektrische Bordnetz. ATZ/MTZ (Sonderheft Volkswagen Phaeton) (2002)
44. Olk, J., Rosenmayr, M., Stich, U.: Vorsicherungs- und Bordnetzsteuergeräte für neue Bordnetzstrukturen. In: Elektronik im Kraftfahrzeug, Bd. 1646. VDI-Gesellschaft Fahrzeug- und Verkehrstechnik, Düsseldorf (2001)
45. Scheele, O.: Entwicklung von EE-Architekturen: Vom Entwurf bis zur Konzepteinführung in der Serie. EE-Systems, Nürtingen (2008)
46. Schöttle, R., Threin, G.: Elektrisches Energiebordnetz: Gegenwart und Zukunft. In: Elektronik im Kraftfahrzeug, Bd. 1547. VDI-Gesellschaft Fahrzeug- und Verkehrstechnik, Düsseldorf (2000)
47. Schramm, D., Bouda, H., Brand, R.: Zentralelektriken und Module zur Leistungsverteilung als integrale Bestandteile zukünftiger Bordnetze. ATZ/MTZ Automotive Electronics (Sonderheft), 56–60 (2001)
48. Wieland-Werke: Wieland-Buch Kupferwerkstoffe, 5. Aufl. Wieland-Werke AG, Ulm (1986)

8.3 节参考文献

49. Bärz, R.: Kommunikation in Mobilen Systemen, Seminar Mobile Systeme 2003, Universität Koblenz-Landau, 2003
50. Dohmke, T.: Bussysteme im Automobil: CAN, FlexRay und Most, TU Berlin (2002)
51. Dudenbostel, D.: IBEC 2002 Conference Paris, France, 9–11 July 2002, MPEG Compression used for in Car Mobile Multimedia Transmission (MOST)
52. Wallentowitz, H., Reif, K.: Handbuch Kraftfahrzeugelektronik, 2. Aufl. Vieweg+Teubner, Wiesbaden (2011)
53. Wolf, M., Weimerskirch, A., Paar, C.: Security in Automotive Bus Systems. ESCAR, Bochum (2004)
54. Tiehl, C.: MOST history, from Germany into the whole wide world. MOST Forum 2010

其他信息

55. LIN: http://www.lin-_subbus.org/
56. CAN: http://www.can-_cia.org/
57. TTCAN: http://www.can-_cia.org/
58. USB: http://www.usb.org/home
59. MOST: http://www.mostcooperation.com
60. BYTEFLYGHT: http://www.byteflight.com
61. FLEXRAY: http://www.flexray.com
62. INFRAROT: http://www.irda.org
63. ZIGBEE: http://www.zigbee.org/
64. BLUETOOTH: https://www.bluetooth.org/
65. UWB: http://www.palowireless.com/uwb/tutorials.asp
66. IEEE: http://www.ieee.org

8.4 节参考文献

67. Gonschorek, K.-H., Neu, H. (Hrsg.): Die elektromagnetische Umwelt des Kraftfahrzeugs, FAT-Bericht Nr. 101 (1993)
68. Lindl, B., Scheyhing, J.: EMV – die Entstörung von Kraftfahrzeugen. ATZ, 292–301 (1999)
69. Pfaff, W.R., Bauer, H.: Elektromagnetische Verträglichkeit (EMV) und Funkentstörung. In: Reif (Hrsg.) Bosch Autoelektrik und Autoelektronik. S. 542–555. Vieweg+Teubner, Wiesbaden (2011)
70. Pfaff, W.R.: Bewertung von EMV-Prüfkonzepten für Kraftfahrzeuge, EMV'94, Karlsruhe (1994)
71. Ludwig, A., Ehrhard, R., Mäurer, C.: Einsatz der numerischen Feldsimulation in der EMV. In: GMM-Fachbericht Elektromagnetische Verträglichkeit, S. 85–92. VDE-Verlag, Berlin, Offenbach (2002)
72. Automotive Electromagnetic Compatibility (EMC) Rybak, Terence, Steffka, Mark, 2004

8.5 节参考文献

73. Europäische Gemeinschaft Richtlinie E 76/756 EWG
74. NHTSA, FMVSS 108
75. Bockelmann, W.: Auge – Brille – Auto. Springer, Berlin (1987)

76. Robert Bosch GmbH (Hrsg.): Kraftfahrtechnisches Taschenbuch. Vieweg+Teubner, Wiesbaden (2011)
77. PAL Symposium, Proceedings, TU Darmstadt, 1997/1999/2001/2003/2005/2007/2009
78. SAE conference, jährliche Vorträge auch zu lichttechnischen Themen
79. Lachmayer, R., et al.: Intelligente Frontbeleuchtung. ATZ (1996)
80. Hella KGaA, Automotive Lighting, Valeo, Visteon Firmenschriften und Internet
81. Bosch, Veröffentlichungen des früheren K2-Bereiches
82. Philips, Forschungsberichte
83. Osram, Firmenschriften
84. Eichhorn, K., Labahn, N., Decker, D.: Adaptive Lichtsteuerung, Adaptronic Congress 2000, Potsdam, 2000
85. Lachmayer, et al.: Synergien von Licht und Mechatronik, Elektronik im Kfz, Baden-Baden, 1998
86. Abel, B., Labahn, N., Pietzonka, S.: Systementwurf für situationsgerechte Innenbeleuchtung, SIP 2000
87. Hendrischk, W., Lachmayer, R.: Bi-Xenon. VDI (2000)
88. Hendrischk, W., Grimm, M., Kalze, F.-J.: Adaptive Scheinwerfer. ATZ **11**, 2–3 (2002)
89. Thiemann, M., Seuss, J., Bertram, T., Opgen-Rhein, P.: Mechatronik im Scheinwerfer. ATZ **01**, 70–76 (2002)
90. Kesseler, W., Kleinkes, M., Können, T.: Nachtsichtsysteme kurz vor der Serienreife. ATZ **107**, 20–25 (2005)
91. Pressemitteilungen Audi, BMW, Mercedes, Opel 2003–2011
92. Lachmayer, R., Amsel, C.: Light-based driver assistance, Vision Kongress, Rouen, 2006
93. Lachmayer, R., Götz, M., Kleinkes, M., Pohlmann, W.: LED-Technik im Scheinwerfer. ATZ **108**, 956 (2006)
94. Kalze, F.-J.: Lichttechnik in Kraftfahrzeugscheinwerfern. ATZ **12**, 362–368 (2008)
95. Schug, J., Mutschler, J.-M.: LED-Scheinwerfer und HiPerVision-Lampen. ATZelektronik **04**, 62–67 (2009)
96. Wördenweber, B., Wallaschek, J. Boyce, P.: Automotive Lighting and Human Vision. Springer, Berlin (2007)
97. Amsel, C., Pietzonka, S., et al.: Die nächste Generation Lichtbasierter Fahrerassistenz. ATZ **112**, 758–763 (2010)
98. Neumann, R., et al.: LED-Vollscheinwerfer mit adaptivem Fernlicht. ATZ **113**, 20–25 (2011)
99. Hamm, M.: Innovative Lichtquellen für Fahrzeuge. ATZ **113**, 8–15 (2011)
100. Weber, M., Päger, B., Roppel, M., Abel, H.-B.: Industrialising IPS-technologies for automotive applications, SiD-ME Chapter, Fall Meeting 2010, Automotive Displays – Applications, Chances and Challenges, Sindelfingen, Germany, 23.–24. September
101. Richter, P.: Head-up Display und Nachtsicht, Fachkongress Innenraum, 6. Fachkongress Fortschritte im Automobil, Der Fahrzeuginnenraum: Von der Idee zur Realisierung, Ludwigsburg, 6.–7. November 2007
102. Richter, P.: Anforderungen an die Beleuchtung für Head-up Display, Opto-NET, Join-Workshop, Moderne Beleuchtungskonzepte, Jena, 31. Januar 2008
103. Abel, H.-B., Meier-Arendt, G., Willnauer, B.: Ergonomische Bedienelemente für elektronische Fahrzeugsysteme. ATZ **107**, 5 (2005)
104. Hautnah am Geschehen – Automobil Produktion, Sonderheft Innenraum, März 2003
105. Jungmann, T.: Auto erkennt Handschrift des Fahrers. www.all4engineers.com. 12. September 2003
106. Layer, David: Digital Radio Takes to the Road, http://www.spectrum.ieee.org/WEBONLY/publicfeature/jul01/dig.html
107. Susen, A.: Spracherkennung. VDE-Verlag (1999)
108. Labiod, H., Afifi, H., de Santis, C.: Wi-Fi, Bluetooth, Zigbee and WiMax. Springer (2010)
109. Bächtold, W.: Mikrowellentechnik. Vieweg, Wiesbaden (1999)
110. Pozar, D.M.: Microwave and RF Design of Wireless Systems. Wiley (2000)
111. Lindenmeier, H.K., Reiter, L.M., Hopf, J.F., Schwab, A.J.: Multiple FM window antenna system for scanning diversity with an integrated processor. 40th IEEE VTC, S. 1–6, Mai 1990
112. Litva, J., Lo, T.K.-Y.: Digital Beamforming in Wireless Communications. Mobile Communications Series. Artech House Publishers (1996)
113. Scott, J.H.: The how and why of COFDM. EBU Technical Review (Winter 1998) (1998)
114. Meinke, H., Gundlach, FW.: Komponenten, 5., überarb. Aufl. Taschenbuch der Hochfrequenztechnik, Bd. 2. Springer (2008)
115. Braess, H.H.: Das intelligente Auto auf der intelligenten Straße – Was hat PROMETHEUS gebracht?, 5. Stuttgarter Symposium Kraftfahrzeuge und Verbrennungsmotoren, 18.–20. Februar 2003
116. Enke, K.: Possibilities for improving safety within the driver vehicle environment loop, 7th Intl. Technical Conf. on Experimental Safety Vehicle, Paris, 1979
117. Anonymisierte Stichproben aus Unfalldaten des Statistischen Bundesamtes (1998–2001)
118. Lübke, L.: Car-to-Car Communication – Technologische Herausforderungen. In: Tagungsband VDE-Kongress, 18.–20. Oktober 2004. Berlin (2004)
119. Robert Bosch GmbH (Hrsg.): Sicherheits- und Komfortsysteme. Vieweg, Wiesbaden (2004)
120. Robert Bosch GmbH (Hrsg.): Kraftfahrtechnisches Taschenbuch, 27. Aufl. Vieweg+Teubner, Wiesbaden (2011)
121. Kühnle, G., et al.: Low-Cost Long-Range-Radar für zukünftige Fahrerassistenzsysteme, 11. Aachener Kolloquium Fahrzeug- und Motorentechnik, Aachen, 2002
122. Olbrich, H., et al.: A small, light radar sensor and control unit for adaptive cruise control. SAE Technical Paper Series **980607** (1998)
123. Winner, H., et al.: Adaptive Fahrgeschwindigkeitsregelung ACC, Bosch Technische Unterrichtung, 1. Aufl. Bosch (2002)
124. Knoll, P.M.: Vorausschauende Sicherheitssysteme – die Schritte zur Unfallvermeidung, VDA Technischer Kongress, Rüsselsheim (2004)
125. NHTSA–Report (2001)
126. Langwieder: Analyse des Bremsverhaltens bei Verkehrsunfällen. Gesamtverband der deutschen Versicherungswirtschaft (2001)
127. Frank, R.: Sensing in the Ultimate Vehicle, Proceedings Convergence 2004/21/0055, 2004
128. Unfallstatistik Deutschland des Statistischen Bundesamts

(2002)

129. Knoll, P.M.: Nachtsichtsysteme im Kraftfahrzeug – Status und Entwicklungstrends, VDI-Tagung Optische Technologien, 2010
130. Frost & Sullivan: Marktstudie Fahrerassistenzsysteme FAS 2005-15 in Europa (09/2005)
131. Tauner, A.: Ansätze zur Fahrbahnerkennung in Wärmebildern bei der Orientierung in einem passiven NightVision-Bild. VDI-Berichte, Bd. 1907. VDI (2005)
132. Tsimoni, O., et al.: Pedestrian Detection with Night Vision Systems Enhanced by Automatic Warnings, Studie der University of Michigan, UMTRI-2005-23 (2005)
133. Knoll, P.M.: Nachtsichtverbesserung im Kraftfahrzeug. ATZ **01** (2006)
134. Locher, J.: Mensch-Maschine Interaktion in der automobilen Displaytechnik, Vortrag Lichttechnik-Tage in Karlsruhe (LTiK), 08. November 2005
135. Mahlke, S., et al.: Evaluation of six night vision enhancement systems: Qualitative and quantitative support for intelligent image processing. Human Factors **49**(3), 518–531 (2007)
136. Seiffert, U., et al.: Automotive Safety Handbook, 2. Aufl. SAE Intl., Warrendale
137. Oertel, K.: Garagenparker von BMW (Garage Parking Device). Hanser automotive (5), 6 (2006)
138. Homepage der BMW AG, Side-View-Assist, Top-View, Night Vision. www.bmw.de
139. Daimler Media-Center 04/2009
140. Schmitz, C.: Adaptiver Spurverlassenswarner – Entwicklung eines Systems mit fahrerabsichts- und fahrerzustandsabhängiger Warnstrategie. Dissertation, Universität Karlsruhe. Shaker (2004)
141. Pirkl, B.: Ganzheitliche Vernetzung von Systemen und Sensoren – ein smarter Ansatz zur effizienten Unfallvermeidung, 13. Euroforum-Jahrestagung Elektronik-Systeme im Automobil, 10.–12. Februar 2009
142. Knoll, P.M.: Video-Sensorik – erste Erfahrungen und Ausblick, VDA-Technischer Kongress 2007
143. Winner, Hakuli, Wolf (Hrsg.): Fahrerassistenzsysteme. Vieweg+Teubner, Wiesbaden (2009)
144. Bosch: Analyse des Bremsverhaltens bei Unfällen auf Basis der GIDAS-Datenbank, Interne Studie (2008)
145. Holzmann, F.: Adaptive Cooperation between Driver and Assistant System. Springer, Berlin (2007)
146. BMBF: Delphi '98-Umfrage. Studie zur globalen Entwicklung von Wissenschaft und Technik. Karlsruhe (1998)
147. BMVBW: Telematik im Verkehr – Entwicklungen und Erfolge in Deutschland, Stand: August 2004
148. Kasties, G.: Vortrag Euroforum – 8. Jahrestagung Elektronik Systeme im Automobil, Fachtag Umsetzung von Telematik und Multimedia im Automobil, Februar 2004
149. Kasties, Günther: Vortrag Euroforum – 9. Jahrestagung Elektronik Systeme im Automobil, Fachtag Telematik und Multimedia im Automobil Februar 2005
150. Evers, H.-H., Kasties, G.: Kompendium der Verkehrstelematik. TÜV-Verlag
151. Aktionsplan zur Einführung intelligenter Verkehrssysteme in Europa, KOM (2008) 886

8.6 节参考文献

152. Johannsen, G.: Mensch-Maschine-Systeme. Springer (1993)
153. Jürgensohn, T., Timpe, K.-P. (Hrsg.): Kraftfahrzeugführung. Springer (2001)
154. Rasmussen, J.: Skills, rules and knowledge, signals, signs and symbols and other distinctions in human performance models. IEEE Transactions on Systems, man and Cybernetics **13**, 139–193 (1983)
155. Rasmussen, J.: Information Processing and Human Machine Interaction. North-Holland (1986)
156. Struck, N.: Fahrzeuginnovation und Infotainment in 3D. Elektronik Automotive **1**, 100–103 (2005)
157. Vollrath, M., Lemmer, K.: Wahrnehmung von Assistenzsystemen, Symposium Automatisierungs- und Assistenzsysteme für Transportmittel, 2003
158. Suikat, R., Rataj, J., Schäfer, H., Reulke, R.: ViewCar – den Fahrer verstehen, VDI-Tagung Optische Technologien in der Fahrzeugtechnik, Baden-Baden, 18./19. Juni 2003
159. bast, Berichte der Bundesanstalt für Straßenwesen, Fahrzeugtechnik: Ableitung von Anforderungen an Fahrerassistenzsysteme aus Sicht der Verkehrssicherheit, Heft F 60, 2006
160. Birbaumer, N., Frey, D., Zimolong, B., Kuhl, J., et al.: Wirtschafts-, Organisations- und Arbeitspsychologie. Enzyklopädie der Psychologie: Ingenieurpsychologie, Bd. 2. Hogrefe, Göttingen (2006)
161. Lee, J.D.: Human Factors and Ergonomics in Automation Design. In: Salvendy, G. (Hrsg.) Human Factors and Ergonomics. Wiley, New Jersey (2006)
162. Sheridan, T.B., Parasuraman, R.: Human-automation interaction. In: Nickerson, R.S. (Hrsg.) Reviews of Human Factors and Ergonomics, Human Factors and Ergonomics Society. Santa Monica (2006)
163. Stanton, N.A., Salmon, P.M., Walker, G.H., Baber, C., Jenkins, D.P.: Human Factors Methods. Ashgate, Aldershot (2006)
164. Shneiderman, B.: Designing the User Interface: Strategies for Effective Human-Computer Interaction. Addison-Wesley, Amsterdam (2009)
165. VDI: Der Fahrer im 21. Jahrhundert, Tagungsbände erschienen beim VDI, VDI-Berichte Nr. 2085, 2009
166. VDI: Der Fahrer im 21. Jahrhundert, Tagungsbände erschienen beim VDI, VDI-Berichte Nr. 2134, 2011
167. VDI: Fahrerassistenz und Integrierte Sicherheit, Tagungsbände erschienen beim VDI, VDI-Berichte 2166, 2012

8.7 节参考文献

168. Bauer, A., Broy, M., Romberg, J., Schätz, B., Braun, P., Freund, U., Mata, N., Sandner, R., Ziegenbein, D.: AutoMoDe-notations, methods, and tools for model-based development of automotive software. In: Proceedings of the SAE 2005 World Congress, Society of Automotive Engineers, Detroit, MI, April
169. Broy, M.: Challenges in automotive software engineering. Key Note 28th International Conference on Software Engineering (ICSE) 2006
170. Broy, M.: The Grand Challenge in Informatics: engineering software-intensive systems. IEEE Computer (Oktober), 72–80 (2006)
171. Broy, M., Pretschner, A., Salzmann, C., Stauner, T.: Softwa-

172. Broy, M., Rausch, A.: Das neue V-Modell XT – Ein anpassbares Vorgehensmodell für Software und System Engineering. Informatik Spectrum (Juni) (2005)
173. Bühne, S., Lauenroth, K., Pohl, K., Weber, M.: Modeling features for multi-criteria product-lines in the automotive industry. Proc. 1st Intl. Workshop of Software Engineering for Automotive Systems, S. 9–16 2004
174. Decomsys: Designer Pro. http://www.decomsys.com/htm/frs/3_flexraydesign_pro.htm (2006)
175. Douglass, B.P.: Real-Time UML – Developing Efficient Objects for Embedded Systems. Addison-Wesley (1999)
176. Clements, P., Northrop, L.M.: Practices and Patterns. Addison-Wesley. Software Product Lines (2001)
177. Kneuper, R.: CMMI – Verbesserung von Softwareprozessen mit Capability Maturity Model Integration. dpunkt.verlag, Heidelberg (2002)
178. Hardung, B., Kölzow, T., Krüger, A.: Reuse of Software in Distributed Embedded Automotive Systems. Proc. EMSOFT'04, 203–210 (2004)
179. ISO 26262 Road Vehicles – Functional Safety
180. Hindel, B., Hörmann, K., Müller, M., Schmied, J.: Basiswissen Software-Projektmanagement – Aus- und Weiterbildung zum Certified Project Manager nach dem iSQI-Standard. iSQI-Reihe. dpunkt.verlag, Heidelberg (2006)
181. Jackson, M.A.: Software Requirements & Specifications – a lexicon of practice, principles and prejudices. Addison-Wesley Press (1995)
182. Liggesmeyer, P.: Software-Qualität. Spektrum, Heidelberg (2002)
183. Leveson, NG.: Safeware – System Safety and Computers. Addison-Wesley (1995)
184. Mores, R., Hay, G., Belschner, R., Berwanger, J., Ebner, C., Fluhrer, S., Fuchs, E., Hedenetz, B., Kuffner, W., Krüger, A., Lormann, P., Millinger, D., Peller, M., Ruh, J., Schedl, A., Sprachmann, M.: FlexRay – The Communication System for Advanced Automotive Control Systems. Doc. No. SAE 2001-01-0676. SAE (2001)
185. Peled, D.A.: Software Reliability Methods. Springer, Berlin, Heidelberg, New York (2001)
186. Scharnhorst, T.: Systementwurf für Elektronikarchitekturen im Fahrzeug. 4. Braunschweiger Symposium Automatisierungs- und Assistenzsysteme für Transportmittel. VDI Reihe 12, Bd. 525. (2003)
187. Sommerville, I.: Software Engineering. Addison-Wesley (2001)
188. Spillner, A., Linz, T.: Basiswissen Softwaretest: Aus- und Weiterbildung zum Certified-Tester. dpunkt.verlag, Heidelberg (2003)
189. Weber, M., Weisbrod, J.: Requirements engineering in automotive development: Experiences and challenges. IEEE Software **20**, 16–24 (2003)
190. X-by-Wire Consortium: X-by-wire – Safety related fault tolerant systems in vehicles – final report. Project BE95/1329, Contract BRPR-CT95-0032 (1998)
191. VDI/VW Gemeinschaftstagung Integrierte Sicherheit und Fahrerassistenzsysteme, Wolfsburg, Germany, Oct. 12–13, 2006
192. Broy, M., Reichart, G., Rothhardt, L.: Architekturen softwarebasierter Funktionen im Fahrzeug: Von den Anforderungen zur Umsetzung. GI Informatik Spektrum, 42–59 (2011)
193. Pretschner, A., Broy, M., Krüger, I.H., Stauner, T.: Software engineering for automotive systems: A roadmap. Proc. 2007 IEEE Future Software Eng. (FOSE '07), 55–71 (2007)
194. Schäuffele, J., Zurawka, T.: Automotive Software Engineering: Grundlagen, Prozesse, Methoden und Werkzeuge, überarb. und erw. Aufl. Vieweg+Teubner, Wiesbaden (2010)
195. Wallin, P., Axelsson, J.: A case study of issues related to automotive E/E system architecture development. Proc. 15th Annu. IEEE Int. Conf. Eng. Comput. Based Syst. (ECBS '08), 87–95 (2008). Washington, DC
196. AUTOSAR on the Way to Becoming a Global Standard. http://www.autosar.org/
197. Broy, M.: Mit welcher Software fährt das Auto der Zukunft? ATZ extra **4**, 92–97 (2011)

8.8 节参考文献

198. Ackermann, J.: Robust Control – The Parameter Space Approach, 2. Aufl. Springer, Berlin, Heidelberg (2002)
199. Åström, K.J., Wittenmark, B.: Adaptive Control, 2. Aufl. Addison-Wesley, Reading, MA (1995)
200. Bünte, T., Schweiger, C., Odenthal, D., Baumgarten, G.: Modellierung, Regelung, Simulation und Bewertung der Fahrdynamik. Erster Verkehrstechnischer Tag, Braunschweig (2004)
201. Dorf, R.C., Bishop, R.H.: Modern Control Systems, 10. Aufl. Prentice-Hall, Upper Saddle River (2005)
202. Driankov, D., Hellendoorn, H., Reinfrank, M.: An Introduction to Fuzzy Control, 2. Aufl. Springer, New York (1996)
203. Ganzelmeier, L.: Nichtlineare H_∞-Regelung der Fahrzeuglängsdynamik. Fortschritt-Berichte VDI: Reihe 8, Bd. 1069. VDI, Düsseldorf (2005)
204. Helbig, J.: Robuste Regelungsstrategien am Beispiel der PKW-Spurführung. Fortschritt-Berichte VDI: Reihe 8, Bd. 1025. Düsseldorf (2004)
205. Isermann, R., Hafner, M., Schüler, M.: Einsatz schneller neuronaler Netze zur modellbasierten Optimierung von Verbrennungsmotoren. MTZ Motortechnische Zeitschrift **61**, 704–711 (2000)
206. Isidori, A.: Nonlinear control systems. Springer, Berlin (1996)
207. Jaschke, K.P.: Lenkregler für Fahrzeuge mit hoher Schwerpunktlage. Dissertation, TU Braunschweig (2002)
208. Kiencke, U., Nielsen, L.: Automotive Control Systems. Springer, Berlin, Heidelberg, New York (2000)
209. Levine, W.S.: The Control Handbook. CRC-Press, Boca Raton (1996)
210. Liu, G.P.: Nonlinear Identification and Control: A Neural Network Approach. Springer, London (2001)
211. Müller, K.: L1-optimale Abtastregelungen mit minimaler Stellgröße. Fortschritt-Berichte VDI: Reihe 8, Bd. 844. Düsseldorf (2000)
212. Sidi, M.: Design of Robust Control Systems. Krieger Publishing, Malabar (2001)
213. Yu, C.-Cn.: Autotuning of PID Controllers. Springer, Berlin, Heidelberg, New York (1999)
214. Zhou, K., Doyle, J.C.: Essentials of Robust Control. Prentice-Hall, London (1998)

第 9 章　汽车安全性

9.1　概述

运输安全在世界范围内都非常重要。尽管在工业化国家中已取得重大进展，但截至 2009 年记录的全世界的交通事故死亡人数仍超过每年 120 万。因此，联合国已决定在全球范围内启动交通安全性计划以扭转不利趋势，另请参见 2010 年 FISITA 峰会（www.fisita.com）。在工业化国家，通过改善交通基础设施、交通信息，培训道路使用者和优化车辆已经取得重大进展。在这背景下，交通基础设施在发展中国家中发挥着特别重要的作用。此外，提高汽车安全性、保护乘员和车辆以及其零部件功能不受诸如盗窃、未经授权进入和操纵汽车等攻击也越来越重要。

不仅立法机关，科学和工业界以及消费者保护组织也很活跃[1]。布伦瑞克工业大学 Koeβler 教授定义的汽车安全性是："车辆的设计和制造必须使从 A 地到 B 地的交通尽可能快速、安全和舒适"。正如 1952 年技术服务商 Barenyi 在他的"驾驶室设计的基本原则"的专利指出的那样[2]。消费者律师 Ralph Nader 在 20 世纪 60 年代中期在美国为 NHTSA（国家高速公路交通安全管理局）关于交通安全的立法做出了重大贡献。现在，世界各地都有交通安全法规，消费者保护法和产品责任法补充了这些法规。消费者保护法同时也适用于事故预防系统、保险公司、消费者保护组织和汽车专业杂志。对产品责任的推动是巨大的。制造商对技术负责，并确保车辆在安全技术方面处于先进的水平。对安全技术正面评价是购买车辆时必不可少的依据。

同时，几乎没有任何车辆部件不受法规的影响，有关详细信息，请参见第 2.2.1 ~ 2.2.7 小节。

汽车制造商再没有在其他领域如同 ESV 实验安全性会议[3]那样的深入合作，也没有在其他领域如同生物力学及创伤生物力学研究网络（www.hs-regensburg.de）和事故研究那样的高的研究积极性。

9.2　汽车安全性领域

车辆安全可分为图 9.1 所示的领域。Wilfert 和 Seiffert[4,5]提出了第一个基本定义。
它们是：
整体安全性：事故预防与事故缓解相结合。
事故预防：采用预防事故的所有措施。

减轻事故：减少事故后果的所有措施。

PreCrash：当事故是不可避免时，采取可逆和不可逆措施进行干预以减轻事故后果。

事故的主要原因仍然是人。但是，其原因的情况很复杂。同一驾驶人可以在不同的车型中表现出不同的事故行为。驾驶前不喝酒、不吸食毒品，车辆良好的舒适性和人机工程学设计，充足的照明和良好的视野，众多辅助系统，特别是在行驶性能方面（制动系统、驱动系统、ABS、偏航力矩控制、制动助力器，请参阅第7章），高的驾驶稳定性，抗侧风能力以及信息和通信系统等会进一步减少事故发生的概率。图9.2 显示了事故预防方面的车辆安全性范围[5]。

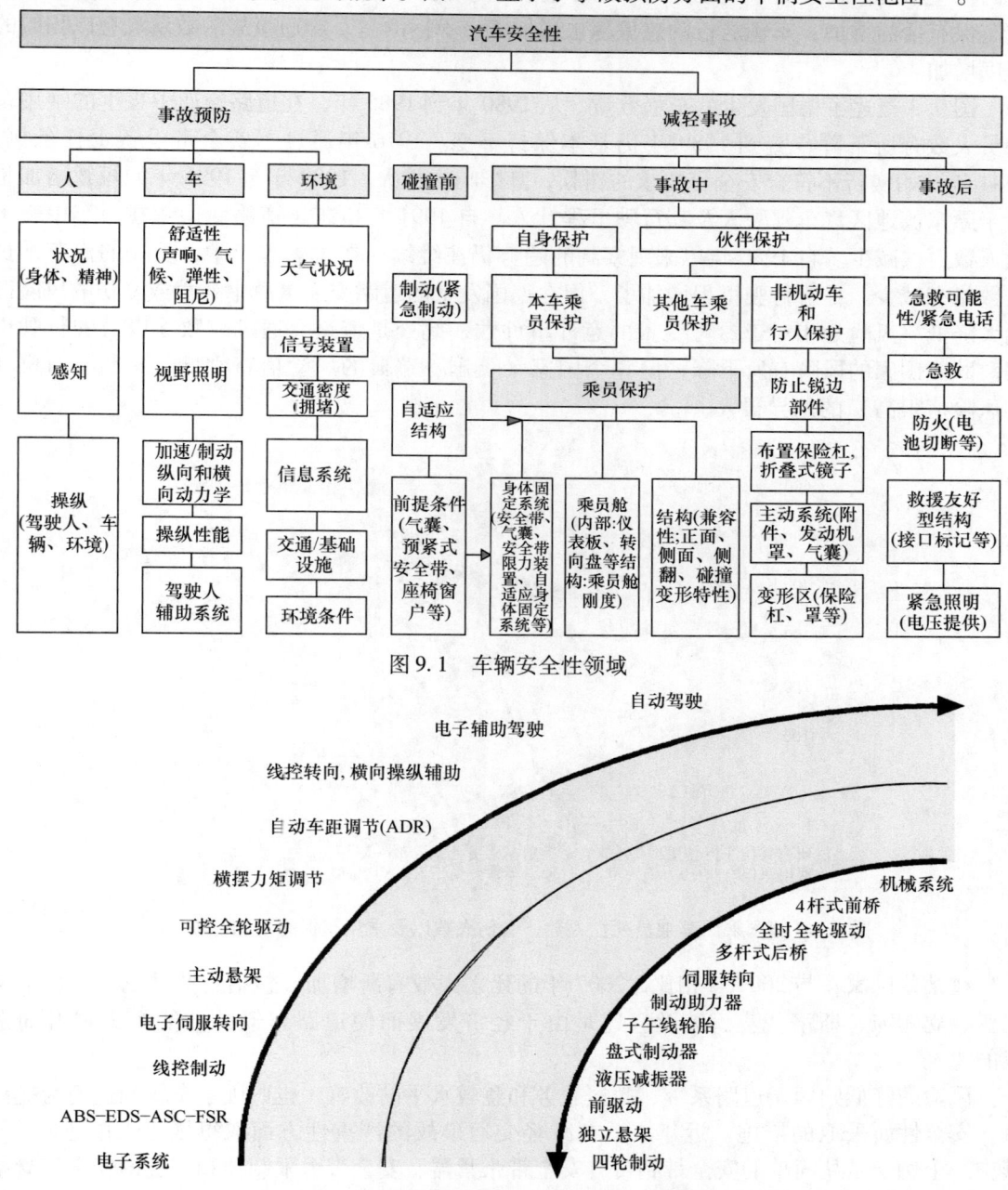

图 9.1 车辆安全性领域

图 9.2 车辆动力学范围避免事故的措施

9.3 事故研究的结果

9.3.1 导言

车辆安全性的不断提高在改善交通安全性方面做出了重大贡献。本节描述了减少交通事故的一些示例。2011 年，德国有 5090 万辆注册车辆。其中，4230 万是乘用车[6,10]。随着汽车保有量的增加，车辆的行驶总里程也增加了。幸运的是，交通事故的数量没有以相同的程度增加。

图 9.3 概述了德国发生的车祸数量。从 1980 年到 1985 年，在道路交通中丧生的乘用车乘员人数有所下降，直到 1989 年仍基本保持不变。1976 年通过了安全带设备责任条例，1984 年开始实行不符合安全带要求的罚款，其影响力很大。1989 年至 1991 年的短暂增加是由于原东德地区汽车驾驶人及其行驶里程计入。自 1991 年以来，道路使用者在汽车中丧生的人数再次减少。自 1980 年以来观察到的趋势仍在继续。在过去 5 年中，受伤的汽车乘员人数略有减少。尽管行驶里程增加了，但在德国发生的道路交通事故中死亡或受伤的风险已大大降低。风险是相对于参考变量的意外事件数，此处是道路交通事故数除以总的行驶里程。欧盟国家的风险有所下降，但各个国家（英国、瑞典的风险值特别低，希腊、西班牙的风险值很高）的差异很大[7]。

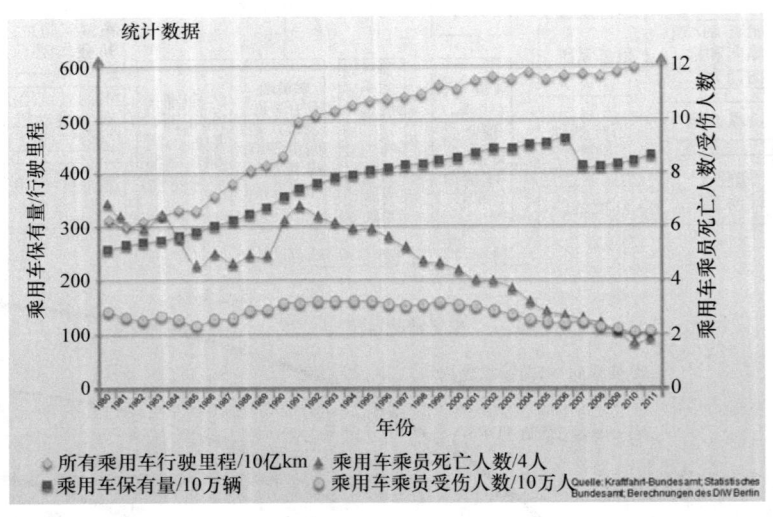

图 9.3　德国乘用车乘员死亡人数、受伤人数以及乘用车保有量和行驶里程

在某些国家，与 2001 年相比，2007 年的死亡人数有所增加，包括：罗马尼亚、斯洛文尼亚、立陶宛、斯洛伐克、波兰。这是由于经济发展而使道路车辆的性能大大提升而造成的[10]。

风险的降低归因于道路系统、救援服务和急救水平的改善，也归因于车辆制造商为提高汽车安全性所采取的措施。近年来，在减轻交通事故的严重性方面取得了很大的进步[8]，其中一个例子是从简单的安全带到带有安全带张紧器、安全带力限制器和广泛的安全气囊系统的复杂多组件系统的约束系统不断开发的结果。只有始终如一地使用从事故研究中获得的知识，才有可能做到这一点。事故研究可以证明所取得的改进，尤其是确定其他可能需要改进的领域的效果。

数据库为了分析交通事故，由不同的机构、组织检查交通事故，并汇总成事故数据库进行研究，由于这些调查的目的不同，因此在数据量、数据质量和调查深度方面也存在很大差异。下面简要介绍了欧洲最重要的数据库，并从中汲取的经验。

9.3.2 官方道路交通事故统计

联邦统计局记录所有警方已知的道路交通事故。在事故现场，官员会记录有关事故地点、事故过程和交通事故报告所涉及人员的个人数据，并将其转发给地区统计局。这样得到的大量数据可以对德国的交通事故情况有一个较好的了解。但是，警察不会知道所有的道路交通事故，因此，特别是对双方都属于轻微事故的必须假设为高发。此外，这些调查的准确性和数据深度是有限的。例如，许多对事故研究非常重要的功能，例如安全带使用情况、座椅位置、车辆变形、伤害未记录或记录不正确[9]。

欧洲国家、美国和其他国家的官方统计数据中记录的数据汇总到国际道路跟踪和事故数据库（IRTAD）中[10]。使用此数据库，可以比较各国的事故事件。

9.3.3 保险公司的交通事故数据

德国保险业协会（GDV）从组成该协会的各个保险公司的保险档案中收集交通事故数据。随后从法院记录、验尸报告、专家意见和保险调查表中收集到多达500个个人信息。由于该数据库中的案件数量众多，并且与官方统计数据相比数据更细，这些数据可用于创建更详细的交通事故评估（例如个人伤害、车辆技术条件、安全带使用情况）。

根据事故数据进行的许多调查，德国GDV的Danner和Langwieder机构为提高车辆安全性做出了贡献（例如文献［11］）。在文献［12］中，预测了车辆动力学控制系统的高的效果。Langwieder论述了"碰撞前车轮打滑的交通事故风险很大"。在紧急情况下，诸如ESP之类的车辆动力学控制系统可帮助驾驶人稳定车辆并减少事故发生的概率或降低事故的严重性。

9.3.4 In-Depth的事故调查

也可通过所谓的"深度"（In-Depth）交通事故数据收集来最大限度地了解发生交通事故的原因。1973年由柏林工业大学（TUB）代表联邦公路研究所（BASt）与汉诺威医学院（MHH）合作成立了一个由工程师和医疗专业人员组成的独立工作团队，收集详细的交通事故数据。1984年，为了收集代表性数据，确定了长期的调查目标并将汉诺威地区作为调查区域。自那时以来，汉诺威已经记录了大约1000起交通事故，参数多达3000个。

在1999年，这项调查工作扩展到了汽车技术研究协会（FAT）和BASt之间的联合项目GIDAS（德国深度事故研究）中。在德累斯顿工业大学（TUD）成立了第二个调查小组，按照与汉诺威医学院相同的架构，每年调查约1000起事故[13,20]。该项目由指导委员会与BASt和FAT的代表进行协调和进一步推进。

警察、紧急服务和消防部门将调查区域内的事故告知调查团队，并根据定义的随机程序选择事故。调查标准为：

道路交通事故；

大汉诺威和德累斯顿地区的事故；

不论受伤的严重程度，至少有一名受伤的人。

现场事故记录可以获取有关事故地点、环境条件和所涉车辆的详细信息，从而可以对事故进行准确的重建，随后收集在事故地点难以收集的信息，例如：准确测量车辆变形、事故的进一步处理、事故类型和人员受伤的严重程度[14]。

这些"深度"事故调查还得到了各大车辆制造商的内部事故调查报告的补充，这些交通事故调查通常限于当前生产的车辆（奥迪、宝马、戴姆勒、大众）的事故。

图9.4显示了两辆大众汽车事故研究的基本程序。

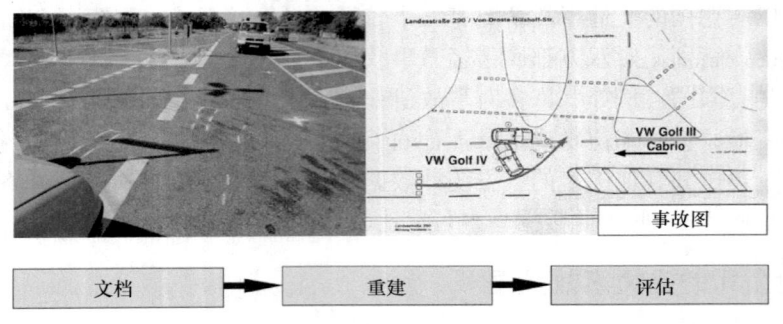

图9.4 大众汽车事故研究基本程序

通过这些附加调查，有可能在新车大量进入整个市场之前，更快地获得有关新车在实际事故过程中的行为信息。

表9.1显示了基于各种国际研究的电子稳定程序（ESP）的效果[16]。

表9.1 对ESP的国际研究显示它的高的有效性[16]

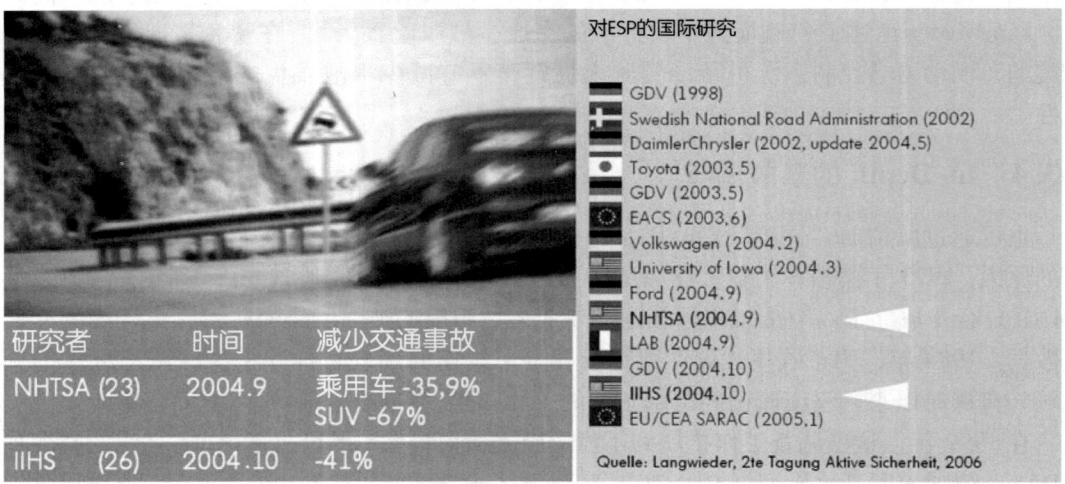

减轻交通事故严重性的系统有望在将来提供最大的安全性保证。然而，随着这些系统的日益融合，很难在减轻事故后果和降低事故严重性的益处之间进行区分。回想起来，可以看到，最好的交通安全措施是安全带，其次是乘客舱的结构性措施、电子稳定程序（ESP）和安全气囊系统（另请参见 [17]）。

与德国的 GIDAS 相比,其他国家(例如法国、英国、瑞典、美国、日本、中国)也有类似的"深度"事故调查项目。但是,目前尚无法建立相同的数据框架以使它们间数据能够相互比较。欧洲研究交通事故项目正致力于解决这一问题。

应用为了能够检查和比较车辆的安全等级,不同组织进行了各种测试。这些测试的目的是尽可能再现一部分实际事故的情况,并针对这些情况设计车辆安全系统,为乘员以及对另外的道路使用者提供最佳的保护。按照法规进行碰撞测试(保证一定的最低安全标准)和消费者信息安全测试的目的是试图确认这种保护的效果,并持续进行相关的开发[18]。

但是,必须考虑到,为了适应此类实验室测试的设计,可能会造成影响某些避免事故的安全性设计,并且还必须检查测试结果的改进是否也会减少实际事故。文献[19]描述了使用 GIDAS 项目的数据,改进了结构和新型约束系统,使交通事故受伤风险降低,如图 9.5 所示。

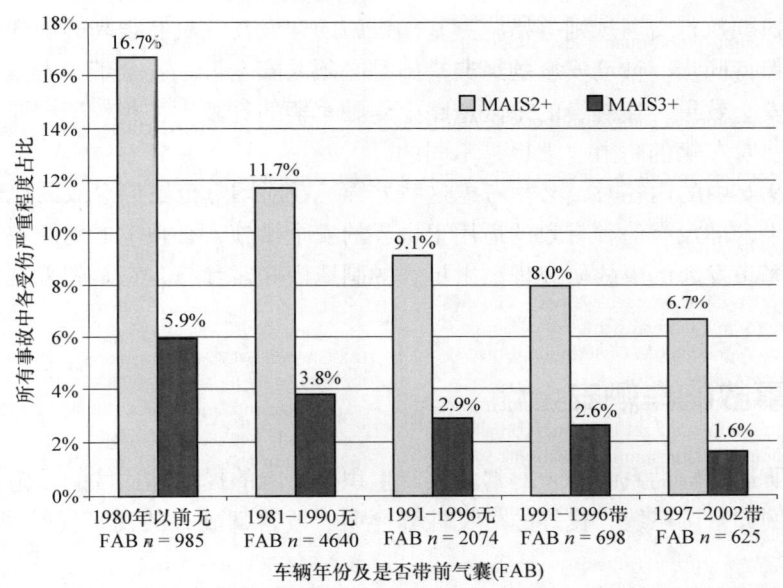

图 9.5 在交通事故中系安全带在所有碰撞类型中按照车辆年份对总体受伤严重程度进行的研究
(MAIS = 每个人最高受伤等级,受伤等级标准见 9.5.1 小节)

安全系统的有效性也可以基于事故数量进行评估。图 9.6[17]显示了一系列不同的驾驶人辅助系统,以及根据预期或已经证明了可有效减轻事故后果的系统。

通过使用测试方法来再现真实碰撞并找到提高车辆安全性的新方法是一个持续的过程。为此,始终有必要以数据库的形式记录和评估事故情况。

此外,事故数据的记录可能会发生变化,新安全系统如 ABS 的引入,例如在碰撞前阶段,越来越难以分析和评估减速痕迹。主动安全系

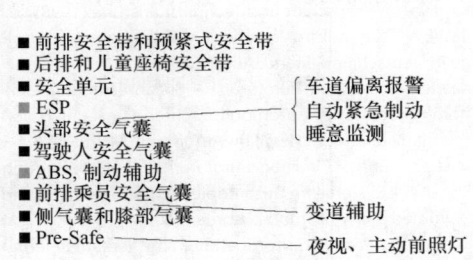

图 9.6 根据已证实(左)或预期(右)在发生事故时所采用的安全系统的有效性,对不同驾驶人辅助系统和安全相关的系统进行排序

统的开发依赖于有关车速和驾驶人反应的信息，这些信息可以通过事故数据存储器获得，该数据记录了最重要的数据，例如车速、减速度等。目前汽车制造商和立法机构正在研究这种事故数据存储的详细说明。这可以为事故研究者提供更多信息，从而更好地了解事故过程，并最终进一步开发主动安全系统[15]。

图 9.6 所示的安全措施项目是根据德国的数据确定的。严格来说，它仅对收集事故数据的汉诺威和德累斯顿市有效。但是，调查的设计方式应使 GIDAS 中记录的事故可视为代表德国事故现场。可以假设，在机动化程度可与德国相媲美的国家中，条件相似且结果是可互用的，但是欧盟东部成员国的问题是，是否可以使用根据德国数据得到的结果。在这些国家，乘用车、货车、两轮车和行人的交通方式有所不同。新手驾驶人的比例较高，郊区道路、高速公路和城市交通占比也不同。

发展中国家会有很大的不同，例如中国。当务之急是提高安全带佩戴率、进行交通安全性教育和通过罚款执行交通规则等措施。基础设施的开发在此具有很高的优先级，以使其与总体经济增长保持同步。被动安全的经典措施是必须系安全带。安全带和安全气囊的组合具有显著的被动安全效果。在蜿蜒的郊区道路上驾驶车辆的驾驶人，相较于主要在城市交通中驾驶的驾驶人，对车辆的防滑要求也是不同的。

在评估图 9.6 中的内容时，必须考虑这些差异。在对国际范围内事故的比较研究中得出一个重要的结果，即没有一种有效的适用于世界的安全措施，必须考虑地区差异。大众汽车公司在中国上海市发起的事故研究现已由更大的制造商联盟参与，它是朝着这个方向迈出的一步。

9.4 避免事故的车辆安全性

除了以下所述的辅助系统外，对驾驶人产生积极影响的提高舒适性的措施也有助于防止事故的发生。例如空调系统、良好的可见性和照明、改善驾驶人的视野（镜子、窗户）、平顺性更好的底盘。

图 9.7 显示了主动和被动系统的发展现状及其保护潜力。主动系统可以分为车辆辅助（传感器检测车辆状态）、驾驶人辅助（环境检测）和网络辅助（通信）。车辆辅助与车辆辅助系统有关（请参阅 9.4.1 小节），驾驶人辅助系统又可以分为纵向操纵辅助、横向操纵辅助和夜间辅助以及环境检测等系统（请参见 9.4.2 小节）。将来，通过车辆之间的通信将

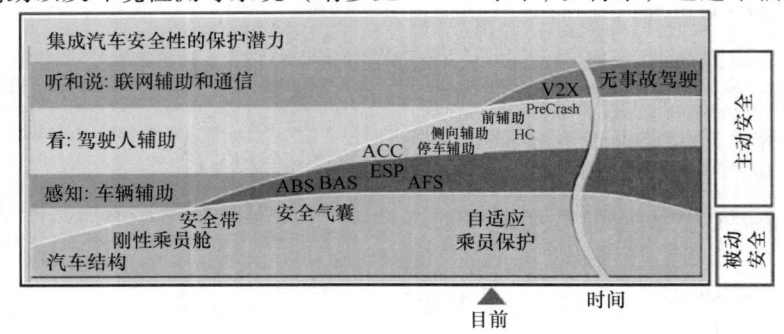

图 9.7　集成汽车安全性的保护潜力[26]

完成人们间感官的类比，这将进一步增加保护的潜力。由于电子系统设备能力的进一步开发，以及安全系统的集成网络（集成安全性），实现无事故驾驶的愿景越来越近。

9.4.1 车辆层面的辅助系统

防抱死制动系统（ABS）可以在完全制动或在湿滑的路面上防止车轮抱死，并保持车辆的转向能力。抱死的车轮不再能够传递横向力，车辆变得无法控制。为了防止这种情况发生，ABS控制单元使用车轮转速传感器监控车辆所有车轮的转速。如果存在抱死的危险，则防抱死制动系统控制单元中的电磁阀来降低相应车轮的制动压力，直至抱死的车轮再次转动。然后，压力再次增加到抱死极限。车辆保持稳定并保持机动性。驾驶人会因制动踏板的轻微脉动而感到防抱死制动系统在工作。在防抱死制动系统的控制范围内，即使最大限度地踩制动踏板，仍可轻松操纵车辆。ABS有助于车辆避开障碍物并防止碰撞。

紧急制动时，制动辅助系统（BAS）为驾驶人提供支持。根据制动踏板被踩下的速度，BAS就会识别驾驶人是否希望完全制动，并自动将制动压力增加到ABS控制范围内。如果驾驶人降低了制动压力，则系统会将制动压力降低到默认值。使用制动辅助系统，可以大大缩短制动距离。该系统对于驾驶人来说几乎是不可察觉的。

电子稳定性程序（ESP）可以检测关键的驾驶情况，例如打滑的危险，并特别防止车辆发生失控。为了使ESP能够对紧急驾驶情况做出反应，系统必须连续接收信息。例如：驾驶人希望驶向何处，车辆要驶向何处。系统从转向角传感器和车轮转速传感器获取第一个问题的答案。根据这两个信息，控制单元计算车辆的目标转向方向和目标驾驶行为。车辆的横摆率和横向加速度也是重要的数据，控制单元使用这类信息来计算车辆的实际行驶状态。ESP可以防止转向时车辆的不稳定性，这种不稳定性可能发生在不适当的速度、路面发生不可预见的变化（潮湿、打滑、肮脏）或需要进行突然的回避操纵时。车辆转向不足（尽管车轮被转向，车辆仍驶向弯道的外侧边缘）还是转向过度（后部滑向弯道外侧）时。ESP控制单元通过传感器提供的数据识别车辆的不稳定状态，控制车辆制动系统及发动机的动力输出进行纠正。转向不足时，ESP对弯道内侧的后轮施加制动，同时，它会降低发动机功率，直到车辆再次稳定为止。转向过度时，ESP对弯道外侧的前轮施加制动，并干预发动机和变速器管理系统的工作。越来越多的经验和更加灵敏的传感器技术使进一步开发这种复杂的控制系统成为可能（例如转矩矢量控制）。

带有动态和静态转弯照明功能的氙气前照灯（图9.8）可使弯道和转弯区域照明效果提

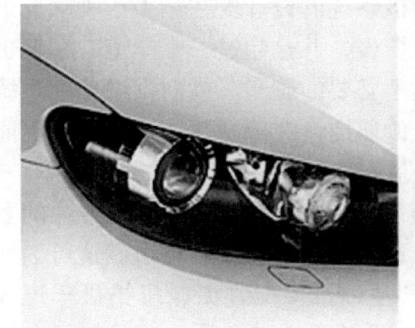
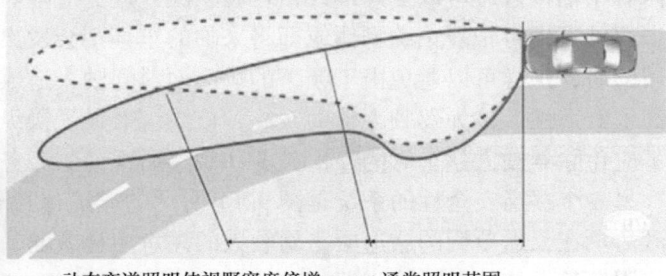

—— 动态弯道照明使视野宽度倍增　--- 通常照明范围

图9.8　弯道照明[22,23]

高达90%。照明根据汽车行驶速度进行调整。借助动态弯道灯，当行驶速度超过10km/h时，照明范围将随转向盘角度变化。前照灯单元中的执行器根据转向盘角度和车速转动前照灯，以理想地照亮弯道。为了避免对面驾驶人眩目，动态弯道灯的转动角度限制为15°。以这种方式，驾驶人在转弯时可以较早地感知弯道状况以及障碍物、行人或动物。由此驾驶人获得了额外的反应时间，使事故风险大大降低。

9.4.2 带有环境传感器的辅助系统

1. 纵向操纵辅助系统

如果驾驶人希望减轻驾驶操作负担，可以使用图9.9所示的在新车型中配备的自适应巡航控制系统（ACC）。借助这种基于雷达的系统，驾驶人无须人工进行速度调节即可在流畅的交通流中游刃有余地驾驶车辆。在选择了所需的速度和相对前车的时间间隔后，车辆会自适应行驶。但这仅在前车以低于设定的期望速度行驶时才会实现。系统会应用雷达系统识别前车，并应用动力学数据识别自车的行车路线。根据ACC的不同版本，有不同的自适应跟随前车的模式。

ACC舒适功能通过车辆安全性元件得到补充。如果环境监控系统检测到紧急的接近情况，则通过预压式制动器（制动管路预充液）和更为灵敏的液压制动辅助系统，对车辆进行紧急制动准备。这两种功能都提高了驾驶人的制动效果。

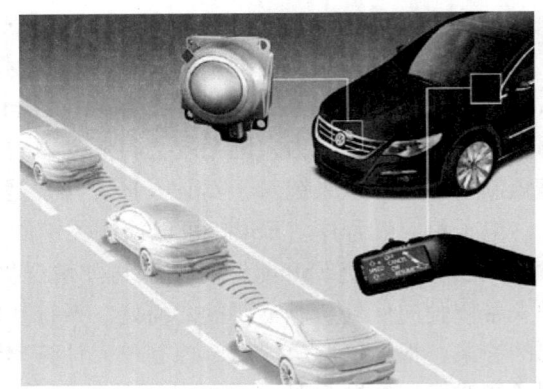

图9.9 ACC[24]

此外，还会发出2个警告，包括一个声光警告和一个制动动作（车辆自动点制动警告驾驶人）。在明确识别到驾驶人未干预的情况下，将自动紧急制动。视具体情况，车辆干预措施应主动避免发生交通事故或减轻碰撞后果。

2. 横向操纵辅助系统

图9.10所示的横向操纵辅助系统在变换车道之前或变换车道时提醒驾驶人有车辆接近。通过外后视镜中的警告灯提供的直观易懂的反馈向驾驶人发出警告，本车后面盲区50m范围内有车辆接近时可以更好地评估行驶状况并避免危险。该系统的设计仅在相关行驶状况下警告驾驶人；对于静止的物体或即将来临的车辆不会发出警告，并且超过一个车道的车辆也将被忽略，这样可以避免由于频繁的响应而对驾驶人造成不必要的刺激。横向操纵辅助系统提高了舒适性，作为驾驶人辅助系统，该系统兼顾了操纵的便捷性和舒适性。但是，它不能也不应免除驾驶人超车时的谨慎义务和观察后视镜的义务。

另一个提高安全性的系统是图9.11所示的车道保持辅助系统，它可以根据驾驶人的要求激活。在长途单调的旅途中，驾驶人的注意力会减弱，这可能会导致驶出车道。这可以通过使用车道保持辅助系统进行轻微的转向干预来避免，其基础是要配置摄像机拍摄车道标记。在可以识别车道并且汽车速度超过65km/h的情况下，系统可以被激活，并且在组合仪表中显示。如果汽车偏离其车道，则车道保持辅助系统会略微施加转向来纠正。当系统处于

图 9.10 横向操纵辅助系统[25]

激活状态时,由于驾驶人的注意力不集中,此时驾驶人手握转向盘将是一种不理想的状态。在这种情况下,车辆向驾驶人发出接管操纵转向盘的请求并自行隔离驾驶人的转向操作。

图 9.11 车道保持辅助系统[26]

3. 夜间辅助

对于图 9.12 所示的夜间辅助系统,要区分可以在显示屏上显示车辆前方的夜间辅助系统和远光灯辅助系统。远光灯辅助系统可以调节光线分布,从而使驾驶人始终能获得最大的视野,同时可尽量避免对迎面来车驾驶人或行人眩目。

图 9.12 带有行人标记功能的夜间辅助系统[27]

夜视系统使用被动或主动系统,通过摄像机捕获车辆前方的区域。被动系统的特点是使用热成像仪。它对视野中的所有热源(例如行人、车辆)产生敏感的反应,并在仪表板的显示屏上将它们清晰地显示出来,此外,可以使用智能图像处理系统对行人进行分类,并在必要时标记在显示屏上,例如当行人过马路时,这对驾驶人很有帮助。

在使用主动夜视辅助系统的情况下,车辆前方采用红外前照灯照明,范围约为 150m。

对于在红外（IR）范围内也很敏感的普通车载摄像头，可以感应到周围环境反射的红外光。与被动系统相比，显示器上可以看到周围环境完全照亮的图像。

远光灯辅助系统还可以在早期阶段帮助识别相关物体。它借助摄像头监视迎面和车前的交通情况，并相应地调整前照灯的光线分布。远光灯辅助装置（FLA），在迎面有车辆驶来或前方有车辆时，远光灯会关闭。如果车前没有车辆，则会自动重新点亮前照灯[28]。

图9.13是FLA的进一步发展，它不仅可以确定前方是否有车辆，还可确定前车的位置，有了这些信息，就可以根据迎面来车情况和与前车的距离，在近光灯和远光灯照射范围之间无级调整前照灯的明暗截止线（HDG）。

进一步的开发阶段的代表是防眩目远光灯，又称为动态灯光辅助，如图9.14a和图9.14b所示。在这种系统中，灯光分布不仅在垂直方向上可调节，而且可以水平旋转。这使得道路其他使用者可以避开远光灯，从而使驾驶人的视野最大化，这是因为光线仅在对向来车和前车驾驶人炫目的位置被遮蔽。

图9.13 无级调整前照灯照射宽度

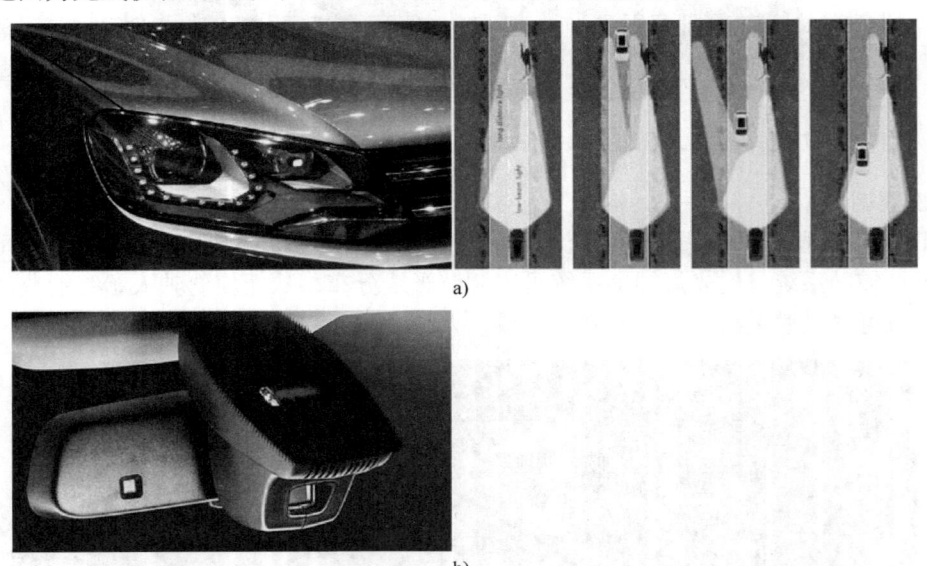

图9.14 a）防炫目远光灯[30,31]和b）远光辅助用摄像机

9.5 生物力学和保护规范

9.5.1 生物力学

（1）基本原理 始于美国，尔后在欧洲和世界其他国家加强对生物力学的研究。人对冲击性负荷的抵抗能力的研究始于美国人Colonel Stapp，他是从速度632mile/h（约

1000km/h）在 1.4s 内减速至静止状态的第一人。这相当于（在矩形脉冲时）在总的持续时间内的有效减速度为 $20g$。每年在美国举行的有关这一主题的会议是按 Colonel Stapp 的名字命名的。在他的受人尊敬的工作中，他获得很多最高的嘉奖和荣誉。在第 8 届 Stapp 会议的前言和授予的荣誉称号中写道[32]：

"Stapp 汽车碰撞会议"是以尊敬的 Colonel John Stapp, USAF（MC）的名字命名的，他过去是（现在仍然是）建立人类可忍受的碰撞水平的先锋。在 1954 年，他的历史性的火箭雪橇跑起来。在火箭雪橇中他自愿经受了从速度 632mile/h 到 1.4s 后静止的高达 $40g$ 的减速度，这是人类可忍受的减速度的最好依据。另外，他也是承担危险工作的志愿者，他不分国籍地指导其他一些安全性项目，包括人的志愿者、动物和尸体的研究项目。开发的研究设备和装置在他的指导下，在这些领域已标准化，并为促进安全性工作上做出很多贡献。以 Colonel Stapp 命名的这些会议是对这样一位奉献一生——甚至冒着生命危险——的人的赞扬，赞扬他持之以恒地在严酷的碰撞环境中努力提高人的生存机会。

除 Stapp 会议外，国际碰撞生物力学研究委员会（IRCOBI, International Research Council on the Biomechanics of Impacts）[33]和欧洲试验车辆委员会（EEVC, European Experimental Vehicle Committee）是制订项目和交换生物力学研究成果的重要机构。为了汽车的安全，生物力学是研究人体受伤机理和获得人体可承受的力学负荷的手段。生物力学研究成果建立了人体可承受的负荷极限的数据与资料，并提出相应的保护规范。作为物理参数的这些保护规范是可以用试验装置测定的。直接的测定值或推导出的极限值不能超过保护的规范值。

（2）负荷极限 人体负荷极限指的是人体出现骨折、器官损伤和其他方面的受伤状况。用"简易受伤分级法（AIS, Abbreviated Injury Scale）"或"总的简易受伤分级法（OAIS, Overall Abbreviated Injury Scale）"对人体受伤状况分类。AIS 和 OAIS 判定局部的或总的受伤程度，从 0 到 6[34]。表 9.2 是人体简易受伤分级（AIS）。

表 9.2 简易受伤分级（AIS）

等级	受伤程度	等级	受伤程度
1	轻伤，如 —擦伤和划伤 —内伤	4	严重受伤（有生命危险）如 —脑压伤，失去知觉（24h 以内） —胃破裂 —失去腿，膝盖以上
2	中度重伤，如 —深层内伤 —脑振动，失去知觉（15min 以内）	5	严重受伤（存活机会很低），如 —脑压伤，失去知觉（24h 以上） —心肌裂纹 —脊髓受伤，横断面麻痹
3	重伤，如 —脑振动，失去知觉（1h 以内） —横隔膜裂纹 —失去眼睛	6	严重受伤（存活机会很低），无法治疗，如 —头颅肢解 —胸腔压伤 —脊髓裂纹，在第 3 椎骨或以上

负荷极限受年龄、性别、人体测量学、质量、质量分布的影响。因此，在交通事故模拟试验中，表示交通事故中的所有相关者（汽车乘员、行人）是困难的。利用试验假人可以检测尽可能多的数据。

下面进一步说明人的一些负荷值。

1）外伤。在早先的汽车设计中，脸和颈部的划伤大多是由于撞击风窗玻璃引起的。美国韦恩（Wayne）大学 Patrick 教授对这类受伤进行评定。粘贴双层风窗玻璃可有效地减轻划伤，并可保存驾驶人和前排乘员处的安全气囊。

对撞击在车内空间构件上造成的颅底骨折，根据 Swearingen[36] 建议，应作如下限制：在颅底部分的减速度乘以头部质量得到撞击力，在浅层负荷作用下这个撞击力导致颅底部分破裂。加速度的限值对额头是 $200g$，对鼻子是 $30g$，对下巴（颏）为 $40g$。由于撞击转向盘和仪表板会造成胸部受伤。为此，撞击的反作用力应尽量小于 8000N，胸部变形不应超过 5cm。

在纵向力大于 11000N 时会造成大腿折断。在头部和躯体得到很好保护后要特别注意下部肢体（脚关节）的保护，使其不受伤。

2）内伤。检测人体的内伤是很困难的。最大的问题当然是胸和颈椎的负荷。在头部的前、后方向，在 3ms 时间加速度不应超过 $80g$。头脑失去知觉和重伤状况按 Patrick 曲线[37] 判定（图 9.15）。该曲线表明减速度值和作用时间之间的相互关系。由 Patrick 曲线还可推导到头部损伤准测（HIC，Head Injury Criterion）。

通过旋转加速度，Fiala[38] 给出了极限负荷的情况。为获得在脑子质量为 1300g 时旋转加速度低于 $7500\mathrm{rad/s^2}$ 是允许的。

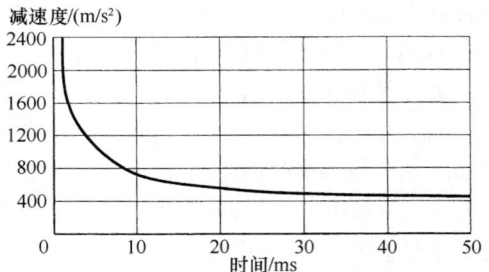

图 9.15 Patrick 曲线（评定人脑负荷标准）

同样，像头部一样危险的是颈部。作为头部和躯体之间的连接体，在所有的交通事故中或大或小地受到负荷的作用。特别是第 7 颈椎的硬梗负荷严重，在头部相对躯体向前运动（曲折）和向后运动（伸长）时承受高的负荷。在头部前、后运动时在颈椎产生拉、压和剪力以及扭转力矩，按乘员的肌肉和行为，这时可能会造成颈椎的严重伤害。特别危险是在后枕骨关节处出现高扭转力矩情况下。

要特别防止颈椎的受伤。在使用安全带和安全气囊后头部和身体已得到良好的保护。这期间，由于很多机构进行安全性研究，安全性保护规范已可囊括交通事故的当事人员（包括年长者）。

9.5.2 保护规范

因为在人体试验时可能出现伤害，所以不能用真人进行试验，所以使用如头部的人体部分模型，或使用整个试验假人。与生物力学的伤害限值不同，人们需要与试验假人有关的伤害限值。从逻辑上，试验装置与所用的试验假人类型有关。图 9.16 所表示的伤害限值适用于前碰撞。这些限值兼顾了一些国家对保护规范的部分要求。

头部受伤规范（HIC）或头部保护规范（HPC）的定义为

$$HIC \approx \left[\frac{1}{t_2 - t_1} \int_{t_1}^{t_2} a_\mathrm{res} \mathrm{d}t \right]^{2.5} (t_2 - t_1) \leqslant 1000$$

所观察的时间段为 15~36ms。

大部分的伤害限值由图 9.16 可见。其中的一些限值再进一步说明。

胫骨指数（TI，Tibiaindex），上、下测定值不超过 1.3，TI 指数为

$$TI = \left| \frac{M_R}{(M_C)_R} \right| + \left| \frac{F_Z}{(F_C)_Z} \right|$$

式中，$M_R = \sqrt{(M_X)^2 + (M_Y)^2}$；$M_X$ 为绕 x 轴弯矩；M_Y 为绕 y 轴弯矩；$(M_C)_R$ 为临界弯矩，小于 225N·m；$(F_C)_Z$ 方向临界压缩力 <35.9kN；F_Z 为 z 方向压缩力。

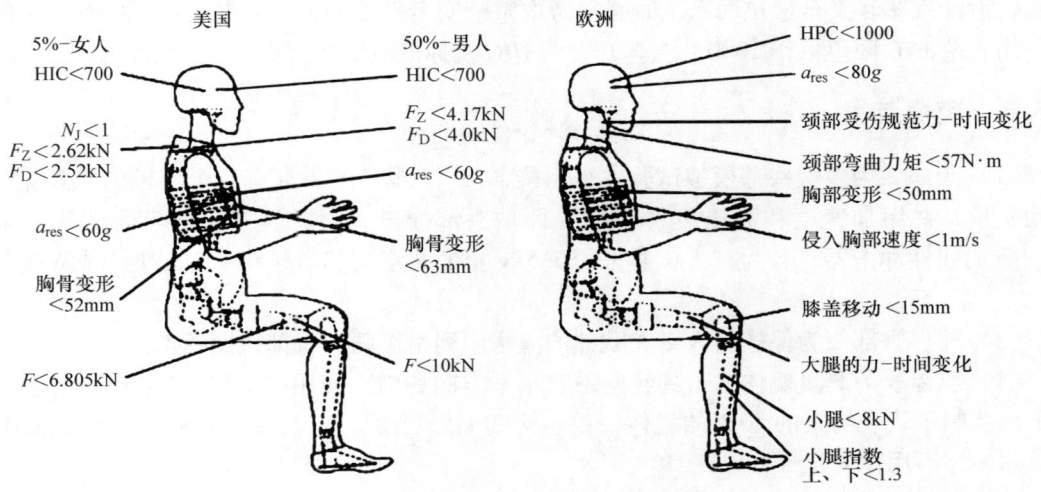

图9.16　对试验假人伤害保护规范的要求值（前碰撞）

颈背（后脖子）：颈背拉力和剪力不应超过颈背受伤规范（NIC，Neck Injury Criterion）的值，它们是时间的函数，用 kN 表示。在向后运动时绕 y 轴的弯矩应小于 57N·m，向前运动绕 y 轴的弯矩由文献提供（限值 <190N·m）。

其他一些要求：在转向盘中心位置残余的转向盘位移在垂直方向应小于 80mm，在向后水平方向应小于 100mm，仍然有效。

在已经提到的脚部受伤还没有准确的规范，但无论如何应避免过大的扭转和直接与脚部接触。

图 9.17 给出了对试验假人伤害保护规范的要求值。适用于侧向碰撞。这时要考虑 Euro SID 2。

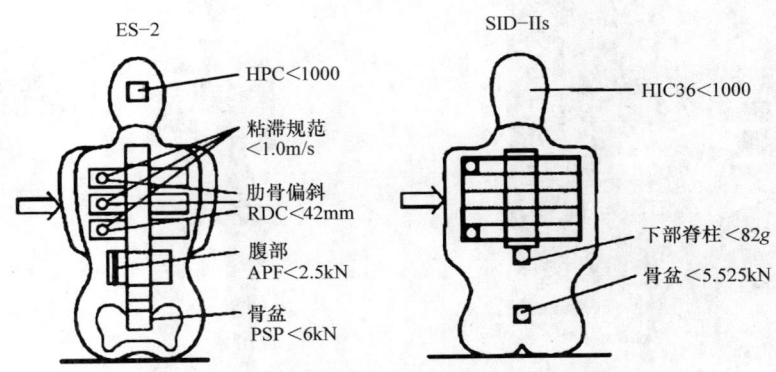

图9.17　对试验假人伤害保护规范的要求值（侧向碰撞）

也可用于美国的侧向碰撞试验。

符号为

RDC—肋骨偏斜（肋骨挠曲）规范

APF—腹部承载

PSP—耻骨接缝承载

在设计汽车和安全带拉回系统时必须考虑整个安全系统的公差，即为保证所有汽车的头部受伤规范 HIC 限值低于1000，汽车开发的 HIC 目标值应明显更低。

9.5.3 模拟装置

（1）头部 为多次头部模拟试验，采用按 J921[41] 规定的头部有一个减轻的6.8kg重的摆动质量，并用加速度和面压力（薄膜）评估头部撞击状况。为"安全容器试验"采用18kg重的线性冲击器，和为行人试验采用3.5kg重的儿童头部形状和4.5kg重的成人头部形状。

（2）腿、臀部 为保护行人，在欧洲的立法中列举了腿、臀部碰撞模拟。

（3）躯体 为测量躯体撞击到转向系时水平方向的力，使用按 SAE 944a 规范的躯干作为负荷。躯干代表男人的50%的躯体，重量为36kg。当然，安装安全气囊和3点式安全带的单独躯体不用作安全性开发工具。

（4）整个人体 为模拟整个人体，可使用众多的试验假人。这些试验假人覆盖从不同年龄段的儿童、5%女人、50%男人直至95%男人。百分数据总是包括相应的人的尺寸范围。为模拟交通事故（包括检验法规）要使用5%女人、5%和95%男人以及儿童的各种试验假人，见图9.18。在2010年的 FISITA 会议上作了试验假人的几个报告。为模拟侧向碰撞，在美国规定用 USA-SID 假人，在欧洲规定用 Euro-SID 假人。图9.19 表示两种试验假人在结构上的差别。为进一步开发侧向碰撞试验假人开展了很多研究工作。Euro-SID 2 假人是用于 NCAP 试验，它也适用于通过肋骨扩展将它改变为 Euro-SID 2re 试验假人。SID-2re 试验假人适用于美国标准 FMVSS 201。SID-2re 是 USA-SID 和 Hybrid Ⅲ 试验假人的组合。未来，

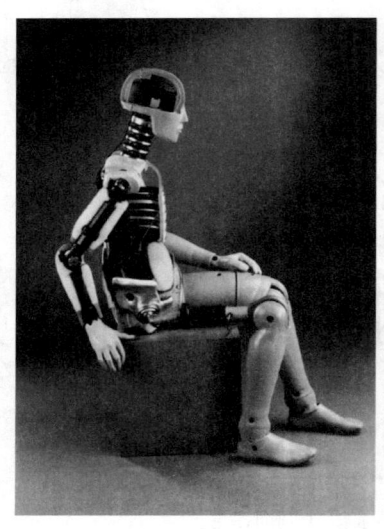

图9.18 混合（Hybrid）Ⅲ 50%男人试验假人[42]

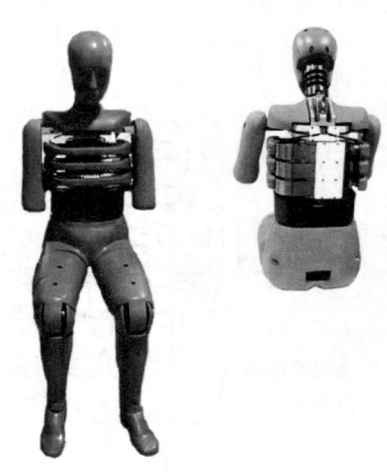

图9.19 侧向碰撞中试验假人在结构上的差别
（左：Euro-SID 2 右：USA SID Ⅱ）

在世界范围应使用统一的试验假人,即世界(World)-SID试验假人。在所有的试验假人中,在头部、颈背(后脖子)、胸部、骨盆和大腿中都安装参数测量值传感器,以测定加速度、力和变形行程。

9.6 对车身的准静态要求

9.6.1 座椅和安全带固定点检验

在安全带上的锁止件固定在座椅上时要同时检验座椅和安全带固定点。按 FMVSS 210 规定,安全带要均匀地将力施加在乘员躯干上。躯干要承受高达 1400N 的力。应加强 B 柱上部固定点周围的构件,以免由于过大的局部应力而撕裂 B 柱。

一般情况下,座椅本身不承受安全带固定点的作用力。因为座椅只能在 30ms 时间内承受它本身重量的 20 倍的力。对内部的安全带固定点常采用刚性的车内隧道。锯齿状的座椅导轨就固定在隧道上。在由于严重的交通事故而受载时,安全带固定点牢固地扣上。上部有安全带固定点的座椅要通过靠背支撑力和力矩,这时,由于要保证必要的刚度使座椅较重。

9.6.2 车顶强度

为根据 FMVSS 216 标准检验车顶强度,如对空车重量到 2727kg 的汽车需要施加相应于 3 倍汽车质量的准静态测试力。自 2010 年起在美国将分阶段实施该严格的法规。

9.6.3 侧面构件

除动态检验外,还要按 FMVSS 214 标准进行准静态检验。在检验时与汽车纵轴垂直的工作缸压向车门。工作缸下边缘在车门最下点上面 5in(12.7cm)位置。工作缸(检验体)直径 12in(30.5cm)。检验体高度至少要超出车门风窗玻璃框下边缘 0.5in(≈1.27cm)。图 9.20 是有抗弯架和没有抗弯架的车门加压时的抵抗能力。这种检验方法可达到的最大力由于力通过锁止件和车门铰链传递到 A 柱和 B 柱而受到限制,所以在有抗弯架和没有抗弯架的两种情况下最大力几乎相同。车门加压力的明显差别是在行程为 6in(≈15.2cm)和 12in(≈30.5cm)处。特别是变形开始阶段,有抗弯架的车门能更好地抵御冲击体侵入。

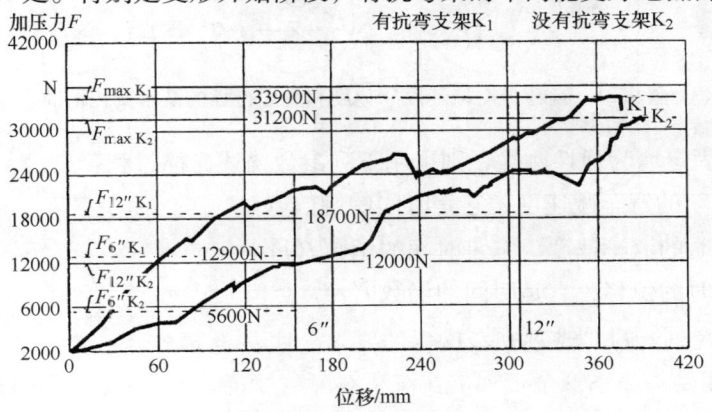

图 9.20 车门加压的检验结果(有或没有抗弯架)

9.7 汽车动态碰撞

9.7.1 前碰撞

为检验前照灯、其他灯具和其他部件在前碰撞时的可能损伤和为保证重要部件（如底盘的运动件）的安全性，要进行汽车以很低的速度 v 对固定墙的碰撞试验和对保险杠的来回撞击试验。在美国有这样的法规要求，而在欧洲只有几个国家有强制要求。在很低速度碰撞时汽车损伤范围由汽车保险等级中的分级间接覆盖。这种试验较少的安全性，更多从修理成本考虑。碰撞速度达 8km/h 时不应出现残留的损伤。为确定修理损伤，要检验碰撞速度达 16km/h 时的情况。

在高碰撞速度时，必须通过汽车组件的变形最大程度降低两碰撞件的动能。在汽车与固定的、与汽车纵轴方向成 90°的障碍物发生前碰撞时可得到图 9.21 中所表示的汽车减速度、速度和变形随时间变化的过程。碰撞时的反弹可从图上的负速度识别，表明这时汽车约有 10% 的弹性份额。汽车以 50km/h 速度对固定墙碰撞时，总的速度变化约为 55km/h。在 1000kg 重的汽车以 50km/h 速度对固定障碍物碰撞时，由碰撞汽车传到障碍物上的力达到 300kN。图 9.22 为前碰撞时汽车前部各构件能量吸收的分布状况。

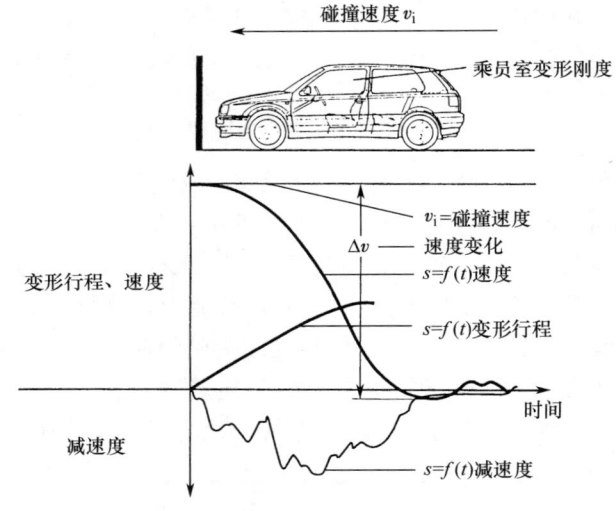

图 9.21　前碰撞时减速度、速度和变形行程的基本变化情况

假设汽车与固定墙为弹性碰撞，则可用下列参数描述碰撞过程：

$\ddot{s}_{FZ}$：在碰撞时的汽车减速度，它是时间的函数 $f(t)$。

$\dot{s}_{FZ}$：在碰撞时的汽车速度，它是时间的函数 $f(t)$。

s_{FZ}：在碰撞时的位移，它是时间的函数 $f(t)$。

F，$\overline{F}$ 分别为变形力和平均变形力。

v_i：碰撞速度。

Δv：碰撞速度变化。

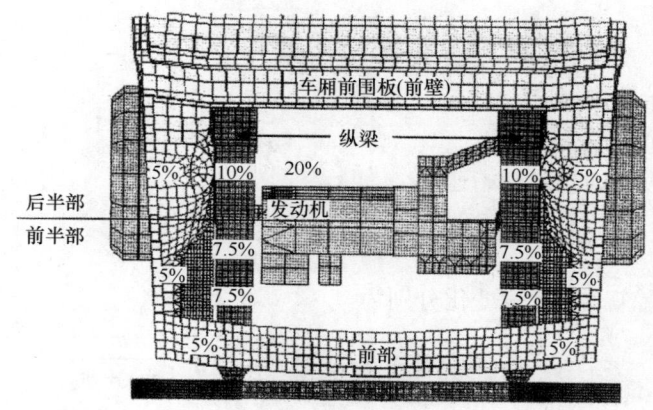

图 9.22　在前碰撞时汽车前部各构件能量吸收的分布[43]

进一步假定，变形力为常数，并设 $\ddot{s}_{FZ} = -a$，$\dot{s}_{FZ(t=0)} = v_i$，$s_{FZ(t=0)} = 0$，则可得

$$\ddot{s}_{FZ(t)} = -a \quad \text{以及} \quad \frac{m_{FZ}}{2}(v_i^2 - \dot{s}^2) = \int_0^s F \mathrm{d}s = \overline{F} s_{FZ}$$

$$\dot{s}_{FZ(t)} = -at + v_i$$

$$s_{FZ(t)} = -\frac{at^2}{2} + v_i t$$

$$s_{FZ(s)} = -\frac{v_i^2 - \dot{s}^2}{2a}$$

式中，$\dot{s}$ 为瞬时速度。

采用平均变形力 $\overline{F} = m_{FZ} a$，或 $v_i^2 = 2 a s_{FZ}$，之后则可从上述方程式中得到有用的关系式

$$\frac{m_{FZ}}{2} v_i^2 = m_{FZ} a s_{FZ} \text{或} v_i^2 = 2 a s_{FZ}$$

由此可知，在前碰撞时变形力是不同的。汽车质量越大，$F = ma$ 越大。这也适用于乘员的载荷（在相同的减速度时）。在对固定障碍物碰撞时的变形位移与碰撞速度有关，而与质量无关。在碰撞速度约 50km/h 时变形位移为 450～750mm。在碰撞速度为 35mile/h（≈56km/h）时变形位移约要增加 100～150mm。

在对障碍物成 30°前碰撞时的碰撞性能与汽车—汽车相互前碰撞时的碰撞性能十分相似；与对障碍物前碰撞相比，由于蠕变行程较早导致较低的承受载荷。与此相反，偏碰撞造成汽车构件的很大载荷。需要吸收的最大部分载荷必须由汽车侧面吸收。当时汽车重心的速度变化为 Δv_x 和 Δv_y，它与汽车中心有关。

$$30° 碰撞\ v_i = 50 \Delta v_x \approx 57.6 \Delta v_y \approx 14.4 \text{km/h}$$
$$40\% 偏移碰撞\ v_i \approx 50 \Delta v_x \approx 52.2 \Delta v_y \approx 13.7 \text{km/h}$$

在质量为 m_1 和 m_2 的两汽车前碰撞时有下面的关系式：

$$\frac{m_1 v_{i2}^2}{2} + \frac{m_2 v_{i2}^2}{2} = \frac{1}{2}(m_1 + m_2) u^2 + F(\Delta s_1 + \Delta s_2)$$

式中，u 是汽车相撞后的共同速度：

$$u = \frac{m_1 v_{i1} + m_2 v_{i2}}{m_1 + m_2}$$

在使用相对初始速度时

$$v_r = v_{i1} - v_{i2}$$

由上可得到两汽车的相对初始速度

$$v_r^2 = 2F(\Delta s_1 + \Delta s_2)\frac{m_1 + m_2}{m_1 m_2}$$

这样汽车 1 和汽车 2 的速度变化分别为

$$\Delta v_1 = v_{i1} - u = (v_{i1} - v_{i2})\frac{m_2}{m_1 + m_2} = v_r \frac{m_2}{m_1 + m_2}$$

$$\Delta v_2 = v_{i2} - u = (v_{i2} - v_{i1})\frac{m_1}{m_1 + m_2} = v_r \frac{m_1}{m_1 + m_2}$$

经常讨论的问题是，在对固定墙前碰撞时应选择多大的速度，以模拟两辆初始速度完全一样（$v_{i1} = v_{i2}$）的汽车前碰撞；同样，所观察的这两辆汽车的速度变化也应该是一样的，即在对固定障碍物碰撞时速度变化 Δv_{1B} 应等于汽车—汽车碰撞时速度的变化 Δv_{1FZ}。对弹性碰撞有下列关系式：

第一种情况（**Fall** Ⅰ）与固定障碍物碰撞：

$$\Delta v_{1B} = (v_{i1} - v_{i2})\frac{m_2}{m_1 + m_2}$$

式中，m_2 为固定障碍物质量，$m_2 = \infty$；v_{i2} 为固定障碍物速度，$v_{i2} = 0$。

$$\Delta v_{1B} = v_{i1}$$

第二种情况（**Fall** Ⅱ）与另一辆汽车碰撞：

$$\Delta v_{1FZ} = (v_{i1} - v_{i2})\frac{m_2}{m_1 + m_2}$$

式中，$m_2 = m_1 = m$；$v_{i2} = -v_{i1}$；$\Delta v_{1FZ} = v_{i1}$。

这样，汽车以 v_{i1} 速度与障碍物碰撞等于与另一汽车碰撞。在汽车—汽车碰撞时，每辆汽车有一个相向速度 v_{i1} 或一辆汽车以 $2v_{i1}$ 的速度碰撞在停止的汽车上。汽车与固定障碍物以 50km/h 速度碰撞，前提是弹性碰撞，其碰撞结果与质量相同、相对速度为 100km/h 的两辆汽车相互碰撞的结果一样。但要考虑在与障碍物碰撞时的弹性状况，这样相对碰撞速度约为 110km/h。在正常情况下，在汽车与固定障碍物碰撞时，由于构件的弹性出现回弹时真实的试验速度约要比实际交通事故中的速度低 10%。

汽车前碰撞的安全性试验方法众多，图 9.23 所示的试验要求适用于美国。

9.7.2 侧向碰撞

有关立法和使用试验的侧向碰撞也采用不少的模拟试验，如：

1）按 FMVSS 214 侧向碰撞标准，一个重为 1368kg 的障碍物以 54km/h 速度撞向被试汽车侧面。采用 ES-2re 或 SID Ⅱ 试验假人。

2）在欧洲，按 ECE R95、Euro NCAP 或 US-IIHS 侧向碰撞标准，一个重为 950kg（IIHS 为 1500kg）的障碍物，在碰撞角为 90°时以 50km/h 速度撞向被试汽车侧面。

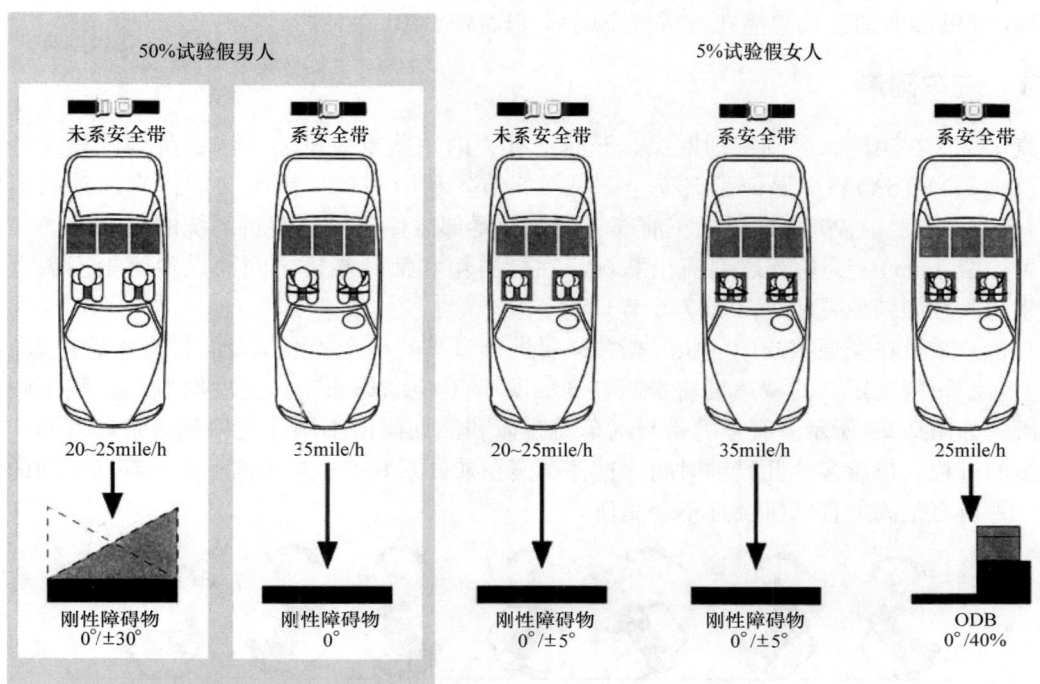

图 9.23 美国 FMVSS 208 标准的前碰撞模拟实验[44]

注：1mile/h≈1.6km/h

3）按 EURO + USNCAP、FMVSS 201 和 FMVSS 214 侧向碰撞标准外还采用 φ25.4cm 的路桩以 29km/h 或 32km/h 的碰撞速度撞向被试汽车。按试验方法，使用试验假人 ES-2，SID-H3，ES-2re。

4）按 96/27/EEC 标准[20]碰撞运动的障碍物。障碍物成 90°驶向被试汽车侧面。障碍物重 950kg。障碍物前部设计成可变形的。法规要求的碰撞速度为 50km/h。

5）高速公路安全保险研究所（IIHS，Insurance Institute for Highway）定义了其他的侧向碰撞。在侧向碰撞试验时应改善轻型载货车、多功能运动车（SUV）和乘用车之间的兼容性。

9.7.3 车尾碰撞

模拟车尾碰撞主要有两项任务：

1) 在车尾碰撞时判断座椅和头部支撑。
2) 整个燃油系统的密封性。

作为模拟工具采用可移动的障碍物（见侧向碰撞）。新的方法是1360kg重的可变形的障碍物以80km/h速度偏移撞在被试汽车尾部（FMVSS 301）[45]。

9.7.4 汽车翻滚

汽车翻滚在美国又受到特别重视。下面是有关的一些重要试验方法：鱼钩试验（Fish-Hook-Test，NHTSA），以保证翻转安全，见7.5节。利用一个"伏虎（即体育运动的回转环）"转动汽车，在90°方向对汽车前部、侧面和尾部碰撞，检验燃料系统的密封性（在每个位置停留5min）。为检查燃料流出状况，在燃料箱和活性炭罐之间的燃料管上安装重力阀。重力阀在倾斜位置闭锁（见7.6节）。

与检验乘员在交通事故中的状况相关，要进行汽车的动态翻滚试验。将汽车放在23°的滑板上。利用精确定义的减速度将滑板在30mile/h（≈48.3km/h）速度时制动，汽车则多次翻滚，如图9.24所示。有趣的是与汽车前碰撞和侧面碰撞不同，这种翻滚是动态的、非常缓慢的过程，持续多达几秒钟时间，这种翻滚在乘员系好安全带和保存车内存活空间的条件下，乘员有很高的存活机会且不会受伤。

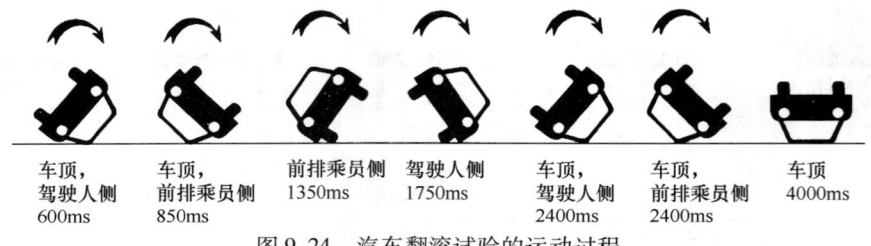

图9.24 汽车翻滚试验的运动过程

根据美国的情况，NHTSA已实施强化的现有各种法规，如FMVSS 206、214、216。对"安全室试验"作了新的定义，这可在标准226中查到。它是这样定义的，18kg的头部形状以24km/h速度撞向侧安全气囊和风窗玻璃。要限制停止摆动行程[46]。

9.8 乘员保护

9.8.1 汽车内部空间

除典型的汽车安全带拉回系统外，对汽车内部的整个空间有一些专门要求，如在可能碰撞的凸出范围（用直径为165mm的球检验），构件半径（按位置）不应小于2.5~3.2mm。

FMVSS 201法规要求在交通事故中乘员与有凸出形状的车内空间很多碰撞部位的加速度不超过规定值，特别的重点是在转向柱的转向盘上要配备安全气囊。安全气囊、安全带和座椅的相互配合是保护乘员的基本要素。这样，在发生碰撞时带转向盘的转向柱就不会过多地深入车内空间。虽然FMVSS 208提高了抗碰撞的技术准则，在汽车约以50km/h速度碰撞时仍限制转向盘中心在水平和垂直方向深入车内空间。定义的转向机构运动允许转向柱有一个微小移动。在"线控转向"时在转向盘中安装安全气囊（特别是采用控制手柄的转向）是不安全的。有关安全转向的基本情况见参考文献 [47, 48]。

同样，在前碰撞时踏板机构不应太多地深入车内空间和碎裂成锐边。

车内的其他凸出构件需要直接或间接的安全处理。特别是车门内侧对乘员的侧面保护有重要作用。

9.8.2 乘员拉回系统

有各种保护乘员的拉回系统，如安全带和儿童安全带拉回系统就是很好的例子。还有一些安全装置在发生交通事故时可以自动激活而不需乘员做有关的事情，如安全带行程限制装置、安全带张紧器、安全气囊。

现代安全带系统，特别是与安全气囊组合的安全带系统，对抗碰撞特别有效，能很好地保护乘员。

要达到安全带拉回系统的高品质和效果就是要相互调整系统内的各个部件，即只有汽车结构、转向盘运动、座椅性能、车内配置、安全带特性、安全气囊性能各个方面的完美配合才能达到最佳的乘员保护效果。自适应乘员拉回系统可根据交通事故严重程度和不同的乘员进行控制。

1. 安全带

在世界范围内采用自动卷绕式3点安全带。在这期间使用的3点式安全带通常安装在座椅外面和在5人乘用车上的后排中间座椅上。在可调座椅上安全带锁（锁止件）直接固定在座椅上，安全带外侧在B柱和C柱上。

法规对安全带固定点有精确的规定（图9.25）。在大多数汽车上固定安全带的外部的上面点是可调的。安全带的位置对乘员的舒适性感觉和保护作用为大家公认。

在发生交通事故时，为闭锁安全带，有两个相互独立的机械系统。一个系统是利用汽车的加速度或减速度（摆动原理），在大于 $0.7g$ 的加速度脉冲时触发闭锁装置。第二个闭锁装置反应安全带拉出的加速度，在高于设定的加速度时闭锁，

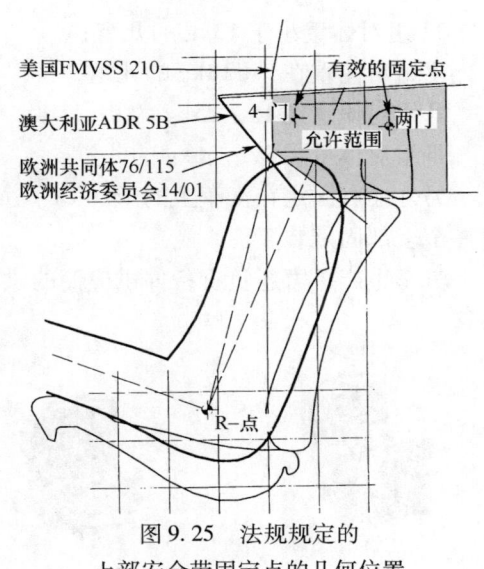

图 9.25 法规规定的
上部安全带固定点的几何位置

即在安全带拉出的加速度大于 $1g$、拉出长度在 20mm 以内时又进入闭锁状态。

为优化安全带和汽车结构的相互作用，使用爆燃式安全带拉紧器和部分的附加力限制器。图 9.26 为爆燃式安全带拉紧器结构。

在爆燃式安全带拉紧器上，与交通事故严重程度有关，在减速度超过阈值后，由传感技术装置控制拉紧安全带。在重大交通事故时要在 20ms 时间内将安全带动态的预紧到 2kN（固定值为 500N）。

在预防安全系统中，在交通事故前通过伺服电动机将安全带拉紧。

另外还有一些力限制器，因而胸部不会由于安全带而受压。

到底采用什么样的安全带附加装置，取决于交通事故过程中各个部件的相互配合：汽车

变形特性、座椅、乘员拉回系统和车内空间布置。

安全带布置对乘员舒适性同样是一个重要因素。在座椅上合理安排安全带锁（锁止件）和安全带高度调节已证明是很有效的。保证安全带不松动的措施是采用安全带自动器，以优化回位力、保证流畅地卷绕安全带以及在作用范围不会出现过大的力。有时在每条安全带上提供两个自动装置，使拉出的力较小。

2. 儿童安全带拉回系统

没有适合所有儿童年龄阶段和成长阶段的单一的儿童安全带拉回系统。在设计儿童安全带拉回系统时特别要考虑与成人不同的、在生长过程中儿童质量分布。

一些生产厂家提供用于汽车的、优化设计的座椅。

在欧盟内，ECE-Regelung ECE-R44 对儿童座椅的要求做出定义[51]。

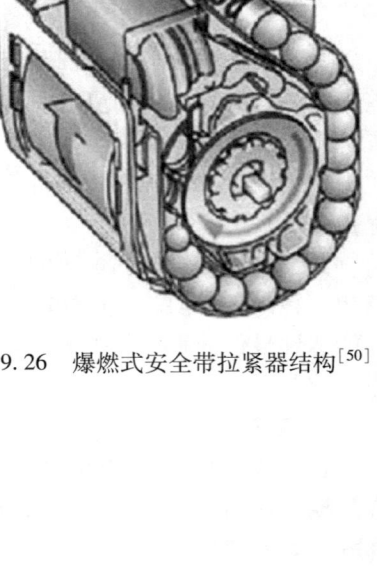

图 9.26　爆燃式安全带拉紧器结构[50]

0 组对体重小于 10kg 的儿童；

0_+ 组对体重小于 13kg 的儿童；

Ⅰ组对体重在 9～18kg 的儿童；

Ⅱ组对体重在 15～25kg 的儿童；

Ⅲ组对体重在 22～36kg 的儿童。

另外还有固定在汽车上的 ISOFIX 儿童安全带拉回系统。ISOFIX 系绳锚儿童座椅上面还有一个上部固定装置。

汽车生产厂家还负责备件供应商的供货，如图 9.27 所示的品种齐全的儿童安全带拉回系统。

小孩,0_+组ISOFIX
0～15个月，<13kg

小孩,0_+组
0～15个月，<13kg

小孩,0-Ⅰ组,ISOFIX
<4岁，9～18kg

设备0-Ⅰ组，ISOFIX
前支撑

小孩，Ⅰ组，ISOFIX Duo
8个月～4岁，9～18kg

Ⅰ组ISOFIX,顶部系绳锚
8个月～4岁，9～18kg

Ⅱ～Ⅲ组, pro GTI
3～12岁，<36kg

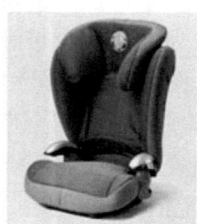

小孩,Ⅱ～Ⅲ组pro
3～12岁，15～36kg

图 9.27　大众汽车公司高尔夫（Golf）乘用车上的儿童座椅[52]

在汽车上安装儿童座椅有两种不同的方向：朝汽车后部和朝汽车行驶方向。

在回位座椅系统中，儿童坐在汽车行驶方向对面，这种系统特别为婴儿和幼儿推荐，因为这种坐姿可特别降低在前碰撞时颈椎严重受伤的危险。正好是这个年龄段，与成长的颈部肌肉相比，他们的头部太重。因此，在带有前排乘员安全气囊的汽车上，如在该处安装儿童座椅时要减活安全气囊。年龄较大点的儿童，随着颈部肌肉的成长，不考虑在汽车行驶方向安装儿童座椅。

3. 安全气囊系统

安全气囊也有各种款式，这源于美国的立法。

美国提出"被动限制"不是完全愉快的意见后，在安全气囊用户方面出现了下降的势头而转向安全带。但这恰是一个真正的安全预防思路。安全气囊应该且可以是安全带的补充。不同的乘员运动学、系或未系安全带，则要求不同的安全气囊系统，并要将安全气囊系统与安全带拉回系统一起调整在最佳状态。

3点式安全带系统在汽车前碰撞时乘员首先相对汽车向前运动直至安全带闭锁。此后乘员减速地继续向前运动。带有垂直力的骨盆安全带使这种相对向前的运动向下。在碰撞结束阶段产生较强的前后点头运动，而附加的驾驶人和前排乘员安全气囊系统则可明显地降低前后点头运动。

安全气囊系统是一个紧凑的部件。一个或多个传感器检测减速度—时间变化历程，也即检测事故的严重程度。如果传感器触发，在爆燃装置容器中的点火器激活而点燃爆燃材料，爆燃材料产生的燃烧气将安全气囊充满。在汽车以50km/h速度与固定墙碰撞时传感器触发时间可达30ms，接着使安全气囊鼓起（充气）的时间约为25ms。安全气囊的内压（指示压力）约为1.3~1.8bar。图9.28是汽车在前碰撞时驾驶人侧和前排乘员侧安全气囊、3点式安全带拉回系统瞬时工作过程和保护作用。

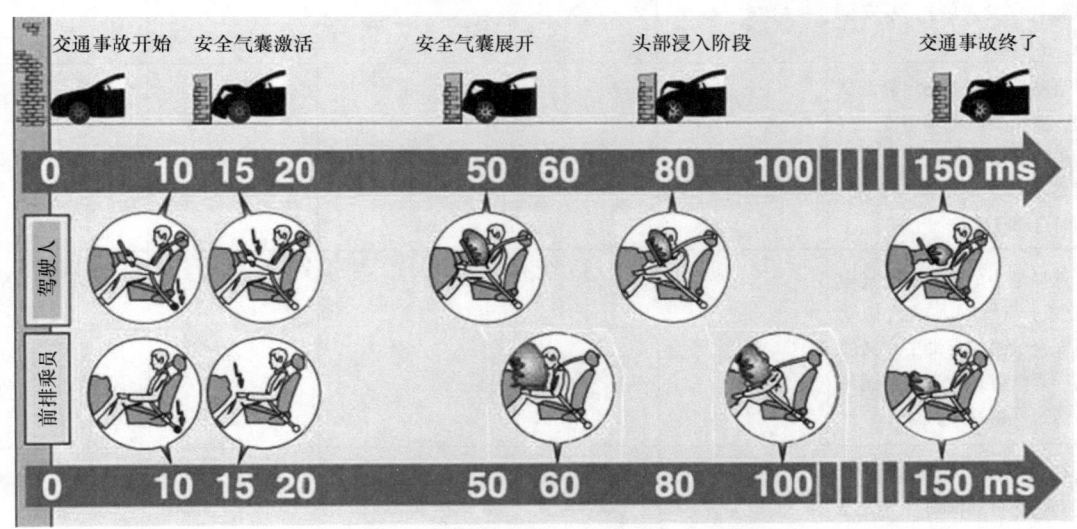

图9.28 在汽车前碰撞时安全气囊和3点式安全带拉回系统随时间的变化过程和保护作用（驾驶人和前排乘员）

在安全带使用份额较小的一些国家，如美国，必须达到没有安全带系统的乘员的允许载荷值（在碰撞时）。这要求在仪表板下面有一个相应的提高安全性的设计，如配置吸能的膝盖反护垫，它的作用像汽车上的被动安全带。

在将安全气囊作为唯一的拉回系统设计时，传感器系统必须精确工作。在与汽车纵轴成倾斜碰撞（-30°~+30°）时还应可靠触发。安全气囊系统的设计应能单独承担"拉回"乘员的全部功能。这时驾驶人安全气囊容积约为80L，前排乘员安全气囊容积约为150L。调整安全气囊不只针对50%男人，还必须考虑身材不高的（特殊情况是站在仪表板前的儿童）和身材高大又重的乘员。安全气囊中的开口是为控制力—升程特殊性。快速张开安全气囊也会发生很少量的乘员死亡。基于这一理由，要根据交通事故状况和乘员身材及座椅位置激活安全气囊和改变安全气囊充气压力—时间的变化过程。

在使用安全气囊初始阶段，在美国有100多人受伤而死亡[54]。为此要求完全修订有关安全气囊法规，以考虑如"位置在偏离（out of position）"和乘员不同的身材、重量。表9.3为对安全气囊系统的试验要求[55]，FMVSS208。

表9.3 对安全气囊系统的试验要求，FMVSS208

试验要求 \ 假人	50%成年男子	5%成年女子	6岁儿童	3岁儿童	12个月婴儿
固定障碍物，系安全带，48km/h，垂直前碰撞	X	X	N/A	N/A	N/A
固定障碍物，系安全带，56km/h，垂直前碰撞	X	N/A	N/A	N/A	N/A
固定障碍物，系安全带，32~40km/h，垂直和30°倾斜前碰撞	X	N/A 只垂直	N/A	N/A	N/A
偏斜、可变形障碍物碰撞试验（驾驶人侧），系安全带，40km/h		X			
自动抑制（以确定静态试验，当儿童在汽车座椅上或如果在前排乘员座椅上的儿童是在定义的标准位置时，何时自动减活安全气囊）	N/A	N/A	X	X	X
选择最小危险的安全气囊充气（当驾驶人或前排乘员安全气囊像标准中定义的那样充气时，汽车必须满足防伤害规范）	N/A	X	X	X	X
有选择的"偏离位置"，安全气囊自动抑制	N/A	X	X	X	X

在美国，对汽车上的"先进安全气囊的要求分两步走"（第一步到2007年，第二步到2009年）。第二步是提高系安全带乘员在汽车对障碍物前碰撞时的碰撞速度从48km/h提高到56km/h。

在这期间，对其他的座椅位置和防止其他的交通事故，如后排乘员和侧向碰撞保护，也采用安全气囊。在侧向碰撞时识别严重的交通事故特别困难。识别交通事故和给安全气囊充气的时间必须非常短，因为乘员在 50km/h 侧向碰撞时约在 25ms 后已与车门侧面接触。为从侧面保护乘员，首先在侧面要有安全气囊，它可以保护乘员的胸部和骨盆部位。在很多汽车上，在汽车前、后排两侧面扩大了头部安全气囊，见图 9.33。这种安全气囊再加上相应的传感技术也可在汽车翻滚的交通事故中保护乘员，以减少头部伤害。

4. 座椅、座椅靠背和头枕

在改善汽车在前碰撞和侧碰撞时的乘员保护的同时，也不断聚焦在抗汽车后（尾）碰撞和完善头枕功能上。颈椎受伤的治疗常是漫长的过程。为此制定了改善安全性的新方案。如果发生重大的交通事故，将头枕更靠向头部。利用车尾碰撞传感器或通过乘员向后运动，使用爆燃装置基于弹簧机构或电动激活头枕。这时安全气囊也打开。

图 9.29 表示在后碰撞时头枕向上和靠向头部运动（萨伯）。

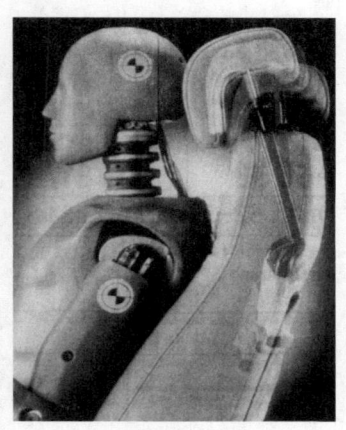

图 9.29 在后碰撞时头枕向上和靠向头部运动（萨伯）

9.8.3 乘员拉回系统与汽车的相互作用

1. 未系安全带的乘员

在汽车与固定障碍物或另一汽车前碰撞时，乘员由于他的惯性相对汽车向仪表板方向和/或转向盘移动。移动的第一次近似方程式为

汽车	乘员到碰撞点
$\ddot{s}_{FZ} = -a$	$\ddot{s}_1 = 0$
$\dot{s}_{FZ} = -at + v_1$	$\dot{s}_1 = v_1$
$s_{FZ} = \dfrac{at^2}{2} + v_1 t + s_0$	$s = v_1 t + s_0$

乘员与汽车之间的相对移动路程为

$$\Delta s = s_1 - s_{FZ} = \frac{at^2}{2}$$

在 50km/h 速度碰撞时汽车平均减速度为 $15g$。乘员至转向盘距离为 0.3m 时，乘员在约 64ms 后碰撞到转向盘，速度差还约有 33.9km/h。没有安全带拉回系统时乘员的动能必须由转向盘、仪表板和风窗玻璃吸收，这样乘员的平均减速度约为 $58g$。

2. 3 点式安全带

在没有安全带拉紧器时，安全带自动器闭锁后乘员首行向前移动直至将安全带收紧在自动器滚轮上（图 9.30）。由此骨盆部分的安全带和上身部分的安全带可以相对于汽车拉住乘员身体。随着需要拉住乘员的力的增加，骨盆部分的安全带还可产生向下的垂直力，使壳状结构的座椅和它的支撑一起组成乘员保护系统。图 9.31 是汽车以 50km/h 速度碰撞障碍物时 3 点式安全带系住的试验假人的头部减速度—时间、胸部减速度—时间等的典型变化过程和安全带作用力—时间的变化过程。

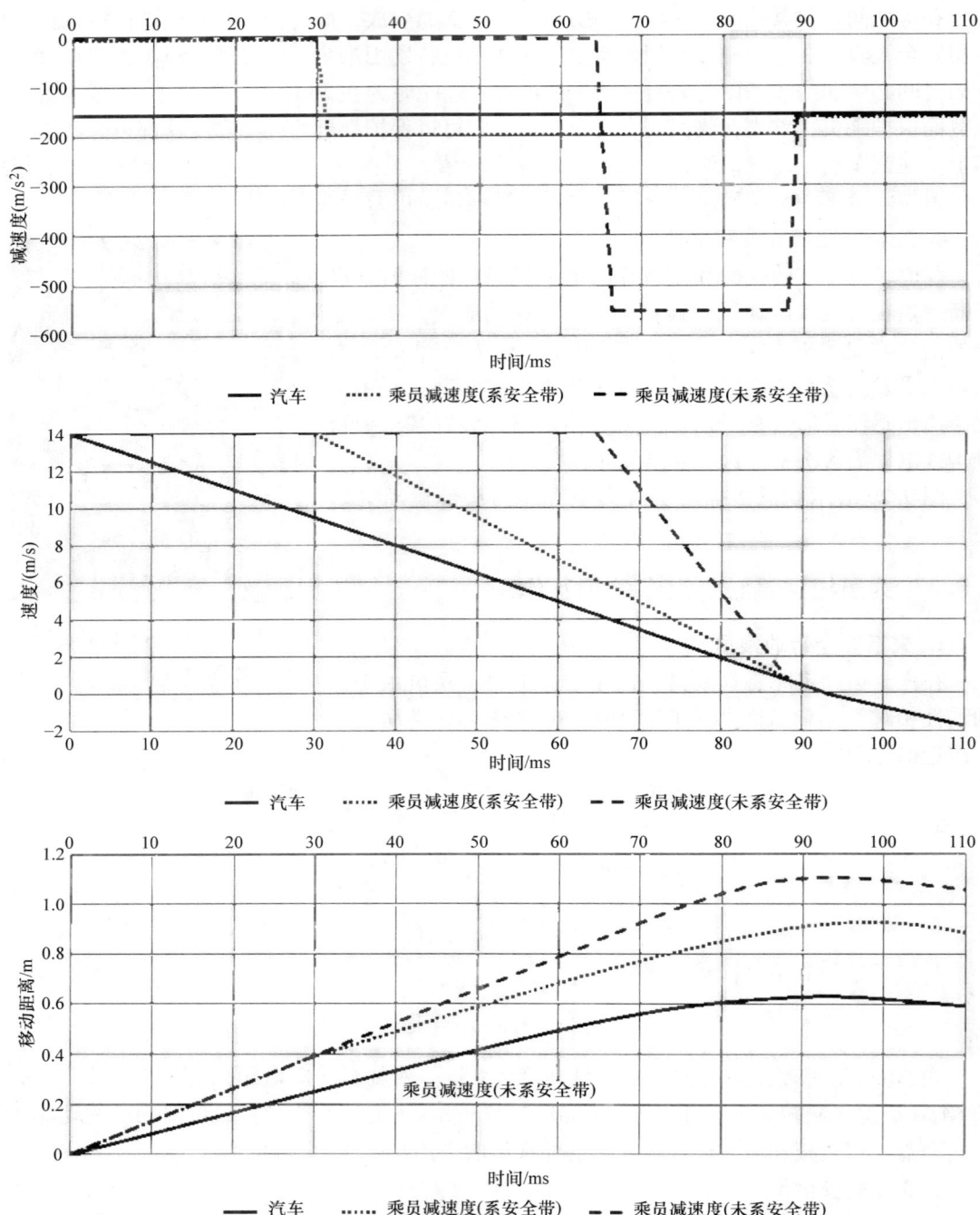

图9.30 汽车以50km/h速度碰撞在固定障碍物上的减速度—时间、速度—时间和移动距离—时间的变化历程

为专门限制驾驶人侧的乘员的向前移动,采用安全带拉紧器。在达到与车型有关的严重碰撞程度后,通过传感器激活爆燃式夹紧器。

这样可达到两种效果:及早开始增加安全带作用力,并在相同的减速度—时间变化过程

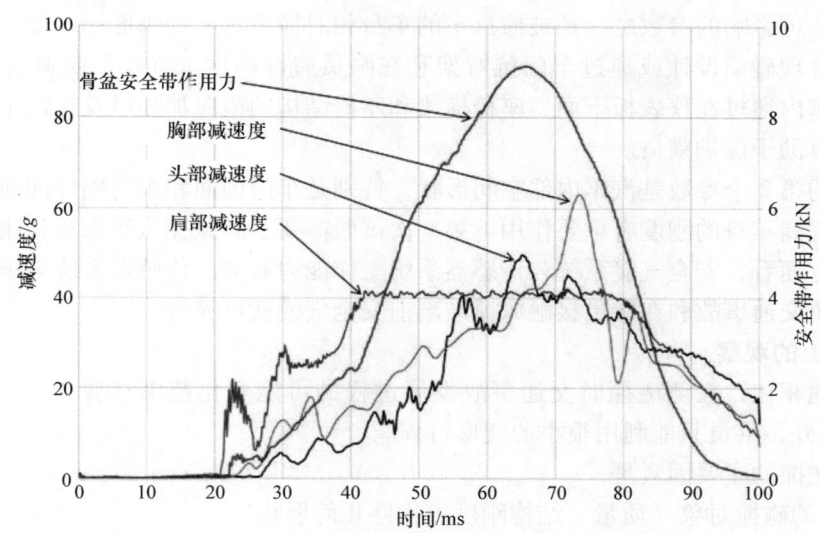

图 9.31　汽车以 50km/h 碰撞障碍物时 3 点式安全带系的试验假人的减速度—时间和安全带作用力—时间的变化过程实例

时安全带作用力水平要比通常的 3 点式安全带的作用力小。

3. 安全气囊系统

有两种不同的设计：安全气囊加 3 点式安全带和只有安全气囊没有安全带。它们引起乘员在碰撞时的不同移动。先分析安全气囊加 3 点式安全带。在开始，乘员有与常规的安全带拉回系统相似的移动。在安全气囊充气时，头部的移动（点头）明显减小，并可降低胸部的减速度值。图 9.31 是汽车以 50km/h 速度碰撞障碍物时 3 点式安全带（安全气囊加 3 点式安全带）系的试验假人的减速度—时间和安全带作用力—时间的变化过程。在专门的试验中要测量面压力，该面压力是乘员撞击到与安全气囊—转向盘不同的吸能的转向盘上产生的。在安全气囊—转向盘上的面压力要比在吸能的转向盘上的面压力低得多。

主要为没有系安全带的驾驶人设计的安全气囊系统中，驾驶人的减速度通过安全气囊、转向柱和吸能的膝盖软垫吸收。在前排乘员侧，乘员的撞击能量必须由安全气囊和膝盖软垫吸收。在没有配置安全带时，位置偏离问题特别危险，如不在安全气囊座椅中间。为此，有必要配置 3 点式安全带。在这期间，在大多数汽车上要设计与国家无关的、统一的、至少带有传感技术的硬件部件和各种参数的安全气囊。要考虑有专门要求的软件匹配。

附：有关的一些技术：

① 评估碰撞信号。根据交通事故严重程度激活燃气发生器的第一级或第二级或不激活安全气囊。

② 检验安全带配置。此外，采用超声波装置、视频、座椅坐垫和通过红外传感器监控前排乘员座椅，以得到有关前排座椅是否占用，是否偏离位置或现有的儿童座椅状况的信息。

③ 适时激活安全气囊从本质上已经是一个自适应设计的安全气囊。自适应乘员保护系统的特征就是考虑不同的乘员状况和不同的交通事故严重程度[49,56]。

9.8.4　侧向碰撞

在侧向碰撞时使用特别的乘员拉回系统保护乘员的可能方案由于乘员局部部位靠近车门

而受到限制。可影响的参数之一是被撞汽车的车身相对撞击汽车的刚度比,如可通过被撞汽车车门槛的合理碰撞设计或通过车门抗弯架和在乘员肩部高度加强车门提高车身刚度。同样,在乘员室内通过在仪表板下面、座椅横梁和座椅结构的横向加强以及在汽车后部范围的横向加强都有助于保护乘员。

可影响的第2个参数是汽车内部空间形状,特别是车门饰面和车门侧件饰面的造型和所用材料,对提高车身的刚度有重要作用。第一次试验需要了解碰撞汽车乘员和座椅移动的行程。从汽车方面看,安全气囊系统与传感器系统工作能力有关。传感器系统灵敏地可及早识别出现的严重交通事故和在乘员接触风窗玻璃前安全气囊就可充气。

1. 理论上的观察

与前碰撞相比,在侧碰撞时交通事故发展过程的可能变化范围还要大(如碰撞方向、碰撞点)。此外,乘员只能利用很小的变形行程。

影响侧碰撞的主要因素是:

1) 参与的碰撞对象(质量、结构刚度、构件几何形状)。
2) 碰撞部位、角度、碰撞速度和乘员位置。
3) 汽车内部空间轮廓、乘员拉回系统的使用状况。

图9.32是汽车—汽车直角侧向碰撞原理说明。图上表示了碰撞的和在碰撞侧有乘员的被碰撞的汽车、推导出的机械等效模型、简化的碰撞过程运动学速度—时间变化过程实例。

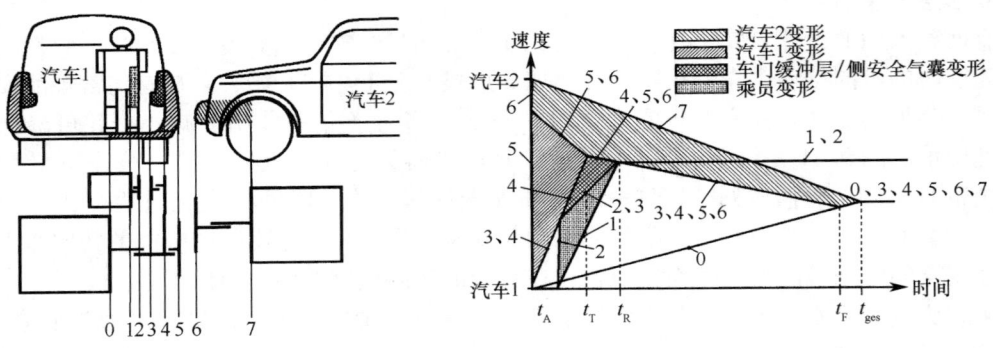

图9.32 汽车—汽车直角侧碰撞时汽车构件和乘员的速度—时间的图形表示

数字1到7是表示与汽车有关的部件和乘员的速度—时间的图形表示。由这些"速度轨道"限定的几个平面就表示各部件之间或各部件与乘员之间的相对变形行程。

假定各部件或构件和侧向乘员拉回系统(缓冲层)的力—行程特性线用简单的矩形表示,不考虑等效系统的机械振动,由此得到的函数 $a = f(t)$ 和 $s = f(t)$ 偏离实际交通事故的函数。由于这样的边界条件和单质量—乘员系统,所以只能定性地将下面要讨论的碰撞模型与实际的碰撞比较。碰撞汽车以速度 v_{st} 成 90° 驶向停止的被碰撞汽车侧面。被碰撞汽车车门外侧在短暂时间后具有与碰撞汽车保险杠6一样的速度。被碰撞汽车车门内侧在 t_T 时刻具有与保险杠6一样的速度。乘员和乘员拉回系统3之间的接触发生在时间点 t_A。在 t_T 时刻乘员和车门的相对速度最大,它大于被碰撞汽车的速度变化。乘员由车门缓冲层减速,变形行程为 s_R。乘员1和保险杠6在 t_R 时刻速度一样,直至总时间 t_{ges} 时乘员和保险杠减速。在时刻 t_F 侧向构件变形结束(如座椅成为一个整块,即不再有进一步的变形行程)。碰撞汽车的

前部构件已变形 s_F。侧面构件变形由车门3到汽车未变形点的相对移动确定。

2. 美国和欧洲定义的侧向碰撞试验

为模拟汽车—汽车动态碰撞，在美国逐步使用新的障碍物试验。试验条件如下：

障碍物：质量 1368kg，离地间隙 279mm；障碍物前部 1676mm 宽；

碰撞速度：54km/h；

碰撞方向：侧向 90°，27°倒行；

试验假人：前 ES-2re／后 SID-Ⅱ，碰撞侧；

规范：SID-Ⅱ·HIC_{36}<1000［-］，下部脊骨加速度<$82g$，骨盆作用力<5.525kN；

ES-2re：HIC_{36}<1000［-］，胸部浸入<44mm，腹部作用力<2.5kN，PSPF<6kN。

ECER95 和 96/27/EG 规定适用于欧洲：

障碍物：质量 950kg，离地间隙 300mm，障碍物前部 800mm 高、1500mm 宽；

碰撞速度：50km/h。

试验假人：前 ES-2；

规范：HPC<1000；

黏滞规范<1m/s；

胸部浸入<42mm；

腹部作用力<2.5kN、PSPF<6kN。

遗憾的是不同的试验假人（在美国和欧洲）得到的侧向保护措施是不同的。

首先，在侧向碰撞时依靠汽车本身（具有抵抗碰撞能力的车身和能量吸收的车内空间）实现乘员保护。在使用由座椅靠背或手臂窗围组成的安全气囊后，越来越多地使用"上身（躯干）安全气囊"和"头部安全气囊"[29]（图9.33）[57]。图中的"风窗玻璃安全气囊"有 2m 长、250mm 宽和 60mm 厚。有 9 个小室的"风窗玻璃安全气囊"容积为 12L，可在 25ms 内充满气。由于侧向碰撞随时间的快速变化，对碰撞传感装置提出高要求。

根据美国"安全室试验"要求，目前正在进一步开发侧风窗玻璃安全气囊。

这同样适用于侧向碰撞中相互碰撞的兼容性。

图 9.33　在侧碰撞时的头部安全气囊[31]

9.8.5 兼容性

1. 概述

因为在交通事故后果减轻领域已取得显著进步，在与安全性有重大关系的措施方面，交通参与者的兼容性不断增长。有关兼容性的初始工作要先回到20世纪70年代[58-60]。

在道路交通的交通事故中要特别考虑下面的交通参与人群：行人，两轮车辆驾驶人（自行车、摩托车），乘用车、载货车、公共汽车乘员。在交通事故中，与其他的交通参与者碰撞或单独的交通事故而发生人员伤害。在兼容性试验中表明，包括所有的碰撞人群的全球统计是特别复杂和很困难的。在兼容性理念下，为设计汽车，下面的一些设计准则涉及碰撞过程。

1）汽车质量、构件几何形状、构件的力—行程特性、动力装置的质量和布置。
2）乘员拉回系统、乘员室的几何形状（存活空间）。
3）转向性能、仪表板、防撞垫等。

在兼容性观察时必须减少交通事故后果成本与所有由此产生的重大后果（如降低舒适性、增加能源和原材料）对立起来。当然，汽车使用者的自保护是前提，即乘员在汽车中的自我保护是不可缺少的。除了描述交通事故类型外，还要提高有关伤害的类别和受伤者的严重程度。在按简易受伤分级（AIS）中的受伤程度之间和利用试验假人测量和评定受伤规范之间必须寻找它们之间的内在关系，以评定当时采取的措施。

不同的乘员体重等级和安全带拉回系统和/或安全气囊可改变力—变形特性线，以达到最低的总成本（交通事故后果成本、生产和运行成本）。人们认识到的内在联系是：

1）交通事故事件与"AIS"受伤程度相关。
2）AIS乘员受伤与试验假人的检测数据相关。
3）乘员受伤的财务评定和由于专门的设计费用产生的成本。

所以，人们可从优化汽车设计和乘员拉回系统方面实现最低的总成本[61]。在最近几年，科学工作者和汽车企业[62]又重新加强汽车兼容性方面的研究。

为精确说明汽车兼容性，进行的一系列新的试验[37]证明试验假人的数学模型的必要性。试验时出现力的局部峰值意味着兼容性的降低。为此，在前碰撞时人们使用有限元（FEM）模型和/或力的检测作为兼容性的尺寸。特别是制订的"大头部概念（bulk head concept）"似乎是一个很有兴趣的方案[64]。该方案的出发点是在乘员室的足够刚度下，为保证在非常严重的汽车交通事故和汽车—汽车交通事故中乘员存活机会，目前的乘员拉回系统的可能方案是足够的。

在超过30年对交通事故的研究和开发工作后，安全性法规的要求特别是在美国变得更加具体。由IIHS定义的1500kg重、带有高弹性体的障碍物以50km/h速度成90°驶向被试验汽车侧面。为了汽车前部和障碍物前部弹性体的兼容性，提出了吸能构件的要求。吸能构件变形力的大小和重量正在讨论中[65、66]。这些要求也适用于轻型载货汽车和多功能运动车（SUV）。通过几何优化已取得第一批好的成果。

2. 乘用车与载货车碰撞

乘用车与载货车碰撞是一个特别的兼容性问题，不仅是两者的质量比有很大的差异，而且它们的几何比悬殊。在美国，将乘用车和轻型载货汽车之间分类为非兼容性是令人担忧的。

在参考文献[67]中，对载货车范围指出了兼容性的未来方案：加装包围整个载货车和悬架的地板框架，以阻止乘用车行驶到其底部。

3. 与行人碰撞

乘用车与行人碰撞是另一个非兼容性。无论是质量比悬殊还是形体大小以及抵抗能力的巨大差异方面特别突出。而改善这种状况的办法很少。一般而言，可采用下列措施：

1）减少在交通信号装置前行人等待时间，小于40s。
2）合理设计汽车前部的几何造型，能自然瞥见迎面来的行人。
3）转弯和行人的交通信号分开。
4）在汽车行驶速度受影响时唤起驾驶人安全意识并制动。
5）进行交通安全教育，特别是幼儿园和小学，辨认交通图标、着装、注意转变的危险状况。

在许多国家中保护行人安全具有优先权。欧洲在保护行人法（EG78/2009）中也吸收了交通事故预防要素[66]，见表9.4。

表9.4 在行人保护法（2009年2月4日EU行人保护规定）中的主动和被动安全性系统的组合

（NT=新车型 NR=首次批准）	制动辅助	阶段1	新阶段2
M1≤2500kg 总重	NT 2009.11.24 NR 2011.2.24	NT（自2005.10.1起） NR 2012.12.31	NT 2013.2.24 NR 2018.2.24
N1(M1)**)≤2500kg 总重	NT 2009.11.24 NR 2011.2.24	NT（自2005.10.1起） NR 2012.12.31	NT 2013.2.24 NR 2018.2.24
所有的M1	NT 2009.11.24 NR 2011.2.24		NT 2015.2.24 NR 2019.2.24
所有的N1	NT 2015.2.24 NR 2015.8.24		NT 2015.2.24 NR 2019.2.24

现在，行人保护是欧洲NCAP的固有的组成部分。通过这种方式更好地推动行人保护法的实施（www.euroncap.com）。除国家层面立法外，在全球技术规定框架中还有国家立法统一的进一步方案，见图9.34。

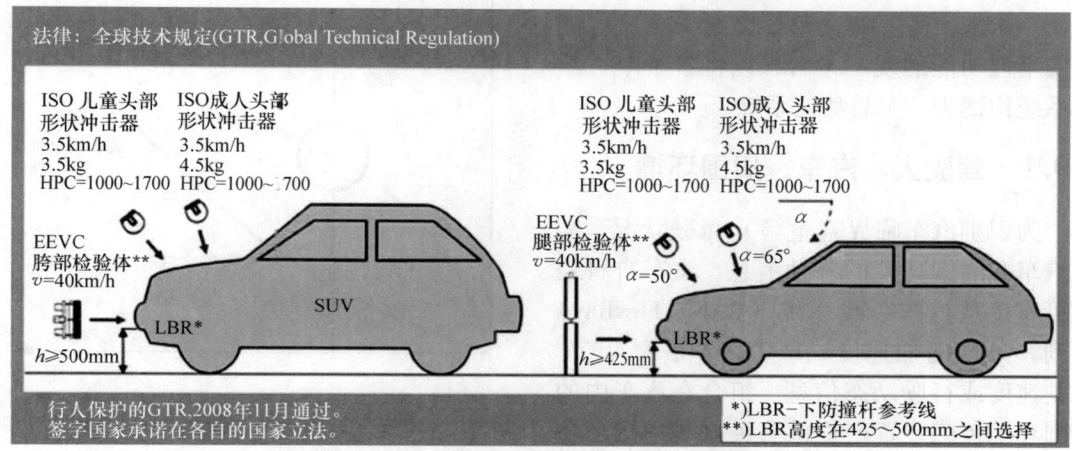

图9.34 行人保护立法

在车前范围的行人保护部件的数量包括不少组件：

防撞杆（保险杆）缓冲器、导流板、散热器、前照灯、车前端、前（发动机）盖与闭锁机构和铰链、挡泥板、A柱和前风窗玻璃、刮水器轴和直接在前盖下的发动机组件。为得到吸收头部撞击能量所必要的自由空间，在主动调节前盖时需要相应的传感装置。

9.9 组合式安全性

在过去，在相互独立的主动安全性和被动安全性的两个重要安全性的开发工作不断取得成功。在未来，将主动安全性和被动安全性组合成一个组合式安全性可进一步提高汽车安全性潜力，见图9.36[69、70]。利用各个系统层面的系统联网可得到一些新的功能特征。这些新的功能特征可改进、适应现有的功能并能组成完全新的系统。利用各个系统的共同的传感装置，通过各个系统联网可经济地构建各个系统，从而提高各系统的功能品质和可使用性。

图9.35是组合式安全性的部分范围。按时间顺序排列的功能是从开始系统干预到发生碰撞，接着是救援。这是典型的交通事故流程。其目标必须是，先通过报警（视觉、触觉、听觉）让驾驶人及时处理，由此还可避免交通事故。这时驾驶人凭借他的经验和视觉能力，以及传感装置显示的状况还可以考虑不少其他的安全状况，从而避免错误地激活安全装置和可能产生的错误。在驾驶人没有对此做出反应时，可通过制动，必要时转向，实施汽车方面的干预，在碰撞前，交通事故已不再是不可避免的很短时间范围内，要采取预先防止碰撞措施。系统方面的干预需在误差尽可能小时高品质激活安全装置[71、72]。

图9.35　组合式安全性的部分范围

各系统组合能逐步升级为一个总系统。在9.9.3小节中是有关组合式行人保护系统实例。未来，需要有关整个交通安全流程的各安全性功能的统一平台，以将各个单一功能系统构建为一个总功能系统。

9.9.1　驾驶人、汽车、周围环境

为识别汽车临界（危险）行驶状况，需要汽车和周围环境的各种信息。汽车自身信息可直接从汽车总线系统（CAN、FlexRay）得到，如横向加速度、ESP、ABS等，汽车行驶速度或行驶动态信息。组合在汽车内的周围环境传感装置则提供有关汽车周围环境的信息，其中可识别出其他运动的物体、静

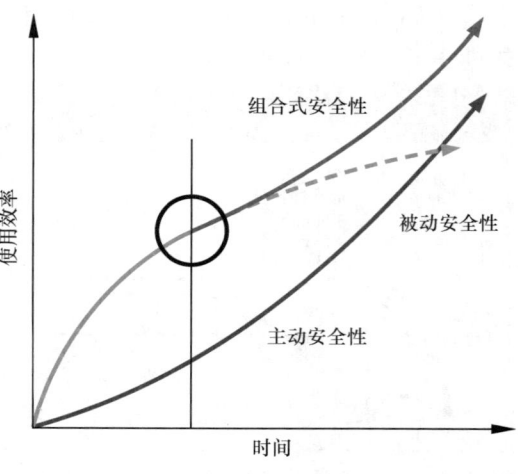

图9.36　组合式安全性的潜力

止的障碍物和侧面状况。

设计人—机相互作用（HMI）的系统需要不断考虑驾驶人的状况，特别是系统和驾驶人相互作用（HMI）的功能性设计。为此，驾驶人要了解系统功能和系统操纵。利用驾驶人建模（工作能力、驾驶人类型、风险准备和当前的心态）进行系统干预适应驾驶人状态。这样，从原理上可更多引入驾驶人辅助系统和安全性系统。

上面列举的几个方面的每一个方面可反映出驾驶人建模的不同方案。工作能力描述当前驾驶人操控能力。操控能力低意味着驾驶人不能洞察危险行驶状况，或不能及时、正确地对危险行驶状况做出反应，如由于疲劳或精力不集中。预见的驾驶方式则可以判断当前驾驶人的心态。当前正在执行的驾驶方式不是以熟悉的形式进行时，则可能要对驾驶人的紧张心情或强制性的行驶状态做出逻辑推断。驾驶人类型描述他对危险行驶状况反应的限度（边界）。在限度内驾驶人感到安全，并能控制他的汽车和行驶状况。风险准备可理解为驾驶人对他的汽车行驶状态和周围环境危险状况准备到何种程度。这些不同的驾驶人模型可以以不同的方式改进驾驶人辅助系统和安全性系统。

系统方面干预的基础是确定当前行驶状态的危险性。它通常由本汽车行驶状态和其他交通参与者的状况得知。而其他交通参与者状况可利用传感器检测。为能准确洞察本汽车的周围环境，迫切需要精确获得汽车行驶时的各种参数。基于这一理由智能传感器通过汽车总线系统周期性地传输它们检测到的数据。特别需要从许多分功能系统中检测与底盘有重大关系的信息，从而得到最新的、高分辨率的汽车行驶速度、横摆率、纵倾运动、侧倾运动。无论是洞察汽车周围环境的装置，还是转换为预测危险行驶状况的模型都需要这些数据，以便为预见的安全性功能确定必要的行驶状况图。但还需要一些附加的信息，如地图数据、驾驶人建模知识。行驶状态数据越完整，为可靠干预所需的信息就越多，越充分。

9.9.2 预先防止碰撞

因为当前的安全性系统由于技术原因不总是和不能全面地提供所有重要的信息，所以只能在可靠的预测碰撞后才实施干预。与行驶状况无关，只有在这个时间范围驾驶人已无法避免汽车碰撞。汽车碰撞前的这个时间范围可作为预先防止碰撞而予以定义（图9.37）。

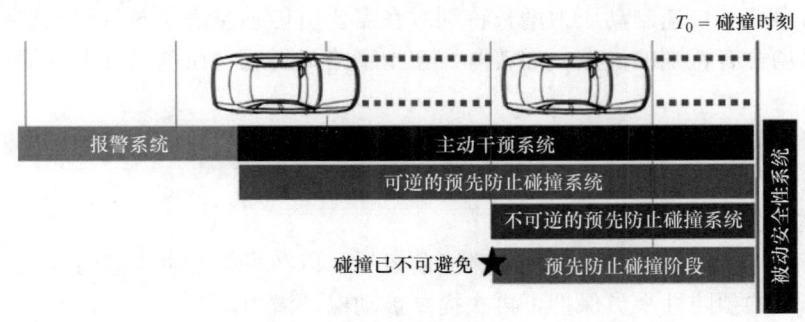

图9.37 预先防止碰撞阶段定义[73]

评估交通事故事件表明，动态行驶交通事故的不可避免性只在碰撞前的很短时间出现。预先防止碰撞到发生碰撞这阶段只剩余几百毫秒时间（图9.38）。通过制动干预降低碰撞速度、调节安全带拉回系统或乘员及早系上安全带等就要很好利用这段时间。未来，预先防止碰撞系统可利用汽车周围环境建模和驾驶人建模的附加信息较早地干预而不损害安全性。

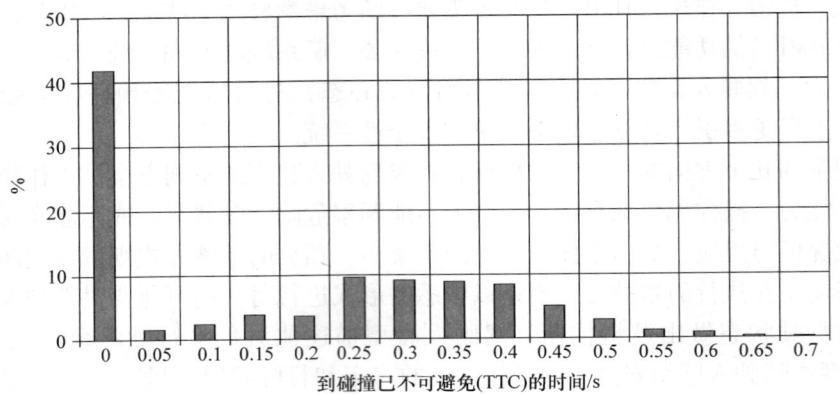

图 9.38　乘用车前部动态行驶交通事故不可避免性的时间范围[74]

此外，要高精度地标定物体（目标）。从安全性系统方面要求尽可能早地第一时间识别目标、不断跟踪目标和很少的预测持续时间。在预先防止碰撞功能中，激活所应用的执行装置所需时间应少于到碰撞发生时的预测剩余时间，以实现对乘员的最好保护。

1. 自动制动干预

从 GIDAS 交通事故数据库中可见，只有约过半数的乘用车驾驶人在前部交通事故时（大多还不太严重）制动。在这种交通事故中制动辅助能有所帮助。在驾驶人没有反应的其余的交通事故中，由于交通事故无法避免，到发生碰撞瞬间只留有几百毫秒的干预时间（图9.37）。这时可以以 ESP 为基础的自动紧急制动对这些交通事故中的少许交通事故做出部分响应（见第 7 章）。由于 ESP 系统的响应时间，即从建立制动压力到达到全制动压力的时间，约需 0.6s，太慢，所以在预先防止碰撞阶段需要快速的制动执行装置。未来，快速的电动或爆燃式的制动执行装置可在 1s 时间内实现高达 1000bar 的制动压力梯度（图9.39）。

这样，在汽车碰撞前的 100～300ms 时间内可将汽车行驶速度降低到 3～8km/h，从而减少严重的交通事故。快速制动压力增长特别对在需要由传感器快速的目标识别和目标跟踪的那种行驶状况场合有特别的优点，如转弯、在十字路口附近、在越过行人或骑自行车人路面时（图9.40）。

为激活快速制动，需要确保系统功能的可靠性。高品质的激活要求和很小概率的误报警也是一大挑战。

2. 有效的预防性乘员保护

可逆的安全带拉回系统在可能发生碰撞前激活，以在可能发生碰撞前为乘员作最好的准备。这时，有效的预防性乘员保护可再次提高被动保护潜力。

一旦系统识别出潜在的交通事故状况，就马上电动拉紧安全带，将驾驶人和前排乘员固定在座椅上，并通过安全气囊系统和安全带装置达到最大可能的保护乘员的潜力。在较大的横向动力学时还要附加关闭侧风窗玻璃、活动天窗，直到留下一点缝隙。借助于关闭风窗玻璃，头部安全气囊和侧安全气囊可得到最好的支撑，并可减少身体部分从车内摆动出来的危险。

第9章 汽车安全性

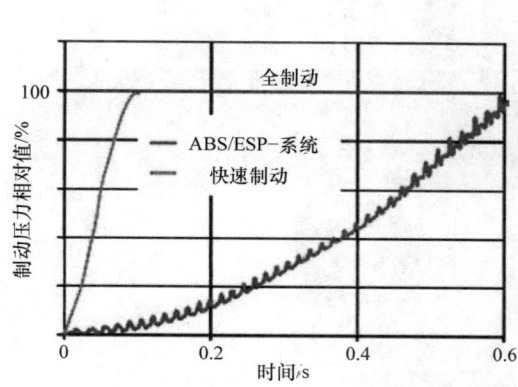

图9.39 乘用车动态行驶交通事故
不可避免的时间范围

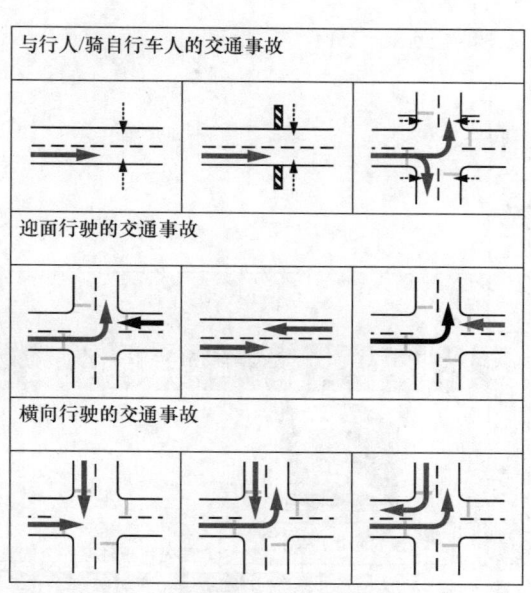

图9.40 使用快速制动执行装置的
典型状况实例

预防性乘员保护系统的主要特征是主动和被动安全性要素的结合,而动态行驶闭环控制系统(如制动辅助、ESP系统)的传感器是技术基础。这些传感器有助于及早识别不断增加的、潜在出现的交通事故的危险行驶状况,并使之缓解。在紧急制动或快速操纵制动踏板时的行驶制动就激活预防性乘员保护系统,而快速操纵制动踏板通常伴随着激活制动辅助,或在严重转向不足或严重转向过度时伴随着ESP系统干预。

与组合式安全性平台一起,带有自动距离闭环控制(ACC)的周围环境传感装置的有效的预防性乘员保护结合成一个共同的安全性系统。基于能远视和监测汽车周围环境的雷达传感装置和摄像机技术的安全性系统,在受到碰撞交通事故威胁时向驾驶人报警,并辅助制动干预直到自主的紧急制动(图9.41)。特别是与紧急制动联系在一起时,使用可逆的安全带拉紧器可有效减少乘员移动。驾驶人靠在转向盘上,前排乘员在制动减速时则稍微向前移动。

图9.41 有效的预防性乘员保护[75]

3. 不可逆的安全带拉回系统

为预先防止碰撞激活安全带拉回系统,首先要设计与现有的标准安全气囊不同的新的安全气囊方案。碰撞前预先防止碰撞激活安全气囊可以使安全气囊适应乘员运动随时间变化的状况(图9.42)。

在设计相应的安全气囊时,在乘员开始向前移动这个时间点气体就完全充满安全气囊。

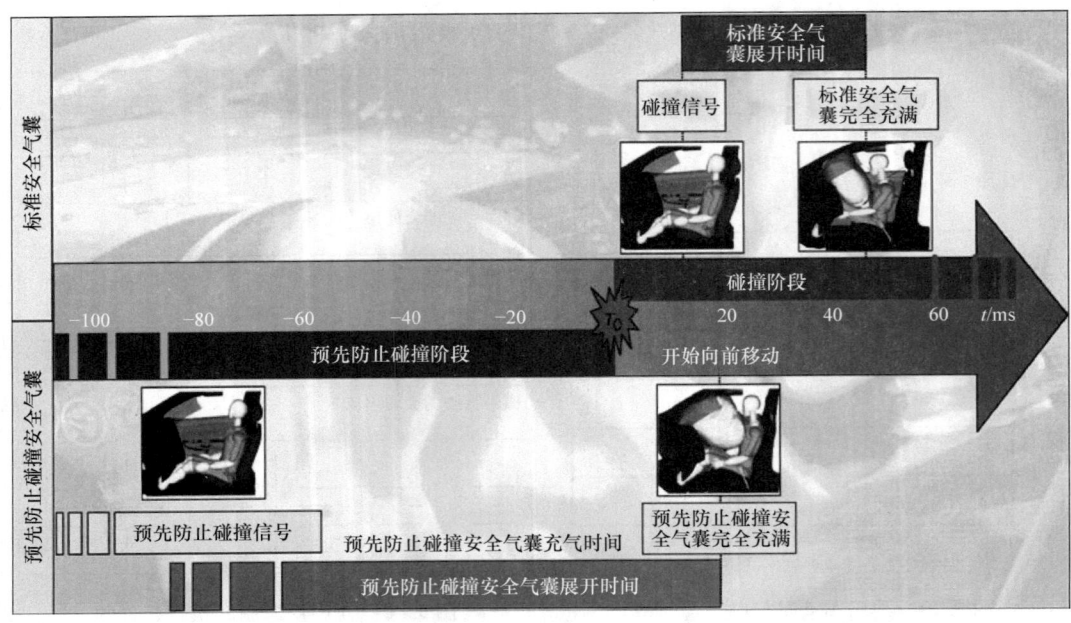

图 9.42　标准安全气囊和预先防止碰撞安全气囊的工作阶段[73]

此外，由于安全气囊充气时间缓慢，预先防止碰撞的安全气囊容积要比标准安全气囊容积大（图 9.43）。这样，对乘员有如下好处：

1）与安全气囊早耦合，从而可较早参与汽车减速运动（特别是没有安全带时）。

2）将安全带拉回的作用移到体积较大的安全气囊（可大面积支撑乘员）。

3）依靠较大的安全气囊改善乘员固定在座椅上的状况。

4）在侧向碰撞时由于安全气囊对乘员的较大保护范围而改进安全性。

5）由于缓慢的充气时间降低安全气囊的冲击性。

6）必要时可对乘员向前躬身的一个柔软反压。

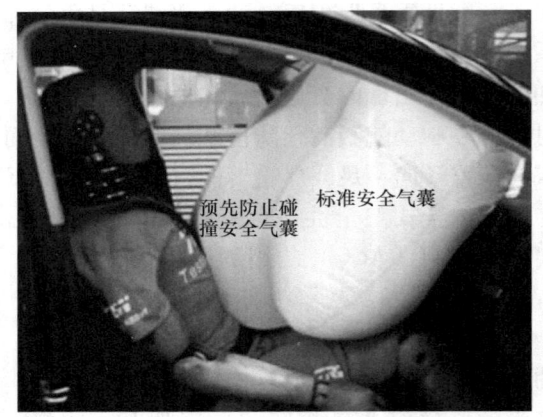

图 9.43　标准安全气囊和预先防止碰撞安全气囊的容积[73]

为满足有较大的预先防止碰撞安全气囊偏移位置的要求外，还需要通过较长的充气时间降低安全气囊的冲击性。为使乘员更好地靠在安全气囊上，需将标准安全气囊容积增加约 30%，见图 9.43[73]。

因为目前的预先防止碰撞传感装置还没有达到足够的识别率，所以在不可逆预先防止碰撞安全带拉回系统的设计中要把碰撞激活方案作为恢复原来状态层面而放在首位。为此，预先防止碰撞安全气囊由双容积气袋组成。气袋的展开性能由气袋中的两个限制带控制。

在考虑到不是所有的交通事故能足够可靠识别这样的事实，估计驾驶人和前排乘员的预先防止碰撞安全带拉回系统的使用率约为所有乘用车乘员的1/3。

9.9.3 组合式行人保护系统

组合式行人保护系统的动因源于在道路交通较多的死亡行人和较多的重伤行人产生的悲剧（2009年德国死亡591行人）。超过80%的死亡交通事故原因是错误估计行人和汽车驾驶人反应太慢。

被动行人保护可减少碰撞交通事故中行人伤害，汽车前部范围安装的被动行人保护装置是采用保护行人的泡沫塑料和可变形的前盖。当然，被动行人保护系统有它的局限性。重大的伤害危险，特别是头部伤害是来自行人在道路表面的二次碰撞。为此，借助主动制动汽车减小碰撞速度的未来目标具有较大的潜力（图9.44）。

行人行走，在汽车和行人之间的交通事故，到碰撞前的短暂时间，还可以通过简单的行人止步而避免。因此，对快速干预系统提出一些要求。

预见行人行走是复杂的。在汽车以较高速度、较大质量和在运动中较小的承载面行驶时，即以良好的物理边界行驶时，行人的行走会有较大的变化。为此，需要一个具有可变安全区域的专门的行人规则系统，它可以重构行人的行走，见图9.45。

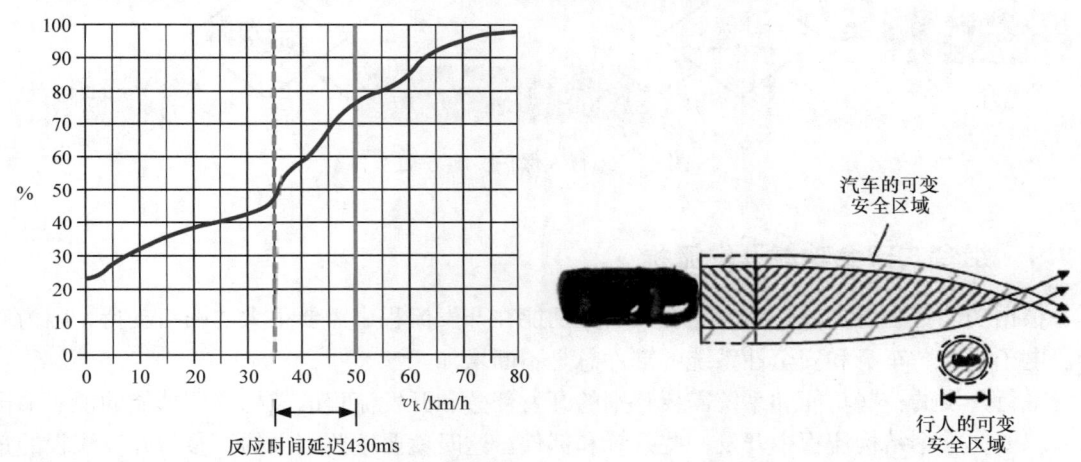

图9.44 行人受伤危险随作为碰撞对手的乘用车和小型商用车车速的变化曲线 MAIS2+

图9.45 具有可变安全区域规则系统的运动范围

由于行人行走的较多变化（高动态性），在交通事故不可避免范围使用干预系统（如紧急制动）不总是能避免交通事故。所以需要一个组合式的行人保护方案。该方案是在危险行驶状况以信息的和报警的方式支持驾驶人，并干预自动制动（图9.46）。

未来，需要在整个的交通事故过程中将各系统组合成各种扩展等级的总系统。由"功能决策者"将各个单一功能合成一个总功能。

首先要将位于行驶道上与方位有关的行人信息传给驾驶人，并注意可能发生的碰撞。同时预充液制动器，由于行人可能行走，为避免误报警，只有在到碰撞的时间（TTC，Time To Collision）2s内才将信息告知。

根据预测到的行人碰撞在汽车上的位置，当为避让而采取的很小的转向反应还不足够

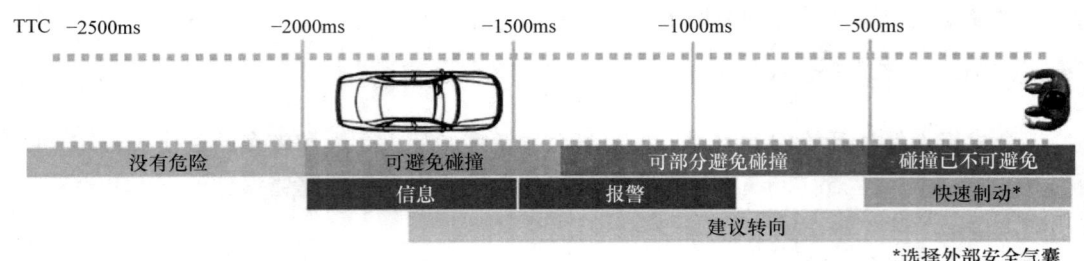

图9.46 行人保护随时间变化的实施方案

时,则串接的"功能决策者"激活触摸转向建议。在其他的行驶状况,将发出包括制动压力的制动报警、视觉—声响报警,以使驾驶人对这些报警有直觉反应。

当驾驶人对这些报警没有反应,和到可能发生碰撞的时间(约<500ms)内碰撞还不能避免时就要接入自动的紧急制动干预系统。在预先防止碰撞阶段,为使发生的重大交通事故尽可能轻,应快速制动干预,见图9.47。

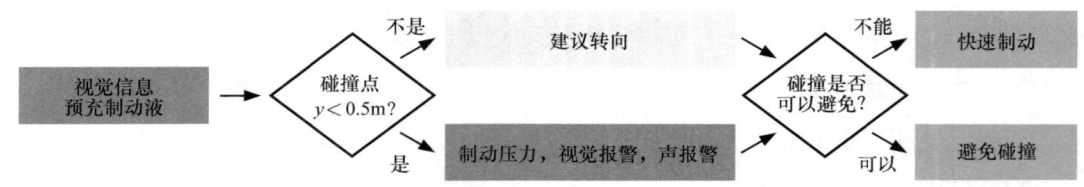

图9.47 行人保护实施方案

9.9.4 组合式安全功能开发流程

根据功能范围叠加原理开发组合式安全功能在开发流程中需要很大的网络支持,因为底盘、电子系统、车身和安全性系统的部件总是不断增加。

平行开发的一些功能和系统需要特别的开发任务和开发流程的架构。从功能的说明书出发,就要在整个结构流程中开发一些系统和部件。这时就要按照定义的、参与开发流程的角色(功能)进行分配,以及建立为功能所需的说明书和接口的通行的和透明的(开式的)文档。还有对成功开发至关重要的是精确、可调的测试和试验。

预测安全性系统的计算机仿真

在预测安全性系统开发流程中,还在早期就开始计算机仿真,以保证安全性功能的可靠性。为此,首先要在有代表性的数据基础上量化识别率和错误报警率,并在此基础上的应用外插值。由于大量的、必不可少的有关安全性的数据和保证安全过程的复杂性、综合性,所以开发流程需要计算机辅助。在多次迭代过程中要采集、评估实际的数据,同时开发确定预测安全性系统功能的算法(规则系统)。功能算法的开发大多采用模型在环(MiL,Modell-in-the-Loop),或软件在环(SiL,Software-in-the-Loop)。此外,在建立的或仿真的数据基础上确定功能所需的逻辑计算规范。这种开发流程的好处是:可以将各逻辑部件分开(解耦)处理,并可在最短时间内处理大量数据。

在下列有关这方面的开发步骤中,要确定在硬件在环(HiL)测试中实际连接的控制仪和实时性能；要分析如总线通信、样件控制仪性能或执行装置等部件性能并检验各分功能。测试系统功能的实时性能，控制它随时间而变化的不稳定性能，并计算功能的相应容差。

在成功地进行 MiL/SiL/HiL 测试后可将一个有适应能力、成熟的这个系统软件在汽车上进行系统整个功能的最终应用的统调。通过各种参数组可以直接在整车环境，在实际的汽车行驶场景中调整原有的、修改的或激活前的系统特性和功能特性。

图 9.48 是开发联网的电气/电子系统（预先防止碰撞乘员保护系统）实例。

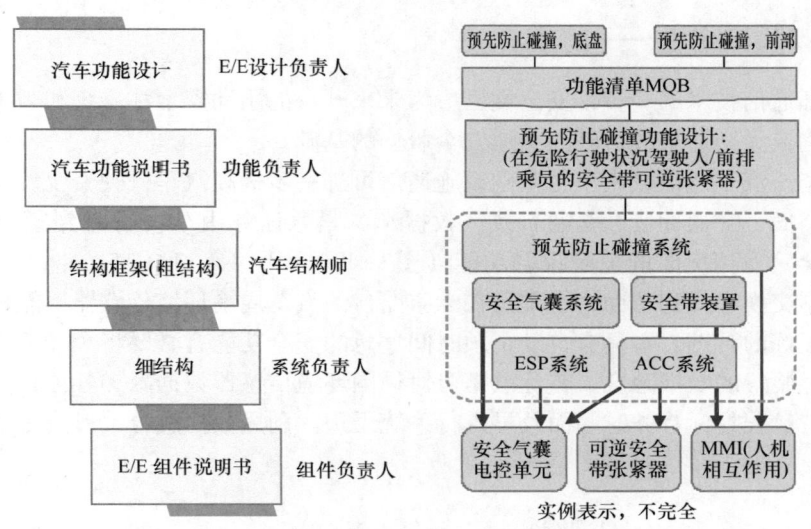

图 9.48　开发联网的电气/电子系统（预先防止碰撞乘员保护）实例

9.9.5　救援和救助

除避免交通事故的安全性系统和减轻交通事故后果的安全性系统外，还有组合式安全性系统平台，它可在碰撞后帮助汽车乘员。这些安全性系统平台可概括为"救援"和"救助"，其中可列举的如照明设备、携带消防器材和救援设备的友好的救援组织。

未来，组合式安全性系统平台还将改进它的救援工作。该平台利用交通事故前和交通事故中的数据信息，如乘员数、交通事故严重程度、交通事故类型、救援力量等，使救援组织到达现场前就得知这些重要信息，以便有针对性地施救。

交通事故不论是在白天还是夜里，不论是城市、农村还是在高速公路上发生，但不总是有交通事故救援者在交通事故现场。这时，在发生交通事故时对可能的受伤者可快速呼叫救援。常常是受伤者自己照料，而不是如被夹住、失去知觉或身体损伤的那样急救。

快速、及时的医疗救助是受伤者存活的关键，如停止心脏跳动时，每晚 1min 救助的存活危险增加 10%[93]。

电子呼叫（eCall）系统可以帮助救援工作。该系统的目标是将交通事故自动报告救援控制中心（指挥部）和交通事故中受伤者的通信保障机构，为此，eCall 与安全气囊触发耦合，但也可由驾驶人手动激活。

在技术上，eCall 系统由配置 GPS 接收器和 GSM（全球移动通信系统）模块的防撞盒实现，在激活 eCall 时将各类数据（称为最少的数据设置，MSD，Minimum Set of Data）传输给救援控制中心。属于这些数据的如交通事故地点、汽车底盘号、残留痕迹等。根据这些数据可以更好地评估当前发生的交通事故状况，以便较快地、更有针对性地施救。

根据许多欧洲标准和规范（还包括 ETSI、CEN）转换 eCall。在欧洲层面上尚未缔结统一的 eCall 系统和相应的基础设施、服务体系规范。

9.9.6　Car2X 安全性——前景

基于汽车通信技术的 Car2X 安全性已成为未来开发的主动安全性系统和与组合式安全性系统融合中构成无交通事故行驶的交通安全版本的基础。

依靠汽车—汽车通信或汽车与基础设施通信可进一步提高汽车行驶安全性，由此开发出如面临水滑路面、交通拥堵、交通事故、救援车、紧急任务用车（行驶到紧急地点或保证紧急地点安全）等情况时的危险报警功能（图 9.49）。十字路口（交叉路口）的交通辅助系统可从数据交换中得到帮助，特别是在十字路口的汽车周围环境传感器不能识别到另一辆汽车时能有很好的帮助。对具有自动干预时间危急的安全功能有必要将 Car2X 安全性信息与周围环境传感装置的数据融合，其优点是可对周围环境传感器数据附加验证，和根据周围环境传感器减少航程目标行驶时间而及早进行系统干预。利用数据融合了形成一个扩展的周围环境模型。

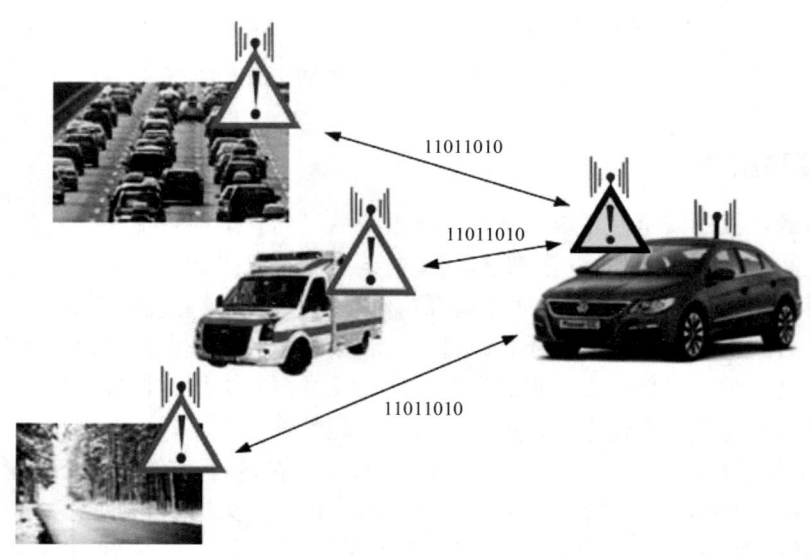

图 9.49　配备 Car2X 安全性的危险报警

图 9.50 是 Car2X 安全性信息与周围环境传感器数据融合的场景实例。在没有利用汽车间通信时周围环境传感器只是在直接的视线接触方向检测相交路口的汽车。之后是航程目标行驶时间。在场景 B（利用汽车间通信），可在较早前就按通信方式进行第一次数据交换。也可预先协调周围环境传感器和安全性系统，以缩短航程目标行驶时间。为此，要在安全性系统中较早地输入数据和一些附加数据，如可能包含汽车质量。

在这期间组成了企业家联合集团（VFSS Group，汽车行驶安全性系统集团），该集团已着手在世界范围统一的安全性平台上评估组合式安全性系统[88,89]。

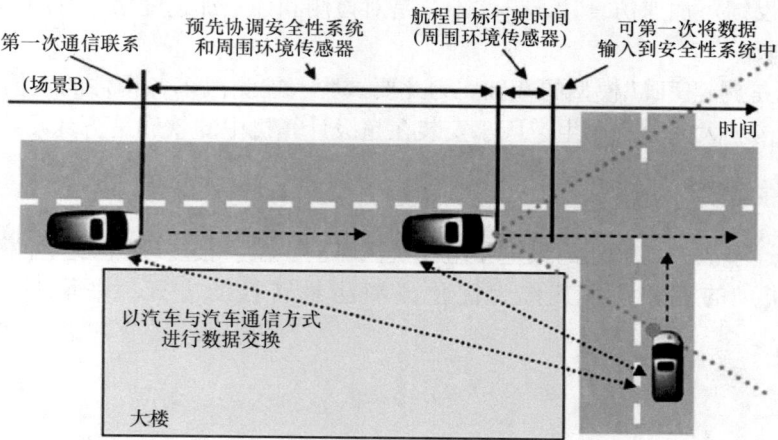

图 9.50　Car2X 安全性信息与周围环境传感器数据融合的场景实例[76]

9.10　在开发安全性部件时的计算机辅助设计

9.10.1　基本原理

在汽车预开发阶段，根据几何尺寸规定必须在交通事故行为、汽车质量、汽车内部空间声学特性和振动特征之间寻找优化过程。稳态软件程序的开发和计算机系统硬件的不断发展，扩大了计算范围。在交通事故模拟试验中有很多参数影响试验结果时，计算则可缩短汽车的总的开发流程的时间。在产品设计阶段，计算对产品开发、生产、营销、财务、质量安全、质量规划起着越来越大的作用（见 11.3 节）

9.10.2　数字工具描述

在计算机辅助工程师工作中的重要任务是建立和应用物理—数学模型[77]。

汽车工程师的主要工作不是开发新软件，而是具体的应用，以在遵守模型边界时解决提出的问题（正确性和预测精度）[78]。

在汽车前碰撞时乘员和汽车内部空间构件之间不总是直接接触。为此经常可以分别设计构件和乘员安全带拉回系统。在前碰撞时，为计算汽车内部构件需利用简单的 FEM 试验假人模拟乘员质量。为模拟乘员和乘员安全带拉回系统，需要在碰撞中检测加速度冲量值，并作为乘员室仿真计算的参数和与乘员安全带拉回系统、座椅一起用作检验多体模拟（MKS，Mehr Körpersimulation）的乘员模型。有些还需要描述汽车各构件（转向柱、踏板组件、仪表板、车厢前壁）的相对运动。对高细节化程度的任务需要用 FEM 乘员模型替代 MKS 试验假人模型，如在仪表板下面和脚部空间周围就需用 FEM 乘员模型。

在侧向中等严重程度的碰撞时，乘员与汽车内部构件之间已很快接触。为此需要高的构件和乘员模型品质，这样用 FEM 方法基本上可完整地计算侧向碰撞。这表示，要对汽车内部构件、乘员安全带拉回系统和乘员进行整体的 FEM 仿真计算。

试验结果反馈可加速仿真计算。这不只是对检测和评定加速度信号有用，而且也可与高速视频摄像比较。

CAD 数据是构建 FEM 模型的基础。为此要试验、检测汽车各构件的性能，从各个部件到整个汽车结构。大多数汽车生产厂家安装在超级计算机中的软件是仿真设计的重要工具。

9.10.3 部件计算

在很多交通事故中，吸能的最重要组件是汽车前纵梁。很多理论工作者潜心研究凹凸皱坑（坑坑洼洼）的现象，将其作为优化碰撞能量转换的方式。平均凹凸力 F 的关系式[79]为：

$$F = \sigma_F \delta_F \alpha_F \frac{s_x^2 U_x}{U_a}$$

式中，σ_F 为变形系数；δ_F 为材料屈服强度；σ_F 为与速度有关的增大系数，$\alpha_F = 1.0 \sim 1.5$；s_x 为板材厚度；U_x 为材料厚度为 s_x 时的型材周长；U_a 为型材总周长。

采用按有限元法（FEM）的程序功能块 DYNA3D 和 PAM-Crash 程序就可计算这类问题。特别重要的是纵向和横向支撑，如前纵梁支撑。这些支撑将碰撞力传递到车身。可以清晰地识别凹凸皱坑的萌发。在出现凹凸皱坑时，按变形长度可以转换最大部分的碰撞能量。在纵向弯曲时由于纵梁弯曲力矩大，能量转移最小。图 9.51 是纵梁的仿真计算[80]。

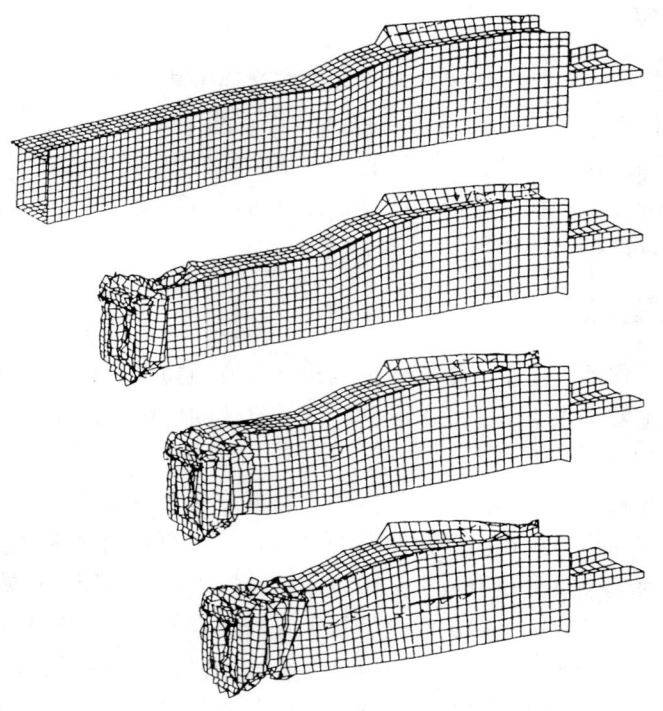

图 9.51 纵梁的有限元模型（变形时的状态）

也试验其他的纵梁制造方法，如粘贴、板件咬合连接、激光焊接和其他材料，如特制坯件（型材）、纤维增强塑料等[80]。

还可以仿真计算很多新的组件，如汽车内部空间、安全气囊、安全带、转向系、头部冲击范围等的构件、组合件。

9.10.4 整车设计

还在方案阶段，设计师利用预先给定的、基本设计的外形数据，如轴距、轮距、动力装置尺寸和位置以及其他的设计尺寸的数据，就可进行第一次的计算流程。当然，这些外形数据只作为原理性研究，还不能提供量的结论。但可以据此制作样车并很好地预测样车的安全性能。在稍后的开发阶段，可从仿真计算和试验两方面得到精确的、期盼的结果。

由于计算容量的扩展（平行计算机），可使用细化的 FEM 模型，使即便是汽车—汽车碰撞这样复杂的问题还可在接受的计算时间内完成。图 9.52 是汽车与汽车碰撞模拟实例[81]。

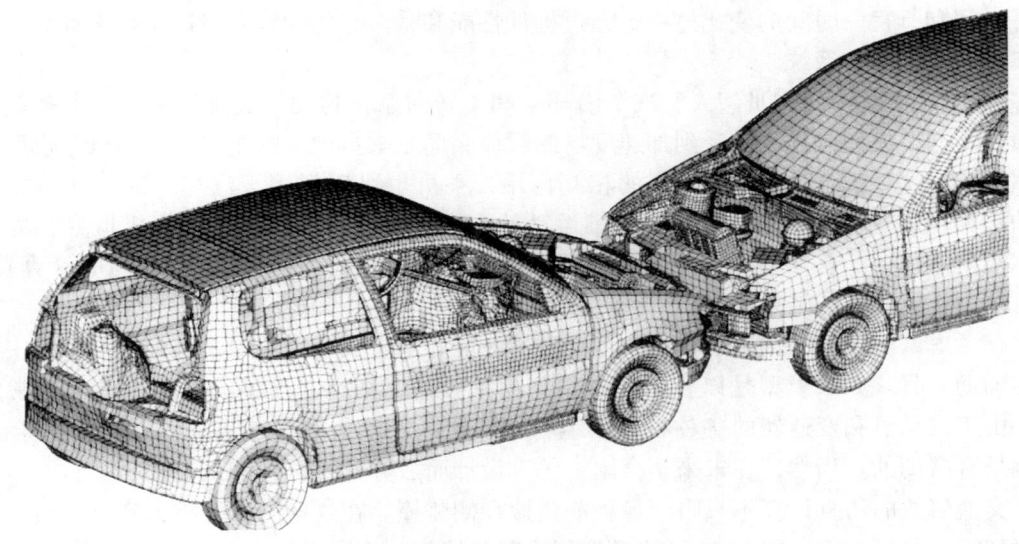

图 9.52　汽车与汽车的碰撞模拟

1. 整车模型

有必要在整个计算中得到汽车和乘员状态（行为）的数据。正如在 2 中提到的研究法（方法学）的应用，在很大程度上取决于所提出的任务（设计任务书）。在这期间已出现不少新的手段。这些手段可以在产品设计过程的早期阶段进行第一次设计[82]。

2. 汽车模型

在 FEM 程序中定义的汽车模型由下列组件组成：

1）有 72 根梁的汽车前部。
2）积木式的模块发动机。
3）作为接触面的平坦的壳状结构（220 个壳状构件）。
4）刚性乘员室。

梁构件的前部结构使它在纵向、横向和高度方向的刚度分布可以变化。这样可以用较少的费用和计算时间（即便在较复杂的 FEM 模型中）检验各种模型方案。使用者预先给定梁构件的变形力。梁构件的力—行程特性可任意定义，但为"克隆（复制）"试验，则要使用真实的汽车或常规的 FEM 计算。

3. 乘员模拟

利用 MKS 程序模拟乘员可优化乘员安全带拉回系统。为建立模型，首先要输入准确的数据，特别是试验假人的数据。在模拟试验假人时，构建模型要在各汽车生产厂家之间密切合作[46]。MKS 程序仿真计算可在三个主要范围继续进行安全性开发：

1）原理和趋势分析。

2）系统的可信度检验。

3）结构件数据开发。

在优化安全带（如分析安全带夹紧器、安全带拉紧器、座椅性能、安全带固定点位置）和安全气囊时可使用 MKS 仿真计算法。

可以描述试验假人对车身或各个构件的相对运动。也可表示试验假人的减速度—时间、力—时间和行程—时间的变化过程。通过构件性能和乘员行为的耦合可以用仿真计算法评价汽车和乘员的整个系统。

图 9.53 中是 HybridⅢ假人、汽车内部空间、转向系、驾驶人安全气囊。与大多数的乘员模型不同，模型假人没有受到加速度场的载荷，而是乘员周围的车内空间与汽车模型的乘员室耦合。这种耦合是乘员—汽车的相互作用，乘员也可反作用于汽车。耦合（不需要后续的计算费用）可以使乘员在一个 3 维运动的汽车环境中。为不离开计算机世界和为专门模拟侧向碰撞，在这期间开发了各种试验假人的 FEM 仿真计算。这需要较高的计算费用，但可达到接近实际的结果[82、83]。

在考虑试验假人的情况下，仿真计算碰撞性能和乘员安全带拉回系统是开发过程中的重要的辅助工具。如果模型是以整个模型系列为基础的，则建立模型的费用可作为正常的开支。由于发动机和变速器的各种各样的组合，即便是发动机和变速器的"最坏"组合，计算也是有帮助的。当然，在未来不会因为仿真设计而放弃开发试验和认证试验。

交通事故的仿真计算不只限于各种前碰撞和侧碰撞。在这期间更要扩大到后碰撞、汽车翻滚和行人保护方面。图 9.54 是为模拟行人腿部撞击到汽车车身的试验配置图[84]。

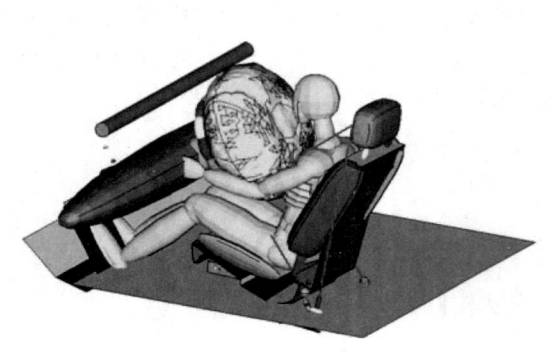

图 9.53　乘员模拟

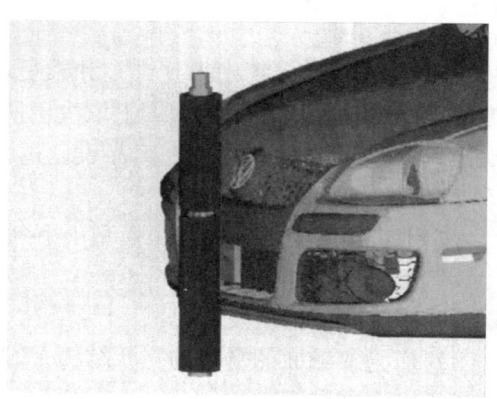

图 9.54　模拟行人腿部冲击器

仿真计算范围的扩大可明显减轻对每个模型的试验工作。为增加模型方案的数量和试验数量，迫切需要扩大现有计算机的容量。

9.11 总结

汽车安全性是整个产品设计过程中的一部分。通过使用现代技术和先进手段，进一步提出安全性的各种可能途径和方案，使作为交通运输工具的汽车更加安全。各个汽车生产厂家的创新精神（与必要的安全性法规无关）重新汇聚到这个重要的安全性领域，因为在交通事故后果减轻措施的安全性方面进行了多达 90% 的可想象到的和有重大意义的系统改进（目前继续改进行人保护、改进时尚限制、改进兼容性）。交通事故预防十分重要。在那些已经使用传感技术的部位（如预碰撞识别）也可对进一步改进乘员保护系统有所帮助。可以想象的是：在将碰撞时刻将座椅、座椅靠背、头枕放到正常位置，关闭活动车顶，安全带拉紧器部分放松等措施都已用于批量生产的汽车上。欧洲委员会和汽车工业同意在汽车上使用自动紧急呼叫系统，在发生重大交通事故时该系统被激活。这是一个非常好的事情[85]。因此，几乎可以认为即便是混合动力汽车和电动汽车，特别是纯电动汽车，也会符合相同的安全性标准。像轨道交通一样安全的车辆道路交通正在实现。

参 考 文 献

1. Braess, H.-H.: Aktive und passive Sicherheit im Straßenverkehr. Zeitschrift für Verkehrssicherheit **42** (1996)
2. Barény, I. B.: Das Prinzip des gestaltfesten Fahrerraums. Deutsches Bundespatent 854.157 (1952)
3. Wilfert, K.: Entwicklungsmöglichkeiten im Automobilbau. ATZ 273–278 (1973)
4. Seiffert, U.: Fahrzeugsicherheit Personenwagen. VDI-Verlag, Düsseldorf (1992)
5. Seiffert, U.: Die Automobiltechnik nach der Jahrtausendwende. Euroforum München 25./26. Mai 1998
6. Statistisches Bundesamt Deutschland, Verkehr, 2011
7. Klanner, W.: Status report and future development of the Euro NCAP programme. 17th International Technical Conference on the Enhanced Safety of Vehicles, Amsterdam, 2001
8. Seiffert, U., et al.: Automotive Safety Handbook. Professional Engineering Publishing (2003)
9. Appel, H., Krabbel, G.: Unfallforschung und Unfallmechanik. Vorlesungsskript, TU Berlin, ISS Fahrzeugtechnik (1994)
10. International Road Traffic and Accident Database (2006)
11. Danner, M., Langwieder, K., Hummel, T.: Experience from the analysis of accidents with a high belt usage rate and aspects of continued increase in passenger safety. 11th International Technical Conference on the Enhanced Safety of Vehicles, Washington, DC, 1987
12. Langwieder, K.: Perspektiven der aktiven und passiven Fahrzeugsicherheit. Verkehrsunfall und Fahrzeugtechnik (1) (2003)
13. Brunner, H., Georgi, A.: Drei Jahre Verkehrsunfallforschung an der TU Dresden. ATZ **Jahrgang 105**(2) (2003)
14. Scheunert, D., Sferco, R., Becker, H.: Unfallforschung – Wo liegen Potenziale? Verband der Automobilindustrie: Technischer Kongress, Stuttgart, 2002
15. Jungmichel, M., Stanzel, M., Zobel, R.: Special aspects in accident reconstruction in the accident investigation department of Volkswagen. EVU Tagung 2002, Portoroz, Slovenija
16. Langwieder, K.: 2te Tagung Aktive Sicherheit, München, 2006
17. Zobel, R.: Bewertung der Wirksamkeit von Maßnahmen der aktiven und passiven Sicherheit/Evaluation of effectiveness of measures of primary and secondary safety. 15. Aachener Kolloquium Fahrzeug- und Motorentechnik, 2006
18. Schwarz, T.: Vergleich der Crashtestbedingungen für Personenkraftwagen mit dem realen Unfallgeschehen. Technische Universität Berlin, ISS-Fahrzeugtechnik, März 1999
19. Becker, H., Sferco, R.: Anwendung von Realunfalldaten in der Fahrzeugentwicklung am Beispiel des Frontairbags. Schriftenreihe der Bundesanstalt für Straßenwesen. Bergisch Gladbach (2003)
20. Brühning, E., Otte, D., Pastor, C.: 30 Jahre wissenschaftliche Erhebungen am Unfallort für mehr Verkehrssicherheit. Zeitschrift für Verkehrssicherheit **4**, 175–181 (2005)
21. Rabe, M., et al.: Fahrzeugtechnologien zur Steigerung der Verkehrssicherheit. MPC Verkehrssicherheitstage, Berlin, 25./26. August 2008
22. http://www.volkswagen.at/modelle7Scirocco/zahlen_fakten/sonderausstattungen/. Zugegriffen: Oktober 2010
23. http://www.7-forum.com/modelle/e65/zulieferer/hella/kurvenlicht.php. Zugegriffen: Oktober 2010
24. http://www.volkswagen.de/vwcms/master_public/virtualmaster/de3/unternehmen/innovation_technik/

assistenzsysteme/acc.html. Zugegriffen: Oktober 2010
25. http://http:www.audi.de/etc/medialib/cms4imp/audi2/product/a8/a8/d3.Par.0299.Image.jpg. Zugegriffen: Oktober 2010
26. Schulenberg, P., Gonter, M.: Active safety by driver assistance systems. International Seminar on Automotive Electronics Technology, Society of Automotive Engineers of China (SAE-China), Shanghai, 17./18. März 2009
27. http://www.auto-_esthofer-_team.com/Haendler/A00340/?audi&id=98000&DOM=/haendler/modelle/a7/a7_Sportback/ausstattung/assistenz_Systeme/nachtassistent_mit_marketing_erkannter_fussg/. Zugegriffen: Oktober 2010
28. http://www.bmw.com/com/de/newvehicles/3series/coupe/2006/allfacts/ergonomics_bmw_autobeam.html. Zugegriffen: Oktober 2010
29. Hella: Fahrerassistenz-System: Technische Informationen. Hella KG Hueck & Co., Lippstadt. http://www.hella.com/hella-de-de/assets/media_global/Autoindustry_ti_fas_d.pdf . Zugegriffen: Oktober 2010
30. http://www.volkswagen.de/vwcms/master_public/virtualmaster/de3/modelle/touareg/highlights/Innovationen.html. Zugegriffen: Oktober 2010
31. http://www.volkswagenag.com/vwag/vwcorp/info_center/de/themes/2010/05/Shining_light.html. Zugegriffen: Oktober 2010
32. Eigth Stapp Car Crash Conference, Wayne State University Press, Detroit, 1996
33. IRCOBI proceedings 1998, International IRCOBI conference on Biomechanics of Impact. Göteborg, 16.–18. September 1998
34. AAAM (American Association for Automotive Medicine): The Abbreviated Injury Scale, 1980 Revision
35. Otte, D., et al.: Der neue Abbreviated Injury Scale (AIS) 2005. Zeitschrift Verkehrsunfall und Fahrzeugtechnik (2006)
36. Swearingen, I.: Tolerances of human face to crash impact, repart no. AM 65-20. Federal Aviation Agency, Oklahoma City, Juli 1965
37. Patrick, L.M., et al.: Survived by Design-Head-Protection, 7. Stapp Car Crash Conference, Oklahoma City
38. Fiala, E., et al.: Verletzungsmechanik der Halswirbelsäule, Technische Universität Berlin, März 1970, Forschungsbericht
39. IRCOBI 1999 International Ircobi Conference on the Biomechanics of Impact, Sitges, Spain, 1999
40. Gonter, M., et al.: Potential of adaptive restraints in frontal collisions. 7th International Airbag Symposium on Car Occupant Safety Systems, 2004
41. Prüferschrift nach SAE J 921 Motor Vehicle Instrument Panel Laboratorium Impact Test Procedere – Head Area, November 1971
42. Denton ATD Inc. Product Description, Milan, USA, www.denton.com
43. Wittemann, W.: Improved Vehicle Crash-Worthiness. Design by Control of the Energy Absorption for Different Collision Situations. Eindhoven (1999)
44. Safety Wissen by cars. US-Standard, FMVSS 208
45. US-FMVSS – No. 301: Fuel System Integrity, National Highway Safety Administration; NHTSA: FMVSS 214: Schutz gegen Seitenaufprall, Washington, USA
46. Chou, E., et al.: A literature review of rollover test methodologies. Int. J. Vehicle Safety **1**(Nos 1/2/3) (2005)
47. Buck, W.: Energy absorbing sterring column and safety steering wheels in focus. Automobil Industrie **3**, 27–42 (1975)
48. Juby, D., O'Neill, B.: Steering column movement in several frontal crashes and its appearent effect on airbag performance. 17. ESV-Conference, Amsterdam, 2001
49. Gonter, M.: Steuerkonzepte für adaptive Airbagsysteme zur Insassen- und unfallspezifischen Optimierung des Insassenschutzes. ProBusiness Verlag, Berlin (2007)
50. http://www.seat.de/seat_/magazin/technik-lexikon/p/pyrotechnische_gurtstraffer/contentParagraphs/0/image/pyrotgurt.jpg. Zugegriffen: Oktober 2010
51. Economic Commission for Europe (ECE): Einheitliche Bedingungen für die Genehmigung der Rückhalteeinrichtung für Kinder in Kraftfahrzeugen
52. http://www.volkswagen-zubehoer.de/shop/index.php?cat=c93_Kindersitze.html . Zugegriffen: Oktober 2010
53. Degener, M.: ISOFIX, das neue Befestigungssystem für Kindersitze. Haus der Technik, Essen, 29. September 1998
54. Insurance Institute for Highway Safety. Status Report, Vol. 33, 9. Oktober 1998
55. Sziliagyi, I., et al.: Consequences of the new NHTSA regulations. 5th International Symposium Airbag, Karlsruhe Dezember 2000, ISSN 0722
56. Gonter, M., et al.: Systemanforderungen und Potentiale des adaptiven Insassenschutzes. VDI Tagung, Innovativer Insassen- und Partnerschutz, Berlin, 2005
57. Die neue S-Klasse. ATZ/MTZ Sonderausgabe (1998); Der neue Maybach. ATZ/MTZ (2002)
58. Ventre, P.: Homogenous Safety and heterogeneous Carpopulation? 3. International Technical Conference on Experimental Safety Vehicles, Washington, D.C., Juni 1972
59. Seiffert, U.: Probleme der Fahrzeugsicherheit. Dissertation, Technische Universität Berlin (1974)
60. Appel, H.: Sind kleine Wagen unsicherer als große? VDI-Nachrichten **7** (1975)
61. Richter, B., et al.: Entwicklung von Pkw im Hinblick auf einen volkswirtschaftlich optimalen Insassenschutz. Abschlussbericht BMTF, S. 116, gefördert vom Bundesminister für Forschung und Technologie, 1984
62. Huber, G.: Passive safety of vehicles including partner protection. Fisita, Prag (1996)
63. Relou, J., et al.: Entwicklung kompatibler Fahrzeuge mittels kompatibilitätsbewertender Crashsimulation. VDI, Berechnungstagung, Würzburg, 1998; Relou, J.: Methoden zur Entwicklung crash-kompatibler Fahrzeuge. Dissertation, TU Braunschweig (2000)
64. Schwarz, T.: Selbst- und Partnerschutz bei frontalen Pkw-Pkw-Kollisionen (Kompatibilität). VDI-Bericht, Reihe 12. Bd. 502. VDI-Verlag, Düsseldorf
65. Scheef, J.: Anforderungen an Fahrzeugsicherheit. Symposium Concept, Graz, Februar 2004
66. Insurance Institute für Highway Safety: Status Report Side Impact Crash Tests, Bd. 39, Nr. 5, April 2004
67. Schimmelpfennig, K.-H.: Bord Frame, a possible contribution to improve passive safety. 15. International Technical

Conference on the Enhanced Safety of Vehicles, Melbourne, Australia, May 1996
68. http://wg17.eerc.org/wg17publicdoes/wg17publication.html
69. Gonter, M.: Moderne Rückhaltesysteme in Fusion mit der Aktiven Sicherheitl. Tagung Airbags, Ludwigsburg, 2001
70. Gonter, M., et al.: Entwicklungstendenzen bei Sicherheitseinrichtungen moderner Pkw. Symposium »Die neue Fahrzeuggeneration«, Landesfeuerwehrschule Hamburg, 2003
71. König, M., et al.: A sensor system for pre-crash deployment with extremely low false alarm rate. 5th International Workshop on Intelligent Transportation (WIT), Hamburg, Germany, 2008
72. Waldt, N., et al.: Testing of pre-crash-airbag-systems with extreme low false alarm rate. 9th International Airbag Symposium on Car Occupant Safety Systems 2008
73. Wohllebe, T., et al.: Potential of pre-crash restraints in frontal collisions. 8th International Airbag Symposium on Car Occupant Safety Systems, Dezember 2006
74. Gonter, M., et al.: PyroBrake baut noch 100 Millisekunden vor dem Crash Energie ab. Volkswagen, Wolfsburg (2008)
75. http://www.volkswagen.de/vwcms/master_public/virtualmaster/de3/metacontent/Technik_Lexikon/proaktives_insassenschutzsystem.popup.html. Zugegriffen: Oktober 2010
76. Rößler, et al.: Car2X Safety – Future development of active safety systems based on vehicle communication systems. 7th International Workshop on Intelligent Transportation (WIT), Hamburg, Germany, 23.–24. März 2010
77. Seiffert, U., Scharnhorst, T.: Die Bedeutung von Berechnungen und Simulationen für den Automobilbau. VDI-Bericht, Bd. 669. VDI-Verlag, Düsseldorf (1988)
78. Gonter, M.: Ermittlung von Einflussgrößen in der Insassensimulation – Adaptive Airbagsteuerung – modellgestützte Identifikation von Einflussfaktoren und Wechselwirkungen, DOE-Tag, Wolfsburg, 2003
79. Vortragsausdrucke der 4. IfT-Tagung. Braunschweig, Juni 1982
80. FAT-Bericht Nr. 146: Konzept für numerische Auslegung durch Blechbauteile (1999)
81. Relou, J., et al.: Berechnung und Simulation im Fahrzeugbau. VDI-Bericht, Bd. 1411. VDI-Verlag, Düsseldorf (1998)
82. Kersten, R.: Methodik zur Entwicklung von crashkompatiblen Gesamtfahrzeugkonzepten. Dissertation, TU Braunschweig (2004)
83. FAT-Bericht Nr. 150: Charakterisierung von US SID und EUS ID-1 zur Ermittlung von Daten für FEM-Crashsimulation
84. Strutz, T., et al.: Frontendgestaltung für den passiven Fußgängerschutz. 2. Braunschweiger Symposium Karosserie 2005, GZVB, Braunschweig (2005)
85. Europäische Kommission: IP/05/134 Notrufnummer »112« von Auto, Brüssel, 03.02.2005
86. Michael, V.: Integrale Sicherheit in der Elektromobilität. Hanser Automotive **11** (2010). http://www.sgs-tuev.de
87. Baker, B.C., et al.: Crash compatibility between cars and light trucks: benefit of lowering front-end-energy absorbing structure in SUVs and pickups. Accident analysis and prevention **40**, 116–125
88. Seeck, A.: Bewertung integrierter Sicherheit im Sinne eines harmonisierten Ansatzes. 2. Automobiltechnisches Kolloquium, VDI, München
89. VDA, Verband der Automobilindustrie: Tagungsband 13. Technischer Kongress, Berlin, 2011
90. Bartstübner, J.: Einmalige Chance. Automobilindustrie **5**, 22–31 (2011)
91. Kramer, F.: Passive Sicherheit von Kraftfahrzeugen. Springer Vieweg, Wiesbaden (2009)
92. Appel, H., Krabbel, G., Vetter, D.: Unfallforschung, Unfallmechanik, Unfallrekonstruktion. Vieweg, Wiesbaden (2002)
93. http://www.avd.de/startseite/service-news/news/alle-news/2009/oktober/avd/avd-und-kvda-fordern-warnsystem-fuer-einsatzfahrten-der-rettungskraefte

一般文献

94. Kramer, F.: Passive Sicherheit von Kraftfahrzeugen, Grundlagen – Komponenten – Systeme. Springer Vieweg, Wiesbaden (2013)
95. Seiffert, U., et al.: Automotive Safety Handbook. SAE International, Warrendale (2004)
96. Zobel, R., et al.: International technical automotive conference compatibility in road traffic. ATZ, MTZ, Dresden (2005)
97. Winner, H., Hakuli, S., Wolf, G. (Hrsg.): Fahrerassistenzsysteme. Vieweg+Teubner, Wiesbaden (2009)
98. VDI-Berichte zu Innovativem Insassen- und Partnerschutz
99. VDI-Berichte zur Berechnung und Simulation im Fahrzeugbau
100. VDI-Berichte zu »Automotive-Security«
101. Fraunhofer Institut Chemische Technologie: Air Bag. Internationale Symposien, Karlsruhe,
102. FISITA–Conferences
103. FISITA Safety Summit, 2010/www.FISITA.com
104. ESV – Experimental Safety Conferences
105. VDA, Frankfurt, Berlin: Tagungsbände zu den Technischen Kongressen
106. GZVB e.V./ITS Niedersachsen e.V. Braunschweig. Tagungsbände zu AAET

第 10 章 材料和生产方法

10.1 回顾

在汽车上使用的材料和工艺总是反映当时的技术水平,并使用满足设定要求的材料和生产方法,以下回顾早先汽车上所用的材料与材料工程,从中可看出它们的发展脉络,见表 10.1、表 10.2。

表 10.1 成功的创新和寻找故障实例

年　份	公司/汽车	说　明	
1922	Weymann-Karosserie	用皮革绷紧的车身以降低嘎嘎声	↓
1924	du Pont	火棉漆,涂漆时间从 2 周减至 2 天,并可保证表面质量	↑
1926	Safety Stutz	利用放入玻璃中间的金属丝层防止裂成碎片的安全玻璃	↑
1936	大众	镁铸件,主要用于变速器体和曲轴箱,以减轻重量	↑
20 世纪 40、50 年代	Crosley-Kleinwagon	由模压和冲压钢板件组成的发动机	↓
1941	欧宝	浸底漆	↑
1945	GrégoireAF	承载铝车身与铸铝件	↓
20 世纪 40 年代末期	米其林	钢帘线带轮胎	↑
20 世纪 50 年代	Lloyd 300 ("Leukoplastbomber")	带胶合板的硬木底盘和人造革护层	↓
1954	Panhard Dyna54	由点焊铝板组成的自承载车身	↓
1954	通用克尔维特	有纤维增强塑料外件的钢车架	→
1957	莲花 Elite Coupé	玻璃纤维增强塑料车身,三个相互粘接的大平面件	→
1962	Glas	驱动凸轮轴的塑料齿形带	↑
1977	保时捷	白车身用的热镀锌钢板,保证 6~10 年防腐	↑
1980	通用克尔维特	玻璃纤维增强板簧	→
1981	DMC(DeLoreanMotor-Company)	中央钢车架、纤维增强塑料和拧在它上面的不锈钢外表件	↓
1983	Polimotor Research Inc.	四缸点燃式发动机固定件等由酚醛复合塑料组成	↓
1994	奥迪 A8	空间铝车架结构的全铝车身	↑
1997	博世	高压柴油喷射共轨	↑
1997	丰田普锐斯	首先批生产成熟的混合动力汽车	↑
2000	美国 Marine	可采用民用 GPS	↑
2003	保时捷 Garrera GT	首先批生产完全由 CFK 材料制成的底盘和发动机支架的汽车	↑
2008	Tesla Roadster	首先批生产成熟的现代电动汽车	→

注:↑可能以这种形式或另外形式实现。

　　→将进一步跟踪。

　　↓没有实现。

表 10.2　新材料和新工艺的先导者

年份	公司/汽车	说明
1895	米其林	汽车拉力赛中使用充气轮胎
1899	Dürrkopp	开发小型运动车，采用铝车身以减轻车重
1900	迈巴赫/戴姆勒	戴姆勒公司向它的子公司"梅赛德斯"提供的 Jellinek 汽车发动机由镁铝合金制造，蜂窝式散热器由黄铜制造
1934	Auto-Union	在 16 缸发动机上采用铸铝曲轴箱和气缸盖
1962	保时捷	F1 方程式发动机钛连杆
1963	保时捷 904 GTS	有 GFK 外皮的第一批德国批量生产汽车
1967	保时捷 910/8	使用铝网格管式车架和构件二次功能的机油输油管
1971	保时捷 917	使用镁网格管式车架
1981	Hercules/迈克拉伦/路特斯	F1 方程式汽车承载结构首次采用增强的碳纤维塑料
1982	空心轮辐轮辋（铸镁合金），带轮胎气压监控	空心铸造，摩擦焊轮辋，用于保时捷 956 赛车
1986	Stabi aus CFK	用于保时捷 956 赛车
1986	杜邦公司的合成纤维与碳纤维复合，以保护车底护板	用于保时捷 959 赛车（Ralley-Version），为一种材料规格，在改善抗磨损强度时可大幅减轻重量
1994	锻镁轮辋，BBS	用于法拉利汽车

19 世纪的汽车要与各种各样的材料打交道。底盘和车身采用马车上的材料，动力装置采用固定式发动机的钢、铁和非铁金属材料。由于汽车需求的推动，汽车用的材料在此基础上得到不断发展。

当时的汽车车身不耐气候变化。从现今的眼光车内谈不上装饰。闸瓦式制动器上的制动衬面材料为皮革。车架早先为钢管，20 世纪头十年被木材和铁的组合车架替代。再后来，在重量轻、承载能力高的要求下被冲压的钢车架替代。

车身材料主要为木材，个别的也用铝、木材与钢板的组合。发动机盖常常是由铝板整件加工而成。

木材作为车身最重要的材料一直保持到 20 世纪 30 年代。按车身所用的木材品种，多为多层结构，经数天干燥，再用胶将它们压在一起。仪表板采用木板，其名称一直沿用至今。车轮像在马车上那样，采用木材轮辐。

由于疲劳（如曲轴或弹簧），经常出现零件失效而使设计者加大零部件尺寸。通用（GM）公司在 1911 年建立它的第一个材料实验室，以改善对金属材料性能的了解。

1907 年福特（Ford）为 T 型车前桥采用昂贵的钒合金钢，它的强度要比常规的钢的强度高。

在第一次世界大战后，设计师致力于减轻汽车重量，加上其他原因促使铝材料的使用不断增加，如发动机曲轴箱、变速器体和车身部件。还在早前，在美国首先使用如与车架连接的铝压铸件，使美国的汽车工业很快成为铝压铸件的最大用户。零星的甚至像车顶、车门的大面积薄壁件采用砂型铸造。

但压铸件也存在像锌压铸那样的一些问题。

带有铜、铅、锡的锌合金不洁物在与空气中的湿气（水分）结合时引起电解过程而导致组件损坏［即所谓的"锌的瘟疫（Zinkpest）"］。采用足够高成分的锌合金才有可能排除这种问题。

1913 年及 1915 年，美国道奇和 Pontiac 公司首先在批量生产汽车上使用全钢车身。车身的弯曲和扭转刚度高于当时所用的木板与钢板混合结构车身的相应性能。为生产基于 Edward G. Budd 专利和多达 300 个金属板件组成的车身，从法国进口新开发的 Acetylen 焊接设备。在这时也已有点焊机，当时车身的焊点约有 1100 个。

金属板件成型当时是由技师手工制作的，成本高。这也是为何全钢车身直到 20 世纪 20 年代到 30 年代才不断地在批量生产汽车上使用的原因。其先决条件是要开发高吨位的车身金属板压力机，以实现车身金属板件的大批量生产。如福特公司生产的 T 型车前桥和木框架车身到 1927 年才实现产品转换。同样，在那年 Krupp 公司提出对车身件适用的、专门的拉深薄钢板。

此后，有行驶能力的梯子形车架结构成为主导结构，车身就可装配在它上面。

但也有例外的情况，如在 1922 年出现的蓝旗亚 Lambda 车架，它是盒状的拉深车架，可部分地看成是自承载车身的第一批汽车。蓝旗亚采用没有常规汽车底盘的专利。

在 20 世纪 30 年代，在大多数发动机上铝活塞材料替代铸铁活塞材料。在这期间铝气缸盖由于它的耐久性问题不怎么成功使用。

同样，在 20 世纪 30 年代合成橡胶的应用增加。如克莱斯勒公司为汽车的减振、降噪在它的 4 缸发动机上采用橡胶支架。随后首次使用橡胶密封车身。

因为汽车设计越来越多地成为销售的论证，正是这一点，设计师开始装饰汽车外表。福特公司为汽车散热器体、车门把手和罩/盖采用不锈钢。基于同样目的，在 20 世纪 30 年代越来越多的风格件镀铬。

1955 年汽车平均使用约 5kg 塑料，大多用于装饰件，如车轮罩标志（商标）或喇叭按钮。在 1960 年到 1970 年间塑料平均用量从 11kg 增加到 45kg，其中大部分用于汽车非承载的内饰件。

在开始将塑料引入汽车的过程中是有争议的。在这期间，塑料由于它的"微不足道"而没有实际的使用。直到 20 世纪 60 年代塑料已为大家所接受，并不断改变它是便宜的代用材料的印象。

更多原因是复合纤维塑料至今还不能大批量生产。与铝和钢相比，复合纤维塑料贵以及还有费工费时（部分的生产周期长）的生产方法、检验方法和质量安全方法的缺点。

10.2 现代汽车材料

以下介绍有关"材料和生产方法"这个大课题的概况以及与此紧密联系的汽车领域的生产、连接和再生方法。

10.2.1 汽车上各材料组所占的质量分数

图 10.1 表示 2007 年和展望 2015 年乘用车所用的各种材料份额的质量百分数。

与早先预测的不同，在过去的 30 年钢材料份额并没有像过去预示的那样急剧地减少。同样，在未来钢材料份额由于非铁金属领域（轻金属）和现代塑料材料的替代还会有少许下降。

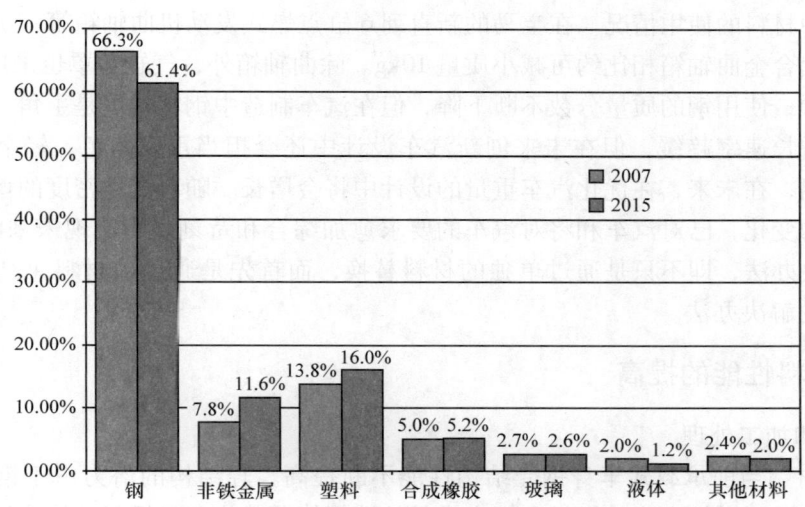

图 10.1　乘用车上各种材料在所用的材料中的质量分数[7]

（1）车身　在车身上，钢仍然是主要的材料，在聚焦轻结构车身时选择屈服强度 $R_{p0.2}$ 为 180MPa，直至达 1800MPa（硼合金钢）的高强度和最高强度的钢[8]。

铝车身至今主要用于高档汽车、3L 汽车（100km 燃料消耗 3L）、紧凑型汽车和小型汽车上（如早先的奥迪 A2）。

镁已在现代汽车车身的许多范围使用，如座椅框架、车门框架、仪表板支架或车顶组件。

塑料在汽车内饰中起着重要作用。在汽车外饰范围塑料主要用于汽车前部和后部衬里。塑料也可以与金属材料组成混合形式的组件，从而发挥这两种不同材料的性能优势，纤维复合材料对大批量生产的汽车至今没有发挥作用，或只充当次要作用。由于较贵的加工费用和难以保证质量，至今在较广泛的使用上没有取得进展。可能是 SGL Carbon 和 BWM AG 联合企业为 "Mega 城市汽车（Mega City Vehicle）" 制造由碳纤维组成的车身组件指出了一条道路[9]。

不断增多的不同材料的白车身数量具有钢、铝、镁或塑料的不同份额的混合结构。其目标是在车身的不同范围使用最有效的材料。混合结构车身的实例如 Aston Martin、奥迪 TT 或保时捷 Panamera。

（2）底盘　在底盘上轻金属特别是铸造铝合金或锻造铝合金在所用的材料中越来越多地占有较大的质量分数，而钢和铁的质量分数连续下降。

在典型的车身范围（摆动支架、导杆等），镁合金由于耐蚀性差、力学性能低还没有采用。

镁合金车轮在技术上是可行的，但仅限于运动车领域的小批量使用（如保时捷卡雷拉 GT）[11]。

（3）动力装置　在动力装置上使用多种材料，即最早的"多种材料设计（Multi-Material-Design）"概念[12]。如高硅铝合金（如 AlSi17Cu4）或灰铸铁的曲轴箱、玻璃纤维增强塑料进气管、锻钢曲轴、催化转化器的陶瓷材料、嵌入铝曲轴箱体陶瓷预成型的低磨损气缸套工作面等多种材料的使用情况。在宝马的新直列6缸点燃式发动机曲轴箱第一次成批使用镁铝合金。与铝合金曲轴箱相比约可减小质量10kg。除曲轴箱外，气缸盖罩也采用镁合金。

总体上看，使用钢的质量分数不断下降，但在汽车制造中钢材料仍是主角。在最近几年使用塑料的增长速率趋缓，但在未来创新汽车设计中还会担当重要角色。轻金属的质量分数，特别是铝，在未来，在优化汽车重量的设计中将会增长。随着交通密度的增加和由于社会的、生态的变化，已对汽车和将对汽车的要求愈加综合和苛刻。为实现未来的汽车任务，要有新的解决办法，即不只是通过单独的材料替换，而首先是通过"材料+结构+加工方法"的综合的解决办法。

10.2.2　材料性能的提高

1. 强度和加工处理

（1）钢材　当前承载式车身钢壳结构性能不断提高。轻结构的潜力由于钢材和钢半成品的进一步发展而增长。这些钢材和钢半成品的性能使承载式车身钢壳结构比当前车身的成本降低、重量减轻[13]。

下面观察车身所用薄钢板领域的专门发展（表10.3）。在较早只使用软薄钢板以后，发展的第一步主要是开发高强度的薄钢板（最小屈服强度>180MPa）。最近，由于不断深入开发最高强度的薄钢板，部分的抗拉强度已超过1200MPa。

表10.3　连续熔化和精制的钢板产品，摘自 DIN-EN 10346

	屈服强度 $R_{p0.2}$/MPa	抗拉强度 R_m/MPa	断裂延伸率 A_{80}（%）（最小）	垂直的各向异性值 r_{90}（最小）	冷作硬化指数 n_{90}（最小）
软薄钢板					
DX54D+Z	120~220	260~350	36	1.6	0.18
DX56D+Z	120~180	260~350	39	1.9	0.21
DX57D+Z	120~170	260~350	41	2.1	0.22
微合金钢					
HX260LAD+Z	260~330	350~430	26	未给出	未给出
HX340LAD+Z	340~420	410~510	21	未给出	未给出
HX420LAD+Z	420~520	470~590	17	未给出	未给出
烧硬钢（DIN EN 10292）					
HX180BD+Z	180~240	290~360	34	1.5	0.16
HX260BD+Z	260~320	360~440	28	未给出	未给出
HX300BD+Z	300~360	400~480	26	未给出	未给出
IF钢					
HX180YD+Z	180~240	330~390	34	1.7	0.18
HX220YD+Z	220~280	320~400	32	1.2	0.15
HX300YD+Z	300~360	390~470	27	1.3	0.15

（续）

	屈服强度 $R_{p0.2}$/MPa	抗拉强度 R_m/MPa	断裂延伸率 A_{80}（%）（最小）	垂直的各向异性值 r_{90}（最小）	冷作硬化指数 n_{90}（最小）
双相钢					
HCT500X + Z	300 ~ 380	≥500	23	未给出	0.15
HCT600X + Z	340 ~ 420	≥600	20	未给出	0.14
HCT780X + Z	450 ~ 560	≥780	14	未给出	未给出
HCT980X + Z	600 ~ 750	≥980	10	未给出	未给出
TRIP 钢					
HCT690T + Z	430 ~ 550	≥690	23	未给出	0.18
HCT780T + Z	470 ~ 600	≥780	21	未给出	0.16
复合相钢					
HCT780C + Z	500 ~ 700	≥780	10	未给出	未给出
HCT980C + Z	700 ~ 900	≥980	7	未给出	未给出
马氏体钢					
HDT1200	900 ~ 1150	≥1200	5	未给出	未给出

1）软薄钢板。由于对材料的可拉深性和可延伸性的要求不断提高，除较长时间以来知道的软薄钢板外，还开发了特别高的断裂延伸率的薄钢板品种 DX56、DX57。通过优化真空处理调整材料中的少量的碳含量和氮含量，以及除去相应的合金元素就能实现这样的要求。

2）高强度钢

① 微合金钢（符号 LA）。微合金钢（合金元素为铌、钒和钛）就是属于经过考验和较长时间以来在很多汽车生产厂家使用的钢。这些钢是在 20 世纪 70 年代中期开发的，往后不断发展。目前在白车身上高强度和最高强度的薄钢板以重量计已超过 50%。自开发这些钢种以来，与非合金钢相比强度不断提高，且同时有良好的加工性能。目前可提供最小屈服强度达 500MPa 的微合金钢。

② 烧硬钢（符号 B）。还可供应称为"烧硬钢"（Bake Hardening Stähle）的冷轧带钢。它是在室温下老化稳定和在供货状态由于低的屈服强度而有良好的冷轧成型性。这种烧硬钢可通过一定的生产方法和工艺处理得到，即通过低温范围的热处理（如通过烤漆工艺）提高屈服强度。也可在同时保持良好的成型性时显著的提高制品强度水平。这样获得的烧硬钢屈服强度的增加，即所谓的"烧硬钢效应"，约为 40MPa，在供货状态的最小屈服强度为 180 ~ 340MPa。

③ IF 钢（符号 Y）。高强度 IF 钢（IF, Interstitial Free）。按一定的方法生产，它可阻止晶格间嵌入合金元素（晶格间没有缺陷）。在炼钢时通过添加锰、硅和磷合金形成铁氧体点阵，以提高强度，从而优化深冲能力。小的屈服强度比 R_e/R_m 比和较大的冷作硬化指数可以达到优异的深冲性能和均匀的变形分布。

④ 多相钢（符号 X、T、C、M）。汽车制造设计部件和与防撞有重大关系的构件不断要求使用高强度和最高强度的钢材。提高钢强度的主要问题是会降低变形能力，这将限制钢材的使用范围。

从而出现新的钢种，即多相钢。提高钢强度是基于金相组织硬化（结构硬化）。由一个或多个其他相的金相成分尽可能均匀分布和嵌入到由软的、铁素体成分组成的矩阵（点阵）中。

多相钢的开发始于双相钢（DP，符号 X），接着是残余奥氏体钢（RA）/TRIP 钢（高强度高延伸钢，Transformation Induced Plasticity，符号 T），还有就是最近开发的最高强度的复合相钢（CP，符号 C）和马氏体钢（MS，符号 M）。这些钢的强度覆盖范围约为 750～1200MPa。CP 钢和 MS 钢已在车门防撞梁、防撞杠（保险杠）、座椅横梁和其他与防撞有重大关系的构件（如增强各个柱）上成功使用。

⑤ 多相钢的生产和金相组织。如前面所说，多相钢的特殊性能是建立在它的微结构上的。一个或多个硬化相必须尽可能均匀地嵌入到软的铁氧体的点阵中（图 10.2）。从一个奥氏体—铁素体的双相金相组织开始，在滚压后的热轧带或冷轧带的连续加热过程中调整双相金相组织，接着快速冷却。利用冷却尽可能大范围地抑制其他的珠光体转变，并将剩余的富碳奥氏体转变为马氏体。DP 钢的马氏体含量约为 10%～20%，抗拉强度为 500～1000MPa，还可继续提高。

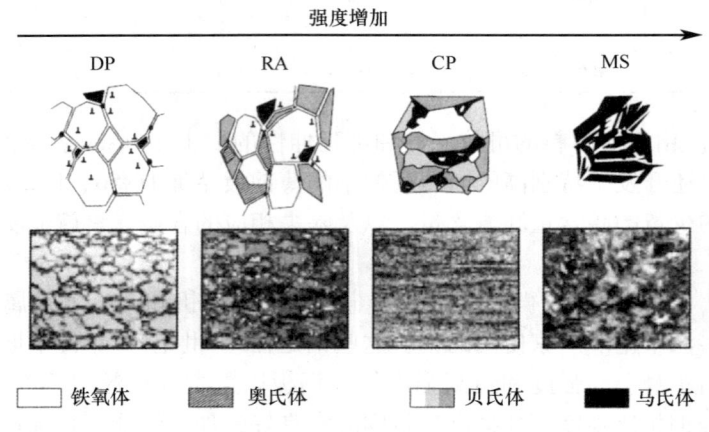

图 10.2 多相钢的金相硬度

在高强度高延伸钢（TRIP，Transformation Induced Plasticity）和 CP 钢中，在贝氏体范围的较高温度时可以有目的地转变为奥氏体。因此，TRIP 钢的金相组织除主要成分铁素体外，包括一部分储存的贝氏体和少量稳定的残余奥氏体。残余奥氏体在以后的变形中（如拉深），首先转变为马氏体。图 10.3 是热处理冷轧 TRIP 钢和它的各个相的图形表示。当前 TRIP 钢可用的抗拉强度为 700～800MPa。在可比的强度范围 TRIP 钢比 DP 钢具有较大的延伸率，因而有较好的成型性，但由于前面所说的在生产中的苛刻的工艺控制而贵得多。

根据图 10.2 上的 CP 钢上部图样，它同样具有很细的金相组织。另外，由于细的碳化物和/或细的氮化物析出而产生"析出硬化"。CP 钢的抗拉强度为 800～1000MPa。由于 CP 钢的延伸率很小，所以它只有有限的成型性。为此，经常采用辊压成型的成形法（如保险杠和车门防撞架）。

3）多相钢的性能。多相钢的良好变形性能基于塑性变形，其主要集中在软的点阵上，特别是变形过程开始时。在经典的拉伸试验时大的冷作硬化指数 n 值或小的屈服强度比 R_e/R_m 有良好的冷作硬化能力。常规的高强度微合金品质屈服强度大于抗拉强度的 90%，而 DP 钢约为 70%。这样使成型过程变得容易。至于局部变薄或甚至在难于成型的过程中撕裂

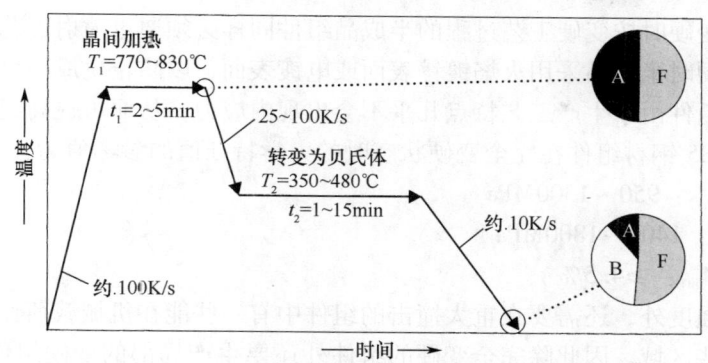

图 10.3　冷轧 TRIP 钢热处理的图形表示
A—残余奥氏体　F—铁氧体　B—贝氏体

的风险可通过使用这种多相钢的高冷作硬化能力而降低。由于强的冷作硬化,尽管原始屈服强度低,在成型后仍可达到零件的高强度。

TRIP 钢还可得到小的屈服强度比和同时得到好的冷作硬化值。至今没有其他的钢种超过抗拉强度为 700~800MPa、易成型性的多相钢种。

至今作为热轧带的 CP 钢加工成最小厚度约 1.5mm 的薄钢板。作为冷轧带的 CP 钢的薄钢板还在开发中。目前已知的 CP 钢的强度等级一般需要热成型再时效处理。CP 钢的优点可以冷轧成型(之后没有时效处理),从而降低成本。

上面所说的烧硬效应也出现在多相钢上。在生产过程中可以直接在卷料上(火焰)镀锌,从防腐角度还可减薄钢板厚度。

一般可确定:为达到一定的抗拉强度水平,选择所用的薄钢板品种要特别关注所期盼的成型应力(伸长应力或拉深应力)。在伸长应力和拉深应力组合中,各向异性值(r 值)和冷作硬化指数值(n 值)完全一样的钢,则性能好[174]。

4) 成型变硬的钢

由于对被动安全性要求的不断提高,因而对在车身重要碰撞范围的高强度钢材的需求快速增长(如侧碰撞架、A 柱和 B 柱、车门槛、车顶框架、横梁),迫使采用增强的"成型变硬的钢",并开发适用的生产工艺。在称为"成型变硬"工艺方法或"冲压变硬"工艺方法时主要有两种可能的生产路途:

① 直接热成型。

② 间接成型变硬。

直接成型时(见图 10.4)铁氧体-珠光体半成品(典型的如锰硼合金,如 22MnB5)在连续加热炉中完全变成奥氏体($T=850~950℃$)。在下一个工位将还处于奥氏体状态的钢板在冷的模具中加工成型,并同时通过冷却工艺变硬(冷却速度约为 30K/s)。这时奥氏体转变为由带贝氏体相成分的回火马氏体组成的金相组织。接着,在切割前需要对半成品组件喷射以除去氧化皮。在火焰铝的表面或带有纳米 X 涂层的表面时不需要喷射工艺[17],厚度达 1mm 的薄的组件可由切割工具切割,较厚的组件可用激光切割。

间接成型变硬时(见图 10.5)先将软的原始状态的钢板冷压成型,在将由加热(奥氏体化)和冲压变硬(转变成上面所说的马氏体-贝氏体金相组织)的组件放在冷的模具上自身变硬前就已将组件切割成最终轮廓。间接成型变硬和直接热成型从冶金工艺来说是一样的。在间接成型变硬时按变硬工艺过程的半成品组件同样必须通过喷射工艺除去氧化皮。通常在间接成型变硬时半成品采用火焰镀锌表面或电镀表面,以防止生成不可控的氧化皮。

成型制造的组件由于生产工艺特点几乎不会出现内应力,从而可提高组件的尺寸稳定性和精确性。22MnB5 钢材组件在完全变硬状态时的力学特征值的参考值为:

屈服强度 $R_{p0.2}$:950~1300MPa

抗拉强度 R_m:1400~1800MPa

断裂延伸率 A_{80}:≥4.5%

除组件的高强度外,还需要在重大撞击的组件中有一些能在机械载荷作用下通过弹性变形吸收能量的一些区域。因此除完全变硬的组件外还要生产局部的变硬组件/特制的回火组件,或作为特制焊接的半成品组件(如可变硬的钢与深冲钢组合的组件)。在局部成型变硬时,可以按希望的组件性能将模具冷却或退火。这样在组件冲压变硬时在模具的热的范围进行缓慢冷却,使组件的金相组织不完全转变为马氏体,并使组件有相应的延性区。

除钢板外,根据上述的制造法原理还可制造管或型材。

在汽车的许多组件上已采用这种制造法技术。

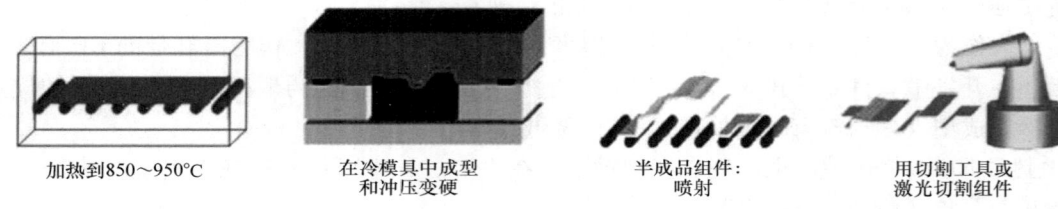

图 10.4 直接热成型的工艺流程图示[18]

图 10.5 间接成型变硬的工艺流程图示[18]

(2)铸铁 铸铁就是铁碳合金,它至少有 2% 的碳和其他合金元素,主要是硅。铸铁可分:

1)片状石墨铸铁(DIN EN 1561)。

2)球状石墨铸铁(DIN EN 1563)。

3)蠕状石墨铸铁。

4)可锻铸铁(DIN EN 1562)。

5)奥氏体铸铁(DIN EN 1564)。

6)白口铸铁。

7)耐磨合金铸铁(DIN EN 1695)。

8)贝氏体铸铁(DIN EN 1564)。

片状石墨铸铁也称灰铸铁,是用得最多的浇铸材料。它有多种抗拉强度等级,从 100~

200MPa（EN—GJL—100）到 350~450MPa（EN—GJL—350）。

选用灰铸铁的原因是：价格低廉，易于生产，具备良好的浇铸性能，好的切削性，与抗拉强度相比其抗压强度高和高的抗交变弯曲强度，对高、低温度不敏感，对凹痕不敏感，好的阻尼/减振性能，好的自润滑性能。在汽车上用于制动盘、发动机体和作为白口铸铁（淬火）用于凸轮轴凸轮。

球状石墨铸铁也称球墨铸铁。抗拉强度比片状石墨铸铁高，可锻性（延性）好，抗拉强度从大于 350MPa（EN—GJS—350—22）到大于 900MPa（EN—GJS—900—2）。在汽车上球墨铸铁用于差速器体、连杆、桥臂、飞轮、离合杆和曲轴。

贝氏体铸铁可分下列几组：
① 球状石墨贝氏体奥氏体铸铁。
② 球状石墨贝氏体铸铁。
③ 奥氏体等温淬火的可锻铁（ADI，Austempered Ductile Iron，英语系国家的用法，按热处理方法命名）。
④ 奥氏体铁素体球墨铸铁（按金属基本物质的金相组织"奥氏体铁素体"命名[22]）。

下面就 ADI 及奥氏体铁素体球墨铸铁作进一步说明。它们是贝氏体铸铁的新发展。这些新的铸铁品种的特征是强度、韧度、阻尼能力、耐磨性的最好组合。通过由球墨铸铁的高价值铸件的调质处理可得到 ADI。在 840~950℃温度下加热铸件，以在此温度下保持奥氏体化，之后在 230~450℃温度的贝氏体阶段快速冷却[23]。ADI 的基本物质是由高碳矩阵中的针状铁素体和稳定的奥氏体组成，也称奥氏体铁素体。这种金相组织与钢中的贝氏体略有一点相似。

ADI 有不同的抗拉强度等级，从最低 800MPa（EN—GJS—800—8）至最低 1400MPa。汽车上使用 ADI 的典型零件是车桥体、轮毂、齿圈和曲轴。

（3）轻金属

1）高强度铝合金。开发高强度和高韧度的铝合金主要集中在汽车底盘上。下面就常用的铝合金材料的两种典型品种进行简单介绍与说明。

① "Magismal-59" 化学式为 ENAC-AlMg5Si2Mn，是由 Rheinfelden 公司开发的创新的压力铸造材料（见 10.2.5 小节）。在铸造状态（F）、在最大断裂伸长时具有高的抗拉强度。表 10.4 给出了按 DIN EN1706：2010-06 的材料成分[24]。

表 10.4　AlMg5Si2Mn 合金化学成分（质量百分数）

	Si	Fe	Cu	Mn	Mg	Zn	Ti	其他	
								单独的	总的
最少	1.8			0.4	4.7				
最多	2.6	0.25	0.05	0.8	6.0	0.07	0.25	0.05	0.15

在很多情况下铸件不需要热处理。与热硬化处理（T6）相比，几乎仍可达到相同的抗拉强度，并同时有很好的断裂伸长率。

压铸零件的力学性能取决于冷却速度、在各个零件中可达到的枝状晶体距离、零件壁厚和模具温度。在铸造状态，壁厚至 4mm 的零件有良好的屈服强度（$R_{p0.2}$）、抗拉强度值（R_m）和断裂伸长率（A_5）。随着壁厚逐渐增加至 12mm，除抗拉强度和断裂伸长率降低外，主要是屈服强度下降[1]。在 5% 断裂概率时，压力铸造状态（F）的疲劳强度为

100MPa（图10.6）。与此相比，使用 AlSi7Mg 硬模铸造，热硬化处理（T6）的零件在相同的试验条件下检测的 AlSi7Mg 材料的疲劳强度为 93MPa。因为在使用"Magsimal-59"材料时放弃热处理，所以可低成本生产这些零件。

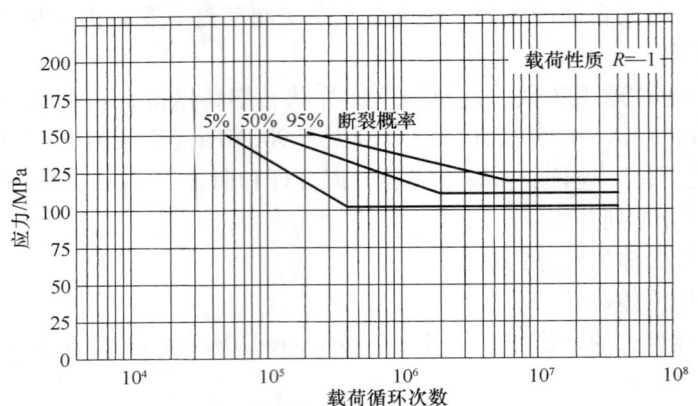

图 10.6 在铸造状态时 AlMg5Si2Mn 合金（Magismal-59）的沃勒（Wöhler）

疲劳曲线说明：理想表示，实际上疲劳强度有少许下降

可能的应用实例是转向盘骨架、底盘大梁、车身空间框架铸造节点、带铸钢和制动环的备用轮轮毂[1]。

② "Silafont 36"（Rheifelden 公司）化学式为 AlSi9MgMnSr，是一种有少量铁的、韧性的压力铸造合金，它是在已知的 AlSi9Mg 合金材料基础上进一步开发的，见表 10.5。

表 10.5 "Silafont 36"的力学性能随材料热处理状态的变化

材料状态	$R_{n0.2}$/MPa	R_m/MPa	A_5（%）	HB 5/250~-30
F	120~150	250~290	5~10	7~95
T4	95~140	210~260	15~22	60~75
T5	155~245	275~340	4~9	90~110
T6	210~280	290~340	7~12	100~110
T7	120~170	200~240	15~20	60~75

硅质量分数参考值为 10.5% 时该合金材料的浇铸性好，并有良好的成型充填能力。铁的质量分数应尽量低，使大多出现的板状 AlFeSi 相尽可能少，它是造成抗拉强度值小、断裂伸长率小的主要原因。

为提高零件设计强度、减少粘接倾向，在零件成型中锰的质量分数要提高到 0.65%。在减少粘接倾向时，锰还有与铁一样的作用。为使硅相在铸造状态均匀分布，需要用锶对"Silafont 36"连续提纯（精炼）。调整锰的质量分数可改变"Silafont 36"的力学性能[26]。

低的锰的质量分数，在低的抗拉强度时有大的断裂伸长率。反之，高的锰的质量分数，在小的断裂伸长率时有高的抗拉强度。

不同热处理状态的力学性能见表 10.5[27]。

改变零件原始温度和时效时间可有目的地影响断裂伸长率和抗拉强度值（图 10.7）[25]。

在 5% 断裂概率时，在铸造状态 [F] 出现最高疲劳强度。接着就是热处理状态 T4 和 T6（图 10.8）。当然，它们的差别不是很大，这表明疲劳强度与材料热处理状态无关，在铸造状态［F］时可达到的疲劳强度为89MPa[25]。

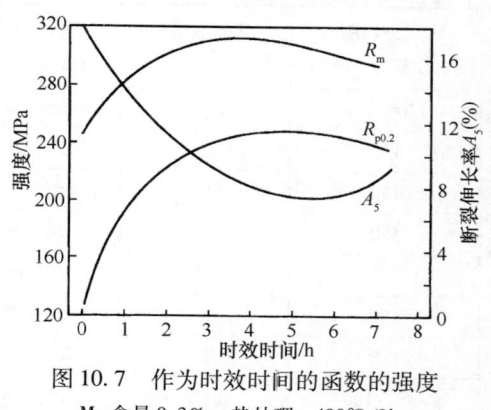

图10.7 作为时效时间的函数的强度
Mg含量0.3%；热处理：490℃/3h；
水中淬火，时效温度170℃

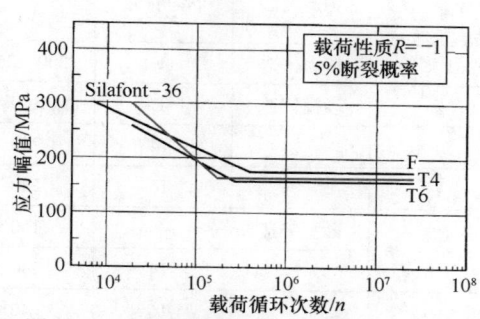

图10.8 考虑热处理后"Silafont-36"的
沃勒疲劳曲线说明：理解表示，
实际上疲劳强度少许下降

很多铸件已采用这种新合金材料，如转向盘骨架、车身空间框架铸造节点、整体大梁和车门框架[25]。

开发具有韧性的铝合金的成果足以使整个零件（如奥迪A8轿车上的B柱）完全由铝合金成批压铸而成。通过降低硅质量分数到4%和与0.1%～0.2%的镁质量分数组合，在屈服强度为100～200MPa时断裂伸长率可达16%～20%（AlSi4Mg2Mn）。通过添加铜还可提高屈服强度，通过增加镁的质量分数可满足对铸造状态的铝合金抗拉强度的较高要求。

2）镁合金。密度约为1.74kg/dm³的镁合金是所有金属材料中最轻的材料。80年前镁合金已成功用于汽车制造和飞机制造构件上。大众甲壳虫轿车使用了17kg的镁合金，用在曲轴箱、变速器体、发电机臂和其他一些零件上。由于镁合金的耐热、耐蚀性差，长时间来，汽车领域使用镁合金受到限制。直到20世纪80年代中生产了较纯、较耐腐蚀的镁合金才有所突破。这也由于镁合金材料或半成品价格的降低和令人感兴趣的性能，如高的比能量吸收、经济的再生潜力而再次受到重视。

但要补充说明，镁合金的接触腐蚀问题并未解决。必须考虑采用表面保护技术和调整连接技术。

由镁合金轧制板坯组成的复杂、壁厚变化的零件加工中，切削力和切削力矩要小。这时特别要注意工艺规范，以阻止镁合金粉末和切屑着火[28,29]。

由于镁合金的优良铸造性能，所有镁合金零件的约90%为铸镁合金零件，但在车身上也有锻造件、挤压件或板件。与已进行重量优化的铝合金车身结构方式相比，镁合金车身重量可减轻15%～17%[30]。

① 铸造零件用的镁合金。AZ91HP（MgAl9Zn1HP）和AZ81HP（MgAl8Zn1HP）是镁合金铸造材料，具有良好的抗拉强度、良好的耐磨性和很好的铸造性。添加的"HP"为高纯度（high purity），它表示该合金中的重金属成分铁、镍、铜的含量大量减少，且与常规的镁合金相比耐蚀性得到改善。

化学式为EN-MCMgAl9Zn1（A）和EN-MCMgAl8Zn1的两种镁合金列在DIN-EN 1753：1997-08标准中。列在表10.6中的AZ91HP和AZ81HP镁合金可达到的力学性能与铸造方法和热处理状态有关。

表10.6 铸镁合金的力学性能

合金	铸造方法	状态符号	抗拉强度/MPa	0.2%屈服强度/MPa，最小	断裂伸长率（%），最小	布氏硬度（HB-5/250）[2]
MgAl9Zn1（A）[1]	压力铸造	-F	200~260	140~170	1~6	65~85
	硬模铸造	-F	160	110	2	55~70
		-T4	240	120	6	55~70
		-T6	240	150	2	60~90
	砂型铸造	-F	160	90	2	50~65
		-T4	240	110	6	55~70
		-T6	240	150	2	60~90
MgAl8Zn1[1]	压力铸造	-F	200~250	140~160	1~7	60~85
	硬模铸造	-F	160	90	2	50~65
		-T4	240	90	8	50~65
	砂型铸造	-F	160	90	2	50~65
		-T4	240	90	8	50~65

① 符合 DIN EN 1753：1997-08；给出的值适用于单独的铸造样品；在压力铸造时只是参考值。
② 按 DIN EN 1753：1997-08 的参考值。

这两种镁合金在压力铸造零件上主要用于如盖和气缸盖罩。

AM60HP（MgAl6HP）和 AM50HP（MgAl5HP）同样是高纯度镁合金。它们的特征是高的抗拉强度、大的断裂伸长率、良好的铸造性能和冷变形性能。化学式为 EN-MCMgAl5Mn 和 EN-MCMgAl6Mn 的两种镁合金列在 DIN EN 1753：1997-08 标准中。

在表10.7中列出这两种镁合金可达到的力学性能随铸造方法和热处理状态的变化，它们特别适于制造座椅零件（如戴姆勒克莱斯勒）、仪表板支架、车轮、敞篷轿车车篷架（保时捷：Boxster 和 911 卡雷拉）和压力铸造的转向盘骨架。

表10.7 铸镁合金力学性能随铸造方法和热处理状态的变化

合金	铸造方法	状态符号	抗拉强度/MPa	0.2%屈服强度/MPa	断裂伸长率（%）	布氏硬度（HB-5/250）
MgAl6Mn[1]	压力铸造	-F	190~250	120~150	4~14	55~70
MgAl5Mn[2]	压力铸造	-F	180~230	110~130	5~15	50~65

① 符合 DIN EN 1753：1997-08；给出的值适用于单独的铸造样品；在压力铸造时只是参考值。
② 按 DIN EN 1753：1997-08 的参考值。

在动力装置方面，除要求良好的力学性能外，还常要求高的蠕变强度。通过添加稀土金属得到的镁合金可满足高蠕变强度的要求。AE44（MgAl4RE4）就是具有较高的蠕变强度的实例。它是由液压镁开发的压力铸造合金。它具有高的延展性和良好的耐蚀性，并用于较高热负荷的组件上，如机油泵体、油底壳和气门室盖。

纤维或颗粒增强的铝复合材料和镁复合材料的主要优点是高的抗拉强度、屈服强度、弹性模量和高的热强度，现正在开发中。但由于成本原因目前尚未大批量使用。

② 锻造零件用的镁合金。在保时捷卡雷拉 GT 汽车上首先批量使用镁合金轮辋

(图10.9)[31]。作为毛坯，它是用锻造方法制造的，它可改善镁合金的疲劳强度，且车轮的重量要比铝合金铸造的车轮轻25%。当然这是由于锻造与铸造的不同制造方法引起的。锻造车轮（轮辋）受设计上的限制，如后部断面。

锻造镁合金 AZ80A（MgAl8Zn）的抗拉强度为 290～320MPa，断裂伸长率 A_5 约为 5%～12%。为降低腐蚀灵敏度，首先要磨削车轮，再阳极化，进行 KTL 涂层，并接着涂装。在设计零件时特别要防止出现锐口、棱边（该材料对沟槽敏感）。为避免接触腐蚀，不同材料的安装件（包括连接件）要电气分离。

图 10.9　保时捷卡雷拉 GT 的锻造镁合金轮辋

③ 板零件用的镁合金　最近几年有关轻结构和降低燃料消耗的讨论产生了进一步开发生产镁合金板的效果。在大规格薄板的板组件中展示出新的潜力。如果注意到与板厚度有关的轻结构因素时，则在相等的组件重量时镁合金板比铝合金板的弯曲刚度和抗翘曲刚度大 1.3 倍。

目前采用 3 种镁合金板的生产路途：

a）无锭轧制。

b）板坯热轧。

c）生产镁合金管，再将它分开成板。

无锭轧制法在钢板和铝合金板的生产中已为大家熟知，将无锭轧制法移植到镁合金板的生产中将能在未来更加经济地应用成型的镁合金板制品。与采用常规的板坯热轧相比，无锭轧制的主要优点是廉价的原材料；取消从板坯到平板的轧制工艺步骤。当前可使用的板材宽度为 700mm，也可提供卷材[37]。大规格的镁合金板则可通过纵向和横向轧制，或可通过相互焊接成特制的镁合金板得到。

在常规的热轧时，镁合金板由连续浇铸的板坯制造。将厚度为 120mm 的原始板坯约分 15 次辊压工位轧制成 2mm 厚的镁合金板。当前使用的镁合金板宽度为 2000mm，厚度从 0.4mm 起。

通过生产镁合金管，接着将它分开成板的生产路途正在开发中。

在进一步加工镁合金板时必须注意它的性能。由于镁合金的六角形晶格结构，像钛一样，在 3 个滑动方向只能提供 3 个滑动可能性（铝合金则有 12 个滑动可能性）。这表明镁合金在室温时只有很小的变形能力和对滑道（沟槽）的高灵敏度。只有通过回火深冲法才能在六角形晶体结构中激活滑动可能性，从而改进镁合金的成型能力。镁合金成型温度在 150～250℃之间，与镁合金成分、金相结构和金相形态有关。

在保时捷卡雷拉 GT 汽车上，作为第一家镁合金板材生产厂家的保时捷公司在驾驶人视野范围使用中间仪表板[31]。作为用激光焊接的两个镁合金壳状结构就是考虑到减轻重量要求和改善视角与触觉上的要求。镁合金 AZ31 的抗拉强度为 240～260MPa。

自 1998 年 10 月以来开发镁合金板材得到 BMBF 资助。有关重要的一些联合计划在此简要提一下：在"开发镁合金加工轧制产品的成型技术"计划中奠定了镁合金成型的第一个基础。在2001年实施"机械热处理对开发微结构和晶体金相组织以及对锻造镁合金疲劳性能的影响"的项目。在接下来的"镁合金的超轻零件（ULM，Ultra-Leichtbauteile aus Magnesium）计划"是为交通工程的镁合金材料开发的。项目"汽车上的镁合金（MIA，Magnesium im Automobil）"是集中开发汽车锻造镁合金零件，包括锻造件、挤压件、板件。作为这系列计划的结束是"汽车与镁合金计划"，即"M^3（Mobil mit Magnesium）计划"。在该计划中把一些新材料方案、加工途径汇集到与应用有关的进一步加工镁合金板材半成品的策略上，以在技术可靠的工艺链中持久应用前景中显示镁合金板材的高效能产品特性。与此平行的是在2005年启动由EU资助的"SLC（超级轻型汽车，Super Light Car）"项目。在项目中已开发了镁合金车顶（图10.10）。

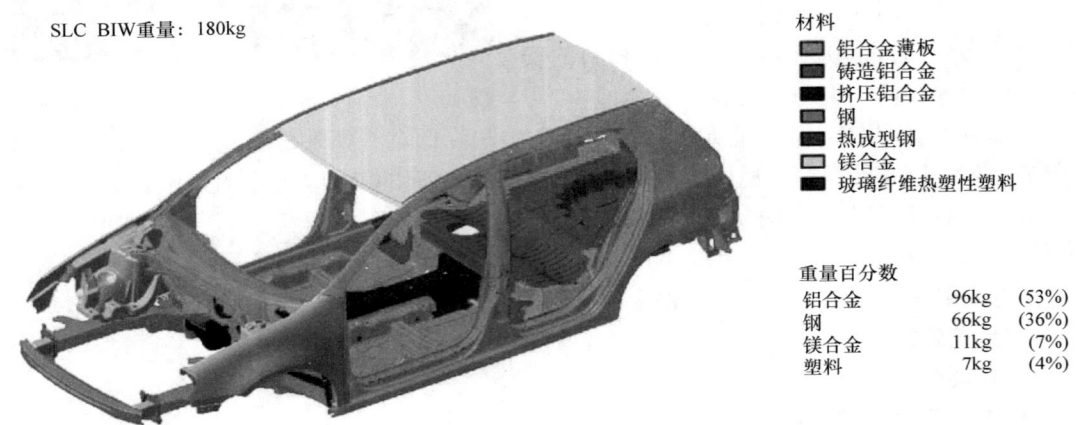

图 10.10　SLC项目中使用的镁合金[38]

现有的在连接技术和耐腐蚀方面的挑战可通过不同的应用途径和不同的方案在资助的研究项目的框架中解决。

由于镁合金板材价格优势的不断显现（至700mm镁合金板材在10€/kg以下），将会增加汽车上的使用。

3）锌在汽车上的使用　根据国际锌协会一项研究，日本、欧洲和美国平均每辆乘用车使用10.2kg锌。其中大部分为锌压铸件、约3kg的钢零件的防腐层、少量（约0.5kg）用作橡胶轮胎的活化剂（见图10.11）。锌的用途很广，并广泛用于汽车，而且还可循环使用。

① 镀锌钢板　自20世纪70年代起，为防腐锌已在汽车制造的钢板上使用。自那时起也就不断地扩展了各种钢材的使用，以致当前的钢产品遍及到软的和易于成型的产品上，直至在汽车上使用的较高和最高强度的钢。与此同时锌以同样的势头用作这些钢材（产品）的保护层。当前几乎每个钢的品种都使用锌保护层。这种防腐保护作用是基于锌在钢板上的阴极防腐保护。在腐蚀时非贵重的锌金属进入溶液中，以防止锌层底下的钢板腐蚀。

在汽车工业用的钢板中，通常可分火焰镀锌和电解沉积镀层：

在火焰镀锌的钢板中将辊压工艺后的钢板浸入液态锌浴中，这时锌附着在钢板表面，并与钢板中的铁形成合金层。多余的锌由强力喷嘴（空气刀）从钢板表面除去。这样就可在微米级范围调节所希望的标准的镀锌层厚度。

在电解（电镀锌）时，钢板没有熔化，而是电解锌。这时在钢板上给锌通电，控制工

第10章 材料和生产方法

图10.11 乘用车上使用的锌组件（零件）

1—前照灯（壳体） 2—散热器格栅 3—标志和徽章 4—电子组件（安全气囊传感器） 5—泵体 6—通风阀板
7—仪表镶罩 8—踏板 9—车门开启系统部件 10—内饰（如烟灰盒） 11—汽车座椅（组件） 12—安全带（组件）
13—橡胶中的硫化剂 14—燃油箱盖 15—后照明灯（壳体） 16—后装饰条 17—闭锁机构 18—天线
19—车顶部件 20—遮阳车顶镶嵌 21—车窗玻璃升降器（外体、机构） 22—内反光镜（壳体） 23—转向柱
24—闭锁缸（防盗保险） 25—收音机/RF/CD播放机/GPS/导航（框架） 26—外反光镜（壳体） 27—儿童座椅保险
28—前照灯刮水系统（刮水臂） 29—前照灯刮水系统（电动机体）

艺参数pH值、电流和温度，就可在钢板表面沉积所希望的镀锌层厚度。它不需要像火焰镀锌那样再去掉一些镀锌层厚度。与火焰镀锌不同，电解镀锌可以在钢板两面，或只在一面进行。

在未成型状态，汽车钢板的镀锌层厚度大多为$5\sim20\mu m$。在接着的成型工艺时镀锌层厚度保持不变。热连接法（焊接或钎焊），局限于会在连接件的热影响范围去掉镀锌层。由于锌的长期作用，在腐蚀时镀锌层可避免侵蚀。

② 零件（组件）镀锌 各个紧凑的零件（组件），如底盘部件，如横向导臂或转向横拉杆，可通过镀锌或火焰镀锌实现可靠的防腐。为此，将零件（组件）浸入溶态的熔化的锌中，在锌溶液中按温度和时间不同可形成晶体的锌层，它通过过渡区与基质结合。在浸入过程中锌金属原子迁移到钢中，反之，钢中的铁原子迁移到锌层中，从而形成锌-铁合金层。

火焰镀锌时锌铁合金层厚度为$35\sim80\mu m$，明显大于带层钢板，所以它可保护经受强腐蚀的零件。此外，镀锌层又硬又耐磨，即便在大机械载荷时，如运输过程或在使用阶段不会损伤。

③ 锌合金压铸件 乘用车上使用的锌材料大部分为压铸件。锌合金压铸件按EN 1774（铸造锌合金）和EN 12844（铸造件）标准。锌合金的主要合金元素为铝、铜和镁。主要使用的少量合金元素的锌合金压铸件为ZP0400、ZP0410和ZP0430，它们也可用ZPMAK表示。

表10.8为最常用的锌合金压铸件的力学性能特征值。

表 10.8 最常用的锌合金压铸件的力学性能特征值

材料号	缩写	弹性模量 /GPa	屈服强度 $R_{p0.2}$/MPa	抗拉强度 R_m/MPa	断裂延伸率 A_5（%）	缺口冲击功/J	硬度 HBS 10-500-30
ZP 0400	ZP3	85	200	280	10	57	83
ZP 0410	ZP5	85	250	330	5	9258	92
ZP 0430	ZP2	85	270	335	5	10.259	102

锌合金压铸件的最重要的物理性能是卓越的流动性能。锌合金压铸件的常用壁厚为 0.5~0.8mm[39]。可压铸高度复杂的薄壁零件。另外，还可同时压铸拧紧点而无须补充加工。从而可将必要的机械补充加工减至最少。由于锌合金压铸件熔点较低（低于 400℃），所以压铸所用的钢模承受的载荷较轻，从而可减小磨损，并明显改善它的耐用性。

④ 内饰中使用的锌 除上面提到的锌的良好的铸造性和与此相关的大的成型自由度外，锌的内饰件还有好的表现。锌在钢件上可以有不同的电沉积表面，从而为用户显示具有吸引力的视觉和触觉装饰的效果。视界的范围几乎无限大，从抗手指印痕装置的无光泽的镀层直到具有众多金属颜色色彩的、磨光的、发光的铬表面。铸造的开关、门把或装饰件（见图 10.12）在脱模和去飞边后首先以研磨和抛光的形式机械加工，以为镀层表面作准备，之后，在多级的镀层工艺中镀上所希望的表面。利用 Piktogrammen 程序，采用激光切割配置好这些开关，并利用专门的透明树脂浇铸出这些开关，从而就能用鲜明的色彩装饰它们（见图 10.13 和参考文献 [40]）。

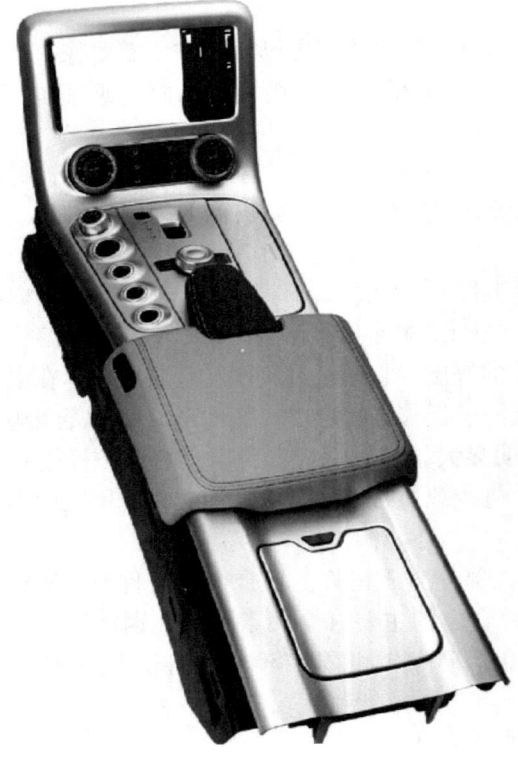

图 10.12 梅塞德斯 SLS 乘用车的中间仪表板[40]

图 10.13 由锌制成的开关实例[39]

⑤ 汽车其他部件上使用的锌　除起初将锌用于汽车零件（组件）上外，作为氧化锌的金属在轮胎制造中也发挥重要作用。作为活化剂的氧化锌是橡胶硫化工艺不可缺少的物质。这样制造出来的橡胶轮胎能耐温、耐压、耐化学腐蚀和承受高的机械载荷，并保持持久的、必要的弹性性能。每辆乘用车约需100g氧化锌。

同样，在喷漆时也使用氧化锌。利用氧化锌在阳光照射时的辐射能转变为热能的特性就可防止喷漆在紫外线辐射下的老化。

4）汽车制造上用的泡沫金属　根据仿生学尝试开发的"泡沫金属"像骨头一样（图10.14）具有多孔性，且可减轻重量90%。

自20世纪50年代以来就知道泡沫金属，但一直没有可能制造足够量和质量相同的泡沫金属。

有多种不同的生产方法：粉末冶金法、熔化冶金法和特别的生产法（如分离技术）。粉末冶金被认为是最有效的。它将发泡介质与金属粉末混合、增强（HIP、挤压等），之后将这个半成品（毛坯）加热到接近熔点温度就可冒起泡沫。为定性产生好的泡沫金属，在冒泡过程中要逐渐限制泡沫。由于重力和表面张力，溶液力图从过桥（连接处）流入节点，其后果是出现裂纹和太大的孔。通过数字仿真可以确定冒泡过程的边界条件和与此相适应的要求[47]。

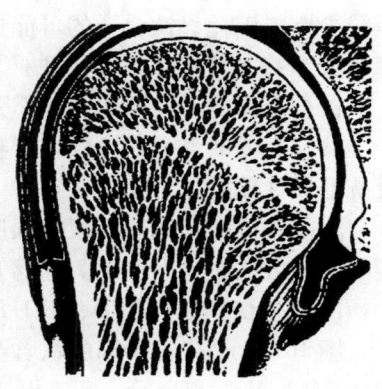

图10.14　肱骨（肩）骨头结构

除了已知的泡沫铝外，还可以使其他的金属和合金发泡，如锌、锡、青铜、黄铜和铅。泡沫钛和泡沫铁[46]尚在开发中。目前几乎无一例外地制成闭式细孔泡沫。泡沫金属可制成不同孔形的方案，如发泡的空腔形状（图10.15）或发泡的复合材料和平板。在发泡前可以拉深平板，这样还可增加形状方案（图10.16）。泡沫金属可用激光焊接连接，并可用粘接、螺纹、铆连接。泡沫铝不适于钎焊，因为在微孔中会产生接触腐蚀[42~44]。

图10.15　有发泡铝的管型材

图10.16　拉深和紧接着发泡的板

力学性能（抗拉强度、弹性模量）随泡沫密度增大而急剧增加。在热膨胀系数不变时泡沫的导电、导热性能比大多数合金的导电、导热性能要差。在泡沫金属塑性变形时在整个大的变形行程应力水平几乎不变，与理想的减振器很相似。有效的泡沫铝在应变时可吸收理想减振器的约80%~90%的能量，由于这一原因，泡沫金属用于汽车前面、侧面和后面的防撞吸能元件。

泡沫金属的其他应用场合是基于它可明显提高空心型材的弯曲、压缩性能这一特点，从而增强构件刚度。泡沫金属的腐蚀性能与它所用的金属材料和在车上的位置有关。汽车上采用泡沫铝是没有争议的,因为它有一层封闭的氧化铝薄膜,在与不同金属组合时有足够的绝缘性能。

5) 钛合金 钛合金主要用于航空、航天飞行器以及运动型汽车上。使用钛的动因主要是减轻重量。

汽车上使用钛的最大潜力是在动力装置方面。通过减轻重量,即减小运动质量可以较大地减少燃料消耗。钛合金的可能批量应用是如连杆、挺柱、齿轮、气门、气门座圈、气门弹簧座、螺钉、差速器体、各种驱动轴等。

钛合金的优点是静态和动态强度高、密度小、热强性和耐久性好、耐蚀性优异。

钛合金的缺点是成型性差(像镁合金)、机械加工困难、对沟槽的灵敏度要比钢高,并且抗磨损性能差。

为改善抗磨损性能和疲劳强度,钛合金零件常进行氮化处理。改善钛合金零件抗磨损性能的其他方法是表面涂层。除已知的、经典的电化学法或化学法外,还不断采用等离子或离子辅助的高真空法(CVD、PVD),并结合电镀法[1]。

图 10.17 是各种不同的钛合金。用于耐高温(如阀门、涡轮、连杆、活塞)的新的 γ-TiAl (Cr、Mo、Si)合金正在开发中[49]。

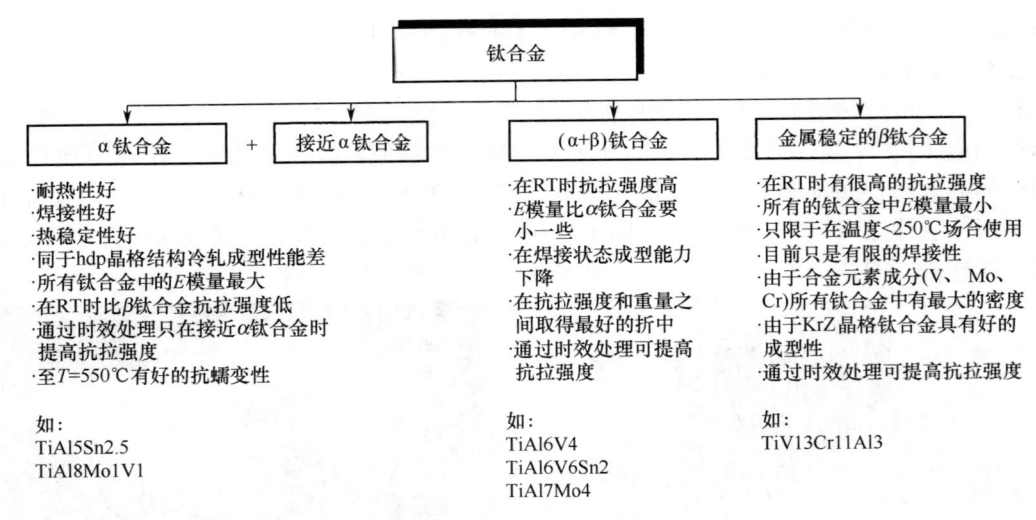

图 10.17 各种钛合金

表 10.9 列出 α 钛合金、α + β 钛合金与 γ-TiAl 合金(Ti48Al2Cr)力学性能特征值[48]。

表 10.9 各种钛合金的性能

性能	单位	α-TiAl(Ti48Al2Cr)	α + β(TiAl6V4)	γ-Ti
密度	g/cm³	3.7 ~ 3.9	4.5	4.6 ~ 4.9
弹性模量	GPa	155 ~ 180	105 ~ 115	90 ~ 105
屈服强度	MPa	400 ~ 750	850 ~ 950	1200 ~ 1350
抗拉强度	MPa	400 ~ 850	900 ~ 1100	1200 ~ 1600
断裂伸长率 RT	A%	1 ~ 4	10 ~ 16	12-25

由于开采钛的高成本和高加工费用，尽管有先进的制造技术，在不久的将来要在乘用车/载货汽车领域批量使用看来不太可能。作为一种方案，钛合金排气管已在奥迪 A2 ÖKO 轿车上进行了试验。

保时捷卡雷拉 GT2（2007）批量使用的带钛的末级消声器和钛的末端管。与贵金属的末级消声器相比重量减轻约 50%。

随着钛的开采和加工技术的不断进步，中、长期大批量使用钛是可能的。

6）三明治复合材料

① 包覆板。包覆板是一个带或板的钢芯与由其他材料覆盖层不可分地复合在一起，像三明治。覆盖层可为非铁金属，如铅、青铜、铜、黄铜、镍、钛或特殊的贵金属。

采用覆盖层的三明治复合材料使钢具有更好的使用性能，如抗拉强度、弹性、成型性和拉深性等性能。在使用其他金属时还可进一步提高其他的一些特殊性能，如导电、导热、热反射、耐热、耐蚀等。

在包覆时先通过高压和高摩擦力实现机械结合，表层材料通过粘着与钢结合，在接着的热处理过程中，粘着变为扩散，金属间不可分地结合在一起。这样生产的带或板是由 2、3 层甚至多层不同的金属组成的。这时各种组合材料、覆盖层厚度有很大的自由度。覆盖层材料是行业关注的热点。它们作为消声系统、隔热板、保护板、滚珠轴承保持架、软管接头、气缸盖密封垫等零件出现在汽车上。

② 金属-塑料-金属复合材料。新开发的、有价值的用于车身范围的金属-塑料-金属复合材料见图 10.18。它是一种突破单一材料在刚度、重量、声学方面限制的最佳性能的复合材料[51]。

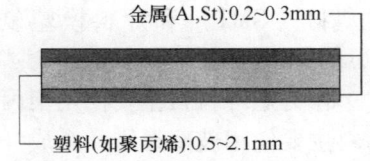

图 10.18　金属-塑料-金属复合材料

与相同抗弯刚度的钢板材料或铝板材料（1mm）相比，这种三明治复合材料（0.2mm 厚 Al 板，0.8mm 厚聚丙烯，0.2mm 厚 Al 板）约可轻 60% 或 35%。通过使用各种表层（包覆层）材料和芯层材料以及相匹配的壁厚可以满足性能要求。通常使用作为芯层的聚丙烯厚度约为 0.8mm，两侧用约 0.2mm 厚的铝箔或钢箔粘贴。

在 ULSAB 项目（钢—塑料—钢）上，对备用轮槽（坑）和在大众路跑轿车前盖（铝—塑料—铝）的第一批试验证明复合材料具有很好的轻结构潜力。

像每一种新材料一样，要考虑材料加工的特点。由于在车身范围主要使用焊接连接技术，由此产生的热负荷会影响这种复合材料的热塑性芯层，所以不能焊接连接。

可能的连接方法是机械连接（无铆钉冲铆、卷边、贯穿连接）和粘接。

在拉深时工艺参数不同于常规的钢板或铝板，必须要与变化了的材料性能匹配。

同样，要有一个总体的生产布局。在这个布局中，常用的车身涂装的 KTL 温度或面漆温度不能在线涂装这种三明治板材的车身（聚丙烯芯层熔点约 163℃，KTL 温度约 160~185℃）。

第一批的使用效果是成功的，有助于继续发展。

(4) 贵金属　化学元素银（Ag）、金（Au）、钌（Ru）、铑（Rh）、钯（Pd）、锇（Os）、铱（Ir）和铂（Pt）称为贵金属。因为它们的电化学非常迟钝，即有好的耐蚀性和耐氧化性，所以首先用于化学工业和电子工业。

贵金属（特别是金合金和银合金）主要用于汽车工业的各种电子部件上。

金合金和银合金主要用于下列场合：

1) 低电流（<5mA）。

2) 要求低接触电阻。

3) 避免触头腐蚀。

4) 避免触头磨粒磨损（由于微动运动）。

5) 要求电子安全性系统上高可靠性地接触。

在汽车工业上贵金属的应用实例为：

1) 安全气囊模块上的镀金触头。

2) 集成电路（IC）印制电路板底部金导线与触头连接。

3) 银合金由于它的低流通电阻和低电流用在电路和继电器上。

4) 传感器装置（车轮转速传感器、外部空气温度传感器、氧传感器等）。

5) 内燃机上的催化转化器（铂、钯）。

（5）塑料 开发塑料（高晶体聚丙烯、PPO/PA 混合物等）的另外途径主要是突出开发无限长纤维增强热塑性塑料和长玻璃纤维技术。

1) 平面编织增强的热塑性塑料。平面编织增强的热塑性塑料系列也称为"有机板（Organobleche）"[57]，它消除短玻璃纤维和长玻璃纤维增强的注塑型、玻璃丝垫增强的热塑性塑料（GMT）和片料模塑复合材料（SMC，Sheet-Moulding-Compound）间的空位（间隙）。

作为矩阵材料主要使用聚丙烯（PP）、聚酯（PET）和聚酰胺（PA）。作为编织或针织材料主要使用玻璃纤维、合成纤维（芳族聚酰胺纤维）、碳纤维或它们的组合。通过多层编织结构可规定各种纤维方向（如 45°/ - 45°，0°/90°）。

出于成本原因，目前的趋向集中在玻璃纤维上。根据矩阵材料、纤维形式、纤维含量和编织形式可以容易地改变平面编织增强的热塑性塑料预浸的力学性能和达到规定的要求（图 10.19）[55]。

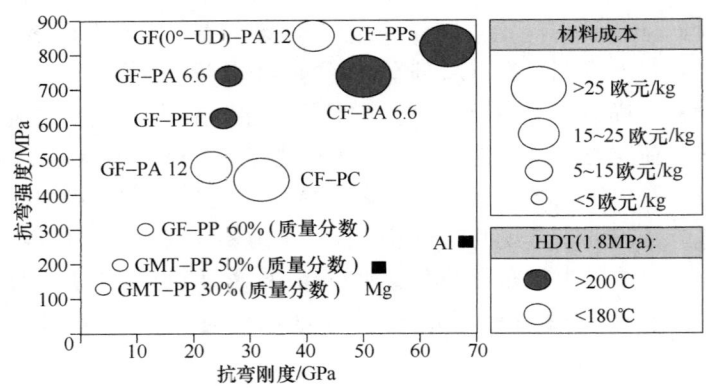

图 10.19 热塑性复合材料性能谱

这些热塑性塑料的性能可以简单地归纳为：

① 密度小。

② 力学特性值高（抗拉强度、弹性模量）。
③ 耐腐蚀。
④ 能量吸收和黏滞性高。
⑤ 可焊接。
⑥ 可再生。
⑦ 可拉深/热成型[56]。

由于热塑料矩阵，通过高于所用矩阵的熔点加热、接着拉深和挤压可以将预浸或预先增强的半成品（毛坯）平板（"有机板"）最后成型（图10.20）[58]。

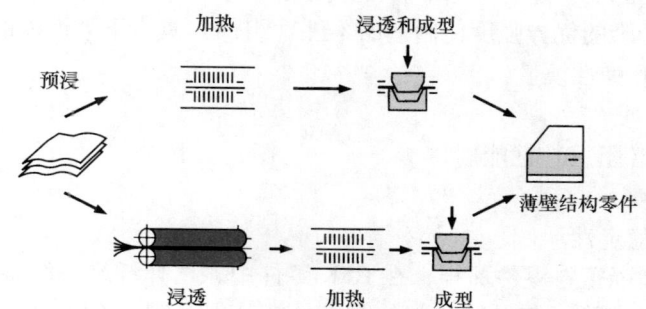

图 10.20　生产薄壁结构零件产品的常用方案

由于纤维成分高，可达到的表面质量并不好，在对视觉上有苛刻要求的外表面（A 级外表面）不能用。

从再生角度，当将这些材料磨碎、再加工成短纤维增强的喷塑材料时还能很好地再使用，或用作三明治复合材料芯层。其缺点是半成品（毛坯）成本和达到质量安全的费用太高。

2）长纤维增强的热塑性塑料（LFL）。在已建立的材料体系（GMT、SMC）或短纤维增强的热塑性塑料中目前又继续开发出"长纤维增强的热塑性塑料（LFT，Lang-Faserverstärken-Thermoplaste）"。

这种塑料的突出之处是优异的能量吸收能力，并同时还有高的刚度，它完全符合"轻结构"要求。此外，长纤维增强的热塑性塑料可显著提高缺口韧度和热成型强度。由于玻璃纤维的高份额和与它相关的粗糙表面质量，不能用在对视觉上有苛刻要求的"A级"外表面，不能用在汽车内装饰的可见范围。典型的使用场合是汽车前围板（前围壁）模块或隐藏的仪表板支架。

目前有三组 LFT 材料已成功使用，它们按纤维长短和加工方法区分（表 10.10）。

表 10.10　热塑性的 FVK 体系分类

	短纤维增强的热塑性塑料		长纤维增强的热塑性塑料		
在构件中的纤维长度/mm	<1	1~5	5~25	5~25	>10
原材料，半成品（毛坯）	短纤维颗粒	LFT 颗粒	LFT 颗粒	直接 LFT 直接方法	GMT 垫技术
加工方法	注塑		挤压		
各向异性倾向	很高	很低	高	高	很低

为将颗粒状材料的良好力学性能尽可能没有损失地转变成零件性能，在加工 LFT 零件时最重的是要保护纤维长度。

好的加工方法是挤压。由于塑料成型加工挤压机的 LFT 的合理蜗杆几何形状和通过整个宽口喷嘴将塑料溶液加入到开式模具中，这种挤压工艺与注塑工艺相比可显著降低剪切力造成的纤维损伤。

与热成型强度的矩阵材料（如 PA、PBT 等）和其他纤维增强（碳纤维）相结合，长纤维增强的热塑性塑料将进一步开辟新的应用场合。这些应用场合是目前金属材料还没有涉足的。

3）碳纤维增强塑料（CFK） 碳纤维增强塑料（CFK）是纤维增强塑料（FVK）的特殊形式。它利用碳纤维的优异强度使制造的零件（组件）具有下列性能的最佳组合。

① 高的比强度和弹性模量。

② 小的热膨胀。

③ 良好的减振（阻尼）性能。

④ 高的疲劳强度。

⑤ 良好的化学稳定性。

如在其他纤维增强塑料零件那样，在 CFK 零件中，选择纤维、纤维性能和方向、纤维的容积分数和矩阵（点阵）与纤维之间的黏结性能是保证制造 CFK 零件性能的关键。CFK 的高力学性能特征值只是当施加在零件上的作用力通过纤维方向的矩阵时才能发挥作用。通常，金属材料力学性能的各向异性很小，而纤维增强塑料，视纤维的布置，力学性能的各向异性要大得多。表 10.11 是各种纤维塑料性能与钢、铝性能比较[60]。CFK 力学性能的特征值在纤维方向（纵向）很大，在与纤维垂直的方向（横向）则很小。所以纤维方向的很小偏差会引起力学性能的明显下降。

在设计 CFK 零件时应尽可能精确了解零件在工作状态的承载状况，这一点十分重要。由于对承载零件的综合要求，如叠加的拉应力、压应力、扭转应力和弯曲应力，所以采用与纤维方向呈 0°、45°和 90°的多轴集合（Gelege，意为一窝蛋）体系，以通过零件的合适的纤维定向组合达到零件的最大承载性。由于 CFK 零件成型的很大自由度，可以节省或有针对性地减小壁厚而进一步减轻 CFK 零件重量。

表 10.11 各种纤维塑料性能与钢、铝性能比较[60]

材料	纤维	增强	弹性模量/MPa	强度		比性能			
				拉应力/MPa	压应力/MPa	密度/(g/cm³)	弹性模量/km	抗拉强度/km	抗压强度/km
铝			71000	540	480	2.80	2586	19.7	17.5
钢			207000	1655	1520	7.83	2696	21.6	19.8
GFK	弹性玻璃	织物	22800	463	507	2.00	1163	23.6	25.9
GFK	弹性玻璃	UD	46200	1070	660	2.03	2321	53.8	44.5
AFK	Kevlar（凯夫拉合）	织物	29000	414	165	1.37	2159	30.8	12.3
AFK	Kevlar（凯夫拉合）	UD	76000	1400	235	1.46	5308	97.8	16.4
CFK	高强度 HT	织物	67230	524	500	1.55	4423	34.5	32.9

（续）

材料	纤维	增强	弹性模量/MPa	强度		比性能			
				拉应力/MPa	压应力/MPa	密度/(g/cm³)	弹性模量/km	抗拉强度/km	抗压强度/km
CFK	高强度 HT	UD	138000	1447	1447	1.55	9079	95.2	95.2
CFK	中等刚性 HM	UD	155000	2200	1400	1.60	9879	140.2	89.2
CFK	高强度 UMS	UD	380000	880	240	1.80	21.529	49.9	13.6
BFK	硼	UD	204000	1260	2500	1.86	11.185	69.1	137.1

GFK = 玻璃纤维塑料
AFK = 芳族聚酰胺纤维塑料（凯夫拉合、特威隆等）
CFK = 碳纤维塑料（碳、碳纤维）
BFK = 硼纤维塑料

① CFK 的生产　CFK 的生产主要有两个不同的途径，即生产 CFK 所用的两个不同的原料纤维（母体）。图 10.21 为图示两个由聚丙烯腈（PAN）和由沥青原料纤维生产 CFK 途径的区别。

按在生产工艺碳化/石墨化中选择最终处理温度的不同可调节 CFK 强度等级。CFK 强度等级可分：高强度碳纤维 HT；中等模量碳纤维 IM；大模量碳纤维 HM 和超大模量碳纤维 UHM。它们的力学性能特征值见图 10.22。

为改善 CFK 矩阵中的黏结性能，在 CFK 表面还可氧化或加涂层。

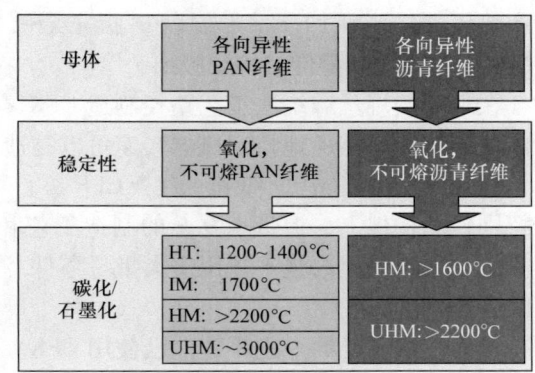

图 10.21　CFK 生产途径图示[61]

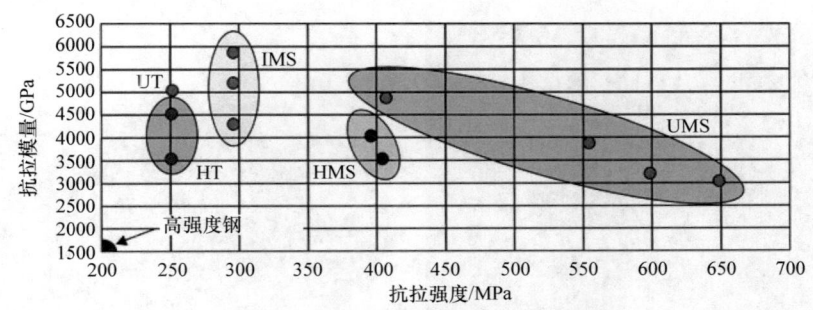

图 10.22　各种 CFK 的力学性能特征值[61]

② 制造 CFK 零件　为生产碳纤维增强复合材料，有各种工艺路径。这些工艺路径在之后制造的零件性能和制造费用方面是不同的。

a）预成型工艺路径。
b）预浸渍树脂工艺路径。
c）灯丝缠绕法工艺路径。

在按预成型工艺路径制造 CFK 零件时，将碳纤维塑料先由经典的、源自纺织工业的方法制造纺织结构。编织是制造 CFK 零件的最简单的方法，当然只适用于 2 维结构。对复杂的结构可通过缝合 CFK 束制造。制造 CFK 纺织结构称为集合（Gelege），或称为无挤压变形织物（NCF，Non-Crimp Fabrics）。另外还可提供 3 维编织（3D-Gefleche）。它是多股碳纤维绳索相互合编成型，并进行相应的控制可以制造出不同断面和不同曲率的零件。为制造 CFK 零件，需要切割纺织结构，并用适用的树脂浸渍，之后时效硬化树脂。按预成型工艺路途在商业上常使用的方法实例是树脂压铸法（RTM- Verfahren，Resin Transfer Moulding-Verfahren），这时将多层纺织结构相互叠加成型，之后再喷射树脂成统一的形状。通过对可加热的外表加热可实现树脂的聚合反应。

在按预浸渍树脂工艺路径制造 CFK 零件时，先用树脂浸渍零件半成品（如纺织结构），即所谓的"预浸渍（Prepreg）"。在加工前切割预浸渍树脂半成品，并把它们放在一起。之后将各个浸渍树脂件胶合成真实的制造零件。通过切割和相应的堆积就可制造复杂的零件。还可以将如金属件（如螺纹拧紧处）组合在 CFK 零件中，组合制造的结构再用薄膜包裹并带入热压器中。在加压、加温使树脂完全硬化前，利用真空可以将在组合组合件时包含（带入）的空气中零件结构中吸出。

在最后按灯丝缠绕法工艺路径制造 CFK 零件时通过转动 CFK 缠绕成型。这时 CFK 连续浸渍树脂。通过相应地控制机器转速可以制造出不同壁厚的、旋转对称的 CFK 零件。

③ 在汽车制造中的 CFK　由于 CFK 零件可达到高的强度和小的比重量，所以它主要用于特别轻的构件上，但带来复杂的制造工艺和较贵的制造费用，因此 CFK 零件很贵。较长时间的工艺路径至今也不适用于大批量零件/汽车制造上。在高功率运动车和赛车上能见它们的身影。

目前，汽车上的个别零部件已使用 CFK。这方面的实例是宝马 M3（E92 型）的 CFK 车顶（图 10.23）。它在结合区密封处用 RTM（树胎压铸）法制造，并用胶牢靠地固定在车身上[63]。在批量生产的保时捷卡雷拉 GT 汽车上，无骨架车身以及整体的动力装置支架全由 CFK 制造，从而可优化强度和重量（图 10.24）。

图 10.23　宝马 M3 的 CFK 车顶
（资料来源：宝马档案）

图 10.24　保时捷卡雷拉 GT 的 CFK 无骨架车身及整体动力装置车身

④ 前景　汽车工业界完全认识到碳纤维增强塑料（CFK）的优异性能。至今由于高的纤维价格以及生产工艺的消化和消耗的时间强度阻止它在批量生产上的应用。各汽车生产厂家、碳纤维领域的企业和研究机构都在为大批量开发 CFK 零件而努力工作。主要在电驱动

汽车上必须通过采用轻结构措施补偿蓄电池带来的附加重量，以向用户提供由内燃机驱动汽车的熟悉的使用谱。CFK 大批量使用的挑战涉及需要完成的下列的一些工作要点：

a）可大批量适用的、自动化的且尽可能短的生产工艺时间的制造工艺。

b）可靠识别成品 CFK 零件的故障。

c）CFK 材料仿真（如复杂零件的冲击仿真和使用强度预测）。

直至这些工作完成，CFK 零件才可进入大批量汽车上使用，并能实现减轻汽车重量的目标。

4）合成橡胶。在合成橡胶领域也有很多新发展。空调设备软管用的混合橡胶就是一个实例。氯或溴丁基橡胶以及氢化丁腈橡胶（HNBR）是用于汽车空调设备上软管混合橡胶的优异的基本聚合物。由这些材料组成的合成橡胶可满足汽车生产厂家最严格的技术条件。

软管用的混合橡胶的实例是用于燃料系统的软管。由于环境保护要求，立法者对燃料渗透提出非常严格的规定（见 7.6 节）。大量试验确定，减少燃料渗透只有采用附加的阻挡层才能实现。六氟丙烯亚乙烯基氟共聚物（FPM）证明是优异的阻挡层材料。由于使用 FPM 内层的混合橡胶软管，燃料透渗要比标准的橡胶软管急剧减少。

在橡胶工业也已开发了新的混合橡胶（见 7.3 节）。

热塑性橡胶（TPE）的作用越来越大，TPE 应该在合成橡胶和热塑性塑料之间有一席之地。汽车工业经常是合成橡胶和热塑性橡胶（TPE）的竞争场所。首先是在汽车的车桥和驱动轴的波纹管上。在发动机侧的 TPE-E 正在替代常规的合成橡胶。与合成橡胶相比，TPE 的优点是重量轻、易加工、可再循环使用。由于 TPE 的热塑性可加工性，可较大地降低成本。有关 TPE 耐候性差、热成型稳定性差的缺点可不断通过开发新的材料和合理的 TPE 设计而解决[65]。

5）纺织物。在汽车上使用纺织物材料和皮革是与舒适和健康的中心话题相联系的。不只是在车内装饰，而且在很多其他方面，纺织物是实现不同功能要求的重要助手[1]。按使用范围，纺织物要满足有关功能和加工的很多要求（表 10.12）[68]。

表 10.12　对纺织物材料的要求

功能	加工	功能	加工
韧性	成型性	不易着火性	可硫化性
耐强光性	压敏性	耐气候性	…
透气性	可缝性	蒙上雾汽/气味	
耐磨损	可焊接性	…	
刚度	粘接能力		

在这期间，早先使用的天然纤维大部分被人造纤维替代。主要的人造纤维类型为聚酯纤维和聚酰胺纤维，最近几年又补充了价廉的聚丙烯（PP）纤维。像羊毛这样的天然纤维部分地还用在座椅上。除原来的人造纤维材料外，纺织物类型和纺织物总体结构对性能有很大影响。

有关当前所用的纺织物材料的概貌以梅赛德斯 S 级轿车所用情况为例予以说明，见表 10.13[68]。敞篷轿车的多层车篷材料由聚酯纺织物或聚酯/聚丙烯混合纺织物与由氯丁橡胶（CR）材料的中间层组成。

表 10.13　在梅赛德斯 W220 型 S 级轿车上应用纺织物实例

零件	所用材料	纺织物产品	材　料
座椅	座面坐垫材料	粘接平面织物	55% 聚酯重量 + 45% 羊毛重量，聚氨酯泡沫，聚酰胺或聚酯
		丝绒织物	70% 聚酯重量 + 30% 薄层羊毛重量
	面罩材料	贴合菱形针织物	聚酯，聚氨酯泡沫，聚酰胺或聚酯
	坐垫材料	针织棉	50% 羊毛重量 + 25% 纤维素纤维重量 + 25% 合成纤维重量
	底部衬里	纺织物	50% 纤维素重量 + 50% 聚酯重量
	底部坐垫	橡胶丝垫	22.5% 椰子纤维重量 + 22.5% 猪毛重量 + 55% 乳胶黏结剂重量
	安全带	编织带	聚酯
车内天花板	覆盖层材料 最终天花板	粘接圆形针编织的丝绒	聚酯，聚氨酯泡沫，框架件
车门内衬	中件护罩	粘接平面织物	55% 聚酯重量 + 45% 羊毛重量，聚氨酯泡沫，可焊接
	下件护罩 车门杂物袋	丝绒地毯	在聚酯-毛毡上的聚酰胺或聚酯织物

6）皮革。在车内空间设计和个性化汽车上，皮革堪称经典材料（图 10.25）。

皮革的优点除高贵的品质外，还有美好的抚摸感觉、愉快的"想坐的心情"。由于材料的高成本和非常严格的皮革生产并需要粘接。皮革主要用在中、高档乘用车上。在过去，特别要注意改善高温时的皮革皱缩和除去蒙在上面的雾汽和气味。使用无氯鞣皮工艺与专门的脱水方法可显著改善皱缩现象。在鞣皮工艺中使用没有什么气味、很少雾汽的辅助材料可消除

图 10.25　车内装饰的皮革件

皮革上的雾汽和气味。为得到尽可能好的、均匀的颜色和无瑕疵的表面，当前在皮革表面上涂覆约 $25\mu m$ 厚的漆层。

皮革的未来发展集中于满足用户对天然皮革的愿望，即要达到天然皮革的特性（气味、触觉、视觉感受）和尽可能全天候适用（耐脏污、不掉色、耐磨损……）。从纳米技术可得到第一个方案：在无机—有机混合聚合物（它可通过改变化学成分和工艺参数满足一些特殊要求）基础上的涂层系统，通过 $4\mu m$ 厚的表面保护层达到几乎不变的皮革使用性能（天然的、视觉的和触觉的性能）。还有开发中的这种涂层的优点是：有很好的疏水性和透气性。混合聚合物层有很好的抗刮伤强度，改善皮革耐磨损性和耐光性[70]。

7）玻璃　对现代汽车风窗玻璃的要求是多方面的，从用户的审美角度，直到综合的保护功能。各种风窗玻璃的数量和与另一些材料的组合是很多的。发展趋势是具有各种灵活性

能的风窗玻璃配色体系和涂层体系。

风窗玻璃一般可分单片安全玻璃（ESG）和复合安全玻璃（VSG）。

在汽车上使用约为3.15~4.85mm厚的单片安全玻璃，但为减轻重量还在不断减薄。

与ESG不同，VSG有各种各样，但特别重视功能组合。常用的VSG厚度为5~6mm。它由厚度各为2.1~2.6mm厚的两层玻璃和在它们之间的PVB塑料薄膜（聚乙烯醇缩丁醛）组成。为减轻重量，在保时捷Panamera乘用车后车门上采用一对1.6/1.6mm的玻璃。在大众3L路跑乘用车上使用同样厚度组合的两层玻璃。对风窗玻璃的机械的和气动的要求，特别是在前置发动机乘用车上，两层玻璃的厚度又增加到2.1/2.1mm。最新开发的车顶天窗组合了ESG和VSG的优良性能和期盼的、在市场上还不能供货的、有附加功能的玻璃。有专利的ProTec玻璃（供货商Webosto公司）主要由玻璃片和专门的玻璃碎片保护薄膜组成。该专利玻璃主要用在车顶模块上。在导致玻璃破碎的异物作用下，由于薄膜，将玻璃碎片结合在车顶上。光滑、弹性、稳固的车顶内表面保持不变，从外部和内部作用下车顶能达到很好的回拉效果[75]。

移动的侧风窗玻璃总厚度为5~6mm。固定的侧风窗玻璃厚度至少3.15mm。由于VSG的叠层结构，它组合有其他一些功能，如专门的涂层或天线。在特别贵重的玻璃上采用金属氧化物涂层，它反射60%的太阳光的不可见热辐射，以减少对车内的加热作用。金属氧化物涂层也作为风窗玻璃加热之用。这些涂层也可作为收音机、电视机天线。在风窗玻璃中已知的压制天线被几乎不能用肉眼辨认出来的细导线替代。

在汽车风窗玻璃外侧采用不溶于水和油的硅烷涂层，以改善风窗玻璃的防脏污能力。由于有涂层的玻璃和雨滴之间的表面张力很小，所以雨滴在有涂层的玻璃上要比没有处理（没有涂层）的玻璃上滴落得快，从而改善雨天时风窗玻璃的透明度，并使风窗玻璃不易脏污。经常是前车门玻璃采用长寿命的、不溶于水和油的硅烷涂层，而不前风窗玻璃对涂层很少奏效，因为风窗玻璃刮水器清洁玻璃表面和在雨天时会引起强烈的散射光。

其他的可能是风窗玻璃与聚碳酸盐玻璃组合。这时薄的风窗玻璃贴在作为支架的不耐划痕、但较轻的聚碳酸盐玻璃上。这种组合可进一步减轻重量。其缺点是降低了车身的抗扭刚度。这种风窗玻璃体系目前仅限于二维的、较小规格（DIN A4）上使用。下一步的开发目标是计划生产较大规格的曲面[71]。

保时捷911 GT3 R3乘用车后风窗玻璃是将聚碳酸盐玻璃引入汽车的一个实例。固定在精灵4乘用车后部侧风窗玻璃以及梅赛德斯G级运动跑车全景玻璃车顶后部都是由聚碳酸盐玻璃制成。这种技术的优点是重量可减轻达40%；冷冲击韧性很好；并且由于采用注塑技术，在同时具有较大的集成能力时有很大的设计自由度（如天线模块、散热器百叶窗、照明装置、太阳能电池）[73]。

成本、耐划痕、耐老化、好的力学性能、隔音、易生产和高贵的品质只是诸多因素中的一些方面，在汽车上的具体使用需要全面权衡。

2. 摩擦磨损系统

摩擦磨损系统研究的目标是尽可能无损失传递/传输能量、物质和信号。在开发中通过零件（组件）几何形状的结构措施、力传递路径（力流）和材料选择有助于它们的无损失传递/传输。

在摩擦磨损系统中由于各种重要的影响参量的作用，不能单独断定有关零件（组件）、物质（材料）的摩擦磨损性能。这时不只是单纯的物质（材料）性能，更是系统的性能，即是由于复杂的摩擦物理学的、摩擦化学的过程引起的系统性能。

与要求相关的摩擦系统可以有不同的设计方案。根据摩擦和磨损的专门任务要求可以设计高的摩擦磨损值和低的摩擦磨损值。有针对性地修改摩擦/磨损副的作用面可达到所希望的系统性能。

在开发离合器和制动器摩擦衬片时要求高的摩擦系数值，以在离合器和制动器的摩擦副中产生最大的力。

与此相反，如滑动轴承则要求很小的摩擦系数值，从而不会引起机器、装置、设备或汽车的总系统的功率降低。

在燃气轮机涡轮磨合过程要求较大的磨损。涡轮转子镀有易磨损层，在涡轮叶片转动时不断刮去，以在涡轮转子压力侧和进气侧之间形成最小缝隙，这样就不需要附加的密封[76]。

几乎所有的机械运动，润滑的或不润滑的，要求机器零件磨损较小，以避免过分的磨损引起零件失效。

金属材料零件的耐磨性能可通过添加合金元素或表面处理而得到改善。另一种方案是使用由复合材料制成的烧结合金（粉末合金）或使用陶瓷材料。

陶瓷　工程陶瓷（高功率用陶瓷、工程陶瓷、工业陶瓷、结构陶瓷、电瓷、功能陶瓷或构件陶瓷）可分三组：

1）硅酸盐陶瓷。瓷、滑石、堇青石、英来石是大家熟知的陶瓷材料。在汽车制造中，如堇青石虽然强度低，由于它的高的热冲击性能和低的热膨胀系数而用作催化转化器的催化剂载体。

2）氧化物陶瓷。氧化物陶瓷是在铝、镁、锆基体上的单相、单组分的金属氧化物或金属混合氧化物，如铝钛合金或铝锆钛合金（压电陶瓷）。它们主要用于电气领域（如绝缘体、爆燃传感器、距离传感器、氧（λ）传感器等）。

3）非氧化物陶瓷。主要在碳、硅、氮或硼基体上制成的陶瓷或氮化铝-氧化铝-氧化硅复合陶瓷（Sialone）。非氧化物陶瓷用作滑动环、轴承套，或绝缘衬套，如水泵、燃油泵、废气控制阀等。另一个可能应用的场合是氮化硅气门[81]，其摩擦功可降低达40%，并可改善磨损和减少噪声辐射。氮化硅气门的优点虽然在工程上得到验证，但由于制造成本高而未实际使用。

重要的工程陶瓷的优点是抗压强度和硬度高、耐磨性和高温强度好、耐腐蚀和重量轻。其不足之处是延性差、材料特征值分散性大、耐热冲击能力差、生产和加工费用高、与其他材料的连接困难。

当前提高陶瓷材料和制造结构组件断裂韧性的大有希望的方案是在陶瓷材料中嵌入纤维。以复合形式的陶瓷零件是利用新材料的各自优点的一个方案。由碳纤维增强的碳化硅（C/SiC）陶瓷复合材料制成的制动盘（PCCB，Porsche Ceramic Composite Brake）已首次用于量产保时捷911 GT2乘用车上（图10.26）。PCCB重量轻、耐热负荷高、既硬且有断裂韧性、对热冲击和机械冲击不敏感。这种制动盘的重量仅是常规的灰铸铁制动盘重量的一半。带来的好处首先是减小悬架系统非簧载质量，从而进一步改善汽车行驶安全性和舒适性[82]。由于陶瓷制动器的工程优点，它已安装在运动车、大功率高档车和SUV车上[83]。

除陶瓷制动器外，陶瓷也用于汽车离合器上。在量产的保时捷卡雷拉 GT 运动车上已首次使用它。以直径为 169mm 的"保时捷陶瓷复合材料离合器（PCCC，Porsche Ceramic Composit Clutch）"（图 10.27）可传递的最大转矩为 1000N·m。

不断扩大陶瓷应用的领域是零件表面的陶瓷涂层，如 PVD 涂层、CVD 涂层和热喷射涂层。

涂在金属零件表面的陶瓷涂层可提高表面硬度、耐磨性和耐热性，涂层一般很薄，通常不需再加工。

从轻结构角度，表面涂层处理具有提高零件的使用潜力，因为零件不再由它本身材料可承载的边界范围定义。气缸套表面涂层和轴承表面涂层是工程上最有兴趣的应用场合。

图 10.26　保时捷陶瓷复合材料制动盘（PCCB）

图 10.27　保时捷陶瓷复合材料离合器[85]

4）电子工程领域应用的陶瓷材料。在机械承载零件和部件上，人们利用陶瓷材料的高硬度和高耐磨性特性，但这些特性对电子部件（器件）并不处于重要地位。在电子工程领域需要通过不断开发工程陶瓷、研究它们的特性增加工程上一些可用的性能：

① 电气绝缘（如火花塞、通用的电气微型开关）。
② 高的耐热性（如加热元件）。
③ 高的介电常数（如电容器中的电介质）。
④ 好的压电性能。

已开发的汽车用火花塞是作为绝缘体的陶瓷材料应用方案中最熟悉的一种方案。依靠它才有可能出现高速汽油机。同样，在现代发动机上也需要火花塞，它是有针对性的（组织）燃烧不可缺少的。作为火花塞绝缘体所用的 Al_2O_3 也是厚层技术微芯片的基质板。这样制造的芯片适用于发动机控制仪中的高工作温度。

各种材料（主要是陶瓷）的特别性能，即压电效应用于汽车上众多的、不同的电子组件上。压电效应是通过外部机械作用（压力、拉力、扭转、剪切）使晶体晶格变形，并随之出现电荷从中心位置移动（图10.28），电荷移动使在晶体上发生肉眼看到的（宏观的）、可测量的电压；反之，从外面给晶体施加一个电压，可使晶体变形。如加以交流电，则晶体处于振动状态，从而可利用它产生声波。

在汽车上压电效应用于众多方面：
① 变形元件，如触发安全气囊或安全带张紧器。
② 发动机气缸体上的爆燃传感器。
③ 停车入位辅助超声波传感器。
④ 柴油机共轨喷射系统中的压电喷油器。
⑤ 加速度传感器。

典型的、有效的压电材料的代表是石英（从节拍式石英时钟中为人们所熟知）、电气石和各种钛酸盐（如钛酸钡）。为电气应用，人们主要采用具有所谓"钙钛矿型结构"的陶瓷材料，因为它比石英的压电效应更加优异。

由于一些金属元素的禁用（如铅、钡），为寻找替代化合物而进行很多努力，并为能利用类似的化合物以替代含有像钛酸盐这样的重金属。

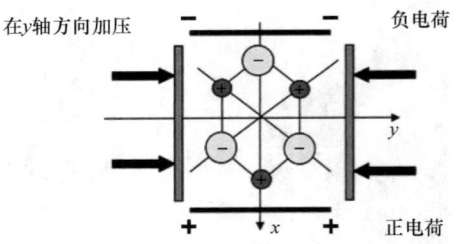

图10.28 石英晶体压电效应图示实例[86]

3. 防腐蚀

DIN EN ISO 8044 是这样定义腐蚀："腐蚀是金属材料与它的环境的反应，这种反应引起金属材料可测定的变化并导致金属零件或整个功能损伤。在大多数情况下，这是电化学的自然反应，在有些情况下可能是化学的或金属物理的自然反应"。

防腐蚀概念不同于耐腐蚀概念。防腐蚀概念是表示金属抵抗腐蚀介质侵蚀的定性尺度。在金属上完全耐腐蚀的涂（镀）层（如金）不是绝对地防腐蚀。涂层金是有细孔的，然后腐蚀侵入到非贵重的母体（基质）材料，而金本身没有侵蚀。作为钢上涂层材料的锡则相反，在贯串损伤时锡进入溶液并通过自身的腐蚀保护基质。

材料涂层体系　材料表面处理追求的目标是使用原来不可能使用的材料或优化使用的材料。

材料涂层有经典的涂层法和转化工艺法，如浸蚀、氧化、植入。材料涂层主要的应用目标是实现表面的防腐蚀、防氧化、防磨损、提高滑动性能、隔热、保护等功能或达到表面效果。实际工程上常常要同时考虑多个应用目标。

对防腐蚀的表面涂层的要求可能是兼有功能和装饰的效果，或只是功能的效果。这样的区分是必要的，因为满足装饰要求的涂层通常需要费时的机械预处理而提高涂层成本。在工程应用和最佳经济效益的开发过程的利害关系中，从一开始会涉及以后遇到的表面涂层问题。

1) 电解析出金属涂层。金属析出可以在电解槽中实现，没有电解槽时可采用"Tampon 电镀"（用于选择性涂层，大多作为修理方案）[89]。零件作为阴极。用作防腐蚀的金属有：铬、镍、铜、锌、银、锡、金、铅。在电解中析出很多重要的双金属合金 ZnCo、ZnFe、Zn-Ni。上述这些金属涂层可铬化处理，并由于它们的更好的耐蚀性而在连接件、底盘和发动机零件上替代铬化锌涂层。另外，薄的有机涂层可再次提高防腐蚀和耐温性能。这样的有机涂层用于与镁合金零件接触的零件上[90]。

在最高强度钢（≥1000MPa）和电解析出金属涂层时总会产生氢脆化的危险[91]。人们还联想到与此相关的强烈的冷变形板件，联想到在阴极浸渍脱油法时和在带矿物酸的酸洗液时产生氢气的情况。在电解析出金属涂层时采用不产生氢脆化损害的预处理法。电解析出铝的情况就是这样。在从无水溶液电解析出金属涂层时不会出现氢脆化的危险。特别是在涂铝时还可铬化处理并在涂层厚度约为 $20\mu m$ 时还可有色地阳极化。电解析出金属涂层适用于如软管夹紧连接器（卡环等）。

电解析出金属涂层不能保证轮廓的真实性。在零件的角或尖端处由于电流较大使涂层变厚。由于有限的散射能力，复杂几何形状的涂层只有采取附加电极或内电极的辅助措施才有可能。在设计零件时建议，注意专业协会出版物上推荐的零件设计。

2) 没有外电源析出金属涂层。为防腐蚀，没有外电源析出金属涂层主要是镍涂层，其他没有外电源析出金属涂层的有铜、银和锡涂层[88]。利用水溶性的金属盐溶液化学反应参与者（伙伴）可析出金属涂层，由此还可得到"化学的镍"称号[92]。与电解涂层相比，这种金属涂层的主要优点是涂层零件轮廓的真实性，它还允许涂零件内表面。该法可涂钢、铝零件，也可涂在石墨、陶瓷和塑料表面上，只要事先在它们上面涂上能参与化学反应的金属层。通过被动保护零件表面保证它的优异的耐腐蚀，即在钢和铝零件表面不应有露出基质金属的细孔或裂纹。在较强的腐蚀时，在钢上的涂层厚度至少为 $25\mu m$，在铝上的涂层厚度则还要厚一些。高强度对应力裂纹腐蚀的敏感性可通过"化学的镍"降低，部分的甚至可以阻止。

没有外电源析出镍涂层的另一个优良性能是它的抗磨性能。通过嵌入 PTFE（聚四氟乙烯）、SiC 和金刚石颗粒可在大范围控制作为弥散涂层的没有外电源析出镍涂层的抗磨性。没有外电源析出镍涂层的耐久性与基质材料、热处理和涂层厚度有关，耐久性可降至 60%。

3) 阳极化。通过阳极氧化金属表面涂层变为氧化物涂层。铝零件阳极化大多在硫酸或铬酸溶液中进行。用电解液的搭接零件阳极化不允许在硫酸溶液中进行。合金成分质量分数超过 7.5% 的零件不能在铬酸溶液中阳极化。加厚的涂层有优异的防腐蚀性能，且可变色，还可涂漆预处理。由涂漆预处理的情况，由于附着原因涂层不加厚[93]。

通过成分一定的、冷电解液的"硬阳极化"，涂层厚度可达到 $50\sim100\mu m$。这样的厚度能电气绝缘、绝热。其特点是硬、脆，在机械载荷作用下产生裂纹。涂层的耐久性由于出现裂纹会向基质材料发展而显著下降。

4) 涂漆。涂漆是在有机物质基础上的保护涂层，通常在聚合物上。各种添加剂，如铬酸、锌、红丹底漆和其他有害的涂料或与劳动保护的相关漆层不再允许使用。主动防腐蚀颜料能够掩盖有缺陷的表面预处理。化学漆和涂漆方法是零件表面涂漆的预先准备，涂漆前的预处理是耐腐蚀涂漆的前提。在较强的腐蚀时，涂漆不能保护接触腐蚀，特别是镁合金零件。

涂漆还要考虑有机涂漆层的收缩性。预应力会显著损害涂漆层（蠕变，主要是温度影响下的蠕变）。

在这里不再一一介绍下面的一些涂层方法：
① 热喷射涂层（火焰、电弧、爆炸、等离子体喷射）。
② PVD（化学蒸发沉积）和CVD（物理蒸发沉积）。
③ 热浸涂层（Al、Zn、Sn、Pb和它们的合金）。
④ 滚压包层涂层。
⑤ 扩散涂层。

10.2.3 连接技术的进步

1. 焊接和钎焊

下面专门选择车身用钢板（10.2.2.1.1小段）连接方法的发展说明连接技术的进步。

（1）电阻点焊　在钢材方面电阻点焊仍是主要的连接方法。特别是最近几年白车身连接不断采用"中频焊接（1000Hz）"。中频焊接可满足适用于机器人变压焊接的焊钳需要，它比常规的50Hz交流电焊焊钳的重量要轻、体积要小。在点焊时通过理想的有效电流与峰值电流之比可显著减少电火花倾向。电阻点焊的开环控制和智能闭环控制，还能可靠焊接高强度钢板或有涂层的钢板。

电阻点焊附加涂在连接面上的粘接材料还可改善焊接强度、提高承载性能。

（2）激光焊接　首先在汽车制造车身特制板材（见6.1.3小节）上推广应用的激光焊接不断用于汽车装配，特别是它可提高高强度、准平面相互连接的板材的承载性能。目前使用CO_2激光器或固体激光器（Nd-YAG）。在焊接件结构上，激光焊接可允许减少连接凸缘的宽度。在只是单向可接近性的连接场合（如车顶范围），激光焊接十分可靠。在改善激光射束质量的同时，增加激光器功率还可允许带填充金属条焊接。激光焊接不但改善焊接件的缝隙搭接性，还可实现像角缝这样的其他几何形状的焊接。

（3）钎焊　使用在车身制造上的现代连接方法是MIG钎焊（惰性气体保护钎焊）、等离子体钎焊和激光钎焊。它们与焊接的主要区别是所用的填充材料主要是铜合金。钎焊时不熔化要连接的基质材料，液体钎料湿润基质材料，渗入基质材料表面，并在边界面上形成互溶合金而连接在一起。在车身钎焊处，根据连接尺寸，其强度有时还超过基质材料的强度。

由于钎焊时温度较低，可减少对涂锌金属板连接的影响，也可减小在钎焊热影响区的硬化。利用所用的填充材料还可改善缝隙搭接性，减小热变形。当然，由于所用材料的不同的电化学势能，特别是涂锌金属板，所以在钎焊范围必须要有足够的防腐蚀措施，如通过完美的KTL涂层。

（4）高频焊接　目前在车身上正采用车身特制板材的高频焊接。将带有一定缝隙的各薄钢板相互夹紧。高频电流通过夹紧架直接通到各薄板上。由于电动力学效应，高频焊接电流集中在薄板边缘。在达到必要的温度后，断开高频电流，加热了的薄板连接边缘被压合在一起。高频焊接时间特别短，达1s/m。对焊缝边缘准备的要求要比激光焊接对焊缝边缘准备的要求低，且可实现非线性焊缝焊接。高频焊接可以是金属板件的焊接，也可以是成型零件的焊接，它具有三维轮廓的焊缝。可以想到的是在汽车侧壁上，同一个汽车前部可以与各种不同的汽车后部相连接。高频焊接的缺点是必须修理在夹紧过程中形成的焊缝增高。

2. 机械连接方法

不断出现的变形技术连接方法，如冲铆、咬口连接是作为电阻点焊的替代连接方法。变形连接是成型连接的一个总称，在成型连接中，连接件和/或辅助连接件是局部的，但也是完全变形的[1]。采用这种机械连接方法可将没有涂层的和有涂层的板成型件结合在一起。机械连接方法的优点是对钢材料没有使用上的限制，更多地可将冶金学上不易相处的材料相互连接在一起。

（1）冲铆　在冲铆时要连接的、没有预加工孔的零件与铆钉元件相连接（图10.29和图10.30）。在"常规"铆接所需的连接件预加工孔被冲铆切削过程替代。

（2）半空心铆钉冲铆　在半空心铆钉冲铆时，在咬口连接和变形过程中形成连接（图10.31）[95]。将要连接的铝板件放在冲模上。下降冲头和铆钉（冲铆过程），并靠在连接的铝板件上，继续下降冲头和铆钉，铆钉就进入连接件中。

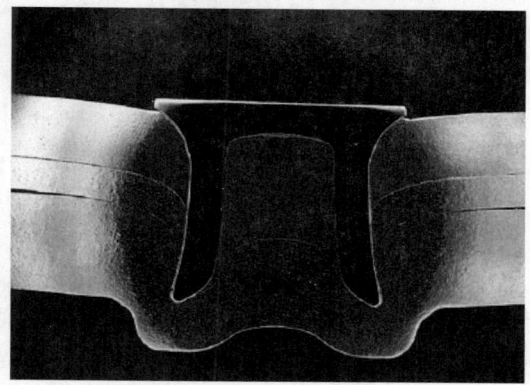

图10.29　三层铝连接的截面图

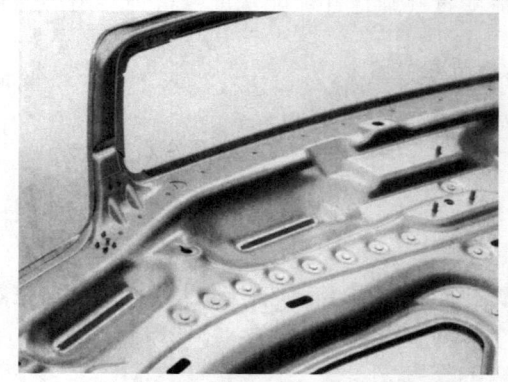

图10.30　冲铆应用实例：奥迪A6发动机盖

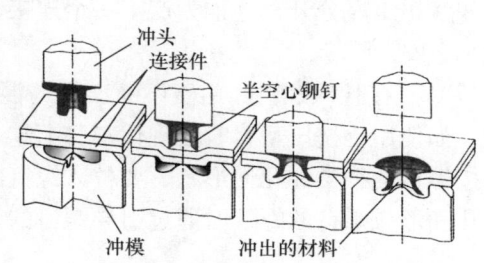

图10.31　半空心铆钉冲铆的工序

在接着的连接过程中冲铆将上面的、冲头侧的铝板件切开，铆钉同时扩展、变形；下面的、冲模侧的铝板件塑性变形形成镦头。镦头的形状主要由冲模花纹轮廓确定。

铆钉元件在铝板材的塑性变形中通过扩展形成一个后切口，它是连接强度的一个尺度。从上面铝板层冲出的材料填充到空心的铆钉杆中，并被永久地包围起来[95]。为扩展铆钉杆，铆钉的几何特性参数特别重要，它影响可传递的剪拉力和铆钉头部拉力。此外，冲铆可轴向、径向夹紧，从而增大连接件的附着系数。

（3）实心铆钉冲铆　在实心铆钉冲铆时铆钉元件用作单行程切削冲头，但铆钉本身不变形。所用的实心铆钉材料要比连接件材料硬。实际所用实心铆钉材料是有各种表面涂层的钢、铜、铝和贵金属。

（4）咬口连接　在咬口连接时采用材料的变形技术连接，没有辅助连接件[2,3]。咬口连接方法的可能特征为：

1）按连接元件结构：咬口连接，有或没有切削成分。

2）按工具零件运动学：单级和多级咬口连接[95]。

（5）有切削成分的咬口连接 在有切削成分的咬口连接时，连接元件在局部的切削作用下形成一个剪切、咬合连接和冷镦过程的组合。由金属板面向外移动的金属材料被镦粗，并形成强有力的闭合成型连接。咬口和切入是连接过程的边界。按切削、咬口和镦粗的方式和布置，可分单级和多级咬口连接系统。

1）有切削成分的单级咬口连接：如果在不间断的唯一的工具零件表面形成连接，则称为有切削成分的单级咬口连接，它可用简单作用的连接冲压机完成。

2）有切削成分的多级咬口连接：如果在工具零件依次运动的作用下形成连接，则称为有切削成分的多级咬口连接。利用这种连接的多件工具，在连接处可部分地切入和偏移连接件[95]。

（6）没有切削成分的咬口连接 在最近几年，在有切削成分的咬口连接元件基础上继续开发连接元件，它的特征是通过扩大剪切面和减小利于成型件的切削成分提高连接强度。

在没有切削成分的咬口连接中，以挤孔（挤孔约束连接范围）、咬口、冷镦（冷镦咬口材料体积）过程相结合的方式，通过挤压产生强有力的闭合成型连接。对没有切削成分的单级或多级咬口连接相应地设计了一套工具和没有移动的冲模件。

1）没有切削成分的单级咬口连接（图10.32）：在没有切削成分的单级咬口连接中，基本思路是要达到冲模侧和冲头侧连接件的不同流变特性，这样才能保证咬口强有力的闭合成型连接。

2）没有切削成分的多级咬口连接：没有切削成分的多级咬口连接的特征是暂时将咬口工序和镦粗工序分开，这样为产生一个连接元件所需的连接力要比单级咬口连接所需的连接力约小20%[95]。

（7）直接拧入螺钉 由于不断出现的混合制造方法和连接处的很多情况只是单侧可接近性，如使用铝挤压型材时在现代车身上越来越多采用直接拧入螺钉的连接技术[99]。

按螺钉的种类和几何形状、要拧入螺钉的材料，在零件上预冲孔或没有预冲孔。在零件上冲孔和形成螺钉的螺纹时通过引导螺钉的几个步骤直接拧入螺钉（图10.33）。

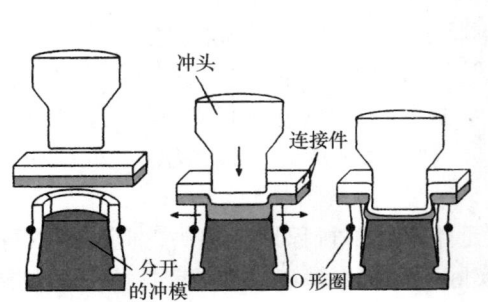

图10.32 单级咬口连接，没有切削部分的工序

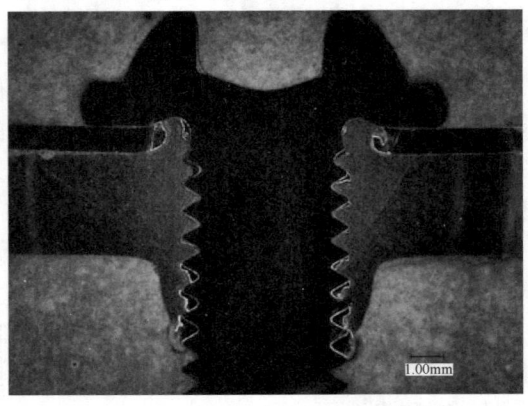

图10.33 利用预冲孔的上面夹紧侧板直接拧入螺钉实例

直接拧入螺钉的连接过程如图 10.34 所示：在拧入螺钉的零件上，在引导和定位螺钉后先将压紧装置压在连接处，以阻止在拧入螺钉的过程中在两个被连接的零件之间形成缝隙。通过定义的压紧力和转速在螺钉头部和板之间产生摩擦热。摩擦热经板进入螺钉。在两板中形成米制阴螺纹（螺母螺纹）。继续拧入螺钉，在夹紧侧板上引导螺钉头部。螺钉按预先调整好的拧紧力矩拧紧。

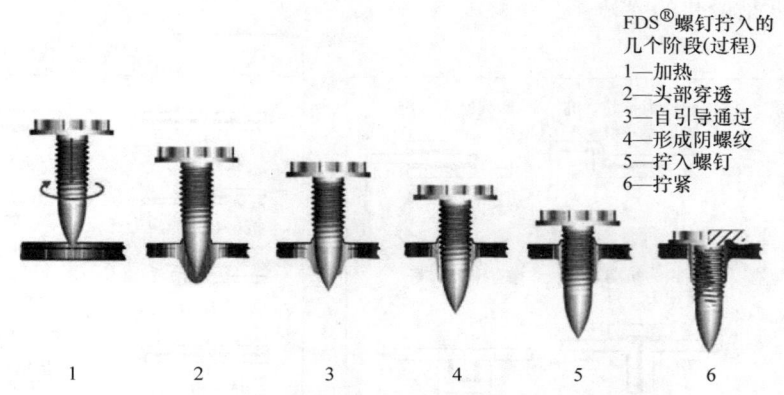

FDS®螺钉拧入的几个阶段(过程)
1—加热
2—头部穿透
3—自引导通过
4—形成阴螺纹
5—拧入螺钉
6—拧紧

图 10.34　Ejot 公司 FDS 螺钉拧入过程实例，无预冲孔

3. 粘接

粘接作为独立的连接方法主要是以与焊接连接和机械连接方法组合的方式在连接技术中发挥越来越重要的作用[102,104]。

目前，在汽车工业内使用粘接的重点是车身范围，粘接技术对解决各种任务和要求做出贡献：

1）不同材料的连接。
2）隔声、减振。
3）密封气体、液体。
4）提高零件刚度。
5）防腐蚀（缝隙腐蚀、接触腐蚀）。
6）由于连接时的低温减小连接变形。
7）传递平面力[102,103]。

从很多可能的任务中可得到供使用的粘接材料体系（图 10.35）[101]。

在汽车上构件粘接范围主要使用热硬化的 1K 环氧化物粘接材料（1K-Epoxid-Klebstoffe）。它的优点主要是高的力学特征值、好的可自动化的粘接工艺和友好的加工性能。

PUR PVC 粘接材料可密封、隔声、减振。

在粘接时，连接件的表面性能十分重要。对金属材料，表面性能主要受成型过程（如拉深时润滑油等）、运输中的不洁物的影响。而表面腐蚀也使连接质量变差。对聚合物材料，表面

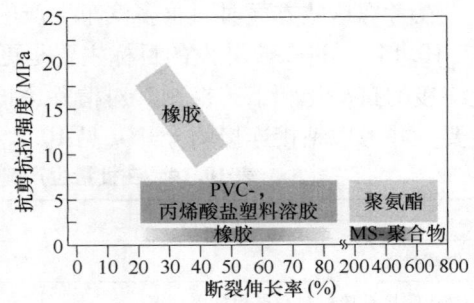

图 10.35　粘接材料体系

性能受分子结构和表面结合极性的影响。在很多情况下，需要在粘接前清洁（去油）处理或在塑料上进行预处理（加热、等离子体处理）。

按对连接处的要求，通过附加的化学（附着底漆）或机械方法（拉毛、喷射）还可进一步改善力学性能[105]。合理的粘接连接结构有利于提高连接件质量。图 10.36a 和 b 是粘接连接的一些结构实例。从图中可见哪些是从抗剪应力和抗拉应力角度是最可靠的，哪些是从抗壳应力角度是最差的[106]。

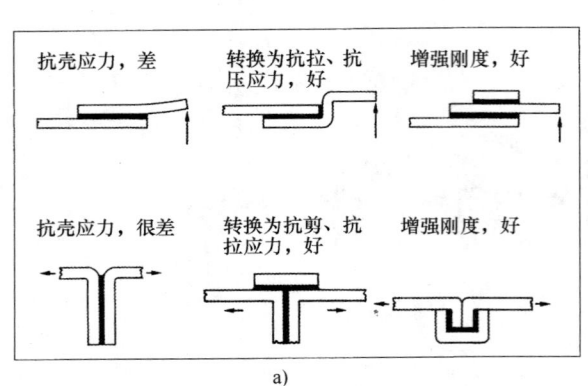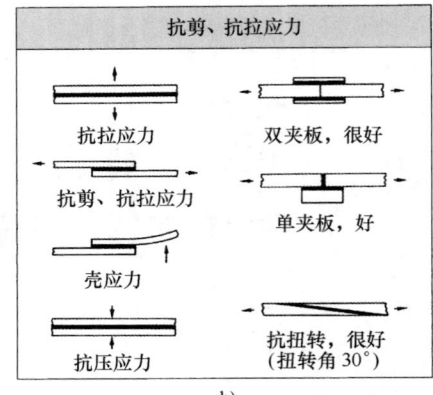

图 10.36　a）和 b）粘接连接结构实例

因为在所有的粘接材料体系中涉及聚合物材料，所以除了已提到的结构和表面影响外，设计粘接连接时还要考虑温度和老化影响[106]。

由于这些原因（力传递、温度、老化等），粘接技术与已知的热的且也是与机械的连接方法组合是顺理成章的事。

这样，通过点焊—粘接可提高连接件刚度，并且由于在同时减少焊点数时明显减少凸缘处微运动而显著提高车身的耐振性和疲劳强度。同样也适用于咬口连接—粘接组合[101]。

为保持和再现连接质量（可复制性），下面的先决条件是必要的：

1）合理设计粘接的凸缘和缝隙尺寸。

2）定义粘接材料数量和成本，通过下列方法实现：

① 机器人操作的送料系统。

② 连续监控工艺过程（如在线摄像监控）。

在考虑这些方面时，很多汽车生产厂家已成功实现将构件粘接工艺融入现有的生产线上（表 10.14）。进一步开发的目标主要是更好的，也就是更准确地认识老化过程和继续优化粘接连接的自动化和工艺控制。对清除废旧车，还是"再利用"话题，即在研究和开发任务中要一并考虑粘接连接的分开（见 10.2.5 小节）。

表 10.14　在批量生产奥迪 AG 轿车上粘接材料应用实例[107]

使用目的	基本材料
白车身	
翻边咬接粘接材料和点焊粘接材料	
铝翻边咬接粘接材料和点焊粘接材料	环氧树脂
构件粘接材料	

(续)

使用目的	基本材料
构件粘接和翻边粘接，耐洗	橡胶
衬里粘接材料	橡胶，丙烯酸盐，PVC/环氧树脂，聚氨酯
涂装车间	
细缝密封	PVC，约97%固体
粗缝密封	PVC，约97%固体
装配	
风窗玻璃粘接材料	聚氨酯（湿空气中硬化）
玻璃活化剂[1]	硅烷，乙醇大于95%（每辆轿车约1~2g）
玻璃底漆[1]	聚氨酯，醋酸盐和丙酮（每辆轿车约1~2g）

[1] 含溶剂产品。

10.2.4 在零件成型和成形方面的进步

1. 金属

（1）内部高压成型（IHU） 内部高压成型基于零件的扩张，直至模具模腔由于工件与介质直接接触时在液体介质的作用力作用下扩张。除了液体介质的作用力外可能还叠加有其他的力，如轴向力和横向力（剪切力），它们帮助工件成型。

内部高压成型按工件结构设计，可有4种不同的方法（图10.37）。下面予以说明：

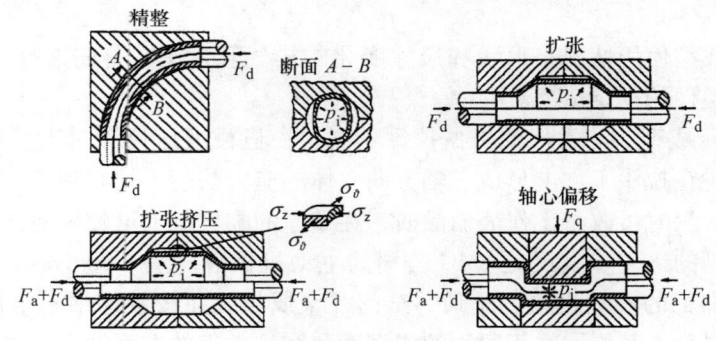

图10.37 不同的内部高压成型方法原理图

1）精整：在文献中也称校正。将弯曲和加压预成型的工件在单独的成型模具的内压作用下成型。

2）扩张：在壁面将工件材料延伸并扩大，这时只在液体压力的作用下成型。成型尺寸视所用材料在成型方向的延性而定。

3）扩张挤压：将工件轴向推入附加的成型区，它比扩张成型增加变形部分。变形部分的位置和数量受到限制。由于工件与模具间的摩擦，轴向力传递工件的行程不能长，不能有太大的弯曲，断面变化不剧烈。

4）轴心偏移：在模具侧向力作用下，空心工件轴心的一部分偏移。通过附加施加横向力，工件在内部高压下弯曲并扩张[108]。

内部高压成型的工程优点：
1）复杂零件可制成一件。
2）取消连接焊缝。
3）零件的形状、尺寸精确。
4）由于材料的可强化性，提高零件强度和刚度。
5）不同壁厚和不同材料的管件可在同一模具中制造[2]。

内部高压成型的工程缺点：
1）复杂，长零件要通过延伸成型，因此只能是圆周差别不大的零件。
2）样件模具昂贵。
3）生产周期较慢。
4）复杂的技术设备。

在车身上，优化车身空间利用的 IHU 法受到重视，因为 IHU 法取消了焊接凸缘，并同时具有高的零件刚度和轻的重量。常用的底盘单件纵梁或防汽车翻滚弓架证明 IHU 技术的突出优点。新的保时捷 Panamera 的车身前壁（前围板）横梁首次采用内部高压成型（IHU）的贵金属制成，具有最高的安全性、高的精度和高的经济性（图 10.38）[202]。

图 10.38　保时捷 Panamera 前围板横梁

IHU 技术也已在底盘后桥的构件上使用并得到验证。

动力装置的典型使用情况是形状和尺寸变化的排气管弯头。首先选择 IHU 技术的决定性因素是它的砂型件的复杂造型。

（2）机械液压成型　与常规的机械拉深不同，在机械液压拉深时工件在拉拔模室中克服液体压力，这时在拉深工件上形成三轴方向立体的应力状态，它有利于拉深性能。与常规的拉深相比，在拉深时可改善工作表面品质，在壁厚的临界范围可较少地减小壁厚。

机械液压成型的进一步发展是 SMG 公司的主动机械液压法（Aktive-Hydro-Mec-Verfahren）工程。常规加工的发动机盖、车顶、车门外金属板，在按零件中心常规造型时只能利用很小的抗翘曲强度。其原因在于很小的成型度和在这类零件方面没有足够的刚度[110]。

在主动机械液压法时利用受控的压力介质先将金属板预伸长，引起零件材料刚度增加，然后在单侧的成型轮廓冲头作用下成型。图 10.39 是主动机械液压法的工作原理[110]。

（3）两金属板内部高压成型法

1）高压成型法原理。除管材和型材内部高压成型外，还可利用 IHU 法将两个不受约束的、相互放在一起或在边界范围相互焊接的金属板成型。金属板成对放在模具上，根据零件几何形状有不同的成型法。它们将工作液体引入两金属板之间[111]，像喷枪那样喷入两金属板之间。其他的可能是半球形的密封冲头，在模具闭合后工作液体通过冲头进入两金属板之间（图 10.40）[111]。下面的金属板预先冲孔，在模具闭合后马上供入变形过程所需的工作液体。

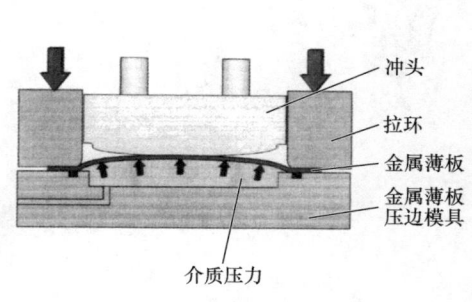
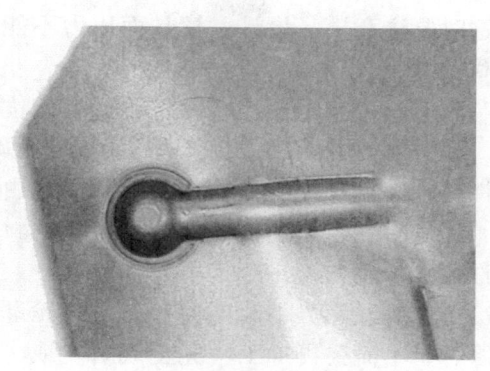

图 10.39　主动机械液压法闭合和预延伸工艺

图 10.40　液体工作介质通过密封冲头进入两金属板之间

在 IHU 管件成型时,在工作行程开始需要排除管件内部的空气,而在两金属内部高压成型时不需要排除空气,因为两金属板扁平地放在一起,没有空腔。进入两金属板之间的低压工作液体使工件鼓起。与拉深相似,两金属板可采用专门加工过的型板,它的外廓尺寸在整个长度上有很大变化。在工作横断面上已经将成型时模具模腔所需的工件材料准备好。

2)高压成型法的各种方案。在两金属板相互焊接成型时,上、下金属板的凸缘同时引入模具模腔中。这种方法适用于生产零件,在断面上的上金属板壳面和下金属板壳面的展开比大致相同。与常规的、上下两个半壳面由拉深工艺制造接着焊接的成型法不同,焊接内部高压成型的两金属板的优点是两金属板在平面状态而不是在成型后焊接。这种成型法可制造带有焊接密封凸缘的零件,如燃料箱(图 10.41)[112]。这样可以缩短工艺链,减少工作介质消耗。另外的节省潜力是在成型的模具方面。当内部高

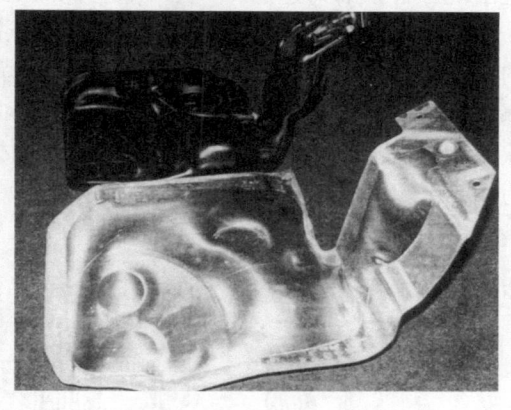

图 10.41　由两个铝金属板组成的燃料箱

压成型仅需有两个模具(上模和下模时),在拉深工件的上半壳面和下半壳面,则每一工位需要一套由拉深冲头、金属板压边模具和下模组成的拉深模具。

若利用 IHU 法制造上半壳面和下半壳面拉深深度明显不同的工件时,则必须使用没有焊接的金属板。有缺陷的焊缝在成型时允许上半壳面和下半壳面间相对移动,从而可消除出现皱纹和裂缝的危险。在使用 IHU 法时要特别注意在上半壳面和下半壳面之间的分型面只有通过黏附力才能密封。因此,上模和下模分型面要仔细精磨和配对研磨。

(4)冷挤压　冷挤压是在材料再结晶温度以内的成型温度下的很多实心成型法中的一种工艺。毛坯或冷挤压毛坯在模具中利用施加必要压力的冲头成型。冲头和模具壁面一起组成空腔[6]。按工件材料在模具中的流动方向,冷挤压可细分为:①反向流动挤压以加工盆形(器皿)结构;②充满模具空腔的横向流动挤压;③改变断面的向前流动挤压。

原来的冷挤压法只用于加工铜、铝件和小件钢件。在加工钢连接元件(如螺钉、铆钉)时,这种成型法早就使用。随着工程设备的不断进步,使用的工件材料已扩大到质量达 15kg 的钢件(图 10.42)[115]。

这时要注意模具设计，模具面压力不能超过 2500MPa。

与其他成型技术相比，冷挤压成型的优点很多，如材料利用率高、生产率高、尺寸精确、重复性好，并且在保证表面最好质量时，由于保持了工件材料组织的流线而达到最佳的材料使用性能[114]。

冷挤压成型趋势不断朝向接近最终轮廓的成型零件，不需要再加工（完全成型）或少许再加工（几乎完全成型）。新的模具制造材料、

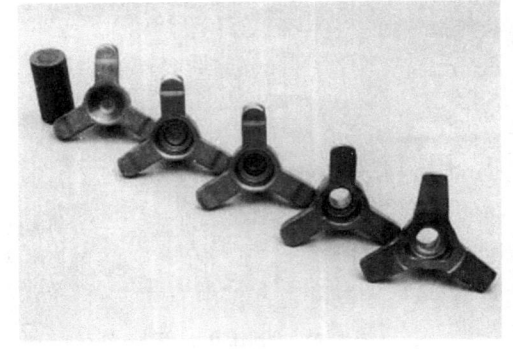

图 10.42　45 钢（C45）冷挤压件

高耐磨性涂层、计算机辅助工艺和模具设计将促进冷挤压成型的发展。目前冷挤压成型用于转向节主销、三脚架、车身固定件（如车桥支撑、保险杠支撑）等零件。

（5）铸造技术　在铸造技术方面主要集中在开发新的和优化现有的铸造方法，其目标是铸造可热处理和可焊接的铝压铸零件。这种零件的特征是气孔很少。在最近几年，在市场上出现三种新的铸造法："模压铸造""触融压铸"和"真空压铸"。

1）模压铸造（Squeeze Casting）。模压铸造将模压的经济性和对可热处理和可焊接零件的一些特别要求结合在一起。模压铸造的特征是可以调整浇铸活塞的速度变化规律。浇铸活塞可排除浇铸腔和浇铸道中的空气。控制和调节浇铸活塞速度、优化浇铸腔和浇铸道几何形状，使铸液能层流地流入铸模并在没有气体的情况下充满模具（铸液在浇铸腔的流动速度为 0.5~2.0m/s）。

图 10.43 是模压铸造法示意图[116]。

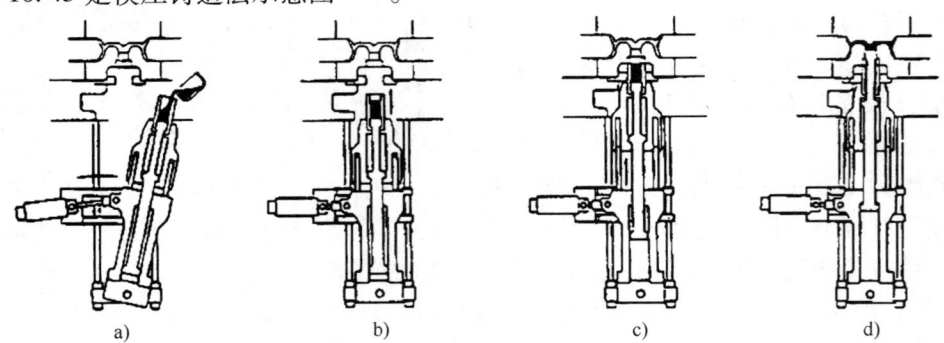

图 10.43　在间接模压铸造时的循环浇铸

a）配料　b）垂直方向振动　c）浇铸　d）铸满和凝固

2）触融压铸（Thixo Casting）。在触融压铸前还有大家知道的"半固态金属（SSM-Semi-Solid Metal）铸造"，专门制造棒料，然后锯成销[117]。

在铸棒法中用电磁头搅拌制造 SSM 合金棒料。这时合金棒料形成枝状晶体的金相组织，在半液体状态使 SSM 合金具有触融性能[118]。

此后，如通过感应线圈将销加热到一定温度。在该温度下既有固态铝，也有液态铝。变软的销接着送入压铸机的浇铸腔中压铸成型（图 10.44）。

加热的铝销在没有外力作用时保持外部形状，只有在压力作用下才像液体那样流动。

第 10 章 材料和生产方法

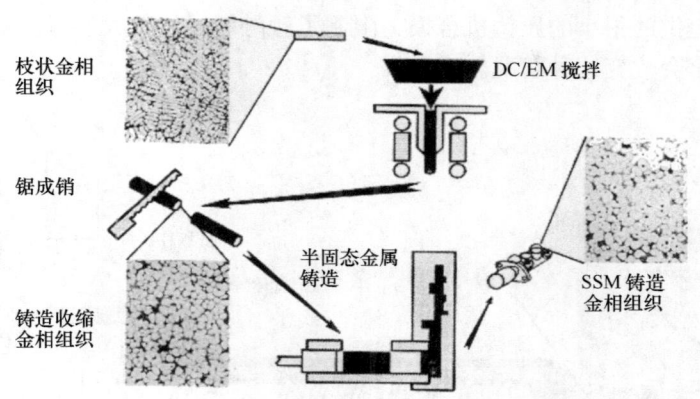

图 10.44 触融压铸的铸造流程

目前可用的 SSM 合金只是 AlSi7Mg。镁合金正在开发中。

没有气孔和振动收缩的触融压铸件可热处理和焊接。AlSi7Mg 铸件热时效处理后可达到下列的力学特征值：

屈服强度：$R_{p0.2} \geqslant 230 \text{MPa}$；

抗拉强度：$R_m \geqslant 290 \text{MPa}$；

断裂伸长率：$A_5 \geqslant 11\%$。

3）触融模压　在"触融模压"中人们利用部分凝固和触融胶状态的材料触融模压。与"触融压铸"不同的是在触融模压时采用镁丸作为原材料。

在触融模压的工艺流程中触融模压等于热塑性塑料-塑料注塑铸造（图 10.45），并在此基础上，在 20 世纪 70 年代中期由美国 MIT 开发。镁丸同样由输送蜗杆输送，并连续加热至半固体/半液体状态，加热主要由电阻带的传热加热，或由其他加热元件加热。在与空气中的氧气进行不受控的反应前，为保护压铸机中部分熔化的材料将压铸机中充满氩气。在压铸工艺阶段必须一直保持保护气体（氩气）的氛围。

压铸机蜗轮连续转动剪切材料并使均匀化，使从一开始的镁丸颗粒的树枝状金相组织形成均匀分布的球状颗粒的熔体。球状颗粒的大小和分布由蜗杆运动和温度控制进行控制，并决定以后零件的力学性能。在最后的触融模压工艺阶段，将触融胶物质通过反冲闭锁输送到蜗杆室前。之后通过蜗杆快速进给运动，触融的镁材料借助压铸系统模压成型。为防止镁材料流回，这时回流闭锁系统切断。在镁材料充满模具后蜗杆反回运动，回流闭锁装置开启并取出零件，在触融压铸机喷嘴端部由于触融胶凝固形成栓塞，从而阻止镁丸材料到下次射击前从压铸机射出。在每次射击到预设的栓塞捕集器时将栓塞喷入空隙中。

与触融压铸不同，触融模压是一个工艺连续控制的方案。所用的器具是良好的操纵杆和只需要比压铸工艺更少的保险机构。由于较低的工艺温度和很少的材料损耗，触融模压可以制造非常复杂和高精度零件而不需再精加工，此外，还从各种渠道报道了改进零件机械特征值和减少像压触融压铸时的疏松度的信息，这些都是有针对性地改进模具设计和工艺控制的重要前提[118]。

触融模压件已成功地用于电子部件、便携计算机和照相机外体，主要用在亚洲地区。在汽车上触融模压件用于车顶（通用 Corvette C6、保时捷 Cabrio 911 型）。

触融模压件原则上适用于镁压铸加工的所有零件。当然只限于少量的商业供货。目前由压铸机制造厂家提供的很小的压铸机合模力限制了触融模压的较大流行。最新的开发工作可以期待在未来几年会改变这种状况。

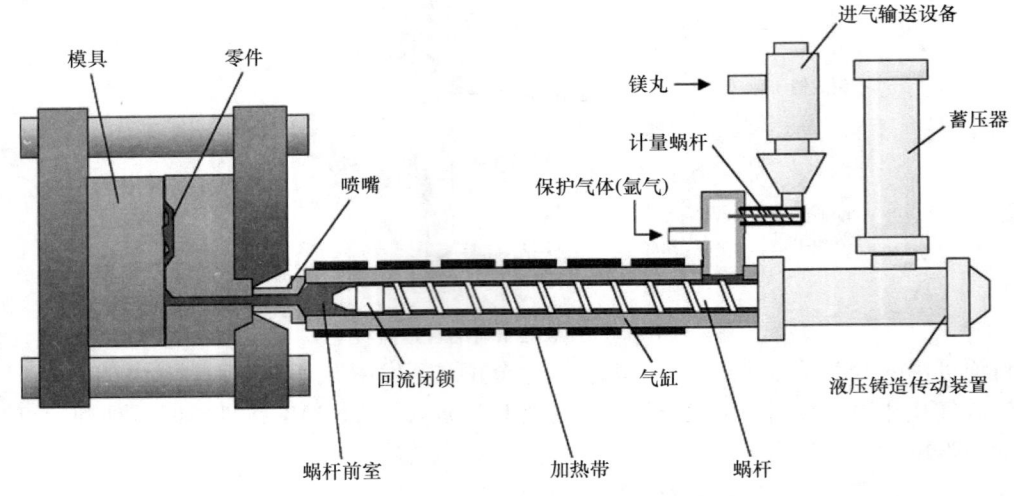

图 10.45　触融模压机结构[116]

4）真空压力铸造。真空压力铸造可制造耐压、可热处理、可焊接的铸件。

真空压力铸造法的重要特征是在真空中压力浇铸、分型和充满模具腔成型。真空度低于100mbar。延长真空压力铸造循环时间可换取铸造的经济性。

真空压力铸造可减少铸件气孔，使它能达到热处理的程度。根据热处理温度、零件几何形状和铸模中的冷却条件，热时效处理后的 AlSi10Mg 合金可达到的力学特征值为：

屈服强度：$R_{p0.2} \geqslant 180 \sim 260 \text{MPa}$；

抗拉强度：$R_m \geqslant 230 \sim 320 \text{MPa}$；

断裂伸长率：$A_5 \geqslant 6\% \sim 14\%$。

从材料角度，无论是常用的铝合金零件，还是镁合金零件，都可采用真空压力铸造法。

（6）锻造　锻造可理解为一组制造方法。按 DIN 8583-1 标准，它们主要列入压力成型组中的成型技术法。属于成型技术法的有自由锻成型、模锻成型、压入成型和挤压成型。按自由锻成型和模锻成型的不同特征，分为自由锻和模锻。

自由锻只要简单的、一般不受工件形状约束的模具。模锻则需要受工件约束的模具。

锻造一般在一定的温度范围进行。在该温度范围，工件材料达到再生和再结晶过程，以提高工件材料的成型能力和减小内应力。有些合金的锻造温度限定在很窄的范围，以免出现不希望的相变[122]。

（7）锻钢　锻造零件使用合金钢或非合金钢，主要使用渗碳钢和调质钢。它们的形状改变能力和相应的可锻性随含碳量增加而下降。

为锻造，要切下工件毛坯，加热到锻造温度，塑性成型，接着热处理。热处理时可利用锻造热能（节省能量）或利用其他热处理方式。通过喷射处理清洁锻件表面。模锻零件大多还要接着加工功能表面。

与铸造零件相比，锻造零件的优点是机械加工性能好。这是由于调整了锻件材料的金相组织和由于锻件内部的缺陷概率很小、质量稳定。

锻造零件主要用于高压力、重大安全性场合，如连杆、曲轴、摇臂支座、车桥臂和变速器档位齿轮。

尽管锻钢零件有很多优点，但它在零件中的份额有所下降。通过进一步开发其他的锻造方法，可以阻止下降趋势，如精密锻造、半热状态锻造、无毛边锻造和保护气体下锻造等，以免锻钢零件表面脱碳、起鳞（生成氧化皮）。

其他的方法是在充分利用余热时进一步开发热处理方法。直接利用锻造热的热处理还需锻造零件的合金成分与冷却条件的有效配合。

2. 聚合物

除不断引入成熟的、低成本的成型模具外，还关注整个的制造系统和通过进一步开发已知的标准技术（如注塑）开发新的加工方法。

多组分工程或软—硬结合工程的双色后灯只是这期间汽车工业采用的创新制造技术的两个实例。

如果通过合理的制造技术将不同的材料组合起来，如利用下面要提到的三个制造方法，可再次扩大应用范围。

（1）一次注射技术（One-Shot-Technik） "一次注射技术"可理解为每一种装饰材料（装饰材料、皮革、泡沫薄膜、漆膜等）和同时制造的载体零件结合，并在一个工位完成（图10.46a和b）[123]。

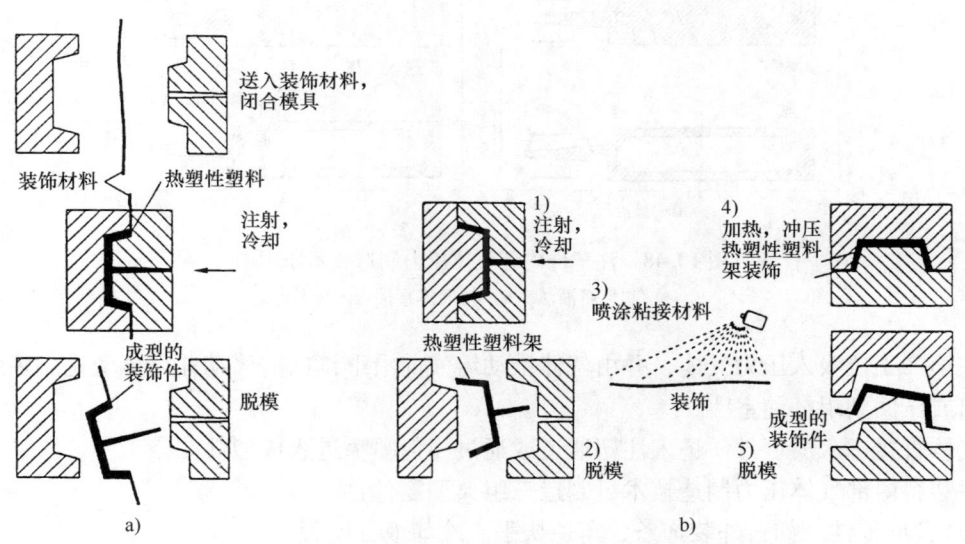

图10.46 后注射技术（HST）的"一次注射技术"与常规的粘接技术比较
a）后注射技术 b）粘接技术

一次注射技术法目前用于汽车内饰的最大件上，以制造对表面的视觉和触觉有严格要求的内衬件（如A/B/C柱、仪表板等），汽车外饰尚未采用此法。

根据装饰材料和零件尺寸的不同采用后注射、后挤压/后冲击、后发泡或后起泡等制造方法。装饰件的形状不是任意的，在结构和性能上要与当时的制造过程适应[3]。

一次注射技术法的主要优点是：

1) 成本低（最多可降低60%）[2]。
2) 不用粘接，与环境友好。
3) 减少雾气和对乘员室的有害气体辐射。

其缺点是约要增加高达30%的模具（已扣除节省的粘接模具）成本。总的来说，汽车工业中已采用了"一次注射技术"，它可使用在环境友好制造、零件的低有害物质辐射、及时完成较难制造和需高模具费用的足够多的零件的所有场合。

（2）注塑件内部气体压力制造技术（GIT）

注塑件内部气体压力制造技术有目的地和定义地制造注塑件内部空腔（图10.47）[128]。它是一种双组分的注塑件，第二个组分不是聚合物，而是气体，通常为氮气。

利用惰性气体压力（最大可达300bar）制造注塑件空腔。根据注塑件几何形状和采用的制造方法，在开始将50%～100%的熔化的热塑性塑料溶液注射到模具中（图10.48a和b）[127]。

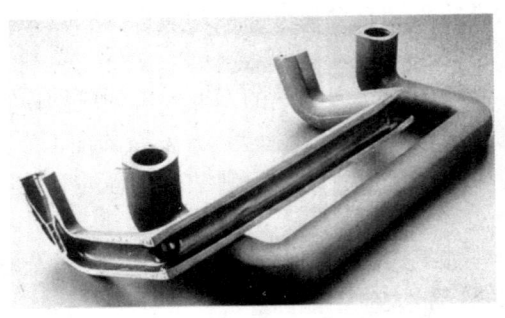

图10.47 聚酰亚胺厚壁成型件

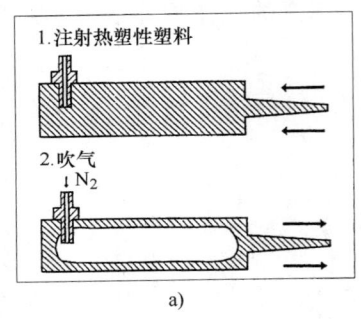 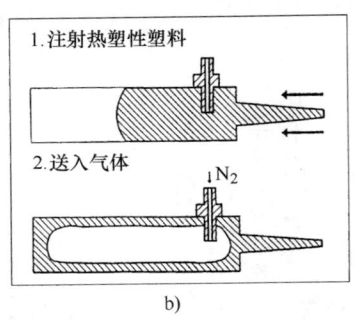

图10.48 注塑件内部气体压力制造技术原理图
a）吹气熔液法 b）将气体直接送入模具

在第二工位吸入压力气体，并由气体推动熔液前沿继续向前移动并完全变化。多余的熔液溢出或压回到蜗杆前室[127]。

气体直接进入成型件、进入注塑通道或通过注射喷嘴进入成型件。

注塑料内部气体压力制造技术可制造三组典型零件：
1) 管形零件。如：外装饰条、车顶扶手、冷却液分配管。
2) 有加强肋片的扁平零件。如：机体盖。
3) 周围为厚壁的壳形薄壁成型件。如外反光镜体、中间仪表板、车门杂物袋。

专门的GIT造型控制适用于这三组零件。为达到最佳的零件质量，一定要进行造型控制。最后必须指出，注塑件内部气体压力制造技术法有很多方案和专利。因此，在选定注塑件内部气体压力制造技术法前可能要了解附加出现的许可证费用问题。

GIT技术的优点可归纳为：
1) 成型件设计有很大的结构自由度。
2) 厚壁成型的循环时间较短。

3) 零件重量相同时刚度增加。
4) 变形小、内应力小。
5) 缩孔小。
6) 合模力小。

其缺点可归纳为：
1) 设备成本较高。
2) 工艺控制十分苛刻。
3) 质量保证费用较高。
4) 可实现多次空化，但费用高，易损坏。

(3) 复合材料技术 在塑料零件制造方面感兴趣的是复合材料零件制造技术。至今在很多场合使用的钢板零件虽然质量稳定，但较重。塑料零件的特征是轻，但强度和刚度低[130]。复合材料可有针对性地利用处于竞争状态的各种材料的优点，以相互组合成一个成型件[129]。复合材料技术的突破是使它成功地批量使用在奥迪A3轿车的前端横梁模块上[131]。因此，同样可以联想到的是支撑风窗玻璃升降机构、扬声器、风窗玻璃导向的汽车门框模块，后盖承载构件，仪表板支架等也可采用复合材料。

为制造复合材料零件，要将拉深的、打孔的钢板零件放在注塑模具中，并注射合适的塑料。这时塑料熔液通过冲压在钢板上的孔渗入并在硬化时形成闭合成型、可承受高载荷的复合材料零件。该钢板既不要黏结剂，又不要其他的附加处理工艺[132]。

利用复合材料技术可设计壁厚很薄的承载件，它比在同样承载时使用纯金属材料的承载件可减轻达40%[4]。只要紧固件、前盖和前照灯支架、线束架、前盖衬面在制造时已组成一个整件，则这种模块结构方式可节省成本（图10.49，参见6.1.5小节）[134]。

图 10.49 保时捷 Cayenne (2010) 轿车混合前端

另一优点是这种复合材料零件还有色彩，因为所用的热塑性塑料有很多色调。此外，人们试图在注塑工序用纺织物或薄膜装饰塑料表面，这种方法称为模塑装饰（IMD, In-Mould-Decoration，拜尔公司专利）[134]。

复合材料零件的主要缺点是再生利用不友好。失效的复合材料零件可以砸碎、过筛和用磁铁分开就可再利用。

概言之，金属/塑料复合材料是用于要求质量稳定、强度好、功能可靠的所有应用场合的最佳方案。复合材料零件重量轻，比等强度的金属构件成本低。零件附加功能集成度越高，这些优点损失得越多。

10.2.5 环境兼容方面的进步

在最近30年，社会和使用者的环境意识急剧增长。此外，在许多国家对环境方面的各种法规不断增多和强化。其中欧盟和美国一些州在这方面起着先导作用，致使在汽车开发中环境兼容成为一个硬性的目标参量。低燃料消耗、材料的友好性、再生友好性和使用能源、排放优化的生产方法等不只是由法律规定的任务（数据），更是一个竞争的因素。

1. 使用环境兼容的材料　为评估材料和替代材料的环境兼容性，要观察材料的生产、零件和汽车的制造、汽车的运行、以后的废旧汽车利用和清除。因此，使用有害材料或替代材料是由各种法规加以规范的。其中如危险物品法、工作和健康保护法以及使用和清除废旧车辆的规定。

主要的是避免使用危险物质（材料），或至少降至最低限度。为在汽车开发中充分考虑这些情况，几年来在汽车工业中采用负面清单，即所谓的全球汽车要申报的物质（材料）清单（GADSL, Global Automotive Declarable Substance List）[135]，在清单中要列出是否是禁止的物质（材料），或化合物，或至少有申报义务的，即供货者要向汽车生产厂家告知物质（材料）的使用。在汽车的新开发中通过使用这份负面清单可以避免在正式的汽车开发工作的框架内避免使用有害物质（材料）。少许有些不同的是，如果正在进行生产时还要将有害物质（材料）转换为环境兼容的替代物质（材料）。在欧盟在 2000 年生效的 2000/53/EG 废旧汽车指令中，如从 2003 年 7 月 1 日起在新车或备件中使用铅、汞、镉、铬（VI）要加以严格限制才可。自 2007 年 7 月 1 日起在新车上完全禁止使用早前普遍采用的防腐表面含有铬（VI）的镀层。汽车制造中目前正在生产的表面镀层零件已成功地转换为无铬（VI）的表面镀层。但相应的带来可观的开发、试验费用和高的投资。

另一个发生在过去的、替代有害物质（材料）的例子是采用无石棉密封件、无石棉制动片和离合器摩擦衬片、在空调设备中的无 FCKW 制冷剂、无镉塑料稳定剂、车身底漆用的环境友好水溶漆等。

对汽车用户来说，这些环境兼容方面的进步中的大多数进步是不容易感受到的，但有些情况汽车用户可非常直接地从中得益。如车内空气品质的改善。为减少车内有害物质排放，这期间还采用粘接仪表板的 TPO 泡沫薄膜以及无气味、无有害排放的聚合物。

有害物在车内的排放可由各种测量方法查明。其中一个方法是按 VDA 278 标准检测挥发性有机组分（VOC—Volative Organic Components）值。主要检测轻质、易挥发的气态碳氢化合物。另一个方法是按 VDA 278 标准检测雾值（Fog-Wert），它表示汽车内的不易挥发的碳氢化合物的成分有多高。还要按 VDA 275 标准采用甲醛气瓶法检测有害物排放。所有的检测方法应在汽车停放 2 天进行检测，因为有害物排放与零件储存时间有很大影响。除了用上面所说仪器测量外，不能低估人们主观的嗅觉感觉。从事嗅觉判断的专家可查明，新车的气味到底怎样，汽车是否满足用户对它的质量要求[136]。

2. 使用重新成长的原料　较长时间以来，在汽车上使用更多的、有不同矩阵的自然纤维材料。它是至今在汽车工业上已知的、在重新成长的原料基础上的材料，如充有聚丙烯的木材粉末（HM-PP, Holzmehl gefülltes Polypropylen）或木材纤维成型材料（HFFS, Holzfaserformstoffe，它是在热固性塑料基础上的带黏结剂的木材纤维）。

重新成长的原料首先用作车内框架承载件、行李舱内衬板支架或商用车上封闭的充电室。

除用于车内空间外，还在汽车外饰范围的零件上尝试使用以重新成长的原料为基础的材料。纤维的准备使用常规的或少许修改的纺织机[137]，在以热塑性塑料基础上的模具系统上大部分使用复合毛毯，它是自然纤维和聚丙烯纤维的混合物（混合比质量分数从 30% 与 70% 到 50% 与 50%）。为补偿自然纤维质量的较大波动，经常制造不同纤维的混合物。另外还有目的制造对力学性能有特别要求的混合物[138]（图 10.50）。

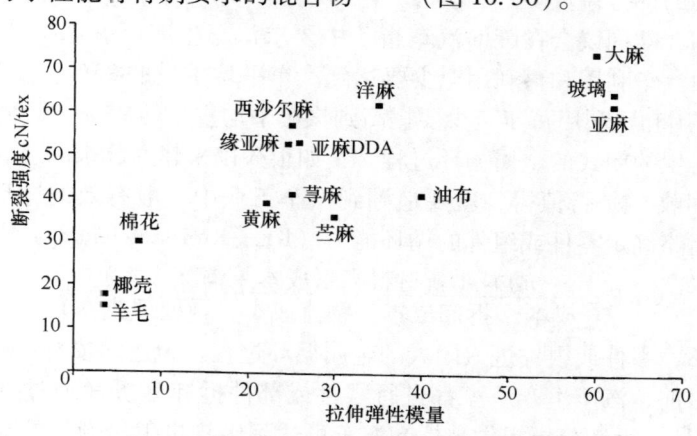

图 10.50　各种纤维力学性能比较
（资料来源：FH Reutlingen，应用研究所）

如果热固性塑料用作矩阵材料，则除早已知道的聚酯树脂和环氧树脂体系外，最近还使用聚氨酯体系。在纤维方面，目前使用亚麻纤维、西沙尔麻、洋麻。在这组硬纤维中主要使用西沙尔麻[139]。

根据零件的几何形状和所用的材料体系采用如挤压法、成型法等已知的制造方法。带自然纤维增强材料的注塑法目前还没有批量应用，只是在试验中。其问题是制造时较高的载荷，导致纤维预先损伤[140]。目前已批量使用的较新的方法是聚氨酯喷射法。这时用机器人将快速反应的聚氨酯喷在自然纤维网两边，接着马上在一定的压力和温度下在冲压模具中硬化[141,142]。

自然纤维材料的优、缺点可归纳如下：

+ 比玻璃纤维密度低。
+ 降噪性能好。
+ 抗断裂性好。
+ 非石化产品，燃烧时不会增加总的 CO_2 排放。
- 吸水（约可达 15%）。
- 有味。
- 含有杀菌剂、农药。
- 质量波动。

虽然有这些缺点，纤维材料仍是材料谱中的有益补充，而且在汽车的很多应用方面挤压传统材料。

3. 改善再生份额　目前，以重量计约有 75% 的废旧车（1987 年制造或更早一些时间）再生。至少是全部的金属材料，即铁和非铁金属材料回收。在这些材料中，将它们在粉碎机中粉碎、分类，接着在炼钢厂、再熔冶炼厂再生。余下的 25% "粉碎的轻组分（SLF—Shredderleichtfraktion）" 则储存。它们中约有 1/3 为塑料，也有玻璃、合成橡胶、木材、脏物。

欧共体每年要产生 800 万～900 万吨废旧汽车垃圾。其目标是：远离垃圾，垃圾再利用，使用不再利用的部分垃圾。

基于这一原因，欧洲议会在废旧汽车指令中要求汽车生产厂家承担义务，至迟到 2006 年 1 月 1 日，废旧汽车利用和再利用至少要达到汽车平均重量的 85%。至迟到 2015 年 1 月 1 日，废旧汽车利用和再利用每年至少要提高到汽车平均重量的 95%。要解决这个要求在于建立相当于金属再生的闭式的金属循环过程。正如很久以来建立起来的金属回收那样。为判断这样的处理（回收）是否值得，就要追溯到汽车工业中一般有效的循环能力公式（1）。利用下述公式可粗略确定零件或组件的循环能力（KE—Kreislaufeignung）[143]：

$$KE = \frac{成本（新材料当量成本 + 消除成本）}{成本（拆卸成本、物流成本、预处理成本）} \tag{1}$$

如果 KE≥0.8，零件或组件进入闭式的金属循环过程。为达到按材料品种分开，需要一定的拆卸成本。目前，汽车生产厂家都进行零件或部件拆卸分析（通过拆卸分析可进行整车结构分解和利用）。拆卸分析提供被拆卸汽车可达到经济再生份额的重要信息，指出新结构的优化潜力。为实现零件更好的再利用，建议避免使用不友好材料之间的粘接连接，并保证拆卸工具能接近它们。同样，人们力图使用无卤化物的防火剂和印制电路板，并用再生友好和环境友好材料替代，各种涂层和漆或它们的总重量应减至最少。与内部再生标准或 VDA 2243-1 标准和欧洲再生标准"为再生设计（DFR—Design for Recycling）"一起组成可实现合适再生和汽车经济开发的基石。"再生三角"表示了再生的重要内容（图 10.51）[144]。

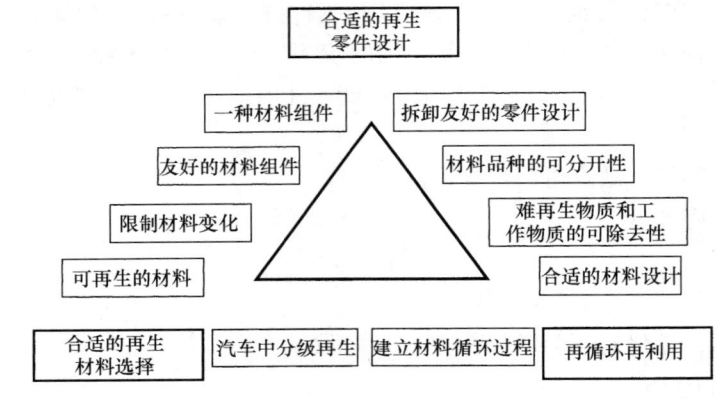

图 10.51　汽车再生三角

人们看到，在新汽车中塑料再循环利用提高到占整个汽车塑料再循环的份额明显增长。它是不断放开再生循环利用和不断致力于"单材料方案"的结果。如保时捷 Boxster 和保时捷 911 卡雷拉仪表板。1997 年至 2004 年的车型上的塑料已成功的转换为"全聚丙烯方案（All-PP-Variante）"。

4. 能量利用　在"粉碎的轻组分（SLF）"中的高塑料质量分数建议最佳和充分利用这部分的高含能物质。在大多数情况下人们把它称为物质再生，因为燃烧所需的初级能源载体（如石油、天然气、煤等）的数量可用 SLF 替代或减少，或在炼钢时用作还原剂（"冶金再生"）。

这种能量利用的方法主要障碍不在于在工程上很少掌握，更多的则在于缺乏环境政策的认可。在很多情况下，这种解决方案仍受到限制。

图 10.52 概要性表示由 VDA 设计的废旧汽车利用方案[145]。

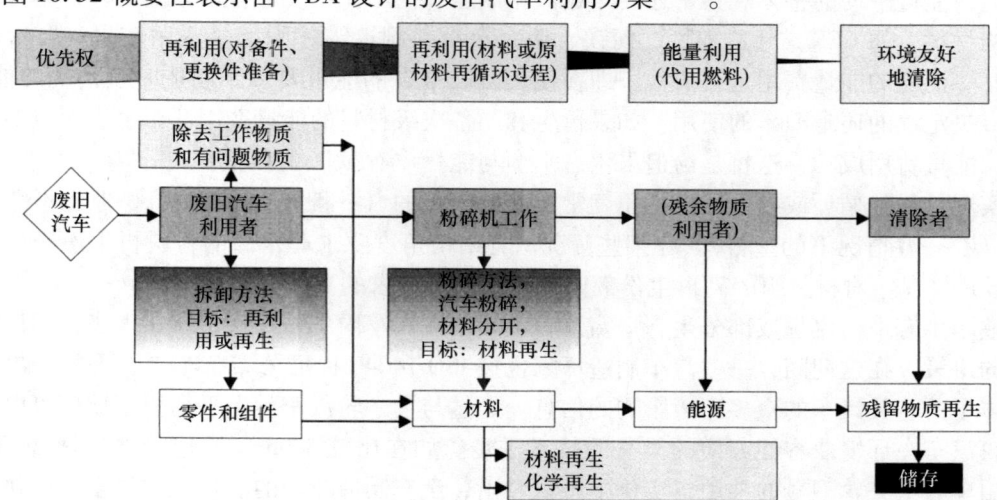

图 10.52　废旧汽车利用的 VDA 方案

5. 生态平衡/能量平衡　几年来汽车工业有目的地使用生态平衡程序，以分析和改善产品的环境兼容性。生态平衡程序已在一定程度上标准化（见 ISO 14040/44[146,147]）。借此可以定量地评价产品的环境兼容性和在产品开发中及早地帮助做出决策。这可从轻结构措施对汽车整个寿命周期和生态状况的影响作出判断，并在确定产品材料和结构时做出具体的、基于生态的决策[148]。在建立生态平衡程序时主要考虑所有与环境有关的物质（材料）流动和能量流动，并将它们作为输入流动和输出流动，并相互权衡、相互平衡，最终做出评价。孤立地观察单一的环境影响只有在有限制（约束）时才可能，因为不同的环境影响处于非常复杂的相互作用中。但人们认可能量平衡的特殊作用。能量平衡与汽车燃料消耗有密切的相关性，而可供使用的汽车燃料消耗直接作为用户的参量。能量平衡是一种很有效的工具，它可以评价与专门的零件或组件相联系的各种材料，如寻找最佳轻结构材料的循环过程的总能量平衡（见图 10.53）。

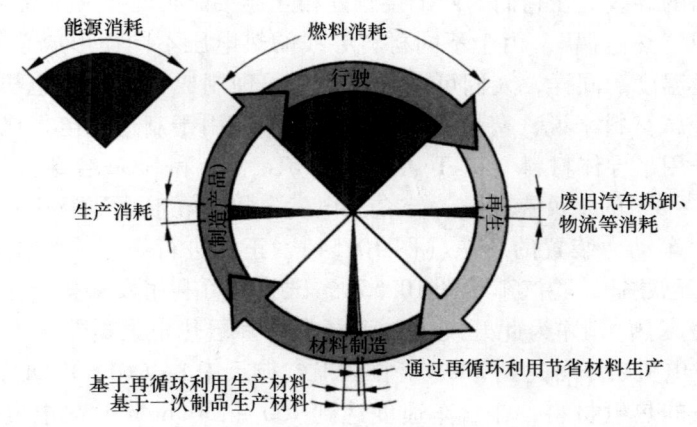

图 10.53　材料循环过程的总能量平衡原理

汽车重量较轻意味着在汽车使用阶段燃料消耗少，从能量平衡的角度评价基本上是正面的。但在能量平衡的整体观察中还要考虑汽车制造、使用、报废等各个方面。目标趋势是由轻结构材料，如 CFK，制造零件，而镁、铝合金材料制造零件则能量费用较贵。要检验在制造时多消耗的能量费用是否值得，即在使用阶段节省的能量要多于制造时多消耗的能量。这时，决定性的还是旧车的使用。如果再生和制备次级材料的能量费用低于生产相应的初级材料的能量费用成功，这将是给追求生态平衡与能量"存款"的回报。

实现材料的循环或再生从能量角度常常是很值得的（一般在金属领域），但也不总是值得的（在一些情况下的塑料）。在某些情况从轻结构角度要求非常高的材料再生份额也是违反生产的[149]，对材料组的高再生份额同样不是值得追求的。

整车生态平衡流程或部分生态平衡流程主要用在汽车内部开发时，以在生态方面做出生产上的决策。在这期间，一些汽车制造厂家也按 ISO 14040 标准公布整车生态平衡结果，并给出详尽的有关汽车的众多环境影响的信息。通过与上一轮汽车生态平衡模型比较可以验证这一轮汽车在环境兼容性方面的显著的技术进步。如在比较 2005 年制造的新的梅塞德斯 S 级乘用车与上一轮型号的乘用车实例中可以看出，汽车制造花费的能量费用较多，但在使用阶段由于燃料消耗低而能大幅减少能量费用[150]。

10.2.6　热电和在乘用车上的应用可能性

热电的概念是在固体物质中温度与电相关而伴生在一起。热电有下列三种形式：

① 塞贝克（Seebeck）效应，即温差电动势效应。

② 珀尔帖（Peltier）效应，即电-热效应。

③ 汤姆森（Thomson）效应。

塞贝克效应发生在具有不同温度的导线两端，从而形式"热电"。它的物理原因是复杂的。可采用金属导线的电子电气模型作为塞贝克效应的简化模型。提高上面所说的导线热端温度，引起运动的电子动能增加（$E = \frac{1}{2}mv^2$），这样有足够能量的电子移向导线冷端，并引起电荷移动形成一个电压。电压大小由"塞贝克系数"和导线两端的温度差确定。实际上采用两根不同材料的导线，在它们的两个接触处相互连接而实现塞贝克效应。如果两个接触处温度不同则形成"热电偶"。由于不同材料导线的热电压不同而形成总的电压差。据此，热电偶可用于测量温度。同样，人们可以利用这一原理制成"热电发电机（TEG）"，从热能得到电能。对金属材料来说，塞贝克效应太弱，不适用于制造热电发电机。基于这一原因，热电发电机采用半导体材料（Bi_2Te_3 合金、$PbTe$ 合金和 $SiGe$ 合金）。采用半导体材料理论上可提高 3%~8% 的塞贝克效应。至今热电发电机已在航天飞行中使用，如同位素蓄电池中，为利用汽车动力装置的废热（图 10.54），正在进行第一次试验[151]。德国航空、航天中心（DLR）已建造试验汽车（图 10.55），试验中可利用发动机产生的废热（燃料能量中约 2/3 转换为废热），并为此开发了一个新的、多层热电发电机。在汽车行驶速度为 130km/h 时热电发电机功率可达到 200W。德国航空航天中心（DLR）期待通过进一步开发可供使用的、有效的热电材料，在汽车速度达到 100~130km/h 时热电发电机功率可达到 600~700W。

塞贝克效应的反向是珀尔帖效应。在导线上施加外电压和与此相应的电流流动可以改变热的传送。按所用的材料副可以产生加热效果或冷却效果。在工程上应用时感兴趣的主要是

第 10 章　材料和生产方法

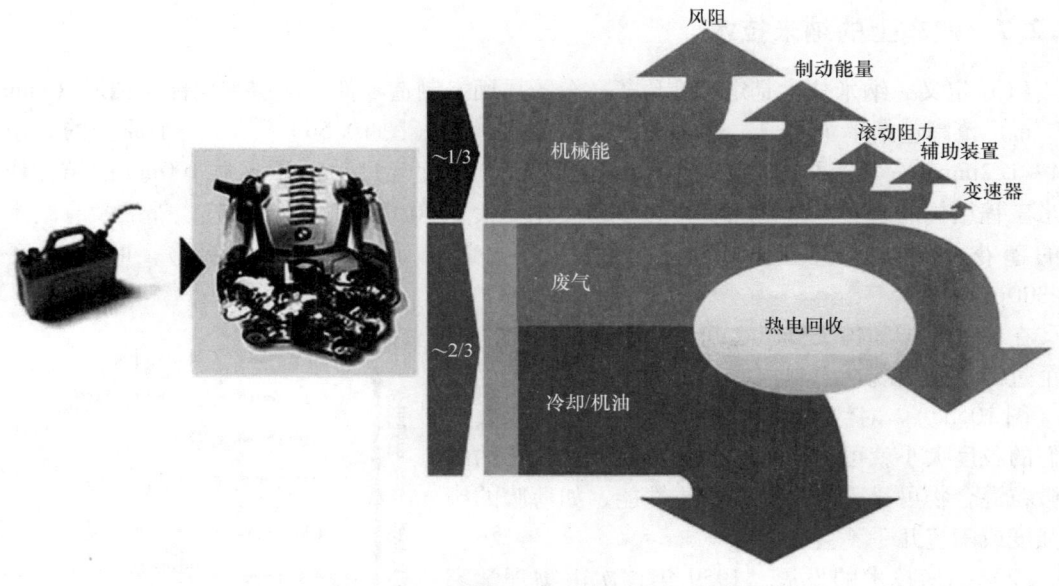

图 10.54　乘用车动力装置能量平衡的可用的热电份额[151]

图 10.55　德国航空、航天中心试验汽车上的热电发电机[151]

珀尔帖冷却片，它用于那些由于安装地点的原因无法使用常规的制冷机的场合，如在电子部件中（如微芯片珀尔帖冷却片等）。在汽车上，珀尔帖效应一直到现在几乎没有应用。利用帕尔帖效应仅能驱动冷却盒。其方案是利用帕尔帖效应驱动加热的/冷却的绝缘子螺脚（Cupholder）。

汤姆森效应描述在通电的、带有温度梯度的导线上热传送的变化。目前没有工程上的可用性。

915

10.2.7　汽车上的纳米技术

（1）定义　纳米技术是定义在原子、分子层面上制造零件、涂层和构件。纳米（1nm = 10^{-9}m）范围包括单个原子、分子大小的物体和结构（图10.56）[152]。一个原子的大小为 1/4 ~ 1/2nm，一个分子的大小约为 1nm 至几 nm。维度（尺寸）不超过 100nm 的结构作为纳米工程结构的定义。微系统零件的外廓尺寸要大 1000 倍。为进行比较，外形没有纳米结构的莲花，由于莲花植物叶子表面结构形成莲花效应（Lotus-Effekt），叶子厚度为 5 ~ 300μm。

在各个原子和各个分子之间有一个过渡范围。在这个过渡范围出现在宏观物体上至今没有观察到的现象（图10.57）。对漆和颜料，如通过有控制地改变它们的粒度大小就可出现不同的色彩效果。最小的纳米微粒混合物可显著改变固态物质性能，如薄膜的撕裂强度或陶瓷几乎不会破碎[157]。

（2）纳米技术的发展　1959 年首次由物理学家 R. P. Feynman 发表的纳米世界文章，终于在 1981 年可能在理论上揭示纳米世界。隧道扫描显微镜（STM，Scanning Tunnel Microskope）在一定距离对一个被试表面无接触扫描，这时由于量子效应，电子从被试物体表面移到显微镜尖部形成隧道电流。根据隧道电流，可以以图形的方式得到被试物体表面状况[153]。

之后，1985 年验证了在纳米级范围的材料在显微镜下具有的其他性能：发现碳的新形态，它由带 60 ~ 70 碳原子空球形分子组成（巴基球，见图10.58），并形成纳米管的初始阶段。在所有

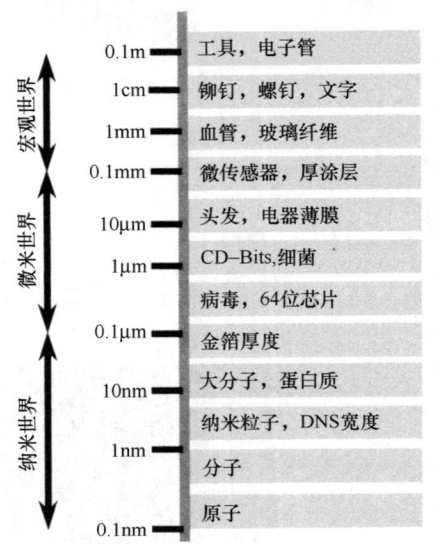

图 10.56　从纳米世界到宏观世界：尺寸实例

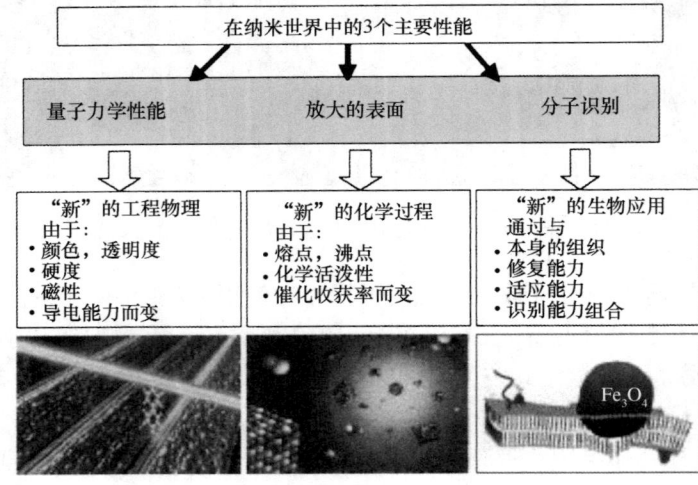

图 10.57　在纳米世界中的主要性能变化

已知的材料中，纳米管的抗拉强度最高且导电，而且由于它的空球形结构而能吸收其他物质。

利用发明的强磁阻（GMR，Giant Magnetoresistance）效应，1988 年在原子维度（尺寸）的铁、铬涂层结构还证明它们在分子层面上的物质性能与同态物质性能不同。纳米技术将最终成为未来的技术之一。GMR 效应表示涂层的导电性能与施加在涂层上的磁场强度有很大关系。这种原理已在当前的硬盘阅读头上使用，并成为纳米技术最广泛应用场合之一。

（3）工业生产　纳米技术增长的势头向工业部门提出转化科研成果和在实际中加快开发的任务，以在世界竞争中保持和扩大先导地位。

图 10.58　巴基（Bucky）球

目标是利用新的精密制造方法和微结构技术的方法掌握纳米领域的新边界（几百纳米）。

新的表面涂层法可建立功能涂层，它是基于特别薄的、带有特征功能涂层的厚度小于几百纳米的涂层。这种涂层的难点在于要将可再现、可制造的小面积涂层移植到大面积上，还需要保持几个原子层厚的公差。

在生产纳米材料时，为保证高质量，需注意材料的粒度分布应很窄。因为粒度分布越窄，越能更好地表现出纳米微粒的典型性能，如光学的、磁的、化学反应的性能。进一步制造纳米材料向工业部门提出很大挑战，如制造像有特殊性能的透明陶瓷新材料[157]。

难点主要是在整个后续的生产工艺要保持所希望的产品性能。许多材料的纳米粉末的松散装料早在室温时由于它们间的扩散过程而变成较大的微粒或一起生长成牢固结合的团块[157]。

（4）纳米材料　表 10.15 是有关纳米材料物理、化学和生物学的一些性能。由于纳米微粒大小效应，可有针对性调整、优化纳米材料。

表 10.15　调整纳米材料性能实例

性　能	由于纳米微粒大小效应产生的各种性能实例
催化的	由于表面急剧增大提高催化作用
电的	提高陶瓷的导电能力和磁性的纳米复合材料和金属的较高电阻
磁的	提高矫顽磁性直至临界的粒度 （低于临界粒度矫顽磁性下降，直至出现超顺磁性能）
力学的	提高金属和合金的硬度与强度，改善陶瓷的延性、硬度和成型性
光学的	光吸收性能和荧光性能的光谱偏移，提高半导体晶粒发光亮度
空间的	提高薄膜的选择性和效率，与输送或控制特殊分子输出的空腔匹配
生物学的	提高生理障碍穿透性（薄膜，血液-脑界限等），提高生理协调性

纳米结构反映在零件表面结构、最薄的涂层排列和晶体上。纳米材料的性能是建立在很大的表面或边界面与它的体积比，以及出现量子效应的基础上的。从气相、液相和固态物质可以制成坚实的材料。这种材料的维度是纳米级的，即按前面的定义小于 100nm。

人们知道气相合成材料有多种重要方法：化学蒸发沉积（CVD）法；物理蒸发沉积

（PVD）法；以气溶胶（浮质）为基础的方法，如气相冷凝法或化学蒸发冷凝法（CVC，Chemical Vapour Condensation）；喷涂技术法；火焰合成法。当火焰合成法只适用于制造粉末时，也可用另外的纳米粉末或薄涂厚沉积。

从液相制造或沉积粉末和薄涂层的最重要方法是溶胶—凝胶法（Sol-Gel-Verfahren）和电化学沉积法。这两种方法还可制造纳米孔的体积固态物质。Sol-Gel工艺的工业应用领域是抗划伤油漆、抗反射涂层或厌水性的保护涂层。纳米孔的体积固态物质也可用聚合物热解法实现。还可通过激光束熔化产生超薄表面薄膜。其他重要方法是在体积固态物质上无损伤地就地制造纳米结构（In-Situ-Erzeugung），这是初次将受控的无定型材料的晶体变为纳米晶粒组分。In-Situ法对金属和合金有重要作用。纳米孔的体积固态物质还可从致密的金属体积固态物质通过电化学氧化过程得到[157]。

目前，金属氧化物（特别是二氧化硅、氧化铈、二氧化钛、氧化铝）在无机纳米微粒方面具有最大的经济定义。在催化剂方面，纳米微粒作为汽车催化转化器的载体涂层占有最大的市场份额。首先使用纳米级铝氧化物，它作为贵金属催化转化器的多孔晶格物质细微分布地沉积在就地制造纳米结构的基质上（In-Situ-Erzeugung）。纳米结构的碳微粒主要用在橡胶和颜料的填充材料中，如制造汽车轮胎的填充材料中。

下列材料可归列为"纳米复合材料"：基于聚合物的纳米复合材料、陶瓷矩阵材料、金属矩阵材料、气凝胶和沸石。

在汽车工业领域使用基于聚合物的纳米复合材料可以改善热—力学性能（阻燃、机械增强）。陶瓷矩阵材料主要改善热—力学性能、断裂韧度和改善孔材料组的热成型性（"超级塑性"）[157]。

通过陶瓷纤维增强金属材料，特别是硅化硅，还有氧化铝或氮化铝，可以制造耐高热负荷和高力学强度的金属矩阵材料。金属矩阵复合材料的纳米级金相组织达到了较高的力学强度、较高的抗疲劳性能、更好的成型性和超级塑性。用于汽车领域的纳米微粒增强钢目前正在开发中。

气凝胶是多孔性固体，每克约有 $600\sim1000m^2$ 表面积，密度为 $0.003\sim0.35g/cm^3$，是目前已知的最轻的固体。对汽车领域，除了工程应用材料的其他突出性能外，还对特别低的导热和降噪性能有兴趣。

与气凝胶相似，沸石是在硅酸盐基础上的多孔性固态物质，它是天然的或人工制造的，它对汽车领域并不重要[157]。

通过纳米级的涂层可以达到涂层或表面功能化（功能表面）的很多效果。在汽车领域使用纳米级涂层体系的目的是防磨损（抗划伤的塑料表面）、抗冲击（使用抗冲击涂层）、清洁表面（通过亲水或厌水表面涂层，即莲花效应）和抗反射（利用玻璃涂层的光学性能抗光线反射）。在新的保时捷卡雷拉997型汽车的侧窗玻璃和外反光镜上，就是通过厌水表面涂层和亲水表面涂层达到它们的表面自洁的效果。汽车上使用纳米级涂层体系还可改善材料的耐热性能和金属表面的耐腐蚀性能[157]。

通过减法和加法制造纳米结构，并应用在如显示器光导线、打纳米标记、电子器件的电路上。提升法（Lift-off-Verfahren）（图10.59）属于减法。用溶剂腐蚀带有纳米功能涂层的光漆涂层基质，其中光漆涂层构成所希望的轮廓。在工艺结束，在基质上保留了定义的纳米功能涂层。这种方法适用于生产光导线，可能用作前风窗玻璃平视显示器（HUD）

（图 10.60）。电子部件的金属纳米结构的加法制造实例是电子束引起金属盐（钯醋酸盐）分解（图 10.61）。用电子束对钯醋酸盐的纳米涂层局部处理，这时当地的钯醋酸盐转化为金属钯，它阻止接下来的蚀刻工艺[154]。

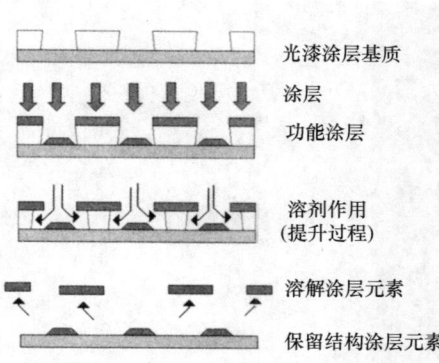

图 10.59 提升法

图 10.60 克尔维特的平视显示器

（5）汽车领域的纳米产品 在汽车开发中利用纳米技术可以完成很多创新工作，还可改善、提升已有零部件的性能。

汽车上纳米技术的应用领域是有针对性地调整零件表面性能，用纳米涂层法将所希望的功能涂层涂在轻质的、价廉的零件基体上。用铝喷涂前照灯元件以制造反射器是典型的纳米工程的转化。铝的反射性能就可移植到轻质的、几乎可以组成任意形状的前照灯反射器上。其他批量成熟的应用是仪表板仪表抗光线反射涂层和玻璃的亲水或厌水涂层。在车内后视镜上，通过电子铬纳米涂层，它的透明度可以与射入的光强相适应，以自动达到遮光效果（图 10.62）。

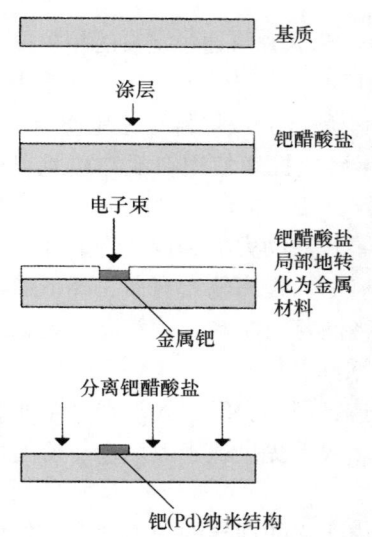

图 10.61 电子束引起钯醋酸盐分解

图 10.62 奥迪 TT 汽车仪表板：左为没有抗光线反射涂层；右为有抗光线反射涂层

2001 年，雪佛兰 Astro 和 GMC Safari Midsize Van 汽车的车门槛配备纳米复合材料的外件，它是带有纳米维度的白垩岩（蒙皂石）填充剂的热塑性件。在聚合物矩阵（TPO）和填充剂之间有较大的内部活动面积,在力学特征值相当时外件的重量减轻8%[155]。

在不久的将来,开发汽车平视显示器(HUD)将有重要作用。前风窗玻璃组件的部分透明的显示屏通过投影仪,在驾驶人眼睛高度给他提供直接的、不需偏转视线的仪表信息。

(6)展望 有针对性地调整纳米相金属微观结构,能使其比常规结构的金属强度高几倍,从而减轻汽车重量、节省燃料消耗。纳米相金属性能的特别之处是没有位移(没有一维晶格缺陷),因此硬度要高好几倍,但有一个延性的基本结构。纳米技术在发动机制造中的应用是利用低摩擦涂层提高寿命。

随着燃料电池的不断发展,开启了纳米技术应用的新领域。通过致密的纳米粉末或被纳米固态物质的多孔性替代可以制造有很大内表面的零件。在燃料电池中的这些内表面对储存氢气是关键。由空心的纳米纤维(纳米管)组成的氢储存罐(图10.63)具有毛细管作用,它使储存氢气的容量(重量)达到氢储存罐本身重量的3倍。

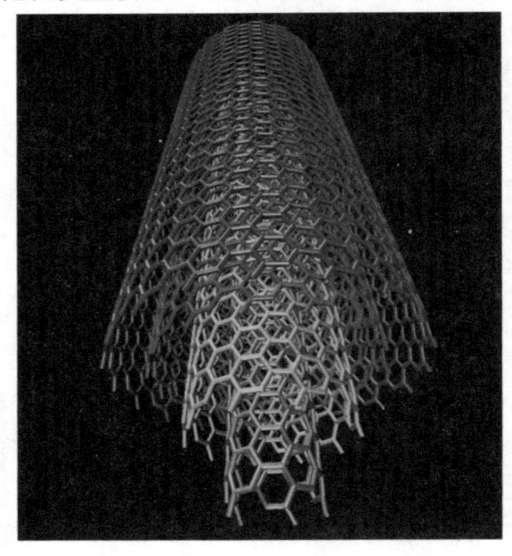

图10.63 纳米管

在未来,车身纳米涂层钢板可防腐蚀,目前则采用涂(镀)锌、底漆和漆的工艺方法。这时还可调整纳米微粒色彩和在成型前就涂在车身钢板上,从而省去后续的涂装工艺。在汽车上的优质钢板外层表面由于表面触模引起光学轮廓而很少采用,但在使用合适的纳米涂层时则可使用它,因为在钢板表面不再看到手印。

纳米技术应用的其他方面是有纳米涂层表面的零件结合。未来,可通过定义的粗糙度小于1nm的零件表面结合替代磨光表面的冷焊接。这种技术目前已用在半导体元件上。在未来,还可将不同材料的零件结合在一起,而目前它们间需要用附加材料(胶或焊料)才能连接。

"MagneRide"概念是底盘半主动闭环控制,在2002年已成批地使用在凯迪拉克Seville STS汽车上,这是一个磁流变液体,它影响液体中的铁颗粒,使它主动控制阻尼力。这套闭环控制系统由单管减振器、传感器、电控单元组成,以改善行驶动力学和行驶舒适性。

纳米微粒的其他应用场合如轮胎,它改善轮胎内摩擦,从而提高轮胎寿命、降低燃料消耗和滚动噪声[156]。纤维的纳米涂层也是一个关注点。它将抗老化性差、易着火的天然纤维变为耐火的结构材料,用于在外部环境和高温环境工作的零件上。

前面提到的纳米技术使用领域,目前不是都已批量制造,但不少已进入消费品工业。纳米技术优化零件,成功地、大量地进入市场主要取决于能多快地提供适于大批量、价廉的生产方法和多快地改变现有纳米基础知识的不足。

未来,碳纳米管(CNT)会有很大的经济潜力。这是由于它的优异的分子性能,如特别高的抗拉强度(在分子层面上的抗拉强度约是钢的抗拉强度的100倍),以及突出的导热、导电性能。

开发功能性的压电纤维自适应材料将会取得成功。自适应材料可与它所处的、不断变化的环境相适应。其应用领域称为自适应电子技术(Adaptronik),是未来实现"线控"的主要组成部分。利用对机械变形反应并产生电信号或施加电压变形的压电材料（如铅-锆-钛酸盐—PZT），可以将这两种性能结合在一个零件上。利用溶胶-凝胶（Sol-Gel）为基础的纺织法可制造陶瓷的PZT。只要利用很少含量的PZT纤维就可制造性能优良的传感器，它能对机械变形，如冲击、弯曲或变压做出反应。利用较高含量的PZT纤维就可实现执行器的功能[159,160]。

自适应材料技术开启汽车领域的很多应用。这种有源零件的样品可对汽车中的噪声（如自适应发动机支架、车轮悬架、自适应车顶或自适应万向节轴和驱动轴）产生阻尼。作为电控喷油器的压电陶瓷目前已用于柴油机高压共轨系统上[161]。

可以预料，在未来，在汽车制造业中掌握了纳米技术就是掌握了核心技术。表10.16表示纳米技术在汽车上的潜在应用。

除改善产品的众多方案外，正在讨论纳米技术的风险，特别是吸入人体中的超微级的颗粒的危险性。有关这方面的最终结论尚未完成。

表10.16 在汽车上，在创造价值环节的不同阶段纳米技术的潜在应用

基本材料/基本方法 （纳米材料/工具）	部件/系统	应 用
物质，材料 ● 高强度钢 ● 金属矩阵 　复合物 ● 纳米微粒 　增强的聚合物 ● 催化的 　纳米微粒 ● 热电 ● 纳米胶 ● 纳米液体 **方法/工具** ● PVD，CVD 　法 ● 纳米微粒合成 ● 离子流法， 　等离子体法 **功能涂层** ● 超厌水 ● 电致变色 ● 抗反射 ● 防磨损 ● 抗划伤强度 **电子技术和** **传感器技术** ● 磁电子 ● WBG半导体 　（SiC，GaN） ● LED，OLED	**底盘** ● 轮胎 ● 保险杠 ● 传感技术 **动力装置** ● 点火系统，喷油 　系统 ● 燃油箱及附件 ● 排气系统 ● 燃料电池 ● 蓄电池 ● 润滑剂 　冷却 ● 废热 　热电利用 **车身/表层** ● 承载结构 ● 风窗玻璃 ● 涂装 ● 表层 　功能化 **车内/装饰** ● 仪表板 ● 指示器/显示器 ● 照明工程 ● 电子器件，DV	**安全性** ● 主动安全性 　[制动器，前照灯， 　视野（间接视野， 　雷达等），行驶性能] ● 被动安全性 　（汽车构件，安全气囊， 　行人保护） **舒适性/设计** ● 空调化 ● 效果涂装 ● 自清洁 　表面 ● 娱乐/聊天 　（Internet，视频服务） ● 导航系统/交通 　引导系统 **环境/耐用性** ● 燃料消耗 ● 有害物质排放 ● 噪声辐射 ● 保护资源 　的产品 ● 再生

10.3 材料的竞争和相互配合

21世纪的第1个10年已经发生了世界范围汽车领域竞争状况的明显变化。除了对德国原设备生产厂家（OEM）有很强竞争力的日本、韩国已建立的OEM外，很多年以来中国、印度、巴西等大经济体已经呈现出来的和持久性的工业化进程和这些国家同样对个人机动化的愿望，导致美国由于中国的取代而不再是最重要的汽车买主。中国在制造汽车上迎头赶上，单是汽车制造厂家几乎就有100家。但从这些汽车制造厂家中大概只有很少的汽车制造厂家存活下来。中国的汽车制造厂家长期来只游走在低价位汽车领域，但在未来要么通过追加购买，要么通过自己开发寻找其他一些汽车市场份额。

在供货企业领域，经济利益也是一些企业的困窘，导致单一企业合并（联合）或接收，并导致市场上的供货者数量减少，从而出现世界范围能经济制造的新的汽车制造地。

国际上规定的大幅减少CO_2排放和有害物质的排放，特别是在汽车方面，将对必要的技术产生重大影响。京都议定书和随后召开的气候峰会促使所有汽车生产厂家和供货企业更快作出努力进一步降低CO_2排放和有害物质的排放。这也是中国和印度两大经济体面对不断加快的工业化和个人机动化需求不断增长所需要的，以爱护地球、爱护有限的资源。另外，世界范围的居民城市化将推动低排放、零排放汽车的发展趋势。众多已经启动的零排放汽车的国家纲领有助于进一步促进这方面的发展。

对汽车制造厂家来说，这意味着要进一步提高对材料的要求和价廉的生产方法。由于排放减少和/或所有等级的汽车使用蓄电池系统，轻结构汽车将成为固定的模式，且这一趋势将在下一个10年继续。为减轻重量，在宽的汽车前部（包括小型汽车）将采用轻结构材料。在百万城市汽车（Mega City Vehicle）概念方面宝马正致力于CFK材料的轻结构与铝合金零件的组合，而同时戴姆勒公司与日本Toray公司订立的关于开发和生产CFK材料的轻结构部件的协议也为大家所熟知。

减轻汽车重量，仍以百万城市汽车为例说明，不只是用一种材料替代另一种材料实现，而是有目的地从着眼于经济的、生产工艺的角度靠所有合适的材料和物质的相互配合实现。这种配合的方案跨度很大，从不同强度等级的钢、如铝或镁的轻金属，直至塑料、纤维增强和陶瓷材料。除轻结构外，也提高了对汽车安全性和长寿命品质的要求。保证有关被动安全性系统的最低标准是全世界的事。这只有通过使用现代材料和有效的制造方法才能实现。

考虑到当前在汽车开发中几乎不可能通观全局的众多可能的方案，计算机辅助仿真在所有领域总是比较重要的。还在开发新材料时计算机仿真是必需的：在这种情况就可利用有限元程序模拟开发的新材料的物理性能和制造技术预测。几年来已成功地将仿真程序应用到制造工艺中（如成型技术、充模仿真和硬化仿真）。

同样，由于计算机计算能力的不断提高，可精确预测详细的零件图及其工艺过程。当然，真实的试验还是必要的，因为仿真是建立在理想情况，或者是因为仿真有赖于模型的真实性程度和预见性。

在未来，材料工程和制造技术是汽车发展的推动力。对汽车零、部件性能的不断高要求，只能通过持之以恒的材料和制造技术的进一步开发才能实现。

10.4 汽车结构中的滚动轴承

10.4.1 导言

滚动轴承和每种类型的滚子轴承都代表着一种机械装备的技术：按照经典的经验，它们不需要苛刻的润滑剂，不易污染，并且由于数量巨大而特别廉价。它们适用于经典的结构类型，这些类型每年的产量达到上百亿个（图10.64）：70亿个球轴承，40亿个滚针轴承和10亿个圆锥滚子轴承（截至2010年）。

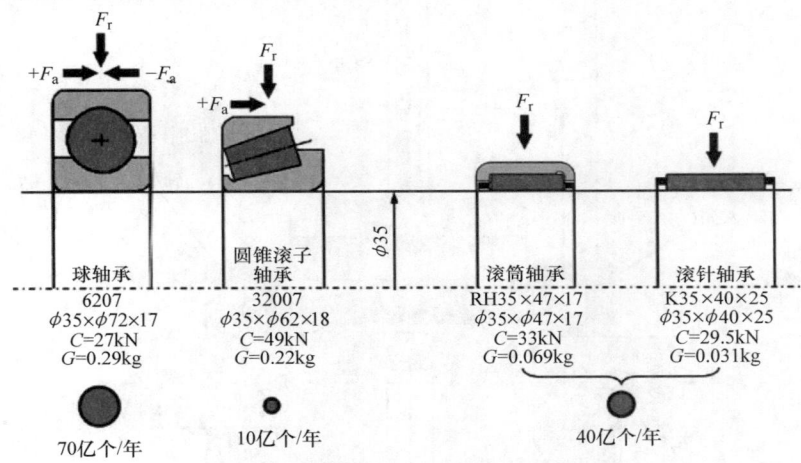

图 10.64　滚动轴承结构类型及年产量

根据定义，滚动轴承有彼此可相对运动的两个零件，即内圈和外圈，它们由滚动体分开。滚动轴承用作固定轴的固定轴承或浮动轴承，并吸收径向和轴向力，同时使轴或车轮旋转。滚动摩擦主要发生在轴承的三个主要零件之间，即内圈、外圈和滚动元件。由于滚动体通过优化润滑在硬化钢表面上滚动，因此这些轴承的负载能力高，滚动摩擦力也相对较小。

在将降油耗和二氧化碳减排作为汽车开发的目标之后，其发展趋势超过了所有其他目标趋势。而实际上是为替代传统滑动轴承而"量身定制"的新型滚子轴承技术正变得越来越流行。更新一代的车轮轴承还通过相连的信号传感器得到 ABS、ESP 和 ASR 系统控制单元所需的车轮速度信号。

10.4.2 滚动轴承的常见类型

1. 单列深沟球轴承

深沟球轴承（图10.65）现已标准化，外径为 26~90mm。它们主导着全球滚动轴承需

图 10.65　单列深沟球轴承覆盖80%的应用

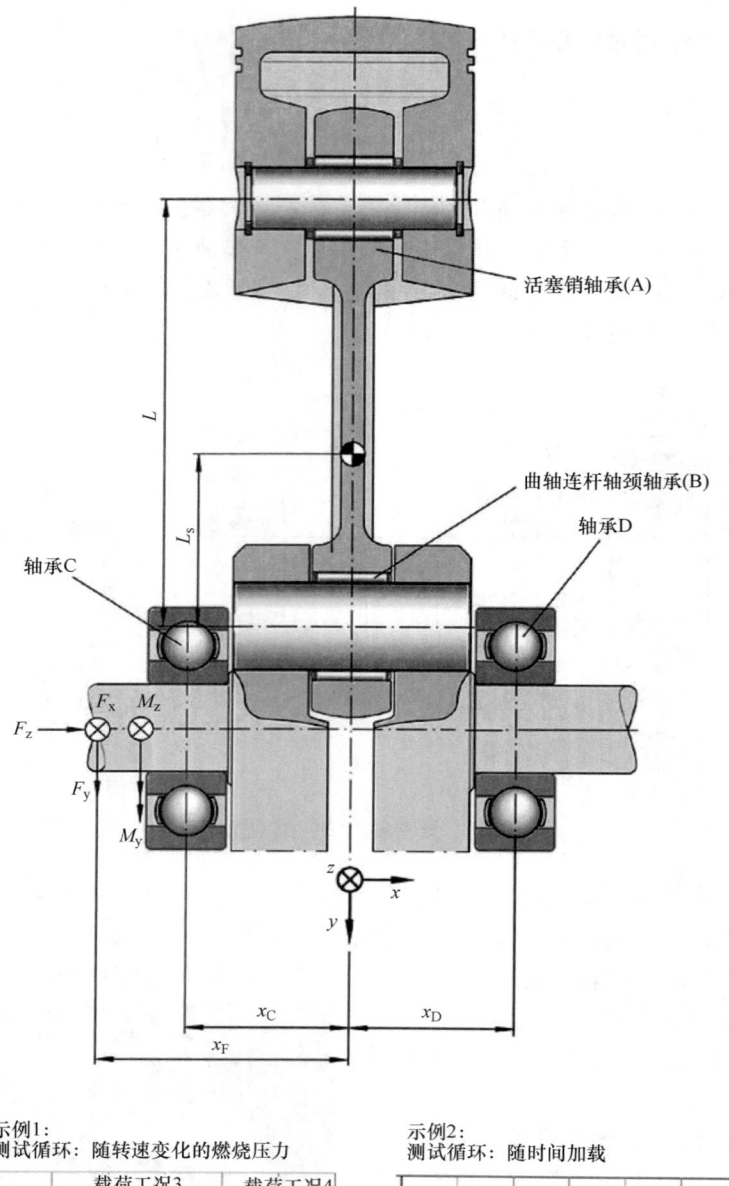

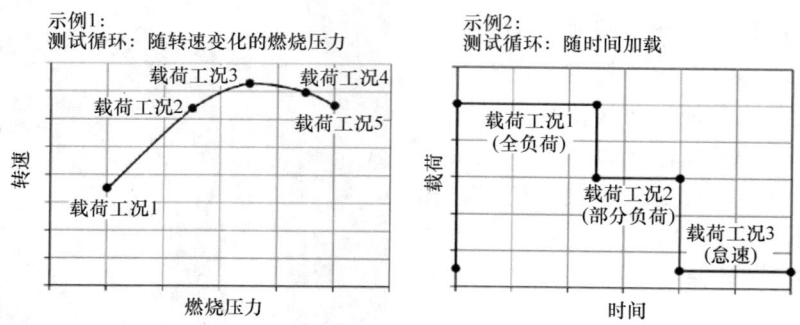

图 10.66　发动机结构中的滚子轴承不仅是链锯、割草机和轻便摩托车发动机的常用解决方案，也是汽车发动机进一步优化燃料消耗的一种选择

求的80%以上。滚动体通常使用钢制铆钉保持架,也可根据要求提供聚酰胺保持架。普通的深沟球轴承的公差等级为 p6;也可根据要求提供要求更高的公差等级 p5。普通轴承一般是一或两个间隙密封(代号 Z 或 2Z)和一或两个唇形密封(代号 HRS 或 2HRS),也可根据要求提供不接触且摩擦系数非常低的迷宫式密封(2BRS)。此外,所有深沟球轴承都可以选择提供径向游隙较大的(C3、C4)或较小的(C2)型号[162]。

2. 滚针轴承、滚针和保持架组件

滚针轴承的所有滚道都须进行硬化、封闭和珩磨处理。曲柄销的针环在外部被引导,这意味着连杆孔以很小的间隙径向地引入保持架。保持架相对于连杆孔和滚动元件的径向运动尽可能小。保持架由回火钢制成,其涂层使其磨损少,强度高,具有良好的润滑技术,并且保持架具有较大的导向面[163]。

3. 圆锥滚子轴承

圆锥滚子轴承可满足所有负载的要求。圆锥滚子轴承可以拆卸,内圈和外圈可以分开安装。由于圆锥滚子轴承只能吸收一个方向上的轴向力,因此需要另一个镜像安装的圆锥滚子轴承进行反向引导。因而,它们可与角接触球轴承媲美,负载能力高,但转速适应性低(图 10.67)。

圆锥滚子轴承的常见应用是乘用车和货车的车轮轴承,和作为摩托车的转向头或摆臂轴承。米制和英制尺寸的轴承是通用的,只是后者具有自己独特的名称方案[164]。

10.4.3 滚动轴承的设计

1. 根据公式计算轴和轴承

计算使用寿命的程序:符合 ISO 281 的参数 L_{10} 和 L_{100}

符合 DIN ISO 281 的经修正的使用寿命 L_{NA} 自 1990 年以来就不再是 ISO 281 的一部分,而增加了符合 ISO 281 的经修正的使用寿命 L_{nm}。

标称使用寿命(来源:DIN ISO 281 附录 2)

输入变量:

C——动态负载能力,即轴承制造商存储表中给定的轴承的基本额定载荷,kN;

P——动态等效负载,kN;

p——寿命指数,$p=3$(对于球轴承),$p=10/3$(对于所有其他轴承);

n——转速,r/min。

设 $L_{10} = \left(\dfrac{C}{P}\right)^p$

L_{10}——标称使用寿命(10^6 r),在出现材料疲劳的最初迹象之前,充足实验数量的相同轴承的90%达到或超过了这个使用寿命。

$$L_{10h} = \dfrac{10^6}{60 \cdot n} \cdot L_{10} = \left(\dfrac{16.666}{n}\right) \cdot \left(\dfrac{C}{P}\right)^p$$

L_{10h}——L_{10} 定义的以工作小时表示的标称使用寿命。

这里包含的动态等效负载 P 是工程值。它表示径向轴承中的径向载荷,该载荷在尺寸和方向上是恒定的,与轴向轴承中的轴向载荷相对应。

P 负载下轴承的使用寿命与实际作用的组合负载的使用寿命相同。

为了进行计算，输入以下变量：

x，y——尺寸表或产品说明中的径向和轴向系数，这些系数通常包含在轴承目录中；

F_r——轴承径向动载荷，kN；

F_a——轴承轴向力动载荷，kN。

公式：$P = x \cdot F_r + y \cdot F_a$

注意：此计算不适用于径向滚针轴承以及轴向滚针轴承和轴向圆柱滚子轴承。这些轴承不允许承受复合载荷。

通过将 L_{10} 乘以一个因子，可以计算出其他故障概率的使用寿命：

$L_5 = 0.62 L_{10}$，10^6 r，发生故障的可能性为 5% 的使用寿命；

$L_4 = 0.53 L_{10}$，10^6 r，发生故障的可能性为 4% 的使用寿命；

$L_3 = 0.44 L_{10}$，10^6 r，发生故障的可能性为 3% 的使用寿命；

$L_2 = 0.33 L_{10}$，10^6 r，发生故障的可能性为 2% 的使用寿命；

$L_1 = 0.21 L_{10}$，10^6 r，发生故障的可能性为 1% 的使用寿命。

如果除了载荷和速度之外，还知道其他影响（例如特殊的材料性能，润滑性）或需要的寿命偏离 90% 的定义，则可以计算出修改后的 LNA。该计算方法已于 2007 年在 ISO 281 中通过计算延长的使用寿命进行了替代。

图 10.67 成对使用的圆锥滚子轴承

$$L_{NA} = a_1 \times a_2 \times a_3 \times L_{10}$$

式中，L_{NA}——针对特殊材料性能和运行条件，修改了使用寿命，使用寿命概率为 $(100 - n)\%$，单位为 10^6 r；

L_{10}——标称寿命，单位为 10^6 r；

a_1——生存概率相对于 90% 偏离的寿命因子；

a_2——特定材料系数的使用寿命系数，对于标准工具钢 $a_2 = 1$；

a_3——特定运行条件下的寿命系数，尤其是润滑条件下的寿命系数，常用值范围从系数 10（非常干净，正确的添加剂）到 0.05（润滑不良，脏污），请参见图 10.68[162]。

2. 借助专用软件进行轴和轴承计算

轴承计算不再只是轴承计算和设计的要求，而是可用的在线计算模块（例如舍弗勒集团）的规定任务。"Bearinx"是高度灵活的计算工具[162]的名称，从单个轴承到复杂的齿轮箱设计，它都可以实现。其他轴承制造商也由设计部门和大学使用类似的资源予

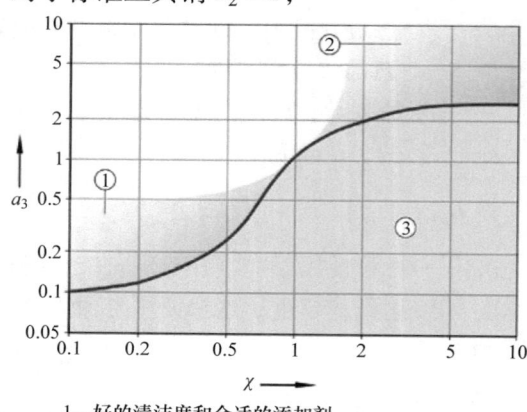

1—好的清洁度和合适的添加剂
2—高的安全性和较小的载荷
3—润滑剂清洁度下降
a_3—寿命值
χ—黏度

图 10.68 若润滑的清洁度不能保证，滚动轴承良好的使用寿命也会迅速降低

以支持。

10.4.4 最近的滚子轴承开发的示例性设计

显然，与滑动轴承相比，滚动轴承在摩擦方面具有优势。此外，维护成本低的优点也非常重要：例如，通过齿轮搅动在无泵齿轮箱中飞溅润滑提供的油雾足以可靠地润滑具有超长使用寿命的滚动轴承。四冲程发动机的油路复杂程度已通过调整油泵在压力水平和输送速率方面的工作能力进行了调整，以达到最佳的效率，这可能表明滚子轴承在发动机结构中也越来越受欢迎。许多特种用途的新发展将在未来进一步加剧这种趋势（图10.66）。

例如，陶瓷球作为滚动体特别适合用于具有极高转速的滚动轴承。它们带来了所谓的"自我修复"效果。对于深沟球轴承，单个陶瓷球集成在球组中。虽然这种齿轮箱轴承通常会因其上的灰尘颗粒而在表面上产生磨损，但是陶瓷球由于其较高的硬度而为金属表面提供了一定的平滑或抛光效果，这会延长轴承的使用寿命。由于重量原因，自2008年以来，陶瓷滚动体已越来越多地用于一级方程式赛车。但是，因经济性原因尚不能用于大批量生产。

在发动机结构中使用滚动轴承的想法并不新鲜。滚动轴承发动机在二冲程发动机和摩托车中早已存在——例如在1969年之前的所有宝马车型中。第二次世界大战之前，许多飞机发动机已完全使用滚动轴承。由于滚动轴承与滑动轴承相比具有潜力，因此只要满足一般的经济条件和要匹配的零件数量，该原理就可以在将来更广泛地推广应用。

由于解决了更多的细节，轴承负载和使用寿命的极限以前所未有的更高水平而发展：例如，INA开发了一种轴承组，该组件可使汽车发动机凸轮轴的带传动装置的维护间隔达到200000km，同时以廉价的方式优化喷射和燃烧的时间。

柴油喷射领域的另一项新进展是用于共轨系统的滚柱销单元的柴油喷射装置，可确保最小的磨损和低摩擦，柴油发动机中的喷射压力最高可达3500bar。此外，如今，越来越多地使用滚动轴承代替滑动轴承，尤其是用于平衡轴，以提高能源效率，从而有助于减少CO_2排放。

1. 使用滚子轴承的涡轮增压器

2010年5月开始批量生产的戴姆勒（Daimler）3.0L V6柴油发动机的涡轮增压器滚动轴承（图10.69）：轴承座（图10.70）包含两排球轴承，其内圈可以安装在轴上，金属保持架中的滚动元件使用了陶瓷体，采用一体式外圈。与滑动轴承相比，滚动轴承在工作温度下可使涡轮增压器中的摩擦力矩减半。在较低的温度下，摩擦力矩减小的幅度甚至更高，因此对于冷起动特别适用且有效。在部分负荷范围内，与普通轴承版本相比，增压器的转速有所提高，这大大提高了变载荷时的响应性能。在2.2L发动机上使用该种涡轮增压器，除了显著改善排放值外，在NEDC全负荷工况下的油耗还可降低2.5%，最高甚至可达4%。

2. 车轮轴承

直到大约50年前，单列球轴承或角接触球轴承仍被用于乘用车的车轮轴承，因为自20世纪60年代以来，主要使用具有未分离外圈和一个或两个独立内圈的双列角接触球轴承单元。这些型号不再需要在运行中进行调整。从那时起，所有单元在操作上都几乎无差错，因此从最终组装开始，与以前相比，可以显著提高操作安全性。从那时起，所有设计都以O形设计，以实现最大可能的支撑基座，从而获得更高的抵抗侧向力的刚度。受这种趋势的影响，从生产线下来的越来越多的具有前轮驱动功能的车辆，也要求轴承的更高的倾翻安全性能。

图 10.69　第一种批量生产的涡轮增压器滚动轴承　　图 10.70　涡轮增压器滚动轴承座

目前总共使用了 6 种类型的车轮轴承，在本章末尾还有第 7 种使用行星齿轮的特殊形式。至今，所有型号都在同时使用，有时在同一生产线上同时使用。

具有传感器技术的最新一代集成度更高的车轮轴承单元与全球市场的高端汽车完美契合，而更简单的模块则用于小型汽车或最初根据"智能简化"模式设计的模块，例如 Dacia-Logan 和 TataNano。以下 6 个流行的结构形式有助于轴承的高度集成。

可以拆卸的标准的圆锥滚子轴承（图 10.71），内圈和外圈可以分开安装，因为圆锥滚子轴承只能吸收一个方向的轴向力，因此需要使用第二个镜像圆锥滚子轴承进行反向引导。在这种情况下，它们可与角接触球轴承媲美，它们的承载能力高，但转速适应性低。

第一代车轮轴承是紧凑型单元，由 FAG 开发，具有规定的预设的轴承游隙，"全寿命"润滑脂润滑（250000km，免维护），密封（图 10.72）。FAG 开发了具有高承载能力的角接触球轴承，以支撑乘用车前后轮转弯时的侧向力。

像带有角接触球轴承的型号一样，所谓的第一代的车轮轴承（图 10.73）也是非常紧凑的轴承单元。但是，它们使用圆锥滚子代替滚珠作为滚动元件。圆锥滚子的这种使用可以在较低的横向加速度的情况下承受高的轴载。在各种环境下，在预定义的预紧力下，圆锥滚子轴承单元的润滑情况可终身免维护。

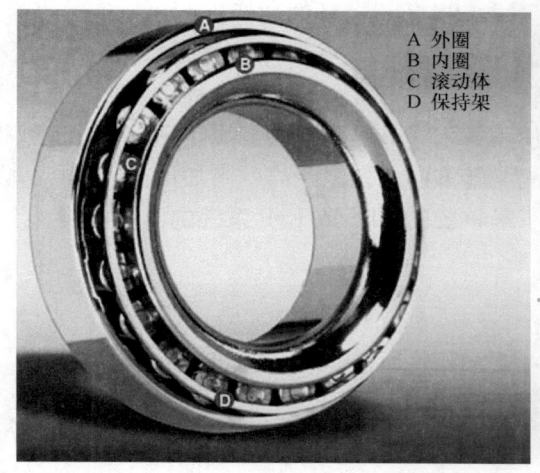

图 10.71 标准的圆锥滚子轴承	图 10.72 第一代乘用车车轮用角接触球轴承

A 外圈
B 内圈
C 滚动体
D 保持架

自 1970 年以来已批量生产的第二代车轮轴承（图 10.74）具有可旋转的法兰，用于将制动盘和轮辋容纳在公共外圈内。这样可以在每个车轮导向装置上节省额外的零件，并减轻簧下质量。

图 10.73 使用圆锥滚子作为滚动元件的第一代乘用车车轮轴承	图 10.74 使用圆锥滚子作为滚动元件的第二代车轮轴承

车轮轴承单元通常用卡簧固定在车轮支架中，该卡簧同时轴向地支撑轴承外圈。

具有第三代角接触球轴承（图 10.75）的结构型号是高度集成的车轮轴承单元，带有两个单独的法兰，用于对制动盘和轮辋的导向。它们直接连接到轮架。直接集成在轴承上的转速编码器产生底盘控制所需的 ABS 和 ESP 系统车轮转速信号。此处使用冷轧铆接环施加轴承夹紧力。两法兰版本大大简化了装配工作。

一段时间以来，带有磁性 ABS 脉冲发生器环（图 10.76）的车轮轴承已用于车辆制造中。它代替了以前安装在轮毂或驱动轴上的齿盘式 ABS 传感器环的功能。

当前，使用无源感应传感器产生的与车轮转速成比例的正弦频率信号是 ABS/ESP/ASR 控制单元的输入信号。正弦信号的幅值取决于转速且易受干扰，因此，这种系统不适合安全定义的直至到车辆完全停止的控制要求。只有使用霍尔式或磁阻式的有源传感器，才能获得即使车轮零速也可稳定输出的信号。由于能检测旋转方向和气隙距离的附加信息，在可以及时识别到传感器系统的距离变化，极大地保证了最重要的 ABS 或 ESP 系统的监测功能。

图 10.75　使用角接触球轴承与两个法兰结构的第三代车轮轴承

图 10.76　集成 ABS 脉冲发生器环的车轮轴承（左）和传统 ABS 传感器环（右）

过去，驱动轴上钟形联轴器的齿总是被轴向推入车轮轴承中以组装驱动轴。在该解决方案中，驱动转矩通过花键传递。这种型式的安装已经使用了上百万次，但是它也具有许多缺点：较大的结构（使组装更容易）；在行驶中，通常的压力可能会导致联轴器松动，超出装配间隙。

新的带端面齿轮的 FAG 车轮轴承模块（图 10.77）能承受车轮轴承中产生的力，端面齿轮能保证车轮轴承支架和驱动轴之间的摩擦连接。这种新的、简单的组装方式操作简便，只要将自定心的轴向齿简单地放置在接头罩上并用中心螺钉固定。

与以前需要插入的径向齿轮不同，该组件在装配时更为简单。在运行过程中，轴承牢固而安全地保持在齿中，无论行驶 1000km 还是 100000km 都无问题。四个车轮的减重总计超过 1kg。由于减轻了重量，从而减小了簧下质量，因此有较好的驱动特性，而较小的转动质量也有助于减少二氧化碳的排放[166]。

3. 滚动轴承引领潮流的技术示例

（1）双离合器系统

由于空间的限制以及对离合器和变速器控制使用特殊执行器方案的要求，在某些情况下必须开发不同的干式双离合器装置（图 10.78）。这种现代联轴器技术也是满足为 150～500N·m 的转矩范围内的几乎所有可能的应用场合合适的解决方案。基于智能应用的滚动轴承技术和系统的进一步开发向两个方向推进。一方面，紧凑的干式双离合系统已开发出来，它特别适用于转矩为 120～180N·m 的小型车辆。另一方面，必须在相当于当前系统的空间内覆盖更高的转矩，此外，动力总成系统还应扩展到包括混合动力功能范围，例如起停功能、电驱动和与电机合适的电池连接的能量回收功能。

图 10.77 带端面齿轮於车轮轴承单元的新设计——该齿轮轴承通过端面齿轮轴向而不是径向地连接到驱动轴的联轴器上。该组件可以无间隙地进行组装，重量减轻了 10%，并且在装配线上的组装成本已更便宜

图 10.78 带有干式双离合器的变速器已被业内媒体确立为"更好的自动变速器"，并且正在通过其出色的系统效率为减少二氧化碳做出重要贡献

（2）带有直接滚动轴承的平衡轴

由于平衡器轴的不平衡会产生离心力作用，它是一个随轴旋转的力，其作用方向相对于轴本身不会改变。对于滚动轴承，这意味着只有那些来自轴的滚动元件的力才能传递到轴承座，该轴承座恰好位于不平衡质量侧（请参见图 10.79 和图 10.80）。如果轴足够快地旋转并且在与轴接触时没有传力功能，则在与不平衡相对的区域中的已卸载滚动元件将由于其离心力而保持与外滚道接触。这意味着此时的轴的轨道实际上是多余的。通常仅在发动机停机或由于驱动影响时才需要在该区域提供动力支持功能。然而，然后产生的力是如此之小，以至于明显减小的轨道宽度就足够了。

在四缸发动机的典型应用中，该质量占平衡重原始质量的 20%～40%，因此每个发动机最多 1kg。惯性矩随平衡轴的质量减小而减小，使传动系统中的驱动转矩降低，不平衡离心力减小并导致更小的声激励。

该原理的另一个优点是狭窄的轨道允许油雾直接从发动机舱到达滚动轴承。这样可以确保润滑[168,169]。

（3）滚珠丝杠驱动

转向系统这一章是驱动系统迅猛发展的代表：首先，实际上，所有带有电气而不是液压辅助的转向系统都受到了专业媒体的极度负面评价。只有通过引入滚珠丝杠驱动器（图 10.81）来传递机械和电动转向力矩以及其他措施，才将所谓的反馈增加到可接受的水平，在与现有系统进行严格的比较时，专业媒体也将其评为可接受。这为进一步传播开辟了道路。重点在于开发新的转向和悬架功能：侧倾稳定，液位控制，后轮转向，用于电动汽车的车轮驱动和车轮力测量[166]。

图10.79 在三个轴承中的两个中,梅赛德斯OM651的平衡轴直接在锻造的轴承颊板上运行,从而使平衡系统的整体效率达到了新的高度（图示：梅赛德斯-奔驰）

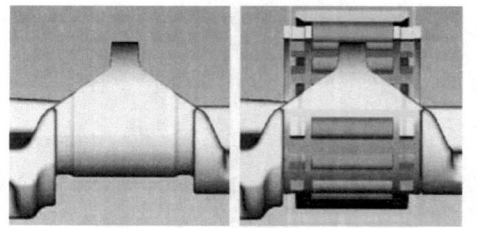

图10.80 作为滚针轴承工作面的轴承设计的一部分,减小了旋转质量,并提高了整个补偿系统的效率

（4）CVT变速器

CVT变速器为滚动轴承技术提供了广阔的发展领域,其技术为滚动轴承技术提出了全面的要求。未来,印度和中国的市场也将更加重视优化效率和降低油耗。高价值的CVT为这些广阔市场而开发（图10.82）。针对车辆重量范围,CVT变速器必须使速比易于调节。在效率方面,可以有针对性地开发CVT。与手动变速器相比,可进一步节油5%以上。对于所有类型的动力总成来说,具有高功率密度以减小安装空间的组件变得越来越重要,与此同时,必须考虑诸如价格较贵和可靠性之类的问题。高价值CVT的示例表明,持续不断地开发组件可以满足这些要求。

图10.81 滚珠丝杠最初是航空航天业的一种传动装置,在汽车制造中获得越来越多的应用

图10.82 作为复杂的滚子轴承技术应用场景的CVT变速器

（5）轻量化的差速器

差速齿轮的新设计扩展了滚动轴承的一个新的,能多方面应用的领域：尽管尚未普遍引入,但所有现有知识表明,圆柱齿轮的差速器比锥齿轮的差速器具有更大的潜力。这也适用

于各种经过试验证明的托森概念，这些概念以前因其自调节锁定效果而非常流行。新开发的直齿圆柱齿轮差速器通过使用大量相同的零件，减少零件数量，并可提供锥齿轮差速器的常规功能。但斜齿圆柱齿轮差速器（参见图10.83）零件数量较多，这是因为行星齿轮和太阳齿轮以及半壳体和轮架元件的非切削加工技术不同。

与锥齿轮差速器相比，圆柱齿轮差速器所需的安装空间明显减小，并且还实现了一些以前前横置布置无法实现的附加功能。后桥驱动可切断的和集成分配的差速器的开发已经在进行中。最重要的是，圆柱齿轮差速器代表了电动轴的丰硕成果，在这种情况下，转矩的增加和减少是恒定工作范围的一部分。也因为圆柱齿轮的直径较小并且比带有锥齿轮的装置更紧凑，它们将有助于未来紧凑型汽车的油耗优化[173]。

（6）混合动力驱动

高度集成的滚动轴承技术的最新发展是用于现代的全混合驱动。得益于功能的扩展和内燃机尺寸的减小，如今可以节省高达25%的油耗。

图10.83　圆柱齿轮结构形式的轻量化差速器

自2010年以来，带有LuK组件的完整混合动力系统已在保时捷和大众汽车上批量生产（图10.84）。在保时捷，该应用的场合是配备3L V6转矩可达440N·m的增压汽油发动机和8速自动变速器。为了扩展到混合动力车，在曲轴和变矩器之间集成了一个由功率约34kW的电机和离合器组成的单元。该离合器实现了完全的混合动力功能，例如在超速时解耦内燃机，支持起停功能和纯电动行驶。

在惯性行驶后重新起动内燃机（最高达150km/h时）或在较低速度范围内电动行驶之后，内燃机的重新起动提供了整个行驶状况的最关键的驾驶情况。起动程序确定了分离离合器的重要要求。首先，在起动命令之后，以高动力将离合器控制到"牵引"内燃机所需的大约100N·m的转矩。这导致在该转矩范围内要求离合器既要具有良好的可控性，还要有高闭合动态特性。

此外，离合器部件的惯性矩必须尽可能小，以便使离合器尽可能平稳地在起动之前加速曲轴所需的最小功率。对于上述驱动器，其所达到的值小于0.1kgm^2（飞轮加离合器的总和），与具有双质量飞轮系统的当前系列离合器初级侧的水平相当[167]。

（7）内燃机曲柄机构的滚动轴承

发动机构造中的滚子轴承很早就是一种常见的结构：20世纪40年代的飞机用活塞发动机就采用了这种设计，而汽车和摩托车（宝马，DKW，瓦尔特堡，雅马哈）的二冲程发动机也是如此。新的课题是使用滚子轴承技术可使内燃机效率更高。下述结构形式取自FEV发动机技术公司在亚琛的研究报告。图10.85显示了第一代滚动轴承结构设计。

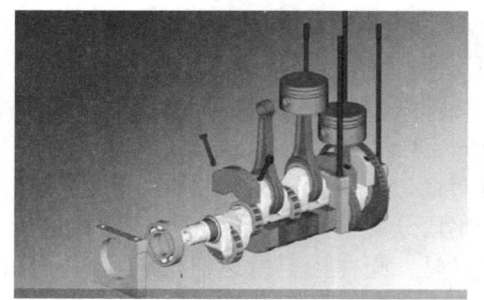

图 10.84　混合动力驱动对滚子轴承技术提出了新的要求。大众途锐混合动力车的 P2 混合动力模块

图 10.85　曲轴使用了滚动轴承的试验发动机（来源：亚琛 FEV 发动机技术公司）

该发动机的技术优势被生产中的额外工作所抵消。虽然具有铸造曲轴和可分离连杆大头轴承的较早发动机的制造和组装在很大程度上符合当今的标准，但对优化的发动机而言，在曲轴机构的预组装和连杆大头的最终组装方面存在大的差别。如在将曲轴的配重安装到曲轴之前，必须将连杆安装到曲轴上。初步测试的滚子轴承发动机总共要多支出 70 欧元左右，与燃油消耗量可减少 5% 左右，相当于每节省 1% 的燃油要花费 10～14 欧元（截至 2011 年）。

10.4.5　滚动轴承的润滑和润滑剂

在汽车应用领域，安装的每个滚动轴承运行状态的温度范围为 -40～200℃。最高温度（>200℃）是由于车轮轴承因制动系统上不断增加的负载所致。当然，应用在汽车上的滚动轴承应在整个使用寿命中保持润滑，且不应更换轴承，并在相关专业压力机的 100000km 以上的耐久测试中进行了监测，如果损坏，则给予极为负面的评价。

最简单的要求是：即使轴承润滑剂掉落也不会形成腐蚀。严重的是即使是使用大量润滑脂的高负荷车轮轴承，也必须考虑冷凝水问题的整个冬季运行，以及崎岖道路的润滑情况。相比之下，变速器中的滚子轴承具有确定的油雾润滑，但它们并没有独特的优势，从高负荷柴油机到越来越小的齿轮，工作转速和负载增加的趋势是添加剂润滑领域的摩擦学专家反复提出的边界情况。滚动轴承的润滑有时必须满足于对变速器齿轮润滑的要求，而矛盾有时几乎是无法克服的。因此，如果只是为了避免故障，对滚动轴承的润滑情况进行单独检查是特别有意义的。

图 10.86 系统地显示了滚动轴承中所有功能表面的视图。重要的是在负载下尽可能多地避免金属接触，轴承设计中重要的是要确保所有可用的功能表面都被足够厚的润滑膜覆盖而保持距离，或通过物理化学界面或纯化学界面分开。

大多数轴承都用润滑脂润滑。这意味着必须谨慎地平衡润滑脂存储区域中需求增加的趋势，例如在制动单元机械联轴器影响下的车轮轴承（请参见 10.4.4 小节）和制动系统性能的增强。只有正确选择合适的润滑脂才有帮助，以便在较高的工作温度下也能胜任较高的负载。

同时，即使在驱动侧具有更好的隔热效果以及与发动机室热分开的情况下，如果冷却系

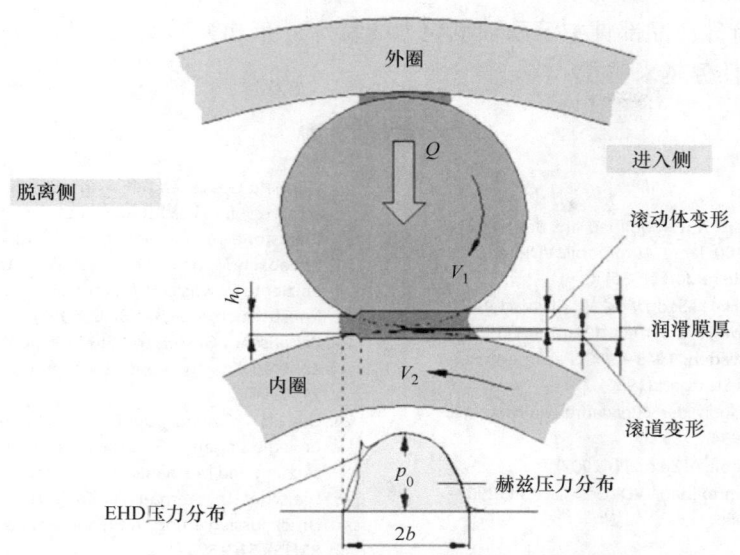

图 10.86　关于滚动轴承中压力分布和摩擦学的弹性流体力学基础

统需要，则仍可提供冷却风，以便减轻轴承上的更高热负荷。

迄今为止，关于轴承体中接触面的物理分离不足的要求已通过润滑脂质量及其"增稠剂"的特殊"固定"性能得到了满足。原则上，每个润滑剂存储位置都需要单独的分析，在越来越多的情况下，还需要一种特殊的解决方案。

滚动轴承制造商最近开发了特殊的测试方法，以特殊的设计和测试周期结构性地调整轴承和润滑剂，以使其分别使用。与诸如双离合系统；带有和不带有离心减振器的双质量飞轮以及用于电驱动元件的轮毂电机（例如，图 10.87 特殊产品中的滚动轴承润滑区域的维护起

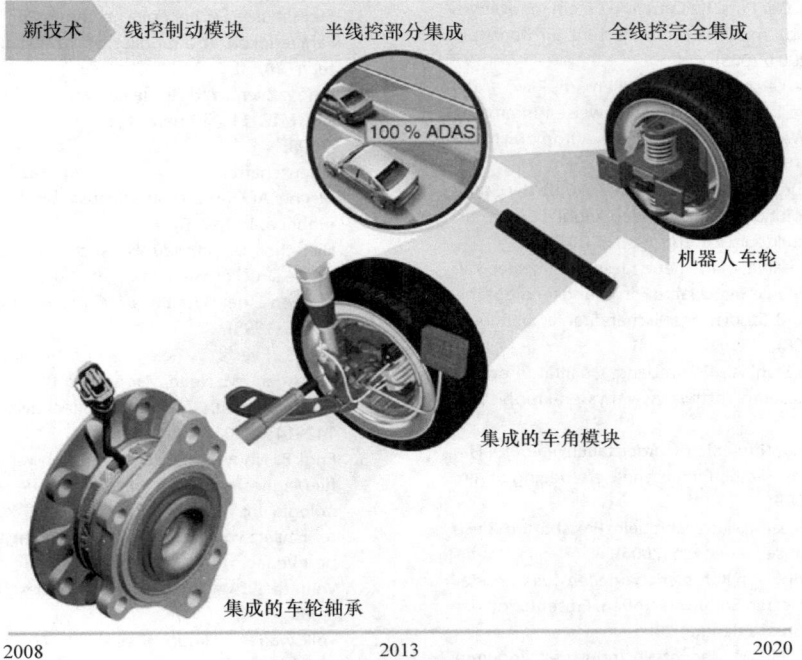

图 10.87　滚动轮在机器人车轮的开发中，任务和功能的集成度更高使滚动轴承润滑区域任务越来越重

着重要作用）。特殊产品部件中滚动轴承应力的特殊分布和突然变化意味着这些领域中的滚动轴承润滑区域任务越来越重[170]。

参 考 文 献

10.1 参考文献

1. Bott, H.: Fortschritte im Automobilbau am Beispiel der Rennwagentechnik. 100 Jahre Automobil. VDI-Berichte. Bd. 595. VDI-Verlag, Düsseldorf (1986)
2. Hediger, F., v. Fersen, H.-H., Sedgwick, M.: Klassische Wagen: 1919–1939. Hallwag AG, Bern und Stuttgart (1988)
3. Gloor, R.: Nachkriegswagen: 1945–1960. Personenautos. Hallwag AG, Bern und Stuttgart (1980)
4. Gloor, R.: Personenwagen der 60er-Jahre. Hallwag AG, Bern und Stuttgart (1984)
5. Werkstoffe im Automobil. ATZextra 1 (2007)
6. Kunststoffe im Automobilbau. VDI-Gesellschaft 2002–2011, Kunststofftechnik

10.2 参考文献

7. Balelaar, I.D.: ELV treatment in the Netherlands. 10th International Conference, Florence ATA, 2007
8. Lüdke, B.: Funktionaler Rohkarosserie-Leichtbau – Von den Anforderungen an die Rohkarosserie zu den Anforderungen an die Rohkarosseriewerkstoffe. In: VDI/FVT Jahrbuch 2001, Fahrzeug- und Verkehrstechnik, S. 90. VDI-Verlag, Düsseldorf (2001)
9. N.N.: http://www.project-i.com
10. Gotzmann, G.: Hybridtechnologie für den Automobil-Leichtbau. mobiles, Fachzeitschrift für Konstukteure 28, 92f. (2002/2003)
11. Steinhauser, D.: Der Porsche Carrera GT – ein innovatives Fahrzeugkonzept. mobiles, Fachzeitschrift für Konstrukteure 30, 6ff. (2004/2005)
12. Friedrich, H.E.: Leichtbautechnologien im Pkw – die Konkurrenz von Werkstoffen und Bauweisen nimmt zu. 5. Euroforum-Werkstofftagung für die Automobilindustrie, Bonn, 17./18. Februar 1997
13. Adam, H., Osburg, B., Ramm, St.: Die Zukunft der Stahlkarosserie – Evolution und Revolution. mobiles, Fachzeitschrift für Konstukteure 28, 16ff. (2002/2003)
14. Bleck, W.: TRIP-Stähle – Eine neue Klasse hochfester, kaltumformbarer Stähle. In: 30 Jahre Forschung für die Stahlanwendung. S. 18. Studiengesellschaft Stahlanwendung, Düsseldorf (1998)
15. Thyssen Krupp Stahl AG: Warmband. Qualität in großer Bandbreite. Duisburg. http://www.thyssen-krupp-stahl.com (2002)
16. DIN EN 10346 Kontinuierlich schmelztauchveredelte Flacherzeugnisse aus Stahl. Technische Lieferbedingungen, Ausgabe Juli 2009
17. Winkel, J.: Die Gesamtbilanz zählt beim Presshärten. Blech InForm, Varl. Hanser, München (2006)
18. Lenze: Herstellung von Karosseriebauteilen aus warmgeformten höchstfesten Stahlwerkstoffen. Präsentation der ThyssenKrupp Steel, Erlangen 2006
19. Geiger, M., Merklein, M.: Berichts- u. Industriekolloquium der DFG-Forschergruppe FOR 552. 1. Erlanger Workshop Warmblechumformung, 2006
20. Goppelt: Gusseisen mit ausgezeichneten Materialeigenschaften für Leichtbau. ATZ/MTZ 11(Sonderausgabe Werkstoffe im Automobilbau), 107 (2005)
21. Radebach: Moderne Gusseisen Werkstoffe für leichte und effiziente Downsizing Motoren. MTZ 2, 70 (2009)
22. Konstruieren + Gießen 3, 22 (1997)
23. Bainitisches Gusseisen mit Kugelgraphit im Vergleich zu anderen Konstruktionswerkstoffen. Gießerei Praxis 3/4, 71 (1996)
24. DIN EN 1706, Ausg. Juni 2010: Aluminium und Aluminiumlegierungen – Gussstücke – Chemische Zusammensetzung und mechanische Eigenschaften
25. Hielscher, U., Sternau, H., Koch, H., Franke, AJ.: Duktile Druckgusslegierung mit geringem Eisengehalt. Gießerei 82(15), 517–523 (1995)
26. Hielscher, U., et al.: Gießerbrief 5, 1 (1997)
27. Fa. Rheinfelden: Verarbeitungsmerkblatt Silafont-36
28. Miller, F.: Leichtbau. Fraunhofer Magazin 4, 8 (2002). Fraunhofer-Gesellschaft, München, http://www.fraunhofer.de/magazin
29. Hausberg, K., Götzinger, B., Friesenbichler, T.: Entwicklung eines Stoßfängerquerträgers mit Crashboxen aus Magnesium. mobiles, Fachzeitschrift für Konstrukteure 28, 58 (2002)
30. Friedrich, H.E.: Leichtbau und Werkstoffinnovationen im Fahrzeugbau. ATZ Automobiltechnische Zeitschrift 3, 258 (2002)
31. Steinhauser, D.: Der Porsche Carrera GT – ein innovatives Fahrzeugkonzept. mobiles, Fachzeitschrift für Konstrukteure 30, 6ff. (2004/2005)
32. Innovativer Werkstoffleichtbau in der Rohkarosserie. ATZ/MTZ 11 (Sonderausgabe Der neue BMW 7er), 110 (2008)
33. Eigenschaften und Verarbeitung hochfester Aluminiumbleche. ATZ/MTZ 1 (Sonderausgabe Werkstoffe im Automobilbau), 68 (2007)
34. Hielscher, U., Sternau, H., Koch, H., Klos, R.: Neuentwickelte Druckgusslegierung mit ausgezeichneten mechanischen Eigenschaften im Gusszustand. Gießerei 85(3), 62–65 (1998)
35. Enß, J., Evertz, T., Reier, T., Juchmann, P., Schumann, S., Sebastian, W.: Neue Magnesium-Blechprodukte für den Automobilbau. ATZ Automobiltechnische Zeitschrift 02, 142–145 (2007)
36. Engl, B., Nguyen, D.C.: Erweiterte Anwendungspotenziale für Magnesiumbleche durch eine neue Herstellungstechnologie. In: Wendler-Kalsch, E. (Hrsg.) Zukunftsorientierter Einsatz von Magnesium im Verkehrswesen. S. 34. expert Verlag
37. Vollrath, K.: Magnesiumbleche werden billiger. ke 05, 46 (2005)
38. Volkswagen Group Research: Multi-material lightweight vehicle structure. Status Final SLC-Body Concept, May 2008, S. 4. http://www.superlightcar.com/public/

index.php?option=com_content&task=view&id=28&Itemid=107
39. Grund, S.: Werkstoff Zink im Automobilbau. ATZ/MTZ (Sonderausgabe) (2006)
40. N.N.: Zinkdruckguss für höchste Ansprüche: Initiative Zink kürt Preisträger. Druckguss **03**, (2010)
41. Vollrath, K.: Automobil: Metalldesign für echtes Premium-Feeling. Druckgusspraxis **4** (2006)
42. Banhart, J., Baumeister, J., Weber, M.: Metallschaum – ein Werkstoff mit Perspektiven. ALUMINIUM **70**, 209 (1994)
43. Aluminiumschäume – Konstruktionswerkstoffe mit großem Potential. ALUMINIUM **73**, 336–339 (1997)
44. Banhart, J., Baumeister, J., Weber, M., Melzer, A.: Aluminiumschaum – Entwicklungen und Anwendungsmöglichkeiten. Ingenieur Werkstoffe **7**, 43–45 (1998)
45. Baumeister, J.: Verfahren zur Herstellung von Metallschäumen. In: Banhart, J. (Hrsg.) Metallschäume, Beiträge zum Symposium Metallschäume, S. 10, Bremen, 6./7. März 1997. MIT-Verlag (1997)
46. Forschungsvereinigung Stahlanwendung e.V.: Entwicklung von Technologien zur Herstellung von Stahlschäumen (Projekt 431), Berichte aus der Anwendungsforschung, Ausgabe 2/2003, Düsseldorf (November 2003). http://www.stahl-online.de/stahlforschung/1/Aktuelles/Aktuelles.htm
47. Singer, R.F.: Visionen in Metall – leichter, fester, billiger. Beiträge zum Symposium Material Innovativ, 10. März 2005, Nürnberg
48. Repenning: Titan – ein Werkstoff für tribologische Beanspruchungen. Ingenieur Werkstoffe **2**, 14 (1998)
49. Knippscheer, Frommeyer: Intermetallische Leichtbaulegierungen für Motorkomponenten. Ingenieur-Werkstoffe **3**, 32 (1998)
50. Stahl-Informations-Zentrum: Plattierte Werkstoffe – Clever kombinieren macht Stahl leistungsfähiger. http://www.stahl-info.de/aktuelles/pm_plattierte_werkstoffe.htm
51. Friedrich, H.E.: Leichtbau und Werkstoffinnovationen im Fahrzeugbau. ATZ **3**, 258 (2002)
52. Kopp, G., Kuppinger, J., Friedrich, H.E.: DLR, Stuttgart, Fraunhofer Inst. f. Chemische Technologie, Pfinztal: Innovative Sandwichstrukturen für den funktionsintegrierten Leichtbau. Automobiltech. Z **4**, 111 (2009)
53. Loesch, Giese, Goeckl, Kleinschmidt, O.: ThyssenKrupp, Duisburg: Motorhaube aus steifigkeitsoptimiertem Sandwichwerkstoff. Automobiltech. Z. **11**(Extra Das InCar Projekt von ThyssenKrup), 111 (2009)
54. Beck, G.: Edelmetall-Taschenbuch, 3. Aufl. Degussa AG, Giesel (2001)
55. Mayer, C.: Wirtschaftliche Herstellung von textilverstärkten thermoplastischen Halbzeugen. 28. Internationale AVK-Tagung, 01./02. Oktober 1997. AVK, Frankfurt, S. 3 (1997)
56. Neitzel, M., et al.: Gewebeverstärkte Thermoplaste im Karosseriebau. Autohausspezial **14/15**, 113 (1996)
57. Ostgathe, M., et al.: Organobleche aus Thermoplastpulver. Kunststoffe **1838** (1996)
58. Breuer, U., Ostgathe, M., Neitzel, M.: Halbzeug- und Bauteilherstellung – Umformverfahren-, Faserverbundwerkstoffe mit thermoplastischer Matrix. expert Verlag, S. 108 (1997)
59. Bürkle, E.: Status quo in der PP-Spritzgießverarbeitung,

Fortschritte mit Polypropylen im Kfz-Bereich. Tagung 17./18. Juni 1998, Süddeutsches Kunststoffzentrum, Würzburg
60. Fa. Sutter Kunststoffe AG: Info-Material. http://www.swiss-composite.ch
61. AVK Industrievereinigung: Handbuch Faserverbundkunststoffe: Grundlagen, Verarbeitung, Anwendung, 3. vollst. überarb. Aufl. Vieweg+Teubner, Wiesbaden (2009)
62. AVK Industrievereinigung: Faserverstärkte Kunststoffe und duroplastische Formmassen. Vieweg+Teubner, Wiesbaden (2010)
63. Hailer, R., Sedlmaier, H., Lohse, H., Schumacher, R.: CFK-Dach M3 CSL Leichtbaustrategie dank Klebtechnik. Adhäsion **48** (2004)
64. Jäger, H., Hauke, T.: Carbonfasern und ihre Verbundwerkstoffe. Verlag moderne Industrie (2010)
65. Raue, F.: Elastomere vs. TPE. Kunststoffe **12**, 2279–2283 (1998)
66. Stauber, R., BMW: Kunststoffe im Automobilbau: technische Lösungen und Trends. Automobiltech. Z **3**, 109 (2007)
67. Die Branche hat verstanden – Elastomere. Kunststoffe **1**, (2008)
68. Eissler, E., et al.: Einsatz textiler Materialien bei der Mercedes-Benz S-Klasse, Textilien im Automobilbau. VDI-Kongress, S. 18–40, 30./31. Oktober 1991. VDI-Gesellschaft Textil und Bekleidung, Düsseldorf (1991)
69. Francke, G.: Leder – ein klassischer Interieurwerkstoff, Kunststoffe im Automobilbau, S. 337–349. Tagung Mannheim, 25/26. März 1998. VDI-Verlag, Düsseldorf (1998)
70. ORMOCERe für Lederzurichtung, Handout am Ausstellerstand vom Fraunhofer Instituts Silicatforschung (ISC), Würzburg. Symposium Material Innovativ, Nürnberg, 10. März 2005
71. Assmann, K.: Automobilverscheibung – sicherer Durchblick mit Polycarbonat. Kunststoffe **10**, 366–368 (1996)
72. Dauerhaft geschützt – Kratzfestlackierungen von Platten und Fertigteilen. Kunststoffe **8**, 1111–1112 (1996)
73. Assmann, K.: Leichte Scheibensysteme für Automobile. VDI-Z Spezial Ingenieurwerkstoffe (1995)
74. Lehner, E., Aengenheyster, G.: Automobil-Verscheibung aus Polycarbonat – Anforderungen der Automobilindustrie und Lösungen. Beitrag zum Internationalen Kongress »Kunststoffe im Automobilbau«, VDI Kunststofftechnik, Mannheim, 9./10. März 2005
75. http://www.webasto.com/press/de/3023_5139.html
76. Vollertsen, F., Haberdank, G., Partes, K.: Maßgeschneiderte Tribologie durch Laseroberflächenbehandlung. In: Materialwissenschaft und Werkstofftechnik, 1. Aufl. Wiley-VCH, Zürich (2008)
77. Czichos, H., Habig, K.-H.: Tribologie-Handbuch. Vieweg+Teubner, Wiesbaden (2011)
78. Deters, L., Fischer, A, Santner, E., Stolz, U.: Tribologie. GfT Arbeitsblatt 7, Gesellschaft für Tribologie, Aachen
79. Köhler, E., Lenke, I., Niehues, J.: LOKASIL – eine bewährte Technologie für Hochleistungsmotoren – im Vergleich mit anderen Konzepten. VDI-Bericht, Bd. 1612, S. 35–54. VDI-Verlag, Düsseldorf (2001)
80. Eibisch, H., Hartmann, M., Singer, R.F.: Herstellung und

Eigenschaften von Kohlenstofflangfaserverstärktem Magnesium im Druckguss, Tagungsband, S. 142–151. Ranshofener Leichtmetalltage, 23.–25. Juni 2004

81. Hoenen, W.: Technische Keramik im Fahrzeugbau, Einzigartige Eigenschaften. Sonderdruck. Automotive Materials **01**, 12–18 (2007)
82. Martin, R.: Neue Werkstoffe für Bremsscheiben. ATZ Automobiltechnische Zeitschrift **12**, 1086 (2000)
83. Renz, R., Seifert, G.: Keramische Hochleistungsbremsscheiben im Sportwagenbereich. DVM-Tag Reifen, Räder, Naben, Bremsen, Berlin, 09.–11. Mai 2007. DVM-Bericht **674**, 85–94 (2007)
84. Kohlenstofflangfaserverstärkte Magnesium-Werkstoffe. Handout am Ausstellerstand von Neue Materialien Fürth GmbH. Symposium Material Innovativ, Nürnberg, 10. März 2005 http://www.nmfgmbh.deh
85. Becker, C.: Klein, stark, schwarz, Christophorus 306
86. Kleber, Bautsch, von Oldenburg, B.: Einführung in die Kristallographie. Verlag Technik (1998)
87. Nientiedt, M.: Piezokeramiken – High Tech im Alltag. Beitrag der Frühjahrstagung Didaktik der Physik, Leipzig, 2002
88. Simon, H., Thoma, M.: Angewandte Oberflächentechnik für metallische Werkstoffe, 2. Aufl. Hanser, München (1989)
89. Hoch, H.: Tampon-Galvanisieren. Handbuch der Galvanotechnik, Bd. II, Abschnitt 20.1. Hanser, München (1966)
90. Koeppen, H.-J., Laudien, G.: Bewertung von Oberflächenschutzsystemen für Schrauben. Jot **9**, 74–81 (1998)
91. Boss, M.: Wasserstoffversprödung: Verstehen der Ursachen ermöglicht Gegenmaßnahmen. Metalloberfläche **47**, 24–27 (1993)
92. Verfahren mit Zukunft: Chemisch vernickeln. Oberfläche + Jot **10**, 16–21 (1982)
93. Hibben, M., Blecher, A.: Oberflächenbehandlung von Aluminium-Karosserieblechen. Neue Werkstoffe im Automobilbau. Tagung Wolfsburg 30.11./01.12.1995. VDI-Verlag, Düsseldorf, S. 127 (1995)
94. Posch, T., Christiansen, T.: Untersuchung der Einflussparameter beim Laserlöten. 4. BIAS-Anwenderforum, Bremen, 2002
95. Budde, L., Pilgrim, R.: Stanznieten und Durchsetzfügen. Verlag Moderne Industrie (1995)
96. Budde, L., Bold, M., Hahn, O.: Grundsatzuntersuchungen zum Festigkeitsverhalten von Durchsetzfügeverbindungen aus Stahl. FAT Schriftenreihe, Bd. 89. Frankfurt (1991)
97. Hahn, O., Gieske, D.: Ermittlung fertigungstechnischer und konstruktiver Einflüsse auf die ertragbaren Schnittkräfte an Durchsetzfügeelementen. FAT Schriftenreihe, Bd. 116. Frankfurt (1995)
98. Böllhoff Systemtechnik GmbH & Co. KG: Stanznieten im Karosserieleichtbau. mobiles, Fachzeitschrift für Konstrukteure **27**, 61ff (2001/2002)
99. Bangel, M., Hornbostel, N.: Die Karosserie des neuen Audi TT – Intelligenter Mischbau erfordert innovative Fügeverfahren. 13. Paderborner Symposium Fügetechnik, S. 181–188, 2006
100. Merkblatt DVS/EFB 3440-4, Funktionselemente Loch- und gewindeformende Schrauben, Juli 2006
101. Jost, R.: Punktschweißkleben in der Serienfertigung. In: 6. Paderborner Symposium Fügetechnik, S. 106–112. Druckerei Reike, Paderborn (1998)
102. Hennemann, O.D.: Fügetechniken – Basis für den modernen Leichtbau. In: Neue Werkstoffe im Automobilbau. VDI-Bericht, S. 71–79. VDI-Verlag, Düsseldorf (1235)
103. Bischoff, J.: Fügetechniken im Vergleich. Adhäsion, Kleben **4**, 10–16 (1994)
104. Kötting, G.: Klebetechnik fördert Leichtbau. Automobil-Produktion , 08–110 (1998)
105. Wuich, W.: Metallklebverbindungen mit Kunststoffklebern. Kunststoffberater **7/8**, 27–30 (1984)
106. Habenicht, G.: Kleben – Grundlagen, Technologie, Anwendungen, S. 308–313. Springer, Berlin, Heidelberg, New York, Tokyo (1986)
107. Peters, N., Nunge, S., Geldermann, J., Rentz, O.: Klebstoffverarbeitung. Bericht über Beste Verfügbare Techniken (BTV) im Bereich der Lack- und Klebstoffverarbeitung in Deutschland, Bd. 2. Deutsch-Französisches Institut für Umweltforschung (DFIU), Universität Karlsruhe (TH) (2002)
108. Lichtenberg, S.: Möglichkeiten und Grenzen des Umformens von Stahlwerkstoffen mit hydraulischen Wirkmedien. Studiengesellschaft Stahlanwendung (1996)
109. Schuler: Handbuch der Umformtechnik, S. 431. Springer (1996)
110. Käsmacher, H.: Innenhochdruckumformen – eine Alternative in der Fertigungstechnik. EFB-Tagungsband, Bd. T16. Europäische Forschungsgesellschaft für Blechverarbeitung e.V., Hannover (1996)
111. Birkert, A.R., Sünkel, R.: Hydroforming – Umformen mit Wirkmedien im Automobil. Bibliothek der Technik, Bd. 230, S. 45. Verlag moderne Industrie (2002)
112. Goppelt, G.: Neue Umformverfahren für Aluminium in Kraftfahrzeugen. ATZ Automobiltechnische Zeitschrift **12**, 1092 (2000)
113. Landgrebe, D., et al.: Massivumformtechniken für die Fahrzeugindustrie. Bibliothek der Technik, Bd. 213. Verlag moderne Industrie (2001)
114. Schacher, H.D.: Trends and developments of cold forging in the automotive industry, S. 55. 10th Int. Cold Forging Congress. VDI-Berichte, Bd. 1555. VDI-Verlag, Düsseldorf (2000)
115. www.uni-stuttgart.de/ifu/broschuere/6_23.htm. Zugegriffen: 23. Juli 2002
116. Lohmüller, A.: Grundlagen des Magnesiumspritzgießens (Thixomolding), Bd. 35. D82 (Dissertation, RWTH Aachen). Shaker (2002)
117. Goyany, V., Mauk, P., Myronova, O.: Thixomolding. Stand der Technik. Gießerei **02** (2006)
118. Kiess, J.: Untersuchung des Magnesium Thixomolding-Verfahrens durch Gießsimulation und Analyse eines anwendungsnahen Prinzipbauteils im Vergleich zu Druckguss, Bd. 50. D82 (Diss. RWTH Aachen). Shaker (2006)
119. Kaufmann, H.: Endabmessungsnahes Gießen: Ein Vergleich von Squeeze-casting und Thixocasting. Gießerei **11**, 342–350 (1994)
120. Young, K.P.: Semi-Solid Metal Guss – eine neue Technologie von Bühler (ohne Jahresangabe)
121. Hasse, S.: Gießerei-Lexikon, 18. Aufl., S. 1286. Schiele, Berlin (2000)
122. Gräfen, H.: Lexikon Werkstofftechnik. VDI-Verlag, Düssel-

dorf (1991)
123. Michaeli, W., Galuschka, S.: Hinterspritztechnik, Teil 1: Eine Analyse der Randbedingungen. Plastverarbeiter **3**, 102–106 (1993)
124. Mischke, J., Bagusche, G.: Hinterspritzen von Textilien, Teppichen und Folien. Kunststoffe **3**, 199–203 (1991)
125. Bürkle, E.: Hinterpressen und Hinterprägen – eine neue Oberflächentechnik. Innovative Spritzgießtechnologien – ein Beitrag zur Konjunkturbelebung. Fachtagung Süddeutsches Kunststoffzentrum, S. 23, Würzburg, 01./02. Dezember 1993
126. Imam, Naughton, Toccalino: Dow Automotive, Schwalbach: Polymere Werkstoffe für den Leichtbau von Automobilkarosserie und Automobilinterieur. Automobiltech. Z **111**, 4 (2009)
127. Johannaber F.: Gas-Injektions-Technik beim Spritzgießen (GIT), Innovative Spritzgießtechnologien – ein Beitrag zur Konjunkturbelebung. Fachtagung Süddeutsches Kunststoffzentrum 01/02. Dezember 1993, Würzburg
128. Ehritt, J., Schröder, K.: Gasinnendruck- und Zweikomponenten-Spritzgießverfahren. Hüthig GmbH, Heidelberg (1995)
129. Goldbach, H., Hoffner, J.: Hybridbauteile in der Serienfertigung. Kunststoffe **87**, 1133–1138 (1997)
130. Ein Werkstoff-Traumpaar für das angestrebte Drei-Liter-Auto. Hybrid-Technologie vereinigt die Vorteile von Metall und technischen Thermoplasten, VDI-Nachrichten, Bd. 50, Heft 35 (1996)
131. Innovative Systemlösungen mit Bayer-Werkstoffen für den Audi A6. Bayer-Broschüre 11/98
132. Stark im Verbund. Hybridtechnologie integriert Zusatzfunktionen beim Herstellprozess. Zeitschrift: Produktion, Landsberg **37**(42) (1998)
133. Kohake, H.: Präzision durch Spritzgießen mit extrem dünnen Wandstärken am Beispiel von Metall-Kunststoffverbindungen. Präzision im Spritzgießprozess. Tagung Baden-Baden, S. 135–140, 7./8. März 2001. VDI-Verlag, Düsseldorf (2001)
134. Hybridtechnologie für den Automobil-Leichtbau – Die Entwicklung geht weiter. Böllhoff Bayer AG. mobiles, Fachzeitschrift für Konstrukteure **27**, 8–12 (2001/2002)
135. http://www.gadsl.org
136. Pagani, A., Weidinger, B., Kranner, L.: Emissionen – Messvorschriften und analytische Erfahrungen. 5. Workshop »Geruch und Emissionen bei Kunststoffen«, Kassel, 7.–8. April 2003
137. Schüssler, A.: Automobilinnenteile aus Naturfaservliesen – Verwendung von Naturfasergemischen und PP-Fasern. Kunststoffe **7**, 1006–1008 (1998)
138. Flemming, M., Roth, S., Ziegmann, G.: Faserverbundbauweisen – Fasern und Matrices. Springer, München (1997)
139. Einteilung der Fasern gemäß DIN 60001 T1, Textile Faserstoffe, Mai 2001
140. Colberg, H., Sauer, M.: Spritzgießen naturfaserverstärkter Kunststoffe. Kunststoffe **12**, 1780–1782 (1997)
141. Starke Leichtgewichte. Plastverarbeiter **8**, 108–109 (1998)
142. Müller, H., Fries, K.-W.: PURe Natur im Automobil. Kunststoffe **4**, 544–546 (1998)
143. Volkhausen, W.: Methodische Beschreibung und Bewertung der umweltgerechten Gestaltung von Stahlwerkstoffen und Stahlerzeugnissen. Dissertation, Fakultät für Werkstoffwissenschaft und Werkstofftechnologie der Technischen Universität Bergakademie Freiberg (2003)
144. Mast, P., et al.: Ressourcenschonung durch Recycling von Kunststoffbauteilen aus Automobilen, Kunststoffe im Automobilbau – Anwendung und Wiederverwendung, VDI-K. VDI-Verlag, Düsseldorf (1991)
145. Schäper, S., Haldenwanger, H.-G., Rink, C., Sternau, H.: Materialrecycling von aluminiumintensiven Altfahrzeugen am Beispiel des AUDI A8. VDI-Bericht, Bd. 1235, S. 249–266. VDI-Verlag, Düsseldorf (1995)
146. DIN EN ISO 14040: Umweltmanagement – Ökobilanz – Grundsätze und Rahmenbedingungen (ISO 14040:2006)
147. DIN EN ISO 14044: Umweltmanagement – Ökobilanz – Anforderungen und Anleitungen (ISO 14044:2006)
148. Krinke, S., Koffler, C., Deinzer, G., Heil, U.: Automobiler Leichtbau unter Einbezug des gesamten Lebenszyklus. ATZ Automobiltechnische Zeitschrift **112**, 438 (2010)
149. Schäper, S.: Nebenwirkungen der Recyclingquoten der EU-Altautodirektive auf Leichtbaukonzepte sowie auf den Einsatz nachwachsender Rohstoffe im Pkw. EUROFORUM-Konferenz, Freising, 10./11. Oktober 2000
150. Umwelt-Zertifikat Mercedes-Benz S-Klasse, Herausgeber DaimlerChrysler AG, Mercedes Car Group, Stuttgart (2005)
151. N.N.: Thermoelektrischer Generator wandelt Abwärme in Strom um. NET-Journal **7/8**
152. Bachmann, G.: Innovationsschub aus dem Nanokosmos. Zukünftige Technologien, Bd. 28. VDI-Technologiezentrum (1998)
153. Niggemann, J., Franz, O.: Research-Studie Nanotechnologie. HWAG Hamburg (2001)
154. Köhler, M.: Nanotechnologie – Eine Einführung in die Nanostrukturtechnik. Wiley-VCH, Weinheim (2001)
155. Buchholz, K.: Nanocomposite debuts on GM vehicles. Automot. Eng. Intern. **10**, 56 (2001)
156. Niedermeier, W., Freund, B.: Nanostrukturruße – Eine neue Generation für verbesserte Lkw-Reifen. Kautschuk-Gummi-Kunststoffe **10**, 670 (1999)
157. Luther, W., Malanowski, N., Bachmann, G., Hoffknecht, A., Holtmannspötter, D., Zweck, A., Heimer, T., Sanders, H., Werner, M., Mietke, S., Köhler, T.: Nanotechnologie als wirtschaftlicher Wachstumsmarkt Innovations- und Technikanalyse, Bd. 53. VDI-Technologiezentrum im Auftrag des BMBF (Hrsg.) (2004). http://www.bmbf.de/pub/nanotech_als_wachstumsmarkt.pdf
158. Langenfeld, S., Friedrich, H.: Nanotechnology in cars – prospect and venture. Kunststoffe im Automobilbau, S. 299–304. Tagung Mannheim, 13./14. März 2002. VDI Verlag, Düsseldorf (2002)
159. Warzelhan, V.: Innovationspipeline Polymere – Anwendungspotential Nanotechnologie. Symposium Material Innovativ, Nürnberg, 10. März 2005
160. Piezofaser-Funktionswerkstoffe. Handout am Ausstellerstand der Fraunhofer Allianz FhG. Symposium Material Innovativ, Nürnberg, 10. März 2005
161. Michaelis, A.: Neue Materialien für zukünftige Innovationen in Elektronik und Energietechnologie. Symposium Material Innovativ, Nürnberg, 10. März 2005

10.4 参考文献

162. Wälzlager-Katalog der Schaeffler Gruppe, Berechnungsgrundlagen: Ausgabe 2008, 1640 Seiten, 1. Überarbeitete Ausgabe, Vertrieb über die Schaeffler Gruppe, INA (Schaeffler Gruppe) Industriestraße 1–3 (info@schaeffler.com), 91074 Herzogenaurach oder FAG (Schaeffler Gruppe), Georg Schäfer Straße 30, 97421 Schweinfurt, (FAGinfo@schaeffler.com)
163. Nadelkränze für Kurbelzapfen und Kolbenbolzen, Broschüre der Schaeffler Gruppe
164. Broschüre »Radlager«, FAG-AS@Schaeffler.com www.LuK-AS.de
165. Einreihige Kugelrollenlager: Neue Bauform zwischen Kugel- und Rollenlager. Eine Broschüre. FAG-AS@Schaeffler.com. www.LuK-AS.de
166. Kraus, M.: Zukunft der Fahrwerkssysteme: »Schaeffler kann mehr als Lager«. Vortrag zum 9. Schaeffler-Kolloquium 2010
167. Kimmig, K.L., Bührle, P., Henneberger, K., Ehrlich, M., Rathke, G., Martin, J.: Mit Effizienz und Komfort zum Erfolg: Die trockene Doppelkupplung etabliert sich auf dem Automatikmarkt. Vortrag zum 9. Schaeffler-Kolloquium, 2010
168. Solfrank, S., Ihlemann, A., Dombos, L., Mederer, T.: Chancen zur CO_2-Reduzierung durch den Einsatz von Wälzlagern im Motor. ATZ-Sonderdruck
169. van Basshuysen, R., Schäfer, F. (Hrsg.): Lexikon Motorentechnik. Vieweg, Wiesbaden (2004)
170. Gombert, B.: Vom intelligenten Radlager zum Robot-Wheel. Vortrag zum 9. Schaeffler-Kolloquium, 2010
171. Wagner, U., Reitz, D.: Die Zukunft kommt automatisch: Effiziente Automatikgetriebe als Basis für hybridisierbare Antriebsstränge. Vortrag zum 9. Schaeffler-Kolloquium, 2010
172. Tiemann, C., Kalenborn, M., Orlowsky, K., Steffens, C., Bick, W.: Ein effektiver Weg zur Verbrauchsreduktion Wälzlagerung im Verbrennungsmotor. FEV Motorentechnik GmbH, Aachen
173. Leichtbaudifferenziale schaffen Freiräume. Pressemitteilung der Schaeffler Gruppe vom 24. Juni 2010

其他文献

174. Karosserie und Bleche. ATZ Special **09** (2010)
175. Eibisch, H., Hartmann, M., Singer, R.: Herstellung und Eigenschaften von Kohlenstofflangfaserverstärktem Magnesium im Druckguss. 3. Ranshofener Leichtmetalltage 2004, 23.–25. Juni 2004, Ranshofen (Österreich). Druckguss-Praxis **6**, 255–260 (2004)
176. Mordike, B., Wiesner, P.: Fügen von Magnesiumwerkstoffen. Fachbuchreihe Schweißtechnik, Bd. 147 (2005)
177. Lerch: Leicht und fest: Leichtmetalle im Auto. Autotech. **4**, 9 (2004)
178. Tagungsband zum VDI Kongress »Kunststoffe im Automobilbau 2005«, Bd. 4270, Mannheim, 9.–10. März 2005
179. Brecher, Kermer-Meyer, Dubratz: Fraunhofer-Inst. f. Produktionstechnologie, IPT, Aachen: Thermoplastische Organobleche für die Grossserie. ATZ/MTZ **11** (Sonderausgabe Karosserie und Bleche) (2010)
180. SKZ (Hrsg.): Langfaserverstärkte Thermoplaste (LFT). Tagungshandbuch. (2006). Fachtagung vom 06.–07.12.2006 in Würzburg
181. Berlin, Stoetzner, Rueegg, Jaggi: Karosserie aus Kunststoff. Kunststoffe **7** (2009)
182. Köth, C.-P.: Megapläne (Artikel zu den Plänen von BMW zum sog. »Megacity-Vehicle«). Automobilindustrie **7–8** (2010)
183. Honsel, G.: Das Auto von der Rolle. Technol. Rev. **12** (2010)
184. N.N.: http://project-i.com. (Marketingseite der BMW AG zum Megacity-Vehicle)
185. Hegenauer, H.: Fachkunde für Leder verarbeitende Berufe, 8. überarb. Aufl. Ernst Heyer, Essen (2001)
186. Brisanter Stoff. Technische Textilien im Automobil. Automobil-Produktion **3** (2005)
187. Schottner, G., Abersfelder, G. (Hrsg.): Fahrzeugverglasung. Expert Verlag (1995)
188. Pollak, M., Teschner, H.: Verglasung heutiger und zukünftiger Fahrzeugdächer. In: Braess, H.-H., Seiffert, U. (Hrsg.) Automobildesign und Technik. Vieweg, Wiesbaden (2007)
189. Kittel, H.: Lehrbuch der Lacke und Beschichtungen, 2. erw. Aufl. S. Hirzel, Stuttgart (1998)
190. Jelinek, W.: Praktische Galvanotechnik: ein Lehr- und Handbuch, 5. Aufl. Leuze (1997)
191. Englisch, BMW: Korrosionsschutz und Dichtheit des Gesamtfahrzeugs. ATZ/MTZ **11** (Sonderausgabe Der neue BMW 7er), 110 (2008)
192. Krusche, Volkswagen: Karosseriebezogene Maßnahmen zur Entwicklung des Korrosionsschutzes bei Volkswagen. 3. Braunschweiger Symposium Faszination Karosserie, 2007
193. Schmidt, M.: Hochfrequenzschweißen in der Automobilindustrie. Industriekolloquium »Fertigen in Feinblech«. Universität Clausthal, Clausthal (1998)
194. Emmelmann, C.: Stand der Technik und Entwicklungstendenzen. 3. Euroforum-Konferenz »Lasereinsatz im Automobilbau«, Aachen, 13./14. Februar 2001
195. Hahn, O.: Fügen durch Umformen. Dokumentation 707. Studiengesellschaft Stahlanwendung (1996)
196. Hahn, O.: Neue Lösungen mit Stahl beim Automobil-Leichtbau. Studiengesellschaft Stahlanwendung (1997)
197. Füssel: Fügen hochfester Bleche im Automobilbau. ATZ/MTZ-Konferenz 2010; 11. Int. Tagung Karosseriebau Hamburg, Mai 2010
198. Wendt, Donhauser, Schübeler: Mischbauweisen flexibel fügen – Vollstanznieten. ATZ/MTZ **11**(Sonderausgabe Karosserie und Bleche) (2010)
199. Sauer, J.: Automobilkarosserien Kleben. Kunststoffe **3** (2003). Fachartikel
200. BMW: Kleben verbindet – Kleben im Automobilbau. Automobil-Produktion **23**(1/2) (2010)
201. Scheffels: Kleben statt Schweißen. Special Report Fertigung: Kleben und Hybridfügen von Karosserieteilen. Automob.-Ind. **55**, 4 (2010)
202. Stumpp: Fügen und Umformen vereint – Innenhochdruckumformen. Automobil-Produktion **21**, 5 (2008)
203. Simulation von Bauteileigenschaften unter besonderer Berücksichtigung der Wärmebehandlungsparameter. VDI-Bericht 2007; Gießtechnik im Motorenbau, Tag. Magdeburg, Februar 2007; VDI-Berichte Nr. 1949
204. Gasinjektionstechnik – Verfahrenstechnik, Anlagentechnik, Gestaltungsregeln. Institut für Kunststoffverarbei-

tung in Industrie und Handwerk an der RWTH Aachen (1995)
205. Thermoplastische Hybridstrukturen – Kombination aus wirtschaftlichen Serienverfahren mit lokalen Verstärkungs-Inserts. VDI-Reihe Kunststofftechnik, Kunststoffe im Automobilbau (2010)
206. Michaeli, Hoffmann: Hybride Verbindungen – thermische Fügeverfahren. Kunststoffe **6** (2009)
207. Steinbichler, Egger, Pitschender: Innovationen in der Spritzgießtechnik für das Automobil der Zukunft. VDI-Reihe Kunststofftechnik, Kunststoffe im Automobilbau. (2006)
208. Bauer, H., Haldenwanger, H.-G., Schneider, W.: Recycling von Altfahrzeugen: Kreislaufeignung von Werkstoffen als Funktion der Demontagewirtschaftlichkeit. In: Kunststoffe im Automobilbau – Trends, Technologien, Anwendungen. VDI-Kunststofftechnik, S. 165–179. VDI-Verlag, Düsseldorf (1997)
209. Schlösser, T.: Naturfaserverstärkte Fahrzeugteile. Kunststoffe **9** (1997)
210. Braess, H.-H.: Das Automobil von der Produkt- zur Systemoptimierung – Ziele und Aufgaben des Life-Cycle-Managements. ATZ Automobiltechnische Zeitschrift **12** (1999)
211. Müssig, J.: Untersuchung der Eignung heimischer Pflanzenfasern für die Herstellung von naturfaserverstärkten Duroplasten – vom Anbau zum Verbundwerkstoff. Fortschr.-Bericht, VDI Reihe 5, Bd. 630. VDI-Verlag, Düsseldorf (2001)
212. Senftleben, D.: Verfahren zur Generierung von Leitindikatoren für die ganzheitliche Entwicklung und Beurteilung von Automobilkomponenten. Dissertation, Uni Siegen (2006)
213. Pelster, R., Pieper, R., Hüttl, I.: Thermospannungen – Viel genutzt und fast immer falsch erklärt! PhyDid **1**(4), 10–22 (2005)
214. Bergmann-Schaefer: Elektromagnetismus, 8. Aufl. Lehrbuch der Experimentalphysik, Bd. 2. de Gruyter, Berlin (1999)
215. Jänsch, D.: Thermoelektrik: Eine Chance für die Automobil. Expert Verlag (2008)
216. Christ, Öchsner, Nothhelfer-Richter: Nanolacke erschließen neue Anwendungen – Anwendung der Nanotechnologie in Lacken und anderen Beschichtungsstoffen. Met.-Oberfläche **7/8**, 63 (2009)
217. Büthe, Funkhauser, Rau, W., BASF: Kunststoffe für das Automobil der Zukunft: unsichtbarer Beitrag – sichtbarer Erfolg. In: Kunststoffe im Automobilbau. VDI-Reihe Kunststofftechnik. (2006)
218. Bauer, Haldenwanger, Audi: 10**9 Anwendungen aus dem Nanokosmos im Automobilbau. Gummi Fasern Kunststoffe **9**, 57 (2004)

第 11 章 产品设计过程

11.1 在产品设计过程中的同步工程和产品管理

11.1.1 概述

在本书前言中贴切地表明产品设计过程是一个高度综合的过程,它的设计和优化越来越重要。最后要按时制造出吸引目标用户的汽车,使他们愿意出价购买,而这个价格又符合汽车生产厂家的利润率,这样可保证汽车良性竞争能力。图 11.1 是以简图表示的产品设计过程。

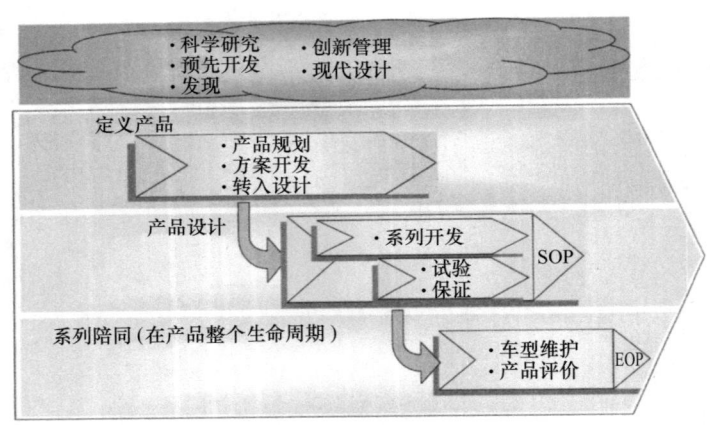

图 11.1 产品开发过程:从科学研究到系列产品整个生命周期陪同

产品设计过程(PEP)的高度综合性是由于对产品设计的各种要求引起的,特别是为全球使用的汽车。大量的、有独创性的合作者既有汽车生产厂家组织机构内(以下称为 OEM,Original Equipment Manufacturer,原始设备制造厂)的同事,也有在供应商范围、各服务站的合作者,他们在每个 OEM 中发挥重要作用,是顶级专家和各方面的专门人才。

产品设计的参与者总数可能超过 1000 人。在产品设计过程的同步工程中他们相互联系、配合。由于全球设计策略,产品设计过程参与者的局部变动会不断增加,这时必须克服文化和语言障碍,在每一个时间点(节点)、每个阶段按时地、相互协调地提供产品数据和资料。

所有这些,需要有一个团队和通畅的组织机构,尽可能无缝隙协调和公开透明地进行过程控制。组织机构必须在协调一致的时间节点基础上将产品设计过程不断向前推进，监督质量进展并让所有参与者明白。这时要及时发现在产品设计过程和在产品性能中的问题并采取有针对性的解决措施。作者的经验是"发现问题就是解决问题"。在 PEP 内部，公开地、主动地与问题打交道十分重要。

下面就各种组织机构进行介绍。它们是在不同的 OEM 和不同的产品设计过程（PEP）中出现的。同时对产品设计过程的各个阶段进行较详细介绍。作为参考，下面以奥迪商标为例。

11.1.2 产品设计过程

1. 组织机构形式

几乎所有大的 OEM 在参加产品设计过程的各个部门中有交叉的职能。一是定位于经典的汽车部件（如总成、车身、电子电气和整车性能）的纵向管理部门；二是推动产品设计过程的、定位于项目的管理部门。

各个 OEM 的区别在于如何分配纵向管理部门和项目管理部分，即产品管理部门的职责。在项目管理范围，从单纯的产品设计过程职责或重点协调的职责到对汽车各种性能有完全决策权的整个产品职责。后面这种情况称为重大的产品项目管理。在第一种情况，即常规管理方式，各个纵向管理部门按学科安排参与产品设计过程的专业人员并在纵向管理中对产品性能负责，见图 11.2。各服务站的职责代表同样从事纵向管理。项目经理的任务是组织各纵向管理部门的联系和推动、监督项目进程。

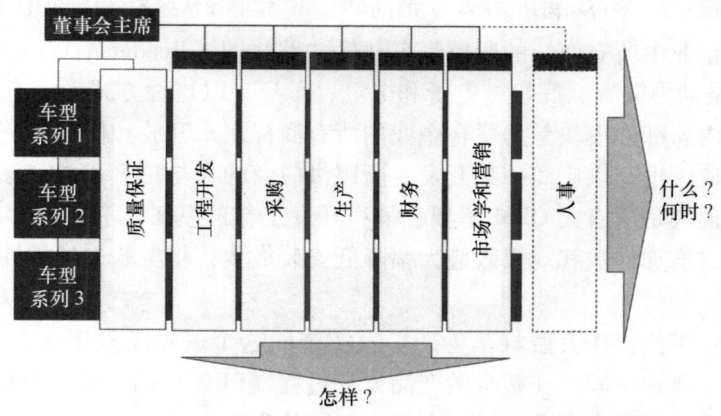

图 11.2 组织机构形式实例：车型系列与各纵向管理部门的联系

在第二种重大产品项目管理时，按学科的所有合作者职责小于产品经理。产品经理要对产品目标和性能负责。这时，纵向管理部门经理只组织有资格的专业人员参与并对各个项目有"连带（Betreuung）"责任。可以联想到的是在这种情况下，外部的开发小组代表也有产品管理的职责。

在这些特别的组织机构形式之间有各种混合的组织机构形式。但不管怎样，所有的组织机构形式都有工作能力强、配置合理的团队和体系。只有创新意识强的团队和制度才能制造出有竞争力的产品。定位于纵向的组织管理使产品的开发周期较长，首先是加重了决策者的负担。决策者的负担强度是由于工程设计和产品性能的高度多样性（普遍化）造成的。

重大产品管理组织机构是有独立决策职责的多个独立的项目组织管理机构平行工作的场

合，本身也有缺点。这时必须防止团队相互分开和不统一，否则各个产品之间存在差别而使产品商标的同一性受到损伤。

如果联合企业拥有自己同一性商标的多个商标和相应的各种汽车的性能型谱，则需要综合组织机构的下设机构，有广大商标资产（Marken-Portfolio）的大众联合企业就是这种情况。为开发车身（即所谓的"帽子"），各个商标（汽车）组织机构形式可按上面所说的样本设置。但要定义有关平台和部件模块的中心职责。随时调整的这些职责可与各个商标（汽车）的开发建立一个开发联盟。

在大众联合企业中与汽车行驶方向垂直的横向平台的开发职责和产品管理在大众商标职责中。如果奥迪作为横向平台的第一个使用者，大众可以适时地向奥迪项目提供作为它的基础开发的这个横向平台。接着奥迪项目再进行具有奥迪商标特征的性能开发。与奥迪项目处理方式一样，大众商标利用奥迪项目开发的纵向平台。

目前汽车设计的高度灵活性、多样性也存在这样的风险，即如在设计"帽子"时会出现各种部件的无序增长。为此，在大的、多商标汽车联合企业中建立模块的组织管理机构。该机构负责部件的可用性管理（图 11.3）。

图 11.3　平台和模块策略：大的汽车生产厂家必须掌握各个方面的任务

在大众联合企业中所有商标的所谓汽车部件"路线图（Roadmaps）"由 4 个管理部门负责。4 个路线图是动力装置、底盘、电子和电气、车身。以这种方式形成有约束力的部件模块。在规程范围内，部件模块是为联合企业的所有商标汽车开放和使用的。因为大多数部件模块由供应商制造，也与供应商一起开发，所以供应商的参与是 PEP 中许多中心任务之一。

共同的部件模块是所有大 OEM 车型政策和开发工作的基础，它有很多优点：节省开发时间和成本，通过增加件数和规模效应大幅降低安装成本，将考验过的零件配合移植到新的车型上。

在 20 世纪 90 年代，在大型汽车生产厂家实施的这个策略还限于车身承载件和底盘构件，即板件平台。在这时间，在整个的产品设计过程（PEP）中出现了柔性化和动态化。目前工程师能够灵活使用平台到车型之间有很大不同的程度。

世界性的汽车市场，在未来将从少数几个汽车等级变为更多汽车等级的市场。柔性汽车可保证 OEM 的未来，使 OEM 能在短时间内将更多的、低成本的、高质量和高度综合性的汽车引入市场。

2. OEM 的项目组织机构

为组织项目，必须成立一个与项目职责管辖权无关的、所有参加 PEP 的众多企业管理部门。最高的决策委员会是一个巡视团，它由商标执行委员会和顶层管理部门组成。在委员会下面是按任务（性能、成本、费用、时间）分级的产品小组。

图 11.4 是典型的 OEM 的项目组织机构。产品经理领导汽车项目。他独立于纵向管理部门，直接向企业领导汇报。在他下面有多位合作者。这些合作者领导子项目或给予帮助。产

品经理领导一个由纵向管理部门代表组成的重要的产品小组。他们全力投入项目，但严格属于他们的纵向管理部门。这个重要的产品小组推动项目并监督项目进程，必需时准备样品（模型）以做出进一步决策。

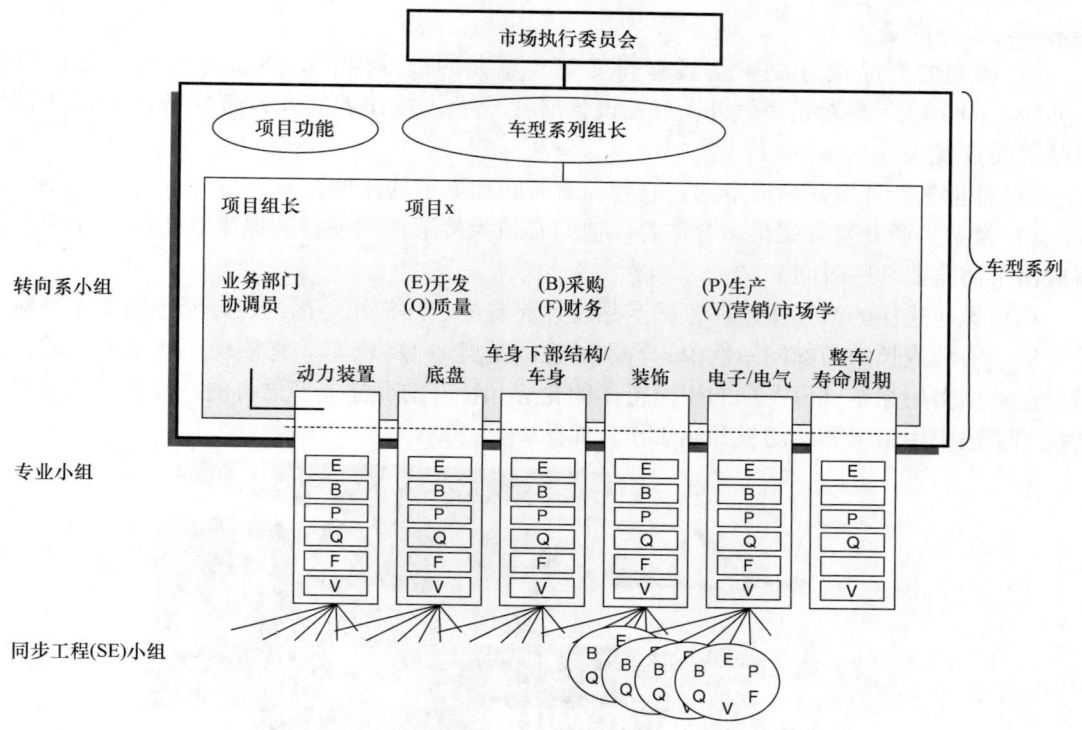

图 11.4　典型的原设备生产厂家（OEM）的项目组织机构：
各纵向管理部门和专业小组紧密联系地工作（联网）

将该层面下的同步工程组织分配到动力总成、底盘、车桥、装饰、电子和电气、整车的专业小组。这些与部件（总成）有关的小组从事产品性能、成本、期限等工作。同时整车专业小组从事整车的性能（如重量）、产品设计过程中的汽车制造［样车（试生产）］和汽车试验。这些同步工程（SE，Simultaneous Engineering）小组的数量在 PEP 中是固定的，且是跨部门机构。它们的任务反映到零件层面。同步小组的固定组织约 50 个，它们根据项目不断重新组合。

小组间的联网有利于相互沟通。奥迪的电子中心是这种现代组织机构的实例。工程开发在这个中心，在这个领域的所有商标职权范围都在这个中心。这里有电子开发、各个采购部门、产品准备和质量安全、用户服务部、控制部门的几百名合作者一起工作。

各项目小组跨部门合作。它们是空间地而不是封闭地联系在一起。发展很快的电子技术是奥迪的关键技术和核心部门。

3. PEP 流程和时间节点定义

保证产品进程的综合性组织机构形式是一般的 PEP 流程和相应的时间节点结构的重要前提。各个 OEM 的 PEP 基本相似，不同的在于细节，如职能部门机构和本身的核心能力与外部能力之间的分配。重要的问题是开发部分如何适应虚拟的开发方法。下面以奥迪为例予以说明。

奥迪的 PEP 是由汽车整个寿命周期的产品规划过程、本来的产品设计（系列开发）过程和产品照料（系列陪同、车型照料）过程组成的。当产品规划过程很早开始时（到商定好的、且可行的期限提出产品规划很重要），奥迪确定产品设计（系列开发）过程的时间应尽量短。其原因是：

1）稍晚的产品设计决策是具有高度现实意义的设计保证。项目开始的"黄金射击（goldene schuss）"绝对是个例外。好的设计必须成熟。按作者经验，最好的产品设计思想总是"早变晚（fast zu-spät）"。

2）批量生产开发是高成本的，它存在着时间和成本的比例关系。

3）批量生产开发聚集很多合作者，他们必须为接下来的项目从原来承担的工作中尽快解脱出来而需要一些时间。

在像奥迪这样的汽车生产厂家，产品设计起着决定性作用。因为设计必须将新车型融入厚重的、不断成长的商标同一性中，特别的挑战是奥迪 Q7 汽车。它体现了先前普遍的、宽敞的运动型多用途车（SUV）的田园情调的轮廓和特有的奥迪造型语言的一致性。设计者在传统的手法中用铅笔和绘图板开始工作，如图 11.5 所示。

图 11.5 设计草图：奥迪给 A8 提供的独特脸部

奥迪批量生产开发从产品设计决策开始，延续约 2 年至开始生产（SOP，Start of Production）。这个时间定义为理想流程。在设计者有好的、但来得较晚的想法（灵感）时也可缩短，这几乎是一个规律。

这种短的系列开发流程的前提是所有不是重大的开发设计范围，如不是平台或动力装置总成、底盘、电气系统范围的新开发范围，不应超过可控制范围。这种短的系列开发流程前提还必须在早先的产品规划过程框架内就进行了定义并有约束力的决定。较早开始的系列开发过程对以后的系列开发过程控制十分重要。

尽可能早地精确组织批量生产开发过程（产品设计过程）是在整个 PEP 中发挥重要作用的一个基本原则。如果坚持这么做，则可以在产品规划过程利用相对少的总资源就可确定 PEP 稳定性的重要准则，如图 11.6 所示。这个原则不但用于产品规划过程，而且用于产品开发过程的各个环节。

11.1.3 产品规划

用户的需要是产品规划的一个标尺。在每次产品规划开始就要分析未来用户的需要，如

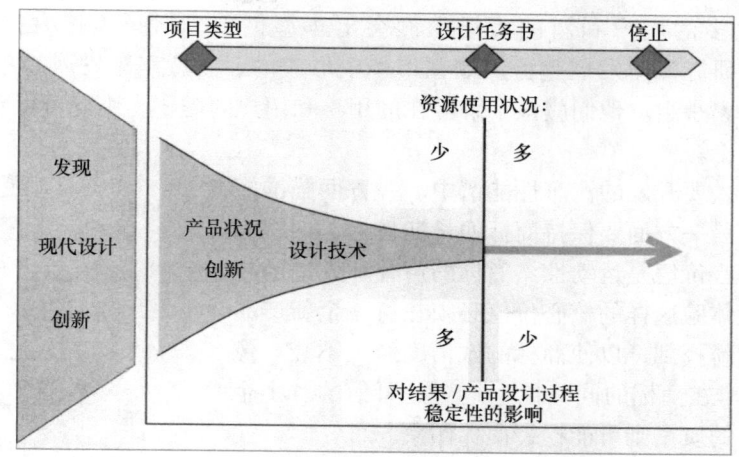

图 11.6　早的产品设计过程组织机构：通过资源使用
状况达到高度的产品设计过程安全性

在开始生产时的用户需求情况。这些分析是很深入的，有来自汽车生产厂家自己掌握的信息，也有来自有关研究机构的市场研究。

主要调查的问题如：
1）经济形势是如何变化的？
2）全球市场如何发展？
3）可用石油和燃料如何发展？
4）实现什么样的替代驱动方式？
5）税收政策如何变化？
6）年龄梯队对买车行为有什么影响？如年长的、有购买力的用户喜欢舒适性的高档配置。
7）用户的社会结构如何发展？商标声誉的作用是如何增长的？
8）竞争环境是如何变化的？最新汽车的竞争对手是谁？
9）还有很多其他问题。

这些市场信息是对所有重要市场的调查得到的。它是期盼的用户购买汽车行为的一面镜子。当然，这个调查结果不是绝对的。因此分析工作有一定的误差范围，分析定义了像公路两边的护栏那样，在之内的用户购买汽车行为是可以期待的。

其他的因素是企业本身的策略。企业长期的方向策略影响对产品的定义。
1）企业的增长策略如何？增长必须由各个部门明确定义。要考虑市场潜力、整个的商业链、生产容量、定义产品的开发能力。
2）新车应达到什么样规模目标和利润率目标。
3）用现有的车型平台能否达到企业的目标，或要增加一部分新的投资。
4）还有很多其他问题。

如果是为定义接替车型或下一代车型，产品规划者有以往车型经济的支持。重点是要把现有的用户和营销部门的信息纳入分析中。较早的这些信息是粗糙的，其目的是为了向用户提供一个有吸引力的产品推销。总理级商标轿车可以给用户高度的诚信度。用户通常很少有鉴定能力，只期待有一个变革的产品。

如为获得更多的用户和新的市场份额突出车型创新，则必须扩大技术视野。创新（Scouting）需要研究汽车发展趋势。如在市场中形成的、注意汽车发展趋势特征的产品专家小组和市场专家小组。他们应该了解潜在的用户和用户的需要，由此可得到有关产品理念或产品特征的结论。

产品理念融入要开发的汽车性能谱中。一方面瞄准短期的用户需要，另一方面要保持商标的长期目标，即核心价值。奥迪的核心价值是运动性、商标的声誉和先进的技术。从用户角度体验这样的核心价值必须在每一个新产品中重新发现、重新找到，以使商标的诚信度经久不衰。像奥迪 Q7、TT 汽车在商标的同一性上绝对是可信的。小企业的小型载货车的质量则可能损害商标印象。

图 11.7 表示 3 个汽车生产厂家不同车型的产品各项性能，即性能的蛛网结构。在定义产品产量时，这样的汽车分类在出现问题时有助于决策：如汽车的什么部分应优先降低成本和费用。

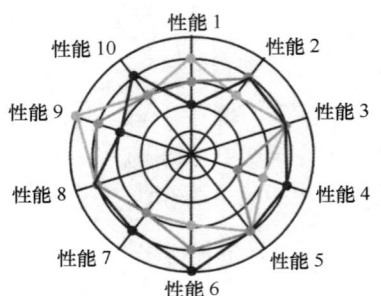

图 11.7　性能的蛛网结构：在 3 个汽车生产厂家的不同车型

产品规划过程中的一个重要问题是：企业中是否和多大程度上能提供必要的部件或是否需要必要部件同步开发。这时产品规划者要根据各纵向部门预先开发的路线图协调，必要时规划者要组织相应的开发。

产品可行性研究结束后要说明汽车产量和性能、编写各项成本框图和成本目标、提供计划的利润率。在 PEP 中继续行使职责的组织机构在这个时间点能够按修正的目标提供规定产量的产品。

11.1.4　创新管理

决定汽车的魅力除了定位目标精准地争取用户群外，还有就是它的商标印象、设计、产品性能、价格和创新技术含量。特别是以技术取胜的商标，创新对商标信息的诚信度是一个附加值。奥迪商标价值的重要特征是它的创新。重要的创新有全轮驱动（quattro-Antrieb）、全镀锌车身、铝质空间框架。在大众轿车上 TDI 驱动或双离合器变速器（DSG）发挥重要作用。

为增强商标意识，重要的是用很多投资和与工程学结合实现的创新要有形地、持续地与商标一致。在这期间用户已经不再想到是哪家汽车生产厂家的、已在市场上采用的 ABS 和 ESP 创新，因此它已成为中性商标。创新不是凭空产生的，必须呵护，并与商标联系在一起。

创新不是偶然的产物，它必须长期规划并在 PEP 准备阶段需要一个可调节流程。创新的基础是想法（Idee）、技术转化和成功引入市场，使想法转化为创新成果。为在激烈的竞争中坚持下来，汽车企业走的就是想法—转化—创新之路。因此系统地出现许多想法，而且是集中在商标的核心信息和汽车的各种性能上。

汽车的系统研究从自然科学的应用研究开始。在此基础上采用很多方式，如充分的自由讨论、竞争意识、创新研讨班。这些形式要经常、持久展开，它与车型的周期无关。

下一步是将新方案组合到预先研究框架内的汽车环境中。这时要配备汽车应有的部件和进行汽车环境下的试验。目标是试验和验证汽车上创新产品的性能和性能潜力，以及系列开发的创新能力。这时要给予系列开发者至少是部分的职责。

批量生产开发者必须是称职的，要有明确的承诺将新方案转化到汽车上。所以，预先开发阶段必须根据目标汽车的计划进行。预先开发所需的部件（总成）可在提供给设计开发的部件库或积木（模块）中提取，需要以产品为定位对这个流程控制和跟踪。

与供应商（供货单位）结合

目前，创新产品的很大一部分是与供应商合作取得的。对供应商来说，提供有创新潜力的产品在竞争中具有策略上的优势。对 OEM 来说，一个有吸引力的产品性能或有竞争优势的产量（即新产品投放市场所需时间"time to market"）强化供应商对 OEM 的地位。

在某种程度上，供应商可以在一定时间内取得垄断地位的角色，使它在价格和供应条件的谈判中处于主动。产品创新程度对供应商的未来供应具有策略意义。经常是潜在的供应商和 OEM 都在寻找策略伙伴。建立供应商与 OEM 之间共同的、长期的创新路线图是共同成长、共同发展的基础。

在产品创新中与供应商的结合需要不断推动，以达到成功的、长久的合作。这就需要一个管理机构，以主动地交换意见，保持活力。供应商的专门放映资料（Roadshow）和研讨班的形式证明很有帮助。这些工作在最高管理层面组织发起，针对所期待的背景为主题进行。在主题中双方定义共同的产品创新目标的通道（像公路两边的栅栏引导那样）。

具体的也是与项目组合接近的是方案研讨班。邀请可能的（可以考虑的）供应商参加方案研讨班。在研讨班讨论具体的创新平台的工业转化。在这样的方案研讨班上通常会有多个供应商为争取项目而相互竞争。

在合作中相互的诚信和 OEM 的企业文化是前提。这样，所有的供应商在这样的竞争中可以公开它们的最好想法（Idee），并且不由 OEM，而是由供应商实现技术的跳跃。在确定产品创新目标通道后及早与供应商结合是基本的先决条件，以为下一步设计汽车利用供应商的能力。

11.1.5 产量、设计任务书、法规

在产品规划阶段定义产品性能将在下一个工作阶段放在"性能谱"中。从说明工程产品出发，在各个零件（构件）层面上的这个性能谱的性能会降下来，并按功能设计任务书定义。功能设计任务书是详细的零件设计任务书的基础。在开发阶段，这些零件设计任务书的工程目标值一直是适用的（经试验）。如果如奥迪 TT 汽车在"运动性"方面的性能蛛网结构上有好的性能值，则该值也列入功能设计任务书中。这样底盘工程师们得到的设定目标就可修改相应的设计。这同样适用于其他开发领域。

同样必须定义销售市场。要考虑像适用于各个国家的法规和标准的准入准则。还要确定各个国家所需的总成大纲以及希望的系列配备和特殊配备。在法规方面要区分产品法规（排放法规、防碰撞和照明规范）和生产方法的涂层法规。由于与产品有关，在设计任务书中的补充法规要考虑技术发展水平（state of the art），即所有定义的要求至少要符合技术水平。

与功能设计任务书平行的是项目设计任务书。在项目设计任务书中列出产品性能与财务特征数、目标、质量要求、售后服务要求和达到目标的期限数据。到方案阶段结束时必须提

供项目设计任务书。项目设计任务规定安排系列开发的框架条件。

11.1.6　方案开发

方案开发的任务是在各种要求的框架内定义汽车并验证方案的可转化性。定义方案在很早、在与产品规划阶段一起就开始。由产品设想推动，在分析和原始资料基础上制订第一个方案设想和作为第一次的产品规划。在说明产品规划中的汽车和在企业状况与核算利润率基础上验证经济性之后，通过项目规划以进一步细化方案。

项目开发是一个整体，所有创造价值的各个部门主动地同时参加项目开发。方案小组由专门的方案工程师组成并包括在 PEP 中负责的各个部门的专业工程师。特别重要的是要较早组合负责批量生产开发的开发、生产、用户服务、质量安全的各个部门，因为好的方案开发是各方面要求的成功折中。虽然在方案开发阶段还要对折中调整。这种调整在以后的进一步方案开发过程中，直至产品安全和最后呈现在用户面前都在进行。

在汽车领域不断推出衍生产品时代，平台方案和积木方案（模块方案）越来越重要。平台的基石或积木将放在定义方案阶段。为此必须了解，要组合的汽车衍生产品的特征应该是什么样的。重要的距离数据（Eckdaten）是车轮尺寸、动力装置尺寸和汽车外形尺寸，特别是宽度和高度。在定义方案阶段还要确定电气系统、联网结构和以后的分级结构。

方案的细化始于设计工作开始。在奥迪 A8 汽车上提供纵向视野是重要的前提，因此轴距超过 3m。再则，方案开发要定义一些重要参数，如燃料箱容积和决定采用空气悬架。

工程模型

方案开发者的主要任务是组装，它可实现前面所说的"性能谱"。较早时基本组装主要包括外部尺寸和内部尺寸。这些尺寸为设计者用作他们的模型图演示。但目前方案开发者利用与设计无关的"工程模型"表示虚拟的整车（见 4.2 节）。

这是断面和构件特点的组合，在计算程序中去掉它们的结构体系，如图 11.8 所示。计算程序包含计算方法的诀窍（Know-how），设计者利用该程序可计算汽车构件。像车门、发动机舱盖、行李舱盖以及内饰等安装件也可耦合在车身构件上。

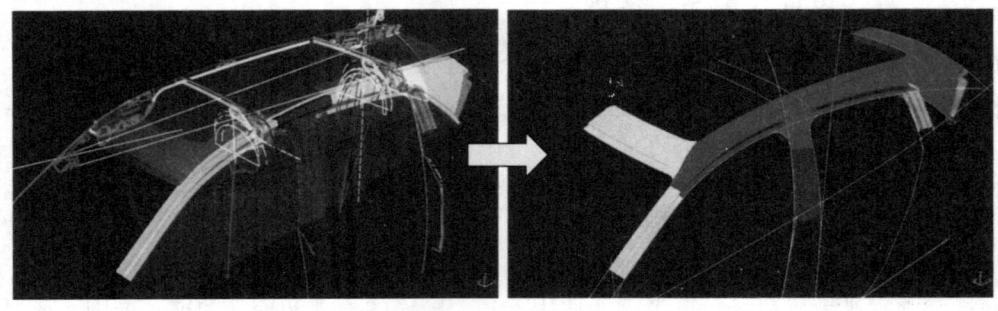

图 11.8　3D 工程模型：车顶框架断面

工程模型用于设计者的各种模型图演示。它是这么搭建起来的：模型图参数与修改的设计模型数据匹配。主要的方案断面编程在作为结构基础的工程模型中。这样，设计过程中的形状变化直接与结构匹配，这个结构也自动地包括相邻部分。组合一些最小断面并与构件计算的仿真工具结合指出，由于结构的架构不再能成为新的设计方案。为可能地（虚拟地）证明在产品规划阶段定义的汽车性能，工程模型的数据是第一个依据。这样，如果设计特征发生变化，特别是在项目早期常频繁发生的情况，可以不断控制，是否以后能达到性能谱。

因为工程模型主要包括推动成本的一些零件，所以可以把它们作为第一次成本计算的依据。成本计算与工程模型相似，将随时间进程不断精确。

按工程模型细化程度，在方案开发阶段进程中，可能生产可靠决定方案的那样硬件。如座椅框架，在虚拟开发时代仍然有重要作用，以检验车内空间的主观感受和车内舒适性。方案设计者具备所有的基本知识时，他们就可设计出具有更多安全性的座椅框架。这样，不同人体结构和不同主观感受的人们就可在虚拟世界中择定设计者的座椅框架图纸，并在需要时还可修改（见 6.4.1 小节）。

为保证方案图效果，作者把很大的精力投入真正的、可行驶的方案汽车上。它是从工程模型的结构数据衍生出来的。作为 PEP 内的第一辆真实汽车，完全是为了验证决策的可靠性和决策的要求。一个真实交付行驶的汽车方案给企业各个部门的职权者和决策者提出意见和认可的机会。所以他们在方案的早期阶段直接负责方案决策。

11.1.7　产品数据管理（PDM）

当开始制订汽车方案时形成与项目有关的数据。这些随时变化的、相互协调的数据提供给项目的所有参与者。在产品数据管理（PDM，Product Daten Management）中提供的结构数据应是可靠的。其目标在于在任何时间提供相互间能协同工作的数据，而且也提供给内部（OEM 业务范围）和外部（供货商、用户服务部）使用者。

在 PDM 系统的主要基础是"产品构件"或"构件清单"。产品构件在 PEP 阶段早期开始生成、建立和不断充实。在开始要按重要构件建立，最后达到现实汽车的成熟度。由产品构件可以得到像数字数据模型（DMU，Digital Mock-up）的工具。它通常以 14 天为周期进行更新。产品构件可以是虚拟的样件或实物样件。

产品构件是重要的开发工具，它对所有参与 PEP 的组织机构是透明的和有约束的。同时，产品构件也用作连接环节或与 OEM 的其他业务部门和与供货商、用户服务部的组合环节。

要在定义的时间点和时间间隔向参加 PEP 的业务部门（如产品规划部门和生产部门）提交产品构件和它的内容。要协调修改变化并送到相应的规划工具和产品工具中。

在 PEP 的进程中，产品构件不断变化：随着时间推移，开发构件清单转变到制造构件清单。开发构件清单包括开发认可，制造构件清单包括在任何工厂的生产认可。

11.1.8　产品寿命周期管理（PLM）

产品寿命周期管理（PLM，Product Lifecycle Management）时间还相当短。在整个的产品设计过程中，作为数据和过程管理方案的产品寿命周期管理才几年。PLM 平台将作为企业最重要创造价值源泉的产品和与此相关的各个过程摆在所有关注的中心。

在工程过程框架中，产品和产品的实现、制造、使用和利用主要由工程师们规划、设计、定义、验证和提供证据。大量的活动发生在实现产品/制造开始前的产品寿命之初，但活动结束不是生产开始（SOP）那天，更多的是活动伴随整个的产品寿命。

产品寿命周期管理的最重要方法是：

1) 数据管理法（如搜索、分配、目视显示、数据结构）。

2) 过程管理法（如结构、计划、过程控制）。
3) 应用组合管理法（如到 CAD、CAE、CAM 系统的接口）。

除这些方法外，还有属于 PLM 核心的过程重叠法，如存取管理法。

产品寿命周期管理始于第一个产品理念，并延伸至汽车寿命周期结束。

保护环境资源可视为一个完整的任务。由此提出的要求要及早引入和转化至开发过程中。内部检查项目表（清单）和规定（如环境标准）在适合环境的零件开发中有助于所有产品开发的参与者从现在做起。

在关注产品寿命周期时涉及注意选择适合环境的材料、工艺过程、制造方法，直至再生和在材料循环中通过有效使用不可再生的资源再循环，以及减少对环境影响的低排放措施。

因为汽车的总能量平衡是由行驶方式决定的。根据行驶阻力方程式，如通过不断使用轻结构材料（最高强度钢、铝/镁合金、非铁金属、塑料）减轻汽车重量和改善驱动系统效率可不断减少燃料消耗。同样，在对汽车的总体观察中，汽车再生对保护环境有很大贡献。

虽然汽车直到未来 20 年或更长一点才进入再利用，但目前在汽车进入市场前就已经向汽车的实际再循环过程方向进行了试验（图 11.9），参见 10.2.5 小节。

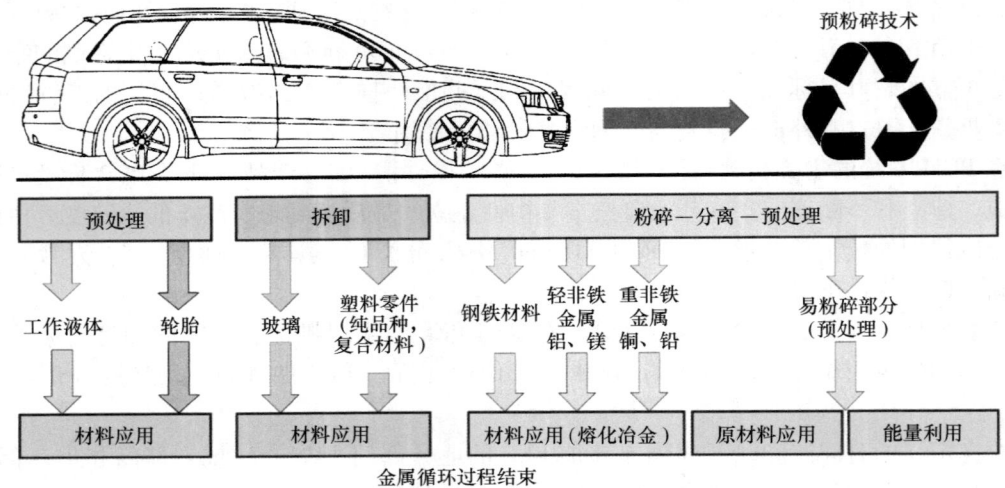

图 11.9 利用过程

在汽车进入市场后，PLM 继续进行。像置换 Cr6 法规和其他严重危害环境的材料要及早成批处理和转化。

在 PLM 框架内采用适合市场需要的新的发动机、车身、各种装置、选择件等。有时也对变化了的法规做出配置新装置的反应。在市场上也将对保持第二个半寿命周期的较近汽车纳入 PLM 中。

同时，PLM 的认识也融入后一代的汽车规划和开发中。经验和至今的技术与用户购买行为是规划和提供未来汽车的重要基础。在早先的各种车型框架中可以保留满足未来用户需要的一些车型和淘汰预计不再符合用户需要的车型。同样，由 OEM 根据用户汽车修理厂的市场研究分析的故障趋势，对保留或淘汰一些车型的这个过程有重要作用。

在物理模型上测试潜在用户的反应直至在汽车展览会上使公众广泛了解含有下一代汽车元素的概念车是十分有用的。OEM 充分利用这些方法，并将取得的信息吸收到系列车型的开发过程中。在决定淘汰一种车型前当然要考虑所有重要的参数,如成本和总销售额。

11.1.9 批量生产开发

1. 线型

方案决策和确定设计始于制订"一系列的线型"。源于船舶制造的"线型"概念是指数字描述的设计平面,以及零件设计和车身连接与安装件设计。对像内表面的外饰一样,要将结构数据与目视化显示数据联系起来(联网)。奥迪在每个开发项目中有 600~800 个表面零件"线型"。

自确定设计的时间节点起,车型开发尽可能没有曲折、反复,批量生产开发启动时间不延迟。因为从这个时间节点起设计就固化。设计反复会引起任务延期和成本增加,因此线型的制订过程是最紧张的批量生产开发阶段,它与方案决策的综合性有关。

2. 数据控制过程

在 PEP 中,数据控制过程是又一个重要的时间节点。它的通过需要最重要的决策者签字。在决策者的决策过程中所有物理的和审美的条件是相互独立的,要对它们评价和判断。在这个阶段实际上使用虚拟开发汽车手段。虚拟开发汽车包括汽车的物理性能验证和利用工厂的设备、生产手段的可制造性问题,即询问企业在整个汽车制造方面的能力链。在这部分与汽车有关的是涉及空气动力学和气动声学仿真,涉及优化气流流线以预测风噪声,涉及下雨冲击和脏物冲击仿真或涉及外板/外表面的薄板振动。为以后制造,要进行板件延性的方法仿真、铸塑件流动性仿真、在车身制造中的连接过程仿真和涂装仿真。

目视化显示工具是慎重决策的重要前提。目视化显示工具始于在泡沫材料上铣削的参考模型,并进而使用虚拟的投影技术。这些工具中的哪一种工具用作决策的基础,取决于 OEM 的系列开发过程和造型语言的综合性(参见 11.3 节)。

3. 通过规划

在数据控制过程以后就可以"整体通过"。在通过规划后的下一步是进入外板/外表面系列设计的准备。为通过规划,要进行汽车的完整设计。在这方面要定义压力机和模具设计、验证金属板的延性、描述装配流程、定义各零件装配时间和进一步向设计师传达目标。在仿真的框架中完成整个制造流程的规划(数字工厂),这样就结束了制造规划的过程。

制造规划是产品开发和产品制造的连接环节。在较早的产品开发阶段就已经具体地拟定制造方案,这些方案是从事先确定的、重叠的模型标准中选定的。这时,所用的连接技术、结合技术以及汽车的安装顺序起着重要作用。

过程创新进入规划阶段,它可能是各种新的功能创新,但要注意经济地制造。还在设计模型上就已经检验各种设计方案的工程可转化性。这个过程保证到批量生产开发的时间点可进行必要的产品修改,但这时的产品修改还可能不会增加成本。在从产品开发到产品制造的转化阶段,重点放在适合制造的模块或零件设计上时,在早选阶段有必要减少产品方案和降低综合性。像故障模式和效果分析(FMEA, Failure Mode and Effects Analysis,是寻找薄弱环节的分析方法)与公差链分析的工具使制造规划者能定性判断设计特征。在整个的制造规划时间使用虚拟的规划技术,以仿真各种制造场景,保证成形过程的优化。

在规划转化阶段要详细规划冲压、车身制造、涂装、装配车间的各个过程,包括物流,还有工厂的设备和生产手段。制造设备通常由外部供货商或内部供货商承担。这时制造规划与项目工作协调，并必须保证安全启动。还要对投资负责。一切工作的中心点是低的运转费用和经济地制造。

4. 虚拟开发

规划通过，汽车已完成第一次开发反复。在考虑制造技术装备后现在可保证汽车的可制造性。在这个时期，性能谱是由虚拟得到的。个别的方案汽车、设计模型以及座椅框架则是例外情况。得到性能谱的最有效工具是数学模型（DMU，Digital Mock-up）和虚拟样机。在DMU中可表示像可制造性、各装置（部件、总成）的自由活动性以及在工厂和之后在车间的装配过程等一些准则。

虚拟样车的概念指的是数学描述结构状态和汽车性能。结构状态是把内表面和外表面以及所有要构建的零件联系起来，并检验它们在汽车中的位置（定位）和运动空间。描述汽车性能包括可以仿真的所有性能。在各生产厂家之间，由于工具的能力和可供使用性引起的运算仿真法矩阵有很大差别。

在这期间，大众联合企业产品设计过程（PEP）中有几百个仿真法在"运算中使用"，从结构和碰撞计算、整车振动、空气动力学、声学、电磁兼容、空调和座椅舒适性直至底盘行驶动力学调整（参见 11.3 节）。"运算中使用"概念是这种方法可用作特殊性能的开发工具，部分地也可作硬件法的替代和部分地对硬件法的补充。如在图 11.10 中的所谓"空洞（cave）"中，工程师可以用3D眼镜和虚拟的手在由计算机建立的（虚拟的）车身中活动。

图 11.10 "空洞"工程师可在这个虚拟空间活动

仿真的优点是可以在虚拟的平面上清楚地构建、破坏、试验、改变和显示物体，并事后由硬件证实。在碰撞分析时计算机可计算 100 万个物体变化过程（即元素），过程分解的最小时间单位可达 150ms。为计算整个碰撞过程，需要有 8 个处理器的超级计算机计算 22h。奥迪 Q7 汽车在计算机上进行 2000 次前碰撞试验，这样只要进行 40 项的物理试验。在计算机中的仿真计算过程提供了有关乘员负荷的详细信息，这与以后的物理试验结果非常接近。

每个项目还要增加一些新的虚拟方法。在使用新的虚拟方法阶段要同时进行硬件试验。当得到对项目做出成功决策的知识后，则可将这些新的虚拟方法替代硬件方法。这种虚拟方法可节省成本，特别是可节省时间，推动高质量的优化过程。当然在安装新的虚拟方法阶段成本较高，因为虚拟方法（即仿真计算）和硬件试验要同时进行。

目前的虚拟方法只要到一定程度的硬件样车就可以。奥迪的样车是通过规划后的样车。硬件样车可以根据硬件样车性能调整虚拟样车（仿真样车）性能，并微调仿真样车仿真模型。这样，在虚拟法基础上可进一步优化硬件样车性能，并确定带批量生产零件的预批量生产汽车的最终性能和性能资料。

这样的方式需要在系列开发开始时精确确定虚拟方法，从而就可规划相应的试验过程。为通过开发者负责的性能，从项目开始开发者不断要决定，是否还要到一定程度的硬件样车或只用虚拟样车就可以。虚拟方法就是使用已验证并认可的虚拟方法，并可继续使用。如果零部件在以后出现意外的性能,则可使用保证性能的分析工具检验。

5. 汽车试验

硬件样车可进行各种试验(参见 11.4 节)。在奥迪电子中心建造能查明汽车电磁兼容性(EMV)的实验室。以试验汽车对环境的干扰、对汽车自身由收音机设备和车载电话设备发射的各种干扰的电磁兼容(EMV)。EMV 实验室用金属屏蔽,内部用金字塔状的吸收材料覆盖,以免无线电波反射。巨大的天线将频率为 1MHz~3GHz 的电磁波发送到汽车上(图 11.11 和图 11.12,图 11.12 见书后彩插)。

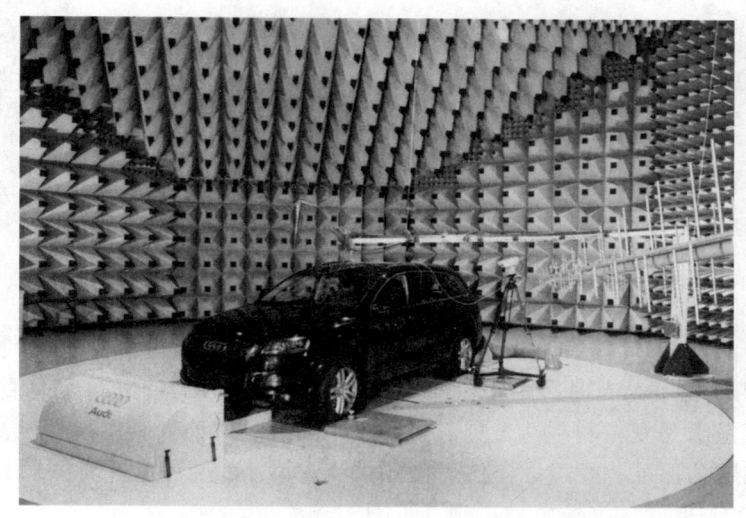

图 11.11　EMV 实验室:在实验室中样车经受强电磁场

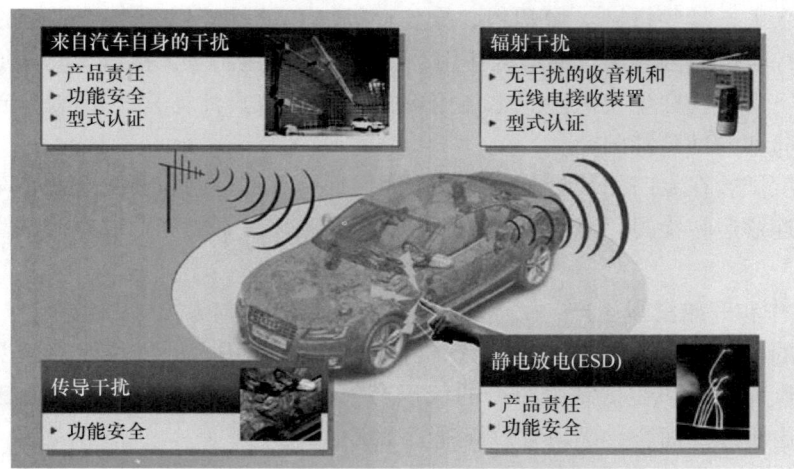

图 11.12　EMV 分析:外界对汽车的干扰和汽车对自己、对外部的干扰

风洞也是最新的技术设备。有 4m 直径和 2.6MW 驱动功率的涡轮机将空气加速到 250km/h 的速度。为专门试验冷却空气流,还有一个热风洞。气流的最大速度可达

240km/h，最高加热温度50℃。在汽车测量阶段底部也是可以加热的，以再现热的道路表面温度（图11.13）。

图11.13　风洞：样车和奥迪A8试生产样车，已在风洞中进行了超过1000h试验

当硬件试验的份额越来越被虚拟方法和试验台替代时，物理试验（硬件试验）仍然是汽车开发的明智之举，这特别适用于汽车行驶试验，奥迪A8就进行了几百万千米行驶试验。第一批样车是由开发者和制造工程人员的小组制造的。他们利用这种工作步骤确定开发中出现的一些问题并保证装配过程。然后由预系列车型小组重复制造从过程优化知识得到的样车。

试验验证汽车在不同的目标市场、在各种使用条件下的性能。主要的试验是冬天行驶和夏天行驶。在极端的环境条件（在极地地区-40℃温度）进行试验。

在夏天和冬天，某些材料（像塑料、橡胶、机油）的性能以及电子部件的性能是完全不同的。由于综合性原因和用户的地区使用，用户不需要定制全天候汽车。其他与气候条件有关的试验是下雨行驶和尘埃试验。单独用虚拟计算（仿真计算）不能模拟全天候的试验情况，但有实验室的试验基础。

所有的强度试验在专门的试验台上进行。为保证所有部件的相互配合和整车性能，样车进行了严格的连续运转检验，但汽车是复杂的综合系统，最好的和低成本的试验仍旧是整车行驶试验。

6. 修改工作和开始批量生产

虽然所有的OEM在PEP中的早先组织机构发挥很大作用，但仍不能避免以后的修改工作。修改是由试验结果和在试制中获得的认识产生的。所有的修改工作最终都反映到汽车上。这些修改由于涉及面广，必须有效管理。

在这阶段修改工作的速度很重要，因为零件已在工具上加工。修改工作要增加成本。在做出修改决定前必须彻底查明修改工作的必要性和做出评估。基本原则是：修改越晚，修改费用越贵。因此，在所有期望值修改时要仔细权衡费用和利益的关系。

修改包括跟踪修改、与供应商的协调修改和制造模具修改。

约在开始生产（SOP）前一年就通过批量生产认可。批量生产认可就是集中于批量生产汽车的前期准备和保证所需的批量生产零件。在正式批量生产汽车基础上就开始投放市场的活动。

7. 装配架

为做好前期批量生产汽车的前期准备，要分析和优化各零件与"装配架"的精确装配。这时装配、测定和确定各部件的铝合金多横梁框架。在构件和外表面上使用外装配架。内部设备（装置）使用内装配架。为安装总成和底部构件（排气系统、燃料箱、管路和其他构件）使用底部装配架。装配架是保证装配过程有条不紊的一个重要的优化工具。它可避免返工和保证装配的高质量要求。

8. 全面的质量保证

批量生产汽车的前期准备一方面要布置生产设备，另一方面为投产要检验所有文件资料。此外，批量生产汽车的前期准备还用于在由各个批量生产工具生产的各个分散零件基础上识别批量生产件与样件的偏差。各个分散零件由于公差不同而有差别。这种差别可通过不断试验发现。这种试验由非常接近用户的驾驶方式的驾驶人进行。

当需要在工具上优化时，则由供应商负责。供应商在备用的处理措施框架内以最短的决策途径完成优化工作。在这阶段，企业的整个分析能力集中在发现可能出现的问题。识别出问题就是成功，因为当这些问题发生在用户方面时会带来很多麻烦。

11.1.10 批量生产汽车陪同（全程陪同）

在开始生产后，各项工作远没有结束。在产品寿命周期管理（PLM）框架内，工程师继续陪同现在的批量生产汽车。中心点是用户对现有汽车的希望有变化。这些希望涉及新的发动机方案，像改变配置或新的可供使用的方案。特别是涉及通信系统、娱乐系统更换很快的领域和驾驶人辅助系统。在整个的产品寿命周期还要考虑各个汽车市场的法规可能变化。如安全气囊规范和汽车上路规范。OEM必须针对所有这些影响因素做出快速、灵活的反应。

在PLM框架内，不断改进汽车已融入质量、生产中，如优化制造成本、优化制造流程。当然，在现在的批量生产汽车如果已通过制造规划，则不像新开发的汽车那样，只要较少的改变。

11.1.11 前景

从最近几年的发展前景中可以看到一些重要的线索。按所有的预计，汽车将沿这些线索进一步发展。开发时间会进一步缩短，因为新产品投放市场所需时间（time to market）是一个重要的竞争优势，而且越来越多使用虚拟工具。在这种背景下可以看到就在前几年，在综合性较低的汽车上，开发时间已缩短至36个月。

尽可能提早组织产品开发，保证精确控制产品开发的各个过程或阶段仍然有重要作用。所有OEM努力达到的另一个大目标是不断缩短汽车批量生产时间。只要在PEP中的所有参与者从一开始努力考虑批量生产的特点就可达到缩短批量生产时间的目标。各个零件（构件）装配时间的不断目标化也可为这一目标做出贡献。

作为重要的工具，所有产品开发参与者可使用所有数据的产品数据管理（PDM）在产品开发过程中的作用越来越大。产品寿命周期管理（PLM）也是如此。产品数据管理、产品过程管理和在汽车整个寿命周期的应用组合都汇集在PLM中。

所有精美的各种工具和方法使 OEM 能够将它们的产品精确地按用户的希望"量身裁衣",并出现在各个市场上。联网矩阵还将出色地制成各种型式的汽车,从配置内容、发动机方案直到车身型式。这些是专门为各个市场设计的。同时,大的、多商标联合企业或战略合作伙伴还可有针对性地利用它们的模块化积木部件和汽车结构积木部件,为不同的市场开发快速、高效和高成熟度的各种型式的汽车。

11.2 早期开发阶段的汽车方案

11.2.1 概述

1. 定义

开发汽车与是否是继承开发还是新的产品理念无关,主要可分两个阶段:

1)方案阶段(或早期开发阶段)。
2)批量生产开发阶段。

方案阶段一般始于由顶向下的任务,以实现设想的产品(有相应的目标定义),终于汽车设计任务书。

在批量生产开发阶段,从在早期确定的方案和内容出发订立有约束力的汽车范围的技术条件协议和转入其他过程的协议,终于生产第一(Job Number One)——从批量生产设备生产的第一辆用户能使用的汽车。

2. 早期开发阶段目标设置

早期汽车开发阶段的特征在于从提供的许多方案中找到解。这个解符合设想产品目标设置和与此相关的"商业状况(Business-Case)"。未来社会发展憧憬和趋势[12],以及用户的要求[13]——这两方面通常是专门的、区域的观察——是一个重要的基本前提,这样就可看出新汽车发展的空间目标。它一方面是在功能的、销售的、使用经济的目标之间找到平衡点;另一方面要找到真正的解。粗略的设计任务书就是这种迭代过程和合成过程的结果。

对此,主要要确定汽车的整体方案和最重要的特征,如汽车特征、主要尺寸、比例、碰撞友好性、行驶功率、重量、配置内容、追求价值、创新,但首要的是制造成本。与这些要求或特征相适应的动力总成系统是确定新汽车整体方案的一个重要的输入参数。未来不断扩大的代用动力将对汽车中的组装空间有特别的要求。与这些特征相关的是通过详细确定的开发流程和相应的成熟度目标。

以后的方案改变(在批量生产阶段)通常与高的工程风险和高费用相关。为此,在早期开发阶段对决策质量的要求在最近几年更加严格。据此,确定和评价方案的工作是决策成功的关键。模具开发也是如此。

3. 在早期开发阶段的汽车方案内容

防止以后的变化和保持汽车设计任务书不变的重要前提是精心选择方案。这个方案在要求的产品目标方面(如车内空间尺寸、可变动性、舒适性、行驶动力学、行驶功率、燃料消耗、安全性、制造成本……)和有足够的安全性预测方面是可以评估的。在现有的市场份额范围还会继续开发已熟悉的汽车基本方案(高档乘用车、客货两用车等),但当不能实现生产目标时则需要推出新的汽车方案。在对城市机动性需要的新要求时 Smart fortwo 乘用车取得成功,并给人们留下深刻印象(图 11.14)。这里还要介绍 20 世纪 90 年代中期一个新的汽车方案并成功占领新的市场。它持久地占有市场份额,众多的汽车生产厂家追踪这款汽车。人们称它为"目的设计(purpose-design)"方案,这样的一种方案要求也可从现有的动力装置技术中产生,如 A/B 档乘用车的三明治车身在理想情况可采用燃料电池动力装置部件。整个汽车的方案是由各子方案组合起来的。这些子方案(总成、部件、系统)或直接利用现有的子方案,或

图 11.14　Smart fortwo

由验证过的标准子方案的改进型作为目标导向方案。新方案要考虑市场对一些法规到实施期生效的情况和反映最新的技术状况或保证产品的吸引力。为控制新方案风险,在汽车生产厂家和系统供货商创新决策方面要将这些子方案(总成、部件、系统)固定下来,并在准备阶段保证它们在汽车开发项目的安全通道内。

此外,必要时可从"先导汽车(Leadfahrzeug)"推导和确定车身设计方案。

汽车方案要逐步具体化和浓缩为一个粗略的总图。所有必要的部件(总成、系统)布置在总图的空间范围内,同时实现系统连接的功能性要求并保证必要的自由空间。

第一次三维描述汽车时可第一次调整重要的几何的、物理的和功能的目标尺寸(参数)。此外,这些目标尺寸(参数)还可作为产品说明的基础,同时还是经济评估的基础。

早期开发阶段的车外设计仅限于比例研究和理念草图,最后确定形状(设计固化)要尽可能晚。车内设计也是这样。但应及早确定驾驶人位置(包括调整空间)、重要的车内尺寸和操纵/操作方案、显示方案。因为车内的高质量要求涉及重要的成本问题,所以在早期的方案阶段同样要定义材料方案和表面方案。原来确定的车内造型由于市场原因应尽可能晚进行。

11.2.2　顺序

1. 方案综合过程

开发小组在早期只是以粗略的说明产品的形式来表示确定的目标。如开头提到的通过迭代优化过程从众多方案中确定目标方案。这种方案综合过程的特征是竞争的各种方案可以在子系统层面、各子系统的设计集成和整车方案的适应性方面对比评价。

根据使用有效的方法和工具,按工程、功能、经济性等准则评价所选择的方案。

2. 数字样车

数字样车将所有 CAE 范围的项目联系起来,以在开发阶段早期就以虚拟形式表示、测试和改进汽车功能。

汽车的一些重要功能为:

1)行驶功率、燃料消耗、有害物质排放。
2)结构强度。
3)摆动/振动/噪声。

4）使用强度/寿命。

5）主动安全性（行驶动力学、驾驶人辅助系统）。

6）被动安全性（碰撞友好性、乘员保护/安全带拉回系统、行人保护）。

7）流动（空气动力学/动力总成冷却/空调）[14]。

只要是简单的计算问题，如行驶功率预测、燃料消耗预测，可以用 PC 或工作站完成。复杂的三维整车仿真则需要较强计算能力的计算机，如超级计算机、强计算能力计算机或各计算机组合的集群（Cluster）计算机，配备很多处理器和存储器。

所用的计算机视计算问题的计算时间而定。

"过夜"计算复杂仿真的目标是为了分析以及能在次日工作日就能得到结果。

计算机技术飞速发展，目前可以仿真几百万有限元（FE）的大模型的工程问题，模型精度在最近 15 年提高了 100 倍，所以模型的状态达到数千 Gigabytes（数万亿字节）的数据量（图 11.15）。

图 11.15 数字样车

为体验早期开发汽车状态，工程师除使用仿真计算外，还使用现代模拟器技术。它用虚拟现实法（VR，Virtual Reality Methode）在真实的样车制造前可构建虚拟的"试验行驶"。利用现代模拟工具（如 RAMSIS[15]）首先对人机工程学试验进行虚拟评估。该模拟工具不仅考虑汽车的几何外观，而且能评估汽车的燃料消耗水平和评估上车和操纵方便性指数。如果必要，还可利用人机工程学试验台很快表示和修改车型尺寸方案。试验驾驶人坐在其中的位置上完成规定的行驶任务，并感受人机工程学和心理学，以评价座椅、视野舒适性和周围的操纵/操作系统和显示系统。VR 技术实时地用公路、城市、地区场景激励当前的汽车行驶环境。行驶动力学模型是汽车行驶的物理基础，它实时处理转向、踏板和换档等控制参数的相互作用，并传到屏幕上。这可作为三维信息处理。如观察者在一个洞穴或在一个空间中可身临其境地看到多达 5 个投影面的汽车的虚拟世界[16]。

另外还有一个行驶模拟器，在试验行驶时该模拟器通过复杂的运动系统重新调整汽车运动（图 11.16）。这时汽车激励主要有两种情况。

第一种情况是驾驶人没有转向行驶。这时汽车主要由行驶路面状态激励，激励频率为 0.2~30Hz。

汽车激励的第二种情况称为"转向动作（Handling）"激励。这时要分析由于驾驶人的转向动作（如车道保持、弯道行驶）激励的后果，频率范围为 0~5Hz。

图 11.16 新的戴姆勒驾驶模拟舱

在试验驾驶人身上得到的力和加速度像在真实的试验行驶时得到的力和加速度一样。

汽车数据与真实试验路段状态信息相互配合可给工程师们新车型的"行驶"感觉。就此，专家们在虚拟的试验路段试验行驶几千千米。在真实的样车上进行危及安全的行驶试验前，在 DPT（数字样车）的帮助下可在计算机中再现重要的行驶动作和制动动作[17,18]。

这样的汽车开发顺序可节省开发时间，并在整车方案设计时帮助识别目标冲突以及尽早评价排除目标冲突的思路。

3. 工具

在早期开发阶段所用的工具与批量生产开发阶段所用的工具是不同的。因为是在很多未知系统基础上开始设计的。所以以有效的方式建立组装模型、几何模型和计算模型，从粗到细的开发顺序十分重要。利用这些模型可以保证所有性能（如行驶动力学性能、行驶舒适性、冷却、空调和零件温度）在相应的范围[19]。这样也可加快在这阶段的修改周期。简单的公式如静态稳定因子（参见 11.2.3 小节 1.）和为得到碰撞能量平衡的几何推导是建立新方法和评价方案的基础。有参数功能的工具通过改变参数（如重要的主要件质量、舒适性质量）可很快选择出汽车方案[20]。

主要的挑战是几何和物理间的相互作用。目前可用于预先描述和计算方案的系统，如 SFE，为快速描述和评价方案变化提供了机会[21]。可以利用 CAD 系统和几何模型参数化功能详细建立期望最多的方案。少许改变各个参数值会引起整个 3D 设计改变。这些改变是自动完成的。通过连接程序接口可传输改变的几何模型，这些连接程序根据任务设置自动进行几何模型的连接。传递力和支撑的边界条件和约束条件使连接的几何模型成为物理 CAD 功能分析的输入数据组[22]。

所用的仿真工具可用于方案开发（早期开发）和批量生产开发。两者的差别在于输入数据的细化。这样，在行驶功率分析和燃料消耗分析时可从现有的发动机功率和现有的汽车总重量（毛重量）外推出未来的发动机功率。在行驶动力学观察方面，以汽车总重量重心值和第一车桥运动学为依据。模型则使用其他汽车的类比法（车桥计算的运动学特征值或弹性运动学特征值）。边界值是方案特有的，根据车桥方案还要考虑间隙[23]。

按照汽车开发流程，使用汽车数据（输入数据）计算刚度、强度、振动、碰撞。解释计算结果需要工程师的很多经验。

汽车物理模型也称为数字样车，它是逐渐细化和完整的。数字样车在使用已知的边界条件和特征值情况下可对汽车的所有重要性功能做出评价。在开发汽车的以后过程，数字样车逐渐被物理样车替代，以能够进行真实的试验（如行驶试验等）。

现代优化方法（拓扑优化、壁厚优化……）、灵敏度分析直至多学科法支持确定方案并为提高方案成熟度做出贡献。

11.2.3 实例

1. 行驶动力学

当今，要精确分析汽车在所有重要的行驶状态时的主动安全性和行驶动力学性能。

为覆盖最重要的汽车行驶状态，在汽车开发中要实施各种行驶动作，以获得汽车的重要特征值和行驶性能。

在经典的行驶性能分析需要试验行驶的测量数据时，在早期的汽车开发阶段，汽车行驶性能只能通过基于模型的平台得到。

静态稳定因子（SSF-Static Stability Factor）提供行驶动力学性能的第一个重要论据。SSF 为轮距 w 与汽车重心高度 h 的比例关系，即

$$SSF = w/2h$$

它表示汽车防倾翻稳定性。

通过在等半径不变的圆周行驶得到有关轮胎性能、底盘性能和转向稳定性的第一行驶性能特性的其他重要特征值：

1）自转向梯度。
2）车桥侧向力特性线。
3）侧倾角梯度。
4）航向角（浮角）梯度。

自转向梯度 EG 为转向角变化与在行驶速度不断增加时横向加速度变化之比，并指出，在高速弯道行驶时汽车是否出现不足转向或过度转向[8]（图 11.17）。

$$EG = \frac{m}{l_1}\left(\frac{l_h}{c_v} - \frac{l_v}{c_h}\right) = \left.\frac{\partial \delta}{\partial a_q}\right|_{a_q \ll g} - \frac{\partial \delta_A}{\partial a_q}$$

通过输入转向盘角度和汽车行驶速度可以实现和评价其他的行驶动作仿真（图 11.18）。

只有通过标准载荷状态和临界载荷（如车顶载荷、行李舱最大载荷、挂车）检验，才能保证方案的安全。只有在仿真中识别出临界载荷，然后在行驶试验中进行验证。

此外，在底盘模型中，底盘方案要与舒适性系统和行驶动力学控制系统结合在一起。

控制算法集成特别重要。它们可以以软件形式集成在计算模型中（软件在环，SIL），或者直接与电控单元结合（闭环仿真中的电控单元—硬件在环，HIL）。

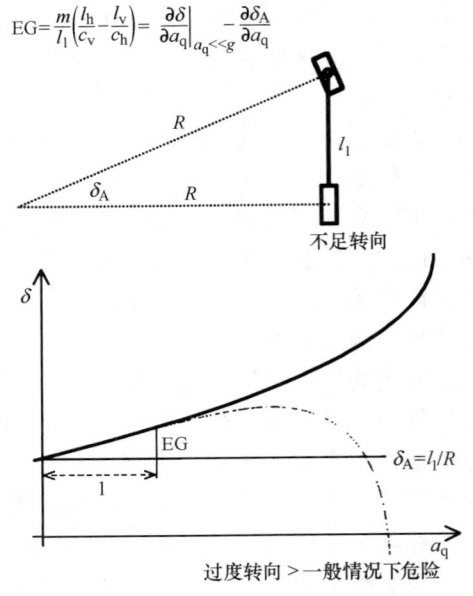

图 11.17 自转向梯度

2. 被动安全性—使用强度

只要第一个整车设计模型在 CAD 中形成，就可自动生成 3D 网格模型。根据计算任务（乘员保护、行人保护、碰撞友好性、使用强度），3D 网格模型细化度是不同的。在 3D 网格模型的几何形状基础上，与有效的材料模型、边界条件或约束条件以及载荷一起可得到整车结构的数字模型。利用有效的有限元程序可以评价开发汽车的碰撞友好性、使用强度、噪声/振动/不平顺性（NVH）等性能。设计与计算的紧密联系可有效地、连续不断地改进汽车结构[22,25,26]。

3. 空气动力学

只要 3D 几何模型形成，就可使用数字仿真法使工程师了解气流在汽车模型上的流动状况和优化潜力（图 11.19）。

4. 行驶功率和燃料消耗

在获得的汽车方案数据基础上就可较精确地计算行驶功率和燃料消耗。随着计算的不断完善，就可得到汽车重量、空气流动性能、发动机特性场、变速器匹配和车桥传动比及车轮滚动阻力等值[27]。

图 11.18　行驶动力学仿真 CLS

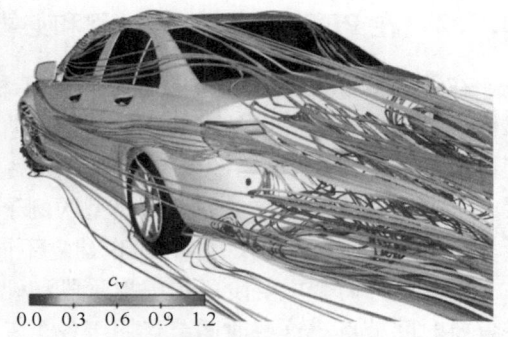

图 11.19　梅赛德斯 C 级轿车空气动力学仿真

11.2.4　前景

努力改进工具和采用参数模型是汽车方案阶段（早期开发阶段）的中心点，具有特别重要的作用。为此，首先要将基于知识和参数功能集成到设计工具中（如为设计和保证功能的 Catia V5 模板[28]）。数据库管理系统（工程数据管理系统 EDM）是产品开发的支柱。改进 CAD、CAE 和特别应用多学科优化法（MDO）[29]的集成是未来加速开发阶段的成功因素。在未来，在开发阶段，除了经典的设计者学科外，还有成本预测的方法和工具不断发挥重要作用。

11.3　在汽车开发中的计算和仿真

11.3.1　概述

除质量和创新因素外，当前越来越多的重要标准是从产品"设想"到批量生产产品成功的时间。另外汽车市场定位的用户对汽车的综合性要求也在不断提升。这样，必须在越来越短的时间内开发出具有越来越多的综合功能的产品。为实现这个要求，在早期开发阶段揭示和解决目标冲突十分关键。

在此背景下不断使用 CAD（计算机辅助设计）和 CAE（计算机辅助工程）。用户关心的是汽车性能，特别是经济性、行驶功率、安全性和防振降噪的舒适性。当还在开始提出虚拟设计技术时，因为直到现在，在仿真环境下从美学效果判断设计是不够的，所以在过去几十年已成功开发出用 CAE 法计算性能的各种计算方法[32,75]。这些计算方法的基本点可用汽车开发的实例予以说明。需要补充的是影响性能的零件制造过程仿真，如成型仿真和浇注仿真。由于在零件、部件和系统层面上对产品创新具有很大挑战，所以要对优化问题和所用的方法详细讨论。

当根据试验开发的这些计算方法时，目前，在早期开发阶段还越来越多地聚焦在 CAE 上出现的功能性方案图。这种 CAE 的功能设计任务是：结合设计、组装、结构和试验评价功能性方案；揭示目标冲突；制订选择的方案；并在方案中确定可达到的目标。从总系统性能得到对零件的要求。由于这些原因，仿真成为开发过程中的重要因素，因为 CAE 过程与开发的阶段有关，所以要简要地说明它在使用中的情况。

11.3.2 在PEP中的CAE过程和必要的配备

在使用CAE时重要的是要很好再现工程实际的物理模型，还要具有高度的功能性和可靠性。这就要注意高度的可用性和与开发阶段有关的过程优化。相应地，在与项目时间表密切协调中选择CAE方法并在不断地对产品定义密切协调中细化CAE方法。在早期开发阶段，根据公式检验和选择方案。典型的例子是车桥载荷分配、估计倾斜或所需冷却器网格数量。随着CAE过程的不断细化可以建立不同学科（项目）的计算模型。

PEP可分两个主要阶段：虚拟阶段和硬件试验阶段。两个阶段包含要采取产品决策的一些重要时间节点。这些时间节点用于各个专业领域之间开发过程的同步。虚拟阶段最重要的时间节点是方案开发阶段结束，这时计算结果将转入物理样车阶段（图11.20）。

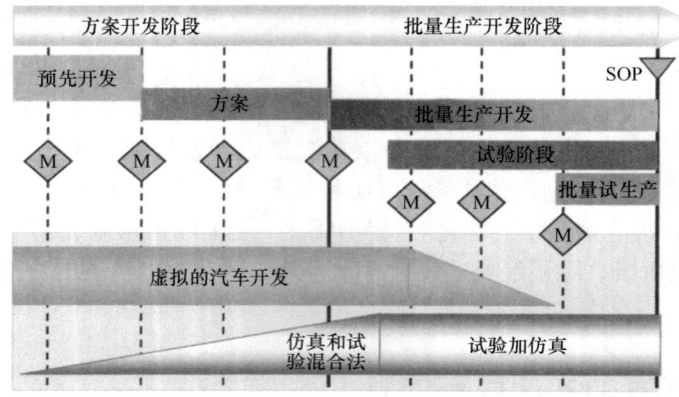

图11.20 在产品设计过程（PEP）和时间节点（M）中，根据阶段使用仿真，以与开发过程同步（设计评审）

为使产品尽快达到成熟产品并使以后的修改费用最少，在设计中要不断注意设计成熟度问题。因此，在早的时间节点同步评价方案的功能状况和在设计的几何形状基础上表述功能是非常重要的。因为"虚拟世界"需要一定的建模时间（约4~6周），所以在设计评审的时间节点前就要对CAD状态"固化"，并用作CAE模型的基础。到评审的时间节点一般要报告整个数字模型（DMU，Digital Mock-up）的几何成熟度和计算的功能成熟度。联合企业范围联网的数据管理是必不可少的。

1. 在不同的开发阶段使用CAE

（1）方案阶段 在早期方案阶段要确定几何细节，它们确定产品重要的潜在性能，如防碰撞性能、燃料消耗和行驶舒适性。因此，计算在设计和组装优化中起着特别重要的作用。当然，在早期方案阶段会出现问题，即还不可能根据精确的设计数据进行经典的CAE标准设计过程。补救办法是利用合适的先前模型或利用参数化的方案工具建立专门的方案模型。这样的工具可以用较少的单元（数量级1000）描述模块化的汽车方案（图11.21）。这些参数中的每一个参数相互作用

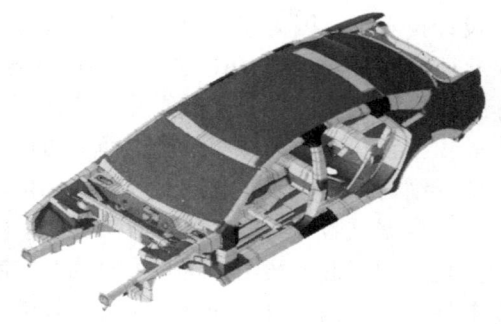

图11.21 在方案阶段中参数化车身模型实例
（资料来源：奥迪公司）

而改变方案。由于参数改变而影响几何形状的相邻范围而自动地修改设计方案。如整体的汽车 B 柱在不到几分钟的计算时间内由于改变参数向后移动 5cm，这在常规的 CAD 平台上计算过程要花费几天。集成的网络生成器可产生数字仿真的网格。缺点是模型只能在一定程度上反映规划汽车细节。但由于网格生成速度快而得到弥补[31,32,65]。在以后的开发阶段可以建立精确的车身模型，并通过与底盘模型耦合而扩大为整车模型（见 11.3.3 小节 2.）。

为改进方案阶段仿真预测品质，常采用"混合法"。通过对相应部件仿真计算或等效试验可保证带有这些验证部件的新开发方案或新开发材料的成功。如对易失效材料的材料试验，要对易变形件、弹性件和阻尼件特性参数以及建立的子硬件模型进行试验，以尽早校正计算模型。这样可大范围地节省样车试验和缩短试验过程。在一些项目中，如在开发底盘时通过早期附加的技术支撑可开发和保证各个性能。

（2）批量生产开发和试验阶段　经典的 CAE 过程有 5 个阶段：数据准备、连接、建模、计算和评价（后处理）。计算的数据准备是一个重要的"时间因素"。如果设计的零件数据和产品结构数据能很好地建立联系，则能很好地改进时间因素，即采用了一个产品数据管理（PDM）系统[64]。在有限元计算或流动计算连接时会生成能计算的网格结构。只要将各系统分配到多个子程序组中和平行地连接起来，这种连接过程可以缩短。

在建立能计算的、由有限元网格组成的模型时，挑战（难点）在于尽可能顺利地建立整车模型。在开发过程不断进行时要将必要的修改加入到整车模型中（图 11.22）。在计算后要将模型数据和结果数据归入数据管理中，且应能辨认它们是属于什么样的计算方案。数据管理系统可有效地支持计算工程师为原来的开发任务节省不少时间。

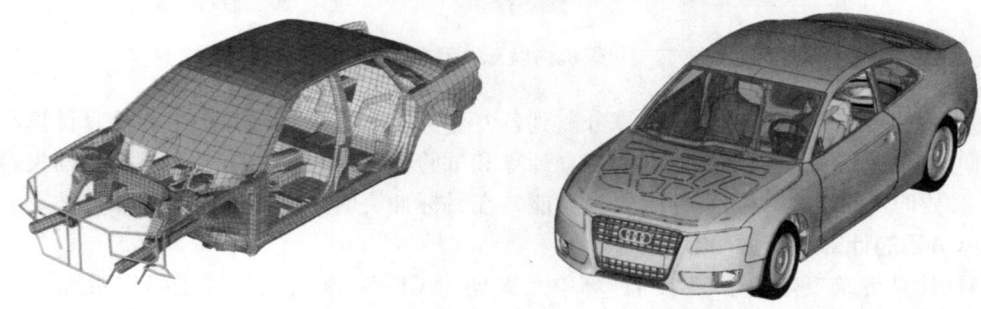

图 11.22　以前和现在的典型的有限元模型。几年前还是粗大的有限元模型，现在则采用整车的有限元模型以评定众多的细节问题（资料来源：奥迪公司）

前提当然是在计算小组中评价标准和数据结构是约定好的。在后处理中，数据管理系统可自动地比较各个计算方案。这样还可相互比较各个项目的优劣，并可利用过去项目的一些诀窍。通过 CAE 数据库与试验部门的数据库系统的连接还可很快比较计算结果和试验结果（CAX 组合）。

在批量生产开发中，根据所选方案对汽车部件细调。当在设计部门通过目视化的 CAE 数据，以数字模型（DMU）设计评审和装配仿真的形式观察虚拟样车的可制造性时，试验方法就瞄准了要在样车上试验的那些功能上，如抗振舒适性、被动安全性、寿命的试验方法。仿真法提取 CAD 数据，从设计角度评价它们具有的详细度。通过使用功能强大的软件系统可从 CAD 数据中生成有限元计算网格或生成流动拓扑结构试验网格。

在试验阶段，仿真的任务是细调参数以帮助试验，必要时还要进行方案计算。在理想情况下,试验用以证明对早前的虚拟开发零件和最终的零件或系统的认可。为仿真,这时需要用试验的结果调节所用的模型,直至每一个细节。然后将这些模型输入到其他的项目开发中。

2. 在企业中的 CAE 组织

为接受虚拟的同步化过程和方法挑战,需要进一步开发计算机辅助(CA)的总体组织。这样需要一个转化过程。在转化过程中常将 CAE 小组连在一起,以将必要的技术诀窍和必要的过程组合。方法开发小组和项目小组密切合作可更加接近实际,并容易将新方法嵌入到计算过程中。为保证仿真计算与设计和试验紧密衔接,并在开发过程中很好结合,则需要将仿真计算小组、设计小组和试验小组在空间上组织在一起,以保证频繁和直接的信息流交换(图 11.23)。

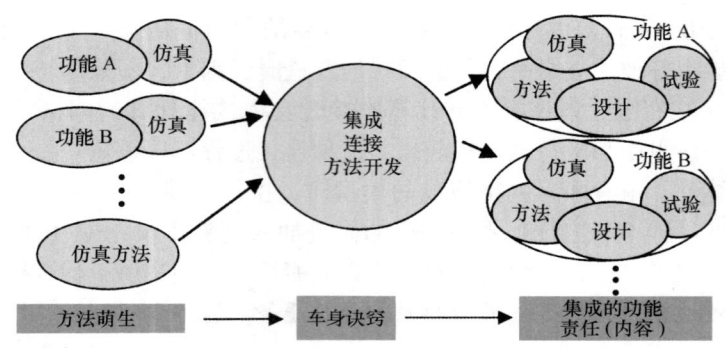

图 11.23 转变组织机构以开发闭式计算机辅助过程[61]

在以后的步骤中又要将仿真计算分散到各专业部门。如果将试验小组和仿真计算小组合并,则可以快速、低成本地将所有的仿真计算和试验联系在一起,但要注意不要损失合并的初衷。必要时可以测定不同目标的每个功能,在目标冲突时要保证确定的整体方案。

3. CAE 的计算机资源

CAE 计算传统上是一个带专门计算单元(向量 CPU)和大型计算机操作系统[大多为 Unix(操作系统),但也有专用系统]的超级计算机的计算领域。几年来,系统结构明显变化。这是因为在台式计算机处理器浮点范围巨大增长的计算能力引起的。由于性价比很好并通过很多处理器连接(即集群),使它能达到一年前还不能想象的计算能力[34]。因为计算机工业平均 18~24 个月更新计算机设备和大部分 CAE 仿真是平行进行的,所以汽车工业更新计算机设备也是这个趋势。在这些系统中选择 Linux 操作系统,它有突出的稳定性。因为操作系统原先为经典的 Unix 系统,所以可利用现有的各种工具和过程定义。

不断增加仿真的模型单元与达到的硬件和解算器特有的能力提升是相互促进的。目前碰撞分析模型单元可达到 250 万个。每个单元计算时间达 250ms。在 16 个处理器上典型的前碰撞计算约需 12h。NVH(噪声、振动、舒适性)模型单元与此相似。典型的实心车身动态计算在 1 个处理器上约需 2.5h。计算流体动力学(CFD)模型单元可达 6000 万个。整个的计算过程在 128 个处理器上约需 48h。计算能力的不断提高可使模型方案越来越细致。

11.3.3 使用领域和方法

数字仿真使用领域在过去几年不断扩展。下面较详细介绍标准化的方法，并举例说明它的应用。表 11.1 是产品开发中重要的 CAE 使用范围一览表和评价 CAE 的预测品质。

表 11.1 仿真技术的使用领域和它的预测品质

	A	B	C
车身			
整体刚度、局部刚度	×		
强度、应力	×		
100Hz 以下声音	×		
SEA	×		
模态分析	×		
车门、盖	×		
嘎嘎声、尖叫声			×
寿命		×	
防碰撞结构	×		
传感装置	×		
行人保护、伤害类型	×		
乘员保护	×		
内饰件	×		
座椅	×		×（舒适）
拉深仿真	×		
浇注仿真	×		
连接技术	×（动态）	×（碰撞，寿命）	
密封、刚度	×		
动力装置			
强度、应力	×		
模态分析	×		
控制动力学	×		
噪声辐射		×	
气缸内部流动混合气制备	×		
燃烧			×
流动水套、润滑油循环	×		
整车			
行驶动力学、行驶舒适性	×		×（舒适）
行驶功率燃料消耗	×		
振动	×		
空气动力学	×		

(续)

	A	B	C
空气动声学			×
发动机舱流动	×		
空调	×		×（舒适）
能量管理			×
热能管理		×	
电气/电子			
前照灯/照明	×		
EMV		×	
底盘			
运动学，弹性运动学	×		
强度、应力	×		
寿命，使用强度		×	
驾驶人辅助系统			×
主动底盘		×	
排气系统		×	

注：A—使用中，高的预测品质；B—使用中，还在发展；C—有限使用，方法不完善。

汽车工业中使用的第一个 CAE 方法是基于有限元（FE）的方法，用于优化车身结构的静力学。目前利用有限元法处理结构设计中提出的所有问题。采用显式 FEM 解法计算构件的高动态、非线性过程。为模态分析，也就是得到稳态固有频率（见 NVH）采用隐式 FEM 解法。重要的设计特征首先是计算与零件（构件）有关的参数：刚度、强度、寿命以及连接技术。

在整车上计算的重点是行驶功率、燃料消耗、行驶动力学、减振舒适性、声学和碰撞等参数。底盘运动学按多体仿真（MKS）计算。流动仿真使用范围从空气动力学到发动机气缸内工质流动。零件制造过程仿真对早期规划产品和用 CAE 法评价产品性能都很重要。因为预先加工材料对抗碰撞性能或对材料强度的影响是大家熟悉的。由于这一原因，金属板件成型仿真和浇注仿真与功能仿真计算联系在一起越来越重要。

1. 有限元法

结构的静态载荷引起形状变化，并由此产生应力。这些情况与结构的刚度和支撑条件有关。在有限元模型中，可得到由微分方程组描述的形状变化与应力关系的数值近似解。为此将用有限元讨论零件。将各个有限元相互连接在各个"节点"上，力和力矩传递到各节点上。在计算过程中就可确定各节点的移动和转动，并通过运动关系式和材料定律算出在外力作用下产生的应力。这时根据相邻有限元的值（应力、应变）通过内插可得到它们之间的有限元的值。计算的模型结构可能是梁、杆、薄膜、盘、板、壳等。建模是计算工程师的一大难点。主要的误差源可能是在理想化中（如假设拓扑结构，边界条件，载荷，材料定律），或在离散化中（如选择有限元类型，单元多少，网格质量），另外可能出现的计算误差（如解法、解算器规格）和计算机硬件的影响（如圆整误差、存储器管理）[32,35,63]。

(1) 刚度、强度和寿命　尽可能对汽车的很多构件（部件）进行刚度计算。刚度是由它们的材料性能和几何结构参数决定的。计算零件应力可以修改它的几何形状，以避免应力集中。

经典的例子是根据静态等效载荷计算车身范围的刚度，它是车门和盖（发动机舱、行李舱）的计算基础。这时要计算车身静态扭转载荷和弯曲载荷状况，但也要计算车门下沉、车门挤压和盖的空气弹簧或荷状况。从车身的 CAD 数据，并考虑材料特性数据可得到所需的有限元（FE）模型。在建模时，在早期的项目阶段要将车门铰链、在车身上的柱、车门、后盖车顶框架连同车顶框架范围联系在一起。在建模时要考虑像接触处、摩擦的非线性和增塑作用。除车身外，其他的例子是发动机支架、底盘组成部分，如车桥、转向柱和踏板机构。

周期载荷下的零件寿命由两部分组成：至零件出现工程裂纹时的寿命和接下来的剩余寿命。计算裂纹寿命有很大意义，因为必须可靠避免与安全性有重大关系的零件断裂。

为确定寿命需要零件工作载荷和沃勒（Wöhler）疲劳特性线[36]。在系统中的零件载荷可通过多体系统仿真定义。利用系统输入参数可得到作用在零件或组件上的边界条件和断面参数。从物理性能（形状、材料）得到集合的名义应力，它表示计算应力随时间的变化。

根据技术状况，为评价功能和寿命，目前计算工具还受到不可靠性影响。其原因是表述仿真品质很大程度取决于零件局部强度的假设，而该假设显著地受制造的影响。在计算时，与零件相关的评价体系可达到较高的可靠性[36]。图 11.24 是用特有单元类型的原理性方法计算车身焊点上的缺口应力。

仿真的目标是通过检验和试验比较，以减轻载荷。在阶段结束仍然要通过使用强度的试验验证。方法的挑战是要考虑腐蚀、老化过程，考虑塑料和复合材料的材料模型和改进所使用的连接方法的计算方法。

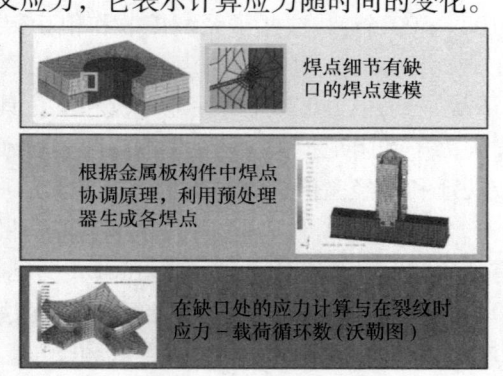

图 11.24　焊点寿命计算时的原理性方法[32,36,37]

(2) 减振舒适性、噪声　汽车振动工程的基本计算在于尽可能好地校正所有子系统的谐振。必须避免各种谐振的叠加引起对乘员不良感受的高的振动量级（见 3.4 节）。

利用 FE 计算可确定汽车各子系统的振动性能。FE 计算任务是校正这些子系统的固有频率，并将作用在子系统的力传到车身，使它正好在车身节点附近。因为这些节点的振动幅值很小或振动能量传入车身很小。通过在车身和车桥以及传动装置间的耦合处的局部高刚度可进一步减少能量传入车身。刚性车身和软的橡胶支撑间的阻尼突变可隔离、反射能量（图 11.25）。

校正固有频率、振型和局部的高刚度可以在部件层面（如单独的车身）进行基本设计。细调和绝对评价振动量级只是在 FE 整车模型上进行。这里要考虑由底盘作用的力。通过多体系统（MKS）仿真与 FE 计算耦合是很有效的。评价整车模型的有效载荷状况是通过液压脉冲试验台上的车轮不平衡试验和 4 个激振头激振试验得到的，因为它能很好地再现有效载荷状况并可进行标准化评价。

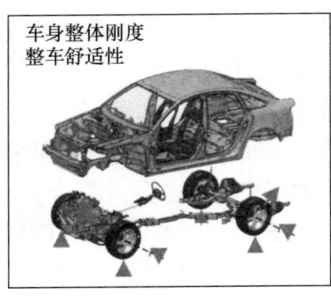 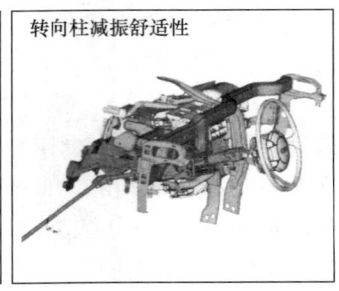 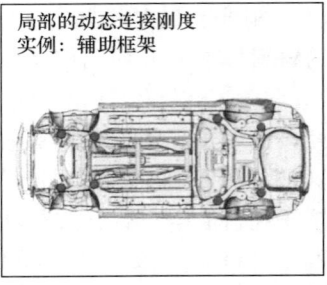

图 11.25　减振舒适性、噪声的 CAE 计算任务概况实例[41]

为评价车内噪声，开发了与目标频率有关的两种方法。在采用耦合的液体-结构模型中利用有限元法（FEM）预测和优化频率达 250Hz 的低频噪声[67]。在这样的低频范围中凸显出各个子系统模式的声学现象，如在空腔谐振频率和在个别大的金属板面积上产生的最大声压。随着频率增加，各子系统模式的网格密度急剧增长，以致 FEM 的计算费用无法接受。噪声频率约大于 400Hz 就要利用基于能量和功率平衡的能量统计分析（SEA，Statistische Energieanalyse）法处理[67]。这时可以将车身结构和空腔以及包围的空气分解为各个子系统（100～500 个），这些子系统扩散和相互交换能量。作为负荷，将声功率输入到各个子系统。在乘员头部的空间处可从声功率中算出声压。因为 SEA 法打通了声音传输路径，为影响（干扰）声压，可有针对性地分析和优化具体的设计措施。SEA 法的难点在于正确得到耦合损失因子和阻尼损失因子。这些因子大多必须在样车上通过试验才能得到。在某些情况下已成功地利用经验值达到高度的声压预测品质[32]。

为清除 SEA 和 FEM 间的频率空隙，目前力图将这两种方法有意义地组合起来，利用带有效中间算法的有限元法可算出 SEA 的耦合损失因子和阻尼损失因子[71]。

在低频噪声方面还需要使用有限元法。车内的很多配置和有阻尼与吸声作用的配置（座椅、天花板等）可继续改善低频噪声。预测通过底盘和传动系统传给车身的力还有改善低频噪声的潜力。为预测来自动力装置的力，需要采用 MKS 和 FEM 系统的组合方法。目前单独用 FEM 已能很好表示车桥的传输性能。主要的工作点还是：轮胎性能、轮胎与路面间复杂的相互作用、虚拟确定弹性支架动态性能，直至开发相应的方法。人们寄希望于混合法。该方法可以用测量技术检测轮胎、减振器、橡胶支撑等综合性能，并在整个模型中"只是"虚拟地分析和优化这些部件的相互配合。

为进一步改进减振舒适性，用 FE 法有针对性地设计座椅还有潜力。目标是：整个座椅成为一个工程振动系统，并在座椅构件、泡沫垫、饰面和乘员之间相互配合。作为副产品，还可预测人机工程的重要参数（见 6.4.1 小节），如 H 点和静态舒适性参数，如乘员和座椅间的压力分布[32]。

（3）安全性　对安全性的要求不断增加，在最近几年开发费用不断上升（见第 9 章）。特别是在碰撞仿真和乘员仿真方面，只能使用仿真法才能迎接这种挑战[66]。

几乎无例外地使用显式非线性有限元码。在乘员仿真中因为可明显地节省计算时间，所以利用 MKS 码可部分地辅助显式非线性有限元码。最近也使用减少单元的 FE 模型，只有在对载荷状况有重大关系的位置才构建高精度的模型。MKS 法与当前 FE 法的精度结合可节省计算时间。

(4) 碰撞结构设计 在碰撞时涉及结构件中以固体声速传播的冲击波,并诱发结构件的弹性和塑性变形[60]。对在单元层面上的每一时间步长才计算内应力、外力以及遵守材料定律(如屈服条件)和边界条件(如接触)(图 11.26)。经一些有效的简化,这种计算方法可有效处理碰撞载荷状况。为保证所用的显式积分法的稳定性,需要很小的时间步长。根据结构件的最高谐振频率确定最小的时间步长。所以在结构件离散化时必须限制最小网格边长,以保持计算时间在可接受范围。

图 11.26 按倾斜前碰撞的 FE 模型
(资料来源:奥迪公司)

大多数的碰撞载荷水平可由法规要求和用户试验得到。用户试验通常反映严格的要求。为保证功能安全,在开发汽车时要仿真前碰撞、侧碰撞、后碰撞、车顶稳定性、用户修理试验或保险杠试验以及交通参与者的保护(碰撞友好性、行人保护)。在与成型仿真、浇注仿真和连接仿真相互配合时,可将结构件前层组合到功能设计中,并可改善车身碰撞区严重变形的预测安全性[39]。在使用中的模型需要处理结构件和连接件失效(焊接、铆接、粘接等)的情况。需要探讨新材料(如塑料、泡沫材料)的材料模型[32]。

(5) 乘员保护 在乘员保护中要分析假人在碰撞时的载荷值。目标是优化拉回系统或回位系统(RHS)(如安全带、安全气囊等)的设计,在汽车上调整这些系统的相互配合。除了纯粹的法规要求外,要注意用户试验以及从"场"(用户实际使用状况)的事故研究中衍生的要求(见第 9 章)。

乘员仿真通常在部分模型上进行。在前碰撞时要观察与此相关的车内前室(座椅、仪表板总成、转向盘)和假人状况,它们将影响结构件碰撞的后果,即车内前室变形和随时间的移动。这样就可有效地、节省资源(人力、物力、财力)地仿真整个碰撞过程。此外,通过仿真这个平台可以将结构件方面的问题和 RHS 方面的问题清楚地分开。从结构件方面要求允许有一定量的变形以及从 RHS 方面要求有一定的减速度脉动性能。

(6) 设计车内零件 在设计与安全性有重大关系的车内零件时,防止头部碰撞居中心地位。一方面利用一个刚性的、半球形摆锤碰撞仪表板总成和中间副仪表板;另一方面利用一个自由的、飞快的假人头部射向车门柱和天花板。在所有情况下要测量和评价在测量仪表上显示的加速度。目标是车内空间要软,即可吸收能量。

作为未系安全带的乘员膝盖碰撞的预先设计,要利用专门的冲击器预先调整保护膝盖系统,直到满足一定的变形性能前提时再进行膝盖前部保护仿真和评价与所有的 RHS 部件的相互配合状况。在安全性设计中座椅在碰撞时也有重要作用。在碰撞时利用有限元法计算颈部受伤和靠背位移的典型载荷状况。

车内的其他要求是安全气囊开启仿真。仿真包括触发安全气囊控制板仿真和固定模块上的反作用力仿真。在仿真时根据真实性必须使用折叠的安全气囊。为此,在专门的预先仿真中要仿真折叠过程。为提高安全气囊分析的预测能力,未来要考虑燃气(烟气)流动[32],它是一个燃气动力学与力学问题的耦合。特别是由于燃气脉动传播在第一个 5~10ms 可明显改善安全气囊开启（图11.27）。

当材料模型预测材料失效和在安全气囊内使用塑料时材料问题仍有很大的改进空间。除不断开发综合性模型外，不应该忽略材料特性。在方案设计时必须在较短时间内决定材料的所有特征值。

(7) 传感装置 在碰撞时出现的加速度信号或压力信号的特征是激活拉回（回位）系统（RHS）的依据。因此仿真传感器信号居于重要位置，并提供评价各种传感器可组合性的机会。

安全气囊电控单元分析所用压力传感器信号和加速度传感器信号的高频成分。整车的有限元法在考虑产生的误差后不能很好预测加速度信号。为此，所用的有限元法以预测传感器上的速度信号为目的。主要的目标是

图11.27 计算安全气囊展开与燃气动力学（资料来源：奥迪公司）

正确定位汽车上的传感器。最近利用预先计算碰撞分级算法的现代数据资源法（Data Mining Methode）计算传感器信号[40]。

2. 多体系统法

利用多体系统仿真（MKS，Mehr Körper System Simulation）可以构建计算相对容易的刚体模型的机械系统。这个机械系统由参与过程的各部件组成。质量或惯性力矩、主动力和力矩以及决定自由度数量的各个刚体部件的连接条件和接触条件会影响物理真实性和仿真模型的动态性能。

MKS程序由几何定义的、独立方程组的各种约束条件组成，并在时域中计算它们的运动学或动力学，得到各个刚体的运动学参数和各种力。在MKS程序中不计算零件的载荷（伸长和应力）。为此要将计算结果反输到有限元程序中。

当仿真相互配合的物体运动时，总是要采用多体系统分析。假人的头部就是这样，它放在假人的躯体上；或者是活塞，它在发动机缸体中上、下运动。这样就可以优化活塞在缸体中的运动过程、确定制造公差和匹配减振弹簧。

多体系统法的主要应用领域是：计算传动系统组件/模块，计算底盘组件，特别是计算车桥弹性运动学，整车动力学，整车舒适性，颠簸行驶和颤动，动力装置运动和在虚拟试验路段仿真，以推导出强度计算所需的动态载荷[42,43]。

(1) 弹性运动学和整车动力学 利用MKS法可以在方案阶段计算底盘的运动和车轮包络曲线，进而计算至车身的自由行程。在前、后桥弹性运动学基本计算后计算整车。图11.28为整车动力学仿真的图示[32,62]。为此要建立包括前后桥、车身、转向系、动力装置/动力传动总成、轮胎的整车模型。另外，必须对安装在车桥上的弹性支撑性能，特别是轮胎性能精确建模。对快速的动态行驶动作，由于附加了质量和它的位置，必须知道车身惯性力矩。在行驶动作时有"开环"和"闭环"的差别，视是否使用驾驶人模型。仿真可以计算汽车性能，并通过性能后处理评价操纵性能。为预先确定在稳态圆周行驶时的性能和直至频率达8Hz的瞬态现象，所达到的精度是足够的（见7.5节）。

(2) 行驶舒适性仿真 MKS的行驶舒适性分析以行驶振动频率范围在5～50Hz的影响为目标。这时可以区分汽车驶过不显露障碍物（如正、负棱边）和随机的路面激励。也可

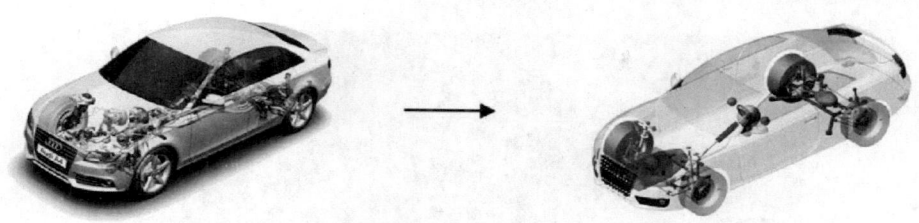

图 11.28 整车变换为一个 MKS 模型，包括轮胎、前后车桥、转向系、制动器、动力传动总成、车身、驾驶人模型（资料来源：奥迪股份公司）

在 4 激振头的液压脉冲试验台上模拟。在与舒适性有关的汽车上的所有点上（如座椅轨道、转向盘和头部支撑）和传递力的点上确定加速度信号。试验需要常用的代表性车身，它能再现一些重要部件（如支撑、减振器、与路面接触的轮胎型式）随振动的振幅和频率而变化的性能。通过行驶舒适性评价模型可估计主观评价行驶舒适性的状况[32,42,62]。行驶舒适性评价模型是从加速度信号和先前汽车模型的主观判断的相关性得到的。

（3）动力装置运动仿真　在开发动力装置和动力总成系统中的主要点之一是它们的交变载荷性能[32,45]。它们在起动或停止过程中的扭转振动引起汽车车身纵向振动。重要的载荷状况是：动力装置的扭转振动、十字路口起动、全负荷加速、在弯曲路段行驶、在弯道时的交变载荷和驶过障碍物。仿真这些载荷需要仔细构建离合器、变速器、飞轮、差速器和包括所有扭转弹性和间隙的模型。特别重要的是构建车身支撑、减振器和所用的轮胎型式的模型。

同样可利用来自仿真的动态信息为汽车前部的合格试验提供动态包络曲线。

3. 流动仿真

流动计算目前常用 3D 法。该法是基于那维尔-斯托克斯（Navier-Stokes）方程式。这些方程式描述在流动中所有作用在每一个体积微元上的力平衡。这些力为：惯性力、压力和摩擦力。力的平衡与质量守恒定律推导出的连续方程式是所有理论方法的基础。对可压缩流动还必须加上能量方程式。但流动的可压缩性至流速约达到 250km/h 时可忽略。根据拉梯斯-玻耳兹曼（Lattice-Boltmann）多项式的方法，也证明是适用的[44]。这时利用理想化的质点建立流体模型。这些质点在立体的网格中，在不连续的时间间隔以不连续的速度运动。1D 流动法特别适用于管流或与管相似的流动。由于节流、转弯、分叉等的节流损失可用近似公式或测定值推导出[44,73,74]。

（1）空气动力学　在空气动力学中，计算流体动力学（CFD）的基本任务是在早期的项目阶段评价各种设计方向。在很多情况计算已经替代在缩小模型上进行的风洞试验和通过有关流场的知识帮助试验优化。另外，计算流体动力学在经典的使用场合除得到气动系数 C_w 和 C_A 外还用于辅助各种零件的设计计算（见 3.2 节）。

CFD 的最大优点在于，人们不仅可得到像力和力矩的整体参数，而且还可得到有关整个流场的详细信息。根据在汽车表面上的气体压力分布（图 11.29，见书后彩插），可以高精度地计算出作用在发动机罩、车门、滑动车顶上的气动力，并作为有限元计算这些零件的强度基础。

在风窗玻璃范围的压力分布状况影响风窗玻璃刮水器的刮水性能。目前，根据计算得到的风窗玻璃表面压力设计刮水片位置。同样，通过计算得到的表面压力分布确定为乘员室进

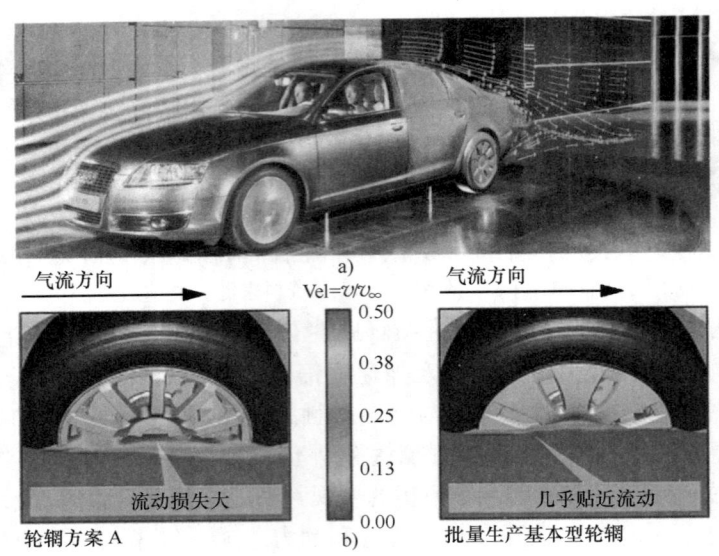

图 11.29　a）汽车后部表面上的静态压力分布和在中间断面上的流线
　　　　b）在轮辋处的相对流动速度（资料来源：奥迪公司）

风和排风的开口位置。

在至今使用的试验法遇到困难的地方就需要采用计算法。汽车的 C_w 值对前轮或前轮轮胎的影响很大。轮胎的形状优化和试验法很困难，特别是（在物理上是正确的）带转动的车轮测量时。如果采用计算法，则这个任务就很容易解决[46]。

目前的 CFD 计算的预测品质是较好的，特别是可作为相对结论。当然，即使在计算的总力和总力矩与测量结果很好吻合时，也不总能给出正确的流动细节[44,73,74]。

（2）气动声学　数字仿真气动声学现象（计算机气动声学，CAA）还处于继续开发方法阶段，即目前还不能用作开发工具。尽管受到限制，但在最近几年在该领域的研究和开发已有一些进展，使用 CAA 法在实际上已触手可及。这方面主要是采用流动计算和声学计算相互耦合的混合法。

用足够高的网格分辨率计算在简化的汽车外反光镜表面上的声源可得到很好的表面噪声压力分布和流动拓扑结构。在测定网格分辨率时，由计算出的声源还可很好预测频率约达 300Hz 的辐射噪声[47,48]。

气体在开启的侧窗玻璃或移动天窗环流时产生隆隆声现象。这时，在侧窗玻璃开启前沿形成的涡流诱发乘员室内空气的低频压力波动。在汽车中的隆隆声频率很低，常小于 25Hz。声压级可达 130dB，且特别烦人。目前的试验表明，数字计算对气动声学问题很有帮助[49]。

（3）热管理　为使汽车不断地保持高能效率，在早期开发阶段热管理领域不断受到重视。为概念性地设计发动机、变速器、空调、采暖的热管理，就要采用计算法[44,46]。

最高速度行驶、山坡行驶就是属于需要热管理的典型范畴。另外要注意一些临界的、"偏离设计条件（off-design）"的点，如从高速行驶突然停车和突然加速。还要研究开始是稳态的、但之后像"走走—停停"和反复操控而成为瞬态的那些工作点。

动力装置热管理（即动力装置冷却）包括计算通过冷却部件的气流和冷却液循环，在开发过程中采用 1D 流动仿真空气循环、冷却液循环和据此仿真传热。在稳态工作点还采用 3D 流动仿真。1D 流动仿真和 3D 流动仿真需要动力装置和冷却部件输入参数和特性场。只有在虚拟过程中，通过汽车测量、试验台测量的结合才能得到这些输入参数和特性场。试验是仿真的重要组成部分。在早期开发阶段，在冷却液、增压空气、发动机机油、变速器润滑油和冷却液回路的热交换器布置、热交换器参数的方案设计采用先前模型为基础的 1D 仿真模型时，则在以后阶段根据详细的设计模型和冷却部件需要 3D 流动仿真。到这个时刻，1D 仿真模型调整为 3D 流动仿真和对批量生产开发的汽车进一步检测就可不断优化系统细节。

热管理的其他挑战是避免零件局部过热（热点，Hot Spots）[3]，如前照灯。前照灯温度状态的物理特点对热辐射有很大影响。在数字仿真时必须考虑辐射模型的散射的红外线辐射和可见的、定向的辐射份额。大多数商用流动仿真程序能达到这个要求。为解决零件局部过热，大多使用仿真计算法，它基于仿真程序与射线轨迹辐射模型耦合。利用这个方法，可以精确确定前照灯玻璃片局部过热的位置。这种方法的难点在于在耦合时，前照灯热分析要结合环境条件，如行驶风气流、发动机热辐射和太阳辐射。

（4）空气调节　3D 数字仿真法在空气调节领域有很多应用[44,46]。通过空气调节有针对性地将空气通过散热器和引导装置引入车内空间则可视为 CFD 的标准应用。空气调节设计要达到压力损失最小，使在尽可能小的空气调节功率下保证足够的空气进入车内。

在仿真计算得到的空气调节系统的空气流动和相应的至侧窗玻璃的引导见图 11.30。作为进入车内空气的接口，要定位和优化气流装置。设计空气调节的目标除了快速冷却外还要注意不要由于"通风现象"（过堂风）而损害乘员舒适性。所以在这里也需要使用 CFD，因为在这部分进行工程试验取得所需的流场和温度场的费用很高。

为提高行驶舒适性，其他重要的仿真计算任务是仿真前风窗、侧窗玻璃除霜。基于车内气流不随时间而变的假设，大多要将与时间有关的温度仿真和除霜模型结合起来。

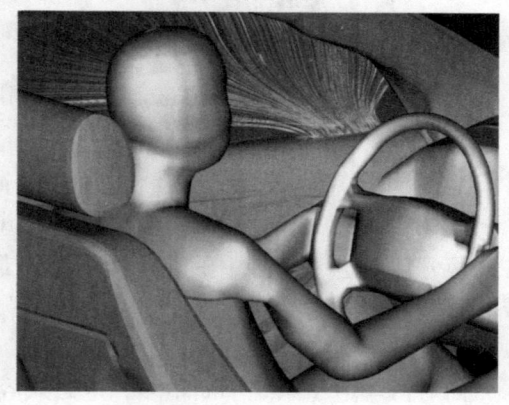

图 11.30　至侧窗玻璃的空气引导仿真模型实例（资料来源：奥迪公司）

判断舒适性一般根据主观感受。主观感受必须是亲身体验。客观定位用户评价空气在乘员室流动的客观模型是目前正在研究的题目。

（5）燃烧仿真　CFD 仿真发动机气缸中的燃烧目前还是一个巨大的挑战。虽然在最近几年通过改进物理模型在预测燃烧品质方面取得了明显进步。当在开发现代燃烧方法中仿真充量运动和混合气形成的基本要素时，使用燃烧仿真大多是为分析燃烧问题或作为在发动机上测量燃烧状况的补充。普遍地、可信地预测能量转换和有害物质的形成目前还不太可能。

目前有关仿真发动机流动过程和燃烧过程方法的概况详见参考文献[70]。

点燃式发动机燃烧仿真的挑战是正确描述混合过程、输送过程和在湍流中的化学转化过程、局部的预混燃烧前沿，正确描述点火过程以及可信的爆燃预测。图 11.31 是示范性地表示现代直喷点燃式发动机燃烧室中火焰传播的仿真。

在柴油机燃烧仿真中，同时发生和剧烈耦合的喷射、混合气形成以及主要是扩散燃烧过

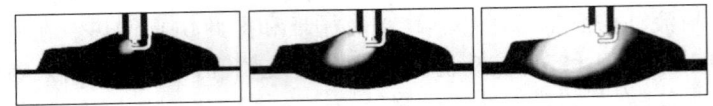

图 11.31　现代直喷点燃式发动机燃烧室中火焰传播仿真[41]

程对燃烧模型和燃料喷射模型提出了很高要求。自燃机理的模型化居重要地位。再则，就是柴油机开发中的复杂的碳烟形成机理，这是开发中成功仿真的本质。

（6）充量更换仿真和混合气制备过程　开发创新动力装置的主要目标是除增加行驶功率和动态性能外，同时还要在满足未来排放限值下较大地降低燃烧消耗。目前，在开发阶段可以对发动机重要工作过程（如进气行程、排气行程、催化反应器中）进行 CFD 仿真。CFD 仿真重点是设计活塞、燃料喷射参数、配气相位和气缸中充量运动强度。

图 11.32 是 FSI（燃油分层喷射）发动机进气道充量运动状况。为连续控制气缸中的充量流动强度，通过进气道中充量运动阀板和隔板改变进入气缸的充量。利用部分或完全关闭在隔板下游的分流通道可减少分流通道中的空气流量，从而增加气缸中的涡流。

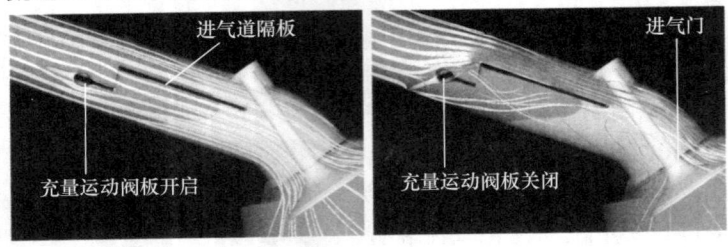

图 11.32　在充量运动阀板开启和关闭时 FSI 发动机
进气道中的流动计算[50,70]

优化在阀板凸缘处的流动引导和进气道，使在阀板关闭时气缸中的流动强度达到最大；在阀板开启时进入气缸中的充量压力损失最小。为仿真混合气运动，要采用能再现油粒形成、碎裂、蒸发的喷射过程的"喷射模型"[51]。

4. 电磁兼容（EMV）

面对汽车电子系统不断增多，电磁兼容是一个很大挑战（见 8.4 节）。至今，功能强大的电子系统不断辅助纯机械功能。完善地控制发动机、底盘和舒适性系统要求快速的处理器。汽车高端信息娱乐系统组合到汽车上需要先进计算机的强大运算能力。所有这些电子系统会对外部电磁场做出反应或本身就产生电磁场而引起干扰[32,52]。

为克服这些问题并在汽车制造前能做出与汽车相联系的这些电子部件的 EMV 评定，需要一个平台。几年来，利用 EMV 仿真可预先估计电子部件的 EMV 问题。

电磁串线有 3 个主要途径：电子系统中各导线的电磁耦合、线束和电子部件中的电磁场耦合以及在导线组上的干扰电压和干扰电流。所有这些形成电磁发射场，并干扰车用无线电服务（收音机、电视、公共电台）。

利用模型计算 EMV，它可再现汽车的重要 EMV 性能。该模型为车身，其中有各种较大的三角元素金属件、导线组模块、电控单元模块和天线模块。根据所用的仿真计算方法，这些模块是可以改变的（图 11.33，见书后彩插）。

舒适性程序可以在短时间内构建复杂的模型，并将不同的计算方法相互组合。在汽车上经验证的计算方法有：

1）直接的场计算法，它根据离散化模型数字解波动方程式（场计算法是动量法）。

2）解拉普拉斯（Laplace）方程的静态法，用当量电容和电感描述它们的耦合和建立低频范围的等效电路。

3）多导线理论，以计算导线的超（跨）临界耦合。

4）电路计算程序，以解基尔霍夫（Krichhoff）方程，也可解时域和频域中复杂的非线性电路。

图 11.33 射入的平面电磁波在汽车表面的电流分布实例。在 CAN 网络中计算耦合电磁场（资料来源：奥迪公司）

5）组合法（混合法），如场计算与导线理论结合以确定电磁场耦合到电气系统。

当通过仿真计算还不能覆盖整个 EMV 的宽阔范围时，则还有一些仿真能提供可靠结果的范围。仿真在 EMV 开发中发挥重要作用。

11.3.4 零件制造过程仿真

在早期开发阶段评价零件的可制造性是仿真的主要目标。要评价制造过程对汽车零件功能，如碰撞的影响[39,52]。为此，下面就重要的制造过程仿真法进行说明。

1. 成型仿真

早在汽车开发阶段对生产过程中所有零件合理的制造结构和可行性就使用成型仿真检验或进而优化。通过虚拟再现成型模具上的压力机行程分析成型过程。在汽车开发和模具开发时，经反复优化，部分的要几百次零件仿真才制造。

用有限元法系统（FEM-Systemen）计算非线性塑性成型，该方法用于对规划的模具有特别要求的计算场合。在车身侧壁框架成型仿真计算"精度"可达 95%。计算可得到应力、形成皱纹的倾向和当前金属板壁厚分布等典型数据。

当在第一次制造阶段成型仿真（即所谓"拉深"）已属于多年前的成型仿真技术水平时，不久前已采用随动控制成型仿真技术。多次的再成型、切边、打孔和校正需要高额的建模费用和计算费用，所以只有与质量有重大关系的零件才进行成型仿真。由于数字离散和模型简化，各个制造工位的累积误差使仿真结果的品质下降。

为提高精度，必须尽力找出造成误差的各种原因，如模型的数字简化（如单元类型、摩擦）、数字影响（网格细化程度、网格取向、数字参数）直至不准确的输入数据（如材料数据）和结果评价（如失效准则、波纹度）。研究和应用的重点当前集中在新材料模型和失效模型上。

在零件成型后由于弹性反弹，需要仿真计算零件尺寸的精确性和稳定性。为缩短整个模具的制造时间，计算零件尺寸精确性、稳定性要考虑反弹因素，这需要反复优化。设计模具的目标是在模具中保留迭代计算的反弹值，使在零件出模反弹后达到所希望的几何形状[31]（图 11.34，见书后彩插）。目前的挑战是提高以轻结构和防碰撞性能为目的，在车身上不断使用高强度金属板材的成型仿真预测品质。因为这些高强度金属板材有大的反弹性能。

在开发初期只是仿真热成型（成型硬度）。由于材料的抗拉强度可达 1500MPa，对与碰撞有重大关系的零件总是使用较大比例尺寸的加工生产方法。目前还不能仿真温度范围为

200~850℃的成型过程和硬化，因为缺少传热和材料性能的有效、适用的模型。

2. 浇注仿真

相当长一段时间以来，在汽车开发中仿真塑料是内饰零件、汽车前端、反光镜体等功能设计的组成部分[53,54]。目前在车身上采用轻金属合金强化压铸件，它具有重量轻、刚度好和宽阔的性能谱。

"压铸"制造工艺能保持设计边界条件，如不超过所要的壁厚或在整个零件上允许的壁厚分布。这样的制造工艺对整车的功能（如在碰撞时所需的功能）有好的影响[55]。

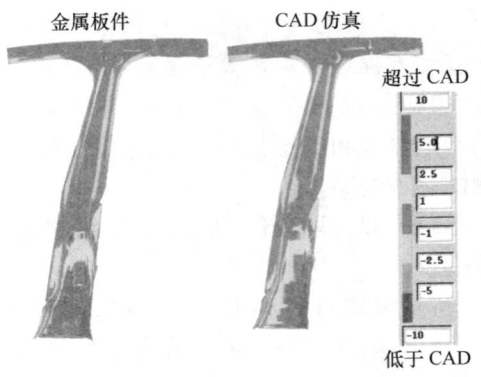

图11.34 反弹仿真结果与设定值比较实例（资料来源：奥迪公司）

目前使用按标准的浇注仿真，以尽早优化浇注系统。仿真首先可以可靠识别像夹杂气体或凝固缩孔的充填和凝固缺陷。当同时注意观察零件的可制造性与在整车上检验功能时，则要提高对计算方法预测能力的要求。在材料模型中可找到碰撞仿真所希望的材料特征值数据，如屈服强度和断裂伸长率[55]。

图11.35是变速器体仿真和试验达到的一致性。图中表示了肉眼可见的缺陷，如夹杂气体或凝固缩孔。当制造薄壁、扁平结构件时对浇注仿真分辨率和精度的要求不断提升。与上面所说的变速器体的主要区别在于薄壁、扁平结构件要求有相同的壁厚、很短的充满时间和同时的、非常均匀的凝固时间。在浇注后要热处理，以达到所希望的材料性能，这里特别需要断裂伸长性能。可达到的与仿真计算结果的一致性是令人满意的。当然为改进仿真计算预测能力还需要其他方面的配合，如考虑与温度有关的熔液黏度和在分隔的凝固成型范围熔液温度的均匀性。

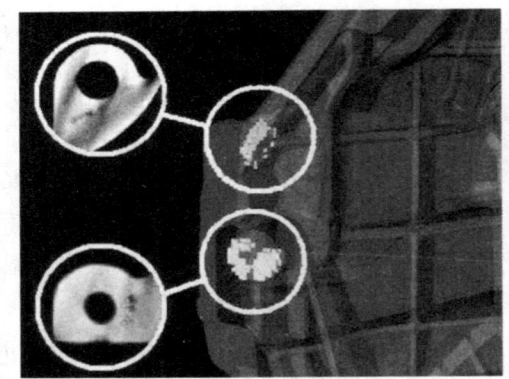

图11.35 浇注仿真的变速器体和利用X射线断层摄影发现的局部缺陷（夹杂物）[56]

3. 焊接仿真

数字焊接仿真涉及零件和相应制造工艺的优化，其目标是改进零件性能。计算由于加入的热量而引起零件变形。作为基础，还要计算在焊接过程中准确的温度变化（图11.36）。焊接仿真的重要应用是计算焊缝和内应力，以进行强度分析和储存。

有针对性地优化零件和相应的制造工艺的前提是了解工艺。焊接仿真通过单独的参数变化和结果显示确定不能直接测定的工艺参数（如焊池的几何尺寸）而改进或能够实现对焊缝工艺的认识。只有利用仿真才能有效地相互比较各种焊接参数组。与单纯的试验法相比，仿真的优点首先是在总是重复出现的焊缝问题和优化过程中通过改变参数而清晰可见，使问题得到解决[68]。

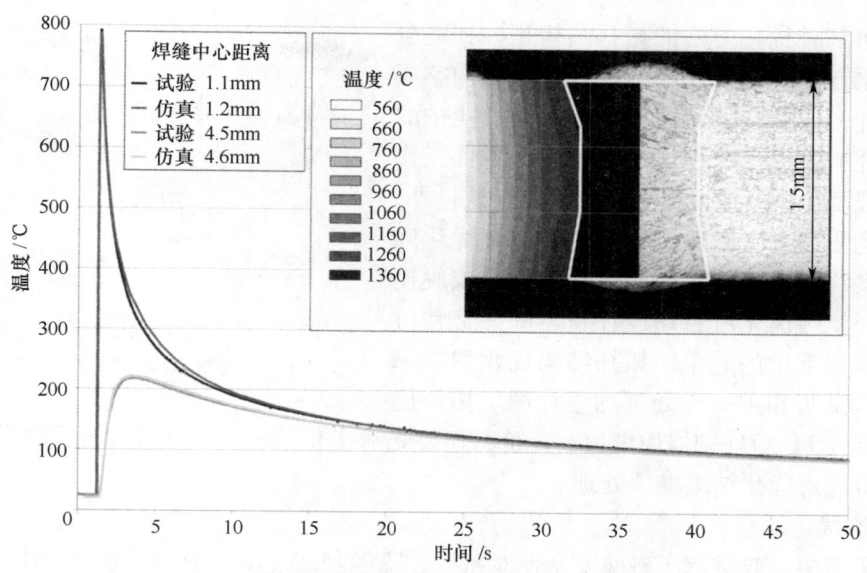

图 11.36 焊接仿真和试验比较实例（温度循环和熔池几何尺寸），H400（1.4376），YAG 固体激光器，功率 3kW，激光束—盲焊缝，金属板厚 1.5mm，速度 $v_s = 6.5 \text{m/min}$[68]

4. 涂装仿真

仿真涂装工艺主要集中在部分工艺上：KTL 涂层、面漆涂层（带高速旋转钟）以及干燥。

有两种涂装仿真。第一种仿真是物理描述所用设备。计算流动、装料分配以及颗粒输送。

第二种仿真是描述部分工艺。它使用能反映汽车的等效模型。在这种仿真中将设备参数化，并先在汽车模型上校正。对相似的车身形状可用校正的参数很好预测新车的涂装。涂装仿真与测量数据有较好的一致性[69]。

11.3.5 优化

在开发新产品时必须尽力挖掘降低成本、缩短开发时间的所有潜力，同时要保证产品高质量。除了作为标准的线性和非线性仿真计算方法外，还要使用有效的优化方法。

根据数学方法，通过优化计算寻找一个或多个目标参数的极限值作为设定的设计参数的函数。优化的目标是在考虑零件成本时还能降低它的重量和应力等参数[31,57]。

1. 结构（构件）优化

可以将计算机辅助的结构优化大致分为 3 种不同的优化方法。第一种优化方法是参数优化。在参数优化时可自动改变零件的特征参数，如底盘杆件横断面、框架构件面惯性力矩、壁厚等。第二种优化方法（结构优化或形状优化）以节点为基础，不选择模型的几何参数，通过最佳值改变节点。这需要定义很多临界范围。在这些范围中通过局部移动节点可改变结构件表面，使结构（构件）应力最小。即人们可以在没有几何参数条件下进行结构优化。光滑网格的高效方法必须保证模型内部的网格品质，以在调整网格时对有限元解算（FE-Solver）的单元质量提出合理要求。结构优化的典型应用是加大零件倒圆，以降低局部应力。在设计过程中不断进行零件结构优化（图 11.37，见书后彩插）。

作为第三种优化方法的拓扑结构是一种完全不同的优化方法。它以允许的设计零件结构空间为约束条件，根据有限元模型将不在受力线中的单元从零件上去掉。这种优化图可满足零件工作要求，如强度、刚度或谐振频率。除减轻重量外，拓扑结构优化还可考虑动态性能。在定义优化问题时要定义约束，以预先确定单元的固定或脱模方向。拓扑结构优化可自动设计新零件并常常可达到最大节省重量的效果。拓扑结构优化的结果可得到还需说明和进一步处理的设计图。拓扑优

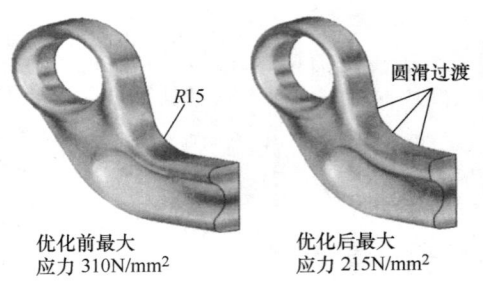

图 11.37　设计优化使峰值应力下降
（资料来源：奥迪公司）

化的结果要在 FE 后处理器中求值、评价，还要光滑优化结构，以在设计环境进行优化结果的转化并可能对优化结果继续处理。

2. 多维优化

在汽车图中，改进汽车碰撞安全性对减振、降噪舒适性不是绝对有好的作用。因此，数字优化不仅需要考虑某一学科的效果，而且要考虑多学科的效果。平衡不同专业方面的目标冲突要尽早在进入工程实际时尽快找到答案。多学科优化是很复杂的，因为首先必须把不同学科的功能目标相互结合，并综合为一个统一的功能目标；再则，如结构仿真和碰撞仿真使用不同的优化平台，之后必须将这些平台相互结合起来[31]。

在优化工具箱中提供了一些必要的功能，这些优化工具箱是作为"黑盒子"使用的必要的仿真程序。在输入的一组资料卡中，少数参数可以修改并从任务文件的参数中推导出功能目标。典型的优化值使用梯度法或带等效功能和遗传算法的方法。这种方法在定义的很大范围接近解的性能，但目前还需要非常多的计算时间。因为需要很多的仿真过程，以确定功能目标的收敛方向或综合性能。目前多学科优化的实例见参考文献，如计算发动机舱罩，它涉及如风载荷下的刚度和保护行人所需的柔韧性[32,58]。

3. 随机仿真

在设计汽车时，在定义的试验和车身条件下开发高性能汽车还是不够的。更多的是必须回答，在一定的参数下，如金属板厚度或材料参数改变时，由于制造过程出现的波动将发生什么情况。因为在这样的情况试验时只能是有限量的，且是不经济的，所以在过去几年将随机试验程序与经典的 CAE 仿真工具结合取得显著的效果。按蒙特卡罗法（Monte-Carlo-Verfahren），通过随机程序可以将确定的计算模型的输入参数控制在定义的边界内，并在整个波动范围将目标参数结果显示出来，这样可找到方案[32,59]。在成型仿真方面（见 11.3.4 小节 1.）不像至今只用离散参数，而是采用分布参数仿真。

11.4　测量、试验技术

11.4.1　简要回顾

第一批主要是手工制作的汽车的很多缺点除了众多的设计改进外，迫使开发相应的试验方法（例如参考文献［86］）。从开始时的保证最低限度的使用性到用户很快提出更好的要

求,如运输功率、行驶安全性和舒适性、经济性。在第二次世界大战后,还考虑由于复杂、困难的工作条件引起的其他要求,如酷暑、严寒、山区高原[77]以及环境保护和交通事故后果减轻。在几十年的努力中,出现大量的测试和试验技术方面的成套、成批仪器,典型实例见图 11.38。

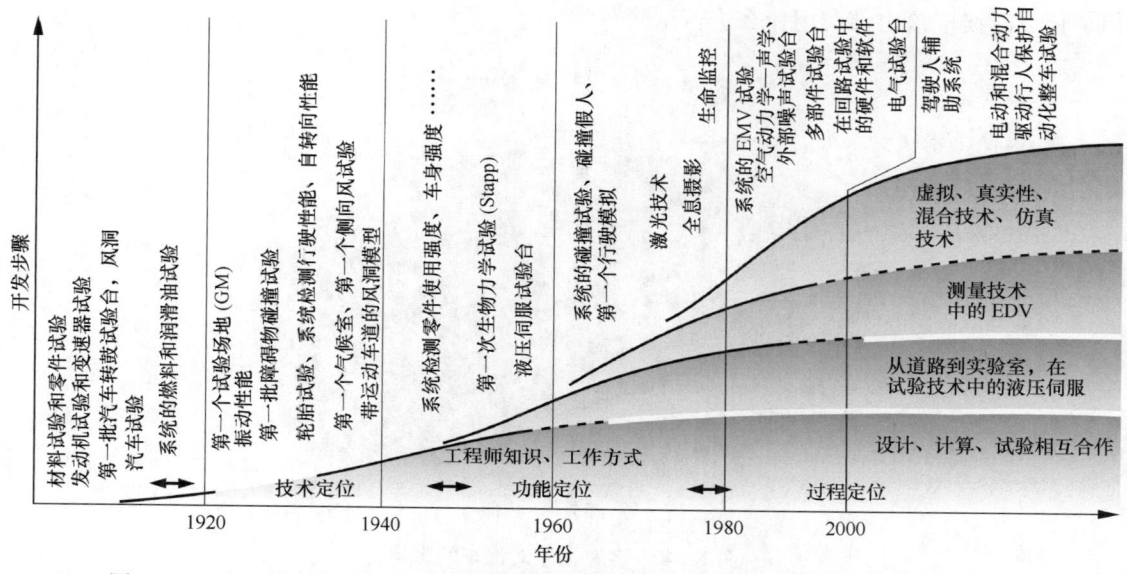

图 11.38　在汽车制造中的测量技术和试验技术的各个里程碑（参考文献 [84]，增补）

11.4.2　汽车制造中的测量和试验技术基础

在研究和预开发时,为识别和确认技术和方案的潜力要进行试验;在批量生产开发和生产时为保证产品和工艺成熟也要检验（试验中仿真）和测试（比较实际值与设定值,见参考文献 [86]）。在产品设计的各个阶段,虽然有众多的计算方法和仿真方法,测量和试验技术也是不能放弃的。

测量和试验的任务是:
1) 辅助设定目标过程,试验达到的目标。
2) 确定开发、生产和立法的限值。
3) 设计决策的依据。
4) 细调和优化部件、系统（包括软件）。
5) 批准和验证计算模型、仿真方法以及只能由试验才能确定的参数值。
6) 控制试验台数据和时间历程。

试验范围也包括设计范围的重要依据,即汽车的各种工作状况和使用条件（图 11.39）、它们的频度（再现性）和载荷大小（用户影响、道路影响、国家/地区影响、集中载

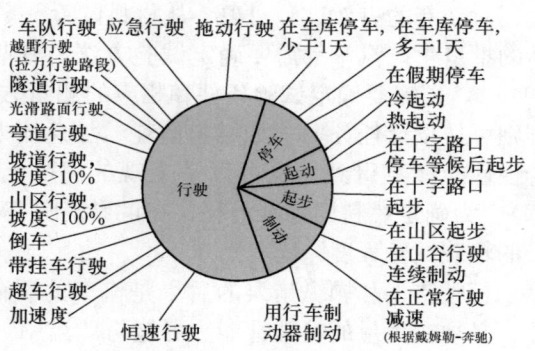

图 11.39　汽车的重要工作状况

荷……），包括所有内部和外部的各种因素对汽车的影响（图 11.40）。特别重要的是在混合动力驱动时可能的工作状态数，如滑行、制动能量回收和它们的中间状态，跳跃增加。从所有这些因素中可推导出系统的试验技术，包括准确描述试验目标、方法（图 11.41）以及对具体的试验任务配合具体的试验和测量（图 11.42），或用另外的表达方式："为什么、如何、什么时候应该由谁，用什么进行试验"[128]。

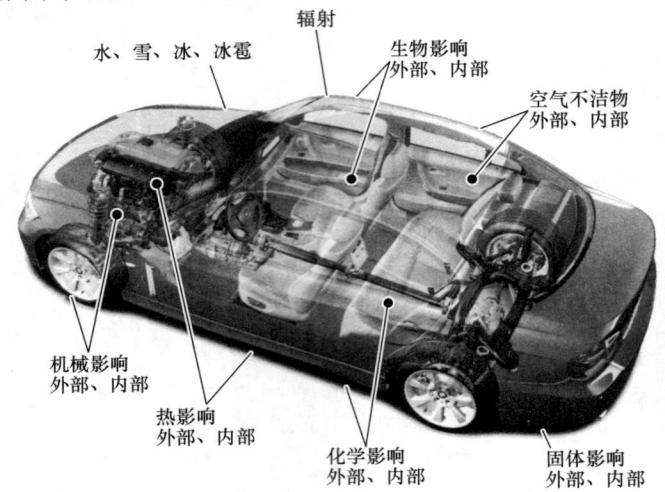

图 11.40　各种因素对汽车的影响

```
功能试验              ——耐久试验
零件试验              ——总成系统试验
实验室和试验台试验    ——行驶试验
按规定的行驶动作试验  ——滥用试验，交通事故试验
单作用试验            ——综合作用试验
按客观评价准则试验    ——按主观评价试验
模型试验              ——1:1 试验
…                     …
…                     …
```

图 11.41　有关汽车制造中的试验技术

对现有的有效试验对象，从材料试验、零件试验、总成试验（如发动机）、样车直至完整的批量生产汽车都需要确定试验方法。有些试验要用专门设计的试验汽车（如参考文献 [94]）。还需要确定试验条件和相应的测量方法和评价准则（见图 11.43 实例）。对于评价准则可从设计任务书（如燃料消耗、加速能力）直接定量地得到或作为经验科学推出的综合性性能参数得到。也可以是主观的感受结果或从交通事件的生物力学中得到（见第 9 章）。为确定燃料的标准消耗，在世界范围有不同的行驶循环。未来应有一个"世界范围统一的轻载试验程度"[136]。

行驶错误和操纵错误的后果是汽车的载荷要比在规定的使用条件下的载荷大得多。因此，必须在大量的特殊性能和可能与"滥用"打交道的情况下开发"滥用试验"和专门的"滥用"（图 11.44，见参考文献 [78，86，90，95]）。相应的认识一方面不应导致汽车在正常行驶时出现不可接受的缺点；另一方面必须保证在滥用汽车后还有一个（必要时限制）

工作能力的状态。

大范围的试验任务促使汽车制造中的测量技术成为一个独立的专业领域。在大量的稳态和动态仪器/设备和测量、试验方法中，目前检测各种各样的、常是高精度、高动态的测量参数（见参考文献［96］），这些测量参数分布在不同范围，特别是：

试验任务 \ 试验方法		真实的道路行驶	测量台和试验台	物理学的试验台	"假人"在环	"硬件"在环	"人"在环	虚拟试验台
功能试验和耐久性试验	在汽车环境中的整车	● 整车功能 ● 长距离适用 ● 连续运转 ● 能在恶劣条件下行驶（北极国家、热带、高原山区）	整车功能和在定义的行驶条件时的行驶经历	● 空气动力学 ● 气候 ● 外部噪声 ● 内部噪声 ● 振动	● 碰撞性能 ● 气候性能 ● 噪声	在定义的工作条件直至行驶极限范围的行驶动力学仿真	行驶模拟	● 设计（外饰件、内饰件） ● 人机工程功能 ● 维护、修理的可接近性
	总成系统	● 在更换和恶劣工作条件时的综合总成和功能 ● ……	● 动力装置调整 ● 底盘调整（纵向、横向、垂直方向动力学） ● ……	发动机、变速器、动力传递 ● 车桥和制动系统 ● 白车身 ● 排气系统	拉回（回位）系统	● 动力装置和底盘控制系统 ● 电气系统 ● 软件	● 人机工程 ● 驾驶人辅助系统	● 样件制造装配 ● 总成和系统功能
	材料、零件、制动液、冷却液	在真实的行驶条件下材料、零件、制动液、冷却液性能	在定义的工作条件（直至滥用）下材料、零件、制动液、冷却液性能	材料、零件、制动液性能	在自然条件下的试验	零件功能缺陷识别	气味物质的嗅觉神经试验	● 零件几何形状 ● 零件功能

图 11.42　汽车制造中试验技术使用场合实例

	美国死谷夏天	近北极国家的冬天
地点	北纬35°	北纬68°
辐射方向	78°	2°
辐射强度　直接	1000W/m²	150W/m²
扩散	90W/m²	20W/m²
汽车方向	车头对准太阳	车头对准太阳
环境温度	40℃	-20℃
发动机舱温度	85℃	30℃
行李舱温度	65℃	-10℃
地面温度	40℃	-20℃
空气湿度	10%	90%
行驶速度	0、32、64、96km/h	0、32、64、96km/h
风扇等级	0：Ⅲ	0：Ⅲ

图 11.43　死谷地区夏天和北极地区冬天的测试条件

1) 力学、行驶动力学。
2) 流体力学。
3) 振动、声学。
4) 热力学、热技术和能量技术。
5) 电子技术。
6) 电化学。
7) 光学。
8) 材料、零件、燃料、制动液、冷却液。
9) 摩擦学。
10) 驾驶人辅助。
11) 减轻交通事故安全性。
12) 排气系统。
13) 遥测技术。

当在实验室，在各个总成和整车上使用大量的、灵敏的测量方法时，对在行驶汽车使用移动测量技术时必须考虑空间和重量限制，有时还受其他的限制（图 11.45，见参考文献[80]）。

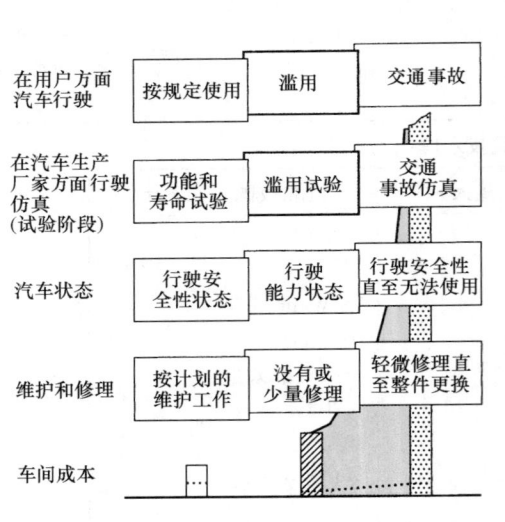

图 11.44 对汽车滥用和滥用试验的定义

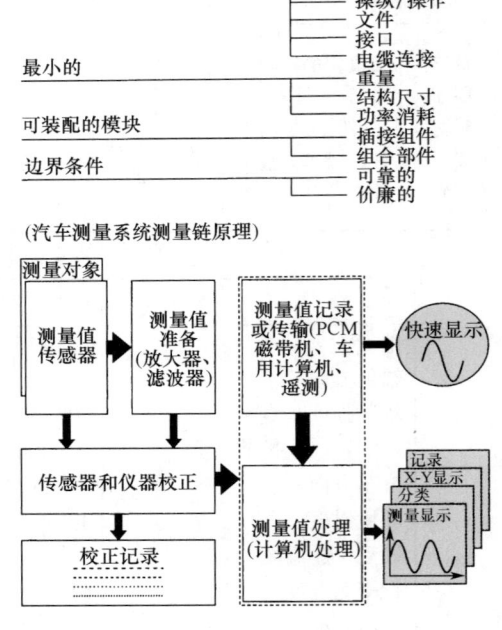

图 11.45 汽车测量系统、要求、原理显示 测量链要求、原理

但目前还有一些连续运转的汽车是在滚动的测试实验室中进行的，如为检测所有可能的临界温度和载荷。还有对于难接近的位置提出无接触测量的特别要求，如运动的和/或热的

零部件以及为显示复杂的过程,如在紧凑的、高应力的动力装置上。如从混合动力驱动的实例可见,随着汽车的综合性程度增加,出现了一些新的试验方法和试验设备。

几年来就采用了基于计算机的测量系统。它可优化、监视试验,并可综合在线评价(时域、频域、功率谱、模态分析等),包括快速显示。

在记录和/或处理测量值以前必须无干扰检测、滤波、预处理和传输(常为遥测)。在极端条件(气候、路况)行驶首先要采取针对性措施。在试验行驶中的特别组织措施是为规划和实施车队在相当远国家试验行驶需要几个季节(试验地区实例见图11.46)。

试验地点	重点	特别效果
纽伦堡	底盘、发动机、车身	在极端应力下缩短时间
地中海	底盘、车身	在极端应力下缩短时间
东欧	底盘、车身	在高应力下缩短时间
美国死谷	夏天行驶	极端高温
北极国家	冬天行驶	极端低温
上巴伐利亚	整车	接近用户行驶
Miramas(试验地区)	底盘、发动机、车身	在极端应力下缩短时间
	发动机、传动系、冷却系、空气动力学	在缩短时间下高速行驶
特殊国家和地区的试验(美国、南非、日本、东南亚、法国、瑞典)		

图11.46 整车试验实例

为在任何时候在公共交通之外尽可能不受干扰和再现行驶试验,所有大型的汽车生产厂家进行高花费的测量和试验场地建设(大多在它们的开发中心附近,或在特殊的气候条件地区),如图11.47所示。

图11.47 汽车试验地域实例(Seiffert, U.; Walzer, P.; Automobiltechnik der Zukunft. Düsseldorf: VDIVerlag GmbH, 1989, S. 165)

这些场地设施包括各种不同的路段,典型的有:
1)弯道行驶的圆周地段(包括弯道滑水)。
2)任意行驶动作的行驶动力学路面。

3) 快速行驶道。

4) 操纵、控制系统稳定性试验路段。

5) 各种恶劣路段（如有轨道的石块路面、凸峰、沟槽……）。

6) 各种特殊路段（穿水行驶、低附着系数路面、爬坡、侧风设施、越野路段）。

试验过程中较大的试验费用以及因经常不能保持相同的试验条件而缺乏再现性和测量技术等问题，与试验季节等有关，必须及早组织和准备。另外，应尽可能多地与整车一起进行总成试验，即从道路试验进入试验场地试验[76,78~93,97]。

还在第二次世界大战前就建造了试验汽车空气动力学性能的大型风洞实验室和试验汽车整个驱动系统的转鼓试验台，并在最近几十年以多种方式进行改进[137-139]。其他的实例是空调的动力装置试验台、模拟所有可能的天气状况的热和环境的风洞试验台，以及带复杂液压伺服加载设备的车桥和整车工作强度实验室。液压加载设备由在道路测得的工作载荷在实时条件下以随动行驶试验方式加载驱动（图11.48），见参考文献[88，91，92，98]。其他的实例是声音风洞、外噪声试验台以及试验电磁兼容（EMV）的实验室。这种接近真实的试验技术的重要前提是开发功能强大的实时计算机和软件系统。从众多的被动安全性（见第9章）的试验技术中可以举出行人保护技术的实例[141]。

图 11.48 用于行驶加载试验的多部件试验台

如果所有的开发部和生产规划部还不能进行这样接近真实的试验工作，则批量生产开始和向用户提供新汽车则要到有足够多的汽车在实际使用中，在功能、可靠性、主观质量印象方面已得到验证的那个时候才实施。一再指出，后面的这种自由度（情况）需要很多费用。在产品和工艺高度复杂和综合时所有不按程序进行的工作在批量生产时会出现超出预期的较大偏差。

11.4.3 选择的一些实例

开发极端节能和低排放内燃机的前提是要有综合作用链的充量更换、喷射燃料、雾化、蒸发、混合气形成、点火、燃烧、能量转换以及反应动力学的坚实的知识[99,100]。在检测和掌握相应的效应方面，在过去十多年采用了光纤内窥镜法以及首先是各种激光技术法。激光技术法特别有利于观察随时间、地点而变化的流场、辐射传播、辐射表面相互作用、火焰传播、微粒形成[142]等，分辨率高；还可动态测量排气过程、动态燃料消耗，精度达到 ppb 量级[96]。还在20世纪70年代就采用激光感应的双脉全息摄影，以测量激励的光学上可接近的结构表面振型[78-93]。激光技术的其他应用场合是激光多普勒气流计（风速计），可进一步显示（目视）复杂的流动状况，如在风洞中的汽车绕流（见3.2节）、制动尘埃排放[143]或在发动机水套中的冷却液流动状况。

与发动机方案相似的多样性一样，为不断满足高要求，传动系也各种各样，并继续增加它的综合性能（见5.4节和5.5节）。相应的、通用的、也适用于全轮驱动和混合驱动的试验台在早期开发阶段也是不能放弃的[101]。在风洞和在温度（气候）室中进行汽车的流动和热技术模拟，像几乎每一种模拟一样，离真实性有偏差。这时要进一步解释大家提出的风洞技术问题[102,129,130]。在早期开发阶段的空气动力学试验可以利用缩小的汽车模型，以比较的方式，快速、低成本地进行汽车空气动力学试验（如图11.41中所指的"模型试验"）。但这种试验需要足够地考虑模型的重要形状细节以及物理相似准则[103,104]。

看起来简单的零件或部件对非专业人士来说常常是苛刻的试验任务。风窗玻璃刮水器的例子表明：在刮水器上，材料性能、几何尺寸、力分布和空气动力学效应影响刮水质量、摩擦、振颤噪声和寿命。其他的例子［如安全带试验流程（图11.49）］需要很多的试验费用。它是保证现代汽车安全功能和任务必不可少的。

安全带试验流程

安全带	安全带自动缩回装置	配件	安全带锁与收紧器	安全带高度自动调节器
新的安全带状态	下落试验	偏转护板	耐光照试验	拉伸力
宽度、厚度、伸长、断裂载荷	回拉力	磨损试验	易燃性	回拉力
散发性能	闭锁性能	腐蚀试验	动态冲击试验	插入力
气味	VSI系统	耐温性	加速度安全性	切断力
总的碳挥发	WSI系统	断裂载荷	转动试验	钢丝索软套可弯性
雾气	摆动角	耐光照性	锁开启力	连续试验
移动性	低温试验	无裂纹	插入力	低温试验
预损伤后的安全带	展平试验	热冲击试验	腐蚀试验	腐蚀试验
磨损试验后的安全带	腐蚀试验	无裂纹	耐温性	耐温试验
耐光照性	耐温试验	插头	连续闭锁试验	灰尘试验
耐染色性	振动载荷	磨损试验	压力试验	振动载荷
低温试验后的断裂载荷	耐冲击性	腐蚀试验	灰尘试验	钢丝索耐磨性和耐变形性
易燃性	滑块试验	耐温性	交变扭转和弯曲试验	滑块试验
	断裂载荷	断裂载荷	振动载荷	断裂载荷
		耐光照性	有预载荷锁开启力	
		无裂纹	滑块试验	
		耐温试验	静态断裂载荷	
		热冲击试验		
		无裂纹		

图11.49 安全带试验流程

从这两个例子中同样可以明了，在汽车整个材料（还有燃料、制动液、冷却液）范围，包括所有的连接技术要花费很大的试验费用。[105,106]。这涉及化学、物理和工艺试验方法，以确定材料一致性、强度和磨损性能、内部和外部缺陷、塑料的耐介质性等。为此，提供了各种检测方法和手段，如检测新材料的电子显微镜、检验相对不复杂零件的X射线、无接触无损伤测定材料温度的温度仪。

仅仅利用经典的方法无法得到电子开环控制系统和闭环控制系统的功能、安全性和可靠性。为此,要为这些系统开发新的、特别功能的方法,开发电子系统的联网试验,以及开发自动的试验环境和失效仿真,以试验不断增加的汽车电控单元和它们的变型,试验不断增多的联网和不断增多的功能分配与相应的软件(见 8.7 节)。从寻找故障的实际经验中,泄漏电流、接触松动和接触腐蚀有时是较难寻找的故障[144]。特别是大量的各种基于软件的功能的联网功能(如信息、通信和各种辅助功能)对保证寻找故障的技术提出很高要求。出现的故障常常是偶然的,即联网的总系统的状态在正常行驶情况只是偶尔出现,从而使分析基于软件的功能这样的故障越发变得困难。

仿真技术和试验技术的新任务是开发新的混合动力驱动系统(见 4.3.3 小节)。先从新的蓄电池系统的功能开发和安全性开发开始(如参考文献[145])。这还涉及各部件的相互协同与配合,涉及整车问题,如掌握高电压、强电流、EMV 防碰撞安全性或达到可接受的噪声量级[131]。

各种方法和技术的耦合明显表明,在混合"软件在环(SIL, Software in the Loop)"和"硬件在环(HIL, Hardware in the Loop)"中各种方法和技术的耦合正崭露头角。为提高成熟度和为在环的"功能"与"模式",以及在环的"人"与"硬件",为提高开发效率不再不断地应用这样的耦合(图 11.50 和参考文献[107 - 109, 157, 158]),在汽车停车管理时,当前集所有功能、执行机构和传感器于一体的综合性系统也崭露头角[150]。

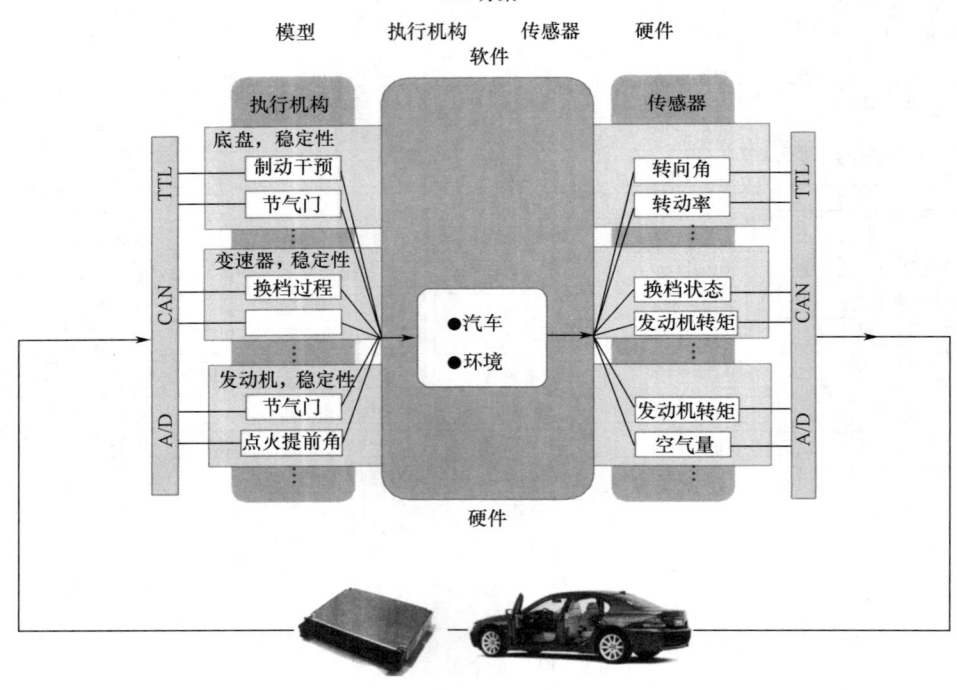

图 11.50 硬件在环(HIL)方案实例

汽车技术的特别标志是一系列的性能不是单独地或甚至不能由客观评价。因此汽车试验的一个重要的主、客观结合评价的分支领域不断得到成功。寻找主观评价和可测量参数的相关性并由此得到准客观评价准则[110 - 112]。这些准则也可用于对仿真结果和开发"数字汽车"做出评价(见 11.3 节)。如评价舒适性印象、可操纵性和显示。其他的目标方向是开发和使用人体试验假人，它适用于一定的应用场合，如防碰撞性能（见 6.5 节）、减振性能、气候（温度）舒适性或收音机质量[110]。十多年来，人们致力于开发和应用行驶模拟器，以研究交通安全性和预先开发非常规的汽车方案[113,114]。它们的优点主要在于可完全再现试验情况和极端临界的交通情况；在于汽车参数和环境参数可以迅速改变；在于可以对完全新的汽车方案模拟。还有就是驾驶人辅助系统的模拟器试验（见 8.5.5 小节和参考文献 [89, 91]）。驾驶人辅助系统需要特别的试验方法[115,151]，以及要预先激活系统，以使交通事故降至最少（见第 9 章）。在这以前较长时间采用的是真实的试验。尽管最新的模拟器要比先前的模拟器有明显的改进，但可实现的"高保真度（High Fidelity）"仿真终究是一个挑战。

11.4.4　测量和试验技术效果

越早得出有力的试验结果结论，设计师可越快地批准方案并尽量规划生产投资。但过去（现在仍然）还受到限制，特别是当在样车阶段，许多"手工制作"零件推迟和/或不是很合格的，以及带有不完全样车的试验结果提供得太晚和不能得出足够有力的结论的情况下。因此，像在本手册中很多地方说明的那样，在早期开发阶段加强所有的工作显得十分重要。

还在早期，汽车生产厂家开始开发缩短时间的快速寿命试验和可靠性试验。在 20 世纪 70 年代还开发了快速车身试验[76,78-93,116]。首先在试验地区建造"特殊路段（Marterstrecken）"，对底盘总成和车身总成采用大的缩短时间因子；以后则采用计算机控制的随动行驶试验，它不受驾驶人影响而可完全再现试验情况，即所谓的"围着时钟转（rund um die uhr）"和在各种气候下工作；另外还可去掉小载荷强度的时间份额（如对试验时间法和数据简化法的情况）。最近还力图通过在试验场地上的自动行驶的汽车和仿生的诊断辅助系统，有效设计批量生产汽车的耐久性试验[117]。符合实际的缩短时间的快速法对完全与时间有关的老化过程（如橡胶件、塑料件）不适用。

在开发过程中，模型和样件是帮助产品设计和工艺规划的重要辅助手段。使用 CAD/CAM 技术可以在设计资料基础上快速制造样件。这些样件常常是连接环节（件），它可使产品设计和工艺设计同步（同步工程，见 11.1 节）。快速样件在同时提高产品质量时还有缩短产品设计过程的很大潜力。可能得到几何样件（特别对早期工艺规划阶段）和功能样件，按材料不同，利用这些样件可试验不同的功能[118]。快速样件的另一种型式是与软件系统和设计人—机相互作用的组合设计法和评价法有关[119]。

在开发和制造中，"设计到试验能力（Design to Testability）"有助于提升测量和试验技术效果，也就是从设计开始就能对部件、子系统进行简单、快速试验。其前提是设计师与试验工程师的紧密合作，但这种合作不总是存在的。

虽然汽车不断复杂、综合和要不断优化更多参数，每个试验规划的目标必须是尽可能少的试验和得到最多的信息。为此要尽量避免所有参数要单独试验，更多地要进行能提供精确、详细信息的多参数试验。首先在系统分析中要确定重要的参数和它们的相互作用，经验和通过仿真计算和模拟试验获得的基本知识越多，就越能得到精确、详细信息。接着就可为具体的任务选择最有效、决定性的或统计的试验方法[78-93,120]。模型辅助的现代点燃式发动机特性场优化可作为一个实例[86]。为确定特性场，20 世纪 80 年代初还只是优化少数几个参数，大多是点火提前角和喷油定时两个调整参数就足够；而现在，对电控单元至少要优化 8 个调整参数和超过 100 条特性线，而且还要对不同的发动机、变速器和排放法规方案优化。为此所需的开发费用是用传统开发方法的费用无法解决的,这就需要像"试验设计(DOE,Design of Experiments)"和"快速测量(Rapid Measurement)"这些方法[91-93,121,122,132]。

此外,强制提高测量和试验技术效果造成企业内部和约从 1990 年开始覆盖各公司、对与硬件和软件无关的自动化分析、测量分析和评价分析的标准化基础的许多工作(特别是"ASAM"[78-93])。目前,标准是不可缺少的,这样可使测量结果具有可比性和可传递性,在开发合同和供货合同的测量、试验方法和工具是有约束力的约定[86,93]。还有就是试车效果,要很好地表达结果并尽可能普遍化,这样可使新的试验次数最少。在这方面还有知识管理、神经元网络或一般的"诀窍再循环(Know how—Recycling)"的新方法[85]。

虽然有功能越来越强大的仿真计算技术、模拟技术(数字汽车、虚拟试验台、虚拟样车行驶[88,91,92,123-125,133,154-156]),但仍然有大部分的汽车开发采用真实试验。如在动力装置开发中有 2/3~3/4 进行真实试验[34],因为试验还可回答完全没有提出的一些问题。

汽车生产厂家开发工作对系统供应商的严重供货拖延会影响共同设计和试验工作,特别是供应商以强化的程度必须将"诀窍"和布置与整车状况结合时[87]。OEM 的统一试验规范有助于供应商提高合作效果。特别重要的是对用户重要的新车的整个功能(长时间质量保证)。虽然预先做的工作只是通过真实的道路试验(连续行驶),但仍要保证在世界各地(如极端高温、沙尘暴、严寒)的正常行驶[126,127,157]。降低试验费用是当今汽车制造中整个试验技术的特别任务。

在不断改进、补充和完成所有组合阶段的试验方式和试验方法时,必须清楚认识到,只能是"正确的试验"才有效[86]。验证有无缺陷,不能是"但是",而是一定要保证无缺陷。同样,证实(证实表示满足各项技术条件)表示试验产品是"有效的",也就是证实产品具有所期待的整体功能。因此,必须要有一些全新的试验方法,以能较快寻找故障。

作为核心课目,在整个产品设计过程中试验必须固定下来。它始于需求工程(Requiement Engineering),见 8.1 节和参考文献[135,158],包括所有的试验资料和保证资料[159],还必须考虑产品质量保证和生产责任。

11.5 质量管理

作为合格地满足规定或先决条件需要的质量,可靠性(作为标明时间的质量)当然是现代汽车的特征。另外还有使用友好性、工作安全性、加工质量好、少维护和稳定性。

在过去 50 年,质量管理发生了根本变化,无论是所用的方法和系统,还是质量的控制值。当前企业内的质量控制值比早前要明显提高。质量的概念在汽车生产厂家和供货商方面是由与制造有关的视野延伸出来的,而且指的是产品质量和工艺质量。

在汽车制造的第一个 10 年,质量主要是后检验。在第二次世界大战后采用由"预防替代检验"的系统控制。目前把策略性的、众多的内涵统称为"总质量管理(TQM,Total Quality Management)",其目标是"零故障计划""所有产品做得一样好",以替代事后的检验和需要再加工。这不仅符合效率原则,而且与当前汽车的高度综合性和整个的创造价值链相关。这样可以在汽车综合性不断增加并同时减少常在最后检验出现的故障概率。因为不少情况不是出现测量技术的不可接近性,就是在最后检验处于重要的工作状况。在制成的产品上寻找故障和排除故障也需要不少费用。这样,企业中的质量管理者越来越成为当今决策者的不公开的顾问。

连续不断使用各种改进措施只能逐渐接近零故障计划的目标。TQM 总体上包括创造价值链的所有方面（汽车生产厂家、供货商、开发伙伴、用户服务部、再生……）。

所有工作相互作用的典型模型是质量圆（图 11.51）。目前则是 EFQM 模型。

任务设定以及产品和工艺的不断复杂性和综合性，几年前促使 VDA（德国汽车工业协会）总结所有有关质量工作的要点。这时国际标准组织记录覆盖各企业质量安全系统的要求。在整个的汽车产品阶段，质量管理可分 3 个方面——开发、制造、使用。所有相关的工作可以按 ISO TS16949 标准以定义的用户—供应商关系的过程链形式透明地表示出来——在确定设计任务书时就开始。任务书包括所有重要的批准内容，如试验、规划、工艺装备、

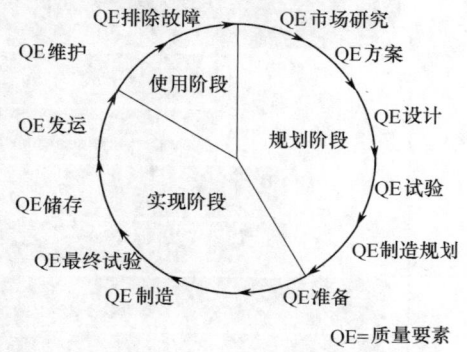

图 11.51 在整个产品寿命周期质量管理——质量圆（根据 Masing）

生产以及所有与创造价值伙伴有关的投资设备、生产手段、生产资料、生产装备、服务工作的协议（见 11.1 节）。其他的细节是保证一般性的工作计划和控制整个过程，包括在无法达到重要目标或出现不能预料到的困难时系统的处理问题。这样，在过程变化时还可利用预留的潜力。

这样，在产品设计过程中，质量安全的任务明显地发生变化。如果早先很多合作者觉察到前面提到的控制功能，则作为产品设计过程的固定的组成部分，目前质量管理跟随新的车型和它的一些总成。质量和可靠性是"一起开发"，而不是"彼此检验"。它始于确定设计任务书（在任务书中专门说明生产和用户服务的重要性）并通过外形设计、样车一直延伸到制造，部分的还有验收试验。对车型管理措施和新开发，要系统评价所有的"场"经验；此外，在大型联合企业还要保证商标重叠（覆盖）的全部要求。

因为常常是小的偏差会突然降低一个复杂的、综合性的工程系统的质量和可靠性，有些故障（缺陷）只是偶尔出现或长期的质量不总是可简单地检测出来，所以在汽车制造中已有好几年使用系统分析法和辅助开发法，并在继续发展中（图 11.52）。图中包含 EFQM，它是跨部门、跨国家的一个平台，是一个极好的质量圆模型，是作为国际质量奖的欧洲最佳奖项。

以下就简单的灯泡失效为例，表明在质量安全方面影响因素和责任是多么的复杂（图 11.53）。比工作电压高 5%，灯泡寿命减半。

至今在电子控制系统中，还不是所有的干扰和系统的不知不觉的偏差没有及早地被识别出来。这时，对实时的临界系统首要的要引入新标准和新的开发方法，以及扩大对制造、诊断、物流和监控的检验方案。

为保证软件质量，可使用如 CMMI 和 SPICE 方法（见 8.7 节）。目前正在工作的一个例子是 ZVEI 的"可靠鉴定（Robustness Validation）"工作圆。

供货商创造高价值的份额，促使 VDA 在作为共同任务的整个供应链中，所有在这一寿命链的参与者以一些原则和程序方式就质量管理达成协议。

当为解决所有任务而几乎没有出色的方案时，在实际中仍可找到好的方案，通过采用多

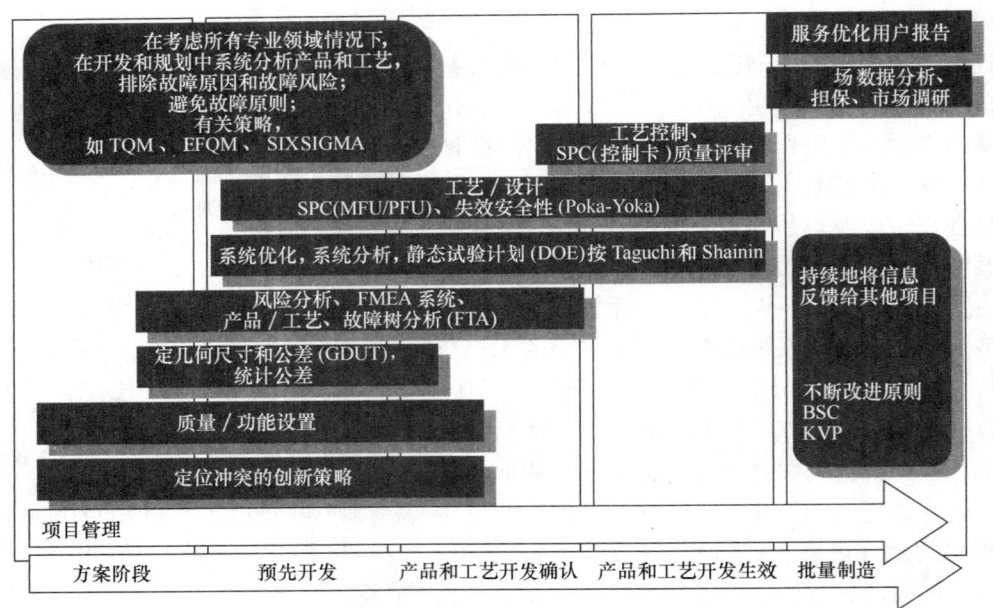

图 11.52 在质量管理中所用的方法

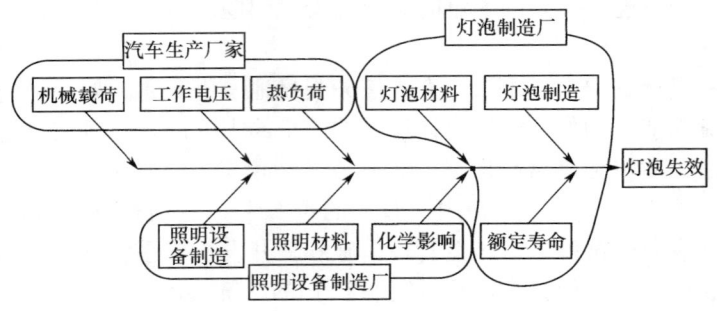

图 11.53 灯泡失效影响因素（根据 Huhn）

个原理就可很好解决问题。这些原理是：

1）就产品设计考虑，避免极限设计，尽可能广泛使用可靠的、小公差的系统和部件，权衡创新和验证过的方案和设计部件的关系。

2）就工程系统考虑，广泛地和系统地考虑所有重要的影响因素，使用有根据的科学方法。

3）就与市场有关考虑，充分满足用户期望。

4）就人考虑，在所有主管部门和合作者中牢固树立质量意识。

5）考虑用户对质量的呵护，考虑所有销售、服务等环节的必要的质量保护措施。

特别严重的是必须评价汽车"搁置不动"，这是一个有意义的题材。最后，除了所有的科学的工程准则外，对用户来说，质量通过他们的感官是可抓住的。质量必须是看得见、感觉到、闻得着、听得到（或听不到）……质量包含像设计质量、价值、美的感觉、加工质量或声音质量的部分领域，总之你们感觉到的领域。类似地，像在生活的其他方面，从一个车型到另一个车型用户期盼质量的不断提高。在哪个地区质量的期盼失望就会在此失去商标美誉度、失去信誉，如很多例子表明的，市场份额很快下降且难于回升。这要求——不是最后要求——建立高品质的用户关系。这种关系不但由汽车生产厂家,而且由贸易机构予以保证,特别是由完美的车间服务、在用户需要时快速帮助、恰当的承诺和优惠能力保证。

考虑质量不是必然地与成本增加联系在一起。需要遵循质量的成本和效用,排除非质量因素,即性价比。

现代汽车的特征是通过零件质量和综合性能的增长可以部分弥补"比质量成本"的增加。另外,还正在开发质量法和可靠性法提高软件方面的质量。因为人们到处都在工作、活动,所以必须遗憾地接受,不是所有的事情都顺利地进行……

11.6 汽车的使用和维护

如果有人不要我的汽车,我知道这是我的过错。

——亨利·福特

大众汽车不应配备需要高维护的复杂装置,更多地应尽可能配备每次维护降至最低程度的"傻瓜"装置。

——费尔南多·保时捷

11.6.1 前言

一般情况下,汽车应这样设计,在规定的寿命期内能经济地保养汽车。除了保持汽车功能外,应保证它的可靠性、可支配性、安全性和环境兼容性。设计师在他的汽车设计中,在很大程度上决定以后的汽车维护费用和相应的汽车寿命期内的费用(图11.54)。这些费用受设计、制造、装配、使用缺陷的影响以及行驶方式的影响[187-190]。

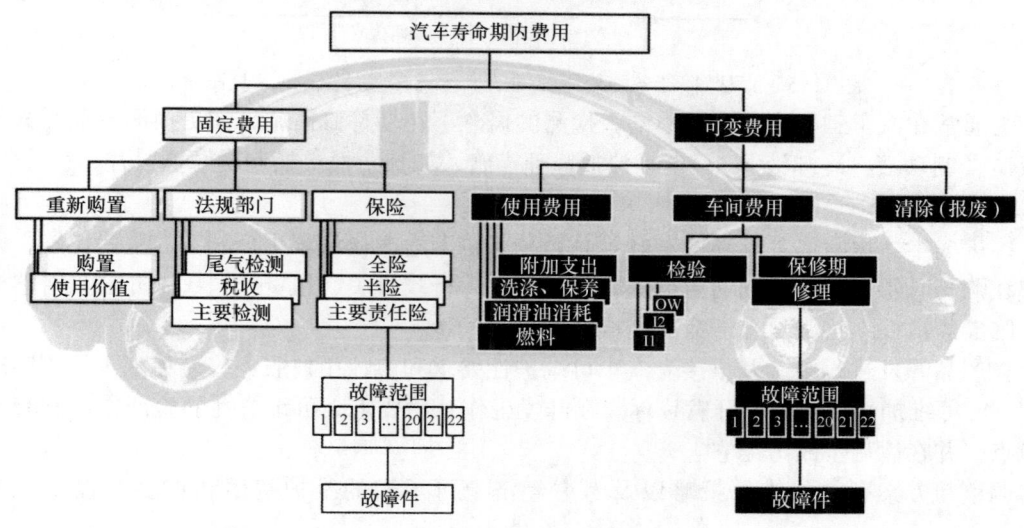

图 11.54 汽车寿命期内费用

在正常维护前提下,日常使用消耗的能量是中档轿车平均制造所需能量的好几倍。

1. 定义

根据在欧洲标准 EN13306[187]基础上的德国标准 DIN3105[191],维护是按下面定义的检修、检测、修理和改进的基本措施。

1）维护：是在寿命周期观察范围，所有技术的、行政的以及管理的综合措施，以保持功能状态或恢复到功能状态，这样维护可实现所需要的功能。

2）检修：是推迟降低现有的耐磨损状态的措施。

3）检测：是确定和判断寿命周期观察范围实际状况的措施，包括确定磨损原因和推断出为未来使用的必要结论。

4）修理：是在寿命周期观察范围恢复功能状态的措施，改进则是例外。

5）改进：所有技术的、行政的和管理的综合措施，以提高寿命周期观察范围的功能安全而没有由于改进而改变功能。

寿命周期观察范围的概念是一个总概念，它包括每个零件、结构元件、仪器、子系统（总成）、每个功能部件、每个装置或可以单独观察的系统。在工程、物理意义上，磨损是由于摩擦（磨损）、腐蚀、疲劳、老化、穴蚀、断裂等[187]使耐磨损储备下降。大多储存在没有损伤材料上的耐磨损储存，如在轮胎上储存在胎面花纹高度上，通过使用（在汽车上达到一定行驶距离）而下降，直至达到如图11.55所示的磨损极限。在超过磨损极限后，如在轮胎上胎面花纹高度降到1.6mm，失效概率超过允许值，以致应该进行预防性修理。到磨损极限的修理所需费用要比失效后必须再制造修理所需成本低。

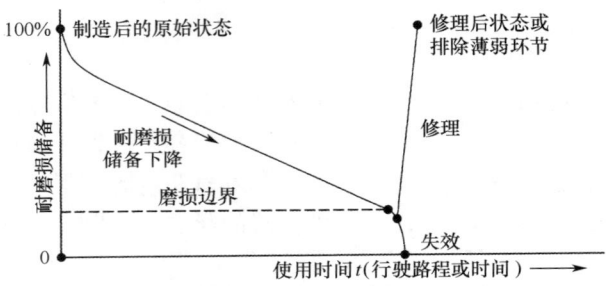

图11.55　耐磨损储备随使用时间的变化（按参考文献［1］图示）

与通常在汽车工程中的实践不同，检测的概念不包括检修措施，如更换润滑油和其他工作液体（制动液、冷却液等），也不包括修理措施，如预防性更换制动摩擦衬片、齿形带。

2. 发展趋势

维护成本、保险成本、环境友好等总是越来越多地摆在汽车用户利益的重要位置，许多用户在购车时常以这些准则为依据。特别是公司、行政机关、租赁公司、中介公司将它们的车辆瞄准经济性，特别是全寿命周期成本。

在产品开发过程中，及早接受汽车可维护性要求和参加用户服务，避免加重使用阶段成本[189]。可维护性要确定为开发目标。在开发工作开始要定义可维护性的验证方法和验证时间节点，并在以后不断考虑它。

调整与方案有关的维修策略以及考虑经济上可承担的维护费用和在多大程度上影响用户。

11.6.2　可维护性和可靠性

维护过程是与上面列出的不同条件有关的随机过程，可维护性直接属于汽车生产厂家任务范围。除了可维护性外，对像汽车这样的移动产品还有一个可靠性问题。根据DIN EN

13306[191],可靠性是寿命周期观察范围内为在规定时间区间、在规定条件下实现必要的功能的一种能力。可靠性是质量部分的想象性能,并表示为无失效的可靠性,它是以失效的随机规律性为依据分析得到的。可靠性可分为试验可靠性和使用可靠性。试验可靠性可从产品设计过程中为可靠性目的专门进行的试验得到。在维护过程中起最后决定作用的使用可靠性是根据使用阶段失效的随机分析得到的,特别需要细心的数据检测和数据反馈。这时,两者失效的特性差别要把再制造维修和预防性维修时寿命周期观察范围的变换看成失效。

1. 可靠性特征参数

描述可靠性传统使用的特征参数是失效率。根据方程式(11.1),失效率是在区间 i 中失效的寿命周期观察范围 Δr_i 和到区间 i 开始随机抽样几件的功能性观察范围 $n(t_i)$ 与区间宽 Δt 的乘积之比,即:

$$\lambda(t_i) = \frac{\Delta r_i}{n(t_i)\Delta t} \tag{11.1}$$

式中,$\lambda(t_i)$ 为失效率,单位为 NE-1(NE:使用单位,单位为 km 或时间单位,如 h、a);Δt 为使用区间,单位为 NE;Δr_i 为在区间 i 中的失效件;$n(t_i)$ 为到区间 i 开始随机抽样几件的功能观察范围(BE)。

在随机抽样件中,在整个 k 区间观察时间完全失效件(全部的随机抽样件):

$$n = \Delta r_1 + \Delta r_2 + \cdots + \Delta r_k \tag{11.2}$$

其他统计特征值为:

——失效概率密度 $f(t)$:

$$f(t_i) = \frac{\Delta r_i}{n\Delta t} \tag{11.3}$$

——失效概率 $F(t)$:

$$F(t_i) = \int_0^{t_i} f(t)\,dt = \frac{r(t_i)}{n} \tag{11.4}$$

其中

$$r(t_i) = \sum_{j=1}^{i} \Delta r_j \tag{11.5}$$

$r(t_i)$ 至时间点 t_i 失效的 BE:

——存活概率 $R(t)$:

$$R(t_i) = 1 - F(t_i) = \frac{n(t_i)}{n} \tag{11.6}$$

其中

$$n = r(t_i) + n(t_i) \tag{11.7}$$

2. 威布尔分布

统计分布得到的失效件遵循一定的数学法则。该法则是从大量的应用法则中通过匹配试验精确发现的。现已证明,在机器制造中的失效法则在足够一致性时只能采用威布尔(Weibull)分布法则。它也适用于用在机器制造产品中的电气和电子部件。对汽车工程,VDA 对此作了接近实际的指导[192]。其他对专门解决汽车可靠性感兴趣的可能方法见参考文献 [195]。

威布尔分布可用2个或3个参数描述。在大多数情况下使用2个参数形式：
$$F(t) = 1 - \exp\left[-(t/T)^b\right] \tag{11.8}$$
式中，b 为形状参数，较少使用，表示陡度；T 为特征寿命，因次为 NE（km、h、a），很少使用，表示比例参数。

使用威布尔分布有如下优点：

1）通过不复杂的数学算法可容易转化为线性化分布，从而可按图11.56建立简单的分布网。利用分布网可得到图形化参数[193]。

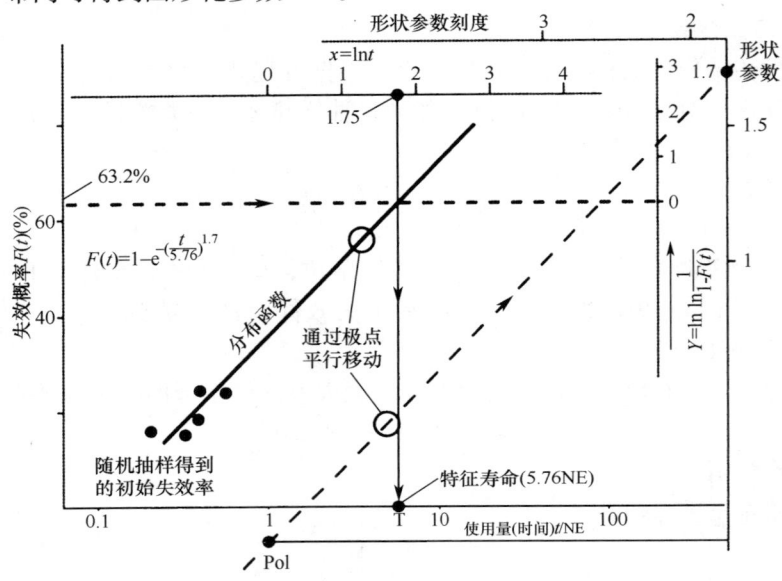

图11.56 按威布尔（Weibull）的分布网

2）威布尔分布可以在存在与随机抽样件数量无关的两个最少失效件时计算参数。这样就可没有问题地对"不完全的随机抽样件"做出评价，即提供所期待的作为策略规划依据的失效性能的方案性数据是实现原来可靠性试验目标的根本前提。

3）在形状参数 $b>1$ 时要注意作为以 km 计或时间单位 h、a 计的平均使用量尺度的特征寿命，这时
$$\bar{t} = 0.9T \tag{11.9}$$
式中，$\bar{t}$ 为平均使用量，以 NE（km、h、a）计。

4）清楚表示在图11.57中的"失效率浴盆曲线"的失效阶段形状参数按威布尔分布可用下面方程式表示：
$$\lambda(t) = \frac{b}{T}\left(\frac{t}{T}\right)^{b-1} \tag{11.10}$$

早期失效表明零件有严重的设计缺陷或制造缺陷，需要改变，即得到的特征参数不能作为规划的依据。随机失效具有等失效率，因此它与使用量（时间）无关。这样没有必要保留预防性的维护措施，但要采取设计措施。

5）在形状参数 $b>1$ 时，根据向外发散（离开）曲线（图11.58）可以估计还有多少剩余利用量（时间）。该剩余利用量在低于规定的某一存活率和在预防性维修情况下可作为更

换准则。在向外发散曲线下的总面积则可表示存活率的平均利用量，

$$t = \int_0^\infty R(t)\,dt \qquad (11.11)$$

3. 可靠性特征参数的应用

在失效率基础上的可靠性特征参数可用于考虑和计算下列情况：

1）更新函数需要备用件[194]。

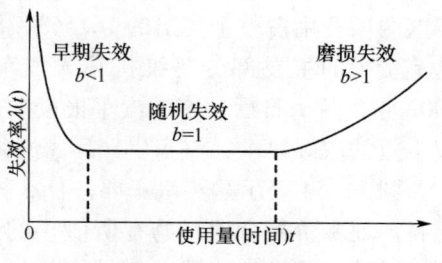

图 11.57 在整个使用量（时间）内的失效率变化过程

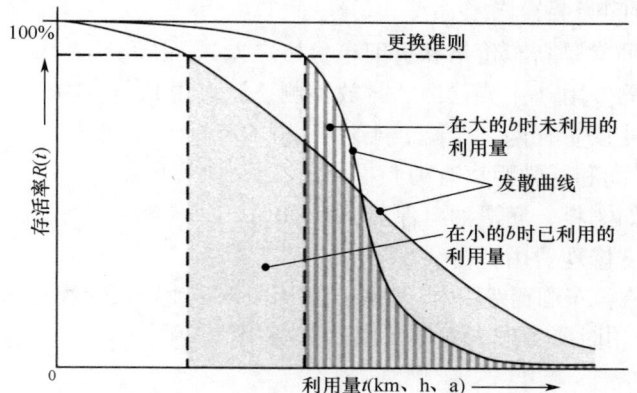

图 11.58 在整个使用量时存活概率变化

2）在不同的备用件储存中的位置安全性。

3）在车间修理汽车和组件的材料和工时费用或在专门的修理企业更换零件、组件。

4）优化寿命周期观察范围的零件、组件更换时间点和它们间的相互调整。

5）零件、组件串、并联的系统可靠性，包括估计设计确定的冗余的有效性，特别是对规划汽车使用感兴趣的可用性特征参数。由可维护性和可靠性组合的可用性特征参数是这样定义的[191]：

它是机组（汽车）能力，到规定的时间点或在规定的时间间隔还是同一状态，在规定的验收条件下完成所需的功能。

可用性 A 的一般方程式为：

$$A = T/(T + T_v) \qquad (11.12)$$

式中，T 为平均无故障间隔（MTBF-Mean Time Between Failures），单位为 h；T_v 为平均损失时间或修理时间（MDT, Maintenance Down Time），单位为 h。

因为汽车使用量主要不是以工作时间而是以行驶距离计算的，所以采用"可用性指数"这一概念。它相当于在修理时间（h）或在车间停留时间（h）所驶过的距离，并表示为：

$$I_A = S/T_v \qquad (11.13)$$

式中，I_A 为可用性指数，用每修理 1h "驶过"的里程数表示；S 为无故障行驶距离，单位为 km。

11.6.3 寿命周期成本

根据德国联邦统计局统计，用于交通和通信的支出是德国每个家庭的两大支出。2004

年这两项费用占整个支出的 16.5%，即平均每个家庭每月的平均支出费用为 440 欧元[218]。这笔费用的主要部分是维持私人汽车，包括从购买、使用直至报废的全部折算费用。按 2002 年 7 月 1 日后生产的汽车报废法规，报废由汽车生产厂家处理[219]。2007 年 1 月 1 日起生效的法规要求，汽车生产厂家必须免费回收它们企业生产的所有汽车。

图 11.54 表示购买汽车要按什么样的准则。作为保养成本的一部分，可靠性、经济性、燃料消耗和价格合理（物有所值）的这些准则位居最前面。为可维护性提供的费用，像设计、试验、开发的费用一样，同样列入汽车费用中。为此，从用户角度要优化下列费用（以高尔夫IV为例）：

固定费用（与时间无关）：
1) 购置费用（通常是新车价格和折旧车价格之差），占 38%。
2) 与法规有关的费用（主要检测、排放检测、汽车税），占 3%。
3) 保险费用（主要责任险、全险、半险）占 19.5%。

变动费用（与时间和行驶距离有关）：
1) 使用费用，如燃料、润滑油、保养，占 30%。
2) 车间的检测、修理费用，占 9.5%。

保修期费用包含在汽车购置费用内。保修期费用由汽车生产厂家委托车间结算（图 11.54）。在完整观察保修期费用时要考虑失效件费用（如备用汽车）。

1. 购置费用

购置和销售过程对汽车寿命周期费用有很大影响，为此要加以区分：
1) 购置费用是新车价格和折旧车价格之差。
2) 折旧车价格是在转让汽车时得到的或要达到的价格，它等于经销商买入价。这有利于减少费用，特别是在保险和车间修理时[220]。
3) 在可信的经销商处购买相同价格汽车要支付重新购置价格作为在汽车损坏或丢失时主要责任险、全险、半险的定损依据。

重新购置价等于经销商的卖出价[220]。

4) 根据 BGH 裁决权，余值是这样的款项，在当地可信的二手车经销商处或在他信任的经销商处购买有毛病的汽车时，按 BGH §249 第 2 款还可获得一笔在备用购置汽车框架内的补偿款[196]。

2. 与法规部门的有关费用

与法规部门的有关费用是由法规规定的主要检测（StVZO §29）、排放检测（StVZO §47a）费用以及每年应付的汽车税组成。汽车税在过去常作为环境政策的税种。

3. 保险费用

保险费用包括用户支付的强制责任险和可选择的半险或全险。强制责任险对交通事故伙伴保险，但几乎不包括汽车本身的损坏保险；而半险和全险可对汽车保险，即交通事故伤害、风窗玻璃破碎、烧坏以及被盗的保险。汽车损伤费用在大多数情况下是保险费用中的主要部分。在许多国家，如德国、英国、瑞典和美国，修理费用和防盗费用不断影响保险费用。如果汽车由于交通事故无法使用和放弃租用汽车则可要求所谓的"故障造成使用损失"费用，这同样适用于在车间修理时的停车时间。租用汽车根据车型分组。乘用车费用分为 11 个组，从 27 欧元/天到 99 欧元/天；摩托车费用分为 9 个组，从 10 欧元/天到

66 欧元/天[198]。

4. 使用费用

使用费用主要包括保养和燃料、润滑油等费用。它们的消耗过去是、现在仍然是汽车开发中工程师的关注点之一（图 2.1）。根据对 3300 辆车型的能量消耗评价，ADAC 将汽车燃料消耗分为从节省的"A"级到浪费的"G"级 7 个等级，为购车者在经济性方面给予决策帮助[197]。

5. 车间费用

在保修期和不苛求的情况下，车间费用由汽车生产厂家承担，在其他情况则由用户自己或由保险公司负担。不管哪种情况，向用户出示的是检修、检测、诊断、修理等工作产生的费用。这些工作是按计划或超出计划的零件、组件中的各个事件出现的。

检修、检测是车间在一定时间内，根据汽车生产厂家确定的计划进行的。它包括寿命周期观察范围出现的正常磨损，并可及时识别薄弱之处。为满足用户要求，汽车生产厂家致力于延长检修间隔。因为实际的检修间隔取决于汽车的使用条件，所以要灵活确定检修间隔。为此需要使用传感器和电子分析装置，它们可以检测零部件磨损状况和计算出剩余使用量（km、h），直至达到磨损极限。

这方面决定性的判据是发动机润滑油状况。当前更换润滑油的里程，对点燃式发动机为 10000～30000km，对柴油机为 7500～50000km。在多次更换润滑油时要配合其他一些检修措施。延长更换润滑油间隔和减少检修、检测范围可降低车间费用，提高汽车可用性。

使用作为机械系统补充或甚至完全替代的电子系统在形式上会增加诊断费用，这也算是个缺点。当各个电子系统性能可与不同的功能要求匹配时（它比商用电子系统有很大优点），表示附加的电子部件总是具有较大的综合性、较多的不可见性（隐蔽性）和较易干扰性。

这种情况对车间人员，像对制造厂人员一样有特别的要求。为保证电子系统的可靠功能，要用检测软件检测电子系统功能和可信度。将识别到的故障（也就是标准值与其他状态值之间的偏差）存储在有关的电控单元中，并有针对性地做出评价。可将如切断前排乘员处的安全气囊功能和要切断的其他功能存入相应的电控单元中，并通过诊断接口在车间中读出。这样，在汽车上出现 1 个或多个故障或可能由于长时间不用汽车或其他情况时可以切断用电器件（系统、装置）以保护蓄电池。利用车外仪器（装置）和软件诊断，可以有效地帮助分析、评价系统的功能信息。制造者的知识可以以有效的方式提供给机械工程师。经常是利用新开发的最新软件在汽车上在线修改出现的问题，这样可避免更换较高成本的汽车部件。

在车间中的机械工程师应能实施各种维护措施，而与车型无关。由于汽车发展很快，这就需要较贵的培训费用。车间的工作质量是反映汽车生产厂家整体质量的窗口之一。通过现有的、遍布各地的品牌车间将用户与有实力的企业，也就是与汽车生产厂家和它们的产品质量联系在一起。

车间内的工资费用按企业财务规定核算。这里有保证金（抵偿）份额核算和全费用核算的区别[199,200]。在这两种情况下，获得的份额应抵偿汽车修理部产生的费用。这些费用为：生产者和非生产者工资、志愿者和法律规定的社会偿付金、税收、创新基金、折旧、行政费用和利润部分。

车间的费用结构比例随市场状况有很大的不同。在欧洲市场，如工资费用要比其他洲多，在其他洲配件成本和车间设备投资占较多费用。

11.6.4 车间服务过程中的组织

完成用户的委托任务总是与组织和优化汽车修理部门的服务过程联系在一起的。在汽车修理部的质量管理过程中各个流程的相互配合称为服务过程。在服务过程中的各个工作流程的优化就是保证有效完成用户委托任务，使用户满意并满足企业自身的经济效益需要。为此，需要开发专门的、针对车间服务过程的系统方案，保证在汽车修理部内部有一个完整的、联网的信息流。

对特别严格的委托任务或没有优势的流程，如大众公司建立专有的技能中心，利用这个中心可以尽快保证最好地帮助车间进行维护工作。这时，汽车修理部在向技术服务中心（TSC-Technische Service Center）技术咨询后，就会在线提供意见、远程诊断、提供知识数据库的方式得到帮助，必要时还可在汽车修理部分析[216]。

为保证车间服务过程从工期协议开始到通过电话报告后续工作结束的顺利进行，需在汽车修理部图示数据流程：

1) 工期协议。有资质的人员接收用户和汽车资料，并将它们输入到经销商系统中。有针对性地提出有关故障的一些情况（边界条件），为接收汽车和安排力量维护进行准备。

2) 工期准备。委托任务开始，检查资料和必要的背景信息，购置故障备件，规划必要的人力和车间能力，及早接收汽车。

3) 接收汽车。在接收汽车时，有准备的服务人员与用户就汽车状况以及维护措施范围进行协调并进行准确介绍。

4) 安排力量。精确的准备工作可顺利、可靠完成委托任务。遵守所有的协议内容并扩大委托任务内容信息，保证用户满意。

5) 质量控制。认真的质量控制，可以防止增加费用的再维护，特别是可以避免用户抱怨。

6) 交付汽车/结算。在交付汽车时友好、仔细解释所进行的维护工作，促进用户对汽车修理部的信任。

7) 后续工作。用户取走汽车后，给用户打电话提醒协议中的约定和用户的利益，为今后做得更好而努力改进，并表示了解用户的希望和在服务中的不足。

11.6.5 合理的维护设计

1. 可维护性的目标和要求

在产品设计过程中的方案和设计要规定可维护性。除其他的性能外，在所有开发、设计阶段要同时考虑可维护性的设计目标。合理维护汽车的途径早先是通过少维护的零件和组件直至达到高可靠性，现在只是通过具有维护友好性的零部件直至实现可维护性。在产品开发阶段，维护方案是汽车合理维护设计的依据。追求可维护性的目标就是优化可靠性、减少维护费用和考虑专门的维护框架条件，如车间配备特殊工具（图 11.59）[202]。

车间合理维护汽车费用的具体目标可从用户使用汽车的费用推算出。车间费用是由各个事件产生的，即它是在以按计划或超过计划的零件或组件的方式出现的。对有关各项维护措施的平均费用的了解和对有关这些维护措施的频度的了解，需要设计优化方案。为定义可维护性目标和要求，要尽可能单独列出影响车间费用的汽车零件和组件。这样，在产品设计过程中设计师就可在规划、方案、设计、优化时考虑可维护性目标和要求[188-190,215]。

2. 车间费用因素、时间（维护时间、规划时间）

采用工序的车间费用因素、时间方法可得到车间工资值，并按工序规定的时间计算工资。为此要求系统地研究维护工作的时间，正如维护工作研究和维护工作时间研究协会（REFA）做的那样。此后，而且只是此后，再确定为汽车修理部生产能力规划、委托任务规划、税收、质量控制、工资、公布账目和其他预算所需的时间。

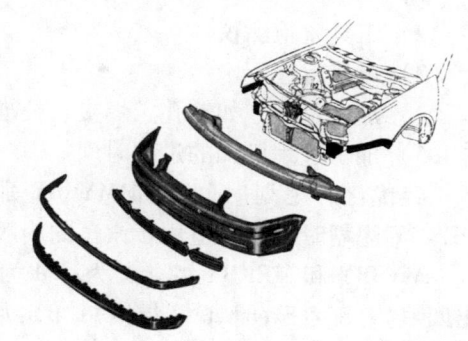
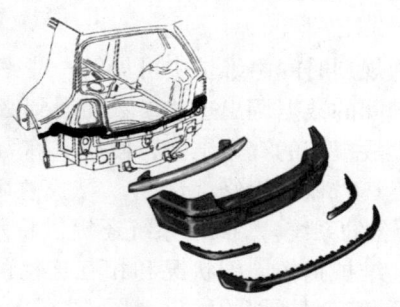

图 11.59　高尔夫轿车前部和后部螺纹紧固件

时间定额必须满足下面的先决条件：
1）描述维护工作范围和流程。
2）时间定额发生在完成任务的车间中。
3）使用标准和特殊工具或其他装备。
4）通过汽车中的手工操作和为手工操作培训的机械师和电气师实现。
5）保持维护工作的安全性控制。

从时间研究，通过多次维护工作时间回归可以剔除一些重要参数，得到规划时间。规划时间缩短在车间中的服务过程并在设计计算时有助于找到最佳的维护方案。为此需要有定位在设计零部件上的这些"参数"，它们是：

1）各种型式的连接件，如螺纹紧固件、粘接连接件、弹簧卡夹、铆接、开口销和卡箍（图 11.60）。

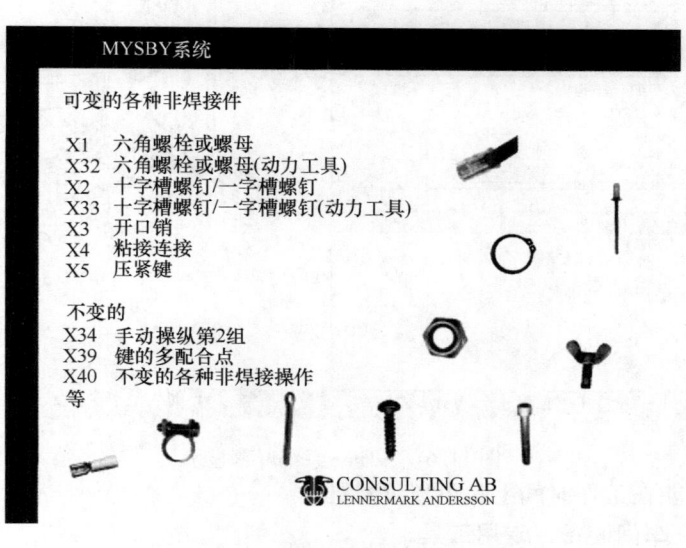

图 11.60　各种连接件

2）工具、检测仪。

3）可接近性。

4）加工过程，如钻孔、焊接、校准。

5）加工过程已知的过程时间。

经优化的规划时间是如 MYSBY 那样的规划时间，它适用于交通事故的汽车维护；MEKBY 规划时间，它适用于汽车的一般维护。

MYSBY 和 MEKBY 的含义为：M 为 Mattrika（对准框架）；Y 为 Ytrika（在……上面压出凹痕）；S 为 Svetsbyta（焊接）；BY 为 Byta（修复）；MEK 为 Mechanik（机械）。

在这两种方法中要使用时间公式。时间公式特别适用于在开发阶段中对服务友好性的虚拟评价[201]。

因为规划时间由维护中可见的一些零部件所需的时间组成，这样对每个委托任务可通过从汽车车间的数据调出这些参数而得到必要的维护工作时间。自 1986 年以来，在瑞士为核算交通事故损伤的汽车维修，使用了称为 CABAS 的方法。2005 年以来，为在磨损损坏和交通事故损坏时核算检修、诊断、寻找故障以及维修工作，在大众/奥迪汽车维修部使用以 xTime 命名的系统。xTime 系统还提供特殊的工具、工作周围的夹紧备用件和备用件。通过详细描述维护工作周围状况和相互连接的工序就可为车间的服务过程进行车间能力、合作者、资源和工期规划的优化（图 11.61）。

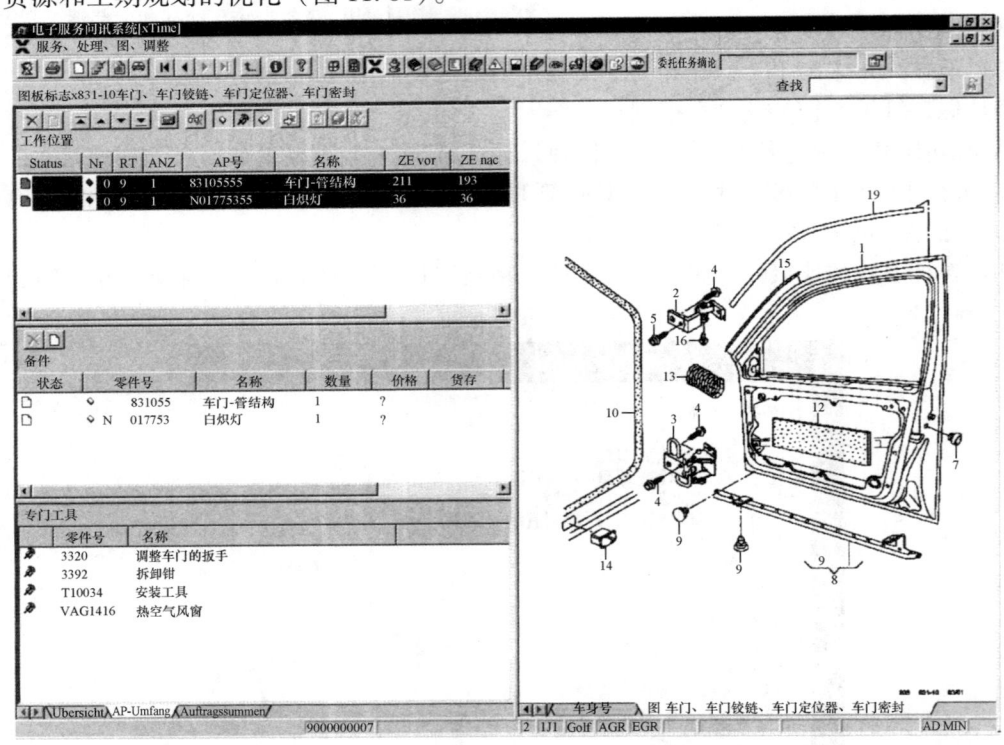

图 11.61　xTime 系统屏幕显示

"可维护"性能在工作时间上是可以度量的。

3. 费用因素、车间装备、专用工具

在投资和车间费用中包括车间的新装备、新工具的所有费用。在汽车开发中注意车间装备的再应用可降低车间费用。实际上，汽车工厂/车间在维护新车型时投资费用在 0 ~ 100000 欧元或更多些。即便投资 100000 欧元或更多些的情况下也只是整个汽车维护范围的一个支撑点。这表示如有可能，期待有更多的车间投资。另外，车间布局要合理。在车型设计有很大变化时，从开发开始就要注意它对汽车维护的影响。特别的重点是在新材料、电子系统、电子系统诊断方面。车间技术的进步应与汽车技术的进步同步。

"合理的车间"在所需的车间装备费用方面是可以度量的。

4. 备件、拆卸深度、运输能力、储存能力和供货时间

备件和材料费用为车间费用的第二个组成部分。设计师根据部件/系统拆卸深度判断备件的费用[191]。拆卸深度应能更换最小的磨损件，这对一些国家特别重要，因为这些国家的工时费用低，但备件贵。如在一些高工资的国家，更换带有齿圈的飞轮，而低工资的国家将齿圈与飞轮盘分开再将新的齿圈套在收缩的飞轮盘上。备件必须经得住长距离、无损伤的运输和可长时间储存。占太多场地的零部件应该是可存放的堆货站。备件的供应一般应保存到批量生产汽车后 15 年。忽视这种准则就会不必要地提高备件费用。"合理的备件"是指备件的费用是可以度量的。

5. 可维护性证明

为满足未来有关可维护性的要求，除了改进可检修性和可维修性外，首先需要开发汽车可检验性或具有自诊断能力。目标是电控单元的完全自诊断，直至可诊断到最小零件。这样，为用户着想，只要更换有故障的这个最小零件。在汽车内部需要主动的、联网的电控单元自诊断，因为只有确定故障的位置才能排除故障。系统和综合性的故障寻找首先需要在汽车外部（离线）有一个能与诊断仪和检测仪相接的诊断结构（接口）。累积汽车生产厂家经验的这个诊断结构是与汽车数据（在线）结合在一起的。尽管汽车上的功能越来越多，在未来仍可达到汽车的经济维护。可以想象的是当软件出错或只要重新装入软件或考虑修改个别的程序。为能把有关综合性系统的专家知识在最短时间内带给车间，还要使用远程诊断系统以诊断车间内的汽车（图 11.62）。

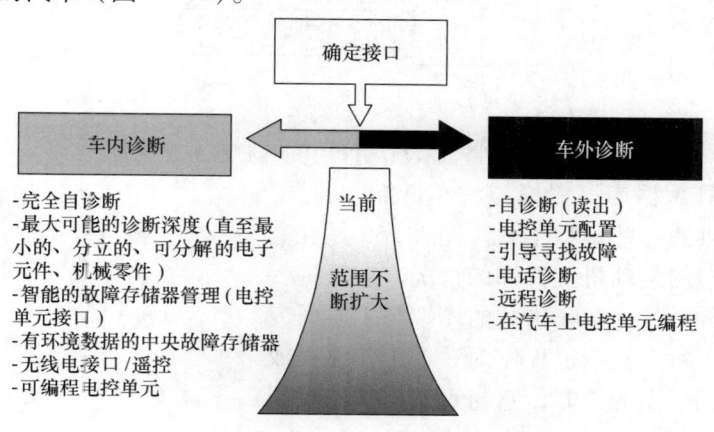

图 11.62　诊断结构

为实现这一任务的设计师通过在开发过程中已经建立的联网了解汽车维护过程中专业人员的建议，所以与用户服务部和负责质量安全的同事、合作者跨部门合作是一定要坚持的。在规定的试验中要检测设计代用方案并提供最佳的可维护性证明文件，必要时向用户出示或做出保证。

诊断系统和维护工作的新任务来自不断采用综合性的驾驶人信息和辅助系统。

6. 数据系统

检测在停车场使用的汽车数据或作为场数据的私人用户使用的汽车数据的数据系统应满足用户服务部产品流的要求。为在确定的一段时间内，或为从汽车第一次允许上路行驶至报废的整个使用时间要检测所有存储的统计维护事件（维护记录）。从这些数据可以构成与零件有关的"货物筐"。对货物筐中的每一个零部件，可根据损坏平均值（SD）、损坏频度（SH）和由于损坏所需的零部件（SB）得到下面的关系式：

$$SB = SD \cdot SH \tag{11.14}$$

这时，损坏平均值 SD 是由工资费用总数、材料和备件费用以及必要时的备用车费用构成的。而工资费用总数是由工时和每小时收费标准的乘积得到的。要考虑汽车所有维护事件，即检修、检测、维修和交通事故维修的零部件。

7. 服务友好性的虚拟评价

在产品开发时间越来越短和减少真实样车的情况下，根据数字产品模型（DMU）出现有重要意义的虚拟可维护性试验。因为总是在晚的时间节点才能提供较少的样车，所以拆卸和再装试验是不可忽视的。图 11.63 表示从项目开始到生产开始的一段开发过程时间。进行维护性试验估计可在生产开始前 20 个月。通过使用 DMU 在项目开始后几个月就可以做出第一个虚拟样车，并在这个虚拟样车上拆卸、再装。这样能在较早的时间第一次评价汽车的服务友好性。如果数据状况以最高的结构分级表示第一个虚拟样车，则在不是很多的数据状况时还可较早做出虚拟样车，从而缩短开发时间。

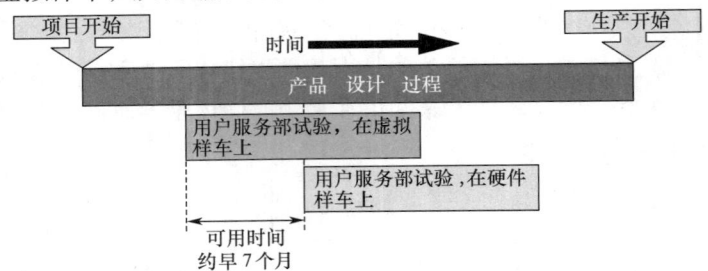

图 11.63　在产品设计过程中的用户服务部试验

利用虚拟工具数据库可以模拟汽车拆卸和再装。图 11.64 表示提供的一些虚拟工具。图 11.65 是在真实的起动机和虚拟的起动机上拆卸的情况。期盼进一步开发软件和硬件，将拆卸和再装的模拟与工时研究的规划时间结合。每个模拟过程作为一个工作流程或工序，并由此得到所需的工时，它与真实样件的可用性无关。

图 11.64　虚拟工具

8. 报表制度

汽车可维护性的特征是维护时间短，在竞争中占有优势。

内部报表制度供分析可维护性的各种费用和了解改进合理维护设计的潜力。这些潜力包

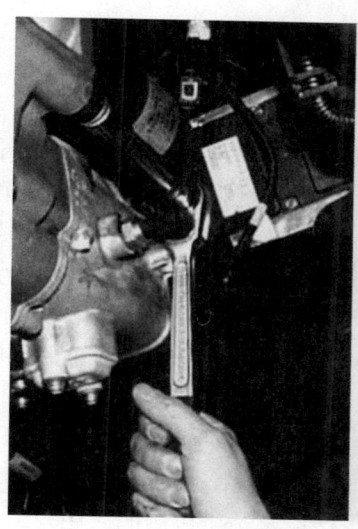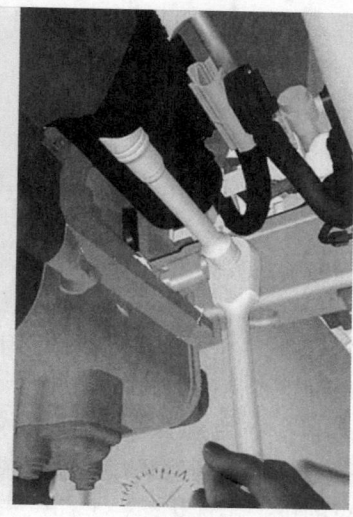

图 11.65　拆卸起动机（真实的和虚拟的）

括保险费用、工厂和车间费用。按设计说明书目标确定预测的这些费用要比这个领域的竞争者的费用低。

报表中的另一个重点内容是如何达到设计说明书目标。报告的细化与所希望的项目管理深度有关。

在任何情况下，在开发项目之初应建立报表制度，它是管理工作的一部分。到开发工作结束，在最后的报表中要用令人信服的数据清楚证明汽车的可维护性。

11.6.6　策略与方案

1. 汽车维护策略

汽车维护策略描述是否、由谁、在什么地方、什么时候、采取什么样的汽车维护措施。维护措施可分：

1）修正的维护：在修正的维护时按需要实施维护措施。

2）预防的维护：为避免故障实施预防的维护措施。

3）与状态有关的维护：通过检测按设定的状态和判定的实际状态实施与状态有关的维护措施。

2. 汽车维护方案

在方案阶段，设计师将维护过程作为决策的基础。根据这一决策，用户服务部在设计阶段起草成为以后维护方案的草案。

维护方案重新考虑汽车维护需要。随着设计的深入，到汽车批量生产阶段维护方案已趋成熟。

维护方案包括维护的方式和用什么方法可在以后的车间中准备与实施。

如果没有特别的维护方案约定，设计师可参照以往的汽车维护方法和工作流程、机器设备、车间装备、工具和专门工具，以及相关的维护组织形式的培训内容作为已知的维护方案。

由于新的制造方法或材料对汽车维护的影响而使维护发生变化，则必须在方案阶段加以说明，以免花费不必要的费用。这同样适用于工作方法、机器设备、车间装备、专门工具变化或新开发专门工具而发生的变化情况。

3. 对可维护性的要求

基于经验、决策和维护方案，用户服务部提出可维护性要求。为减少设计师工作，要将与要求有关的零件分类。要将在使用时的费用、可识别性、可接近性和可更换性、可检修性、可检验性和可检测性、运输和储存性能以及标准化都列入要求中。同样要考虑过去的数据、出现故障的范围和边界条件，如所用检测仪的插头、现有人员的维护知识和维护的设备规模。

如果在项目进行中，在执行协议中出现附加要求，则随着项目的进展同时会形成有关这方面的文件，这是可维护性的原始依据。

4. 用户关系和供应商关系

汽车生产厂家与大用户的关系在汽车领域居特殊地位。由于接近用户就可以直接得到信息反馈和促进汽车的进一步优化。一方面汽车生产厂家是供应商的大用户，在采购零件、组件或模块时汽车生产厂家是供应商的用户；另一方面购车者又是汽车生产厂家的用户。在这两个方向，用户的要求是决定性的。这表明，在用户链中，后面的、也就是最终的用户的要求必须传递到前面的供应商。

在汽车上使用的零件、组件、模块是从世界供货市场采购的。采购的选择标准是对供应商的技术要求、经验和采购价格。采购部门和必要时还有设计部门将优先采购用户和供应商方面常见的、熟悉的方案，这时不只是注意功能和制造厂优惠的成本这一方面，还要注意维护成本。如果将作为另一个优化准则的寿命周期费用引入采购过程，则可利于扩大维护性的功能范围。供应商的利益是低的担保费用，汽车用户的利益是使用的低维护费用。供应商力图使供货前的制造费用、后修理费用和在供货后的担保费用和优惠费用的所有支出降至最低。未来的汽车用户将不断把寿命周期费用（即所有的购置、使用和维护费用）放在重要位置，并向汽车生产厂家提出低寿命周期费用要求。

5. 管理的作用

如果要把合理的维护设计放在企业的重要位置，则必须除了明确定义开发过程期限目标外，还要明确定义要控制和转化的制造费用目标和功能目标。为将寿命周期费用降至最低，实现开发目标的前提是通盘考虑规划，建立连续跟踪管理体系，制订有效管理的方法、培训参与人员、确定流程、制订要求的目录、核对清单、维护分析、数据分析以及制订报告制度的各项规定。

此外，所有这些的前提是充分准备。要注意寿命周期费用，能在从第一开发阶段开始就确定合理的维护方案。在企业的标准化流程框架中应对试验项目的合理维护设计进行连续的管理和评价。只有在试验项目取得好的结果时才可通过。

6. 欧盟的影响

自 2002 年以来，对"保证产品没有缺陷"的债务法作了新的规定。在该法中，"保证产品没有缺陷"替代实行的"担保义务"，并规定从交易物品起的 2 年时效期。此后，新车在经销商处直到用户买走还可有多达 6 个月的时效期。在没有缺陷的情况下，经销商必须保证到这个时间点交付的汽车不存在缺陷。同样，旧车经销商的时效期也为 2 年。但通过 AGB（民法典）规定可以将 2 年的时效期限制为 1 年。

法规的改变影响到产品开发,因为把可靠性和可维护性放在重要位置,将1年的担保时间变为2年没有缺陷,从而增加汽车生产厂家的责任。欧盟追求这一目标是应对汽车市场剧烈竞争的压力。该规则和法规可使欧盟内的购车者轻松、可自由设计价格、使销售和用户服务简单。这也适用于2002年10月的"免除集体义务规定(GVO)"[221]。该规定规范汽车、配件的买卖和各个经销商和汽车生产厂家之间的服务、维护能力。依据这个法规,应保证契约经销商与契约车间与所谓的"自由经销商"和"自由车间"的相等地位。

该法规允许选择"自由车间",那些在投资少、工时短、配件便宜、质量好的自由车间维护的汽车要比在高的车间投资、长的拆卸安装工时和贵的配件的车间维护的汽车有竞争优势。

7. 代用动力方案(代用动力汽车)带来的影响

在商业网点上必须调整和照管代用动力方案的服务点。市场上代用动力方案置换越早、覆盖面越广,则在用户遇到困难时得到相应部门的帮助越容易、越方便;与此相应的是在销售时能越早在市场上赢得信任。为使代用动力方案这一新技术有吸引力且没有负面影响,需要有一个针对性的定向服务,并包含在产品设计过程(PEP)中。

新技术常常引起商业合作者、工作组织以及车间装备等方面的变化。代用动力方案也影响商业上的赢利状况。与使用常规的内燃机动力方案相比,代用动力方案使用较低故障率的纯电驱动能力,可较大地改变备件经营和缩短销售的工作时间。

调整和照管代用动力方案服务点的各种方式在理想情况对终端用户可移植到世界范围的每个车间。在车间中可以积累各种代用动力方案的不同要求和经验。考虑到世界市场特别的、非常差异的培训途径和培训状况,以及车间的不同信誉,在针对性的定向服务中都要在PEP中注意这些因素。

采用高电压技术必须注意一些要点:

1)每一个与或可能与高电压汽车相关的汽车修理部合作者必须认识到从事高电压工作的危险性,并要有详细的操作流程。

2)每个工厂至少应有一名能或允许在高电压设备从事调整工作的专家。

从经济角度,每个企业起初只有少数这样水平的专家。工厂必须规划和编制工作流程,并在PEP中从一开始就要明确什么样的工作要由专家实施,什么样的工作可由其他同事实施。

汽车在无电压状态和高电压设备完好时通常的修理常由所有的同事处理,但使汽车处于电压状态这个过程则由专家亲自实施并保证安全。每一项与高电压设备有关的工作或会造成高电压设备损坏的工作应由专家完成。按车型不同,这种任务分工必须包含在PEP中。

为此,汽车设计应能自动监控,即在无电压时接通高压设备以进行安全的无电压检测和防止高压设备无意地通电。

另外,从汽车资料和文件中可马上识别汽车的配置状况。汽车上同时也提供了相应的识别标志。汽车上的高电压设备必须逐一标上易于辨认的标记。通常采用橙/红色标记。

特别是在发生交通事故(也有在其他情况)时,在高电压导向件可能损坏的情况下,首先要由受过专门培训的专家着手处理。

保证技术安全、公正的市场、对用户的保护、与照管代用动力方案(新技术)质量相关的培训等始终是维修工作的重大挑战。

参 考 文 献

11.1 节参考文献

1. Winterkorn, M.: Anforderungen an die Produktentwicklung im Automobilbau. Graz (2000). Tagung Motor und Umwelt
2. Winterkorn, M., Ludanek, H.: Weltweit landesspezifische Fahrzeuganforderungen für Material und Funktionen. Stahl-Dokumentation. Bd. 747. Dresden (2002)
3. Hackenberg, U.: Virtuelle Aufbau-Entwicklung bei Audi, 7. Automobiltechnische Konferenz, Stuttgart, 30. Juni/ 06. Juli 2003
4. Tang, T.: Integriertes Produktdatenmanagement im virtuellen Produktentstehungsprozess. 7. Automobiltechnische Konferenz, Stuttgart, 30. Juni/1. Juli 2003
5. Heinrich, A., Müller, K., Fehrling, J., Paggel, A., Schneider, I.: Versionsmanagement für Transparenz und Prozesssicherheit in der Steuergeräte-Entwicklung. Internationale Tagung Elektronik im Kraftfahrzeug, Baden-Baden, 2003
6. Oehlschläger, H., Krebs, J.: Neue virtuelle Entwicklungswerkzeuge für frühe Phasen des Fahrzeug-Produktentstehungsprozesses bei Volkswagen. VDI Bericht, Bd. 1876. VDI-Verlag, Düsseldorf (2005)
7. Hackenberg, U.: Produktentstehung. Vortrag, Automobilforum, Stuttgart, 2006
8. Lindemann, U., Reichwald, R., Zäh, M.-F.: Komplexitäts- und Variantenmanagement der AUDI AG. VDI-Buch, Berlin, Heidelberg (2006)
9. Seiffert, U., Rainer, G. (Hrsg.): Virtuelle Produktentstehung für Fahrzeug und Antrieb im Kfz. Vieweg+Teubner, Wiesbaden (2008)
10. VDI: SIMVEC – Berechnen, Simulieren und Erproben im Fahrzeugbau. Baden-Baden (2010)

一般参考文献

11. Der neue Audi A6. ATZ extra (Januar 2011)

11.2 节参考文献

12. Minx, E., Waschke, T.: Mobilität von morgen – Konzepte der Automobilindustrie. Internationales Verkehrswesen Sonderheft: 100 Jahre Deutsche Verkehrswissenschaftliche Gesellschaft (2008)
13. Tattersall, S., Renner, G.: Untersuchung von Kundenanforderungen an aktive Sicherheit und an Fahrerassistenzsysteme durch den Real-life Analysis Ansatz. VDI-Tagung Integrierte Sicherheit und Fahrerassistenzsysteme, Wolfsburg, 12./13. Oktober 2006
14. Flögel, H.-H., Kauf, F., Wahl, D., Frühauf, F.: Wärme- und Energiemanagement Gesamtfahrzeug – Simulationstool VehEMent. In: Deußen, N. (Hrsg.) Wärmemanagement des Kraftfahrzeugs II. Expert-Verlag (2000); 2. Tagung Wärmemanagement, Essen, Haus der Technik, 18.–19. September 2000
15. Brückner, B.: Neue Möglichkeiten der Ergonomieabsicherung. Ramsis User Conference, Human Solutions GmbH, Kaiserslautern, 21./22. September 2009
16. Daimler: Die neue Mercedes-Benz S-Klasse: Voraus schauen – voraus fahren. Pressemappe, TecDay 2, Stuttgart, 09. August 2005
17. Käding, W., Zeeb, E.: 25 years driving simulator research for active safety. In: Proc. International Symposium on Advanced Vehicle Control (AVEC 2010), Loughborough, August 2010
18. Zeeb, E.: Daimler's new full-scale, high-dynamic driving simulator – A technical overview. In: Conference Proc. Driving Simulator Conference Europe, Paris, September 2010
19. Okamura, H.: Approach of engineering concept design for optimisation problem. 29. ISATA Konferenz, Paper 96 ME 028, 1996
20. Braess, H.-H., et al.: Methodik und Anwendung eines parametrischen Fahrzeugauslegungsmodells. Automobil-Industrie **5**, 627–637 (1985)
21. Hänschke, A., et al.: Parametrischer Bauraum – synchronisierter Fahrzeugentwurf. SIMVEC – Berechnung und Simulation im Fahrzeugbau 2010, Baden-Baden, 16./17. November 2010
22. Volz, A.K.: Systemorientierter Karosserie-Konzeptentwurf am Beispiel der Crashsimulation. Dissertation, TU Ilmenau (2000)
23. Wallentowitz, H.: Vertikal/Querdynamik von Fahrzeugen, 6. Aufl. Schriftenreihe Automobiltechnik **35**(96) (2002)
24. Ammon, D.: Modellbildung und Systementwicklung in der Fahrdynamik, Habil.-Schr., Uni Karlsruhe (1996). Teubner, Stuttgart (1997)
25. Hänschke, A., Hilmann, J.: Der Einsatz vereinfachter Modelle zur verbesserten Auslegung der passiven Sicherheit. 10. Aachener Kolloquium Fahrzeug- und Motorentechnik, Berichtsband, S. 471–493 (2001)
26. Botev, S.: Digitale Gesamtfahrzeugabstimmung für Ride und Handling. Fortschr.-Ber. VDI Reihe 12, Bd. 684. VDI-Verlag, Düsseldorf (2008)
27. Seiffert, U.: Fahrzeugtechnik. In: Dubbel Taschenbuch für den Maschinenbau, 21. Aufl. Springer, Heidelberg, Berlin, New York (2005)
28. Virtual Product Creation. Congress Documentation. Vieweg (2003/2004/2005)
29. Kögl, M., Klimetzek, F.R., Pletschen, B., Möller, J.-S., Füllbier, K.-P., Pfeiffer, M.: Multidisziplinäre Optimierung des Fahrzeugrohbaus. VDI Tagung Berechnung und Simulation im Fahrzeugbau, Baden-Baden, 2008

11.3 节参考文献

30. Seiffert, U., Scharnhorst, T.: Die Bedeutung von Berechungen und Simulationen für den Automobilbau. ATZ **Teil 1**(91), 241–246 (1989)
31. Kuhlmann, A., Thole C.-A., Trottenberg, U.: AUTOBENCH/AUTO-OPT: Towards an integrated construction environment for virtual prototyping in the automotive industry. In: Dongarra, Laforenza, Orlando, V. (Hrsg.) Lecturer Notes in Computer Science. (2003)
32. Berechnung und Simulation im Fahrzeugbau. VDI-Berichte 1559, 1613, 1701, 1833, 1846, 1967
33. Heer, M., et al.: Die Entwicklung des Audi A8. Mobiles **25** (2003)
34. TOP 500. Liste der Supercomputer erstellt durch das Rechenzentrum der Universität Mannheim

35. Bathe, K.-J., Wilson, E.: Numerical methods in Finite Element Analysis. Prentice-Hall, Englewood Cliffs
36. FAT-Schriftenreihe Nr 96, 101, 108, 126, 128, 135, 137, 139, 140, 150, 153, 157, 174, 177, 179
37. Waltz, M., Chmielewski, R., de Bruyne, F., Heuler, P.: Rechnerische Bewertung geschweißter Karosseriestrukturen mit einer Submodelltechnik. ATZ/MTZ Konferenz 2005
38. Lyon, R.H., de Jong, R.D.: Statistical Energy analysis, 2. Aufl. Butterworth-Heinemann, Boston (1996)
39. Haufe, A., Keding, B.: Zur Berücksichtigung der Ergebnissen der Umformsimulation in der Crash-Berechnung am Beispiel LS-Dyna. Altair Technology Seminar, 2004
40. Neubohn, A., Weiss, C., Keck, F., Kuhn, A.: KISS – Gesamtheitlicher Ansatz zur Auslegung von Insassenschutzsystemen. Airbag 2004, Karlsruhe, 1. Dezember 2004
41. Widmann, U.: Virtuelle Aufbauentwicklung bei Audi. In: Faszination Karosserie. 2. Braunschweiger Symposium (2005)
42. Starr, J., Glaser, H.: Das Fahrwerk des neuen Audi A6. ATZ (Sonderheft Audi A6) (2011)
43. Braess, H.-H.: Konstruktion, Berechnung und Versuch – zunehmende Partnerschaft in der Automobilindustrie. ATZ, 327–330 (1985)
44. Hucho, W.-H.: (Hrsg.) Aerodynamik des Automobils, 5. Aufl. Vieweg, Wiesbaden (2005)
45. Keijsers, R.: MKS-Gesamtfahrzeugsimulation zu Lastwechselschwingungen und Triebwerksbewegungen. Fahrwerk-Tech 2001. TÜV Akademie (März 2001)
46. Betz, J., Lührmann, L., Kobs, T., Micko, S.: Beitrag der Strömungssimulation zur effizienten Karosserieentwicklung des neuen A6. Mobiles **30** (2004)
47. Höld, R., Brenneis, A., Eberle, A., Schwarz, V., Siegert, R.: Numerical simulation of aeroacoustic sound generated by bodies placed on a plate: part I – prediction of aeroacoustic sources. AIAA paper, 99–1986
48. Siegert, R., Schwarz, V., Reichenberger, J.: Numerical simulation of aeroacoustic sound generated by bodies placed on a plate: part II – prediction of radiated sound pressure. AIAA paper, 99–1895
49. Hendriana, D., Sanndeep, D.S., Schiemann, M.K.: On simulation passenger car side window buffeting. SAE paper (1316) (2003)
50. Adam, S., Erdmann, H.-D.: Konsequenter Einsatz von CAE-Methoden im Produktentstehungsprozess am Beispiel des neuen Audi FSI-Motors. Virtual Product Creation 2002 – 6. Automobiltechnische Konferenz, Berlin, 2002
51. Islam., M.: Numerical and experimental investigations of high-pressure diesel sprays. Imperial College of Science, Technology and Medicine, London (2002)
52. Frei, S., Nagel, T., Jobava, R.G: Bestimmung der Störaussendung im KFZ durch die getrennte Betrachtung der elektrischen und magnetischen Verkopplungen. EMV Düsseldorf, Düsseldorf (2004)
53. Blümcke, E.: Integration der Gießsimulation in die Fahrzeug-Funktionsauslegung bei Audi. MAGMA-Forum »Eigenschaften gegossener Leichtmetallbauteile« 2004
54. Tucker, C.L.: Computer Modeling for polmer processing – fundamentals. Hanser, München
55. Jansen, J.: Ein Werkstoffmodell für Aluminium-Druckgusslegierungen unter statischen und dynamischen Beanspruchungen. Schriftenreihe Forschungsergebnisse aus der Kurzzeitdynamik. (2005)
56. Cupito, G.: IDEAL Mid Term Report, GRD2-2001-50042 (2004)
57. Ramm, E., Schwarz, S., Kemmler, R., Lipka, A.: Structural optimization – The interaction of form and mechanics. 18. CAD-FEM Users' Meeting, Friedrichshafen, 20.–22. September 2000
58. Bachem, et al.: Multidisziplinäre numerische Parameter- und Shapeoptimierung von Karosseriebauteilen am Anwendungsbeispiel Fußgängerschutz. In: LS-Dyna Anwenderforum (2004)
59. Hoffmann R., et al.: Stochastische Simulation in der Entwicklung und Verifikation von automobilen Systemen. In: LS-Dyna Anwenderkonferenz (2002)
60. Jones, N., Wiezbicki, T. (Hrsg.): Structural crashworthiness. Butterworths (1983)
61. Hackenberg, U.: Virtuelle Aufbauentwicklung. Virtual Product Creation 2002 – 6. Automobiltechnische Konferenz, Stuttgart, 2003
62. Kessing, N.: Anwendung von CAE in der Fahrkomfortentwicklung. In: Kudritzki, D. (Hrsg.) Tagung: Fahrzeugschwingungen – Fahrkomfort und Fahrwerk, H030-06-006-0. Haus der Technik, Essen, Juni 2000
63. Zienkiewicz, O.C.: Methode der Finiten Elemente. Hanser, München (1984)
64. Anderl, R.: Wissensbasierte virtuelle Produktentwicklung. Innovations-Tag von CAD/CAMService, Karlsruhe, 25. Januar 2001
65. Volz, K.: Car body design in the concept stage of vehicle development. 2. European LS – DYNA Conference, Gothenburg, Schweden, 14./15. Juni 1999
66. Holzner, M.: Gesamtheitliche Fahrzeugsicherheit. European Automotive Safety, Bad Nauheim, 2004
67. Petterson, BAT.: Numerische Methoden. In: Müller, G., Möser, M. (Hrsg.) Taschenbuch der Technischen Akustik. Springer (2004)
68. Schwenk, C., Rethmeier, M., Dilger, K., Michailov, V.: Sensitivity analysis of welding simulation depending on material properties value variation. In: Cerjak, H., Bhadeshia, H.K.D.H., Kozeschnik, E. (Hrsg.) Mathematical Modelling Of Weld Phenomena, Bd. 8. Verlag der Technischen Universität Graz, Graz (2007)
69. Ye, Q., Domnick, J., Scheibe, A.: Numerical simulation of electrostatic spraypainting processes in the automotive industry. In: Krause, E. (Hrsg.) High Performance Computing in the Science and Engineering 2004: Transactions for the High Performance Computing Center, Stuttgart (HLRS) 2004. 7th HLRS results and review workshop on October 4–5 at the HLRS. S. 261–275. Springer, Berlin (2005)
70. Merker, G., Schwarz, C., Stiesch, G., Otto, F.: Verbrennungsmotoren – Simulation der Verbrennung und Schadstoffbildung. B.G. Teubner, Wiesbaden (2004)
71. 7th european research framework programme: CAE-methodologies for mid-frequency analysis in vibration and acoustics
72. VDI-Tagungen SIMVEC 2008, 2010
73. Ferzinger, J., Peric, M.: Numerische Strömungssimulation.

Springer (2007)
74. Wesseling, P.: Principles of CFD. Springer (2000)
75. Seiffert, U., Rainer, G. (Hrsg.): Virtuelle Produktentstehung für Fahrzeug und Antrieb im Kfz. Vieweg+Teubner, Wiesbaden (2008)

11.4 节参考文献

76. Mehrere Autoren: 100 Jahre Automobil. VDI-Ber. 595 (1986)
77. Troesch, M.: Die Alpenstraßen als Prüffeld für Automobile. Katalognummer 1955 der Automobil Revue, Bern, S. 101–105 (1955)
78. Mehrere Autoren: Mess- und Versuchstechnik im Automobilbau. VDI-Berichte 632 (1987)
79. Mehrere Autoren: Mess- und Versuchstechnik im Automobilbau. VDI-Berichte 681 (1988)
80. Mehrere Autoren: Mess- und Versuchstechnik im Automobilbau. VDI-Berichte 741 (1989)
81. Mehrere Autoren: Mess- und Versuchstechnik im Automobilbau. VDI-Berichte 791 (1990)
82. Mehrere Autoren: Mess- und Versuchstechnik im Automobilbau. VDI-Berichte 893 (1991)
83. Mehrere Autoren: Mess- und Versuchstechnik im Automobilbau. VDI-Berichte 974 (1992)
84. Mehrere Autoren: Mess- und Versuchstechnik im Automobilbau. VDI-Berichte 1189 (1995)
85. Mehrere Autoren: Mess- und Versuchstechnik im Automobilbau. VDI-Berichte 1335 (1997)
86. Mehrere Autoren: Mess- und Versuchstechnik im Automobilbau. VDI-Berichte 1470 (1999)
87. Mehrere Autoren: Mess- und Versuchstechnik im Automobilbau. VDI-Berichte 1616 (2001)
88. Mehrere Autoren: Mess- und Versuchstechnik im Automobilbau. VDI-Berichte 1755 (2003)
89. Mehrere Autoren: Mess- und Versuchstechnik im Automobilbau. VDI-Berichte 1900 (2005)
90. Mehrere Autoren: Mess- und Versuchstechnik im Automobilbau. VDI-Berichte 1967 (2006)
91. Mehrere Autoren: Erprobung und Simulation in der Fahrzeugentwicklung. VDI-Ber. 1990 (2007)
92. Mehrere Autoren: 14. Tagung 2009, VDI-Bericht 2031 (2008), 2107 (2010), 2169 (2012)
93. Mehrere Autoren: VDI-Bericht 2106 (2010)
94. Drews, R., Jongen, H.: Modulares Experimentalfahrzeug für Betriebslastenmessungen. ATZ, 44–54 (2002)
95. Hauke, M.: Simulation des Missbrauchverhalten von Gesamtfahrzeugen. Diss., TU München (2003)
96. Klingenberg, H.: Automobil-Messtechnik. Bd. A: Akustik, Bd. B: Optik, Bd. C: Abgasmesstechnik. Springer (1988, 1994, 1995)
97. Schöggl, P., Steinmeier, C.: Rollenprüfstände als fester Bestandteil der Fahrzeug-Entwicklungskette. ATZ, 686–693 (2002)
98. Weibel, K.-P.: Mehr als 10 Jahre Betriebsfestigkeitsprüfung mit den Mehrkomponenten-Prüfständen der BMW AG. ATZ, 193–198 (1987)
99. Kostka, J., Ziegler, P.: Int. Symp. Verbrennungsdiagnostik. MTZ **6**, 142–147 (2005)
100. Kubach, H.: Ionenstrom als Sensorsignal der dieselmotorischen Verbrennung. Diss., Uni. Karlsruhe (2004)
101. Hagemann, G., et al.: Universelle Prüfumgebung für Untersuchungen des Antriebsstrangs. ATZ, 128–136 (2003)
102. Potthoff, J., et al.: Die neue Laufbandtechnik im IVK-Aeroakustik-Fahrzeugwindkanal der Universität Stuttgart. ATZ, 53–61, 150–160 (2004)
103. Hucho, W.H.: Aerodynamik des Automobils. Vieweg, Wiesbaden (2005)
104. Moog, W.: Ähnlichkeits- und Analogielehre. VDI-Verlag, Düsseldorf (1985)
105. Czichos, H. (Hrsg.): Handbook of Materials Measurement Methods. Springer (2005)
106. Signer, M.: Leistungstests von Kraftstoffen und Schmierölen. MTZ, 112–115 (2005)
107. Gühmann, C., Riese, J.: Testautomatisierung in der Hardware-in-the-Loop Simulation. VDI-Ber. Bd. 1672, S. 511–527 (2002)
108. Kluge, J., Klages, B.: Hardware-in-the-Loop-Simulation und Testautomatisierung. ATZ/MTZ (VW Phaeton-Sonderausgabe), 138–144 (2002)
109. Honisch, A., et al.: Vollautomatisierter Test von Steuergeräte-Netzwerken. ATZ/MTZ (Sonderausgabe Mercedes A-Klasse), 36–39 (2004)
110. Mehrere Autoren: Subjektive Fahreindrücke sichtbar machen. Haus der Technik Essen, 30.11./1.12.1998. Expert-Verlag, (2000, 2002, 2006)
111. Heißing, B., Brandl, H.J.: Subjektive Beurteilung des Fahrverhaltens. Vogel (2002)
112. Gundler, E.: Lässt sich gefühlte Qualität objektiv beurteilen? Techn. Rundschau, 36–39 (2004)
113. Gruening, I.: Driving simulation. SAE-Paper 980223
114. Mehrere Autoren: Simulation und Simulatoren – Mobilität virtuell gestalten. VDI-Ber. 1745 (2003)
115. Mehrere Autoren: Integrierte Sicherheit und Fahrerassistenzsysteme. VDI-Ber. 1864 (2004)
116. Langerl J.W.: Entwicklung einer Simulation zur Abprüfung einer 12-Jahre-Gewährleistung gegen Durchrostung. Symp. »Steel and Automotive Body«, Cannes, 17. Juni 1999
117. Michler, T.: Bionisches Diagnoseassistentsystem für die Dauererprobung autonom fahrender Personenkraftwagen. Diss., TU Braunschweig (2002)
118. Geuer, A.: Einsatzpotential des Rapid Prototyping in der Produktentwicklung. Diss., TU München (1996)
119. Eckstein, L., van Gijssel, A.: HMI guidelines and their effect on process, product and traffic safety. SAE 2006-01-0574
120. Kleppmann, W.: Taschenbuch Versuchsplanung. Hanser, München (2001)
121. Röpke, K.: Design of Experiments in der Motorenentwicklung. MTZ, 414–415 (2002)
122. Lütkemeyer, G., et al.: Effektive Strategien für Motorsteuerungsapplikationen. MTZ, 602–604 (2002)
123. Deuschl, M.: Gestaltung eines Prüffelds für die Fahrwerksentwicklung unter Berücksichtigung der virtuellen Produktentwicklung. Diss., TU München (2005)
124. Denkmayr, K., et al.: Die load-Matrix – Der Schlüssel zum intelligenten Dauerlauf. MTZ, 924–930 (2003)
125. Dick, M.: Virtuelle Probefahrt mit dem neuen Audi A6. Automobil- und Motortechn., Konf. Virtual Product Creation, Stuttgart, 2004

126. Leucht, R., et al.: Abstimmung und Erprobung – Komfort auf vier Rädern. ATZ/MTZ (Sonderausgabe »Der neue Maybach« September 2002), 152–159 (2002)
127. Dippold, J.: In der ganzen Welt zu Hause. ATZ/MTZ (Sonderausgabe 6er BMW), 168–173 (2004)
128. Meisenzahl, J., et al.: Innovation und Zuverlässigkeit durch systematische Testplanung und Testspezifikation. VDI-Ber. Bd. 1907, S. 175–198 (2005)
129. Röser, P., et al.: Testergebnisse im Klimawindkanal von Modine Europe in Übereinstimmung mit Straßenmessungen. Bd. 2, S. 245–264. 7. Int. Stuttgarter Symposium Automobil- und Motorentechnik, 20./21. März 2007
130. Sterneus, J.: Installation of a moving ground simulation system in the Volvo wind tunel, Bd. 2, S. 281–294. 7. Int. Stuttgarter Symposium Automobil- und Motorentechnik, 20./21. März 2007
131. Mehrere Autoren: Hybrid vehicles and energy management. 4. Symp. Gesamtzentrum für Verkehr Braunschweig, 14./15. Februar 2007
132. Röpke, K., et al.: Rapid measurement. MTZ , 276–282 (2007)
133. Gattringer, O., et al.: Virtueller Rufstand-Versuch und Simulation rücken zusammen. chassis.tech 2007, TU München und TÜV Süd Automotive GmbH (März 2007)
134. Rinkens, T., et al.: Mechanikerprobung bleibt notwendig. 15. Aachener Kolloquium Fahrzeug- und Motorentechnik, S. 1045–1067 (2006)
135. Blucha, F., et al.: Requirement engineering is the key to mastering ECU networks. Autotechnology **6**, 48–51 (2006)
136. Mehrere Autoren: Zur Bestimmung des Kraftstoff-Normalverbrauchs gibt es weltweit unterschiedliche Fahrzyklen. Zukünftig soll es jedoch möglichst eine einzige »Worldwide Harmonized Light Duty Test Procedure« geben. Automobil Industrie **9** (2010)
137. Potthoff, J., et al.: 20 Jahre Fahrzeugwindkanäle der Universität Stuttgart am Institut für Verbrennungsmotoren und Kraftfahrwesen. ATZ , 940–952 (2009)
138. Duell, E., et al.: The BMW AVZ Wind Tunnel Center. SAE 2010-01-0118
139. Special, A.V.L.: Der Rollenprüfstand als Entwicklungsplattform. ATZ , 841–860 (2009)
140. Goroncy, J., Hammer, H.: Vier Jahreszeiten. Automobilindustrie **9**(44/45) (2010)
141. Mehrere Autoren: Crash. tech. 2010, TÜV Süd (April 2010)
142. Petschenig, E., et al.: Differentielle Erfassung von Strömungsfeldern in der Motorenentwicklung. MTZ **5**, 332–338 (2010)
143. Münchhoff, I., et al.: Method for visualization and handling of brake dust emissions. Chassis. tech. plus 2010, Berichtsband S. 485–496, München Juni 2010)
144. Mohr, P.: Dem Fehler auf der Spur. Hanser Automotive **11**, 49–52 (2008)
145. Kern, P., et al.: Durchgängiges Sicherheitskonzept für die Prüfung von Lithium-Ioner-Batteriesystemen. ATZ elektronik **05**, 22–29 (2009)
146. Eismann, W., Jacoby, H.: Function-in the loop-Tests für Steuer- und Regelfunktionen. ATZ elektronik **06**, 58–63 (2009)
147. Duesti, P.: Verbindung von Human- und Hardware-in the loop-Testing verkürzt Entwicklungszeit. ATZ , 764–769 (2009)
148. Gibitz, J.: Ströme und Spannungen an Hybridsystemen sicher messen. ATZ elektronik **02**, 54–59 (2009)
149. Jacobsen, M., Geiselhart, R.: EMV-Herausforderungen bei Hochvoltsystemen in alternativen Antrieben. ATZ elektronik **02**, 46–53 (2009)
150. Kern, D.: Stillstandsmanagement. 1. Automobiltechn. Kolloquium, TUM Garching, April 2009
151. Mehrere Autoren: AAET-Automatisierungssysteme, Assistenzsysteme und eingebettete Systeme für Transportmittel. 10. Braunschweiger Symp., Gesamtzeitraum für Verkehr, Februar 2009, Braunschweig
152. Mehrere Autoren: Fahrerassistenz und Integrierte Sicherheit. VDI-Ber. 2104 (2010)
153. jr.: Kooperation zwischen Design und Test ist ungenügend. Hanser Automotive 7/8, 69–70 (2008)
154. Vögl, R., et al.: Innovative Anwendung des Rollenprüfstands für die Fahrbarkeitsabstimmung. ATZ , 853–860 (2009)
155. Schretter, N., et al.: Planung und Realisierung von automatisierten Fahrmanövern zur Erprobung von aktiven Sicherheitssystemen. 3. Grazer Symp. Virtuelles Fahrzeug, Mai 2010
156. Illmeier, F., Pfister, F.: Virtuelles Fahren am Antriebsprüfstand. 3. Grazer Symp. Virtuelles Fahrzeug, Mai 2010
157. Friedrich, A., et al.: Erprobung und Abstimmung Mercedes-Benz E-Klasse. ATZ extra (Januar), 184–195 (2009)
158. Anon.: Der Weg zum Zero-Error-Testing. Automobil-Elektronik (Dezember 2008), S. 24–25
159. Ungermann, I., et al.: Entwicklung eines Planungsstandards für die Gesamtfahrzeugerprobung unter Einbeziehung von Erprobungs- und Gewährleistungsdaten zu [92], VDI-Berichte 2031 (2008)
160. Mehrere Autoren/Artikel: Testsysteme für Hybridfahrzeuge. Hanser Automotive 7/8, 32–37 (2010)

11. 5 节参考文献

161. VDA (Hrsg.): Qualitätsmanagement in der Automobilindustrie, 1. Aufl. Bd. 4: Sicherung der Qualität vor Serieneinsatz. Frankfurt am Main (1998)
162. VDA (Hrsg.): Sicherung der Qualität von Lieferungen: Lieferantenauswahl, Qualitätssicherungsvereinbarung, Produktionsprozess und Produktfreigabe, Qualitätsleistung in der Serie, 4. Aufl. (2004)
163. VDA (Hrsg.): Das gemeinsame Qualitätsmanagement in der Lieferkette, Bd. 1: »Reifegradabsicherung«, Bd. 2 »Robuste Prozesse« (2006/2007)
164. Masing, W. (Hrsg.): Handbuch der Qualitätssicherung. Hanser Verlag (1988)
165. Braunsperger, M.: Qualitätssicherung im Entwicklungsablauf. Diss., TU München (1992)
166. VDI/VDE-Gesellschaft Mess- und Automatisierungstechnik: VDI/VDE 3542 »Zuverlässigkeit und Sicherheit komplexer Systeme« (1995)
167. Balzert, H.: Software-Qualitätssicherung. In: Lehrbuch der Software-Technik. Spektrum Akadem. Verlag (1998)
168. DIN EN ISO 9001-12000 »Qualitätsmanagement-

168. Systeme« Deutsches Institut für Normung, Berlin, 1999, 2002
169. Uehlinger, K., Almen, W.: Das Handbuch der Erfolgskompetenz TQM live. Smart Book's Publishing AG, (1999)
170. Kuhlang, P., et al.: Software-Entwicklung entlang der Prozesskette – ISO 9000-Zertifizierung auf der Basis von TQM-Grundsätzen. QZ, 286–292 (1999)
171. Hartig, F.: Qualitätsmanagement im Wandel. 5. Handelsblatt-Jahrestagung »Vision Automobil«, München, 21./22. Mai 2001
172. Isermann, R.: Fehlertolerante Komponenten für Drive by Wire-Systeme. ATZ, 382–393 (2002)
173. Geyer, E.: Qualität als Wettbewerbsvorteil. Autom. Electron. II(Sonderausgabe ATZ/MTZ/Autom. Eng. Partners), 30–34 (2004)
174. Hu, M., et al.: Essentials of Design Robustness in Design for Six Sigma (DFSS) Methodology. SAE 2004-01-0813
175. Stumvoll, H.: Return on Quality (ROQ): Wirtschaftlichkeit von Produktqualität aus Unternehmenssicht. Diss., RWTH Aachen (2004)
176. Janouch, S.: In der Qualitäts-Sackgasse. Electronik automotive **6**, 79–81 (2006)
177. Kamiske, G., Brauer, J.-P.: Qualitätsmanagement von A bis Z, 5. Aufl. Carl Hanser Verlag (2006)
178. Schleuter, W., et al.: Qualitätsmanagement in der Prozesskette Elektrik/Elektronik. ATZ elektronik **01**, 6–12 (2007)
179. www.efqm.com
180. Thomas, M., Singh, N.: Design for Lean Six Sigma (DFLSS): Philosophy, Tools, Potential and Deployment Challenges in Automotive Product Development. SAE 2006-01-0503
181. Rehbein, R., et al.: Produkt- und Prozessdesign für Six Sigma mit DFSS. Publics Corporate Publishing (2007)
182. Knöfel, P., et al.: Six Sigma-Methoden und Statistik für die Praxis, 2. Aufl. Springer Verlag (2009)
183. Schmitt, R., Pfeifer, P.: Qualitätsmanagement – Strategien, Methoden, Techniken, 4. Aufl. Hanser Fachbuch Verlag (2010)
184. Varwig, J.: Zehn Jahre Entwicklung des Qualitätsmanagements – Schlingerkurs zur Spitze. QZ **10**, 22–29 (2010)
185. Brückner, C.: Qualitätsmanagement – Das Praxishandbuch für die Automobilindustrie, 1. Aufl. Carl Hanser Verlag (2011)
186. www.efqm.org. EFQM Excellence Model 2010

11.6 节参考文献

187. DIN 31 051: Grundlagen der Instandhaltung, Juni 2003
188. KR 00 020: Konstruktionsrichtlinie: Instandhaltungsgerechte Konstruktion von Kfz, Modulen, Baugruppen u. -teilen, Volkswagen AG, Wolfsburg (März 1999)
189. VDI 2246 Blatt 1: Konstruieren instandhaltungsgerechter technischer Erzeugnisse; Grundlagen VDI 2246 Blatt 2: Konstruieren instandhaltungsgerechter technischer Erzeugnisse; Anforderungskatalog, Verein Deutscher Ingenieure (VDI), Düsseldorf (März 2001)
190. VW 011 54: Entwicklungsbedingungen; Allgemeine Anforderungen, Volkswagen AG, Mai 2001, Wolfsburg
191. DIN EN 13306: Begriffe der Instandhaltung (September 2001)
192. VDA: Zuverlässigkeitssicherung bei Automobilherstellern und Lieferanten, 3. Aufl. Verband der Automobilindustrie e.V. (VDA), Frankfurt (2000)
193. Steinecke, K.: Wahrscheinlichkeitsnetz für nach Weibull verteilte Werte. Beuth-Verlag, Berlin (1979)
194. Eichler, C.: Instandhaltungstechnik, 4. Aufl. Verlag Technik, Berlin (1990)
195. Liskowsky, V.: Untersuchungen zur Primärdatenerfassung und -aufbereitung zwecks Ermittlung der Zuverlässigkeit von Kraftfahrzeugen. Dissertation, Ingenieurhochschule Zwickau (1983)
196. Deutsche Akademie f Verkehrswissenschaft: 40. Deutscher Verkehrsgerichtstag 2002. Brune-Mettcker Druck- u. Verlagsgesellschaft, Jever (2002)
197. ADAC: Energieeffizienzklassen. ADAC-Verlag (2002)
198. Sanden, Danner, Küppersbusch: Nutzungsausfallentschädigung, Schwacke Liste, eurotaxschwacke, Maintal, 2004
199. Härdler, J.: Betriebswirtschaftslehre für Ingenieure, 1. Aufl. Carl Hauser, München/Wien (2001)
200. Brachat, H., et al.: Grundlagen der Automobilwirtschaft, Autohaus, 1. Aufl. Ottobrunn (1994)
201. Lennermark, A.: Ein Unternehmen, das mit der Zeit geht, Fa. Consulting AB, Örebro, Schweden (März 2002)
202. Warnecke, H.J.: Instandhaltung Grundlagen. TÜV Rheinland GmbH, Köln (1981)
203. Danner, M., et al.: Crash-Reparaturversuche – Eine Entwicklung des Allianz Zentrum für Technik. In: Der Maschinenschaden. Allianz Versicherung-AG, München (1985)
204. RCAR: The Procedure for Conducting a Low Speed 15 km/h Offset Insurance Crash Test to Determine the Damageability and Repairability Features of Motor Vehicles, Motor Insurance Repair Research Centre, Thatcham, England (Mai 1994)
205. IIHS: Low-Speed Crash Tests, Insurance Institute of Highway Safety (IIHS). Washington, USA (1969)
206. Anselm, D.: Die Pkw-Karosserie, 1. Aufl. Vogel, Würzburg (1997)
207. Damschen, K., et al.: Karosserie-Instandsetzung, 4. Aufl. Vogel, Würzburg (1998)
208. Redlich, J.: Neue Kaskostruktur in der Autoversicherung, Gesamtverband der Deutschen Versicherungswirtschaft (GDV), Vortrag, Berlin, Juli 2002
209. SAE J 1551: Recommended Practice for Optimizing Automobile Damageability, Society of Automotive Engineers (SAE), Warrendale, USA (1993)
210. Thatcham: Fahrzeugkonstruktionsmerkmale für optimales Aufprallverhalten bei niedriger Geschwindigkeit, Motor Insurance Repair Research Centre, 1. Aufl. Thatcham, England (1994)
211. Weber, G.: Servicefreundliche Fahrzeugkonstruktion, FH Braunschweig/Wolfenbüttel, Vorlesungsmanuskript, Wolfsburg, 2002
212. Thatcham: The British Insurance Industry's Criteria for Vehicle Security, Motor Insurance Repair Research Centre, 4. Aufl. Thatcham, England (2000)
213. TFFN 801: Car Alarm Requirements and Test Methods, Swedish Motor Insurers' Bureau, 1. Aufl. Stockholm, Schweden (1998)
214. TFFN BKK 9007: Egenskapsnorm Dörrlas, Trafikförsäkringsföreningens Norm, 1. Aufl. Stockholm, Schweden (1990)
215. van der Mooren, A.L.: Instandhaltungsgerechtes Konstruieren und Projektieren. Springer, Berlin (1991)
216. Schüttemeyer, K., et al.: Herstellergeschützte Reparatur.

ATZ/MTZ (VW Phaeton Sonderausgabe) (2002)
217. Betriebsanleitung und Wartungskarte für Volkswagen – Kleinlieferwagen, VOLKSWAGENWERK AG WOLFSBURG, August 1966, Wolfsburg
218. Statistisches Bundesamt: Statistisches Jahrbuch. Wiesbaden (1974)
219. Gesetz über die Entsorgung von Altfahrzeugen vom 21. Juni 2002; Bundesgesetzblatt Jahrgang 2002 Teil I Nr. 41, Bonn, 28. Juni 2002
220. DAT: DAT-Sachverständigenhandbuch. Ostfilder-Scharnhausen (2004)
221. GVO 1400/2002: Verordnung der Kommission (EG) vom 01. August 2002
222. Nickel, E.: Warranty Cost Reduction through Tele-Diagnostics and New Analytics Methods. Automobil Elektronik Fachkongress, Ludwigsburg, 20./21. September 2006
223. Hollmotz, L., Horn, C.: Hochvolt in der Werkstatt – Elektrifizierte Antriebe als Herausforderung für die After-Sales-Prozesse. VDI-Berichte, Bd. 2105, S. 159 (2010)

第 12 章　赛　车

12.1　使用条件

12.1.1　体育属性

赛车是为参加比赛而设计的，或衍生自系列赛车。各个比赛系列的一般条件由体育主管部门定义和监控。国际汽联（FIA）涵盖了世界上最大的赛车比赛项目的组织，包括世界锦标赛一级方程式赛车、拉力赛、GT 和房车赛。

赛车比赛条件以法规为基础，通常由技术和运动部分组成[1]。

12.1.2　技术法规

赛车概念和发展的最重要基础是技术法规。它包含有关车辆和驱动系统设计、几何限制、重量限制、安全性以及轮胎的规范。方程式赛车是根据一组法规制造的。另外，在 GT 和房车运动中，赛车衍生自量产车型。在这种情况下，尽管基本车型有不同的要求，法规也必须包含特殊标准，以确保赛车的竞争领域（性能平衡）公平。这样的标准例如规定发动机进气（进气限制器）的允许入口横截面、增压发动机上的增压压力或车辆重量。

此外，由于近年来控制越来越高的赛车成本：定义了发动机的最小重量和重心位置，限制发动机功率和速度以及指定使用标准组件（例如发动机控制或轮胎）。

监控赛车符合性的测试方法也是技术法规的一部分。这包括静态和动态碰撞测试，测量和称量程序，还包括有针对性地对空气动力学部件的加载试验，以确保其在行驶过程中的操控性。

12.1.3　运动法规

运动法规包含对比赛形式和锦标赛方式的所有必要要求，尤其包括：

1）车手和车队的参与要求。
2）测试限制。
3）车辆检查。
4）赛事总监和体育管理者的角色，以及违反规则的处罚清单的处理方式。
5）轮胎的分配和使用。
6）活动的过程，包括免费培训、资格认证、比赛的次数和持续时间。
7）资格赛模式以及由此产生的发车顺序。

8) 开始程序、比赛时间、比赛期间的进加油站和轮胎更换。
9) 颁奖仪式和新闻发布日期。
10) 分数分布和冠军排名。

通过在比赛中进加油站和更换轮胎，运动法规还影响了车辆的概念。借助一级方程式赛车的加油禁令，例如燃油箱可以扩展到大约85kg的容量，从而使容量翻倍。车辆的轴距增长了100mm以上，由于比赛开始时重量增加，轮胎的负载增加了。

12.2 汽车目录

Trzesniowski 从对竞争性车辆的划分开始，已经对赛车技术进行了全面的描述[2]。

如果将范围缩小到赛车，并排除卡丁车和赛车的特殊形状，则仍然有许多类别汽车适用于道路或未铺装地形比赛。

越野拉力赛几乎都是长距离的。FIA 将拉力赛分为量产车型（T2）、经过重大改装（T1）的车辆（图12.1）和卡车（T4）。拉力赛车共同的特点是增强型底盘，具有较大的悬架行程，增加的离地间隙和防撞保护。T2 赛车车身基于量产车型，而 T1 结构则由高强度、刚性的管状框架组成，上面安装了轻巧、无载荷的外壳。

拉力赛车是为测试赛车高速行驶能力而设计的，其中一些赛程是铺装路面，一些赛程则是未铺装的。在这里，根据与量产车型的接近程度、机动化程度以及两轮或四轮驱动的不同，车辆也分为不同的类别。为降低成本，自 2011 年起世界拉力锦标赛和世界房车锦标赛，采用规定的、统一发动机：具有直喷和涡轮增压功能的 1.6L 四缸发动机。

图 12.1　T2 和 T1 拉力赛车的比较（来源：大众）

汽车运动项目可在街道、紧急弯道、山路和赛道上进行，也有多种车辆级别。房车赛所用车辆是从量产轿车中衍生出来的，即使在顶级类别 S2000 中，其技术也只能在非常有限的程度上进行修改（图12.2）。其车身结构和蒙皮得以保留，管笼结构提高了车身刚性并提高了碰撞安全性，底盘和发动机是在量产车型基础上开发的。只有变速器可以是独立的赛车版本。发动机功率为 200～240kW。

图 12.2　根据 S2000 规定的 BMW320si（来源：BMW）

GT法规也基于量产车辆。其基础是钣金和外壳结构或CFK车身的跑车（图12.4）。虽然GT4类别几乎对应于量产车型，但允许GT1~GT3进行较大的修改，功率级别为300~400kW。

所谓的量产赛车，只是具有量产车的外形轮廓，但是其技术是根据赛车规则从头开始开发的（例如NASCAR系列，图12.3）。通常，此设计与标准组件的规格相结合，以限制开发花销和零件成本。

图12.3　NASCAR赛车红牛-丰田（来源：红牛）

量产赛车运动中的一个基本问题是各基础车型对于赛车的适应性不同。竞争性的发车领域通常只能调整各车辆的性能通过让步或放弃来实现。对于运动原型车和方程式赛车，这不是必需的，因为它们是从一开始就根据法规进行设计的。

根据ACO（汽车俱乐部l'Ouest）的规定，会对赛车原型车进行认证，并用于勒芒24小时耐力赛及相关的赛车系列（图12.5和表12.1）。

图12.4　GT赛车保时捷911GT3RSR（来源：保时捷）　　图12.5　LMP1车辆奥迪R18（来源：奥迪）

表12.1　LMP汽车

	LMP1	LMP2
汽车重量	900kg	900kg
发动机	无要求	量产发动机[①]，约335kW
自然吸气汽油机	3400mL	5000mL，最多8缸
增压汽油机	2000mL	3200mL，最多6缸

(续)

	LMP1	LMP2
增压柴油机	3700mL	—
混合动力	KERS[②]	—

① 量产指的是在 12 个月内至少生产 1000 台，销售价格最高不超过 75000 欧元。
② 前桥或后桥上的附加电驱动器，制动时可回收和存储动能，技术上无强制要求，两个制动过程之间最大能量输出为 0.5MJ。

随着增压发动机和混合动力装置（KERS）的批准，该法规考虑了驱动技术的发展趋势。

方程式赛车的范围很广，从初级的各种品牌方程式（图 12.6）到国际赛车系列，例如 3 级方程式到 1 级方程式赛车。发动机功率在 100~600kW 之间。

方程式赛车共同的特点是"开式"车轮，单座椅，带碰撞元件的 CFK 单体外壳以及后轴前部的发动机变速器单元，后轴可完全承重或安装在副车架中。与其他车辆类型相比，方程式赛车的重量最轻，重心最低，因此可实现最高的行驶动力学性能和最快的圈速。

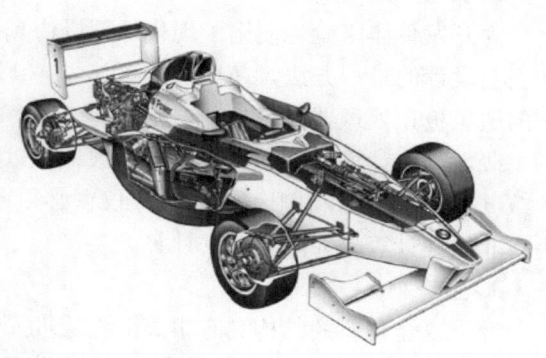

图 12.6　宝马方程式赛车 FB 02（资料来源：宝马）

以下介绍一级方程式赛车的构造和设计标准，因为它们的技术与量产赛车的差异最大。

12.3　结构

12.3.1　单体座舱

方程式赛车的中心元素是单体座舱（图 12.7）。作为密闭单元，它包括带有内置踏板的驾驶舱和安全油箱，并规定了驾驶舱横截面和开口的最小尺寸。

1. 结构

现代的一级方程式单体座舱赛车必须满足两个基本要求。其设计和结构必须具有最佳的驾驶性能，同时确保车手最大的安全性。

图 12.7　F1 单体座舱（资料来源：Sauber）

最佳的驾驶性能尤其是通过最小的重量、低的重心、优化的扭转刚度以及在底盘和发动机连接点处精确定义的局部刚度来实现的。

试验证明在行驶中产生的所有载荷（空气动力学的底盘和车手受力）的作用下的整体结构完整性和适用性，可以达到较高的安全标准。此外，国际汽联的规定描述了赛车相关公司必须进行的众多与安全相关的静态和动态应力测试 [1, FIA F1 技术规定]。

技术规定包括对防滚杆、侧壁各个位置、驾驶舱边缘和油箱底部的静载荷测试。车手后部的防滚杆必须能承受119kN的负荷。此外，前部（车辆前部）和侧面碰撞结构的固定装置必须在侧向载荷下达到规定的最小强度。

FIA还定义了前、后和侧面碰撞以及头部对转向柱的撞击的动态载荷测试。这些所谓的碰撞测试必须在FIA认可的测试中心内完成。

此外，单体外壳的侧壁必须具有足够的抵抗异物侵入的能力（例如，在两辆车以90°角碰撞的情况下，其他车辆的碰撞结构件）。这需要在FIA的侧壁侵入测试中验证。

2. 开发

为开发单体座舱，使用了现代计算机仿真方法，这是在较短的开发阶段中实现高度优化和安全设计的唯一方法。使用有限元方法（FEM）对结构力学建模。层压板结构是使用特殊的层压板预处理器和后处理器创建的。

线性静力计算可以满足大多数要求，可以根据最大出现的负载峰值作为准静态计算动态负载（来自前、后和侧面的冲击）。仅在必须考虑高变形和/或材料可塑性的情况下，才需要进行非线性计算，如防滚杆的计算。

3. 生产

纤维复合材料的结构具有很高的集成度，这就是为什么单体座舱只由少量但复杂的独立零件组成的原因。为了高效生产，它由上壳和下壳组成（较少见的是由前/后件或左/右件组成）。

在单体座舱内有用于增加强度或增加刚度的组件。油箱的前壁也是安全带的固定装置，在单体座舱的前部有一个底盘框架，可容纳底盘的所有元件。

层压板结构是带有铝蜂窝芯的碳纤维夹层结构。由于每个赛季最多只能使用10个单体外壳，因此使用了预浸料技术（预浸织物和单向层）。该工艺使用各种高模量和高强度的碳纤维，该树脂体系通常是环氧树脂。由碳纤维、铝和钛制成的嵌件被粘接到蜂窝状夹层结构的凹槽中，以提高局部力的传导能力。

高度的优化和结构上的改进涉及大量的制造工作。层压板最多包含1500个碳纤维层，并采用手工操作。不同加工部分的工作量大致如下：

外表面层压板：约400h

蜂窝夹层结构和内饰：约400h

内表面层压板：约200h

层压板在室温下不会固化，因此必须在高压釜（压力烤箱）中烘烤（固化过程）。根据树脂体系和应用领域的不同，固化会在不同的温度下进行。单体座舱在约135℃的温度下烘烤，每个步骤必须经过几次高压釜烘烤。

12.3.2 车身

车身外壳（车身，图12.8）由集成有碰撞元件和前风翼的机鼻、车身底部、侧箱、驱动装置盖、后风翼和各种附件组成，并根据空气动力学标准进行设计，并且也有采用CFK材料（纤维复合材料）用相同方法制成。

12.3.3 发动机

与全球范围内用于不同车辆的量产发动机相比，对 F1 发动机的要求非常明确：决定性的特性是性能、重量及封装，以及在所需行驶里程内的可靠性。在 3.0L V10 发动机时代，一场无节制的技术竞赛导致了赛季节奏的飞跃。2005 年的宝马 P84/5 最终仅以 84kg 的重量实现了 700kW 以上的峰值功率[3]。

图 12.8　车身（资料来源：Sauber）

为了停止这场昂贵的技术竞赛，同时出于安全原因，将功率水平降低到约 550kW。自 2006 年起生效的新规定如下：

发动机结构型式：V8 90°

排量：2.4L

缸心距：106.5mm

缸径：最大 98mm

曲柄半径：最小 58mm

重心高度：最小 165mm

发动机质量：最小 95kg

最高转速（自 2009 年起）：最高 18000r/min

燃油压力：最大 100bar（10MPa）

出于成本原因，禁止使用 TiAl、MMC 等材料。

基础发动机是经过认证的，因此不得出于提高性能的目的进行进一步开发。

所有制造商均使用标准电子设备，牵引力控制或其他驾驶辅助设备不允许使用。

在一个赛季中，每辆车最多可使用 8 台发动机，相当于每台发动机使用约 2000km 的行驶里程（图 12.9）。

2009 年，一级方程式赛车首次使用了混合动力系统（Kinetic Energy Recovery System）。在制动阶段，动能被回收储存在储能器中，车手在加速时可以将其作为短时的附加电力来调用（增强功能）。

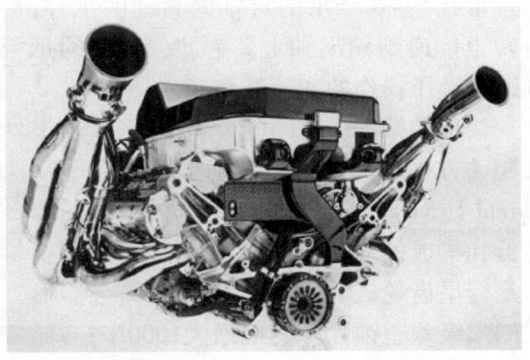

图 12.9　宝马 P86（自 2006 年起）
（资料来源：宝马）

考虑到发动机技术的当前趋势，计划于 2014 年对新发动机法规进行更改：计划采用直喷和涡轮增压的 1.6L V6 发动机取代 2.4L V8 自然吸气发动机。可用的燃料质量流量被限制为 100kg/h，因此以这种方式限制了发动机功率，发动机的高响应体现在它的特别高效快速的驱动能力。此外，它的可使用的附加电功率增加到 120kW。

12.3.4 变速器

如今，一级方程式赛车的变速器（图12.10）形成了除单体座舱和发动机外车辆结构的第三个支撑部件。除了转速和转矩转换的实际任务外，它还必须承受车辆和底盘的力。因此，直接安装了车轮悬架部件的变速器壳体非常坚固。变速器外壳由铝、钛和碳纤维制成，重量为10~12kg。总重为30~35kg，使用的材料为：铝用于支架和变速器油泵壳体；高强度淬火和回火钢用于轴；齿轮则使用表面硬化钢。

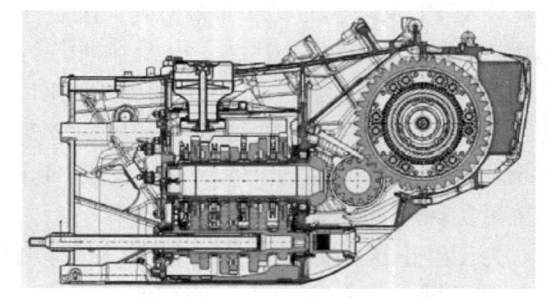

图12.10　F1赛车7速变速器纵剖面
（资料来源：宝马）

转速转换、换档、旋转方向反转和液压差速锁止功能均位于壳体中。纵向安装的两轴变速器在当前的F1赛车中很常见。转矩通过位于发动机和变速器之间的干式多盘碳纤维离合器传递至输入轴。直到2006年，使用高强度表面硬化钢制成的齿轮厚度仅为7mm，但是从那时起，齿轮的宽度必须至少为12mm，以提高运行性能并降低零件成本。

输出轴带有以滚针轴承支撑的相应惰轮。这些齿轮副最多可提供70个变体，可以根据路线情况单独组合。所选择的齿轮通过带有5~6个爪的可轴向移动的爪环，将转矩传递到输出轴上。为此，相应的爪环通过液压操作的变速鼓和变速叉移动。

输出轴端部所示的锥齿轮/环形齿轮级将驱动方向旋转90°，以便驱动终端驱动（Final Drive）级。它包含用于输出轴的差速器和集成的联轴器，其差速器本身（主要是行星齿轮式）包含湿式多片离合器形式的无级差速锁，可实现最大1000N·m的锁止力矩。

直到最近，变速器仍按顺序进行换档，在换档期间后轮的牵引力被中断了35~60ms，但是如今，无牵引力中断的高速换档变速器（SSG）盛行。

类似于5.4节中描述的双离合器变速器，两个齿轮副同时啮合（图12.11），它

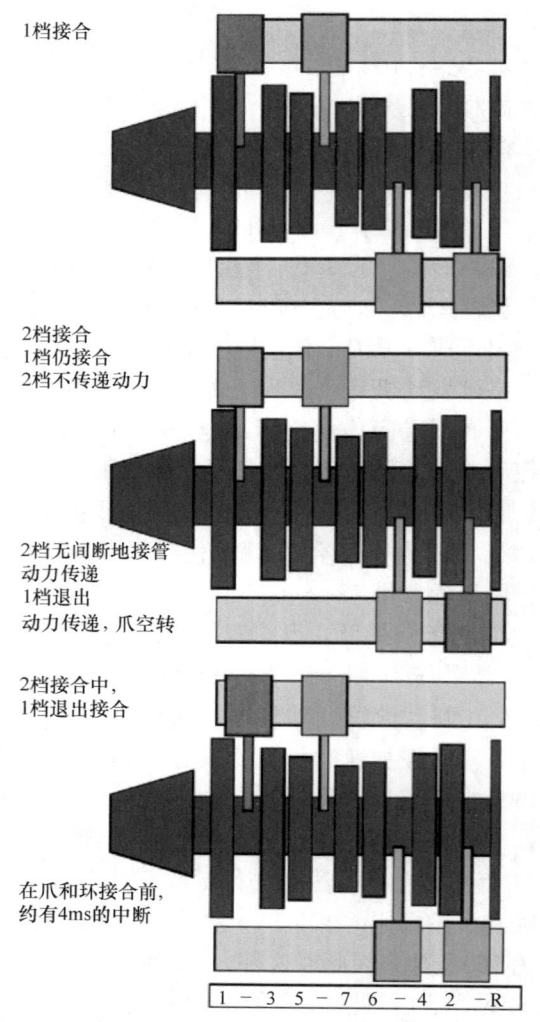

图12.11　快速换档变速器换档过程（资料来源：宝马）

利用了爪式换档变速器中爪之间的自由角。在较低档位仍在传递负载的同时，下一个较高档位的爪以位置控制的方式接合。为此通常使用第二个变速鼓。由于齿轮之间的速度差，上一个档位齿轮"赶越"了下一档位，并无间断地接管了负载。现在，较低的档位变为空载，并以差速后退。在克服两个爪之间的间隙角并使其停留在相对的爪上之前，先使低档齿轮退出啮合。根据齿轮比和速度的不同，大约需要4ms。

图12.12显示了SSG与标准变速器相比的优势：除了瞬态响应外，没有从加速下降到强烈减速的趋势，后桥上的转矩保持恒定，此外还节省了时间。牵引力的中断时间是另一个优点，因为后轮上没有负载变化，这意味着行驶稳定性大大提高，并且在转弯时也可以在负荷切换下保持行驶稳定。

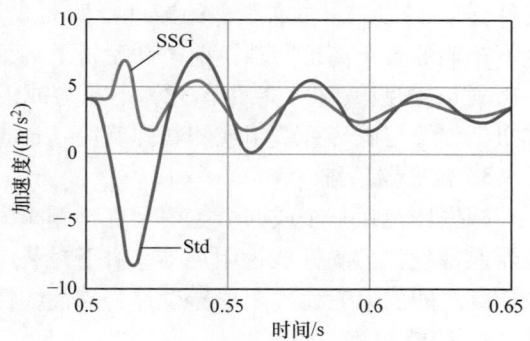
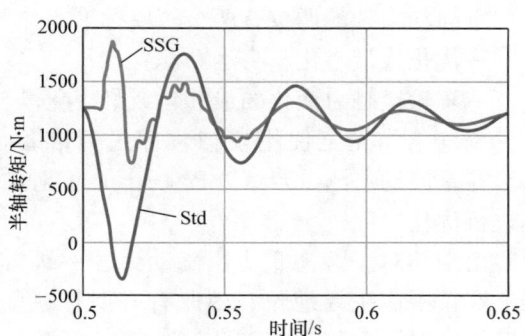

图12.12 在换档时有和没有牵引力中断（SSG）的情况下车辆加速曲线和后轮的转矩曲线对比（资料来源：宝马）

12.3.5 底盘

1. 车桥概念

F1车辆的前轮和后轮悬架设计为双横臂车桥，其内侧（即车身内部）设置有弹簧和减振元件。

在所有当前的前桥构造中，垂直力的支撑都是通过推杆实现的。直到2010年，后桥上还使用推杆来支撑大多数车辆中的垂直力。推杆或拉杆在弹簧和减振器上的运动是通过摇臂实现的，其旋转轴线位于车辆的纵向。

决定推杆或拉杆结构是根据刚度和空气动力学的要求。

（1）前桥　出于空气动力学的原因（为了改善单体座舱之下的空气流动），当前车辆中的单体座舱在前桥区域较高。车轮运动与减振器和弹簧运动的较高传动比是为了能使推杆结构（从下横臂/车轮支架到单体座舱上部摇臂的连接）。由于比较平的角度（从上横臂/车轮支架到单体座舱下部摇臂的连接），拉杆的传动比相对较小。缺点：必须将组件制造得非常刚性；局部力也很高。

（2）后桥　出于空气动力学的原因（为了改善后风翼和换向器的气流），近几年来一直有缩小和降低变速器壳体的趋势。平的推杆角度（从下横臂/车轮支架到变速器壳体上的摇臂的连接）使从车轮运动到弹簧减振器运动的平移变得不太理想。在这方面，拉杆桥更好，但是将弹簧和减振器元件安装在变速器侧面时，就刚度和悬架设置变化的可及性而言，还需要进一步的妥协。由于推杆或拉杆连接在车轮气流的空气动力学关键区域的车轮侧，因此这也可能是后桥上采用推杆或拉杆方案的决定性因素。

2. 弹簧系统

弹簧系统通常由三个主要元件组成，即两个侧弹簧和安装在摇臂之间的所谓的第三弹簧元件（图 12.13）。具有强烈的渐进特性曲线的第三弹簧元件的任务是确保在较高的行驶速度下车辆的最小离地间隙。前桥和后桥上的第三元件的弹簧特性也可影响行驶速度上的空气平衡（请参见第 12.5.2 小节 3.，下压力或下沉力对离地间隙的依赖性）。通过将螺旋弹簧或扭杆弹簧与碟形弹簧组或塑料弹簧块（BumpRubber）相结合，可获得渐进的特性曲线。

3. 减振器系统

减振器包括三个或四个主要元件，侧减振器和一个或两个所谓的第三阻尼器元件。侧减振器通常设计为黏性线性阻尼器。由于封装更紧凑，后轴还使用了黏性旋转翼阻尼器。安装在摇臂之间的第三元件阻尼器设计为黏性线性阻尼器和/或旋转质量的所谓惯性阻尼器[4]。

4. 调校

垂向动力学的调校有两个主要标准：
- 优化或最小化车身运动。
- 车轮接触力变化的最佳化或最小化。

调校工作完全使用模拟程序进行准备，然后在垂向动态测试台（7-Post Rig）上对整车进行优化。

由于相对于静态重力，气动力在一级方程式赛车中占主导地位，因此有必要将这些气动力和下压力的动态变化（由离地间隙的变化引起）施加到整个车辆上。这是在 7-Post Rig 中使用液压控制的执行器完成的。调校工作对于每个赛道来说都是必要的，因为诸如路面、下压力水平和轮胎规格等影响因素对车辆的动态性能有很大影响。

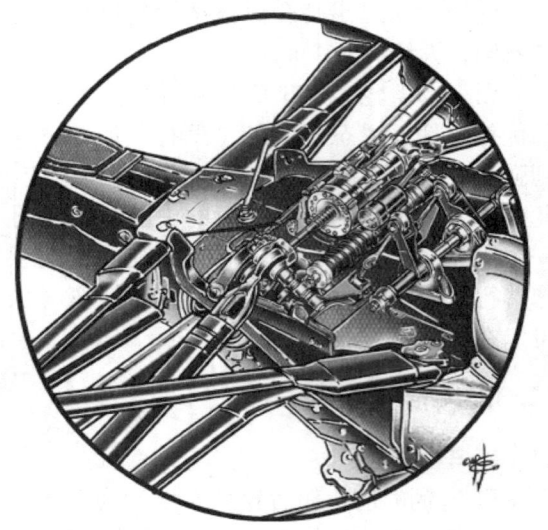

图 12.13　带第三弹簧/减振器元件的 F1 后悬架

12.4　性能和圈速

12.4.1　车辆参数

整个车辆参数都会影响车辆的性能。其中一些只能在物理模型中建模，它们对单圈时间的影响直接取决于经验值：
- 底盘运动学。
- 空气动力学相互作用。
- 车辆平衡和处理。
- 发动机的驱动能力。
- 动力总成（离合器和差速器特性）。

可直接测量的参数是：
- 空气动力学（下压力，阻力，效率）。
- 轮胎抓地力（附着力）。
- 车辆重心高度。

- 车辆质量。
- 发动机功率。
- 变速器换档时间（SSG 换档不会中断牵引功率）。

这些参数对单圈时间的影响可以通过数学模拟方法确定。

12.4.2 可直接测量的车辆参数的灵敏度

为了说明各个影响因素的影响，进行了两个假设：

参考路线定义为一圈时间 $t=80s$。该单圈时间对应于平均 F1 路线。实际的圈速当然取决于路线的长度（摩纳哥赛道 3.6km，斯帕赛道 7km）和路线特征（街道赛道或高速赛道）。

参考车辆实际基准值也用于车辆。

下压力系数：$c_z = 3.0$

阻力系数：$c_x = 0.9$

轮胎的摩擦系数：$\mu = 1.8$

车辆重心高度：$h_s = 250mm$

不带燃料的车辆重量，带车手：$m_{fz} = 620kg$（相当于 2010 年的最小车辆重量，由于引入了 KERS，2011 年将增加到 640kg）

最大发动机功率：$P_{mot} = 550kW$

根据这些假设，对于 F1 车辆，可直接测量参数对单圈时间的影响（表 12.2）。

路线特性的影响：直线赛道比例较高且满载比例较高的路线（例如蒙扎赛道）对下压力和阻力的敏感性较高，牵引力较高且转弯速度较低的路线（例如摩纳哥赛道）的轮胎抓地力敏感性较高。

表 12.2 可直接测量的车辆参数的灵敏度

参数	变化	对单圈时间的影响	赛道特性的影响
下压力系数 c_z	+1%	-0.1s	±0.03s
阻力系数 c_x	+1%	+0.1s	±0.03s
轮胎摩擦系数 μ	+1%	-0.3s	±0.1s
重心高度 h_s	+1%	+0.08s	±0.03s
车辆质量（有燃油）m	+1%	+0.2s	±0.06s
发动机功率 P	+1%	-0.1s	±0.05s

12.4.3 开发潜力

决定开发潜力的不仅是参数的敏感度（图 12.14），受技术或法规限制的影响也同样重要（图 12.15）。

空气动力学（下压力和阻力）：
- 技术法规将自由空间限制为指定的车辆区域。
- 风洞小时数和 CFD 计算能力的限制。
- 特定路段车辆的开发和创新可能。

— 每年可能的开发进度：7%~15%（取决于技术法规）。在技术法规发生重大变化（例如2009年）的情况下，随着更多创新技术的注入，可能的开发进度也将变慢。

其具有高的开发潜力。

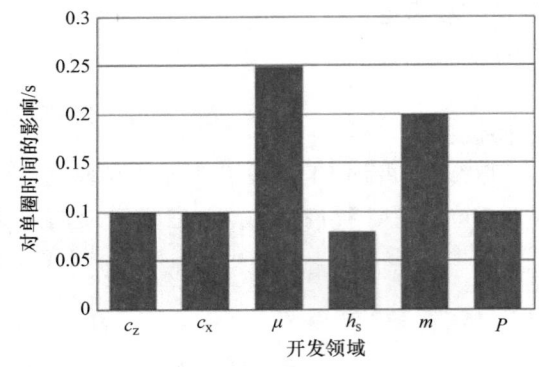

图 12.14　车辆参数对单圈时间的影响　　　　图 12.15　个别车辆参数的开发潜力

轮胎抓地力：

— 适用于所有团队的标准轮胎，无法单独开发。

— 通过可能的车辆开发对轮胎利用率的影响（底盘，运动学，弹簧/减振器调节，轮胎压力/温度调节）。

每年可能的开发进度：1%~2%。

其具有中等开发潜力

车辆重心高度：

— 受车辆概念影响。

— 重心高度目标经常与空气动力学冲突（请参见底盘前端和前桥的连接）。

— 技术法规规定的发动机的最低重心。

— 底盘（生存单元）在赛季内不允许更改。

— 通过轻量化结构和借助底盘最低点的压载物进行重量补偿，可以降低车辆的重心高度。

— 重心高度目标与零件刚度或使用寿命之间的冲突。

— 每年可能的开发进度：2%~4%。

其具有中等开发潜力。

车辆质量：

— 不含燃料的一级方程式赛车通常处于最小质量。

— 燃油消耗对比赛中的车重有影响。

其开发潜力极低。

发动机：

— 自2007年以来，出于成本原因对发动机进行了认证。

— 发动机的最小质量和最低重心高度由技术法规确定。

— 基础发动机无法进行性能开发。

— 性能的提高仅允许通过燃料、发动机机油和排气系统方面的开发实现。

— 允许使用标准电子设备中的数据进行驾驶性能优化。
— 每年可能的开发进度：1%~2%。

其开发潜力低。

根据目前生效的技术法规，空气动力学对车辆性能的影响最大。

12.5 空气动力学和行驶动力学的开发

12.5.1 气动效率和气动平衡

道路车辆空气动力学设计的主要目标是降低空气阻力。下压力服从于此，但通常会有随着速度而增加车辆升力。

对于赛车而言，情况恰恰相反：较高的下压力是主要标准。随着下压力的增加，可传递的纵向和横向加速度增加，单圈时间减少。高的空气阻力是可以接受的。F1 车辆以340km/h的速度产生约17kN 的下压力，几乎是车辆重量的三倍。因此，空气动力学不仅对单圈时间的影响最大，而且还是行驶特性的决定性因素。

由于在空气动力学的开发中不能单独考虑下压力和空气阻力的要求，采用空气动力学效率（下压力系数）则更有意义：

$$空气动力学效率\ A_{eff} = 下压力/空气阻力$$

对于不同的空气动力学调节，每种调节都具有相同的 A_{eff}，根据赛道特性，每个赛道都有一个最佳圈速（图 12.16）。

最佳调节是通过圈速模拟来确定的，这是每个赛道的准备工作，并且是所用空气动力学配置的起点。

微调时要考虑其他因素，例如，比赛中进行排位赛所需的最小的最高车速（低的下压力）或避免轮胎过早磨损所需的最低的下压力。

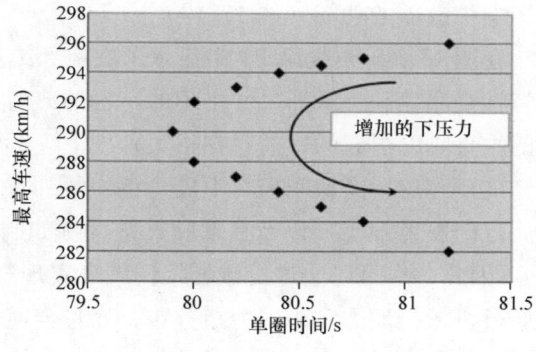

图 12.16 下压力大小对圈速的影响

另一个重要参数是气动平衡，即前桥和后桥上的下压力分布。

12.5.2 空气动力学的影响参数

空气动力学开发的目标是在各种驾驶条件下，结合最佳的气动平衡，实现最高的空气动力学效率。下压力系数和气动平衡不是恒定的，它主要取决于以下因素。

1. 转向时的车轮偏转

在小的车轮偏转角（快速转弯）下，总下压力可能会略有增加，而在较大的车轮偏转角（慢速转弯）下，总下压力会一直减小。原因是转向轮后方的空气流，这对车身底部和扩散器的作用产生了负面影响（图 12.17）。

2. 偏航角和倾斜气流

倾斜的气流（例如在转弯或侧风时发生）通常会导致下压力的损失，因为偏离了理想的对称情况（图 12.18）。气动平衡随倾斜气流的变化对驾驶动力学有重要影响，并且与车轮转向时的空气动力学气流流动状况相叠加，是车辆调整的主要参数之一。

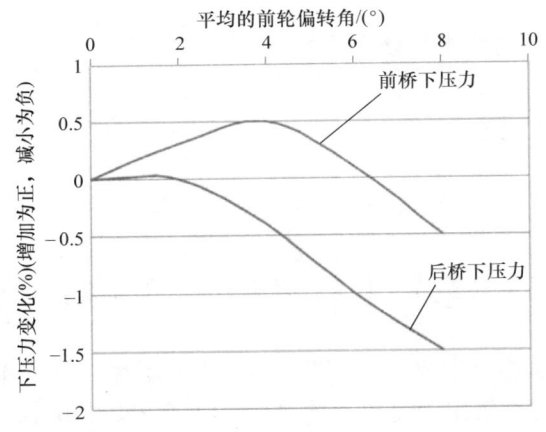

图 12.17　下压力相对于车轮偏转角的变化关系

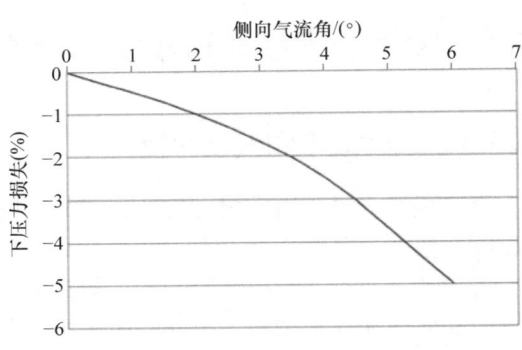

图 12.18　下压力相对于迎风角度的变化关系

3. 机械悬架调整

底盘的机械悬架调整还会通过离地间隙、俯仰角和侧倾角来影响空气动力学。

侧倾角或横摆角的增大通常会导致下压力降低，这是因为不对称的流入车身底部的气流会影响扩散器的功能（图 12.19）。

在图 12.20 和图 12.21 中显示了在前部或后部具有离地间隙的下压力变化。这种空气动力特性是底盘和扩散器尺寸平坦的车辆的典型特征。离地间隙的变化是由弹簧元件和运动机构的垂直刚度引起的，并且在很大程度上（20%～50%）是由轮胎的挠曲引起的。

前桥和后桥离地间隙对下压力的不同影响将使气动平衡在行驶速度上（通过下压力在前后方向发生偏转）以及在驾驶操作（例如制动器）中发生变化（前部弹性压缩，后部回弹）。因此，也可以通过机械悬架调整来实现气动平衡的变化。这意味着机械悬架调整不仅会通过机械抓地力和滚动力矩分布，而且会通过空气动力学影响赛车行驶动力学。

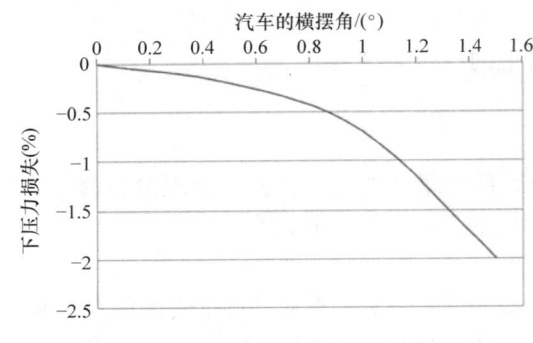

图 12.19　下压力相对于横摆角的变化关系

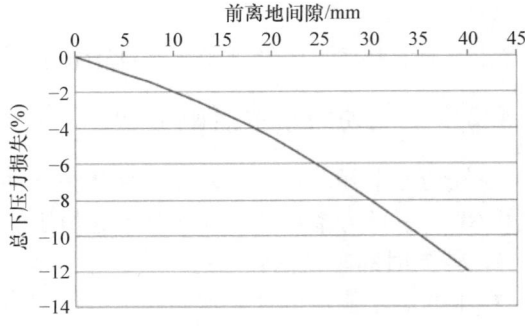

图 12.20　下压力损失相对于前离地间隙的变化关系

4. 汽车过流

一级方程式驱动装置（冷却液、发动机机油和变速器油）的工作温度必须保持在狭窄的范围内。与量产车辆相比，它不是通过调节冷却液的流量（恒温控制），而是通过控制流过散热器的空气来完成的，通常是通过改变散热器后面的出口面积来实现的。

由于通过车辆的内部空气过流较多，因此需要更多的冷却，从而导致空气动力效率降低或下压力降低。相应的冷却要求直接取决于外部温度，即如果外部温度升高5℃，则必须通过空气动力学措施将冷却效果提高5℃。图12.22显示了由于驱动单元的冷却要求随环境温度升高而导致的输出损失。

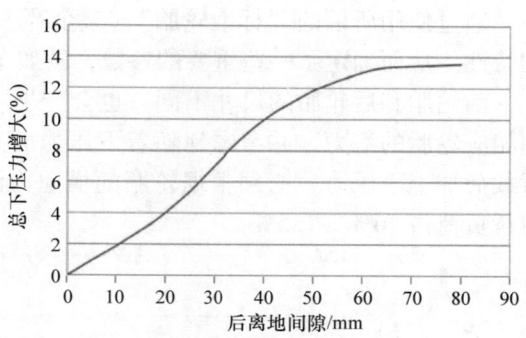

图12.21 下压力损失相对于后离地间隙的变化关系

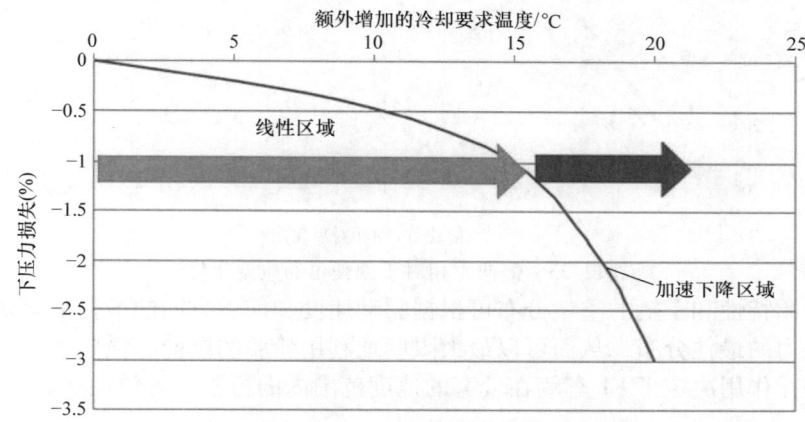

图12.22 打开车身冷却驱动装置时下压力的损失

冷却要求对下压力的影响不是线性的，而是在存在较高的冷却要求时（即在具有较高外部温度的比赛中）逐渐导致较大的空气动力学损失。冷却系统的设计对赛车有重大影响。目标是在散热器尺寸和内部过流之间取得良好的折中。

较大的散热器表面需要体积更大的车身才能容纳散热器和冷却空气管道，并由此恶化了空气向汽车后部的流动。

较小的散热器可实现更紧凑的空气动力学车身，但由于需要较多的内部过流，因此具有较高的冷却要求会导致较大的空气动力学损失。

12.5.3 空气动力学和轮胎影响

运动型量产车和所有赛车的基本要求是在各种驾驶条件下均能充分利用轮胎潜力。在F1车辆的开发中，此要求具有最高优先级。与量产型车辆相比，F1车辆的行驶动力学主要由轮胎特性和空气动力学之间的相互作用所决定，这归因于空气动力学下压力的优势。

由于较高的下压力，F1车辆达到的最大纵向加速度值为$50m/s^2$（例如，蒙扎赛道的制动作），最大的横向加速度值为$40m/s^2$（例如，斯帕赛道中的转弯）。相比之下，量产车辆的最大加速度为$12\sim13m/s^2$。

通过使用所谓的"标准轮胎"（整个赛季和所有车队使用相同的轮胎规格）来规定轮胎的特性。从而确定了一些重要的参数，例如车辆（轮胎）的合适的重量分布。

前轮胎和后轮胎的尺寸不同，也会产生不同的横向力（图12.23）。为了最大限度地利用相应轮胎的潜力，并考虑到随着下压力而急剧增加的车轮载荷，车桥载荷分布（静态车桥载荷加上下压力）必须根据轮胎的横向力潜力确定。最近几年的轮胎合适的重量分布是前桥负荷占46%±1.5%。

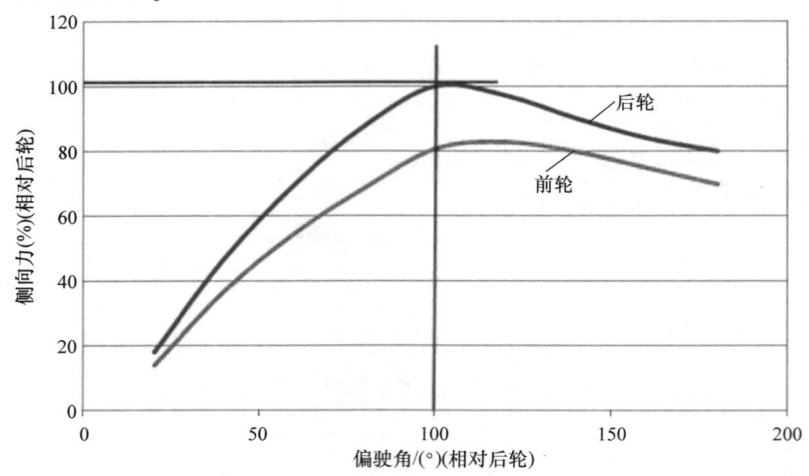

图12.23　侧向力相对于偏驶角的典型变化

特定的轮胎特性和车辆的重量分布可根据驱动速度和前后方向的最佳平衡来实现前轮和后轴上的下压力的最佳分布，从而可以最大限度地利用轮胎的纵向和横向潜力。轮胎特性和气动平衡的相互作用决定了F1车辆在较宽的速度范围内的行驶动力学性能。

12.5.4　空气动力学与行驶动力学

赛车在动态驾驶中，各个空气动力的作用会叠加，因此实际上不可能针对每种驾驶条件都实现最佳的下压力和气动平衡。最佳折中方案取决于路段特性。根据路段的不同，各个参数的权重也不同。圈速模拟程序可量化各个驾驶条件对圈速的影响，从而得到要优先考虑空气动力学的开发。

F1赛车的空气动力学特性主要由前风翼、车身底部和扩散器决定，而后风翼在此仅居次要地位。在前风翼上，外风翼端部的所谓端板会对随后的气流产生重大影响。借助在端板处产生的高能量空气涡流，可以专门修整沿车身底部的气流，从而调整前桥和后桥上的下压力分布。

实际上，为了达到理想的赛车空气动力学特性，必须在风洞和CFD模拟中进行大量的细致工作，在近年来法规的变化过程中，产生这些空气涡流的构件的结构选择受到了很大的限制。在2008赛季的F1车辆上安装了多达40个主要功能为产生涡流的空气动力学元件（图12.24）。

图12.24　前风翼在端板上带有产生涡流的元件

12.6 可靠性

赛车的性能由圈速及其可靠性来衡量。赛车的大多数部件不像量产车辆那样耐疲劳，其设计只考虑有限的行驶里程。否则，它们将在比赛中尺寸过大且没有竞争力。

为了限制成本，按规定增加了一级方程式的行驶里程：直到 2003 年，一台 F1 发动机的设计里程为 400km，今天已经达到了 2000km，尽管如此，该期间的性能有所提高，而故障率却有所下降。这通过以下几种措施得以实现：
- 更坚固的结构。
- 使用更高质量的材料以及对机械和热应力较高的部件采用较大尺寸的设计。
- 综合测试。
- 在测试平台上，发动机、变速器和底盘组件在运行期间施加实际负载。
- 严格的公差和完整的质量控制。
- 用 ID 号、制造日期、批次和测试报告注册每个组件。

每辆车的内置零件都有文件记录，以便能够在损坏时立即确定需要限制和更换的零件范围。如果发生损坏，则立即分析受影响的组件。如果无法清楚地找出原因，则必须同时采取造成所有可能错误原因的补救措施，主要目标是在下一场比赛之前消除漏洞。

参 考 文 献

1. FIA Regulations: http://www.fia.com/en-GB/sport/regulations/Pages/InternationalSportingCode.aspx
2. Trzesniowski, M.: Rennwagentechnik, 2. Aufl. Vieweg+Teubner, Wiesbaden (2010)
3. Theissen, M., Duesmann, Hartmann, Klietz, Schulz: 10 Jahre BMW F1 Motoren. Wiener Motorensymposium 2010
4. Piola, G.: Formula 1 Technical Analysis. Editore Giorgio Nada
5. Sauber Motorsport AG: Daten für Fahrdynamik und Aerodynamik

第 13 章　前景——汽车向何处去

从 21 世纪的第一个十年过渡到第二个十年，汽车工业可能正处于其历史变革的最大阶段。

外部影响包括：

- 由于未来的可获得性和排放限制，特别是二氧化碳排放的影响，与先前的化石能源基础存在中期偏离。
- 逐步建立扩展的和新的驱动概念以及其他能源基础设施。
- 趋势从以前的"全能型车辆"转向更基于预期用途的车型，例如用于特大城市和城市群。
- 重要市场向新兴国家的转移，例如特殊的低成本车型。

这具有许多相关的后果和内部影响：

- 几种附加/替代驱动概念的额外研发费用。
- 极端且因此昂贵的轻量化概念研发的压力增加。
- 与此相关的是，生产和价值链中的附加设施和重组。
- 跨公司联盟和合作直至定义品牌的组件和系统的必要性。
- 内部系统知识在电化学等复杂技术领域的可用性。

一段时间以来，已经表明，广泛的客户只愿意支付相应的额外价格，特别是对于与客户无关的创新（例如，由于更严格的法规）。还可以看出，一些大城市的居民不再保有汽车，因此会使用各种出行服务。

当前的发展涉及动力总成的电动化，最终是纯电动汽车，这主要是由政治和舆论驱动的，提到的几乎所有影响都在这个主题上共同起作用。对于原始设备制造商和供应商而言，这种趋势还意味着逐渐摆脱重要的产品和生产技术，而数十年来这些一直是重点。

将来，汽车将继续是自给自足的"活动船"，可以根据个人要求运输人员和货物。但是，除了车辆的内部功能之外，它们还将比以前更加网络化：

- 能源系统（关键词：智能电网）。
- "智能交通系统"（关键词：Car2X）。
- 全面的机动性概念（关键词：可变运输任务）。

在最近几十年中变得越来越重要的一个大型技术领域可能是最大的赢家，即电气、电子、自动化技术和软件。一方面，这带来了新的功能，并为解决整个行业的目标冲突提供了可能性，但另一方面，在掌握复杂性方面也带来了其他挑战。

关于可持续性的假设与未来对汽车的需求如何能够并且应该继续存在的问题紧密相关，

特别是考虑到大型新兴国家已经开始机动化。这关乎社会对安全、环境保护和资源节约的需求，以及个人的愿望，例如满足特殊的出行需求和舒适度。经济型发动机已经可以消耗很少的燃油。在使用电动汽车的情况下，在完全打开空调的情况下，（已经很小的）续驶里程将减少一半。

可以通过电子方式（几乎）不消耗材料和能量地来满足一些要求：在碰撞产生"虚拟压溃区"之前不久就自动进行制动。对于内部噪声或废气后处理，则可以保持正常工作状态。经典解决方案（例如组件集成）也适用于这种情况。

尽管由于车辆电气化而以新的形式出现，但汽车仍将继续在车轮上行驶。从长远来看，内燃机构成了驱动的基础，因为它们也具有巨大的发展潜力，也可以通过替代燃料来实现。为了向遥远的未来过渡，替代方案之间存在竞争，例如带有储能装置的电驱动装置和燃料电池。但是，它们的大规模引入需要全面的新能源基础设施。汽车的 125 年历史仍然具有减少所有损失的潜力。高质量但价格合理的轻量化结构带来了特别的挑战。

一个特别的重点是安全性。目前，全世界每年约有 120 万人死于交通事故，必须采取有针对性的措施。一种方法是增加引入"整体安全"系统，该系统将事故预防和降低事故后果严重性结合在一起。人们普遍同意，尽管有 CO_2 排放法规，该主题仍具有很高的优先级。

小型汽车现已成为绝对成熟的汽车，其进一步发展将特别体现在技术进步与成本压力之间的平衡作用上。独有车型领域将继续是重要创新的先驱。设计作为与客户相关的因素，无论是在内部还是外部，都受益匪浅，如有了新的照明技术，可以使车辆使用者感觉良好。在各技术方向的开发中，带有替代驱动的车辆将变得越来越重要，但是，在所有的基本进步中，不应忘记对日常使用的适应性的各个方面，因为汽车的接受程度在很大程度上取决于它们。

通常，仅通过法定的紧急呼叫（e-Call）锚定，带有移动互联网和车辆中的多媒体中心的信息娱乐设备将普遍存在。

高效的产品开发流程和标准必不可少，它们的进一步发展是整个行业的首要任务。科学的发展也必须对行业进步做出贡献，例如电化学、新材料和系统优化。行业决策者必须对整个车辆的所有基本问题和相互矛盾的目标进行概述。

对于未来，必须回答许多直接影响出行结构的问题[1]，其中包括：
— 哪种形式的能源可以以适当的基础设施并可长期以可接受的成本提供？
— 通过 ConnectedDrive[2] 产生的可能性如何关联？
● 在定义的情况下舒适地驾驶，车辆操纵和自动驾驶？
● 信息娱乐？
● 安全驾驶（尤其是避免分心）？
— 大城市可以实现哪些交通结构？
— 汽车共享优惠能在多大程度上流行？
— 车辆制造商会发展为出行服务提供商吗？
— 由于能源供应，世界范围内将会有不同的驱动单元吗？
— 到目前为止，能否为目前非常独特的个人出行方式提供资金？

技术已经发展为"从简单到复杂"。今天的任务是创建可持续的、客户友好的和"智能简单"的解决方案，并避免"过度设计"。对于负担得起的车辆尤其如此，对于未来的高端车型也是如此,工程师在解决眼前的问题方面负有特殊责任。不仅要考虑技术问题,还要考虑社会问题。

参 考 文 献

1. Lienkamp, Markus: Elektromobilität, Hype oder Revolution. Springer Vieweg, ISBN 978-3-642-28548-6 (2012)
2. Grote, Christoph: BMW Connected Drive-Effizienz, Komfort und Sicherheit durch Vernetzung. AAET, ISBN 978-3-937655-27-7 (2012)

Translation from German language edition:
Vieweg Handbuch Kraftfahrzeugtechnik(7. Aufl.)
by Hans-Hermann Braess and Ulrich Seiffert
Copyright © 2013 Springer Fachmedien Wiesbaden
Springer Fachmedien Wiesbaden is a part of Springer Science + Business Media
All Rights Reserved
版权所有，侵权必究。
This edition is authorized for sale in the Chinese mainland(excluding Hong Kong SAR, Macao SAR and Taiwan).
此版本仅限在中国大陆地区（不包括香港、澳门特别行政区及台湾地区）销售。
北京市版权局著作权合同登记　图字：01-2015-1286号。

图书在版编目(CIP)数据

汽车工程手册：德国版/（德）汉斯-赫尔曼·布雷斯（Hans-Hermann Braess），（德）乌尔里希·赛富尔特（Ulrich Seiffert）著；魏春源，孙鹏，牛福译. —2版. —北京：机械工业出版社，2022.5
（汽车先进技术译丛）
ISBN 978-7-111-70331-0

Ⅰ.①汽… Ⅱ.①汉…②乌…③魏…④孙…⑤牛… Ⅲ.①汽车工程-技术手册 Ⅳ.①U46-62

中国版本图书馆CIP数据核字（2022）第042672号

机械工业出版社（北京市百万庄大街22号　邮政编码100037）
策划编辑：孙　鹏　　　　　　　　责任编辑：孙　鹏
责任校对：樊钟英　王明欣　张　薇　封面设计：鞠　杨
责任印制：刘　媛
盛通（廊坊）出版物印刷有限公司印刷
2022年7月第2版第1次印刷
184mm×260mm·65.5印张·6插页·1626千字
标准书号：ISBN 978-7-111-70331-0
定价：499.00元

电话服务　　　　　　　　　网络服务
客服电话：010-88361066　　机　工　官　网：www.cmpbook.com
　　　　　010-88379833　　机　工　官　博：weibo.com/cmp1952
　　　　　010-68326294　　金　书　网：www.golden-book.com
封底无防伪标均为盗版　　　机工教育服务网：www.cmpedu.com